हिंदी
साहित्य
ज्ञानकोश

खंड -6

हिंदी साहित्य ज्ञानकोश

खंड -6

प्रधान संपादक

शंभुनाथ

संपादक मंडल

राधावल्लभ त्रिपाठी, जवरीमल्ल पारख, अवधेश प्रधान
अवधेश कुमार सिंह, अवधेश प्रसाद सिंह

भाषा संपादक

राजकिशोर

संयोजक

कुसुम खेमानी

शोध सहायक

दिनेश कुमार शर्मा (समन्वयक), पीयूषकांत,
श्रद्धांजलि सिंह, पूजा गुप्ता, उपेन्द्र शाह, निशांत

प्रकाशक

भारतीय भाषा परिषद

36ए, शेक्सपियर सरणी, कोलकाता - 700 017

एकमात्र वितरक

वाणी प्रकाशन

4695, 21-ए, दरियागंज, नयी दिल्ली 110 002

फ़ोन : +91 11 23273167 फ़ैक्स : +91 11 23275710

शाखाएँ

अशोक राजपथ, पटना 800 004, बिहार

कॉफ़ी हाउस कैम्पस, महात्मा गांधी मार्ग, इलाहाबाद 211 001, उत्तर प्रदेश

महात्मा गांधी अन्तरराष्ट्रीय हिन्दी विश्वविद्यालय, वर्धा 442 001, महाराष्ट्र

www.vaniprakashan.in
marketing@vaniprakashan.in
sales@vaniprakashan.in

HINDI SAHITYA JNANKOSH-6
Chief Editor : Shambhunath

ISBN : 978-81-940882-0-2
Kosh

प्रथम संस्करण

सात खंडों का सम्पूर्ण सेट : ₹ **5000**

सन्मार्ग प्रा.लि., कोलकाता में मुद्रित

वाणी प्रकाशन का लोगो मक़बूल फ़िदा हुसेन की कूची से

सौजन्य

विशम्भरदयाल सुरेका
मनोविकास ट्रस्ट
3/1, लाउडन स्ट्रीट
कोलकाता - 700 017

श्याम सुंदर कानोड़िया
शीला कानोड़िया फाउंडेशन
23 सी, आशुतोष चौधुरी एवेन्यू
कोलकाता - 700 019

राम अवतार गुप्त की स्मृति में
विवेक गुप्त

सन्मार्ग

160बी, चित्तरंजन एवेन्यू
कोलकाता - 700 073

भारतीय भाषा परिषद

प्रविष्टि सूची

खंड-6

य

र

ल

व

श

॥ य ॥

यंग बंगाल

यंग बंगाल (Young Bengal) की स्थापना कलकत्ता के हिंदू कॉलेज में नौजवान विद्यार्थियों को लेकर उन्नीसवीं सदी में हुई थी। कहा जाता है कि यदि यंग बंगाल नहीं होता तो न जाने बांग्ला नवजागरण कितना पीछे रह जाता। हर चीज को बुद्धिवाद की कसौटी पर परखने में विश्वास रखने वाले हेनरी लुइस विवियन डेरोजियो (1809-1831) ने अपने अनुगामियों को पुरानी पतनशील रीतियों और परंपराओं को संदेह से देखने के लिए प्रेरित किया। वह 'यंग बंगाल' के संस्थापकों की मूल प्रेरणा था। राजा राममोहन राय के जीवन काल में ही यह नौजवान बंगाली बौद्धिकों के बीच लोकप्रिय हो चुका था और उसकी एक टोली बन गई थी। ये लोग हिंदू धर्म ही नहीं, ब्रह्म समाज के भी आलोचक थे। यंग बंगाल के सदस्य पश्चिम की आधुनिक जीवन शैली की तरफ आकर्षित हो गए थे और कई ईसाई भी हो चुके थे। ये सभी नवशिक्षित युवक व्यक्तिगत तौर पर ईमानदार थे।

डेरोजियो फ्रांसीसी क्रांति से पैदा हुई स्वतंत्रता, बंधुत्व और समानता की तीव्र भावना से ओत-प्रोत था। उसका बचपन भागलपुर में बीता था। मई 1826 में वह हिंदू कॉलेज में शिक्षक बना। उसने एक मुक्त चिंतक के रूप में अपने विद्यार्थियों को आलोचनात्मक दृष्टिकोण अपनाने के लिए प्रोत्साहित किया। उसने सभी रूढ़िवादी प्रवृत्तियों को प्रश्नांकित किया। डेरोजियो ने लिखा था, 'मैं भारत में पैदा हुआ हूँ। यहीं मेरा लालन-पालन हुआ है। मैं इसे साभिमान अपना देश मानता हूं। इसकी सेवा में मुझसे जो भी बन पड़ेगा मैं करूंगा।... कुछ व्यक्तियों का विचार है कि उपनिवेशीकरण से हमारे देश की कई बुराइयों को प्रभावी तरीके से खत्म करने में सहायता मिलेगी। मुझे इस पर विश्वास नहीं है।... उपनिवेशीकरण में ही भारत का फायदा है, यह सत्य की अपेक्षा लफ्फाजी अधिक है।' (सामाजिक क्रांति के दस्तावेज)। फ्रेंच क्रांति से प्रभावित होने की वजह से डेरोजियो स्वाधीनता के मूल्य में सच्चा विश्वास रखता था।

'यंग बंगाल' के शिक्षित नौजवानों ने 1827 में हिंदू कॉलेज में 'एकेडेमिक एसोसिएशन' नाम से वाद-विवाद की एक संस्था स्थापित की और विद्यार्थियों को वाद-विवाद करने और शास्त्रों-प्रमाणों पर संदेह करने के लिए प्रोत्साहित किया। बड़ी संख्या में विद्यार्थी तर्कपूर्ण ढंग से सामाजिक बुराइयों, जाति प्रथा, छुआछूत, मूर्तिपूजा, पुरोहितवाद, सती प्रथा आदि विषयों पर अपनी राय देने लगे। उन पर लॉक, बेंथम, मिल, ह्यूम और अन्य चिंतकों का प्रभाव था।

इस दल में उच्च वर्ग से आए, उच्च शिक्षा पाए हुए ताराचंद चक्रवर्ती, कृष्ण मोहन वंद्योपाध्याय, राम गोपाल घोष, प्यारी चंद मित्रा, रामतनु लाहिड़ी, दक्षिणांजन मुखोपाध्याय, रसिक कृष्ण मल्लिक, राधानाथ सिकदार, शिवचंद्र देव, हरचंद्र घोष आदि प्रमुख सदस्य थे। इस संस्था के सदस्यों ने अपने विचारों को व्यक्त करने के लिए पत्र-पत्रिकाओं को माध्यम बनाया। 'एथोनियम' नामक मासिक पत्र इनका मुख्य रूप से मंच था। डेरोजियो के एक शिष्य माधवचंद्र मल्लिक ने अपने कुछ मित्रों के साथ घोषणा की थी कि वे हिंदू धर्म से घृणा करते हैं। वे स्त्री शिक्षा की मांग करते थे। शराब का सेवन एवं गोमांस-भक्षण करते हुए वे यह प्रदर्शित करते थे कि वे धार्मिक कूपमंडूकता के विरोधी हैं।

बंगाल में परंपरावादी सोच के लोग डेरोजियो के 'यंग बंगाल' के क्रिया-कलाप को अच्छी नजर से नहीं देखते थे। इसके सदस्यों के गोमांस भक्षण, मद्यपान, धर्म परिवर्तन आदि को अनैतिक मानते हुए 25 अप्रैल 1931 को रामकमल सेन के अनुरोध पर हिंदू स्कूल के आधिकारियों ने डेरोजियो को स्कूल से निकाल दिया। डेरोजियो ने इस पर अधिकारियों

को स्वतंत्रता और न्याय की आवाज उठाते हुए एक मार्मिक पत्र लिखा था। इसी वर्ष हैजे से उसकी मृत्यु हो गई। उसकी मृत्यु के बाद यंग बंगाल आंदोलन नहीं थमा। 1932 में उनके अनुयायी महेशचंद्र घोष तथा कृष्ण मोहन बनर्जी ने ईसाई धर्म स्वीकार कर लिया। वे लोगों का ध्यान निरंतर इस आंदोलन की ओर आकर्षित करते रहे।

'यंग बंगाल' का आंदोलन सिर्फ सामाजिक मुद्दों तक सीमित न था। इसके अनुयायी मारिशस में भारतीय श्रमिकों के प्रति उपनिवेशकों के दुर्व्यवहार, अदालत में जूरी प्रथा के प्रसार, प्रेस की स्वतंत्रता तथा सरकारी विभागों में नियुक्त कुलियों से ली जाने वाली बेगार प्रथा जैसे मुद्दों पर भी आवाज उठाते थे। 1842 में 'यंग बंगाल' के समर्थकों ने 'बंगाल एस्पेक्टेटर' नामक पत्र के द्वारा आर्थिक एवं राजनीतिक मुद्दों पर भी लोगों का ध्यान खींचना चाहा। इनकी 'ज्ञानोपार्जिका सभा' राजनीतिक मुद्दों पर विचार-विमर्श का मंच थी। उन्नीसवीं सदी के शुरू के दशकों में 'यंग बंगाल' समय-समय पर सभाओं का आयोजन करके समाज को आंदोलित कर रहे थे। इसका नतीजा यह हुआ कि 1943 के शुरू में दास प्रथा-विरोधी आंदोलन के समर्थक जार्ज थांपसन के प्रोत्साहन से 'यंग बंगाल' द्वारा संचालित एक राजनीतिक संस्था 'बंगाल ब्रिटिश इंडिया सोसाइटी' की नींव पड़ी। इसका उद्देश्य जनता के न्यायसंगत अधिकारों की सामूहिक रूप से रक्षा करना था। इसकी सदस्यता सब के लिए सुलभ थी।

आगे चलकर 'यंग बंगाल' के रामगोपाल घोष ने 'काले अधिनियमों पर टिप्पणियां' नामक पुस्तिका लिखकर उच्चतम न्यायालय में होने वाली कई सुनवाइयों को स्थानीय न्यायालयों के अधिकार क्षेत्र में लाने की वकालत की। 'यंग बंगाल' के सदस्यों ने बाल विवाह का जोरदार शब्दों में विरोध किया और बांग्ला लेखन को सरल-सहज भाषा-शैली से जोड़ा। दक्षिणारंजन मुखर्जी ने कलकत्ता में बेथुन महिला कॉलेज की स्थापना के लिए भूमिदान किया। आगे चलकर यह कॉलेज स्त्री शिक्षा का एक महत्वपूर्ण केंद्र बना। इसी कॉलेज की सफल छात्राओं को प्रोत्साहित करने के लिए भारतेंदु हरिश्चंद्र ने बनारसी साड़ियां भेजी थीं।

'यंग बंगाल' के आंदोलन का दीर्घकालिक प्रभाव नहीं पड़ा। इसके बावजूद, इस आंदोलन ने समाज को जड़ से हिला कर रख दिया। इसने पूर्ण परिवर्तन के विचारों से समाज को जाग्रत करते हुए नौजवानों को पुरातनपंथी विचारों के विरुद्ध खड़ा किया।

संजय जायसवाल

अधिक जानकारी के लिए :

1. Awakening in Bengal in early Nineteenth Century : G Chattopadhyaya, 1965, **2. Young India : A Bengal Eclogue :** R Chaudhuri, 2000, **3. Bengal in Global Concept History :** Andrew Sartori, 2008

यक्ष

यक्ष विशेष देवयोनि या अर्ध-देवयोनि में जन्म लेने वाले प्राणी हैं। स्वर्ग में तीन तरह के जीव होते हैं—देव, गणदेव और उपदेव। उपदेवों के दस प्रकार हैं—विद्याधर, अप्सरा, यक्ष, राक्षस, गंधर्व, किन्नर, पिशाच, गुह्यका, सिद्ध और भूत।

ऋग्वेद के अनुसार, यक्ष का प्राचीन रूप यच है। यक्ष के जन्म के संबंध में कई कहानियां हैं। पद्मपुराण के अनुसार, ब्रह्मा जब जीवों का सृजन कर रहे थे उन्हें जोरों की भूख लगी। गुस्से में भरकर वे अंधेरे में ही जीवों को सिरजने लगे। इस कारण विकृत जीव जन्म लेने लगे। इनमें से कुछ भूख से व्याकुल होकर ब्रह्मा को खाने के लिए दौड़े तो दूसरों ने इस गलत काम का विरोध किया। ब्रह्मा को खाने के लिए जो दौड़े वे यक्ष हुए और उनकी रक्षा करते हुए भक्षकों का विरोध करने वाले राक्षस बने।

रामायण के अनुसार, ब्रह्मा ने पहले पानी का सृजन किया फिर उसकी रक्षा के लिए जीवों को बनाया। इनमें से किसी-किसी ने कहा, 'यक्षामः' अर्थात हम

पूजा करेंगे। ब्रह्मा ने कहा कि जिन्होंने यक्षामः कहा, वे ही यक्ष होंगे। जीवों के दूसरे दल ने कहा–'रक्षामः', अर्थात हम पानी की रक्षा करेंगे। वे ब्रह्मा के आदेश से राक्षस हुए। यक्ष साधारण रूप से मनुष्यों के मित्र हैं और राक्षस इनके शत्रु। वे कुबेर के दास हैं।

महाभारत के अनुसार, विराट पुरुष से ब्रह्मा के जन्म के बाद यक्ष का जन्म हुआ। युधिष्ठिर-यक्ष संवाद काफी प्रसिद्ध है, जब युधिष्ठिर ने चतुराई से यक्ष के सवालों के जवाब देकर अपने सभी भाइयों की जान बचाई थी। वासुदेव शरण अग्रवाल ने यक्ष-युधिष्ठिर-संवाद का संबंध यक्ष पूजा की प्राचीन लोक संस्कृति से जोड़ा है–प्रश्नों का बुझौवल उसका अंग है। उनका कहना है, 'आज भी लोक में यक्ष या देवता किसी के सिर आता है तो टपाटप प्रश्न पूछने की प्रथा है।' (भारत सावित्री, भाग-एक)। युधिष्ठिर ने जिस यक्ष को देखा था, 'वह महाकाय, महाबली पर्वतोषम, ताड़ के समान ऊंचा, अस्पष्ट और अग्नि के समान तेजस्वी था। इस वर्णन में हमें उन महाकाय यक्ष मूर्तियों की झांकी मिलती है, जो प्रायः सरोवर या पुष्करिणी के किनारे स्थापित की जाती थीं।' (वही)। कालिदास के 'मेघदूत' में यक्षों की नगरी अलका की कल्पना है, जहाँ सुख और भोग-विलास का अखंड राज्य है, वहां के नर-नारी सौंदर्य प्रेमी और विलासप्रिय हैं।

साधारण रूप से यक्ष-प्रश्न का प्रयोग मुहावरे के रूप में होता है। जिस समस्या का हल नहीं निकलता और वह अनसुलझी रहती है, उसे यक्ष प्रश्न कहा जाता है।

गीता दूबे

यक्ष प्रश्न

महाभारत में एक साल के अज्ञातवास के समय पांडवों के भीषण प्यास लगने का एक प्रसंग है (वनपर्व)। युधिष्ठिर नकुल से देखने के लिए कहते हैं कि पास में कोई सरोवर है या नहीं। नकुल को एक सरोवर मिलता है, पर जैसे ही वह पानी पीना चाहता है, एक रहस्यमय यक्ष अदृश्य स्वर में कहता है कि पहले वह उसके प्रश्नों का उत्तर दे। नकुल ध्यान नहीं देकर पानी पीता है और उसी क्षण मर जाता है। इसी तरह बारी-बारी से सहदेव, अर्जुन और भीम आते हैं और वे भी ध्यान न देने की वजह से मर जाते हैं। युधिष्ठिर आते ही भाइयों को मरा देखकर पहले विलाप करते हैं। फिर जैसे ही पानी पीना चाहते हैं, यक्ष उसी तरह आता है। युधिष्ठिर उसके जटिल प्रश्नों का सामना करते हैं। यक्ष के प्रश्न महाभारत युग के नीति-दर्शन से संबंधित हैं और आज भी महत्व रखते हैं। युधिष्ठिर के जवाब (हमारी परंपरा, वियोगी हरि) महाभारत काल के उस अंधेरे में सत्य के साक्षात्कार जैसे हैं जो आज भी विस्मय में डाल सकते हैं।

यक्ष : धर्म का एकमात्र साधन क्या है? यश किस एक ही उपाय से प्राप्त होता है? स्वर्ग प्राप्ति का एकमात्र साधन क्या है? कौन-सा ऐसा एक ही उपाय है, जिससे सुख लाभ हो सकता है?

युधिष्ठिर : दक्षता धर्म का एकमात्र साधन है; यश लाभ का एकमात्र उपाय दान है; स्वर्ग केवल एक सत्य से ही प्राप्त हो सकता है; एक शील ही सुख का मूल है।

यक्ष : मनुष्य की आत्मा कौन है? कौन उसका भाग्य द्वारा प्राप्त मित्र है?

युधिष्ठिर: मनुष्य की आत्मा उसका पुत्र है; मित्र उसकी वह भार्या है, जो भाग्य से ही मिलती है।

यक्ष : सर्वोत्तम लाभ क्या है? सर्वोत्तम सुख क्या है?

युधिष्ठिर : आरोग्य सर्वोत्तम लाभ है। संतोष ही सबसे उत्तम सुख है।

यक्ष : धर्म से बढ़कर संसार में और क्या है? वह कौन-सा धर्म है, जो सदा फल देता है? वह क्या है, जिसका नियंत्रण करके शोक नहीं होता? वे कौन हैं, जिनके

साथ की गई मित्रता कभी जीर्ण नहीं होती?

युधिष्ठिर : उदारता धर्म से भी बढ़कर है; सदा फल देने वाला वैदिक धर्म है; वह मन है, जिसका नियंत्रण करके शोक नहीं होता; सज्जनों की मित्रता कभी जीर्ण नहीं होती।

यक्ष : किसे त्यागकर मनुष्य प्रिय हो जाता है? किस वस्तु के त्याग से उसे शोक नहीं होता? वह क्या है, जिसे त्यागकर मनुष्य संपत्तिशाली हो जाता है? किसे त्यागने से वह सुखी हो सकता है?

युधिष्ठिर : गर्व का त्याग करने से मनुष्य सबका प्रिय हो जाता है; क्रोध के त्याग से उसे शोक नहीं होता; काम का त्याग करके वह संपत्तिशाली बनता है; लोभ के त्याग से वह सुखी होता है।

यक्ष : तप का क्या लक्षण है? दम किसे कहते हैं? सबसे बड़ी क्षमा क्या है? और लज्जा की भावना क्या है?

युधिष्ठिर : स्वधर्म का परिपालन ही धर्म है; सच्चा दम मन का दमन, अर्थात निग्रह है; (शीत-उष्ण, सुख-दुख आदि) द्वंद्वों को सहना ही सबसे बड़ी क्षमा है। न करने योग्य कर्म से मुंह मोड़ लेना ही लज्जा की भावना है।

यक्ष : सबसे बड़ी दया क्या है? सरलता किसे कहते हैं?

युधिष्ठिर : सबके सुख की इच्छा ही सबसे बड़ी दया है; समचित्तता को ही सरलता कहते हैं।

यक्ष : मनुष्यों का दुर्जय शत्रु कौन-सा है? ऐसी कौन-सी व्याधि है, जिसका अंत ही नहीं? साधु किसे कहा जाए? और असाधु किसे कहते हैं?

युधिष्ठिर : मनुष्यों का दुर्जय शत्रु क्रोध है; लोभ ऐसी व्याधि है, जिसका कोई अंत नहीं; साधु वह है, जो सब प्राणियों का भला चाहता है; निर्दय ही असाधु है।

यक्ष : सबसे बड़ा स्नान क्या है? और सबसे बड़ा दान किसे कहा जाए?

युधिष्ठिर : मनोविकारों का त्याग ही सबसे बड़ा स्नान है; प्राणियों की रक्षा ही महान दान है।

यक्ष : मेरा अंतिम प्रश्न है, जिसका उत्तर पाने से तुम्हारे भाई जीवित हो जाएंगे। इस जगत में आश्चर्य क्या है?

युधिष्ठिर : दिन-प्रति-दिन प्राणी यमलोक जा रहे हैं। यह देखते हुए भी शेष प्राणी चाहते हैं कि वे अनंत काल तक जीवित रहें! इससे बड़ा आश्चर्य और क्या हो सकता है?

यक्ष को युधिष्ठिर के इन उत्तरों से पूरा संतोष हो गया और उसने चारों पांडवों को जिंदा कर दिया।

दिनेश कुमार शर्मा

यजुर्वेद संहिता

यजुर्वेद संहिता को यजुर्वेद कहते हैं। इसका शाब्दिक अर्थ है–'यजुष् का वेद'। 'यजुष्' की कई व्याख्याएं की जाती हैं। जिन मंत्रों से यज्ञ किया जाता है, उन्हें यजुष् कहते हैं। जिन मंत्रों में अक्षर संख्या निर्धारित नहीं होती है वे यजुष् हैं। जो ऋक (पद्यात्मक) और साम (गीतात्मक) के अतिरिक्त मंत्र हैं वे भी यजुष् कहलाते हैं। इससे यजुष् मंत्रों का गद्यात्मक स्वरूप द्योतित होता है।

यजुर्वेद मुख्यतया दो भागों में विभक्त है : (1) शुक्ल यजुर्वेद और (2) कृष्ण यजुर्वेद। इनके नामकरण के संबंध में एक कथा पुराणों में दी गई है। वेदव्यास महर्षि ने पहले अपने शिष्य वैशम्पायन को सिखलाया, जिन्होंने इसे याज्ञवल्क्य ऋषि को पढ़ाया। किसी कारण गुरु अपने शिष्य से रुष्ट हो

गए। वे पढ़ाई गई विद्या वापस मांगने लगे। याज्ञवल्क्य ने पठित यजुष् पक्षी का रूप धारण कर उसे चुग लिया। यही कृष्ण यजुर्वेद हुआ। फिर याज्ञवल्क्य ने सूर्य की आराधना करके नवीन यजुषों को प्राप्त किया। यह शुक्ल यजुर्वेद हुआ। इन दोनों संहिताओं में महान अंतर है। शुक्ल यजुर्वेद में केवल मंत्रों का संग्रह है, विनियोग-वाक्य नहीं हैं। कृष्ण यजुर्वेद में गद्यात्मक विनियोगों का मिश्रण है। गद्य और पद्य की इस मिलावट के कारण इसे 'कृष्ण' कहते हैं। संप्रति यजुर्वेद की छह शाखाएं उपलब्ध हैं—दो शुक्ल यजुर्वेद की और चार कृष्ण यजुर्वेद की।

यजुर्वेद का विशेष संबंध याज्ञवल्क्य ऋषि से है। शतपथ ब्राह्मण ने शुक्ल यजुर्वेद को याज्ञवल्क्य द्वारा आख्यात बताया है। (शतपथ ब्राह्मण, 14.9.5.13)। शुक्ल यजुर्वेद का चालीसवां अध्याय ही ईशावास्योपनिषद है।

भारतीय परंपरा में यज्ञ की महत्ता अद्यावधि दृष्ट होती है, परंतु इसका मूल वैदिक भागों में है। यजुर्वेद के कई अध्यायों में मेध वाले यज्ञ हैं, यथा अश्वमेध, पुरुषमेध, सर्वमेध, पितृमेध आदि। कपिलदेव द्विवेदी ने इसकी व्याख्या करते हुए लिखा है, 'कपितय भारतीय एवं पाश्चात्य विद्वानों की भ्रान्ति है कि 'मेध' शब्द केवल बलि या वध का वाचक है। यह शब्द 'मेधृ संगमे च' धातु से बना है, जिसका अर्थ है—संगम (गुणों से युक्त होना), मेधा (ज्ञानवृद्धि) और हिंसा। अतः केवल हिंसा अर्थ लेकर सर्वत्र 'बलि देना' अर्थ करना अज्ञानता है। ब्राह्मण ग्रंथों से ज्ञात होता है कि मेध शब्द का प्रयोग उन्नति, प्रगति, तेजस्विता आदि के लिए होता था। यजुर्वेद में 'अश्वमेध' राष्ट्रीय उन्नति और प्रगति के लिए है। पितृमेध का अभिप्राय है—माता-पिता की सेवा, शुश्रूबा और उन्हें अन्नादि से तृप्त करना। इसी प्रकार पुरुषमेध का अर्थ है—मनुष्य की सर्वांगीण उन्नति। सर्वमेध का अर्थ है—'प्रजा मात्र की सर्वतोमुखी उन्नति।' (वैदिक साहित्य एवं संस्कृति)।

यजुर्वेद के कुछ अध्याय अन्य महत्वपूर्ण विषयों का भी दिग्दर्शन कराते हैं। इसके नवम और दशम अध्यायों में राजा का राज्याभिषेक, राजा के अधिकार एवं कर्तव्यों का वर्णन है। एक मंत्र में 'महते जान राज्याय' (यजु. 9.40) कहकर विशाल प्रजातंत्रीय राज्य की स्थापना को लक्ष्य बताया गया है। इकतीसवें और बत्तीसवें अध्यायों में विराट पुरुष का वर्णन और उसके माध्यम से सृष्टि की उत्पत्ति का विश्लेषण है। चौतीसवां अध्याय 'शिव संकल्प सूक्त' या 'शिव संकल्पमस्तु' कहकर मन के शुभ विचारों वाला होने की प्रार्थना है। अध्याय 16 रुद्राध्याय के नाम से ख्यात है, इसमें रुद्र के विराट रूप की महिमा का चित्रण है। भारतीय दर्शन और अध्यात्म का सारसर्वस्व प्रस्तुत करने वाला चालीसवां अध्याय 'ईश्वास्योपनिषद' नाम से सौ वर्षों तक कर्मशील जीवन जीने का उपदेश देता है, 'कर्म करते हुए ही सौ वर्षों तक जीने की अभिलाषा करें।' (ईशा. 2)। विश्वबंधुत्व का आदर्श यजुर्वेद की देन है। एक मंत्र में कहा गया है, 'मैं सबको मित्र की दृष्टि से देखूं और सब परस्पर मित्र की दृष्टि से देखें।' (यजु. 36.18)

शशि तिवारी

अधिक जानकारी के लिए :
1. **वैदिक साहित्य और संस्कृति :** बलदेव उपाध्याय, 2. **वैदिक साहित्य और संस्कृति :** कपिलदेव द्विवेदी, 2000 3. **वैदिक साहित्य और संस्कृति :** वाचस्पति गैरोला, 1969

यज्ञ तथा कर्मकांड

जिस कृत्य के द्वारा यजन किया जाए वह यज्ञ है। यजन के तीन अर्थ हैं—देवपूजा, संगतिकरण तथा दान। पहले अर्थ में देवता के लिए द्रव्यत्याग के द्वारा देवता की उपासना ही यज्ञ है। यह द्रव्य त्याग दो प्रकार का हो सकता है—आंतरिक तथा बाह्य। आंतरिक अर्थ में द्रव्य त्याग अपनी चेतना की संकीर्णताओं का त्याग है। इस दृष्टि से यज्ञ दो प्रकार का है—अंतर्यज्ञ और बहिर्यज्ञ। दोनों में यजमान के व्रत या संकल्प का केंद्रीय महत्व है। संगतिकरण

के अंतर्गत समाज में सामंजस्य और समृद्धि के लिए किए जाने वाले अनुष्ठान यज्ञ हैं।

यज्ञ मुख्य रूप से देवताओं की प्रसन्नता के लिए किए जाते थे। इनके अन्य प्रयोजनों में अच्छी फसल होने, विजय या दिग्विजय, शत्रु का नाश, पुत्र प्राप्ति के लिए भी यज्ञ होते रहे हैं और इन प्रयोजनों के अनुसार इनका श्रेणी विभाजन तथा नामकरण होता रहा है। यज्ञ के द्वारा सृष्टि में अंतर्निहित सामरस्य को मनुष्य फिर से जीवन में चरितार्थ करता है। प्राकृतिक संतुलन व पर्यावरण की रक्षा भी यज्ञ के द्वारा साध्य है।

जनमेजय ने नागजाति के विनाश के लिए नागयज्ञ करवाया। महाभारत में वर्णित इस प्रसंग पर प्रसाद ने नाटक लिखा है। दशरथ ने पुत्र प्राप्ति के लिए पुत्रेष्टि यज्ञ करवाया। देवीप्रसाद चट्टोपाध्याय यज्ञ को उत्पाद बढ़ाने के लिए किया जाने वाला अनुष्ठान मानते हैं तथा वैदिक यज्ञ को जादू टोने के आदिम अनुष्ठानों का विकास बताते हैं।

व्यापक अर्थ में मेरे हर कार्य से मेरे अतिरिक्त अन्य प्राणी संतुष्ट हों, इस भावना से किया गया हर काम यज्ञ माना गया। इस दृष्टि से संपूर्ण जीवन यज्ञ है, सृष्टि भी यज्ञ है। यजुर्वेद (23.62) में कहा गया है—यज्ञ सृष्टि का नाभि (न्यूक्लियस) है। यज्ञ के इस वैश्विक स्वरूप का प्रतिपादन ऋग्वेद के पुरुष सूक्त में विस्तार से किया गया। वेदों में विज्ञान का अर्थ सृष्टि विद्या है, इसी विज्ञान से यज्ञ विद्या तथा कर्म निर्धारित होते हैं। सृष्टि के निर्माण की प्रक्रिया यज्ञ है। गीता (3.9) में कहा गया है कि यज्ञभावना से किया गया कर्म बंधन नहीं बनता। प्रजापति का सृष्टि करना उनके द्वारा किया जाने वाला यज्ञ माना गया। गीता (3.10) कहती है कि यज्ञ से सृष्टि का जन्म ही नहीं हुआ, सृष्टि की अभिवृद्धि तथा समृद्धि भी उसी से होती है। शतपथ आदि ब्राह्मणों में बताई गई मनुमत्स्यकथा में कहा गया कि जलप्लावन के बाद मनु ने आहुति दी, उस यज्ञ के द्वारा वे पुनः सृष्टि कर सके। जयशंकर प्रसाद ने इस कथा को ले कर 'कामायनी' की रचना की।

वैदिक यज्ञों में वाजपेय, पितृमेध, सोमयाग, अग्निष्टोम, दर्शपूर्णमास आदि की विधियों का वर्णन श्रौतसूत्रों में मिलता है। सोमयज्ञ मंत्रों के पाठ के साथ सोमलता को पीस कर रस निकालने का अनुष्ठान था। निकाला गया रस पहले देवताओं को अर्पित किया जाता, फिर यज्ञ में सम्मिलित जन उसका पान करते। वैदिक वाङमय में निम्नलिखित यज्ञों का विस्तार से वर्णन है–पाकयज्ञ, सोमयाग, हविर्याग, दर्शपूर्णमास, अग्निहोत्र, पितृयाग, दाक्षायण यज्ञ, नवान्नेष्टि, चातुर्मास्य, अग्निष्टोम, अत्यग्निष्टोम, उक्थ, षोडशी, वाजपेय, राजसूय, अग्नियचन, अतिरात्र, पंचमहायज्ञ, सौत्रामणि, अश्वमेध, पुरुषमेध, सर्वमेध आदि।

वैदिक यज्ञों में समाज के सभी लोगों की सहभागिता रहती थी तथा गायन-वादन, नृत्य, रथों की दौड़ की स्पर्धा, आख्यान या कथाएं कहना आदि अनेक आयोजन इन यज्ञों में सम्मिलित रहते थे। संवादों का अभिनय भी उनमें किया जाता था। वैदिक साहित्य में इसके उल्लेखों के आधार पर एक मत में नाट्यकला का उद्‌भव यज्ञ से माना जाता है।

गीता में द्रव्ययज्ञ, तपोयज्ञ, योगयज्ञ, स्वाध्याययज्ञ तथा ज्ञानयज्ञ की चर्चा है। उद्देश्य की दृष्टि से यज्ञ दो प्रकार के हैं—नित्य तथा नैमित्तिक, जिनके न करने पर विघ्न हो, वे नित्य कर्म या नित्य यज्ञ हैं। किसी विशेष प्रयोजन से संपादित किए जाने वाले यज्ञ नैमित्तिक हैं। पांच महायज्ञ नित्य यज्ञ हैं। नैमित्तिक यज्ञ अनेक प्रकार के हैं और इनकी संख्या लगातार बढ़ती गई है।

पांच महायज्ञों का प्रतिपादन सबसे पहले शतपथ ब्राह्मण नामक वैदिक ग्रंथ में मिलता है। ब्रह्मयज्ञ (स्वाध्याय तथा अध्यापन), पितृयज्ञ (पितरों की तृप्ति के लिए किए जाने वाले अनुष्ठान-तर्पण आदि), दैवयज्ञ (देवपूजा), भूतयज्ञ (मनुष्येतर जीवों के लिए भोजन आदि देना), तथा नृयज्ञ (अतिथि का सत्कार)।

यज्ञ का अनुष्ठान कराने वाले व्यक्ति को यजमान कहा जाता है, अनुष्ठान की क्रिया संपादित करने वाले को पुरोहित। वैदिक यज्ञ में चार प्रकार के पुरोहित रहा करते थे—होता, उद्‌गाता अध्वर्यु, तथा

ब्रह्मा। इनका संबंध क्रमशः चार वेदों ऋग्वेद, सामवेद, यजुर्वेद तथा अथर्ववेद से माना गया।

याज्ञिक विधियों के उद्देश्यों व निहितार्थों की व्याख्या के कारण मीमांसादर्शन को यज्ञशास्त्र भी कहा जाता है। जैमिनि का मीमांसासूत्र इस दर्शन का आद्य ग्रंथ है। इस ग्रंथ में यज्ञ से संबंधित विषयों–विधि (प्रवर्तक वाक्य), अर्थवाद (प्रशंसात्मक वाक्य), भावना (प्रेरणा या प्रवर्तना), शक्ति, मंत्र, यज्ञ के अधिकारी आदि का विवेचन है।

जब यज्ञ केवल कर्मकांड में सीमित हो गए और उनमें पुरोहितों की लालची वृत्ति के कारण पाखंड व हिंसा बढ़ने लगी, तो गौतम बुद्ध से यज्ञ व वेद का विरोध किया।

राधावल्लभ त्रिपाठी

यथार्थवाद

यथार्थवाद (Realism) दर्शन और साहित्य चिंतन की एक महत्वपूर्ण अवधारणा है। प्लेटो का मानना था कि पर्यवेक्षक के बिना भी यथार्थ की सत्ता है। भारतीय दर्शन में भी अध्यात्मवाद के व्यापक असर के बावजूद कहा गया है, 'प्रत्यक्ष है, अतः अयथार्थ नहीं है' (बादरायण)। इस पर लंबी बहस चली है कि ज्ञेय या प्रत्यक्ष यथार्थ ज्ञाता के चित्त पर आश्रित है या यह चित्त से पृथक स्वतंत्र सत्ता है। पदार्थ और चेतना को लेकर बहस दार्शनिक भूमि से आधुनिक यथार्थवादी भूमि पर आई, जब भौतिकवाद का जीवन में महत्व बढ़ा। यथार्थवाद इस पृष्ठभूमि में यह अवधारणा लेकर आया कि सृष्टि को उसी रूप में देखा जाना चाहिए, जिस रूप में यह अस्तित्वमान है। उन्नीसवीं सदी में राजनीतिक दर्शन के क्षेत्र में मार्क्सवाद के उदय के साथ यथार्थवाद पर नई सोच सामने आई। मार्क्स के पहले भी यथार्थवाद की परंपरा थी, लेकिन मार्क्स–एंगेल्स ने इसे वैज्ञानिक स्तर पर समझने का प्रयास किया।

मार्क्स ने अपने किसी ग्रंथ में 'रियलिज्म' शब्द का प्रयोग नहीं किया, किंतु अपने पत्रों एवं टिप्पणियों में उनका पूरा जोर यथार्थवाद पर है। इसकी विकास--यात्रा उपन्यास और चित्रकला के साथ यूरोप में शुरू होती है। हालांकि अठारहवीं-उन्नीसवीं सदी के उर्दू हिंदी साहित्य में मीर, गालिब, नजीर अकबराबादी, भारतेंदु हरिश्चंद्र और हाली के साहित्य को देखें तो हमें यथार्थवाद मिल जाएगा। यूरोपीय साहित्य में इस पर लंबी बहसें हुई हैं। पुराने अर्थ में यथार्थवाद केवल वास्तविक और वस्तुनिष्ठ अस्तित्व का बोध कराता था, लेकिन आज उसका अर्थ बिल्कुल नया है।

फ्रांसीसी साहित्य में 'यथार्थवाद' शब्द का सर्वप्रथम प्रयोग 1830 में हुआ और अंग्रेजी में 1850 में हुआ। इसका प्रयोग कई अर्थों में हुआ है। कभी मन और चेतना से बाहर अस्तित्व रखने वाली भौतिक दुनिया के लिए इस शब्द का प्रयोग किया गया है। इस अर्थ में यह प्रकृतिवाद और भौतिकवाद के बहुत निकट पड़ता है। कभी इसका प्रयोग किसी वस्तु को उसके वास्तविक रूप में चित्रित करने के अर्थ में किया जाता है। कभी यह कला और साहित्य में पद्धति और प्रवृत्ति के अर्थ में प्रयोग किया जाता है। रेमंड विलियम्स के शब्दों में, 'प्रारंभ में प्रस्तुतीकरण की सच्चाई के लिए और बाद में घटनाओं के यथार्थ चित्रण एवं वस्तुओं के उसके वास्तविक रूप में चित्रित करने की प्रतिबद्धता के रूप में यथार्थवाद का प्रयोग हुआ।

यथार्थवाद की प्रारंभिक विशेषताएं शेक्सपियर और सर्वेंटीज आदि महान लेखकों की कृतियों में ही नहीं, कबीर जैसे भक्त कवियों की रचनाओं में भी 'आंखिन देखी' के रूप में मौजूद हैं। मार्क्सवादी साहित्य चिंतन में यथार्थवाद एक पद्धति ही नहीं, मूल्य के रूप में स्वीकृत है। इस लिहाज से यथार्थवाद एक कला-दृष्टि के साथ रचना-दृष्टि और जीवन-दृष्टि भी है। यथार्थवाद यथार्थ की ऐसी विश्वसनीय प्रस्तुति के रूप में भी सामने आया, जिसमें कृत्रिमता न हो। यथार्थवाद को लेकर चित्रकला, रंगमंच और साहित्य के अलावा राजनीति और दर्शन के क्षेत्र में कई आंदोलन सामने आए। ये सैद्धांतिक स्तर

पर पहले दौर में रोमांटिसिज्म और दूसरे दौर में आधुनिकतावाद के विरुद्ध थे। इससे एक बड़ा परिवर्तन यह हुआ कि साहित्य में सामाजिक जीवन के वास्तविक चित्रण के साथ विश्लेषणात्मक अध्ययन की प्रवृत्ति बढ़ गई।

फ्रांसीसी क्रांति के दौरान रिचर्डसन, डेफो, फोल्डिंग, स्विफ्ट, गेटे और दिदरो आदि लेखकों की रचनाओं में यथार्थवाद विकसित हुआ। यूरोपीय साहित्य में यथार्थवाद के विकास में फ्रांसीसी उपन्यासकारों का महत्वपूर्ण योगदान रहा है जिसका सर्वोत्तम रूप हमें बाल्जाक में मिलता है। दरअसल सामाजिक परिस्थितियों में मनुष्य के संपूर्ण व्यक्तित्व का अध्ययन यथार्थवाद का मूल है। यथार्थवाद की ओर अंग्रेज उपन्यासकार वाल्टर स्कॉट प्रवृत्त हुए। उनके ऐतिहासिक उपन्यासों में कार्य-कारण की संबंध श्रृंखला के रूप में सामाजिक जीवन का चित्रण है। जॉर्ज लुकाच ने जिस 'आलोचनात्मक यथार्थवाद' की बात की है, उसकी शुरुआत यहीं से होती है। सामंती एवं पूंजीवादी समाज–व्यवस्था की असंगतियों और अंतर्विरोधों की यथार्थ अभिव्यक्ति पुश्किन, बाल्जाक, डिकेंस, दास्तोवस्की, चेखव और ताल्सताय के उपन्यासों में हुई। ये महान लेखक आलोचनात्मक यथार्थवाद के प्रणेता माने जाते हैं। फ्रांस के बाहर यथार्थवाद का विकास रूसी साहित्य में हुआ था। इसलिए बाल्जाक के साथ ताल्सताय को रखकर ही यथार्थवाद का अध्ययन पूरा होता है। लुकाच ने ठीक लिखा है कि यह आकस्मिक नहीं है कि बाल्जाक पर एंगेल्स की टिप्पणी पढ़े बगैर ही लेनिन ने ताल्सताय के संदर्भ में यथार्थवादी अध्ययन सिद्धांत सूत्रबद्ध किया। उसका कारण था वहां की विकसित यथार्थवादी परंपरा। आलोचना में इसकी शुरुआत वेलिंस्की और चर्निशेवस्की ने की थी। इसलिए यह भी आकस्मिक नहीं था कि बीसवीं सदी के पहले दशक में गोर्की ने 'समाजवादी यथार्थवाद' की घोषणा सोवियत संघ के लेखक-मंच से की थी। गोर्की का चर्चित उपन्यास 'मां' 'समाजवादी यथार्थवाद' की पहली महत्वपूर्ण रचना मानी जाती है।

कई बार प्रकृतिवाद और यथार्थवाद को एक मान लिया जाता है। कथा साहित्य में प्रकृतिवाद का उपयोग ऐसे अश्लील और नग्न चित्रण के रूप में हुआ जो जीवन के अर्थ से रहित था। इसलिए प्रकृतिवाद को यथार्थवाद का संकीर्ण रूप माना गया।

हिंदी में यथार्थवादी दृष्टि की शुरुआत भारतेंदु हरिश्चंद्र से मानी जाती है। आगे चलकर प्रेमचंद ने अपनी महत्वपूर्ण रचनाओं से यथार्थवाद को समृद्ध किया। प्रसाद ने यथार्थवाद को 'लघुता की ओर दृष्टिपात' कहा था। प्रेमचंद ने लिखा, 'यथार्थवाद यदि हमारी आंखें खोल देता है तो आदर्शवाद हमें उठाकर किसी मनोरम स्थान में पहुंचा देता है। ...आशा को सजीव बनाने के लिए ही यथार्थवाद का उपयोग होना चाहिए।' (कुछ विचार) वे यथार्थ के यथातथ्य चित्रण के खिलाफ थे। टी एस इलियट ने कहा था, 'मानव जाति बहुत अधिक यथार्थ सहन नहीं कर सकती।' (मर्डर इन द कैथिड्रल)। इसके बावजूद हिंदी साहित्य का एक बड़ा हिस्सा यथार्थवाद पर आधारित है। कहीं यथार्थवाद का उग्र क्रांतिकारी रूप दिखता है तो कहीं यह आधुनिकता के साथ घुल-मिल कर नए यथार्थ के रूप में सामने आता है। यथार्थवाद की सर्वोत्तम अभिव्यक्ति प्रगतिशील आंदोलन के दौरान यशपाल, राहुल सांकृत्यायन, नागार्जुन, मुक्तिबोध, शमशेर बहादुर सिंह, केदारनाथ अग्रवाल और त्रिलोचन की रचनाओं में हुई है।

बीसवीं सदी के उत्तरार्ध में यथार्थवाद की अवधारणा को कई तरफ से चुनौतियां मिलनी शुरू हो गईं। यह आरोप लगा कि यथार्थवादी साहित्य समाज का विचारधारात्मक चित्रण बन कर रह जाता है और इसमें यथार्थ यांत्रिक ढंग से आता है। यथार्थ न यथास्थिति है और न कोई बना-बनाया सुनिर्धारित मामला है, बल्कि यह एक अन्वेषण भी है। यथार्थवाद वस्तुगत यथार्थ पर आधारित आंदोलन था, पर यह धारणा भी सामने आई कि यथार्थ अंततः ऐंद्रियबोध के जरिए व्यक्ति द्वारा ही जाना जाता है। इस आधार पर चित्रकला, साहित्य और दर्शन में ही नहीं, सिनेमा और फोटोग्राफी में भी यथार्थवाद के कई रूप नजर

आए। खुद यथार्थवाद ने अपनी पुरानी परिभाषाओं का अतिक्रमण किया।

यथार्थवाद अपने वास्तविक अर्थों में केवल वर्तमान तक सीमित नहीं है, उसका संबंध संपूर्ण इतिहास से, समाज की गतिशीलता से और मनुष्य के जीवन-संघर्षों से है। इसने एक वैश्विक आंदोलन का रूप लिया और राजनीति, अंतरराष्ट्रीय संबंधों और व्यापार जगत में भी एक महत्वपूर्ण भूमिका निभाई। रेमंड विलियम्स ने कला और साहित्य-चिंतन में यथार्थवाद के योगदान को रेखांकित करते हुए लिखा है, 'समाज और भौतिक यथार्थ को साहित्य, कला और विचार के आधार के रूप में प्रस्तुत करना ही यथार्थवाद का ऐतिहासिक योगदान है।' (की वर्ड्स)।

मृत्युंजय सिंह

अधिक जानकारी के लिए :
1. **यथार्थवाद :** शिवकुमार मिश्र, **2. Studies in European Realism :** Georg Lukacs, **3. Realism and Reason :** History Putnam, 1983

यमराज

यमराज मृत्यु के देवता हैं। इन्हें 'धर्मराज' भी कहा जाता है। वे नरक के स्वामी हैं। इनके निवास स्थान का नाम यमलोक, यमपुरी या संयमनी है। इनका शस्त्र दंड है। जीवों को मुक्त करना इनका काम है। वे जीवों को उनके अच्छे-बुरे कामों के अनुसार स्वर्ग या नरक भेजते हैं। सबसे पहले मरने वाले यम ही हैं। उनकी आत्मा ही सबसे पहले स्वर्ग जाती है।

ऋग्वेद के अनुसार, यम और उसकी बहन यमी विवस्वान और सरण्यु की संतान थे। विवस्वान अर्थात प्रकाश के देवता सूर्य। सरण्यु अर्थात उषा। ये दो युगलों के माता-पिता हैं—यम-यमी और दो अश्विनी कुमार। यम के दो संदेशवाहक कुत्ते हैं। ये पृथ्वी के स्वर्ग के पथ की रक्षा करते हैं। मृत्यु के पात्रों को चुनते हैं तथा स्वर्गीय यात्रा में उनकी देखभाल करते हैं। मार्कंडेय पुराण के अनुसार, विश्वकर्मा की बेटी संज्ञा का ब्याह सूर्य से हुआ था। सूर्य को देखकर उनके तेज के कारण संज्ञा ने आंखे बंद कर लीं। गुस्से में भरकर सूर्य ने शाप दिया कि—तुम ऐसे बेटे को जन्म दोगी जिसे देखकर सभी जीव डर से आंखें बंद कर लेंगे। संज्ञा ने यम और यमी (यमुना) दो जुड़वां बच्चों और मनु को जन्म दिया। पौराणिक यम मृत्यु के देवता हैं, उनका वाहन भैंसा है।

ऋग्वेद के दसवें मंडल में तीन सूक्त यम पर हैं। एक में यम-यमी संवाद है। यमी यम से ही विवाह करना चाहती थीं लेकिन समझाने पर मान जाती हैं। कार्तिक शुक्ल की द्वितीया को यम द्वितीया कहते हैं, इस दिन भैया दूज का त्योहार मनाया जाता है। इस दिन यम अपनी बहन यमुना से मिलने आते हैं। यमुना उनका स्वागत और पूजन कर उन्हें भोजन कराती हैं। यम द्वितीया के दिन मथुरा में यमुना स्नान का मेला लगता है। दीपावली के एक दिन पहले नरक चतुर्दशी या रूप चौदस को यम की पूजा की जाती है।

यम ने ही सावित्री से प्रसन्न होकर उनके पति सत्यवान के प्राण लौटाए। महाभारत में उन्होंने ही यक्ष के रूप में युद्धिष्ठिर की परीक्षा ली और वह कुत्ते के रूप में उनके साथ स्वर्ग तक गए। कठोपनिषद के यम-नचिकेता संवाद में यम नचिकेता को आध्यात्मिक ज्ञान देते हैं। इस प्रकरण को आधार बनाकर कुंवर नारायण ने 'आत्मजयी' नाम के खंड काव्य की रचना की।

गीता दूबे

यमुना नदी

यमुना ब्रज क्षेत्र की जीवन रेखा और उसका एक महान सौंदर्य है। इसके प्रेम की लहरों में सैकड़ों साल के इतिहास और संस्कृति की घटनाएं सनी हुई हैं। सूरदास ने कहा है, 'देखियत कालिंदी अति कारी।' यमुना को कालिंदी कहा गया है, क्योंकि 6,200 मीटर की ऊंचाई पर स्थित हिमालय की बंदरपुच्छ चोटी

से दस किलोमीटर उत्तर-पश्चिम की तरफ के जिस पर्वत से यह मूलतः निकलती है उसका नाम कालिंद है। उसकी धारा यमुनोत्री में प्रकट होती है जहाँ काफी यात्री उसके उद्गम को देखने जाते हैं। यमुना कई पहाड़ी दरों और घाटियों को पार करती हुई बदियर, कमलाद, वदरी, अस्लौर आदि छोटी -छोटी नदियों को साथ लेकर फैजाबाद की ओर बढ़ती है। यमुना के किनारे दिल्ली और आगरा के अलावा इटावा, काल्पी और हमीरपुर बसे हैं। यह इलाहाबाद में आकर गंगा में मिल जाती है जहाँ का संगम प्रसिद्ध है। यमुना की सहायक नदियों में चंबल, सेंगर, बेतवा और केन प्रधान हैं।

भारत के चार राज्यों उत्तरा खंड, उत्तर प्रदेश, दिल्ली और हरियाणा में बहने वाली यमुना गंगा की सबसे बड़ी सहायक नदी है। भारत में गंगा-जमुनी तहजीब की बात होती है। यमुना-गंगा का दोआब बड़ा उर्वर है। यमुना की लंबाई 1,376 किलोमीटर है और लगभग छह करोड़ लोग यमुना के पानी पर निर्भर हैं। हिमालय से लेकर दिल्ली के लगभग वजीराबाद तक यमुना का पानी स्वच्छ है। इसके बाद गंदी नालियों का पानी, रासायनिक पदार्थों और शहरों का कचरा इतने बड़े पैमाने पर गिरना शुरू होता है कि यमुना अत्यधिक प्रदूषण झेलती है, जैसे इसमें कालिया नाग बैठा हो!

यमुना नदी

यमुना को पौराणिक कथाओं में यम की बहन कहा गया है, दोनों का रंग काला है। दीपावली के दूसरे दिन यम द्वितीया (भैया दूज) भाई-बहन का पर्व होता है। इस दिन यम अपनी बहन यमुना के घर आए थे और बहन ने उनका बड़े प्रेम से स्वागत किया था। इस दिन भाई-बहन के एक साथ यमुना में स्नान का माहात्म्य बताया जाता है। कृष्ण भक्तों के लिए यमुना मां है। वल्लभाचार्य ने 'यमुनाष्टक' में लिखा है, 'नमामि यमुनामहं सकल सिद्धिहेतुम्।' विद्यापति ने गंगा की भावसिक्त महिमा का जिस तरह वर्णन किया, सूर ने उसी तरह यमुना का स्मरण किया, 'सूर सबै मति भली स्याम की जमुना-जल सों प्रीति।' दुनिया गंगा जल की महिमा गाती है, पर कृष्ण ने यमुना नदी से प्रेम किया।

कुंभनदास जिस तरह 'संतन को कहा सीकरी सो काम' कहकर सत्ता को ठुकराते हैं, उसी तरह ब्रज संस्कृति की महत्ता घोषित करते हुए क्षीर सागर को यमुना के आगे सामान्य ठहरा देते हैं, 'कहहु अब कैसे भावतु है क्षीर-सिंधु कौ वास/वह सुख कहां राधिका वल्लभ जो कालिंदी के पास।' कृष्ण को यमुना के निकट जो सुख था वह क्षीर सागर में कहां!

यमुना प्रेम और वियोग-वेदना से जुड़ी एक रोमांटिक नदी है। जिस यमुना क्षेत्र में राधा प्रेम वश कृष्ण के साथ अनगिनत बार घूमा करती थी और क्रीड़ा करती थी, अब वियोग में वहां बैठ कर कंकड़ चुन रही है, 'जा थल कीन्हें बिहार अनेकन ता थल कांकड़ी बैठि चुन्यौ करैं/...नैननि में जो सदा रहते अब उनकी कान कहानी सुन्यौ करैं।' (आलम)। निराला अपनी लंबी कविता 'यमुना के प्रति' में कहते हैं, 'यमुने तेरी इन लहरों में किन अधरों की आकुल तान/पथिक प्रिया सी जगा रही है उस अतीत के नीरव गान?/ बता, कहां अब वह वंशीवट? कहां

गए नटनागर श्याम?/चल चरणों का व्याकुल पनघट कहां आज वह वृंदाधाम?' वह प्रेम, वह संगीत, वह मित्रता, वह घर-पारिवारिकता वर्तमान युग में कहां चले गए हैं? यमुना एक नदी भर नहीं है, वह एक बड़े हिंदी क्षेत्र का सांस्कृतिक गौरव रही है।

शंभुनाथ

ययाति

महाभारत और पद्मपुराण में प्रतापी राजा ययाति की कथा है। वे प्रसिद्ध चंद्रवंशीय राजा नहुष और विरजा के पुत्र थे। एक दिन शिकार के लिए निकले ययाति ने कुएं में गिरी एक लड़की का उद्धार किया। वह दैत्यगुरु शुक्राचार्य की बेटी देवयानी थी, जिसे दैत्यराज वृषपर्वा की बेटी शर्मिष्ठा ने कुएं में ढकेल दिया था। देवयानी ने ययाति से ब्याह की इच्छा जताई। उसके ब्याह में दो हजार दासियों के साथ राजकन्या शर्मिष्ठा भी दंडस्वरूप दासी बनकर आई।

ययाति के देवयानी से दो बेटे हुए—यदु और तुर्वसु। शर्मिष्ठा के मन में भी मां बनने की इच्छा जागी। उसने ययाति से गंधर्व विवाह कर तीन बेटों द्रुह्यु, अनु और पुरु को जन्म दिया। देवयानी को जब यह बात पता चली तो उसने अपने पिता से शिकायत की। शुक्राचार्य ने गुस्से में आकर ययाति को वृद्ध हो जाने का अभिशाप दिया। ययाति ने रोने-गिड़गिड़ाने पर कहा कि अगर उनका कोई बेटा उन्हें अपना यौवन दान में देगा तो वे फिर युवा हो जाएंगे। ययाति ने एक-एक कर अपने सभी बेटों से याचना की। सबके ना कहने पर पुरु ने अपना यौवन पिता को देकर उनका बुढ़ापा ले लिया। नया यौवन पाकर ययाति ने लंबे समय तक राज्य किया। इसके बावजूद सुखभोग से उनका मन नहीं भरा। उन्होंने समझ लिया कि सांसारिक सुखों से मनुष्य कभी तृप्त नहीं हो सकता। अंत में वह पुरु को उसका यौवन लौटाकर, उसका राज्याभिषेक कर तप करने वन चले गए। कठोर तप से उन्हें स्वर्ग मिला।

मनोविज्ञान में 'ययाति ग्रंथि' वृद्धावस्था में यौवन की अंधी कामना की ग्रंथि है। कई बार आदमी उम्र के बदलाव को सहजता से नहीं स्वीकारता। युवा बने रहने और सुख पाने के लिए हजार जतन करता है। प्रतापरुद्रदेव रचित 'ययातिचरितम्' उल्लेखनीय रचना है। विष्णु सखाराम खांडेकर के ख्याति प्राप्त उपन्यास 'ययाति' में ययाति का चरित्र काफी मौलिक और प्रभावशाली है। गिरीश करनाड का नाटक 'ययाति' भी एक महत्वपूर्ण कृति है।

गीता दूबे

यशोदा

यशोदा ब्रज के नंद गोप की पत्नी और कृष्ण को पालने वाली माता थीं। वसुदेव कृष्ण को यशोदा के पास छोड़ कर उनकी नवजात कन्या अपने साथ ले गए थे। जब कंस ने इस नवजात कन्या को कृष्ण समझ कर मारने का प्रयास किया तो उस कन्या ने महामाया के रूप में प्रकट होकर कहा कि जिसके हाथों तेरी मृत्यु होगी वह तो सुरक्षित स्थान पर पहुंच चुका है। सूरदास ने यशोदा के सरल भाव वाली ममतामयी प्रफुल्लित माता-रूप का बड़ा सुंदर वर्णन किया है, 'जसोदा हरि पालने झुलावै/ हलरावे, दुलराई मल्हावै, जोइ-सोइ कछु गावै।' यशोदा के कारण ही कृष्ण की बाल छवि लोक हृदय पर अमिट छाप छोड़ सकी। भागवत पुराण की एक कथा के अनुसार, वसुश्रेष्ठ द्रोण और उनकी पत्नी धरा ने ही विष्णु के वरदान से नंद और यशोदा के रूप में जन्म ग्रहण किया। (10.2.9)।

श्रद्धांजलि सिंह

यांत्रिक भौतिकवाद

भौतिकवादी चिंतन के लंबे इतिहास में एक पड़ाव यांत्रिक भौतिकवाद है जो मानवीय अनुभवों और संस्कृतियों की बिल्कुल उपेक्षा कर संकीर्ण भौतिकवादी नजरिए से जीवन, साहित्य

और सामाजिक विकास को देखता है। भौतिकवादी दर्शन का विकास मुख्य रूप से पश्चिम में हुआ था। भारत में लोकायत एक भौतिकवादी दर्शन है। हिंदी में प्रगतिवादी लेखकों ने वैज्ञानिक भौतिकवाद या द्वंद्वात्मक भौतिकवाद के संदर्भ में यांत्रिक भौतिकवाद की भी चर्चा की है। मुक्तिबोध ने 'प्रगतिवाद और विकासवाद' (1942) पर विचार करते हुए यांत्रिक भौतिकवाद का प्रसंग उठाया था और इसे 'जड़वाद' कहा था।

यांत्रिक भौतिकवादी विश्लेषण यांत्रिक होता है क्योंकि यह प्रकृति के नियमों की व्याख्या करते हुए प्रकृति के विकास को नहीं मानता है। यांत्रिक भौतिकवाद की एक अन्य सीमा यह है कि यह सामाजिक-सांस्कृतिक जीवन के कार्य-व्यापारों की यांत्रिक व्याख्या करता है। इन्हें न ऐतिहासिकता में देखता है और न द्वंद्वात्मकता में। हेगेल से प्रभावित होनेवाले कार्ल मार्क्स ने हेगेल से द्वंद्वात्मकता ली थी और फायरबाख के भौतिकवाद को उससे जोड़कर एक नए दर्शन का सृजन किया था। इसे द्वंद्वात्मक भौतिकवाद कहा जाता है। पहले के भौतिकवादी दृष्टि कोणों में द्वंद्वात्मकता नहीं थी। इसलिए उन्हें यांत्रिक भौतिकवाद कहा गया था।

प्रगतिशील साहित्य की परंपराओं पर चर्चा के दौर में कुत्सित समाजशास्त्र और यांत्रिक भौतिकवाद के आलोचनात्मक मुहावरों का खास तौर पर प्रयोग हुआ। मानव समाज के विकास की एकरेखीय व्याख्या करते हुए जिस चिंतन में माना गया कि पूंजीवाद का विकास अनिवार्य रूप से कम्युनिज्म की तरफ होता है, उस चिंतन को एक काल के बाद यांत्रिक भौतिकवादी माना जाने लगा। मुख्य रूप से, प्राचीन संस्कृति की ऐतिहासिक महत्ता न पहचान कर उसकी उपलब्धियों को नकारने की प्रवृत्तियों को यांत्रिक भौतिकवाद कहा गया।

मार्क्सवाद में आधार और अधिरचना के विश्लेषण की प्रक्रिया में ये सवाल उठे थे—मनुष्य की विचारधारा का असर आर्थिक आधार पर पड़ता है या नहीं, संस्कृति अर्थव्यवस्था को प्रभावित करती है या नहीं और क्या अर्थव्यवस्था बदल जाने पर संस्कृति पूरी तरह बदल जाती है? इस संबंध में एंगेल्स ने स्पष्ट किया था, 'राजनीतिक, कानूनी, दार्शनिक, धार्मिक, साहित्यिक, कलात्मक विकास आदि का आधार आर्थिक विकास है, लेकिन इन सबका एक-दूसरे पर असर पड़ता है।' (एंगेल्स का स्टार्केनबुर्ग को पत्र, 25 जनवरी 1894)। फिर भी कुछ मार्क्सवादियों ने कला, साहित्य और संस्कृति को उत्पादन-संबंधों पर आधारित आर्थिक ढांचे पर पूरी तरह निर्भर माना। उन्होंने प्राचीन साहित्य, भक्ति साहित्य, नवजागरण और छायावाद को सामंती या बूर्जुआ प्रवृत्तियां कह कर उनकी निंदा की। वस्तुतः इसे ही यांत्रिक भौतिकवाद कहा गया। इस मामले में रामविलास शर्मा ने लिखा था, 'किसी भी युग को समझने के लिए आर्थिक संबंधों को जानना जरूरी है, लेकिन साहित्य और कला इन संबंधों की छाया नहीं है।' (मार्क्सवाद और प्रगतिशील साहित्य)। उन्होंने यह भी कहा, 'समाज और साहित्य के संबंध को सही तौर पर पेश न करना (यानी यांत्रिक ढंग से पेश करना), साहित्य के लिए गलत उद्देश्य पेश करना, गलत सामाजिक पृष्ठभूमि में साहित्यकारों का मूल्यांकन करना यह सब कुत्सित समाजशास्त्र है।' (वही)। उन्होंने मुख्यतः शिवदान सिंह चौहान, रांगेय राघव और राहुल सांकृत्यायन पर यांत्रिक भौतिकवाद का आरोप लगाया था।

मृत्युंजय सिंह

अधिक जानकारी के लिए :

1. **दर्शन-दिग्दर्शन :** राहुल सांकृत्यायन, 2. **मार्क्सवाद और प्रगतिशील साहित्य :** रामविलास शर्मा, 3. **मुक्तिबोध रचनावली**-5

याज्ञवल्क्य

याज्ञवल्क्य वैशंपायन ऋषि के शिष्य माने गए हैं। उनसे उन्होंने शुक्ल यजुर्वेद का ज्ञान

प्राप्त किया था। वह यजुर्वेद के अधिकारी विद्वान थे। उन्हें चारों वेदों का अच्छा ज्ञान था। एक बार नाराज गुरु के आदेश पर उन्होंने गुरु से पाया सारा ज्ञान वमन कर दिया। इस वेद ज्ञान को अन्य ऋषियों ने तीतर पक्षी के रूप में ग्रहण किया। इसी से यजुर्वेद की तैत्तिरीय शाखा का जन्म हुआ। महाभारत के अनुसार, याज्ञवल्क्य ने सूर्य को अपनी साधना से संतुष्ट कर उनसे फिर से वेद ज्ञान प्राप्त किया। याज्ञवल्क्य का दूसरा नाम वाजसनेय भी है। महाभारत के शांतिपर्व में वेदज्ञ विश्वावसु गंधर्व के 24 प्रश्नों का उत्तर उन्होंने बड़ी विदग्धता से दिया है। याज्ञवल्क्य 'शतपथब्राह्मण' के संग्रहकर्ता थे। 'याज्ञवल्क्य संहिता' या 'याज्ञवल्क्य स्मृति' न्याय पर रचित इनकी प्रसिद्ध रचना है। विज्ञानेश्वर की 'मिताक्षरी टीका' और योग पर लिखित 'याज्ञवल्क्य गीता' भी उल्लेखनीय है।

याज्ञवल्क्य की दो पत्नियां थीं—मैत्रेयी और गार्गी (कात्यायनी)। बृहदारण्यक उपनिषद के अनुसार, जनक के दरबार में विख्यात विदुषी गार्गी के साथ उनका शास्त्रार्थ हुआ था। गार्गी ने पूछा, 'सबकुछ किसमें ओत-प्रोत है?' याज्ञवल्क्य ने जवाब दिया—'जल में'। गार्गी ने पूछा, 'जल किसमें ओत-प्रोत है?' याज्ञवल्क्य—'हवा में'। गार्गी जब प्रश्न लगातार किए जा रही थी, तो याज्ञवल्क्य ने गुस्से में कहा, कि अति प्रश्न करने पर तेरी खोपड़ी फट जाएगी। बृहदारण्यक उपनिषद में प्रश्न करने के ऐसे आयोजन को 'ब्रह्मनोद्य' कहा गया है। याज्ञवल्क्य से जनक के अलावा अन्य ज्ञानियों ने भी प्रश्न किया था। अंत में गार्गी ने स्वयं कहा कि ब्रह्मनोद्य में याज्ञवल्क्य को कोई पराजित नहीं कर सकता। इस तरह 'खोपड़ी फोड़ने' की कथा पूरी तरह घूम गई। याज्ञवल्क्य जनक के अश्वमेध यज्ञ में आए सभी ब्राह्मणों के साथ हुए विवाद में विजयी हुए थे। जनक ने उन्हें सोने से मढ़ी सींगों वाली हजार गाएं उपहार में दीं। याज्ञवल्क्य ने जनक के सामने आत्मा की गति की व्याख्या की। कहा गया है कि उनकी विद्वत्ता से प्रभावित होकर जनक उनके शिष्य बन गए। याज्ञवल्क्य ने अपनी सारी धन-संपत्ति याज्ञवल्क्य को दी। मैत्रेयी को उन्होंने दार्शनिक तत्व ज्ञान दिया। मैत्रेयी की जिज्ञासा पर उन्होंने अमरत्व की व्याख्या की और अंततः खुद भी अमरत्व प्राप्त किया। 'रामचरितमानस' में याज्ञवल्क्य प्रयाग में ऋषि भारद्वाज को रामकथा सुनाते हैं। उन्होंने धर्म के लक्षण बताए : अहिंसा, सत्य, ईमानदारी, पवित्रता (स्वच्छता), इंद्रिय नियंत्रण, दान, दया, तप और सहिष्णुता। याज्ञवल्क्य ने लगभग तीन हजार साल पहले एक तरह से यही कहना चाहा कि जिसके होने से मनुष्य मनुष्य है, वही धर्म है।

गीता दूबे

यात्रा वृत्तांत

यात्रा वृत्तांत (Travelogue) किसी व्यक्ति विशेष के जीवन में घटित यात्रा संबंधी किसी घटना का साहित्यिक चित्रण होता है। इसमें स्थानीयता और तथ्यात्मकता होती है। यहां कल्पना की गुंजाइश नहीं होती। इसमें बीते हुए यथार्थ का वर्णन होता है। इसमें आत्मीयता, वैयक्तिकता, कल्पनाशीलता और रोचकता होती है। यात्रा वृत्तांत में किसी खास जगह के संपूर्ण वैभव, प्राकृतिक सौंदर्य, रीति-रिवाज, रहन-सहन, आचार-विचार, मनोरंजन के तौर-तरीके, जीवन के प्रति दृष्टिकोण आदि का चित्रण होता है। लेखक अपनी रुचि के अनुसार इन बातों का चित्रण करता है। कभी-कभी वह किसी खास जगह की किसी एक ही वस्तु का अंकन करता है, जो उसे महत्वपूर्ण लगी हो।

यात्रा वृत्तांत कहीं विवरणात्मक, कहीं भावात्मक तो कहीं तुलनात्मक होता है। जब लेखक प्राकृतिक सौंदर्य को रूपायित करता है, तब उसकी शैली भावात्मक होती है और जब वह किसी खास जगह को जल्दबाजी में देखकर उसका अंकन करता है, तब उसकी शैली विवरणात्मक होती है, वहीं जब वह स्वदेश की तुलना में किसी स्थान विशेष का मूल्यांकन करता है, तब उसकी शैली तुलनात्मक

होती है। यात्रा वृत्तांत में तथ्यात्मकता होती है। इसमें किसी स्थान के संबंध में सभी आवश्यक तथ्य मौजूद होते हैं। तथ्यों के प्रस्तुतीकरण में इतिहास-भूगोल की नीरस भाषा शैली के स्थान पर कथा साहित्य की सी सरस भाषा शैली का प्रयोग होता है।

यात्रा वृत्तांत में आने वाले स्थानों, स्मारकों, दृश्यों आदि के वर्णन में आत्मीयता होती है। यही आत्मीयता इसे पर्यटक पुस्तिका से अलग करती है। यात्रा वृत्तांत किसी राष्ट्र अथवा किसी राज्य की आय में वृद्धि करने के लिए नहीं लिखा जाता। गोपालप्रसाद व्यास ने अपने यात्रा वृत्तांत 'अरबों के देश में' की भूमिका में लिखा है, 'इसमें अरब देशों की प्रगति के सरकारी आंकड़े या विज्ञप्तियां शामिल नहीं हैं। यह किसी के कहने से या प्रचार के लिए भी नहीं लिखी गई है।' यह मार्गदर्शिका भी नहीं होती, 'यह पुस्तक मार्गदर्शिका नहीं है। इसके सहारे यूरोप की यात्रा करनेवाला यह जान लेना चाहे कि कैसे वह कहां से कहां जा सकेगा या कैसे मौसम के लिए कैसे कपड़े उसे ले जाने होंगे, या कि कहां कितने में उसका खर्चा चल सकेगा, तो उसे निराशा होगी। जो यह जानना चाहते हों कि कहां से नायलॉन की साड़ियां या कैमरे, या घड़ियां या सेंट, या ऐसी दूसरी चीजें जो कि भारतवासी विदेशों से उन कला-वस्तुओं के एवज में आते हैं, जो कि विदेशी यहां से ले जाते हैं—कहां से किफायत में मिल जाएगी, उनके भी काम की यह पुस्तक न होगी।' (अज्ञेय, एक बूंद सहसा उछली) यात्रा वृत्तांत में लेखक अपनी यात्रा की अनुभूतियों और प्रतिक्रियाओं का चित्रण करता है, जिसमें वह कभी दार्शनिक तो कभी आलोचक और कभी दर्शक के रूप में होता है।

लेखक को अपनी अभिरुचि का तीव्र बोध प्रवास के क्षणों में होता है। इसलिए यात्रा वृत्तांत में अन्य विधाओं की अपेक्षा वैयक्तिकता अधिक होती है। इसमें कल्पना का प्रयोग यथार्थ के सटीक और प्रामाणिक चित्रण के लिए होता है। इस तरह इसमें सोचे हुए यथार्थ की जगह भोगे हुए यथार्थ को कल्पना के द्वारा व्यक्त किया जाता है। किसी खास जगह की दंतकथा के उल्लेख, आकस्मिक अप्रत्याशित घटनाओं के समावेश, रोचक शीर्षक आदि से लेखक यात्रा वृत्तांत को रोचक बनाता है। जैसे अज्ञेय ने अपनी कृति 'एक बूंद सहसा उछली' में वेल्स (इंग्लैण्ड) की विशिष्टताओं तथा वहां के काव्य प्रेम का वर्णन 'बीस हजार राष्ट्र कवि' शीर्षक से किया है, वहीं विष्णु प्रभाकर ने काका कालेलकर तथा गोर्की की पुत्रवधू के बीच हुई बातचीत को 'गोर्की इंस्टीट्यूट में' स्थान देकर उसे रोचक बना दिया है।

यात्रा वृत्तांत में सर्वाधिक चित्रोपमता होती है, फिर भी इसमें मिथक, प्रतीकों का सावधानी से प्रयोग होता है। इसकी भाषा में बिंबधर्मिता होती है। ऐसा स्थानीयता और तथ्यात्मकता को सुरक्षित रखने के लिए होता है। इसमें कथ्य को वास्तविक और यथार्थ रूप देने के लिए डायरी, पत्र आदि शैली का प्रयोग होता है। यात्रा वृत्तांत में संवेदना की सर्जनात्मक उपलब्धि होती है।

भारतेंदु हरिश्चंद्र ने 'सरयू पार की यात्रा', 'लखनऊ की यात्रा', 'हरिद्वार की यात्रा' लिखकर यात्रा वृत्तांत की दिशा में युग-प्रवर्तन का काम किया। राहुल सांकृत्यायन के जीवन का बहुत बड़ा भाग घुमक्कड़ी में बीता था। उनका 'तिब्बत में सवा वर्ष, 'मेरी यूरोप यात्रा', 'मेरी तिब्बत यात्रा', 'यात्रा का अंत' आदि ढेरों यात्रा वृत्तांत हैं। निर्मल वर्मा का 'चीड़ों पर चांदनी', अज्ञेय का 'एक बूंद सहसा उछली' और 'अरे यायावर रहेगा याद', मोहन राकेश का 'आखिरी चट्टान' तक यात्रा वृत्तांत के अच्छे उदाहरण हैं। इधर कृष्णनाथ के यात्रा वृत्तांत 'स्पीति में बारिश', 'किन्नौर देश में', आदि में हिमालय की छवियां अंकित हुई हैं तो अनिल यादव के यात्रा वृत्तांत 'वह भी कोई देस है महराज' में पूर्वोत्तर भारत की।

ब्रजकिशोर झा

अधिक जानकारी के लिए :
1. **घुमक्कड़शास्त्र :** राहुल सांकृत्यायन, **2. Autobiography, Travel and Postnational Identity :** Javed Majeed, 2015

अकादमी द्वारा सम्मानित किया गया तथा अन्य कई सम्मान प्राप्त हुए।

एकता गुप्ता

यामिनी कृष्णमूर्ति

यामिनी कृष्णमूर्ति भारतीय शास्त्रीय नृत्य की महत्वपूर्ण कलाकार हैं। इनका जन्म आंध्रप्रदेश के मदनपल्ली गांव के एक तेलुगु परिवार में हुआ था। उन्हें भरतनाट्यम तथा कुच्चीपुडी नृत्य में प्रसिद्धि मिली। उन्होंने नृत्य कला का अध्ययन चेन्नई के 'कला क्षेत्र' से प्राप्त किया था। अपनी

यामिनी कृष्णमूर्ति

अद्‌भुत प्रतिभा से उन्होंने नृत्य को एक नया उत्कर्ष प्रदान किया और वह बहुतों की प्रेरणा बनीं। तिरुपति के 'लॉर्ड वेंकटश्वर देवस्थानम्' में 'अस्थाना नर्तकी' के रूप में इनकी नियुक्ति हुई थी।

यामिनी कृष्णमूर्ति ने युवा प्रतिभाओं के विकास के लिए दिल्ली में 'यामिनी स्कूल ऑफ डांस' संस्था की स्थापना की। उन्हें 1977 में संगीत नाटक अकादमी द्वारा सम्मानित किया गया तथा अन्य कई सम्मान प्राप्त हुए।

यास्क

(छठी-आठवीं सदी)

यास्क अद्यावधि उपलब्ध भारतीय भाषाविज्ञान के आदि आचार्य ठहरते हैं। 'निरुक्त' नामक ग्रंथ के प्रणेता के रूप में उनका नाम अमर है। उनके बारे में जानने का सबसे बड़ा स्रोत 'निरुक्त' ही है। भारतीय वाङ्‌मय के अंतःसाक्ष्यों के अनुसार, वे विश्वविश्रुत वैयाकरण पाणिनि के पूर्ववर्ती सिद्ध होते हैं। संस्कृत साहित्य के अधिकतर इतिहासकारों की मान्यता है कि वे ईसा-पूर्व छठी से आठवीं सदी के बीच हुए थे।

'निरुक्त' किसी विशेष पुस्तक का नाम नहीं है, वह वैदिक वाङ्‌मय के अंतर्गत आनेवाली ज्ञान की एक विधा या संप्रदाय (स्कूल) का नाम है। वह छह वेदांगों (शिक्षा, कल्प, व्याकरण, निरुक्त, छंद और ज्योतिष) में से एक है, पर एक मात्र यास्क का 'निरुक्त' ही उपलब्ध हो सका है। उसमें अनेक उन पूर्ववर्ती निरुक्तकारों का उल्लेख है, जिनके ग्रंथ अनुपलब्ध हैं। नतीजतन निरुक्त नामक विधा के स्वरूप का पता यास्क के ग्रंथ से ही चलता है।

निरुक्त शब्द का पर्याय है निर्वचन, जिसके लिए कुछ लोग 'व्युत्पत्ति' शब्द का प्रयोग भी उचित मानते हैं। निर्वचन का तात्पर्य है, किसी शब्द की रचना-प्रक्रिया या उसके घटकों (प्रकृति, प्रत्यय आदि) का विश्लेषण करते हुए उसमें निहित अर्थ का उद्‌घाट न। इसके लिए भाषा के पंचविध रूपांतरणों का आश्रय लेना पड़ता है, क्योंकि उन्हीं के सापेक्ष निर्वचन किया जाता है। उनमें से चार रूपांतरण शब्द के हैं— वर्णागम, वर्णविपर्यय, वर्णविकार और वर्णलोप और पांचवां रूपांतरण है अर्थ का—अर्थातिशय। निरुक्त

में शब्द के मूल रूप, उसके घटकों और इनके अर्थों का ज्ञान कराने के साथ-साथ, पर्यायवाची तथा अनेकार्थक शब्दों का भी विवेचन किया जाता है। शब्द के अर्थ का किस तरह से विकास या परिवर्तन होता है, किस तरह एकार्थक शब्द अनेकार्थक हो जाते हैं (अर्थ विस्तार) और किस तरह अनेकार्थक शब्द एकार्थक हो जाते हैं (अर्थ-संकोच), इन विषयों का भी विवेचन उसमें होता है। समानार्थी (पर्यायवाची) शब्दों में सूक्ष्म भेद जैसे विषय का भी निदर्शन 'निरुक्त' में किया जाता है। समग्रतः अर्थविज्ञान (सीमेंटिक्स) की अनेक विधाओं को अपने में समाहित किए हुए निरुक्त पुरातन आचार्यों के भाषावैज्ञानिक चिंतन का अता-पता देने वाला मजबूत स्रोत है ।

यास्क ने अपने ग्रंथ में कहा है कि वैदिक अर्थों को समझने में कठिनाई का अनुभव करने वालों ने ही निरुक्त सहित षड्वेदांगों की शुरुआत की। वस्तुतः यास्क का 'निरुक्त' वेदार्थ के उद्घाटन के लिए एक महत्वपूर्ण कुंजी है। यह दुनिया में व्युत्पत्तिशास्त्र और अर्थविज्ञान का ही नहीं, भाषाशास्त्र का भी आदिम उपलब्ध ग्रंथ है ।

'निरुक्त ' नाम से प्राप्त यास्क का ग्रंथ दो खंडों में संघटित है—'निघंटु' और 'निरुक्त'। पांच अध्यायों का 'निघंटु' वाला खंड वैदिक शब्दों का कोश है और 14 अध्यायों वाला 'निरुक्त' उसी का प्रकृति-प्रत्ययपरक निर्वचन है। वैदिक शब्दों के संग्रह और उनकी व्याख्या की जरूरत इसलिए आ पड़ी थी, क्योंकि वेद मंत्रों की रचना हुए इतना समय गुजर चुका था कि ढेर सारे शब्दों का अर्थबोध लुप्त हो चला था। उदयनारायण तिवारी के अनुसार, 'संस्कृत के अन्य कोशों की भांति निघंटु भी पर्यायवाची कोश है और निरुक्त वास्तव में उसकी व्याख्या है।' (भाषाविज्ञान का संक्षिप्त इतिहास)।

आमतौर पर माना जाता है कि उपलब्ध संपूर्ण ग्रंथ ('निघंटु' और 'निरुक्त') के कर्ता यास्क हैं, यानी 'निघंटु' के संकलनकर्ता भी यास्क ही माने जाते हैं। कुछ ऐसे साहित्यिक साक्ष्य भी उपलब्ध होते हैं, जिनसे यह अनुमान लगाया जाता है कि 'निघंटु' के पीछे किसी अन्य व्यक्ति का हाथ है। बहुत-से विद्वान महाभारत के अंतःसाक्ष्य से 'निघंटु' को कश्यप कृत मानते हुए यास्क को उसमें आए शब्दों की व्याख्या वाले भाग ('निरुक्त') मात्र का कर्ता ठहराते हैं। भगवद्दत्त के अनुसार, यास्क ने जिन आचार्यों का 'निरुक्त' में उल्लेख किया है, वे सब अपने-अपने 'निरुक्त' के रचयिता तो थे ही, साथ ही वे सब स्वतंत्र निघंटुकार भी थे। लगता है, भारत में 'निघंटु' की एक समृद्ध परंपरा रही है, पर एक ही 'निघंटु' उपलब्ध है।

उपलब्ध 'निघंटु' में तीन कांड और पांच अध्याय हैं—नैघंटुक कांड (प्रथम तीन अध्याय), नैगम कांड (चौथा अध्याय) और दैवत कांड (पांचवां अध्याय)। इन पांचों अध्यायों में साढ़े सत्रह सौ से अधिक शब्द संकलित हैं।

यास्क के 'निरुक्त' पर लिखी गई टीकाओं में सबसे प्राचीन टीका स्कंदस्वामी (500 ईसा पूर्व) की है। दुर्गाचार्य (1300-1350) ने 'ऋज्वर्थ-वृत्ति' और वररुचि ने 'निरुक्त-निचय' नामक टीका लिखी । 'निरुक्त' पर महेश्वर (1500) की भी टीका है।

यास्क द्वारा प्रस्तुत निरुक्तियों में बहुत सारी तो ध्वनि विज्ञान के नियमों के अनुरूप हैं, परंतु ढेर सारी व्युत्पत्तियां अनुमानाश्रित या काल्पनिक हैं। इस बात की स्पष्ट स्वीकृति उनके ग्रंथ में ही है। जैसे- 'धातु' शब्द की व्युत्पत्ति 'धा' (उधारण) से करना वैज्ञानिक विधान है, पर 'अश्व', 'गौ', 'पुरुष', 'हस्त', 'तृण' आदि सैकड़ों शब्दों को किसी-न-किसी धातु से व्युत्पन्न सिद्ध करने की कष्ट कल्पनाएं अवैज्ञानिकता के नमूने हैं। सिद्धेश्वर वर्मा के अनुसार, 'निरुक्त' में 1298 शब्दों का निर्वचन किया गया है, जिनमें से 859 पुराने ढर्रे के यानी अशुद्ध हैं और 225 अस्पष्ट हैं। सिर्फ 224 निर्वचन ही ठीक हैं। शब्दों के निर्वचन के लिए यास्क ने वर्णागम, वर्णलोप, वर्णविकार, आदिलोप, अंतलोप, उपधालोप, द्विवर्णलोप, आद्यक्षर परिवर्तन, अंत्यक्षर परिवर्तन, आदिशेष, आद्यंतविपर्यय आदि ध्वनिवैज्ञानिक प्रक्रियाओं के साथ जिन ढेर सारी

दिशाओं का प्रथम बार संकेत अपने ग्रंथ में किया है, वे उनके वैज्ञानिक दृष्टिकोण की निदर्शक हैं ।

यास्क के समय में शब्दों के मूल के संबंध में दो तरह के मत प्रचलित थे : (क) शाकटायन नैरुक्त संप्रदाय (शाकटायन-प्रवर्तित) का मत था, सभी शब्द धातुओं से उत्पन्न हैं तथा (ख) 'वैयाकरण संप्रदाय' (गार्ग्य-प्रवर्तित) का मत था, शब्द धातुज व अधातुज दोनों तरह के हैं। इन द्विधा मतों को 'निरुक्त' में उपस्थित करते हुए यास्क ने अपना झुकाव प्रथम के प्रति प्रकट किया है। साथ ही, पदों का ज्ञात प्राचीनतम वर्गीकरण यास्क का ही है अथवा यास्क द्वारा उल्लिखित है। वे पद के चार विभागों (नाम, आख्यात, उपसर्ग, निपात) की चर्चा करते हैं। (निरुक्त, प्रथम अध्याय 1/1)।

इन सब भाषावैज्ञानिक उपलब्धियों के अलावा, वैदिक मंत्रों की निर्वचनात्मक व्याख्या करके 'निरुक्त' ने वैदिक वाङ्मय के अर्थानुसंधान की संस्कृति को निर्णायक दिशा दी है।

रवींद्र कुमार पाठक

अधिक जानकारी के लिए :

1. भाषाविज्ञान का संक्षिप्त इतिहास : उदयनारायण तिवारी,
2. **The Etymologies of Yaska :** Siddheshwer Verma

युधिष्ठिर

युधिष्ठिर का अर्थ है युद्ध में स्थिर रहने वाला। युधिष्ठिर महाभारत के पांडवों में सबसे बड़े हैं। वह एक महत्वपूर्ण चरित्र हैं। वे धर्मराज के संयोग से उत्पन्न कुंती के पुत्र हैं और धर्मराज के नाम से भी जाने गए हैं। युधिष्ठिर महाभारत में असीम धैर्यवान, शीलवान, धार्मिक, कष्ट सहिष्णु, स्थिर बुद्धिसंपन्न होने के साथ-साथ चतुर राजनीतिक दिखते हैं। वह सत्यवादी और न्यायप्रिय हैं। सदा सच बोलते हैं। वह सिर्फ एक बार महाभारत युद्ध में द्रोण का ध्यान भटकाने के लिए आधा सच बोले थे। पांच पांडवों में सिर्फ वे स्वर्ग तक पहुंच पाए। वहां वे अपने सहयात्री कुत्ते के साथ गए। अपने भाइयों को न पाकर वे उनके साथ नरक में रहने को भी राजी थे।

युधिष्ठिर अपने सभी भाइयों को समान भाव से प्रेम करते थे। कर्ण की मृत्यु के बाद उसके जीवन का रहस्य जानकर उन्होंने उसका संस्कार भी सम्मान से किया। अपनी मां से वे इस रहस्य को छिपाने के लिए जरूर नाराज हुए। उन्होंने कुंती को शाप दिया कि भविष्य में स्त्री जाति किसी भी रहस्य को छिपा पाने में सफल नहीं हो पाएगी। कौरवों के तमाम अपराधों के बावजूद वे उनसे प्रेम करते थे। कौरवों पर जब वन में गंधर्वराज चित्रसेन ने हमला किया तब युधिष्ठिर की सलाह पर ही अर्जुन ने उनकी सहायता की। जयद्रथ ने जब वन से द्रौपदी का अपहरण किया तब युधिष्ठिर ने भीम और अर्जुन से कह कर उसकी जान बचाई।

युधिष्ठिर की धैर्यशीलता, कायरता जैसी लगती है, परंतु बड़ी से बड़ी मुसीबत में भी उनका कभी उत्तेजित नहीं होना एक गुण था। वे बाध्य होकर ही कौरवों से युद्ध के लिए तैयार हुए थे। महाभारत युद्ध में भयानक नरसंहार देखकर उन्हें बहुत ग्लानि हुई। छत्तीस साल शासन करने के बाद परीक्षित को राज्य सौंपकर वे भाइयों और द्रौपदी सहित हिमालय चले गए। रामधारी सिंह 'दिनकर' के खंडकाव्य 'कुरुक्षेत्र' में युधिष्ठिर-भीष्म के वार्तालाप में युधिष्ठिर के चरित्र की विराटता दिखाई देती है। 'रश्मिरथी' में भी कर्ण युधिष्ठिर की सदाशयता का उल्लेख करता है। धर्मवीर भारती के 'अंधा युग' में राजा बनने के बाद युधिष्ठिर की हताशा का मार्मिक चित्र है।

गीता दूबे

युवा मनोविज्ञान : स्त्री संदर्भ

मनोविज्ञान का संबंध मनुष्य मन के विज्ञान से है। मनुष्य के मन पर उसके आसपास के परिवार, समाज और वहां होने वाली गतिविधियों का प्रभाव पड़ता है लेकिन यह प्रभाव सभी पर एक-सा नहीं होता। उसमें व्यक्ति की आयु, लिंग

और अन्य कारकों की भी अहम भूमिका होती है। मनोविज्ञान की दृष्टि से किशोर और युवा वय सबसे कठिन होती है। भावात्मक और व्यवहारगत स्तर पर किशोरों और युवाओं को कई तरह की जटिलताओं से गुजरना होता है। इसी उम्र में उनमें अपने स्त्री या पुरुष होने का तीव्र अहसास होता है। उनकी दैहिक, भौतिक और सामाजिक जरूरतें तेजी से बढ़ती हैं और उनकी पूर्ति के लिए वह छटपटाता है। उसके आसपास का माहौल उसकी इस प्रक्रिया में सहायक भी बनता है और बाधक भी।

युवा का अर्थ लड़का और लड़की दोनों से है, लेकिन युवती के लिए युवावस्था ठीक वैसी ही नहीं होती जैसी युवकों के लिए होती है। इस उम्र में युवती के शरीर में जो परिवर्तन होते हैं, वे उसके मानस को गहरे रूप से प्रभावित करते हैं। ऐसे समय माता-पिता और परिवार की भूमिका महत्वपूर्ण होती है। इस उम्र में युवक और युवतियों में एक-दूसरे के प्रति आकर्षण भी बढ़ता है लेकिन पारिवारिक और सामाजिक परंपराएं आमतौर पर इनके इस परस्पर आकर्षण को सहज नहीं रहने देते और कई तरह की व्यवहारगत ग्रंथियां पैदा हो जाती हैं, जिनका शिकार आमतौर पर युवतियों को होना पड़ता है। छेड़खानी, बलात्कार, एसिड डालकर हमला करना आदि घटनाएं इन ग्रंथियों के कारण ही होती हैं। किसी भी तरह का असहज जीवन युवतियों को मानसिक रोगों से ग्रस्त कर सकता है।

युवावस्था में युवाओं में यह विश्वास बढ़ता है कि वे अपने जीवन के बारे में स्वयं फैसला ले सकते हैं। उन्हें क्या खाना है, क्या पहनना है, किस तरह अपने भविष्य को दिशा देनी है। लेकिन भारत जैसे देशों में जहाँ लैंगिक समानता का भाव प्रायः देखने को नहीं मिलता, युवतियों पर हर स्तर पर कई तरह की बंदिशें लगी होती हैं। उन्हें कैसे कपड़े पहनने चाहिए, कैसे हँसना चाहिए, कैसे उठना-बैठना चाहिए, पुरुषों से कितनी दूरी बनानी चाहिए आदि व्यवहारगत निर्देश उनकी स्वतंत्रता को ही बाधित नहीं करते वरन उनकी सोच को भी नियंत्रित और नियमित करते हैं। उनमें यह अहसास भरने लगता है कि वे युवकों की तुलना में कमतर हैं। उन्हें बराबरी का अधिकार नहीं है। उन्हें अपने से बड़ों (पिता, पति आदि) की आज्ञा का पालन करते रहना चाहिए। लेकिन अपने आसपास ही वे अपनी हमउम्र लड़कियों को, जो ज्यादा स्वतंत्र और पुरुषों की तरह स्वनिर्भर जीवन जीते हुए देखती हैं, तो उन्हें बदचलन और बिगड़ी हुई समझती हैं। बदलते सामाजिक माहौल, शिक्षा और मीडिया के व्यापक प्रभाव के कारण अब युवतियों के सोच में तेजी से बदलाव हो रहा है। माता-पिता के लिए युवतियों को पूरी तरह से नियंत्रण में रखना न संभव है और न ही उचित है। युवतियों के समग्र और सहज विकास के लिए आवश्यक है कि उनके मानस को बाहरी और आंतरिक दबावों से जितना संभव हो मुक्त रखा जाए। किशोरावस्था से ही माता-पिता को अपनी बेटियों के साथ मित्रवत व्यवहार करना चाहिए। उन्हें अपने को हीनतर समझने से रोकने में मदद करनी चाहिए। अपने किसी भी कार्य से उनमें यह अहसास पैदा होने से बचाना चाहिए कि वे अपने भाइयों या अन्य पुरुषों से कमतर हैं। उनकी समझदारी पर भरोसा करते हुए उन्हें स्वतंत्र निर्णय लेने देना चाहिए। उन्हें चिंताओं से मुक्त रखते हुए अपने मन की बात कहने के लिए प्रोत्साहित करना चाहिए। उन्हें सपने देखने के लिए प्रेरित करना चाहिए और उन्हें पूर्ण करने में मदद करनी चाहिए। युवा मानस का निर्माण परिवार और समाज में ही होता है इसलिए यह जरूरी है कि युवतियों का मनोविज्ञान समझने के साथ-साथ परिवार और समाज की संरचना को भी समझा जाए।

जवरीमल्ल पारख

अधिक जानकारी के लिए :
1. Handbook of Adolescent Psychology : Richard Lerner, 2004, **2. Youth Violence : Theory, Prevention, and Intervention :** Kathryn Seifert, **3. Reclaiming Our Prodigal Sons and Daughters : A Practical Approach Your Connecting with youth in Crisis :** larry Brendtro And Scott Larson, 2000

यूनानी सभ्यता

यूनान (ग्रीस) छोटी-छोटी पहाड़ियों से भरा देश है जहाँ के अलग-अलग क्षेत्र में स्वतंत्र नगर-राज्य थे। वे अलग-अलग होने पर भी विदेशियों का आक्रमण होने पर मिलकर लड़ते थे। यूनान के सभी इलाके समुद्र से नजदीक हैं। यहां के लोग कृषि योग्य उपजाऊ भूमि ज्यादा न होने के कारण व्यापार-वाणिज्य पर अधिक निर्भर थे। छठी शताब्दी ईसा पूर्व से जो बौद्धिक प्रगति यहां शुरू हुई थी, उसने पूरे यूरोप और एशिया को प्रभावित किया था।

यूनानी सभ्यता के अवशेष

यूनानी सभ्यता की शुरुआत क्रीट की सभ्यता से होती है जिसे एजियन या मिनोअन सभ्यता भी कहते हैं। यूनान का एक बड़ा भू-भाग इससे प्रभावित था। कहा जाता है कि आर्यों की एक शाखा ने यूनान में क्रीट सभ्यता को हटाकर अपनी सभ्यता प्रवर्तित की। इस ऐतिहासिक कल्पना के आधार पर आर्य-द्रविड़ संदर्भ में यूनानी और भारतीय सभ्यता में समता स्थापित करने की कोशिशें हुई हैं। यूनानियों के पहले दल एकिदन ने 1400 ईसा पूर्व के लगभग क्रीट पर अधिकार कर लिया। इससे वह प्राचीन सभ्यता नष्ट नहीं हुई, बल्कि उसे ही स्वीकार करके यूनानियों ने सभ्य जीवन का विकास किया। उसकी सभ्यता के चित्र आठवीं सदी में रचे गए होमर के काव्य ग्रंथ 'इलियड' और 'ओडिसी' में मिलते हैं। इन्हें यूनानी हमारे यहाँ के रामायण और महाभारत जैसा समझते हैं।

बारहवीं सदी ईसा पूर्व में आर्यों की एक दूसरी शाखा ने दक्षिणी यूनान में प्रवेश किया जो डोरियन थे। ये लोहे के अच्छे हथियारों का उपयोग करते थे और उत्साही थे। स्पार्टा के वीर इन्हीं के वंशज थे, जबकि एथेंस के लोग पहली शाखा के एकियनों के वंशज थे। कुछ सौ वर्ष अंधकार युग के माने जाते हैं। आठवीं सदी ईसा पूर्व से यूनानी नगर-राज्य बनाकर रहने लगे। इन्हें 'पोलिस' कहा जाने लगा। हर नगर-राज्य की अपनी शासन-व्यवस्था थी, अपने देवता थे। उपजाऊ भूमि की कमी के कारण सरदारों के असभ्य बेटों ने पड़ोस के देशों में उपनिवेश बसाए—एशिया माइनर, उत्तरी अफ्रीका, इटली, दक्षिणी फ्रांस हर तरफ ऐसे उपनिवेश बने थे। यूनान और इन उपनिवेशों के बीच व्यापार बढ़ा और धीरे-धीरे छठी शताब्दी ईसा पूर्व तक ये सभी क्षेत्र महान यूनानी सभ्यता और संस्कृति के केंद्र हो गए। स्पार्टा में जनतंत्र का विकास नहीं हो सका था। वह सैनिक राज्य था। एथेंस में परिषदें थीं, मुखिया थे। एथेंस में ड्रेको ने कानूनों का संकलन (621 ईसा पूर्व) बनाया जो शासकों की स्वेच्छाचारिता पर अंकुश लगाता था। सुधारों के कारण मजबूत एथेंस ने स्पार्टा पर अपना प्रभुत्व कायम कर (479 ईसा पूर्व) यूनानी सभ्यता को नेतृत्व दिया।

एथेंस पश्चिमी संसार की सभ्यता-संस्कृति का केंद्र बन गया था। इरान के हखामानी वंश के तानाशाह डेरियस ने 490 ईसा पूर्व में एथेंस पर आक्रमण किया, जिसमें उसे पराजय मिली। दस साल बाद उसके पुत्र सेरेक्सीज ने फिर आक्रमण किया, लेकिन नौसेना के बल पर एथेंस ने फिर उसे पराजित किया। क्लेस्थनीज का वंशज पेरीक्लीज (495-429 ईसापूर्व) लोकतंत्र का पक्षधर एक लोकप्रिय यूनानी राजनेता था। उसके काल में व्यापार, उत्पाद और बाजार बढ़ा। गुलाम उत्पादन कार्यों में लगाए गए। सामाजिक संगठनों का आधार धन था, धनी ही 'नागरिक' थे। मुख्य फर्क नागरिकों और गैर-नागरिकों के बीच था। गैर-नागरिकों को राजनीतिक अधिकार न थे और उन्हें राज्य का खर्च चलाने के लिए अपनी आय का एक हिस्सा देना पड़ता था। नगरों में विदेशी

व्यापारी भी होते थे। गुलामों पर पैदावार और श्रम की जिम्मेदारियां थीं। यह एक पुरुष प्रधान समाज था, जिसमें स्त्रियों के राजनीतिक अधिकार नहीं थे। उन्हें विवाह की स्वाधीनता नहीं थी, वे घर के अलग हिस्से में रहती थीं। पेरीक्लीज का कहना था कि सबसे अच्छी स्त्री वह है जिसके बारे में न ज्यादा प्रशंसा की जाए और न निंदा। ऐसी भी स्त्रियां थीं जिनका काम पुरुष का सिर्फ मनोरंजन करना था। कुछ गायिकाएं और नर्तकियां भी होती थीं। कुछ हास-परिहास का काम करती थीं। ऐसी स्त्रियों को अति संपन्न नागरिक अपने यहां रखते थे।

यूनान में लोकतंत्र का जो रूप था, उसे सरदार-तंत्र भी कहा जाता है। फैसले तत्कालीन कानून के अनुसार जनतांत्रिक पद्धति से होते थे। जनतांत्रिक पद्धति इतनी लोकप्रिय थी कि 'डिमोक्रेसी' शब्द यूनानी शब्द 'डिमोस' से निकला और 'पालिटिक्स' शब्द भी यूनानी शब्द 'पोलिस' से निकला। शहरी राज्य व्यवस्था कैसी हो, इस पर अफलातून, प्लेटो और अरस्तु जैसे विचारकों ने काफी विचार किया था।

यूनान में तर्क-वितर्क, नाटक और दर्शन का काफी विकास हुआ। यह प्रभुता, संपन्नता और सुरक्षा का युग था। भारत की तरह यूनान भी तब दर्शन का केंद्र था। इसी सदी में महान दार्शनिक सुकरात एथेंस में हुआ था और सोफिस्ट विचारों का सूत्रपात हुआ था। हेरोडोटस जैसे इतिहासकार हुए। हिप्पोक्रेटिस ने चिकित्सक के रूप में ख्याति पाई। यह वह समय था जब डायोनीसिया यूनानियों का सबसे बड़ा आनंदोत्सव था और सार्वजनिक रूप से नाट्य प्रतियोगिताएं होती थीं।

प्लेटो ने अपने ग्रंथ 'रिपब्लिक' में एथेंस की जनतांत्रिक व्यवस्था की आलोचना की और दिखाया कि यह भीतर से कितनी खोखली है। प्लेटो ने सच्चे शासक, योद्धा और कृषक शिल्पी—इन तीन श्रेणियों की कल्पना की और उन्हें अपने-अपने कर्तव्य करने के लिए कहा। प्लेटो के रिपब्लिक में कवियों के लिए जगह नहीं थी, इन्हें उसने काल्पनिक करार दिया था। उसने शिक्षा की भी एक योजना बनाई थी। प्लेटो ने यह भी कहा कि जरूरत की वस्तुओं के अलावा नागरिकों (शासक और योद्धा) के पास कोई वैयक्तिक संपत्ति नहीं होनी चाहिए। उसका कहना था कि अशिक्षित नागरिक के कारण जनतंत्र का नाश होता है।

अरस्तू जनतंत्र को सरदारतंत्र के रूप में ही देख पाता था। उसके विचार कई बिंदुओं पर अनुदार थे। वह हस्तशिल्पियों की गुलामी का समर्थक था। उसकी दृष्टि में शासन व्यवस्था में हिस्सा लेने का हक उसी को है जिसके पास पर्याप्त अवकाश है। मेहनत करनेवालों की बुद्धि कुंद रहती है। इसलिए हर व्यक्ति को नागरिकता का हक नहीं है। उसका मानना था कि अच्छा शासक हो तो राजतंत्र ही ठीक है। अरस्तू के राजनीतिक विचार जो हों, नाटकों के संबंध में उसके साहित्यशास्त्रीय विचार मूल्यवान माने जाते हैं। नगर राज्यों के नागरिक अपने अवकाश का कुछ समय राजकाज में लगाते थे और कुछ समय कला विनोद में। यूनानी सभ्यता की पृष्ठभूमि में क्रीट की उन्नत सभ्यता थी। इसलिए यूनान में दार्शनिक बहसों और कला-साहित्य में उत्कर्ष के साथ स्थापत्य, चित्रकला और मूर्ति कला आदि का भी काफी विकास हुआ। यूनान में काफी सुंदर मूर्तियां बनीं और चित्र आंके गए। एस्किलस (525-456 ईसा पूर्व), सोफोक्लीज (496-406 ईसा पूर्व), यूरिपाइडीज (480-406 ईसा पूर्व) प्रमुख ग्रीक नाटककार थे जिन्होंने दुखांत नाटक लिखे थे।

दुनिया की सभी प्राचीन जातियों की तरह यूनानियों ने भी अपने देवताओं की कल्पना मानव-रूप में की। वे अपना कष्ट दूर करने के लिए इनकी आराधना करते थे। इनका सबसे बड़ा देवता 'जियस' था, जिसका हथियार वज्र था। उसकी पत्नी 'हेरा' थी। दोनों आपस में लड़ते थे। वे अपने परिवार के साथ ओलिंपस पहाड़ पर रहते थे। पृथ्वी देवी 'दिमीतर', ज्ञान और कला की देवी 'एकोना', मदिरा और उल्लास के देवता 'डायोनिसिस' और सूर्य की किरणों (बाण) का देवरूप 'अपोलो' है। अपोलो सत्य है तो डायोनिसिस सत्य की नई संभावनाओं

की खोज। नीत्शे ने कहा है, 'डोयोनिसिस की विशुद्ध अंतर्दृष्टियों और शक्तियों का ही शरीरीकरण अपोलो है।' (द बर्थ ऑफ ट्रैजडी)। अपोलो ग्रीक देवताओं में आध्यात्मिक रूप से सबसे ज्यादा विकसित है।

उस युग के दर्शन और विज्ञान में अंतर नहीं था। थेल्स (624-548 ईसा पूर्व) एक प्राचीन दार्शनिक था। उसने बताया था कि सृष्टि के प्रारंभ में सिर्फ जल था। उसने बेबिलोनी ज्योतिष के आधार पर सूर्यग्रहण की पूर्व सूचना दी थी। अनेक्सिमेनस मानता था कि वायु से सृष्टि जन्मी। ऐसी धारणाएं सार्वभौम थीं। ईसा पूर्व पांचवीं सदी में सुकरात हुआ था। उसका स्वभाव था प्रश्न करना। वह नगर की सड़कों और बाजारों में सवाल पूछता रहता था। वह तर्क के आधार पर न्याय, सौंदर्य और प्रतिष्ठा का निर्धारण करता था और अंधविश्वास को स्वीकार नहीं करता था। एथेंस के शासनाधिकारियों ने उस पर नौजवानों को भ्रष्ट करने का आरोप लगाया। उस पर चले मुकदमे में 281 सदस्यों ने प्राणदंड के पक्ष में मत दिया और 220 सदस्यों ने उसे निर्दोष माना। सुकरात ने मृत्युदंड से पहले जो वक्तव्य दिया, उसका उल्लेख उसके शिष्य प्लेटो ने जगह-जगह किया है। सुकरात ने विरोध में खड़ा होकर दार्शनिक सत्य कहने की हंसते-हंसते जो कीमत चुकाई, वह दुनिया में एक उदाहरण बना है।

यूनान में स्पार्टा और एथेंस के बीच प्रभुत्व के लिए लंबा युद्ध ईसा पूर्व पांचवीं सदी के अंत में चला था। इसके बाद फिलिप नाम के एक महत्वाकांक्षी वीर के नेतृत्व में मेसिडोनिया का उदय हुआ। उसने अपने राज्य काल (359-336 ईसा पूर्व) में एथेंस को पराजित कर यूनान को अपने अधीन कर लिया। यूनानी मखदूनों के गुलाम बन गए। हेगेल ने लिखा है, पशु बल ने एक सुंदर और सुकुमार सभ्यता को दबोच लिया। यूनानी अब स्वाधीन न थे। सिकंदर फिलिप का पुत्र था। वह यूनानियों के प्रति क्रूर था। वह विश्व विजय का स्वप्न लेकर मिस्त्र, पश्चिम एशिया, ईरान आदि होते हुए भारत की उत्तर-पश्चिमी सीमा तक पहुंचा। (334-326 ईसा पूर्व)। वह अंधविश्वास फैलाकर अपने विद्रोही सैनिकों का हौसला बढ़ाता था। भारत की उत्तरी पश्चिमी सीमा से लौटते समय उसने यहां की नदियों को बलि दी थी। उसकी मृत्यु के बाद उसके सेनापतियों ने समस्त भू-भाग आपस में बांट लिया। यूनान में उसके सेनापति एंटिगोनस ने मेसिडोनिया पर अपना अधिकार जमा लिया।

यूनान-ईरान युद्ध से लेकर सिकंदर की मृत्यु तक की यूनानी सभ्यता को 'हेलेनिक' कहते हैं। उसके बाद ईसा पूर्व चौथी सदी के आखिरी दशकों से दूसरी सदी तक की यूनानी सभ्यता हेलेनिस्टिक (यूनान प्रभावित) कहलाती है। व्यापार की दृष्टि से यह एक महत्वपूर्ण युग था। इस युग में धातुओं के मिलने से सिक्के ढले। इस युग में नगर राज्य के गणतंत्र विनष्ट हो चुके थे। अब यूनान में राजाओं का प्रभुत्व था। इस दौर में राजनीतिक प्रभुत्व विस्तार के साथ यूनानी सभ्यता का प्रसार एशिया माइनर, सीरिया, बेबिलोन और मिस्त्र में हुआ। यूनानी जहाँ भी बसे वहां नगर संगठन, नाट्यगृह, विद्यालय भी बनाए। एथेंस की सांस्कृतिक महत्ता अभी कायम थी और यूनानी दर्शन का प्रचार थमा नहीं था। उसका केंद्र मिस्त्र का सिकंदरिया नगर था। यह एक प्रमुख सांस्कृतिक, वैज्ञानिक और व्यापारिक केंद्र बन गया था। इसी दौर में प्रसिद्ध वैज्ञानिक आर्किमिडीज हुआ, जिसने सिंचाई के लिए मिश्रित घिरनी बनाई, प्रथम वाष्पचालित इंजिन और तापमय शीशे का आविष्कार किया।

इस युग में सुखवादी (हेडोनिस्ट) दर्शन का प्रचार हुआ, जो मानता था कि जीवन का मुख्य उद्देश्य आनंद है। इसका मुख्य दार्शनिक था एपीक्यूरस (342-270 ईसा पूर्व)। संशयवाद (स्केप्टिज्म) भी जन्मा, जो विचार की हठधर्मिता का विरोधी था। इस युग में भाग्यवाद फैला, क्योंकि जीविका का अभाव था। पुरोहितों के नए-नए दल बनने लगे। इस तरह यूनान में भी राजा-पुरोहित संबंध मजबूत हुआ। कहा जा सकता है कि हेलेनेस्टिक (यूनान से प्रभावित) युग की इसी सभ्यता के आधार पर यूरोपीय संस्कृति का निर्माण हुआ। अंग्रेजी कवि शेली ने लिखा था, 'हम

सभी लोग यूनानी हैं। हमारे नियम, हमारे साहित्य, हमारी कला सभी का मूल यूनान है।' भारत में यवन शब्द का प्रयोग यूनानियों के लिए ही हुआ है।

दूसरी सदी ईसा पूर्व से लेकर चौथी सदी तक यूनान पर रोम का कब्जा था। पांचवीं सदी में जब बर्बर जर्मन कबीलों ने रोमन साम्राज्य को अपने अधीन ले लिया, यूनानी विद्वान कौंस्टैंटिनोपल (कुस्तुंतुनिया, वर्तमान तुर्की) में आकर बसे। यही पूर्वी रोमन साम्राज्य की राजधानी बना, इसका नाम बाइजैंटाइन था। इसी दौर में, छठी सदी के आसपास अरबी विद्वानों का यूनानी दर्शन और विज्ञान से संपर्क हुआ और अरबी में यूनानी ग्रंथों के अनुवाद शुरू हुए और कई इसी कारण सुरक्षित रहे और दुनिया के दूसरे हिस्सों में पहुंचे। पंद्रहवीं सदी में तुर्कों ने कुस्तुंतुनिया पर अपना अधिकार कायम किया, तब यूनानी विद्वानों ने भाग कर इटली के नगरों में शरण ली और यूरोप के रिनेसां की नींव पड़ी। इसके पहले के एक हजार साल यूरोप के इतिहास में 'अंधकार युग' के नाम से जाना जाता है।

शिवनाथ पांडेय

अधिक जानकारी के लिए :
1. **विश्व इतिहास की भूमिका :** रामशरण शर्मा, कृष्ण कुमार मंडल, 2. **इतिहास दर्शन :** रामविलास शर्मा, 1995, 3. **संसार का संक्षिप्त इतिहास :** एच जी वेल्स, **4. The Great Cultural Traditions (Part 1) :** Ralph Turnev, 1941

यूनीकोड

यूनीकोड (Unicode) अंग्रेजी के दो शब्दों, यूनीवर्सल एवं कोड से बना शब्द है, अर्थात यूनीकोड एक 'विशेष कूट संख्या' है। यूनीकोड कंप्यूटर विज्ञान एवं प्रौद्योगिकी के क्षेत्र से संबंधित है। इसे यूनीवर्सल कोड भी कहा जाता है। कंप्यूटर कार्यक्रम के अंतर्गत यूनीकोड प्रत्येक वर्ण के लिए एक विशेष अंक प्रदान करता है, चाहे वह कोई भी प्लेटफॉर्म हो, प्रोग्राम हो अथवा भाषा हो। वर्तमान समय में यूनीकोड को व्यापक रूप से विश्वव्यापी सूचना आदान-प्रदान के मानक के रूप में स्वीकार किया जा चुका है। यूनीकोड स्टैंडर्ड को एप्पल, माइक्रोसॉफ्ट सहित सभी उद्योगों की प्रमुख कंपनियों ने अपनाया है। इसकी आवश्यकता आधुनिक मानदंडों जैसे एक्स एम एल जावा, एकमा स्क्रिप्ट, एल डी ए पी आदि के लिए होती है। यूनीकोड को ग्राहक-सर्वर अथवा बहु आयामी उपकरणों और वेबसाइटों में शामिल करने से, परंपरागत उपकरणों के प्रयोग की अपेक्षा खर्च में अत्यधिक बचत होती है। इससे एक ऐसा अकेला सॉफ्टवेयर उत्पाद अथवा अकेला वेबसाइट मिल जाता है, जिसे री-इंजीनियरिंग के बिना विभिन्न प्लेटफॉर्मों, भाषाओं और देशों में उपयोग किया जा सकता है। इससे आंकड़ों को बिना किसी बाधा के विभिन्न प्रणालियों से होकर ले जाया जा सकता है।

यूनीकोड 16-बिट एनकोडिंग का प्रयोग करता है जो 65,536 कोड-प्वाइंट (वर्ण) उपलब्ध कराता है। 16-बिट यूनीकोड में 65536 वर्णों (कैरेक्टरों) की उपलब्धता होने के कारण यह कोड विश्व की सभी लेखनीबद्ध भाषाओं के लिए लगभग सभी कैरेक्टरों को एनकोड करने की क्षमता रखता है। यूनीकोड मानक कैरेक्टर के बारे में सूचना और उनका उपयोग बताते हैं। कंप्यूटर उपभोक्ताओं के लिए, जो बहुभाषी टेक्स्ट पर काम करते हैं, व्यापारियों, भाषाविदों, अनुसंधानकर्ताओं, वैज्ञानिकों, गणितज्ञों और तकनीशियनों के लिए यूनीकोड मानक बहुत लाभप्रद है। यूनीकोड मानक (स्टैंडर्ड) प्रत्येक कैरेक्टर को एक विलक्षण संख्यात्मक मान और नाम देता है। यह अंतरराष्ट्रीय मानक है। इससे हिंदी तथा अन्य भारतीय भाषाओं में कंप्यूटर पर अंग्रेजी की तरह ही सरलता से और शत-प्रतिशत शुद्धता से कार्य किया जा सकता है।

मंगल माइक्रोसॉफ्ट विंडोज पर इस्तेमाल किया जाने वाला देवनागरी का ओपन टाइप फॉन्ट है, जो यूनीकोड पर आधारित है। यह देवनागरी पाठ को कंप्यूटर में प्रदर्शित तथा मुद्रित करने के लिए प्रयुक्त पहला यूनीकोड ओपन टाइप फॉन्ट है, जिसका विकास सीडैक के रघुनाथ जोशी ने माइक्रोसॉफ्ट की

एक परियोजना के तहत किया। इस फॉन्ट में 675 ग्लिफ (वर्णखंड) हैं। 'मंगल' के चिह्नों का डिजाइन मॉनिटर स्क्रीन पर प्रदर्शन को लक्ष्य बनाकर किया गया है। इसलिए अक्षर काफी चौड़े प्रतीत होते हैं और आकार छोटा करने पर भी उन्हें स्पष्ट पढ़ा जा सकता है। अब यूनीकोड फॉन्ट के कई सुंदर चेहरे उपलब्ध हैं।

श्रीधरम

यूरोप : भारतीय दृष्टियां

भारत में यूरोप के बारे में भारतीयों द्वारा रचित विमर्श या दृष्टि का इतिहास बहुत पुराना नहीं है। लगभग सतरहवीं सदी तक भारतीय लोग व्यापार के लिए दक्षिण एशिया, अरब तथा मध्य एशिया तक गए, पर यूरोप तक नहीं पहुंचे। जब रोबेर्तो नोबिली, एंतेकुइल दुपेरों, शैलिंग, नोवालिस, क्र्यूजर, एम क्लौडीअस, शिलर बंधु, विलियम जोंस, चार्ल्स विल्किंस, शोपनहावर, फ्रेडरिक मैक्स मूलर आदि विद्वान भारतीय ग्रंथों का अनुवाद कर रहे थे या अपने विचार अपने ग्रंथों या यात्रा वृत्तांतों में गूंथ रहे थे। भारत के लोग तब न यूरोप की यात्रा कर रहे थे और न ही यूरोप के बारे में लिख रहे थे। विहेल्म हल्बफास ने 'इंडिया एंड यूरोप : एन ऐसे इन अंडरस्टैंडिंग' (1988) में लिखा है कि परंपरागत हिंदुस्तानी विचार और साहित्य में विदेशों, पश्चिमी समाजों और धर्मों में रुचि न होने के कारण गैर-भारतीय विश्व, विशेषकर यूरोप के बारे में लंबे समय तक कोई सूचना या साहित्य उपलब्ध नहीं है। भारत ने यूरोप या ईसाई-यूरोप से 'संवाद' या 'भिड़ंत' के लिए कभी खुद को सक्रिय रूप से तैयार नहीं किया।

अकबर को ईसाई बनाने के उद्देश्य से पुर्तगाल के कई जेसुइट कैथोलिक पादरी उससे मिलने आते थे, जब पुर्तगालियों का गोवा पर कब्जा था। कट्टर मुसलमान न होने के कारण अकबर उनसे प्रेम से मिलता था। एक अंग्रेज बनिया मिल्डनहाल भी इंग्लैंड की रानी का संदेश लेकर उससे मिला था। उसने 1600 से ईस्ट इंडिया कंपनी की नौकरी शुरू कर दी थी। अकबर का बेटा जहांगीर भी मिल्डनहाल का समर्थक था। अकबर को सिर्फ इतना समझ में आया कि यूरोपीय देशों के इन ईसाइयों में भी शिया-सुन्नी की तरह दो संप्रदाय (कैथोलिक और प्रोटेस्टेंट) हैं और इनके बीच संघर्ष हैं। वह कठोर और शक्तिशाली पुर्तगालियों को दबाने के लिए अंग्रेजों का सहयोग चाहने लगा था। उसने मिल्डनहाल को 1600 में फरमान दे दिया कि अंग्रेज पोर्तुगीज जहाजों और बंदरगाहों पर अधिकार करके व्यापार कर सकते हैं। मुगल बादशाह अकबर का अपना जहाजी बेड़ा काफी कमजोर था और समृद्धि के बावजूद खुद अपना भारतीय व्यापार बढ़ाने में उसकी रुचि नहीं थी, जबकि व्यापार का युग दस्तक दे रहा था। अकबर और जहांगीर ने अंग्रेजों को अच्छी नजरों से देखा था। मुगल बादशाह उनके इरादे समझ नहीं पाए थे, जिसके कारण अंग्रेज अंगुली पकड़ने के बाद पहुंचा पकड़ने में सफल हुए।

अकबर ने विधर्मियों को शत्रुतापूर्ण की जगह मित्रतापूर्ण नजरिए से देखने की भारतीय दृष्टि की शुरुआत की, 'यदि कोई गैर-मुस्लिम अपना गिरजा, यहूदी धर्ममंदिर, देवालय या पारसी समाधि बनाना चाहे तो उसमें कोई बाधा नहीं देनी चाहिए।' (अकबर, राहुल सांकृत्यायन)।

इस काल में यूरोप या 'अन्य' के प्रति भारतीय दृष्टि को 'म्लेच्छ' और 'यवन' जैसी अवधारणाओं में देखा जा सकता है। ग्रीक और उत्तर-पश्चिम के विदेशी लोगों जैसे शक को यवन और अधिक रेडिकल ढंग से सभी विधर्मी विदेशियों को म्लेच्छ माना जाता था।

अनाद रंगा पिल्लई (1709-1761) पहले भारतीय थे जिन्होंने यूरोपियनों, विशेषकर फ्रांसीसियों के साथ अपने अनुभवों को अपनी डायरी 'द प्राइवेट डायरी ऑफ आनंद रंगा पिल्लई' में लिपिबद्ध किया और अपनी हिंदू अस्मिता को भी स्थापित करने का प्रयास किया। मराठी में लिखित रामचंद्र पंत अमात्य के 'आज्ञापत्र' (1716) का उल्लेख जरूरी है, जिसमें

विभिन्न यूरोपीय राष्ट्रीयताओं के संदर्भ तथा वर्णन हैं, पर उपर्युक्त दोनों लोग कभी यूरोप नहीं गए।

राजा राममोहन राय (1772-1833) से पहले ऐसे किसी भारतीय हिंदू ब्राह्मण या पढ़े-लिखे व्यक्ति के यूरोप जाने के प्रमाण नहीं मिलते जिसने यूरोप के बारे में अपने विचारों को लिपिबद्ध किया हो। यूनिवर्सिटी ऑफ लीडेन में कई धर्मांतरित ईसाई भारतीय अठारहवीं शताब्दी में ईसाई धर्म के अध्ययन के लिए गए थे, पर उन्होंने कुछ भी लिखित प्रमाण नहीं छोड़ा है। इतिसाम अल-दीन नामक बंगाली मुसलमान ने 1765 में इंग्लैंड की यात्रा की थी और अपने अनुभवों के बारे में लिखा भी था। 1752 में लखनऊ में जन्मे फारसी और तुर्की वंशज मिर्जा अबू तालिब खान यूरोप, मुख्यतः इंग्लैंड में पांच साल थे। इन्होंने इंग्लैंड सहित यूरोप के बारे में लिखा है। इन्होंने अपने लेखन में यूरोपीय भौतिकवादी रूपों तथा ऐतिहासिक प्रगति में उनकी असीम आस्था देखकर आश्चर्य भी व्यक्त किया है। वे ब्रिटिश लोगों की औद्योगिक तथा प्रौद्योगिक उपलब्धियों से अप्रभावित न रह सके थे, इसके बारे में उन्होंने फारसी में लिखा था।

यूरोप के कई देशों जैसे डच, फ्रांस, पुर्तगाल और इंग्लैंड के साथ भारतीय अनुभव बने थे, पर सबसे अधिक शासन और संपर्क अंग्रेजों के साथ होने के कारण इंग्लैंड के प्रति बनी धारणाओं को ही यूरोप के बारे में दृष्टि मान लिया गया। बंकिम चंद्र चटर्जी (1838-94) ने कहा, 'जिन लोगों ने भारत में अपना साम्राज्य स्थापित किया उनसे अधिक निरंकुश और ताकतवर लोगों को विश्व ने अभी तक नहीं देखा है। भारत में आने वाले अंग्रेजों को एक महामारी लगी थी : दूसरों का धन कैसे लूटा जाए। उनकी शब्दावली से नैतिकता शब्द नदारद हो गया था।' इतिहासकार गुलाम हुसैन खान ताबतभई (1787-1806) भी यह मत प्रकट कर चुके थे कि विजेताओं तथा विजितों के बीच कोई संधि जड़ें नहीं पा सकी। इन्हीं के समकालीन शेख दीन मोहम्मद (1759-1851) इंग्लैंड गए। उन्होंने ईसाई धर्म स्वीकार कर लिया था। उनका यात्रा वृत्तांत 'ट्रेवल्स ऑफ दीन मोहम्मद' 1794 में छपा था। उसमें यूरोप के प्रति कोई खास दृष्टि दिखाई नहीं देती।

बंकिम ने जो बात कही थी, वह भूदेव मुखोपाध्याय ने भी कही, 'यूरोपवासियों में दूसरों की जमीन जीत कर हड़पने की प्रवृत्ति बढ़ती जा रही है। भौतिक सुविधाओं की उनकी प्यास बढ़ती ही जाती है पर नैतिक मूल्यों के प्रति नहीं। यह निष्कर्ष अतार्किक न होगा कि उनके वंशजों में भी यह प्रवृत्ति विरासत में मिलेगी। ऐसे में यूरोप को बाहरी नियंत्रण की जरूरत नहीं होगी तो किसे होगी?' उन्होंने आगे यह भी जोड़ा कि 'यूरोपियनों को अपने हित की जो भी चीज लगती है उनके लिए वह औचित्यपूर्ण हो जाती है पर वे नहीं जानते कि सुख कभी भी अनंत आनंद के स्रोत नहीं हो सकते।'

उन्नीसवीं सदी में गुजरात के महीपतराम नीलकंठ इंग्लैंड गए तो वे यूरोप के कुछ अन्य देशों से भी होकर गुजरे। उन्होंने उन देशों एवं वहां के शहरों के बारे में जो लिखा था, वह 1860 के दशक में 'इंग्लैंडमां मुसाफिरी नु वर्णन' नाम से पुस्तकाकार छपा था। इसमें उन्होंने उन समाजों की विशेषताओं जैसे उनकी शिक्षा व्यवस्था, औद्योगिक विकास, स्वच्छता और आयोजनों के बारे में लिखा था। यूरोप के बारे में उनका मूल भाव उसके ऐश्वर्य से अभिभूत होने का था। वे यूरोप और इंग्लैंड की हर अच्छी चीज को अपने यहां शुरू करने के बारे में सोचते हैं।

इसी तरह गुजराती लेखक दौलतराम ने यूरोप की प्रशंसा में 'हुन्नरखानि' की चढ़ाई की बात उसी तरह की, जिस तरह भारतेंदु हरिश्चंद्र ने लिखा था, 'परदेशी की कला-कौशल ने इस देश पर चढ़ाई की, ऐसा पहले कभी नहीं हुआ था।' एक अन्य जगह कहा, 'विद्या का सूर्य पश्चिम से उदय हुआ चला आता है। अब सोने का समय नहीं है।' भारतेंदु अमेरिका, फ्रांस जैसे देशों की यात्रा करना चाहते थे, पर यह स्वप्न पूरा नहीं हुआ। वह भारत में अंग्रेजी राज का विरोध करते हुए विलायत की प्रशंसा करते थे, क्योंकि उनकी नजर में वहां 'विद्या का प्राबल्य है', वहां लोकतंत्र

की मर्यादा है, जो 1789 की फ्रांसीसी क्रांति की देन थी। वे इंग्लैंड और भारत में अंग्रेजी राज को एक करके नहीं देखते थे। यह विचारधारा द्विवेदी युग में मैथिलीशरण गुप्त की 'भारत भारती' (1912) तक आती है, 'सचमुच ब्रिटिश साम्राज्य ने हमको बहुत कुछ है दिया। विज्ञान का वैभव दिखाया, सत्य से परिचित किया।' हालांकि उन्नीसवीं सदी में 'ड्रेन ऑफ वेल्थ' की धारणा स्थापित हो चुकी थी, 'पै धन विदेश चलि जात इहै अति ख्वारी।' (भारतेंदु)। यूरोप के बारे में दादाभाई नौरोजी से लेकर रवींद्रनाथ तक के आलोचनात्मक तेवर के बावजूद मुख्यतः आकर्षण, सम्मोहन और प्रशंसा का भाव ही छाया हुआ था।

अकबर इलाहाबादी सर सैयद अहमद के समकालीन थे। वे 1857 के स्वतंत्रता संग्राम के चश्मदीद गवाह भी थे। उन्होंने अपनी शायरी में अंग्रेजों और यूरोप की संस्कृति का विरोध किया। उन्होंने पश्चिमी शिक्षा को बौद्धिक उपनिवेशन के रूप में देखा और कहा कि हम पूरब के लोग अपने दुश्मनों का सर तोड़ते हैं जबकि ये पश्चिम वाले अपने दुश्मनों की प्रकृति और दिमाग बदल डालते हैं। अब बंदूकें चली गई हैं और उनकी जगह प्रोफेसर आ गए हैं। उन्होंने लिखा, 'यूरोप वाले जो चाहे दिल में भर दें/जिसके सर पर जो चाहे तोहमत धर दें/बचते रहो इनकी तेजियों से अकबर/तुम क्या हो खुदा के तीन टुकड़े कर दें।'

यूरोप के बारे में विस्तार से विचारने वालों में विवेकानंद, रवींद्रनाथ, गांधी, अरविंद, आनंद कुमारस्वामी आदि नाम प्रमुख हैं। इन सभी ने यूरोपीय साम्राज्यवाद पर तीखी टिप्पणियां कीं। विवेकानंद (1863-1902) ने अपने पश्चिमी श्रोताओं को ध्यान में रखते हुए पश्चिम के विज्ञान की तारीफ की पर उसकी भौतिकवादी जीवन दृष्टि और जीवन पद्धति की आलोचना की। उन्होंने यूरोपीय कुशासकों के प्रति एशिया में व्याप्त आंतरिक नफरत व्यक्त कर यूरोप के प्रति अपना दृष्टिकोण स्पष्ट किया और कहा कि सत्ता के नशे में चूर होकर ये यूरोपीय खूंखार जंगली जानवरों की तरह व्यवहार करते हैं, अच्छे और बुरे के बीच कोई फर्क नहीं करते। ये अपनी कामवासना के गुलाम हैं और सर से पैर तक नशे में डूबे रहते हैं तथा अस्वच्छ, भौतिकवादी और येन-केन-प्रकारेण दूसरों की जमीन और संपत्ति हड़प लेते हैं। शरीर ही इनकी आत्मा है और भूख एकमात्र चिंता। इस प्रकार भारतीय दृष्टि में पश्चिमी राक्षस का एक ऐसा बिंब भी बनता गया।

महात्मा गांधी ने पश्चिमी सभ्यता के कई लाभों और प्रगतिशील तत्वों, जैसे नागरिक स्वतंत्रता, स्त्री-शिक्षा और कानून के राज्य की संकल्पनाओं का स्वागत किया, किंतु स्पष्ट कर दिया कि आध्यात्मिक स्वतंत्रता और सामाजिक समरसता की बृहद परिकल्पना के अभाव में ये तत्व अपना कोई अर्थ नहीं रखते। वे पश्चिमी सभ्यता को 'शैतानी सभ्यता' कहते थे। इस आलोचना में वे अकेले नहीं थे। रवींद्रनाथ टैगोर तथा श्री अरविंद जैसे पश्चिमी शिक्षा पद्धति से निकले कई स्वतंत्रता सेनानियों का भी यूरोपीय 'प्रबोधन' (एन्लाइटेनमेंट) की परियोजना के वैश्विक आदर्शों से मोहभंग हो गया था। रवींद्रनाथ शुरू में यूरोप के प्रशंसक थे, पर दूसरे विश्वयुद्ध की घटना के बाद उन्होंने मृत्यु से पहले के एक लेख 'सभ्यता का संकट' में यूरोप की कठोर आलोचना की थी।

रवींद्रनाथ टैगोर ने एशिया में पश्चिमी साम्राज्यवाद की उपस्थिति पर अमेरिका में दिए गए अपने भाषणों में आलोचना की थी। 1902 में उन्होंने आशा व्यक्त की थी कि एशिया यूरोप की विवेकहीन नकल की प्रवृत्ति से मुक्त हो जाएगा। उनका तब मानना था कि यूरोपीय विदेशियों से जितना संघर्ष तेज होगा उतनी ही खुद को समझने और पाने की उत्सुकता बढ़ेगी। उन्हें तब लग रहा था कि सभ्य एशिया महाद्वीप में यूरोप के विरुद्ध संघर्ष शुरू हो गया है। एशिया खुद की चेतना तथा ऊर्जा का आत्म-साक्षात्कार कर रहा है। उसने जान लिया है कि स्वतंत्रता का मार्ग 'खुद को जानो' के मंत्र से निकलता है। इसी क्रम में रोम्यां रोलां को 1919 में लिखे पत्र में उन्होंने लिखा था कि विशाल एशिया

महाद्वीप में एक भी कोना ऐसा नहीं है जहाँ यूरोप के लिए सच्चा प्रेम हो।

अंग्रेजी या यूरोपीय शिक्षा व्यवस्था में पले श्री अरविंद बंगाल और भारत की दुर्दशा के लिए यूरोप को जिम्मेदार मानते थे। उनके अनुसार, बंगाली लोग यूरोपीय सभ्यता की शराब के नशे में धुत हैं। उनके अनुसार, उन्नीसवीं सदी के सभी आंदोलन मूलतः यूरोपीय आंदोलन थे। वे मानते थे कि बंगाल के यूरोप के प्रति मोह से भारत की आत्मा को खतरा है। भारत यूरोप के भौतिकवाद के सामने समर्पण कर देगा। वे आश्वस्त थे कि यूरोपियनों के मन में एशियावासियों के प्रति कभी सम्मान नहीं हो सकता, मात्र ऐसी सहानुभूति हो सकती है जैसी मालिक की गुलाम के प्रति होती है। इसलिए शांति भी असंभव है, सिवाय इसके कि वह एशियाई तलवार की शक्ति से जीती गई हो और उसी के द्वारा संरक्षित हो।

इस तरह एक ओर भारतीय बौद्धिक ह्रास के लिए इंग्लैंड द्वारा उसके राजनीतिक आधिपत्य को जिम्मेदार माना गया, तो दूसरी ओर यूरोपीय पुनर्जागरण जैसी चीज की अपरिहार्यता की बात भी जोरों से उठी, जिसकी छाप उन्नीसवीं सदी और बीसवीं सदी के सुधार आंदोलनों और अंग्रेजी शिक्षा में देखी जा सकती है।

यूरोपीय देशों के बारे में प्रेमचंद और रामचंद्र शुक्ल ने स्पष्ट शब्दों में बार-बार अपनी आलोचनात्मक राय दी है। प्रेमचंद कहते हैं, (यूरोप के) 'आधुनिक राष्ट्र ने संसार में एक रक्ताक्त जीवन संघर्ष छेड़ दिया है। जिन मानव-समुदायों ने अभी तक राष्ट्र का रूप ग्रहण नहीं किया, वे उसके अत्याचारों के क्षेत्र हैं। वह अफ्रीका में जाता है और वहां जंगलों और घाटियों को काले रंग के काफिरों से पाक कर देता है। वह एशिया में आता है और सभ्यता और शिक्षा का नाम बुलंद करता है।' (विविध प्रसंग)। प्रेमचंद यूरोप में निकृष्ट और उत्कृष्ट दोनों रूप देखते थे, 'यूरोप से हमने अगर कुछ सीखा तो वही सीखा जो उसकी संस्कृति का सबसे निकृष्ट पहलू था।... हमारे नेता और अगुआ जब उस प्रवाह में न संभल सके तो साधारण आदमी क्या संभलते?' (वही)। उन्होंने एक जगह यह भी लिखा, 'मैं इंग्लैंड का शत्रु नहीं हूं।' (वही)।

रामचंद्र शुक्ल 'पाश्चात्यवाद वृक्षों' के अंधानुकरण की आलोचना करते थे। उन्होंने यह तकलीफ भी व्यक्त की, 'आजकल विचारों की पराधीनता के कारण यूरोप ही जगत समझा और कहा जाता है।' (चिंतामणि-1)।

अगस्त कोम्टे के तुलनात्मक दर्शन के अध्ययन से प्रभावित होकर बी एन सील जैसे विद्वान ने नए यूरोपीय रिनेसां की बात की और कहा कि इसके लिए यूरोप को ग्रीस की ओर न देखकर भारतीय दर्शन की ओर मुड़ना चाहिए ताकि यूरोपीय दर्शन तथा कर्म में नई जान आ सके। इतिहासकार के एम पनिक्कर ने 'द फाउंडेशन्स ऑफ न्यू इंडिया' (1963) में पिछले सौ सालों के दार्शनिक चिंतन के क्षेत्र में भारतीय मनीषा के बंजरपन के लिए यूरोपीय शिक्षा पद्धति को जिम्मेदार ठहराया और कहा कि अधिकतर मामलों में यूरोप के प्रभाव ने भारत में दार्शनिक चिंतन की जड़ों को सुखाने में बड़ी भूमिका निभाई।

दर्शन के क्षेत्र में के मतिलाल, दयाकृष्ण, जे एन मोहंती तथा जे एल मेहता ने भारत के प्रति यूरोपीय विचारों की समीक्षा की। जे एल मेहता ने हण्इडेगर तथा हुस्सेर्ल की 'पृथ्वी के यूरोपीयकरण' की धारणा को चुनौती दी। एडमंड हुस्सेर्ल का मानना था कि केवल यूरोप ही दुनिया की अन्य परंपराओं के अर्थ और समझ के वैश्विक फ्रेमवर्क प्रदान कर सकता है। इसके लिए गैर-यूरोपीय देशों को पहले खुद का 'यूरोपीयकरण' करना होगा। जहाँ तक यूरोपियनों का सवाल है यदि हम खुद को समझ पाएं तो हमें कभी भी खुद का 'भारतीयकरण' करने की जरूरत नहीं पड़ेगी–'मानवता के विदेशी भागों का यूरोपीयकरण पृथ्वी की नियति है।' मार्टिन हण्इडेगर ने भी पृथ्वी और मानवता के संपूर्ण यूरोपीयकरण की बात की थी, पर उसके विचारों में गर्व और असंदिग्धता का अभाव है। उसके अनुसार विश्व के यूरोपीयकरण के यथार्थ

होने की स्थिति में यूरोप का (पेरोकिअल) क्षेत्रीयकरण हो जाएगा। इससे बचने के लिए 'यूरोपियन' क्या है, ऐसे सवालों से बचना होगा और पूरब तथा पश्चिम जैसी अवधारणाओं से आगे सोचना होगा। जे एल मेहता का मानना है कि विज्ञान और प्रौद्योगिकी के प्रसार के कारण यूरोप के वर्चस्व से भारत जैसे पूर्वी समाज का बचना लगभग असंभव है। इस प्रक्रिया से गुजर कर ही वह अपनी अस्मिता या स्वत्व पुनः पा सकता है। इस प्रकार यूरोप के प्रति उनका दृष्टिकोण आलोचनात्मक पर व्यावहारिक है।

यूरोप के क्षेत्रीयकरण की अवधारणा काफी समय से प्रचलित थी। भारतीय विद्वानों में एक दीपेश चक्रवर्ती ने अपनी किताब 'प्रोविंशियलाइजिंग यूरोप' (2000) में पश्चिमी आधुनिकता की विवेचना की है। उनके अनुसार, यूरोप अब कोई भौगोलिक क्षेत्र नहीं है क्योंकि 'इतिहास' ने यूरोप का प्रांतीयकरण पहले ही कर दिया है। उनका यूरोप के प्रति दृष्टिकोण वही है जो एडवर्ड सईद का 'ओरिएंटलिज्म' के प्रति रहा है। फर्क यह है इसमें आत्म-आलोचना भी शामिल है। उनके अनुसार 'यूरोकेंद्रीयता' बहुत समस्यामूलक है क्योंकि यदि यूरोप आधुनिकता का वैश्विक प्रतिरूप कहा जाता है तो हम यूरोपीय और गैर-यूरोपीय लोग चाहते या न चाहते हुए भी किसी-न-किसी 'यूरोकेंद्रीय' ग्रंथि के शिकार हैं। यूरोप बौद्धिक प्रभुत्व का रूपक है जिसके शिकार अलग-अलग भू-भागों और इतिहास के लोग हैं।

कुल मिलाकर कहा जा सकता है कि यूरोप के प्रति भारत की दृष्टि उदासीनता, अभिभूत हो उठने और उपनिवेशवादी सोच की आलोचना के चरणों से गुजरी है और अब समानता के आधार पर यूरोप से संवाद के लिए तैयार है। विडंबना यह है कि अभी भी इस दृष्टि के निर्माण में वे भारतीय शिक्षाविद ज्यादा सक्रिय रहे हैं जो पश्चिमी विश्वविद्यालयों में जमे रहे हैं। जिन भारतीय बुद्धिजीवियों और नेताओं ने यूरोप के नकारात्मक व्यवहार की आलोचना की, वे पश्चिमी शिक्षा पद्धति से निकले थे या यूरोप, विशेषकर इंग्लैंड से पढकर आए थे। यह अलग बात है कि वे सभी व्यक्ति यूरोप की शोषण और घोर भौतिकतावाद की मुख्यधारा के बजाय एक 'अन्य यूरोप' से प्रभावित थे जिसके मूल्य शोषण, दमन और घनघोर भौतिकवाद के विपरीत थे।

अवधेश कुमार सिंह

अधिक जानकारी के लिए :

1. The Private Diary of Ananda Ranga Pillai 1736-17610 : Ananda Ranga Pillai, J. F. Price, 1904, **2. Provincializing Europe :** Dipesh Chakrabarty, 2000, **3. The India Images of Nineteenth century :** G K Mukherjee, 1947, **4. Martin Heidegger, the Way and The Vision :** Jarava Lal Mehta, 1976, **5. Travels of Mirza Abu Taleb Khan in Asia, Africa, and Europe, During the Years 1799, 1800, 1801, 1802, and 1803 :** Abu Talib Khan (Author), (Ed) Daniel O'Quinn, (Tr) Charles Stewart, 1972, **6. Europe Reconsidered: Perceptions of the West in Nineteenth Century Bengal :** Tapan Raychaudhuri, 2002, **7. India and Europe : An Essay in Understanding :** Wilhelm Halbfass, 1988

यूरोप में हिंदी

पीत्रो डेल्लावेल्ले 1623 में सूरत आया था। उसका यात्रा वृत्तांत 1663 में छपा। इसमें उसने सर्वप्रथम नागरी (Nagher) शब्द का इस्तेमाल किया था, जिसका प्रचलन भारत में था। 1698 में जोसुआ कैटलर ने लखनऊ में हिंदी का व्याकरण तैयार किया था। डच लोगों के लिए तैयार की गई इस पुस्तक का लैटिन अनुवाद जब हालैंड में 1743 में छपा, तब यूरोप को जानकारी मिली कि भारत में हिंदी संपर्क भाषा है। उन्नीसवीं सदी में इंग्लैंड, जर्मनी, इटली, रोमानिया, बुल्गारिया, हंगरी, नीदरलैंड आदि देशों में भारतविद्या की सांस्थानिक स्थापना हो चुकी थी। भारतविद्या के संस्थानों में संस्कृत के साथ धीरे-धीरे हिंदी से भी संपर्क बढ़ रहा था। इंग्लैंड के फ्रेडरिक पिन्काट भारतेंदु हरिश्चंद्र के संपर्क में थे। वे हिंदी के एक बड़े समर्थक थे। इंग्लैंड के कैंब्रिज विश्वविद्यालय में भारतविद्या के साथ हिंदी शिक्षण

भी चलने लगा था। इसका प्रचार धीरे-धीरे अन्य यूरोपीय देशों में हुआ।

इंग्लैंड में पहली बार नागरी लिपि के टाइप ढले और वहां शुरू के कुछ हिंदी प्रकाशन सामने आए। एक समय यहां के कैंब्रिज, ऑक्सफोर्ड, लंदन और यार्क विश्वविद्यालयों में हिंदी शिक्षण चलता था, पर वैश्वीकरण के युग में कई भाषाओं का अध्ययन सिकुड़ता गया। लंदन विश्वविद्यालय के 'प्राच्य और अफ्रीकी अध्ययन स्कूल' में हिंदी की पढ़ाई अभी चलती है। यहां के शिक्षकों में फ्रैंचेस्का आरिसिनी, लूसी रौसेंसटाइन आदि हैं। इंग्लैंड में पिन्काट के बाद मैक्ग्रेगर हिंदी के बड़े विद्वान रहे हैं, जिन्होंने कई पाठ्य-पुस्तकें तैयार कीं। यहां कई साहित्यिक संस्थाएं, जैसे भारतीय भाषा संगम, गीतांजलि बहुभाषिक हिंदी समुदाय, यू के हिंदी समिति, कथा-यूके आदि सक्रिय रही हैं। कई स्वैच्छिक संस्थाओं में बच्चों को हिंदी सिखाई जाती है। बीबीसी रेडियो के हिंदी प्रसारण किसी समय काफी लोकप्रिय थे।

जर्मनी में भारत, संस्कृत और हिंदी से प्रेम पुराना है। बान विश्वविद्यालय के हिंदी शिक्षक हेंज वर्नर वेसलर कहते हैं, 'जर्मनी में संस्कृत और हिंदी पढ़ने की पुरानी परंपरा रही है। यहां संस्कृत के प्रति दिलचस्पी तब शुरू हुई जब 1787 में विलियम जोन्स ने कालिदास के 'अभिज्ञान शाकुंतलम' का जर्मनी में अनुवाद किया।' वर्तमान में जर्मनी के हुम्बोल्त, मार्टिन लूथर, बॉन, फ्रैंकफर्ट, म्यूनिख और बर्लिन विश्वविद्यालयों में हिंदी पढ़ाई जाती है।

इटली में 1933 में 'इंस्टिट्यूट ऑफ इटेलियन मीडिया स्टडीज' में जियुसेप्पे तुच्ची द्वारा हिंदी भाषा शिक्षण शुरू हुआ था। आजकल रोम और मिलान विश्वविद्यालयों में हिंदी की पढ़ाई होती है। इटली को यूरोप में हिंदी का सबसे बड़ा केंद्र माना जाता है जहाँ पांच विश्वविद्यालयों में हिंदी पढ़ाई जाती है। नेपुल्स के ओरियंटल विश्वविद्यालय में हिंदी पढ़ाई जाती है। टूरिन विश्वविद्यालय में पेनुचा कराक्की हिंदी की प्रोफेसर हैं। वेनिस विश्वविद्यालय में मारिओला आफ्रीदी थीं। उन्होंने हिंदी की कई कृतियों का अनुवाद किया। इस विश्वविद्यालय में जॉन फिलिप्पी हिंदी और भारतविद्या के प्रोफेसर हैं। रोम विश्वविद्यालय में जार्जो मिलानेत्री हैं, जिन्होंने जायसी के अवधी में लिखित 'पद्मावत' को हिंदी खड़ी बोली रूप दिया है। मिलान विश्वविद्यालय में दोलचीनी हैं। इटली में हिंदी को भारत को जानने के दरवाजे के रूप में देखा जाता है।

चेक गणराज्य के प्राग स्थित चार्ल्स विश्वविद्यालय में 1949 से हिंदी की पढ़ाई हो रही है। यहां हिंदी पढ़ने के साथ नृविज्ञान या धर्म भी विषय के रूप में पढ़ना होता है। साथ ही साहित्य के विश्लेषण और उसके सामाजिक महत्व का भी ज्ञान कराया जाता है। इस देश के हिंदी विद्वानों में विंतर्सेथ पोरीज्का, ओदोनेल स्मेकल, दागमार मारकोवा प्रमुख हैं। यहां चेक-हिंदी शब्दकोश का निर्माण हुआ है, जिसमें 1500 शब्द हैं। निर्मल वर्मा लंबे समय तक प्राग में थे। उन्होंने कुछ चेक कहानियों का अनुवाद किया था। ओदोनेल स्मेकल ने लिखा है, 'देश की आत्मा को समझने के लिए उसकी भाषा को समझना चाहिए। मुझे जान पड़ता है कि आधुनिक भारत की आत्मा को समझने के लिए संस्कृतनिष्ठ हिंदी को जानना आवश्यक है। यह ऐसी भाषा है जो आधुनिक बहुआयामी राष्ट्र की सभी आवश्यकताओं को संतोषजनक ढंग से पूरी कर सकती है।'

रोमानिया में 'सेंटर फार ओरियंटल स्टडीज' के अध्यक्ष हैं हिंदी विद्वान इमरै बंघा। इन्होंने श्रृंगारिक कवि घनानंद पर विशेष रूप से शोध किया है। रोमानिया के हिंदी विद्यार्थियों में गहरा भारत प्रेम है, जिसकी एक दीर्घ सांस्कृतिक परंपरा है। यहां के राष्ट्रकवि मिहाई एमिनेस्कु (1850-1889) ने संस्कृत का अध्ययन किया था। 1956 में बुखारेस्ट में 'प्राच्यविद्या संस्थान' की स्थापना हुई थी। 1965 में यहां सर्वप्रथम हिंदी की पढ़ाई शुरू हुई। 1960 में रोमानियन भाषा में प्रेमचंद के 'गोदान' का अनुवाद हुआ था। 1971 में बुखारेस्ट विश्वविद्यालय में हिंदी विभाग भी खुल गया, जिसमें भारत से कई शिक्षक जाकर पढ़ाते रहे हैं।

पोलैंड के वारसा विश्वविद्यालय के भारतविद्या विभाग में हिंदी में पीएचडी तक की शिक्षा और शोध की सुविधा है। यहां के हिंदी विद्वानों में तात्याना रूत्कोव्स्का, दानूता स्ताशिक, मारिया क्षिश्तोफा बृस्की, रेनाता चेकाल्स्का आदि नाम प्रमुख हैं। मारिया क्षिश्तोफा बृस्की ने एक महत्वपूर्ण बात कही है, 'हम विदेशी लोगों के लिए अंग्रेजी उस खिड़की का शीशा बन जाती है, जिसके द्वारा भारत का निर्जीव, मौन और सूना-सा दर्शन भर हो पाता है। इस शीशे को काटने के लिए हम विदेशियों को भारतीय भाषाओं के हीरे चाहिए, चाहे वह संस्कृत हो, चाहे तमिल, चाहे हिंदी तथा यहां की अन्य भाषाएं।' पोलैंड के अनुवादकों में पार्नोव्स्की का प्रमुख स्थान है। उन्होंने रेणु के 'मैला आंचल' तथा कई कथाकारों की रचनाओं का अनुवाद किया।

हंगरी में ओत्वोश लोरांद विश्वविद्यालय के भारोपीय विभाग में हिंदी की पढ़ाई होती है। यहां के हिंदी विद्वानों में प्रमुख हैं—मारिया नैज्यैशी, इवा अरादी आदि। फिनलैंड के हेलसिंकी विश्वविद्यालय में हिंदी पढ़ाई जाती है। यहां के हिंदी विद्वान बरतिल तिक्केन ने हिंदी से संबंधित पाठ्य पुस्तकें तैयार की हैं और अनुवाद भी किए हैं। नॉर्वे के ओस्लो विश्वविद्यालय में क्लाउस जोलर हिंदी पढ़ाते हैं। यहां से 'स्पाइल दर्पण' और 'वैश्विका' दो हिंदी पत्रिकाएं निकलती हैं।

डेनमार्क में कई भारतीय संस्थाएं हैं, जैसे इंडियन डेनिस सोसाइटी, मिलाप घर, डेनमार्क बंगाली एसोसिएशन, इंडियंस इन डेनमार्क आदि। कोपनहेगन में कुछ संस्थाएं हिंदी सिनेमा के गीतों पर नृत्य और संगीत पाठशालाएं चलाती हैं। इस देश में हिंदी का प्रचार मुख्यतः हिंदी फिल्मों द्वारा ही हो पाता है।

बल्गारिया के सोफिया विश्वविद्यालय में हिंदी का उच्च शिक्षण 2000 से हो रहा है। भारतविदों के अनुसार बोल्गा के 'आदि बलगारियों' पर बौद्ध दर्शन का प्रभाव था। राहुल सांकृत्यायन ने इसी देश को ध्यान में रखकर 'वोल्गा से गंगा' पुस्तक लिखी थी। भारत और बल्गारिया के प्राचीन बंधुत्व और सांस्कृतिक संपर्क के कई उदाहरण दिए जाते हैं। इस देश के हिंदी विद्वानों में मिलेना ब्रोतोएवा, गैलीना रूसोवा सोकोलोवा, योर्दांका बोयानोवा, नादेज्दा रोजोवा आदि नाम प्रमुख हैं।

नीदरलैंड्स (हालैंड) में कैरेबियाई देशों की तरह एक लघु भारत है। 1975 के आसपास सूरीनाम से विस्थापित होकर काफी लोग नीदरलैंड्स आ गए। यहां स्वयंसेवी संस्थाएं बनीं, स्कूल और मंदिर बने, जहाँ हिंदी को स्थान मिला। 1983 में यहां हिंदी परिषद बनी, जहाँ 8000 से ज्यादा विद्यार्थी हिंदी पढ़ चुके हैं। यहां टीवी और 'ओहमवाणी' पत्रिका से हिंदी का प्रचार होता है। मुख्यतः श्रमिक श्रेणी के बच्चे हिंदी पढ़ते हैं। नीदरलैंड्स के लाइडन विश्वविद्यालय में स्खोकूर और यूतरैख्त विश्वविद्यालय में गैफ्के ने हिंदी शिक्षण के लिए सामग्री तैयार की। एम्सटर्डम के इंडियन इंस्टिट्यूट में डिक प्लकर व्यक्तिगत प्रयास से हिंदी भाषा और साहित्य की सेवा करते हैं। पुष्पिता अवस्थी यहां लंबे समय से हिंदी रचना और सेवा में सक्रिय हैं।

भारतीय सांस्कृतिक संबंध परिषद, विदेश मंत्रालय की ओर से कई हिंदी प्रोफेसर विभिन्न यूरोपीय विश्वविद्यालयों में वहां से मांग आने पर भेजे जाते रहे हैं। वहां वेतन ज्यादा है, इसलिए कई हिंदी प्रोफेसर लियन पर जाते हैं और विदेशी विश्वविद्यालयों में हिंदी शिक्षण की गुणवत्ता में वृद्धि करते हैं। यूरोपीय देशों में हिंदी फिल्मों, हिंदी गानों और टीवी सीरियलों ने हिंदी के प्रचार में एक बड़ी भूमिका निभाई है। वहां बसे भारतवासी अपनी भारतीय जड़ों को बचाने के लिए हिंदी या अपनी मातृभाषा की थोड़ी-बहुत शिक्षा पा जाना चाहते हैं। औपनिवेशिक उद्देश्य गहन रूप से न होने के कारण पश्चिमी विद्वानों के शोध के उद्देश्य अब बदल गए हैं, पर विदेशों में कई बार हिंदी को हिंदू धर्म तक सीमित रखने की कोशिश होती है।

धर्मेंद्र राय

अधिक जानकारी के लिए :

1. **हिंदी सब संसार :** (संपा) सुरेश ऋतुपर्ण, 2008, 2. **भाषा की अस्मिता और हिंदी का वैश्विक संदर्भ :** (संपा) रवींद्र कालिया, 2012

यूरोपकेंद्रिकता

यूरोपियन व्यक्तित्व, यूरोपीय सभ्यता और यूरोपीय ऐतिहासिक घटनाओं को दूसरे महादेशों के संदर्भ में श्रेष्ठ प्रमाणित करने और श्रेष्ठ मानने के विचार को यूरोपकेंद्रिकता (Eurocentrism) कहते हैं। यूरोपकेंद्रिकता के असर में अन्य महाद्वीपों के लोगों से यूरोपियन लोगों तथा उनकी सभ्यता को अधिक उन्नत और सक्षम बताने की परंपरा है जो भौगोलिक, राजनीतिक, सामाजिक, आर्थिक और ऐतिहासिक सभी आधारों पर यूरोप की श्रेष्ठता सिद्ध करती है। संसार का जो भाग इसमें शामिल नहीं है उसमें एशिया, लैटिन अमेरिका और अफ्रीका का बड़ा अंश आता है। 'यूरोपकेंद्रिकता' शब्द का प्रयोग पहली बार मिस्र के मार्क्सवादी अर्थविद समीर अमीन ने 1988 में किया था। इसका स्रोत सबसे पहले यूरोपीय रेनेसां काल में नजर आता है। रेनेसां काल में प्राचीन यूनान और रोम की सभ्यताओं के कला और दर्शन को ही ज्ञान का प्रमुख आधार माना गया। यूरोपीय साम्राज्यवाद के दौर में यूरोपीय महानता और समृद्ध हुई। यह पंद्रहवीं सदी में प्रारंभ हुई थी और औद्योगिक क्रांति के साथ आधुनिक काल में छाती गई। उन्नीसवीं और बीसवीं सदी में औपनिवेशिक विस्तार के साथ यह अपने चरम पर पहुंच गई।

उद्योगवाद के आधार पर तेजी से विकसित यूरोप की सभ्यता को संसार के लिए अनुकरणीय बतानेवाले यूरोपीय लेखकों ने कृषि पर आधारित समाजों और देशों को कमतर बताने की सफल चेष्टा की। 1741 में जोहान हेनरिच जेडलेर ने लिखा, 'यद्यपि संसार के चार महादेशों में यूरोप सबसे छोटा है, किंतु कई कारणों से इसका ऐसा स्थान है जो इसे सबसे आगे रखता है, यहां के लोगों की रस्में बहुत अच्छी हैं, वे विनम्र हैं और विज्ञान और कला में दक्ष हैं।' उपनिवेश काल में यूरोपियनों के साथ अमेरिकी और आस्ट्रेलियाई लोगों के समझौते हुए, अफ्रीका में उपनिवेश बने और एशिया में भी उपनिवेश बने। अमेरिका, आस्ट्रेलिया और न्यूजीलैंड की अधिकांश आबादी तो यूरोप में ही अपनी जड़ें पाती हैं। 1851 से दुनिया के नक्शे पर देशांतर रेखा ग्रीनविच लंदन से होकर गुजरती है। अक्सर ही अंग्रेजी भाषा की कथाओं के नायक अपने बूते पर या तकनीक का उपयोग करके साधनहीन, अशिक्षा और कुसंस्कारों से घिरे अंधकार में कैद अन्य देशों के लोगों का उद्धार करते दिखाए गए।

साहित्य लेखन, भाषावैज्ञानिक अध्ययन और मानवशास्त्र के माध्यम से भी यूरोपकेंद्रिकता को बल मिला। साहित्य में गौर वर्ण के नायकों की वीरता, चालाकी और प्रेम को चमत्कारिक रूप में चित्रित किया गया। कुछ ऐसे शब्द गढ़े गए जिनसे हीनता का पूरा दर्शन ही बन जाए। ऐसे शब्दों में एक पौर्वात्यवाद 'Orientalism' है। एडवर्ड सईद ने अपनी पुस्तक 'ओरिएंटलिज्म' में बताया है कि यह विचार न केवल विभिन्न संस्कृतियों को पश्चिमी संस्कृतियों जैसा बनने के लिए प्रेरित करता है, बल्कि उन्हें पिछड़ी कह कर उन पर अपना प्रभुत्व थोप देता है। हिंदी आलोचक रामचंद्र शुक्ल ने भारत के बारे में यूरोपियन बुद्धिजीवियों के पौर्वात्यावादी सोच का विरोध किया था। उन्होंने 'पौर्वात्यवाद' की जगह 'यूरोप के अत्युक्त मत', 'उनकी वाणी,' 'यूरोप ने कहा' जैसी सामान्य शब्दावलियों का प्रयोग किया। एडवर्ड सईद ने भी लिखा, 'प्राच्य का प्राच्यीकरण केवल इसलिए नहीं हुआ कि इसे प्राच्य के रूप में खोजा गया था...बल्कि इसलिए भी हुआ कि यह संभव था कि उसे अधीन बनाकर प्राच्य निर्मित किया जा सकता था।'

पश्चिम से आनेवाली हर चीज या कृति को श्रेष्ठ मानने की मनोवृत्ति साहित्य, विज्ञान, उद्योग, कला, मनोरंजन और संस्कृति जैसे सभी महत्वपूर्ण क्षेत्रों में दिखती है।

यूरोपकेंद्रिकता की स्वीकृति सभ्य-असभ्य, आधुनिक-पिछड़ा, विकसित-विकासशील, केंद्र हाशिया जैसी धारणाओं का निर्माण करती है। इस तरह अपनी हस्ती या अस्मिता को किनारे रख कर

पश्चिमी पद्धति से विकास की योजनाएं ही सामाजिक प्रगति की दिशा बताई जाने लगती हैं।

यूरोपकेंद्रिकता का नया आयाम नस्लीय और राष्ट्रीय श्रेष्ठताबोध है। साम्राज्यवादी इच्छा रखने वाले देशों में यह प्रवृत्ति है। चीनियों और जापानियों में भी सांस्कृतिक महानता का दंभ है। अमेरिकी सदी की दावेदारियां अंध-राष्ट्रीय, सामाजिक और तकनीकी श्रेष्ठता को लेकर हैं। यूरोपकेंद्रिकता की साख में गिरावट आई। अतः दूसरे विश्वयुद्ध के बाद से ही यूरोप केंद्रीयता की जगह अमेरिकी वर्चस्व ने लेना शुरू कर दिया था। नए उपनिवेशवाद के संदर्भ में यह एक विशेष संरचना है। विगत दशकों में राष्ट्रवादी दावों, स्थानीय परंपराओं और मूल्यों द्वारा यूरोपकेंद्रिकता को चुनौती दी गई। संसार की बहुकेंद्रिक छवियों में स्थानीय रंग भर गए, खुद यूरोपीय देशों के बीच दूरियां बढ़ीं। भारत में रवींद्रनाथ और गांधी जैसे पश्चिमी सभ्यता के आलोचकों ने यूरोपकेंद्रिकता को विस्थापित किया।

उदयराज

अधिक जानकारी के लिए :
1. L'eurocentrism : Samir Amin, 1989, **2. The Rise of Eurocentrism : Anatomy of Interpretation :** Vassilis Lambropoulos, 1993, **3. Unthinking Eurocentrism: Multiculturalism and the Media :** Ella Shohat Robert Stam, 1994

यूरोपीय आधुनिकता (आरंभिक)

यूरोप की आरंभिक आधुनिकता (Early Modernity) का संदर्भ मुख्य रूप से पंद्रहवीं सदी से अठारहवीं सदी के दौरान हुए बदलावों फ्रांसीसी क्रांति, 1789 से जुड़ता है। पंद्रहवीं सदी में इटली में पुनर्जागरण की व्यापक लहर आई थी। 1450 से 1520 के बीच लिओनार्दो दा विंची, माइकेल एंजेलो, मेकियावेली का कार्य सामने आया था। इस सदी के अंत में क्रिस्टोफर कोलंबस ने अमेरिका की यात्रा की थी और एक तरह से पूरी दुनिया को अमेरिका से परिचित कराया था। कोलंबस की यात्राओं ने और बाद में आकर बसने वाले यूरोपवासियों की वजह से वहां के मूलवासियों को भयावह स्थितियों से गुजरना पड़ा। यूरोपवासियों के साथ लाई गई बीमारियों और उनके द्वारा किए गए अमानवीय अत्याचारों ने अमेरिकी लोगों की अधिकांश प्राचीन आबादी और सभ्यता को हमेशा के लिए खत्म कर दिया। पूरा अमेरिकी (उत्तरी और दक्षिणी) महाद्वीप यूरोपवासियों का उपनिवेश बना दिया गया। पंद्रहवीं और सोलहवीं सदी तक यूरोप के अधिकतर देश दरअसल राजाओं और सामंतों की छोटी-बड़ी रियासतों में विभाजित थे। लेकिन इस दौर में होने वाले आर्थिक और राजनीतिक बदलावों ने यूरोपीय देशों में राष्ट्रीयता का अहसास पैदा किया, हालांकि एक अवधारणा के तौर पर राष्ट्रवाद को स्थापित होने में अभी लंबा समय लगना था।

इटली के पुनर्जागरण का प्रभाव धीरे-धीरे पूरे यूरोप में दिखाई देने लगा। इसी दौरान मार्टिन लूथर (1483-1546) ने पोप की सत्ता और धर्म में फैले अंधविश्वासों को चुनौती दी और ईसाई धर्म में व्यापक सुधारों की शुरुआत की। इन सुधारों ने कैथलिक संप्रदाय के समानांतर प्रोटेस्टेंट संप्रदाय की स्थापना की। इस संबंध में कहा गया है, 'पुनर्जागरण और धर्म सुधार ने एक ऐसी दुनिया पर प्रहार किया था जो हर स्तर पर अंधविश्वास से ग्रस्त थी। धार्मिक कर्मकांडों और पुरोहितों के आशीर्वचनों पर विश्वास, गंडे-ताबीजों और जादू-टोनों पर विश्वास, दैवी चमत्कारों और कारनामों पर विश्वास, चुड़ैलों की शक्ति पर विश्वास और यह विश्वास कि राजा का स्पर्श रोगमुक्त कर सकता है—ये विश्वास अशिक्षित लोगों तक ही सीमित नहीं थे, शासकों में भी वे उतने ही प्रचलित थे, जितने किसानों में।' (क्रिस हरमन)। इस दौरान होने वाली वैज्ञानिक खोजों ने इन अंधविश्वासों को चुनौती देना आरंभ कर दिया था। कोपरनिकस, गैलीलिओ, ब्रूनो, न्यूटन आदि की खोजों ने सृष्टि की उत्पत्ति और संरचना की परंपरागत दृष्टि के आगे प्रश्नचिह्न लगा दिए थे।

इन नवीन वैज्ञानिक मान्यताओं का राजसत्ता और चर्च द्वारा जबर्दस्त विरोध हुआ। 1600 में ब्रुनो को जिंदा जला दिया गया।

'अर्ली मार्डन यूरोप : ऐन आक्सफोर्ड हिस्ट्री' (2001) के संपादक युवान कैमरून ने इस पुस्तक की प्रस्तावना में लिखा है, 'इस दौर के आरंभ में अर्थव्यवस्था बहुसंख्यक जनता के जीवित रहने की जरूरतों के इर्द-गिर्द ही सीमित थी। धर्म और दर्शन एक समन्वित व्यवस्था द्वारा एक-दूसरे से अविभाज्य रूप से जुड़े थे, जहाँ भौतिकी और आध्यात्मिक सिद्धांत को एतिहातन आपस में घुला-मिला दिया गया था। राजनीतिक जीवन सामंती और वंशीय श्रेष्ठता से संचालित होता था। इसमें व्यावसायिक और वैयक्तिक वरीयताएं ही ज्यादा कारगर थीं, बनिस्बत 'तर्क के राज' के, हालांकि यह नारा बहुत प्रचलित था और प्रयोग में भी खूब आता था। ज्ञानोदय और फ्रांसीसी क्रांति के दौर को नमूदार होना था, अतः विभिन्न क्षेत्रों में ज्ञान और चिंतन के 'आधुनिक' तरीके अस्तित्व में आ चुके थे। इस दौर में प्रश्नातीत सिद्धांतों को प्रश्नांकित नहीं किया गया; लेकिन ये उसी रास्ते पर थे, जहाँ इन प्रश्नातीत सिद्धांतों को प्रश्नों के दायरे में लाया जाना था। उपभोक्ता अर्थव्यवस्था, विचारों का स्वतंत्र आदान-प्रदान, सहिष्णुता, तार्किकता एवं एकात्मता की स्थिति निर्मित होनी शुरू हो गई थी। इन अर्थों में 1500 से 1800 के बीच की शताब्दियां 'आरंभिक आधुनिकता' के दौर हैं।'

बदलते व्यापारिक संबंधों ने आर्थिक स्तर पर जबरदस्त प्रभाव उत्पन्न किया। नई किस्म के व्यापारिक संस्थान और आर्थिक संस्थाओं (जैसे ईस्ट इंडिया कंपनी-1600) की स्थापना होने लगी। इन संस्थाओं ने यूरोप के पुराने शहरों के स्वरूप को भी बदला। जिनेवा, वेनिस और मिलान जैसे 'नगर-राज्य' व्यापारिक केंद्रों में तब्दील होने लगे। उस जमाने के व्यापार की एक प्रवृत्ति जहाँ 'वैश्विकता' की सहिष्णु परंपरा की शुरुआत कर रही थी, वहीं दूसरी ओर 'एकाधिकार' की प्रवृत्ति भीषण युद्धों और संघर्ष की पृष्ठभूमि बना रही थी। इन्हीं सम्मिलित व्यापारिक प्रवृत्तियों को 'व्यापारिक पूंजीवाद' की संज्ञा दी जाती है। इसके अलावा, यह दौर 'व्यापारिक एकाधिकार एवं प्रभुत्व' के मूल उद्देश्य के अंतर्गत 'यूरोपीय श्रेष्ठता' जैसे अतार्किक विचार को भी प्रश्रय देता था, जो उपनिवेशवाद की नैतिक संरचना के मूल में विद्यमान था। नैतिक स्तर पर 'श्रेष्ठता' के छद्म बोध के कारण ही व्यापारिक गतिविधियों के साथ, लगभग समानांतर ही, ईसाई धर्म प्रचार की गतिविधियां भी तीव्रता से संचालित हुईं।

विज्ञान और तकनीक को जो प्रोत्साहन इस दौर में मिला, उसने राज्य की सेक्युलर अवधारणा को बढ़ावा दिया और साथ में 'राष्ट्र-राज्य' के उदय को भी प्रेरित किया, लेकिन ये विचार तब केवल यूरोप तक ही केंद्रित थे। इसी दौर में छापेखाने का आविष्कार हुआ। गुटेनबर्ग प्रेस (जोहांस गुटेनबर्ग द्वारा 1436 में आविष्कृत) ने वैचारिक स्तर पर नई उद्‌भावनाओं के लिए मार्ग खोला। यह एक किस्म से क्रांति जैसा ही था। धार्मिक साहित्य से लेकर लौकिक साहित्य के विस्तार और अध्ययन में गुटेनबर्ग प्रेस ने मदद की। प्रेस के आविष्कार ने अप्रत्यक्ष रूप से धार्मिक रूढ़िवाद को तोड़ने में एक बड़ी भूमिका निभाई।

पंद्रहवीं से अठारहवीं सदी तक होने वाले इन बदलावों ने ही विचार और दर्शन के क्षेत्र में नए सोच का सूत्रपात किया, जिसे ज्ञानोदय के नाम से जाना जाता है। ज्ञानोदय के इस दौर में वैज्ञानिकों, दार्शनिकों, अर्थशास्त्रियों, इतिहासकारों, साहित्यकारों, राजनीतिक सिद्धांतकारों यहां तक कि मोजार्ट जैसे संगीतकारों की महत्वपूर्ण भूमिका थी। इन सबके विचार एक-से नहीं थे। बहुत से मामलों में उनका सोच एक-दूसरे से विपरीत था। लेकिन वे सभी 'अनुभव संगत ज्ञान पर आधारित तर्क-बुद्धि पूर्ण समझ की शक्ति पर विश्वास' करते थे। इस समझ ने पहले से स्थापित मध्ययुगीन यूरोपीय मान्यताओं, मिथकों और विश्वासों को चुनौती दी। इस तरह विचारों की एक धर्मनिरपेक्ष प्रणाली धीरे-धीरे

विकसित होने लगी। मध्ययुग में जो भी विकास हुआ था, वह चर्च और राजसत्ता की छत्रछाया में और इन दोनों सत्ताओं को मजबूती प्रदान करने के लिए हुआ था। लेकिन 'मध्ययुग के विपरीत प्रबोधन के लोग मानते थे कि मानव जीवन के सभी पहलुओं और कार्यों की आलोचनात्मक पड़ताल की जानी चाहिए। इसमें विभिन्न विज्ञान, धार्मिक विश्वास, तत्त्वमीमांसा, सौंदर्यशास्त्र आदि सभी कुछ शामिल हैं। आत्मपरीक्षण, अपने कृत्यों और अपने समाज की जांच विचारशीलता के अनिवार्य अंग हैं। अपने युग की मुख्य ताकतों और प्रवृत्तियों की समझ पैदा करके मानव अपनी दिशा तय कर सकते हैं और परिणामों पर नियंत्रण रख सकते हैं। तर्क और विज्ञान के जरिए मानव जाति अधिक स्वतंत्रता और संपूर्णता प्राप्त कर सकती है।' (इरविंग एम जेटलिन)।

आरंभिक आधुनिकता के इस दौर के विचारकों ने 'अंधविश्वास, कट्टरता और असहिष्णुता के खिलाफ एक अनवरत युद्ध छेड़ दिया। उन्होंने सेंसरशिप के विरुद्ध संघर्ष किया, विचार की आजादी की मांग की। उन्होंने सामंती वर्गों के विशेषाधिकारों और वाणिज्यिक और औद्योगिक वर्गों पर उनके द्वारा थोपे गए प्रतिबंधों का विरोध किया। विज्ञान और शिक्षा में ज्ञानोदय ने इनके कार्य में गति पैदा की। इसने उन्हें मानवीय, आदर्शवादी और विश्वास की मूर्ति बना दिया। दर्शन अब केवल अमूर्त चिंतन का विषय नहीं रह गया। व्यावहारिक बनते हुए उसने मौजूदा रिवाजों के खिलाफ सवाल पूछने शुरू कर दिए और मांग की कि मानव प्रवृत्ति के खिलाफ जाने वाले अनुपयुक्त रस्मोरिवाजों को बदला जाए। मानव संपूर्णता में रुकावट पैदा करने वाली सभी बाधाओं को धीरे-धीरे समाप्त किया जाए।' (इरविंग एम जेटलिन)।

यही वह पृष्ठभूमि थी जिसने स्वतंत्रता, समानता और भ्रातृत्व के वे आदर्श प्रस्तुत किए जिन पर आधुनिकता की आधारशिला कायम है। इसी आधारशिला पर ऐसे धर्मनिरपेक्ष और लोकतांत्रिक राज्य की नींव रखी गई , जहाँ धर्म, जाति, क्षेत्र, भाषा, नस्ल और लिंग के आधार पर भेदभावों को ठुकरा दिया गया। यह अवश्य है कि इसी दौर में हुई प्रगति और उथल-पुथल ने उपनिवेशीकरण, नस्लवाद, धर्म और जातीयता के अहंकार को भी जन्म दिया, जिसने असहिष्णुता और उत्पीड़न के भयावह दौरों की सृष्टि की। यूरोप की आरंभिक आधुनिकता के इसी दौर में अमेरिका, अफ्रीका और एशिया के बड़े क्षेत्रों को उपनिवेश बनाकर गुलामी और दासता की जंजीरों में जकड़ दिया गया, हालांकि इनके विरुद्ध संघर्ष भी आधुनिकता के इन्हीं मूल्यों से प्रेरणा ग्रहण करके व्यापक हुआ। यूरोपीय आधुनिकता के दौर में भारत में भी लोकजागरण का एक व्यापक दौर चला था जिसकी मूल प्रेरणा धार्मिक सुधार थी। यह भक्ति आंदोलन के रूप में जाना गया। कबीर, नानक, वसव, रैदास, दादूदयाल आदि ने जाति और धर्म के भेदभावों से ऊपर उठने की प्रेरणा दी। लेकिन भक्ति आंदोलन आर्थिक और राजनीतिक बदलाव का ठोस आधार नहीं बन सका। भारत की अर्थव्यवस्था में पूंजीवादी बदलाव की प्रक्रिया आरंभ हो चुकी थी। वह स्वत:स्फूर्त ढंग से बदलाव का कारक बनती, इसके पहले ही अंग्रेजी सत्ता ने भारत को औपनिवेशिक दासता में जकड़ लिया।

जितेंद्र गुप्ता

अधिक जानकारी के लिए :

1. Formations of European Modernity a Historical and Political Sociology of Europe : Gerard Delanty, **2. Europe and the Making of Modernity : 1815-1914 :** Robin W Winks, Joan Neuberger, 2005, **3. The Greek Crisis and European Modernity :** A Triandafyllidou, R Gropas, H Kauki (Ed) 2013, **4. Europe, Nations and Modernity :** Atsuko Ichijo, 2011

यूरोपीय पुनर्जागरण

यूरोपीय सभ्यता और संस्कृति को विकसित अवस्था का प्रतीक माना जाता है, पर मध्यकाल में वह भी अंधविश्वास, धर्मांधता और रूढ़िवादिता के

दुष्चक्र का शिकार रही है। सामान्य रूप से यूरोपीय इतिहास को तीन प्रमुख कालों में प्राचीन काल, मध्य काल और आधुनिक काल में विभाजित किया जाता है। अधिकतर इतिहासकार स्वीकार करते हैं कि पांचवीं शताब्दी ईसा पूर्व रोमन साम्राज्य के पतन के साथ ही प्राचीन काल का अंत हो गया था तथा मध्य काल प्रारंभ हो गया था। यह भी माना जाता है कि यह चौदहवीं-पंद्रहवीं शताब्दी में शुरू हुआ और यूरोप में आधुनिक काल का प्रारंभ था।

यूरोपीय पुनर्जागरण का एक चित्र

पुनर्जागरण अंग्रेजी भाषा के 'रेनेसां' का हिंदी अनुवाद है। फ्रेंच शब्द रेनसां का अर्थ है 'रीबर्थ', अर्थात पुनर्जन्म। पुनर्जागरण काल यूरोपीय इतिहास का वह अंश है, जब चौदहवीं-सतरहवीं शताब्दी तक अनेक महत्वपूर्ण परिवर्तन हुए और नए विचार सामने आए। ये परिवर्तन मुख्य रूप से प्राचीन यूनान और प्राचीन रोम के ज्ञान और कला को पुनर्जीवन प्रदान करने की भावना से प्रभावित थे। माना जाता है कि इटली के नगर राज्यों, मुख्यतः फ्लोरेंस से चौदहवीं सदी में इसकी शुरुआत हुई। इसके इतिहास और विभिन्न रूपों को लेकर मतभेद है। मुख्यतः उन्नीसवीं सदी में इस घटना पर कई कोणों से विचार आए हैं।

यूरोपीय पुनर्जागरण में इस मनोवृत्ति की पुनर्स्थापना हुई कि प्रत्येक मनुष्य विचार, अभिव्यक्ति एवं आचरण में पूर्णरूपेण स्वतंत्र होकर अपनी-अपनी भूमिका का निर्वहन करे। वस्तुतः इस चेतना के उदय होने के मूल में धर्म और चर्च का अतिवादी चरित्र था। मध्य काल में ईसाई धर्म और चर्च यूरोपीय मनुष्य के संपूर्ण जीवन पर नियंत्रण रखते थे। उनकी अपेक्षा थी कि प्रत्येक ईसाई उनकी शिक्षाओं का अंधानुकरण करे, चर्च के प्रत्येक निर्णय को शिरोधार्य कर जीवन-निर्वाह करे। यदि कोई चर्च के विरुद्ध कुछ बोलता था तो उसे विधर्मी बता कर जला दिया जाता था अथवा अन्य तरीकों से प्रताड़ित किया जाता था। पुनर्जागरण के प्रभाव से इन स्थितियों में परिवर्तन प्रारंभ हुआ। चौदहवीं-सतरहवीं शताब्दी में यूरोप खोज और जिज्ञासा का काल बन गया था। जनसामान्य की मानसिकता, विचारधारा और मनोवृत्ति स्वतंत्र होने लगी थी। नई अवधारणाएं, नए विचार और नए प्रयोगों का उत्साह एवं सम्मान के साथ स्वागत किया जाने लगा था।

पुनर्जागरण काल में मनुष्य के ध्यान को अलौकिक संसार की समस्याओं से हटाकर इस संसार की समस्याओं की ओर लगाने में बड़ी सहायता मिली। धार्मिक अंधविश्वास, पोपशाही, कृत्रिमता, धर्मांधता तथा चर्च द्वारा सामाजिक मामलों में हस्तक्षेप आदि से मनुष्यों की विचार-प्रणाली मुक्त हुई। इन विषयों के स्थान पर व्यक्ति, उसका संसार एवं मनुष्य जाति को ललकारने वाली अन्य भौतिक समस्याएं अध्ययन के विषय के रूप में स्वीकार की जाने लगीं। इस दृष्टि से पुनर्जागरण व्यक्ति के जीवन से चर्च के नियंत्रण को समाप्त करने वाली एक बौद्धिक क्रांति का समय था। जैसा मेयर ने कहा है, 'पुनर्जागरण नवीन आत्मा का वह अभ्युदय है, जिसने मध्यकालीन अवस्था को अंतिम रूप से छिन्न-भिन्न कर दिया तथा सतरहवीं शताब्दी के उस नए संसार की आधारशिला रखी, जिसने तात्विक दृष्टि से सदा के लिए मध्ययुग का अंत कर दिया था। पुनर्जागरण यूरोप की मध्यकालीन संस्कृति और पारंपरिक समाज से यूरोपीय मनुष्य के मुक्त होने के सफल प्रयास की कथा है। इटली में जो 'रिनसां' आया, उसके मुख्य अग्रदूत हैं—दांते (डिवाइने कामेडिया, 1308), पेत्रार्क और बोकाच्यियो। तीनों फ्लोरेंस के थे। दांते की मृत्यु इटली पुनर्जागरण के पहले हो चुकी थी। उसकी खूबी है कि उसने लैटिन में कुछ रचनाएं करते हुए इतालवी भाषा में भी लिखा था और उस पर प्राचीन कवि वर्जिल का प्रभाव था। पेत्रार्क ने चर्च के रूढ़िवाद और कर्मकांड की जम कर आलोचना की। उसने

अंधविश्वासों और चमत्कार की कथाओं को मानने से इंकार कर दिया। वह जीवन सुंदरता और प्रेम का गायक था। पेत्रार्क के साहित्य की वजह से इटलीवासी अपने गौरवशाली अतीत को जान सके। उसने ही चर्च की कट्टरवादी संस्कृति के हजार सालों के इतिहास को 'अंधकार युग' कहा था। इसे पंद्रहवीं सदी के इतिहासकार फ्लेवियो बिओंदे ने 'मध्य काल' कहा। इस तरह 'प्राचीन' और विशेष अर्थ में 'मध्य काल' तथा 'रिनेसां' या 'आधुनिकता काल' की अवधारणा बनी। मानववादी आधुनिक चेतना को इटली भर में फैलाया, जिससे 'रिनेसां' की आवाज सुनाई पड़ी। वह नागरिक स्वतंत्रता और लोकतंत्र का समर्थक था और अपने युग का सबसे सम्मानित विचारक था। उसने इट ली के एलीट वर्ग को एक नई रोशनी दिखाई। प्राचीन ग्रीक ग्रंथों की खोज और उनके संपादन ने यूरोप को उसके प्राचीन गौरव से परिचित कराया। इटली में ही 1440 में प्रेस का आविष्कार हुआ, जिसने ज्ञान को सर्वसुलभ बनाया। इतिहास ने, आत्मकथा तथा कई अन्य नई साहित्यिक विधाओं का जन्म हुआ। लियोनार्दो द विंची और माइकेल एंजेलो के कला के क्षेत्र में योगदान को भी रिनेसां के नाम से जाना गया। प्राचीन ग्रीक और रोमन सभ्यता के गौरव को पहचानने के साथ इटली के नगर-राज्यों में न्यायिक और प्रशासनिक सुधार हुए, उच्च शिक्षा प्रतिष्ठान बने, स्थापत्य विकसित हुआ, वैज्ञानिक खोजें सामने आईं, हालांकि राजनीतिक व्यवस्था राजतंत्रात्मक थी। इन घटनाओं का प्रभाव इटली तक सीमित न रह कर कम या ज्यादा सभी यूरोपीय देशों में फैला।

इटली नवजागरण के दौर में परम शक्तिशाली हरक्युलिस के मिथकीय चरित्र ने आकर्षित किया था। हरक्युलिस ने परम घास वाली आरामदायक राह से एक सुंदरी तक पहुंचने की जगह एक-दूसरे रास्ते, ऊबड़-खबड़ चट्टानी रास्ते का चुनाव किया जिसके अंतिम छोर पर एक कुरूप अधेड़ स्त्री बैठी थी। यह चरित्र एक सितारे की तरह युग चेतना में पुनः चमक उठा, क्योंकि उसने स्वयं अपने विवेक से मुश्किलों भरे रास्ते का चुनाव किया था। वह न शृंगारिकता में फंसा और न उसने ईश्वर से शरण मांगी। वह एक निर्भीक और अपना फैसला खुद लेने वाले आदर्श व्यक्ति के रूप में लोकप्रिय हुआ। वह रिनेसां युग की मनोदशा को व्यक्त करता है।

पुनर्जागरण के दौरान चर्च में अंध आस्था के स्थान पर चिंतन करने वाला मनुष्य केंद्र में आया। चिंतन के मूल में प्रश्न करने की प्रवृत्ति होती है, जिसने तत्कालीन संस्थाओं की वैधता पर सवाल उठाए। प्रश्न करने से ज्ञान मिलता है और ज्ञान से प्रकाश आता है। अतः पुनर्जागरण काल मध्य काल के अंधकार से प्रकाश की ओर प्रस्थान का युग है। एक प्रकार से यह काल मानवीय आस्थाओं, वैज्ञानिक चिंतन और कला के सांसारिक सरोकारों को पुनर्जीवित करने की भावनाओं से ओतप्रोत रहा है तथा अंधविश्वासों, रूढ़ियों और धार्मिक कट्टरता को तार्किकता एवं सामयिक चिंतन से अप्रासंगिक बनाने का युग रहा है। फलतः इस काल की प्रवृत्तियों का चित्रकला, विज्ञान, मानविकी, दर्शन और साहित्य पर प्रभाव पड़ना स्वाभाविक था। पुनर्जागरण काल के ये समस्त प्रभाव यूरोप के प्राचीन इतिहास से प्रेरित थे। एक धारणा यह भी है कि यूरोपीय पुनर्जागरण के दौर में जिस ज्ञान का प्रचार हुआ, उसका एक बड़ा हिस्सा अरबी में हुए अनुवादों से आया था। अरबी में ग्रीक और रोमन साहित्य ही नहीं था, संस्कृत से भी बहुत-सा ज्ञान गया था। इटली रिनेसां पर अरबी का कम प्रभाव न था। इस तरह पश्चिम बनाम पूर्व जैसी कोई अतिरेकी या ध्रुवीकरण जैसी कोई धारणा रिनेसां में नहीं थी।

मध्ययुग की कलात्मक और प्रतीकात्मक शैली के विपरीत, पुनर्जागरण काल की चित्रकला जीवन के यथार्थ और प्रासंगिक विषयों से अधिक प्रेरित थी। चित्रकारों ने मानवीय स्वरूपों को अपनी कला में प्राथमिकता देना प्रारंभ किया तथा शरीर विज्ञान के ज्ञान का प्रसार होने से चित्रकारों के कार्यों में पूर्णता को भी महत्व दिया जाने लगा। इस काल में चिकित्साशास्त्र के अध्ययन को भी बढ़ावा दिया गया। लियोनार्डो द विंची पुनर्जागरण काल के महान चित्रकार थे।

पुनर्जागरण काल अनेक साहित्यिक परिवर्तनों का साक्षी रहा है। लेखक और कवि अपनी रचनाओं की प्रेरणा प्राचीन रोम और यूनान के साहित्य से प्राप्त करने लगे। मध्यकाल में साहित्यकार धार्मिक व आधिभौतिक विषयों से संबंधित साहित्य रच रहे थे। पुनर्जागरण काल में इन विषयों के स्थान पर मानवीय और इहलौकिक विषयों को केंद्र में रखकर रचनाएं प्रस्तुत की जाने लगीं।

पुनर्जागरण काल के दर्शन में चिंतन की एक नई धारा प्रवाहित हुई जिन्हें सम्मिलित रूप से मानववाद की संज्ञा दी गई। यह नई चिंतनधारा मनुष्य और लौकिक संसार के सरोकारों से प्रभावित थी। इस काल में इस कैथोलिक विश्वास को पूर्णतः अस्वीकार किया गया कि मानव प्रकृति से पाप कर्म करने वाला है। ऐसे अंधविश्वासों के विपरीत पुनर्जागरण काल दर्शनशास्त्र के तार्किक स्वरूप से प्रभावित था। पुनर्जागरण के प्रभाव से दर्शनशास्त्र ने यूरोप में आधुनिक काल की नींव रखी। कालांतर में इस नींव पर 'ज्ञानोदय' खड़ा हुआ।

विज्ञान और अभियांत्रिकी के क्षेत्रों में भी यूरोपीय पुनर्जागरण के प्रभाव से अनेक परिवर्तन हुए। शरीर विज्ञान, भौतिकी, खगोल विज्ञान आदि विषयों में विविध, नवीन व रोचक अन्वेषण हुए। अभियांत्रिकी के क्षेत्र में अनेक महत्वपूर्ण आविष्कार हुए, जैसे– दूरबीन, घड़ियां, लेंस आदि। महान आविष्कारकों में गैलीलियो प्रमुख थे।

पुनर्जागरण काल की एक विशेषता यह है कि दायित्व अथवा भूमिका–निर्वहन में संपूर्णता अथवा श्रेष्ठतम प्रदर्शन को आवश्यक माना जाने लगा था। चित्रकार, साहित्यकार, दार्शनिक, विचारक, प्रशासक–सभी से उन संबंधित क्षेत्रों में ऐसी भूमिका निर्वहन की अपेक्षा की जाने लगी थी, जो पूर्णतः दोषरहित हो। 1507 में इटली के एक लेखक काउंट बाल्डेसार कैस्टिलियोन की प्रसिद्ध पुस्तक 'द कोर्टियर' प्रकाशित हुई। इस पुस्तक में लेखक ने स्वयं के अनुभवों के आधार पर जीवन की रूपरेखा प्रस्तुत की थी कि एक संपूर्ण पुरुष, अथवा स्त्री को किस प्रकार अपना दैनंदिन व्यवहार करना चाहिए। मुद्रण यंत्र के आविष्कार के कारण यह पुस्तक अधिक से अधिक लोगों द्वारा पढ़ी गई। इस पुस्तक के प्रभाव से अधिकांश व्यक्ति भौतिक और बौद्धिक दोनों ही स्तरों पर संपूर्णता के लिए प्रेरित हो रहे थे। लियोनार्डो द विंची और लियोन बैटिस्टा अलबेर्टी जैसे व्यक्तित्व अनेक क्षेत्रों में अपनी प्रतिभा से जनसामान्य को प्रभावित कर रहे थे। वस्तुतः इन दो व्यक्तियों को पुनर्जागरण काल का दोष-विहीन प्रतिभाशाली विद्वान स्वीकार किया जाता है। इस प्रकार प्रत्येक क्षेत्र में निर्दोष कार्य पद्धति अथवा श्रेष्ठतम भूमिका-निर्वहन को सर्वोच्च प्राथमिकता प्रदान करना इस युग की एक विशेषता है। लियोनार्डो द विंची, सैंड्रो बाटिसेलि, रफेल, माइकेल एंजेलो जैसे इटली के कलाकार पुनर्जागरण कला के केंद्र थे। इटली के एक अन्य चिंतक डेजिडेरियस इरैस्मस, फ्रांस के फ्रांसिअस रैबेल्स, इंग्लैंड के विलियम शेक्सपीयर इत्यादि निरंतर मनुष्य को केंद्र में रखकर रचनाएं कर रहे थे।

पुनर्जागरण काल इटली से प्रारंभ हुआ था। इस काल खंड की प्रवृत्तियां यूरोप के विभिन्न राष्ट्रों में भी प्रभावशाली हो गईं। वस्तुतः पुनर्जागरण काल मनुष्य और उसकी शारीरिक और मानसिक क्षमताओं में विश्वास के पुनः दृढ़ होने की एक अनूठी कथा है। मध्य युग जहाँ मनुष्य को धार्मिक ज्ञान और चर्च के आदेशों का दास मानता था तथा तार्किकता, जिज्ञासा और समसामयिक ज्ञान प्राप्ति के प्रयासों को धर्मद्रोह व राजद्रोह जैसा दुष्कृत्य समझता था, वहीं पुनर्जागरण काल में तार्किकता और श्रेष्ठतम प्रदर्शन को अनिवार्य की श्रेणी में रखा गया। जीवन के प्रश्नों को कला, साहित्य और विज्ञान के यक्ष प्रश्नों के सदृश्य सम्मान दिया जाने लगा। इस युग में प्रत्येक शास्त्र, विज्ञान, विधि और व्यवस्था के केंद्र में मनुष्य और उसके जीवन को माना गया और तदनुसार विज्ञान तथा कला के क्षेत्र में विकास हुआ जो आगे चलकर ज्ञानोदय तथा आधुनिकता के विमर्शों का आधार बना।

पुनीत कुमार श्रीवास्तव

अधिक जानकारी के लिए :

1. The European Renaissance : Robin Kirkpatrick, 2014, **2. The Renaissance in Europe :** Lynne Elliott, 2009

योग दर्शन

योग का अर्थ है जोड़ना, चित्तवृत्तियों को वश में करना और 'भौतिक' तथा 'आध्यात्मिक' का मिलन। योग दर्शन तात्विक दृष्टि से अनीश्वरवादी सांख्य को आधार बनाता है, पर ईश्वर के अस्तित्व को मान्यता देता है। इसकी दृष्टि में ईश्वर यौगिक ध्यान का एक लक्ष्य है, वह कोई सृष्टिकर्ता नहीं है। योग में मुख्य बल मन की एकाग्रता पर है। पतंजलि (लगभग 200 ईसा पूर्व) ने मन की हलचलों को रोकने के लिए कई उपाय बताए हैं—अभ्यास, वैराग्य, ईश्वर का नाम-जप, प्राणायाम, विषय चिंतन और आज्ञाचक्र। उनके योग दर्शन को पतंजलि दर्शन कहा जाता है। उन्होंने चित्तवृत्ति के निरोध को ही योग कहा (1.1.2)। चित्त की पांच दशाएं बताई गई हैं—क्षिप्र, मूढ़, विक्षिप्त, एकाग्र और निरुद्ध। योग की संप्रज्ञात दशा में चित्त एकाग्रता की अवस्था में आ जाता है, पर सभी वृत्तियों का निरोध नहीं होता, जबकि असंप्रज्ञात अवस्था में सभी वृत्तियों का निरोध हो

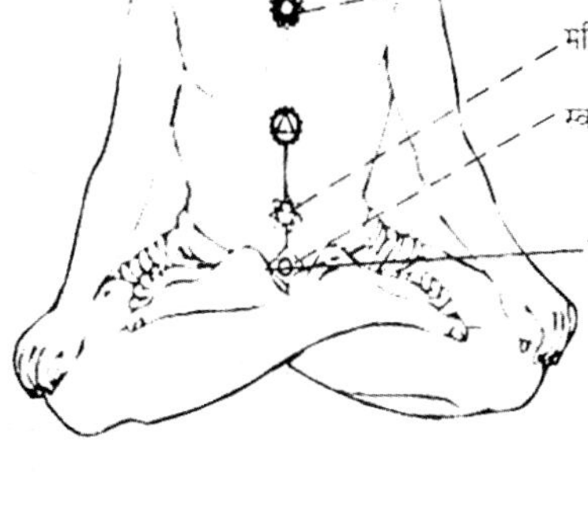

जाता है। उदाहरण से समझाया गया है कि तीरंदाज जिस तरह स्थूल निशाने साधते-साधते विद्या की चरम अवस्था में सूक्ष्म निशाने साधने लगता है, योगी भी स्थूल विषयों से आगे बढ़ते-बढ़ते सूक्ष्म विषयों को ध्यान का आलंबन बनाता है। एकाग्रता के समय चित्त स्फटिक मणि-सा हो जाता है।

शिव को प्रथम योगी के रूप में देखा गया है। 'गीता' में योग कर्मयोग के रूप में है। योग को जीवन में वास्तविक रूप से लोकप्रिय बनाने में बड़ी भूमिका मत्स्येंद्रनाथ के शिष्य गोरखनाथ की है। उन्होंने हठयोग चलाया। सिद्ध सिद्धांत पद्धति में 'ह' का अर्थ है सूर्य और 'ठ' का अर्थ है चंद्र, इनके योग को हठयोग कहा जाता है। सूर्य इड़ा नाड़ी को कहते हैं, चंद्र पिंगला नाड़ी को। इड़ा-पिंगला नाड़ियों को रोक कर जब सुषुम्ना मार्ग से प्राण वायु का संचार किया जाता है, तब यह हठयोग कुंडलिनी शक्ति को जाग्रत कर षट-चक्रों का भेदन करके सातवें और अंतिम चक्र सहस्रार में शिव से समरस होता है। कुंडलिनी के उद्‌बुद्ध होने पर साधक शून्य पथ से उस अनाहत नाद (अनहद नाद) को सुनने लगता है जो अखंड रूप से पूरे ब्रह्मांड में व्याप्त है। कहा गया है कि पहले शरीर के भीतर समुद्र या मेघ गर्जन का स्वर सुनाई देता है, फिर शंख-घंट का नाद, इसके बाद वंशी-वीणा की आवाज और अंत में जब साधक का चित्त स्थिर हो जाता है, सभी स्वर स्थिर हो जाते हैं। बाह्य विषयों से कोई सरोकार नहीं रह जाता। यह जो बिना कुछ 'पीटे' या आहत किए अनहद नाद है, वह शिवत्व से समरस होने का ही नाद है।

समुद्र में जिस तरह तरंगें उठती हैं, उसी तरह मन में भी तरंगें उठती हैं। शास्त्रज्ञों ने चित्तवृत्तियों को पांच कोटियों में रखा है—1. प्रत्यक्ष प्रमाणों पर आश्रित, 2. मिथ्या चेतना, 3. विकल्पों में डूबा चित्त, 4. निद्रा और 5. स्मृतियों में लीन चित्त।

चित्तवृत्तियां राग, द्वेष और मोह से भरी होती हैं। इसलिए दुख, क्लेश और तनाव पैदा होता है। शांति और मुक्ति के इच्छुक व्यक्ति से कहा जाता है कि वह चित्तवृत्तियों पर नियंत्रण करे, जो योगाभ्यास से संभव

है। साधारण अवस्था में पुरुष (आत्मा, व्यक्ति) राग-द्वेष और मोहवश अपने वास्तविक स्वरूप से परिचित नहीं होता। इसलिए अपनी चित्तवृत्तियों के अनुरूप ही अपना वह स्वरूप देखता है जो उसका वास्तविक स्वरूप नहीं है। वह प्रकृति के परम तत्व का अनुभव प्राप्त नहीं कर पाता। योगाभ्यास से वह अपने परम या उच्च स्वरूप को पहचानता है। इसलिए योग दर्शन का मूल लक्ष्य सिर्फ शारीरिक स्वास्थ्य अर्जित करना न था, बल्कि आत्मपरिष्कार और आत्म में अपने परम उच्च स्वरूप से साक्षात्कार भी था।

पतंजलि ने लंबे काल से चली आ रही योग की परंपरा को सुसंगठित रूप दिया। वेदांतियों ने इसे आत्मज्ञान के साधन के रूप में अपनाया था। पुरातन उपनिषदों में योग विद्या का उल्लेख है। कई विधियां तांत्रिक परंपरा की हैं। योग में धर्मनिरपेक्ष तत्व इतने ज्यादा थे कि इसका प्रसार बौद्ध और जैन धर्मावलंबियों के बीच ही नहीं, ईसाइयों और सूफी साधकों के बीच भी हुआ। तेरहवीं सदी में शेख फरीद के यहां योगियों का जमावड़ा होता था। सतरहवीं सदी में शेख कलीमुल्लाह चिश्ती जैसे साधक अपने शिष्यों को योगाभ्यास करने के लिए कहा करते थे। योग में 'ओम्' (ॐ) ध्वनि है तो सूफियों में 'हू' की प्रधानता है, जिसका मतलब है 'सिर्फ वह हैं।' योग शरीर और मन पर पूर्ण नियंत्रण की प्रणाली है। शरीर और इंद्रियों के स्तर पर यह ऐसी साधना है, जिसका लक्ष्य व्यापक है।

योगशास्त्र का नैतिक आयाम कम महत्वपूर्ण नहीं रहा है। पतंजलि के योगशास्त्र में कहा गया है, 'तत्राऽहिंसासत्यास्तेयब्रह्मचर्यऽपरिग्रहा यमाः'। अर्थात जो साधना आरंभ करना चाहता है, वह हिंसा का भाव छोड़ दे और किसी से वैर न रखे, सत्य बोले, सदाचरण करे, जितेंद्रिय और निरभिमानी हो! ये पांच यम हैं। इनके अलावा नियम, आसन, प्राणायाम, प्रत्याहार, धारणा, ध्यान और समाधि योग के अन्य सात अंग हैं। योग साधना के नैतिक आयाम इसके प्रमाण हैं कि प्राचीन समय में धर्म के लक्ष्य कितने उदात्त थे और वे मनुष्य को कैसे मनुष्य के रूप में देखना चाहते थे। भले समाज ऐसा न हो।

योग एक तरफ उपनिषदों की पद्धति से आत्मज्ञान का साधन है, जिसका विकास 'गीता' में है। दूसरी तरफ सिद्धों-नाथों के युग में यह अतिप्राकृतिक शक्तियां या चमत्कारी शक्तियां पाने का साधन है। हाल तक ऐसे योगी भी रहे हैं जिनके बड़े-बड़े दावे और ढकोसले रहे हैं। आधुनिक युग में इसका एक तीसरा रूप है, जिसका संबंध शारीरिक स्फूर्ति और मानसिक तनाव-मुक्ति से है।

इक्कीसवीं सदी में देश और दुनिया में योग की लोकप्रियता बढ़ी है। योग भारतीय अनुभव के एक महत्वपूर्ण वैज्ञानिक निचोड़ के रूप में सर्वत्र स्वीकृति पा रहा है। 2015 में 21 जून को राष्ट्र संघ ने अंतरराष्ट्रीय योग दिवस घोषित किया है। इससे भारत के गौरव की वृद्धि हुई है। वैदिक दर्शन के इस तत्व की लोकप्रियता ने योग को एक व्यावसायिक उछाल भी दी है। दुनिया में हजारों योग प्रशिक्षण केंद्र और योग आश्रम खुल गए हैं। ऋषिकेश इसके लिए एक बड़े तीर्थ-सा है। योग को एक विज्ञान के रूप में देखा जा रहा है। यहां तक कि नमाज को भी ध्यान का ही एक खास रूप बताया जाता है, जो मनुष्य को तनावमुक्त करता है, शरीर के अंगों को व्यायाम का अवसर देता है और उच्च आत्मबोध कराता है। आज योग का लक्ष्य किसी भी अतिवाद से दूर हो कर शरीर और मन को संतुलित बनाए रखना है। योग के लिए गुरु की जरूरत होती है, पर अब योगाभ्यास के लिए डिजिटल गुरु, सुसज्जित वातानुकूलित जगहें और नए प्रकार के योगासन फास्ट फूड की तरह उपलब्ध हैं।

शंभुनाथ

अधिक जानकारी के लिए :
1. Light on Yoga : B K S Iyengar, 1966, **2. Yoga : The Path of Holistic Health :** B K S Jyengar

योगात्मक भाषा

भाषाओं के आकृतिमूलक वर्गीकरण के अंतर्गत किए गए दो वर्गों में से एक वर्ग 'योगात्मक' भाषाओं का है। जिस भाषा में उपसर्ग-प्रत्यय,

विभक्ति-परसर्ग आदि व्याकरणिक संबंधकारी तत्वों के प्रत्यक्ष योग से शब्दों की व्युत्पत्ति और वाक्य अथवा वाक्यगत (शब्दों के आपसी) व्याकरणिक संबंधों की रचना होती है, उसे योगात्मक भाषा कहते हैं।

किसी 'अयोगात्मक' भाषा का हर शब्द स्वतंत्र व अपरिवर्ती इकाई के रूप में होता है और उसका किसी अन्य शब्द से व्युत्पत्ति या रूप-रचना संबंधी रिश्ता नहीं होता, जबकि योगात्मक भाषाओं में बहुतेरे शब्द कुछ मूल घटकों (प्रकृति, प्रत्यय, उपसर्ग, अन्तःसर्ग आदि) के (प्रकृति-प्रत्यय-प्रक्रिया या समास-प्रक्रिया के तहत हुए) संयोग के परिणाम होते हैं। साथ ही वाक्य में शब्दों का प्रयोग रचना तत्वों या संबंध तत्वों (विभक्ति, परसर्ग आदि) की प्रत्यक्ष संलग्नता के जरिए, अक्सर रूप-विकार के साथ होता है। अर्थात, योगात्मक भाषाओं में 'व्युत्पादन' और 'रूपायन' की व्याकरणिक प्रक्रिया होती है।

अर्थ तत्व (प्रकृति) के साथ संबंध-रचना तत्व (उपसर्ग-प्रत्यय-विभक्ति आदि) के संयोग के स्वरूप के आधार पर योगात्मक भाषाओं को तीन वर्गों में बांटा जाता है—अश्लिष्ट योगात्मक भाषा, श्लिष्ट योगात्मक भाषा, प्रश्लिष्ट योगात्मक भाषा।

1. 'अश्लिष्ट योगात्मक' वर्ग की भाषाओं में 'अर्थ-तत्व' से 'रचना-संबंध तत्व' का जो योग होता है, वह स्पष्टतया दृष्टिगोचर होता है। 'अश्लिष्ट' की व्युत्पत्ति है—न श्लिष्ट, यानी जो चिपका न हो। इसका तात्पर्य है कि इन भाषाओं में अर्थ तत्व और रचना तत्व का मेल होने के बावजूद, उनका पार्थक्य साफ-साफ नजर आता है। हिंदी के इन शब्दों व पदों की रचना के आधार पर यह बात समझी जा सकती है : उपयोग (उप-योग), भारीपन (भारी-पन), लड़की ने कहा, तुम घर से निकलो। इनमें प्रकृति (योग, भारी, लड़की व घर) के साथ रचना तत्व (क्रमशः 'उप', 'पन', 'ने' व 'से') जुड़ कर भी अलग से दृश्यमान है। यह मिलावट 'चावल व कंकड़' की तरह है, जिसके घटक आसानी से अलग किए जा सकते हैं। यह है अश्लिष्ट योगात्मकता।

हिंदी मुख्यतः श्लिष्ट योगात्मक वर्ग की भाषा है, परंतु उसमें अश्लिष्टता के भी कुछ तत्व मौजूद हैं। तुर्की, संथाली, मफोर (न्यूगिनी), काफिर और जूलू (बंतू परिवार) आदि भाषाएं अश्लिष्ट योगात्मक वर्ग में आती हैं। देवेंद्रनाथ शर्मा ने (भाषाविज्ञान की भूमिका) इस वर्ग की प्रतिनिधि भाषा तुर्की को मानते हुए उससे निम्नलिखित उदाहरण दिए हैं :

एव = घर (एकवचन) : एव-देन = घर से। एव-इम = मेरा घर। एव-इम-देन = मेरे घर से। एव-लेर = घरों (बहुवचन) : एव-लेर-देन = घरों से। एव-लेर-इम = मेरे घर। एव-लेर-इम-देन = मेरे घरों से।

2. श्लिष्ट योगात्मक वर्ग की भाषाओं में, 'रचना/संबंध-तत्व' के योग से अर्थ-तत्व (प्रकृति) की आकृति में कुछ परिवर्तन लक्षित होता है। फिर भी थोड़ा ध्यान देने पर 'प्रकृति' और 'रचना-तत्व' की पहचान हो जाती है। 'चावल-दाल के मिश्रण से बनी खिचड़ी' से इस मेल की तुलना की जा सकती है। 'संस्कृत के इन शब्दों/पदों की रचना में श्लिष्ट योगात्मकता दिखाई पड़ती है : ऐतिहासिक (इतिहासअइक), उपागम (उपअआगम), मानवेतर (मानवअइतर), बालकेन पठितम (बालकअएन) बालकौ चलतः (बालकअऔ)।

अरबी में एक धातु है—'क-त-ल' (मार डालना)। इससे शब्द बनते हैं—'कतल' (= हत्या), 'कातिल' (= हत्यारा) आदि। इन उदाहरणों में शब्दाकृति में तमाम रूपांतरों के बाद भी, मूल प्रकृति ('क-त-ल') की पहचान बची रहती है।

संस्कृत, हिंदी, ग्रीक, लातिन, अवेस्ता, रूसी, फ्रांसीसी आदि भारोपीय परिवार की भाषाओं के साथ अरबी, इथोपियाई आदि सामी-हामी परिवार की भाषाएं इसी वर्ग में आती हैं।

3. प्रश्लिष्ट योगात्मक वर्ग की भाषाओं में अर्थ तत्व (प्रकृति) और रचना संबंध-तत्व का ऐसा गहन संयोग होता है कि उनकी पहचान या विभेदकता ही लुप्त हो जाती है। मेल से बनी भाषिक इकाई बिल्कुल अजनबी प्रतीत होती है। ग्रीनलैंड और दक्षिणी

अमेरिका में इस वर्ग की भाषाएं मिलती हैं। एस्किमो, बास्क, चैरोकी आदि ऐसी भाषाएं हैं। वैसे इन सबमें पूर्णतया प्रश्लिष्टता नहीं है। कई में केवल क्रिया पद ही प्रश्लिष्ट होते हैं।

प्रश्लिष्ट योगात्मक वर्ग की भाषाओं में अक्सर अनेक अर्थ तत्वों के 'लवण-नीर संयोग' से—सब के थोड़े-थोड़े अंशों के मिलने से एक सर्वथा नवीन पद की निष्पत्ति हो जाती है, जो वाक्यार्थक होता है। ऐसी स्थिति प्रायः क्रिया पदों के साथ घटित होती है। दक्षिणी अमेरिका की चैराकी भाषा में 'नातेन' (= लाओ), 'अमोखोल' (= नाव) और 'निन' (= हम) के संयोग से 'नाधोलिनिन' पद बनता है, जिसका तात्पर्य है—हमारे पास नाव लाओ। देवेंद्रनाथ शर्मा ने एस्किमो भाषा से प्रश्लिष्टता का एक अच्छा उदाहरण दिया है : 'तकुसर' (= वह उसके साथ व्यस्त होता है), 'इअर्तोर' (= वह जाता है), 'उम' (= वह चाहता है), 'नेर्प' (= किंतु) और 'आ' (= क्या तुम सोचते हो?) आदि संश्लिष्ट हैं, पर एक-एक अवयव से जितना अर्थ व्यक्त हो सकता है, वह समास में ढल कर एक घनीभूत अर्थ का वाचक हो जाता है—'तकुसर-इअर्तोर-उम-गलुअर-नेर्प-आ?' (= क्या तुम सोचते हो कि वह वस्तुतः इसकी देखरेख करने के लिए जाना चाहता है?)।

रवींद्र कुमार पाठक

अधिक जानकारी के लिए :

1. **भाषाविज्ञान की भूमिका :** देवेंद्रनाथ शर्मा, 2. **भाषाविज्ञान :** भोलानाथ तिवारी

योगी

योगी के बारे में प्राचीन ग्रंथों में कहा गया है कि जो वाद-विवाद से बचे, हर तरह के भौतिक सुख से विमुख हो, भेदभाव से रहित परमात्मा के ध्यान में लगा रहे और समदृष्टि रखे, वह योगी है। भर्तृहरि ने कहा है, योगी के लिए पृथ्वी ही उसकी सुंदर शय्या है, भुजलता ही तकिया है, आकाश ही वितान है, पवन ही पंखा है और चंद्रमा ही प्रकाश देने वाला दीपक है। (वैराग्य शतक, 29)। योगी का शरीर हल्का होता है। उसका मन चित्तवृत्तियों का निरोध करके प्रशमित होता है। कृष्ण ने 'गीता' में स्वयं को योगीश्वर कहा है। न वेश, न वाणी, बल्कि कर्म से कोई व्यक्ति योगी बनता है। (हठप्रदीपिका,1.66)। योगी की समीम आत्मा का असीम परमात्मा से मिलन हो जाता है। योग गुरु से योगी का अर्थ भिन्न है।

योगी कहने से जटाजूट बढ़ाए किसी ऐसे चमत्कारी वैरागी की तस्वीर उभरने लगी, जिसके पास भभूत या कोई चमत्कारी चीज हो। लोग सफलता की आशा में योगी से कोई चमत्कारी चीज पाना चाहते हैं। जिस योगी के चमत्कार की ख्याति जितनी ज्यादा हो, उसे उतना सिद्ध माना जाता है। योगी बर्फीले पहाड़ों पर नंगे बदन रह सकते हैं, ताप भी ज्यादा बर्दाश्त कर सकते हैं। वे योग बल से पानी और आग पर चलने का दावा करते हैं। वे किसी भी मरीज को स्वस्थ बना सकते हैं, किसी गुमशुदा आदमी का पता बता सकते हैं, हवा से तरह-तरह की वस्तुएं निकाल सकते हैं और अपनी इच्छा से कुछ भी कर सकते हैं। 1800 के आस-पास लिखी गई इंशा अल्ला खाँ की 'रानी केतकी की कहानी' में योगी केतकी के प्रेमी को चमत्कार से हिरण बना देता है और केतकी उसे बेचैन खोजती-फिरती है। आज भी योगियों पर लाखों लोगों का अंधविश्वास है कि वे चमत्कार से कुछ भी कर सकते हैं।

योग का तंत्र से संबंध स्थापित हुआ है। योग और तंत्र दोनों ही पुरुष (चेतना) और प्रकृति (सृष्टि) में भेद करते हैं। फर्क यह है कि योग में प्रकृति माया है, जबकि तंत्र में वह शक्ति है, देवी है। योगी प्रकृति से मुक्ति के बारे में सोचता है, जबकि तांत्रिक प्रकृति पर अपनी ताकत स्थापित करना चाहता है। योगी रहस्यमय होता है और तांत्रिक जादूगर। नाथपंथियों ने योग का प्रचार किया। वे 'कनफटे योगी' कहे जाते थे और कान में बाली पहनते थे। वे अंगों में रुद्राक्ष की माला धारण करते थे। योगी घुमक्कड़ होते हैं, एक स्थान पर टिक कर नहीं रहते। उनके हाथ में त्रिशूल या योगदंड होता है।

वे अफीम लेते हैं और धूनी रमाते हैं। जहाँ रात बिताते हैं, आग जलती रहती है। योगी के मरने पर उसे बैठी, समाधिस्थ अवस्था में जलाया जाता है और ऐसी जगह पवित्र मानी जाती है। वे 'अलख निरंजन' कहते हैं, अर्थात ईश्वर का कोई रूप नहीं है कि उसे देखा जाए। एक समय योगी उन लोगों के द्वारा काफी संदेह से देखे गए, जो वैष्णव या शैव मंदिरों में आस्था रखते थे या जाति व्यवस्था को मानते थे। फिर भी आम लोग फल प्राप्ति के लिए योगियों से भी संबंध रखते आए हैं और उनकी साधना को विस्मय से देखते आए हैं।

शंभुनाथ

यौन उत्पीड़न

यौन उत्पीड़न, उत्पीड़न का वह रूप है जब कोई व्यक्ति दूसरे व्यक्ति का उत्पीड़न उसके जेंडर (लैंगिक पहचान) के कारण करता है। इस तरह के उत्पीड़न की शिकार मुख्यतः सदैव स्त्री होती है और पुरुष ही उत्पीड़क के रूप में सामने आता है। बच्चे भी इस उत्पीड़न का शिकार होते हैं।

यौन उत्पीड़न को प्रायः सभी देशों के कानूनों में अपराध माना गया है, लेकिन यौन उत्पीड़न के अंतर्गत किस तरह के उत्पीड़नों को शामिल किया जाए, इसे लेकर मतभेद है। यौन उत्पीड़न की सामान्य परिभाषा यही है कि किसी व्यक्ति का उसके यौन (सेक्स) के कारण उत्पीड़न किया जाए। सामान्यतः स्त्री के विरुद्ध किए जाने वाले यौन उत्पीड़न के सभी रूपों को व्यवहार में अपराध नहीं माना जाता है वरन अभद्र व्यवहार मानकर छोड़ दिया जाता है। छेड़खानी, अपमानजनक टिप्पणी, इशारेबाजी आदि को इसी श्रेणी में रखा जाता है जबकि स्त्रियों को प्रायः इस तरह के उत्पीड़न का सामना घर के बाहर निकलते ही सड़क पर, बाजार में, स्कूल-कॉलेज में और कार्यस्थलों पर करना पड़ता है जिसके कारण उनके लिए घर से अकेले बाहर निकलना, कार्यस्थल पर निर्भय होकर काम करना मुश्किल हो जाता है। स्त्रियों के लिए यह मानसिक यातना होती है, जबकि पुरुषों के लिए महज खेल।

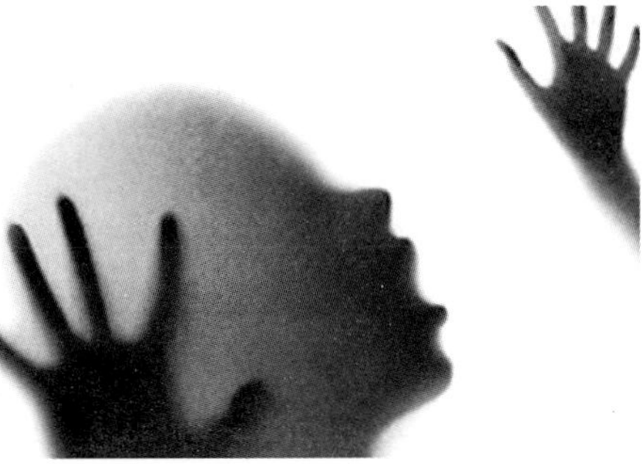

यौन उत्पीड़न का सबसे भयावह रूप बलात्कार है जिसमें कोई पुरुष किसी स्त्री के साथ उसकी इच्छा के विरुद्ध जोर-जबरदस्ती या लोभ-लालच द्वारा यौन संबंध बनाता है। बलात्कार की शिकार साल-दो साल की बच्चियों से लेकर वृद्ध स्त्रियां तक होती हैं। बलात्कार की कई घटनाओं ने जनता में जबरदस्त रोष और प्रतिरोध पैदा किया है। भारत की राजधानी दिल्ली में 2012 में निर्भया के साथ चलती बस में छह युवाओं द्वारा किया गया बलात्कार ऐसी ही भयावह घटना थी, जिसमें निर्भया को अपनी जान से भी हाथ धोना पड़ा था और पहली बार पूरे भारत में आंदोलन की एक लहर उठ खड़ी हुई थी।

हालांकि भारत में यौन हिंसा दुनिया में सिर्फ 8.5 फीसद है, पर एक आंकड़े के अनुसार लगभग 28 करोड़ स्त्रियां इसके दायरे में आती हैं। इसमें वैवाहिक जीवन की अप्रचारित यौन हिंसा शामिल है। 2013 में राष्ट्रीय अपराध ब्यूरो के आंकड़े के अनुसार देश में प्रतिदिन 93 बलात्कार हुए। उत्तर प्रदेश में हर 36 घंटे पर एक बलात्कार हुआ। 15 से 19 साल की आयु की 25 लाख लड़कियां यौन हिंसा की शिकार हुईं। यह भी एक यथार्थ है कि यौन उत्पीड़न और हिंसा के 90 फीसद अपराध दर्ज नहीं होते। इसलिए स्त्रियों की सुरक्षा के लिए सारतः यह कहा जाता है कि वे बोलें, आवाज उठाएं। उनका नाचना-गाना, अपने को चाहना, अपने को जानना और उनका तरह-तरह से सक्रियतावाद और यहां तक

कि उनके फैशन के कपड़े उनकी उभरती ताकत के चिह्न होते हैं। इनसे पितृसत्ता का दंभ टूटता है और पितृसत्ता भयंकर रूप से बिफरती है।

स्त्रियों के साथ होने वाली ऐसी घटनाओं को लेकर सामाजिक प्रतिक्रियाएं सदैव स्त्रियों के पक्ष में नहीं होतीं। कई बार स्वयं स्त्रियों को, उनके पहनावे को और उनके चाल-चलन को दोष दिया जाता है जो बताता है कि भारत जैसे अपेक्षाकृत पिछड़े समाजों में पुरुष वर्चस्व किस हद तक हावी है। एक तरफ स्त्रियों का यौन उत्पीड़न दूसरी तरफ सुरक्षा के लिए घर से कम बाहर निकलने, कहीं अकेले न जाने, ज्यादा पढ़ाई-लिखाई न करने जैसे सुझाव—एक ही पितृसत्ता के ये दो चेहरे हैं। स्वच्छंद स्त्रियों को देख कर कई पुरुषों की इच्छा होती है कि इनके पंख कतर डालने चाहिए। स्त्री का बलात्कार होने पर पुरुष मानसिकता इस तरह भी व्यक्त होती है, जरूर उसने कम कपड़े पहने होंगे, शराब पी रखी होगी, अकेली घूम रही होगी। पारिवारिक और राजनीतिक शत्रुता के कारण भी यौन उत्पीड़न और 'इज्जत लूटने' के मामले प्रकाश में आए हैं। ऐसी पुरुष दरिंदगी की जड़ें समाज में बहुत गहराई में हैं।

निश्चय ही भारतीय परंपरा में यौन उत्पीड़न का प्रतिवाद भी है। उर्वशी पुरुरवा को छोड़ कर चली गई। पांडु ने जब बलपूर्वक माद्री से संभोग करना चाहा, उनकी मृत्यु घटित हुई। आज भी भारत की स्त्रियां वैवाहिक हिंसा की कम शिकार नहीं होतीं।

भारत में यौन उत्पीड़न को लेकर समय-समय पर कई कानून बनाए गए हैं या सर्वोच्च न्यायलय ने दिशा-निर्देश जारी किए हैं। भारत में यौन उत्पीड़न के एक सर्वाधिक प्रचलित रूप छेड़खानी को 'अवांछित यौन व्यवहार' के रूप में परिभाषित किया गया है। इसके अंतर्गत ऐसे सभी व्यवहारों को शामिल किया गया है जिनमें प्रत्यक्ष या अप्रत्यक्ष रूप से स्पर्श द्वारा, संकेत द्वारा या लिखकर और बोलकर, पोर्नोग्राफी दिखाकर, यौन संबंध बनाने का आग्रह कर अवांछित और अभद्र यौन व्यवहार किया जाता है।

1997 में सर्वोच्च न्यायलय ने कार्यस्थलों पर यौन उत्पीड़न को परिभाषित किया था और इसे रोकने के उपायों और सुधारने के उपायों के दिशा निर्देश जारी किए थे। इस फैसले को 'विशाखा जजमेंट' के नाम से जाना जाता है। निर्भया कांड के बाद केंद्र सरकार ने स्त्रियों के यौन उत्पीड़न (बचाव, निषेध और रिड्रेसल) एक्ट, 2013 बनाया और कार्य स्थलों से इसका दायरा बढ़ा कर व्यापक कर दिया। इसके अंतर्गत शिक्षण संस्था, हॉस्पिटल, क्रीड़ास्थल आदि कई जगहें शामिल हो गईं। इसमें एक विशेष आंतरिक या आंचलिक समिति बनाने का भी निर्देश है। यह समिति स्त्रियों के आत्मसम्मान और अधिकारों की निगरानी करेगी और उत्पीड़न की स्थिति में उन्हें सहयोग देगी। इस तरह बलात्कार की गंभीर घटनाओं से निपटने के लिए अपराध कानून में भी 2013 में संशोधन किया गया। यह संशोधन निर्भया बलात्कार कांड के बाद बनाई गए एक समिति की सिफारिशों के आधार पर किया गया था। इस समिति के अध्यक्ष सर्वोच्च न्यायलय के पूर्व न्यायधीश जे एस वर्मा थे। लीला सेठ और गोपाल सुब्रह्मण्यम इसके अन्य सदस्य थे।

विशाखा निर्देशिका और यौन उत्पीड़न कानून का व्यापक लक्ष्य लैंगिक समानता की प्रतिष्ठा है। इन सबके बावजूद इसकी व्यापक सचेतनता जरूरी है कि किस तरह की बातचीत, चर्चा या आचरण शालीनता की सीमा का अतिक्रमण करके दूसरे की स्वच्छंदता में बाधक होता है।

पिछले कई वर्षों से पुरुषों के यौन उत्पीड़न के मामले भी सामने आए हैं। इसमें छोटे लड़के से लेकर वयस्क पुरुष तक स्कूल, कॉलेज, कार्यस्थल, सिनेमा जगत आदि में यौन उत्पीड़न के शिकार हुए हैं। ऐसे मामले अधिकांशतः अप्राकृतिक यौन संबंध (गे संबंध) के होते हैं। साथ ही इस वास्तविकता को भी समझने की कोशिश हुई है कि स्त्री-पुरुष का यौनभेद एक शारीरिक यथार्थ है, पर लिंग निर्धारण

एक सामाजिक मामला है जिस पर सारा भेदभाव खड़ा है।

यौन उत्पीड़न के कुछ मामले ऐसे हैं जिन्हें लेकर अब भी विवाद है। मसलन एक विवाहित स्त्री की इच्छा के विरुद्ध उसके पति द्वारा यौन संबंध यौन उत्पीड़न के अंतर्गत माना जाए या नहीं।

पुरुष 'ना' सुनना नहीं चाहता, उसने 'ना' सुनना नहीं सीखा। कहा गया कि स्त्री के शरीर पर स्त्री का ही अधिकार है। उसकी इच्छा के विरुद्ध यौन संबंध को यौन उत्पीड़न माना जाना चाहिए। इसी तरह भारतीय दंड संहिता के अनुसार एक ही जेंडर के लोगों के बीच स्वेच्छा से यौन संबंधों को अपराध माना गया है जबकि दुनिया के बहुत से देशों में इसकी वैधानिक स्वीकृति प्राप्त है। यहां तक कि एक ही जेंडर के दो लोग परस्पर विवाह कर दांपत्य जीवन जी सकते हैं।

जवरीमल्ल पारख

अधिक जानकारी के लिए :

1. The Women's Movement Against Sexual Harassment : Carrie N Baker, 2008, **2. The Sexual Harassment of Work Place** (Prevention Prohibition and Redressal) Act 2013, Press Information Bureau Gazette

॥ र ॥

रंगनाथ रामायण

रंगनाथ रामायण तेलुगु का पहला राम काव्य है। तेलुगु साहित्य में रामकथा को आरंभ से ही अग्र-स्थान मिला है। यही कारण है कि प्रबंध से लेकर द्विपद, शतक, वचन, यक्षगान, दंडक, पद, गीत, संकीर्तन और लोकगीतों तक में रामकथा मौजूद है। इसके बावजूद, रंगनाथ रामायण को तेलुगु की पहली पूर्ण रामकथा का दर्जा प्राप्त है। यह एक द्विपद-काव्य है। इस कृति का नाम 'रंगनाथ रामायण' है। इससे भ्रम हो जाता है कि इसका कवि रंगनाथ नाम का कोई आदमी रहा होगा। प्रमाणित हो चुका है कि इसकी रचना तेरहवीं सदी में राजा विट्ठलराजु के आदेशानुसार उनके पुत्र गोनबुद्ध रेड्डी द्वारा की गई थी। कवि ने स्वयं इसका उल्लेख काव्य के प्रारंभ में किया है। यह बात विभिन्न शिलालेखों से भी प्रमाणित है।

रंगनाथ रामायण की विशेषता है कि यह वाल्मीकि रामायण पर उतनी आधारित नहीं है, जितनी उस समय लोक में प्रचलित रामकथा पर। वाल्मीकि रामायण की कथा, चरित्र और भाव-व्यंजना इसमें स्थूल रूप में है, पर कवि ने बीच-बीच में ऐसे प्रसंग जोड़े हैं, जो कुछ अन्य ग्रंथों में हैं, जैसे—जंबुमाली का वृत्तांत, रावण से तिरस्कृत होकर विभीषण का अपनी माता के पास जाना, कैकसी (रावण की मां) का रावण को हितोपदेश, रावण का राम की धनुर्विद्या की प्रशंसा करना, गिलहरी की भक्ति, नारद का नागपाश में बद्ध होकर राम-लक्ष्मण के पास आना, रावण के आगे मंदोदरी का राम की महिमा और शौर्य की प्रशंसा करना, कालनेमि का वृत्तांत, सुलोचना का वृत्तांत, शुक्राचार्य के आगे रावण का दुखड़ा रोना, रावण का पाताल होम आदि। रंगनाथ रामायण की कुछ और विशेषताएं हैं, जो इसे अन्य रामायणों से अलग करती हैं। कवि ने दिखाया है कि इसके नायक राम जहाँ एक धीरोदात्त, वीर और सर्वगुणसंपन्न व्यक्ति थे, वहीं खलनायक रावण भी उदार, वीर, साहसी, बेहद पराक्रमी, राजनीति-पटु, स्वाभिमानी और शिव जी का अनन्य भक्त था। हालांकि वह कामुक, अभिमानी और उद्धत भी कम नहीं था। कवि ने रावण के कृष्ण पक्ष की निंदा की है, पर उसके उज्ज्वल पक्ष को उदारतापूर्वक दिखाया है। कवि की दृष्टि में रावण एक विलक्षण वीर था जिसमें जड़-चेतन और गुण-दोषों का एक खास ढंग का समन्वय था। उसके चेतन पर जड़ ने और गुणों पर दोषों ने अधिकार कर लिया था। इसलिए उसका पतन हुआ। रंगनाथ रामायण में रावण केवल अपने बल-पौरुष पर घमंड नहीं करता, यथास्थान वह अपने शत्रु राम की प्रशंसा भी करता है।

वाल्मीकि रामायण में मेघनाद की पत्नी सुलोचना का वृत्तांत नहीं है जबकि रंगनाथ रामायण में उसका भव्य चित्रण किया गया है। सुंदर नयनों वाली बहादुर सुलोचना शेषनाग की पुत्री थी। बांग्ला कवि माइकेल मधुसूदन दत्त ने अपनी रचना 'मेघनाद-वध' में सुलोचना को पर्याप्त स्थान दिया है। रंगनाथ रामायण के रचनाकार ने युद्धकांड में अ-वाल्मीकीय व्यंजना अधिक की है।

कला की दृष्टि से रंगनाथ रामायण उच्च कोटि का काव्य है। इसके रचनाकार संस्कृत काव्यशास्त्र में निष्णात होने के कारण उक्तिवैचित्र्य और अर्थगौरव का उचित अनुपात बनाए रखने में सफल हुए हैं। अनुप्रास और यमक अलंकारों की छटा, मुहावरों का प्रयोग और ओज, प्रसाद तथा माधुर्य गुणों से युक्त शैली कवि के अगाध पांडित्य और भाषा पर उसके अधिकार को द्योतित करती है। ऐसा भी जान पड़ता है कि कवि ने संस्कृत को कुछ देशीय रूप प्रदान करते हुए रामकथा को लोकप्रिय बनाने का प्रयास किया है। उन्होंने देशी छंद द्विपद को सफलतापूर्वक अपना कर अन्य विषयों के लिए द्विपद रचना का

मार्ग खोल दिया था। उसे गेय रूप देने में भी कवि को पर्याप्त सफलता प्राप्त हुई है। इस कथा के कुछ भाग 'तोलुवोम्म लाटा' (एक विशेष प्रकार की पुतलियों का नृत्य) जैसी लोक कला के कार्यक्रमों में गाए जाते हैं। इससे स्पष्ट होता है कि कवि गोनबुद्ध रेड्डी राम की अमर गाथा को तेलुगु हृदय तक पहुंचाने में किस प्रकार सफल हुए हैं।

जयकौशल

अधिक जानकारी के लिए :

1. **रंगनाथ रामायण :** गोनबुद्ध रेड्डी, (ए सी कामाक्षि राव का हिंदी अनुवाद), 1961, 2. **भारतीय साहित्य :** रामछबीला त्रिपाठी, 3. **तीन सौ रामायण :** ए के रामानुजन, 4. **तेलुगु साहित्य : संदर्भ और समीक्षा :** एस टी नरसिम्हाचारी, 5. **रामायण की अद्‌भुत कथाएं :** शांतिलाल नागर, सुरीति नागर

रंगभेद

रंगभेद (Apartheid) की धारणा करीब पांच सौ साल पुरानी है। यह यूरोपीय मस्तिष्क की देन है। इसके समर्थकों में वे पश्चिमी लोग रहे हैं, जिनकी त्वचा का रंग गुलाबी आभायुक्त सफेद है और जो श्रेष्ठता-दंभ से भरे रहे हैं। अफ्रीकी और एशियाई लोगों की त्वचा का रंग ऐसा न होने की वजह से वे अश्वेत या काले ही नहीं, हीन नस्ल के माने गए। यदि कलर्ड्स (Coloureds) का पहला अक्षर 'सी' कैपिटल हो तो इससे पश्चिमी अफ्रीका से लाए गए गुलामों के उन वंशजों का बोध होता है जो गुलाम मजदूरिनों और गोरों के संपर्क से जनमी संतानें हैं। भारत में ऐसी वर्णसंकर संतानों को एंग्लो-इंडियन कहा गया। अश्वेत लोगों को अवमानना से निगर, ब्लैक, नीग्रो, हब्शी आदि भी कहा जाता रहा है। उनके रंग को हीन ठहराते हुए ही ब्लैकमेल ब्लैक मार्केट जैसे शब्द भी बने। अमेरिका और दक्षिण अफ्रीका वे मुख्य देश हैं, जहाँ नस्लवाद आधारित रंगभेद घृणा, हिंसा, जनसंहार और 'अलग-अलग विकास की नीति' का आधार रहा है। इसने कई जगहों पर गृहयुद्ध जैसी स्थिति पैदा की है।

1863 में अब्राहम लिंकन ने अमेरिका में गुलामी प्रथा समाप्त कर दी थी और दो सालों के भीतर 40 लाख काले गुलाम मुक्त कर दिए गए थे। फिर भी इस देश में लंबे समय तक काले लोग 'समान होते हुए भी अलग' के दृष्टिकोण से देखे जाते रहे हैं। सतरहवीं सदी से 1960 तक शिक्षा, आप्रवास, मताधिकार, जमीन की खरीद-बिक्री आदि मामलों में नस्लवाद के आधार पर भेदभाव कायम था। खासकर 1910 से 1970 के बीच बोस्टन, शिकागो, न्यू यॉर्क आदि बड़े शहरों में अफ्रीकी मूल के लोगों की संख्या काफी बढ़ गई, जो अमेरिका में बीसवीं सदी के आरंभिक दशकों में ही काफी हो गई थी। अमेरिका में नस्लवाद सामाजिक-आर्थिक असमानताओं के साथ आज भी अपने हिंसक रंग में दिखता है। यह बाल्टीमोर के दंगों (2014) और खासकर 2015 में चार्ल्सटन में काले लोगों के चर्च में घुस कर एक गोरे युवक द्वारा नौ लोगों की हत्या से स्पष्ट है। इसी साल कैलिफोर्निया में भी हिंसा हुई। अभी तक साउथ कैरोलिना, टेक्सास, जॉर्जिया आदि अमेरिकी राज्यों के अपने एक्स मार्का कनफेडरेट झंडे हैं, जो वर्ण-विद्वेष के प्रतीक हैं। 2007 के सर्वेक्षण के अनुसार, अमेरिका के एक-चौथाई गोरे लोगों ने माना है कि वे नस्लवाद के समर्थक हैं। हिटलर का नस्लवाद यदि यहूदी-विरोधी था, तो दुनिया में शरीर की चमड़ी के रंग के आधार पर किसी-न-किसी रूप में गोरे-काले का भेदभाव अब भी बना हुआ है।

रंगभेद के आधार पर पश्चिमी देशों में भी हिंसा बढ़ी है। इस पर बहस है कि क्या सिर्फ मुस्लिमों की हिंसा को ही आतंकवाद कहा जाए या अफ्रीकी अमेरिकियों और मुस्लिम अमेरिकियों पर गोरे व्यक्तियों के हमलों को आतंकवाद कहा जा सकता है? हाल का नजारा है कि अमेरिका ही नहीं, अन्य पश्चिमी देशों में आतंकवाद घृणा पर आधारित अपराध की कई शक्लों में है। इसके शिकार गोरे भी हैं और काले भी, क्योंकि आतंकवाद का कोई मजहब नहीं है।

अमेरिका में मार्टिन लूथर किंग और दक्षिण

अफ्रीका में नेल्सन मंडेला ने वर्ण विद्वेष के खिलाफ लंबे समय तक संघर्ष किया। इसके लिए अमेरिका में ज केनेडी को जान गंवानी पड़ी थी। काले लोगों का अमेरिका और अफ्रीका की भूमियों पर संघर्ष का एक लंबा इतिहास है। दुनिया भर के शांतिप्रिय लोग इस संघर्ष का समर्थन करते आए हैं। दक्षिण अफ्रीका में 1884 से 1910 तक जब स्वर्ण खदानों की विस्तृत खोज शुरू हुई थी। गांधी वहां एक बैरिस्टर के रूप में गए थे, उन्होंने वहां ब्रिटिश उपनिवेशवाद द्वारा संचालित तथा समर्थित रंगभेद के खिलाफ सत्याग्रह शुरू किया था। दक्षिण अफ्रीका में कई चरणों में प्राकृतिक दोहन, आर्थिक शोषण तथा अत्याचारों से रंगभेद की व्यवस्था मजबूत हुई थी। अफ्रीका के मूल निवासियों को 1913 में कुल क्षेत्र के 13.2 प्रतिशत भू-भाग तक सीमित कर दिया गया था। वे कम वेतन पाते थे, अस्वास्थ्यकर परिवेश में रहते थे और आवाज उठाने पर असीम जेल यातना के लिए मजबूर थे। दूसरी ओर, गोरे लोग अपना व्यावसायिक हित साध रहे थे, जो 1960 से 1975 तक अपने चरम पर था। स्पष्ट रूप से दक्षिण अफ्रीका में रंगभेद के प्रसार में भारी विदेशी पूंजी की बड़ी भूमिका थी और इतने ही बड़े पैमाने पर राजनीतिक दमन भी हो रहा था।

1960 तक कई अफ्रीकी देश स्वाधीन हो गए थे। उन्होंने 'आर्गनाइजेशन ऑफ अफ्रीकी यूनिटी' के नाम से एक संगठन भी खड़ा किया था। लेकिन दक्षिण अफ्रीका को आजाद नहीं किया गया। इस देश में श्वेत-प्रभुत्व और काले मूलनिवासियों का दमन जारी था। 1957 में जब पहला अफ्रीकी देश घाना आजाद हुआ, राष्ट्रपति एनक्रुमा ने घोषणा की थी कि जब तक संपूर्ण अफ्रीका आजाद नहीं हो जाता, घाना की आजादी अर्थहीन है। वह शांतिपूर्ण आंदोलन के रास्ते से अफ्रीकी देशों की आजादी चाहते थे, जबकि अल्जीरिया के मुक्ति संगठन हिंसा के रास्ते पर जोर देते थे। अफ्रीकी एकता संगठन ने अंतरराष्ट्रीय मंचों से दक्षिण अफ्रीका के गोरे शासन के खिलाफ तेज अभियान चलाया और मांग की कि यूरोपीय संरक्षण प्राप्त अल्पमत की नस्लवादी शासन व्यवस्था का अंत हो।

नेल्सन मंडेला 1950 में दक्षिण अफ्रीका के राजनीतिक क्षितिज पर एक युवा नेता के रूप में उभर चुके थे। उन्होंने गांव-गांव घूम कर रंगभेद के खिलाफ लोगों को संगठित करना शुरू किया। उनका कहना था, 'हम खून बहाना नहीं चाहते। हम शांतिपूर्ण क्रांति चाहते हैं। हमने इतिहास में बार-बार यही देखा है कि शासक वर्गों ने ही खून बहाया है, क्रांतिकारियों ने नहीं।' 25 जून 1955 को क्लिप टाउन गांव में एक बड़ी सभा हुई, जिसमें काले मूलनिवासियों के साथ भारतीय और अफ्रीकन श्वेत समुदाय के भी कुछ लोग इकट्ठे हुए। 1957 को नेल्सन मंडेला गिरफ्तार हुए, पर सबूत के अभाव में छोड़ दिए गए। 1962 में उन्हें पांच साल की सजा सुना दी गई। वे सिर्फ अपने देश के लोगों के अधिकारों की मांग कर रहे थे और अहिंसा के रास्ते पर थे। 1970 में वह पुनः गिरफ्तार कर लिए गए। 1962 से लगभग 28 साल जेल में रहने के बाद अंतरराष्ट्रीय दबावों के कारण नेल्सन मंडेला तत्कालीन श्वेत बोथा सरकार के द्वारा 1990 में अंततः मुक्त कर दिए गए। इसके बाद दक्षिण अफ्रीका को रंगभेद की जकड़न में रखना असंभव हो गया।

नेल्सन मंडेला का कहना था, 'मैं नस्लभेद का जबर्दस्त विरोधी हूं। मैंने जीवन भर इसके खिलाफ संघर्ष किया है। मैं अभी भी संघर्ष कर रहा हूं। मैं जनतांत्रिक और स्वतंत्र समाज के आदर्शों में विश्वास करता हूं।' वे रंगभेद विरोधी आंदोलन के एक बड़े नायक माने गए। आंसुओं और रक्त का लंबा रास्ता पार करते हुए अमेरिका और अफ्रीका में रंगभेद-विरोधी संघर्ष लंबे समय तक चला है। एशिया को रंगभेद का सामना करना पड़ा है और आज भी पश्चिमी देशों में एशियाई लोग संदेह से देखे जाते हैं। दुनिया से रंगभेद अभी भी समाप्त नहीं हुआ है। इंग्लैंड, ऑस्ट्रेलिया, अमेरिका, कनाडा आदि देशों में रंगभेद और हिंसा ज्यादा है। अमेरिका के पहले ब्लैक राष्ट्रपति बराक ओबामा को ब्लैक होने की वजह

से आलोचना का शिकार होना पड़ा, जबकि उन्होंने कभी नहीं चाहा कि उन्हें ब्लैक राष्ट्रपति कहा जाए। उन्होंने त्वचा के रंग की राजनीति करने से इंकार किया। एक तरफ नेल्सन मंडेला और दूसरी तरफ बराक ओबामा—इनका विश्व राजनीति के क्षितिज पर अभ्युदय यह तो बताता है कि प्रातिनिधिकता के तौर पर रंगभेद आखिरी सांसें ले रहा है, लेकिन इसकी सामाजिक जड़ें काफी गहरी हैं। कालों के खिलाफ हिंसा तथा अन्य भेदभावों की हालिया घटनाएं इसका प्रमाण हैं।

शंभुनाथ

अधिक जानकारी के लिए :

1. London Recruits: The Secret War Against Apartheid : Ken Keable, 2012, **2. Apartheid An Illustrated History :** Michael Morris, 2012, **3. Separate and Unequal : The Coloured Peoples of South Africa, A political History :** Roy H Du Pre, 1994

रंगमंच

अभिनय को रंगभूमि पर प्रस्तुत करने की कला को रंगमंच कहा जाता है। सामान्यतः अभिनय के लिए आधार-आलेख नाटक होता है। इसलिए नाटक के प्रस्तुतीकरण की कला भी प्रकारांतर से रंगमंच है। भारतीय परंपरा में 'नाटक' एक 'रूपक' है। भरत ने 'रूपक' को दृश्यकाव्य कहा है। यह काव्य (साहित्य) भी है और दृश्य भी। इसका दृश्यात्मक होना अनिवार्य है।

नाटक रंगमंच पर प्रस्तुत होता है, तो वह मात्र काव्य नहीं रह जाता वह एक दृश्य अनुभव में रूपांतरित हो जाता है। नाटक रंगकला का प्राथमिक तत्व है जिसमें अनंत जीवन चित्रों का एक कलात्मक साहित्यिक रूपांतरण या पुनरर्सृजन नाटककार द्वारा किया जाता है। 'साहित्य' के रूप में इसकी अपनी स्वतंत्र प्रभावशीलता है। श्रेष्ठ नाटक के भीतर श्रेष्ठ साहित्यिक कृति के समस्त गुण होते हैं और उसके पाठ से भी पाठक को एक विशिष्ट अनुभूति होती है पर यह उस अनुभूति का अंश मात्र है जो नाटक के रंगमंच पर श्रेष्ठ सर्जनात्मक प्रयोग से दर्शक को होती है। रंगमंच से अलग होकर भी नाटक अपनी स्वतंत्र सर्जनात्मकता के साथ सदियों तक जीवित बना रहता है। परंतु रंगमंच में आकर वह अभिनेता की मानवीय देह और उसकी शारीरिक मानसिक क्षमताओं से संयुक्त होकर एक अलग ही रंग धारण कर लेता है। वह मंच पर जीवित हो उठता है। परंपरा में ऐसे कई उदाहरण देखने को मिलते हैं, जहाँ लिखित आलेख की अनुपस्थिति में भी अभिनेता अपनी सर्जनात्मक क्षमता और आशु अभिनय शक्ति से रंगमंच पर कलात्मक कृति की रचना करता रहा है। वास्तव में लिखित आलेख की अनुपस्थिति में अभिनेता प्रदर्शन के समय अभिनय के साथ-साथ एक आलेख भी रचता चलता है।

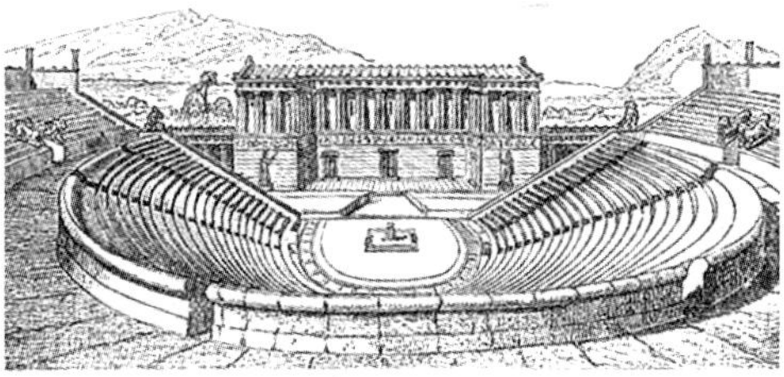

ग्रीक रंगमंच

नाटक और अभिनय दो प्राथमिक तत्व मंच पर एक 'दृश्य काव्य' की रचना करते हैं। दृश्यात्मकता रंगमंच का प्राण है, इसलिए दृश्यात्मकता एवं चाक्षुष सौंदर्य में वृद्धि के लिए रंगदल, सूत्रधार, अभिनेता या निर्देशक विभिन्न शिल्पों और कलाओं का समय-समय पर रंगमंच में उपयोग करते रहे हैं। रंगमंच थिएटर हाल भी हो सकता है और खुला रंगमंच भी होता है।

भरत ने रंगमंच की कलात्मक विशिष्टता और व्यापकता तथा ग्रहण क्षमता के संबंध में ये उद्‌गार व्यक्त किए थे, 'न कोई ज्ञान ऐसा है, न शिल्प है, न विद्या है न कोई ऐसी कला है, न योग है और न ही कोई कार्य ही है जो इस नाट्य में न प्रदर्शित किया जाता हो।' रंगमंच की व्यापक ग्रहणशीलता समुद्र की तरह है जिसमें भिन्न-भिन्न नदियां अपनी

विशिष्टताओं के साथ आती और समा जाती हैं, उनका अपना अस्तित्व और उनकी अपनी पहचान समाप्त हो जाती है। वे अपनी स्वतंत्र इयत्ता के साथ नहीं, रंगकला का अंग होकर ही यहां आ सकती हैं। चित्रकला, मूर्तिकला, स्थापत्य कला, संगीत एवं नृत्य नाटक एवं अभिनय से जुड़कर रंगमंच को एक पूर्ण कला बनाते हैं। इन कलाओं की अपनी स्वतंत्र महत्ता और स्वतंत्र सर्जना संसार है, पर ये जब रंगमंच पर आते हैं, रंगमंचीय हो जाते हैं। अपनी सतत लेनदारी, ग्रहण क्षमता और पूर्णता के आग्रह से रंगमंच एक सामूहिक या समुच्चय कला विधा के रूप में सामने आता है। प्रमुख कलाओं के साथ ही सभी प्रमुख शिल्पकारों बढ़ई, वस्त्रकार (दर्जी), कुंभकार, रूप सज्जाकार, नाई, केशविज्ञानी, मुखौटाकार, मोची, धोबी, विद्युतकर्मी (इलेक्ट्रीशियन), आंतरिक सज्जाकार, अभियंता आदि के सहयोग से ही रंगमंच की कला अपनी पूर्णता में उभरती है।

रंगमंच की अभिनेयता, उसकी ऊर्जा, गतिशीलता, दृश्यात्मकता और त्रिआयामिता—किसी दूसरी कला में दिखाई नहीं देती। रंगमंच विविध कलाओं को स्वीकार कर उन्हें अपने ही विशिष्ट रूप में ढालता है। इसका यह समुच्चयी रूप ही उसकी कलात्मक अभिव्यक्ति और संप्रेषण का माध्यम बनता है। इन कलाओं के अभाव और संयुक्तता से भी रंगमंच बना रहता है, पर इन कलाओं के योग से उसकी दृश्यात्मकता, उसके चाक्षुष सौंदर्य और उसकी आंतरिक गहराई में अपरिमित वृद्धि हो

हिंदी रंगमंच

जाती है। कला की इस पूर्णता को दर्शक स्वीकारता है और विभिन्न कलाओं को अखंड रूप में ग्रहण करता है। रंगमंच में इन कलाओं के बीच एक गहन अंतःक्रिया होती है, उनमें एक समन्वय, संतुलन और बहुआयामी संबंधों का विकास होता है। इसी संतुलन, समन्वय और संबंधों से रंगमंच की संप्रेषणीयता बहुआयामी, परतदार और बहुस्तरीय हो आती है। गोर्डन क्रेग के अनुसार, 'रंगमंच की कला न अभिनय है, न नाटक, न दृश्य है, न नृत्य बल्कि उन सब तत्वों का समन्वय है जिनसे वह निर्मित होती है।' इस समन्वय से ही रंगमंच की कलात्मक विशिष्टता की रचना होती है।

आशीष त्रिपाठी

अधिक जानकारी के लिए :
1. **रंग परंपरा :** नेमिचंद्र जैन, 2. **हिंदी नाटक : उद्‌भव और विकास :** दशरथ ओझा, 3. **रंगमंच :** बलवंत गार्गी, 4. **हमारी नाट्य परंपरा :** श्रीकृष्णदास, 5. **काव्य और कला तथा अन्य निबंध :** जयशंकर प्रसाद

रंतिदेव

महाराज रंतिदेव चंद्रवंशी पुरु के वंशज थे। दुष्यंत तथा शकुंतला के पुत्र भरत ने पुत्र प्राप्ति के लिए 'मरुत्सोम' नामक यज्ञ किया तब मरुतों ने उन्हें 'भरद्वाज' नामक पुत्र दिया। भरद्वाज का पुत्र मन्यु, मन्यु का नर, नर का संकृति हुआ। इसी संकृति के दो पुत्र थे—गुरु तथा रंतिदेव।

रंतिदेव क्षमा, तितिक्षा, संतोष तथा परदुखकातरता के साकार रूप थे। वह प्राप्त सुखों का उपभोग न करके दीन-दुखियों को दे डालते। एक बार अड़तालीस दिन ऐसे बीत गए कि उन्हें पीने को पानी तक नहीं मिला। उनचासवें दिन सुबह उन्हें थोड़ा घी, हलवा, खीर तथा जल मिला। तभी एक ब्राह्मण अतिथि आ गया। उन्होंने सारा भोजन उसे दे दिया। वह अतिथि को देवता समझते थे।

अतिथि से बचे भोजन को कुटुंबियों में बांट कर रंतिदेव ने भूख-प्यास मिटाना चाहा, तभी एक

और अतिथि आ गया। वह अंत्यज था। अब केवल अतिथियों का उच्छिष्ट जल शेष था। राजा रंतिदेव अपनी प्यास बुझाते, उससे पहले एक चांडाल अपने प्यासे कुत्तों के साथ आ पहुंचा। रंतिदेव ने बचा जल अतिथि के कुत्तों को पिला दिया। संयोग से अभी भी थोड़ा जल शेष था, पर मात्र एक व्यक्ति की प्यास मिटाने भर का था। रंतिदेव ने तभी द्वार आए एक और चांडाल को देखा जो प्यास के कारण मूर्च्छित-सा हो रहा था। उसके प्राण संकट में देख करुणहृदय रंतिदेव की आह निकल गई। उन्होंने कहा, 'मैं परमात्मा से अष्ट सिद्धि-युक्त ऐश्वर्य अथवा मोक्ष की कामना नहीं करता। मैं बस इतना चाहता हूं कि समस्त प्राणियों के हृदय में स्थित हो जाऊं तथा उनका सारा दुख, सारी पीड़ा मैं ही सह लूं और वे प्राणी दुख का अनुभव न करें।' (श्रीमद्भागवत 9.21.12)।

रंतिदेव की परीक्षा पूरी हुई। ब्रह्मा, विष्णु तथा महेश एक साथ उनके समक्ष प्रकट हुए। फिर भी रंतिदेव ने त्रिदेवों से कोई वर नहीं मांगा, बस स्वयं को परमात्मा के साथ तन्मय कर दिया। मैथिलीशरण गुप्त ने 'वही मनुष्य है कि जो मनुष्य के लिए मरे' का संदेश देते हुए रंतिदेव के असाधारण आत्मत्याग की याद इन शब्दों में दिलाई, 'क्षुधार्त रंतिदेव ने दिया कटास्थ थाल भी।' मदन मोहन मालवीय ने रंतिदेव की ऊपर उद्धृत घोषणा से ही प्रेरणा लेकर अपना आदर्श इन शब्दों में व्यक्त किया था, 'न मैं राज्य चाहता हूं, न मोक्ष। मैं तो केवल दुख से संतप्त प्राणियों के दुख को दूर करना चाहता हूं।'

राजेंद्र मिश्र

रंभा

देवलोक की अप्सराओं में उर्वशी, मेनका, तिलोत्तमा आदि की तरह ही रंभा बहुत सुंदर थी। वह देवर्षि कश्यप की संतान बताई गई है। रंभा से जुड़ी एक कथा में रावण कैलाश पर्वत में अपने भाई कुबेर के पास आता है। चांदनी रात में उसकी नजर कुबेर के बेटे नलकुबेर की पत्नी रंभा पर पड़ती है। रभा के 'ना' कहने पर भी रावण उसका बलात्कार करता है। सुबह रंभा की दशा किसी हाथी द्वारा तहस-नहस किए गए कमल की पंखुरियों की तरह हो जाती है। नलकुबेर उसकी दशा देखकर रावण को शाप देता है, 'तुम लोभ में अंधे हो गए हो। तुमने अब किसी भी पराई स्त्री को छुआ तो तुम्हारे सिर के सात खंड हो जाएंगे।' (उत्तर रामायण, महाभारत का वन पर्व)। इसी शाप के कारण वह सीता को कुटिल उद्देश्य से छू नहीं पाता।

एक अन्य कथा में, इंद्र द्वारा एक असुर के वध कर देने पर देवलोक में उत्सव मनाया जा रहा था। रंभा अपने गुरु तुंबुरु के समक्ष नृत्य कर रही थी, तभी पुरुरवा उसके नृत्य की भूलें दिखाकर उसका मजाक उड़ाने लगा। तुंबुरु ने पुरुरवा को शाप दिया कि वह अपनी उर्वशी से अलग हो जाएगा। (कथासरित्सागर)। एक अन्य कथा में रंभा चित्रकूट पहाड़ पर एक सुंदर राजा सुषेण को देखकर उस पर मुग्ध होकर उसके साथ रहने लगी। सुषेण के पूछने पर भी उसने कभी अपना रहस्य नहीं बतलाया। उसने जब बेटी सुलोचना को जन्म दिया तब उसने भेद खोला कि वह एक भूल के कारण अभिशापग्रस्त होकर धरती पर आई थी। अब वह लौट सकती है। सुषेण ने अपनी बेटी का लालन-पालन किया। यह भी कहा गया है कि रंभा की सुंदरता देखकर गौतम ऋषि का वीर्य स्खलन हो गया जिससे कृपी पैदा हुई। द्रोणाचार्य से कृपी का विवाह हुआ था। रंभा ने विश्वामित्र की तपस्या भंग करनी चाही, पर सफलता नहीं पा सकी और उसे सैकड़ों साल तक चट्टान बन जाने का अभिशाप मिला। अप्सराएं मनोरंजन करने, ऋषियों की तपस्या भंग करने और अभिशाप झेलने वाली स्त्रियों के रूप में ही सदा देखी गईं।

राजेंद्र मिश्र

रक्षाबंधन

रक्षाबंधन भाई-बहन के प्रेम और बहन की सुरक्षा के संकल्प का त्योहार है, जो श्रावण महीने की

पूर्णिमा के दिन पूरे भारत में मनाया जाता है। इस तरह का पर्व दुनिया के दूसरे किसी देश में नहीं है। महाभारत में उल्लेख है कि एकबार कृष्ण के घायल होने पर द्रौपदी ने अपनी साड़ी के पाड़ का टुकड़ा उन्हें बांधा था, जिसके एक-एक सूत का कर्ज उन्होंने द्रौपदी के चीर हरण के समय चुकाया। भविष्य पुराण में उल्लेख है कि इंद्र जब असुरों से युद्ध करने के लिए जा रहे थे, शचि (इंद्राणी) ने उनके दाहिने हाथ में राखी बांधी थी। इस तरह का उल्लेख है कि रक्षा बंधन के दिन सहोदर बहन यमी यमुना ने मृत्यु के देवता यम को राखी बांधी थी। इस कथा से यह प्रार्थना निकलती है कि राखी बांधने से भाई की आयु में वृद्धि हो। भागवत पुराण के अनुसार दैत्यराज बलि ने देवताओं को पराजित कर दिया था। अतः लक्ष्मी ने बलि के महल में कैद विष्णु की मर्यादा के लिए दानवीर राजा बलि को राखी बांधी। तभी पुरोहित घर के लोगों को राखी बांधते हुए दानवीर बलि राजा का स्मरण करते हैं।

श्रावण पूर्णिमा के दिन पश्चिम भारत के कोंकण और मालावार तटों पर मुस्लिम और फारसी व्यवसायी समुद्र (वरुण) को नारियल चढ़ाते हैं ताकि तूफान न उठे। जुलाई-अगस्त के बरसात के दिनों में सांप बहुत निकलते हैं। कृषि परिवेश में इससे रक्षा के लिए बहनें भाइयों को राखी बांधती थीं। बंगाल में मनसा देवी से रक्षा के लिए प्रार्थना की जाती है। उतर भारत में कजरी पूर्णिमा मनाई जाती है। किसान धरती की पूजा करके गेहूं और जौ के बीज बोते हैं। ये पीले से हरे होने पर पुरुषों में बांटे जाते हैं। पुरानी व्यवस्था बदलने पर यह परंपरा खो गई। नेपाल में रक्षा बंधन का दिन महत्वपूर्ण होता है। लोग विभिन्न मंदिरों में शिव की पूजा करते हैं और सात तरह के अन्न की खिचड़ी (कोआटी) बनाते हैं। जम्मू में राखी पूर्णिमा के दिन पतंग उड़ाने की परंपरा है।

रक्षा बंधन विशेषतः सहोदर भाई-बहन का सबसे महत्वपूर्ण त्योहार है, पर यम-यमी को छोड़ कर प्राचीन काल के ऐसे मिथकीय उदाहरण ज्यादा हैं जिनमें सहोदर भाई-बहन नहीं हैं, चाहे वे कृष्ण-द्रौपदी हों, बलि-लक्ष्मी हों या इंद्र-इंद्राणी हों। आधुनिक युग में रक्षा बंधन भाई बहन के त्योहार में परिणत होते हुए भी एक अंतरधार्मिक-अतरजातीय उत्सव के रूप में भी देखा जाता है। एक समुदाय के लोग दूसरे समुदाय के लोगों को सौहार्द और भ्रातृभाव बढ़ाने के उद्देश्य से राखी बांधते हैं, ताकि स्त्रियों को एक भिन्न नजरिए से, शुद्ध प्रेम और सम्मान से देखने की भावना बलवती हो।

राखी पूर्णिमा की तरह ही भाई-बहन का एक अन्य त्योहार भैया दूज है जो दिवाली के एक दिन बाद मनाया जाता है। भाई के माथे पर तिलक लगाया जाता है, जिससे उसकी आयु बढ़े और यमराज उसका कुछ बिगाड़ न सके। माथे पर तिलक चेतना के उद्‍बोधन का प्रतीक होता है ताकि मनुष्य शांति, प्रेम, स्वच्छता, बुद्धिमत्ता और आनंद की दशा प्राप्त करें। भैया दूज में भाई के तिलक या फोंटे का उसके लिए मंगलकामना के साथ यह बृहत्तर अर्थ भी है। शादी के बाद बहन दूर चली जाती है। रक्षा बंधन हो या भैया दूज इस दिन भाई जितना भी दूर हो, बहन के घर मिलने जाता है। बहन उसे सुस्वादु भोजन खिलाती है, भाई बहन को उपहार देता है। दोनों ही पर्व पारिवारिक बंधन की अटूटता के उदाहरण हैं।

शंभुनाथ

रघु

रघु सूर्यवंशीय राजा थे, जो दिलीप के पुत्र थे। रघु के पुत्र अज, अज के पुत्र दशरथ और दशरथ के पुत्र राम थे। रघु को अयोध्या का पहला राजा कहा जाता है। कालिदास के 'रघुवंश' में कहा गया है कि राजा दिलीप को नंदिनी नामक गाय के प्रसाद से पुत्र लाभ हुआ था। रघु की महत्ता के कारण ही इनके वंश का नाम रघुवंश पड़ा और राम को राघव कहा गया।

रघु की शूरवीरता और दानशीलता की कई पौराणिक और मिथकीय कथाएं प्रचलित हैं। स्कंदपुराण की एक कथा के अनुसार रघु ने अपने

पराक्रम से जब दसों दिशाओं में विजय प्राप्त कर ली, उनके गुरु वशिष्ठ ने उन्हें विश्वजीत यज्ञ आयोजित करने के लिए कहा। इस यज्ञ में रघु ने अपनी सारी संपत्ति दान कर दी। यज्ञ के बाद जब कौत्स ऋषि दक्षिणा लेने आए, रघु ने गुरु दक्षिणा देने के लिए कुबेर पर आक्रमण किया। इस युद्ध में रघु से पराजित होकर कुबेर ने अयोध्या पर स्वर्ण वर्षा की। रघु ने ये स्वर्ण मुद्राएं कौत्य को दक्षिणा स्वरूप दीं। (कौमारिका खंड, 8.5)।

श्रद्धांजलि सिंह

अधिक जानकारी के लिए :
1. **हिंदू धर्मकोश :** राजबली पांडेय, 1978, 2. **प्राचीन चरित्रकोश :** सिद्धेश्वर शास्त्री, 1968

रचनात्मक लेखन कला

रचनात्मक लेखन की क्षमता अर्जित करने के लिए प्रतिभा, ज्ञान, अभ्यास, परिवेश, लेखकों की संगति आदि की जरूरत मानी जाती है और औपचारिक ढंग से लेखन कला सीखना बेकार बताया जाता रहा है। फिर भी दुनिया में ऑक्सफोर्ड, हॉर्वर्ड, कैंब्रिज जैसे बड़े विश्वविद्यालयों से लेकर लंदन, पेरिस, न्यूयार्क, दिल्ली जैसे बड़े शहरों और कई व्यावसायिक-साहित्यिक संस्थाओं तक और बड़े अंग्रेजी लेखकों की कार्यशालाओं में रचनात्मक लेखन के पाठ्यक्रम चल रहे हैं। 'क्रिएटिव राइटिंग कोर्स' की ऑनलाइन सुविधा है। इनमें बताया जाता है कि लेखक बनने का इच्छुक नौजवान या कोई व्यक्ति अपने सूझे किसी विचार, कथावस्तु, चरित्र या अनुभव को कैसे अच्छी रचना में बदल सकता है। वह व्यक्ति अच्छी कविता, उपन्यास, कहानी, यात्रा वृत्तांत, जीवनी, नाटक या समीक्षा कैसे लिखे, जो चाहते हुए भी समझ नहीं पाता कि कैसे लिखना शुरू करे। इन पाठ्यक्रमों में हर स्तर पर मार्गदर्शन, फीडबैक और दूसरे लेखकों से संवाद का सुयोग मिलता है।

ऐसे पाठ्यक्रमों से गुजरकर कोई बड़ा लेखक बन सका या नहीं, इस पर न सोचकर यह महसूस करना ज्यादा जरूरी है कि कितने ही लेखक आजीवन लिखते हुए भी परिपक्वता की अधूरी राह में रह गए। वे कभी अपनी कमजोरियों को समझ नहीं सके। वे एक घिसेपिटे दायरे में रहने की वजह से मेहनत करके भी प्रसिद्धि नहीं पा सके, धनोपार्जन दूर की बात है। वे अंततः दयनीय रूप से आत्मतुष्ट या कुंठित हो गए।

ऐसे व्यक्ति काफी हैं जो चुपचाप कविताएं लिखते रहते हैं। मुख्य रूप से इंजीनियरिंग, प्रबंधन, राजनीति या व्यवसाय में रहते हुए भी उन्हें रचनात्मक अभिव्यक्तियों से शांति मिलती है। हर नगर में साहित्य प्रेमियों के छोटे-छोटे ग्रुप हैं, लघु पत्रिकाएं हैं और कई व्यक्ति अपना पैसा लगाकर खुद अपनी किताब प्रकाशित कराते हैं। ऐसे रचनाकार कभी ऊंचे स्तर तक पहुंच नहीं पाते, जहाँ व्यापक स्वीकृति या सराहना हो। ऐसा कई बार कला और जानकारियों के अभाव या विधा के संबंध में बनी गलत धारणाओं की वजह से होता है। दुनिया में साहित्यिक लेखन की लोकप्रियता सिमटने के बजाय बढ़ी है, पर मुख्य बात यह है कि लेखक अपनी आवाज और संवेदना को प्रभावशाली अभिव्यक्ति में बदलकर ज्यादा आंतरिक शांति, आनंद और सामाजिक स्वीकार्यता कैसे अर्जित करे और रचनात्मक लेखन से अपने प्रेम को कैसे अच्छी तरह प्रस्फुटित करे।

रचनात्मक प्रतिभा का व्यक्ति प्रत्युत्पन्न मस्तिष्क का नहीं भी हो सकता है। किसी जगह कुछ बोलने के कुछ समय बाद अगर उसको लगता है कि ओह, ऐसे कहा जाता तो ज्यादा ठीक होता, तब कहा जा सकता है कि उसके भीतर एक रचनाकार है। माना गया है कि रचना करना मनुष्य के स्वभाव का अंग है। हर व्यक्ति में रचने की क्षमता होती है, यदि उसमें साहस, आत्मसचेतनता और अपने यांत्रिक रोजनामचे से बाहर झांकने का अवसर हो और वह कल्पना करना बंद न कर चुका हो।

साहित्यिक रचना उत्पादन नहीं है, जिस तरह कई 'बेस्टसेलर' उत्पादन हैं। उत्पादन और सृजन में

फर्क है, जिस तरह कुछ सूचित करने और संप्रेषण में फर्क है। रचनाकार सूचित करने की प्रक्रिया में अपनी भावनाओं और विचारों को संप्रेषित करता है। इसके लिए उसे जीवन सामग्री के अलावा सौंदर्यान्वेषण, कल्पना, अंतर्दृष्टि और भाषा क्षमता की प्रधान रूप से जरूरत होती है।

मानी हुई बात है कि कलाकारों की तरह लेखक भी सौंदर्य प्रेमी होता है। वह संघर्ष में भी सुंदरता देखता है। अंततः सुंदरता की खोज ही दुनिया को बचाएगी। रचनात्मक लेखन सबसे पहले सुंदरता की खोज है। यह निश्चित है कि बिना साहस के कोई खोज संभव नहीं है। इसके लिए पहली जरूरत होती है बृहत्तर अनुभवों और तर्क के लिए अपने आप से अंतरंगता मिटाने की। कोई व्यक्ति जब अपने को बहुत मोह से देखता है, वह एक तरफ सरलीकरण में फंसता है, दूसरी तरफ बाकी दुनिया अंधकार में चली जाती है। व्यक्ति तब अपने को भी ठीक से पहचान नहीं पाता और आत्म-औचित्य में कैद रह जाता है। इसलिए अपने आप से अंतरंगता मिटाना, आत्मकैद से मुक्त होना आत्मसचेत होने की पहली सीढ़ी है।

मुक्तिबोध पहले बाह्य वस्तुओं और घटनाओं के आभ्यंतरीकरण, फिर कल्पना और अंतर्दृष्टि से विस्तार देते हुए कलात्मकता के साथ बाह्यीकरण की बात करते हैं। वे प्रश्न उठाते हैं, 'क्यों वाल्ट व्हिटमैन या ब्राउनिंग को लोग टेनिसन से ऊंचा समझते हैं?' कबीर क्यों बिहारी से ऊंचा हैं? वह खुद जवाब देते हैं, 'इस प्रश्न का उत्तर देते समय हमें साहित्य में सतह का भी परिचय हो जाता है। कौन किस सतह से बोलता है, यह सवाल है। रवींद्रनाथ जिस सतह से बोलते हैं, जिस व्यापक जीवन के सर्वोच्च बिंदु पर खड़े होकर देश-देशांतर के जन समुदाय के सामने अपने को प्रकट करते हैं, उस स्थान से अन्य अनुगामी कलाकार नहीं बोल पाते।... कवि का शब्द चयन, छंद-रचना, प्रकृति वर्णन, स्वभाव चित्रण अत्यंत सुंदर होते हुए भी जैसे कि टेनिसन में है, यदि ऊंची सतह नहीं है तो वह उच्च कलाकार नहीं हो सकता।' यहां ऊंची सतह से तात्पर्य आर्थिक समृद्धि, विकसित देश, ऊंची जाति या सत्ता से नहीं है। पिछले कई दशकों से बड़े लेखक इंग्लैंड, अमेरिका या फ्रांस से नहीं आ रहे हैं, वे अफ्रीकी-लैटिन अमेरिकी देशों से आ रहे हैं। यह भी देखा जा सकता है कि कई लेखकों ने ड्राइवर, क्लर्क, वेटर की जिंदगी जी है और उनमें एक पश्चिमी लेखक सैमुअल बैकेट भी हैं।

पिछले कुछ दशकों से लेखन खासकर अंग्रेजी में भारतीय लेखन एक पेशा है। यह व्यवसाय का रूप ले चुका है। इससे लेखन की गुणवत्ता आमतौर पर बढ़ी नहीं, गिरी है। इसलिए यह सोचना कि रचनात्मक लेखन पेशेवर व्यक्तियों का काम है, एक भ्रम है। पिछले ऐतिहासिक दौरों की तुलना में आज लेखक आमतौर पर ज्यादा समृद्ध हैं और उनमें नाजायज लोभ कम नहीं है। यह चीज लेखक की रचनात्मकता को संकुचित करती है। वह कोई बड़ी कृति दे नहीं पाता। दरअसल नाजायज लोभ से मुक्ति और साहस के साथ लेखन के लिए एक सतह की जरूरत होती है, जो कोई अपरिचित 'स्थान' हो सकता है, महानगर हो सकता है, देश-देशांतर हो सकता है या कोई जगह हो सकती है जहाँ लेखक के पैर लगाव के साथ खड़े हो पाते हों या जहाँ उसके सांस्कृतिक पूर्वजों की हड्डियां गड़ी हों।

यदि कोई लेखक बनना चाहता है, उसके भीतर छिपी रचनात्मकता कैसे जगाई जा सकती है? इसके लिए चाहिए जीवन के प्रति जिज्ञासा जो खुद कई दिशाओं में ले जाती है। इस काम में सबसे ज्यादा कल्पना की भूमिका है, जिसके बल पर जो प्रचलित है उसके पार देखा जा सकता है और असंभव भी संभव हो जाता है। इससे हमेशा कुछ नया अनुभव करने और बनाने की शक्ति मिलती है, क्योंकि कल्पना के मैदान में दरवाजे नहीं होते।

रिल्के ने एक बात कही थी, 'अपने भीतर जाओ और सोचो कि क्यों लिखना चाहते हो, देखो कि क्या यह बात तुम्हारे हृदय के अंतःस्थल से निकल रही है और अपने से पूछो कि यदि तुम यह न लिखो तो क्या तुम मर जाओगे।' लिखने के लिए दुनिया को जानना, प्रकृति के नजदीक जाना अपने

पास लौटकर देखना कि क्या देखा, पाया और त्यागा, फिर सब कुछ दिल से, चुपचाप और ईमानदारी से कहना और इस प्रक्रिया में उन चीजों का इस्तेमाल करना जो चारों तरफ हों या कहीं स्मृतियों में हों, यही तो रचनात्मक लेखन है।

कुछ भी मौलिक नहीं होता। लेखक कहीं से भी अतीत या वर्तमान से, किताबों या इंटरनेट से या दूसरों के जीवन से ऐसी चीजों का भाव ग्रहण कर सकता है जो उसके हृदय से सीधे बात करती हैं। लेखक के इस भाव ग्रहण या भावापहरण के बावजूद रचना मूल्यवान हो सकती है, यदि वह अपने ढंग से उन चीजों का इस्तेमाल करता है। क्या तुलसी ने वाल्मीकि के ग्रंथ से चोरी की या बिहारी ने पूर्ववर्तियों से या निराला ने 'राम की शक्तिपूजा' लिखने के लिए कृतिवासीय रामायण से? यह महत्वपूर्ण नहीं है कि लेखक रचने के लिए चीजें कहां से ले रहा है, महत्वपूर्ण यह है कि उन्हें नई सूझबूझ से किस नई दिशा में ले जा रहा है। निश्चय ही एक रचनात्मक लेखक हमेशा नवोन्मेषशील होता है। अतीत का ज्यादा बोझ और कठोर विचारधारा नवोन्मेषशीलता के दो बड़े शत्रु हैं।

कृति में उत्तेजनात्मक बातें, अतिमुखरता भी रचनात्मकता का क्षय है। ऐसी बातों को विद्रोह नहीं कहा जा सकता, क्योंकि उससे न कुछ निर्मित होता है और न बदलता है—सिर्फ तात्कालिक चर्चा और उछाल मिलती है। व्यवस्था से टकराहट की किन्हीं घड़ियों में विचारोत्तेजना पैदा करने की जरूरत पड़ सकती है, विषय को सनसनीदार बनाया जा सकता है, पर रचना के गहरे तल से स्वतः पैदा हुई विचारोत्तेजना ज्यादा देर तक असर रखती है। कोई राजनीति, रंग या दावा लेकर आई रचना ज्यादा कलात्मक परिश्रम की मांग करती है ताकि ये चीजें पानी में तेल की तरह न तैरें, नमक-चीनी की तरह घुल जाएं। यह पारदर्शिता ही है, जिसके कारण कोई रचना बार-बार पढ़ी जाती है।

देखा जाए, कुछ प्रसिद्ध लेखकों ने क्या नुस्खे या सवाल दिए हैं। लेखक बनने की आकांक्षा रखने वाले व्यक्ति इन पर गौर कर सकते हैं। अज्ञेय ने लिखा है, 'प्रतिभा क्या है? वह एक आभ्यंतर तनाव की स्थिति है।... यह जहाँ है, वहां फिर भी बहुत-से प्रश्न पूछने को रह जाते हैं, बल्कि वहीं उठते हैं। प्रतिभा वस्तु को कैसे ग्रहण करती है, अनुभव कैसे करती है, संप्रेष्य क्या है, संप्रेषण की प्रवृत्ति कैसी है और उस पर दबाव कितना है? यदि प्रतीक हैं तो उनमें कितनी शक्ति है, कितनी अर्थवत्ता है, कितनी व्यापकता है?' (सर्जना और संदर्भ)। प्रतिभा जन्मजात नहीं होती, मेहनत से अर्जित की जाती है। यदि किसी नए लेखक में दस प्रतिशत भी प्रतिभा है और इतनी प्रतिभा हर इन्सान में होती है तो यदि वह नब्बे प्रतिशत मेहनत से क्षतिपूर्ति कर दे तो वह अच्छा लेखक बन सकता है।

लेखक भावप्रवण व्यक्ति होता है। उसे चिंतक, बुद्धिजीवी और जनमत निर्माता भी कहा जाता रहा है। कालिदास ने यह भी स्पष्ट कहा है कि 'नाटक धर्मोपदेश के लिए नहीं है।' वर्तमान समय में लेखन-कर्म ज्यादा चुनौतीपूर्ण है, क्योंकि एक तरफ बाजार की अपनी मांगें हैं और दूसरी तरफ राजनेताओं, फिल्मकारों, पॉप संगीत, यशमूर्तियों और मीडिया का भयावह शोर है। एक बड़ा सवाल यह है कि इस शोर में लेखक कैसे बोले कि उसकी आवाज सुनी जाए?

लेखक को मसाज करने वाला नहीं, किसी-न-किसी रूढ़ि और विसंगति पर प्रहार करने वाला होना चाहिए। पाकिस्तान के लेखक हनीफ कुरेशी का कहना है कि लेखक को तर्क-वितर्क करने वाला होना चाहिए। उसके विनोद और विचार विस्फोटक हों। कलाकार होने का अर्थ ही है कि वह यह बताते हुए कि जीवन कैसे जीना चाहिए, कुछ खलल, कुछ हलचल पैदा करे। एक अच्छे लेखक को हो सकता है कि उसके घर या आसपास के लोगों से नफरत मिले, पर अपरिचित से जरूर सराहना मिलेगी। हनीफ कुरेशी कहते हैं, कहीं से भी चरित्र या विषयवस्तु ली जाए, लिखने के दो बड़े लक्ष्य हैं—मनोरंजन करना और आत्मनिरीक्षण, चाहे लेखक जितनी अंधेरी दुनिया में लिख रहा हो। कोई नया विचार

सूझता है, तब लेखक उसे लिखे बिना शांत नहीं रह सकता। लिखना एक तकलीफदेह काम है, पर उतना ही आनंददायक। (कोलकाता लिटरेरी फेस्टिवल, 2015)। निश्चय ही देखकर, अध्ययन करके या अनुसंधान करके जीवन का जितना ज्ञान होगा, उतनी राहों से नए विचार सूझेंगे। आज पर्यवेक्षण ही नहीं, अध्ययन और अनुसंधान भी जरूरी हैं।

कई लेखक सोचते हैं कि लिखने का अर्थ है, सब सच-सच लिखना और यथार्थ लिखना। परंतु रचना अखबार नहीं है। बुकर प्राइज के लिए मनोनीत एक अंग्रेजी लेखक जिम क्रेस ने एक पत्रकार से कहा, 'यदि आपको वास्तविक दुनिया के बारे में लिखना है तो आप झूठ नहीं बोल सकते, पर मैं झूठ बोलना चाहता हूं। झूठ बोलना अच्छा नहीं माना जाता, पर इसके बारे में थोड़ा सदय होकर सोचना होगा। कहा जा सकता है कि झूठ के लिए दूसरा शब्द है अन्वेषणशीलता। दरअसल लिखना एक अंधेरे घर में घुसना है। एक कमरे के बाद दूसरे कमरे का, फिर अन्य कमरों का बल्ब जलाते जाना है। लेखक को पता नहीं होता कि आखिरी कमरा कौन-सा है।' क्या पत्रकारिता का लेखन पर असर पड़ता है? पत्रकार कभी नहीं कहेगा कि मुझे कोई प्रेरणा नहीं मिली, इसलिए मैं अखबार में इस ताजा घटना पर एक सप्ताह बाद लिखूंगा। रचनाकार को सीखने की जरूरत है कि उसे इंतजार किए या टाले बिना लेखन में तुरंत लगना है यदि उसे लेखक होना है।

लेखक के पास एक अच्छी भाषा होनी चाहिए। साहित्य में ही भाषा अपने संपूर्ण सौंदर्य और वैभव के साथ उपस्थित होती है, गणित या समाजविज्ञान में नहीं। इसलिए भाषा ही लेखक की युद्धभूमि, क्रीड़ाभूमि और उसकी सारी दौलत है। लेखक के लिए एक-एक शब्द कोहिनूर है जिसे वह फिजूल का लुटाकर अपनी रचना को अनावश्यक रूप से लंबा और खोखला नहीं बना सकता। वी एस नायपाल ने लिखा है, 'शब्द छलनामय हो सकते हैं, पर सावधानी से इस्तेमाल करके उन्हें घिसेपिटेपन या जाल से बाहर निकाला जा सकता है। रचना के शब्द में कोई और नहीं लेखक खुद होता है।' (द राइटर एंड द वर्ल्ड)। तात्पर्य है, लेखक को सबसे ज्यादा सावधान रहना होता है शब्दों को लेकर। यह घुड़सवारी है। लगाम हाथ में ठीक से नहीं रही तो घोड़ा जमीन पर पटक देगा।

कोई रचना लिख लेने के बाद तुरंत छपा लेने की हड़बड़ी की जगह उसे कुछ सप्ताह या महीनों के लिए छोड़ देना उचित होता है। समय की दूरी पैदा हो जाए, तभी सचमुच पता चलेगा कि क्या कमियां है, क्या काटना-जोड़ना है और कैसे कलात्मक परिपूर्णता ले आनी है।

अच्छी भाषा के लिए अनुभव की ईमानदारी, विविधता और अन्वेषणशीलता जरूरी है। नया अनुभव ही लेखक की भाषा को मांजता है, भाषा को नई जमीन देता है। इसलिए लिखते समय यह सवाल सदा बना रहना उचित है कि भाषा क्रीड़ा करती हुई इतनी पारदर्शी है या नहीं कि पानी में गिरा सिक्का जल में झिलमिलाता दिख जाए।

कभी-कभी शब्द उड़ते हुए पक्षी की तरह आते हैं और भीतर घोंसला बना लेते हैं। खासकर कविता में कुछ ही शब्दों में बहुत कुछ कहने की क्षमता जरूरी है, इसकी जगह कि कवि अपनी बात फैलाता जाए। समूची रचनात्मक भाषा ही बिंबों की श्रृंखला है, पर कविता बिंब और लय का खास तौर से मिश्रण है। इसे पुरानी भाषा में चित्र सौंदर्य और नाद सौंदर्य कहा गया है। श्रव्य-दृश्य माध्यम के युग में अब ये साहित्य के प्रमुख गुण बन गए हैं और लफ्फाजी का युग बीत गया है। आसपास की चीजों से बने प्रतीक, संकेत या रूपक जितनी फुर्ती से अपनी बात कह जाते हैं, ये जितनी अद्वितीयता से दो पग में सृष्टि नाप लेने वाले वामन की तरह यथार्थ और अनुभव को रौशन कर देते हैं, सोचना चाहिए कि इन क्षणों की रचना के लिए कवि को भाषा में उतनी ही आत्मीय जद्दोजहद करने की जरूरत पड़ती है। भाषा के पास कोई खाली हाथ नहीं जाता। खाली हाथ जाने पर वहां कुछ भी घटित नहीं होता। वहां जीवन की स्मृतियों, आशाओं और सारे संघर्षों को

लेकर पहुंचना होता है। यह बार-बार कहा गया है कि कविता की भाषा सिर्फ शब्दों में नहीं होती, वह खामोशियों और अंतरालों में भी होती है।

मुक्तिबोध ने लेखक को 'आत्मा का जासूस' कहा था। कवि रोसेलाइन सिबिले फ्रांस में कविता लिखना सिखाती हैं। वे कहती हैं, 'मैं नोटबुक लेकर टहलने निकलती हूं। मैं मौन टहलती हूं। चीजों को देखती हूं और दुनिया के सामने अपने को खोल देती हूं। मैं चीजों को महसूस करती हूं। मैं कृतज्ञता से भर जाती हूं जब चारों तरफ जीवन देखती हूं और इस तथ्य के लिए भी कि मैं जिंदा हूं। मैं लिखने की कोशिश नहीं करती, शब्द खुद-ब-खुद आते हैं मेरे पास और अंदर अपना घर बना लेते हैं। वे अनगढ़ पत्थरों जैसे होते हैं और मैं उन्हें तब तक नदी किनारे मिलने वाले चिकने पत्थरों की तरह बदलने में लगी रहती हूं जब तक वे ऐसे बन न जाएं और अपना आकार न पा लें।' (साक्षात्कार)। प्रेमचंद ने भी कहा था कि एक नए रचनाकार को अपने पास हमेशा एक नोटबुक रखना चाहिए कि वह दिमाग में क्षण भर के लिए कौंधने वाले विचारों आदि को तुरंत नोट कर सके।

लेखन एक गहन आंतरिक संघर्ष और संवाद है। लेखक को धुनिया जैसा होना चाहिए, वह लिट्टी-सी जमी रूई को धुनकर धवल बादलों-सा हल्का बना देता है। उसे कुम्हार जैसा होना चाहिए, वह चाक पर रखी कच्ची मिट्टी से बड़ी सावधानी से कोई आकार गढ़ता है और उसे आंच में तपाकर पक्का बनाता है। उसे बढ़ई जैसा होना चाहिए जो रूखे और बेढंगे काठ को रंदा मार-मारकर चिकना करता है और जरा भी नहीं सोचता कि लकड़ी बेकार जा रही है।

लेखक को सबसे पहले एक अच्छा पाठक होना चाहिए। कोई रचना लिखने से पहले उस विधा की बीस-पचास समकालीन रचनाएं पढ़ना जरूरी हैं ताकि वर्तमान समय की प्रवृत्तियों और शैलियों का बोध हो। राजेश जोशी की यह बात गौर करने की है, 'हाथों से बुने गए किसी खूबसूरत स्वेटर को देखकर एक पुरुष ज्यादा से ज्यादा उसकी तारीफ करेगा या उसे पाना चाहेगा। लेकिन एक स्त्री की प्रतिक्रिया इससे भिन्न होगी। वह उसे उलट-पुलट कर यह जानने की कोशिश करेगी कि यह कैसे बनाया गया है। कितने फंदे उल्टे, कितने सीधे हैं। कितने फंदे घटाए गए हैं और कितने जोड़े गए हैं।... स्त्री जानना चाहती है और पुरुष ज्यादा से ज्यादा उसके जादू में रहना चाहता है।' (एक कवि की नोटबुक)। पाठक जादू में बंध जाए, इसके लिए जरूरी है कि लेखक में ऐसी जिज्ञासाएं सदा बनी रहें। दुनिया की कलाएं और संस्कृतियां अनार-सी खुली हुई हैं।

शंभुनाथ

रचनात्मकता

एक बार पिकासो से किसी पत्रकार ने पूछा कि रचनात्मकता (Creativity) क्या है? उस महान चित्रकार का जवाब था : सच तो यह है कि मुझे मालूम नहीं, लेकिन मालूम होता तो भी मैं बताता नहीं। महान संगीतकार मोजार्ट का अपनी श्रेष्ठ संगीत रचनाओं के बारे में कहना था कि पता नहीं, यह कहां से और कैसे आई, मैंने इसके लिए कोई बल प्रयोग नहीं किया था। 'द स्वान लेक' जैसी प्रसिद्ध संगीत रचना करने वाले रूसी संगीतज्ञ चाइकोव्स्की ने लिखा है कि इनके पास आगामी रचना का कीटाणु अचानक और बिल्कुल अनपेक्षित रूप से ही आता है। प्रसिद्ध भारतीय फोटोकार रघु राय ने दूरदर्शन को दिए अपने एक साक्षात्कार में कहा था कि रचनात्मकता का कोई नियम नहीं होता सिवा इसके कि यह हमेशा ताजगी लाती है। प्रायः सभी क्षेत्रों के बड़े रचनाकार विश्वासपूर्वक मानते हैं कि रचनात्मकता एक रहस्य, एक चमत्कार की तरह है जिसमें अचानकता और अनायासता के गुण होते हैं। इस प्रक्रिया में नई चीज सामने आती है, इसके बारे में पहले से कोई ज्ञान या अनुमान नहीं होता। रचनात्मकता रचनाकार को उन अन्य सामान्य या औसत अ-मौलिक लोगों से अलग करती है, जो यांत्रिक ढंग से कुछ बनाते हैं। यांत्रिक ढंग

से काम करने वाले लोग नए भाव-विचार चाहते तो हैं पर अपने बंधे-बंधाए जीवन के सुरक्षित सिलसिले से अलग हो जाने से घबराते और डरते हैं, फलस्वरूप औसत काम में लगे रहते हैं। भौतिकशास्त्री और चिंतक डेविड बोह्म के अनुसार, रचनात्मक मस्तिष्क सावधान और क्षिप्र होता है। इस संबंध में उसने अपने घुड़सवारी सीखने के वक्त का एक वाकया बताया है कि उसके प्रशिक्षक ने कहा कि तुम्हें घोड़े के कुछ सोचने के पहले बड़ी तेजी से सोचना होगा, नहीं तो तुम्हें वहीं जाना पड़ेगा जहाँ घोड़ा जाना चाहता है, न कि जहाँ तुम जाना चाहते हो।

रचनात्मकता को एक पहेली, एक रहस्य की तरह देखा जाता रहा है। महान कलाकार, आविष्कारक या फिर वैज्ञानिक–कोई नहीं बता पाता कि नए, मौलिक विचार उसके मन में कैसे आते हैं। रचनात्मकता से ही नए और काल्पनिक विचारों को वास्तविक रूप मिलता है। नया होना एक अर्थ में मौलिक होना भी है। मौलिकता का घनिष्ठ संबंध कल्पना और अनुमान से है। दुनिया को नए ढंग से देखना, समस्याओं को परखना, जो बातें सीधे तौर पर संबंधित नहीं लगती हों उनके संबंध-सूत्रों को पहचान लेना, कुछ अलग ढंग से सोचना और निर्मित करना रचनात्मक होना है। जो व्यक्ति सारे गुणों से संपन्न हो किंतु निर्मित नहीं करता हो, वह कल्पनाशील होगा पर रचनात्मक नहीं होगा। रचने के लिए पर्याप्त आवेग और संपूर्ण मनोयोग अपेक्षित है। संस्कृत काव्यशास्त्र के काव्य हेतु प्रकरण में प्रतिभा उसे कहा गया है जो सदा नए-नए अर्थों का उन्मेष करे, कल्पना को उन्मीलित करे। यह शक्ति जन्मजात (सहजा) भी होती है और प्रयत्न, अभ्यास तथा प्रशिक्षण के द्वारा उपार्जित (उत्पाद्या) भी।

मनोवैज्ञानिक बताते हैं कि मनुष्य को अपने सभी प्रकार के अनुभवों को, चाहे वे बाह्य परिवेश के हों अथवा भीतरी मानसिक प्रक्रिया के, उन्हें समाहित करके और पचाकर चलने की दरकार होती है। यानी प्रतिभा में ज्ञान प्राप्त करने और उसका उपयोग करते चलने की सिफत होती है। प्रतिभा और रचनात्मकता के संबंध को लेकर विद्वान और मनोवैज्ञानिक एकमत नहीं हैं। कुछ लोग दोनों को एक मानते हैं, कुछ इन्हें दो अलग चीजें बताते हैं तो कुछ ऐसे हैं जो इन्हें भिन्न किंतु एक-दूसरे को अपना विषय बनाकर चलने वाली अथवा परस्पर-आच्छादित करने वाली मानते हैं। जो हो, दोनों के लिए कल्पना अनिवार्य तत्व है। कल्पना के लिए अंग्रेजी में इमेजिनेशन, फैंसी, फैंटेसी जैसे कई शब्द हैं, जिनका परस्पर बड़ा सूक्ष्म अर्थ-पार्थक्य महसूस किया जा सकता है। इन तीनों का रचनात्मकता से गहरा नाता है।

कुछ मनोविदों का विचार है कि हरेक बच्चा रचनात्मकता से भरा होता है। इतना ही नहीं, रचनात्मकता प्रत्येक व्यक्ति का जन्मसिद्ध अधिकार है। इसके लिए अनुकूल परिवेश की व्यवस्था करना हमारा काम है। एरिक फ्रॉम जैसे मनो-समाजशास्त्री रचनात्मकता को दो व्यापक अर्थों में देखते हैं–एक यह कि जहाँ कोई एक नई और अलग चीज निर्मित हो रही हो, और दूसरा कि नई चीज निर्मित नहीं होने के बावजूद जहाँ उसके लिए दृढ़ आग्रह और प्रवृत्ति बनी रहती हो। रचनात्मकता को गढ़न, परीक्षण-पड़ताल, पुष्टि, कार्यान्वयन जैसी प्रक्रियाओं से गुजरना पड़ता है। अतः प्रायः सभी मनोवैज्ञानिक इसे मस्तिष्क का सुव्यवस्थित, व्यापक, विचक्षण और काल्पनिक कर्म बताते हैं। रचनात्मकता के प्रमुख तत्वों में पुनर्परिभाषाकरण, औत्सुक्य, मौलिकता (नवीनता), लचीलापन, और धाराप्रवाहिता (फ्लुएंसी, अर्थात भावों, विचारों, अभिव्यक्तियों, साहचर्यों और शब्दों की प्रवाहिता) आते हैं।

प्रतिभा (इंटेलिजेंस) को डेविड बोह्म मोटे तौर पर मानसिक सजगता कहना पसंद करते हैं, इसे वे बोध से कमतर बताते हैं। प्रतिभा का अनिवार्य गुण है अंतर्दृष्टि या सूक्ष्म दृष्टि जो मात्र स्मृति और प्रशिक्षण का परिणाम नहीं हो सकता, बल्कि इसे मन के द्वारा होने वाला ऐसा संश्लिष्ट बोध कहेंगे जिसमें ऐंद्रिक, सौंदर्यात्मक, भावनात्मक आदि अनेक प्रकार के बोध शामिल हैं। कांट के साक्ष्य के सहारे पॉल रिको जैसे विद्वान मनुष्य के भीतर सदा से मौजूद आदिम मानवीय और नैतिक रचनात्मक क्षमता की बात करते हैं, जो दिव्यता तथा इसके फलस्वरूप अपार संभावनाओं

से भरी होती है। अनेक मनोवैज्ञानिकों का कहना है कि रचनात्मकता का संबंध उम्र से है, कि यह क्षमता बीस से लेकर साठ वर्ष तक मनुष्य में प्रकर्ष पर होती है, हालांकि कला के क्षेत्र में ऐसी कोई आयु सीमा नहीं देखी गई है। अस्सी-नब्बे साल के वार्धक्य-प्राप्त लोगों ने साहित्य, संगीत, चित्र आदि क्षेत्रों में उच्च कोटि की रचनाएं की हैं। आजकल मनोविज्ञान और जीवविज्ञान के सहारे मानव-मस्तिष्क की बनावट और क्रिया के अध्ययन के द्वारा रचनात्मकता को समझने का प्रयत्न किया जा रहा है।

सुवास कुमार

अधिक जानकारी के लिए :
1. The Concept of Creativity in Science and Art : Denis Dutton and Michael Krausz, 1981, **2. On Creativity :** David Bohm, 1998, **3. Creativity : Concept and Findings :** Shamshad Hussain, 1988, **4. The Nature of Creativity : Contemporary Psychological Perspective :** Robert J Stermberg, 1988, **5. Dimensions of Creativity :** Margaret A Boden, 1996, **6. Creativity and Brain :** Kenneth M Heilman, 2005, **7. Creativity :** P E Bernan

रजनीपाम दत्त
(1896–1974)

आरपीडी के नाम से प्रख्यात रजनीपाम दत्त (Rajani Palme Dutt) का जन्म इंग्लैंड में 19 जून 1896 को हुआ था। पिता उपेंद्र कृष्णनाथ दत्त सर्जन थे। दत्त की मां अन्ना पाम स्वीडिश महिला थीं। स्वीडन के प्रधानमंत्री बने आलोक पाम का संबंध अन्ना पाम के परिवार से था। दत्त की आरंभिक शिक्षा प्रेज स्कूल में हुई। उनके प्रतिबद्ध मार्क्सवादी राजनीतिक जीवन की शुरुआत 1917 में हुई, जब ऑक्सफोर्ड विश्वविद्यालय में अध्ययन के दौरान उन्होंने समाजवादियों की एक सभा का आयोजन किया। सभा का आयोजन करने के आरोप में दत्त को विश्वविद्यालय से निकाल दिया गया।

1919 में दत्त एक वामपंथी सांख्यिकीय ब्यूरो के श्रम शोध विभाग में काम करने लगे। 1920 में वे नवस्थापित कम्युनिस्ट पार्टी ऑफ ग्रेट ब्रिटेन (सीपीजीबी) के सदस्य बन गए, जिसकी स्थापना उन्होंने हैरी पॉलिट तथा अन्य मजदूर नेताओं के साथ मिलकर की थी। 1921 में दत्त ने एक मासिक पत्र 'लेबर मंथली' को स्थापित किया, जिसका वे मृत्युपर्यंत संपादन करते रहे।

1922 में कम्युनिस्ट पार्टी ऑफ ग्रेट ब्रिटेन ने अपने साप्ताहिक पत्र 'वर्कर्स वीकली' के संपादन का दायित्व भी दत्त को सौंपा। 1923 से 1965 तक वे पार्टी की पोलित ब्यूरो के सदस्य रहे। इस दौरान दत्त की भूमिका पार्टी कार्यों में लगातार बढ़ती गई और उन्हें पार्टी के मुख्य सिद्धांतकार के तौर पर देखा जाता था।

आरपीडी राजनीतिक तौर पर कम्युनिस्ट पार्टी के मुख्य सिद्धांत मजदूरों के अंतरराष्ट्रीय भ्रातृत्व के पुरजोर समर्थक थे। 1923 में दत्त पहली बार सोवियत संघ की यात्रा पर गए और बाद में कोमिंटर्न के प्रतिनिधि के रूप में बेल्जियम और स्वीडन में कई

रजनीपाम दत्त

वर्षों तक रहे। यहीं उन्होंने भारतीय कम्युनिस्ट पार्टी के पर्यवेक्षक की भी भूमिका निभाई। दत्त सोवियत संघ की अक्टूबर क्रांति के प्रति अटूट निष्ठा रखते थे और लेनिन की राजनीतिक लाइन के कट्टर समर्थक माने जाते थे। बाद में 1939 में जब कम्युनिस्ट पार्टी ऑफ ग्रेट ब्रिटेन के महासचिव हैरी पॉलिट ने द्वितीय विश्वयुद्ध में ग्रेट ब्रिटेन के शामिल होने का समर्थन किया, तब दत्त के कारण ही पॉलिट को अपने पद से इस्तीफा देना पड़ा, हालांकि पॉलिट एक वर्ष के बाद पुनः अपने पद पर वापस आ गए और इस दौर में दत्त ने ही पार्टी महासचिव की भूमिका निभाई।

1968 में सोवियत संघ द्वारा चेकोस्लोवाकिया पर किए गए हमले की कम्युनिस्ट पार्टी ऑफ ग्रेट ब्रिटेन द्वारा की गई आलोचना से उन्होंने असहमति जाहिर की और सैद्धांतिक स्तर पर पार्टी की 'यूरो' केंद्रीयता की जमकर आलोचना की।

दत्त की बौद्धिक भूमिका के केंद्र में हिंदुस्तान हमेशा सक्रिय रूप से उपस्थित रहा। 1924 में उन्होंने हिंदुस्तान पर पहली पुस्तक 'आधुनिक भारत' लिखी जिसे प्रारंभ से ही अंग्रेज सरकार ने भारत पर प्रतिबंधित कर दिया था। अपनी दूसरी पुस्तक 'इंडिया टुडे' के समर्पण वाक्य में उन्होंने अपने पिता उपेंद्रनाथ दत्त और मातृदेश को इस प्रकार याद किया है, 'जिन्होंने राजनीतिक ज्ञान से मेरे हृदय को आलोकित किया और हिंदुस्तान की जनता तथा स्वतंत्रता के लिए युद्ध करने वाली विश्व की जनता का आदर करना सिखाया।' 'इंडिया टुडे' का प्रकाशन 1940 में हुआ, हालांकि इसके कुछ हिस्से 1937 तक पूरे हो चुके थे। मूलतः लेफ्ट बुक क्लब के लिए लिखी गई इस पुस्तक का प्रकाशन कम्युनिस्ट पार्टी के ही एक सदस्य विक्टर गोलांज की संस्था को करना था। लेकिन बाद में गोलांज ने पार्टी से अपना रिश्ता खत्म कर लिया और इस पुस्तक को सेंसर करके छापा। इसके बावजूद ब्रितानी साम्राज्यवाद ने हिंदुस्तान में यह पुस्तक प्रतिबंधित कर दी। मार्क्सवादी पद्धति से उपनिवेशवादी व्यवस्था के विश्लेषण का यह पुस्तक क्लासिकल उदाहरण है।

दत्त ब्रितानी उपनिवेशवाद के कट्टर आलोचकों में से एक हैं। उन्होंने हिंदुस्तान में सांप्रदायिकता और जाति-भेद जैसी समस्याओं पर गंभीरतापूर्वक विचार किया है। स्वयं दत्त के शब्द हैं, 'साइमन कमीशन तक को मजबूर होकर कहना पड़ा कि हिंदू-मुस्लिम दंगे ब्रिटिश राज की विशेषता है।' भारत के कम्युनिस्ट आंदोलन की बहुआयामी भूमिका रेखांकित करते हुए दत्त ने लिखा है, 'छुआ-छूत का भेद मिटाने में सबसे आगे कदम अंग्रेज सरकार ने नहीं, राष्ट्रीय आंदोलन के प्रगतिशील लोगों ने उठाया है।' इन समस्याओं पर विचार करते हुए भविष्य आकलित करते हुए दत्त ने लिखा है, 'अछूतों का अलग संगठन बनाकर एक गुट का आर्थिक और राजनीतिक आंदोलन चलाने से वे (समस्याएं) दूर नहीं होंगी।'

मार्क्सवाद के चिंतन और सैद्धांतिक पक्ष का विकास करने में दत्त का अप्रतिम योगदान है। फासीवाद-नाजीवाद की राजनीति और उसके कारकों का सैद्धांतिक विश्लेषण करने वाले आरंभिक मार्क्सवादी सिद्धांतकारों में वे एक हैं। दत्त ने अपनी एक अन्य पुस्तक 'फासिज्म एंड सोशल रिवोल्यूशन' में लिखा है, 'फासीवाद आधुनिक पूंजीवाद की प्रमुख अभिव्यक्ति है। यह पतनशील पूंजीवाद की, संकटग्रस्त पूंजीवाद की सबसे उग्र और हिंसक नीतियों की अभिव्यक्ति है, इसलिए अनिवार्यतः इसका मतलब युद्ध ही होता है। सारे समाजवादी, शांतिवादी और अंतरराष्ट्रीयवादी आंदोलनों को दबाने, मजदूरों के सैन्यीकरण तथा केंद्रीकृत तानाशाही से काम करने के साथ ही अपनी निरंतर चलने वाली उद्दंड हरकतों के चलते फासीवाद अपने आपमें पूंजीवादी युद्ध की तैयारी का ही हिस्सा है।'

आधुनिक पूंजीवाद-विकसित देशों की राजनीति का विश्लेषण करते हुए आरपीडी का निष्कर्ष है– 'सभी आधुनिक पूंजीवादी देश फासीवाद की तरफ बढ़ते जा रहे हैं...आधुनिक पूंजीवाद की नीतियों का लब्बो-लुआव फासीवादी नीतियों की मूल भावना के करीब पहुंचना है।' उनकी एक अन्य पुस्तक है : 'इंडिया टुडे एंड टुमॉरो'।

जितेंद्र गुप्ता

अधिक जानकारी के लिए :
1. **आज का भारत :** रजनी पाम दत्त, **2. Rajani Palme Dutt :** J Collaghan, 1993

रजिया सुल्तान

(1205-1240)

रजिया अलदिन का पूरा नाम जललात-उद-दिन रजिया था। उसे इतिहास में रजिया सुल्तान के नाम से जाना जाता है। बचपन से शासकीय कामों में रुचि लेने, पुरुष वेश में रहने वाली रजिया स्वयं को सुल्तान कहलवाना पसंद करती थी, न कि सुल्ताना। दिल्ली में सल्तनत शासन के दौरान वह एकमात्र मुसलमान स्त्री शासक थी, जिसने दिल्ली पर तीन साल (1236-1240) से कुछ अधिक दिनों तक राज किया।

रजिया का जन्म 1205 में बदायूं में हुआ था। पिता सुल्तान शम्सुद्दीन इल्तुत्मिश उसे अपने बेटों से अधिक कुशल मानता था। वह अकसर कहता, 'मेरी यह बेटी कई बेटों से बेहतर है'। अपनी वसीयत में सुल्तान ने उसे अपना उत्तराधिकारी घोषित किया था। इस बात से अमीर-उमरा खुश नहीं थे।

1236 में इल्तुत्मिश की हत्या के बाद उसका विलासी भाई रुकनुद्दीन फीरोज गद्दी पर बैठा। असल में शासन की असली बागडोर सुल्तान की विधवा शाह तुर्कान के हाथ में थी। छह महीने में उसकी और शाह तुर्कान की हत्या हो गई और रजिया सुल्तान गद्दी पर बैठी। कुशल प्रशासक रजिया को सेना और जनता का समर्थन प्राप्त था, अमीर-उमरा उसके नियंत्रण में थे।

अपने एक हब्शी गुलाम जमाल-उद-दीन याकूत पर वह बहुत विश्वास करती थी। यह बात कई लोगों को अच्छी नहीं लगती थी। कुछ लोगों के अनुसार, दोनों में प्रेम संबंध था। एक सुल्तान और एक गुलाम का प्रेम दरबार के कुछ लोगों को गलत लगता था। याकूत तुर्क नहीं था, जब रजिया ने उसे प्रोन्नति दी तो उसके बचपन के साथी और भटिंडा के गवर्नर मलिक अल्तुनिया को यह सहन नहीं हुआ। उसने रजिया के विरोधियों के साथ मिल कर रजिया पर आक्रमण कर दिया। युद्ध में याकूत की हत्या हुई और रजिया को भटिंडा के किला मुबारक में बंदी बना लिया गया। मृत्युदंड से बचने के लिए रजिया ने अल्तुनिया से शादी की।

रजिया सुल्तान

इस बीच रजिया का एक भाई मुइजुद्दीन बहराम शाह दिल्ली की गद्दी पर बैठ गया। अल्तुनिया और रजिया ने बहराम से गद्दी वापस लेने के लिए युद्ध किया, जिसमें अक्टूबर 1240 में इनकी हार हुई। दोनों दिल्ली से कैथल भाग गए, लेकिन जाटों के हाथ पड़ गए और 12 अक्टूबर 1240 को मारे गए।

उस दौर के इतिहासकार सिराज के अनुसार, 'सुल्तान रजिया महान शासक थी। वह बुद्धिमान, न्यायप्रिय तथा उदार, अपने राज्य की हितैषी, न्याय करने वाली, प्रजा की रक्षक तथा सेना की नेता थी। उसमें एक सुयोग्य राजा के सब गुण थे, परंतु वह पुरुष वर्ग में उत्पन्न नहीं हुई थी। इसलिए पुरुषों की दृष्टि में उसके ये सब गुण व्यर्थ थे।'

गैर-मुसलमानों के प्रति रजिया उदार थी। उसने

स्कूल, अकादमी तथा शोध संस्थान और पुस्तकालय स्थापित किए जिनमें कुरान, विज्ञान, दर्शनशास्त्र, साहित्य का अध्ययन होता था।

रफीक जकरिया ने अंग्रेजी में 'रजिया क्वीन ऑफ इंडिया' लिखी है। अमर चित्रकथा कॉमिक में उस पर सिरीज बनी है। देवेंद्र गोयल और कमाल अमरोही ने 'रजिया सुल्तान ' (1983) नाम से फ़िल्म बनाई है। बांग्ला साहित्यकार माइकेल मधुसूदन दत्त ने रजिया पर नाटक लिखा था।

विजय शर्मा

अधिक जानकारी के लिए :
1. **भारत का इतिहास :** रोमिला थापर, 2. **भारतीय इतिहास का आरंभिक मध्य काल :** मोहम्मद हबीब

रणजीत सिंह
(1780-1839)

रणजीत सिंह

शेर-ए-पंजाब के नाम से प्रसिद्ध महाराजा रणजीत सिंह का जन्म 13 नवंबर 1780 को गुजरांवाला (वर्तमान पाकिस्तान) में हुआ था। उस समय पंजाब पर सिक्खों और अफगानों का राज था। उन्होंने पंजाब को कई मिसलों में विभाजित कर रखा था। रणजीत सिंह के पिता महा सिंह पश्चिमी पंजाब के सुकरचकिया मिसल के कमांडर थे। इसका मुख्यालय गुजरांवाला में था। 12 वर्ष की अवस्था में पिता की मौत के कारण राजपाट का सारा भार रणजीत सिंह पर आ गया। 12 अप्रैल 1801 को उन्होंने महाराजा की उपाधि ग्रहण की। 17 वर्ष की उम्र में ही उन्होंने भारत पर जमन शाह दुर्रानी के आक्रमण को विफल कर दिया था। 1799 में लाहौर को जीतकर उसे अपनी राजधानी बना ली थी, जो रणजीत सिंह की ताकत बढ़ाने में महत्वपूर्ण कदम साबित हुआ। उन्होंने सतलज से लेकर झेलम तक पूरे मध्य पंजाब को अपने अधीन कर लिया था। वह ऐसे राजा थे जिन्होंने पंजाब को एक सशक्त राज्य के रूप में एकजुट किया। उन्होंने अफगानों के खिलाफ हुई लड़ाइयों में जीत हासिल कर पेशावर समेत कई पख्तून क्षेत्रों, जम्मू-कश्मीर और आनंदपुर पर भी अधिकार कर लिया।

रणजीत सिंह ने सिक्ख खालसा सेना का गठन किया था जिसने लंबे समय तक पंजाब से अंग्रेजों को दूर कर रखा। ब्रिटिश इतिहासकार जे टी व्हीलर ने लिखा, 'यदि रणजीत सिंह एक पीढ़ी पुराने होते तो पूरे हिंदुस्तान को फतह कर लेते।' खुद अनपढ़ होते हुए भी अपने राज्य में रणजीत सिंह ने शिक्षा और कला को बहुत महत्व दे रखा था। कानून-व्यवस्था मजबूत थी। कभी किसी को फांसी नहीं होती थी, किसी प्रकार का धार्मिक-कर नहीं लिया जाता था और धर्म परिवर्तन के लिए किसी को मजबूर नहीं किया जाता था। सर्व धर्म सम भाव पूरे सूबे में था। अमृतसर के हरमिंदर साहिब गुरुद्वारा को रणजीत सिंह ने सोने से मढ़वाया था, तभी से उसका नाम स्वर्ण मंदिर पड़ गया। रणजीत सिंह के खजाने में कोहिनूर हीरे की रौनक थी। कहा जाता है कि कोहिनूर हीरा उनको अफगानिस्तान की शासिका वफा बेगम से मिला था। इसके लिए उन्हें उसके पति शाह शुजा को कश्मीर के शासक अता

मुहम्मद की कैद से छुड़ाना पड़ा था। फिर भी कई सालों के बाद ही हीरा मिल पाया था। रणजीत सिंह ने हिंदू मंदिरों को भी बहुत सारा सोना दान में दिया था। उन्होंने काशी के विश्वनाथ मंदिर के शिखरों को सोने से मढ़ने के लिए अकूत सोना प्रदान किया था। 1839 में रणजीत सिंह की मौत हो गई। उनकी मौत के बाद अंग्रेजों ने 1845 में सिक्खों पर हमला कर दिया। सिक्ख सेना बहादुरी से मुकाबला कर रही थी मगर अपने सेनापति लालसिंह के विश्वासघात के कारण अंग्रेजों से हार गई। अंग्रेजों ने सिखों से कोहिनूर हीरा ले लिया। बाद में लॉर्ड हार्डिंग ने इंग्लैंड की रानी विक्टोरिया को खुश करने के लिए कोहिनूर हीरा लंदन पहुंचा दिया जो रानी को सौंप दिया गया। यह हीरा आज तक विवादास्पद मुद्दा बना हुआ है और इसके कई दावेदार हैं। रणजीत सिंह की समाधि लाहौर (पाकिस्तान) में है। 20 अगस्त 2003 को रणजीत सिंह की 22 फुट लंबी कांस्य मूर्ति भारत की संसद में स्थापित की गई।

उदयराज

रमजान

इस्लामी कैलेंडर के हिसाब से नौवां महीना रमजान होता है। इस महीने में मुसलमान रोजा रखते हैं और महीने के अंत में चांद देखकर ईद-उल-फितर का त्योहार मनाते हैं। माना जाता है कि रमजान के महीने में ही कुरआन अवतरित हुआ था। इसलिए यह पवित्र महीना माना जाता है। इस महीने मुसलमान अपनी इच्छाओं को काबू में रखकर सुबह से शाम तक उपवास करते हैं और पानी तक नहीं पीते। सुबह सूरज निकलने से पहले सेहरी खाई जाती है और फिर शाम सूरज ढल जाने के बाद तरह-तरह के स्वादिष्ट भोजन से इफ्तार किया जाता है। इफ्तार पार्टियां दी जाती हैं, जो भारत में राजनीतिक तौर पर लोकप्रिय हुई हैं। इस महीने मुसलमान शिद्दत से नमाज पढ़ते हैं, अल्लाह की इबादत करके उसके करीब जाते हैं और अपने गुनाहों की तौबा मांगते हैं। वे सादगी से रहते हैं, लड़ाई-झगड़ा नहीं करते और कुरआन की आयतों को जीवन में उतारने की कोशिश करते हैं। सिर्फ बीमार, बूढ़ों और गर्भवती औरतों और बच्चे को दूध पिलाने वाली माताओं को रोजे न रखने की छूट दी गई है। इस महीने जकात अदा करना जरूरी माना गया है, क्योंकि एक सच्चा मुसलमान किसी भी इन्सान को भूखा और दुख-कष्टों में नहीं देख सकता। जकात उस धन को कहते हैं जो अपनी कमाई से निकालकर अल्लाह के नाम पर गरीबों के लिए खर्च किया जाता है, ताकि गरीब लोग भी ईद मना सकें। रोजा अपने अहं से निकलकर व्यापक मानवीय चिंताओं, स्वच्छता और भाईचारे का त्योहार है, जिसका क्लाइमेक्स ईद में दिखता है।

रमजान

रोजा इस्लाम में आत्मशुद्धि, धैर्य और त्याग का मार्ग है। हिंदुओं में नवरात्रि, ईसाइयों में ईस्टर के उपवास की परंपरा है। रमजान का महीना भौतिक सुख और आध्यात्मिक तत्वों में संतुलन की शिक्षा देता है। इसमें तक्वा और सब्र (आत्मनियंत्रण) का खास महत्व है। इनसे सिर्फ अपने स्वास्थ्य और पारिवारिक संबंधों में ही सुधार का अवसर नहीं मिलता, एक शांतिपूर्ण माहौल बनाने की प्रेरणा भी मिलती है। कुरआन कहता है, 'अल्लाह शांति का घर चाहता है।' (10:25)। एक शांतिपूर्ण समाज बनाने के लिए आत्मनियंत्रण और धैर्य जरूरी है, जिसकी शिक्षा रमजान देता है। बिना शांति के प्रगति नहीं हो सकती। पैगंबर साहब का कहना है कि रोजा का अर्थ है, सिर्फ भोजन और पेय से ही नहीं, तमाम किस्म के नकारात्मक व्यवहारों जैसे दूसरों की बुराई सोचना,

झूठ, द्वेष, शत्रुता, कंजूसी, फिजूलखर्ची, फूहड़ता, अश्लीलता आदि से अपने को अलग रखना।

सेराज खान बातिश

रमाबाई रानाडे
(1862-1924)

भारतीय नवजागरण में महत्वपूर्ण भूमिका निभाने वाली रमाबाई रानाडे का जन्म 1862 में महाराष्ट्र के सतारा जिले के एक ब्राह्मण परिवार में हुआ था। 11 वर्ष की छोटी-सी उम्र में उनका विवाह 32 वर्ष के विधुर महादेव गोविंद रानाडे से 1873 में हुआ। वह बुद्धिमान और समझदार थीं। उनके न्यायविद पति ने उन्हें घर में ही मराठी और अंग्रेजी की शिक्षा दिलाई। इसके लिए रमाबाई को परिवार की अन्य महिलाओं के विरोध का सामना करना पड़ा था। वह 1881 में अपने पति के साथ पुणे आकर प्रार्थना समाज से जुड़ गईं। 1894 में उन्होंने 'हिंदू महिला सामाजिक क्लब' की स्थापना की जिसका उद्देश्य स्त्रियों को शिक्षा देना और हस्तशिल्प कला का प्रशिक्षण देना था, ताकि वे स्वावलंबी बन सकें।

रमाबाई रानाडे

रमाबाई 1904 में स्थापित 'भारतीय महिला सम्मेलन' की अध्यक्ष बनीं। इसी वर्ष उन्होंने यरवदा जेल की स्त्री कैदियों को समुचित सुविधाएं दिलाने के लिए आवाज उठाई। 1909 में उन्होंने पुणे में 'महिला सेवासदन' की स्थापना की, जिसका उद्देश्य महिलाओं में शिक्षा का प्रचार करना, उनमें आत्मसम्मान का भाव पैदा करना और व्यक्तित्व का विकास करते हुए सामाजिक कार्यों में भाग लेने के लिए प्रोत्साहित करना था। इस संस्था के नाम से प्रेरित होकर ही प्रेमचंद ने 'सेवासदन' उपन्यास लिखा था। रमाबाई ने अपनी संस्था 'शारदा सदन' के माध्यम से सैकड़ों महिलाओं को नर्सिंग और प्रसूति में प्रशिक्षित किया। वह स्त्री अधिकारों के लिए आजीवन संघर्षरत थीं। उन्होंने स्त्रियों को प्राथमिक शिक्षा दिलाने के लिए आंदोलन किया था।

रमाबाई रानाडे ने 1921-1922 में स्त्रियों को मतदान का अधिकार दिलाने के लिए हुए आंदोलन में भाग लिया था। मराठी में उनकी आत्मकथा 'आमच्या आयुष्यातीता कही आठवणी' शीर्षक से है।

धर्मेंद्र राय

रविशंकर
(1920-2012)

रविशंकर का नाम संसार के बेहद चर्चित, लोकप्रिय एवं उत्कृष्ट संगीतकारों में लिया जाता है। मैहर के उस्ताद अलाउद्दीन खाँ के शिष्य रहे रविशंकर ने सितार जैसे वाद्य को विश्व-मानचित्र पर प्रतिष्ठा दिलाई है। बीसवीं शताब्दी में अमर सितारवादकों की जिस त्रयी का सम्मानपूर्वक उल्लेख होता है, उसमें रविशंकर, विलायत खाँ एवं निखिल बनर्जी का नाम शुमार है। रविशंकर का सितार वादन अति कोमल, दुर्लभ ढंग से सुरीलेपन

रविशंकर

की ओर संयोजित एवं शिल्प की अनूठी संक्षिप्ति के लिए अलग से जाना जाता है। उनके संगीत के साक्षी और सहयोगी बनने में बहुतेरे मूर्धन्य शामिल थे, जिनमें जैज के कलाकार जॉन कॉलट्रेन, ज्यां पियरे रैंपल, मेस्टीस्लॉव रोस्ट्रोप्रोविच, फिलीप ग्लॉस, एंड्रेप प्रेविन, जुबीन मेहता, यहूदी मेन्युहिन और बीटल्स के जॉर्ज हैरिसन प्रमुख हैं।

उनकी संगीत-निर्देशित फिल्मों में 'नीचा नगर', 'अनुराधा', 'गोदान', 'मीरा' और 'गांधी' विशेष उल्लेखनीय हैं। उन्होंने कई रागों का प्रणयन किया है, जिनमें प्रमुख रूप से राग–नट भैरव, अहीर ललित, तिलक श्याम, यमन मांझ, परमेश्वरी, चारुकौंस, बैरागी तोड़ी और सुरंजिनी को याद किया जा सकता है। दुनिया भर के कई पुरस्कारों से सम्मानित रविशंकर को मिले सम्मानों में भारत रत्न, ग्रैमी अवॉर्ड, मैगसायसाय पुरस्कार एवं ग्रैमी पुरस्कार का लाइफटाइम एचीवमेंट अवॉर्ड शामिल हैं। माना जाता है कि वे संगीत की दुनिया में भारत का पहला विधिवत वैश्विक चेहरा हैं।

यतींद्र मिश्र

अधिक जानकारी के लिए :
1. Ravi Shankar : Dibyendu Ghosh, 1983, **2. The Dawn of Indian Music in the West :** Peter Lavezzoli, 2006

रवींद्रनाथ टैगोर
(1861-1941)

रवींद्रनाथ ठाकुर विश्व मानव के साहित्यकार थे। वे केवल कवि नहीं, कथाकार, उपन्यासकार, नाटककार, निबंधकार और चित्रकार भी थे। 7 मई 1861 को कलकत्ता के विख्यात ठाकुर परिवार में उनका जन्म हुआ था। इनके पिता का नाम महर्षि देवेंद्रनाथ ठाकुर था। बचपन में उनकी पढ़ाई घर में शुरू हुई। कुछ समय के लिए लंदन यूनिवर्सिटी कॉलेज में गए। बारह-तेरह वर्ष की अवस्था से ही रवींद्रनाथ ने कविता लिखना शुरू कर दिया था। उन्होंने कहा था कि वे 'जन्मना रोमांटिक' हैं, पर यह भी कहा था कि वे इस पृथ्वी को छोड़कर कहीं नहीं जाना चाहते। वे बाकी सबके साथ ही जीना चाहते हैं, 'मरिते चाहिना आमि सुंदर भुवने/मानवेर माझे आमि बांचिबारे चाई।'

रवींद्र साहित्य बहुआयामी है। बांग्ला नवजागरण की अच्छी पृष्ठभूमि के कारण इसका संबंध संगीत, नृत्य, नाटक आदि विविध कला रूपों से है। इसका भाव-धरातल विस्तृत है। 'कड़ि ओ कमल' (1886), 'प्रभात संगीत' (1883), 'छबि ओ गान' (1884),

रवींद्रनाथ टैगोर

'मानसी' (1890) में उनकी प्रारंभिक कवि दृष्टि का विकास स्पष्ट होता है। 'सोनार तरी' (1894) काव्य ग्रंथ में विश्व-जीवन की आनंद चेतना का पहला स्वर फूटता है। 'चित्रा' (1896) में यही परिणति है। इसी समय 'नैवेद्य' (1901) काव्य-संग्रह में भक्ति के लिए कवि की व्याकुलता प्रकट हुई। यह व्याकुलता 'गीतांजलि' (1910) में अनाविल भक्तिरस से अभिषिक्त हो उठती है। उनके प्रसिद्ध उपन्यासों में 'चोखेर बाली' (1903), 'नौका डूबी' (1906), 'गोरा' (1909) आदि उल्लेखनीय हैं। नाटक के क्षेत्र में 'वाल्मीकि प्रतिभा' (1881), 'मायेर खेला' (1888) उनके प्रारंभिक गीति-नाट्य हैं। स्वर के धागे में हृदयवेग को पिरो देना ही इन नाटकों का उद्देश्य रहा है। 'राजा ओ रानी' (1889), 'विसर्जन' (1890) तथा 'चित्रांगदा' (1892) में उनकी नाट्य प्रतिभा अपनी पूरी शक्ति के साथ प्रकट हुई है। उनका सांकेतिक नाटक 'रक्तकरबी' (1926) उनकी श्रेष्ठ कृतियों में एक है। काव्य, संगीत, नाट्य तथा नृत्य के चतुरंग प्रवाह से युक्त उनके नृत्य नाटक 'नटीर पूजा' (1926), 'श्यामा' (1939) आदि उनकी बहुमुखी प्रतिभा के उत्कृष्ट उदाहरण हैं। मानव जीवन में ऋतु-क्रम का प्रभाव तथा प्रतिक्रिया दिखाने के लिए उन्होंने 'शरदोत्सव' (1908), 'राजा' (1910), 'अचलायतन' (1912), 'फाल्गुनी' (1916) आदि नाटक लिखे।

1913 में ब्रिटिश सरकार ने रवींद्रनाथ को 'नाइट' (सर) की उपाधि प्रदान की थी, परंतु 1920 में पंजाब के जलियांवाला बाग के निर्मम हत्याकांड से मर्माहत होकर उन्होंने 'नाइट' की उपाधि वापस कर दी। उनकी उस समय उम्र 21 वर्ष थी जब उन्होंने 'प्रभात संगीत' लिखकर दासता की शृंखला से मुक्त करने के लिए प्रकृति का आह्वान किया था। उन्होंने निर्झर की तीव्र धार से सब कुछ तोड़ने की जो कल्पना की थी वह दासता से स्वाधीन होने की चाह की अभिव्यक्ति थी। उनका 'रोमांटिसिज्म' उपनिवेशवाद-विरोधी संघर्ष का आधार था। परंतु रवींद्र के लिए उपनिवेशवाद-विरोध एक सामाजिक सच्चाई है, यह उनका राजनीतिक एजेंडा नहीं है। उनके 1919 में जलियांवाला कांड पर 'नाइटहुड' त्याग देने के पीछे कोई राजनीति नहीं थी। यह हिंसा के विरोध में एक वैश्विक संघर्ष था। उनके लिए भारत की संकल्पना भू-भागी नहीं थी, विचारात्मक थी। इसलिए वे 'नेशन-स्टेट' की प्रणाली पर आधारित उस राष्ट्रवाद के विरोधी थे जो स्वार्थी, हिंसात्मक और सीमित बना देता है। सबसे बड़ी बात है कि यह आपसी स्वाधीनता छीन लेता है। रवींद्रनाथ की उदारवादी राष्ट्रीयता की विचारधारा देशप्रेम के रूप में उनके उपन्यास 'गोरा' के इन शब्दों में व्यक्त हुई है, 'मेरे लिए मेरे देश से बड़ा कुछ नहीं, समग्र भारत के दुख-सुख, ज्ञान-अज्ञान से मैं परे नहीं हूं। मैं आज भारतवर्षीय हूं। मेरे भीतर हिंदू-मुसलमान बसे हुए हैं। भारत की सारी जाति मेरी जाति है। यही भारत की प्राचीन बहुलतावादी दृष्टि है, यही भारत का देशप्रेम है जो सारे विश्व को अपने में समेट लेता है, अर्थात–यत्र विश्वम् भवेत् एक नीड़म्। टैगोर यह सब कहने का साहस जुटा पा रहे थे क्योंकि भारतीय राजनीति में गांधी का प्रवेश हो चुका था।

शिक्षा के क्षेत्र में उनके योगदान को शांतिनिकेतन के माध्यम से जाना जाता है। प्राचीन भारतीय शिक्षा पद्धति के आधार पर विश्वभारती की स्थापना की गई थी। उनका लक्ष्य एक ऐसे विश्वविद्यालय का निर्माण था जहाँ विश्व एक नीड़ के समान बस सके। रवींद्रनाथ का कहना था कि सिर्फ राजनीतिक स्वाधीनता से काम नहीं चलेगा। जब आपस में इतना अलगावपन है–भाषा, जाति, क्षेत्र, धर्म का–इस समस्या का हल करने के लिए जरूरी है–अपने अंदर की आत्मशक्ति का प्रसार और शिक्षा के द्वारा समाज का पुनर्जीवन। रवींद्रनाथ ऐसी शिक्षा चाहते थे जो (i) हमारी दुर्बलताओं का पता लगाएगा और उससे पैदा हुई फांक को भरेगा। (ii) शिक्षा का महत्वपूर्ण हिस्सा होगा–ग्राम पुनर्गठन। (iii) शिक्षा लौकिक तथा पारंपरिक ज्ञान के साथ आधुनिक वैज्ञानिक ज्ञान का संबंध स्थापन करेगी ताकि राष्ट्रीय चेतना का प्रसार हो सके और (iv) शिक्षा के द्वारा

एक नैतिक विश्व की संकल्पना का प्रसार करना होगा। इस तरह की शिक्षा प्रेम, पड़ोसियों से भाईचारा, त्याग, आत्मनिर्भरता तथा कठोर परिश्रम का रास्ता दिखाती है।

1921 में रवींद्रनाथ ने ब्रजेंद्रनाथ सील को लिखे अपने पत्र में कहा था, 'मेरे मानसिक वातावरण के निर्माण में उपनिषदों और वैष्णव साहित्य की बहुत बड़ी भूमिका है, ये जैसे हवा में घुले-मिले ऑक्सीजन और नाइट्रोजन की तरह हैं।' उनकी सृजनात्मकता का आध्यात्मिकता से गहरा संबंध है, पर दोनों लौकिक धरातल पर होते हैं। टैगोर के कवि-मन का जयदेव और कबीर दोनों से संबंध था। वे वस्तुतः संपूर्ण भक्ति आंदोलन को सराहना की नजरों से देखते हैं और उतने ही आकर्षण से आधुनिक विज्ञान को भी। उन्होंने यह भी स्पष्ट कर देना चाहा था कि पश्चिम राज्य, सत्ता और व्यक्ति को महत्व देता है, जबकि भारत के लिए समाज, धर्म और जवाबदेही महत्वपूर्ण चीजें हैं। वे अपने देश से उतनी ही गहराई से प्यार करते थे, जितने गांधी। यह उनके उपन्यास 'गोरा' से भी स्पष्ट है। गोरा कहता है, 'आज मैं भारतीय हूं।' यह वह जगह है जहाँ टैगोर, गांधी और एंड्रयूज का फर्क मिट जाता है।

रवींद्र-दर्शन का मूलसूत्र 'सीमा के बीच असीम के साथ मिलन साधना' है। रवींद्रनाथ का कहना है, 'क्षुद्र को लेकर ही बृहत, सीमा को लेकर ही असीम तथा प्रेम को लेकर ही मुक्ति है। प्रेम का आलोक मिलते ही आंखों को पसार कर देखता हूं कि सीमा के बीच सीमा और नहीं है। प्रकृति का सौंदर्य केवल मेरे मन की मरीचिका नहीं है बल्कि उसके बीच असीम का आनंद ही प्रकाशमान है। इसलिए इस सौंदर्य के सामने हम अपने को भूल जाते हैं।... मेरी समस्त काव्य-रचना का एक ही अध्याय है और उस अध्याय का नाम दिया जा सकता है–सीमा के बीच असीम के साथ मिलन साधना।'

रवींद्र एकांत पसंद करते थे क्योंकि जीवन के प्रारंभ से उन्हें प्रकृति की निकटता प्राप्त हुई थी। वे कहते थे कि मानव और प्रकृति को लेकर ही विश्व का वैचित्र्य है। पूना के किर्लोस्कर हॉल में 1922 में 'इंडियन रिनेसां' पर भाषण देते हुए उन्होंने कहा था, 'अकेला मनुष्य बड़ा निरर्थक है, क्योंकि एक के भीतर ऐक्य नहीं होता। बहुलता को लेकर जो एकता है, वही वास्तविक एकता है। इसी बात को उपनिषद के एक मंत्र से उद्धृत करते हुए नोबेल पुरस्कार के अपने स्वीकृति भाषण में उन्होंने कहा था, 'जो सब प्राणियों को अपने में देखे और अपने को सब प्राणियों में देखता है, वह न किसी से घृणा करता है, न ही किसी को तुच्छ मानता है।' यह मानवीय एकता ही सबसे बड़ी बात है।

जीवन के अंतिम दिनों में उन्होंने चित्र बनाना शुरू किया। उनके चित्रों में युग का संशय, मोह, क्लांति, निराशा का स्वर भावावेग के साथ प्रकट हुआ। 7 अगस्त 1941 को उनकी मृत्यु हुई। मृत्यु से कुछ दिन पहले चिकित्सा के लिए उन्हें शांतिनिकेतन से कलकत्ता स्थानांतरित किया गया था। शांतिनिकेतन से चलते हुए उनकी नातिन ने उनसे कहा था, 'दादाजी, आपको मालूम है, हमारे यहां नया पावर हाउस बन रहा है।' इसके उत्तर में उन्होंने कहा था, 'हां, पुराना आलोक चला जाएगा, नए का आगमन होगा।'

इंद्रनाथ चौधुरी

अधिक जानकारी के लिए :
1. **रवींद्र कविता कानन :** सूर्यकांत त्रिपाठी निराला,
2. A Mind Staring into Infinity : (Ed) Chhanda Chatterjee, 2015

रवींद्रनाथ श्रीवास्तव
(1936-1992)

हिंदी भाषाविज्ञान के क्षेत्र में रवींद्रनाथ श्रीवास्तव का एक बड़ा योगदान है। उन्होंने लेनिनग्राड विश्वविद्यालय से भाषाविज्ञान में पीएचडी की उपाधि प्राप्त की थी। उन्होंने श्रावणिक ध्वनिविज्ञान, सैद्धांतिक भाषाविज्ञान, शैली विज्ञान, समाज-भाषाविज्ञान, अनुवाद विज्ञान, भाषा शिक्षण और कंप्यूटेशनल भाषाविज्ञान जैसे

अनुप्रयुक्त भाषाविज्ञान के विविध विषयों को लेकर नए गवाक्ष खोले। उनकी पुस्तक 'हिंदी भाषा का समाजशास्त्र' मील का पत्थर है।

उन्होंने हमेशा भाषा को संकेत व्यवस्था माना तथा भारतीय बहुभाषिकता को बहुसांस्कृतिक समाज की सहज संप्रेषण व्यवस्था के रूप में देखा। वे मानते थे कि हिंदी केवल एक विशिष्ट भाषिक संरचना ही नहीं बल्कि एक सामाजिक संस्था भी है। वह संस्कृति के रूप में सामाजिक प्रतीक और साहित्य के रूप में एक जातीय परंपरा भी है। उन्होंने हिंदी भाषा शिक्षण को भाषाविज्ञान से जोड़ा। उनकी मान्यता है कि भाषा शिक्षण प्रणाली का संबंध एक निश्चित प्रकार के प्रयोजनों की सिद्धि और एक निश्चित प्रकार के द्विभाषिक प्रयोक्ता पैदा करने से है।

रवींद्रनाथ श्रीवास्तव ने पाणिनि, भर्तृहरि, सस्यूर, नोम चॉम्स्की जैसे भाषा चिंतकों पर गंभीरता से विचार किया है। उन्होंने लिखा है कि पाणिनी और भर्तृहरि भारतीय चिंतन परंपरा के कीर्तिस्तंभ हैं जबकि सस्यूर, ब्लूमफील्ड और चॉम्स्की आधुनिक भाषाविज्ञान के पाश्चत्य पुरोधा। उनका कहना है, 'आधुनिक भाषाविज्ञान अपने सैद्धांतिक संदर्भ और विश्लेषणात्मक प्रणाली में भारतीय आचार्यों का पूर्णतया ऋणी है। अभी इस दिशा में पूरी तरह शोध नहीं हुआ है पर विद्वानों ने इस तथ्य की ओर स्पष्ट संकेत दिया है।' (भाषाविज्ञान : सैद्धांतिक चिंतन)। देरिदा की अर्थमीमांसा पर विचार करते हुए उन्होंने कहा, 'शब्दार्थ की कल्पना संकेतकों की एक अटूट श्रृंखला है जो एक-दूसरे पर अपना अर्थ प्रक्षेपित करते हैं। संकेतक कोई स्थिर या निर्जीव दृश्य-प्रतीक नहीं है। वे संकेतक व्यापार के तत्व हैं जो मूल्यगत अर्थ का प्रकाशन करते हैं। अर्थ के संदर्भ में संकेतन व्यापार न खत्म होनेवाली एक कड़ी है। इसलिए किसी पाठ के अर्थ की कोई सीमा नहीं होती।' भाषा विज्ञान के क्षेत्र में हिंदी संसार को उन्होंने नए सिद्धांतों से अवगत कराया। उन्होंने 'भाषा परिभाषा कोश' की रचना की।

राजेंद्र प्रसाद सिंह

अधिक जानकारी के लिए

1. **भाषाविज्ञान के सूत्रधार** (संपा.) रवींद्रनाथ श्रीवास्तव,
2. **भाषाविज्ञान : सैद्धांतिक चिंतन** : रवींद्रनाथ श्रीवास्तव,1977

रस गंगाधर

पंडितराज जगन्नाथ (1590-1665) ने काव्य, व्याकरण और काव्यशास्त्र पर ग्रंथ लिखे हैं, उनमें 'रस गंगाधर' काव्यशास्त्र से संबंधित ग्रंथ है। यह नागेश भट्ट की टीका सहित अधूरी ही उपलब्ध है। इसका जितना भाग उपलब्ध है, उसमें अलंकारशास्त्र के विषयों का प्रतिपादन हुआ है। यह अति विशद है और अव्याप्ति, अतिव्याप्ति आदि दोषों से रहित है। 'रस गंगाधर' में काव्य का लक्षण बताया गया है, 'रमणीयार्थ प्रतिपादकः शब्दः काव्यम्।' इस ग्रंथ में मम्मट के 'काव्य प्रकाश' और विश्वनाथ कविराज के 'साहित्य दर्पण' में उल्लिखित काव्य लक्षणों की समालोचना है और भरत के रससूत्र की व्याख्या है। इस ग्रंथ में निर्वेद, क्रोध, उत्साह, विस्मय, हास, भय और जुगुप्सा आदि स्थायी भावों पर भी चर्चा है।

बिरेश कुमार

रस सिद्धांत

रस सिद्धांत संस्कृत आलोचना का पहला और व्यापक सिद्धांत है। इसके प्रतिष्ठाता भरतमुनि थे। भरत का नाम 'नाट्यशास्त्र' लेखक के रूप में जाना जाता है। रस की चर्चा इस ग्रंथ के छठे तथा सातवें अध्याय में है।

रस सिद्धांत की स्थापना के पहले से ही भारतीय समाज में रस शब्द का प्रयोग होता रहा है। रस को वैदिक श्रुति में 'रसौ वै सः' (तैत्तरीय उपनिषद) कह कर उसे आनंदमय ब्रह्म कहा गया है। भरत ने सवाल किया, 'रस क्या पदार्थ है?' (रस इति कः पदार्थः)। इसका जवाब दिया, 'आस्वाद्यत्वात' अर्थात रस में आस्वाद के गुण होते हैं। दूसरे शब्दों में रस को

रस इसलिए कहते हैं क्योंकि वह आस्वादन होता है। रस का आस्वाद किसे मिलता है? रस का आस्वाद सहृदय को मिलता है, इससे वह आनंदित होता है। रस के आनंद से सहृदय के भाव में मात्रात्मक तथा गुणात्मक परिवर्तन आता है जो व्यक्ति को पहले से श्रेष्ठतर बनाता है और श्रेष्ठ व्यक्तियों के समुदाय से श्रेष्ठ समाज का निर्माण होता है।

भरत के 'नाट्यशास्त्र' को देखकर लगता है कि नाटक एक समय सर्वश्रेष्ठ और प्रचलित विधा उसी प्रकार थी, जिस प्रकार आज फिल्म है। अतः उन्होंने नाटक के उद्देश्यों की चर्चा करते हुए नाटक को दुखी, थके हुए, शोकाकुल और पीड़ित लोगों को विश्रांति देने वाला बताया। काव्य या साहित्य का यही उद्देश्य है।

भरत मुनि ने रस को पाक रस तथा औषधि रस से जोड़कर कहा कि जिस प्रकार नाना प्रकार के व्यंजनों तथा पदार्थों से रस की निष्पत्ति होती है और विभिन्न जड़ी-बूटियों तथा रसायनों के मिश्रण से औषधि बनती है, उसी प्रकार नाना प्रकार के भावों के संयोग से स्थायी भाव रस की उत्पत्ति होती है। उन्होंने रस निष्पत्ति को इस प्रकार सूत्रबद्ध किया है : 'तत्र विभावानुभावव्यभिचारिसंयोगाद्ररसनिष्पत्तिः।' मनुष्य की चेतना चित्त की वृत्तियों से प्रभावित होती है और उन्हीं से बनती है। इन स्थायी चित्त-वृत्तियां के बनने, विकसित तथा विलय हो जाने के अनेक मुख्य तथा सहायक कारण और परिणाम होते हैं। इन्हीं को विभाव (कारण), अनुभाव (परिणाम या कार्य) तथा व्यभिचारी या संचारी (सहायक) कारण कहा जाता है।

भाव : भाव शब्द 'भू' से बना है। भाव का शाब्दिक अर्थ है होने की स्थिति। यह दो प्रकार की होती है : स्थायी और अस्थायी। इस प्रकार भाव स्थायी तथा अस्थायी होते हैं। स्थायी भाव सहृदय के अंतःकरण में मनोविकार (वासना) रूप में मौजूद रहते हैं और कोई भी अविरुद्ध या विरुद्ध भाव उन्हें दबा नहीं सकता (साहित्य-दर्पण, 3.974)। अस्थायी भाव ही 'संचारी' भाव कहे जाते हैं, क्योंकि वे संचरणशील या गतिशील रहते हैं। इन्हीं का और चलायमान रूप 'व्यभिचारी' भाव कहा जाता है। वे अनेक प्रकार के होते हैं तथा स्थायी भाव के अनुसार अभिसंचरण करते हैं। उदाहरण के लिए आशा, सुख, दुःख, चिंता आदि क्षणिक हैं। वे परिस्थितियों या घटनाओं के अनुसार आते-जाते रहते हैं और बदलते रहते हैं, अतः अस्थायी माने जाते हैं। इन सभी के संयोग से रस पैदा होता है।

स्थायी भावों की संख्या निश्चित है। भरत मुनि ने आठ स्थायी भाव और उनसे उत्पन्न रस बताए हैं : 1. रति से श्रृंगार रस, 2. हास से हास्य रस, 3. शोक से करुणा रस, 4. क्रोध से रौद्र रस, 5. उत्साह से वीर रस, 6. भय से भयानक रस, 7. जुगुप्सा से वीभत्स रस और 8. विस्मय से अद्‍भुत रस।

स्थायी भाव ही रसत्व को प्राप्त करते हैं। विभाव, अनुभव तथा संचारी भावों से घिरे रहने पर भी स्थायी भाव ही रस में बदलते हैं। आचार्य धनंजय ने कहा कि जो भाव विरोधी तथा अविरोधी भावों से विभिन्न नहीं होता, बल्कि विपरीत भावों को अपने में मिला लेता है, उसे स्थायी भाव कहते हैं, इसकी स्थिति लवणकार की तरह होती है, क्योंकि जो सभी प्राप्त वस्तुओं को लवण बना देता है या उन्हें लवणमय कर देता है। स्थायी भाव के पांच मुख्य गुण होते हैं : 1. यह आस्वाद्य होता है, 2. इसमें अनुभव की तीव्रता होती है, 3. यह सभी को सुलभ होता है, 4. यह पुरुषार्थ (धर्म, अर्थ, काम, मोक्ष) पाने में सहायक होते हैं, तथा 5. यह औचित्यपूर्ण होता है।

अभिनवगुप्त ने बाद में उपर्युक्त में एक और स्थायी भाव शम या शांत को जोड़ा। इस तरह रस की संख्या नौ हो गई। बाद में विद्वानों ने भक्ति वात्सल्य आदि रसों को भी जोड़ने की बात की। पर मूल संख्या नौ से अधिक न बढ़ सकी, हालांकि नए अनुभव क्षेत्र के विकास के साथ नए रस की चर्चा की स्थापना का निषेध नहीं है।

आनंदवर्धन ने रस के विश्लेषण में एक और आयाम जोड़ा जब उन्होंने 'ध्वन्यालोक' (3.18-19) में रस विशेष के मित्र, तथा शत्रु रसों का भी उल्लेख

किया। रस के शत्रु होने पर उन्हें दूर कर रस विरोध, या रसदोष से बचा जा सकता है। साथ ही मुख्य रस से मित्र रस के संयोग से रस की अनुभूति में बाधा तो नहीं ही आती है, बल्कि रस का परिपाक भी होता है। जैसे– श्रृंगार और हास्य रस परस्पर शत्रु है, रौद्र और करुण या हास्य परस्पर शत्रु हैं, पर वीर और अद्‌भुत या श्रृंगार और करुण परस्पर मित्र रस है।

विभाव : विभाव का अर्थ है कारण। वे अनुभव का कारण होते हैं। वे दो प्रकार के होते हैं : (i) आलंबन : जिनका सहारा या आलंबन लेकर रति, शोक, भय आदि भाव उत्पन्न होते हैं। जैसे नायक-नायिका में एक-दूसरे को देखकर उत्पन्न विभाव। शकुंतला को देखकर दुष्यंत के मन में प्रेम उत्पन्न भाव है। इसमें शकुंतला को आलंबन कहा जाएगा और दुष्यंत को आश्रय। दोनों पात्र आलंबन विभाव कहे जाएंगे। (ii) उद्दीपन : आलंबन की जो बाह्य चेष्टाएं आश्रय में स्थायी भाव जाग्रत कर उन्हें उद्दीप्त करती हैं, उन्हें उद्दीपन विभाव कहा जाता है। जिन स्थितियों या वस्तुओं को देखकर स्थायी भाव उद्दीप्त या तेज होते हैं जैसे सुंदर बाग, एकांत आदि उन विभावों को भी उद्दीपन कहा जाता है। हर रस के अलग-अलग आलंबन और उद्दीपन विभाव होते हैं।

अनुभाव : स्थायी भाव को प्रकट करने वाली आश्रय की बाह्य चेष्टा को अनुभाव कहा जाता है। सामान्य भाषा में अनुभाव को कार्य कहा जाता है। अनुभाव के चार रूप होते हैं : (1) आंगिक अर्थात शरीर से संबंधित चेष्टाएं, (2) वाचिक अर्थात वाणी से व्यक्त व्यवहार, (3) आहार्य अर्थात वेषभूषा, अलंकार, साज-सज्जा संबंधी, (4) सात्विक अर्थात सत्व के योग से पैदा चेष्टाएँ। पहले तीन अनुभाव यत्न से पैदा होते हैं, इसलिए उन्हें 'यत्नज' कहा जाता है और चौथे प्रकार को 'अयत्नज' कहा जाता है, क्योंकि उनके लिए चेष्टा या यत्न नहीं करना पड़ता।

विभाव, अनुभाव तथा व्यभिचारी भाव तथा स्थायी भाव को समझने के लिए एक उदाहरण महाभारत का है। दुर्योधन, भीम को गदा युद्ध के लिए ललकारता है (पहली क्रिया)। इस पर स्वाभाविक है कि भीम को गुस्सा आएगा। वह गुस्से में कांपने लगेगा और अपने होंठ काटने लगेगा। उसके नथुने फूलेंगे (दूसरी क्रिया)। फिर भीम गुस्से में गदा उठाकर दुर्योधन पर चोट करने की कोशिश करेगा तथा अन्य अनेक प्रकार से प्रतिक्रिया करेगा (तीसरी क्रिया)।

पहली क्रिया जो बिल्कुल बाहरी तत्व के कारण होती है, इसे विभाव कहते हैं। दूसरी क्रिया, अर्थात अनुभाव कहा जाता है। दूसरे शब्दों में, अनुभव के बाद जो प्रतिक्रिया होती है, उसे अनुभाव कहते हैं। तीसरी क्रिया अर्थात भीम का गदा उठाना ऐच्छिक तथा चेतन है। इस क्रिया को व्यभिचारी भाव कहा जाता है। व्यभिचारी या संचारी भाव आश्रय तथा आलंबन के मन में जल तरंग की तरह आते-जाते रहते हैं। ये संचरणशील होते हैं तथा स्थायी भावों के सहकारी कारण होते हैं। इनकी संख्या 33 बताई गई हैं, पर वे अनंत भी माने गए हैं (साहित्य दर्पण 3.140)। इसके बाद कोई भाव लंबे समय तक रहता है जो उपर्युक्त घटना के संदर्भ में क्रोध है। इसे ही स्थायी भाव कहा जाएगा। इसका अवतार रौद्र रस में होता है। रस का आस्वाद सहृदय को ही संभव होता है, क्योंकि यह सहृदय का गुण है।

भरत मुनि के सामने नाट्य रूप मुख्य था। अतः उन्होंने नाट्य द्वारा रस के निरूपण तथा अनुभव के लिए अनुभाव की चर्चा की।

भरत ने संचारी भावों का उल्लेख किया है, जिनमें निर्वेद (उदासीनता), स्मृति, धृति (धैर्य या संतोष), बृद (लज्जा), चपलता, हर्ष, आवेग, जड़ता, गर्व, विषाद, औत्सुक्य, निद्रा, अपस्मार (पागलपन), सुषुप्त (स्वप्न), विबोध (जाग्रत), अमर्ण (दुश्मनी) हैं। भानुदत्त ने ये संचारी भाव जोड़े हैं– अनुभाव में जृंभा (वियोग, मोह तथा भय के कारण श्वास-निश्वास लेना), अवहित्त (संयम), उग्रता, मति (निर्णय), व्याधि (बीमारी), उन्माद, मरण, तृषा (घबराहट/खतरे का संकेत), वितर्क, स्तंभ (अंगधातु/गतिहीनता), श्वेद, रोमांच, स्वरभंग (आवाज फटना या बदलना), वेपथु (कंपन), वैवर्ण्य (वर्ण रंग बदलना),

अश्रु (आंसू निकलना) तथा प्रलय (चेतना हीनता) आदि।

ध्यान रखने की बात है कि रस अंग्रेजी के 'इमोशन' का अनुभव नहीं है, बल्कि उस अनुभव का आस्वाद है। यह खुद स्फुरित होता है। अतः सवाल खड़ा होता है कि रस की उत्पत्ति होती है या अभिव्यक्ति। इसका उत्तर पाने के लिए भरत सूत्र के अन्य शब्दों को समझाना पड़ेगा। रस की उपर्युक्त परिभाषा में दो अन्य शब्द हैं–'संयोग' तथा 'निष्पत्ति'। इन दोनों शब्दों का संस्कृत के अनेक आचार्यों ने अपने-अपने ढंग से विवेचन किया है, जिसने रस की समझ तथा अनेक प्रकार की कलाओं के अनुभव को प्रभावित किया है।

विभिन्न मत : भट्ट लोलट्ट के अनुसार, 'संयोग' का अर्थ संबंध तथा 'निष्पत्ति' का अर्थ उत्पत्ति है। अतः रस की परिभाषा इस प्रकार होती है। विभाव, अनुभाव तथा व्यभिचारी भावों के संबंध से रस की उत्पत्ति होती है। यदि हम रामकथा के मंचन या रामलीला का उदाहरण ले लें तो भट्ट लोलट रस की स्थिति ऐतिहासिक चरित्र राम में देखते हैं। विभिन्न कलाकार उनका अभिनय करते हैं। इस प्रकार ऐतिहासिक पात्र के साथ अभिनेता रस का अनुभव करता है। उसके अनुभव से या उसके माध्यम से दर्शक या पाठक में रस की उत्पत्ति होती है। भट्ट लोलट के मत पर कई शंकाएं उठाई गईं। कहा गया कि अभिनेता नायक के भावों को कैसे पा सकता है, क्योंकि उसमें उसका आरोप मात्र हो सकता है? ऐसी स्थिति में दर्शक को वास्तविक अनुभव कैसे होगा? जब अभिनेता को ही वास्तविक अनुभव नहीं होगा तो दर्शकों को वास्तविक अनुभव होने का सवाल ही नहीं है। ऐसे में दर्शक को आनंद की या रस की अनुभूति कैसे होगी?

वास्तव में व्यक्ति राम के मन के क्या भाव रहे होंगे, यह राम ही जानते होंगे। कलात्मक अनुकरण में तथाकथित मूल की पूरी अभिव्यक्ति नहीं हो सकती। मूल व्यक्ति, चरित्र, चरित्र की भाषा या अभिनय के माध्यम से अभिव्यक्ति , नट या कलाकार द्वारा उस भाव समूह का प्रदर्शन तथा सहृदय या सामाजिक द्वारा उसकी रसानुभूति हर एक चरण में घटती-बढ़ती रहती है।

भट्ट लोलट्ट के उत्पत्तिवाद के सिद्धांत के बाद आचार्य शंकुक ने अनुमितिवाद की स्थापना की। उन्होंने 'निष्पत्ति' का अर्थ अनुमिति तथा संयोग को अनुमापक तथा रस को अनुमाप्य माना। उन्होंने चित्र-तुरंग न्याय के द्वारा भरत के रस सिद्धांत के सूत्र की व्याख्या की। कलाचित्र में बने तुरंग (घोड़े) को देखकर दर्शक उसका आनंद अनुमान के आधार पर प्राप्त करता है अर्थात घोड़ा एक जीवित प्राणी है जिसे दर्शक ने देखा है या जिसके बारे में दर्शक ने सुन रखा है, किंतु चित्र में बना घोड़ा वास्तविक घोड़ा नहीं है। अतः उसके मन में सवाल होता है, चित्र में बना घोड़ा, घोड़ा है कि नहीं? इस सवाल के उत्तर में वह अनुभव के नए चरण की ओर बढ़ता है। जब उसे पता लगता है कि कलाकृति घोड़ा न होकर घोड़े का चित्र है तो इस अनुमान से उसे आनंद या रस की अनुभूति होती है। इसी प्रकार राम आदि चरित्रों के कलाकारों द्वारा अभिनय से दर्शक को रामादि के अनुभव का अनुमान होता है और अभिनीत भावों से रस की अनुभूति होती है।

शंकुक के मत पर भी प्रश्न खड़े किए गए। क्या केवल अनुमान से वास्तविक आनंद मिल सकता है? अनुमान बुद्धि की क्रिया है और आनंद हृदय की। अनुमान से ज्ञान तो मिल सकता है, अनुभूति नहीं।

भट्ट नायक सांख्य मत के अनुयायी थे। उन्होंने भट्ट लोलट्ट के आरोपवाद तथा शंकुक के अनुमतिवाद को स्वीकार नहीं किया और कहा कि न तो तटस्थ नायक या नट के संबंध से और न ही आत्मगत रूप से सहृदय में रस की उत्पत्ति होती है। इसके विपरीत, काव्य या नाटक में अभिधा से भिन्न एक व्यापार होता है, जो विभाव आदि का साधरणीकरण करता है। स्थायी भाव से लेकर रस की उत्पत्ति तक काव्य की तीन शक्तियां काम करती हैं : (1) अभिधा जिसके द्वारा सामान्य अर्थ का ज्ञान होता है, (2) भावकत्व जिसके द्वारा पाठक या प्रेक्षक व्यक्तिगत संबंधों से

ऊपर उठकर साधारण भावभूमि पर आ जाता है तथा (3) भोजकत्व में प्रेक्षक/पाठक/सामाजिक/सहृदय वर्णित या प्रदर्शित भाव का आस्वाद लेता है। सहृदय भोजकत्व व्यापार से ही रस का भोक्ता बनता है।

भट्ट नायक के मत की भी आलोचना हुई। विशेषकर तीन शक्तियों में से अभिधा के अलावा अन्य दो की कल्पना को काव्यशास्त्रियों ने आधारहीन बताया। रस संबंधी विवेचन को नई दिशा अभिनवगुप्त ने दी। अभिनवगुप्त ध्वनिवादी थे, अतः व्यंजना की ओर उनका स्वाभाविक झुकाव था। इसलिए उन्होंने 'संयोग' का अर्थ व्यंग्य-व्यंजक संबंध और 'निष्पत्ति' का अर्थ 'अभिव्यक्ति' किया। उन्होंने भट्ट लोलट्ट के भावकत्व तथा भोजकत्व शब्दों की जगह व्यंजना या ध्वनि का प्रयोग किया। उनके अनुसार, स्थायी भाव सहृदय या पाठक के अंतःकरण में संस्कार या वासना के रूप मौजूद रहते हैं। वे विभाव आदि के संयोग से अभिव्यक्त होते हैं।

अभिनवगुप्त उत्पत्ति की जगह अभिव्यक्ति शब्द का प्रयोग करते हैं। काव्य पाठ करने या नाटक देखने से अनुमिति (शंकुक) या भुक्ति (भट्ट नायक) नहीं होती, बल्कि उन भावों की अभिव्यक्ति होती है। सामाजिक या सहृदय के मन में बीज रूप में पड़े स्थायी भाव रस की अनुभूति के कारण बनते हैं। इन भावों का साधारणीकरण होता है, जिसके बाद सामाजिक/प्रेक्षक/पाठक में ब्रह्मानंद के सहोदर सरीखे रस का आनंद मिलता है।

आचार्य मम्मट तथा बाद में विश्वनाथ जैसे आलोचकों ने ध्वनि आचार्यों आनंदवर्धन तथा अभिनवगुप्त के मत का समर्थन किया। भरत की 'निष्पत्ति' को अभिनवगुप्त 'अभिव्यक्ति' बतलाते हैं, इसके समर्थन में विश्वनाथ ने कहा कि निष्पत्ति का अर्थ परिणति होता है। जिस प्रकार दूध की परिणति दही में हो जाती है, उसी प्रकार विभावादि रस में परिणत हो जाते हैं। पंडितराज जगन्नाथ ने इसी मत का समर्थन किया।

समीक्षा : भरत के रस सिद्धांत का उपयोग किसी भी ललित कला या प्रकृति या मानव के द्वारा व्यक्त रूप जैसे फिल्म तथा स्थापत्य तथा वास्तु कला से होने वाले अनुभव को समझने के लिए किया जा सकता है। भरत मुनि ने रस सूत्र की व्याख्या की। नए अनुभवों के संदर्भ में भी अनेक संभावनाएं बताई गई हैं।

यह भी कहा गया है कि आधुनिक साहित्य का मूल्यांकन रस सिद्धांत के आधार पर नहीं किया जा सकता। यह प्रश्न भी उठा है कि पाठक या समीक्षक जब आस्वादन और मूल्यांकन के लिए आगे आता है तब केवल रसानुभूति को जो रचना का आंतरिक मूल्य है प्रधान माने या उसका संबंध नीति, धर्म, समाज, संस्कृति से संबंध रखने वाली बातों से भी जोड़े। फिर भी यह जरूरी माना जाता है कि किसी रचना को काव्य कहलाने योग्य बनना हो तो यह जरूरी है कि उसमें रसानुभूति कराने की क्षमता हो। किसी रचना की समीक्षा सिर्फ 'रस-मूल्य' के आधार पर हो सकती है, इस पर शंका व्यक्त की गई है। कहा गया है कि किसी रचना के महत्व का निर्धारण करना हो तो शुद्ध साहित्यिक मानदंड पर्याप्त नहीं होते। इसके अलावा, रस सिद्धांत पर एक आरोप आधुनिक जीवन के अनुभवों में आई विविधता और नवता है।

मुख्य बात है, भरत मुनि के 'नाट्यशास्त्र' में रस के प्रकार और उनकी संख्या को लेकर किसी भी प्रकार की संकीर्णता का अभाव है। अपने समय के नाट्य कला रूपों के लिए उन्होंने लोक को आधार माना था और साफ कहा था, 'लोको वेदस्तथाध्यात्मं प्रमाणं त्रिविधं स्मृतम्' (नाट्यशास्त्र, 25.120)। अर्थात नाट्य के क्षेत्र में पहला प्रमाण लोक, दूसरा वेद या शास्त्र तथा तीसरा अध्यात्म या आत्म-अनुभव है। इसके अलावा भरत ने यह बात विनम्रता के साथ रखी कि इस ग्रंथ में काफी कुछ बताया गया है, पर कुछ बाकी भी रह गया है। उसे लोक से ग्रहण करते रहना चाहिए (नाट्यशास्त्र, 36.82)। इस प्रकार भरत ललित कलाओं, नाट्य तथा उन सबके अंतिम ध्येय रस की चर्चा को सीमित नहीं करते, बल्कि लोक या आने वाली पीढ़ी को अपने द्वारा खाली छोड़ी जगह

भरने के लिए रचनात्मक भूमिका प्रदान कर केंद्रीय बना देते हैं।

अवधेश कुमार सिंह

अधिक जानकारी के लिए :
1. **रस मीमांसा :** रामचंद्र शुक्ल, 2. **रस सिद्धांत :** नगेंद्र, 3. **काव्यार्थ चिंतन :** जी एस शिवरुद्रप्पा

रसिक संप्रदाय

रसिक संप्रदाय का उदय सतरहवीं शताब्दी के उत्तरार्ध में होता है। इसे ह्रासोन्मुख भक्ति आंदोलन की अंतिम परिणति के रूप में देखा जाना चाहिए जिस पर कृष्ण भक्ति की मधुर उपासना का प्रभाव दिखलाई पड़ता है। यह अपने समय की विलासी तथा वैभव प्रधान मनोवृत्ति की उपज है। रसिक संप्रदाय के आलंबन राम और सीता हैं। इसमें सीता का श्रृंगार रूप उभरा है। राधावल्लभ संप्रदाय की तरह इसमें सीता-राम के युगल रूप की उपासना पर बल दिया गया है और यह नित्य वृंदावन की तर्ज पर नित्य अयोध्या पर केंद्रित है जहाँ सीता अपनी सखियों के साथ 'कनक भवन' में श्रृंगार लीला में व्यस्त दिखती हैं। रसिक संप्रदाय का उदय कृष्ण भक्ति के प्रभाव से हुआ। इसमें कृष्ण भक्ति से प्रतिस्पर्धा का भाव मिलता है। कई कवियों ने अपने पदों में कृष्ण भक्ति को नीचा दिखाने का प्रयास भी किया। अपने को श्रेष्ठ प्रमाणित करने की इस होड़ में रसिक संप्रदाय ने कहीं-कहीं अश्लीलता और भोंड़ेपन की सीमा का उल्लंघन कर दिया है। 'डगमगाति पग धरत धरनि पर राम अधर रस कीनो पान' जैसी पंक्तियां यहां हैं। रामचंद्र शुक्ल इस पर टिप्पणी करते हुए लिखते हैं, 'इस रसिक पंथ का आजकल अयोध्या में बहुत जोर है और वहां के बहुत से मंदिरों में अब राम की 'तिरछी चितवन और बांकी अदा' के गीत गाए जाने लगे हैं।' (हिंदी साहित्य का इतिहास)।

अग्रदास को रसिक संप्रदाय का संस्थापक आचार्य माना जाता है। ये गलता वाले कृष्णदास पयहारी के शिष्य थे जो रामानंद की शिष्य परंपरा में आते हैं। उनकी मृत्यु के पश्चात अग्रदास ने जयपुर के रैवासा में अपनी अलग गद्दी स्थापित की। आगे चलकर रैवासा रसिक संप्रदाय का बड़ा तीर्थ बना।

अग्रदास स्वयं को सीताजी की सखी मानकर अग्रअली के नाम से कविताएं लिखते थे। इनके द्वारा रचित दो ग्रंथ बताए जाते हैं—ध्यान मंजरी तथा रामाष्टयाम। रामाष्टयाम में राम सीता की लीलाओं, ऐश्वर्य आदि का वर्णन है। 'ध्यान मंजरी' इस संप्रदाय का आधार ग्रंथ है। इसमें रसिक संप्रदाय संबंधी मान्यताओं का प्रतिपादन किया गया है। राम की रसिक भक्ति के आगे इन्होंने ज्ञान, योग, तप आदि को व्यर्थ घोषित कर दिया। इसका प्रारंभिक केंद्र राजस्थान था। अठारहवीं-उन्नीसवीं शताब्दी में इसका प्रसार अयोध्या, मिथिला, चित्रकूट आदि स्थलों पर भी हुआ और विभिन्न संगठनकर्ताओं द्वारा इसके कई केंद्र स्थापित किए गए। रामसखे, रामचरणदास, रघुनाथदास, कृपादास आदि आचार्यों ने इसके विकास में योगदान किया। कई आचार्यों ने इसकी अपनी व्याख्याएं भी प्रस्तुत कीं। जानकी संप्रदाय, सिया संप्रदाय, जानकी वल्लभ संप्रदाय आदि नाम से इसकी कई दूसरी शाखाएं भी कालांतर में प्रचलित हुईं।

सुनीता गुप्ता

रहस्यवाद

रहस्यवाद अंग्रेजी के 'Mysticism' के अर्थ में प्रयुक्त होता है। इस शब्द का संबंध मुख्यतः मध्ययुगीन धार्मिक और आध्यात्मिक अवधारणाओं से है। 'मिस्टिसिज्म' शब्द 'मिस्टिक' से बना है जिसका मूल रहस्यमय ग्रीक क्रियाओं में देखने को मिलता है। यह ग्रीक शब्द 'मिस्टेस' अथवा 'मस्टेस' से व्युत्पन्न है जिसका अर्थ है—जीवन-मृत्यु के रहस्यों का ज्ञान प्राप्त करने के लिए दीक्षित व्यक्ति। इस

प्रकार 'मिस्टिसिज्म' शब्द द्वारा किसी गुप्त विद्या अथवा साधना पद्धति का बोध होता है जो गुप्त कृत्यों से संबद्ध होती है।

हिंदी साहित्य में रहस्यवाद शब्द का प्रयोग साहित्य के प्रसंग में हुआ, विशेष रूप से मध्ययुगीन निर्गुण भक्त कवियों और आधुनिक छायावादी कवियों के संदर्भ में। हिंदी साहित्य में रहस्यवाद शब्द का प्रयोग 1920 से पहले नहीं मिलता है। नामवर सिंह के अनुसार, 'रहस्य भावना' तो प्राचीन है लेकिन रहस्यवाद आधुनिक है। मराठी में इसके लिए 'गूढ़वाद' या 'गूढ़ गुंजन' तथा बांग्ला में इसके लिए 'मरमी भाव' या 'मरमियावाद' शब्द का प्रयोग होता है। रायबहादुर बैजनाथ पंड्या ने 'भावनायोग' नामक अनूदित ग्रंथ में 'मिस्टिसिज्म' के अनेक पर्यायों जैसे—रहस्ययोग, अपरोक्ष ज्ञान, ब्रह्मसाक्षात्कारवाद का प्रयोग किया है। रहस्य मूल संस्कृत का 'रहस' शब्द है। रह धातु का अर्थ है त्याग करना, इसके आगे असुन प्रत्यय लगाने से 'रहस' शब्द बना है। इसका अर्थ है—विजन, गुह्य, एकांत, भेद की बात आदि। ऋग्वेद में प्रयुक्त 'रहस' शब्द गोपनीयता की ओर संकेत करता है। रहस में यत प्रत्यय जोड़ने से रहस्य (रहसि भवः यति) शब्द की निष्पत्ति हुई है।

रहस्यवाद को विभिन्न विद्वानों ने अपने-अपने ढंग से परिभाषित किया है। एवलिन अंडरहिल (1875-1941) ने ईसाई धर्म के संदर्भ में रहस्यवाद को आध्यात्मिक जीवन का विज्ञान या कला कहा था, 'रहस्यवाद उन्नत और पूर्ण जीवन के लिए अत्युच्च विशेषीकृत सत्यान्वेषण है और यह मानव चेतना की नित्य प्रकृति है।' लार्सन के अनुसार, रहस्यानुभूति 'सहजानुभूत ज्ञान और अस्तित्व के अर्थ का बोध कराती है।' निर्गुण साहित्य के विद्वान परशुराम चतुर्वेदी के अनुसार 'रहस्यवाद एक ऐसा जीवन दर्शन है जिसका मूल आधार किसी व्यक्ति के लिए उसकी विश्वात्मक सत्ता से अनिर्दिष्ट या निर्विशेष एकता या परमात्म तत्व की प्रत्यक्ष एवं अनिर्वचनीय अनुभूति में निहित रहता है।' राममूर्ति त्रिपाठी के अनुसार, 'रहस्यवाद रहस्यदर्शियों का वह सांकेतिक कथन या वाद है जिसके मूल में अखंडानुभूति और तत्वानुभूति निहित है।' वे रहस्यवाद और रहस्यशीलता में फर्क करते हैं।

वाल्टर हॉस्टन क्लार्क ने 'धर्म का मनोविज्ञान' में रहस्यवाद को परिभाषित करते हुए लिखा था, 'रहस्यवाद एक निश्चित किंतु आकस्मिक धार्मिक चेतना की अवस्था है जो अंशतः निष्क्रिय होती है। यह असामान्यतः इतनी निजी होती है कि इसका वर्णन करना असंभव-प्राय है। अधिक से अधिक इसे प्रतीकों, पहेलियों या विरोधाभासों की भाषा में व्यक्त किया जा सकता है। इसमें रहस्यदर्शी किसी अलौकिक शक्ति की 'उपस्थिति' का अनुभव करता है जो उस व्यक्ति की जीवन दृष्टि को आमूल प्रभावित कर देती है। इस 'उपस्थिति' के प्रति रहस्यदर्शी की आवेशपरक भक्ति उसे नितांत असांसारिक जीवन मूल्यों की ओर ले जाती है और ये जीवन मूल्य उसके आचरण को एक हद तक विचित्र बना देते हैं। फिर भी इस भक्ति के कारण उसके मनोजगत में एक प्रकार का अंतर्गठन दिखाई देता है।' उपर्युक्त परिभाषाओं से स्पष्ट है कि रहस्यवाद को प्रायः धार्मिक और आध्यात्मिक अनुभव से जोड़कर देखा जाता है। इसका संबंध विश्वास से ज्यादा है, विवेक से कम। यह बोध अनूभूतिपरक है और अनुभूति की तीव्रता को महसूस किया जा सकता है लेकिन उसे व्याख्यायित करना आसान नहीं है।

काव्य में रहस्यवाद : काव्य के संदर्भ में रहस्यवाद पर विचार किया गया है। काव्य में रहस्यवाद को परिभाषित करते हुए छायावादी कवि जयशंकर प्रसाद लिखते हैं, 'काव्य में आत्मा की संकल्पनात्मक मूल अनुभूति की मुख्य धारा रहस्यवाद है।' रामचंद्र शुक्ल का मानना था कि हिंदी में छायावाद और उसकी प्रवृत्ति के रूप में रहस्यवाद बांग्ला काव्य के प्रभाव का परिणाम है। वे कविता में रहस्य भावना की अभिव्यक्ति को उपयुक्त नहीं मानते। उनके अनुसार, 'कविता का संबंध ब्रह्म की व्यक्त सत्ता से है, चारों ओर फैले हुए गोचर जगत से है, अव्यक्त सत्ता से नहीं। जगत

भी अभिव्यक्ति है, काव्य भी अभिव्यक्ति है। जगत अव्यक्त की अभिव्यक्ति है, काव्य इसी अभिव्यक्ति की अभिव्यक्ति है' (काव्य में रहस्यवाद)। रहस्यवाद सामान्य अनुभूति से परे की चीज है। इसका आस्था से ज्यादा गहरा संबंध है, मानव बुद्धि से कम।

रामचंद्र शुक्ल के अनुसार रहस्यवाद सूफी और ईसाई प्रभाव से भारत में आया। इसे वह सैद्धांतिक या सांप्रदायिक रहस्यवाद कहते हैं। उनका मानना है कि भारतीय भक्ति परंपरा में रहस्यवाद नहीं है। दूसरी तरफ, भारतीय परंपरा में उपनिषदों से होते हुए बौद्ध, सिद्धों और नाथों में रहस्य भावना के विभिन्न रूपों की अभिव्यक्ति देखी गई है। हजारी प्रसाद द्विवेदी ने अपनी पुस्तक 'कबीर' में दिखाया है कि कबीर की साधना पद्धति के स्रोत कैसे भारतीय हैं। माना गया है कि रवींद्रनाथ के काव्य और छायावाद में जो रहस्य भावना दिखाई देती है उसका स्रोत पश्चिम का रहस्यवाद ही नहीं है, उस पर भारतीय परंपरा का भी प्रभाव है। शुक्ल जी जिसे स्वाभाविक रहस्यवाद कहते हैं वह दरअसल रहस्य भावना है जो धार्मिक सिद्धांतों से बंधी नहीं होती। स्वाभाविक रहस्य भावना अपूर्णताओं से भरे मानव मन का वह प्रयत्न है जिसके द्वारा वह परम सत्य का साक्षात्कार करता है। हर ऐसी रहस्यानुभूति में अलौकिक सौंदर्य, आध्यात्मिक आनंद और उदार चेतना का बोध होता है।

एवलिन अंडरहिल ने रहस्यवाद की चार विशेषताएं बताई हैं–1. यह क्रियात्मक और व्यावहारिक है, 2. इसका उद्देश्य वैश्विक और आध्यात्मिक है, 3. इसकी पद्धति प्रेम है और 4. यह एक मनोवैज्ञानिक अनुभव है। आर डी रानाडे ने 'मिस्टिसिज्म इन महाराष्ट्र' में मराठी संतों के रहस्यवाद का विवेचन करते हुए इसके कई भेद किए हैं, जिनमें प्रमुख हैं–1. बौद्धिक रहस्यवाद (ज्ञानदेव युग), 2. लोकतांत्रिक रहस्यवाद (नामदेव युग), 3. समन्वयात्मक रहस्यवाद (एकनाथ युग) और व्यक्तिपरक रहस्यवाद (तुकाराम युग)।

मध्ययुगीन हिंदी काव्य के संदर्भ में रहस्यवाद का उल्लेख ज्ञानमार्गी संत कवियों और प्रेममार्गी सूफी कवियों के संदर्भ में किया जाता है। नामवर सिंह ने आधुनिक काव्य के संदर्भ में रहस्य भावना को परोक्ष के प्रति जिज्ञासा भाव से जोड़ा है। उनका मानना है कि आधुनिक युग में वैज्ञानिक आविष्कारों और प्रकृति के संबंध में की गई नवीन खोजों के कारण मनुष्य के मानसिक क्षितिज का विस्तार हुआ है और 'चिर परिचित प्रकृति में उसे ऐसे बहुत-से अपरिचित और सर्वथा नवीन तत्वों का आभास हुआ।' रवींद्र से लेकर छायावादी कवियों के काव्य में रहस्यवाद को वह इसी जिज्ञासा से जोड़कर देखते हैं। रहस्यवाद एक भाववादी जीवन दर्शन है। इसका धर्म के कर्मकांडीय रूप से कम और आध्यात्मिक रूप से ज्यादा संबंध है। काव्य की स्वच्छंदतावादी प्रकृति में भी प्रकृति और जगत के प्रति जिज्ञासापूर्ण भावना और कल्पनाशीलता की प्रधानता होती है जहाँ रहस्यवाद का प्रभाव देखा जा सकता है।

भरत प्रसाद

अधिक जानकारी के लिए :

1. **आचार्य रामचंद्र शुक्ल के श्रेष्ठ निबंध :** सत्यप्रकाश मिश्र, विनोद तिवारी (सं), **2. An Anthology of the Love of God :** Evelyn Underhill, 1953

राग

राग भारतीय शास्त्रीय संगीत का बीज-शब्द है। यह न स्वरावली है, न महज सरगम और न यह किसी स्वर-पद्धति का नाम है। इसे स्वर-वर्ण का ऐसा विशिष्ट संयोजन कहा जा सकता है जिस पर कोई सांगीतिक रचना निर्मित होती है। श्रीमतंगमुनि की महत्वपूर्ण कृति 'बृहद्देशी' में स्वर और वर्ण के विशेष संयोजन को राग माना गया है : 'स्वर वर्ण विशेषेण ध्वनिभेदेन वा पुनः/रज्यते येन यः कश्चित् स रागः सम्मतः सताम्।' लेकिन स्वर (षडज, ऋषभ, गांधार, मध्यम, पंचम, धैवत, निषाद) तथा वर्ण (गाने की क्रिया–'गान क्रियोच्यते वर्णः) के संयोजन के कुछ नियम हैं। जैसे राग में कम से कम पांच स्वर हों, आरोह और अवरोह दोनों हों तथा राग में वादी-विवादी

स्वर नियोजित हों। राग में षडज स्वर कभी वर्जित नहीं होंगे, क्योंकि इसे आधार स्वर माना गया है।

राग के स्वरों की संख्याओं के आधार पर उसे तीन वर्गों–'संपूर्ण', 'षाडव' तथा 'औड़व' में विभाजित किया गया है। ये राग की जातियां कहलाती हैं। 'संपूर्ण' जाति के रागों में सातों स्वर, 'षाडव' में छह स्वर तथा 'औड़व' जाति के रागों में पांच स्वर प्रयोग में लाए जाते हैं। राग में आरोह और अवरोह के स्वरों की संख्या असमान भी होती हैं या हो सकती है, इसलिए इन तीनों जातियों के अंतर्गत तीन-तीन उपजातियां भी कल्पित की गईं। संपूर्ण जाति के राग के अंतर्गत पहली उपजाति 'संपूर्ण-संपूर्ण' है जिसके आरोह और अवरोह दोनों में सात-सात स्वर लगेंगे, जैसे राग कल्याण। दूसरी उपजाति 'संपूर्ण षाडव' है, जिसके आरोह में सात तथा अवरोह में छह स्वर होंगे, जैसे राग दरबारी कान्हड़ा। 'संपूर्ण औड़व' के आरोह में छह स्वर तथा अवरोह में सात स्वर लगेंगे, जैसे राग गरुड़ध्वनि। इसी प्रकार षाडव भी तीन हैं–'षाडव-संपूर्ण' (आरोह में छह, अवरोह में सात स्वर, जैसे राग अल्हैया बिलावल), 'षाडव-षाडव', आरोह तथा अवरोह में छह-छह स्वर, जैसे राग बहार) तथा 'षाडव-औड़व' (आरोह में छह, अवरोह में पांच स्वर, जैसे राग मियां की मल्हार)। औड़व भी तीन हैं–'औड़व-संपूर्ण' (आरोह में पांच तथा अवरोह में सात स्वर, जैसे राग बिहाग), 'औड़व-षाडव' (आरोह में पांच, अवरोह में छह स्वर, जैसे राग केदार) तथा 'औड़व-औड़व' (आरोह तथा अवरोह दोनों में पांच-पांच स्वर, जैसे राग भोपाली)।

राग के लिए रंजकता को परम आवश्यक माना गया है : 'रंजको जनचित्तानां स रागः'। जन के चित्त को रंजित करने के लिए रागों को कालांतर में ऋतु और समय से आबद्ध करने का प्रयास किया गया। वर्षा ऋतु में राग मल्हार, वसंत ऋतु में राग वसंत या बहार गाए जाने लगे। शास्त्रकारों ने सप्तक को दो भागों-षडज से मध्यम तक पूर्वांग तथा पंचम से षडज तक उत्तरांग–में विभाजित कर इसे दिन के चौबीस घंटे के साथ जोड़ दिया। यानी जिन रागों के वादी स्वर सप्तक के पूर्वांग में हों, उन्हें बारह बजे दिन से बारह बजे रात तक गाने का समय निश्चित किया गया तथा जिन रागों के वादी स्वर सप्तक के उत्तरांग में हो, उन्हें बारह बजे रात से बारह बजे दिन तक गाने की व्यवस्था की गई। कुछ 'संधि-प्रकाश राग' रात और दिन की संधि वेला में भी गाए-बजाए जाते हैं।

राग का रस की निष्पत्ति से संबंध है। आचार्य भरत ने इस बात की विस्तृत चर्चा की है कि किस रस के लिए कौन स्वर उपयुक्त हैं। 'नाट्यशास्त्र' के अनुसार श्रृंगार और हास्य रस के लिए मध्यम और पंचम स्वर, वीर, रौद्र और अद्‌भुत रस के लिए षडज और ऋषभ स्वर, करुण रस के लिए गांधार स्वर तथा वीभत्स और भयानक रस के लिए धैवत स्वर का प्रयोग करना चाहिए।

रमण सिन्हा

अधिक जानकारी के लिए :

1. **नाट्यशास्त्र :** आचार्य भरत, 2. **संगीत चिंतामणि :** आचार्य बृहस्पति, **3. Essays on Music :** Anand Kumarswami, 2010, **4. The Origin of Raag :** S Bandyopadhyay, 1977

राजतरंगिणी

राजतरंगिणी के प्रणेता महाकवि कल्हण हैं। राजतरंगिणी का अर्थ राजाओं की नदी है। इस नदी में हम राजाओं के उत्थान और पतन, आना और जाना उसी तरह देख सकते हैं जैसे हम नदी के किनारे खड़े होकर उसकी लहरों का उठना और गिरना देखते हैं।

कल्हण का वास्तविक नाम कल्याण था, कल्हण कश्मीरी भाषा में उसका अपभ्रंश प्रतीत होता है। इन्होंने अपने पिता का नाम महामात्य चंपक प्रभु बताया है। 1098 ईसवी के लगभग कश्मीर के परिहासपुर में इनका जन्म हुआ था। जोनराज के अनुसार ये कुलीन ब्राह्मण थे। महाभारत जैसा यह विशाल कलेवर वाला ग्रंथ कल्हण ने 1148 में लिखना आरंभ कर दो या तीन वर्षों में पूरा किया, इसकी पूर्ति 1150 में हुई। कल्हण को कश्मीर की धरती से

लगाव था, उसके सौंदर्य और सांस्कृतिक परंपराओं के वे प्रशंसक हैं, इसलिए उन्होंने कश्मीर का समग्र इतिहास लिखने का उपक्रम किया। वे कश्मीर को तीनों लोकों में सबसे सुंदर बताते हैं।

राजतरंगिणी के अध्यायों को तरंग कहा गया है। इसमें कुल आठ तरंग हैं। कल्हण एक अच्छे इतिहासकार हैं, उतने श्रेष्ठ कवि भी हैं। कल्हण ने प्रागैतिहासिक काल के राजा गोनंद प्रथम के वर्णन से अपने ऐतिहासिक काव्य का आरंभ किया है। पहली तरंग में युधिष्ठिर के समय तक का इतिहास लिखा है, जिसमें राजा गोनंद प्रथम से ले कर 75 राजाओं का वर्णन है। द्वितीय तरंग में उसके आगे का 192 वर्ष का इतिहास है। तृतीय तरंग में गोनंदवंश के अंतिम राजा बालादित्य तक का 536 वर्षों का इतिहास दिया गया है। चतुर्थ तरंग में 260 वर्षों में हुए 17 राजा वर्णित हैं। पंचम तरंग से कल्हण का इतिहास का ज्ञान परिपक्व व प्रामाणिक होता हुआ दिखाई देता है। इसमें अवंतिवर्मा, संकटवर्मा, सुगंधादेवी, शंकरवर्धन आदि के शासनकाल का विस्तृत वर्णन है। षष्ठ से अष्टम तरंगों में कल्हण ने अपने समय की घटनाओं का लेखाजोखा प्रस्तुत किया है।

यद्यपि कल्हण की कृति मुख्य रूप से कश्मीर को केंद्र में रखती है, पर इसमें सारे देश के इतिहास, भूगोल और संस्कृति का भी विस्तृत निरूपण है।

इतिहासकार के रूप में कल्हण भूतार्थकथन (सच्ची-सच्ची बात कहना) को अपना आदर्श मानते हैं। उन्होंने आरंभ में ही अपने काव्य का मानदंड विवृत किया है--

श्लाघ्यः स एव गुणवान रागद्वेषबहिष्कृता।
भूतार्थकथने यस्य स्थेयस्येव सरस्वती।।(1/7)

(वही गुणवान प्रशंसनीय है, जिसकी सरस्वती राग और द्वेष से रहित होकर भूतार्थकथन में स्थिर है।)

कल्हण ने अपने काव्य की रचना के लिए प्राचीन अभिलेखों, दानपत्रों, पुराणों और साहित्यिक ग्रंथों का अध्ययन किया था, किंवदंतियों और जनश्रुतियों की जानकारी प्राप्त की थी, और सारे प्रदेश में भ्रमण करके अपने समय के भूगोल और इतिहास को प्रत्यक्ष भी जाना था। उनके पिता चंपक राजा हर्ष के मंत्री रहे। राजा हर्ष इतिहास के सबसे क्रूर और आततायी राजाओं में से एक था। राजा हर्ष पर अपने पिता की अत्यधिक श्रद्धा से कल्हण को अरुचि थी। कल्हण के पिता ने दरद के मोर्चे पर हर्ष की ओर से लड़ते हुए बड़ा पराक्रम प्रदर्शित किया था। वे हर्ष के इने-गिने विश्वासपात्र अधिकारियों में से एक थे। श्री कंठचरित महाकाव्य के प्रणेता महाकवि मंख कल्हण के समकालीन थे। उन्होंने अपने महाकाव्य के अंत में वर्णित एक ऐतिहासिक कविगोष्ठी में कल्हण को उपस्थित दिखाया है तथा कल्हण ने भी उनके राजा जयसिंह के विदेशी मंत्री के रूप में उल्लेख किया है। कल्हण अपने समय की सारी राजनीतिक उथल-पुथल के तटस्थ द्रष्टा बने रहे, तभी वे राजतरंगिणी की रचना कर सके। उन्होंने राजा सुस्सल के शासनकाल (1112-20), राजा हर्ष के अमानुषिक कृत्यों तथा हर्ष के बेटे भिक्षाचर के सैनिकों के द्वारा जनता पर किए गए भयावह अत्याचारों का जो वर्णन किया है, वह आंखों देखा यथार्थ है। राजा हर्ष की निर्मम हत्या (1101), डामरों का भयानक आतंक, सामंतों और अमात्यों का षड्यंत्र तथा कुचक्र, उच्चल, सुस्सल, रड्ड, सल्हण, भिक्षाचर आदि का राजसत्ता हथियाने के लिए दारुण प्रयत्न, इनका थोड़े-थोड़े समय के लिए शासक बनकर फिर राजनीति के खिलवाड़ में पदच्युत होना इन सब घटनाओं के कल्हण साक्षी रहे, और इनका प्रामाणिक निरूपण उन्होंने किया। अपने समय के चित्रण में कल्हण बहुत निर्भीक होकर सच्चाई उघाड़ते हैं, अपने से पहले के समय को वे अनुश्रुतियों, उपाख्यानों तथा अन्य अनेक स्रोतों से पहचानने का यत्न करते हैं। इस तरह के वर्णनों में कल्हण राजतंत्र और अर्थशास्त्र की प्रामाणिक जानकारी भी प्रस्तुत करते चलते हैं। वे बताते हैं कि किस तरह अकाल के समय राजा तुंजीन और राजा उच्चल ने व्यापारियों से थोक में सारा अनाज खरीद लिया और फिर उसे बहुत सस्ते दामों पर आम लोगों के बीच बिकवाया। जब तुंजीन ने देखा कि कौड़ियों के मोल पर भी अनाज खरीदने की दरिद्र लोगों में शक्ति नहीं है, तो

उसने भंडारे खोल कर अपना सारा कोष ही खाली कर डाला। राजा चक्रवर्मा अपनी चांडाल प्रेमिका के घर पर हत्यारों से प्राण-रक्षा के लिए शौचालय में जा छिपता है और वहीं मारा भी जाता है। कल्हण लिखते हैं, 'श्वपाकभोग्यः स श्वेवास्करे तस्करैर्हतः', अर्थात श्वपाकी अर्थात चांडाली का भोग्य वह श्वान (कुत्ते) की तरह अवस्कर (कचरे या मल) के ऊपर मार डाला गया (राज., 5.413)।

राजतरंगिणी में राजवंशों का जितना बड़ा ब्योरा है, उतनी ही बड़ी वह आगजनी, लूटमार और रजवाड़ों, सामंतों तथा राजाधिकारियों के अतिचारियों के अतिचारों और अन्यायों का त्रास झेलती जनता की कथा भी है। बनियों-बक्कालों, वेश्याओं और राजतंत्र से जुड़े तरह-तरह के लोगों की भूमिकाएं कल्हण ने यहां पहचानी और रेखांकित की हैं। कल्हण जनता के पक्षधर हैं। प्रजा को सताने वाले राजाधिकारियों के विरुद्ध कल्हण के हृदय में गहरा आक्रोश है। वे कहते हैं, '(इस तरह के) अधिकारीगण हत्यारे, पापी तथा दूसरों के सर्वस्व को हड़पने वाले होते हैं, इनसे प्रजा को बचाए' (वही, 8.86)। अकाल, महामारी, राजाओं तथा राजाधिकारियों के त्रास के कारण घोर संकटों से जूझती जनता का कल्हण ने जो वर्णन किया है, वह हृदयद्रावक है। दूसरी तरंग में लोगों की गरीबी और लाचारी का इस प्रकार विस्तृत चित्रण करते हुए कल्हण ने एक संवेदनशील प्रजावत्सल राजा तुंजीन के द्वारा सारी औपचारिकताएं त्याग कर प्रजाहित में लग जाने का जो विवरण दिया है, वह बहुत मार्मिक तथा प्रेरणाप्रद है। आठवीं तरंग में राजा उच्चल के वर्णन में भी यही बात हम पाते हैं—'किसी दुःखी व्यक्ति का आर्त, करुण, क्रंदन सुनकर वह राजा अपने आपको काबू में नहीं रख पाता था। बात करते-करते जैसे उसके मुख से अमृत बरसता था। इस कारण वह प्रजा में बहुत लोकप्रिय हो गया था। अपनी प्रजा के दुखों के विषय में पता चलते ही वह उनके दैन्य का निवारण इस तरह करता था, जैसे पिता पुत्र के दुख दूर करता है।' (वही, 8.52.57) राजतरगिंणी के एक प्रसंग में न्यायप्रिय राजा चंद्रापीड त्रिभुवनस्वामी का मंदिर बनवा रहा है, मंदिर की हद में एक चर्मकार की झोंपड़ी आ गई है। चर्मकार अपनी झोंपड़ी छोड़ने को तैयार नहीं है। मंदिर बनवाने के काम में लगे अधिकारियों ने उसे खूब समझाया, हर तरह के मुआवजे का लालच दिया, पर चर्मकार था कि टस से मस न हुआ। बात राजा तक पहुंची। सारी बात जान कर राजा ने अधिकारियों को ही झिड़का कि उस चर्मकार की अनुमति लिए बिना तुम लोगों ने मंदिर बनवाने के काम में हाथ ही क्यों लगाया? अंत में राजा स्वयं उस चर्मकार के द्वार पर गए, और उससे झोंपड़ी छोड़ने की प्रार्थना की। चर्मकार भी संतुष्ट और प्रसन्न होकर अन्य गृह में चला गया।

वास्तव में कल्हण आम जनता के कवि हैं। उनकी गहरी सहानुभूति सामान्य जनों के साथ है। वे बड़े फलक पर भारतीय जनजीवन, इतिहास व राजनीति को विन्यस्त करते हैं। महाभारत की तरह राजतरंगिणी जीवन के संशय, द्वंद्व और विकट संग्राम का वृहद् कथानक या वंशानुवंशचरित प्रस्तुत करती है। आचार्यों ने महाभारत में शांत रस को प्रधान माना है, क्योंकि छल, कपट, विकट पराक्रम, महायुद्ध इन सबके पीछे महामति व्यास जीवन की जो निरंतर मीमांसा करते चलते हैं, वह निर्वेद या तटस्थता को अव्याहत रूप में बनाए रखती है, तथा अपने अवसान में तत्वज्ञान को स्थापित करती है। अतः महाभारत मूलतः एक शांत रस की कृति कही गई है। कल्हण तो जीवन और जगत में व्याप्त हिंसा, लिप्सा और सारी नश्वरता का प्रत्यय देते हुए स्पष्ट रूप से शांत रस की प्रधानता का उद्घोष स्वयं करते हैं—

क्षणभंगनि संसारे स्फुरिते परिचिंतिते।
मूर्धाभिषेकः शान्तस्य रसस्यात्र विचार्यताम्।।
(राज., 1.23)

कल्हण स्वयं अपनी इतिहास-रचना को समाज के लिए एक कड़वी दवा की तरह मानते हैं 'भैषज्य भूतसंवादिकथायुक्तोपयुज्येते' (वही, 1.21)। प्रजा को सताने वाले राजा समूल नष्ट हो जाते हैं, यह संदेश भी कल्हण अपने इतिहास के द्वारा देना चाहते हैं—'ये प्रजापीडनपरास्ते विनश्यंति सान्वयाः' (वही, 1.18)

कल्हण ने अपने समय के तथा प्राचीन काल के अनेक कवियों का राजतरंगिणी में उल्लेख किया है। इनमें से अनेक कवि ऐसे हैं जिनके महत्वपूर्ण कर्तृत्व का पता केवल राजतरंगिणी से ही चलता है। राजा तुंजीन के शासनकाल में हुए चंद्रक कवि के विषय में उन्होंने लिखा है कि वह द्वैपायन मुनि का अवतार महान कवि था, जिसने ऐसे नाटकों की रचना की जिनका अभियान सारी जनता के देखने के योग्य होता था (राज., 2.16)। इसी प्रकार महाकवि मातृगुप्त की अद्‌भुत गाथा का स्रोत भी राजतरंगिणी ही है।

वस्तुतः कश्मीर ही नहीं, भारतवर्ष की एक सहस्र से अधिक वर्षों की सामाजिक, राजनीतिक और ऐतिहासिक परिस्थितियों के ज्ञान के लिए राजतरंगिणी परम उपादेय प्रामाणिक काव्य है। कश्मीर के उस समय के अनेक प्रसिद्ध मंदिरों का वर्णन कल्हण ने किया है। तक्षक मंदिर की यात्रा का वर्णन (2/220-22) या चंद्रापीड, मातृगुप्त जैसे राजाओं के द्वारा बनवाए गए मंदिरों के वर्णन इस दृष्टि से उस काल के सांस्कृतिक वैभव की झलक देते हैं। कश्मीर के उस समय के अनेक तीर्थों का वर्णन राजतरंगिणी में प्रामाणिक रूप में है। उस समय की यांत्रिक तथा तकनीकी प्रगति का भी इस कृति से परिचय मिलता है। राजा के रूप में मातृगुप्त के त्याग और शौर्य का चित्रण करते हुए वे उसके सत्कार्यों की परंपरा को चरखे से लगातार निकलने वाले सूत से देते हैं। (3/254) इससे चरखों के द्वारा सूत कात कर कपड़ों का व्यवसाय कल्हण के समय होता था, यह स्पष्ट है। सुय्य उस समय का श्रेष्ठ इंजीनियर था, जिसने कश्मीर में बाढ़ की रोकथाम के लिए वितस्ता पर बड़ा बांध बनवाया और अनेक तालाबों में पानी के निकास की समुचित व्यवस्था कराई, अनेक नये प्रवाहमार्ग बनवाए। इससे नदियों के संगमस्थल बदल गए (राज., 5/76-101)। सुय्य की प्रशंसा करते हुए कल्हण ने लिखा है कि जैसे मांत्रिक मंत्रबल से नागिन को अपने वश में कर लेता है, वैसे ही बुद्धिमान सुय्य ने लपलपाती तरंगरूपी जिह्वाओं से युक्त नागिन जैसी नदियों को वश में करके उनके बहने के नए रास्ते बना दिए।

कल्हण की भाषा भी रामायण और महाभारत की सहज, प्रासादिक शैली को पुनः स्थापित करती है।

कश्मीर की मनोरम नैसर्गिक सुषमा का चित्रण कल्हण ने अनेकत्र किया है। सहज सौंदर्य के प्रति वे आकृष्ट हैं। कश्मीर की अधित्यकाओं और उपत्यकाओं में वे खूब रमे हैं। सुंदर कल्पनाओं और कवित्व का अनूठापन कल्हण की रचनाओं में है।

राजतरंगिणी का अपने महनीय अवदान के कारण साहित्यिक जगत में इतना समादर हुआ कि उसके अनुकरण पर अन्य अनेक परवर्ती कवियों ने राजतरंगिणी लिख कर कल्हण की इतिहास-रचना के उपक्रम को आगे बढ़ाया। कश्मीर के ही जोनराज ने अपनी राजतरंगिणी में 1459 तक की घटनाओं का वर्णन किया। जोनराज के समय कश्मीर में सुल्तान जैनुल आबदीन का शासन था। इस सुल्तान ने संस्कृत के पंडितों और कवियों को बहुत प्रश्रय दिया। जोनराज ने जैनुल आबदीन के शासन का प्रामाणिक वर्णन किया है। तत्पश्चात जोनराज के शिष्य श्रीवर ने 1486 तक का इतिहास अपनी राजतरंगिणी में संकलित किया। प्राज्य भट्ट तथा उनके शिष्य शुक ने एक सहस्र पद्यों में कश्मीर पर अकबर के आधिपत्य (1586) तक का इतिहास प्रस्तुत किया है।

राधावल्लभ त्रिपाठी

अधिक जानकारी के लिए :

1. Kalhans's Rajatarangini : A Chronicle of the Kings of Kashmir : M A Stein, 2007, **2. Vikramaditya in Legend and History :** D C Sircar, 1969, **3. Kalhana - Makers of Indian Literature :** Somnath Dhar, 1998

राजनीति

राजनीति की अवधारणा का जन्म राज्य शक्ति के उदय के साथ हुआ। इसका संबंध मानव समुदाय पर शासन करने की नीति या जनता पर निर्णयों को लागू करने की प्रक्रिया से है। राजनीति के अंतर्गत शासन की विभिन्न पद्धतियों का ज्ञान होता है। देखा जाता है कि लोगों के बीच किन भिन्न-भिन्न

राजनीतिक दृष्टियों का प्रचार किया गया है या किया जा रहा है। राजनीति का अस्तित्व प्राचीन समुदायों, विभिन्न राजतंत्रों और परंपरागत समाजों की जन-परिषदों से लेकर दुनिया के देशों में आधुनिक सरकारों और अंतरराष्ट्रीय संबंधों तक विस्तृत है। राजनीति का संबंध सत्ता से है और सत्ता पाने के लिए संघर्ष से है। हर राजनीतिक व्यवस्था देश-काल सापेक्ष होती है। राजनीति के चिह्न प्राचीन समाजों में पाए गए हैं। ये भारत में वैदिक ग्रंथों, रामायण-महाभारत, बौद्ध ग्रंथों और कौटिल्य के अर्थशास्त्र में हैं। इसी तरह प्लेटो (रिपब्लिक), अरस्तू (पालिटिक्स) और कन्फ्यूशियस के विचारों में भी पर्याप्त मात्रा में है। कहा जाता है कि हर जगह राजनीति देखी जा सकती है। यह औपचारिक तौर पर राजनीतिक संगठनों के रूप में हो सकती है या दूसरों को प्रभावित करने वाले विचारों के रूप में हो सकती है या अन्य गतिविधियों के रूप में।

सामाजिक विकास की विभिन्न अवस्थाओं में राजनीतिक सत्ता के अलग-अलग रूप रहे हैं—मुखिया, गणपति, राजा, सम्राट, निरंकुश राजा, उदार राजा, औपनिवेशिक शासक, राष्ट्रपति, प्रधान मंत्री आदि। इनके अनुसार राजनीतिक संस्थाएं, अधिकारों की श्रेणियां और प्रशासनिक इकाइयां भी रही हैं। ऋग्वैदिक संस्कृतियों में 'विदथ' (सभा या समिति) की चर्चा है। सम्राट अशोक ने विक्रेंदीकरण पर जोर दिया है, जबकि कौटिल्य की नीति में केंद्रीकरण की महत्ता है। दुनिया में राज्यों का उदय विभिन्न सामाजिक स्थितियों में हुआ है। इसलिए राजनीतिक स्वरूप में भिन्नता स्वाभाविक है। रामशरण शर्मा ने माना है, 'भारत में राज्य के उदय पर कोई सामान्य टिप्पणी देना कठिन है। ...(इस देश में) राज्य का सयंत्र आंशिक रूप से वैदिक काल के अंत में तथा पूर्ण रूप से 500 ईसा पूर्व स्थापित हुआ था।' (भारत में राजनीतिक विचार और संस्थाएं)। राज्य का उदय नदियों के किनारे कृषि संस्कृति के विकास का नतीजा था, पर औपचारिक राज्य-नीति और साहित्य में व्यक्त राजनीति में सदा भिन्नता थी।

महाभारत में वेदव्यास ने राज पुरुष के छह अनिवार्य गुणों की चर्चा की है—व्याख्यान शक्ति, प्रगल्भता, तर्क कुशलता, अतीत की स्मृति, भविष्य दृष्टि और नीति निपुणता। उन्होंने शासन के सात उपाय बताए हैं—मंत्रणा, औषधि, इंद्रजाल, साम, दाम, दंड और भेद। (सभा पर्व, 5.12)। महाभारत में राजनीतिक पतन के दृश्य हैं और भीष्म द्वारा शरशय्या पर युधिष्ठिर को दिए गए उच्च राजनीतिक उपदेश भी हैं। भर्तृहरि ने राज्य सत्ता की नीति के संबध में कहा है, 'वारांगनेव नृपनीतिरनेक रूपा', अर्थात राजनीति वेश्या की तरह बहुरूपिणी होती है। (नीतिशतक)। तुलसीदास ने 'रामचरितमानस' में अपने युग के संदर्भ में कहा था, 'राजनीति बिनु, धन बिनु धर्मा।' राजनीति नीति के बिना चल रही है और अधर्म करके धनार्जन किया जा रहा है। इसे किसी भी युग के संदर्भ में एक सशक्त टिप्पणी माना जा सकता है।

जयशंकर प्रसाद ने 'ध्रुवस्वामिनी' नाटक में कहा है, 'राजनीति ही मनुष्यों के लिए सब कुछ नहीं है। राजनीति के पीछे नीति से हाथ न धो बैठो, जिसका विश्व मानव के साथ व्यापक संबंध है। राजनीति की साधारण छलनाओं से सफलता प्राप्त करके क्षण भर के लिए तुम अपने को चतुर समझ लेने की भूल कर सकते हो।' (दूसरा अंक)। प्रसाद विश्वमानवता को क्षुद्र अंध-राष्ट्रवाद से श्रेष्ठ ठहराते हुए एक अन्य महत्वपूर्ण बात कहते हैं, 'छल का बहिरंग सुंदर होता है—विनीत और आकर्षक भी।' (वही)। राजनीति के छलनीति में बदलने पर साहित्यिक चिंता व्यक्त करने का एक लंबा इतिहास है। इसलिए प्रेमचंद ने साहित्य को राजनीति के पीछे चलने वाली सच्चाई न कह कर उसके आगे रहने वाले मशाल के रूप में देखा था। साहित्य और राजनीति के अंत:संबंध पर चली बहस में एक समय साहित्य को राजनीतिक हथियार के रूप में देखने की संकीर्ण दृष्टि छा गई थी, साहित्य का अतिराजनीतिकरण हो गया था। दरअसल साहित्य मूल्यों के लिए संघर्ष का क्षेत्र है। यह सत्ता

के लिए किसी संघर्ष के प्रति सहानुभूति रखते हुए भी अंध-समर्पण नहीं करता है।

सुमित्रानंदन पंत ने कहा था, 'राजनीति का क्षेत्र मानव जीवन के सत्य के संपूर्ण स्तरों को नहीं अपनाता।' (भूमिका, उत्तरा)। हजारी प्रसाद द्विवेदी ने 'बाणभट्ट की आत्मकथा' में लिखा, 'राजनीति भुजंग से भी अधिक कुटिल है, असिधारा से भी अधिक दुर्गम है, विद्युत शिखा से भी अधिक चंचल है।'

राजनीति नए युग में लोकतांत्रिक तत्वों को लेकर बंधुत्व, स्वतंत्रता और समानता लाने का क्रांतिकारी औजार बनी। यह हमेशा छलनीति और संकीर्ण स्वार्थ से भरी नहीं थी। पिछले युगों के ऊंचे आदर्शों ने सत्ता की राजनीति को विश्व सभ्यता की ऊंचाइयों पर ले जाने के साधन के तौर पर विकसित किया था। इसके लिए लाखों लोग शहीद हुए थे। राजनीति के बिना समाज परिवर्तन, न्याय और लोकतंत्र संभव नहीं है। राजनीति कभी रक्तपातयुक्त युद्ध बन जाती हो, पर वह उन्नीसवीं-बीसवीं सदी में आजादी और परिवर्तन की महान औजार बनी थी। वह महज शासन कौशल नहीं बल्कि एक मानवीय मामला भी थी। धीरे-धीरे राजनीति ऐसी चीज बनती गई जो अच्छे मनुष्य को बुरा और बुरे को जघन्य बना देती है।

साहित्य प्राचीन काल से ही अपनी ऐतिहासिक सीमा में मूल्यों पर आधारित राजनीति का मार्ग दिखाता आ रहा है। लेकिन सच्चाई यह है कि सत्ता की राजनीति आमतौर पर वह मार्ग नहीं चुनती जो उच्च चिंतन का नतीजा है। इसलिए राज्यसत्ता की अलंकृत छद्मों से भरी राजनीति और लोकमंगल की दार्शनिक-साहित्यिक विचारधाराओं से प्रेरित राजनीति में हमेशा फर्क रहा है।

मेकियावेली ने काफी पहले कहा था कि राजनीति में नैतिकता के लिए कोई जगह नहीं होती। ख्रुश्चेव ने मजाक में कहा था, 'राजनीतिज्ञ दुनिया में एक जैसे होते हैं। वे वहां भी पुल बनाने का वादा कर बैठते हैं जहाँ नदी न हो।' जार्ज आरवेल के अनुसार, 'राजनीतिक भाषा में झूठ भी सच की तरह दिखता है और हत्यारा भी इज्जतदार होता है।' आज का परिदृश्य झूठ और आभासी यथार्थों पर आधारित है। इसे उत्तर-सच्चाई (पोस्ट-ट्रुथ) का जमाना भी कहा जाता है। लक्षित किया जा सकता है कि राजनीतिक दलों के भीतर वैचारिक बहस की जगह सिकुड़ती गई है। नेताओं या कार्यकर्ताओं को दासानुदास बन कर रहना होता है क्योंकि तभी अवसर मिलते हैं। राजनीति में व्यक्तिगत आरोप-प्रत्यारोप उस समय लज्जास्पद ऊंचाइयां छू रहे हैं, जब मानव सभ्यता बड़े दावे लेकर उपस्थित है।

वैश्वीकरण के युग में राजनीति के परजीवी परिदृश्य पर चिंता व्यक्त की जाती है। बाजार अर्थव्यवस्था के सामने उसकी विवशताएं साफ देखी जा सकती हैं। राजनीति अब वस्तुतः बहुराष्ट्रीय कंपनियों की नीति पर निर्भर है। यह एक तरफ यूरोपियन यूनियन, विश्व बैंक जैसे विभिन्न अंतरराष्ट्रीय संगठनों द्वारा पुनर्निर्मित हुई है और राष्ट्रीय सीमारेखाओं का अतिक्रमण कर रही है। दूसरी तरफ, अस्मिता की राजनीति पर आधारित होती जा रही है। सब कुछ को धर्म, जातिवाद, प्रांतीयता की नजर से देखा जा रहा है, हालांकि भारत जैसे धर्मनिरपेक्ष और लोकतांत्रिक देशों में धर्म, वर्ण, जाति, संप्रदाय और भाषा के आधार पर वोट मांगना कानूनन निषिद्ध है (सुप्रीम कोर्ट का फैसला, 2 जनवरी 2016)। जनप्रतिनिधि कानून 123 (3) यही कहता है, पर इसका पालन नहीं होता। इसका नतीजा है, राजनीति से संस्कृति निकलती जा रही है, पर संस्कृति में राजनीति घुसती जा रही है। आर्थिक उदारवाद का कोई प्रभाव समाज और राजनीति पर नहीं दिखता। हर जगह संकीर्णतावाद नजर आता है, यहां तक कि राजनेता निजी स्वार्थों से बंधे दिखते हैं। उल्लेखनीय है कि पहले की तरह राजनीति जनांदोलन-केंद्रित न होकर गठबंधन-आधारित होती गई है, इसका अर्थ सिर्फ चुनाव की राजनीति है।

वैश्वीकरण राजनीति की विफलता और बाजारीकरण की अधिक उपयुक्तता की ही घोषणा है। राजनीति बाजार के आगे इतनी बेबस पूरे इतिहास में कभी नहीं थी। इसका नतीजा है, राजनीति में

विचारधारा और सिद्धांतों का अंत, सत्ता में आने के बाद किसी भी राजनीतिक दल द्वारा व्यवस्था में कोई फर्क ला पाने की आंतरिक अक्षमता और अलंकृत छद्म की प्रचुरता।

संपूर्ण विश्व की राजनीति में धन-वैभव और ड्रामा के तत्वों का बढ़ते जाना यह भी सिद्ध करता है कि तर्क और बौद्धिकता का विश्व-स्तर पर व्यापक क्षय हुआ है। गंभीर राजनीतिज्ञों की कमी होती गई है। राजनीति ड्राजनीति बन गई है। इसे सीधे जनसंपर्क से अधिक इलेक्ट्रॉनिक मीडिया और प्रबंधन पर निर्भर होना पड़ा है। इसके अलावा, धनबल और बाहुबल फिर प्रधान हो उठे हैं।

भारत की चार राजनीतिक पार्टियों के खातों की 2015-16 की लेखा परीक्षा के अनुसार बैंक खातों में जमा और पास में अज्ञात दानियों से प्राप्त नकद राशि पांच सौ करोड़ से ऊपर बताई गई है। 2004-05 से 2014-15 तक राजनीतिक दलों को जो पैसे ज्ञात-अज्ञात स्रोत से मिले वे करोड़ में इस प्रकार हैं—कांग्रेस कुल 3282.09, अज्ञात स्रोत से भाजपा (कुल 3272.63, अज्ञात स्रोत से 2125.91) सीपीएम 892.98, अज्ञात स्रोत से 471.15) इस अवधि में सभी राजनीतिक दलों के खजाने से कुल 11,367 करोड़ रुपये जमा हुए हैं। (एसोसिएशन फार डेमोक्रेटिक रिफार्म्स)। अज्ञात स्रोत से प्राप्त धन के बदले अज्ञात स्रोतों को विशेष सुविधाएं दी जाती होगी और इससे दुर्नीति स्वाभविक रूप से बड़ेगी। सत्तारूढ़ राजनीतिक दलों को ज्यादा धनराशि दान में मिलती है। राजनीति में मूल्यों की जगह पैसा प्रधानता पा जाता है। धन के बिना नए दौर में न राजनीति में चमक आ पाती है और न राजनीतिक व्यक्तित्व में। अब राजनीतिक पार्टियां साधारणतः आम जनता से धन संग्रह नहीं करतीं। इन्हें बड़े व्यापारिक घराने करोड़ों की रकम देते हैं। इस रकम को पार्टियां तरह-तरह से छिपा कर रखती हैं, उसका उपयोग चुनाव में होता है।

नई स्थितियों में सिर्फ गढ़े हुए मजेदार नारे ही राजनीति के पर्याय हैं। राजनीति में स्पष्ट तौर पर एक आदिम हिंसा फिर से जागती दिखाई देती है। इसमें अब वे ही नेतृत्व में ज्यादा दिखते हैं जिन्हें अपना स्वार्थ सिद्ध करना है। आम लोग अपने अस्तित्व की रक्षा के लिए जहाँ जैसा सहारा मिलता है, वहां वैसा अपना समर्थन देते हैं। राजनीति के अर्थ में इतना बदलाव आ गया है कि यह अलंकृत छद्म, ड्रामा और आदिम-कबीलाई हिंसा हो उठने के अलावा लोकप्रियतावाद का पर्याय बनती गई है। यह अब समाज में बड़ा बदलाव लाने का दावा नहीं करती, आम लोगों को थोड़ी सुरक्षा, छोटे-मोटे सुधार, थोड़ी राहत देने तक सीमित है। ऐसे काम करने में यह जितनी अक्षम होती है, उतना अधिक ड्रामा, अलंकृत छद्म और संकीर्ण नारों का आश्रय लेना पड़ता है।

वैश्वीकरण के दौर की राजनीति को राजनीति का 'रीतिकाल' कहा जा सकता है जब नारे, वादे, सांस्कृतिक चिह्न और विकास के दृश्य अलंकृत छद्म होते हैं। धार्मिक चिह्न, जातिवाद, जातीयता, क्षेत्रीयता आदि राजनीति के बहुमूल्य अलंकार बन जाते हैं और ये ही चेतना को सुशोभित करने लग जाते हैं। अलंकृत छद्म में व्यापारिक कंपनियों द्वारा मुनाफे की लूट, राजनेताओं को इसमें दी गई हिस्सेदारी, सर्वव्यापी भष्ट्राचार, क्रूरतापूर्वक सांस्कृतिक विध्वंस जैसी चीजें छिपी रहती हैं। न धर्म अपने सच्चे रूप में होता है और न धर्मनिरपेक्षता तथा ईमानदारी में संबंध होता है। किस्म-किस्म का अंध-राष्ट्रवाद छिपने की मुख्य राजनीतिक जगह होती है। राष्ट्रवाद अंध-राष्ट्रवाद में घुटता रहता है और अकेला पड़ जाता है। वामपंथ और दक्षिणपंथ की विभाजक रेखा धूमिल हो जाती है। दो एकदम भिन्न राजनीतिक दलों के चरित्र में वास्तविक भिन्नता नहीं दिखती, क्योंकि सभी नेता बाजार से बन कर आते हैं। कोई बड़ा नेता गरीब श्रेणी का नहीं होता या नहीं हो सकता।

राजनीति का सामाजिक परिवर्तन, न्याय और लोकतंत्र का औजार नहीं हो पाना हमारी सभ्यता के एक खतरनाक मंजिल पर पहुंचने की सूचना है। आज की राजनीति अपनी गौरवशाली परंपरा से कट कर और अपने हाथ झाड़ कर व्यापारिक हितों को

बढ़ावा देने को ही लोकोपकार मान लेती है। ऐसी बाजारोन्मुख राजनीति सामाजिक स्तर पर खुदगर्जी और हिंसक स्पर्धा से भरी होती है, यह अमानवीय होती है। इसलिए पहली जरूरत हो जाती है राजनीति के पुनर्मानवीयकरण की।

शंभुनाथ

अधिक जानकारी के लिए :
1. Why Nations Fail : The Origins of Power, Prosperity and Poverty : Daron Acemoglu, 2013, **2. The 48 Laws of Power :** Robert Greene

राजनीतिक अर्थशास्त्र

राजनीतिक अर्थशास्त्र (Political Economy) उत्पादन, क्रय-विक्रय तथा आर्थिक प्रणाली के साथ कानून, राजनीति एवं सरकार के संबंध, एक तरह से राष्ट्रीय-अंतरराष्ट्रीय राजनीति और आर्थिक शक्तियों के बीच बदलते संबंधों के अध्ययन का वाचक है। इसका तात्पर्य उन स्थितियों के अध्ययन से है, जिनमें आर्थिक शक्तियां नीति-निर्धारण को और नीति-निर्धारण आर्थिक शक्तियों को प्रभावित करता है। 'पॉलिटिकल इकॉनॉमी' का प्रयोग 1615 में सबसे पहले Economic Politique के बतौर Antoine de Montchritien की पुस्तक 'Traite' de l' economic politique' में हुआ था। वे एडम स्मिथ, जान स्टुअर्ट मिल, डेविड रिकार्डो तथा जर्मन दार्शनिक एवं सामाजिक सिद्धांतकार कार्ल मार्क्स राजनीतिक अर्थशास्त्र के प्रमुख भाष्यकारों में थे। इस संदर्भ में मिल की 'प्रिंसिपल्स ऑफ पॉलिटिकल इकॉनॉमी' और मार्क्स की 'ए क्रिटिक ऑफ पॉलिटिकल इकॉनॉमी' उल्लेखनीय पुस्तकें हैं।

राजनीतिक अर्थशास्त्र रूढ़िवादी आर्थिक मान्यताओं को चुनौती देने वाली अर्थशास्त्र की एक अंतर-अनुशासनिक अध्ययन-पद्धति है, जिसमें आर्थिक एवं राजनीतिक व्यवहारों को अंत:संबंधित संदर्भों में देखा जाता है। यह मुख्यतः अर्थशास्त्र, कानून एवं राजनीतिशास्त्र इन तीन अनुशासनों के अंत:संबंधों की व्याख्या करता है। इस व्याख्या से पता चलता है कि राजनीतिक संस्थान, राजनीतिक वातावरण तथा अर्थव्यवस्था—चाहे वह पूंजीवादी हो, समाजवादी हो या मिश्रित—एक-दूसरे को कैसे प्रभावित करते हैं। इसके अंतर्गत परंपरागत रूप से ये विषय आते हैं—आर्थिक नीतियों के चयन पर चुनावों का प्रभाव, चुनाव परिणामों के निर्धारक तत्व, राजनीतिक कार्यक्रम चक्र, केंद्रीय बैंक की स्वायत्तता, राजस्व नीति के पुनर्वितरणात्मक द्वंद्व, विकासशील देशों में आर्थिक सुधारों में देरी और अत्यधिक बजट घाटा आदि। राजनीतिक अर्थशास्त्र के नए सिद्धांतों ने इस धारणा का खंडन किया कि राजनीति ही आर्थिक व्यवस्था पर प्रभाव डालती है।

1970 से एक अपेक्षाकृत अधिक क्लासिक एवं उदार दृष्टि इसमें आयत्त हुई जिसके अंतर्गत 'सार्वजनिक पसंद' का सिद्धांत निर्दिष्ट किया गया, जिसमें एक प्रातिनिधिक व्यक्ति-इकाई की उपादेयता अधिकाधिक बनाने और राजनीतिक शक्तियों द्वारा नीति-निर्धारण जैसी चीजें शामिल थीं। 1990 के दशक के उत्तरार्ध से इसमें कुछ नए विषय संदर्भ शामिल हुए थे, जैसे—राजनीतिक संस्थानों में आते परिवर्तनों की रफ्तार तथा आर्थिक परिणामों और विकास की सांस्कृतिक व्याख्या। एकाधिकार, बाजार-सुरक्षा, संस्थागत भ्रष्टाचार तथा राजस्व की खोज जैसी सार्वजनिक नीतियों के पारिभाषिक विषय भी इसके अंतर्गत आते हैं। कौन-सी नीतियां जनहितकारी नहीं हैं और कौन-सी नीतियां किस तरह प्रभावकारी हो सकती हैं, राजनीतिक अर्थशास्त्र इन विषयों पर विचार करता है। यह सामाजिक योजनाओं की तथाकथित जनहितकारिता पर भी सवाल खड़ा करता है।

एडम स्मिथ के दौर के राजनीतिक अर्थशास्त्र का लक्ष्य आम लोगों को जीवन यापन के लिए आय उपलब्ध कराने और राजस्व वसूलने तक सीमित था। मिल ने इस चिंतन को व्यापार, मूल्य और आर्थिक प्रणाली से जोड़ा। वस्तुतः मार्क्सवाद ने ही पहले-पहल 'राजनीतिक अर्थशास्त्र' प्रत्यय को एक व्यापक

संदर्भ में स्थापित किया और इसे समाज के विभिन्न विकास-चरणों में 'मनुष्यों के बीच' जीवन से जुड़ी वस्तुओं के उत्पादन, वितरण, विनिमय तथा उपभोग संबंधी विभिन्न प्रकार के संबंधों और गठबंधनों के वैज्ञानिक अध्ययन के रूप में देखा।

मार्क्स और एंगेल्स ने उन्नीसवीं शताब्दी के प्रतियोगिता-मुक्त पूंजीवाद का अध्ययन किया था, जिसने बीसवीं सदी की राजनीति में भारी परिवर्तन उपस्थित किए। इन परिवर्तनों को विश्लेषित तथा सामान्यीकृत किया गया। यह विश्लेषण एवं सामान्यीकरण मार्क्सवादी पारिभाषिकताओं के अंतर्गत किया गया। जहाँ उत्पादन के साधन निजी संपत्ति की तरह होते हैं, वहां उत्पादन के संबंध आधिपत्य और अधीनता के संबंधों जैसे होंगे। इसके उलट जहाँ उत्पादन के साधनों पर सामाजिक अधिकार अपने सर्वोच्च रूप में होते हैं वहां उत्पादन में लगे मनुष्यों के परस्पर संबंध साथीपन, सहयोग तथा परस्पर सहायता के होते हैं। इस दृष्टिकोण से सर्वहारा क्रांतिकारी गतिविधियों को दिशा-निर्देश प्राप्त हुआ था। मार्क्सवाद-लेनिनवाद प्रसूत राजनीतिक अर्थशास्त्र को श्रमजीवी वर्ग का राजनीतिक अर्थशास्त्र नाम दिया गया।

मार्क्स और एंगेल्स ने सामाजिक मुद्दों को विश्लेषित करने और कानून-नियंत्रित प्रक्रियाओं, जिनमें एक संरचना दूसरी को रास्ता देती है, को परिभाषित करने के ज्ञान का जो द्वंद्वात्मक भौतिकवादी तरीका अपनाया था उसने श्रमजीवी तबकों को 'समाजवादी राह से समाज की पुनर्रचना' के सैद्धांतिक हथियार से लैस किया था। लेनिन मानते थे कि समाजवादी आर्थिक विरचना का सारभूत तत्व श्रम के सामाजिक संगठन में निहित है। इसी शर्त पर अर्थव्यवस्था जनतांत्रिक केंद्रीयता के साथ कुशलता के साथ चलाई जा सकती है। जनतांत्रिक केंद्रीयता की स्थिति में ही जन-समुदाय के खुद पहल करने की संभावना रहती है और प्रतिस्पर्धापूर्ण सामूहिक कार्यशीलता की स्थिति भी बनती है।

मार्क्स के विचारों का असर कल्याणकारी राज्य की अवधारणाओं पर पड़ा और सार्वजनिक उद्यम अस्तित्व में आए थे। कई देशों के राजनीतिक अर्थशास्त्र के केंद्र में समाजवाद था या मिश्रित अर्थव्यवस्था थी।

एक समय ऐसा आया जब जनतांत्रिक केंद्रीयता से धीरे-धीरे जनतांत्रिकता का लोप होने लगा, केंद्रीयता बढ़ने लगी। इसके परिणामस्वरूप निरंकुश नौकरशाही और स्वेच्छाचारी राजनीतिक नेतृत्व प्रकाश में आए। श्रम संस्कृति में ह्रास आया और सरकारी संपत्तियों का दुरुपयोग होने लगा। कुछ अन्य घटनाओं के साथ इसका असर 1990 के दशक में तीव्र प्रतिस्पर्धामूलक पूंजीवाद के उदय के रूप में हुआ। वैश्वीकरण, तकनीकी क्रांति और आर्थिक सुधारों ने एक्यबद्ध होकर विश्व स्तर पर राजनीतिक नीति-निर्धारण में व्यापक परिवर्तन ला दिया। इससे राजनीतिक अर्थशास्त्र एक नए मोड़ पर पहुंचा, जहाँ उत्पादन के साधनों को सामाजिक संपत्ति बनाने के सिद्धांत को जबर्दस्त धक्का लगा। वर्ग विभाजन के परिप्रेक्ष्य के समानांतर स्थान, लैंगिक भेदभाव, सामुदायिक विषमता और अस्मिता की राजनीति प्रभावशाली होती गई। वैश्वीकरण के अलावा इन घटनाओं ने भी राजनीतिक अर्थशास्त्र को प्रभावित किया, बल्कि राजनीति पर आर्थिक सुधार और नई अर्थव्यवस्था हावी हो गई।

विज्ञान और तकनीक की क्रांति के चलते अर्थव्यवस्था का आमूलचूल नवीनीकरण हो गया था। मनुष्य जीवन की भौतिक एवं आत्मिक स्थितियां बदलीं और कई रूढ़ियां टूटीं। देश की आंतरिक और विदेश नीतियों में व्यापक परिवर्तन आया। मुक्त अर्थव्यवस्था ने अंतरराष्ट्रीय परस्परनिर्भरता बढ़ा दी, तनाव शिथिल हुए और एक 'ग्लोबल पालिटिक्स' उभर कर आई। इस संदर्भ में मानवाधिकार और पर्यावरण के मुद्दों पर वैश्विक चिंता रेखांकित की जा सकती है। बदले संदर्भ में राजनीतिक संगठनों और आर्थिक संगठनों के संवाद पर जोर दिया जाने लगा और उनकी अंतर्निर्भरता की जरूरत प्रतिपादित की गई। लक्षित किया जा सकता है कि वैश्वीकरण के युग में अर्थशास्त्र को प्रमुखता देते हुए

भी राजनीतिक अपेक्षाओं को काटा नहीं जा सका है, हालांकि राजनीति ने आर्थिक सुधारों के सभी द्वार खोल दिए हैं।

इस तरह स्पष्ट होता है कि राजनीतिक अर्थशास्त्र न सिर्फ उत्पादन-संबंधों का अध्ययन करता है, बल्कि बदलती आर्थिक स्थितियों में जनता की राजनीतिक अपेक्षाओं का भी विश्लेषण करता है। इसका अर्थ है कि देश का राजनीतिक अर्थशास्त्र पूरे समाज को नियंत्रित करने वाला सबसे बड़ा भौतिक कारक है।

राजनीतिक अर्थशास्त्र के अनेक भेद किए गए हैं, जैसे—क्लासिकल राजनीतिक अर्थशास्त्र, पेटी-बूर्जुआ राजनीतिक अर्थशास्त्र, श्रमजीवी वर्ग का राजनीतिक अर्थशास्त्र, वैश्वीकरण का राजनीतिक अर्थशास्त्र आदि। दुनिया के विभिन्न देशों में विभिन्न समय की सत्ताओं में राजनीतिक अर्थशास्त्र के ये सभी रूप देखने को मिल जाएंगे। भूमंडलीकरण एवं उदारीकरण के दौर में एकध्रुवीकृत दुनिया के ज्यादातर देशों में नव-पूंजीवादी राजनीतिक अर्थशास्त्र का बोलबाला है। फिर भी स्थानीय स्थितियों की विशिष्टता के कारण विभिन्न देशों में वैश्वीकरण ने जो राजनीतिक नतीजे दिए हैं वे समान नहीं हैं। सिर्फ एक बात सार्वभौम रूप से सच कही जा सकती है कि दुनिया में विषमता भयंकर रूप से बढ़ी है। (देखिए वैश्वीकरण और विषमता)।

भारतीय परिदृश्य में राजनीतिक अर्थशास्त्र वस्तुतः 'एलीट वर्ग का राजनीतिक अर्थशास्त्र' है, जिसने बड़े पैमाने पर लोगों को गरीबी के दायरे से बाहर निकाला है लेकिन सामाजिक भिन्नता और हिंसा में भी वृद्धि की है। वैश्वीकरण और लोकतंत्र के बीच संतुलन रखने की कोशिशों में कितनी कोशिशें यथार्थ के करीब हैं और कितनी प्रहसन हैं, इसे बढ़ी नगरीय समृद्धि और सकल घरेलू उत्पाद के साथ राजकोषीय घाटे, मूल्यवृद्धि, बेरोजगारी और बढ़ती गई विषमता के आईने में देखने की जरूरत है।

शंभु गुप्त

अधिक जानकारी के लिए :
1. Collected Works : Vlodimir Lenin, **2. Contribution to Critique of Politica Economy :** Karl Marx, **3. Political Economy :** A H Meltzer, 1991, **4. The Political Economy of Globalization :** Ngaire Woods, 2000

राजनीतिक उपन्यास

राजनीतिक उपन्यास (Political Novel) मुख्यतः राजनीतिक घटनाओं पर आधारित होता है, पर उपन्यासकार अपनी नजरों से उन घटनाओं को देखता है। जोसेफ एल ब्लॉटनर ने कहा है, 'राजनीतिक उपन्यास कहने से ऐसी पुस्तक इंगित होती है जो सीधे तौर पर राजनीतिक घटनाओं का वर्णन, व्याख्या या विश्लेषण करती है।' (द पोलिटिकल नॉवेल)। राजनीतिक उपन्यास में सिर्फ समसामयिक समाज की चिंता नहीं होती, बल्कि इसमें एक विशाल सत्य के रूप में राजनीति किस प्रकार जीवन को प्रभावित करती है, किस प्रकार मनुष्य के चरित्र को विकसित करती है, इन चीजों का चित्रण होता है। राजनीतिक उपन्यास चाहे जिस रूप में हो, उसमें किसी-न-किसी स्तर पर वैचारिक 'डिबेट' या 'डिस्कोर्स' होता है।

राजनीतिक उपन्यास को तीन वर्गों में बांटा जा सकता है—1. राजनीतिक दर्शन पर आधारित उपन्यास : ये निश्चित आदर्शों को लेकर चलने वाले उपन्यास होते हैं। इस प्रकार के उपन्यास में उपन्यासकार की दोहरी भूमिका होती है, अर्थात उपन्यासकार की भी और राजनेता की भी। उपन्यासकार मान्य राजनीतिक आदर्शों का निर्देश करता है और उसका उद्देश्य समाज को विशिष्ट राजनीतिक दृष्टिकोण के अनुसार बदलने की प्रेरणा देना होता है। इसमें किन्हीं विशिष्ट राजनीतिक मूल्यों के प्रचार की भावना होती है। यशपाल का 'दादा कामरेड' और नागार्जुन का 'दुखमोचन' ऐसे उपन्यास हैं। 2. राजनीतिक दर्शन से प्रेरित उपन्यास : ऐसे उपन्यास किसी राजनीतिक दर्शन

से प्रेरित होते हैं। प्रेमचंद का 'रंगभूमि' और रेणु का 'मैला आंचल' बहुत कुछ गांधीवादी दर्शन से प्रेरित उपन्यास हैं। 3. स्वतंत्र राजनीतिक दृष्टि से रचे गए उपन्यास : इनमें युग की राजनीतिक घट नाओं और वातावरण का यथार्थ चित्रण होता है, पर किसी राजनीतिक विचारधारा का प्रचार नहीं होता। इनमें समाज की समसामयिक परिस्थितियों का आकलन स्वतंत्र दृष्टि से होता है। जैनेंद्र का 'सुखदा', श्रीलाल शुक्ल का 'राग दरबारी' और मन्नू भंडारी का 'महाभोज' ऐसे ही उपन्यास हैं।

ब्रजकिशोर झा

राजनीतिक प्रबंधन

इक्कीसवीं सदी के पहले दशक से ही राजनीतिक परिदृश्य में आ चुके भारी बदलाव और आम जनता से नेताओं की बढ़ी दूरी ने राजनीतिक प्रबंधन का महत्व बढ़ा दिया है। अब हर राजनीतिक पार्टी में बहुराष्ट्रीय कंपनियों की तरह ऊंचे वेतन वाले पेशेवर प्रबंधक रखने का चलन है। 2008 में अमेरिका के राष्ट्रपति चुनाव में बराक ओबामा को विजयी बनाने में ऐसे प्रबंधन की एक बड़ी भूमिका थी। भारत में इसका व्यापक प्रभाव 2014 के लोकसभा चुनाव और 2015 के बिहार विधान सभा चुनाव से नजर आया, हालांकि पहले भी इसका अस्तित्व था। राजनीतिक प्रबंधन का अर्थ है (i) राजनीति करने में बढ़े खर्च के लिए संभावित स्रोतों से व्यापक वित्तीय प्रबंधन (ii) मीडिया और इंटरनेट के महत्व को समझते हुए नए-नए ढंग से प्रचार, सोशल मीडिया, विज्ञापन और बाजार प्रबंधन, (iii) जाति-धर्म-क्षेत्रीयता के राजनीतिक आधार पर मतदाताओं को आकर्षित करने के लिए रणनीति प्रबंधन, यहां तक कि राजनीतिक विचारधारा का निर्माण, (iv) चुनाव में सफलता के लिए पार्टी उम्मीदवारों के प्रभाव, लोकप्रियता और उनकी विजय की संभावनाओं के आकलन के लिए चुनाव पूर्व सर्वेक्षण और चुनाव के दौरान विभिन्न समुदायों से मानव संसाधन प्रबंधन (v) सभाओं के आयोजन, पोस्टर-होर्डिंग, दीवार लेखन आदि के लिए गैर-इलेक्ट्रॉनिक प्रचार प्रबंधन और (vi) बूथ मैनेजमेंट। पहले जो काम राजनीतिक कार्यकर्ता करते थे, अब वे सभी काम कुशल प्रबंधकों और आईटी विशेषज्ञों पर छोड़ दिए जाते हैं, जिस तरह विवाह में खाने-पीने की सारी तैयारियां कैटरर को सौंप दी जाती हैं। राजनीतिक दलों के लिए उनका उम्मीदवार बाजार के उत्पाद जैसा होता है और उसकी मार्केटिंग जरूरी होती है।

1950-70 के दिनों की तरह राजनेताओं का अब आम लोगों से जीवंत संबंध नहीं रह गया है। राजनेताओं और उम्मीदवारों की एक नई पीढ़ी मैदान में आई है जिसके पास पैसे की चमक है पर अनुभव और जन संपर्क नहीं है। दूसरी तरफ, राजनीति का अर्थ आंदोलन नहीं रह गया है और न कोई सिद्धांत कहीं बच पाया है। लोकतंत्र के लिए एक दिखावा बचा है, वह है—चुनाव। राजनीति का अर्थ ही लोक की नीति की जगह राजसत्ता में बने रहने की नीति हो गया। तुलसी ने रामचरितमानस में अपने समय के संदर्भ में लिखा था, 'राज-नीति बिनु धन बिनु धर्मा।' राज में नीति नहीं बची है और धनार्जन का धर्म से संबंध नहीं रह गया है। यह तुलसी के जमाने से बड़ा सच अब इक्कीसवीं सदी में है।

हिंसात्मक स्पर्धा के वर्तमान युग में राजनीतिक प्रबंधक ही एकमात्र विकल्प समझे जा रहे हैं। वे वित्तीय संसाधनों से लेकर मानव संसाधनों तक, मीडिया-इंटरनेट से लेकर ठोस जन संपर्क तक, परामर्श देने से लेकर कार्य संचालन तक मोटी रकम के बदले कार्य संभाल कर नेताओं को भारी राहत देते हैं। वे पर्याप्त सर्वेक्षण करके राजनीतिक रणनीति तय करने से लेकर राजनीतिक छवि, वक्तव्य और जुमले तैयार करने तक का काम करते हैं। कोई विचारधारा न होने पर भी वे स्थितियों के अनुसार सैद्धांतिक संघर्ष भी दिखा देते हैं। उन्हें मतदाताओं के लिए ठोस वादों की जगह सब्जबाग तैयार करना

होता है। इस काम के लिए राजनीतिक प्रबंधक आईटी विशेषज्ञों से लेकर लेखकों, बुद्धिजीवियों, कलाकारों और होर्डिंग बनाने वालों तक को नियुक्त करते हैं। उनका एक अनुसंधान और विश्लेषण उपभाग होता है। वे राजनीतिक प्रचार के लिए फिल्मी चेहरों, गायकों और खिलाड़ियों का भाड़े पर इंतजाम करते हैं। चुनाव अरबों का खेल होता है। अब राजनीति एक भारी खर्च का मामला है, यह अपराधीकरण के साथ-साथ बाजारीकरण पर आश्रित है। इस वजह से चुनाव में जीतने के बाद लोकतंत्र को पैसा उगाहने का जरिया बना देने की बाध्यता आ जाती है। इसकी अंतिम परिणति है भ्रष्टाचार की सार्वभौम स्वीकृति। चुनाव प्रबंधन राजनीतिक प्रबंधन का एक हिस्सा होता है।

राजनीतिक प्रबंधक जिस राजनीतिक दल के लिए काम करते हैं, उससे उनका वैचारिक संबंध होना जरूरी नहीं है। यह अमूमन होता नहीं। उनके लिए यह कार्य उनकी राजनीतिक महत्वाकांक्षा का विषय नहीं है, सिर्फ एक व्यापारिक सौदा है। इसमें मनी पावर सब कुछ है, सत्ता बाहुबल आधारित पैसे की बारूदी नली से निकलती है। इसके व्यापारिक सिद्धांत में रणनीतिक धूर्तता एक उच्च कला है। राजनीतिक प्रबंधक किसी साल एक पार्टी तो किसी साल दूसरी पार्टी के लिए काम करते हैं। उसकी टीम में काम करनेवाले पेशेवर लोग होते हैं और वे अपना कार्य पूरी भावुकता, ईमानदारी और समझदारी से करते हैं। बड़ी आमदनी के कारण इस काम के प्रति आकर्षण बढ़ता जा रहा है। राजनीतिक प्रबंधकों की टीम में अच्छी समझ और संवेदनशीलता वाले प्रशिक्षित नौजवान होते हैं। राजनीतिक प्रबंधक बड़े नेताओं की भी हर बात नहीं सुनते बल्कि उनकी छवि और विजय के लिए जो जरूरी है वह चलाते हैं। वे असफलताओं और बुरी चीजों को ढक कर सफलता दिलानेवाले मुद्दों, विचारों, रणनीतियों और हाव-भावों की योजना बनाते हैं ताकि नागरिकों को प्रभावित किया जा सके।

शंभुनाथ

राजभाषा अधिनियम, 1963

(यथासंशोधित, 1967)

संविधान के अनुच्छेद 210 (2) में किए गए उपबंध के अनुसार संविधान के प्रारंभ होने के 15 वर्षों की अवधि की समाप्ति के पश्चात संघ के राजकीय प्रयोजनों, संसद के कार्यों, केंद्रीय और राज्य अधिनियमों और उच्च न्यायालयों में कतिपय प्रयोजनों के लिए अंग्रेजी के स्थान पर सभी काम हिंदी में किए जाने थे। यह उपबंध वर्ष 1965 से लागू होना था। किंतु बाद में अंग्रेजी के प्रयोग को बंद करने में कठिनाई महसूस करते हुए भारत के राष्ट्रपति द्वारा इस स्थिति पर विचार करने हेतु संविधान के अनुच्छेक 344 के खंड (4) के उपबंधों के अनुसार लोकसभा के बीस सदस्यों एवं राज्यसभा के दस सदस्यों को शामिल कर एक संसदीय राजभाषा समिति का गठन किया गया, जिसका कार्य प्रथम राजभाषा आयोग की सिफारिशों पर विचार करना एवं उन पर अपनी राय राष्ट्रपति के समक्ष पेश करना था।

समिति ने 8 फरवरी 1959 को अपनी रिपोर्ट राष्ट्रपति को पेश की, जिसमें यह राय दी गई कि सन् 1965 के बाद संघ के प्रशासनिक कार्यों से अंग्रेजी को हटाना व्यावहारिक नहीं होगा। अतः 10 मई 1963 को भारत सरकार द्वारा एक अधिनियम पारित किया गया, जिसमें हिंदी के साथ-साथ अंग्रेजी को जारी रखने का प्रावधान था। बाद में यह महसूस हुआ कि उक्त अधिनियम में कई बातें स्पष्ट नहीं थीं, अतः उनके स्पष्टीकरण के लिए उसमें संशोधन किया गया। संशोधित अधिनियम को राजभाषा अधिनियम, 1963 (यथासंशोधित, 1967) (1963 का अधिनियम सं. 19) कहा गया।

राजभाषा अधिनियम के प्रावधान : संघ के राजकीय प्रयोजनों, संसद में कार्यों का संचालन, केंद्रीय और राज्य अधिनियमों और उच्च न्यायालयों में कतिपय प्रयोजनों के लिए प्रयोग में लाई जा सकने वाली भाषाओं के लिए उपबंध करने हेतु अधिनियम,

जिसे भारत गणराज्य के चौदहवें वर्ष में संसद द्वारा निम्नलिखित रूप में अधिनियमित किया जाता है :

1. **संक्षिप्त नाम और प्रारंभ :** (1) यह अधिनियम राजभाषा अधिनियम, 1963 कहा जा सकेगा। (2) धारा 3 जनवरी 1965 लागू होगी, जिसे केंद्रीय सरकार शासकीय राजपत्र में अधिसूचना द्वारा नियत करे और इस अधिनियम के विभिन्न उपबंधों के लिए विभिन्न तारीखें नियत की जा सकेंगी।

2. **परिभाषाएं :** इस अधिनियम में जब तक कि संदर्भ से अन्यथा अपेक्षित न हो–(क) 'नियत दिन' से, धारा 3 के संबंध में, जनवरी 1965 का 26वां दिन अभिप्रेत है और इस अधिनियम के किसी अन्य उपबंध के सम्बन्ध में वह दिन अभिप्रेत है जिस दिन वह उपबंध प्रवृत्त होता है, (ख) 'हिंदी' से वह हिंदी अभिप्रेत है जिसकी लिपि देवनागरी है।

3. संघ के राजकीय प्रयोजनों के लिए और संसद में प्रयोग के लिए अंग्रेजी भाषा का रहना : (1) संविधान के प्रारंभ से पन्द्रह वर्ष की कालावधि समाप्ति हो जाने पर भी, हिंदी के अतिरिक्त अंग्रेजी भाषा, नियत दिन से ही–(क) संघ के उन सब राजकीय प्रयोजनों के लिए जिनके लिए वह उस दिन से ठीक पहले प्रयोग में लाई जाती थी, तथा (ख) संसद में कार्य के संव्यवहार के लिए, प्रयोग में लाई जाती रह सकेगी, परंतु संघ और किसी ऐसे राज्य के बीच, जिसने हिंदी को अपनी राजभाषा के रूप में नहीं अपनाया है, पत्रादिक प्रयोजनों के लिए अंग्रेजी भाषा प्रयोग में लाई जाएगी :

परंतु यह और कि जहाँ किसी ऐसे राज्य के, जिसने हिंदी को अपनी राजभाषा के रूप में अपनाया है और किसी अन्य राज्य के जिसने हिंदी को अपनी राजभाषा के रूप में नहीं अपनाया है, बीच पत्रादि के प्रयोजनों के लिए हिंदी को प्रयोग में लाया जाता है, वहां हिंदी में ऐसे पत्रादि के साथ-साथ उसका अनुवाद अंग्रेजी भाषा में भेजा जाएगा।

परंतु यह और भी कि इस उपधारा की किसी भी बात का यह अर्थ नहीं लगाया जाएगा कि वह किसी ऐसे राज्य को, जिसने हिंदी को अपनी राजभाषा के रूप में नहीं अपनाया है, संघ के साथ या किसी ऐसे राज्य के साथ जिसने हिंदी को अपनी राजभाषा के रूप में अपनाया है, या किसी अन्य राज्य के साथ उसकी सहमति से, पत्रादि के प्रयोजनों के लिए हिंदी को प्रयोग में लाने से रोकती है और ऐसे किसी मामले में उस राज्य के साथ पत्रादि के प्रयोजनों के लिए अंग्रेजी भाषा का प्रयोग बाध्यकर नहीं होगा।

(2) उपधारा (1) में अंतर्विष्ट किसी बात के होते हुए भी जहाँ पत्रादि के प्रयोजनों के लिए हिंदी या अंग्रेजी भाषा–

(क) केंद्रीय सरकार के एक मंत्रालय या विभाग या कार्यालय के और दूसरे मंत्रालय या विभाग या कार्यालय के बीच, (ख) केंद्रीय सरकार के एक मंत्रालय या विभाग या कार्यालय के और केंद्रीय सरकार के स्वामित्व में, या नियंत्रण में किसी निगम या कंपनी या उनके किसी कार्यालय के बीच, (ग) केंद्रीय सरकार के स्वामित्व या नियंत्रण वाली किसी निगम या कंपनी या उसके किसी कार्यालय के और किसी अन्य ऐसे निगम या कंपनी या कार्यालय के बीच प्रयोग में लाई जाती है वहां उस तारीख तक जब तक पूर्वोक्त संबंधित मंत्रालय, विभाग, कार्यालय या विभाग या कंपनी का कर्मचारीवृंद हिंदी का कार्यसाधक ज्ञान प्राप्त नहीं कर लेता, ऐसे पत्रादि का अनुवाद, यथास्थिति अंग्रेजी भाषा या हिंदी में भी दिया जाएगा।

(3) उपधारा (1) में अंतर्विष्ट किसी बात के होते हुए भी हिंदी और अंग्रेजी भाषा दोनों ही–

(क) संकल्पों, साधारण आदेशों, नियमों, अधिसूचनाओं, प्रशासनिक या अन्य प्रतिवेदनों या प्रेस विज्ञप्तियों के लिए, जो केंद्रीय सरकार द्वारा या उसके किसी मंत्रालय, विभाग या कार्यालय द्वारा या केंद्रीय सरकार के स्वामित्व में या नियंत्रण वाले किसी निगम या कंपनी द्वारा या ऐसे निगम या कंपनी के किसी कार्यालय द्वारा जारी किए जाते हैं, (ख) संसद के किसी सदन या सदनों के समक्ष रखे गए प्रशासनिक तथा अन्य प्रतिवेदनों और राजकीय कागज-पत्रों के लिए, (ग) केंद्रीय सरकार या उसके किसी मंत्रालय, विभाग या कार्यालय द्वारा या उसी

ओर से या केंद्रीय सरकार के स्वामित्व या नियंत्रण वाले किसी निगम या कंपनी के किसी कार्यालय द्वारा निष्पादित संविदाओं और करारों के लिए तथा जारी की गई अनुज्ञप्तियों, अनुज्ञापत्रों, सूचनाओं और निविदा-प्रारूपों के लिए प्रयोग में लाई जाएगी। (4) उपधारा (1) या उपधारा (2) या उपधारा (3) के उपबंधों पर प्रतिकूल प्रभाव डाले बिना यह है कि केंद्रीय सरकार धारा 8 के अधीन बनाए गए नियमों द्वारा उस भाषा या उन भाषाओं का उपबंध कर सकेगी जिसे या जिन्हें संघ के राजकीय प्रयोजन के लिए, जिसके अंतर्गत किसी मंत्रालय, विभाग, अनुभाग या कार्यालय का कार्यकरण है, प्रयोग में लाया जाना है और ऐसे नियम बनाने में राजकीय कार्य के शीघ्रता और दक्षता के साथ निपटारे का तथा जनसाधारण के हितों का सम्यक ध्यान रखा जाएगा और इस प्रकार बनाए गए नियम विशिष्टतया यह सुनिश्चित करेंगे कि जो व्यक्ति संघ के कार्यकलाप से संबंधित सेवाएं दे रहे हैं और जो या तो हिंदी में या अंग्रेजी में प्रवीण हैं, वे प्रभारी के रूप में काम कर सकते हैं और यह भी कि केवल इस आधार पर कि वे दोनों ही भाषाओं में प्रवीण नहीं हैं, उनका कोई अहित नहीं होगा।

(5) उपधारा (1) के खंड (क) के उपबंध और उपधारा (2), उपधारा (3) और उपधारा (4) के उपबंध तब तक प्रवृत्त बने रहेंगे जब तक उनमें वर्णित प्रयोजनों के लिए अंग्रेजी भाषा का प्रयोग समाप्त कर देने के लिए ऐसे सभी राज्यों के विधान मण्डलों द्वारा, जिन्होंने हिंदी को अपनी राजभाषा के रूप में नहीं अपनाया है, संकल्प पारित नहीं कर दिए जाते और तब तक पूर्वोक्त संकल्पों पर विचार कर लेने के पश्चात ऐसी समाप्ति के लिए संसद के हर एक सदन द्वारा संकल्प पारित नहीं कर दिया जाता।

4. राजभाषा के संबंध में समिति : (1) जिस तारीख को धारा 3 प्रवृत्त होती है उससे दस वर्ष की समाप्ति के पश्चात राजभाषा के संबंध में एक समिति इस विषय का संकल्प संसद के किसी भी सदन में राष्ट्रपति की पूर्व मंजूरी से प्रस्तावित और दोनों सदनों द्वारा पारित किए जाने पर गठित की जाएगी। (2) इस समिति में तीस सदस्य होंगे जिनमें से बीस लोकसभा के सदस्य होंगे तथा दस राज्यसभा के सदस्यों द्वारा आनुपातिक प्रतिनिधित्व पद्धति के अनुसार एकल संक्रमणीय मत द्वारा निर्वाचित होंगे। (3) इस समिति का कर्तव्य होगा कि वह संघ के राजकीय प्रयोजनों के लिए हिंदी के प्रयोग में की गई प्रगति का पुनरावलोकन करे और उस पर सिफारिशें करते हुए राष्ट्रपति को प्रतिवेदन करे और राष्ट्रपति उस प्रतिवेदन को संसद के हर एक सदन के समक्ष रखवाएगा और सभी राज्य सरकारों को भिजवाएगा। (4) राष्ट्रपति उपधारा (3) में निर्दिष्ट प्रतिवेदन पर और उस पर राज्य सरकारों ने यदि कोई मत अभिव्यक्त किए हों तो उन पर विचार करने के पश्चात उस समस्त प्रतिवेदन के या उसके किसी भाग के अनुसार निदेश निकाल सकेगा :

परंतु इस प्रकार निकाले गए निदेश धारा 3 के उपबंधों से असंगत नहीं होंगे।

5. केंद्रीय अधिनियमों आदि का प्राधिकृत हिंदी अनुवाद : (1) नियत दिन को और उसके पश्चात शासकीय राजपत्र में राष्ट्रपति के प्राधिकार से प्रकाशित–क. किसी केंद्रीय अधिनियम का या राष्ट्रपति द्वारा प्रख्यापित किसी अध्यादेश का, अथवा ख. संविधान के अधीन या किसी केंद्रीय अधिनियम के अधीन निकाले गए किसी आदेश, नियम, विनियम या उपविधि का हिंदी में अनुवाद उसका हिंदी में प्राधिकृत पाठ समझा जाएगा।

(2) नियत दिन से ही उन सब विधेयकों के, जो संसद के किसी भी संसद में पुनःस्थापित किए जाने हों और उन सब संशोधनों के, जो उनके संबंध में संसद के किसी भी सदन में प्रस्तावित किए जाने हों तो, अंग्रेजी भाषा के प्राधिकृत पाठ के साथ-साथ उसका हिंदी में अनुवाद भी होगा, जो ऐसी रीति से प्राधिकृत किया जाएगा, जैसा इस अधिनियम के अधीन बनाए गए नियमों द्वारा विहित की जाए।

6. कतिपय दशाओं में राज्य अधिनियमों का प्राधिकृत हिंदी अनुवाद : जहाँ किसी राज्य के

विधानमण्डल ने उस राज्य के विधानमंडल द्वारा पारित अधिनियमों में अथवा उस राज्य के राज्यपाल द्वारा प्रख्यापित अध्यादेशों में प्रयोग के लिए हिंदी से भिन्न कोई भाषा विहित की है वहां संविधान के अनुच्छेद 348 के खंड (3) द्वारा अंग्रेजी भाषा के उसके अपेक्षित अनुवाद के अतिरिक्त, उसका हिंदी में अनुवाद उस राज्य के शासकीय राजपत्र में उस राज्य के राज्यपाल के प्राधिकार से नियत दिन को या उसके पश्चात प्रकाशित किया जा सकेगा और ऐसी दशा में किसी अधिनियम या अध्यादेश का हिंदी में अनुवाद हिंदी भाषा में उसका प्राधिकृत पाठ समझा जाएगा।

7. उच्च न्यायालयों के निर्णयों आदि में हिंदी या अन्य राजभाषा का वैकल्पिक प्रयोग : नियत दिन से ही या तत्पश्चात किसी भी दिन से किसी राज्य का राज्यपाल, राष्ट्रपति की पूर्व सम्मति से अंग्रेजी भाषा के अतिरिक्त हिंदी या उस राज्य की राजभाषा का प्रयोग, उस राज्य के उच्च न्यायालय द्वारा पारित या दिए गए किसी निर्णय, डिक्री या आदेश के प्रयोजनों के लिए, प्राधिकृत कर सकेगा और जहाँ कोई निर्णय, डिक्री या आदेश (अंग्रेजी भाषा से भिन्न) ऐसी किसी भाषा में पारित किया या दिया जाता है वहां उसके साथ-साथ उच्च न्यायालय के प्राधिकार से निकाला गया अंग्रेजी भाषा में उसका अनुवाद भी होगा।

8. नियम बनाने की शक्ति : (1) केंद्रीय सरकार इस अधिनियम के प्रयोजनों को कार्यान्वित करने के लिए नियम शासकीय राजपत्र में अधिसूचना द्वारा बना सकेगी। (2) इस धारा के अधीन बनाया गया हर नियम, बनाए जाने के पश्चात यथाशक्य शीघ्र, संसद के ही एक सदन के समक्ष, उस समय जब वह सत्र में हो, कुल मिलाकर तीस दिन की कालावधि के लिए, जो एक सत्र में या दो समवर्ती सत्रों में समाविष्ट हो सकेगी, रखा जाएगा और यदि उस सत्र के, जिसमें वह ऐसे रखा हो, या ठीक पश्चातवर्ती सत्र के अवसान के पूर्व दोनों सदन उस नियम में कोई उपांतर करने के लिए सहमत हो जाएं या दोनों सदन सहमत हो जाएं कि वह नियम नहीं बनाया जाना चाहिए तो तत्पश्चात यथास्थिति, वह नियम ऐसे उपांतरित रूप में ही प्रभावशाली होगा या उसका कोई भी प्रभाव न होगा, किंतु इस प्रकार कि ऐसा कोई उपांतर या बातिलकरण उस नियम के अधीन पहले की गई किसी बात की विधिमान्यता पर प्रतिकूल प्रभाव डाले बिना होगा।

9. कतिपय उपबंधों का जम्मू-कश्मीर पर लागू न होना : धारा 6 और 7 के उपबंध जम्मू-कश्मीर राज्य पर लागू नहीं होंगे।

अवधेश प्रसाद सिंह

अधिक जानकारी के लिए :
भारत का राजपत्र : जनवरी 1965

राजभाषा आयोग और समिति संसदीय

भारतीय संविधान के अनुच्छेद 344 (1) में कहा गया है कि राष्ट्रपति इस संविधान के प्रारंभ से पांच वर्ष की समाप्ति पर और तत्पश्चात ऐसे प्रारंभ से दस वर्ष की समाप्ति पर, आदेश द्वारा एक आयोग गठित करेंगे, जो एक अध्यक्ष और आठवीं अनुसूची में विनिर्दिष्ट विभिन्न भाषाओं का प्रतिनिधित्व करने वाले ऐसे अन्य सदस्यों से मिलकर बनेगा, जिन्हें राष्ट्रपति नियुक्त करेंगे। इस आदेश में आयोग द्वारा अनुसरण की जाने वाली प्रक्रियाएं सुनिश्चित की जाएंगी।

अनुच्छेद 344 के खंड (2) में कहा गया है कि राजभाषा आयोग का यह कर्तव्य होगा कि वह राष्ट्रपति को (क) संघ के शासकीय प्रयोजनों के लिए हिंदी भाषा के अधिकाधिक प्रयोग; (ख) संघ के सभी या किन्हीं शासकीय प्रयोजनों के लिए अंग्रेजी भाषा के प्रयोग पर निर्बंधनों; (ग) अनुच्छेद 348 में उल्लिखित सभी या किन्हीं प्रयोजनों के लिए प्रयोग की जाने वाली भाषा; (घ) संघ के किसी एक या अधिक विनिर्दिष्ट प्रयोजनों के लिए प्रयोग किए जाने वाले अंकों के रूप; एवं (ङ) संघ की

राजभाषा तथा संघ और किसी राज्य के बीच या एक राज्य और दूसरे राज्य के बीच पत्रादि की भाषा और उनके प्रयोग के संबंध में राष्ट्रपति द्वारा आयोग को निर्देशित किए गए किसी अन्य विषय के बारे में सिफारिश करे।

अनुच्छेद 344 के खंड (3) में कहा गया है कि ऊपर के खंड (2) के अधीन अपनी सिफारिशें करने में, आयोग भारत की औद्योगिक, सांस्कृतिक और वैज्ञानिक उन्नति का और लोक सेवाओं के संबंध में अहिंदी भाषी क्षेत्रों के व्यक्तियों के न्यायसंगत दावों और हितों का सम्यक ध्यान रखेगा।

अनुच्छेद 344 के खंड (4) में कहा गया है कि सरकार द्वारा एक समिति गठित की जाएगी जो तीस सदस्यों से मिलकर बनेगी, जिनमें से बीस लोकसभा के सदस्य होंगे और दस राज्यसभा के सदस्य होंगे जो क्रमशः लोकसभा के सदस्यों और राज्यसभा के सदस्यों द्वारा आनुपातिक प्रतिनिधित्व पद्धति के अनुसार एकल संक्रमणीय मत द्वारा निर्वाचित होंगे।

अनुच्छेद 344 के खंड (5) में कहा गया है कि उक्त प्रकार से निर्मित समिति का यह कर्तव्य होगा कि वह खंड (1) के अधीन गठित आयोग की सिफारिशों की जांच करे और राष्ट्रपति को उन पर अपनी राय के बारे में अपना प्रतिवेदन (रिपोर्ट) दे।

अनुच्छेद 344 के खंड (6) में कहा गया है कि अनुच्छेद 343 में किसी बात के होते हुए भी, राष्ट्रपति खंड (5) में निर्दिष्ट प्रतिवेदन पर विचार करने के पश्चात उस संपूर्ण रिपोर्ट के या उसके किसी भाग के अनुसार निर्देश दे सकेंगे।

अवधेश प्रसाद सिंह

राजभाषा के संबंध में राष्ट्रपति के आदेश

भारत के राष्ट्रपति द्वारा भारत सरकार के विभिन्न मंत्रालयों, विभागों और उसके अधीन के कार्यालयों आदि में हिंदी के प्रयोग के संबंध में समय-समय पर निम्नलिखित आदेश जारी किए गए हैं :

राष्ट्रपति का प्रथम आदेश 1952 में जारी किया गया, जिसे भारत सरकार के विधि मंत्रालय ने दिनांक 27 मई 1952 की अधिसूचना संख्या एस आर ओ 938, सी ओ 41 द्वारा आम जानकारी के लिए प्रकाशित किया। इसमें कहा गया है कि भारत के संविधान के अनुच्छेद 343 के खंड (2) के परंतुक द्वारा दी गई शक्तियों का प्रयोग करते हुए राष्ट्रपति ने अंग्रेजी भाषा के अतिरिक्त हिंदी भाषा का और भारतीय अंकों के अंतरराष्ट्रीय रूप के अतिरिक्त अंकों के देवनागरी रूप का प्रयोग संघ के राजकीय प्रयोजनों, अर्थात राज्यों के राज्यपालों, उच्चतम न्यायालय के न्यायाधीशों और उच्च न्यायालय के न्यायाधीशों की नियुक्तियों के अधिपत्रों के लिए प्राधिकृत कर दिया है।

राष्ट्रपति का दूसरा आदेश 1955 में जारी किया गया, जिसे गृह मंत्रालय की दिनांक 3 दिसंबर 1955 की अधिसूचना संख्या 59/2/54 - पब द्वारा प्रकाशित किया गया। इसमें कहा गया है कि भारत के संविधान के अनुच्छेद 343 के खंड (2) के परंतुक द्वारा दी गई शक्तियों का प्रयोग करते हुए राष्ट्रपति ने आदेश दिया है कि संघ के राजकीय प्रयोजनों अर्थात जनता के साथ पत्र-व्यवहार, प्रशासनिक रिपोर्टों, राजकीय-सरकारी संकल्पों और विधाई अधिनियमितियों, जिन राज्य सरकारों ने अपनी राजभाषा के रूप में हिंदी को अपना लिया है उनसे पत्र व्यवहार, संधियां और करार, अन्य देशों की सरकारों और उनके दूतों तथा अंतरराष्ट्रीय संगठनों से पत्र-व्यवहार, राजनयिक और कौंसिलीय पदाधिकारियों और अंतरराष्ट्रीय संगठनों में भारतीय प्रतिनिधियों के नाम जारी किए जाने वाले औपचारिक दस्तावेज आदि के लिए अंग्रेजी भाषा के अतिरिक्त हिंदी भाषा का प्रयोग किया जाएगा।

भारत सरकार के गृह मंत्रालय द्वारा दिनांक 8 दिसम्बर 1955 को जारी कार्यालय ज्ञापन संख्या 59/2/54 में यह उल्लेख किया गया कि संविधान के अनुच्छेद 343 के अनुसार अंग्रेजी भाषा के स्थान

पर धीरे-धीरे हिंदी भाषा का प्रयोग करने के संबंध में जो सुझाव दिए गए थे उन पर अप्रैल 1954 में एक अंतर्विभागीय बैठक में विचार किया गया। भारत सरकार के मंत्रालयों में हिंदी में काम शुरू करने के लिए निम्नलिखित प्रबंध किए गए :

1. जनता से हिंदी में जो भी पत्रादि मिलें उनके उत्तर भरसक हिंदी में ही दिए जाने चाहिए। ये उत्तर सरल हिंदी में दिए जाने चाहिए।

प्रशासनिक रिपोर्टें, सरकारी पत्रिकाएं, संसद को दी जाने वाली रिपोर्टें आदि जहाँ तक संभव हो, अंग्रेजी के साथ-साथ हिंदी में भी प्रकाशित की जानी चाहिए।

2. सरकारी संकल्पों और विधाई अधिनियमों में धीरे-धीरे अंग्रेजी के स्थान पर हिंदी का प्रयोग करने और जनता की सहायता करने के विचार से जहाँ तक संभव हो उन्हें अंग्रेजी के साथ-साथ हिंदी में भी निकाला जाए, किंतु इन पर यह बात स्पष्ट रूप से लिख देनी चाहिए कि अंग्रेजी पाठ ही प्रामाणिक माना जाएगा।

3. केंद्रीय सरकार द्वारा उन राज्य सरकारों को भी अंग्रेजी में पत्र भेजा जा सकता है, जिन्होंने हिंदी को अपनी राजभाषा के रूप में अपना लिया है, किंतु यदि हो सके तो भारत सरकार द्वारा भेजे गए सभी पत्रादि के साथ उनका हिंदी अनुवाद भी भेजा जाना चाहिए ताकि संवैधानिक कठिनाइयों का सामना न करना पड़े।

4. भारत सरकार ने निर्णय किया है कि हिंदी में काम करने के लिए आवश्यक अतिरिक्त कर्मचारी मंत्रालय स्वयं रख सकते हैं और आवश्यकता पड़ने पर वित्त मंत्रालय से इस संबंध में सलाह भी कर सकते हैं।

5. राष्ट्रपति ने संविधान (राजकीय प्रयोजनों के लिए हिंदी भाषा) आदेश, 1955 जारी कर दूसरे देशों की सरकारों आदि तथा अंतरराष्ट्रीय संगठनों के साथ संधियों और करारों तथा पत्र-व्यवहार में तथा राजनयिक अधिकारियों आदि को भेजे जाने वाले औपचारिक कागज-पत्रों में भी हिंदी का प्रयोग करने की अनुमति दी है।

संसदीय राजभाषा समिति के सुझाव : राष्ट्रपति द्वारा तीसरा आदेश 1960 में जारी किया गया, जिसे गृह मंत्रालय की दिनांक 27 अप्रैल 1960 की अधिसूचना संख्या 2/8/60 रा. भा. द्वारा अधिसूचित किया गया एवं आम जानकारी के लिए प्रकाशित किया गया। इसमें कहा गया कि लोकसभा के 20 सदस्यों और राज्यसभा के 10 सदस्यों की एक समिति प्रथम राजभाषा आयोग की सिफारिशों पर विचार करने के लिए और उनके विषय में अपनी राय राष्ट्रपति के समक्ष पेश करने के लिए संविधान के अनुच्छेद 344 के खंड (4) के उपबंधों के अनुसार नियुक्त की गई थी। समिति ने अपनी रिपोर्ट राष्ट्रपति के समक्ष 8 फरवरी 1959 को पेश की, जिसमें कहा गया–

(क) राजभाषा के बारे में संविधान में बड़ी समन्वित योजना दी हुई है। इसमें योजना के दायरे से बाहर गए बिना परिस्थितियों के अनुसार परिवर्तन करने की गुंजाइश है।

(ख) विभिन्न प्रादेशिक भाषाएं राज्यों में शिक्षा और सरकारी कामकाज के माध्यम के रूप में तेजी से अंग्रेजी का स्थान ले रही हैं। यह स्वाभाविक ही है कि प्रादेशिक भाषाएं अपना उचित स्थान प्राप्त करें। अतः व्यावहारिक दृष्टि से यह बात आवश्यक हो गई है कि संघ के प्रयोजनों के लिए कोई एक भारतीय भाषा काम में लाई जाए। किंतु यह आवश्यक नहीं है कि यह परिवर्तन किसी नियत तारीख को ही हो। यह परिवर्तन धीरे-धीरे इस प्रकार किया जाना चाहिए कि कोई गड़बड़ी न हो और कम से कम असुविधा हो।

(ग) 1965 तक अंग्रेजी मुख्य राजभाषा और हिंदी सहायक राजभाषा रहनी चाहिए। 1965 में हिंदी संघ की मुख्य राजभाषा हो जाएगी, किंतु उसके उपरांत अंग्रेजी सहायक राजभाषा के रूप में चलती रहनी चाहिए।

(घ) संघ के प्रयोजनों में से किसी के लिए अंग्रेजी के प्रयोग पर कोई रोक इस समय नहीं लगाई जानी चाहिए और अनुच्छेद 343 के खंड (3) के अनुसार इस बात की व्यवस्था की जानी चाहिए कि

1965 के उपरान्त भी अंग्रेजी का प्रयोग इन प्रयोजनों के लिए, जिन्हें संसद विधि द्वारा उल्लिखित करे, तब तक होता रहे जब तक वैसा करना आवश्यक रहे।

(ङ) अनुच्छेद 351 का यह उपबंध कि हिंदी का विकास ऐसे किया जाए कि वह भारत की सामासिक संस्कृति के सभी तत्वों की अभिव्यक्ति का माध्यम बन सके, अत्यन्त महत्वपूर्ण है और इस बात के लिए पूरा प्रोत्साहन दिया जाना चाहिए कि सरल और सुबोध शब्द काम में लाए जाएं।

रिपोर्ट की प्रतियां संसद के दोनों सदनों के पटल पर 1959 के अप्रैल मास में रखी गई थीं और रिपोर्ट पर विचार-विमर्श लोकसभा में 2 सितम्बर से 4 सितम्बर 1959 तक और राज्यसभा में 8 और 9 सितम्बर 1959 को हुआ था। लोकसभा में इस पर विचार-विमर्श के समय प्रधानमंत्री ने 4 सितम्बर 1959 को एक भाषण दिया था। राजभाषा के प्रश्न पर सरकार का जो दृष्टिकोण है उसे उन्होंने अपने इस भाषण में मोटे तौर पर व्यक्त कर दिया था।

अनुच्छेद 344 के खंड (6) द्वारा दी गई शक्तियों का प्रयोग करते हुए राष्ट्रपति ने समिति की रिपोर्ट पर विचार किया और उसके बाद राजभाषा आयोग की सिफारिशों पर समिति द्वारा अभिव्यक्त राय को ध्यान में रखकर निम्नलिखित निदेश जारी किए हैं।

शब्दावली : आयोग की जिन मुख्य सिफारिशों को समिति ने मान लिया वे ये हैं—1. शब्दावली तैयार करने में मुख्य लक्ष्य उसकी स्पष्टता, यथार्थता और सरलता होनी चाहिए, 2. अंतरराष्ट्रीय शब्दावली अपनाई जाए या जहाँ भी आवश्यक हो, अनुकूलन कर लिया जाए, 3. सभी भारतीय भाषाओं के लिए शब्दावली का विकास करते समय लक्ष्य यह होना चाहिए कि उसमें जहाँ तक हो सके अधिकतम एकरूपता हो और 4. हिंदी और अन्य भारतीय भाषाओं की शब्दावली के विकास के लिए जो प्रयत्न केन्द्र और राज्यों में हो रहे हैं उनमें समन्वय स्थापित करने के लिए समुचित प्रबंध किए जाने चाहिए।

इसके अतिरिक्त समिति का यह मत था कि विज्ञान और प्रौद्योगिकी के क्षेत्र में सभी भारतीय भाषाओं में जहाँ तक हो सके एकरूपता होनी चाहिए और शब्दावली लगभग अंग्रेजी या अंतरराष्ट्रीय शब्दावली जैसी नहीं होनी चाहिए। इस दृष्टि से समिति ने यह सुझाव दिया कि वे इस क्षेत्र में विभिन्न संस्थाओं द्वारा किए गए काम में समन्वय स्थापित करने और उसकी देखरेख के लिए तथा सभी भारतीय भाषाओं को प्रयोग में लाने की दृष्टि से एक प्रामाणिक शब्दकोश निकालने के लिए ऐसा स्थायी आयोग कायम किया जाए, जिसके सदस्य मुख्यतः वैज्ञानिक और प्रौद्योगिकीविद हों।

इस समिति द्वारा शिक्षा मंत्रालय से अपेक्षा की गई कि वह निम्नलिखित विषय में कार्रवाई करे—

(क) अब तक किए गए काम पर पुनर्विचार और समिति द्वारा स्वीकृत सामान्य सिद्धांतों के अनुकूल शब्दावली का विकास/विज्ञान और प्रौद्योगिकी के क्षेत्र में वे शब्द, जिनका प्रयोग अंतरराष्ट्रीय क्षेत्र में होता है, कम से कम परिवर्तन के साथ अपना लिए जाएं, अर्थात मूल शब्द वे होने चाहिए जो आजकल अंतरराष्ट्रीय शब्दावली में काम आते हैं। उनसे व्युत्पन्न शब्दों का जहाँ भी आवश्यक हो भारतीयकरण किया जा सकता है।

(ख) शब्दावली तैयार करने के काम में समन्वय स्थापित करने के लिए प्रबंध करने के विषय में सुझाव देना।

(ग) विज्ञान और तकनीकी शब्दावली के विकास के लिए समिति के सुझाव के अनुसार स्थायी आयोग का गठन।

इस आवश्यकता को दृष्टि में रखकर कि संहिताओं और अन्य कार्यविधि साहित्य के अनुवाद में प्रयुक्त भाषा में किसी हद तक एकरूपता होनी चाहिए, समिति ने आयोग की यह सिफारिश मान ली कि सारा काम एक अभिकरण को सौंप दिया जाए।

शिक्षा मंत्रालय सांविधिक नियमों, विनियमों और आदेशों के अलावा बाकी सभी संहिताओं और

अन्य कार्यविधि साहित्य का अनुवाद करे। सांविधिक नियमों, विनियमों और आदेशों का अनुवाद संविधियों के अनुवाद के साथ घनिष्ठ रूप से संबद्ध है, इसलिए यह काम विधि मंत्रालय करे। इस बात का पूरा प्रयत्न होना चाहिए कि सभी भारतीय भाषाओं में इन अनुवादों की शब्दावली में जहाँ तक हो सके एकरूपता रखी जाए।

प्रशासनिक कर्मचारियों को हिंदी का प्रशिक्षण : (क) समिति द्वारा अभिव्यक्त मत के अनुसार 45 वर्ष से कम आयु वाले केंद्रीय सरकार के सभी कर्मचारियों के लिए सेवाकालीन हिंदी प्रशिक्षण प्राप्त करना अनिवार्य कर दिया जाना चाहिए। तृतीय श्रेणी के ग्रेड से नीचे के कर्मचारियों और औद्योगिक संस्थाएं और कार्यप्रभारित कर्मचारियों के संबंध में यह बात लागू नहीं होगी। इस योजना के अंतर्गत नियत तारीख तक विहित योग्यता प्राप्त कर सकने के लिए कर्मचारी को कोई दंड नहीं दिया जाना चाहिए। हिंदी भाषा की पढ़ाई के लिए सुविधाएं प्रशिक्षार्थियों को मुफ्त मिलती रहनी चाहिए।

(ख) गृह मंत्रालय उन टाइपिस्टों और आशुलिपिकों का हिंदी टाइपराइटिंग और आशुलिपि प्रशिक्षण देने के लिए आवश्यक प्रबंध करे जो केंद्रीय सरकार की नौकरी में हैं।

(ग) शिक्षा मंत्रालय हिंदी टाइपराइटरों के मानक की बोर्ड (कुंजी पटल) के विकास के लिए शीघ्र कदम उठाए।

हिंदी का प्रचार : (क) आयोग इसकी सिफारिश करे कि यह काम करने की जिम्मेदारी अब सरकार उठाए। इससे समिति सहमत हो गई है। जिन क्षेत्रों में प्रभावी रूप से काम करने वाली गैर-सरकारी संस्थाएं पहले से ही विद्यमान हैं उनमें उन संस्थाओं को वित्तीय और अन्य प्रकार की सहायता दी जाए और जहाँ ऐसी संस्थाएं नहीं हैं वहां सरकार आवश्यक संगठन कायम करे।

शिक्षा मंत्रालय इस बात की समीक्षा करे कि हिंदी प्रचार के लिए जो वर्तमान व्यवस्था है वह कैसी चल रही है। साथ ही वह समिति द्वारा सुझाई गई दिशाओं में आगे कार्रवाई करे।

(ख) शिक्षा मंत्रालय और वैज्ञानिक अनुसंधान और सांस्कृतिक कार्य मंत्रालय परस्पर मिलकर भारतीय भाषाविज्ञान, भाषा-शास्त्र और साहित्य संबंधी अध्ययन और अनुसंधान को प्रोत्साहन देने के लिए समिति द्वारा सुझाए गए तरीके से आवश्यक कार्रवाई करें और विभिन्न भारतीय भाषाओं को परस्पर निकट लाने के लिए अनुच्छेद 351 में दिए गए निदेश के अनुसार हिंदी का विकास करने के लिए आवश्यक योजना तैयार करें।

केंद्रीय सरकारी विभागों के स्थानीय कार्यालयों के लिए भर्ती :

(क) समिति की राय है कि केंद्रीय सरकारी विभागों के स्थानीय कार्यालय अपने आंतरिक कामकाज के लिए हिंदी का प्रयोग करें और जनता के साथ पत्र-व्यवहार में उन प्रदेशों की प्रादेशिक भाषाओं का प्रयोग करें।

अपने स्थानीय कार्यालयों में अंग्रेजी के अतिरिक्त हिंदी का उत्तरोत्तर अधिक प्रयोग करने के लिए योजना तैयार करने में केंद्रीय सरकारी विभाग इस आवश्यकता को ध्यान में रखें कि यथासंभव अधिक से अधिक मात्रा में प्रादेशिक भाषाओं में फॉर्म और विभागीय साहित्य उपलब्ध करा कर वहां की जनता को पूरी सुविधाएं प्रदान की जानी चाहिए।

(ख) समिति की राय थी कि केंद्रीय सरकार के प्रशासनिक अभिकरणों और विभागों में कर्मचारियों की वर्तमान व्यवस्था पर पुनर्विचार किया जाए और कर्मचारियों का प्रादेशिक आधार पर विकेंद्रीकरण कर दिया जाए, इसके लिए भर्ती के तरीकों और अर्हताओं में उपर्युक्त संशोधन करना होगा।

स्थानीय कार्यालयों में जिन कोटियों के पदों पर कार्य करने वालों की बदली मामूली तौर पर प्रदेश के बाहर नहीं होती उन कोटियों के संबंध में यह सुझाव, कोई अधिवास संबंधी प्रतिबंध लगाए बिना, सिद्धांततः मान लिया जाना चाहिए।

(ग) समिति आयोग की इस सिफारिश से

सहमत थी कि केंद्रीय सरकार के लिए यह विदित कर देना न्यायसम्मत होगा कि उसकी नौकरियों में लगने के लिए अर्हता यह भी होगी कि उम्मीदवार को हिंदी भाषा का सम्यक ज्ञान हो। पर ऐसा तभी किया जाना चाहिए जब इसके लिए काफी पहले से ही सूचना दे दी गई हो और भाषा-योग्यता का विहित स्तर मामूली हो और इस बारे में जो भी कमी हो उसे सेवाकालीन प्रशिक्षण द्वारा पूरा किया जा सकता है।

यह सिफारिश अभी हिंदी भाषी क्षेत्रों के केंद्रीय सरकारी विभागों में ही कार्यान्वित की जाए, हिंदीतर भाषा-भाषी क्षेत्रों के स्थानीय कार्यालय में नहीं।

(क), (ख) और (ग) में दिए गए निदेश भारतीय लेखा-परीक्षा और लेखा विभाग के अधीन कार्यालयों के संबंध में लागू नहीं होंगे।

प्रशिक्षण संस्थान : (क) समिति ने यह सुझाव दिया है कि नेशनल डिफेंस एकेडमी जैसे प्रशिक्षण संस्थानों में शिक्षा का माध्यम अंग्रेजी ही बना रहे किंतु शिक्षा संबंधी कुछ या सभी प्रयोजनों के लिए माध्यम के रूप में हिंदी का प्रयोग शुरू करने के लिए उचित कदम उठाए जाएं।

रक्षा मंत्रालय अनुदेश पुस्तिकाओं इत्यादि के हिंदी प्रकाशन आदि के रूप में समुचित प्रारंभिक कार्रवाई करे ताकि जहाँ भी व्यवहार्य हो शिक्षा के माध्यम के रूप में हिंदी का प्रयोग संभव हो जाए।

(ख) समिति ने सुझाव दिया कि प्रशिक्षण संस्थानों में प्रवेश के लिए अंग्रेजी और हिंदी दोनों ही परीक्षा के माध्यम हों, किंतु परीक्षार्थियों को यह विकल्प रहे कि वे सब या कुछ परीक्षा-पत्रों के लिए उनमें से किसी एक भाषा को चुन लें और एक विशेष समिति यह जांच करने के लिए नियुक्त की जाए कि नियत कोटा प्रणाली अपनाए बिना प्रादेशिक भाषाओं का प्रयोग परीक्षा के माध्यम के रूप में कहां तक शुरू किया जा सकता है।

रक्षा मंत्रालय को चाहिए कि वह प्रवेश परीक्षाओं में वैकल्पिक माध्यम के रूप में हिंदी का प्रयोग शुरू करने के लिए आवश्यक कार्रवाई करे और कोई नियत कोटा प्रणाली अपनाए बिना परीक्षा के माध्यम के रूप में प्रादेशिक भाषाओं का प्रयोग आरंभ करने के प्रश्न पर विचार करने के लिए एक विशेषज्ञ समिति नियुक्त करे।

अखिल भारतीय सेवाओं और उच्चतर केंद्रीय सेवाओं में भर्ती : (क) समिति की राय है कि–

(1) परीक्षा का माध्यम अंग्रेजी बनी रहे और कुछ समय पश्चात हिंदी वैकल्पिक माध्यम के रूप में अपना ली जाए। उसके बाद जब तक आवश्यक हो, अंग्रेजी और हिंदी दोनों ही परीक्षार्थी के विकल्पानुसार परीक्षा के माध्यम के रूप में अपनाने की छूट हो, और

(2) किसी प्रकार की नियत कोटा प्रणाली अपनाए बिना परीक्षा के माध्यम के रूप में विभिन्न प्रादेशिक भाषाओं का प्रयोग शुरू करने की व्यवहार्यता की जांच करने के लिए एक विशेषज्ञ समिति नियुक्त की जाए।

कुछ समय पश्चात वैकल्पिक माध्यम के रूप में हिंदी का प्रयोग शुरू करने के लिए संघ लोक सेवा आयोग के साथ परामर्श कर गृह मंत्रालय आवश्यक कार्रवाई करे। वैकल्पिक माध्यम के रूप में विभिन्न प्रादेशिक भाषाओं का प्रयोग करने से गम्भीर कठिनाइयां पैदा होने की संभावना है, इसलिए वैकल्पिक माध्यम के रूप में विभिन्न प्रादेशिक भाषाओं का प्रयोग शुरू करने की व्यवहार्यता की जांच करने के लिए विशेषज्ञ समिति नियुक्त करना आवश्यक नहीं है।

(ख) भाषा विषयक प्रश्नपत्र–समिति की राय है कि सम्यक सूचना के बाद समान स्तर के दो अनिवार्य प्रश्नपत्र होने चाहिए, जिनमें से एक हिंदी और दूसरा हिंदी से भिन्न किसी भारतीय भाषा में होना चाहिए और परीक्षार्थी को यह स्वतंत्रता होनी चाहिए कि वह इनमें से किसी एक को चुन ले।

अभी केवल एक ऐच्छिक हिंदी परीक्षा-पत्र शुरू किया जाए। प्रतियोगिता के परिणाम पर चुने गए जो परीक्षार्थी इस परीक्षा में उत्तीर्ण हो गए हों, उन्हें भर्ती के बाद आयोजित विभागीय हिंदी परीक्षा में बैठने और उसमें उत्तीर्ण होने की शर्त से छूट दी जाए।

अंक : जैसा कि समिति का सुझाव है, केंद्रीय मंत्रालयों का हिंदी प्रकाशनों में अंतरराष्ट्रीय अंकों के अतिरिक्त देवनागरी अंकों के प्रयोग के संबंध में एक आधारभूत नीति अपनाई जाए, जिसका निर्धारण इस आधार पर किया जाए कि वे प्रकाशन किस प्रकार की जनता के लिए हैं और उनकी विषयवस्तु क्या है। वैज्ञानिक, तकनीकी और सांख्यिकी प्रकाशनों में, जिसमें केंद्रीय सरकार का बजट संबंधी साहित्य भी शामिल है, बराबर अंतरराष्ट्रीय अंकों का प्रयोग किया जाए।

अधिनियमों, विधेयकों आदि की भाषा : (क) समिति ने राय दी है कि संसदीय विधियां अंग्रेजी में बनती रहें किंतु उनका प्रामाणिक हिंदी अनुवाद उपलब्ध कराया जाए।

संसदीय विधियां अंग्रेजी में तो रहें पर उनके प्रामाणिक हिंदी अनुवाद की व्यवस्था करने के लिए विधि मंत्रालय आवश्यक विधेयक उचित समय पर पेश करे। संसदीय विधियों का प्रादेशिक भाषाओं में अनुवाद कराने का प्रबंध भी विधि मंत्रालय करे।

(ख) समिति ने राय जाहिर की है कि जहाँ कहीं राज्य विधान मंडल में पेश किए गए विधेयकों या पास किए गए अधिनिययमों का मूल पाठ हिंदी से भिन्न किसी भाषा में है, वहां अनुच्छेद 348 के खंड (3) के अनुसार अंग्रेजी अनुवाद के अलावा उनका हिंदी अनुवाद भी प्रकाशित किया जाए।

राज्य की राजभाषा में पाठ के साथ-साथ राज्य विधेयकों, अधिनियमों और अन्य सांविधिक लिखितों के हिंदी अनुवाद के प्रकाशन के लिए आवश्यक विधेयक उचित समय पर पेश किया जाए।

उच्चतम न्यायालय और उच्च न्यायालयों की भाषा : राजभाषा आयोग ने सिफारिश की थी कि जहाँ तक उच्चतम न्यायालय की भाषा का सवाल है, परिवर्तन का समय आने पर उसकी भाषा अंततः हिंदी होनी चाहिए। समिति ने यह सिफारिश मान ली है।

आयोग ने उच्च न्यायालयों की भाषा के विषय में प्रादेशिक भाषाओं और हिंदी के पक्ष-विपक्ष में विचार किया और सिफारिश की कि जब भी इस परिवर्तन का समय आए, उच्च न्यायालयों के निर्णयों, आज्ञप्तियों (डिक्रियों) और आदेशों की भाषा सभी प्रदेशों में हिंदी होनी चाहिए किंतु समिति की राय है कि राष्ट्रपति की पूर्व सम्मति से आवश्यक विधेयक पेश करके यह व्यवस्था करने की गुंजाइश रहे कि उच्च न्यायालयों के निर्णयों, आज्ञप्तियों (डिक्रियों) और आदेशों के लिए उच्च न्यायालयों में हिंदी और राज्यों की राजभाषाएं विकल्पतः प्रयोग में लाई जा सकेंगी।

समिति की राय है कि उच्चतम न्यायालय अंततः अपना सब काम हिंदी में करे, यह सिद्धांत रूप में स्वीकार्य है और इसके संबंध में समुचित कार्रवाई उसी समय अपेक्षित होगी जब कि इस परिवर्तन के लिए समय आ जाएगा।

जैसा कि आयोग की सिफारिश में तरमीम करते हुए समिति ने सुझाव दिया है, उच्च न्यायालयों की भाषा के विषय में यह व्यवस्था करने के लिए आवश्यक विधेयक विधि मंत्रालय उचित समय पर राष्ट्रपति की पूर्व सम्मति से पेश करे कि निर्णयों, आज्ञप्तियों (डिक्रियों) और आदेशों के प्रयोजनों के लिए हिंदी और राज्यों की राजभाषाओं का प्रयोग विकल्पतः किया जा सकेगा।

विधि के क्षेत्र में हिंदी में काम करने के लिए आवश्यक आरंभिक उपाय : मानक विधि शब्दकोश तैयार करने, केंद्र तथा राज्य के विधान निर्माण से संबंधित सांविधिक ग्रंथ का पुनरधिनियमन करने, विधि शब्दावली तैयार करने की योजना बनाने और जिस संक्रमण काल में सांविधिक ग्रंथ और साथ ही निर्णयावधि अंशतः हिंदी और अंग्रेजी में होंगे, उस अवधि में प्रारंभिक कदम उठाने के बारे में आयोग ने जो सिफारिश की थी उन्हें समिति ने मान लिया है। साथ ही समिति ने यह सुझाव भी दिया है कि संविधियों के अनुवाद और विधि शब्दावली तथा कोशों से संबंधित सम्पूर्ण कार्यक्रम की समुचित योजना बनाने और उसे कार्यान्वित करने के लिए भारत की विभिन्न राष्ट्रभाषाओं का प्रतिनिधित्व करने वाले विशेषज्ञों

का एक स्थायी आयोग या इस प्रकार का कोई उच्च स्तरीय निकाय बनाया जाए। समिति ने यह राय भी जाहिर की है कि राज्य सरकारों को परामर्श दिया जाए कि वे भी केंद्रीय सरकार से राय लेकर इस संबंध में आवश्यक कार्रवाई करें।

समिति के सुझाव को दृष्टि में रखकर विधि मंत्रालय (यथासंभव सब भारतीय भाषाओं में प्रयोग के लिए) सर्वमान्य विधि शब्दावली की तैयारी और सांविधिक के हिंदी में अनुवाद संबंधी पूरे काम के लिए समुचित योजना बनाने और पूरा करने के लिए विधि विशेषज्ञों के एक स्थायी आयोग का गठन करे।

हिंदी के प्रगामी प्रयोग के लिए योजना या कार्यक्रम : समिति ने यह सुझाव दिया है कि संघ की राजभाषा के रूप में हिंदी के प्रगामी प्रयोग की योजना संघ सरकार बनाए और कार्यान्वित करे। संघ के राजकीय प्रयोजनों में से किसी के लिए अंग्रेजी के प्रयोग पर इस समय कोई रोक न लगाई जाए।

तदनुसार गृह मंत्रालय एक योजना या कार्यक्रम तैयार करे और उसे अमल में जाने के संबंध में आवश्यक कार्रवाई करे। इस योजना का उद्देश्य होगा संघीय प्रशासन में बिना कठिनाई के हिंदी के प्रगामी प्रयोग के लिए प्रारंभिक कदम उठाना और संविधान के अनुच्छेद 343 खंड (2) में किए गए उपबंध के अनुसार संघ के विभिन्न कार्यों में अंग्रेजी के अतिरिक्त हिंदी का प्रयोग कहां तक किया जा सकता है यह बात इन प्रारंभिक कार्रवाईयों की सफलता पर बहुत कुछ निर्भर करेगी। इस बीच प्राप्त अनुभव के आधार पर अंग्रेजी के अतिरिक्त हिंदी के वास्तविक प्रयोग की योजना पर समय-समय पर पुनर्विचार और उसमें हेर-फेर करना होगा।

अवधेश प्रसाद सिंह

अधिक जानकारी के लिए :
1. भारत सरकार के गृह मंत्रालय की दिनांक 27 अप्रैल 1960 की अधिरचना सं. 2.8.60, 2. **राजभाषा हिंदी :** भोलानाथ तिवारी, 3. **प्रयोजनमूलक हिंदी :** विनोद गोदरे

राजभाषा नियम, 1976

(यथासंशोधित 1987)

भारत सरकार द्वारा राजभाषा अधिनियम, 1963 की धारा 3 की उपधारा (4) के साथ पठित धारा 8 द्वारा प्रदत्त शक्तियों का प्रयोग करते हुए राजभाषा नियम, 1976 बनाया गया, जिसका उद्देश्य केंद्रीय सरकार के कार्यालयों में राजभाषा के प्रयोग को सुनिश्चित करना था। इस नियम को वर्ष 1987 में संशोधित किया गया। नियम के प्रावधान निम्न प्रकार से हैं :

1. संक्षिप्त नाम, विस्तार और प्रारंभ : (1) इन नियमों का संक्षिप्त नाम राजभाषा (संघ के शासकीय प्रयोजनों के लिए प्रयोग) नियम, 1976 है। (2) इनका विस्तार तमिलनाडु राज्य के सिवाय संपूर्ण भारत पर होगा। (3) ये राजपत्र में प्रकाशन की तारीख को प्रवृत्त होंगे।

2. **परिभाषाएं :** इन नियमों में जब तक कि संदर्भ से अन्यथा अपेक्षित न हो : (क) 'अधिनियम' से राजभाषा अधिनियम, 1963 (1963 का 19) अभिप्रेत है; (ख) 'केंद्रीय सरकार के कार्यालय' के अंतर्गत निम्नलिखित भी हैं : (i) 'केंद्रीय सरकार का कोई मंत्रालय, विभाग या कार्यालय (ii) केंद्रीय सरकार द्वारा नियुक्त किसी आयोग, समिति या अधिकरण का कोई कार्यालय; और (iii) केंद्रीय सरकार के स्वामित्व में या नियंत्रण के अधीन किसी निगम या कंपनी का कोई कार्यालय। (ग) 'कर्मचारी' से केंद्रीय सरकार के कार्यालय में नियोजित कोई व्यक्ति अभिप्रेत है ; (घ) 'अधिसूचित कार्यालय' से नियम 10 के उपनियम (4) के अधीन अधिसूचित कार्यालय, अभिप्रेत है; (ङ) 'हिंदी में प्रवीणता' से नियम 9 में वर्णित प्रवीणता अभिप्रेत हैं, (च) 'क्षेत्र क' से बिहार, हरियाणा, हिमाचल प्रदेश, मध्य प्रदेश, राजस्थान और उत्तर प्रदेश राज्य और अंडमान और निकोबार द्वीप समूह, दिल्ली संघ राज्य क्षेत्र अभिप्रेत हैं, (छ) क्षेत्र 'ख' से गुजरात, महाराष्ट्र और पंजाब

राज्य और चंडीगढ़ संघ राज्य क्षेत्र अभिप्रेत हैं, (ज) क्षेत्र 'ग' से खंड (च) और (छ) में निर्दिष्ट राज्यों और संघ राज्य क्षेत्रों से भिन्न राज्य तथा संघ राज्य क्षेत्र अभिप्रेत हैं। (झ) हिंदी का कार्यसाधक ज्ञान से नियम 10 में वर्णित कार्यसाधक ज्ञान अभिप्रेत है।

3. राज्यों आदि और केंद्रीय सरकार के कार्यालयों से भिन्न कार्यालयों के साथ पत्रादि : (1) केंद्रीय सरकार के कार्यालय से क्षेत्र 'क' में किसी राज्य या संघ राज्य क्षेत्र को या ऐसे राज्य या संघ राज्यक्षेत्र में किसी कार्यालय (जो केंद्रीय सरकार का कार्यालय न हो) या व्यक्ति को पत्रादि असाधारण दशाओं को छोड़कर हिंदी में होंगे और यदि उनमें से किसी कोई पत्रादि अंग्रेजी में भेजे जाते हैं तो उनके साथ उनका हिंदी अनुवाद भी भेजा जाएगा।

(2) केंद्रीय सरकार के कार्यालय से : (क) क्षेत्र 'ख' में किसी राज्य या संघ राज्य क्षेत्र (जो केंद्रीय सरकार का कार्यालय न हो) को पत्रादि सामान्यतया हिंदी में भेजे जाएंगे और यदि कोई पत्रादि अंग्रेजी में भेजे जाते हैं तो उनके साथ उनका हिंदी अनुवाद भी भेजा जाएगा। परंतु यदि कोई ऐसा राज्य या संघ राज्य क्षेत्र यह चाहता है कि किसी विशिष्ट वर्ग या प्रवर्ग के पत्रादि या उसके किसी कार्यालय के लिए आशयित पत्रादि संबद्ध राज्य या संघ राज्य क्षेत्र की सरकार द्वारा विनिर्दिष्ट अवधि तक अंग्रेजी या हिंदी में भेजे जाएं और उसके साथ किसी दूसरी भाषा में उनका अनुवाद भी भेजा जाए तो ऐसे पत्रादि उसी रीति से भेजे जाएंगे। (ख) क्षेत्र 'ख' के किसी राज्य या संघ राज्य क्षेत्र में किसी व्यक्ति को पत्रादि हिंदी या अंग्रेजी में भेजे जा सकते हैं।

(3) केंद्रीय सरकार के कार्यालय से क्षेत्र 'ग' में किसी राज्य या संघ राज्य क्षेत्र को या ऐसे राज्य में किसी कार्यालय (जो केंद्रीय सरकार का कार्यालय न हो) या व्यक्ति को प्रेषित पत्रादि अंग्रेजी में होंगे।

(4) उपनियम (1) और (2) में किसी बात के होते हुए भी क्षेत्र 'ग' में केंद्रीय सरकार के कार्यालय से क्षेत्र 'क' या 'ख' वर्णित किसी राज्य या संघ राज्य क्षेत्र को ऐसे राज्य में किसी कार्यालय (जो केंद्रीय सरकार का कार्यालय न हो) या व्यक्ति को पत्रादि हिंदी या अंग्रेजी में हो सकते हैं।

परंतु हिंदी में पत्रादि उस अनुपात में होंगे जो केंद्रीय सरकार ऐसे कार्यालयों में हिंदी का कार्यसाधक ज्ञान रखने वाले व्यक्तियों की संख्या, हिंदी में पत्रादि भेजने की सुविधाओं और उनसे आनुषंगिक बातों को ध्यान में रखते हुए समय-समय पर अवधारित करे।

4. **केंद्रीय सरकार के कार्यालयों के बीच पत्रादि :** (क) केंद्रीय सरकार के किसी एक मंत्रालय या विभाग और किसी दूसरे मंत्रालय या विभाग के बीच पत्रादि हिंदी या अंग्रेजी में हो सकते हैं। (ख) केंद्रीय सरकार के एक मंत्रालय या विभाग और क्षेत्र 'क' में स्थित संबद्ध या अधीनस्थ कार्यालयों के बीच पत्रादि हिंदी में होंगे और ऐसे अनुपात में होंगे जो केंद्रीय सरकार, ऐसे कार्यालयों में हिंदी का कार्यसाधक ज्ञान रखने वाले व्यक्तियों की संख्या, हिंदी में पत्रादि भेजने की सुविधाओं और उनसे संबंधित आनुषंगिक बातों को ध्यान में रखते हुए समय-समय पर अवधारित करे। (ग) क्षेत्र 'क' में स्थित केंद्रीय सरकार के ऐसे कार्यालयों के बीच, जो खंड (क) या खंड (ख) में निर्दिष्ट कार्यालयों से भिन्न हैं, पत्रादि हिंदी में होंगे। (घ) क्षेत्र 'क' में स्थित केंद्रीय सरकार के कार्यालयों और क्षेत्र 'ख' या 'ग' में स्थित केंद्रीय सरकार के कार्यालयों के बीच पत्रादि हिंदी या अंग्रेजी में हो सकते हैं।

परंतु ये पत्रादि हिंदी में उस अनुपात में होंगे जो केंद्रीय सरकार ऐसे कार्यालयों में हिंदी का कार्यसाधक ज्ञान रखने वाले व्यक्तियों की संख्या, हिंदी में पत्रादि भेजने की सुविधाओं और उससे आनुषंगिक बातों को ध्यान में रखते हुए समय-समय पर अवधारित करे। (ङ) क्षेत्र 'ख' या 'ग' में स्थित केंद्रीय सरकार के कार्यालयों के बीच पत्रादि हिंदी या अंग्रेजी में हो सकते हैं।

परंतु ये पत्रादि हिंदी में उस अनुपात में होंगे जो केंद्रीय सरकार ऐसे कार्यालयों में हिंदी का कार्यसाधक

ज्ञान रखने वाले व्यक्तियों की संख्या, हिंदी में पत्रादि भेजने की सुविधाओं और उससे आनुषंगिक बातों को ध्यान में रखते हुए समय-समय पर अवधारित करे; परंतु जहाँ ऐसे पत्रादि - (i) क्षेत्र 'क' या क्षेत्र 'ख' के किसी कार्यालय को संबोधित हैं वहां यदि आवश्यक हो तो उनका दूसरी भाषा में अनुवाद, पत्रादि प्राप्त करने के स्थान पर किया जाएगा; (ii) जहाँ पत्रादि क्षेत्र 'ग' के किसी कार्यालय को संबोधित हैं, वहां उनका दूसरी भाषा में अनुवाद, उनके साथ भेजा जाएगा; परंतु यह और कि यदि कोई पत्रादि किसी अधिसूचित कार्यालय को संबोधित हैं तो दूसरी भाषा में ऐसा अनुवाद उपलब्ध कराने की अपेक्षा नहीं की जाएगी।

5. **हिंदी में प्राप्त पत्रादि के उत्तर :** नियम 3 और नियम 4 में किसी बात के होते हुए भी, हिंदी में पत्रादि के उत्तर केंद्रीय सरकार के कार्यालय से हिंदी में दिए जाएंगे।

6. **हिंदी और अंग्रेजी दोनों का प्रयोग :** अधिनियम की धारा 3 की उपधारा (3) में निर्दिष्ट सभी दस्तावेजों के लिए हिंदी और अंग्रेजी दोनों का प्रयोग किया जाएगा और ऐसे दस्तावेजों पर हस्ताक्षर करने वाले व्यक्तियों का यह उत्तरदायित्व होगा कि वे यह सुनिश्चित करें कि ऐसे दस्तावेज हिंदी और अंग्रेजी दोनों ही में तैयार, निष्पादित और जारी किए जाते हैं।

7. **आवेदन, अभ्यावेदन आदि :** (1) कोई कर्मचारी आवेदन, अपील या अभ्यावेदन हिंदी या अंग्रेजी में कर सकता है। (2) जब उपनियम (1) में विनिर्दिष्ट कोई आवेदन, अपील या अभ्यावेदन हिंदी में किया गया हो या उस पर हिंदी में हस्ताक्षर किए गए हों तब उसका उत्तर हिंदी में दिया जाएगा। (3) यदि कोई कर्मचारी यह चाहता है कि सेवा संबंधी विषयों (जिनके अंतर्गत अनुशासनिक कार्यवाहियां भी हैं) से संबंधित कोई आदेश या सूचना जिनका कर्मचारी पर तामील किया जाना अपेक्षित है, यथास्थिति, हिंदी या अंग्रेजी में होनी चाहिए तो वह उसे बिना विलंब के उसी भाषा में दी जाएगी।

8. **केंद्रीय सरकार के कार्यालयों में टिप्पण :** (1) कोई कर्मचारी किसी फाइल पर टिप्पण या कार्यवृत्त हिंदी या अंग्रेजी में लिख सकता है और उससे यह अपेक्षा नहीं की जाएगी कि वह उसका अनुवाद दूसरी भाषा में प्रस्तुत करे। (2) केंद्रीय सरकार का कोई भी कर्मचारी, जो हिंदी का कार्यसाधक ज्ञान रखता है, हिंदी में किसी दस्तावेज के अंग्रेजी अनुवाद की मांग तभी कर सकता है, जब वह दस्तावेज विधिक या तकनीकी प्रकृति का है, अन्यथा नहीं। (3) यदि यह प्रश्न उठता है कि कोई विशिष्ट दस्तावेज विधिक या तकनीकी प्रकृति का है या नहीं तो विभाग या कार्यालय का प्रधान उसका विनिश्चय करेगा।

(4) उपनियम (1) में किसी बात के होते हुए भी, केंद्रीय सरकार आदेश द्वारा ऐसे अधिसूचित कार्यालयों को विनिर्दिष्ट कर सकती है जहाँ ऐसे कर्मचारियों द्वारा, जिन्हें हिंदी में प्रवीणता प्राप्त है, टिप्पण, प्ररूपण और ऐसे अन्य शासकीय प्रयोजनों के लिए, जो आदेश में विनिर्दिष्ट किए जाएं, केवल हिंदी का प्रयोग किया जाएगा।

9. हिंदी में प्रवीणता : यदि किसी कर्मचारी ने (क) मैट्रिक परीक्षा या उसके समतुल्य या उससे उच्चतर कोई परीक्षा हिंदी के माध्यम से उत्तीर्ण कर ली है; या (ख) स्नातक परीक्षा में अथवा स्नातक परीक्षा के समतुल्य या उससे उच्चतर किसी अन्य परीक्षा में हिंदी को एक वैकल्पिक विषय के रूप में लिया था; या (ग) यदि वह इन नियमों के उपाबद्ध प्ररूप में यह घोषणा करता है कि उसे हिंदी में प्रवीणता प्राप्त है; तो उसके बारे में यह समझा जाएगा कि उसने हिंदी में प्रवीणता प्राप्त कर ली है।

10. हिंदी का कार्यसाधक ज्ञान : (1) (क) यदि किसी कर्मचारी ने (i) मैट्रिक परीक्षा या उसके समतुल्य या उससे उच्चतर कोई परीक्षा हिंदी के माध्यम से उत्तीर्ण कर ली है; या (ii) केंद्रीय सरकार की हिंदी शिक्षण योजना के अंतर्गत आयोजित प्राज्ञ परीक्षा या, यदि उस सरकार द्वारा किसी विशिष्ट

प्रवर्ग के पदों के संबंध में उस योजना के अंतर्गत कोई निम्नतर परीक्षा विनिर्दिष्टहै, वह परीक्षा उत्तीर्ण कर ली है; या (iii) केंद्रीय सरकार द्वारा उस निमित्त विनिर्दिष्ट कोई अन्य परीक्षा उत्तीर्ण कर ली है; या (ख) यदि वह इन नियमों के उपाबद्ध प्रारूप में यह घोषणा करता है कि उसे हिंदी में प्रवीणता प्राप्त है; तो उसके बारे में यह समझा जाएगा कि उसने हिंदी में कार्यसाधक ज्ञान प्राप्त कर लिया है।

(2) यदि केंद्रीय सरकार के किसी कार्यालय में कार्य करने वाले कर्मचारियों में से अस्सी प्रतिशत ने हिंदी का ऐसा ज्ञान प्राप्त कर लिया है तो उस कार्यालय के कर्मचारियों के बारे में सामान्यतया यह समझा जाएगा कि उन्होंने हिंदी का कार्यसाधक ज्ञान प्राप्त कर लिया है।

(3) केंद्रीय सरकार या केंद्रीय सरकार द्वारा इस निमित्त विनिर्दिष्ट कोई अधिकारी यह अवधारित कर सकता है कि केंद्रीय सरकार के किसी कार्यालय के कर्मचारियों ने हिंदी का कार्यसाधक ज्ञान प्राप्त कर लिया है या नहीं।

(4) केंद्रीय सरकार के जिन कार्यालयों में कर्मचारियों ने हिंदी का कार्यसाधक ज्ञान प्राप्त कर लिया है उन कार्यालयों के नाम राजपत्र में अधिसूचित किए जाएंगे।

परंतु यदि केंद्रीय सरकार की राय है कि किसी अधिसूचित कार्यालय में काम करने वाले और हिंदी का कार्यसाधक ज्ञान रखने वाले कर्मचारियों का प्रतिशत किसी तारीख में उपनियम (2) में विनिर्दिष्ट प्रतिशत से कम हो गया है, तो वह राजपत्र में अधिसूचना द्वारा घोषित कर सकती है कि उक्त कार्यालय उस तारीख से अधिसूचित कार्यालय नहीं रह जाएगा।

11. मैनुअल, संहिताएं, प्रकिया संबंधी अन्य साहित्य, लेखन सामग्री आदि : (1) केंद्रीय सरकार के कार्यालयों से संबंधित सभी मैनुअल, संहिताओं और प्रक्रिया संबंधी अन्य साहित्य को हिंदी और अंग्रेजी में द्विभाषिक रूप में मुद्रित और प्रकाशित किया जाएगा। (2) केंद्रीय सरकार के किसी कार्यालय में प्रयोग किए जाने वाले रजिस्टरों के प्रारूप और शीर्षक हिंदी और अंग्रेजी में होंगे। (3) केंद्रीय सरकार के किसी कार्यालय में प्रयोग के लिए सभी नामपट्ट, सूचना पट्ट, पत्रशीर्ष और लिफाफों पर उत्कीर्ण लेख तथा लेखन सामग्री की अन्य मदें हिंदी और अंग्रेजी में लिखी जाएंगी तथा मुद्रित या उत्कीर्ण होंगी। परंतु यदि केंद्रीय सरकार ऐसा करना आवश्यक समझती है तो वह साधारण या विशेष आदेश द्वारा केंद्रीय सरकार के किसी कार्यालय को इस नियम के सभी या किन्हीं उपबंधों से छूट दे सकती है।

12. अनुपालन का उत्तरदायित्व : (1) केंद्रीय सरकार के प्रत्येक कार्यालय के प्रशासनिक प्रधान का यह उत्तरदायित्व होगा कि वह (i) यह सुनिश्चित करे कि अधिनियम और इन नियमों के उपबंधों और उपनियम (2) के अधीन जारी किए गए निदेशों का समुचित रूप से अनुपालन हो रहा है; और (त्त)इस प्रयोजन के लिए उपयुक्त और प्रभावकारी जांच के लिए उपाय करे। (3) केंद्रीय सरकार अधिनियम और इन नियमों के उपबंधों के सम्यक अनुपालन के लिए अपने कर्मचारियों और कार्यालय को समय-समय पर आवश्यक निदेश जारी कर सकती है।

अवधेश प्रसाद सिंह

अधिक जानकारी के लिए :
भारत का राजपत्र, भाग-1, खंड-1

राजभाषा संकल्प

राजभाषा अधिनियम को संशोधित करने के बाद भाषा नीति के संबंध में भारतीय संसद के दोनों सदनों द्वारा एक संकल्प भी सन 1968 में पारित किया गया, जिसे आम जानकारी के लिए भारत सरकार के गृह मंत्रालय ने दिनांक 18 जनवरी 1968 को प्रकाशित किया। इस संकल्प में कहा गया है :

'जबकि संविधान के अनुच्छेद 343 के अनुसार

संघ की राजभाषा हिंदी रहेगी और उसके अनुच्छेद 351 के अनुसार हिंदी भाषा की प्रसार-वृद्धि करना और उसका विकास करना ताकि वह भारत की सामासिक संस्कृति के सब तत्वों की अभिव्यक्ति का माध्यम हो सके, संघ का कर्तव्य है; यह सभा संकल्प करती है कि हिंदी के प्रसार एवं विकास की गति बढ़ाने के लिए तथा संघ के विभिन्न राजकीय प्रयोजनों के लिए उत्तरोत्तर इसके प्रयोग हेतु भारत सरकार द्वारा एक अधिक गहन एवं व्यापक कार्यक्रम तैयार किया जाएगा और उसे कार्यान्वित किया जाएगा और किए जाने वाले उपायों एवं की जाने वाली प्रगति की विस्तृत वार्षिक मूल्यांकन रिपोर्ट संसद की दोनों सभाओं के पटल पर रखी जाएगी और सब राज्य सरकारों को भेजी जाएगी।

2. जबकि संविधान की आठवीं अनुसूची में हिंदी के अतिरिक्त भारत की 14 मुख्य भाषाओं का उल्लेख किया गया है और देश की शैक्षणिक एवं सांस्कृतिक उन्नति के लिए यह आवश्यक है कि इन भाषाओं के पूर्ण विकास हेतु सामूहिक उपाय किए जाने चाहिए–

'यह सभा संकल्प करती है कि हिंदी के साथ-साथ इन सब भाषाओं के समन्वित विकास के लिए भारत सरकार द्वारा राज्य सरकारों के सहयोग से एक कार्यक्रम तैयार किया जाएगा और उसे कार्यान्वित किया जाएगा ताकि वे शीघ्र समृद्ध हों और आधुनिक ज्ञान के संचार का प्रभावी माध्यम बनें।'

3. जबकि एकता की भावना के संवर्धन तथा देश के विभिन्न भागों में जनता में संचार की सुविधा के लिए यह आवश्यक है कि भारत सरकार द्वारा राज्य सरकारों के परामर्श से तैयार किए गए त्रि-भाषा सूत्र को सभी राज्यों में पूर्णतः कार्यान्वित करने के लिए प्रभावी किया जाना चाहिए–

'यह सभा संकल्प करती है कि हिंदीभाषी क्षेत्रों में हिंदी तथा अंग्रेजी के अतिरिक्त एक आधुनिक भारतीय भाषा के दक्षिण भारत की भाषाओं में से किसी एक को तरजीह देते हुए और अहिंदीभाषी क्षेत्रों में प्रादेशिक भाषाओं एवं अंग्रेजी के साथ-साथ हिंदी के अध्ययन के लिए उस सूत्र के अनुसार प्रबन्ध किया जाना चाहिए।'

4. और जबकि यह सुनिश्चित करना आवश्यक है कि संघ की लोकसेवाओं के विषय में देश के विभिन्न भागों के लोगों के न्यायोचित दावों और हितों का पूर्ण परित्राण किया जाए–

यह सभा संकल्प करती है–(क) कि उन विशेष सेवाओं अथवा पदों को छोड़कर जिनके लिए ऐसी किसी सेवा अथवा पद के कर्तव्यों के संतोषजनक निष्पादन हेतु केवल अंग्रेजी अथवा केवल हिंदी अथवा दोनों, जैसी स्थिति हो, का उच्च स्तर का ज्ञान आवश्यक समझा जाए, संघ सेवाओं अथवा पदों के लिए भर्ती करने हेतु उम्मीदवारों के चयन के समय हिंदी अथवा अंग्रेजी में से किसी एक का ज्ञान अनिवार्यतः अपेक्षित होगा; और (ख) 'कि परीक्षाओं की भावी योजना, प्रक्रिया संबंधी पहलुओं एवं समय के विषय में संघ लोकसेवा आयोग के विचार जानने के पश्चात अखिल भारतीय एवं उच्चतर केंद्रीय सेवाओं संबंधी परीक्षाओं के लिए संविधान की आठवीं अनुसूची में सम्मिलित सभी भाषाओं तथा अंग्रेजी को वैकल्पिक माध्यम के रूप में रखने की अनुमति होगी।'

यही संकल्प संसद में सन 1991 में पुनः दोहराया गया। 1968 में पारित संकल्प के अनुसार गहन एवं व्यापक वार्षिक कार्यक्रमों का निर्धारण किया गया और भारत सरकार के गृह मंत्रालय के राजभाषा विभाग द्वारा उसका अनुपालन किया जाने लगा, जिसके तहत वार्षिक कार्यक्रम, वार्षिक मूल्यांकन रिपोर्ट तथा प्रचार-प्रसार हेतु कैलेंडर, पोस्टर आदि प्रकाशित किए जाते हैं। इसके साथ भारतीय भाषाओं के समन्वित विकास पर विशेष बल दिया गया, जिसके लिए मानव संसाधन विकास मंत्रालय के अंतर्गत केंद्रीय हिंदी निदेशालय, नई दिल्ली; केंद्रीय हिंदी संस्थान, आगरा; उर्दू तरक्किए बोर्ड, दिल्ली आदि की स्थापना की गई। इस संकल्प के अंतर्गत शिक्षा नीति में त्रिभाषा सूत्र को अपनाने पर बल दिया गया था। इस संकल्प में अंग्रेजी भाषा की अनिवार्यता

की समाप्ति पर भी बल दिया गया था। हालांकि इस दिशा में बहुत प्रगति नहीं हुई है।

इस संकल्प के अनुपालन की दिशा में उस समय एक आशाजनक प्रगति हुई जब 'भरती परीक्षाओं में हिंदी का विकल्प' पर संसदीय राजभाषा समिति के प्रतिवेदन के चतुर्थ खंड में की गई सिफारिश को मान लिया गया और राष्ट्रपति के आदेश (संकल्प सं. 12019/10/9-राजभाषा दिनांक 28.01.1992) द्वारा संबंधित विभागों को यह निर्देश दिया गया कि 'भरती परीक्षाओं में अंग्रेजी के प्रश्न-पत्र की अनिवार्यता को तुरंत समाप्त कर यह सुनिश्चित किया जाना चाहिए कि 18.01.1968 के संसद के संकल्प में की गई व्यवस्था का निष्ठापूर्वक अनुपालन किया जाए।'

इसके बावजूद संसद द्वारा पारित उक्त संकल्पों में से कइयों के अनुपालन के संबंध में अभी भी कार्रवाई की अपेक्षा बनी हुई है।

अवधेश प्रसाद सिंह

अधिक जानकारी के लिए :
भारत सरकार के गृह मंत्रालय द्वारा जारी संकल्प

राजभाषा हिंदी

संविधान में राजभाषा के संबंध में प्रावधान : भारत की स्वतंत्रता की संभावना को देखते हुए वर्ष 1946 में एक संविधान सभा का गठन किया गया था, जिसकी पहली बैठक 1 दिसंबर 1946 को हुई और 11 दिसंबर 1946 को राजेंद्र प्रसाद को इसका अध्यक्ष चुना गया। संविधान सभा द्वारा अन्य संवैधानिक स्थितियों के साथ-साथ देश की राजकाज की भाषा को लेकर विचार-विमर्श किया गया। संविधान सभा ने एक ऐसी भाषा की खोज प्रारंभ की, जिसे देश की केंद्रीय राजभाषा के रूप में अपनाया जा सके। उनकी सोच यह थी कि देश का राजकीय कामकाज उसी भाषा में हो, जिसे लगभग पूरा देश जानता-समझता हो और वह लोगों के बीच प्रचलित हो। वह भाषा लोगों के लिए बिलकुल अपरिचित या नई न हो ताकि लोगों को उसे सीखने या उसका प्रयोग करने में कठिनाई हो। संविधान सभा में लंबे विचार-विमर्श के बाद यह पाया गया कि देश में विविध भाषा-भाषी प्रदेशों की साझी संपर्क भाषा के रूप में हिंदी पहले से ही प्रचलित है।

26 नवंबर 1949 को संविधान सभा ने भारतीय संविधान को अंतिम रूप दिया और 26 जनवरी 1950 से वह देश में लागू हुआ। इस संविधान के भाग III, V, VI तथा XVII में भाषा के संबंध में विभिन्न उपबंध दिए गए हैं। इनमें भाग III के अनुच्छेद 29-30 में धर्म के आधार पर विभेद का निषेध तथा भाषाई अल्पसंख्यक वर्गों के हितों का संरक्षण किया गया है, भाग V के अनुच्छेद 120 में 'संसद की भाषा' तथा भाग VI के अनुच्छेद 210 में राज्यों की विधान सभाओं की भाषाओं के संबंध में प्रावधान हैं।

भारतीय संविधान के भाग XVII के चार अध्यायों में अनुच्छेद 343 से 351 तक भारत संघ की राजभाषा एवं अन्य मामलों से संबंधित प्रावधान किए गए हैं। इसके प्रथम अध्याय के अनुच्छेद 343 एवं 344 में भारतीय संघ की भाषा के संबंध में तथा द्वितीय अध्याय के अनुच्छेद 345, 346 और 347 में राजभाषा के रूप में प्रांतीय भाषाओं के प्रयोग के संबंध में प्रावधान किए गए हैं। तृतीय अध्याय के अनुच्छेद 348 एवं 349 में उच्च न्यायालयों एवं सर्वोच्च न्यायालय में प्रयोग की जाने वाली भाषा के संबंध में दिशानिर्देश हैं तथा चौथे अध्याय के अनुच्छेद 350 में देश के नागरिकों द्वारा उनकी शिकायत या व्यथा के निवारण के लिए शिकायत पत्र (अभ्यावेदन) में प्रयोग की जाने वाली भाषा के संबंध में दिशानिर्देश और 351 में हिंदी भाषा के विकास के संबंध में प्रावधान किए गए हैं।

संसद में प्रयोग की जाने वाली भाषा : संविधान के भाग V में संसद में प्रयोग की जाने वाली भाषा के संबंध में उपबंध किए गए हैं, जिनमें कहा गया है कि संविधान के अनुच्छेद 120 (1) भाग XVII में

किसी बात के होते हुए भी, किंतु अनुच्छेद 348 के उपबंधों के अधीन रहते हुए, संसद में कार्य हिंदी में या अंग्रेजी में किया जाएगा।

परंतु राज्यसभा का सभापति या लोक सभा का अध्यक्ष अथवा उस रूप में कार्य करने वाला व्यक्ति, जो भी स्थिति हो, किसी सदस्य को, जो हिंदी में या अंग्रेजी में अपनी बात पूरी तरह अभिव्यक्त नहीं कर सकता है, अपनी बात अपनी मातृभाषा में सदन के समक्ष प्रस्तुत करने की अनुज्ञा दे सकता है।

संविधान में यह प्रावधान किया गया कि यदि भारतीय संसद अन्य कोई कानून बनाकर इसमें संशोधन न करे तो संविधान के प्रारंभ होने की तारीख से 15 वर्ष की अवधि के बाद केवल हिंदी में राजकाज किए जाएंगे।

राज्यों के विधान मंडल की भाषा : भारतीय संविधान के भाग VI में राज्यों के विधान मंडल में प्रयोग की जाने वाली भाषा के संबंध में निम्नलिखित प्रावधान किए गए हैं :

संविधान के अनुच्छेद 210 (1) भाग XVII में किसी बात के होते हुए भी, किंतु अनुच्छेद 348 के उपबंधों के अधीन रहते हुए, राज्य के विधान मंडल में राज्य की राजभाषा या राजभाषाओं में या हिंदी में या अंग्रेजी में कार्य किया जाएगा, परंतु विधानसभा का अध्यक्ष या विधान परिषद का सभापति अथवा उस रूप में कार्य करने वाला व्यक्ति, जो भी स्थिति हो, किसी सदस्य को, जो हिंदी में या अंग्रेजी में अपनी बात को अच्छी तरह अभिव्यक्त नहीं कर सकता है, अपनी मातृभाषा में सदन में प्रस्तुत करने की अनुज्ञा दे सकता है।

इसी अनुच्छेद में यह भी कहा गया कि जब तक राज्य का विधान मंडल अन्य कोई कानून बनाकर इसमें संशोधन न करे तो संविधान के प्रारंभ होने की तारीख से 15 वर्ष की अवधि के बाद केवल हिंदी में राजकाज किए जाएंगे।

परंतु हिमाचल प्रदेश, मणिपुर, मेघालय और त्रिपुरा के राज्य विधान मंडलों के मामले में यह कहा गया कि जब तक राज्य का विधान मंडल अन्य कोई कानून बनाकर इसमें संशोधन न करे तो संविधान के प्रारंभ होने की तारीख से 25 वर्ष की अवधि के बाद केवल हिंदी में राजकाज किया जाएगा।

भारत संघ की राजभाषा : भारतीय संविधान के निर्माताओं के सामने एक बड़ी समस्या भारत की किसी भाषा को राष्ट्रभाषा के रूप में अथवा संघ की राजभाषा के रूप में प्रतिष्ठित करने को लेकर थी। अंततः संविधान के भाग XVII में संघ की राजभाषा के संबंध में अनुच्छेद 343 से लेकर 351 तक में निम्नलिखित प्रावधान किए गए हैं, जो देश में राजभाषा के प्रयोग की वैधानिक स्थिति को प्रकट करते हैं :

संविधान के अनुच्छेद 343 के खंड 1 में कहा गया है कि संघ की राजभाषा हिंदी और लिपि देवनागरी होगी और संघ के शासकीय प्रयोजनों के लिए प्रयोग होने वाले अंकों का रूप भारतीय अंकों का अंतरराष्ट्रीय रूप (1, 2, 3, 4, 5, 6, 7, 8, 9, 10) होगा।

इस खंड में यह अनुमति भी दी गई है कि संविधान के लागू होने की तारीख से अगले 15 वर्षों तक अंग्रेजी का प्रयोग किया जाता रहेगा और उसके बाद भी संसदीय विधि द्वारा अंग्रेजी भाषा के या अंकों के देवनागरी रूप के प्रयोग का उपबंध किन्हीं विशिष्ट प्रयोजन के लिए कर सकेगी। इसके लिए संविधान के अनुच्छेद 343 के खंड 2 एवं खंड 3 में प्रावधान किए गए, जिनमें कहा गया है कि उक्त खंड 1 में किसी बात के होते हुए भी इस संविधान के प्रारंभ से 15 वर्ष की अवधि तक संघ के उन सभी शासकीय प्रयोजनों के लिए अंग्रेजी भाषा का प्रयोग किया जाता रहेगा, जिनके लिए उसका प्रयोग इसके पहले किया जा रहा था। परंतु राष्ट्रपति उक्त अवधि के दौरान आदेश द्वारा संघ के शासकीय प्रयोजनों में से किसी के लिए अंग्रेजी भाषा के अतिरिक्त हिंदी भाषा का और भारतीय अंकों के अंतरराष्ट्रीय रूप के अतिरिक्त देवनागरी रूप का प्रयोग प्राधिकृत कर सकेंगे।

संविधान के अनुच्छेद 343 के खंड 3 में कहा गया है कि इस अनुच्छेद में किसी बात के होते हुए भी संसद 15 वर्ष की अवधि के समाप्त होने के बाद भी चाहे तो विधि द्वारा अंग्रेजी भाषा या अंकों के देवनागरी रूप के प्रयोग को जारी रखने के लिए उपबंध कर सकती है।

इस प्रावधान के फलस्वरूप हिंदी को राजभाषा स्वीकार करने के बाद भी संघीय प्रयोजनों के लिए हिंदी के प्रयोग के संबंध में अप्रत्यक्ष रूप से अनिश्चय की स्थिति उत्पन्न कर दी गई और अंग्रेजी के प्रयोग को जारी रखने के लिए रास्ता खोल दिया।

राजभाषा आयोग और संसदीय समिति : संविधान के अनुच्छेद 344 के खंड (1) में कहा गया है कि राष्ट्रपति इस संविधान के प्रारंभ से 5 वर्ष की समाप्ति पर और तत्पश्चात ऐसे प्रारंभ से 10 वर्ष की समाप्ति पर, आदेश द्वारा एक आयोग गठित करेंगे, जो एक अध्यक्ष और आठवीं अनुसूची में विनिर्दिष्ट विभिन्न भाषाओं का प्रतिनिधित्व करने वाले ऐसे अन्य सदस्यों से मिलकर बनेगा, जिनको राष्ट्रपति नियुक्त करेंगे। इस आदेश में आयोग द्वारा अनुसरण की जाने वाली प्रक्रियाएं सुनिश्चित की जाएंगी।

अनुच्छेद 344 के खंड (2) में कहा गया है कि आयोग का यह कर्तव्य होगा कि वह राष्ट्रपति को (क) संघ के शासकीय प्रयोजनों के लिए हिंदी भाषा के अधिकाधिक प्रयोग; (ख) संघ के सभी या किन्हीं शासकीय प्रयोजनों के लिए अंग्रेजी भाषा के प्रयोग पर निबंधनों; (ग) अनुच्छेद 348 में उल्लिखित सभी या किन्हीं प्रयोजनों के लिए प्रयोग की जाने वाली भाषा; (घ) संघ के किसी एक या अधिक विनिर्दिष्ट प्रयोजनों के लिए प्रयोग किए जाने वाले अंकों के रूप; एवं (ङ) संघ की राजभाषा तथा संघ और किसी राज्य के बीच या एक राज्य और दूसरे राज्य के बीच पत्रादि की भाषा और उनके प्रयोग के संबंध में राष्ट्रपति द्वारा आयोग को निर्देशित किए गए किसी अन्य विषय के बारे में सिफारिश करे।

अनुच्छेद 344 के खंड (3) में कहा गया है कि ऊपर के खण्ड (2) के अधीन अपनी सिफारिशें करने में आयोग भारत की औद्योगिक, सांस्कृतिक और वैज्ञानिक उन्नति और लोकसेवाओं के संबंध में अहिंदीभाषी क्षेत्रों के व्यक्तियों के न्यायसंगत दावों और हितों का सम्यक ध्यान रखेगा।

अनुच्छेद 344 के खंड (4) में कहा गया है कि सरकार द्वारा एक समिति गठित की जाएगी जो तीस सदस्यों से मिलकर बनेगी, जिनमें से बीस लोकसभा के सदस्य होंगे और दस राज्यसभा के सदस्य होंगे जो क्रमशः लोकसभा के सदस्यों और राज्यसभा के सदस्यों द्वारा आनुपातिक प्रतिनिधित्व पद्धति के अनुसार एकल संक्रमणीय मत द्वारा निर्वाचित होंगे।

अनुच्छेद 344 के खंड (5) में कहा गया है कि उक्त प्रकार से निर्मित समिति का यह कर्तव्य होगा कि यह खण्ड (1) के अधीन गठित आयोग की सिफारिशों की जांच करे और राष्ट्रपति को उन पर अपनी राय के बारे में अपना प्रतिवेदन (रिपोर्ट) दे।

अनुच्छेद 344 के खंड (6) में कहा गया है कि अनुच्छेद 343 में किसी बात के होते हुए भी, राष्ट्रपति खण्ड (5) में निर्दिष्ट प्रतिवेदन पर विचार करने के पश्चात उस संपूर्ण रिपोर्ट के या उसके किसी भाग के अनुसार निर्देश दे सकेंगे।

राज्यों की राजभाषा या राजभाषाएं : संविधान के अनुच्छेद 345 में यह प्रावधान किया गया है कि राज्य का विधान मंडल अनुच्छेद 346 और 347 के उपबंधों के अधीन रहते हुए उस राज्य में प्रयोग होने वाली भाषाओं में से किसी एक या अधिक भाषाओं को या हिंदी को विधि द्वारा उस राज्य के सभी या किन्हीं राजकीय प्रयोजनों के लिए प्रयोग की जाने वाली भाषा या भाषाओं के रूप में अंगीकार कर सकेगा; परंतु जब तक राज्य का विधान मंडल विधि द्वारा अन्यथा उपबंध न करे, तब तक राज्य के भीतर उन शासकीय प्रयोजनों के लिए अंग्रेजी भाषा का प्रयोग किया जाता रहेगा, जिनके लिए उसका इस संविधान के प्रारंभ से ठीक पहले प्रयोग किया जा रहा था।

एक राज्य और दूसरे राज्य के बीच या राज्य और संघ के बीच पत्रादि की भाषा : अनुच्छेद 346 में कहा गया है कि संघ में शासकीय प्रयोजनों के लिए प्रयोग किए जाने के लिए उस समय प्राधिकृत भाषा एक राज्य और दूसरे राज्य के बीच तथा किसी राज्य और संघ के बीच पत्रादि की राजभाषा होगी;

परंतु यदि दो या अधिक राज्य यह करार करते हैं कि उन राज्यों के बीच पत्रादि की राजभाषा हिंदी भाषा होगी तो ऐसे पत्रादि के लिए उस भाषा का प्रयोग किया जा सकता है।

किसी राज्य के जनसमुदाय के किसी भाग द्वारा बोली जाने वाली भाषा के संबंध में विशेष उपबंध : अनुच्छेद 347 के अनुसार यदि इस संबंध में मांग किए जाने पर राष्ट्रपति को यह समाधान हो जाता है कि किसी राज्य की जनसंख्या का पर्याप्त भाग यह चाहता है कि उसके द्वारा बोली जाने वाली भाषा को राज्य द्वारा मान्यता दी जाए तो वह निदेश दे सकेगा कि ऐसी भाषा को भी उस राज्य में सर्वत्र या उसके किसी भाग में ऐसे प्रयोजन के लिए, जो वह विनिर्दिष्ट करे, शासकीय मान्यता दी जाए।

उच्चतम न्यायालय, उच्च न्यायालयों आदि की भाषा : भारतीय संविधान द्वारा उच्चतम न्यायालय और उच्च न्यायालयों में तथा संसद द्वारा बनाए गए अधिनियमों, विधेयकों आदि में प्रयोग की जाने वाली भाषा के संबंध में निम्नलिखित प्रावधान किए गए हैं : **संविधान के अनुच्छेद 348** के खंड (1) में कहा गया है कि इस भाग के पूर्वगामी उपबंधों में किसी बात के होते हुए भी जब तक संसदीय विधि द्वारा अन्यथा उपबन्ध न करे, तब तक (क) उच्चतम न्यायालय और प्रत्येक उच्च न्यायालय में सभी कार्यवाहियां अंग्रेजी भाषा में होंगी; (ख) (1) संसद के प्रत्येक सदन या किसी राज्य विधानमण्डल के सदन या प्रत्येक सदन में पुनः स्थापित किए जाने वाले सभी विधेयकों या प्रस्तावित किए जाने वाले उनके संशोधनों के, (2) संसद या किसी राज्य के विधान मण्डल द्वारा पारित सभी अधिनियमों के और राष्ट्रपति या किसी राज्य के राज्यपाल द्वारा प्रख्यापित सभी अध्यादेशों के, और (3) इस संविधान के अधीन अथवा संसद या किसी राज्य के विधान मंडल द्वारा बनाई गई किसी विधि के अधीन जारी किए गए या बनाए गए सभी आदेशों, नियमों, विनियमों और उपविधियों के प्राधिकृत पाठ अंग्रेजी भाषा में होंगे।

अनुच्छेद 348 के खंड (2) में कहा गया कि उक्त खण्ड (1) के उपखण्ड (क) में किसी बात के होते हुए भी, किसी राज्य का राज्यपाल राष्ट्रपति की पूर्व सहमति से उस उच्च न्यायालय की कार्यवाहियों में, जिसका मुख्य स्थान उस राज्य में है, हिंदी भाषा का या उस राज्य के शासकीय प्रयोजनों के लिए प्रयोग होने वाली किसी अन्य भाषा का प्रयोग प्राधिकृत कर सकेगा, परंतु इस खण्ड की कोई बात ऐसे उच्च न्यायालय द्वारा दिए गए किसी निर्णय, डिक्री या आदेश पर लागू नहीं होगी।

अनुच्छेद 348 के खंड (3) में कहा गया है कि उक्त खण्ड (1) के उपखण्ड (ख) में किसी बात के होते हुए भी जहाँ किसी राज्य के विधान मण्डल ने उस विधान मण्डल में पुनः स्थापित विधेयकों या उसके द्वारा पारित अधिनियम में अथवा उस राज्य के राज्यपाल द्वारा प्रख्यापित अध्यादेशों में अथवा उस उपखण्ड के पैरा (3) में निर्दिष्ट किसी आदेश, नियम, विनियम या उपविधि में प्रयोग के लिए अंग्रेजी भाषा से भिन्न कोई भाषा विहित की है, वहां उस राज्य के राजपत्र में उस राज्य के राज्यपाल के प्राधिकार से प्रकाशित अंग्रेजी भाषा में उसका अनुवाद इस अनुच्छेद के अधीन उसका अंग्रेजी भाषा में प्राधिकृत पाठ समझा जाएगा।

भाषा से संबंधित कोई विधेयक या अधिनियम बनाने के लिए प्रावधान : संविधान के अनुच्छेद 349 में कहा गया है कि भारत के संविधान के लागू होने से 15 वर्ष की अवधि के दौरान अनुच्छेद 348 के खण्ड (1) में उल्लिखित किसी प्रयोजन के लिए प्रयोग की जाने वाली भाषा के लिए उपबंध करने वाला कोई विधेयक या संशोधन संसद के किसी सदन

में राष्ट्रपति की पूर्व मंजूरी के बिना पुनःस्थापित या प्रस्तावित नहीं किया जाएगा और राष्ट्रपति किसी ऐसे विधेयक को पुनःस्थापित या किसी ऐसे संशोधन को प्रस्तावित किए जाने की मंजूरी अनुच्छेद 344 के खण्ड (1) के अधीन गठित आयोग की सिफारिशों पर और उस अनुच्छेद के खंड (4) के अधीन गठित समिति के प्रतिवेदन पर विचार करने के पश्चात ही देंगे, अन्यथा नहीं।

शिकायत के निवारण के लिए अभ्यावेदन में प्रयोग की जाने वाली भाषा : संविधान के अनुच्छेद 350 में कहा गया है कि देश का कोई भी नागरिक अपनी शिकायत के निवारण के लिए संघ या राज्य के किसी अधिकारी या प्राधिकारी को उस राज्य में प्रयोग की जाने वाली किसी भाषा में शिकायत पत्र (अभ्यावेदन) दे सकता है।

तात्पर्य यह कि कोई भी व्यक्ति किसी सरकारी कार्यालय में अपनी कोई भी शिकायत उस राज्य में सरकार द्वारा मान्यता-प्राप्त किसी भी भाषा में अपनी व्यथा या शिकायत को लिखकर दे सकता है और कोई भी सरकारी कार्यालय उससे यह अपेक्षा नहीं करेगा कि वह अंग्रेजी या किसी अन्य भाषा में अपना आवेदन या अभ्यावेदन या शिकायत पत्र दे। इस प्रावधान के अनुसार प्रत्येक राज्य में स्थित कार्यालय अपने राज्य की भाषा में प्राप्त शिकायत पत्र का उत्तर देने के लिए बाध्य होगा। इसके अतिरिक्त किसी भी राज्य में स्थित केंद्रीय सरकार के कार्यालय में कोई भी व्यक्ति हिंदी या अंग्रेजी में अपना शिकायत पत्र, अभ्यावेदन आदि दे सकता है और वह कार्यालय उसे उत्तर देने के लिए बाध्य होगा।

प्राथमिक स्तर पर मातृभाषा में शिक्षा की व्यवस्था : अनुच्छेद 350 के उपखंड (क) में प्राथमिक स्तर पर मातृभाषा में शिक्षा की सुविधाएं प्रदान करने के उद्देश्य से प्रावधान किया गया है। इसमें कहा गया है कि प्रत्येक राज्य और राज्य के भीतर प्रत्येक स्थानीय प्राधिकारी भाषाई अल्पसंख्यक वर्गों के बालकों को शिक्षा के प्राथमिक स्तर पर मातृभाषा में शिक्षा की पर्याप्त सुविधाओं की व्यवस्था करने का प्रयास करेगा और राष्ट्रपति किसी राज्य को ऐसे निदेश दे सकेंगे, जिन्हें वे ऐसी सुविधाओं का उपबंध सुनिश्चित कराने के लिए आवश्यक या उचित समझते हैं।

भाषाई अल्पसंख्यक वर्गों के लिए विशेष अधिकारी : अनुच्छेद 350 के उपखंड (ख) में भाषाई अल्पसंख्यक वर्गों के लिए विशेष अधिकारी की नियुक्ति के लिए प्रावधान किया गया है। इसके मद (1) में कहा गया है कि भाषाई अल्पसंख्यक वर्गों के लिए एक विशेष अधिकारी होगा, जिसे राष्ट्रपति नियुक्त करेंगे।

मद (2) में कहा गया है कि विशेष अधिकारी का यह कर्तव्य होगा कि वह इस संविधान के अधीन भाषाई अल्पसंख्यक वर्गों के लिए उपबंधित रक्षा के उपायों से संबंधित सभी विषयों का अन्वेषण करे और उन विषयों के संबंध में ऐसे अंतराल पर जिसे राष्ट्रपति निर्दिष्ट करेंगे, राष्ट्रपति को प्रतिवेदन दे और राष्ट्रपति ऐसे सभी प्रतिवेदनों को संसद के प्रत्येक सदन के समक्ष रखवाएंगे और संबंधित राज्यों की सरकारों को भिजवाएंगे।

हिंदी भाषा के विकास के लिए विशेष निदेश : संविधान के अनुच्छेद 351 में कहा गया है कि संघ का यह कर्तव्य होगा कि वह हिंदी भाषा का प्रसार बढ़ाए, उसका विकास करे ताकि वह भारत की सामासिक संस्कृति के सभी तत्वों की अभिव्यक्ति का माध्यम बन सके और उसकी प्रकृति में हस्तक्षेप किए बिना हिंदुस्तानी में और आठवीं अनुसूची में विनिर्दिष्ट भारत की अन्य भाषाओं में प्रयुक्त रूप, शैली और पदों को आत्मसात करते हुए और जहाँ आवश्यक या वांछनीय हो, वहां उसके शब्द-भण्डार के लिए मुख्यतः संस्कृत से और गौणतः अन्य भाषाओं से शब्द ग्रहण करते हुए उसकी समृद्धि सुनिश्चित करे।

अवधेश प्रसाद सिंह

अधिक जानकारी के लिए :
भारत का संविधान, भाग-v, vi, xvii

राजशेखर

(दसवीं सदी)

प्रसिद्ध काव्याशास्त्रीय ग्रंथ 'काव्यमीमांसा' के लेखक राजशेखर का समय दसवीं शताब्दी के आरंभ का है और इनका निवास स्थान विदर्भ है किंतु इनका कार्यक्षेत्र कान्यकुब्ज या कन्नौज रहा। कन्नौज के प्रतिहारवंशी राजा महेंद्रपाल और महिपाल इनके शिष्य थे। ये अपने को यायावरीय लिखते हैं जिसका अर्थ है कि ये यायावर वंश में उत्पन्न हुए थे। इनके द्वारा लिखित 'बाल रामायण' के अनुसार यायावर वंश में इनके पितामह अकालजलद कविराज हो चुके थे जो महाराष्ट्र के थे। इनके पिता का नाम दुर्दुक था जिन्हें महामंत्री की उपाधि मिली थी। इसलिए इनमें कवित्व व शास्त्रीय प्रतिभा वंश-परंपरागत थी। इनकी पत्नी भी बड़ी विदुषी थीं। उनका नाम अवंतिसुंदरी था। राजशेखर ने काव्यमीमांसा में कई जगह पर इनके साहित्यिक मतों का उल्लेख किया है।

राजशेखर मुख्य रूप से कवि व नाटककार थे। उन्होंने चार नाटकों की रचना की है : बाल रामायण, बाल भारत, बिद्धशाल भंजिका और कर्पूरमंजरी। कर्पूरमंजरी प्राकृत भाषा में लिखा गया नाटक है। 'काव्यमीमांसा' राजशेखर का काव्यशास्त्रीय ग्रंथ है जिसमें अठारह अध्याय हैं। इसके पहले अध्याय 'शास्त्र संग्रह' में बतलाया गया है कि काव्यमीमांसा की शिक्षा शिव ने ब्रह्मा को दी, फिर ब्रह्मा से शिष्य-परंपरा द्वारा इसके अठारह विषयों को अठारह लेखकों ने अठारह ग्रंथों में अलग-अलग लिखा। उन सभी को राजशेखर ने एक ही ग्रंथ में अठारह अध्यायों में संक्षेप में प्रस्तुत किया।

'काव्यमीमांसा' के अठारह विषयों का समवेत अध्ययन बताता है कि यह ग्रंथ अपने पूर्ववर्ती ग्रंथों से एकदम अलग और विशिष्ट संग्रह ग्रंथ है जो एक कवि के लिए उपयोगी जानकारी देने वाले किसी विश्वकोश-सा प्रतीत होता है। इस रूप में राजशेखर एक स्वतंत्र 'कवि शिक्षा संप्रदाय' के प्रवर्तक माने जाते हैं।

श्रीप्रकाश शुक्ल

राजस्थान

भू-प्रदेश : भारत के पश्चिम भाग में स्थित राजस्थान का भौगोलिक, ऐतिहासिक एवं प्राकृतिक वैविध्य अनोखा है। एक ओर दूर-दूर तक फैली अरावली की श्रृंखलाएं हैं, तो दूसरी ओर विराट मरुस्थल। एक ओर पूर्वांचल और दक्षिणांचल हरीतिमा के वैभव से युक्त है, तो दूसरी ओर बियाबान मरु के टीलों का अखंड साम्राज्य। क्षेत्रफल की दृष्टि से यह भारत का सबसे बड़ा राज्य है, जिसका क्षेत्रफल 3,42,239 वर्ग किमी है। इसके पश्चिम में पाकिस्तान, दक्षिण-पश्चिम में गुजरात, दक्षिण-पूर्व में मध्य प्रदेश, उत्तर में पंजाब, उत्तर-पूर्व में उत्तर प्रदेश और हरियाणा राज्य हैं। यह राज्य 23.3 डिग्री से 30.12 डिग्री अक्षांश और 69.30 डिग्री से 78.17 डिग्री देशांतर के बीच स्थित है। राजस्थान शब्द का अर्थ है 'राजाओं का स्थान'। अरावली की पहाड़ियां इसे दो प्राकृतिक हिस्सों में बांटती हैं—उत्तर-पश्चिम का रेगिस्तानी भाग, जिसमें थार मरुस्थल और घग्गर नदी का अंतिम छोर है और दक्षिण-पूर्व का अरावली के आसपास का उपजाऊ भाग। भौगोलिक विविधताओं से भरे इस क्षेत्र में विस्तृत पर्वत श्रृंखलाएं, जंगली क्षेत्र, बड़ी-बड़ी नदियां, उपजाऊ पठारी जमीन और उत्कृष्ट-उपजाऊ भूमि-क्षेत्र हैं। इस राज्य का 58 प्रतिशत भाग बंजर एवं 36 प्रतिशत भाग अर्धबंजर है। 2011 की जनगणना के अनुसार राजस्थान की जनसंख्या 6,86,21,012 है,

जिसमें पुरुषों की संख्या 3,56,20,086 एवं महिलाओं की संख्या 3,30,00,926 है।

राजस्थान की राजधानी जयपुर है, जो राज्य का सबसे बड़ा नगर है। अन्य बड़े नगर हैं जोधपुर, अजमेर और उदयपुर। राजस्थान की राजभाषा हिंदी है। इसके अतिरिक्त जयपुरी, मारवाड़ी, मालवी, मेवाती आदि बोलियां भी यहां विभिन्न अंचलों में बोली जाती हैं। वर्ष 1996-97 में राज्य में गांवों की संख्या 37,889 और नगरों तथा कस्बों की संख्या 222 थी। राज्य में 33 जिला परिषदें, 235 पंचायत समितियां और 9,125 ग्राम पंचायतें हैं। नगर निगम चार और सभी श्रेणी की नगरपालिकाएं 140 हैं।

1829 में कर्नल टॉड ने राजस्थान शब्द का प्रयोग उस भाग के लिए किया था जिसके लिए 1800 में जॉर्ज थॉमस ने 'मिलिट्री मेमोयर्स' में 'राजपूताना' शब्द का प्रयोग किया था। अतः ब्रिटिश काल में राजस्थान 'राजपूताना' नाम से जाना जाता था। हालांकि सतरहवीं शताब्दी की रचना 'मुहत नैणसी री ख्यात' में राजस्थान शब्द राजधानी के अर्थ में प्रयुक्त हुआ है। कालांतर में राजस्थान शब्द को एक प्रदेश के नाम के रूप में स्वीकार कर लिया गया। राजस्थान के अधिकांश तत्कालीन क्षेत्रों के नाम वहां बोली जाने वाली प्रमुख बोलियों पर रखे गए थे। उदाहरणार्थ—ढूंढाड़ी-बोली के इलाकों को ढूंढाड़ (जयपुर) कहते हैं। 'मेवाती' बोली वाले निकटवर्ती भू-भाग अलवर को 'मेवात', उदयपुर क्षेत्र में बोली जाने वाली बोली 'मेवाड़ी' के कारण उदयपुर को मेवाड़, 'मारवाड़ी' बोली के कारण बीकानेर-जोधपुर इलाके को 'मारवाड़' और 'वागड़ी' बोली पर ही डूंगरपुर-बांसवाडा आदि को 'वागड़' कहा जाता रहा है। डूंगरपुर तथा उदयपुर के दक्षिणी भाग में प्राचीन 56 गांवों के समूह को 'छप्पन' नाम से जानते हैं। माही नदी के तटीय भू-भाग को 'कोयल' तथा अजमेर के पास वाले पठारी भाग को 'उपरमाल' की संज्ञा दी गई है। राजस्थान की प्रमुख जातियों में राजपूत, वैश्य, भील और मीणा हैं। अन्य प्रमुख जनजातियों में गरासिया, सहरिया शामिल हैं।

इतिहास : राजस्थान का इतिहास प्रागैतिहासिक काल से प्रारंभ होता है। ईसा पूर्व 3000 से 1000 के बीच यहां की संस्कृति सिंधु घाटी जैसी थी। महाभारत में मत्स्य राज्य का उल्लेख किया गया है, जिसका पूर्वी राजस्थान और जयपुर के बड़े हिस्से पर शासन था। उसकी राजधानी बैराठ अर्थात विराटनगर थी। अशोक के दो शिलालेखों में इस क्षेत्र का उल्लेख है। ऐतिहासिक दृष्टि से ईसा-पूर्व चौथी सदी और उसके पहले यह क्षेत्र कई छोटे-छोटे गणराज्यों में बंटा था। इनमें दो प्रधान गणराज्य मालवा और शिवि थे। राजस्थान के निर्माण में राजपूत, जाट, मीना, गुर्जर, भील, चारण, विश्नोई, सरमल, फूलमाली आदि की बड़ी भूमिका थी। प्राचीन समय में राजस्थान में मीण वंश के राजाओं का शासन था। मीणा राजा अंबर जयपुर सहित राजस्थान के प्रमुख भागों के प्रारंभिक शासक थे। आठवीं सदी में संपूर्ण राजस्थान में गुर्जरों एवं प्रतिहारों का ताकतवर शक्ति के रूप में उदय हुआ, जिन्होंने बारहवीं सदी तक राजस्थान पर शासन किया।

गुजरात तथा राजस्थान का अधिकांश भाग गुर्जरात्र अर्थात गुर्जरों द्वारा रक्षित देश के नाम से जाना जाता था। बाद में जब राजपूतों ने इस राज्य के विविध भागों पर अपना आधिपत्य जमा लिया तो उन भागों का नामकरण अपने-अपने वंश, क्षेत्र की प्रमुख बोली अथवा स्थान के अनुरूप कर दिया। ये राज्य थे—उदयपुर, डूंगरपुर, बांसवाड़ा, प्रतापगढ़, जोधपुर, बीकानेर, किशनगढ़, सिरोही, कोटा, बूंदी, जयपुर, अलवर, भरतपुर, करौली, झालावाड़ और टोंक। 1193 में शहाबुद्दीन गोरी से पृथ्वीराज की हार हुई। 1527 में बाबर से राणा सांगा की पराजय के बाद यहां मुगलों का साम्राज्य स्थापित हुआ। 1576 में हल्दीघाटी में महाराणा प्रताप और अकबर के बीच युद्ध हुआ, जिसमें अकबर की विजय हुई। इस प्रकार 1615 तक लगभग संपूर्ण राजस्थान मुगलों के अधीन आ गया। 1712 में औरंगजेब के दूसरे पुत्र बहादुरशाह प्रथम की मृत्यु के बाद मुगल साम्राज्य का पतन प्रारंभ हो गया। 1751-92 तक राजपूत-मराठों

के बीच संघर्ष चलता रहा। 1755 तक मराठों ने मुगलकालीन राज्य अजमेर पर अधिकार कर लिया। 1818 में राजस्थान के अधिकांश राजाओं के साथ ब्रिटिश ईस्ट इंडिया कंपनी के संधि-समझौतों के बाद राजस्थान में यह संघर्ष समाप्त हुआ। 1818 से लेकर 1857 तक का काल राजस्थान के लिए परिवर्तन का काल था। राजपूत शासक अंग्रेजों को अपना रक्षक मानते थे, अतः प्रथम स्वतंत्रता संग्राम में उन्होंने अंग्रेजी साम्राज्य के प्रति वफादारी दिखाई थी।

भारत की आजादी के समय राजपूताना में कुल बाईस देशी रियासतें थीं। आजादी के बाद राजस्थान 30 मार्च 1949 को भारत का एक ऐसा प्रांत बना, जिसमें तत्कालीन राजपूताना की अनेक रियासतों विलीन हुईं। रियासतों का विलय कर 'राजस्थान' नामक प्रांत बनाया जाना था। देशी रियासतों की मांग थी कि उनकी रियासत को 'स्वतंत्र राज्य' का दर्जा दिया जाए। 18 मार्च 1948 को शुरू हुई राजस्थान के एकीकरण की प्रक्रिया कुल सात चरणों में नवंबर 1956 को पूरी हुई। इसमें भारत सरकार के गृहमंत्री सरदार वल्लभभाई पटेल की भूमिका अत्यंत महत्वपूर्ण थी। उनकी सूझबूझ से ही राजस्थान के वर्तमान स्वरूप का निर्माण हो सका।

पर्यावरण : राजस्थान की जलवायु विविधता लिये हुए है। एक ओर अति शुष्क तो दूसरी ओर आर्द्र क्षेत्र हैं। राजस्थान के उत्तरी-पश्चिमी भू-भाग में अधिकांशतः थार नामक मरुभूमि है, जहाँ औसत वर्षा अधिकतम 400 मिमी वार्षिक होती है। यहां की जलवायु शुष्क है। गर्मी में यहां का तापमान 45 डिग्री से. से ऊपर हो जाता है और शीत में शून्य डिग्री से नीचे चला जाता है। अरावली के पश्चिम में न्यून वर्षा, उच्च दैनिक तापमान तथा निम्न आर्द्रता वाली शुष्क जलवायु है। दूसरी ओर अरावली के पूर्व में उप-आर्द्र मानसूनी जलवायु है। पर्वतों के अतिरिक्त सभी स्थलों पर ग्रीष्मकाल में भयंकर गर्मी पड़ती है। अक्षांशीय स्थिति, समुद्र से दूरी, समुद्र तल से ऊंचाई, अरावली पर्वत श्रेणियों की स्थिति एवं दिशा, वनस्पति आवरण आदि सभी यहां की जलवायु को प्रभावित करते हैं। रेगिस्तानी क्षेत्रों में गर्म हवाएं एवं धूल भरी आंधियां चलती हैं। शीतकालीन तापमान 20.0-24.5 डिग्री सेंटीग्रेड के मध्य रहता है।

यहां लूनी, बांड़ी आदि नदियां हैं, जो वर्षा के कुछ दिनों को छोड़कर प्रायः सूखी रहती हैं। देश की स्वतंत्रता के बाद राजस्थान को रावी और व्यास नदियों से 52.6 प्रतिशत पानी मिलने लगा। उक्त नदियों का पानी राजस्थान में लाने के लिए 1958 में 256 किलोमीटर लंबी इंदिरा गांधी नहर (नामकरण 1984 में) की परियोजना शुरू की गई। जोधपुर, बीकानेर, चूरू एवं बाड़मेर जिलों के नगर और कई गांवों को नहर से विभिन्न लिफ्ट परियोजनाओं से पीने का पानी उपलब्ध होता है।

राजस्थान का राजकीय पक्षी गोडावण है, जो आकार में काफी बड़ा तथा वजन में भारी होता है। यहां का राज्य पशु चिंकारा है, जो एक छोटा हिरण है।

भाषाएं एवं बोलियां : राजस्थान में हिंदी के अतिरिक्त राजस्थानी, मारवाड़ी, ढूंढाड़ी, मेवाती, तोरावाटी, शेवावाटी, हाड़ौती आदि भाषाएं और बोलियां हैं। प्राचीनकाल में यहां 'डिंगल साहित्य' की प्रधानता थी। अनेक कवियों ने डिंगल भाषा में पृथ्वीराज रासो, बीसलदेव रासो, ढोला मारू रा दूहा, बेलि क्रिसन रूक्मणि री जैसे काव्यों की रचना की। गद्य साहित्य में वचनिकाओं, ख्यातों और बातों की अपनी विशाल और समृद्ध परंपरा है। गोपाल लाहोरी ने अपने 'रस विलास' नामक ग्रंथ में 'मरुभाषा' शब्द का प्रयोग किया है। पृथ्वीराज राठौड़ की 'बेलिक्रिसन रुक्मिणी री' तथा भोजजी आसिया कृत 'पाबू प्रकाश' में मरुभाषा का प्रयोग मिलता है। 'वंशभास्कर' ग्रंथ के रचयिता सूर्यमल्ल मिश्र ने इस ग्रंथ की भाषा के लिए 'मरुदेशीय भाषा' पद का प्रयोग किया है। कवि मंछन्ह अपने ग्रंथ 'रघुनाथ रूपक गीतां री' में 'मरुभूम की भाषा' का उल्लेख करते हैं तो अपभ्रंश कवि उधीतन सूरि 'कुवलय माला'। ग्रंथ में अठारह देशी भाषाओं में 'मरु' को रखते हैं–'अप्पा तुप्पा कणिरे अहपेच्छह मारूए ततो'।

ऐसा प्रतीत होता है कि राजस्थानी से पूर्व

'मरुभाषा' शब्द का प्रयोग विभिन्न रूपों में काफी समय तक प्रचलित था। राजस्थानी शब्द का प्रयोग कर्नल टॉड ने अपने ग्रंथ 'एनल्स एंड एंटीक्यूटीज ऑफ राजस्थान' का शीर्षक चुनते समय किया था। जॉर्ज ग्रियर्सन ने अपने भाषा-सर्वेक्षण में 'राजस्थानी' शब्द का प्रयोग भाषा-समूह के लिए किया है। इस भाषा समूह में राजस्थान के विभिन्न भू-भागों में बोली जाने वाली भाषाएं आती हैं। कुछ लोग राजस्थानी के लिए 'डिंगल' तथा 'मारवाड़ी' नामों का प्रयोग करते हैं, किंतु 'मारवाड़ी' राजस्थान की एक बोली है।

पुरानी राजस्थानी की महत्ता उजागर करते हुए एल.पी. टेस्सी टोरी (1887-1919) ने भी कई महत्वपूर्ण कार्य किये। वे इटली के थे और भारतविधा में उनकी गहरी रुचि थी। राजस्थानी भाषा और लोक साहित्य के संबध में उन्होंने कई खोजें कीं। सिधु सभ्यता के कालीबंगा क्षेत्र के संबध में भी महत्वपूर्ण सुराग दिये। जॉर्ज ग्रियर्सन के आंमत्रण पर उन्होंने जोधपुर और बीकानेर क्षेत्र की मौखिक परंपराओं को प्रकाश में लाने का काम किया था।

राजस्थान में कई बोलियां प्रचलित हैं, जिनमें वागड़ी, ढूंढाड़ी, हाड़ौती, मेवाड़ी आदि प्रमुख हैं। वागड़ क्षेत्र या दक्षिणी राजस्थान में बोली जाने वाली बोली का नाम वागड़ी है। वागड़ी राजस्थानी की एक महत्वपूर्ण उपभाषा है। यह डूंगरपुर, बांसवाड़ा आदि जिलों में बोली जाती है। वागड़ क्षेत्र के निवासी भीलों की बोली भी वागड़ी ही है। अतः इसे 'भीली' भी कहते हैं। जयपुर के आसपास रेत के टीले-ही-टीले थे, इसलिए इस क्षेत्र की बोली को ढूंढाड़ी कहा जाने लगा। ढूँढाड़ी को जयपुरी या झाड़साही भी कहते हैं। यह जयपुर, अजमेर, टोंक, दौसा जिलों में बोली जाती है। कोटा-बूंदी-झालावाड़ क्षेत्रों में हाड़ा राजपूतों का राज्य रहा है। अतः इस क्षेत्र को हाड़ौती क्षेत्र कहते हैं और इस क्षेत्र की बोली को हाड़ौती कहते हैं। कुछ विद्वान ढूंढाड़ी और हाड़ौती को एक मानते हैं, किंतु इनमें भिन्नता है। कोटा, बूंदी, झालावाड़, रावतभाटा, बारां क्षेत्र में बोली जाने वाली भाषा का नाम हाड़ौती है। उदयपुर, चित्तौड़गढ़, भीलवाड़ा आदि जिलों वाले क्षेत्र को मेवाड़ कहते हैं और इस क्षेत्र की बोली को मेवाड़ी कहते हैं। मेवाड़ी में मारवाड़ी और ढूंढाड़ी, दोनों की विशेषताएं मिलती हैं। इस पर कहीं-कहीं मराठी का प्रभाव भी है।

राजस्थानी साहित्य : राजस्थानी साहित्य का अभिप्राय राजस्थान में बोली जाने वाली जन भाषाओं के लिखित एवं मौखिक साहित्य से है। राजस्थानी साहित्य परिमाण और गुणात्मक, दोनों दृष्टियों से काफी समृद्ध है। राजस्थानी साहित्य तीन कालों में विभाजित है—आदिकाल (वि.सं. 800 से 1460 तक); मध्यकाल (वि.सं. 1461 से 1900 तक) तथा आधुनिक काल (वि.सं. 1900 के बाद)। आदिकालीन राजस्थानी साहित्य विशाल एवं प्रचुर है जो गद्य एवं पद्य दोनों ही क्षेत्रों में काफी लिखा गया है। राजस्थानी साहित्य की शुरुआत नौवीं सदी में दलपत विजय द्वारा रचित 'खुमान रासो' से मानी जाती है। हालांकि कुछ विद्वान जैन साधु व्रजसेन सूरि द्वारा रचित 'भरतेश्वर बाहुबली राजा' को भी राजस्थानी की पहली विख्यात रचना मानते हैं।

विषय एवं शैली की दृष्टि से राजस्थानी साहित्य को चारणी साहित्य, जैन साहित्य, ब्राह्मणी साहित्य, संत साहित्य और लोक साहित्य के रूप में विभाजित किया गया है। चारणी साहित्य का तात्पर्य है चारण, ब्रह्मभट्ट, भाट, ढाढ़ी आदि विरुद गायकों द्वारा लिखा गया साहित्य। यह अधिकांशतः पद्य में है, जिनमें प्रबंधकाव्य, गीत एवं दोहे, सोरठा, कुंडलियां आदि शामिल हैं। इस काल की प्रमुख रचनाएं हैं पृथ्वीराज राठौड़ की 'वेलिक्रिसन रुकमणी री', जयमल की गोरा बादल की बात, बीठू सूजा नगराजीत की जइतसी रऊ छंद, सूरसिंह रऊ छंद, माधोदास चारण की रामरासो, महादेव पार्वती री वेलि, चंदरबरदाई की पृथ्वीराज रासो, चारण शिवदास की अचलदास खींची री वचनिका, गाडण गोपीनाथ की ग्रंथराज, केशवदास की विवेक बार निसानी, सूर्यमल्ल मिश्रण की वंशभास्कर, सागरदान की रतन जयप्रकाश, बीठलदास की जस रत्नाकर एवं रुकमणी हरण, बांकीदास की बांकीदास ग्रंथावली आदि।

सतरहवीं और अठारहवीं सदी में मुगलकाल के दौरान ख्यात यानी शासक वर्गों का इतिहास लिखवाया जाता था। विशाल ऐतिहासिक राजपत्र महनोत नैनसी री ख्यात एक प्रसिद्ध रचना है। बीकानेर के दयालदास री ख्यात, जोधपुर के राठौड़ों री ख्यात और उदयपुर के सिसोदियों री ख्यात भी उल्लेखनीय हैं।

बारहठ चौहथ, सिढ़याज चौमुथो, आढ़ो किसनो, गाडण पसाइत, फरसो, पदमा चारणी, राज सिंह, लिखमीदास आदि 55 गीतकारों का उल्लेख रावल सारस्वत ने किया है, जिनके गीत राजस्थानी साहित्य की अमूल्य धरोहर हैं। गद्य साहित्य में ख्यात, वात, पीढ़ी, वंशावली आदि मिलते हैं। बांकीदास और दयालदास राजस्थानी साहित्य के अमर लेखक हैं। चारणों द्वारा लिखा गया राजपूत राजाओं का विवरण भी राजस्थानी साहित्य का महत्वपूर्ण दस्तावेज है।

जैन धर्म के आचार्यों, यतियों, मुनियों एवं श्रावकों या उनसे प्रभावित साहित्यकारों द्वारा प्रचुर मात्रा में जैन साहित्य भी लिखा गया है। भाषा की दृष्टि से जैन साहित्य का विशेष महत्व है। हरिभद्र सूरि, उद्योतन सूरि, सिद्धर्षि, धनपाल, जिनेश्वर सूरि, धर्मवर्धन, मुनिजिन हर्ष आदि कवियों की काव्य प्रतिभा उल्लेखनीय है।

इसी प्रकार ब्राह्मणी साहित्य एवं संत साहित्य भी प्रचुर मात्रा में उपलब्ध है। नरपति नाल्हकृत बीसलदेव रासो, पद्मनाभ कृत कान्हड़दे प्रबंध, हम्मीरनारायण आदि ब्राह्मणी साहित्य के उत्कृष्ट उदाहरण हैं। मीरा, दादू, जसनाथ, सोढ़ीनाथ, वाजींद, नरसी, दयाल, चरणदास, हरिदास, सुंदरदास, रज्जब आदि संतों की वाणियों ने संत साहित्य को समृद्ध किया है।

प्राचीन राजस्थानी गद्य साहित्य में धार्मिक, राजनीतिक, कलात्मक साहित्य भी काफी लिखे गए। इनमें वंशावली, वचनिका, दवावैत, वात, वेलि साहित्य, वीर और श्रृंगार रस की रचनाएं शामिल हैं।

राजस्थानी के प्रतिनिधि साहित्यकारों में शारंगधर (14वीं शताब्दी), नरपति नाल्ह, मीराबाई, ईसरदास, पृथ्वीराज राठौड़, मुणोत नैणसी, जोधराज, प्रतापसिंह, बांकीदास, महाकवि सूर्यमल्ल मिश्रण प्रमुख हैं।

गोपाल लाहोरीकृत 'रस विलास' (1887 ईसवी), भोजजी आसियाकृत 'पाबू प्रकाश', सूर्यमल्ल मिश्रणकृत 'वंशभास्कर' तथा कवि मंछन्हकृत 'रघुनाथ रूपक गीतां री' उन्नीसवीं शताब्दी की प्रमुख रचनाएं हैं।

राजस्थानी का आधुनिक लेखन भी प्रचुर मात्रा में है। राजस्थानी जनमानस में महाकवि सूर्यमल्ल मिश्रण ने जिस राष्ट्रीयता का शंखनाद किया था, वह आधुनिक राजस्थानी साहित्य में राष्ट्रीय चेतना का मूल स्वर बनी। हीरालाल शास्त्री, माणिक्यलाल वर्मा, गोकुल भाई भट्ट, ज्ञानसिंह चौहान आदि राष्ट्रीय चेतना को मुखर करने वाले प्रमुख रचनाकार हैं। प्रगतिशील धारा के मुख्य कवियों में गणेशीलाल व्यास 'उस्ताद', कन्हैयालाल सेठिया, सत्यप्रकाश जोशी, अर्जुन लाल गजानन वर्मा, भरत व्यास, हरीश भदानी, मणि मधुकर, हरिराम आचार्य, आईदानसिंह भाटी, जोधा मोहम्मद सद्दीक, सत्येन जोशी, पुरुषोत्तम छंगाणी, सूर्यशंकर पारीक आदि प्रमुख कवि हैं, तो लक्ष्मीकुमारी चूड़ावत, सौभाग्यसिंह शेखावत, यादवेंद्र शर्मा 'चंद्र', अन्नाराम सुदामा, विजयदान देथा, नृसिंह राजपुरोहित, मीठेश निर्मोही, नरपतसिंह सोढ़ा प्रमुख कहानीकार हैं।

आधुनिक राजस्थानी गद्य साहित्य में नाटक -एकांकी, उपन्यास, रेखाचित्र, संस्मरण आदि भी प्रचुर मात्रा में लिखे गए हैं। मणि मधुकर, हरीश भदानी, भंवर भदानी, अर्जुन देव, गणेशीलाल व्यास 'उस्ताद', यादवेंद्र शर्मा 'चंद्र', नारायणसिंह भाटी, अन्नाराम सुदामा, श्याम महर्षि मालचंद आदि ने विभिन्न विधाओं में लेखनी चलाई है। रेखाचित्र, संस्मरण आदि लेखन के क्षेत्र में डॉ. जहूर खाँ मेहर, ब्रजनारायण पुरोहित, गोरधनसिंह शेखावत, श्रीलाल नथमल जोशी, ओंकार पारीक, नंद भारद्वाज आदि उल्लेखनीय हैं।

संस्कृति : राजस्थान का सांस्कृतिक वैभव समृद्ध है। यह प्रदेश आकार में ही बड़ा नहीं है, वरन

कलात्मक वैभव, रहन-सहन, वेश-भूषा, बोली-भाषा, धर्म और दर्शन आदि में बहुत संपन्न है। राजस्थान की मध्यकालीन कलात्मक धरोहर—मूर्तियों, मंदिरों, भग्नावशेषों, किलों, प्राचीन ग्रंथों, लघु चित्रों आदि में उपलब्ध है, लोकसंस्कृति और लोकजीवन की धड़कन भी बनी हुई है। यहां की लोकगाथाएं, लोकगीत, लोकसंगीत, नाट्य, लोककला और जीवन-शैली निराली एवं जीवंत है। यहां हिंदू-मुस्लिम सांस्कृतिक समन्वय दूध-पानी की तरह घुल-मिल गया है। लंगे, मिरासी, मांगणियां, मेव, फकीरों ने लोकसंगीत में जो रसधार बहाई है, वह अनुपम है। रंगाई, छपाई, कारीगरी जैसे वास्तुशिल्प में हिंदू एवं मुस्लिम कारीगरों ने राजस्थान में मिल-जुलकर कार्य किया है। राजस्थान का जनजीवन ऐसी धार्मिक एवं दार्शनिक मान्यताओं और आस्थाओं के बहुरंगी ताने-बाने से गुंथा हुआ है, जो इस भू-भाग के अतीत, सांस्कृतिक इतिहास तथा वीर पूजा की भावनाओं से जन्मी है। यहां देश की सनातन संस्कृति की धारा विद्यमान है। साथ ही इस भूमि की विशिष्ट परंपराएं भी हैं, जो गणगौर, तीज आदि तथा रामदेव, गोगाजी, तेजाजी आदि स्थानीय लोकदेवताओं के प्रति आस्था में एवं विशिष्ट रीति-रिवाजों में दिखाई पड़ती हैं।

यहां वैष्णव भक्ति के आचारों, भक्त कवियों एवं संतों के उपदेशों का दूरगामी प्रभाव दिखाई पड़ता है। निर्गुण भक्ति की ज्ञानशाखा के प्रसार के फलस्वरूप दादूपंथ, विश्नोई संप्रदाय, निरंजनी, जसनाथी, लालदासी, रामस्नेही आदि पंथ हैं तो परनामी, नानकपंथी, आर्यसमाजी, राधास्वामी आदि परंपराएं तथा वैष्णव संप्रदाय, वल्लभाचार्य का पुष्टि मार्ग, चैतन्य का गौडीय संप्रदाय, रामानंदी, निंबार्क संप्रदाय, निर्गुण संप्रदाय, जैन संप्रदाय, बौद्ध आदि भी हैं। राजस्थान में केवल हिंदू ही नहीं, मुसलमान और सिख आदि भी बड़ी संख्या में हैं जो अपनी धार्मिक परंपराओं का मुक्त रूप से पालन करते हैं। अजमेर के मुस्लिम संत ख्वाजा मोईनुद्दीन चिश्ती की दरगाह मुस्लिम और हिंदू, दोनों के लिए श्रद्धा एवं आस्था का केंद्र है। सिखों के गुरुद्वारे और ईसाइयों के चर्च यहां पर्याप्त मात्रा में हैं, जहाँ वे स्वतंत्र रूप से अपनी धार्मिक परंपराओं का पालन करते हैं।

राजस्थान का विशिष्ट नृत्य-घूमर है, जिसे उत्सवों के अवसर पर महिलाओं द्वारा संपन्न किया जाता है। गेर नृत्य महिलाओं और पुरुषों द्वारा सम्मिलित रूप से किया जाता है। पनिहारी नृत्य महिलाओं का लालित्यपूर्ण नृत्य है। कच्ची घोड़ी पुरुषों का नृत्य है, जिसमें पुरुष बनावटी घोड़ी पर बैठकर नृत्य करते हैं। यहां का खुर्जा गीत बहुत लोकप्रिय है, जिसमें एक स्त्री की कहानी है जो अपने पति को खुर्जा पक्षी के माध्यम से संदेश भेजती है।

लोकजीवन : राजस्थान अनेक जातियों, जनजातियों, व्यापारिक समुदायों से भरा हुआ है। राजस्थान विविधता में एकता और समन्वय की भावना की दृष्टि से अनोखा राज्य रहा है। यहां के संत-साधुओं एवं फकीरों ने ऊंच-नीच को समाप्त करने का भरसक प्रयास किया। यहां आदिम और जनजातीय लोकाचार, सामंतवादी और राजशाही परंपराओं से काफी घुला-मिला है। जनजातीय लोकतंत्र, निष्ठुर राजशाही, उदार निरंकुश शासन, बहुआयामी तकनीकी दक्षताएं, व्यावसायिक बुद्धि और औद्योगिक साहस इन सबके सामाजिक समन्वय को राजस्थान में एक साथ देखा जा सकता है। यहां के राजपूत अपनी वीरता, शौर्य, पराक्रम, शानदार वंशावली और शक्ति-वैभव पर गर्व करते हैं। दूसरी ओर ब्राह्मणों ने विवेकी वर्ग के रूप में तथा धार्मिक भावनाओं के कारण अपना वर्चस्व बनाए रखा है। यहां जैन भी बहुतायत में हैं, जिन्होंने वास्तुकला के कुछ अद्‌भुत नमूनों का निर्माण किया है। सामान्यतया लोग साफा एवं पगड़ी पहनते हैं। कुछ क्षेत्रों में पगड़ियां चटक रंगों की होती हैं। कुछ लोग बटनदार छोटा कोट पहनते हैं, जिसे जोधपुरी कोट कहा जाता है। यह राजस्थान का सरकारी पहनावा है। औरतें रंग-बिरंगी चोली, घाघरा और ओढ़नी पहनती हैं।

राजस्थान के गांव कांटों एवं पुआल के ऊंचे-ऊंचे ढेरों से घिरे होते हैं, जो छोटे-छोटे किलों जैसे दिखते हैं। कुछेक घरों की छतें खपरैल एवं कच्ची

ईंटों की भी होती हैं। नेवार और बूंदी में आदिवासी प्रायः लकड़ी का घर बनाते हैं।

राजस्थान में ग्रामीण क्षेत्रों में परदा प्रथा नहीं है। औरतें खेतों में काम करती हैं। हाटों और मेलों में सामान खरीदने जाती हैं। लेकिन बहुएं अपने बड़े-बुजुर्गों के सामने चेहरे पर घूंघट काढ़ती हैं।

राजस्थान में वाममार्गी लोग विविध रूपों में देवी-देवताओं की पूजा करते हैं जिसमें मदिरा, मांस, मत्स्य, शुष्क अन्न और मैथुन का प्रचलन है। शराब, अफीम और तंबाकू आदि का प्रयोग आखा तीज, होली और दीपावली जैसे त्योहारों तथा शादी-विवाह जैसे शुभ अवसरों पर अतिथि-सत्कार के लिए प्रयोग में लाए जाते हैं। आदिवासी लोग बुरी तरह नशे की लत से ग्रस्त हैं। इनमें जंतर-मंतर, जादू-टोना और डायन विद्या जैसे अंधविश्वास भी हैं।

राजस्थानी समाज में धर्म और परंपरा, दोनों में ही व्रत-उपवास पर काफी जोर दिया जाता है। यहां के जैन अपनी पूजा-पद्धति एवं धार्मिक विश्वासों का पालन बड़ी दृढ़ता से करते हैं। जैन लोग मांस, शराब और मधु नहीं खाते। अहिंसा में विश्वास के कारण वे रात में भोजन नहीं करते। हरी सब्जियां खाने से परहेज करते हैं। हमेशा नंगे पांव चलते हैं और मुंह पर सफेद पट्टी बांधते हैं ताकि मुंह में कीटाणु न जा पाएं। इनमें संथारा या संलेखना के द्वारा मृत्यु को प्राप्त करने की प्रथा अभी भी प्रचलित है। लोग कभी-कभी महीनों तक अन्न-जल का त्याग करके मृत्यु की प्रतीक्षा करते हैं और अंततः मृत्यु को प्राप्त करते हैं।

विवाह में दहेज प्रथा का प्रचलन बहुत ज्यादा है। तलाक और नाता (पुनर्विवाह) प्रथा का प्रचलन भी राजपूत, जाट, गूजर, मीणा तथा भीलों में पाया जाता है।

पर्व-त्योहार एवं मेले : राजस्थान में पर्व, त्योहारों एवं मेलों की अनूठी परंपरा है। यहां होली, दीवाली, विजयादशमी, क्रिसमस जैसे प्रमुख त्योहारों के अलावा अनेक देवी-देवताओं, संतों और लोकनायकों के जन्मदिन मनाए जाते हैं। यहां के पर्व एवं त्योहार लोकजीवन की किसी किंवदंती या किसी ऐतिहासिक कथानक से जुड़े हुए हैं। ऐसे मेले धार्मिक दृष्टि से संस्कृति का विशेष अंग हैं। इन मेलों को विशेष महीनों तथा तिथियों के साथ जोड़कर प्रकृति के साथ संबंध स्थापित किया जाता है। ऐसे अवसरों का आर्थिक दृष्टि से बड़ा उपयोग है। इन मेलों के अपने गीत हैं, जिनके प्रति जनसाधारण की गहरी आस्था दृष्टिगोचर होती है। इससे लोग एकता के सूत्र में बंधे रहते हैं।

राजस्थान के धार्मिक मेलों में पुष्कर मेले का विशेष स्थान है। यह हिंदुओं का प्रसिद्ध तीर्थस्थल है, जहाँ कार्तिक पूर्णिमा को मेला लगता है। इसमें बड़ी संख्या में लोग आते हैं और अपने को पवित्र करने के लिए पुष्कर झील में स्नान करते हैं और श्रीरंगजी एवं अन्य मंदिरों के दर्शन कर आत्मिक लाभ प्राप्त करते हैं। यहां कला-संस्कृति तथा पर्यटन विभाग द्वारा सांस्कृतिक कार्यक्रमों का आयोजन किया जाता है। इस समय यहां पर पशुमेला भी आयोजित किया जाता है, जिसमें श्रेष्ठ नस्ल के पशुओं को पुरस्कृत किया जाता है।

राजस्थान के अजमेर में ख्वाजा मोईनुद्दीन चिश्ती की दरगाह मुसलमान ही नहीं, हिंदुओं के लिए भी पवित्र श्रद्धा का स्थल है, जहाँ पर प्रतिवर्ष पहली रजब से नौ रजब तक एक विशाल उर्स (मेला) का आयोजन होता है। यहां हजारों की संख्या में जायरीन जियारत करने आते हैं और ख्वाजा साहब को चादर चढ़ाते हैं और मन्नत मांगते हैं। मुसलमानों के लिए यह उर्स लगभग मक्का-मदीना के हज के बराबर महत्व रखता है। यह उर्स आपसी भाईचारे एवं सौहार्द का प्रतीक है। ऐतिहासिक एवं वास्तुशिल्प, दोनों दृष्टियों से यह दरगाह अनोखा है। मुख्य दरगाह में संगमरमर के फर्श और खूबसूरत गुंबद हैं। दरगाह उजले संगमरमर की बनी है, जिसमें कीमती पत्थर जड़े हुए हैं। यह सोने-चांदी के धागों से कशीदाकारी की हुई मखमली चादर से ढंका है। मुख्य प्रवेशद्वार के सामने खूबसूरत बरामदा है, जिसे बेगमी दालान के नाम से जाना जाता है। इसे शाहजहां की बेटी जहाआरा ने बनवाया था। इसकी दीवारें, खंभे और

छत सोने से सजे हैं। यहां मनाए जाने वाले उर्स में प्रतिवर्ष दो लाख से ज्यादा लोग आते हैं। यहां फातिहा पढ़ने के बाद लोग गरीबों के लिए भोज का आयोजन करते हैं, जिसे नियाज कहा जाता है। कुछ श्रद्धालु कव्वालियां करवाते हैं और मिलाद शरीफ का पाठ करवाते हैं।

सवाई माधोपुर जिले में हिंडौन कस्बे के पास महावीर जी का मेला हर वर्ष चैत्र माह में लगता है, जिसमें लाखों जैन श्रावक, श्राविकाएं, साधु, साध्वियां, श्रमण, श्रमणियां, मुनि एवं अन्य जन भाग लेते हैं।

उदयपुर जिले में केसरिया नाथ जी का मेला प्रतिवर्ष चैत्र बदी अष्टमी को लगता है। यहां जैन धर्म के प्रथम तीर्थंकर ऋषभदेव की काले पत्थर की मूर्ति स्थापित है। इन्हें केसर द्वारा पूजा जाता है। इसलिए ये केसरिया बाबा के नाम से पुकारे जाते हैं। इस पूजा में न केवल जैन अपितु भील जाति के लोग भी हजारों की संख्या में भाग लेते हैं।

बीकानेर जिले में देशनोक नामक स्थान पर करणी माता का मंदिर है, जहाँ वर्ष में दो बार मेला लगता है। एक चैत्र मास में नवरात्र के समय तथा दूसरा आश्विन मास में। यहां हजारों की संख्या में चूहे हैं, जिन्हें पवित्र माना जाता है और 'बाबा' के नाम से पुकारा जाता है। त्रिकूट पर्वत की घाटी में कैला देवी का भव्य मंदिर है। वहां प्रत्येक वर्ष चैत्र मास की शुक्ल अष्टमी को मेला लगता है। सवाई माधोपुर के ऐतिहासिक दुर्ग रणथंभौर में गणेश जी का मंदिर है, जहाँ गणेश चतुर्थी का मेला हर वर्ष लगता है। झूंझनूं में राणी सती के मंदिर पर भादव मास में मेला लगता है।

बीकानेर जिले के कोलायत नामक स्थान पर कपिल मुनि के मंदिर पर कार्तिक पूर्णिमा का मेला लगता है। इस मेले में राजस्थान व गुजरात के लाखों लोग भाग लेते हैं। वे कोलायत झील में स्नान करके अपने आपको पवित्र करते हैं। चार भुजा का मेला उदयपुर जिले में चार भुजा नामक स्थान पर भाद्रपद के शुक्ल पक्ष की एकादशी को लगता हैं। चित्तौड़गढ़ जिले में रश्मि नामक स्थान पर माता कुंडालिनी का मंदिर है, जहां वैशाख सुदी पूनम को प्रतिवर्ष मेला लगता है। पोखरण के पास राम देवरा नामक गांव में बाबा रामदेव का मंदिर है, जहां भाद्र माह में बहुत बड़ा मेला लगता है। ऐसी मान्यता है कि बाबा रामदेव के दर्शन से कोढ़ तथा अन्य रोगों से मुक्ति मिलती है। यह रेगिस्तान क्षेत्र का महत्वपूर्ण धार्मिक और सांस्कृतिक मेला है। बीकानेर जिले में जांभेश्वर जी का मंदिर है, जहां फाल्गुन एवं आसोज माह में मेला लगता है।

जयपुर जिले में शीतला माता का मंदिर है, जहां प्रतिवर्ष चैत्र में शीतला अष्टमी का मेला लगता है। इस मंदिर एवं मेले का राजस्थान में एक विशेष स्थान है। बाणगंगा का मेला जयपुर के बैराण नामक स्थान पर बैसाख माह में नदी के किनारे लगता है। ऐसा माना जाता है कि यह पवित्र नदी अर्जुन के द्वारा लाई गई थी। अलवर के पास राजा भर्तृहरि का आश्रम है, जहां प्रतिवर्ष भादो माह का मेला लगता है। कोटा में एक सप्ताह के लिए दशहरा मेला लगता है। यह भारत के प्रसिद्ध मेलों में से एक है। बूंदी में तीज के अवसर पर एक मेला लगता है, जो एक सप्ताह तक चलता है। इसमें विभिन्न सांस्कृतिक कार्यक्रम भी होते हैं।

राजस्थान में धार्मिक मेलों के साथ पशुमेले भी काफी संख्या में आयोजित किए जाते हैं। पुष्कर का मेला न केवल धार्मिक दृष्टि से महत्वपूर्ण है, अपितु पशुओं के क्रय-विक्रय की दृष्टि से भी महत्वपूर्ण है। परवतसर तथा मेड़ता (नागौर) में कार्तिक माह में तथा तिलबाड़ा (बाड़मेर), सांचौर (जालौर) में चैत्र माह में पशुमेले आयोजित किए जाते हैं। इसके अतिरिक्त चित्तौड़गढ़, करौली, बहरोड़ आदि स्थानों पर भी पशुमेले आयोजित किए जाते हैं।

राजस्थान के आदिवासी लोगों द्वारा तेजाजी, कालाजी, घूघरे, बड़ादीतवार, सीता बाड़ी, गोकल आठम, कपिल धार, बैणेश्वर जी, बार बीज, पाचम, आंवली ग्यारस आगि मेलों का आयोजन किया जाता है, जिनमें धार्मिक क्रियाकलापों के अतिरिक्त आदिवासी लोग वर-वधू का चयन भी करते हैं।

राजस्थान के जैसलमेर का मरुस्थल उत्सव काफी प्रसिद्ध है। प्रत्येक वर्ष फरवरी माह में यह शहर अपने विविध रंगों, संगीत एवं उत्सवों के साथ जगमगा उठता है। ग्राम्य कला एव संस्कृति की दुर्लभ वस्तुओं का प्रदर्शन मरुस्थल को जीवन से भर देता है। इस उत्सव की सबसे बड़ी विशेषता मरुस्थलीय संगीत है, जो लांगाओं एवं मंगनियारों द्वारा गाया जाता है।

लोककला : राजस्थान लोककलाओं की दृष्टि से समृद्ध रहा है। यहां लोगों के मनोरंजन के साधन लोकनाट्य एवं नृत्य रहे हैं। रासलीला के अतिरिक्त यहां खयाल, रम्मत, रासधारी, नृत्य, भवाई, ढोला-मारू , तुर्रा-कलंगी या माच तथा आदिवासी गवरी या गौरी नृत्य-नाट्य, अग्निनृत्य, चकरी नृत्य, कठपुतली प्रदर्शन उल्लेखनीय हैं। पाबूजी की फड़ अर्थात चित्रांकित परदे के सहारे प्रदर्शनात्मक तरीके से गाया जाने वाला गेय नाट्य भी प्रसिद्ध है। लोकवाद्यों में नगाड़ा, ढोल, मजीरा, मादल, रावण-हत्था, पूंगी, बसली, सारंगी, तदूरा, तासा, थाली, झांझ पत्तर तथा खड़ताल आदि उल्लेखनीय हैं। बाड़मेर एवं जैसलमेर जिलों के गारी नृत्य के अलावा ठप गंगाने, धीरमार, भारिया, चारी एवं तिरालीताल मरुस्थल में चमत्कारिक प्रभाव उत्पन्न करते हैं। ऊंटों की कलाबाजियां, उनकी दौड़, साज-सज्जा, प्रतियोगिता, पोलो एवं रस्साकशी इत्यादि रोमांचक अनुभव पैदा करते हैं। यहां कई प्रतियोगिताएं भी होती हैं, जैसे-पगड़ी बाँधने की प्रतियोगिता, मूंछ प्रतियोगिता आदि।

कला-शिल्प : राजस्थान में कला-शिल्प के विभिन्न रूप दिखाई पड़ते हैं, जिनमें स्थापत्य कला और चित्रकला का विशेष स्थान है। यहां राजप्रासाद, मंदिरों और दुर्गों के निर्माण में स्थापत्य कला की एक विशेष शैली का विकास हुआ, जिसे हिंदू स्थापत्य शैली कहा जाता है। इस शैली की प्रमुख विशेषताएं थीं—शिल्प-सौष्ठव, सुदृढ़ता, अलंकृत पद्धति, सुरक्षा, उपयोगिता, विशालता, विषयों की विविधता आदि। मुगल सत्ता के साथ समागम के पश्चात राजस्थानी स्थापत्य में तुर्की और मुगल प्रभाव से नई शैली का विकास हुआ, जिसे हिंदू-मुस्लिम स्थापत्य शैली कहा गया।

चित्तौड़ एवं कुंभलगढ़ में महाराणा कुंभा द्वारा निर्मित दुर्ग, परमारों का जालौर दुर्ग, चौहानों का अजमेर में तारागढ़ दुर्ग तथा रणथंभौर दुर्ग, हाड़ाओं द्वारा निर्मित बूंदी का तारागढ़, जोधपुर में राव जोधा का मेहरानगढ़ दुर्ग, कछवाहों का आमेर दुर्ग, नाहरगढ़ दुर्ग तथा जयगढ़ दुर्ग स्थापत्य के अनोखे नमूने हैं।

राजस्थान में राजप्रासादों का स्थापत्य देखने लायक है। उदयपुर, कोटा और जैसलमेर के महलों में मुगल स्थापत्य का प्रभाव दिखाई देता है। राजस्थान में मंदिर स्थापत्य भी अपूर्व है। माउंट आबू में जैन मंदिर में हिंदू स्थापत्य की प्रधानता है, जबकि जोधपुर के घनश्याम मंदिर तथा आमेर के जगत शिरोमणि मंदिर में मुगल शैली का प्रभाव दिखाई देता है। राजस्थान में भवन स्थापत्य का विकास हवेलियों के निर्माण से हुआ है। राजस्थान के अनेक नगरों में सेठ और सामंतों ने भव्य हवेलियों का निर्माण करवाया था। जयपुर और शेखावाटी क्षेत्र में रामगढ़, नवलगढ़, फतहपुर, मुकुंदगढ़, मंडावा, पिलानी, सरदारशहर, रतनगढ़, सुजानगढ़ में बनी हवेलियां भवन स्थापत्य के उत्कृष्ट उदाहरण हैं।

महाराणा कुंभा द्वारा मालवा के सुल्तान पर विजय की स्मृति में बनवाया गया विजय स्तंभ, जिसे कीर्तिस्तंभ भी कहा जाता है, भवन स्थापत्य का अद्‌भुत नमूना है।

देश की रक्षा में प्राण न्योछावर करने वाले शासकों, सामंतों और सेनानायकों की स्मृति में समाधियों पर छतरियां बनाई गईं, जिन्हें देवलिया या देवल कहा जाता था। गेटोर, आहड़, जसवंतथड़ा, छत्रविलास बाग और बड़ा बाग में बनी छतरियां, भवन स्थापत्य और मंदिर स्थापत्य का अद्‌भुत समन्वय हैं।

चित्रकला : राजस्थानी चित्रकला पूरे देश में विख्यात है। यहां के रियासतों के चित्र बनाने के तौर-तरीकों की मौलिकता और सामाजिक-राजनीतिक परिवेश के कारण अनेक चित्रशैलियों का विकास हुआ, जैसे—मेवाड़, मारवाड़, बूंदी, बीकानेर, जयपुर,

किशनगढ़ और कोटा चित्रशैली। राजपूत काल में भित्तिचित्र, पोथीचित्र, काष्ठपट्टिका चित्र और लघुचित्र बनाने की परंपराएं रही हैं। राजस्थानी चित्रकला का प्रारंभिक और मौलिक रूप मेवाड़ शैली में दिखाई देता है, इसलिए इसे राजस्थानी चित्रशैलियों का जनक कहा जाता है। मेवाड़ राज्य राजस्थानी चित्रकला का सबसे प्राचीन केंद्र माना जाता है। महाराणा अमर सिंह के शासनकाल में इस चित्रशैली का अधिक विकास हुआ। लाल-पीले रंग का अधिक प्रयोग, गरुड़ नासिका, परवल की खड़ी फांक से नेत्र, घुमावदार एवं लंबी अंगुलियां, अलंकारों की अधिकता और चेहरों की जकड़न आदि इस शैली की प्रमुख विषेशताएं हैं।

मेवाड़ शैली के चित्रों के विषय श्रीमद्भागवत, सूरसागर, गीतगोविंद, कृष्णलीला, दरबार के दृश्य, शिकार के दृश्य आदि थे। इस चित्रशैली के चित्रकारों में मनोहर, गंगाराम, कृपाराम, साहिबदीन और जगन्नाथ प्रमुख हैं। मारवाड़ में रावमालदेव के समय मारवाड़ शैली का विकास हुआ। इस शैली में पुरुष लंबे-चौड़े गठीले बदन के और स्त्रियां गठीले बदन की, बादामी आंखों वाली, वेशभूषा ठेठ राजस्थानी और पीले रंग की प्रधानता होती थी। चित्रों के विषय नाथचरित्र, भागवत, पंचतंत्र, ढोला-मारू, मूमलदे, निहालदे, लोकगाथाएं होती थीं। चित्रकारों में वीर जी, नारायणदास, भारी अमरदास, छज्जूभाटी, किशनदास और कालूराम आदि प्रमुख हैं। बीकानेर शैली में लाल, बैंगनी, सलेटी और बादामी रंगों का प्रयोग, बालू के टीलों का अंकन, लंबी इकहरी नायिकाएं, मेघमंडल, पहाड़ों और फूल-पत्तियों का आलेखन इस शैली की प्रमुख विषेशताएं हैं। इसमें शिकार, रसिकप्रिया, रागमाला, श्रृंगारिक आख्यान विशेष हैं। किशनगढ़ शैली राजपूतकालीन चित्रकला की अत्यंत आकर्षक शैली है। उभरी हुई ठोड़ी, नेत्रों की खंजनाकृति, धनुषाकार भौंहें, सुरम्य सरोवरों का अंकन इस चित्रशैली की प्रमुख विषेशताएं हैं।

जयपुर चित्रशैली का काल 1600 से 1700 तक माना जाता है। इस शैली पर मुगल चित्रकला का सर्वाधिक प्रभाव रहा है। सफेद, लाल, पीले, नीले तथा हरे रंग का अधिक प्रयोग, सोने-चांदी का उपयोग, पुरुषों की बलिष्ठता और महिला की कोमलता इस शैली की प्रमुख विशेषताएं हैं। बूंदी शैली मेवाड़ से प्रभावित है। लाल पीले रंगों की प्रचुरता, प्रकृति का सतरंगी चित्रण इस चित्रशैली की विशेषता है। रसिकप्रिया, कविप्रिया, बिहारी सतसई, नायक-नायिका भेद, ऋतुवर्णन बूंदी चित्रशैली के प्रमुख विषय थे। कोटा चित्रशैली में बूंदी तथा मुगल शैली का समन्वय पाया जाता है। चित्रों के विषय शिकार, उत्सव, श्रीनाथ कथा चित्रण, पशु-पक्षी चित्रण हैं। नाथद्वारा शैली अपनी चित्रण की विलक्षणता के लिए प्रसिद्ध रही है। यहां श्रीनाथजी की छवियों के रूप में पिछ्वाई चित्रण किया जाता है। इस प्रकार राजस्थान चित्रण की दृष्टि से संपन्न रहा है।

हस्तकला : राजस्थान में हस्तकलाएं काफी विकसित हैं। राजस्थान में कपड़े की बुनाई, छपाई, संगमरमर एवं अन्य पत्थरों की प्रतिमाएं, जवाहरात की कटाई, मीनाकारी, चांदी के आभूषण एवं अन्य सामग्री, बंधेज, घर को सजाने के लिए काम में आने वाली वस्तुएं, हाथीदांत एवं चंदन की कुटाई, लकड़ी की कारीगरी, गलीचा बुनाई, पीतल एवं धातु की वस्तुएं, मिट्टी एवं चीनी मिट्टी के बर्तन, लाख की रंग-बिरंगी चीजें, सूती एवं सिल्क की साड़ियां, कटे हुए बालों का कंबल एवं कालीन, दरियां, चमड़े की जूतियां एवं अन्य सामान आदि शामिल हैं।

कृषि एवं उद्योग : राजस्थान की अर्थव्यवस्था मुख्यतः कृषि एवं पशुपालन पर आधारित रही है। यहां की मुख्य फसलों में गेहूं, ज्वार-बाजरा, दाल, ईख, तिलहन आदि हैं। नकदी फसलों में कपास एवं तंबाकू प्रमुख हैं। राजस्थान पूरे भारत में सर्वाधिक खाद्य तेल एवं ऊन का उत्पादक राज्य है। राजस्थान अफीम का मुख्य उत्पादक और उपभोक्ता भी है। यहां प्रधानतः दो फसल ऋतुएं हैं। यहां का पूर्वी संभाग उपजाऊ है। इस भाग में वर्षा अधिक होती है। चंबल और माही नदी पर बड़े-बड़े बांध और विद्युत गृह बने

हैं, जिनसे राजस्थान को सिंचाई और बिजली की सुविधाएं उपलब्ध हुई हैं। अन्य नदियों पर भी मध्यम श्रेणी के बांध बने हैं, जिनसे हजारों हेक्टेयर जमीन की सिंचाई होती है। इसे इस समय भाखरा-नांगल और अन्य योजनाओं से कृषि एवं औद्योगिक विकास में भरपूर सहायता मिलती है।

राजस्थान में तांबा, जस्ता, अभ्रक, पन्ना, घीया पत्थर और अन्य खनिज पदार्थों के विशाल भंडार पाए जाते हैं। इसके अतिरिक्त लिग्नाइट, मुलतानी मिट्टी, टंगस्टेन, बैंटोनाइट, जिप्सम, संगमरमर आदि भी प्रचुर मात्रा में पाए जाते हैं। जैसलमेर क्षेत्र में कच्चा तेल मिलने की अच्छी सम्भावनाएं हैं। हाल ही की खुदाई से पता चला है कि इस क्षेत्र में उच्च किस्म की प्राकृतिक गैस भी प्रचुर मात्रा में उपलब्ध है। राजस्थान औद्योगिक विकास की दृष्टि से काफी पिछड़ा है। लेकिन राजस्थान के काफी लोगों ने अठारहवीं सदी से ही अपने प्रांत से बाहर जाकर व्यापार किया है और उद्योग स्थापित किए हैं। राजस्थान के लोग व्यापार में अग्रणी रहे हैं। ये व्यापार के लिए दुनिया के कोने-कोने में गए हैं और जोखिम उठाए हैं।

शिक्षा एवं स्वास्थ्य संस्थान : राजस्थान में 2001 में साक्षरता दर 60.41 प्रतिशत थी, जिसमें पुरुष 75.70 प्रतिशत एवं महिलाएं 43.85 प्रतिशत थीं। 2011 में साक्षरता दर बढ़कर 67.06 प्रतिशत हो गई, जिसमें पुरुष 80.51 प्रतिशत और महिलाएं 52.66 प्रतिशत थीं। ग्रामीण अंचलों में पुरुषों की साक्षरता दर 76.16 प्रतिशत तथा महिलाओं की साक्षरता दर 45.8 प्रतिशत है। राजस्थान में नौ विश्वविद्यालय तथा 250 से अधिक कॉलेज, 55,000 प्राथमिक विद्यालय और 7,400 माध्यमिक विद्यालय हैं। यहां 41 इंजीनियरिंग कॉलेज हैं, जिनमें लगभग 11,500 विद्यार्थी अध्ययन करते हैं। इस राज्य में 23 पॉलिटेक्निक कॉलेज एवं 152 औद्योगिक प्रशिक्षण संस्थान हैं।

राजस्थान के प्रमुख शिक्षण संस्थानों में राजस्थान विश्वविद्यालय (जयपुर), राजस्थान तकनीकी विश्वविद्यालय, राजस्थान केंद्रीय विश्वविद्यालय, मोदी प्रौद्योगिकी तथा विज्ञान संस्थान (लक्ष्मणगढ़), वनस्थली विद्यापीठ, राजस्थान विद्यापीठ (उदयपुर), बिड़ला प्रौद्योगिकी एवं विज्ञान संस्थान (पिलानी), आई आई एस विश्वविद्यालय, जैन विश्व भारती विश्वविद्यालय लाडनूं, एल एन एम सूचना प्रौद्योगिकी संस्थान, मालवीय राष्ट्रीय प्रौद्योगिकी संस्थान (जयपुर), मोहनलाल सुखाडिया विश्वविद्यालय (उदयपुर), राष्ट्रीय विधि विश्वविद्यालय (जोधपुर), राजस्थान कृषि विश्वविद्यालय (बीकानेर), राजस्थान आयुर्वेद विश्वविद्यालय, राजस्थान संस्कृत विश्वविद्यालय (जयपुर), बीकानेर विश्वविद्यालय आदि शामिल हैं।

इनके अतिरिक्त कला-संस्कृति के विकास के लिए राजस्थानी भाषा, साहित्य एवं संस्कृति अकादमी, बीकानेर, राजस्थान ब्रजभाषा अकादमी, राजस्थान हिंदी ग्रंथ अकादमी, राजस्थान साहित्य अकादमी, राजस्थान संगीत नाटक अकादमी, राजस्थान ललित कला अकादमी, जवाहर कला केंद्र, राजस्थान उर्दू अकादमी आदि संस्थान विभिन्न स्तरों पर कार्य कर रहे हैं।

पर्यटन : राजस्थान पर्यटन की दृष्टि से एक काफी आकर्षक राज्य है। राज्य की राजधानी जयपुर हवामहल, भव्य किलों, महलों और सुंदर झीलों के लिए प्रसिद्ध है। यहां का चंद्रमहल (सिटी पैलेस), आमेर दुर्ग के महल में विशाल कक्ष, स्तंभदार दर्शक दीर्घाएं, बगीचे और मंदिर सहित कई भवन-समूह हैं। उदयपुर के अमरसिंह के महल, जगनिवास, जगमंदिर, जोधपुर के फूलमहल, आमेर के दीवान-ए-आम, दीवान-ए-खास, बीकानेर के रंगमहल, कर्णमहल, शीशमहल, अनूपमहल के अतिरिक्त अल्बर्ट हॉल, गवर्नमेंट सेंट्रल म्यूजियम, सिसोदिया रानी का बाग, जलमहल आदि प्रसिद्ध भवन हैं। इसके अतिरिक्त माउंट आबू में जैन मंदिर, चितौड़ का सूर्य मंदिर एवं बाडौली के शिव मंदिर, डूंगरपुर के श्रीनाथजी मंदिर, उदयपुर के जगदीश मंदिर, जोधपुर के घनश्याम मंदिर तथा आमेर के जगत शिरोमणि मंदिर एवं कनक वृंदावन लोकप्रिय मंदिर समूह हैं। भरतपुर भी भारत के पर्यटन मानचित्र में अपना विशेष महत्व रखता है। यहां का पक्षी अभयारण्य, लोहागढ़ आयरन फोर्ट, संग्रहालय, नेहरू पार्क, जलमहल आकर्षण के प्रमुख केंद्र हैं। राजस्थान के पश्चिमी भाग में स्थित जोधपुर

दर्शनीय महलों, दुर्गों एवं मंदिरों के कारण एक लोकप्रिय पर्यटक गंतव्य है। सवाई माधोपुर का रणथंभौर राष्ट्रीय उद्यान दर्शकों को विशेष रूप से आकर्षित करता है। यहां का रणथंभौर दुर्ग विश्व धरोहर में शामिल है। विश्व की पुरातन श्रेणियों में प्रमुख अरावली श्रेणी राजस्थान की एकमात्र पर्वत श्रेणी है, जो पर्यटन का प्रमुख केंद्र है। माउंट आबू और विश्वविख्यात दिलवाड़ा मंदिर, बाघ अभयारण्य, लादुखा, अमर सागर, बड़ा बागर, कुलधारा आदि भी यहां के प्रमुख पर्यटन स्थल है।

यातायात : राजस्थान अनेक राष्ट्रीय उच्च पथों से जुड़ा हुआ है। इनमें सर्वाधिक महत्वपूर्ण एनएच 8, जो भारत का प्रथम 4:8 लेन उच्च पथ है। यहां सड़कों की कुल लंबाई एक लाख साठ हजार कि.मी. के आसपास है। राजस्थान के विभिन्न शहर एवं ग्रामीण अंचल अंतरनगरीय सतर से परिवहन पद्धति से भी जुड़े हैं, जिनमें सड़क एवं रेलमार्ग दोनों शामिल हैं। सभी बड़े शहर रेल, सड़क एवं वायुमार्ग से जुड़े हुए हैं। राजस्थान देश के अनेक बड़े शहरों, जैसे–दिल्ली, अहमदाबाद, इंदौर आदि से राजपथ एवं राष्ट्रीय उच्च पथों से जुड़ा है, जहां राजस्थान राज्य सड़क परिवहन निगम (आरएसआरटीसी) एवं निजी परिचालकों के परिवहन संचालित हैं।

राजस्थान रेलमार्ग से भी देश के विभिन्न हिस्सों से जुड़ा हुआ है। जयपुर, कोटा, भरतपुर, बीकानेर, अजमेर, अलवर, उदयपुर, आबू रोड तथा जोधपुर में प्रधान रेलवे स्टेशन है। वायुमार्ग की दृष्टि से भी राजस्थान काफी समृद्ध है। यहां तीन प्रमुख एयरपोर्ट हैं–जयपुर अंतरराष्ट्रीय विमानपत्तन, उदयपुर विमानपत्तन तथा जोधपुर विमानपत्तन। कोटा, जैसलमेर और नल (बीकानेर) में तीन अन्य एयरपोर्ट हैं। अजमेर के किशनगढ़ में एक नया एयरपोर्ट निर्माणाधीन है।

अवधेश प्रसाद सिंह

अधिक जानकारी के लिए :

1. राजस्थान : राजेंद्र एस चौधरी, रमेशचद्र, **2. Annals and Antiquities of Rajasthan :** William creoke, **3. Rajasthan :** Rustam Bharucha

राजस्थान में कठपुतली कला

राजस्थान में कठपुतली (Puppet) प्रदर्शन की गौरवशाली परंपरा रही है। यह नृत्य, गायन और अभिनय का समन्वित रूप है। कठपुतली प्रदर्शन में एकांकी नाटक के तत्व मौजूद हैं।

राजस्थानी कठपुतली प्रदर्शन मनोरंजन का एक सुलभ साधन है। इसी कारण यह न सिर्फ इस राज्य में, बल्कि पूरे उत्तर भारत में लोकप्रिय है। इस नाटक के लिए जरूरतें हैं : कुछ खाटें, एक लालटेन तथा एक टोकरी कठपुतलियां। इसका प्रदर्शन करने वाले कलाकार नागौर जिले के कुचामन, परबतसर, डीडवाना तथा नवान नामक स्थानों से आते हैं और सामान्यतः भाट कहलाते हैं। उत्तर भारत के विभिन्न शहरों का दौरा करने के लिए अकसर सर्दियों में अपनी पीठ पर अपना सामान लादे हुए दस से पंद्रह परिवार एक साथ निकलते हैं। वे सड़क के किनारे या शहर के किसी खाली स्थान पर अपना तंबू लगाते हैं। इसके बाद अपने हाथों में कठपुतलियां लिये ये प्रदर्शन के लिए स्थान और दर्शक ढूंढ़ते हैं।

कठपुतली वाले प्रायः खानाबदोश होते हैं। वे अत्यंत गरीबी का जीवन बिताते हैं। अच्छी वर्षा होने पर राजस्थान के किसान इन्हें अपने खेतों में मजदूर का काम देते हैं अन्यथा ये भीख मांगने या ऊंचे सूद पर कर्ज लेने को मजबूर हो जाते हैं, लेकिन यह जाति कलाकारों और लोक मनोरंजन करने वालों की जाति है। उन्हें संगीत और काव्य की समझ होती है। इन्हें अनेक प्राचीन राजस्थानी कविताएं कंठस्थ होती हैं जिन्हें वे कठपुतली प्रदर्शन के दौरान गाया करते हैं।

राजस्थान में कठपुतली कला

कठपुतलियां काठ या कपड़े की बनी होती हैं। मुख्य कलाकार अपनी लचीली उँगलियों की मदद से मानवीय भावनाओं के किसी भी रंग को प्रकट कर सकता है। पुतलियों का संचालन इनकी चंचल उंगलियां करती हैं जिनमें धागा बंधा होता है। प्रदर्शन के दौरान प्रश्नों के उत्तर आदि पुतली वाले की पत्नी द्वारा गाकर दिए जाते हैं। कठपुतलियों के नृत्य के साथ ही पुतली वाले की पत्नी ढोलक की थाप पर गाती भी है। खेल के दौरान पुतली वाला सीटी की मदद से कहानी की मांग के अनुसार कठपुतलियों के बदले अपनी ओर से प्रतिक्रियाएं अभिव्यक्त करता है। अमरसिंह राठौड़ की कहानी कठपुतलियों के द्वारा बखूबी कही जाती है। इस ऐतिहासिक कथा के बीच-बीच में पुतली वाला कुछ हास्य तत्व भी डालता है।

कठपुतली कला का भी अन्य लोककलाओं की तरह देश में धीरे-धीरे पराभाव हो रहा है। इसका एक कारण है—इन कलाकारों का अशिक्षित और असंगठित होना। उनकी कठपुतलियां पुराने ढंग की होती हैं और कथावस्तु पारंपरिक हैं। कठपुतली कला में शिल्प और अंतर्वस्तु को लेकर समयानुसार रूपांतरण नहीं हो पाया। उदयपुर के लोककला मंडल तथा दिल्ली की संगीत नाटक अकादमी ने 'रामायण की कहानी' तथा 'जयचंद और पृथ्वीराज' इन दो नए कठपुतली प्रदर्शनों का आयोजन कर इस संभावना को प्रमाणित किया था। इधर केंद्र एवं राज्य सरकार के कुछ विभाग और एजेंसियां अपनी सरकारी योजनाओं और कार्यक्रमों के प्रचार के लिए कठपुतली प्रदर्शन का सहारा ले रही हैं। राजस्थान के कठपुतली कलाकारों के एक समूह ने महात्मा गांधी की कथा का कठपुतली नाट्य संस्करण तैयार किया है। 'मोहन से महात्मा' शीर्षक के इस कठपुतली नाटक के प्रदेश में कई लोकप्रिय प्रदर्शन आयोजित हुए। कठपुतली नाट्य के शैक्षिक प्रयोजन की भी अपार संभावनाएं हैं। कार्टून और एनीमेशन फिल्मों के मौजूदा दौर में कठपुतली कला के माध्यम से बाल साहित्य को बच्चों में बड़े पैमाने पर लोकप्रिय बनाया जा सकता है।

राजाराम भादू

अधिक जानकारी के लिए :
1. Indian Puppets : Sampa Ghosh & Utpal Kumar Banerjee, **2. Kathputli : The World of Rajasthani Puppeteers :** Nazir Ali, 2007

राजस्थानी

राजस्थान में प्रचलित भाषा-समूह को 'राजस्थानी' कहा जाता है। राजस्थानी का विकास ग्रियर्सन के अनुसार, नागर अपभ्रंश से, सुनीतिकुमार चटर्जी के अनुसार सौराष्ट्री अपभ्रंश से, कन्हैयालाल माणिकलाल मुंशी, नरसिंह राव दिवेटिया, मोतीलाल मेनारिया, तेसीतोरी एवं नामवर सिंह आदि के अनुसार गुर्जरी अपभ्रंश से हुआ।

राजस्थानी भाषा के लिए मरुभाषा, मरुभूम भाषा, मारुभूम भाषा, मरुदेशीय भाषा, मरुवाणी आदि अनेक नाम मिलते हैं। राजस्थानी से पूर्व 'मरुभाषा' शब्द का प्रयोग विभिन्न रूपों में काफी समय तक प्रचलित था। गोपाल लाहोरी ने अपने 'रस विलास' (1887) में 'मरुभाषा' शब्द का प्रयोग किया है। पृथ्वीराज राठौड़ की 'बेलिक्रिसन रुक्मिणी री' तथा भोजजी आसियाकृत 'पाबू प्रकाश' में मारुभाषा का प्रयोग मिलता है। सूर्यमल्ल मिश्र अपने 'वंश भास्कर' नामक ग्रंथ की भाषा के लिए 'मरुदेशीय भाषा' पद का प्रयोग करते हैं। कवि मंछन्ह अपने ग्रंथ 'रघुनाथ रूपक गीतां री' में 'मरुभूम की भाषा' का उल्लेख करते हैं। 778 ईसवी में अपभ्रंश कवि उधोतन सूरि 'कुवलय माला' ग्रंथ में अठारह देशी भाषाओं में 'मरु' का उल्लेख करते हुए मरु, गुर्जर, लाट, मालव प्रदेश की भाषाओं के लिए 'अप्पा तुप्पा भणिरे अहपेच्छह मारूए तत्तो' कहा है। कुछ लोग राजस्थानी के लिए 'डिंगल' तथा 'मारवाड़ी' नामों का प्रयोग करते हैं, जबकि 'मारवाड़ी' राजस्थान की एक बोली है और 'डिंगल' प्राचीन काव्य-भाषा है। 'डिंगल' का प्रयोग एक काव्य-शैली के लिए भी हुआ है।

नरोत्तम स्वामी ने आधुनिक राजस्थानी का विकास सोलहवीं शताब्दी से माना है और उसके

पूर्व की राजस्थानी को प्राचीन राजस्थानी नाम दिया है। इन दोनों में अंतर बताते हुए वे लिखते हैं कि आधुनिक राजस्थानी में ऐ, औ जैसे नवीन स्वरों का विकास हुआ है। इसमें नपुंसक लिंग का अभाव है और शब्दांत में अ, इ, उ का उच्चारण नहीं होता।

राजस्थान को दो भागों में विभक्त किया गया है—पश्चिमी राजस्थानी तथा पूर्वी राजस्थान। पश्चिमी राजस्थान की चार प्रमुख बोलियां हैं—मारवाड़ी, मेवाड़ी, वागड़ी, शेखावाटी। पूर्वी राजस्थान की प्रमुख बोलियां हैं—ढूंढाड़ी, हाड़ौती, मेवाती, अहीरवाटी।

राजस्थानी का प्रयोग मारवाड़, जोधपुर, बीकानेर, जैसलमेर, बाड़मेर, सिरोही तथा उदयपुर के क्षेत्रों में होता है। इसका विशुद्ध रूप जोधपुर के आसपास के क्षेत्रों में देखने को मिलता है। मोटे तौर पर यह पूरे राजस्थान प्रदेश की भाषा है। यह ओज प्रधान है। डिंगल साहित्य राजस्थानी में ही है। इसका लोकसाहित्य बहुत समृद्ध है। लोकनाट्य, लोककथा, लोकगीत, लोकगाथा आदि का राजस्थानी में अक्षय भंडार है। लोकनाट्य खयाल कई रूपों में लोकप्रिय है। इसी तरह मांड राग भी लोकप्रिय है।

अपभ्रंश के व्यंजन द्वित्व का सरलीकरण राजस्थानी में हुआ है, जैसे—काम का कम्म, काज का कज्ज। अनेक शब्द लोकभाषा मारवाड़ी के हैं, जैसे—रूड़ी (अच्छा), डूंगर, भारवर (पहाड़), टाबर (बच्चा), गंडक (कुत्ता), नाहर (शेर) आदि। मारवाड़ी में इकार और उकार के स्थान पर 'अ' कार का प्रयोग प्रायः होता है, जैसे निरा के लिए नरा। वर्तमान काल के लिए हे, छै और भूतकाल के लिए हा, छा, प्रयुक्त होता है। संबंध कारक के लिए रा, रो, री काम में आते हैं। मधुरता लाने के लिए शब्द के अंत में ली तथा ड़ी का प्रयोग बहुत आम है, जैसे—चिड़कली, सहेलड़ी। राजस्थानी में एक ही शब्द के कई रूप प्रचलित हैं, जैसे—राठौड़ के लिए राठवड़, राठोड़, राठउड़ आदि।

राजस्थानी ओकारांत प्रधान भाषा है, जैसे— मामो (माम) घोड़ो (घोड़ा), मीठो (मीठा), बोल्यो (बोला) आदि। प्रश्नवाचक शब्द कोई, कैंया, क्यूं, कठै, किस्या जैसे शब्द प्रचलित हैं। 'न' की जगह 'ण' आता है।

उदाहरण : एक कंजूस कनै थोड़ो सो धन छो। उणने रोजीना इण बात से डर रैवतो कै संसार रा सगला चोर अर डाकू म्हारा ई धन निजर गड़ायोड़ा है। अर्थात एक कंजूस के पास थोड़ा-सा धन था। उसे रोजाना यही चिंता सताती रहती कि संसार के सारे चोर-डाकुओं की नजर उसके धन पर ही लगी है।

हेतु भारद्वाज

राजेंद्र प्रसाद
(1884-1963)

भारत के पहले राष्ट्रपति राजेंद्र प्रसाद स्वाधीनता आंदोलन के प्रमुख नेताओं में एक थे। उन्होंने गांधी के साथ 1931 के दांडी मार्च में भाग लिया था। वे 1934 और 1939 में दो बार भारतीय कांग्रेस के अध्यक्ष चुने गए थे। उन्होंने केंद्रीय मंत्रिमंडल के स्वास्थ्य और शिक्षा मंत्रालय में काम किया। भारतीय संविधान के निर्माण में उनकी महत्वपूर्ण भूमिका थी। देशवासी इन्हें प्रेम से राजेंद्र बाबू और देशरत्न कहकर संबोधित करते थे।

राजेंद्र प्रसाद का जन्म बिहार के सारण (संप्रति सिवान) जिले के जीरादेई नामक गांव में 3 दिसंबर 1884 को हुआ था। 1902 में कलकत्ता विश्वविद्यालय की प्रवेश परीक्षा में प्रथम स्थान पाकर उन्होंने प्रेसिडेंसी

राजेंद्र प्रसाद

कॉलेज में दाखिला लिया था। उन्होंने 1905 में बीए और 1907 में एमए की परीक्षा में प्रथम स्थान प्राप्त किया। कहा जाता है, परीक्षक ने उनकी विद्वत्ता से प्रभावित होकर इनकी उत्तरपुस्तिका पर लिखा था, 'परीक्षार्थी परीक्षक से बेहतर है।' 1908 में वे मुजफ्फरपुर के एक कॉलेज में अंग्रेजी के प्राध्यापक नियुक्त हुए। साल भर वहां पढ़ाने के बाद वकालत करने के लिए कलकत्ता चले गए। कलकत्ता उच्च न्यायालय में उनकी वकालत चल निकली। न्यायमूर्ति आशुतोष मुखर्जी के आमंत्रण पर वे कलकत्ता लॉ कॉलेज में पढ़ाने लगे। 1915 में उन्होंने एलएलएम की परीक्षा में स्वर्णपदक प्राप्त किया। बाद में डॉक्ट्रेट की उपाधि भी हासिल की। 1916 में वे पटना हाई कोर्ट चले गए। वे वकालत के साथ राजनीति में भी दिलचस्पी लेते थे।

गांधी जी के आह्वान पर राजेंद्र प्रसाद उनके साथ 1917 में चंपारण गए और किसान आंदोलन पर विस्तृत रिपोर्ट तैयार की। स्वदेशी आंदोलन से प्रभावित होकर उन्होंने 1921 में कलकत्ता विश्वविद्यालय के सीनेटर का पद त्याग दिया। मेधावी पुत्र मृत्युंजय को भी कलकत्ता विश्वविद्यालय से निकालकर बिहार विद्यापीठ में भर्ती करा दिया। 1942 के भारत छोड़ो आंदोलन में वे जेल गए। 12 वर्षों तक भारत के राष्ट्रपति पद पर रहने के बाद 1962 में उन्होंने अवकाश लिया। 28 फरवरी 1963 को उनकी मृत्यु हुई। इनकी देशसेवा के लिए भारत सरकार ने इन्हें 'भारत रत्न' से नवाजा।

राजेंद्र प्रसाद एक कुशल लेखक भी थे। भारतमित्र, भारतोदय, कमला आदि पत्रिकाओं में उनके लेख छपते थे। उन्होंने 'देश' और 'सर्चलाइट' पत्रों के संपादन के अलावा कई पुस्तकें लिखीं– आत्मकथा, सत्याग्रह एवं चंपारण, गांधी की देन, भारतीय संस्कृति, खादी का अर्थशास्त्र, इंडिया डिवाइडेड, बापू के चरणों में आदि। उनके जीवन पर धरमलाल बारिया द्वारा रचित 'डॉ राजेंद्र प्रसाद' और ब्रजकुमार पांडेयकृत 'देशरत्न डॉ राजेंद्र प्रसाद' उल्लेखनीय पुस्तकें हैं। वे 1912 (कलकत्ता) और 1920 (पटना) में आयोजित अखिल भारतीय हिंदी साहित्य सम्मेलन की स्वागत समिति के प्रधान थे। वे बिहार प्रदेशीय हिंदी साहित्य सम्मेलन से भी जुड़े थे, जिससे हिंदी में उनकी गहरी दिलचस्पी का बोध होता है।

गीता दूबे

अधिक जानकारी के लिए :

1. **आत्मकथा :** राजेंद्र प्रसाद, 1946, 2. बापू के कदमों में : राजेंद्र प्रसाद, 1950, **3. Words of Freedom : Ideas of a Nation :** Rajendra Prasad, **4. India Divided :** Rajendra Prasad, 1946

राज्य

राज्य (State) की आधुनिक अवधारणा राष्ट्र से जुड़ी है, हालांकि किसी देश या संघीय राज्य के प्रांत को भी राज्य कहा जाता है। प्राचीन युगों में वंश और बाहुबल के आधार पर राज्य बनते थे, उनकी सीमाएं बदलती रहती थीं। शासक प्रायः निरंकुश थे। राज्य के संबंध में आदर्शवादी कल्पना की जाती थी, जैसे–रामराज्य। कुछ व्यक्ति राज्य को बोझ मानकर इससे निःस्पृह भी रहते थे। कालिदास ने लिखा है, 'राज्य उस छाते की तरह है जिसका हाथ में पकड़ा हुआ दंड थकान उतनी दूर नहीं करता, जितनी बढ़ाता है।' (अभिज्ञान शाकुंतलम्)। राज्य का कठोर रूप ही इतिहास में अधिक दिखा है। इसलिए प्रेमचंद ने एक जगह लिखा, 'राज्य पशुबल का प्रत्यक्ष रूप है।' (कायाकल्प)। आधुनिक युग में राज्य वंश और बाहुबल द्वारा स्थापित न होकर शांति, स्वतंत्रता और बराबरी से जीने के लिए किसी भूखंड की लोगों की एक राष्ट्रीयता या कई राष्ट्रीताओं द्वारा आम सहमति से एक सचेत राजनीतिक निर्मिति है। इसका सारा कामकाज एक संविधान के अंतर्गत चलता है।

राज्य का नए अर्थ में पहली बार इस्तेमाल मैकियावेली ने अपनी कृति 'प्रिंस' में किया था। हाब्स, लॉक और रूसो ने इसकी संप्रभुता के साथ लोकतंत्र की धारणा भी जोड़ी। मैक्स वेबर ने बताया कि राज्य के लिए भू-क्षेत्रीय सीमाएं, दंड पर एकाधिकार और वैधता जरूरी है। राज्य को अपना

प्राधिकार, सत्ता और संप्रभुता की भावना बनाए रखने के लिए वैधता के विभिन्न साधनों की जरूरत होती है जो वह संविधान से ही नहीं, परंपराओं से भी हासिल करता है। राज्य राष्ट्र के लिए होता है। राज्य एक विकासशील व्यवस्था है तो राष्ट्र एक विकासशील भावना है। कई राष्ट्र, कई राष्ट्रीयताएं, कई संस्कृतियां, कई जन-भावनाएं मिलकर आधुनिक राज्य बनाती हैं, खासकर भारत इसी तरह से राष्ट्र-राज्य बना है। यह उन पश्चिमी धारणाओं से भिन्न पद्धति से बना है, जिनके अनुसार राष्ट्र (नेशन) और राज्य (स्टेट) समानार्थी हैं।

इस समय दुनिया में 196 देश या राज्य हैं। विगत दशकों के इतिहास में राज्य के तीन रूप देखने को मिले हैं—लोकतांत्रिक राज्य, समाजवादी राज्य और स्वायत्ततावादी राज्य। लोकतांत्रिक राज्य विभिन्न जातीय समूहों के साझा हितों को पूरा करने के लिए एक व्यापक होड़ के बीच से अपनी गतिविधियां निर्धारित करता है, मत की स्वतंत्रता देता है और मतदान से चुनी सरकार द्वारा चलाया जाता है। देश की स्थितियों के अनुसार लोकतांत्रिक राज्य कई किस्म के हैं। समाजवादी राज्य स्वतंत्र मत और होड़ की छूट न देते हुए सर्वहारा वर्गों द्वारा संचालित होता है, यह राज्य के विलोप की यूटोपियन धारणा तक जाता है। तीसरी तरह के राज्य स्वयं अपनी संरचनाओं द्वारा स्वायत्ततापूर्वक संचालित होते हैं—स्वायत्तता के रूपों के अनुसार ये भी कई किस्म के हो सकते हैं। सोवियत संघ के विघटन के बाद चीन, क्यूबा जैसे कुछेक देशों को छोड़कर बाकी राज्य अलग-अलग तरह की लोकतांत्रिक विशिष्टताओं वाले हैं।

वैश्वीकरण ने दुनिया के राज्यों को पहले जैसा संप्रभुतासंपन्न नहीं रहने दिया है। राज्यों का विलोप भले न हुआ हो, पर इनकी कठोरता और नियंत्रण शक्ति का काफी विलोप हुआ है। कहा जा सकता है, बाजार-राज्य में बाजार जिस हद तक निरंकुश होता है, राज्य उतना कमजोर, बेबस और सीमित जिम्मेदारियों वाला हो जाता है। वह बाजार और नागरिक के बीच मुख्यतः एक मध्यस्थ की भूमिका निभाता है। ऐसे राज्य में बाजार अपनी ताकत अर्थव्यवस्था के इलाके में ही नहीं, विभिन्न सांस्कृतिक रूपों, राष्ट्रीय-सामाजिक समुदायों, शैक्षिक संस्थानों और राजनीतिक संरचनाओं में भी स्थापित करता है।

वैश्वीकरण के युग में राज्य राष्ट्र के लिए या राष्ट्रीयताओं के लिए नहीं है। वह वस्तुतः राष्ट्रों या राष्ट्रीयताओं पर एक आत्मीय आफत बनकर उपस्थित है—आफत होते हुए भी उत्पीड़ित का अंतिम शरणस्थल और अंतिम लोकतांत्रिक हथियार। इसिलए राज्य अमिट है।

शंभुनाथ

राणा कुंभा
(1433–1468)

तेरहवीं सदी में अलाउद्दीन खिलजी द्वारा तहस-नहस करने के बाद मेवाड़ का महत्व कम हो गया था। राजा हम्मीर ने 1335 में चितौड़ में अपने राजवंश की स्थापना की। हम्मीर के पौत्र की उनके दो भाइयों ने हत्या कर दी, पर जन-समर्थन के अभाव में उन्हें भाग जाना पड़ा और राणा कुंभा मेवाड़ की गद्दी पर बैठे। राणा कुंभा सिसोदिया के राजपूत वंश के थे। उनका जन्म वर्ष 1433 बताया जाता है। अपने धैर्य और सूझबूझ से कुंभा ने सिर्फ मेवाड़ ही नहीं, भारतवर्ष के इतिहास में एक कुशल, पराक्रमी तथा साहित्य और स्थापत्य कलाप्रेमी शासक के रूप में अपना विशिष्ट स्थान बनाया। कुंभा का आकलन करते हुए विश्वनाथ उपाध्याय ने लिखा है, 'महाराणा कुंभा के शासनकाल में राजस्थान ने विशेष स्थान प्राप्त किया। महाराणा कुंभा ने मेवाड़ राज्य का वर्चस्व स्थापित किया। राजस्थान के बाहर गुजरात और मालवा के सुलतानों की सम्मिलित सेना को पराजित कर अपनी सर्वोच्चता स्थापित की।'

निरंतर युद्धों में व्यस्त रहते हुए भी, उन्होंने कुंभलगढ़, आबू, चित्तौड़ जैसे छोटे-बड़े 32 दुर्ग बनवाए। मेवाड़ की रक्षा, प्रजा की सुख-शांति और

राणा कुंभा

विकास के लिए अनेक भवनों, मंदिरों, सरोवरों और व्यवसाय केंद्रों का निर्माण महाराणा कुंभा के प्रजा-हितैषी व कुशल शासक होने का बेजोड़ और अन्यतम प्रमाण है। कर्नल टॉड, गौरीशंकर हीराचंद ओझा एवं अन्य इतिहासकार इस विषय में एकमत हैं कि बहुमुखी प्रतिभा से संपन्न महाराणा कुंभा ने जितनी सफलता और कीर्ति युद्ध-क्षेत्रों में प्राप्त की, उतनी ही शासन, निर्माण, साहित्य, संगीत के क्षेत्रों में भी प्रगति की।

चित्तौड़ में महाराणा कुंभा द्वारा बनवाया गया 'कीर्तिस्तंभ' स्थापत्य कला की दृष्टि से आज भी चकित करता है। जेम्स टॉड ने लिखा है—इसकी तुलना भारत में केवल दिल्ली के कुतुबमीनार से ही की जा सकती है, जो इससे ऊंची होते हुए भी उत्कृष्टता में इससे कहीं निम्न स्तर की है। महाराणा कुंभा द्वारा कला और साहित्य की जिन कृतियों की रचना का उल्लेख मिलता है, उनमें प्रमुख हैं—संगीतराज, संगीत रत्नाकर, संगीत क्रम दीपिका, संगीत मीमांसा, सूड प्रबंध, रसिक प्रिया (जयदेवकृत 'गीतगोविंद' की टीका) और कामराज-रतिवार।

महेश जायसवाल

अधिक जानकारी के लिए :
1. A Textbook of Medieval Indian History : Sailendra Sen, 2013, **2. Lectures on Rajput History and Culture :** Dasharatha Sharma , 1970

राणा प्रताप
(1547–1597)

भारत के इतिहास और लोकस्मृति में राणा प्रताप को बहुत सम्मानजनक स्थान प्राप्त है। राजपूताना में वे साहस, वीरता और स्वाभिमान का जीवंत प्रतीक थे। अन्य राजपूत राजाओं की तरह उन्होंने विशाल मुगल साम्राज्य के सामने घुटने नहीं टेके। सारी उम्र सच्चे वीर की तरह मेवाड़ की स्वतंत्रता के लिए जी-तोड़ कोशिश करते रहे।

राणा प्रताप का जन्म 1547 में राजस्थान के कुंभलगढ़ में हुआ। वे मेवाड़ के सिसौदिया वंश के महाराणा उदय सिंह और जीवंत कंवर के पुत्र थे।

राणा प्रताप

इनके बचपन का नाम कीका था। बचपन से ही उनकी वीरता के किस्से मशहूर थे। 1572 में उदय सिंह की मृत्यु के बाद 1 मार्च 1573 में गोगुंदा में उनका राज्याभिषेक हुआ। उदय सिंह के समय ही अकबर ने चित्तौड़ पर अधिकार कर लिया था। गद्दी पाते ही प्रताप ने शपथ ली कि जब तक चित्तौड़ को आजाद नहीं करा लेंगे, चैन से नहीं बैठेंगे। राजसी सुखों का त्याग कर अपने राज्य की आजादी के लिए वे अरावली पर्वत की घाटियों में परिवार सहित भटके। उनके बच्चों ने घास की रोटियां और जंगली बेर खाकर अपना पेट भरा। उनके संघर्ष और शौर्य का चित्रण राजस्थानी लोकसाहित्य में भरपूर हुआ है।

अकबर ने एक बार मानसिंह के साथ, दूसरी बार भगवान दास के साथ, तीसरी बार राजा टोडरमल के साथ दूतमंडल भेजकर कोशिश की कि राणा प्रताप मुगल बादशाह की प्रभुता स्वीकार कर लें। एक बार तो समझौता होते-होते रह गया। अकबर की भेजी शाही पोशाक राणा ने धारण कर ली, अपने बेटे अमर सिंह को भगवान दास के साथ शाही दरबार में भेजा। स्वाभिमानी राणा प्रताप को शाही दरबार में स्वयं उपस्थित होकर सम्मान प्रदर्शित करना स्वीकार न था, इसलिए अंतिम समझौता नहीं हो पाया।

अकबर की तमाम कोशिशों के बावजूद जब राणा ने समर्पण नहीं किया तो मुगल सेना ने 80,000 सैनिकों के साथ मानसिंह की अगुआई में गोगुंदा पर आक्रमण कर दिया। प्रताप ने 20,000 राजपूतों के साथ डटकर युद्ध किया। 1576 में हल्दीघाटी की इस लड़ाई में प्रताप को करारी हार मिली। झालामान ने अपने प्राणों का बलिदान कर इन्हें युद्धभूमि से भगाया। भाई शक्तिसिंह ने, जो इनसे रूठकर अकबर की शरण में चले गए थे, इनके प्राण बचाए। उनका स्वामिभक्त घोड़ा चेतक मारा गया। भामाशाह की आर्थिक सहायता से सेना संगठित कर इन्होंने मुगलों के विरुद्ध लड़ाई जारी रखी। कुंभलगढ़, चित्तौड़ के आसपास के इलाकों और अपने अन्य कई प्रदेशों पर कब्जा कर लिया। लेकिन चित्तौड़ की पराधीनता इन्हें सालती रही। अपने पुत्र अमर सिंह से चित्तौड़ को मुक्त कराने का वचन लेकर 1597 को उन्होंने प्राण त्यागे।

आजादी की लड़ाई के दौरान अतीत के जिन नायकों से नौजवानों को देशभक्ति और प्रतिरोध की प्रेरणा प्राप्त होती थी, उनमें एक राणा प्रताप भी हैं। लेकिन उन्हें मुसलमानों के विरुद्ध लड़ने वाले एक हिंदू नायक की तरह चित्रित करना इतिहास-सम्मत नहीं है। हल्दीघाटी की लड़ाई में उनकी सेना के अग्रभाग का नेतृत्व अफगानों की एक टुकड़ी के साथ हकीम खाँ सूर कर रहा था और अकबर के पक्ष से लड़ने वालों में एक-से-एक राजपूत योद्धा थे। राणा ने भीलों की भी एक टुकड़ी संगठित की और लड़ाई में छापामार शैली का प्रयोग किया।

हिंदी साहित्य में प्रताप की वीरता का वर्णन श्यामनारायण पांडेय के खंडकाव्य 'हल्दीघाटी' में हुआ है। जयशंकर प्रसाद ने 'पेशोला की प्रतिध्वनि' में चित्तौड़ के प्रति प्रताप की चिंता को व्यक्त किया है।

गीता दूबे

अधिक जानकारी के लिए :
Medieval India : K C Chaudhury, 1985

राधा

भारतीय साहित्य में राधा कृष्ण की अभिन्न सहचरी हैं। यदि कृष्ण विष्णु हैं तो राधा उनकी प्रकृति हैं, लीलानटी हैं। श्रीमद्‌भागवत में राधा का उल्लेख नहीं है, पर महारास के प्रसंग में स्पष्ट उल्लेख है कि अन्यान्य गोपियों को छोड़कर जिस एक भाग्यशालिनी गोपी को कृष्ण अपने साथ एकांत में ले गए थे, उसने स्वयं को सभी रमणियों में उत्तम माना। उसे अहंकार-सा हो गया कि कृष्ण एकमात्र उससे ही अनुरक्त हैं। इस रूपाभिमान में ही वह थकान का अभिनय करती, कृष्ण से कहने लगी, 'मैं चलने में समर्थ नहीं हूं। अतः मुझे कंधे पर बैठाकर, जहाँ इच्छा हो वहां ले चलो।' कृष्ण उस गोपी के अहंकार को समझ गए। जैसे ही उस खास

गोपी ने अवनत कृष्ण के कंधे पर बैठना चाहा, वह अंतर्धान हो गए। गोपी कृष्ण के विछोह में तड़पने लगी, तभी अन्य गोपियां भी कृष्ण को ढूंढती हुई वहां आ गईं। उन्होंने प्रियतम के विछोह से मूर्च्छित संतप्त सखी को देखा। वे सभी विस्मित हुईं। बाद में अर्थ निकाला गया कि वह अनाम भाग्यशालिनी गोपी कोई और नहीं, राधा थीं।

ब्रह्मवैवर्तपुराण में राधा का पहली बार स्पष्ट उल्लेख है। (1.48-49)। 'राधा' शब्द का अर्थ भी विलक्षण है। महारास के अवसर पर वह मदनातुर हो कृष्ण के समक्ष आ खड़ी हुईं, इसलिए वह 'राधा' कही गईं, 'कामातुरः सस्मितां तां ददर्श रसिकेश्वरः। ...तेन राधा समाख्याता प्राविद्भिर्महेश्वरि।।' (वही)

ब्रह्मवैवर्त (प्रथम खंड) के अध्याय 49 के तीन श्लोकों में राधा-कृष्ण के मधुर दांपत्य और गहन अनुराग का वर्णन भी मिलता है। इसी महापुराण में उल्लिखित है कि सुदामा ने राधा को शाप दिया कि तुम अपने प्रिय की प्राणवल्लभा होती हुई भी उनसे सौ वर्ष वियुक्त रहोगी। यह वैयक्तिक अनुभूति पर सामाजिक धारणा का आरोप था। वार्धक्य में ही दोनों की भेंट तीर्थयात्रा (कुरुक्षेत्र का सूर्यग्रहण पर्व) के समय हो पाई। श्रीमद्भागवत के संकेत और ब्रह्मवैवर्त पुराण की स्पष्ट कथा को जयदेव ने गीतगोविंद में भक्ति-प्रेम का एक लोकप्रिय गेय ढांचा दे दिया। वस्तुतः राधाकृष्ण का पुराणवर्णित प्रणय द्विभूमिक है—लौकिक तथा पारलौकिक, जबकि जयदेव के राधा-कृष्ण लौकिक और श्रृंगारपरक हैं।

राधा-कृष्ण का अद्वैत उनके रूप और वेश तक में है। कृष्ण श्याम वर्ण हैं और उन्होंने पीतांबर धारण किया है। राधा गोरी हैं और उन्होंने नीली साड़ी पहन रखी है—'नील वसन तन गोरी।' कृष्ण नित्य किशोर, राधा नित्य किशोरी। कृष्ण सोलह कलाओं के पूर्णावतार, राधा नित्य षोडशी। कृष्ण भाव-पुरुष हैं। राधा वह आह्लादिनी शक्ति है जो सच्चिदानंद ब्रह्म के 'आनंद' रूप को साकार करती है। कृष्ण रसेश्वर हैं, राधा रसेश्वरी। भक्त कवियों ने विभिन्न गोपियों के भाव से प्रेमसाधना की, लेकिन राधा भाव से प्रेम की साधना केवल चैतन्यदेव ने की। प्रेम की चरम प्रगाढ़ता की दृष्टि से गौड़ीय परंपरा में राधा का परकीया रूप मान्य है। दूसरी तरफ सूरदास ने राधा-कृष्ण के कैशोरिक प्रणय को अमरता दी।

हजारी प्रसाद द्विवेदी की दृष्टि में, 'राधिका विशुद्ध गीतिकाव्यात्मक पात्र है।' इसलिए जयदेव, चंडीदास, विद्यापति, सूरदास आदि महाकवियों की वाणी से गीतिकाव्य की जो अमृतधारा प्रवाहित हुई, उसका उत्स राधा का उज्ज्वल प्रेम है। इस धारा का भव्य उद्घाटन और प्रथम परिचय यद्यपि जयदेव ने संस्कृत में दिया, लेकिन इसकी तरंगों का पूर्ण विकास तो मैथिली, बांग्ला, ब्रजभाषा जैसी आधुनिक देशभाषाओं में हुआ। जयदेव की राधा विलास-कलावती है तो विद्यापति की राधा मुग्धा-किशोरी है। विद्यापति की राधा में शरीर-सौंदर्य अपनी परिणति पर पहुंचता है तो चंडीदास की राधा में मानस सौंदर्य। चैतन्यदेव चंडीदास और विद्यापति के पद गाते हुए भाव-विभोर और मूर्च्छित हो जाया करते थे। चंडीदास की राधा विलास प्रवण नहीं है, उसके शुद्ध सात्विक प्रेम में केवल आत्मसमर्पण का वेग है। लेकिन सूरदास की राधा इन सबसे विशिष्ट है, उसका प्रेम चिर साहचर्य और बालसख्य की भूमिका पर प्रतिष्ठित है। उसमें पूर्वराग की वह व्याकुल वेदना नहीं है जो चंडीदास या विद्यापति की राधा में है। सूरदास की राधिका शुरू से आखिर तक सरल बालिका है। कृष्ण को पाना उसका लक्ष्य नहीं है, कृष्ण का तृप्त होना ही लक्ष्य है, 'प्रेम के इस स्वच्छ और मार्जित रूप का चित्रण भारतीय साहित्य में और किसी कवि ने नहीं किया।' (हजारी प्रसाद द्विवेदी, मध्यकालीन धर्मसाधना)।

सूरदास से लेकर भारतेंदु हरिश्चंद्र तक अनगिनत कवियों के प्रेमकाव्य के केंद्र में राधा है। भारतेंदु राधारानी के गुलाम के रूप में अपना परिचय देने में गर्व का अनुभव करते हैं। हरिऔध ने अपने 'प्रिय प्रवास' में द्विवेदीयुगीन आदर्शवाद की प्रेरणा से राधा को समाज-सेविका के रूप में उपस्थित किया है। छायावादोत्तर युग में जानकीवल्लभ शास्त्री की

'राधा' और नई कविता के दौर में धर्मवीर भारती की 'कनुप्रिया' में राधा का नया अनुकीर्तन है।

अभिराज राजेंद्र मिश्र

अधिक जानकारी के लिए :
1. **श्रीराधा का क्रम-विकास :** शशि भूषण दासगुप्त, 2. **श्रीराधा :** बलदेव उपाध्याय, 3. **मध्यकालीन धर्मसाधना :** हजारी प्रसाद द्विवेदी

राधामोहन गोकुल
(1865-1935)

हिंदी नवजागरण के पुरोधा राधामोहन गोकुल नास्तिक, देशभक्त, स्वाधीनता संग्रामी और क्रांतिकारी साम्यवादी थे। इलाहाबाद के निकट भदरी गांव में इनका जन्म हुआ था। 1908 में इनकी एक छोटी-सी पुस्तक 'देश का धन' प्रकाशित हुई थी। 1908 में गदर के अर्धशताब्दी समारोह (लंदन में) के अवसर पर उनकी राय थी कि देश की जनता ने 1857 में अपना देशाभिमान प्रकट किया था। अंग्रेजों ने उसे दबा दिया था, किंतु बीसवीं सदी के प्रथम दशक में देश की जनता फिर आत्मविश्वास से अपना सिर उठाने लगी है। 'क्रांति का आगमन' के संपादक सत्यभक्त ने राधामोहन गोकुल के बारे में लिखा है, 'हमने 1890 के आसपास के 'ब्राह्मण' के कई अंकों में इनका नाम ऑनरेरी मैनेजर के रूप में छपा देखा है। प्रताप नारायण जी के संपर्क में आकर इनका हिंदी प्रेम और भी बढ़ा और ये चुटीली जोरदार भाषा लिखने लगे। इसके पहले इलाहाबाद में भी कदाचित 'हिंदी प्रदीप' के संपादक बालकृष्ण जी भट्ट के प्रभाव से लेख लिखने लग गए थे। इस प्रकार हिंदी गद्य के दो आरंभिक निर्माताओं के निकट संपर्क में आकर राधामोहन जी की लेखन-शैली भी खूब निखर उठी।' बालकृष्ण भट्ट नरमदलीय राजनीति के विरोधी और क्रांतिकारी आंदोलन के समर्थक थे। उनके संपर्क में आकर राधामोहन गोकुल के लिए क्रांतिकारी आंदोलन में भाग लेने की प्रेरणा पाना सहज था। 1885 में इलाहाबाद में एक स्वदेशी तिजारत कंपनी बनी थी। उसका एक हिस्सा राधामोहन ने खरीदा था।

1886 में इलाहाबाद में एक अंग्रेज कर्मचारी से हुए झगड़े में उन्होंने उसे दो धौल जमाकर घर का रास्ता लिया था। घर आकर अपने सारे सर्टिफिकेट जलाए और आखिरी सांस तक सरकारी नौकरी न करने की प्रतिज्ञा ले ली। 1921 में वे नागपुर सत्याग्रह आश्रम में थे। वहां राधामोहन गोकुल पर राजद्रोह का मुकदमा चलाया गया और एक साल की सख्त कैद की सजा दी गई। मुकदमे में गोकुल के सरकार विरोधी वक्तव्यों का उल्लेख गांधीजी के पत्र 'यंग इंडिया' में किया गया था। नागपुर से प्रकाशित होने वाले 'प्रणवीर' नामक पत्र में गोकुल बराबर लिखते थे। राधामोहन गोकुल का संपर्क कवि निराला तथा मतवाला मंडल के सभी लोगों से था। आगरा में मिल मजदूरों के संगठन का काम राधामोहन ने किया था। नवजादिक लाल के कलकत्ता से निकलने वाले 'वीरभारत' में उनके जोशीले लेख छपते थे। राधामोहन गोकुल का अंग्रेजी शासन का विरोध उनके बुढ़ापे में भी जवान ही था। शिवपूजन सहाय ने लिखा है, 'गोरी नौकरशाही के प्रति आपके

राधामोहन गोकुल

उद्धत विचारों को सुनकर बार-बार यह आशंका होती थी कि आप कब कहां गिरफ्तार हो जाएंगे, कुछ ठीक नहीं। पुलिस और जेलखाने के अधिकारी आपको 'बहुत खतरनाक' समझते थे। जेल से छूट ते समय आप स्पष्ट कह दिया करते थे कि हमारा स्थान सुरक्षित रखना, हम फिर शीघ्र ही आएंगे।'

राधामोहन गोकुल का घर कई क्रांतिकारियों के मिलने का संगम स्थल भी बना। चंद्रशेखर आजाद और शिव वर्मा की पहली भेंट कानपुर में राधामोहन गोकुल के घर पर हुई थी। चंद्रशेखर आजाद अन्य कई क्रांतिकारियों से भी उन्हीं के घर मिले थे। अपने आगरा के घर में राधामोहन ने भगत सिंह के लिए खोल ढलवाए थे। राधामोहन गोकुल ने क्रांतिकारियों की मदद की। कोलकाता से इकट्ठा कर उन्हें इतना रुपया दिया था जो भगतसिंह के सहयोगी विजयकुमार सिन्हा आदि के हथियार खरीदने, दल के पूर्णकालिक कार्यकर्ताओं के रहने और भोजन की व्यवस्था के लिए पर्याप्त था। राधामोहन गोकुल ने क्रांतिकारियों को उस दिशा में मोड़ने में सफलता पाई थी, जिसकी ओर रामप्रसाद बिस्मिल ने 'आत्मकथा' में संकेत किया था। क्रांतिकारियों में समाजवादी चेतना फैलाने का श्रेय राधामोहन गोकुल और उनके सहयोगी हिंदी पत्रकार और लेखक सत्यभक्त को जाता है।

राधामोहन गोकुल और सत्यभक्त ने क्रांतिकारियों को गणेश शंकर विद्यार्थी के साथ मजदूर सभा में काम करने की प्रेरणा दी। शिव वर्मा ने लिखा है, 'राधामोहन गोकुल और सत्यभक्त के संपर्क ने कानपुर के हम सभी साथियों में समाजवाद की ओर रुझान पैदा कर दिया था। भगतसिंह ने हमारे इस रुझान को बल दिया और समाजवाद का अध्ययन तथा उस पर बहस आदि करने की प्रेरणा दी।'

1925 में राधामोहन गोकुल ने 'कम्युनिज्म क्या है?' पुस्तक लिखी थी, जिसका प्रकाशन सत्यभक्त ने 1927 में किया। इसमें साम्यवाद के सिद्धांतों का समर्थन था। यह पुस्तक बहुतों के लिए मार्गदर्शक बन गई थी। क्रांतिकारियों के साथ राधामोहन लंबे समय तक विचार-विमर्श किया करते थे। साम्यवाद में उनके अटल और निश्छल विश्वास से क्रांतिकारियों को बल मिलता था। राधामोहन गोकुल के पास एक अच्छा पुस्तकालय था जिसमें मार्क्सवाद से संबंधित अनेक पुस्तकें थीं। मार्क्स और एंगेल्स की प्रसिद्ध पुस्तिका 'कम्युनिस्ट घोषणापत्र' उन्हीं से लेकर शिव वर्मा ने पढ़ी थी। राधामोहन गोकुल क्रांतिकारियों से हमेशा कहते थे, 'अपना काम करते रहो पर यह साहित्य भी पढ़ो।' 'हिंदुस्तान रिपब्लिकन आर्मी' बनाने में गोकुल ने प्रमुख भूमिका निभाई थी, साथ ही 'भारतीय कम्युनिस्ट पाटी' के गठन में भी सहयोग किया था। उनके निबंधों का संग्रह 'विप्लव' नाम से प्रकाशित है।

अपने जीवन के अंतिम चरण में राधामोहन ने किसानों के संगठन का काम भी किया। उस समय वे एक स्कूल में पढ़ाते थे। पढ़ाना उनके असल काम की आड़ था। असल काम गरीब, समाज के पीड़ित तथा अनपढ़ किसानों को राजनीतिक दृष्टि से संगठित करना था। गांव-गांव में सर्वहारा क्रांति के लिए सैकड़ों-हजारों विप्लव केंद्र बनाना था। राधामोहन गोकुल का कहना था, 'हमारा देश कृषि प्रधान है, आर्थिक और सामाजिक दृष्टि से बहुत पिछड़ा हुआ है और राजनीतिक रूप से पूरा गुलाम है ही। अतः जब तक सोए और खोए सर्वहारा किसानों को चैतन्य और संगठित नहीं किया जाएगा, तब तक किसी प्रकार की आजादी की उम्मीद करना व्यर्थ है। जब तक पैदावार के साधन सर्वहारा वर्ग के हाथ में नहीं आ जाएंगे, तब तक शोषण का अंत और जनता की भलाई नहीं हो सकती।'

1930 में राधामोहन गोकुल को दो साल की सजा हुई। जेल में रहते हुए वह बीमार पड़ गए, फिर भी काम करते रहे। सत्तर वर्ष के बूढ़े क्रांतिकारी को मजिस्ट्रेट ने काम बंद करने को कहा। अशोक कुमार बोस ने उनके अंतिम समय का वर्णन किया है, 'उन्हें पेचिश हो गई थी। हम सभी साथियों ने हर तरह से सेवा-शुश्रूषा कर उनको रोगमुक्त करने की कोशिश की पर वीरान स्थान में चिकित्सा की उचित

व्यवस्था न हो सकने से हमें उनको खो देना पड़ा। देश की महान हस्ती, एक चमकते हुए सितारे का अकस्मात अंत हो गया। उसी गांव (हमीरपुर) में हमने उनकी समाधि बनाई।' इस तरह भगतसिंह सहित कई क्रांतिकारियों के 'मास्टर साहब' का अंत हो गया।

'भारत में अंग्रेजी राज और मार्क्सवाद' (1982) शीर्षक पुस्तक के पहले खंड में रामविलास शर्मा ने हिंदी प्रदेश में समाजवादी चेतना के प्रसार का इतिहास बताते हुए पहली बार राधामोहन गोकुल के महत्वपूर्ण लेखन और योगदान के महत्व की ओर लोगों का ध्यान खींचा। उसके बाद उनकी रचनाओं का पुनःप्रकाशन और उनके योगदान का मूल्यांकन होने लगा।

उदयराज

अधिक जानकारी के लिए :
1. **राधामोहन गोकुल और हिंदी नवजागरण :** कर्मेंदु शिशिर,
2. **राधामोहन गोकुल समग्र :** (सं.) कर्मेंदु शिशिर

राधावल्लभ संप्रदाय

राधावल्लभ संप्रदाय वैष्णव संप्रदायों में एक प्रमुख कृष्णभक्ति संप्रदाय है। इसकी स्थापना गोस्वामी हितहरिवंश ने 1534 में वृंदावन में की थी। 'हित' उनका उपनाम था, अतः इस संप्रदाय को 'हरिवंशी संप्रदाय' भी कहते हैं। इस संप्रदाय के वैष्णवों ने गोस्वामी हितहरिवंश को कृष्ण की मुरली का अवतार माना। वह राधा-कृष्ण की युगल-मूर्ति के उपासक थे। उनका जन्म सहारनपुर के देवबंद ग्राम में हुआ था। कहा जाता है कि पहले वह 'मध्व संप्रदाय' के अनुयायी थे, किंतु जब राधा जी ने उन्हें स्वप्न में दर्शन दिए तो वह उनके भक्त हो गए। इस आधार पर कुछ विद्वान इस संप्रदाय का संबंध मध्व संप्रदाय से भी जोड़ते हैं, किंतु इसे स्वतंत्र संप्रदाय मानना उचित होगा। 'हुमायूंनामा' में हुमायूं की बहन ने उनके दस दिनों के उत्सव का उल्लेख किया है। नाभादास के 'भक्तमाल' में भी उनका परिचय मिलता है।

इस संप्रदाय का कोई दार्शनिक मतवाद नहीं है, न ही इसमें कर्मकांड की प्रचुरता है। राधा-कृष्ण की युगलोपासना इनके सिद्धांत का सारतत्व है, यद्यपि कृष्ण इस संप्रदाय के इष्टदेव नहीं हैं, केवल राधिका के अनुषंग के कारण उपास्य हैं। उनके लिए राधा की सखियां और दासियां भी अनुनय-विनय की पात्र हैं। हितहरिवंश नित्यविहारिणी राधा को ही अपना ईष्ट मानते हैं। उनके अनुसार राधा स्वतंत्र पराशक्तिरूपा, महाशक्तिरूपा और आनंदरूपा हैं। इसलिए उनकी उपासना को 'रसोपासना' भी कहते हैं। नाभादास ने 'भक्तमाल' में हरिवंश की भजन रीति को गूढ़ और रहस्यमयी कहा है। इसमें विधि और निषेध का कोई स्थान नहीं है, केवल राधा के चरणों की उपासना और राधा-कृष्ण के केलिकुंज की 'खाबासी' चाकरी करना ही भक्त का एकमात्र कर्तव्य है। 'खाबासी' शब्द का प्रयोग यहां महत्वपूर्ण है। इसमें राधा-कृष्ण प्रेम के संयोग पक्ष को ही लिया गया है और युगल-मूर्ति की कुंज-लीलाओं के आनंद को परम रस का 'माधुरी भाव' कहा है। नित्यविहार की एकांत स्थिति में जीव, राधा और कृष्ण की नित्य लीला का सखी भाव से दर्शन करके भक्त परम सुख का अनुभव करता है। इसी प्रेमदशा की प्राप्ति भक्त का लक्ष्य है। यद्यपि रसमार्गीय पद्धति को अपनाने वाले वैष्णव संप्रदायों में 'नित्यविहार' शब्द अत्यंत समादृत है, किंतु राधावल्लभ संप्रदाय में 'नित्यविहार' को सूक्ष्म भावभूमि पर प्रतिष्ठित किया गया है। 'नित्यविहार' चार नित्य तत्वों (नित्यकिशोरी राधा, नित्यकिशोर कृष्ण, नित्यकिशोर सहचरी, नित्यधाम वृंदावन) का समवेत रूप है। इसलिए रासलीला भी नित्यविहार की स्थिति मानी गई है, क्योंकि उसमें विहारोचित आनंद की उत्पत्ति संभव है। विजयेंद्र स्नातक के अनुसार, 'निकुंजलीला या निकुंजरस ही इस संप्रदाय का अंतिम प्रतिपाद्य है। वही ध्याता, ध्येय और ध्यान सबका अंतिम फल है।'

इस संप्रदाय में तत्सुखी भाव की साधना प्रचलित है जिसके अनुसार राधा और कृष्ण अपने लिए नहीं, बल्कि एक-दूसरे को प्रसन्न करने के

लिए सारा प्रयत्न करते हैं। इस विलक्षण प्रेमतत्व को हितहरिवंश जी ने सारस और चकवा-चकवी के प्रणय द्वारा स्पष्ट किया। हितहरिवंश स्वकीया और परकीया दोनों भावों को अलग-अलग अपूर्ण मानते हैं, क्योंकि स्वकीया में मिलन है तो विरह नहीं और परकीया में विरह है तो मिलन का सुख नहीं। उनके अनुसार, प्रेम वहां पूर्णता प्राप्त करता है, जहाँ स्वकीया-परकीया का बोध न होकर नित्य मिलन में भी विरह की ललक की उत्कंठा बनी रहे। नामसेवा, समाज, अष्टयाम सेवा, नैमित्तिक उत्सव आदि इस संप्रदाय में स्वीकृत हैं। संप्रदाय का तिलक नाक के नीचे से ऊर्ध्व भाग अर्थात त्रिकुटी तक रहता है। बीच में काली बिंदी रहती है। तिलक की सीधी रेखाओं को कृष्ण और काली बिंदी को राधा माना गया है।

हितहरिवंश रचित 'हितचौरासी' राधावल्लभ संप्रदाय का सर्वमान्य गंथ है। ब्रजभाषा में रचित इस ग्रंथ में चौरासी पद हैं। उनके संस्कृत में रचित 'सार-सुधानिधि' और 'यमुनाष्टक', हिंदी में 'स्फुट वाणी' तथा विट्ठलदास जी को लिखे दो गद्य-पत्र उपलब्ध हैं। उनकी रचनाओं के अलावा उनके शिष्यों हरिराम व्यास और ध्रुवदास की रचनाओं से भी राधावल्लभ संप्रदाय के बारे में पता चलता है। इस मत के कुछ प्रसिद्ध भक्त कवि रीतिकाल में भी हुए, जिनमें चाचा हितवृंदावनदास और हठी जी प्रमुख हैं। इस संप्रदाय का प्रमुख मंदिर वृंदावन में है। राजस्थान, गुजरात, बुंदेलखंड और मध्य प्रदेश में भी राधावल्लभ संप्रदाय के अनुयायी हैं।

श्रुति

अधिक जानकारी के लिए :
1. **राधावल्लभ संप्रदाय : सिद्धांत और साहित्य :** विजयेंद्र स्नातक, 2. **हित चौरासी : हितहरिवंश, भागवत संप्रदाय :** बलदेव उपाध्याय

राम

राम अयोध्या के सूर्यवंशी राजा दशरथ के बेटे और वाल्मीकि रामायण के सबसे प्रधान चरित्र हैं। राम की कथा सैकड़ों वर्षों से हिंदू धर्मावलंबियों में लोकप्रिय रही है। इसका प्रचार इंडोनेशिया, कंबोडिया, लाओस, थाईलैंड, म्यांमार आदि देशों में भी रहा है। कई देशों में रामलीला होती रही है। कहा जाता है कि विभिन्न भाषाओं में तीन सौ रामायणें हैं। रामकथा की लोकप्रियता की वजह से ही कई समुदाय के लोगों ने अपने मत और विश्वास के प्रचार के लिए इसका उपयोग किया। इसलिए रामकथाओं में भिन्नता स्वाभाविक है। फिर भी वाल्मीकि रामायण की करीबी कथा ही लोकमन को ज्यादा प्रभावित कर सकी। तुलसी के 'रामचरितमानस' में बदले भारतीय जीवन संसार के अनुरूप ढलकर विशेषतः हिंदू लोगों की आस्था का वह एक प्रमुख संबल बन गई।

राम दशरथ के बेटों में सबसे बड़े, सर्वश्रेष्ठ और मर्यादा पुरुषोत्तम हैं। उनकी मां कौशल्या हैं। दशरथ की दो अन्य पत्नियों में कैकेयी से भरत और सुमित्रा से लक्ष्मण व शत्रुघ्न हुए। राम, भरत, लक्ष्मण और शत्रुघ्न—इन चारों भाइयों का प्रेम सदियों से आदर्श रहा है। इनको शिक्षा विश्वमित्र से मिली। राम जब चौदह साल के थे, विश्वमित्र राम और लक्ष्मण को अपने आश्रम में यज्ञ की रक्षा के लिए ले गए, जहां इन्होंने ताड़का सहित कई राक्षसों का वध किया। इसके बाद दोनों मिथिला ले जाए गए। राह में राम के पैरों का स्पर्श पाकर गौतम ऋषि की पत्थर बनी पत्नी अहल्या शापमुक्त हुई। मिथिला के सीता स्वयंवर में राम ने शिवधनुष भंग कर अपनी वीरता प्रदर्शित की और सीता को प्राप्त किया। धनुष-भंग पर शिव के भक्त परशुराम क्रुद्ध हुए और संघर्ष हुआ, जबकि दोनों को ही विष्णु का अवतार माना गया है। परशुराम को शांत होना पड़ा। राम से पहले के अवतार परशुराम की शिवभक्ति ही तुलसी के 'रामचरितमानस' में राम और शिव की परस्पर भक्ति में रूपांतरित हुई और वैष्णवों-शैवों का संघर्ष शांत होने लगा।

दशरथ जब राम का राज्याभिषेक करना चाहते थे, कैकेयी ने मंथरा के उकसावे पर दशरथ

से पहले मिले वचन की याद दिलाकर ईर्ष्यावश दो वर मांगे—राम को चौदह साल का वनवास और अपने बेटे भरत का राज्याभिषेक। राम वन के लिए निकल गए। उनका अनुसरण सीता और लक्ष्मण ने किया। राम प्रयाग में भरद्वाज मुनि के आश्रम से होते हुए उनके परामर्श से दंडकारण्य जाकर रहने लगे। उनके वन जाने के बाद ही राजा दशरथ ने पुत्रशोक में प्राण त्याग दिए। भरत राज्य का मोह त्यागकर राम को वापस लाने के लिए चित्रकूट गए, पर पिता का वचन पूरा करने के लिए राम ने लौट ना स्वीकार नहीं किया। भरत राम की पादुका ले गए और प्रतीक रूप में सिंहासन पर इसे रखा।

राम दस साल बिता लेने के बाद एक जगह से दूसरी जगह घूमते हुए अगस्त्य मुनि के आश्रम में पहुंचे, जहाँ उन्हें दिव्य अस्त्र प्राप्त हुए। अगस्त्य मुनि के परामर्श से राम गोदावरी नदी के निकट पंचवटी में कुटी बनाकर रहने लगे। यहां रावण की बहन शूर्पणखा रहती थी। राम के रूप पर मुग्ध होकर उसने राम से प्रणय-निवेदन किया और राम के मना करने पर बौखलाकर वह सीता को खाने दौड़ी। राम के आदेश पर लक्ष्मण ने उसके नाक और कान काट दिए। राम द्वारा खर और दूषण का वध भी यहीं हुआ। यह सब सुनकर रावण ने सीता-हरण की योजना बनाई। ताड़का के पुत्र मारीच को स्वर्ण मृग बनाकर भेजा। उसने सीता के रूप-लावण्य के बारे में सुन रखा था। सीता ने स्वर्ण मृग देखा तो राम से उसकी आकांक्षा व्यक्त की। मायावी मृग ने राम को भुलावा देकर काफी दौड़ाया और जब वह बाणबिद्ध हुआ, तब उसने आर्तभाव से राम की आवाज में 'हे लक्ष्मण—हे सीता' कहकर पुकारा। सीता ने लक्ष्मण को राम की खबर लेने के लिए भेजा। इस अवसर का लाभ उठाकर रावण सीता को अपने रथ पर अपहरण करके ले गया।

राम ने लौटने पर देखा कि कुटी में सीता नहीं हैं। वहीं उन्होंने मस्तकहीन कबंध राक्षस का वध किया। उसकी आत्मा ने राम को सुग्रीव से सहयोग लेने के लिए किष्किंधा जाने को कहा। सीता का उद्धार करने के लिए राम और सुग्रीव की मित्रता हुई। राम ने सुग्रीव के बड़े भाई बाली का वध करके किष्किंधा का राज्य उसे सौंप दिया। बदले में राम को वानरों और हनुमान का सहयोग मिला। हनुमान ने सीता का पता लगाया और लंका-दहन किया। रावण को उसके छोटे भाई विभीषण ने परामर्श दिया कि वह सीता को मुक्त कर दे। इस पर विभीषण को अपमानित होना पड़ा, तब वह आकर राम से मिल गया। राम और रावण के बीच भीषण युद्ध हुआ। विभीषण के परामर्श से राम और लक्ष्मण ने रावण के पूरे वंश का नाश कर दिया। उन्होंने लंका का राज विभीषण को सौंप दिया। राम को अपने वंश के सम्मान की चिंता हुई। अतः उन्होंने सीता को अग्नि को अर्पित कर दिया। अग्नि में मायास्वरूप सोने की सीता जलकर भस्म हो गई, फिर अग्नि ने यथार्थ सीता को लौटाकर उसके सदचरित्र का प्रमाण दिए। राम आश्वस्त हुए। वह सीता और लक्ष्मण के साथ अयोध्या लौट आए।

चौदह वर्ष बाद अयोध्या लौटने पर वहां खुशी छा गई। भरत ने राम को राज्य सौंप दिया। राम प्रजा का पालन करने लगे, पर उन्हें सुनने को मिला कि रावण की कैद में रहने के कारण प्रजा को सीता के चरित्र पर संदेह है। प्रजा की संतुष्टि के लिए उन्होंने गर्भावस्था से गुजर रही सीता को त्याग दिया और उन्हें वाल्मीकि के तपोवन में भिजवा दिया। लक्ष्मण ने अनिच्छापूर्वक उनके इस आदेश का पालन किया। वाल्मीकि आश्रम में सीता के लव और कुश दो बेटे हुए। वाल्मीकि ने उन्हें शिक्षा दी। लव-कुश ने अश्वमेध के घोड़ों को रोका, युद्ध किया और बाद में सब ज्ञात होने पर मुक्त कर दिया। आमंत्रित होने पर वाल्मीकि लव और कुश को लेकर अश्वमेध यज्ञ में पहुंचे। लव-कुश के मुख से रामायण का गान सुनकर राम मुग्ध हो गए। वाल्मीकि ने बताया कि ये उन्हीं के बेटे हैं, सीता निष्कलंक हैं और कहा कि लोकोपवाद से न डरिए। राम ने सीता को लाने के लिए कहा। वाल्मीकि सीता को अयोध्या लेकर आए, पर सीता ने व्यथित होकर पृथ्वी से प्रार्थना की कि वह

जगह दे। धरती फट गई और सीता उसमें समा गईं।

सीता को खोकर राम दुखी हो गए और बहुत कष्ट से दिन काटने लगे। एक दिन कालपुरुष से उनकी गुप्त बातचीत हो रही थी और लक्ष्मण को आदेश था कि वह किसी को अंदर न आने दें। उसी समय दुर्वासा मुनि राम से मिलने आए। लक्ष्मण ने उन्हें रोका, इस पर वह शाप देने के लिए उद्यत हो गए। लक्ष्मण उस समय राम के पास गए। आदेश-पालन न होने पर राम लक्ष्मण को त्यागने के लिए बाध्य हो गए। लक्ष्मण ने सरयू में डूबकर प्राण दे दिए। इसके बाद राम ने कुश को उत्तर कोशल और लव को दक्षिण कोशल का राज्य सौंपकर खुद भी सरयू नदी में समाधि ले ली।

रामायण में राम का चरित्र बहुत व्यापक और जटिल है। वह पुत्र, भाई, पति, रक्षक, मित्र, योद्धा, धर्मरक्षक, प्रजापालक, ईश्वर आदि रूपों में मर्यादा पुरुषोत्तम का आदर्श प्रस्तुत करते हैं। वह 'बुराई' के खिलाफ अपने प्राचीन समय की सीमा में 'अच्छाई' का प्रतीक बन गए और युग-युगांतर तक नए-नए रूपों में देखे गए। उनकी नई-नई कथा रची जाती रही। उनकी कथाओं में रूपभेद ही नहीं, विषयांतर भी है। रामकथा के लक्ष्मण रेखा, शबरी द्वारा राम को जूठे बेर खिलाना, केवट द्वारा पद-प्रक्षालन, शिव और राम की परस्पर भक्ति जैसे कई लोकप्रिय प्रसंग हैं, जो वाल्मीकि रामायण में न होकर स्थानीय रामकथाओं में हैं। वाल्मीकि रामायण के शंबूक-वध और सीता वनवास के महत्वपूर्ण कथा-प्रसंग तुलसी के 'रामचरितमानस' में नहीं हैं। राम से संबंधित बौद्ध, जैन या अन्य सामुदायिक कथाएं आज किसी भी प्रांत में लोगों की आस्था के अंग नहीं हैं। देश-दुनिया में वही राम लोकप्रिय हैं, जो प्रेम और भक्ति के अलावा कुछ नहीं चाहते।

कहा गया है कि वाल्मीकि के शिष्य कुशीलन घूम-घूमकर रामायण सुनाया करते थे। कुशीलन परंपरा में रामकथा का कलेवर बढ़ता गया। बौद्धों ने ईसवी सन से पहले ही राम को एक बोधिसत्व मान लिया था। वेबर मानते थे कि रामायण का मूल रूप 'दशरथजातक' में सुरक्षित है, लेकिन परवर्ती अध्ययनों से प्रमाणित हुआ कि 'दशरथजातक' रामायण का विकृत रूप है और बहुत बाद का है। जैनों ने वाल्मीकि रामायण को मिथ्या कहकर रामकथा का नया रूप प्रस्तुत किया और राम, लक्ष्मण तथा रावण को अपने 63 शलाका पुरुषों में सम्मिलित कर लिया।

वाल्मीकि के बाद समस्त भारतीय साहित्य में राम साहित्य की एक अटूट और विशाल श्रृंखला उपलब्ध है। संस्कृत में रघुवंश (कालिदास), सेतुबंध (प्रवरसेन), जानकी (कुमारदास), रामचरित (अभिनंद), उत्तररामचरित (भवभूति), प्रसन्नराघव, अनर्घराघव, हनुमन्नाटक आदि प्रबंधकाव्य और नाटक उल्लेखनीय हैं। जैन परंपरा में विमलसूरि का 'पउमचरियं' (प्राकृत) और स्वयंभू का 'पउमचरिउ' (अपभ्रंश) प्रसिद्ध हैं। सामान्यतः आधुनिक भारतीय भाषाओं का पहला महाकाव्य या उनकी सबसे लोकप्रिय रचना रामायण कथा पर आधारित है, जैसे—'कंबन रामायण' (तमिल), रंगनाथ का 'द्विपदरामायण' (तेलुगु), रामकवि का 'इराम चरित' (मलयालम), नरहरि का 'तोरवे रामायण' (कन्नड़), 'माधव कंदली रामायण' (असमिया), 'कृत्तिवास रामायण' (बांग्ला), बलरामदास का 'जगमोहन रामायण' (उड़िया), एकनाथ का 'भावार्थ रामायण' (मराठी) आदि।

हिंदी की रामकाव्य परंपरा के निर्माताओं में सबसे बड़ा नाम तुलसीदास का है, लेकिन उनसे भी पहले अग्रदास की 'ध्यान मंजरी', 'अष्टयामा', 'रामभजन मंजरी' आदि तथा ईश्वरदास की 'भरत मिलाप' जैसी रचनाएं मिलती हैं। सूरदास ने 'सूरसागर' में श्रीकृष्ण से पहले राम की लीलाओं से संबंधित कुछ पदों की रचना की थी और जायसी के 'पद्मावत' में भी जहाँ-तहां रामकथा के संदर्भ हैं। तुलसीदास ने रामचरितमानस, गीतावली, कवितावली, जानकी मंगल, बरवै रामायण और रामललानहछू की रचना कर अकेले ही समूचे उत्तर भारत में राम को घर-घर पहुंचा दिया।

तुलसीदास के बाद नाभादास का 'अष्टयाम', केशवदास की 'रामचंद्रिका', प्राणचंद चौहान का 'रामायण महानाटक', माधवदास चारण का 'रामरासो', 'अध्यात्म रामायण' (लेखक अविदित), हृदयराम का 'हनुमन्नाटक', नरहरि बारहरि का 'पौरुषेय रामायण' आदि इस परंपरा की प्रमुख रचनाएं हैं।

रीतियुग में लालदासकृत 'अवधविलास', गुरु गोविंद सिंहकृत 'गोविंद रामायण', जानकी रसिक शरणकृत 'अवधसागर', भगवतरायकृत 'हनुमत पचीसी', विश्वनाथ सिंह कृत 'आनंद रामायण', 'संगीत रघुनंदन', 'आनंद रघुनंदन' (नाटक), किशोरी शरण, नवल सिंह, रामप्रिया शरण, सरजूराम पंडित, रसिल अली, ललक दास, बख्शी हंसराज (प्रेमसखी) आदि की रचनाओं ने रामकाव्य की परंपरा में कुछ नए पन्ने जोड़े।

आधुनिक युग में भारतेंदु का 'दशरथ विलाप', हरिऔध का 'वैदेही वनवास', मैथिलीशरण गुप्त का 'साकेत' और 'पंचवटी', निराला का 'पंचवटी प्रसंग' और 'राम की शक्तिपूजा', रामचरित उपाध्याय का 'रामचरित चिंतामणि', जयशंकर प्रसाद का 'अयोध्या का उद्धार', नरेश मेहता का 'संशय की एक रात' और जगदीश गुप्त का 'शंबूक' आदि रचनाओं में राष्ट्रीय जागरण या आधुनिक मूल्यों का कलात्मक विनियोग हुआ। नरेंद्र कोहली ने रामकथा को लेकर उपन्यासों की एक लोकप्रिय श्रृंखला रच डाली। रामानंद सागर का दूरदर्शन पर 'रामायण' धारावाहिक अत्यंत लोकप्रिय हुआ। 'रामजन्मभूमि' के संदर्भ में राम पर कई कोणों से चर्चा हुई और ऐसे विवाद पैदा हुए, जो पहले कभी नहीं थे।

अवधेश प्रधान

अधिक जानकारी के लिए :

1. **रामकथा उत्पत्ति और विकास :** फादर कामिल बुल्के, 2. **हिंदी साहित्य का इतिहास :** रामचंद्र शुक्ल, 3. **तीन सौ रामायणें :** ए के रामानुजन, 4. **त्रेता का बृहत्साम :** कुबेरनाथ राय, 5. **रामायण महातीर्थम् :** कुबेरनाथ राय

राम अवतार शर्मा
(1877-1929)

संस्कृत के विद्वान राम अवतार शर्मा उदार विचारों के थे। विद्यार्थी अवस्था से ही उन्होंने अपनी विलक्षण प्रतिभा से सभी को चमत्कृत कर दिया। वह 1906 में पटना विश्वविद्यालय में शिक्षक नियुक्त हुए और संस्कृत और हिंदी, दोनों विभागों की जिम्मेदारी संभाली। वे 1919 से 1922 तक काशी हिंदू विश्वविद्यालय के ओरिएंटल कॉलेज में प्रिंसिपल थे।

राम अवतार शर्मा बुद्धिवादी थे। उन्होंने वेद को समय से परे अलौकिक रचना मानने से इनकार कर दिया था। उन्होंने 'परमार्थ दर्शनम्' लिखकर हिंदू दर्शन में एक नया अध्याय जोड़ा था। इसमें उन्होंने अपने मौलिक विचार सूत्रबद्ध किए ही हैं, उन सूत्रों पर भाष्य और वार्तिक भी लिखे हैं। इसे प्रौढ़ पंडितों की परंपरा में सातवें दर्शन का दर्जा हासिल है। परमार्थ दर्शनम् में उन्होंने सभी दार्शनिक विचारों—सांख्य, वैशेषिक, वेदांत और शंकर के मायावाद—को तार्किक ढंग से प्रश्नांकित किया है। वे भौतिकवादी नहीं थे, लेकिन उनके क्रांतिकारी विचारों के कारण काशी के कुछ पंडित उन्हें नव्य-चार्वाक कहते थे। वे भौतिक जगत को सत्य मानते थे और उनकी दृष्टि में भौतिक जगत का वैज्ञानिक ज्ञान मनुष्य के लिए आवश्यक था। वे आत्मा को शरीर से पृथक नहीं मानते थे। ईश्वर और प्रकृति के बारे में उनके विचार हैं, 'शाश्वत धर्म के सिद्धांत के अनुसार ईश्वर और प्रकृति एक ही वस्तु हैं। दोनों में भेद नहीं है। ईश्वर या प्रकृति के अनंत भेद हैं। ईश्वर या प्रकृति सर्वमय है। शरीर का जो संबंध अंगों से है वही ईश्वर का विविध वस्तुओं से।' दर्शन, साहित्य, इतिहास, भाषाविज्ञान, भूगोल, भू-गर्भविज्ञान, जंतुविज्ञान से लेकर ज्ञान-विज्ञान की तमाम नई-पुरानी शाखाओं तक उनकी रुचि का विस्तार था।

राम अवतार शर्मा के शिष्यों में एक भारत के प्रथम राष्ट्रपति राजेंद्र प्रसाद के प्रयास से उनकी कई

पुस्तकों का प्रकाशन हुआ। उनकी अधिकांश रचनाएं संस्कृत में हैं। उनके बारे में नंदकिशोर नवल का कहना है, 'समकालीन विद्वान शर्मा जी को आधुनिक विज्ञान और बुद्धि-सम्मत दर्शन के प्रबल आग्रही के रूप में देखते हैं। स्वभावतया उनका परमार्थ दर्शन, जिसके वे प्रवर्तक हैं, धार्मिक और सांस्कृतिक पूर्व धारणाओं से मुक्त है। वे वस्तुतः उस बौद्धिक वातावरण की देन थे, जो उन्नीसवीं शताब्दी में नए भारत के जन्म के साथ निर्मित हो रहा था। उनके मूल्य थे—संदेह, बौद्धिकता और विज्ञान। अपने विचारों में वे समग्रतः एक आधुनिक व्यक्ति थे। वे भौतिकवादी नहीं थे, लेकिन उनका शास्त्र अथवा सनातनता-विरोध उन्हें निश्चित रूप से क्रांतिकारी सिद्ध करता है। (रामावतार शर्मा : प्रतिनिधि संकलन)। वे आधुनिक भारतीय भाषाओं की उन्नति में देश की उन्नति देखते थे। वे कहते हैं, 'धार्मिक हठ, विचार की परतंत्रता, अपने स्वार्थ के लिए ही दुनिया से संबंध रखना, बिना पैसे लिए किसी के काम न आना इत्यादि नवीन सभ्यता के लक्षण हैं।'

राम अवतार शर्मा ने 1912 में अखिल भारतीय समाज-सुधारक सम्मेलन का सभापति पद सुशोभित किया तो 1916 में अखिल भारतीय हिंदी साहित्य सम्मेलन के जबलपुर अधिवेशन की अध्यक्षता की। वे 1919 में भारत सरकार द्वारा महामहोपाध्याय की उपाधि से सम्मानित किए गए। उन्होंने कहा है, 'जिस भाषा में विज्ञान, दर्शन, इतिहास आदि के स्वतंत्र उत्तम निबंध नहीं, प्राचीन या वैदेशिक उपकर ग्रंथों के अनुवाद नहीं, दो-एक उत्तम छोटे-बड़े विश्व कोश नहीं, उस भाषा को अपनी मातृभाषा कहने वालों को तो 'लज्जा' के मारे तब तक सभ्य जगत में मुंह नहीं दिखाना चाहिए और अपनी भाषा के विषय में शेखी नहीं छघारनी चाहिए, जब तक वे अपने प्रयत्नों से अपनी मातृभाषा के इन कलंकों को दूर न कर लें।'

हिंदी क्षेत्र के इस अप्रतिम प्रतिभा का अवसान 3 अप्रैल 1929 को हुआ। भारत विद्या के प्रवीण काशी प्रसाद जायसवाल ने राम अवतार शर्मा की मृत्यु के बाद कहा था, 'वे कपिल, कणाद और कालिदास की श्रेणी के थे।' 'बिहार-ओड़ीशा' पत्रिका ने लिखा, 'उनके शब्दकोश ने वैश्विक वाल्टेयर के हृदय को आनंदित किया होता।' उनके बड़े पुत्र नलिन विलोचन शर्मा थे जिन्होंने हिंदी साहित्य में हिंदी साहित्य में नकेनवाद चलाया था। उनके विचारों और व्यक्तित्व की विचित्रता को लेकर ढेर सारी किंवदंतियां प्रचलित हैं।

हरिमोहन झा ने राम अवतार शर्मा के व्यक्तित्व को इन शब्दों में व्यक्त किया है, 'विचार में विलक्षणता के भंडार और आचार में सरलता के अवतार।' अगाध पांडित्य, क्रांतिकारी विचार दर्शन और देहाती किसान की-सी सादगी को देखकर इन्होंने इनकी तुलना विद्यासागर से की, 'इनका व्यक्तित्व ईश्वरचंद्र विद्यासागर की याद दिलाता है। उन्हीं की तरह ये भी समाज की मूर्खतापूर्ण रूढ़ियों के कट्टर शत्रु थे। बाह्य आडंबर और वेशभूषा को कभी इन्होंने अधिक महत्व नहीं दिया। मामूली-सी धोती और मोटा-सा कुरता। यही उनकी पोशाक थी। प्रायः नंगे पांव ही गंगास्नान के लिए निकल पड़ते थे। अगर धूप तेज रही तो सिर पर टोप भी डाल लेते थे। अपनी वैयक्तिक रुचियों में वे सर्वथा स्वाधीन थे और जन साधारण की आलोचना की परवाह नहीं करते थे। बड़े-बड़े दार्शनिकों में जो एक सहज अलौकिकता अथवा असांसारिकता आ जाती है उसका पर्याप्त अंश उनमें विद्यमान था।'

उदयराज

अधिक जानकारी के लिए :
1. **काशी की पांडित्य परंपरा :** बलदेव उपाध्याय, 2. **यूरोपीय दर्शन :** रामावतार शर्मा, 3. **परमार्थ दर्शन : रामावतार शर्मा :** (सं.) हरिमोहन झा, 4. **रामावतार शर्मा निबंधावली,** 5. **रामावतार शर्मा : प्रतिनिधि संकलन :** (सं.) नंदकिशोर नवल

रामभक्ति काव्यधारा

संत कवियों की विद्रोही वाणी से प्रारंभ होने वाला भक्ति आंदोलन सतरहवीं सदी में रामभक्ति काव्यधारा और तुलसीदास में आकर अपने उत्कर्ष पर पहुंचता है। वाल्मीकि कृत 'रामायण' से

लेकर बौद्ध-जैन, पालि-प्राकृत और अपभ्रंश तथा अन्य भारतीय भाषाओं में रामकथा की एक लंबी परंपरा दिखती है। इसमें अध्यात्म रामायण, भुशुंडी रामायण, आनंद रामायण, अद्‌भुत रामायण के अतिरिक्त बांग्ला का कृतिवास रामायण, तमिल का कंब रामायण, तेलुगु का रंग रामायण, मराठी में कृत रामायण आदि उल्लेखनीय हैं।

हिंदी क्षेत्र में रामभक्ति को प्रचलित करने का श्रेय रामानंद को है। उनसे पूर्व महाराष्ट्र में नामदेव और त्रिलोचन तथा उत्तर भारत में सदन और बेनी रामभक्ति का प्रचार कर रहे थे। रामानंद प्रारंभ में श्री संप्रदाय में दीक्षित थे। यह संप्रदाय शंकराचार्य के मायावाद की प्रतिक्रिया में उपजा था जिसमें विष्णु के कई रूपों के साथ राम का भी वर्णन है। रामानंद ने राम को अपनाया और नवीन तत्वों को समावेश कर रामावत संप्रदाय का प्रवर्तन किया। उन्होंने राम में मर्यादा तथा आदर्श की प्रतिष्ठा कर उसे जनमानस के अनुकूल बनाया।

आदिकालीन हिंदी कविता में 'पृथ्वीराज रासो' के मंगलाचरण में दशावतार वर्णन के अंतर्गत राम की

तुलसीदास

कथा के कुछ चुने हुए प्रसंगों का वर्णन है। तुलसीदास के पूर्व के रामभक्त कवियों में विष्णुदास, अग्रदास तथ ईश्वरदास का नाम आता है। विष्णुदास की कई रचनाओं में राम से संबंधित रचना 'रामायण कथा' मिली है। यह वाल्मीकि रामायण का हिंदी रूपांतरण है। इसे हिंदी रामकथा का पहला प्रबंधकाव्य माना जा सकता है। प्रेमाख्यानक ग्रंथ की रचना करने वाले ईश्वरदास के रामभक्तिपरक तीन ग्रंथ मिलते हैं—'रामजन्म', 'भरत मिलाप' तथा 'अंगद पैज'। अग्रदास रामानंद की शिष्य-परंपरा की चौथी पीढ़ी में आते हैं। 'रामभजनमंजरी' तथा 'रामाष्टयाम' इनकी प्रमुख रचनाएं हैं। रामभक्ति में रसिक भावना का समावेश करने वाले अग्रदास थे। ये अग्रअली के नाम से स्वयं को सीता की सखी मानकर काव्य -रचना किया करते थे।

रामभक्ति काव्य-परंपरा में सोलहवीं सदी में तुलसीदास हुए जिन्होंने बिखरी हुई रामकथा को महाकाव्य में संगठित किया और 'रामचरितमानस' की रचना की। इनकी लगभग बारह से अधिक रचनाओं में 'दोहावली', 'कवितावली' तथा 'विनय पत्रिका' विशेष उल्लेखनीय हैं। तुलसीदास ने न केवल रामभक्ति काव्य-परंपरा को सुदृढ़ आधार प्रदान किया बल्कि एक उत्कृष्ट महाकाव्य की रचना कर अपनी साहित्यिक प्रतिभा का परिचय दिया था। तुलसीदास का महत्व इस रूप में भी है कि अपनी युगीन दृष्टि के कारण वे हिंदी की जातीय तथा भावात्मक एकता के वाहक बने और महाकवि के रूप में प्रतिष्ठित हुए। हजारी प्रसाद द्विवेदी ने तुलसी को महान समन्वयक कहा है। इन्होंने रामकथा के माध्यम से एक वि श्रृंखल युग में आदर्श समाज का यूटोपिया रचा था। यह उनका अपने समय का प्रतिकार था। उन्होंने राम को देवत्व के धरातल से उतारकर उनमें मानवीय गुणों का आरोपण किया। राम मानवीय आदर्श तथा युगीन सांस्कृतिक चेतना के वाहक बने। राम के कर्ममय व्यक्तित्व ने भक्ति की निष्क्रियता को तोड़ा। इस प्रकार तुलसी की भक्ति लोकमंगल का आधार बनी। जिस जनोन्मुख चेतना को कबीर ने अपने विद्रोही तेवर द्वारा बल प्रदान किया था, उसे ही तुलसीदास ने समन्वय के विराट रूपक में

प्रस्तुत किया था। यह रामभक्ति काव्यधारा का एक बड़ा योगदान था। तुलसीदास में आकर भक्ति आंदोलन के सगुण-निर्गुण, भक्ति-योग, प्रेम और ज्ञान संबंधी सारे द्वंद्वों का समाहार हो जाता है। यही कारण है कि रामविलास शर्मा तुलसी को भक्तिकाल की सर्वश्रेष्ठ उपलब्धि मानते हैं।

रामभक्त कवियों में एक नाम 'भक्तमाल' के रचयिता नाभादास का है। ये तुलसीदास के समकालीन थे। उनके कुछ रामभक्तिपरक पद मिलते हैं। केशवदास की 'रामचंद्रिका' भी राम से संबंधित एक उल्लेखनीय कृति है। सेनापति के 'कवित्व-रत्नाकर' की चौथी और पांचवीं तरंग में रामायण के विविध प्रसंगों का वर्णन है। 'सूरसागर' में भी रामकथा के प्रसंगों का वर्णन मिलता है। नरहरि बारहट का 'पौरुषेय रामायण' तथा प्राणचंद चौहान का रामायण महानाटक भी उल्लेखनीय कृतियां हैं।

भक्ति आंदोलन की जनोन्मुख सांस्कृतिक चेतना तुलसीदास में अपने चरम पर पहुंच गई थी। दरबारी संस्कृति के विलासपरक वातावरण तथा कृष्णभक्ति के सखी संप्रदाय के प्रभाव में रामचरण दास और उनकी रचना 'कोशलखंड' द्वारा रसिक संप्रदाय की परंपरा प्रारंभ हुई। परिणाम यह हुआ कि राम इस जगह लोकमंगल की भूमि को छोड़कर रसिक भाव के आलंबन बन गए। सामंती जड़ता को तोड़ने वाले राम का व्यक्तित्व श्रृंगार के नायक के रूप में जड़ होने लगा जो भक्ति आंदोलन की दुखद परिणति थी। इसके बाद मैथिलीशरण गुप्त ने आधुनिक युग में 'साकेत' की रचना की जिसमें आधुनिक चेतना के साथ भक्ति के तत्व भी हैं।

सुनीता गुप्ता

राममनोहर लोहिया

राममनोहर लोहिया का नाम भारत के अग्रणी समाजवादी नेता के रूप में जाना जाता है। उत्तर प्रदेश के अकबरपुर, फैजाबाद में 23 मार्च 1910 को जन्मे लोहिया के पिता हीरालाल एक समर्पित गांधीवादी और सक्रिय कांग्रेसी थे। उनकी आरंभिक शिक्षा बंबई और काशी हिंदू विश्वविद्यालय में और स्नातक की शिक्षा विद्यासागर कॉलेज, कलकत्ता (1929) से हुई थी। 1929 से 1933 तक उन्होंने इंबोल्ट विश्वविद्यालय (बर्लिन) में 'भारत में नमक कानून' विषय पर शोध किया। वहां उनका संपर्क अनेक प्रगतिशील विचारधाराओं और कार्यकर्ताओं से हुआ। बर्लिन से लौटने के बाद 1934 में उन्होंने कांग्रेस सोशलिस्ट पार्टी की स्थापना में भाग लिया और 1936 में कांग्रेस पार्टी के विदेश सचिव नियुक्त हुए। इस दौरान वे 'सोशलिस्ट कांग्रेस' के संपादक भी थे। लोहिया जीवन भर समाजवादी विचारों के मुखर प्रवक्ता थे। उन्हें अपने विचारों और संघर्षों के कारण लंबी जेल-यात्राएं करनी पड़ीं। वे अंग्रेजों का साथ न देने के मत पर अडिग थे। 1940 में एक सभा में उन्होंने कहा था, 'शोषण पर खड़ा यह साम्राज्य टूटने ही वाला है और चूंकि इसने दस राज्यों में लोकप्रिय सरकार को हटाकर गवर्नर का शासन लगा दिया

राममनोहर लोहिया

है, अतः हमारे पास सत्याग्रह करने का पूरा नैतिक आधार है।' 1942 में उन्होंने अपने साथियों के साथ मिलकर 'भारत छोड़ो' आंदोलन के दौरान कलकत्ता और बंबई से भूमिगत रेडियो का संचालन किया था। इसके लिए उन्हें लाहौर के किले में यातनापूर्ण जेल की सजा काटनी पड़ी।

देश की आजादी के बाद लोहिया कांग्रेस शासन के मुख्य विपक्षी नेता के रूप में उभरे। वे हमेशा कहा करते थे कि जब तक हिमालय के राज्यों तथा नेपाल, भूटान, सिक्किम में लोकतांत्रिक सरकार नहीं बनती और गोवा पुर्तगालियों से मुक्त नहीं होता, भारत की आजादी पूर्ण नहीं मानी जाएगी। उन्होंने 1946 में गोआ में औपनिवेशिक शासन के विरोध में अभियान छेड़ा था। पंजिम में '18 जून रोड' आज भी उस दिन की याद दिलाता है। नेपाल में 'नेपाली कांग्रेस पार्टी' का गठन करवाने में उनकी महत्वपूर्ण भूमिका थी। गोआ में वे अपने बर्लिन के दिनों के मित्र जूलियो मेंजेस के माध्यम से दाखिल हुए थे।

'सप्त क्रांति' का विजन देश के सामने रखने वाले लोहिया ने देश की समस्याओं की ऐतिहासिक जड़ों और वर्तमान हलों पर विचार किया। उनका समाजवाद यूरोपीय समाजवाद से भिन्न था। उन्होंने रूढ़िवादी यूरोपीय समाजवाद की निंदा की क्योंकि उनके अनुसार, 'पूंजीवादी लोकतंत्र और रूसी साम्यवाद से इतर अपनी विशेष पहचान न स्थापित कर पाने के कारण यूरोपीय समाजवाद समाज के संस्थागत और मानवीय पक्षों के साथ पूर्ण मुक्ति के महान समाजवादी आदर्श का अनुभव करने में असफल रह गया।' उन्होंने पूरी दुनिया की सोशलिस्ट पार्टियों से नई तकनीक और नए नैतिक बल के साथ समाजवाद के पुनरुद्भव की अपील की थी। उन्होंने मार्क्स को मूलतः एक डेमोक्रेट मानकर उनका सम्मान किया था और उनकी निजी संपत्ति की जोरदार आलोचना को उनका सबसे बड़ा राजनीतिक योगदान माना था। लेकिन वे समाजवाद स्थापित करने के लिए पूंजीवाद से लड़ने के साम्यवादी तौर-तरीकों से असहमत थे। इसके लिए वे गांधी के सत्याग्रही तरीके का समर्थन करते थे। उनके अनुसार, गांधीवाद भी एक पृथक राजनीतिक दर्शन के रूप में बहुत उपयोगी नहीं है। अतः उन्होंने कहा था कि समाजवाद को गांधीवाद के व्यावहारिक पहलुओं को विकसित करना चाहिए।

लोहिया ने भारत में वर्ग के समान ही वर्ण को भी सामाजिक ढांचे की महत्वपूर्ण विशेषता माना। उन्होंने राजनीति में पिछड़ी जातियों की भूमिका को रेखांकित किया। उनके अनुसार, महिलाएं, शूद्र, हरिजन, मुस्लिम और आदिवासी—ये पांच दलित वर्ग भारतीय समाज में हैं। इनकी आबादी कुल आबादी का 90 प्रतिशत है। उन्होंने इनके लिए सरकारी सेवाओं, सेना, व्यापार और राजनीतिक पार्टियों में 60 प्रतिशत पद आरक्षित करने की वकालत की। जाति व्यवस्था के उन्मूलन के लिए उन्होंने सरकारी कर्मचारियों के लिए अंतरजातीय विवाह, अंतरसामुदायिक भोज को अनिवार्य करने का सुझाव दिया था।

लोहिया भाषा के मुद्दे पर मुखर थे। उन्होंने समाजवाद के सिद्धांत की व्याख्या ऐसी भाषा में की जिसे एक साधारण दुकानदार, अपढ़ मजदूर भी समझ सके। अपनी 'लैंग्वेज' नामक पुस्तक में उन्होंने कांग्रेस सरकार को इसी आधार पर लोगों को कमजोर कर देने का दोषी माना। उनके अनुसार, अंग्रेजी को अनिवार्यतः हटाया जाना चाहिए। वे कहते थे, 'लोगों का शासन बिना लोगों की भाषा के उपयोग के संभव नहीं है।' भाषा के लिए उन्होंने मातृभाषा और हिंदी के विकल्पों का फार्मूला दिया। उनके अनुसार, 'मातृभाषा का प्रयोग अंग्रेजी को पदच्युत करेगा। विकल्प के तौर पर हिंदीतर लोग हिंदी का प्रयोग कर सकते हैं। कांग्रेस के विरुद्ध तमाम पार्टियों को गोलबंद करने के लिए उन्होंने गैर-कांग्रेसवाद का सूत्र दिया। इसी प्रकार हिंदी सहित तमाम भारतीय भाषाओं को आगे लाने के लिए 'अंग्रेजी हटाओ' आंदोलन चलाया।

लोहिया भारत-विभाजन के सख्त खिलाफ थे। उन्होंने अपनी किताब 'भारत-विभाजन के अपराधी' में इसके लिए इतिहास की निर्वैयक्तिक शक्तियों को प्राथमिक दोषी माना। इसके अलावा दोषियों में उन्होंने

कांग्रेस के नेतृत्व (विशेषतः नेहरू और पटेल) और मुस्लिम लीग को रखा। दरअसल, लोहिया भारत-विभाजन को अप्राकृतिक और अतार्किक मानते थे, जिसका जिक्र उन्होंने अपनी 'हिमालय नीति' में भी किया है। उन्होंने इतिहास के नियमों में भरोसा रखते हुए हमेशा यह विश्वास रखा था कि एक दिन भारत और पाकिस्तान अपने विभाजन की अप्राकृतिक अवस्था को समझते हुए एक परिसंघ के रूप में सामने आएंगे।

'भारत, चीन और नॉर्दर्न फ्रंटियर' नामक अपनी पुस्तक में उन्होंने नेहरू की विदेश नीति की कटु और यथार्थपरक आलोचना की। उन्होंने चीन की साम्यवादी क्रांति के पहले ही लखनऊ में एक प्रेस वक्तव्य में उत्तरी सीमा पर खतरे से चेताया था और कहा था, 'हमारा पारंपरिक प्रहरी हिमालय अब हमारी रक्षा नहीं कर सकेगा।' उन्होंने एक ठोस हिमालय नीति की वकालत करते हुए तिब्बत को एक संप्रभु देश मानने की बात की और वास्तविक मैकमोहन रेखा का प्रश्न उठाया। तीक्ष्ण और व्यावहारिक बुद्धि के धनी लोहिया ने एक ऐसे गांव का ब्योरा ढूंढ़ा जो कैलाश के उत्तर में था और जिसका लगान भारत सरकार को आता था।

लोहिया का आर्थिक चिंतन विकेंद्रीकरण पर आधारित था। उन्होंने पूंजीवादी विकास को उपनिवेशवादी शोषण के बिना असंभव बताया क्योंकि विकसित देशों में मांग का संकट रहेगा और विकासशील देशों में क्रय शक्ति का अभाव। अतः पूंजीवादी देश अपने उपनिवेश विकसित करते हैं, इन देशों में मजदूरों का शोषण करते हैं और प्राकृतिक संसाधनों का दोहन करते हैं। लोहिया के विचार से भारी उद्योगों पर आधारित उद्योगीकरण समस्यापूर्ण है क्योंकि यह पर्याप्त रोजगार मुहैया नहीं कराता। वे कहते थे कि पूंजीवादी और कम्युनिस्ट एक ही किस्म की अर्थव्यवस्था के हिमायती हैं, उनमें फर्क सिर्फ इतना है कि एक जहाँ निजी संपत्ति को प्रोत्साहित करता है, दूसरा इसे सार्वजनिक संपत्ति में बदलने की वकालत करता है।

वह सोशलिस्ट पार्टी से 1963 के एक उपचुनाव में फर्रुखाबाद से जीतकर संसद में पहुंचे। इसके बाद देश की संसद ने विपक्ष के एक ऐसे नेता का दीदार किया जिसके लिए सदन के सांसद अपना समय छोड़ देने को तैयार रहते थे। संसद में गरीबी रेखा को लेकर 'तीन आना बनाम पंद्रह आना' का विवाद उनके नाम से जाना जाता है। उन्होंने देश की तंगहाली और प्रधानमंत्री की जीवन-शैली पर संसद में जमकर प्रहार किए।

लोहिया विकेंद्रीकृत, आत्मसम्मानपरक और विविधता को पोषित करने वाली व्यवस्था के स्वप्नद्रष्टा थे। उनका समाजवाद समानता के सिद्धांत से संचालित था। इसकी परिभाषा समाजवाद की उनकी भारतीय समझ की देन थी। वे संयोग से प्राप्त किसी उपलब्धि को गर्व का विषय मानने वाले को विक्षिप्त करार देते थे। उन्होंने राम, कृष्ण और शिव को एक नए नजरिए से देखा था। उन्होंने हर उस सरकार को, जो जनता का विश्वास खो चुकी हो, बिना चुनाव के ही जनांदोलन द्वारा सत्ताच्युत करने की बात की थी। वे दलितों, पिछड़ों और आदिवासियों के लिए आवाज उठाते थे तथा स्त्रियों की स्वतंत्रता के लिए बहुत गहराई से प्रतिबद्ध थे।

अखिलेश प्रताप सिंह

अधिक जानकारी के लिए :
1. **लोहिया :** ओंकार शरद, 2. **लोहिया : एक जीवनी :** ओमप्रकाश दीपक, 3. **लोहिया रचनावली** : (सं.) मस्तराम कपूर, **4. Lohia : His Life & Philosophy :** Indumati Kelkar

रामकिंकर बैज

(1910-1980)

मूर्तिकार रामकिंकर बैज पश्चिम बंगाल के एक निम्न-मध्यवर्गीय बंगाली परिवार में जन्मे प्रसिद्ध मूर्तिकार थे। भारतीय कला के इतिहास में उनका विशिष्ट स्थान उनके स्वाधीनचेता शिल्पबोध के कारण है। उन्होंने कहा था, 'कलाकारों के लिए भारतीय कहकर कुछ नहीं है...। कला किसी भी

रामकिंकर बैज

सीमा से नहीं बंधा एक अंतरराष्ट्रीय मामला है।' वे बोहेमियन मन के व्यक्ति थे। उनमें वात्सल्य, खुलापन, उदात्तता और कला के प्रति जुनून जैसा भाव था। भारत सरकार ने 1970 में उन्हें पद्मभूषण सम्मान से नवाजा। 1976 में उन्हें ललित कला अकादेमी से मानद उपाधि और शांतिनिकेतन से देशिकोत्तम सम्मान भी मिला था।

रामकिंकर कम उम्र से ही मिट्टी की मूर्तियां बनाने लगे थे। उन्होंने स्वाधीनता आंदोलन के नायकों के सबीह और रेखाचित्र बनाए। बिना किसी प्रशिक्षण के बनाए उनके चित्र और मूर्तियां बेहद जीवंत होते थे। शांतिनिकेतन में नंदलाल बोस जैसे प्रख्यात कला-मनीषी के दिशानिर्देश और सान्निध्य में उनकी प्रतिभा निखर उठी। उन्हें विश्वभारती के मूर्ति कला विभाग के प्रमुख पद पर कार्य करने का अवसर मिला। नंदलाल बोस और बिनोद बिहारी मुखर्जी के साथ मिलकर उन्होंने शांतिनिकेतन को कला के क्षेत्र में नई ऊंचाइयों पर पहुंचाया। शांतिनिकेतन की कई सार्वजनिक स्थापत्य परियोजनाओं के लिए भी बैज ने काम किया। 1938 में तैयार 'संथाल परिवार' इनमें से एक है जो आज भी विश्वविद्यालय के प्रांगण में स्थापित है और पर्यटकों का ध्यान आकर्षित करता है। अपनी मूर्तियों को जीवंत और वास्तविक दिखाने के लिए उन्होंने उनकी ऊपरी सतह को बेहद चिकना न बनाकर थोड़ा खुरदरा रहने दिया। उनकी मूर्तियों का खुरदरापन ही उनकी विशिष्टता और पहचान बन गई।

रामकिंकर बैज भारत के प्रथम इंप्रेशनिस्ट और अमूर्तन शैली के मूर्तिकार माने जाते हैं। उन पर आधुनिकतावादी कला-सिद्धांतों का प्रभाव था। 1938 में उनके द्वारा निर्मित 'द पोएट' (रवींद्रनाथ टैगोर का पोट्रेट) को भारत का पहला एब्स्ट्रेक्ट या अमूर्तन शैली का महान उदाहरण माना जाता है। शांतिनिकेतन के कलाकारों को इंप्रेशनिज्म, डाडाइज्म, क्यूबिज्म आदि से उन्होंने ही परिचित कराया। बैज ने यश और अर्थोपार्जन को कभी महत्व नहीं दिया। इसी कारण इन्होंने बेहद चुनिंदा सरकारी परियोजनाओं के लिए काम किया। इनमें से एक 1970 में उनके द्वारा भारतीय रिजर्व बैंक के लिए बनाई गई यक्ष और यक्षिणी की मूर्तियां हैं जो बैंक के दिल्ली स्थित मुख्यालय के बाहर लगी हैं। इन पर कुषाणकाल की मूर्तियों का प्रभाव दिखाई देता है। ये परंपरा और आधुनिकता के संयोग का उदाहरण मानी जाती हैं।

गीता दूबे

रामकृष्ण परमहंस

(1836-1886)

भारत के महान आध्यात्मिक संत रामकृष्ण परमहंस का जन्म एक गरीब, धार्मिक और आचारनिष्ठ ब्राह्मण परिवार में 18 फरवरी 1836 को पश्चिम बंगाल के हुगली जिले के कामारपुर गांव में हुआ था। उन्हें गांव की पाठशाला में पढ़ने को भेजा

गया लेकिन जल्दी ही उनका जी 'रोजी-रोटी कमाने वाली शिक्षा' से उचट गया। उन्होंने विद्यालय को त्याग दिया। उनका ध्यान गांव-शहर के शोर-शराबे से दूर पुरी जाने के मार्ग पर लगा रहता था। इस गांव से होकर तमाम संन्यासी, वैष्णव और अन्य धार्मिक जत्थे गुजरते थे और यहां रुककर गीत, भजन, कथा और कीर्तन द्वारा भक्ति का संदेश देते थे। इन्हीं साधुओं, संन्यासियों और कथावाचकों की संगत में पुराण, रामायण, महाभारत और भागवत की कथाओं और भजनों का रामकृष्ण को अच्छा ज्ञान हो गया था। भजन संगीत, मूर्ति कला और अभिनय कला में वे कुशल थे। बांग्ला भाषा में लिखने और पढ़ने की योग्यता उनमें थी। एक बार नीले आकाश में सफेद बगुलों की कतार को उड़ते देख मुग्ध होकर वे सुध-बुध खो बैठे थे।

रामकृष्ण को गरीबी के कारण अपने बड़े भाई रामकुमार के पास कलकत्ता जाना पड़ा। वहां उनका मन पढ़ने में न लगा। वे किसी गृहस्थ के घर विष्णु के पुजारी का काम करने लगे। 1855 में जब रानी रासमनी ने दक्षिणेश्वर में काली मंदिर बनवाया, उनके बड़े भाई रामकुमार वहां पुजारी नियुक्त हुए।

रामकृष्ण परमहंस

बाद में रामकृष्ण भी आकर वहीं पुजारी का काम करने लगे। वे अत्यंत भावमग्न होकर फूल चुनते, माला बनाते, देवी को पहनाते, चंदन और बिल्वपत्र तथा पुष्प देवी के चरणों में अर्पित करते और रामप्रसाद-कमलाकांत के भजन गाकर सुनाते। वे ईश्वर के साक्षात दर्शन के लिए व्याकुल रहने लगे। उनकी यह व्याकुलता इतनी बढ़ गई कि पुजारी का काम उनके लिए असंभव हो गया। उन्हें इस काम से छुट्टी मिल गई। वे रात-दिन ईश्वर के दर्शन करने को छटपटाते रहते। उनकी दशा पागलों की-सी हो गई। चिकित्सा से भी लाभ न हुआ। उन्हें गांव भेज दिया गया। वहां उनका विवाह सारदामणि नाम की कन्या से हुआ। दक्षिणेश्वर लौटकर फिर वही व्याकुलता और तरह-तरह की साधनाएं शुरू हो गईं।

इसी बीच एक ब्राह्मणी भैरवी आई। उसने श्रीरामकृष्ण को 64 तांत्रिक साधनाओं की शिक्षा दी। कहीं से एक तोतापुरी नाम के नग्न साधु आए। उनके निर्देशन में रामकृष्ण ने अद्वैत वेदांत की साधना की और तीन दिनों में ही निर्विकल्प समाधि की अनुभूति प्राप्त की। उन्होंने हनुमान, राम, शैव, शाक्त—नाना भावों की साधना की। एक-एक कर—पंचनामी, बाउल, सिख, इस्लाम, ईसाई आदि मंत्रों की भी साधना की और सिद्धि प्राप्त की। उन्होंने प्रत्यक्ष अनुभव कर लिया कि जितने मत हैं, उतने पथ हैं और प्रत्येक मत के द्वारा ईश्वर को प्राप्त किया जा सकता है—जतो मत, ततो पथ।

रामकृष्ण ने वैष्णव भक्ति के सभी भावों—शांत, दास्य, सख्य, वात्सल्य और माधुर्य भाव से भक्ति मार्ग की साधना की, लेकिन अपने जीवन में दास्य भाव को वरीयता दी। उनकी विशेषता थी कि वे ईश्वर के जिस रूप (काली, राम, कृष्ण आदि) की आराधना में लीन होते थे, वह रूप उनके अंदर का अंश बन जाता था। वे उससे एकरूप हो जाते थे। कुछ समय तक उन्होंने स्त्रीभाव की भी साधना की थी। स्त्री के वेश में स्त्रियों के बीच रहे थे। इस तरह उनके भीतर से स्त्री-पुरुष का लौकिक भेद

ही समाप्त हो गया था। वे प्रत्येक स्त्री को काली माता का ही एक रूप समझते थे। इसलिए गांव से उनकी पत्नी सारदामणि जब दक्षिणेश्वर में उनके पास रहने आईं तो उन्होंने उनकी षोडशी पूजा की। वे मंदिर में स्थित काली मां, अपनी जन्मदायिनी मां और विवाहिता पत्नी—तीनों को मातृभाव से देखते थे। उन्होंने काम-वासना को पूरी तरह जीत लिया था। धन का, पैसे का जरा भी आकर्षण उनमें न था। कहते हैं कि धातु का स्पर्श होते ही उनका अंग सुन्न या टेढ़ा हो जाता था। पैसा छूते ही उन्हें बिच्छू के डंक जैसी चुभन होती। उन्होंने कभी सिद्धियों का प्रदर्शन नहीं किया। लेकिन उनकी रात-दिन की ईश्वर-तन्मयता, सरलता, बच्चों जैसा भोलापन और सबसे बढ़कर चरित्र की शुद्धता देखकर लोग उन्हें परमहंस कहकर पुकारने लगे और उनका सत्संग पाने के लिए दक्षिणेश्वर में आने लगे।

रामकृष्ण एक बार रानी रासमनी के दामाद मथुरा बाबू के साथ तीर्थ-भ्रमण को वैद्यनाथ, काशी और वृंदावन गए थे, अन्यथा हमेशा दक्षिणेश्वर में ही रहते थे। नारायण शास्त्री, पद्मलोचन पंडित, गौरीदत्त, देवेंद्रनाथ ठाकुर और शशिधर तर्कचूड़ामणि जैसे दिग्गज विद्वान भी उन पर मुग्ध हो जाते थे। केशवचंद्र सेन अपने ब्राह्मसमाजी शिष्यों के साथ उनके दर्शनार्थ आते थे। विजयकृष्ण गोस्वामी भी उनके अनुगत हो गए। केशवचंद्र सेन ने रामकृष्ण परमहंस की प्रशंसा में एक लेख लिखा, जिसे पढ़कर अनेक नव-शिक्षित युवक उनके पास आने लगे। उनके पास आने वाले कम उम्र के लड़कों में सबसे महत्वपूर्ण थे—नरेंद्रनाथ दत्त, जो विवेकानंद के नाम से प्रसिद्ध हुए। रामकृष्ण इन्हें ज्ञान, भक्ति, कर्म और योग की शिक्षा सरल भाषा में देते। सगुण-निर्गुण, साकार-निराकार, शैव-शाक्त-वैष्णव, ब्राह्मण-चांडाल, हिंदू-मुस्लिम, ईसाई, अपढ़-सुपढ़, पतिव्रता-वेश्या सबके लिए उनका द्वार खुला था। उनके गले में घाव (कैंसर) हो गया। डॉक्टरों के मना करने के बावजूद दुखी-पीड़ित जनों को आश्वासन के शब्दों से राहत पहुंचाना उन्होंने बंद नहीं किया। उनकी मृत्यु के बाद उनके 16 शिष्यों ने संन्यास ग्रहण किया और स्वामी विवेकानंद के नेतृत्व में वे रामकृष्ण के आदर्शों का देश-विदेश में प्रचार करने में लग गए। विवेकानंद ने एक व्याख्यान में कहा था, 'यदि मैंने जीवन भर में एक भी सत्य वाक्य कहा है तो वह उन्हीं का (श्रीरामकृष्ण का) वाक्य है, पर यदि मैंने ऐसे वाक्य कहे हैं जो असत्य, भ्रमपूर्ण या मानवजाति के लिए हितकारी नहीं हैं तो वे सब मेरे वाक्य हैं। उनके लिए पूरा उत्तरदायी मैं ही हूं।'

रामकृष्ण परमहंस ने धार्मिक अराजकता और अंधविश्वासों के युग में धर्म को बुद्धिसम्मत और मानवीय बनाने का काम किया था। उनके धर्म का सबसे महत्वपूर्ण पहलू था गरीब और वंचित मनुष्यों की सेवा। वे कर्मकांडी नहीं थे। उन्होंने धर्म का नया संदेश दिया था। शिक्षित लोग भी उनकी उदारवादी ईश्वरीय भावधारा की ओर आकर्षित थे। वे धर्म का अर्थ लेते थे सामाजिक जिम्मेदारी। 1866 में रामकृष्ण मठ की प्रतिष्ठा का उद्देश्य आध्यात्मिक नवजागरण से आम लोगों को जोड़ना था। रामकृष्ण परमहंस के विचारों और साधना से आल्डुअस हक्सले, क्रिस्ट ोफर इशरहुड, आंद्रे जीद, रोम्यां रोलां, आर्नल्ड ट ॉयनबी जैसे पश्चिमी विद्वान आकर्षित थे। 'नाइंटींथ सेंचुरी' (अगस्त 1896) में मैक्समूलर ने रामकृष्ण पर एक प्रशंसामूलक लेख लिखा था। रोम्यां रोलां ने उनकी शानदार जीवनी लिखी थी। निकोलाइ रोरिक, रवींद्रनाथ ठाकुर, महात्मा गांधी, श्री अरविंद, सुभाषचंद्र बोसु, राधाकृष्णन—सबने एक स्वर से उनकी सराहना की। हिंदी साहित्यकरों में निराला, दिनकर और फणीश्वरनाथ रेणु पर उनका प्रभाव सबसे अधिक था।

उदयराज

अधिक जानकारी के लिए :
1. **रामकृष्ण की जीवनी :** रोम्यां रोलां, 2. **श्रीरामकृष्ण लीला प्रसंग :** स्वामी सारदानंद, 3. **श्रीरामकृष्ण वचनामृत :** महेंद्रनाथ गुप्त, 4. **कल्पतरु की उत्सव लीला :** कृष्णबिहारी मिश्र, **5. Shri Ramkrishna and Spiritual Renaissance :** Swami Vivekananda, **6. World thinkers on Ramkrishana : Vivekananda :** Lokeshwarananda

रामचंद्र

(बारहवीं सदी)

आचार्य हेमचंद्र के बाद उनके प्रमुख शिष्य रामचंद्र आते हैं जो स्वयं जैन धर्म के लब्धप्रतिष्ठ आचार्य हैं। इन्होंने गुणचंद्र के साथ मिलकर 'नाट्यदर्पण' नामक ग्रंथ की रचना की। इन्हें प्रबंध कर्ता कहा जाता है। इन्होंने लगभग 190 ग्रंथों की रचना की और अनेक दुर्लभ नाट कों का उद्धरण देकर उनका परिचय कराया जिसमें विशाखदत्त का 'देवीचंद्रगुप्त' नामक नाट क महत्वपूर्ण है जिसमें चंद्रगुप्त द्वितीय के पहले रामगुप्त की ऐतिहासिक स्थिति के प्रमाण मिलते हैं। यह वही 'नाट्यदर्पण' है जो धनंजय के साथ विश्वनाथ कविराज को जोड़ती है। इसमें अनेक विषय बहुत महत्वपूर्ण हैं और परंपरागत सिद्धांतों पर नए ढंग से सोचने को विवश करते हैं, जैसे रस का सुखात्मक होने के साथ दुखात्मक होना।

अन्य साहित्यिक ग्रंथों की भांति 'नाट्यदर्पण' की रचना भी कारिका शैली में हुई है। उस पर वृत्ति भी ग्रंथकार ने स्वयं लिखी है। इस ग्रंथ में चार विवेक हैं जिनमें क्रमशः नाटक, प्रकरणादि रूपक, भावाभिनय तथा रूपक संबंधी अन्य बातों का विवेचन किया गया है।

रामचंद्र गुजरात के सिद्धराज, कुमारपाल व जयपाल (1172-1174) तीन राजाओं के समय में विद्यमान थे। कहा जाता है कि अंतिम राजा अजयपाल ने किसी कारण क्रुद्ध होकर इन्हें प्राणदंड दिलवा दिया। इस आधार पर इनका समय बारहवीं सदी माना जाता है।

श्रीप्रकाश शुक्ल

रामचंद्र वर्म्मा

(1890-1969)

रामचंद्र वर्म्मा प्रकांड विद्वान और हिंदी भाषा के प्रति एक जागरूक लेखक थे। वे हिंदी और उर्दू के विद्वान थे ही, साथ ही और भी कई भाषाओं, जैसे– अंग्रेजी, बांग्ला, गुजराती, मराठी के भी अच्छे जानकार थे। उनका पूरा जीवन शब्द-साधना का विशाल अनुष्ठान था। उनका प्रमुख कार्य हिंदी शब्दकोश के निर्माण के क्षेत्र में है। 1907 में काशी नागरी प्रचारिणी सभा ने बृहत हिंदी कोश 'हिंदी शब्दसागर' के निर्माण पर कार्य आरंभ किया। इसके लिए सभा ने अनेक संपादकों और सहायकों को नियुक्त किया। कोश के प्रधान संपादक बाबू श्यामसुंदर दास थे। शब्द-संग्रह के लिए जिन कोशकर्मियों को नियुक्त किया गया, उनमें एक रामचंद्र वर्म्मा भी थे। बाद में वर्म्मा जी इस कोश के सहायक संपादक हो गए। 1929 में शब्दसागर पूरा हुआ। वर्म्मा जी अंत तक उससे जुड़े रहे।

रामचंद्र वर्म्मा ने हिंदी के कई कोश बनाए। 'संक्षिप्त हिंदी शब्दसागर' उनकी ही मेधा और परिश्रम का फल है। वर्म्मा जी का 'उर्दू-हिंदी कोश' हिंदी ग्रंथ रत्नाकार, मुंबई से 1936 में छपा। इसमें करीब 20,000 शब्द हैं।

1956 से 1965 तक वर्म्मा जी ने हिंदी साहित्य सम्मेलन के तत्वावधान में 'मानक हिंदी कोश' का कार्य किया। पांच खंडों में प्रकाशित यह कोश 'हिंदी शब्दसागर' के बाद दूसरा मानक हिंदी कोश है। उनका एक महत्वपूर्ण कोश ग्रंथ 'प्रामाणिक हिंदी कोश' (1949) भी है, शब्दों के आर्थी विवेचन एवं व्युत्पत्ति की दृष्टि से 'मानक हिंदी कोश' हिंदी का सर्वश्रेष्ठ कोश माना जाता है।

कोश के संपादन-कार्य के साथ-साथ वर्म्मा जी का अनुवाद कार्य भी अबाध गति से चलता रहा। 1910 से 1940 तक उन्होंने उच्चकोटि के लगभग एक सौ बांग्ला, मराठी, गुजराती, अंग्रेजी आदि भाषाओं के ग्रंथों का हिंदी में अनुवाद किया। कोशविज्ञान संबंधी पुस्तक 'कोशकला' (1952) रामचंद्र वर्म्मा की महत्वपूर्ण देन है। कोशविज्ञान पर भारत में शायद ही कोई पुस्तक इसके पहले छपी हो। एस एम कत्रे की पुस्तक वर्म्मा जी के बाद छपी है।

वर्म्मा जी का भाषा संबंधी कार्य भी अत्यंत महत्वपूर्ण है। हिंदी भाषा की प्रकृति और उसके प्रयोगों

के रूप का दिग्दर्शन कराने वाली उनकी अमर कृति 'अच्छी हिंदी' है। यह पुस्तक 1942 में प्रकाशित हुई। 1946 में शुद्ध हिंदी लिखने का संस्कार डालने वाली पुस्तक 'हिंदी प्रयोग' छपी। 1955 में 'शब्द साधना' प्रकाशित हुई। इसमें पर्यायवाची शब्दों के सूक्ष्म अर्थों को अत्यंत सुंदर ढंग से उद्‌घाटित किया गया है। 1969 में रामचंद्र वर्म्मा की अंतिम कृति 'शब्दार्थ दर्शन' प्रकाशित हुई।

हिंदी शब्दकोश के बारे में रामचंद्र वर्म्मा की धारणा थी, 'आजकल संसार में जो भाषाएं आदर्श रूप में समुन्नत तथा समृद्ध मानी जाती हैं, उन सबकी एक बहुत बड़ी विशेषता यह है कि उनके शब्दकोशों में प्रत्येक शब्द का बहुत ही वैज्ञानिक और व्यवस्थित रूप से सीमाबद्ध और स्पष्ट निरूपण होता है—ऐसा निरूपण होता है कि उसे एक बार अच्छी तरह देख लेने पर उसके अर्थ तथा प्रयोग के संबंध में किसी प्रकार के भ्रम या संदेह के लिए कोई अवकाश ही नहीं रह जाता। अर्थों के इस प्रकार के विवेचन से ही भाषा वास्तविक रूप से पुष्ट तथा प्रौढ़ होती है। उसका स्वरूप निखरता है और वह सचमुच उन्नत भाषाओं के वर्ग में परिगणित होने के योग्य हो जाती है। हम हिंदी भाषियों का भी यह प्रमुख कर्तव्य होना चाहिए कि हम हिंदी शब्दों का ठीक और पूरा अर्थ-विवेचन करके उसे भी ऐसे उच्च स्तर तक पहुंचाने का प्रयत्न करें कि वह भी उन्नत भाषाओं के वर्ग में गिनी जाने लगे।'

बीसवीं शताब्दी में हिंदी भाषा की उन्नति और समृद्धि के लिए जिन विद्वानों ने अथक योगदान किया, उनमें वर्म्मा जी का नाम सदा आदर से लिया जाएगा। हिंदी के ठेठ शब्दों का सूक्ष्म और व्यवस्थित आर्थी निरूपण कर हिंदी की अस्मिता को बढ़ाने वाले भी वे अनन्य विद्वान थे। 'प्रामाणिक हिंदी कोश' के संपादन में उन्होंने हिंदी में प्रयुक्त नए शब्दों को स्थान तो दिया, साथ ही नए शब्दों का सृजन भी किया। उन्होंने अंग्रेजी शब्द 'स्टैंडर्ड' के लिए 'मानक' शब्द बनाया। कहना न होगा कि रामचंद्र वर्म्मा मौलिक कोशकार एवं शब्दचिंतक थे। इसीलिए उनके द्वारा सृजित 'मानक' शब्द हिंदी में प्रचलित हो गया। अंग्रेजी शब्द 'मॉडल' के लिए हिंदी में 'प्रतिमान' शब्द उन्हीं का गढ़ा हुआ है जो आज हिंदी में बहुत प्रचलित हो गया है।

ऐसे ही वर्म्मा जी ने अंग्रेजी शब्द 'फाइनल' के लिए 'आंतिक' तथा 'नॉर्मल' के लिए 'प्रसम' शब्द रचा है, जो सर्वथा उपयुक्त हैं। इसी प्रकार वर्म्मा जी ने सैकड़ों शब्दों के अर्थ स्थिर किए। अंग्रेजी शब्द 'प्रेज' के लिए 'प्रशंसा' चलता था। इसकी तर्ज पर 'एडमायरेशन' के लिए उन्होंने एक नया शब्द 'अभिशंसा' बनाया। बहुत-से शब्द गलत अर्थों में चलाए जा रहे हैं। विद्यार्थियों के प्रश्नपत्रों में लिखा रहता है 'किन्हीं छह प्रश्नों के उत्तर दो। पहला प्रश्न अनिवार्य है।' पहले-पहल वर्म्मा जी का ध्यान ही इस बात पर गया कि यहां 'अनिवार्य' शब्द का गलत प्रयोग है। अनिवार्य वह बात कहलाती है जिसका निवारण न हो सके, जैसे—'मृत्यु अनिवार्य है' अर्थात मृत्यु को टाला नहीं जा सकता। किंतु किसी प्रश्न को तो हम टाल सकते हैं। अधिक-से-अधिक यही होगा कि उस प्रश्न में हमें शून्य अंक मिलेगा। वर्म्मा जी ने इसके लिए 'विवशक' शब्द सुझाया है।

वर्म्मा जी के समय तक 'पर्यायकी' का क्षेत्र हिंदी जगत के लिए अछूता-सा था। यूं तो यह विषय अर्थविज्ञान की ही शाखा है, किंतु वर्म्मा जी ने इसे स्वतंत्र विषय के रूप में स्वीकारा। जब उन्होंने इस क्षेत्र में पदार्पण किया, इसमें चार चांद लगा दिए। उन्होंने अपने कोशों में नए शब्दार्थ भी भरे। नित्य ही शब्दार्थों की वर्षा होती रही। वर्म्मा जी नित्य भींगते थे और भींगे ही रहते थे। हिंदी में आज विभिन्न विषयों के नित्य नए शब्द आ रहे हैं। विदेशी शब्द, पारिभाषिक शब्द, आंचलिक शब्द एवं पुराने शब्दों के नए अर्थ प्रत्येक क्षण कोशकार को चुनौती दे रहे हैं। रामचंद्र वर्म्मा ने अपने समय ऐसी सभी चुनौतियों को स्वीकार किया था।

रामचंद्र वर्म्मा द्वारा रचित अन्य भाषा विषयक पुस्तकें हैं—1. हिंदी ज्ञानेश्वरी (1937), 2. आनंद शब्दावली (1941), 3. शिक्षा और देशी भाषाएं, 4. शब्दार्थ विवेचन (1948), 5. आरक्षिक शब्दावली

(1948), 6. स्थानिक परिषद् शब्दावली (1948), 7. हिंदी कोश-रचना (1954), 8. मानक हिंदी व्याकरण (1961), 9. शब्द और अर्थ (1965), 10. शब्दार्थ मीमांसा (1965) एवं 11. शब्दार्थक ज्ञान-कोश (1967)। इतना गंभीर विद्वान होते हुए भी वर्म्मा जी विनोदप्रिय थे। वे संगीत-मर्मज्ञ भी थे। जिस सभा या मित्र-मंडली में रहते, वहां ठहाकों का आलम रहता।

वर्म्मा जी के शब्दकोश और हिंदी भाषा संबंधी साधना के लिए हिंदी संसार उनका सदा ऋणी रहेगा। भाषा की शुद्धता और प्रामाणिकता पर उन्होंने सदैव ध्यान दिया। उनकी हिंदी सेवाओं से प्रभावित होकर भारत सरकार ने उन्हें 'पद्मश्री' की उपाधि से विभूषित किया।

राजेंद्र प्रसाद सिंह

रामचरितमानस के लोकादर्श

रामचरितमानस तुलसीदास द्वारा अवधी में रचित महाकाव्य है, जो समूची हिंदी जाति का, हिंदी कविता का, विशेषतः भक्तिकाव्य और तुलसीदास का कीर्तिस्तंभ है। तुलसीदास ने इसकी रचना सं.1631 (वि.1574) में आरंभ की थी जो दो वर्ष सात महीने में पूरी हुई थी। वाल्मीकि रामायण की तरह इसमें भी सात कांडों में जन्म से लेकर राज्याभिषेक तक, राम की संपूर्ण कथा कही गई है एक लेकिन विशेष आदर्शवादी परिप्रेक्ष्य में।

तुलसीदास ने मानस में जो कथा कही है, उसकी रचना शिव ने बहुत पहले की थी और उसे अपने 'मानस' में रख लिया था (इसलिए उसका नाम रामचरितमानस पड़ा), फिर यथासमय पार्वती को सुनाया था, 'रचि महेस निज मानस राखा, पाइ सुसमउ सिवा सन भाखा।' पार्वती को अपने पूर्वजन्म में, जब उनका नाम सती था, मोह हो गया था : उसी तरह उन्हें प्राकृत मनुष्य की तरह पत्नी के वियोग में रोते-कलपते राम को देखकर उनके ईश्वरत्व पर संशय हो गया। इसी संशय के उन्मूलन के लिए शिव ने पार्वती को अपनी पूर्व-रचित रामकथा सुनाई।

पौराणिक कथा-संरचना की भांति रामचरितमानस में चार संवाद अंतर्ग्रथित हैं : शिव-पार्वती संवाद, काकभुशुंडि-गरुड़ संवाद, याज्ञवल्क्य-भारद्वाज संवाद और तुलसीदास तथा भक्तजनों का संवाद! तुलसीदास ने अपनी विस्तृत भूमिका में एक लंबा रूपक बांधकर रामचरितमानस को 'मानसरोवर' के रूप में उपस्थित किया है। सातों कांड इस मानसरोवर में अवगाहन को उतरने के सोपान हैं (सप्त प्रबंध सुभग सोपाना) और चारों संवाद चार घाट हैं।

रामचरितमानस की रचना में तुलसीदास ने वाल्मीकि रामायण, अध्यात्म रामायण, श्रीमद्भागवत, महारामायण, हनुमन्नाटक, प्रसन्नराघव नाटक आदि से सामग्री ली है। उन्होंने इनके अनेक अंशों का छायानुवाद कर यथास्थान प्रयोग किया है। वर्षा और शरद के वर्णन में भागवत की, तो पुष्पवाटिका प्रसंग में प्रसन्नराघव की छाया दिखाई देती है। वाल्मीकि रामायण से मानस की भिन्नता कई जगह दिखाई देती है। शंबूक-वध और सीता-वनवास का प्रसंग वाल्मीकि रामायण में है लेकिन मानस में नहीं है। वाल्मीकि के राम वन जाते समय एक सावधान, नीतिकुशल राजकुमार की तरह सीता को चतुराई से समझाते हैं—अब मैं वन को चला, यहां भरत राजा होंगे, कभी उनके सामने मेरी प्रशंसा न करना आदि-आदि। तुलसी के राम छोटे से लेकर बड़े तक के आगे शील, विनय और आदर्श की मूर्ति दिखाई देते हैं। वे कैकेयी तक के लिए कड़वी बात नहीं बोलते। वाल्मीकि ने ईश्वर का मनुष्यत्व ही विस्तार से चित्रित किया था लेकिन तुलसीदास का उद्देश्य मनुष्य के रूप में अवतार लेने वाले राम के 'ईश्वर' की प्रतिष्ठा करना था। हजारी प्रसाद द्विवेदी ने संकेत किया था कि तुलसी के सामने निर्गुण पंथियों की चुनौती थी—राम नाम को भरम है माना! (कबीर)। सती के मन में यही संशय था—तुम जो कहा राम कोउ आना! रामचरितमानस में तुलसीदास ने जगह-जगह आगाह किया है—राम की नरलीला से भ्रमित मत होना, वे

तत्त्वतः सत्-चित्-आनंद स्वरूप हैं, लोककल्याण के लिए उन्होंने अवतार लेकर मनुष्य की तरह सुख-दुख भोगना स्वीकार किया है।

रामचरितमानस में कथा-प्रवाह के साथ-साथ मार्मिक स्थलों की पहचान में तुलसीदास ने विलक्षण प्रतिभा का परिचय दिया है। इसी कारण उसके कुछ प्रसंग विशेष रूप से मर्मस्पर्शी बन पड़े हैं, जैसे—पुष्पवाटिका प्रसंग, राम का वनवास और वन-पथ में ग्रामवासियों की सहानुभूति, भरत की आत्मग्लानि, चित्रकूट में राम और भरत का मिलन, शबरी का आतिथ्य, अशोक वाटिका में विरहिणी सीता से हनुमान का मिलना, रावण-अंगद संवाद, लक्ष्मण को शक्ति लगने पर राम का विलाप, चौदह वर्ष की अवधि के अंतिम दिन भरत की व्याकुल प्रतीक्षा आदि। इसी प्रकार अच्छे और बुरे, दोनों प्रकार के पात्रों के शील और चरित्र-चित्रण में तुलसीदास की कवि-प्रतिभा का कोई जोड़ नहीं है। समूचे आख्यान में राम और लक्ष्मण का चरित्र-चित्रण अधिक व्यापक है, इसलिए अधिक पूर्ण है। उनकी तुलना में कम जगह घेरते हुए भी भरत का चरित्र अधिक मार्मिक और प्रभावशाली है।

तुलसीदास का विशेष प्रयास अपने पात्रों को लोकमर्यादा के रंग में रंगकर समाज के नैतिक आदर्श के उदाहरण के रूप में उन्हें प्रस्तुत करना था और वे इसमें सफल भी हुए। राजा और प्रजा, पिता और पुत्र, पति और पत्नी, भाई और भाई, गुरु और शिष्य, गृहस्थ और साधु, ब्राह्मण और शूद्र—सभी के पारस्परिक संबंधों का शिष्ट, मर्यादित और सभ्य-सुसंस्कृत रूप प्रस्तुत करने का जितना सचेत प्रयास तुलसीदास ने किया है, उतना किसी और ने नहीं। इसी कारण, रामचरितमानस केवल काव्यग्रंथ न रहकर नीतिग्रंथ भी हो गया है। भरत, लक्ष्मण, सीता, हनुमान, जटायु, अंगद, जामवंत, विभीषण आदि सभी पर लोकमर्यादा के साथ-साथ एक और रंग है—भक्ति का रंग। यहां तक कि त्रिजटा, मंदोदरी और रावण पर भी इसके कुछ-न-कुछ छींटे जरूर पड़े हैं। विद्वानों ने लक्ष्य किया है कि रामचरितमानस पर वाल्मीकि रामायण से अधिक प्रभाव अध्यात्म रामायण का है। इसलिए रामचरितमानस काव्यग्रंथ के साथ-साथ भक्तिग्रंथ के रूप में भी समादृत है। लोक में श्रीमद्भागवत के साथ-साथ रामचरितमानस के भी कथा-प्रवचन, नवाह्न पाठ, अखंड पाठ या मासपारायण की जो परिपाटी चली आ रही है, उसका बहुत बड़ा कारण इसका भक्तिभावित होना है। काव्यप्रेमियों और भक्तजनों, दोनों के बीच मानस की व्यापक लोकप्रियता का कारण आचार्य शुक्ल के इस विवेचन में स्पष्ट है, 'इनकी वाणी की पहुंच मनुष्य के सारे भावों और व्यवहारों तक है। एक ओर तो वह व्यक्तिगत साधना के मार्ग में विरागपूर्ण शुद्ध भगवद्भक्ति का उपदेश करती है, दूसरी ओर लोकपक्ष में आकर पारिवारिक और सामाजिक कर्तव्यों का सौंदर्य दिखाकर मुग्ध करती है। व्यक्तिगत साधना के साथ-साथ ही लोकधर्म की अत्यंत उज्ज्वल छटा उसमें वर्तमान है।' उन्होंने केवल व्यक्तिधर्म और लोकधर्म का ही समन्वय नहीं साधा, यथासंभव सभी प्रकार के विरुद्ध भावों का समन्वय भी किया। हजारी प्रसाद द्विवेदी के अनुसार, तुलसीदास की सफलता का एक और रहस्य उनकी अपूर्व समन्वय शक्ति में है, 'उसमें केवल लोक और शास्त्र का ही समन्वय नहीं है, वैराग्य और गार्हस्थ्य का, भक्ति और ज्ञान का, भाषा और संस्कृत का, निर्गुण और सगुण का, पुराण और काव्य का, भावावेग और अनासक्त चिंतन का, ब्राह्मण और चांडाल का, पंडित और अपंडित का समन्वय—रामचरितमानस के आदि से अंत तक दो छोरों पर जाने वाली परा कोटियों को मिलाने का प्रयत्न है।'

शुक्ल जी ने जिस 'लोकधर्म' का उल्लेख किया, उससे उनका अभीष्ट अर्थ क्या है, यह उन्हीं के शब्दों में इस प्रकार है, 'यदि किसी अत्याचारी का दमन सीधे न्यायसंगत उपायों से नहीं हो सकता तो कुटिल नीति का अवलंबन लोकधर्म की दृष्टि से उचित है।' यही अन्याय का सक्रिय प्रतिरोध है, जिसका आदर्श तुलसीदास ने धनुर्धर राम के माध्यम से समाज के सामने रखा था। इसी आदर्श

ने अवध के किसान आंदोलन और उसके नेता बाबा रामचंद्र को नई प्रेरणा दी थी। कहना न होगा कि बाबा रामचंद्र ने अपने भाषणों में बार-बार मानस की पंक्तियां उद्धृत करके और नए संदर्भ में उनकी नई व्याख्या करके किसानों को संघर्ष में उतारा था। हिंदी प्रदेश के गांवों और नगरों में जो रामलीला होती है, उसकी शुरुआत तुलसीदास ने ही बनारस से की थी। इसने स्वाधीनता संग्राम के दौर में पीड़ित जनता को अत्याचार के विरुद्ध लड़ने की शक्ति दी थी। नए युग में भी उसमें कितनी आकर्षण शक्ति है, इसका प्रमाण टीवी पर रामानंद सागर के 'रामायण' धारावाहिक की अपार लोकप्रियता है।

रामचरितमानस ने जिस प्रकार संघर्ष और सृजन की प्रेरणा दी है, उसी प्रकार उसने साहित्य की आलोचना की कसौटी भी दी। कहा जाता है कि रामचंद्र शुक्ल की आलोचना की अधिकतर कसौटियां तुलसीदास से, विशेषतः रामचरितमानस से निकली हैं। इसलिए प्रगतिशील आंदोलन के दौर से ही जब भी रामचंद्र शुक्ल की आलोचना पर सवाल उठाए जाते हैं, वे प्रकारांतर से तुलसीदास पर ही उठाए जाते हैं, मसलन-तुलसीदास की ब्राह्मण-प्रशंसा, शूद्र-निंदा, स्त्री-निंदा। तुलसीदास को ब्राह्मणवादी, वर्णाश्रम धर्म का पोषक और नारी निंदक कहा जाता है। जब कुछ लेखकों ने तुलसीदास को सामंती मूल्यों का पोषक बताया, तब रामविलास शर्मा ने तुलसीदास के सामंत विरोधी मूल्यों को रेखांकित किया—तुलसी के राम खर, दूषण और रावण जैसे अत्याचारियों के अन्याय का प्रतिरोध करते हैं, वानर-भालुओं के सहयोग से सेना बनाते हैं, कोल-किरातों को, निषाद को, गीध को गले लगाते हैं, अहल्या और शबरी को अपनाते हैं, 'कत विधि सृजी नारि जग माहीं, पराधीन सपनेहुं सुख नाहीं' जैसी पंक्तियों में तुलसीदास नारी की पराधीनता पर अपना दुख और सहानुभूति व्यक्त करते हैं, वे स्वयं एकपत्नीव्रत हैं आदि। वस्तुतः तुलसीदास की बुद्धि वर्णाश्रम धर्म का पोषण करती है लेकिन उनका हृदय भक्ति से बढ़ कर कोई और कसौटी नहीं मानता, 'मानउं एक भगति का नाता।' वेद बेचकर खा जाने वाले ब्राह्मणों (द्विज श्रुति बेचक) और प्रजा का भक्षण करने वाले राजाओं (भूप प्रजासन) की आलोचना करने में उन्हें संकोच नहीं होता। लगता है, तुलसीदास के कवि-मानस में युगानुरूप अंतर्विरोध स्वाभाविक है। इस अंतर्विरोध के बावजूद उनका रामचरितमानस अपनी रसमयता, मार्मिकता और प्रबंध-पटुता की दृष्टि से ही नहीं अपने प्रेरक उदात्त संदेश की दृष्टि से भी अद्वितीय है। अयोध्याकांड के विशेषतः भरत चरित में करुणा की पछाड़ खाती लहरें अपना प्रतिद्वंद्वी नहीं जानतीं तो उत्तरकांड में जीवन के यथार्थों की आलोचना में निर्भीकता की भी कोई कमी नहीं होती। इन्हीं के बीच में उन्होंने 'रामराज्य' का स्वप्न दिया जो सुशासन का संकेतक है।

रामचरितमानस से पहले अवधी में जायसी जैसा बड़ा कवि 'पद्मावत' जैसे महाकाव्य की रचना कर चुका था। लेकिन तुलसीदास ने रामचरितमानस में अवधी को ऐसा संस्कार और संगीत दिया कि यह कृति अवध के ग्रामों-जनपदों तक सीमित न रह कर समूचे उत्तर भारत में पहुंची, पढ़ी- सुनी, समझी और गाई गई। इसी प्रकार कविता में दोहा-चौपाई पद्धति का प्रयोग भी कोई नई चीज नहीं थी। इसका प्रयोग बौद्ध सिद्ध अपनी वाणी में कर चुके थे। कबीर अपनी रमैनी में इसे साध चुके थे। जायसी 'पद्मावत', 'अखरावत', 'आखिरी कलाम'—तीनों में इसका सिद्ध प्रयोग कर चुके थे। तुलसीदास ने प्रत्येक कांड के आरंभ में, बीच-बीच में यथास्थान संस्कृत के विभिन्न छंदों वाले श्लोकों का प्रयोग कर प्रसंगानुसार हरिगीतिका, सोरठा, चवपैया, तोमर, तोटक आदि की योजना कर उस परंपरागत पद्धति को और रुचिकर तथा समृद्ध कर दिया। मानस के कारण चौपाई हिंदी समाज में इतनी लोकप्रिय हो गई, जैसे लोकगीत की कोई विधा हो। कवियों ने इसका सबसे अधिक उपयोग किया, विशेष रूप से अपनी व्यंग्य कविताओं में नागार्जुन ने।

अवधेश प्रधान

अधिक जानकारी के लिए :

1. **तुलसीदास :** रामचंद्र शुक्ल, 2. **तुलसी : आधुनिक वातायन से :** रमेश कुंतल मेघ

रामतीर्थ

(1873-1906)

स्वामी रामतीर्थ प्रतिभासंपन्न धार्मिक नेताओं में एक थे। उनका जन्म 22 अक्टूबर 1873 को पाकिस्तान में पंजाब जिले के गुजरांवाला में हुआ था। उन्होंने लाहौर के गवर्नमेंट कॉलेज से गणित में एमए डिग्री ली और फोरमैन क्रिश्चियन कॉलेज, लाहौर में गणित के प्रोफेसर नियुक्त हुए। रामतीर्थ जब प्रोफेसर हुए, तभी से उनका आध्यात्मिक जीवन भी शुरू हो गया था। ईश्वरभक्त के रूप में आध्यात्मिक जीवन प्रारंभ करके द्वारका मठ के श्रीमाधव तीर्थ की प्रेरणा से वह वेदांत की ओर मुड़ गए और जीवनपर्यंत वेदांत का प्रचार किया। लाहौर में उनकी भेंट विवेकानंद से हुई थी। उनसे भौतिक और बौद्धिक, दोनों रूपों में रामतीर्थ प्रभावित हुए। संयोग से इस मुलाकात ने उन्हें तन-मन से संन्यासी बना डाला। संसार के सभी धर्मों के प्रति उनका अनुराग तीव्र से तीव्रतर होता गया। उनके चेहरे पर हमेशा एक दिव्य प्रसन्नता झलकती रहती थी। उनकी पूरी सत्ता जैसे ईश्वर में लीन थी। वह वेदांत के जीवंत रूप बन गए थे। उन्होंने सभी नामों, सभी रूपों में ईश्वर का अनुभव किया। उनके स्नेहपूरित शब्द पेड़ों, नदियों, झरनों और पर्वतों के लिए भी होते थे। उन्होंने कुछ दिनों तक एकांतवास और प्रकृति-प्रेम के कारण हिमालय में वास भी किया। किंतु वे शहरों में आध्यात्मिक आवश्यकता की पुकार को अनसुना न कर सके और लौट आए। जनता के बीच उनकी उपस्थिति और पक्षियों की गुनगुनाहट-सी आवाज में 'ॐ' का उच्चारण सभी को एक अवर्णनीय आनंद से भर देता था। रामतीर्थ से भारत को वेदांतिक साहस और आध्यात्मिक देशभक्ति नामक दो जवाहरात मिले।

रामतीर्थ

रामतीर्थ ने विवेकानंद का संन्यासी वेश ही नहीं धारण किया बल्कि आध्यात्मिक व्यवहार भी अपनाया। वह व्यावहारिक वेदांत को देशभक्ति की सीमा तक ले गए। रामतीर्थ ने घोषणा की, 'यदि तुममें शक्तिशाली और तीव्र देशभक्ति है, तब तुम मातृभूमि की पूजा अवश्य करोगे और भारतवर्ष को जीवित देवी के रूप में मानोगे। यदि तुम ईश्वर के संग अपने को जोड़ते हो तो पहले तुम अपनी एकता पूरे देश के संग महसूस करो। अपनी रचना के प्रत्येक रेशे में एकत्व की यह तीव्र इच्छा पैदा हो जाने दो।' रामतीर्थ ने कहा, 'भारत के प्रत्येक सपूत को पूरे भारत के लिए खड़ा होना है। यह समझना है कि पूरा देश हर सपूत में है। यदि सोता, पत्थर और पेड़ों का मानवीकरण हो सकता है, इनको न्योछावर किया जा सकता है तो तुम्हें सुरक्षित रखने और पालने वाले देश को पवित्र और देवता-तुल्य क्यों नही माना जा सकता? प्राण-प्रतिष्ठा की विधि द्वारा तुम किसी मूर्ति अथवा मिट्टी के पुतले को जीवंत मानते हो, तब भारतमाता को देवी मानने में और कितनी योग्यता

चाहिए! इसमें तो पहले से ही महानता और प्रज्वलित जीवनधारा मौजूद है।' रामतीर्थ के लिए मातृभूमि के लिए प्रेम एक विराट राष्ट्रीय और आध्यात्मिक धर्म था। वह कहते थे, 'अपने देश और देश के लोगों से अपना प्रेम जोड़ो। आध्यात्मिक सैनिक बनो, अपने छोटे अहं को भूलते हुए अपने देश के लिए अपना जीवन लगा दो। इस प्रकार देश को प्रेम से महसूस करो, बढ़ो, देश तुम्हारे साथ बढ़ेगा। यही व्यावहारिक वेदांत है।' रामतीर्थ ने धर्म, जाति और क्षेत्रीयता से ऊपर उठकर लोगों में एक नई आशा और धारणा भर दी कि दुखी पृथ्वी पर हम 'कुछ नहीं करने' के लिए नहीं हैं।

1902 में अपने शिष्य स्वामीनारायण के साथ वे जापान गए। जापान की सफल यात्रा के बाद वहां से संयुक्त राज्य अमेरिका रवाना हो गए। वहां डॉक्टर अल्बर्ट हिलर की मेजबानी में डेढ़ वर्ष बिताए। वहां कई संस्थाएं बनाईं। उन्हीं संस्थाओं में एक हरमेटिक ब्रदरहुड है, यह वेदांत से जुड़ा है। उनके अमेरिकी भक्तों ने उन्हें 'जीवंत ईसा' के रूप में देखा। मिस्र की मस्जिद में फारसी भाषा में उन्होंने एकेश्वरवाद पर भाषण दिया था, जिसे काफी प्रशंसा मिली। जापान और अमेरिका से लौटकर उन्होंने घोषणा की, 'पहले जापान, फिर चीन और उसके बाद भारत विश्व में अपने बल पर शक्तिशाली देश के रूप में उभरेगा।'

विवेकानंद के बाद और योगानंद से पहले अमेरिका में धर्म-प्रचार के लिए जाने वाले रामतीर्थ पहले हिंदू थे। उन्होंने अमेरिका में भारतीय छात्रों को अमेरिकी विश्वविद्यालयों में पढ़ने में सहायता देने के लिए एक संस्था खोली। महिलाओं की शिक्षा पर विशेष जोर दिया। रामतीर्थ ने कहा था, 'महिलाओं, बच्चों और मजदूर वर्ग को शिक्षा से दूर रखना उसी तरह है, जैसे पौधे को सहारा देने वाली शाखाओं को काटना। यह राष्ट्रीयता की जड़ पर कुठाराघात है।' विदेश यात्रा से लौटने पर उनका स्वास्थ्य खराब रहने लगा। अत: वे हिमालय पर चले गए। 17 अक्टूबर 1906 को उन्होंने अपना शरीर 33 वर्ष की आयु में गंगा को समर्पित कर दिया। उनके जन्म और संन्यास ग्रहण की तरह उनकी मृत्यु भी दीपावली के दिन हुई।

उदयराज

रामदास
(1534-1581)

गुरु रामदास सिखों के चौथे गुरु थे। गुरु अमरदास ने उन्हें अपना उत्तराधिकारी नियुक्त किया और वे 1574 से सात वर्षों तक गुरु के पद पर आसीन थे। माता-पिता की बड़ी संतान होने के कारण उनके बचपन का नाम जेठा पड़ा वे भाई जेठा के नाम से भी जाने गए। वे गुरु अमरदास के दामाद भी थे।

रामदास ने बहुत से सेवा-कार्य किए। वे गुरु अमरदास के अत्यंत विश्वासी थे बल्कि यूं कहिए, उनके दाहिने हाथ की तरह थे। ईर्ष्यालु भक्तों द्वारा अमरदास के बारे में अकबर से शिकायत किए जाने पर जब मुगल दरबार से बुलावा आया तो वे गुरु के प्रतिनिधि के रूप में वहां गए। उनके आत्मविश्वास के साथ प्रस्तुत किए गए तथ्यों से अकबर बहुत प्रभावित हुआ और उनके गुरु अमरदास को आरोपमुक्त कर दिया।

गुरु बनने के बाद गुरु अमरदास के दिए गए निर्देशानुसार रामदास ने रामसर नाम का एक बड़ा सरोवर बनवाया जिसके किनारे-किनारे और आसपास पूरा एक नगर बन गया, जिसे बाद में अमृतसर कहा जाने लगा। अमृतसर के सरोवर, मंदिर का वास्तु और निर्माण उन्हीं की देन है।

उनके द्वारा रचे गए 688 पद गुरु ग्रंथ साहिब में संकलित हैं जिनमें भक्ति, समर्पण, निष्ठा, मानव- प्रेम से निर्मित उनके व्यक्तित्व का प्रतिबिंबन हुआ है।

उन्होंने सिख समुदाय को संगठित करने में महत्वपूर्ण भूमिका निभाई। उन्होंने अपने शिष्यों को तीर्थाटन, वेद तथा शास्त्रों के पाठ से दूर रहने का संदेश दिया। योगियों, सिद्धों, नाथों से भी उन्होंने सिख

धर्म को दूर रखा। उनका मानना था कि केवल मौन साधना से कोई संपूर्ण नहीं हो सकता, इसके लिए दूसरों के सुख और दुख में शामिल होना जरूरी है और अपने अहं का नाश करके ही आध्यात्मिक सुख पाया जा सकता है। उनमें गुरु नानक, गुरु अंगद और गुरु अमरदास के गुणों का विकास हुआ था।

गुरु रामदास ने लावा या लावण की रचना की जिसका सिखों के विवाह तथा 'आनंद कारज' में पति-पत्नी द्वारा पाठ किया जाता है। इसमें पति-पत्नी के संबंध के उनकी एक बड़ी सुंदर उक्ति है जिसमें उन्हें दो शरीर और एक आत्मा की संज्ञा दी गई है। सिक्ख धर्म में सभी दस गुरु इस प्रकार हैं : (1) गुरु नानक, (2) गुरु अंगद, (3) गुरु अमरदास, (4) गुरु रामदास, (5) गुरु अर्जुनदेव, (6) गुरु हरगोविंद, (7) गुरु हरराम, (8) गुरु हरकिशन, (9) गुरु तेग बहादुर, (10) गुरु गोविंद सिंह। इसके बाद गुरु ग्रंथ साहिब को ही अंतिम गुरु मानकर पूजा जाने लगा।

सुनीता गुप्ता

अधिक जानकारी के लिए :
A Textbook of Medieval Indian History :
Sailendra Sen, 2013

रामप्रसाद बिस्मिल
(1897-1927)

भारत के क्रांतिकारियों में रामप्रसाद बिस्मिल सबसे अधिक लोकप्रिय माने जाते हैं। इसका एक कारण यह है कि वे बेहद लोकप्रिय शायर भी थे। दूसरा यह कि परंपरावादी हिंदू होते हुए भी वे अशफाक उल्ला खाँ के मित्र थे। आज भी गाई जाने वाली ये पंक्तियां बिस्मिल की याद दिलाती हैं :

सरफरोशी की तमन्ना अब हमारे दिल में है
देखना है जोर कितना बाजू-ए-कातिल में है।

इस गजल की कथा बामानी है। एक दिन अशफाक उल्ला रामप्रसाद बिस्मिल के पास आए। वे उनके पास जिगर मुरादाबादी का एक शेर गुनगुना रहे

रामप्रसाद बिस्मिल

थे। बिस्मिल ने उस पर ध्यान नहीं दिया तो अशफाक उल्ला पूछ बैठे कि क्या शेर पसंद नहीं आया। इस पर बिस्मिल ने कहा कि जिगर बड़े शायर हैं, पर यह शेर गालिब की जमीन पर है और मामूली-सा है। अशफाक उल्ला ने चुनौती दी तो रामप्रसाद बिस्मिल ने प्रसिद्ध गजल कह डाली– 'सरफरोशी की तमन्ना...।' सुनकर अशफाक उछल पड़े, 'राम भाई, आप तो उस्ताद के भी उस्ताद हो।'

ग्वालियर से आकर शाहजहांपुर में बसे एक गरीब परिवार में रामप्रसाद बिस्मिल का जन्म 11 जून 1897 को हुआ था। गरीबी के कारण वे आठवीं कक्षा के बाद पढ़ाई जारी नहीं रख सके। नौकरी तलाशने की जगह उनके संवेदनशील कवि-मन ने देश की दुर्दशा का विरोध करने का निर्णय लिया। वे क्रांतिकारियों के संपर्क में आ गए। वे अशफाक उल्ला के बड़े भाई के मित्र थे, पर अशफाक से मुलाकात के बाद दोनों अभिन्न हो गए, क्योंकि दोनों बेहतरीन शायर थे और कभी-कभी एक ही जमीन पर एक जैसी शायरी करते थे। अशफाक की सलाह पर वे कांग्रेस की मीटिंगों

में भी शामिल होने लगे। 1921 में कांग्रेस के अहमदाबाद अधिवेशन में उनकी मुलाकात मौलाना हसरत मोहानी से हुई। जब उन्होंने पूर्ण स्वराज का प्रस्ताव रखा तो गांधी जी ने इसका विरोध किया। इस पर बिस्मिल और शाहजहांपुर से आए दूसरे लोगों ने गांधी जी की आलोचना की।

रामप्रसाद को युवावस्था में दयानंद सरस्वती की पुस्तक 'सत्यार्थ प्रकाश' पढ़ने का अवसर मिला था। अपने समय के एक अन्य देशभक्त-विचारक स्वामी सोमदेव ने योग, धर्म और राजनीति की एक सुस्पष्ट समझ विकसित करने में उनकी बड़ी सहायता की। 1916 में लाहौर षड्यंत्र के मामले में क्रांतिकारी भाई परमानंद की अन्यायपूर्ण फांसी की सजा ने रामप्रसाद को अंग्रेज शासकों से बदला लेने के लिए दृढ़-प्रतिज्ञ कर दिया। अंग्रेजों के खिलाफ घृणा से उपजी क्रांति की लौ उस युवा कवि-हृदय में ताउम्र जलती रही।

1922 में चौरा-चौरी कांड के कारण महात्मा गांधी द्वारा असहयोग आंदोलन वापस लिए जाने के प्रतिक्रियास्वरूप, अंग्रेजों के खिलाफ आंदोलित देश के विभिन्न प्रांतों के युवाओं ने 'हिंदुस्तान रिपब्लिकन एसोसिएशन' नामक एक क्रांतिकारी संगठन का निर्माण किया। 1924 के अंत में विप्लवी शचींद्रनाथ सान्याल द्वारा तैयार किए गए इस संगठन के संविधान में कहा गया है, 'एसोसिएशन का उद्देश्य एक सुनियोजित सशस्त्र क्रांति के द्वारा 'फेडरल रिपब्लिकन ऑफ द युनाइटेड स्टेट्स ऑफ इंडिया' की स्थापना करना होगा।' आजादी की इस लड़ाई के लिए बलिदानी सिपाहियों की कमी न थी, मगर हथियार, रसद आदि के द्वारा संगठन चलाने के लिए आवश्यक धन की कमी हमेशा बनी रही। इस कमी को पूरा करने के उद्देश्य से रामप्रसाद ने साथियों के साथ सरकारी खजाने को, काकोरी के निकट ट्रेन में ही, लूट लेने की एक साहसी योजना को अंजाम दिया। 'काकोरी ट्रेन डकैती' के नाम से जानी जाने वाली यह घटना 9 अगस्त 1925 को शाहजहांपुर और लखनऊ के रास्ते में पड़ने वाले काकोरी स्टेशन पर घटी। इस कांड ने अंग्रेजी प्रशासन को स्तब्ध कर दिया। लंबे अरसे तक पुलिस और जासूस इस मामले को सुलझा न सके। मगर दो साथियों के विश्वासघात ने रामप्रसाद बिस्मिल को उनके पंद्रह क्रांतिकारी साथियों समेत पुलिस की गिरफ्त में पहुंचा दिया। अंग्रेज जज हैमिल्टन की अदालत, लखनऊ में उन सब पर मुकद्दमा चला। 6 अप्रैल 1927 को सुनाए गए फैसले में रामप्रसाद बिस्मिल, अशफाक उल्ला खाँ, राजेंद्रनाथ लाहिड़ी और रोशन सिंह को फांसी और बाकी व्यक्तियों को उम्र कैद की सजा सुनाई गई।

धर्म, जाति, भाषा की दीवारों से परे रामप्रसाद बिस्मिल देश के विभिन्न प्रांतों से आए अपने क्रांतिकारी साथियों की आंखों का तारा थे। अशफाक उल्ला खाँ के साथ उनकी प्रगाढ़ मित्रता, क्रांतिकारी आंदोलन में धर्मनिरपेक्षता और बंधुत्व के उच्चतम आदर्श की मिसाल थी। वे दोनों प्रेरणादायक क्रांतिकारी रचनाकार थे। जेल में बंदी अवस्था में ही रामप्रसाद ने अपनी 'आत्मकथा' लिखी थी। इसके आखिरी कुछ पृष्ठों को उन्होंने फांसी के दो दिन पहले लिखा और लेखक-क्रांतिकारी शिव वर्मा की सहायता से प्रकाशित करवाने के लिए जेल से बाहर भिजवाया।

19 दिसंबर 1927 को गोरखपुर जेल में फांसी पर चढ़ते वक्त उनके आखिरी शब्द थे, 'वंदे मातरम्', 'भारतमाता की जय'।

लाल बहादुर वर्मा, महेश जायसवाल

राममोहन राय
(1772-1833)

भारतीय नवजागरण के जनक राजा राममोहन राय सती प्रथा बंद कराने वाले एक महान समाज सुधारक और ब्रह्म समाज के संस्थापक के रूप में जाने जाते हैं। उनका जन्म 22 मई 1772 को बंगाल के हुगली जिले के राधानगर गांव में एक

राममोहन राय

ब्राह्मण परिवार में हुआ था। उनके पिता रमाकांत राय वैष्णव थे और माता तारिणी देवी शैव मत में आस्था रखती थीं। उस समय सामान्यतः वैष्णव लोग शैव परिवारों में शादी नहीं करते थे। राममोहन के दादा कृष्णचंद्र बनर्जी ने अंग्रेजों से 'राय' की उपाधि अर्जित की थी। यह आगे उनके वंश के सभी व्यक्तियों के नाम के साथ जुड़ गई।

राममोहन राय की प्रारंभिक शिक्षा गांव की पाठशाला में हुई जहां उन्होंने बांग्ला, संस्कृत और फारसी सीखी। नौ वर्ष की आयु में उन्हें पटना में फारसी और अरबी की शिक्षा मिली। उन्होंने कुरान की शिक्षाओं की जानकारी हासिल की। बाद में मां ने उन्हें इस्लामी शिक्षा से बचाने के लिए बनारस भेज दिया जहां उन्होंने वेदों, उपनिषदों और हिंदू शास्त्रों का अध्ययन किया। इन सभी अध्ययनों के मिले-जुले प्रभाव के कारण वे एकेश्वरवादी, मूर्ति-पूजा के विरोधी और पूजा-स्थलों के महत्व के विरुद्ध हो गए थे। वे बनारस में अध्ययन करने के साथ-साथ भ्रमण भी करते थे। उन्होंने हिमालय के कई स्थानों की यात्रा की और तिब्बत तक गए थे। उन्होंने बौद्ध भिक्षुओं की संगत की थी।

कई भाषाओं की जानकारी के कारण राममोहन राय का संपर्क बहुआयामी होता गया। 1795 में संस्कृत के विद्वान और तांत्रिक हरिहरानंद विद्यावागीश ने राममोहन का परिचय ईसाई मिशनरी के विलियम कैरे से करवाया। कैरे ईसाई धर्म के प्रचार के लिए संस्कृत, बांग्ला और अन्य स्थानीय भाषाओं के जानकारों की मदद लेना चाहते थे। राममोहन ने उनकी मदद की। उन्होंने ईस्ट इंडिया कंपनी में मुर्शिदाबाद की अपील अदालत में निजी मुंशी का काम किया। वे कलेक्टर जॉन डिग्बी के साथ जुड़े और रंगपुर में 1803 से 1815 तक का समय गुजारा। वे पहले भारतीय विद्वान थे जिन्होंने मिदनापुर के खजूरी बंदरगाह से जलमार्ग से यात्रा की। उस समय वे मुगल सम्राट अकबर द्वितीय के राजदूत थे। उन्हें 'राजा' की उपाधि से नवाजा गया था, ताकि ब्रिटिश सरकार के सामने भारत की भलाई के लिए अपना पक्ष रख सकें।

हिंदू धर्म में सुधार के लिए राममोहन राय ने 20 अगस्त 1828 को 'ब्रह्म समाज' की स्थापना की। वे मानते थे कि हिंदू धर्म में बहुत-सी बुराइयां हैं, जिन्हें दूर किया जाना जरूरी है। उनका मानना था, 'अंधविश्वास हिंदू धर्म को विकृत करते हैं।' अंधविश्वास से उनका आशय सती प्रथा, चमत्कार, बलि प्रथा, आत्मा, परलोक, निरर्थक विधि-निषेधों और जातिवादी कट्टरता से था। वे बहुविवाह और बालविवाह जैसी प्रथाओं के विरोधी थे। वे पश्चिमी लोगों की तरह भारतीयों को भी आधुनिक बनाना चाहते थे। राममोहन ने महिलाओं की दृढ़ता, सहनशीलता और एकनिष्ठता को बहुत करीब से देखा था। इसलिए वे सती प्रथा के खिलाफ थे। उनका कहना था, 'महिलाएं स्वाभाविक रूप से पुरुष के मुकाबले श्रेष्ठ और सत्यनिष्ठ होती हैं।' उन्होंने सती प्रथा के विरुद्ध हस्ताक्षर अभियान चलाया और इसका उन्मूलन करवाया। अंग्रेजी शिक्षा के वे प्रबल पक्षधर थे। उनका मानना था कि अंग्रेजी शिक्षा से ही भारत की प्रगति संभव है। उन्होंने कई शिक्षण संस्थाओं की स्थापना कर आधुनिक शिक्षा का मार्ग प्रशस्त किया था।

राममोहन राय ने बांग्ला, अंग्रेजी, फारसी, हिंदी आदि कई भाषाओं में पत्र-पत्रिकाओं का प्रकाशन किया। 1821 में बांग्ला पत्रिका 'संवाद कौमुदी' और 1822 में फारसी अखबार 'मीरात-उल-अखबार' का प्रकाशन शुरू किया। उन्होंने 1929 में हिंदी सहित चार भाषाओं में 'बंगदूत' निकाला। अंग्रेजों ने इन पत्रों के विरुद्ध दमन की कार्रवाई की। ब्रिटिश सरकार ने 1799 में

ही समाचार-पत्रों पर सेंसरशिप लागू कर दी थी। राममोहन राय ने इन प्रतिबंधों और कानूनों के विरुद्ध सशक्त आंदोलन चलाया। उनके पत्र-पत्रिकाओं द्वारा देश के सभी भागों में नवजागरण का संदेश पहुंचाया गया। उन्होंने जाति प्रथा, मूर्तिपूजा, पशुबलि आदि के विरुद्ध भी संघर्ष किया। उनका संदेश विश्वबंधुत्व और मानवतावाद का था। 1830 में राजा राममोहन राय ने मुगल बादशाह के दूत के रूप में इंग्लैंड की यात्रा की जिसका उद्देश्य लॉर्ड बेंटिक द्वारा सती प्रथा पर लगाई गई रोक को हटाने से रोकना था। उन्होंने फ्रांस की जनतांत्रिक क्रांति से प्रभावित होकर वहां की यात्रा की थी। उनके चरित्र और स्वभाव में पूर्व और पश्चिम का अनोखा संगम था। 1833 में इंग्लैंड के ही ब्रिस्टल में 27 सितंबर को मैनेंगजाइटिस नामक बीमारी से उनकी मौत हो गई।

उदयराज

अधिक जानकारी के लिए :

1. **बायोग्राफी ऑफ राजा राममोहन राय :** डी सी व्यास,
2. **सामाजिक क्रांति के दस्तावेज (भाग-1) :** शंभुनाथ (सं)

रामलीला

रामलीला से आशय है राम के जीवनचरित पर आधारित विभिन्न प्रसंगों का लोकनाट्योत्सव। इसका आयोजन आश्विन मास (अक्टूबर या नवंबर) में उत्तर भारत के गांवों और शहरों में किया जाता है। शुक्ल पक्ष में दशमी के दिन रावण का वध होता है एवं रावण, मेघनाद तथा कुंभकर्ण के पुतले जलाए जाते हैं। इस आयोजन की अवधि दस या बारह दिन की होती है किंतु आयोजकों की आर्थिक क्षमता के अनुसार यह अवधि घटती-बढ़ती रहती है। बनारस के रामनगर की रामलीला महीने भर चलती है। अयोध्या, मथुरा, मिथिला, सतना, कुमाऊं आदि रामलीला के प्रमुख केंद्र है। इसके अतिरिक्त कैरेबियन दीप समूहों में भी, जहां अच्छा-खासा उत्तर भारतीय जनसमुदाय गिरमिटिया मजदूर बनकर गया था, रामलीला का आयोजन होता है। यहां रामलीला के माध्यम से सामुदायिक भावना को संरक्षित रखने का प्रयास होता रहा है। यहां की लीलाओं में मानस की चौपाइयों के गायन के साथ अंग्रेजी में आंखों देखा हाल भी सुनाया जाता है।

ऐसा लोकविश्वास है कि लीलाओं का आरंभ काशी में तुलसीदास ने किया था। लीलाओं का मुख्य आधार रामचरितमानस ही है, किंतु खासकर ग्रामीण क्षेत्रों में पंडित राधेश्याम कथावाचककृत राधेश्याम रामायण का आधार बनाया जाता है।

दया प्रकाश सिन्हा के अनुसार, रामलीलाओं की परंपरा क्षेत्र के अनुसार परिवर्तित होती रहती है। मिथिला की रामलीला में सीताजन्म, अवध की रामलीला में रामजन्म, भरतमिलाप और राजगद्दी, मध्य प्रदेश की रामलीलाओं में दंडकारण्य प्रसंग और दक्षिण भारत की रामलीलाओं में युद्ध प्रसंग प्रमुख होता है।

रामलीला का सबसे गौरवपूर्ण आयोजन रामनगर (बनारस) में होता है। माना जाता है कि इसका आरंभ 1776 में महाराजा उदित नारायण सिंह ने किया था। इस लीला में विभिन्न प्रसंगों का अलग-अलग स्थानों पर आयोजन होता है : अयोध्या, लंका, अशोक वाटिका, जनकपुर आदि स्थान रामनगर में लगभग चार किलोमीटर की परिधि में निर्धारित हैं। भरत मिलाप की लीला बनारस में 'भरतमिलाप' नामक चौराहे पर होती है। यहां उल्लास, मौजमस्ती, श्रद्धा, भक्ति का अपूर्व सहमेल दिखता है जो बनारस का अपना विशिष्ट रंग है। वहां जो दर्शक प्रतिवर्ष, प्रतिदिन नियमपूर्वक लीला देखने जाते हैं, उन्हें 'नेमी' कहा जाता है और जो कुछ चुने हुए प्रसंगों को देखने जाते हैं, वे 'धरमी' कहे जाते हैं।

मिथिला की रामलीला मंडलियां संपूर्ण उत्तर भारत, खासकर अवधी एवं भोजपुरी क्षेत्रों में लीलाओं के लिए आंमत्रित की जाती हैं। इन आयोजनों में स्थानीय कलाकरों की भी सीमित भागीदारी होती है। मैथिल रामलीला मंडलियों में स्त्री पात्रों की भूमिका मुख्यतः पुरुष ही निभाते हैं। इन मंडलियों में सबसे महत्वपूर्ण भूमिका व्यास की

होती है। व्यास रामकथा की शास्त्रीय एवं लोकपरंपरा का ज्ञाता होता है तथा स्थानीय भाषाओं अवधी, भोजपुरी, मगही, खड़ी बोली आदि में संवाद एवं गीत-रचना में समर्थ होता है। व्यास के निर्देशों के अनुसार ही लीलाओं का मंचन होता है। दूरदर्शन पर 'रामायण' धारावाहिक के प्रसारण के पश्चात एवं बाजार में उसकी वीडियो सीडी की उपलब्धता के कारण मिथिला की यह परंपरा संकट में है। इसका प्रभाव उन क्षेत्रों में भी पड़ा है, जहां इन मंडलियों के प्रदर्शन होते थे।

इलाहाबाद में रामलीला के अवसर पर राम दल निकालने की प्रथा है, जिसमें विभिन्न चौकियों पर पौराणिक एवं लीला प्रसंगों की सजीव झांकी सजाई जाती है। यहां दारागंज में अश्विन सप्तमी के दिन हनुमान दल निकाला जाता है। दारागंज से निकलने वाले राम दल इस दृष्टि से विशिष्ट हैं कि यहां चौकियों के साथ-साथ स्वांग की भी परंपरा है। ये छोटे-छोटे प्रहसन होते हैं, जिनमें समकालीन राजनीतिक व्यंग्य किए जाते हैं। अंग्रेजों के समय इन चौकियों को प्रतिबंधित किया गया था। कपिल तिवारी के अनुसार, इलाहाबाद से निकलने वाली पारंपरिक रामलीला चौकियों में स्वदेशी-विदेशी वस्त्रों को आधार बनाकर रोचक चौकियां निकाली गईं। 1919 में जलियांवाला बाग कांड ने पूरे देश को झकझोर दिया था। 1921 में इलाहाबाद से निकलने वाली चौकियों ने ब्रिटिश हुकूमत को खूब छकाया।

रामलीला के कई घराने हैं जिनमें अयोध्या, लखनऊ, काशी, इलाहाबाद, दिल्ली, मिथिला, ब्रज, उड़ीसा, बघेलखंड आदि की शैलियां ज्यादा प्रचलित हैं। विदेशों में भी रामलीला के आयोजन होते हैं। मॉरिशस, फीजी, सूरीनाम, त्रिनीदाद, लाओस, इंडोनेशिया, थाइलैंड, बर्मा, कंबोडिया, मलेशिया, नेपाल आदि देशों में रामलीला के कई रूप प्रचालित हैं। रामलीलाओं में सीता स्वयंवर, धनुर्भंग, वनगमन, भरतमिलाप, केवट प्रसंग, लक्ष्मण-मूर्च्छा, सीताहरण, समुद्र-लंघन, ताडका-वध, रावण-वध, रामराज्य आदि को विस्तार से दिखाया जाता है। इनमें रामचरितमानस की चौपाइयों तथा दोहों, विभिन्न कवियों के छंदों और गद्य वार्ताओं का संवाद के रूप में प्रयोग होता है। इसका संचालन विजयादशमी से होली के पहले तक किया जाता है। इसमें पात्रों का चयन, पार्ट निर्धारण, रंगलेपन आदि पारंपरिक ढंग से होते हैं। इसके लिए विशेष प्रकार का मंच बनाया जाता है, जिसमें विशिष्ट प्रकार के रंगदीपन और ध्वनि संगीत की व्यवस्था होती है।

कुमाऊंनी रामलीला में बोले जाने वाले संवादों की धुन, लय, ताल और सुरों में पारसी थिएटर, नौटंकी, ब्रज की रास लीला तथा कव्वाली का भी काफी प्रभाव दिखता है। इस लीला में राधेश्याम रामायण का भी गायन किया जाता है। रामलीला के आयोजन का समय शारदीय नवरात्र भी है। इस अवसर पर आयोजित होने वाली दुर्गापूजा का प्रसार अब उन क्षेत्रों में भी हो गया है, जो परंपरा से रामलीला के आयोजन के लिए जाने जाते थे। आयोजकों, खासकर युवा वर्ग के दुर्गापूजा से संयुक्त हो जाने के कारण रामलीलाओं की चमक अब धीरे-धीरे फीकी पड़ती जा रही है। इधर संयुक्त राष्ट्र की संस्था यूनेस्को ने रामलीलाओं में अपनी दिलचस्पी दिखाई है। इसे 2005 में मानवता की मौखिक एवं संरक्षणीय विरासत की श्रेणी में शामिल किया गया है।

अवधेश मिश्र

रामविलास शर्मा

(1912-2000)

रामविलास शर्मा की ख्याति हिंदी साहित्य में आलोचक के रूप में ज्यादा है पर उन्होंने भाषाविज्ञान के क्षेत्र में भी महत्वपूर्ण काम किया है। उनकी भाषावैज्ञानिक पुस्तक 'आर्य और द्रविड़ भाषा-परिवारों का संबंध' (1979) से पहले 'भाषा और समाज' (1961) का प्रकाशन हो चुका था। इसमें भाषा-परिवारों के संबंध में प्रचलित धारणाओं को चुनौती दी गई है। भाषाविज्ञान की दृष्टि से यह पुस्तक काफी महत्वपूर्ण है। इसमें उन्होंने भाषा की उत्पत्ति, ध्वनि-प्रकृति, भाव-प्रकृति, मूल शब्द-भंडार

से लेकर जातीय निर्माण के उपकरण, जातीय भाषा का गठन और प्रसार, बोली और भाषा, राजभाषा-राष्ट्रभाषा, सामाजिक अंतर्विरोध और भाषा का सामाजिक विकास जैसे मुद्दों पर गंभीरता से विचार किया है। उन्होंने ऐतिहासिक भाषाविज्ञान की प्रचलित मान्यताओं का खंडन कर स्थापित करना चाहा है कि भारत के भाषा-परिवार अंत:संपर्कित थे और वे यूरोपीय भाषा-परिवार की शाखाएं न थे। उन्होंने 'एक आदि भाषा जननी बाकी सभी पुत्रियां' के सिद्धांत का खंडन किया।

रामविलास शर्मा की तीसरी महत्वपूर्ण पुस्तक 'भारत के प्राचीन भाषा-परिवार और हिंदी' है। यह तीन खंडों में प्रकाशित है। इसमें उन्होंने अनेक आर्य भाषा-केंद्र के सिद्धांत का प्रतिपादन किया है। उनकी स्थापना है कि जैसे आर्यभाषा-समुदाय का संबंध आर्यवाद से नहीं है, वैसे ही द्रविड़ भाषा-समुदाय का संबंध द्रविड़वाद से नहीं है। न आर्य नाम की कोई नस्ल थी, न द्रविड़ नाम की। वे इस धारणा का खंडन करते हैं कि 'सभी भारतीय भाषा परिवारों के स्रोत भारत से बाहर हैं और भारत की अपनी कोई भी प्राचीन भाषा-संपदा नहीं है।' वह यह भी देखते

रामविलास शर्मा

हैं कि भारत के बाहर की इंडो-यूरोपियन परिवार की भाषाओं पर भी भारतीय आर्य-भाषाओं का प्रभाव है। उन्होंने 'भ्रातृ' से ग्रहण किए गए 'ब्रदर' रूप का उदाहरण दिया। यह उदाहरण देकर वह अनुमान लगाते हैं, 'यह स्वाभाविक है कि आर्य-द्रविड़ परिवारों के मूल तत्वों में बहुत बड़ी समानता हो।...बहुत-से संस्कृत शब्दों के मूल अर्थ की व्याख्या द्रविड़ भाषाओं में उनके प्रतिरूपों का प्रसार देखकर ही की जा सकती है।' इस तरह रामविलास शर्मा लंबे समय से चले आ रहे आर्य-द्रविड़ का औपनिवेशिक विभाजन मिटा देते हैं और दोनों के संबंधों की व्याख्या करते हैं।

रामविलास शर्मा ग्रियर्सन के सामग्री संकलन कार्य की प्रशंसा करते हैं, पर उनके निष्कर्षों की आलोचना करते है, 'उनका ऐतिहासिक विवेचन संस्कृत को मूल भाषा, प्रांकृत-अपभ्रंशों को आधुनिक भाषाओं की पूर्व भाषा मानने की वजह से त्रुटिपूर्ण है।' उन्होंने लोकभाषाओं के महत्व पर गौर किया, 'वैदिक भाषा से पहले जो जनभाषा परंपरा रही है, उसे पहचानना जरूरी है। उसके प्रदेशगत भेदों को ध्यान में रखना जरूरी है।...हिंदी प्रदेश की जनपदीय भाषाओं का अध्ययन किया जाए तो पुरानी जनभाषा के प्रदेशगत भेदों को समझने में मदद मिलेगी।' उन्होंने यूरोपीय भाषाओं के अध्ययन के लिए भारत की बोलियों को मूल्यवान माना जिनसे संस्कृत का भी विकास हुआ था। रामविलास शर्मा ने दिखाया, 'भारत में वैदिक काल के गण समाज, बौद्धकालीन महाजनपद, सूरदास-तुलसीदास के समय के जनपद और प्रेमचंद-निराला की हिंदीभाषी जाति—ये सब मिलकर ऐतिहासिक विकास की ऐसी अविच्छिन्न शृंखला प्रस्तुत करते हैं, जैसी अन्यत्र सुलभ नहीं है।' रामविलास शर्मा ने यह भी लिखा है, 'जो भाषाविज्ञानी ब्रज, अवधी आदि पुरानी जनपदीय भाषाओं के साहित्य को हिंदी से अलग करते हैं, वे जातीय विकास की प्रक्रिया के प्रति अपना अज्ञान प्रकट करते हैं।'

रामविलास शर्मा ने भाषाविज्ञान को एक भारतीय जमीन देने का प्रयत्न किया। यह भी स्पष्ट कहा कि उन्होंने भाषाविज्ञान के किसी अटल नियम

का प्रतिपादन नहीं किया है, 'अतः आप अपनी ओर से उसके आगे-पीछे 'संभव और शायद' जोड़ लें।...किसी भी स्थापना के लिए पूर्ण सत्य का दावा करना हास्यास्पद होगा।' वे चाहते थे कि भाषाविज्ञान का पुराना पंथ छोड़कर नया विवेचन सामने आए। रामविलास शर्मा ने इतिहास, समाजशास्त्र, राजनीति, भारतीय साहित्य, संस्कृति, कला, दर्शन, साहित्य और अन्य अनुशासनों पर भी विपुल लेखन किया है।

शंभुनाथ

रामानंद

(पंद्रहवीं सदी)

स्वामी रामानंद का जीवनकाल (पंद्रहवीं सदी) माना जाता है। इस मत के लिए दो आधार प्रस्तुत किए गए हैं—(क) 'अग्निपुराण' में सिकंदर लोदी के आक्रमणों के प्रसंग में 'रामानंद प्रभावित' शब्दों का प्रयोग मिलता है। (ख) दूसरा आधार, रामानंद के शिष्यों का जीवनकाल है। 'रामार्चन पद्धति' में रामानंद ने अपनी जो गुरु-परंपरा बताई है, उसके अनुसार रामानुजाचार्य उनसे 14 पीढ़ी ऊपर थे। रामानुजाचार्य का देहावसान 1137 में हुआ था। इसके अनुसार उनका समय पंद्रहवीं सदी ही ठहरता है, पर इस संबंध में निश्चित रूप से कुछ नहीं कहा जा सकता। माना जाता है कि वे प्रयाग में जन्मे थे और बनारस में उनकी मृत्यु हुई थी। उत्तर भारत में भक्ति का प्रचार करने का श्रेय रामानंद को है, 'द्राविड़ भक्ति उपजो लायो रामानंद'।

रामानुजाचार्य की परंपरा में राघवानंद रामानंद के गुरु थे। उन्हीं से इन्होंने 'श्री संप्रदाय' में दीक्षा ग्रहण की थी। विशिष्टाद्वैत संप्रदाय के गुरु के प्रभाव से रामानंद के व्यक्तित्व में अद्वैत चिंतन, भक्ति तथा योग का सम्मिलन हुआ होगा। उनकी चिंतनधारा में निर्गुण और सगुण का द्वंद्व नहीं है। संभव है कि तत्कालीन परिप्रेक्ष्य में उन्होंने सामान्य जन की चित्तवृत्ति के अनुरूप सगुण राम को जपने का उपदेश दिया हो और योगसाधकों को निर्गुण ब्रह्म की उपासना का।

'वैष्णवमताब्ज भास्कर' और 'रामार्चन पद्धति' रामानंद की संस्कृत रचनाएं हैं। 'प्रस्थान त्रयी' पर उनका लिखा भाष्य 'आनंद भाष्य' के नाम से प्रसिद्ध है। हिंदी में जो रचनाएं रामानंद के नाम से जानी जाती हैं, उनकी प्रामाणिकता संदिग्ध है। इसका कारण यह है कि उनकी संस्कृत रचनाओं की दार्शनिकता हिंदी रचनाओं में नहीं है। प्रेमतत्व अवश्य प्राप्त होता है। उनके नाम से प्रसिद्ध हिंदी की रचनाओं में हनुमान की आरती है, कुछ योगपरक वाणियां हैं, जो निर्गुणपंथी स्रोतों से प्राप्त हुई हैं। उनके दो भजन 'गुरुग्रंथ साहिब' में संकलित हैं।

रामानंद या रामावत संप्रदाय में सीता की प्रतिष्ठा आद्य गुरु के रूप में और लक्ष्मण की आदर्श भक्त के रूप में है। इसमें भगवान राम, गुरु और भक्त की भावनामय एकता के दर्शन होते हैं। त्रैत की यह वृत्ति रामानंद संप्रदाय में सर्वत्र देखी जा सकती है। इस संप्रदाय में बड़ी संख्या में वैष्णव थे। स्वयं जीव में शरीर, आत्मा और प्रकाश के रूप में यह त्रैत स्थित है। 'प्रपत्ति' की सार्थकता अविच्छिन्न ध्यान में है। इस अविच्छिन्न ध्यान को 'स्मृति' कहा गया है। 'स्मृति' को 'स्तुति' भी कहा जाता है। यह संप्रदाय निर्गुण और सगुण धाराओं का मिलन बिंदु माना जाता है।

रामानंद संप्रदाय की मान्यता के अनुसार समस्त सृष्टि परमात्मा के आनंद एवं प्रेम का प्रतीक है। वह सृष्टि के कण-कण में व्याप्त है, फिर किसी से राग और किसी से द्वेष क्यों? द्वेषभाव हिंसा का कारण बनता है। इस आधार पर रामानंद अहिंसा को मूल धर्म मानते हैं। उनके अनुसार, जप-तप-तीर्थ-व्रत करने वाले को जो पुण्य नहीं मिलता, वह सबसे प्रेम करने वाले अहिंसा व्रतधारी को सहज ही प्राप्त हो जाता है। नदियां टेढ़े-मेढ़े रास्तों से गुजरकर अंत में समुद्र में विलीन हो जाती हैं, वैसे ही अहिंसक मनुष्य में सभी धर्म निवास करते हैं। कण-कण में परमात्मा का दर्शन करने में सबसे बड़ी बाधा

अहं है जो स्वार्थ वृत्ति को बल देता है। अतः अहं और स्वार्थ का परिष्कार आवश्यक है। इसी दृष्टि कोण से उन्होंने हिंदी क्षेत्र में धार्मिक सुधार का अलख जगाया।

रामानंद संप्रदाय में भक्त के लिए मुमुक्षु वृत्ति को आवश्यक माना गया है। मुमुक्षु वृत्ति के प्रमुख तत्व हैं—दूसरों के दुख दूर करने की इच्छा करना, इसी भाव से कर्म करना, संपूर्ण सृष्टि में परमात्मा का अनुभव करना, सभी कुछ सेवाभाव से करना, किसी की निंदा न करना और वैष्णवों से अधिकाधिक प्रेम करना। इस संप्रदाय में संपूर्ण सृष्टि को सीताराममय मानने का इतना अधिक आग्रह है कि आम बोलचाल की भाषा में 'कहो सीताराम', 'सुनो सीताराम' जैसे पदों का व्यवहार होता रहा है। 'कितने आदमी हैं?' के लिए 'कितनी मूर्तियां हैं?' जैसे शब्दों का प्रयोग किया जाता रहा है। राम मनुष्य भी हैं और विष्णु के अवतार भी। इसलिए उनमें लौकिक गुण भी हैं और अलौकिक गुण भी। रामानंदी संप्रदाय में उनके दोनों रूपों का अनोखा संयोग मिलता है।

मनुष्य जब अपनी स्थिति से परिचित होकर ईश्वर से आध्यात्मिक संबंध स्थापित करता है, तो सेवा का सहारा लेता है। रामानंद इस सेवाभाव को कैंकर्यभाव (दास्यभाव) कहते हैं। उन्होंने इसे ही लोकधर्म के रूप में प्रतिष्ठित किया। सभी वर्गों-वर्णों के लोग इस कैंकर्य भाव या लोकधर्म में प्रवेश ले सकते हैं। ईश्वर की दासता में जाने का अर्थ है लौकिक दासता के हर बंधन को तोड़ डालना यानी वर्चस्व की सत्ता को चुनौती।

रामानंद के संप्रदाय में ज्ञान, भक्ति और योग को बराबर महत्व दिया गया है। ये तीनों साधना की पद्धतियां हैं और सभी का लक्ष्य परमात्मा का प्रकाश है। 'वैष्णवमताब्जभास्कर' में लिखा है, 'प्रपन्न होने के बाद चाहे कर्मयोग, चाहे ज्ञानयोग, चाहे भक्तियोग का अनुष्ठान करें।' जो साधक भक्ति में व्याकुलता, ज्ञान में शांति और कर्म में सजगता का अनुभव करता है, वह अपने लक्ष्य को पा लेता है।

'वैष्णवमताब्जभास्कर' में अष्टांग योग को पराभक्ति के अंतर्गत रखा गया है। पराभक्ति के अंतर्गत विवेक, चिंतन, वृत्ति, भक्ति के आलंबन का बारंबार चिंतन, गृहस्थों द्वारा नित्य दान आदि का अनुष्ठान, कैंकर्यभाव, सत्य, अहिंसा, ऋजुता, दया, कल्याण साधन की महत्ता है। अष्टांग योग—यम, नियम, साधन, प्राणायाम, प्रत्याहार, ध्यान, धारणा और समाधि—इन सभी का समाहार है।

रामानंदी संप्रदाय में दीक्षित लोग अपनी बाईं भुजा पर धनुष अंकित कराते हैं और दाईं भुजा पर बाण, वक्षस्थल पर सीता-राम तथा उनकी मुद्रिका अंकित होती है और माथे पर चंद्रिका। दीक्षा के समय गुरु अपने शिष्य को परंपरानुसार तिलक लगाता है। तिलक की दो रेखाएं सीता-राम का प्रतीक होती हैं। कुछ लोग तिलक के नीचे एक छोटी रेखा बनाते हैं, जो नासिका को छूती है। यह छोटी रेखा सीता-राम के सिंहासन का प्रतीक है। जो साधक श्रृंगारभाव से उपासना करते हैं, वे तिलक के मध्य बिंदी भी लगाते हैं। तिलक में लाल, पीला या सफेद रंग का प्रयोग किया जाता है। दीक्षा के समय गुरु शिष्य को मंत्र, एक नया नाम और तुलसी की माला देते हैं।

नाभादास के 'भक्तमाल' में स्वामी रामानंद के बारह शिष्यों का उल्लेख है, जैसे—अनंतानंद, सुखानंद, सुरसुरानंद, नरहर्यानंद, भावानंद, पीपा, कबीर, सेन, धना, रैदास, पद्मावती और सुरसरी। तुलसीदास को उन्हीं की शिष्य-परंपरा में बताया जाता है। उनके शिष्यों में निर्गुणोपासक भी हैं और सगुणोपासक भी। कबीर आदि ने निर्गुण राम को अपना आराध्य बनाया और तुलसी ने दशरथ-पुत्र राम को। इन शिष्यों ने पुनः अनेक धाराओं का प्रवर्तन किया। कबीर के अनुयायी कबीरपंथी कहलाए, दादू के दादूपंथी, गुरुनानक के सिख, चरणदास के चरणदासी और रामनाम के उपासक सतनामी कहलाने लगे। विविध प्रकार की अंतर्धाराओं का मुख्य उत्स रामानंद का उदारतावादी दृष्टिकोण ही था। उन्होंने वर्णाश्रम व्यवस्था पर प्रहार नहीं किया, लेकिन

भक्ति और खान-पान के मामले में जातिगत भेदभाव न करने को कहा। उन्होंने लोकभाषा में उपदेश देने, काव्य-रचना करने और निर्गुण-सगुण सबको समेटने वाली भक्ति का प्रचार करने के कारण अनेक वर्गों एवं वर्णों के लोगों को आकर्षित किया था। भक्ति आंदोलन का यह आदर्श वाक्य था, 'जात पांत पूछै नहिं कोई / हरि को भजै सो हरि का होई'। हजारी प्रसाद द्विवेदी ने लिखा है, 'आकाश की भांति उन्होंने अपनी छाया में शिष्यों को बढ़ने का पूर्ण अवकाश दिया। वे मध्यकाल के सच्चे महाभक्त थे। उन्होंने युगधर्म की नाड़ी पहचानी थी।' बनारस में पंचगंगा घाट पर रामानंद का आश्रम है।

मंजुला मोहन

रामानंद चटर्जी

(1865-1943)

भारतीय पत्रकारिता के इतिहास में रामानंद चटर्जी का उल्लेखनीय स्थान है। उन्होंने पत्रकारिता के माध्यम से राष्ट्रीय जागरण का अलख जगाने की कोशिश की और देशवासियों में स्वाभिमान पैदा किया। उनकी पत्रकारिता पर टिप्पणी करते हुए महात्मा गांधी ने 26 अप्रैल 1926 के 'यंग इंडिया' के संपादकीय में लिखा, 'रामानंद चटर्जी की पत्रिका में जो भी बात लिखी जाती है, उसमें एक स्वाभिमान का बल होता है और उस पर ध्यान देना अपरिहार्य है।'

रामानंद चटर्जी

रामानंद चटर्जी का जन्म पश्चिम बंगाल के बांकुड़ा जिले में हुआ था। उन्होंने सेंट जेवियर्स स्कूल, कलकत्ता से हाई स्कूल कर 1888 में सिटी कॉलेज, कलकत्ता से अंग्रेजी में बीए किया और 1890 में एमए। 1891-92 में उन्होंने बंगाल के प्रसिद्ध समाज सुधारक ईश्वरचंद्र विद्यासागर पर महत्वपूर्ण किताब लिखी। 1892-1897 के बीच तीन पत्रिकाओं– 'दासी', 'नकुल' और 'प्रदीप' का प्रकाशन-संपादन किया। 1897-98 में कलकत्ता छोड़कर वे इलाहाबाद आ गए और कायस्थ पाठशाला में प्राध्यापक हुए।

अप्रैल 1901 में उन्होंने प्रयाग से बांग्ला की महत्वपूर्ण मासिक पत्रिका 'प्रवासी' का प्रकाशन किया। रामानंद चटर्जी उन दिनों कायस्थ पाठशाला के प्रधानाचार्य थे। 'हिंदी प्रदीप' के संपादक बालकृष्ण भट्ट भी इसी पाठशाला में प्राध्यापक थे। 'प्रवासी' के प्रवेशांक में रवींद्रनाथ टैगोर की कविता 'प्रवासी' और रामानंद चटर्जी का प्रसिद्ध निबंध 'अजंता की गुहा चित्रावली' प्रकाशित हुए थे। बंगाल के प्रायः सभी लेखकों की रचनाएं 'प्रवासी' में प्रकाशित होती थीं। केवल कथाकार शरतचंद्र अपवाद हैं।

'प्रवासी' के माध्यम से रामानंद चटर्जी ने जनपदीय लेखन का प्रारंभ किया और 'अंडमान द्वीप के निवासी' और 'नीलगिरि पर्वत के निवासी होड़ा जाति' शीर्षक से लेख लिखे। इन लेखों का हिंदी अनुवाद बंगमहिला (श्रीमती राजेंद्रबाला घोष) ने किया, जो 1904 की 'सरस्वती' में प्रकाशित हुआ था। 'सरस्वती' की तरह 'प्रवासी' का प्रकाशन भी इंडियन प्रेस, इलाहाबाद से होता था। यह सत्य है कि 'बंगदर्शन' के बाद 'प्रवासी' पत्रिका ने ही बांग्ला बुद्धिजीवियों को सबसे अधिक प्रभावित किया था।

जनवरी 1907 में रामानंद चटर्जी ने प्रसिद्ध अंग्रेजी पत्रिका 'मॉडर्न रिव्यू' का संपादन -प्रकाशन इलाहाबाद में किया। इस योजना में उनके मुख्य सहयोगी थे इंडियन प्रेस के स्वामी चिंतामणि घोष, भगिनी निवेदिता और मेजर वामनदास बोस। 1908 में 'मॉडर्न रिव्यू' और 'प्रवासी' का प्रकाशन कलकत्ता से होने लगा। राष्ट्रीय मुद्दों पर रामानंद चटर्जी की

टिप्पणियां निर्भीक और दो टूक होती थीं। 1907 में लाला लाजपत राय के निर्वासन पर उन्होंने लिखा, 'यह ब्रिटिश शासन में भारत के विश्वास की जड़ पर कुठाराघात है।' भारतीय लोग स्वशासन की काबिलियत नहीं रखते–इस औपनिवेशिक आरोप का सटीक प्रत्युत्तर 'मॉडर्न रिव्यू' की पत्रकारिता है। 'मॉडर्न रिव्यू' ने लिखा, 'राष्ट्र अपनी असफलताओं और सफलताओं दोनों से ही शिक्षा लेते हैं और शक्तिशाली और प्रगतिशील बनते हैं।' राजनीति, शिक्षा, साहित्य, सामाजिक जीवन, विज्ञान-दर्शन, इतिहास-पुरातत्व, उद्योग-व्यापार, प्रसिद्ध नेताओं की जीवनियां, पुस्तक-समीक्षा और अंतरराष्ट्रीय घटनाओं के समाचार 'माडर्न-रिव्यू' में छपते थे। 'रिव्यूज एंड नोटिसेज ऑफ बुक्स' स्तंभ में अंग्रेजी के अलावा भारतीय भाषाओं की पुस्तकों की भी चर्चा होती थी। 'ग्लीनिंग' स्तंभ के तहत विज्ञान की खबरें होती थीं। 'मॉडर्न रिव्यू' के सहयोगियों में रवींद्रनाथ टैगोर, लाला लाजपत राय, एस निहाल सिंह, ई ई स्पीट, सीएफ एंड्रूज, यदुनाथ सरकार, सिस्टर निवेदिता और सुभाषचंद्र बोस आदि प्रमुख थे।

रामानंद चटर्जी 1920 में ब्रह्मसमाज के महासचिव और 1922 में ब्रह्मसमाज के अध्यक्ष बने। 1928 में लीग ऑफ नेशंस के निमंत्रण पर यूरोप गए। वे 1927-32 तक प्रवासी बंग साहित्य सम्मेलन के सभापति थे। रामानंद चटर्जी इलाहाबाद विश्वविद्यालय के फेलो और एजुकेशनल रिफॉर्म कमेटी के सदस्य भी थे। उन्होंने कुछ दिनों तक विश्वभारती में भी अध्यापन किया था।

1928 में उन्होंने हिंदी पत्रिका 'विशाल भारत' का प्रकाशन प्रारंभ किया और अपनी हिंदी पत्रिका का संपादक बनारसीदास चतुर्वेदी को बनाया। इसी साल उन्होंने हिंदू महासभा के अधिवेशन की अध्यक्षता भी की थी। उनके भाषण पर एक प्रतिकूल टिप्पणी बनारसीदास चतुर्वेदी ने लिखी। इस पर उनको महावीर प्रसाद द्विवेदी ने लिखा था, 'रामानंद बाबू से तो हमने संपादकीय टिप्पणी लिखना सीखा है, उनके बारे में ऐसी टिप्पणी नहीं छपनी चाहिए थी।' बांग्लाभाषी होते हुए भी रामानंद चटर्जी ने एक खास दौर में हिंदी की एक निर्भीक पत्रिका निकाली थी और संपादकीय स्वतंत्रता दी थी। 1938 में इस पत्र के संपादन का भार अज्ञेय को सौंपा गया। 'विशाल भारत' ने हिंदी मानस को उद्‌बुद्ध करने में एक बड़ी भूमिका निभाई।

रामानंद चटर्जी ने 'ईश्वरचंद्र विद्यासागर' के अतिरिक्त 'राजा राममोहन राय', 'स्वशासन की ओर' और 'आधुनिक भारत' जैसी पुस्तकों की भी रचना की थी।

समीर कुमार पाठक

अधिक जानकारी के लिए :

1. **बांग्ला साहित्य का इतिहास :** सुकुमार सेन, 2. **भारतीय पत्रकारिता कोश :** विजयदत्त श्रीधर

रामानुजाचार्य

(ग्यारहवीं-बारहवीं सदी)

विशिष्ट द्वैत मत के प्रवर्तक आचार्य रामानुज का जन्म ग्यारहवीं-बारहवीं सदी में पेरंबुधरम नामक स्थान पर हुआ था। उनके पिता का नाम केशव याजवन तथा माता का नाम कांतिमति था। रामानुज का विवाह हुआ था, किंतु गृहस्थी में उनका मन नहीं रमा। वे संन्यासी बन गए और लंबे समय तक मैसूर में रहे। रामानुज के प्रथम गुरु यादव प्रकाश थे, जो अद्वैतवादी थे, परंतु गुरु-शिष्य की विचारधारा मेल नहीं खाती थी। वे नारायण की उपासना की ओर प्रवृत्त हुए। आलवारों की भक्ति भावना से वे बहुत प्रभावित थे। रामानुज ने 'विशिष्टाद्वैतवाद' का प्रतिपादन कर उनके भक्ति आंदोलन को एक दार्शनिक आधार दिया। उनके संप्रदाय को 'श्री संप्रदाय' कहा जाता है। 1137 में रामानुजाचार्य का देहावसान माना जाता है।

कहते हैं कि एक बार गोष्ठीपूर्णाचार्य ने रामानुज को मंत्र दिया और कहा, 'इसका जप जो भी करेगा, उसका कल्याण होगा। इसे किसी को न बताना, वरना नरक में जाओगे।' उन्होंने एक ऊंचे स्थान

पर खड़े होकर जोरों से चिल्लाकर मंत्र सबको सुना दिया ताकि उन्हें भले ही नरक में जाना पड़े, लेकिन सबका कल्याण हो। उनके बारे में एक और कथन है। वे गंगास्नान करने के बाद लौटते समय एक अछूत के कंधे पर हाथ रख देते थे। किसी ने पूछा, 'आप नहा-धोकर, शुद्ध होकर अछूत को क्यों छू देते हैं।' रामानंद ने जवाब दिया, 'मैं गंगा में नहाकर अपने शरीर को शुद्ध करता हूं और अछूत समझे जाने वाले को छूकर अपना मन शुद्ध करता हूं।'

रामानुजाचार्य ने वेदांत संग्रह, वेदांत सार और वेदांत दीप नामक ग्रंथों की रचना की। वेदांत संग्रह उपनिषदों की अद्वैतवादी व्याख्या का खंडन है। उन्होंने गीता पर भाष्य लिखा। उनकी सर्वाधिक महत्वपूर्ण रचना 'श्रीभाष्य' मानी जाती है, जो ब्रह्मसूत्रों का भाष्य है।

रामानुजाचार्य के काल में वर्ण-व्यवस्था शिथिल हो रही थी, फिर भी सवर्ण-अवर्ण का भेद था। ज्ञान और भक्ति का मार्ग केवल सवर्णों के लिए खुला था। रामानुजाचार्य ने इस भेदभाव के विरुद्ध भक्ति में सबके अधिकार की घोषणा की। उनके अनुसार 'प्रपत्ति' अर्थात शरणागति का मार्ग सबके लिए खुला है। उन्होंने ब्रह्म, जीव और जगत तीनों की सत्ता स्वीकार की और बताया कि ब्रह्म अंशी है, जीव और जगत उसके अंश हैं। उन्होंने अपने श्रीसंप्रदाय में लक्ष्मीनारायण की सगुणोपासना चलाई और दास्यभाव की भक्ति को विशेष महत्व दिया। उनके यहां आराध्य की प्रतिमा की पूजा, व्रत, तीर्थयात्रा, दान, यज्ञ आदि का विधान है।

रामानुजाचार्य ने शंकराचार्य के दर्शन का खंडन करके सगुण भक्ति को जिस तरह शास्त्रीय पद्धति से निरूपित किया, उसकी ओर एक बड़ा जनसमुदाय आकर्षित हुआ। उनके प्रयास से भक्ति का मार्ग उनके लिए भी सुगम हुआ, जिनके लिए मंदिरों में प्रवेश निषिद्ध था। इस प्रकार उन लोगों को जीने का सहारा मिला, जिनकी बात सुनने वाला कोई न हो। उनकी शिष्य-परंपरा देश भर में फैलती गई। वे विभिन्न तीर्थों में जाकर शास्त्रार्थ और उपदेश द्वारा वैष्णव मत का प्रचार करते रहे। उनके संप्रदाय में दक्षिण के अनेक महापुरुष हुए हैं, जैसे—दाशरथि, पूर्णाचार्य, शठकोपाचार्य, रंगेश, वेंकटेश, यामुनाचार्य, कुलशेखर, अनंताचार्य आदि। रामानंद इन्हीं की शिष्य-परंपरा में हुए।

भारतेंदु हरिश्चंद्र ने रामानुजाचार्य की संक्षिप्त जीवनी लिखी और रांगेय राघव ने उनके जीवन पर एक नाटक लिखा।

मंजुला मोहन

अधिक जानकारी के लिए :
भागवत संप्रदाय : बलदेव उपाध्याय

रामायण

वैदिक संहिताओं की रचना के साथ-साथ गाथा, नाराशंसी, इतिहास-पुराण आदि के रूप में लौकिक वाङ्मय की रचना होती आ रही थी। वेदमंत्रों का ऋषियों द्वारा साक्षात्कार किया गया था। गाथा के रचनाकार, परंपरा से इन ऋषियों के वंशजों या शिष्यों के निकट के थे। वस्तुतः गाथा, नाराशंसी और इतिहास-पुराण के रूप में जो लोकप्रिय वाङ्मय विकसित हुआ, वह जनसामान्य तक पहुंचा। इसी लोकप्रिय वाङ्मय के अंतर्गत पहली प्रबंधात्मक कृति वाल्मीकि की रामायण है।

लौकिक संस्कृत या लोकभाषा में रची गई पहली कृति होने से रामायण को आदिकाव्य कहा गया। वाल्मीकि रामायण की रचना होने के पहले रामकथा के कहने-सुनने या उसके कथागायन की परंपरा चली आ रही थी। हरिवंशपुराण में बताया गया है कि वाल्मीकि ने रामायण लिखी, उसके पहले राम की कहानी सूतों, चारणों या कुशी-लवों के द्वारा गाई जाती थी। वाल्मीकि ने लोककथा के रूप में देश के अलग-अलग अंचलों में गाए जाने वाले राम के आख्यान को एक सुसंबद्ध साहित्यिक रूप दिया। उन्हें संस्कृत साहित्य में आदिकवि कहा गया है। विष्णुपुराण के अनुसार, वे भृगुवंशी ऋषि थे तथा वैवस्वत मन्वंतर में होने वाल चौबीसवें व्यास थे।

भारतीय परंपरा में रामायण तथा महाभारत इन दोनों ग्रंथों को इतिहास, आख्यान, विकसनशील महाकाव्य, उपजीव्य काव्य, आर्ष काव्य भी कहा गया है। इतिहास से आशय है—जो होता आया है और होता रह सकता है। वाल्मीकि की रामायण इस देश में जो होता आया है और होता रह सकता है, वह सब बताती है, अतः वह इतिहास है। राजशेखर ने काव्यमीमांसा में दो प्रकार का इतिहास बताया है—परिक्रिया और पुराकल्प। परिक्रिया में एक नायक होता है, पुराकल्प में अनेक। पहले का उदाहरण राजशेखर के अनुसार रामायण है, दूसरे का महाभारत।

रामायण कई शताब्दियों तक सूतों, कुशी लवों या ग्रंथिकों के द्वारा वाचिक परंपरा में पाठ अथवा गायन करते हुए जनसमाज के आगे सुनाई जाती रही। इसे एक विकसनशील महाकाव्य कहा गया है, जिसका कलेवर लंबे समय तक वाचिक परंपरा में प्रचलित रहने के कारण बढ़ता गया। संभव है कि इन सूतों या कुशी-लवों ने इनमें बीच-बीच में कुछ लोकप्रिय प्रसंग या आख्यान अपनी ओर से भी जोड़ दिए हों। उपजीव्य काव्य से आशय ऐसी कृति से है, जिससे दीर्घ काल तक परवर्ती साहित्यकार प्रेरणा पाते रहें। वाल्मीकि रामायण एक ऐसा ही महाकाव्य है। संस्कृत ही नहीं तमिल, तेलुगु, कन्नड़, मलयालम आदि दक्षिण की भाषाओं तथा हिंदी, मराठी, गुजराती आदि अन्य भाषाओं में लिखे जाने वाले साहित्य पर सुदीर्घ काल तक रचनाशैली या विषयवस्तु की दृष्टि से रामायण का प्रभाव पड़ता रहा।

रामायण का कलेवर : वाल्मीकि की रचना में ही इस काव्य को 'चतुर्विंशतिसाहस्रीसंहिता' कहा गया है, अर्थात इस काव्य में 24,000 श्लोक हैं। यह भी कहा गया है कि ये 24,000 श्लोक पांच सौ सर्गों तथा सात कांडों में निबद्ध हैं। रामायण के सात कांडों के नाम हैं—बालकांड, अयोध्याकांड, अरण्यकांड, किष्किंधाकांड, सुंदरकांड, युद्धकांड तथा उत्तरकांड। प्रत्येक कांड कई सर्गों में विभाजित है। बालकांड में राम के जन्म से विवाह तक की कथा है। अयोध्याकांड में राम के वनवास का वृत्तांत है। अरण्यकांड में राम, सीता और लक्ष्मण का वनवास, शूर्पणखा प्रसंग, खर-दूषण आदि का वध, सीता का अपहरण तथा राम का विलाप—ये घटनाएं चित्रित हैं। किष्किंधाकांड में राम-सुग्रीव का मिलन, बालि-वध तथा हनुमान आदि का सीता की खोज में जाना वर्णित है। सुंदरकांड में हनुमान का लंका में पहुंचना और सीता से उनकी भेंट तथा लंकादहन का वर्णन है। युद्धकांड में राम और रावण की सेनाओं के बीच युद्ध का विस्तृत वर्णन है, जो रावण के वध के साथ समाप्त होता है। उत्तरकांड में रामराज्य के वर्णन के साथ अनेक आख्यान संग्रहीत हैं।

पाठभेद एवं संस्करण : रामायण का प्रचार कई शताब्दियों तक वाचिक तथा मौखिक परंपरा में रहा है। अतः अलग-अलग प्रांतों में इसके अलग-अलग पाठों की परंपराएं बन गईं। मूलतः तो सारी रचना महर्षि वाल्मीकि की ही है, पर जनसमाज के बीच अलग-अलग स्थानों पर इसे जो सूत, कुशी लव आदि गा-गा कर या पाठ करके सुनाते थे, वे इसमें यत्किंचित परिवर्तन करते रहे। मुख्य रूप से रामायण के चार संस्करण प्रचलित हैं—बंबई या देवनागरी संस्करण, बंगाली या गौड़ीय संस्करण, कश्मीर या पश्चिमोत्तरीय संस्करण तथा दक्षिण संस्करण। चारों संस्करणों पर अलग-अलग प्राचीन टीकाएं हैं। ऑफ्रेष्ट ने संस्कृत पांडुलिपियों की अपनी सूची में रामायण की तीस प्राचीन टीकाओं का उल्लेख किया है।

रचना काल : रामायण के रचना काल के विषय में विद्वानों में मतभेद है। श्लेगल ने रामायण का रचना काल 1100 ईसा पूर्व, याकोबी ने 800 ईसा पूर्व, कामिल बुल्के ने 600 ईसा पूर्व, मैक्डॉनल, काशीप्रसाद जायसवाल, जयचंद्र विद्यालंकार तथा अन्य विद्वानों ने 500 ईसा पूर्व माना है। विंटरनित्स तथा वेबर जैसे पंडित इसे और भी बाद का मानते हैं।

रामायण की परंपरा अत्यंत प्रचीन है। ऋग्वेद के एक सूक्त में सीता का कृषि की देवी के रूप में स्तवन है। उपनिषदों में एक विचारक के रूप में राजा वैदेह जनक का उल्लेख किया गया है। ऋग्वेद में एक स्थान पर राम का उल्लेख आता है।

रामायण में चित्रित सांस्कृतिक और सामाजिक

दशा 500 ईसा पूर्व के पहले के भारत की प्रतीत होती है। अतः रामायण का रचना काल इसके पहले माना जाना चाहिए। मूर्तिपूजा का उल्लेख रामायण में कहीं नहीं है। इसी प्रकार रामायण में प्रतिपादित भौगोलिक स्थिति तथा नगरों की अवस्थिति से संकेत मिलता है कि इसकी रचना बौद्धकाल (600 ईसा पूर्व) के पहले हो चुकी थी। इसमें कौशांबी, कान्यकुब्ज, कांपिल्य आदि नगरों का उल्लेख है, पर पाटलिपुत्र (पटना) का नहीं है, जबकि बालकांड के पैंतीसवें सर्ग में राम उसी स्थान से गंगा पार करते हैं, जहां आगे चलकर पाटलिपुत्र नगर बसाया गया।

वाल्मीकि भौगोलिक स्थितियों का इतना सूक्ष्म तथा प्रामाणिक चित्रण करते हैं कि यदि गंगा किनारे उनके समय में पाटलिपुत्र नगर रहा होता तो वे उसका विवरण अवश्य देते। पाटलिपुत्र नगर की स्थापना 380 ईसा पूर्व के पहले हो चुकी थी। इसी प्रकार रामायणकार ने मिथिला तथा विशाखा—इन दो स्वतंत्र राजधानियों का उल्लेख किया है, जो बुद्ध के समय एक हो गई थीं। अयोध्या के लिए बौद्धकाल में साकेत शब्द प्रचलित हो गया था, जिसका रामायण में कहीं नाम नहीं है। बौद्धयुग की सुप्रसिद्ध नगरी श्रावस्ती का उल्लेख रामायण में नहीं है। उत्तरकांड में अवश्य एक स्थान पर कहा गया है, 'श्रावस्तीति पुरी रम्या श्राविता च लवस्य ह।' आधुनिक विद्वान उत्तरकांड को प्रक्षिप्त मानते हैं। यदि इसे प्रक्षिप्त न माना जाए, तब भी मानना होगा कि रामायण की रचना के अंतिम चरण में श्रावस्ती नगरी की स्थापना हो रही थी। अतः रामायण की रचना बौद्धयुग के पूर्व मानना सर्वथा उचित है। जैन तथा बौद्ध धर्मों का उल्लेख रामायण में नहीं है, न ही इनका कोई प्रभाव परिलक्षित होता है। एक स्थान पर बुद्ध का नामोल्लेख है, पर इस स्थल को प्रक्षिप्त माना गया है। व्याकरण तथा भाषा की दृष्टि से परीक्षण करने पर रामायण की भाषा तथा उसमें मिलने वाले अनेक अपाणिनीय (पाणिनि-व्याकरण के नियमों का उल्लंघन करने वाले) प्रयोगों के आधार पर अनेक विद्वानों का मानना है कि रामायण की रचना पाणिनि (500 ईसा पूर्व) के पहले हो चुकी थी।

दूसरी शताब्दी ईसवी में रचित कुमारलात की कल्पनामंडितिका में रामायण के सार्वजनिक गायन का उल्लेख है। इससे सिद्ध होता है कि ईसा के आसपास रामायण का समाज में व्यापक प्रसार हो चुका था। प्रथम शताब्दी के उत्तरार्ध में विमलसूरि ने रामायण पर आधारित अपने प्राकृत महाकाव्य पउमचरिउ की रचना की थी। रामायण के मूल भाग का रचना काल वैदिक साहित्य के अंतिम चरण तथा बौद्धयुग के पूर्व 700 ईसा पूर्व के लगभग मानना उचित है।

पात्र : राम को मर्यादापुरुषोत्तम के रूप में भारतीय परंपरा में पहली बार वाल्मीकि की रचना ने ही स्थापित किया। वाल्मीकि के ही शब्दों में राम के चरित्र में 'समुद्र के समान गांभीर्य और हिमालय के समान धैर्य' है। सहिष्णुता, परदुखकातरता, स्नेह, त्याग और शौर्य के गुणों का अनूठा प्रतिमान राम के चरित्र के द्वारा आदिकवि ने रच दिया है। ऐसे गुणों के कारण ही मनुष्य का व्यक्तित्व दुर्लभ भव्यता से संपन्न बनता है। मानव स्वभाव की दुर्बलता का भी चित्रण आदिकवि करते हैं, पर यह दिखाने के लिए कि आदर्श मनुष्य अपनी दुर्बलताओं से किस प्रकार संघर्ष करते हैं और उन पर विजय पाते हैं। रवींद्रनाथ टैगोर के शब्दों में, 'यदि कवि वाल्मीकि मनुष्य के चरित्र का वर्णन न कर देवचरित्र का वर्णन करते तो अवश्य ही रामायण का गौरव कम हो जाता, उसे काव्य की दृष्टि से क्षतिग्रस्त होना पड़ता। राम के मनुष्य होने से ही रामचरित्र की इतनी महिमा है। रामायण में देवता ने पदच्युत होकर अपने को मनुष्य नहीं बनाया, मनुष्य ही अपने गुणों के कारण देवता बन गया है।'

रवींद्रनाथ टैगोर के अनुसार रामायण में भारतवर्ष की आत्मा झलकती है। वे कहते हैं, 'रामायण में केवल कवि का ही परिचय नहीं है, भारतवर्ष का परिचय प्राप्त होता है। रामायण की कथा से भारतवर्ष के क्या बालक, क्या वृद्ध, क्या स्त्रियां सबको केवल शिक्षा ही नहीं मिली है, शिक्षा के साथ-साथ उन्हें आनंद भी मिला है। भारतवासियों ने रामायण को शिरोधार्य ही नहीं माना है, उन्होंने उसको

अपने हृदय-सिंहासन पर स्थापित किया है। जीवन के सारे यथार्थों के बीच आदर्श का निर्वाह वाल्मीकि के चरित्र-चित्रण की विशेषता है।'

रस : रामायण में आद्यंत करुणा की स्रोतस्विनी प्रवाहमान है। इस करुण रस की विशेषता मनुष्य जीवन के अटूट संघर्ष और संकट के क्षणों की अनुभूति में है। मनुष्य अपने जीवन के घात-प्रतिघात, नियति के थपेड़ों और दूसरों के द्वारा किए जाने वाले उत्पीड़न से किस प्रकार जूझता और अंत में अपने संघर्ष के द्वारा उबरता है, यह कवि की सच्ची मानवीय संवेदना के साथ रामायण में पग-पग पर हम अनुभव करते हैं। छोटी-छोटी घटनाओं या कथाप्रसंगों के माध्यम से वाल्मीकि जीवन में निहित करुणा को उजागर करते हैं।

वनवास के समय पुरवासियों का विषाद, दशरथ और कौशल्या का विलाप, वन में विराध राक्षस के द्वारा सीता को पकड़कर ले जाना, कबंध राक्षस का लक्ष्मण को पकड़ लेना, सीताहरण, सीता का अशोक वाटिका में निवास—इन सब प्रसंगों के चित्रण में शोक, चिंता, अवसाद के भाव करुणा के महासागर पर उर्मियों की भांति उठते-गिरते हैं। रावण का वध हो जाने के बाद राम के रावण के विषय में कथन अपने आपमें अत्यंत मार्मिक हैं। सीता का राम से पुनर्मिलन का प्रसंग दारुण और हृदयद्रावक है।

करुण रस के अतिरिक्त श्रृंगार के संयोग और विप्रलंभ इन दोनों रूपों का सुंदर चित्रण वाल्मीकि ने किया है। श्रृंगार-निरूपण में राम और सीता के पारस्परिक प्रेम की अनन्यता और शुचिता का बोध हमें आदिकाव्य में होता है। राम के वियोग की पीड़ा का निरूपण करते हुए वाल्मीकि ने मनोभावों का आलोड़न-विलोड़न करते हुए हृदय के काम-स्पंदन और उच्छलन को पूरे वेग से प्रकट किया है।

आलंबन में भय और आश्रय में क्रोध का चित्रण कर वाल्मीकि ने रौद्र रस की सृष्टि युद्ध के प्रसंगों में की है। एक पक्ष में उत्साह, अमर्ष आदि भाव जाग्रत होते हैं तो दूसरे पक्ष में शंका, त्रास, ग्लानि, निर्वेद, असूया आदि भाव घर करने लगते हैं। समूह के भीतर संक्रामक रोग की तरह फैलते इन भावों का प्रसार दिखाने में वाल्मीकि की दृष्टि पैनी है।

कल्पना : वाल्मीकि के उपमानों में कवि कल्पना की निस्सीमता का बोध होता है। वे अपने उपमानों में अंतःप्रकृति और बाह्य प्रकृति का समन्वय करते हैं। वे कभी स्थूल दृश्य के लिए अमूर्त उपमान का प्रयोग करते हैं, तो कभी अमूर्त वस्तु के लिए स्थूल पदार्थ को उपमान बनाते हैं। अमूर्त उपमानों का विशिष्ट प्रयोग उन्होंने अशोक वाटिका में स्थित सीता के वर्णन में किया है। सीता संदिग्ध हुई स्मृति के समान, विनष्ट होती समृद्धि के समान, आहत हुई श्रद्धा के समान, प्रतिहत हुई आशा के समान, विघ्नों से रोकी गई सिद्धि के समान, कलुषित हुई बुद्धि के समान, अपकीर्ति से ग्रस्त कीर्ति के समान प्रतीत होती हैं। स्वाध्याय के अभाव में प्रशिथिल विद्या के समान उस सीता को देखकर हनुमान की बुद्धि संदेह में पड़ गई (कि क्या ये ही सीता हैं)। वे उसे कठिनाई से पहचान सके, जैसे अन्य अर्थ को प्राप्त वाणी कठिनाई से समझी जाती है।

आदर्श तथा संदेश : वाल्मीकि ने समाज में व्याप्त विकृतियों और दुर्बलताओं को गहराई से पहचाना तथा उनका चित्रण किया है। वे हमें राम, हनुमान, भरत जैसे महान चरित्रों के द्वारा बताते हैं कि इन विकारों से कैसे उबरा जाए। राजाओं के समाज की विलासिता का यथार्थ चित्रण उन्होंने दशरथ, सुग्रीव और रावण के अंतःपुर के वर्णन में किया है। वृद्ध राजा दशरथ की अपनी युवती रानी कैकेयी को रिझाने की चेष्टाएं विडंबनापूर्ण लगती हैं। दशरथ की कामुकता के प्रति वाल्मीकि ने अपनी अरुचि प्रकट की है। किष्किंधाकांड में सुग्रीव की विलासिता के चित्रण के साथ शासक वर्ग की आत्मरति और आत्मविस्मृति की तीखी भर्त्सना है। रावण का चरित्र शासक की निरंकुशता और ऐश्वर्य के मद का साकार रूप है। सामंती समाज के इस अधःपतन की प्रतिक्रिया में वाल्मीकि ने राम जैसे महान मर्यादापुरुषोत्तम का चरित्र उपस्थित किया।

रामायण जीवन में सतत सत्कर्म की प्रेरणा देता है। मनुष्यों को अपने ऊपर आने वाले संकट

और दुख को सहज भाव से स्वीकार करना चाहिए, क्योंकि ये संकट और दुख सदा रहने वाले नहीं हैं। उनके कारण कर्म से विरत होकर संसार का त्याग करने का विचार नहीं करना चाहिए। राम ने अपने जीवन में कितने दुख सहे। रामायण के सारे पात्र जीवन में हताशा और अनास्था के क्षणों से उबरकर सत्संकल्प और कर्म का वरण करते हैं। हनुमान सीता को खोजते-खोजते थककर चूर हो जाते हैं। सीता नहीं मिलती तो वे विरक्त होकर संन्यासी हो जाने का विचार करने लगते हैं। पर अंत में वे सोचते हैं कि अपने कर्तव्य में उत्साह के साथ लगे रहना ही उचित होगा, अंत में कभी-न-कभी सफलता मिलेगी ही।

रामायण परंपरा : वाल्मीकि की प्रथम उपलब्ध रचना रामायण है। इससे प्रेरित होकर संस्कृत, प्राकृत तथा अन्य भारतीय भाषाओं में अनेक रामायणों की रचना हुई। योगवसिष्ठ, अध्यात्मरामायण, आनंदरामायण, अद्‌भुतरामायण, मंत्ररामायण, भुशुंडिरामायण आदि रामायणकाव्य वाल्मीकि रामायण की प्रत्यक्ष परंपरा में हैं। जैन परंपरा में विमलसूरि का पउमचरिउ (प्राकृत में) तथा रविषेण का पद्मचरित भी रामायण काव्य हैं। तमिल में कंबन का तमिल रामायण, बांग्ला में कृत्तिवास का कृत्तिवासीय रामायण और हिंदी में गोस्वामी तुलसीदास का रामचरितमानस प्रसिद्ध हैं।

भारतीय साहित्य पर प्रभाव : संस्कृत का कोई ऐसा महाकवि नहीं है, जिस पर किसी-न-किसी रूप में रामायण तथा महाभारत का प्रभाव न हो। कालिदास के 'रघुवंश' महाकाव्य पर वाल्मीकि के कृतित्व की छाया है। मेघदूत की अनेक मनोहर कल्पनाओं के मूल में वाल्मीकि रामायण है। भास के प्रतिमा और अभिषेक, दिङ्‌नाग की कुंदमाला, भवभूति के महावीरचरित तथा उत्तररामचरित, मुरारि का अनर्घराघव, शक्तिभद्र का आश्चर्यचूड़ामणि, राजशेखर का बालरामायण, विरुपाक्ष का उन्मत्तराघव, वामनभट्टबाम का रघुनाथचरित, जयदेव का प्रसन्नराघव, राजचूड़ामणि दीक्षित का आनंदराघव आदि नाटक रामायण की कथा को प्रस्तुत करते हैं। महाकवि प्रवरसेन का प्राकृत भाषा में लिखा महाकाव्य सेतुबंध, कुमारदास का महाकाव्य जानकीहरण, भट्टि का महाकाव्य आदि अनेक महत्वपूर्ण महाकाव्य या नाटक रामायण से प्रेरित हैं। चंपूकाव्यों में भोज का रामायणचंपू, वेकटाध्वरि का उत्तरचंपू आदि चंपूकाव्य की रामायण पर आधारित हैं। ग्यारहवीं शताब्दी में महाकवि क्षेमेंद्र ने अपनी रामायणमंजरी रामायण का सार प्रस्तुत किया। कहा गया है कि करीब तीन सौ रामायणें हैं, जिनमें से कई में अपने-अपने मत का प्रचार है।

राधावल्लभ त्रिपाठी

अधिक जानकारी के लिए :
1. **रामकथा उत्पत्ति और विकास :** कामिल बुल्के, 2. **तीन सौ रामायणें :** ए के रामानुजन

रामायण की परंपरा

वाल्मीकि की रामायण भारत का प्राचीनतम महाकाव्य है। इसे रामकथा की पहले से चली आ रही लोकपरंपराओं का महाकाव्यात्मक पुनःसृजन कहा गया है। खुद वाल्मीकि ने माना है, 'लोकादंविष्य भूयश्च चरितं चरितव्रतः' (1.3.1)। रामायण का मूल रूप क्या था, यह जानने का कोई उपाय नहीं है, पर इस महाकाव्य ने रामकथा को इतना लोकप्रिय बना दिया कि बाद में पालि, अपभ्रंश के अलावा आधुनिक भारतीय भाषाओं के पुराने-नए रूपों में भी उसकी भिन्न-भिन्न उद्देश्यों से पुनर्रचना हुई। रामायण के कई कथा-प्रसंगों को चुनौती देते हुए कई स्थानीय विमर्श भी बने।

रामायण में राम युगसत्य के रक्षक, धर्मज्ञ, दृढ़ चरित्रवान और देवताओं में सबसे ज्यादा मनुष्य हैं। राम के महाकाव्यात्मक चरित्र में देवत्व के बीज पड़ गए थे, भले उनका ईश्वररूप भक्ति आंदोलन की देन हो। वे जब साक्षात धर्म के समान माने गए (अयोध्याकांड, 12.30), निश्चय ही तब धर्म विकासशील अवस्था में था। वह कई सौ वर्षों के एक खास युग की सामाजिक स्थितियों की देन था।

रामायण में कहा गया है, 'राम सत्पुरुष हैं। धर्म उनके रूप में मूर्त होता है। वे प्राणियों के रक्षक और धर्म के संरक्षक हैं (रक्षिता जीवलोकस्य धर्मस्य परिरक्षिता)। उनमें दया है। उन्होंने क्रोध को वश में कर लिया है। देवों की प्रार्थना पर मानो सनातन विष्णु ही राम के रूप में पृथ्वी पर प्रकट हो गए हैं। वे मनुष्यों के दुख देखकर दुखी होते हैं, इनके सुख में पिता समान प्रसन्न होते हैं। राम एक बार कोई बात कहकर उससे पलटते नहीं (रामो द्विर्नाभिभाषते)। उनमें समुद्र के समान गहराई और हिमालय के समान धैर्य है।' रामायण की एक चरित्र सीता है जिसकी शील, आयु, आचार और कुल इन सभी दृष्टियों से राम से तुलना की गई है। वाल्मीकि रामायण में ऐसे स्थल भी हैं, जहां सीता राम से बहस करती है। फिर भी सीता और पातिव्रत्य पर्याय हैं। राम भी तीन पत्नियों वाले अपने पिता दशरथ से भिन्न एक-पत्नीव्रत हैं। यह मर्यादा महाभारत युग में भग्न हो जाती है। रामायण की तुलना में महाभारत समग्रतः एक पतनोन्मुख समाज का चित्र है।

रामायण के अयोध्याकांड में राम के वनगमन के समय जाबालि आते हैं। वे अपनी लोकायत परंपरा के अनुसार, वन जाते हुए राम से अयोध्या लौटकर राज्य संभालने का आग्रह करते हैं, 'जैसे इंद्र स्वर्ग में हैं, तुम भी भोग-विलास करते हुए अयोध्या पर राज करो। दशरथ तुम्हारे कोई नहीं, न तुम दशरथ के हो। परलोक कुछ नहीं है, ऐसा सोचो। भरत तुम्हें मना रहे हैं, तो राज्य ले लो।' राम जवाब में कहते हैं, 'मैं स्वेच्छाचारी नहीं बनूंगा। राजा जैसा आचार करते हैं, प्रजा वैसा ही करती है। इस लोक में सत्य पर आधारित धर्म ही मूल है, जगत में सत्य ही ईश्वर है' (सत्यमेवेश्वरो लोके)। उपर्युक्त संवाद लोकायत परंपरा और वैदिक परंपराओं की टकराहट को प्रतिबिंबित करता है। स्पष्ट है कि वाल्मीकि की रामायण में राम का वनगमन, दंडकारण्य में राक्षसों का वध, सीताहरण, राम-रावण युद्ध, ज्ञान से वेदज्ञ ब्राह्मण लेकिन कर्म से खोटे-दंभी रावण का वध और अंततः अयोध्या में राज आदि प्रसंग प्राचीन युग के सत्य की प्रतिष्ठा के लिए हैं। हमेशा ही कथा का उद्देश्य कोई सच कहना रहा है, उसकी नैतिकता की अपनी जो ऐतिहासिक सीमा हो।

कहा जाता है कि आरंभ में वाल्मीकि रामायण में युद्धकांड तक सिर्फ पांच कांड थे। गुप्तकाल में बालकांड और उत्तरकांड जुड़े। कामिल बुल्के ने लिखा है, 'जनता की जिज्ञासा को संतुष्ट करने के उद्देश्य से बालकांड और उत्तर कांड के प्रारंभिक रूप की रचना हुई।' वस्तुतः यह सिर्फ जनता की जिज्ञासा न थी, प्रभुताशाली वर्गों का परवर्ती प्रक्षेपण भी था। यही वजह है कि उत्तरकांड में सीता-वनवास और शंबूक-वध की कथा है। वाल्मीकि रामायण एक विकासशील महाकाव्य है जिसमें विभिन्न समय की सामाजिक स्थितियों को प्रतिबिंबित करते नए-नए कथा-प्रसंग जुड़ते गए थे। रामकथा में लक्ष्मण-रेखा का प्रसंग दसवीं सदी के बाद और शबरी द्वारा जूठे बेर खिलाने का प्रसंग अठारहवीं सदी के बाद जुड़ा।

आगे चलकर रामायण से चरित्र लेकर अपने-अपने दार्शनिक मत का प्रचार करने वाली कई रामकथाएं रची गईं जिनमें से कई में न सिर्फ काव्यत्व का अभाव है, बल्कि मतवादी आग्रह अपने अतिरंजित रूप में है। इन्हें 'तीन सौ रामायणें' कहना एक समसामयिक पॉलिमिकल दृष्टिकोण है, जबकि इनमें से कई वस्तुतः रामायण से चरित्र लेकर मतवादी पुनःसृजन है। इनको सिर्फ रूपभेद कहने से वस्तुस्थिति स्पष्ट नहीं होती।

कहा जा सकता है कि वाल्मीकि रामायण से मुख्य कथावस्तु लेकर और सीता-वनवास तथा शंबूक वध जैसे अर्थहीन प्रसंगों को त्यागकर रामायण लिखने की परंपरा भक्ति आंदोलन के असर में कंबन (बारहवीं सदी) ने तमिल रामायण से शुरू की थी। यह परंपरा भक्ति आंदोलन की प्रेरणा से तेलुगु, कन्नड़, ओड़िया, मलयालम, बांग्ला, मराठी और कई लोकभाषाओं से होते हुए तुलसीदास के 'रामचरितमानस' (सोलहवीं सदी) तक आगे बढ़ती गई। बांग्ला कृतिवासीय रामायण में स्थानीय तत्वों को समेटते हुए शक्ति की पूजा का

जुड़ना तात्पर्यपूर्ण है, यहां वैष्णव और शाक्त मत का समन्वय है। तुलसी की सामंजस्यवादी रामकथा अंतरजातीय प्रसार पाकर लोकमन में ज्यादा बसी। इसकी पर्याप्त वजह है कि भक्ति आंदोलन के बाहर की रामकथाएं क्यों लोकमन में छा नहीं पाईं। राम के चरित्र पर आधारित मतवादी स्थानीय पुनःसृजन का अपना महत्व है। इन्हें वाल्मीकि रामायण की मूक जगहों को उठाकर समाज के पतनशील तत्वों पर प्रहार माना जा सकता है।

दरअसल, रामकथा की लोकप्रियता का फायदा विभिन्न धार्मिक संप्रदायों और मतावलंबियों ने उठाया। वाल्मीकि रामायण में सीता राम से अहिंसा के पक्ष में बहस करती है, लेकिन बौद्ध और जैन रामकथाओं में अहिंसा ही केंद्र में आ जाती है। बौद्ध धर्म की रामकथा में बोधिसत्व का ही राम के रूप में पुनर्जन्म होता है। इसकी थाई परंपरा में रावण को 'मार' का पूर्व रूप माना गया है जो बुद्ध की अहिंसा से अंततः पराजित हुआ था। कुछ बौद्ध वाचनों में रावण सिद्धार्थ के लोभी और क्रोधी भतीजे देवदत्त का पुनर्जन्म है। देवदत्त ने एक पक्षी को तीर से वेधकर नीचे गिरा दिया था। सिद्धार्थ ने करुणा से द्रवित होकर तीर निकाला था। इससे भिन्न 'लंकावतारसूत्र' में रावण बौद्ध बना दिया गया। सबसे महत्वपूर्ण बौद्ध वाचन 'दशरथ जातक' है। इसका मुख्य कथा-प्रसंग दशरथ की मृत्यु के बाद राम का शोक से ऊपर उठना है। वे बनारस (अयोध्या नहीं) लौटकर पिता के राज्य में सुशासन स्थापित करते हैं। थाई परंपरा में राम लाओटियन नगर में लौटते हैं और बौद्ध सिद्धांतों के आधार पर शासन करते हैं।

जैन धर्म ने अपने मत के प्रचार के लिए वाल्मीकि रामायण का अधिक उग्र ढंग से खंडन किया। विमलसूरि के 'पउमचरिउ' में रावण एक कुलीन और कर्तव्यपरायण जैन है। वह किसी परायी स्त्री का स्पर्श तक नहीं करता। उसने एक रानी को, जो उसके प्रेम में पड़ गई थी, सकुशल उसके पति के पास पहुंचा दिया। इस ग्रंथ में ऐसे प्रश्न उठाए गए हैं, 'रावण जैसे शक्तिशाली राक्षस योद्धाओं को बंदर कैसे परास्त कर सकते हैं, रावण जैसे कुलीन और सम्मानित जैन कैसे मांस खा सकते हैं या खून पी सकते हैं? ये सारी बातें काल्पनिक और अतिवादी प्रतीत होती हैं।' रावण को 'कुलीन और सम्मानित जैन' ठहराना भी उतना ही काल्पनिक है, जैसे कई अन्य बातें। उपर्युक्त जैनकथा में रावण सीता की सुंदरता के बारे में सुनकर उसका अपहरण करता है। दिखाया गया है कि एक महान जैन कैसे उसी भावावेग के कारण नष्ट हो जाता है, जिसके खिलाफ उसने जैन धर्म में शपथ ली थी। एक अन्य जैन रामकथा में सीता राम की बहन है। यह मिथकीय कल्पना जब सार्वभौम बनाकर पेश की जाती है, तब इसका सिर्फ राजनीतिक मकसद होता है। एक स्थानीय कथा के अनुसार सीता रावण की बेटी है। इस कथा में शिव द्वारा दिया गया चमत्कारी आम अपनी पत्नी मंदोदरी को खिलाने की जगह खुद खा लेने की वजह से खुद रावण को गर्भ ठहर जाता है और बड़ी तकलीफ से वमन करके वह सीता को जन्म देता है। ऐसे मनगढ़ंत पॉलिमिकल रूपों को साहित्यिक सृजन नहीं माना जा सकता और इनसे रामायणों की गिनती नहीं बनती।

एक जैनकथा में रावण का वध लक्ष्मण करते हैं, राम नहीं। इसका कारण यह है कि राम एक उन्नत जैन हैं और वे किसी का वध करना नहीं चाहते। इस कथा के अनुसार लक्ष्मण नरक जाते हैं और राम कैवल्य प्राप्त करते हैं। रावण के दस मुख को इस तरह तर्कसम्मत बनाया गया है कि रावण के जन्म के समय उसकी मां ने उसे नौ रत्नों का कंठहार दिया था जिसमें उसके मुख का प्रतिबिंब पड़ने के कारण वह दशानन कहे गए।

कहना न होगा कि बौद्ध और जैन रामकथाएं धार्मिक पॉलिमिक्स हैं। ये रामायण के रूपभेद नहीं हैं बल्कि उस युग के धार्मिक खंडन-मंडन के मतवादी निर्माण हैं। इनमें काव्यात्मक सौंदर्य नहीं के बराबर है। इनमें से कई में धार्मिक पॉलिमिक्स के कारण वे नायक हैं जो पहले खलनायक थे। ये कथाएं खुद बौद्धों या जैनियों के बीच कभी लोकप्रिय नहीं हो

सकीं, ये खंडनपरक मतवादी पाठ बनकर रह गईं। ऐसी रामकथाओं के संदर्भ में एक बौद्धिक धारणा है, 'ये सभी समान रूप से सच हैं।' (के सच्चिदानंदन, 'री-टेलिंग द रामायण' की भूमिका)। ये समान रूप से सच हैं या समान रूप से झूठ हैं, यह कहने का कोई मतलब नहीं है। मिथकीय रचनाओं में यह देखा जाता है कि इनके भीतर से कहा क्या जा रहा है, संदेश क्या है और ये सत्ता के दृश्यों के बीच लोकांक्षाओं को किस हद तक प्रतिबिंबित करती हैं।

कंबन की तमिल रामायण (रामावतारम्) भक्त कवि नम्मालवार से प्रेरित है। यह रामकथा को पुनः वाल्मीकि की परंपरा से जोड़ती है और राम को देवत्व से ऊपर उठाकर ईश्वर बना देती है। वाल्मीकि रामायण में राम देवत्व धारण किए मनुष्य थे। इससे तमिल रामायण की भिन्नता यह है कि राम के प्रति भक्ति ही अनोखे रूप में उपस्थित नहीं है, नैतिकता और सौंदर्यबोध के स्तर पर भी एक विकास दिखता है। शूर्पणखा वाल्मीकि रामायण में अपने राक्षसी रूप में ही राम से प्रेम-निवेदन करती है, जबकि कंब रामायण में वह सुंदर युवती के वेश में आकर राम के चरित्र-बल को अधिक उभार देती है। इसमें रावण सीता को केश पकड़कर खींचते हुए अपहरण नहीं करता, बल्कि सीता को स्पर्श किए बिना पर्णकुटी समेत उठा ले जाता है। यह सीता की महिमा की रक्षा है। बालि के मरने के बाद उसकी पत्नी सुग्रीव से विवाह नहीं करती, विधवा होकर रहती है। राम जब रावण पर विजय पाते हैं तो वे विजयोल्लास से भर जाते हैं, पर सीता को खुश होने से मना करते हैं और उसकी अग्निपरीक्षा लेना चाहते हैं। उसी समय देवता आकर हस्तक्षेप करते हैं और राम को उनके देवत्व की याद दिलाते हुए कहते हैं कि उन्हें इस तरह से मनुष्यों जैसा आचरण नहीं करना चाहिए। ऐसे परिवर्तन ध्यान देने योग्य हैं जो रामकथा के सामाजिक विरोधाभासों को भक्ति आंदोलन के प्रभाव में बड़े शांत ढंग से दूर करते रहे हैं और राम के महाकाव्यात्मक चरित्र को युगानुरूप बनाते हैं।

रावण को युद्ध में पराजित कर अयोध्या लौटने के बाद ही कंब रामायण की कथा का अंत हो जाता है, जबकि तुलसी 'रामचरितमानस' के उत्तरकांड में 'कलिकाल' के यथार्थ के बरक्स 'रामराज्य' का यूटोपिया भी रचते हैं। 'अध्यात्म रामायण' में राम सीता को बार-बार मना करते हैं कि वह साथ में वन जाने के लिए जिद न करे। इस पर सीता पति के संग सदा रहने जैसे तर्क के अलावा अंत में यह तर्क देती है कि हर राम कथा में सीताराम के साथ वन गई थी तो इस बार क्यों नहीं जाएगी।

एक कोल लोककथा में है कि राम ने शबरी के जूठे बेर खा लिये, पर लक्ष्मण ने इनकार कर दिया। फलस्वरूप एक बाण कहीं से आकर लक्ष्मण को आहत कर देता है और वे तब तक दर्द से कराहते रहते हैं, जब तक अपना मन बदल नहीं लेते। ऐसी लोककथाओं में सामाजिक रूप से असमानता या अवमानना झेलते समुदायों का आक्रोश व्यक्त हुआ है। भवभूति की कृति 'उत्तमरामचरित' में रामायण से अलग हटते हुए सीता के पृथ्वी में प्रवेश (आत्महत्या) का विरोध है। इसमें सीता के वियोग से राम को होने वाला दुख ही मुख्य विषय है। वे मूर्च्छित हो जाते हैं। अंततः अरुंधति द्वारा पृथ्वी से वापस लेकर सीता उनके पास सकुशल लाई जाती है। राम उसे उचित मर्यादा देते हैं, सोने से बनी सीता की मूर्ति हटा दी जाती है। सीता के पक्ष में आधुनिक युग में कई रचनाएं लिखी गईं जिनमें एक है सी एन श्रीकांतन नायर का मलयालम नाटक 'कांचन सीता' (1961)। इस तरह प्राचीन महाकाव्य के दबाए गए दलित और स्त्री के कथा-प्रसंग आधुनिक युग में नई आवाज लेकर आते हैं।

वाल्मीकि रामायण में कई सौ वर्षों के प्राचीन युग के सामाजिक अंतर्विरोध हैं। कंब और तुलसी की रामकथाओं में उनके अपने-अपने युग के और एक तरह से भक्ति आंदोलन के। बीसवीं सदी में गांधी के राम अलग हैं और बाबरी मस्जिद का विध्वंस करने वालों के राम भी अलग हैं।

ए के रामानुजन ने लिखा है, 'रामायणों की संख्या और पिछले पच्चीस सौ या उससे अधिक

सालों से दक्षिण तथा दक्षिण-पूर्वी एशिया में उनके प्रभाव का दायरा हैरतनाक है।...ये विभिन्न पाठ न सिर्फ पूर्वी पाठों से कुछ लेते या कुछ खारिज करते सीधे-सीधे संबद्ध हैं बल्कि ये एक-दूसरे से साझा कोड या सामूहिक निधि के जरिए संबद्ध हैं। हर सर्जक सामूहिक निधि के इस सरोवर में डुबकी मारता है और एक अलग तरह का सम्मिश्रण निकाल लाता है, अनोखे टेक्स्चर और ताजातरीन संदर्भ के साथ एक नया पाठ।' (तीन सौ रामायणें)।

विभिन्न धर्मों और संस्कृतियों में रामकथा का भिन्न-भिन्न रूपों में पुनःसृजन एक वास्तविक घटना है। इससे इस कथा के प्रसार, विविधता और इससे व्यापक संबद्धता का बोध होता है। रामकथा का मूल रूप जानने का कोई साधन नहीं है। एक कथा है, सिंहासन पर बैठे राम की एक अंगूठी गिर गई और किसी छिद्र में गुम हो गई। हनुमान आदेश पाकर छिद्र से वह अंगूठी खोजते-खोजते पाताललोक पहुंच गए। वहां भूतों के राजा ने एक थाली दिखाई जिसमें एक-सी हजारों अंगूठियां थीं। हनुमान खोई अंगूठी खोज नहीं पा रहे थे। भूतों के राजा ने कहा, 'इस थाली में जितनी अंगूठियां हैं, उतने ही राम अब तक हो गए हैं।' (वही)। विश्वामित्र से संकेत पाकर यह राम भी सरयू नदी में मानव-देह त्याग देते हैं और लक्ष्मण भी। कामिल बुल्के ने रामायणों की संख्या तीन सौ बताई थी। हालांकि यह संख्या हजारों भी हो सकती है, पर बुल्के सबसे अधिक महत्व 'रामचरितमानस' को देते थे क्योंकि मुख्यतः इस ग्रंथ ने ही रामभक्ति का व्यापक प्रसार करते हुए राम को लोकआस्था का प्रधान आधार स्तंभ बनाया, जबकि दूसरा कोई ग्रंथ ऐसा नहीं कर पाया था।

शंभुनाथ

अधिक जानकारी के लिए :
1. **रामकथा : उत्पत्ति और विकास :** कामिल बुल्के, 1950, **2. Many Ramayanas : The Diversity of a Narrative Tradition in South Asia :** (Ed) Paula Richman, **3. Retailing of Ramayan :** C N Sreekantan Nair and Sarah Joseph, 2005

राल्फ टर्नर
(1888-1983)

राल्फ लिले टर्नर (Ralph Lilley Turner) भारत में प्राच्य विद्या के अनन्य विद्वानों में एक हैं। इन्होंने क्वींस कॉलेज, वाराणसी से अपने कैरियर की शुरुआत की। इसलिए भारतीय भाषाओं—खासकर गुरखाली भाषा पर इनका काम अद्वितीय है। ये 1922 में इंग्लैंड लौट गए और वहां कई सालों तक ऑक्सफोर्ड विश्वविद्यालय में संस्कृत पढ़ाते रहे

राल्फ टर्नर

और छात्र कल्याणाध्यक्ष के रूप में विश्वविद्यालय के एक कुशल प्रशासक भी रहे। इन्होंने भारतीय आर्य भाषाओं का तुलनात्मक अध्ययन किया, जिससे इन भाषाओं की प्रकृति को समझने के सूत्र मिलते हैं। नेपाली भाषा का शब्दकोश इनका अभूतपूर्व काम है। इनकी प्रमुख कृतियां हैं 'ए कंपेरेटिव एंड इतिमोलॉजिकल डिक्शनरी ऑफ द नेपाली' (1961) और कंपेरेटिव डिक्शनरी ऑफ द इंडो-आर्यन लैंग्वेजेज (1969)। नेपाली लोगों के बारे में इनकी राय ऊंची थी। वे कहते हैं, 'वीरों के वीर और दानवीरों के भी दानवीर नेपाली लोगों-सा ब्रिटेन का कोई सच्चा मित्र नहीं रहा।' उन्हें 1950

में उनकी सेवाओं के लिए नाइटहुड का खिताब मिला था।

जयप्रकाश

अधिक जानकारी के लिए :
1. Dictionary of National Biography, 2. Bulletin of the School of Oriental and African Studies, Volume 47, No 3

रावण

महाबली रावण के व्यक्तित्व में आर्ष एवं राक्षस संस्कृति का अपूर्व मिश्रण था। महामुनि विश्रवा का पुत्र, ब्रह्मा के मानस पुत्र पुलस्त्य का पौत्र होने के कारण वह जहाँ महान वेदार्थज्ञाता, कर्मकांड प्रवण तथा देवाधिदेव शिव का विलक्षण उपासक था, वहीं राक्षस कन्या केकसी का पुत्र तथा राक्षसराज सुमाली का दौहित्र होने के कारण दारुण देव-विरोधी, आततायी, ऋषि-मुनि-संतापक तथा यज्ञ-विध्वंसक भी था। उसके सहायकों में उसका भाई कुंभकरण, पुत्र मेघनाद तथा माली-सुमाली-माल्यवान, अतिकाय-अकंपन-प्रहस्त, देवांतक-जरांतक, धूम्राक्ष, महापार्श्व, सहोदर त्रिशिरा, खर-दूषण-मारीच आदि प्रधान थे।

सुमाली ने विष्णु के समकक्ष तेजस्वी संतान पाने के लिए अपनी पुत्री केकसी को महामुनि विश्रवा का वरण करने भेजा। केकसी मध्याह्न बेला में विश्रवा के पास पहुंची। उसका मनोभाव जानकर महामुनि ने कहा, 'सुंदरी ! तुम राक्षसी बेला में संतति की कामना से मेरे पास आई हो' अतः तुम्हारी संतानें शरीर, मन, बल एवं आचरण हर दृष्टि से दारुण तथा जगत्पीड़क होंगी।' महर्षि विश्रवा के सहयोग से ही केकसी ने क्रमशः रावण, कुंभकर्ण, शूर्पणखा (कन्या) तथा विभीषण को जन्म दिया।

रावण ने अपने घोर तप से ब्रह्मा को प्रसन्न किया तथा समस्त प्राणियों से अवध्य होने का वर मांगा। अवध्यता का वर पाते ही मदांध रावण ने अपने सौतेले बड़े भाई कुबेर से लंका छीन ली। उनका पुष्पक विमान भी उसने ले लिया तथा अपने मामा, नाना, परिजनों के साथ लंका में रहने लगा। उसने दिग्विजय की कामना से कैलाश पर्वत पर स्कंधावार बनाया। देवताओं के साथ हुए तुमुल संग्राम में रावण विजयी हुआ। यहीं उसने कुबेर-पुत्र नलकुबेर में अनुरक्त तथा उनकी परिचर्या में जाती देवांगना रंभा का बलपूर्वक उपभोग किया। क्रुद्ध नलकुबेर ने रावण को शाप दिया, 'भविष्य में यदि तुमने अकामा रमणी को भोगने की चेष्टा की तो तुम्हारी मृत्यु हो जाएगी।' वस्तुतः इसी शाप के भय से, प्रहस्त के उकसाने पर भी रावण सीता के समीप नहीं जा सका था।

रावण का विवाह मंदोदरी से हुआ जो मय दानव तथा हेमा नामक अप्सरा की पुत्री थी। इसी मंदोदरी के गर्भ से रावण का पुत्र मेघनाद पैदा हुआ जो इंद्रजित कहा जाता था।

यक्षराज कुबेर को जीतने के बाद ताकत के घमंड से भरा रावण पुष्पक विमान से हिमालय के शरवण में पहुंचा। परंतु वहां पहुंचते ही पुष्पक की गति रुक गई। भगवान शिव के अनुचर नंदीश्वर ने रावण को सावधान किया, 'लौट जाओ। यह शिव का विहार क्षेत्र है, जो देवों के लिए भी निषिद्ध है।' रावण ने अवज्ञापूर्वक कहा, 'पशुपते! जिस पर्वत ने मेरे विमान की गति रोकी, उसे आपके समक्ष ही उखाड़ फेंकता हूं।' यह कहकर जैसे ही रावण ने भुजाओं से कैलाश को उखाड़ने का प्रयास किया, पर्वत में भयावह कंपन पैदा हो गया। पार्वती भी भयभीत हो शिव से लिपट गईं। तभी शिव ने पैर के अंगूठे से कैलाश को दबाया। रावण भुजाओं की दुःसह पीड़ा से बिलबिला उठा। अब उसे शिव की महिमा का बोध हुआ। उसने प्रणत एवं शरणागत भाव से शिवताण्डव स्तोत्र से शिव को प्रसन्न किया और बाहुपीड़ा से मुक्त हुआ। प्रसन्न शिव ने रावण को चंद्रहास नामक खड्ग दिया।

रावण ने देवताओं, राक्षसों, मनुष्यों, ऋषियों-मुनियों से लेकर राजाओं तक को अपने प्रताप से परास्त और पीड़ित कर चतुर्दिक भय और आतंक पैदा कर दिया। कहा जाता है कि पृथ्वी उसके

चलने से थर्राती थी, 'चलत दसानन डोलति धरनी, चढ़त मत्त गज जिमि लघु तरनी।' अधर्मरत रावण कभी चैन से नहीं बैठा। उसने अनेक निरपराध राजाओं को विध्वस्त किया, जिनमें अयोध्या नरेश अजरण्य भी थे। वह तपस्विनी वेदवती की मृत्यु का भी कारण बना। रावण के पाप की पराकाष्ठा थी राघवप्रिया सीता का अपहरण। उसने अपनी बहन शूर्पणखा के नाक-कान काटे जाने का बदला लेने के लिए, मामा मारीच की सहायता से छलपूर्वक सीता का अपहरण किया। तब महाधनुर्धर राम ने वानरराज सुग्रीव के साथ, सागर पर सेतु बांधकर लंका पर चढ़ाई की।

रावण के पिता विश्रवा, अनुज विभीषण और पत्नी मंदोदरी के अलावा हनुमान, बालीपुत्र अंगद तथा शुक-सारण भी रावण को बार-बार सीता को लौटा देने तथा राम से क्षमा मांग लेने का परामर्श देते हैं। परंतु रावण का पापघट भर चुका था। राम के हाथों उसका वध हुआ। उसके छोटे भाई विभीषण को लंका की राजगद्दी पर बिठाकर राम सीता-लक्ष्मण सहित अयोध्या लौट आए। वाल्मीकी रामायण में रावण का व्यक्तितत्व अत्यंत प्रभावशाली है। कहा गया है कि रावण रक्त वर्ण का था। राक्षस या 'रक्ष' का संबंध 'रक्त' से है। तुलसीदास ने उसकी उपमा 'कज्जल गिरी' से दी है। 'रामचरितमानस' में राम पुण्य चरित्र की चरम सीमा हैं तो रावण पाप-चरित्र की। रामचंद्र शुक्ल के शब्दों में, 'राम और रावण को चाहे अहुरमज्द और अहिरमन समझिए, चाहे खुदा और शैतान। फर्क इतना ही समझिए कि शैतान और खुदा की लड़ाई का मैदान इस दुनिया से जरा दूर पड़ता था और राम-रावण की लड़ाई का मैदान यह दुनिया ही थी।' (गोस्वामी तुलसीदास) भारतीय लोकमानस में राम और रावण के बीच संघर्ष सत्य और असत्य, धर्म और अधर्म तथा पाप और पुण्य के बीच संघर्ष का प्रतीक बन गया। इसे मनुष्य के भीतर सत और असत के बीच चलने वाले संघर्ष के रूप में भी देखा गया। इसलिए लोग विजयादशमी के दिन रावण का पुतला जलाकर इस संदर्भ में सत्य, धर्म, पुण्य की विजय का उत्सव मनाते आ रहे हैं।

ई वी रामास्वामी पेरियार के नेतृत्व में चले अब्राह्मण आंदोलन के प्रभाव से दक्षिण में कुछ जगहों पर राम को उत्पीड़क आर्यों का और रावण को पीड़ित अनार्यों या द्रविड़ों का प्रतीक या प्रतिनिधि माना जाने लगा। कुछ स्थानों पर रावण की पूजा भी प्रचलन में है। उसके पांडित्य के कारण ही 'रामायण' में राम खुद लक्ष्मण को उसके पास राजनीति का उपदेश ग्रहण करने के लिए भेजते हैं।

हिंदी रामकाव्य परंपरा में रावण बतौर खलनायक चित्रित है। कबीर ने भी प्रतापी रावण के सपरिवार ध्वंस का संदर्भ दिया है, 'नौ लाख पूत, सवा लाख नाती, ता रावण घर दिया ना बाती।' कबीर से पहले 'प्रबंध चिंतामणि' में अपभ्रंश का एक दोहा है, जिसका अर्थ है—'लंकागढ़ के पति दस सिरों वाले रावण का भाग्य का क्षय हो जाने से सब ध्वस्त हो गया, इसलिए हे मुंज! तुम भी विषाद मत करो।' दशानन को अहं का प्रतीक भी माना गया जो दस सिर का मूल अभिप्राय है।

अभिराज राजेंद्र मिश्र

अधिक जानकारी के लिए :
1. **रामकथा : उत्पत्ति और विकास :** फादर कामिल बुल्के, **2. Pauranic Encyclopedia :** Vettam Mani, **3. Myth in Contemporary Indian Literature :** K Satchinandan (Ed.) 2010

राष्ट्र-राज्य

राष्ट्र-राज्य (Nation-State) किसी निश्चित भू-भाग में बसे मानव समुदाय की ऐसी व्यवस्था है जिससे अर्थव्यवस्था एवं राजनीतिक तंत्र के भीतर जैविक रूप से जुड़े होते हैं। एक साझा मनोविज्ञान, साझी भाषा, साझी परंपराएं, साझे हित और साझे जीवनानुभवों के कुलयोग से निर्मित उनकी एक साझी जातीय संस्कृति होती है। इस तरह एक विकासशील राष्ट्रीय समाज किसी-न-किसी खास ऐतिहासिक दौर

में सुव्यवस्थित साझी राज्य व्यवस्था के लिए राष्ट्र-राज्य के रूप में अस्तित्व ग्रहण करता है।

राज्य प्राचीन समय में भी थे, पर वे साम्राज्य थे। राष्ट्र-राज्य नई अवधारणा है। आधुनिक युग में संपूर्ण विश्व राष्ट्र-राज्य में विभाजित है। यह संभव है कि कुछ राष्ट्रीयताओं ने पूंजीवादी विकास के साथ जल्दी अपना स्वतंत्र राज्य पा लिया, जैसे—अंग्रेजों, अमेरिकनों, जापानियों, जर्मनों, फ्रांसीसियों आदि ने और कुछ को औपनिवेशिक गुलामी के कारण देर से अपना राज्य मिला, जैसे—चीनियों या अन्य एशियाई देशों, लैटिन अमेरिकी और अफ्रीकी देशों को। आयरिश लोगों ने 2015 के जनमत संग्रह में बहुमत से इंग्लैंड के साथ रहने का फैसला किया। इसका अर्थ है साझा राज्य संभव है और राज्यहीन राष्ट्र भी हो सकते हैं। फिलिस्तीनियों, कुर्दों और चेचन्या के निवासियों के राज्य की समस्या का अभी तक पूर्ण समाधान नहीं हुआ है।

आधुनिक राष्ट्रों का जन्म मध्ययुग या सामंती व्यवस्था की समाप्ति के बाद एक विकासशील प्रक्रिया में संभव हुआ। उद्योगीकरण से राष्ट्र के जन्म को एक अनुकूल परिवेश मिला। इसने उन मानव-समूहों को भी एक पूर्ण आर्थिक सत्ता से बांध दिया, जो अब तक इतिहास और राजनीति के हाशिए पर थे। परिणामस्वरूप जनजीवन और समाज को व्यवस्थित एवं सुदृढ़ आधार देने की इच्छाशक्ति अस्तित्व में आई। उसी ने राष्ट्र के उदय को गति दी।

यूरोप में आधुनिक राष्ट्रों का जन्म औद्योगिक क्रांति के बाद हुआ। इसका सारतत्व रहा है—इतिहास और राजनीति। यूरोप में औद्योगिक क्रांति के बाद पुनर्जागरण काल में चर्च और राजशाही की जकड़बंदी कमजोर हुई। मानव चिंतन पर धर्म और सामंती रूढ़िवाद का प्रभाव कम हुआ। परिणामस्वरूप मानव समुदाय को पुनर्गठित करने एवं एक राज्य का नागरिक कहलाने की वैकल्पिक इच्छा से आधुनिक राष्ट्र-राज्य सामने आए। इसका सीधा अभिप्राय यह है कि एक राज्य के भीतर अनेक राष्ट्रीयताएं स्वेच्छा से न कि बलपूर्वक एक राजनीतिक एवं आर्थिक व्यवस्था से बँधकर रहती हैं। कई राष्ट्रीयताओं के साझे राज्य का एक महान उदाहरण भारत है, यह बहुलतावादी है। यह भी देखा जा सकता है कि सोवियत संघ का विघटन हुआ, जिसके बाद 1990 में कई नए राज्य अस्तित्व में आए तो दूसरी तरफ पूर्व और पश्चिमी जर्मनी का एकीकरण संभव हुआ।

सवाल उठा है कि क्या राष्ट्र एक कल्पित समुदाय है? दुनिया में राज्य और साम्राज्य प्राचीनकाल से रहे हैं। उनके भीतर राष्ट्रीय भावना अंकुरित होती रही है, पर नए रूप में कई राष्ट्र-राज्य उन्नीसवीं सदी में बने। कई बीसवीं सदी में अस्तित्व में आए। आज हम जिस इटली को देखते हैं, वह मैजिनी, गैरीबाल्डी के क्रांतिकारी प्रयासों के फलस्वरूप आपस में लड़ने वाले राज्यों को मिलाकर 1861 में बना। इसी दशक में जर्मनी भी कई स्वतंत्र इकाइयों को जोड़कर राष्ट्र-राज्य के रूप में अस्तित्व में आया। लगभग इसी समय 1858 में भारतीय प्रशासन सीधे ब्रिटिश राजशक्ति के अधीन हो गया। हालांकि राष्ट्रीय भावना का राजनीतिक धरातल पर विकास इसी सदी में काफी पहले नवजागरण के एक आधारभूत तत्व के रूप में हो चुका था। यह राष्ट्रीय भावना 1857 के स्वाधीनता संग्राम में स्पष्ट रूप से झलक उठी थी। यह सवाल हमेशा महत्वपूर्ण रहा है कि राज्य के निर्माण में जिस राष्ट्रवाद की महत्वपूर्ण भूमिका होती है, वह समावेशी है, बहिष्कारपरक है या सर्वसत्तावादी है। यह भी लक्षित किया जा सकता है कि अलग-अलग सामाजिक स्थितियों में अलग-अलग चरित्र के राज्य अस्तित्व में आए हैं। उनका लोकतांत्रिक चरित्र अलग-अलग ढंग का है और विभिन्न राष्ट्रीयताओं ने स्वतंत्र भूखंड में अपनी तरह से राजनीतिक पुनर्गठन किया है।

एंगेल्स ने लिखा है, 'इटली पहला पूंजीवादी राष्ट्र बना। (इटली में) सामंती मध्यकाल की समाप्ति और आधुनिक पूंजीवादी युग का प्रारंभ एक विराट आकृति से चिह्नित है यानी दांते (1265-1321) इटली के मध्यकाल के अंतिम और आधुनिक काल के प्रथम कवि भी हैं। क्या इटली हमें नया दांते देगा

जो आज के नए सर्वहारा युग के आविर्भाव की घड़ी को चिह्नित करेगा, जैसा कि 1300 में नया ऐतिहासिक युग प्रकट हुआ था?' उस ऐतिहासिक युग के साथ प्रेत्रार्क और वर्जिल जैसा कवि, माइकेल एंजिलो, लियोनार्दो द विंची, जिओआर्ती और राफेल जैसे चित्रकारों का नाम और जुड़ गया, जो इटालियन राष्ट्र की भावनाओं और उनसे प्रेरित हैं। जिसे इटालियन भाषा में 'ला रिनास्विता' कहते हैं, उसे अठारहवीं सदी के फ्रांसीसी विद्वानों ने 'रैनेसाँस' कहा। दोनों का मतलब एक है—पुनर्जन्म। यह जो 'ला रिनास्विता' या 'रैनेसांस' है, वह इटली, फ्रांस और इंग्लैंड के लिए नवीन राष्ट्रों के जन्म लेने का काल भी है। इस नई सभ्यता के जन्म, निर्माण और विकास को कठिन संघर्षों का सामना करना पड़ा था।

एक व्यावहारिक राजनीतिक व्यवस्था के रूप में राष्ट्र को तर्कसंगत वैचारिक आधार ऑटो बावर (1907) के शास्त्रीय चिंतन से मिला था, हालांकि राष्ट्र पिछली शताब्दी में बन चुके थे। राष्ट्र और राष्ट्रीयता के सवाल पर जोसेफ स्टालिन की स्थापनाएं (1913) कुछ परिमार्जन के साथ प्रायः बावर के ही विचारों पर आधारित हैं।

राष्ट्र के विषय में स्टालिन का कहना है, 'राष्ट्र वह जनसमुदाय है जो ऐतिहासिक दृष्टि से विकसित और स्थाई होने के साथ उसकी एक सर्वमान्य भाषा, भू-भाग, आर्थिक जीवन और संस्कृति है। उस समुदाय की अपनी एक विशेष मनोरचना होती है। वह ऐतिहासिक रूप से विकसित एक परिपक्व मानव-समुदाय होता है। उसका अपना इतिहास होता है और उसका आदि तथा अंत भी होता है। यहां इस बात पर जोर देना आवश्यक है कि उपर्युक्त गुणों में से कोई एक ही गुण राष्ट्र की पूर्ण परिभाषा करने के लिए पर्याप्त नहीं है। उनमें एक साथ सब गुण होने आवश्यक हैं। इनमें से यदि एक गुण न हो तो फिर राष्ट्र, राष्ट्र नहीं हो सकता।' (मार्क्सिज्म एंड द नेशनल एंड कोलोनियल क्वेश्चन)। स्टालिन ने राष्ट्र-राज्य के अंत की कल्पना साम्यवादी विश्व व्यवस्था में 'राज्य के विलोप' की परिकल्पना के आधार पर की थी।

राष्ट्र का आधार कोई एक जाति, नस्ल, कोई सामाजिक श्रेणी या कबीलाई कोटि नहीं हो सकता। राष्ट्र का सुस्पष्ट राजनीतिक आकार किसी विशेष सामाजिक दौर में सुनिश्चित ऐतिहासिक परिस्थितियों के बीच ही ग्रहण करता है। यह सामंतवाद से पूंजीवाद में रूपांतरण का काल होता है, जब पूंजीवाद बंद अर्थव्यवस्था वाली सामंती उत्पादन प्रणाली को विघटित कर मशीनों द्वारा बड़े पैमाने पर उत्पादन और विनिमय का प्रबंध करता है। शिल्पी संघ पुराने पड़ जाते हैं। उनका स्थान बड़े कल-कारखाने ले लेते हैं। पहले हस्तशिल्प, हथकरघे आदि छोटे पैमाने पर स्थानीय जरूरतों को पूरा करते थे, जबकि वाष्प-चालित मशीनों ने उन्हें अपदस्थ कर बड़े पैमाने पर औद्योगिक विकास का रास्ता खोल दिया था।

औद्योगिक विकास की अपरिहार्य आवश्यकताओं की पूर्ति के लिए पूंजीपति वर्ग व्यापक स्तर पर राष्ट्रीय एवं स्थानीय बाजार का निर्माण करता है। परिणामस्वरूप सामंती अर्थव्यवस्था में आर्थिक तौर पर किसी देश के जो क्षेत्र अलग-अलग होते हैं, उनकी दूरियां मिटने लगती हैं। श्रम-विभाजन के नए रूप जन्म लेते हैं। पुराने सामंती समाज के खोल में सिमटी नई उत्पादक शक्तियों को स्वतंत्र होने का मौका मिलता है। स्थानीयता के बंधन क्रमशः टूटने लगते हैं। पूंजीवाद क्षेत्रीय सीमाओं में बांधकर न पनप सकता है और न ही जीवित रह सकता है, इसलिए सामंतवाद से पूंजीवाद में रूपांतरण का काल छोटे सामंती राज्यों से बड़े पूंजीवादी राष्ट्रों में रूपांतरण का काल भी होता है अर्थात लघु से बृहत्तर इकाई में रूपांतरण का काल। उसे संभव बनाने के लिए सुदृढ़ राजनीतिक व्यवस्था की जरूरत होती है। इस ऐतिहासिक दायित्व को पूरा करता है पूंजीपति वर्ग। पूंजीवाद का समय राष्ट्रों के जन्म का सबसे मुफीद अवसर होता है। ऐसे समय में पूंजीपति वर्ग अपने हितों को सार्वजनीन राष्ट्रीय हित के रूप में प्रस्तुत करता है।

प्रत्येक राष्ट्र का स्वरूप अलग एवं भिन्न तरीके से गठित हुआ, किंतु जो बात उन सबमें है, वह यह

है कि इतिहास में पहली बार सामाजिक, राजनीतिक, आर्थिक एवं विचारधारात्मक रूप से संगठित कार्य करने की योग्यता, क्षमता एवं संकल्पशक्ति के वशीभूत होकर नवीन राष्ट्रीय संस्कृति, नूतन मूल्यबोध एवं अभिनव चेतना के संवाहक के रूप में राष्ट्र अस्तित्व में आया। इससे राष्ट्रीय जीवन के हर क्षेत्र में नई दृष्टि, नई विचार-प्रणाली, नई स्फूर्ति और प्रेरणा पैदा हुई। उसका लक्ष्य था संपूर्ण राष्ट्र का बुनियादी हित और 'सर्वे भवंतु सुखिनः' का आदर्श।

उपर्युक्त आधार पर ई एच कार ने औद्योगिक क्रांति से पूर्व के मानव-समुदायों को आधुनिक राष्ट्र से अलग कर उसके छह गुणधर्म बताए हैं : 1. अतीत और वर्तमान की पारस्परिक तथा भविष्य में सामाजिक पुनर्गठन हेतु नवीन पूर्ण संप्रभु सरकार की लोक इच्छा। 2. जनसमुदायों की पारस्परिक निकटता और संपर्क तथा उनकी अपनी पहचान। 3. एक निश्चित भू-भाग। 4. सामान्य चारित्रिक विशेषताएं जिनमें भाषा सबसे प्रबल पक्ष है, जो इसी तरह गठित दूसरे राष्ट्रों एवं दूसरे मानव समुदायों से अलगाती हैं। 5. जन-समाज का सामान्य हित। 6. राष्ट्र की जो छवि है, उसके सदस्यों के मन में उसके प्रति समरूप आदरभाव एवं इच्छाशक्ति। (इतिहास क्या है)।

कहने की जरूरत नहीं कि उपर्युक्त लक्षणों पर आधारित राष्ट्र का निर्माण दुनिया के किसी कोने में नहीं हुआ, ठीक वैसे ही जैसे बिल्कुल फ्रांसीसी राज्य क्रांति की तरह जनतंत्र की स्थापना अन्यत्र नहीं हुई। यह भी सच है कि दुनिया भर के देशों में जहां जनतंत्र की स्थापना हुई, वहां फ्रांसीसी क्रांति के नारे प्रेरणा बने। उसी तरह जहां कहीं भी आधुनिक राष्ट्र अस्तित्व में आए, वहां कमोबेश राष्ट्र के उपर्युक्त गुणधर्म उसके मूल में रहे हैं।

आधुनिक राष्ट्र दो रूपों में सामने आए। एक रूप सामाजिक वर्गभेद वाले पूंजीवादी जनतंत्र का था। दूसरा रूप फौजी तानाशाही का था। पहले ने संसदीय प्रणाली को चुना और बाद में चलकर लोककल्याणकारी राज्य के रूप में विकसित हुआ। दूसरे ने फासीवाद का रास्ता अपनाया। दोनों किस्म के राष्ट्र पूंजीवाद की ही देन थे। दोनों के बीच अंतर यह था कि संसदीय जनतंत्र को स्वीकारने वाले अमेरिका, ब्रिटेन, फ्रांस, कनाडा आदि पूंजीवादी देशों ने राष्ट्र के राजनीतिक पायदानों अर्थात चुनाव, मताभिव्यक्ति, सरकारों के निर्माण की लोकतांत्रिक प्रणाली का उपयोग मुख्यतः एक खास वर्ग के आर्थिक हितों की सुरक्षा एवं सुदृढ़ीकरण के लिए किया, जबकि जर्मनी, स्पेन, इटली, जापान जैसे राष्ट्रों ने राजनीतिक जनतंत्र के पायदानों का एक बार अपने सुविधापूर्ण आर्थिक हित में हासिल करने के बाद उन सबको नष्ट कर देना बेहतर समझा। उल्लेखनीय है कि हिटलर, मुसोलिनी संसदीय जनतंत्र के रास्ते से ही सत्ता में आए थे।

लेनिन के नेतृत्व में 1917 में जिस सोवियत संघ की स्थापना हुई और द्वितीय विश्वयुद्ध के बाद उसके छाते तले पूर्वी यूरोप के देशों में जहां समाजवादी राष्ट्र अस्तित्व में आए, कालांतर में उनकी परिणति सर्वसत्तात्मक राज्य 'टोटेलिटेरियन स्टेट' में हुई। अमेरिकी दार्शनिक हन्ना ऑरेंट ने यूरोपीय नवजागरणकालीन विवेकशीलता की सर्वसत्तात्मक सिद्धांतों में परिणति के बारे में लिखा, 'फासीवाद, सर्वसत्तावाद या निरंकुशता की एक प्रजाति है, ठीक वैसे ही जैसे कि सोवियत संघ में स्टालिनवाद, साम्यवादी चीन, पोलपोट का नरसंहार या अयातुल्ला खुमैनी का ईरान तथा सद्दाम हुसैन का इराक था। सर्वसत्तात्मक राष्ट्र-राज्य के मुख्य घटक थे : पशुझुंड के समान जनसमुदाय, अकाट्य सर्वसत्तात्मक विचारधारा जो अपने कठोर तर्क के अधीन सबको शामिल कर ले तथा समाज को उच्चतर विवेकशीलता के नाम पर यंत्रवत बना दे और सभी प्रकार की वैयक्तिकता मिटा दे। सर्वसत्तावाद 'भीड़ के पागलपन' का प्रतीक था।' (द ओरिजिंस ऑफ टोटेलिटेरियनिज्म)।

राष्ट्र का जन्म सामाजिक विकास की अपरिहार्य परिणति है। समाजशास्त्री ए आर देसाई ने लिखा है, 'प्रथम विश्वयुद्ध के उपरांत राष्ट्र संघ और

द्वितीय विश्वयुद्ध के बाद संयुक्त राष्ट्रसंघ की स्थापना इस बात का सबूत है कि आज का मानव समाज मूलतः राष्ट्र-निर्मित है, विभिन्न राष्ट्रों की संगुटिका है। आधुनिक युग में राष्ट्र ही लोकजीवन का सर्वमान्य सर्वप्रचलित रूप है। सोवियत संघ (अब भूतपूर्व) ने भी राष्ट्रवादी सिद्धांतों को मान्यता दी है, यह स्वयं राष्ट्रीय गणतंत्रों का संघ है। अत्यंत साहसिक विचार वाले मार्क्सवादियों ने भी विश्व समाज के बारे में यही सोचा है कि यह समाजवादी राष्ट्रों का संघ होगा।' (भारतीय राष्ट्रवाद की सामाजिक पृष्ठभूमि)। कालांतर में राष्ट्र के कई रूप सामने आए, मसलन पूंजीवादी राष्ट्र, समाजवादी राष्ट्र, नाजीवादी-फासीवादी राष्ट्र, सर्वसत्तात्मक राष्ट्र, इस्लामिक राष्ट्र आदि। उनकी भिन्नता उन देशों की देशकालगत स्थितियों की भिन्नता है, जहां उन्होंने जन्म लिया और वे विकसित हुए।

राष्ट्र को खासकर दक्षिण एशियाई देशों के संदर्भ में बेनेडिक्ट एंडरसन ने 'कल्पित समुदाय' कहा है, जिस पर काफी बहस हुई है। राष्ट्र की कल्पना के आधार पर राज्य बनता है या राज्य बन जाने के बाद उस पर राष्ट्रीयता या राष्ट्र थोपा जाता है? क्या राष्ट्र उन्नीसवीं सदी की काल्पनिक उपज है या इसकी जड़ें इतिहास और भाषा-संस्कृति में पहले से होती हैं? ऐसे प्रश्न उठे हैं और राष्ट्रवाद के अंध या केंद्रीकृत रूपों पर भी काफी चर्चा हुई है।

पिछले कुछ दशकों से राष्ट्र-राज्य को वैश्वीकरण ने नए ढंग की चुनौती दी है। नव-उदारवाद, नई विश्व अर्थव्यवस्था में राष्ट्रीय संप्रभुता को प्रभावित कर रहा है। पूंजी, वाणिज्य, संचार व्यवस्था के भूमंडलीकरण ने राष्ट्र-राज्यों को पुरानी दुनिया से निकालना शुरू कर दिया है और राज्यों के आपसी संबंध भी बदल रहे हैं। एक तरह से राष्ट्र-राज्य राजनीतिक स्तर पर पहले से कमजोर होते जा रहे हैं और उनका सामाजिक दायित्व सीमित होता जा रहा है। राष्ट्र-राज्य में एक तरफ मुक्त अर्थव्यवस्था है और दूसरी तरफ, उभरती क्षेत्रीयतावादी और सामुदायिक कट्टरता है। फिर भी आम लोगों के लिए सबसे सुरक्षित जगह राष्ट्र-राज्य ही है, जहाँ वह अपनी आवाज उठा सकता है और अपनी अस्मिता सुरक्षित रख सकता है।

रवि श्रीवास्तव

अधिक जानकारी के लिए :

1. भारतीय राष्ट्रवाद की सामाजिक पृष्ठभूमि : ए आर देसाई **2. Marxism and the national questions and colonialism :** joseph stalin, 1934, **3. Nationalism and After :** Edward Hallett can, 1945, **4. Contemporary Nationalism :** David Brown, 2000, **5. Civil Ethno cultural and Multicultural Policies :** David Brown, 2000, **6. The Rise and the Decline of the State :** Martin Van Creveld,1999

राष्ट्रभाषा, राजभाषा, संपर्क भाषा

भारत में राष्ट्रभाषा की संकल्पना, राष्ट्रीय भावना और राष्ट्रीय एकता के प्रतीक के रूप में विकसित हुई थी। ईस्ट इंडिया कंपनी की भाषा अंग्रेजी होते हुए भी इंग्लैंड से भेजे जाने वाले अधिकारियों के लिए हिंदी का ज्ञान होना आवश्यक माना गया था। देश की एकता के लिए एक राष्ट्रभाषा का विचार किया जाने लगा था। उन्नीसवीं सदी से ही भारत के विभिन्न प्रांतों के लोगों द्वारा परस्पर संवाद के लिए एक राष्ट्रीय भाषा की परिकल्पना मूर्त रूप धारण करने लगी थी। देशव्यापी राष्ट्रीय आंदोलनों को गति देने और देशवासियों को एकजुट करने के लिए एक भाषा को अपनाने पर बल दिया गया। राष्ट्रीय सम्मान की दृष्टि से भी राष्ट्रभाषा की आवश्यकता महसूस की गई। इस उद्देश्य से हिंदी का महत्व विशेष रूप से बढ़ा, क्योंकि ब्रिटिश सरकार के विरोध में राष्ट्रीय एकता की भावना के प्रसार में चाहे-अनचाहे हिंदी ने उल्लेखनीय भूमिका निभाई थी।

हिंदी की भूमिका के संबंध में स्वतंत्रता संग्राम में राजा राममोहन राय, केशवचंद्र सेन, अरविंद, सुब्रह्मण्य भारती, राजनारायण बोस, भूदेव मुखर्जी, नवीनचंद्र राय ने किसी समय महत्वपूर्ण विचार व्यक्त किए थे। गुजरात से आए दयानंद सरस्वती

ने अपनी रचनाओं को हिंदी में प्रकाशित करवाया। उन्होंने कहा, 'मेरी आंखें तो उस दिन को देखने के लिए तरस रही हैं, जब कश्मीर से कन्याकुमारी तक सब भारतीय एक भाषा समझने और बोलने लग जाएंगे।' केशवचंद्र सेन ने कहा था, 'हिंदी अखिल भारत की जातीय भाषा या राष्ट्रभाषा बनने योग्य है।' बीसवीं शताब्दी के आरंभ में हिंदी के पक्ष में अनेक राजनेताओं का समर्थन मिला, जिनमें से अधिकांश अहिंदीभाषी थे। 1905 में लोकमान्य बालगंगाधर तिलक ने देश की राष्ट्रभाषा के रूप में हिंदी को स्वीकार करने पर बल दिया था, हालांकि राष्ट्रीय कांग्रेस के कुछ पदाधिकारियों के अंग्रेजी मोह के कारण इसे पूरा समर्थन नहीं मिल सका।

राष्ट्रीय आंदोलन में गांधी के पदार्पण के बाद इस दिशा में गुणात्मक परिवर्तन आया। उन्होंने सरल और आसानी से समझी जाने वाली हिंदुस्तानी को राष्ट्रभाषा की कसौटी पर सही पाया। उनके प्रयत्नों से 1925 में कांग्रेस के कानपुर अधिवेशन में प्रस्ताव पारित किया गया, 'कांग्रेस तय करती है कि कांग्रेस का, कांग्रेस की महासमिति का कामकाज आमतौर पर हिंदुस्तानी (हिंदी) में चलाया जाएगा।' सुभाषचंद्र बोस, लाजपत राय, कन्हैयालाल माणिकलाल मुंशी, अनंत शयनम आयंगर, राममनोहर लोहिया आदि ने राष्ट्रभाषा के रूप में हिंदी की स्वीकृति के लिए जोर डाला था, क्योंकि उनकी दृष्टि में हिंदी अपनी सार्वदेशिकता, व्यापकता, सरलता आदि के कारण राष्ट्रभाषा बनने के योग्य थी। अनंत शयनम आयंगर ने कहा था, 'हमें अंतरप्रांतीय संपर्क के लिए एक भाषा चुननी ही पड़ेगी। प्रजातांत्रिक देश में अधिकतम जनसमुदाय द्वारा बोली और समझी जाने वाली भाषा ही यह कार्य संपन्न कर सकती है। इस दृष्टि से हिंदी इस कसौटी पर खरी उतरती है।... इसमें प्रत्येक प्रकार के भाव को व्यक्त करने की क्षमता है।' सुनीति कुमार चटर्जी भी एक समय तक हिंदी को राष्ट्रभाषा बनाने के पक्ष में थे। उन्होंने कहा था, 'अनेक व्यक्ति अंतरप्रांतीय एवं राष्ट्रीय या जातीय भाषा के रूप में अंग्रेजी को ही स्वीकार करने का अनुमोदन करते हैं किंतु मेरा विचार है कि यह पूर्णतया संभव नहीं है।... (भारतीय भाषाओं में) हिंदी या हिंदुस्तानी का स्थान सबसे आगे है। कुछ अंशों में तो हिंदी भारत की सबसे महत्वपूर्ण भाषा है।... अपने दो रूपों नागरी हिंदी और उर्दू में हिंदुस्तानी बंगाल, असम, उड़ीसा, नेपाल, सिंधु, गुजरात एवं महाराष्ट्र को छोड़कर समस्त भारत की सर्वमान्य भाषा है। गुजराती और मराठी बोलने वाली जनता नागरी हिंदी को भली-भांति पढ़ एवं समझ लेती है। द्रविड़भाषी दक्षिण में सबसे अधिक समझी ली जाने वाली भाषा हिंदुस्तानी ही है। खासकर शहरों और बड़े तीर्थस्थानों में। हिंदुस्तानी का स्थान जगत की महान भाषाओं में तीसरा है।' (भारतीय आर्य भाषा और हिंदी, 1954)। उन्होंने हिंदी को सभी भारतीय भाषाओं के निकट माना था, पर राजनीतिक वजहों से बाद में उनके विचार बदल गए।

अंग्रेजी के दबदबे और देश की सभी राष्ट्रीय भाषाओं को समान मर्यादा देने के उद्देश्य से हिंदी राष्ट्रभाषा नहीं हो सकी, वह राजभाषा बनी। राष्ट्रभाषा और राजभाषा में बड़ा फर्क यह है कि राष्ट्रभाषा को न ही कोई प्रतिष्ठित करता है और न कोई पदच्युत करता है, क्योंकि वह किसी शासक के संकेत से सांस नहीं लेती, बल्कि जन-मानस के स्पंदनों में मुखर होती है। राजभाषा का संबंध प्रशासन से है। अंग्रेजों के आने के बाद अंग्रेजी इस देश की राजभाषा बन चुकी थी। देश की आजादी के बाद अंग्रेजी के अलावा बहुसंख्यक जनता द्वारा बोली जाने वाली हिंदी भी उसके साथ राजभाषा बनी। संविधान सभा के अध्यक्ष राजेंद्र प्रसाद ने मर्मस्पर्शी शब्दों में कहा था, 'आज पहली बार हम अपने संविधान में एक भाषा को स्वीकार कर रहे हैं जो भारत संघ के प्रशासन की भाषा होगी और जिसे समय के अनुसार अपने आपको ढालना और विकसित करना होगा। ...हमने अभी देश का राजनीतिक एकीकरण संपन्न किया है। राजभाषा हिंदी देश की एकता को कश्मीर से कन्याकुमारी तक अधिक सुदृढ़ बना सकेगी।... अंग्रेजी की जगह भारतीय भाषा को स्थापित करने से

हम निश्चय ही और अधिक एक-दूसरे के नजदीक आएंगे।' भारतीय संविधान के अनुच्छेद 343 के अनुसार भारत संघ की राजभाषा हिंदी बन गई।

राजभाषा और संपर्क भाषा : राजभाषा एक संवैधानिक स्थिति है। केंद्र की राजभाषा हिंदी है, जबकि विभिन्न राज्यों की राजभाषा वहां की स्थानीय राष्ट्रीय भाषाएं हैं। संपर्क भाषा को 'लिंक लैंग्वेज', 'लिंगुआ फ्रांका' या आमफहम भाषा भी कहा जाता है। संपर्क भाषा से तात्पर्य ऐसी भाषा से है जिसके माध्यम से पूरे देश में विभिन्न भाषा-भाषियों के बीच परस्पर संवाद किया जा सके और राजनीति, व्यावसायिक विज्ञापन, तीर्थाटन, मनोरंजन उद्योग, राजकाज के क्षेत्र में संपर्क स्थापित किया जा सके और विचारों का आदान-प्रदान किया जा सके। इस दृष्टि से प्राचीनकाल से हिंदी की एक महत्वपूर्ण भूमिका रही है।

राजभाषा का जब व्यापक प्रयोग होता है, वह संपर्क भाषा का रूप ग्रहण करने लगती है। यदि कोई संपर्क भाषा पहले से हो तो उसके राजभाषा बनने से उसका कई क्षेत्रों में विकास होने लगता है। संपर्क भाषा का विकास उसके आर्थिक मूल्य पर भी बहुत कुछ निर्भर करता है। यदि हिंदी का संपर्क भाषा के रूप में प्रयोग आर्थिक मूल्य में वृद्धि करता है तो उसका विकास होता जाएगा। आर्थिक मूल्य का क्षय होते ही किसी प्रचलित संपर्क भाषा का महत्व कम हो जाता है। यह घटना ब्रजभाषा तथा कई दूसरी छोटी -छोटी भारतीय भाषाओं के साथ देखी जा सकती है।

शिक्षा के क्षेत्र में संपर्क भाषा का अच्छा ज्ञान कराने की जरूरत का अनुभव किया गया है, बल्कि भारतीय और प्रादेशिक सेवा परीक्षाओं में भी हिंदी और राज्य भाषाओं को वैकल्पिक माध्यम के रूप में विकसित करने की कोशिशें हुई हैं। भारत के बहुभाषिक नगरीय समाज में हिंदी को ही सबसे बड़ी और कारगर संपर्क भाषा के रूप में देखा जाता है। भले अंग्रेजी का दबदबा चारों तरफ बढ़ा हो। जहां तक संपर्क भाषा के स्वरूप का संबंध है उसमें स्थानीय बोलियों, भाषाओं एवं उप-भाषाओं के शब्दों एवं उच्चारणों आदि का समावेश सहज रूप से होता है।

अवधेश प्रसाद सिंह

राष्ट्रवाद

विश्व के इतिहास में राष्ट्रवाद अच्छे और बुरे दोनों संदर्भों में सामने आया है। इसलिए इसका न अर्थ एक है और न व्याख्याओं में समानता है। राष्ट्रवाद (Nationalism) आमतौर पर एक ऐसी विचारधारा है, जो व्यक्ति की भावना को दूसरी किसी वफादारी और निष्ठा का अतिक्रमण करते हुए राष्ट्र–राज्य से जोड़ती है। दुनिया के हर देश में ही लोग एक निश्चित भू-भाग, समाज, परंपराओं और भाषा-संस्कृति से जुड़े रहे हैं, पर अठारहवीं सदी से आम लोगों के सार्वजनिक और निजी जीवन को प्रेरित करने के लिए राष्ट्रवाद इतिहास की एक बड़ी ताकत बनकर उभरा। राष्ट्रवाद को सांस्कृतिक रूप से एक प्राचीन और सनातन भावना के रूप में देखने की कोशिश होती है, पर इतिहासकारों ने सामान्यतः माना है कि औद्योगिक क्रांति, फ्रांसीसी क्रांति, अमेरिकी राष्ट्रीय निर्माण आदि घटनाओं ने दुनिया में राष्ट्रवाद का अलख जगाया। इस तरह राष्ट्रवाद के लिए जमीन अठारहवीं सदी में बनी और उन्नीसवीं सदी में यूरोपीय देशों के साथ–साथ लैटिन अमेरिका, एशिया और अफ्रीका के देशों में भी सामंती और साम्राज्यवादी बंधनों के बीच इस भावना का जन्म हुआ।

राष्ट्रवाद राष्ट्र के हित में व्यक्ति का हित देखने की भावना है। सामंती और औपनिवेशिक स्थितियों में दुनिया भर के बुद्धिजीवियों ने राष्ट्रीयता की भावनाओं का स्वागत किया, पर राष्ट्रवाद के खतरों के प्रति आगाह भी किया। राष्ट्रवाद जहां सुधार के पथ पर कई भेदभावों और रूढ़ियों को तोड़कर सार्वजनिक जीवन में विस्तार लाता है, वहीं कई भेदभावों, कट्टरताओं और रूढ़ियों को मजबूत भी बना सकता है। प्रेमचंद ने प्रथम विश्वयुद्ध के संदर्भ में पश्चिमी

राष्ट्रों के रक्ताक्त संघर्ष को देखकर कहा था, 'राष्ट्रीयता वर्तमान युग का सबसे भयानक कोढ़ है।' (विविध प्रसंग-1)। उन्हें औपनिवेशिक-सामंती संदर्भ में 'राष्ट्र' जरूरी लगा, 'वर्तमान सभ्यता का सबसे अच्छा पहलू राष्ट्रीयता की भावना का जन्म लेना है। आधुनिक राष्ट्र एक स्थायी, टिकाऊ, सामूहिक और अनिवार्य भावना है। उसकी बुनियाद न व्यक्तिगत सत्ता पर है और न धार्मिक प्रचार पर, बल्कि निश्चित समुदायों की भलाई सांस्कृतिक और धार्मिक संबंधों से पृथक है। यह बाह्यतः भौगोलिक सीमा पर आधारित है और आतंरिक रूप से उद्देश्यों की एकता पर।' (पुराना जमाना नया जमाना, 1919)। रवींद्रनाथ टैगोर सोचते थे, 'पृथ्वी पर राष्ट्र का निर्माण तो सत्य के जोर से हुआ है, लेकिन राष्ट्रवाद सत्य नहीं है।'(शांतिनिकेतन में भाषण, 10 अगस्त 1921)। प्रेमचंद और रवींद्रनाथ किसी बिंदु पर एक साथ थे, पर रवींद्रनाथ अपनी वैश्विक प्रकृति की वजह से कुछ आगे बढ़कर सोचते थे, 'भारत ने कभी सही अर्थों में राष्ट्रीयता हासिल नहीं की। मुझे बचपन से ही सिखाया गया है कि राष्ट्र सर्वोच्च है, ईश्वर और मानवता से भी बढ़कर। आज मैं इस धारणा से मुक्त हो चुका हूं और मानता हूं कि मेरे देशवासी देश को मानवता से बड़ा बताने वाली शिक्षा का विरोध करके ही सही अर्थों में अपने देश को हासिल कर पाएंगे।' (ऑन नेशनलिज्म)। उस जमाने में राष्ट्रीयता और अंतरराष्ट्रीयता दोनों कहीं घुल-मिलकर चल रही थीं, कहीं पश्चिम के प्रति औपनिवेशिक आकर्षण राष्ट्रीय भावना के आड़े आ रहा था और कहीं जाति, धर्म, लिंग के आधार पर भेदभाव की सामंती रूढ़ियां राष्ट्रवाद का पीछा कर रही थीं। इसलिए प्रेमचंद ने 1934 में सवाल किया था, 'क्या हम वास्तव में राष्ट्रवादी हैं?'

उपनिवेशित देश में राष्ट्रवाद का एक भिन्न रूप दिखाई देता है। राष्ट्रीय मुक्ति आंदोलन के काल में ऐसे पल आते हैं, जब उत्पीड़ित एवं पराधीन राष्ट्र विदेशी शासन से मुक्ति एवं राजनीतिक-आर्थिक स्वनिर्भरता के साथ अपने सर्वांगीण विकास एवं सार्वभौम अधिकारों की रक्षा के लिए राष्ट्रवादी विचारधारा का उपयोग विदेशी औपनिवेशिक सत्ता के विरुद्ध एक सशक्त विचारधारात्मक हथियार, एक राष्ट्रीय नीतिगत कार्यक्रम, राष्ट्रीय पुनर्गठन की इच्छा की शक्ल में करते हैं। ऐतिहासिक रूप से परिभाषित और सामाजिक रूप से अपरिहार्य इस ठोस स्थिति में राष्ट्रवाद की भूमिका सापेक्षतः प्रगतिशील होती है, बशर्ते बिना इस तथ्य को अनदेखा किए कि नेतृत्वशाली वर्ग वस्तुतः उस राष्ट्रीय भावना को सतत जनतांत्रिक संघर्ष में बदल रहा है या नहीं।

एजाज अहमद ने उपनिवेशों में राष्ट्रवाद के स्वरूप और उसकी भूमिका के बारे में लिखा है, 'ऐतिहासिक रूप से राष्ट्रवाद ने औपनिवेशिक जीत के विरोध में हमेशा प्रगतिशील भूमिका अदा की है।... इसलिए कि विदेशी कब्जे का विरोध उस जनता को राजनीतिक रूप से जाग्रत करता है जो आधुनिक राजनीति के क्षेत्र से परे होती है। परिणामतः राष्ट्रवाद राजनीतिक रंग ले चुके अवाम के अधिकारों का प्रश्न खड़ा करता है। इस अर्थ में उपनिवेशवाद-विरोधी राष्ट्रवाद व्यापक रूप से जनतांत्रिक है। राष्ट्रवाद के कुछ रूप उस वक्त भी प्रगतिशील भूमिका निभाते हैं, जब वे जनजातीय या सामुदायिक या धार्मिक या भाषिक रूप में परिभाषित समुदायों को उनके संकीर्ण दायरों को पाटकर एकजुट करने में मदद करते हैं। इस तरह का राष्ट्रवाद अलग-अलग कुनबे में बंटे लोगों को संगठित कर एक आधुनिक राष्ट्र का निर्माण करने में मदद करता है।' (सांस्कृतिक राष्ट्रवाद और बुद्धिजीवियों की भूमिका)।

राष्ट्रवाद कई बार स्वयं को विशिष्ट एवं दूसरों से श्रेष्ठ मानकर राष्ट्रीय अलगाव और प्रजातीय विद्वेष को हवा देने वाले मनोविज्ञान, आधुनिक विचारधारा एवं सांस्कृतिक दृष्टि बनकर आता है। अंध-राष्ट्रभक्ति से लेकर सुसंस्कृत समाजवादी देशभक्ति तक उसके कई रूप हैं। ऐसे राष्ट्रवाद की झलक बलशाली उत्पीड़क राष्ट्रों द्वारा कमजोर राष्ट्रों के प्रति उत्पीड़न-मूलक व्यवहार और अवमानना में दिखाई देती है। यही वजह है कि राष्ट्रीयता और राष्ट्रवाद में फर्क किया गया है।

वाल्टर बेंजामिन का विचार है कि इतिहासबोध संकटकाल में जोर मारता है। यह संक्रमणकाल संकट काल भी होता है, जब दो प्रतिमुखी व्यवस्थाएं एवं उनके तर्क आमने-सामने होते हैं। एक की मृत्यु पर ही दूसरे का जीवन निर्भर करता है। यह पुराने मिथकों एवं भ्रमों के टूटने और बड़ी-बड़ी सामाजिक क्रांतियों के जन्म का काल होता है। जब राष्ट्रवाद पुरानी, अनुपयोगी और इतिहास-बहिष्कृत मध्यकालीन विचारों और पुरानी श्रेणियों की प्रभुसत्ता को ध्वस्त कर आगे बढ़ता है, वह सामाजिक-बौद्धिक जीवन में एक विचारधारात्मक हथियार की तरह सामने आता है। स्पेनिश कथाकार सर्वेंटीज ने अपने उपन्यास 'डॉन किग्जॉट' में पुराने सामंती प्रभुओं को इसी भूमि पर उपहास का विषय बनाया है।

बीसवीं सदी के तीसरे दशक में मुसोलिनी (1921-43) और चौथे दशक के आरंभिक वर्षों में हिटलर (1933-45) के सत्ता में आने के बाद राष्ट्रवाद का एक भिन्न रूप सामने आया। वह नस्ल और रक्त की शुद्धता एवं प्रजातिगत श्रेष्ठता की वैचारिकी के आधार पर निर्मित एक उग्र राष्ट्रवाद था। मुसोलिनी ने लिखा है, 'उदारवाद व्यक्ति के नाम पर राज्य को अस्वीकार करता है, फासीवाद व्यक्ति की वास्तविक सत्ता के लिए राज्य के अधिकार पर जोर देता है।... फासीवाद आजादी का पक्षधर है और इसकी नजर में एक ही आजादी का मूल्य है, राज्य की आजादी। व्यक्ति को राज्य की आजादी की सीमा में रहना है।' (फासीवाद का सिद्धांत)। ग्राम्शी ने ऐसे राष्ट्रवाद का सैद्धांतिक आकलन करते हुए लिखा है, 'ऐसे बंधन मनोवैज्ञानिक प्रकृति के हो सकते हैं, जैसे–गर्व, अभिमान आदि।' स्पष्टतः इसकी परिणति शक्तिशाली पूंजीवादी देशों के बीच अपने प्रभुत्व और अंतरराष्ट्रीय बाजार पर अपने नियंत्रण को सुनिश्चित करने के लिए बेलगाम महत्वाकांक्षी, प्रतिस्पर्द्धात्मक और दूसरी राष्ट्रीयताओं एवं मानव समूहों से सैनिक संघर्ष में होती है। जर्मनी में विजातीय मानव-समूहों यहूदियों का सफाया एवं फासीवाद का आगमन, स्पेन में गृहयुद्ध एवं दो-दो विश्वयुद्ध उसी के नतीजे हैं। यह घटना ग्राम्शी की उस सैद्धांतिक स्थापना के अनुकूल है कि विश्व मानव समुदाय का सदस्य होने और सामान्य जिम्मेदारियों से अनभिज्ञता की वजह से ही राष्ट्रों के अंध–राष्ट्रवादी मनोविज्ञान को बल मिलता है।

पूंजीवादी जनतंत्र में राजनीतिक बहुलता के साथ जो राष्ट्रवाद कायम होता है, वह स्वभावतः उदारवादी होता है। चुनाव, वयस्क मताधिकार, विचार प्रकाशन की छूट, सहिष्णुता, कानून के आगे स्त्री-पुरुष की समानता, नागरिक अधिकारों के प्रति सम्मान, अवसर की समानता, लोकतांत्रिक ढांचा और इसकी सुरक्षा के लिए संविधान आदि ऐसे राष्ट्रवाद की विशेषताएं हैं।

फासिस्ट तानाशाही में पूंजीपतियों का जो सबसे प्रतिक्रियावादी गुट होता है, वह पाशविक भौतिक बल से अपनी सत्ता कायम करना चाहता है। वह न केवल विरोधी विचारधारा वाले दलों का दमन करता है, बल्कि अपनी एकाधिकारवादी सत्ता को चिरस्थायी बना देना चाहता है। इसके आधार पर जो राजनीतिक संस्कृति कायम होती है वह भय, आतंक, हत्या, नृशंसता, बर्बरता और दमन की होती है। उस पर पनपा राष्ट्रवाद घोर अहंमन्यतावादी होता है।

समाजवादी राष्ट्रवाद की अवधारणा दोनों से सारतः भिन्न है। वह प्रतिद्वंद्वी वर्गों वाले राष्ट्रवाद को छिन्नमूल करता है, यद्यपि उसकी स्थापना के बावजूद समाजों की चली आ रही संकीर्णता एवं पूर्वाग्रह लंबे समय तक बने रहते हैं। वे अनूकूल परिस्थितियों में सिर उठाते हैं और जैसा सोवियत नतीजा सामने आया है, देश का विघटन तक कर देते हैं। कहा जा सकता है कि राष्ट्रवाद किसी देश के सामाजिक जीवन या उसके नागरिकों का कोई जन्मजात गुण या नैसर्गिक मनोविज्ञान नहीं है। राष्ट्रवाद राजनीतिक चेतना का एक खास धरातल है जो अनिवार्यतः दूसरे मानव समुदायों के प्रति शत्रुता एवं अविश्वास को जन्म नहीं देता। वह विभिन्न ऐतिहासिक-सामाजिक परिस्थितियों और अपने विकास के विभिन्न चरणों में उभरे राष्ट्रीय अतिकथन, पूर्वाग्रह, अतिरेकी सोच

भर नहीं है बल्कि एक व्यापक समरसतापूर्ण जीवन का महाख्यान भी है।

फ्रेडरिक जैमसन ने उत्तर-आधुनिकतावाद और राष्ट्रवाद के बीच के अंतर्विरोध को वर्तमान पूंजीवाद के सांस्कृतिक तर्क और तीसरी दुनिया के राष्ट्रीय रूपकों को उनके राष्ट्रवादी प्रतिरोध के रूप में देखा है। किंतु एजाज अहमद का कहना है, 'किसी खास राष्ट्रवादी सांस्कृतिक पाठ की पुष्टि करने के पहले यह जान लेना चाहिए कि यह किस प्रकार के राष्ट्रवाद का समर्थन कर रहा है और किन आचरणों को यह प्राधिकृत कर रहा है।' (वही)। कुछ राष्ट्रवादी ऐसे हो सकते हैं, जिनकी भावनाएं बुद्धिपरक नहीं होतीं, जबकि 'नेशनल' और 'रेशनल' के बीच एक काल में गहरा संबंध था। वे राष्ट्र को अति शक्तिमान और सक्रिय शक्ति के रूप में देखना चाहते हैं। यही वजह है कि वे कभी युद्ध चाहते हैं, कभी इतिहास की शत्रुताओं को उभारते हैं। वे अपना राष्ट्रवाद, क्रिकेट, फिल्म, राष्ट्रीय झंडे के प्रदर्शन और भावुक गीतों में रचते हैं और कई बार इन्हीं में सीमित रहते हैं। उनके लिए अभिव्यक्ति की स्वाधीनता छिन जाने से उनके लिए अधिक महत्वपूर्ण होता है मंदिर या मस्जिद बनाना या समय पर रेलगाड़ी का चलना। वे साधारण लोगों की गरीबी, भेदभाव, अन्यायों या कुछ व्यक्तियों के हाथ में हजारों करोड़ की संपत्ति या विषमता के प्रति चिंतित नहीं होते। वे धर्म, जातीयता और भाषा के प्रश्न पर ज्यादा उद्वेलित होते हैं। इन मुद्दों पर सक्रिय राष्ट्र चाहने वाले व्यक्ति मुख्यतः मध्यवर्ग से आते हैं, जो मानवता और राष्ट्रवाद के रिश्ते से बेहद निराश होते हैं, पर बहुराष्ट्रीय कंपनियों और राष्ट्रवाद के गठबंधन से चरम सुख का अनुभव करते हैं।

यदि राष्ट्रवाद का उपयोग एक खास राष्ट्रीय पहचान को बलपूर्वक स्वीकार कराने के लिए होता हो और इसका लक्ष्य विविधता को एकरूपता में बदलना हो या उसके जरिए किसी खास, इतिहास, संस्कृति, धर्म, मूल्य व्यवस्था या विचार के वर्चस्व की स्थापना की जा रही हो तो इस किस्म का राष्ट्रवाद न सिर्फ अंधा और बहिष्कारपरक होता है बल्कि यह साम्राज्यवाद के ही एक अंग के रूप में काम करने लगता है। रोमिला थापर ने एक साक्षात्कार में कहा है, 'राष्ट्रवाद सरकारी इमारतों पर झंडा फहराने और राष्ट्र के गौरवगान तक सीमित नहीं है। यह एक व्यक्ति की अपनी पहचान के प्रति एक गहरी प्रतिबद्धता है।...राष्ट्रवाद एक भौगोलिक इकाई में रहते हुए समान नागरिकता का दावा करने वाले लोगों की पहचान से पुष्ट होता है।...यहां धर्म, जाति, भाषा, नस्ल और इसी प्रकार की दूसरी पहचानों से बढ़कर जो पहचान है, वह भारत का नागरिक होना है। सभी नागरिकों को राज्य के प्रति अपने कर्तव्यों पर बहस और विचार-विमर्श का अधिकार है और राज्य का भी यह दायित्व है कि वह अपने सभी नागरिकों के मानवाधिकार विषयक दावों का एक समान ढंग से निपटान करे।' (द हिंदू, 23 अक्टूबर 2015)। राष्ट्रवाद को कई बार प्रतीकात्मक ढंग से भारतमाता से जोड़ा जाता है। 'भारतमाता की जय' जब 'भारत के लोगों की जय' के रूप में आता है, जैसा कि एक समय जवाहरलाल नेहरू ने कहा था तभी वह समावेशी राष्ट्रवाद है। यह लोकतांत्रिक संविधान में गहरी आस्था की ओर ले जाता है। ऐसा राष्ट्रवाद निजी विशिष्टता और पहचान की बलि चढ़ाए बिना सबको स्वाधीनता, आत्मसम्मान और मानवीय गरिमा के साथ जीने का हक देता है।

रवि श्रीवास्तव

अधिक जानकारी के लिए :

1. Theses on Philosophy of History : Walter Benjamin, 1968, **2. The Illegitimacy of Nationalism :** Ashis Nandy, 1994, **3. Nations and Nationalism Since 1780 :** Eric J Hobsboum

राष्ट्रवाद और स्त्रीवाद

राष्ट्रवाद और स्त्रीवाद के संबंध को समझने के लिए वर्जीनिया वुल्फ द्वारा उठाए गए दो सवालों को सामने लाया जा सकता है। पहला, स्त्री कैसे राष्ट्रवादी हो सकती है, यदि उसे समानता का

अधिकार न हो और वह लिंग के आधार पर शोषित हो? दूसरा, स्त्री कैसे राष्ट्रवादी नहीं है, अगर वह अपने देश, लोगों और घर-परिवार से प्रेम करती है? कई बार स्त्रीवाद को राष्ट्रवाद के प्रति-आख्यान के रूप में परिभाषित किया जाता है, कभी दोनों को एक-दूसरे की संवर्धक शक्ति के रूप में भी देखा जाता है। पश्चिम में राष्ट्रवाद एक मर्दवादी बिंब के रूप में उभरा, जिसमें स्त्री हाशिए पर थी।

सिंथिया एनलो के अनुसार, राष्ट्रवाद का सैद्धांतिक सूत्रीकरण 'आमतौर पर मर्दवादी स्मृति, अपमान और आशा पर आधारित है।' (बनानाज, बीचेज एंड बेसेज, 1989)। उन्नीसवीं सदी के पश्चिमी राष्ट्रवाद में स्त्रियों को राष्ट्रीय संस्कृति का प्रतीकात्मक वाहक माना गया था, लेकिन उनकी नागरिकता या किसी राष्ट्रीय एजेंसी के साथ उनके सीधे संबंध से इनकार किया गया था। राष्ट्रीय राजनीति में स्त्रियों का शामिल होना राष्ट्रीय आत्मसम्मान, देश के उच्च सार के प्रतीक और पुरुषों की शक्ति के रूप में देखा जाता था। राष्ट्रीय एकता का विचार, जो राष्ट्रवाद की विचारधारात्मक नींव का निर्माण करता है, स्वयं ही विभेद (मुख्यतः लिंगाधारित विभेद) की स्वीकृति पर आधारित रहा है। दरअसल, स्त्री के प्रति शारीरिक हिंसा और उसके जबरन गर्भाधान की प्राचीन परंपरा के कारण राष्ट्र और उसकी सीमाओं को भी स्त्री-देह के रूप में देखा जाता रहा है । यह राष्ट्रवाद के लिंगीकरण का एक भीषण उदाहरण है। कैथरीन नैश ने आयरलैंड के संदर्भ में दिखाया है कि किस तरह बीसवीं सदी की शुरुआत में मर्दवादी औपनिवेशिक सत्ता के बरक्स राष्ट्रीय भूमि का स्त्रीकरण किया गया। देखा गया कि पराक्रमी पुरुष राष्ट्र को स्त्री के ही समान पवित्र भूमि समझता है जिसकी रक्षा में उसे अपना सब कुछ होम कर देना होता है। इस तरह पश्चिम में राष्ट्रवाद राष्ट्र का एक मर्दवादी बिंब था।

सभ्यता के औपनिवेशिक मिशन को भौतिक रूप से विकसित किंतु नस्ल और जेंडर की दृष्टि से पिछड़े देशों की विसंगतिपूर्ण यात्रा के रूप में देखा गया है। इसी तर्ज पर कुछ सिद्धांतकारों ने राष्ट्रवाद को भी 'आधुनिक जेनस' (प्राचीन इटली का दो चेहरों वाला एक देवता) के रूप में परिभाषित किया। टॉम नैरन के अनुसार राष्ट्रवाद भी काल की विसंगतिपूर्ण आकृति के रूप में आकार लेता है, जिसका एक चेहरा सुदूर अतीत की ओर निहारता है और दूसरा अनंत भविष्य की ओर। राष्ट्रवादी विचारधारा के इस रूप के पीछे तर्क यह था कि राष्ट्र एक साथ नए और पुराने, परंपरा और आधुनिकता, शाश्वतता और परिवर्तनशीलता का सम्मिलित रूप है। इस विसंगतिपूर्ण आकृति को समझने के लिए इसे लिंगभेद के समान स्वाभाविक और सार्वभौम मान लिया गया। कहा गया कि जिस तरह स्त्री और पुरुष परस्पर विरोधी प्रकृति के होते हुए भी भौतिक रूप से सत्य हैं, उसी तरह राष्ट्रवाद की यह विसंगतिपूर्ण आकृति भी सच है। ऐसे विभाजन के तहत स्त्रियां सांस्कृतिक परंपरा का वहन करने वाली, संज्ञाहीन, निष्क्रिय, अतीतमुखी मानी गईं। वे राष्ट्रवाद के शाश्वतता और निरंतरता के रूढ़िवादी सिद्धांतों की वाहक मानी गईं। इसके विपरीत पुरुष आधुनिकता का प्रतिनिधित्व करने वाले, भविष्यमुखी और शक्तिशाली कर्ता माने गए। इस रूप में पुरुष राष्ट्रवाद को परिवर्तनकारी और क्रांतिकारी सिद्धांतों से समाविष्ट करने वाली शक्तियों के रूप में देखे गए। इस तरह राष्ट्रवाद को लिंगभेद के संदर्भ में एक विसंगतिपूर्ण जगह बना दिया गया। यह ऐसी विसंगति है, जो अधिकतर देशों के राष्ट्रवादी आख्यानों के केंद्र में है।

भारत में राष्ट्रवाद और स्त्रीवाद का संबंध पश्चिम से भिन्न है। पश्चिम में राष्ट्रवाद के पूर्णतः विकसित हो जाने के बाद स्त्रीवाद का उदय हुआ, जबकि भारत में दोनों का उदय लगभग एक साथ होता है, दोनों का विकास परस्पर अंतरक्रिया पर निर्भर करता है। पश्चिम से भिन्न भारतीय राष्ट्रवाद एक स्त्रीवादी बिंब के रूप में उभरा। लक्षित किया जा सकता है कि स्त्री शक्ति का महिमामंडन करने और भारतीय राष्ट्रवाद को स्त्री-सुलभ गुणों से युक्त करने के लिए भारत को भारतमाता के रूप में देखा गया। 1857 के पहले राष्ट्रीय स्वाधीनता संग्राम

में किसानों और सिपाहियों के साथ रानी लक्ष्मीबाई भी लड़ीं, जो स्त्री शक्ति का अन्यतम प्रतीक बन गईं। उल्लेखनीय है कि भारतीय स्त्रियों की दशा में सुधार लाने के शुरुआती प्रयास सुधारवादी और उदार राष्ट्रवादी पुरुषों द्वारा किए गए थे। उन्नीसवीं सदी के सुधार आंदोलनों में स्त्री मुद्दों की प्रधानता थी। आगे चलकर गांधी ने भारतीय राजनीति का स्त्रीकरण करने का प्रयास किया। उन्होंने व्यापक स्तर पर स्त्री को राष्ट्रीय स्वाधीनता संग्राम में शामिल होने के लिए आह्वान किया। उनका मानना था कि भारत को पूरी आजादी तब तक नहीं मिल सकती, जब तक देश की आधी आबादी यानी स्त्री-जाति पिछड़ी और हीन अवस्था में पड़ी रहेगी। उन्होंने हिंदू-मुस्लिम एकता और अछूतोद्धार के साथ स्त्री प्रश्नों को भी राष्ट्रीय आंदोलन के एजेंडे में शामिल किया। 1921 के यंग इंडिया में गांधी ने लिखा था, 'आदमी जिन बुराइयों के लिए जिम्मेदार है, उनमें सबसे ज्यादा घटिया, वीभत्स और पाशविक बुराई उसके द्वारा मानवता के अर्धांग अर्थात स्त्री जाति का दुरुपयोग है। वह अबला नहीं, स्त्री है। स्त्री जाति पुरुष जाति की अपेक्षा अधिक उदात्त है। आज भी स्त्री त्याग, मूक दुख-सहन, विनम्रता, आस्था और ज्ञान की प्रतिमूर्ति है।...स्त्री को चाहिए कि वह खुद को पुरुष के भोग की वस्तु मानना बंद कर दे। इसका इलाज पुरुष की अपेक्षा खुद स्त्री के हाथों में ज्यादा है। उसे पुरुष की खातिर, जिसमें पति भी शामिल है, सजने से इनकार कर देना चाहिए। अपनी मौज-मस्तियों की गुलामी और पुरुष की गुलामी छोड़ो।' (स्त्रियां और उनकी समस्याएं)। स्पष्ट है कि उस दौर में स्त्रियों का राष्ट्रवादी गतिविधियों में शामिल होने के साथ पितृसत्तात्मक जकड़नों से मुक्ति के लिए भी आह्वान किया गया था।

1938 में कांग्रेस ने राष्ट्रीय योजना समिति की महिला उप-समिति का गठन किया। इसका काम नियोजित अर्थव्यवस्था में स्त्रियों की स्थिति के बारे में प्रस्ताव पेश करना था। समिति के लक्ष्यों को रखांकित करते हुए कहा गया, 'जो चित्र हम गढ़ेंगे, उसमें महिला और पुरुष साथी के रूप में प्रगतिशीलता के मार्ग पर साथ बढ़ेंगे, जहां आनंद से दोनों मिलकर बच्चे की जिम्मेदारी उठाएंगे। यह नया यथार्थपरक चित्र प्रत्येक राष्ट्र में पुरुषत्व और स्त्रीत्व की एकता को उभारेगा।' (भारतीय समाज में महिलाएं, नीरा देसाई और उषा ठक्कर)।

भारत में राष्ट्रवाद स्त्री-मुक्ति संघर्षों को व्यापक जमीन देता हुआ एक प्रेरणा-शक्ति के रूप में काम कर रहा था। इसलिए जब यहां स्त्रीवाद का उदय हुआ तो इसने समानांतर चलने वाली राष्ट्रवादी धारा से एक स्वस्थ संबंध का निर्वाह किया। स्त्रीवादी आंदोलनों ने भारतीय राष्ट्रवाद को स्त्री के उच्च गुणों से युक्त किया और उसे अधिक व्यापक और सर्वसमावेशी बनाने में महत्वपूर्ण भूमिका निभाई। भारतीय राष्ट्रवाद और स्त्रीवाद के इस संबंध को स्पष्ट करते हुए सरोजिनी नायडू और बेगम शाहनवाज ने घोषणा की थी, 'भारतीय महिलाओं का आंदोलन पश्चिमी महिलाओं के आंदोलन की तरह केवल स्त्रीवादी नहीं है।' (स्त्री-संघर्ष का इतिहास, राधा कुमार)। दरअसल, भारतीय स्त्रियों के लिए राष्ट्रीय स्वाधीनता संग्राम एक द्विआयामी संघर्ष था। स्त्रियों ने एक तरफ उपनिवेशवाद-विरोधी गोलबंदी में शामिल होकर भारत को स्वतंत्र राष्ट्र बनाने की लड़ाई लड़ी तो दूसरी ओर पितृसत्तात्मक जकड़नों को चुनौती देते हुए राष्ट्रवादी एजेंडे में पितृसत्ता-विरोधी पहलुओं को शामिल करने के लिए भी संघर्ष किया। भारतीय स्त्रीवाद की यह रणनीति मुख्य रूप से एशिया और मध्य-पूर्व के अधिकतर देशों में उपनिवेशवाद विरोधी संघर्ष के दौरान विकसित हुए राष्ट्रवाद और स्त्रीवाद के भिन्न किस्म के रिश्ते के मुताबिक थी।

भारतीय जमीन पर राष्ट्रवाद और स्त्रीवाद के रिश्ते की सुव्यवस्थित अभिव्यक्ति उस समय हुई, जब उपनिवेशवाद-समर्थक ताकतों द्वारा स्त्रियों की स्थिति को जरिया बनाकर भारतीय राष्ट्रवाद को कलंकित करने का प्रयास किया गया। अमेरिकी पत्रकार कैथरीन मेयो ने पश्चिम के सभ्य समझे जाने वाले लोगों के सामने भारत की घृणित छवि पेश करने के उद्देश्य से 'मदर इंडिया' (1927) लिखी। पुस्तक का नामकरण

भारतीय राष्ट्रवाद के स्त्री-बिंब पर प्रहार करने के लिए किया गया था। इसमें भारतीय स्त्रियों की हीन दशा का अतिरंजित और भ्रामक चित्र पेश करते हुए मेयो ने लिखा था, 'अकसर यहां लड़कियां जवानी के नौ महीने के बाद ही मां बन जाना चाहती हैं, यह समय आठ से 14 वर्ष के भीतर होता है। ...हिंदुओं की सामाजिक व्यवस्था में स्त्रियों का काम बच्चे पैदा करना है। इसलिए उनकी बातचीत सिर्फ इसी विषय पर हुआ करती है, चाहे वे उच्च जाति की हों चाहे नीच जाति की।' (उमा नेहरू का अनुवाद, 1928)। मेयो ने यह दिखाने की कोशिश की थी कि जिस देश में स्त्रियों की इतनी बुरी हालत हो, वहां की जनता को स्वशासन मांगने का कोई हक नहीं है। मेयो के चित्रण में कुछ तथ्यात्मक सच्चाई हो, लेकिन इसने ब्रह्मणवादी पितृसत्ता के साथ अंग्रेज महाप्रभुओं की साठ-गांठ को पूरी तरह छिपा लिया था। उनकी दृष्टि न औपनिवेशिक तौर पर लुटे-पिटे भारत की ओर गई थी और न भारत में स्त्रियों की बदल रही दुनिया की तरफ। मेयो की इस पुस्तक के खिलाफ भारतीय समाज में जबर्दस्त प्रतिक्रिया हुई थी।

गांधी ने कैथरीन मेयो को 'भारतीय नालियों का निरीक्षक' कहा। लाजपत राय ने 'अनहैपी इंडिया' लिखकर 'मदर इंडिया' का जवाब दिया। चंद्रावती लखनपाल नामक एक हिंदू लेखिका ने 'मदर इंडिया का जवाब' (1927) शीर्षक से किताब लिखी। इलाहाबाद की उमा नेहरू ने 1928 में 'मदर इंडिया' का हिंदी अनुवाद करते हुए भूमिका के रूप में एक लंबा लेख लिखा–'पश्चिमी साम्राज्यवाद और भारत के विषय में मिस मेयो से दो-दो बातें'। उन्होंने लिखा, 'मिस मेयो, आपकी शिक्षा ने, आपके राजनीतिक प्रभाव ने हमारे समाज के हृदय को पश्चिमी चीजों के मोहजाल में फांस दिया है। फिर भी हमें जीवित रहना है तो हम इस जाल से निकल जाएंगे। देखो, यह जाल टूट रहा है। हमारा आंदोलन समुद्र के समान विशाल और शांत है।' ऐसा नहीं है कि ये विदुषी स्त्रियां भारतीय समाज की बुराइयों को देखने से इनकार कर रही थीं, बल्कि उन्होंने मिस मेयो के आरोपों पर लीपापोती करने के बजाय उसे एक चुनौती के रूप में स्वीकार किया और स्त्री-प्रश्नों को अधिक जोरदार तरीके से उठाना शुरू किया। चंद्रावती लखपाल की किताब की अंतिम पंक्तियां हैं, 'क्या हिंदू जाति मिस मेयो के चैलेंज को स्वीकार करती है? यदि हां, तो मुझे भी अपनी आंखों के सामने नव्य भारत का उषाकाल दिखाई दे रहा है।' इन्हीं दबावों का परिणाम था कि बाल विवाह रोकने वाले 'शारदा एक्ट' का राष्ट्रवाद के संरक्षणवादी प्रवक्ताओं को भी हिचक के साथ ही सही लेकिन समर्थन करना पड़ा और लंबे समय से टल रहा विधेयक पास हुआ।

यह राष्ट्रवादी विचारों का प्रभाव था कि स्वाधीनता आंदोलन के दौर में भारतीय स्त्रियों ने इंग्लैंड की स्त्रीवादियों के साथ संबंध बनाने से इनकार कर दिया था। 'मदर इंडिया' से प्रभावित होकर इंग्लैंड की स्त्रीवादी एक्टिविस्ट एलीनर रैथबोन ने प्रस्ताव रखा कि अखिल भारतीय महिला सम्मेलन उनके संगठन के साथ मिलकर भारत में बाल विवाह की बुराइयों के संबंध में एक पुस्तक तैयार करे। पश्चिमी स्त्रीवाद में भारतीय समाज को देखने का एक खास पौर्वात्यवादी कोण रहा है। इसकी धारणा थी, 'भारतीय समाज की सामाजिक बुराइयों को खत्म करने की जिम्मेदारी अंग्रेज स्त्रियों की है।' (स्त्री-संघर्ष का इतिहास : राधा कुमार)। अंग्रेज पुरुषों के दिमाग में जिस तरह 'व्हाइट मेंस बर्डेन' का दंभ था, अंग्रेज स्त्रियों के भीतर भी 'व्हाइट वीमेंस बर्डेन' की मानसिकता भरी हुई थी। कमला देवी चट्टोपाध्याय ने रैथबोन के प्रस्ताव का विरोध करते हुए कहा, 'हमें यह बात जरूर महसूस करनी चाहिए कि एक जिम्मेदार संस्था के रूप में अखिल भारतीय महिला सम्मेलन को देश के बाहर के किसी संगठन से सहयोग करने के सभी प्रकार के परिणामों को ध्यान में रखना होगा।' (वही)।

राष्ट्रवाद की अपनी सीमाएं थीं, जिनके कारण कई बार स्त्रीवाद के साथ उसके संबंध में तनाव की स्थिति आती है। राष्ट्रवादी संघर्ष ने स्त्रियों को सार्वजनिक जीवन में प्रवेश करने का अवसर दिया, लेकिन उनकी पारंपरिक भूमिका और सामाजिक

असमानता के आधारभूत मुद्दों को चुनौती नहीं दी गई। राष्ट्रीय आंदोलन में स्त्रियों की भागीदारी पूरक के रूप में थी। उन्हें आमतौर पर धरने देने, जुलूस में शामिल होने और जेल जाने की इजाजत नहीं थी, बल्कि घर के भीतर ही चरखा कातने और बच्चों में राष्ट्रीय भावना भरने की जिम्मेदारी दी गई थी। (हालांकि आगे चलकर सरोजिनी नायडू, कमलादेवी चट्टोपाध्याय जैसी आंदोलनकारियों के प्रयास से स्त्रियों को इस दशा से थोड़ी छूट मिली)। इसका अर्थ है राष्ट्रवादी आंदोलनों का हिस्सा बनकर भी स्त्रियों को गृहिणी की पारंपरिक भूमिका से मुक्ति नहीं मिली थी, स्त्री-पुरुष के कार्यक्षेत्र-विभाजन और श्रम के लैंगिक भेद को व्यापक रूप से स्वीकार कर लिया गया था। इस संदर्भ में 1934 के 'हरिजन' में प्रकाशित गांधी के ये विचार उल्लेखनीय हैं, 'मैं इस बात की कल्पना नहीं करता कि पत्नी, नियम के तौर पर, अपने पति से स्वतंत्र रूप में कोई धंधा करेगी। बालकों का पालन-पोषण तथा घरबार की व्यवस्था ऐसे काम हैं, जिनमें लगभग उसकी सारी शक्ति लग जाएगी। एक सुव्यवस्थित समाज में परिवार के भरण-पोषण का अतिरिक्त बोझ पत्नी के सिर पर नहीं पड़ना चाहिए। परिवार के भरण-पोषण की व्यवस्था पुरुष को ही करनी चाहिए, स्त्री को अपनी गृहस्थी की व्यवस्था करनी चाहिए। इस प्रकार पति और पत्नी को एक-दूसरे के श्रम का पूरक बनना चाहिए।' (स्त्रियां और उनकी समस्याएं)। इसी तरह एक अन्य स्थान पर उन्होंने लिखा है, 'मातृत्व का धर्म ऐसा है, जिसे अधिकांश स्त्रियां सदा ही धारण करती रहेंगी लेकिन उसके लिए जिन गुणों की आवश्यकता है, उनका पुरुषों में होना जरूरी नहीं है। स्त्री सहने वाली है, पुरुष करने वाला है। स्त्री स्वभाव से घर की मालकिन है, पुरुष कमाने वाला है।' (वही)। स्त्री आंदोलन की स्त्रियां जहां स्त्री की दयनीय स्थिति में सुधार लाने के लिए आर्थिक आत्मनिर्भरता को एक मुख्य साधन के रूप में देखती थीं, स्त्री की मातृछवि के उपासक राष्ट्रवादियों के लिए यह महज पश्चिम का नकारात्मक प्रभाव था, जिसका विरोध जरूरी था।

राष्ट्रवाद की दूसरी सीमा यह थी कि इसके विमर्श के निशाने पर अधिकतर केवल वे मध्यवर्गीय स्त्रियां थीं जो घर की चौहद्दी में बंद हैं और जिन्हें गृहिणी या भद्र महिला की श्रेणी में ही रखा जा सकता है। शिक्षा के उजास में इन स्त्रियों के पास घर से बाहर निकलकर उपनिवेशवाद-विरोधी आंदोलन में शामिल होने के मौके थे। पूरे परिदृश्य में वे स्त्रियां नहीं आतीं, जो स्त्री समाज के भी हाशिए पर हैं, मसलन–वेश्याएं, रखैलें, विधवाएं आदि। उल्लेखनीय है कि 1921 में बारीशाल की वेश्याओं ने एक समाज सेवापरक संगठन बनाकर सत्याग्रह और अहिंसा आंदोलन में हिस्सा लेने की इच्छा जाहिर की तो गांधी ने उनके प्रस्ताव को ठुकराते हुए कहा था, 'स्वराज्य की यज्ञशाला में कोई भी ऐसा आदमी अधिकारी बनकर नहीं बैठ सकता जो अपने हाथों और दिल को साफ करके न आया हो। मैं चाहता हूं कि उनका मंडल तोड़ दिया जाए। मेरी पक्की राय है कि जब तक वे पाप का जीवन बिता रही हैं, तब तक उनसे दान लेना, उन्हें प्रतिनिधि चुनना या कांग्रेस का मेंबर बनाना ठीक नहीं है।' (वही)। इस पर भी ध्यान जाना चाहिए कि समाज-सुधारकों के सती प्रथा-उन्मूलन और विधवा विवाह अभियान का कई राष्ट्रवादियों ने विरोध किया था, इसे भारतीय संस्कृति के खिलाफ उठाया गया कदम माना था। गांधी के अनुसार भी विधवाओं को फिर से विवाह करने की जरूरत नहीं थी, बल्कि उन्हें सच्ची संन्यासिनियां बनकर देशसेवा में जीवन बिताना चाहिए। दरअसल, स्वाधीनता आंदोलन के दौर में मातृछवि को महिमामंडित करते-करते स्त्री के दूसरे सारे रूप, सारी जरूरतें दृष्टि से ओझल हो गई थीं। स्त्री मात्र माता और संन्यासिनी के रूप में ही पूजनीय थी।

राष्ट्रवादी विचारधारा की सीमा यह थी कि वह स्त्रियों को एक सीमा तक ही आजादी देना चाहती थी, ताकि जीवन की बागडोर पुरुषों के हाथों में बनी रहे। स्त्री-पुरुष के परंपरागत संबंधों को बदलने और स्त्रियों को समानता का अधिकार देने की बात उसके जेहन में दूर-दूर तक नहीं थी। उस दौर में स्त्रियों की

स्वाधीनता कितनी भयानक चीज समझी जाती थी, इसका अंदाजा महावीर प्रसाद द्विवेदी के इन विचारों से लगाया जा सकता है, 'स्त्री पति से कहने लगे–सुनिए जनाब, मेरे और आपके अधिकार बराबर हैं। मैं भी स्वाधीन, आप भी स्वाधीन। एक दिन मैं चूल्हा-चौका करूं, एक दिन आप। एक दिन मैं आपकी सेवा करूं, एक दिन आप मेरी सेवा करें अथवा यदि वह यह कह बैठे कि मुझे संतान उत्पन्न करने से इनकार है, तो बताइए ऐसी स्वाधीनता का क्या नतीजा होगा?' (सरस्वती, जुलाई 1913)।

दरअसल, राष्ट्रवादी आंदोलनों के दौर की वैचारिक सीमाओं और अंतर्विरोधों पर बात करते समय यह जरूर ध्यान रखना चाहिए कि वह एक संक्रांति काल था। घोर सामंती और पितृसत्तात्मक दमन वाले समाज में नवजागरण और आधुनिकता की नई चेतना ने अभी प्रवेश करना शुरू ही किया था। निश्चय ही हिंदी प्रदेश में स्थिति ज्यादा जटिल थी, क्योंकि यहां सामंती दमन का रूप अधिक गहरा था। मुख्यतः कृषि प्रदेश होने के कारण यहां विकास की प्रक्रिया उन प्रदेशों के मुकाबले धीमी थी, जहां औद्योगीकरण हो रहा था। इसलिए उपर्युक्त वैचारिक सीमाएं और अंतर्विरोध किसी एक व्यक्ति के नहीं बल्कि पूरे युग के हैं, जिन्हें उस युग की स्थितियों के भीतर रखकर ही समझा जा सकता है। उस दौर के कई विचारक राष्ट्रवादी भावना के तहत पश्चिम के प्रति ज्यादा सुरक्षात्मक रवैया अपनाते हुए भिन्न ढंग की आधुनिकता का रूप गढ़ना चाहते थे। वे स्त्रियों को रूढ़ियों की जंजीरों से मुक्त करके आधुनिक बनाना चाहते थे, लेकिन पश्चिमी स्त्रियों से भिन्न भी रखना चाहते थे। इस प्रक्रिया में कहीं उनकी आधुनिक विवेकशीलता उजागर होती है तो कहीं सामंती अवशेषों को अपने भीतर छिपाए उनकी रूढ़िग्रस्त मानसिकता सामने आती है।

भारतीय स्त्रीवादियों ने राष्ट्रवाद के प्रति एक आलोचनात्मक रवैया रखा। वे जानती रही हैं कि सामूहिकता की आड़ में सबसे ज्यादा उपेक्षा स्त्री प्रश्नों की होती है। हर बहस की आखिरी कड़ी स्त्री होती है और उसकी चिंता सबसे अंत में की जाती है। इसलिए उनका मानना है कि स्त्री को सामूहिक राष्ट्रीय पहचान से अलग हट कर पृथक अस्मिता की मांग करनी चाहिए, अपने एक भिन्न सिद्धांतशास्त्र का विकास करना चाहिए। साथ ही, आंदोलन को आधिक से अधिक जनतांत्रिक बनाते हुए उसे हाशिए के दूसरे आंदोलनों से भी जुड़ना चाहिए तभी वह अपने मुक्ति संघर्ष को व्यापक बना सकेगी। पृथक अस्मिता की मांग करने का यह मतलब नहीं है कि स्त्री राष्ट्रीय एकता की दुश्मन है। प्रभा खेतान के शब्दों में, 'हम सभी स्त्रियां किसी-न-किसी धर्म, जाति और संप्रदाय से संबंधित हैं, विरोध का अर्थ यह कदापि नहीं कि स्त्री स्नेह और प्रेम पर आधारित संबंधों को नकार देगी और अपने राष्ट्रीय गौरव की उपेक्षा करेगी। स्त्री के लिए ऐसी सोच वे ही रखते हैं जिनका मानस यह या वह, हां या ना, अच्छा या बुरा जैसे द्वित्व में सोचने का आदी हो चुका है। अस्वीकृति में उठा हाथ दोस्ती के लिए भी होता है, वह संवाद चाहता है, मानव-मुक्ति के लिए किए गए प्रयासों में शामिल होना चाहता है।' (उपनिवेश में स्त्री)।

श्रद्धांजलि सिंह

अधिक जानकारी के लिए :
1. **उपनिवेश में स्त्री : मुक्ति कामना की दस वार्ताएं :** प्रभा खेतान, 2003, 2. **स्त्री संघर्ष का इतिहास : 1800-1900 :** राधा कुमार, 2002, 3. **स्त्री लेखन : स्वप्न और संकल्प :** रोहिणी अग्रवाल, 2011, **4. Gendered Citizenship :** Anupama Roy, 2005, **5. Indian Women : Myth and Reality :** Jasodhara Bagchi, 1995, **6. Women Studies : A Reader :** Mary E John (Ed.), 2008

राष्ट्रीय आधुनिकता

राष्ट्रीय आधुनिकता के स्रोत भारतीय भाषाओं के जातीय विकास, भारतीय साहित्य की परंपराओं और राष्ट्रवाद में देखे जा सकते हैं। भारत एक सांस्कृतिक, धार्मिक और भाषाई विविधता से संपन्न देश है। ऐसे देश की राष्ट्रीय आधुनिकता में एकता के साथ विविधता स्वभाविक है। यह भी स्वाभाविक

है कि यह औपनिवेशिक आधुनिकता से भिन्न राष्ट्रीय आधुनिकता किसी भी देश के लोगों को अपनी जरूरतों के अनुसार अपनी खोज है, जो आवश्यक नहीं है कि पश्चिमी आधुनिक आदर्शों के बिल्कुल विपरीत या बिल्कुल समान हो। राष्ट्रीय आधुनिकता यह प्रश्न लेकर चलती है कि क्या आधुनिकता की प्रवृत्तियां जाति, धर्म और क्षेत्रीयता से ऊपर उठकर मानवीय मूल्यों का प्रचार, राष्ट्रीय भाषाओं का विकास आदि चीजें ब्रिटिश उपनिवेशवाद की देन हैं या ये प्रवृत्तियां पहले भी थीं? क्या और उन्नीसवीं-बीसवीं सदी की आधुनिकता के भीतर औपनिवेशिकता और राष्ट्रीयता की एक टकराहट थी।

ब्रिटिश साम्राज्यवाद के शोषण का भारत के सामाजिक-सांस्कृतिक जीवन पर बहुत घातक असर हुआ था। इस दौर में आर्थिक विपनन्नता से उत्पन्न धार्मिक दिखावा, सामाजिक कुरीतियां और भेदभाव, अंधविश्वास और पिछड़ापन बहुत बढ़ गया था। इन स्थितियों में पश्चिम के ज्ञान–विज्ञान का असर ग्रहण करते हुए भी लक्षित किया जा सकता है कि राजा राममोहन राय के समय से ही प्राचीन भारतीय स्मृतियों और आत्मपहचान का संघर्ष तीव्र हो उठता है। साम्राज्यवादी दबावों के बीच खुद 'राष्ट्र' की भावना में अनोखा उत्कर्ष आधुनिकता की भारतीय राह की एक बड़ी उपलब्धि है। उन्नीसवीं सदी के पत्र–पत्रिकाओं, रवि वर्मा के चित्रों, भारतीय नाटकों, काव्य और उपन्यासों में राष्ट्रीय आधुनिकता के विविध बिंब लक्षित किए जा सकते हैं। बंगाल में राजा राममोहन राय का सती प्रथा का उन्मूलन करना, वेदांत के सिद्धांतों के आधार पर ब्रह्म समाज की स्थापना करना, मानवीय गरिमा और सामाजिक एकता का प्रतिपादन करना—ये सभी राष्ट्रीय आधुनिकता के ही चिह थे, भले उन्होंने पश्चिम के ज्ञान–विज्ञान और अंग्रेजी शिक्षा की वकालत की। उनकी जो परंपरा केशवचंद्र सेन, ईश्वरचंद्र विद्यासागर, बंकिमचंद्र, भारतेंदु हरिश्चंद्र, महादेव गोविंद रानाडे, ज्योतिबा फुले, रमाबाई, रवींद्रनाथ और महात्मा गांधी आदि तक विविध रूपों में विकसित हुई, उसमें औपनिवेशिकता और आधुनिकता के बीच टकराहट के कई रूप हैं, जो राष्ट्रीय आधुनिकता के आदर्शों का निर्माण करते हैं। दक्षिण भारत में भी लक्षित किया जा सकता है कि कंदुकूरि वीरेश लिंगम, नारायण गुरु, पेरियार, अय्यन काली जैसे कई भारत निर्माताओं ने राष्ट्रीय आधुनिकता के निर्माण में अपना महत्वपूर्ण योगदान दिया है। जवाहरलाल नेहरू, राममनोहर लोहिया, भीमराव अंबेडकर आदि ने देश में औद्योगीकरण की वकालत करने के साथ-साथ जातिगत बंधनों में मुक्ति का आह्वान किया और एकलतावाद की जगह सामासिक संस्कृति का पक्ष लिया। हम साहित्य में देखते हैं कि रामचंद्र शुक्ल हों या रामविलास शर्मा, निराला हों या अज्ञेय, इन्होंने पश्चिमी आधुनिकता या पश्चिमीकरण के प्रति हमेशा आलोचनात्मक रुख रखा है।

भूमंडलीकरण ने राष्ट्रीय आधुनिकता की काफी क्षति की, जिसके परिणास्वरूप अमेरिकी छाया में भाषाई और सांस्कृतिक एकरूपता के खतरे यथार्थ बनते जा रहे हैं। स्थानीय, आंचलिक, क्षेत्रीय या राष्ट्रीय अस्मिताएं मुक्त अर्थव्यवस्था और संप्रेषण माध्यमों में आई क्रांति के कारण टूट रही हैं। इक्कीसवीं सदी के भारतीय परिवेश को देखते हुए कहा जा सकता है कि भारत में बड़े पैमाने पर एक ऐसा वर्ग तैयार हुआ है, जो एक-सी भाषा बोलता है, एक ही तरह का खाना खाता है, अंधानुकरण के पीछे एक सामान पागल है और एक समान खुदगर्जी से भरा हुआ है। ऐसे वर्ग के लिए राष्ट्रीय अस्मिता का कोई महत्व नहीं है और परंपराओं से सृजनात्मक रिश्ता बनाने से कोई सरोकार रखता है। वह उदात्त राष्ट्रीय मूल्यों से ही वस्तुतः उदासीन है।

भूमंडलीकरण के दौर में राष्ट्रीय आधुनिकता की मिट रही आत्मनिर्भरता और विविधता के कारण यह फिर चर्चा का विषय बन गई है।

हरियश राय

अधिक जानकारी के लिए :

1. Nationalism : A Reader : (Ed) A Smith,
2. Political Theory : An Introduction : Rajiv Bhargav, Ashok Acarya

राष्ट्रीय एकता

राष्ट्र अपनी सीमाओं के साथ एक भौगोलिक इकाई है, जबकि राष्ट्रीय एकता (National Unity) इसके नागरिकों के बीच पारस्परिक भाईचारा, विविधता का सम्मान, सभी के प्रति समानता की दृष्टि, सामाजिक न्याय और राष्ट्र की सुरक्षा के लिए सदा तत्पर रहने की भावना है। राष्ट्रीय एकता तब टूटती है, जब देश में परस्पर संदेह, भेदभाव और संघर्ष बढ़ जाता है। राष्ट्रीय एकता साम्राज्यवाद से संघर्ष के संदर्भ में एक जरूरी भावना के रूप में देखी गई है। शांति, विकास और मजबूती के लिए भी यह अपरिहार्य मानी जाती है। दुनिया में अंतरराष्ट्रीयता, श्रमजीवी वर्ग की एकता और वैश्वीकरण के आदर्शों के बावजूद ऐसा नहीं है कि राष्ट्रीय एकता का जमाना बीत गया। दुनिया के सभी देशों में अभी भी राष्ट्रीयता का आकर्षण बना हुआ है, भले इसमें खुलेपन की जरूरत बताई जा रही हो।

दुनिया में दो तरह के राष्ट्र-राज्य हैं। एक तरह के राष्ट्र-राज्य वे हैं जहां के लोग एक जातीय मूल के हैं, एक भाषा बोलते हैं और जिनकी संस्कृति एक-सी है, रीति-रिवाज और साहित्यिक विरासत प्रायः समान हैं। कुछ पश्चिमी अवधारणाओं के अनुसार उस देश को एक राष्ट्र का नाम नहीं दिया जाता जहाँ कई भाषाओं, संस्कृतियों, जातीयताओं, धार्मिक रीति-रिवाज और भिन्न साहित्यिक विरासत वाले लोग हों। यही वजह है कि चर्चिल जैसे राजनीतिज्ञों ने भारत को कभी एक राष्ट्र नहीं माना, जबकि कई पश्चिमी राष्ट्र बहुभाषिक-बहुसांस्कृतिक हैं।

भारत एक बहुभाषिक, बहुसांस्कृतिक और बहुजातीय राष्ट्र है। यह मराठी, गुजराती, तमिल, बांग्ला, असमिया, ओड़िया, मणिपुरी, हिंदी, पंजाबी, कश्मीरी आदि कई जातीयताओं (नेशनलिटीज) और ढेर सारी जनजातियों के मेलजोल से बना राष्ट्र-राज्य है। इसे बहुजातीय राष्ट्र-राज्य कहा जाता है। देश की सुदृढ़ता के लिए इसकी विविधता में राष्ट्रीय एकता एक जरूरी तत्व के रूप में देखी जाती है। यह दुनिया की दूसरी सबसे बड़ी आबादी (लगभग एक अरब पच्चीस करोड़ जनता, जनगणना 2016) वाला देश है और सबसे अधिक विविधतासंपन्न भी है। इस देश ने अपनी राष्ट्रीय एकता एक लंबे उपनिवेशवाद-विरोधी संग्राम के भीतर से अर्जित की है, भले इस भावना को क्षत-विक्षत करने के लिए पृथक सामुदायिक अस्मिता की राजनीति हमेशा सक्रिय रही है।

राष्ट्र की सामाजिक संरचना में इधर नए तत्व जुड़े हैं, केंद्र और हाशिए का तनाव बढ़ा है। धर्म ही राष्ट्र है, जाति-बिरादरी ही राष्ट्र है, नस्ल ही राष्ट्र है, प्रांतीयता ही राष्ट्र है, पुराजातीयता ही राष्ट्र है—ये धारणाएं इधर बढ़ी हैं। फलस्वरूप देश में परस्पर संदेह, घृणा और आंतक का कटु माहौल बना रहता है। दूसरी तरफ मुक्त बाजार अर्थव्यवस्था ने अपनी तरफ से राष्ट्र के अहसास को मिटाने के लिए कुछ भी बाकी नहीं छोड़ा है। उसके प्रति असंतोष जाति, धर्म और क्षेत्रीयताओं में विभाजित है। इन स्थितियों ने भारत में राष्ट्रीय एकता के सवाल को जटिल बना दिया है। देखा जा सकता है कि पूरी दुनिया में ही राष्ट्र-राज्य संकीर्णताओं के दलदल में फंसे जा रहे हैं या धूमिल हो रहे हैं। अंध-राष्ट्रवाद जितना बढ़ता है, राष्ट्र में दरारें पड़ती हैं और राष्ट्रीय एकता संकट में पड़ती है। अतः सवाल उठता है कि वैश्वीकरण के युग में राष्ट्र का अस्तित्व महज एक संवैधानिक औपचारिकता है या इसका अहसास एक वास्तविकता है।

दो देशों के बीच क्रिकेट मैच के समय जो राष्ट्रवाद पैदा होता है या सिर्फ देशभक्ति के पॉप गाने सुनकर या दूसरे देश से अचानक युद्ध छिड़ने पर या सिर्फ स्वाधीनता दिवस पर राष्ट्रीय झंडा देखकर जो राष्ट्रीय भावना जागती है उसे निर्बल मानना चाहिए, यदि राष्ट्रीय भावना ने लोगों के मन से 'दूसरे' के प्रति अविश्वास, घृणा और विद्वेष को हमेशा के लिए बाहर न कर दिया हो। राष्ट्र के स्वरूप के वास्तविक ज्ञान के बिना सच्ची राष्ट्रीय एकता संभव नहीं है।

दुनिया के प्रायः हर देश के लोगों ने पिछले

लगभग तीन सौ सालों से अपने-अपने ढंग से अपने राष्ट्र-राज्य का अहसास करना शुरू कर दिया था। इस अवधारणा का लोकतंत्र के उदय से संबंध था। खुद भारत एक देश के रूप में काफी प्राचीन है। 'भारत' एक पुराना शब्द है, भले विदेशियों द्वारा इसे सिंधु नदी के संदर्भ में हिंदू, हिंद कहा गया या 'इंडस' के संदर्भ में इंडिया कहा गया।

भारत कन्याकुमारी से हिमालय तक अतीत की विभिन्न राज्य व्यवस्थाओं, आपस के शत्रुतापूर्ण संघर्षों और हार्दिक अंतर्मिश्रणों के बीच से एक उदात्त सांस्कृतिक आत्मबोध से गुजरते-गुजरते, बहुत कुछ खोते-पाते हुए लंबे समय बाद राष्ट्र के अपने आधुनिक राजनीतिक अहसास तक पहुंचा है। यह देश भारत के लोगों को उधार में नहीं मिला है, बल्कि एक अर्जित अहसास है। भारत बीहड़ों से निकलकर आया है। उसकी यात्रा उलझी हुई है, पर वह इतनी अस्पष्ट नहीं है कि एक सांस्कृतिक अहसास से ऐतिहासिक वास्तविकता में रूपांतरित नहीं हो चुका है। शेष है उसके अपने राजनीतिक गंतव्य की खोज, खासकर जब वह बाजार अर्थव्यवस्था के युग में एक नए माहौल से गुजर रहा है।

हर जमाने में यह सवाल घूम-फिरकर आता है, 'हम क्या थे, क्या हो गए और क्या होंगे अभी/ आओ विचारें आज मिलकर ये समस्याएं सभी।' (भारत भारती, मैथिलीशरण गुप्त)। लोकतंत्र ही खुलकर यह विचार करने का अवसर देता है। राष्ट्रीय एकता इस पर निर्भर है कि उपर्युक्त सवाल का सामना करने के लिए लोकतांत्रिक अवसर कितने उपलब्ध हैं, लोग संवाद का कितना सम्मान करते हैं और अपने व्यापक लक्ष्य की खोज के लिए बौद्धिक रूप से कितने सक्षम हैं।

वेदव्यास ने जाना था भारत को, उन्होंने 'महाभारत' लिखा। उनकी काव्यमयी आंखों में भारत विविधताओं से भरी एक विराट भू-सांस्कृतिक इकाई है। फाहियान और ह्वेनसांग जैसे विदेशी यात्री मालवा, तक्षशिला, मगध, कोसल, कोंकण या आंध्र नहीं आए थे—वे भारत में आए थे। ह्वेनसांग जिस देश में आया था, उसके बारे में लिखा है, 'धन्य है भारत जहाँ न्यायालय हैं पर कोई अपराधी नहीं। कारागार हैं पर कोई बंदी नहीं। घर में समृद्धि है पर ताले नहीं लगे हैं।' श्रीहर्ष ने 'नैषधचरित' में लिखा है, श्रेष्ठ लोग देशों में भारत देश की प्रशंसा करते हैं (वर्षेषु यद्भारतमार्यधुर्याः स्तुवन्ति)। विष्णुपुराण में है, 'हे महामुनि, जंबू द्वीप में भारत सबसे अच्छा है, क्योंकि यह कर्मभूमि है। इसके अलावा बाकी भोगभूमि है।' (2.3.22)। इसमें गंगा, यमुना, नर्मदा, कृष्णा, गोदावरी, कावेरी सभी नदियों का वर्णन है। भारत के अतीत में सब कुछ महान, हरा-हरा और सब कुछ स्वर्णिम नहीं है। उसमें काफी अंधेरा रहा है—राज्यों में अंतर्शत्रुता, समाज में आंतरिक दमन और धार्मिक कठमुल्लापन। फिर भी ऋषियों, भक्तों और संतों ने इस अंधेरे में भी प्रकाशस्तंभ रचे थे—वे भारत की एक महान धारणा दे रहे थे। इसे रवींद्रनाथ ने एक कविता में बताया है, 'जहां हृदय भयशून्य है, जहां सिर ऊंचा उठा रहता है, जहां ज्ञान सदा मुक्त है, जहाँ पृथ्वी के छोटे-छोटे टुकड़े नहीं किए जाते, जहाँ बातें हृदय से निकलती हैं, जहाँ विचारों की जलधाराओं को कोई मरुस्थल सोख नहीं पाता, हे ईश्वर! तुम अपने निर्मम आघात से भारत के इसी स्वर्ग को जगाओ।' (गीतांजलि)। तुलसीदास ने आर्यावर्त न कहकर 'भलि भारत भूमि' कहा था और इसका 'महाविटप' के रूप में नमन किया था।

राष्ट्रीय एकता का प्रधान तत्व है देश के लोगों का आपस में प्रेम। भारत ने हर युग में यह संदेश दिया। ऋग्वैदिक काल के 'मिलकर काम करो, मिलकर साथ रहो' से लेकर बुद्ध की करुणा और कबीर के प्रेम से होते हुए गांधी की अहिंसा तक प्रेम की ही आवाजें गूंजती रही हैं। कबीर ने कहा था, 'ढाई आखर प्रेम का पढ़े सो पंडित होय।' प्रेम के अलावा ज्ञान को परखने की कोई दूसरी कसौटी नहीं है। हर सच्चा ज्ञान प्रेम की ओर ले जाता है। गांधी ने राजनीतिक प्रतिरोध के संदर्भ में 'प्रेम' की जगह 'अहिंसा' शब्द का प्रयोग किया, 'अहिंसा के बिना सत्य का शोध और उसे हासिल करना असंभव

है। अहिंसा और सत्य एक-दूसरे से गुंथे हुए हैं।' (महात्मा गांधी के विचार : आर के प्रभु, यू आर राव)। इस तरह राष्ट्रीय एकता के लिए नए दौर में प्रेम, अहिंसा और सत्याग्रह समानार्थी हो गए। माना जाने लगा कि राष्ट्रीय एकता के लिए अपने धर्म, सामाजिक धारणाओं और जातीयताबोध में 'स्पेस' पैदा करना जरूरी है। औपनिवेशिक काल में धर्म, जातीयता, जातिवाद आदि के आधार पर तीव्र किए गए मिथ्या अंतर्विरोधों को मिटाए बिना न व्यापक राष्ट्रीय आत्म-पहचान संभव है और न ही आज के वास्तविक अंतर्विरोधों की समझ संभव है।

भारत की विविधता पर दो तरफ से खतरे माने जाते हैं—सांस्कृतिक एकरूपता और सामाजिक भिन्नता। सांस्कृतिक एकरूपता औपनिवेशिक आधुनिकता या पश्चिमवाद का बाजार की ताकतों द्वारा थोपा जाना है, यह पश्चिम का अंधानुकरण है। सामाजिक भिन्नता अतीत का अहं लेकर धर्म, जातीयता, नस्ल या जातिवाद के आधार पर सामाजिक सौहार्द को मिटाना है, सामाजिक विविधता को सामाजिक भिन्नता में बदल देना है और असहिष्णुता फैलाना है। वैश्वीकरण के युग में 'सांस्कृतिक एकरूपता-सामाजिक भिन्नता' का युग्म राष्ट्रीय एकता का सबसे बड़ा शत्रु है।

जवाहरलाल नेहरू ने 'डिस्कवरी ऑफ इंडिया' में कहा है, 'यद्यपि बाहरी तौर पर भारत के लोगों में विविधता देखने को मिलती है, तथापि उनमें सर्वत्र एकता की एक विराट प्रतीति भी है जिसने हमें अतीत में चाहे कोई भी राजनीतिक संकट या विपदा हम पर पड़ी हो, हमें एकसाथ बांध रखा है।' स्वाधीनता आंदोलन के दौर में राष्ट्रीय एकता एक बौद्धिक विचार भर नहीं थी, बल्कि यह भारतीय जीवन की एक गहरी अनुभूति का रूप ले चुकी थी। प्रश्न उठा है कि क्या राष्ट्रीय एकता की वह अनुभूति इधर विभिन्न स्तरों पर जनमे पारस्परिक संदेह, विद्वेष और हिंसा पर कभी विजय पा सकेगी?

भारतीय राष्ट्र-राज्य एक लोकतांत्रिक गणराज्य है जिसमें स्वतंत्रता, समानता के अलावा तीसरा मुख्य तत्व राष्ट्रीय बंधुत्व है जो इस विविधतापूर्ण गणराज्य की एक बड़ी उपलब्धि है। स्वतंत्रता, समानता और राष्ट्रीय बंधुत्व किसी भी देश में राष्ट्रीयता की बुनियादी आधारशिलाएं होती हैं और उपर्युक्त में से किसी एक के बिना दूसरे या तीसरे की कल्पना नहीं की जा सकती और उपर्युक्त तीनों के बिना न्याय की आशा नहीं की जा सकती। यह भी देखा जा सकता है कि न्याय के बिना बड़े-से-बड़े आर्थिक विकास का कोई अर्थ नहीं है, चाहे लाखों करोड़ डॉलर का विदेशी पूंजी निवेश हो।

राष्ट्रीय एकता में व्यक्ति की गरिमा और मानवीय मूल्यों की उपेक्षा नहीं हो सकती, क्योंकि इसके बिना राष्ट्रीयता एक संकीर्ण धारणा है। दरअसल राष्ट्रीयता, मानवीय मूल्य और विश्वबंधुत्व के बीच अंतर्विरोध नहीं है। इसलिए राष्ट्रीयता के दो रूप बताए गए हैं—बहिष्कारपरक राष्ट्रीयता और समावेशी राष्ट्रीयता। बहिष्कारपरक राष्ट्रीयता अंध-राष्ट्रवाद है जो अहंकार और संकीर्णता से पैदा होता है। समावेशी राष्ट्रीयता 'दूसरे' के प्रति उदार रुख, मानवता के मूल्यों में विश्वास और ऐसे वैश्विक खुलेपन को लेकर चलती है, जो विवेक-आधारित होता है।

भारतीय संविधान का निर्माण भारतीय राष्ट्र-राज्य की एक ऐसी ही संकल्पना को लेकर हुआ है, जो न सिर्फ स्वाधीनता संग्राम के व्यापक अनुभवों पर आधारित है बल्कि उसमें वैयक्तिकता, राष्ट्रीयता, मानवता और विश्वबोध के बीच एक बुद्धिपरक सामंजस्य है। स्वतंत्रता और समानता के अलावा राष्ट्रीय एकता उसका एक प्रधान सारतत्व है। राष्ट्रीय एकता का निषेध कर संविधान के दूसरे लक्ष्यों की तरफ भी नहीं बढ़ा जा सकता। दूसरी तरफ राष्ट्रीय एकता का अर्थ बहुसंख्यकता द्वारा अल्पसंख्यकों पर अपनी विचारधारा थोपना नहीं होता। यह फासीवाद है जो भारतीय प्रकृति के विरुद्ध है।

राष्ट्रीय एकता शांति, विकास और सुरक्षा के लिए जरूरी है। इसके कमजोर होने का अर्थ है घृणा, हिंसा और अशांति में वृद्धि राष्ट्रीय एकता का अभाव राष्ट्र को बाजार अर्थव्यवस्था और बहुरंगे साम्राज्यवाद

के हाथों का खिलौना बना सकता है। माना जाता है कि इससे न सिर्फ विकास दर में गिरावट आएगी, विषमता बढ़ेगी और कृषकों-श्रमजीवियों के जीवन पर बुरा असर पड़ेगा, बल्कि व्यक्ति की स्वतंत्रता का भी ह्रास होगा। देश में विनाशकारी सामुदायिक झुंड बनेंगे। राष्ट्रीय एकता के टूटने से समाज में भय बढ़ता है, तर्कशक्ति, मानवीय मूल्यों और लोकतंत्र का ह्रास होता है। मनुष्यता सिकुड़ने लगती है। धर्म, इतिहास, भाषा और संस्कृति सृजनात्मकता के आयाम न रहकर अलगाव के चिह्नों में बदल जाते हैं। समाज बिखरने लगता है, अराजकता पैदा होती है और राष्ट्र कमजोर होता है। इक्कीसवीं सदी में हाशिए की वैचारिकी राष्ट्रीय भावना को एक विडंबना के रूप में देखती है, क्योंकि केंद्रवाद राष्ट्र को खोखला करता है। सामुदायिक अशांति, सत्ता की लालसा, कुशासन, भ्रष्टाचार और हिंसक दमन भी राष्ट्रीय एकता में दरारें पैदा करता है क्योंकि वह संविधान को दिखावा बना देता है। दरअसल, महान संग्रामों के बीच से लंबे समय में कोई राष्ट्र बनता है पर कुछ छोटे स्वार्थ और असावधानी उसके आंतरिक बिखराव की गति तीव्र कर देते हैं। दुनिया के किसी भी राष्ट्र को मनुष्यता की बुनियाद से हटाकर बचाया नहीं जा सकता।

राष्ट्रीय एकता या अखंडता का कमजोर होना राष्ट्र के निर्बल होने का चिह्न है। यह सत्ता-व्यवस्था की अक्षमता, निष्क्रियता और बौद्धिक बीमारी का लक्षण है। इससे विकास तो प्रभावित होता ही है, जनजीवन में भय, असुरक्षा और अशांति आ जाती है–सामाजिक विभाजन एक गंभीर खतरे की ओर ले जाता है।

राष्ट्रीय एकता एक सहृदय, सामंजस्यपूर्ण और सकारात्मक जीवन-दृष्टि के बिना संभव नहीं है। धार्मिक, जातीय, लैंगिक और जातिवादी वर्चस्व की आकांक्षा रखकर राष्ट्रीय भावना कभी संभव नहीं है। प्रेमचंद ने यहां तक लिखा था, 'राष्ट्र से परांगमुख होकर आनंदभोग करना भी लज्जास्पद है। स्वार्थ की उपासना करने में वह महत्व नहीं है जो राष्ट्र के लिए मुसीबतें झेलने में है।' (विविध प्रसंग-2)। प्रेमचंद ने एक और चिंता व्यक्त की थी, 'दो सदियों की पराधीनता ने हममें ऐक्य का जो भाव जगाया है, वह इस बढ़ती हुई प्रांतीयता के सामने कै दिन ठहर सकेगा?' (वही)। 'राष्ट्र' आज बहुतों के लिए सुविधा उठाने की जगह है। प्रेमचंद कहते थे, 'राष्ट्रीयता की पहली शर्त वर्ण-व्यवस्था, ऊंच-नीच के भेद और धार्मिक पाखंड की जड़ खोदना है।' बहुतों में जिज्ञासा हो सकती है कि ये शर्तें पूरी किए बिना क्या राष्ट्रीय एकता का लक्ष्य हासिल किया जा सकता है। प्रेमचंद ने सवाल उठाया था, 'सभी दल अपनी-अपनी रक्षा करेंगे, राष्ट्र की रक्षा कौन करेगा?' (वही)। प्रेमचंद से जाना जा सकता है कि वैश्वीकरण के युग में उस 'राष्ट्र' की रक्षा कैसे की जाए, जिसकी स्वाधीनता की पहली रात ही भारत के प्रधानमंत्री जवाहरलाल नेहरू ने हर आंख से आंसू पोंछने का वादा किया था (नियति से मुठभेड़, 15 अगस्त 1947)।

वैश्वीकरण ने बाजार-आधारित अर्थव्यवस्था का विस्तार करके क्या एक ऐसी संस्कृति और राजनीति की नींव डाल दी है, जिसमें राष्ट्रीय एकता का अब बहुत मतलब नहीं रह जाता? विश्व की नई अर्थव्यवस्था में क्या राष्ट्र की आत्मा बचेगी? दुनिया में मुक्त बाजार के विस्तार के साथ यदि एक तरफ बुद्धिवाद, मानवतावाद और समाजवाद के तत्व मिटे हैं तो दूसरी तरफ दुनिया भर में राष्ट्रवाद एक अंध-उन्माद और बर्बरता का रूप धारण कर रहा है। आतंकवाद की घटनाओं के बाद दुनिया भर में राष्ट्रीय एकता दरकी है, अंध-राष्ट्रवाद बढ़ा है। युग-परिवर्तन के साथ निश्चय ही जीवन और संस्कृति में नए विचारों, संस्थाओं और माध्यमों का जन्म होता है। माना जाता है कि राष्ट्रीय एकता वैश्वीकरण के दौर में अर्थहीन नहीं होगी, पर अपने कुछ जटिल रूपों में दिखाई देगी। आज का वैश्वीकरण उन्नीसवीं-बीसवीं सदी के मानवतावादी अंतरराष्ट्रीयवाद या सार्वदेशिकता से अलग है, तो राष्ट्र और राष्ट्रीय एकता का स्वरूप भी अलग जरूर होगा। पर आज भी किसी समुदाय का आदमी अपने गहरे दुख और

विपत्ति के समय अंततः 'राष्ट्र' के पास नहीं तो और कहां जाएगा?

शंभुनाथ

अधिक जानकारी के लिए :
1. **भारतीय संस्कृति और हिंदी प्रदेश :** रामविलास शर्मा, 2000, 2. **भारत की राष्ट्रीय संस्कृति :** आबिद हुसैन, **3. No Full Stop in India :** Mark Tully, 1988, **4. A New History of India :** S Wolport, 2003, **5. India Before Europe :** C B Asher, C Talbot, 2008

राष्ट्रीय काव्यधारा

हिंदी की राष्ट्रीय काव्यधारा का मूल्यांकन हिंदी नवजागरण और छायावाद के अंतर्गत किया जाता रहा है। रामचंद्र शुक्ल ने अपने 'हिंदी साहित्य का इतिहास' में साहित्य के नए मार्गों की चर्चा करते हुए यह तो लिखा, 'नवीन धारा के बीच भारतेंदु की वाणी का सबसे ऊँचा स्वर देशभक्ति का था', पर उन्होंने राष्ट्रीय काव्यधारा का कोई स्पष्ट संकेत नहीं किया। हजारी प्रसाद द्विवेदी ने राष्ट्रीयता को एक नई विचारधारा के रूप में पहचाना, 'राष्ट्रीयता भारतवर्ष के लिए नवीन विश्वास थी। राष्ट्रीयता का अर्थ यह कि प्रत्येक व्यक्ति राष्ट्र का अंश है और इस राष्ट्र की सेवा के लिए, इसको धन-धान्य से समृद्ध बनाने के लिए, इसके प्रत्येक नागरिक को सुखी और संपन्न बनाने के लिए, प्रत्येक व्यक्ति को सब प्रकार के कष्ट और त्याग स्वीकार करने चाहिए। यह राष्ट्रीयता एक सीमा तक मनुष्य के उच्चतर उद्देश्यों के अनुकूल थी, लेकिन सीमा का व्यतिक्रम करने के बाद इसका एक अत्यंत कुत्सित रूप सामने आता है।' (हिंदी साहित्य : उद्‌भव और विकास)। द्विवेदी जी भी यहां राष्ट्रीयता को यूरोपीय संदर्भ में देख रहे थे।

1857 के प्रथम भारतीय स्वाधीनता संग्राम का असर देश के संपूर्ण बौद्धिक जगत पर पड़ा था। गद्य के साथ काव्य में भी राष्ट्र के प्रति चिंता बढ़ने लगी थी और देशहित से जुड़े विभिन्न पक्ष उद्‌घाटित होने लगे थे। भक्ति और रीति की लीक पीछे छोड़ते हुए कविता राष्ट्रीयता की ओर मुड़ रही थी। इसमें 'लोकहित, समाज-सुधार, मातृभाषा का उद्धार' (रामचंद्र शुक्ल) आर्थिक और राजनीतिक पराधीनता के विरुद्ध आवाज प्रस्फुटित होने लगी थी। भारतेंदु के नाटकों ने स्पष्ट पूछ ही लिया था, 'कब लौं दुख सहिहौं सबै रहिहौं बने गुलाम।' यह भी पूछा, मनुष्य होते हुए भी हम गुलाम और वे राजा क्यों हो गए? उन्होंने यह नारा दिया, 'स्वत्व निज भारत गहै।' राष्ट्रीय भावधारा की उनकी उल्लेखनीय पंक्तियां हैं :

अंगरेज-राज सुख साज सजे सब भारी।
पै धन बिदेश चली जात यही अति ख्वारी।।

अंग्रेजों के प्रति आशापूर्ण निगाहें टिकी थीं, पर आलोचनात्मक दृष्टि पनपने लगी थी।

कहा जा सकता है कि राष्ट्रीय चेतना का उद्‌भव सबसे पहले भारतेंदु की कविताओं में हुआ। इसलिए उन्हें राष्ट्रीय काव्यधारा का जनक माना जा सकता है। उनकी देशभक्ति और राजभक्ति के द्वैध को 'प्रच्छन्न राष्ट्रवाद' के रूप में देखना ही उचित होगा। इसे तत्कालीन ऐतिहासिक संदर्भ में ही समझा जा सकता है। भारतेंदु मंडल के साहित्यकारों में प्रताप नारायण मिश्र और चौधरी बदरी नारायण उपाध्याय 'प्रेमघन' ने भी कविताओं के जरिए देश-दुर्दशा का वर्णन किया। उनकी कविताओं में अतीत की महानता का स्मरण और वर्तमान की दुर्दशा का उल्लेख है। प्रेमघन ने विलायत में दादाभाई नौरोजी के 'काले' कहे जाने पर उन्होंने 'कारे' शब्द को लेकर बड़ी सरल और क्षोभपूर्ण कविता लिखी थी।' (हिंदी साहित्य का इतिहास, रामचंद्र शुक्ल)। यह हिंदी की पहली नस्लवाद विरोधी कविता भी है।

द्विवेदी युग की कविता में राष्ट्रीयता काव्य की एक प्रमुख भावधारा बन गई। इस दौरान लिखने वाले सभी कवियों ने देशभक्तिपूर्ण कविताएं लिखीं। इस काल की कविताओं में गुलामी को सबसे बड़ा अभिशाप माना गया। स्वतंत्रता-प्राप्ति के लिए संघर्ष की प्रेरणा इस युग की कविताओं में दिखाई देने लगी। मैथिलीशरण गुप्त इस युग के प्रमुख कवि हैं, जिन्होंने 'भारत भारती' लिखकर राष्ट्रीय भावना को

साहित्य के केंद्र में स्थापित किया। 'भारत भारती' में न केवल भारत के अतीत का गौरवगान है, बल्कि साम्राज्यवादी शक्तियों से लड़ने की प्रेरणा भी है। उन्होंने अपनी कविताओं में केवल राष्ट्र का महत्व ही स्थापित नहीं किया, बल्कि भारतीय समाज के उत्थान के मानकों का भी निर्धारण किया। उनका कहना था कि स्त्री, निम्न जाति, अछूत, किसान सभी की राष्ट्र-निर्माण में भूमिका है। 'भारत भारती' में जहाँ राष्ट्रीय आंदोलन की छाप है, वहीं 'जयद्रथ-वध', 'साकेत', 'यशोधरा' जैसे ग्रंथ नवजागरण के प्रभाव से संचालित हैं। मैथिलीशरण गुप्त राष्ट्र-निर्माण के कवि थे। इसी कारण महात्मा गांधी ने उन्हें 'राष्ट्रकवि' की उपाधि से अलंकृत किया था। नाथूराम शर्मा 'शंकर' की कविताओं में राष्ट्रीय आंदोलन, देशप्रेम, स्वदेशी, समाज-सुधार, छुआछूत जैसे विषय मिलते हैं। अयोध्या सिंह उपाध्याय 'हरिऔध' द्विवेदी युग के प्रमुख कवि हैं। उनकी कविताओं में भी आधुनिक भावबोध और राष्ट्रप्रेम की झलक है। इस दृष्टि से 'भारत गीत' उल्लेखनीय है। 'प्रिय प्रवास' पर देशभक्ति, राष्ट्रप्रेम, आजादी और अहिंसा के सिद्धांत का प्रभाव देखा जा सकता है।

श्रीधर पाठक इस युग के प्रमुख कवि थे जिनकी कविताओं में देशप्रेम, समाज-सुधार और देश का गौरवगान स्पष्ट रूप से मुखरित हुआ। उनकी कविताओं में देशभक्ति के साथ-साथ राजभक्ति मौजूद है, पर राष्ट्रभक्ति और समाज-सुधार पर विशेष बल है। उन्होंने 'भारत धरनी', 'भारत गगन' में भारत का महिमामंडन किया है। यह हिंदी का पहला जागरण गीत है। गया प्रसाद शुक्ल सनेही 'त्रिशूल' नाम से राष्ट्रीय कविताएं लिखते थे। अपनी कविताओं में उन्होंने देश की गुलामी, आर्थिक विषमता, छुआछूत आदि विषयों पर भी लेखनी चलाई। इस युग के कवियों ने एक ओर अपने देश की सामाजिक असंगतियों, अंतर्विरोधों, विषमताओं को विषय बनाने के साथ-साथ इन समस्याओं को दूर करने का भी आह्वान किया। दूसरी ओर लोगों को विदेशी शासन से मुक्त होने के लिए स्वाधीनता संग्राम में भाग लेने की प्रेरणा भी दी।

मैथिलीशरण गुप्त

छायावाद के दौर में राष्ट्रीय काव्यधारा की कविताएं दो रूपों में थीं। एक धारा थी उन कवियों की जो स्वच्छंदतावाद की पृष्ठभूमि में राष्ट्रीय मुक्ति का आह्वान कर रहे थे और वे विश्व मानवतावादी भी थे। उनमें प्रसाद और निराला अग्रणी थे। कुछ कवि ऐसे थे, जिन्होंने न केवल राष्ट्रप्रेम को केंद्र में रखकर कविताएं लिखीं, बल्कि स्वयं देश की आजादी की लड़ाई में हिस्सा लिया। इसलिए इनकी कविताओं में एक आवेश दिखाई पड़ता है। ऐसे कवियों में माखनलाल चतुर्वेदी, रामनरेश त्रिपाठी, बालकृष्ण शर्मा 'नवीन', सुभद्रा कुमारी चौहान आदि प्रमुख हैं। उनके बाद सियारामशरण गुप्त, उदयशंकर भट्ट, सोहनलाल द्विवेदी और 'हल्दीघाटी' के लेखक श्यामनारायण पांडेय, रामेश्वर शुक्ल 'अंचल', शिवमंगल सिंह 'सुमन' आदि ने भी अपनी कविताओं में राष्ट्रीय भावनाएं व्यक्त कीं। इस दौर के कवियों पर महात्मा गांधी के अहिंसक आंदोलन और सत्याग्रह का प्रभाव देखा जा सकता है। इन कवियों ने देश की गुलाम मानसिकता, निराशा और दैन्य भाव को दूर करने में अहम भूमिका निभाई और लोगों में आत्मविश्वास का संचार किया। राष्ट्र को लेकर सम्मानभाव पैदा करने में इन कवियों की अहम भूमिका है। सुभद्रा कुमारी चौहान

की रानी लक्ष्मीबाई पर लिखी कविता काफी प्रसिद्ध हुई थी, 'बुंदेले हरबोलों के मुख हमने सुनी कहानी थी। खूब लड़ी मरदानी वह तो झांसी वाली रानी थी।' आज भी उनकी कविताएं पाठकों में राष्ट्रप्रेम को उद्वेलित और प्रेरित करती हैं।

सुभद्रा कुमारी चौहान

छायावादी काव्यधारा और राष्ट्रीय काव्यधारा के बीच कड़ा विभाजन कहना गलत होगा, सिर्फ यह कहा जा सकता है कि साम्राज्यवादी अत्याचार और अन्याय के माहौल में राष्ट्रीय काव्यधारा के कवियों का राष्ट्रीय स्वर अधिक उग्र और मार्मिक था। दोनों ही काव्यधाराओं में धर्मनिरपेक्ष राष्ट्रीय भावना और स्वाधीनता की आवाज है। एक जगह जो स्वच्छंदता है, वहीं दूसरी जगह स्वाधीनता है। राष्ट्रीय काव्यधारा की कविताओं में राजनीतिक जागरूकता ज्यादा मुखर रूप में है।

छायावाद जिस समय राष्ट्रीय मुक्ति और स्वच्छंदता का स्वर लेकर सामने आया, महात्मा गांधी का राष्ट्रीय पटल पर पदार्पण हो चुका था। उनके प्रभाव से यह चेतना निर्मित होने लगी थी कि राष्ट्र के निर्माण में आम जनता, किसान, मजदूर, स्त्री, दलित सबकी महत्वपूर्ण भूमिका होनी चाहिए। इस दौर में गांधी को संबोधित करके भी कविताएं लिखी गईं। बुद्धिजीवियों के मन से संशय के बादल हटने लगे थे और स्पष्ट होने लगा था कि अंग्रेज उनके हितैषी नहीं हैं और वे 'विकास' और 'न्याय' का झांसा दे रहे हैं। उनका मुख्य उद्देश्य देश का आर्थिक शोषण करना है। छायावाद के सभी प्रमुख कवियों ने अपनी कविताओं में इस तथ्य को उद्‌घाटित किया। उन्होंने 'अरुण यह मधुमय देश हमारा' (प्रसाद) और 'जागो फिर एक बार' (निराला) जैसी राष्ट्रीय जागरण की कविताएं लिखीं। इस युग में जो देशभक्ति संबंधी कविताएं लिखी गईं, उनमें आम आदमी के स्वर को भी शामिल किया जाने लगा। बालकृष्ण शर्मा 'नवीन' कह रहे थे, 'कवि कुछ ऐसी तान सुनाओ जिससे उथल-पुथल मच जाए। एक हिलोर इधर से आए, एक हिलोर उधर से आए।' राष्ट्रीय काव्यधारा में क्रांतिकारी स्वर था। नवीन कह रहे थे, 'यहां बनी हथकड़ियां राखी साखी है संसार।' माखनलाल चतुर्वेदी 'एक भारतीय आत्मा' के नाम से कविता लिखते थे, उन्हें 'राष्ट्रीय धारा का कवि' कहा जाता है। ऐसे कवियों का ऐतिहासिक स्थान न छायावाद के भीतर है, न प्रगतिवाद और न ही नई कविता के भीतर। इसलिए राष्ट्रीय काव्यधारा की एक श्रेणी बना ली गई।

माखनलाल चतुर्वेदी

दरअसल, अंग्रेजी राज से संघर्ष के दौर में आम भारतीय जीवन को राष्ट्रवाद से अधिक दूसरी किसी अन्य जगह से व्यापक प्रेरणा नहीं मिल रही थी। माखनलाल चतुर्वेदी राष्ट्रीय नेतृत्व के उदारवादी रुख से असंतुष्ट थे। इसलिए कह रहे थे, 'अब सुधार-समझौतों वाली नहीं चलेगी तनिक ठिठोली।' उन्हें 'बलिपथ के अंगारे' के रूप में याद किया जाता है। राष्ट्रीय काव्यधारा के कवियों के मन में अंग्रेजों से समझौता और उनके प्रति उदारवादी रुख से घोर असंतोष था, क्योंकि उनकी प्रेरणा स्वतंत्रता की बलिवेदी पर अपनी आहुति देने वाले क्रांतिकारी थे, 'आज सारी रात कूकेंगे वहां मोम दीपों का मरण-त्योहार है।' 'हिम किरीटनी' के कवि माखनलाल चतुर्वेदी की राष्ट्रीय काव्य-भावना क्रांतिकारी और समावेशी थी :

जब चांद मुझे नहलाता है
सूरज रोशनी पिन्हाता है
क्यों दीपक लेकर कहते हो
यह तेरा है, यह मेरा है
हो मुकुट हिमालय पहनाता
सागर जिसके पग धुलवाता
यह बंधा बेड़ियों से मंदिर
मस्जिद, गुरुद्वारा मेरा है।

इस युग में अतीत का गौरवगान भी सामने आया लेकिन यह भारतेंदु युग के अतीत गान से अलग था। राष्ट्रीय काव्यधारा के रचनाकारों ने ऐसे अतीत को आधार बनाया जो धर्मनिरपेक्ष था। उनकी भारतमाता एक स्त्री बिंब होते हुए भी अवनींद्रनाथ ठाकुर की तरह महज एक हिंदू स्त्री बिंब नहीं थी। वह धर्मनिरपेक्ष भारतमाता थी। 'छायावाद' का महत्व इसी दृष्टि से है कि उस युग में एक धर्मनिरपेक्ष, आधुनिक और प्रतिरोधी राष्ट्रीय व्यक्तित्व का निर्माण हुआ, आजादी की अलख जगी।

छायावाद और प्रगतिवाद के बीच रामधारी सिंह 'दिनकर' ऐसे कवि के रूप में सामने आए, जिन्होंने छायावाद और प्रगतिवाद की भावनाओं के बीच मजबूत सेतु का काम किया। उनकी कविताओं में राष्ट्रप्रेम बहुत प्रखर और आवेशयुक्त मुद्रा में मौजूद है। इनकी कविताओं में एक ओर जन-जन को उद्‌बोधित करने का प्रयास किया गया है तो दूसरी ओर जनता को राष्ट्र के निर्माण से जोड़ने की प्रेरणा दी गई है। इस दृष्टि से 'कुरुक्षेत्र', 'रश्मिरथी', 'परशुराम की प्रतीक्षा' आदि प्रमुख कृतियां हैं। उनकी ये पंक्तियां कई बार गूंजी, 'दो राह समय के रथ का घर्घर नाद सुनो। सिंहासन खाली करो कि जनता आती है।'

रामधारी सिंह 'दिनकर'

प्रगतिवाद ने हिंदी कविता को अधिक सशक्त रूप में जन-आकांक्षाओं से जोड़ा। इस दौर में भी एक ऐसे राष्ट्र की परिकल्पना की गई जो भेदभाव-रहित हो। नागार्जुन, केदारनाथ अग्रवाल आदि कवियों ने इसी रूप में राष्ट्र को देखा। उन्होंने राष्ट्र के निर्माण के प्रति एक आलोचनात्क दृष्टि विकसित की। उन्होंने जिस राष्ट्र की परिकल्पना की, वह कुछ मुट्ठी भर लोगों का राष्ट्र नहीं था, बल्कि देश की उस जनता का राष्ट्र था जो शोषित और वंचित थी। नागार्जुन की 'भारतमाता' कविता है, 'जनयुग का यह रिक्तहस्त कवि/देवि तुम्हारे लिए आज निज शीश झुकाता/ जय

जय जय हे भारतमाता।' यह भारतमाता जनयुग की भारतमाता थी, यह धार्मिक बिंब नहीं थी।

आजादी के बाद मोहभंग की कविताएं लिखी गईं। खासतौर पर 1962 के भारत-चीन युद्ध में भारत की पराजय के बाद। दिनकर ने चीनी आक्रमण (1962) के संदर्भ में 'परशुराम की प्रतीक्षा' में अपने स्वभाव के अनुसार हुंकार किया और राष्ट्र को मजबूत बनाने का आह्वान किया। दूसरी ओर इसी समय रघुवीर सहाय की 'आत्महत्या के विरुद्ध' प्रकाशित हुई, जिसमें आजादी के बाद की निराशा और हताशा स्पष्ट है। केदारनाथ सिंह चुनाव की राजनीति पर व्यंग्य करते हुए लिखते हैं, 'भेड़िए से फिर कहा गया है/अपने जबड़ों को खुला रखें।' धूमिल 'पटकथा' और मुक्तिबोध 'अंधेरे में' लिखकर आजाद भारत में उपस्थित साम्राज्यवादी खतरे से आगाह करने का राष्ट्रीय दायित्व निभा रहे थे। इस दौर में 'राष्ट्रीयता' राष्ट्र-निर्माण के अलग-अलग नजरिए और प्रयासों से उद्भूत हुई जो परंपरागत राष्ट्रीयता की अवधारणा से अलग चिंताओं और सरोकारों से जुड़ी थी। इस दौर के कवियों में व्यवस्था के प्रति क्रोध है, यह आक्रोश क्रांतिकारी है। आजादी के बाद लिखी गई कविताओं में शासन व्यवस्था की आलोचनात्मक प्रतिध्वनि सुनाई पड़ती है।

भूमंडलीकरण के दौर में साम्राज्यवादी शक्तियां बाजार पर कब्जा जमाने लगीं तो कवियों ने इसके विरोध में कविताएं लिखी हैं। ये कविताएं विभिन्न रूपों में राष्ट्रीय काव्यधारा की कविताएं हैं। ये कविताएं भारतेंदु की उस भावना से जुड़ती हैं जिसमें यह कहा गया था कि हमारा धन विदेश चला जा रहा है। विदेशों में धन जाने की प्रवृत्ति ही नहीं, प्रतिभा के पलायन की प्रवृत्ति भी आज बढ़ी है और बौद्धिक उपनिवेशवाद गहराया है। इसका खुलासा निरंतर आज के कवि कर रहे हैं। इस प्रकार राष्ट्रीय काव्यधारा में भारतेंदु युग से लेकर आज तक की कविताओं को समाविष्ट किया जा सकता है।

सत्यकाम

अधिक जानकारी के लिए :
1. **हिंदी साहित्य का इतिहास :** रामचंद्र शुक्ल, 2. **आधुनिक कविता का इतिहास :** नंदकिशोर नवल

राष्ट्रीय ग्रंथ-सूची

राष्ट्रीय ग्रंथ-सूची (National Catalogue) बीसवीं सदी की देन है। ब्रिटेन में 1950 से ब्रिटिश नेशनल बिब्लियोग्राफी का प्रकाशन आरंभ हुआ। यह सूची वहां के राष्ट्रीय पुस्तकालय (तत्कालीन ब्रिटिश म्यूजियम के पुस्तकालय) में कॉपीराइट कानून के अंतर्गत प्राप्त हुई पुस्तकों के आधार पर तैयार की जाती है। भारत सरकार ने 1949 में एक कमेटी बनाई थी, जिसकी राय में (1) भारतीय कलाओं के संबंध में महत्वपूर्ण पुस्तकों की एक समेकित सूची यूनेस्को को भेजी जानी चाहिए और (2) विदेशी भाषाओं के महत्वपूर्ण ग्रंथों के भारतीय भाषाओं में और हर भारतीय भाषा से दूसरी भारतीय भाषाओं में अनुवाद के लिए कोई कार्यक्रम बनाना चाहिए। यूनेस्को की 1950 में पेरिस में हुई कान्फ्रेंस से प्रेरित होकर भारत सरकार ने ग्रंथ-सूचियों के निर्माण के लिए गंभीरता से सोचा।

1954 में 'डिलीवरी ऑफ बुक्स (पब्लिक लायब्रेरी) एक्ट' पास हुआ, जिसके अनुसार सभी भारतीय प्रकाशकों को अपने द्वारा प्रकाशित हर पुस्तक की एक-एक प्रति कोलकाता स्थित राष्ट्रीय पुस्तकालय के साथ ही दिल्ली पब्लिक लायब्रेरी, केनेमारा पब्लिक लायब्रेरी, चेन्नई और सेंट्रल लायब्रेरी मुंबई भी भेजना अनिवार्य कर दिया गया। राष्ट्रीय पुस्तकालय, कोलकाता में जो पुस्तकें भेजी जाती हैं, वे बाद में सेंट्रल रेफरेंस लायब्रेरी, कोलकाता को भेज दी जाती हैं। वहां उनका उपयोग राष्ट्रीय ग्रंथ-सूची तैयार करने के लिए किया जाता है। 1956 में इस कानून में कुछ संशोधन कर इसमें पुस्तकों के साथ ही समाचार-पत्र और पत्र-पत्रिकाओं को भी शामिल कर दिया गया। प्रत्येक देश की सरकार का यह कर्तव्य हो जाता है कि वह कोई ऐसा साधन प्रस्तुत

करे जिससे उसके अपने देश के लोगों को ही नहीं, वरन बाहर के लोगों को भी उस देश में प्रकाशित एवं उपलब्ध साहित्य की सूचना मिल सके। राष्ट्रीय ग्रंथ-सूची इसी उद्देश्य की पूर्ति करती है। राष्ट्रीय ग्रंथ-सूची में किसी देश में प्रकाशित सभी प्रकार के एवं सभी विषयों के समस्त ग्रंथों का विवरण दिया जाता है। यह सूची प्राय: देश विशेष के राष्ट्रीय पुस्तकालय में संग्रहीत साहित्य के आधार पर तैयार की जाती है।

राष्ट्रीय पुस्तकालय, कोलकाता में 1958 से 'भारतीय राष्ट्रीय ग्रंथ-सूची' का प्रकाशन आरंभ हुआ। इसका प्रकाशन त्रैमासिक रूप में 1958 से 1963 तक हुआ। वर्ष के अंत में पिछले वर्ष के सभी अंकों को मिलाकर एक समेकित वार्षिक अंक का प्रकाशन 1964 से 1977 तक होता रहा। उसके बाद इसका प्रकाशन अनियमित हो गया। 1978 और 1979 के केवल वार्षिक अंक निकल सके। 1980-81 का संयुक्तांक दो खंडों में निकला। 1994 से फिर प्रकाशन में अवरोध हुआ। इस सूची के प्रकाशन की दृष्टि से 2000 का वर्ष इस कारण महत्वपूर्ण कहा जा सकता है कि इस वर्ष से सारा कार्य कंप्यूटर पर होने लगा।

सामान्य पाठकों के लिए राष्ट्रीय ग्रंथ की सूची एक महत्वपूर्ण सूचना स्रोत है। प्रकाशक, पुस्तक विक्रेता, पुस्तकालयाध्यक्ष, अनुसंधानकर्ता आदि सभी राष्ट्रीय ग्रंथ-सूची का उपयोग कर सकते हैं। राष्ट्रीय ग्रंथ-सूची किसी देश के प्रकाशनों के आंकड़ों की जानकारी के लिए भी महत्वपूर्ण स्रोत है। यह किसी देश की सांस्कृतिक धरोहर होती है। यह योजना पूरी तरह राष्ट्रीय पुस्तकालय पर निर्भर है। राष्ट्रीय पुस्तकालय भी पूरी तरह प्रकाशकों द्वारा भेजे गए अपने प्रकाशनों पर निर्भर रहता है। कई प्रकाशकों को 'डिलीवरी ऑफ बुक्स एक्ट' के संबंध में कुछ पता नहीं है या जानते-समझते हुए भी वे अपने प्रकाशन राष्ट्रीय पुस्तकालय को नहीं भेजते या बहुत देर से भेजते हैं। 1958 से पूर्व भारत में प्रकाशित साहित्य की कोई ग्रंथ-सूची अभी तक न उपलब्ध है और न इसकी कोई योजना ही विचाराधीन है।

महेंद्र राजा जैन

राष्ट्रीय जागरण-1857

1857 के पहले स्वाधीनता संग्राम को ब्रिटिश अधिकारी 'सिपाही विद्रोह' या 'गदर' कहते थे, जबकि यह राष्ट्रीय जागरण था। इससे नवजागरणकालीन बुद्धिवादी व्यक्तित्व भी आलोकित हुए। उन्होंने अंग्रेजी राज को एक भिन्न नजरिये से देखना शुरू कर दिया। 1857 पर चर्चा और खोज का एक लंबा इतिहास है और टकराती दृष्टियां हैं। 1857 के अंग्रेजी राज के खिलाफ संग्राम को आधुनिक शिक्षा पाए कई भारतीय बुद्धिजीवियों ने भारत को पिछड़ा रखने के कुचक्र के रूप में देखा था। उसी समय अंग्रेजी कवि बायरन ने भारत के पक्ष में 'द कर्स ऑफ मिनरवा' कविता लिखी थी। इंग्लैंड में चार्टिस्ट आंदोलन के नेता अर्नेस्ट जोंस ने अंग्रेजी दमन का विरोध किया था। जॉन ब्राइट ने 'हंड्रेड ईयर्स ऑफ क्राइम' लिखकर अंग्रेजी राज का मुखौटा उतारा था और ब्रिटिश संसद में भी आवाज उठाई थी। रिचर्ड कांग्रीव ने 'इंडिया' शीर्षक पुस्तक में 1857 के राष्ट्रीय जागरण की सराहना की थी। कार्ल मार्क्स ने इसे राष्ट्रीय विद्रोह मानते हुए लंदन से लिखा, 'ब्रिटिश भारतीय सेना का विद्रोह अंग्रेजों के प्रभुत्व के विरुद्ध महान एशियाई राष्ट्रों के आम जन-प्रदर्शन के साथ मिलकर एक हो गया है।' (भारत में ब्रिटिश शासन)। इस तरह भारत के कई बुद्धिजीवियों से भिन्न मत पश्चिमी बुद्धिजीवियों के थे।

घटना : बंगाल की सेना के ही कुछ सिपाहियों ने 1857 के विद्रोह की शुरुआत की। 29 मार्च 1857

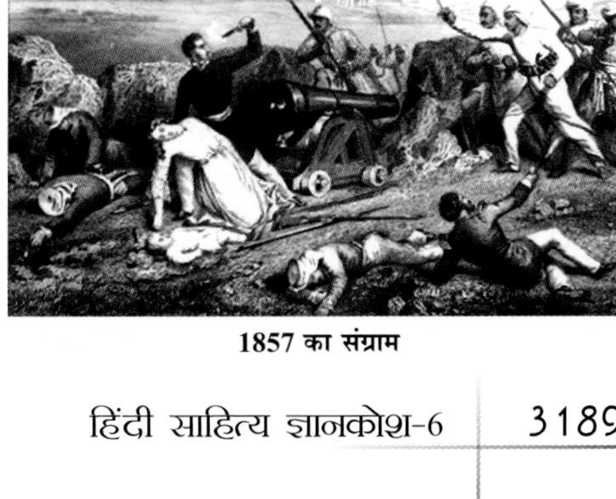

1857 का संग्राम

को बैरकपुर में इस विद्रोह के पहले शहीद मंगल पांडे ने अंग्रेजों के खिलाफ उठ खड़े होने के लिए अपने साथियों से आह्वान किया था। यह निष्फल साबित हुआ। 19वीं और 39वीं इनफैंट्री के हथियार छीन लिये गए। दोनों को भंग कर दिया गया, क्योंकि हिंदू-मुसलमान सिपाहियों के असंतोष की आंच अंग्रेजों को मिल गई थी। लेकिन यह घटना एक सैनिक छावनी से दूसरी छावनियों में आग की तरह फैल गई। 11 मई को मेरठ छावनी के विद्रोहियों ने दिल्ली पर कब्जा कर लिया। इतिहासकार इरफान हबीब ने लिखा है, 'इसमें शक की गुंजाइश नहीं कि बंगाल के जिन सिपाहियों ने विद्रोह किया था और ब्रिटिश शासन के विरुद्ध हथियार उठाया था, उनकी संख्या एक लाख के करीब थी। 1857 के विद्रोह का रूप इतना बड़ा नहीं हो पाता अगर इसको हरियाणा से लेकर बिहार तक के आम नागरिकों की हार्दिक सहानुभूति नहीं मिली होती। इन्हीं क्षेत्रों के गांवों से सिपाहियों की भर्ती की गई थी। इस विशाल क्षेत्र में इस विद्रोह ने किसान विद्रोह की रंगत तैयार कर ली थी।' (1857, नवजागरण और भारतीय भाषाएं, सं.-शंभुनाथ)। रामविलास शर्मा ने इस पृष्ठभूमि को देखते हुए ही 1857 के विद्रोहियों को 'वर्दीधारी किसान' कहा था।

विवाद : 1857 के बारे में औपनिवेशिक हैंगओवर इक्कीसवीं सदी में भी मिट नहीं पाया। विलियम डेलरिंपल ने मुख्य रूप से यही सब लिखकर ख्याति प्राप्त की कि 1857 का आक्रोश एक मजहबी मामला था, 'लोग सिर्फ लखनऊ, कानपुर और दिल्ली में लूटने, बलात्कार करने, आगजनी करने के लिए निकले थे।' (एक साक्षात्कार, द हिंदू, 16 दिसंबर 2012)। उन्होंने 1857 की घटना को 1839-42 के भयानक अफगान युद्ध से लौटते समय अंग्रेज सैनिकों की निर्मम हत्या से जोड़ा। उनकी नजर में 1857 महज उसका दुहराव था। उनका दावा है कि उनका उपन्यास 'द लास्ट मुगल' दुर्लभ दस्तावेजों पर आधारित है जिन्हें पहली बार उन्होंने ही देखा है, निश्चय ही कुछ दस्तावेज उन्होंने छोड़े भी होंगे। इसे विचित्र ही कहा जा सकता है कि अंग्रेज यदि अफगानिस्तान पर हमला करें तो यह 'सभ्यता का मिशन' है और देशी लोग पलटकर अंग्रेजों को मारें तो यह बर्बरता है।

रामविलास शर्मा ने ऐसी धारणाओं का खंडन किया कि 1857 महज एक सिपाही विद्रोह था या यह एक आकस्मिक घटना थी जो कारतूस में चर्बी के कारण धार्मिक वजह से घटित हुई थी और इसके विद्रोही बर्बर थे। 1857 के पहले भी अंग्रेजी राज और जनजातियों के अंग्रेजों के खिलाफ विद्रोह हो चुके थे। बाद में भी असंतोष भरा हुआ था। डेविड हार्डीमैन ने लिखा है, 'यद्यपि 1858 और 1914 के बीच के किसान-प्रतिरोध से अंग्रेजी राज को विशेष खतरा नहीं था, फिर भी वह ऐसी शक्ति था जिससे उपनिवेश के अफसर परेशान रहते थे। पृष्ठभूमि में 1857 का प्रेत मंडराया करता था। वह उन्हें याद दिलाता था कि एक बार किसान विद्रोह करने के लिए एकत्र हो गए तो क्या कुछ हो जाएगा।' (पीजेंट रेजिस्टेंस इन इंडिया, 1858-1940)। सबाल्टर्न इतिहासकारों ने किसान विद्रोहों पर काम किया है, पर उन्होंने इन विद्रोहों को राष्ट्रीय जागरण से न जोड़कर अलग रखा है। रामविलास शर्मा ने उनसे भिन्न मत रखा, 'पलासी के युद्ध के सौ साल बाद अठारह सौ सत्तावन की लड़ाई शुरू हुई और दो साल चली। अंग्रेजों को भारत से निकालने के संग्राम में बादशाह, नवाबों, सामंतों, जमींदारों, बुद्धिजीवियों– जनता के प्रायः सभी वर्गों के लोगों ने भाग लिया लेकिन सबसे ज्यादा लड़े किसान।' (स्वाधीनता संग्राम : बदलते परिप्रेक्ष्य)। उन्होंने स्पष्ट किया कि राष्ट्रीय जागरण किसानों को साथ लेकर ही सार्थक और असरकारी होगा। 1857 के जो व्याख्याकार इस स्वाधीनता संग्राम को प्रतिक्रियावादी कहते हैं, वे किसानों के असंतोष को नकारते हैं। ऐसे सुशिक्षित बुद्धिजीवियों को जो, अंग्रेजी राज को 'सुशासन' के रूप देखते हैं, उन्हें 'औपनिवेशिक हैंगओवर' का शिकार कहा जा सकता है।

इरफान हबीब और रामविलास शर्मा 1857 के राष्ट्रीय जागरण को भिन्न परिप्रेक्ष्य में देखने में अग्रणी रहे हैं। रामविलास शर्मा ने उसे जनतांत्रिक क्रांति के प्रयास के रूप में देखा। उन्होंने 'सन सत्तावन की राज्यक्रांति और मार्क्सवाद' में दिखाया कि अंग्रेजों द्वारा धार्मिक और जातीय विद्वेष उकसाने के बावजूद हिंदुओं और मुसलमानों के बीच प्रचंड एकता कायम हुई। बाहदुर शाह जफर का ऐलान यहीं से शुरू होता है, 'हिंदुस्तान के हिंदुओ और मुसलमानो, उठो, भाइयों उठो'। फारसी माध्यम से सरकारी कामकाज में दोनों के बीच जो एकता एलीट स्तर पर कायम हुई थी, 1857 के संग्राम में वह जमीनी हकीकत बनी। उस दौर में राष्ट्रीयता, लोकतंत्र और स्वतंत्रता की जो धारणाएं नई जमीन पर बन रही थीं, उन पर सामंती हिंतों का दबाव स्वाभाविक है। यह भी स्वाभाविक है कि दमन की भयानकता देखकर कुछ सरदार, राजे, रजवाड़े माफी मांगे लें, पीछे हट जाएं या अनुनय-विनय करें और यह विद्रोह सभी जगहों पर अधपका हो। इससे राष्ट्रीय भाईचारे, लोकतंत्र और आजादी की उभरती भावनाओं का महत्व कम नहीं हो जाता। इसने यह भी स्पष्ट कर दिया कि भारतीय समाज में 'उदासीनता' नहीं है, पर्याप्त 'प्रतिरोधशीलता' है, जो कभी भी अधिक व्यापक राष्ट्रीय रूप धारण कर सकती है। 1857 में धर्मनिरपेक्ष राष्ट्रवाद के बीज थे। कहने में कोई संकोच नहीं होना चाहिए कि हिंदुस्तान की राजनीतिक एकता 1857 के संघर्षों की देन है। इनकी वजह से अंग्रेजी 'प्रशासन' से मोहभंग शुरू हुआ।

दुविधा : 1857 के समय भारत के जो लोग अंग्रेजी राज से विद्रोह कर रहे थे, वे अभी आधुनिकता की अवधारणाओं से अच्छी तरह जुड़ नहीं पाए थे और जो वर्ग या तबके कट्टरतावाद या कूपमंडूकता से विद्रोह करके आधुनिकता की अवधारणाओं से जुड़े थे, वे अंग्रेजी शिक्षा के कर्ज और अंग्रेजी राज के सम्मोहन से इतने दबे थे कि 1857 के विद्रोह के राष्ट्रीय सार को समझ नहीं पा रहे थे और न ही कोई राष्ट्रीय विद्रोह खड़ा कर पा रहे थे। निश्चय ही 1857 की व्याख्या करते समय हमें अंग्रेजी राज से संग्राम छेड़ने वाले अशिक्षित विद्रोहियों की राष्ट्रीय बेचैनी और संग्राम के हाशिए पर रह गए सुशिक्षित लोगों की बुद्धिवादी मुश्किलों—दोनों को उनकी जटिलताओं के साथ समझना होगा। ये दोनों वर्ग अलग स्थितियों में अलग ढंग से सोच रहे थे।

1857 के दौर में शिक्षित व्यक्ति दुविधा की स्थिति में थे। उनके सामने प्रश्न था—स्वतंत्रता चाहिए या आधुनिकता? उन्हें आधुनिकता में आकर्षण नजर आ रहा था। आज जिस तरह बहुराष्ट्रीय कंपनियों और वैश्वीकरण को आशा भरी नजरों से देखा जा रहा है, उन्नीसवीं सदी के नई शिक्षा हासिल किए हुए नौजवानों ने भी अंग्रेजी राज, रेल-तार का जाल बिछाने वाली विदेशी कंपनियों को आशा भरी नजरों से देखा था। एक अद्‌भुत आकर्षण और भय से भरी हुई दुनिया जैसे आज हमारे जीवन-संसार में घुसी चली आ रही है, उन्नीसवीं सदी में भी एक नई दुनिया ने चढ़ाई की थी। दुविधा की जैसी घड़ी आज है, तब भी थी। हालांकि उन दिनों लोग धीरे-धीरे दुविधा से बाहर निकल रहे थे।

अंग्रेजी राज से जो टकरा रहे थे, वे मुख्यतः किसान या इनके घरों के सिपाही थे। उनमें स्त्रियां थीं और दलित भी थे। एक अंग्रेज ने यहां तक कह डाला था कि भारतीय विद्रोह ने एक ही मर्द पैदा किया, वह एक स्त्री थी। यह थोड़ा चमत्कृत करने वाला तथ्य है कि भारतीय मानस में 1857 लक्ष्मीबाई के स्त्री-बिंब के जरिये ही ज्यादा लोकप्रिय हुआ।

1857 एक संक्रमण का दौर था। उसमें बगावत, विद्रोह, उदारवाद, हिंदी-उर्दू एकता, धार्मिक आवेग, राजाओं-सामंतों की आत्मरक्षा, किसानों की मुक्ति, हिंदुस्तान की आजादी, बादशाहत की वापसी जैसे कई तत्व थे, उसमें निःसंदेह परस्पर विरोधी तत्व थे। इसलिए उसे इकहरे दृष्टिकोण से नहीं देखा जा सकता। वह मुख्यतः भारत के राष्ट्रीय जागरण का महान अंग है। यह वह घटना है, जिसने बाद के स्वाधीनता संग्राम को प्रभावित किया। इसे कुचलने

में ब्रिटिश उपनिवेशकों ने बड़ी बेरहमी का परिचय दिया था। इसके लिए विलायत से बड़ी सेना आई थी। ब्रिटेन से उसके रवाना होने से लेकर संग्राम के चार साल बाद तक उसकी पूरी तनख्वाह भारतीय जनता की मेहनत की कमाई से वसूली गई थी।

1858 में ईस्ट इंडिया कंपनी का शासन खत्म करके सीधा औपनिवेशिक शासन कायम हो गया। इस अवसर पर महारानी विक्टोरिया का एक घोषणापत्र जारी किया गया, 'अंग्रेजी सरकार ने देशी रियासतों को उनकी प्रजा के जोर-जुल्म से बचाने का भार भी अपने ऊपर ले लिया।' अंग्रेजी राज की नजर में प्रजा का स्वाधीनता के लिए संघर्ष प्रजा का जोर-जुल्म था। उपर्युक्त घोषणापत्र में सामंतवाद से सांठ-गांठ का स्पष्ट चित्र है, ' उन राजाओं की समृद्धि हमारी ताकत है, उनका संतोष हमारी सुरक्षा है और उनकी नमकहलाली हमारा पुरस्कार है।'

1857 के 'पयामे-आजादी' पत्र के अंक में ये पंक्तियां छपी थीं, 'तोड़ो गुलामी की जंजीरें, बरसाओ अंगारा। हिंदू-मुसलमां-सिख, हमारा भाई-भाई प्यारा।' अजीमुल्ला खाँ की उपर्युक्त पंक्तियों में 'सिख' शब्द कम महत्वपूर्ण नहीं है, आम सिख अंग्रेजी राज के विरुद्ध होते जा रहे थे। 1857 के विद्रोह में धार्मिकता के कुछ तत्व थे, पर बाकी साम्राज्यवाद के विरुद्ध आक्रोश था। उस काल का हर इश्तेहारनामा हिंदुओं और मुसलमानों का जिक्र एक साथ करता है। इस संग्राम में दोनों साथ लड़ते और मरते हैं। दुनिया के इतिहास में इसके अनगिनत उदाहरण हैं कि साम्राज्यवादी दमन एवं अत्याचार का विरोध उत्पीड़ितों ने कई बार अपने धार्मिक आवेगों के साथ किया है। औपनिवेशिक भारत में जब शासक वर्ग के ईसाई धर्म का इस देश को सभ्य बनाने के उद्देश्य से प्रचार हो रहा था, देशवासियों के धार्मिक आवेगों को संदेह से नहीं देखा जा सकता।

साहित्यिक अंतर्विरोध : 1857 को लेकर एक तरफ औपनिवेशिक संसाधनों से तैयार कराए गए दस्तावेज हैं और दूसरी तरफ विद्रोहियों के दस्तावेज़ के अलावा लोकगीतों और लोककथाओं के साक्ष्य हैं। दोनों में 1857 के एक जैसे चित्र नहीं हैं। भारतेंदु पर 1857 का असर था। उनके नाटक 'भारत दुर्दशा' में देश की गुलामी और आर्थिक लूट के संदर्भ में एक राष्ट्रीय बैचनी है, 'हा हा! भारत दुर्दशा न देखी जाई'। इसमें अंग्रेजी 'सुशासन' से मोहभंग है, 'हाय! मैंने जाना था कि अंग्रेजों के हाथ में आकर हम अपने दुखी मन को पुस्तकों में बहलावेंगे और सुख मानकर जन्म बितावेंगे, पर देव से वह भी नहीं सहा गया।' भारतेंदु के मन में धार्मिक पुरोहितों के प्रति भी आक्रोश है, 'रचि बहुविधि के वाक्य पुरानन माहिं घुसाए! शैव शाक्त वैष्णव अनेक मत प्रगटि चलाए। जाति अनेकन करी नीच अरु ऊंच बनाए।...रोक विलायत गमन कूपमंडूक बनाए।' इस नाटक में भारत दुर्दैव मोहभंग के साथ यह सवाल करता है, 'क्या अब भी ईश्वर और राजेश्वरी का भरोसा है?'

कुछ साल बाद 1889 में रचा गया बदरीनारायण उपाध्याय 'प्रेमघन' के नाटक 'भारत सौभाग्य' में 1857 के विद्रोह को साम्राज्यवाद से प्रभावित नजरिए से देखा गया है। प्रेमघन ने अपने नाटक में ब्रिटिश राज्य को देश में शांति और सुव्यवस्था स्थापित करने वाले पात्र के रूप में दिखाया है। इसमें कहा गया है कि सैकड़ों वर्षों के दमन के बाद देश ने अब जाकर अंग्रेजी राज में राहत की सांस ली है। इस नाटक में मुसलमान बहादुर शाह जफर और हिंदू नाना साहब को अंग्रेजों द्वारा दंड दिए जाने का समर्थन है, बल्कि नाना साहब को आर्य जाति का कलंक कहा गया है। स्मरणीय है कि यह नाट क राष्ट्रीय कांग्रेस की इलाहाबाद में आयोजित चौथी महासभा (1889) में प्रतिनिधियों के सामने मंचित करने के उद्देश्य से लिखा गया था और महासभा के अध्यक्ष को समर्पित था। भारतेंदु के नाटक 'भारत दुर्दशा' और प्रेमघन के नाटक 'भारत सौभाग्य' में 'दुर्दशा' और 'सौभाग्य' भारत को समझने की दो दृष्टियों की ओर संकेत करते हैं।

प्रेमघन की तरह प्रताप नारायण मिश्र ने भी 1857 को 1888 में भारत के माथे का कलंक

बताया था। निश्चय ही लोकसाहित्य में ऐसी एक भी रचना नहीं है, जिसमें अंग्रेजी राज का समर्थन हो या ऐसा कथन हो कि 1857 के विद्रोह में यदि सफलता मिल जाती, भारत पिछड़ जाता। 1857 ने पहली बार अहसास कराया कि आम जनता में कितनी ताकत और बलिदान भावना होती है। वह जब कृत्रिम भेदभावों का अतिक्रमण करती है, सचमुच यह ताकत इतनी जबर्दस्त होती है कि राजनीति ही नहीं भाषा, साहित्य, संस्कृति हर चीज को प्रभावित करती है। 1857 से पहले के विद्रोह महत्वपूर्ण होते हुए भी स्थानीय या सामुदायिक ज्यादा थे, जबकि 1857 का विद्रोह राष्ट्रीय था।

संदेश : 1857 के समग्रतः तीन संदेश हैं– (1) भारतीय समाज में लंबे-लंबे समय तक सन्नाटा छा जाता हो, पर इसमें प्रतिरोध की अनंत क्षमता है। यह समाज प्रतिरोध के बिंदुओं पर प्रतिरोध और मिश्रण के बिंदुओं पर रूपांतरण करता है। (2) औपनिवेशिक आकर्षण में शिक्षित बुद्धिजीवी दुविधा की स्थिति में हों, किसान और आम आदमी अपनी मुक्ति की लड़ाइयां छेड़ देता है। इन लड़ाइयों में किसी दौर में बिखराव हो, पर समयांतर में अखंडता आ जाती है। 1857 ने राष्ट्रीय जागरण का ऐसा ज्वार पैदा किया कि इसमें कुछ ही समय बाद 'किसान' और 'शिक्षित' का विभाजन टूट गया। (3) यदि साम्राज्यवाद से लड़ना है तो सभी सामुदायिक विभाजनों से ऊपर उठकर मिल-जुलकर लड़ना होगा। इसका अर्थ सामुदायिक हितों की तिलांजलि नहीं है, उदाहरणस्वरूप–दलितों, स्त्रियों, किसानों, पुराजातियों, राष्ट्रीय जातियों, पिछड़े समाजों और नौजवानों के हितों की। 1857 का पाठ पुराना है, पर आज के संदर्भ में भी ताजा है।

शंभुनाथ

अधिक जानकारी के लिए :

1. **भारत का स्वाधीनता संग्राम-1857 :** विनायक दामोदर सावरकर, 2. **सन सत्तावन की राज्य क्रांति और मार्क्सवाद :** रामविलास शर्मा, **3. The First Indian War of Independence :** Karl Marx, Friedrich Engels

राष्ट्रीय तिरंगा

भारत का राष्ट्रीय झंडा सिर्फ इसलिए महत्वपूर्ण नहीं है कि यह 15 अगस्त 1947 को स्वाधीनता दिवस के अवसर पर लाल किले पर फहराया गया था और हर साल इस दिन सरकारी दफ्तरों, संस्थाओं, गलियों-चौराहों या निजी जगहों पर झंडोत्तोलन होता है। यह कुछ विश्वासों और स्वप्नों का चिह्न भी है। इसके पीछे स्वाधीनता संग्राम का एक लंबा इतिहास है।

राष्ट्रीय झंडे के विकास की कई मुख्य घटनाएं हैं। माना जाता है कि पहली बार वंदे मातरम नारे के साथ झंडा 7 अगस्त 1906 में बंग-भंग विरोधी आंदोलन के समय कोलकाता में फहराया गया था। इसका रंग लाल, पीला और हरा था। कुछ के अनुसार, 1907 और कुछ के अनुसार 1905 में पेरिस में मैडम कामा और इनके साथ कुछ क्रांतिकारियों ने ध्वज फहराया। झंडों पर 'वंदे मातरम' अंकित था। उस दौर में राष्ट्रीय ध्वज के कई रूप प्रस्तावित किए गए थे और उन पर बहस हुई थी। एक ध्वज एनी बेसेंट और बाल गंगाधर तिलक ने 1917 में फहराया। इसमें लाल और हरे रंग की चार पट्टियां थीं। बाईं ओर एकदम ऊपर की तरफ यूनियन जैक भी था, जो अंग्रेजी शासन के भीतर रहते हुए स्वशासन की मांग को दर्शाता था। 1921 में कांग्रेस के विजयवाड़ा अधिवेशन में एक युवक ने गांधी जी को एक झंडा दिया था। 13 अप्रैल 1923 को पिंगली वेंकय्या का चरखे के साथ बनाया हुआ स्वराज झंडा नागपुर में फहराया गया और इसके साथ झंडा आंदोलन में गति आ गई। 1931 में चरखे वाला तिरंगा राष्ट्रीय कांग्रेस का आधिकारिक झंडा बन गया। 22 जुलाई 1947 को बीच में अशोक चक्र के साथ तिरंगा झंडा संविधान सभा द्वारा स्वीकृत हुआ। 26 जनवरी 2002 से पुराना नियम हटाकर देश के हर नागरिक को कभी भी राष्ट्रीय तिरंगा फहराने या लगा कर रखने की अनुमति मिल गई।

हर बच्चा स्कूल में पढ़ता है कि राष्ट्रीय झंडे के केसरिया, सफेद और हरे रंग तथा सफेद हिस्से पर

अंकित चक्र का क्या अर्थ है। हालांकि बड़े होकर कई लोग याद नहीं रखते कि ये रंग वस्तुतः क्या संकेत करते हैं। राष्ट्रीय तिरंगे की परिकल्पना स्वाधीनता संग्राम के दौर में की गई थी। राष्ट्र को अपने दृष्टिकोण में संतुलित, एकता में दृढ़ और एक शांतिपूर्ण जगह होना चाहिए। इस अंतर्दृष्टि से ही राष्ट्रीय झंडे के तीन रंग निकले थे। सबसे ऊपर केसरिया रंग इस देश की समृद्धि, ताकत और साहस के लिए है। बीच का रंग सफेद शांति और सत्य के लिए है। नीचे का हरा रंग खेतों की उर्वरता और किसानों के सुखी जीवन के लिए है। बीच का चक्र सारनाथ में मिले अशोक स्तंभ का धर्म चक्र है जो नेक उपायों से प्रगति के लिए है, क्योंकि जहां ऐसी प्रगति नहीं है, वहां मृत्यु है, ह्रास है। चक्र का रंग नीला है, जो समुद्र और आकाश की ओर संकेत है। तिरंगे में स्वाधीनता संग्राम के दौर में चरखा था। राष्ट्रीय झंडे में इसे हटाकर चक्र आया, जिससे झंडे का अर्थ विस्तार हुआ। चक्र की 24 तीलियां नागरिक के विविध गुणों की ओर संकेत करती हैं, जैसे–प्रेम, साहस, धैर्य, ईमानदारी, निःस्वार्थ भावना, विशाल हृदय, आत्मनियंत्रण, सदाचरण और इसी तरह कुछ अन्य।

राष्ट्रीय प्रतीक अशोक स्तंभ में देखा जा सकता है कि चार एशियाई शेर अपना पिछला हिस्सा जोड़कर चार दिशाओं में एक साथ खड़े हैं। यह न सिर्फ देश की सभी राष्ट्रीय ताकतों के एकजुट होकर भारतीय महाशक्ति बनने का स्वप्न है, बल्कि ये चार शेर, चार चीजों–ताकत, साहस, स्वाभिमान और आत्मविश्वास की ओर भी संकेत करते हैं। समग्रतः संदेश यह है कि अपनी विशिष्ट भावनाओं के बावजूद चारों दिशाओं में एक समान सौहार्द का विस्तार करो। रेशमी कपड़े पर तिरंगे के रंग चटक होते गए हैं, पर सोचा जा सकता है कि उन रंगों का अर्थ धुंधला हुआ है या निखरा है।

दुनिया के 93 प्रतिशत देश स्वाधीनता दिवस मनाते हैं, क्योंकि वे गुलाम थे। सात प्रतिशत देश नहीं मनाते, क्योंकि वे गुलाम नहीं थे। इन सात प्रतिशत देशों का राष्ट्रीय दिवस वस्तुतः उन देशों में नागरिकता अर्जन का दिवस है। संयुक्त राष्ट्र द्वारा एक सामाजिक सर्वेक्षण (2014) के बाद जारी 'वर्ल्ड हैपिनेस रिपोर्ट' के अनुसार, दुनिया के 10 सबसे अधिक खुशहाल देशों में से आठ देश वस्तुतः सात प्रतिशत वाले देशों से आते हैं। खुशहाल देशों से संबंधित रिपोर्ट में अमेरिका का स्थान वहां बढ़े भ्रष्टाचार की वजह से पंद्रहवां हैं। भारत का स्थान 159 देशों की रिपोर्ट में एक सौ सत्रहवां है। 2012 के बाद यह 7 स्थान और नीचे खिसका है। यदि आजादी का सच्चा अर्थ लोगों के जीवन की वास्तविक खुशहाली में है तो शायद जरूरत राष्ट्रीय तिरंगे के संकेतों को समझने की है, हो सकता है जिन्हें हम भूल गए हों या अब जिनकी परवाह नहीं हो। सिर्फ अंध-राष्ट्रवादी के लिए 'राष्ट्र' का अर्थ सिर्फ देश की धरती है।

शंभुनाथ

अधिक जानकारी के लिए :
A National Flag for India : Rituals, Nationalism and the Politics of Sentiment : Arundhati Virmani, 2008

राष्ट्रीय नाट्य विद्यालय

राष्ट्रीय नाट्य विद्यालय की स्थापना 1959 में भारत सरकार के संस्कृति मंत्रालय के अंतर्गत अखिल भारतीय स्तर पर स्थापित तीन अकादेमियों में से एक 'संगीत नाटक अकादेमी' के तहत उसके एक अनुषंग के रूप में दिल्ली में हुई। यह विश्व की अग्रणी नाट्य प्रशिक्षण संस्थाओं में से एक और भारतीय रंगमंच और थिएटर के लिए प्रशिक्षण में अपनी तरह का एकमात्र संस्थान है। 'राष्ट्रीय नाट्य विद्यालय' में दिया जाने वाला प्रशिक्षण बहुत गहन, संपूर्ण और व्यापक होता है। इसका अपना एक सुनियोजित पाठ्यक्रम है, जो रंगमंच के हर पहलू को समाहित करता है, जिसमें सैद्धांतिक और प्रायोगिक दोनों ही पक्षों पर जोर दिया जाता है।

'राष्ट्रीय नाट्य विद्यालय' एक पूर्णकालिक तीन

वर्षीय पाठ्यक्रम संचालित करता है, जिसमें एक कठिन प्रवेश-प्रक्रिया के तहत देश भर से विद्यार्थी प्रवेश लेते हैं। अध्ययन और प्रशिक्षण को दो हिस्सों में बांटा गया है। पहले हिस्से में छात्रों को उन सभी सैद्धांतिक और तकनीकी पक्षों से अवगत कराया जाता है, जो एक नाटक को तैयार करने के लिए जरूरी होते हैं। बाद में इन्हें जन-समूह के समक्ष प्रस्तुत किया जाता है। पाठ्यक्रम में संस्कृत नाटक, आधुनिक भारतीय नाटक, पारंपरिक भारतीय रंगमंच के विविध रूपों, एशियाई नाटक और पाश्चात्य नाट्य परंपरा के अलावा उन महान रंगकर्मियों के कार्यों को दर्शाया जाता है, जिन्होंने समकालीन रंगमंच के विभिन्न पहलुओं को साकार रूप देने में सहयोग किया है। इन सभी विषयों के सुनियोजित अध्ययन और व्यावहारिक प्रस्तुतीकरण से छात्रों को रंगमंच कला की एक सशक्त पृष्ठभूमि और बृहत दृष्टिकोण प्राप्त होता है। इस तीन वर्षीय प्रशिक्षण कार्यक्रम के अतिरिक्त 'राष्ट्रीय नाट्य विद्यालय' ने बाल रंगमंच के क्षेत्रों में भी नए परिदृश्यों का अन्वेषण किया है और अपने 'विस्तार कार्यक्रम' के अंतर्गत वह देश भर में विभिन्न कार्यशालाओं के द्वारा रंग-प्रशिक्षण का कार्य करता है। इसकी शुरुआत 1978 में हुई और तब से यह इकाई देश भर में कार्यशालाएं आयोजित करने के साथ नेपाल, सिक्किम, लद्दाख और भूटान में भी वयस्कों और बच्चों के लिए कार्यशालाएं संचालित करती है।

राष्ट्रीय नाट्य विद्यालय

'राष्ट्रीय नाट्य विद्यालय' को शिक्षण-प्रशिक्षण की दृष्टि से दो महत्वपूर्ण इकाइयों में बांटा गया है—'रंगमंडल' और 'थिएटर इन एजुकेशन कंपनी' (संस्कार रंगटोली)। 'रंगमंडल' की स्थापना 1964 में रंगमंच की चार महत्वपूर्ण हस्तियों रामामूर्ति, मीना विलियम्स, सुधा शिवपुरी और ओम शिवपुरी ने मिलकर की। 'रंगमंडल' का उद्देश्य विद्यालय के स्नातकों को नाटकों को समुचित और व्यवस्थित ढंग से प्रस्तुत करने के लिए मंच उपलब्ध कराना था। 'रंगमंडल' धीरे-धीरे राष्ट्रीय नाट्य विद्यालय का सबसे महत्वपूर्ण अंग बन गया। इसने एक-से-एक रंगकर्मियों और रंग-निर्देशकों को मंच दिया, जिन्होंने आगे चलकर नाटक, रंगमंच और सिनेमा के क्षेत्र में महत्वपूर्ण भूमिका निभाई। निर्माण और नियमित रंग-प्रस्तुतियों के अतिरिक्त यह गर्मियों में अपना स्वयं का उत्सव भी आयोजित करता है, जिसमें पूर्व मंचित प्रस्तुतियों के साथ नई प्रस्तुतियों को भी शामिल किया जाता है। राष्ट्रीय नाट्य विद्यालय का 'रंगमंडल' देश-विदेश में व्यापक रूप से दौरे करता है और अपनी प्रस्तुतियों से जनसमूह को शिक्षित-प्रशिक्षित करता है।

राष्ट्रीय नाट्य विद्यालय की दूसरी इकाई 'थियेटर इन एजुकेशन कंपनी' (संस्कार रंगटोली) बाल रंगमंच के शिक्षण-प्रशिक्षण और रंग संस्कार के उद्देश्य को पूरा करती है। 'संस्कार रंगटोली' की स्थापना 16 अक्तूबर 1989 को की गई और यह देश में रंगमंच शिक्षा का सर्वाधिक महत्वपूर्ण माध्यम है। इसमें अभिनेता-शिक्षक बच्चों के साथ और बच्चों के लिए प्रस्तुतियां बनाते हैं। 'संस्कार रंगटोली' का प्रमुख केंद्रबिंदु रचनात्मक पाठ्यक्रम पर आधारित अध्ययनों, नाटकों पर होता है जो विशेषकर विभिन्न आयुवर्ग के बच्चों के लिए तैयार किए जाते हैं। इन नाटकों का प्रमुख उद्देश्य ऐसा माहौल तैयार करना है जिसमें बच्चे प्रश्न पूछें, निर्णय लें और अपनी जागरूकता के मुताबिक सामाजिक-सांस्कृतिक परिप्रेक्ष्य में अपनी पसंद-नापसंद बता सकें। रंगमंच से परिचय करवाने के साथ-साथ, ये कार्यशालाएं

प्रतिभागियों के व्यक्तित्व का विकास करती हैं और उनकी संवेदनशीलता को बढ़ाती हैं।

इन दो इकाइयों के अतिरिक्त राष्ट्रीय नाट्य विद्यालय का एक सक्रिय 'विस्तार विभाग' है, जिसके अंतर्गत 'प्रकाशन विभाग' और साहित्यिक मंच 'श्रुति' कार्य कर रहे हैं। राष्ट्रीय नाट्य विद्यालय का 'प्रकाशन विभाग' रंगमंच और नाटक संबंधी पुस्तकें प्रकाशित करने, रंगमंच की महत्वपूर्ण पुस्तकों के अंग्रेजी से हिंदी अनुवाद उपलब्ध करवाने और संबंधित विषय पर महत्वपूर्ण पत्र-पत्रिकाएं प्रकाशित करने का काम करता है। इस विभाग ने अपनी सबसे वृहत प्रकाशन योजना 'रंगयात्रा' के तहत वर्ष 1964 के बाद से राष्ट्रीय नाट्य विद्यालय 'रंगमंडल' के 25 वर्षों के इतिहास को संजोया है। इसके अलावा 'रंग-प्रसंग' इस विभाग की महत्वपूर्ण पत्रिका है। 'श्रुति' साहित्यिक मंच शिक्षकों-विद्यार्थियों की साहित्यिक गतिविधियों-रुचियों को प्रोत्साहन के अतिरिक्त देश-विदेश के साहित्यकारों से संवाद कायम करने का महत्वपूर्ण माध्यम है। विस्तार कार्यक्रम के तहत 1980 में राष्ट्रीय नाट्य विद्यालय ने 'पारंपरिक रंगमंच परियोजना' की शुरुआत की, जो रंगमंच के पारंपरिक लोकरूपों और समकालीन रंगमंच कलाकारों के बीच नियमित आधार पर सर्जनात्मक बातचीत की सुविधा प्रदान करती है।

राष्ट्रीय नाट्य विद्यालय के निदेशकों में इब्राहीम अलकाजी, ब्रजमोहन शाह, ब. व. कारंत तथा रतन थियम का भारतीय रंगमंच के विकास में उल्लेखनीय योगदान रहा है। अलकाजी द्वारा अपने कार्यकाल में दिल्ली के पुराने किले पर धर्मवीर भारती के 'अंधा युग' की प्रस्तुति भारतीय रंगमंच के इतिहास में मील का पत्थर मानी गई।

नाट्य विद्यालय अपने छात्रों के द्वारा प्रतिवर्ष कई नाट्य-प्रस्तुतियां कराता है। इनके निर्देशन तथा छात्रों के प्रशिक्षण के लिए विश्वस्तरीय रंगकर्मियों व निर्देशकों को आमंत्रित किया जाता है। विद्यालय के अतिथि निर्देशकों में कावालम नारायण पणिक्कर का नाम उल्लेखनीय है।

विनोद तिवारी

राष्ट्रीय पुनर्जागरण

राष्ट्रीय जागरण का संबंध अपनी राष्ट्रीय भाषा से प्रेम, धार्मिक रूढ़ियों के विरोध, 1857 के प्रथम स्वाधीनता संग्राम, ब्रिटिश शासन में 'पै धन विदेश चलि जात' की चेतना और इस धारणा के खंडन से था कि भारतीय समाज में स्थिरता, प्रतिरोधहीनता, भिन्नतावाद तथा बर्बरता सदा रही है और उपनिवेशवाद ही सभ्यता का दूत है। उसका संबंध अंग्रेजों की गुलामी से देश की आजादी के अलावा लैंगिक और जाति व्यवस्था-आधारित भेदभाव मिटाने के सुधारवादी प्रयत्नों से भी था। राष्ट्रीय पुनर्जागरण के संदर्भ हैं—वैश्वीकरण में सक्रिय साम्राज्यवाद के हाशिए की आवाजें, पश्चिमी सांस्कृतिक आक्रमण का विरोध, कुछ ही व्यावसायिक घरानों के पास विश्व संपदा के केंद्रीकरण को लेकर चिंता, स्त्रियों द्वारा पितृसत्ता को चुनौती, दलितों का सामाजिक अन्याय के विरुद्ध संघर्ष और इसका सार्वजनिक अहसास कि हम बहुत सभ्यतापूर्वक बर्बरताओं के युग में पहुंचाए जा रहे हैं।

माधव राव सप्रे ने 1906 के अपने एक लेख 'हमारा धन कहां जा रहा है' में दूरदर्शितापूर्ण तरीके से लिखा था, 'इस समय यूरोप के सब देश अपने-अपने व्यापार का साम्राज्य एशिया के छोटे-बड़े देशों में स्थापित करने का प्रयत्न कर रहे हैं।...जो लोग समझते हैं कि अंग्रेजों के धन से हिंदुस्तानियों के व्यापार की वृद्धि होगी, वे आधुनिक राजनीति के विषय में अपनी अज्ञानता प्रकट करते हैं।...कैसा उलटा न्याय है! जिन विदेशी व्यापारियों की सहायता हमारे धन से की जाती है, उन्हीं के पास से दो पैसे मजदूरी में कमाकर लोग संतोष और आनंद मनाते हैं। एक और बात ध्यान में रखने योग्य है। जब विदेशियों ने इस देश में बड़े-बड़े कारखाने जारी किए, तब उन्होंने सब प्रबंध अपने अधीन रखा।...वर्तमान समय में लोगों को ऊंचे दरजे के राष्ट्रीय विचारों पर चलने की बहुत जरूरत है।' यूरोपीय देशों की जगह अमेरिका आज टेक्नोलॉजी की श्रेष्ठता, वित्तीय पूंजी

पर नियंत्रण और भौतिक उन्नति में सबसे आगे है। अतः यह सवाल केंद्र में आ रहा है कि वैश्वीकरण के युग में जब अमेरिका ही राष्ट्रवाद से भरा हुआ है, एशियाई देश राष्ट्रीय पुनर्जागरण से दूर नहीं रह सकते हैं।

राष्ट्रीय पुनर्जागरण ऊंचे दरजे का है या निम्न दर्जे का, यह इस पर निर्भर करता है कि इसका संबंध समावेशिकता से है या बहिष्कारपरकता से, सामाजिक ध्रुवीकरण से है या विरोधों के बुद्धिसम्मत समाधान से, उदारवाद से है या कट्टरवाद से, बौद्धिक स्वाधीनता से है या बहुसंख्यकता के आतंक से, मानवतावाद की बुनियाद पर खड़ा है या भेदभाव और क्रूरता की भित्ति पर। राष्ट्रीय पुनर्जागरण का संबंध मिथ्या दंभपूर्ण चेतना पर आधारित लोकप्रियतावाद से न होकर बहुलतावाद की पुनर्प्रतिष्ठा से है। इसे यदि ऐतिहासिक संदर्भ में देखा जाए, यह उस अंध-राष्ट्रवाद के खिलाफ है जो इटली में प्राचीन रोम की सभ्यता को याद करते हुए मैजिनी के विचारों में व्यक्त हुआ था, जर्मनी के हिटलर के विचारों में उभरा या 2017 के अमेरिका में सामने आया।

राष्ट्रीय पुनर्जागरण स्त्रियों, दलितों और पिछड़े समुदायों का, 'नीचे' का राष्ट्रीय जागरण के उच्च आदर्शों की ओर बढ़ना है। यह अपनी भाषा की रक्षा करना है, अपने साहित्य की रक्षा करना है और अपनी सांस्कृतिक परंपराओं को लगातार बुद्धिपरक बनाना है। अर्थतंत्र से लेकर भाषा और संस्कृति तक 'स्वदेशी' को धुरी बनाने के संदर्भ में रामविलास शर्मा कहते हैं, 'स्वदेशी के माने बिल्कुल अलगाव की स्थिति नहीं है। इसके माने हैं यहां के उद्योग-धंधों को बढ़ाना। जो इजारेदार पूंजीपति बाहर के बैंकों और बहुराष्ट्रीय कंपनियों से तालमेल बिठाए हुए हैं, उनके वर्चस्व को समाप्त करना। स्वदेशी का अर्थ है अपनी भाषाओं को आगे बढ़ाना, अपनी संस्कृति की रक्षा करना।' (आज के सवाल और मार्क्सवाद)। वे मुख्य अंतर्विरोध साम्राज्यवाद और विश्व की जनता के बीच मानते हैं। उस जनता में अमेरिकी जनता भी है। इसका अभिप्राय है, राष्ट्रीय पुनर्जागरण का विरोध अंध-राष्ट्रवाद से ही नहीं साम्राज्यवाद के नए रूपों से भी है। निश्चय ही साम्राज्यवाद का सामना अंध-राष्ट्रवाद द्वारा संभव नहीं है।

राष्ट्रवाद का एक ही अर्थ अंध-राष्ट्रवाद या बहुसंख्यकतावाद नहीं है जो अल्पसंख्यकों, दलितों या छोटे समुदायों की तकलीफों को उड़ा देता है। बहुलतावादी भारत में जब राष्ट्रीय भावना निर्मित हो रही थी, अंध-राष्ट्रवाद भी बन रहा था पर स्पष्ट होता जा रहा था कि एक अन्य तरह का राष्ट्रवाद भी संभव है जिसका आधार 'भारतीय महाजातीयता' और एक दीर्घ वैश्विक परंपरा के साथ खड़ी 'महामानवता' है। राष्ट्रवाद के धार्मिक या अंध-प्रांतीय चेहरे को देखकर जब राष्ट्रीयता मात्र को खराब कहा जाता है, देश के स्वाधीनता संग्राम के दौरान इसका जो उदारवादी, समावेशी और धर्मनिरपेक्ष रूप निर्मित होना शुरू हुआ था, उसकी परंपरा को झटका लगता है और अंध-राष्ट्रवाद को बढ़ावा मिलता है। भारतेंदु हरिश्चंद्र, प्रेमचंद, निराला, माखनलाल चतुर्वेदी, गांधी, रवींद्रनाथ, सुब्रह्मण्य भारती—इनमें कोई भी व्यक्ति अंध-राष्ट्रवादी न था। उस युग की राष्ट्रीय भावना विकासशील अवस्था में थी—उसमें प्रश्नों और सुधारों की हमेशा गुंजाइश थी।

दुनिया में राष्ट्रीयता को फासिज्म का हथियार भी बनाया गया है और लोकतंत्र का भी। फासिज्म राष्ट्रीयता के बिना भी आ सकता है पर लोकतंत्र उदार राष्ट्रीय भावना के बिना संभव नहीं है। राष्ट्रीयता या देशभक्ति नशा नहीं है, यह साम्राज्यवाद के प्रति बौद्धिक सजगता के साथ मानवचित्त के खुलेपन का मामला है। भारत में इसकी बुनियाद असहिष्णुता नहीं रही है। ऐसी राष्ट्रीय भावना वैश्वीकरण को भी मानवता की भित्ति पर स्वीकार करेगी, हालांकि बाजार की राजनीतिक व्यवस्था राष्ट्रीयता को प्रहसन बना देती है। इसलिए वर्तमान युग का एक बड़ा प्रश्न यह है कि जब कई लोग सिर्फ अपने देश के नागरिक ही नहीं हैं, एक अंतरनिर्भर विश्व के नागरिक भी बनते जा रहे हैं, राष्ट्रीय पुनर्जागरण और वैश्वीकरण के बीच रिश्ता कैसे बने।

रामविलास शर्मा साम्राज्यवाद-विरोध को स्पष्ट करते हुए मुख्य रूप से तीन प्रस्ताव रखते हैं–(1) बहुराष्ट्रीय कंपनियों के प्रभाव से देश को मुक्त करो, (2) एशियाई देशों में व्यापक शांति आंदोलन चलाओ और (3) अंग्रेजी की जगह भारतीय भाषाओं को बढ़ावा दो। (भारतीय साहित्य की भूमिका)। पिछले कुछ दशकों में विदेशी कर्ज ही बढ़ता नहीं गया, आक्रामक पश्चिमी संस्कृति का बोलबाला भी बढ़ा है। इस युग में सत्ता का प्रधान हथियार प्रत्यक्ष दमन से अधिक लालच है। इसलिए विदेशी पूंजी और पश्चिमी संस्कृति के आगे व्यापक रूप से आत्मविसर्जन है, जैसे दूसरे विकल्प न हों। राष्ट्रीय पुनर्जागरण वैश्वीकरण की एकध्रुवीयता का विरोध है। यह वैश्वीकरण में उच्च मानवीय सार की प्रतिष्ठा की मांग करता है, क्योंकि उसका 'मानवीय चेहरा' एक छलावा है।

राष्ट्रीय पुनर्जागरण अतीत, पश्चिम और विकास के वर्तमान रूपों को आलोचनात्मक दृष्टि से देखना है, ताकि इनके वर्चस्व से मुठभेड़ संभव हो। इक्कीसवीं सदी के आरंभिक दशकों को जन–आंदोलनों में बिखराव का युग माना जाता है, जिसके असर में उत्तर-उपनिवेशवादी बुद्धिजीवियों ने राष्ट्र को अस्मिता की राजनीति के हवाले कर दिया या राष्ट्र को कोरी कल्पना या दुःस्वप्न मान लिया। राष्ट्रवाद और सबाल्टर्नवाद आमने-सामने खड़े कर दिए गए। प्रश्न उठा है, क्या 'स्थान', 'समुदाय' और हाशिए की समस्याओं को अलग-अलग करके देखना ही एकमात्र रास्ता है या इन्हें एक भिन्न ढांचे के 'राष्ट्र' के दायरे में रखकर देखा जा सकता है? यदि इन समस्याओं को राष्ट्रीय पुनर्जागरण के दायरे में देखा जाता है, सामंतवाद और साम्राज्यवाद के समूचे संदर्भों में देखा जाता है और लोकतंत्र के ढांचे में समाधान निकाले जाते हैं तो जो बदलाव आएगा, वह एलिट वर्गों तक सीमित नहीं होगा, आम गरीब लोगों तक पहुंचेगा। ऐसा नहीं है कि आज विभिन्न स्थानों और समुदायों के लोग प्रेम, भय, सराहना, घृणा, आकांक्षाओं में एक-दूसरे से कहीं नहीं जुड़ते और साझा नहीं करते। फिर भी एक व्यापक सामंतवाद-साम्राज्यवाद विरोधी अभियान शुरू न करने के मूल में मध्यवर्ग का बौद्धिक उपनिवेशवाद से आक्रांत होना दिखाई दे सकता है और राजनेताओं की संकीर्ण स्वार्थ लीला भी नजर आ सकती है। ये चीजें लीक से हटकर सोचने नहीं देतीं, जबकि उपर्युक्त अभियान राष्ट्रीय पुनर्जागरण के बिना संभव नहीं है।

बहुराष्ट्रीय साम्राज्यवाद साम्राज्यवाद का नया रूप है। इसकी सफलता राष्ट्र-हितों की विविधता को विपरीतता और शत्रुता में बदल देने में है, एक 'राष्ट्र' में बहुत-से राष्ट्र पैदा कर देने में है ताकि मानवता के लिए 'स्पेस' न बचे। राष्ट्र को तोड़ने की नीति साम्राज्यवाद की नीति है। इसलिए राष्ट्रीय पुनर्जागरण को मानवता की आकांक्षा के रूप में देखा जाता है जो धर्मनिरपेक्षता, बौद्धिक स्वाधीनता, लैंगिक बराबरी, सामाजिक अन्याय के अंत, मिल-जुलकर टिकाऊ विकास, बेरोजगारी से मुक्त भारत और सांस्कृतिक पुनर्निर्माण की आकांक्षा भी है।

शंभुनाथ

अधिक जानकारी के लिए :

1. **भारतीय संस्कृति और हिंदी प्रदेश** : रामविलास शर्मा, 2. **राष्ट्रवाद बनाम देशभक्ति :** आशिस नंदी, **3. Beyond Nationalist Frames :** Sumit Sarkar, 2002, **4. The Chomsky Effect :** Robert Barsky, 2009 **5. What is Populism :** Jan-Warner Mullers

राष्ट्रीय पुस्तकालय

राष्ट्रीय पुस्तकालय में हर प्रकार के पाठकों की आवश्यकतानुसार देश से संबंधित सभी प्रकार की सामग्री का संग्रह किया जाता है। उसका मुख्य दायित्व राष्ट्रीय महत्व की सभी मुद्रित सामग्री तथा पांडुलिपियां प्राप्त कर उनका संरक्षण करने के साथ ही देश से संबंधित सभी प्रकार की सामग्री एकत्रित करना भी है, चाहे वह कहीं भी और किसी भी भाषा में प्रकाशित हुई हो। इस सामग्री के समुचित उपयोग के लिए ग्रंथ-सूचियां और प्रलेखन सेवाएं उपलब्ध

कराना भी उसका उत्तरदायित्व है। इसमें देश से संबद्ध विभिन्न पहलुओं पर चालू राष्ट्रीय ग्रंथ सूचियां तथा पहले के समय की ग्रंथ-सूचियां तैयार करने का दायित्व भी शामिल है। इसी हेतु राष्ट्रीय पुस्तकालय ग्रंथ-सूची जानकारी के सभी सूत्रों की पूरी और सही जानकारी देने वाले संदर्भ केंद्र की भूमिका निभाता है और अंतरराष्ट्रीय ग्रंथ-सूची के निर्माण की गतिविधियों में भाग लेता है। राष्ट्रीय पुस्तकालय का एक महत्वपूर्ण दायित्व यह है कि वह पाठकों की आवश्यकतानुसार पुस्तकों के अंतरराष्ट्रीय आदान-प्रदान प्रदान करने तथा देश में पुस्तकें लेने वाले केंद्र की भूमिका भी निभाता है।

भारत के राष्ट्रीय पुस्तकालय का इतिहास 1836 में कलकत्ता पब्लिक लायब्रेरी की स्थापना से शुरू होता है। उस समय लार्ड मेटकाफ भारत के गवर्नर जनरल थे। उन्होंने फोर्ट विलियम कॉलेज की लायब्रेरी से 4675 पुस्तकें ऋणस्वरूप कलकत्ता पब्लिक लायब्रेरी में भिजवा दीं। कुछ स्थानीय लोगों ने भी अपनी पुस्तकें दान में दीं। इससे कलकत्ता पब्लिक लायब्रेरी का आधार बना। यह कोई सरकारी संस्था नहीं थी। लोग तीन सौ रुपये देकर उसका सदस्य बनते थे। उस समय यह कोई मामूली रकम नहीं थी। अतः गरीब छात्र एवं अन्य लोगों को कुछ समय के लिए पुस्तकालय का निःशुल्क उपयोग करने की सुविधा दी गई। उस समय कलकत्ता पब्लिक लायब्रेरी एशिया में अपने ढंग की अकेली लायब्रेरी थी। कहा जाता है कि उन्नीसवीं सदी के प्रथमार्ध तक इतना बड़ा और इतने व्यवस्थित ढंग से चल रहा पुस्तकालय यूरोप में भी दुर्लभ था।

राष्ट्रीय पुस्तकालय

1891 में कलकत्ता के कई सरकारी पुस्तकालयों की पुस्तकें मिला कर इंपीरियल लायब्रेरी की स्थापना की गई। इनमें सर्वाधिक महत्वपूर्ण गृह विभाग का पुस्तकालय था। अन्य महत्वपूर्ण स्रोतों में ईस्ट इंडिया कॉलेज, फोर्ट विलियम कॉलेज और लंदन स्थित ईस्ट इंडिया बोर्ड के पुस्तकालय थे। इसका उपयोग केवल सरकारी कर्मचारी कर सकते थे।

1903 में तत्कालीन गवर्नर जनरल लार्ड कर्जन ने देखा कि कलकत्ता पब्लिक लाइब्रेरी और इंपीरियल लायब्रेरी इन दोनों पुस्तकालयों का समुचित उपयोग नहीं हो पा रहा है क्योंकि तरह-तरह के प्रतिबंधों के कारण साधारण जन उनका उपयोग नहीं कर पाते थे। अतः जन सामान्य के लिए सार्वजनिक पुस्तकालय स्थापित करने की बात उनके मन में आई। उन्होंने उक्त दोनों पुस्तकालयों को मिलाकर मेटकाफ हाल में इंपीरियल लायब्रेरी नाम से नए पुस्तकालय की स्थापना की। मेटकाफ हाल पहले गवर्नर जनरलों का आवास था, जहां पहले वेलिंगटन, कार्नवालिस और वारेन हेस्टिंग्ज रह चुके थे। इस लायब्रेरी के संबंध में उस समय के लंदन गजट में लिखा गया था कि यह पुस्तकालय संदर्भ पुस्तकालय के रूप में छात्रों के लिए खुला रहेगा, इसके लिए भारत के भावी इतिहासज्ञों के लिए भारत में और भारत के संबंध में लिखी गई प्रत्येक पुस्तक, जहां तक संभव होगा, प्राप्त की जाएगी। एक लाख पुस्तकों के साथ इंपीरियल लायब्रेरी का उद्‌घाटन किया गया। इसके सबसे पहले लायब्रेरियन लंदन के ब्रिटिश म्यूजियम के जॉन मैकफरलेन पांच वर्ष के लिए नियुक्त हुए।

स्वतंत्रता के बाद भारत सरकार ने 1 फरवरी 1953 को इम्पीरियल लायब्रेरी का नाम बदल कर राष्ट्रीय पुस्तकालय कर दिया और इसे एस्प्लेनेड से हटाकर बेलवेडर एस्टेट ले जाया गया। राष्ट्रीय पुस्तकालय को सर्व साधारण के लिए खोल दिया गया।

कोलकाता के अलीपुर क्षेत्र में स्थित यह पुस्तकालय सार्वजनिक और राष्ट्रीय अवकाश के दिनों को छोड़ कर साल भर नौ बजे सुबह से आठ बजे शाम तक सभी दिन और साढ़े नौ बजे सुबह से छह बजे शाम तक शनिवार, रविवार को खुला रहता

है। यहां अनुमानतः लगभग 22 लाख 70 हजार से अधिक पुस्तकें हैं, 3,200 से अधिक हस्तलिखित ग्रंथ हैं, 86,000 नक्शे हैं तथा अध्ययन कक्षों में 550 पाठकों के बैठने की जगह है। पुस्तकें रखने के लिए 45 किलोमीटर शेल्फ-जगह है। भारतीय भाषाओं में सबसे अधिक ग्रंथ बांग्ला के हैं। अरबी और फारसी के कुछ दुर्लभ हस्तलिखित ग्रंथ भी हैं, जिनमें से 485 अरबी और 467 फारसी ग्रंथ बर्दवान जिले के जमींदार मौलवी सईद सदरुद्दीन ने 1904 में कुछ खास शर्तों के साथ दान में दिए थे।

1954 के 'डिलीवरी आफ बुक्स एक्ट' के अनुसार भारत में किसी के भी द्वारा किसी भी प्रकार के किसी भी प्रकाशन की एक प्रति राष्ट्रीय पुस्तकालय को भेजना अनिवार्य है। 1956 में इस एक्ट में संशोधन कर पत्रिकाओं एवं समाचारपत्रों की एक प्रति भेजना भी अनिवार्य कर दिया गया। यदि कोई प्रकाशक प्रकाशन के 30 दिन के अंदर अपने प्रकाशन नहीं भेजता है तो पुस्तकालय प्रकाशक से मांग कर सकता है। उसके बाद 30 दिन का समय और दिया जाता है। यदि प्रकाशक फिर भी नहीं भेजता है तो उस पर कानूनी कार्यवाही की जा सकती है जिसमें उसे पुस्तक की एक प्रति देने के साथ ही जुर्माना एवं जेल की सजा का भी प्रावधान है। इसका अर्थ यह हुआ स्वतंत्रता के बाद भारत में अब तक प्रकाशित सभी भाषाओं की सभी पुस्तकों के साथ ही प्रत्येक हिंदी पुस्तक भी यहां होनी चाहिए। पर बहुत-से प्रकाशक यह सब जानते हुए भी अपने प्रकाशन नहीं भेजते।

यह कहना गलत नहीं होगा कि 'डिलीवरी ऑफ बुक्स' जैसे कानूनों के कारण दुनिया भर के देशों में राष्ट्रीय पुस्तकालयों के विकास में वृद्धि हुई है। वास्तव में पुस्तकालय आंदोलन के इतिहास में यह क्रांतिकारी कदम है। ब्रिटेन के राष्ट्रीय पुस्तकालय ब्रिटिश म्यूजियम (अब ब्रिटिश लायब्रेरी) को यह सुविधा 1709 में मिली थी। फ्रांस के पेरिस स्थित बिब्लियोथेक नेशनल को 1956 में, जर्मनी की बर्लिन लायब्रेरी को 1699 में और स्विट्जरलैंड की स्विस नेशनल लायब्रेरी को वहां के लीगल डिपाजिट कानूनों के अनुसार वहां प्रकाशित सभी ग्रंथ निःशुल्क प्राप्त होने लगे थे। भारत के राष्ट्रीय पुस्तकालय को राष्ट्र संघ से प्रकाशित सभी ग्रंथ निःशुल्क प्राप्त होते हैं।

20 एकड़ के क्षेत्र में कोलकाता में स्थित भारत का राष्ट्रीय पुस्तकालय देश का सबसे बड़ा पुस्तकालय है। इसकी मुख्य गतिविधियां हैं :

- राष्ट्रीय महत्व की प्रत्येक मुद्रित सामग्री तथा पांडुलिपियां प्राप्त कर उनका संरक्षण करना।
- किसी भी भाषा की तथा कहीं भी प्रकाशित देश से संबंधित सभी प्रकार की सामग्री एकत्र करना।
- सामान्य एवं विशिष्ट—दोनों प्रकार की सामयिक व पुरानी सामग्री के संदर्भ में ग्रंथ-सूची और प्रलेखन सेवाएं उपलब्ध कराना (इसमें देश से संबद्ध विभिन्न पहलुओं पर सामयिक राष्ट्रीय ग्रंथ सूचियां तथा पूर्व समय की ग्रंथसूचियां तैयार करने की जिम्मेदारी भी शामिल है)।
- ग्रंथ-सूची जानकारी के सभी सूत्रों की पूरी और सही जानकारी देने वाले संदर्भ केंद्र की भूमिका निभाना और अंतरराष्ट्रीय ग्रंथसूची निर्माण गतिविधियों में भाग लेना।
- पुस्तकों के अंतरराष्ट्रीय आदान-प्रदान केंद्र की भूमिका निभाना।

महेंद्र राजा जैन

अधिक जानकारी के लिए :
1. The library : An Illustrated History : Stuart A P Murray, 2012, **2. Library : An Unquiet History :** Mathew Battles, 2015

राष्ट्रीय शिक्षा

विद्यालय के बच्चों को क्या पढ़ाया जाए, कैसे पढ़ाया जाए इस पर काफी विचार-विमर्श हुआ है और राष्ट्रीय शिक्षा का एक व्यापक परिप्रेक्ष्य बनाने की कोशिशें हुई हैं। इस पर भी सोच सामने

आया है कि सूचना प्रौद्योगिकी और शैक्षिक तकनीक के बढ़े महत्व के बावजूद शिक्षक की एक केंद्रीय भूमिका है। सीखने की सामाजिक प्रक्रिया निःसंदेह मूल्यवान है। इसके साथ औपचारिक पाठ्यचर्या जुड़ जाने से बच्चों के ज्ञान में न सिर्फ समृद्धि आएगी, बल्कि उसे एक अनुशासन भी मिलेगा। इन संदर्भों में राष्ट्रीय शिक्षा का अर्थ है एक धर्मनिरपेक्ष, बराबरी की भावना पर आधारित बहुलतावादी समाज के आदर्शों से प्रेरणा लेते हुए एक लचीली, प्रासंगिक और गुणवत्ता संपन्न पाठ्यचर्या।

देश के बच्चों को शिक्षित करना एक राष्ट्रीय दायित्व है। देश में फिलहाल लगभग 10 लाख स्कूलों में 22 करोड़ बच्चे पढ़ते हैं और शिक्षकों की संख्या 55 लाख से ऊपर है। ये सुविधाएं लगभग 130 करोड़ की आबादी वाले देश के लिए काफी नहीं हैं। चिंताजनक है कि बच्चों के स्कूल छोड़ देने की दर काफी अधिक है। स्कूलों की व्यवस्था में स्थिरता, बेपरवाही और कठोरता बड़ी बाधाएं हैं। इनमें सीखने-सिखाने के नाम पर जो दिया जाता है, वह अद्यतन जानकारी, सृजनात्मकता और ज्ञान रचने की मानवीय सामर्थ्य के आयामों को अनदेखा करता है। स्कूलों में पढ़ाई बिल्कुल नहीं होती या विद्यार्थियों पर घर पर रट्टा लगाने का बोझ निर्दयतापूर्वक लाद दिया जाता है। राष्ट्रीय शिक्षा के मुख्य सरोकार हैं, कैसे बच्चों को इतना समर्थ बनाया जाए कि वे जीवन के अर्थ को समझ सकें, अपनी क्षमताओं का विकास कर सकें, अपने जीवन का उद्देश्य निश्चित करने में खुद समर्थ हों, रचनात्मक गतिविधियों में हिस्सा लेने का उत्साह पैदा हो और आगे चल कर अच्छे नागरिक का दायित्व निभा सकें।

महात्मा गांधी ने शिक्षा को एक ऐसे माध्यम के रूप में देखा था जो सामाजिक व्यवस्था में मौजूद अन्याय, हिंसा और असमानता के प्रति राष्ट्र की अंतरात्मा को जगा सके। यह आत्मनिर्भरता और आत्मसम्मान का भाव पैदा कर सके। 1986 में जो राष्ट्रीय शिक्षा नीति बनी, उसमें यह जोर दिया गया था कि पूरे देश की स्कूली पाठ्यचर्या के मूल में कुछ सर्वमान्य तत्व होने चाहिए। इनके आधार में स्वाधीनता आंदोलन का इतिहास, संवैधानिक जिम्मेदारियां तथा राष्ट्रीय अस्मिता से संबंधित कुछ चीजें अनिवार्य होंगी। इनके जरिए राष्ट्रीय मूल्यों को बच्चों के सोच और उनकी जिंदगी का हिस्सा बनाने की कोशिश की जाएगी। उन राष्ट्रीय मूल्यों में ये बातें शामिल है—हमारी समान सांस्कृतिक धरोहर, लोकतंत्र, धर्मनिरपेक्षता, स्त्री-पुरुष के बीच समानता, पर्यावरण संरक्षण, सामाजिक समता, छोटे परिवार का महत्व और वैज्ञानिक तरीकों का व्यवहार। इससे आगे बढ़ते हुए राष्ट्रीय शिक्षा नीति में यह भी सोचा गया कि नई पीढ़ी में एक विश्वदृष्टि बने, उसके अंदर अंतरराष्ट्रीय सहयोग और शांतिपूर्ण सह-अस्तित्व की भावना मजबूत हो। विभिन्न सामाजिक-आर्थिक पृष्ठभूमि से बच्चे आते हैं, अतः उनके बीच समतापूर्ण व्यवहार को प्रोत्साहन भी जरूरी है। पर यह सवाल बना हुआ है कि कृष्ण और सुदामा एक साथ कब पढ़ेंगे। राष्ट्रीय शिक्षा का एक उद्देश्य रूढ़ियों, कुंठाओं और पूर्वाग्रहों से मुक्त होना है। यह भी स्पष्ट किया गया है कि शिक्षा ऐसी हो कि हाशिए पर ढकेल दिए गए समाजों के विद्यार्थी, खासकर लड़कियां अपने अधिकारों का दावा कर सकें। राष्ट्रीय शिक्षा का यह उद्देश्य भी घोषित हुआ कि असमान समाजीकरण से हुए नुकसानों की भरपाई करनी होगी। इसके अलावा, दुनिया में बढ़ती असहिष्णुता और हिंसा को देखते हुए शांति के लिए शिक्षा पर जोर देना जरूरी है, राष्ट्रीय निर्माण की पूर्व शर्त शांति है।

राष्ट्रीय शिक्षा को एक लोकतांत्रिक शिक्षा के रूप में देखा जाता है। लोकतंत्र एक ऐसे नागरिक की कामना करता है जिसमें कई बौद्धिक, सामाजिक और नैतिक गुण हों। इसलिए राष्ट्रीय शिक्षा का लक्ष्य विद्यार्थियों में ऐसे गुण पैदा करना है जिससे वे सच को झूठ से, तथ्य को प्रचार से अलग कर सकें। वे धर्मांधता और पूर्वाग्रहों के खतरनाक आकर्षणों से बच सकें। वे सभी व्यक्तियों का मनुष्य के रूप में सम्मान कर सकें और अपने व्यक्तित्व का पूर्ण तथा बहुमुखी विकास कर सकें। उस शिक्षा से कोई लाभ नहीं जो अपने साथी नागरिकों के साथ शालीनता,

सामंजस्य और कार्यकुशलता के साथ जीने की शैली का बीजारोपण न कर सके।

भूमंडलीकरण और शिक्षा जगत में बाजार के संबंधों के फैलाव ने शिक्षा के उद्देश्यों को सीमित कर दिया है। शिक्षा के बढ़ते व्यवसायीकरण, अपर्याप्त बजट, प्राइवेट स्कूलों को सरकारी बढ़ावा इसका संकेत करते हैं कि शिक्षा का उत्तरदायित्व अब सरकार से हटकर समुदायों और परिवारों पर आ गया है। 2005 में राष्ट्रीय पाठ्यचर्या की रूपरेखा तैयार करते समय महसूस किया गया है कि बढ़ी स्पर्धा के दौर में अभिभावकों की अपने बच्चों से उच्च अपेक्षाओं ने इन बच्चों पर दबाव काफी बढ़ा दिया है। इनका तनाव बढ़ गया है। वे काफी हद तक अपने बचपन से भी विच्छिन्न होते जा रहे हैं। ऐसे दबाव से उनके सीखने के आनंद में ही बाधा नहीं आती, उनका वैयक्तिक विकास भी प्रभावित होता है। इतने चुनौतीपूर्ण दौर में आवश्यक है कि ज्ञान की अवधारणा को विकसित करते हुए उसमें नए अनुभव शामिल किए जाएं, पर राष्ट्रीय लक्ष्यों को तिरोहित न किया जाए। शैक्षिक कार्यों को समावेशी बनाते हुए बच्चों के आत्मविश्वास, विवेक और आलोचनात्मक दृष्टि का विकास जैसे पहले जरूरी था, वैसे ही अब भी है।

शिवनाथ पांडेय

रासबिहारी बोस

(1886-1945)

भारतीय राष्ट्रीय आंदोलन के दौरान सुभाषचंद्र बोस के नेतृत्व में आजाद हिंद फौज की भूमिका अद्वितीय और असाधारण मानी जाती है। कई बार यह ध्यान नहीं दिया जाता कि उसका संगठन जापान में रासबिहारी बोस ने किया था। अपने आचरण और व्यवहार से उन्होंने जापान में सरकार तक में इतनी जगह बना ली थी कि उन्हें जापान सरकार सम्मानित कर चुकी थी सुभाष चंद्र बोस को रासबिहारी बोस द्वारा बनाए गए माहौल का भरपूर लाभ मिला।

रासबिहारी बोस

रासबिहारी बोस का जन्म 25 मई 1886 को बंगाल के बर्दवान जिले के सुबलदहा गांव में हुआ था। गांव की प्रारंभिक शिक्षा के बाद वे फ्रांसीसियों द्वारा शासित चंदन नगर के डुप्लेक्स कॉलेज में विद्याध्ययन करते रहे। वहां सबसे अधिक चारुचंद्र नामक शिक्षक से प्रभावित हुए जो फ्रांस की क्रांति के विचारों से प्रभावित थे। इस प्रकार बालक रासबिहारी पर स्वतंत्रता प्रेमी फ्रांसीसी बौद्धिकता का निर्णायक प्रभाव पड़ा। आर्थिक कठिनाइयों के कारण वे अपनी पढ़ाई पूरी नहीं कर सके और धीरे-धीरे राजनीति के प्रभाव में आते गए।

बंगाल विभाजन के बाद शुरू हुए स्वदेशी आंदोलन में वे क्रांतिकारी राजनीति के संपर्क में आए और उसमें सक्रिय हो गए। उसी समय उनका परिचय क्रांतिकारी अरविंद घोष से हुआ। बोस की सक्रियता बढ़ती गई। वे गवर्नर जनरल लॉर्ड हार्डिंच की हत्या की योजना में शामिल हो गए। लॉर्ड हार्डिंच पर फेंके गए बम से गवर्नर जनरल तो बच गया, पर बीस और लोग मारे गए। बम फेंकने वाले बसंत कुमार विश्वास को गिरफ्तार कर लिया गया और बाद में उसे फांसी दे दी गई। योजना में रासबिहारी

बोस भी शामिल थे पर वे बच निकले, क्योंकि वे वेश बदलने में कुशल थे। उनके इसी गुण ने उन्हें बार-बार बचाया।

उसी समय योजना बनाई गई कि भारतीय फौज में विद्रोह (गदर) करवाया जाए। इसके लिए चुपके से विदेशों से हथियार लाने का भी प्रयास किया गया। केलिफोर्निया में गठित गदर पार्टी उस समय बेहद सक्रिय थी। पर एक मुखबिर ने खबर पहुंचा दी और यह असाधारण प्रयास असफल हो गया। भारी संख्या में विद्रोही पकड़े गए। एक बार फिर अपने कौशल से रासबिहारी बच निकले।

भारत से भागकर वे जापान पहुंचे और प्रथम विश्व युद्ध के दौरान ही स्थितियों का लाभ उठाते हुए जापान को अपना कार्यक्षेत्र बना लिया। वहाँ उन्होंने तोशीको नामक महिला से शादी कर ली। उनके एक बेटा और एक बेटी, दो संतानें, हुईं। 1923 में उन्हें जापान की नागरिकता मिल गई। इस प्रकार वे जापानी समाज में पूरी तरह घुलमिल गए। प्रथम विश्व युद्ध में जापान ने ब्रिटिश सरकार का साथ दिया था। पर ब्रिटिश सरकार ने युद्ध के बाद की संधियों में अपने ही हितों का अधिक ध्यान रखा। इस कारण जापान की सरकार और लोग युद्ध के बाद की संधियों से असंतुष्ट हो गए। ऐसे माहौल में जापान में भारतीय आजादी के लिए प्रचार-प्रसार करना रासबिहारी बोस के लिए अपेक्षतया सरल हो गया। धीरे-धीरे जापान फासीवादी रास्ते पर चल पड़ा और जर्मनी तथा इटली के साथ द्वितीय विश्व युद्ध में ब्रिटेन और अमेरिका के विरुद्ध शामिल हो गया। ऐसी स्थिति में जापान में ब्रिटिश विरोधी कामों को प्रोत्साहन मिलने लगा। दुश्मन का दुश्मन दोस्त होता है, इस सिद्धांत के अनुसार जापान में रासबिहारी बोस के प्रयास से 'इंडियन इंडिपेंडेंस लीग' गठित की गई। जापान पूर्वी एशिया को जीतता हुआ दक्षिण-पूर्वी एशिया में भारत के निकट तक पहुंच गया था। उसका मलाया और बर्मा तक पर कब्जा हो गया था। उसी समय भारत से भागकर सुभाषचंद्र बोस जर्मनी पहुंचे और जर्मनी की मदद से ही उन्हें दक्षिणी-पूर्वी एशिया पहुंचा दिया गया। जापानी सरकार ने सुभाषचंद्र बोस की भरपूर मदद की और उन्हें विदेश में भारतीय सरकार का अध्यक्ष मान उनका सम्मान किया गया।

रासबिहारी बोस की मदद से सुभाषचंद्र बोस 'इंडियन इंडिपेंडेंस लीग' और 'इंडियन नेशनल आर्मी' (आजाद हिंद फौज) के प्रमुख बन गए। यही फौज द्वितीय विश्व युद्ध के दौरान भारतीय सीमा तक इंफाल के पास मोइरांग पहुंची थी, पर जापान की पराजय के कारण उसे सफलता नहीं मिल पाई। 21 जनवरी 1945 को रासबिहारी बोस की टोकियो में मृत्यु हो गई।

लाल बहादुर वर्मा

अधिक जानकारी के लिए :
The great Indian Revolutionaries : Rash Behari Bose & Jyotindra Nath Mukherjee : Uma, Mukherjee, 1966

रासलीला

रासलीला कृष्ण का गोपिकाओं के साथ दिव्य नृत्य है। इसकी कल्पना श्रीमद्‌भागवत पुराण की कृष्ण कथा का अंश है। इसके दसवें स्कंध में 29 से 33 तक पांच अध्याय 'रास पंचाध्यायी' के नाम से विख्यात हैं। इसमें बताया गया है कि रास दो प्रकार के हैं—नित्य रास और महारास। भागवत में महारास का वर्णन है। महारास के भी दो भेद हैं—शारदीय और वासंत। जयदेव के 'गीत गोविंद' में वासंत महारास पर आधारित पद हैं, जबकि भागवत में शारदीय महारास का वर्णन है। सूरदास और मीरा के काव्य के अलावा कथक, भरतनाट्यम, ओडिसी, मणिपुरी आदि नृत्यों की भी यह एक मुख्य विषयवस्तु है। रास का संबंध 'रस' से माना जाता है। इस तरह रासलीला का आशय है रसात्मक आनंद के लिए ऐसी दिव्य क्रीड़ा जो 'मैं' को पूरी सृष्टि से एकात्म करके अद्‌भुत प्रेम से भर दे।

राधा और उसकी सखियों के कृष्ण के साथ नृत्य की जैसी कल्पना की गई, गौड़ीय संप्रदाय के चैतन्य महाप्रभु ने उसी प्रकार नृत्य किया। मीरा

उसी प्रकार नाचीं। वृंदावन की परंपरागत रासलीला प्रसिद्ध है। यह असम में लोकप्रिय है। विश्व भर में कृष्ण चैतन्य संप्रदाय के लोग रासलीला में अनोखे आध्यात्मिक आनंद की अनुभूति करते हैं। यह नृत्य भक्ति संगीत के साथ होता है। व्यक्ति रास नृत्य के साथ आत्मलीनता में एक अनंत विस्तार का अनुभव करता है। इसी कारण रासलीला लोकप्रिय हुई। इसी का एक रूप डांडिया नृत्य है, जिसमें आधुनिक युवक और युवतियां भाग लेते हैं।

निंबार्क संप्रदाय के वैष्णवों ने वृंदावन में पंद्रहवीं सदी में रासलीला की शुरुआत की। विश्वास है कि राधा और रासबिहारी खुद ऐसे आयोजन में उपस्थित हो जाते हैं। ब्रज में सितार और पखावज के साथ ध्रुपद शैली में भक्ति गीतों पर रासनृत्य की परंपरा है। लक्षित किया जा सकता है कि रासलीला का महत्व साहित्य के कारण बढ़ा। इसने जितना भक्ति को नया आयाम दिया, उतना ही कला को भी। श्रीमद्भागवत के कृष्ण का कला और साहित्य पर व्यापक असर है। शृंगार रस पर आधारित संपूर्ण काव्य मुख्यतः राधा-कृष्ण के उस प्रेम पर आधारित है, जिसका प्रधान स्रोत भागवत है। खयाल की इस बंदिश में कृष्ण का घनश्याम रूप है, 'उमड़ घुमड़ बदरिया छाई/श्याम की छवि मेरे मन में आई।' बादल छाते हैं, बिजली चमकती है और मोर नाचते हैं। कृष्ण के माथे पर सुशोभित मोरपंख का संबंध उनकी घनश्याम छवि से है।

कृष्ण को पीतांबर क्यों कहते हैं? होली में राधा लक्षित करती है कि वे इतने काले हैं कि उन पर दूसरा रंग नहीं चढ़ता। कृष्ण पीली धोती पहनते हैं। राधा का रंग सोने जैसा है, इसे चंपई भी कहा जा सकता है। कृष्ण को लीला में आह्लादिनी शक्ति राधा के बिना अधूरा माना जाता है। वे जब राधा और अन्य ग्वालिनों के साथ रासलीला करते हैं, नृत्य में सोने की अंगूठी-सा एक गोलाकार वृत्त बन जाता है। कृष्ण का रंग तब गोपिकाओं की स्वर्ण-आभा पाकर नीले से हरा हो जाता है। हरा रंग उर्वरता का प्रतीक है। रासलीला कृष्ण को नए उत्पादन के लिए उर्वरता का प्रतीक बना देती है। इससे पता चल सकता है कि कवियों-चित्रकारों ने रंग के रूपकों का कैसा सुंदर इस्तेमाल किया है।

प्रेम यदि सच्चा हो, यह स्त्री को ही नहीं पुरुष को भी बदलता है। राधा कृष्णमय होती हैं तो कृष्ण भी राधामय होते हैं, जो रासलीला से निकला एकात्मकता का संदेश है। कृष्ण देवरूप में अपने भक्तों से अलग या सरोकारहीन नहीं रह जाते, बल्कि सभी एक-दूसरे में घुल-मिल कर प्रेम की धारा में डूबने-उतराने लगते हैं। इसलिए रासलीला मूलतः विश्व प्रेम का संगीतमय नृत्य है। यह मनुष्य जाति का एक सनातन स्वप्न है।

कृष्ण ने गीता में धनुर्धर अर्जुन को कर्मयोग की शिक्षा दी। उन्होंने रासलीला में बांसुरी की धुन पर जो रासलीला की, वह प्रेमयोग की शिक्षा है। पहले में ध्वंस है, दूसरे में निर्माण है। कुछ का ध्वंस करके ही नया निर्माण हो सकता है। हर निर्माण ऐसा हो जो प्रेम, उल्लास और किसी 'उच्चतर' को समर्पण से भरा हो, वह अहंकार-भरा या स्वार्थ प्रेरित न हो। यही रासलीला का संदेश है। कृष्ण जैसे संपूर्ण सृष्टि को ही अंततः नृत्य-संगीत की एक आनंद भूमि बना देना चाहते हैं, ताकि मनुष्य के हाथ में धनुष जैसे हथियार न हों, बांसुरी हो। बाद में लोक ने कृष्ण के इसी रूप को चुना। भागवत पुराण हो या जयदेव का गीत गोविंद, सूर-मीरा के पद हों या कथक-मणिपुरी नृत्य, राधा-कृष्ण की प्रेम छवि ही लोक के हृदय में अंकित हुई, अर्जुन के सारथी के रूप में कृष्ण की छवि अंकित नहीं हुई।

शंभुनाथ

रासो काव्य

हिंदी में रासो काव्य की एक विशाल परंपरा मिलती है। वैसे रासो काव्य-परंपरा सर्वप्रथम अपभ्रंश भाषा से प्रारंभ हुई है। संस्कृत और प्राकृत भाषा में 'रासो' नाम से कोई कृति नहीं मिलती।

अपभ्रंश के बाद हिंदी और गुजराती में इस नाम से प्रभूत साहित्य मिलता है, जिसका अधिकांश भाग जैन धर्मावलंबियों द्वारा लिखा गया है, किंतु जैनेतर रासो साहित्य का भी इस काव्य धारा के विकास में महत्वपूर्ण योगदान रहा है।

रास, रासा, रासो, रासौ, रायसा, रायसो, रासउ, रासु तथा रासक आदि कई शब्द रासो साहित्य के लिए मिले हैं। विद्वानों ने इस शब्द की व्युत्पत्ति के लिए कई शब्द समय-समय पर प्रस्तुत किए हैं, जैसे— 'राजसूय' (गार्सा द तासी), 'रहस्य' (रामनारायण दूगड़, काशी प्रसाद जायसवाल), 'रसायण' (रामचंद्र शुक्ल), 'राजादेश' (जार्ज अब्राहम ग्रियर्सन), 'राजयज्ञ' (हरप्रसाद शास्त्री), 'रसिक' (नरोत्तम स्वामी) तथा कथा के अर्थ में 'रासो' (देवीप्रसाद) आदि, किंतु इनमें से कोई अर्थ ग्रहणीय नहीं है।

उल्लेखनीय है कि संस्कृत में 'रास' शब्द मिलता है। श्रीमद्‌भागवत, हरिवंशपुराण, विष्णुपुराण, काव्यानुशासन एवं साहित्यदर्पण आदि ग्रंथों में श्रृंगारमय गीत से युक्त नृत्यलीला के अर्थ में 'रास' शब्द का प्रयोग हुआ है। बाद में गान, नृत्य तथा नाट्य तीनों का समावेश 'रास' शब्द में हो गया है। आज कई मंडलियां घूम-घूम कर राधा-कृष्ण की लीलाओं का जो प्रदर्शन करती हैं, उनमें इन तीनों रूपों का समन्वय मिलता है। कुछ विद्वानों के अनुसार, कृष्ण और गोपियों का नृत्यरास का विकसित गेयनाट्य रूप 'रासक' है।

हेमचंद ने काव्यानुशासन में रासक को गेय रूपक माना है। 'साहित्यदर्पण' में रासक को 'लोकगेयरूपक' (फोक ओपेरा) बताया गया है, जिसकी गणना अभिजात साहित्य में नहीं थी, परंतु अभिजात वर्ग इसकी ओर आकर्षित अवश्य होता था। अतः 'रासक' को परिष्कृत और संशोधित कर 'नाट्यरासक' का स्वरूप प्रदान किया गया।

तेरहवीं शती के शारदातनय ने अपने 'भावप्रकाश' में 'लास्य' नृत्य के चार भेद बताए हैं—श्रृंखला, लता, पिंडी तथा भेद्यक। पुनः 'लता' के तीन भेद बताए हैं—दंडरासक, मंडलरासक तथा नाट्यरासक। संभवतः 'नाट्रासक' से 'नाट्यरासक' उपरूपक की उत्पत्ति हुई होगी और इसी 'नाट्यरासक' उपरूपक से गीत-नृत्यपरक रास की उत्पत्ति ज्ञात होती है। दशरथ शर्मा ने 'रासो के अर्थ का क्रमिक विकास' शीर्षक लेख में दिखलाया है कि किस तरह 'रासो मूलतः गानयुक्त नृत्य विशेष से क्रमशः विकसित होते-होते उपरूपक और फिर उपरूपक से वीर रस के पद्यात्मक प्रबंधों में परिणत हो गया।' किंतु बाद में रासो केवल वीर रस के प्रबंधों तक सीमित न रह कर अन्य रसात्मक प्रबंधों तक प्रसारित हुआ। लगता है कि शुरू में रासक गीतों का प्रयोग नृत्य एवं अभिनय के साथ होता रहा होगा। आगे चलकर नृत्य एवं अभिनय के तत्व लुप्त हो गए होंगे तथा केवल काव्य रूप का विकास हुआ होगा। काव्यरूप में विकसित हो जाने पर अपभ्रंश के कई छंदशास्त्रियों ने 'रासक' और 'रासाबंध' काव्य के लक्षणों का निर्देश किया। विरहांक ने अपने 'वृतजातिसमुच्चय' में लिखा है, जिस रचना में अडिल्ल, दूहा, मात्रा, रड्डा और अढोसा आदि छंद आएं, वह 'रासक' कहलाता है :

अडिलाहि दुवहएहिंव मत्ता रड्डहिं तह अढोसाहिं।
बहुएहिं जो रइज्जई सो भण्णइ रासऊ णाम।

स्वयंभू ने लिखा है, काव्यों में रासाबंध अपने धत्ता, छप्पय, पद्धडिया तथा अन्य (विविध) रूपकों के कारण जन-मन का अभिराम होता है :

धत्त छड्डणिआहिं पद्धडिया सुअण्णरूएहिं।
रासाबंधो कव्वे जणमण हिरामो होई।।

इन ग्रंथों में 'रासा' नामक एक छंद (21 मात्रा का एक रासा) की भी चर्चा है। प्रतीत होता है कि पहले रासाप्रधान छंद वैविध्यपरक काव्य ग्रंथों को 'रासाबंध' और 'रासक' कहा गया। बाद में सभी छंद वैविध्यपरक काव्य 'रासक' कहे जाने लगे। हजारी प्रसाद द्विवेदी ने स्पष्ट किया है कि रासक एक छंद भी है और काव्य भेद भी। रासोबंध काव्य में विविध छंदों का प्रयोग होता था। पृथ्वीराज रासो इसी प्रकार का काव्य है। 'रासक' की मूल संवेदना प्रेम और श्रृंगारपरक थी। उसमें कोमलता, मार्मिकता तथा मसृणता का निर्वाह होता था। हजारी प्रसाद द्विवेदी ने वीर रस प्रधान माने जाने

वाले ग्रंथ 'पृथ्वीराजरासो' को प्रेम रसपूर्ण ग्रंथ ही माना है। उन्होंने लिखा है कि पृथ्वीराजरासो का मुख्य विषय नायक की प्रेमलीला, कन्याहरण और शत्रु पराजय है। दशरथ ओझा ने लिखा है कि 'प्रेम प्रसंगों को प्रगाढ़ बनाने में युद्ध, अवरोध, सामाजिक संघर्ष सहायक होता है। अतः चरितनायकों की वीरता, ओज, शौर्य-संबंधी प्रसंगों का जुड़ जाना स्वाभाविक ही था।' (हिंदी साहित्य का बृहद इतिहास)।

रासो काव्य-परंपरा का स्तर आरंभ में निम्न था, किंतु आगे चलकर क्रमशः ऊंचा हुआ। इसकी लोकप्रियता भी समाज में बढ़ती चली गई। इससे जैन कवियों का ध्यान इसकी ओर आकर्षित हुआ। उन्होंने अपने तीर्थंकरों के चरितगान एवं धार्मिक उपदेशों का माध्यम रासो को बनाया। इस तरह अब तक जितना रासो साहित्य उपलब्ध हुआ है, उसकी मूलतः तीन धाराएं मिलती हैं—1. जैन मुनियों की साहित्य-समन्वित धर्मोपदेश की 'रासो' काव्य धारा, 2. चरितकाव्य के रूप में लिखी गई 'चरिउ' काव्य धारा, 3. लौकिक प्रेम से समन्वित रासो काव्य धारा। ये सभी धाराएं दो रूपों में प्रचलित थीं– 1. नृत्यगीतपरक रासो परंपरा, 2. छंदवैविध्यपरक रासो परंपरा। पहली परंपरा का प्रचार जैन धर्मावलंबियों में अधिक रहा है। ऐसी रचनाएं आकार में छोटी हैं। उनमें से अधिकांश अपभ्रंश में लिखी गई हैं। पहली परंपरा पश्चिमी राजस्थान और गुजरात में प्रचलित रही है, जबकि दूसरी परंपरा का प्रचार जैनेतर समाज में रहा है। ऐसी रचनाएं सभी आकारों में हैं। इनकी भाषा निरंतर परिवर्तित होती हुई आधुनिक बोलचाल की भाषा के निकट पहुंच गई है।

नृत्यगीतपरक रासो परंपरा में जिनदत्त सूरि का 'उपदेश रसायन रास' (1114 ईसवी), ब्रजसेन सूरि का 'भरतेश्वर बाहुबलि रास' (1184), शालिभद्र सूरि का 'बुद्धिरास' (1184), आसगु का 'जीवदया रास' (1200), 'चंदन बाला रास' (1200), नरपति नाल्ह का 'बीसलदेव रासो' (1350) आदि प्रमुख ग्रंथ हैं। इनमें 'बीसलदेव रासो' का विशेष महत्व है।

छंद वैविध्यपरक परंपरा में 'मुंजरास' अनुपलब्ध है। इसका रचनाकाल अनुमानतः 1140 है। अब्दुर्रहमान का 'संदेशरासक' (बारहवीं सदी), चंदबरदाई का 'पृथ्वीराज रासो' (चौदहवीं सदी उत्तरार्ध), 'हम्मीर रासो' (अनुपलब्ध), जगनिक का 'परमाल रासो' (सोलहवीं सदी), नल्लसिंह भाट का 'विजयपाल रासो' (सोलहवीं सदी), दलपति विजय का 'खुमाण रासो' (अठारहवीं सदी) प्रमुख ग्रंथ हैं।

रासो काव्य में विषयवस्तु, शैली आदि का कोई निश्चित नियम नहीं है। इनके विषय धार्मिक और लौकिक दोनों हैं। इनका अंगी रस वीर, श्रृंगार या शांत कोई भी रहा है। कथा का आधार भी धार्मिक, पौराणिक, ऐतिहासिक या कल्पनाप्रधान रहा है। कहीं कथा का निषेध कर सिर्फ विषय निरूपण हुआ है। कुछ रचनाएं अत्यंत संक्षिप्त हैं, तो कुछ बहुत बड़ी। कुछ रचनाएं 100-125 पंक्तियों में ही समाप्त हो गई हैं और कुछ हजारों पंक्तियों तक हैं।

रासो काव्य ग्रंथ सामान्यतः प्रेम, श्रृंगार, युद्ध, उत्साह तथा धर्मोपदेश आदि विषयों को लेकर लिखे गए हैं। इनकी रचना विशाल हिंदी प्रदेश में हुई है। साहित्यिकता की दृष्टि से ये रचनाएं उच्च कोटि की हैं।

कुसुम राय

अधिक जानकारी के लिए :

1. **हिंदी साहित्य का आदिकाल :** हजारी प्रसाद द्विवेदी, 2. **पृथ्वीराजरासो की भाषा :** नामवर सिंह, 3. **हिंदी साहित्य का बृहद इतिहास :** नागरी प्रचारिणी सभा

राहु-केतु

राहु दिति की कन्या सिंहिकार के गर्भ से जन्मा विप्रचित्ति दानव का पुत्र था। विष्णु पुराण की कथा के अनुसार, समुद्र मंथन के समय विष्णु जब मोहिनी का रूप धारण करके देवताओं को अमृत बांट रहे थे, उस समय राहु देवता का रूप धारण करके देवताओं की कतार में बैठ गया था। वह

कंठ तक अमृत पान कर चुका था कि सूर्य और चंद्रमा ने उसको पहचान लिया और तत्काल उसकी पहचान घोषित कर दी। विष्णु ने तत्क्षण सुदर्शन चक्र से उसका सिर काट दिया। लेकिन कंठ तक अमृतपान कर जाने के कारण उसकी मृत्यु नहीं हुई। उसके सिर का हिस्सा बच गया, जो राहु के नाम से जाना गया और धड़ का हिस्सा केतु के नाम से जाना गया।

दानवों ने भी समुद्र मंथन में समान श्रम किया था, बल्कि वासुकि नाग के फनवाला हिस्सा पकड़ने के कारण इन्हें उसकी तापमय फुंफकार भी झेलनी पड़ी थी। राहु का कदम व्यवस्था से एक विद्रोह था। वह वंचित किया गया था। सूर्य और चंद्रमा ने उसकी पहचान घोषित की थी, इसलिए राहु दोनों का शत्रु बन गया। इस तरह यह धारणा बना ली गई कि वह वर्ष में एक बार सूर्य को ग्रसता है, जिसे सूर्यग्रहण कहते हैं और एक बार चंद्रमा को ग्रसता है जिसे चंद्रग्रहण कहते हैं।

राहु का रथ मटमैले रंग का है। इस रथ के घोड़े काले हैं। राहु के इस मिथकीय बिंब को उपस्थित करके ही लंबे काल से सूर्यग्रहण और चंद्रग्रहण के कारण बताए जाते रहे हैं, जब तक इनकी वैज्ञानिक वजह प्रकाश में नहीं आ गई। सूर्यग्रहण के समय आलोक चला जाता है, आसमान मटमैला हो जाता है। फ्रांस में पहले लोग भाग कर घरों में छिप जाते थे। ब्राह्मणों की व्याख्या है, सूर्यग्रहण से सबकुछ अपवित्र हो जाया करता है। लोग नदी में स्नान करते हैं और ब्राह्मण को दान-दक्षिणा देते हैं। पहले का बना भोजन सूर्यग्रहण के बाद ग्रहण नहीं किया जाता। वराहमिहिर ने छठी सदी में इस अंधविश्वास को मिटा कर सर्वप्रथम सूर्यग्रहण और चंद्रग्रहण पर वैज्ञानिक चर्चा की शुरुआत की थी और राहु को वजह नहीं माना था। ज्योतिषशास्त्र में राहु को नव ग्रहों में गिना जाता है।

शंभुनाथ

रिपोर्ताज

फ्रांसीसी भाषा का शब्द रिपोर्ताज गद्य लेखन की एक विधा है। आम रिपोर्ट किसी घटना के यथातथ्य वर्णन को कहते हैं। वह सामान्यतया समाचार-पत्र के लिए लिखी जाती है। उसमें साहित्यिकता नहीं होती। रिपोर्ट के साहित्यिक और कलात्मक रूप को रिपोर्ताज कहते हैं। वास्तव में रेखाचित्र की शैली में प्रभावोत्पादक ढंग से लिखे जाने में ही रिपोर्ताज की सार्थकता है। आंखों देखी और कानों सुनी घटनाओं पर भी रिपोर्ताज लिखा जा सकता है। कल्पना के आधार पर रिपोर्ताज नहीं लिखा जा सकता। तथ्यों के वर्णन मात्र से रिपोर्ट बनती है, रिपोर्ताज नहीं। किसी घटना का कलात्मक विवरण रिपोर्ताज कहलाता है। रिपोर्ताज हिंदी साहित्य की आधुनिकतम विधाओं में एक है। घटना प्रधान होने के साथ ही रिपोर्ताज कथातत्व से भी युक्त होता है।

जीवन की सूचनाओं की कलात्मक अभिव्यक्ति के लिए रिपोर्ताज का जन्म हुआ। रिपोर्ताज पत्रकारिता के क्षेत्र की विधा है। बच्चन सिंह के अनुसार, 'रेखाचित्र और रिपोर्ताज अपनी वस्तुनिष्ठता में संस्मरण की व्यक्तिनिष्ठता से अलग हो जाते हैं। रिपोर्ताज अखबारी खबर का ही संवेदनात्मक रूप है।' इस विधा को गद्य विधाओं में सबसे नया कह सकते हैं। यथार्थ घटनाओं को संवेदनशील साहित्यिक शैली में प्रस्तुत कर देने को ही रिपोर्ताज कहा जाता है। रिपोर्ताज लेखक को पत्रकार तथा कलाकार दोनों की भूमिका निभानी पड़ती है। हिंदी में रिपोर्ताज मूलतः विदेशी साहित्य के प्रभाव से आया। अपने युग की समस्याओं से जूझती जनता को हमारे लेखकों ने अपने रिपोर्ताजों में प्रस्तुत किया है, लेकिन यह कहना भी गलत नहीं होगा कि इस विधा को अभी वह ऊंचाई नहीं मिल सकी है जिसकी वह हकदार है।

कुछ वर्ष पहले तक समाचार-पत्र का लेखन साहित्य की कोटि में नहीं आता था, लेकिन अब वह बात नहीं है। आज लेखकों द्वारा बड़े पैमाने पर साहित्येतर समस्याओं पर लिखा जा रहा है। साहित्य

के वर्तमान परिदृश्य में विधाओं के बंधन टूट रहे हैं। कल तक जो लेखन साहित्य की परिधि से बाहर माना जाता था, उसे अब साहित्य में मान्यता मिल चुकी है। साहित्य अब पुराने अर्थ को त्याग चुका है। अब साहित्य और साहित्येतर का भेद नहीं रह गया है। अब सब कुछ लेखन है। रिपोर्ताज की यही स्थिति है। उसे एक विधा के रूप में साहित्य में मान्यता मिल चुकी है। देखते-देखते कथा रिपोर्ताज नामक विधा का हिंदी में उदय हुआ जो पत्रकारिता को साहित्य की मुख्य धारा में लाने में सक्षम हुई। आज गद्य की अनेक विधाओं जैसे यात्रा वृत्तांत, रिपोर्ताज तथा अन्य प्रकार के कथेतर गद्य में विपुल साहित्य की रचना हो रही है।

रिपोर्ताज का उद्भव द्वितीय महायुद्ध के बाद रूस में हुआ। रूसी प्रभाव के कारण यह विधा हिंदी में विकसित हुई। इलिया एहरनबुर्ग रूस की सबसे प्रसिद्ध रिपोर्ताज लेखिका हुई। वास्तविक रूप में रिपोर्ताज का जन्म हिंदी में बाद में हुआ। लेकिन भारतेंदुयुगीन साहित्य में इसकी कुछ विशेषताओं को देखा जा सकता है। भारतेंदु ने जनवरी 1877 की 'हरिश्चंद्र चंद्रिका' में दिल्ली दरबार का जो विवरण दिया है उसमें रिपोर्ताज की झलक देखी जा सकती है।

रांगेय राघव का 'बंगाल का अकाल' 1940 में प्रकाशित हुआ था। उन्होंने अकालग्रस्त बंगाल की यात्रा के बाद 'तूफानों के बीच' शीर्षक रिपोर्ताज लिखा। बंगाल के अकाल के परिणामों पर फणीश्वरनाथ 'रेणु' ने भी मार्मिक और सशक्त रिपोर्ताज लिखे। इनमें लेखक ने स्वतंत्रता पूर्व के अकालग्रस्त बंगाल के गांवों की पीड़ित अवस्था का चित्रण किया है।

जब तक रिपोर्ताज को साहित्य के एक विधा के रूप में मान्यता नहीं मिली थी, रिपोर्ताज को कहानी ही मान लिया जाता था। इसी कारण रेणु के कुछ रिपोर्ताजों को उनके कहानी संग्रहों में शामिल कर दिया गया। 'समय की शिला पर' में फणीश्वरनाथ 'रेणु' के अब तक उपलब्ध सभी रिपोर्ताज संकलित हैं। इसमें रिपोर्ताज के बारे में अपनी राय व्यक्त करते हुए रेणु ने लिखा है, 'गत महायुद्ध ने चिकित्सा शास्त्र के चीर-फाड़ (शल्य क्रिया) विभाग को पेनासिलीन दिया और साहित्य के कथा विभाग को रिपोर्ताज।' 'रेणु' का यह कथन हिंदी साहित्य में रिपोर्ताज के आविर्भाव का काल-निर्धारण ही नहीं, उसकी सामाजिक भूमिका को भी रेखांकित करता है। रेणु के अनेक कथा-रिपोर्ताज, जिन्होंने हिंदी पत्रकारिता को भी समृद्ध किया, विभिन्न त्रासद स्थितियों का अत्यंत रचनात्मक साक्ष्य प्रस्तुत करते हैं। 1947 से 1951 के बीच उनके पांच रिपोर्ताज संग्रह निकले। हिंदी में रिपोर्ताज संग्रह की संभवतः ये ही स्वतंत्र पुस्तकें हैं। दिल्ली से प्रकाशित 'दिनमान' में अच्छे रिपोर्ताज छपते रहे हैं, इस पत्र ने रिपोर्ताज विधा को एक खास ऊंचाई दी।

रिपोर्ताज लेखन के क्षेत्र में शिवदान सिंह चौहान, अमृतलाल नागर, अमृत राय, प्रकाशचंद्र गुप्त, उपेंद्रनाथ 'अश्क', भदंत आनंद कौसल्यायन, धर्मवीर भारती, शमशेर बहादुर सिंह, प्रभाकर माचवे, प्रभाष जोशी आदि उल्लेखनीय हैं। 2015 में साहित्य का नोबेल पुरस्कार बेलारूस की एक खोजी पत्रकार स्वेतलाना एलेक्सीविच को मिला। उनके काम में उनके रिपोर्ताज महत्वपूर्ण हैं। यह नोबेल हिंदी साहित्य से गायब होती जा रही रिपोर्ताज विधा की जरूरत बताता है, क्योंकि सत्य को दर्ज करना कल्पना से कहीं ज्यादा मायने रखता है।

महेंद्र राजा जैन

रीति काव्य

रीति का अर्थ है प्रणाली, पद्धति, मार्ग, पंथ या शैली। इसका प्रयोग विशेष कार्य-पद्धति के अर्थ में भी होता है—'रघुकुल रीति सदा चलि आई'। चौथी शताब्दी में भरत मुनि के नाट्यशास्त्र में प्रदेश भेद से आवंती, दाक्षिणात्या पांचाली और मागधी प्रवृत्तियां वर्णित हैं। सातवीं-आठवीं शताब्दी में भामह और दंडी ने रीति का देशानुसार उल्लेख किया है। दसवीं-ग्यारहवीं शताब्दी में कुंतक ने

'वक्रोक्ति जीवितम्' में रीति को मार्ग कहा है। इसका आधार बताया है कवि स्वभाव को। चौदहवीं शती में विश्वनाथ ने 'साहित्य दर्पण' में रीति को रस का उपकार करने वाला कहा। वर्णसंघटन, गुण और समास के आधार पर उन्होंने रीति को शैली के रूप में लिया। भामह और दंडी रीति के दो भेद मानते हैं—गौड़ी और वैदर्भी। वामन वैदर्भी, गौड़ी और पांचाली मानते हैं। रुद्रट वैदर्भी, गौड़ी, पांचाली और लाटी चार भेद मानते हैं। कुंतक गुण और स्वभाव से संबंधित मार्ग को लेकर सुकुमार, विचित्र और मध्यम तीन भेद करते हैं। नौवीं शती में आनंदवर्धन और बारहवीं शती में मम्मट वक्ता, वाच्य, विषय और रस की अनुकूलता अथवा औचित्य को रीति के नियामक तत्व मानते हैं। वामन रीति को काव्य की आत्मा कहते हैं।

हिंदी साहित्य में रीति शब्द रूढ़ हो गया है। काव्य के किसी अंग रस, अलंकार आदि के लक्षण बताते हुए उसके उदाहरण के रूप में मौलिक छंद रचने के अर्थ में रीति को लिया जाता है। संस्कृत के आचार्यों का अनुसरण करते हुए हिंदी के कवियों ने रीति को अपने ढंग से स्वीकार किया है।

हिंदी में विद्यापति और सूरदास से ही रीति की परंपरा देखी जा सकती है। उनके गीत नायिका-भेद के उदाहरणों से भरे पड़े हैं। नंददास ने 'रसमंजरी' में छंदबद्ध नायिकाभेद लिखा। रहीम ने बाकायदा 'बरवै नायिकाभेद' की रचना की। तुलसी की रचना 'बरवै रामायण' में नायिका भेद के उदाहरण ढूंढ़े जा सकते हैं। 1541 में कृपाराम कृत 'हिततरंगिणी' को हिंदी का पहला रीतिग्रंथ कहा जा सकता है। उसी समय मोहन लाल मिश्र ने 'श्रृंगार सागर' लिखा। करनेस कवि ने 'कर्णाभरण', 'श्रुतिभूषण' और 'भूपभूषण' लिखा। भक्तिकाल के ही केशवदास ने, रामचंद्र शुक्ल के शब्दों में, 'काव्य रीति का सम्यक समावेश पहले पहल किया।' उनके पचास वर्ष बाद भूषण और मतिराम के भाई चिंतामणि ने काव्य के सब अंगों पर ग्रंथ लिखे। आचार्य शुक्ल ने इनके पांच ग्रंथ बताए हैं, जिनमें 'काव्यविवेक', 'कविकुलकल्पतरु' और 'काव्यप्रकाश' मुख्य हैं। शुक्ल जी के शब्दों में, 'उसके उपरांत तो लक्षणग्रंथों की भरमार-सी होने लगी।... हिंदी साहित्य में यह एक अनूठा दृश्य खड़ा हुआ।' अठारहवीं शती के मध्य में भिखारीदास अपने ग्रंथों 'काव्य निर्णय' और 'श्रृंगार निर्णय' के माध्यम से काव्यशास्त्र के पहले आचार्य बन गए। उन्होंने हिंदी काव्य-परंपरा, भाषा, छंद, तुक आदि पर भी विचार किया। काव्य प्रयोग के संदर्भ में उनका एक छंद अतिप्रसिद्ध है :

एक लहै तपपुंजनि के फल ज्यों तुलसी अरु सूर गोसाईं।
एक लहै बहु संपत्ति केसव भूषन ज्यों बरबीर बड़ाई।।
एकनि को जस ही सो प्रयोजन है रसखानि रहीम की नाईं।
दास कवित्तन की चरचा बुधिवंतनि को सुख दै सब ठाईं।।

ब्रजभाषा के तत्कालीन स्वरूप पर भिखारीदास के छंद—'ब्रजभाषा भाषा रुची...षटविधि कवी बखानि' एवं 'तुलसी गंग दोऊ भए सुकविन के सर' प्रसिद्ध हैं। रीतिकाल के काव्य पर उनकी यह टिप्पणी सटीक मानी गई है, 'आगे के सुकवि रीझिहैं तो कविताई, न तो राधिका कन्हाई सुमिरन को बहानो है।' अठारहवीं शती के उत्तरार्द्ध में प्रतापसाहि ने 'व्यंग्यार्थ कौमुदी' में एक उदाहरण और बाद में लक्षण लिखकर एक नया प्रयोग किया। इनके कुछ समय बाद ग्वाल कवि ने ग्यारह ग्रंथों के माध्यम से कवि और आचार्य दोनों रूप में 'अनुकर्त्ता' की भूमिका निभाई। 'हिंदी साहित्य का दूसरा इतिहास' में बच्चन सिंह ने रीतिकालीन कवियों को 'बद्धरीति काव्य' और 'मुक्त रीतिकाव्य' के अंतर्गत रखा। बद्धरीति काव्य के दो वर्ग बनाए—रीतिचेतस और काव्यचेतस। रीतिचेतस में चिंतामणि, जसवंत सिंह, भिखारी दास, प्रतापसाहि और ग्वाल कवि को रखा गया। काव्यचेतस वर्ग में मतिराम, भूषण, देव, पद्माकर, तोष, रसलीन, बेनी प्रवीन, वृंद, अली मुहीब, बेनी बंदीजन, यशोदानंदन आदि की गणना की गई। 'मुक्त रीति काव्य' में केवल बिहारी का मूल्यांकन किया गया है और 'स्वच्छंद काव्य' में आलम, घन आनंद, ठाकुर और द्विजदेव का आकलन हुआ है।

रीतिबद्ध कवि : हिंदी में काव्य रचना प्रणाली अर्थात रस, अलंकार, गुण, ध्वनि, नायिकाभेद आदि के काव्यशास्त्रीय आधार पर रचना करनेवाले कवियों को रीतिबद्ध कवि कहा गया। इन कवियों ने पहले ब्रजभाषा में रस आदि के लक्षणों का निरूपण किया। इसके बाद उदाहरण स्वरूप अपने छंद रचे। रीतिकाल में ऐसे कवियों की संख्या सर्वाधिक थी। इसलिए आचार्य रामचंद्र शुक्ल ने 'हिंदी साहित्य का इतिहास' में इन कवियों को 'रीतिग्रंथकार कवि' कहा है। चिंतामणि त्रिपाठी से लेकर रसिक गोविंद तक 57 कवियों की सूची में शुक्ल जी ने चौथे नंबर पर बिहारी को रखा। बिहारी ने कोई लक्षणग्रंथ नहीं लिखा। इस सूची में उन्हें रखने की सफाई देते हुए शुक्ल जी ने लिखा, 'बिहारी ने यद्यपि लक्षण ग्रंथ के रूप में अपनी 'सतसई' नहीं लिखी है, पर 'नखशिख', 'नायिका भेद', 'षटऋतु' के अंतर्गत उनके सब शृंगारी दोहे आ जाते हैं और कई टीकाकारों ने दोहों को इस प्रकार के साहित्यिक क्रम के साथ रखा भी है।'

विश्वनाथ प्रसाद मिश्र ने रीतिकाल के कवियों को तीन वर्गों में विभाजित करते हुए लिखा, 'इस प्रकार के कवियों को जो रीतिविरुद्ध नहीं और लक्षणग्रंथ से ऐसे भी नहीं बंधे हैं कि तिल भर उससे हट न सकें, भले ही वे रीति की परंपरा को अपनी अभिव्यक्ति का आधार बनाते हों, रीतिसिद्ध कहना चाहिए। इस प्रकार शृंगार काल में तीन प्रकार के कवि दिखाई देते हैं—रीतिबद्ध, रीतिसिद्ध और रीतिविरुद्ध। रीतिबद्ध कलापक्ष को ही वे विशेष महत्वपूर्ण समझते थे। रीतिसिद्ध कवियों में भावपक्ष और कलापक्ष समान था। रीतिविरुद्ध या रीतिमुक्त कवियों में भावपक्ष प्रधान था, कलापक्ष गौण।' रीति का अनुगमन करने वाले कवियों में भी मिश्र जी दो प्रकार बताते हैं, 'एक थे रीतिबद्ध स्वकीय विशेषताविहीन कवि और दूसरे थे स्वकीय विशेषतासंपन्न रीतिसिद्ध कवि और बिहारी इनके सिरमौर थे।' (हिंदी साहित्य का इतिहास)।

बाद के आलोचकों ने रीतिकालीन कवियों की कई तरह की श्रेणियां बनाईं, लेकिन विश्वनाथ प्रसाद मिश्र की बनाई तीन श्रेणियां ही स्वीकार की जाती हैं। रीतिबद्ध कवियों में वे ही 57 कवि हैं, जिन्हें शुक्ल जी ने 'रीतिग्रंथकार कवि' कहा है। वे कवि हैं—चिंतामणि त्रिपाठी, बेनी, महाराज जसवंतसिंह, बिहारीलाल, मंडन, मतिराम, भूषण, कुलपति मिश्र, सुखदेव मिश्र, कालिदास त्रिवेदी, राम, नेवाज, देव, सूरति मिश्र, कवींद्र, श्रीपति, बीर, कृष्ण कवि, रसिक सुमति, गंजन, प्रीतम, भिखारीदास, भूपति, तोषनिधि, दलपति राय, वंशीधर, सोमनाथ, रसलीन, रघुनाथ, दूलर, कुमारमणि भट्ट, शिवसहाय दास, ऋषिनाथ, बैरीसाल, दत्त, रतनकवि, हरिनाथ, मनीराम मिश्र, चंदन, देवकी नंदन, महाराज राम सिंह, भान कवि, थान कवि, बेनी बंदीजन, बेनी प्रवीन, जसवंत सिंह द्वितीय, यशोदानंद, करन कवि, गुरदीन पांडे, ब्रह्मदत्त, पद्माकर भट्ट, ग्वाल कवि, प्रतापसाहि और रसिक गोविंद। इस सूची से बिहारी का नाम निकालकर आलोचकों ने अलग रखा। उनके लिए अलग वर्ग की जरूरत पड़ गई। वे रीतिसिद्ध कहलाए। आगे के ग्रंथों में एक-दो नाम और जोड़े गए, जिनका महत्व नगण्य है।

रीतिसिद्ध कवि : रामचंद्र शुक्ल 'रीतिग्रंथकार कवि' के रूप में जिन 57 कवियों की गणना करते हैं, उनमें चौथे नंबर पर वह बिहारी को रखते हैं। उनकी दृष्टि में बिहारी की कविता 'मुक्तक काव्य के गुणों के चरम उत्कर्ष पर पहुंची हुई' है, 'इनके दोहे क्या हैं, रस के छोटे-छोटे छींटे हैं। इनमें तो रस के ऐसे छींटे पड़ते हैं, जिनसे हृदय कलिका थोड़ी देर के लिए खिल उठती है।' कल्पना की समाहार शक्ति बिहारी के दोहों में पूर्ण रूप में है। इनके अनुभाव-विधान में रसव्यंजना का पूर्ण वैभव देखकर शुक्ल जी कहते हैं, 'अनुभावों और हावों की ऐसी सुंदर योजना कोई शृंगारी कवि नहीं कर सकता है।' बिहारी की ऐसी ही विशेषताओं से अभिभूत होकर आचार्य शुक्ल ने उन्हें 'रीतिग्रंथकार कवि' वर्ग में रखा।

विश्वनाथ प्रसाद मिश्र ने आचार्य शुक्ल के

संकेत पर रीतिकाल के लिए 'श्रृंगार काल' नाम पसंद किया और बिहारी के लिए एक अलग वर्ग बना दिया—'रीतिसिद्ध कवि'। बिहारी के निंदक और प्रशंसक दोनों आमतौर पर उनके उन्हीं पचास-साठ दोहों तक सीमित थे, जिन्हें बिहारी ने ओछी रुचि वाले दरबारियों के लिए लिखा होगा।

वस्तुतः बिहारी के दोहों में नागर जीवन और ग्रामीण जीवन के यथार्थ चित्र हैं। पड़ोसी के घर जामन मांगती युवती, कपास चुनती युवती, वर्षों बाद फौज से घर लौटे पति के स्पर्श की लालसा से उसके भूषन-बसन-हथियार को बार-बार हृदय से लगाती युवती, क्योंकि पति पहले अपने माता-पिता से मिल रहा है—ऐसे चित्रों में उस युग का जीवन उपस्थित है। जिस परिवेश में युवकों के लिए राजाओं, जागीरदारों, सामंतों की सेना में काम जीविका का सबसे बड़ा साधन हो, उसमें रूप-वर्णन और विरह-वर्णन की अतिशयोक्ति को सैनिक की निगाह से देखने पर सच्चाई उजागर हो जाएगी। स्पष्ट हो जाएगा कि बिहारी चमत्कार को महत्व देते हुए लोक संवेदना की उपेक्षा नहीं करते। सामंती बंधनों के परिवेश में युवती अपने घर आए युवक को, जो उसका पति भी हो सकता है; क्षण भर के लिए झरोखे से देखना चाहती है, पर उत्सुकता, बंधन, लज्जा और प्रेम के मिले-जुले हाव-भाव के बीच उसकी विवशता स्पष्ट हो जाती है। यह स्त्री की विवशता का ही एक सौंदर्यपरक बिंब है :

सटपटाति सी ससिमुखी मुख घूंघट पर ढांकि।
पावक झर सी झमकि कै गई झरोखा झांकि।।

युवती लपककर झरोखे से युवक को देखना चाहती है और देख भी लेती है, पर लोग उसे झांकते न देख लें, इसलिए सटपटाती-सी है और घूंघट में मुंह को अच्छी तरह छिपा लेती है। इस दोहे में चमत्कार और सरसता ही नहीं, जीवन का चित्र भी है। बिहारी एक दोहे में विलक्षणता के साथ एक महत्वपूर्ण बात कहते हैं कि कनक या सोना आदमी को किस तरह पागल कर देता है, 'या खाए बौरात है व पाए बौराय'। महाकाव्य के सामने मुक्तक को कम महत्व देने वाले आलोचक बिहारी का मूल्यांकन सही परिप्रेक्ष्य में नहीं करते। वे नहीं देखते कि काव्यगत विलक्षणता के साथ इन दोहों में किस तरह रस और लोक संवेदना भी कम नहीं है।

रीतिमुक्त कवि : काव्य साधना में रीति और भावपक्ष दोनों का महत्व है। रीतिमुक्त कवियों ने रीति से अधिक स्वच्छंद भाव को महत्व दिया। काव्य लक्षण के उदाहरण के रूप में कवि-कर्म करने के बंधन से जो कवि मुक्त हो गए, उन्हें ही 'रीतिमुक्त' कहा जाता है। 'रीतिकाल के अन्य कवि' शीर्षक अध्याय में रामचंद्र शुक्ल लिखते हैं, 'रसखान, घनानंद, आलम, ठाकुर आदि जितने प्रेमोन्मत्त कवि हुए हैं, उनमें किसी ने लक्षणबद्ध रचना नहीं की।' 'हिंदी साहित्य का दूसरा इतिहास' में बच्चन सिंह रीतिमुक्त कवियों के लिए 'स्वच्छंद काव्यधारा' वर्ग बना कर लिखते हैं, 'जिस प्रकार साम्राज्य का ढांचा टूट रहा था, उसी प्रकार रीति से बंधा हुआ कविता का ढांचा भी टूटने लगा था।'

रीतिमुक्त धारा के कवियों ने साधन की तुलना में साध्य पर अधिक ध्यान दिया। वे बुद्धि द्वारा संचालित कवि न होकर प्रगाढ़ भावना के कवि थे। इस धारा के काव्य में बुद्धि भावना की दासी है, 'रीझि सुजान सची पटरानी बची बुधि बावरी ह्वैकरि दासी।'

कवित्त करना खेल नहीं है, शब्द-क्रीड़ा नहीं है। इस संबंध में ठाकुर का एक प्रसिद्ध छंद है, 'लोगन कवित्त कीवो खेल करि जानो है।' सीखी-सिखाई बातों के माध्यम से कवित्त कहने वाले कवि श्रोताओं की सभा में ढेला फेंकने का काम करते थे। इन लोगों ने कविता को खेल समझ लिया था। 'घनानंद ग्रंथावली' की भूमिका में ब्रजनाथ आनंदघन की कविता को समझने की अर्हता बताते हुए कहते हैं :

नेही महा ब्रजभाषा प्रबीन औ,
सुंदरतानि के भेद को जानै।
जोग-वियोग की रीति मैं कोविद,
भावना-भेद स्वरूप को ठानै।

चाह के रंग में भीज्यो हियौ,
बिछुरे मिलें प्रीतम सांति न मानै।
भाषा-प्रबीन, सुछंद सदा रहै,
सो घनजू के कवित्त बखाने।।

प्रेम की अनेक अंतर्वृत्तियों के उद्घाटक, काव्यगत रमणीयता के भेदों के विधायक, संयोग और वियोग की रीति के पंडित, भावना-भेद के सहृदय चितेरे, प्रेम के रंग में डूबे हुए, मिलन और विरह दोनों में शांति न पाने वाले, भाषा मर्मज्ञ और सुछंद रहने वाले लोग ही घन आनंद के कवित्त समझ सकते हैं। जिस कवि की कविता को समझने की योग्यता ऐसी दुर्लभ हो, वह कवि स्वयं कैसा होगा और कविता से उसका क्या रिश्ता होगा, इसे घन आनंद अपने एक छंद में स्वयं बताते हैं :

ईछन तीछन बान बखान सो
पैनी दसान लै सान चढ़ावत।
प्राननि प्यारे भरे अति पानिप
मायल घायल चोप चटावत।।
है घन आनंद छावत भावत
जान सजीवन ओर तें आवत।
लोग हैं लागि कवित्त बनावत
मोहि तौ मेरे कवित्त बनावत।।

कवि लोग किसी प्रकार लग कर प्रयत्नपूर्वक कविता बनाते हैं। आनंदघन कहते हैं कि मुझे तो मेरी कविता ही बनाती है। रीतिबंधन या शास्त्रबंधन (क्लासिकल) से छूटकर ये सुछंद या स्वच्छंद कवि हैं। ब्रजनाथ की गिनाई गई समस्त अर्हता आनंदघन के अतिरिक्त किसी अन्य कवि में नहीं मिल सकती, न ही कोई अन्य कवि दावा कर सकता है कि मैं कविता नहीं रचता, मेरी कविता मुझे रचती है। उपर्युक्त प्रवृत्तियां जिन कवियों में पाई जाती हैं, उन्हें रीतिमुक्त स्वच्छंद कवि कहा जाता है। विश्वनाथ प्रसाद मिश्र की टिप्पणी रीतिबद्ध और रीतिमुक्त का अंतर स्पष्ट करती है, 'जग के कवि, काव्य के बहिरंग में ही लिपटे रह गए, उसके अंतरंग में प्रविष्ट नहीं हुए। इसी से 'स्वच्छंद कवि' हृदय की दौड़ के लिए राजमार्ग चाहते थे, रीति की संकरी गली में धक्कम-धक्का करना नहीं। ये कविता की नपी-तुली नाली खोदने वाले न थे। ये काव्य का उत्स प्रवाहित करने वाले या मानस-रस का उन्मुक्त दान देनेवाले थे। पश्चिमी समीक्षकों के ढंग से कहें, तो रीतिबद्ध कर्ता कवि की कविता चेतनावस्था (कांसस स्टेट) में गढ़ी जाती थी और रीतिमुक्त कर्ता कवि की कविता अंत:संज्ञा (सबकांसस स्टेट या अनकांसस स्टेट) में लीन हो जाने पर आप से आप उद्भूत होती थी।' (हिंदी साहित्य का अतीत)।

आलम रीतिमुक्त धारा के एक प्रसिद्ध प्रेमी कवि हैं। रंगरेजिन कवयित्री शेख से इनके प्रेम और विवाह की कथा प्रसिद्ध है। इनकी प्रसिद्ध रचना 'आलमकेलि' है। इनका एक छंद है :

जा थल कीन्हें विहार अनेकन
ता थल कांकरी बैठि चुन्यौ करैं।
जा रसना सों करी बहु बात सु
ता रसना सो चरित्र गुन्यौ करैं।
आलम जौन से कुंजन में करी
केलि तहां अब सीस धुन्यौ करैं।
नैनन में जो सदा रहते तिनकी
अब कान कहानी सुन्यौ करैं।।

ठाकुर नाम के दो या तीन कवियों के उल्लेख मिलते हैं। इनमें बुंदेलखंड के ठाकुर (1766-1823) प्रसिद्ध स्वच्छंद कवि हैं। प्रेम की पीर इनकी कविता में नहीं मिलती, अपितु साहसपूर्ण वीरता इनके व्यक्तित्व की अप्रतिम विशेषता है।

जनश्रुति है कि प्रख्यात वीर राजा अनूप गिरि हिम्मत बहादुर के दरबार में उनकी किसी बात पर क्रुद्ध होकर ठाकुर ने म्यान से तलवार निकाल कर एक छंद पढ़ा, 'हम कविराज हैं पै चाकर चतुर के।' उन्होंने स्पष्ट कहा कि वह शुद्ध हृदय के हैं और सच्चे प्रेमी हैं, पर किसी के आगे झुकने वाले नहीं हैं। राजा ने इनके साहस और कवित्व को सराहा था। ठाकुर ने राधाकृष्ण के प्रेम की सघनता व्यक्त करने वाले छंदों की रचना की।

अठारहवीं सदी के उत्तरार्ध में पन्ना के राजा

खेत सिंह के दरबार में बुद्धिसेन नाम के कवि थे, जिन्हें राजा प्यार से बोधा कहते थे। इनकी प्रेमिका सुभान थी, जिसके खुले प्रेम के कारण इन्हें राज्य-निकाला मिला। इन्होंने 'माधवानल कामकंदला' (विरहवारीश) की रचना की, जो आत्मकथात्मक है। निर्वासन अवधि बीतने पर पन्ना लौटकर बोधा ने राजा को विरहवारीश के छंद सुनाए। प्रसन्न होकर राजा ने इनसे कुछ मांगने को कहा। उत्तर में कवि ने कहा—'सुभान अल्लाह'। इस श्लेष युक्त उत्तर से प्रसन्न होकर महाराज ने सुभान से इनका विवाह करा दिया। अपने सुखी जीवन के अनुभव के आधार पर बोधा ने 'सुभान-दंपति विलास' (इश्कनामा) लिखा। उनकी एक अति प्रसिद्ध पंक्ति है, 'यह प्रेम को पंथ कराल महा तरवारि की धार पै धावनो है।' मनुष्य के आत्मसम्मान की अभिव्यक्ति के लिए प्रायः उद्धृत किया जाने वाला यह छंद इन्हीं का है :

दाता कहा, सूर कहा, सुंदर सुजान कहा,
आपको न चाहे ताके बाप को न चाहिए।

अयोध्या के राजा मानसिंह (1820-1861) द्विजदेव नाम से शृंगारी कविता लिखते थे। अपने दो ग्रंथों 'शृंगार बत्तीसी' और 'शृंगारलतिका' के छंदों के माध्यम से काव्य प्रेमियों में वह बहुत लोकप्रिय हुए। शुक्ल उन्हें ब्रजभाषा की शृंगारी कविता के अंतिम कवि के रूप में देखते हैं। भाषा की स्वच्छंदता इनकी विशेष उपलब्धि है।

रामविलास शर्मा 'हिंदी जाति का साहित्य' में रीतिमुक्त की अवधारणा को विकसित करते हुए लिखते हैं, 'लोकवादी साहित्य में विद्यापति, खुसरो, कबीर, सूर, जायसी, तुलसीदास, रहीम, सेनापति, घन आनंद, गिरिधर कविराय आदि अनेक प्रवृत्तियों के कवि शामिल हैं और वे सब रीतिमुक्त हैं।'

रामदेव शुक्ल

अधिक जानकारी के लिए :

1. **हिंदी साहित्य का अतीत भाग-2 :** विश्वनाथ प्रसाद मिश्र,
2. **हिंदी साहित्य का इतिहास :** नगेंद्र

रीति सिद्धांत

प्राचीन काल से भारतीय और पश्चिमी सिद्धांतकारों द्वारा कवियों के अपनी अनुभूति को भाषा में व्यक्त करने के मार्ग पर चर्चा होती रही है। इसे भारतीय काव्यशास्त्रियों ने रीति कहा और पश्चिमी सिद्धांतकारों ने शैली।

भारतीय काव्यशास्त्र में रीति सिद्धांत का महत्वपूर्ण स्थान है। इसके प्रमुख सिद्धांतकार वामन हैं। उनके पहले दंडी ने काव्य में निहित रीति तत्व पर चर्चा की थी, लेकिन वामन ने 'काव्यालंकार-सूत्रवृत्ति' में रीति को काव्य की आत्मा मानते हुए इस पर विस्तार से विचार किया। उन्होंने 'विशिष्ट पदरचना रीतिः' कह कर रीति को परिभाषित किया। विशिष्ट से उनका अभिप्राय गुणों से संपन्न होने से है। अतः वह विशेष पद-रचना, जिसमें काव्यसंबंधी आवश्यक गुण हों, रीति है। वामन शोभाकारक शब्द एवं अर्थ के धर्म को गुण कहते हैं। इस प्रकार रीति की परिभाषा हुई शोभाकारक शब्द और अर्थ के धर्मों से युक्त पद-रचना। वे शब्द-गुण की अपेक्षा अर्थ गुण को अधिक महत्व देते हैं, अर्थगुणों के समावेश से ही रीति का उत्कर्ष मानते हैं। काव्य में गुणों की जरूरत की बात करते हुए वे इनका संबंध सौंदर्य के साथ स्थापित करते हैं। हर कला से अपेक्षा की जाती है कि वह दोषरहित एवं गुणयुक्त हो। इस तरह रीति की जरूरत हर कला में है।

वामन संस्कृतिपरक रुचि और दृष्टि के कारण रचनाओं में सिर्फ चमत्कार पैदा करने का विरोध करते हैं। वे सभी आकर्षक वर्णनों के लिए सिर्फ अलंकार को ही जरूरी नहीं मानते। वे अलंकार को काव्य की शोभा न मान कर सिर्फ अभिव्यक्ति के आकर्षण के लिए स्वीकार करते हैं, 'काव्यशोभायाः कर्तारो धर्मो गुणाः' (काव्यालंकार-सूत्रवृत्ति)। साहित्य में सौंदर्य उत्पन्न करने का कारण गुण है। ओज, माधुर्य, प्रसाद आदि गुण हैं। किसी स्त्री का अलंकृत सौंदर्य रमणीय होता है, लेकिन अनलंकृत सौंदर्य भी मार्मिक लगता है। गुणों के बिना प्रिय आभूषण भी

रचना में असौंदर्य उत्पन्न करते हैं। इसलिए काव्य का उद्देश्य केवल चमत्कारपूर्ण कथन नहीं है। वामन रचनाकारों को अपना ध्यान मानसिक दशाओं की ओर केंद्रित करने की प्रेरणा देते हैं।

रीति सिद्धांत की चर्चा के तीन प्रमुख आधार हैं। पहले आधार के रूप में विभिन्न प्रदेशों में प्रचलित विशेष गुण वाले लेखन की विशेषताओं को मानदंड बनाया गया। दूसरे आधार के रूप में कवि द्वारा चुनी जाने वाली विषयवस्तु को मानदंड बनाया गया और तीसरे स्तर पर कवि के व्यक्तित्व और स्वभाव को मानदंड बनाया गया।

रीति सिद्धांत में कवि के जिस गुण की बात कही गई है, उसका पहला संबंध पद रचना द्वारा व्यक्त होनेवाली एक विशिष्ट मनोवृत्ति और अनुभूति से है, क्योंकि कवि विशेष पद रचना द्वारा ही अपने भावों को व्यक्त करते हैं। इस प्रकार पद रचना द्वारा अभिव्यंजित मनोवृत्ति ही गुण है।

वामन के पहले भरतमुनि, भामह जैसे आचार्यों ने भी रीति शब्द का प्रयोग किया था। इस क्रम में रीति के विकास की एक परंपरा चल पड़ी। भरतमुनि का 'नाट्यशास्त्र' रीति का स्रोत ग्रंथ है। उन्होंने पृथ्वी के विभिन्न देशों के वेश, भाषा, आचार को व्यक्त करने वाले को प्रवृत्ति कहा था। उन्होंने रीति को वृत्ति से जोड़ा था। भरत के बाद सातवीं शताब्दी में बाणभट्ट ने 'हर्षचरित' में रीति का उल्लेख करते हुए उस समय के प्रचलित चार भू-भागों की चार शैलियों का वर्णन किया। लगता है उस समय रीतियों के प्रादेशिक नाम चलन में आ गए थे। सिर्फ प्रवृत्ति की दृष्टि से ही नहीं, बल्कि विषय और अन्य काव्य गुणों के आधार पर भी रीति पर विचार किया जाने लगा था। इसके बाद दंडी का नाम आता है, जिन्होंने रीति की जगह 'मार्ग' शब्द का प्रयोग किया। वे कहते हैं, 'जो कवि स्वयं किसी मौलिक मार्ग का उद्‌भावना न कर अन्य कवि के मार्ग का अनुसरण करता है, वह अंधा है।' इससे पता चलता है कि वे काव्य-रचना के लिए किसी एक निश्चित मार्ग पर ही चलना जरूरी नहीं समझते थे।

दंडी की तरह भामह ने भी 'काव्यालंकार' में रीति की जगह मार्ग शब्द का प्रयोग किया। सबसे पहले इसी ग्रंथ में रीतियों की स्पष्ट चर्चा है। भामह के बाद वामन आते हैं। अलंकार और गुण का जो सम्मिलित रूप दंडी ने प्रस्तुत किया था, वामन ने उससे अलग गुण को एक महत्वपूर्ण सत्ता प्रदान की। वामन के बाद किसी ने भी रीति को काव्य की आत्मा नहीं माना। बाद में जब रस, ध्वनि को काव्य की आत्मा बताया जाने लगा, तब रीति को काव्य की शैली, देह आदि मानकर उसे बाह्यांग के रूप में देखा गया।

वामन के बाद रुद्रट ने इस सिद्धांत को आगे बढ़ाया। उन्होंने पूरी तरह वामन का अनुसरण नहीं किया। उन्होंने समास के आधार पर रीति को विभाजित किया और समास-रहित पदों को वैदर्भी, समास-युक्त पदों को गौड़ी और दो या तीन पदों की रचना को पांचाली एवं पांच या सात समास-युक्त पदों की रचना को लाटी की संज्ञा दी। रुद्रट ने श्रृंगार, करुण, भयानक, अद्‌भुत रसों में रीतियों के प्रयोग की आवश्यकता पर भी विचार किया तथा कवि को एकाधिक रसों के प्रयोग की स्वतंत्रता देकर रीति को व्यक्तिनिष्ठ बनाया। रुद्रट ने पहली बार रीतियों के प्रयोग और चुनाव की बात कहकर रस एवं रीति के घनिष्ठ संबंध को स्पष्ट किया।

आनंदवर्धन ने रीति को संघटना कहा। उन्होंने भी रीति को रस से जोड़ा। इन्होंने रुद्रट के विचारों का प्रायः समर्थन किया। राजशेखर के मत से रीति 'वचन विन्यास क्रम' है। वक्रोक्ति संप्रदाय के कुंतक ने 'वक्रोक्ति जीवितम्' में रीति पर विवेचना की। कुंतक के 'मार्ग' को अंग्रेजी शब्द शैली के पर्यायवाची के रूप में लिया जा सकता है। कुंतक के बाद भोज के 'श्रृंगार प्रकाश' में रीति की चर्चा है। इस संप्रदाय के विकास पर ध्यान देने पर भोज के बाद शारदातनय का नाम लिया जाता है।

आचार्य विश्वनाथ ने 'पद संघटना रीतिरंगसंस्था विशेषवत्' कहकर पद-संघटना को रीति कहा है। वे रीति और संघटना को पर्यायवाची मानते हैं। यह

कहा गया कि जिस प्रकार जीवित प्राणियों में रक्त शरीर का पोषण करता है तथा उसके बाह्यांग का निर्णय करता है, उसी प्रकार काव्य में जीवन की प्रतिष्ठा करने वाला तत्व रीति ही है।

वामन ने भले इस सिद्धांत को स्वतंत्र सिद्धांत का रूप दिया, लेकिन बाद में जाकर यह पराश्रित हो गया। भाव तत्व को महत्व न देने के कारण इस सिद्धांत का पतन हो गया। इसमें प्राण की अपेक्षा शरीर को अधिक महत्व दिया गया था। इसके बावजूद रीति सिद्धांत की महत्ता को नकारा नहीं जा सकता। अभिव्यंजना कला की दृष्टि से रीतिसिद्धांत की देन बड़ी है।

एकता गुप्ता

अधिक जानकारी के लिए :
1. **भारतीय साहित्यशास्त्र कोश :** राजवंश सहाय हीरा, 2. **समीक्षा-शास्त्र :** कृष्णलाल, 3. **भारतीय काव्यशास्त्र :** विश्वंभरनाथ उपाध्याय, 4. **काव्यार्थ चिंतन :** जी एस शिवरुद्रप्पा

रीतिकाल का नया परिप्रेक्ष्य

हिंदी काव्य-परंपरा की शुरुआत सिद्धों द्वारा जाति, कुल और शास्त्र को चुनौती देते हुए हुई थी। धार्मिक कट्टरता और उन्माद के विरोध की यह प्रवृत्ति रीतिकाल में एक स्पष्ट सेकुलर सोच के रूप में विकसित होती है। रीतिकाल का बाकायदा आरंभ करने वाले केशवदास ने 'रसिकप्रिया' और 'कविप्रिया' जैसे लक्षण ग्रंथ लिखने के बाद दो प्रबंध काव्य लिखे, रामकथा पर आधारित 'रामचंद्रिका' और समकालीन मुगल बादशाह जहांगीर के जीवन पर आधारित 'जहांगीर-जस-चंद्रिका'। दोनों में एक खास बात यह है कि 'राम' और 'जहांगीर' शुद्ध रूप से राजा के रूप में वर्णित हैं। यह भी उल्लेखनीय है कि केशवदास रामभक्त नहीं थे, वे शाक्त थे। इसलिए उनके राम को तुलसीदास की आंख से देखने वाले आलोचक यह कहकर अपना असंतोष व्यक्त करते रहे हैं कि केशवदास ने राम के चरित्र को हल्का कर दिया है। 'रामचंद्रिका' और 'जहांगीर-जस-चंद्रिका' में राजा दशरथ और राजा जहांगीर के पराक्रम का वर्णन एक जैसे छंद में किया गया है—'सबविधि समरथ राजै राजा दशरथ' (रामचंद्रिका) और 'सबविधि समरथ राजै साहि जहांगीर' (जहांगीर-जस-चंद्रिका)।

राजा जयसिंह के आदेश पर सतसई रचने वाले बिहारी ने केवल तीन दोहों में राजा की वीरता की प्रशंसा की है। एक दोहा है, 'घर-घर तुरुकिनि हिंदुनी, देति असीस सराहि। पतिनु राखिचादर चुरी तैं राखी जयसाहि।।' युद्ध में हिंदू-मुसलमान सैनिकों की रक्षा करके राजा जयसिंह ने हिंदू स्त्रियों की चूड़ी और मुस्लिम स्त्रियों की चादर अर्थात दोनों के सुहाग की रक्षा की।

रीतिकाव्य को स्त्री-पुरुष के प्रेम की दृष्टि से भी नए सिरे से परखने की जरूरत है। उस जमाने के गृहस्थ जीवन की जटिलताओं को देखा जाए, तो बाल विवाह के कारण विधवाओं की बड़ी संख्या, बहुपत्नीत्व के कारण संपन्न वृद्ध पुरुषों की जवान पत्नियों की बड़ी संख्या, नौकरी के नाम पर राजा, सामंत, जागीरदार और सेठों तक की सेना में नौकरी करने वाले सैनिकों की विरहिणियों की बड़ी संख्या और संपन्न लोगों के बहुविवाह के कारण विवाह सुख से वंचित रह जाने वाले युवकों की बड़ी संख्या, यौन सुख के लिए लालायित समाज की एक वास्तविक पृष्ठभूमि है। गांव-गली, खेत-खलिहान या खाली घर में मिलन के आतुर क्षण इस काल की कविता में शृंगार रस के अगणित दृश्यों में उपस्थित हैं।

जहां तक एकनिष्ठ प्रेम का संबंध है, रीतिमुक्त स्वच्छंद कवियों ने अमूर्त नायिकाओं के प्रेम और शृंगार का चित्रण नहीं किया है। उन सबने अपनी प्रेमिका के सौंदर्य का, अपने शृंगार-सुख का और उनके विरह में अपने निजी वियोग-दुख का ही वर्णन किया है। आलम, बोधा और घन आनंद—ये सभी कवि कुलीन हिंदू हैं। इन सबकी प्रेमिकाएं मुसलमान हैं। सभी कवियों ने उनको संपूर्ण सम्मान के साथ अपने जीवन का अंग बनाया है। इन्होंने अपनी प्रेमिका के लिए राजाओं के ऐश्वर्य को ठुकरा दिया, पर अपने प्रेम के आदर्श को बनाए रखा। 'एक सुभान

के आनन पै कुरबान जहां लगि रूप जहां को' कहने वाले पंडित बुद्धिसेन ने दरबार की नर्तकी सुभान को बाकायदा विवाह करके पत्नी बनाया था। आलम ने रंगरेजिन शेख को पत्नी बनाया था। सुजान को दैहिक रूप में न पाकर आनंदघन अर्थात घनानंद ने अपने चालीस काव्य ग्रंथों में सुजान को किसी-न-किसी रूप में रचते-जीते हुए उसके और अपने प्रेम को राधाकृष्ण के प्रेम-समुद्र की एक बूंद से आप्लावित बताया। इस तरह 'अधम ते अधम, अधम अति नारी' (रामचरितमानस) और अंधे-कोढ़ी-अपाहिज-व्यभिचारी पति को भी पूज्य मानने को विवश नारी की नारकीय छवि से मुक्ति का प्रयत्न है रीतिकाव्य।

रीतिकाल की उपर्युक्त चेतना को भारतीय इतिहास के संदर्भ में देखा जाए, तो इंग्लैंड की ईस्ट इंडिया कंपनी के भारत में पांव जमाने के प्रयत्न से लेकर उसके शासन को उखाड़ फेंकने के भारतीयों के प्रथम स्वाधीनता संग्राम तक के बीच उस चेतना को लक्षित किया जा सकता है।

हिंदी आलोचना को नई दिशा देने वालों ने अपने काव्यादर्श की कसौटी पर रीतिकाल को वीरताविहीन, विलास-जर्जर घोषित करके अच्छा नहीं किया। एक सवाल उठ सकता है कि दो सौ वर्षों तक विलास के गर्त में डूबे भारतीय समाज में वह पौरुष अचानक कहां से आ गया कि 1857 घटित हो गया? इसका जवाब हिंदी साहित्य के इतिहास पर एक स्वस्थ दृष्टि डालते ही मिल जाएगा। 'वीरगाथा काल' की मनुष्य-क्षमता आगे चलकर समाप्त नहीं हो गई। भक्तिकाल में वीरता वर्णित हुई भी, तो राम-कृष्ण जैसे पौराणिक पुरुषों के जरिए। इसकी पूरी भरपाई रीतिकाल में हुई। वीरगाथा काल से अधिक मात्रा में वीर काव्य की रचना रीतिकाल में हुई। शिवाजी और छत्रसाल जैसे वीरों का पराक्रम सुप्त समाज को झकझोर देने के लिए पर्याप्त है। इसके अलावा रीतिकाल के कई राजा स्वयं कवि थे, जैसे—महाराज जसवंत सिंह, भूपति (राजा गुरुदत्त सिंह), जसवंत सिंह द्वितीय (कन्नौज), गुरु गोविंद सिंह, महाराज विश्वनाथ सिंह (रीवा), नागरीदास (कृष्णगढ़ नरेश महाराज सावंत सिंह), द्विजदेव (महाराज मानसिंह, अयोध्या) आदि।

रीतिकालीन कवियों को राज्याश्रित कहने का चलन है। कुछ कविगण आश्रित रहे होंगे। उस काल के कई कवि राजाओं के गुरु, मित्र, सहायक और सलाहकार थे। ठाकुर जैसे कवि भरे दरबार में म्यान से तलवार खींचकर अपना कवित्त पढ़ते थे :

सेवक सिपाही हम उन राजपूतन के,
दानयुद्ध जुरिबे में नेकु जे न मुरके।
नीति देनवारे है मही के महीपालन को,
हिये के बिसुद्ध हैं सनेही सांचे उरके।
ठाकुर कहत हम बैरी बेवकूफन के,
जालिम दमाद हैं अदानिया ससुर के।
चोजिन के चोजी महा, मौजिन के महाराज,
हम कविराज हैं, पै चाकर चतुर के।।

पद्माकर सागर में शाही ठाठ-बाट से रहते थे। उनकी सवारी निकलती थी, तो दस-पांच सजे हुए हाथी उनके हाथी के आगे और पीछे सैनिकों से घिरे चलते थे। 'हिम्मत बहादुर विरुदावली' रामचंद्र शुक्ल के शब्दों में 'वीर रस की बहुत ही फड़कती हुई पुस्तक है।' ग्वालियर के राजा दौलत राव सिंधिया अंग्रेजों के सहायक थे। उनके भरे दरबार में पद्माकर ने अपना ऐतिहासिक कवित्त वीर रस में सुनाकर उन्हें, अंग्रेजों को भारत के सभी बंदरगाहों से भगा देने के लिए ललकारा था—

मीनागढ़ बंबई, समुद्र मंदराज बंग,
बंदर को बंद करि बंदर बसावैगो।
कहैं पद्माकर कसकि कसमीर हू को,
पिंजर से घेरि कै कलिंजर छुड़ावैगो।
बांका नृप दौलत अलीजा महाराज कबौं,
साजि दल पकरि फिरंगिन दबावैगो।
दिल्ली दहयहि, पटना हू को झपट्टि करि,
कबहुंक लत्ता कलकत्ता को उड़ावैगो।।

अंग्रेजों को सहायता देने वाले और कंपनी के राज को भारत में मजबूत बनाने वाले दौलत राव सिंधिया को उन्हीं के दरबार में खड़े होकर इस प्रकार ललकारने वाले कवि श्रृंगार रस के

अद्‌भुत कवि होने के साथ-साथ भारतीय समाज को 1857 के लिए तैयार करने वाले भी हैं। सबसे संपन्न नगर होने के नाते कंपनी ने कलकत्ता को राजधानी बनाया था और धीरे-धीरे भारत के सभी बंदरगाहों पर कब्जा जमा लिया था। पद्माकर देख रहे थे कि भारत से अंग्रेजों को खदेड़ने के लिए उनकी समुद्री ताकत के आधार बंदरगाहों पर कब्जा करना सबसे पहले जरूरी है।

'आधुनिक हिंदी का आदिकाल' नामक पुस्तक में श्रीनारायण चतुर्वेदी ने उन्नीसवीं सदी में हिंदी प्रदेश में रचे गए लोकगीतों और आख्यानों का उल्लेख करते हुए दिखाया है कि रीतिकाल के उतार पर दरबारों के बाहर बहुत कुछ रचा जा रहा था, जो जनमानस को बदल रहा था और उसकी भावनाओं को मूर्त रूप दे रहा था। उस समय व्यापार और धर्म के क्षेत्र में ऐसे कई व्यक्ति और संगठन सक्रिय होकर हिंदी प्रदेश को स्वाधीनता संग्राम के लिए तैयार कर रहे थे। 1857 के स्वाधीनता संग्राम में अंग्रेजों ने अपने विरुद्ध जिस शक्ति को सबसे खतरनाक माना, वह हिंदू-मुस्लिम एकता और भाईचारे की अटूट भावना थी। इस भावना को प्रबल बनाने में रीतिकालीन कवियों का योगदान अविस्मरणीय है। उसके बाद अंग्रेजों ने इस एकता और भाईचारे को तोड़ने के लिए जो कुछ किया, उसका कुफल आज तक भारतवासियों को भोगना पड़ रहा है।

रामदेव शुक्ल

अधिक जानकारी के लिए :
1. **हिंदी रीति साहित्य :** भगीरथ मिश्र, 1965, 2. **रीतिकाव्य की भूमिका :** नगेंद्र, 1949

रीतिकालीन सौंदर्यबोध

'हिंदी साहित्य का इतिहास' में रामचंद्र शुक्ल केशवदास का परिचय देते हुए लिखते हैं, "ये काव्य में अलंकार का स्थान प्रधान समझने वाले चमत्कारवादी कवि थे। जैसा कि इन्होंने स्वयं कहा है, 'भूषन बिनु न विराजई कविता वनिता मीत।' केशव को कवि हृदय नहीं मिला था। उनमें वह सहृदयता और भावुकता न थी, जो एक कवि में होनी चाहिए। चारों ओर फैली हुई प्रकृति के नाना रूपों के साथ केशव के हृदय का सामंजस्य कुछ भी न था। अपनी इस मनोवृत्ति का आभास उन्होंने यह कहकर, 'देखे मुख भावे, अनदेखेई कमल चंद। तातै मुखमुखै सखी, कमलौ न चंद री।'—साफ दे दिया है।" इससे रीतिकालीन सौंदर्यबोध की झलक मिलती है।

उपर्युक्त दो पंक्तियों का अर्थ शुक्ल जी यह मानते हैं कि कमल और चंद्रमा बिना देखे ही अच्छे लगते हैं, अर्थात—उनकी सुंदरता का जितना बखान किया जाता है, उतने सुंदर वे देखने पर नहीं लगते। देखने पर तो सीता जी का मुख ही अच्छा लगता है। पूरा छंद सामने रखा जाए, 'एक कहै अमल कमल मुख सीताजू को' और शुक्ल जी द्वारा उद्‌धृत पंक्ति में 'ताते' शब्द की स्थिति को पहचाना जाए, तो अर्थ यह निकलता है कि जब तक किसी ने सीता के मुख को नहीं देखा है, तभी तक उसे कमल और चंद्रमा अच्छे लगते हैं। व्यक्ति जब सीता के मुख को देख लेता है, उस मुख की तुलना में उसे कुछ भी अच्छा नहीं लगता। तात, इस कारण सीता का मुख न कमल है, न चंद्रमा है। सीता का मुख तो सीता का मुख ही है। व्यतिरेक और अनन्वय अलंकारों के माध्यम से यहां सीता के मुख के सौंदर्य की अद्वितीयता अभिप्रेत है। इससे यह निष्कर्ष निकालना कि 'चारों ओर फैली हुई प्रकृति के नाना रूपों के साथ केशव के हृदय का सामंजस्य कुछ भी न था', सही नहीं था। लेकिन आचार्य शुक्ल की टिप्पणी को पूरे रीतिकालीन सौंदर्यबोध का मानक बनाकर हिंदी के आलोचकों ने एक स्वर से यह कह दिया कि रीतिकाल के दरबारी कवि प्रकृति के खुले सौंदर्य से अपरिचित रह गए। उन्होंने महल के झरोखों से ही प्रकृति को देखा। इसलिए उनका सौंदर्यबोध कृत्रिम है।

रीतिकालीन काव्य में महाकाव्यात्मक प्रसार, विशाल वन-पर्वत-सागर का प्राकृतिक सौंदर्य नहीं है, क्योंकि वह मुक्तक काव्य है, कथा काव्य नहीं है। स्वयं शुक्ल जी ने लिखा है, 'यदि प्रबंध काव्य

एक विस्तृत वनस्थली है, तो मुक्तक एक चुना हुआ गुलदस्ता है।' कल्पना की समाहार शक्ति और भाषा की समास शक्ति को मुक्तक की सफलता का आधार मानते हुए वे लिखते हैं, 'यह क्षमता बिहारी में पूर्ण रूप में विद्यमान थी।' यह सच है कि रीति काल में चमत्कारपूर्ण उक्तियों के रूप में सौंदर्य वर्णन मिलता है। बिहारी सतसई में रूप और विरहजन्य दुर्बलता एवं विरह ताप के अविश्वसनीय वर्णन हैं, किंतु ऐसे दोहों की संख्या बहुत कम है। बिहारी के अधिकांश दोहों में सहज सौंदर्य व्यक्त हुआ है।

आभूषण के बिना कविता और वनिता को शोभाहीन माने जाने वाले युग में बिहारी कहते हैं कि वास्तविक सौंदर्य को बढ़ाने की शक्ति आभूषणों और प्रसाधनों में नहीं है। कहने भर के लिए वे शोभा के अंग कहे जाते हैं। वास्तविक सुंदरी की देह पर स्वर्णाभूषण ऐसे लगते हैं, जैसे स्वच्छ दर्पण में मोरचा लग गया हो। अंगों की शोभा बढ़ानेवाले प्रसाधन अंगराग सहज सुंदर देह-कांति को वैसे ही मलिन कर देते हैं, जैसे स्वच्छ दर्पण पर उसांस छोड़ दी जाए। विधाता ने आभूषणों की रचना वास्तविक सौंदर्य को बढ़ाने के लिए नहीं की है, बल्कि देखने वालों की दृष्टि के पांवों की मलिनता पोंछने के लिए पापोश पायंदाज के रूप में की है। उनकी इस सौंदर्य चेतना से निर्मित सैकड़ों दोहों में स्त्री सौंदर्य के सहज रूप के दर्शन किए जा सकते हैं। सुंदरी के मनोभावों और अंगों की गति के चित्रों को मूर्त कर देना बिहारी की दुर्लभ विशेषता है। प्रत्येक ऋतु में वायु की गति के दुर्लभ चित्र बिहारी के दोहों में मिलते हैं। सहज गृहस्थ जीवन में प्रेमाभिव्यक्ति के क्षणों को बिहारी असाधारण तन्मयता के साथ पाठक तक पहुंचाते हैं।

रीतिमुक्त स्वच्छंद कवियों का सौंदर्य-बोध सूक्ष्म अंतर्दृष्टि से युक्त है। आनंदघन की प्रिया सुजान के अंग-अंग से द्युति की तरंग उठती है। वह हंसती है, तो उसकी छवि की फूलों की तरह वर्षा हृदय पर (उसके भी और आश्रय के भी) होने लगती है। उसका रूप लावण्य देखनेवाले को लगता है, अभी वह रूप धरती पर टपक पड़ेगा। वह जब वीणा बजाती है, सुननेवाले के हृदय में लयतान का रचाव होने लगता है। उसके अंग इतने कोमल हैं कि आतुर नायक पर यह कहकर अंकुश लगाना पड़ता है कि इस रूप को देखकर जीने का अभ्यास करो, अभी छूने की जल्दी न करो। रूप का जादू प्रेमी पर ऐसा चलता है कि 'रीझि' पटरानी होकर हृदय पर आसीन हो गई है, बुद्धि बेचारी उसकी दासी होकर रह गई है। बावरी रीझ के हाथों हारा हुआ प्रेमी जब संयोग सुख पाता है तब सुखांत का अनुभव ऐसा होता है, 'रति-रंग रागे प्रीतिपागे रैन जागे नैन/ लागेहि आवत घूमि घूमि छबि के छके।' सुजान से जब वियोग होता है, आंखें उघरी होने पर भी रात-दिन बरसती रहती हैं। आलम ठाकुर, मंडन, बेनी प्रवीन आदि के संयोग और वियोग के दुर्लभ चित्रों में उत्कृष्ट सौंदर्य-बोध के उदाहरण भरे हुए हैं। यहां तक कि रीति ग्रंथकार कवियों में भी प्रकृति के ऐसे सूक्ष्म स्पंदन हैं, जो अन्यत्र दुर्लभ हैं। रघुनाथ कवि के एक छंद में सीता स्वयंवर के समय जब राम शिव-धनुष तोड़ने के लिए उसके पास खड़े हैं, सूर्य रूप में उनको देखकर कवि की वाणी खिले कमल से सुरभि की भांति खुलने लगती है, भोर के समय जागने वाली चिड़िया के समान जनक के हृदय में चिंता जागती है और स्वयंवर में पधारे राजा भोर के तारों के समान पीले पड़ जाते हैं!

रीतिकालीन सौंदर्यबोध निस्संदेह दरबारी-सामंती परिवेश से प्रभावित है, किंतु सीमित रूप में ही। पूर्वाग्रह मुक्त होकर आस्वादन करने वाले सहृदय पाठक को वस्तु और शिल्प दोनों स्तर पर उस समय के श्रेष्ठ शृंगार काव्य का साक्षात्कार होगा। स्मरणीय है कि सभी राजा और सामंत एक सिरे से मूर्ख नहीं थे कि ओछी रुचि वाले कवियों को प्रश्रय देते। कविता लाखों में बेची और खरीदी जा रही थी। उसमें पेशेवर पूर्णता की स्पर्धा और उससे उपजी पूर्ण सुघड़ता का होना अनिवार्य था।

रामदेव शुक्ल

अधिक जानकारी के लिए :
1. **हिंदी साहित्य का अतीत (भाग-2) :** विश्वनाथ प्रसाद मिश्र,
2. **हिंदी साहित्य का इतिहास :** विजेंद्र स्नातक

रियलिटी शो

रियलिटी शो (Reality Show) टेलीविजन की एक ऐसी विधा है, जो कल्पना पर आधारित न होकर यथार्थ पर आधारित और प्रेरित होती है। रियलिटी शो टेलीविजन कार्यक्रमों की दुनिया का वह संस्करण है, जिसमें वास्तविक परिस्थितियों में शूट किए गए कार्यक्रम प्रस्तुत किए जाते हैं और उनकी पूर्व में लिखी गई कोई पटकथा नहीं होती। इन कार्यक्रमों की दुनिया मिथ्याभास और काल्पनिकता से दूर होने के कारण अपने दर्शकों में एक अजब उत्तेजना और आनंद उत्पन्न करती है। इन कार्यक्रमों में बहुधा ऐसे आम लोगों या सेलेब्रिटीज को बतौर चरित्र पेश किया जाता है जो आवश्यक नहीं कि प्रशिक्षित अभिनेता भी हों। यदि कोई अभिनेता होते भी हैं तो भी उन्हें स्क्रिप्ट या पूर्वयोजना से दूर वास्तविक स्थितियों में व्यक्ति के तौर पर पेश किया जाता है, ताकि कार्यक्रम की स्वाभाविकता बनी रहे। रियलिटी शो कार्यक्रम की अवधारणा बड़ी मजबूती से इस विचार के विरुद्ध खड़ी होती है कि दर्शक के मनोरंजन के लिए कल्पना से भरी एक आभासी दुनिया बहुत जरूरी है, अन्यथा यदि कोई कार्यक्रम दैनिक गतिविधियों या क्रियाकलापों की तरह साधारण घटनाओं से भरा होगा तो भला दर्शक उसे क्यों देखना चाहेंगे। रियलिटी शो की बढ़ती लोकप्रियता बताती है कि यथार्थ कल्पना से अधिक रोमांचकारी और आनंददायक हो सकता है।

1988 में अमेरिका के फॉक्स टेलीविजन पर पहली बार एक अजीब प्रयोग किया गया। कार्यक्रम निर्माताओं ने एक शहर के पुलिसकर्मियों की कुछ चुनिंदा टीमों के साथ अपने वीडियोग्राफर लगा दिए। ये टीमें जहां भी जातीं वे भी अपने वीडियो कैमरे लेकर साथ ही जाते। इस तरह कैमरे में कई दिलचस्प घटनाएं और झगड़े रिकार्ड होते। इन वीडियो फुटेज को संपादित करते हुए उन्हें एक कार्यक्रम की तरह टेलीविजन पर दिखाया जाने लगा। यह कार्यक्रम बहुत जल्द इतना प्रसिद्ध हो चला कि इसने कार्यक्रम निर्माण की सारी स्थापनाएं ही तोड़कर रख दीं। इसकी प्रसिद्धि और सफलता का अंदाजा इस तथ्य से लगाया जा सकता है कि 21 वर्षों तक लगातार यह शो जारी रहा और इसने रिकार्ड कायम किए।

दूसरा उल्लेखनीय शो था 'द रियल वर्ल्ड'। 1992 से आरंभ हुए इस शो में करीब आठ-दस प्रतिभागियों को एक अनजान शहर के किसी बड़े घर में कैद कर दिया जाता था। फिर कई कैमरों की मदद से उनकी सभी गतिविधियों और बातचीत को रिकार्ड कर लिया जाता था। बाद में उनको संपादित कर एक रोचक और उत्तेजक रूप दे दिया जाता। इस कार्यक्रम ने टेलीविजन की दुनिया में धूम मचा दी। लेकिन जल्द ही इसकी लोकप्रियता ने एक बेहद विवादित मोड़ ले लिया। समाजशास्त्रियों और मनोवैज्ञानिकों ने तत्काल इसकी गंभीर आलोचना शुरू कर दी। इस आलोचना के पीछे कारण थे समाज और युवा मन पर इनका बेहद खतरनाक प्रभाव। चूंकि इन कार्यक्रमों में कल्पना के बजाय यथार्थ की प्रस्तुति का दावा किया जाता था, अतः इनके प्रभाव भी अधिक घातक साबित हो रहे थे। बच्चों और युवाओं के सामने रियलिटी के नाम पर जो अति भौतिकवादी, सिद्धांतहीन, मूल्यविहीन और आत्मकेंद्रित दुनिया पेश की जा रही थी, उसने उनको लगातार गलत दिशा में मोड़ने में ही मदद की। जल्द ही इन कार्यक्रमों को लेकर व्यापक विरोध मुखर होने लगे। किंतु इन कार्यक्रमों से जुड़े अंतर्विरोध, असहमतियां, चिंताएं और खतरे जितने भी रहे हों, उसके भरपूर इस्तेमाल में कार्यक्रम निर्माताओं ने न तो कंजूसी की और न ही कोई शर्म।

भारत में भी जैसे-जैसे निजी चैनल अपने पैर पसारने लगे, रियलिटी शोज का रास्ता खुलने लगा। शुरुआत में अंत्याक्षरी, क्विज और बूगी वूगी जैसे डांस शोज से इन कार्यक्रमों ने अपनी उड़ान भरी। दूसरे दौर में कौन बनेगा करोड़पति जैसे बड़े बजट वाले कार्यक्रम बनने लगे, जिन्होंने सफलता

के कीर्तिमान रच दिए। नई सदी के पांच साल पूरे होते-होते भारतीय टेलीविजन रियलिटी शो से लगभग अट गया। बिग बॉस, राखी का स्वयंवर, किरण की अदालत, रोडीज, इस जंगल से मुझे बचाओ, सच का सामना, नच बलिए, इंडियन आइडियल, खतरों के खिलाड़ी जैसे न जाने कितने रियलिटी शो ने टेलीविजन पर इस तरह कब्जा जमाया कि समाज वैज्ञानिकों और मनोविश्लेषकों से लेकर मीडिया तक में इसे लेकर कई तरह के विवाद उठ खड़े हुए। कुछ मामलों में लोग अदालतों तक पहुंचे।

टेलीविजन कार्यक्रम के साथ बढ़ते विवादों को देखते हुए और मामले की गंभीरता को समझते हुए सूचना और प्रसारण मंत्रालय ने 2008 में टेलीविजन चैनलों के आत्मनियमन के लिए एक प्रारूप जारी किया। इसमें रियलिटी शो सहित अन्य कार्यक्रमों में तथाकथित वयस्क अंतर्वस्तु के अलग-अलग रूपों में प्रस्तुति को लेकर गंभीर चिंता प्रकट की गई थी और यह जिम्मेदारी चैनल और कार्यक्रम निर्माताओं पर डाली गई कि वे कार्यक्रम बनाते समय अपनी सीमाओं का ध्यान रखें। एक और कदम उठाते हुए विवादास्पद कार्यक्रमों के प्राइम टाइम में प्रसारण पर रोक लगा दी गई। जून 2011 में टेलीविजन विवादों के मद्देनजर बीसीसीसी (ब्राडकॉस्टिंग कंटेंट कंप्लेंट्स काउंसिल) नामक नियामक संस्था का गठन किया गया जिनके पास टेलीविजन कार्यक्रमों को लेकर शिकायत की जा सकती है। टेलीविजन के रियलिटी शो को लेकर विवादों के बावजूद उनकी लोकप्रियता में कमी नहीं आई है।

घनश्याम कुमार देवांश

अधिक जानकारी के लिए :

1. Reality TV : Audiences and Popular Factual Television : Annette Hill, 2005, **2. Reality TV : Remaking Television Culture :** Susan Murray, Ouellette Laurie, (Ed.) 2004, **3. Understanding Reality Television :** Su Holmes, Deborah Jermyn (Ed.)

रुक्मिणी

विदर्भ नरेश भीष्मक भगवान कृष्ण के परम भक्त थे, पर उनके पांच बेटों में सबसे बड़ा रुक्मी उद्दण्ड और दुर्योधन का पक्षधर था। भीष्मक की बेटी रुक्मिणी थी। वह बहुत सुंदर थी। रुक्मी ने उसका विवाह चेदि-नरेश दमघोष के पुत्र शिशुपाल के साथ करने का निश्चय कर रखा था। लेकिन रुक्मिणी राजभवन में आते-जाते लोगों के मुंह से देवकीनंदन कृष्ण के रूप-गुण के बारे में सुनकर मन ही मन उन पर अर्पित हो गई थी। उसने कृष्ण को ही पति रूप में वरण करने का निश्चय किया। भीष्मक का भी यही संकल्प था कि रुक्मिणी का विवाह कृष्ण से हो। लेकिन रुक्मी कृष्ण से द्वेष रखता था।

रुक्मिणी ने भाई के कुटिल मनोभाव और वृद्ध पिता की असमर्थता को जान कर एक ब्राह्मण के हाथ अपना आर्त निवेदन भरा पत्र द्वारकाधीश के पास भेजा। इस पत्र में कृष्ण के प्रति निश्छल प्रेम व्यक्त किया गया था। कृष्ण उसके प्रति अनुरक्त थे। रुक्मी के हठ को जानते हुए, उन्होंने 'राक्षसविधि' अर्थात अपहरण के माध्यम से रुक्मिणी को ब्याहने का निश्चय किया। बड़े भाई बलराम ने कृष्ण का समर्थन किया। कृष्ण को ज्ञात था कि यदि मैंने रुक्मिणी को ग्रहण नहीं किया तो वह आत्मघात कर लेगी, परंतु शिशुपाल से विवाह कभी नहीं करेगी, जिसकी योजना रुक्मी बना रहा था।

कृष्ण-बलराम विवाहोत्सव देखने के बहाने विदर्भ में पहुंच गए। रुक्मिणी पार्वती की अर्चना करने राजभवन से बाहर आई। वह पूजा संपन्न कर अंतःपुर लौटने के लिए रथारूढ़ होना ही चाहती थी कि कृष्ण ने आगे बढ़कर उन्हें हाथों में उठाकर अपने रथ पर बैठा लिया और वहां से चल पड़े। जरासंध, शाल्व, शिशुपाल आदि देखते रह गए। उन्होंने कृष्ण का मार्ग रोकने की चेष्टा की लेकिन बलराम के नेतृत्व में यादव सेना ने सब को छिन्न-भिन्न कर दिया। रुक्मी अकेले ही कृष्ण के पीछे दौड़ा, उनके वध के लिए खड्ग निकाल लिया। कृष्ण ने उसके

खड्ग को खंड-खंड कर, उसको उसके ही दुपट्टे से कसकर बांध दिया और तीखी तलवार की धार से उसकी दाढ़ी, मूंछ तथा सिर के बालों को स्थान-स्थान पर मुंडन कर उसे सर्वथा विरूप बना दिया पर रुक्मिणी की प्रार्थना के कारण उसका वध नहीं किया। रुक्मिणी-कृष्ण का विवाह संपन्न हो गया। वह कृष्ण की विवाहिता राजमहिषी बनीं। उन्होंने प्रद्युम्न को जन्म दिया जो रतिवल्लभ काम का अवतार माने गए।

सूरदास ने प्रभास तीर्थ में सूर्यग्रहण के अवसर पर राधा से रुक्मिणी की भेंट का बड़ा मार्मिक वर्णन किया है। द्वारकाधीश बड़ी धूमधाम से अपनी राजमहिषी रुक्मिणी के साथ पहुंचे थे। गोपियां भी उनके स्वागत में खड़ी हो गईं। रुक्मिणी ने कृष्ण से पूछा, इनमें वृषभानु किशोरी राधा कौन है, 'नैकु हमें दिखरावहु अपने बालापन की जोरी।' कृष्ण ने इशारे से दिखाया, 'वह देखो जुवतिन में ठाढ़ी नील वसन तन गोरी।' राधा कृष्ण से कुछ कह न सकीं। रुक्मिणी राधा को अपने घर ले गईं। दोनों एक-दूसरे से ऐसे मिलीं जैसे सगी बहनें बहुत दिनों के बाद मिल रही हों—'राधा रुक्मिणी ऐसे भेंटी, जैसे बहुत दिनन की बिछुरी एक बाप की बेटी।'

बीकानेर के संस्थापक राव बीकाजी के वंशज पृथ्वीराज की 'बेलि क्रिसन रुक्मिणी री' अत्यंत प्रसिद्ध है। महापात्र नरहरि और नंददास ने 'रुक्मिणी मंगल' की रचना की। संस्कृत में विश्वेश्वर पांडेय कृत 'रुक्मिणी परिणय' (नाटक), चक्र कवि कृत 'रुक्मिणी परिणय' (काव्य) और राज चूड़ामणि दीक्षित कृत रुक्मिणी कल्याण (महाकाव्य) उल्लेखनीय हैं।

अभिराज राजेंद्र मिश्र

रुक्मिणी देवी अरुंडेल

(1904-1986)

भारत में कला-संस्कृति का अभूतपूर्व उन्नयन करने वाली रुक्मिणी देवी अरुंडेल का जन्म दक्षिण भारत के एक रूढ़िवादी ब्राह्मण परिवार में हुआ था। उनके पिता इंजीनियर और संस्कृत के विद्वान थे। रुक्मिणी देवी ने रूढ़िवादी परंपराओं को तोड़ते हुए 1920 में एक अंग्रेज जार्ज अरुंडेल से अंतरजातीय विवाह किया, जिसका उन्हें विरोध झेलना पड़ा था। उन्होंने 1924 में थियोसॉफिकल सोसाइटी के काम से लंदन और 1925 में ऑस्ट्रेलिया की यात्रा की। वहां उनकी मुलाकात बैले नर्तकी अन्ना पावलोवा से हुई, जिनसे प्रेरित होकर उन्होंने नृत्य सीखने का फैसला किया। उन्होंने भारतीय नाट्यशास्त्र का अध्ययन किया और तमिलनाडु की नृत्य शिक्षिका मीनाक्षी सुंदरम पिल्लै से नृत्य सीखा।

रुक्मिणी देवी ने भारत की प्राचीन नृत्य शैली 'भरतनाट्यम्' और शास्त्रीय कलाओं को पुनर्जीवित किया। उन्होंने कलाओं के माध्यम से जीवन की वास्तविकताओं को उजागर किया। नृत्य कला को समृद्ध करने के लिए उन्होंने 30 वर्ष की उम्र में थियोसॉफिकल सोसाइटी के अंतरराष्ट्रीय सम्मेलन में जब नृत्य कला का प्रदर्शन किया, उनके आलोचक भी उनके कायल हो गए। इसके बाद उन्होंने कभी पीछे मुड़कर नहीं देखा। थियोसॉफिकल सोसाइटी के प्रांगण में उन्होंने अंतरराष्ट्रीय कला अकादमी की स्थापना की और 'भरतनाट्यम्' का प्रशिक्षण देना शुरू कर दिया। 1936 में उन्होंने एक सांस्कृतिक अकादमी 'कलाक्षेत्र' की स्थापना की।

रुक्मिणी देवी अरुंडेल

वाल्मीकि रामायण को नृत्य-नाट्य के रूप में प्रस्तुत करने का श्रेय रुक्मिणी देवी को है। वह राज्यसभा की सांसद भी बनीं। उन्होंने 1954 में पशुओं की क्रूर हत्या के विरोध में एक विधेयक पेश किया था, जो बाद में अधिनियम बना। 1952 में उन्होंने 'विश्व शाकाहार सम्मेलन' का आयोजन किया था। 1956 में उन्हें पद्मभूषण सम्मान मिला। उन्होंने कला के साथ पर्यावरण और सामाजिक मुद्दों पर भी जन जागरण के कई कदम उठाए। 1977 में उन्हें राष्ट्रपति पद की पेशकश की गई थी, लेकिन कला के प्रति अपने झुकाव के कारण उन्होंने इसे ठुकरा दिया था।

धर्मेंद्र राय

अधिक जानकारी के लिए :
1. Kalakshetra-Rukmini Devi: Reminiscences: S Sarada, 1985, **2. Rukmini Devi Arundale (1904-1986) : A Visionary Architect of Indian Culture and the Performing Arts :** Avanthi Meduri, 2005

रुचि

किसी विषय, कार्य या वस्तु के प्रति व्यक्ति का विशेष मानसिक रुझान और आकर्षण रुचि है। रुचि दो प्रकार की होती है : स्वाभाविक और अर्जित। स्वाभाविक या नैसर्गिक रुचि का संबंध व्यक्ति की बुनियादी जरूरतों से है जो सभी मनुष्यों में समान रूप से होती है। कुछ अर्जित रुचियां होती हैं जिनका संबंध परिवेश, शिक्षा और व्यक्तिगत भिन्नता से है। परिपक्व हो जाने पर अर्जित रुचियां व्यक्ति की स्वाभाविक रुचि का अंग बन जाती हैं। रुचि व्यक्ति की पसंद-नापसंद को व्यक्त करती है और किसी क्षेत्र में जिज्ञासा-वृत्ति को भी। किसी की रुचि वैज्ञानिक अनुसंधान में, किसी की व्यापार में, किसी की फिल्म देखने में या किसी की कला में हो सकती है। रुचि किसी की मानसिक दशा और उसके संस्कारों की भी सूचना देती है। किसी की रुचि इसमें हो सकती है कि शिक्षा की गुणवत्ता बढ़े, भले यह व्यापार हो, क्योंकि शिक्षा की गुणवत्ता बढ़ाए बिना शिक्षा का व्यापार भी ठीक से नहीं हो सकता।

कालिदास ने लिखा है, 'भिन्नरुचिर्हि लोकः', अर्थात लोगों की रुचि भिन्न-भिन्न होती है। सूरदास कहते हैं, 'ऊधो मन माने की बात/दाख छुहारा छांड़ि अमृत फल विष कीरा विष खात/ सूरदास जाको मन जासौ, सोई ताहि सुहात।' (सूरसागर)। किसी की रुचि से उसके संस्कारों और प्रवृत्तियों का ही बोध नहीं होता, उसकी सांस्कृतिक पृष्ठभूमि भी ज्ञात होती है। किसी की रुचि जब कलाओं और साहित्य में होती है, तब माना जाता है कि उसकी रुचि ऊंची है। टी एस एलियट ने कहा है, 'साहित्य का अध्येता होने के कारण यह जानना हमारा फर्ज है कि हमारी पसंद क्या होनी चाहिए। ईमानदार मनुष्य होने के नाते हमारा कर्तव्य है कि हम यह न मान लें कि हमारी जो पसंद है, वह वही है जो होनी चाहिए।' (सेलेक्टेड एस्सेज)। बाजार व्यवस्था में रुचि व्यक्ति के मन के अनुसार तय नहीं होती, बल्कि यह बाजार द्वारा निर्मित की जाती है।

दिनेश कुमार शर्मा

रुद्र

रुद्र का पहला उल्लेख ऋग्वेद में है, जिसमें उनकी कल्पना आकाश में निवास करने वाली भयंकर अग्नि के रूप में की गई है। उन्हें गुणकारी औषधियों तथा जड़ी-बूटियों का स्वामी, मेघपति और वज्रधारी भी बताया गया है। (2-33-15, 8, 1)। यास्क ने अपने 'निरुक्त' में रुद्र शब्द के तीन अर्थ बताए हैं–चिल्लाने वाला, प्रसारित होने वाला तथा रुलाने वाला। कई विद्वानों ने माना है कि वह व्रात्य, अनार्य और जंगलों में रहने वालों के देवता थे, जो अंततः एक मिलीजुली सभ्यता का अंग बन गए। उनका आगे चलकर शिव के रूप में विकास हुआ। मोहनजोदड़ो की खुदाई में एक सिक्का मिला है, जिसमें शिव के स्वरूप से मिलते-जुलते तीन सिर वाले योगासन में बैठे एक

देवता का चित्र है। निचला भाग विवस्त्र है। एक अन्य सिक्के पर पशुपति अंकित है, जिसके बाएं बाजू में बैल है। महाभारत के शिव के वर्णन में पशुपति रूप है। इनके आधार पर जॉन मार्शल ने अनुमान लगाया कि ई.पू. 3000 की सिंधु घाटी सभ्यता में शिव जैसे देवताओं की पूजा अस्तित्व में थी। ऋग्वेद में रुद्र का जो वर्णन है, उसमें वे विद्युत, त्रिशूल, परशु, दंड जैसे अस्त्र धारण करते हैं। उनका वज्रबाहु के रूप में भी वर्णन है, हालांकि मुख्यतः इंद्र वज्रबाहु हैं। वज्रपात में जन या पशु धन की क्षति होती है, इसे रुद्र के कार्य के रूप में देखा गया है। रुद्र के धनुष का नाम 'पिनाक' है। शंकर, त्रिपुरारि, महेश्वर, शंभु, कपर्दी, धूजरि, उग्र, स्थाणु, उमापति आदि इनके अन्य नाम हैं।

पश्चिम एशिया के हिटाइट लोगों द्वारा पूजित तेशब देवता के कुछ चिह्न बेबीलोनिया के शिल्प-अवशेषों में हैं। तेशब का वाहन वृषभ है और वे त्रिशूलधारी हैं। उनकी संगिनी मां हैं। वे जगतमाता मानकर पूजी जाती हैं। वैदिक-पौराणिक देवता रुद्र-शिव और तेशब में साम्य खोज कर कहा गया है कि रुद्र-शिव देवता ही सबसे प्राचीन हैं। वे प्राकृतिक घटनाओं तथा पशु चारण सभ्यता के विकास से जुड़े होने के कारण लंबे समय से लोक विश्वास में रहे होंगे। रुद्र एक बहुवचनात्मक देवता है। अथर्ववेद में वह औषधि देता है। कई नेत्रों वाला कहा गया है। वह जटा-केशी और दीप्तिवान है। उसकी गर्दन नीली है, जिससे आगे चलकर नीलकंठ की कल्पना की गई। उपनिषद में उसे शिव के रूप में देखते हुए सर्वव्यापी और मंगलकारी माना गया, 'सर्वव्यापी स भगवांस्तस्मात्सर्वगतः शिवः।' (श्वेताश्वर उपनिषद, 3,11) ऋग्वेद के बाद के वैदिक साहित्य में प्रलयंकारी रुद्र सौम्य, शांत और मंगलकारी शिव में रूपांतरित हो गया, हालांकि शिव में रौद्र और विध्वंसकारी रूप अनुपस्थित न था। कालिदास के अभिज्ञान शाकुंतल की नांदी में अष्टमूर्ति शिव का निर्देश है, जबकि महाभारत और पुराणों में एकादश रुद्र हैं। मुख्य रूप से एकादश रुद्र हैं : 1. अजैकपात, 2. अहिर्बुधन्य, 3. सुरेश्वर, 4. कपाली, 5. कपर्दी, 6. त्र्यंबक, 7. बहुरूप, 8. पिनाकी, 9. मृगव्याध (रैवत), 10. वृषाकपि और 11. स्थाणु। कहीं-कहीं इनके नामों में भिन्नता है। स्कंद पुराण के अनुसार रुद्र के एकादश रूप हैं—भूतेश, नीलरुद्र, कपाली, वृषवाहन, त्र्यंबक, महाकाल, भैरव, मृत्युंजय, कामेश और योगेश। ऋग्वेद से चल कर विभिन्न पुराणों तक रुद्र से जुड़ी कई कथाएं हैं। उसका उदात्त रूप शिव है, तो भयंकर रूप भैरव है, जो भूत-प्रेत की सृष्टि से भी जुड़ा है।

शंभुनाथ

अधिक जानकारी के लिए :

1. Puranic Encyclopedia : Vettam Mani

रुद्रट

(नौवीं सदी)

आठ सौ पचास ईसवी के आसपास के रुद्रट कश्मीरी परंपरा के आचार्य माने जाते हैं। उन्होंने 'काव्यालंकार' नामक पुस्तक में रस और अलंकार के बीच संयोजक रेखा खींच कर उनकी भिन्नता को मिटाने का प्रयास किया। 'काव्यालंकार' के 16 अध्यायों में 11 में अलंकारों का विवेचन है। इसके सभी उदाहरण ग्रंथकार द्वारा दिए गए हैं। रुद्रट के जीवन के बारे में प्रामाणिक जानकारी कम ही मिलती है सिवाय इसके कि ये कश्मीरी थे। अपने ग्रंथ 'काव्यालंकार' के आरंभ में इन्होंने गणेश और गौरी की वंदना की है और अंत में भवानी, मुरारि व गजानन की स्तुति की है। पी वी काणे के अनुसार, इनका एक नाम शतानंद भी था। सतानंद के पिता वामुक थे जो सामवेद के गहन अध्येता थे।

रुद्रट अलंकार संप्रदाय के प्रतिनिधि आचार्य हैं जो काव्य में रस की स्थिति पर बल देते हैं। नौ प्रसिद्ध रसों के अतिरिक्त इन्होंने प्रेयस नामक दसवें रस का प्रतिपादन किया है। इन्होंने न रीतियों को विशेष महत्व दिया और न ही गुणों का विवेचन किया

है। भाव नामक अलंकार के विवेचन में ये व्यंग्यार्थ के महत्व को रेखांकित करते हैं।

अलंकारों का वैज्ञानिक विभाजन पहली बार रुद्रट ने ही किया है। पहले दो भाग किए—शब्दगत व अर्थगत। शब्दगत अलंकारों के अंतर्गत वक्रोक्ति, श्लेष, अनुप्रास व यमक को माना। अर्थगत अलंकारों में वास्तव, औपम्य, अतिशय व श्लेष का विभाजन किया। अलंकार क्षेत्र में रुद्रट ने मत, साम्य, पिहित और भाव नामक चार बिल्कुल नए अलंकारों की रचना की तथा कुछ प्राचीन अलंकारों को नए रूप में प्रस्तुत किया जैसे भामह के 'व्याज स्तुति' को इन्होंने 'व्याज श्लेष' कहा। 'स्वभावोक्ति' के स्थान पर 'जाति' तथा उदात्त के स्थान पर 'अवसर' का प्रयोग किया है।

रुद्रट से अलंकार परंपरा का युग समाप्त हो जाता है। यह रुद्रट ही हैं जिनके यहां अलंकार परंपरा में होने के बावजूद 'रस' का स्वतंत्र विवेचन मिलता है। इन्होंने 'रस' को रसवत अलंकार के रूप में वर्णित न कर इसके स्वतंत्र अस्तित्व की व्याख्या की है। अपने ग्रंथ के आरंभ में ही इन्होंने कहा है कि वही काव्य यशोवर्धन करता है जिसमें अलंकार की दीप्ति, दोषाभाव तथा शृंगार आदि रसों का समावेश होता है। इस रूप में रुद्रट रस को नाटक के क्षेत्र से बाहर निकाल कर काव्य रस के रूप में प्रतिष्ठित करते हैं।

रुद्रट के 'काव्यालंकार' पर तीन टीकाओं का उल्लेख मिलता है। पहली टीका कश्मीर के बल्लभदेव नामक विद्वान ने लिखी है जिसका नाम 'रुद्रटालंकार' है। यह टीका नहीं मिलती। दूसरी टीका नमिसाधु की है जो उपलब्ध है। ये जैन विद्वान हैं। तीसरी टीका के निर्माता भी जैन यति हैं जिनका नाम आशाधर है।

रुद्रट से मिलता एक और नाम पाया जाता है रुद्रभट्ट। इनकी रचना का नाम 'शृंगार तिलक' है। कुछ लोग इन दोनों को एक मानते हैं लेकिन पी वी काणे दोनों को अलग मानते हैं।

श्रीप्रकाश शुक्ल

रुय्यक

(बारहवीं सदी)

मम्मट के उत्तरवर्ती आचार्य के रूप में रुय्यक का नाम आता है। वे कश्मीरी थे। उनका समय 1150 के लगभग है। उनके नाम से जुड़ी राजानक की उपाधि इनके कश्मीरी होने को प्रमाणित करती है। उनकी मुख्य कृति 'अलंकार सर्वस्व' है जो अलंकार शास्त्र पर लिखा गया एक प्रामाणिक ग्रंथ है। इस पुस्तक में इन्होंने सूत्रवृत्त शैली में छह शब्दालंकारों—पुनरुक्तवदाभास, छेकानुप्रास, वृत्त अनुप्रास, यमक, लाटानुप्रास, विचित्र—के बाद 75 अलंकारों का विशद वर्णन किया है। अलंकार विषयक ग्रंथ होते हुए भी इन्होंने ध्वनि सिद्धांत को काफी महत्व दिया। आगे के विद्याधर, विश्वनाथ और अप्पय दीक्षित रुय्यक के अलंकार विवेचन के काफी ऋणी रहे हैं। 'श्रीकंठ चरित्र' के रचयिता मंखक कवि को इनका शिष्य कहा जाता है।

रुय्यक विरचित ग्रंथों में 'सहृदय लीला' 'व्यक्ति विवेक की टीका' और 'अलंकार सर्वस्व' प्रमुख हैं। 'सहृदय लीला' स्त्रियों के प्रसाधन से संबंध रखने वाला एक छोटा ग्रंथ है। दूसरा ग्रंथ महिम भट्ट की टीका है। 'अलंकार सर्वस्व' में अलंकार का वैज्ञानिक विभाजन है। इसमें अलंकारों के पांच वर्ग किए गए हैं : सादृश्यमूलक, विरोधमूलक, शृंखलामूलक, न्यायमूलक और गूढ़ार्थ प्रतीतिमूलक। इसके अलावा अलंकार मंजरी, साहित्य मीमांसा, नाट्यमीमांसा, अलंकार वार्तिक भी इनके द्वारा लिखे बताए जाते हैं, इनका जिक्र जयरथ की 'विमर्शिनी' टीका में है।

'अलंकार सर्वस्व' पर बहुत महत्वपूर्ण टीकाएं प्राप्त होती हैं जिनमें समुद्रबंध की टीका, जयरथ कृत विमर्शिनी और विद्याधर कृत 'संजीवनी' महत्वपूर्ण है। समुद्रबंध की टीका में विभिन्न संप्रदायों का विभाजन काफी वैज्ञानिक रूप से है। समुद्रबंध ने विशिष्ट शब्दार्थ को काव्य मानते हुए शब्द व अर्थ के बीच तीन प्रकार का संबंध माना है—1. धर्म से 2. व्यापार से और 3. व्यंग्य से। धर्म के अंतर्गत अलंकार व गुण, व्यापार

के अंतर्गत वक्रोक्ति व भोजकत्व, व्यंग्य के अंतर्गत ध्वनि संप्रदाय आते हैं। समुद्रबंध दक्षिण भारतीय आचार्य और केरल के राजा रविवर्मा के समकालीन थे। दूसरे टीकाकार जयरथ हैं जिनकी 'विमर्शिनी' टीका महत्वपूर्ण है। यह बड़ी ही विद्वत्तापूर्ण है। जयरथ ने अभिनवगुप्त के 'तंत्रलोक' पर 'विवेक' नाम की टीका लिखी है। तीसरी टीका विद्या चक्रवर्ती की 'अलंकार सार संजीवनी' है। इन्होंने मम्मट के ग्रंथ पर भी 'संप्रदाय प्रकाशिनी' टीका लिखी है।

श्रीप्रकाश शुक्ल

रूढ़ि

रूढ़ि (Dogma) परंपराओं का जड़ रूप है जो नए सोच, भिन्न शैली और वैज्ञानिक प्रगति का अवरोधक होता है। धर्म, सामाजिक रीतिरिवाज, कला-साहित्य, राजनीतिक व्यवस्था और लोगों के आम जीवन में ऐसी रूढ़ियां होती हैं जो अवरोध और बंधन बनाकर रखती हैं। हर युग में यह प्रश्न रहा है—क्या रूढ़ि है और क्या प्रगति है? एस सी सरदेसाई के प्रश्न हैं, 'सच्चे रूप में हमारी महान परंपराएं कौन-सी हैं? हमारी रूढ़िबद्ध, अवरोधकारी और प्रतिबंधकारी परंपराएं क्या हैं? हमारी विद्रोही, वैज्ञानिक और प्रगतिशील परंपराएं कौन-सी हैं? और कौन लोग हैं, जो हमारी जड़भूत और विषमता पैदा करने वाली परंपराओं को अपनी छाती से चिपकाए हुए हैं और हमारी प्रगतिशील और जनप्रिय परंपराओं के समर्थक कौन हैं?' (प्राचीन भारत में प्रगति और रूढ़ि) इसका अर्थ है, अतीत में परंपराओं के साथ रूढ़ियां भी हैं। इसके अलावा समय बदलने के साथ कई परंपराएं रूढ़ियां बन जाती हैं। उनसे कला, साहित्य और जीवन के सभी क्षेत्रों में प्रगति चाहने वाले लोग विद्रोह करते हैं। इस तरह परंपरा रूढ़ि से अलग है, पर जब कोई परंपरा रूढ़ि बनती है, तब उससे विद्रोह प्रगति के लिए जरूरी माना जाता है।

रूढ़िवाद से विद्रोह मनुष्य के सृजनशील मन की एक स्वाभाविक प्रवृत्ति है। रूढ़ि और मौलिकता में चिरंतन विरोध है। मौलिकता का अभिप्राय यदि नवीनता तक सीमित रखें तो इसका रूढ़ि से वैर स्वाभाविक है। रूढ़िवादी व्यक्ति वर्तमान को अतीत द्वारा आंकता है, जबकि नवीनता का पक्षधर अतीत को वर्तमान की निगाहों से देखता है। अज्ञेय ने लिखा है, 'अतीत के कृतित्व का अंधानुकरण विघातक होगा। निरी गतानुगतिकता से कला की परंपरा की रक्षा कदापि नहीं होती, क्योंकि जो केवल आवृत्ति है वह नूतन नहीं है और नूतन के चमत्कार के बिना वह कला नहीं है।' (सर्जना और सौंदर्य)। इसका अर्थ परंपरा से हट जाना नहीं है। अज्ञेय ने निराला का उदाहरण देकर कहना चाहा कि निराला 'नूतन' और 'विद्रोही' थे, पर उन्हें समझने के लिए परंपरा का आलोक जरूरी है।

रूढ़िवाद का हथियार है अतीत, वह अतीत का हौवा खड़ा करता है। अतीत और रूढ़िवाद एक नहीं हैं, क्योंकि अतीत में रूढ़ियों से विद्रोह की भी घटनाएं हैं। वर्ण व्यवस्था का भेदभाव एक रूढ़िवाद है। इसे प्राचीन काल में भी चुनौतियां मिलीं और आधुनिक युग में इसका जबर्दस्त विरोध हुआ। आज जाति तोड़कर बड़े पैमाने पर विवाह हो रहे हैं और माता-पिता पहले की तरह कठोर नहीं हैं। स्त्रियों को शिक्षा न देना और उन्हें घरेलू कामकाज में सीमित रखना रूढ़ि बन गया था। वैराग्य रूढ़ि के रूप में स्थापित था, ऐसी रूढ़ियां टूटीं। पहले कविता छंद और तुक में लिखी जाती थी, यह रूढ़ि टूटी। रूढ़ियों को सबसे ज्यादा चुनौती कला, साहित्य और बौद्धिक चिंतन के धरातल पर मिली है। भक्ति आंदोलन, नवजागरण और राष्ट्रीय मुक्ति के दौर के विभिन्न आंदोलनों ने कई रूढ़ियां मिटाईं। इससे स्पष्ट होता है कि रूढ़ियां मिटाई जा सकती हैं। इसका यह अर्थ नहीं है कि आज का समाज रूढ़ियों से मुक्त है और व्यक्तियों का मन नए परिवर्तनों के लिए बिल्कुल खुल गया है। आज इतनी विकसित सभ्यता में वैज्ञानिक वस्तुओं का उपयोग करते हुए भी धर्म, राजनीति, आर्थिक व्यवस्था और लोक जीवन में पुरानी और नई रूढ़ियों का आधिपत्य बना हुआ है। शिक्षित लोग भी

पुराने बंधनों, जड़ रीतियों और अंधविश्वासों से मुक्त नहीं हो पाए हैं, बल्कि कई मायनों में नई सजावट के साथ वे ज्यादा गहराई और असर के साथ मौजूद हैं।

रूढ़ि एक मानसिकता और बौद्धिक स्थिरता का मामला है। कई बार पूंजीवादी व्यवस्था अपने बाजार, मीडिया और धार्मिक-राजनीतिक हथियारों से जीवन शैली के स्तर पर रूढ़िभंजन के लिए उकसाती है, पर जीवन दृष्टि और सांस्कृतिक आग्रहों के मामले में सामंती और आधुनिकतावादी रूढ़ियों को मजबूत बनाती है। एक खास दिशा में बदलते समाज में सिर्फ प्राचीन रूढ़ियां ही बचाकर नहीं रखी जातीं, आधुनिकता भी अपनी रूढ़ियां पैदा करती है और उत्तर-आधुनिकता भी। रूढ़ियां शृंगारिक हो उठती हैं और बेशकीमती। इनका बंधन आकर्षक हो उठता है। इसलिए वास्तविक प्रगति ज्यादा गहरे संकट में पड़ती है। मनुष्य को विकास की चमक-दमक दिखाई देती है। उसे सब कुछ स्वाद-भरा लगता है, पर घिरा होता है अंतहीन रूढ़ियों से और वह वस्तुतः उच्च परंपराओं से विच्छिन्न होता है।

ज्ञान और विज्ञान जब महज टेक्नोलॉजी में सीमित होते हैं, तब भी रूढ़ियां मजबूत होती हैं। यह चिंता तब पीछे छूट जाती है कि ज्ञान और विज्ञान का एक काम व्यक्ति के बुद्धि-विवेक को तीव्र करना है, उसकी भविष्य कल्पना को पारदर्शिता और लोकहित का सच्चा आधार देना है। नई टेक्नोलॉजी सिर्फ उपभोग की रूढ़ियों को मिटाने में लगी रहती है। उसका ध्यान धर्म, राजनीति, आर्थिक व्यवस्था और जीवन दृष्टि के क्षेत्रों में रूढ़िभंजन की तरफ नहीं जाता, बल्कि वह जान तक नहीं पाता कि क्या रूढ़ि है, क्या परंपरा है और क्या प्रगति है। रूढ़ियों को मिटाने के लिए पहले यह जानना जरूरी है कि कौन-सी परंपराएं रूढ़ियां हैं, कौन-सी आधुनिकताएं रूढ़ियां हैं और कौन-सी उत्तर-आधुनिकताएं वस्तुतः रूढ़ियां हैं।

शंभुनाथ

अधिक जानकारी के लिए :

1. Dogma : Kevin Smith, 2000. **2. Morals and Dogma :** Albert Pike

रूढ़िवाद और विज्ञान

किसी परंपरा के अंतर्निहित सारतत्व को भूल जाना और जांच-परख तथा सुधार का विरोध करना रूढ़िवाद (Obscurantism) है। रूढ़िवादी इस सत्य को स्वीकार करना नहीं चाहते कि समय के बदलाव से जीवन के नियम-कायदे, रहन-सहन, खान-पान बदल जाया करते हैं। इसलिए जीवन की नई चुनौतियों का सामना करने के लिए जब भी नई राह के अवलंबन की जरूरत होती है, रूढ़ियां आड़े आती हैं। रूढ़िवाद अंधविश्वास, तांत्रिकों और जादू-टोने में विश्वास को मजबूत बनाता है, भविष्य वक्ताओं के मिथ्या जाल में फंसाता है और स्त्रियों के लिए खास करके यातनादायक सिद्ध होता है। रूढ़ियों से जकड़ा दिमाग कोई नया काम शुरू करने, नए विचारों की ओर बढ़ने और संकीर्णताओं से बाहर उठने से रोकता है। आधुनिक जीवन में नए उपभोक्ता सामान का उपयोग करते हुए भी धार्मिक स्तर पर मनुष्य का दिमाग रूढ़िवाद से जकड़ा होता है। वह कुप्रथाओं, सारहीन रीतिरिवाजों और विकृत परंपराओं को ढोता रहता है।

शिक्षा और विज्ञान के व्यापक प्रसार के कारण समाज से चमत्कारों में विश्वास, रूढ़ियों और संकीर्णताओं को स्वतः मिट जाना चाहिए था। लेकिन शिक्षा के डिग्री में सीमित हो जाने तथा विज्ञान के यंत्रीकरण, आधुनिक सुविधाओं और तकनीक तक के बंध जाने के कारण ऐसा नहीं हो सका। वैज्ञानिक शिक्षा के मुख्य लक्ष्य माने गए हैं तर्क की प्रतिभा, सुधार की प्रवृत्ति और जीवन को बेहतर बनाने के लिए नई-नई खोजें।

वैज्ञानिक क्रांति के पहले चरण में गैलीलियो, कोपरनिकस और न्यूटन हुए थे जिन्होंने सूर्य द्वारा पृथ्वी के चक्कर लगाने के संबंध में धर्मशास्त्रियों द्वारा फैलाई भ्रांतियों को दूर किया था। भारत में सूर्यग्रहण संबंधी भ्रांतियों को दूर करने की शुरुआत वराहमिहिर से हुई थी, पर इस पर तत्काल लीपापोती कर दी गई। डार्विन तक आते-आते विज्ञान द्वारा खोजा गया

ज्ञान बढ़ता गया, कर्मठता का प्रसार होता गया और रूढ़िवादियों के विश्वास मिथ्या प्रमाणित होते गए। रोगों के इलाज के मामले में सबसे तेजी से वैज्ञानिक विधियों की ओर आकर्षण बढ़ा। यह जरूर है कि समाज के एक काफी बड़े हिस्से तक अशिक्षा, गरीबी और दुर्नीति के कारण विज्ञान का ज्ञान पहुंच नहीं पाया है। मानव प्रगति का आधार विज्ञान है, यह आधुनिक सुख-सुविधाएं पाए लोग भी गहराई से स्वीकार नहीं कर पाए हैं। आधुनिक सुख-सुविधाओं का भोग करते हुए भी उनका दिमाग सामाजिक और धार्मिक स्तर पर रूढ़िवाद से जकड़ा हुआ है। इसका अर्थ है विज्ञान ने भौतिक आराम और सुखवाद विस्तृत किया, पर यह सामाजिक शक्ति नहीं बन सका।

लोकप्रिय राजनीतिज्ञ आज जब तंत्र-मंत्र और कर्मकांड की शरण में जाते हैं, यह इसका लक्षण होता है कि वे जनता पर विश्वास नहीं करते और किसी चमत्कार से उसका समर्थन हासिल कर लेना चाहते हैं। इलेक्ट्रॉनिक मीडिया अंधविश्वास और रूढ़ियों का कम प्रचार नहीं करता। रूढ़िवाद का एक बाजार है। एक रूढ़िवादी समाज में जहाँ रीतिरिवाजों, कर्मकांडों, सारहीन परंपराओं और धर्मांधता बहुत ज्यादा हो और इसका बाजारीकरण भी हो रहा हो, सबसे पहले शिक्षित व्यक्तियों का दायित्व है कि वे अपने को रूढ़िवाद की जकड़न से मुक्त करें। वे पौराणिक विश्वास और इतिहास में फर्क करें और अलौकिक शक्तियों में अंधश्रद्धा के प्रचार का संगठित रूप से जवाब दें। उन्नीसवीं सदी में राजा राममोहन राय, ईश्वरचंद्र विद्यासागर, दयानंद सरस्वती, बाल गोविंद रानाडे, ज्योतिराव फुले सदृश्य व्यक्तियों ने रूढ़िवाद के विरुद्ध संघर्ष में यही संदेश दिया था। यह मान्यता धीरे-धीरे मजबूत होने लगी थी कि वैज्ञानिक विधियों से ही मनुष्य की समस्याएं सुलझाई जा सकती हैं। धर्म के बुनियादी मानवीय तत्वों को यदि समाज में प्रतिष्ठित करना है तो भी विज्ञान ही मुख्य मार्ग है।

जवाहरलाल नेहरू ने 1946 में लिखा था, 'विविध धर्मों ने मानवता के विकास में महान योगदान दिया है। इन्होंने मानव जीवन के मार्गदर्शन के लिए कुछ मूल्य और मानक निर्धारित किए और सिद्धांत बनाए। ऐसे कल्याणकारी कार्य करने के साथ ही उनके द्वारा बताए गए सिद्धांत, तीज-त्योहार और अनुष्ठान कर्मकांडों में बदलते गए और कट्टरपंथियों ने सत्य को दबाना शुरू कर दिया और इसकी जगह हठधर्मिता ने ले ली। धार्मिक उपदेशों का असली अर्थ खो गया। अज्ञात के रहस्य और रोमांच का वर्णन करते हुए उन्होंने उस अगम को जानने से भी रोका।...जिज्ञासा और विचार को प्रोत्साहित करने के बजाय प्रकृति के सामने घुटने टेकने का प्रवचन बघारा। तर्कसम्मत विचारों तथा खोज-परख की जगह भावुकता ने ले ली।' (द डिस्कवरी ऑफ इंडिया)।

स्वतंत्र भारत में वैज्ञानिकों ने समाज को बहुत कुछ दिया और देश को शक्तिसंपन्न किया। इसके बावजूद समाज में वैज्ञानिक दृष्टिकोण का प्रसार नहीं हो पाया है। वैज्ञानिक दृष्टिकोण अपनाना एक साहसिक कार्य है। बिना जांचे-परखे किसी चीज को न मानने की हिम्मत, नए तथ्यों-प्रमाणों की रोशनी में पुराने नियमों-आदर्शों में बदलाव करने की क्षमता, बने-बनाए सिद्धांत को आंख मूंद कर मानने की जगह अनुभव की कसौटी पर कसने की आकुलता और दिमाग को बौद्धिक अनुशासन में रखना वैज्ञानिक दृष्टिकोण की पूर्व शर्तें हैं। जीवन की अनगिनत उलझनें सुलझ सकती हैं, यदि मनुष्य विज्ञान को सुख-सुविधाएं और शक्ति जुटाने वाले साधन के साथ-साथ जीवन दृष्टि निर्मित करने के एक बौद्धिक औजार के रूप में भी देखे।

संविधान के 42वें संशोधन (1976) में नुरुल हसन के प्रस्ताव पर यह परिच्छेद जोड़ा गया था, 'भारत के प्रत्येक नागरिक का कर्तव्य होगा कि वह अपने अंदर वैज्ञानिक दृष्टिकोण, मानवता, जांचने-परखने की प्रवृत्ति और आत्मसुधार करते रहने का भाव विकसित करे।'

शंभुनाथ

अधिक जानकारी के लिए :

1. **अंधविश्वास-उन्मूलन :** नरेंद्र डाभोलकर, 2015,
2. **Wisdom of the West :** Bertrand Russell, 1989

रूपक

हिंदी काव्य-परंपरा में रूपक (Metaphor) अर्थालंकार का एक भेद है। यह सादृश्य विधान का एक प्रकार है जिसमें उपभेद और उपमान एक हो जाते हैं, जैसे कर-कमल, मुख-चंद्र आदि। रूपक में समानता के आधार पर प्रस्तुत में अप्रस्तुत का इस तरह आरोप होता है कि दोनों अभेद्य जान पड़ें। पूरी तरह अभेद स्थापना रूपक की प्रवृत्ति है। दो भिन्न पदार्थों को जोड़ने या मिला देने से एक नई रूपकात्मक छवि बनती है जो एक नया सौंदर्य लेकर आती है, भले इसके पीछे प्रत्यक्ष तर्क न हो। दो भिन्न प्रकृति की वस्तुओं का अभेद जब कुछ समानताओं के कारण किया जाए तब वहां रूपक का प्रयोग होता है। जैसे किसी सुंदर स्त्री के चेहरे का बखान चंद्रमा के साथ किया जा सकता है, वहीं किसी स्त्री के चेहरे पर यदि दाग हों तो भी चंद्रमा के साथ उसको जोड़ा जा सकता है, क्योंकि चंद्रमा पर भी दाग है। किसी पुरुष के साथ भी चंद्रमा की तुलना की जा सकती है, यदि उस पुरुष का स्वभाव शीतल हो (नरचंद्रमा)। इस प्रकार कुछ समान गुणों के कारण दो भिन्न-भिन्न प्रकृति की वस्तुओं को जोड़कर देखना रूपक है। नाटक के लिए भी संस्कृत में रूपक शब्द चलता है।

संस्कृत आचार्यों ने दृश्य काव्य को 'रूपक' नाम दिया है, क्योंकि इसमें अभिनेता और अभिनेत्री अभिनय द्वारा नायक (राम) और नायिका (सीता) के रूप से एकाकार हो जाते हैं। 'नाटक' रूपक का ही एक भेद है। संस्कृत काव्यशास्त्र में रूपक के दस भेद हैं–1. नाटक 2. प्रकरण 3. भाषा 4. प्रहसन 5. व्यायोग 6. डिम 7. समक्कार 8. वीथी 9. अंक और 10. ईहामृग।

दैनंदिन जीवन में रूपक का प्रयोग बहुविध रूप में होता है। कई बार कोई रूपक अपने भीतर बृहत अर्थ संजोए होता है। जैसे कहा जाता है, समय पूंजी है। संसार एक महानाट्यशाला है। रचनाकार रूपक का प्रयोग अपने भीतर उठनेवाले भावों को बेहतर ढंग से अभिव्यक्त करने के लिए करता है, जो कहीं किसी स्थल पर जाकर पाठक के हृदय की भावनाओं को छूता है। रूपक के बिना कला कर्म संभव नहीं है। इसी कारण पश्चिम के विद्वान मार्क ब्लेचनर 'द ड्रीम फ्रंटियर' में गैर-भाषाई रूपक की बात कहते हैं जहां संगीत के माध्यम से श्रोता की हृदयस्थ भावनाओं को छुआ जा सकता है। ऐसे रूपक को समझने का मूल दायित्व सुनने, देखने या पढ़नेवाले व्यक्ति की मानसिक बनावट पर निर्भर करता है।

विनय कुमार पटेल

अधिक जानकारी के लिए :

1. **हिंदी संदर्भ कोश :** लक्ष्मी सागर वार्ष्णेय, 2. **संस्कृत आलोचना :** बलदेव उपाध्याय

रूपककथा

भाषा में हमेशा एक-सा शांत प्रवाह नहीं होता, लाक्षणिक अभिव्यक्तियों के कारण वाग्रोध होता है। हम कई बार कहते, सुनते, लिखते और पढ़ते कुछ हैं और उनका एक दूसरा अर्थ निकलता है। कभी एक अंश संपूर्ण का ज्ञान कराता है और कभी संपूर्ण किसी एक अंश का ज्ञान कराता है। कबीर कहते हैं, 'बूंद समानां समुद में समुद समानां बूंद।' यहां बूंद व्यक्ति का और समुद्र ईश्वर का रूपक है। रूपक को सादृश्यमूलक अलंकार भर माना गया है, जिसमें अप्रस्तुत का प्रस्तुत पर निषेधरहित आरोप हो, पर रूपक को अलंकार तक सीमित रखना सही नहीं है। यह भाषा का एक सर्वव्यापी तत्व है। यह भाषा का एक विशिष्ट खेल है, जिससे पूरा जीवन बंधा होता है।

रूपक (Metaphor) और रूपककथा (Allegory) में फर्क है, हालांकि कई बार रूपककथा के लिए रूपक का ही इस्तेमाल होता है। एलेगरी का शाब्दिक अर्थ है 'दूसरे का खुले रूप से कथन'। किसी अभिव्यक्ति में शब्द, शब्द समूह या वस्तु का इस तरह प्रयोग हो कि इससे खुले रूप में किसी दूसरे भाव या विचार का भी विस्तृत संकेत हो, उसे रूपक कहेंगे। इसी तरह किसी कथावृत्तांत

में बिल्कुल एक दूसरा कथा-स्तर या अर्थ हो, तो वह रूपककथा है। रूपककथा में प्रस्तुत कथा और जो अप्रस्तुत अन्योक्ति है, उनमें परस्पर निषेध नहीं होता। दोनों का लगभग समान महत्व होता है। आरंभ से अंत तक प्रस्तुत कथा से अन्योक्ति का पूरा निर्वाह होता है। रूपककथा किसी वस्तु के बाह्य पक्ष की जगह आंतरिक पक्ष का उद्‌घाटन करती है। यह भाषा की संवेदना को एक स्तर से दूसरे स्तर तक पहुंचा देती है, जहाँ घटना एक अलग ढंग से घटित होती दिखती है। रूपककथा भाषा की मनःस्थिति का कायाकल्प कर देती है। कुछ देशों में रूपकों का उपयोग ऐसे शब्दों और वस्तुओं के बदले किया गया, जिन्हें प्रत्यक्ष रूप से जुबान पर लाना वर्जित होता था। रूपकात्मक कार्य ऐसे कार्यों के स्थान पर होते थे, जिन्हें सीधे करने का निषेध था। ऐसे ही कठोर निषेधों की वजह से यहूदियों में रूपक गढ़ने की प्रवृत्ति काफी विकसित हुई। ये याह्वेह देवता को उसके नाम से न पुकार कर उसे 'सूर्य', 'चट्टान' या 'सिंह' कहते थे। ऋग्वेद में सूर्य को सात घोड़ों के रथ पर सवार देवता बताया गया है। देवमूर्तियां रूपककथात्मक हैं। रामायण और महाभारत की मिथकीय कथाएं रूपककथात्मक हैं। हिंदू धर्म में केले के खंभे, बेल पत्र, पीली साड़ी, अक्षत, सुपारी, गोबर, रोड़ी, दीप जैसी वस्तुओं और कई रीतिरिवाजों का रूपकात्मक इस्तेमाल होता है। खासकर दलित अधिक विधि-निषेधों से घिरे होने के कारण रूपकों का ज्यादा इस्तेमाल करते हैं। वे रूपकों से ज्यादा घिरे होते हैं, जो दबाए गए होते हैं। उनके अलग डीह और देवता होते हैं। इससे एक निष्कर्ष यह निकलता है कि रूपक उनके निर्माण हैं, जो दमन के शिकार हैं, पर उनमें जीवन और कला की आकांक्षा है।

एक जमाने में 'कवि समय' भी, जिन्हें 'कवि प्रसिद्धि' कहते हैं, रूपक थे। चकोर चंद्रिका पान से तृप्त होते हैं, यह सौंदर्य पिपासा का रूपक है। 'कवि समय' वस्तुतः ऐसे रूपक हैं, जो न शास्त्रसम्मत हैं और न लोकसम्मत। राजशेखर ने कहा था कि कवि परंपरा से कुछ ऐसे कथनों का प्रयोग करते आए हैं जो लोक में घटित होते दिखाई नहीं देते। फिर भी काव्य को मोहक और मनोरंजक बनाने के लिए दीर्घ काल से कवियों की दुनिया में काव्यरूढ़ियों का प्रयोग होता आया है। प्रायः सभी कवियों ने कवि समय तथा कवि प्रसिद्धि का उपयोग किया है। कवियों ने अपने को स्रष्टा माना है। उन्होंने रूपकों के जरिए अपने स्वप्नों को व्यक्त किया है। आज की कविता में कवि समय या कवि प्रसिद्धि का कोई स्थान नहीं है, फिर भी कवियों का एक अपना रूपकीय संसार होता है।

'गोदान' में होरी की कथा भारतीय किसान की एलेगरी हो जाती है। यही वजह है कि आधुनिकतावादी कविताओं को रूपकात्मक और तीसरी दुनिया के देशों के उपन्यास को 'राष्ट्रीय रूपककथा' कहा गया है। तीसरी दुनिया के लोग साम्राज्यवादी दमन से गुजरे थे। इसलिए उनके उपन्यास को राष्ट्रीय रूपककथा कहा गया है। प्रसाद की 'कामायनी' आधुनिक मनुष्य के संघर्ष की सांकेतिक कथा है या रूपककथा है, इस पर एक समय बहस छिड़ी थी।

भाषा में वाग्रोध के कारण जो जटिलता पैदा होती है प्रतीक, रूपक और संकेत उसी जटिलता के नतीजे हैं। ये भाषा से जुड़े उपलक्षक हैं। कहा गया है कि जब भी अभिव्यक्ति के दौरान सही शब्द इकाइयां नहीं मिलतीं और भाषा अपर्याप्त लगती है और उसकी गरीबी झलकती है, उस समय प्रतीक, रूपक और संकेत एक सांस्कृतिक पैटर्न, व्यक्तित्व और वाचिक आचरण के असर में काम करने लगते हैं। वास्तविकता यह है कि ये मुख्यतः भाषा की अपर्याप्तता की नहीं, बल्कि मनुष्य की कलात्मक भाषिक क्षमता की देन हैं। मनुष्य प्रतीक, रूपक या मिथक गढ़ता है और इनका उद्देश्यपरक इस्तेमाल करता है। ये भाषा के विकसित औजार हैं, जिनका आधुनिक जीवन में इस्तेमाल बढ़ा है।

मिथक रूपककथात्मक होते हैं, क्योंकि तभी इनमें कोई लौकिक संदेश संभव है। रूपकात्मकता पुराकथाओं को नए संवेदनों, अर्थसंकेतों और सांस्कृतिक बोध से जोड़ती है। यह एक सांस्कृतिक

मनःस्थिति से एक दूसरी सांस्कृतिक मनःस्थिति में पहुंचाती है। मिथक रूपकात्मक होते हैं, पर हर रूपक मिथक नहीं होता। रूपककथा दो तरह की होती है—(एक) धर्मानुष्ठानिक रूपककथा तथा (दो) कलात्मक रूपककथा। धर्मानुष्ठानिक रूपककथाएं स्थिर होती हैं। वे मिथक, जो कलात्मक रूपककथाएं हैं, किसी-न-किसी व्यवस्था को चुनौती देती हैं और धीरे-धीरे व्यवस्था का अंग भी बन जाती हैं। मिथकीय रूपककथा के संबंध में सामान्यतः कहा जाता है कि यह आध्यात्मिक दर्शन और अलौकिकता की व्यंजना करती है, पर उसमें सांस्कृतिक अभिप्राय भी हो सकते हैं। इसके अलावा, मिथकीय एलेगरी नैतिक मूल्य-निर्देश करती है।

क्या इतिहास रूपककथा में ढलता है? हर देश में लोक जीवन का इतिहास रूपककथाओं में है। महाकाव्य ही नहीं, प्राचीन मंदिरों के स्थापत्य, लोककथाओं और अन्य कलारूपों में ऐसी रूपककथाएं जीवन की अनोखी अनुभूतियों की प्रतिबिंब होती हैं। हमें इतिहास के रूप में प्राचीन इतिहास न मिला हो, पर इसके रूपकीकरण के अनेक चिह्न हैं। हम आल्हा से लेकर 1857 के बहुत-से वीरों के संघर्ष पर बने लोकगीतों में रूपककथा पाते हैं। भारतेंदु के नाटक 'अंधेर नगरी' में राजा का सूली पर चढ़ना, जो आम लोगों का एक साम्राज्यविरोधी स्वप्न था, रूपककथा का अच्छा उदाहरण है।

कबीर की ढेर सारी उलटवासियां रूपकात्मक हैं, जिनमें विरुद्धों के सामंजस्य का स्वप्न है—'ठारे सिंह चरावै गाई'। कई सूफियों को अपने विद्रोही रूपकों के कारण फांसी के तख्ते पर झूल जाना पड़ा, क्योंकि इन्हें इस्लाम-विरोधी घोषित किया गया। लैटिन कवि वर्जिल को ऐसा ही संघर्ष करना पड़ा था, क्योंकि उसका काव्य ग्रीक माइथोलॉजी पर आधारित था। उस दौर में ईसाई चर्च ग्रीक मिथकों के विरुद्ध था। जाहिर है, दमन के वातावरण में वर्जिल को मिथकीय रूपककथा का रास्ता चुनना पड़ा था।

एक पश्चिमी आलोचक नॉथ्राप फ्राइ का आगे बढ़कर कहना है, 'साहित्य कमोबेश रूपकात्मक होता है, जबकि शुद्ध रूपककथा कहीं नहीं मिलती। यहां तक कि दांते की 'डिवाइने कामेडिया' में भी नहीं, जिसे दुनिया के पाठक रूपककथा का सबसे बड़ा उदाहरण मानते हैं।' (एनॉटमी ऑफ क्रिटिसिज्म)। साहित्यिक विषयवस्तु के स्तर पर रूपककथा बिल्कुल भिन्नमुखी होनी चाहिए, पर ऐसी रूपककथा सामान्यतः नहीं मिलती।

प्रतीक और रूपक में फर्क है। प्रतीक में प्रस्तुत अर्थवान नहीं होता, लेकिन रूपक में प्रस्तुत भी अर्थवान होता है। गेटे ने दोनों का अंतर बताया है, 'रूपक और प्रतीक में फर्क जानने के लिए देखना जरूरी है कि कवि सामान्य के लिए विशेष चाहता है या विशेष के लिए सामान्य। पहली पद्धति से रूपक की रचना होती है, जहां विशेष सामान्य के उदाहरणों के रूप में होता है। दूसरी पद्धति से प्रतीक की रचना होती है, जो कविता का स्वभाव है। प्रतीक में सामान्य के बारे में बिना कुछ सोचे विशेष की अभिव्यक्ति होती है। मुक्तिबोध की कविता 'चांद का मुंह टेढ़ा है' में चांद 'पतनशील पूंजीवाद' का प्रतीक है। इसमें चांद के बारे में कुछ भी नहीं सोचा गया है, जो भी कहा गया है पतनशील पूंजीवाद के बारे में कहा गया है। इसी तरह, अज्ञेय की कविता है, 'सांप तुम सभ्य तो हुए नहीं/नगर में बसना भी तुम्हें नहीं आया/एक बात पूछूं/उत्तर दोगे/तब कैसे सीखा डंसना/विष कहां पाया।' इसमें व्यंग्य सांप पर नहीं, जहरीले शहरी जीवन पर है। सांप प्रतीक है। मुक्तिबोध की एक अन्य कविता है, 'अंधेरे में'। इसमें वह तिलक और गांधी को दूसरी तरह से लाते हैं। वह तिलक की मूर्ति से लिपट कर रोने लगते हैं। इसके साथ वह अपनी मराठी अस्मिता की वेदना भी व्यक्त करते हैं। यह रूपक है। यहां तिलक और गांधी विशेष हैं। ये सामान्य के लिए आए हैं। रूपकात्मकता उन्हें सार्वभौम बना देती है। 'अंधेरे में' में जगह-जगह रूपक हैं, हालांकि यह मुख्यतः एक प्रतीकात्मक कविता है।

वैश्वीकरण के जमाने में जन-प्रतिरोध भले शृंखलाबद्ध होकर परम अभिव्यक्ति का रूप धारण न कर पा रहा हो, कुछ जन-रूपक बनते रहे हैं।

उदाहरणतः जमीन के प्रश्न पर कृषकों का आंदोलन हो, आतंकवादी हमले में हुई मौतों के बाद किसी स्थल पर शोक में कैंडल जलाना हो, पर्यावरण को लेकर आवाजें हों, भ्रष्टाचार के विरुद्ध अन्ना हजारे के पीछे खड़े लोगों का 'मैं अन्ना हूं' कहना हो, महंगाई के विरुद्ध मानव श्रृंखला हो–ऐसी सभी आवाजें रूपकात्मक हैं। राजनीति के हाशिए पर जन स्वर के नए-नए रूपक पैदा होते रहे हैं। रूपक दमनात्मक स्थितियों में चुना गया एक शक्तिशाली, एक तीव्र संप्रेषणीय भाषिक औजार है।

शंभुनाथ

अधिक जानकारी के लिए :
1. **छठा तंत्र :** बदीउज्जमा, **2. Animal Farm :** George Orwell, **3. Literary Terms and Literary Theory :** J A Cuddon, **4. Anatomy of Criticism :** Northrop Frye, 1957

रूपवाद

रूपवाद के लिए अंग्रेजी शब्द Formalism है। आमतौर पर इसका प्रयोग साहित्य के संदर्भ में होता है लेकिन यह अन्य कलाओं के संदर्भ में भी उतना ही महत्वपूर्ण है। यह अवश्य है कि साहित्य में वस्तु और रूप को लेकर सबसे ज्यादा विचार हुआ है। साहित्य सिद्धांत के रूप में 'रूपवाद' पर सुचिंतित विचार की शुरुआत का श्रेय रूसी साहित्य को दिया जाता है। लेकिन यह प्रत्येक देश के साहित्यिक संसार में चर्चा का विषय रहा है। (देखिए–रूसी रूपवाद)

किसी भी भौतिक वस्तु में दो गुण लक्षित किए जा सकते हैं–अंतर्वस्तु तथा निश्चित या अनिश्चित रूप। आमतौर पर वस्तु और रूप हमें इस प्रकार मिलते हैं कि दोनों को अलगाना कठिन होता है, जबकि रूप बदल देने से वस्तु को बदलते भी देखा गया है, जैसे पहिए को गोलाकार के बदले चौकोर आकार बना देने से पहिया नहीं रह जाता। साहित्यिक आलोचना के संदर्भ में रूपवाद ने इस बात पर विशेष बल दिया कि वस्तु और रूप परस्पर इतने सायुज्य हैं कि वास्तव में एक ही हैं।

साहित्यिक अध्ययन की परंपरा में साहित्य की अंतर्वस्तु ही नहीं, उसके रूप और रूप के विभिन्न पक्षों और अंगों के अध्ययन की भी लंबी परंपरा रही है। लेकिन इस अध्ययन में जो चिंतक साहित्य का आधारभूत तत्व रूप को मानते हैं और अंतर्वस्तु को रूप की तुलना में कमतर या उस पर निर्भर मानते हैं, उन्हें आम तौर पर रूपवादी कहा जाता है। यह सही है कि रूपवाद का कोई एक सिद्धांत नहीं है, बल्कि इसे कुछेक सिद्धांतों और पद्धतियों का समुच्चय कहा जा सकता है। इसका हिंदी साहित्य पर असर उस समय से पड़ना शुरू हुआ, जब प्रयोगवाद छा रहा था। अज्ञेय ने 'तारसप्तक' (1943) की भूमिका में कहा था, 'संगृहीत कवि सभी ऐसे होंगे जो कविता को प्रयोग का विषय मानते हैं।' इस समय तक आरंभिक रूपवाद (रूसी रूपवाद) और 'नई आलोचना' का असर आ चुका था जिनमें 'मैं' एक संरचना में रूपांतरित हो गया था। इसके अलावा, रूपवाद भाषा को तथ्यात्मकता से ऊपर उठा कर साहित्यिकता प्रदान करने में एक महत्वपूर्ण भूमिका निभा रहा था इसे अज्ञेय ने 'निरे तथ्य और सत्य' के बीच भेद स्थापित करके व्याख्यायित किया था। (दूसरा सप्तक, 1951)। 'तीसरा सप्तक' (1959) में वह कुछ और स्पष्ट कर देते हैं, 'आज वाक् शिल्पी कहलाना अधिक गौरव की बात समझा जा सकता है–क्योंकि शिल्प आज विवाद का विषय है। (प्रगति के संप्रदाय ने इस) नई काव्य प्रवृत्ति को यह कह कर उड़ा देना चाहा है कि यह केवल शिल्प का, रूप विधान का आंदोलन है, निरा फार्मेलिज्म है।'

विक्टर श्क्लोव्स्की ने साहित्य को जीवन से और सत्ता से स्वतंत्र बताया था–'कला हमेशा जिंदगी से आजाद रही है और इसके रंग ने कभी उस झंडे के रंग को प्रतिबिंबित नहीं किया जो नगर के किले पर फहराता था।' (लियोन ट्रॉट्स्की की पुस्तक 'लिटरेचर एंड रिवॉल्यूशन' में उद्धृत)। आरंभ में रूसी रूपवादियों को मार्क्सवादियों से खासा विरोध झेलना पड़ा। उन्हें प्रतिक्रियावादी कहा गया और स्टालिन के क्रोध का शिकार होना पड़ा। ट्रॉट्स्की ने

रूपवाद को संपूर्णतः खारिज नहीं किया था, लेकिन रूपवादी विश्लेषण-पद्धति को उसने 'जरूरी' कहकर भी 'अपर्याप्त' बताया। 'लिटरेचर एंड रिवॉल्यूशन' (1924) में लियोन ट्रॉट्स्की ने रूपवाद की आलोचना करते हुए लिखा था, 'कला का रूप काफी हद तक स्वतंत्र होता है, लेकिन कलाकार जो इस रूप की रचना करता है और ग्रहीता जो इसका आस्वादन लेता है, वह कोई यंत्र नहीं है कि एक का काम रूप की रचना करना है और दूसरे का काम आशंसा करना है। वे जीवंत लोग है, जिनमें भले ही सुसंगति न हो, लेकिन उनका निश्चित मनोविज्ञान उनकी एकता का प्रतिनिधित्व करता है। मनोविज्ञान सामाजिक स्थितियों का परिणाम होता है।'

रूपवाद ने साहित्य की कलात्मकता को भाषा के आधार पर विश्लेषित किया। साहित्य अपने को भाषा के माध्यम से व्यक्त करता है। साहित्य की भाषा विशिष्ट, सर्जनात्मक और उदात्त होती है। रूपवादियों की दृष्टि में भाषा की संरचना सामाजिक वस्तु से ज्यादा महत्वपूर्ण होती है। अज्ञेय ने 'तारसप्तक' के पुनःप्रकाशन (1963) के समय अपने वक्तव्य में कहा था, 'काव्य सबसे पहले शब्द है। और सबसे अंत में भी यही बात बच जाती है कि काव्य शब्द है। सारे कवि धर्म इसी परिभाषा से निःसृत होते हैं।... इतना ही नहीं, सारे सामाजिक संदर्भ भी यहीं से निकलते हैं।' (पुनश्च)। वे 'डिफेमिलियराइजेशन' अर्थात अन-अतिपरिचय का सिद्धांत इस रूप में लाते हैं, 'बासन अधिक घिसने से मुलम्मा छूट जाता है' अर्थात वह अति परिचित हो जाता है। अतः उपमान, प्रतीक, बिंब बदलते रहो—नए प्रयोग करते रहो। इसे ही प्रगतिशील आंदोलन के दौर में रूपवाद कहा गया। जाहिर है, आक्रमण के केंद्र बिंदु अज्ञेय बने।

रामविलास शर्मा ने अज्ञेय की कविता को 'जड़ाऊ कविता' कहा। नामवर सिंह ने इस साहित्य धारा की आलोचना करते हुए कहा, 'साफ शब्दों में रूपवादी बहुत कुछ उस बतकहे की तरह है जिनमें बात करने का कौशल तो खूब हो, परंतु कहने के लिए महत्वपूर्ण बात न हो। यइ आकस्मिक नहीं है कि हिंदी के ये प्रयोगवादी कभी विषयवस्तु की चर्चा नहीं करते। रूप-कल्प और शैली-कल्प की इतनी चर्चा, लेकिन जिस वस्तु से ये चीजें सजीव, सशक्त और सुंदर होती हैं उनके विषय में चुप रहने का और क्या अर्थ हो सकता है।' (इतिहास और आलोचना)। वास्तविकता यह है कि जिन पर भी राजनीतिक आवेश में रूपवाद का आरोप लगा, वे खुद रूपवादी होने से हमेशा इंकार करते रहे।

साहित्यिकता और रूप पर जोर देने वाले लेखकों का कहना था कि रचना वहां होती है जिसमें प्रयुक्त भाषा 'नई' होती है, यानी सुपरिचित नहीं होती है और उसमें सौंदर्य होता है। पाठक को कुछ अलग अनुभूति कराने, बल्कि उसके पूर्वबोध को बदलने के लिए भी साहित्य में भाषा को अनेक युक्तियों से रचा जाता है। कहने का मतलब यह कि काव्य भाषा रूपात्मक होती है। इस प्रकार रूपवाद ने साहित्य और भाषा का निकटतम संबंध स्थापित किया। इसने प्रतीक से भी आगे बढ़कर संकेत को प्रधान बना दिया। इस प्रकार रचना में शब्द को जो अपार अर्थ-विस्तार मिलता है उसे खोलना ही आलोचना का दायित्व माना गया। कथा के संदर्भ में रूपवाद ने वृत्तांत (स्टोरी) और कथानक (प्लॉट) में अंतर किया और बताया कि वृत्तांत कच्चे माल की तरह है, जिसका उपयोग कथाकार साहित्यिक युक्तियों के द्वारा कथानक रचने में करता है और फिर कथा घटना -मात्र नहीं रह जाती। उसका मुक्त अभिप्राय ही पाठ की साहित्यिकता और उसका सौंदर्यात्मक गुण है।

अज्ञेय तब भी सांस्कृतिक अस्मिता और एक हद तक सामाजिक वस्तुओं को महत्व देते हैं (सांप्रदायिकता, पर्यावरण आदि समस्याओं को), निर्मल वर्मा सही अर्थों में रूपवाद के पक्षधर हैं, 'कोई भी कलाकृति अपनी शुद्ध पवित्रता में ही अधिक आलोचनात्मक हो सकती है। जिस हद तक सृजन शक्ति समाज के बाहरी खूंटों से, समाजशास्त्र और सैद्धांतिक आग्रहों की 'छद्म चेतना' से मुक्त होती जाएगी, उस हद तक ही वह आलोचनात्मक चेतना की वाहक बन सकेगी। दूसरे शब्दों में, वही कला जो किसी विचार का यंत्र न हो, सबसे अधिक प्रखर

वैचारिक यंत्र बन जाती है।... शब्द किसी विचार का वाहक नहीं, वह शब्द पीछे मुड़ कर अपनी तरफ देखता है तो खुद विचार बन जाता है।' (शताब्दी के ढलते वर्षों में)। रूपवाद ने कला के आंतरिक सत्य पर जोर दिया पर वह सामाजिक आयामों से बिल्कुल तटस्थ रह सका है, यह निर्धारित करना मुश्किल है।

रूपवाद की सर्वाधिक आलोचना मार्क्सवादी साहित्यिक चिंतकों और समीक्षकों द्वारा की गई है। इसकी परंपरा मार्क्स में मिल जाती है। लेकिन यह धारणा सही नहीं है कि मार्क्सवाद रूप को महत्व नहीं देता। दरअसल मार्क्सवाद वस्तु और रूप के बीच द्वंद्वात्मक संबंध को मानता है। रूप अपनी अंतर्वस्तु के अनुरूप ऐतिहासिक आधार पर निर्धारित होता है। रॉल्फ फॉक्स ने 'द नॉवल एंड द पीपुल' (1937) में लिखा है, 'रूप की उपज अंतर्वस्तु से होती है, वह इससे जुड़ा भी होता है। हालांकि प्रमुखता अंतर्वस्तु की ही होती है लेकिन रूप का अंतर्वस्तु पर गहरा प्रभाव पड़ता है और वह निष्क्रिय नहीं रहता।' रूप और अंतर्वस्तु का द्वंद्वात्मक संबंध दो विरोधी विचारों के संदर्भ में महत्वपूर्ण है। एक ओर यह साहित्य के रूपवादी संप्रदाय की आलोचना करता है, जिसके लिए अंतर्वस्तु महज रूप को पुष्ट करने के लिए होती है और कविता की अंतर्वस्तु का चयन केवल कविता के तकनीकी पक्ष को उभारने के लिए होता है। रूप और अंतर्वस्तु का यह द्वंद्वात्मक संबंध उस भोंड़े मार्क्सवादी विचार की भी आलोचना करता है जिसके मुताबिक कला का रूप पक्ष कला का केवल बाहरी आवरण है, जिसे इतिहास की अस्थिर व तनावग्रस्त अंतर्वस्तु के ऊपर आरोपित कर दिया जाता है।

भारतीय काव्यशास्त्र में रूपवाद से संबंधित कुछ धारणाएं 'रीति' और 'वक्रोक्ति' के रूप में मिलती हैं। हिंदी आलोचना में रूपवाद का उस तरह विकास नहीं हुआ जैसा पश्चिम में देखा जाता है। उसके कुछ तत्वों का प्रभाव जरूर देखा जा सकता है। इसी तरह पश्चिमी संरचनावादी सिद्धांतों के असर में कुछ नव्य-रूपवादी रूझान भी जरूर नजर आए हैं।

सुवास कुमार

अधिक जानकारी के लिए :

1. **कला का जोखिम :** निर्मल वर्मा, **2. Russian Formalism : History and Doctrine :** Victor Erlich, 1973

रूपविज्ञान

रूपविज्ञान (Morphology) को रूपिम विज्ञान भी कहते हैं। इसका संबंध वाक्य में प्रयुक्त हुए शब्द या पद से है। इसलिए इसे पदविज्ञान भी कहा जाता है। भाषाविज्ञान की इस शाखा में रूप, पद या भाषा में प्रयुक्त शब्द का अध्ययन किया जाता है। इसे व्याकरणिक इकाइयां भी कहा गया है। रूप या पद और शब्द में अंतर यह है कि विभक्ति रहित रूप या पद कोशगत शब्द है, जो वाक्य की न्यूनतम इकाई है। 'रोटी' एक शब्द है, लेकिन 'रोटी से' में रोटी एक रूपिम या पद है, महज शब्द नहीं। शब्द एक सार्थक ध्वनि समूह होते हुए भी विभक्ति या प्रत्यय से रहित होता है। 'रोटी से भूख मिटती है' में हर शब्द एक रूपिम या पद है और इससे एक संकल्पना जुड़ी है। इस प्रकार सार्थक शब्दों में विभक्ति लगने से रूप बनते हैं। किसी वाक्य में प्रयुक्त छोटे से छोटा स्वनक्रम जिसका अर्थ हो, रूप कहलाता है।

ध्वनियों का स्वयं में कोई अर्थ नहीं होता। एक या एक से अधिक ध्वनियों का समूह किसी संकल्पना से जुड़कर ही अर्थवान होता है अतः 'अर्थ की ऐसी इकाई को जिसे अल्पतर अर्थवान भागों में खंडित न किया जा सके, रूपिम कहते हैं। ऐसी अर्थवान इकाइयों की रचना का विश्लेषण, वर्णन आदि रूप या रूपिम विज्ञान में होता है। उदाहरण के लिए हिंदी भाषा में जल, फूल, दुकान, कहानी, गीत, जा, सो, रह आदि ऐसे स्वन क्रम हैं जो किसी-न-किसी संकल्पना के लिए प्रयोग किए जाते हैं। ये सभी इकाइयां खंडित होने पर अर्थ खो देती हैं। इन्हें हिंदी में रूपिम कहा जाता है।' (समसामयिक भाषाविज्ञान, वैष्णा नारंग)। ब्लूमफील्ड के शब्दों में, 'रूपिम वह भाषायी रूप है जिसकी भाषा विशेष के किसी अन्य रूप से किसी प्रकार की ध्वन्यात्मक और अर्थगत समता नहीं होती।'

रूप विज्ञान की चार शाखाएं हैं : 1. वर्णनात्मक रूपविज्ञान, 2. संरचनात्मक रूपविज्ञान, 3. ऐतिहासिक रूपविज्ञान और 4. तुलनात्मक रूपविज्ञान। वर्णनात्मक रूपविज्ञान में पद का विवरण प्रस्तुत किया जाता है। संरचनात्मक रूपविज्ञान में पदों का ध्वनि-संगठनात्मक विश्लेषण होता है। ऐतिहासिक रूपविज्ञान ऐतिहासिक व्याकरण की तरह है। तुलनात्मक रूपविज्ञान में दो या दो से अधिक भाषाओं के रूपों या पदों का तुलनात्मक अध्ययन होता है।

वाक्य में प्रयोग की दृष्टि से कुछ मुक्त रूप वाले सरल शब्द होते हैं जैसे आज, कल, पुस्तक। कुछ मिश्रित शब्द होते हैं जैसे जवानी, निस्सहाय, अज्ञानता आदि। कुछ संयुक्त शब्द होते हैं जैसे रेलगाड़ी, डाकखाना आदि। रूप, संरूप और रूपिम में अंतर यह है कि रूप छोटे से छोटा सार्थक स्वनक्रम है, जैसे 'मैं खा रहा था' में 'मैं'। 'मुझे खाने दो' में 'मुझे', 'मैं' का संरूप है। जिस छोटे से छोटे स्वनक्रम से एक से अधिक रूप बनते हैं, वह रूपिम है। रूपिम विज्ञान इसलिए महत्वपूर्ण है कि यह व्याकरण और ध्वनि के बीच का जो स्तर है उसके अध्ययन से जुड़ा है। इस अध्ययन में उन सभी रूपों को एक रूपिम में गठित किया जा सकता है जिनका उच्चारण अलग-अलग हो। साथ ही एक ही उच्चारण वाले दो रूपों को अलग-अलग रूपिम माना जा सकता है, यदि उसका व्याकरणिक मूल्य भिन्न है।

वर्षा मिश्र

रूसी क्रांति

1917 के नवंबर महीने में लेनिन के नेतृत्व में दुनिया के पहले देश रूस में समाजवादी क्रांति संपन्न हुई थी। इसे नवंबर क्रांति कहा जाता है। इससे पहले 1905 में क्रांति की कोशिश असफल हो गई थी। नवंबर क्रांति ने रूस में जारशाही और पूंजीवादी व्यवस्था का अंत कर दिया, जो दुनिया की एक युगांतरकारी घटना के रूप में देखी जाती है। इसमें रूस के मजदूर वर्ग ने एक निर्णायक ऐतिहासिक भूमिका निभाई थी और 'सर्वहारा के जनतंत्र' की स्थापना की थी। इसे 1789 की फ्रांसीसी क्रांति के बाद दुनिया की दूसरी घटना के रूप में देखा गया। फिर भी नवंबर क्रांति विश्व की एक प्रेरणादायक ऐतिहासिक घटना मानी जाती है, इसके हिंसक स्वरूप पर जो विवाद हुआ हो।

रूसी क्रांति (Russian Revoltution) का मकसद पुराने राज्य तंत्र का ध्वंस करके सत्ता को आम लोगों के हाथ में देना था और एक बिल्कुल नए किस्म का राज्य स्थापित करना था। लेनिन रूसी क्रांति के बाद चाहते थे कि यूरोप के अन्य देशों में भी क्रांतियां हों, क्योंकि तभी रूस में भी समाजवादी व्यवस्था सुदृढ़ रह सकती है। दूसरी तरफ, उन्होंने अति-वामपंथी रुझानों को 'बचकाना मर्ज' की संज्ञा दी थी। रूस को क्रांति के बाद पूंजीवादी देशों द्वारा आर्थिक घेरेबंदी और गृह युद्ध की स्थितियों का सामना करना पड़ा था। इन स्थितियों में लेनिन ने जनतांत्रिक केंद्रवाद की नीति चलाई थी। नवंबर क्रांति की एक प्रमुख सहयोगी रोजा लक्जमवर्ग ने क्रांति के बाद पार्टी संगठन की केंद्रीयता की आलोचना की थी। उनका कहना था कि केवल सरकार के समर्थकों के लिए और एक पार्टी के सदस्यों के लिए ही स्वतंत्रता अपने सार में स्वतंत्रता नहीं होती। वे सोचती थीं कि मजदूरों के राज्य में भी चुनाव कराए जाने चाहिए और भिन्न विचार वालों को भी स्वतंत्रता दी जानी चाहिए। लेनिन मानते थे कि सिर्फ औद्योगिक मजदूर ही सचेत वर्ग है। वह स्थानीयता और संकीर्ण आग्रहों से ऊपर उठ कर क्रांति का एकमात्र हिरावल दस्ता होगा, किसान उसके स्वाभाविक मित्र होंगे। रूसी

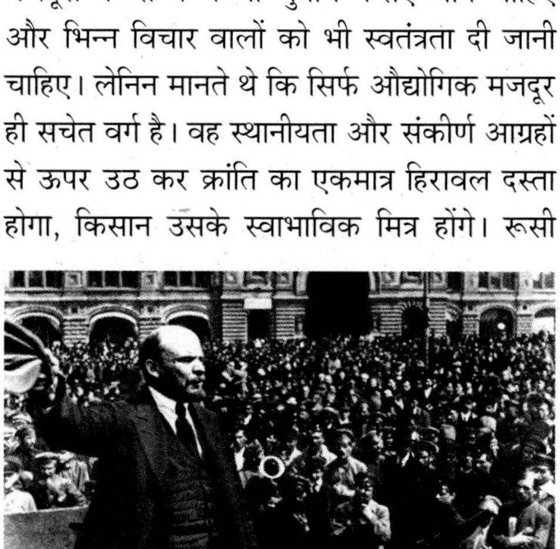

नवंबर क्रांति का आह्वान

क्रांति ने मजदूरों और किसानों की एकता का संदेश दिया था।

मार्क्सवाद में जनतांत्रिक केंद्रवाद (डेमोक्रेटिक सेंट्रलिज्म) रूसी क्रांति के बाद एक महत्वपूर्ण तत्व बन गया था। इसका अर्थ है, अल्संख्यक को बहुसंख्यक के निर्णय को आपत्ति होने पर भी स्वीकार कर लेना है। इसे 'बहुसंख्यकवाद' भी कहा जाता है। लेनिन ने 1903 में रूस के 'सोशल डेमोक्रेटिक लेबर पार्टी' की केंद्रीय समिति में बहुमत अर्जित किया था। उन्हें 'बोलशेविक ' कहा गया, जिसका रूसी भाषा में अर्थ है, बहुसंख्यक। जो अल्पसंख्यक थे, वे 'मेनशेविक ' कहलाए।

रूसी क्रांति ने दुनिया भर के श्रमिक आंदोलनों के अलावा साहित्य को भी काफी प्रभावित किया। इस तरह उसका असर आदमी की अनुभूति, सृजनात्मक कल्पना और बौद्धिक संवेदना तक पहुंचा था। नवंबर क्रांति का संबंध मार्क्स की विचारधारा से था। इसलिए दुनिया के साहित्य पर रूस की नवंबर क्रांति का असर वस्तुतः मार्क्सवाद का असर था। एक तरह से यह 'विचारधारा के युग' की शुरुआत थी। रूस में मार्क्सवादी विचारधारा की राजनीतिक सफलता ने अंग्रेजी गुलामी और सामंती अत्याचारों से कराहती भारतीय जनता को भी न केवल अधिक आशावान बना दिया था, बल्कि उसके सपनों को विस्तार भी दिया था। इसने बड़ी तेजी से शोषक और शोषित वर्ग के अंतर्विरोधों के प्रति बुद्धिजीवियों और श्रमजीवियों को जागरूक बनाया। धीरे-धीरे यह चेतना फैली कि समाज के शोषित-उत्पीड़ित वर्ग के संघर्ष में बुद्धिजीवियों को 'पक्षधर' होना होगा। रूसी क्रांति का असर इतना व्यापक था कि उन लेखकों के साहित्य में भी जो मार्क्सवादी नहीं थे, दुनिया में शुरू हो चुकी महापरिवर्तन की इस प्रक्रिया की अवहेलना मुश्किल हो गई।

रूसी क्रांति के समय दुनिया में प्रथम विश्वयुद्ध चल रहा था। भारतीय जीवन में भी इसके परिणामस्वरूप कुछ नाटकीय परिवर्तन हो रहे थे। युद्ध के बोझ, मूल्य वृद्धि और कृषकों के असंतोष ने इस दौर में राष्ट्रीय मुक्ति संघर्ष में विस्तार ला दिया था। इसी दौर में भारत के व्यापारी वर्ग को युद्ध का फायदा उठाकर भारी मुनाफा कमाने का मौका मिल गया, युद्ध की वजह से कई वस्तुओं की मांग बढ़ गई। इसलिए यदि 1917 की 'मर्यादा' पत्रिका में रूस के जार के गद्दी से हटाए जाने का स्वागत किया गया, गणेश शंकर विद्यार्थी के 'प्रताप' कार्यालय में रूसी क्रांति के समर्थकों का प्रभाव बढ़ा और 1919 में प्रेमचंद ने लिखा, 'अब मैं करीब-करीब बोलशेविक वसूलों का कायल हो चुका हूं' तो वस्तुतः यह इसका संकेत है कि उस समय भारत में वे ऐतिहासिक परिस्थितियां पैदा हो रही थीं जिनमें रूसी क्रांति का प्रभाव सघन होता।

प्रेमचंद पर रूसी क्रांति का पड़ा असर उनके उपन्यास 'प्रेमाश्रम' (1922) में दिखाई पड़ता है। इस उपन्यास में वे लिखते हैं, 'उसका आदर्श एक ऐसा साम्यवाद है, जिसमें आदमी स्वार्थ से नहीं, केवल समाज के हित के लिए बगैर किसी दबाव में जिएगा और मरेगा। जब सभी मनुष्य होंगे, ऊंच-नीच या शासक और शासित का भाव मिल जाएगा।' 'प्रेमाश्रम' का एक चरित्र बलराज रूसी क्रांति से प्रभावित है। इसलिए जब उसे समझा-बुझाकर दबाने की चेष्टा की जाती है, वह कहता है, 'जब से दुनिया का थोड़ा-बहुत हाल जानने लगा हूं, मुझसे अन्याय नहीं देखा जाता। जब किसी जबरे को किसी गरीब का गला दबाते देखता हूं तो मेरे बदन में आग-सी लग जाती है।' उस जमाने के लोगों में इस तरह की बेचैनी पैदा हो चुकी थी। प्रेमचंद ने एक तरफ गांधीवादी चरित्र प्रेमशंकर को रखा, दूसरी तरफ क्रांतिकारी चरित्र मनोहर को और क्रांति में आस्था व्यक्त की, 'भूमि उसकी है जो उसको जोते।' यह रूसी क्रांति का असर था।

रूसी क्रांति का असर प्रसाद को 'कामायनी' में 'विषमता की पीड़ा' का बोध कराता है। श्रद्धा मनु से कहती है, 'औरों को हँसते देखो मनु, हँसो और सुख पाओ। अपने सुख को विस्तृत कर लो सबको सुखी बनाओ।' दरअसल भारतीय स्थितियों

में रोमांटिसिज्म और यथार्थवाद एक-दूसरे के विरोधी नहीं हो सकते थे। दोनों के बीच वैचारिक दूरियों के बावजूद संबंध था, क्योंकि अलग-अलग स्तर पर रूसी क्रांति से दोनों प्रभावित थे।

रामचंद्र शुक्ल रूसी क्रांति का प्रत्यक्ष समर्थन नहीं करते हुए भी साम्यवाद को एक 'विश्व-आंदोलन' के रूप में देखने लगे थे। वे वाद, प्रतिवाद, संवाद की द्वंद्वात्मक दृष्टि को मान चले थे। उन्होंने लिखा, 'दूसरे देशों का धन खींचने के लिए योरप के महायंत्र प्रवर्तन का जो क्रम चला, उससे पूंजी लगाने वाले थोड़े से लोगों के पास तो अपार धन राशि इकट्ठी होने लगी, पर श्रमजीवी जनता के लिए भोजन-वस्त्र मिलना भी कठिन काम हो गया। अतः एक तरफ तो योरप की मशीनों की सभ्यता के विरुद्ध टालस्टाय की धर्म बुद्धि जगाने वाली वाणी सुनाई पड़ी, जिसका भारतीय अनुवाद गांधी ने किया, दूसरी ओर, इस घोर आर्थिक विषमता की प्रतिक्रिया के रूप में साम्यवाद और समाजवाद नामक सिद्धांत चले जिन्होंने रूस में अत्यंत उग्र रूप धारण करके भारी उलटफेर कर दिया।' (हिंदी साहित्य का इतिहास)।

कहने का अभिप्राय यह है कि 1917 की रूसी क्रांति का प्रभाव सार्वभौम था। इसने बड़े पैमाने पर श्रमजीवियों को वर्ग संघर्ष के लिए गोलबंद किया, किसान सभा बनी, मजदूर संघ बने। कम्युनिस्ट पार्टी बनी। इसने अंततः साहित्यकारों को भी संगठित होने के लिए प्रेरित किया, 1936 में 'प्रगतिशील लेखक संघ' की स्थापना हुई। इसके पहले सम्मेलन (लखनऊ) की अध्यक्षता प्रेमचंद ने की था।

तिलक ने 29 जनवरी 1918 के 'केसरी' में लेनिन की प्रशंसा की थी। महात्मा गांधी ने 1920 के 'यंग इंडिया' में लिखा, 'भारत को बोलशेविक वसूलों की कोई जरूरत नहीं है।' गणेश शंकर विद्यार्थी के 'प्रताप' में जातीय एकता, विश्वशांति तथा जनमुक्ति के क्रांतिकारी विचार पहले से छप रहे थे। उसके 20 अगस्त 1920 के अंक में मजदूर वर्ग को आशा का केंद्र बनाकर लिखा गया, 'खुशी की बात है कि मजदूर अपनी ताकत का प्रयोग करने लगे हैं।... वे जानते हैं कि हमारी असंख्य संख्या कुछ लोगों की महत्वाकांक्षा की पूर्ति के लिए बलिदान हो रही है। वे अनुभव करते हैं कि उनका पुरुषार्थ और बल शक्तिशाली लोगों की अट्टालिका ऊंची करने में व्यय किया जा रहा है।' ऐतिहासिक रूसी क्रांति का एक समय पूरी दुनिया पर असर पड़ा था, भले उसके अंतिम नजीजे ट्रैजिक हों।

शंभुनाथ

अधिक जानकारी के लिए :

1. The Origins of the Russian Revolution : Alan Wood, 1993, **2. The Russian Revolution :** Rex A Wade, 2005, **3. The Blackwell Encyclopedia of the Russian Revolution :** (Ed) Harold Shukman, 1998

रूसी रूपवाद

रूसी रूपवाद (Russian Formalism) को उन आलोचना-सिद्धांतों के पर्याय के रूप में देखा-समझा जाता है, जिन्हें रूस में 1915 से लेकर बाद के 25-30 वर्षों में विकसित किया गया था और जिनका संबंध साहित्य की साहित्यिकता की वैज्ञानिक और वस्तुनिष्ठ व्याख्या से था। मास्को लिंग्विस्टिक सर्किल (1914-15) से जुड़े भाषाविद मास्को और पीटर्सवर्ग इन दो केंद्रों में भाषा पर विशेष बल देते हुए रूसी रूपवाद का प्रवर्तन कर रहे थे। साहित्य के भाषा पाठों को विशिष्ट बनाने वाली वस्तु के रूप में रूसी रूपवाद जिस साहित्यिकता की वैज्ञानिक व्याख्या करने का प्रयास करता है, उसकी विशिष्टता की कसौटी है—सामान्य भाषा पाठों से उसकी भिन्नता।

रूसी रूपवाद का आधार जिस विशिष्ट साहित्यिकता के अध्ययन में है, उसका 'रूप' शब्द से सीधा संबंध नहीं है तथापि साहित्यिकता की पहचान व व्याख्या के लिए चूंकि रूसी रूपवादी, भाषा की युक्तियों (डिवाइसेज) या रीतियों पर ज्यादा ध्यान केंद्रित करते हैं, अतः उनके लिए रूपवादी संबोधन रूढ़ हो गए हालांकि प्रमुख रूसी

रूपवादी स्वयं को रूपवादी कहना या बताया जाना पसंद नहीं करते।

स्तालिन काल में रूस में रूपवाद मार्क्सवादी आलोचना के विरोध में खड़े चिंतन के रूप में बदनाम हो गया था। इसका कारण 'रूप' शब्द का अंतर्वस्तु या विषयवस्तु से विरोध भाव है, जबकि रूसी रूपवादी साहित्यिक वस्तु की गहराई में ही 'अर्थवस्तु' या 'अंतर्वस्तु' हो जाने की प्रक्रियाओं को देखते और स्वीकार करते हैं। अतः रूसी रूपवाद को रूप से बंधे सीमित अर्थों से संबद्ध न मानकर व्यापक संभावनाओं वाला आलोचना सिद्धांत मानना चाहिए। इस बात का प्रमाण यह है कि रूसी रूपवाद बीसवीं सदी के चौथे दशके के बाद अपने पतनकाल से गुजरने के बावजूद, 1960 के आसपास प्रकट होकर विकसित हो रहे संरचनावाद के लिए आधार वस्तु की तरह ग्राह्य हो जाता है और फिर 1990 के बाद की नव्य अर्थमीमांसा में मिखाइल बाख्तिन जैसे चिंतकों के साथ डायलोजिज्म जैसी धारणाओं के विकास के लिए प्रेरक का काम करता है।

1940 से 60 के बीच के समय को हालांकि रूसी रूपवाद के उत्तर काल के रूप में देखा जाता है, तथापि इस चिंतनधारा की अनेक प्रवृत्तियां व धारणाएं उस काल में उभर रही नई आलोचना (न्यू क्रिटिसिज्म) के द्वारा, थोड़े रूपांतर के साथ, इस्तेमाल में लाई जा रही थीं। नई आलोचना तथा रूसी रूपवाद में प्रवृत्ति तथा धारणागत समांतरताओं के अनेक रूपों की मौजूदगी है, परंतु मूलभूत अंतर यह है कि नई आलोचना में भाषा का विश्लेषण साहित्य के अर्थ या अंतर्वस्तु तक पहुंचने के लिए माध्यम की तरह किया जाता है जबकि रूसी रूपवादी माध्यम में ही संदेश के समाहित होने की बात करते हैं।

संक्षिप्त इतिहास : रूसी रूपवाद का आरंभ रूस में स्थापित दो अलग-अलग अध्ययन केंद्रों के माध्यम से समांतर रूप में होता है। 1915 में 'मॉस्को लिंग्वस्टिक स्कूल' की स्थापना होती है, जिससे जुड़ने वाले प्रमुख रूसी रूपवादी थे : ब्रिक, बोरिस आइखनबॉम, यूरी तिनियानोव और बोरिस तोमाशेवस्की। दूसरी ओर 1916 में विक्टर श्क्लोवस्की की अध्यक्षता में सेंट पीटर्सवर्ग में 'ओपोयाज' नामक संस्थान की स्थापना हुई, जो बाद में लेनिनग्राद आ गया। रूसी रूपवाद के विकास में 'ओपोयाज' की भूमिका अधिक प्रभावपूर्ण मानी जाती है। इनसे संबद्ध अन्य प्रमुख रूसी रूपवादी आलोचक हैं : ब्लादिमीर प्रॉप, ग्रिगोरी गुकोवस्की और रोमन याकोब्सन।

रोमन याकोब्सन का व्यक्तित्व और विकास क्रम सर्वाधिक प्रभावपूर्ण है। 1929 में स्तालिन काल के आरंभ होते ही वे लेनिनग्राद से प्राग चले गए और वहां इयान मुकारोव्स्की के साथ उन्होंने रूसी रूपवाद को 'प्राग स्कूल' के रूप में सक्रिय रूप प्रदान किया। बाद में संरचनावादी काल में वे अमेरिका चले आए। इसके बाद रूसी रूपवाद, अर्थ मीमांसा (हरमेन्युटिक्स) के साथ जुड़कर एक नई शक्ल ग्रहण करता है। उसे यह नया रूप प्रदान करने वालों में अग्रणी हैं: मिखाइल बाख्तिन, पावलेन मेदतदीव तथा बेलेंतीन वेलेशिनोत।

विक्टर श्क्लोवस्की 1916 में 'ओपोयान' के संस्थापकों में से एक थे। उनकी सर्वाधिक चर्चित पुस्तक है : 'थ्योरी ऑफ प्रोज' (1926)। उनके अनुसार साहित्य की साहित्यिकता इस बात में नहीं होती कि वह हमें जीवन या पदार्थों के बारे में कुछ अधिक या अलग तरह की जानकारी देती है। ज्ञान के बजाय वे साहित्य की जमीन पदार्थ की दृश्यता में मानते हैं। 'दृश्य का अनुभव' साहित्य के द्वारा स्थायी हो जाता है जबकि जीवन में वह क्षणिक होता है। साहित्य की भाषा पदार्थ के दृश्य बोध को नए रूप में प्रस्तुत करती है। वह उसे सामान्य की जगह 'अपरिचयीकृत' (डीफेमिलियराज्ड) रूप में पेश करती है ताकि हम उस अनुभव के प्रति सचेत हो सकें और उसे जी सकें।

बाद में अस्तित्ववादी और संरचनावादी विचारकों ने इस अपरिचयीकरण (डीफेमिलियराइजेशन) को दार्शनिक धरातल पर नए आयाम प्रदान किए। सत्ता और ज्ञान की परंपरा ज्ञात के दुहराव से जुड़ी होती

है जबकि मुक्ति के लिए वर्तमान के नएपन से जुड़ा अस्तित्वबोध इस अपरिचयीकरण की प्रक्रिया का दार्शनिक रूपवाद होता है।

बोरिस तोमाशेव्स्की (1890-1957) 'थ्योरी ऑफ लिटरेचर' (1955) तथा 'थीमेटिक्स' जैसी किताबों के लिए विशेष चर्चित हुए। उन्होंने कथा में 'कहानी' और 'कथावस्तु' की भिन्नता पर विचार किया। कहानी में समयक्रम होता है, जबकि साहित्यिकता कथावस्तु में होती है, जो समयक्रम को तोड़कर, अपरिचयीकरण की प्रक्रिया को विस्तार देती है। तोमोशेव्स्की ने कथावस्तु में प्रयोजन-रूढ़ि (मोटिफ) के महत्व पर प्रकाश डाला। कथा के विकास को कार्यक्रममूलक विश्वसनीयता प्रदान करने के लिए उन्होंने प्रयोजन-रूढ़ियों की भूमिका को रेखांकित किया। **ग्रिगोरी गुकोव्स्की** (1902-50) ने साहित्यिकता के वैज्ञानिक व वस्तुनिष्ठ रूप को स्पष्ट करने में भूमिका निभाई है।

बोरिस निकोलाविच ताईनियानोव (1894-1943) द्वारा लिखित 'फोर्मेलिस्ट थ्योरी' (1930) के साथ ही उनकी गणना रूसी रूपवाद के प्रमुख आलोचकों में होने लगी थी। विक्टर श्क्लोवस्की के रूसी रूपवाद के यांत्रिक रूप को सावयविक (आर्गेनिक) रूप प्रदान कर विकसित करने का श्रेय उन्हें दिया जा सकता है। वे डार्विन के विकासवाद की तर्ज पर साहित्यिकता के एक विकासवादी सिद्धांत की व्याख्या करने का प्रयास कर रहे थे। 'साहित्यिकता' की वैज्ञानिक सिद्धांत के रूप में व्याख्या के लिए उन्होंने निम्न किस्म के दोहरे विभाजनों व विरोधों को आधार बनाया : 1. समक्रमिक बनाम कालक्रमिक 2. भाषा बनाम वाक् 3. कृति बनाम विधा।

ब्लादिमीर प्रॉप (1895-1970) 1928 में छपी 'मार्फोलॉजी ऑफ द फोक' से चर्चित हुए। वे 'कहानी' बनाम 'कथावस्तु' वाली दृष्टि को प्रयोजन-रूढ़ियों और पात्र-रूढ़ियों के विस्तृत विभाजनों तक विकसित करने में सफल हुए।

बोरिस आईखनबॉम (1880-1959) की 1925 में प्रकाशित किताब 'थ्योरी ऑफ फॉर्मल मेथड' रूसी रूपवाद की आधार कृतियों में से एक मानी जाती है। दोहरे विभाजन की पद्धति का इस्तेमाल करते हुए उन्होंने काव्य बनाम सामान्य भाषा तथा लय बनाम गद्य को आमने-सामने रखते हुए इनके अंतर पर विचार किया। उन्होंने भाषा युक्तियों के प्रयोजनमूलक होने पर बल दिया यानी उनके मुताबिक साहित्यिक युक्तियां खास प्रयोजन के संदर्भ में ही युक्तियों की कोटि में आती हैं, जबकि स्वरूपतः वे केवल युक्तियां न होकर इतिहास में विलीन होने वाली वस्तुएं होती हैं। इस प्रकार उन्होंने साहित्य में भाषा के बहिरंग और अंतरंग के बीच की सीमाओं को काफी हद तक हटाने में मदद की।

रोमन याकोब्सन और मिखाइल बाख्तिन दो ऐसे नाम हैं जिनकी जड़ें रूसी रूपवाद में हैं, परंतु जो इस आलोचना चिंतन की सीमाओं के बाहर जाकर अपनी स्वतंत्र पहचान बनाने में भी सफल हुए। इस संदर्भ में उनकी किताब 'द फ्रेमवर्क ऑफ लैंग्वेज' (1980) में उनके ज्ञान विकास क्रम को देखा जा सकता है। उन्होंने भाषा युक्तियों के बजाय भाषा की प्रयोजनमूलक संप्रेषणीयता के सिद्धांत का विकास किया। इस प्रकार युक्तियों से जुड़ी सीमाओं से उनका चिंतन पूरी तरह आजाद हो सका।

प्रमुख धारणाएं एवं सिद्धांत : उपर्युक्त आलोचकों के चिंतन के संक्षिप्त आकलन से स्पष्ट हो जाता है कि रूसी रूपवाद अपने आप में व्यवस्थित आलोचना सिद्धांत नहीं है, अपितु साहित्यिकता के विविध पक्षों व रूपों पर अपने-अपने तरीके से वैज्ञानिक वस्तुनिष्ठ व्याख्याएं खोजने वालों के सामूहिक प्रयासों का मिला-जुला नाम है। रूसी रूपवाद के अनेक रूप सामने आते हैं—यांत्रिक रूपवाद, सावयविक रूपवाद, व्यवस्थामूलक रूपवाद, संरचनात्मक रूपवाद अथवा भाषावैज्ञानिक रूपवाद। इसके बावजूद जिन धारणाओं सिद्धांतों पर रूसी रूपवादी मुख्यतः एकाग्र थे, वे हैं : 1. साहित्य और साहित्यिकता की परिभाषा, 2. काव्य भाषा एवं सामान्य भाषा में अंतर, 3. भाषावैज्ञानिक युक्तियों की प्रयोजनमूलकता, 4. पाठक-लेखक के

स्थान पर कृति-पाठ की केंद्रिकता, 5. भाषा पाठ के दोहरे विभाजनों के आधार पर अंतराश्रित और परस्पराश्रित संबंधों की 'व्यवस्था' की व्याख्या और 6. मुख्य भाषावैज्ञानिक युक्तियां।

विनोद शाही

अधिक जानकारी के लिए :

1. Russian Formalism : R L Jackson and Rudy, 1985, **2. Russian Formalist Criticism :** L T Lemon and M J Reis, 1965, **3. Russian Formalism :** L Matejka and K Pomorska, 1965, **4. Russian Formalism : A Metapoetics :** Peter Stemer, 1984, 5. **Russian Formalism :** Victor Erlich, 1973

रेखाचित्र

रेखाचित्र का स्रोत अंग्रेजी के 'स्केच' (Sketch) शब्द को माना जाता है। यह मूलतः चित्रकला से संबंधित है। अतः इसकी अवधारणा वहीं से आई। साहित्यिक विधा के रूप में यह शब्द ऐसी रचना के लिए प्रयुक्त होने लगा जिसमें किसी चरित्र की रेखाएं हों। चित्रकला में रेखाओं के द्वारा कोई आकृति मूर्त की जाती है। साहित्यिक रेखाचित्र में रेखाओं का स्थान शब्द ले लेते हैं। रेखाचित्र और शब्द चित्र का अंतर यह है कि चित्रकार केवल प्रत्यक्ष व्यक्ति अथवा वस्तु का ही चित्र अंकित करता है, जबकि साहित्यकार लंबे अंतराल के बाद भी कोई शब्द-चित्र प्रस्तुत करने में समर्थ है। इतना ही नहीं, वह किसी व्यक्ति की उन भाव-भंगिमाओं और मुद्राओं को भी शब्दबद्ध कर सकता है जिनसे वह प्रत्यक्षतः अवगत न हो। इसका तात्पर्य यह है कि शब्दों की सामर्थ्य रेखाओं से कहीं अधिक है। रेखाचित्र का रचनाकार अपने संपर्क में आए विलक्षण व्यक्ति के मर्मस्पर्शी चित्रांकन के लिए पहले उससे जुड़ी घटनाओं का संकलन करता है। इसमें केवल व्यक्ति नहीं, बल्कि पूरा परिवेश अभिव्यक्त हो उठता है। जयकिशन प्रसाद खंडेलवाल ने लिखा है, 'गद्य का वह रूप, जिसमें भाषा के द्वारा किसी व्यक्ति, वस्तु या घटना का चित्रण या मानसिक प्रत्यक्षीकरण किया जाता है, रेखाचित्र कहलाता है।'

गद्य की विधा के रूप में रेखाचित्र वस्तुतः कहानी, निबंध और संस्मरण का मिला-जुला रूप है। यद्यपि इसमें चरित्र की मार्मिक उपस्थिति के चलते कहानी की कौतूहल-मिश्रित कथात्मकता आ जाती है, लेकिन विषय के निरूपण के चलते इसमें निबंध जैसी विचार-शृंखला, निजीपन, स्वच्छंदता, सौष्ठव, संबद्धता और सजीवता भी होती है। इसके बावजूद यह अपने वर्णन शिल्प में स्वभावतः संस्मरण के सर्वाधिक नजदीक ठहरता है। इसलिए प्रायः रेखाचित्र का उल्लेख और अध्ययन संस्मरण विधा के साथ होता है। यद्यपि अपनी प्रकृति में यह उससे भिन्न है, पर कई रचनाकारों ने संस्मरणात्मक रेखाचित्र भी लिखे हैं। ऐसे में दोनों विधाओं को अलगाना कभी-कभी कठिन हो जाता है। इनकी पारस्परिक समानता के कारण इनका अध्ययन एक साथ किया जाता है।

संस्मरण का क्षेत्र रेखाचित्र की अपेक्षा काफी विस्तृत और व्यापक है। रेखाचित्र के स्वरूप को स्पष्ट करते हुए शशिभूषण सिंघल ने लिखा है, 'रेखाचित्र शब्दों द्वारा निर्मित सांकेतिक चित्र है। उसमें प्रस्तुत व्यक्ति की झलक प्रस्तुत की जाती है। लेखक ने उसके विषय में जो धारणा बनाई है, उस धारणा का क्रमशः विस्तार रहता है। उसका यथासाध्य वस्तुपरक चित्रण करते हुए लेखक स्वतः गौण हो जाता है।' हिंदी में संस्मरणात्मक रेखाचित्र महादेवी वर्मा के लेखन में सर्वोत्तम रूप में है। वस्तुतः लेखक जब अपनी अनुभूति के सहारे व्यक्ति को याद करते हुए उसका कलात्मक चित्रण करने लगता है तो वह रेखाचित्र के अंतर्गत आता है। महादेवी वर्मा ने लिखा है, 'चित्रकार अपने सामने रखी वस्तु या व्यक्ति या रंगहीन चित्र जब कुछ रेखाओं में इस प्रकार आंक देता है कि उसकी विशेष मुद्रा पहचानी जा सके तब उसे हम रेखाचित्र की संज्ञा देते हैं। संस्मरण में भी साहित्यकार कुछ शब्दों में ऐसा चित्र अंकित कर देता है जो उस व्यक्ति या वस्तु का परिचय दे सके, परंतु दोनों में अंतर है।'

रेखाचित्र में कहानी की तरह ही चरित्र का उद्घाटन होता है, किंतु कहानी के चरित्र कल्पित होते हैं और रेखाचित्र के वास्तविक। जैनेंद्र कुमार के अनुसार, 'सिनेमा का क्लोज-अप रेखाचित्र है, बाकी फिल्म की कहानी हुई। तात्पर्य है, रेखाचित्र व्यक्ति विशेष के व्यक्तित्व पर केंद्रित रहता है और कहानी में घटनाओं का फैलाव रहता है।' दरअसल, रेखाचित्र गद्य की विभिन्न विधाओं की विशेषताओं को समाहित करता है। अतः एकात्मकता, सरस और मार्मिक शैली, संस्मरणात्मक चित्र, हृदय की संवेदनशीलता, कल्पना का सौंदर्य, सूक्ष्म पर्यवेक्षण शक्ति, तीव्रता, संक्षिप्तता, विवरण की न्यूनता आदि रेखाचित्र की प्रमुख विशेषताएं मानी जा सकती हैं। इनके अतिरिक्त संवेदनशीलता, यथार्थ अनुभूति, तटस्थता और सूक्ष्म निरीक्षण उसमें प्राणसंचार करने और रंग-रूप देने वाले प्रमुख तत्व हैं। इस प्रक्रिया में लेखक की स्मृतियां प्रेरक होती है जिनके सहारे चित्रण किया जाता है।

बनारसीदास चतुर्वेदी ने अपनी पुस्तक 'संस्मरण' (1953) में लिखा है, 'संस्मरण, रेखाचित्र और आत्मचरित इन तीनों का एक-दूसरे से इतना घनिष्ठ संबंध है कि एक की सीमा दूसरे से कहां मिलती है और कहां अलग हो जाती है, इसका निर्णय करना कठिन है।' महादेवी वर्मा ने अपने रेखाचित्र संग्रह 'अतीत के चलचित्र' और रामवृक्ष बेनीपुरी ने 'माटी की मूरतें' नामक अपने रेखाचित्र संग्रह में इस विधा के संबंध में अपना मंतव्य व्यक्त किया है। कहा जा सकता है, रेखाचित्र न संपूर्णतः कथा है और न किसी पात्र का संपूर्ण जीवनवृत्त। एक निश्चित दृष्टिकोण से किसी व्यक्ति, पात्र अथवा वस्तु के कुछेक पहलुओं का गतिशील प्रतिबिंब ही रेखाचित्र है। कथापन के अधिक निकट होने पर इसकी शैली कथात्मक हो सकती है। इतिवृत्त के रूप में यह वर्णनात्मक शैली का भी हो सकता है। इसी तरह कविता के प्रभाव में भावना का उद्रेक होने पर यह भावात्मक शैली का हो सकता है तो निबंध के नजदीक होने पर विचार-शृंखला की अधिकता में विचारात्मक शैली का हो जा सकता है और व्यंग्यपटुता के अंदाज में व्यंग्यात्मक शैली का होता है। रेखाचित्र की शैली कोई हो, पर उसका उद्देश्य सदैव शब्द रेखाओं द्वारा किसी व्यक्ति, वस्तु अथवा स्थान विशेष के संदर्भ में पाठक की संवेदना को जगाना है।

हिंदी के कथेतर गद्य की इस विधा के उद्भव के संकेत आधुनिक काल के आरंभिक दौर में मिलते हैं। बालकृष्ण भट्ट के निबंधों के साथ-साथ पदमसिंह शर्मा के 'पद्मपराग' के निबंधों में रेखाचित्र की झलक है, हालांकि श्रीराम शर्मा की रचना 'बोलती प्रतिमा' से रेखाचित्र का आरंभ माना जा सकता है। इस किताब का पहला संस्करण 1937 में प्रकाशित हुआ था। इस विधा के विकास एवं उन्नयन की दिशा में 'हंस' का रेखाचित्र विशेषांक (मार्च 1939, संपादक—श्रीपतराय) उल्लेखनीय है। इसमें हिंदी ही नहीं, उर्दू, बांग्ला, मराठी, गुजराती, तमिल, कन्नड़ आदि भाषाओं के लेखकों के भी रेखाचित्र हैं। बनारसीदास चतुर्वेदी के 'रेखाचित्र' (1952) एवं 'सेतुबंध' (1952) अच्छे रेखाचित्र संग्रह हैं। रामवृक्ष बेनीपुरी का 'माटी की मूरतें', 'गेहूं और गुलाब', महादेवी वर्मा का 'अतीत के चलचित्र', 'स्मृति की रेखाएं', 'पथ के साथी', 'मेरा परिवार' रेखाचित्र साहित्य की उल्लेखनीय कृतियां हैं। इनके अलावा राधिकारमण प्रसाद सिंह, विनय मोहन शर्मा, कन्हैयालाल मिश्र 'प्रभाकर', शिवपूजन सहाय, देवेंद्र सत्यार्थी, शांतिप्रिय द्विवेदी, उपेंद्रनाथ अश्क आदि ने इस विधा को उल्लेखनीय गति दी है। हिंदी के ख्यातिलब्ध रेखाचित्रों की अंतर्वस्तु के मद्देनजर कहा जा सकता है कि आधुनिक साहित्य की बहुमुखी यथार्थ-चेतना के परिप्रेक्ष्य में रेखाचित्र विधा का विकास हुआ है। हिंदी के रेखाचित्रों में समाज और देश की वास्तविकता के बहुरूपी आयामों और आम जनजीवन के चेहरों ने भी अपनी उपस्थिति दर्ज की है।

नीरज खरे

अधिक जानकारी के लिए :

1. **हिंदी साहित्य की प्रवृत्तियां :** जयकिशन प्रसाद खंडेलवाल, 2. **साहित्य विधाएं :** शशिभूषण सिंघल, 3. **हिंदी का गद्य साहित्य :** रामचंद्र तिवारी, 4. **अतीत के चलचित्र :** महादेवी वर्मा

रेडियो

1815 में इटली के इंजीनियर गुग्लियो मार्कोनी ने रेडियो तारसंचार के जरिए पहली बार संसार को संचार माध्यम का एक नया रूप दिया था। 1912 में टाइटैनिक जहाज के डूबने की हृदयविदारक घटना के समय रेडियो का इस्तेमाल हुआ था। प्रथम विश्व युद्ध के दौरान भी स्थल सेना एवं जल सेना में आपसी संपर्क स्थापना और सूचनाओं के आदान-प्रदान के लिए रेडियो का इस्तेमाल हुआ। 1920 से 1950 तक के समय को रेडियो का स्वर्ण युग कहा जाता है, क्योंकि इस युग में रेडियो के माध्यम से ही समाचार प्रसारण और संगीत ही नहीं, नाटक साक्षात्कार एवं मनोरंजन के अन्य कार्यक्रम भी प्रसारित होते थे।

एक जमाने में 'आकाशवाणी' से देवकीनंदन पांडेय की आवाज को पूरा देश सुनता था। इन्हें 'फादर ऑफ न्यूज ब्राडकास्टिंग इन इंडिया' माना जाता था। रेडियो की विनाका गीतमाला की वजह से ही संगीत सर्वसुलभ बना और अमीन सयानी लोकप्रिय हुए। क्रिकेट कमेंट्री से क्रिकेट खेल फैला। कभी विविध भारती की धूम थी। कई बड़े साहित्यकार रेडियो से जुड़े रहे हैं। भारत में रेडियो ने मनोरंजन के अलावा सामाजिक जागरण में भी एक महत्वपूर्ण भूमिका निभाई है। यह कभी एक प्रमुख साहित्यिक मंच रहा है।

भारत में 1926 में रेडियो प्रसारण आरंभ हुआ, जब बंबई, कोलकाता और मद्रास (अब चेन्नई) में व्यक्तिगत रोडियो क्लब स्थापित किए गए। अंग्रेज सरकार ने इन क्लबों द्वारा स्थापित प्रसारण कंपनी को लाइसेंस प्रदान किया। 23 जुलाई 1927 को बंबई से 'इंडिया ब्राडकास्टिंग कंपनी' ने पहला प्रसारण किया। 1935 में तत्कालीन देशी रियासत मैसूर में आकाशवाणी नामक रेडियो स्टेशन की स्थापना की गई और 1957 में भारत सरकार ने हिंदी एवं अन्य भारतीय भाषाओं में प्रसारण के लिए इसी नाम का प्रयोग जारी रखा।

टीवी का इस्तेमाल बढ़ने के बाद रेडियो घरों से विस्थापित हो गए। संगीत की लोकप्रियता देखते हुए 2003 से निजी क्षेत्र में एफएम रेडियो शुरू हुआ। 'रेडियो मिर्ची', 'रेड एफएम' आदि से कार्यक्रम प्रसारित होने लगे। आकाशवाणी और प्रादेशिक रेडियो के अलावा देश भर में कई निजी रेडियो स्टेशन हैं, जिनके प्रसारण का लक्ष्य राहगीर, दुकानदार, घरेलू महिलाएं और खेत श्रमिक हैं। रेडियो की तरह सेटेलाइट रेडियो आने के बाद इसकी संभावना व्यक्त की जाती है कि एक दिन रेडियो स्टेशन अतीत की वस्तु हो जाएंगे। विश्वविद्यालयों तथा कई अन्य शैक्षिक केंद्रों में सामुदायिक रेडियो का संचालन होता है।

रेडियो एक विशिष्ट माध्यम है। रेडियो प्रसारण में आवाज, उसके उतार-चढ़ाव, सरलता और स्पष्टता पर विशेष ध्यान रखना पड़ता है। रेडियो पर प्रसारित कार्यक्रम की संप्रेषणीयता के लिए ध्वनि प्रभाव का विशेष महत्व है। रुडोल्फ आर्नहाइम ने 'रेडियो : आवाज की कला' में लिखा है कि रेडियो माध्यम के चरित्र को ध्वनि और आवाज, शब्द और संगीत के सहारे ही समझा जा सकता है। इस माध्यम में नाटकीयता का विशेष रूप से महत्व है। रेडियो का वक्ता अपने शब्द पर जरूरत के अनुसार बलाघात डालता है, ताकि एकरसता न पैदा हो। मौन का प्रयोग भी रेडियो प्रसारण में ध्वनि प्रवाह की नीरसता को तोड़ने एवं श्रोताओं का किसी खास शब्द के प्रति ध्यान आकर्षित करने के लिए किया जाता है। रेडियो प्रसारण में प्रोड्यूसर और उद्घोषक की विशेष भूमिका होती है। रेडियो माध्यम की एक खूबी यह रही है कि श्रोता रेडियो सुनते समय रोज का अपना काम भी करता रहता है। इस माध्यम में श्रोता केवल सुन सकता है, अपनी प्रतिक्रिया नहीं दे सकता। हालांकि कुछ कार्यक्रमों में श्रोताओं के विचार भी शामिल किए जाते हैं।

रेडियो समाचार वाचन के लिए जो स्क्रिप्ट बनता है, उसके संदर्भ में विशेष ध्यान देना पड़ता है कि एक वाक्य में एक ही सूचना दी जाए, क्योंकि श्रोता को सिर्फ एक बार कान से सुनकर खबर को

समझना होता है। इसलिए जिन शब्दों और मुहावरों के उच्चारण में परेशानी होने का संदेह हो, उन्हें छोड़ देना चाहिए। रेडियो में खबर पढ़ते समय आरंभ में ही स्रोत की सूचना दे देनी चाहिए।

खबरों के लिए लीड बनाने का अर्थ है—मुख्य खबरों पर कितना समय दिया जाए। इसमें खबर के महत्व पर ध्यान रखना होता है। खबरों को फीचर रूप में प्रस्तुत करते समय तार्किक ढंग पर बल दिया जाता है। रेडियो पर समाचार वाचक को रेडियो संदेश, उपग्रह संचार प्रणाली के सिद्धांतों तथा तकनीकी उपकरणों का थोड़ा-बहुत ज्ञान होना चाहिए। समाचार वाचन में आवाज का बहुत महत्व है। रेडियो पत्रकारिता के क्षेत्र में आकाशवाणी (ऑल इंडिया रेडियो) के अलावा, बीबीसी और रेडियो लिलोन की विशेष प्रसिद्धि रही है। बीबीसी से हिंदी में कार्यक्रम का प्रसारण 2011 में बंद हुआ। इसकी शुरुआत 11 मई 1940 को हुई थी तथा इसे खबरों का सबसे विश्वसनीय स्रोत माना जाता था।

रेशमी पांडा मुखर्जी

रेडियोधर्मिता का संकट

रेडियोधर्मिता (Radioactivity) की खोज फ्रांसीसी वैज्ञानिक हैनेरी बेकेरल के द्वारा की गई। 1896 में जब वह यूरेनियम के तत्वों को लेकर शोधरत थे, उन्होंने पाया कि इसके तत्वों से कुछ अदृश्य किरणें निकल रही हैं, जिनकी वेधन क्षमता बहुत अधिक है। ये फोटोग्राफिक प्लेट को प्रभावित कर रही हैं। अबाध रूप से स्वतः निकलने वाली ऐसी अदृश्य किरणों को रेडियोधर्मिता कहा जाता है। रेडियो उत्सर्जन की इस प्रक्रिया में नाभिक से अल्फा, बीटा एवं गामा कण उत्पन्न होते हैं। इनसे इलेक्ट्रान निकलते हैं जो खतरनाक होते हैं।

रेडियोधर्मी पदार्थ एवं रेडियोधर्मी कचरा आज विश्व चिंता का विषय है। नाभिकीय ऊर्जा से एक ओर विकास के लिए लालायित दुनिया की जरूरतों को पूर्ण किया जा सकता है तो दूसरी ओर, बहुसंख्यक आबादी को पीढ़ी-दर-पीढ़ी अभिशप्त जीवन की ओर धकेलने में परमाणु संयंत्रों एवं उनसे निकले रेडियोधर्मी अवशेष एवं विकिरण का एक बड़ा योगदान है। रेडियोधर्मी प्रदूषण हवा, पानी और अन्य माध्यमों से हो सकता है। रेडियम, थोरियम, यूरेनियम, रेडॉन आदि तत्व हवा, पानी, मिट्टी में मिलकर अपना नुकसानदायी प्रसार करते हैं।

दुनिया में इस समय 600 से ज्यादा परमाणु रिएक्टर काम कर रहे हैं। इससे उत्पन्न रेडियोधर्मिता के कारण लोग अपंग एवं आनुवंशिक बीमारियों के शिकार हो जाते हैं। यूक्रेन के चेर्नोबिल (1986) में हुए रेडियोधर्मी अवशेषों के रिसाव से हुई हानि ने संपूर्ण विश्व को ऊर्जा के वैकल्पिक साधनों की ओर सोचने के लिए विवश किया है। जापान में 11 मार्च 2011 को घटित फुकशिमा की त्रासदी ने भी आणविक विकिरण की समस्या पर दुनिया भर में पुनः बहस का माहौल बना दिया। इस त्रासदी से 10 हजार से ज्यादा लोगों की मृत्यु हुई। लोगों का विस्थापन अलग से हुआ।

परमाणु संयंत्रों से रेडियोधर्मिता का संकट इसलिए ज्यादा बताया गया है कि परमाणु ईंधन में इस्तेमाल होने वाले तत्व यूरेनियम-235, प्लूटोनियम, ट्रिटियम आइसोटाप रहते हैं, जिनकी आधी आयु ही लाखों साल की होती है। इसलिए इनके नष्ट होने

चेर्नोविल दुर्घटना

की प्रक्रिया भी लंबी होती है। वैज्ञानिकों का मानना है, परमाणु संयंत्रों में हमेशा रेडियोधर्मी विकिरण का खतरा बना रहता है। यदि संयंत्र के किसी एक हिस्से में थोड़ी भी कमी आ जाए, आंतरिक प्रणाली में जुड़ाव की वजह से परमाणु विखंडन की गति अति तीव्र हो जाती है, फलस्वरूप परमाणु संयंत्र से काफी रेडियोधर्मी कचरा निकलता है। परमाणु विखंडन से प्लेटोनियम, यूरेनियम, थोरियम, आइयोडीन जैसे तत्व निकलते हैं।

रेडियोधर्मी तत्व कई तरह के रोग उत्पन्न करते हैं। आइयोडीन-131 जल के साथ क्रिया करके तीव्र गति से पेड़-पौधों में संचरित होता है, वर्षा के जल में भी घुल जाता है। रेडियोधर्मी तत्व कैंसर पैदा करने का एक बड़ा कारक है। बच्चों और पेट में पल रहे शिशुओं पर इसका असर होता है। वैज्ञानिक शोध बताते हैं कि वर्तमान समय के कई रोगों के लिए रेडियोधर्मी कचरा एवं विकिरण ही जिम्मेदार है। त्वचा कैंसर, अस्थिमज्जा, टिटली, बांझपन, आंख आदि के रोगों की बढ़ोत्तरी में यह तत्व महत्वपूर्ण भूमिका निभा रहा है। हड्डियों के कैंसर के लिए स्ट्रोटियम नामक तत्व जिम्मेदार है।

रेडियोधर्मी सामग्री के भूमि एवं जल में मिल जाने पर जलीय जानवरों पर प्रतिकूल प्रभाव पड़ता है। खाद्य श्रृंखला के माध्यम से रेडियोधर्मी तत्व मानव के शरीर में प्रवेश कर जाते हैं। परमाणु संयंत्र यदि अपने कचरे का सुरक्षित निपटान नहीं करते तो वह मानव एवं जीव-जंतुओं के लिए एक बड़ा खतरा है।

परमाणु संयंत्रों में रेडियोधर्मी रिसाव की घटनाएं भारत में भी हुई हैं। 1987 में तमिलनाडु के कलपक्कपम में रिएक्टर का आंतरिक भाग क्षतिग्रस्त हुआ। 1992 में तारापुर में रेडियोधर्मी रिसाव के कारण कई मजदूर बीमार पड़े। कर्नाटक के कैगा में ट्रिटयम के रिसाव से 50 मजदूर बीमार पड़े। दिल्ली विश्वविद्यालय में कोबाल्ट 60 द्वारा हुए रेडियोधर्मी रिसाव से भय का माहौल बन गया। 31 मार्च 1993 को नरौरा, बुलंदशहर के रिएक्टर में विंडटरबाइन के पंखे आपस में टकराए और आग लग गई। यह परमाणु बिजलीघर साल भर बंद रहा। 2 फरवरी 1995 में राजस्थान रावतभाटा के परमाणु बिजलीघर से रेडियोधर्मी हीलियम और भारी जल रिसकर राणा प्रताप सागर में पहुंच गया। भारत में चेर्नोबिल (1986) जैसी घटना न हुई हो, मगर भोपाल गैस त्रासदी का उदाहरण है। ऐसी घटनाओं से गरीब लोग और आदिवासी ज्यादा प्रभावित होते हैं। ऐसे में परमाणु ऊर्जा एवं परमाणु संयंत्रों की देखभाल को लेकर सचेत रहने की आवश्यकता महसूस की जाती है। इसलिए जैतापुर, कुडुनकुलम, हरिपुर, चुटखा आदि परियोजनाओं के संदर्भ में पर्यावरणवादी कार्यकर्ता बार-बार रेडियोधर्मिता के संकट की ओर ध्यान आकर्षित करते हैं।

विपिन शर्मा अनहद

अधिक जानकारी के लिए :
1. Radiation Protection and dosimetry : An Introduction to Health Physics : Michael G Stabin, 2007, **2. Fundamentals of Nuclear Science and Engineering :** John K. Shults, Richard E Faw, 2007, **3. Radioactivity : Introduction and History :** Michael F L'Annunziata, 2007

रेणुका

भागवत पुराण के अनुसार रेणुका इक्ष्वाकुवंशीय राजा रेणु की पुत्री और जमदग्नि ऋषि की पत्नी थीं (9/15/2)। महाभारत के अनुसार रेणुका का जन्म कमल से हुआ था। इसलिए इनका कामली नामांतर भी मिलता है। जमदग्नि ऋषि से इन्हें पांच पुत्र हुए थे—रुमण्वत, सुषेण, वसु, विश्वसु और परशुराम।

कालिका पुराण की कथा के अनुसार एक बार रेणुका स्नान के लिए नदी की तरफ जा रही थी, तभी उसने राजा चित्ररथ को अपनी रानियों के साथ जलक्रीड़ा करते देखा। रेणुका चित्ररथ के रूप पर मोहित हो गई। वह जब घर लौटी, जमदग्नि

अपने योगबल से रेणुका के मन का भाव समझ गए। उन्होंने क्रुद्ध होकर अपने पुत्रों को रेणुका का शिरोच्छेद करने को कहा। एक-एक कर उनके चार पुत्रों ने मना कर दिया, पर परशुराम ने पिता की आज्ञा का पालन किया। उन्होंने रेणुका का सिर धड़ से अलग कर दिया। पिता ने प्रसन्न होकर उनसे वर मांगने को कहा तो परशुराम ने वर मांगा कि उनकी माता दोषमुक्त होकर पुनर्जीवित हो जाएं। इस तरह रेणुका को नया जीवनदान मिला।

श्रद्धांजलि सिंह

रेने देकार्त

रेने देकार्त

(1596-1650)

रेने देकार्त (ReneDescartes) फ्रांस के महानतम दार्शनिकों में से एक हैं। कई विद्वानों के अनुसार वे अरस्तू के बाद दर्शन को एक नया मौलिक रूप प्रदान करने वाले, उसे उतनी ही ऊंचाई पर पुनः ले जाने वाले चिंतक हैं। सुकरात, प्लेटो और अरस्तू की दृष्टि में जगत और उसका यथार्थ 'ईश्वर' और इससे उपजने वाले 'मूल विचार' का अनुकरण है। इससे चिंतकों की एक लंबी परंपरा बनी जो जागतिक यथार्थ को 'अज्ञेय' मानती थी, क्योंकि मूल विचार समझ के परे दैवी दुनिया का हिस्सा है और जगत का ज्ञान हमेशा 'भ्रांति' से युक्त होता है। रेने देकार्त इस परंपरा का प्रत्याख्यान करते हैं।

प्लेटो-अरस्तूवादी चिंतनधारा में 'दार्शनिक' केंद्र में था। उसे मूल विचार के निकट होने की वजह से प्रमाण के रूप में स्वीकार कर लिया गया था। शुभ, नैतिकता और सौंदर्य आदि अनुकरणीय विचारों को कसौटी बनाकर वह जागतिक यथार्थ के अंतर्विरोधों का विश्लेषण करने के लिए एक 'आदर्शवादी आधार' पा लेता था। रेने देकार्त के समय में यूरोप के बहुत-से लोग इस चिंतनधारा के असर में थे। यह चिंतनधारा इंद्रियों से उपलब्ध ज्ञान को भ्रांत करने वाला मानती थी। रेने देकार्त ने इस दार्शनिक स्थिति से यूरोप को उबारने का प्रयास किया और 'वैज्ञानिक चिंतन' के लिए जमीन तैयार की। पुनर्जागरणकालीन दौर के रेने देकार्त को उनके वैज्ञानिक चिंतन के कारण आधुनिक दर्शन परंपरा के जनक के रूप में देखा जाता है।

चिंतन का विकास : रेने देकार्त का मूल संबंध फ्रांस से था। वे बाद में हालैंड समेत यूरोपीय देशों और उनकी सरकारों के साथ जुड़ गए थे। उनका जन्म हेये वॉस में 1596 में हुआ था। यह वह काल था, जिसे यूरोप में महान समुद्री यात्राओं का काल माना जाता है। पुनर्जागरण से ताल्लुक रखने वाली यांत्रिक क्रांति ने यूरोप को ऐसी 'गति' प्रदान कर दी थी कि अब वह 'भूगोल की सीमाओं' का अतिक्रमण कर सकता था। यूरोप के राष्ट्र समुद्री यात्राओं की बदौलत शेष दुनिया के बहुत देशों में अपने उपनिवेश की स्थापना करने की होड़ में लग गए थे। उपनिवेशवाद को यूरोप विश्व को सभ्यताकृत करने के अपने कार्यक्रम का हिस्सा मान कर 'वैध' और 'जरूरी' ठहराता था। इस आड़ में वह उपनिवेशों में प्राकृतिक संसाधनों के विध्वंस और मूल निवासियों के सामूहिक नर-संहार जैसे कृत्यों को जायज ठहराने की छद्म नैतिकता से

भरा था। रेने देकार्त के चिंतन को समझने के लिए इस पृष्ठभूमि को ध्यान में रखना जरूरी है।

देकार्त से पहले जो अरस्तूवादी चिंतन यूरोप के चित्त में वर्चस्वी रूप में स्थापित था, वह इतिहास के परिवर्तनों और सभ्यताकरण की जरूरतों को प्राकृतिक नियमों और प्राकृतिक वर्चस्व क्रम के आधार पर व्याख्यायित करता था। जो श्रेष्ठ है, वह असभ्य को दास बनाकर सभ्यताकरण के कार्यक्रम को आगे बढ़ाने का अधिकार पा लेता है, इस चिंतन की वजह से उपनिवेशवाद एक तरह से यूरोपीय कार्यक्रम बना था। दैवी आधार होने पर प्राकृतिक नियमों की वैज्ञानिक व्याख्या संभव नहीं है। अतः यहूदियों के चिंतन से बने एक्लेसिएस्ट लोग प्रकृति और दुनिया के ऐतिहासिक यथार्थ को अंततः अर्थहीन मानते हैं। इस तरह ईश्वर के प्रति समर्पण के अलावा सत्य को जानने का अन्य कोई रास्ता नहीं था। ऐसे समय में रेने देकार्त ने इस रास्ते पर संदेह व्यक्त किया।

देकार्त जिस परिवार में जन्मे थे, उसका संबंध यहूदी मत से था। 1606 में उनकी दीक्षा इसी मत में हुई। वह जीवन में इसके प्रभाव से उबरने के लिए चिंतन की मौलिक दिशाएं खोजते रहे, जिसमें उन्हें काफी समय लगा। उन्होंने 1616 में पोर्टियर विश्वविद्यालय से कानून में डॉक्टरेट किया। कुछ समय के लिए राजा की फौज का हिस्सा होकर हॉलैंड चले गए। वह नौकरी छोड़ देने के बाद 1618 में एक दफा भ्रमण के दौरान उन्होंने 'उल्म प्रदेश वाला' प्रसिद्ध स्वप्न देखा। गड़गड़ाते बादलों की ध्वनि के बीच गणित के सिद्धांतों पर आधारित एक समन्वित दर्शन की रूपरेखा दिखाई दी। इसे उन्होंने अपने लिए कार्य करने का संकेत माना। वह दर्शन के क्षेत्र में किताबें लिखने के लिए जुट गए। इस दौरान उन्होंने गेलिलियो को धर्म के लोगों का कोपभाजन होते देखा था। देकार्त की किताब 'द वर्ल्ड' भी चिंतन की वैज्ञानिकता को स्वीकार करने से जुड़ी थी। उस युग में धरती को ब्रह्मांड का केंद्र मानने वाले धार्मिक लोगों की हठधर्मिता कायम थी। अतः देकार्त ने कुछ समय के लिए अपनी किताब का प्रकाशन रोक लिया।

देकार्त ने 1628 में 'चित्त की व्याख्या' पर तथा 1629 में विश्व की गणित आधारित तर्क संरचना पर जो कार्य किया था, उसे 1633 में गेलिलियो के साथ होने वाले सत्ता के दुर्व्यवहार को देखते हुए प्रकाशित नहीं करवाया था। चित्त की व्याख्या वाला उनका कार्य उनकी मृत्यु के बाद कहीं 1701 में ही जाकर प्रकाशित हो पाया था। तथापि चंदोक के संदेहवाद के खिलाफ 1628 में अपनी आवाज उठा देने के बाद देकार्त विशुद्ध दर्शन के क्षेत्र में व्यवस्थित कार्य करने की ओर प्रवृत्त हो गए थे। इस दिशा में किया गया उनका एक उल्लेखनीय कार्य दर्शन की विधि पर चिंतन के रूप में 1637 में प्रकाशित हुआ था। इसने दर्शन के क्षेत्र में तर्कवादी-विज्ञानवादी प्रविधि को आधुनिक दर्शन के विकास की बुनियाद के तौर पर जैसे हमेशा के लिए स्थापित कर दिया। देकार्त पूरे यूरोप में बेहद चर्चित एवं प्रख्यात व्यक्तित्व के तौर पर अकस्मात केंद्र में आ गए। 1644 में बेहिमिया की मलिका एलिजाबेथ ने उन्हें 'आत्मा, चित्त और देह से संबद्ध भावजगत' पर चर्चा के लिए आमंत्रित किया। एलिजाबेथ से बाद में उनका पत्राचार होता था जो एक पुस्तक के रूप में प्रकाशित है। इस बौद्धिक परिदृश्य में उनके जीवन की आखिरी बड़ी किताब आकार ले सकी थी, जिसे उन्होंने 'पैशेन्स आफ द सोल' नाम दिया था। यह किताब उनकी मृत्यु से एक वर्ष पूर्व 1649 में प्रकाशित हुई थी।

देकार्त का समय सतरहवीं शती का है। इसे युगमूलक परिप्रेक्ष्य में रखकर देखना जरूरी है। अतः इसका एक संक्षिप्त रेखांकन प्रस्तुत है :

पंद्रहवीं शती : महान समुद्री यात्राओं का दौर : पुनर्जागरण का विस्तार

सोलहवीं शती : उपनिवेशीकरण एवं साम्राज्य-विस्तार

सतरहवीं शती : विज्ञानवादी-तर्कवादी आत्मनिरीक्षण

अठारहवीं शती : राष्ट्रवादी अंतर्गठन और ज्ञानोदय

सतरहवीं शती में यूरोप में तर्क-वितर्क पर

आधारित वैज्ञानिक दृष्टिकोण वाला जो आत्मनिरीक्षण सामने आ रहा था, वह पहले के आदर्शवाद-रहस्यवाद को चुनौती दे रहा था। रेने देकार्त जिस आधुनिक धारा के अग्रणी दार्शनिक हैं, उसमें उनके सहयोगियों के रूप में जिन्होंने पूरक कार्य संपन्न किया, उनमें कुछ महत्वपूर्ण नाम हैं : स्पीनोजा बेनेडिक्ट, बर्कले, जॉन लॉक तथा डेविड ह्यूम। ये सभी दार्शनिक वस्तुतः तर्काधारित वैज्ञानिक दृष्टिवाले खेमे में शामिल थे। ये अठारहवीं शती में नुमायां होने वाले अनुभववादी विज्ञानवाद (इंपीरिसिस्ट) की धारा से अलग तरह का काम करने वाले लोग थे। इनमें स्पीनोजा देकार्त की तरह ईश्वर को परम तत्व की तरह अस्तित्वमान मानते थे। देकार्त को द्वैतवादी भी कहा गया है। बर्कले और ह्यूम ने देकार्त के द्वैतवाद को अस्वीकार किया है। यह द्वैतवाद उस दौर के दार्शनिक चिंतन के केंद्र में उठ रही बहस का हिस्सा था।

द्वैतवादी चिंतन : देकार्त की दृष्टि में इंद्रियज्ञान पर पूरा भरोसा करना संभव नहीं है, फिर भी वह भ्रांति मात्र नहीं है। इंद्रियां या मानव देह देकार्त के मुताबिक बाहरी यथार्थ जगत और चित्त के बीच पुल है। बाहरी यथार्थ हमारे चित्त में बरास्ते इंद्रियानुभव ही ग्राह्य होता है, न कि अपने वास्तविक रूप में। अतः चित्तगत यथार्थ और बाहरी वस्तुगत यथार्थ में फर्क हमेशा बना रहता है। इसका अर्थ है कि यथार्थ का वास्तविक वस्तुगत ज्ञान हमें कभी नहीं हो सकता।

विज्ञान के गणितीय नियमों को सार्वभौम मानने के कारण देकार्त गहरे में उसे ईश्वर से उद्‌भूत रूप में देखते थे। वह मानते थे कि ईश्वर में यथार्थ का सत्य है और जब हम 'स्व' के करीब होते हैं, ईश्वर की सत्ता में मौजूद यथार्थ का सच्चा ज्ञान हमें भी हो जाता है।

देकार्त का कार्टीशियन सिद्धांत चित्त की एक स्वतंत्र दुनिया की परिकल्पना करता है और उसे वस्तुगत यथार्थ की निर्मिति भर मानने से इनकार करता है। इससे 'अनुभववादी यथार्थ' को समझने का रास्ता खुल सका। इस चिंतन का विकास आगे चलकर अस्तित्ववाद जैसे दर्शनों में सामने आता है।

मैं सोचता हूं इसलिए मैं हूं : देकार्त का यह कथन, अनेक दफा उनके समस्त सिद्धांत के पर्याय के तौर पर उद्धृत किया जाता है। इसे उन्होंने दर्शन पर अपनी ध्यान की विधियों के क्रम में खोजा था। वे चित्त पर पड़नेवाली यथार्थ की छायाओं के विचारों-भावों के रूप में उपस्थित होने पर सवाल उठाते हैं कि आखिरकार कौन है जो विचार करता है या कौन है जिसके मन में भाव पैदा होते हैं? कौन है जो संवेदित होता है? वह अगर कोई है, तो यह इसका सुबूत है कि 'मैं हूं'।

देकार्त का उल्लेखनीय उद्धरण :

1. मैं सोचता हूं, इसलिए मैं हूं।
2. एक आशावादी वहां भी प्रकाश देखता है, जहाँ वह नहीं है। परंतु निराशावादी हमेशा उस प्रकाश को बुझाने के लिए ही क्यों तुले रहते हैं?
3. हर कठिनाई को जहां तक हो सके, छोटे-छोटे टुकड़ों में विभाजित कर लेना चाहिए। परंतु उतना ही जितना उसे सुलझाने के लिए जरूरी हो।
4. हर समस्या, जिसका समाधान मैंने खोजा, नियम बन गई।
5. मुझे सोने और सपने देखने की आदत है जो मेरी उसी तरह की कल्पनाएं हैं, जैसी पागल जागते हुए करते हैं।
6. यह पर्याप्त नहीं कि हमारे पास एक अच्छा चित्त हो। असल बात है उसका सही इस्तेमाल।
7. गणित के पूर्णांक पूर्ण मनुष्यों की तरह विरल होते हैं।
8. अच्छी किताबें पढ़ना अतीत के श्रेष्ठ लोगों से संवाद करना है।

विनोद शाही

अधिक जानकारी के लिए :

1. The Cambridge Companion To Descartes : John Collingham, 1992, **2. Descartes Against the Skeptics :** E M Curley, 1978, **3. Descartes : A Collection of Critical Essays :** Wills Doney, 1968

रेमंड विलियम्स
(1921-1980)

बीसवीं सदी के उत्तरार्ध के सर्वाधिक प्रखर अंग्रेजी चिंतकों में से एक रेमंड हेनरी विलियम्स (Raymond Henry Williams) ने समाजवादी चिंतन परंपरा को नई दिशा एवं ऊर्जा प्रदान की। उन्होंने मूलतः ब्रिटेन, यूरोप और संयुक्त राज्य अमेरिका के सांस्कृतिक विकास को व्याख्यायित विश्लेषित करने का प्रयत्न किया। प्रारंभिक शिक्षा के बाद 1939 में वे कैंब्रिज के ट्रिनिटी कॉलेज में अंग्रेजी भाषा का अध्ययन करने गए। लेकिन 1941 में वे मिलिट्री में सेवा प्रदान करने के लिए बुलाए जाने पर उनकी शिक्षा बाधित हुई। 1945 में वे वापस कैंब्रिज लौट गए। शिक्षा पूरी करने के पश्चात वे वर्कर्स एजुकेशनल एसोसिएशन में शिक्षक नियुक्त हुए। यहां प्राप्त अनुभव उनके लिए निर्णायक साबित हुए। उन्होंने संस्कृति के प्रशन को निम्नवर्गीय जीवन वृत्त से देखने और व्याख्यायित करने का प्रयत्न किया। उन्होंने संस्कृति की कुलीनता का 'क्रिटीक' रचने का प्रयत्न करते हुए संस्कृति की अवधारणा विकसित की। उन्होंने समाजवाद और लोकतंत्र को महज राजनीति तक सीमित नहीं कर उसे संस्कृति का विषय बनाया। इस प्रक्रिया के तहत उन्होंने उच्चवर्गीय संस्कृति के समानांतर जन संस्कृति की अवधारणा को नए संदर्भों में व्याख्यायित करने का प्रयत्न किया। वे मूलतः मार्क्सवादी अवधारणा को नए परिप्रेक्ष्य में व्याख्यायित करने तथा समाज, संस्कृति, समुदाय और वर्ग को एक समग्रता में देखने का प्रयत्न करते हैं।

रेमंड विलियम्स

बीसवीं सदी के आरंभ में मार्क्सवादी चिंतन पद्धति में आधार तथा अधिरचना के अंतःसंबंधों को लेकर एक व्यापक बहस छिड़ी हुई थी। इसे सरलीकृत तरीके से व्याख्यायित करने की कोशिशों को मार्क्सवाद की चेतना से भटकाव बताते हुए लुकाच समग्रता की अवधारणा रखते हैं। ग्राम्शी इसे ही व्याख्यायित करते हुए 'हेजेमनी' की अवधारणा रखते है। रेमंड विलियम्स ने अपनी किताब 'मार्क्सिज्म एंड लिटरेचर' में कहा कि समाज, अर्थव्यवस्था और संस्कृति के तमाम क्षेत्र ऐतिहासिक प्रक्रिया में निर्मित हुई संकल्पनाएं हैं। एक व्यवस्थित क्रम के रूप में विकसित होने से पूर्व समाज सहयोग, सहकर्म और सहभागिता के रूप में मौजूद था। आरंभ में अर्थव्यवस्था गृह संचालन के रूप में और उसके बाद एक समुदाय की व्यवस्था के रूप में मौजूद रही होगी जो आगे चलकर उत्पादन, वितरण एवं विनिमय की प्रक्रिया के तौर पर विकसित हुई। इन तमाम परिवर्तनों से पूर्व संस्कृति, खेती और पशुपालन तक महदूद रही होगी। यही बाद में मनुष्य के दैनंदिन की प्रक्रियाओं का रूप लेती चली गई। आधुनिक समय में ये तीनों क्रमवार विकसित नहीं हुए, बल्कि एक खास बिंदु पर आकर एक ने दूसरे के विकास एवं गति को वर्तमान रूप में परिवर्तत किया। इसी रूप में अब हम इनके इतिहास को देखते हैं।

रेमंड विलियम्स उस बिंदु से शुरू करते हैं जहाँ समाज और संस्कृति में दरार पैदा की गई। इसी दरार के परिणामस्वरूप आधार और अधिरचना की

भिन्न कोटियों का निर्धारण हुआ। उत्पादन की प्रक्रिया में आई जटिलताओं ने इस विभाजन को उत्तरोत्तर निर्णायक बना दिया। ऐसे में समाज की गतिशीलता का अध्ययन वास्तव में संस्कृति को भी अपने भीतर समाहित करता है। विलियम्स 'कल्चर और सोसाइटी' (1958) में बेहद प्रभावी ढंग से संस्कृति के प्रश्न की व्याख्या प्रस्तुत करते हैं। उनके कार्यों पर यदि निगाह डालें तो यह देखना कठिन न होगा कि वे राजनीति और संस्कृति के बुनियादी प्रश्नों के बीच एक पुल की तलाश करते हैं। अपनी पुस्तक 'लांग रेवोल्यूशन' (1961) के माध्यम से वे सांस्कृतिक उत्पादन की प्रक्रिया को विश्लेषित करते हुए बताते हैं कि पूंजीवादी उत्पादन के विकास का इतिहास और संचार माध्यमों का इतिहास ये दोनों अविभाज्य हैं। विलियम्स इस पर जोर देते हैं कि संघर्ष का अर्थ है संसाधनों पर जनता का कब्जा और संचार माध्यमों पर नियंत्रण। इसी पुस्तक में वे बताते हैं कि सामाजिक परिप्रेक्ष्य में सांस्कृतिक प्रक्रिया एक मूलभूत प्रक्रिया है। इसे महज राजनीतिक और आर्थिक प्रक्रियाओं के प्रभाव तक सीमित करके नहीं देखा जा सकता। विलियम्स इसी बात को अन्य संदर्भों के साथ 'कम्युनिकेशन' (1962) और 'टेलीविजन : टेक्नोलॉजी एंड कल्चरल फॉर्म' (1976) में भी स्पष्ट करते हैं।

एक तरह से देखें तो आधार-अधिरचना की बहस में विलियम्स एक निर्णायक हस्तक्षेप करते हैं और सांस्कृतिक भौतिकवाद की प्रस्तावना करते हैं। वे पारंपरिक मार्क्सवादी अवधारणाओं को नकारते नहीं हैं बल्कि उन परिस्थितियों की चर्चा करते हैं जिन्होंने बीसवीं सदी में पुरानी व्याख्या को अपर्याप्त बना दिया। फासीवाद और द्वितीय विश्वयुद्ध के बाद के वर्षों में पूंजीवादी संस्कृति एक विराट उत्पाद की शक्ल लेने लगती है। इस समूची प्रक्रिया में मनुष्य के नैतिक-सांस्कृतिक पतन को बहुत सिलसिलेवार तरीके से कई चरणों में घटित किया जाता है।

बीसवीं सदी में बाजार या उत्पादन का विरोध महज राजनीति और आर्थिक दृष्टिकोण से करना एक हद तक अपर्याप्त होने लगता है, क्योंकि उत्पादन एक संस्कृति का रूप ले चुका होता है। संस्कृति हमारे दैनंदिन के जीवन में पहले से कहीं ज्यादा प्रभावी और निर्णायक भूमिका अदा करने लगती है। मनुष्य के सांस्कृतिक क्रियाकलाप, देखना, सोचना और बोलना तक एक विशाल उत्पाद की शक्ल लेने लगता है। रेमंड विलियम्स संस्कृति के इस बढ़ते दायरे के समक्ष, मनुष्य के ऐतिहासिक विकास क्रम को सामने रखते हैं। अपने महत्वपूर्ण लेख 'कल्चर इज आर्डिनरी' में वे संस्कृति के वर्तमान और अतीत के बीच मौजूद विभाजन की रेखा की पहचान करते हैं। वे बताते हैं कि बूर्जुआ संस्कृति के विकास क्रम को समझना भी एक तरह का प्रतिरोध दर्ज करना है।

बीसवीं शताब्दी में आए परिवर्तनों ने तमाम संकल्पनाओं का नया संदर्भ विकसित किया। विलियम्स के अनुसार, इस नए संदर्भ में इन संकल्पनाओं की तह तक जाना संस्कृति के विकास क्रम को भी समझना है। 1976 में प्रकाशित उनकी रचना 'की वर्ड्स' में उन 109 शब्दों को शामिल किया गया है जिनका व्यापक संदर्भ ऐतिहासिक विकासक्रम की प्रक्रिया में बदला। विलियम्स इस परिवर्तन के माध्यम से सांस्कृतिक बदलाव की प्रक्रिया को मूर्त करते हैं ।

अच्युतानंद मिश्र

अधिक जानकारी के लिए :

1. Raymond Williams : Dai Smith, 2008, **2. Raymond Williams : Making Connections :** J E T Etheridge, 1988, **3. Raymond Williams : Literature, Marxism and Cultural Materialism :** John Higgins, 1999

रैक्व

सामवेद से संबद्ध छांदोग्य उपनिषद (चतुर्थ अध्याय, प्रथम खंड) में एक संदर्भ है, जानश्रुति नामक एक अंत्यज ब्रह्मज्ञान की कामना से महर्षि रैक्व के पास जाता है। वह उन्हें एक सहस्र गाएं, एक हार तथा दो खच्चरों से जुता रथ उपहार

स्वरूप प्रदान कर, उनसे ब्रह्मज्ञान देने की प्रार्थना करता है। महर्षि रैक्व शूद्र होने के कारण उसका उपहार ग्रहण नहीं करते। तभी जानश्रुति ने अपनी युवती कन्या का विवाह महर्षि रैक्व के साथ करने का प्रस्ताव रखा। इस पर रैक्व ने अपनी सहमति दे दी। उनका सोचना था कि जानश्रुति की कन्या जब उनकी धर्मपत्नी बन जाएगी तब वह उनके श्वसुर बन जाएंगे। उनकी सामाजिक पात्रता परिवर्तित हो जाएगी। वह एक शूद्र की जगह उनकी पत्नी के पिता के रूप में प्रतिष्ठित होंगे। इस कारण वे ब्रह्मज्ञान के अधिकारी बन जाएंगे। इस तरह जानश्रुति ने ब्रह्मज्ञान प्राप्त किया, जो किसी काल में जाति बंधन के ढीले रहने का एक प्रमाण है।

महर्षि रैक्व जानश्रुति को अध्यात्म विद्या का उपदेश देते हैं—प्राण ही समस्त अंतरिंद्रियों का आधार होता है। जब व्यक्ति सोता है तब उसका वाक्, चक्षु, श्रोत्र आदि समस्त इंद्रिय प्राण में ही लीन रहते हैं। यहां तक कि मन भी प्राण में ही लुप्त हो जाता है।

रैक्व पुनः उपदेश देते हैं—जब अग्नि शांत होता है तो वायु में लीन हो जाता है। जब सूर्य अस्त होता है तो वायु में लीन हो जाता है। चंद्रमा भी अस्त होकर वायु में लीन हो जाता है। जब जल सूखता है तो वह भी वायु में ही लीन होता है। इस प्रकार अग्नि आदि समस्त प्राकृतिक देवताओं का आश्रय वायु है।

अभिराज राजेंद्र मिश्र

रॉल्फ विंस्टन फॉक्स

(1900-1936)

रॉल्फ विंस्टन फॉक्स

रॉल्फ विंस्टन फॉक्स (Ralph Winston Fox) ब्रिटिश मूल के पत्रकार, उपन्यासकार, इतिहासकार और जीवनीकार थे। वे लेखक होने के साथ सक्रिय राजनीतिक कार्यकर्ता भी थे। छत्तीस वर्ष की अवस्था में उन्होंने ब्रिटेन से बाहर स्वाधीनता के लिए लड़ते हुए अपने प्राण दिए थे। फॉक्स ने हमेशा पूंजीवाद के हिंसक और युद्धलोलुप अभियान के विरुद्ध संघर्ष किया। वे विश्व शांति के लिए लड़ने वाले योद्धा थे। वे अन्य उपनिवेशों के साथ भारत की स्वाधीनता के प्रबल समर्थक थे। रॉल्फ फॉक्स के लिए मानव जीवन और साहित्य का संबंध अटूट है। उन्होंने साहित्य को अपनी मार्मिक संवेदना और पूरी निष्ठा के साथ अपनाया था। 'कम्युनिज्म', 'द कोलोनियल पॉलिसी ऑफ ब्रिटिश इम्पीरियलिज्म', 'लेनिन', 'चंगेज खाँ' आदि उनकी कुछ प्रसिद्ध कृतियां हैं। उनकी मृत्यु के बाद प्रकाशित 'द नॉवेल एंड द पीपल' ने आलोचना के क्षेत्र में उन्हें अमरत्व प्रदान किया ।

रॉल्फ फॉक्स ने साहित्यिक समस्याओं पर मार्क्सवादी दृष्टिकोण से विचार करते हुए मार्क्स और एंगेल्स की स्थापनाओं को स्पष्ट रूप से सामने रखा है। उनके अनुसार, मार्क्सवाद एक भौतिक दर्शन है। इसका महत्त्व बताते हुए फॉक्स कहते हैं कि 'उपन्यासकार व्यक्ति के भाग्य की कहानी उस समय तक नहीं लिख सकता जब तक कि वह संपूर्ण वास्तविकता के इस सुस्पष्ट-सुस्थिर दर्शन से लैस न हो। उसमें यह समझ होनी चाहिए कि उसके पात्रों के

व्यक्तिगत द्वंद्वों से किस प्रकार उसका अंतिम निष्कर्ष प्रकट होता है, साथ ही उसे यह भी समझना चाहिए कि जीवन की ये विविध परिस्थितियां कौन-सी हैं, जिनकी बदौलत उन व्यक्तियों में से प्रत्येक वैसा बना है जैसा कि वह है। रचनात्मक कलाकार के लिए मार्क्सवाद वास्तविकता को समझने की एक कुंजी है। यह उसे जीवन की तरतीब को देखने में मदद देती है और यह बताती है कि उसमें प्रत्येक व्यक्ति की स्थिति क्या है। यह सचेत रूप में मानव को पूर्ण महत्व प्रदान करती है, और इस अर्थ में यह सभी विश्व दर्शनों में अधिक मानवतावादी दर्शन है।'

हेनरी फील्डिंग पर अपने लघु निबंध में रॉल्फ फॉक्स लिखते हैं—भले उसका जन्म आभिजात्य वर्ग में हुआ था लेकिन उसने गरीबी और संघर्षों के बीच जीवन जिया। फॉक्स ने 'जोनाथन वाइल्ड' नामक उपन्यास के एक अध्याय के लिए लिखा है, 'वह अब तक पूंजीवादी राजनीति का सबसे तीखा खंडन है।' इस तरह फॉक्स के अनुसार, पूंजीवाद के अभ्युदय काल का श्रेष्ठ उपन्यासकार फील्डिंग पूंजीवादी समाज व्यवस्था का तीव्र आलोचक सिद्ध होता है। गोर्की के लिए फॉक्स कहते हैं कि गोर्की स्वयं एक आवारा फैक्टरी मजदूर और रेल मजदूर का जीवन बिता चुके थे और रूसी मजदूर वर्ग के जीवन में भाग ले चुके थे। अराजकता से भरे एक दौर के बाद गोर्की को बोल्शेविकों में और लेनिन के व्यक्तित्व में, एक ऐसी दृढ़ता, सादगी और अजेय विश्वास की झांकी मिली जिससे उन्हें विश्वास हुआ कि वे जार के साम्राज्य का तख़्ता पलटने जा रहे हैं। इस प्रकार फॉक्स विश्व के महानतम उपन्यासकारों में समाजवाद की स्थापना के प्रति प्रतिबद्धता दिखाते हैं।

रॉल्फ फॉक्स ने उपन्यास और महाकाव्य की तुलना करते हुए उपन्यास को आधुनिक बूर्जुआ समाज का महाकाव्य कहा है। वे कहते हैं, 'उपन्यास बूर्जुआ साहित्य की न केवल सबसे प्रतिनिधि उपज है, बल्कि उसकी श्रेष्ठतर रचना भी है।' साहित्य के विभिन्न अंगों की अभिव्यंजना शक्ति अलग-अलग होती है। गीत या मुक्तक में सामाजिक जीवन का उतना और उसी तरह चित्रण नहीं हो सकता, जितना और जिस तरह उपन्यास में। फॉक्स कहते हैं कि मनुष्य के जीवन को सर्वांगीण रूप में जितना उपन्यास चित्रित कर सकता है, उतना साहित्य का दूसरा अंग नहीं कर सकता। वे कहते हैं, 'उपन्यास केवल कथात्मक गद्य नहीं है, वह मानव के जीवन का गद्य है, एक ऐसी पहली कला है, जो संपूर्ण मानव को लेकर उसे अभिव्यक्ति प्रदान करने की चेष्टा करती है।' फॉक्स ने उपन्यास को पूंजीवादी साहित्य का अपना विशिष्ट रूप कहा है। उनके अनुसार, शुरू में महान पूंजीवादी साहित्य रचा गया। फॉक्स के लिए अठारहवीं सदी अंग्रेजी उपन्यास साहित्य का स्वर्ण युग था क्योंकि पूंजीवादी क्रांति ने अंग्रेजी दर्शन की सृष्टि की और अंग्रेजी उपन्यास साहित्य इस दर्शन से प्रभावित था।

फॉक्स ने उपन्यास में बाह्य जीवन की परिस्थितियों के साथ मनुष्य के आंतरिक जीवन, उसके भाव जगत का चित्रण करने पर जोर दिया है। फॉक्स मानते हैं कि भाव जगत और बाहरी जगत में कोई अंतर्विरोध नहीं है। दोनों के समन्वय से ही यथार्थवाद का विकास हो सकता है। फॉक्स के अनुसार, उपन्यासकार को मुख्यतः चरित्र के सृजन पर ध्यान देना चाहिए। वे कहते हैं कि उपन्यासकार मानव को उसके अपने स्थान पर स्थापित करे, मानव का पूर्ण चित्र प्रस्तुत करे, सामयिक मानव के व्यक्तित्व की हर अवस्था को समझे तथा उसके कल्पनात्मक रूप में मूर्त करे। फॉक्स ने 'वुदरिंग हाइट्स', 'जूड द औब्सक्योर' और 'द वे ऑफ ऑल फ्लैश' को उन्नीसवीं सदी का तीन सर्वश्रेष्ठ उपन्यास माना है। इन उपन्यासों को फॉक्स ने अंग्रेजी प्रतिभा का घोषणा पत्र माना है जिनका यह ऐलान था कि पूंजीवादी समाज में पूर्ण मानव की जीवन उपलब्धि असंभव है।

रॉल्फ फॉक्स के अनुसार, उपन्यास लेखन एक दार्शनिक धंधा है। विश्व के महान उपन्यासों, जैसे 'डॉन क्विक्जॉट', 'गारगनतुआ और पांताग्रुएल', 'रॉबिंसन क्रूसो', 'जोनाथन वाइल्ड', 'वार एंड पीस', 'वुदरिंग हाइट्स', 'द वे ऑफ ऑल फ्लैश' आदि का उदाहरण देते हुए फॉक्स कहते हैं कि ये इसलिए

महान हैं कि इनमें चिंतन का यह गुण निहित है कि ये जीवन की अत्यंत भावपूर्ण या प्रेरणापूर्ण टीका हैं। यही वह गुण है, जिससे कथा साहित्य के क्षेत्र में प्रथम और द्वितीय कोटि की रचनाओं की परख होती है। कोई भी उपन्यासकार अपने पात्रों की विशिष्टताओं से सामान्य नतीजे निकालने की उस क्षमता के बिना रचना नहीं कर सका, जो जीवन के प्रति दार्शनिक दृष्टिकोण से पैदा होती है। फॉक्स ने कथा साहित्य को मानव जीवन के विकास का साधन माना है।

रॉल्फ फॉक्स ने अभिव्यक्ति के माध्यम के रूप में लोक भाषा का महत्व बताते हुए कहा है कि अभिव्यक्ति का सबसे बड़ा जखीरा हर जाति की लोक भाषा में मौजूद है, जो मरता नहीं, भले संशोधित होता रहता है। उनके अनुसार, महानतम लेखकों के बारे में यह कहना कठिन होता है कि उन्होंने मुहावरेदार भाषा को सचमुच गढ़ा है या मुहावरेदार भाषा का उपयोग मात्र किया है। वे कहते हैं कि चॉसर से शेक्सपियर और फिर बर्नार्ड शॉ तक ने इसी लोकप्रिय और करीब-करीब मुहावरेदार भाषा को अपनाया है। फॉक्स बाइबिल की भाषा तक को एलिजाबेथ युग की प्रचलित अंग्रेजी लोकभाषा ही बताते हैं। फॉक्स को एक मार्क्सवादी आलोचक के अलावा लेनिन और चंगेज खाँ के जीवनीकार के रूप में भी प्रसिद्धि मिली।

ब्रजकिशोर झा

अधिक जानकारी के लिए :
उपन्यास और लोक जीवन : रॉल्फ फॉक्स (भूमिका : रामविलास शर्मा)

रोजा लक्जमबर्ग
(1871-1919)

रोजा लक्जमबर्ग (Rosa Luxemberg) पोलैंड की मार्क्सवादी चिंतक, दार्शनिक और आंदोलनकारी थीं। उन्होंने प्रथम विश्वयुद्ध के दौरान युद्ध के विरोध में प्रचार किया था। उन्होंने कहा था, 'उस स्वाधीनता का कोई अर्थ नहीं है जो सिर्फ सरकार के समर्थकों और पार्टी सदस्यों के लिए हो और उनके लिए न हो जो भिन्न तरीके से सोचते हैं।'

रोजा लक्जमबर्ग

रोजा लक्जमबर्ग लोकतंत्र और साम्यवाद के बीच मिलन चाहती थीं जिसके कारण वे आलोचना का निशाना बनीं। उनका लेनिन से मतभेद हुआ, क्योंकि बोल्शेविक क्रांति के बाद उन्होंने सोवियत रूस में उपर्युक्त मिलन का अभाव देखा। उन्होंने लक्षित किया कि बोल्शेविक नेताओं ने प्रशासन में ऊपर से नीचे तक नौकरशाही स्थापित कर दी है। उनका घोषित आदर्श श्रमिकों-किसानों का शासन लाना था, पर शासन व्यवस्था में वस्तुतः श्रमिकों-किसानों की कोई भूमिका नहीं थी। इस विडंबना को लक्षित करके ही रोजा ने कहना चाहा था कि 'ऊपर से नीचे की नहीं, नीचे से ऊपर की प्रक्रिया' ही आदर्श साम्यवादी व्यवस्था हो सकती है। लेनिन ने खुद जीवन के अंतिम समय में कहा था कि प्रशासन के लिए श्रमिकों और किसानों से 40 प्रतिशत प्रतिनिधि चुन लेना होगा।

लेनिन रोजा लक्जमबर्ग से मतभेद होते हुए भी उनका सम्मान करते थे। वे इन्हें 'ऊंचे आसमान का

चील पक्षी' कहते थे। यह भी कहते थे कि कम्युनिस्टों की भावी पीढ़ियां उनसे प्रेरणा लेंगी। रोजा भी स्वीकार करती थीं कि रूसी क्रांति के दो सबसे बड़े स्तंभ लेनिन और ट्राटस्की हैं। रोजा को उनके विचारों के लिए स्टालिन का कोप झेलना पड़ा।

सोवियत संघ के विघटन के बाद साम्यवाद और लोकतंत्र के मिलन से संबंधित रोजा के विचारों को फिर प्रधानता मिलने लगी है। बुखारिन, ग्राम्शी, बेंजामिन और लूकाच के साथ रोजा को जोड़ कर पश्चिम में वैकल्पिक मानवीय मार्क्सवाद की दृष्टियां सामने आई हैं। आल्फ्रेड डबलिन ने एक महाकाव्य लिखा था–'कार्ल एंड रोजा'।

संजय जायसवाल

अधिक जानकारी के लिए :
The Socialist Vision of Silenced Voice of History : Shobhanlal Duttgupta, 2015

रोबोट

रोबोट (Robot) कंप्यूटर प्रोग्रामित अथवा इलेक्ट्रिक सर्किट द्वारा चालित एक खास तौर से बनी वैद्युतिक-यांत्रिक मशीन को कहते हैं। इसे यंत्र मानव कहा जाता रहा है। अब इसे आर्टिफिसियल इंटेलीजेंस (AI) कहते हैं। रोबोट शब्द का सर्वप्रथम प्रयोग चेक लेखक कारेल चापेक ने अपने नाटक 'आर यू आर' अर्थात 'रोसम्स यूनिवर्सल रोबोट्स' में किया था। यह चेक भाषा के शब्द 'रोबोटनिक' से लिया गया है, जिसका अर्थ है गुलाम अथवा क्रीतदास। इस नाटक के मूल पात्र मानवों की अनुकृति वाले, काम करने की अपरिमित शक्ति से युक्त यंत्र मानव थे, जिनका उपयोग युद्ध के लिए किया जाता है। अंततः ये रोबोट स्वयं अपने मालिक मानवों के खिलाफ ही युद्ध छेड़ देते हैं।

मानव जीवन के निजी और विशेषकर औद्योगिक क्षेत्र के विविधतापूर्ण श्रमसाध्य, दुहरावावाले, उबाऊ तथा कठिन और खतरनाक

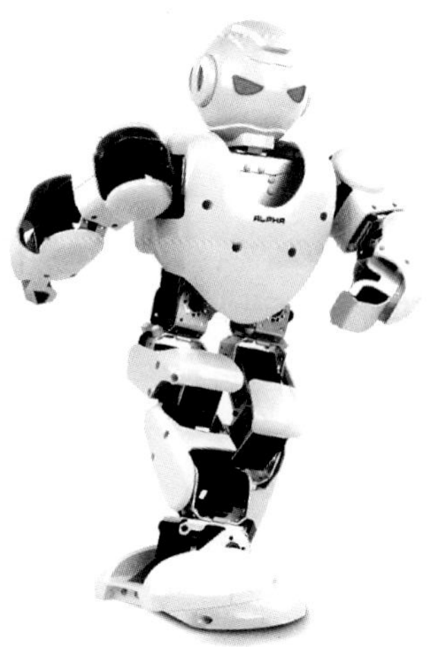

रोबोट

कार्यों को स्वचालित तरीके से पूरा करने के लिए रोबोट की जरूरत और लोकप्रियता निरंतर बढ़ती गई। पहला यांत्रिक-वैद्युतिक रोबोट 'अल्फा' 1932 में इंग्लैंड के एक इंजीनियर ने बनाया। आदमी के आकार-प्रकार वाला यह यंत्र स्वतः चलने-फिरने और पूछे जाने वाले सवालों का जवाब देने में सक्षम था। इस तरह के कई यंत्र मानव ऑस्ट्रिया के अगस्तस ह्यूबर ने भी बनाए। रेडियो नियंत्रित ये रोबोट अमूमन विज्ञापनों तथा विक्रयवृद्धि संबंधी व्यापारिक कार्यों के लिए प्रयुक्त होते थे। पहला डिजिटल एवं प्रोग्रामित आधुनिक औद्योगिक रोबोट 'वर्साट्रान' 1962 में अमरीकी कंपनी एएमएफ ने बनाया। उसी साल एक अन्य अमेरिकी कंपनी यूनीमेसन ने 'यूनीमेट -1900' नामक रोबोट बनाया। इसे जनरल मोटर कंपनी ने औद्योगिक कार्यों में उपयोग के लिए खरीदा। अगले 10 वर्षों में रोबोट का उत्पादन ब्रिटेन, स्वीडन, जापान, फ्रांस, पश्चिमी जर्मनी, इटली तथा सोवियत रूस में होने लगा।

1972 में रोबोटों की विश्व जनसंख्या जहाँ तीन हजार थी, 1980 में यह बढ़कर बीस हजार हो गई। दुनिया में लगभग 150 कंपनियां 250 से ज्यादा डिजाइन और क्षमता के औद्योगिक रोबोटों का निर्माण करती हैं। दूसरी नस्ल के उन्नत सेंसर और माइक्रो प्रोसेसर दिमाग-युक्त रोबोट भी जल्द

निर्माण प्रक्रिया में आ गए। 1990 के बाद से तीसरी नस्ल के बुद्धि-दीप्त (इंटेलीजेंट) रोबोटों का उत्पादन शुरू हो गया। इन रोबोटों के प्रयोग से सभी प्रकार के निर्माण, सेवा, अनुसंधान और व्यवस्था संबंधी उद्योगों में श्रम-साध्य, खतरनाक तथा दुहराव और ऊब वाले कामों से मानव श्रम को मुक्ति मिलना संभव हो सका। बीसवीं सदी के अंत में रोबोटों के उत्पादन में जापान प्रथम स्थान पर तथा अमेरिका और पश्चिमी यूरोप के देश क्रमशः दूसरे और तीसरे स्थान पर थे। पर इक्कीसवीं के दूसरे दशक में औद्योगिक रोबोटों के उत्पादन में चीन अग्रणी देशों में पहुंच गया है।

जापानी औद्योगिक रोबाट संगठन के अनुसार रोबोटों का उपयोग जिन प्रमुख उद्देश्यों के लिए होना चाहिए, वे हैं : (क) प्रशिक्षित कामगारों के बेहतर उपयोग और उनकी सुरक्षा के लिए, या जमीन के अंदर गहरे खदानों तथा निर्माण कार्यों, आणविक एवं जहरीले रासायनिक उद्योगों, समुद्र के भीतर अनुसंधानों, अंतरिक्ष अभियानों, अग्नि शमन, सामरिक तथा आतंकवादी बम विस्फोट निरोधी आदि कार्यों में, (ख) समूह विनिर्माण (बैच मैन्युफैक्चरिंग) प्रक्रिया में नमनीयता के लिए तथा (ग) उत्पादन की सहज व्यवस्था और प्रबंधन के लिए।

रोबोटों की लोकप्रियता और उपयोगिता उद्योगों के अलावा खेल, मनोरंजन एवं घरेलू क्षेत्र में भी बढ़ी है। तीसरी नस्ल के बुद्धि-दीप्त रोबोटों की मांग के मद्देनजर, BoA-ML की रिपोर्ट 'Robot Revolution-Global Robot & AI Primer' में कहा गया है कि 2025 तक सभी प्रकार के उत्पादन उद्योगों में 45 प्रतिशत काम रोबोट करते पाए जाएंगे। आज यह मात्र 10 प्रतिशत है। रोबोटों की बिक्री का बाजार 2020 तक 153 बिलियन डालर तक पहुंच जाने की उम्मीद है। रोबोट उच्च कौशल के काम भी करने लगेंगे। आटोमेशन में वृद्धि से श्रमिकों की जरूरत कम होती जाएगी। ऐसे साफ्टवेयर भी विकसित हो जाएंगे जो संगीत की धुनें बनाने के काम से लेकर समाचार कथा तैयार करने का काम भी कर लेंगे। रेडियोलॉजिस्ट का काम रोबोट कर लेगा और दूसरी स्वास्थ्य सेवाएं भी रोबोट के जरिए बेहतर ढंग से दी जा सकेंगी। इसमें संदेह नहीं कि इस तकनीकी प्रगति का दुनिया की अर्थव्यवस्था पर असर पड़े बिना नहीं रहेगा।

स्टीफेन हाकिन्स ने 2014 में एक पत्र में लिखा है, 'कृत्रिम बुद्धि के निर्माण में मिली सफलता मानव इतिहास की एक बड़ी घटना होगी और दुर्भाग्यवश संभवतः अंतिम घटना भी, यदि हम जान न लें कि जोखिम से कैसे बच सकते हैं।' आने वाले समय में दुनिया की सेनाएं स्वचालित हथियार व्यवस्था में बदल जाएंगी जब सैनिकों के बिना निशाने को चुनना और उसे तबाह करना आसान होगा। आशंका व्यक्त की जाती है कि आगामी तीस सालों में लोग आउटसोर्सिंग की वजह से नहीं, बल्कि विकसित रोबोटों की वजह से बड़ी संख्या में बेरोजगार होंगे।

रोबोटों की चर्चा साहित्य और कला जगत में निरंतर होती रही है। वैज्ञानिक कथाओं में, मानवों के सहयोगी मित्र के साथ, मानव जाति को नियंत्रित कर नष्ट करने वाले शत्रु रोबोटों की आशंका भी भविष्य के संसार की कल्पना में की गई है। 'स्टार वार्स', 'रनअवे', 'द मैट्रिक्स', 'टर्मिनेटर', 'रोबो-काप' जैसी लोकप्रिय फिल्में तथा रोबोट सिरीज के लेखक आइजक असिमाव ऐसी संभावनाओं की कथा प्रस्तुत करते रहे हैं।

रोबोट अपने आप में लक्ष्य नहीं है। उसकी भूमिका मानव जीवन के विविधतापूर्ण श्रम-साध्य कार्यों को स्वचालित तरीके से क्रियान्वित और सफलीभूत करने में है। अतः बहुद्देशीय कार्यों के लिए रोबोट आधारित तरीके ईजाद करने के साथ विश्व मानवता के उच्चतर उद्देश्यों को भी देखना होगा।

महेश जायसवाल

अधिक जानकारी के लिए :

1. Robotics : E P Popov, 1987, **2. How Robots Work :** Tom Haris, **3. The Rise of the Robots :** Martin Ford, 2015

रोम की सभ्यता

यूनानी सभ्यता ने यूरोपीय संस्कृति की नींव डाली, जबकि रोम की सभ्यता ने विशाल साम्राज्य और शासन तंत्र कायम किया, कानून बनाए और भोग विलास की राह दिखाई। इसका ध्यान यूनानियों की तरह बौद्धिक विकास, तर्क-वितर्क और मूल्य चेतना पर नहीं था। रोम के साम्राज्य का मुख्य हिस्सा इटली था, पर वह एक तरफ यूरोप में फ्रांस, स्पेन, जर्मनी और इंग्लैंड तक फैला था, दूसरी तरफ उत्तरी अफ्रीका और पश्चिमी एशिया तक। इटली भूमध्यसागरीय क्षेत्र का प्रायद्वीप है जो रोमन साम्राज्य के दौर में फला-फूला। इस दौर में ग्रीक की जगह लैटिन भाषा शासन की भाषा बनी। आगे चलकर इसे चर्च ने भी अपनाया। फ्रेंच, जर्मन, स्पेनिश भाषाएं इससे निकलीं। अंग्रेजी में भी इसके प्रचुर शब्द आए। इंग्लैंड तक फैले रोमन साम्राज्य में पहले लैटिन का वर्चस्व था। रोमन साम्राज्य के काल में ही उसके अत्याचारों की छाया में ईसाई धर्म का उदय हुआ। ईसाइयों के भीषण उत्पीड़न और बाइबिल जला देने जैसी घटनाओं के लगभग 300 सालों के बाद जाकर ईसाइयत को राजधर्म की मान्यता मिली। इस साम्राज्य काल में राजा ने देवत्व धारण किया और वह पूजा जाता रहा। रोमन सभ्यता का पतन पांचवीं सदी में इसकी कमियों के कारण हो गया, बर्बर जर्मनों ने इसे तहस-नहस कर दिया और यूरोप अंधकार युग में चला गया।

कहा जाता है कि प्राचीन इटली में 1500 ईसा पूर्व आर्यों की एक शाखा पहुंची थी जो सेग्नाइट और लैटिन प्रधान थे। लेकिन प्रभुत्व जमा सके एट्रस्कन नामक अनार्य जाति के लोग। इन्होंने वाणिज्य-व्यापार बढ़ाया और 750 ईसा पूर्व में टाइबर नदी के किनारे रोम शहर की स्थापना की। 510 ईसा पूर्व में अल्पसंख्यक एट्रस्कनों को रोमवालों ने बाहर निकाल दिया और रोम में गणतंत्र की स्थापना की। अनुभवी व्यक्तियों को लेकर सीनेट बनाया गया। रोम समाज दो वर्गों में बंटा था—अभिजात वर्ग (पेट्रीशियन) और साधारण लोग (प्लेबियन)। साधारण लोग आर्थिक दुरवस्था के शिकार थे, कर्ज लेकर जीते थे। फलस्वरूप रोमन कानून बना। दोनों वर्गों के सहयोग से रोम ने पूरी इटली पर अधिकार जमा लिया और यूनानी उपनिवेशों को भी अपने अधिकार क्षेत्र में ले लिया। रोमनों की प्रभुता बढ़ने से उत्तरी अफ्रीका क्षेत्र के एक-दूसरे शक्ति केंद्र कार्थेज से उनका 264 ईसा पूर्व से 146 ईसा पूर्व तक लंबा संघर्ष चला। अंततः रोम की विजय हुई। इसने कार्थेज को उजाड़ दिया। इसी समय रोम ने यूनान, मिस्र, सीरिया तथा अन्य यूनानी राज्यों पर अपना आधिपत्य जमा लिया। रोमन साम्राज्य के विस्तार के कारण समृद्धि और विलासिता बढ़ी। अंतःकलह भी बढ़ा। रोमन समाज में राजनीतिक सरदार, मध्यवर्गीय ठेकेदार और गरीब लोग थे। गुलामों की संख्या बढ़ गई थी। नागरिक ही सैनिक हो सकते थे। बाद में लूटने का लोभ दिखाकर गुलामों को भी सैनिक बनाया जाने लगा। इससे कोई भी सेनापति लूट का लोभ दिखाकर भाड़े के सिपाहियों से अपना एक दल बना लेता था। साम्राज्य में उपद्रव होने लगे थे। लूट-मार की एक यूरोपीय परंपरा बन गई।

इसी समय जूलियस सीजर का उदय हुआ जिसने पांपिआई और एक धनी व्यक्ति क्रैसस से मिलकर सीनेट को दबा दिया। वह राजा बनना चाहता था। उसने गॉल (फ्रांस) और इंग्लैंड को जीतकर अपना साम्राज्य बढ़ाया। पांपिआई और सीजर के बीच गृह युद्ध चला जिसमें सीजर की जीत हुई। उसने शासनाधिकार अपने हाथों में केंद्रित कर लिया, पर उसके शत्रुओं ने षड्यंत्र कर उसकी 44 ईसा पूर्व में हत्या कर दी। लंबे गृहयुद्ध के बाद जूलियस सीजर का भतीजा शासक बना। उसने अपना नाम आगस्टस सीजर रख लिया। सीजर शब्द राजा का पर्यायवाची हो गया था। इस तरह पांच सौ सालों का रोमन गणतंत्र भंग हो गया। आगस्टस रोमन साम्राज्य का देवतुल्य सम्राट सिद्ध हुआ। इसने न्यायपूर्ण शासन, कानून, शांति व्यवस्था, सैन्य संगठन, स्थापत्य, व्यापार और शिक्षा सभी क्षेत्रों में रोमन सभ्यता को भौतिक रूप

से विकसित किया। राजा आगस्टस सीजर देवता की तरह पूजा जाने लगा था, क्योंकि उसने गृह युद्ध के बाद देश में शांति स्थापित की थी। आगस्टस के काल में ही कवि होरेस (65 ईसा पूर्व-8 ईसा पूर्व), 'एनिड' के रचनाकार वर्जिल (70-19 ईसा पूर्व) हुए। गद्यकार सिसरो (106-40 ईसा पूर्व) हुआ। इसी साम्राज्य काल में यूनानी व्यंग्य नाटककार टिरेंस (195-159 ईसा पूर्व) हुआ। लेकिन रोमनों ने रंगमंच पर ध्यान नहीं दिया, उन्हें निम्नस्तरीय खेल, तमाशे और दंगल पसंद थे।

रोमन साम्राज्य का विस्तार होने से मिस्र, ईरान आदि पूर्व के धार्मिक प्रभाव यूरोप में आए। रोम जब नगर-राज्य बना, युद्ध के देवता मार्स (मंगल ग्रह) और शांति के देवता जूपिटर (वृहस्पति ग्रह) के अलावा आइसिस देवी की पूजा रोम में प्रचलित हुई। जरथुस्त्र धर्म की एक शाखा ने मित्र की पूजा पर जोर दिया। लेकिन सम्राटों ने खुद देवता बन कर अपनी पूजा को बढ़ावा दिया। उन्होंने देखा कि राजा की पूजा राज्य को एक सूत्र से जोड़ कर रखती है।

उस समय वे हजारों लोग जो अपने देश से गुलाम बनाकर लाए गए थे, ऐसे धर्म की खोज में थे जो उन्हें कष्टों से छुटकारा दे। वे राजा से भिन्न, परलोक के ईश्वर का स्वागत करने के लिए तैयार थे। इन्हीं स्थितियों में नजरेथ के एक यहूदी बढ़ई के घर जन्मे ईसा ने दस साल की उम्र में देखा कि चरवाहों, मल्लाहों और गुलाम शिल्पियों ने यातना असह्य हो उठने पर विद्रोह कर दिया है। ईसा अनपढ़ थे, उन्हें यूनानी दर्शन का ज्ञान न था, पर वे सरल संवेदनशील मन के थे। उन्होंने अपने शिक्षक जॉन से जाना था कि यहूदियों का विश्वास है कि संसार के कल्याण के लिए एक मसीहा का जन्म होगा। जॉन के ऐसे प्रचार के कारण ही ईसा ने जॉन को अधिकारियों द्वारा प्राणदंड पाते देखा था। ईसा ने उनके कार्य को जारी रखते हुए पहाड़ी प्रदेशों में घूम-घूम कर मल्लाहों, कृषकों, शिल्पियों और विदेशियों के बीच धर्मोपदेश देना शुरू किया। लोगों को लगा कि उनका मसीहा आ गया है। वे तीर्थस्थान यरुशलम गए जहाँ मंदिरों के पुरोहितों ने उन्हें मसीहा मानने से न केवल इन्कार कर दिया बल्कि रोमन अधिकारियों ने उन्हें सूली पर चढ़ा दिया। उनके कई शिष्य यह देखकर उन्हें छोड़ भाग खड़े हुए। ईसा को इससे काफी ठेस लगी थी। उनके धर्मोपदेश का सार था, 'तुम गरीब धन्य हो, क्योंकि ईश्वर का यह संपूर्ण राज्य तुम्हारा है। एक ऊंट का सूई के छेद से निकलना ज्यादा सुगम है, संपत्ति में विश्वास करने वाले धनिकों का ईश्वर के राज्य में प्रवेश करने से। ...अपने दुश्मनों से प्यार करो, जो तुम्हें गालियां देते हैं उनकी दुआएं करो। कभी निराश मत हो, तुम्हें पूरा पुरस्कार मिलेगा। दूसरों की सेवा करना ईश्वर की सेवा करने के बराबर है। ईश्वर के पास सीधे पहुंचो, तुम उसकी संतान हो।'

ईसा मसीह के धर्मोपदेशों से निरंकुश रोम सम्राट और पुरोहित वर्ग दोनों को कड़ी चुनौती मिल रही थी। ईसाई उतनी ही तेजी से बढ़ रहे थे, जितनी क्रूरता से उन्हें फांसी पर लटकाया जा रहा था और उन पर अत्याचार हो रहे थे। यहूदी रोमन शासन के विरोधी थे। इसलिए रोमन शासक यहूदियों और ईसाइयों में भेद नहीं करते थे और ईसाइयों को अपना शत्रु मानते थे। 248 ईसवी में ईसाइयों ने रोम की स्थापना के वार्षिकोत्सव का सम्मिलित रूप से बहिष्कार किया, क्योंकि इसमें रोमन देवताओं की पूजा करनी होती थी और राजा को ईश्वर मानना होता था। 327 ईसवी में कान्सटेंटाइन नाम के रोमन सम्राट ने ईसाइयों को धार्मिक स्वतंत्रता दी। इसके साथ ही रोमन राजसत्ता और ईसाई धर्मसत्ता का गठबंधन हो गया। रोम ईसाई धर्म का केंद्र बन गया। पांचवीं सदी में रोमन साम्राज्य का अंत हो गया, लेकिन रोम में ही नहीं संपूर्ण यूरोप में रोमन कैथलिक चर्च के अनुयायी फैल गए। उनका धर्मगुरु अब पोप कहलाने लगा।

लगभग एक हजार साल के रोमन साम्राज्य से यूरोप में शहरीकरण और गरीबी दोनों में वृद्धि हुई, जो आज के वैश्वीकरण जैसी घटना लगती है। रोमन साम्राज्य ने आम लोगों को पुराने कौशलों तक सीमित रखा था। इसने हर तरफ संकीर्ण मस्तिष्क पैदा

किया। महान यूनानी दर्शन और संस्कृति से इसका संबंध-विच्छेद हो गया था। संपन्न शासक वर्गों तक शिक्षा सीमित थी। आखिरी सदियों में तीव्र आर्थिक अवनति होने लगी थी और प्राचीन सामाजिक व्यवस्था छिन्न-भिन्न हो गई थी। बर्बर जर्मन जातियों के हमलों ने बचाखुचा भी तहस-नहस कर दिया। नए युग में भी देखा जा सकता है, 'ब्रिटेन और अमेरिका जैसे देश जिस यूनान को पश्चिमी सभ्यता की आधारभूमि कहते हैं, उसी के साथ ऐसा व्यवहार करते हैं मानो यह उसके अधीन हो।' (इतिहास दर्शन)। आज यूरोप में ग्रीस की हालत सबसे खराब है। हर ओर जैसे फिर रोमन साम्राज्य जैसी निरंकुशता, भोग-विलासिता, निम्नस्तरीय मनोरंजन, मानसिक संकीर्णता, हिंसा, विषमता और मूल्य विमुखता फैली हुई है। यह इसका संकेत है कि फिर गहरी चुनौतियों का सामना करते हुए एक नई विचारधारा का उदय होगा।

शंभुनाथ

अधिक जानकारी के लिए :
1. **विश्व इतिहास की झलक :** रामशरण शर्मा, कृष्ण कुमार मंडल, 2. **इतिहास दर्शन :** रामविलास शर्मा, 1995

रोमन ओसिपोविच जैकोब्सन
(1896-1982)

रोमन ओसिपोविच जैकोब्सन (Roman Osipovich Jakobson) रूसी मूल के भाषावैज्ञानिक और साहित्यशास्त्री थे। इन्हें भाषा के संरचनावादी विश्लेषण का जनक माना जाता है। वह द्वितीय विश्वयुद्ध के दौरान 1914 में यूरोप से पलायन कर अमेरिका चले गए और हार्वर्ड विश्वविद्यालय में अध्यापन करने लगे। उनके द्वारा प्रस्तावित भाषा के संरचनात्मक विश्लेषण की पद्धति बीसवीं सदी के पूर्वार्ध तक भाषाविज्ञान के क्षेत्र में एक सशक्त प्रवृत्ति के रूप में प्रचलित थी। वह स्विस भाषाविद फर्डीनंड सास्यूर से प्रभावित थे।

जैकोब्सन ने निकोलाइ त्रुबेत्जकोय के साथ मिलकर भाषा में ध्वनि व्यवस्था के विश्लेषण की तकनीकी का विकास किया था और फोनोलॉजी या स्वनविज्ञान नामक विषयानुशासन की स्थापना की थी। उन्होंने रूपविज्ञान और वाक्यविज्ञान पर भी काम किया और यह दावा किया कि इस पद्धति का प्रयोग अर्थविज्ञान पर भी किया जा सकता है। इनका सबसे महत्वपूर्ण कार्य स्वनविज्ञान (फोनिक्स) और स्वनिमविज्ञान (फोनालजी) के क्षेत्र में है। परिच्छेदक अभिलक्षण भाषाविज्ञान के क्षेत्र में इनकी सबसे बड़ी देन है। वे 'स्वनिम' को 'परिच्छेदक अभिलक्षणों का समूह' मानते हैं। 'परिच्छेदक अभिलक्षणों' ने ध्वनियों के वर्गीकरण को संक्षिप्त-सरल बना दिया और भाषा-विश्लेषण के लिए ध्वनि-वर्गीकरण को अधिक सार्थक बना दिया। जैकोब्सन ने परिच्छेदक अभिलक्षणों के दो वर्ग किए हैं—एक है श्रव्य अभिलक्षण, जिसका संबंध स्वनिम के उच्चारण के समय प्रयुक्त शक्ति तथा उसके उच्चारण में लगने वाले समय की मात्रा से है और दूसरा है अनुतानता अभिलक्षण, जिसका संबंध स्वरतंत्रियों में प्रति सेकंड कंपन से है।

रोमन ओसिपोविच जैकोब्सन

जैकोब्सन के परिच्छेदक अभिलक्षणों की मान्यता एक प्रकार से क्लासिक बन गई। मनोवैज्ञानिक परीक्षणों से पता चला है कि ये अभिलक्षण भाषाशास्त्रियों की कल्पना नहीं हैं, बल्कि भाषिक व्यवहार से, एक-दूसरे को समझने की दृष्टि से, सार्थक कोटियों के रूप में विद्यमान सत्ता हैं।

रूसी भाषा के कारकों और क्रियाओं पर इनका महत्वपूर्ण कार्य है। भाषाविज्ञान से आरंभ करके जैकोब्सन ने संरचनावादी विश्लेषण प्रक्रिया को मानवविज्ञान और साहित्य सिद्धांत तक विस्तृत किया। इस प्रकार संरचनावाद द्वितीय विश्वयुद्धोत्तर युग का एक प्रमुख बौद्धिक आंदोलन बन गया जो 1970 के दशक तक आते-आते क्षीण हो गया था।

भाषाविज्ञान के क्षेत्र में रोमन जैकोब्सन द्वारा प्रस्तुत तीन प्रमुख विचार आज भी प्रासंगिक हैं। ये हैं—भाषिक वर्गीकरण, भाषिक सहजता और भाषिक शाश्वतता। जैकोब्सन के भाषिक वर्गीकरण में भाषाओं को उनकी साझी वैयाकरणिक विशेषताओं के आधार पर समूहबद्ध किया गया है, न कि उनकी साझी उत्पत्ति के आधार पर सहजता के अंतर्गत इस बात का अध्ययन किया जाता है कि किस प्रकार वैयाकरणिक संगठनों के कुछ प्रारूप अन्य प्रारूपों की अपेक्षा अधिक सहज होते हैं। भाषिक शाश्वतता के अंतर्गत संसार की भाषाओं के मध्य सामान्य विशेषताओं का अध्ययन किया जाता है।

द्विचरता का सिद्धांत (बाइनरिज्म) भी जैकोब्सन की एक महत्वपूर्ण देन है। उनकी द्विचर-पद्धति का उपयोग भी दिनोंदिन बढ़ता गया है और लोकसाहित्य, नृत्य कला तथा अंगविक्षेपविज्ञान आदि अनेक क्षेत्रों में यह उपयोगी सिद्ध हुआ है।

जैकोब्सन का संप्रेषण का सिद्धांत प्रसिद्ध है जिस पर कार्ल बुयूहलर के आर्गेनन मॉडल का प्रभाव दिखाई देता है। उनके सिद्धांत के अनुसार संप्रेषण की प्रक्रिया तभी संपन्न होगी, जब उसमें छह तत्वों का समावेश हो : प्रेषक (सेंडर), प्राप्ति (रिसीवर), संदेश (मैसेज), संदर्भ (कांटेक्स्ट), माध्यम या संपर्क (चैनेल) तथा कोड। किसी पाठ या संप्रेषण में, जिसमें साहित्य भी शामिल है, इन छह तत्वों में से कोई एक तत्व अधिक केंद्रीय रहता है।

जैकोब्सन का प्रभाव भाषाविज्ञान, संप्रेषण तक मनोविज्ञान के क्षेत्रों में देखा जाता है। इस मामले में मनोविश्लेषक जाक लाकां भी शामिल हैं।

बिरेश कुमार

अधिक जानकारी के लिए :

1. Roman Jakobson : Selected Writings : (Ed) Stephen Rudy, **2. Roman Jakobson's Science of Language :** Linda Waugh, 1976

रोमन लिपि में हिंदी

पश्चिमी विद्वानों द्वारा संस्कृत के सुविधापूर्वक अध्ययन के लिए रोमन लिपि में कुछ स्वरभेद चिह (डाइक्रिटिकल मार्क) जोड़ कर उसका उपयोग किया गया था। दूसरी ओर, ईसाई मिशनरियों ने प्रचार साहित्य छापने के लिए भारतीय लिपियों का प्रयोग किया था। कई यूरोपीय विद्वानों ने आधुनिक भारतीय भाषाओं के अध्ययन के लिए भारतीय लिपियों का परिचय प्राप्त किया, लेकिन पूर्वी भाषाओं को पढ़ने-लिखने के लिए वे इंटरनेशनल फोनेटिक एसोसिएशन द्वारा सुधारी गई रोमन लिपि को उपयुक्त मानते थे। दिसंबर 1912 की 'सरस्वती' पत्रिका में महावीर प्रसाद द्विवेदी ने लिखा कि यूरोपीय लोग भारत में देवनागरी के स्थान पर रोमन लिपि के प्रचार का प्रयत्न कर रहे हैं। उन्होंने अपनी बात की पुष्टि के लिए 14 मार्च 1912 को लंदन में रॉयल एशियाटिक सोसाइटी के भवन में हुई गोष्ठी का उल्लेख किया, जहाँ भारत में सेवा के पश्चात पेंशनप्राप्त अधिकारी आर ग्रांट ब्राउन ने एक लेख पढ़ा। इसमें पूर्वी भाषाओं के लिए रोमन लिपि को उपयुक्त ठहराया गया था, क्योंकि अधिकतर यूरोपीय लोग इससे परिचित थे। भारतीय भाषाओं की लिपियां सीखने में उन्हें समय लगने की संभावना थी। कई ने उनके मत का समर्थन किया था। उसके बाद अक्तूबर 1912 के अंत में ईस्ट

इंडियन एसोसिएशन की बैठक हुई। उसकी रिपोर्ट जब तार के माध्यम से भारत पहुंची, तो उससे यह प्रतीत हुआ कि अंग्रेजों का इरादा हिंदी-उर्दू के लिए देवनागरी और फारसी के स्थान पर रोमन लिपि के प्रयोग का है।

महावीर प्रसाद द्विवेदी ने यूरोपीय विद्वानों के मत से असहमति जाहिर करते हुए अपने लेख में इस पर आश्चर्य प्रकट किया कि ग्रियर्सन जैसे भारतीय भाषाविद भी रोमन लिपि के प्रचार का समर्थन कर रहे हैं। साथ ही उन्होंने एशियाटिक सोसाइटी के भारतीय सदस्यों की इस बात के लिए निंदा की कि वे लोग देवनागरी के स्थान पर रोमन के प्रचार के इस प्रयास का विरोध नहीं कर रहे हैं।

देवनागरी और अन्य भारतीय लिपियों के स्थान पर रोमन के प्रयोग पर जोर दिए जाने का प्रसंग एक बार फिर तब उभरा जब 1936 में गठित प्रगतिशील लेखक संघ की चर्चा के दौरान लंदन से आए प्रस्ताव के आधार पर जोर दे कर कहा गया कि सभी भारतीय भाषाओं की लिपि रोमन होनी चाहिए, ताकि उनके बीच निकटता हो सके। यह सुझाव मान्य नहीं हो सका। कुछ लोगों का मानना था कि यह बात किसी वैज्ञानिक दृष्टि के आधार पर नहीं, भावनात्मक आधार पर की गई थी। इसमें संदेह नहीं कि हिंदी समाज ने हिंदी को हमेशा देवनागरी से ही संबद्ध करके देखा और अपनाया, ताकि परंपरा के अतीत, वर्तमान और भविष्य के बीच अखंडता कायम रह सके।

बीसवीं सदी का अंतिम दशक आते-आते सूचना प्रौद्योगिकी क्रांति के चलते परिदृश्य बदला। इक्कीसवीं सदी में पहुंचकर कंप्यूटर, इंटरनेट, मोबाइल फोन, बाजार का दबाव, विज्ञापन, फिल्म, टेलीविजन आदि के कारण हिंदी में रोमन लिपि का दखल तेजी से बढ़ा। आम संपर्क की भाषा होने के कारण हिंदी का इस्तेमाल करने वालों की संख्या पहले से ज्यादा बढ़ी है, क्योंकि व्यवसाय, कारोबार, विज्ञापन, फिल्म, मीडिया आदि के अलावा विभिन्न सेवा क्षेत्रों में जन समुदाय से जुड़ने के प्रयास बढ़े हैं। मीडिया में हिंदी में समाचार तथा अन्य कार्यक्रम प्रस्तुत करने वाले लोगों में ऐसे काफी हैं, जो हिंदी भाषी नहीं हैं या जिनकी शिक्षा हिंदी माध्यम से नहीं हुई है। बड़ी तादाद में हिंदीतर भाषी लोग इसे बोलना जानते हैं, लिखना नहीं। चाहे फिल्म की दुनिया हो या मीडिया, वे संवादों, दिशा निर्देश, सूचनाओं और संदेशों को रोमन में लिखते हुए हिंदी में कार्य करने में न केवल सक्षम सिद्ध हो जाते हैं, बल्कि आसानी से संप्रेषण और वैचारिक आदान-प्रदान कर लेते हैं। इधर इंटरनेट के उपयोग, ई-मेल सेवा, मोबाइल फोन पर भेजे जाने वाले एस एम एस, विज्ञापन आदि में रोमन लिपि का प्रयोग बढ़ा है।

यही वजह है कि चेतन भगत जैसे लेखक कहते हैं, 'लोग अभी भी हिंदी से प्यार करते हैं पर नई प्रौद्योगिकी संचालित जीवन में उन्हें नागरी लिपि से असुविधा होती है। हम हिंदी को बचा सकते हैं, यदि यह रोमन लिपि में लिखी जाए।'

मीडिया के दैनिक कार्यों में देवनागरी के स्थान पर रोमन के उपयोग का उपर्युक्त सिलसिला जितना सरल और सुविधाजनक दिखाई देता है उतना वास्तव में है नहीं, भले बहुत-से लोग दलील दें कि इससे हिंदी का प्रचार-प्रसार बढ़ा है—देश में ही नहीं, विदेशियों के बीच भी। यह भूल जाने की बात नहीं है कि लिपि किसी भाषा का चेहरा होती है; उस भाषा की पहचान होती है। चेहरे का रूपांतरण करते ही पहचान खत्म हो जाती है, भाषा अजनबी बन जाती है। हिंदी के लिए रोमन लिपि अपनाने का प्रश्न लगभग पूर्ण रूपांतरण का प्रश्न है। इससे भाषा की ध्वनि-व्यवस्था, लहजा, शब्द की लय और उससे जुड़ी अर्थ की लय सब कुछ संकट में पड़ जाता है। ध्यान देने की बात है कि विभिन्न भारतीय भाषाओं की ध्वनि व्यवस्था अलग-अलग होने के बावजूद उनमें बड़ी संख्या में तत्सम शब्दावली मौजूद है, जिसकी उच्चारण व्यवस्था में काफी हद तक समानता है। रोमन का प्रचलन होने पर यह कहां तक कायम रह सकेगी, यह सवाल है।

हिंदी में रोमन लिपि का प्रचलन बढ़ेगा तो हम लोक भाषा और बोलियों में मौजूद साहित्य ही नहीं, आधुनिक साहित्य से भी कट जाएंगे। नई पीढ़ी पुरानी पीढ़ी से लिखित शब्द के माध्यम के संवाद करती है। यदि रोमन लिपि में हिंदी लिखने का प्रचलन बढ़ा, तो नई पीढ़ी बड़े-बुजुर्गों और अपनी परंपराओं से विच्छिन्न हो जाएगी।

अभी जो रोमन लिपि प्रचलित है, उसमें डाइक्रिटिकल चिह्नों की कोई व्यवस्था नहीं है। ऐसे में हिंदी या अन्य भारतीय भाषाओं की सभी ध्वनियां रोमन लिपि में व्यक्त नहीं हो सकतीं। इसके अलावा, विभिन्न भारतीय भाषाओं में विभिन्न ध्वनियों के लिए रोमन लिपि में अलग-अलग चिह्नों का प्रचलन है : तमिलनाडु में त्यागराज की जो रोमन वर्तनी है, उसे हिंदी भाषी 'थ्यागराज' पढ़ता है। बंगाल में रवींद्रनाथ की रोमन वर्तनी को हिंदी भाषी 'रोवींद्रनाथ' पढ़ता है। हिंदी के अपने शब्दों के उच्चारण की यही स्थिति है। रोमन में लिखे Agrawal को 'आग्रवाल' भी पढ़ा जा सकता है और अग्रवाल भी। रोमन के प्रयोग से हिंदी की उच्चारण व्यवस्था गड़बड़ा जाने का पूरा खतरा है। Rama को 'राम' पढ़ा जाए या रामा, यह देवनागरी ही तय कर सकती है।

ह्रस्व और दीर्घ स्वर ध्वनियों के लिए एक अन्य मुश्किल है। जब तक सुनिश्चित रोमन ध्वनि तय नहीं की जाती तब तक कुछ लोग 'सीमा' को Seema लिखेंगे, कुछ Sima और कुछ Seima। रोमन में सुनिश्चित ध्वनि तय करना असंभव है, क्योंकि उसका कोई वैज्ञानिक या तार्किक आधार नहीं बन सकता।

रोमन को ले कर यह कठिनाई भी है कि यदि अंग्रेजी का अंतरराष्ट्रीय की-बोर्ड रखा जाता है तो वह सभी ध्वनियों को प्रस्तुत नहीं कर पाता । यदि हिंदी के लिए खास तौर से बना रोमन की-बोर्ड रखा जाता है, तो वह अंतरराष्ट्रीय स्तर पर समान रूप से अपनाया जा सकेगा, इसमें संदेह है।

रीतारानी पालीवाल

रोमांस

रोमांस एक कथा शैली के रूप में प्राचीन काल से लोकप्रिय रहा है। ऐसी कथा वीरोचित और चमत्कारपूर्ण काम करने वाले नायक के इर्दगिर्द बुनी जाती है। ग्रीक और रोमन साहित्य में पहली सदी से ऐसे रोमांस मिलने लगते हैं। सिकंदर को लेकर रोमांस प्रधान कथाएं लिखी गईं। ऐसे कथा साहित्य को काल्पनिक उड़ानों से भरा माना जाता है। इसकी कथावस्तु परंपरागत होती है। इसमें सुंदर और जवान नायक-नायिकाओं की इच्छाओं और अपने प्रेम के लिए नायक के वीरतापूर्ण संघर्ष के चित्र होते हैं। प्राचीन राजा रोमांस प्रधान कथाओं में नायक होते रहे हैं। महाकाव्य महाभारत में नल-दमयंती, दुष्यंत-शकुंतला आदि की रोमांस प्रधान कथाएं ऐसी हैं जो बाद के संस्कृत साहित्य में पुनःरचित हुईं।

रोमांस प्रधान कथाएं नायक के साहसपूर्ण कार्यों, उसकी साहसिक यात्राओं और खोजों से संबंधित होती हैं। ऐतिहासिक और निजंधरी दोनों तरह के चरित्रों पर रोमांस आधारित रहे हैं, जो लोकप्रिय भी हुए। यूरोप में तेरहवीं से सोलहवीं सदी तक रोमांस प्रधान कथाओं की काफी रचना हुई। लेकिन सतरहवीं सदी में सर्वेंटीज के उपन्यास 'डॉन क्विक्जोट' (1605, 1615) ने रोमांस को साहित्यिक जगत से बाहर कर दिया।

रोमांस प्रधान कथाओं का परिवेश जादू, चमत्कार, प्रेम के आकर्षण, युद्ध और ट्रेजडी से भरा होता था। यूरोपीय रिनेसां के काल में रोमांस विधा को बर्बरतापूर्ण और क्षुद्र कोटि का मानते हुए मानववादियों द्वारा उसकी काफी आलोचना हुई, हालांकि आम पाठकों के बीच उसकी लोकप्रियता में खास फर्क नहीं आया। रोमांस बड़े भावुकतापूर्ण, आलंकारिक और जटिल सरंचना लिए हुए होते थे, उनका कोई तार्किक आधार नहीं होता था। रोमांस धीरे-धीरे सहज रोमांटिक कथाओं में ढल गए, चमत्कार की मात्रा घटने लगी। फिर भी 'रोमांस' और 'रोमांटिसिज्म' को एक समझना भूल है।

उन्नीसवीं सदी तक आते-आते रोमांस और उपन्यास बिल्कुल दो चीजें हो गईं, जैसे ही कथा वास्तविक जीवन के करीब आ गई। मध्यकालीन रोमांस और रोमांटिसिज्म से भिन्न रोमांस की एक आधुनिक परंपरा भी है। एच जी वेल्स ने कई विज्ञान रोमांसों की रचना की जो लोकप्रिय हुए। रोमांस का असर आधुनिक लेखकों पर भी था। हिंदी में रोचकता के साथ ऐतिहासिक और निजंधरी रोमांस लिखे गए। किशोरीलाल गोस्वामी, देवकीनंदन खत्री आदि रोमांस प्रधान उपन्यासकार थे, जिन्हें अंततः प्रेमचंद ने कथा परिदृश्य से बाहर कर दिया। फिर भी लुगदी साहित्य के रूप में रोमांस प्रधान उपन्यास की परंपरा हिंदी में बनी रही है। चेतन भगत तथा अमीषा के अंग्रेजी उपन्यासों तक उस परंपरा के उत्तर-आधुनिक रूपों को पहचाना जा सकता है।

शंभुनाथ

अधिक जानकारी के लिए :
1. The Novel in the Ancient World : Gareth L Schmeling (Ed), **2. Epic and Romance: Essays on Medieval Literature :** William Paton Ker

रोलां बार्थ

(1915-1980)

रोलां बार्थ (Roland Barthes) की ख्याति का मुख्य आधार 'संरचनावाद' को विकसित करनेवाली उनकी चिंतनधारा में है, जिससे 'उत्तर-संरचनावाद' में प्रवेश करने की भूमिका बनी है। उनकी गणना संरचनावाद और उत्तर-संरचनावाद दोनों धाराओं के चिंतकों में की जाती है। वे लीक से हट कर, परंतु व्यवस्थित और वैज्ञानिक तरीके से स्वयं को स्पष्टतः धारणाबद्ध करनेवाले सोच के उदाहरण माने जाते हैं। अकादमिक क्षेत्रों में परंपरागत सोच के वर्चस्व के चलते अपने जीवनकाल में वे हाशिए पर रहनेवाले चिंतक के रूप में अधिक चर्चित थे, परंतु अपनी मौलिक धारणाओं को सिद्धांतबद्ध करने की क्षमता ने उन्हें हमेशा एक समर्थ चुनौती देनेवाले व्यक्ति के रूप में जीवित रखा। उनकी एक प्रसिद्ध अर्थवैज्ञानिक धारणा यह है कि जो नया और मौलिक रचना कर्म होता है, वह पारंपरित रूढ़ियों को तोड़ता हुआ, तुरंत अपने संदर्भ में भी एक रूढ़ि का निर्माण कर रहा होता है। उनकी यह धारणा उनके जीवन पर भी लागू होती है। वे मानते थे कि सभी लिखित पाठ भाषा में जिन अर्थों का वर्चस्व स्थापित करते हैं, उन्हें भाषा के प्रयोक्ता लगातार अपनी वाचिक पुनर्रचनाओं में अपदस्थ और खारिज तक करते जाते हैं। वे अपने अर्थविज्ञान को जीवन जीने की शैली के रूप में ग्रहण करने वाले चिंतक थे। इसे उनके व्यक्तित्व की अंतरंग पहचान करानेवाली धारणा के रूप में देखा जा सकता है।

रोलां बार्थ के चिंतन की एक बड़ी विशेषता यह है कि वे जो सोचते थे और जैसा जीते थे, उन दोनों के बीच हमेशा एक द्वंद्वात्मक और अंतरंग रिश्ता बना रहता था। लेखक से अधिक वे एक पाठक थे। तपेदिक से ग्रस्त होने के कारण उन्हें काफी समय सेनेटोरियम में बिताना पड़ता था। वे वहां एक विवश पाठक होने के अलावा कुछ नहीं कर पाते थे। उनकी यह विवशता उनके एक प्रसिद्ध आलोचना सिद्धांत के रूप में सामने आई, जिसके तहत उन्होंने साहित्य को लेखकीय पाठ तथा पाठकीय पाठ के रूप में विभाजित किया। कुछ ऐसी ही स्थिति साहित्य के अलावा फोटोग्राफी को ले कर थी। वे खुद एक अच्छे फोटोग्राफर नहीं थे, परंतु अच्छी तस्वीरों के बेहद अच्छे दर्शक-दिग्दर्शक जरूर थे। वे चित्र को व्यक्तित्व के अंतरंग को पकड़ने की एक समर्थ विधा के रूप में देखते थे। उनकी नजर में खराब चित्र वह है, जो खुद ही छवि को सिनेमा के खलनायक जैसा बना कर पेश कर देता है। उनकी फोटोग्राफी की यह समझ उनकी कई किताबों के रूप में सामने आई, जो 'पाठ और छवि' तथा कैमरे से संबद्ध है। चित्र और उसके वास्तव में फासले की उनकी धारणा उनके भाषावैज्ञानिक आलोचना सिद्धांत में भाषापाठ

और यथार्थ के बीच के रिश्ते की व्याख्या का एक अन्य आयाम है।

स्पष्ट है, रोलां बार्थ का महत्व एक आलोचक, भाषावैज्ञानिक, अर्थवैज्ञानिक, मानववैज्ञानिक एवं एक दार्शनिक के रूप में रेखांकित किए जाने लायक है।

प्रमुख पुस्तकें और उल्लेखनीय धारणाएं : 1953 में प्रकाशित अपनी किताब 'राइटिंग डिग्री जीरो' से रोलां बार्थ ने आलोचकों और भाषावैज्ञानिकों का ध्यान अपनी ओर आकृष्ट करने में सफलता पाई थी। वे मूलतः भाषाविज्ञान के क्षेत्र से आए थे। साहित्य को उन्होंने अपनी इस किताब में 'लेखन' के भाषापाठ का नाम दिया, जो भाषा के 'वास्तविक पाठ' से अलग होता है। लिखत और कहत में अंतर करने वाली उनकी यह दृष्टि आगे चल कर साहित्यालोचन का एक नया सिद्धांत बन गई, जिसे उन्होंने 'लेखकीय पाठ' और 'पाठकीय पाठ' की धारणाओं के रूप में विकसित किया। उनकी इस किताब में रेखांकित एक महत्वपूर्ण धारणा यह है कि 'लिखत की पूर्णता कहत हो जाने की प्रक्रिया पर टिकी होती है।'

रोलां बार्थ की सबसे महत्वपूर्ण मानी जाने वाली 1964 में प्रकाशित प्रसिद्ध पुस्तक 'द एलीमेंट ऑफ सीमेयॉलॉजी' है। अपनी इस किताब में वे संरचनावाद से ले कर उत्तर-संरचनावाद की भूमिका बनाने तक का लंबा, श्रमसाध्य और वैज्ञानिक सफर तय करते हैं। रोलां बार्थ की चिंतन पद्धति मूलतः संरचनावादी थी। उन पर फर्दीनांद द सास्यूर के आधुनिक भाषाविज्ञान का स्पष्ट प्रभाव है। सास्यूर 'संकेतक-संकेतित' की संरचनावादी व्यवस्था को 'विज्ञानों के विज्ञान' का नाम देते हैं। रोलां बार्थ इसी काम को आगे बढ़ाते हैं और सिद्ध करते हैं कि 'दरअसल विज्ञानों का विज्ञान हो सकने की सामर्थ्य भाषावैज्ञानिक अर्थविज्ञान में है।' इस प्रकार वे बरास्ते भाषाविज्ञान अर्थविज्ञान से भी आगे अर्थमीमांसा (हरमेन्युटिक्स) तक पहुंचने का प्रयास करते हैं।

अर्थमीमांसा से संबंध रखनेवाली उनकी सर्वाधिक चर्चित धारणा है—महाभाषा (मेटालैंग्वेज)। अपने महाभाषा विज्ञान में वे गैर-भाषावैज्ञानिक (नॉन-लिंग्विस्टिक) तत्वों को भी 'अर्थविज्ञान' के तल पर ग्राह्य मानते हैं। इसे लक्ष्य कर, रोमन याकोव्सन की रोलां बार्थ के बारे में यह राय बनी कि वे भाषाविज्ञान की द्वितलीय व्यवस्था (डुप्लेक्स सिस्टम) का विकास करते हैं।

एक भाषावैज्ञानिक और साहित्यालोचक के रूप में कार्य करने के समानांतर, रोलां बार्थ ने अपनी अनेक किताबों में अन्य ज्ञानानुशासनों के प्रति अपनी सतर्कता का प्रदर्शन किया। 1957 में प्रकाशित उनकी किताब 'माइथॉलॉजीज' का संबंध आधुनिक मानववैज्ञानिक विवेचन से है। इसमें उन्होंने आधुनिक मिथकों की समाजशास्त्रीय जमीन खोजने का प्रयास किया। वे यह बात सामने रखते हैं कि 'मिथकों' के निर्माण की प्रक्रिया आधुनिक काल में भी जारी है। ये मिथक वैज्ञानिक चेतना की मौजूदगी में अवैज्ञानिक चेतना को समाजशास्त्रीय व्यवहार की वस्तु बना देते हैं। जैसे उन्होंने आइंस्टीन के दिमाग के आदर्शीकरण को आधुनिक वैज्ञानिक समय का अपुष्ट धारणागत चेतनावाला व्यवहार माना है। इसी प्रकार, वे फैशन तथा अन्य अनेक सामाजिक व्यवहारों को आधुनिक मिथकों के निर्मित होने के उदाहरण के रूप में देखते हैं।

रोलां बार्थ की 1977 में प्रकाशित किताब 'इमेज, म्यूजिक, टेक्स्ट' तथा उनके जीवन के अंतिम दौर की किताब 'कैमरा लूसिडा' संगीत और फोटोग्राफी से संबद्ध उनकी धारणाओं को हमारे सामने लाती है। भाषा पाठ (टेक्स्ट) के गैर-भाषिक रूपों को 'महाभाषा' के तहत स्वीकार करने की उनकी धारणा का आधार फैशन, संगीत एवं चित्र में उनकी रुचि पर आधारित है। ऐसे पाठ गैर-भाषिक या बिंब-भाषिक पाठ हैं, जिन्हें शब्दाधारित भाषापाठ के नियमों-व्यवस्थाओं के द्वारा पूरी तरह व्याख्यायित नहीं किया जा सकता।

भाषा एक कूट व्यवस्था है, जबकि कथन एक अर्थ है। रोलां बार्थ ने भाषा और कथन (लैंग्वेज तथा स्पीच) के अंतर को स्पष्ट करते हुए यह धारणा प्रस्तुत की कि कथन वैयक्तिक होता है, परंतु भाषा

के 'सभ्यतामूलक गठन' से बाहर नहीं होता। यह भी कह सकते हैं कि कथन भाषिक सभ्यता का वास्तविक सामाजिक व्यवहार होता है। भाषा को रोलां बार्थ सास्यूर के संरचनावादी सिद्धांत के आधार पर संकेतकों (यानी शब्दों) तथा संकेतितों (यानी अर्थों) की व्यवस्था मानते हैं, जहाँ शब्द (संकेतक) के अर्थ (संकेतित) सामाजिक तंत्र द्वारा तय किए गए 'सभ्यतामूलक मूल्यों' के आधार पर निश्चित किए जाते हैं। एक तरह से भाषा के अर्थ सभ्यता के मूल्यपरक संधिपत्रों जैसे होते हैं। वैयक्तिक कथन में यह सीमा नहीं होती। कथन में लोग सभ्यता-निर्धारित मूल्योंवाले अर्थों को मान भी सकते हैं और नकार या संशोधित भी कर सकते हैं। इस प्रकार कथन की 'अर्थमीमांसा' भाषाविज्ञान के अर्थविज्ञान के समांतर एक तरह के सह-अस्तित्व में काम करती है। इसे 'दोहरी अर्थ-व्यवस्था का सिद्धांत' भी कहा जाता है।

महाभाषा (मेटा-लैंग्वेज) तीसरे अर्थ तक पहुंचने का माध्यम है। भाषा को रोलां बार्थ सभ्यतामूलक अर्थकूटों की व्यवस्था की तरह देखते हैं। भाषा के समांतर 'कथन' में वे अर्थ की उन संभावनाओं को खोजते हैं, जो वर्चस्वशाली संस्कृति की राजनीति के द्वारा दमित अर्थों को भी अभिव्यक्ति का मौका देती थी। इसे उन्होंने अपने 'महाभाषा के सिद्धांत' तक विकसित किया।

लेखक की मृत्यु पाठक के जन्म के साथ होती है : इसे रोलां बार्थ की सर्वाधिक चर्चित धारणा के रूप में देखा जाता है। यह सिद्धांत उनकी अन्य महत्वपूर्ण स्थापनाओं और धारणाओं के निष्कर्ष के रूप में सामने आता है। बार्थ के अनुसार, लेखकीय पाठ कर्तृवाचक और पाठकीय पाठ कर्मवाचक होता है। अतः लेखकीय पाठ सुखवाची तथा पाठकीय पाठ आनंदवाची होता है। उनका मानना है कि साहित्यिक कृति की रचना लेखक करता है, परंतु उसे लेखकीय पाठ के रूप में ही पढ़ना जरूरी नहीं है। हर कृति अपने तौर पर एक भाषा पाठ होती है। लेखक जिस भाषा पाठ को लिखता है, उसे वह अपने से पहले के भाषा पाठों के सिलसिले से जुड़े और उससे प्रकट होने वाले पाठ की तरह लिखता है। अतः रोलां बार्थ लेखक की कृति को पहले के भाषा पाठों से तैयार की गई नई पांडुलिपि (स्क्रिप्ट) कहते हैं। यह कार्य कर्तृवाचक होता है, यानी इसमें लेखक की भूमिका सक्रिय होती है। 'पाठकीय पाठ' उस 'लेखकीय पाठ' का कर्मवाची पाठ है। पाठक अपने अर्थबोध के साथ उसे पढ़ सकता है। अतः अच्छी कृति वह होती है, जो पाठक को नए अर्थबोधवाले भाषा पाठ रचने की छूट दे।

लेखकीय पाठ बूर्जुआ संस्कृति का प्रतिनिधित्व करता है। पाठकीय पाठ उसका जनतंत्रीकरण करता है। लेखक के तयशुदा अर्थ सभ्यतामूलक मूल्यबोधवाले अर्थ होते हैं, जहाँ नायक और कथावृत्त सामाजिक व्यवस्था के बोध को व्यक्त करते हैं। परंतु पाठक इस व्यवस्था से मुक्त अपने अर्थों के साथ कृति का पाठ कर सकता है।

विनोद शाही

अधिक जानकारी के लिए :
1.Writing Degree Zero : Roland Gerard Barthes, 1953 **2. Mythologies :** Roland Gerard Barthes, 1957, **3. Roland Barthes :** Philippe Sollers

रोहिणी

रोहिणी नाम से दो पौराणिक स्त्रियां हैं। एक चंद्रदेव की पत्नी, जो दक्ष प्रजापति की कन्या थी। दूसरी यदुवंशी वसुदेव की कई पत्नियों में से एक थी। उसी के गर्भ से कृष्ण के बड़े भाई बलराम का जन्म हुआ।

रोहिणी का पति होने के कारण चंद्रमा को 'रोहिणीजानि' तथा रोहिणी पुत्र होने के कारण बलराम को 'रौहिणेय' भी कहा गया है। वसुदेव की पत्नी रोहिणी, कंस के अत्याचार का प्रारंभ होते ही, पति के परम हितैषी मित्र ब्रजाधिपति नंदगोप के यहां चली

गई थी। वह उस परिवार में सुरक्षित थी। यहीं उसने पुत्र बलराम को जन्म दिया।

वसुदेव की पत्नी रोहिणी कंस की मृत्यु के बाद मथुरा लौट आई तथा अपने पति वसुदेव के साथ रहने लगी। कालांतर में, जब जरासंध के आक्रमण से उद्विग्न कृष्ण तथा बलराम ने अपनी नई नगरी द्वारका बसाई तब सारे यदुवंशी द्वारका में ही रहने लगे। कुरुक्षेत्र में सूर्यग्रहण के अवसर पर यदुवंशियों, चंद्रवंशियों (कौरव-पांडव) तथा ब्रज के गोपों का अद्‌भुत समागम हुआ। उस अवसर पर रोहिणी तथा देवकी ने यशोदा को गले लगाकर संकट में अपने बच्चों की रक्षा के लिए आभार व्यक्त किया।

दक्ष प्रजापति की 27 नक्षत्र-कन्याओं का विवाह चंद्र से हुआ था। इन्हीं में से एक का नाम था–रोहिणी। इसलिए अन्य 26 पत्नियों ने अपने पिता दक्ष से चंद्र के दुर्व्यवहार एवं पक्षपात की शिकायत की। क्रुद्ध दक्ष ने अपने जामाता चंद्र को रोगग्रस्त हो जाने का शाप दिया। चंद्रमा को राजयक्ष्मा (क्षय रोग) हो गया। उनका शरीर मलिन एवं निस्तेज हो गया। उन्होंने तब दक्ष प्रजापति को प्रसन्न किया और अपने खोए तेज को पुनः प्राप्त करने का वर प्राप्त किया। उनकी कांति बढ़ने लगी और वह पूर्ववत कांतिमान बन गए। चंद्रमा की कांति (कला) कृष्णपक्ष में घटती तथा शुक्लपक्ष में बढ़ती है, यही बात एक पौराणिक कथा में ढल गई।

अभिराज राजेंद्र मिश्र

लक्षद्वीप

लक्षद्वीप भारत के केंद्र शासित प्रदेशों में सबसे छोटा संघ शासित क्षेत्र है, जो भारत के दक्षिण-पश्चिम में अरब सागर में स्थित एक द्वीप-समूह है। यहां के द्वीप प्रकृति की अद्‌भुत देन हैं, जिनकी धरती का निर्माण मूंगों से हुआ है। केंद्र शासित क्षेत्र के रूप में इस द्वीप समूह की स्थापना 1 नवंबर, 1956 को हुई थी। 1973 में लक्का दीव, मिनीकॉय और अमिनीदीवी द्वीप समूहों को मिलाकर इसका नाम लक्षद्वीप रखा गया। यहां बारह प्रवालद्वीप, तीन प्रवाल भित्ति तथा पांच जलमग्न बालू के तट सहित कुल 36 द्वीप हैं। यहां 10 द्वीपों पर ही जनजीवन है। यह 80.12 डिग्री उत्तरी अक्षांश से 71.74 डिग्री पूर्वी देशांतर के बीच स्थित है। इसका कुल क्षेत्रफल 32 वर्ग किलोमीटर है। इसमें एक ही जिला है। 2011 की जनगणना के अनुसार, यहां की आबादी 64,473 है, जिनमें पुरुषों की संख्या 33,106 एवं महिलाओं की संख्या 31,323 है।

लक्षद्वीप भारत की मुख्य भूमि से लगभग 220 से 440 किलोमीटर दूर पश्चिमी दिशा में है। लक्षद्वीप शब्द का अर्थ एक लाख द्वीप होता है, जो पूर्वकाल में यहां एक लाख द्वीप होने की संभावना प्रकट करता है।

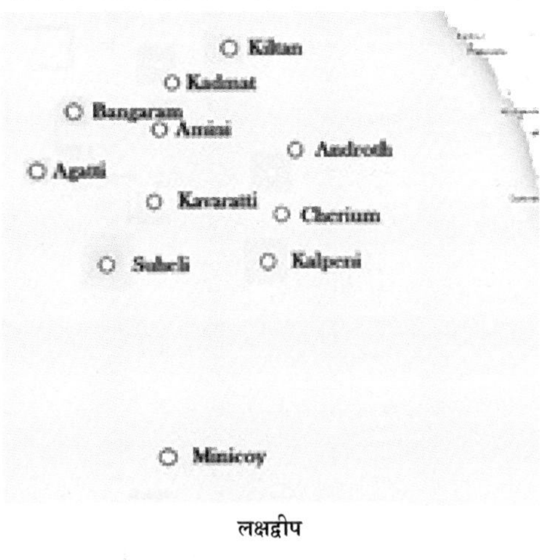

लक्षद्वीप

लक्षद्वीप के मुख्य द्वीप समूहों में बंगारम द्वीप समूह, कवरत्ती द्वीप समूह, कलपेनी द्वीप समूह, मिनीकॉय द्वीप समूह, कदमत द्वीप समूह, अगत्ती द्वीप समूह, अनद्रोथ द्वीप समूह तथा बित्रा द्वीप समूह शामिल हैं। इनमें आमिनीदीवी उपसमूह में आमिनी, केलतन, चेतलक, कदामत, बित्रा और पेरूमाल पार शामिल हैं। लक्कादीव उपसमूह में मुख्यतः एंड्रोथ, कलपेनी, कवरत्ती, पिट्टी तथा सुहेली पार शामिल हैं। प्रमुख द्वीप कवरत्ती, अगत्ती, आमिनी और मिनीकॉय हैं।

लक्षद्वीप की राजधानी कवरत्ती है, जो सबसे बड़ा शहर है। यह भारत का एकमात्र मूंगा द्वीप है। इन द्वीपों की श्रृंखला मूंगा एटोल है। प्रवालद्वीप मूंगे के द्वारा बनाई गई ऐसी संचरना है, जो समुद्र की सतह पर पानी और हवा के मिलने से बनती है।

पर्यावरण : लक्षद्वीप की जलवायु उष्ण कटिबंधीय एवं शुष्क है। यहां का मौसम सामान्यतः नम, गर्म एवं सुखद रहता है। अप्रैल से मई तक यहां ग्रीष्म ऋतु रहती है, जब औसत तापमान 27 डिग्री से. से लेकर 32 डिग्री से. तक रहता है। जून से लेकर अक्टूबर तक यहां मानसून के महीने होते हैं, जब 10-40 मिमी वर्षा होती है। वर्ष में औसतन 80-90 दिन वर्षा के होते हैं। सापेक्षिक आर्द्रता 70-75 प्रतिशत तक रहती है। अक्टूबर से मार्च के महीने में यहां अच्छी हवाएं चलती हैं।

इतिहास : माना जाता है कि इस द्वीपसूमह की उत्पत्ति ज्वालामुखीय विस्फोट से निकले लावा से हुई है। स्थानीय परंपराओं तथा किंवदंतियों से पता चलता है कि पहले पहल केरल के अंतिम चेरा राजा के काल में लोग यहां आकर बसे, जो मूलतः हिंदू थे और लगभग चौदहवीं शताब्दी में किसी समय अरब व्यापारियों के प्रभाव में आकर मुसलमान बन गए थे। हाल में पुरातत्वीय खोजों से पता चला कि छठी शताब्दी में यहां बौद्ध रहते थे। सर्वप्रथम इस्लाम धर्म को अपनाने वाले जिन लोगों और निवासियों का पता

चलता है, वे हिजरी वर्ष 139 (आठवीं सदी) में आए, जिसका पता अगत्ती में मकबरों के पत्थर पर खुदी तारीखों से लगता है। स्थानीय परंपरागत मान्यताओं के अनुसार, इस द्वीप पर अरब सूफी अबैदुल्ला हिजरी सन 41 में इस्लाम को लेकर आए। ग्यारहवीं सदी में चोल राजवंश का यहां शासन स्थापित हुआ। लगभग 1495 में पुर्तगालियों ने अपना उपनिवेश स्थापित किया। इन द्वीपों का उल्लेख अरब यात्री इब्नबतूता के वृत्तांतों में भी मिलता है।

1787 में टीपू सुलतान ने इन द्वीपों पर कब्जा कर लिया था। उसके पतन के बाद ईस्ट इंडिया कंपनी ने इन द्वीपों पर अपना शासन स्थापित किया, किंतु वास्तविक शासन कन्नानूर के शासकों के हाथों में था, जो बीसवीं सदी के प्रारंभ में अंग्रेजों के आधिपत्य स्थापित करने से पूर्व तक बना हुआ था। ब्रिटिश राज में इन द्वीपों को मद्रास रेजिडेंसी के मालाबार जिले से संबद्ध कर दिया गया था। देश की आजादी के बाद 1956 में इन द्वीपों को मिलाकर केंद्र शासित प्रदेश बना दिया गया।

भाषा : लक्षद्वीप की राजभाषा मलयालम है, जो 85 प्रतिशत लोगों द्वारा बोली जाती है। जेसरी अर्थात द्वीप भाषा और माही यहां की अन्य बोलियां हैं। उत्तरी द्वीपों पर रहने वाले लोग मलयालम, तमिल और अरबी के मिश्रण से बनी भाषा बोलते हैं, जो आरबी के समान है। मिनीकॉय द्वीप के लोग मह्ल बोली बोलते हैं, जो मालदीव की दिवेही भाषा का एक भिन्न रूप है।

संस्कृति : लक्षद्वीप के मुख्य बाशिंदे दक्षिण-पश्चिमी भारत के मालाबार तट के वंशज हैं, जो केरल के तटीय क्षेत्र के रहनेवाले मलयालियों के समान हैं। 93 प्रतिशत से अधिक लोग मुसलमान हैं, जो सुन्नी संप्रदाय के हैं। इसके अतिरिक्त हिंदू, ईसाई, सिक्ख, जैन आदि भी अल्पसंख्यक के रूप में हैं। लक्षद्वीप के प्रमुख नृत्यों में लावा नृत्य, कोलकाली नृत्य तथा परिचाकली नृत्य प्रमुख हैं। लक्षद्वीप के लोगों का जीवन संघर्षमय है, परंतु उनमें जिजीविषा और अदम्य साहस, पवित्रता और उद्यमशीलता बहुत अधिक है। वहां पीने के पानी के स्रोत बिल्कुल नहीं हैं। वर्षा के पानी को इकट्ठा करके इस्तेमाल किया जाता है। कुछ द्वीपों में कुएं बनाए गए हैं, जिनमें वर्षा का पानी जमा किया जाता है और फिर काम में लिया जाता है।

पर्व-त्योहार : लक्षद्वीप में मनाए जाने वाले अधिकांश पर्वों एवं त्योहारों का संबंध इस्लामी संस्कृति से जुड़ा हुआ है। ईद-उल-फित्र, मुहर्रम, बकराईद तथा मिलाद-उन-नबी प्रमुख त्योहार हैं, जब इस द्वीपसमूह के लोग विभिन्न मस्जिदों में इकट्ठे होकर नमाज आदि पढ़ते हैं। रथीब एक अनोखा त्योहार है, जिसे कवरत्ती द्वीप पर मनाया जाता है।

शिक्षा एवं चिकित्सा संस्थान : वर्तमान में लक्षद्वीप में साक्षरता दर 81.78 प्रतिशत है। इसमें पुरुष साक्षरता दर 81.56 प्रतिशत है। प्रारंभिक चरण में मस्जिदों से जुड़े मदरसों में कुरान की शिक्षा तक सीमित थी। लक्षद्वीप में पहला सरकारी स्कूल 15 जनवरी 1904 को खोला गया। देश की आजादी के समय लक्षद्वीप में नौ प्राइमरी स्कूल थे। एंड्रॉट के रहने वाले किरक्कडा सैयद मोहम्मद कोया लक्षद्वीप के पहले व्यक्ति थे जिन्होंने 1942 में स्नातक की परीक्षा उत्तीर्ण की थी। अनेक प्रयासों के बावजूद 1956 तक शिक्षा के क्षेत्र में कोई खास उपलब्धि नहीं हुई। 1971 में जाकर शिक्षा का विकास हुआ। उस समय तक 213 व्यक्तियों ने डिग्री प्राप्त कर ली थी। लक्षद्वीप में 1 जनवरी 2003 को सर्वशिक्षा अभियान की शुरुआत की गई। इसी प्रकार वयस्क शिक्षा की शुरुआत भी की गई है।

इस समय लक्षद्वीप में 5200 मैट्रिकुलेट, 350 से अधिक स्नातक, 70 स्नातकोत्तर, 120 इंजीनियर, 95 चिकित्सक और सैकड़ों विद्यार्थी विभिन्न विधाओं में शिक्षा प्राप्त कर रहे हैं। कुल विद्यार्थियों में 47 प्रतिशत लड़कियां हैं। लक्षद्वीप में बारहवीं के ऊपर का कोई शिक्षा संस्थान अभी भी नहीं है। उच्च शिक्षा एवं चिकित्सा के लिए लोगों को केरल में जाना पड़ता है।

चिकित्सा संस्थान की दृष्टि से लक्षद्वीप में प्रथम

सरकारी अस्पताल कवरत्ती में इंदिरा गांधी हॉस्पीटल के नाम से 1972 में स्थापित किया गया।

कृषि एवं उद्योग : लक्षद्वीप में मिट्टी का अभाव है, अतः यहां खाद्य सामग्री, सब्जियां और जरूरत की दूसरी चीजें कोच्चि से मंगाई जाती हैं। यहां की मुख्य फसल नारियल है, जिसका प्रतिवर्ष उत्पादन लगभग 580 लाख होता है। इसकी खेती लगभग 2600 हेक्टेयर में की जाती है। यहां के नारियल को जैव उत्पाद माना जाता है। भारत में सर्वाधिक नारियल उत्पादन लक्षद्वीप में होता है। विश्व के अन्य नारियलों की तुलना में लक्षद्वीप के नारियलों में सर्वाधिक तेल पाया जाता है। केला और पपीता यहां के दूसरे प्रमुख उत्पाद हैं। इनके अतिरिक्त कुछ जंगली पेड़-पौधे भी यहां पैदा होते हैं।

लक्षद्वीप के निवासियों की जीविका का एक अन्य आधार मत्स्य पालन है। वहां से प्राप्त मछलियां महत्वपूर्ण खाद्य पदार्थ हैं और वे आय का महत्वपूर्ण स्रोत भी बनती हैं। यहां ताजा पकड़े हुए टुना को उबाल एवं बाष्पित कर धूप में सुखाया जाता है। इससे मास नामक उत्पाद तैयार होता है, जो यहां काफी लोकप्रिय है। इसे दक्षिण-पूर्वी एशियाई देशों में निर्यात किया जाता है।

सरकारी क्षेत्र के अधीन नारियल के रेशों की सात फैक्ट्रियां, सात रेशा उत्पादन एवं प्रदर्शन केंद्र और चार रेशा बंटने वाली इकाइयां हैं, जिनमें नारियल के रेशों और सुतली के उत्पादन के अतिरिक्त उनसे बनी रस्सियां, कॉरीडोर मैट, चटाइयां, दरियां आदि तैयार की जाती हैं। राष्ट्रीय समुद्री प्रौद्योगिकी संस्थान द्वारा एक प्रौद्योगिकी का विकास किया गया है जिससे पानी एवं बिजली का उत्पादन हो सकता है।

पर्यटन : अपनी सुंदरता में अद्वितीय और आकर्षक लक्षद्वीप पर्यटकों का स्वर्ग है। मुख्य भूमि से दूर इन द्वीपों का प्राकृतिक सौंदर्य, प्रदूषणमुक्त वातावरण, चारों ओर समुद्र और इनकी पारदर्शी सतह पर्यट कों को सम्मोहित कर लेते हैं। प्रवाल के विविध प्रकारों को देखने के लिए भी यहां बड़ी संख्या में पर्यटक आते हैं। पिट्टी द्वीप समुद्री कछुओं के प्रजनन का प्रमुख क्षेत्र माना जाता है। यहां अनेक प्रकार के वेलापवर्ती (पेलाजिक) पक्षियों को भी देखा जा सकता है। इन द्वीपों को पक्षी अभयारण्य घोषित किया गया है। समुद्री जल में तैरती मछलियां इन द्वीपों की सुंदरता और बढ़ा देती हैं। हर द्वीप पर नारियल एवं ताड़ के झूमते हरे-भरे वृक्ष और समुद्र का नीला पानी अनोखी पवित्रता का एहसास कराता है। इन सभी का नैसर्गिक परिवेश विश्व भर के लोगों को आकर्षित करता है।

स्कूबा डाइविंग, विंड सर्फिंग, स्नोर्केलिंग, केयाकिंग, कैनोइंग, वाटर स्किंग, स्पोर्टफिशिंग, याचिंग जैसे पानी के खेल में रुचि रखनेवाले लोग यहां विशेष रूप से आते हैं। उक्त सारी विशेषताएं भारत के इस सबसे छोटे केंद्रशासित क्षेत्र को पर्यटन की दृष्टि से सबसे प्रमुख एवं लोकप्रिय बना देती हैं। अगत्ती, बंगारम, कलपेनी, कदमत, कवरत्ती और मिनीकॉय पर्यटन की दृष्टि से महत्वपूर्ण स्थल हैं। भारतीय पर्यटक इस द्वीपसमूह के छह द्वीपों पर जा सकते हैं, जबकि विदेशी सैलानी को केवल अगत्ती एवं बंगाराम नामक दो द्वीपों पर ही जाने की अनुमति है। बंगारम को अंतरराष्ट्रीय पर्यटन के सबसे प्रमुख केंद्र के रूप में दर्शाया जाता है।

यातायात : लक्षद्वीप में एकमात्र वायुपत्तन अगत्ती में है, जो कोच्चि से नियमित उड़ान से जुड़ा हुआ है। हेलिकॉप्टर के माध्यम से भी लक्षद्वीप जाया जा सकता है। पानी का जहाज भी लक्षद्वीप जाने के लिए अच्छा विकल्प है। कोच्चि से कुछ यात्री जहाज लक्षद्वीप जाते हैं, जिन्हें वहां पहुंचने में अठारह से बीस घंटे लगते हैं। लक्षद्वीप के विभिन्न द्वीपों पर जाने-आने के लिए यंत्रचालित नावों की व्यवस्था है।

अवधेश प्रसाद सिंह

लक्ष्मण

रामायण में लक्ष्मण राजा दशरथ की रानी सुमित्रा से जनमे दूसरे पुत्र थे। पौराणिक कथा में उनको शेषनाग का अवतार कहा गया। वे वीर

धनुर्धर, शीलवान, तेज संपन्न और अपने बड़े भाई राम के भक्त थे।

विश्वामित्र के साथ उनके तपोवन की रक्षा और राक्षस वध के लिए राम के साथ लक्ष्मण भी वन गए थे। दोनों भाई साथ ही विश्वामित्र के साथ मिथिला गए थे। स्वयंवर में धनुष तोड़ने के बाद राम की शादी जनक-पुत्री सीता और लक्ष्मण की शादी सीता की छोटी बहन उर्मिला के साथ हुई। दशरथ से कैकेयी द्वारा वचन मांगने पर लक्ष्मण अपनी पत्नी उर्मिला को राजमहल में ही छोड़कर राम के साथ उनकी सेवा करने के लिए वन गए। सीता को बीच में रखकर राम आगे लक्ष्मण पीछे वन-वन भटकते रहे। इन्होंने ही रावण की बहन शूर्पनखा की नाक काटी। मारीच ने राम की आवाज में सहायता के लिए पुकार लगाई तो न चाहने के बावजूद उन्हें सीता के आदेश पर जाना पड़ा। बाद की एक रामकथा के अनुसार, स्वर्ण मृग प्रसंग में सीता की सुरक्षा के लिए उन्होंने कुटी के चारों तरफ अपने तीर से लकीर खींची और सीता से इस लकीर को पार न करने के लिए कहा। यह लक्ष्मणरेखा के नाम से प्रसिद्ध है।

राम-रावण युद्ध में लक्ष्मण ने राम का भरपूर साथ दिया। इस युद्ध में लक्ष्मण को रावण के बेटे इंद्रजित का शक्ति बाण लगा और वे मूर्छित हो गए। हनुमान के संजीवनी बूटी लाने पर बचे। इसके बाद लक्ष्मण ने ही इंद्रजित का बद्ध किया। मेघनाद रावण पर विजय पाकर राम, सीता और लक्ष्मण अयोध्या लौट आए। राम अयोध्या में राज करने लगे। एक धोबी के कहने पर राम ने जब गर्भवती सीता को त्याग करने का निश्चय किया, तो लक्ष्मण ही सीता को भारी मन से वन ले गए। वे स्वभाव से उग्र और असहिष्णु थे, पर उनका क्रोध राम के प्रति अनन्य सेवा और प्रेम के कारण था। वे राम के भाई ही नहीं, अभिन्न संगी भी थे। वसिष्ठ मुनि का शाप अपने ऊपर लेकर उन्होंने सरयू नदी के तट पर योग मार्ग से श्वास रोककर देह त्याग किया।

निर्मला तोदी

लक्ष्मण सिंह और हिंदी

शिवप्रसाद 'सितारेहिंद' के समय में ही हिंदी के विकास के प्रश्न पर राजा लक्ष्मण सिंह ने भी अपने विचार रखे। उन्होंने शिवप्रसाद के उर्दू प्रेम का विरोध करते हुए यह बताने की कोशिश की कि बिना उर्दू प्रेम के भी हिंदी का स्वतंत्र विकास संभव है। वे अंग्रेजी सरकार के वफादार थे और इट ावा के डिप्टी कलेक्टर थे। उन्हें भी अंग्रेज सरकार ने न केवल राजा की उपाधि दी थी, बल्कि 1857 के गदर में अंग्रेजों की मदद करने के कारण काफी बड़ी जागीर माफी में दी गई थी। भारतेंदु की तरह वे भी सितारेहिंद को उर्दूपरस्त घोषित करते हैं और हिंदी-उर्दू को दो न्यारी-न्यारी भाषाएं मानने की बात करते हैं। उर्दू के दलदल में फँसे बिना हिंदी का सुंदर गद्य लिखा जा सकता है, इस बात को उन्होंने लिखकर सिद्ध किया। वे इस बात को समझते थे कि किसी देश के साहित्य का संबंध उस देश की सांस्कृतिक परंपरा से है और भारत की सांस्कृतिक परंपरा में संस्कृत भाषा का महत्व आरंभ से ही रहा है। इसलिए इस परंपरा की जगह एक विदेशी रूप-रंग की भाषा लोगों को खटक रही थी।

रामचंद्र शुक्ल के शब्दों में, 'असल हिंदी का नमूना लेकर राजा साहब आगे आए'। लक्ष्मण सिंह के अनुवाद शुद्ध हिंदी में किए गए हैं। उनमें 'शकुंतला' (1861), 'रघुवंश' (1878) और 'मेघदूत' (1882) महत्वपूर्ण हैं। 'शकुंतला' की भाषा के संदर्भ में शुक्ल जी ने लिखा है, 'यह भाषा शुद्ध व ठेठ होते हुए भी साहित्य में चिरकाल से व्यवहत संस्कृत के कुछ रसिक शब्द लिए है।' इन तीनों में उनके भाषा का आदर्श वही है जिसे उन्होंने 'रघुवंश' (1878) की भूमिका में लिखा है, 'हमारे मत में हिंदी व उर्दू दो बोली न्यारी-न्यारी हैं। हिंदी इस देश के हिंदू बोलते हैं और उर्दू यहां के मुसलमानों की जबान है और फारसी पढ़े-लिखे हिंदुओं की बोलचाल है। हिंदी में संस्कृत के पद बहुत आते हैं, उर्दू में अरबी-फारसी के। परंतु कुछ आवश्यक नहीं है कि अरबी-फारसी शब्दों के बिना हिंदी न बोली

जाए और न हम उस भाषा को हिंदी कहते हैं, जिसमें अरबी-फारसी के शब्द भरे हों।' आगे 1861 में उन्होंने आगरा से 'प्रजा हितैषी' नाम का पत्र भी निकाला।

लक्ष्मण सिंह की पुस्तकों में यथासंभव अरबी-फारसी का कोई शब्द नहीं आ पाया है। भाषा की दोहरी नीति से मुक्त होने के कारण उन्होंने हिंदी भाषा के एक निश्चयात्मक स्वरूप का निर्धारण करने की कोशिश की। उनकी रचनाओं में जितना पुष्ट एवं व्यवस्थित गद्य दिखाई देता है, उतना उनके पूर्व किसी अन्य लेखक में नहीं मिलता। उनकी रचनाओं में गद्य का जो निखरा रूप प्राप्त होता है, वह उनके एकांत उद्योग और कठिन तपस्या का प्रतिफल है। उनकी भाषा के शुद्ध एवं निथरे रूप का नमूना 'शकुंतला' में देखा जा सकता है।

लक्ष्मण सिंह के समय में हिंदी गद्य की भाषा अपना भावी स्वरूप स्पष्ट करने लगी थी, जिसमें भारतेंदु ने बड़ा योगदान दिया। भारतेंदु हरिश्चंद्र लक्ष्मण सिंह की तरह हिंदी को संस्कृतनिष्ठ बनाने के पक्ष में नहीं थे और उन्होंने बीच का रास्ता निकाला। निश्चय ही लक्ष्मण सिंह ने परंपरागत हिंदी की रक्षा के लिए प्रयास किया, किंतु युगानुकूल नव चेतना के वाहक के रूप में लोक प्रचलित विदेशी शब्दों को हिंदी से अलग करके उन्होंने भाषा की व्यापकता को किंचित अवरुद्ध ही किया। फलस्वरूप गवाह, कलेक्टर, अदालत जैसे शब्द भी उन्हें मान्य न हुए, जिसे भाषा की दृष्टि से स्वस्थ नहीं कहा जा सकता।

श्रीप्रकाश शुक्ल

अधिक जानकारी के लिए :

1. हिंदी, उर्दू और हिंदुस्तानी : पद्मसिंह शर्मा, **2. हिंदी गद्य शैली का विकास :** जगन्नाथ प्रसाद शर्मा, **3. हिंदी साहित्य का इतिहास :** रामचंद्र शुक्ल, **4. भारतेंदु युग और हिंदी भाषा की विकास परंपरा :** रामविलास शर्मा

लक्ष्मी

वैदिक साहित्य में लक्ष्मी श्री की देवी के रूप में प्रतिष्ठित हैं। यहां लक्ष्मी विष्णु-पत्नी नहीं हैं, बल्कि स्वतंत्र अस्तित्व संपन्न है, जो वाणी में कल्याणकारिणी हैं। तैत्तरीयसंहिता में श्री और लक्ष्मी को सूर्य की दो पत्नियां बताया गया है। महाभारत में लक्ष्मी विष्णु-पत्नी हैं, जिनका जन्म देवासुरों के सागर मंथन से हुआ था। विष्णु पुराण के अनुसार, पृथ्वी पर लक्ष्मी का आगमन भृगु ऋषि और दक्षकन्या ख्याति की पुत्री के रूप में हुआ था। (1/8)। इनका विवाह विष्णु के एक रूप नारायण से हुआ। दुर्वासा ऋषि ने जब इंद्र को त्रिभुवन के स्वामित्व से वंचित होने और पृथ्वी के श्रीहीन हो जाने का शाप दिया, तब सौभाग्य और ऐश्वर्य की देवी लक्ष्मी समुद्र में समाविष्ट हो गईं। समुद्र मंथन के समय घोड़ा, हाथी, कल्पतरु, कामधेनु गाय, कौस्तुभ मणि, सुंदरी रंभा और वारुणि मद्य जैसी चीजें निकलीं, जिनका लक्ष्य भौतिक तृप्ति था। ये सभी चीजें देवताओं ने ले लीं, असुर देखते रह गए। इसी तरह लक्ष्मी अवतरित हुईं। वे न देवताओं की ओर बढ़ीं और न असुरों की ओर। उन्होंने विष्णु को अपने पति के रूप में चुना, जो समुद्र मंथन की योजना बनाकर भी उसकी भौतिक उपलब्धियों से निस्पृह थे। विष्णु और लक्ष्मी के इस मिलन को आध्यात्मिकता और भौतिकता के सामंजस्य के रूप में भी देखा जा सकता है। कई पुराणों में लक्ष्मी स्वयंवर की कथा का उल्लेख है, जिसमें ब्रह्मचर्य का व्रत तोड़कर नारद भी आए थे।

ब्रह्म पुराण में लक्ष्मी के निवास स्थान के संदर्भ में एक रोचक कथा मिलती है। एक बार लक्ष्मी और अलक्ष्मी (दरिद्रता) के बीच श्रेष्ठता को लेकर बहस हुई। लक्ष्मी ने अपनी श्रेष्ठता का बखान करते हुए कहा, मैं जिसके साथ रहूं, उसका इस संसार में सर्वत्र सत्कार होता है और मेरे न रहने पर निर्धन और याचक लोगों की हर जगह अवहेलना होती है। इस दुर्गति से शिव भी नहीं बच सके। संपत्तिहीनता के कारण उनकी सर्वत्र अवहेलना हुई। इस पर अलक्ष्मी ने लक्ष्मी के दोष बताते हुए कहा, तुम हमेशा पापी, विश्वासघाती और दुराचारी लोगों के बीच रहती हो और मद्य से भी अधिक अनर्थ पैदा करती हो। तुम्हारा निवास पापी, खल, निष्ठुर, लोभी और कायर लोगों

के घर होता है और कृतघ्न, धर्मघातकी तथा अविचारी लोग तुम्हारी आराधना करते हैं। अलक्ष्मी ने आगे कहा, मेरा निवास धर्मशील, पापभीरु कृतज्ञ, विद्वान और साधु लोगों में होता है तथा पवित्र ब्राह्मण, संन्यासी और ध्येयनिष्ठ लोग मेरी उपासना करते हैं। इसलिए मैं काम, क्रोध आदि तामसी विकारों को दूर रखती हूं और अपने भक्तों को मुक्ति प्रदान करती हूं। भर्तृहरि ने उपर्युक्त संवाद का भाष्य करते हुए लिखा है कि इसमें लक्ष्मी और अलक्ष्मी का संकेत संपन्नता और दरिद्रता से नहीं है, बल्कि लक्ष्मी की तामसी उपासना करने वाले बुभुक्षित लोगों और दरिद्रता में ही तृप्त रहने वाले सात्विक लोगों से है।

संभवतः लक्ष्मी के उपर्युक्त दोषों के कारण ही उनका वाहन उल्लू बताया गया है, जो अंधवृत्ति का प्रतीक है। इसका आशय यह हो सकता है कि लक्ष्मी आने पर लोग अंधे हो जाते हैं, अतः भौतिक अतृप्ति पर नियंत्रण जरूरी है। उत्तर भारत में लक्ष्मी की अकेले पूजा नहीं होती। दीपावली के अवसर पर लक्ष्मी और गणेश की संयुक्त रूप से पूजा होती है। इसका सांकेतिक अर्थ यह है कि जब लक्ष्मी आए तो गणेश यानी बुद्धि के साथ आए, क्योंकि लक्ष्मी और उसकी चंचलता पर नियंत्रण बिना बुद्धि के संभव नहीं है।

श्रद्धांजलि सिंह

लक्ष्मीनाथ बेजबरुआ

(1868-1938)

लक्ष्मीनाथ बेजबरुआ आधुनिक असमिया साहित्य के जनक कहे जाते हैं। 'जोनाकी' युग के प्रतिनिधि कवि एवं लेखक बेजबरुआ ने असमिया साहित्य को एक नई दिशा दी थी। कथाकार, नाट्यकार, कवि एवं व्यंग्यकार के रूप में प्रसिद्धि पाने वाले लक्ष्मीनाथ एक अच्छे चित्रकार भी थे। उन्होंने कलकत्ता में शिक्षा हासिल की। लक्ष्मीनाथ का विवाह रवींद्रनाथ ठाकुर की भतीजी प्रज्ञा सुंदरी

लक्ष्मीनाथ बेजबरुआ

देवी से हुआ था। उन्होंने बरबरुआ के नाम से व्यंग्य रचनाएं भी लिखीं।

बेजबरुआ की साहित्यिक यात्रा असमिया की एक अत्यंत महत्वपूर्ण पत्रिका 'जोनाकी' में 'लितिकाई' व्यंग्य-रचना से आरंभ हुई थी। उन्होंने जब लिखा, तब असम में सामाजिक परिवर्तन का दौर था। उन्होंने असमिया भाषा की अस्मिता के लिए संघर्ष करते हुए 'असमिया उन्नति सभा' का गठन किया, जो कालांतर में 'असम साहित्य सभा' में परिणत हो गई। शंकर देव और माधव देव उनके आदर्श थे। उन्होंने 'जोनाकी' के अलावा 'बीही' पत्रिका का भी प्रकाशन किया। बच्चों के लिए कई लोरियां लिखीं। लक्ष्मीनाथ बेजबरुआ ने स्त्री स्वाधीनता के लिए आवाज उठाई। उन्होंने राष्ट्रीय एकता के प्रश्न पर लिखा, 'जगत में हिंदू और मुसलमान दोनों एक ही सूत्र से बंधे हुए हैं। दोनों के पैरों में एक ही प्रकार के लौह श्रृंखल हैं और दोनों एक ही प्रकार के बंदी भी।' (ऐक्य निबंध)। लक्ष्मीनाथ बेजबरुआ को साहित्यरथी कहा जाता है।

सोमा बंधोपाध्याय

लक्ष्मीबाई
(1835-1858)

लक्ष्मीबाई का कुल तेईस सालों का जीवन था, जिसमें वे सामान्य शिक्षा के साथ घुड़सवारी के अभ्यास, झांसी के महाराज गंगाधर राव से विवाह, अंग्रेजों से मतभेद, 1857 के संघर्ष में हिस्सेदारी आदि कई घटनाओं से गुजरीं। उनके संबंध में कई किंवदंतियां बन गईं। उन पर सुभद्रा कुमारी चौहान, वृंदावन लाल वर्मा और बांग्ला कथाकार महाश्वेता देवी ने महत्वपूर्ण रचनाएं लिखी हैं जिनमें यथार्थ और कथा दोनों मिश्रित हैं। उन्हें झांसी की रानी के अलावा कुछ सांस्कृतिक बिंबों के साथ भी देखा जाता है और पहले भारतीय स्वाधीनता संग्राम से जोड़ा जाता है। उनके संघर्ष को यूरोपीय मर्दवाद से स्त्री के संघर्ष के रूप में भी देखा गया है। उनके जीवन का गलियारा उनकी समझदारी, साहस, आत्मसम्मान, वीरता और देशप्रेम से भरा है।

लक्ष्मीबाई

रानी लक्ष्मीबाई को अपने चार महीने के पुत्र और पति के मरने के बाद कठिन स्थितियों का सामना करना पड़ा था। ब्रिटिश अधिकारियों ने झांसी के राजा के मरने के बाद उनके दत्तक पुत्र दामोदर राव को उत्तराधिकारी मानने से इन्कार कर दिया था। लॉर्ड डलहौजी ने झांसी राज्य को ब्रिटिश राज्य में मिलाने की योजना बना ली थी। 1854 में उन्होंने लक्ष्मीबाई को झांसी का किला छोड़ने का आदेश दे दिया। उन्होंने लाचारी की स्थितियों में समझौते का प्रयास किया, पर विफल होने पर साहस के साथ विद्रोहियों की सेना तैयार की। इसे स्वतंत्रता सेनानियों का समर्थन मिला। उन्होंने प्रजा को अंग्रेजों के विरुद्ध खड़े होने के लिए प्रेरित किया। जब बगल में ग्वालियर के राजा अंग्रेजी राज के प्रति भक्ति प्रदर्शित कर रहे थे, झांसी की घटना अनोखी कही जाएगी। लक्ष्मीबाई के संघर्ष में दलितों के साथ का मुद्दा भी उठाया जाता है। उनकी सहयोगी झलकारीबाई थी। लक्ष्मीबाई के साथ गौस खां का जिक्र आता है, जिसकी तोपों ने शत्रु दल पर आग बरसाई।

लक्ष्मीबाई को अंग्रेजी सेना के दबाव के कारण झांसी का किला खाली कर देना पड़ा। कहा जाता है कि वे अपने दत्तक पुत्र को पीठ पर बांधकर ओझल हो गईं और कालपी पहुंचीं। वे सैन्य संचालन करती रहीं और लड़ाई होती रहीं। अंग्रेजों के एक भारी सैन्य दल द्वारा पीछा किए जाने के कारण उन्हें ग्वालियर के निकट भोपालपुर में आश्रय लेना पड़ा, जहाँ उनसे तात्या टोपे मिले। दोनों की फौज ने ग्वालियर पर कब्जा कर लिया। नाना साहब पेशवा बने। अंग्रेजी सेना जनरल स्मिथ के साथ आगे बढ़ी, फिर पीछे से ह्यूरोज भी अपने सैन्य दल के साथ पहुंच गया। यहां लैंगिक भेदभाव का मामला राव साहब के संदर्भ में उजागर हुआ, जिसे राष्ट्रीय दृष्टि में कमी का चिह्न माना जा सकता है। वह पीछे हट गए, पर रानी लक्ष्मीबाई ने 23 साल की उम्र में तलवार लेकर भीषण युद्ध किया। वे अंततः अंग्रेजी सेना से घिर गईं। वे घोड़े पर थीं, पीठ पर दत्तक पुत्र था। पैर में गोली लग गई थी। उन्होंने बचने का प्रयास

किया, पर इस देशभक्त वीरांगना ने अंग्रेजी सैनिकों के प्रहारों के बाद 18 जून, 1858 को दम तोड़ दिया। उनकी वीरता पर लोक कथाएं और लोक गीत बने हैं। सुभद्रा कुमारी चौहान की पंक्ति 'खूब लड़ी मर्दानी वह तो झांसी वाली रानी थी' ने उन्हें भारतीय जनता के दिलों में अमर कर दिया।

मानिक बच्छावत

अधिक जानकारी के लिए :
The Rani of Jhanshi : Gender, History and Fable in India : Harleen Singh

लघु उपन्यास

लघु उपन्यास को अंग्रेजी में नॉवलेट (Novelette) की संज्ञा दी गई है। इसमें उपकथाएं नहीं होतीं। कथानक किसी एक पात्र पर केंद्रीभूत होता है। लघु उपन्यास जीवन का छोटा-सा चित्र प्रभावशाली ढंग से उपस्थित करता है, विस्तार में नहीं जाता। इन्हीं विशेषताओं के कारण यह लघु उपन्यास होता है। लघु उपन्यास का आकार में लघु होना उसके विशिष्ट शिल्प विधान का अनिवार्य परिणाम है।

लघु उपन्यास में जीवनखंड का किसी-न-किसी रूप में साक्षात अनुभव अनिवार्य है, क्योंकि लेखक तभी अपनी कृति में अनुभव की तीव्रता ला सकता है। लघु उपन्यास कभी-कभी वैयक्तिक अनुभूति से प्रेरणा पाकर भी रचा जाता है, जैसे गेटे ने प्रेम की स्मृति में 'सॉरोज ऑव बर्थर' लिखा था। उन्होंने स्वयं स्वीकार किया है, 'मेरी व्यक्तिगत अनुभूतियों ने इसे जन्म दिया है।' लघु उपन्यास किसी एक प्रेरणा से लिखा जाता है, अतः उसमें एक ही अनुभव की प्रमुखता रहती है। कृष्णा सोबती की 'ऐ लड़की' को लघु उपन्यास कहा गया है और लंबी कहानी भी। कई कथाकार अपनी लंबी कहानियों को लघु उपन्यास के रूप में छपवा लेते हैं, जैसे कृष्णा सोबती का 'ऐ लड़की', दूधनाथ सिंह का 'नमो अंधकारम' या उदय प्रकाश का 'मोहनदास'। कई बार लंबी कहानी और लघु उपन्यास के बीच फर्क करना मुश्किल हो जाता है। किसी कृति को लघु उपन्यास कहने का यही आधार हो सकता है कि यह सामान्य लंबी कहानी से बड़ी होने के साथ-साथ एक विस्तृत 'विजन' पर आधारित हो।

लघु उपन्यास अनिवार्यतः चरित्र प्रधान उपन्यास होता है। उसका चरित्रांकन मनोवैज्ञानिक या सामाजिक किसी भी दृष्टि से होना संभव है। नए जमाने की मांग के अनुसार लघु उपन्यास की लोकप्रियता बढ़ी है, क्योंकि यह पूरी आत्मीयता के साथ लिखा जाता है। यह अनुसंधान पर निर्भर नहीं होता और पाठक इसे पढ़कर जल्दी समाप्त कर सकता है। वास्तव में लघु उपन्यास समस्या को जिस तीव्रता और गहनता के साथ सामने ला सकता है, वह वृहद उपन्यास के विस्तार में कई बार संभव नहीं होता।

लघु उपन्यास में लेखक अपनी अर्जित मान्यताओं और मूल्यों को अधिक स्पष्टता के साथ प्रस्तुत कर सकता है। इस कथारूप में उसे नए प्रयोग की भी अधिक सुविधा होती है। कई लघु उपन्यास अपनी वैयक्तिकता के कारण आत्मकथा जैसे बन जाते हैं। ऐसे कई उपन्यासों में भावना की तरलता इतनी अधिक होती है कि उनमें गीति के तत्व नजर आते हैं। कुछ के कथा प्रसंग विविध सामाजिक संदर्भों से जुड़े होते हैं, फिर भी उनमें प्रभावान्विति होती है। कुछ लघु उपन्यास संवादों तथा घटना प्रसंगों की नाटकीयता के कारण एकांकी का आभास देते हैं। लघु उपन्यास एक तरह से उपन्यास और कहानी के बीच की विधा है।

सरोज सिंह

अधिक जानकारी के लिए :
उपन्यास की संरचना : गोपाल राय

लघु पत्रिका आंदोलन

हिंदी साहित्य के अतीत और वर्तमान को पहचानने और विश्लेषित करने की कोई भी कोशिश लघु पत्रिकाओं की दुनिया पर नजर डाले बिना पूरी नहीं हो सकती। साठ और सत्तर के दशक में उभरे हिंदी लघु पत्रिकाओं के विविध-विशद संसार

को एक संस्थागत सांस्कृतिक आंदोलन का रूप देने की कोशिश नब्बे के दशक में की गई।

परिभाषा का प्रश्न : हिंदी में लघु पत्रिका का मतलब लघु आकार, प्रसार का लघु दायरा और प्रकाशन की लघु संरचना तो है ही, खास तरह की चेतना से लैस प्रतिरोध की जमीन तैयार करने का सांस्कृतिक-राजनीतिक मर्म भी इन पत्रिकाओं को व्यावसायिक पत्रिकाओं से अलग करता है। खुद को लघु पत्रिका या लिटिल मैगजीन कहने वाले प्रकाशनों की शुरुआत द्वितीय विश्वयुद्ध के दौरान फ्रांस के रेजिस्टेंस समूह से मानी जाती है। ज्यां पाल सार्त्र जैसी हस्तियां इसमें शामिल थीं। चूंकि रेजिस्टेंस समूह की पत्रिका का तेवर सत्ता के खिलाफ था, इसलिए उसे प्रतिरोध की आवाज होने की पहचान मिली। इस इतिहास और सामान्य परिभाषा के बावजूद हिंदी क्षेत्र में इस बारे में अलग-अलग तरह के विचार मिलते हैं कि लघु पत्रिका किसे माना जाए और किसे नहीं। उन्नीसवीं सदी या उसके उपरांत जिन लेखकों ने अपनी पत्रिका निकाली, उन्होंने उसे 'लघु' नहीं कहा। वास्तव में विवाद 'लघु' शब्द को लेकर रहा है। कुछ लोग लेखकों के छोटे समूह या व्यक्तिगत प्रयास और सीमित साधनों से निकाली जाने वाली सारी पत्रिकाओं को लघु पत्रिका का दर्जा देते हैं।

कथाकार प्रियंवद ने कहा है, 'विचारशीलता और प्रतिरोध लघु पत्रिका के मूल स्वर हैं।

ज्ञानरंजन

विचारशीलता से आशय है—अपने समाज और समय के द्वंद्वों को गहराई से संबोधित करना। प्रतिरोध से आशय है मनुष्य-विरोधी संरचनाओं को चिह्नित करके उनकी मुखालफत करना, इसमें भी मुख्यतः राजनीतिक वर्चस्ववादी सत्ता का। इसके अतिरिक्त लघु पत्रिका के स्वरूप व उसकी भूमिका को लेकर हमारे पास पहले की कुछ प्रचलित अवधारणाएं हैं। ये हमारी मदद करती हैं। जैसे लघु पत्रिका अनियतकालीन हो, लघु आकार की हो, साधारण कागज पर साधारण रूप से छपी हो, कम संख्या में प्रकाशित और साथियों के सहयोग से वितरित हो, उसके पीछे कोई बड़ी पूंजी, प्रतिष्ठान या सुव्यवस्थित बुनियादी ढांचा न हो, व्यक्तिगत संसाधनों से निकलती हो, उसका ध्येय आर्थिक उपार्जन न हो, वह किसी विशेष विचारधारा और सत्ता-व्यवस्था का सक्रिय प्रतिरोध हो तथा वह बड़ी पूंजीवादी पत्रिकाओं के आतंक व वर्चस्व को चुनौती देती हो।' (विकासशील समाज अध्ययन पीठ, दिल्ली परिचर्चा, 19 मार्च 2013)

उपर्युक्त परिभाषा के साथ दिक्कत यह है कि स्वरूप की 'लघुता' की कसौटी क्या होगी? किसकी सापेक्षता में लघु? व्यक्तिगत प्रयास या मित्रों के सहयोग से कुछ पूंजी इकट्ठा कर अगर कोई पत्रिका नियमित अंतराल पर प्रकाशित होती है और उसकी भूमिका प्रतिरोधी है तो क्या वह लघु पत्रिका नहीं मानी जाएगी? हिंदी की मासिक पत्रिकाओं 'हंस', 'कथादेश', 'वागर्थ', 'नया ज्ञानोदय' आदि के उदाहरण की रोशनी में दो कोटियां निर्मित होती हैं। 'हंस' और 'कथादेश' व्यक्तिगत प्रयास और मित्रों के सहयोग से निकल रही काफी-कुछ एक-सी पत्रिकाएं हैं जिनके व्यावसायिक पहलू के साथ प्रतिरोध के रूप भी हैं। यह संपादक की इच्छाशक्ति, समझ और संपर्क पर निर्भर करता है कि वह पत्रिका का स्वरूप जैसा रखना चाहता है, क्या रख पाता है या उसकी भूमिका क्या तय करता है, वह देश-काल की गतिशीलता और परिवर्तनशीलता की ताकतों को कितना समझा और विश्लेषित कर पाता है, वर्चस्वमूलक संरचना की

कितनी पहचान कर पाता है और प्रतिरोध में कितने कदम आगे बढ़ता है। ध्यान रहे कि हिंदी साहित्य की मुख्यधारा में 'व्यावसायिकता', 'लोकप्रियता' और 'मुनाफा' को पाप सरीखा माना जाता है।

भारत भारद्वाज का कहना है, 'पारिभाषिक अर्थ में लघु पत्रिका सातवें दशक के अंतिम वर्षों में अस्तित्व में आई। यह चरण साहित्यिक से अधिक सामाजिक था। स्वाधीनता आंदोलन के दौरान लेखकों या हिंदी सेवी प्रकाशन संस्थाओं द्वारा जो पत्रिकाएं निकाली गई थीं, वे प्रायः एक-एक कर बंद हो चुकी थीं और पत्रिका प्रकाशन पर इजारेदार घराने हावी थे। वहां से निकलने वाली पत्रिकाएं थीं—धर्मयुग, सारिका, साप्ताहिक हिंदुस्तान आदि। इन्हें रंगीन पत्रिका कहा गया। स्वभावतः इनके द्वारा प्रक्षेपित विचारधारा से नई पीढ़ी के लेखकों की विद्रोहपूर्ण विचारधारा का विरोध था।...लेखकों ने अपनी अभिव्यक्ति के लिए खुद मंच बनाना शुरू किया और छोटे-छोटे नगरों/कस्बों में लघु पत्रिकाएं निकलने लगीं।' (जनसत्ता, 9 अगस्त 2009)। इस आधार पर कहा जा सकता है कि भारतेंदु युग में लेखकों द्वारा निजी प्रयास से निकाली जा रही पत्रिका को लघु पत्रिका की श्रेणी में नहीं रखा जा सकता। दरअसल, उस दौर में तो हिंदी में ये ही पत्रिकाएं थीं। लिहाजा उस समय 'बृहद' और 'लघु' के विभाजन की जरूरत नहीं थी। बीसवीं सदी के शुरुआती दशकों में यद्यपि इंडियन प्रेस सरीखे व्यावसायिक संस्थान पत्रिका प्रकाशन में सक्रिय थे, पर इस दौर में भी निजी कोशिशों से होने वाले प्रकाशनों को लघु पत्रिका नहीं कहा गया। वीर भारत तलवार सत्तर के दशक में लघु पत्रिकाओं के उभार की धारणा से सहमत नहीं हैं। वे इस परिघटना में साठ का दशक भी जोड़ते हैं (उत्तरार्ध-67)।

लघु पत्रिकाओं के संगठन और सचेत आंदोलन का आरंभ 29-30 अगस्त, 1992 को कोलकाता में लघु पत्रिकाओं के संपादकों की राष्ट्रीय संगोष्ठी से माना जाता है। कथाकार ज्ञानरंजन और आलोचक शंभुनाथ की पहल पर, निजी स्तर और छोटे समूहों के सहयोग से पत्रिका निकालने वाले संपादकों-लेखकों की यह राष्ट्रीय संगोष्ठी कोलकाता में आयोजित की गई थी। इसमें हिंदी के 70 से अधिक संपादकों-लेखकों ने देश भर से स्वयं अपने खर्चे से आकर हिस्सा लिया था। संगोष्ठी का विषय 'लघु पत्रिकाएं : नई चुनौतियां और दिशाएं' था। संगोष्ठी के आरंभ में संयोजकीय प्रतिवेदन पेश करते हुए शंभुनाथ ने कहा था, 'लघु पत्रिकाएं चुनौती बन रही हैं। इसलिए उनके सामने भी चुनौतियां खड़ी हो रही हैं। 'कविवचनसुधा' के प्रकाशन से सर्वप्रथम भारतेंदु ने ही लघु पत्रिका की परंपरा आरंभ की थी। उसके बाद जो सिलसिला शुरू हुआ, उससे सत्ता के दांत खट्टे होने लगे। एक दूसरे युग में सन 60 के आसपास लघु पत्रिकाओं ने व्यावसायिक पत्रिकाओं से लोहा लिया। जगह-जगह से विभिन्न तेवर की अनगिनत पत्र-पत्रिकाओं को अतीत में भारतेंदु और निकट अतीत में साठ के आसपास की लघु पत्रिकाओं से जोड़ना मानीखेज है।' संयोजकीय वक्तव्य में चुनौतियों को रेखांकित करने के बाद शंभुनाथ ने कहा, 'यदि कहा जाए कि हमारे युग की चुनौतियां भारतेंदु, प्रेमचंद युग तथा साठ के दशक से अधिक व्यापक हैं तो हमें यह भी कहना चाहिए कि परंपराओं और संभावनाओं की भी हम ज्यादा उर्वर धरती पर खड़े हैं। इस राष्ट्रीय संगोष्ठी के सामने संभवतः मुख्य दायित्व यही है कि हम अपनी परंपराओं की उर्वर धरती को पहचानें और कठोर से कठोर आत्मसमीक्षा से गुजरें। अभी भी हमारे बौद्धिक वातावरण में लघु पत्रिका धारणा को लेकर एक गहरा भ्रम है। समस्याओं से धारणाएं प्रभावित होती हैं, लेकिन धारणाएं स्पष्ट हों तो समस्याएं दूर भी होती हैं। कठिनाइयां अनंत हैं तो मानवीय क्षमताओं की भी कोई सीमा नहीं है। हमारी कामना है कि यह राष्ट्रीय संगोष्ठी विचारों की टकराहट के बीच से एक ऐसी दृष्टि खड़ी करे, जिससे हम अपनी कठिनाइयों और क्षमताओं का सही आकलन करके संभावनाओं के आकाश को भी पहचान सकें।' (बुलेटिन-1)।

जनवादी लेखक संघ के तत्कालीन महासचिव ओमप्रकाश ग्रेवाल ने अपने संदेश के जरिये कहा

था, 'सत्तर के दशक में जनवादी-प्रगतिशील साहित्य के उभार में तथा उसके प्रसार और विकास में लघु पत्रिकाओं ने अत्यंत महत्वपूर्ण भूमिका निभाई थी। साहित्य को राजनीति के दबावों और विचारधारात्मक बंधनों से मुक्त रखने के नाम पर उसे सामाजिक जीवन को प्रभावित करने वाले आधारभूत सवालों से काट देने और पंगु बना डालने वाली प्रवृत्ति तब जोरों पर थी। लघु पत्रिका आंदोलन ने इससे टक्कर ली और समकालीन रचनाशीलता को नई ऊर्जा के साथ व्यक्त होने का मौका मिला। व्यावसायिक पत्रिकाएं उन दिनों भी पाठकों को घटिया साहित्य की घुट्टी पिलाकर उनकी सौंदर्याभिरुचियों को भ्रष्ट कर रही थीं और उनकी सामाजिक जागरूकता को कमजोर बता रही थीं।' (वही)।

कहा जा सकता है कि अगर साठ-सत्तर के दशक में लघु पत्रिका आंदोलन (भले ही वह संगठन बनाकर सचेत रूप से नहीं किया गया था) बड़े घरानों से निकलने वाली व्यावसायिक पत्रिकाओं के विरोध में शुरू हुआ था, तो बीसवीं सदी के अंतिम दशक का लघु पत्रिका आंदोलन इलेक्ट्रॉनिक मीडिया और इस दौर के भू-राजनीतिक आर्थिक परिदृश्य में कायम वर्चस्वमूलक ताकतों के खिलाफ आरंभ हुआ था। इससे यह भी स्पष्ट होता है कि साठ-सत्तर के दशक की लघु पत्रिकाओं की मुख्य दुश्मनी 'रंगीन' पत्रिकाओं से थी, पर बीसवीं सदी के अंतिम दशक के लघु पत्रिका आंदोलन ने अपने बरअक्स एक ज्यादा बड़े फलक को रेखांकित किया था। इसके अलावा यह भी स्पष्ट हुआ कि लघु पत्रिकाओं की सार्थकता सीमित संसाधनों के बावजूद बड़े पैमाने पर पाठक समुदाय तक पहुंचने में है।

पहली राष्ट्रीय संगोष्ठी में सिर्फ संपादकों ने ही नहीं, बल्कि लघु पत्रिका आंदोलन से सहमति रखने वाले रचनाकारों ने भी हिस्सा लिया था। कवि अरुण कमल ने इस संगोष्ठी में कहा था, 'लघु पत्रिका आंदोलन एक बृहत्तर सांस्कृतिक आंदोलन का ही अंग है। यूरोप में भी लिटिल मैगजीन मूवमेंट और अमेरिका में प्रोटेस्ट मूवमेंट हैं। जब तक प्रतिवाद का आंदोलन रहेगा, तब तक लघु पत्रिकाएं रहेंगी। लघु पत्रिकाओं का दायित्व है कि वे अपने आलोचनात्मक और साहित्यिक विवेक की रक्षा करें। हिंदी लेखक अपने रक्त की अंतिम बूंद तक लघु पत्रिकाओं के साथ रहेंगे।' (वही)। कथाकार काशीनाथ सिंह ने कहा कि लघु पत्रिकाओं के संपादकों-लेखकों का यह सम्मेलन ऐतिहासिक है, लघु पत्रिकाएं एक सांस्कृतिक जुलूस की तरह दिखाई दे रही हैं। परमानंद श्रीवास्तव और खगेंद्र ठाकुर ने भी इस अवसर पर अपने विचार रखे थे।

संगठन और उसका दायित्व : लघु पत्रिकाओं के संपादकों-लेखकों की पहली राष्ट्रीय संगोष्ठी में सर्वसम्मति से राष्ट्रीय स्तर पर 'लघु पत्रिका समन्वय समिति' नाम से एक संगठन की घोषणा की गई। इसका दायित्व था—लघु पत्रिकाओं के बीच तालमेल और साझा लक्ष्यों की दिशा में काम करना। समिति का काम सुचारु रूप से चलाने के लिए एक 15 सदस्यीय स्थायी समिति गठित की गई। इसके दस लक्ष्य और कार्य तय किए गए। इसमें कहा गया कि समिति विभिन्न लघु पत्रिकाओं की स्वायत्तता कायम रखते हुए न्यूनतम साझा लक्ष्यों के लिए काम करेगी, ताकि मौजूदा साहित्य-विरोधी माहौल की चुनौतियों का मिलकर सामना किया जा सके और एक नए सांस्कृतिक जागरण की ओर बढ़ने में मदद मिले।

समन्वय समिति के संचालन हेतु जो कार्यकारिणी बनी, उसकी पहली बैठक 18 अप्रैल, 1993 को रायपुर में हुई। इसका संयोजन कथाकार ज्ञानरंजन ने किया था। इस बैठक में कोलकाता सम्मेलन के बाद के सामाजिक-सांस्कृतिक परिदृश्य का बहुआयामी विश्लेषण किया गया एवं सामाजिक जीवन के उच्चतर मूल्यों एवं आदर्शों के सामने सांप्रदायिकता से उत्पन्न हो गए खतरों को रेखांकित किया गया। इस संदर्भ में सांस्कृतिक माध्यमों, विशेषकर लघु पत्रिकाओं की बढ़ी हुई जिम्मेदारियों को महसूस करते हुए संकट की इस घड़ी में मिल-जुलकर अपनी प्रखरतम भूमिका का ऐतिहासिक दायित्व निभाने की राय कायम की गई। (बुलेटि

न-2, अगस्त, 1993, 'अब' द्वारा जारी, सासाराम, बिहार)। रायपुर में संपन्न कार्यकारिणी की इस बैठक में ज्ञानरंजन (पहल) के अलावा शंभुनाथ (समकालीन सृजन), शंकर (अब), गिरीशचंद्र श्रीवास्तव (निष्कर्ष), बृजबिहारी शर्मा (कतार), तारा पांचाल (जतन) और देश निर्मोही (पल प्रतिपल) उपस्थित थे। इनके अलावा इस बैठक में विभु कुमार (हस्ताक्षर), राजेश जोशी (इसलिए), राघव आलोक (दस्तक), विजय गुप्त (साम्य), विनोद मिश्र (बहुमत) और लीलाधर मंडलोई भी शामिल थे।

इसी दौरान लघु पत्रिकाओं की भूमिका, आंदोलन की गति और आयाम पर 1993 में 'संवेद' (संपादक : किशन कालजयी) ने अपना अंक केंद्रित किया। 27 जून, 1993 को प्रकाशित 'आवाज' में लघु पत्रिकाओं के संपादकों द्वारा लेखकों के प्रति अपनाए जाने वाले रवैये पर सवाल खड़ा किया गया। इसके साथ ही किसी पत्रिका को पहले पत्रिका के रूप में छापने और फिर उसे ही पुस्तक रूप में सजिल्द बनाकर पुस्तकालयों, विश्वविद्यालयों या सरकारी संस्थानों में बेचने का मसला भी उठाया गया। समन्वय समिति ने अपने बुलेटिन में इस मुद्दे पर कहा कि 'इस पर जल्दबाजी में कोई राय नहीं कायम की जा सकती।'

कुछेक लघु पत्रिकाओं को देखकर कर्मेन्दु शिशिर का कहना था, 'आज की कई पत्रिकाएं इतनी बेअसर और अर्थहीन लगती हैं कि उनके निकालने की कोई सार्थकता समझ में नहीं आती। उनमें कहीं समाज और संस्कृति को तात्कालिक और दूरगामी स्तरों पर प्रभावित करने वाली खतरनाक कोशिशों का रेखांकन नहीं मिलता। ये साहित्य की स्वायत्त दुनिया में यशवाली आत्ममुग्धता की शिकार हैं। इस दृष्टि से विचार कीजिए तो लगेगा, नई चिंताएं संकुचित हुई हैं। कुछ तो प्रच्छन्न व्यावसायिकता की विवशता में भी आ गई हैं...इसलिए लघु पत्रिकाओं से तल्ख आत्मालोचना की अपेक्षा है और उनके और अधिक दायित्वपूर्ण होने की कामना भी। हमारे समय में क्या जरूरत है, इसमें क्या ऐसा है, जो सिर्फ लघु पत्रिकाएं ही दे सकती हैं, बड़ी पत्रिकाएं नहीं, इसी बिंदु पर इनकी सार्थकता टिकी है। जिस हद तक वे ऐसा कर पा रही हैं, उसी हद तक इनकी जरूरत कामय है' (संवेद-3)। इसलिए 'लघु पत्रिकाओं का संपादक होना बस इतना नहीं है कि किसी तरह संसाधन जुटा लिया जाए और लेखकों से कहानी, कविता या समीक्षा मांगकर प्रकाशित कर दिया जाए। संपादक को समय, समाज और संस्कृति की दशा और दिशा की जानकारी तफसील में होनी चाहिए, उससे उपजी समझ होनी चाहिए, करणीय का विवेक होना चाहिए। वे बेहतर समाज के लक्ष्य को ध्यान में रखकर पत्रिका की सामग्री प्रस्तुत करें। (वही)।

उपर्युक्त मुद्दे पर यह मत भी आया, 'ऐसा बिल्कुल संभव है कि सभी लघु पत्रिकाएं समान साहित्यिक स्तर की न हों। कुछ बिना किसी नैतिक और वैचारिक बेचैनी के महज वाग्विलास या किसी क्षुद्र स्वार्थ की पूर्त्ति के लिए भी निकली हो सकती हैं। इस हालत में देखना चाहिए कि अंततः इनमें साहित्यिक और सामाजिक चेतना का धीरे-धीरे ही सही विकास घटित हो रहा है या नहीं। उन्हें उपेक्षा और तिरस्कार की नजरों से देखने के स्थान पर लघु पत्रिका की वास्तविक धारणा के निकट लाना होगा। समाज में सभी जगह साहित्यिक और सामाजिक चेतना का स्तर समान नहीं है। अतः यह लघु पत्रिका आंदोलन का काम है कि साहित्यिक पत्रिकाओं की स्वायत्तता की रक्षा करते हुए वह आपसी संपर्क बनाकर वैचारिक अंतरक्रिया की प्रक्रिया तेज करे और साधारण स्तर की साहित्यिक पत्रिकाओं को भी अपने आंदोलन की धार से पुख्ता बनाए। (वही)। इस संबंध में रमणिका गुप्ता ने कहा, 'सभी लघु पत्रिकाएं एक स्तर की नहीं हो सकतीं, सभी पत्रिकाएं 'पहल' नहीं हो सकतीं, सभी कवि निराला नहीं हो सकते। कुछ लघु पत्रिकाएं शैशवावस्था में हो सकती हैं, परामर्श और प्रशिक्षण देकर हमें उन्हें उन्नत करना होगा। (आम आदमी, लघु पत्रिका अंक)।

आंदोलन का आधार : समन्वय समिति का दूसरा

राष्ट्रीय सम्मेलन जमशेदपुर में 14-15 मई, 1994 को हुआ। सम्मेलन के पहले दिन सांप्रदायिक तनाव से गुजरे जमशेदपुर में संपादकों, लेखकों और साहित्य प्रेमियों ने एक प्रभात फेरी निकाली, जिसका नेतृत्व कथाकार भीष्म साहनी ने किया। भीष्म साहनी की अध्यक्षता में संपादकों-लेखकों ने लघु पत्रिकाओं को अपने समय के संकट से जुड़ने पर बल दिया और वैश्वीकरण की तरफ से उपस्थित सांस्कृतिक साम्राज्यवाद को एक बड़ी चुनौती माना। इस सम्मेलन में रमेश उपाध्याय ने लघु पत्रिकाओं पर एक पर्चा पढ़ा। इस लेख में लघु पत्रिकाओं की बुरी हालत और उनके संपादकों में गैर-जिम्मेदारी की प्रवृत्ति के बारे में कई खरी-खरी बातें कही गई थीं। वे शुरू से इस पक्ष में थे कि लघु पत्रिका को सिर्फ साहित्यिक पत्रिका कहा जाए, 'लघु' शब्द हटा दिया जाए। (उत्तरार्द्ध, 40वां अंक, 1995) लघु पत्रिका आंदोलन पर प्रश्न खड़ा करते हुए वीर भारत तलवार ने लिखा कि 'पिछले कुछ सालों से बाकायदा संगठन बनाकर लघु पत्रिकाओं का एक आंदोलन खड़ा करने की कोशिश चल रही है। क्या सचमुच ऐसा कोई आंदोलन खड़ा हो सका है? तलवार 'हंस' को 'लोकप्रिय', 'कुछ साधन संपन्न' और पूंजीवाद-साम्राज्यवाद का विरोध करने वाली पत्रिका मानते हैं। सवाल खड़ा होता है कि क्या कोई लोकप्रिय पत्रिका व्यावसायिक पत्रिका नहीं हो सकती? राजेंद्र यादव 'हंस' को 'मॉडर्न लघु पत्रिका' मानते थे।' (नई दुनिया, नई दिल्ली 26 सितंबर 2010)।

'पहल' के संपादक ज्ञानरंजन ने 'लघु पत्रिकाओं की चुनौतियां' इस शीर्षक से अपनी एक टिप्पणी में रेखांकित किया, 'हमारी चुनौतियां तपती रेत में नंगे पांव चलने की तरह हैं।' (दस्तक-5)। उनका कहना था कि जब एशिया, अफ्रीका और विभिन्न भू-भागों के मुक्ति संग्राम भुलाए जा रहे हैं, तब एकमात्र लघु पत्रिकाएं ही पंख फड़फड़ाकर आसपास की धूल उड़ा सकती हैं।

लघु पत्रिका आंदोलन के संबंध में कहा गया, 'ऐसा आंदोलन या लेखकों का कोई भी आंदोलन किसी फैक्ट्री के उन मजदूरों के आंदोलन-सा नहीं हो सकता, जो एक जगह काम करते हैं, एक आह्वान पर तुरंत इकट्ठे हो जाते हैं और आंदोलन करके तुरंत कुछ हासिल भी कर लेते हैं। प्रायः सभी लेखक-संपादक अलग-अलग नगरों में रहने वाले हैं, नौकरीपेशा हैं और जुझारू नागरिक हैं। उनके ढेरों दायित्व और निजी समस्याएं हैं। बहुत सारी जटिलताओं के बीच वे लिखते हैं, पत्रिका निकालते हैं, डाक से पाठकों के पास भेजते हैं और साहित्य के दूसरे ढेरों काम संपन्न करते हैं। अपनी बहुत-सी जरूरतों में कटौती करके वे दस उपायों से किसी गहन नैतिक बेचैनी में पत्रिका निकालते हैं। उनकी वैचारिक खदबदाहट उन्हें ऐसे कर्म में साधे रहती है, भले ही कोई व्यापक आंदोलन पैदा हो या नहीं। ऐसे लेखकों-संपादकों के आंदोलन को मजदूर आंदोलन की शैली में नहीं चलाया जा सकता और तत्काल कोई अच्छा फल लाकर नहीं दिखाया जा सकता। हर लघु पत्रिका अपने नगर और समूचे सांस्कृतिक वातावरण में अपने ढंग से लड़ती है। ऐसी लघु पत्रिकाएं यदि संवाद, तालमेल और साझा सांस्कृतिक अभियान के लिए एक छत के नीचे इकट्ठा होती हैं तो इन्हें संदेह से देखने की जगह सहयोग के भाव से देखना चाहिए और जहाँ हतोत्साहित करने वाले वैसे ही ढेरों तत्व हैं, वहां एक और तत्व पैदा नहीं करना चाहिए। सच पूछिए तो आंदोलन के नाम पर इस हमारे समाज में संकीर्ण उभारों के अतिरिक्त कितना क्या बचा है कि हम लघु पत्रिका आंदोलन से बहुत बड़ी फिजां की उम्मीद लगाएं। हम-आप ही तो हैं, अब चाहे इन ढिबरियों को बुझा दें या मिलकर थोड़ा और रोशन करें। निश्चय ही हमारे समय के संकीर्णतावादी पुनरुत्थान और बाजारवाद मनुष्य की आखिरी नियति नहीं है। इसी तरह सांस्कृतिक नवजागरण की प्रक्रिया और साहित्यिक सक्रियता भी ठहराव के इसी बिंदु पर थमी रहने वाली चीजें नहीं हैं।'

प्रेमचंद द्वारा प्रकाशित 'हंस' की मिसाल को याद करें तो कहना होगा, प्रेमचंद सरीखे संपादकों को जूता सिलाई से चंडी पाठ तक सारे काम करने

पड़ते थे। पत्रिका के स्वरूप के आधार पर उस समय के लिहाज से सरस्वती, माधुरी, मतवाला जैसी पत्रिकाएं 'बड़ी' पत्रिका की कोटि में रखी जा सकती हैं। हंस को प्रेमचंद अपना 'तीसरा पुत्र' कहते थे। उन्हें इसके प्रकाशन में किस आर्थिक परेशानी का सामना करना पड़ता था, इस पर अमृत राय, मदन गोपाल और रामविलास शर्मा ने पर्याप्त रोशनी डाली है। माधुरी के संपादक-मंडल में नौकरी करते हुए प्रेमचंद ने हंस का प्रकाशन शुरू किया था। इस पत्रिका के प्रकाशन से नियमित हो रहा नुकसान ही एक बड़ी वजह थी कि प्रेमचंद ने अपने इस 'तीसरे पुत्र' को भारतीय साहित्य परिषद का मुखपत्र बनाना स्वीकार किया था, पर इसका सकारात्मक परिणाम नहीं निकला। अंततः प्रेमचंद ने फिर से स्वयं हंस का प्रकाशन किया।

बीसवीं सदी के अंतिम दशक का संगठित लघु पत्रिका आंदोलन दरअसल साठ-सत्तर के दशक के लघु पत्रिका आंदोलन का खास ऐतिहासिक स्थितियों में विकसित रूप है। इनमें अंतर भी है। इन दोनों दौर के आंदोलन के फर्क को रेखांकित करते हुए कहा गया है, '60 के दशक की लघु पत्रिकाओं पर अराजकता, कुंठा और निराशा की छाप भले ही हो, आज के लघु पत्रिका आंदोलन की अंतर्वस्तु नई ऐतिहासिक जरूरत के अनुसार बदल गई है। आज की लघु पत्रिकाएं खंड और मिथ्या चेतनाओं के खिलाफ सांस्कृतिक नवजागरण की महत्वपूर्ण न्यूक्लियस हैं। ये इकट्ठा हो रही हैं, भीतरी युद्धविराम की एक स्पष्ट घोषणा के साथ। सामान्य वैचारिक मतभेद लघु पत्रिकाओं की बृहत्तर एकता में अब बाधक नहीं हैं। साठ के दौर की लघु पत्रिकाएं आपसी टूट से लगातार बिखरती जा रही थीं और अंतर्कलहग्रस्त थीं, पर आज की लघु पत्रिकाएं अपनी स्वायत्तता बरकरार रखते हुए एक-दूसरे के साथ मिलकर चलने को विकल हैं। इनके बीच अभूतपूर्व सौहार्द स्थापित हो रहा है। इतिहास ने इन पर महत्वपूर्ण जिम्मेदारी सौंप दी है—न केवल एक साझा अभियान से साहित्य को बचाने और विकसित करने की, बल्कि अपना स्वरूप अत्याधुनिक संचार-माध्यमों के बरअक्स पुनर्निर्माण करने की। यह हमारे समाज की बेचैनी और आत्मपहचान के संघर्ष की ही सांस्कृतिक अभिव्यक्ति नहीं है, इसका लक्ष्य अपने माध्यम के सामर्थ्य और सीमा को पहचानना भी है। (उत्तरार्द्ध-40, 1995)

अपनी सीमाओं के बावजूद लघु पत्रिकाओं के संपादक एक ढीले-ढाले आंदोलन के जरिये एक-दूसरे से विचार साझा करने की कोशिश में लगे थे। समन्वय समिति के संयोजक ज्ञानरंजन और संयुक्त संयोजक शंभुनाथ द्वारा उस दौर में जारी परिपत्रों में इसकी झलक मिलती है। लघु पत्रिका आंदोलन के परिपत्र में अपने देश-काल की चुनौतियों के प्रति बाखबर रहने और पाठकों के बीच इन्हें उजागर करने की चिंता दिखती है। 'कतार' में प्रकाशित एक परिपत्र से पता चलता है कि जमशेदपुर में संपन्न दूसरे राष्ट्रीय सम्मेलन के बाद 'दस्तक' (राघव आलोक) ने तीसरा बुलेटिन प्रकाशित किया था। बिहार राज्य समन्वय समिति की संयोजक रमणिका गुप्ता ने हजारीबाग में लघु पत्रिकाओं की बिहार कार्यशाला का आयोजन 29-30 अक्टूबर 1994 को किया, जिसमें पचास से अधिक लेखकों और संपादकों ने सक्रिय रूप से भाग लिया।

18 फरवरी 1995 को 'पल-प्रतिपल' के देश निर्मोही द्वारा चंडीगढ़ में आयोजित लघु पत्रिकाओं पर केंद्रित संगोष्ठी, 9 अप्रैल 1995 को वेद व्यास द्वारा जयपुर में आयोजित लघु पत्रिका संगोष्ठी तथा उत्तरार्द्ध द्वारा उस खास कालावधि में लघु पत्रिका आंदोलन पर जारी बहस इस आंदोलन की निरंतरता और सार्थकता के प्रमाण हैं। कुमार संभव की स्मृति में 'परिवेश' द्वारा इसी साल मुरादाबाद में एक सफल आयोजन हुआ। 'कतार' ने भी धनबाद में ऐसा ही आयोजन किया। 'पुरुष' के संपादक विजयकांत ने एक पत्र जारी कर कुछ कमियों की ओर इशारा किया, जिन्हें सुधार लिया गया। इस तरह स्वतःस्फूर्त सचेतनता के कई अच्छे नतीजे सामने आए। 'राष्ट्रीय लघु पत्रिका समन्वय समिति' की हर सदस्य

लघु पत्रिका अपने मोर्चे पर एक अडिग संस्कृति सैनिक है। ('कतार' 1996) इस परिपत्र में कहा गया है, 'पिछले दिनों सांस्कृतिक प्रदूषण का जाल और अधिक फैला है। सांप्रदायिकता, जातिवाद तथा दूसरे पृथकतावादी तत्वों की चुनौती ही घनीभूत नहीं हुई है, अंधविश्वासों का नंगा नाच भी शुरू हुआ है। पश्चिमी साम्राज्यवाद के कठोर पंजों में संपूर्ण विश्व समाता जा रहा है। नया भूमंडलीय बाजार तंत्र मानवीय संवेदनशीलता और मूल्य-बोध के खात्मे पर उतारू है। इस अराजक परिदृश्य में एक सकारात्मक चीज यह दिखाई दे रही है कि अपने जीवन की अनिश्चितता और बदहाली से परेशान साधारण वर्ग के लोग न केवल नए पुनरुत्थानवाद को, बल्कि नव-औपनिवेशिक विकास को भी शंका से देखने लगे हैं। साहित्यिक परिदृश्य में यदि एक ओर अखबारों तथा अत्याधुनिक मीडिया ने साहित्य को हाशिये से भी बाहर फेंक दिया है तो दूसरी ओर विभिन्न नगरों में लेखक, संपादक, साहित्य-प्रेमी और कलाकार अंतर्कलह से मुक्त होकर पारस्परिक सद्भावना और सहयोग की ओर बढ़ रहे हैं। इसमें संदेह नहीं कि 'आत्मनिरीक्षण' और 'पुनर्गठन' की नई ऐतिहासिक प्रक्रिया उन्हें साझा सांस्कृतिक अभियान को और तीव्र करने के महान संकल्प की ओर अग्रसर करेगी।' (वही)। 'राष्ट्रीय लघु पत्रिका समन्वय समिति' द्वारा संवाद और समन्वयन का जितना विस्तार होना चाहिए था, नहीं हो पाया। इसकी वजह संकल्प की कमी न होकर लघु पत्रिकाओं के बीच भौगोलिक दूरी, आर्थिक संसाधनों का अभाव तथा अपनी-अपनी पत्रिका अथवा लेखन को लेकर व्यस्तता मानी जाती है।

समन्वय समिति ने तीसरा राष्ट्रीय सम्मेलन आजमगढ़ में 14-16 नवम्बर, 1997 को किया। इसमें समन्वय समिति के बुलेटिन का नाम 'लघु पत्रिका अभियान' तय हुआ। सम्मेलन की मेजबानी 'वर्तमान साहित्य' के संपादक विभूतिनारायण राय ने की और उद्घाटन कवि केदारनाथ सिंह ने किया। केदारनाथ सिंह ने कहा कि 'लघु पत्रिका आंदोलन हिंदी साहित्य में भक्ति आंदोलन के बाद सबसे बड़ा आंदोलन है। बड़े संचार माध्यम तो बाजारवाद और उपभोक्तावाद के मकड़जाल में फंस गए हैं, लेकिन लघु पत्रिकाएं साहित्य के जनतंत्र की सजग प्रहरी के रूप में चुपचाप एक सांस्कृतिक आंदोलन चला रही हैं, ज्यादातर लघु पत्रिकाएं कस्बों और छोटे शहरों से निकल रही हैं। लेकिन वे बड़े शहरों के साहित्य को भी प्रभावित कर रही हैं, क्योंकि आज जो भी सार्थक और महत्वपूर्ण लिखा जा रहा है, उसका अधिकांश इन्हीं के माध्यम से सामने आ रहा है। चिंता की बात यह है कि इनका आर्थिक आधार मजबूत नहीं है और प्रसार कम है। इस पर सम्मेलन में गंभीरतापूर्वक विचार होना चाहिए।' (बुलेटिन - 4)। सवाल उठता है, प्रतिमान-परिवर्तन करने का जो काम भक्ति आंदोलन ने किया था, क्या वह लघु पत्रिका आंदोलन ने भी किया? प्रगतिशील आंदोलन ने भी साहित्य के प्रतिमान बदले थे। इस पैमाने पर भी लघु पत्रिका आंदोलन कमजोर साबित होता है। तीसरे राष्ट्रीय सम्मेलन में 'बड़े संचार माध्यमों का सांस्कृतिक आक्रमण' और 'साम्राज्यवाद विरोधी सांस्कृतिक आंदोलन : लघु पत्रिकाओं की भूमिका' और 'लघु पत्रिकाओं का समानांतर चैनल : नई वितरण प्रणाली' जैसे विषयों पर चर्चा हुई। आजमगढ़ सम्मेलन में बड़ी संख्या में लेखक और संपादक आए थे।

स्वायत्तता के साथ सहयात्रा : समन्वय समिति का चौथा सम्मेलन जयपुर में 24-25 फरवरी, 2001 को आयोजित हुआ। यह अब तक का सबसे बड़ा सम्मेलन था। इसमें 150 से अधिक संपादक और लेखक अपना मार्ग व्यय खुद वहन करके आए थे। इससे लघु पत्रिका से प्रेम का एक उच्च आयाम व्यक्त हुआ। इससे एक आशा भी झलकी। इस सम्मेलन की मेजबानी पिंक सिटी प्रेस क्लब और राष्ट्रभाषा प्रचार समिति ने की थी। लघु पत्रिका आंदोलन का यह आखिरी बड़ा सम्मेलन साबित हुआ। लघु पत्रिका आंदोलन का प्रमुख सूत्र था—स्वायत्तता के साथ सहयात्रा।

उपर्युक्त सम्मेलन में ठेठ सामाजिक-राजनीतिक

मोर्चे पर काम कर रहे किशन पटनायक और अरुणा राय को भी आमंत्रित किया गया था। पटनायक और राय को बुलाना इस बात की तरफ इशारा है कि साहित्य से जुड़े ज्यादातर संपादकों ने इसे सीधे तौर पर सामाजिक-राजनीतिक मोर्चे पर काम करने वाले समूहों की चिंताओं से जोड़ने की कोशिश की थी। इस सम्मेलन में आयोजित विचार-गोष्ठी के विषय से भी आंदोलन की चिंता के विस्तार का सबूत मिलता है। 'लघु पत्रिकाओं की अंतर्वस्तु : दलित, आदिवासी, अल्पसंख्यक और स्त्री-प्रश्न' और 'लघु पत्रिकाओं की अंतर्वस्तु : साहित्येतर चिंतन और ज्ञान का समावेश' विषयों पर विमर्श ठेठ साहित्य के दायरे से व्यापक सवालों की दिशा में विस्तार का सूचक है। यही वह बिंदु है, जहाँ लघु पत्रिकाएं या उनका आंदोलन अपनी सार्थकता और तत्कालीन अर्थवत्ता जाहिर कर सकते थे।

जयपुर सम्मेलन में 'लघु पत्रिका आंदोलन : भविष्य के कार्यभार' विषय पर भी विचार-विमर्श हुआ। इस दौरान यह सवाल उठा कि लघु पत्रिका का आंदोलन वास्तव में आंदोलन है या नहीं? कारण कि 'आंदोलन से संगठन बनते हैं, संगठन से कोई आंदोलन नहीं चलता। जब जनता आंदोलन कर रही होती है तो कई तरह से संगठन बन जाते हैं। राजनीतिक संगठन भी, सांस्कृतिक संगठन भी और अन्य संगठन भी। ऐसी हालत में समन्वय समिति लघु पत्रिका को वैकल्पिक मीडिया के तौर पर विकसित करने पर बल देती है।' इस पर लघु पत्रिका आंदोलन के एक सदस्य ने कहा कि 'हमारी पत्रिकाएं तो हजार-दो हजार से ज्यादा पाठकों तक पहुंचतीं ही नहीं, ठीक से। लेखक आपस में ही पढ़ते हैं।' इस प्रसार संख्या के बल पर आंदोलन खड़ा करने और वैकल्पिक मीडिया बनने पर चिंता प्रकट की गई। 'राष्ट्रीय लघु पत्रिका समन्वय समिति' की अगुवाई करने वाले लोगों के मन में ही इसे आंदोलन माना जाए या नहीं, यह साफ नहीं था। हजार-दो हजार की प्रसार संख्या के बल पर क्या हो सकता है, यह सवाल ज्यादातर लोगों को चिंतित करता लगा। इतना तो साफ था कि 'वर्तमान परिप्रेक्ष्य में...कोई आंदोलन नहीं है।' इसलिए कहा गया, हम लेखकों का लघु पत्रिकाओं के प्रति यह दायित्व बनता है कि आंदोलन की स्थिति पैदा करें क्योंकि आंदोलन पैदा होने के बाद ही संगठन उभरकर आएंगे और मजबूत बनेंगे।

इस सम्मेलन में फैसला लिया गया कि हर वर्ष भारतेंदु के जन्म दिवस 9 सितंबर को लघु पत्रिका दिवस के रूप में मनाया जाए। यह कुछ जगहों पर मनाया जाना शुरू हुआ।

जयपुर सम्मेलन में कुछ विद्वानों द्वारा की गई लघु पत्रिका आंदोलन की आलोचना को लोगों ने महसूस किया। पिछले सम्मेलनों में इस बात पर खास बातचीत नहीं होती थी कि लघु पत्रिकाओं के संपादकों द्वारा शुरू की गई यह कोशिश 'आंदोलन' है या नहीं, लेकिन समन्वय समिति द्वारा प्रकाशित 'लघु पत्रिका अभियान' (बुलेटिन संख्या-6) को 'पुनर्गठन के लिए संवाद-1' कहा गया। इस उपशीर्षक से स्पष्ट है कि संवाद की कोशिश जारी थी। जयपुर सम्मेलन के बाद समन्वय समिति की तरफ से कोई राष्ट्रीय सम्मेलन आयोजित नहीं हुआ। केंद्रीय हिंदी संस्थान में 28-29 अक्टूबर 2006 को आगरा में लघु पत्रिकाओं के संपादक एकत्र हुए। ज्ञानरंजन ने उद्‌घाटन भाषण दिया और अध्यक्षता शंभुनाथ ने की। बीसवीं सदी के अंतिम दशक के लघु पत्रिका आंदोलन की अगुवाई भी इन्हीं लोगों ने की थी। इस आयोजन में हिंदी के कई संपादकों ने शिरकत की थी। इस आयोजन में लघु पत्रिकाओं को डाक खर्च में विशेष रियायत की मांग उठी। केंद्रीय हिंदी संस्थान की ओर से 53 लघु पत्रिकाओं को आंशिक अर्थ सहयोग की 2008 से शुरुआत हुई, जो जारी है। सरकार से पर्याप्त सहयोग लघु पत्रिकाओं को नहीं मिल पाया, जो दूसरी सांस्कृतिक गतिविधियों को सुलभ है। आज भी लघु पत्रिकाएं मूलतः अपने दम-खम पर निकल रही हैं।

'अक्सर' (संपादक हेतु भारद्वाज) ने लघु पत्रिका और उसके आंदोलन पर अपने एक अंक में विशेष सामग्री प्रकाशित कर बहस का आगाज किया। 'पहल' के संपादक ज्ञानरंजन का व्याख्यान

'लघु पत्रिका आंदोलन : आत्मालोचन और प्रतिज्ञाएं' इसमें प्रकाशित है।

'राष्ट्रीय लघु पत्रिका समन्वय समिति' की संयोजन समिति में ये सात संपादक लेखक थे– ज्ञानरंजन, शंभुनाथ, रमेश उपाध्याय, विभूतिनारायण राय, शंकर, रामकुमार कृषक और हेतु भारद्वाज। हिंदी की साहित्यिक पत्रिकाएं अभी भी प्रतिरोध और पुनर्निर्माण की प्रमुख आवाजें बनी हुई हैं। अब इनका एक बड़ा क्षेत्र वेबसाइट है, पर वैकल्पिक मीडिया या 'लिटिल मीडिया' के आंदोलन का भविष्य अब नई पीढ़ी के हाथों है।

लघु पत्रिका आंदोलन कोई संगठित आंदोलन नहीं था, लेकिन इसने बीच-बीच में लघु पत्रिकाओं के बीच संवाद स्थापित करने, एक खास निराशा के समय लिटिल मीडिया की महत्ता उजागर करने और नए वैचारिक मुद्दों के प्रति सतर्क करने का काम किया। इसका एक प्रमुख मुद्दा सांस्कृतिक प्रदूषण से बचने के लिए वैकल्पिक मीडिया के रूप में खुद को स्थापित करना रहा है। इस आंदोलन में मुख्य धारा की मीडिया की पूरी संरचना में ही नकारात्मकता देखी गई। इसके साथ ही वैकल्पिक मीडिया के तौर पर स्थापित करने के लिए आवश्यक तकनीकी बदलाव की समझ यहां नहीं थी। नगरों में लेखकों के प्रयत्न से बिक्री के लिए 'लघु पत्रिका मंडप' या कोई अपनी वितरण श्रृंखला योजना बनाने के बावजूद विकसित नहीं की जा सकी। लघु पत्रिका के संपादकों के सच्चे संघर्ष और सच्चे प्रयास की ऐसी ही कुछ सीमाएं इस आंदोलन की संरचना में रही हैं।

राजीव रंजन गिरि

अधिक जानकारी के लिए :

1. राष्ट्रीय लघु पत्रिका समन्वय समिति के बुलेटिन-1 से 6 तक, **2. 'उत्तरार्द्ध', 'दस्तक', 'संवेद', 'आम आदमी', 'कतार', 'अक्सर', 'पाखी'** आदि के लघु पत्रिका आंदोलन पर केंद्रित अंक

लघु पत्रिकाएं : विकास यात्रा

लघु पत्रिकाएं थोड़े संसाधनों से गैर-व्यावसायिक स्तर पर निकलने वाली साहित्यिक पत्रिकाएं हैं। भारतेंदु हरिश्चंद्र ने निजी प्रयास से 1868 में पहली हिंदी साहित्यिक पत्रिका 'कवि वचन सुधा' का प्रकाशन शुरू किया था। फिर भी माना जाता है कि प्रमुखतः 1970 के दशक से 'लिटिल मैगजीन' का दौर शुरू होता है। इस समय लघु पत्रिकाएं हिंदी साहित्य के केंद्र में आ गईं। उनमें श्रेष्ठ साहित्य आया, जो अपने समय की व्यापक हलचलों से जुड़ा था। इस अर्थ में लघु पत्रिकाओं की विकास यात्रा आधुनिक हिंदी साहित्य की विकास यात्रा का एक अनिवार्य हिस्सा है।

साहित्यिक पत्रकारिता के क्षेत्र में 'लघु पत्रिका' शब्द का चलन 1965 के आस-पास शुरू हुआ। उस समय साहित्यिक स्थितियां ऐसी बनीं कि हिंदीभाषी राज्यों में जगह–जगह से, कस्बे–कस्बे से साहित्य से जुड़े व्यक्ति या व्यक्तियों के प्रयासों से पत्रिकाएं निकलनी शुरू हो गईं। इनकी संख्या इतनी ज्यादा थी कि इनका प्रकाशन एक आंदोलन-सा दिखने लगा। टाइम्स ऑफ इंडिया ग्रुप की व्यावसायिक पत्रिका 'धर्मयुग' ने अपने महत्व को बड़ा करने के लिए व्यंग्य और उपहास में इन पत्रिकाओं को 'लघु पत्रिका' कहा। कालांतर में इन पत्रिकाओं के संपादकों ने बिना किसी हीनता ग्रंथि के प्रत्युतर में इसी नाम को अपने महत्व, गौरव, बड़प्पन और स्वाभिमान का प्रतीक बना लिया और 'लघु पत्रिका' शब्द को अपने लिए स्वीकार कर लिया, फिर यही शब्द चलन में आ गया।

लघु पत्रिकाओं की विशिष्ट पहचान इन तत्वों से बनती है : ये व्यावसायिक उद्देश्यों या कारोबार के लिए प्रकाशित नहीं होतीं। इनकी कार्यनीति लागत निकाल लेने तक ही सीमित होती है, हालांकि अधिकांश मामलों में यह भी संभव नहीं होता। ये साहित्य से जुड़े व्यक्ति या व्यक्तियों द्वारा सामूहिक सहयोग से प्रकाशित और वितरित की जाती हैं और कई बार व्यक्तिगत जोखिम ही प्रधान होता है। ये महज शौक या आत्मतुष्टि के लिए नहीं, बल्कि गहरे साहित्यिक-सामाजिक सरोकारों के तहत बड़े उद्देश्यों से निकाली जाती हैं।

लघु पत्रिकाएं व्यावसायिक प्रकाशन गृहों, सरकारी विभागों, अकादमियों से निकलने वाली पत्रिकाओं से भिन्न हैं। ये विभिन्न साहित्यिक सोच और विचारधाराओं की हो सकती हैं, पर इनकी मूल प्रवृत्ति संस्थानीकरण के विरुद्ध है। ये विचारों की स्वाधीनता को प्रमुख स्थान देती हैं और लोकधर्मी होती हैं। कुछ का विचार है कि सरकारी संस्थानों से निकलने वाली पत्रिकाओं का लक्ष्य भी व्यवसाय न होकर सहित्य को संरक्षण देना है। जो लेखक लघु पत्रिकाओं में लिखते हैं, वे इन पत्रिकाओं में भी लिखते हैं। इसके बावजूद लघु पत्रिकाओं की अवधारणा में ये शामिल नहीं की जातीं, क्योंकि ये कोई आंदोलनात्मक या वैचारिक लक्ष्य लेकर नहीं निकलतीं। लघु पत्रिकाएं ऐसी साहित्यिक पत्रिकाएं हैं जिनके कम संसाधनों से निकलने के बावजूद कुछ बड़े बौद्धिक उद्देश्य रहे हैं।

लघु पत्रिकाएं साहित्यिक पत्रकारिता के परिदृश्य में अलग-अलग या स्वतंत्र परिघटना जैसी दिख सकती हैं, लेकिन सच यह है कि भारतेंदु के बाद और आजादी मिलने तक साहित्यिक पत्रकारिता में सामाजिक व्यवस्था के अंतर्विरोधों को प्रमुखता देने की जो सोच थी, वही सोच 1965 के बाद की परिस्थितियों में इन लघु पत्रिकाओं की थी। हिंदी में साहित्यिक पत्रकारिता की शुरुआत भारतेंदु के प्रादुर्भाव से जुड़ी है। भारतेंदु ने 'कविवचन सुधा', 'हरिश्चंद्र मैगजीन', (बाद में 'हरिश्चंद्र चंद्रिका') और 'बालाबोधिनी' नाम से पत्रिकाएं निकाली थीं। इस परंपरा का विकास 'हिंदी प्रदीप', 'ब्राह्मण', नागरी प्रचारिणी पत्रिका, 'सरस्वती', 'इंदु', 'माधुरी','मतवाला', 'चांद', 'विशाल भारत', 'हंस', 'जागरण', 'जमाना', 'रूपाभ', 'संगम', 'नया साहित्य', 'हिमालय' आदि पत्रिकाओं ने किया। इस दौर की पत्रिकाओं में साम्राज्यवाद विरोध और सामाजिक बदलाव के लिए जद्दोजहद की अंतर्धाराएं थीं ही, इनके अलावा विभिन्न साहित्यिक विधाओं के विकास का दायित्व भी उन पर था। इस दौर में संगठित प्रकाशन-व्यवस्था के अंतर्गत निकल रही 'सरस्वती', 'माधुरी', 'मतवाला', 'विशाल भारत', 'जमाना' जैसी पत्रिकाओं के पीछे भी न कोई बड़ी व्यावसायिक आकांक्षा थी और न ऐसी पत्रिकाएं कहीं गलत समझौता करती थीं। हमें मानना चाहिए कि देश, समाज, आजादी, सांस्कृतिक पुनर्निर्माण और मानवता की भावना ही इस दौर की साहित्यिक पत्रकारिता की मूल भावना थी।

आजादी के बाद दो दशकों के भीतर टाइम्स ऑफ इंडिया, हिंदुस्तान टाइम्स, दिल्ली प्रेस, मित्र प्रकाशन आदि व्यावसायिक प्रकाशन घरानों ने पत्रिकाओं को एक संगठित व्यवसाय का रूप दे दिया था। इन घरानों से 'धर्मयुग', 'साप्ताहिक हिंदुस्तान','सारिका', 'दिनमान', 'कादंबिनी', 'मनोहर कहानियां', 'माया', 'सरिता,' 'मुक्ता' आदि पत्रिकाएं निकली थीं।

प्रतिष्ठित पत्रकार राजकिशोर ने आजादी के बाद की साहित्यिक पत्रकारिता के लिए जो कुछ कहा है, वह गौरतलब है : 'आजादी से पहले की पत्रकारिता की जो स्मृति हमारे अवचेतन में है, वह किसी क्रांतिकारी धारा से कम नहीं है। वह पूरा काल सतत संघर्ष का काल था। ...शोक की बात यह है कि आजादी मिलने के बाद आत्मनिरीक्षण की बेचैनी लगातार तिरोहित होती चली गई। जब भारतीय गणराज्य की बाकायदा स्थापना हुई तो हिंदी पत्रकारिता से गणतांत्रिक उभार विदा ले चुका था। आगे सिर्फ उतराई थी–ऐसी जो किसी नए शिखर की ओर नहीं जाती थी।' (समकालीन सृजन, 2000)।

आजादी के तुरंत बाद साहित्यिक पत्रकारिता में हिंदी भाषा और साहित्य की सेवा करते हुए समाज के लिए कुछ करने की धारणा का उदय हुआ। इस प्रवृत्ति के साथ कुछ स्तरीय साहित्यिक पत्रिकाएं निकलीं, जैसे–'प्रतीक', 'संकेत', 'नई कविता', 'माध्यम', 'कृति', 'ज्ञानोदय', 'वीणा', 'कल्पना', 'नई कहानियां','आलोचना', 'कहानी', 'नया पथ', 'समालोचक', 'नई धारा', 'आवेश', 'नटरंग' आदि। इस दौर का महत्वपूर्ण साहित्य इन्हीं पत्रिकाओं के माध्यम से आया। साहित्यधर्मिता इस दौर की मुख्य प्रवृत्ति थी।

1965 के आसपास लघु पत्रिकाओं का दौर आया। पूरी दुनिया में ही 60 और 70 के दशक में 'लिटिल मैगजीन' विद्रोही स्वर के साथ निकलने लगी थी। लघु पत्रिकाएं प्रतिवाद की आवाजें थीं। इनकी सबसे बड़ी खूबी थी कि ये सत्ता और व्यवस्था के विरोध में थीं। इन्होंने साहित्यिक पत्रकारिता में एक नई दिशा ही नहीं खोली बल्कि उसे अन्यतम शिखर तक भी पहुंचा दिया। छोटे-छोटे शहरों से साहित्यिक पत्रिकाएं निकलने लगीं, इनके माध्यम से नवलेखन सामने आया। 1965-90 के बीच लघु पत्रिका ही साहित्यिक आंदोलनों और बहस-मुबाहसों के केंद्र में थीं। उनमें विचारों की विविधता थी। कुछ पत्रिकाएं स्वतंत्र मिजाज की थीं और कुछ वामपंथी मिजाज की। कुछ पत्रिकाएं साहित्यिक नर्सरी जैसी भी थीं। एक जमाने में इन सबने एक विचारोत्तेजक साहित्यिक माहौल बना रखा था। इन लघु पत्रिकाओं के जरिए साहित्य का जनतंत्रीकरण हो रहा था। यह साहित्यिक पत्रकारिता का स्वर्णिम दौर था। इस दौर में गंभीरता से निकलने वाली लघु पत्रिकाओं ने जो साहित्यिक परिदृश्य रचा था, उसमें प्रतिपक्ष की आवाजें भारतेंदु और प्रेमचंद की साहित्यिक पत्रकारिता का ही विकास थीं।

इन लघु पत्रिकाओं ने साहित्य की दुनिया में एक ऐसा माहौल बना दिया कि सभी महत्वपूर्ण लेखक बड़ी व्यावसायिक पत्रिकाओं के बजाय लघु पत्रिकाओं में छपना ज्यादा सम्मानजनक समझने लगे।

इस दौर की कुछ लघु पत्रिकाओं के नाम हैं– 'कथा' (मार्कण्डेय),'लहर' (प्रकाश जैन, मनमोहिनी), 'वातायन' (हरीश भादानी), 'कहानी' (भैरव प्रसाद गुप्त, बाद में श्रीपत राय), 'बिंदु' (नंद चतुर्वेदी), 'पहल' (ज्ञानरंजन), 'समारंभ' (भैरव प्रसाद गुप्त), 'युयुत्सा' (शलभ श्रीराम सिंह), 'नवागत' (नवल), 'वाम' (चंद्रभूषण तिवारी), 'उत्तरशती' (खगेंद्र ठाकुर), 'कलम' (इसरायल), 'कथन' (रमेश उपाध्याय), 'समकालीन सृजन' (शंभुनाथ, मानिक बच्छावत एवं अन्य), 'प्रगतिशील वसुधा' (कमला प्रसाद, राजेंद्र शर्मा), 'कथा दशक', (सतीश जमाली), 'अब' (शंकर/अभय/नर्मदेश्वर), अक्षर (मानिक बच्छावत),'दर्पण' (श्याम श्रेष्ठ), 'गल्प भारती' (मार्कण्डेय सिंह), 'कथा कहानी', 'इस बार' (मधुकर सिंह), 'पुरुष' (विजयकांत), 'संवेद' (किशन कालजयी), 'जनपथ' (अनंत कुमार सिंह), 'युद्धरत आम आदमी' (रमणिका गुप्ता), 'दस्तक' (राघव आलोक), 'कदम' (अब्दुल बिस्मिल्लाह), 'अभिनव कदम' (जयप्रकाश धूमकेतु), 'निष्कर्ष' (गिरीश चंद्र श्रीवास्तव), 'संदर्भ' (सुधीर विद्यार्थी), 'उत्तरार्द्ध' (सव्यसाची), 'परिवेश' (मूलचंद गौतम), 'दस्तावेज' (विश्वनाथ प्रसाद तिवारी), 'नई रचना' (मदन मोहन), 'भंगिमा' (लालबहादुर वर्मा), 'वर्तमान साहित्य' (विभूतिनारायण राय), 'उद्भावना' (अजेय कुमार), 'युग परिबोध' (आनंद प्रकाश), 'अलाव' (रामकुमार कृषक), 'सर्वनाम' (विष्णुचंद्र शर्मा), 'क्यों' (मोहन श्रोत्रिय, स्वयं प्रकाश), 'इसलिए' (राजेश जोशी), 'ओर' (विजेंद्र), 'अक्सर' (हेतु भारद्वाज), 'दिशाबोध' (राजाराम भादू), 'संबोधन' (कमर मेवाड़ी), 'शेष' (हसन जमाल), 'साम्य' (विजय गुप्त), 'सापेक्ष' (महावीर अग्रवाल), 'कसौटी' (नंदकिशोर नवल, पटना), 'आकंठ' (हरिशंकर अग्रवाल), 'आवेग' (प्रसन्न ओझा), 'आधाशिला' (दिवाकर भट्ट), 'कथाक्रम' (शैलेंद्र सागर) 'संप्रेषण (चंद्रभानु भारद्वाज)' 'इरा' (गोपाल प्रसाद, उदयराज), 'मुक्तांचल' (मीरा सिन्हा), 'समकालीन जनमत' (रामजी तिवारी), 'समयांतर' (पंकज विष्ट), 'अनहद' (संतोष चतुर्वेदी), 'जनपक्ष' (शैलेश मटियानी), 'प्रसंग' (शंभू बादल), 'प्रतिमान'(शाहजहांपुर), 'अभिव्यक्ति' (राजेंद्र कुमार), 'पल–प्रतिपल' (देश निर्मोही), 'जतन' (तारा पांचाल), मित्र (मिथिलेश्वर), 'तद्भव' (अखिलेश), 'पश्यंती' (प्रणव कुमार बंदोपाध्याय), 'अकार' (गिरिराज किशोर), 'परिचय' (श्रीप्रकाश मिश्र), 'पाखी' (प्रेम भारद्वाज), 'बया' (गौरीनाथ), 'कल के लिए' (जयनारायण), 'बनास जन' (पल्लव), 'पक्षधर' (विनोद तिवारी), 'परिकथा' (शंकर) आदि।

बीसवीं सदी के 90 के दशक में 'हंस'

(राजेंद्र यादव) का प्रकाशन फिर शुरू हुआ, जिसने सामाजिक विमर्शों पर केंद्रित अपनी सामग्री के आधार पर एक बार फिर विस्तृत पाठक वर्ग बनाया। इसी तरह मासिक के तौर पर 'कथादेश' (हरिनारायण) भी संघर्ष करते हुए निकला। 'वागर्थ' (भारतीय भाषा परिषद) आया।

लघु पत्रिकाओं ने सामाजिक व्यवस्था के अंतर्विरोधों, सवालों, सामान्य जन की आकांक्षाओं और समस्याओं की साहित्यिक-सांस्कृतिक अभिव्यक्ति की रचनाएं जितने व्यापक स्तर पर प्रस्तुत कीं, इससे पहले प्रस्तुत नहीं हुई थीं। इन पत्रिकाओं में एक प्रतिबद्धता दिखाई देती है, जो आज भी किसी-न-किसी रूप में जारी है। इन पत्रिकाओं ने सजग और प्रबुद्ध पाठकों की एक नई जमात पैदा की और पाठकीय अभिरुचि को उन्नत किया। छोटी-छोटी जगहों के अनजान लेखकों को राष्ट्रीय स्तर पर खड़ा कर दिया और विश्व स्तर पर उभरे रुझानों को भारतीय परिप्रेक्ष्य में देखने, समझने और अपनाने की स्थितियां पैदा कीं। लघु पत्रिका का नाम लेते ही लेखकों के जेहन में लघु पत्रिका आंदोलन का भाव पैदा होता है, हालांकि 1992 में आयोजित राष्ट्रीय लघु पत्रिका सम्मेलन के बावजूद इनका संगठन बड़ा रूप न ले सका, लघु पत्रिकाओं की कोई सुव्यवस्थित वितरण व्यवस्था न बन सकी, लेकिन संवाद भी कभी नहीं थमा। साहित्यिक पत्रिकाओं में सामाजिक पुनर्निर्माण के हित में साहित्येतर विषयों को छापने की जो परंपरा भारतेंदु और प्रेमचंद के जमाने में मौजूद थी, इन पत्रिकाओं ने भी भारतीय समाज की अद्यतन स्थितियों और विषयों को उठाया। आज लघु पत्रिकाएं ऐसे विषयों को इतनी प्रमुखता देती हैं कि ये वैकल्पिक मीडिया मानी जाती हैं।

शंकर

लघु मानव

नई कविता के दौर में लघु मानव साहित्यिक चर्चा का एक केंद्रीय विषय रहा है। विजयदेव नारायण साही ने 'नई कविता' के संयुक्तांक 5-6 (1960-61) में प्रकाशित 'लघु मानव के बहाने हिंदी कविता पर एक बहस' नामक अपने लंबे लेख में इस पर विस्तार से चर्चा की है। इसके माध्यम से उन्होंने छायावाद से लेकर अज्ञेय तक की हिंदी कविता यात्रा पर अपनी तर्कपूर्ण टिप्पणी प्रस्तुत की है। इस समूचे आलेख में अंतर्धारा के रूप में साही जी की यह चिंता विद्यमान रही है कि बदलते हुए समय और परिवेश में मनुष्य किन-किन रूपों में साहित्य में अभिव्यक्त हुआ है। अपने इस आलेख के आरंभ में ही वे यह प्रश्न उठाते हैं कि जिस लघु मानव की चर्चा लक्ष्मीकांत वर्मा और धर्मवीर भारती आदि ने की थी, उसकी चर्चा सुनाई नहीं पड़ती। वस्तुतः वे जानना चाहते हैं कि लघु मानव की कल्पना क्या उस समय के साहित्यिक कृतित्व को समझने में उपयोगी रही है या यह समूचा उपक्रम सिर्फ कौतूहल निर्माण करने का माध्यम मात्र था? वे साफ तौर पर कहते हैं कि 'यदि लघु मानव की मृत्यु हो गई है तो भी उसकी शव परीक्षा एक दृष्टि से उपयोगी होगी।' दरअसल, वे इसके माध्यम से जानना चाहते हैं कि एक काल विशेष का साहित्य मनुष्य को कैसे देखता है। उनकी स्पष्ट धारणा है कि 'बार बार मनुष्य को बदलते हुए देशकाल में परिभाषित करना साहित्य की जिम्मेदारी है।' (नई कविता, संयुक्तांक 5-6)

इस तरह लघु मानव संबंधी बहस के केंद्र में भी मनुष्य को नए ढंग से परिभाषित करने का ही प्रयास होता रहा है। सबसे पहले लक्ष्मीकांत वर्मा ने 'नई कविता के प्रतिमान' में इस पर विस्तृत विचार-विमर्श किया और इसे 1948 से 1956 तक के 'कुछ नए एवं तरुण लेखकों के सहचिंतन की उपलब्धि' मानते हुए 'समस्त मानव-आत्मा का लघुतम आत्मबोध' कहा। उन्होंने लघु मानव को प्रगतिवादी वर्ग मानव और पंत के अरविंदवादी महामानव से भिन्न मानते हुए नए संदर्भों में मनुष्य को परिभाषित किया। उनकी इस धारणा का अनेक विद्वानों ने विरोध किया। इसे किसी ने 'छोटा आदमी' तो किसी ने 'कर्दमवासी' या 'कुंठावादी' माना। जगदीश गुप्त ने सीधे यह प्रश्न उठाया, 'क्या लघुता की भावना स्वाभिमान की प्रेरक हो

सकती है?' लक्ष्मीकांत वर्मा ने लघु मानव की कल्पना को महामानव की सापेक्षता या प्रतिक्रिया के रूप में न देखते हुए स्पष्ट किया कि यह लघुता लघुतम का 'पोटेंशल' है, हीनता की नहीं, क्योंकि यह युग बिना इस लघुतम के 'पोटेंशल' को लिये सार्थकता के साथ आगे बढ़ नहीं सकता। (नए प्रतिमान : पुराने निकष)।

लक्ष्मीकांत वर्मा की दृष्टि में लघु मानव कोई अमूर्त अवधारणा नहीं है। वह तत्कालीन समय और समाज में संघर्षरत आदमी का प्रतीक है। यह आदमी कई बार निराश, हताश और पराजित-सा अनुभव करते हुए भी ऐसी आस्था से भरा होता है, जो उसे विपरीत परिस्थितियों में भी निरंतर ऊर्जा प्रदान करती है। वैचारिक आग्रहों से आक्रांत हुए बिना वह स्वविवेक, स्वाभिमान और स्वातंत्र्य-भाव से पूर्ण होता है। उसमें अपनी स्थिति से निपटने की उत्कट आकांक्षा होती है क्योंकि वह समसामयिक यथार्थ को वह बखूबी समझता है।

वस्तुतः लघु मानव संबंधी बहस में मूल आपत्ति 'लघु' को लेकर उठाई गई थी। साही के अनुसार, 'मनुष्य की हर परिभाषा मूलतः 'सहज मनुष्य' की परिभाषा है।' लघु मानव इस सहज मानव का विरोधी नहीं है। साही लघु और महत में भी विरोध नहीं मानते। लघु और महत वैसे ही मिलते हैं जैसे यथार्थ और आदर्श। विजयदेव नारायण साही लघु और महत का सम्मिलन प्रतीकात्मक स्तर पर मानते हुए महत की तीन अवस्थाएं बताते हैं। छायावाद में उसका रूप लघु की 'महानता' का है, चौथे दशक में लघु की 'महिमा' का है और उसके बाद की कविता में लघु के 'महत्व' का है। छायावाद और नई कविता के बीच में चौथे दशक से उनका तात्पर्य बच्चन, दिनकर, नवीन, भगवती चरण वर्मा आदि के साहित्य से है।

इसी आधार पर छायावाद और नई कविता के बीच के संबंध को व्याख्यायित करते हुए साही ने माना है कि 'छायावाद और नई कविता के बीच दुर्लंघ्य खाई के बजाय एक क्रमशः विकसित होती हुई परंपरा दिखलाई पड़ेगी और छायावाद के महामानव और आज के लघु मानव के बीच इतनी सख्त फौजदारी होती हुई भी नहीं मालूम पड़ेगी।' (नई कविता, संयुक्तांक 5-6)। इस तरह उन्होंने 'महामानव' शब्द का प्रयोग उस अर्थ में नहीं किया, जिस अर्थ में यह शब्द आम तौर पर प्रचलित रहा है। उनकी लघु संबंधी धारणा महत के विरोध में नहीं दिखाई देती। वे कहते हैं, 'लघु मानव के प्रति एक आपत्ति यह भी है कि यह कल्पना मनुष्य की महत्ता या महानता का निषेध करती है, मनुष्य का जो सर्वश्रेष्ठ है, सबसे विराट है उससे हमारे संबंध को तोड़ देती है। मुझे इसमें शाब्दिक चमत्कार ज्यादा दिखलाई पड़ता है, तत्व कम। क्योंकि सत्य यही है कि लघु-महत में वैसी दुश्मनी नहीं है जैसा कि शब्दकोश बतलाता है।' (वही)। 'लघु' एवं 'महत' को यथार्थ एवं आदर्श के रूप में व्याख्यायित करते हुए वे उस मनोभूमि को समझने का प्रयास करते हैं, जहां लघु और महत या यथार्थ और आदर्श एकसाथ मिलते हैं। एक उदाहरण से इसे स्पष्ट करते हुए उन्होंने बताया है कि तब देश की गुलामी की स्थिति यथार्थ और लघुता की स्थिति थी और 'निश्चित या अनिश्चित काल के भीतर ही आजादी का लक्ष्य आदर्श और महत्ता का लक्ष्य था। (वही)।

साही ने 'लघु मानव' पदबंध में 'लघु' के प्रयोग पर उठ रही आपत्तियों के संदर्भ में अपनी धारणा स्पष्ट की है। उनके अनुसार, 'लघु मानव सहज मानव का विरोधी है, यह धारणा कुछ जंचती नहीं है।' साथ ही, सहज मानव या मानव ही कहने का आग्रह भी उन्हें काम का नहीं लगता। इसका कारण स्पष्ट करते हुए वे लिखते हैं कि सहज मानव या मानव की जिस झलक को हम देख रहे हैं, उस असीम की सजीवता हमारी पकड़ में नहीं आती। उसमें क्रांति का बड़बोलापन नहीं हैं, किंतु वह यथार्थ की पीड़ा से मुक्ति का मार्ग खोजता है। वह यथार्थ एवं आदर्श के द्वंद्व को भी महसूस करता है। उसमें आत्ममुग्धता नहीं है, किंतु अपनी स्थिति का तीखा बोध है। उसमें व्यवस्था की खामियों के कारण असंतोष भी है। इस तरह नई कविता के युग में लघुमानव की परिकल्पना ने वस्तुतः आम मनुष्य को समसामयिक चिंता के केंद्र में खड़ा किया था।

साही यदि लघु मानव की चर्चा करते हुए लघु और महत, यथार्थ और आदर्श या अपराजित विवशता और अपराजेय संकल्प आदि पर विचार करते हैं तो वे इसके माध्यम से उन सूत्रों को खोजते-जोड़ते नजर आते हैं, जिनके द्वारा साहित्य में मनुष्य की खोज संभव होती है। उनकी मान्यता है कि मनुष्य की परिभाषा वैज्ञानिक न होकर सृजनात्मक ही हो सकती है। यह मनुष्य एक खास आधुनिक युग के विराट यंत्रों, बड़े-बड़े संगठनों और महानगरीय विस्तार के समक्ष अपने को लघु महसूस करने लगा था। यह विलगाव का ही एक रूप था। कहा जा सकता है कि लघु मानव में 'लघु' को लेकर भले ही विवाद रहा हो लेकिन साही ने इसके माध्यम से हिंदी कविता में आए इसी सामान्य मनुष्य की पहचान की है।

सतीश पांडेय

अधिक जानकारी के लिए :
1. छठवां दशक : विजयदेव नारायण साही, **2. नए प्रतिमान : पुराने निकष :** लक्ष्मीकांत वर्मा, **3. नई कविता :** संयुक्तांक-5-6 (1960-61)

लघुकथा

लघुकथा में किसी एक जीवन घटना को तीव्र प्रभाव के साथ चित्रित किया जाता है। इसका आकार सीमित होता है। इसका नायक घटना या दृष्टिकोण होता है। इसका उद्देश्य किसी एक संवेदना सूत्र की तीव्र प्रस्तुति है। बलराम के अनुसार, 'लघुकथा साहित्य रूपी ब्रह्मांड के विस्तार में सूर्य की उष्णता और विशालता नहीं, बल्कि मेघाछन्न आकाश में कौंधी हुई उस बिजली के समान है, जो पाठक के मस्तिष्क पर एक तीव्र प्रभाव छोड़कर गुम हो जाती है।' लघुकथा का उद्देश्य विसंगतियों को सामने लाना है। हर दिन घटनेवाली सैकड़ों उपेक्षित घटनाओं में किसी एक को लघुकथा चुनती है और उसे प्रभावशाली ढंग से रखती है। इसमें वातावरण का विस्तार नहीं होता। राजेंद्र यादव के शब्दों में 'फोटोग्राफी' की भाषा में लघुकथा एक ऐसा 'स्नैपशॉट' है, जिसे समय के प्रवाह में स्थिर कर दिया गया है। वह समग्र का हिस्सा भी है और स्वतंत्र भी। 'कहानी उसके संदर्भों के साथ ही अर्थ संकेतित करती है।' (समकालीन भारतीय लघुकथा)। यह व्यंग्यपरक, त्रासद और गंभीर होती है। लघुकथा की भाषा में सांकेतिकता, लक्षणा और व्यंजना होती है। लघुकथा की घटना में पात्र और परिवेश घुले मिले होते हैं। इसमें शुरू से अंत तक एक ही कथात्मक घटना और विचार होता है। इसके प्रभाव के बारे में बलराम कहते हैं, 'प्रभाव की दृष्टि से लघुकथा को तोप या टैंक की अपेक्षा हथगोले की तरह होना चाहिए, जो क्षण भर में वह सब कर गुजरे, जो उसे करना है।' 'हँसी', 'मायाजाल', 'सुख', 'आग' (असगर वजाहत), 'सिर', 'दीवार', 'घर', 'शांति' (उदय प्रकाश), 'गंदी बात', 'फंदे और फंदे', 'मृगजल' (बलराम), 'अपने पार', 'अपनी ही मूर्ति', 'मुक्ति ', 'हनीमून' (राजेंद्र यादव) आदि लघुकथा के अच्छे उदाहरण हैं।

ब्रजकिशोर झा

लघुपत्र

समाचार पत्रों का एक विशेष प्रकार लघुपत्र (Tabloid) कहलाता है, जो आकार में सामान्य दैनिक अखबारों से लगभग आधा होता है। आम तौर पर लघुपत्र की सामग्री राजनीति, फिल्म, टेलीविजन, अपराध, लोकप्रिय खेलों व लोकचर्चित हस्तियों से जुड़ी सनसनीखेज और मसालेदार खबरों तक सीमित होती है। एक समय आम लोगों के बीच इन अखबारों की लोकप्रियता बहुत अधिक रही है। भारतीय महानगरों में ये सांध्य दैनिकों के रूप में आज भी दिखाई देते हैं। इसके विपरीत बड़े आकार वाले अखबार ब्रॉडशीट कहलाते हैं, जो प्रिंट पत्रकारिता की मुख्यधारा का प्रतिनिधित्व करते हैं। यहां तक कि मुख्यधारा के अखबार यदि छोटे आकार में छप रहे हों तो भी उनकी गंभीर सामग्री को देखते हुए उन्हें ब्रॉडशीट ही कहा जाता है।

'टेबलॉइड' शब्द के जन्म का श्रेय लंदन की

एक प्रसिद्ध फार्मा कंपनी को जाता है, जिसने 1880 में 'टेबलॉइड' नाम से छोटे आकार वाली दवाएं बाजार में उतारी थीं। उसके बाद हर वह चीज, जो अपने प्रचलित आकार से काफी छोटे आकार में बनती, टेबलॉइड या टैबलेट के नाम से पुकारी जाने लगी। इस तरह छोटे अखबारों का नाम भी कालांतर में 'टेबलॉइड' पड़ गया।

सनसनीखेज या लोकप्रिय खबरों पर आधारित ये अखबार पहले ब्रॉडशीट आकार में छपते थे। इन्हें बस या ट्राम जैसी भीड़भाड़ वाली जगहों में खोलकर पढ़ने में दिक्कत पेश आती थी। सहूलियत के लिए इनका आकार छोटा कर दिया गया।

टेबलॉइड पीत पत्रकारिता को प्रोत्साहित करता रहा है, जिसकी वजह से देश-विदेश की तमाम जानी-मानी हस्तियों के लिए टेबलॉइड अखबार हमेशा से सिरदर्द रहे हैं। ऐसे अनेक उदाहरण मिलते हैं, जब सिर्फ सनसनी फैलाने के लिए ऐसे अखबार बेसिर पैर की खबरें छापते रहे हैं। खासतौर पर इनमें प्रतिष्ठित लोगों के प्रेम और यौन संबंधों की सच्ची-झूठी कहानियों को अतिरंजित रूप में प्रकाशित किया जाता है। कई हस्तियों को इससे बेवजह बदनामी का सामना करना पड़ता है तो कई हस्तियों के स्टारडम को बढ़ाने में भी ये बड़ी भूमिका निभाते हैं। टेबलॉइड अखबारों की लोकप्रियता चाहे कितनी ही अधिक क्यों न रही हो, विश्वसनीयता और साख के मामले में इनकी गिनती नहीं होती। आज भी इनकी पहचान मसालेदार, चट पटी और सनसनीखेज खबरों के लिए ही की जाती है। इस तरह के लघुपत्रों के लिए की जाने वाली पत्रकारिता को टेबलॉइड पत्रकारिता कहा जाता है। ब्रिटेन के ' दि सन', 'डेली स्टार', 'दि डेली मिरर' चर्चित टेबलॉइड हैं। इसी प्रकार संयुक्त राज्य आदि अमेरिका के 'न्यूयॉर्क पोस्ट', 'डेली न्यूज', 'न्यूज डे' लोकप्रिय टेबलॉइड हैं। हिंदी में एक समय 'ब्लिट्ज' ऐसा ही एक चर्चित पत्र था।

घनश्याम कुमार 'देवांश'

अधिक जानकारी के लिए :
1. The Godfather of Tabloid : Jack Vitek, 2008,
2. Journalism : Critical issues : Stuart Allen, 2008

लबानी/लंबाडी

लबानी या लंबाडी भारतीय आर्य भाषाओं के मध्यक्षेत्र की लोकभाषा है। भाषा-ऐतिहासिक अभिलक्षणों के आधार पर इसे राजस्थानी हिंदी के अवर्गीकृत या अवशिष्ट भाषा वर्ग में रखा जाता रहा है। सामान्य तौर पर लबानी का राजस्थान, गुजरात की भीली/बंजारी बोली के रूप में उल्लेख किया जाता है। 'लबानी' नाम से इस लोकभाषा की अलग पहचान का आधार 'भाषिक' से अधिक 'जनजातीय' प्रतीत होता है। वर्तमान राजस्थान, गुजरात, मध्य प्रदेश, छत्तीसगढ़ और महाराष्ट्र राज्यों की अनुसूची में लाबन या लामन बंजारा जनजाति का उल्लेख है। 2001 की जनगणना के मुताबिक, लंबाड़ी भाषाभाषियों की कुल जनसंख्या 27,07,562 थी, जबकि एसआईएल-एथेनॉलॉग के मुताबिक यह आंकड़ा 41,50,000 है।

लबानी लोकभाषा देश के अलग-अलग इलाकों और उप-समुदायों में बंजारा, बंजारी, बंजोरी, बंजूरी, बंगाला, क्रिंजरी, गोहर-हेरकेरी, गूला, गोरमाटी, गुरमाटी, कोरा, लभानी, लभानी मुका, लमाडी, लमानी, लंबानी, लंबारा, लवानी, लेमाडी, लुमेडली, सिंगली, सुगली, सुकली, तंडा, वंजारी, वंजी जैसे अनेक नामों से जानी जाती है। एक भाषा के इतने अलग-अलग (लगभग 53) नामों का मिलना आश्चर्य और संदेह दोनों पैदा करता है। इतना कहा जा सकता है कि लंबाडी के ये विभिन्न नाम उसके क्षेत्रीय रूपभेदों से संबंधित हैं। इनमें भाषाई बोधगम्यता की दृष्टि से थोड़ा-बहुत अंतर होने के बावजूद इनके बोलने वाले लोग प्रायः 'बंजारा' और भील जनजाति से संबंधित हैं।

भील भारत का बहुत पुराना और तीसरा सबसे बड़ा जनजाति समूह है। 'भील' शब्द द्रविड़ मूल के

'बिल' या 'विल' से निकला है, जिसका अर्थ 'धनुष-बाण' है। धनुष-बाण भीलों के जीवन से अभिन्न रूप में जुड़ा हुआ है। इनका उल्लेख वैदिक साहित्य में भी मिलता है। पांचवीं सदी में दंडी द्वारा रचित काव्य 'दशकुमारचरित्र' में भी इनका उल्लेख मिलता है। भीलों के छोटे-बड़े अनेक समूह और गोत्र हैं। लावन या लाबन बंजारे यही भील-निषाद हैं। इनकी लोकभाषा को लबानी/लभानी कहा गया है।

इसी प्रकार बंजारा जाति का एक पुराना नाम 'लामन' मिलता है जिसका संबंध संस्कृत शब्द 'लवण' यानी 'नमक' से है। 'लबानी', 'लभानी', 'लावनी', 'लामनी' आदि नाम संस्कृत शब्द 'लवण' से ही निकले हैं। इनकी पहचान बैलगाड़ियों से नमक, अनाज, शहद और दूसरी रसद सामग्री को एक जगह से दूसरी जगह ले जाने वाले बंजारों के रूप में देश भर में बनी हुई थी।

'बंजारा' शब्द संस्कृत के 'वन-चर' या 'वनेचर' मूल से विकसित हुआ है। घुमंतू लामन बंजारे मूल रूप से नमक का व्यापार किया करते थे। इनका मूल स्थान अफगानिस्तान के गोर प्रांत में था, जहां से आकर ये राजस्थान, गुजरात से होते हुए बाद में भारतीय उपमहाद्वीप के विभिन्न इलाकों में फैल गए। बहुत-से बंजारे कबीले खुद की पहचान 'गोर' ही बताते हैं। इससे भी इनके मूल स्थान की पुष्टि हो सकती है। भारतीय भूमि में आने के बाद इनकी भाषाओं पर उस समय की पैशाची प्राकृतों का गहरा प्रभाव पड़ा। बाद के समय में अरबी-फारसी से लेकर इनके संक्रमण क्षेत्र की स्थानीय भाषाओं और बोलियों के साथ संपर्क से भी इनके भाषाई विकास में उल्लेखनीय बदलाव आए। वर्तमान में लंबाडी भाषी लोग मुख्य रूप से मध्य भारत से लेकर दक्षिण भारत के ऊपरी इलाकों तक में बसे या बिखरे हुए हैं।

अंग्रेजी शासन के दौरान बंजारों के विभिन्न कबीलों (जातियों) को पेशेवर अपराधी जाति की सूची में डाल दिया गया। इसका भी गहरा असर लंबाडी लोकभाषा (और उसके विभिन्न रूपभेदों) के अस्तित्व, स्वरूप और विकास पर पड़ा।

लबानी या लंबाडी का भाषा-संबंध पश्चिमी राजस्थानी से भी है। इस समय यह लोकभाषा मुख्य रूप से मध्य और दक्षिण भारत के विभिन्न राज्यों में प्रचलित है। तेलंगाना में तेलुगु लामनी, कर्नाट में मैसूर लामनी और महाराष्ट्र में मराठा लामनी इसके प्रमुख रूप-भेद हैं। लंबाडी की अपनी कोई लिपि, साहित्य या दस्तावेजी इतिहास मौजूद नहीं है। इस लोकभाषा को लिखने के लिए स्थानीय लिपियों (अर्थात् महाराष्ट्र में देवनागरी, तेलंगाना में तेलुगु और कर्नाटक में कन्नड़) का प्रयोग किया जाता है।

लबानी या लंबाडी लोकभाषा और इसके विभिन्न रूप-भेदों को लेकर देश-विदेश में अनेक भाषा-वैज्ञानिक कार्य संपन्न हुए हैं। लबानी और लमानी में भी समानता नजर आती है। लमानी पर रोनाल्ड ट्रेलर का काम (The Grammar of Lamani) महत्वपूर्ण है। हिंदी में मोतीराज राठौर ('बंजारा संस्कृति (1976), 'टांडा संस्कृति' (1976), 'गोर बंजारा जनजाति का इतिहास' (2003), काशीराम जादव (आधुनिक बंजारा गीत), श्रीराम शर्मा ('बंजारा समाज'-1983), ए के राठौर की लंबानी भाषा और साहित्य और राजस्थानी और हिंदी से उसका संबंध' (1971) के नाम भी उल्लेखनीय हैं।

अनुपम श्रीवास्तव

अधिक जानकारी के लिए :
1. बंजारा समाज : श्रीराम शर्मा, **2. गोर बंजारा जनजाति का इतिहास :** मोतीराज राठौर, **3. बंजारा लोकगीत समूह :** पुष्पलता रामपुरी, **4. बंजारा इतिहास :** बलीराम राठौर, **5. Grierson G A (1907) Linguistic Servey of India,** Vol IX, **6 . Ronald L Trailer, The Grammar of Lamani, 7. Languages of Tamil Nadu : Lambadi :** An Indo-Aryan Dialect (Census of India) 1961, Tamil Nadu, Volume. ix), **8. Ethnography of a Denotified Tribe the Laman Banjara :** J J Roy Burman, 1950

लरिया

लरिया छत्तीसगढ़ के पूर्वी भाग तथा ओडिशा की सीमा से लगे क्षेत्रों एवं सरायपाली, बसना और पिथौरा के आसपास बोली जाती है। गियर्सन

ने लरिया को ओडिशा की बोलियों में प्रमुख बोली मानी थी। छत्तीसगढ़ राजभाषा आयोग ने लरिया अथवा खलटाही को छत्तीसगढ़ की उपबोली के रूप में स्वीकार किया है।

ग्रियर्सन के अनुसार, लरिया या खलटाही छत्तीसगढ़ी का ही नामांतर है। कर्नल बाबी के अनुसार, रायपुर, विलासपुर लरिया इलाके हैं तथा संबलपुर उड़िया इलाका है। ओडिशा क्षेत्र के निवासी छत्तीसगढ़ तथा इस राज्य की बोली को लरिया कहते हैं। बालाघाट क्षेत्र के निवासी छत्तीसगढ़ी को 'खलौटी' कहते हैं। देवदत्त भंडारकर ने अकलतरा में प्राप्त रत्नदेव द्वितीय के सेनापति वल्लभराज के शिलालेख में 'प्रवीणः प्रद्दामप्रसरशिखिविक्रान्त लडहा' में लड़हा शब्द खोज निकाला है। यह स्थान विलासपुर के कोट गढ़ में है। लाढ़ा स्थान की बोली होने के कारण इस बोली को लरिया कहा जाने लगा। हीरालाल ने भी लरिया शब्द की व्युत्पत्ति लाढ़ा स्थान से बतलाई है।

बालाघाट के कुछ भागों में छत्तीसगढ़ी बोली जाती है। इसे वहां खलटाही अथवा खलाटी कहते हैं। मेकल पर्वत के निवासी छत्तीसगढ़ के मैदान को खलौटी कहते हैं। बिलासपुर रिपोर्ट, 1868 के अनुसार छत्तीसगढ़ को खुलौटी कहा जाता था। यह वह प्रदेश है, जहां बंजारा जाति बैलों के साथ मेहनत करके अतिशय धान पैदा करती है। खलौटी शब्द को लाढ़ा के समान स्थानवाचक मानना चाहिए। इसकी व्युत्पत्ति रायपुर की प्राचीन राजधानी खल्वाटिका से मानी जाती है। तात्पर्य यह है कि छत्तीसगढ़ी ही पूर्व की ओर लरिया और पश्चिम की ओर खलटाही कहलाती है।

लरिया भैना जनजाति की प्रमुख बोली रही है। भैना की दो उपजातियां हैं–1. 'झलयारा' जो पत्तों के बने झोपड़ों अर्थात झाला में रहते हैं और 2. 'घट यारा' जो अपने द्वार पर घंटा टांगते हैं। इनके अलावा भी लरिया बोलने वाली जनजातियां गोत्रों एवं टोटम समूहों में बंटी हैं।

लरिया का विकास अर्धमागधी अपभ्रंश के दक्षिणी रूप से हुआ। इसमें ओडिशा तथा कुछ अंशों में मराठी के शब्द मिलते हैं। लरिया में 'स' को 'क्ष' बोलने की प्रवृत्ति है, जैसे सीतापुर को क्षीतापुर, सीताफल को क्षीताफल आदि।

लरिया के दो मुख्य भेद हैं–1. छत्तीसगढ़ी लरिया और 2. ओडिया लरिया।

लरिया बोली में मुहावरों और कहावतों की भरमार है। तीज-त्योहारों के लिए गीत हैं। इस बोली में कई लोककाव्य, लोकनाट्य (नाचा) जात्रा, लघुकथाएं, नीतिकथाएं रची गई हैं। इन दिनों प्राथमिक शिक्षा का माध्यम हिंदी होने तथा अन्यान्य प्रभावी कारणों से लरिया बोलने वाले हिंदी की तरफ आकर्षित हुए हैं और अपनी भाषा का प्रयोग कम करते हैं।

राजाराम त्रिपाठी

ललद्यद
(चौदहवीं सदी)

कश्मीर की ललद्यद की महत्ता वही है, जो तमिलनाडु की आंडाल और कर्नाटक की अक्क महादेवी की रही है। उन्हें लल्लेश्वरी, लाल भी कहा गया है। कश्मीर एक समय शैव दर्शन के लिए विख्यात था। ललद्यद ने इससे प्रभावित होकर भक्ति भावना से भरी जो कविताएं लिखीं, वे पूरे कश्मीर में 'वाख' के नाम से प्रसिद्ध हैं। वाख का अर्थ है—वाणी। ललद्यद ने अपने समय में संस्कृत और फारसी की जगह लोकभाषा कश्मीरी में कविता लिखी और कश्मीरी भाषा को प्रतिष्ठित किया। यह उनकी एक प्रमुख विशिष्टता है। उनके वाख में प्रेम तत्व की प्रधानता है जिसकी एक उच्च दार्शनिक भूमि है।

ललद्यद को स्त्री होने के कारण अपने परिवार और रूढ़िवादी समाज में अवमानना का शिकार होना पड़ा था। उनका जन्म एक ब्राह्मण परिवार में हुआ था। उन्हें सास और पति उसे बहुत कष्ट देते थे। उनको लेकर कई चमत्कारपूर्ण घटनाएं कही-सुनी जाती रही हैं। एक दिन वह घाट पर पानी भरने गई थी। संदेह में सास ने अपने बेटे सोन पंडित को उकसाया, जाकर वह देखे तो कि

इतनी देर हुई, वह क्या कर रही है। बेटा गया और ललद्यद के सिर पर रखे पानी के घड़े पर लाठी से कसकर चोट की। घड़ा फूट गया, पर सिर पर पानी उसी आकार में स्थिर था! ललद्यद ने लिखा है कि उन्हें घर में भरपेट भोजन तक नहीं मिलता था। उनकी भक्ति में दीवानगी का बोध इससे होता है कि वे हमेशा नाचती-गाती और आनंदमग्न रहती थी। उन्हें अपने कपड़ों का भी ध्यान नहीं रहता था। ललद्यद का कहना है, 'कई विचारवान लोगों ने मुझे साधनावस्था में देखकर कहा है कि लल, तुझे लोग पीड़ा पहुंचाएंगे, तेरी निंदा करेंगे, मगर इससे (ईश्वर से) मेरे मन का दुराव और दूर हुआ। मैंने माघ मास की ठंड से अपनी देह को नहलाया और गर्मी भी उसी तरह सहन की, तब जाकर मन की काली इच्छाएं समाप्त हुईं।' हर भक्त कवि ने अपने दुख-कष्ट की बात कही है और इसी के बीच से अपनी आनंद-विह्वलता की दशा का भी वर्णन किया है। लल भी मीरा की तरह कहती है, 'जिस पर दुख न पड़ा हो, वह भला दर्द क्या जाने। गम के वस्त्र पहनकर मैं घर-घर फिरी और मुझ पर पत्थर बरसे। किसी ने भी मेरा पक्ष नहीं लिया।' यह आम स्त्री का दुख था।

ललद्यद ने शिव के प्रति प्रेम रखते हुए अपनी मातृभावना भी व्यक्त की है, वे शिव को अपनी गोद में झुलाने की बात कहती हैं। वे धार्मिक बाह्याडंबरों और रूढ़ियों का खुलकर विरोध करती हैं, जो भक्ति आंदोलन के साथ अन्योन्याश्रित रूप से सदा जुड़ा रहा है। उन्होंने अनुभव किया कि उनमें 'ज्ञानरूपी दीप प्रज्वलित हुआ।' वे अद्वैतवाद के प्रभाव में कहती हैं, 'तू ही गगन, भूतल भी तू ही। तू ही दिन, पवन और रात। अर्घ्य, चंदन, पुष्प, पानी भी तू ही। तू ही सब कुछ है, फिर तुझे क्या चढ़ाऊं?' उन्होंने एक वाख में कहा कि यह सृष्टि 'कुछ नहीं' से निकली। 'कुछ नहीं' की बात ऋग्वेद में 'असद्' के रूप में कही गई थी। ललद्यद एक वाख में कहती है, 'जल थल में बसता है शिव ही/भेद न कर क्या हिंदू-मुसलमां/ज्ञानी है तो स्वयं को जान/यही है साहिब से पहचान।' कवयित्री ललद्यद के वाख कश्मीर में अभी भी लोकप्रिय हैं।

शिवनाथ पांडेय

ललित कला अकादमी

ललित कला अकादमी भारत सरकार द्वारा स्थापित एक स्वायत्त संस्था है। इसकी स्थापना 5 अगस्त 1954 को भारत सरकार द्वारा ललित कलाओं को प्रोत्साहन देने के उद्देश्य से की गई थी। इन कलाओं में मूर्तिकला, चित्रकला, ग्राफकला आदि का समावेश है। अकादमी भारतीय कला के प्रति देश-विदेश में समझ बढ़ाने और उसके सम्यक प्रचार-प्रसार का कार्य करती है। इस अकादमी की संरचना देश के पहले प्रधानमंत्री जवाहरलाल नेहरू के स्वप्न का मूर्त रूप थी। उनका मानना था कि इसका संचालन कलाकारों के हाथों में ही रहे, क्योंकि तभी यह स्वायत्त और स्वतंत्र रहेगी। अकादमी के उद्देश्यों में कला का संरक्षण, संवर्धन तथा भारतीय दृश्य कलाओं की परंपरागत पहचान को समृद्ध बनाते हुए समकालीनता से सह-संबंध स्थापित करना है।

अकादमी अपनी स्थापना काल से ही हर वर्ष समसामयिक भारतीय कलाओं की प्रदर्शनियां आयोजित करती रही है। हर साल 15 कलाकारों को राष्ट्रीय पुरस्कार दिया जाता है। अकादमी जाने-माने कलाकारों और कला क्षेत्र के इतिहासकारों को मानद उपाधि देकर सम्मानित करती है। प्रत्येक तीन वर्ष पर अकादमी समकालीन कला पर नई दिल्ली में अंतरराष्ट्रीय प्रदर्शनी 'त्रिनाले इंडिया' आयोजित करती है, जिसमें विदेशी कलाकार भी शामिल होते हैं। इसमें दस अंतरराष्ट्रीय पुरस्कार भी दिए जाते हैं। विदेशों में भारतीय कला के प्रसार के लिए अकादमी अंतरराष्ट्रीय द्विवार्षिक और त्रिवार्षिक सभाओं में नियमित रूप से भाग लेती है और अन्य देशों की कलाकृतियों की प्रदर्शनियां भी आयोजित करती है। देश के कलाकारों

के अन्य देशों के कलाकारों के साथ मेल-मिलाप और संवाद के अंतर्गत सांस्कृतिक आदान-प्रदान की व्यवस्था होती है। अकादमी के कामों में कलाकारों के शिविर, गोष्ठियों तथा व्याख्यानों के आयोजन, देश के मान्यता-प्राप्त कला संगठनों को अनुदान देने, सुप्रसिद्ध कलाकारों को सम्मानित कर उन्हें फेलोशिप प्रदान करने जैसे काम शामिल हैं।

दिल्ली स्थित 'राष्ट्रीय ललित कला अकादमी' के अतिरिक्त भारत के 12 राज्यों में 'राज्य ललित कला अकादमी' हैं, जो 'राष्ट्रीय ललित कला अकादमी' के क्षेत्रीय कार्यालयों से पृथक अपना स्वतंत्र अस्तित्व रखती हैं, पर ये केंद्रीय अकादमी की सहकारी भी हैं। राष्ट्रीय ललित कला अकादमी देशी और प्रांतीय अकादमियों के कार्यों को प्रोत्साहित करने के लिए अनुदान देती है। नई दिल्ली के साथ-साथ लखनऊ, कोलकाता, चेन्नई और भुवनेश्वर में इसके क्षेत्रीय केंद्र हैं, जिन्हें 'राष्ट्रीय कला केंद्र' के नाम से जाना जाता है। इन केंद्रों पर पेंटिंग, मूर्तिकला, प्रिंट-निर्माण और चीनी मिट्टी की कलाओं के विकास के लिए कार्यशाला-सुविधाएं उपलब्ध हैं। ललित कला अकादमी देश की अच्छी कला संस्थाओं और संगठनों को मान्यता प्रदान करती है, उन्हें आर्थिक सहायता देती है तथा प्रतिभावान युवा कलाकारों को छात्रवृत्ति भी प्रदान करती है। यह समकालीन भारतीय कलाकारों की रचनाओं पर हिंदी और अंग्रेजी में मोनोग्राफ और समकालीन पारंपरिक तथा जनजातीय और लोक कलाओं पर प्रतिष्ठित लेखकों व कला आलोचकों द्वारा लिखित पुस्तकें प्रकाशित करती है। अकादमी अंग्रेजी में 'ललित कला कंटेंपरेरी' तथा हिंदी में 'समकालीन कला' के नाम से कला पत्रिकाएं प्रकाशित करती है। समकालीन पेंटिंग्स और ग्राफिक्स के बहुरंगी विशाल आकार के प्रतिफलक भी निकालती है। अकादमी ने अनुसंधान और अभिलेखन का कार्यक्रम भी शुरू किया है।

ललित कला अकादमी में अनेक प्रकार के कार्यक्रम होते हैं जिनमें मुख्य रूप से प्रदर्शनी, प्रकाशन, निरीक्षण, विचार गोष्ठी, भित्तिचित्र बनाने की कला, देशी कला संगठनों और प्रांतीय अकादमियों के साथ समन्वित कार्यक्रम उल्लेखनीय हैं। इसके स्वर्ण जयंती वर्ष में विशेष त्रैवार्षिकी प्रदर्शनी का आयोजन दिल्ली में हुआ था, जिसमें 40 देशों ने भाग लिया था।

अभिज्ञात

ललित कलाएं

ललित शब्द का अर्थ है–सुंदर, मनोहर, रमणीय। यह सूक्ष्मतम मानवीय अनुभूति का समानार्थी है, जो चित्त को परिष्कृत कर उसे आनंद देता है। इस रूप में ललित, सौंदर्य का भी प्रतिरूप है, अर्थात् जिन कलाओं में लालित्य भाव है यानी जो मनोहारी होने के साथ-साथ पाठक या दर्शक के चित्त की सूक्ष्मतम मानवीय अनुभूति को जगा पाने में समर्थ हों, वे सभी कलाएं ललित कलाएं हैं। इसके वृत्त में साहित्य की सभी विधाएं, प्रदर्शनकारी कलाएं (नृत्य, नाटक, संगीत) तथा रूपंकर कलाएं (चित्रकला, मूर्तिशिल्प, छापाकला, सेरामिक, भित्तिचित्र तथा छायाचित्र) आती हैं।

कला शब्द का प्रयोग अंश, समय का मान, सुंदर तत्व आदि अर्थों में ऋग्वेद, अथर्ववेद, तैत्तिरीयसंहिता, शतपथब्राह्मण तथा निरुक्त आदि प्राचीन ग्रंथों में हुआ है। शतपथब्राह्मण में प्रजापति की सोलह कलाओं का वर्णन है। गीत, वाद्य, नृत्य आदि कलाओं के अर्थ में 'कला' शब्द वाल्मीकि रामायण में प्रयुक्त हुआ है। 'कला' शब्द का प्रयोग इसी अर्थ में भरत के 'नाट्यशास्त्र' में भी मिलता है। पीछे वात्स्यायन और उशनस् ने क्रमशः अपने ग्रंथ 'कामसूत्र' और 'शुक्रनीति' में इसका वर्णन किया। कला शब्द इतना व्यापक है कि विभिन्न विद्वानों की परिभाषाएं उसके केवल एक विशेष पक्ष को छूकर रह जाती हैं। भारतीय परंपरा के अनुसार कला उन सारी क्रियाओं को कहते हैं जिनमें कौशल अपेक्षित हो। यूरोपीय शास्त्रियों ने भी कला में कौशल को महत्वपूर्ण माना है।

'कामसूत्र', 'शुक्रनीति', जैन ग्रंथ 'प्रबंधकोश', 'कलाविलास', 'ललित विस्तर' इत्यादि सभी भारतीय ग्रंथों में कला का वर्णन प्राप्त होता है। अधिकतर ग्रंथों में कलाओं की संख्या 64 मानी गई है। 'प्रबंधकोश' में 72 कलाओं की सूची मिलती हैं। 'ललित विस्तर' में 86 कलाओं के नाम गिनाए गए हैं। प्रसिद्ध कश्मीरी पंडित क्षेमेंद्र ने अपने ग्रंथ 'कलाविलास' में सबसे अधिक संख्या में कलाओं का वर्णन किया है। उसमें 64 जनोपयोगी, 32 धर्म, अर्थ, काम, मोक्ष संबंधी, 32 मात्सर्य-शील-प्रभाव-मानव संबंधी, 64 स्वच्छकारिता संबंधी, 64 वेश्याओं संबंधी, 10 भेषज, 16 कायस्थ तथा 100 सार कलाओं की चर्चा है। सबसे अधिक प्रामाणिक सूची 'कामसूत्र' की है।

यूरोपीय साहित्य में भी कला शब्द का प्रयोग शारीरिक या मानसिक कौशल के लिए ही अधिकतर हुआ है। वहां प्रकृति से कला का कार्य भिन्न माना गया है। कला का अर्थ है, रचना करना अर्थात् वह कृत्रिम है। प्राकृतिक सृष्टि और कला दोनों भिन्न वस्तुएं हैं। कला उस कार्य में है, जो मनुष्य करता है। कला और विज्ञान में भी अंतर माना जाता है। विज्ञान में ज्ञान का प्राधान्य है, कला में कौशल का। कौशलपूर्ण मानवीय कार्य को कला की संज्ञा दी जाती है। कौशलविहीन या भोंडे ढंग से किए गए कार्यों को कला में स्थान नहीं दिया जाता।

'कामसूत्र' के अनुसार 64 कलाएं निम्नलिखित हैं : (1) गायन, (2) वादन, (3) नर्तन, (4) नाट्य, (5) आलेख्य (चित्र लिखना), (6) विशेषक (मुखादि पर पत्रलेखन), (7) चौक पूरना, अल्पना, (8) पुष्पशय्या बनाना, (9) अंगरागादिलेपन, (10) पच्चीकारी, (11) शयन रचना, (12) जलतरंग बजाना (उदक वाद्य), (13) जलक्रीड़ा, जलाघात (14) रूप बनाना (मेकअप), (15) माला गूंथना, (16) मुकुट बनाना (17) वेश बदलना, (18) कर्णाभूषण बनाना, (19) इत्र आदि सुगंधद्रव्य बनाना, (20) आभूषणधारण, (21) जादूगरी, इंद्रजाल, (22) असुंदर को सुंदर बनाना, (23) हाथ की सफाई (हस्तलाघव), (24) रसोई कार्य, पाक कला, (25) आपानक (शर्बत बनाना), (26) सूचीकर्म (सिलाई) (27) कलाबत्तू, (28) पहेली बुझाना, (29) अंत्याक्षरी, (30) बुझौवल, (31) पुस्तकवाचन, (32) नाटक प्रस्तुत करना, नाटकाख्यायिक-दर्शन, (33) काव्य समस्या-पूर्ति, (34) बेंत की बुनाई (35) सूत बनाना, तुर्क कर्म, (36) बढ़ईगीरी, (37) वास्तुकला, (38) रत्नपरीक्षा, (39) धातुकर्म, (40) रत्नों की रंगपरीक्षा, (41) आखर ज्ञान, (42) बागवानी, उपवनविनोद, (43) मेढ़ा, पक्षी आदि लड़वाना, (44) पक्षियों को बोली सिखाना, (45) मालिश करना, (46) केश-मार्जन-कौशल, (47) गुप्त भाषा ज्ञान, (48) विदेशी कलाओं का ज्ञान, (49) देशी भाषाओं का ज्ञान, (50) भविष्यकथन, (51) कठपुतली नर्तन, (52) कठपुतली के खेल, (53) सुनकर दोहरा देना, (54) आशुकाव्य क्रिया, (55) भाव को उलटा कर कहना, (56) धोखाधड़ी, छलिया योग, छलिक नृत्य, (57) अभिधान, कोशज्ञान, (58) नकाब लगाना (वस्त्रगोपन), (59) द्यूतविद्या, (60) रस्साकशी, आकर्षण क्रीड़ा, (61) बालकीड़ा कर्म, (62) शिष्टाचार, (63) मन जीतना (वशीकरण), और (64) व्यायाम।

'शुक्रनीति' के अनुसार कलाओं की संख्या असंख्य है, फिर भी समाज में अति प्रचलित 64 कलाओं का उसमें उल्लेख हुआ है। वात्स्यायन के 'कामसूत्र' की व्याख्या करते टीकाकार यशोधर ने अपनी टीका में दो प्रकार की कलाओं का उल्लेख किया है (1) कामशास्त्र से संबंधित कलाएं, (2) तंत्र संबंधी कलाएं। दोनों की अलग-अलग संख्या 64 है। काम की कलाएं 24 हैं जिनका संबंध संभोग के आसनों से है, 20 द्यूत संबंधी, 16 कामसुख संबंधी और 4 उच्चतर कलाएं हैं। इनके अतिरिक्त कतिपय साधारण कलाएं भी बताई गई हैं। शुक्रनीति के अनुसार 64 प्रधान कलाएं इस प्रकार हैं :

(1) नर्तन (नृत्य,) (2) वादन, (3) वस्त्रसज्जा, (4) रूप परिवर्तन, (5) शय्या सजाना, (6) द्यूत क्रीड़ा, (7) सासन रतिज्ञान, (8) मद्य बनाना और

उसे सुवासित करना, (9) शल्य क्रिया, (10) पाक कार्य, (11) बागवानी, (12) पाषाण, धातु आदि से भस्म बनाना, (13) मिठाई बनाना (14) धात्वोषधि बनाना, (15) मिश्रित धातुओं का पृथक्करण, (16) धातु मिश्रण, (17) नमक बनाना, (18) शस्त्र संचालन, (19) कुश्ती (मल्लयुद्ध), (20) लक्ष्यवेध, (21) वाद्यसंकेत द्वारा व्यूहरचना, (22) गजादि द्वारा युद्धकर्म, (23) विविध मुद्राओं द्वारा देवपूजन, (24) सारथ्य, (25) गजादि की गति शिक्षा, (26) बर्तन बनाना, (27) चित्रकला, (28) तालाब, प्रासाद आदि के लिए भूमि तैयार करना, (29) घट ादि द्वारा वादन, (30) रंगसाजी, (31) भाप का प्रयोग, जलवाटवग्नि संयोगनिरोध क्रिया, (32) नौका, रथादि यानों का ज्ञान, (33) यज्ञ की रस्सी बटने का ज्ञान, (34) कपड़ा बुनना (35) रत्नपरीक्षण, (36) स्वर्ण परीक्षण, (37) कृत्रिम धातु बनाना, (38) आभूषण गढ़ना, (39) कलई करना, (40) चर्मकार्य, (41) चमड़ा उतारना, (42) दूध के विभिन्न प्रयोग, (43) चोली आदि सीना, (44) तैरना, (45) बर्तन मांजना, (46) वस्त्रप्रक्षालन (संभवतः पालिश करना), (47) क्षौरकर्म, (48) तेल बनाना, (49) कृषिकार्य, (50) वृक्षारोपहण, (51) सेवाकार्य, (52) टोकरी बनाना, (53) कांच के बर्तन बनाना, (54) खेत सींचना, (55) धातु के शस्त्र बनाना, (56) जीन, काठी या हौदा बनाना, (57) शिशुपालन, (58) दंड कार्य, (59) सुलेखन, (60) तांबूलरक्षण, (61) कलामर्मज्ञता, (62) नटकर्म, (63) कला शिक्षण, और (64) साधने की क्रिया।

पारंपरिक शास्त्रों में कलाओं के इतने भेद-उपभेद हैं कि यह तय करना कठिन हो जाता है कि कला वास्तव में किसे मानें! हमारे आचार्यों ने व्यावहारिक रूप से उपयोगी कौशलों को कलाओं में गिना था। इनकी आज भी उपयोगिता है, पर उन्हें हम 'शिल्प' का दर्जा दे सकते हैं, कला का नहीं। कारण स्पष्ट है कि कला में सूक्ष्मतम अनुभूतियों का प्रकाशन होता है, जो सौंदर्य के साथ-साथ मनुष्य की कल्पना और उसकी चेतना को उद्वेलित कर सकने की सामर्थ्य रखती है। इस मायने में ललित कलाएं ही कला का वास्तविक प्रतिनिधित्व करती हैं और एक अर्थ में समानार्थी भी हैं।

ललित कलाओं में कल्पना सर्वोपरि है। यही वह तत्व है जिससे सर्जक को नवीन सृजन और अभिनव वस्तु रचने की प्रेरणा मिलती है। ललित कला वही हो सकती है जिसमें कल्पना की भूमिका हो और जो दर्शक और पाठक के चित्त की अवस्थाओं और उसकी अनुभूतियों का सर्जक की अनुभूतियों के साथ तादात्म्य करती है।

ज्योतिष जोशी

अधिक जानकारी के लिए :

1. बृहद आधुनिक कला कोश : विनोद भारद्वाज, 2006, **2. A History of Fine Arts in India and the West :** E. Tomory 1989

ललित कलाओं का अंतर्मिश्रण

अभिव्यक्ति की दुनिया में फिर चाहे वह साहित्य हो या संगीत, अभिनय हो या अन्य कोई प्रदर्शन माध्यम, वह अनुकरण बनकर कला में समाती है। यह देखना साहित्य के लिए भी बहुत चुनौती का काम है कि किस तरह वह अपनी स्वायत्तता को बचाए रखते हुए कलाओं की दुनिया से साझा करता है और स्वयं के चरित्र में कोई फर्क नहीं आने देता। कई बार इसीलिए कला के सौंदर्य की अभिव्यक्ति में कलाकार, कवि, नर्तक, गायक, शिल्पकार या अभिनेता अपनी मौलिक पहचान को बनाए रखने के संघर्ष से जूझता रहता है। यह देखना भी कलाओं और साहित्य से आपसी सामंजस्य में अध्ययन का विषय हो सकता है कि किस तरह दोनों एक दूसरे के साथ जुड़कर अपनी अभिव्यक्तियों के अनुभूत सत्य को अप्रतिहत रख पाते हैं। समस्त प्रदर्शनकारी कलाओं पर एक व्यापक दृष्टि डालें तो पाएंगे कि एक कला समाज को अन्य दूसरे, तीसरे कला जगत ने नए फलक हासिल कराए हैं। वे सामारिक रूप से ऐसी नई कला-सभ्यता का निर्माण करते

हैं, जो बहुस्तरीय व अनेकार्थी रही है। मगर उसमें कलात्मकता, विचार और प्रतिरोध सभी एकमेव होकर ज्यादा जीवंत हो उठे हैं, फिर वह चर्चा रंगमंच की हो या संगीत की, साहित्य की दुनिया में बोलियों और भाषा का उत्तरदायित्व हो, चाहे चित्रकला में रंगों की अनिवार्यता—सभी कुछ सहयोगी की तरह एक-दूसरे को बरतते हुए एक ऐसे समावेशी संसार की आधारशिला रखते हैं, जो कहीं ज्यादा व्यापक और स्वीकार्य जान पड़ती है।

कला माध्यम—खासकर संगीत और नृत्य में साहित्य का संतरण होता हो, तो यह जानने से पहले इस तथ्य को टटोलना भी अति आवश्यक है कि साहित्य की मुखर उपस्थिति से ही नृत्य और संगीत कला का स्वरूप बनता है। यदि भक्ति पद, बानियां, भजनवलियां, सूक्तियां, छंद, श्लोक, मंत्र आदि न हों तो आप कल्पना कीजिए कि संगीत में गायन किस चीज का संभव होगा? ध्रुपद और तराना को छोड़कर, जहाँ अमूर्त्तन द्वारा ध्वनियों या अक्षरों की अपरिमित लड़ियों से संगीत पैदा किया जाता है, बाकी कार्यों के लिए तो संगीत कला सदैव से साहित्य की मुखापेक्षी रहती आई है। फिर वह संस्कृत नाटकों की परंपरा हो या कि कोई महाकाव्यात्मक प्रबंध। साहित्य के माध्यम से ही संगीत का रूपाकार खड़ा होता है। यदि गोरखनाथ, कबीर, पलटूदास या अधिसंख्य भक्त और सूफी कवियों, वाग्गेयकारों के पद साहित्य में उपलब्ध न होते तो हम यह कल्पना भी नहीं कर सकते थे कि शास्त्रीय, अर्द्धशास्त्रीय और लोक संगीत का व्यापार इस ढंग से समृद्ध हो सकता था।

साहित्य और कलाओं की मैत्री की जब हम बात करते हैं, तब यह आसानी से नजर आता है कि लगभग सारी कलाओं की मूल आवाज या गूंज के रूप में साहित्य मौजूद रहा है। यह नहीं हो सकता कि साहित्य के बगैर हम व्यापक स्तर पर संगीत, रंगमंच, नृत्य और सिनेमा को विकसित होता हुआ देख सकें। यह अलग बात है कि संगीत में भी कई बार ध्रुपद गायन एवं शास्त्रीय वाद्यों के बजाने आदि में साहित्य की बहुत भूमिका नहीं होती, बावजूद इसके अपनी संक्षिप्ति में भाषा मौजूद रहती है। उससे बनने वाले शब्द, अलंकार और ध्वनियां संगीत और वादन को प्रभावित करते हैं। हम यह कह सकते हैं कि साहित्य ही ज्यादातर कला-अभिव्यक्तियों का माध्यम बनता है।

संगीत की दुनिया में कुछ ऐसे फनकार भी हैं, जिन्होंने भक्तिकाल की बंदिशों को सर्वथा नए अर्थ देते हुए कुछ अभिनव प्रयोग किए। जैसे कुमार गंधर्व ने कबीर के पदों को शास्त्रीयता से दूर मालवी लोकधुनों पर रचकर गाया। इसी तरह एम एस सुब्बुलक्ष्मी ने मीराबाई के पदों का गायन शुद्ध दक्षिणात्य शैली में किया, जबकि मीरा के पद ठेठ राजस्थानी बोली में रचे हैं और वहां की लोकशैली 'कुरजां' में लोकगायकों द्वारा गाए जाते हैं। कहने का तात्पर्य यह है कि इससे कविता में नए प्रकार की शक्ति आती है और इसके अर्थों में नए प्रकार का लालित्य रचने का कार्य करती है, जो शायद इस तरह के प्रयोगों के न होने पर संभव न होता।

इसी तरह कवियों के योगदान को भी देखना चाहिए, उदाहरण के तौर पर—इधर पिछले तकरीबन पचास वर्षों में कबीर एक ऐसे सर्वग्राही वरेण्य कवि के रूप में विकसित हुए हैं, जिनकी जितनी शाखाएं और पंथ इस देश में फैले हैं, उन्हीं के अनुपात में कबीरपंथियों के गायन की उतनी है लोक शैलियां भी। संप्रदायों में कबीर के पद बहुतेरे पाठ भेदों के साथ हमारे सामने आते हैं, उसी तरह बहुतेरे नए प्रयोगों, रागों और गायन शैलियों द्वारा ये सारे पद भी कबीरपंथी गायन के रूप में स्वीकृत होकर लगभग प्रतिष्ठित हो चुके हैं। कुमार गंधर्व की मालवी शैली के कबीर गायन के अलावा मधुप मुद्गल, प्रह्लाद सिंह टिपान्या, शरीफ इद्दू दादे, मुख्तियार अली, पंडित छन्नूलाल मिश्र, लंगा एवं मंगणयार समूह, शेखर सेन, आबिदा परवीन, वारसी बंधु रामपुर, वडाली बंधु, अल्लाह जिलाई बाई सहित पाकिस्तान के कई मूर्धन्य गायक-कौव्वाल आज परिदृश्य पर सक्रिय हैं। यह सांगीतिक फैलाव भी इस बात की सफलतापूर्वक निशानदेही करता है कि कबीर की भक्ति का संगीत के साथ विलयन कितनी मनोहारी

और विविधवर्णी चमक पैदा कर सकता है।

इसी तरह कुछ प्रसिद्ध निर्गुण भजनों को दादरा एवं ठुमरी अंग में बांधकर गाया जाता है। इन निर्गुणों का वैसा पाठ नहीं किया जाता, जिस तरह का पाठ अन्य निर्गुण पदों एवं भजनों को प्राप्त है। बावजूद इसके ठुमरी और दादरा में समाए हुए ये सभी गीत अपनी गेयता और पारंपरिक घरानेदारी के चक्कर में आज लगभग बहुश्रुत और प्रचलित हैं। भक्ति काव्य और संगीत के संदर्भ में हमें यह भी ध्यान में रखना चाहिए कि इनका आपसी सहमेल–समारोहों, संगीत उत्सवों, उर्स, मेलों, दरगाहों पर होने वाले कजरी एवं देवी गीतों के दंगलों तथा संगीतकारों एवं संतों की जयंतियों एवं पुण्यतिथियों पर होने वाली सभाओं के कारण भी संभव हो पाया है।

कलाओं के माध्यम से समय के साथ मनुष्य का जो रिश्ता बनता है, उसका विस्तार इस पर भी निर्भर करता है कि उसकी चेतना कितने विस्तृत और विविध ऐतिहासिक अनुभवों को अपने में समेटे हुए है। कलाएं तत्काल से पलायन नहीं, बल्कि तत्काल का कलाओं के मिथक समय में विस्तार हैं। वह एक ऐसे मायालोक का स्वप्न है, जहाँ जीवन की मनोहारी छवियां प्रमुखता से अपना अस्तित्व तलाशती मिलती हैं। इसी वजह से एक कलाकृति या कला प्रेरणा यथार्थ से बहुत दूर होती है, जबकि यथार्थ कभी भी मोहक या जादुई नहीं हो पाता। सौंदर्य एक मूल्य है, जो काल्पनिक स्तर पर ही लागू हो सकता है। कलाओं की परिपूर्णता के लिए कल्पना का विशेष महत्व है। कलाओं के लिए कल्पना का मतलब ही होता है–संसार के बुनियादी ढांचे का अस्वीकार। शायद इसी कारण, कला निर्मित समय की सांगीतिक प्रस्तुतियां मसलन–उर्स एवं दरगाहों पर होने वाली नाच एवं कव्वालियां, बाउल लोगों की असंभव आत्मीय पुकार और वैष्णवता के आंगन में रचा-बसा सगुणोपासना का भजन-कीर्तन, सभी कुछ संसार के वर्तमान स्वरूप के अस्वीकार तथा निषेध से ही अपना उत्कर्ष प्राप्त करते हैं।

यतींद्र मिश्र

ललित निबंध

वैयक्तिक निबंधों में जब लालित्य और सांस्कृतिक बोध के उपकरणों का समावेश हो जाता है, तब वे ललित निबंध बन जाते हैं। कुबेरनाथ राय के शब्दों में, 'विषय के आसपास शिव के सौद की भांति मुक्त चरण और विचरण ललित निबंध है।' (दृष्टि अभिसार)। ललित निबंध भावुक मन की अंतरंग पुकार है। इसमें रचनाकार खुलकर अपनी बात कहता है। इसमें रचनाकार की जीवन दृष्टि, उसकी कल्पना शक्ति, उसका सौंदर्यबोध, उसकी जीवन शैली काम करती है। इसमें रूप और कुरूप दोनों का लालित्य होता है। इसके लिए जन्म जितना उत्सवधर्मी है, मृत्यु भी उतनी ही मुक्तिकामी है। इसमें जीवन का राग और विराग दोनों होता है। इसमें चिंतनशीलता, भावात्मकता, वैयक्तिकता, संस्कृतिनिष्ठता, शास्त्रज्ञता, लोकनिष्ठता, रागात्मकता, बहुविज्ञता, स्वच्छंदता, सूक्तिपरकता, काव्यात्मकता आदि गुण होते हैं। ललित निबंध में परंपरा और शाश्वत मूल्यवत्ता के साथ-साथ व्यापक संदर्भशीलता होती है। इसमें 'विश्वग्राम' के साथ-साथ 'विश्वमानव' की संकल्पना होती है।

ललित निबंध अपनी संरचना में काव्यात्मक होता है। इसमें कल्पना एक तत्व के रूप में होती

हजारीप्रसाद द्विवेदी

विद्यानिवास मिश्र

है। और भाव एवं ज्ञान की समरसता होती है। ललित निबंध के मूल में विचारात्मकता होती है और इसमें भाव और विचार के ललित आयाम होते हैं। ललित निबंध की मूल अवधारणा सौंदर्य से जुड़ी है। इसमें रचनाकार की सौंदर्य दृष्टि वस्तुओं या विषयों को उनके सकारात्मक और संपूर्ण रूप में देखती है। ललित निबंध अपने आनुभूतिक जगत में रागात्मक है। इसमें भाषा के बहुरंगी और बहुअर्थगर्भी रूप होते हैं। इसकी भाषा लोक से जुड़ी मौलिक भाषा होती है, जिसमें आत्मीयता और गतिशीलता होती है। इसका अनुभूति-स्रोत देसी होता है। ललित निबंध में रचनाकार अपनी जननी-जन्मभूमि की व्यक्तित्व छवियों को कहीं प्रत्यक्ष रूप से और कहीं स्मृतियों से व्यक्त करता है। इसमें घर-परिवार, गांव-गली, खेत-खलिहान, उत्सव-पर्व, तीज-त्योहार का चित्रण होता है। इसमें लोक-तत्व होता है और लोकगीतों की जीवन-संदर्भित व्याख्याएं होती हैं। विद्यानिवास मिश्र, कुबेरनाथ राय, शिवप्रसाद सिंह, विवेकी राय के ललित निबंध इसके उदाहरण हैं। जहां चौपाल पर गई जाने वाली चौपाल फाग, बिरहा, कजरी आदि का अच्छा चित्रण हुआ है। इसकी स्थानीयता में वैश्विक विस्तार होता है।

ललित निबंध में बिंबात्मक सर्जना होती है। जहाँ हजारीप्रसाद द्विवेदी ने शिरीष, कुटज, आम आदि प्रतीकों से अपनी जड़ों की पहचान और उनका युगानुकूल पुनराख्यान किया है, वहीं विद्यानिवास मिश्र ने लोक के गहरे आनुभूतिक प्रतीकों दधि, दूर्वा, अक्षत, हल्दी, पान, सुपारी, धान, दीपक, तुलसी आदि का प्रयोग किया है। ललित निबंध वर्तमान में खड़ा होकर अतीत और भविष्य दोनों से जुड़ा होता है। यह यथार्थ और आदर्श का मिश्रण होता है। सरदार पूर्णसिंह की 'सच्ची वीरता' और 'मजदूरी और प्रेम' में यथार्थ और आदर्श का सुंदर मिश्रण है। ललित निबंध में मूल चिंता के माध्यम से जीवन के अर्थ की तलाश होती है। इसकी मूल चिंता उच्च भारतीय मूल्यों की है। इसमें भूमंडलीकरण, उपभोक्तावाद, बाजारवाद, सशस्त्रीकरण, आतंकवाद, साम्राज्यवाद से मनुष्य और सृष्टि को बचाने की चिंता है। यह संस्कृति का आग्रही है।

हिंदी में ललित निबंध की एक समृद्ध परंपरा रही है। इस क्षेत्र में आचार्य हजारीप्रसाद द्विवेदी का नाम महत्वपूर्ण है। पांडित्य, धर्म, दर्शन, इतिहास, पुरातत्व,

कुबेरनाथ राय

भाषाविज्ञान आदि शास्त्रों का ज्ञान, मानवतावादी दृष्टिकोण, भावप्रधानता आदि विशेषताएं उनके ललित निबंधों में स्पष्ट दिखाई देती हैं। इनके 'अशोक के फूल' 'कल्पलता', 'कुटज' आदि ललित निबंध प्रकृति के माध्यम से संस्कृति की यात्रा हैं। विद्यानिवास मिश्र हजारीप्रसाद की परंपरा को विकसित करते हैं। इनके ललित निबंधों में भारतीय संस्कृति और ठेठ गांव का पक्ष है, जैसे 'तुम चंदन हम पानी', 'आंगन का पंछी और बंजारा मन', 'मेरे राम का मुकुट भीग रहा है', 'गांव का मन' आदि । कुबेरनाथ राय हिंदी निबंध के क्षेत्र में एक ऐसा नाम है, जो केवल ललित निबंध के लिए ही समर्पित है। इनके ललित निबंधों में भारतीय साहित्य और आधुनिक विश्व-चिंतन दिखाई पड़ता है। 'प्रिया नीलकंठी', 'रस आखेटक', 'गंधमादन', विषाद योग', 'निषाद बांसुरी', 'वाणी का क्षीर सागर' आदि इनके चर्चित ललित निबंध हैं। अज्ञेय, नामवर सिंह, रामवृक्ष बेनीपुरी, राधाकृष्ण आदि ने भी अच्छे ललित निबंध लिखे हैं।

ब्रजकिशोर झा

लव-कुश

लव-कुश सीता और राम के जुड़वां पुत्रों के नाम हैं। राम ने जब लोकापवाद के भय से गर्भवती सीता का त्याग किया, तब सीता ने तमसा नदी के किनारे वाल्मीकि आश्रम में शरण लिया। यहीं सीता ने दो पुत्रों को जन्म दिया। वाल्मीकि ने एक कुश को अभिमंत्रित कर स्त्रियों को दिया और कहा कि इसके अग्रभाग से ज्येष्ठ पुत्र का और पश्च भाग से कनिष्ठ पुत्र का स्पर्श करके लाओ। इस तरह अभिमंत्रित कुश के द्वारा उनके सुरक्षा चक्र का निर्माण किया गया और ज्येष्ठ पुत्र का नाम कुश और कनिष्ठ पुत्र का नाम लव पड़ा। वाल्मीकि ने बड़े होने पर दोनों पुत्रों को विभिन्न विद्याओं की शिक्षा दी और उन्हें रामायण का सुर-ताल-लययुक्त गायन भी सिखाया। (वाल्मीकि रामायण, उत्तरकांड)।

सामान्य राम कथा के अनुसार, जब राम ने अश्वमेध यज्ञ का आयोजन किया, तब लव और कुश ने यज्ञ के घोड़े को पकड़ लिया। अश्व की सुरक्षा में तैनात शत्रुघ्न-लक्ष्मण समेत पूरी सेना से उन्होंने युद्ध किया और उन्हें पराजित किया। अंत में राम स्वयं युद्ध करने आए। राम ने जब इन ऋषिवेशधारी बालकों को देखा और इनका परिचय पूछा, तब बच्चों ने कहा, हम सीता के पुत्र हैं। यह सुन राम के हाथ से धनुष गिर गया। वाल्मीकि को जब पूरे घटनाक्रम का पता चला, वे युद्धभूमि में आए और राम से पत्नी तथा पुत्रों को स्वीकार करने के लिए कहा।

वाल्मीकि रामायण में राम और लव-कुश के मिलन की कथा अन्य प्रकार से वर्णित है। इसके अनुसार, राम के अश्वमेध यज्ञ में वाल्मीकि भी आमंत्रित थे। वे अपने दोनों शिष्यों लव-कुश के साथ राजदरबार में पहुंचे और उनसे रामायण गान करने के लिए कहा। ऋषि-पुत्र के वेश वाले इन दोनों बालकों के रूप से प्रभावित होकर राम ने इनसे परिचय पूछा, तब उन्होंने कहा, हम सीता के पुत्र हैं। राम को अपने किए पर पश्चात्ताप हुआ। उन्होंने पत्नी और दोनों पुत्रों को राजमहल में वापस लाकर प्रायश्चित्त करना चाहा। सीता दोनों बालकों को राम के सुपुर्द करते हुए, स्वयं धरती में समा गईं। राम के बाद कुश अयोध्या के राजसिंहासन पर प्रतिष्ठित हुए। लव-कुश की कथा लोक में नई पीढ़ी की वीरता और अन्याय के विरुद्ध उनके संघर्ष की ओर संकेत करती है। तुलसी ने 'रामचरितमानस' में सीता परित्याग के कथा प्रसंग को स्त्री के प्रति सम्मान भाव के कारण जगह नहीं दी। इसलिए इसमें लव-कुश की कथा भी नहीं है।

श्रद्धांजलि सिंह

लांजइनस

लांजइनस (Langinus) के विषय में जानकारी निश्चित नहीं है, लेकिन पश्चिमी साहित्य शास्त्र की परंपरा ने इस नाम का संबंध

'काव्य में उदात्त-तत्व' नामक महत्वपूर्ण सिद्धांत के साथ जोड़ दिया है। अधिकांश विद्वान तो लांजइनस को यूनानी (प्रथम या तृतीय शताब्दी) मानते हैं। लांजइनस के नाम से जो ग्रंथ प्रसिद्ध है, उसका नाम है–'पेरिहुप्सुस'। विस्मृति में डूबे इस ग्रंथ का प्रकाशन सन् 1554 में हुआ, जिसका श्रेय इतालवी विद्वान रोबेरतेल्लो को जाता है। इसका पहला अंग्रेजी अनुवाद जॉन हॉल ने 'ऑफ द हाइट ऑफ एलोक्वेन्स' नाम से सन् 1652 में किया, फिर इसका अर्थगत नाम 'सब्लाइम' चल पड़ा। इस संदर्भ में 'सब्लाइम' को उसके संकीर्ण शैलीगत अर्थ में ग्रहण न करके अंतर्वस्तु की विशेषताओं से युक्त व्यापक अर्थ में ग्रहण करना चाहिए। हिंदी में 'सब्लाइम' के अनुवाद के रूप में 'उदात्त तत्व' शब्द है। लांजइनस के ग्रंथ का विषय भाषण कला या भाषण शास्त्र ही है। भूलना न होगा कि यूनान में काव्य शास्त्र और भाषण शास्त्र दोनों के विषय काफी दूर तक समान रहे हैं।

'उदात्त के विषय में' या 'पेरिहुप्सुस' वस्तुतः एक पत्र के रूप में पोस्तुमिउस तेरेन्तियानुस नामक एक रोमी युवक को संबोधित है, जो लांजइनस का सखा-शिष्य रहा होगा। 'पेरिहुप्सुस' लगभग साठ पृष्ठों का कसावट से भरा पत्र है, जिसमें 44 अध्याय हैं। कई अध्याय खंडित हैं और बहुत-सा भाग खो चुका है। साहित्य के संबंध में जो प्रश्न प्लेटो और अरस्तू ने उठाए थे, उससे भिन्न प्रश्न यह कृति उठाती है। सच यह है कि सत्रहवीं शताब्दी के बाद का शायद ही कोई आलोचक हो, जो लांजइनस की प्रतिभा से अभिभूत न हुआ हो।

लांजइनस

लांजइनस ने 'उदात्त' को परिभाषित करते हुए कहा है, 'उदात्तता अभिव्यंजना का अनुपम उत्कर्ष और वैशिष्ट्य है।' यही वह साधन है, जिसकी शक्ति से बड़े कवियों-इतिहासकारों ने कालजयी ख्याति अर्जित की है। श्रोताओं पर उदात्त का प्रभाव सम्मोहनकारी होता है। बिजली की कौंध की तरह उदात्त की एक कौंध पूरे विषय को उद्‌भाषित करने की क्षमता रखती है। लांजइनस यह प्रश्न उठाते हैं कि उदात्त सहज है या उत्पाद्य? उनका विचार है कि नैसर्गिक प्रतिभा से उत्पन्न कृतियां कठोर नियम-बंधनों से निष्प्राण हो जाती हैं। इस तरह वे नैसर्गिक प्रतिभा की महिमा को स्वीकार करते हैं। प्रकृति नियमहीन रूप में कुछ नहीं करती। सभी कार्यों का मूल कारण और सर्जनात्मक आधार प्रकृति है। मूल विचार उदात्त सहज होते हुए भी नियम निरपेक्ष नहीं है। उदात्त के लिए अंतःप्रेरणा की जितनी आवश्यकता है, उतनी ही नियंत्रण की।

उदात्त के लिए केवल प्रतिभा ही पर्याप्त नहीं है, ज्ञान भी अपेक्षित है। लांजइनस ने उदात्त के तीन अवरोधक दोष बताए हैं : 1. शब्दाडंबर, 2. अबोधता और 3. भावाडंबर। शब्दाडंबर उदात्त के अतिक्रमण की इच्छा से उत्पन्न होता है, किंतु उदात्त का अतिक्रमण करने के बदले वह उसके प्रभाव को ही नष्ट कर देता है। अबोधता बचकानेपन का विस्तार है, जिससे परिपक्वता क्षतिग्रस्त होती है। भावाडंबर हमेशा निस्सार भाव या अनपेक्षित भावातिरेक से पैदा होता है, इसलिए भाव में संयम की आवश्यकता होती है। इन दोषों का कारण नवीनता का आग्रह है। यदि सुंदर शैली, भव्य कल्पना और आह्लादकारी पदयोजना प्रभावशाली रचना के उपादान हैं और सफलता के आधार हैं, तो विफलता के आधार भी ये ही हैं। उदात्त की सिद्धि तभी संभव है, जब उसका स्वरूप स्पष्ट हो। कोई रचना तभी महान होती है, जब बार-बार के परीक्षण से भी उसकी चमक मंद नहीं होती। उसके प्रभाव को रोकना असंभव होता है, क्योंकि वह स्मृति पर अमिट रूप से अंकित हो जाती है। महान रचनाओं में उदात्त अपने पूरे सौंदर्य के साथ व्याप्त रहता है।

लांजइनस उदात्त के पांच स्रोत मानते हैं : 1. महान विचारों की उद्भावना-क्षमता, 2. प्रबल अंतःप्रेरणा, 3. अलंकारों का समुचित प्रयोग, 4. भव्य शब्द योजना तथा शैलीगत परिष्कार एवं 5. रचना की गरिमा और उसका समुचित उत्कर्ष। इनमें से प्रथम दो स्वाभाविक, मानवीय गुण हैं और शेष तीन कला से उत्पन्न होते हैं। लांजइनस का विचार है कि करुणा, भय जैसे भावों में उदात्त की कल्पना संभव ही नहीं है। उनका यह विचार अरस्तु की त्रासदी की अवधारणा के विरोध में है। भारतीय काव्यशास्त्र करुणा, भय को क्षुद्र नहीं मानता। वाल्मीकि के 'रामायण', व्यास के 'महाभारत' तथा भवभूति के 'उत्तररामचरित' में करुणा के भावों का विस्तार है और इससे उदात्तता कहीं बाधित नहीं होती। लांजइनस के उदात्त विषयक निरूपण का एक प्रबल लक्ष्य भव्य भाव की प्रतिष्ठा है। भव्य भाव के समावेश से उदात्त की सिद्धि होती है। इससे शब्दों में रमणीय उन्माद भर जाता है। जयशंकर प्रसाद की 'कामायनी' में उदात्त भावना श्रद्धा में प्रकट होती है। यह अज्ञेय की 'असाध्य वीणा' में भी है। इस तरह उदात्तता महान आत्मा की प्रतिध्वनि है।

लांजइनस का उदात्त सिद्धांत भारतीय काव्यशास्त्र की उस उक्ति का ध्यान दिलाता है कि सच्चा सौंदर्य वही है, जो प्रतिपल नया हो। इस तरह लांजइनस शास्त्रवादी होकर भी एक स्वच्छंदतावादी चिंतक कहे जा सकते हैं।

कृष्णदत्त पालीवाल

अधिक जानकारी के लिए :
1. पाश्चात्य काव्यशास्त्र : देवेंद्र नाथ शर्मा, **2. साहित्य सिद्धांत :** रामअवध द्विवेदी, **3. काव्य में उदात्त तत्व :** नगेंद्र

लाला लाजपत राय
(1865-1928)

भारतीय स्वतंत्रता संग्राम के दौरान सन् 1907 में गरम और नरम दल यानी ब्रिटिशपरस्त सुधारवादी राजनीति और अपेक्षाकृत उग्रपंथी राजनीति की वकालत करने वाले गरम दल के नेताओं के रूप में 'बाल लाल पाल' का नाम विख्यात हुआ। ये तीनों व्यक्ति थे—बाल गंगाधर तिलक, लाला लाजपत राय और विपिन चंद्र पाल। दक्षिण के तिलक, उत्तर के लाजपत राय और पूरब के विपिन चंद्र पाल का एक होकर भारत के लिए स्वराज की मांग करना इस बात का सूचक था कि भारत की आजादी की लड़ाई का चरित्र राष्ट्रव्यापी हो चला था। तिलक के इस आह्वान में कि 'स्वराज हमारा जन्मसिद्ध अधिकार है और हम इसे लेकर रहेंगे', फ्रांसीसी क्रांति के पहले रूसो के प्रसिद्ध वाक्य 'मनुष्य जन्म से स्वतंत्र है, पर हर जगह जंजीरों में कैद है।' की अनुगूंज थी। इस आह्वान से भारत में विशेषकर युवाओं में, नई प्रेरणा का संचार हुआ था।

लाला लाजपत राय का जन्म 28 जनवरी 1865 को पंजाब के मोगा जिले में स्थिति धुधिके गांव में हुआ था। उनके पिता का नाम मुंशी राधाकिशन आजाद और माता का नाम गुलाब देवी था। उनका परिवार

लाला लाजपत राय

अग्रवाल व्यवसायियों का था। वे लोग पारंपरिक नैतिकता के कट्टर समर्थक थे। दयानंद सरस्वती ने उन्हीं दिनों हिंदू समाज में पुनर्जागरण के लिए आर्य समाज का गठन किया था और इस संगठन का पंजाब में प्रभाव बढ़ता जा रहा था। बालक लाजपत राय का विकास ऐसे ही माहौल में हुआ। वे 1880 में गवर्नमेंट कॉलेज, लाहौर में कानून की पढ़ाई के लिए भर्ती हुए। लाहौर उस समय उत्तर भारत नवोदित और प्रबुद्ध मध्य वर्ग का सबसे महत्वपूर्ण केंद्र था। अध्ययन के दौरान उनकी मुलाकात लाला हंसराज और पंडित गुरुदत्त जैसे बुद्धिजीवियों से हुई। ये तीनों अभिन्न मित्र आर्य समाज में सक्रिय हो गए। 1885 में लाजपत राय वकील बने। उन्होंने हिसार में वकालत शुरू कर दी। आर्य समाज उस समय शिक्षा के क्षेत्र को सर्वाधिक महत्व दे रहा था। जगह-जगह दयानंद एंग्लो-वैदिक कॉलेज खोले जा रहे थे जिनमें अंग्रेजी और संस्कृत का समन्वित अध्ययन और वैदिक परंपराओं को पुनर्जीवित करने का प्रयास होता था। लाला इन कामों में सक्रिय हो गए और अपनी सामाजिक गतिविधियों के कारण वे हिसार की म्यूनिसिपैलिटी में भी चुन लिए गए। उनके राजनीतिक जीवन की शुरुआत यहीं से हुई।

1892 में वे लाहौर चले गए और धीरे-धीरे कांग्रेस में सक्रिय होते चले गए। 1905 में भारत के वाइसराय लॉर्ड कर्जन ने बंगाल के मुस्लिम-बहुल जिलों को अलग कर बंगाल का विभाजन कर दिया। भारतीय समाज को विभाजित करने की यह उपनिवेशवादी नीति एक बड़ी चाल थी। ऐसे प्रयासों से ही भारत-पाक विभाजन का बीजारोपण हुआ था। इस विभाजन के बाद सारे देश में, परंतु मुख्य रूप से बंगाल में स्वदेशी आंदोलन के माध्यम से नई ऊर्जा का संचार हुआ था। इस आंदोलन में भरपूर भागीदारी के कारण लाला जी गिरफ्तार कर लिए गए और छह महीने बर्मा की मांडले जेल में बंदी रहे।

उस समय बहुत-से भारतीय यूरोप और अमेरिका में भी भारतीय समस्याओं को उजागर करते हुए भारतीय जनता की स्वाधीनता की मांग का प्रचार कर रहे थे। लाजपत राय ने भी 1914 में ब्रिटेन और अमेरिका में घूम-घूमकर भारत में स्वशासन लाने का प्रचार किया। उन्होंने 'इंडियन होम लीग सोसाइटी ऑफ अमेरिका' की स्थापना की। प्रथम विश्व युद्ध के दौरान उन्होंने 'यंग इंडिया' नामक पुस्तक लिखी, जिसमें भारत में ब्रिटिश शासन की कटु आलोचना की गई थी। यह पुस्तक भारत में ब्रिटिश शासन की सतथ्य आलोचना करने वाली प्रारंभिक पुस्तकों में मानी जाती है। उन्होंने मैजिनी, गैरीबाल्डी, शिवाजी, आर्य समाज के इतिहास पर भी पुस्तकें लिखीं।

प्रथम विश्वयुद्ध के बाद जब वे भारत लौटे तो यद्यपि उनकी किताब पर प्रतिबंध लग चुका था, पर लाला जी काफी प्रसिद्ध हो चुके थे। उन्होंने जलियांवाला बाग नरसंहार का भरपूर विरोध किया और महात्मा गांधी के नेतृत्व में शुरू हुए असहयोग आंदोलन में भागीदारी करते हुए कई बार गिरफ्तार हुए। वे उन नेताओं में शामिल थे जिन्होंने असहयोग आंदोलन वापस लेने का विरोध किया था। असहयोग आंदोलन वापस लिए जाने के बाद राष्ट्रीय आंदोलन में आए बिखराव के दौरान उन्होंने 'कांग्रेस इंडिपेंडेंस पार्टी' का गठन किया था। उन्हें कांग्रेस नेतृत्व के उन लोगों में माना जाने लगा था जिन्हें विचारों में हिंदू समर्थक कहा जाता था।

1928 में भारतीय समस्याओं पर विचार करने के लिए ब्रिटिश सरकार ने 'साइमन कमीशन' भारत भेजा, ताकि 1919 के 'गवर्नमेंट ऑफ इंडिया एक्ट' में आवश्यक परिवर्तन किए जा सकें। इस कमीशन में कोई भी सदस्य भारतीय नहीं था। इसलिए जब यह कमीशन भारत आया तो उसका जगह-जगह पर 'साइमन कमीशन गो बैक' के नारों के साथ विरोध प्रदर्शन हुआ। लाला लाजपत राय ने इस विरोध प्रदर्शन का पंजाब में नेतृत्व किया। इन विरोध प्रदर्शनों का ब्रिटिश सरकार ने भरपूर दमन किया। प्रदर्शन में लाला लाजपत राय पुलिस की लाठियों से बुरी तरह घायल हुए और 17 नवंबर 1928 को उनकी मृत्यु हो गई। स्मरणीय है कि लाला जी ने उसी वक्त कहा था कि 'मेरे शरीर पर पड़ी हर लाठी भारत में ब्रिटिश राज

के ताबूत में ठोंकी गई अंतिम कील साबित होगी।' इतिहास ने साबित किया कि उनकी यह उक्ति भावुक कल्पना नहीं थी।

लाल बहादुर वर्मा

अधिक जानकारी के लिए :
1. **Aarya Samaj :** Lala Lajpat Rai, 1915, **2. Lala Lajpat Rai :** The Man and his Idea : Purushottam Nagar, 1977

लाला हरदयाल
(1884-1939)

लाला हरदयाल का नाम उस समय प्रकाश में आया, जब उन्होंने संस्कृत में परीक्षा देते वक्त सभी कीर्तिमान तोड़ते हुए असाधारण सफलता पाई। वे उच्च अध्ययन के लिए विदेश चले गए और वहीं उन्होंने राष्ट्रीय आंदोलन और भारत की आजादी का बिगुल बजाया। वे कुछ उन प्रमुख भारतीयों में थे जिन्होंने यूरोप और अमेरिका का ध्यान इस बात की ओर आकर्षित किया कि भारत की ब्रिटिश राज से मुक्ति किस तरह मानव मुक्ति के लिए अनिवार्य है। उन्होंने अपनी लेखनी का लोहा सारी दुनिया को मनवाया और अपने विशद अध्ययन, चिंतन-मनन का सार 'हिंट्स फॉर सेल्फ कल्चर' नामक पुस्तक में लिखा, जो आज भी प्रासंगिक है। इस पुस्तक में उन्होंने मनुष्य द्वारा अपना परिष्कार और सुसंस्कार किए जाने पर जोर दिया और ऐसे सूत्र सुझाए जिन्हें पकड़कर मनुष्य आधुनिक संसार में भी अपने जीवन का ताना-बाना विकसित कर सकता है।

लाला हरदयाल

सन् 1884 में दिल्ली में हरदयाल का जन्म एक शिक्षित मध्यवर्गीय परिवार में हुआ था। उनकी माता का नाम भोली रानी और पिता का गुरुदयाल माथुर था। वे फारसी के प्रकांड विद्वान थे। पिता से उन्हें विद्या-व्यसन मिला और मां से पारंपरिक हिंदू संस्कार। सुंदर रानी नामक पत्नी से उन्हें दो संतानें हुईं, पर पुत्र का शीघ्र निधन हो गया था। दिल्ली से बी ए करने के बाद उन्होंने लाहौर से एम ए किया और छात्रवृत्ति पाकर ऑक्सफोर्ड विश्वविद्यालय में उच्च शिक्षा के लिए इंग्लैंड चले गए। इंग्लैंड गए अधिकांश विद्यार्थियों की तरह उन्होंने आइसीएस की परीक्षा नहीं दी और लंदन में आकर भारत की आजादी की जमीन तैयार करने में लग गए। उन्होंने 'यंग मेंस इंडिया एसोसिएशन' का गठन किया और बाद में विख्यात कवि इकबाल के मित्र बन गए। हरदयाल की संस्था के उद्घाटन के अवसर पर इकबाल ने अपना तराना 'सारे जहां से अच्छा हिन्दोस्तां हमारा' स्वयं गाकर सुनाया था।

भारत लौटकर हरदयाल लोकमान्य तिलक से मिले और लाहौर से एक अंग्रेजी दैनिक अखबार निकालने लगे। उनके लेखन और भाषणों से युवा इतने प्रभावित होने लगे कि अंग्रेज सरकार उन्हें खतरनाक समझने लगी। लाजपत राय ने उन्हें देश से बाहर जाकर अपने उद्देश्यों की पूर्ति के लिए काम करने की सलाह दी। हरदयाल ने इस सलाह को सही मानकर पहले यूरोप, फिर अमेरिका में भारत की आजादी का बिगुल बजाया।

उनमें संन्यासी प्रवृत्ति जोर मारती तो वे बीच-

बीच में सब कुछ छोड़कर एकांतवास के लिए चले जाते और अध्ययन-चिंतन-मनन में रम जाते। कुछ अमेरिकी मित्र उन्हें हिंदू ऋषि कहने लगे थे। 1912 में कैलिफोर्निया स्थित विश्व विख्यात स्टैनफोर्ड विश्वविद्यालय में उन्हें हिंदू दर्शन और संस्कृत का ऑनरेरी प्रोफेसर नियुक्त किया गया था।

प्रथम विश्वयुद्ध के समय उन्होंने वही किया जैसा कि बाद में सुभाषचंद्र बोस ने जर्मनी से मदद लेकर भारत में ब्रिटिश राज का अंत करने का प्रयास किया था। अपनी विलक्षण प्रतिभा और स्मृति के कारण वे तेरह भाषाएं सीख चुके थे। जर्मनी की पराजय के बाद वे स्वीडन चले गए और वहां से आजादी की मुहिम चलाने लगे। उन्हें भारत वापस लाने के प्रयास सफल नहीं हुए तो उन्होंने इंग्लैंड को ही अपनी गतिविधियों का केंद्र बनाया। वहां उन्होंने 'डॉक्ट्रिंस ऑफ बोधिसत्व' नामक शोध ग्रंथ लिखा। लंदन विश्वविद्यालय ने उस पर उन्हें डॉक्टरेट की उपाधि प्रदान कर सम्मानित किया।

अंततः 1938 में उन्हें ब्रिटिश सरकार ने भारत लौटने की इजाजत दे दी, पर वे लौट नहीं सके और उसी वर्ष उनका अमेरिका के फिलाडेल्फिया नामक नगर में देहांत हो गया। कुछ लोगों का मानना था कि उन्हें किसी ने विष दे दिया था। बहरहाल, असाधारण प्रतिभा के बावजूद वे अहंकार-आलस्य-रहित बेहद प्रखर और प्रभावशाली व्यक्तित्व के कारण सर्वप्रिय नेता थे। वे हिंदू दर्शन और संस्कृति में पारंगत थे और मानववादी थे।

वे केवल विचारक नहीं, कर्मी भी थे। अमेरिका के कैलिफोर्निया राज्य में जब 'गदर' नाम का अखबार निकला और गदर पार्टी का गठन हुआ तो वे उसके सूत्रधार बने। एक समय में 'गदर' समाचार पत्र हजारों की संख्या में सारी दुनिया में वितरित होता था और उर्दू तथा अंग्रेजी सहित कई भाषाओं में प्रकाशित होता था।

गदर पार्टी ने 'कामागाटामारु' नामक जहाज से हथियार और स्वतंत्रता सेनानी भारत भेजने का प्रयास किया था। अभियान असफल रहा था। पर यह गदर पार्टी का यह सबसे महत्वपूर्ण कार्य नहीं था। गदर पार्टी के विचार और लक्ष्य उस जमाने की भारतीय राजनीति में सबसे अधिक विकसित थे। इन्होंने एक धर्मनिरपेक्ष और विकेंद्रित राज्य की कल्पना की थी, जो आज भी भारतीय राज्य का आदर्श बना हुआ है। लाला हरदयाल के विचारों से अनुप्राणित सैकड़ों लोग अमेरिका से भारत आकर आजादी की लड़ाई लड़ने को तैयार हो गए थे। भगत सिंह के गुरु करतार सिंह सरापा लाला हरदयाल के ही सहयोगी थे। इन लोगों ने भारतीय क्रांति का जो खाका बनाया था, वह भारतीय परिस्थितियों के अनुकूल समाज के वास्तविक रूपांतरण की ऐसी रूपरेखा प्रस्तुत करता है जिसमें व्यक्ति के रूप में तो विकास हो ही, वह एक अच्छा सामाजिक प्राणी भी बनता जाए।

लाल बहादुर वर्मा

लालित्य

लालित्य ललित शब्द से बना है। ललित का अर्थ सुंदर, मनचाहा, नाजुक, मनोहर आदि है अर्थात् यह कलात्मक सुंदरता से संबंधित है। काव्यशास्त्र का शब्द ललित एक छंद (ललित पद) का, अप्पय दीक्षित द्वारा उद्‌भावित एक अलंकार का और संगीतशास्त्र में एक राग का नाम भी है। लक्ष्योपमा को ललितोपमा भी कहते हैं। बुद्धि और कल्पना के सुंदर योग से रचित कलाएं ललित कला (प्रतिमा विधायक, रूपंकर या प्लास्टिक आर्ट्स) कहलाती हैं। नायिका के अठारह स्वभावज अलंकारों में ललित का भी एक स्थान है। ये सारी बातें काव्य, कला और जीवन में ललित के महत्व को दर्शाती हैं। जहाँ रमणीयता है, आकर्षण है, आभा है, वहां सौंदर्य अर्थात ललित की उपस्थिति है, क्योंकि ललित सौंदर्य का पर्याय है।

साहित्यालोचन में पहले से 'पद-लालित्य' जैसे शब्दों का प्रयोग होता रहा है, पर लालित्य तत्व का विवेचन नहीं हुआ था। सौंदर्य तत्व के रूप में इसका पहला प्रयोग हजारीप्रसाद द्विवेदी ने अपनी

किताब 'कालिदास की लालित्य योजना' में किया। यह भी कहा जा सकता है कि कालिदास के अध्ययन के बहाने, रसशास्त्र और सौंदर्यशास्त्र के पैटर्न पर उन्होंने सीमित दायरे में एक 'लालित्यशास्त्र' रखने की कोशिश की थी। सामान्यतः संसार में मन को आनंदित करने वाली सभी चीजों को सौंदर्य के दायरे में माना जाता है। हजारीप्रसाद द्विवेदी सौंदर्य और लालित्य में समानता और अंतर भी दिखलाते हैं।

द्विवेदी जी ने प्रकृति निर्मित सौंदर्य और मुनष्य निर्मित सौंदर्य की चर्चा करते हुए बताया है कि वे मनुष्य निर्मित सौंदर्य को लालित्य कहना पसंद करते हैं। न्यूटन को उद्धृत करते हुए वे पाते हैं कि प्रकृति की वृत्ति यह होती है कि वह सटीक उपयोगिता के लिहाज से एकमात्र और सर्वोत्तम आकार की रचना करे, जबकि मनुष्य की वृत्ति अपनी इच्छा की संतुष्टि की खातिर ही एकमात्र और सर्वोत्तम आकार की रचना करने की होती है।

सौंदर्य या लालित्य क्या है? इस बारे में द्विवेदी जी की राय है, 'सौंदर्य असल में वस्तु की समग्रता की अनुभूति है।' कालिदास के आधार पर वे कहते हैं, '(1) सुंदर सबके लिए सुंदर होता है, पर (2) उनके लिए अधिक सुंदर होता है जिनसे उसका लगाव होता है।' इस समग्र लगाव को प्रेम कहना चाहिए, जिसके स्वरूप को समझाना कठिन है क्योंकि 'प्रेमा हि कोऽपि पर एव विवेचने सत्यंतर्दधात्यलमसावविवेचनेऽपि।' अर्थात् प्रेम का विवेचन करने चलो तो मूल वस्तु ही गायब और विवेचन नहीं करने से किसी को समझाना मुश्किल। सौंदर्य में मानवीय मान-मूल्यों वाले गुणों का होना जरूरी है। इन गुणों को द्विवेदी जी 'नर्म' (सहज-सामान्य बोध) शब्द से द्योतित करते हैं, जिसमें सुंदर, नैतिक स्वभावधर्म मिले होते हैं। लालित्य को परिभाषित करने के क्रम में वे लिखते हैं, 'भाषा में, मिथक में, धर्म में, काव्य में, मूर्ति में, चित्र में बहुधा अभिव्यक्त मानवीय इच्छाशक्ति का अनुपम विलास ही वह सौंदर्य है जिसकी मीमांसा का संकल्प लेकर हम चले हैं। प्रथम सौंदर्य रूप से व्यावृत्त करने के लिए इसे हम लालित्य कहेंगे। लालित्य अर्थात् प्राकृतिक सौंदर्य से भिन्न किंतु उसके समानांतर चलने वाला मानव रचित सौंदर्य।' कालिदास की विश्व प्रसिद्ध कृति 'अभिज्ञानशाकुंतल' में दुष्यंत के द्वारा अपने राजमहल में स्मृति के आधार पर शकुंतला का जीवंत चित्र बनाना ऐसा ही मानव-रचित सौंदर्य है। द्विवेजी जी उस चित्र के सौंदर्य की व्याख्या कालिदास द्वारा प्रयुक्त अनेक शब्दों को पारिभाषिक बनाकर करते हैं। ऐसे कुछ पारिभाषिक शब्दों पर एक नजर डालना रोचक होगा, जैसे अन्यथाकरण, अन्वयन, अबोधपूर्वा, करणविगम, छंद, भावानुप्रवेश, यथालिखितानुभाविता, विनिवेशन आदि।

चित्रकला को मद्देनजर रखते हुए हजारीप्रसाद द्विवेदी बताते हैं कि कलाकार को उसकी सामग्री यद्यपि बाहरी संसार से प्राप्त होती है, किंतु उस सामग्री को वह ज्यों-का-त्यों प्रस्तुत नहीं कर देता। कलाकार कल्पना और शिल्प-कौशल के सहारे बाहरी संसार से मिली उस सामग्री में बहुत-कुछ जोड़ता-घटाता अथवा फेर-बदल करता है, जिसे अन्यथाकरण कहा गया है। कला में देर तक मानसिक भावों की निरंतरता को प्रभावी बनाए रखने को अन्वयन की संज्ञा दी गई है। बाहरी संसार की रुचिकर बातें जब सामने होती हैं तो उत्कंठित कलाकार के मन में सोई स्मृतियां जाग उठती हैं। वह सिर्फ उतना ही नहीं देखता, जितना उसके सामने बाहर का दृश्य होता है, बल्कि कल्पना के द्वारा उससे कहीं अधिक देखता है। उसकी जगी स्मृतियां अबोधपूर्वा इसलिए कही गई हैं कि वे किस भाव में उपस्थित होकर किस प्रकार से मन को परिचालित करेंगी, यह पहले से जाना नहीं जा सकता। हर मनुष्य में भाव वासनारूप में विद्यमान होते हैं, लेकिन स्मृतियों से कौन-से भाव जागेंगे इसका पता नहीं होता। अतः यह अबोधपूर्वा है।

इंद्रियों को बाहर के विषयों से हटाकर भीतर की ओर मोड़ना अर्थात उन्हें अंतर्मुखी करना ही करणविगम है। मन पर सौंदर्य की जो या जिस प्रकार की छाप पड़ती है, वही भाव है। रस की अनुभूति करने के लिए करणविगम की प्रक्रिया जरूरी मानी

गई है। परिवर्तन और गति का खेल निरंतर हमारे चारों ओर हो रहा है। हमारी बाह्य तथा आंतरिक प्रकृति छंदोमय अर्थात सर्जनेच्छा-भरी होती है—हर जगह ताल और लय है। चाहे ग्रहों-उपग्रहों का घूमना-चलना हो अथवा मौसम का बदलाव, हमारी सांसों की आवाजाही हो या नाड़ी और दिल की धड़कन—सब में गति-ताल और नर्तन को महसूस किया जा सकता है। जब बाह्य गति और लय से आंतरिक गति-लय का संयोग होता चलता है तो यही लालित्य का छंद है। जो भाव व्यक्त और व्यंजित होते हैं, उनमें कलाकार का स्वयं प्रविष्ट हो जाना ही भावानुप्रवेश है। यह रचना-प्रक्रिया की वह अवस्था है जब कलाकार अपने विषय के साथ एकमेक हो जाता है। इसके बाद की दशा यथालिखितानुभाविता कही गई है (यानी जैसा लिखा, वैसा ही अनुभव किया)। इसमें रचना के भावानुप्रवेश के फलस्वरूप भाव-विकार, रोमांच वगैरह के अनुभव होते हैं। कलाकार के द्वारा कला-उपादानों के स्वरूप और स्वभाव को पहचान कर उनका समुचित विनियोग करना विनिवेशन है। कहा जा सकता है कि साहित्य के क्षेत्र में शब्दों के माध्यम से राग, छंद और अर्थ की लीला ही लालित्य का विधान करती है।

सुवास कुमार

अधिक जानकारी के लिए :

1. **कालिदास की लालित्य योजना :** हजारीप्रसाद द्विवेदी,
2. **भारतीय साहित्यशास्त्र कोश :** राजवंश सहाय हीरा

लास्य नृत्य

लस् धातु (सुंदर लगना) में ण्यत् प्रत्यय लगा कर लास्य शब्द बना है। इसका सामान्य अर्थ नृत्य है। लास्य नृत्य की जन्मदातृ पार्वती को माना जाता है, जैसे तांडव नृत्य के जन्मदाता शिव हैं। नृत्य कथा के अनुसार, भरतमुनि ने कुछ पुरुष तथा स्त्री संगीतज्ञों की सहायता से सर्वप्रथम नटराज शिव के सामने नृत्य प्रस्तुत किया। इसे देखकर शिव ने प्रसन्न होकर उन्हें तांडव नृत्य की शिक्षा दी तथा लास्य नृत्य की जन्मदातृ पार्वती ने बाणासुर की कन्या ऊषा को लास्य नृत्य में दीक्षित किया। लास्य नृत्य कोमलता तथा सौंदर्य का प्रतीक है। लास्य स्त्री नृत्य है। अपनी प्रकृति में स्त्री-तत्व के अनुसार ही यह नृत्य कोमल, सरस तथा सौंदर्यमय होता है। यह नृत्य शृंगार, मादकता तथा कोमल भावनाओं से प्रेरित होकर लावण्यमय रूप का निर्माण करता है।

तांडव नृत्य के साथ ही लास्य नृत्य की उत्पत्ति मानी जाती है। सृष्टि में कठोरता, विकरालता, उग्रता के साथ शांत, कोमलता तथा सुकुमारता की भी स्थान है। तांडव नृत्य का रूप पुलिंग है और वह पुरुष नर्तक के उपयुक्त माना गया है। शिव के तांडव करते समय भयावह स्थिति दिखती है जिसमें सब तरफ हाहाकार होता है। इसके विपरीत इसी के शमन हेतु लास्य नृत्य की अवतारणा हुई, जो जगत में माधुर्य का संचार कर दे। यह सुकुमार नृत्य है और इसके लिए स्त्री उपयुक्त मानी जाती है। यह दोनों ही नृत्य एक-दूसरे के पूरक हैं। दुःख के साथ सुख और विप्लव के साथ शांति का जो संबंध है, वही संबंध इन दोनों नृत्यों के बीच है। बिजली की चमक और गर्जना से यदि मन अशांत होता है तो बादलों की रिमझिम फुहार से हृदय प्रफुल्लित होता है। लास्य और तांडव परस्पर एक दूसरे का पूरक होते हुए इसी स्थिति को चरितार्थ करते हैं। 'लास्य' अपनी संरचना में मधुर कल्पना और अपार सुख की अनुभूति का नृत्य है जिसमें नर्तकी अपने अंग संचालन और मुद्राओं से परम शृंगार और आनंद के क्षणों का सृजन करती है।

नृत्य के लास्य तथा ताण्डव इन दो भेदों का निरूपण शार्गदेव ने 'संगीत रत्नाकर' में किया है। भरतमुनि ने नाट्य शास्त्र में लास्य को ही सुकुमार नृत्त कहा है। उन्होंने नाट्यशास्त्र में लास्य के दस अंग (लास्यांग) बताए हैं। ये लास्यांग स्वांग, रासलीला आदि लोक नाट्य परंपरओं के पूर्व रूप हैं।

यह सच है कि अपने वैशिष्ट्य के बावजूद जैसे तांडव अब सिर्फ आनुष्ठानिक नृत्य की ही तरह रह गया है, उसी तरह 'लास्य' भी अब आनुष्ठानिक नृत्य

होकर ही रह गया है। यह नृत्य अब धार्मिक आयोजनों और पारंपरिक धार्मिक विधानों के अंतर्गत ही होता है, इसलिए संस्कृति के सार्वजनिक उपक्रम में अन्य नृत्यों की तरह इसका परिष्कार नहीं दिखता। आज भी पारंपरिक विधानों से संचालित मंदिरों, खासकर दक्षिण भारत के मंदिरों में इस नृत्य की प्रथा कायम है, पर शास्त्रीय शैली के अन्य नृत्यों की तरह इसे न तो अपनाया जा सका है और न इसका विकास ही हो पाया है। यह सच है कि भारत के सभी शास्त्रीय नृत्यों, चाहे वह भरतनाट्यम हो या ओडिसी, मोहिनी अट्ट्म हो या कथकली, इनका उद्भव धार्मिक कारणों से ही हुआ। पर उनका समय के अनुसार विकास भी हुआ, जबकि लास्य पर ध्यान नहीं दिया जा सका।

ज्योतिष जोशी

लिंग

लिंग एक संकेत है, जिससे किसी व्यक्ति या वस्तु की पहचान होती है। लिंग दो तरह के होते हैं–1. प्राकृतिक और 2. व्याकरणिक। प्राकृतिक लिंग का भेद नर और मादा का भेद है। इसका संबंध प्राणिजाति से है। इसका निर्णय जैविक अवयवों से किया जाता है, जैसे—स्तन-केश आदि के आधार पर स्त्री, मूंछ-दाढ़ी के आधार पर पुरुष। निर्जीव वस्तुओं के व्याकरणिक लिंग के निर्धारण में वस्तु के आकार, रचना, रंग, भक्ष्याभक्ष्य, शब्द की ध्वनि आदि आधारों का ग्रहण किया गया है। जैसे ग्रंथ पुल्लिग है, पुस्तक स्त्रीलिंग है। कान पुल्लिग है, नाक स्त्रीलिंग है, पेट पुल्लिग है, पीठ स्त्रीलिंग है। ये व्याकरणिक लिंग के उदाहरण हैं। सड़क आकार की दृष्टि से बड़ी है, फिर भी यह स्त्रीलिंग है; जबकि रास्ता छोटा है, फिर भी पुल्लिग है। व्याकरणिक लिंग प्राकृतिक लिंग का पूर्ण अनुसरण नहीं करता। आजकल भाषा की शुद्धता की दृष्टि से व्याकरणिक लिंग को ज्यादा महत्व दिया जाता है।

प्राचीन भाषाओं में तीन लिंग थे–पुल्लिग, स्त्रीलिंग तथा नपुंसक लिंग। व्याकरणिक दृष्टि से यह विभाजन सर्वनाम के निर्देशन के लिए और विशेषणों में संगति बैठाने के लिए किया गया था। संस्कृत, मराठी, जर्मन, रूसी आदि भाषाओं में तीन लिंगों का प्रचलन है, जबकि स्पेनिश, इतालवी, फ्रेंच आदि भाषाओं में दो लिंग–पुल्लिग और स्त्रीलिंग ही हैं। ऐसा ही अंग्रेजी और हिंदी में भी है।

वस्तु या व्यक्ति के लिंग निर्धारण के आधार को लेकर विवाद रहा है। जैसे संस्कृत में स्त्री के लिए तीनों लिंगों में शब्द हैं–दारा (पत्नी), जो पुल्लिग है, स्त्री, नारी, पत्नी, भार्या आदि स्त्रीलिंग हैं, जबकि 'कलत्रम्' (पत्नी) नपुंसक लिंग है। इसी प्रकार निर्जीव पदार्थ जल के लिए 'जलम्' नपुंसक लिंग है, आपस् (जल) स्त्रीलिंग है। हिंदी में मक्खी, चींटी, चिड़िया, लोमड़ी, छिपकली आदि शब्द स्त्रीलिंग में तथा कौवा, तोता आदि पुल्लिग में प्रयुक्त होते हैं, यद्यपि इसमें नर-मादा दोनों हैं। इसी प्रकार जर्मन भाषा में सूर्य स्त्रीलिंग है, परंतु चंद्रमा पुल्लिग है। इस प्रकार लिंग निर्धारण का अब तक कोई ठोस वस्तुपरक आधार नहीं बना है। इस संदर्भ में पाणिनि ने लोक व्यवहार को ही प्रामाणिक आधार माना था।

वर्षा मिश्र

अधिक जानकारी के लिए :
1. हिंदी व्याकरण : कामताप्रसाद गुरु, **2. हिंदी शब्दानुशासन :** किशोरीप्रसाद वाजपेयी, **3. आधुनिक हिंदी व्याकरण और रचना :** वासुदेव नंदन प्रसाद

लिंगायत

लिंगायत या वीर शैव आंदोलन लगभग बारहवीं सदी में उत्तर-पश्चिमी कर्नाटक में चला एक शैव आंदोलन था, जिसका लक्ष्य हिंदू धार्मिक कर्मकांड का विरोध था। यह मूर्ति पूजा, वर्ण व्यवस्था और हर तरह के भेदभाव के विरोध में था। इस आंदोलन में व्यापारियों की प्रमुख भूमिका थी। इनके साथ कृषक और दस्तकार तो थे ही, ब्राह्मण-पुरोहित भी थे, जो 'जंगम' के नाम से जाने

जाते थे। लिंगायत आंदोलन में जुलाहों, दर्जियों और तेलियों की बहुतायत रही है। इसमें चर्मकार, धोबी, मछुआरे और ऐसी ही कई अन्य जातियां शामिल रही हैं। लिंगायत में भेदभाव एक हद तक बना रहा है, क्योंकि अछूत जातियों को न पवित्र 'लिंगम' धारण करने का अधिकार मिला था और न 'अष्टावरण' अर्थात आठों संस्कार का। बारहवीं सदी में इस संप्रदाय को दिशा देने वाले बसव ब्राह्मण थे। वचन साहित्य की एक प्रमुख रचनाकार अक्क महादेवी व्यापारी घराने से आई थीं। उन्होंने धार्मिक सुधार की आवाज उठाई थी।

लिंगायत आंदोलन वैष्णव संप्रदाय के विरोध में था। इस आंदोलन के प्रणेताओं का भक्ति संप्रदायों से संबंध नहीं था। माना जाता है कि केवल एकांतराम थे जिनका शैव भक्ति संप्रदाय से संबंध था। स्मार्त ब्राह्मणों का वीर शैवों के साथ संबंध था। उन्होंने जो लिंगायत आंदोलन चलाया, उसमें मंदिरों में की जाने वाली मूर्ति पूजा की जगह सिर्फ प्रतीकों की आराधना के लिए स्थान था। उन्होंने बाह्याडंबरों को नकारते हुए ध्यान-प्रधान मोक्ष मार्ग अपनाने पर जोर दिया। लिंगायत साहित्य में वेद-पंथी ब्राह्मणों की आलोचना है। वचन रचनाकारों ने सभी पेशे से जुड़े लोगों के बीच भ्रातृत्व और बराबरी की भावना पर जोर दिया है, हालांकि भेदभाव का पूर्णतः अंत नहीं होता। स्मार्त धार्मिक नेताओं ने वीर शैवों को सामान्य, विशेष और निराभर वर्गों में बांटा था और कभी ब्राह्मणेतर बिरादरी के साथ रोटी-बेटी का रिश्ता स्थापित नहीं किया था। इसका अर्थ है, वे हिंदू धर्म के सामंती अवशेषों से मुक्त न थे।

लिंगायत परंपरा में शवों के दाह कर्म की जगह गाड़ने की परंपरा है। वे ऐसे मौकों पर धार्मिक अशौच नहीं मानते। लिंगायत संप्रदाय में दीक्षित होने का अर्थ है—व्यक्ति अशौचों में विश्वास न करे और किसी भी पंथ के देवी-देवताओं की पूजा न करे। इस परंपरा में विधवा विवाह की मान्यता थी। बसव को जाति प्रथा के वृक्ष को काटने वाली कुल्हाड़ी बताया जाता है। उनका कट्टरपंथी ब्राह्मणों से तीव्र वैचारिक संघर्ष था। लिंगायत और वीर शैव आंदोलन जिस युग में फल-फूल रहा था, उस युग में व्यापारिक पूंजीवाद उन्नत दशा में था। धीरे-धीरे लिंगायत संप्रदाय और हिंदू धर्म के बीच विभाजक रेखा क्षीण होती गई, हालांकि इस विभाजन को तीव्र करने की बौद्धिक कोशिशें होती रही हैं।

धारवाड़, बीजापुर और बेलगाम जिलों में लिंगायत बड़ी संख्या में हैं जिनमें सत्तर प्रतिशत किसान और दस्तकार हैं।

शिवनाथ पांडेय

लिटरेरी एजेंट

लिटरेरी एजेंट (Litrary Agent) को हिंदी में 'साहित्य क्षेत्र का बिचौलिया' कहा जा सकता है। उसका काम यही नहीं होता कि प्रकाशक से लेखक का, उसकी कृति का परिचय कराए। वह रचना को पढ़कर उसमें आवश्यक संशोधन या संपादन करके उसे इस रूप में प्रकाशक के सामने रखता है कि प्रकाशक उसे पसंद करके छापे और लेखक को रॉयल्टी दे।

लिटरेरी एजेंट का अस्तित्व हिंदी प्रकाशन संसार में अभी नहीं के बराबर है। अक्सर पूछा जाता है कि जितने भी प्रतिष्ठित लेखक हुए हैं, क्या उनमें से किसी ने कभी अपनी पुस्तकें प्रकाशित कराने के लिए किसी लिटरेरी एजेंट की सहायता ली थी? क्या रामचंद्र शुक्ल, प्रेमचंद, अज्ञेय, जैनेंद्र कुमार आदि ने ऐसा किया था? क्या भारतीय भाषाओं के किसी लेखक का अपना लिटरेरी एजेंट है? इन प्रश्नों का उत्तर होगा—नहीं। हिंदी प्रकाशन जगत में लेखक प्रकाशक से सीधे अपनी पुस्तक के प्रकाशन के संबंध में बात करता है। इसका यह अर्थ नहीं है कि हिंदी प्रकाशन क्षेत्र में लिटरेरी एजेंट की आवश्यकता नहीं है।

आजकल 'स्व-प्रकाशन' (सेल्फ-पब्लिशिंग) का रिवाज जिस तरह बढ़ रहा है, उसे देखते हुए पूछा जाने लगा है कि क्या अभी भी लिटरेरी एजेंट की

आवश्यकता है। पाश्चात्य जगत में यह प्रश्न हाल में ही डार्सी चांस के स्वयं प्रकाशित उपन्यास 'डी मिल रीवर रेक्लूज' की अभूतपूर्व सफलता (यह उपन्यास 10 प्रकाशकों और 100 से अधिक लिटरेरी एजेंटों द्वारा अस्वीकृत कर दिया गया था) के कारण उठाया जा रहा है, फिर भी भूलना नहीं चाहिए कि अंग्रेजी प्रकाशन संसार में लिटरेरी एजेंट आज भी लेखक और प्रकाशक के बीच सेतु मात्र नहीं है, वह और भी बहुत कुछ है। वह अब एक प्रकार से लेखक का बिजनेस और मार्केटिंग मैनेजर बन गया है।

अंग्रेजी प्रकाशन की दुनिया में लेखकों को अपनी पहली कृति छपाने के लिए ही नहीं, बल्कि स्थापित लेखकों को भी अपनी रचनाएं प्रकाशित कराने की त्वरित स्वीकृति, रॉयल्टी आदि की दृष्टि से लाभदायक शर्तें प्राप्त करने के लिए लिटरेरी एजेंट ही सहायक साबित होता है।

प्रतिष्ठित प्रकाशक भी लिटरेरी एजेंट के बिना अपना कार्य नहीं करता यानी लिटरेरी एजेंट की सेवाएं केवल लेखक ही नहीं, प्रकाशक के लिए भी आवश्यक होती हैं। उसके बिना प्रकाशन क्षेत्र में एक पत्ता भी नहीं खड़कता। प्रकाशकों के पास प्रायः प्रतिदिन प्रकाशन के लिए विचारार्थ पांडुलिपियां आती हैं। उनके पास इतना समय नहीं रहता कि प्रत्येक पांडुलिपि को पढ़कर उनमें से अच्छी और प्रकाशन योग्य पांडुलिपियों का चुनाव करें। अतः वे यह कार्य लिटरेरी एजेंट पर छोड़ देते हैं। प्रकाशक जानते हैं कि कोई भी लिटरेरी एजेंट अपनी प्रतिष्ठा के खयाल से कभी यह नहीं चाहेगा कि अच्छी-बुरी सभी प्रकार की पांडुलिपियां बिना पढ़े ही प्रकाशक के पास विचारार्थ भेज दें।

लिटरेरी एजेंट को लेखक से 5 या 10 प्रतिशत कमीशन प्रकाशित पुस्तक की रॉयल्टी पर मिलता है। कुछ एजेंट पांडुलिपि पढ़ने और उसके संबंध में उचित सलाह देने के लिए लेखक से अतिरिक्त शुल्क लेते हैं, क्योंकि यदि कोई एजेंट किसी लेखक की कोई पांडुलिपि विचारार्थ स्वीकृत करता है तो फिर उसे पांडुलिपि में आवश्यकतानुसार संशोधन करने में श्रम करना पड़ता है। वह कभी-कभी पुस्तक का नाम बदलने के लिए भी लेखक को सलाह देता है।

लिटरेरी एजेंट का काम और दायित्व यहीं समाप्त नहीं हो जाता। लेखक और प्रकाशक के बीच होने वाले अनुबंध की प्रत्येक शर्त वह ध्यानपूर्वक पढ़ता है और देखता है कि उसमें ऐसी कोई बात तो नहीं है, जिससे बाद में लेखक को किसी भी प्रकार की हानि होने की आशंका हो या जो लेखक के हितों के विरुद्ध हो। चूंकि अब वह एक प्रकार से लेखक का पार्टनर बन चुका होता है (पार्टनर इस रूप में कि अब उसे प्रकाशित पुस्तक की प्रत्येक बिकी हुई प्रति पर कमीशन मिलेगा), वह पुस्तक की बिक्री के लिए प्रचार करना आरंभ कर देता है। प्रचार के लिए वह रेडियो, टेलीविजन, पुस्तकालय, विश्वविद्यालय, समाचार-पत्र आदि के प्लेटफार्म पर लेखक को आगे लाने की कोशिश करता है। वह समीक्षाएं आयोजित करता है। लेखक के भाषण आयोजित करवाता है और कोशिश करता है कि समाचार-पत्रों में किसी-न-किसी रूप में लेखक की पुस्तक की चर्चा होती रहे। अंग्रेजी साहित्य प्रकाशन क्षेत्र में लिटरेरी एजेंट एजेंसियां प्रायः दो या तीन ऐसे लोगों द्वारा संचालित होती हैं जिन्हें प्रकाशन के साथ-ही-साथ लेखन का भी अच्छा ज्ञान रहता है या जो स्वयं पहले प्रकाशन क्षेत्र से किसी-न-किसी रूप में संबद्ध रह चुके होते हैं।

भारतीय भाषाओं में, विशेषकर हिंदी जगत में लोग जानते ही नहीं कि लिटरेरी एजेंट क्या है और उसका काम क्या है। कोई भी लिटरेरी एजेंट किसी खराब पुस्तक को अच्छी पुस्तक नहीं बना सकता। अतः यह नहीं समझना चाहिए कि प्रकाशक के पास किसी एजेंट की मार्फत पांडुलिपि भिजवाने मात्र से ही वह प्रकाशन के लिए स्वीकृत कर ली जाएगी। वस्तुतः पांडुलिपि में कुछ दम होना चाहिए, तभी लिटरेरी एजेंट कुछ कर सकता है। निश्चय ही लिटरेरी एजेंट का कार्य यह नहीं है कि वह लेखकों को लिखना सिखाए।

प्रकाशक की कुल आय का कोई निश्चित मापदंड नहीं होता और न कोई लेखक आसानी से

इसका पता लगा सकता है, पर लिटरेरी एजेंट को इसकी जानकारी रहती है। इसी प्रकार लिटरेरी एजेंट को यह भी पता रहता है कि पत्रिकाओं को बेचे जाने वाले धारावाहिक प्रकाशन के अधिकार से कितना मिल सकता है। इन सबके अतिरिक्त लेखक को सबसे अधिक आय जिस स्रोत से होती है, वह है प्रकाशन के क्षेत्राधिकार की बिक्री। लेखक को इस संबंध में भी प्रायः कुछ पता नहीं रहता कि क्षेत्रीय अधिकार बेचे जाने के संबंध में क्या-क्या पेंच रहते हैं या अधिकार कितने में बेचे जाने चाहिए। स्वयं प्रकाशक के उस स्टाफ को भी इस संबंध में अधिक जानकारी नहीं रहती, जो क्षेत्रीय अधिकार की बातें तय करता है। 'राइटर्स एंड आर्टिस्ट्स ईयर बुक' तथा 'लिटरेरी मार्केट प्लेस' से इस संबंध में कुछ जानकारी मिल सकती है। ये दोनों प्रति वर्ष प्रकाशित होती हैं। इनमें इनके प्रकाशन काल तक की नवीनतम सूचनाएं रहती हैं, फिर भी कहा जा सकता है कि इस संबंध में लिटरेरी एजेंट ही लेखक की सहायता करता है। वह लेखक को मिलने वाली रकम में आसानी से एक, दो या तीन शून्य तक बढ़वा सकता है।

भारत का प्रकाशन उद्योग विश्व का छठा सबसे बड़ा उद्योग बन गया है। पाश्चात्य जगत में अधिकांश लेखक लिटरेरी एजेंट के माध्यम से अपनी पुस्तकें प्रकाशकों तक पहुंचाते हैं। इसके विपरीत भारत में 90 प्रतिशत से अधिक लेखक सीधे प्रकाशक के पास अपनी पुस्तकें भेजते हैं। इसका फायदा उठाकर कुछ लोगों ने प्रकाशन जगत में सेंध मारकर नए उभरते लेखकों का दोहन करना शुरू कर दिया है।

भारत में सौ से अधिक लिटरेरी एजेंट होने के बावजूद अच्छे विश्वसनीय लिटरेरी एजेंट बहुत कम हैं। अन्य क्षेत्रों के समान साहित्य क्षेत्र में भी धोखाधड़ी कुछ कम नहीं है। 2004 में चेतन भगत के पहले ही उपन्यास 'फाइव पॉइंट समवन' की विश्वस्तरीय सफलता से प्रेरित होकर सौ से अधिक भारतीय लेखकों ने उपन्यास लिखना शुरू किया। उनमें से कुछ निश्चित ही सफल हुए। लेखकों के लिए यह अच्छी बात थी, पर इसका नकारात्मक पक्ष यह है कि इसने कुछ ऐसे लिटरेरी एजेंट भी पैदा कर दिए, जो लेखकों का शोषण करने लगे। ऐसे तथाकथित लिटरेरी एजेंटों से लेखकों की सुरक्षा के लिए 'राइटर बीवेयर' नामक ब्लॉग पर काफी सूचनाएं उपलब्ध हैं।

महेंद्र राजा जैन

लिपि विज्ञान

संस्कृत की लिप् धातु से इ प्रत्यय लगाकर लिपि शब्द बना है। लिप् धातु का आशय है—अभिप्रायों को वर्णाक्षरों के माध्यम से फैलाना। अतः लिपि का तात्पर्य है—अभिप्रायों की वर्णात्मक अभिव्यक्ति। अभिप्रायों को जब हम मुख से प्रकट करते हैं, तब भी वर्णाक्षरों के द्वारा ही प्रकट करते हैं, परंतु तब इन वर्णों को लिखने अथवा अंकित करने की आवश्यकता नहीं होती। हम प्रत्यक्ष श्रवण से काम चला लेते हैं, परंतु जब इन अभिप्रायों के चाक्षुष प्रत्यक्ष का संदर्भ आता है, तब वर्णाक्षरों के माध्यम से इनका अंकित किया जाना अनिवार्य हो जाता है। लिपियां प्राचीन समय से रही हैं। उनके अध्ययन का क्षेत्र लिपि विज्ञान है।

मानवीय समाज में लिपि की परिकल्पना कब हुई? प्राचीनतम लिपि कौन रही होगी? लिपि के उद्भव एवं विकास का प्रामाणिक इतिवृत्त क्या है? इतिहास से पता चलता है कि इसके विकास की तीन अवस्थाएं रही हैं—चित्रलिपि, भावलिपि और ध्वनिलिपि। पहले वस्तुओं के संकेत के लिए चित्र बना लिए जाते होंगे, फिर कम चित्रात्मक रेखाओं से अधिक-से-अधिक भाव व्यक्त किए जा सकें, इस चेष्टा से भाव लिपि आई। लिपि के विकास में ध्वनि लिपि सबसे बड़ी उपलब्धि है, जब चित्र और भाव से ऊपर उठकर ध्वनि को अंकित करने की क्षमता का विकास हुआ।

संसार में कौन-सी लिपि सबसे प्राचीन है, यह निर्धारित करना मुश्किल है। पाणिनि (ईसा पूर्व पांचवीं सदी) ने आनुक् प्रत्यय विधान के संदर्भ में 'यवनानी लिपि' का संकेत किया है। कालिदास ने

भी उर्वशी, शकुंतला तथा सेनापति पुष्यमित्र शुंग के पत्र-लेखन का संदर्भ विस्तार से निरूपित किया है। सम्राट अशोक के शिलालेखों में भी 'लिपिकार' शब्द की चर्चा है। इसका तात्पर्य है कि पांचवीं सदी ईसा पूर्व से भी पहले भारत के लोगों को लिपि एवं लेखन कला का ज्ञान हो गया था।

सर्वप्रथम 1785 में चार्ल्स विल्किंस ने, जिन्होंने लॉर्ड वारेन हेंस्टिंग्स की प्रेरणा से श्रीमद्‌भागवत का अंग्रेजी अनुवाद किया था, दिनाजपुर जिले में उपलब्ध तथा बंगनरेश राजा नारायणलाल के समय में उत्कीर्ण एक स्तंभलेखन को पढ़ा था। उसी समय से प्राचीन लिपिलेखों के पढ़ने एवं प्रकाशित करने की परंपरा चल पड़ी। अगले चरण में राधाकांत शर्मा (1785), जे एच हेटिंग्टन (1785), जेम्स टॉड (1818-1823 तक), वी जी वेविंग्टंन (1828), कैप्टन ट्रॉयर (1834, प्रयाग की समुद्रगुप्त-प्रशस्ति) मिले (1837, प्रयाग-प्रशस्ति एवं स्कंदगुप्त का भीतरी स्तंभलेख) डब्ल्यू एम बाथ (1834, वलभी के अनेक दानपत्र) और जेम्स प्रिंसेप (1737-38, एरन, अमरावती, गिरनार के स्तंभलेख तथा द्वारलेख) ने प्राचीन लिपि लेखों को पढ़ने के उपक्रम को आगे बढ़ाया था। जेम्स प्रिंसेप के बाद जिन पाश्चात्य एवं भारतीय विद्वानों ने इस दिशा में स्मरणीय योगदान दिया, उनके नाम हैं—जेम्स फर्ग्युसन, मार्खम किट्टो, एडवर्ड टॉमस, अलेक्जेंडर कनिंघम, वाल्टर इलियट, मेडोज टेलर, स्टीवेंसन, भाऊदाजी, भगवान लाल इंद्रजी, राजेंद्र लाल मित्र इत्यादि।

विद्वानों द्वारा पढ़े गए लिपिलेख पश्चिम में अफगानिस्तान, उत्तर में नेपाल, पूर्व में बंगाल तथा दक्षिण में केरल तक व्याप्त थे। लिपि सम्राट खारवेल की खंडगिरि-उदयगिरि में उपलब्ध हाथीगुंफा प्रशस्ति ओडिशा में मिली तो अनेक भारतीय-ग्रीक मुद्राएं अफगानिस्तान में मिली हैं। लिपिलेखों का आधार भी विविध प्रकार का है। ये लेख, स्तंभों, दरवाजों, मुद्राओं अथवा स्वतंत्र प्रस्तरशिलाओं पर लिखे गए हैं। लिपियों का स्वरूप भी परस्पर भिन्न है, जिसके आधार पर इन्हें पृथक नामों से संबोधित किया जाता है—ब्राह्मी लिपि, खरोष्ठी लिपि और देवनागरी लिपि। इन प्राचीन लिपियों के अतिरिक्त नेपाल की नेवारी लिपि, कश्मीर की शारदा लिपि, दक्षिण भारत की पल्लव तथा ग्रंथ लिपियां भी महत्वपूर्ण हैं। प्राचीनता की दृष्टि से प्रथम तीन लिपियों का महत्व सर्वाधिक है।

ब्राह्मी लिपि : सम्राट अशोक के शिलालेखों तथा जोगीमारा गुफाओं में जिस लिपि का प्रयोग किया गया है, उसे ब्राह्मी लिपि कहा गया है। वस्तुतः इसे सभी परिष्कृत लिपियों की जननी माना जाता है। चार्ल्स मैलेट ने 1795 में एलोरा गुफाओं के ब्राह्मी लिपि लेखों को पढ़वाने का प्रयत्न किया, पर 1833 में अंततः जेम्स प्रिंसेप ही ब्राह्मी लिपि के स्वरूप का यथार्थ बोध करा पाए। इसी प्रकार कनिंघम ने जबलपुर (म.प्र.) के एक सिक्के में ब्राह्मी को दाएं से बाएं लिखा सिद्ध किया है। जोगीमारा गुफा की गाथा में भी इसका उदाहरण मिलता है।

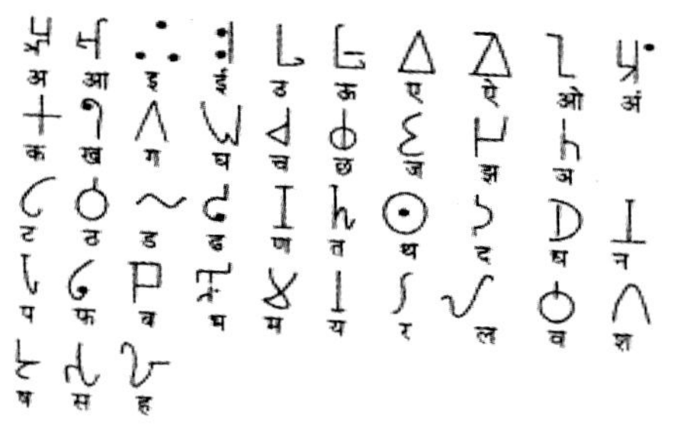

अशोककालीन ब्राह्मी लिपि की वर्णमाला इस प्रकार है :

खरोष्ठी लिपि : खरोष्ठी लिपि का प्रचलन ईसा पूर्व तीसरी-चौथी शती में भारत के पश्चिमोत्तर भाग में था। सम्राट अशोक के शहबाजगढ़ औरद्व मानसेहरा अभिलेखों में तथा अनेक शक क्षत्रपों व कुषाणवंशी नरपतियों की मुद्राओं में खरोष्ठी लिपि ही है।

इसी प्रकार पार्थियन, बैक्ट्रियन, ग्रीक राजाओं की मुद्राओं तथा अनेक बौद्ध लेखों में भी खरोष्ठी लिपि का प्रयोग हुआ है। कर्नल टॉड ने बैक्ट्रियन, ग्रीक, शक, कुषाण शासकों की मुद्राओं का वृहद

संग्रह किया था, जिनमें एक ओर ग्रीक लिपि में तथा दूसरी ओर खरोष्ठी में लेख उत्कीर्ण थे। ग्रीक अक्षरों की पहचान सरलता से हो गई, पर खरोष्ठी लिपि के बारे में कठिनाइयां बनी रहीं। 1838 में प्रिंसेप, कनिंघम एवं नॉटिस के समवेत प्रयत्न से खरोष्ठी के समस्त वर्णों की पहचान हो गई। इस लिपि के विषय में निम्नलिखित सर्वसम्मत निर्णय सामने आए : (1) खरोष्ठी आर्येतर परिवार की लिपि है। वस्तुतः यह सेमेटिक परिवार से संबद्ध आर्मेइक लिपि की उपज है, (2) यह लिपि फारसी की तरह दाएं से बाएं लिखी जाती है और (3) भारत में उपलब्ध खरोष्ठी के लिपिलेखों में प्रयुक्त भाषा ब्राह्मी की ही तरह प्राकृत भाषा है, पहलवी नहीं। वस्तुतः खरोष्ठी लिपि में लिखे लेख पालि भाषा के हैं। यह निर्णय प्रिंसेप महोदय ने तब किया, जब 1838 में उन्हें कुछ बैक्ट्रियन-ग्रीक सिक्कों पर पालि का लेख मिला।

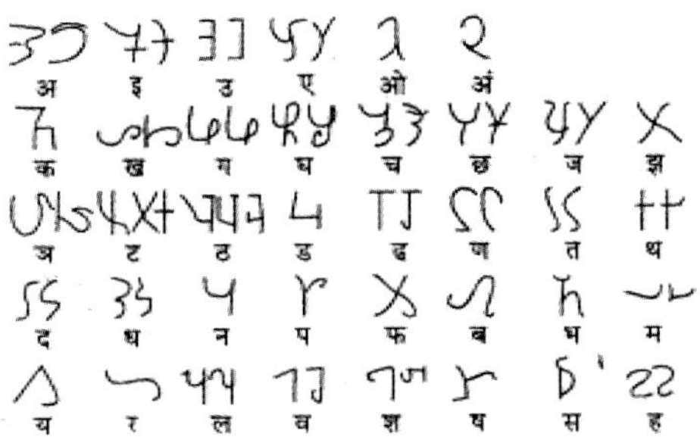

खरोष्ठी लिपि की वर्णमाला का स्वरूप इस प्रकार है :

देवनागरी लिपि : देवनागरी लिपि का संबंध संस्कृत भाषा से है। माना जाता है कि देवनागरी और कई अन्य आधुनिक भारतीय भाषाओं की लिपियों का विकास ब्राह्मी लिपि से हुआ। देवनागरी प्राचीनता और लोगों के व्यवहार में सबसे अधिक प्रयुक्त हुई है। इसके अधिकांश वर्ण गुजराती और मराठी से तथा कई वर्ण गुजराती, बांग्ला, असमिया आदि से मिलते-जुलते हैं। वर्तमान नागरी अंकों का विकास ब्राह्मी लिपि से ही हुआ है। इनका धीरे-धीरे विकास हुआ है। कहना न होगा कि हर भाषा की लिपि के नवीनतम रूप तक पहुंचने में सैकड़ों साल लगे हैं।

अभिराज राजेंद्र मिश्र

लिप्यंकन

अनुवाद विवेचन में 'लिप्यंतरण' के साथ-साथ आम तौर पर 'लिप्यंकन' शब्द भी व्यवहृत होता है। लिप्यंकन का अर्थ है–'लिपि में अंकन'। लिप्यंकन उच्चरित ध्वनि को लिपिबद्ध करने की तकनीक है। इसमें किसी भी भाषा के उच्चारण को आधार मानकर लिखा जाता है। लिप्यंकन मौखिक भाषा की भाषिक ध्वनियों की लिखित प्रस्तुति है। यह लिपिबद्धता टेपरिकॉर्डर, डिक्टाफोन अथवा अन्य ध्वनि यंत्र में रिकॉर्ड ध्वनियों के जरिए संभव होती है। लिप्यंकन के अंतर्गत उच्चारण के अनुरूप यथावत रूप में या फिर थोड़े-बहुत अंतर के साथ लिखा जाता है। विश्व की अनेक ऐसी भाषाएं हैं, जो केवल बोली जाती हैं, उनकी अपनी कोई लिपि नहीं है। इस प्रकार की भाषाओं के मौखिक साहित्य को भिन्न-भिन्न भाषाओं में लिपिबद्ध किया जाता है। इसे भी एक प्रकार से लिप्यंकन ही कहा जा सकता है। वास्तव में लिप्यंकन की अवधारणा में निहित है कि किसी भाषा विशेष की अपनी कोई लिपि भले ही हो अथवा न हो, किंतु उसे एक लिपि विशेष में लिपिबद्ध करना है।

एक भाषा से ही संबंधित होने के कारण लिप्यंकन का भाषा-वैज्ञानिक दृष्टि से विशेष महत्व है। लिप्यंकन के माध्यम से किसी भी भाषा की भाषिक इकाई के सही-सही उच्चारण को जानना आसान हो जाता है। जिन भाषाओं की अपनी लिपियां नहीं हैं यानी मौखिक स्तर पर जीवित भाषाओं के उच्चारण को लिपिबद्ध करने में लिप्यंकन पद्धति का सर्वाधिक महत्व है।

लिप्यंकन की पद्धतियां : विश्व में असंख्य भाषाएं व्यवहार में लाई जाती हैं। इन भाषाओं को विभिन्न लिपिबद्ध रूपों या लिपियों में देखा जा सकता है। किसी भाषा के भाषावैज्ञानिक अध्ययन के लिए

किसी एक लिपि को व्यवहार में लाना जरूरी होता है। वैश्विक पटल पर भाषा विज्ञान के क्षेत्र में महसूस किया गया कि इस कार्य के लिए सर्वाधिक प्रचलित रोमन लिपि है। उसमें इन ध्वनियों को शामिल करने के लिए कुछ विशेष चिह्नों का प्रयोग किया गया। इस प्रक्रिया में कई पद्धतियां विकसित हुई हैं, जिनमें से मुख्यतः दो का ही चलन है। वे हैं–(1) पाइक पद्धति और (2) आई पी ए पद्धति।

लिप्यंकन की पाइक पद्धति का अमेरिका में प्रचार-प्रसार हुआ था, किंतु अंतरराष्ट्रीय स्तर पर दूसरी पद्धति को ही मान्यता मिली है। आई पी ए पद्धति को 'अंतरराष्ट्रीय ध्वनिक व्यवस्था' कहा जाता है। यह अंग्रेजी के 'इंटरनेशनल फोनेटिक अल्फाबेट' का संक्षिप्ताक्षर है। इसे 'अंतरराष्ट्रीय स्वन लिपि', 'अंतरराष्ट्रीय स्वन वर्णमाला', 'अंतरराष्ट्रीय ध्वन्यात्मक वर्णमाला' भी कहा जाता है। आई पी ए का आविष्कार उन विभिन्न भाषाओं को लिखने के लिए किया गया, जो रोमन लिपि का इस्तेमाल नहीं करती थीं या फिर जिनकी अपनी कोई लिपि नहीं थी, यानी रोमन लिपि में कुछ विशेष चिह्नों का प्रयोग करते हुए कुछ संशोधन किए गए।

अंतरराष्ट्रीय ध्वनि व्यवस्था में एक चार्ट में विश्व की अनेक भाषाओं की ध्वनियों का एक समेकित प्रारूप तैयार किया गया है। आई पी ए मुख्य रूप से रोमन लिपि में लिखे जाने वाले वर्णों और गौणतः यूनानी वर्णों पर आधारित है। इसे 1886 में पेरिस में 'अंतरराष्ट्रीय ध्वनिक शिक्षक संघ' (द फोनेटिक टीचर्स एसोसिएशन) ने लिप्यंकन की पद्धति के रूप में शुरू किया था। इसका पहला समेकित प्रारूप 1888 में प्रकाशित किया गया। उसके बाद इसमें और अधिक भाषाओं की ध्वनियों को शामिल करने की दृष्टि से निरंतर संशोधन-परिवर्धन होते रहे। अब यह चार्ट विकसित होकर वह स्वरूप प्राप्त कर चुका है, जो अंतरराष्ट्रीय स्तर पर लगभग सर्वमान्य है। इसके आधार पर संसार की किसी भी भाषा का स्थूल अथवा सूक्ष्म लिप्यंकन संभव है। आई पी ए चार्ट के अनुरूप 'ऋ' के लिए (r) 'ष' के लिए (s) 'ण' के लिए (n) 'अ' के लिए (a) 'आ' के लिए (a) का प्रयोग किया जाता है। इस आधार पर हिंदी से अंग्रेजी में लिप्यंकन करते समय 'आंख' शब्द का लिप्यंतरण (ankh) किया जाएगा।

लिप्यंतरण और लिप्यंकन में अंतर : लिप्यंकन में जहां किसी एक भाषा की ध्वनियों को एक माध्यम (मौखिक अभिव्यक्ति) से दूसरे माध्यम (लिखित रूप) में अंतरित करते हुए लिपिबद्ध किया जाता है, वहीं लिप्यंतरण में दो लिपियों के बीच अंतरण होता है। इस प्रकार, लिप्यंकन पहली स्थिति है जिसका संबंध किसी एक भाषा से है और लिप्यंतरण उसके बाद की स्थिति है जो दो लिपिबद्ध भाषाओं के बीच संपन्न किया जाता है। इसके अलावा, लिप्यंकन स्रोत भाषा की वर्तनी और/अथवा उच्चारण के अनुरूप लक्ष्य भाषा में लिपिबद्ध करने (लिखने की पद्धति) है, जबकि लिप्यंतरण करते समय स्रोत भाषा के स्थान लक्ष्य भाषा की वर्तनी, प्रकृति और उच्चारण को ध्यान रखा जाता है। उसी के आधार पर स्रोत भाषा के उच्चारणों को लिपिबद्ध किया जाता है। मुख्य बात यह भी है कि लक्ष्य भाषा में लिप्यंकन का भाषावैज्ञानिक दृष्टि से विशेष महत्व है, जबकि लिप्यंतरण का अनुवाद में इस्तेमाल किया जाता है। आम तौर पर अनुवादक को लिप्यंकन की जरूरत नहीं पड़ती।

हरीश कुमार सेठी

लिप्यंतरण

जिस प्रकार विश्व में अनेक भाषाएं व्यवहृत होती हैं, अनेक लिपियां भी व्यवहृत होती हैं। इन लिपिबद्ध भाषाओं के बीच विचारों और अनुभवों के आदान-प्रदान में अनुवाद महत्वपूर्ण भूमिका निभाता है। अनुवाद करते समय एक भाषा के कथ्य का दूसरी भाषा में प्रस्तुतीकरण किया जाता है। यह प्रस्तुतीकरण हमें लक्ष्य भाषा में अंतरण और लिप्यंतरण (Transcription) के रूप में नजर आता है। अंतरण, एक भाषा से दूसरी भाषा के शब्दों-भावों

आदि का किया जाता है, जबकि लिप्यंतरण का संबंध केवल लिपि के अंतरण से है। लिप्यंतरण वह लेखन व्यवस्था है जिसमें एक भाषा की लिपि को दूसरी भाषा की लिपि में अंतरित किया जाता है, उदाहरण के लिए—रोमन लिपि में लिखे 'mono rail' जैसे शब्दों को देवनागरी लिपि में अंतरित करके 'मोनो रेल' लिख देना।

भाषाओं के बीच परस्पर आदान-प्रदान और भावात्मक एकता पैदा करने की दृष्टि से लिप्यंतरण की भूमिका महत्वपूर्ण है। लिप्यंतरण से भाषाओं के बीच संरचनापरक समानता को आसानी से समझने में मदद मिलती है। अनुवाद में भी लिप्यंतरण का विशेष महत्व है। देश-विदेश की किसी भी भाषा में व्यक्त विचारों को जब हम अनुवाद के जरिए अपनी भाषा में लाते हैं तो कई ऐसे कारण होते हैं, जिनकी वजह से उसके शब्दों का लिप्यंतरण करते हैं। इससे भाषा के शब्द भंडार में वृद्धि होती है। लिप्यंतरण से लक्ष्य भाषा की लिपि का विकास और विस्तार होता है। देवनागरी में अंग्रेजी की एक खास ध्वनि के लिए प्रयुक्त किया जाने वाला चिह्न 'ऑ' लिपि के विस्तार का प्रत्यक्ष प्रमाण है।

लिप्यंतरण और अनुवाद : अनुवाद करते समय स्रोत भाषा के अननुद्य निजी एवं विशिष्ट शब्दों, लक्ष्य भाषा में प्रचलित स्रोत भाषा के शब्दों, कतिपय पारिभाषिक शब्दों, व्यक्ति-स्थान आदि की नामवाचक संज्ञाओं अथवा स्रोत भाषा पाठ के किसी अंश को लिप्यंतरित रूप में उद्धृत करने की स्थितियां बन जाती हैं। इससे अनुवाद संप्रेषणीय बना दिया जाता है। यह लिप्यंतरण ध्वन्यात्मक स्तर पर यथावत ग्रहण करके भी किया जाता है (जैसे अंग्रेजी के 'computer', 'petrol', 'voucher' आदि शब्दों का हिंदी में क्रमशः 'कंप्यूटर', 'पेट्रोल', 'वाउचर') और यत्किंचित परिवर्तन करके भी (जैसे 'hospital' शब्द का लिप्यंतरण 'अस्पताल', 'technique' का 'तकनीक' आदि)। अनुवाद में लिप्यंतरण से लक्ष्य भाषा के पाठक वर्ग को स्रोत भाषा के शब्द विशेष के सही उच्चारण का पता चलता है। अनुवाद में यह न केवल स्वीकार्य है, बल्कि उचित भी है। इसे 'सीमित अनुवाद' नामक अनुवाद के एक वर्ग के रूप में स्वीकार कर किया जाता है।

अनुवाद और लिप्यंतरण में भिन्नता : अनुवाद में स्रोत भाषा के संदेश को लक्ष्य भाषा में प्रस्तुत करते समय शब्दों आदि के भाव को अंतरित किया जाता है। उदाहरण के लिए—अंग्रेजी के 'pollution' शब्द का हिंदी अनुवाद 'प्रदूषण' कर देना। लिप्यंतरण में एक भाषा के कथ्य की दूसरी भाषा में पुनः प्रस्तुति नहीं होती, केवल लिपि बदली जाती है, उदाहरण के लिए—अंग्रेजी के 'corporation' शब्द का नागरी में लिप्यंतरण 'कॉर्पोरेशन' करना। इसके अलावा अनुवाद मौखिक भी हो सकता है और लिखित भी, किंतु लिप्यंतरण का संबंध भाषा के केवल लिखित रूप से है।

अनुवाद के दौरान लिप्यंतरण की स्थितियां : अनुवाद करते समय स्रोत भाषा की नामवाचक संज्ञाओं, जीवन-व्यवहार के खान-पान, वेशभूषा, वस्तुओं आदि से जुड़ी शब्दावली, स्रोत भाषा के लक्ष्य भाषा में प्रचलित 'platform', 'bank', 'doctor', 'parcel', 'car', 'tyre' जैसे शब्दों के साथ-साथ एक हद तक पारिभाषिक शब्दावली का भी लिप्यंतरण किया जाता है। इसके अलावा स्रोत भाषा के कई शब्द इतने निजी एवं विशिष्ट होते हैं जिन्हें लक्ष्य भाषा में यथावत ग्रहण करते हुए उसे लिप्यंतरित कर दिया जाता है। उदाहरण के लिए—भूमंडलीकरण के संदर्भ में प्रयुक्त रूसी शब्द 'ग्लास्नोस्त'। इसी प्रकार, हिंदी के 'माया', 'ध्यान', 'योग', 'जगत', 'कुंडलिनी' आदि दार्शनिक-धार्मिक शब्द। अंग्रेजी का dating शब्द भी इसी प्रकार का है, जो हिंदी में अपने लिप्यंतरित रूप में चलन में आ रहा है। इसके अलावा कभी-कभी ऐसा भी होता है कि स्रोत भाषा पाठ के किसी अंश को उद्धरण के रूप में ज्यों-का-त्यों इस्तेमाल करने के लिए उसे लक्ष्य भाषा की केवल लिपि में अंतरित करते हुए लिख दिया जाए।

लिप्यंतरण के रूप : ध्वनि लिप्यंतरण का आधार है। हमारी उच्चरित भाषा के भीतर जो ध्वनियां निहित रहती हैं, वे उस भाषा के लिखित रूप के चिह्नों से पूरी तरह से मेल नहीं खातीं। वस्तुस्थिति यह है कि वे केवल उसके पूरक के रूप में महत्वपूर्ण कार्य करती हैं। इसलिए लिप्यंतरण के जो रूप उभरते हैं, वे हैं–'समान ध्वनियों का लिप्यंतरण', 'लगभग समान ध्वनियों का लिप्यंतरण', 'भिन्न ध्वनियों का लिप्यंतरण' और 'अनुपलब्ध ध्वनियों का लिप्यंतरण'।

(क) 'समान ध्वनियों का लिप्यंतरण' : व्यवहार में विश्व की प्रायः अधिकांश भाषाओं की ध्वनियों में आपस में समानता को परिलक्षित किया जा सकता है। जैसे–अंग्रेजी की 'B', 'M', 'N', 'Y', 'F' आदि ध्वनियों के लिए हिंदी में 'ब', 'म', 'न', 'य', 'फ' का प्रयोग करना।

(ख) 'लगभग समान ध्वनियों का लिप्यंतरण' : कभी-कभी अनुवादक को स्रोत भाषा और लक्ष्य भाषा की लगभग समान ध्वनियों का भी लिप्यंतरण करना पड़ता है। इस प्रकार की ध्वनियां भाषिक धरातल पर लगभग समान होती हैं। इसलिए लिप्यंतरण करते समय अनुवादक लक्ष्य भाषा की ध्वनि का प्रयोग कर लेता है, उदाहरण के लिए–पंजाबी में 'घ' ध्वनि और हिंदी की 'घ' ध्वनि उच्चारण की दृष्टि से पूरी तरह समान न होकर लगभग समान है। इसलिए पंजाबी की इस ध्वनि को हिंदी में लिप्यंतरित रूप में स्वीकार कर लिया जाता है। इसी प्रकार, तमिल 'ल' ध्वनि को देखा जा सकता है, जो हिंदी भाषा की 'ल' ध्वनि से अलग तो है, लेकिन उच्चारण में लगभग समान है।

(ग) भिन्न ध्वनियों का लिप्यंतरण : भिन्न ध्वनियों की स्थिति यह दर्शाती है कि कुछ ध्वनियां दोनों भाषाओं (अर्थात स्रोत भाषा और लक्ष्य भाषा) में सुनने में प्रायः समान लगती हैं, लेकिन वे भाषिक संरचना के परिप्रेक्ष्य में व्यावहारिक तौर पर एक-दूसरे से काफी भिन्न होती हैं। अरबी-फारसी ध्वनियों में यह समस्या अधिक मुखर होकर सामने आती है, उदाहरण के लिए–अरबी के 'जीम', 'ज्वाद' तथा 'जाल' की 'ज' ध्वनि हिंदी की 'ज' ध्वनि से भिन्न है। अनुवादक इस प्रकार की व्यावहारिक तौर पर एक-दूसरे से काफी भिन्न लगने वाली किंतु सुनने में प्रायः समान लगने वाली ध्वनियों पर विशेष विचार न करके लक्ष्य भाषा की ध्वनि का प्रयोग कर लेता है। यही कारण है कि अरबी के 'जालिम' (जीम), 'जरूरी' (ज्वाद) और 'जात' (जाल) शब्दों का हिंदी में 'ज' से ही लिप्यंतरण किया जाता है, किंतु इस प्रकार लक्ष्य भाषा की ध्वनि का प्रयोग करते समय पर्याप्त सावधानी बरतने की आवश्यकता होती है। यूरोपीय लेखकों के नाम का लिप्यंतरण करते समय बड़ी समस्या होती है। एक ही लेखक का नाम कई उच्चारणों में लिखा जाता है। यहां भी सावधानी जरूरी है।

(घ) अनुपलब्ध ध्वनियों का लिप्यंतरण : विकट स्थिति तब उत्पन्न होती है, जब अनुवादक को स्रोत भाषा की अनुपलब्ध ध्वनियों का लिप्यंतरण करना पड़े। ऐसे में अनुवादक के लिए यह जरूरी हो जाता है कि वह स्रोत भाषा की ध्वनियों को आत्मसात कर अपने भाषिक ज्ञान और श्रम-साधना का परिचय दे। उदाहरण के लिए–तमिल में 'त' ध्वनि का अभाव है और वे इसके स्थान पर 'थ' का प्रयोग करते हैं, जैसे–'थिरु' (Thiru), जो वास्तव में 'तिरु' अर्थात 'श्री' का द्योतक है। इस 'त' ध्वनि के अभाव के कारण हिंदी के 'स्मिता', 'गीता', 'भारत', 'वैजयंती' शब्दों को तमिल भाषी द्वारा क्रमशः 'Smitha', 'Geetha', 'Bharath' और 'Vaijanthi' लिखा जाता है। इसी प्रकार, बांग्ला में हिंदी की 'व' ध्वनि का अभाव है, जिसकी वजह से संस्कृत मूल के 'विकास', 'विप्लव' जैसे शब्द बांग्ला में आकर 'बिकास', 'बिप्लव' का रूप धारण कर लेते हैं।

अनुपलब्ध ध्वनियों के लिप्यंतरण की स्थिति में अनुवादक 1. लक्ष्य भाषा-विशेष की लिपि में ध्वनि-विस्तार, 2. वर्ण-संयोजन करना, 3. नए संकेत चिह्नों का प्रयोग और 4. विशेषक चिह्नों का प्रयोग जैसे विकल्पों का सहारा लेता है, उदाहरण के लिए–हिंदी की 'अं' ध्वनि के लिए रोमन में कोई लिपि चिह्न नहीं है, जैस–अंक='ank', कारवां='carvan',

तँवर='tanwar', गुजराँवाला='gujranwala', बराड़='barar', बाड़ा='bara' आदि। लिप्यंतरण के संदर्भ में वर्ण-संयोजन का अर्थ है–लक्ष्य भाषा के दो या उससे अधिक ध्वनियों के वर्णों का इस्तेमाल करना, उदाहरण के लिए–'थ'='th'। इसी प्रकार, अंग्रेजी के 'doctor' शब्द में प्रयुक्त 'व' ध्वनि के लिए हिंदी में ध्वनि संकेत चिह्न की अनुपलब्धता को लिप्यंतरित करने के लिए 'बिना बिंदी के अर्ध-चंद्र' के रूप में नए चिह्न को पूरा किया गया। अरबी-फारसी की कुछ विशिष्ट ध्वनियों को हिंदी में लाने के लिए नुक्ता लगाए जाने के मूल में यही कारण था, अब नुक्ता भी नहीं लगाया जाता। इसके अलावा, ध्वन्यात्मक स्तर पर समतुल्यता बनाने के लिए 'विशेषक चिह्नों' (diacritical marks) का भी प्रयोग किया जाता है। इन चिह्नों के प्रयोग से लक्ष्य भाषा की लिपि का स्रोत भाषा की ध्वनि-प्रतीक व्यवस्था में अनुकूलन हो जाता है।

हरीश कुमार सेठी

लिबिडो

लिबिडो (Libido) से तात्पर्य है–काम वासना। असंयमित और अनियंत्रित काम वासना के शिकार व्यक्ति को कामुक कहते हैं। मनोविश्लेषणवाद के सिद्धांत के अनुसार, लिबिडो इड अर्थात प्राथमिक वासनाओं की शक्ति है। व्यक्ति की काम वासना जिसके प्रति जाग्रत होती है, वह उसकी निकटता और उससे शारीरिक संपर्क चाहता है। लिबिडो को व्यापक अर्थ में देखते हुए युंग ने माना है कि यह सभी सृजनात्मक प्रवृत्तियों का स्रोत है। इस अर्थ में लिबिडो काम वासना से व्यापक होकर जीवनी शक्ति का पर्याय हो जाता है।

दिनेश कुमार शर्मा

अधिक जानकारी के लिए :

1. Libido : The French Existential Theory : Alphanso Lingis, 1985, **2. Libido :** Roger Kennedy

लियोन ट्राट्स्की
(1879-1940)

लेवी डेविडोविच ब्रास्टाइन नाम के राजनीतिक, मार्क्सवादी चिंतक तथा रेड आर्मी के संस्थापक को लियोन ट्राट्स्की (Leon Trotski) के नाम से जाना जाता है। उन्होंने अपेक्षाकृत कम अवस्था में ही मार्क्सवाद को स्वीकार कर लिया था। साउथ रशियन वर्कर्स यूनियन की गतिविधियों को भूमिगत रूप से आयोजित करने के लिए उन्होंने अपनी पढ़ाई छोड़ दी थी। क्रांतिकारी गतिविधियों के कारण उन्हें 1898 में गिरफ्तार कर जेल भेज दिया गया और 1900 में साइबेरिया में निर्वासित कर दिया गया। लियोन ट्राट्स्की के नाम से जाली पासपोर्ट पर वे 1902 में इंग्लैंड पलायन करने में सफल रहे और बोल्शेविक क्रांतिकारी लेनिन के साथ काम करने लगे। बाद में वे रशियन सोशल डेमोक्रेटिक लेबर

लियोन ट्राट्स्की

पार्टी के मेन्शेविक इंटरनेशनल धड़े से जुड़ गए, जो समाजवाद के संदर्भ में जनतांत्रिक रुख की वकालत करता था। 1905 में रूसी क्रांति की शुरुआत के साथ वे रूस लौट आए। क्रांति की असफलता के बाद उन्हें फिर निष्कासित कर दिया गया। 1907 में वे फिर भागने में सफल हुए।

उग्रवादी विचारों के कारण उन्हें कई देशों जैसे स्विट्जरलैंड, फ्रांस, स्पेन तथा अमेरिका से निष्कासित होना पड़ा। लेनिन ने क्रांति के बाद उन्हें विदेशी मामलों का सेक्रेटरी नियुक्त किया और दुनिया में रूसी भूमिका के बारे में ट्राट्स्की ने जर्मनी से बातचीत की। 1918 में उन्हें वॉर कमिश्नर बनाया गया। उन्होंने रेड आर्मी की स्थापना की जिसने रूसी गृहयुद्ध में कम्युनिस्ट विरोधी पक्ष को हराने में निर्णायक भूमिका निभाई। 1920 के दशक में वे लेनिन के उत्तराधिकारी माने जाने लगे थे। 1922 में लेनिन की बीमारी के बाद इसके अवसर कम होते चले गए।

1924 में लेनिन की मृत्यु के बाद जोसेफ स्टालिन रूस के नेता बने, जिनकी नीतियों के विरुद्ध ट्राट्स्की ने विश्व क्रांति का आवाहन किया, ताकि रूसी राज्य की बढ़ती हुई नौकरशाही को रोका जा सके। उन्होंने कम्युनिस्ट पार्टी में जनतंत्र का गला घोंटने तथा उचित आर्थिक व्यवस्था की कमी देखते हुए स्टालिन की आलोचना की। परिणामस्वरूप स्टालिन तथा उनके समर्थकों ने उनके विरुद्ध प्रचार करना शुरू किया। उन्हें 1925 में वॉर कमिश्नर के पद से हटा दिया गया। एक साल के बाद उन्हें पोलित ब्यूरो से और 1928 में कम्युनिस्ट पार्टी से निकाल दिया गया। स्टालिन ने उन्हें निर्जन सोवियत सेंट्रल एशिया के अल्मा अता में आंतरिक और एक साल के भीतर रूस से सदा के लिए निर्वासन दे दिया। तुर्की की सरकार ने उन्हें पनाह दी और वहां रहते हुए वे अपनी आत्मकथा 'माई लाइफ' और 'रूसी क्रांति का इतिहास' पूरा करने में लग गए। तुर्की में चार साल बिताने के बाद वे फ्रांस तथा नॉर्वे में गए। 1936 में मेक्सिको ने उन्हें शरण दी। मेक्सिको प्रवास के दौरान स्टालिन की सरकार ने उन्हें राजद्रोह और विश्वासघात का अनुपस्थित अपराधी करार दिया। स्टालिन ने उन्हें मरवाने के कई प्रयास किए। 20 अगस्त 1940 को स्टालिन के इशारों पर एक स्पेनी कम्युनिस्ट रमोन मर्केडर ने कुल्हाड़ी से वार कर उन्हें घायल कर दिया जिससे उनकी मृत्यु हो गई।

ट्राट्स्की खुद को बोल्शेविक-लेनिनवाद और परंपरागत मार्क्सवाद का पक्षधर मानते थे। वे स्टालिन की राजनीति से असहमत थे। वे स्टालिन के 'एक देश में समाजवाद' की अवधारणा के विरुद्ध थे तथा एक अंतरराष्ट्रीय 'स्थायी क्रांति' के हिमायती थे। 'फोर्थ इंटरनेशनल' के ऐसे कई समर्थक ट्राट्स्की के विचारों से सहमत थे, जिन्होंने स्टालिन के सर्वसत्तावाद का विरोध किया था और राजनीतिक क्रांति की वकालत करते हुए जनतांत्रिक समाजवादी व्यवस्था की हिमायत की थी। उनके अनुसार, पिछड़े देशों में बूर्जुआ वर्ग द्वारा बूर्जुआ डेमोक्रेटिक रिव्योल्यूशन नहीं लाई जा सकती है, जैसा कि पहली असफल क्रांति से स्पष्ट हुआ था। इसके बाद सर्वहारा वर्ग द्वारा समाजवादी अक्टूबर क्रांति स्थायी क्रांति का पहला उदाहरण था। स्थायी क्रांति या सतत क्रांति संबंधी ट्राट्स्की के विचार कई निबंधों तथा 'परमानेंट रिव्योल्यूशन' नामक किताब में व्यक्त हुए हैं। उनके इन विचारों के आधार पर 'ट्राट्स्कीवाद' की अवधारणा प्रचलन में आई जिसमें रूस के 'आत्मकेंद्रित' दृष्टिकोण और राष्ट्रीय व्यवस्था के स्थान पर समाजवाद की विश्व व्यवस्था पर बल दिया गया है।

अवधेश कुमार सिंह

अधिक जानकारी के लिए :

1. Trotsky : Geoff Swan, 1928, **2. My Life :** Leon Trotsky, 1929, **3. Hue and Cry Over Kronstadt :** Leon Trotsky, 1938

लियोनार्ड ब्लूमफील्ड

(1887-1947)

सिगमंड ब्लूमफील्ड के पुत्र लियोनार्ड ब्लूमफील्ड (Leonard Bloomfield) की प्रारंभिक और उच्च शिक्षा शिकागो में हुई, जहाँ उन्हें अपने चाचा और प्रसिद्ध भाषावैज्ञानिक मॉरिस ब्लूमफील्ड से प्रेरणा मिली। चाचा जॉन हॉप्किन विश्वविद्यालय में प्राध्यापक थे। उच्च शिक्षा ग्रहण करने के दौरान ही उनकी मुलाकात जर्मन भाषा के विद्वान इ प्रोकोश से हुई। शिकागो से ही 1909 में उन्होंने ऐतिहासिक भाषा विज्ञान के विषय पर शोध कार्य पूरा किया। उनका विषय जर्मन भाषा के अर्थविज्ञान (Semeology) को लेकर था। शुरुआती दौर में उन्होंने जर्मन भाषा की ध्वनि और रूप रचना पर काम किया। शोध कार्य संपन्न करने के कुछ वर्षों बाद वे संस्कृत भाषा के अच्छे जानकार हुए। संस्कृत भाषा की परंपरा और विशेषकर भाषा चिंतन के जनक पाणिनि (400 ईसा पूर्व) से वे इतने प्रभावित थे कि उन्होंने अपने एक मित्र टूमन मिचेल्सन को एक पत्र में लिखा कि भाषा अध्ययन के उनके आदर्श पाणिनि ही हैं। शायद यह भी कारण रहा हो कि उनकी रुचि सामान्य भाषा विज्ञान की ओर बढ़ने लगी। भाषा के विश्लेषण के सिद्धांत पर उन्होंने चार पुस्तकें लिखी–'एन इंट्रोडक्शन टु द स्टडी ऑफ लैंग्वेज' (1914), 'आउटलाइन गाइड फॉर द प्रैक्टिकल स्टडी ऑफ फॉरेन लैंग्वेजेज' (1929), 'लैंग्वेज' (1933) और 'लिंग्विस्टिक आस्पेक्ट ऑफ साइंस' (1939)। अनुप्रयुक्त भाषा शिक्षण पर उनके कई लेख छपे। उनके भाषा अध्ययन में सैद्धांतिक और अनुप्रयुक्त के अलावा एक महत्वपूर्ण भाग समीक्षा का रहा है।

लियोनार्ड ब्लूमफील्ड

ब्लूमफील्ड अनुभववाद (पावर ऑफ सेंस पर्सेपशन) से भाषा को ग्रहण करने वाले चुनिंदे भाषाविदों में हैं। इसी अनुभववाद के आधार पर भाषा में आगमनात्मक पद्धति का जन्म हुआ और दूसरी ओर प्रातिभ ज्ञान की शक्ति (पावर ऑफ इंटलेक्चुअल इंट्युशन) से निगमनात्मक पद्धति का। आगमनात्मक पद्धति पर्यवेक्षण, सामान्यीकरण, परिकल्पना, सिद्धांत और वर्णनात्मक कथन के चरणों से गुजरती है। इसलिए ब्लूमफील्ड ने इनका अनुसरण करते हुए अपनी प्रसिद्ध पुस्तक 'लैंग्वेज' में लिखा कि भाषा का वही सामान्यीकरण उपयोगी होता है, जो निगमनात्मक पद्धति में ढला हो। कई भाषाओं की पर्याप्त सामग्री होने के बाद एक सामान्य व्याकरण तैयार किया जा सकता है। ब्लूमफील्ड यह भी मानते हैं कि इस प्रकार का अध्ययन काल्पनिक न होकर आगमनात्मक ही हो सकता है। दरसअल, अनुभववाद के आधार पर ब्लूमफील्ड ने संरचनात्मक भाषा विज्ञान को अनुप्रयुक्त अवस्था में वैज्ञानिक बनाया।

ब्लूमफील्ड ने पाणिनि की 'अष्टाध्यायी' को मानव मेधा का सर्वोत्तम स्मारक कहा था। उनके एक लेख में भी कुछ इसी प्रकार के सूत्र हैं : बोलने की क्रिया उच्चार है, एक समाज में आनुक्रमिक उच्चार (Successive Utterance) समान होते हैं। उस समाज की उच्चार-समग्रता (Totality of Utterance) उस भाषाई समाज की भाषा होती है। उसी प्रकार भाषा का लघुत्तम रूप शब्द है, लघ्वेतर (Non-minimum) मुक्त रूप पदबंध (Phrase) है।

अरुण कुमार

अधिक जानकारी के लिए :

Leonard Bloomfield : Essays on His Life and Work : Robert Anderson Hall, (Ed.)

लीथोग्राफी

लीथोग्राफी (Lithography) यूनानी भाषा का शब्द है। यह दो शब्द, लीथो (पत्थर) और ग्राफी (लिखना) से मिलकर बना है। बाद में जस्ता, एल्युमिनियम आदि पर उपर्युक्त विधि से लिखकर छापा जाने लगा, उसे भी लीथोग्राफी कहा गया। लीथोग्राफिक प्रिंटिंग प्रक्रिया का आविष्कार एलाइस सेनेफेल्दर ने 1771 में किया था। लीथोग्राफी प्रिंटिंग प्रक्रिया समतल लिखावट की प्रक्रिया भी मानी जाती है। इसके अंतर्गत मुद्रणीय और अमुद्रणीय क्षेत्र एक ही तल पर होते हैं। इसमें डिजाइन चिकनी स्याही से बनी होती है तथा बाकी सतह नम रखी जाती है, जिसके कारण रोलर स्याही को स्याही-ग्राही डिजाइन पर ही निक्षिप्त कर पाती है। अमुद्रणीय क्षेत्र की नमी स्याही को प्रतिकर्षित करती है। लीथग्राफिक प्रिंटिंग चिकनाई और पानी के विद्वेष सिद्धांत पर आधारित है।

लीथोग्राफी प्रेस पर लगभग सौ वर्षों से अधिक समय तक प्रयोग और शोध होता रहा है, परिणामस्वरूप आधुनिक फोटो ऑफसेट लीथोग्राफिक प्रिंटिंग प्रेस का विकास हुआ। ऑटोलीथोग्राफी प्रिंटिंग ड्राफ्ट्समैन या कलाकार द्वारा पत्थर, धातु की प्लेट या ट्रांसफर पेपर (अंतरण कागज) पर मूल लेखन और आरेखन से शुरू होता है। इसके डिजाइन में कलाकार के व्यक्तिगत स्पर्श तथा सृजनात्मकता की छाप होती है। इस शिल्प के व्यापारिक पक्ष के अनेक विभाग हैं। ऐसे शिल्पी कलाकार कम होते हैं, जो अपने विभाग के अलावा दूसरे विभाग की भी जानकारी रखते हों। इसलिए यहां सहज कलात्मक प्रेरणाएं व्यर्थ जाती हैं, फिर भी नहीं कहा जा सकता है कि लीथोग्राफी ऑफसेट प्रिंटिंग में कलापक्ष का पूर्णतः अभाव होता है।

श्रीधरम

अधिक जानकारी के लिए :
1. The Technique of Lithography : Peter Weaver, 1964, **2. Lothography and Lithographers :** E R Pennel, 1915

लीला तत्व

ली धातु से क्विप प्रत्यय लगाकर लीला शब्द बना है। ली धातु के दो मुख्य अर्थ हैं–मिलना या संयुक्त होना तथा विलीन होना। लय शब्द भी इसी धातु से बना है। जिसमें लय करने की क्षमता हो, वह लीला है। अमरकोश ने लीला के सामान्यतया तीन अर्थ बताए हैं—विलास, केलि तथा शृंगारजनित क्रिया। संस्कृत शब्दार्थकौस्तुभ के अनुसार लीला के सामान्य अर्थ हैं—क्रीड़ा, केलि, शृंगारपूर्ण चेष्टा, विलास, विहार, सौंदर्य आदि। अमरकोश में लीला को हाव-भाव के छह प्रकारों में एक माना गया है।

वेदांतदर्शन की परंपरा में लीला तत्व का निरूपण मिलता है। ब्रह्मसूत्र (2.1.33) में कहा गया है, 'लोकवत्तु लीलाकैवल्यम्' अर्थात लोक में भी नृत्य आदि में निष्प्रयोजन अनुकृति की जाती है, उसी प्रकार ब्रह्म की लीला यह जगत है। ब्रह्मसूत्र के अन्य सूत्र (लीलया व्यामोहनार्थमन्यथा भासयेन्नटवत् 1.2.29) में कहा गया है कि ईश्वर नट के समान सामान्य जनों को व्यामोहित करने के लिए अन्य रूपों में आभासित होते हैं। शंकराचार्य ने पहले सूत्र का भाष्य करते हुए कहा है, संसार में जिस पुरुष की एषणा पूरी हो चुकी है, वह किसी अतिरिक्त प्रयोजन के बिना क्रीड़ा विहार आदि में लीलामात्र के लिए प्रवृत्त होता है अथवा जिस प्रकार उच्छ्वास (सांस भीतर खींचना) एवं निःश्वास (सांस छोड़ना) सृष्टि में स्वतः होते रहते हैं, उसी प्रकार परमपुरुष लीला करते हुए जगत की सृष्टि करते हैं। लौकिक लीला में तो खोजने पर कोई प्रयोजन मिल भी सकता है, पर परमेश्वर की लीला में किसी प्रयोजन की अपेक्षा या कल्पना संभव नहीं है। ब्रह्मसूत्रकार यह भी कहते हैं कि लीला से निर्गुण निराकार देह को प्राप्त करता है, स्वलीलासिद्ध्यर्थं तच्छरीम् (ब्रह्मसूत्र 1.120)।

रामानुज ब्रह्मसूत्र के भाष्य में कहते हैं कि संसार की सचित्त या अचित्त वस्तुएं परमेश्वर की इस लीला के उपकरण हैं। वल्लभाचार्य के अनुसार, सिसृक्षा

(रचने की इच्छा) ही परमेश्वर की इस लीला का कारण है तथा लीला का प्रयोजन लीला वह स्वयं है। लीला को क्रीड़ा (खेल) का पर्याय कहा गया है। गौड़पाद ने मांडूक्यकारिका में कहा है—

भोगार्थं सृष्टिरित्यन्ये क्रीड़ार्थमिति चापरे।
देवस्यैष स्वभावोऽयमाप्तकामस्य का स्पृहा।।

सृष्टि की रचना पुरुष के भोग के लिए की गई है, कुछ लोग यह मानते हैं। अन्य विचारक मानते हैं कि परमेश्वर ने अपनी क्रीड़ा के लिए सृष्टि की है, पर सृष्टि करना परमेश्वर का स्वभाव है, उसकी परिपूर्ण कामना में किसी बात से क्या स्पृहा हो सकती है?

दूसरी ओर, विष्णुपुराण (1.2.18) में परमात्मा की सृष्टि को बालक की क्रीड़ा के समान बताया गया है—क्रीड़तो बालकस्यैव चेष्टां तस्य निशामय।

लीला के दार्शनिक दृष्टि से बताए गए स्वरूप में निम्नलिखित तत्व हैं—स्वतःप्रयोज्यता, आनंदमूलकता, अनुकरणात्मकता, तादात्म्यापत्ति या तल्लीनता। कुल मिलाकर लीला सिसृक्षा या सृजन करने की इच्छा से उपजती है। इस दृष्टि से इसे सारी कलाओं का मूल तत्व कहा जा सकता है। नाट्यशास्त्र में भरतमुनि ने वृत्तियों को नाट्य की मातृकाएं या जननी कहा है और वृत्तियों की उत्पत्ति मधु-कैटभ का संहार करते समय विष्णु के द्वारा की गई लीलाओं से बताई है। कला में लीला तत्व की उपस्थिति स्वतःस्फूर्ति, अलौकिक तत्व, राग व लालित्य से पहचानी जा सकती है।

नाट्यशास्त्र में लीला से वृत्तियों की उत्पत्ति बताई गई है। नाट्यशास्त्र के बीसवें अध्याय में कहा गया है कि मधु और कैटभ इन दो दानवों के संहार के लिए भगवान विष्णु ने लीला की, उससे चार वृत्तियां उत्पन्न हुईं और उन चार वृत्तियों से नाट्यकला का जन्म हुआ। भरतमुनि ने यहां मिथक के जरिए लीला, वृत्ति और नाट्यकला का अंतःसंबंध प्रकट किया है। लीला से वृत्तियां तथा वृत्तियों से नाट्य निर्मित हुआ। वृत्ति मंडलाकार या चक्राकार संरचना को भी इंगित करती है, जो काल के आवर्तन का प्रतीक है। संस्कृत नाटककारों तथा नाट्यशास्त्र के आचार्यों ने हल्लीसक, रासक, दंडरासक आदि मंडलाकार नृत्यों का चित्रण व लक्षण निरूपित किया है, जो विशेष रूप से आभीरों में प्रचलित रहे हैं।

नाट्यशास्त्र के बाईसवें अध्याय में भरतमुनि ने कहा है कि अभिनय में रस और भाव को पुष्ट करने वाले तीन अंगज, सात अयत्नज और दस स्वाभाविक तथा परिपुष्ट अलंकार होते हैं। इन सभी का संबंध लीला नाट्य से है। भाव, हाव और हेला ये तीन अंगज अलंकार हैं। वाक, अंग, मुखराग तथा सात्विक अभिनय (चारों प्रकार के अभिनयों) से कवि के अंतःस्थित भाव को भावित कराने वाला 'भाव' है। आंखों और भौहों के संचालन की प्रचुरतावाला, शृंगार को सूचित करने वाला, ग्रीवा की रचना से युक्त चित्तवृत्तियों से उत्पन्न होने वाली भाव की अवस्था ही 'हाव' है। 'हाव' ही शृंगार रस के आश्रित होकर ललित अभिनय से युक्त 'हेला' बन जाता है। इसी तरह दस स्वाभाविक अलंकार हैं, जिनमें लीला सबसे पहला है। वाचिक और आंगिक अभिनयों तथा शेष अलंकारों के द्वारा प्रेम के कारण प्रियजन की मधुर अनुकृति 'लीला' है। इस दृष्टि से लीला नाटक के भीतर नाटक है। गोपी का अभिनय करने वाली नटी अपने अभिनय के दौरान श्रीकृष्ण का वर्णन करते हुए उनका भी अभिनय करने लगे तो यह लीला कही जाएगी। इसी तरह श्रीकृष्ण का अभिनय करने वाला नट राधा का वर्णन करते हुए राधामय हो जाए तथा राधा का अभिनय करे, तो यह भी लीला होगी।

शारदातनय ने अपने ग्रंथ भावप्रकाश में कहा है कि लीला केवल स्त्री के जरिए अपने प्रिय की अनुकृति में ही नहीं, पुरुष के जरिए अपनी प्रिया की अनुकृति करने पर भी होती है। सागरनंदी ने नाटकलक्षणरत्नकोश में बताया है कि लीला में पात्र स्वयं नाटक के भीतर नाटक करते हुए मनोविनोद करने लगते हैं।

यह भी माना गया है कि लीला का तत्व नाट्यप्रयोग में अलौकिकता ला देता है। नाट्यशास्त्र में प्रयोग की दो पद्धतियां कही गई हैं–लोकधर्मी तथा नाट्यधर्मी। लोकधर्मी में लोकस्वभाव का जस का तस अनुभव होता है। नाट्यधर्मी में प्रयोक्ता

लोकस्वभाव का अतिक्रमण करते हैं। भरतमुनि कहते हैं कि लोकधर्मी पद्धति में ही लीलातत्व का समावेश कर दिया जाए, तो वह नाट्यधर्मी हो जाती है।

नृत्य के दो प्रकार माने गए–लास्य तथा तांडव। तदनुसार माधुर्यमयी तथा ऐश्वर्यमयी दो प्रकार की लीलाएं इन नृत्यों के प्रयोग के साथ विकसित हुईं। माधुर्यमयी लीला का संबंध कृष्णकथा से विशेष रहा और ऐश्वर्यमयी का रामकथा से।

विष्णु पुराण के पंचम अंश के तेरहवें अध्याय में कृष्ण व गोपियों की रासलीला का वर्णन है। गोपियों के जरिए लीला श्रीकृष्ण की अनुकृति करने का प्रसंग है। कृष्ण एक गोपी को साथ में लेकर अंतर्धान हो जाते हैं, शेष गोपियां विकल होकर उन्हें खोजती हैं तथा विरह की तीव्रता में श्रीकृष्णमय होकर उनके समान चेष्टाएं करने लगती हैं। श्रीकृष्ण की सारी बातें वे उनका अनुकरण करते हुए एक-दूसरे को बताती हैं। श्रीमद्भागवत के दसवें स्कंध में रासपंचाध्यायी (10.29-33) में इसी प्रसंग को विस्तार दिया गया है।

राधावल्लभ त्रिपाठी

अधिक जानकारी के लिए :
1. नाट्यशास्त्र विश्वकोश : राधावल्लभ त्रिपाठी, **2. ब्रज की रासलीला :** प्रभुदयाल मित्तल, 3. **संगीत : एक लोक नाट्य परंपरा :** रामनारायण अग्रवाल

लुई आल्थ्यूसर
(1918-1990)

अलजीरिया की राजधानी एलजियर्स में जन्मे लुई पियरे आल्थ्यूसर (Luis Pierre Althusser) एक फ्रेंच दार्शनिक थे। एक प्रमुख मार्क्सवादी संरचनावादी के रूप में नव-मार्क्सवादियों में वे प्रमुख स्थान रखते हैं।

लुई आल्थ्यूसर 1948 में जब फ्रांस की कम्युनिस्ट पार्टी से जुड़े तो उस समय देश में अस्तित्ववाद एक प्रमुख विचारधारा के रूप में पनप रहा था प्रतिनिधित्व ज्यां पाल सार्त्र कर रहे थे।

लुई आल्थ्यूसर

1960 के दशक में, जब पूंजीवाद का स्वर्णिम काल था, पूरे फ्रांस में एक नई चिंतनधारा संरचनावाद का उदय हो रहा था। आल्थ्यूसर इससे जुड़ गए तथा इसके एक प्रमुख सिद्धांतकार बने।

लुई आल्थ्यूसर कार्ल मार्क्स के दर्शन को दो भागों में बांटकर देखते हैं। उनके अनुसार तरुण मार्क्स, प्रौढ़ अर्थात बाद के मार्क्स से भिन्न हैं। अपनी प्रसिद्ध कृति 'फॉर मार्क्स' (1965) में वे कहते हैं कि जहाँ तरुण मार्क्स ने नैतिकतावादी तथा मानवतावादी पक्ष को सामने रखा है जिसका प्रतिबिंबन अलगाव के उनके सिद्धांत में होता है, वहीं प्रौढ़ मार्क्स ने वैज्ञानिक पक्ष को प्रमुखता से प्रस्तुत किया है जिसका प्रतिबिंबन ऐतिहासिक भौतिकवाद में होता है। मार्क्स की चिंतनधारा में इस परिवर्तन को आल्थ्यूसर 'ज्ञानमीमांसीय अंतराल' की संज्ञा देते हैं।

लुई आल्थ्यूसर की दृष्टि में तरुण मार्क्स की कृतियां उनके मानवतावादी तथा स्वप्नदर्शी रूप को व्यक्त करती हैं और आल्थ्यूसर इन्हें मार्क्सवाद-पूर्व

चिंतन की श्रेणी में रखते हैं। वे प्रौढ़ मार्क्स की कृतियों में इतिहास के वैज्ञानिक सिद्धांत के रूप में एक नए दर्शन की नींव देखते हैं। इस नए दर्शन के अनुसार इतिहास का रूप निर्धारित करने में मनुष्य वास्तविक भूमिका नहीं निभाते बल्कि उत्पादन की शक्तियां, उत्पादन के संबंध और उनके अंतर्विरोध ही ऐतिहासिक परिवर्तन की प्रेरक भूमिका निभाते हैं। आल्थ्यूसर इस ऐतिहासिक भौतिकवाद को ही मार्क्सवाद का सारतत्व मानते हैं।

आल्थ्यूसर अनुभववाद के विरोधी थे। अनुभववाद कहता था कि वास्तविक वस्तुओं तथा उनके ज्ञान में कोई भेद नहीं है। 'रीडिंग कैपिटल' में आल्थ्यूसर कहते हैं कि अनुभववाद के अनुसार, 'वास्तविक वस्तु से उसका सार निकाल लेना ही जानना है, कर्ता द्वारा जिसके धारण किए जाने को फिर ज्ञान कहा जाता है मानो वस्तु का ज्ञान वस्तु का ही हिस्सा है।' इसके विपरीत आल्थ्यूसर दर्शन का कार्य विचारों का सृजन मानते हैं, जो ज्ञान की पूर्व शर्त है। उन्होंने विचार की वस्तु तथा वास्तविक वस्तु को बिल्कुल अलग कर देने पर जोर दिया। इस प्रकार उन्होंने एक ज्ञानमीमांसीय सिद्धांत दिया, जिसके अनुसार, ज्ञान को एक बाह्य व्यवस्था की खोज के बजाय वैचारिक उत्पादन का अभ्यास माना जाए।

अपने निबंध 'आइडियोलॉजी एंड आइडियोलॉजिकल स्टेट ऐपरेट्स' में आल्थ्यूसर दमनकारी राज्य उपकरण तथा विचारधारात्मक राज्य उपकरण में अंतर करते हैं। राज्य दमन तथा विचारधारा दोनों का सहारा लेता है परंतु हिंसा अंतिम आश्रय है, जिसका प्रतिनिधित्व दमनकारी राज्य उपकरण करता है। विचाराधारात्मक राज्य उपकरणों में आल्थ्यूसर चर्च, परिवार, राजनीतिक व्यवस्था, राजनीतिक दल, विद्यालय, संस्कृति, मीडिया तथा यहां तक कि ट्रेड यूनियनों को भी शामिल करते हैं। वे इन जगहों को वर्ग संघर्ष के महत्वपूर्ण स्थलों के रूप में देखते हैं।

कार्ल मार्क्स की तरह आल्थ्यूसर भी मानते हैं कि 'अंतिम चरण' में समाज अर्थव्यवस्था के भीतर की उत्पादक शक्तियों द्वारा ही निर्धारित होता है, हालांकि वे आर्थिक निर्धारण को समाज के अंतर्संबंधित ढांचों की जटिल संरचना के रूप में देखते हैं, जो विभिन्न आर्थिक, राजनीतिक तथा विचारधारात्मक ताकतों को जन्म देती है। सामाजिक वास्तविकता के प्रत्येक चरण में उत्पादक शक्तियां तथा उत्पादन संबंधों के बीच अंतर्विरोध की विशिष्ट प्रक्रियाएं परिवर्तन पर प्रभाव डालती हैं। समग्रता में, इन प्रक्रियाओं के सह-अस्तित्व तथा अविभाज्यता का अर्थ यह है कि सामाजिक विकास को आगे बढ़ाने वाली कोई इकलौती प्रभुत्वशाली द्वंद्वात्मक शक्ति नहीं हो सकती बल्कि सामाजिक गठन विविध तरीकों के अंतर्संबंधों के परिणामस्वरूप पैदा हुई गतिकी द्वारा 'आवश्यकता से अधिक निर्धारित' है। साथ ही, अलग-अलग ढांचों की तुलनात्मक स्वायत्तता के परिणामस्वरूप तथा उनके असमान विकास की संभावना के चलते, संस्थागत तथा सामाजिक स्वरूपों की बहुलता तथा आर्थिक नियतिवाद की अवधारणा साथ-साथ चल सकती है।

आल्थ्यूसर मार्क्सवादी तर्कों का दर्शन तथा इसका सामाजिक विज्ञान की संबंधित शाखाओं तक विस्तार करने के कारण एक महत्वपूर्ण व्यक्ति माने जाते हैं। मार्क्स की रचनाओं के चयनित अध्ययन तथा मार्क्सवादी भौतिकवाद को आकस्मिक बहुलतावाद के साथ जोड़ने के विवादित प्रयास होने के बावजूद आल्थ्यूसर का योगदान नव-मार्क्सवादी बहस में प्रभावशाली है।

1980 में लुई आल्थ्यूसर ने अपनी पत्नी की हत्या कर दी थी और वे मानसिक रूप से अस्वस्थ घोषित कर दिए गए थे तथा तीन वर्ष तक मानसिक रोगियों के अस्पताल में रहे। 72 वर्ष की आयु में 1990 में पेरिस में उनका निधन हो गया।

अखिल विकल्प

अधिक जानकारी के लिए :
1. Althusser : A Critical Reader : Gregory Elliott, **2. Louis Althusser :** Warren Montag, 2003, **3. Louis Althusser :** Luke Ferretter, 2006

लुडविग विटगेंस्टीन
(1889-1951)

लुडविग विटगेंस्टीन (Ludwig Wittgenstein) बीसवीं सदी के शीर्षस्थ दार्शनिकों में से एक हैं। वे एक गणितज्ञ दार्शनिक के रूप में विचार करते हैं। एक भाषा-दार्शनिक के रूप में अपनी विश्लेषण-पद्धति तैयार करते हैं और एक मनो-दार्शनिक के रूप में अपने मौलिक निष्कर्षों तक पहुंचते हैं। उनका गणित, भाषा और मनोविज्ञान अथवा 'मन' संबंधी दर्शन, हर वक्त इसलिए विश्वसनीय एवं प्रासंगिक लगता है, क्योंकि वे अपने तर्कों को 'सामाजिक व्यवहार' से सीधे ग्रहण करते हैं। हर समय वे अपने दर्शन की 'सामाजिक प्रयोजनशीलता' को इस हद तक पकड़े रहते हैं कि अनेक विद्वान उन्हें 'व्यवहारवादी दार्शनिक' कह देते हैं। हालांकि खुद विटगेंस्टीन को लगता रहा है कि उनकी धारणाएं 'व्यवहारवादी' नहीं हैं, बल्कि इससे कहीं अधिक जटिल यथार्थ एवं व्यापक परिदृश्य को अपना 'आधार' बनाती हैं। इतना ही नहीं, वे अपने दर्शन के लिए बर्ट्रेंड रसेल के द्वारा दिए गए नाम 'लॉजिकल पॉजिटिविज्म' को भी सम्यक नहीं मानते। उनकी इस संदर्भ में धारणा है कि दर्शन एक 'सिद्धांत' या 'धारणा' को प्रस्तुत करने वाला प्रयास नहीं है, बल्कि एक 'गतिविधि' है, जो 'वही अर्थ देता है, जिस अर्थ में हम उसका इस्तेमाल करते हैं।'

लुडविग विटगेंस्टीन

जीवन एवं चिंतन : ऑस्ट्रिया के एक बेहद अमीर परिवार में जन्मे विटगेंस्टीन को यहूदी संस्कार और कैथोलिक नैतिक बोध की विरासत के अलावा संगीत और कला से भरपूर माहौल मिला। गणित में उनकी विशेष रुचि थी, जिसे आधार बनाकर वे दार्शनिक संकल्पनाओं का विकास करने का प्रयास करते हैं। उन्होंने कैंब्रिज विश्वविद्यालय में अपना जो शोध कार्य प्रस्तुत किया था, उसे बर्ट्रेंड रसेल तथा अन्यों ने पीएच डी से कहीं ऊंचे दर्जे का पाया था, परंतु वहां तक पहुंचने और कैंब्रिज में अध्यापन कार्य करने से पूर्व उन्होंने अपनी अमीरी वाली विरासत का परित्याग कर दिया था और कुछ समय अभाव में बिताया था। वे दार्शनिकों में कीर्केगार्द को पढ़ना पसंद करते थे, परंतु अधिक प्रभावित दॉस्तोवस्की और टॉल्सटाय से थे। उन्होंने बाद में अपनी कमाई से जो घर बनाया, उसका नक्शा व सज्जा का कार्य उन्होंने खुद किया, जिसे वे 'एक नींव में अनेक नीवों' और 'सीमित में युक्तिपूर्ण ' के समावेश के रूप में देखते थे।

उच्च गणितीय सिद्धांतों के क्षेत्र में वे 'केलकुलस' को आधार बनाकर अपने 'ट्रेक्टेटस लॉजिक' के दार्शनिक विकास तक पहुंचे थे। यह शोध प्रबंध 1921 में प्रकाशित हुआ था। 1951 में उनकी मृत्यु के बाद उनकी मुख्य किताब 'फिलासॉफिकल इनवेस्टीगेशंस' (1953) शीर्षक से छपी। 'ट्रेक्टेटस लॉजिक' उनकी क्लासिक कृति मानी जाती है, हालांकि 'इनवेस्टीगेशंस' में वे उसकी अनेक धारणाओं का खुद खंडन करते हैं।

जर्मन में 1921 में तथा अंग्रेजी में 1922 में प्रकाशित उनकी 'ट्रेक्टेटस लॉजिकी-फिलासफियस' किताब 'दार्शनिक तर्कशास्त्र' से संबद्ध ऐसी पुस्तक है, जिसमें उनके मूल विचारों का प्रतिपादन हुआ है। इस पुस्तक ने रुडोल्फ कार्नेव तथा फ्रेडरिक वाइजमैन सहित 'वियना सर्कल' के कई बड़े दार्शनिकों को प्रभावित किया। बर्ट्रेंड रसेल ने इस पुस्तक की

भूमिका लिखते हुए इसे 'लॉजिकल पॉजिटिविज्म' के सिद्धांत को स्थापित करने वाला बताया। 'भाषा' और 'यथार्थ' के बीच अंतर करने वाले इस तर्कवाद की सात मूल धारणाएं हैं :

1. प्रस्ताव यह है कि विश्व सब कुछ है।

2. यह जो प्रस्तावित है, वह कार्यकलापों की दशाओं का अस्तित्वमय होना है।

3. अस्तित्वमान तथ्यों का तार्किक चित्र विचार है।

4. विचार अर्थपूर्ण संकल्पनाएं हैं।

5. बुनियादी संकल्पना वह है जिसका सत्य प्रयोजन वह स्वयं होती है।

6. संकल्पना का सामान्य रूप सत्य प्रयोजन का सामान्य रूप होता है।

7. जहाँ कोई बोल नहीं पाता, वहां उसे मौन रहना चाहिए।

इन संकल्पनाओं से जो उच्चतर संकल्पनाएं जन्म लेती हैं, उनमें से कुछ निम्न हैं :

1. विश्व तथ्यों का समवाय है, न पदार्थों का?

2. तर्कक्षेत्र का हिस्सा हुए तथ्य बिंब का पर्याय हो जाते हैं।

3. विश्व तथ्यों में विभाजित रहता है।

4. कार्यकलाप की दशाएं प्रदर्शनों के संयोजना से पैदा होती हैं।

5. यथार्थ जगत का सारतत्व होता है। अतः यथार्थ संयुक्त नहीं होते।

6. सारतत्व सभी प्रस्तावों से स्वतंत्र अस्तित्व रखता है। वह रूप और अंतर्वस्तु दोनों है।

7. पदार्थ सारतालिका रूप में अपरिवर्तनीय होते हैं।

8. संरचना की संभावना ही रूप कहलाती है।

9. संरक्षित कार्यकलापों की संप्रभुता जगत कहलाता है।

10. सत्य-संकल्पनाओं की समग्रता विज्ञान कहलाती है।

11. विचारों की तार्किक स्पष्टता दर्शन है। दर्शन सिद्धांत प्रतिपादन नहीं, एक गतिविधि है।

12. दर्शन प्राकृतिक विज्ञानों की सीमा के निर्धारण का काम करता है। यह उस सबकी सीमाएं तय करता है, जो सोची जा सकती है और जो सोची नहीं जा सकती है।

'ट्रेक्टेटस लॉजिक' और 'इनवेस्टीगेशंस' सहित प्रमुख कृतियों के आधार पर वेटगेंस्टीन की उल्लेखनीय धारणाएं निम्नलिखित हैं :

1. विटगेंस्टीन की दृष्टि में 'जीवनानुभवों का विराट संसार' सभी के अर्थ-बोध का आधार होता है, पर भाषा का व्यवहार इस विराटता को 'सीमित रूप' में ही ग्रहण करता और अभिव्यक्ति देता है। अर्थ बहुलताधर्मी होते हैं। भाषा सामाजिक रूप में सीखी गई तथा स्मृति-आधारित वस्तु होती है। इससे भाषा का इस्तेमाल करने वालों के चित्त में अंतर करना चाहिए। सभी दर्शन तथा उनकी तर्कविधियां, सामाजिक भाषा के तर्क की विधियां हैं। चित्त की भाषा के लिए अलग तर्कशास्त्र की जरूरत है।

2. अर्थ अपने आप में कुछ नहीं होता, 'प्रयोग ही अर्थ है' तथा 'प्रयोजन ही सत्य है'।

3. सामाजिक भाषा का अपना एक 'तर्क-विधान' होता है। उसका इस्तेमाल करने वाले लोग, तर्क-विधान में यकीन रखते हैं और उसे अर्थ-प्रसू मानते हैं। इसलिए भाषा के अर्थ, एक खास सामाजिक समूह के सभी लोगों को सीधे तौर पर समझ में आ जाते हैं।

4. सामाजिक व्यवहार की अर्थ-प्रसू तर्कविधि 'पारिवारिक साधारण कारणों' पर आधारित होती है। लोग अलग-अलग पदार्थों में 'तुलना' करते हैं। उनमें जो 'समानताएं' होती हैं, उनके आधार पर उनकी परिवारगत कोटियां बना लेते हैं, फिर इन कोटियों के आधार पर समझते हैं कि कौन 'पशु' है, कौन 'मनुष्य', कौन स्वजातीय है, कौन विजातीय, क्या ठोस है, क्या तरल, किसे 'एक' कहते हैं, किसे 'अनेक' वगैरह। पारिवारिक समानताओं वाली तर्कविधि भिन्नताओं की उपेक्षा और विशिष्टताओं की अनदेखी करती है। इसलिए भाषा से हम जो अर्थ समझते हैं, वे साधारणीकृत चुनाव मात्र होते हैं। में अन्य अनेक

अर्थ संभावनाओं के विरोध में खड़े रहने के कारण ही अर्थपूर्ण होते हैं।

5. भाषा की तर्कविधि के द्वारा पारिवारिक समानताओं के आधार पर पदार्थ की सीमित अर्थग्रहण की एक और सीमा है—वह है 'समग्र का चित्रमूलक बोध'। समाज को समझने-समझाने में भाषा समर्थ नहीं होती। समग्र सभी के चित्त में एक चित्र की तरह 'अपरिभाषित' रूप में मौजूद रहता है। जैसे हम कहते हैं—इस दुनिया में मनुष्य होते हैं, तो मनुष्य का अर्थ 'पारिवारिक समानतामूलक तर्कविधि' से समझा जाता है, पर 'दुनिया' का अर्थ एक 'समग्रतामूलक अमूर्त चित्र' भर होता है, जो हर मनुष्य के लिए अलग अर्थ वाला हो सकता है।

6. 'विचार' भाषा में संरचित होते हैं, अतः विचारों को भाषा की तर्क-विधि से ही समझा-समझाया जा सकता है।

7. भाषा-खेल के सिद्धांत का प्रतिपादन करते हुए विटगेंस्टीन बताते हैं कि 'खेल' शब्द का अर्थ भी अपने आप में कुछ न होकर वह है, जो इस्तेमाल में लाए जाने के दौरान उसे मिलता है। जैसे बच्चों का खेल अलग है, पियानो पर आधारित खेल अलग, धोखा देने का खेल अलग है तथा नैतिक बोध और निष्ठा का खेल अलग, भाषा की 'तर्कविधि' गहरे में इस्तेमाल की तर्कविधि होती है। इस्तेमाल में एक अर्थ पहले प्रस्तुत हो जाता है, शेष सभी अर्थ पृष्ठभूमि में चले जाते हैं। इस तरह भाषा का इस्तेमाल अर्थों की विविधता और जटिलता का सरलीकरण करने का व्यवहार है।

'इस्तेमाल का खेल' पदार्थ से ताल्लुक रखने वाले शब्दों को 'अ-पदार्थ' से संबद्ध शब्दों से जोड़ता है। इस प्रकार अर्थ-ग्रहण की प्रक्रिया संदर्भ आधारित होती है, उदाहरण के लिए—'पांच लाल सेब' में 'सेब' पदार्थ से संबद्ध शब्द है, 'पांच' और 'लाल' अ-पदार्थ-धारणाएं मात्र हैं।

8. सौंदर्यशास्त्र भाषा की प्रयोजनवादी गतिविधि है सौंदर्यबोध का संबंध मानव के समग्र व्यवहार से है, पर उसके सौंदर्यशास्त्रीय रूप एवं प्रतिमान भाषा के तर्कों एवं संरचनाओं पर आधारित होते हैं। सौंदर्यबोध भाषा के 'विचार पक्ष' से ही नहीं, विचार-अतिक्रमी पक्षों से भी होता है। साहित्य और कलाओं के संदर्भ में जो सौंदर्यशास्त्रीय प्रतिमान बनते हैं, वे भाषा के 'विचार पक्ष' से संबद्ध सामाजिक-सांस्कृतिक संदर्भों से जन्म लेते हैं। सांस्कृतिक व्यवहार तय करते हैं कि कौन-सी सौंदर्यानुभूति 'आस्वाद' के लायक है, कौन नहीं। इसलिए साहित्य और कलाओं की आलोचना के प्रतिमान युग विशेष में बदल जाते हैं। वे सांस्कृतिक संदर्भ से पैदा हुए नैतिक मूल्यों को 'चुनाव' का आधार बनाते हैं। इस प्रकार सौंदर्य का आस्वाद व्यवहार में आने वाली भाषा के सांस्कृतिक इस्तेमाल और चुनाव पर निर्भर हो जाता है।

9. विटगेंस्टीन के अनुसार, बहुत-सी श्रेष्ठ और महत्वपूर्ण मानी जाने वाली धारणाएं, भाषा-व्यवहार से उपजे, 'क्लिक' करने के बोध का पर्याय होती हैं। 'क्लिक' करना यानी अचानक किसी बात का सम्यक या उचित जान पड़ना। यह क्लिक सिद्धांत है।

सौंदर्य-चेतना का आस्वाद, विटगेंस्टीन के अनुसार, सांस्कृतिक एवं नैतिक बोधगत 'क्लिक' की तरह उपजता है। यही नहीं, जिसे हम 'सामाजिक समन्वय' (सोशल कोहरेंस) कहते हैं, वह भी भाषामूलक 'क्लिक' है, जो तभी तक काम आता है जब, तक वह 'भाषा में इस्तेमाल के लायक' बना रहता है।

10. विज्ञानवादी संस्कृति की आलोचना विज्ञान से उपजने और बनने वाली विकास श्रृंखलाओं का पर्याय है। इसमें कारण कार्य का पूर्ववर्ती होने भर से कारण मान लिया जाता है, हालांकि कार्य के घटित होने के लिए कारण अनेक होते हैं, अनेक में से एक या कुछ का चुनाव, भाषा के अंतःतर्क से यानी सामाजिक-सांस्कृतिक चयन-दृष्टि से जुड़ा होता है। इससे विज्ञान के वस्तुनिष्ठ निष्कर्ष भी 'साधारणीकृत' हो जाते हैं, जो विविधता-अनेकता का अपने तरीके से सरलीकरण करते हैं और अंतिम या परम कारण को छिपाते हैं।

11. संरचनावादी तर्क भी वैज्ञानिक सरलीकरणों के 'एक में अनेक के विलय' वाले तर्क से उपजते हैं। खुद अपने लिए विटगेंस्टीन 'लॉजिकल पॉजिटिविज्म' की संरचना को स्वीकार नहीं करते।

12. निजी भाषा को वे अंतरानुभवों की पीड़ा, हर्ष की भाषा के रूप में देखते हैं। चित्त की भाषा में सामाजिक भाषा ही नहीं, निजी भाषा भी बराबर भूमिका निभाती है।

विनोद शाही

अधिक जानकारी के लिए :

1. Philosophical Investigations : Ludwig Wittgenstein, 1953, **2. Wittgenstein : The man and his Philosophy :** A. A .J. Aiyyar, 1975

लूसिएं गोल्डमान

(1913-1970)

लूसिएं गोल्डमान (Lucian Goldman) नव-मार्क्सवादी चिंतनधारा के प्रमुख चिंतकों में से एक हैं। उन्होंने मार्क्सवाद के शास्त्रीय रूप की सीमाओं को अपने तरीके से पहचाना और रेखांकित किया और इसका इस्तेमाल जटिल समसामयिक यथार्थ की नई व्याख्या करने में किया। इस लिहाज से लूसिएं गोल्डमान को लुकाच, जिराडे, अल्थूसे, ग्राम्शी और अडोर्नो जैसे महत्वपूर्ण नव-मार्क्सवादी चिंतकों के साथ रखकर देखा जाता है। अपने समसामयिकों में से लूसिएं गोल्डमान की सर्वाधिक निकटता रेमंड विलियम्स से है। इसका कारण यह है कि दोनों चिंतक इतिहास और समाजशास्त्र को अपना मुख्य प्रस्थान बनाते हुए मार्क्सवादी विचारधारा से औजार लेकर यथार्थवाद के संदर्भ में संस्कृति की अपने-अपने तरीके से व्याख्या करते हैं। सामाजिक संरचनाओं की आधारभूमि को ग्रहण करते हुए जहाँ रेमंड विलियम्स भावों की संरचनाओं की व्याख्या की ओर मुड़ जाते हैं, वहीं लूसिएं गोल्डमान जैविक संरचनावाद की व्याख्या करते हैं। इसकी जमीन उन्होंने अपने गुरु मनोवैज्ञानिक पियाजिए के चिंतन से हासिल की थी।

लूसिएं गोल्डमान

रोमानिया के बुखारेस्त शहर में जन्मे लूसिएं गोल्डमान का कार्यक्षेत्र मुख्यतः पेरिस शहर था। वे नव मार्क्सवादी चिंतनधारा का विकास करने वाले फ्रैंकफर्त स्कूल के अध्यापकों के संपर्क में रहे। उन्होंने इन विद्वानों को दो खेमों में विभाजित पाया। एक वे, जिनका झुकाव मार्क्सवाद की शास्त्रीय व्याख्या करने वाले प्लेखानोव जैसे चिंतकों की ओर था और दूसरे वे, जो उसकी नव-कांटवादी व्याख्या प्रदान करने में दिलचस्पी लेते थे।

लूसिएं गोल्डमान ने न विज्ञानवादी मार्क्सवाद को सही माना और न उसे नव-कांटवादी तरीके से नैतिकताबोध और मानवतावाद की ओर ले जाने के प्रयासों को उचित समझा। वे इस संदर्भ में जो रास्ता पकड़ते हैं, वह जैविक मार्क्सवाद का है। इससे मार्क्सवाद पर उठाए जाने वाले सवालों के जवाब विश्वसनीय तरीके से देने का रास्ता खुला। विज्ञानवादी वस्तुनिष्ठ व्याख्याओं का सहारा लेकर जो लोग मार्क्सवाद की व्याख्या करते थे, वे द्वंद्वात्मक भौतिकवाद को एक नियतिवादी दर्शन बना देते थे, जैसे कि वर्गों की कोटियां इतिहास का निष्कर्ष हों

और वर्गों की निगाह से इतिहास के विकास की जो वस्तुनिष्ठ व्याख्या की गई हो, वह पूरी मानव जाति की नियति हो। यह व्याख्या वर्गभेद की जटिलताओं को नजरअंदाज करती थी। दूसरे, इसका मतलब यह था कि मानव जाति की शोषण-दोहन से मुक्ति तब होगी, जब इतिहास की प्रक्रियाएं वैज्ञानिक तरीके से तय विकास की मंजिल तक पहुंचेगी। इससे मार्क्सवाद में नैतिकता और मानववाद के अभाव की स्थिति उभरती थी। नव-कांटवादी वस्तुतः मार्क्सवाद को केवल राजनीतिक संघर्ष से मंजिल पाने वाले दर्शन की तरह देखने के बजाय, शोषण विरोधी नैतिक चेतना वाले लोगों के सामूहिक प्रयासों से ज्यादा उम्मीद करते थे। उन्होंने वर्ग चेतना से ऊपर उठे मध्यवर्ग की मानवीय नैतिकता को महत्व दिया। इस विचार को वे मार्क्स के कथनों में भी मौजूद देखते थे। लूसिएं गोल्डमान ने इन दोनों व्याख्याओं को सही नहीं माना।

लूसिएं गोल्डमान की मार्क्सवाद की समझ उन्हें नव-कांटवादी होने से रोकती थी। उन्हें लगता था कि इससे बूर्जुआ नैतिकतावाद से जुड़े मूल्य ही शक्ल बदलकर मार्क्सवाद में प्रवेश पाएंगे। वे समाजशास्त्री की तरह सोचते थे। अतः उन्होंने जो रास्ता खोजा, वह नैतिक मूल्यों को ठोस सामाजिक जमीन से उपलब्ध करने का था। इसके लिए उन्होंने वर्गों की सामान्य कोटियों के बजाय सामाजिक समूहों की संरचनाओं की तरफ ध्यान दिया। उन्हें लगा कि वर्गों का निर्माण विविध सामाजिक समूहों की तात्कालिक संरचनाएं करती हैं, जो लगातार बदलती रहती हैं। जैसे मध्यवर्ग का शिक्षित समूह तकनीकी दक्षता वाले प्रबंधक समूह में बदल गया है। गोल्डमान समूहगत समग्रता को स्थिर संरचना न मानकर संरचना प्रक्रिया (स्ट्रक्चरेशन) कहते हैं। यह जो लगातार 'बनती रहने वाली संरचना', है वह समग्रता के भीतर उसके घटकों के आपसी रिश्तों से तय होती है यानी गोल्डमान की निगाह वर्ग के भीतर के समूह और समूह के भीतर 'व्यक्ति' तक गई थी। इन व्यक्तियों के आपसी रिश्तों को समझना गोल्डमान के मार्क्सवादी समाजशास्त्र की जमीन को समझने जैसा है।

विलियम क्यू वोएलहॉवर ने गोल्डमान की एक पुस्तक के अनुवाद की भूमिका में उनके इस अलग तरह के मार्क्सवादी समाजशास्त्र के स्वरूप को निम्नलिखित रूप में स्पष्ट किया है, 'समग्रता उसके घटकों के कुल जोड़ में घटाई जाने वाली वस्तु नहीं है, अपितु वह उनके आपसी रिश्तों का विशिष्ट परिणाम है। समाज एक समग्रता है और इतिहास को समझना हो तो उसे इस संदर्भ के बाहर खड़े होकर समाज को तंत्र के किसी सिद्धांत की तरह नहीं समझा जा सकता। समाज की ये समग्रता-मूलक संरचनाएं आगे वृहत्तर संरचनाओं का निर्माण करती हैं और सापेक्ष पूर्णतावाली अस्मिताओं को जन्म देती हैं।' अर्थात गोल्डमान के यहां वर्ग एक तरह से पूर्णताबोधक अस्मिता हैं, जो सापेक्ष और अंतरपरिवर्तनीय हैं। उनके भीतर समग्रता को पैदा करने वाली संरचनाएं काम करती हैं, जो उन्हें सापेक्ष बनाती हैं। जनसमूहों की जो चेतना समग्र चेतना का बोध कराती है, वह व्यक्तियों के आपसी रिश्तों से उपजी सामूहिक चेतना होती है यानी सामूहिकताएं भी बहुत-सी होती हैं। इतिहास इन सामूहिकताओं द्वारा उपजाई गई नियति जैसा होता है यानी इतिहास की नियति भी समूह-सापेक्ष और व्यक्ति-सापेक्ष होती है।

व्यक्ति की भूमिका मार्क्सवादी चिंतन में सदा विवादास्पद रही है। गोल्डमान अकेले चिंतक है, जो इस सवाल का एक समाधान देते हैं। गोल्डमान व्यक्ति को सामाजिक और मनोवैज्ञानिक निजताओं से युक्त पाते हैं। उन्हें लगता है कि व्यक्ति समूहों के भीतर सामूहिक सामाजिक चेतना वाली जिस अस्मिता का निर्माण होता है, वह लगातार बदलती रहती है। उसके बदलते रहने की वजह व्यक्ति मनोविज्ञान है। हर व्यक्ति के पास उसका एक अचेतन अंतर्व्यक्तित्व होता है, जिसे वह लगातार सामाजिक सामूहिकताओं के सापेक्ष अंग की तरह पुनः उपलब्ध करता रहता

है। वह इससे सामूहिक चेतना को लगातार संभावित चेतना (पोटेंशल कांशसनेस) की शक्ल देता रहता है। समाज और व्यक्ति के अंतर्व्यक्तित्व में जितना तालमेल बैठ जाता है, सिर्फ उतनी ही सामूहिकता मूर्त होती है। 'संभावित चेतना' की धारणा गोल्डमान की मार्क्सवादी चिंतन की मौलिक देन है।

आगे चलकर गोल्डमान ने अपने उपर्युक्त सिद्धांत को 'उपन्यास का समाजशास्त्र' की व्याख्या का आधार बनाया। उनसे पूर्व लूकाच और जिरार्ड उपन्यास के समाजशास्त्र पर अपने-अपने सिद्धांत प्रस्तुत कर चुके थे। तीनों चिंतकों के अनुसार, उपन्यास में विश्व और नायक के बीच दरार खास अर्थ रखती है। गोल्डमान अपने मार्क्सवादी चिंतन को विश्वदृष्टि की धारणा तक ले जाते हैं।

लूसिएं गोल्डमान नायक की विश्वदृष्टि की व्याख्या बाजार के अर्थतंत्र के आधार पर करते हैं। वे कहते हैं कि बाजार वस्तु को मुद्रा-मूल्य देता है। इससे मूल्य एक तरह की हस्तांतरणीय वस्तु बन जाता है। नायक की गिरावट की वजह है मूल्य का हस्तांतरणीय होना, जो उसे सुविधाभोगी और उपभोक्तावादी बनाकर उसका वस्तुकरण कर देता है। नायक दो तरह के मूल्यों में विभाजित हो जाता है। एक मूल्य होता है, जो वस्तुकरण या उपभोक्ताकरण से पैदा होता है, दूसरा वह है जो कथाकार की विश्वदृष्टि के अनुसार, इसे अतिक्रमण की चुनौती देता है। इसका समाधान निकलता है, नायक के आत्म-अतिक्रमण द्वारा। बाजार व्यक्ति पैदा करता है और उपन्यास 'व्यक्ति अतिक्रमी चेतना' के रूप में उसका विकल्प देता है।

विनोद शाही

अधिक जानकारी के लिए :

1. Cultural Creation in Modern Society : Lucian Goldman, 1971, **2. Essays on the Method in Sociology of Literature :** Lucian Goldman, 1980, **3. Main Currents in Twentieth Century Literary Criticism : A Critical Study :** Yiannis Stamiris, 1986

लेखक की मृत्यु

'लेखक की मृत्यु' (The Death of the Author) फ्रेंच आलोचक और उत्तर आधुनिक सिद्धांतकार रोलां बार्थ का 1967 में प्रकाशित एक बहुचर्चित निबंध है जिसमें व्यक्त अवधारणाओं की बीसवीं सदी के साहित्य चिंतन, सैद्धांतिकी और उत्तर संरचनावाद के विमर्श में अहम भूमिका रही है। साहित्य आलोचना की परंपरा में कृति का विश्लेषण करने में कृतिकार की सत्ता को केंद्र में रखा जाता था और कृतिकार की निजता, अनुभव जगत, जीवनवृत्त और मूल्य दृष्टि को केंद्र में रख कृति के अर्थ को प्राप्त किया जाता था। रोलां बार्थ इस पद्धति को खारिज करते हुए पाठक की भूमिका को अर्थ निष्पत्ति के केंद्र में लाते हैं।

रोलां बार्थ कहते हैं कि परंपरागत ढंग से जो आलोचना होती आई है, उसके अंतर्गत कृति के अर्थ का निरूपण कृति के लेखक के वैचारिक आग्रहों, उसके अपने ऐतिहासिक संदर्भ, धर्म, नस्ल, मनोविज्ञान और जीवनवृत्त से जुड़े संदर्भों के आधार पर किया जाता है। ऐसी आलोचना में लेखक के अनुभव और उसके मताग्रह पाठक को एक सुनिश्चित 'स्पष्टीकरण' की ओर ले जाते हैं। बार्थ के अनुसार, यह कृति को समझने का एक बंधा-बंधाया, असंगत और दोषपूर्ण तरीका है। किसी कृति को उसके लेखक से संबद्ध कर पढ़ना और तदनुरूप उसकी व्याख्या करना उसके 'पाठ' को सीमित करना है। इसलिए पाठ या कृति को कृतिकार से पृथक कर देना चाहिए, ताकि 'पाठ' को किसी भी आरोपित व्याख्या की तानाशाही से मुक्त किया जा सके।

बार्थ किसी लेखकीय सृजन को 'रचना' के बजाय 'पाठ' कहते हैं, जो अनेक प्रकार के 'पाठों' से मिलकर 'निर्मित' हुआ है। उनके अनुसार, किसी सृजनात्मक प्रभाव का केंद्रीय स्थल लेखक नहीं है। वह तो केवल एक पाठ लिपिक या पाठ प्रस्तुतकर्ता (Scriptor) है। बार्थ ने लेखक (Author) और सत्ता केंद्र (Authourity) के बीच के परंपरागत

शक्ति-संबंध को भंग करने के लिए ही 'कृतिकार' को केवल एक 'पाठ लिपिक' या 'पाठ प्रस्तुतकर्ता' (Scriptor) कहना पसंद किया है। वे कहते हैं कि यह पाठ-प्रस्तुतकर्ता 'पाठ' के साथ ही जन्म लेता है। न वह कृति के 'पाठ' से पहले मौजूद था और न वह 'पाठ' के बाद विद्यमान रहेगा और न वह कृति का निर्देशकर सकता है। हर कृति चिरंतन रूप से अपने प्रत्येक 'पुनर्पाठ' के साथ अभी और यहीं रची गई है। क्योंकि कृति के किसी अर्थ का उद्‌गम पूर्णतया भाषा के भीतर और पाठक पर पड़े प्रभावों में विद्यमान होता है। कृति एक नेटवर्क है जिसमें अर्थ की अनेक पर्तें छिपी होती हैं। अपने एक प्रसिद्ध उद्धरण में रोलां बार्थ 'पाठ' (Text) और वस्त्र (Textile) में समरूपता देखते हुए कहते हैं कि जैसे वस्त्र में असंख्य तंतुओं का एक ताना-बाना होता है, उसी तरह 'पाठ' के भीतर तमाम कथनों का एक ताना-बाना होता है। ये कथन संस्कृति के असंख्य केंद्रों से अवतरित होते हैं, न कि किसी एकल केंद्र या किसी वैयक्तिक अनुभव से। कृति का सारभूत अर्थ 'लेखक' के अपने संवेगों और रुचियों पर निर्भर न होकर पाठक के अपने प्रभावों से निर्मित होता है। एक पाठ का आनंद इसमें है कि वह एक सामाजिक 'स्पेस' है, जहां भाषा संचारित होती रहती है। किसी कृति की एकान्विति उसके उद्‌गम या उसके रचयिता पर नहीं, बल्कि उसके गंतव्य या आस्वादक पर आश्रित है। बार्थ कहते हैं कि किसी कृति का लेखक एक व्यक्ति नहीं, बल्कि सामाजिक और ऐतिहासिक रूप से निर्मित महज एक 'कर्ता' है।

'लेखक की मृत्यु' के रूप में बार्थ ने जिस अवधारणा को प्रस्तुत किया है, वह लेखक की सत्ता और पाठक की अधीनस्थता के परंपरागत समीकरण को भंग कर देती है। लेखक की मृत्यु का ऐलान एक प्रकार से किसी अधिनायक को उसके सिंहासन से अपदस्थ करना या अर्थों को निरूपित करने वाली किसी भी केंद्रीय सत्ता को निरस्त करना और उसकी जगह पर पाठक की बहुकेंद्रितता के 'स्पेस' को निर्मित करना है। इसमें रचयिता ईश्वर के संदेश में निहित किसी भी 'अंतिम' और 'एकल' अर्थ को आत्मसात कर लेने के बजाय कृति के 'पाठ में अंतर्निहित अर्थ की अनेक संभावनाओं का आग्रह है। इस अवधारणा के अनुसार, किसी भी कृति का कोई एकल और निरपेक्ष अर्थ नहीं होता। उसके किसी एक अर्थ को केवल उद्घाचित (Decipher) किया जा सकता है।

वे कहते हैं कि कोई 'पाठ' केवल शब्दों की पंक्ति नहीं है, जिसमें से कोई धर्मशास्त्रीय अर्थ ('ईश्वर-लेखक' द्वारा दिया गया संदेश) प्रकट होता हो, बल्कि वह एक बहुआयामी 'स्पेस' है, जिसमें विभिन्न प्रकार के लेखन–जिनमें कोई भी मौलिक नहीं है, परस्पर अंतर्गुंफित होते हैं और एक दूसरे से टकराते रहते हैं। यह 'पाठ' अनेक प्रकार के लेखनों से उद्‌भासित है जिसके स्रोत अनेक प्रकार की स्मृतियों में हैं। यह संवाद, पैरोडी, तर्क-वितर्क के परस्पर संबंधों में प्रवेश करता है, लेकिन इसमें एक बिंदु ऐसा है, जहां यह सारी बहुलता केंद्रित हो जाती है और वह बिंदु पाठक है, न कि कृति का लेखक, जैसा कि अब तक माना जाता रहा है। क्लासिक आलोचना ने कभी पाठक पर ध्यान नहीं दिया। उसके लिए लेखक ही साहित्य के केंद्र में रहा है। बार्थ के अनुसार, लेखन को उसका स्पेस देने के लिए इस पुराने मिथक को ध्वस्त कर देना जरूरी है। किसी भी 'पाठ' को उसके अनेकार्थों और बहुकेंद्रितता में देखना और किसी अंतर्निहित परम अर्थ को खारिज करना एक प्रकार से धर्मशास्त्रों के विरोध में जाना है। किसी 'परम' अर्थ को अस्वीकार करने का अर्थ सत्ता और उसके सार तत्व अर्थात् तर्क, विज्ञान और कानून की मान्य व्यवस्था को चुनौती देना है।

बार्थ की इस आलोचनात्मक अवधारणा के निहितार्थ मूलगामी हैं कि एक पाठ अन्य कई पाठों से मिलकर बना महज एक उत्पाद है और उसके अर्थ को केवल अन्य पाठों की सहायता से ही समझा जा सकता है। इस तरह बार्थ की यह अवधारणा कृति के लेखक और कृति में अंतर्निहित उसकी महत्ता को पूर्णतः खारिज कर देती है जो पुनर्जागरण काल से ही मान्य रही है और बूर्जुआ पूंजीवादी समाज में साहित्यिक प्रतिष्ठान का आधार रही है। बार्थ कहते

हैं कि किसी कृति के प्रकाशित हो जाने के बाद उस पर उसके लेखक का कोई नियंत्रण नहीं रह जाता और वह लेखक अप्रासंगिक हो जाता है। रोलां बार्थ का प्रसिद्ध उद्धरण है—'पाठक का जन्म अनिवार्यतः लेखक की मृत्यु की कीमत चुकाकर ही हो सकता है'।

विजय कुमार

अधिक जानकारी के लिए :
1. Death of Author : Roland Barthes, 1977, **2. The Pleasure of Text :** Roland Barthes, 1975, **3. Barthes : A Very Short Introduction :** Jonathan Culler, 2002, **4. Roland Barthes :** Graham Allen, 2003

लेखक ग्रंथ-सूची

लेखक की सभी कृतियों की सूची लेखक ग्रंथ-सूची है। इसमें उसके कृतित्व के संबंध में लिखे गए सभी प्रकार के साहित्य की सूची को भी शामिल किया जा सकता है। हिंदी में ऐसे कई लेखक हुए हैं जिन्होंने कई विधाओं या किसी एक ही विधा में विपुल साहित्य की रचना की है और उनकी रचनाओं के संबंध में विस्तार से लिखा गया है। यदि उनकी रचनावली या उन पर विनिबंध (मोनोग्राफ) बनता है तो उसमें ऐसी सूची जरूरी हो जाती है। रचनावली या विनिबंध में लेखक ग्रंथ-सूची सामान्यतः रहती है। फिर भी कई ऐसे महत्वपूर्ण लेखक हैं जिनकी कृतियां बिखरी हुई हैं और अभी तक उनकी ग्रंथ-सूची नहीं बन पाई है। कोई भी लेखक ग्रंथ-सूची केवल पुस्तकालयों के कर्मचारियों या विशेषज्ञों के उपयोग के लिए ही तैयार नहीं की जाती, उसकी जरूरत वस्तुतः पाठकों, विद्यार्थियों तथा उसका उपयोग करने वाले अन्य लोगों को भी होती है। कोई भी लेखक ग्रंथ-सूची ऐसी होनी चाहिए कि उसका उपयोग करने वाले को बिना किसी अन्य व्यक्ति की सहायता के लेखक की कृतियों के संबंध में सभी प्रकार की आवश्यक सूचनाएं मिल जाएं।

लेखक ग्रंथ-सूची में संकलनों, स्वतंत्र ग्रंथों और अनुवादों को प्रकाशन के कालक्रमानुसार रखा जा सकता है। संकलन और स्वतंत्र ग्रंथों को विधाओं के अंतर्गत रखकर ऐसा किया जा सकता है। ग्रंथों को प्रकाशन कालक्रमानुसार रखने से पाठक को लेखक के साहित्यिक जीवन के विकास का अध्ययन करने में सुविधा होगी। इस संबंध में कुछ अपवाद हैं। कुछ ऐसे लेखक हैं (जैसे निराला और पंत) जिनकी प्रारंभिक कृतियां उनके साहित्यिक जगत में प्रतिष्ठित हो चुकने के कई वर्ष बाद प्रकाशित हुईं। ऐसी कृतियां भले ही बाद में प्रकाशित हुई हों, पर यदि पता हो कि उनकी रचना बहुत पहले हुई थी, तो उन्हें प्रकाशन काल-क्रमानुसार रखते हुए रचना काल का भी उल्लेख जरूर हो।

महेंद्र राजा जैन

लेनिनवाद

ब्लादीमीर इलिच उलयानोव अर्थात लेनिन (1870-1924) के राजनीतिक सिद्धांतों और क्रांतिकारी रणनीतियों को समग्र रूप से लेनिनवाद (Leninism) की संज्ञा दी जाती है। लेनिन ने समाजवादी रूस के निर्माण में सबसे महत्वपूर्ण भूमिका अदा की थी। वे रूस में हुई 1917 की समाजवादी क्रांति के जनक कहे जाते हैं। राजनीतिक परिदृश्य में 'लेनिनवाद' शब्द 1922 में प्रचलन में आया, जब लेनिन अपनी बीमारी की वजह से सोवियत संघ के राजनीतिक जीवन में सक्रिय भूमिका नहीं निभा रहे थे। जुलाई 1924 में कम्युनिस्ट इंटरनेशनल की पांचवीं कांग्रेस में ग्रिगोरी जिनोयेव ने 'पार्टी को क्रांति के हिरावल दस्ते' के रूप में व्याख्यायित करते हुए इसे 'लेनिनवाद' के रूप में व्याख्यायित किया। इसी समय स्तालिन ने भी इस शब्द का प्रयोग किया और अपनी पुस्तक 'फाउंडेशंस ऑव लेनिनिज्म' में लेनिन की रणनीतियों की सैद्धांतिक व्याख्या की। स्तालिन ने लेनिनवाद की

व्याख्या करते हुए लिखा, 'लेनिनवाद, साम्राज्यवाद एवं सर्वहारा क्रांति के युग का मार्क्सवाद है।'

लेनिन ने मार्क्सवाद में युगानुकूल रचनात्मक विकास किया और उसे एक नया आयाम दिया। 'कम्युनिस्ट मेनीफेस्टो' (1848) में फ्रेड्रिक एंगेल्स और कार्ल मार्क्स ने प्रतिपादित किया था कि कम्युनिस्ट 'हर एक देश में श्रमिक वर्ग की पार्टियों के सबसे आगे बढ़े हुए बहुत ही संकल्पधर्मी तबके हैं।' यह स्थापना लेनिनवाद की सैद्धांतिक नींव है। लेनिन ने कम्युनिस्ट पार्टी को 'क्रांति केलिए प्रतिबद्ध हिरावल दस्ते' के रूप में व्याख्यायित किया। लेनिन की इस स्थापना के पीछे यह मान्यता काम कर रही थी कि कम्युनिस्ट पार्टी (और उसके सदस्य) अत्यधिक प्रतिबद्ध बौद्धिक वर्ग है, जो 1. मार्क्सवादी सिद्धांतों की रोशनी में इतिहास और समाज की वैज्ञानिक समझदारी प्राप्त किए हुए है, 2. यह वर्ग पूंजीवाद को समाप्त करने के लिए प्रतिबद्ध है और इसे समाजवाद से प्रतिस्थापित करना चाहता है, 3. राजनीतिक सत्ता प्राप्त करकेशक्तिपूर्वक पूंजीवाद से समाजवाद केसंक्रमण/ परिवर्तन केलिए प्रतिबद्ध है और 4. किसी भी संभव तरीकेको इस्तेमाल करके यह वर्ग सत्ता प्राप्त करना चाहता है।

सर्वहारा की तानाशाही की जो संकल्पना कार्ल मार्क्स ने प्रस्तुत की थी, उसे लेनिन ने आगे बढ़ाया। बूर्जुआ शासन की समाप्ति के लिए सर्वहारा को लंबे दौर तक संघर्ष करना होता है। लेनिन के अनुसार, सर्वहारा वर्ग की तानाशाही के दो प्रमुख उद्देश्य हैं : (1) जब पूंजीपति वर्ग को सत्ताहीन कर दिया जाता है तो उसकी प्रतिरोध क्षमता बढ़ जाती है, तब इस शोषक वर्ग को नियंत्रित करना और प्रतिक्रांति की चेष्टाओं को रोकना जरूरी हो जाता है और (2) इसका उद्देश्य नवीन सामाजिक एवं आर्थिक व्यवस्था का संगठन करना होता है। इस उद्देश्य की पूर्ति के लिए एक मजबूत, सुसंगठित दल की आवश्यकता है। सर्वहारा वर्ग की तानाशाही का अर्थ राज्य या पार्टी की तानाशाही नहीं है। जिस प्रकार पूंजीवादी लोकतंत्र अपने वास्तविक अर्थ में पूंजीपति वर्ग का लोकतंत्र है, उसी प्रकार सर्वहारा की तानाशाही का निहितार्थ सर्वहारा का लोकतंत्र है। इसी अर्थ में यह पूंजीवादी लोकतंत्र से श्रेयस्कर है।

लेनिन का स्पष्ट मानना था कि क्रांति क्रमिक विकास में नहीं होगी बल्कि उसे लाने के लिए एक अनुशासित और केंद्रीकृत दल की आवश्यकता है। सर्वहारा वर्ग के शक्ति प्राप्त करने में पार्टी की केंद्रीय भूमिका है। उन्होंने लिखा है, 'सत्ता प्राप्त करने के संघर्ष में सर्वहारा वर्ग के पास संगठन के अतिरिक्त और कोई शस्त्र नहीं है। बूर्जुआ संसार की अराजकतापूर्ण प्रतियोगिता द्वारा विभक्त, पूंजीपतियों द्वारा पूर्णतः प्रताड़ित, पूंजी के लिए दासता से बंधे दैन्य, अधोगति तथा सदैव जंगलीपन के गर्त में पड़े हुए श्रमिक एक अजेय शक्ति का रूप धारण कर सकते हैं और वे निश्चित रूप से ऐसा करेंगे, जब मार्क्सवाद के सिद्धांतों के आधार पर उनकी वैचारिक एकता भौतिक एकता, द्वारा दृढ़ हो जाएगी और वे असंख्य श्रमिकों की सेना का रूप धारण कर लेंगे।'

लेनिन ने साम्राज्यवाद को पूंजीवाद की चरम अवस्था कहा था। साम्राज्यवाद का विश्लेषण करते हुए वे उसकी निम्नलिखित विशेषताएं बताते हैं : (1) साम्राज्यवाद में पूंजी का अविरल संचयन होता है। इसका कारण यह है कि साम्राज्यवादी देश अपने उत्पादित माल को पिछड़े देशों को बेचते हैं और साथ-ही-साथ इन देशों से सस्ते भाव पर कच्चा माल भी प्राप्त करते रहते हैं। (2) साम्राज्यवाद अंतर्विरोधों से भरा रहता है, इसलिए यह पूंजीवाद का अंत और शीघ्र करेगा। इसमें विश्व बाजार पर प्रभुत्व स्थापित करने के लिए संघर्ष होता है तथा संसार को शोषक और शोषित देशों के बीच विभाजित कर दिया जाता है। (3) साम्राज्यवाद में 'असमान विकास का नियम' और भी तेज हो जाता है। वित्तीय पूंजीवाद के उदय के साथ कुछ देश दूसरे देशों की अपेक्षा अधिक ताकतवर हो जाते हैं क्योंकि उनके अधीन उपनिवेश और नए-नए बाजार होते हैं। इस प्रतिस्पर्धा के कारण पूंजीवादी खेमे में स्थायित्व नहीं रहता। (4) इस

वजह से साम्राज्यवाद युद्धों को जन्म देता है। युद्ध साम्राज्यवाद का तार्किक परिणाम है।

लेनिन को श्रेय है कि उन्होंने मार्क्सवाद में प्रचलित हो गए यांत्रिक किस्म के ऐतिहासिक नियतिवाद से मुक्ति दिलाई। क्रांति और सामाजिक व्यवस्था में परिवर्तन स्वयं होने के बजाय इसके लिए बृहत्तर स्तर पर उद्यम करने की आवश्यकता होती है। लेनिन लगातार पार्टी गतिविधियों को 'ट्रेड यूनियनबाजी' में सीमित न होने देने के प्रति सतर्क रहे।

लेनिनवाद की एक अन्य महत्वपूर्ण विशेषता विभिन्न राष्ट्रीयताओं के स्व-निर्णय के अधिकार का समर्थन करना है। जारशाही के तहत रूसी साम्राज्य के भीतर पनपे 'बृहत्तर रूस' के समर्थक 'अंध-राष्ट्रवाद' विचार के विरोध का श्रेय लेनिन को जाता है। इसी स्वतंत्रता का परिणाम था कि क्रांति के बाद सोवियत संघ महान राष्ट्रीय एकता को अर्जित कर पाया।

लेनिनवाद के सैद्धांतिक-दार्शनिक विवेचन में सबसे महत्वपूर्ण योगदान जॉर्ज लुकाच का है। 'हिस्ट्री एंड क्लास कांसिसनेस (1923) में उन्होंने मार्क्सवादी सिद्धांत के विकास में लेनिन के मौलिक योगदान की चर्चा की है। बाद में हो ची मिन्ह से लेकर फिदेल कास्त्रो आदि तक ने लेनिनवाद की प्रासंगिकता को स्वीकार किया है। हालांकि लेनिनवाद की आलोचना 1924-1925 से ही शुरू हो गई थी, जब तथाकथित रूप से स्तालिन ने लेनिन के विचारों का 'एक देश में समाजवाद' की अपनी अवधारणा के पक्ष में प्रयोग किया था।

इस बात से इंकार नहीं किया जा सकता कि लेनिनवाद ने क्रांति के दर्शन और व्यवहार की रणनीति के तौर पर मार्क्सवाद को विकसित किया। लेनिन के मार्क्सवाद में इस योगदान के कारण ही आज मार्क्सवाद के बजाय अधिकतर कम्युनिस्ट पार्टियां मार्क्सवाद-लेनिनवाद का साथ-साथ प्रयोग करती हैं। लेनिनवाद के कारण ही साम्राज्यवाद को समझने और द्वितीय विश्वयुद्ध के हालात को समझने में मदद मिली है। यही नहीं, विश्व की अधिकतर कम्युनिस्ट पार्टियों ने अपने को लेनिनवाद के अनुसार ही संगठित और विकसित किया है।

जितेंद्र गुप्ता

अधिक जानकारी के लिए :
1. आज की दुनिया और लेनिन : रामविलास शर्मा, **2. Selected Writings :** V Y Lenin, **3. Lenin and Philosophy and Other Essays :** Louis Althusser, 1968

लेविस हेनरी मॉर्गन
(1818-1881)

अमेरिकी वैज्ञानिक, पुरातत्वविद और नृवैज्ञानिक लेविस हेनरी मॉर्गन ने अमेरिका के रेड इंडियनों के जीवन संबंधी तथ्य इकट्ठे किए थे। उन्होंने आदिम समाज के इतिहास से संबंधित विशाल सामग्री इकट्ठी करके निष्कर्ष निकाला था, 'अमेरिकी सभ्यता के प्रभाव के कारण रेड इंडियन कबीलों का नृजातीय जीवन खत्म हो रहा है। उनकी कलाएं और भाषाएं गायब हो रही हैं और उनकी संस्थाएं विघटित हो रही हैं। कुछ सालों बाद उन तथ्यों की खोज ही असंभव हो जाएगी, जिन्हें आज आसानी से जमा किया जा सकता है।' (प्राचीन समाज, 1877)।

लेविस हेनरी मॉर्गन

फ्रेडरिक एंगेल्स 'परिवार, निजी संपत्ति और राज्य' पर लिखते हुए मॉर्गन की खोजों से काफी प्रभावित थे। हालांकि उन्होंने तथा बाद के नृवैज्ञानिकों ने यह माना है कि आदिम समाज के नए अध्ययनों से कुछ नई विशेषताएं सामने आई हैं। मॉर्गन की यह स्थापना महत्वपूर्ण थी कि परिवार ऐतिहासिक प्रक्रिया है जिसकी अवधारणा में सामाजिक विकास के साथ परिवर्तन होता रहता है। 'प्राचीन समाज' में मॉर्गन कहते हैं, 'सभ्यता के आरंभ से ही संपत्ति ने इस कदर हाथ-पांव फैला लिए हैं। उसके रूपों में इतनी विविधता आई है, उसके उपयोग इतने बढ़े हैं और मालिकों के हित में उसके प्रबंध में इतनी बुद्धिमत्ता पैदा हुई है कि वह जनता के वश के बाहर की शक्ति हो चुकी है। मानव मन अपनी ही रचना (संपत्ति) के सामने हत्प्रभ खड़ा है। प्रगति को अगर अतीत की तरह भविष्य का भी नियम बनाना है तो मात्र संपत्ति बटोरना, मानव जाति का ध्येय नहीं हो सकता। शासन में लोकतंत्र, समाज में भाईचारा, अधिकारों और सुविधाओं की समानता और सार्वभौम शिक्षा, समाज के उस अगले, उच्चतर चरण के संकेत देते हैं, जिसकी ओर बुद्धि, अनुभव और ज्ञान लगातार बढ़ रहे हैं।' (वही)। मॉर्गन विविधता को स्वीकार करते हुए भी उस जमाने की पश्चिमी सार्वभौमतावादी दृष्टि से मुक्त नहीं थे।

शंभुनाथ

अधिक जानकारी के लिए :

1. **प्राचीन समाज :** लेविस हेनरी मॉर्गन, (अनुवाद) नरेश 'नदीम'

लेसेज फेयर

फ्रांसीसी मुहावरे 'लेसेज फेयर' (Laissez Faire) का अर्थ है—स्वतंत्र रूप से घटने दो। यह सिद्धांत तब सामने आया, जब अठारहवीं सदी में व्यापार में सरकारी हस्तक्षेप बढ़ गया था। उन्नीसवीं सदी के मध्य में मुक्त बाजार के अर्थ में इसका प्रयोग होने लगा। ऐसे उदारवादी जो मुक्त बाजार, मुक्त ढंग के व्यापारिक समझौतों और कीमत निर्धारण के समर्थक थे, लेसेज फेयर के प्रवक्ता बनकर उभरे। उन्होंने व्यापारिक मामलों में सरकारी हस्तक्षेप का विरोध किया। इस संदर्भ में अर्थशास्त्र के ऑस्ट्रिया और शिकागो स्कूल को आर्थिक उदारवाद और लेसेज फेयर-उन्मुख पूंजीवाद की बुनियाद रखने वालों में माना जाता है। इस सिद्धांत के अनुसार, सभी तरह के उत्पादन निजी हाथों में होते हैं। मुक्त बाजार में वस्तुओं और सेवाओं का खुले रूप में लेन-देन होता है और किसी बाहरी हस्तक्षेप की संभावना नहीं रहती। ऐसे अर्थवेत्ता धन के असमान वितरण को नैतिक समस्या के रूप में नहीं देखते। वे लोक कल्याण के उद्देश्य से संपत्ति के पुनर्वितरण का वस्तुतः विरोध करते थे। वे मानते थे कि सरकार को कम-से-कम पैसा कर के रूप में देना बेकार की चीजों में उसकी फिजूलखर्ची को ज्यादा-से-ज्यादा रोकना है। वे सामाजिक सुरक्षा को निजी क्षेत्र का विषय मानते थे।

वर्तमान औद्योगिक विकास के दौर में लेसेज फेयर की स्थिति नहीं है, क्योंकि सरकारी हस्तक्षेपों में न्यूनतम मजदूरी, लोक कल्याण के कार्यक्रम, जनहित और राष्ट्रीय मुद्दों की प्रधानता है। बाजार की स्पर्धाओं को भी सरकारी नियंत्रण झेलना पड़ता है। वैश्वीकरण के दौर में नव-उदारीकरण को एक अर्थ में 'नियंत्रित लेसेज फेयर' कहा जा सकता है। हांगकांग, सिंगापुर, ऑस्ट्रेलिया, अमेरिका, न्यूजीलैंड, इंग्लैंड आदि को व्यापार में सबसे कम सरकारी नियंत्रण वाले देशों में गिना जाता रहा है। इसे सकारात्मक अ-हस्तक्षेप कहा जाता है।

मधु सिंह

लैंगिक असंतुलन

2011 के जन सर्वेक्षण के अनुसार आजादी के बाद भारत में लैंगिक अनुपात (Male-Female Ratio) लगातार घटता गया। अब

1000 लड़कों पर सिर्फ 914 लड़कियां हैं। 2001 के जनसर्वेक्षण में 1000 लड़कों पर लड़कियों का लैंगिक अनुपात 921 और 1991 में 934 था। यही घटना एशिया के अन्य देशों की है। संयुक्त राष्ट्र के सर्वेक्षण के अनुसार, बेटे को प्राथमिकता देने की वजह से एशिया के परिवारों में 11 करोड़ 70 लाख लड़कियां गुम कर दी गईं, जबकि जनसंख्या बढ़ी। भारत में प्रति वर्ष 6 लाख कन्याएं जन्म नहीं ले पातीं। यह आंकड़ा समाज में स्त्री की दशा और स्त्री के प्रति नजरिए का बयान करने के लिए काफी है। पारिवारिक रूप से बेटा पैदा करने को प्राथमिकता लंबे समय से दी जाती रही है। चिकित्सकीय विकास की वजह से भ्रूण के लिंग की जानकारी हो जाने पर खासकर बड़े शहरों और शिक्षित परिवारों में लड़की पैदा करने की अनिच्छा बढ़ी है। इस लैंगिक असंतुलन पर जगह-जगह चिंता व्यक्त की जा रही है। युद्ध स्तर पर चेताया जा रहा है कि यदि स्त्री इसी तरह कम होती गई तो समाज का चेहरा क्या होगा।

इस मुद्दे पर बार-बार एक सवाल शूल की तरह उठता है—मां अपनी बेटी के भ्रूण की हत्या के लिए क्यों तैयार हो जाती है? क्या वह औरत के जन्म से घृणा करती है? या औरत को जन्म देकर उसे अपनी पारिवारिक स्थिति में गिरावट के आसार नजर आने लगते हैं यह भी सोचा जा सकता है कि वह अपने जीवन का अपमान झेलते-झेलते इस मुकाम पर पहुंच गई है कि लड़की के जन्म की संभावना पर हिल उठे।

आधुनिक युग में स्त्री अपनी बौद्धिक श्रेष्ठता सिद्ध करती रहे, कहती रहे कि अब वह दायरों में सिमटकर रहने वाली नहीं—वह मनुष्य संख्या के आधे हिस्से पुरुष की बराबरी पर है। पर क्या आस-पास फैले संस्कार और सामाजिक सम्मानगत नियमों के ताने-बाने मां को अपने जाल में उलझा नहीं देते? पुरुषों का डर उसे इस कदर सताता है कि वह खुद को बेटी की मां पाकर अपराधिनी मानने लगती है। बेटी के पिता की हालत भी अच्छी नहीं। यदि मां पुरुष से डरती है, उसका लोहा मानती है तो बेटी का पिता उस समाज से डरता है, जिसमें पुरुष ही उसे बेटी की कमाई खाने वाला पापी कहने लगता है, यदि बेटी पिता के घर पर हो। बेटी की युवावस्था पिता की पगड़ी और परिवारजनों की नाक होती है। अब पिता गली-गली, द्वार-द्वार भटकता है—एक मादा मानव का पहाड़-सा बोझ अपने सिर पर लादे हुए। मजे की बात है कि कल का यही 'दीनातिदीन' जब अपने विवाह योग्य लड़के के बाप के रूप में खड़ा होता है तो वह किसी कन्या के पिता के सामने शेर की भूमिका में आ जाता है।

यह पुराना जमाना नहीं जिसमें अनपढ़, अशिक्षित, अप्रशिक्षित दाइयों द्वारा नमक, अफीम, पुराना गुड़, पपीते के बीज देकर भ्रूण और शिशु का खात्मा किया जा सकता था और साक्षात मृत्युस्वरूपा सिद्ध दाइयां इस काम को बड़े कौशल से संपन्न कर डालती थीं, फिर भी वे मामला खोल न दें, इसका डर रहता था। आज ऐसे डर-भय समूल नष्ट हो चुके हैं, आधुनिक तकनीकी विद्या, जो विकास की धुरी मानी जाती है, स्त्री प्रजाति के संहार में अचूक है।

मैत्रेयी पुष्पा

लैंगिक न्याय

लैंगिक भेदभाव अर्थात स्त्री और पुरुष के बीच भेदभाव सैकड़ों साल की सामाजिक निर्मिति है। महादेवी वर्मा ने 'स्त्री के जीवन में राजनीतिक अधिकारों और आर्थिक स्वतंत्रता का अभाव' महसूस करते हुए पिछली सदी के चौथे दशक में ही कहा था, 'स्त्री को अपने अस्तित्व को पुरुष की छाया बना देना चाहिए, अपने व्यक्तित्व को उसमें समाहित कर देना चाहिए, इस विचार का पहले कब आरंभ हुआ, यह निश्चयपूर्वक कहना कठिन है, परंतु इसमें संदेह नहीं कि यह किसी आपत्तिमूलक विषवृक्ष का ही विषमय फल रहा होगा।' (शृंखला की कड़ियां)। हिंदी क्षेत्र में उन्होंने ही स्त्री के लिए न्याय की आवाज सबल ढंग से उठाई, वे 'एक्टिविस्ट' थीं।

कोई स्त्री जन्म से औरत के गुण लेकर जन्म नहीं लेती। उसका स्त्री के रूप में विशेष तौर पर निर्माण होता है जिसमें परिवार, शिक्षा, सामाजिक परिवेश, राजनीति और आर्थिक उपादानों की केंद्रीय भूमिका होती है। लैंगिक न्याय का संबंध स्त्री की पहचान बदलने, उसे पुरुष के बराबर समझने और उसके सशक्तिीकरण से है। नवजागरण, राष्ट्रीय स्वाधीनता आंदोलन और नए आर्थिक विकास के विभिन्न दौर में स्त्रियों की भूमिका महत्वपूर्ण होते हुए भी कुछ शहरों तक सीमित थी। स्त्रियां आज भी बड़े पैमाने पर अपने घरों में कैद हैं। वे मां, चाची, पत्नी, बेटी, भतीजी, दादी, बहन, भाभी के पारिवारिक रिश्तों के बाहर अस्तित्वहीन होती हैं। दूसरी तरफ, घर-बाहर दोनों जगहों पर 'वस्तु' समझी जाकर यौन उत्पीड़न, हिंसा और भेदभाव का शिकार हैं। यही वजह है कि लैंगिक न्याय (Gender Justice) के संदर्भ में स्त्रियों की सामाजिक, राजनीतिक और आर्थिक समानता का अधिकार अर्जन इक्कीसवीं सदी में विकास के एक प्रमुख लक्ष्य के रूप में देखा जा रहा है।

लैंगिक न्याय का अर्थ है—स्त्रियों और पुरुषों के बीच सभी किस्म की असमानताओं की समाप्ति, चाहे वे परिवार में हों या सामाजिक परिवेश, बाजार और राज्य में। इसके लिए जरूरी है कि आर्थिक नीति निर्धारण से लेकर न्याय व्यवस्था तक शासन की सभी संस्थाएं लैंगिक न्याय के लिए जिम्मेदार घोषित की जाएं। लैंगिक न्याय को गरीबी उन्मूलन और सतत विकास की दिशा में ले जाने को कार्यकारी फल देनेवाला माना जा रहा है। इसलिए इधर जो बजट आ रहे हैं, उनमें लैंगिक न्याय के नजरिए की स्वीकृति लक्षित की जा सकती है। सत्ता में स्त्रियों की भागीदारी बढ़ा दी गई है, हालांकि सांसद होने के संदर्भ में यह मामला डेढ़ दशक से अटका है। यौन उत्पीड़न की शर्मनाक घटनाओं तथा स्त्री संगठनों की व्यापक गतिविधियों के दबाव से सरकार नए कानून बनाने, न्याय प्रक्रिया में सुधार लाने और हर जगह 'वीमेन सेल' के गठन के लिए बाध्य हुई है। पिछले तीन दशकों में स्त्रियों के पक्ष में कई कानून बने हैं, फिर भी गृह मंत्रालय के रिकॉर्ड ब्यूरो की रपटों के अनुसार, 'भारत में औसतन हर 44 मिनट में अपहरण और 47 मिनट में बलात्कार होता है। सही संख्या इससे काफी ज्यादा है, क्योंकि घटनाएं दबा दी जाती है, बड़े शहरों में स्त्रियों के प्रति ज्यादा अपराध होते हैं। छेड़छाड़, बलात्कार और यौन हिंसा जैसी घटनाओं को बाजारवादी संस्कृति ने बढ़ावा दिया है, इसने मर्दवादी मानसिकता में इजाफा किया है।

स्त्री के संबंध में संरक्षणात्मक सुधारवादी दृष्टिकोण के निर्माण में स्कूलों की एक बड़ी भूमिका है। कभी स्कूली जीवन में ही विभिन्न तरीकों से बता दिया जाता था कि स्त्रियों के काम पुरुषों से अलग हैं; उन्हें सिलाई-कढ़ाई, भोजन पकाने, गृहविज्ञान से संबंधित शिक्षा दी जाती थी। इस दिशा में लैंगिक न्याय के लिए कदम उठाते हुए लड़कियों की शिक्षा में उनकी संपूर्ण मानवीय सामर्थ्य को विकसित करने के आयाम शामिल किए गए हैं। इसके अलावा स्त्री अध्ययन केंद्रों में बड़े पैमाने पर वृद्धि हुई है और नए बौद्धिक विमर्श उभरे हैं। ऐसे बौद्धिक विमर्श कला, कथा साहित्य और परिचर्चाओं के जरिए न सिर्फ आत्मविश्वास जगाते हैं, बल्कि मर्दवादी मानसिकता पर प्रहार भी करते हैं। इन्हें उन्नीसवीं सदी के विचारों और राष्ट्रीय आंदोलनों में सक्रियता के विकास के रूप में देखना उचित होगा, भले ही ये पहले की तरह न धार्मिक सुधारवाद के ढांचे में हों और न राजनीतिक आंदोलन के ढांचे में।

स्त्रियों की अब तक एक बड़ी कमी थी, अपनी कमजोरियों के संबंध में मर्दवादी व्याख्याओं से संतुष्ट रहना और अपनी इच्छाओं और क्षमताओं से अनजान रहना। कलाओं, साहित्य और सभा-सेमिनारों के जरिए अब स्त्रियां अपनी इच्छाओं का इजहार करने लगी हैं। वे विभिन्न रोजगारों तथा तकनीकी-सामाजिक-राजनीतिक भूमिकाओं में अपनी क्षमताओं का अच्छी तरह प्रदर्शन भी कर रही हैं। यह जरूर है कि स्त्री चेतना का सवाल सेक्स के संदर्भ में ज्यादा सामने आया है, क्योंकि फिलहाल पुरुष-स्त्री संबंध में असमानता का यही मुख्य बिंदु

है। नाओमी वुल्फ ने लिखा है, 'स्त्रीवाद का अगला चरण सेक्सुअल 'हां' और 'ना' कहने के बारे में होना चाहिए।' स्त्रियों का अपनी देह पर अपना अधिकार हो, यह स्त्रीवाद की एक मुख्य आवाज है।

लैंगिक न्याय के लिए दुनिया भर में लंबे समय से संघर्ष चला है, स्त्री संगठन बने हैं और नए विचार सामने आए हैं। भारत में जब स्त्रियां पितृसत्ता से टकराना शुरू करती हैं और सावित्रीबाई फुले तथा पंडिता रमाबाई स्त्री शिक्षा के लिए आंदोलन करती हैं, लगभग उसी दौर में जॉन स्टुअर्ट मिल की 1879 में 'स्त्रियों की पराधीनता' पुस्तक आती है जिसमें वे स्त्रियों को आर्थिक तौर पर आत्मनिर्भर बनाने और उनकी स्वतंत्रता का मुद्दा उठाते हैं। वे लिंग भेद-आधारित श्रम मूल्य की चर्चा करते हैं। इससे पहले 1857 में बारबरा बोडीकोन अपनी पुस्तक 'वूमेन एंड वर्क' में शादी की अनिवार्यता पर सवालिया निशान लगाते हुए स्त्रियों के रोजगार और इस उद्देश्य से उनके प्रशिक्षण का मुद्दा उठा चुकी थीं। ऐसे विचार उस दौर में आए थे, जब स्त्रियों के घरेलू श्रम को उत्पादक श्रम नहीं माना जाता था और 'फर्क' पर आधारित स्त्रियों की पूर्वनिर्धारित जीवन शैली की वकालत की जाती थी। ऐसा नहीं है कि इस तरह का विभाजन और भेदभावपूर्ण दृष्टि वर्तमान समाज में भी बड़े पैमाने पर नहीं है। मर्द स्त्री के घरेलू श्रम को आज भी उसका नैतिक दायित्व समझता है। इसकी वजह से न स्त्रियों की इच्छाओं को महत्व दिया जाता है और न उनकी देह को सम्मान। परिवार में लैंगिक न्याय या स्त्री-देह के साथ अच्छा व्यवहार तब तक संभव नहीं है, जब तक उसमें आर्थिक आत्मनिर्भरता न आए और वह पुरुष की तरह सामाजिक प्रतिष्ठा अर्जन करने के उद्देश्य से खुद अपने सामाजिक जीवन के लिए प्रयत्नशील न हो।

सती प्रथा उन्मूलन के लिए भारतीय संघर्ष (1829) से लैंगिक न्याय की लड़ाई शुरू होती है। इसके बाद हिंदू विधवा पुनर्विवाह (1856) अधिनियम बनता है। 1929 में बाल विवाह को शारदा एक्ट के जरिए गैर-कानूनी ठहराया गया और लड़कियों के विवाह की आयु 15 से बढ़ाकर 18 साल कर दी गई। हिंदू स्त्रियों के संपत्ति पर अधिकार अधिनियम (1936) के बाद 1956 में 'हिंदू उत्तराधिकार नियम' के अनुसार संपत्ति पर हिंदू स्त्री के सीमित अधिकार को समाप्त कर पूर्ण अधिकार दिया गया। हिंदू विवाह विच्छेद अधिनियम, 1955 में संशोधन कर 1976 में लड़कियों को यह अधिकार दिया गया कि वह बचपन में की गई अपनी शादी रद्द कर सकती है तथा पुरुष की तरह स्त्रियां भी तलाक दे सकती हैं। हिंदू पत्नी को अपने पति से भरण-पोषण का हकदार माना गया। विधवा पुत्रवधू अपने श्वसुर से भरण-पोषण की हकदार होगी। दहेज प्रतिबंध अधिनियम (1961, संशोधन 1984 और 1986) बना, दहेज को दंडनीय अपराध माना गया। 1961 में स्त्रियों को मातृत्व लाभ और 1876 में समान कार्य के लिए समान वेतन अधिनियम बना। मुस्लिम विवाह अधिनियम 1986 के तहत तलाकशुदा मुस्लिम महिला को इद्दत की अवधि तक गुजारा भत्ता पाने का हक दिया गया। घरेलू हिंसा की रोकथाम के लिए 2005 में कानून बना और 49ए धारा के द्वारा स्त्रियों को विशेष सुरक्षा दी गई। बलात्कार और यौन हिंसा के मामले में 2013 से शीघ्र न्याय की व्यवस्था है। भेदभाव, असमानता और हिंसा से स्त्रियों की सुरक्षा लैंगिक न्याय का एक महत्वपूर्ण अंग है, पर देखा जा सकता है कि वर्तमान सभ्यता में इसकी प्रगति कितनी धीमी है। स्त्री बाहर स्वतंत्रतापूर्वक कामकाज करे और अपने नए गुणों से सामाजिक प्रतिष्ठा अर्जित करे, इसके लिए गरीब स्त्रियों को उनके घर का काम कम पैसे में करना पड़ता है। कई बार स्त्रियां आर्थिक आत्मनिर्भरता की जगह खुद ही कुछ भौतिक सुखों के साथ घरेलू स्त्री बनकर रहना पसंद करती हैं। वे घर पर टीवी देखकर और 'मार्केटिंग' करके ही संतुष्ट हो जाती हैं। वे अपनी सामाजिकता को ऐसी धार्मिक गतिविधियों तक सीमित करके संतुष्ट रहती हैं, जो उनकी अपनी क्षमताओं का दमन करती हैं। अधिकांश पुरुष ऐसी ही स्त्रियां चाहते हैं, जो सामाजिक भूमिका से ज्यादा न जुड़ें। कुछ धर्मों, समुदायों और दलित-पिछड़े क्षेत्रों

में लाखों स्त्रियां परंपरागत जीवन शैली से बंधी रह जाती हैं। इसका अर्थ है, लैंगिक न्याय की पहुंच में अभी भी काफी विस्तार लाने की जरूरत है। कूपमंडूकता के कई गढ़ ढाहने हैं। यह सिर्फ कुछ कानून बना लेने का मामला नहीं है, बल्कि पूर्वग्रहों पर आधारित लैंगिक अन्याय के व्यापक क्षेत्रों की पहचान करते हुए लैंगिक जागरूकता लानी होगी।

शंभुनाथ

अधिक जानकारी के लिए :

1. Women in Modern ndia : Geraldine Forbes, 1998, **2. The Oxford Encyclopedia of Women in World History, 3. Women's Studies Encyclopedia, 4. Debating Women's Equality :** Ute Gerhard, 2001

लोक

लोक शब्द का प्रयोग कई अर्थों में हुआ है। संस्कृत के 'लोक' शब्द का एक अर्थ है–'देखने वाला'। वह समस्त जनसमुदाय जो इस कार्य को करता है, वह 'लोक' है। इससे ऐसे शब्द बने–आलोक, अवलोकन, अलौकिक, लोकोत्तर, लोकायत (जो प्रत्यक्ष को प्रमाण माने)। लोक का विस्तृत अर्थ है–लोक में रहने वाले मनुष्य, अन्य प्राणी और स्थावर संसार के पदार्थ। ये सब प्रत्यक्ष अनुभव का विषय है। इसके अलावा, लाक्षणिक रूप में भूलोक (पृथ्वीलोक), भुवर्लोक (अंतरिक्ष) और स्वर्लोक (द्युलोक) कहा जाता है। इन्हें समग्र रूप से त्रिलोक कहा गया है।

ऋग्वेद में ब्रह्मांड की नराकार रूप में जो अवधारणा है, इसके तहत विराट पुरुष के पैर हैं भूलोक, उसकी नाभि है अंतरिक्ष (भुवर्लोक) और उसका सिर है स्वर्लोक। इन तीन लोकों के बारे में कहा गया है कि पृथ्वीलोक में क्रियाशक्ति, भुवर्लोक में इच्छाशक्ति और स्वर्लोक में ज्ञानशक्ति है। उपनिषदों में भी 'लोक' शब्द आया है। जैमिनीय उपनिषद में कहा गया है कि यह लोक अनेक प्रकार से फैला हुआ है, प्रत्येक वस्तु में यह व्याप्त है (3.12)। प्रयत्न करके भी उसे नहीं देखा जा सकता है। पाणिनि ने व्याकरण की अपनी प्रसिद्ध रचना 'अष्टाध्यायी' में लोक और 'सर्वलोक' जैसे शब्दों का उल्लेख किया है और इनकी निष्पत्ति बताई है। उन्होंने अनेक शब्दों की निष्पत्ति बताते हुए लिखा है कि वेद में इसका रूप अमुक है, पर लोक में इसका स्वरूप भिन्न समझना चाहिए। पाणिनि ने वेद से इतर लोक की सत्ता स्वीकार की है। पतंजलि ने 'महाभाष्य' के आरंभिक अध्याय में कहा है, 'प्रयुक्तो लोकार्थः'। इसका तात्पर्य है–लोक ही शब्द के लिए प्रमाण है। वह मानवीय आचरण का भी एक महत्वपूर्ण पथप्रदर्शक है। वररुचि ने अपने वातिर्कों में 'लोक' शब्द का प्रयोग किया है। उन्होंने अनेक स्थान पर इस बात का उल्लेख किया है कि अमुक शब्द का लोक में अनेक रूप में व्यवहार होता है।

रामविलास शर्मा अपने ग्रंथ 'भारतीय संस्कृति और हिंदी प्रदेश' में ऋग्वेद पर नए ढंग से विस्तृत चर्चा करते हैं। इसमें लोक जीवन के तत्वों को खोजते हुए अंततः यह धारणा व्यक्त करते हैं कि उस युग के जीवन का आधार श्रम संस्कृति है। ऋग्वेद में हाथों के संबंध में सुंदर उक्तियां हैं : 'अयं मे हस्तो भगवान्, अयं मे अधिक भगवत्तर पदः, अयं में विश्व भेषजो, अयं शिवाभिमर्शनः' : यह मेरा हाथ भगवान है, यह अधिकाधिक भाग्यवान है, वह रोग दूर करनेवाला है, जितने भी कल्याणकारी कर्म है, सबको बढ़ाने वाला है। (10.60.12)। वे यह भी कहते हैं, ' वैदिक काल में बहुत तरह के काव्य रचे जाते थे। इनमें किसानों के लोकगीत भी थे। इसका बोध ऋग्वेद के इस मंत्र से होता है : हे ऋषि सोभरि ! युवक, बलवान तथा पवित्रता करने वाले वीरों को लक्ष्य में रखकर अभिनव वाणी से, स्वर से, खेत जोतने वाला किसान जिस प्रकार बैलों के लिए गाने या तराने कहता है, वैसे ही भली भांति काव्य गायन करो। (8.20.19)। किसानों के गीतों से अपने काव्य की तुलना में ऋषि को कोई हिचक नहीं है। वे लोक गीत सुरक्षित नहीं हैं, किंतु ऐसे गीत रचे जाते थे और गाए जाते थे, ऋषि उनसे परिचित थे, इसमें कोई संदेह नहीं रह

जाता।' (वही)। इस तरह ऋग्वेद से प्रमाण देते हुए रामविलास शर्मा ऋषि के मंत्रों के समानांतर लोक काव्य की उस विशिष्ट परंपरा का उल्लेख करते हैं, जो मंत्रों की रचना से पहले रही होगी।

भरतमुनि ने नाट्यशास्त्र के चौदहवें अध्याय में 'नाट्यधर्मी' और 'लोकधर्मी' जैसी प्रवृतियों का उल्लेख किया है। महाभारत में 'लोकयात्रा', 'लोकसंग्रह' जैसे शब्दों का प्रयोग है। भीष्म पर्व में एक कथन है, 'लोक संग्रह की इच्छा रखने वाले ज्ञानी अनासक्त होकर कर्म करें, (27/25)। इस महाकाव्य में वेद से लोक की भिन्नता प्रतिपादित करते हुए एक कथन है, 'वेदाच्य वैदिकाः शब्दा सिद्धा लोकाच्च लौकिकाः।' महाभारत में लोक कथाओं का प्रचुर संग्रह है। भगवदगीता में है, 'अतोऽस्मि लोके वेदे च प्रथितः पुरुषोत्तमः।' इसमें कई स्थानों पर 'लोक' और 'लोकसंग्रह' जैसे शब्द आए हैं। लोक संग्रह शब्द का प्रयोग साधारण जनता के आचरण और व्यवहार के अर्थ में है।

भारतीय वाङ्मय में 'लोक' शब्द के विभिन्न अर्थों में चर्चा से 'लोक' शब्द की प्राचीनता साबित होती है, किंतु 'लोक' के संदर्भ में एकवाक्यता संभव नहीं है। इतना जरूर है कि प्राचीन भारत में 'शास्त्र' के समानांतर, कई बार विरोध में 'लोक' के अस्तित्व का पता चलता है और कुछ विद्वान शास्त्र और लोक को एक ही भारतीय परंपरा की दो भिन्न अभिव्यक्तियां कहते हैं। लोक को कुछ ने सिर्फ प्राचीन अवशेष के रूप में देखा। कुछ पौर्वात्यवादी पश्चिमी विद्वानों ने 'लोक' को असभ्य आचरण या अपने अस्तित्व से अनजान भोले देशी लोगों के अर्थ में लिया।

उड़िया विद्वान कुंजबिहारी दास ने लोक गीतों की परिभाषा के क्रम में 'लोक' को व्याख्यायित करते हुए कहा है कि लोक गीत उन लोगों के जीवन की अनायास प्रवाहपूर्ण अभिव्यक्ति है, जो सुसंस्कृत तथा सुसभ्य प्रभावों से बाहर, कम या अधिक आदिम अवस्था में निवास करते हैं।

विद्वानों का एक तबका 'लोक' को अंग्रेजी शब्द 'फोक' का पर्याय मानता है। रामनरेश त्रिपाठी, देवेंद्र सत्यार्थी, वासुदेव शरण अग्रवाल आदि ने लोक का 'ग्राम्य' अर्थ ही ग्रहण किया है। मोतीचंद ने 'फोक' के लिए जन शब्द का इस्तेमाल किया है। लोक को 'फोक' का पर्याय मानने से इनकार करते हुए विद्यानिवास मिश्र ने कहा है कि लोक 'फोक' नहीं है, भले ही उसके पर्याय के रूप में आलोचना और चर्चाओं में प्रयुक्त हो रहा है। फोक की अवधारणा पश्चिम में इस प्रकार है कि जो पीछे छूट गया है, जो गंवारू है, जो अनपढ़ लोगों की वाचिक परंपरा के रूप में स्वीकृत है, वह फोक है। एक तो लोक मनुष्य समुदाय तक सीमित नहीं है, यह एक व्यापक शब्द है। दूसरे, लोक व्यतीत नहीं है, प्रति क्षण उपस्थित है, वर्तमान है। लोक निर्जीव नहीं, सजीव है। फोक प्रमाण के रूप में स्वीकृत नहीं होता है, जबकि लोक प्रमाण के रूप में भी स्वीकृत है। लोक शास्त्र की तरह ही मान्य है। इसलिए कहा जाता है, 'यथालोके'। फोक की तुलना में लोक की अर्थव्याप्ति कहीं ज्यादा है।

यही कारण है, रामचंद्र शुक्ल मनुष्य को लोकबद्ध प्राणी मानते हुए कहते हैं, 'लोक की पीड़ा बाधा, अन्याय, अत्याचार के बीच दबी हुई आनंद ज्योति भीषण शक्ति में परिणत होकर अपना मार्ग निकालती है और फिर लोकमंगल और लोकरंजन के रूप में अपना प्रकाश करती है।' (चिंतामणि)। इधर लोक पर संचार क्रांति, बाजार अर्थव्यवस्था और फिल्मों का असर है, जो उसकी चेतना पर छा गया है और उसकी पीड़ा मार्ग नहीं निकाल पा रही है।

हजारीप्रसाद द्विवेदी लोक पर उसी तरह जोर देते हैं जिस तरह आचार्य शुक्ल ने दिया। वे कहते है, 'लोक शब्द का अर्थ जनपद या ग्राम्य नहीं है; बल्कि नगरों और गांवों में फैली हुई समूची जनता है, जिसके व्यावहारिक ज्ञान का आधार पोथियां नहीं हैं। ये लोग नगर के परिष्कृत रुचि-संपन्न समझे जानेवाले लोगों की अपेक्षा सरल और अकृत्रिम जीवन के अभ्यस्त होते हैं और परिष्कृत रुचि संपन्न समझे जाने वाले लोगों की समूची विलासिता और सुकुमारता को जिलाए रखने के लिए जो भी वस्तुएं आवश्यक होती हैं, उत्पन्न करते हैं।' द्विवेदी जी का लोक किसान और

शहरी श्रमजीवी है। रामचंद्र शुक्ल और हजारीप्रसाद द्विवेदी ने शास्त्र की जगह लोक को महत्ता दी और लोक का एक व्यापक अर्थ प्रस्तुत किया। आचार्य शुक्ल और द्विवेदी जी के बाद रामविलास शर्मा ने 'लोकजागरण' का विशेष उल्लेख किया और लोक को विद्रोही के रूप में देखा।

लोक और वेद की तरह जब लोक और शिष्ट का विभाजन किया जाता है, यह पूर्वग्रह काम करता है कि लोक शिष्ट नहीं हो सकता और शिष्ट लोक नहीं हो सकता। हिंदी साहित्य के इतिहास का अभिप्राय हो जाता है हिंदी, के शिष्ट माने जाने वालों के साहित्य का इतिहास। एक दृष्टि यह है कि लोक और शिष्ट के भेद की बुनियाद तब पड़ी, जब व्यक्तिगत संपत्ति के आधार पर वर्ग विभाजन होने लगा। हिंदी में आभिजात्यवादी मानसिकता से भिन्न लोक की अवधारणाएं आई हैं, वे महत्वपूर्ण हैं। शिवकुमार मिश्र ने स्पष्ट किया है, 'लोक वह है, जो आभिजात्य के संस्कारों, बोझिल शास्त्रवाद तथा जड़ पांडित्य से दूर है, जो अपनी विशिष्ट ऊर्जा, पारदर्शिता और अकृत्रिमता में समूची परंपरा के भीतर प्राण तत्व के रूप में विद्यमान रहता है। लोक उस जन का पर्याय है जो अज्ञ, निर्मल, जागरूक, अहंकार-शून्य और अपनी धरती के रूप, गंध और रस से सराबोर अपनी धरती की ऊर्जा से ऊर्जावान और इस धरती की चेतना से चेतन और सजीव बना रहता है। लोक की इस ऊर्जा का साक्ष्य हमें लोक संस्कृति के कबीर जैसे उन उद्गाताओं के रचना कर्म में मिलता है, जो लोक के पक्ष से लोक में व्याप्त विरूपताओं से लड़ते हैं और अपनी 'अज्ञता', 'पांडित्यहीनता' और 'असंस्कृति' के बावजूद बड़े-बड़े पंडितों, ज्ञानियों, सुसंस्कृतों और आचार-दंभियों के सारे ज्ञान और अहंकार को प्रेम के ढाई अक्षरों में तौल देते हैं।' (मड़ई, 9) भारतीय पहचान का वास्तविक स्रोत लोक का ज्ञान है।

उपर्युक्त व्याख्याओं को ध्यान में रखते हुए कहा जा सकता है कि भौतिक संपदा और शास्त्र ज्ञान से परिपूर्ण लोगों के प्रभाव से बाहर रहते हुए अपनी परंपरागत स्थिति में जो जीता है और अनुभव की रोशनी में अपना स्वतंत्र ज्ञान रखता है, वह लोक है। वौदिक साहित्य, रामायण और महाभारत में ही नहीं, बौद्ध धाराओं, भक्ति आंदोलनों और नवजागरण की अंतर्धाराओं में भी लोक जीवन की आशाओं और आकांक्षाओं को पढ़ा जा सकता है। इस परिधि में आम किसान, कारीगर, श्रमजीवी, छोटे दुकानदार और छोटे व्यवसायी आते हैं, जो करोड़ों की संख्या में होते हैं। यह प्राचीन अवशेष नहीं, बल्कि अपने अनुभव से परिमार्जित होने वाली एक नित्य सक्रिय सत्ता है। संभव है कि प्राचीन शास्त्रज्ञ पंडितों की तरह आधुनिक व्यक्ति अपनी स्थापित क्षमता के दंभ में लोक को, उनकी समझ को महत्व न देते हों और उसे पिछड़ा मानते हों, पर भाषा, राष्ट्र, लोकतंत्र, आधुनिकता और प्रगतिशीलता के निर्माण में लोक वस्तुतः सबसे बड़ा स्रोत है। लोक का हजारों साल से अपना खोजा सत्य रहा है, इसका सैकड़ों विशिष्टताओं के साथ अपना ज्ञान और आचरण रहा है, इसका अत्याचारी सत्ताओं से लंबा बहुविध संघर्ष रहा है और निश्चय ही उसकी अपनी स्वतंत्र आकांक्षाएं रही हैं।

अजय कुमार पांडेय

अधिक जानकारी के लिए :

1. चिंतामणि-2 : रामचंद्र शुक्ल, **2. हिंदी साहित्य की भूमिका :** हजारी प्रसाद द्विवेदी, **3. भारतीय संस्कृति और हिंदी प्रदेश :** रामविलास शर्मा

लोक कथा

लोक कथाएं किसी लोक मिथक, ऐतिहासिक घटना और काल्पनिक कथावस्तु के रूप में चली आ रही होती हैं। उनकी कथावस्तु को नवीन, रोचक और अद्यतन बनाने के लिहाज से कथावाचक के स्तर पर कुछ संशोधन चलता रहता है। यह भी महत्वपूर्ण है कि लोक कथा का रचनाकार सामान्यतः अनाम-गुमनाम होता है। यह सामूहिक सृजनकर्म की देन है। कब किसने क्या घटाया-बढ़ाया, इसकी पहचान करना मुश्किल होता है।

लोक कथा की प्रस्तुति के दौरान मूल कथा के अतिरिक्त जो अन्य महत्वपूर्ण तत्व हैं, उनमें कथावाचक के हावभाव, संकेत, अभिनय, उच्चारण, काव्यात्मकता और मध्यांतर में कथेतर लघु प्रसंगों का समावेश जरूरी होता है, जो मूल कथा की दृष्टि से अप्रासंगिक नहीं होते। सब कुछ कथावाचन की रोचकता को ध्यान में रखकर किया जाता है। यही नहीं, लोक कथा में कहीं-कहीं गायन-वादन का पुट भी दिया जाता रहा है। कथावाचक बीच-बीच में स्वयं अथवा अपनी 'मंडली' के सहयोग से ऐसा करता है। यहां हम छत्तीसगढ़ी पंडवानी कथा प्रस्तुति का उदाहरण ले सकते हैं, जहाँ कथावाचन में नाट्य-प्रस्तुति की झलक मिलती है।

लोक कथा के संदर्भ में यह भी ध्यातव्य है कि इस विधा से अनुभवी कथाकार जुड़े होते हैं। कभी-कभी ये एक समुदाय अथवा श्रेणी के रूप में समाज में अलग से दिखाई देते हैं, जो वंशानुगत भी हो सकते हैं या कहें कि कथा की दीर्घ वाचिक परंपरा की काल यात्रा में ये कथावाचक 'विकसित-निर्मित' होते चले जाते हैं। यह भी है कि इनका पढ़ा-लिखा होना जरूरी नहीं होता।

इनमें से कई को हम सामाजिक घटकों के रूप में चिह्नित कर सकते हैं यथा ढाढ़ी, भाट, राव, चारण, जोगी आदि।

लोक कथा की प्रस्तुति में 'हुंकारा' महत्वपूर्ण है। जब तक श्रोतागण में से कोई बीच-बीच में कथावाचन के दौरान लघु टिप्पणियां नहीं करे, तब तक कथा में रोचकता नहीं आती, जैसे 'हां रे', 'सही कही भाई', 'फिर आगे क्या हुआ', 'वाह भई, मजा आ गया', 'ये तो बहुत बुरा हुआ' आदि।

लोक कथाओं का जो लिपिबद्ध कोश हमें मिलता है, वह जातक कथाओं, जैन आगम ग्रंथों, कथा सरित्सागर, पंचतंत्र, हितोपदेश के रूप में है। यहां यह उल्लेख किया जाना समीचीन होगा कि लोक कथा के मौखिक स्वरूप को लिपिबद्ध करते ही उसका लचीलापन समाप्त हो जाता है, किंतु अभिलेखीकरण के उद्देश्य से यह अनिवार्य भी है, अन्यथा समय के साथ इस धरोहर के विलुप्तीकरण का संकट पैदा हो जाता है। प्रिंट के साथ सूचना क्रांति के इस दौर में डिजिटल तकनीक का वर्चस्व जिस तरह सर्वत्र दिखाई देता जा रहा है, उस हिसाब से लोक कथाओं का संकलन बहुत मूल्यवान हो जाता है। इस तरह का काम बड़े पैमाने पर विजयदान देथा और देवेंद्र सत्यार्थी ने किया था, बल्कि विजयदान देथा ने लोक कथाओं का आधुनिक पुनःसृजन भी किया।

लोक कथा केवल मनोरंजन के लिए नहीं है, बल्कि इससे जीवन से परिचित होने का अवसर भी मिलता है। विभिन्न स्थानों की लोक कथाओं से जीवन धाराओं की संरचना, नैतिक मूल्यों, मनोविज्ञान, सामाजिक व्यवहार, संबंधों, स्मृतियों, स्वप्नों–कुल मिलाकर किसी समुदाय का जो सामाजिक तानाबाना है, उसके दर्शन होते हैं। लोक कथाओं के अवदान को रेखांकित किया गया है। कथा-गायन अथवा बातपोशी या किस्सागोई के रूप में लोक कथाओं की प्रस्तुति को विषयवस्तु के साथ हुनर के रूप में भी देखा जाता है।

हरिराम मीणा

लोक कलाएं : प्रदर्शन परंपरा

भारत में लोक कलाओं की सुदीर्घ प्रदर्शन परंपरा रही है। यह परंपरा जितनी समृद्ध है, उतनी ही विविधतापूर्ण भी। लिखित और मौखिक साहित्य दोनों से कलाओं की प्रदर्शन परंपरा का जीवंत और गतिशील संबंध रहा है। इसमें लोक जीवन के धार्मिक, सामाजिक और सांस्कृतिक जीवन से तत्व ग्रहण किए जाते रहे हैं।

महाकाव्य : भारत में लोक कलाओं की प्रदर्शन परंपरा के विकास में महाकाव्यों की महत्वपूर्ण भूमिका थी। सुरेश अवस्थी लिखते हैं, 'महाकाव्यों ने न केवल भारतीय प्रदर्शन परंपरा को समृद्ध किया है, वरन् हमारे देश को एक सुनिश्चित प्रदर्शन संस्कृति प्रदान की है।' (भारत में प्रदर्शन परंपरा)। वैदिक युग के बाद

का समय प्रदर्शनधर्मी लोक कलाओं के विकास की दृष्टि से बेहद अनुकूल था। महाकाव्यों की वाचिक परंपरा और अनेक शैलियों में उनके प्रदर्शन ने कई कलाओं के विकास के लिए जमीन तैयार की। कई कला रूपों ने महाकाव्यों से न केवल विषयवस्तु ग्रहण की, बल्कि गायन और कथा वाचन के तत्व भी लिये। मणिपुर का वारिलीबा, असम का ओझा पाली, ओडिशा का पालागान, मध्य प्रदेश का पंडवानी, गुजरात का आख्यान मौखिक परंपरा के ऐसे गाथागीत हैं, जिनमें महाकाव्यों का प्रदर्शन होता है।

मध्य प्रदेश का पंडवानी विविध रूपबंधीय प्रदर्शन कला है। पंडवानी गायक अपने एकतारे का इस्तेमाल रंगमंचीय सामग्री की तरह करते हुए भंगिमाओं, शारीरिक चेष्टाओं और मौखिक भावों से कई क्रिया-व्यापारों का बोध कराता है। इसमें मुख्य गायक और सह-गायक के बीच काव्य-पंक्तियों की नाटकीय साझेदारी होती है। जैसे प्रमुख गायक कहता है, 'सोभा बरनि न जाए' तब रागी गाने को आगे बढ़ाते हुए कहता है, 'रघुनाथ कुंवर की!'

ओझापाली असम का एक नृत्यनाट्य कला रूप है। ओझा प्रमुख गायक होता है और दल के सदस्य पाली कहलाते हैं। गायकों का पूरा दल टेक को दोहराता है और वादक संगीत देता है। ओझापाली महाकाव्य आधारित होते हैं और लोकाख्यानों से जुड़े भी हो सकते हैं। इसमें स्थानीय विविधता के साथ रागों और नृत्यों के प्रयोग के निश्चित नियम होते हैं।

केरल के कथकलि और कर्नाटक के यक्षगान जैसे विकसित रूपों में महाकाव्यों की प्रस्तुति होती है। तमिलनाडु का तेरुकुत्तू एकमात्र ऐसा पारंपरिक नाट्य रूप है, जिसमें महाभारत की पूरी कथा की प्रस्तुति 18 दिनों तक चलती है। यह द्रौपदी पूजा से संबंधित है और विशेषकर द्रौपदी अम्मन (मां) के मंदिरों के सामने प्रस्तुत की जाती है। इस प्रदर्शन में पूरा गांव भाग लेता है। धनाभाव के कारण अब प्रदर्शन कम दिनों का कर दिया गया है। महाभारत युद्ध के आखिरी दिन प्रदर्शन क्षेत्र में दुर्योधन की मिट्टी की बनी एक विशाल प्रतिमा लिटा दी जाती है । भीम उसकी जंघा तोड़ते हैं। फिर नाटक में शामिल दर्शकगण नायकों की तरह उसके टुकड़े-टुकड़े कर डालते हैं। प्रदर्शन में लाल, हरे, गुलाबी और काले रंगों से युक्त मुखसज्जा बहुत आकर्षक लगती है। तेरुकुत्तू नृत्य नाट्य में मुख्य वाद्य एक छोटी शहनाई है, जिसे मुखरी कहते हैं।

महाकाव्यों का अभिनय उत्तर भारत के संगीत रूपकों जैसे स्वांग, ख्याल और नौटंकी में होता रहा है। ये प्रदर्शन-रूप अठारहवीं-उन्नीसवीं शताब्दी में गाथा गीतों की गायन शैली से विकसित हुए। इनका स्वरूप गाथा-संगीतिका (बैले ऑपेरा) का है। उत्तर प्रदेश की नौटंकी या संगीत, हरियाणा और पंजाब के स्वांग, मध्य प्रदेश के नाच और राजस्थान के ख्याल में प्रदर्शन के व्यवहार एक समान हैं। नौटंकी के प्रमुख छंद लावनी, चौबोला और बहरतीब हैं। दो दंडियों से बजते नगाड़े की धुन पर गाया जाता उनका संगीत नाटकीय होता है । 1938 के बाद व्यावसायिकता बढ़ जाने के बाद नौटंकी दूसरे प्रदर्शन रूपों से अधिक लोकप्रिय हो गई। इन सभी प्रदर्शन कलाओं में पुराणों और महाकाव्यों से ली गई प्रेम, वीरता और बलिदान की कथाएं प्रस्तुत की जाती हैं।

मंदिर : दसवीं सदी के बाद जब संस्कृत नाटकों की क्लासिक परंपरा क्षीण हो गई, नाटकों को मंदिरों और सामुदायिक केंद्रों में स्थान मिला। वैसे भी भारत में नाटकों को देवताओं का उपहार माना जाता था, उन्हें मंदिरों में स्थान मिलना स्वाभाविक था। मंदिर नाटक भक्तिपूर्ण गायन और वैष्णव धर्म के विस्तार के उद्देश्य से अस्तित्व में आए। वैष्णव संप्रदाय की दो मुख्य विधियां हैं–कीर्तन और देव कथाओं का श्रवण। इसी कारण भक्त कवियों ने महान काव्यों की रचना की, जो मंदिर नाटकों के आलेख बने। वैष्णवों की महत्वपूर्ण धार्मिक पुस्तक 'पांचरात्र संहिता' में कहा गया है कि विष्णु के भक्तों का उद्देश्य विभिन्न अवतारों की लीला का गायन, नर्तन और अभिनय करना है। इसी से रामलीला और रासलीला प्रदर्शनों को उत्तर भारत में धार्मिक लोकप्रियता मिली।

दक्षिण भारत में संस्कृत नाटक की नृत्यपरक

प्रस्तुति कुटिअट्टम के रूप में दसवीं शताब्दी से शुरू हो गई थी। इसे बड़े-बड़े विष्णु मंदिरों में स्थान मिला। इसके लिए मंदिरों में विशेष रूप से नाट्यगृह बनाए जाते थे, जिन्हें कुटंबलम कहा जाता था। इसी तरह सोलहवीं-सत्रहवीं शताब्दी में कथकलि का विकास हुआ। इसे भी मंदिरों और राजाओं का संरक्षण मिला था।

बारहवीं शताब्दी में जयदेव द्वारा रचित 'गीत गोविंद' को मंदिर नाटकों की प्रदर्शन परंपरा की शुरुआत की दृष्टि से आदर्श ग्रंथ माना गया है। सोलहवीं सदी में विकसित कृष्णाट्टम इससे प्रेरित है। यह कालिकट के जमोरिन राजा मानवेदन की संस्कृत रचना कृष्णगीति का प्रदर्शन रूप है ।

सोलहवीं शताब्दी के आरंभ में असम के शंकरदेव ने संस्कृत नाटक के कुछ संरचनात्मक तत्वों का प्रयोग कर अंकिया नाट नामक एक नए नाट्य रूप की सृष्टि की। इसे प्रदर्शन में भाओना कहा जाता है । माना जाता है कि शंकरदेव ने इसका विकास वैष्णव धर्म के मूल्यों और आदर्शों का प्रचार करने के लिए किया था। अंकिया नाट में असम में प्रचलित लोकनाट्य रूपों ओझापाली, जात्रा और चर्चरी से भी कुछ तत्व लिए गए हैं। इसमें ब्रजबुलि का व्यवहार किया गया है, जो वैष्णवों के बीच लंबे समय से नाटक की भाषा के रूप में लोकप्रिय हो चुकी थी।

रामलीला और रासलीला विष्णु के दो सबसे लोकप्रिय अवतारों राम और कृष्ण के जीवन प्रसंगों को प्रस्तुत करने वाले प्रदर्शन रूप हैं। राम और कृष्ण के जीवन की कुछ मुख्य घटनाओं को इन प्रदर्शन रूपों में इस तरह प्रस्तुत किया जाता रहा है, मानो वे अभी घट रही हों। वाराणसी के निकट रामनगर में पिछले डेढ़ सौ सालों से रामलीला हो रही है। 31 दिनों तक चलने वाली इस लीला के लिए पूरे शहर को ही लीला स्थल के रूप में प्रयुक्त किया जाता है । अब अन्य शहरों में रामलीला के प्रदर्शन कम हो गए हैं।

मंदिर नाटकों की प्रदर्शन परंपरा को धार्मिक कट्टरता या सांप्रदायिक भावना से जोड़ना गलत है। इनका विकास विशुद्ध कलात्मक धरातल पर हुआ है। इस संदर्भ में सुरेश अवस्थी का यह कथन उल्लेखनीय है, 'भारतीय नाटकीय कार्यकलाप का यह (मंदिर नाटक प्रदर्शन) महत्वपूर्ण अंग है। इसे संकीर्ण और कट्टरपंथी मानना भूल होगी। जो कहानियां मंदिर नाटकों में प्रस्तुत होती हैं, उनमें महान लोकपरक और मानवीय मूल्य होते हैं। भारतीय परंपरा में धार्मिक मूल्य एवं सौंदर्यशास्त्रीय गुणों में अलगाव नहीं है । यही बात लोक कलाओं और शिल्प के लिए भी सच है, जिनमें प्रयोग का उद्देश्य, कलात्मक गुण और सौंदर्यपरक मूल्य मिले-जुले होते हैं।' (भारत में प्रदर्शन परंपरा)।

लोक जीवन : मंदिरों के अलावा प्रदर्शन कलाओं का विकास लोक जीवन में हुआ है । संस्कृत के क्लासिक नाटकों के ह्रास के बाद आधुनिक भारतीय भाषाओं में व्यवस्थित नाटकों के अभाव ने कई अर्धनाटकीय कला रूपों को जन्म दिया। यह समय कला के क्षेत्र में विकेंद्रीकरण और लोकतंत्रीकरण का था। सांस्कृतिक क्रियाकलाप राजदरबारों और मंदिरों से बाहर निकलकर लोक जीवन के बीच आ रहा था। आधुनिक भारतीय भाषाओं और स्थानीय संस्कृतियों के उभार ने इस प्रक्रिया को तेज किया। पाठवाचकों, कथागायकों और पुतली प्रदर्शकों का एक पूरा समुदाय तैयार हुआ। इस दौरान कई रचनाएं लिखी गईं, जो नाटक के काफी करीब थीं। इनका प्रयोग प्रदर्शन के लिए होता था। इसी समय महाकाव्यों और पुराण कथाओं को आधार बनाकर कई ऐसे मौखिक आख्यान लोक जीवन में विकसित हुए, जिनमें विषयवस्तु, शैली और रचना बंध के स्तर पर पर्याप्त विविधता है। मणिपुर का वारिलीबा और एकल कथागायन, ओडिशा और केरल के दस्ताना पुतली प्रदर्शन, गोवा का रणमाल्यम गाथागीत, कुमाऊं का राजुला मालूशाही, गुजरात का आख्यान, मध्य प्रदेश का पंडवानी, आंध्र प्रदेश, कर्नाटक और तमिलनाडु की हरिकथा, हिंदी प्रदेशों का मौखिक महाकाव्य आल्हा और राजस्थान की चित्र-वाचन परंपरा जैसे

पाबूजी की पड़ और महाराष्ट्र की चित्रकथा मौखिक आख्यानों की विविधता व्यक्त करते हैं। बंगाल में जात्रा लोकप्रिय है।

लोक प्रदर्शन कलाओं की परंपरा में हर प्रदेश में कुछ ऐसी कथाएं विकसित हुईं, जो साहित्य की मौखिक परंपरा का अंग हैं। बुंदेलखंड का आल्हा, छत्तीसगढ़ की राजा भर्तृहरि की कथा, राजस्थान की ढोला मारू और पंजाब की सोहनी-महिवाल ऐसी ही कथाएं हैं।

हिंदी में हबीब तनवीर, बांग्ला में शंभु मित्र और दक्षिण में ब ब कारंथ और कवालम नारायण पणिक्कर ऐसे रंगनिर्देशक थे, जिन्होंने आधुनिक नाटकों का संबंध लोक परंपराओं से स्थापित कर नए रंगमंच का विकास किया। इसमें पारंपरिक नाट्य कला से प्राप्त गीत, संगीत, नृत्य और काव्य तत्वों का सार्थक उपयोग किया गया।

श्रद्धांजलि सिंह

लोक कलाओं पर संकट

लोक कलाएं जीवन का अभिन्न हिस्सा होती हैं। ये प्रकृति के साथ समरस होकर जीवन जीने का संदेश देती हैं। ये दंभ की अभिव्यक्ति न होकर अपने परिवेश और अनुभूतियों का प्रामाणिक और सृजनात्मक संकलन होती हैं। जीवन की सुंदरता और माधुर्य का संदेश देने वाली लोक कलाएं नए युग में संकट के दौर से गुजर रही हैं, उदाहरण के तौर पर—चिंता व्यक्त की गई है कि संथाल परगना और दक्षिणी छोटा नागपुर की एक चर्चित लोक कला जादोपेटी कुछ सालों में लुप्त हो जानेवाली है। ऐसी न जाने कितनी ही जगहों की कितनी लोक कलाएं हैं, जो मरणासन्न हैं।

लोक कलाओं के संरक्षण और संवर्धन के कई प्रयास हुए हैं, पर इनके अस्तित्व और पहचान का संकट ही अधिक गहराया है। इधर ऐसे कला केंद्र और मंच बने हैं, जिन्होंने गुमनामी में जी रहे कलाकारों को अपेक्षित सम्मान और पहचान दिलाई है। दूसरी तरफ, इन्होंने बचे-खुचे कलाकारों के अहं को भी उकसाया है और वाणिज्यिक वृत्ति को बढ़ावा दिया है।

बिहार में मधुबनी चित्रकला और संथाल परगना की भित्ति चित्रकला—इन दोनों कलाओं को बचाने के लिए कई प्रयास हुए। इन प्रयासों के साथ सांस्कृतिक प्रदूषण की प्रक्रिया भी शुरू हो गई। कहा जा रहा है कि मधुबनी चित्रकला कभी अपनी सहजता और नैसर्गिकता के लिए विख्यात थी, वह अब कृत्रिमता का शिकार होने लगी है। पहले इसमें प्राकृतिक रंगों और बांस की करची और कपड़े का प्रयोग होता था, आधुनिक कलाकार अब इसमें रासायनिक रंगों, कागज, तूलिका आदि का प्रयोग करने लगे हैं। यही हाल संथाल परगना की चित्रकला का है। घर की दीवारों पर की जाने वाली चित्रकारी को कैनवास पर उतारा जाने लगा। हल्दी और गोमूत्र की जगह इसमें रासायनिक रंगों का प्रयोग होने लगा। एक दृष्टिकोण यह भी है कि लोक कलाओं को आत्मसंरक्षण के लिए आधुनिक उपकरणों को अपनाना होगा।

लोक कलाएं प्रतिबद्धता, समर्पण और जन-भागीदारी की मांग करती हैं। इन्हें बचाने के लिए सरकारी योजनाओं और सांस्थानिक प्रयासों से अधिक संबद्ध समाज का इनके प्रति लगाव जरूरी है। हालत यह है कि जिन परिवारों में ये कलाएं पेशे के रूप में स्वीकृत थीं, आधुनिक जीवन और जीविका के नए दबाव ने उन परिवारों की नई पीढ़ियों को इनसे विमुख किया है। कई कलाकार बेहतर जिंदगी की तलाश में शहरों की ओर पलायन कर चुके हैं। दूसरी तरफ, यह सच्चाई सामने आई है कि केवल कलाओं के भरोसे जीवनयापन संभव नहीं है। अतः पेशेवर कलाकार दूसरे व्यवसायों में जाकर अंशकालिक रूप में लोक कलाओं का अभ्यास करते हैं। ऐसे में लोक कलाओं में नए प्रयोग करने या उनके विकास की संभावना कम होती जा रही है।

सामूहिकता लोक कलाओं की जीवनीशक्ति है। आधुनिक दबावों ने व्यक्ति को स्वकेंद्रित और सामुदायिक जीवन को कठिन बनाया है। ऐसे में लोक

कलाएं सिकुड़ती जा रही हैं। वे कभी भी एकांतिक जीवन में रची जाने, अलग से देखने और आनंदित होने के लिए नहीं होतीं, क्योंकि वे लोक जीवन का अभिन्न हिस्सा होती हैं, जहां जीने और रचने की प्रक्रिया साथ-साथ चलती है। रंजन घोष का कथन है, 'कला वह माध्यम है, जो जीवन तथा समाज को अनुभव द्वारा समझने के लिए एक नया दृष्टिकोण उपजाता है। इस तरह देखा जाए तो कला और जीवन में कोई विरोधाभास नहीं है, वे एक-दूसरे से कटे और अलग-अलग दो टापू नहीं हैं।' (समकालीन कला)। आज लोक कलाएं अतीत के सामुदायिक जीवन के स्मृति चिह्न या प्रतीक का रूप अख्तियार कर चुकी हैं। बाजार उन्हें अतीत के स्मृति चिह्नों के रूप में बेचने का काम करता है।

लोक कला और लोकप्रिय कला में फर्क है। लोक कलाएं सामुदायिक जीवन और सामूहिक कल्पना की उपज होती हैं, जबकि लोकप्रिय कलाएं एकांतिक जीवन में प्रायोजित ढंग से विकसित की जाती हैं। इसके बाद उन्हें सामुदायिक जीवन पर इस तरह आरोपित किया जाता है मानो वे उसी की उपज हों। इस तरह, एक व्यक्ति की कल्पना द्वारा सामूहिक कल्पना को विस्थापित कर उसे सामुदायिक जीवन पर आरोपित करने की कोशिशें व्यावसायिक उद्देश्यों से प्रेरित होती हैं। वर्तमान समय में बहुराष्ट्रीय मीडिया कंपनियां दुनिया भर की लोक कलाओं को सांस्कृतिक स्मृति-चिह्नों और मनोरंजन के साधनों के रूप में तरह-तरह से सजा-संवारकर बाजार में ला रही हैं। इस तरह लोक कलाएं, लोक विश्वास सब बिकाऊ माल में तब्दील हो रहे हैं।

बाजार की जरूरत के हिसाब से कलाओं का नवीनीकरण भी होता है। लोक गीतों में आधुनिक वाद्यों के प्रयोग होते हैं। उनकी रीमेकिंग-रीमिक्सिंग के रूप में कला प्रदूषण के साक्ष्य उपलब्ध हैं। इससे लोक कलाओं के संसार में बाजारू प्रतिभाओं की भरमार हुई है और उनके बीच भद्दी प्रतिस्पर्धा का संचार हुआ है, जो कई बार अश्लीलता की हदें पार कर जाती हैं। लोक कलाओं को इस तरह फूहड़ रूप देकर बेचना कलाओं को बचाए रखना नहीं बल्कि उनका लगातार खोते और विकृत होते जाना है। हेनरी जेकिंस ने अपने एक लेख 'डिजिटल रेनेसां : कल्चर गोज ग्लोबल' में भूमंडलीकरण के दौर में कला प्रदूषण के कई उदाहरण प्रस्तुत किए हैं। उन्होंने दिखाया है कि किस तरह ओसानिया ग्रुप ने मावरी आदिवासी संगीत को वर्तमान ब्रिटिश टेक्नो-बीट के साथ जोड़ा है। इसी तरह भारतीय संगीत को केल्टिक संगीत के साथ जोड़कर नया रूप दिया गया है। आपाचे इंडियंस ने रेग्गे, हिप हॉप और भांगड़ा का मिश्रण तैयार किया है। स्पष्टतः उपभोक्ता संस्कृति में लोक कलाएं अपनी पहचान के संकट के दौर से गुजर रही हैं।

सांस्कृतिक विविधता न केवल मानवीय अस्तित्व को बनाए और बचाए रखने के लिए जरूरी है, यह लोक कलाओं के लिए भी संजीवनी शक्ति है। जेरेमी रिफ्किन ने चेतावनी देते हुए कहा है, 'मानवीय अनुभव के हजारों सालों की समृद्ध सांस्कृतिक विविधता से संबंध टूटने का नतीजा उतना ही विध्वंसात्मक होगा, जितना जैविक विविधता के समाप्त होने का।' भूमंडलीकरण के प्रभाव से लोक समाज अछूते नहीं हैं। इनके तीज-त्योहारों, उत्सवों, समारोहों के साथ कलाओं के स्वरूप भी बदल चुके हैं। पहले डांडिया, गरबा जैसे नृत्य लोक उत्सवों का हिस्सा थे, अब इनका आयोजन बड़े बड़े क्लबों-स्टेडियमों में डीजे और सेलिब्रिटी कलाकारों के साथ किया जाता है। यह लोक कलाओं का विकृतीकरण है, हालांकि यह भी कहा जा सकता है कि लोक का स्वरूप बदलने से लोक कलाओं में परिवर्तन आना स्वाभाविक है।

श्रद्धांजलि सिंह

लोक जागरण

लोक जागरण की अवधारणा को प्रस्तुत करने का श्रेय रामविलास शर्मा को है। उन्होंने बहुत पहले ही 'रामचंद्र शुक्ल और हिंदी आलोचना'

में एक ओर भक्ति धारा को योग धारा से अलग करने पर जोर दिया था और दूसरी तरफ भक्ति काल की लोक संस्कृति को रीतिकालीन दरबारी संस्कृति से बिल्कुल भिन्न एक भेदक विशेषता के रूप में रेखांकित किया था। इसके साथ ही भक्ति काव्य के भीतर सगुण और निर्गुण धारा, फिर उनके भीतर ज्ञानाश्रयी-प्रेमाश्रयी और राम भक्ति-कृष्ण भक्ति शाखाओं के भेदोपभेद के बजाय समूची भक्ति काव्यधारा की सामान्य भूमि पर भी उनका जोर पहले से था। उन्होंने कहा था कि समूची भक्ति काव्य धारा प्रेमाश्रयी है, भक्ति यानी मानव प्रेम उसका अंतस है। रामचंद्र शुक्ल की जन्मशती के अवसर पर डॉ राम विलास शर्मा ने शुक्ल जी के साहित्य का जो संचयन 'लोक जागरण और हिंदी साहित्य' (1985) नाम से संपादित किया, उसकी भूमिका में उन्होंने स्पष्ट घोषणा की, 'कबीर, जायसी, सूर और तुलसी का युग लोक जागरण का युग है।' इस प्रकार भक्ति काव्य धारा के भीतर सामान्य भूमि की खोज एक निरुपत्ति तक पहुंची और डॉ शर्मा ने भक्ति युग को एक नया नाम दिया—'लोक जागरण का युग'।

लोक जागरण के सूत्र रामविलास शर्मा ने शुक्ल जी की ही आलोचना से खोज निकाले और फिर उन्हें तर्कसंगत परिणति तक पहुंचाया। शुक्ल जी ने अपने 'इतिहास' में बताया था कि नाथपंथी योगियों ने अर्थशून्य विधि-विधान, तीर्थाटन और पर्वस्नान आदि की निस्सारता दिखाई, 'पर जनता की दृष्टि को आत्मकल्याण और लोककल्याण विधायक सच्चे कर्मों की ओर ले जाने के बदले उसे वे कर्मक्षेत्र से ही हटाने में लग गए थे।' नाथपंथी योगियों के विपरीत भक्त कवियों ने जनता को 'आत्मकल्याण और लोककल्याण' करने वाले कर्मों की ओर प्रवृत्त किया। डॉ. शर्मा ने उससे निष्कर्ष निकाला, 'इसीलिए भक्ति काल को लोक जागरण का काल कहना उचित होगा।' (वही)। कबीर, जायसी, सूर और तुलसी पर शुक्ल जी ने जो कुछ ऐसा लिखा है, जिसमें इस अवधारणा की पुष्टि होती है, उन सबका डॉ. शर्मा ने इस भूमिका में सप्रमाण उल्लेख किया है। जायसी आदि सूफी कवियों के माध्यम से यह लोक जागरण 'पश्चिमी एशिया के कई देशों के लोक जागरण से जुड़ा हुआ है।' (पृ. 11)। यह सूफी मत पश्चिम एशिया के अनेक देशों में लोक जागरण लाया, क्योंकि सूफियों ने वहां इस्लाम की कट्टर रूढ़ियों से संघर्ष किया। हल्लाज मंसूर ने शूली पर चढ़ना कबूल किया, लेकिन 'अनलहक' कहना नहीं छोड़ा। भारत में सूफी संत सरनद ने अपने सिर की कीमत देकर मंसूर की परंपरा को आगे बढ़ाया। जायसी-कुतुबन-मंझन की प्रेम वाणी ने हिंदुओं और मुसलमानों के हृदय आमने-सामने करके उनका अजनबीपन मिटाया और उस तार को झंकृत किया, जो मानव मात्र के हृदय से होकर गुजरता है।

रामविलास शर्मा की इस अवधारणा में लोक जागरण की अन्य धारा भक्ति काव्य तक सीमित नहीं है, वरन् उसका अंतर्प्रवाह एक ओर वीरगाथा काल के विद्यापति और खुसरो के काव्य में और दूसरी ओर रीति काल के रीतिमुक्त श्रृंगार के आलम और घन आनंद जैसे कवियों के काव्य में दिखाई देता है। ये रूढ़िमुक्त कवि 'रीतिवादियों से दूर हैं, भक्त कवियों से जुड़े हुए हैं।' (वही)। इस लोक जागरण का प्रसार जैसे वीरगाथा काल से भक्ति काल में होते हुए रीति काल तक है, उसी प्रकार इसके समानांतर 'रीतिवादी काव्य धारा का प्रवाह बना रहता है।' रीति काव्य भी रीति काल तक सीमित नहीं है, उसका सोता वीरगाथा काल और भक्ति काल में भी बहता दिखाई देता है। कविता चाहे वीर रस की हो, चाहे श्रृंगार रस की, यदि उसमें अतिशयोक्तिपूर्ण वर्णन, अलंकरणप्रियता और चमत्कारबाद की रीतिकालीन विशेषताएं मौजूद हैं तो उनका अध्ययन रीति काव्य के ही अंतर्गत करना चाहिए। डॉ शर्मा का विचार है कि वीरगाथा काल से लेकर रीति काल तक के इतिहास में 'रीतिवादी काव्य धारा को सामने रखकर ही लोक जागरण वाली धारा का महत्व समझा जा सकता है।' (वही) भक्ति काल के अनेक कवियों को—जो

सीमित अर्थ में भक्त नहीं थे—शुक्ल जी ने अपने 'इतिहास' में 'अन्य कवि' के खाते में डाल दिया था। नरोत्तमदास, रहीम और सेनापति ऐसे ही कवि थे। रामविलास शर्मा इन्हें लोकजागरण वाली काव्यधारा का अंग मानते हैं।

शुक्ल जी की ही तरह रामविलास शर्मा भी मानते हैं कि विद्यापति भक्त नहीं, शृंगारिक कवि हैं, लेकिन उनका शृंगार रीतिवादी शृंगार से भिन्न स्तर का है, इसीलिए 'सूरदास विद्यापति से जुड़े हुए हैं, बिहारी और देव से नहीं।' (वही)। यहां स्मरणीय है कि नंद दुलारे वाजपेयी ने भी विद्यापति और बिहारी के शृंगार काव्य में समानता के पहलू रेखांकित किए थे। रामविलास जी ने 'रीतिवादी शृंगार काव्य से भिन्न रीति मुक्त शृंगार काव्य की धारणा' को आवश्यक बताया है, जो आलम आदि की रीति मुक्त काव्य धारा तक ही सीमित नहीं है, वरन उसका अंतर्प्रवाह वीरगाथा काल के खुसरो और विद्यापति के शृंगार काव्य से लेकर तुलसीदास की बरवै रामायण, रामचरितमानस और कवितावली के अनेक शृंगारपरक अंशों तक में मौजूद है। इस तरह 'विद्यापति से लेकर घन आनंद तक काव्य की एक ही प्रशस्त धारा दिखाई देती है। लोक जागरण कोई एकरस या इकरंगी धारा नहीं है, इसमें विद्यापति, सूर और घन आनंद का रीतिमुक्त शृंगार, सूफी कवियों की प्रेममार्गी साधना, तुलसीदास की भक्ति, कबीर की चुटीली व्यंग्य-वाणी और रहीम के वे 'वचन' हैं, जो तुलसीदास के ही वचनों के समान हिंदी प्रांत के जनसाधारण में लोकप्रिय हैं। सूर-तुलसी और आलम-घन आनंद की कविता में एक बड़ी विशेषता है—तन्मयता, जो रीतिवादी काव्य के चमत्कार कौशल से भिन्न है और तन्मयता ही वह विशेषता है, जो 'घन आनंद को सूर और तुलसी जैसे भक्त कवियों से जोड़ती है।' (वही)।

लोक जागरण की अवधारणा प्रस्तुत करते समय रामविलास जी के सामने हिंदी साहित्य के इतिहास लेखन की वे समस्याएं जरूर रही होंगी, जो अब तक के 'इतिहासों' के ढांचे से पैदा होती हैं। लोक जागरण की अवधारणा उन्नीसवीं सदी के नवजागरण से पहले के हमारे समूचे साहित्य प्रवाह को रीतिवादी धारा और रीतिमुक्त धारा के अंतःसंघर्ष के बतौर देखने का प्रस्ताव करती है और इस प्रकार हिंदी साहित्य के इतिहास लेखन का एक नया दृष्टिकोण प्रस्तुत करती है। रामविलास जी के अनुसार, रीतिवादी धारा के समानांतर यदि लोक जागरण की रीतिमुक्त धारा का अध्ययन किया जाए, तो वह 'हिंदी काव्य की सबसे बड़ी उपलब्धि' प्रमाणित होगी और इतना ही नहीं, भारतेंदु से लेकर निराला तक का नवजागरण काल का साहित्य उसी का अगला विकास मालूम पड़ेगा। उन्हीं के शब्दों में, 'जिस काव्यधारा पर विशेष ध्यान देना है, वह लोकजीवन से संबद्ध, विभिन्न मानव संबंधों को प्रतिबिंबित करने वाली, रीतिमुक्त धारा है। हिंदी काव्य की सबसे बड़ी उपलब्धि वही है; हिंदीभाषी भूभाग में सर्वसाधारण की चेतना का सबसे प्रकाशमान रूप इस काव्य में है। यह काव्य हमारी लोक संस्कृति का अभिन्न अंग है। भारतेंदु हरिश्चंद्र से लेकर सूर्यकांत त्रिपाठी निराला तक का साहित्य उसी लोकजागरण का अगला विकास है।' (वही)।

लोक जागरण सामंतवाद विरोधी आर्थिक-सामाजिक प्रक्रिया के गर्भ से आया था, वह सामंतवाद के गर्भ में पल रही व्यापारिक पूंजीवाद की शक्तियों का सगोतिया था और उसमें आधुनिक युग के तत्वों का पहली बार प्रस्फुटन हुआ था, इसीलिए आधुनिक नवजागरण से उसका संबंध स्वाभाविक है। रामविलास शर्मा की इस व्यापक अवधारणा में लोक जागरण वस्तुतः नवजागरण का ही प्रथम उत्थान है, जिसमें लोक भाषाएं साहित्य का माध्यम बनीं; अपभ्रंश की रूढ़ियां क्रमशः पीछे छूटती गईं, एक नया सांस्कृतिक उत्थान हुआ, जिससे नृत्य, संगीत, स्थापत्य और चित्र-मूर्तिकला के क्षेत्र में एक नई बयार बहने लगी। कहा जाता है, खुसरो ने तबला और सितार का आविष्कार किया। ध्रुवपद की एक उज्ज्वल संगीत परंपरा कायम हुई, जिसके तीन स्तंभ हैं—खुसरो, स्वामी हरिदास और तानसेन। काव्यग्रंथों

की पांडुलिपियां चित्रों से सजाई गईं, जिनमें साहित्य और चित्रकला—दोनों एक-दूसरे के पूरक हो गए। स्थापत्य के इतिहास में अद्वितीय कृति का प्रमाण ताजमहल लोक जागरण युग का अविस्मरणीय स्मारक है। इस प्रकार लोक जागरण ने साहित्य और कला की भूमि पर एकता का वह वातावरण तैयार किया, जिसमें हिंदू और मुसलमान, ब्राह्मण और शूद्र, पुरुष और स्त्री, उत्तर और दक्षिण के भेद विलीन हो गए।

अवधेश प्रधान

अधिक जानकारी के लिए :
1. हिंदी जाति का साहित्य : रामविलास शर्मा, **2. लोक जागरण और हिंदी साहित्य :** रामविलास शर्मा

लोक जीवन में प्रतिरोध

प्रतिरोध की भी अपनी संस्कृति होती है। प्रतिरोध की संस्कृति बोलती भी है और चुप भी रहती है। प्रतिरोध की बोलती संस्कृति के अनेक रूप हैं तो चुप संस्कृति के भी सहस्र रूप हैं। प्रतिरोध के दोनों रूपों की खोज हम जनसामान्य के प्रतिदिन के व्यवहार में कर सकते हैं। हमारे समाज में अनेक लोकोक्तियां, मुहावरे एवं लोककथाएं इसी प्रतिरोध के मनोविज्ञान की उपज हैं। इसी प्रकार प्रतीक भी प्रतिरोध का माध्यम बनते हैं।

प्रतीक एवं प्रतिरोध : प्रतीकों के बनने के आधार होते हैं। उनमें एक आधार प्रतिरोध है। प्रतीक स्मृतियों से बनते हैं और स्मृतियां सत्ता के विरुद्ध संघर्ष का प्रमुख हथियार हैं। इस प्रकार विश्व के विभिन्न समाजों में प्रतीक में प्रतिरोध एवं प्रतीक द्वारा प्रतिरोध की प्रवृत्ति दिखाई पड़ती है। भारतीय समाज में प्रतीक से प्रतिरोध की अत्यंत प्राचीन परंपरा है। वाल्मीकि रामायण में शंबूक के प्रतीक का सृजन तत्कालीन सामाजिक एवं सांस्कृतिक व्यवस्था में प्रतिरोध का ही सृजन है। शंबूक जान-बूझकर वेद पाठ करता है, जिसकी अनुमति उसे नहीं है।

इटली के प्रसिद्ध विचारक अंतोनियो ग्राम्शी कहते हैं कि सामान्य जनों के प्रचलित विचार अपेक्षाकृत सरल और अल्पसंघटित होते हैं। अक्सर वे परस्पर विरोधी और उलझे हुए भी होते हैं और उनमें लोकवार्ताओं, मिथकों और रोजमर्रा के लोक प्रचलित अनुभवों का पंचमेल होता है, फिर भी उन विचारों का महत्व है, क्योंकि जनांदोलन के लिए वे ही कारगर होते हैं।

प्रतीक से प्रतिरोध का एक नया रूप वर्तमान दलित राजनीति द्वारा विशेषकर दलित आंदोलन में शंबूक के प्रतीक का उपयोग करना है। महाभारत के एकलव्य के चरित्र का उपयोग भी इसी प्रवृत्ति का प्रमाण है। आज लोकवार्ताओं में प्रायः जातिवाद, सामाजिक व्यवस्था की बात करते हुए शंबूक और एकलव्य के प्रतीक का उदाहरण के रूप में उपयोग किया जाता है। वस्तुतः ऐसी वार्ताएं सिर्फ बातें नहीं होतीं, बल्कि संपूर्ण जातिवादी श्रेणी-क्रम में संघटित समाज व्यवस्था की प्रभुसत्ता के विरुद्ध प्रतिरोध होती हैं। प्रतीक के माध्यम से यह प्रतिरोध पिरामिडीय सामाजिक व्यवस्था का विरोध होता है, जिसमें 'समसमाज' को पाने की एक कामना छिपी होती है। सचमुच जितने भी दलित एवं दलित समाज हैं, उनके प्रतिरोध के रचनात्मक पक्ष का बहुलांश प्रतीकों में ही व्यक्त होता है।

नारी समाज में प्रचलित अनेक प्रतीक प्रतिरोध की कामना की अभिव्यक्ति हैं। पुरुष समाज में नारी के मुक्त होने की लड़ाई वस्तुतः बंधनों के विरुद्ध प्रतिरोध की लड़ाई है। इसके प्रमाणस्वरूप प्रस्तुत हैं, आज से 25 सौ वर्ष पूर्व थेरिवादी स्त्रियों द्वारा रचित साहित्य के कुछ उदाहरण—अंततः मुक्त हूं मैं / पूरी गरिमा के साथ मुक्त/संपूर्ण मुक्त मुक्त/तीन क्षुद्र वस्तुओं से—ओखल, मूसल और अपने विकृत ईश्वर से/मुक्त हूं मैं/पुनर्जन्म और मृत्यु से/और वह सब/जो मुझे बांधे रखता था,/दूर फेंक दिया गया है/मुक्त/एक पूर्ण मुक्तवादी ! मैं कितनी मुक्त/कितने आश्चर्यजनक रूप से मुक्त/रसोई के खटराग से/भूख की छटपटाहट से मुक्त/ठनठनाते खाने के बर्तनों से

मुक्त/उस बेईमान आदमी से मुक्त। (सुमंगल माता)।

उपर्युक्त कविताएं थेरिगाथा से ली गई हैं, जो संभवतः संपूर्ण विश्व में महिलाओं द्वारा रचित सबसे पुराना साहित्य है। लगभग 500 वर्षों तक ये गीत मौखिक रूप में ही थे। ये घुमक्कड़ी भिक्षुणियों द्वारा रचे और गाए जाते थे। इन लोकगीतों से नारी के मन में निहित प्रतिरोध के विभिन्न प्रकारों का खुलासा होता है। नारी अपनी मुक्ति चाहती है, मुक्ति पूरी गरिमा के साथ। ओखल, मूसल और विकृत ईश्वर से मुक्ति चाहती है वह! इस प्रकार आज से 2500 वर्ष पूर्व की नारी का प्रतिरोध विषयी और अविषयी का विषयगत रूपांतरण होता है। हर चीज जो उसे बांधे रखती है, उन सबसे स्त्री मुक्ति चाहती है।

नारी समाज में सीता के प्रतीक का उपयोग कई बार पुरुष प्रधान समाज की प्रवृत्तियों के प्रतिरोध में किया जाता है। भोजपुरी समाज में एक लोक गीत प्रचलित है जिसमें औरतें राम को उलाहना देती हैं कि तुम क्या राम हो, क्या भगवान हो, जो किसी गैर के कहने पर सीता जैसी पवित्र नारी को तज दिया! विवाह के अनेक गीतों में जहां राम और सीता के मंगल गीत गाए जाते हैं, वहीं नारियां (लोक गीत के एक रूप में) सीता का पक्ष लेकर राम को एवं सकल पुरुष समाज को उलाहना देती हैं। यह प्रवृत्ति मैथिली लोक समाज में विद्यमान है।

लोकमन अनेक तिलस्मी, जादुई एवं भूत प्रेत की कथाओं में अनेक चरित्रों का सृजन कर बुरे पर अच्छे, क्रूर पर उदात्त लोकशक्तियों की जीत की कामना करता है। इसके माध्यम से जिसके प्रति उसके मन में कुंठा की भावना है, उसके प्रति प्रतिरोध का सृजन करता है। प्रतीकों के माध्यम से प्रतिरोध की प्रक्रिया द्विरूपी होती है। एक ओर वह शक्ति-तंत्र जो शासित करता है, प्रतिरोधी मन क्रूरतम रूप में उसका प्रतीक गढ़ता है। दूसरी ओर, वह जिस पक्ष में खड़ा होता है, उसे गौरवान्वित करते हुए, उसके प्रति सहानुभूति रखते हुए उसे विजयी रूप में उपस्थित करता है। प्रतिरोधी मन जिसका प्रतिरोध करता है, उसका पक्ष या तो गौण कर देता है या उसे वीभत्सतम रूप में दिखाता है। कई बार तो वह उसे मजाक का विषय भी बना देता है। व्यंग्य और मजाक प्रतिरोध के सशक्त फॉर्म हैं। जैसा कि गोडों के नाच में समाज के पुरोहितों, जमींदारों तथा अन्य प्रभुत्वशाली जातियों के लिए अत्यन्त व्यंग्यात्मक काव्य, भाषा एवं प्रतीक का उपयोग किया जाता है। प्रत्यक्ष में एवं अन्य अवसरों पर जहां प्रभुत्वशाली वर्गों के सामने ये लोग आंख तक नहीं उठाते, वहीं इस विशेष अवसर पर वे मजाक-मजाक में उन्हें गाली तक दे देते हैं।

भोजपुरी लोक समाज में शादी-ब्याह के अवसर पर औरतें किसी रात को घर के अंदर आंगन में एक विशेष आयोजन करती हैं, जिसे 'रतजगा' कहा जाता है। इसमें पुरुष का प्रवेश वर्जित है। इसमें नारियां स्वयं पुरुष बनकर पुरुष समाज के अत्याचारों को अत्यंत व्यंग्यात्मक शैली में उपस्थित करती हैं। वस्तुतः नारियों द्वारा पुरुष समाज के प्रति प्रतिरोध का यह सक्षम फॉर्म है, जिसमें वे पुरुष प्रधान समाज को मजाक का विषय बना देती हैं। वे प्रत्यक्ष विरोध मुखरित नहीं कर पातीं, इसलिए वे प्रतिरोध के अप्रत्यक्ष फॉर्म तलाशती रहती हैं। नारी एवं दलित समुदाय में प्रतिरोध के अप्रत्यक्ष रूपों की भरमार है।

मालाबार के निम्न वर्ग के समाज में जादू का दुश्मनों से बदला लेने या उन्हें दंड देने के रूप में उपयोग किया जाता है। इसमें पर्यानस नामक निम्न जाति काफी दक्ष होती है। उच्च जातियां इनसे इसी जादू की शक्ति के कारण डरती भी हैं। मालाबार में उन्नीसवीं शताब्दी में निम्न जातियों के लोगों को उन रास्तों पर गुजरना मना था जिन पर ऊंची जातियों के लोग चलते थे। सामाजिक दबाव की स्थिति में ऐसी निम्न जातियों के मध्य 'ऑडिकल्ट' का प्रारंभ हुआ जिसमें मान्यता थी कि रात में जो उस रास्ते से चलेगा, उस पर 'ऑडिकल्ट' के निम्न जाति के लोग पशु के रूप में आक्रमण कर हानि पहुंचाएंगे। प्रतिरोध की इस देशज पद्धति ने निम्न वर्ग में 'दिन आपका तो रात हमारी' जैसे तथ्य को स्थापित कर प्रतिरोध की अभिव्यक्ति की। इस प्रकार विभिन्न समाजों में

प्रतिरोध के विभिन्न रूप हैं। इनमें कुछ रूप बोलते हैं, कुछ चुप हैं।

लोक मन एवं प्रतिरोध : लोकमन अत्यंत तीव्र प्रतिक्रिया करने वाला मन है। उसकी संवेदनशीलता एक प्रकार की प्रतिक्रिया में परिणत होकर प्रतिरोध का रूप ले लेती है। लोक में प्रतिरोध के विभिन्न स्तर एवं समीकरण हैं। उसके प्रतिरोध के विभिन्न रूप दिखाई पड़ते हैं। एक रूप–है लोक धर्म। सचमुच लोक धर्म का प्राण उसका विद्रोह है, इसलिए दमनकारी व्यवस्था के विरुद्ध विद्रोह के रूप में खड़े होने वाले प्रत्येक जनांदोलन की शक्ति और सीमा को समझने के लिए उसके द्वारा मान्य ऐसे लोक धर्म का अध्ययन आवश्यक है। इस अवधारणा को ओर आगे बढ़ाते हुए नामवर सिंह अपनी पुस्तक 'दूसरी परंपरा की खोज' (1982) में कहते हैं कि लोक धर्म सामान्य जनों के विद्रोह की विचारधारा है। वैसे यह एक सार्थक स्थिति होती है। जब लोकधर्म, लोक विद्रोह बन जाता है और लोक विद्रोह लोकधर्म। कई मानवशास्त्री लोक में विद्रोह के बिंदुओं को नकार देते हैं या उस पर ध्यान ही नहीं देते। विद्रोह को यों भी हमारे ज्ञान के शास्त्र में महत्वपूर्ण स्थान नहीं दिया गया। अगर दिया गया तो उसका बहुलांश शोध एवं अध्ययन द्वारा भारतीय समाज में विद्रोह की भौतिक स्थितियों की खोज करके नहीं, पश्चिमी समाज में प्रतिरोध के प्रतिदर्शों के भारतीय अनुवाद के रूप में दिया गया है। लोक में प्रतिरोध की विभिन्न प्रवृत्तियां परिलक्षित होती हैं। लोक में प्रतिरोध का पाठ सदैव व्यवस्थित एवं संगठित नहीं होता। कई बार यह अत्यंत वि श्रृंखलित एवं स्वतःस्फूर्त होता है। ग्राम्शी इसी स्वतःस्फूर्तता को एक चरण पर उसकी मौलिकता के रूप में आविष्कृत करते हैं।

सचमुच शास्त्रवंचित विविध दलित जातियों और जनसमूह की मानसिक अभिव्यक्ति होने के कारण इस लोक धर्म का अव्यवस्थित एवं अनिश्चित होना स्वाभाविक है। मानसिकता के विभिन्न धरातलों पर छिपे हुए प्रतिरोध विभिन्न रूपों में स्वयं को अभिव्यक्त करते हैं। कई बार मुहावरे, लोकोक्तियां, लोक कथाएं, लोक स्मृतियां इनके संवहन का माध्यम बनती हैं। भोजपुरी क्षेत्र में एक मुहावरा है–'राजा क गांव डोमवे लुटलस' अर्थात राजा का गांव डोम ने ही लूटा।

वस्तुतः यह राजा के विरुद्ध जनमानसिकता में छिपे प्रतिरोध एवं घृणा का प्रतीकात्मक रूपांतरण है, जिसमें राजा का गांव डोम से लुटवाने की प्रतिरोधी कल्पना है। इसी प्रकार लोक संस्कृति में प्रभुता, प्रभुत्व, चालाकी, शातिरपन के हरेक प्रतीक में 'विरुद्ध की चेतना' स्पष्ट रूप से मुखरित होती है। ब्राह्मणों, क्षत्रियों, महाजनों पर लोक मनों में पाया जाने वाला व्यंग्य इसी का प्रमाण है।

रईस जो लोक क्षेत्र में अभिजन एवं प्रभुत्वशाली समुदाय के रूप में देखा जाता रहा है, उस पर व्यंग्य करके प्रतिरोध करने की एक शैली द्रष्टव्य है : 'बड़बड़ रईसन के मरदल मान, घूर पर ठिकरी भइली प्रधान', अर्थात बड़े-बड़े रईसों का मान मरदन कर घूरे पर की ठीकरी प्रधान बन गई।

प्रभुता के जितने भी सर्वोच्च प्रतीक हैं, उनके प्रति गरीब लोक के व्यंग्यात्मक विरोध से निकली कई लोकोक्तियां प्रचलित हैं। उनमें से एक है, 'बनिया देई ना पूरा तौल' अर्थात बनिया कभी भी पूरा नहीं तौलता।

इसी प्रकार अवधी और भोजपुरी में प्रचलित 'छापक पेड़ छिउलियन पतवन गहबर हो' वाला हिरणी का लोकगीत (सोहर) है, जिसमें हिरनी रानी कौशल्या से निवेदन करती है कि राम की बरही के मौके पर राजा के बहेलिए मेरे छौने को मार डालेंगे, तुम्हारी रसोई में उसका मांस पकेगा, मुझे कम-से-कम उसकी खाल तो दे दो, जिसे देखकर मन को संतोष दूंगी मानो मेरा हिरण जीवित है, लेकिन रानी खाल भी नहीं देती क्योंकि उससे खंजड़ी मढ़ाई जाएगी जिसे बजाकर राम खेलेंगे। हिरणी कौशल्या को शाप देती है, मेरी तरह तुम भी एक दिन प्रिय के विरह में कलपोगी। जब-जब महल में बजती हुई खंजड़ी की आवाज कानों में पड़ती है, वह अपने हिरन

को बिसूरती है। इस लोक गीत द्वारा लोक मन की प्रतिरोधी चेतना तुलसीदास की प्रतिष्ठित रामकथा की उज्ज्वल छवि को छिन्न-भिन्न कर देती है।

लोक मन सरल होता है। इसका यह अर्थ नहीं है कि यथास्थितिवादी होता है। वह जब देखता है कि कुछ नया उसके जीवन को सरलता के साथ गति दे देगा तो नएपन को अपना लेता है। गांवों और शहरों के देशज मन के लोगों में यह समावेशिकता आज ज्यादा स्पष्टता से लक्षित की जा सकती है। लोक जीवन से भागता नहीं है, वह बाधाओं के बीच भी जीता है। लोक ने कभी संन्यास, मोक्ष आदि की चिंता नहीं की। वह मृत्यु से नहीं डरता। उसके मन में पूर्वजों के प्रति आदर भाव होता है और अपने को उपभोक्ता संस्कृति के सतहीपन से भरसक बचाने की कोशिश करता है, भले हीअब इससे अभिमन्यु की तरह घिरता जा रहा हो।

बद्री नारायण

लोक देवता

भारत और अन्य देशों के आदिवासी या ग्रामीण अंचलों में लोक देवताओं के प्रति जनसामान्य की गहरी आस्था देखने को मिलती है। लोक देवता ज्यादातर समाज से ही जन्मे आदर्शवादी एवं चमत्कारी छवि के व्यक्तित्व हैं जिन्हें उनके वीरोचित और सेवाभावी कार्यों की वजह से लोग देवता बना देते हैं। इनका उल्लेख न हमें वैदिक शास्त्रों में मिलता है और न ही हम उन्हें भव्य मंदिरों में देख पाते हैं। इनके पुजारी भी सवर्ण जाति के लोग नहीं होते और न इनकी पूजा किसी शास्त्रीय विधि के अनुसार होती है। उनका कभी भी किसी भी समय विपदा आने पर आह्वान किया जा सकता है। अगर समस्या का समाधान न हो तो इन लोक देवी-देवताओं को कटु वचनों का सामना भी करना पड़ता है, फिर भी भक्त इनमें अपनी आस्था नहीं खोते, क्योंकि इन्हीं देवी-देवताओं को वे पूर्वज मानते आए हैं और इनकी वजह से अपने को सुरक्षित महसूस करते हैं। कई अपना जन्म इन्हीं देवी-देवताओं की देन मानते हैं।

कोमल कोठारी ने लोक देवताओं को चार श्रेणियों में वर्गीकृत किया है—1. पैतृक आत्माएं, 2. अज्ञात मृत आत्माएं, 3. वीरोचित व्यक्तित्व और 4. काल्पनिक शक्तियां। पैतृक शक्ति को शांत रखने के लिए 'देवरा' बना कर हर परिवार विशेष में उसकी पूजा होती है। अज्ञात मृत आत्माएं कभी भी किसी के शरीर में आकर अपने आप को प्रकट करती हैं। इनका दायरा बड़ा होता है। वीरोचित कार्यों की वजह से लोक द्वारा पूजे जाने वाले देवी-देवताओं का भौगोलिक क्षेत्र बड़ा होता है। इनमें गांव के भोमिया से लेकर रामदेव जी जैसे लोक देवताओं को माना जा सकता है। इनका मानवीय रूप है, इनकी ऐतिहासिक पृष्ठभूमि ज्ञात होती है। काल्पनिक शक्तियों में वे देवी-देवता हैं जिन्होंने मानवीय रूप में जन्म नहीं लिया है, जैसे भैरूंजी, ईलोजी, डीहबाबा, ब्रह्मबाबा और अन्य विभिन्न दैवीय शक्तियां। इनमें गोत्रों और कुलों की देवियां भी शामिल हैं। कई स्थानों पर भैरूंजी को ऐसा लोक देवता माना जाता है, जो देवों के देव हैं।

लोक देवताओं को मानने वाला समाज मुख्यतः किसान, दलित, आदिवासी, घुमंतू एवं विमुक्त जातियों से बना है। इनमें से बहुत-सी वे जातियां हैं, जिनका हिंदू देवी-देवताओं के मंदिरों में प्रवेश वर्जित रहा है, इसलिए उन्होंने अपने देवताओं को अपने आसपास के वातावरण में खोजा है। इनमें से कई देवता प्रकृति के रूपक हैं। कई की पूजा पशुधन की सुरक्षा, बारिश की कामना, फसल की रक्षा, संतान पाने की लालसा, बीमारी का निवारण आदि के लिए की जाती है। राजस्थान में सांप के डंस लेने के बाद जहर से बचने के लिए क्षेत्रानुसार दहेलवालजी, तेजाजी, नाग-बावसी, गोगाजी, कल्लाजी आदि देवताओं की मान्यता है। इसी प्रकार रामदेवजी विभिन्न रोगों के निवारक हैं, जिनमें कुष्ठ रोग भी सम्मिलित है। ये पंगु को पांव, अंधों को आंख तथा निपुत्रों को पुत्र देने वाले हैं। गाय-भैंस की रक्षा के लिए गुर्जर समाज हीरामन को पूजते हैं। ऊंटों की

बीमारी मिटाने के लिए रेबारियों द्वारा पाबूजी की पड़ बंचवाई जाती है।

लोक देवी-देवता मंदिरों की जगह आम तौर पर खुले आसमान के नीचे किसी चबूतरे पर होते हैं, जिन्हें थान, थानक, स्थानक, देवरा आदि कहा जाता है। ये मुख्यतः किसी पेड़ के नीचे बने होते हैं। घर में दीया-बत्ती करने के लिए ताक पर जगह पाते हैं। राजस्थान के मारवाड़ में गोगाजी को लेकर एक कहावत है कि 'गांव-गांव गोगो ने गांव-गांव खेजड़ी' अर्थात गोगाजी का स्थान खेजड़ी के पेड़ के नीचे होता है। ये थानक घर के आंगन से लेकर, गांव, खेत-खलियाण, कुएं-बावडी, पीपल-बरगद-खेजड़ी-करील-नीम आदि पेड़ों के नीचे, खेत की मुंडेर, नदी-तालाब के किनारे, पहाड़ी, सड़क किनारे कहीं भी हो सकते हैं। रूपक के रूप में भाटा-लोडी, चट्टान, मिट्टी का टीला, पेड़ का तना या सिर्फ खाली चबूतरा भी हो सकता है। इस परंपरा में देवी-देवताओं का 'स्थान' महत्वपूर्ण होता है, न कि मूर्ति। कुछ देवताओं की आकृति भी देखने को मिलती है जैसे गोगाजी और दहेलवालजी की पत्थर पर सर्पनुमा उकेरी हुई आकृति, तेजाजी, पाबूजी और मामाजी घोड़े पर सवार योद्धा के रूप में दिखाई देते हैं। रामदेवजी को उनके पगलिये के रूपक के तौर पर पूजा जाता है।

लोक देवताओं की पूजा के लिए लोक गाथाओं, भजन-कीर्तन, छंद, दोहा, पावड़े, बात, सोरठ, कवित्त आदि की रचना की गई है। इन्हें ज्यादातर रात्रि के समय जागरण में गाया जाता है। सुबह के चार बजते-बजते भोपा को देवता का भाव आता है और वह सभी आए हुए जात्रियों की समस्या का समाधान करता है। इच्छापूर्ति के लिए देवता की 'जात' की जाती है, झंडी चढ़ाई जाती है और कार्य पूरा हो जाने पर 'सवामणी' का आयोजन कर कुटुंब को भोजन-प्रसादी बांटी जाती है। लोक देवताओं के नाम से मेले भी प्रसिद्ध हैं, जिनमें शादी-रिश्ते भी तय होते हैं। ग्रामीण निम्न जातियों की आध्यात्मिक उन्नति ही नहीं, उनके बीच भाईचारा स्थापित करने के उद्देश्य से भी लोक देवताओं की महत्वपूर्ण भूमिका रही है। इन्होंने जनमानस को दया, ईमानदारी, न्याय, कर्तव्यपरायणता, त्याग आदि मानवीय मूल्यों से सींचा और अंधविश्वासों को बरकरार रखते हुए भी अंततः पुरोहित तंत्र से मुक्ति दिलाई।

मदन मीणा

अधिक जानकारी के लिए :
1. The Shrine : An Expression of Social Needs, Gods of the Byways, Catalogues of Museum of Modern Art, Komal Kothari, 1982, **2. मध्यकालीन राजस्थान में धार्मिक आंदोलन,** पेमा राम, 1997

लोक नाटक

लोक गीत, लोक कथाएं और लोकनाटक ऐसी विधाएं हैं, जो शताब्दियों से लोकरंजन करती आ रही हैं। इन लोकधर्मी कलाओं में शिल्प की प्रौढ़ता और अभिव्यक्ति का उत्कर्ष भले ही न हो पर प्रस्तुति में सरलता और सरसता के बल पर वे दर्शकों को मंत्रमुग्ध कर देती हैं। रंग-चिंतक जयदेव तनेजा के अनुसार, 'लोक नाटक सामान्य जन (कलाकार) द्वारा समान्य जन के लिए अभिनय कला से प्रस्तुत सामान्य जीवन की सहज, स्वाभाविक, अनौपचारिक, नृत्य, गीत, संगीतमय जीवंत एवं लोकरंजक अभिव्यक्ति का नाम है।'

एक समय जब नाटकों की शास्त्रीय परंपरा लुप्तप्राय हो गई थी, तब भी लोक नाटकों का अस्तित्व बना रहा। भारत में मुख्यतः धार्मिक गाथाएं ही आरंभ में लोक नाटकों का आधार बनीं। राम के जीवन पर आधारित 'रामलीला' और कृष्ण के जीवन की झांकी दिखाने वाली 'रासलीला' की नाट्य-परंपराएं इस दृष्टि से महत्वपूर्ण थीं। बाद में कथानकों को ऐतिहासिक आधार मिला। प्रेम आख्यान भी लोक नाटकों के प्रिय विषय बने। लोक मानस के संस्कारों से सिंचित लोक नाट्य परंपरा आज भी बनी हुई है।

हिंदी और हिंदीतर दोनों क्षेत्रों में लोक नाटक की विविध शैलियां विकसित हुई हैं। हिंदी क्षेत्र में नौटंकी,

स्वांग, रासलीला, बिदेशिया, नाचा, माच आदि तथा अहिंदी भाषी क्षेत्रों में जात्रा, गंभीरा, कीर्तन, अंकिया, रास, तमाशा, भवई, ललित, बहुरूपिया, यक्षगान, वीथीनाटकम आदि नाट्य रूप प्रचलित हैं। इन सभी रूपों में संगीत और नृत्य का समावेश होता है।

लोक नाटक में मंच की साज-सज्जा, कथानक का गठन, भाषा की प्रांजलता, काव्य की गहन अनुभूति और नाटकीय तत्वों का समावेश भले ही न हो, परंतु सरस संगीत की ऐसी धारा होती है, जो दर्शकों को मंत्रमुग्ध कर देती है। इनकी सादगी ही सबसे बड़ा गुण और बल होता है। लोक नाटकों को खुले आकाश के नीचे मैदानों, चौपालों, घर-आंगन आदि में खेला जाता है। इनकी अंतर्वस्तु सामाजिक यथार्थ को व्यंग्यात्मक तरीके से दर्शकों के समक्ष रखती है।

यदि परंपरा को समयानुसार नया आयाम नहीं दिया जाता है, तो वह रूढ़ि बन जाती है। इसलिए रंगकर्मी सफदर हाशमी परंपरागत लोक नाट्य शैलियों को समसामयिकता से जोड़ने के आग्रही थे। बांग्ला के नाटककार, निर्देशक और अभिनेता अरुण मुखर्जी के अनुसार, 'मेरा विचार यह है कि हमें पुराने रूप में नया वस्तुतत्व भरना होगा। भीष्म साहनी का मानना है कि 'जब हम लोक कलाओं से जुड़ते हैं तो हम रूढ़िवाद से नहीं जुड़ते। यह जरूरी नहीं कि हम उन नाट्य शैलियों को अपनाते हुए खुद रूढ़िवादी या पुराणपंथी बन जाएं। हम उनका इस्तेमाल करते हैं, उनका प्रयोग करते हैं, तो अपनी बात अधिक प्रभावशाली ढंग से कह पाने के लिए। ऐसा माहौल तैयार करते हैं, जो सांस्कृतिक स्तर पर हमारे देश और समाज से जुड़ता है। अगर बांग्ला भाषा में 'जात्रा' लेनिन की जीवनी को लेकर तैयार की जाए, तो उसमें रूढ़िवाद के लिए कोई जगह नहीं होगी।' देश की प्रमुख लोक नाट्य परंपराओं की संक्षिप्त चर्चा नीचे की जा रही है।

नौटंकी : नौटंकी भारत की लोकप्रिय विधा है। इसे स्वांग भी कहा जाता है। सदियों से नौटंकी ग्रामीण जनता का मनोरंजन करती आ रही है। शृंगारपूर्ण कथानक, लोकप्रिय छंद, सरल भाषा और लोक धुनों पर आधारित संगीत के कारण नौटंकी का नगाड़ा वाद्ययंत्र लोकप्रियता का प्रतीक बन गया है। नौटंकी की शुरुआत को लेकर रंग-चिंतकों में मतभेद है। इसकी भाषा में उर्दू का बाहुल्य देखकर बाबूराम सक्सेना इसका प्रारंभ उर्दू कविता से मानते हैं। वस्तुतः इसके जन्मदाताओं में मल्ल, रावत और रंगा के नाम लिए जाते हैं। नौटंकी के लेखकों में हाथरस के नथाराम शर्मा, कन्नौज के त्रिमोहन और कानपुर के श्रीकृष्ण पहलवान के नाम प्रमुख रहे हैं। प्रारंभ में नौटंकी का क्षेत्र धार्मिक-पौराणिक कथाओं और शृंगारिक प्रेमाख्यानों तक सीमित था। सामाजिक कथानकों के आधार पर भी नौटंकी रचे गए। भक्त ध्रुव, भक्त प्रह्लाद, भक्त पूरनमल, राजा भर्तृहरि, हरिश्चंद्र, मोरध्वज, अमर सिंह राठौर, सम्राट अशोक, टीपू सुल्तान के अलावा शीरीं-फरहाद, लैला-मजनूं, सोहनी-महिवाल, प्रेम कुमारी, अंधी दुल्हन, किसान कन्या, बेटी का सौदा आदि विषयों पर नौटंकियों की रचना हुई है।

दर्शकों के स्तर को ध्यान में रखकर बोलचाल की भाषा में नौटंकियां लिखी गई हैं। छंदबद्ध संवाद में दर्शकों को संगीत और लोक काव्य दोनों का रस मिलता है। आल्हा, लावनी, दोहा, छप्पय, बहरे-तवील, गजल, भजन, चौबाला नौटंकी के प्रिय छंद हैं। नौटंकी में हास्य की बहुलता होती है, जो बहुधा भोंडा, अशिष्ट और कभी-कभी अश्लील भी होता है। नौटंकी का मंचन किसी भी खुली जगह पर चौकियां बिछाकर किया जाता है। रोशनी के लिए चारों कोनों में गैस के हंडे टांगे जाते हैं। एक ओर नगाड़ेवाला बैठता है। सीधा और सरल, बगैर पर्दे का मंच ही नौटंकी का मंच होता है। नौटंकी की अभिनय शैली यथार्थ न होकर सांकेतिक होती है। फिल्म और टेलीविजन के दौर में भी नौटंकी का अनगढ़, सरल और अकृत्रिम मंच अपने दर्शक खींचने में सफल होता है। मगर नए प्रयोगों का अभाव इस सशक्त लोक नाट्य परंपरा को धीरे-धीरे चलन से बाहर कर देगा, इसकी आशंका है।

जात्रा : जात्रा बंगाल का लोक नाट्य है। इसका प्रचलन बिहार और ओडिशा में भी है। जात्रा का अर्थ है–'यात्रियों का जुलूस'। भक्ति काल में महाप्रभु चैतन्य देव के प्रभाव में भक्तों के दल प्रभु की लीला का गान करते, नाचते-गाते, मंदिरों तक जाते थे और भावावेश में प्रभु लीला का अभिनय करते थे। कहते हैं, स्वयं महाप्रभु चैतन्य देव ने 'रुक्मिणि-हरण' जात्रा का मंचन किया था। जात्रा में ढाई फुट ऊंचा, सोलह वर्ग फुट का चौकार मंच बनाया जाता है, जिसके चारों ओर एक छह इंच का नीचा मंच होता है। संगीतज्ञ इस निचले मंच पर बैठते हैं। मंच के एक ओर ढालू रास्ता होता है जो साज-सज्जा कक्ष तक जाता है। इसी पथ से कलाकार मंच पर आते हैं। मंच के चारों ओर दर्शक बैठते हैं। रात भर जात्रा गान और संवाद चलते हैं। इसे पाला गान भी कहते हैं। बदलते समय में धार्मिक विषयों के अलावा सामाजिक, ऐतिहासिक और राजनीतिक मुद्दों पर भी जात्रा होने लगी है। बंगाल के नामी अभिनेता जात्रा में काम कर खुद को गौरवान्वित महसूस करते हैं। मूल जात्रा में गीत अधिक होते थे, पर अब वे संवाद प्रमुख होते जा रहे हैं। आज बंगाल में सौ से ज्यादा जात्रा दल है। जात्रा के साथ उसकी सहायक विधाएं भी विकसित हुई हैं, इनमें झूमर, पांचाली, कीर्तन प्रमुख हैं।

गंभीरा : गंभीरा बंगाल में प्रचालित लोक नाटक का एक और रूप है। इस नाटक के मंचन से मूलतः शैव मतावलंबी जुड़ते हैं। शिव की लीलाएं मंचस्थ करने के लिए भक्तगण चेहरे पर शिव का मुखौटा लगाकर उतरते हैं। ये लीलाएं प्रायः रात में की जाती हैं। दो बांसों के सहारे साधारण कपड़े का एक पर्दा बना लिया जाता है। निर्देशक और कलाकार अपनी सुविधानुसार पर्दे के पीछे आने-जाने और दर्शकों के बीच बैठे किसी भी व्यक्ति से बातचीत करने को स्वतंत्र होते हैं। शिव का वेष बनाया अभिनेता, जनता को प्रणाम कर, ढाक की आवाज पर नृत्य आरंभ करता है। गायक-वृंद उसके पीछे गीत गाता है। नृत्य की गति आरंभ में धीमी और अंत में तीव्र हो जाती है।

अंकिया : कीर्तन गायन मूल रूप से मिथिला क्षेत्र का लोक नाट्य रूप है। कीर्तनिया सोलहवीं एवं सत्रहवीं सदी के बीच असम राज्य में अंकिया नाटक के रूप में प्रचलित हुआ। यह गद्य प्रधान नाटक जनता के मनोरंजन से ज्यादा वैष्णव धर्म के प्रचार पर जोर देता रहा है। अंकिया केवल एक अंक का नाटक होता है। शंकर देव और गोपाल देव लोकप्रिय अंकिया नाटककार हो चुके हैं।

रामलीला : रामलीला, जैसा कि नाम से स्पष्ट है, रामायण के कथा नायक राम के जीवन से संबंधित है। इसलिए उसका स्थान धार्मिक लोकमंच की श्रेणी में है। जगदीश चंद्र माथुर का मत है कि रामलीला का आरंभ महाकवि तुलसीदास ने किया है। उनके अनुसार, 'तुलसीकृत रामचरितमानस नाटकीय वर्णन है।' रामचरितमानस के अनेक संवाद छोटे-छोटे एकांकी नाटक ही जान पड़ते हैं। कुछ विद्वानों के अनुसार, 'अयोध्याकांड' में घटनाओं का गुंफन, चरित्र-विकास, आंतरिक और बाह्य द्वंद्व एवं करुण रस का उद्रेक, इन सभी नाटकीय तत्वों का निरूपण इस खूबी के साथ हुआ है कि उसे यूनानी दुखांत नाटकों की श्रेणी में रखा जा सकता है। रामलीला-रंगमंच की कतिपय विशेषताएं उसे यूरोप के 'पैशन प्लेज' के समकक्ष रखती हैं।

पंद्रहवीं सदी में प्रारंभ भक्ति आंदोलन से बहुत पहले हरिवंशपुराण में रामकथा पर आधारित नाटक अभिनीत किए जाने का उल्लेख है। वाल्मीकि के समय लव-कुश तो रामकथा का ही गायन करते थे। इससे अनुमान किया जा सकता है कि रामकथा को लिपिबद्ध करने से पूर्व लोकमंच पर राम की जीवन लीलाएं आरंभ हो गई थीं।

रामलीला उत्तर भारत ही नहीं, कुछ हेर-फेर के साथ पूरे भारतवर्ष एवं उसके निकटवर्ती देशों का धार्मिक-सांस्कृतिक मंच है। उन्नीसवीं शताब्दी में भारतेंदु की प्रेरणा से 'सीता-स्वयंवर' (देवकीनंदन

त्रिपाठी) 'रामलीला-विहार (मधुकर) तथा 'रामलीला' (दामोदर शास्त्री) जैसे उल्लेखनीय नाटक लिखे गए। माधव शुक्ल और उनके साथियों ने 1898 में श्री रामलीला नाटक मंडली की स्थापना की थी।

रामलीला प्रस्तुत करने की कुछ उल्लेखनीय शैलियां हैं। दक्षिण भारत में 'कथकलि नृत्य' की कतिपय भाव-भंगिभाओं का आधार रामकथा है। दिल्ली में रामलीला की धूम रहती है। कहा जाता है, मुगल सम्राट बहादुर शाह जफर के समय महंत राधोदास ने दिल्ली में इस उत्सव का आरंभ किया था। अयोध्या में आश्विन कृष्ण नवमी से आरंभ होकर रामलीला के विविध प्रसंग उन्नीस दिन में पूरे होते हैं। आगरा, मथुरा, लखनऊ, कूर्मांचल में रामलीला मंचन की होड़ होती है। विदेशों में कंबोडिया, बाली द्वीप समूह, श्याम, श्रीलंका, बर्मा और कुछ अन्य देशों में रामकथाएं मंचित होती रही हैं।

रामलीला में वेश-भूषा और रंग-सज्जा पर विशेष मेहनत नहीं की जाती हैं। काजल, चंदन, सुरमा, गेरू, राख, खड़िया, रोली, बने हुए चेहरे-मोहरे, चमकीले कागजों के मुकुट, लकड़ी के अस्त्र-शस्त्र, दाढ़ी-मूछें, गेरुआ कपड़े, कमंडल, हनुमान एवं बंदरों की पूंछें, धनुष-बाण आदि सामग्री पर्याप्त होती है। यह परंपरागत लोक नाटक लोगों की धार्मिक भावनाओं को परितोष देने के साथ, उनके मनोरंजन का साधन भी है।

रासलीला : रासलीला प्रचलित अर्थ में कृष्ण चरित्र में कृष्ण-चरित्र से संबंधित विविध लीलाओं का बोध कराने वाला शब्द है। नृत्य के साथ आंशिक रूप में संवाद एवं प्रधान रूप से संगीत का इसमें प्रयोग होता है। भारतीय साहित्य और कला में कृष्ण न केवल अपनी लीलाओं के लिए विख्यात हैं, बल्कि दर्शन, साहित्य और राजनीति में भी उनका प्रभावपूर्ण हस्तक्षेप है। मध्यकालीन उत्तर भारत में कृष्ण लीलाएं लौकिक रंगमंच का विषय बनीं।

ब्रजभूमि इन लीलाओं का केंद्र रहा है। दान-लीला, मान-लीला, माखन-चोरी, ग्वाल-बालों के साथ ठिठोली आदि के अभिनय का अष्टछाप के कवियों की रचनाओं पर विशेषतः सूरदास के पदों पर विशेष प्रभाव है। एक किंवदंती के अनुसार, रासलीला मणिपुरी नृत्य की उत्पत्ति का आधार मानी जाती है। रास नृत्य की गुजरात के 'गरबा नृत्य' से बहुत समानता है।

'माच' और 'ख्याल' : 'माच' शब्द मंच का तद्भव मालवी रूप है। मालवी में यह शब्द मंच बांधने और उस पर अभिनीत किए जाने वाले 'ख्याल' (खेल) दोनों ही अर्थ में होता है। वस्तुतः माच मंच पर अभिनीत किया जाने वाला, मालवा के पठार और उसके निकटवर्ती क्षेत्र का लोकनाट्य है।

माच नाट्य मंचन के कुछ सप्ताह पहले शुभ मुहूर्त्त में गांव या शहर की बस्ती के तयशुदा स्थल पर माच-मंच 'खंभ' (स्तंभ) स्थापित किया जाता है। माच नाट्य के कलाकार एवं कार्यकर्ता गुरु के हाथों खंभ की पूजा करवाते हैं। मंच के तीन तरफ दर्शकों के बैठने की व्यवस्था रहती है। मंच प्रायः पांच से दस फुट ऊंचे मजबूत खंभों पर बनाया जाता है। मंच चारों ओर से खुला होने के कारण 'नेपथ्य' नहीं होता। ढोलक माच का मुख्य वाद्य है, सारंगी उसकी साथिन। ढोलक की थाप और सारंगी की 'मीडों' पर बोल/पद्य/संवाद की लयकारी गमकती है। माच के गाने में लोक संगीत की सहज धुनें और मालवा के ऋतु उत्सवों के गीतों की शैली का समावेश होता है। लोक नाटकों की विशेषताओं में समानता के बावजूद भौगोलिक स्थिति, सोच और रहन-सहन के ढंग, स्थानीय और प्रांतगत तौर-तरीके, संस्कार के आधार पर भिन्नताएं स्वाभाविक हैं। 'माच' में स्थानीय विश्वास, प्रथाएं, रीति-रिवाज, रूढ़ मान्यताएं, मुहावरे, जीवन शैली तथा दर्शन आदि तत्व मालवा की मिट्टी की सोंधी महक से सने होते हैं।

राजस्थान में माच 'ख्याल' के रूप में प्रचलित है। वस्तुतः माच और ख्याल भिन्न होकर भी तत्वगत दृष्टि से एक हैं। माच के आदि प्रणेता बालमुकुंद गुरु ने अपनी समस्त माच रचनाओं (साल सोलह)

को ख्याल कहा है। उन्होंने अपनी माच रचनाओं के शीर्षक में ही माच और ख्याल के भेद को खत्म कर डाला है–'ख्याल माच का–ढोला मारुणी', 'ख्याल माच का–नागजी दूढ़जी'।

तमाशा : तमाशा महाराष्ट्र का सदियों पुराना लोक नाटक है। फिल्म और टेलीविजन की व्यापक लोकप्रियता के दौर में आज भी गांवों-कस्बों में मेले-ठेले अथवा उत्सवों पर तमाशा मंचन दिख जाता है। वस्तुतः यह लोकरंजन का महत्वपूर्ण साधन रहा है।

'तमाशा' फारसी शब्द है। मराठी में यह शब्द एक विशिष्ट प्रकार के मनोरंजन के अर्थ में प्रचलित है। महाराष्ट्र के लोक गायक रामजोशी (1762-1812) के काव्य ने ही उसे ऊंचा उठाकर महाराष्ट्र में प्रतिष्ठा प्रदान की। पुराना लोक नाट्य 'गम्मत' ही कालांतर में खेल-तमाशा शब्द के रूप में रूढ़ हुआ, जो बारहवीं सदी (संत ज्ञानेश्वर का काल) से आज तक प्रचलित है। 'तमाशा' के गीतकारों को शाहिर कहा जाता है, जो शायर शब्द का ही अपभ्रंश है।

तमाशा करने वाली मंडली 'फड़' कहलाती है। उसका मुखिया, जो निर्देशक और संचालक दोनों होता है, महाराष्ट्र में सरदार कहलाता है। सरदार 'कड़िया' (ढप या चंग वादक), ढोलकिया, 'सोंगडिया' (स्वांग करने वाला–विदूषक), खूबसूरत नचिया (नर्तकी) एवं 'सुरतिया' (स्वर भरने वाला) को एकत्र कर अपना दल गठित करता है। नर्तकी तमाशा का प्राण होती है। तमाशा का आरंभ अमूमन गणपति की स्तुति से होता है, जो 'गण' कहलाती है। 'गण' के बाद ही 'गवलन' नामक प्रचलित लोकगीत गाए जाते हैं। इसके साथ ही सोलह हाथ की साड़ी, चांदी का कमरबंद, नाक में नथ, ठीक से गुंथी हुई वेणी, पैरों में घुंघुरू एवं अन्य आभूषणों से सजी-धजी नर्तकियों के मंच पर प्रवेश से तमाशा उठाव पर आता है। इन तमाशों में जो कथा प्रधानता से प्रस्तुत की जाती है, उसे 'वग' कहते हैं। 'वग' की कथावस्तु ऐतिहासिक, सामाजिक, लौकिक, धार्मिक एवं समयानुकूल होती है। तमाशे का आयोजन सामान्यतः किसी ऊंचे स्थल पर, मंच पर, बगैर खास ताम-झाम के होता है। नर्तकी को छोड़कर शेष कलाकारों की वेशभूषा सामान्य होती है।

पेशवाओं के काल (अठारहवीं शताब्दी) में 'तमाशा' अपने उत्कर्ष पर था। अठारहवीं और उन्नीसवीं सदी में रामजोशी, आनंदफंदी, हीनाजी, बालाजी, सगनमऊ प्रभाकर, परशुराम आदि लावनीकार 'शाहिर' कवियों की शृंगारपरक रचनाओं से समृद्ध होकर 'तमाशा' जन साधारण में विशेष लोकप्रिय हुआ। कहते हैं, लावनी छंद की उत्पत्ति केवल 'तमाशा' के लिए हुई। लावनी के साथ 'पवाड़ा' छंद का भी इस लोक नाट्य रूप के माध्यम से प्रचार हुआ। उन्नीसवीं सदी के मध्य में 'तमाशा' की लावानियां अति शृंगारिक होकर अश्लीलता का वाहक बनने लगीं। पढ़े-लिखे मध्यवर्गीय समाज का बड़ा हिस्सा इसे नापसंद करने लगा। इस लोक नाट्य के परिष्कार और विकास हेतु 'महाराष्ट्र तमाशा परिषद' का गठन किया गया।

महाराष्ट्र में तमाशा के अलावा 'गोंधल', 'बहुरूपिया' और 'दशावतार' जैसे लोक नाट्य रूप भी लोकरंजन का हिस्सा रहे हैं।

बिदेसिया : बिहार में भोजपुरी लोक नाट्य परंपरा के सूत्रधार के रूप में भिखारी ठाकुर का योगदान सर्वाधिक उल्लेखनीय है। उन्हें भोजपुरी नवजागरण का संदेशवाहक कहा जाता है। 'बिदेसिया' भिखारी ठाकुर का सर्वाधिक प्रसिद्ध और लोकप्रिय लोक नाटक है। अपने कथ्य और प्रस्तुतिकरण के शिल्प में यह इतना प्रसिद्ध हुआ कि लोक नाट्य का एक विशेष शिल्प बन गया। 'बिदेसिया' की नाट्य शैली शास्त्रीय और लोक शैली की मिश्रित कला है।

बिदेसिया' एक ऐसे युवक की कहानी है, जो रोजी-रोटी के लिए नई-नवेली पत्नी को गांव में छोड़कर विदेश (कोलकाता) चला जाता है और फिर वहीं का होकर रह जाता है। वियोगिनी पत्नी एक बटोही के द्वारा उसे घर और अपनी दुरावस्था का संदेश भिजवाती है। उस बटोही की प्रेरणा से बिदेसिया पुनः गांव लौट आता है। बस इतनी-सी कथा के माध्यम

से नाटक उत्तर भारतीय समाज, जनता की आर्थिक हालत, संस्कृति और लोक जीवन के विविध रंगों को प्रस्तुत कर डालता है। ग्रामीण और शहरी जीवन संस्कृतियों के द्वंद्व, दुख-सुख, राग-विराग ने बिदेसिया को यथार्थ ही प्रेम और विरह का लोक महाकाव्य बना दिया है। भिखारी ठाकुर के उल्लेखनीय लोक नाटकों में गबरघिचोर, बेटी बेचवा, विधवा विलाप, भाई विरोध, पुत्र वध, कलियुगी प्रेम आदि प्रमुख हैं।

भवाई : भवाई लोक नाट्य शिल्प प्रमुखतः गुजरात और राजस्थान के लोक जीवन से संबंधित सांस्कृतिक लोकरंजक रूप है। इसे लोक नृत्य का एक रूप माना जाता है। भारतीय लोक नृत्यों के गवेषक देवी लाल सांभर ने भवाई को राजस्थान और मालवा की उत्पत्ति बताया है। एक कथा के अनुसार, नाच-गाने को अपने सामंती गौरव का अपमान मानने वाली जातियों ने अपने समाज के ऐसे शौकिया लोगों को भाड़-भवाई कहकर जाति से तिरस्कृत किया था। विभिन्न जातियों से निकाले गए, इन भवाइयों ने लोक नाट्य को अपनी संस्कृति का आधार बना लिया। मालवा-राजस्थान में जाट, धाकड़, डागी, भील, गूजर, लोदा, कुमावत आदि जातियों के भवाई पाए जाते हैं। गुजरात के भवाई नाट्य इन भवाइयों के नृत्य-नाटकों से काफी मिलते-जुलते हैं।

गुजरात के भवाई में किसी भी ऊंची भूमि या घर के बड़े चबूतरे पर तबले, नगाड़े और तेज आवाज वाले वाद्यों के साथ कभी सम्मिलित स्वर में या कभी स्वतंत्र रूप से अभिनेता गाकर अभिनय करते हैं। स्त्रियों का अभिनय पुरुष ही करते हैं। गुजरात में संस्कृत नाटकों का विदूषक 'रंगलो' कहलाता है। भवाई की अधिकांश सफलता इन 'रंगलों' पर निर्भर रहती है। साधारण जनता में भवाई की लोकप्रियता को बाद में न सिर्फ आधुनिक रंगमंच ने, बल्कि भवाई प्रस्तुतियों में प्रवेश करती गई अश्लीलता और फूहड़ता ने भी क्षति पहुंचाई, फिर भी लोक जीवन में प्रचलित इस नाट्य परंपरा का लोप नहीं हुआ। भवाई जाति में अभिनय करने की स्वाभाविक प्रवृत्ति और क्षमता बनी रही। आधुनिक रंगमंच पर भवाई शैली का प्रयोग कुछ एक निर्देशकों ने किया है। इनमें प्रख्यात रंग-निर्देशक शांता गांधी का 'जसमा ओड़न' सर्वाधिक सफल प्रस्तुति मानी जाती है।

यक्षगान : यक्षगान दक्षिण भारतीय लोक नाट्य का एक रूप है जो तमिल, तेलुगु और कन्नड़ भाषी ग्रामीण जन-जीवन में प्रचलित है। तेलुगु में इसे 'वीथी' या 'वीथी भागवतम्' भी कहते हैं। दोनों में कुछ भिन्नताएं भी हैं। आंध्र के विद्वान वेटुरि प्रभाकर शास्त्री के अनुसार, 'यक्षगान की उत्पत्ति 'कुरव' और 'अंज' से मिलकर हुई है। 'कुरव' का तात्पर्य एक जाति विशेष और 'अंज' का नृत्य से है अर्थात कुरव जाति का नृत्य। आंध्र प्रदेश के शैव मत बहुल क्षेत्र विजयवाड़ा और उसके इर्दगिर्द नृसिंहद्रादि पर्वतों पर सालाना उत्सवों के समय नागरिक इकट्‌ठा होते थे। उनके मनोरंजन के लिए 'करबंजु' नृत्य आयोजित होते थे। क्रमशः इनका प्रचार नगरों में होता गया, जहाँ इन नृत्य दृश्यों को यक्ष या कलावान खेलते थे।'

दक्षिण भारत की नृत्य की दो भिन्न शैलियों में 'कुचुपुडी' के साथ 'यक्षगान' का भी उल्लेख होता है। यक्षगान मूलतः नृत्य-नाट्य है जिसमें गीतबद्ध संवादों का प्रयोग होता है। लंबे-लंबे संवाद कलाकारों को सहज कंठस्थ रहते हैं। ग्यारहवीं-बारहवीं सदी के जैन ग्रंथों में यक्षगान नाट्य को ग्राम गीत कहा गया है। सोलहवीं सदी में कवियों ने राजघरानों से प्रोत्साहन पाकर अनेक यक्षगानों की रचना की। राजा नृसिंह रायुल ने अष्टभाषा कवि को 'चन्नकवि' और 'सोभद्रचरित्र' नामक यक्षगान पर यथेष्ट पुरस्कार दिया था।

पहले स्त्रियां पुरुष वेष धारण कर यक्षगानों में भाग लेती थीं। पिंगली सुरन्ना, रंग जंभा नामक महिलाओं का उल्लेख मिलता है। यक्षगान-नाटकों की कथावस्तु रामायण, महाभारत और भागवत की पौराणिक कथाओं से ली जाती है। समयानुसार सामाजिक महत्व की घटनाओं, संतों, जैसे लिंगायत संत अल्लाभ प्रभु का जीवन चरित्र भी विषय बना।

यक्षगानों की परंपरा सत्रहवीं शताब्दी के अंत तक साहित्य में दिखाई पड़ती है। सत्रहवीं शताब्दी के बाद लगभग 100 नाटक ऐसे लिखे गए जिन पर यक्षगान का प्रभाव है। वर्तमान यक्षगान लोकनाट्य रूपों की रक्षा का श्रेय लोक गायकों को है। कुछ दशक पहले इस परंपरा को जीवित रखने के लिए कवि वल्लतोल के 'केरल कला केंद्र' की तरह 'यक्षगान कला केंद्र' की स्थापना की गई है।

महेश जायसवाल

अधिक जानकारी के लिए :
1. भारतीय रंगमंच : कपिला वात्स्यायन, **2. परंपराशील नाट्य :** जगदीश चंद्र माथुर, **3. हमारी नाट्य परंपराएं :** श्याम परमार

लोक नृत्य

भारतीय लोक नृत्यों के अनेक रूप मिलते हैं जिनका संबंध प्रमुखतः क्षेत्र, समुदाय तथा अवसरों से है। परंपरागत दृष्टि से लोक नृत्य मानव जीवन का सामूहिक हिस्सा रहे हैं, इसलिए इनमें गत्यात्मकता दिखाई देती है, लोक नृत्यों का गहरा रिश्ता लोक गीतों एवं संगीत के साथ रहा है, इसलिए विषय, विधा व वाद्य-यंत्रों में सहज परिवर्तन मिल जाता है, जो भद्र समाज की संस्कृति में नहीं दिखाई देता। इसकी वजह है उनकी शास्त्रीयता, जो अपना एक व्याकरण सृजित करती है और फिर जिसका एक विशिष्ट अनुशासन विकसित हो जाता है। अनुशासन की यह शुचिता इस सांस्कृतिक गतिविधि को स्वाभाविक जीवन से पृथक, कृत्रिम और सायास कर्म बना देती है।

हिंदी पट्टी के प्रमुख लोक नृत्यों में पंजाब का 'भांगड़ा' पुरुषों का तथा 'गिद्दा' स्त्रियों का नृत्य है, जिसका प्रदर्शन मुख्यतः 'माघी' यानी वसंत के मौसम में किया जाता है, जब नई फसल घरों में आने लगती है।

'घूमर' राजस्थान में सर्वाधिक लोकप्रिय है, जो मूलतः पश्चिमी राजस्थानी सामंती परंपरा से विकसित हुआ है। इसमें रंग-बिरंगे वस्त्राभूषण से सजी महिलाएं विविधरूपी मुद्राओं के साथ एक घेरे में नृत्य करती हैं। इस नृत्य के साथ जो मुख्य गीत गाया जाता है, उसे भी 'घूमर' कहा जाता है। अन्य नृत्यों में 'गेर' व 'गवरी' (मेवाड़), 'गींदड़' (शेखावटी), 'ढोल' (जालौर), 'अग्नि-नृत्य' (बीकानेर), 'बम' (भरतपुर), 'कालबेलिया', 'चरी', 'भवई' और 'तेरहताली' प्रमुख हैं। 'लांगुरिया' नृत्य राजस्थान, मध्य प्रदेश और उत्तर प्रदेश के सीमावर्ती क्षेत्रों में लोकप्रिय है। इसका प्रमुख अवसर राजस्थान के करौली जिले में लगने वाला कैला देवी का लक्खी मेला है जिसका आयोजन चैत के महीने में होता है। गुजरात के प्रसिद्ध 'गरबा' अथवा 'डांडिया' नृत्य को धार्मिक नृत्य की श्रेणी में रखा जा सकता है जिसका प्रदर्शन नवरात्रि के नौ दिनों की अवधि में किया जाता है।

परंपरागत रूप से हिंदी पट्टी का हृदयस्थल उत्तर प्रदेश बहुत सारी आंचलिकताओं में विभक्त रहा है। इसी के अनुरूप यहां सांस्कृतिक विविधताएं देखी जा सकती हैं। जहाँ तक लोक नृत्यों का मुद्दा है, इनके अनेकानेक रूप दृष्टिगोचर होते हैं जिनमें 'ख्याल', 'रास', 'झूला', 'मयूर', 'धोबिया', 'चरकुला', 'कठफोड़वा', 'जोगिनी', 'धींवर', 'शौरा', 'घोड़ा', 'धुरिया', 'छोलिया', 'छपेली', 'नटवरी', 'देवी', 'राई', 'दीप', 'पाई डंडा', 'कार्तिक', 'कलाबाज', 'ठडिया', 'चौलर' आदि के नाम गिनाए जा सकते हैं। सर्वाधिक लोकप्रिय नृत्यों में 'रास' तथा 'होली' हैं। 'रास' कृष्ण द्वारा राधा सहित अन्य गोपिकाओं के संग प्रेम केलि की अभिव्यक्ति है।

हरियाणा के मुख्य लोक नृत्यों में होली पर्व के अवसर पर 'धमाल', 'डफ' व 'फाग' का विशेष आकर्षण देखने लायक होता है। इनके अतिरिक्त 'तीज' का नृत्य महिलाओं तथा 'सांग' नृत्य पुरुषों द्वारा किया जाता है जिसमें समूह के कुछ सदस्य महिलाओं का वेश धारण करते हैं। सबसे प्रसिद्ध नृत्य 'घूमर' होता है, जो राजस्थान के घूमर से भिन्न है। यद्यपि इसका भी घेरा बनाकर ही किया जाता है।

उत्तराखंड के प्रमुख लोक नृत्यों में माघमासी 'तांदि' (उत्तरकाशी व टिहरी), झुमैला (दीपावली),

जागर और पंवाड़े (पौराणिक गाथाओं के साथ), सरौं, छोलिया व पोंणा (गढ़वाल) हैं। गढ़वाल के इन तीनों नृत्यों की शैली भले ही भिन्न हो, किंतु भाव वीर रस प्रधान होता है। हिमाचल के लोक नृत्यों में चंबा, छपेली, छारबा, जद्दा, झैंता, डंडानाच, डफ, डांगी, थाली, धमान, महाथू, सांगला प्रसिद्ध हैं। अधिकांश नृत्य स्त्री-पुरुषों द्वारा संयुक्त रूप से किए जाते हैं। भारत के हिंदी भाषी प्रांतों में हिमाचल प्रदेश और उत्तराखंड दो ऐसे राज्य हैं, जहाँ की आब-ओ-हवा में हिमाचल की पर्वत छटा दिखाई देती है जिसकी छाप लोक नृत्यों में मिलती है।

मध्य प्रदेश व छत्तीसगढ़ के अधिकांश लोक नृत्य आदिवासी संस्कृति का हिस्सा हैं जिनमें स्त्री व पुरुष समान रूप से सम्मिलित होते हैं। मुरिया जनजाति के लोक नृत्य 'गवल सींग' (पहाड़ी भैंसा) में पुरुष गुच्छेदार पंखों के साथ सींग बांधते हैं, चेहरे पर कौड़ी की झालर और गले में ढोल लटकाते हैं और महिलाएं सर पर पीतल की माला, भारी धातु के गहनों से सीना लदा हुआ, हाथों में मंजीरे लिए होती हैं। इस अंचल के अन्य नृत्यों में गोन्यो, गौंडो, चैत, छेरिया, टपाली, डागला, दिवारी, नरबानी, पाली, बिल्मा, भगोरिया, मांदरी, हलको आदि मुख्य हैं।

बिहार के लोक नृत्यों में घुमकड़िया कीर्तनिया, चेकवा, छऊ, जात्रा, डांगा, पंवरिया, और बिदेसिया मुख्य हैं।

झारखंड में सर्वाधिक लोकप्रिय आदिवासी नृत्य करमा व सरहुल पर्वों के दौरान किए जाते हैं। इनके नृत्य के परंपरागत स्थल को अखड़ा कहते हैं। हिंदी क्षेत्र के लोक नृत्यों में विविध विषय, रंग, छटा और भाव-भंगिमाएं देखने को मिलती हैं।

हरिराम मीना

लोक प्रदर्शन कलाएं

लोक कलाएं मूलतः प्रदर्शनधर्मी होती हैं। इनका विकास सामुदायिक जीवन में सामूहिक गतिविधियों के बीच होता है। इनमें कलाएं

दूर से देखने की चीज नहीं होतीं, बल्कि जीने, भोगने और महसूस करने के लिए होती हैं। ये एकांतिक जीवन में विकास नहीं करतीं, बल्कि सामूहिक रूप से जीने और रचने की प्रक्रिया साथ-साथ चलती है। इसके कलाकार बिना औपचारिक और तकनीकी प्रशिक्षण के, कम संसाधनों से जो कलात्मक प्रदर्शन करते है, उन्हें 'लघु परंपरा' का माना जाता है। ये विभिन्न कला रूप न केवल लोक जीवन को सरस और सुरुचिपूर्ण बनाते हैं, बल्कि पीढ़ियों के बीच अनुभवों के संचरण का सशक्त माध्यम भी बनते हैं। लोक कलाओं का सर्जक प्रायः अनाम रहते हुए कला का विकास करता है और प्रदर्शन के जरिए ये कला-रूप पीढ़ियों तक संप्रेषित होते हुए अक्सर पेशे में बदल जाते हैं। यहां कुछ लोक प्रदर्शन कलाओं का संक्षिप्त परिचय प्रस्तुत है–

चित्रकथा : यह महाराष्ट्र के रत्नागिरी जिले के एक गांव पिंगुली में प्रचलित प्रदर्शन रूप है। कई परिवार इस कला के प्रदर्शन में लगे हुए एक विस्तारित परिवार की तरह रहते हैं। वे रामायण और महाभारत की कहानियां सुनाते हैं, जिनके पाठ मौखिक परंपरा का अंग हैं। इनके अलावा वे कुछ पारंपरिक कहानियां जैसे 'हरिश्चंद्र' का प्रदर्शन भी करते हैं। कलाकारों के परिवार में इन पाठों की प्रतियों के साथ हर कथा से संबंधित पचीस से तीस चित्रों को सुरक्षित रखा जाता है । चित्रों को एक कड़े गत्ते के दोनों ओर चिपका दिया जाता है। वाचन के समय तानपूरा बजाने वाला चित्रों को तानपूरे के सहारे टिका कर कथा की प्रगति के अनुसार दिखाता रहता है। उसका सहायक

ढोलक बजाता है, संवाद बोलता है और कथा पर टिप्पणी करता है।

लावनी और पावड़ा : ये महाराष्ट्र के लोकप्रिय गाथागीत हैं। लावनी प्रेमगीत है तो पावड़ा का केंद्रीय रस वीर है। लावनी थोड़े-बहुत सांगीतिक अंतर के साथ गुजरात, मध्य प्रदेश और राजस्थान में भी प्रचलित है। मराठी में शाहीर कहलाने वाले लोककवि इन लावनी गीतों के रचयिता होते हैं। इस गीत शैली को महाराष्ट्र के हास्य-व्यंग्ययुक्त लोकनाट्य तमाशा में प्रयोग किया जाता है। लावनी प्रस्तुत करने वाली स्त्रियों के व्यावसायिक दल होते हैं, जो लावनी को नाटकीय ढंग से दर्शकों की ओर वक्र (विलोमक) दृष्टि डालते हुए छोटी-छोटी छलांगें लेती हुई प्रस्तुत करती हैं। पावड़ा गाथागीत में महाराष्ट्र के वीर नायकों की गाथा का वर्णन बहुत उत्साह के साथ किया जाता है। गायन के साथ डफ, तुनतुने, झांझ और ढोलकी जैसे वाद्य यंत्रों का प्रयोग होता है। पावड़ा के गीतों में 1857 के विद्रोह जैसे विषयों पर गाथागीत भी शामिल हैं।

बुर्रा कथा : यह आंध्र प्रदेश का लोकप्रिय गाथागीत है। इसे व्यावसायिक गायक पूरे प्रदेश में गाते हैं। वे कथाओं का नवीकरण करते हुए समकालीन घट नाओं को ऐतिहासिक पात्रों और घटनाओं से मिला देते हैं। माना जाता है कि बुर्रा कथा का जन्म शैव मत और वैष्णव मत के संघर्ष के परिणामस्वरूप हुआ था, बाद में इसका विकास शैव मत के साथ हुआ। यह शैव चारणों-जंगमों की पारिवारिक परंपरा बन गई। दूसरे आख्यानों की तरह बुर्रा कथा में भी पुराकथाओं, महाकाव्यों की कथाओं और ऐतिहासिक घटनाओं को आधार बनाया जाता है। हाल के वर्षों में इनमें अंबेडकर चरितम, इंदिरा चरितम और दूसरे नेताओं के चरित भी जुड़ गए थे। क्लेरिनेट और तबला जैसे नए वाद्य भी जुड़े।

भांड पाथेर : भांड पाथेर कश्मीर के मुसलमानों द्वारा प्रस्तुत एक आशु नाट्य रूप है। इसमें सामाजिक चरित्रों से संबंधित हास्य-व्यंग्यपूर्ण छोटे-छोटे प्रहसन खेले जाते हैं। पात्र कई भाषाओं का प्रयोग करते हैं। इसके अलावा कर्नाटक के मुसलमानों द्वारा कृष्ण पारिजात नामक एक संगीत रूपक प्रस्तुत किया जाता है । यह कृष्ण द्वारा स्वर्ग से पारिजात पुष्प लाए जाने की कथा पर आधारित है। कृष्ण पारिजात का संगीत मुख्य रूप से हिंदुस्तानी संगीत है जिसे बहुत नाटकीयता से गाया जाता है। यह कहानी कुचिपुडी नृत्य में भामाकलापम नाम से प्रस्तुत की जाती है।

भवाई : यह गुजरात का मुख्य लोक नाट्य रूप है, जो चौदहवीं शताब्दी में अंबा के सामने प्रस्तुत होने वाले धार्मिक कार्यों की परंपरा में विकसित हुआ। असैत कवि को इसका जन्मदाता माना जाता है । भवाई में वाचन, आख्यान, गीत और नृत्य होते हैं। इनकी रचना गुजराती और मारवाड़ी की मिश्रित भाषा में होती है। इसके कुछ नाट्य खंडों में कुम्हार, बनिया, दर्जी जैसे सामाजिक चरित्र तो कुछ में रामदेव, रत्ना हमीर, भनिबा सती, सिद्धराज, जसमा ओडन जैसे ऐतिहासिक पात्र भी होते हैं। इसकी प्रस्तुति अंबा और गणेश की स्तुति से शुरू होती है। नर्तक अपने मुंह पर मुखौटा लगाकर नृत्य करते हैं। पात्र का प्रवेश गीत के साथ बड़े नाटकीय ढंग से होता है। भवाई का मुख्य वाद्य भूगल कहलाता है, जो चार फुट लंबी धातु की तुरही होती है।

रणमाल्यम : रणमाल्यम गोवा का लोकप्रिय गाथागीत है। इसमें नाटकीय ढांचों का विशिष्ट संयोजन होता है। पाठवाचकों का दल वाचन करता है और कथा के विभिन्न चरणों में उनमें से कुछ पीछे हटकर कम-से-कम रूप-सज्जा और वेशभूषा में अपने को कथा के पात्रों में बदलकर उस कथा-अंश का अभिनय भी करता है। पूरा प्रदर्शन मानवीय पर्दे का काम करने वाले वाचकों के सामने किया जाता है। अभिनय के बाद वे फिर गायकों में मिल जाते हैं। समूची प्रस्तुति में यही प्रणाली चलती है।

जात्रा : पश्चिम बंगाल का प्रचलित नाट्य रूप है, जिसका विकास चौदहवीं शताब्दी में वैष्णव आंदोलन से प्रभावित होकर हुआ था। शुरू में जात्रा का संबंध पुराकथाओं और ऐतिहासिक कथाओं से था। धीरे-धीरे इसका व्यावसायिक रूप विकसित होता गया। इसमें

सामाजिक विषय जुड़ते चले गए। जात्रा मंडलियों के नाटकों में मार्क्स, लेनिन, हिटलर, खुदीराम बोस, राजा राममोहन राय, ईश्वरचंद्र विद्यासागर, वियतनाम युद्ध आदि प्रसिद्ध हैं। कोलकाता में जात्रा के लगभग 100 व्यावसायिक दल हैं, जो पूरे साल दर्शकों की भारी भीड़ के बीच प्रस्तुतियां करते हैं। जात्रा असोम और उडिशा में भी बहुत लोकप्रिय है।

इनके अलावा पांडवानी, यक्षगान, तेरुकुत्त, नौटंकी, रामलीला, रासलीला, कुटिअट्टम, पुतली नाच, मुखौटा नृत्य, आयुध कला आदि भी भारतीय लोक प्रदर्शन कला के अंग हैं। इन सभी प्रदर्शन कलाओं का भारत की समृद्ध और विविधतापूर्ण कला परंपरा के विकास में महत्वपूर्ण योगदान है।

श्रद्धांजलि सिंह

लोक मुहावरे

लोक के संबंध में विद्वानों की अनेक अवधारणाएं हैं, किंतु आम तौर पर यह स्वीकार किया जाता है कि आधुनिक सभ्यता से दूर, अपने प्राकृतिक परिवेश में निवास करने वाली तथाकथित वह अशिक्षित जनता 'लोक' है, जिसका आचार-विचार एवं जीवन परंपरागत नियमों से नियंत्रित होता है।

उपर्युक्त 'लोक' में प्रचलित मुहावरे ही लोक मुहावरे हैं। मुहावरा अरबी भाषा का शब्द है, जिसका अर्थ 'परस्पर बातचीत' या 'सवाल-जवाब' करना होता है। अंग्रेजी का 'ईडियम' शब्द मुहावरे का पर्याय या समानार्थी माना जाता है, किंतु संस्कृत के किसी शब्द को इसका पर्याय माना जाना कठिन है। कुछ विद्वान 'वाग्रीति' या 'रमणीय प्रयोग' को इसका पर्याय मानने के पक्षधर हैं, किंतु ये शब्द मुहावरे के सम्यक भावार्थी नहीं लगते। मुहावरा शब्द अपने अर्थबोध और भावबोध के लिहाज से व्यापक है।

भाषा शास्त्रियों के अनुसार, मानव प्रकृति शब्दों के उच्चारण में प्रयत्नलाघव पसंद करती है। मनुष्य थोड़े में अपनी भावनाओं को व्यक्त करना चाहता है। अतः वह ऐसी शब्दावली का प्रयोग करता है, जो संक्षिप्त हो। इस तरह पारिभाषिक रूप से लक्षणा या व्यंजना द्वारा ऐसा सिद्ध वाक्य या प्रयोग मुहावरा है, जो किसी एक ही भाषा में प्रचलित हो। उसका अर्थ प्रत्यक्ष (अभिधेय) अर्थ से भिन्न हो। वास्तव में मुहावरे वाक्य खंड में होते हैं। इनका वाक्य में प्रयोग किया जाता है, तब उस वाक्य की शक्ति और प्रभाव पूर्वापेक्षा बढ़ जाता है। मुहावरे परंपरागत रूप से प्रचलित रहते हैं। समयानुसार नए मुहावरे बनते रहते हैं। कभी-कभी लोकोक्ति और मुहावरे को लेकर एक भ्रम-सा बना रहता है। दोनों में अंतर इस बात को लेकर है कि मुहावरा वाक्यांश होता है और किसी वाक्य के साथ ही व्यवहार्य होता है, जबकि लोकोक्तियां पूर्ण वाक्य होती हैं। उनका प्रयोग स्वतंत्र रूप में होता है, हालांकि किसी कथन के समर्थन में उदाहरणस्वरूप व्यवहार्य हो सकती हैं। लोकोक्तियां गद्य या पद्य दोनों रूपों में मिलती हैं, जबकि मुहावरे सिर्फ गद्यात्मक होते हैं। आकार के लिहाज से दोनों लघु होते हैं, किंतु तुलनात्मक रूप से मुहावरा लघुतर होता है। मुहावरे अपने मूल रूप में ही व्यवहार्य होते हैं। इसमें आए हुए शब्दों की जगह इनके पर्यायवाची शब्दों के इस्तेमाल करने पर ये अपना पूर्ववर्ती अर्थबोध खो देते हैं, जैसे 'कमर टूटना' की जगह 'कटि भंग' कर दिया जाए, तो यह मुहावरा अपने पूर्वोक्त अर्थ का द्योतक नहीं रह जाता।

मुहावरों में जनता के जीवन की झांकी देखी जा सकती है। उनमें जन-जीवन की प्रथाओं, रूढ़ियों और परंपराओं का उल्लेख व्यापक स्तर पर मिलता है। वे मानव की गति, क्रिया, अनुभूति, उसके शरीर के अंगों-उपांगों, भोजन के पदार्थों, घर-गृहस्थी के कामकाज, प्रकृति के विभिन्न तत्व–आकाश, आग, हवा, पानी और पृथ्वी, दिन-रात, पशु-पक्षी, पेड़-पौधों और जीव-जंतु सभी से संबंध रखते हैं। कहने का आशय यह कि स्थावर और जंगम सृष्टि के जितने रूप हैं, सभी से मुहावरा-निर्माण का संबंध है।

'गरीबी में आटा गीला', 'छीपा बजावल', 'गोधन कुटल' आदि भोजपुरी के मुहावरे हैं, जो

भोजपुरी समाज की आर्थिक स्थिति, प्रथा तथा मांगलिक अनुष्ठानों से निकले हुए हैं। गरीब आदमी के पास कम आटा हो और उसमें गूंधते समय ज्यादा पानी पड़ जाए, तो फिर रोटी नहीं बन पाएगी और उसे उपवास करना पड़ेगा। यह एक मुहावरा बन गया। इस प्रकार से कई मुहावरे हैं, जिनकी कड़ियां हिंदी क्षेत्र के विभिन्न स्थानों के लोक की ऐतिहासिक, सामाजिक, राजनीतिक, आर्थिक परिस्थितियों के साथ-ही-साथ पौराणिक, धार्मिक और सांस्कृतिक जीवन के विभिन्न आयामों से जुड़ी हैं।

अजय कुमार पांडेय

अधिक जानकारी के लिए :
1. बोलचाल, भूमिका : अयोध्या सिंह उपाध्याय 'हरिऔध', **2. कहावत-कोश :** भुवनेश्वर नाथ मिश्र 'माधव', बिहार राष्ट्रभाषा परिषद, **3. A Dictionary of Hindustani Proverbs :** S W Fallon, 1998

लोक वार्ता

अंग्रेजी के 'Folklore' शब्द के लिए हिंदी में लोक वार्ता का प्रयोग होता है। काका कालेलकर ने इसके लिए 'लौकिक दंतकथा' शब्द सुझाया था। मराठी के पारिभाषिककोश में 'जनश्रुति' शब्द है। इसे लोक विद्या भी कहा गया। 1940-50 के दशक में वासुदेवशरण अग्रवाल ने इसके लिए 'लोक वार्ता' शब्द दिया। कुछ और विकल्प भी आए जिनमें सुनीति कुमार चटर्जी के 'लोकमन' के अलावा लोकशास्त्र, लोक विज्ञान, लोक प्रतिभा, लोक पथ, लोक प्रवाह, लोक संग्रह आदि प्रमुख हैं, लेकिन 'लोक वार्ता' शब्द हिंदी के मन-मिजाज में जम गया है। हिंदी का 'लोक' अंग्रेजी के 'फोक' से अधिक विशद है। उसी प्रकार 'लोक वार्ता' में फोकलोर से अधिक अर्थ विस्तार है। डब्ल्यू जे थॉमस ने 1846 में पहली बार इस शब्द का प्रयोग सभ्य जातियों में पाए जाने वाले असभ्य जनों के विश्वासों, भ्रमों, रूढ़ियों, कथाओं और गीतों के लिए किया था। भाषा-विज्ञान, नृतत्वशास्त्र आदि के अभियान में जैसे-जैसे इन विषयों का महत्व बढ़ा, वैसे-वैसे फोकलोर शब्द का अर्थ भी विस्तृत होता गया।

'लोक वार्ता' की पहचान पहले औद्योगिक समाज के समानांतर आदिवासी समाज में, नगर के समानांतर ग्रामीण समाज में, उच्च और वृहद परंपरा के समानांतर निम्न और लघु परंपरा में और मुख्यतः बाह्य जीवन के तथ्यों में की जाती रही। क्रमशः इस पहचान और बोध का दायरा व्यापक होता गया और उसमें मनोवैज्ञानिक दृष्टि का भी महत्व बढ़ गया। यह समझ विकसित हुई कि लोकवार्ता 'जड़', 'प्रस्तरीभूत' या मृतक कंकाल नहीं है, बल्कि लोक जीवन की प्रवहमान धारा में लोक की जिजीविषा, उसकी शक्ति, संवेदनाएं, मान्यताएं, परंपराएं, आचार, अनुष्ठान, रीति-रिवाज, गीत और कथाएं बताती हैं कि वह जीवित है, चेतन है और गतिशील है। लोकवार्ता के बारे में कहा जाता है कि यह अत्यधिक दूर और अत्यंत प्राचीन कोई वस्तु नहीं है, वह तो हमारे बीच ही वास्तविक और जीवित है। तात्पर्य यह है कि लोक वार्ता में केवल आदिम, प्राचीन अवशेष, मृत रूढ़ियों का ही अध्ययन नहीं होता, बल्कि जीवित लोक-संवेदनाओं, लोक की अभिव्यक्तियों और प्रवाहशील गतिविधियों और प्रक्रियाओं का भी अध्ययन होता है।

वासुदेवशरण अग्रवाल के शब्दों में, 'लोक वार्ता एक जीवित शास्त्र है—लोक का जितना जीवन है, उतना ही लोक वार्ता का विस्तार है। लोक में बसने वाला जन, उसकी भूमि और भौतिक जीवन तथा तीसरे स्थान में उस जन की संस्कृति, इन तीन क्षेत्रों में लोक के पूरे ज्ञान का अंतर्भाव होता है और लोकवार्ता का संबंध भी उन्हीं के साथ है।' उन्होंने पृथ्वी सूक्त से भूमि, भूमि पर रहने वाला जन और उस जन की संस्कृति—इस त्रिकोण का सूत्र लेकर लोक वार्ता को 'जनपदीय अध्ययन' का रूप दिया था।

मोटे तौर पर लोकवार्ता के विषयों को हम निम्नलिखित वर्गों में बांट सकते हैं—1. लोक गीत, लोक कथाएं, कहावतें, पहेलियां आदि। 2. रीति-रिवाज, त्योहार, पूजा-अनुष्ठान, व्रत आदि। 3. जादू-टोना, टोटके, भूत-प्रेत संबंधी विश्वास आदि।

4. लोक नृत्य तथा नाट्य, रंगमंच की देशी परंपराएं। 5. बालक-बालिकाओं के विभिन्न खेल, ग्रामीण और आदिवासी जनों के खेल, मनोरंजन आदि। इस प्रकार यह बात स्पष्ट है कि लोक वार्ता का क्षेत्र अत्यंत व्यापक है और लोक साहित्य उसका अंग है।

लोक वार्ता में वर्णित विषयों और प्रसंगों का संबंध समुदाय से है। इनमें जीवन के समस्त कार्य-व्यापार गीतों, गाथाओं और नाट्यों में अभिव्यक्ति पाते रहे हैं, जिनमें जन्म, विवाह, प्रेम, तीज-त्योहार आदि शामिल हैं। इनमें जीवन के संघर्षशील प्रसंगों को भी पर्याप्त जगह मिली है। लोक वार्ताकार व्यक्तित्व बहुत सक्षम और बहुश्रुत रहे हैं। वे लोक का मस्तिष्क कहे जाते हैं जिन्हें अपनी परंपरा और परिवेश का पूरा ज्ञान है। वे जो कुछ कहते हैं, वह कथ्य कई स्तरों और स्थितियों से गुजरने के बाद लोक वार्ता का अंग बन जाता है। लोक जीवन में रच-बसकर यह लोकमान्य हो जाता है। हो सकता है, इस प्रक्रिया में उसे काफी समय लगा हो। मेले-ठेले, तीज-त्योहार, साधु-संत, व्यापारी, नाविक, स्त्रियां और कथावाचक लोक वार्ता की सहायक एजेंसियां हैं।

लोक कला भी लोक वार्ता का ही अंग है, जिसमें प्रारंभिक तौर पर शिकार, सामूहिक नृत्य, युद्ध, जंगली जानवर, पशु-पक्षी आदि के चित्रांकन मिलते हैं। यह चित्रण चट्टानों, स्तंभों, मंदिरों, औजारों, आभूषणों, कपड़ों, दैनंदिन प्रयोग में आने वाली साधारण वस्तुओं, नाना प्रकार के शारीरिक गोदनों में मिलता है। कोई भी लोक नाट्य गीतों और नृत्यों के बिना पूरा नहीं होता, स्वांगों, ख्यालों और लीलाओं में नृत्य शामिल हैं। मंदिर, घर का आंगन-द्वार और यहां तक कि कब्र और मृतकों की छतरियों पर लोक कला के विभिन्न रूप उकेरे मिल जाएंगे। ये लोक कला के रंगमंच हैं। लोक वार्ता के अध्ययन में उसकी अभिव्यक्ति के विशिष्ट रूपों और शिल्प विधियों का भी ध्यान रखना आवश्यक है जिसमें अभिप्रायों, रूपकों, प्रतीकों, मिथकों, कथानक रूढ़ियों आदि का विन्यास महत्वपूर्ण हैं।

राजाराम भादू

अधिक जानकारी के लिए :

1. कला और संस्कृति : वासुदेव शरण अग्रवाल, **2. लोक साहित्य और संस्कृति :** दिनेश्वर प्रसाद, **3. भारतीय लोक साहित्य :** श्याम परमार, **4. ब्रज की लोक संस्कृति का अध्ययन :** सत्येंद्र

लोक विश्वास

मानव मस्तिष्क के मन में जितने प्रकार के विश्वास हैं, उन सभी के पीछे उसका आदिम मनोविज्ञान, है जहाँ वह अपने अस्तित्व से बाहर जितने भी सृष्टि-तत्व हैं, उनके साथ अपना संबंध विकसित करने के सूत्रों को खोजने-पकड़ने का प्रयास करता है। मानव की यात्रा सरल से जटिल की ओर अग्रसर होती रही है। आदिम कबीलाई घुमक्कड़ी से जब हम स्थायी बस्तियों के युग में प्रवेश करते हैं, तब लोक समाज दृष्टिगत होने लगता है। यहां सरल, सहज, स्वाभाविक जीवन शैली दिखाई देती है, जो परंपरागत अनुभवजन्य ज्ञान पर आधारित होती है। चहुंमुखी विकसित होते जाने वाले बौद्धिक और भौतिक उत्थान के बाद भी इस लोक की मौलिक मानसिकता जीवन की प्रेरणा बनी रहती है। इस दशा के आगे जब जीवन ज्ञान-विज्ञान और तज्जन्य भौतिक सुविधाओं पर आश्रित होने लगता है, तब उसमें कृत्रिमता का प्रवेश होता है। यहीं से एक 'भद्र विलासिता' हमें दिखाई देने लगती है, जो स्वयं को सभ्य, सुसंस्कृत और परिष्कृत कहने लगती है।

आदिम अवस्था में मनुष्य का सीधा वास्ता प्रकृति से था, जैसे—अंतरिक्ष, नक्षत्र, बादल, विद्युत, गर्जना, बरसात, आंधी, पर्वत, नदियां, झरने, समुद्र, पशु-पक्षी, जंगल, पेड़-पौधे और नाना वनस्पतियों से। आम लोक के विश्वासों को इन्हीं प्रकृति तत्वों से संबंधित गण-चिह्नों के रूप में हम आज भी देख सकते हैं। खासकर आदवासियों का गण-चिह्न कोई-न-कोई प्रकृति तत्व अथवा मानवेतर प्राणी होता है जैसे भीलों में महुए का वृक्ष, नागों में नाग, मीणाओं में मत्स्य, मुंडाओं में जंगली भैंसा आदि। वैज्ञानिक

दृष्टि के अभाव में लोक के भोले मन में जब प्रकृति का दैवीय शक्ति के रूप में सहज विश्वास हो जाता है, तभी वृषभ और नीलकंठ पक्षी में शिव के दर्शन होने लगते हैं। धार्मिक विश्वासों के स्तर पर हम पाते हैं कि अधिकांश लोक देव-देवियां वे पुरखे हैं, जिन्होंने लोकहित में प्रेरणास्पद महान जीवन जिया था और बड़े कार्य किए थे।

इसी क्रम में शकुनों-अपशकुनों को देखा जा सकता है। सोन चिड़ी, नेवला और हरिणों को दाहिनी तरफ जाते हुए, नीलकंठ को बाईं ओर, बछड़े को दूध पिलाती गाय को देखकर या श्यामा पक्षी को बाईं तरफ वृक्ष पर बैठे हुए देखकर शुभ संकेत का विश्वास कर लिया जाता है। तुलसीदास ने राम की बारात के प्रस्थान का वर्णन करते समय ऐसे अनेक शुभ प्रतीकों का संदर्भ दिया है। लोक विश्वास के रूप में भूत-प्रेत, जादू-टोना, झाड़ा-फूंकी जैसे अनेक अंधविश्वासों की बात भी उठती है। ऐसे सभी विश्वास प्राचीन युग के हैं, ऐसी बात नहीं है। इतना निश्चित है कि ऐसे विश्वास भौतिक और बौद्धिक साधनों के अभाव में बने हैं और आज भी मौजूद हैं, जिन्हें निर्मूल करना बाकी है।

सांस्कृतिक मनोविज्ञान की दीर्घ परंपरा में हमें दो चीजें देखने को मिलती हैं। एक तरफ प्रत्यक्ष यथार्थ का भौतिक संसार है और दूसरी तरफ कल्पनाजन्य मिथकीय विश्वासों की दुनिया है। दूसरी दुनिया लोक की सामूहिक कल्पना के रूप में अत्यंत रहस्यमय है, जिसे समझने के लिए किसी खास धारणा या विश्वास को देश-काल के संदर्भ में डी-कोड करना होता है। यह बेहद जटिल प्रक्रिया है। लोक विश्वास की गहराई में जाकर उन दृश्यों, घटनाओं, परिस्थितियों, पात्रों, मनोदशाओं इत्यादि को समझा जा सकता है, जो बिंब-प्रतीक-मिथकों का मूल आधार बनते हैं। हजारीप्रसाद द्विवेदी ने कहा है, 'ऊपर से देखने पर झूठ मालूम हो और गहराई में जाने पर सत्य मालूम हो, इसलिए घूम-फिरकर मनुष्य प्रतीक और मिथक तत्व का आश्रय लेता है।' कोई भी विश्वास नितांत वायवीय कल्पना नहीं होता। उसके पीछे कोई ठोस अनुभव हो सकता है। यह अलग बात है कि लोक विश्वास का कोई वैज्ञानिक आधार नहीं होता। इस बोआस, सी डब्ल्यू एंडर्सन और भारत में पंचानन मित्र, सुकुमारी भट्टाचार्य, देवीदत्त पट्टनायक, जवाहर सरकार आदि ने महत्वपूर्ण कार्य किया है।

हरिराम मीणा

लोक शिल्प

प्राचीन भारत में कला शब्द का प्रयोग शिल्प के अर्थ में होता था। बाद में शिल्प कलाओं को ललित कलाओं से अलग किया गया। शिल्प कलाओं के अंतर्गत कृषि, कताई-बुनाई, रंगाई, छपाई मिट्टी की मूर्तियां और बर्तन, गृहशिल्प, धातु कला, पुस्तक कला, चर्म कला, सिलाई, काष्ठ कला आदि आती हैं जिनका संबंध हुनर या कौशल से है। खाट, चटाई, टोकरी बनाने से लेकर आभूषण और मंदिरों-महलों की नक्काशी तक लोक शिल्प के कई रूप हैं, जिन्होंने जाति-धर्म से ऊपर उठकर जीवन को मोहक सौंदर्य से परिचित कराया। लंबे दौर के बाद हस्त शिल्प एक बार फिर अपनी पहचान बना रहा है।

विभिन्न प्राचीन समाजों में धातुओं और मिट्टी के बर्तनों पर बने कलात्मक चित्र मिलते हैं। मिट्टी, पत्थर, धातु, लकड़ी, हाथी दांत आदि की कटाई, खुदाई तथा रंगाई से कलात्मक वस्तुएं बनाई जाती रही हैं। लकड़ी तथा हाथी दांत की खुदाई में अफ्रीकी प्रजाति के समूहों को विशेषज्ञता प्राप्त है। पश्चिमी अफ्रीका को नीग्रो मुखौटा और काष्ठ कला का विशेषज्ञ माना जाता है। वहां की काष्ठ-मूर्तियां और मुखौटे प्रसिद्ध हैं। सादे-काले रंग से लेकर चमकदार पीले, लाल, नीले और सफेद रंगों का प्रयोग इन मूर्तियों के चेहरे रंगने में किया जाता है। कई छोटे-छोटे द्वीपों में वहां की हस्त कलाएं प्रचलित हैं। हर पुरानी सभ्यता में लोक शिल्प सुरक्षित है।

लोकशिल्पी अक्सर गांव में बस्तियों के बीच रहते आए हैं। वे कृषिकार्य से भले ही प्रत्यक्ष रूप से

न जुड़े हों, किंतु कृषकों के लिए उपयोगी वस्तुएं तैयार करते रहे हैं और आजीविका के मामले में खेती न करते हुए भी आत्मनिर्भर रहे हैं। कुछ ऐसे लोकशिल्पी भी रहे हैं, जिनकी किसी श्रेणी में चर्चा नहीं मिलती, वे लोकशिल्पी कहे जा सकते हैं। गांव की महिलाएं गेहूं की डंठल, ताड़ के पत्ते, बांस या अन्य स्थानीय चीजों का इस्तेमाल कर पंखे बनाती हैं। कुछ ऐसे भी कार्य हैं जिन्हें सिर्फ महिलाएं ही कलात्मक ढंग से संपन्न करती हैं। मूंज से विभिन्न आकार-प्रकार की डलियां और घर की सजावट के काम आने वाली वस्तुएं ग्रामीण महिलाएं तैयार करती रही हैं। वे भित्ति चित्र और अल्पना में विशेष रूप से माहिर होती हैं।

बांस की टोकरियां, शादी के अवसर पर प्रयोग में आने वाला डाल, अनाज फटकने के लिए सूप का निर्माण हिंदी क्षेत्र में कुछ विशिष्ट जनजातियां (डोम, बंसफोर या बंसोर) करती आई हैं। कुछ लोक शिल्प ऐसे हैं, जो जाति विशेष से जुड़े होते हैं तथा कुछ ऐसे होते हैं, जो प्रायः जन-प्रचलित होते हैं।

लोक शिल्प

अतीत में काफी लोकशिल्पियों को कृषि उपज का एक निश्चित हिस्सा दिया जाता था। लोक शिल्प की कई वस्तुओं की उपयोगिता तकनीकी विकास के कारण समाप्त हो गई, जैसे पत्तों से पत्तल बनाने का काम आधुनिक ढंग की प्लास्टिक या फोम की थालियां आ जाने से लगभग समाप्त हो गया। इसी तरह का संकट कुम्हारों द्वारा बनाए जाने वाले मिट्टी के कुल्हड़ों और बर्तनों के साथ है। अब काठ के खिलौने नहीं बिकते। जन-साधारण में प्रचलित लोक शिल्प नए बदलावों की वजह से लुप्त हो रहे हैं, क्योंकि ये लोगों की नई हैसियत से मेल नहीं खाते।

मुगल काल में लोक शिल्प काफी पनपा था, लेकिन अंग्रेजी राज में शिल्पियों की दशा खराब होती गई। औद्योगिक क्रांति ने भी बड़ा झटका दिया। महात्मा गांधी हस्त शिल्प, कुटीर उद्योग और लोक कलाओं के एक बड़े समर्थक थे। स्वतंत्र भारत में लोक शिल्प को सरकारी संरक्षण मिलने लगा, क्योंकि ये सांस्कृतिक विरासत का महत्वपूर्ण अंग थे। विभिन्न कोशिशों से लोक शिल्प और हस्तशिल्पियों की दशा में कुछ सुधार आया है। नगरों में हस्त शिल्प मेलों का आयोजन होने लगा है, लोक शिल्प घर और गांवों से निकलकर बाजार में आया है और आधुनिक शहरी लोग भी इसकी ओर आकर्षित हुए हैं।

भारत के लोक शिल्प और हस्त कलाओं में भारी विविधता है। हर राज्य में इसके अनोखे रूप हैं। मिट्टी, धातु, वस्त्र, चमड़े, बांस, काठ, जूट, कागज आदि वस्तुओं को लेकर हस्त शिल्प के अनूठे पुराने रूप और नए प्रयोग देखने को मिलते हैं। लोक परंपराओं में विविधता के कारण हस्त शिल्प में भी विविधता है। बंगाल में जन जातियां बांस, जूट, मिट्टी और कपड़े से कई उपयोगी और सजावटी कला वस्तुएं बनाती हैं। कृष्णनगर और विष्णुपुर की मिट्टी की मूर्तियां प्रसिद्ध हैं। बंगाल मिट्टी से बनी देवी-देवताओं की मूर्ति के लिए दुनिया भर में जाना जाता है।

विष्णुपुर की जली मिट्टी से बनी टेराकोटा मूर्तियां प्रसिद्ध हैं, जो पहले मंदिरों में भी किसी आख्यान के आधार पर उत्कीर्ण होती थीं। वस्त्र पर छपाई के राजस्थानी काम आकर्षित करते हैं। बनारस-मिर्जापुर के इलाके सुंदर कालीनों के लिए जाने जाते हैं। इसने उद्योग का रूप ले लिया है। इसी तरह चुनार मिट्टी के बर्तनों के लिए प्रसिद्ध हैं। उत्तर प्रदेश, हरियाणा, राजस्थान, महाराष्ट्र, हिमाचल प्रदेश और झारखंड में बर्तनों की अपनी-अपनी विशिष्ट शैली है। लकड़ी, बांस और हड्डियों की सुंदर कलात्मक वस्तुएं उत्तर-पूर्व के राज्यों विशेषकर असम, नागालैंड, मिजोरम, मणिपुर में मिलती हैं। ऊन की शाल बनाने में कश्मीर आगे है। जयपुर, मुरादाबाद, छत्तीसगढ़ के बस्तर क्षेत्र का धातु शिल्प

सराहा जाता है। बिहार में मधुबनी कला की छाप कपड़ों पर मिलती है। तांबा, पीतल, कांसे, चांदी आदि से सुंदर वस्तुएं प्रायः हर प्रदेश में बनाई जाती हैं। स्त्रियों के आभूषण बनाने में बनारस, हैदराबाद और गुजरात के शहर आगे हैं। राजस्थान पत्थर के हस्त शिल्प का एक बड़ा केंद्र है। जैसलमेर की हवेलियों के शिल्प को देखने विदेशी पर्यटक भी आते हैं। मैसूर में चंदन काठ से बनी कई वस्तुएं लोकप्रिय हैं। हस्त शिल्प के कई रूप लोक शिल्प से आगे बढ़कर अब व्यावसायिक रूप धारण करते जा रहे हैं। ये आजीविका के साधन के साथ सांस्कृतिक आत्म पहचान की विविधता का भी भव्य आभास देते हैं।

अजय कुमार पांडेय

अधिक जानकारी के लिए :
1. हमारा हस्तशिल्प : एम वी नारायण राव, **2. Arts and Crafts of India :** IllayCooper and John Sillow

लोक संस्कार

लोक संस्कारों की उत्पत्ति कब हुई, कैसे विकास हुआ, यह कोई नहीं बता सकता। इतना जरूर है कि मानव सभ्यता की शुरुआत से लेकर आज उच्चतम शिखर पर पहुंच सके आधुनिक समाज में भी इनसे मुक्ति नहीं है। इनमें कई इतने विचित्र, तर्कातीत और कल्पित हैं कि इन पर विश्वास नहीं किया जा सकता, फिर भी दुनिया भर में लोक संस्कार मजबूती से जमे हुए हैं, वे चाहे पश्चिम के देश हों या पूर्व के।

संस्कार शब्द संस्कृत से आया है। शंकर ने ब्रह्मसूत्र में लिखा है, 'संस्कारो हि नाम संस्कार्यस्य गुणाधानेन वा स्याद्दोषापनयनेन वा (1.1.4), अर्थात व्यक्ति में गुणों का संचार करने या दोषों को दूर करने लिए जो कर्म किया जाए, उसे संस्कार कहा जाता है। संस्कार मानस शोधन है। यह किसी एक जगह आकर रुका हुआ या स्थिर मामला नहीं है। सामाजिक विकास के हर मोड़ पर नए गुणों के संचार और पुराने दोषों से छुटकारा जरूरी है। 'चरकसंहिता' में है, 'संस्कारो हि गुणान्तराधानमुच्यते' अर्थात व्यक्ति या वस्तु में नए गुण समाहित करना ही संस्कार है। संस्कार को कर्म का बीज माना जाता है। यह भी कहा गया है कि निरक्षर भी संस्कारवान और विद्वान भी संस्कारहीन हो सकता है। महात्मा गांधी ने लिखा है, 'हम सब संस्कार लेकर जन्म लेते हैं और उन संस्कारों के अनुसार बुद्धि का प्रयोग करते हैं। संस्कारों को धो डालने की शक्ति ईश्वर ने सभी को दी है।' (केशव गांधी को पत्र)। हजारीप्रसाद द्विवेदी का कहना है, 'संस्कार बड़े प्रबल होते हैं, वे विवेक को प्रायः ही दबोच लेते हैं।' (विचार प्रवाह)। लक्षित किया जा सकता है कि संस्कार का जो अर्थ लिया जाता था, बाद में वह अर्थ बच नहीं पाया, उसका गुण से संबंध विच्छेद हो गया। रूढ़ि ही संस्कार का पर्याय बन गई। संस्कार संस्कार होता है, पर उच्च संस्कार और निम्न संस्कार का नकली विभाजन बना। यह भी कहा जाने लगा कि मनुष्य संस्कारों का दास है, जबकि वह बुनियादी रूप में संस्कारों का निर्माता है। उसके पास दोषयुक्त संस्कारों या कुसंस्कारों को मिटाने की असीम ताकत है।

लोक संस्कार के संदर्भ में संस्कार का जो अर्थ ग्रहण किया जाने लगा, वह निश्चय ही शोधन-परिष्करण, उत्कर्ष संसाधन या सुधार नहीं है। इसका संबंध मुख्य रूप से धार्मिक रीति, मनुष्य के मन पर सदियों की पड़ी छाप, उसके विश्वास, धारणा, मानसिक बुनावट, जीवन स्थिति, झुकाव और कुछ खास प्रवृत्तिगत प्रबलताओं से है। दुनिया के सभी देशों और मानव समाजों में कुछ लोक विश्वास, लोक रीतियां, लोकाचरण, शिष्टाचार विनिमय, लोक चिकित्सा, लोक बुद्धि जैसी चीजें हैं, जो समग्रतः लोक संस्कार हैं। इनमें से सभी को कुसंस्कार नहीं कहा जा सकता और न इन्हें अशिक्षितों का संस्कार कहा जाना चाहिए।

यह भी सही है कि कई लोक संस्कार तर्क पर आधारित न होकर निर्बुद्धिपरक होते हैं। उदाहरण के तौर पर कई परिवारों में बड़े भाई का छोटे भाई की पत्नी का मुंह देखना वर्जित है। इसके पीछे कोई

तर्क नहीं है। अब यह माना नहीं जाता। एक लोक संस्कार है श्राद्ध करना, यह वैज्ञानिक मिजाज के लोग भी करते हैं। कुछ लोक संस्कारों के पीछे तर्क होते हैं। यह युक्तिहीन नहीं है कि हमेशा प्रातःकाल का पहला कार्य घर साफ करना है, हमेशा स्वच्छ होकर भोजन ग्रहण करना है, अतिथि का आदर करना है। लोगों से सभ्यता के साथ पेश आना है या पेड़-पौधों से पोषण प्राप्त करते हुए उनकी रक्षा करनी है।

सुबह उठने के बाद धार्मिक क्रियाओं से शुरू होकर शुभ-अशुभ, जीवन में सफलता के लिए ईश्वर, साधु-संन्यासी या पीर-फकीरों में विश्वास, ग्रहरत्न की अंगूठी, असाध्य रोगों के इलाज के लिए जड़ी-बूटियों के आकर्षण तक जीवन के हर कोने में लोक संस्कार फैले हैं। इन संस्कारों में धर्म, जाति, प्रदेश, देश, गांव आदि के आधार पर भिन्नता स्वाभाविक है। कहीं दिन में विवाह होता है, कहीं रात में। कुछ लोग दक्षिण दिशा में पैर करके नहीं सोते, कुछ सोते हैं। जन्म-मृत्यु, दांपत्य जीवन, परिवार, उत्सव-यात्रा, सभा-सोसाइटी, आतिथ्य-विदाई, कृषि उद्योग यहां तक कि आणविक पनडुब्बी के जलावतरण जैसे मौकों पर भी संस्कारों का पालन देखा जा सकता है। जो दिन में नास्तिक होते हैं, वे कई बार छिप कर मंदिर-चर्च या किसी धर्मगुरु, बाबा या ज्योतिषी के पास जाते हैं। संस्कारों की वजह से भारत में निर्बुद्धिपरकता का एक बाजार फैला है, जो सैकड़ों वर्षों का है। एक परजीवी धार्मिक वर्ग फल-फूल रहा है, जिसके जाल में युवक कम नहीं फंसे हैं। लोक संस्कार अशिक्षित-शिक्षित का भेद मिटाकर हर जगह फैले हैं, जैसे इनके बिना मानव समाज न चल सके।

लोक संस्कार और कुसंस्कार के बीच फर्क : लोक संस्कार सामाजिक भूमिका पर निर्भर करता है। यह बिल्कुल संभव है कि एक देश-प्रदेश में जो लोक संस्कार है, वह दूसरे देश-प्रदेश में कुसंस्कार हो। इतना ही नहीं, समतल भूमि पर जो लोक संस्कार हैं, पहाड़ों पर उनसे भिन्न लोक संस्कार हों। भौतिक विकास से जन्मी नई स्थितियों का संस्कारों पर असर पड़ता है और उनका रूपांतरण होता है। यही वजह है कि वर्ण व्यवस्था और पितृसत्ता को मजबूती देने वाले लोक संस्कारों का विरोध शुरू हुआ। विभिन्न धर्मों में कई सामाजिक प्रश्नों पर लंबे समय से कूपमंडूकता और कुसंस्कारों का विरोध होता आया है। इसके अलावा, अपने-अपने धार्मिक लोक संस्कारों को अभिमान के साथ और आत्मपहचान के रूप में देखने की प्रवृत्ति रही है, भले ही वे कुसंस्कार हो। फिर भी किसी दूसरे धर्म के लोक संस्कार के बारे में यह कहना संकट में डाल सकता है कि उसके लोक संस्कार कुसंस्कार हैं। इसे आस्था पर चोट के रूप में देखा जाता है। बुर्का पहनने को पश्चिम में कुसंस्कार माना जाता है, जबकि मुस्लिम देशों में यह मजहबी नियम है। लोक संस्कारों को कुसंस्कारों से अलग करना मुख्यतः धार्मिक-सामाजिक सुधार का मामला है। सरकारें भयवश इस मामले को छेड़ नहीं पातीं, बल्कि कई राजनेता कुसंस्कारों को संरक्षण देते दिखाई देते हैं। लोक संस्कार अंधविश्वास हो जाने के बाद कुसंस्कार बन जाते हैं। वस्तुतः अंधविश्वासों के फैलने के मूल में असुरक्षा और आत्मविश्वास का अभाव है। निश्चय ही संस्कार को सही अर्थ में ग्रहण करने की जरूरत है, जो कुसंस्कारों को मिटाए बिना संभव नहीं है, लेकिन यह लक्ष्य तकनीकी क्रांति पर निर्भर रह जाने से पूरा नहीं हो सकता है, क्योंकि तकनीकी बुद्धिवाद में कुसंस्कारों से लड़ने की क्षमता नहीं है।

दुनिया सिर्फ एक ही धर्म के लोगों या एक ही विचारधारा पर चलने वाले लोगों के लिए नहीं है। इसका एक बड़ा सत्य विविधता है। हम देखते हैं कि अतीत में लोक संस्कारों को युगानुरूप बदलने की कोशिशें कम नहीं हुईं। शंकर ने आठवीं सदी में कई धार्मिक आत्म यंत्रणाओं और कुप्रथाओं को मिटाने की कोशिश की थी। उनकी एक प्रार्थना काफी रोचक और मार्मिक है, 'हे प्रभु, मेरे तीन पाप माफ करना। मैंने तुम्हारा ध्यान करते हुए मूर्ति रूप में कल्पना की है, जबकि तुम निराकार हो। मैंने तुम्हारी प्रशंसा करते हुए तुम्हारा वर्णन किया है,

जबकि तुम वर्णनातीत हो। मैंने तुम्हें मंदिरों में ढूंढा है, जबकि तुम सर्वव्यापी हो।' शंकर ने पुराने लोक संस्कारों को चुनौती दी थी। ईरान के कवि रूमी ने यही किया था, 'हे मुस्लिम भाइयो, मैं अब क्या करूं, मैं अपने को पहचान नहीं पा रहा हूं। मैं न ईसाई हूं, न मैं यहूदी हूं, न मैं जरथुस्त्रवादी हूं और न मुसलमान।' हर धर्म में ऐसे महान व्यक्तित्व हुए, जिन्होंने धार्मिक विविधता के बीच समन्वय और सुधार के प्रयत्न किए। वैष्णव कवियों और कबीर ने यह काम किया। दीन-ए-इलाही के जरिए अकबर ने धार्मिक सुधार करना चाहा। नव-जागरणकालीन सुधारवादियों ने कोशिशें कीं, पर हर जमाने में लोक संस्कार के भीतर जड़ जमाए कुसंस्कार ही अंततः भारी पड़ गए।

यहां प्रश्न उठता है, क्या धर्म और लोक संस्कार एक ही चीज हैं। कुछ धर्म संगठनबद्ध हैं, कुछ नहीं हैं, इनमें एक हिंदू धर्म है। इसमें बहुदेववाद है और विविधतापूर्ण लोक संस्कारों के साथ एक ईश्वर की अवधारणा भी है। यह कहना मुश्किल है कि किस धर्म में लोक संस्कार के तत्व कितनी मात्रा में हैं, पर इतना निश्चित है कि कोई धर्म घृणा और कुसंस्कारों की खाद पर पनप नहीं सकता। निश्चय ही धर्म के सारतत्व से विच्छिन्न होकर ही लोक संस्कार कुसंस्कार में बदलते हैं। लक्षित किया जा सकता है कि कुसंस्कारों के खिलाफ बुद्धिसम्मत ढंग से आवाज उठाने पर धर्मोन्मादी इक्कीसवीं सदी में किसी भी युग से ज्यादा पागल दिख रहे हैं।

शंभुनाथ

अधिक जानकारी के लिए :
1. लोक : परंपरा, पहचान एवं प्रवाह : श्याम सुंदर दुबे, **2. बादलों के रंग हवाओं के संग :** अमरेंद्र किशोर

लोक संस्कृति : मध्य प्रदेश

लोक संस्कृति की दृष्टि से मध्य प्रदेश में मुख्यतः पांच लोकांचल हैं—निमाड़, बघेलखंड, बुंदेलखंड, मालवा और मध्य प्रदेश की जनजातियां। जनजातियों में छिंदवाड़ा की भारिया जनजाति, बैगाचक की बैगा जनजाति और ग्वालियर संभाग की सहरिया जनजाति प्रमुख हैं। इनके अलावा गोंड, भील, कोरकू, कोल जनजातियों के लोग करोड़ों की संख्या में हैं। लोकांचलों और जनजातियों की अपनी भाषा और विशिष्ट सांस्कृतिक परंपराएं हैं।

निमाड़ : निमाड़ अंचल मध्य प्रदेश के पश्चिमी भाग में स्थित है। निमाड़ का सांस्कृतिक केंद्र खंडवा, खरगोन और बड़वानी जिले हैं। निमाड़ी संस्कृति का प्रसार धार, हरदा जिले तक है। प्राचीन काल में इस अंचल का नाम 'अनूप प्रदेश' और 'माहिशमति' था। निमाड़ी भाषा शौरसेनी अपभ्रंश के अंतर्गत पश्चिमी हिंदी समूह की मानी जाती है।

निमाड़ के लोक पर्वों में 'गणगौर' अथवा 'रणुबाई' प्रमुख है। निमाड़ में इसे चैत्र कृष्ण पक्ष की दसवीं तिथि से चैत्र शुक्ल तृतीया तक मनाया जाता है। यह पर्व संतति कामना, सौभाग्य, सुख-समृद्धि के लिए मनाया जाता है। गणगौर की प्रमुख देवी रणुबाई है। निमाड़ में सावन माह के कृष्ण पक्ष की अमावस्या के दिन 'जिरोती' का पर्व मनाया जाता है। जिरोती को बच्चों की रक्षा करने वाली देवी माना जाता है। भित्ति चित्रों और मंगल प्रतीकों का यहां विशेष महत्व है। निमाड़ अंचल में महिलाएं 'गड़व्या' खेलती हैं। यहां की एक विशेष जाति 'काठी' लोक नाट्य-नृत्य-गान प्रस्तुत करती है। गणगौर, डंडा, गम्मत यहां की प्रमुख नृत्य शैलियां हैं। गाथा गायन की भी यहां खास परंपरा है, जो 'हरबोला' नामक जाति में पाई जाती है। हरबोले गायक केवल उन विद्रोही वीरों की गाथाएं गाते हैं, जिन्होंने अंग्रेजी सत्ता का विरोध किया था, जिनमें यशवंतराव होलकर, झांसी की रानी, टंट्या भील, राजा चैनसिंह आदि प्रमुख हैं। निमाड़ के कई गीतों में 'गढ़ गुजरात' और 'सोरठ देस' की स्मृति होती है–'रणुबाई थारा काई काई रूप बखाणूं हो, सोरठ देस सी आई हो।' निमाड़ के लोक नाट्यों में रास मंडल और रामलीला मंडल की भूमिका प्रमुख होती है। यहां 'खम-गम्मत' और

'स्वांग' खेले जाते हैं। पुरुषों के प्रमुख गीतों में 'कलगी', 'तुर्रा', 'गड़बी', 'दोयरा' और 'फाग' प्रमुख हैं। वहीं स्त्रियों के गीतों में 'कुकड़ा', 'जेवनार', 'जमाल', 'मान', 'हल्दी', 'मंडप', 'विदा', 'तीर्थ', 'भुजरिया' 'फाग' 'घट्टी' 'बारहमासे' आदि के गीत प्रमुख हैं। संतों में संत सिंगाजी, ब्रह्मगीर, मनरंगीर, रंकनाथ, दीनदास, दलुदास, खेमदास, आत्माराम, बुखारदास, हरिदास आदि की लोक प्रतिष्ठा है। इनके पद गांव-गांव में गाए जाते हैं। संत सिंगा की बड़ी प्रसिद्धि है। उन्होंने खेती-गृहस्थी के शब्दों में निर्गुण पदों की रचना की थी–'खेती खेड़ो रे हरि नाम की'। लोक देवताओं में 'भीलट' और 'भैरू' की बड़ी मान्यता है।

बघेलखंड : रामायण काल में इस अंचल को कोसल तथा महाभारत काल में मेकल और विराट कहा जाता था। इसे वत्स जनपद भी कहा जाता था। लंबे समय तक बघेल राजपूत राजाओं के शासक रहने से यह अंचल बघेलखंड कहलाने लगा। वर्तमान बघेलखंड रीवा, सतना, सीधी और शहडोल जिलों में समाया हुआ है।

बघेलखंड एक कला समृद्ध अंचल है। यहां आभूषण और गृह सौंदर्य का विशेष स्थान है। एक लोकोक्ति है, 'पहिरी ओढ़ी दुलहिया, लीपी-पोती डेहेरिया' अर्थात अलंकारों से लदी दुल्हन और सजा-संवरा घर मन को भाता है। यहां बांस कला में 'खोभरी' 'झांपी' और 'झाल' तथा सुपारी से निर्मित विविध कलाकृतियां देश-विदेश में खास पहचान रखती हैं। बघेलखंड में परंपरा से भूमि और भित्ति चित्र बनाए जाते हैं—कोहबर, छप्पा, नागपूजाकोड़र, अल्पना, सांझी इनमें प्रमुख हैं। छाहुर, नटकौरी, लकड़बग्घा, बहेरे तर का भूत, मनसुखा, हिंगाला, बघेसुर आदि यहां के चर्चित लोक नाट्य हैं। कर्मा-शैला लोक नृत्य बैगा जनजाति और कोलदहका नृत्य कोलों का नृत्य माना जाता है। कर्मा नृत्य के सोलह प्रकार माने जाते हैं। केहरा-पोता यहां की स्त्रियों का विशेष नृत्य है। अहीरों का बीछी नृत्य भी विख्यात है। 'कुंअरसिंह', 'रणमतसिंह', 'बसावन मामा' बघेलखंड की अपनी जमीन से उत्पन्न लोकगाथाएं हैं। 'रणमतसिंह' काव्य में रानी कुंदन कुंअरी के विषय में कहा जाता है–'बलकइ लाग जबानी सुनिकै, कुंदन कुंवरी केरि फटकार। फरफराइ कइ कूदि परे सब, लइ लइ भाला ढाल कटार।' बघेली लोक गीतों में सोहर के गीत के साथ 'दादर' भी गाई जाती है। बजनहाई, नचनहाई, गैलहाई, कोलहाई, कोटबरहाई, दादरें प्रमुख गीत हैं। अन्य गीतों में जनेऊ, बरुआ, माटी मागर के गीत, भांवरी गीत, परछन गीत उल्लेखनीय हैं। बघेलखंड में होली और फाग के गीतों की भरी-पूरी परंपरा चली आ रही है। अकेले फाग गीतों में ही ग्यारह प्रकार के फाग गाए जाते हैं जिनके नाम हैं– लेजम, तिनताला, बैसवारा, डग्गा, दंहका, दुट्टा दंहका, टहूका, बुंदलखंडी, नारदी, ढेवरा और फाग राई। बघेली भूमि शौर्य के साथ श्रृंगार को भी उतनी ही जगह देती है। विरह के एक करमा गीत में नायिका कहती है, 'तबा कै रोटी तबा मा जाय मोर रोटी का खबइया भूखन मरि जाय।'

बुंदेलखंड : बुंदेलखंड नाम विगत समय में बुंदेला राजपूतों के शासक होने के कारण प्रचलित हुआ। पहले इस अंचल को जेजाहुति, जुझौती भी कहा जाता था। कभी इसे युद्धदेश, मध्यदेश, कर्णवती, चेदीदेश भी कहा गया है। सन 1793 में हुए एक भाषाई सर्वेक्षण में विलियम कैरे ने भारत की 33 भाषाओं में यहां की लोक भाषा को 'बुंदेलखंडी' कहा था। बुंदेली भाषा के कुछ उपभेद माने गए हैं, जैसे बनाफरी, खटोला, तवरधारी, भदावरी, सिकरवारी, पवारी आदि। जागनिक की प्रसिद्ध रचना 'आल्हा' इसी भाषा में है।

बुंदेली लोक साहित्य के संकलन का सर्वप्रथम कार्य जॉर्ज ग्रियर्सन ने किया था। भारतीय विद्वानों में बनारसीदास चतुर्वेदी ने 1940 में टीकमगढ़ से 'मधुकर' नामक मासिक पत्र प्रकाशित किया। इसमें बुंदेली लोक संस्कृति को प्रमुखता से स्थान मिलता था। कृष्णानंद गुप्त ने 'लोक वार्ता' त्रैमासिक का

प्रकाशन प्रारंभ किया। कवि ईसुरी की फागों का सर्वप्रथम संकलन-प्रकाशन भी इन्होंने ही किया। ख्यालीराम, भुजबल आदि के फाग गीत भी हैं। बुंदेलखंड में रामलीला, रासलीला की धूम रहती है।

बुंदेलखंड की सीमा बुंदेली में कुछ इस तरह बताई जाती है–'इत जमुना उत नर्मदा। इत चम्बल उत टौंस। छत्रसाल सों लरन की रही न काहू हौंस।'

ईसुरी ने छतरपुर का राज्याश्रय ठुकरा दिया था। वे मूलतः सौंदर्य, प्रेम और श्रृंगार के कोमल कवि थे। उन्होंने भक्ति, वैराग्य और वेदांत जैसे विषयों पर भी रचनाएं की थीं। उन्होंने हजारों चौकड़ियाऊ फागें लिखीं। ईसुरी की सारी रचनाएं रजऊ, राधा, कृष्ण को संबोधित हैं। उनकी काव्य चेतना एक उत्कट प्रेमी की थी। ईसुरी की पंक्तियां हैं :

कड़क्षन लागी मूंड दिरौदा, कड़ी न सिर खों ओदा।
कारीगर ने बुरओ बनाओ, धरौ न ऊंचा गोंदा।
लच गई, नव गई, दूनर हो गई, नेनू कैसों लोंदा।
ईसुर उने उठान पाए, इतो उतै सकरोंदा।।

बुंदेलखंड जिस तरह आल्हा के लिए प्रसिद्ध है, वैसे ही लोक नृत्यों में रांई नृत्य के लिए भी है, जो बेड़िया जाति की स्त्रियों द्वारा प्रस्तुत किया जाता है। बुंदेलखंड का हर्षोल्लास रांई नृत्य में देखा जा सकता है। यहां 'रावला' और 'कांडरा' नृत्य भी प्रसिद्ध हैं। बुंदेली लोक कवि घाघ और भड्डरी की कहावतें बुंदेलखंड की सीमाओं के पार भी प्रचलित हैं। इन कहावतों में एक है, 'उत्तम खेती आप सेती। मध्यम खेती भाई सेती। निकृष्ट खेती नौकर सेती। बिगड़ गई तो बलाय सेती।'

मालवा : मालवा अंचल विंध्य पर्वत की उत्तरी तलहटी में फैला एक विस्तृत पठार है। इस अंचल को पहले अवंती भी कहा जाता था। उज्जैन, इंदौर, देवास, शाजापुर एवं धार मालवी भाषा के क्षेत्र माने जाते हैं। मालवी की उपबोलियों में उमठवाड़ी, सोंधवाड़ी, रांगड़ी, दशोरी शामिल हैं। मालवा के कुमार गंदर्भ और प्रहलादसिंह टिपाण्या की देशव्यापी ख्याति कबीर के भजनों से ही बनी। शीलनाथ बाबा का एक पद है, 'मुख बिन गाना पग बिन चलना बिना पंख उड़ जाई। बिना मोह की सूरत हमारी अनहद में रम जाई। भई संतों अणी देश रा नाहीं हम परदेशी पंछी बाबा।' मालवा के लोक नाट्यों में 'कलगी-तुर्रा' और 'माच' तथा 'तेजाजी' प्रमुख हैं।

दरअसल कलगी और तुर्रा दो अखाड़ों के नाम हैं। ये दो अखाड़े अपनी दार्शनिक मान्यताओं से संबंधित प्रश्न गेय रूप में एक-दूसरे से पूछते हैं और अपनी पराजय आज तक स्वीकार नहीं करते। 'माच' शब्द 'मंच' का बिगड़ा हुआ रूप है। मंच पर मालवी शैली में यह लोक नाट्य करने के कारण मालवी भाषा में यह माच कहा जाने लगा। मालवा के लोक नृत्यों में मटकी, आड़ा-खड़ा, रजबाड़ी प्रसिद्ध हैं। पारंपरिक कलाओं में 'बुंइकीदार मांडले' के अलावा 'फड़द चित्रावण' कला अप्रतिम है। एक बड़े कपड़े पर चित्र लिपि में कथा अंकित होती है। मालवा में नाथ संप्रदाय की परंपरा आज तक विद्यमान है। मालवा के गांवों में आज भी विविध वेशभूषाधारी नाथों को देखा जा सकता है। भर्तृहरि इसी क्षेत्र के थे। रुं-रुं बाजे पर भरथरी गाने वाले यहां देखे जा सकते हैं। रंग-बिरंगी चटकदार पगड़ी और साफा, धोती, बंडी मालवी पुरुषों का परिधान है तो चटख रंग का लुगड़ा, कांचली, घाघरा मालवी महिलाओं का पारंपरिक परिधान है। यहां 'गल' एक जनजातीय प्रथा थी, जो अब धीरे-धीरे अन्य जातियों में भी फैल गई है।

चंबल : मध्य प्रदेश के लोकांचलों में ग्वालियर-चंबल क्षेत्र अपने प्राकृतिक बीहड़ों के कारण प्रसिद्ध हैं। यह अंचल राजस्थान, उत्तर प्रदेश, बुंदेलखंड, मालवा, ब्रज आदि क्षेत्रों से घिरा मिश्रित अंचल है। इस कारण इस अंचल पर अन्य सभी समीपवर्ती अंचलों का प्रभाव है। कभी इस क्षेत्र को 'तंवरधार' भी कहा जाता था। यह जनपद मध्य प्रदेश के उत्तर में स्थित भिंड, मुरैना, दतिया, शिवपुरी, गुना और ग्वालियर जैसे बड़े जिलों को अपने में समेटे हुए है। इस जनपद में ब्रज, बुंदेली, मालवी, कन्नौजी, भदावरी, राजस्थानी, सिकरवारी, जटावरी, कछवायधारी आदि

बोलियों का प्रयोग होता है। राहुल सांकृत्यायन ने यहां की बोली को 'ग्वालेरी' कहा था। यहां के लोक नृत्यों में बाबाबाई नृत्य (खोईया नाच) कूकरा नाच, चीकट (भात) नृत्य, राछ, दादरा आदि नृत्य महिलाओं द्वारा किए जाते हैं। यहां का दुलदुल घोड़ी नृत्य दूर-दूर तक प्रसिद्ध है। लोक गीतों में सजनई, रावला, कांडरा, गोट, लहचारी, रसिया, सुअटा, बंबुलिया, ढोला, संचत, भैलोटनी, दस्टोन, मागरमाटी, छेई पूजन, मैहर का पानी, भतैया आदि उल्लेखनीय हैं। खेरमाता, कारसदेव, हरदौल यहां की लोक परंपरा के देवता हैं।

धर्मेंद्र पारे

अधिक जानकारी के लिए :

1. निमाड़ का सांस्कृतिक इतिहास : रामनारायण उपाध्याय, **2. बघेली भाषा और साहित्य :** टीकमसिंह तोमर, **3. बुंदेली लोक साहित्य परंपरा और इतिहास :** नर्मदा प्रसाद गुप्त, **4. मालवी और उसका साहित्य :** श्याम परमार, **5. चंबल की संस्कृति और साहित्य :** ओमप्रकाश चौबे

लोक साहित्य

लोक साहित्य को परिभाषित करते समय कई मत सामने आए हैं। हजारीप्रसाद द्विवेदी की राय है कि लोक चित्त से उत्पन्न होकर सर्वसाधारण को आंदोलित, चालित और प्रभावित करने वाले साहित्य को लोक साहित्य कहना चाहिए। लोक चित्त है जनता का चित्त, 'जो परंपराप्रथित बौद्धिक विवेचनापरक शास्त्रों और उन पर की गई टीका-टिप्पणियों के साहित्य से अपरिचित होता है।' लोक साहित्य के कुछ मोटे लक्षण दिखाई देते हैं–यह किसी व्यक्ति विशेष द्वारा निर्मित नहीं होता, उसके पीछे परंपरा होती है जिसका संबंध समाज से भिन्न नहीं है और उसकी अभिव्यक्ति सामूहिक होती है। इसका अर्थ यह नहीं है कि पूरा-का-पूरा जनसमूह एक जगह बैठकर साथ-साथ रचता है। लोक साहित्य की रचना लोक समाज के व्यक्ति ही करते हैं, लेकिन रचने वाले अपने समाज का प्रतिनिधि बनकर रचते हैं। नामवर सिंह के शब्दों में, 'यदि लोक समाज भावराशि है तो रचयिता व्यक्ति अभिव्यक्ति का माध्यम।' औद्योगिक समाज के दौर में रचा गया जन-साहित्य लोक साहित्य से इसी मामले में भिन्न है कि लोक साहित्य का रचयिता व्यक्ति जन-समूह का माध्यम मात्र है, जबकि जन-साहित्य में रचनेवाले का व्यक्तित्व अपनी विशिष्टता के साथ उपस्थित रहता है। माना गया है कि लोक साहित्य जहाँ जनता के लिए जनता द्वारा ही रचित साहित्य है, वहां जन साहित्य जनता के लिए व्यक्ति द्वारा रचित साहित्य है। प्रगतिशील आंदोलन के दौर में अनेक कवियों ने लोक भाषाओं में राजनीतिक कविताएं लिखीं, जो जन आंदोलनों में जनता के बीच लोकप्रिय हो गईं, लेकिन उन्हें लोक साहित्य नहीं, वरन जन साहित्य के भीतर रखना ही सही होगा।

लोक साहित्य लोक समाज द्वारा स्वीकृत वह साहित्य माना जाता है, जो लंबे समय से मौखिक परंपरा में चला आ रहा हो और उसमें लोक जीवन के आदर्श, रीति-रिवाज, भावनाएं ही नहीं, संपूर्ण लोक मानस संगृहीत हो। लोक साहित्य के संबंध में एक गलत धारणा यह बनाई गई कि यह उनका साहित्य है, जो सभ्यता के दायरे से बाहर हैं और आदिवासी हैं। इसे कृषि सभ्यता से जुड़ा गंवई साहित्य भी कहा गया। वास्तव में लोक साहित्य लोक की आशाओं, आकांक्षाओं और पीड़ाओं का उसकी भाषा में रचा गया साहित्य है। यह उसके द्वारा व्यापक रूप से अपना लिया गया साहित्य है। इसका हर शब्द, शैली और भावना लोक की अपनी होती है।

लोक संस्कृति की व्यापकता जन जीवन के सभी व्यापारों में है, जबकि लोक साहित्य जनता के गीतों, कथाओं, गाथाओं, कहावतों आदि तक सीमित है। मोटे तौर पर लोक साहित्य को पांच भागों में विभाजित किया जाता है : 1. लोक गीत, 2. लोक कथा, 3. लोक गाथा, 4. लोक नाट्य और 5. लोक सुभाषित। लोक साहित्य के क्षेत्र विस्तार पर चर्चा करते हुए माना गया है कि साधारण जनता जिन शब्दों में गाती है, रोती है, हंसती है, खेलती है, उन

सबको लोक साहित्य के अंतर्गत रखा जा सकता है। लोक साहित्य की व्यापकता मानव के जन्म से लेकर मृत्यु तक है। यह स्त्री-पुरुष-बच्चों, कृषकों-श्रमजीवियों, जवान तथा बूढ़े लोगों की सम्मिलित संपत्ति है। पारिवारिक, ऋतु संबंधी, कृषि संबंधी, श्रम संबंधी गीतों के अतिरिक्त, राजनीतिक एवं राष्ट्रीय चेतना से परिपूर्ण गीत भी लोक साहित्य के क्षेत्र में आते हैं। गांव के बूढ़े जाड़े में आग तापते समय कहानियां सुनाते हैं। दादी मां छोटे बच्चों को सुलाने के लिए लोरियां गाती हैं, भूत-प्रेत भगाने के लिए ओझा-सोखा 'पचरा' अर्थात देवी गीत गाते हैं। लोक मनोरंजन के लिए नौटंकी, स्वांग, लोक नृत्य, रामलीला, रासलीला आदि का आयोजन होता है। नित्य व्यवहार में आनेवाली कहावतें, लोकोक्तियां आदि लोक साहित्य के अंतर्गत आती हैं।

भारत में लोक साहित्य का संकलन और अध्ययन उन्नीसवीं शताब्दी में ईसाई मिशनरियों ने किया या कुछ अंग्रेज बुद्धिजीवियों और अधिकारियों ने। उनका कार्य बहुत कुछ नया, साहसिक या कुतूहल-शांति के लिए किया गया कार्य मात्र था। राष्ट्रीय स्वाधीनता संग्राम के दौर में, विशेषतः सत्याग्रह आंदोलन के बाद अध्येताओं और साहित्यकारों ने लोक साहित्य पर विशेष ध्यान दिया। रामनरेश त्रिपाठी और देवेंद्र सत्यार्थी ने लोक गीतों का संग्रह बड़ी निष्ठापूर्वक किया। बनारसी दास चतुर्वेदी, प्रभुदयाल मीतल, कृष्णानंद गुप्त आदि ने जनपदीय आंदोलन का सूत्रपात किया, जिसके अंतर्गत सभी क्षेत्रों में लोक साहित्य के संग्रह, विवेचन और संपादन-प्रकाशन का काम हुआ। राहुल सांकृत्यायन ने इस काम में व्यापक शोध और जनवादी स्पिरिट का संचार किया तो वासुदेवशरण अग्रवाल ने इसे गंभीर सांस्कृतिक परिप्रेक्ष्य प्रदान किया। रामचंद्र शुक्ल ने लोक साहित्य का महत्व रेखांकित करते हुए अपने 'हिंदी साहित्य के इतिहास' में लिखा, 'जब-जब शिष्टों का काव्य पंडितों द्वारा बंधकर निश्चेष्ट और संकुचित होगा, तब तब उसे सजीव और चेतन प्रसार देश की सामान्य जनता के बीच स्वच्छंद बहती हुई प्राकृतिक भावधारा से जीवन तत्व ग्रहण करने से ही प्राप्त होगा।' इस कथन में लोक के महत्व की ओर स्पष्ट संकेत है।

अमीर खुसरो से लेकर भारतेंदु हरिश्चंद्र तक के हिंदी साहित्य में आख्यान, काव्य रूप, कथानक रूढ़ि, लय-छंद, शिल्प विधान के नाना तत्वों की आपूर्ति लोक साहित्य के अक्षय भंडार से बराबर होती आई है। भक्ति काव्य, जो हमारे साहित्येतिहास का सुमेरु है, की महिमा में लोक साहित्य का भी पर्याप्त हिस्सा है। आधुनिक युग में भारतेंदु हरिश्चंद्र ने 'जातीय संगीत' शीर्षक अपने ऐतिहासिक लेख में कवियों का आह्वान किया कि वे बाल विवाह, वृद्ध विवाह, तरह-तरह के भेदभाव और कुसंस्कारों के विरुद्ध और राष्ट्रीय एकता के पक्ष में होली, कजली आदि परंपरागत विधाओं में काव्य रचना करें और इसे पुस्तिकाओं के रूप में छपाकर जनता में प्रचारित करें। आधुनिक युग में सामाजिक-राजनीतिक उद्देश्य से लोक साहित्य की विधाओं के उपयोग की दिशा में उठाया गया यह पहला कदम था, जिसका विकास अपने उत्कृष्ट रूप में प्रगतिशील आंदोलन में हुआ, जब केदारनाथ अग्रवाल, रामविलास शर्मा, पढ़ीस, रामकेर जैसे कवियों ने प्रखर राजनीतिक चेतना की कविताएं लिखीं।

लोकोक्तियों में जनता के जीवनानुभवों का मर्म संचित रहता है। इनका उपयोग कथा साहित्य और नाटकों में होता आया है। देखा जा सकता है कि तीज-व्रत की कथाएं, पहेलियां, शिशु गीत और लोरिकायन या चनैनी जैसे आख्यान गीत तथा आल्हा-ऊदल की वीरता का अमर काव्य आल्हा लोक में अब भी प्रचलित हैं और लोकप्रिय हैं। यह तथ्य भी ध्यान देने योग्य है कि औद्योगिक सभ्यता के प्रसार के साथ कुछ विधाएं लुप्त हो रही हैं—जैसे जंतसार (चक्की के गीत), मांझी या केवटों के गीत, फसलों की कटाई (कटनी) के गीत आदि। लोक साहित्य के विलोप की चिंता से भी लोक साहित्य के संग्रह और संरक्षण को बढ़ावा मिला है और विश्वविद्यालयों में इसे अध्ययन-अनुसंधान के विषय के रूप में मान्यता मिली है।

अवधेश प्रधान, अजय कुमार पांडेय

अधिक जानकारी के लिए :
1. लोक साहित्य की भूमिका : कृष्णदेव उपाध्याय, **2. लोक साहित्य विज्ञान :** सत्येंद्र, 1962

लोक साहित्य : किसान

भारतीय समाज में किसी समय खेती को उत्तम, व्यापार को मध्यम, चाकरी को अधम और भीख मांगने को निकृष्ट माना गया। लोक साहित्य में यह बात इस रूप में उपस्थित है, 'उत्तम खेती, मध्यम बान/अधम चाकरी, भीखि निदान।' भारतीय समाज में भले ही खेती जीविका का उत्तम साधन मानी जाती रही हो, लेकिन यहां का किसान कभी खेती के बल पर सुखी नहीं रह सका है। कबीर ने गांव का कष्ट इस रूप में व्यक्त किया है, 'अब न बसूं इहि गाउं गोसाईं' तो सूर ने भी किसानों के शोषण के बारे में लिखा है, 'सबै कूर मोसों ऋण चाहत, कहौ कहा तिन दीजै।' तुलसी ने भी 'खेती न किसान को' लिखा ही था। अंग्रेजी राज में किसानों का जीवन यथार्थ अधिक कठोर हुआ। लोक साहित्य उनके उजाड़, पीड़ाओं और संघर्षों का साक्षी है। किसानों को आजीविका के लिए गांव से बाहर शहर जाना पड़ा है। उनके कष्ट के वृत्तांत लोक साहित्य में भरे पड़े हैं। एक अवधी लोक गीत में एक स्त्री की चिंता है कि मेरा छप्पर टूटा हुआ है और वर्षा की बूंदें टपक रही हैं। मेरी सुध लेनेवाला कोई नहीं है। मेरा जेठ अपना बंगला छवाता है और मेरा देवर चौपाल छवाता है। उस स्त्री के घर को भला कौन छवाएगा, जिसका पति परदेश में है? इस तरह की अनेक प्रस्तुतियां लोक साहित्य में हैं, जो किसान जीवन के भयावह यथार्थ को अभिव्यक्त करती हैं।

भारतीय किसान को प्रायः परम संतोषी और सीधा-सादा तथा सरल माना जाता रहा है। उसकी कभी कोई बड़ी आकांक्षा नहीं रही। एक मारवाड़ी गीत के आधार पर कहा जाए तो किसान के घर की लड़की की सिर्फ इतनी भर आकांक्षा रही है कि उसके पिता का घर और उसकी ससुराल एक ही गांव में हो, झोपड़ी वर्षा के दिनों में टनकने वाली न हो। तालाब खेत के पास ही हो, जिससे बैलों को पानी पीने के लिए दूर न जाना पड़े।

किसान का सबसे बड़ा धन अनाज है। भगवान से भी वह अन्न का ही वरदान मांगता है। धान की कटाई में किसान की औरत 'खेतपाल' देवता का आवाह्न करती है, 'आ जइतीं हमरा खेतऽ बीचे बाबा खेतपाल हो/ सागऽ खोटत सदा तोहरा के देनी टूसा/आजु देबि पाकल पाकल बलियन के दान हो।' अर्थात हे खेतपाल देवता, आप खेत के बीच पधारिए, जैसे मैं पहले साग खोंटते समय आपको नरम-नरम टूसा देती थी, उसी तरह आज पकी हुई धान की बालियां अर्पित करूंगी। कटाई का सबसे बड़ा सुख है– मेहनत के बाद मिलने वाला अनाज। इसलिए कटाई के गीतों में इतना हुलास दिखाई देता है–'खेतवा में लागल कटनियां हो राम। माथे के झूमर झलाझल झलके, खनके कलइया के कंगनवा हो राम/हिल मिल सखिया सब लाटी बन्हावें/भरे चले घर के कोठिलवा हो राम। सासु ननदिया जोहत होइहैं बटिया/चलऽ सखि साजी सेजरिया हो राम।' अर्थात खेत में कटनी लग गई। माथे का झूमर, हाथ की चूड़ी खनकने लगी, बोझे बंधने लगे, घर का कोठिला अनाज से भर दूंगी, सासु-ननद घर पर इंतजार करती होंगी, चलकर ए सखी सेज पर सोऊंगी। इसी प्रकार पति भी कटाई के लिए उत्साहित करते हुए पत्नी से वादा करता है–'कटाई की कमाई से चुनरी पहनाऊंगा, चोली पहनाऊंगा, झुमका और कंगन गढ़ाऊंगा, तुम्हारी सेज चांदी और सोने से मढ़ाऊंगा!'

धान में जब दाने नहीं पड़ते, झिलंगा हो जाता है, किसान खेत के इर्द-गिर्द घूम-घामकर निराश घर लौट आता है तो उसकी औरत उसे धीरज बंधाती है– धीरज धरो, धान नहीं हुआ तो कोई बात नहीं, तब तक सांवा कूटकर खाएंगे। 'रोपलो में धनवा उपजि गइले झारंगा। आरे छापेला मुरेना चई-चइए ए राम/ खेत घुमि अइले कुदारी भांजि अइले/आरिए तर बइठे मन मारि नू ए राम/ मति पियवा झंखहु मति पियवा झुरउ/ धान ना होई तऽ सांवा कुटबि नू ए राम।'

आजादी की लड़ाई के दौरान जब किसान आंदोलन हुए, किसानों के संगठन बने, पत्र-पत्रिकाओं ने उन पर सामग्री छापना शुरू किया, एक नया जागरण आया, तब नई चेतना से संपन्न किसान आंदोलन के गीत लोक गीतों की शैली में रचे जाने लगे। भारतेंदु ने 'जातीय संगीत' में देश-दशा पर जन गीत लिखने की अपील की। प्रताप नारायण मिश्र ने 'जिनकी पूंजी केवल हर पुर खुरपा खारा/घास फूस के घरन माहिं जे करिहिं गुजारा' कहकर किसानों के जीवन को कविता का विषय बनाया। मैथिलीशरण गुप्त, सियारामशरण गुप्त, गयाप्रसाद शुक्ल सनेही जैसे हिंदी कवियों ने किसानों पर कविताएं लिखीं। निराला ने 'बादल राग' कविता में अधीर कृषक को 'विप्लव के वीर' बादलों का आवाह्न करते दिखाया।

हिंदी क्षेत्र के किसानों की नई जागरण चेतना का परिचय 'कविवचनसुधा', 'ब्राह्मण', 'प्रताप', 'नवशक्ति', 'जनता', 'हुंकार', 'हल', 'किसान', 'अभ्युदय', 'राजस्थान केसरी', 'नवीन राजस्थान' तथा 'तरुण राजस्थान' जैसे पत्र-पत्रिकाओं से मिलता है। किसान आंदोलन को धार देने की गरज से एक लोक गीत में एक किसान की दशा का बयान करते हुए कहा गया है कि हमारे देश में किसान सबसे अभागा है। दिन भर बेगारी करता है और लाखों गालियां सहता है, फिर भी उसे खाने का कोई ठिकाना नहीं है–'सबसे किसान हो अभागा हमरे देसवा में/ दिन भर बेगारी रहै, लाखन ठे गारी सहैं/तबहूं न लागै इन्हें खाए के ठेकान हो/अभागा हमरे देसवा में।' मनोरंजन प्रसाद सिंह की जनभाषा में लिखी एक कविता में किसानों की दुर्दशा का मार्मिक चित्रण करते हुए कहा गया है कि रे फिरंगी! तुम्हारे आने से थोड़े ही दिन पहले यहां लाखों मन गल्ला और धान उपजता था, किंतु हाय रामा! आज किसान अपने माथे पर हाथ रखकर बिलख-बिलखकर रो रहा है। कविता है, 'जहवां थोड़े ही दिन पहिले होते रहे/लाखों मन गल्ला और धान रे फिरंगिया/उहे आज हाय रामा मथवा पर हाथ धरि/बिलखि के रोवेला किसान रे फिरंगिया!'

1857 में किसानों के खड़े होने के प्रमाण भी कई लोक गीतों में है। एक में है, 'जब संतावनि के ललकार भइलि, बीरन के बीर पुकार भइलि/बलिया के मंगल पांडे के बलिबेदी से ललकार के/छक्का छूटल अंगरेजनि के गोरे गोरे कपतानन के।' वे वर्दीधारी किसान थे।

सत्याग्रह से पहले चंपारन, बिजौलिया और अवध क्षेत्र के किसान आंदोलन में लोक गीत रचे गए। बिजौलिया आंदोलन का लोकप्रिय राजस्थानी लोकगीत था, 'पथिक की महिमा भारी जी/सत्याग्रह करणो सिखलाओ/बंदेमातरम पाठ पढ़ायो/दुख सूं लिया उबार/महात्मा हैं तपधारी जी।' अवध में गूंजा था, 'बाबा रामचंद्र के रजवा/परजा मजा उड़ावे ना।' अवध क्षेत्र में बेगारी, बेदखली, रसद और नजराने से मुक्ति के लिए किसानों का संघर्ष तेज हो रहा था। उसका नेतृत्व बाबा रामचंद्र दास, झींगुरी सिंह तथा सहदेव सिंह के हाथों में था। तीनों किसान नेताओं को एक लोक गीत की पंक्तियों में याद किया गया है–'राज समाज विराजत रूरे, रामचंद्र, सहदेव झीगुरे।' इस गीत की पंक्ति में आए नाम रामचंद्र से तात्पर्य बाबा रामचंद्र दास से है, जो अवध के गांवों में किसानों के बीच जा-जाकर रामचरितमानस की चौपाइयों और दोहों की तत्कालीन औपनिवेशिक और सामंती शक्तियों के खिलाफ तात्कालिक संदर्भों में व्याख्या करते थे।

एक लोक गीत की पंक्तियां इतनी प्रभावशाली थीं कि उनके प्रभाव में सन 1942 के 'अंग्रेजो भारत छोड़ो' आंदोलन के दौरान किसानों ने आठ अंग्रेज सिपाहियों को मारकर गंडक नदी में फेंक दिया था। लोक गीत की ये पंक्तियां थीं, 'ओने अंगरेजन के गोली/एने किसानन के टोली/गूंजे जय हिंद के बोली, ओ मढ़ौरा में।' इसी तरह से लाग-बाग, पारंपरिक अधिकार, नाजायज लगान और बेगार के खिलाफ शुरू किसान संघर्ष की किसान पंचायत में एक राजस्थानी लोकस्वर मेवाड़ नरेश को चुनौती देते हुए गूंज रहा था–'भान-मान मेवाड़ राणा/प्रजा पुकारे रे/रूस जार को पता न लाग्यो/सुण राणा फतमाल रे।'

दूसरे विश्वयुद्ध के दौरान लोक जीवन ज्यादा जाग्रत था। इस लोक गीत में साम्राज्यवाद विरोधी स्वर लक्षित किया जा सकता है :

भाई रे भाई
सोना के धरती लुटल जाए
जे धरती के भाल हिमालय
लाखों मुकुट जलाए
धरती पर इंग्लैंड अमेरिका
गिद्धिया मंडराए
के ना के ना लूट लूट के ले जाए।

इसी तरह के ढेर सारे गीत किसान आंदोलन के दौरान रचे गए। एक भोजपुरी लोक गीत में कहा गया है कि फिरंगियों का राज समाप्त हो जाएगा और जमींदारी प्रथा खत्म हो जाएगी। खेत का मालिक किसान होगा और कारखाने का मालिक मजूर–हे बूधन भाई, इसे ही सुराज कहिए। लोक गीत की पंक्तियां हैं–'फिरंगिया के राज जब देसवा से मिट जाई/ जमींदारी परथा खतम जब होई जाई/खेतवा के मालिक किसान सब होई जाई/कारखाना के मालिक मजूर सब होई जाई/एकरे कह हे सुराज हो बूधन भाई!' स्पष्ट है कि ये लोक गीत सिर्फ समय के प्रभाव में आकर ही नहीं रचे गए थे, बल्कि सचेतन तौर पर वर्गीय दृष्टि से संपन्न थे, उनकी एक दिशा थी।

अजय कुमार पांडेय

अधिक जानकारी के लिए :

1. लोक साहित्य की भूमिक : बलदेव उपाध्याय, **2. भोजपुरी लोक साहित्य :** श्रीधर मिश्र, **3. किसान आंदोलन की साहित्यिक जमीन :** रामाज्ञा शशिधर

लोक साहित्य : राष्ट्रीय आंदोलन

लोक साहित्य जन जीवन का दर्पण है। इसमें भारतीय राष्ट्रीय आंदोलन को एक बड़ा स्थान प्राप्त है। इसके आधार पर भारत के राष्ट्रीय आंदोलन के इतिहास का एक मौखिक संस्करण तैयार किया जा सकता है। 1857 में जौनपुर जिले के कोइरीपुर और चांदा गांव के पास अंग्रेजी सेना और प्रतापगढ़ जिले के कालाकांकर के विसेनवंशी राजा के पास घोर युद्ध हुआ था। इससे संबंधित एक लोक गीत की शुरू की पंक्तियां हैं–'काले कांकर के बिसेनवा/चांद गाड़े बा बिसनवा।' कई गीत हैं, जिनमें अंग्रेजी सेना द्वारा की गई तबाही, बरबादी, खूनखराबा, अत्याचार, लूट-खसोट, हत्याओं और लोगों की अंतर्पीड़ा को स्वर मिला है। कुछ गीतों में मेरठ के सदर बाजार में होनेवाली लूट का वर्णन है तो कुछ में अवध की बेगमों पर अंग्रेजों द्वारा किए गए अत्याचार का उल्लेख है। इसी तरह के एक गीत की पंक्तियां हैं : 'गलियन-गलियन रैयत रोवे/हटियन बनिया बजाज रे।/महल में बैठी बेगम रोवैं,/डेहरी पर रोवै खवास रे। /मोती महल की बैठक छूटीं,/छुटि है मीनाबाजार रे।/ बाग जमानिया की सैरें छूटी/ छूटे मुलुक हमार।/जो मैं ऐसा जानती/मिलती लाट से जाय रे।/हा हा करती, पैयां परती,/लेती सइयां छोड़ाय रे।।' लोकगीतों में अवध समेत हिंदुस्तान के तमाम हिस्सों में सन 1857 में अंग्रेजों के खिलाफ बगावत और दमन की व्यापक झांकी मिलती है।

अंग्रेजों के विरुद्ध बाबू कुंवर सिंह के विद्रोह को लोकगीत में आदर से याद किया गया है। 'कुंवर की लड़इया' के नाम से ख्याति-प्राप्त लोकगीत में एक प्रसंग है कि विद्रोही सैनिकों के साथ बाबू कुंवर सिंह ने आरा पर धावा बोल दिया है। अंग्रेज कप्तान ने कुंवर सिंह को लिखा–आप आइए, मैं आपसे मिलना चाहता हूं, मैं आरा को प्रांत बनाकर आपको वहां का राजा बना दूंगा, किंतु कुंवर सिंह ने जवाब में उसको संदेश भेजा कि तुम्हारी चतुराई नहीं चलेगी, जीते जी मेरा रास्ता बदलने वाला नहीं है। उत्तर प्रदेश के बलिया जिले के शिवपुर दियर गांव के सिधा सिंह तथा निधा सिंह ने बाबू कुंवर सिंह के दूतों द्वारा सहयोग मांगने पर कहा, 'लड़बि ना त का करबि, भाईन के हंसाइबि।/हाथी-घोड़ा के बेंचि के, सिपाहिन के खियाइबि!' अर्थात लड़ेंगे नहीं तो क्या करेंगे, भाइयों का नाम हंसाएंगे। हम हाथी-घोड़ा बेचकर सिपाहियों को खिलाएंगे। 25 अप्रैल 1858 को वीर कुंवर सिंह ने जगदीशपुर में अंतिम सांस

ली। लोकगीत है, 'रामा चलि गइले वीर सुरधमवा रे ना।/रामा दुनिया में रही गइले नामवा रे ना।।' वीर सुरधाम को चला गया और उसका नाम दुनिया में शेष रह गया।

ब्रिटिश आतंक के चलते 1857 की स्मृतियां मध्य वर्ग या उच्च वर्ग के शिक्षित लेखकों की रचनाओं के बजाय लोक साहित्य में ही ज्यादा सुरक्षित हैं। जिस प्रकार कुंवर सिंह की स्मृतियों को पंवड़ियों ने अपने पंवाड़ों में गाकर सुरक्षित रखा, उसी प्रकार झांसी की रानी लक्ष्मीबाई की स्मृतियों को बुंदेलखंड के हरबोलों ने पीढ़ी-दर-पीढ़ी जिंदा रखा। सुभद्रा कुमारी चौहान ने लिखा था, 'बुंदेले हरबोलों के मुंह हमँने सुनी कहानी थी, खूब लड़ी मरदानी वह तो झांसी वाली रानी थी।' अवध में देवी बख्श और राजा बेनी माधो की वीरता के गीत गाए गए।

महात्मा गांधी के जननेता के रूप में उभरने पर लोगों की आकांक्षा बलवती हुई। अब जनमानस 'आपन सरकार' की अपेक्षा करते हुए लोक गीतों के जरिए 'होइत ना दुरगति हमार रे किसनवा' के लिए 'होखे अब जल्दी तइयार रे किसनवा' का आह्वान करने लगा। गांधी को जनता अपना उद्धारक मानने लगी। 'गांधी हमरा के करऽतू अजदवा, हो रामा सुन गांधी' की पुकार होने लगी। देश का जन-समुदाय–स्त्री, पुरुष और बच्चे सभी गाने लगे कि गांधी का चरखा बड़ा ही प्यारा है। इसी आशय के कई गीतों में गांधी का वचन मानकर विदेशी वस्त्र उतार, खादी वस्त्र धारण करने से दुख सपना हो जाने की बात कही गई है, 'मान गांधी के बचनवा, दुखवा हो जइहें सपनवा/तन से उतारऽ कपड़ा बिदेसी, खद्दर के कइल धरनवा।' एक कजरी गीत में सबको पानी पिलाकर स्वयं पीने, सबको खाना खिलाकर स्वयं खाने और फूल-हजारी का सेज बिछाकर सबको सुलाने के बाद स्वयं सोने का महान वैश्विक संकल्प व्यक्त है।

1942 में गांधी ने अंग्रेजों से भारत छोड़कर ब्रिटेन चले जाने की अपील की, जिसे 'अंग्रेजो भारत छोड़ो' आंदोलन के नाम से जाना जाता है। इस आंदोलन का देशव्यापी असर पड़ा, किंतु देश के तीन जिले–मेदिनीपुर, सतारा और बलिया इस आंदोलन से विशेष रूप से प्रभावित थे। जगह-जगह पर स्टेशन, रेल लाइन, पोस्ट आफिस तथा पुलिस थाने आदि में तोड़फोड़ और लूटपाट किए गए। उत्तर प्रदेश के बलिया जिले में चित्तू पांडे की अगुवाई में तेरह दिन की 'अपनी सरकार' बनी। ऐसे में भोजपुरिहा लोककंठ गा उठे, 'गांधी के लड़इया नाही जितबे रे फिरंगिया, / चाहे करु कतनो उपाई। / भल-भल मजवा उड़वले एहि देसवा में / अब जइहें कोठिया बिकाई।' अर्थात्, ए फिरंगी! चाहे कुछ भी करो, गांधी की लड़ाई को तुम जीत नहीं सकते। इस देश में रहकर तुमने खूब मजा उड़ाया, लेकिन अब तुम्हारी कोठियां बिक जाएंगी। इस तरह से ब्रिटिश साम्राज्यवाद के विरुद्ध यहां के लोगों ने लोक गीतों के माध्यम से अपना जबर्दस्त प्रतिरोध दर्ज कराया और आजादी की लड़ाई को मजबूती प्रदान की।

प्रथम स्वतंत्रता संग्राम 1857 से लेकर आजादी हासिल करने की तारीख 15 अगस्त 1947 तक के संदर्भों-प्रसंगों के आधार पर देश के विभिन्न हिस्सों में लोकगीतों की रचना हुई है जिनमें राष्ट्रीय आंदोलन के कई महत्वपूर्ण तथ्य हैं। इन लोकगीतों में सुभाष चंद्र बोस, राजेंद्र प्रसाद, सरदार पटेल, जवाहरलाल नेहरू जैसे राष्ट्रीय चरित्र आते हैं, किंतु महात्मा गांधी को केंद्रीयता हासिल है। उनके लिए 'गान्ही' शब्द का प्रयोग हुआ है।

अजय कुमार पांडेय

अधिक जानकारी के लिए :
हिंदी साहित्य का वृहद इतिहास : भाग-16 (सं.) राहुल सांकृत्यायन

लोक साहित्य : शिष्ट साहित्य

लोक का अर्थ है–जन सामान्य। इसी का हिंदी रूप 'लोग' है। लोक साहित्य (Folk Literature) का व्यावहारिक अर्थ है, समाज के उस वर्ग का साहित्य जो अभिजात संस्कार, शास्त्रीयता और पांडित्य की चेतना से दूर परंपरा के प्रवाह में

जीवित रहता है। आदिम समाज में उसके समस्त सदस्य 'फोक' होते हैं, लेकिन उसमें जैसे-जैसे वर्ग भेद विकसित होता जाता है, 'फोक' अथवा 'लोक' का अर्थ संकुचित होता जाता है। यह मान्यता है कि समस्त साहित्य मौखिक लोक साहित्य से विकसित हुआ है। महाभारत में 'लोक' और 'वेद' में विरोध देखा गया है, लेकिन प्राचीन साहित्य में आम तौर पर जो वेद में नहीं है वह लोक में हो अथवा जो वेद में है, उससे अतिरिक्त लोक में हो तो वह 'लौकिक' है। यहां 'लोक' अथवा 'लौकिक' किसी अवहेलना अथवा उपेक्षा का भाव प्रकट नहीं करता। लोक साहित्य का चरित्र सामूहिक होता था, भले उसकी रचना कोई एक व्यक्ति करे। कालांतर में एक व्यक्ति की रचना भी लोक मुख में संशोधित और परिवर्धित होते-होते पूर्णतः सामूहिक कृति बन जाती थी। जैसे निर्वैयक्तिकता उसकी विशेषता है, वैसे ही भावात्मकता और अकृत्रिमता भी है।

वर्ग विभाजित समाज के उदय के साथ शिष्ट साहित्य की रचना प्रारंभ हुई, यद्यपि पिछड़े समाजों में लोक साहित्य की रचना भी किसी-न-किसी रूप में चलती रही। शिष्ट साहित्य को वर्ग साहित्य भी कहा जाता है, क्योंकि यह उच्च वर्ग की सृष्टि होता है। इसके नियम लोक साहित्य से भिन्न होते हैं। विद्वानों ने नियमों के अध्ययन के आधार पर शिष्ट साहित्य को परिभाषित किया है। शिष्ट साहित्य समूह की जगह व्यक्ति द्वारा रचित होता है और अपनी वैयक्तिकता अथवा आत्मव्यंजकता को अंत तक सुरक्षित रखता है। दूसरे, लोक साहित्य की तरह उसमें मात्र भावात्मकता नहीं होती। वह बौद्धिकता से भी युक्त होता है। इसके अलावा, उसमें एक कलात्मक पूर्णता होती है। अंतिम बात यह कि वह लोक साहित्य की तरह परंपरा निर्भर नहीं होता, उसमें सौंदर्यात्मक नए-पुराने नियमों को मानकर चलने की प्रवृत्ति होती है।

शिष्ट साहित्य क्लासिकल साहित्य का पर्याय नहीं है। इसमें क्लासिकल और रोमांटिक दोनों प्रकार के साहित्य आते हैं। क्लासिकल साहित्य शास्त्रीय, बौद्धिक और अनुकरणशील होता है, जबकि रोमांटिक साहित्य शास्त्र-विरोधी, भावुकता-प्रधान और स्वच्छंद। इस प्रसंग में महत्वपूर्ण बात यह है कि शिष्ट साहित्य में क्लासिकल और रोमांटिक साहित्य दोनों का मिश्रण मिलता है और कई बार लोक साहित्य का भी, निश्चय ही विभिन्न अनुपात में। इसका अच्छा उदाहरण हिंदी का भक्ति काव्य है जो क्लासिकल तो है ही, पर रोमांटिक तत्वों से भी भरपूर है। बौद्धिकता के साथ भावुकता और शास्त्रीयता के साथ स्वच्छंदता। लोक साहित्य के तत्त्वों के समावेश की बात कही जाए, तो कहना होगा कि भक्त कवियों ने लोक भाषा में क्लासिकल साहित्य रचकर साहित्य में एक विलक्षण आदर्श उपस्थित किया।

रोमांटिक साहित्य का लोक साहित्य से गहरा रिश्ता होता है, रवींद्रनाथ (बाउल संगीत) हों या अंग्रेजी कवि रॉबर्ट बर्न्स, जिन्होंने स्कॉटलैंड के लोक गीतों का संकलन और संपादन ही नहीं किया, उनके गहरे असर में अपने गीत भी रचे। आचार्य शुक्ल का कथन है, 'जब-जब शिष्टों का काव्य पंडितों द्वारा बंधकर निश्चेष्ट और संकुचित होगा, तब-तब उसे सचेत और चेतन प्रसार देश की सामान्य जनता के बीच स्वच्छंद बहती हुई प्राकृतिक भावधारा से जीवन-तत्त्व ग्रहण करने से ही प्राप्त होगा।' 'प्राकृतिक भावधारा' से उनका आशय लोक गीतों से है। वे पहले कह चुके हैं, 'भारतीय हृदय का सामान्य स्वरूप पहचानने के लिए पुराने प्रचलित ग्राम-गीतों की ओर भी ध्यान देने की आवश्यकता है; केवल पंडितों द्वारा प्रवाहित काव्य-परंपरा का अनुशीलन ही अहम नहीं है।' यह बात कविता के लिए ही नहीं, गद्य साहित्य के लिए भी उपयोगी है। 'पंचतंत्र' और 'कथासरित्सागर' से लेकर प्रेमचंद तक में हम यह पाते हैं। प्रेमचंद के बारे में रामविलास शर्मा का यह कथन सुपरिचित है कि उनकी कहानियों का रूप-विधान मूलतः लोक कथा वाला है। लोक साहित्य ने शिष्ट नाट्य साहित्य को किस तरह प्रभावित किया है, यह कालिदास के 'अभिज्ञानशाकुंतलम्' (अंगूठी

प्रसंग) से लेकर भारतेंदु के 'अंधेर नगरी' तक में देखा जा सकता है। समकालीन नाट्य-प्रस्तुति के क्षेत्र में लोक नाटकों के तत्व किस तरह लिए गए हैं, बतलाने की जरूरत नहीं होनी चाहिए।

बताया जाता है कि लोक वार्ता या लोक कला की धारणा रोमांटिसिज्म द्वारा विकसित की गई। रोमांटिसिज्म को व्यक्तित्व और सामूहिकता के बीच की खोई एकता की तलाश थी, वह वस्तुतः पूंजीवादी अलगाव का प्रतिरोध था। स्मरणीय है कि जनता ने अनेक शताब्दियों के दौरान लोक साहित्य में अच्छी और बुरी हर तरह की चीजें रख दी हैं। उसमें प्रकृति, मानवीय भावना और विभिन्न स्थितियों तथा संबंधों का सौंदर्य ही नहीं है, बल्कि भूत-प्रेत, तंत्र-मंत्र, आदिम समाज के अनाचार-दुराचार भी हैं। ऐसी स्थिति में अर्नेस्ट फिशर कहते हैं, 'हम संपूर्ण लोक कला की अन-आलोचनात्मक रोमांटिक प्रशंसा के साझीदार नहीं हो सकते। हम उसका मूल्यांकन भी उसी प्रतिमान पर कर सकते हैं, जिस पर कला के किसी दूसरे रूप का अर्थात उसकी सामाजिक अंतर्वस्तु और उसकी गुणवत्ता के आधार पर।'

साहित्यिकों के एक खास हलके में यह धारणा आम है कि साहित्य वस्तुतः एक अल्पसंख्यक समुदाय की चीज है और जनता साहित्य को उसी हद तक समझ सकती है जिस हद तक उसके पास अभिव्यक्ति के अपने साधन हैं। कुछ लोग अल्पसंख्यक बुद्धिजीवियों के शिष्ट साहित्य और जनता के समूह साहित्य (मास लिटरेचर) को अलग-अलग करके देखते हैं। वे इन दोनों के बीच जन-साहित्य की संभावना की कल्पना नहीं कर सकते यानी उस साहित्य की, जो बहुसंख्यक समुदाय का साहित्य है और परिणाम और गुणवत्ता दोनों ही दृष्टियों से सच्चे अर्थों में जनता का साहित्य है। यह वह साहित्य है, जिसमें साहित्यिकता की उपेक्षा नहीं करते हुए जनता की इच्छाओं और आकांक्षाओं को गहराई और समृद्धि के साथ अभिव्यक्त किया जाता है। अमेरिका के नोबेल विजेता (2016) बॉब डायलन के गीत साहित्य को लेकर यह सवाल उठा कि क्या लोकप्रियता और साहित्यिकता में अनिवार्य अंतर्विरोध है।

जन-साहित्य निःसंदेह सोद्देश्य होता है। इस बात पर मार्क्स और एंगेल्स से लेकर ग्राम्शी और ब्रेख्त तक एकमत थे कि जन-साहित्य में राजनीति होनी चाहिए, लेकिन इसके लिए अत्यधिक सावधानी बरतने की जरूरत है कि राजनीतिक प्रतिमान को साहित्यिक प्रतिमान में रूपांतरित न किया जाए। यदि ऐसा किया गया तो उसका मतलब होगा साहित्य के क्षेत्र में उसी प्रतिमान का प्रयोग करना जिसका प्रयोग हम राजनीतिक गतिविधि के मूल्यांकन के लिए करते हैं। जाहिर तौर पर साहित्यिक कृति और राजनीतिक गतिविधि एक नहीं हो सकते, बावजूद इसके कि जन-साहित्य में वे परस्पर संबद्ध होते हैं। दूसरे, साहित्य और राजनीति–दोनों हमें मानवीय यथार्थ के संपर्क में लाते हैं। यह भी महत्वपूर्ण बताया गया है कि राजनीति की सार्थकता जहाँ मानवीय यथार्थ को बदलने में है, वहीं साहित्य की सार्थकता उसे एक नए यथार्थ में रूपांतरित करने में है।

नंदकिशोर नवल

लोक साहित्य में दलित

लोक संस्कृतियों में लोक गीतों की परिव्याप्ति सबसे अधिक रही है और इनके अधिकांश रचनाकार दलित रहे हैं। वर्णवादी व्यवस्था में सदियों तक दलित समाज अनपढ़ था। वह लिखित रूप में बहुत कुछ दे नहीं पाया। 84 सिद्ध कवि मुख्यतः दलित ही थे। उन्होंने अपनी रचनाएं वाचिक परंपरा में ही समाज तक पहुंचाई। आम तौर पर लोक गीतों के रचयिताओं ने जीवन संघर्षों को भोगा था, अपार कष्ट सहे थे। उन्होंने जीवन के भोगे हुए यथार्थ को लोक गीतों में ढाला था। इसलिए कहा जा सकता है कि लोकगीतों की रचना में दलित समाज का व्यापक योगदान है।

भारतीय जीवन में प्रायः सभी दलित जातियों के अपने गीत और नृत्य देखने-सुनने को मिलते

हैं। उच्च वर्ग के लोग श्रम से विरत थे, इसलिए उनके जातीय गीत एवं नृत्य देखने को नहीं मिलते। श्रमशील जातियों के गाए जानेवाले गीत जैसे तेलियों, गोड़ों, भरों, पासियों, कोरियों, कहारों, सियारमरवा, गड़ेरिया, दुसाधों, कुम्हारों, धोबियों आदि के गीत प्रचलित रहे हैं। जातीय लोकगीत के अलावा सोहनी, रोपनी, निरवाई जैसे श्रम परिहार के गीत भी दलित स्त्रियां गाती रही हैं।

भोजपुरी, मगधी और मिथिला भाषा क्षेत्र में 'दीना भद्री' की लोक गाथा मुसहरों के बीच, 'सुरम-सहलेस' और 'रेशमा-चुहड़मल' की लोक गाथा दुसाध जातियों के बीच सदियों से प्रचलन में रही है। छत्तीसगढ़ की 'कंवला-लक्ष्मण जती गाथा' भी अछूत देवार जाति की रचना है। बंगाल के वैष्णवों ने जिनमें मोची और चमार जाति के लोग ज्यादा हैं, जाति दंश को बाउल गायन के माध्यम से व्यक्त किया है। दलित जातियों ने तमाम लोक गाथाओं के माध्यम से अपने नायकों के संघर्ष और उत्कर्ष की चर्चा की है। उन्होंने मंदिर प्रवेश से विरत किए जाने के कारण अपने महापुरुषों के मंदिर स्थापित कर वर्ण व्यवस्था का निषेध किया। उनकी रचनाओं में स्त्री बंधन से मुक्ति का संघर्ष दिखाई देता है।

विपरीत परिस्थितियों में दलितों को जैसे-जैसे पढ़ने-लिखने का अवसर मिलता गया, उन्होंने गैर-बराबरी, सामंतवाद और ब्राह्मणवाद के विरुद्ध अपने प्रतिरोधी स्वर बुलंद किए। संत कवियों ने छुआछूत, पाखंड और कर्मकांडों का विरोध करते हुए निर्गुण काव्य धारा को सबल बनाया और लोक संस्कृति की परंपरा में महत्वपूर्ण काव्य की रचना की।

1856 में देश में आए भीषण अकाल के समय मारवाड़ क्षेत्र के दलितों की स्थिति बदतर थी। वहां के दलितों की स्थिति एक गीत के जरिए समझी जा सकती है। उसमें एक स्त्री कहती है कि उसकी देवरानी के स्तनों का दूध भी सूख गया है, नहीं तो इसी दूध की चार बूंदें जमाइड़ों के मुंह में टपका दी जातीं। इसी तरह बस्तर की पहाड़ियों में गाए जाने वाले एक माड़िया गीत में जीवन के संघर्ष तथा कठोर सत्य को देखा जा सकता है। इस गीत में कहा गया है—'हमारे देश में दुर्भिक्ष है, ओ भाई, देश भर में दुर्भिक्ष पड़ गया, ओ भाई! देश में बैल मर गए, ओ भाई, खाली हलों का क्या करेंगे? देश भर में दुर्भिक्ष पड़ गया, ओ भाई! गंगा का दादा झट मर गया, देश भर में दुर्भिक्ष पड़ गया, ओ भाई! जनदे की दादी शीघ्र मर गई, देश भर में दुर्भिक्ष पड़ा गया, ओ भाई!' इस प्रकार दलितों द्वारा रचित लोक गीतों में दलित संस्कृति का सामाजिक यथार्थ दिखाई देता है। सवर्ण समाज जहाँ अपनी लोक संस्कृतियों में कुलीनता का लबादा सख्त करने की कोशिश करता रहा, वहीं दलितों ने लोक संस्कृतियों के माध्यम से तमाम वर्जनाओं—छुआछूत, धार्मिक निषेध और ऊंच-नीच की दीवारों—पर चोट की और खतरे उठाए। 1914 में हिंदी की प्रसिद्ध पत्रिका 'सरस्वती' में प्रकाशित हीरा डोम की कविता 'अछूत की शिकायत' को भी इसी संदर्भ से जोड़कर देखा जा सकता है।

दलित लोक कवियों का एक बड़ा हिस्सा जैसे अछूतानंद, शंकरानंद, अयोध्यानाथ दंडी, केवलानंद, रूपचंद आदि ने आर्य समाज के प्रभाव में आकर सामाजिक रूढ़ियों, भूत-प्रेत, अंधविश्वासों, सत्यनारायण व्रत कथा, बछिया दान, लिंग पूजा, जानवर की बलि, गंगा स्नान आदि के विरुद्ध अपनी रचनाओं के जरिए विरोध किया। इनके माध्यम से वर्ण व्यवस्था पर प्रहार किया। इसके अलावा लोक साहित्य में क्रांतिकारी मोड़ लाने का श्रेय उन कवियों को जाता है जिन्होंने आर्य समाज और गांधीवाद के समानांतर समाजवादी चिंतन को महत्व दिया। उनकी चिंतनधारा कबीर, रैदास एवं संत कवियों से होते हुए अंबेडकर तक आती है। खास तौर से अमर सिंह राही, नत्थूसिंह पथिक, राम भरोसे त्रिशरण, मास्टर मिथन सिंह, बलवंत सिंह प्रेमी आदि लोक कवि इसी परंपरा को आगे बढ़ाते हैं। समाज के दबे-कुचले दलित समाज ने लोक गीतों के माध्यम से सामंतवाद, सामाजिक गैर-बराबरी, अंधविश्वास आदि के खिलाफ एक सांस्कृतिक प्रतिरोध रचा है, जबकि आभिजात्यवादी समाज ने अपने लोक साहित्य

को सामान्यतः मनोरंजन, पूजा-पाठ, प्रदर्शन, संस्कार गीत तक सीमित रखा था।

अजय कुमार पांडेय

लोक साहित्य में स्त्री

लोक साहित्य की प्रत्येक विधा के केंद्र में स्त्री है। वह लोक गाथाओं की नायिका है तो लोक गीतों की प्राणधारा। आल्हखंड में आल्हा-ऊदल केंद्र में हैं, लेकिन 'लोरिकायन' में चंद्रा की भूमिका इतनी महत्वपूर्ण है कि उसे 'चनैनी' कहते हैं। दाऊद ने अपने काव्य का नामकरण 'चंदायन' या 'चांदायन' चंद्रा को ही ध्यान में रखकर किया था। लोकगीतों में स्त्री की वेदना, प्रणय-भावना और नैतिक शक्ति की अभिव्यक्ति बड़े विस्तार और प्रभावशाली ढंग से हुई है।

लोकगीतों में स्त्री के सुख का आरंभ उसके दुख की भी शुरुआत है। भाई बहन से कहता है कि मैं और मेरी बहन का जन्म एक ही मां की कोख से हुआ, एक ही मां ने दूध पिलाया, लेकिन भाग्य का लेख ऐसा अटपटा है कि मैं पिता की चौपाल में रहा और बहन दूर देश चली गई। 'हम तुहु बहिनी हो एके कोखी जमनी/पियनी मयरिया जी के दूध। हमरो लिखाइल बहिनी बाबा चउपरिया/तोहरो लिखाइल दूर देस।' ससुराल में ससुर जैसे भादों की बिजली (कड़कता है, गरजता है, बरसता है), भसुर जैसे सावन की अंधेरी रात (तड़प-तड़पकर बोली बोलता है), सासु रेंगनी का कांटा (चुभ जाने वाली बातें बोलती है), ननद जैसे बिच्छू का डंक (उसकी जहरीली बातों से सारी देह सिहर जाती है), गोतिनी जैसे जांते की जोन्हीं—छन में टूटती है, छन में जुड़ती है, बस एक देवर है जैसे पका हुआ पान (चार बात गाल में छिपाकर रख लेता है)। भाई के आने पर बहन एकांत में अपने दुखों का बयान करती है—नौ-नौ मन अनाज पीसती हूं, कूटती हूं, छांटती हूं, सबके खाने के बाद बची हुई टिकरी खाती हूं, 'नव मन पीसी भइया नव मन कूटी नव मन सीझेला रसोइया हो ना/ भइया पिछली टिकरिया भोर भोजनिया हो ना'। फिर भी वह भाई को आगाह करती है कि मेरा यह दुख पिताजी से न कहना, 'ई दुख भइया हो बाबा से जनि कहिह ऽ बु नु राम, भइया हो सभवा बइठल बाबा झंखिहे हो राम'।

ससुराल का दुख कई गुना बढ़ जाता है जब पति परदेश चला जाता है। लोकगीतों का एक बड़ा हिस्सा परदेशी पति के वियोग में तड़पती स्त्रियों की वेदना में डूबा है। गरीबी, अभाव, पड़ोसियों के या गांव के किसी छोकरे की या घर में ही देवर या ससुर की बुरी नजर का डर इस दुख को और गाढ़ा कर देता है। लोक गीतों में स्त्री के लिए सिंदूर एक चिह्न या सजावट मात्र न होकर एकनिष्ठ प्रेम का, पति के प्रति ईमानदार बने रहने की प्रतिज्ञा का, एक नैतिक कसौटी का पवित्र प्रतीक है। वह सौभाग्य है जिसके प्रति गहरी ललक ही नहीं, जीवनव्यापी साध अंतर में निहित रहती है। इसलिए वैधव्य स्त्री के लिए दुर्भाग्य है। लोकजीवन में यह दुर्भाग्य अनेक अंधविश्वासों से मिलकर अभिशाप में बदल गया है। सिंदूर से जुड़ा हुआ एक दूसरा मूल्य है सतीत्व जिसकी तेजस्वी व्यंजना लोक गीतों में मिलती है। किसी राजा या बादशाह या सिपाही या जमींदार से अपने सतीत्व को बचाने के लिए स्त्री कभी-कभी दुराचारी की हत्या कर देती है लेकिन ज्यादातर कथा गीतों में वह खुद को छुरा भोंक कर कुएं या नदी में कूद कर आत्महत्या कर लेती है। सुहागिन स्त्री की एक और विपत्ति है—सौत जिसके प्रति उसका सात्विक क्रोध लोकगीतों में बार-बार फूट पड़ा है। यहां तक कि पार्वती भी शिव से इस बात पर नाराज हो जाती हैं कि उन्होंने गंगा को सिर पर चढ़ा रखा है।

पति के प्रति स्त्री का एकनिष्ठ प्रेम लोकगीतों का उज्ज्वल पक्ष है जिसकी रामचंद्र शुक्ल ने भूरि-भूरि प्रशंसा की है। कजरी और होली के गीतों में उसका उल्लास और रोमांटिक आवेग देखते ही बनता है। पति के सौभाग्य के बाद लोक साहित्य में स्त्री के लिए जो सबसे मूल्यवान वस्तु है, वह है मातृत्व। पुत्री

को जन्म देना मूल्यवान है क्योंकि कन्यादान करके द्वार पर दामाद को उतारेंगे, लेकिन पुत्र को जन्म देने का गौरव अतुलनीय है। बेटी के जनमने पर थाली नहीं बजती, सोहर नहीं गाया जाता लेकिन बंध्यात्व का अभिशाप तो काटता है। लोक गीतों में स्त्री के लिए बांझ होना अभिशाप से कम नहीं।

एक सोहर गीत में बांझ स्त्री घर-परिवार से प्रताड़ित होकर जंगल में जाती है। वहां वह बाघ से अपने परिवार के सदस्यों के मारने-पीटने एवं समाज के लोगों द्वारा बांझिन कहकर ताने देने की चर्चा करती है और उससे खा जाने का निवेदन करती है, ताकि उसका बांझिन का नाम छूट जाए। उसे बाघ खाने को तैयार नहीं होता, क्योंकि उसकी छाया बाघिन पर पड़ेगी तो वह भी बांझ हो जाएगी। स्त्री नागिन से डंसने का निवेदन करती है, वह भी इनकार कर जाती है।

सीता एक सशक्त मिथकीय चरित्र है, जो कई लोक गीतों में आती हैं। इनके जरिए स्त्रियों ने पुरुष प्रधान समाज को निशाना बनाया है। एक सोहर में पुत्र के जन्म पर सीता संदेशवाहक भेजकर अयोध्या में लोचना सुनाने को कहती हैं। वे कहती हैं कि संदेश सबको सुनाना, पर राम से मत कहना। संदेश सुनाते समय राम कुएं पर दातौन कर रहे होते हैं और सुन लेते हैं। उनकी आंखों से आंसू बह निकलते हैं। वे अपने गुरु वसिष्ठ, लक्ष्मण और स्वयं सीता को मनाकर अयोध्या लाने के लिए जंगल जाते हैं। वहां दो बालक खेलते हुए मिलते हैं। राम उन दोनों से नाम और परिचय पूछते हैं। वे अपना नाम लव एवं कुश बताते हैं। मां का नाम सीता बताते हैं। बाबा का नाम दशरथ बताते हैं। अयोध्या के सारे लोगों से अपने संबंधों को बताते हैं, किन्तु बच्चे पिता का नाम एक बार भी नहीं बताते। राम रोने लगते हैं। बच्चे उन्हें ले जाकर सीता से मिलवाते हैं। वसिष्ठ सीता को समझाते हुए कहते हैं, अयोध्या चलो। गुरु की बात मानकर सीता अयोध्या के मार्ग पर दो पग चलती हैं, फिर धरती में समा जाती हैं। उन्हें वैभवशाली अयोध्या का राजसुख स्वीकार नहीं है। यह गीत स्त्री-स्वाभिमान का एक बड़ा लोक प्रतीक है।

ऐसे ही एक गीत में महादेव बारह बरस पर पूरबी बनीजिया से लौटकर गौरा के सतीत्व की विभिन्न तरीके से परीक्षा लेते हैं। गौरा ने जब सूर्य को प्रणाम किया तो वह छिप गया। हाथ में आग ली, तो आग बुझ गई। सर्प को हाथ में लिया, सर्प हथेली पर फण काढ़कर बैठ गया। गंगा में प्रवेश किया, गंगा सूख गई। हर बार शिव कहते रहे कि वह इस विचार को नहीं मानते। अंत में गौरा कहती हैं कि हे धरती, फटो कि मैं समा सकूं। यह सुनकर शिव हंसकर गौरा को गले लगा लेते हैं। यह गीत स्त्रियों के प्रति पुरुषों की संकीर्ण मानसिकता का उद्घाटन करता है। पौराणिक कथाओं में कहीं भी गौरा की शंकर द्वारा परीक्षा लिए जाने की चर्चा नहीं है, किन्तु राम द्वारा सीता के सतीत्व की परीक्षा लिए जाने की तरह स्त्रियों ने इस गीत में शंकर द्वारा गौरा के सतीत्व की परीक्षा लेते हुए दिखाया है। इसका तात्पर्य है, स्त्रियों के सतीत्व के सवाल पर राम हों, शिव हों या अन्य पुरुष, सभी एक जैसी मानसिकता से ग्रस्त होते हैं।

एक लोक गीत की पंक्तियां हैं, 'अंगनइया बीचे नइया डूब गइल, डूब गइल त ठीके भइल, रोज-रोज के मरलका छूट गइल' इस गीत में स्त्री कहती है कि आंगन के बीच उसकी जीवन रूपी नाव डूब गई। चलो यह अच्छा हुआ, क्योंकि उसने सइयां जी की बांह तोड़ दी। बांह टूट गई तो अच्छा हुआ, उनका रोज-रोज का मारना छूट गया। इस गीत में पितृसत्तात्मक एवं पुरुष समाज के विरुद्ध स्त्री मन के आक्रोश की सशक्त व्यंजना देखी जा सकती है। इस प्रकार स्त्रियों ने विभिन्न लोकगीतों के माध्यम से प्रतिरोध की संस्कृति का सृजन किया है।

अजय कुमार पांडेय

अधिक जानकारी के लिए :

1. भोजपुरी साहित्य : सांस्कृतिक अध्ययन : श्रीधर मिश्र, **2. लोक और लोक का स्वर :** विद्यानिवास मिश्र, **3. भोजपुरी लोकगीतों में करुण रस :** दुर्गाशंकर सिंह, **4. हिंदी साहित्य का वृहद इतिहास 16वां भाग :** (सं.) **राहुल सांकृत्यायन, 5. लोकरंग-1 :** (सं) सुभाष चंद्र कुशवाहा

लोक सौंदर्यबोध

देश, काल एवं और परिस्थिति के अनुसार विभिन्न मानव-समुदायों को लोक कहा गया है। अभिनव गुप्त ने लोक को जनपदीयता के परिप्रेक्ष्य में देखा, 'लोको नाम जनपदवासी जनः।' जनपदीयता के निर्धारण में भूगोल, प्रकृति, स्मृति, धर्म, परिवेश, व्यवसाय, सभ्यता जैसे बहुत-से कारकों की भूमिका होती है, जिनके योग से कर्मरत मनुष्य की सामूहिक चेतना का उदय होता है। इस चेतना में लोक जीवन का संघर्ष और सौंदर्य झलकता है, किंतु शिष्ट और सभ्य समाज लोक को 'फोक' के आलोक में संकीर्ण एवं गिरी हुई दृष्टि से देखता है, जिससे लोक की छवि उजागर होने के बजाय ज्यादातर धूमिल हुई है। हिंदी में लोक मानस के जीवंत तत्वों को रामचंद्र शुक्ल ने स्थापित किया।

इसमें संदेह नहीं कि लोक मानस की निर्मिति लोक के अपने उपादानों से होती है, चाहे ये उपादान कितने ही आड़े-तिरछे, ऊबड़-खाबड़, सीधे-सादे और कभी कुछ-के-कुछ ही क्यों न हों। वे जो कुछ रचते हैं, बिना प्रशिक्षण और शास्त्रीय ज्ञान के रचते हैं, फिर भी उनके सृजन में उनके अनुभवों से निर्मित सौंदर्यबोध होता है। देखा जा सकता है, उपलब्ध उपादानों से सौंदर्योत्पादन का यह नमूना कितना नायाब है–'गोरी तोर जुड़वा जइसे लठिया कै हुरवा'। कहां नायिका के सिर के लंबे केशों का जूड़ा और कहां लाठी का (सबसे मोटा सिरा) हूरा! लेकिन इस अटपटेपन की खिल्ली नहीं उड़ाई जा सकती, क्योंकि गांवों में घर-घर लाठी है। लठिबलों का सौंदर्यबोध ऐसा भी हो सकता है।

लोक मानस अपने बेजोड़ प्रतिमान गढ़ता रहता है। आखिरकार, अंडे को सफेद आलू, कटहल, को वनस्पति बकरा या मछली को जलतोरई उच्चारने के पीछे किसी-न-किसी तरह का हास्य-व्यंग्य जरूर होगा। कबीर जैसे कवि के जीवनानुभव उत्पादक श्रेणियों से जुड़े बुनकर, लोहार, तेली सरीखे वर्गों से संभूत हैं, चाहे वे धार्मिक हों, आध्यात्मिक या सामाजिक। 'काची सरसो पेरि के खरी (खली) भई नहिं तेल' या 'मुई खाल की सांस सो सार भसम ह्वै जाय' जैसे कथन सौंदर्यप्रेमी लोक मानस की उपज हैं।

कृषि और पशु पालन की सभ्यता से जुड़े, वनोपज से जुड़े, समुद्री, पर्वतीय या मरुस्थलीय जीवन से जुड़े लोक के अनुभव काव्यात्मक अभिव्यक्ति के अंग होते हैं। संस्कृत की लोकधर्मी कविता में ग्राम्य जीवन के दुख-दारिद्रय, सौंदर्य एवं स्वाभिमान, घृणा और प्रेम, राजन्य का तिरस्कार आदि जिस मार्मिक चेतना के साथ उपस्थित हैं, उनमें लोक जीवन के विलक्षण चित्र हैं। 'महिषशतकम्' के कवि वांछानाथ राजसभा को ठुकराकर रजवाड़ों के प्रति जैसी अवज्ञा और अपनी खेती में जुते भैंसे के प्रति जैसे ममतालु हैं, वह दुर्लभ है। यहां तक कि वे धन के घमंड में चूर राजदुलारों का मुंह देखने की अपेक्षा अपने भैंसे का स्थूल अंडकोश देखना श्रेयस्कर मानते हैं, 'तेषां वक्त्रविलोकनात् तव वरं स्थूलाण्डकोशेक्षणम्/येन श्रीमहिषेन्द्र लभ्यत इह प्रायेण मिष्टाशनम्'। उदरपूर्ति के लिए कठोर श्रम और सिर ऊंचा करके स्वाभिमान के साथ जीना लोक मानस की अन्यतम विशेषता है। लोक मानस बेढब जीवन के अटपटेपन से नाभिनालबद्ध होता है। उसकी सहमति या असहमति में, अभिव्यक्ति या गोपन में, सत्कार या तिरस्कार में वस्तुतः प्रदत्त, आयत्त और आकस्मिक रूप से उठ खड़ी हुई परिस्थितियों की भूमिका नियामक होती है, इसलिए लोक के नियम जितने लचीले होते हैं, उतने ही बाध्यकारी भी। जीवन को बचाने और उसे सुंदर बनाने के प्रयत्न में जीवन को खतरों और विरूपताओं की सीमा तक खींच ले जाना भी लोक सौंदर्यबोध का एक अनिवार्य तत्व है।

लोक सौंदर्यबोध कविता, कथाओं, कहावतों, चित्रकलाओं, नाच-गानों, मिट्टी के खिलौनों, वेश-भूषा और लोक के बात-व्यवहार में सदा व्यक्त होता रहा है। राय आनंदकृष्ण लिखते हैं, 'जनसामान्य की कला आडंबरहीन है, उसकी अभिव्यक्ति सीधी-सादी है। अतः वह हमारी भावनाओं पर सीधी चोट करती है। उसके देवी-देवता भी आडंबरहीन हैं। ...जिसे हम सिंधु घाटी की सभ्यता के नाम से जानते हैं, उससे

प्राप्त ऐसी असंख्य वस्तुएं हैं, जो जनसाधारण की कलात्मक प्रवृत्तियों के द्वारा उनके जनमानस को भी उजागर करती हैं। ध्यान देने योग्य है कि यह नगरीय संस्कृति थी, पर उसका लोकरूप दब नहीं गया था, जैसे हमारी आज की नगरीय संस्कृति के हृदय स्थल में भी वही लोक संस्कृति है।' (कला विमर्श, संपादक : अवधेश मिश्र)। लोक सौंदर्यबोध में निरंतरता स्वाभाविक है, पर उसमें उच्च मूल्यों के संरक्षण की जो अपार शक्ति होती है, उसे समझने की जरूरत है। यह संभव है कि लोक कलाएं आधुनिक दिमाग के लोगों को बेढब, चटक रंगों वाली और अपरिष्कृत दिखाई दें, पर उनमें सादगी का रस होता है। वे विरोध में भी सामंजस्य दिखाती हैं।

प्रश्न उठता रहा है, क्या लोक सौंदर्यबोध, सौंदर्यशास्त्र का हिस्सा बन सकता है? लोक अपनी कृतियों-कलाओं के जरिए बिना किसी प्रशिक्षण के जो सौंदर्यशास्त्रीय निर्णय देता है, क्या सही है, क्या गलत है, उसको वस्तुतः किस नजरिए से देखा जाए? हिंदी में सौंदर्यशास्त्रीय मूल्यांकन की एक लोकवादी परंपरा रही है, जिसने लोक कला, लोक साहित्य और लोक संस्कृतियों को देखने के लिए कला और साहित्य के सांस्थानिक सिद्धांतों से मुक्त दृष्टि प्रदान की है। निश्चय ही अकादमिक सौंदर्यशास्त्रीय बहसों के बाहर भी लोक सौंदर्यबोध की महत्ता बताई जाती रही है।

अष्टभुजा शुक्ल

लोक गीतों में पितृसत्ता

पितृसत्ता शब्द को ग्रामीण इलाके की स्त्रियां नहीं जानतीं। देश की स्त्रियों का बहुलांश 'पितृसत्ता' शब्द से परिचित नहीं होगा। यह शब्द विमर्शकारों की देन है, जो स्त्री के संसार में पुरुष की दखलअंदाजी को परिभाषित करता है। यह पुरुष प्रणीत व्यवस्था के कायदे-कानूनों की मुनादी है। बेशक ग्रामीण इलाके की स्त्रियां पितृसत्ता का अर्थ और अर्थांतर नहीं समझतीं, क्योंकि उनके दायरे में यह शब्द कभी आया ही नहीं, लेकिन इस शब्द की दबिश में वे शायद जन्म-जन्मांतरों से हैं-'पिता रक्षति कौमारे, भर्ता रक्षति यौवने, पुत्रो रक्षति वार्धक्ये,/न स्त्री स्वातंत्र्यमर्हति' के मनु युग से बंधक हैं। जकड़न किसको पीड़ा नहीं देती? जीव-जंतु भी अपने दायरे में जमीन खोदकर खुलकर सांस लेने की जगह बना लेते हैं। स्त्री तो फिर मनुष्य है। आदमी के लगाए बंधन उसे रास क्यों आएं? उसने स्वतंत्र सत्ता की कल्पना की, क्योंकि कल्पना शक्ति पर उसका ऋषियों-मुनियों से कम हक नहीं है।

ऐसा विधान है हिंदू धर्म की पवित्र पुस्तकों में कि बेटी का कन्यादान उसके रजस्वला होने से पहले कर दिया जाए और लिखा है कि पिता की संपत्ति को भाई-भाई बांट लें। कन्या दान के बरक्स दादी-नानियों ने गीत-कविताएं रचीं, जिनमें अपनी हकदारी का दावा है और हक मारनेवालों से शिकायतें भी दरपेश हैं। गुपचुप नहीं आए ये दावे। औरतों ने सस्वर सरेराह गाए वे तराने, जो भेदभाव से बनाई गई दास व्यवस्था को चुनौती देते हैं :

काहे को ब्याही विदेस रे रंगी बाबुल मेरे
भइया को छाये महल तिबारे,
हाय हमको छाया बिदेस...

X X X

हरौ री रंगाय दै अम्मा मेरी, डोरिया जी
एजी कोई हरी ही है भइया जी की पाग...

बेटी समानता का अधिकार मांगती है। हरे रंग के बहाने भाई से बराबरी चाहती है। उसे मालूम है कि बेटियों को जल्दी से जल्दी बेरंग दुनिया में भेजकर माता-पिता पवित्र गंगास्नान करके कन्या ऋण से मुक्त हो जाते हैं। यह मुक्ति मार्ग धर्मशास्त्रों में लिखा है। वह यह भी जानती है कि उसकी गिनती मवेशियों में की जाती है—मैं तो बाबुल तेरे खूंटे की गइया, हांको जिधर हंक जाऊं/रे रंगी बाबुल मेरे...।

धर्मशास्त्रों में, स्मृति ग्रंथों में, रामायण-महाभारत में स्त्री के लिए कहीं मान-सम्मान भी है या ताड़ना-प्रताड़ना ही लिखी है? इन विधानों को स्त्रियां झेलती हैं, तब क्या मानती भी हैं? स्त्री का चित्त अगर नैसर्गिक इच्छाओं पर जाता है, तो कलुषित मान

लिया जाता है। हालांकि उसके लिए प्रेम से ज्यादा कोई शाप पवित्र नहीं है। तभी ग्रामवधुएं प्रेम को जन्मसिद्ध अधिकार मानते हुए इसका दावा करती हैं :

चंदा की चांदनि धनिया रैन उजियार। राजा की रानी पानी नीकरी जी
बागन कौ मोरिला सासुल पनघट की राह, वा की कौंक मेरे मन बसी जी
झटपट झटपट सासुल गगरी उतारि, आज बसैरौ चम्पे बाग में जी...

बागों का मोर पनिहारिन के मन में बस गया। मोर का प्रणय निवेदन और पनिहारिन का प्रेमी हृदय का मिलना वाजिब हो गया। शास्त्र इस पर सजा बोलेंगे। सजाओं से कौन डरता है? सोलह बरस की चंदना नहीं डरी। ब्याह हो गया था, गौना नहीं हुआ, मोहब्बत कर बैठी। प्रेम की गंध गांव में फैल गई, जिसे बदनामी कहा गया। समाज के पुरोधा हुंकार उठे, चंदना के पति को बुलाओ। इसका रस्सा मालिक को पकड़ाओ, कड़ा फरमान जारी हुआ। लोक गीत आगे चलता है कि कुंवर जी आए, चंदना को विदा कराके ले गए। परपुरुष से प्रेम घोर पाप। जंगल के बीच सुस्ताने बैठे कुंवर जी, वहीं अपनी कटार से चंदना का सिर धड़ से अलग कर दिया। लोक गीत इस दरिंदगी की पीड़ा में बहता हुआ बताता है कि चंदना की सास समझ रही है बहू मायके में है और मां समझ रही है बेटी सुसराल गई। दोनों स्त्रियों को इस तीसरी कमसिन स्त्री की निर्मम हत्या का इल्म तक नहीं। 'पापिन' चंदना के मत्युदंड की दहशत चारों ओर फैल गई, लेकिन फिर भी नारी कंठ से प्रेम-गीत गूंजता है :

मेरे घर अइयो रे अरे कायथ के लाल, मेरे घर अइयो रे
मेरी कमर उठी है पीर, मेरे घर अइयो रे...
परे सरकि जा रे, अरे मेरे ड्योढ़ीमान, परे सरकि जा रे
मेरे आवत बैद हकीम, परे सरकि जा रे...

शास्त्र और लोक का डाल-डाल और पात-पात का खेल! पुरुष सत्ता शास्त्रों के जरिए स्थापित हुई है, तो लोक सत्ता ने स्त्री को स्थापित किया है। ऋषियों, स्मृतिकारों, वेद वेत्ताओं और विद्वानों के पक्षधरों से सामना क्या आसान बात है? गार्गी को धमकाने वाले ऋषि के बारे में गांव की स्त्रियों ने सुना है या नहीं सुना। कुंवर जी यदि ऋषि बन जाएं तो शक-संदेह के चलते अहिल्या को पत्थर बना दें और निश्चिंत हो जाएं। उन्हें नहीं पता कि किसी पुरुष के स्पर्श से पत्थर-सी नारी भी बोल उठेगी, यदि वह स्पर्श स्नेह, प्रेम और अपनत्व का है।

स्त्रियों ने अपनी आकांक्षाओं के लिए, स्वाभिमान के लिए महल-दोमहलों को नहीं गिना, क्योंकि जोगिनें राजगुरुओं की आज्ञा को महत्व नहीं दिया करती थीं। क्या इसलिए राजाज्ञाओं में स्त्री के लिए सती, जौहर, पति के साथ चिता में जीते जी जल जाने का विधान आवश्यक है? मीरा ने इस विधान से इनकार कर दिया, कृष्ण को पति-रूप में प्रतिस्थापित करके। शास्त्रसम्मत विधियों से घबराई हुई स्त्री को यदि किसी ने पनाह दी है, तो वह लोक है। लोक के साथ संगत करके यदि किसी ने शास्त्र को चुनौती दी है तो वह स्त्री है। कैसी पितृसत्ता और क्या इसका मिजाज? इसकी काट हमारी दादी-नानियों के रचे हुए वे गीत रहे हैं, जो श्लोकों, मंत्रों और वेद की ऋचाओं पर वार करते रहे।

किसी स्त्री से पूछिए तो उसका अनुभव बोलेगा कि श्रम, सेवा, सेक्स और समर्पण ये चार खंभे हैं जिन पर उसका शरीर टंगा रहता है। वह अपने अदृश्य मन के दायरे मानवीय आकांक्षाओं के लिए तरसते हुए, सहज सुखों के सपने देखते-देखते, मन मारने को लाचार होती है, क्योंकि उसका ईश्वर पुरुष है। राजा उसका पति है, जिसे वह पूजती है, जिसके सामने झुकती है और लोग उसके पतिव्रत की जय बोलते हैं। क्या इसीलिए सारी पूजाएं, व्रत-अर्चनाएं औरत ने दुशाले की तरह ओढ़ लीं? लोक गीतों में किसी व्रत का वर्णन उस तरह नहीं आता, जैसे शास्त्रों में। सती चरित्र किस स्त्री को भाएगा, त्रिया का तो त्रिया चरित्र ही होता है। इसमें वह मनुष्य की तरह अपनी रणनीति बना पाती है। ऐसा न होता, तो पितृसत्ता की व्यूह-रचना से कैसे टकराती? राम की अग्निपरीक्षा

में सीता जिंदा कैसे बचतीं? वनवास दिए जाने पर अपनी गर्भावस्था कैसे संभालतीं और लव-कुश को योद्धा बनाकर युद्ध में कैसे उतारतीं? यह शास्त्र का खेल है कि सीता के इस रूप को स्पष्ट होने से बचा लिया जाता है। यह ऐतिहासिक विद्वानों का षड्यंत्र है कि विराटा की पद्मिनी को बेतवा में जलसमाधि दिला कर उसके शील के जयकारे लगवा जाते हैं। क्या ऐसे 'पवित्र' बलिदान अपनी मिसाल कायम करते हुए पितृसत्ता की दरिंदगी की हिमायत में खड़े नहीं दिखते? इस दरिंदगी के शिकंजे में फंसकर जो मर-खप गईं वे सती कहलाईं और जो ऊंचे बुर्जवाले गढ़ों की दीवारें फलांग गईं, वे कुलनाशिनी, कुलच्छिनी जैसे संबोधनों से नवाजी गईं। शायद इसी कारण 'भली' स्त्रियां छिपी रहीं, लड़ीं नहीं।

पितृसत्ता राजसत्ता से कम क्रूर नहीं होती। स्त्री को ज्यादा-से-ज्यादा कमजोर बनाने में उसका धार्मिक और सामाजिक शासन चलता है। उसे बलहीन, सम्मानहीन, समताहीन और भूमिहीन रखना शास्त्रों के उत्तम विधान में शामिल है। राजा जानता है कि गुलामों को हक नहीं दिए जाते, बख्शीस से बहलाया जाता है। हमारे समाज की स्त्रियां उपहारों और बख्शीसों पर निर्भर रहने का अभ्यास पाल चुकी हैं। लोकाचारों की शास्त्र-सम्मत परंपरा उन्हें भेंट-सौगात-नेग तो देती है, पर वास्तविक हकदारी से खारिज भी करती है। इस परंपरा के पीढ़ी-दर-पीढ़ी वाहक पिता और भाई होते हैं। 'चाक' उपन्यास में सारंग इसी रिवाज पर अपना मत व्यक्त करती है, 'औरतें अपने पतियों से गहने-कपड़े मांगती हैं। मैं कैसी हूं, जो रंजीत (पति) से गहने-कपड़े नहीं, आजादी मांगती हूं, जो वे दे नहीं सकते।'

बहुत-से भटकाव, बहुत-से बहकावे हमारे लोक गीतों की कड़ियों में भी हैं, जिनसे हमें स्त्री के जीवन-इतिहास की सूचनाएं मिलती हैं। ये सूचनाएं मनुस्मृति के उन श्लोकों से जा मिलती हैं, जहाँ कहा गया है कि स्त्री को धन इकट्ठा नहीं करना चाहिए। तभी पर्व-त्यौहारों के बहाने पुरुष को दाता और स्त्री को याचक की भूमिका में अकसर देखा जाता है, स्पष्ट हो जाता है कि यह प्यार सहित धोखेबाजी स्त्री को ही छलकर कंगाल रखने के लिए है। जिन ग्रंथों को समाज ने पवित्र माना, वे स्त्री को किसी-न-किसी बहाने अपवित्र कहते रहे हैं। जिन श्लोकों को नीतिसंगत माना गया, वे स्त्री के लिए अनीतियों को लागू करने की हिमायत करते हैं। ऐसी एक-दो नहीं, कई बातें हैं, जिनके कारण शास्त्रीय दायरों से दूर होती हुई स्त्री ने लोक को अपना क्षेत्र माना और बनाया।

मैत्रेयी पुष्पा

लोक ज्ञान

लोक ज्ञान व्यावहारिक जीवन से प्राप्त ज्ञान है, जो एक पीढ़ी से दूसरी पीढ़ी को पारंपरिक रूप में हस्तांतरित होता है। यह पोथियों पर आधारित या व्यवस्थित ज्ञान नहीं है, पर जीवन के अनुभवों पर आधारित इस तरह का ज्ञान सांसारिक जीवन के लिए महत्वपूर्ण साबित होता है।

लोकज्ञान की एक परंपरा भारतीय दर्शन में है, जो लोकायत या चार्वाक दर्शन के नाम से जानी जाती है। इसका संबंध मौखिक परंपरा से है। इसी आधार पर इसे लोकायत कहा गया। इस दर्शन की एक मुख्य बात है, 'यावत जीवेत्, सुखं जीवेत्, ऋणं कृत्वा घृतं पिवेत्', अर्थात जब तक जीओ, सुख से जीओ और ऋण लेकर घी पिओ। वैश्वीकरण के युग में भौतिक सुख में डूबे व्यक्तियों का यही दर्शन है। लोकायत की उक्तियों में कर्मकांड और रूढ़ियों का विरोध है। यह दर्शन आप्त वचन का निषेध करता है तथा अंधविश्वास और धर्मांधता का खंडन करता है। यह आत्मा की अमरता और पुनर्जन्म के संबंध में कहता है कि यह ढोंग है, 'आत्मा की अमरता और पुनर्जन्म को कैसे माना जा सकता है क्योंकि जो यहां से गया, वह कभी यहां लौटा ही नहीं।'

प्राचीन काल में जंगली जानवरों से अपनी सुरक्षा के लिए विभिन्न आकार-प्रकार के हथियारों का गढ़ना लोक ज्ञान की ही देन था। कुएं और तालाब की खुदाई इसी के दायरे में आती है। विभिन्न तरह के गीत-संगीत और राग-रागिनियों की रचना लोक

में हुई, जो शास्त्रीय संगीत से भिन्न थी। बांसुरी, बीन, शंख, श्रीमुख, अलगोजा, ढोल, नगाड़ा, डमरू, खंजड़ी तथा तंबूरा, इकतारा तथा कई तरीके के तंत्रीवाद्य का निर्माण लोक द्वारा ही संभव हुआ। कुछ विद्वानों का विचार है कि मार्गी या शास्त्रीय संगीत लोक संगीत का ही परिष्कृत रूप है।

मौसम की जानकारी, जीवन के विभिन्न व्यवहारों के लिए जानकारी या जुताई, बुवाई, कटाई, आने-जाने या व्यक्ति के स्वभाव के बारे में अनुभव आधारित लोक ज्ञान की एक दीर्घ परंपरा घाघ और भड्डरी की कहावतों में मिलती है। सूक्ष्म निरीक्षण शक्ति पर आधारित जो लोक ज्ञान उन्होंने व्यक्त किया, वह आज भी प्रचलित है। इसमें कृषि, व्यवसाय, मौसम, पशु-पक्षी, गृहस्थ जीवन, भोजन, वस्त्र धारण, स्वास्थ्य, दिनचर्या, दैनिक व्यवहार – कोई पक्ष छूटा नहीं है। घाघ का मानना है कि खेती उत्तम है, व्यवसाय मध्यम है, चाकरी अधम है तथा भीख मांगना सबसे निकृष्ट है, 'उत्तम खेती मध्यम बान, अधम चाकरी भीख निदान।' युग परिवर्तन से यह वर्गीकरण बदल गया। किसान जीवन के बारे में घाघ का मानना है कि आलस के बजाय कर्म महत्वपूर्ण है–नींद किसान को खा जाती है और खांसी चोर को। घाघ के मौसम संबंधी विचार हैं कि यदि दिन भर बादल घिरे रहें और रात को वे आकाश से छंट जाएं तथा पुरवाई हवा जोर-जोर से बहे तो उस साल धोबी कपड़ा तालाब में नहीं, बल्कि कुआं खोद कर धोएगा अर्थात सूखा पड़ेगा। इसी तरह उनकी एक कहावत में है कि जेठ मास में जितने दिन पुरवाई चलेगी, सावन में उतने दिन धूल उड़ेगी अर्थात सूखा रहेगा, 'जै दिन जेठ चलै पुरवाई/तै दिन सावन धूरि उड़ाई।'

सर्दी-जुकाम में तुलसी पत्ते का काढ़ा पीना, बुखार होने पर चिरैते का काढ़ा पीना, गला फटने पर अदरक, घी और काली मिर्च के साथ शक्कर मिलाकर उन्हें खौलाकर छोल खाना लोक ज्ञान का अंग है। रोगों से मुक्ति एवं स्वस्थ रहने के लिए घरेलू उपचार आज भी हमारे देश में प्रचलित हैं।

लोक ज्ञान बहुआयामी है। इसमें चारपाई, सूप, दउरा, कृषि यंत्र आदि तैयार करने का शिल्प भी शामिल है। यह शहरों के जीवन में भी मौजूद है, पर मुख्यतः आदिवासियों, किसानों, कारीगरों, छोटे दुकानदारों और तरह-तरह के काम करने वाले करोड़ों आम लोगों का ज्ञान है। वास्तव में यह कोई बचा-खुचा पारंपरिक ज्ञान न होकर एक सक्रिय सामाजिक ज्ञान है, जो लोगों के रोज के अनुभवों, प्रयोगों और स्वाभाविक तर्क शक्ति के बल पर अनवरत नवीनीकृत होता रहता है।

लोक ज्ञान का एक हिस्सा रूढ़ियों, जड़ता और अंधविश्वास का शिकार भले ही हो, पर लोक में एक 'उदात्त कॉमनसेंस' होता है जिससे वह सीमित संसाधनों और प्राकृतिक बाधाओं के बीच भी आम जीवन की राहें निकालता चलता है। आम लोगों की सच्चाई, नैतिकता और सादगी उसके ज्ञान का अनिवार्य हिस्सा होती है। अपने तिरस्कार के चलते लोकज्ञान आधुनिक सार्वजनिक वृत्त से परे परिवार, जाति, गांव तथा जंगलों में सिमटा प्रतीत होता है। भारत के उन साठ प्रतिशत नागरिकों का जीवन जिन्होंने ज्यादा शिक्षा नहीं पाई, इस औद्योगिक तथा वैज्ञानिक युग में भी लोक ज्ञान से प्रभावित है।

आम जीवन ही लोकज्ञान की प्रयोगशाला है। आम जीवन किसी खास ज्ञान संरचना पर निर्भर नहीं होता। इसमें सत्य के निर्माण और पुनर्निर्माण की प्रक्रिया न्याय और नैतिकता के मूल्यों से जुड़ी होती है। लोक ज्ञान के लिए सत्य कोई अमूर्त वस्तु नहीं है और न ही कोई ऐसी वस्तु जिसकी खोज में भटकना पड़े। ज्ञान, विज्ञान और आधुनिक उपलब्धियों पर जब पूंजी के बल पर एक सीमित वर्ग का कब्जा हो, लोक ज्ञान को परिष्कृत और विकसित कर आज भी उपयोग में लाया जा सकता है। अनुपम मिश्र ने 'आज भी खरे हैं तालाब' नाम की अपनी पुस्तक में राजस्थान की मरुभूमि में जल संरक्षण की सदियों पुरानी परंपरा का सोदाहरण विवेचन कर पर्यावरण की दृष्टि से लोकमत की अचूक व्यावहारिकता और वैज्ञानिकता को उजागर किया है।

अजय कुमार पाण्डेय

अधिक जानकारी के लिए :
1. हिंदी साहित्य की भूमिका : हजारीप्रसाद द्विवेदी, **2. लोक साहित्य के प्रतिमान :** कुंदनलाल उप्रेती

लोकपाल

जनता की तरफ से बिना किसी प्रशासकीय दबाव के भ्रष्टाचार की जांच और रोक के लिए जिस पद की संकल्पना की गई है, वह लोकपाल है। लोकपाल को लोकतंत्र का प्रहरी कहा जाता है। संवैधानिक स्थिति स्पष्ट न होने के कारण विवादों की वजह से यह पद और ऑफिस कभी निर्मित नहीं हो सका, जबकि 1968 से 2008 तक दस बार यह विधेयक संसद में असफल ढंग से पेश हो चुका था। नई सदी के पहले दशक में जब भ्रष्टाचार चरम पर पहुंच गया–76,000 करोड़ का टूजी घोटाला, 70,000 करोड़ का कॉमनवेल्थ गेम्स घोटाला, 20,000 करोड़ का कर्नाटक वक्फ बोर्ड घोटाला और जब भ्रष्टाचार के छोटे-छोटे अनगिनत रूप उजागर हुए, इससे देशव्यापी असंतोष उमड़ पड़ा। इसी समय लोकपाल विधेयक के संदर्भ में 2011-12 में अन्ना हजारे का आंदोलन दिल्ली में हुआ था। उसे नागरिक समाज का व्यापक समर्थन मिला। इस जन-समर्थन को देखते हुए सरकार भी घबरा गई। अंततः यह आंदोलन भी कोई नतीजा नहीं दे सका। बहस का विषय था कि प्रधानमंत्री को भी इसके दायरे में रखा जा सकता है या नहीं। विभिन्न राज्यों में अभी परंपरागत ढंग से लोकायुक्त काम कर रहे हैं, जो सरकारी मशीनरी का हिस्सा समझे जाते हैं। इन्हें भ्रष्टाचार रोकने में अक्षम माना जाता है।

भ्रष्टाचार नया मामला नहीं है। कौटिल्य ने 'अर्थशास्त्र' में लिखा है, 'जैसे जीभ पर रखे हुए मधु का स्वाद लिए बिना नहीं रहा जाता, उसी प्रकार आर्थिक मामलों के लिए नियुक्त अधिकारी अर्थ का थोड़ा भी स्वाद न लें, यह असंभव है।' स्वतंत्र भारत में 1948 का जीप घोटाला पहला मामला था। इसमें बाजार से दुगने दाम पर जीप खरीदने की घटना प्रकाश में आई थी। 1985 में राजीव गांधी ने प्रधानमंत्री के पद से कहा था, 'केंद्रीय सरकार एक रुपया देती है, पर 15 पैसे ही जरूरतमंद तक पहुंच पाते हैं।' देखा गया है कि भ्रष्टाचार सबसे ज्यादा धर्मनिरपेक्ष और दलनिरपेक्ष मामला हो चुका है। यह विकास में लगा घुन है, जिसका सबसे ज्यादा शिकार गरीब आदमी होता है। इससे जनता में निराशा फैलती है, विषमता के साथ हिंसा बढ़ती है। यही देखते हुए लोकपाल बिल मुद्दा बना। इसके लिए अनशन, धरना और याचिका के अलावा चौथे हथियार राजनीति का भी इस्तेमाल हुआ। यह आंदोलन राजनीतिक रूप ले या नहीं, इसको लेकर विवाद सामने आए, बिखराव भी होने लगा। लोक कल्याणकारी राज्य की अवधारणा मिटने और बाजार राज्य के उदय के साथ भ्रष्टाचार इतना सर्वव्यापी हुआ है और ऊपर से नीचे तक इतना ज्यादा फैला है कि यह आम जनता की चिंता का बड़ा विषय है, भले ही राजनीतिज्ञ कोई मुकम्मल कदम उठाने से बचते फिरें। यह सभी समझते हैं कि लोकतंत्र और भ्रष्टाचार एकसाथ नहीं चल सकते। इसलिए सवाल उठा है, क्या भारत में लोकतंत्र का क्षय हो रहा है?

शंभुनाथ

लोकप्रिय कला

लोकप्रिय कला का आंदोलन 1950 के दशक के मध्य ब्रिटेन में और 1950 के अंतिम वर्षों के दौरान संयुक्त राज्य अमेरिका में आरंभ हुआ। इस दौर में लोकप्रियता का प्रश्न एक अनिवार्य प्रश्न बन चुका था। अमूर्त कला के युग के बाद मूर्तन को पुनः केंद्र में लाना आधुनिकता की दिशा में एक बड़ा बदलाव था। उच्च कला की विषयवस्तु थी–नैतिकता, उच्च सौंदर्यबोध, मिथकीय पुनःसृजन, क्लासिकल इतिहास। पाब्लो पिकासो ने कहा था, 'कला का उद्देश्य रोज के जीवन में व्यक्ति की आत्मा पर जमी गर्द साफ करना है।' कला का लक्ष्य संस्कृति की जड़ों को सींचना होना चाहिए, लेकिन लोकप्रिय कला के समर्थकों

ने जीवन के रोचक दृश्यों और सवालों को कला की विषयवस्तु बनाया। व्यावसायिक बिंबों के समावेश के कारण लोकप्रिय कला ही नया आधुनिक प्रारूप बनती गई और उसे स्वीकृति भी मिली।

लोकप्रिय कला के सिद्धांतों ने लोकप्रिय संचार माध्यमों के संसार में ही नहीं, चित्रकला, मूर्तिकला तथा अन्य ललित कलाओं में भी उच्च कला और निम्न संस्कृति के बीच दूरी कम की। लोकप्रिय कला की अवधारणा किसी भी तरह की श्रेष्ठता को नकारती थी। उसका मानना था कि कला को किसी भी स्रोत से प्रस्तुत किया जा सकता है।

1861 में फ्रांसीसी चित्रकार गुस्ताव कुर्वे ने यथार्थवादी कल की व्याख्या करते हुए कहा था कि समकालीन सामाजिक जीवन की वास्तविकताओं का ललित कला में समावेश ही कला को यथार्थवादी बनाता है। इसके लगभग सौ साल बाद अमेरिकी पॉप चित्रकार लिचेंस्टाइन ने कहा कि पॉप आर्ट की नजर अपने इर्द-गिर्द बिखरी दुनिया की ओर रहती है। इसके यथार्थवाद को समकालीन अमूर्त कला की प्रतिक्रिया समझना चाहिए। अभिव्यंजनावादी ललित कला मनुष्य के स्वप्न और उसके आचरण के मनोवैज्ञानिक पहलुओं की रचनात्मक अभिव्यक्ति पर जोर देती है। लोकप्रिय कला दृश्यमान जगत में मानव निर्मित वस्तुओं में निहित सौंदर्य को रोचक ढंग से उभारती है।

लोकप्रिय कला व्यापारिक और ललित कलाओं के भेद को नहीं स्वीकारती। फलस्वरूप वह महज दीवारों या घरों की सौंदर्य वृद्धि के लिए व्यवहार में लाए जानेवाली कला का प्रतिरूप नहीं होती। यह उन सभी कलाओं को समाहित करती है, जिन्हें कला की मर्यादा नहीं मिलती आई है, बावजूद इसके कि वे नागरिक जीवन के विविध क्षणों को आनंद से भरती हैं। मसलन, कॉमिक स्ट्रिप (डिब्बा बंदी), फिल्म कलाकारों की लोकप्रिय तस्वीरें, उपभोक्ता सामग्रियां, औद्योगिक उत्पाद आदि। इन सबके चित्रांकन, गठन तथा खास प्रस्तुतिकरण—इन सबमें पॉप आर्ट सौंदर्य प्रतिष्ठित करता है।

लोकप्रिय कला 'मास कल्चर' का उत्पाद है जो पूंजीवाद के विकास और विस्तार को दर्शाती है। यह उपभोक्ता जगत की विविध जिंसों को स्त्री-पुरुष के नग्न शरीरों के यौनतापूर्ण आवेदन वाले पोस्टरों में दिखाती है। यह उत्तर-आधुनिक कला के विशिष्ट अंग के रूप में पूंजी की नई जरूरतों का ख्याल रखती है।

द्वितीय विश्वयुद्ध के बाद मीडिया में तेजी से आए उभार ने लोकप्रिय कला के लिए अनुकूल स्थितियां उत्पन्न कीं। इसके उभार को आलोचकों ने द्वितीय विश्वयुद्ध के बाद बाजार के विस्तार से भी जोड़कर देखा और कहा कि उत्पादित कला वस्तुओं को जन-सामान्य के बोध तक पहुंचाने और स्वीकृत बनाने में इस नई प्रवृत्ति का विशेष योगदान है। बीसवीं सदी के उत्तरार्ध से अधिकांश बड़े कलाकारों ने व्यावसायिक कला से अपने कैरियर की शुरुआत की। व्यवसायिक कला जगत में इन्होंने जनता की मुखर चेतना को कला का विषय बनाया। 'व्यावसायिक' और 'लोकप्रिय' के गठबंधन ने बीसवीं सदी के आरंभिक दशकों के कला मूल्यों को बदल दिया। इसने कला को जन-सामान्य की चेतना के लिए बोधगम्य बनाने पर बल दिया।

कहा जा सकता है, अमूर्त को रचने वाले कलाकारों ने दुःस्वप्नों के स्रोत के तौर पर आत्मा की तलाश की, वहीं लोकप्रिय कला ने इस विडंबना को रचने के लिए लोकप्रिय माध्यमों का इस्तेमाल किया। इस दौर में फिल्म, संगीत, साहित्य और अन्य संचार माध्यम बड़ी पूंजी की गिरफ्त में आए।

इस दौर के पूंजीवादी विकास ने कला और संस्कृति को कुछ व्यक्तियों के मामले से सर्वसुलभ बना दिया। उल्लेखनीय है कि लोकप्रिय कला में किसी एक विचारधारा या अवधारणा पर बल नहीं दिया गया और मानवीय संवेदना को एक 'वस्तु' के रूप में देखा गया। लोकप्रिय कला ने कलाकारों को गरीबी से निकालकर अमीर बना दिया।

अच्युतानंद मिश्र, महेश जायसवाल

अधिक जानकारी के लिए :

1. Ways of Seeing : John Burger, 1972, **2. The Story of Art :** E H Gombrich, 1950

लोकप्रिय साहित्य

लोकप्रिय साहित्य 'Popular Literature' के अंतर्गत ऐसा साहित्य आता है जो मूलतः जन साधारण के मनोरंजन के लिए लिखा जाता है। इसका उद्देश्य एक बड़े पाठक वर्ग तक पहुंचना होता है। इसे कलात्मक साहित्य या अंग्रेजी मुहावरे में उच्च-भ्रू साहित्य से इस अर्थ में अलगाया जाता है कि इसकी संरचना और इसका प्राथमिक उद्देश्य केवल पाठक का दिल बहलाना होता है और अपनी निर्मिति में यह साहित्य के सौंदर्यशास्त्रीय बोध और उच्च मानकों की अधिक चिंता नहीं करता। इसमें स्थायित्व के गुण नहीं होते। आधुनिक 'बेस्ट सेलर' भावुकता से ओत-प्रोत, रूमानी कथाओं, जासूसी, रोमांचक, भूत-प्रेत से जुड़े किस्सों का संसार, राजनीतिक अपराध कथाओं, भंडाफोड़, सनसनीखेज वृत्तांतों, कॉमिक्स और साहसिक एडवेंचर गाथाओं को आधुनिक समय में लोकप्रिय साहित्य की श्रेणी में रखा जा सकता है। इस तरह के लोकप्रिय साहित्य से परंपरागत लोक कथा-लोक गीत या लोकसाहित्य इस अर्थ में भिन्न है कि लोक साहित्य का संबंध मौखिक परंपरा, वास्तविक जीवन और समाज के प्रति संवेदनशीलता से होता है।

आधुनिक समय में व्यापक खपत के लिए तैयार किए जा रहे लोकप्रिय साहित्य की यह विशेषता है कि यह मूलतः साधारण साक्षर पाठक वर्ग के लिए लिखा जाता है या फिर टेलीविजन या सिनेमा के लिए तैयार किया जाता है।

सभी प्राचीन सभ्यताओं के भंडार में जन मानस को लुभानेवाली जनश्रुति आधारित पुराकथाएं प्रचुर मात्रा में हैं। संभवतः इन्हीं कथाओं में आज के लोकप्रिय साहित्य के बीज छिपे हुए हैं। मुद्रण कला के आगमन के बाद इन कथाओं की विषयवस्तु में अनेक परिवर्तन हुए, उदाहरण के लिए–आज विज्ञान और तकनीक के युग में वैज्ञानिक कथाएं (साइंस फिक्शन) जनमानस में खूब लोकप्रिय हैं। दूसरे नक्षत्र से पृथ्वी पर आने वाले 'अजनबी' प्राणियों से जुड़े कौतूहल और स्वैरकल्पना पर आधारित किस्से, युद्ध और प्राकृतिक आपदाओं तथा विराट त्रासदियों के किस्से भी जनता में खूब लोकप्रिय हुए हैं। लोकप्रिय साहित्य के ऐसे अनेक लेखक आज संसार भर में घर-घर में पढ़े जाते हैं। अठारहवीं सदी में ऐसे 'साइंस फिक्शन' की कल्पना असंभव थी। इसी तरह आधुनिक अमेरिका की खोज और नए भू-भागों से जुड़ी लोकप्रिय 'काउबॉय' और 'वेस्टर्न' श्रेणी की साहस कथाओं का आविर्भाव भी एक ऐतिहासिक परिप्रेक्ष्य से जुड़ा हुआ है। आधुनिक युग में संसार भर में जो विशाल जन समुदाय मनबहलाव और वक्त काटने के लिए लोकप्रिय साहित्य का रस लेता है, उसकी तथाकथित स्तरीय साहित्य और उसमें निहित नियति और अस्तित्व से जुड़ी गहन दार्शनिक विवेचनाओं में न कोई रुचि होती है और न वह इस बात की अधिक परवाह करता है। आधुनिक समय में स्तरीय साहित्य और लोकप्रिय साहित्य दो अलग अलग श्रेणियां बन रह गई हैं।

इंसाइक्लोपीडिया ब्रिटानिका के अनुसार, 'वैसा साहित्य लोकप्रिय साहित्य के अंतर्गत आता है, जो जनसमूह के लिए अभीष्ट हो और बड़े पाठक समूह द्वारा समर्थित हो। यह कलात्मक साहित्य से इस अर्थ में पृथक होता है कि इसका निर्माण प्राथमिक रूप से मनोरंजन के लिए होता है।' जनसमूह में स्वीकृति, ग्राह्यता अथवा प्रचलन को निर्धारित करने का कोई निश्चित फॉर्मूला नहीं है। बाजार में बिकी प्रतियों की संख्या इसका आधार हो सकती है। लोकप्रिय साहित्य के रचनाकार और प्रकाशक इस बिक्री की संख्या को एकमात्र आधार समझते हैं, क्योंकि इस साहित्य का मुख्य उद्देश्य लाभकारी विनिमय है। ऐसा नहीं है कि शिष्ट या क्लासिक साहित्य बिक्री की संभावना को एकदम नकार देता है, परंतु उसकी रचना का एकमात्र उद्देश्य बिक्री नहीं है।

उत्तर-आधुनिक सांस्कृतिक विमर्शों ने लोकप्रिय साहित्य पर नए सिरे से विचार किया है। उनके अनुसार, लोकप्रिय साहित्य ने ज्ञान की केंद्रीयता को तोड़ा और सार्वभौमिक-समग्रतावादी सत्यों को

नकारा। इस नवीन दृष्टि ने इस पर बल दिया कि लोकप्रिय साहित्य के पाठक सभी वर्ग के लोग हैं। अतः इतने बड़े पाठक समुदाय की उपेक्षा नहीं की जा सकती।

लोकप्रिय साहित्य को लुगदी और घटिया साहित्य (Pulp Cheap Literature) भी कहा जाता है। लोकप्रिय साहित्य प्रकाशित करने वाला जनता की अपेक्षाओं को ध्यान में रखता है कि वह क्या पढ़ेगी, क्या खरीदेगी। वह बाजार में क्या बिक सकता है, इसकी ओर ध्यान लगता है, न कि जनता के चित्त का परिष्कार, मूल्यों का निर्माण उसका उद्देश्य होता है। लोकप्रिय साहित्य बाजार के नियमों से उत्पादित साहित्य है। यह अधिकांशतः जनता की रुचि को विकृत करता है, निम्नतम वृत्तियों के पोषण का माध्यम बनता है, इसलिए यह सतही और व्यावसायिक साहित्य माना जाता है। जब जनता में शिक्षा और समझ का विकास हुआ तो एक ऐसा पाठक वर्ग उभरा, जो घटिया साहित्य का पक्षपाती नहीं था, परंतु वह गंभीर साहित्य का पाठक भी नहीं था। वह सरल भाषा में ऐसा साहित्य चाहने लगा, जिससे उसका मनोरंजन हो और जीवन की समस्याओं का सामना भी। इस तरह नया लोकप्रिय साहित्य आया, बेस्टसेलर की धारणा आई। भारत में अमीष त्रिपाठी, चेतन भगत, शोभा डे आदि ने जो अपना स्थान बनाया है, वह इस नवीन प्रवृत्ति का विकास है। विश्व स्तर पर लोकप्रिय साहित्य के लेखकों की भरमार है। यह गंभीर साहित्य की तरह ही एक वास्तविकता है।

स्तरीय साहित्य के रचयिता और पाठक दोनों का संबंध समाज के ऐसे वर्ग से है जिसका मानस और साहित्यिक संस्कार उन्नत होता है। स्तरीय और लोकप्रिय साहित्य में अनिवार्य अंतर्विरोध नहीं है, अन्यथा ताल्स्ताय, गोर्की, ब्रेख्त, रवींद्रनाथ, प्रेमचंद, नागार्जुन, फैज अहमद फैज, पाब्लो नेरूदा, गार्सिया ग्रैब्रियल मार्क्वेज आदि का साहित्य एक साथ स्तरीय और लोकप्रिय कैसे होता।

विजय कुमार, अमिताभ राय

अधिक जानकारी के लिए :

1. Popular Fiction : The Logics and Practices of a Literary Field : Ken Gelder

लोकमंगल

लोकमंगल पद का सामान्य अर्थ है–लोक का कल्याण। साहित्य में इसे अवधारणात्मक रूप से आलोचना में स्थापित करने का श्रेय रामचंद्र शुक्ल को जाता है। लोकमंगल से आशय उस लोक के मंगल से है जो दुखी, पीड़ित, गरीब और शोषित है। तुलसीदास ने कहा है, 'जेहि बिधि होहिं सुखी पुर लोगा/करहिं कृपानिधि सोई संजोगा।' शुक्ल जी के लोकमंगल की अवधारणा के आदर्श तुलसीदास हैं। तुलसी के यहां राम, भक्ति और कविता तीनों का संबंध लोकमंगल से है, 'मंगल करनि कलि-मल हरनि तुलसी कथा रघुनाथ की।'

प्राचीन काव्यशास्त्र में अमंगल के नाश (शिवेतरक्षतये-मम्मट) को काव्य का प्रमुख प्रयोजन माना गया। आचार्य शुक्ल ने लिखा है, 'लोक में फैली दुख की छाया को हटाने में ब्रह्म की आनंदकला जो शक्तिमय रूप धारण करती है, उसकी भीषणता में भी अद्‌भुत मनोहरता, कटुता में भी अपूर्व मधुरता, प्रचंडता में भी गहरी आर्द्रता साथ लगी रहती है। विरुद्धों का यही सामंजस्य कर्म क्षेत्र का सौंदर्य है, जिसकी ओर आकर्षित हुए बिना मनुष्य का हृदय नहीं रह सकता।' (चिंतामणि–2)।

लोक में आनंद की अभिव्यक्ति की दो अवस्थाएं पाई जाती हैं। उन्हीं के आधार पर शुक्ल ने काव्य के दो विभाग किए। पहला, लोकमंगल की साधनावस्था और दूसरा, लोकमंगल की सिद्धावस्था। सिद्धावस्था अर्थात उपभोग पक्ष को लेकर चलने वाले कविगण। इसे उन्होंने अपेक्षाकृत निम्न कविता की श्रेणी में रखा। उच्च श्रेणी की कविता वह है जिसमें आनंद के प्रयत्न पक्ष अर्थात साधनावस्था को लेकर चला गया हो। वे लिखते हैं, 'इसी प्रकार लोक की पीड़ा, अन्याय, अत्याचार के बीच दबी हुई आनंद-

ज्योति भीषण शक्ति में परिणत होकर अपना मार्ग निकालती है और फिर लोकमंगल और लोकरंजन के रूप में अपना प्रकाश करती है।' लोकमंगल की अवधारणा ही राजनीतिक स्तर पर कल्याणकारी राज्य (वेलफेयर स्टेट) के रूप में विकसित हुई।

रामचंद्र शुक्ल ने लोकमंगल को साहित्य की कसौटी माना। कवि के लिए वे लोक हृदय की पहचान को पहली शर्त मानते हैं। एक जगह उन्होंने लिखा है, 'सच्चा कवि वही है, जिसे लोक हृदय की पहचान हो, जो अनेक विशेषताओं और विचित्रताओं के बीच मनुष्य जाति के समान हृदय को देख सके। इसी लोक हृदय में लीन होने की दशा का नाम रस दशा है।' (वही)। वे भावों में करुणा और प्रेम को अधिक महत्व देते हैं। प्रेम में भी उस प्रेम को महत्व देते हैं, जिसके मूल में करुणा हो, वह प्रेम जो लोकोन्मुखी हो। 'भावों की छानबीन करने पर मंगल का विधान करने वाले दो भाव ठहरते हैं—करुणा और प्रेम। करुणा की गति रक्षा की ओर होती है और प्रेम की रंजन की ओर। लोक में प्रथम साध्य रक्षा है।' (वही)। इन दोनों भावों को वे सत्व गुण प्रधान मानते हैं। इसमें भी वे करुणा को बीज भाव कहते हैं। रामायण, महाभारत, रघुवंश, रामचरितमानस आदि को वे साधनावस्था का काव्य मानते हैं, जबकि सूर के काव्य को सिद्धावस्था का काव्य कहते हैं।

बृजराज सिंह

अधिक जानकारी के लिए :

1. चिंतामणि, भाग-2 : रामचंद्र शुक्ल

लोकमन एवं प्रतिरोध

लोकमन अत्यंत तीव्र प्रतिक्रिया करने वाला मन होता है। इसका मूल कारण उसकी संवेदनशीलता होती है। यही संवेदनशीलता एक प्रकार की प्रतिक्रिया में परिणत हो प्रतिरोध का रूप ले लेती है। यह लोक में लोकप्रिय प्रतिरोध के निर्माण का कारण बनती है। लोक में प्रतिरोध के विभिन्न स्तर एवं समीकरण होते हैं। चूंकि स्वयं लोक एक होते हुए भी विभिन्न स्तरों पर विभाजित होता है, अतः यहां हमें इसके भीतर भी प्रतिरोध के विभिन्न रूप दिखाई पड़ते हैं। सचमुच लोक धर्म का प्राण उसका विद्रोह है, इसलिए दमनकारी व्यवस्था के विरुद्ध विद्रोह के रूप में खड़े होने वाले प्रत्येक जनांदोलन की शक्ति और सीमा को समझने के लिए उसके द्वारा मान्य ऐसे लोकधर्म का अध्ययन आवश्यक है। इस अवधारणा को और आगे बढ़ाते हुए नामवर सिंह अपनी पुस्तक 'दूसरी परंपरा की खोज' (1982) में लिखते हैं कि लोक धर्म सामान्य जनों के विद्रोह की विचारधारा है। यह एक सार्थक स्थिति हो जाती है जब लोक धर्म लोक विद्रोह बन जाता है और लोक विद्रोह लोक धर्म। कई मानवशास्त्री लोक में विद्रोह के बिंदुओं को या तो नकार देते हैं या उस पर ध्यान ही नहीं देते। विद्रोह को यूं भी हमारे ज्ञान के शास्त्र में महत्वपूर्ण स्थान नहीं दिया गया। अगर दिया गया तो उसका बहुलांश शोध एवं अध्ययन द्वारा भारतीय समाज में विद्रोह की मौलिक स्थितियों की खोज करके नहीं, पश्चिमी समाज में प्रतिरोध के प्रतिदर्शों के भारतीय अनुवाद के रूप में दिया गया। लोक में प्रतिरोध की विभिन्न प्रवृत्तियां परिलक्षित होती हैं। यह भी लक्षित किया गया है कि लोक में प्रतिरोध का पाठ सदैव व्यवस्थित एवं संगठित नहीं होता। कई बार यह विशृंखलित एवं स्वतःस्फूर्त होता है। ग्राम्शी इसी स्वतःस्फूर्तता को एक चरण पर उनकी मौलिकता के रूप में आविष्कृत करते हैं।

शास्त्रवंचित दलित जातियों और जनसमूह की मानसिक अभिव्यक्ति होने के कारण लोक धर्म का अव्यवस्थित एवं अनिश्चित होना अनिवार्य है। मानसिकता के विभिन्न धरातलों पर छुपे प्रतिरोध विभिन्न रूपों में अपने को अभिव्यक्त करते हैं। कई बार मुहावरे, लोकोक्तियां, लोक कथाएं, लोक स्मृतियां इनके संवहन का माध्यम बनती हैं। भोजपुरी क्षेत्र में एक मुहावरा है, 'राजा क गांव डोमवे लुट लस'। अर्थात राजा का गांव डोम ने ही लूटा। वस्तुतः यह राज के विरुद्ध जन-मानसिकता में छुपे प्रतिरोध एवं घृणा का प्रतीकात्मक रूपांतरण है, जिसमें राजा

का गांव डोम से लुटवाने की प्रतिरोधी कल्पना है।

लोक संस्कृति में प्रभुता, प्रभुत्व, चालाकी, शातिरपन के हरेक प्रतीक में 'विरुद्ध की चेतना' स्पष्ट रूप से मुखरित होती है। ब्राह्मणों, क्षत्रियों, महाजनों पर लोकमन में पाया जाने वाला व्यंग्य इसी का प्रमाण है। रईसों को लोक क्षेत्र में अभिजन एवं प्रभुत्वशाली समुदाय के रूप में देखा जाता रहा है। उन पर व्यंग्य कर प्रतिरोध करने की यह शैली द्रष्टव्य है, 'बड़बड़ रईसन के मदरल मान/घुर पर ठिकरी भइली प्रधान।' अर्थात बड़े-बड़े रईसों का मान-मर्दन कर घूरे पर की ठीकरी प्रधान बन गई। यही नहीं, प्रभुता के जितने सर्वोच्च प्रतीक हैं, उनके प्रति गरीब लोक के व्यंग्यात्मक विरोध से जनित अनेक लोकोक्तियां प्रचलित हैं। उनमें एक है, 'बनिया देई ना पूरा तौल'। अर्थात बनिया कभी पूरा नहीं तौलता।

तुलसीदास के रामचरितमानस की प्रति-रचना के रूप में अवधी का निम्नलिखित लोक गीत लोक में निहित प्रतिरोधी चेतना की अभिव्यक्ति की एक मिसाल है। इस लोकगीत में हिरणी अपने छौने का राम के लिए वध किए जाने के विरुद्ध अत्यंत मार्मिक अभिव्यक्ति के तहत तुलसीदास द्वारा उकेरे गए राम के रूप एवं रामकथा को छिन्न-भिन्न कर देती है :

छापक पेड़ छिउलियन पतवन गहबर हो,
रामा तेही तरां ठाढ़ी हरिनियां त मन अति अनमनि हो।
किया तोरा ताल झुराने कि चारा थोर भये हो,
हरिनी किया तोरा बन भये खांखर, काहे मन अनमनि हो।
नाहीं मोर ताल झुराने, न चारा थोर भये हो,
हरिन आजु रमैया जी कै बरही, तुहैं मारि डरिहैं हो।
बाउरि भयू तूं हरिनियां त केन मति मारे हो,
हरिनी परबै रमैया जी की छठियां, तरनि तरि जाबै हो।
भागहु ए हरिना भागहु जियरा बचावहु हो,
हरिना आवत बाटैं राजा के बहेलिया तुहैं मारि डरिहैं हो।
दोनों कर जोरे हरिनियां, बहेलिया से बिनवै हो,
भइया हम के तूं मारि गिरावा हरिनजिगरा बकसहु हो।
हरिनी का मांस कुमांस अउर भकसाईन हो,
हरिनी हरिना के मांस सुमांस हरिन हम मरबे हो।
यतनि बचन हरिनी बिनवैं, त कहहू न पावै हो,
हरिनी पछवां उलटि जब चितवै, हरिन मोरा जूझई हो।
मचियहि बैठी कौसिल्या रानी हरिनी अरज करे हो।
रानी मसिया त सीझां रसोईया खोलरिया मोरि बकसहु हो।
बाउरि भयू तूं हरिनियां, त केन मति मारे हो,
हरिनी खोलरी के खझड़ी मढौबे, रमैया मोरा खेलहैं हो।
बरहा बरिस राम होइहैं त बन का सिधरिहैं हो।

बद्रीनारायण

अधिक जानकारी के लिए :
Cultural Resistance Reader : Stephen Duncomle, 2002

लोकमानस

लोकमानस प्रकृति की गोद में जन्मता और खिलता है और मकानों-सड़कों-बाजारों से भरे नगरों में व्याप्त होता है। यह शास्त्रीय ग्रंथों से निर्मित तक होकर अपनी मौखिक परंपरा से बौद्धिक ऊर्जा पाता है। लोकमानस श्रद्धा से जितना भरा रहता है, उसमें प्रश्न भी उतने ही होते हैं। इसमें सांस्कृतिक परंपराओं की अपनी व्याख्याएं होती हैं। इस धारणा का कई नृवैज्ञानिकों और समाज वैज्ञानिकों ने खंडन किया है कि लोकमानस का अर्थ पिछड़ा और स्थिर मानस है और यह एक सार्वभौम सामूहिक स्थिति है। लोकमानस में सदियों से चली आ रही परंपराएं

अपने ढंग से संचित रहती हैं। यह विभिन्न लोक विश्वासों, लोकाचारों और लोक बुद्धि के समन्वय से बनता है। लोक की भावनाएं, मान्यताएं और आचरण सरल होते हैं। लोकमानस में अपनी विशिष्टता को बचाकर रखने की प्रवृत्ति होती है। वह अकृत्रिम होता है, हालांकि उस पर नगरीय और शास्त्रीय प्रभाव रहते हैं। उसकी सबसे बड़ी खूबी यह है कि वह कुछ रूढ़ियों के साथ कुछ सार्थक परंपराओं को और अपने भूक्षेत्र की सांस्कृतिक जीवन शक्ति को बचाकर रखता है, क्योंकि वह प्रायः अभेद्य होता है।

सत्येंद्र का मानना है कि लोकमानस की सत्ता में संदेह नहीं किया जा सकता। वे प्रश्न करते हैं, 'क्यों आज का महान वैज्ञानिक और घोर बुद्धिवादी भी असंभव तथा अद्‌भुत लोक कहानियों में आकर्षण का अनुभव करता है? क्यों आज भी हम किसी-न-किसी रूप में किसी-न-किसी प्रकार के ऐसे विश्वासों को प्रचलित पाते हैं, जिनकी वैज्ञानिक व्याख्या नहीं हो सकती और जो बौद्धिकता के लिए सहज ही अमान्य हैं? आज बीसवीं सदी के उत्कृष्टतम मनुष्य में भी हम जब वह रंगत देख पाते हैं, जो स्पष्ट ही आदिम मानव वृत्ति का अवशेष कहा जा सकता है तो लोकमानस की उपस्थिति स्वीकार करनी पड़ती है।' (लोक साहित्य विज्ञान)। सत्येंद्र आगे स्पष्ट करते हैं, 'लोकमानस दमित या कुंठित चेतन का रूप नहीं बल्कि यह हमारे मानस में बीज की तरह सहजात है, यह विश्व के मानव मात्र में विद्यमान है और वस्तुतः इसी की मौलिक अवस्थिति के कारण विश्व भर के मानव सामान्य प्रक्रियाओं में समान प्रतीत होते हैं।' (वही)। हर्बर्ट रीड 'इनहेरिटेड पैटर्न' को लोकमानस कहते हैं, जो सदियों से अचेतन में होता है। (फार्म इन मॉडर्न पोयट्री)।

लोकमानस के संबंध में कहा जाता है कि यह तार्किकता या वैज्ञानिकता से जुड़ा नहीं है, बल्कि यह प्राक-तार्किकता और प्राक-वैज्ञानिकता की ऐसी वर्तमान उपस्थिति है जिसमें कल्पना और विश्वास के तत्व प्रमुख होते हैं। इसकी अभिव्यक्ति मनुष्य के प्रत्यक्ष एवं परोक्ष कार्य व्यापार में होती है। सत्येंद्र लोक साहित्य को लोकमानस से उत्पन्न मानते हैं, इसके बावजूद साहित्यिक सृजन में जहाँ भी शास्त्रीय ग्रंथों के ढांचे से विचलन होता है, लोकमानस के तत्व न्यूनाधिक परिमाण में उपस्थित अवश्य रहते हैं। उनकी अभिव्यक्ति साधारण मानवीय विचारों, व्यवहारों और कलात्मक सृजन में होती रहती है।

लोकमानस को 'असभ्य जाति का मानस', 'जनजातीय मानस' या 'भीड़ का मानस' (क्राउड साइकोलॉजी) से अलग किया जाना चाहिए। भीड़ मनुष्यों का एक अस्थायी, अनियमित और आकस्मिक जमावड़ा है। उसमें आवेश हो सकता है। कोई भीड़ महज तमाशबीन होती है। जनजातीय मानस की प्रकृति विशिष्ट और स्थिर होती है। लोकमानस बाहरी जगत को अपने लिए बंद पाता है। जेम्स फ्रेजर, फ्रांज बाओस ने लोकमानस को 'फोक' से और कई बार असभ्य जातियों से भी जोड़ा। गोबीन्यू ने नस्लीय आधार पर लोकमानस को देखा। उसका कहना था कि जंगली जातियां सदा से जैसी रही हैं, वैसी ही रहेंगी। लोकमानस दूसरी सभ्यताओं से सम्मिश्रण नहीं करता और यदि संपर्क हो भी तो वह सम्मिश्रणशील नहीं होता। पश्चिमी नृवैज्ञानिक मानते हैं कि लोकमानस में भीतरी भेदभाव नहीं होता, पर वे दुनिया के लोकमानस में एकरूपता भी देखते हैं। उनका अभिप्राय है—समान रूप से उसका पिछड़ापन और अपनी संप्रदायगत सीमा में कठोर रूप से बद्धता।

जेम्स फ्रेजर ने 'द गोल्डन बाउ' में लोकमानस के प्रमुख तत्वों को रेखांकित करते हुए बताया है : (1) यह प्रि-लॉजिकल होता है—प्राक-तर्कीय (2) यह रहस्यमय होता है, क्योंकि लोकमानस अपने अनुभवों की व्याख्या में अति-प्राकृतिक शक्तियों का आश्रय लेता है। (3) लोकमानस बाह्य से आनंद चाहता है और उसमें बाह्य से भय भी होता है। इसी से वह विधि-निषेध चुनता है। (4) वह 'निज' और 'शेष सृष्टि' में भी 'सब्जेक्ट' और 'आब्जेक्ट' में भेद नहीं कर पाता, वह सर्वात्मवादी होता है। उसके लिए संपूर्ण सृष्टि ही मनुष्य के समान है, उसके जैसी

है। (5) जीवन, मृत्यु, मानवीय व्यवहार और गुण सभी पदार्थ हैं जिनका आदान-प्रदान हो सकता है। लोकमानस को आदि मानव का मानस समझने की दृष्टि के कारण ही ऐसे नृवैज्ञानिकों ने लोकमानस को स्थिर, अति-प्राकृतिक और विच्छिन्न संदर्भों में देखा। इसे एक ऐसा मानस माना जो यथार्थ और कल्पना में भेद नहीं कर सकता। उनकी धारणा है कि लोकजीवन में परंपरागत अवशेष इसलिए बचे होते है क्योंकि उनकी निरंतर पुनरावृत्ति होती रहती है और उन अवशेषों के साथ वह मानस भी बचा रहता है जिसका उन अवशेषों से संबंध है।

लोकमानस प्राकृतिक होता है और उसका सभ्यता से कोई संबंध नहीं है ; यह धारणा गलत है। सत्येंद्र यह भेद करते हुए बताते हैं, 'मानव प्रकृति के रूढ़ मूल स्वरूप के अनुसार जो मानस ढला और हर प्रकार के ऐतिहासिक-भौगोलिक क्रम में प्रतिक्रियावान अथवा क्रियावान होकर विकसित होता हुआ, पर अपने रूढ़ मूल की सीमाओं अथवा तत्वों को न त्यागता हुआ जो चला आया है, वही लोकमानस है।' (वही)। यह आदिम मानस नहीं है और 'जनमानस' भी नहीं है। 'जनमानस उस सामूहिक (कलेक्टिव) मनोविज्ञान का एक रूप है जो वस्तुतः मानस के चेतन पक्ष पर बल देता है। जनमानस किसी युग का साधारणीकृत मानस होता है।' (वही)। लोकमानस का किसी जाति या वर्ग विशेष से संबंध नहीं है, 'वह जंगल में भी, (गांव में भी) और शहर में भी मिलेगा। इस तरह लोकमानस का संबंध उर्वशी-पुरुरवा और यम-यमी के वैदिक लोकतत्वों से भी स्थापित किया गया (एनशिएंट एराटिक्स एंड एराटिक लिटरेचर, एस के डे), जायसी के 'पद्मावत' के लोक तत्वों (पद्मावत, संजीवनी टीका : वासुदेवशरण अग्रवाल) और कबीर के दोहों की अद्वैतवादी मानवतावादी बातों (कबीर : हजारीप्रसाद द्विवेदी) से भी। लोकमानस कोई इकहरा साधारणीकृत मानस नहीं है, यह बहुपर्तदार और ऐतिहासिक परिवर्तनों के साथ अपनी ऊर्जा देने वाली परंपराओं से जुड़ा एक नित नवीनता प्राप्त करनेवाला मानस है।

अवधेश मिश्र

अधिक जानकारी के लिए :
1. Primitive Culture : Edward Burnett Tyler, **2. The Golden Bough :** James George Frazer, 1890, 3. **लोक साहित्य विज्ञान :** सत्येंद्र, 1962

लोकविवेक

लोकविवेक वह ज्ञान है, जो लोक में निहित होता है एवं लोक में ही व्यवहृत होता है और समाज में चल रही सदियों की परंपरा में विकसित होता है। यह अनुभूतिपरक ज्ञान है। इसमें सांस्कृतिक, सामाजिक, तकनीकी, (मेडिकल नॉलेज) देह एवं बीमारियों से जुड़ा हुआ ज्ञान—सबकुछ शामिल होता है। लोकविद्या अनपढ़, अशिक्षित, निरक्षर कहे जाने वाले समाज के ज्ञान का आसव है। इसकी अभिव्यक्ति प्रायः लिखित नहीं होती, वरन मौखिक होती है।

लोकविद्या का कोई लिखित पाठ्यगत प्रलेखन नहीं होता। यह लोगों की स्मृतियों और अनुभवों का हिस्सा बनकर समाज में बार-बार व्यवहृत होती रहती है। लोकविद्या लोकविश्वास का हिस्सा होती है। लोगों के विश्वास में शामिल होकर यह सदियों तक जीवित रहती है। यह वैश्विक न होकर स्थानिक होती है। भिन्न-भिन्न जनजातियों की अलग-अलग लोकविद्या है, जैसे बैगा जनजाति, गोड़, कोल, सभी जनजातीय समाजों में अलग लोकविद्या होती है। उत्तर-पूर्व की अनेक जनजातीय समूहों की लोकविद्या भिन्न-भिन्न प्रकार की है।

समकालीन दुनिया में शक्ति के स्रोतों की पहचान तथा समाज में बुनियादी परिवर्तन लाने के रास्तों की पड़ताल के रूप में लोकविद्या का विचार पिछले दशक में उभरा है। लोकविद्या के दर्शन के मूल में यह स्थापना है कि मनुष्य एक ज्ञानवान प्राणी है। ज्ञान और विवेक उसके स्वाभाविक गुण हैं। मनुष्य का यह स्वाभाविक गुण सामान्य जीवन में मुखर होता है। लोकविद्या में सत्य के निर्माण और पुनर्निर्माण की प्रक्रिया न्याय और नैतिकता के मूल्यों से जुड़ी होती है। लोकविद्या के लिए सत्य कोई अमूर्त

वस्तु नहीं है, न ही सत्य कोई ऐसी वस्तु है जिसकी खोज में भटकना पड़े। जीवन की जरूरत, अनुभव और संवेदनाओं के मार्फत सत्य का निर्माण होता है। लोकविद्या और लोकस्थ होने की क्रियाएं सत्य के पुनर्निर्माण का हिस्सा हैं।

लोकविद्या का विचार स्वदेशी उद्योग-धंधों के लिए वैकल्पिक रास्ते खोलता है और बहुराष्ट्रीय निगमों के साम्राज्यवादी दबाव का प्रतिरोध भी बनता है। हस्तशिल्प और कुटीर उद्योग की सब विधाएं लोकविवेक से उत्पन्न हुई हैं, पर आज वे बाजार की मार में हैं।

लोकविवेक मुहावरों, लोक कथाओं, लोकगीतों के माध्यम से लोगों के बीच प्रवाहित होता रहता है। लोग पशुओं को खरीदते समय, उनके ऐब पहचानते समय, उनके रोगों की पहचान और उपचार करते समय भी लोकविवेक का परिचय देते हैं। भारत में लोकविवेक या लोक ज्ञान की ओर विद्वानों का ध्यान 1950 के दशक में लोकवार्ता संबंधी अध्ययन-अनुसंधान के दौरान आकृष्ट हुआ था। वासुदेवशरण अग्रवाल ने लोक को ज्ञान का अक्षय स्रोत मानकर उसके पास जाकर जानने-समझने-सीखने का आह्वान किया था। वे मानते थे, 'जिस प्रकार पैरों के नीचे की पृथ्वी का उत्पादन अनंत है, उसी प्रकार हमारे चारों ओर विस्तृत लोक का भी ज्ञान अपरिमित है।' वाद्य, नृत्य, गीत, नाट्य, खेल-कूद, मनोरंजन और तीज-त्योहार, मेले-ठेले ही नहीं, बल्कि रीति रिवाज, शिष्टाचार के नियम और कृषि, मानव चिकित्सा, पशु चिकित्सा, मौसम-विज्ञान, स्वास्थ्य-सुरक्षा संबंधी समान्य बोध भी लोक के अपने ज्ञानकोष में सुरक्षित है, जैसे घाघ, भड्डरी की कहावतें। गांवों की मौखिक परंपरा में जीवित लोकोक्तियां हैं, जैसे—'भुइयां लोट चलै पुरवाई, तब जानो बरखा रितु आई', 'करिया बादर जिउ डरवावै, भूरा बादर पानी लावै।' यह कृषिजीवी समाज का ही लोक विवेक है, जो कृषि को उत्तम, वाणिज्य को मध्यम और नौकरी-चाकरी को निषिद्ध मानता था।

बद्री नारायण

लोकाचार

शास्त्रीय लीक से हटकर अपनाया जाने वाला रीति-रिवाज ही लोकाचार है। अभीष्ट और अनिष्ट के लिहाज से, शकुन और अपशकुन के लिहाज से, उपलब्ध संसाधनों के लिहाज से विभिन्न समाजों में अपनी-अपनी लोक मान्यताएं प्रचलित होती हैं। ऐसे लोक विश्वासों या अविश्वासों की नियामक भूमिका होती है। यहां तक कि शास्त्रोक्त पावनता की तुलना में लोक की मटमैली विरासत ही जीवन को संचालित करने लगती है। शास्त्र निर्दिष्ट और लिखित अतीत है, तो लोक अनिर्दिष्ट एवं अलिखित वर्तमान। अतएव वर्तमान को संवारने एवं मंगलप्रद बनाने में कई परंपराएं पुश्त-दर-पुश्त चली आती हैं—कुछ अतार्किक ढंग से, कुछ छठी इंद्रिय के जागने से, तो कुछ अनुभव एवं प्रमाण के आधार पर, किंतु शुद्धता एवं विरुद्धता के बीच लोक जीवन अपने हिसाब से अकसर विरुद्ध का ही चयन करता है।

संस्कृत की एक कहावत है, 'शुद्धं लोकविरुद्धं न करणीयम् न करणीयम्।' वस्तुतः यह दोहरी वर्जना शास्त्राचार पर लोकाचार के श्रेष्ठता पा जाने जैसी है। प्रबोधिनी एकादशी के पूर्व आंवला या गन्ने के सेवन की वर्जना परोक्ष रूप से अपरिपक्व रसों के सेवन की मनाही और वयस्कता की ही विधायिका है। वास्तव में विकल्प और स्थानापन्न खोज लेने की विलक्षण प्रविधि लोक जीवन में क्रियाशील होती है। 'अभावे शालिचूर्णं वा' की उक्ति में अभावग्रस्त जीवन की करुण कथा के साथ विकल्प भी तैयार है और विकल्प भी क्या है—चावल का पिसान, जो किसान के घर-घर में सहज प्राप्य है। ऐसे ही कर्मकांड के जटिल जंजाल के विकल्प में लोक जीवन स्थानदेवता, ग्रामदेवता और सिवान तक के देवी-देवताओं से अपना काम चला लेता है—प्रकृति चाहे प्रार्थना से माने या अपलाप से। ब्याह में इमली घोंटाई, नहछू नहावन, परिछन में बारात जाने से पहले वर की मां द्वारा लड़के को स्तनपान कराना आदि

लोकाचार प्रचलित हैं, जो पारिवारिक संबंधों के मर्म को नया अर्थ देते हैं।

कुछ लोकाचार अंधविश्वास की शक्ल में प्रचलित होते हैं, तो कुछेक जीवन की दुरूहताओं और जरूरतों के अनुसार। मसलन, पीढ़ियों पहले कुटुंब में हुए हादसे को लेकर किसी दिन-विशेष को 'मानि' (अमान्य) मानकर कोई शुभारंभ नहीं होता, तो इधर की भूमिहार जाति सप्तमी तिथि को ढरकती हुई घी की गगरी भी सीधा करने से बचना चाहती है। इसलिए लोकाचार में करणीय एवं अकरणीय दोनों ही बातें समाविष्ट होती हैं और देशकाल के अनुसार उनके ढंग भी दीगर किस्म के पाए जाते हैं। कवि त्रिलोचन की एक कविता है, 'जीवन का एक लघु प्रसंग'। इसमें मां बच्चे को स्कूल भेजने से इसलिए मना करती है, क्योंकि 'पढ़ना हमारे नहीं सहता' यानी हमारे घर में पढ़ना शुभ नहीं माना जाता।

विधान और वर्जना के बीच गतिशील लोक जीवन का प्रकृति से रिश्ता सबसे गहरा है। परिणामतः प्रकृति के साथ उसकी मनुहार और मुठभेड़ निरंतर चलती रहती है। सूखे और अवर्षण में गांव के बच्चे और किशोर द्वारे-द्वारे, नंग-धड़ंग, कीचड़ में लोटते हुए काल-कलौती खेलते हैं और मेघ से इन शब्दों में पानी बरसाने की याचना करते हैं—'काल-कलौती, उज्जर धोती/मेघा सारे पानी दे/नाहीं त आपन नानी दे।' दूसरी ओर अकाल से पार पाने के लिए औरतें गहन रात में निर्वस्त्र होकर खेतों में हल चलाती हैं एवं पुरुष दाना-पानी पहुंचाते हैं। इसे मिर्जापुर में 'हर परौरी' कहते हैं। यह संभवतः प्रकृति को ही शर्मसार करने की सविनय अवज्ञा है। इस अवसर को भी गीत की करुणा में ढाल देने और न बरसने वाले बादलों को 'बरखू' संबोधित करने का ढंग जुदा है—'बरखू हो बरखू! एक बून पसवना (भात का माड़) के तरसवला हो बरखू/बंसवा के खुंटिया में लुकइला हो बरखू!' जीवन को सुखद बनाने, दुखों से पार पाने, अनुष्ठानों के निर्विघ्न समापन और हर अभाव का विकल्प तलाशने में जनमानस जो-जो युक्तियां ईजाद करता है, वस्तुतः वे ही लोकाचार हैं। विधि-निषेधमय लोकाचार मंत्रों की जगह उपाय, शब्दों की जगह कर्म, अनागत की काट, कार्य-कारण संबंध से परे की प्रविधियां और लोक जीवन की अपनी सूझ हैं। ये श्रमशील जीवन के दुखों के परिहार एवं सुखों के समाहार के दाहिने-बाएं हाथ हैं।

अष्टभुजा शुक्ल

अधिक जानकारी के लिए :
1. भोजपुरी लोकसंस्कृति : कृष्णदेव उपाध्याय, **2. हिंदू धर्म : सनातन की खोज :** विद्यानिवास मिश्र

लोकायत

लोक में प्रचलित दर्शन को लोकायत कहा गया है, 'लोकेषु आयतः लोकायत'। (मध्वाचार्य कृत सर्वदर्शन संग्रह)। इसे चार्वाक और बार्हस्पत्य दर्शन भी कहा जाता था, जो इहलोकवाद को प्रधानता देता था। बौद्ध ग्रंथ 'दिव्यावदान' में भी 'लोकायत' शब्द का प्रयोग उपर्युक्त अर्थ में हुआ है अर्थात जो लोक में प्रचलित है। देवीप्रसाद चट्टोपाध्याय ने इसका विशेष अध्ययन करते हुए बताया है, 'भारतीय दर्शन के इतिहास का कमोबेश मतलब उन दार्शनिक गतिविधियों के इतिहास से है जो ढाई हजार वर्षों की कालावधि में फैली हुई हैं अर्थात उपनिषद काल (सातवीं-आठवीं सदी ईसा पूर्व) से गदाधर तक जो भारतीय तर्कशास्त्र और अणुवाद के अंतिम महान प्रवक्ता थे और सातवीं सदी में जिन्होंने अपनी पुस्तकों की रचना की थी।' (लोकायत)। उनकी दृष्टि में लोकायत दर्शन में भौतिकवादी प्रवृत्तियों—बुद्धिवाद, धर्मनिरपेक्षता और विज्ञान से प्रतिबद्धता थी, जबकि समानांतर रूप से अधिक प्रभावशाली भाववादी दर्शनों के साथ रहस्यवाद, कूपमंडूकता और धर्मग्रंथों के प्रति अटूट आस्था जैसी बातें जुड़ी थीं। भारतीय दर्शन में दोनों के बीच विचारधारात्मक संघर्ष लंबे समय तक चला है। रामायण, महाभारत और बौद्ध धर्म के ग्रंथों में लोकायत का उल्लेख किसी-न-किसी रूप में है। लोकायत दर्शन का कोई अपना ग्रंथ उपलब्ध न होने के कारण विद्वानों को

इसके विरोधियों के कथनों से ही इसकी विचारधारा की खोज करनी पड़ी है।

शंकर ने ब्रह्मसूत्र पर अपने भाष्य में असभ्य लोगों (प्राकृत जनाः) को लोकायत मतानुयायियों (लोकायतिकः) की संज्ञा दी थी। मौनियर विलियास ने लोकायत को भौतिकवादी दर्शन बताया, जो अध्यात्मवाद से भिन्न था। एस राधाकृष्णन के अनुसार, 'इंद्रियज्ञान वाले विश्व के संदर्भ में लोकायत भौतिकवाद का पर्यायवाची संस्कृत शब्द है।' (भारतीय दर्शन)। लोकायत के संबंध में उपलब्ध सामग्री बहुत कम है। लोकायितकों में चार्वाक के अलावा प्रमुख दार्शनिक माने जाते हैं–अजित केसकंबलि, पकुध कच्चायन, संजय बंलत्थिपुत्त, मक्खलि गोसाल, पूरण, संजय आदि। इस दर्शन के अनुसार, ईश्वर और आत्मा का कोई प्रमाण नहीं है और न ही मृत्यु के बाद कोई अस्तित्व है। प्रत्यक्ष इंद्रिय ज्ञान के अलावा कोई अन्य ज्ञान स्रोत वैध नहीं है। ऐसी धारणा के कारण लोकायितकों ने परंपरागत धार्मिक और नैतिक मूल्यों को मानना अस्वीकार कर दिया।

यही वजह है कि आदर्शवादी दार्शनिक परंपरा के सिद्धांतकारों ने लोकायितकों को ऐसे हीनमति लोगों के रूप में देखा जो उच्च मूल्यों को नहीं समझते थे। राधाकृष्णन ने तर्क दिया था कि ईसा पूर्व 600-200 के बीच के महाकाव्य युग में भारत की अव्यवस्थित स्थितियों के बीच लोकायत उपजा था। उस दौर में शताब्दियों के विश्वास टूट रहे थे और जनमानस पर शास्त्रों का आधिपत्य छिन्न-भिन्न हो रहा था। ऐसे ही समय में भौतिकवादियों ने इंद्रिय ज्ञान पर और बौद्धों ने अनात्मवाद और नैतिक मूल्यों पर बल दिया था। यह युग कर्मकांड और अंधविश्वास को दार्शनिक स्तर पर चुनौती दे रहा था और व्यक्ति की आध्यात्मिक स्वाधीनता की घोषणा कर रहा था। (भारतीय दर्शन का इतिहास)।

लोकायत परंपरा का बोध कराने वाला एक प्रसिद्ध कथन है, 'जब तक जीवन है, सुख का भोग करो। शुद्ध घी का सेवन करो भले ही उधार लेना पड़े।' देवीप्रसाद चट्टोपाध्याय ने इसे लोकायितकों का सुखवाद मानने से इनकार करते हुए उन्हें बदनाम करने की युक्ति बताया है। चार्वाकों की मान्यता है कि मनुष्य का स्वभाव सुख का भोग करते हुए दुख से बचना है, जैसे मछली को कांटों समेत या चावल को छिलके समेत होना पड़ता है। कोई कांटे या छिलके के डर से मछली या चावल छोड़ नहीं देता। इस प्रकार देवीप्रसाद चट्टोपाध्याय के अनुसार इन भौतिकवादियों का सुखवाद नीतिशास्त्र से जुड़ा हुआ है। उनके अनुसार, 'यदि रूढ़िग्रस्त धर्म के पक्षधरों ने विश्वास और आस्था की जगह बनाने के लिए तर्क बुद्धि को अस्वीकार करना आवश्यक समझा तो लोकायितकों को जनसाधारण की रक्षा के लिए धार्मिक पाखंडियों की मिथ्या धारणाओं के विरुद्ध तर्क देना आवश्यक प्रतीत हुआ।' (लोकायत)। लोकायत के तर्क को 'वितंडा' भी कहा गया है अर्थात जो तर्क किसी सकारात्मक लक्ष्य की ओर न ले जाए, वह वितंडा है। लोकायत को आत्मा, ब्राह्मणी कर्मकांड और परलोकवाद के विरोधी दर्शन के रूप में देखा जाता है। यह भौतिक सुख को प्रधानता देता है। लोकायत मत से कालांतर में बौद्ध तंत्रवाद और कापालिक तांत्रिक योगी जुड़े और उसकी भौतिकवादी परंपरा अनेक रूपों में बनी रही।

शिवनाथ पांडेय

अधिक जानकारी के लिए :

1. लोकायत : देवी प्रसाद चट्टोपाध्याय, 1982, **2. A Short History of Indian Materialism, Sensationism and Hedonism :** D R Shastri

लोकोक्ति

लोकोक्ति का अर्थ है–लोक की उक्ति। प्राचीन संस्कृत वाङ्मय में यह शब्द व्यापक अर्थ में प्रयुक्त हुआ है, पर बाद में उसका अर्थ संकोच होता गया। आज भी कुछ विचारक लोक-प्रचलित किसी उक्ति (कहावत, पहेली, बच्चों के खेल-गीत या मनबहलाव के लिए प्रयुक्त किसी भी सार्थक-निरर्थक जल्पन) को लोकोक्ति कहते हैं। लोकोक्ति के अंतर्गत

बच्चों के खेल की उक्तियां, बुझौवल (पहेलियां), निरर्थक अथवा निरभिप्राय, सार्थक अथवा साभिप्राय आदि सभी प्रकार की उक्तियां आती हैं। कहावतें सार्थक तथा साभिप्राय होती हैं और उनमें गहरी और सीधी चोट करने की ऐसी क्षमता होती है, जो शास्त्रीय उपदेश-वाक्यों में भी उपलभ्य संभव नहीं होता, किंतु लोकोक्तियां सार्थक अथवा निरर्थक दोनों ही होती हैं। (कहावत कोश : विक्रमादित्य मिश्र) काव्यशास्त्र में लोकोक्ति शब्द एक अलंकार के रूप में प्रयुक्त हुआ है। अप्पय दीक्षित ने कहा है, 'लोकप्रवादानुकृर्तिर्लोकोक्तिरिति कथ्यते।' अर्थात प्रसंगवश लोकोक्ति का प्रयोग करना लोकोक्ति अलंकार है। लोकोक्ति का एक पर्याय कहावत भी है।

कहावत का अर्थ है, जिसे लोग परंपरा से कहते-सुनते आए हों। लोकोक्ति या कहावत के अंग्रेजी पर्याय Proverb का विकास लैटिन शब्द Proverbium से हुआ है। अर्थात वह शब्द या उक्ति, जो अन्य उक्तियों की अपेक्षा अधिक तत्परता से आगे बढ़ती है। इस शब्द के ग्रीक रूप Paroimion का अर्थ है–लोकप्रिय उक्ति। इस तरह लोकोक्ति/कहावत में दो तत्वों का होना नितांत जरूरी है—लोक की जुबान पर चढ़ा होना तथा उसका कहने-सुनने की चीज होना। कुछ लोकोक्तियां सूक्तियों में होती हैं।

लोकोक्ति में लोक-जीवन के किसी सत्यानुभव की मार्मिक अभिव्यक्ति होती है। उसका प्रयोग लोग अपने कथन की पुष्टि के लिए करते हैं। 'लोकोक्ति' एक ऐसी उक्ति है, जिसके रचनाकार के रूप में किसी व्यक्ति विशेष को रेखांकित कर पाना मुश्किल है। वह लोक मानस की सहज अभिव्यक्ति अथवा सामूहिक चेतना की प्रतिध्वनि होती है। अपनी सजीव, आकर्षक, चुटीली और पैनी कथन शैली के कारण वह लोगों की जुबान पर चढ़ी होती है और अपने इसी गुण के चलते वह सही संदर्भ में याद आती एवं प्रयुक्त होती है, अभिव्यक्ति को प्रभावोत्पादक बनाती है, फिर इन्हीं सबकी बदौलत दीर्घजीवी होती है।

'बृहद् हिंदी लोकोक्ति कोश' (भोलानाथ तिवारी) में लोकोक्ति की परिभाषा देते हुए कहा गया है, 'विभिन्न प्रकार के अनुभवों, पौराणिक तथा ऐतिहासिक व्यक्तियों एवं कथाओं, प्राकृतिक नियमों और लोक विश्वासों आदि पर आधारित चुटीली, सारगर्भित, संक्षिप्त, लोक प्रचलित ऐसी उक्तियों को लोकोक्ति कहते हैं, जिनका प्रयोग किसी बात की पुष्टि या विरोध, सीख तथा भविष्य-कथन आदि के लिए किया जाता है।' लोकोक्तियां लोक साहित्य का महत्त्वपूर्ण अंग होती हैं, जिनमें मानव जाति की सामूहिक अनुभूतियों से प्रसूत चिरसंचित ज्ञान सूत्रबद्ध रूप में संकलित होता है।

कहावत को आम तौर पर लोकोक्ति का बहु-प्रचलित पर्याय माना जाता है। कुछ विद्वानों के मत से इनमें पर्याप्त अंतर है। ऐसा मानने वालों में इस अंतर के स्वरूप को लेकर अलग-अलग मत हैं। कुछ विद्वान लोकोक्ति को उसके प्रचलित भाषाशास्त्रीय अर्थ (प्रोवर्ब) में ग्रहण करते हुए, 'कहावत' को उसका एक खास प्रकार बतलाते हैं। उनके अनुसार, कहावत शब्द की व्युत्पत्ति 'कथावत्त' से हुई है अर्थात जो कथा की तरह हो यानी जिसके पीछे कोई लोककथा या पूर्वघटना आधार रूप में हो, केवल वैसी लोकोक्तियों को 'कहावत' कहते हैं। जैसे 'न नौ मन घी होगा, न राधा नाचेगी'। कुछ विद्वान खास भाषाशास्त्रीय अर्थ वाली 'लोकोक्ति' को 'कहावत' कहते हैं और व्यापक अर्थ में लोक प्रचलित सारी छोटी-बड़ी उक्तियों के लिए 'लोकोक्ति' शब्द का प्रयोग करते हैं। 'हिंदी साहित्य का बृहद् इतिहास' (नागरी प्रचारिणी सभा) के सोलहवें भाग में भी कहावत को लोकोक्ति का एक प्रकार मानते हुए दोनों में अंतर किया गया है।

लोकोक्ति संरचना में अभिधात्मक होकर भी अपने प्रयोग-संदर्भ एवं प्रभाव-क्षेत्र में व्यंजनात्मक होती है। उसका प्रभाव लक्षणा की प्रक्रिया से गुजर कर व्यंजनात्मक होता है, न कि सीधे व्यंजनात्मक। उदाहरण के लिए 'ऊंट के मुंह में जीरा' लोकोक्ति का प्रयोग तब होता है, जब किसी को किसी चीज की बड़ी मात्रा में जरूरत हो, पर उसे उसकी नगण्य या असंतोषजनक उपलब्धि हो पाए। स्पष्ट है कि 'ऊंट', 'मुंह' और 'जीरा' —इन सबका लक्ष्यार्थ लेकर

चलेंगे, तभी किसी प्रसंग में लक्ष्यीभूत व्यंग्यार्थ निकल कर आ सकता है। उस व्यंग्यार्थ का स्वरूप प्रसंग के अनुसार अलग-अलग हो सकता है। जैसे, किसी प्रसंग में व्यंग्यार्थ यह हो सकता है कि 'कई दिनों से भूखे को, चम्मच भर चावल दिया गया', तो किसी प्रसंग में देने वाले या उसकी कृपणता को कोसने का भाव भी हो सकता है।

लोकोक्ति की तरह ही आम प्रयोग में आने वाला एक और तत्व है—मुहावरा। तात्पर्य और प्रयोग की दृष्टि से इन दोनों के बीच स्पष्ट भेद है। लोकोक्ति एक स्वतंत्र, स्वतःस्फूर्त और समाहारी-सूत्रवाक्य है, जिसमें किसी संदर्भ में एक पूरा विचार या जीवनानुभव सार रूप में अभिव्यक्त होता है। वह 'वाक्य' भर नहीं होती। अक्सर वह अपने-आपमें वाक्य से भी बड़ी इकाई 'प्रोक्ति' की तरह होती है, जबकि मुहावरा एक वाक्यांश (वाक्यखंड या पदबंध) की शक्ल लिए हुए, किसी भाषा में एक तरह का लाक्षणिक प्रयोग होता है, जिसका अपने-आपमें रूढ़ अर्थ होने के बावजूद, उसके वास्तविक आशय की अभिव्यक्ति के लिए वाक्य प्रयुक्त होना आवश्यक है। इस प्रकार वह परनिर्भर संरचना है। प्रयोक्ता द्वारा मुहावरे का उपयोग, अपने भाषिक प्रयोग या 'वाक्य' को चमत्कारी और उसके जरिए अभिव्यक्ति को अधिक प्रभावशाली बनाने के लिए किया जाता है, जबकि वह लोकोक्ति का उपयोग अपनी कही हुई बात की पुष्टि और उसके जरिए उसके असर को गहरा बनाने के लिए करता है।

मुहावरे का सबसे प्रकट बाह्य भाषिक लक्षण है, उसका 'ना' प्रत्ययांत होना। अर्थात मुहावरे 'करना', 'होना' आदि जोड़कर बनते हैं। ऐसी स्थिति में वह 'क्रियार्थक संज्ञा' का रूप होता है। इसी कारण मुहावरे का 'कोश' शब्दकोश होता है, जबकि लोकोक्ति कोश उक्तियों यानी एक प्रकार से वाक्यों का कोश होता है। यह भी सच है कि संरचना में थोड़े से परिवर्तन के द्वारा हम लोकोक्ति को मुहावरे में बदल सकते हैं, जैसे—'जल में रहकर मगर से वैर' लोकोक्ति है, पर 'जल में रहकर मगर से वैर करना' मुहावरा हुआ। अलंकार-विधान की दृष्टि से देखा जाए, तो सारी लोकोक्तियां 'लोकोक्ति' अलंकार में आ सकती हैं, जबकि 'मुहावरे' स्वभावोक्ति ललित, गूढ़ोक्ति, उपमा, उत्प्रेक्षा, स्मरण, अनुमान, आक्षेप, अतिशयोक्ति आदि अलंकारों में भी आ सकते हैं। कुछ उदाहरण हैं—अत्युक्ति अलंकार : आसमान के तारे तोड़ना, आग बोना, आंख से चिनगारियां निकलना, आग बबूला होना, उंगली पर नचाना, खड़े बाल निगलना। पदार्थावृत्ति अलंकार : आठ-आठ आंसू रोना, बाल-बाल बचना। स्वभावोक्ति अलंकार : बाल खिचड़ी होना, आंख लाल होना, होंठ कांपना, कलेजा धड़कना, गोल-गोल बातें करना। (मुहावरा-मीमांसा)

लोकोक्ति का भाषागत स्वरूप लगभग निश्चित एवं अपरिवर्तनीय होता है, उससे छेड़छाड़ नहीं की जाती या नहीं की जा सकती। मुहावरों में शब्द-विशेष को पर्यायवाचियों से विस्थापित करना संभव नहीं होता। इस कारण उसका लाक्षणिक रूढ़ अर्थ शब्द-विशेष पर टिका होता है अथवा शब्दालंकार की तरह उसका सौंदर्य शब्द-विशेष पर आधारित होता है। यह भी सच है कि मुहावरे किसी भाषा की वाक्य-रचना में आकर जब तक (तदनुसार) अनुकूलित नहीं होते, तब तक अर्थाभिव्यक्ति नहीं कर पाते। इस प्रक्रिया में उनमें लिंग, वचन, पुरुष, काल, पक्ष, वाच्य आदि के अनुरूप परिवर्तन आते हैं, जैसे—'रमा किसी के तलवे नहीं सहलाती/ सहलाएगी/ सहलाती थी', 'वे लोग बस तलवे सहलाकर अपना काम निकालते रहे हैं आदि, किंतु लोकोक्ति को ऐसे किसी रूपांतर की प्रक्रिया से गुजरना आवश्यक नहीं है, क्योंकि वह खुद एक वाक्य रूप है।

देशकालिक स्वरूप, विषय आदि के आधार पर लोकोक्तियों का कई वर्गों में बांटकर भी विचार किया जा सकता है जैसे—कालबद्ध और कालातीत लोकोक्तियां—'कहां राजा भोज, कहां गंगू तेली', स्थानीय और सार्वदेशिक लोकोक्तियां—'उलटे बांस बरेली को', सार्वभौमिक लोकोक्तियां—'बद अच्छा, बदनाम बुरा', स्त्री-संबंधी लोकोक्तियां, कृषि-लोकोक्तियां, अंगों पर लोकोक्तियां, पशु-पक्षियों पर लोकोक्तियां अथवा धर्म, नीति, जीवन-मरण, सुख-दुख, व्यवहार, आहार-विहार/खानपान,

आचार-विचार, स्वास्थ्य, व्यापार/पेशा, विद्याध्ययन, मूर्खता, शादी-विवाह, संस्कार, आडंबर, बच्चे-बूढ़े, शकुन-अपशकुन, अंधविश्वास, धोखाघड़ी, व्यंग्य-विनोद, इतिहास-पुराण के प्रसंग, जातिवादी-लिंगभेदी मानसिकता के साथ तमाम सामाजिक पूर्वाग्रहों आदि से संबद्ध लोकोक्तियां। ध्यातव्य है कि न केवल ये विषय लोकोक्तियों में आ सकते हैं, बल्कि इन विषयों के संदर्भ में लोकोक्तियों का प्रयोग इन विषयों तक सीमित न रहकर विशाल मानवीय संदर्भ में हो सकता है, जैसे–'आम के आम गुठलियों के दाम (कृषि), 'हाथी के दांत खाने के और दिखाने के और' (पशु), 'गुड़ खाए तो गुलगुलों से क्या परहेज' (खान-पान)।

लोकोक्तियों का उद्‌भव और विकास सामाजिक संरचना और सांस्कृतिक मूल्यों से निरपेक्ष नहीं होता। उदाहरणस्वरूप 'एक पंथ दो काज' के आशय की ही एक लोकोक्ति है–'एक तीर से दो शिकार', पर दोनों में क्रमशः अहिंसावादी और हिंसावादी (या कम-से-कम हिंसा की स्वीकृति वाली) सांस्कृतिक दृष्टि का अंतर है। यहां यह विशेष रूप से उल्लेखनीय है कि लोक के सामूहिक मन की अभिव्यक्ति होने से लोकोक्तियों में उसके प्रस्तोता समाज की स्तरीकृत संरचना और तद्‌विषयक पूर्वाग्रह भी झांकते नजर आते हैं। आज भी ऐसी बहुत सारी लोकोक्तियां प्रयोग में लाई जाती हैं, जिनमें सामाजिक भेदभाव की संरचनाएं (पितृसत्ता, जातिवाद, सांप्रदायिकता, नस्लवाद, क्षेत्रवाद आदि) न सिर्फ प्रतिबिंबित होती हैं, बल्कि उनके प्रयोग द्वारा ऐसी तमाम भेदभावमूलक स्थितियों को स्वाभाविकता भी मिलती जाती है। इस तरह वे लोकोक्तियां तत्संबद्ध रूढ़ियों को मजबूत भी बनाती है। भारतीय संदर्भ में देखें तो स्त्री, दलित, आदिवासी, धार्मिक एवं भाषाई अल्पसंख्यकों के साथ, विकलांग, किन्नर आदि भी लोकोक्ति-निहित पूर्वाग्रहों के शिकार होते रहे हैं।

सबसे बड़े हाशिए यानी स्त्री को लेकर बात करें, तो यह खुलकर सामने आता है कि कई लोकोक्तियां स्त्रीनिरपेक्ष होने के साथ स्त्रीघाती भी हैं। उनमें स्त्री या उसकी संवेदना/पीड़ा शामिल नहीं होती। स्त्री के प्रति अकारण दंड, उपेक्षा, अपमान, अवमूल्यन, वस्तुकरण या उसे भोगने, घात या ग्रास करने की (मर्दवादी) प्रवृत्ति से लोकोक्तियों का कोश भरा पड़ा है। भोजपुरी क्षेत्र में एक कहावत है, जिसका अर्थ है कि 'स्त्रियों के नाक नहीं होती, तो वे टट्टी भी खा लेतीं'। इसी तरह, तसलीमा नसरीन ने अपनी किताब 'औरत के हक में' में एक बांग्ला लोकोक्ति प्रस्तुत की है–'अभागे की गाय मरती है और भाग्यवान की बीवी'। इसी तरह 'अहीर बुझावे से मरद', 'अंधी पीसे कुत्ता खाय', 'कमजोर की लुगाई, गांव भर की भौजाई', 'मियां की दौड़ मस्जिद तक' आदि लोकोक्तियां भी सामाजिक विषमता के अलग-अलग नमूने हैं। ये नमूने भर हैं। अगर इन सबका संग्रह करें, तो लोकतांत्रिक संविधान-विरोधी एक पूरा पोथा ही तैयार हो जाएगा! आज इन्हें 'ऐतिहासिक अवशेष' मात्र समझते हुए, भाषिक संग्रहालयों की वस्तु मान लिया जाना चाहिए था।

भाषावैज्ञानिक अध्ययन की दृष्टि से लोकोक्तियों का बहुत अधिक महत्व है। जनमानस की पुरातन और परंपरागत धरोहर होने के चलते उनमें संबद्ध जन समुदाय, क्षेत्र, राष्ट्र आदि की भाषा के पुराने रूप सुरक्षित मिल सकते हैं। लोकोक्तियों की प्रकृति ऐसी होती है कि उन्हें किसी तरह का परिवर्तन सह्य नहीं होता। इसी से उनमें बहुत सारे ऐसे शब्द 'भाषिक पुरातत्व' के रूप में सुरक्षित मिल सकते हैं, जो समय गुजरने पर 'बोलचाल' एवं 'लिखित साहित्य' में अप्रचलित हो चुके होते हैं। इसलिए लोकोक्तियों का महत्व केवल व्यक्ति, जन-समुदाय, देश-प्रदेश, काल आदि की संस्कृति तथा साहित्य के अध्ययन की दृष्टि से ही नहीं, बल्कि भाषा के अध्ययन की दृष्टि से मूल्यवान है।

रवींद्र कुमार पाठक

लोधी

लोधी भारतीय आर्य भाषाओं के पूर्वी क्षेत्र की लोकभाषा है। इसे एक लिहाज से बिहारी हिंदी उपभाषा वर्ग के अंतर्गत सम्मिलित किया जा सकता है, लेकिन इसका अधिकतर क्षेत्र बांग्ला-ओडिया-असमिया भाषाओं के सीमावर्ती क्षेत्रों से लगा हुआ है।

यह लोकभाषा झारखंड, पश्चिम बंग के मिदनापुर जिले के बिनपुर, खडगपुर और ओडिशा के मयूरभंज, मोरदा और सुलियापाड़ा, बालासोर जिले के सोरा ब्लॉक में बोली जाती है, जहां यह 'लोधा', 'लोही' और 'लोजी' नामों से भी प्रचलित है। हिंदी की तुलना में इसकी शब्द/रूप-रचनागत निकटता बांग्ला, ओड़िया, संताली, मुंडारी और खरिया थार भाषाओं से अधिक है।

वास्तव में लोधा इन इलाकों में रहने वाली अनुसूचित जनजाति का नाम है। 2001 की जनगणना के मुताबिक, लोधी भाषाभाषियों की कुल जनसंख्या 1,39,321 थी, जबकि 2007 में एसआईएल-एथनॉलॉग द्वारा संपन्न सर्वेक्षण के अनुसार यह आंकड़ा 25,000 है।

अनुपम श्रीवास्तव

लोपामुद्रा

ऋग्वेद में लोपामुद्रा का उल्लेख वैदिक मंत्रद्रष्टा स्त्री के रूप में है। (1.179.4)। महाभारत के अनुसार, लोपामुद्रा अगस्त्य ऋषि की पत्नी और विदर्भराज की पालिता कन्या थी। वह स्त्रियों के रूपाभिमान का नाश और सृष्टि को मुद्रित करने के लिए विख्यात हैं, इसलिए इनका नाम लोपामुद्रा पड़ा। भागवत पुराण में इनका उल्लेख कृष्णेक्षणा नाम से किया गया है। इन्हें मलयध्वज नामक पांडय राजा और वैदर्भी की पुत्री कहा गया है। इनके सातों भाई द्रविड़ देश के राजा बताए गए हैं।

महाभारत में लोपामुद्रा के जन्म से संबंधित एक कथा है। एक बार अगस्त्य ऋषि ने वन की यात्रा करते हुए देखा कि उनके पूर्वज एक विवर में उल्टा लटके हैं, क्योंकि उन्हें मुक्ति नहीं मिली है। कारण पूछने पर पितरों ने कहा कि हमें मुक्ति तुम्हारी संतान के हाथों मिलेगी। अगस्त्य ऋषि ने पितरों की मुक्ति के लिए संतानोत्पति का निश्चय किया। पृथ्वी की किसी स्त्री को अपने योग्य न पाकर उन्होंने अपने तपोबल से स्वयं एक कन्या की सृष्टि की और पालन-पोषण के लिए उसे विदर्भराज को सौंप दिया। विदर्भराज द्वारा पालिता होने के कारण कई जगह लोपामुद्रा को वैदर्भी कहा गया है। बड़ी होने पर लोपामुद्रा की शादी अगस्त्य ऋषि के साथ हुई। विवाहोपरांत लोपामुद्रा ने राजसी ठाठ छोड़ दिया। वह वल्कल और मृगचर्म धारण कर ऋषि के साथ वन में चली गईं और तपस्या में लीन हुईं। (वनपर्व, 130.5)।

कुछ समय बाद अगस्त्य ऋषि ने पत्नी के सामने संतानोत्पत्ति की इच्छा जाहिर की, ताकि उनके पितरों को मुक्ति मिल सके। लोपामुद्रा ने कहा कि पुत्रप्राप्ति से पहले उन्हें वैसी ही राजसी शय्या, वस्त्राभूषण आदि उपलब्ध कराएं, जैसा उन्हें पिता के घर में सुलभ था। कहते हैं, पत्नी की इच्छा पूरी करने के लिए अगस्त्य ऋषि कई राजाओं के पास गए, लेकिन कोई भी उन्हें संतुष्ट नहीं कर सका। अंत में उन्होंने इल्वल नामक राक्षस से विपुल संपत्ति प्राप्त की और पत्नी को संतुष्ट किया। इसके बाद लोपामुद्रा गर्भवती हुई। कहते हैं, उनका गर्भ सात वर्ष तक रहा। सात वर्ष बाद उन्हें रूपवान और वेदादि ज्ञान से संपन्न पुत्र पैदा हुआ, जिसका नाम इध्यमवाह रखा गया। इसी के हाथों अगस्त्य ऋषि के पितरों को मुक्ति मिली। भागवत पुराण में अगस्त्य और लोपामुद्रा के पुत्र का नाम दृढ़च्युत और उनके पौत्र का नाम इध्मवाहन बताया गया है। (4.28)

श्रद्धांजलि सिंह

लोमश

महाभारत के अनुसार लोमश दीर्घजीवी ऋषि थे। इनकी तपस्या से प्रसन्न होकर शिव ने इन्हें कई कल्पों तक जीवित रहने और प्रलय काल में मुक्ति पाने का वरदान दिया था। (स्कंदपुराण 1/2/13)। कहते हैं, हर कल्प के अंत में इनका केवल एक लोम झड़ता था, इसलिए इनका नाम लोमश पड़ा। कहा जाता है कि इन्होंने कई बार पृथ्वी की परिक्रमा की। कश्यप संहिता में लोमश ऋषि को ज्योति शास्त्र के प्रवर्तक अठारह ऋषियों में से एक बताया गया है। तुलसी के रामचरितमानस में काकभुशुंडि को लोमश

ऋषि के द्वारा ही रामकथा का ज्ञान प्राप्त होने का उल्लेख है। इन्होंने वैदिक ऋचाओं पर शिक्षा ग्रंथों की रचना की। कहते हैं, इंद्र ने इन्हें पांडवों को तीर्थयात्रा कराने का परामर्श दिया था। इंद्र के कहने पर इन्होंने वनवासी पांडवों को कई तीर्थों का भ्रमण कराया और उन्हें धार्मिक और पौराणिक आख्यान सुनाए।

राजस्थान और पंजाब में लोमश ऋषि का आश्रम प्रसिद्ध है। इसके अलावा बिहार के गया जिले में राजा दशरथ द्वारा खोदी गई गुफा 'लोमश गुफा' के नाम से विख्यात है।

श्रद्धांजलि सिंह

लोरी

लोरी शब्द संस्कृत के 'लोल' शब्द का अपभ्रंश है। इसका अर्थ है–हिलाना-डुलाना या थपथपाना। शिशुओं को सुलाने के लिए गाए जाने वाले गीत लोरी कहे जाते हैं। बच्चों को सुलाने के लिए जो सबसे पुराने गीत उपलब्ध हैं, उन्हें अंग्रेजी में 'ललाबी' और 'नर्सरी राइम्स' कहा जाता है तथा हिंदी में लोरी। अस्पतालों में नर्सें बच्चों को थपथपाते हुए 'लु लु' या 'ला ला' की हल्की ध्वनि करती हैं, क्योंकि शिशु केवल नाद समझता है, सुर माधुर्य को महसूस करता है। सम्मोहगेयता लोरी का पहला गुण है। उसमें अर्थ गौण होता है, इसकी स्वर प्रधान काल्पनिक संरचना में ऊलजलूल बातें हो सकती हैं। स्त्रियां–मां, दादी, नानी, बहन आदि बच्चों को सुलाते समय बहलाने के लिए अपने पूरे अंतस से जो गीत गाती हैं, वह लोरी है। शिशु को मानवीय संगीत का पहला परिचय लोरी के माध्यम से होता है। यह मां की हृदयगत अनुभूतियों का दर्पण है। शिशु को गोद में थपकी देकर अथवा पालने में झुलाकर लोरी सुनाई जाती है। परंपरागत रूप से चली आ रही एक लोरी है–'चंदा मामा आरे आवा पारे आवा। नदिया किनारे आवा/सोने की कटोरिया में दूध-भात ले ले आवा/मुंहवा में दे दे घुटुक-से।' सुलाने से पहले गोदल (अब बोतल) से दूध पिलाते समय यह लोरी गाई जाती रही है। एक परंपरागत लोरी है–'आ जा री निंदिया निंदन वन से, मुन्ना सोए दादी की गोदी में।' यहां दादी की जगह चाची, काकी, बहन आदि कोई भी रिश्ता जोड़ लेते हैं। शकुंतला सिरोठिया ने एक लोरी लिखी है, 'चांद की चादर उढ़ाऊं तुझे मोहना/ सो जा मेरे लालना। सूरज भी सो गया, पंछी भी सो गए/डालों की गोद में फूल सभी सो गए/ तू भी चुप सो जा, झुलाऊं तुझे पालना/सो जा मेरे लालना।'

बच्चों के लिए लोरियों में चंदा को हमेशा मामा की तरह प्रस्तुत किया गया है। चंदा मामा को लेकर कई लोरियां प्रचलित हैं, 'चंदा मामा दूर के/ पुए पकाए गूड़ के/ आप खाए थाली में/ मुन्ने को दें प्याली में/प्याली गई टूट/मुन्ना गया रूठ/लाएंगे नई प्यालियां/ बजा-बजा के तालियां।'

ये प्यालियां, कटोरियां जिनमें बच्चे दूध-भात आदि पसंद से खाते हैं, बच्चों के मन में बसी रहती हैं। लोरियों को संगीतबद्ध किया गया है। धारणा है कि इससे बच्चों के विकास में सहायता मिलती है। इसी कारण अंग्रेजी लोरियां इलेक्ट्रॉनिक माध्यम में उपलब्ध हैं। यह भी कहा जा सकता है कि लोरी मां और शिशु के बीच सीधे संबंध का मामला है, इसमें यंत्र का कोई काम नहीं है। धीरेंद्र वर्मा का मत है कि माताएं लोरी को बच्चों की सुख-समृद्धि का चिह्न मानती हैं। मनोवैज्ञानिक दृष्टि से प्रतीत होता है कि लोरी से एक तो बच्चे का ध्यान इधर-उधर भटकने से रोक लिया जाता है, दूसरे बच्चे को आंतरिक आश्वासन मिलता है कि वह अकेला नहीं है, किसी-न-किसी का स्नेहपूर्ण संग उसे मिला हुआ है। यह आश्वासन उसके मन में किसी भय का उदय नहीं होने देता। सूरदास ने भी शिशु कृष्ण को सुलाते समय मां यशोदा से 'जोइ सोइ कछु' गवाया है जिसमें वे नींद का आवाहन करती हैं : 'जसुदा हरि पालने झुलावै। हलरावै दुलराइ मल्हावै जोइ सोइ कछु गावै। मेरे लाल को आउ निंदरिया, काहे न आनि सुआवै। तू काहे नहिं बेगहि आवे, तो को कान्ह बुलावै।'

महेंद्र राजा जैन

लौकिकता

लौकिकता से संसार, जगत, प्राणी, जन, लोग, समाज, व्यवसाय-कीर्ति, दिशा, स्थान विशेष आदि का बोध होता है। उपनिषद में दो (इहलोक, परलोक), निरुक्त में तीन (पृथ्वी, अंतरिक्ष, द्युलोक) और पुराणों में सात लोकों (भूलोक, भुवर्लोक, महर्लोक, जनलोक, तपलोक, सत्यलोक और ब्रह्मलोक) के साथ-साथ इनके सात पातालों के उल्लेख भी मिलते हैं। (हिंदी शब्द सागर)। श्वेताश्वतरोपनिषद (ईसा पूर्व तीसरी सदी) में दो मतों–भूत (पदार्थ) और स्वभाव (प्रकृति) का उल्लेख है जिनका संबंध बाद के भौतिकवादी चिंतन के विकास से जोड़ा जाता है। हरिभद्र के अनुसार, लोक वह है जिसके बारे में ज्ञानेंद्रियों से पता चल सके। संस्कृत टीकाकार मणिभद्र लोक को पदार्थ समूह मानते हैं। इससे बना एक शब्द है, 'लोकायत', अर्थात वह मनुष्य जो इस लोक के सिवा कोई दूसरा लोक नहीं मानता हो। यह भी कहा गया, 'लोकेषु आयतः लोकायतः' यानी जो लोगों में प्रचलित हो।

'लोक' से बने विशेषण 'लौकिक' के अर्थ हैं– लोक से संबंधित, सांसारिक, व्यावहारिक आदि। लौकिक में 'ता' परसर्ग लगा कर संज्ञा 'लौकिकता' बनती है। लोकायत शब्द कौटिल्य के 'अर्थशास्त्र' में तर्क-वितर्क के लिए तथा बौद्ध परंपरा में इसी से मिलते-जुलते अभिप्राय वितंडाशास्त्र के लिए प्रयुक्त हुआ है। लौकिकता अपने मूल अर्थ में इह (इस) लोक से संबंधित होने के कारण भौतिकता की समानधर्मा है।

प्राचीन काल के ग्रंथों में यत्र-तत्र बिखरे छिटपुट सूत्रों को सहेजकर 'लोकायत' (1959) नाम से एक प्रसिद्ध पुस्तक देवीप्रसाद चट्टोपाध्याय (1918-1993) ने प्रकाशित की थी। पहले पहल न्याय-वैशेषिक संप्रदाय (ईसा पूर्व 600-100) ने और फिर छठी शताब्दी में अणुवादी कणाद ने पदार्थ के महत्व पर विचार किया था। सातवीं सदी के दार्शनिक पुरंदर ने सर्वप्रथम अपने समय के भौतिकवादियों के लिए 'चार्वाक' शब्द का प्रयोग किया था। चार्वाकों (चारु+वाक् = सुंदर बोलीवाला), आजीवकों, अजित केशकंबलि की बातों और 'सर्वसिद्धांतसंग्रह' ग्रंथ में मिलने वाले बृहस्पति रचित कतिपय सूत्रों में भूतों को सर्वोपरि मानने के कारण भी इस परंपरा को लोकायत कहा जाता है। इसके अनुसार, कोई आत्मा नहीं होती और विश्व में चार तत्वों पृथ्वी, जल, वायु और अग्नि से बने पदार्थों का ही अस्तित्व है। इससे दार्शनिक-सामाजिक चिंतन में लौकिकता की प्रतिष्ठा हुई।

आस्तिक मान्यता है कि ईश्वर ने अखिल ब्रह्मांड और समस्त प्राणियों का निर्माण किया। इसमें मतांतर हैं। दूसरी मान्यता नास्तिक है, यह किसी ईश्वर को नहीं मानती और प्रकृति में उपस्थित पदार्थों से प्राणियों की उत्पत्ति और उनका विकास मानती है। दोनों मान्यताओं के संघर्ष का इतिहास पुराना है। एक के लिए परलोक प्रधान है तो दूसरी के लिए लौकिकता ही सबकुछ है।

ईश्वर, धर्म और अध्यात्म को मनुष्य कितना ही महत्व क्यों न देता हो, अंततः उसका जीवन लौकिकता से तय होता है। पेट भरने के लिए कृषि उत्पादन, पहनने के लिए वस्त्र, रहने के लिए घर, यातायात के लिए वाहन, बीमार पड़ने पर अस्पताल, शिक्षा के लिए स्कूल और कॉलेज, रक्षा के लिए पुलिस और सेना आदि का संस्थागत निर्माण लौकिकता के कारण ही हुआ है। इनके बिना मनुष्य जीवन की कल्पना नहीं की जा सकती। लौकिकता का संबंध मनुष्य के जन्म-मृत्यु, शादी-ब्याह, पर्व-त्योहार, खेलकूद, सामुदायिक मिलन और सांसारिक और सामाजिक व्यवहारों से है। विश्व में मनुष्य का मनुष्य के प्रति, अपने निकट तम परिवार, नाते-रिश्तेदारों और अन्य अनेक प्रकार की संस्थाओं के प्रति व्यवहार लौकिकता का अंग है, जिसकी अभिव्यक्ति कला, साहित्य, दर्शन आदि में होती आई है।

सुवास कुमार

अधिक जानकारी के लिए :

1. लोकायत : देवी प्रसाद चट्टोपाध्याय, **2. भारतीय चिंतन परंपरा :** के दामोदरन, **3. The Origin of Materialism :** George Novack, 1979, **4. Studies on the Charvak :** Ramkrishna Bhattacharya

वंदना शिवा

(जन्म 1952)

वंदना शिवा पर्यावरणीय स्त्री विमर्श से जुड़े सक्रिय आंदोलनकारियों में से एक हैं। उनकी शुरुआत क्वांटम भौतिकशास्त्र से होती है, परंतु उनका चिंतन विकास के वैकल्पिक मॉडल की तलाश से जुड़ जाता है। उत्तराखंड के देहरादून से दिल्ली तक, दिल्ली से ग्वेल्फ एवं बोस्टन विश्वविद्यालय तक उनके अकादमिक अध्ययन और अध्यापन का सिलसिला चलता है। वे एक प्रेरक सामाजिक कार्यकर्ता के रूप में विश्व भर में ख्यात विदुषी हो जाती हैं।

उत्तराखंड को वंदना शिवा ने अपने आंदोलन के क्षेत्र के रूप में चुना है और पूरे भारत में जैव कृषि विकल्प को व्यावहारिक बनाने के लिए नवदानिया के प्रयासों को आगे बढ़ाया है। भारत के चावल की अनेक किस्मों को बौद्धिक संपदा कानून का सहारा लेकर हथियाने का प्रयास करने वाले कई पश्चिमी कारपोरेट घरानों को उन्होंने अंतरराष्ट्रीय न्यायालय में चुनौती दी है और अनेक अन्यायपूर्ण पेटेंट रद्द करवाए हैं। वंदना शिवा को ऐसे प्रयासों के लिए विश्व भर में कई सम्मान-पुरस्कार प्राप्त हुए हैं, जिनमें 'राइट लाइवलीहुड अवार्ड-1993', 'सिडनी पीस प्राइज-2000' तथा 'फूकोको प्राइज-2010' अधिक उल्लेखनीय हैं।

वंदना शिवा

चिंतन का विकास : अपनी पुस्तक 'स्टेइंग अलाइव' (1988) के साथ चर्चा का केंद्र बनी वंदना शिवा का 'पर्यावरणीय स्त्री विमर्श' तीन आधारभूत मुद्दों पर केंद्रित है—स्त्री, पर्यावरण और उसके विस्थापन के हालात। यह किताब एक ओर पितृसत्ता, पूंजीवाद, विज्ञान और साम्राज्यवाद की अभिसंधि को हमारे सामने रखती है तो दूसरी ओर 'स्त्री सिद्धांत' को विकल्प के तौर पर प्रस्तुत करती है। वंदना शिवा ने 1989 में 'हरित क्रांति की हिंसा' विषय पर खुद को केंद्रित किया। उन्होंने देखा कि हरित क्रांति के ठीक बाद पंजाब आतंकवादी हिंसा के अपने सबसे काले दौर में प्रवेश कर जाता है। वे स्पष्ट करती हैं कि हरित क्रांति का आधार चूंकि जमीन की उर्वरता और प्राकृतिक बीजों के आत्मसंचालनात्मक प्राकृतिक आवृत्ति चक्र के प्रति हिंसा में है, इसलिए उसका सामाजिक-सांस्कृतिक प्रतिफलन भी 'हिंसा की मानसिकता' में होता है। 1991 में वंदना शिवा अपने इस सिद्धांत को 'पर्यावरण और जीवित बचे रहने की राजनीति' के आपसी रिश्तों को समझने के लिए आगे बढ़ाती हैं। इसकी परिणति उनकी 1993 की बहुचर्चित किताब 'इकोफेमिनिज्म' के रूप में होती है।

वंदना शिवा ने 1994 में उत्तर-आधुनिक बहुलतावादी विमर्शों वाले परिदृश्य में हस्तक्षेप करने वाली अपनी किताब 'मोना कल्चर्ज ऑफ द माइंड'

दी। पितृसत्तावादी तरीकों को अद्वैतवादी-विलयवादी एवं साधारणीकरणवादी बताते हुए वे जीवविज्ञान और संस्कृति के उन रिश्तों की व्याख्या तक जाती हैं, जो कुदरती तौर पर बहुलताधर्मी होते हैं। संस्कृतियों के एकलतावाद के विरोध में वे समेकित बहुलता-विविधता की नई व्यवस्था को खोजने का सवाल खड़ा करती हैं।

एकलतावादी संस्कृति वस्तुतः विश्व के प्राकृतिक संसाधनों से जुड़ी बौद्धिक संपदा को निजी नाम से पेटेंट कराने की हद तक चली गई है। इसके खिलाफ वंदना शिवा बायोपायरेसी (1997) किताब में कानूनी लड़ाइयों का एक उत्तर-इतिहास लाती हैं। भारतीय चावलों तथा अन्य अनाजों के पेटेंटों को पश्चिम के हाथ में जाने से बचाने के लिए उनका संघर्ष अर्थपूर्ण है। 2003 में वे 'वाटर वॉर्स' तक अपने चिंतन को ले जाती हैं और दिखाती हैं कि कैसे बड़े-बड़े डैम बनाने और पानी पर अर्थतंत्र के बल पर एकाधिकार करने के प्रयासों से जल वितरण के प्राकृतिक तंत्र को नुकसान पहुंचता है और कैसे यह विकास के बजाय आम जन की गरीबी बढ़ाता है। बीज, पानी, जैव भोजन, विविधता-बहुलता की रक्षा और स्त्री को उत्पादन श्रृंखला में समुचित सम्मान देने से जुड़ा वंदना शिवा का कार्य बौद्धिक संपदा कानूनों, विकास के प्रकृति-विनाशक रूपों और संस्कृति-राजनीति के एकलतावादी आग्रहों के खिलाफ एक आंदोलन है।

वंदना शिवा ने प्रकृति, स्त्री आदि को धारणा मात्र या परिभाषाबद्ध कोटियों की तरह ग्रहण न कर उन्हें यथार्थ के अनुभव के आधार पर ग्रहण करने का साहस दिखाया है। उन्होंने 'इंद्रियानुभव आधारित तथ्यों' को मूल तथ्य कहते हुए आधुनिक उत्तर-आधुनिक विमर्शों की यह कहकर आलोचना की है कि वे मूल तथ्यों के बजाय सामान्यीकरणों और अमूर्तन पर अधिक केंद्रित हैं। उनके चिंतन के कुछ बहुचर्चित सूत्र हैं :

1. विकास : विकास की रफ्तार जहाँ जितनी तेज होती जाती है, सामान्य लोगों के लिए उत्पादित वस्तुओं की उपलब्धता उसी अनुपात में महंगी और कम होती जाती है।

2. उपभोक्ता वस्तुओं का मानकीकरण : बाजारवादी ब्रांडवादी उपभोक्ताकरण में उत्पादों का मानकीकरण जिस अनुपात में बढ़ता जाता है, सामान्य जन के वास्तविक जीवन का मान उसी अनुपात में नीचे गिरने लगता है।

3. निजीकरण से होनेवाला विकास चंद लोगों को अधिक अमीर और ज्यादा लोगों को अधिक पिछड़ा बनाता है।

4. वित्तीय पूंजीवादी संस्कृति मूलतः जुआरी संस्कृति (केसिनो कल्चर) है।

विनोद शाही

अधिक जानकारी के लिए :

1. The Vandana Shiva Reader : Vandana Shiva, 2014, **2. India Davided : Diversity and Democracy Under Attack :** Vandana Shiva, 2005

वक्रोक्ति सिद्धांत

यदि दंडी के शब्दों में कहें तो शब्द ज्योति की तरह होता है। ज्योति से प्रकाश होता है और उसके न होने पर पूरा संसार अंधेरे से भर जाता है। शब्द के बगैर भी संसार अंधकारमय हो जाएगा। वाङ्मय में प्रयोग होने वाले शब्दों को संस्कृत विद्वानों ने तीन भाग में बांटा है—वेद शब्द, शास्त्र शब्द, काव्य शब्द। अगर अलंकारों की भाषा में कहा जाए तो 'वेद' शब्द में रूपक की, 'शास्त्र' शब्द में स्वभावोक्ति की और 'काव्य' शब्द में वक्रोक्ति की प्रमुखता होती हैं। आश्चर्य नहीं है कि आचार्य कुंतक वक्रोक्ति को काव्य का जीवन मानते हैं, 'वक्रोक्तिः काव्य जीवितम्'।

वक्रोक्ति सिद्धांत की स्थापना का श्रेय आचार्य कुंतक को है। वे कश्मीर के थे। उनका समय दसवीं सदी का उत्तरार्ध है। दसवीं सदी के पूर्वार्द्ध के 'काव्यमीमांसा' के लेखक राजशेखर के नाटक 'बाल रामायण' के अनेक अंशों को उन्होंने उद्धृत

किया है तथा ग्यारहवीं सदी के उत्तरार्ध में महिमभट्ट ने अपने ग्रंथ 'व्यक्तिविवेक' में इनके मत की चर्चा की है। अतः इनका समय दोनों के बीच का रहा होगा। कुंतक ने अपने ग्रंथ 'वक्रोक्तिजीवित' में वक्रोक्ति की परिभाषा, स्वरूप तथा प्रकारों का वर्णन करते हुए वक्रोक्ति को काव्य का जीवन बताया है। यह ग्रं चार भागों में लिखा गया है। इसके पहले दो भाग पूरे मिलते हैं, पर तीसरा तथा चौथा भाग अधूरा मिलता है।

अलंकारवादी दंडी वाङ्मय के दो भेद मानते थे : स्वभावोक्ति और वक्रोक्ति । वे स्वभावोक्ति को भी अलंकार मानते थे। कुंतक स्वभावोक्ति अर्थात प्रचलित, प्रसिद्ध तथा विचित्रताहीन उक्ति को अलंकार नहीं मानते।

वक्रोक्ति का अर्थ वक्र + उक्ति अर्थात टेढ़ी, बाकी या तिरछी युक्ति है। 'अमरकोश' में वक्रोक्ति का अर्थ 'सुंदर युक्ति ' बताया गया है। 'काव्यालंकार' में भामह ने वक्रोक्ति को 'लोकातिक्रांत गोचर' अर्थात लोक व्यवहार से भिन्न अतिशयोक्ति कहा है। उनके अनुसार, वक्रोक्ति सभी अलंकार का मूल है। वामन वक्रोक्ति को 'सादृश्य लक्षणा' मानते हैं। अतः उपमा के अंतर्गत विचार करते हुए उसे अर्थालंकार की श्रेणी में रखते हैं। 'सादृश्यलक्षणा वक्रोक्ति ।' (काव्यालंकार सूत्रवृत्ति)। दंडी भी वक्रोक्ति को 'सर्वालंकार मूला' अर्थात सभी अलंकारों का मूल मानते हैं। वामन, रुद्रट और आनंदवर्धन ने वक्रोक्ति को अलंकार माना। भोजराज ने इसका प्रयोग व्यापक अर्थ में तथा मम्मट और विश्वनाथ ने संकुचित अर्थ में प्रयोग किया। मम्मट और विश्वनाथ वक्रोक्ति को अर्थालंकार की श्रेणी में रखते हैं। संस्कृत आचार्यों के विचार से हिंदी के आचार्य, जैसे—केशव, जसवंत, मतिराम और भूषण ने अपनी सहमति बताते हुए उसे अर्थालंकार माना है।

लोग एक ही बात को अलग-अलग ढंग से क्यों कहते हैं? एक व्यक्ति की बात साधारण और दूसरे की बात विशिष्ट लगती है। किसी बालक से अध्यापक कोई सवाल पूछता है तो उत्तर न देने पर दोबारा वह कुछ बोलने के लिए कहता है। फिर भी जवाब न मिलने की स्थिति में वह झल्लाकर कहता है, 'क्या तुम गूँगे हो'। इसके बाद भी विद्यार्थी के न बोलने के बाद अध्यापक कहता है, 'क्या तुम्हारे मुंह में जीभ नहीं हैं?' आदि। अंत में थककर वह कहता है, 'अपने ओठों के बटन तो खोलो'। आखिरी वाक्य सुनते ही सुनने वाले के कान खड़े हो जाते हैं, क्योंकि यह एक असामान्य, विशिष्ट उक्ति अर्थात वक्रोक्ति है। इसका कारण यह है कि सामान्य जीवन में ओठों का कमीज के बटन से कोई संबंध नहीं है। ओठ प्राकृतिक और जीवंत तथा बटन कृत्रिम और निर्जीव है, किंतु दो असंबंधित वस्तुओं अर्थात ओठों से बटन को जोड़कर उन्हें एक बिंब में रखने से जो वक्रोक्ति सामने आती है, वह चमत्कार पैदा करती है। भामह ने सही ही वक्रोक्ति को लोक का अतिक्रमण करने वाली उक्ति माना है।

कुंतक ने वक्रोक्ति की परिभाषा देते हुए लिखा है, 'वक्रोक्तिरेव वैदग्ध्य-भंगी-भणितिरुच्चते'। परिभाषा में 'वैदग्ध्य' का अर्थ है—कुशलता। काव्य का विषय होने के कारण कुशलता का संबंध कवि या साहित्यकार के वक्तव्य या साहित्यिक रचना-कौशल से है। 'भंगी' का अर्थ है चमत्कार, चारुता, शोभा या सुंदरता तथा 'भणिति' का अर्थ कथन या वर्णन शैली है। इस प्रकार कवि कर्म के कौशल से पैदा होने वाले चमत्कार से पूर्ण कथन को वक्रोक्ति कहा जाता है। कुंतक ने इसी कारण वक्रोक्ति को विचित्र कथन कहा है, 'विचित्रेवाभिधा वक्रोक्तिरित्युच्यते।' (वक्रोक्तिजीवित)। यहां विचित्र शब्द का प्रयोग महत्वपूर्ण है। कुंतक के प्रयोग में तीन अर्थछटाएं दिखाई देती हैं : (1) शास्त्र में प्रयुक्त साधारण शब्द-अर्थ से अलग विचित्र कथन (शास्त्रार्थ प्रसिद्ध, शब्दार्थोपनिबंध व्यतिरेकी)। (2) शब्द-अर्थ के प्रसिद्ध अर्थ से अलग विचित्र कथन तथा (3) सामान्य व्यवहार में प्रयुक्त शब्द-अर्थ से अलग कथन। यहां यह जोड़ना ठीक होगा कि प्रतिभासंपन्न साहित्यकारों के रचना कौशल से वक्रोक्ति का निर्माण होता है। इस वक्रोक्ति में कवि या साहित्यकार की प्रतिभा से उत्पन्न उक्ति की चारुता या सुंदरता होती है। इसका मुख्य

गुण सहृदय को आह्लाद प्रदान करना है। 'शब्दार्थो सहितौ वक्र-कविव्यापर-शालिनी। बंधे व्यवस्थितौ काव्य तद्विप्तह्लादकारिणी' (वक्रोक्तिजीवित)। कुंतक के अनुसार, कवि कौशल काव्य में महत्वपूर्ण होता है। इसी कवि कौशल को वे कवि व्यापार का नाम देते हैं, जिसका परिणाम काव्य है।

आचार्य कुंतक ने वक्रोक्ति के छह प्रकार बताए हैं : 1. वर्ण-विन्यास वक्रता, 2. पद-पूर्वार्ध वक्रता, 3. पद-परार्ध वक्रता, 4. वाक्य-वक्रता, 5. प्रकरण-वक्रता, 6. प्रबंध-वक्रता। उन्होंने वक्रता के प्रकारों की चर्चा करते हुए प्रबंध (स्वतंत्र ग्रंथ) को एक संपूर्ण इकाई मानकर चर्चा की है। उसके बाद उसकी छोटी इकाइयों पर विचार किया है। प्रबंध की सबसे छोटी इकाई वर्ण या अक्षर है। अक्षर का समूह अविभक्त या बंटा न होने की स्थिति में प्रतिपादक या प्रकृति कहलाता है। विभक्त हो जाने पर वह पद कहलाता है। पद के दो भाग होते हैं : प्रकृति या पूर्वार्ध और प्रत्यय परार्द्ध। कुंतक पद के पहले भाग को पूर्वार्ध वक्रता तथा पद के दूसरे भाग में आने वाली वक्रता को उत्तरार्ध वक्रता कहते हैं। पदों के समूह को वाक्य कहा जाता है और वाक्यों के समूह से प्रकरण बनता है। प्रकरण को सामान्य भाषा में अध्याय भी कह सकते हैं। अध्यायों के संयोजन से प्रबंध या ग्रंथ अस्तित्व में आता है। वर्ण, पद के पहले वाले भाग, बाद वाले भाग, वाक्य, प्रकरण और प्रबंध में वक्रता की स्थितियों में वक्रोक्ति के विभिन्न प्रकार देखे जा सकते हैं :

1. वर्ण विन्यास वक्रता : वर्णविन्यास वक्रता वर्णों के संयोजन में देखी जाती है। इसमें रचना के वर्णों का विशेष प्रकार से ऐसा विन्यास होता है कि वह हृदय को आह्लाद प्रदान करती है। अनुप्रास, उपमा तथा यमक अलंकार इसके मुख्य उदाहरण हैं।

2. पद-पूर्वार्ध वक्रता : पद पूर्वार्ध वक्रता को पर्यायवाची, रूढ़ शब्दों, समास, धातु, लिंग, क्रियाविशेषण आदि के विशिष्ट प्रयोग में देखा जा सकता है। कुंतक ने इसके रूढ़ि या (प्रसिद्धार्थ) पर्याय, विशेषण, उपचार, विभिन पदार्थों में अभेद की प्रतीति, विशेषण, संवृत्ति (गोपन की वक्रता), वृत्ति (समासादि), भाव (क्रिया), लिंग आदि के आधार पर कई उपभेद किए हैं।

3. पद-परार्ध वक्रता : इसे प्रत्यय वक्रता भी कहा जाता है, क्योंकि पद के उत्तरार्ध को प्रत्यय कहा जाता है। इस वक्रता में काल, कारक, पुरुष संख्या, वाच्य, प्रत्यय आदि के विशिष्ट प्रयोगों का विवेचन होता है।

4. वाक्य-वक्रता : पद समुदाय की वक्रता को वाक्य वक्रता कहा जाता है। वाक्य के प्रयोग कौशल द्वारा इसकी उत्पत्ति होती है। कुंतक ने इसके अनेक प्रकारों की चर्चा की है तथा इसे कवि प्रतिभा की अनंतता से जोड़कर इसकी संख्या नियत करने की संभावना को नकारा है। कुंतक ने इसमें सभी अलंकारों का विवेचन शामिल किया है तथा रस की सत्ता को प्रधानता दी है। यहां कुंतक अपने से पहले के अलंकारवादियों से भिन्न मत रखते हैं, क्योंकि अलंकारवादी रस को गौण मानते थे। वाक्य-वक्रता विषय के सुंदर एवं रमणीय वर्णन में दिखाई देती है। ऐसा वर्णन सहजा अथवा जन्मजात और आहार्या यानी शिक्षा अभ्यास से प्राप्त प्रतिभा द्वारा संभव होता है।

5. प्रकरण वक्रता : प्रकरण का अर्थ प्रबंध काव्य का एक अंश या कथा प्रसंग होता है। किसी प्रसंग विशेष के वर्णन में जो विचित्रता पैदा होती है, उसे प्रकरण वक्रता में शामिल किया जाता है। इस वक्रता का अर्थ प्रबंध में विषयवस्तु के विशिष्ट वर्णन का विवेचन किया है। इसे एक ही विषय पर लिखे अनेक ग्रंथों में पाए जाने वाले अंतरों या वक्रता में देखा जा सकता है। इसे (1) किसी प्रकरण के उत्साहपूर्ण वर्णन करने, जैसे–तुलसी के 'रामचरितमानस' में धनुष भंग, (2) अलौकिक रीति से नवीन कल्पना द्वारा प्रकरण का उद्‌भावन, जैसे– 'अभिज्ञानशाकुंतलम्' में दुर्वासा के श्राप से दुष्यंत की विस्मृति, (3) इतिहास के कथा प्रसंगों में नवीन कल्पना, (4) किसी प्रकरण को रसवान बनाने के लिए उसका सविस्तार वर्णन, (5) प्रकरण के भीतर किसी विशेष प्रसंग की कल्पना तथा (6) कल्पनाशीलता के अधार

पर अनेक प्रकरणों के सौंदर्य का ऐसा आयोजन कि वे एक-दूसरे को प्रकाशवान करें। जटिल कथानकों के शिल्पी तथा महान नाटककार जैसे कालिदास तथा विलियम शेक्सपियर आदि के नाटकों में यह वक्रता पाई जाती है।

6. प्रबंध-वक्रता : प्रबंध-वक्रता का अर्थ महाकाव्य, खंडकाव्य तथा नाटक है, उनमें कवि कौशल द्वारा उत्पन्न वक्रता को प्रबंध-वक्रता कहा जाता है। इसमें सभी प्रकार के ग्रंथ दृश्य या श्रव्य जिसे हम आज वाङ्मय या विमर्श कह सकते हैं, उनकी वक्रता शामिल होती है। चूंकि प्रबंध का निर्माण वर्ण, पद, वाक्य तथा प्रकरण के योग से होता है, अतः पहली पांचों वक्रताएं प्रबंध वक्रता में शामिल होती है। प्रबंध वक्रता कवि के व्यापार की चरम सीमा होती है तथा इच्छित रस का निर्माण एवं अनुभव प्रबंध की संपूर्णता से होता है। वक्रोक्ति के इस व्यापक रूप में (1) मूल रस परिवर्तन वक्रता, (2) समापन वक्रता, (3) कथाविच्छेद वक्रता (4) आनुषंगिक फल वक्रता, (5) नामकरण वक्रता; तथा (6) तुल्यकथा वक्रता का समावेश होता है।

उपर्युक्त भेदों के अलावा वक्रोक्ति के कई अन्य भेद बताए गए हैं। कुंतक ने छहों वक्रताओं को क्रमशः छह, ग्यारह, आठ, एक, नौ तथा छह अर्थात कुल इकतालीस उपभेदों में बांटकर देखा है। ये वक्रताएं सामूहिक तथा व्यक्तिगत रूप से सौंदर्य पैदा करती हैं, जिस प्रकार प्रतिभा अनंत है उसी प्रकार उसमें उत्पन्न वक्रता भी अनंत है। वक्रोक्ति की समझ से न केवल लेखक को बल्कि आलोचक, पाठक या श्रोता को भी अपने कर्म अर्थात रचना, आलोचना तथा रस की अनुभूति या आनंद लेने में मदद करती है। यह किसी किसी विद्या तक सीमित नहीं है।

कुंतक का वक्रोक्ति सिद्धांत अन्य सिद्धांतों का विरोधी नहीं है बल्कि यह सबका महत्व स्वीकारते हुए वक्रोक्ति की प्रमुखता स्थापित करता है। वक्रोक्ति की व्यापकता में सभी काव्य तत्व, प्रकार तथा रूप शामिल हो जाते हैं। यदि ऐसा है तो गुण और मार्ग की वक्रोक्ति में क्या जगह है? कुंतक जवाब देते हैं कि रचना का विषय या उद्देश्य मार्ग का निर्धारण करता है। उनके तीन मार्ग 'सुकुमार' (रमणीयता या चारुता), 'विचित्र' (चमक या शान) और 'मध्यम' (मिश्रित या अंतवर्तिता) अभिव्यक्ति के साधन हैं। इनके गुणों को कुंतक ने स्पष्ट ढंग से बताया है : (1) औचित्य, (2) सौभाग्य (भव्यता या प्रभा), (3) माधुर्य (मधुरता), (4) प्रसाद (कुशाग्रता तथा स्पष्टता), (5) लावण्य तथा (6) आभिजात्य (उत्कृष्टता)। इन्हें भाषा के प्रकारों के रूप में भी देखा जा सकता है, जिनका रचनाकार तथा आलोचक प्रयोग करते हैं। कुंतक अभिधा को प्रमुख मानते थे तथा व्यंजना और लक्षणा को उसके अंतर्गत शामिल करते थे। वे ध्वनि सिद्धांत से परिचित थे, परंतु उसे वक्रोक्ति के प्रकारों में शामिल करते थे। उनके अनुसार, अलंकार का भी वक्रोक्ति के बिना अस्तित्व संभव नहीं है तथा रस की उत्पत्ति में वक्रोक्ति की भूमिका है। वक्रोक्ति का कार्य मात्र चमत्कार पैदा करना नहीं है, बल्कि रस का आविर्भाव तथा अनुभूति है। अतः वक्रोक्ति कवि व्यापार के द्वारा पैदा होती है। वक्रोक्ति कवि का अंतिम ध्येय नहीं है। अंतिम ध्येय रस की उत्पत्ति है, वक्रोक्ति माध्यम है। वक्रोक्ति सिद्धांत की सूक्ष्मता तथा व्यापकता में काव्य की उत्पत्ति तथा विश्लेषण शामिल है, जिससे व्यावहारिक आलोचना के सूत्र मिलते हैं। आजकल जिसे साहित्य की रूपवादी आलोचना पद्धति या शैलीवैज्ञानिक विश्लेषण कहते हैं, वक्रोक्ति सिद्धांत के अध्ययन से उसकी समझ अधिक स्पष्ट और व्यवस्थित हो सकती है।

अवधेश कुमार सिंह

अधिक जानकारी के लिए :

1. भारतीय काव्यशास्त्र : भागीरथ मिश्र, **2. Sanskrit Poetics : SK Dey**

वक्रोक्तिजीवितम्

वक्रोक्तिजीवितम् संस्कृत काव्यशास्त्र के प्रमुख सिद्धांत वक्रोक्ति का आधार ग्रंथ है। कुछ पांडुलिपियों में 'काव्यालंकार' उपशीर्षक का भी

प्रयोग किया गया है और इसके प्रथम उन्मेष की द्वितीय कारिका में इसे 'काव्स्यामलंकाकारः' भी कहा गया है। इसके लेखक आचार्य कुंतक थे जिनका काल निर्धारण इस ग्रंथ के आधार पर किया जाता है। 'वक्रोक्तिजीवितम्' में कुंतक ने आचार्य आनंदवर्धन और रुय्यक के अलावा राजशेखर के काव्य 'बालरामायण' से कई पद्यांशों का उदाहरणों के रूप में प्रयोग किया है। राजशेखर का काल दसवीं सदी का पूर्वार्ध है। महिम भट्ट ने, जिनका काल ग्यारहवीं सदी का उत्तरार्ध माना जाता है, अपने ग्रंथ 'व्यक्ति-विवेक' में कुंतक के मत का उल्लेख किया है। इसलिए माना गया है कि कुंतक ने 'वक्रोक्तिजीवितम्' की रचना इस काल में की होगी। कुंतक ने वक्रोक्ति को काव्य का जीवन माना, इसलिए उनके ग्रंथ 'वक्रोक्तिजीवितम्' के शीर्षक को ख्याति मिली और कुंतक को वक्रोक्तिजीविकार के नाम से भी जाना गया।

'वक्रोक्तिजीवितम्' चार उन्मेषों में रचित ग्रंथ है। इसके पहले दो उन्मेष पूरे उपलब्ध हैं, पर बाद के दो उन्मेष अपूर्ण मिलते हैं। इस ग्रंथ की रचना में कारिका तथा वृत्ति का प्रयोग किया है। प्रथम उन्मेष में बावन, द्वितीय में पैंतीस, तृतीय में चौंसठ तथा चतुर्थ में चौबीस कारिकाएं मिलती हैं। कारिका तथा वृत्ति के दो मुख्य भागों के अतिरिक्त कुंतक द्वारा दिए उदाहरणों को 'वक्रोक्तिजीवितम्' का तीसरा भाग माना जाता है।

'वक्रोक्तिजीवितम्' के प्रारंभ में कुंतक ने सरस्वती वंदना कर 'वाक्' के महत्व को स्थापित किया है, जो काव्य का मुख्य तत्व है। शीर्षक तथा विषयवस्तु का निरूपण करने के बाद लेखक ने काव्य का प्रयोजन, काव्य की परिभाषा, काव्य में वक्रोक्ति की केंद्रीयता, स्वभावोक्ति, साहित्य की अवधारणा, वक्रोक्ति में कला की प्रकृति की चर्चा की है। उसके बाद वक्रता और वक्रता के छह प्रकारों अर्थात् वर्ण-विन्यास वक्रता, पद-पूर्वार्ध वक्रता और उसके प्रमुख प्रकार (पर्याय वक्रता, उपचार वक्रता, विशेषण वक्रता, संवृत्ति वक्रता, वृत्ति-वैचित्र्य वक्रता, और क्रिया-वैचित्र्य वक्रता), प्रत्यय वक्रता, वाक्य वक्रता, प्रकरण वक्रता और प्रबंध वक्रता का निरूपण किया गया है। इसके बाद बंध, मार्ग एवं उनके गुण, मार्गों के प्रकार अर्थात् सुकुमार, विचित्र और मध्यम के वर्णन के बाद उनके गुण बताए गए हैं। कुंतक ने सुकुमार मार्ग के गुणों में प्रसाद, लावण्य और आभिजात्य, विचित्र मार्ग के गुणों माधुर्य, प्रसाद, लावण्य और आभिजात्य तथा मध्यम मार्ग के गुणों में सुकुमार तथा विचित्र मार्ग के गुणों का मिश्र रूप माना है। कुंतक ने मात्रगुप्त, मयूरज तथा मंजीर को मध्यम मार्ग का और कालिदास को सुकुमार मार्ग का उत्कृष्ट उदाहरण माना है। 'वक्रोक्तिजीवितम्' में मिले उद्धरणों से पता चलता है कि कुंतक कालिदास की शैली के प्रशंसक थे।

संस्कृत काव्यशास्त्र में 'वक्रोक्तिजीवितम्' को साहित्यालोचना का स्तंभ माना जाता है। इसका कारण यह है कि 'वक्रोक्तिजीवितम्' से पहले लिखे गए काव्यशास्त्रीय ग्रंथों, जैसे भामह का 'काव्यालंकार' या दंडी का 'काव्यादर्श' में उनके लेखकों का ध्यान परिभाषाओं तथा नियम निर्माण पर अधिक रहा है। उन्हें अपनी प्रतिभा और रचनाशीलता पर इतना विश्वास था कि उन्होंने संस्कृत साहित्य की श्रेष्ठ रचनाओं की अनदेखी कर स्वरचित उदाहरणों का प्रयोग किया। इसलिए संस्कृत काव्यशास्त्र में व्यावहारिक आलोचना कम मिलती है। इस परंपरा में 'वक्रोक्तिजीवितम्' एक बड़े अपवाद के रूप में हमारे सामने उभरता है, क्योंकि कुंतक अपनी स्थापनाओं को प्रसिद्ध रचनाओं के उदाहरणों से सिद्ध करते हैं और अपने आलोचनात्मक अनुशीलन में साहित्य विश्लेषण को प्रमुखता देते हैं। इस प्रकार संस्कृत आलोचना के इतिहास में उनका ग्रंथ 'वक्रोक्तिजीवितम्' व्यावहारिक आलोचना की अनूठी विरासत है।

अवधेश कुमार सिंह

अधिक जानकारी के लिए :

1. काव्यार्थ चिंतन : जी एस शिवरूद्रप्पा; 2007

वचन

वचन का संबंध संख्या विधान से है। यह लिंग विधान की तुलना में अधिक तर्कसंगत और वास्तविक है। वचन का प्रभाव संज्ञा, सर्वनाम, क्रिया और विशेषण रूपों पर पड़ता है। संस्कृत में तीन वचन हैं—एकवचन, द्विवचन तथा बहुवचन। प्राचीन फारसी, अवेस्ता, स्लावी, केल्टी भाषा में भी तीनों वचनों का प्रयोग होता है। अनेक पदार्थ युग्म या जोड़े में देखे जाते हैं, जैसे—आंखें, कान, हाथ आदि। वैदिक देवशास्त्र में अश्विनी कुमार के नाम से दो देवता एक युग्म में सदैव साथ रहते हैं। इस आधार पर संस्कृत आदि भाषाओं में द्विवचन प्रचलन में आया होगा। संस्कृत में अश्विनौ (दो अश्विनी कुमार) तथा दंपती (पति-पत्नी) जैसे शब्द केवल द्विवचन में ही होते हैं, इनका एकवचन या बहुवचन रूप नहीं बनता। धीरे-धीरे हिंदी सहित सभी आधुनिक भाषाओं में द्विवचन का अंत हो गया। पालि और प्राकृत से ही यह लोप शुरू हो गया था। अतः आज हिंदी में केवल दो वचन हैं-एकवचन और बहुवचन। इससे एक और बहुल की समझ ऊपरी तौर से सरल हो गई है। एकवचन है लड़का, लड़की, पेड़, किताब आदि। इनका बहुवचन रूप है लड़के, लड़कियां, पेड़, किताबें।

कई शब्दों का रूप बहुवचन में नहीं बदलता। संस्कृत में व्यक्ति समूह में जाति की एकता मानकर उसे एकवचन में प्रयुक्त किया जाता है, जैस–'सज्जनः नमस्यः'। इसी तरह कुत्ता समूह के लिए कहा जाता है, 'कुत्ता स्वामिभक्त पशु है।' यहां कुत्तों के अर्थ में कुत्ता का प्रयोग हुआ है, कुत्ता एक प्राणी जाति का बोधक है। समूह का एकवचन में इस तरह भी प्रयोग होता है–सरकार, कमेटी। भाववाचक शब्द का भी एकवचन में प्रयोग होता है, जैस–विद्यार्थी को पढ़ना चाहिए। आदरसूचक वाक्य में एक वचन के स्थान पर बहुवचन का प्रयोग होता है, जैसे–गुरु पूज्य हैं, बड़ों को आदर देना चाहिए, छोटों को प्यार देना चाहिए। हिंदी में बोल-चाल में व्यक्ति कई बार स्वयं के लिए एकवचन (मैं) के स्थान पर बहुवचन (हम) का प्रयोग करता है।

वर्षा मिश्र

अधिक जानकारी के लिए :
1. हिंदी व्याकरण : कामता प्रसाद गुरु, **2. हिंदी शब्दानुशासन :** किशोरीदास वाजपेयी, **3. आधुनिक हिंदी व्याकरण और रचना :** वासुदेव नंदन प्रसाद

वज्रयान

वज्रयान बौद्ध धर्म की तीन प्रमुख शाखाओं में से एक है। इसे तांत्रिक बौद्ध धर्म, तंत्रयान, मंत्रयान, गुप्तमंत्र, गूढ बौद्ध धर्म और हीरकपथ या वज्रपथ के नामों से भी जाना जाता है। यह बौद्ध धर्म का एक जटिल पथ है, जो कई साधनाओं से गुजरते हुए निर्मित हुआ है। इसके प्रभाव से तांत्रिक साहित्य सामने आया। यद्यपि बौद्ध धर्म का प्रथम तांत्रिक पाठ तीसरी सदी का है, पर इसके पाठ बारहवीं सदी तक पाए जाते हैं। स्वर्ग विजय, रत्न जड़ित राजभवनों और हीरक वृक्षों के साथ-साथ बौद्ध कल्पना ने आनंद का एक और आधार ढूँढ़ लिया—मानव शरीर। सन 700-1000 के मध्य तंत्र अभ्यास, पुरुष और महिला के संयोग का जादुई पक्ष पूरे भारत में फैलने लगा था। तांत्रिक बौद्ध उपदेशक गूढ़ दर्शन से जुड़ गए। वर्जित पंचमकार (मांस, मदिरा, मत्स्य, मुद्रा और मैथुन) को ले कर गूढ़ देवी पूजा के संस्कार प्रारंभ हो गए।

बौद्ध धर्म के अन्य रूपों की तरह तंत्र में भी विवादास्पद तत्व विद्यमान थे। विशेष रूप से गुह्य समाज में सामूहिक काम तृप्ति के संस्कार का विशद वर्णन है। इनमें बहुत-से चौंका देने वाले तथ्यों को तंत्रयान के अनुगामियों ने 'संकेत' कहा है। 'म' की बात स्वीकार की गई है, जो वास्तव में 'मंत्र', 'मुद्रा' और 'मंडल' है। उनके गुप्त अभ्यास जो भी रहे हों, गुरु की भूमिका होम या अग्नि उत्सव, चौंकाने वाली क्रियाएं, तांत्रिक कलाएं कामुकता की उपस्थिति और भ्रम में डालने वाली धार्मिक अभिव्यक्तियों से सराबोर वज्रयान बौद्ध धर्म के पुराने स्वरूप से बिल्कुल अलग था।

चमत्कारपूर्ण अति प्राकृतिक सिद्धियों की चर्चा बुद्ध के समय में भी मिलती है, पर अपने जीवन काल में बुद्ध ने इन्हें सदैव नकारा और इनकी निंदा की। उनकी मृत्यु के बाद धीरे-धीरे इन चीजों का बौद्ध धर्म में समावेश होता गया। बौद्ध धर्म के समाजीकरण की प्रक्रिया में उस समय के प्रचलित धर्मों की विषम चीजों के आगमन को कुछ छूट-सी मिल गई थी। महायान में ये सम्मिलित होती गईं और मंत्र-तंत्र का समावेश कर वह वज्रयान बन गया। इस शाखा ने तीन 'म' (मंत्र, मुद्रा और मंडल) के साथ छह तांत्रिक आचारों—मारण, स्तंभन, सम्मोहन, विद्वेषन, उच्चाटन और वशीकरण को भी मान्यता दी। इन आचारों से अलग-अलग स्थानीय देवताओं के प्रति आस्था, महिलाओं को आदर और जाति प्रथा के निषेध को समर्थन मिला।

कुछ विद्वान मंत्रयान को वज्रयान की शाखा मानते हैं, पर मंत्रयान महायान के वज्रयान में रूपांतरित होने की अवस्था है। 'वज्र' शब्द की चर्चा बौद्ध धर्म की तांत्रिक परंपरा में इतनी प्रबल हो उठी कि महायान के 'शून्य' को भी वज्र कहा जाने लगा। सिद्धांत यह बना कि अवसाद, तृष्णा, लोभ, लालसा और संदेहों से 'शून्य' की स्थिति ही निर्वाण है। निर्वाण और संसार, पवित्रता और प्रदूषण, पाप और पापहीन सब एक हैं, समान हैं। इन्हें भिन्न रूप में देखना भ्रम है। सातवीं सदी के एक वज्रयानी पाठ ने यौन क्रियाओं को निर्वाण में सहायक माना। उनकी नजर में यह संसार मूलतः पवित्र है, अनुत्पन्न और निर्दोष है। वज्रयान में साधक को आंतरिक स्वतंत्रता दी गई कि वह गुरु के निर्देश और अपनी प्रवृत्ति के अनुसार साधना करे। अवधूतिपा ने दो प्रकार के साधक बताए—शैक्ष और अशैक्ष। ये साधक सहज स्वभाव पर बल देते हैं। यहां सहज का अर्थ है, वह अद्वय तत्व, जो प्रज्ञा और उपाय के मिलने से जन्मता है।

बौद्ध ग्रंथों में वज्र को इंद्र के वज्र की ही भांति त्रिदंत बताया गया है। तीन दंत हैं—धर्म, बुद्ध और संघ (त्रिकाय)। लगता है कि ब्राह्मणों ने इंद्र देवता की जितनी उपेक्षा की, उसका निवारण बौद्धों ने किया है। प्रज्ञापारमिता में इंद्र का नया रूप मिलता है। वे संगीतियों में तथागत के शिष्य के रूप में सम्मिलित होते हैं। ऐसा लगता है कि गुरु दक्षिणा में बौद्धों ने उनका आयुध 'वज्र' ले लिया। उसे शून्यता ज्ञान वाले प्रतीकार्थ दे दिए, फिर तो उसका ऐसा महत्व बढ़ा कि पांच ध्यानी बुद्धों से परे छठे वज्रसत्व की कल्पना की गई, जो प्रज्ञापारमिता के पति हैं। उनका अस्त्र अमोघ वज्र है।

महायान की धारा में वज्रयान की प्रधानता होने का काल ब्राह्मणवादी सनातन धर्म वालों की वर्चस्व स्थापना का भी काल है। अतः अब सिर्फ उपदेश से शिष्य को निर्वाण नहीं मिलता। इसके अलावा कपाल क्रियाओं, योग और भोग क्रियाओं, अन्य आनुष्ठानिक प्रविधियों-यंत्रों की सहायता से, जो प्रायः एकांत में संपन्न होती थीं, निर्वाण प्राप्ति का त्वरित पथ बना।

वज्रयान में जिस तांत्रिक योग का अभ्यास शुरू हुआ, वह उस समय की समाज व्यवस्था के प्रति विद्रोह का भी एक रूप था। उच्चतम शिखर पर बैठे परम पवित्र ब्राह्मण और निचले स्तर पर अछूत—इस सामाजिक विषमता और जाति व्यवस्था के प्रति तीव्र विद्रोह के रूप में वज्रयान विकसित हुआ। तांत्रिक अभ्यासों में नीची जाति के अलावा अभिजन भी थे, पर वे अपने नीची जाति के होने की घोषणा अवश्य करते थे। वज्रयान भारत से बाहर अन्य देशों, जैसे—तिब्बत, चीन, जापान में फैला। इस धारा में उन देशों के जनप्रिय अनुष्ठान भी शामिल होते गए और नए-नए स्थानीय देवी-देवता जुड़ते गए। शिन्गोन, शुगेंदो, और नेंदाई जैसी लोकप्रिय परंपराएं इससे जुड़ीं। तिब्बती वज्रयान इतना प्रबल हुआ कि वज्रयान बौद्ध धर्म की तिब्बती शाखा माना जाने लगा।

वज्रयान के साथ 84 सिद्धों के नाम जुड़े हैं। इनमें पुरुषों के साथ कुछ स्त्रियों के नाम भी मिलते हैं। कुछ प्रमुख सिद्धों के नाम हैं—सरहपा, शबरपा, लुइपा, पद्मवज्र, जालंधरपा, इंद्रभूति, लक्ष्मींकरा देवा, सहयोगिनी चिंता आदि। बौद्ध सिद्धों की पूर्वी अपभ्रंश में लिखी रचनाओं को हरप्रसाद शास्त्री ने 1916 में 'बौद्ध गान ओ दोहा' नाम से प्रकाशित

किया। हिंदी साहित्य की निर्गुणधारा के संतों पर भी इनका प्रभाव पड़ा।

उदयराज

अधिक जानकारी के लिए :
1. History of Indian Buddhism : Hirakawa Akira, 1993, **2. Encyclopaedia of Buddhism :** Rober Buswell, 2004, **3. Secret of the Vajra-World : The Tantric Buddhism of Tibet :** Reginal A ray, 2001

वज्रसूची

वज्रसूची कुषाण राजा कनिष्क (78-102 ईसवी) के समकालीन महाकवि अश्वघोष की संस्कृत रचना है, जिसमें 53 श्लोक और लगभग 40 गद्य-खंड हैं। इसमें वर्ण-व्यवस्था का सामान्य रूप से और ब्राह्मण वर्ण की श्रेष्ठता का विशेष रूप से जोरदार खंडन किया गया है। अश्वघोष ने बेहद तीखी भाषा में प्रश्न किया है, 'आप कहते हैं कि ब्राह्मण सभी वर्णों में श्रेष्ठ हैं, तब मैं पूछता हूं कि ब्राह्मण कौन है? क्या आत्मा ब्राह्मण है? क्या शरीर ब्राह्मण है? क्या मनुष्य जन्म से ब्राह्मण होता है या वह ज्ञान के कारण ब्राह्मण होता है? क्या वह आचरण के कारण ब्राह्मण है या आजीविका और व्यवसाय के कारण? क्या कोई वेद जानने के कारण ब्राह्मण होता है?' उन्होंने महाभारत आदि के उदाहरण और शास्त्रों के प्रमाण देकर सिद्ध किया कि आत्मा, शरीर, जन्म, ज्ञान आदि के कारण कोई ब्राह्मण नहीं होता। जन्मगत आधार का खंडन करने के लिए अश्वघोष ने पौराणिक कथाओं के उदाहरण दिए–किसी ऋषि का जन्म हाथी से, किसी का कुश से, किसी का घड़े से, किसी का पक्षी से, किसी का शूद्र स्त्री से हुआ, लेकिन उन सबको ब्राह्मण माना गया। इसका मतलब है कि जन्म के आधार पर ब्राह्मणत्व का निर्णय नहीं हो सकता।

ब्रह्मा के मुख से ब्राह्मण, बांहों से क्षत्रिय, पेट से वैश्य और पैरों से शूद्र की उत्पत्ति वाली मान्यता के विरुद्ध तर्क करते हुए अश्वघोष ने कहा, 'आपको मालूम होना चाहिए कि जैसे एक वृक्ष से पैदा होने वाले फलों में कोई ऊंच-नीच का भेद नहीं होता, वैसे एक पुरुष (ब्रह्मा) से उत्पन्न संतानों में वर्णभेद क्यों? उदाहरण के लिए कटहल के पेड़ में जड़ से डाली तक फल लगते हैं। ऐसा नहीं होता कि डाली पर लगने वाले फल को ब्राह्मण फल और जड़ में लगने वाले फल को शूद्र फल कहा जाए। वे सभी एक ही वृक्ष के फल हैं और एक समान माने जाते हैं। इसी प्रकार एक ही ब्रह्मा से पैदा होने के कारण मनुष्यों के बीच वर्णभेद गलत है।' उन्होंने बहुत शास्त्रीय तर्क-वितर्क में न जाकर सीधे सामान्य अनुभव के धरातल पर सवाल उठाया, 'अगर ब्राह्मण की उत्पत्ति ब्रह्मा के मुंह से हुई है तो प्रश्न होगा कि ब्राह्मणी की उत्पत्ति कहां से हुई है? निश्चय ही उसकी भी उत्पत्ति ब्रह्मा के मुख से ही हुई है। खेद है, तब तो वह आपकी बहन हुई, फिर उसके साथ स्त्री-प्रसंग? यह तो लोक-विरोधी आचरण होगा?'

मैनेजर पांडेय ने लिखा है, 'वज्रसूची वर्णभेद और जातिभेद के विरुद्ध वैचारिक संघर्ष का घोषणा-पत्र है।' (अनभै सांचा)। अश्वघोष की तर्कशैली सिद्ध सरहपा और कबीर की याद दिलाती है। चीनी, जर्मन, अंग्रेजी, बांग्ला, मराठी, तमिल और हिंदी में उसका अनुवाद हुआ है। लंबे समय तक विस्मृति के अंधेरे में पड़े रहने के बाद 1829 में राजा राममोहन राय ने उसका बांगला में अनुवाद और प्रकाशन शुरू किया, लेकिन उनका प्रयास अधूरा रह गया। 1860 में वेबर ने उसका जर्मन अनुवाद प्रकाशित किया। रूपा कुलकर्णी ने मराठी में उसका अनुवाद और वज्रसूचिकोपनिषद् के साथ उसकी तुलनात्मक आलोचना प्रस्तुत की। 1985 में रामायण प्रसाद द्विवेदी ने हिंदी में इसका अनुवाद किया। सबसे पहले हजारीप्रसाद द्विवेदी ने 'हिंदी साहित्य की भूमिका' में इसके महत्व को रेखांकित करते हुए लिखा, 'जातिभेद से जर्जरीभूत इस देश में जो कोई महासाधक आया है, उसे यह प्रथा खटकी है। ऐसे बहुत-से प्राचीन ग्रंथ हैं जिनमें जाति-भेद को उड़ा देने पर जोर दिया गया है, पर संस्कृत की पुस्तकें साधारणतः ऊंची जातियों के

लोगों द्वारा लिखी गई होती हैं जिनमें लेखक केवल तटस्थ विचारक की भांति होता है...फिर भी उच्च वर्ण के लोगों ने सदा तटस्थता का ही अवलंबन नहीं किया है। कभी-कभी उन्होंने भी उग्रतम आक्रमण किया है। अश्वघोष (कालिदास के पूर्ववर्ती) कवि की लिखी हुई वज्रसूची एक ऐसी ही पुस्तक है।' (हिंदी साहित्य की भूमिका)।

अवधेश प्रधान

वररुचि

(ईसा पूर्व चौथी सदी)

कुछ विद्वान वररुचि, कात्यायन एवं श्रुतधर को एक बताते हैं। एक प्राचीन कथा के अनुसार, वररुचि का समय सिकंदर के आक्रमण से पहले का अर्थात ईसा पूर्व चौथी सदी बताया जाता है। कथासरित्सागर, सिद्धांतकौमुदी, मत्स्यपुराण आदि में वररुचि एवं उनके काव्य का उल्लेख है। उनका काव्य इतना लोकप्रिय था कि 'वररुचि काव्यम्' कहने मात्र से उसका बोध हो जाता था। 'नीतिरत्न', 'उभयाभिसारिका', 'प्राकृत-प्रकाश' और 'सुभाषित' वररुचि के सर्वाधिक प्रसिद्ध ग्रंथ हैं।

ज्योतिर्विदाभरण के अनुसार, उज्जयिनी के शकारि संवत्-प्रवर्तक राजा के नवरत्नों में एक वररुचि थे। वररुचि को कवि और विक्रमादित्य का सभासद बताया गया है। कथासरित्सागर की पूर्वोक्त कथा में उन्हें कात्यायन एवं श्रुतधर कहा गया है। दंडी के 'अवंतिसुंदरीकथासार' (4.21.27) में वररुचि के श्रुतधर नाम पड़ने की कथा है।

उत्कल में कलापि नाम के ब्राह्मण के घर कात्यायनी देवी की कृपा से कात्यायनी नामक पुत्री का जन्म हुआ। पिता ने उसे अग्नि की सेवा में लगा दिया। वह गर्भवती हो गई। संदेह कर पिता ने उसे विंध्यारण्य में छोड़ दिया। वहां वह आत्महत्या करना चाहती थी, परंतु पुरुष रूप में अग्नि ने आकर उसे बचा लिया। वहीं पर वररुचि का जन्म हुआ। जब वररुचि पांच वर्ष के थे, दो ब्राह्मण—व्यादि और इंद्रदत्त उनके घर ठहरे थे। बालक वररुचि उस समय नृत्य देखने गया था और देर रात लौटा। माता ने क्रुद्ध होकर वह सब बताने को कहा, जो उसने देखा था। बालक ने देखी नृत्य प्रस्तुति बोल सहित वैसी ही करके दिखा दी, जबकि व्यादि को दो बार तथा इंद्रदत्त को तीन बार सुनने पर बातें याद होती थीं। इस बालक को एक बार सुनकर सब कुछ याद रह जाता था। अतः उसका नाम श्रुतधर पड़ा। मत्स्यपुराण (10.25) में वररुचि को 'नाट्यवेदपारगः' अर्थात नाट्य-वेद में पारंगत बताया गया है। उनका 'उभयाभिसारिका' नाट्य प्रसिद्ध हुआ। यह इतना प्रसिद्ध था कि पुराण में भी उसका उल्लेख है।

नीतिरत्न और सुभाषित वररुचि की अक्षय प्रसिद्धि के दो शिखर हैं। नीतिरत्न में वररुचि एक जगह कहते हैं, 'कवि को उस देश को दूर से ही प्रणाम करना उचित है, जहाँ चंदन और आम के वन काटे जाते हों और करीर के पौधे की रक्षा की जाती हो। जहाँ हंस, मयूर तथा कोकिल से हिंसा की जाती हो और कौओं की लीला पर प्रेम उमड़ता हो। जहां हाथी देकर गधा खरीदा जाता हो और जहाँ कपूर और कपास का एक ही तौल हो। जहाँ ऐसे विचार रखने वाले गुणी लोग हों, उस देश को दूर से ही नमस्कार।' भारतेंदु हरिश्चंद्र के 'अंधेर नगरी' में नाटक शुरू होने से पहले यही श्लोक उद्धृत है। 'सुभाषित' भी एक तरह का नीतिग्रंथ ही है, जिसमें काव्य गुण के साथ नीति वचन हैं। 'प्राकृत-प्रकाश' प्राकृत का व्याकरण है, पर लिखा गया है संस्कृत में। इससे स्पष्ट होता है कि उस समय संस्कृत ही विद्वानों के बीच प्रतिष्ठित थी। वररुचि की काव्य प्रतिभा इतनी प्रखर थी कि सामान्य बात को भी वे कविता में ढाल देते थे। उनके समय में कवि गण उनकी रचना शैली का अनुकरण करते थे। उनकी शैली से ज्ञात हो जाता था कि यह कविता तो वररुचि तर्ज पर है।

निशांत

अधिक जानकारी के लिए :

1. **वररुचि** : भगवतीलाल राजपुरोहित, 2006

वराह

श्रीमद्भागवत के तृतीय स्कंध के 13 से 19 अध्यायों में जलमग्न पृथ्वी के उद्धार से शुरू कर आदिदैत्य हिरण्याक्ष के वध तक विष्णु के वराह अवतार की कथा है। इस कथानुसार पृथ्वी जब प्रलय की जलराशि में डूब गई, सतरूपा के साथ मनु के जन्म लेने पर उन्होंने निवास के लिए पृथ्वी को नहीं पाया। मनु ने ब्रह्मा से अपने और अपनी प्रजा के लिए निवास योग्य जगह देने की प्रार्थना की। मनु पृथ्वी पर धर्म की प्रतिष्ठा करना चाहते थे, पृथ्वी जल में समा चुकी थी। अतः ब्रह्मा ने पृथ्वी के उद्धार के लिए विष्णु का स्मरण किया ही था कि नाक से अंगूठे के आकार के वराह की उत्पत्ति हुई। उसने देखते ही देखते विशाल रूप धारण कर लिया। वराह प्रलय के जल में प्रवेश कर अपनी दाढ़ों पर पृथ्वी को रसातल से ऊपर ले आए। जल से बाहर आते समय दैत्य हिरण्याक्ष ने वराह पर गदा से आक्रमण किया। वराह ने क्रोधित हो अपनी लीला से उसका वध कर दिया। पृथ्वी को अपनी द्रंष्ट्रा पर धारण किए महावराह कमलपुष्प धारण किए गजराज के समान लग रहे थे। वराह की कथा का संबंध जल प्रलय से पृथ्वी की रक्षा से है। ऐसी पुराकथा दुनिया के अन्य देशों में किसी-न-किसी रूप में है।

सदाशिव कुमार द्विवेदी

वराहमिहिर

भारत के प्राचीन गणितज्ञों और खगोलवेत्ताओं में वराहमिहिर का महत्वपूर्ण स्थान है। वे सूर्य के उपासक थे। इसलिए 'मिहिर' शब्द, जिसका अर्थ है सूर्य, उनके नाम से जुड़ गया होगा। उन्होंने आर्यभट्ट और ब्रह्मगुप्त के कार्यों का उल्लेख किया है, इसलिए उनका काल छठी शताब्दी माना गया है। 'वृहत्संहिता' उनका मुख्य ग्रंथ है। 'वृहत्संहिता' फलित ज्योतिष की रचना है, पर इसमें भूगोल, कृषि, बागवानी, वास्तुकला, स्थापत्य आदि ज्ञान-विज्ञान के विषयों पर भी विस्तार से चर्चा है। इसका रचना काल 572 ईसवी माना गया है। वराहमिहिर में बौद्धिक उदारता थी। तभी उन्होंने कहा, 'म्लेच्छ यवनों के पास ज्योतिषशास्त्र का ज्ञान है तो वे भी ऋषि की तरह पूज्य हैं। हम उन ब्राह्मणों के बारे में क्या कहें, जो शुद्धता और ज्ञान दोनों चाहते हैं।' (पंचसिद्धांतिका)। उनके शब्दों में किसी ज्ञानी या बुद्धिजीवियों को ऐसा होना चाहिए—प्रियदर्शी, विनम्र, सत्यवादी, देश-काल को जाननेवाला, प्रतिभाशाली, पवित्र, सात्विक और निर्भीक। वराहमिहिर की इस सोच में ज्ञान की प्रगतिशील सामाजिक भूमिका का बोध होता है।

भर्तृहरि के लिए प्रेयसी से विहीन संसार यदि 'तयोभूतमिदं जगत' है तो वराहमिहिर का आगे बढ़कर मानना है कि प्रेयसी के प्रगाढ़ आलिंगन के आगे ब्रह्मलोक का सुख भी हेय है। (वृहत्संहिता, 74.18) वे पूर्वाग्रहों से मुक्त और बुद्धिवादी माने गए हैं। उनका कहना है, 'मैंने बुद्धिरूपी मंदराचल से ज्योतिषशास्त्र रूपी समुद्र का मंथन कर संसार को प्रकाशित करने वाला शास्त्र रूपी चंद्र निकाला है...और मैंने इस शास्त्र को बनाते हुए पूर्व के आचार्यों की उपेक्षा नहीं की है। (वही, 106-1)। उनकी पर्यावरण चेतना का उदाहरण है, 'उद्यान और घर के निकट नीम, पुन्नाग, शिरीष और प्रियंगु के वृक्ष लगाने चाहिए। (वही, 55-3)। ये वृक्ष कैसे लगाने चाहिए, इसकी चर्चा वे वृक्षायुवेदाध्याय में करते हैं। भारतीय परंपराओं में वृक्षों को काटने की एक विस्तृत विधि है। काटने से पहले वृक्ष से क्षमायाचना की जाती है। उस पर रहने वाले पक्षियों और प्राणियों से अन्यत्र जाने की प्रार्थना की जाती है। फिर शहद और घी से लेपित कुल्हाड़ी से वृक्ष काटने का विधान वराहमिहिर ने बताया है। वराहमिहिर दांतों की सफाई के लिए एक अध्याय के नौ श्लोकों में शुभ दातुनों का उल्लेख भी करते हैं, जो व्यक्तिगत स्वच्छता के लिए है।

वृहत्संहिता में उपर्युक्त के अलावा सर्वाधिक चर्चित प्रसंग ग्रहण की व्याख्या और राहु-केतु संबंधी

मान्यता पर चर्चा है। अल-बरूनी ने वराहमिहिर की धारणाओं पर टिप्पणी की है, 'कुछ पंडितों की धारणा है कि राहु एक दैत्य है। कुछ अन्य व्यक्तियों की धारणा है कि राहु का भी सूर्य और चंद्रमा जैसा शरीर है, लेकिन बहुत काला है, इसलिए आकाश में दिखाई नहीं देता। इन बेतुकी बातों का विवरण देने के बाद वराहमिहिर कहते हैं। राहु का यदि अपना शरीर होता तो वह तत्काल सक्रिय हो उठता। हम देखते हैं कि वह दूर से ही ग्रसता है, उसके और चंद्रमा के बीच छह राशियों का अंतर रहता है। (वस्तुतः पृथ्वी के छाया भाग में चंद्रमा के प्रवेश से चंद्रग्रहण लगता है और सूर्यग्रहण का कारण यह है कि चंद्रमा सूर्य को ढककर हमसे छिपा लेता है। इसलिए चंद्रग्रहण कभी पश्चिम की ओर से नहीं होता और सूर्य ग्रहण कभी पूर्व की ओर से नहीं होता।' एक अन्य खगोलवेत्ता ब्रह्मगुप्त (700-800 ईसवी) वराहमिहिर से लगभग डेढ़ सौ साल बाद हुए। उन्होंने वराहमिहिर की स्थापना का खंडन करते हुए बताया, 'राहु को ग्रहण का कारण नहीं मानना मूर्खतापूर्ण विचार है। लोग भी यही कहते हैं कि राहु ही ग्रसता है। ...मनु द्वारा प्रणीत स्मृति और गर्ग रचित संहिता ने भी इसका समर्थन किया है। इसके विपरीत वराहमिहिर, श्रीषेण, आर्यभट्ट, विष्णुचंद्र का मत है कि ग्रहण का कारण राहु नहीं, बल्कि चंद्रमा और पृथ्वी की छाया है। यह लोक विश्वाास के बिल्कुल विरुद्ध है। इस तरह का विचार सनातन के प्रति वैमनस्य से पैदा हुआ है, क्योंकि यदि राहु को ग्रहण का कारण नहीं माना जाता है तो ग्रहण काल में ब्राह्मणों द्वारा प्रतिपादित रीतिरिवाज, जैसे शरीर में गरम तेल का लेपन और दान संबंधी कार्य भ्रामक मान लिए जाएंगे और उनसे दिव्य सुख की प्राप्ति नहीं होगी।' ब्रह्मगुप्त का उपर्युक्त कथन वराहमिहिर के वैज्ञानिक प्रयासों का विपर्यय है।

मृत्युंजय श्रीवास्तव

अधिक जानकारी के लिए :

1. वराहमिहिर : महेश दुबे, **2. भारतीय दर्शन :** देवीप्रसाद चट्टोपाध्याय

वरुण

वैदिक साहित्य में वरुण को इंद्र के साथ सृष्टि के सर्वोच्च देवताओं में से एक माना गया है। कई जगहों पर मित्र (प्रकाश के देवता सूर्य) के साथ संयुक्त रूप से मित्रारुण के रूप में इनकी स्तुति है। इन्हें सृष्टि के नैतिक और भौतिक नियमों का सर्वोच्च प्रतिपालक कहा गया है। इसलिए इन्हें यम के न्याय और पाप-पुण्य का विचारक भी कहा गया है। समुद्रमंथन से निकलने वाली वारुणी सुरा का इन्होंने पान किया था। कुछ विद्वानों का मानना है कि वैदिक साहित्य में वरुण का अर्थ 'बंधन में रखना' है और इस शब्द का मूल किसी भारोपीय भाषा में ढूंढ़ना चाहिए। ओल्डनबर्ग का कहना है कि वैदिक साहित्य में निर्दिष्ट मित्र और वरुण वस्तुतः भारोपीय देवता नहीं हैं। इनका उद्गम सेमेटिक लोगों में हुआ होगा, जहाँ से आर्यों ने इन्हें ग्रहण किया। इस तरह मित्र और वरुण क्रमशः सूर्य और चंद्र थे। (वैदिक रिलीजन)।

ऋग्वेद में वरुण के स्वरूप वर्णन करते हुए बताया गया है कि ये अग्नि के समान तेजस्वी हैं, जो सूर्य के सहस्र नेत्रों से मानव जाति का अवलोकन करते हैं। कुछ विचारकों का मानना है कि संभवतः आकाश में स्थित तारों को ही वरुण का गुप्तचर कहा गया हो। ऋग्वेद में सूर्य को वरुण का स्वर्णपंखों वाला दूत कहा गया है। (ऋग्वेद, 10.123)

वैदिकोत्तर साहित्य में वरुण की प्रतिष्ठा क्रमशः कम होती गई और उन्हें मात्र समुद्र के अधिपति तक सीमित कर दिया गया, लेकिन वैदिक साहित्य में इन्हें कुछ जगहों पर इंद्र से भी अधिक महत्व दिया गया है। वरुण को प्रकृति की नियामक शक्ति माना गया। कहते हैं, इन्होंने ही द्युलोक और पृथ्वी की स्थापना की, अग्नि की जल में, सूर्य की आकाश में और सोम की पर्वतों पर स्थापना की। ऋग्वेद के अनुसार वायुमंडल में प्रवाहित होने वाली हवा वरुण देवता की सांस है। (ऋग्वेद, 7.87)। सृष्टि का संचालन करने की शक्ति होने के कारण ऋग्वेद में कई बार

वरुण को असुर (रहस्यमय व्यक्ति) भी कहा गया। (1.35.7, 2.7.10)। ऐसा कहने के पीछे कारण यह रहा होगा कि आर्यों ने जब देखा कि सारी सृष्टि का संचालन क्रम जटिल होकर भी एकदम नियमबद्ध और व्यवस्थित है, तब उन्होंने किसी अदृश्य शक्ति द्वारा इसके संचालित होने की कल्पना की होगी। इसी अदृश्य शक्ति को उन्होंने वरुण का नाम दिया। माना गया कि वरुण अपनी माया का विस्तार करते हुए बंधन (पाश) का निर्माण करता है। इसी बंधन (पाश) में समस्त चराचर को बांधकर वह सृष्टि का नियमन करता है।

महाभारत में वरुण को चौथा लोकपाल, कश्यप-अदिति के बारह पुत्रों में से एक आदित्य बताया गया है। (आदिपर्व, 59.15)। इन्हें पश्चिम दिशा, जल और नागलोक का अधिपति कहा गया है। कहते हैं, इन्होंने अर्जुन को पाश नामक अस्त्र दिया था। (महाभारत, वनपर्व, 42.27)।

श्रद्धांजलि सिंह

वर्ग चेतना

खुद कार्ल मार्क्स ने ही यह बात कही कि वर्ग और वर्ग संघर्ष उनकी मौलिक धारणाएं नहीं हैं। एक हद तक ब्रिटिश अर्थशास्त्रियों और फ्रांसीसी समाजवादियों से प्राप्त इस धारणा में उन्होंने सर्वहारा वर्ग की केंद्रीयता और उसके ऐतिहासिक दायित्व का पहलू जोड़कर इसे मौलिक रूप दिया। इसके लिए उन्होंने वर्ग चेतना (Class Conciousness) की बात की।

वर्ग चेतना की मौजूदगी आधुनिक बूर्जुआ समाज में होती है। इस समाज के निर्माण में साधारण जन (थर्ड एस्टेट) की प्रधान भूमिका थी। फ्रांसीसी क्रांति के दौरान साधारण जन ने धर्माधिकारियों और कुलीनों से अपने आपको अलगाया और राष्ट्रीय असेंबली के रूप में घोषित किया। पुराने राजतंत्र में यह 'थर्ड एस्टेट' कुछ नहीं था और आधुनिक समाज में सब कुछ हो गया, इसलिए अडोर्नो ने कहा कि 'समाज थर्ड एस्टेट की धारणाएं हैं।' इसमें यह बात भी शामिल थी कि लोग आधुनिक समाज में अपने काम के आधार पर स्वतंत्रतापूर्वक अपनी मूल्यवत्ता अर्जित करेंगे। चर्च और सामंती कुलीनता द्वारा प्रदत्त पारंपरिक अधिकारों को खत्म करके आधुनिक समाज व्यक्तियों के काम से प्राप्त उनके सामाजिक मूल्यों को मान्यता देता है। मनुष्य का मूल्य उसकी धर्मभीरुता या वीरता के आधार पर नहीं, बल्कि उसकी उत्पादकता और कौशल से निर्धारित होता है। जन साधारण के इस उत्थान से मध्य युग का अंत हुआ।

अठारहवीं-उन्नीसवीं सदी में उद्योगीकरण के बाद पूंजी और श्रम के मूल्य को लेकर टकराव पैदा हुआ। यह अंतर्विरोध श्रम के उचित मूल्य के लिए लड़ने वाले मजदूर और पूंजी के मूल्य की रक्षा और विस्तार के लिए परेशान पूंजीपति के बीच संघर्ष के रूप में सामने आया। 1840 के दशक में उद्योगीकरण के बाद पैदा पहले आर्थिक संकट के दौरान यह टकराव सबसे तीव्र ढंग से उभरकर आया। उन्नीसवीं सदी के मध्य में मजदूरों और पूंजीपतियों के बीच पैदा इसी संघर्ष के दौरान समाजवादी धारणाओं को बल मिला। ऐसी चाहत पैदा हुई कि काम करने वालों के सामाजिक योगदान को मान्यता मिलनी चाहिए। मनुष्यता के विकास और राजनीति की दिशा तय करने में उनकी पूरी हिस्सेदारी होनी चाहिए। 1848 की क्रांतियों में इसी भावना को स्वर मिला, सामाजिक जनवाद का नारा पैदा हुआ। इसका तात्पर्य था–समूचे समाज की जरूरत के मुताबिक जनतंत्र की स्थापना।

1840 के संकट और 1848 की क्रांतियों से समाजवादियों के सामने पूंजीवाद के पार जाने की संभावना और जरूरत पैदा हुई। मार्क्स और एंगेल्स के लिए यह अंतर्विरोध से भरी परिघटना सामाजिक बदलाव की संभावना और जरूरत के रूप में महसूस हुई। उन्होंने उद्योगीकरण के बाद पैदा हुए आधुनिक मजदूर वर्ग को इस बदलाव का वाहक घोषित किया। भारी बेरोजगारी इस औद्योगिक सर्वहारा की विशेषता थी। मार्क्स ने कहा कि मजदूर वर्ग की यह बेरोजगारी कोई अस्थायी घटना नहीं है, बल्कि औद्योगिक क्रांति

के बाद बने आधुनिक समाज की स्थायी विशेषता है। उन्होंने मजदूरों पर यह बात थोपी नहीं कि पूंजीवाद पर विजय पाने में ही उनका हित है, बल्कि उन्होंने मजदूर वर्ग की ऐतिहासिक स्थिति के बारे में उसकी चेतना को रोशन करने में मदद की।

मार्क्स ने बार-बार इस बात पर जोर दिया कि मजदूर वर्ग ही अपनी मुक्ति के लिए आवश्यक संगठन और आंदोलन चलाएगा, बशर्ते उसे पूंजीवाद की असलियत और उसमें निहित उसकी रणनीतिक रूप से निर्णायक भूमिका का अहसास करा दिया जाए। अपनी ऐतिहासिक जिम्मेदारी के प्रति कामगार वर्ग का सचेत होना ही उसकी वर्ग चेतना है। उसकी नियति है कि समूचे समाज को मुक्त कराए बिना उसकी मुक्ति असंभव है। यदि मजदूर पूंजी के शोषण तंत्र में पिसता रहता है और कुछ नहीं बोलता तो उसे मार्क्सवादी शब्दावली में 'क्लास इन इटसेल्फ' कहते हैं, लेकिन अपनी दासता की समझ हासिल कर लेने के बाद अगर वह अपने ऐतिहासिक लक्ष्य को पूरा करने की कोशिश में लग जाता है तो उसे 'क्लास फॉर इटसेल्फ' कहते हैं। इसी को उसकी वर्ग चेतना कहते हैं। मजदूरों की तरह ही यह चेतना समाज के सभी वर्गों में हो सकती है।

गोपाल प्रधान

अधिक जानकारी के लिए :
1. History and Class Conciousness : George Luka's, **2. Communist Party Manifesto :** Karl Marx, Fridrich Engels

वर्ग संघर्ष

मार्क्सवाद के सिद्धांतों में 'वर्ग संघर्ष' का केंद्रीय महत्व है। मार्क्सवादी इतिहास का प्रेरणास्रोत मार्क्स का यह कथन है कि मानव जाति का समस्त इतिहास वर्ग संघर्ष का इतिहास है।

सभी सभ्यताओं में 'द्वंद्वों' की धारणा किसी-न-किसी रूप में मौजूद है। यहां तक कि धर्म में भी 'खुदा और शैतान' या 'सत् और असत्' और इनके विस्तार के रूप में शुद्ध-अशुद्ध तथा स्वर्ग और नरक की धारणाएं प्रचलित रही हैं। विज्ञान ने प्रकृति के अध्ययन में पाया कि प्रकृति में भी सकारात्मक और नकारात्मक के बीच एक द्वंद्व है। इसीलिए जब मार्क्स ने समाज को प्रकृति का ही विस्तार माना तो समाज में भी द्वंद्व की अनिवार्यता तक पहुंचे। मार्क्स ने पाया कि समान हितों के कारण वर्ग बनते हैं। मानव समाज की धुरी है उत्पादन प्रणाली, जिससे उत्पादन संबंध बनते हैं और इन संबंधों में हितों का टकराव अनिवार्यतः निहित होता है।

मार्क्स ने इस दृष्टि से मानव इतिहास पर नजर डाली तो पाया कि जब से समाज बना है, तब से ही मालिकों से दासों, किसानों तो कभी मजदूरों का द्वंद्व चलता ही रहा। अपने काल में यानी उन्नीसवीं सदी में मार्क्स ने देखा कि वर्ग संघर्ष, पूंजीपति और सर्वहारा के बीच जारी है। पूंजीवाद का जन्म ही सर्वहारा के शोषण द्वारा 'अतिरिक्त' मूल्य अर्जित करके होता है। इसी मुनाफे पर टिकी व्यवस्था में सत्ता पर पूंजी का आधिपत्य है, जो श्रम का शोषण और उसी के लिए उत्पीड़न करता है। सर्वहारा में जब वर्ग चेतना आ जाती है, तब वह संगठित होकर अपने अधिकार के लिए संघर्ष करता है। उस संघर्ष का परिणाम जब यह निकलता है कि राज्य सत्ता पर सर्वहारा का आधिपत्य हो जाए तो उसे क्रांति कहते हैं, जैसी 1917 में रूस में हुई।

क्रांति के बाद भी वर्ग संघर्ष चलता रहता है, क्योंकि समाज में वर्ग बने रहते हैं और धीरे-धीरे ऐसे आमूल परिवर्तन किए जाते हैं कि पूंजी की शक्ति कम होती जाए। संघर्ष के इस दौर को ही समाजवाद कहा गया है। परिकल्पना यह है कि धीरे-धीरे राज्य, जो एक वर्ग संस्था है यानी किसी एक ही वर्ग के हित में काम करता है, मुर्झाते-मुर्झाते समाप्त हो जाएगा यानी वर्ग संघर्ष समाप्त हो जाएगा। उस अवस्था को ही मार्क्स ने 'कम्युनिज्म' यानी साम्यवाद कहा था।

वर्ग हितों की टकराहट के रूप में वर्ग संघर्ष समाज के आधार यानी उत्पादन संबंधों में तो चलता ही रहता है, वह समाज की अधिरचना यानी

राजनीतिक, सामाजिक और सांस्कृतिक जीवन में भी-यहां तक कि व्यक्ति और परिवार के जीवन में भी सूक्ष्म और प्रकट रूप में जारी रहता है।

समाज में वर्ग स्थिति एक यथार्थ है, परंतु वर्ग शक्ति बनती है वर्ग चेतना से। तभी वर्ग संगठन बनते हैं और वे समाज और सत्ता के परिवर्तन में एक सक्रिय भूमिका निभाते हैं। इतिहास पर एक सरसरी नजर डालने पर भी हम इस स्थिति को समझ सकते हैं। पूंजीवाद का जन्म पंद्रहवीं-सोलहवीं शताब्दी के दौरान हुआ। मजदूर उससे पहले और बाद में भी लगातार अपने ऊपर हो रहे अन्याय के विरुद्ध स्वतःस्फूर्त ढंग से विद्रोह करता ही रहा। विद्रोह तो आदि विद्रोही स्पार्टकस ने भी दास प्रथा के विरुद्ध किया था, लेकिन उन्नीसवीं शताब्दी में ही मजदूरों के बाकायदा संगठन बनने लगे और एक निश्चित कार्यक्रम के अनुसार उन्होंने लगातार संघर्ष करना शुरू किया। फ्रांस की क्रांति में भी मजदूरों ने भागीदारी की थी। पर उनकी संगठित भागीदारी 1830 और 1848 की क्रांतियों में दिखाई पड़ती है। 1871 में 'पेरिस कम्यून' के रूप में दुनिया का पहला मजदूर राज्य कायम हो गया था, जो अनुभवहीनता के कारण कुछ ही हफ्तों में बिखर गया था।

मजदूरों में वर्ग चेतना मार्क्स से पहले के काल्पनिक समाजवादियों जैसे प्रूधों और संत साइमन आदि के प्रयासों से भी विकसित हुई थी, पर इस दिशा में सबसे संगठित प्रयास मार्क्स और एंगेल्स से ही शुरू हुआ। मार्क्स ने स्वयं 'कम्युनिस्ट लीग' स्थापित की थी और उनकी ऐतिहासिक पुस्तिका 'कम्युनिस्ट मैनीफेस्टो ने 1848 में वर्ग चेतना का एक ऐसा स्वरूप निर्मित कर दिया था, जिसकी प्रासंगिकता आज भी बनी हुई है। वर्ग चेतना के निर्माण में राजनीतिक पर्टियों के अलावा सांस्कृतिक संगठनों की भी महत्वपूर्ण भूमिका रही है। सर्वहारा वर्ग के हित पोषण में सर्वहारा संस्कृति का विमर्श व्यापक और स्थायी महत्व रखता है। साहित्य और अन्य कलाओं की रचना और अध्ययन वर्ग संघर्ष की दृष्टि से भी किया जाता है।

वर्ग संघर्ष का अंत ही वर्ग संघर्ष का अंतिम लक्ष्य है। इस अवधारणा को एकांगी मानते हुए बहुत से विचारकों ने 'वर्ग सहयोग' की धारणा विकसित की है, जो यह मानते हैं कि समाज के विभिन्न वर्ग परस्पर सहयोग द्वारा भी शांति और सद्भाव के साथ रह सकते हैं और शोषण रहित समाज निर्मित कर सकते हैं।

लालबहादुर वर्मा

अधिक जानकारी के लिए :

1. कम्युनिस्ट घोषणापत्र, कार्ल मार्क्स और फ्रेडरिक एंगेल्स : हेराल्ड जे लास्की, **2. मार्क्सवादी दर्शन :** वी अफनास्येव, **3. मार्क्सवाद :** यशपाल

वर्गविहीन समाज

वर्गविहीन समाज (Classless Society) उस समाज को कहते हैं, जो किसी भी प्रकार के वर्गों में न बंटा हो। मार्क्सवाद में इस तरह के समाज को ऐतिहासिक परिप्रेक्ष्य में प्रस्तुत किया गया है। वर्गविहीन समाज केवल मार्क्सवादियों का नहीं, बल्कि विषमता का विरोध करने वाले सभी तरह के लोगों का स्वप्न रहा है। ज्ञातव्य है कि मार्क्स-एंगेल्स से पहले से ही साम्यवादी गुट थे, जो वर्ग आधारित विषमता को समाप्त करने के लिए लड़ रहे थे। इन कम्युनिस्ट ों में ऐसे ऐतिहासिक समाज की कल्पना लोकप्रिय थी जिसमें अभी वर्ग विभाजन नहीं हुआ था। आम तौर पर इसे ही 'आदिम साम्यवाद' कहा जाता है। 'कम्युनिस्ट पार्टी का घोषणापत्र' में पहला ही वाक्य है—अब तक का समूचा इतिहास वर्ग संघर्ष का इतिहास रहा है। इसमें बाद में एक संशोधन करके इतिहास को 'ज्ञात इतिहास' लिखा गया जिससे स्पष्ट है कि जब से मनुष्य को अपने इतिहास का ज्ञान है तब से समाज में वर्ग विभाजन मौजूद है। उससे पहले की अवस्था ही वर्गविहीन समाज की कल्पना का आधार बनी।

मार्क्सवादी इतिहास दृष्टि के अनुसार, मानव इतिहास का पहला चरण आदिम साम्यवाद का चरण था। इस चरण में अभी वर्गों का निर्माण नहीं हुआ था,

क्योंकि ऐसी कोई संपत्ति अस्तित्व में नहीं आई थी जिस पर समाज का एक हिस्सा अधिकार करे और दूसरा उससे वंचित करे। इसी आदिम साम्यवाद की कल्पना उन्होंने भविष्य के एक ऐसे समाज के रूप में की, जो वर्गों से रहित होगा। इसे मार्क्सवाद की इतिहास दृष्टि में विकास का पांचवां चरण कहा गया। यह आदिम साम्यवाद का पुनरागमन नहीं, वरन साम्यवाद के रूप में मानव सभ्यता का एक नया चरण होगा।

मार्क्स ने वर्गविहीन समाज या साम्यवादी भविष्य को असंभव कल्पना की जगह पूंजीवादी समाज से ही उत्पन्न साबित किया। इसके लिए उन्होंने इसके निर्माण की प्रक्रिया को दो हिस्सों में बांटा है। पहला चरण पूंजीवादी समाज के साम्यवादी समाज में क्रांतिकारी रूपांतरण की अवधि है। इस अवधि में साम्यवादी समाज अभी अपनी बुनियाद पर नहीं खड़ा होता, बल्कि जिस पूंजीवादी समाज के गर्भ से पैदा होता है, हरेक मामले में उसके जन्म चिह्न लिए हुए होता है। इसकी किसी निश्चित अवधि का संकेत मार्क्स ने नहीं किया है, लेकिन इसकी समाप्ति के बाद दूसरा चरण शुरू हो जाता है। पूंजीवाद के खात्मे के बाद स्थापित नए राज्य का प्रमुख दायित्व मानसिक और शारीरिक श्रम के बीच भेदभावपरक अंतर की तरह ही खेती और उद्योग तथा शहर और देहात के बीच अंतर को खत्म करना भी होना चाहिए। सभी बच्चों के लिए मुफ्त शिक्षा, कारखानों से बाल श्रम का खात्मा और शिक्षा के साथ उत्पादक श्रम को जोड़ना बच्चों के सर्वांगीण विकास के लिए आवश्यक है। कारखानों में क्रांति के फलस्वरूप काम के हालात में सुधार होगा। काम को सबसे पहले सहनीय, फिर रुचिकर और अंततः मानवीय बनाना इन सुधारों का लक्ष्य होगा। काम के घंटे कम करना यानी अवकाश को मूल्यवान समझना होगा। उत्पादन के क्षेत्र में किसी वस्तु का कितना उत्पादन होगा, इसका फैसला योजना बनाने वाले सामाजिक जरूरत, उपलब्ध श्रम काल और उत्पादन के साधनों के मद्देनजर करेंगे। इस दौर में लोगों को वही प्राप्त होगा, जो वे समाज को देंगे। इसकी गणना श्रम-काल में होगी। इस दौर में धन के बजाय मार्क्स के शब्दों में 'सर्टिफिकेट' और 'वाउचरों' का इस्तेमाल होगा। उनके अनुसार, ये वाउचर धन नहीं हैं क्योंकि उनका परिचालन नहीं होगा। इस तरह मजदूरी के नकद भुगतान की ताकत और चलन के खात्मे से मुद्रा प्रणाली को समाप्त किया जाएगा।

साम्यवाद के प्रथम चरण की समाप्ति के साथ ही साम्यवाद का दूसरा चरण क्रमशः प्रकट होगा। पूंजीवाद द्वारा छोड़ी गई तथा प्रथम चरण में कई गुना बढ़ाई गई समृद्धि के चलते यह समय सामग्री वस्तुओं की प्रचुरता का समय होगा। बंजर जमीन में खेती शुरू हो गई होगी। कारखानों में काम करना सुखद हो गया होगा। शिक्षा के पुनर्गठन के चलते सबको कारखाने और कक्षा में प्रशिक्षण दिया जा रहा होगा। यह सब साम्यवाद की बुनियाद बनेगा। इसमें (1) श्रम विभाजन खत्म हो गया होगा, इसलिए जो जिस भी काम को जरूरी समझेगा, उसे करने में सक्षम होगा। (2) काम, उपभोग और अवकाश के वक्त दूसरों के साथ और दूसरों के लिए काम व्यक्ति के जीवन का ज्यादातर हिस्सा होगा। (3) जमीन से लेकर समुद्र और भोजन तक सब कुछ सामाजिक स्वामित्व के मातहत होगा। (4) समूची दुनिया मनुष्य के मकसद के लिए सचेत तौर पर उत्पादित वस्तुओं से बनी होगी। प्राकृतिक शक्तियों के ज्ञान और उन पर नियंत्रण के जरिए मनुष्य अपने भाग्य का निर्धारण खुद ही करेगा। (5) लोगों की गतिविधियों को संगठित करने के लिए बाहरी ताकत की जरूरत नहीं होगी। (6) राष्ट्र, नस्ल, धर्म, रिहाइश, पेशा, वर्ग और परिवार पर आधारित सभी मानव विभाजन खत्म हो जाएंगे। मनुष्य का समाजीकरण और समाज का मानवीकरण होगा।

मार्क्सवाद की इतिहास दृष्टि की यह अवधारणा अभी किसी भी देश में फलीभूत नहीं हुई है। जिन देशों में कम्युनिस्ट पार्टियों के नेतृत्व में क्रांतियां हुई हैं और कम्युनिस्ट पार्टियां सत्ता में आई हैं, उन देशों में भी साम्यवाद का कोई चरण क्रियान्वित नहीं हुआ। यही नहीं, सोवियत संघ, पूर्वी यूरोप के देश, चीन आदि के उदाहरण बताते हैं कि इन देशों में पूंजीवाद का दोबारा आगमन हो चुका है। इसका अर्थ यह नहीं

है कि मार्क्स की कल्पना सिर्फ कल्पना है। मानव इतिहास में होने वाले उलटफेर से भविष्य की बेहतर संकल्पना खारिज नहीं हो जाती। मार्क्स का साम्यवादी समाज, जो वर्गविहीन समाज होगा, मानव सभ्यता का एक आदर्श चरण है, जिसे फलीभूत करना मनुष्य जाति के सामूहिक संकल्प और प्रयत्नों पर निर्भर होगा।

गोपाल प्रधान

अधिक जानकारी के लिए :

1. मार्क्स और पिछड़े हुए समाज : रामविलास शर्मा, 1986, **2. Marxism : An Uncommon Introduction :** Bertell Ollman, 1991

वर्चस्व

वर्चस्व शब्द का व्यवहार हिंदी में प्रायः अंग्रेजी पद 'हेजेमनी' (Hegemony) की तर्ज पर होता है। उन्नीसवीं सदी से यह शब्द अंग्रेजी में राजनीतिक प्रभुत्व के अर्थ में प्रचलित रहा है। इसी से निकला वर्चस्ववाद द्वितीय विश्वयुद्ध के बाद महाशक्तियों की राजनीति के अर्थ में प्रचलित हो गया। अंग्रेजी में 'हेजेमोनिक' का एक अर्थ 'प्रभुत्वशाली सिद्धांत' के रूप में भी प्रचलित रहा है।

बीसवीं सदी के मार्क्सवाद में वर्चस्व ने एक अलग अर्थ ग्रहण किया। इसके अर्थ का विस्तार सामाजिक वर्गों के बीच प्रभुता के संबंध के बतौर किया गया। इस शब्द का ग्राम्शी द्वारा प्रयोग उसे एक विशिष्ट दिशा देते हुए अवधारणा के स्तर तक पहुंचा देता है। उनके यहां यह शब्द प्रत्यक्ष राजनीतिक नियंत्रण तक सीमित न रहकर दुनिया, मानव स्वभाव और संबंधों को देखने की ऐसी शासकवर्गीय दृष्टि के अर्थ में प्रयुक्त हुआ है, जिसे उस वर्ग से इतर पराधीन तबके भी आम सच्चाई या सामान्य बोध की तरह स्वीकार करते हैं। लिहाजा शासक वर्ग महज ताकत के बल पर अपनी सत्ता नहीं कायम रखता, वह विभिन्न पराधीन तबकों की चेतना पर अप्रत्यक्ष अधिकार करके उनसे अपने दृष्टिकोण के प्रति सहमति और स्वीकार्यता प्राप्त करके टिका रहता है।

इस तरह प्रत्यक्ष राजनीतिक दबदबा ही नहीं, दुनिया और मानव संबंधों के बारे में शासकवर्गीय दृष्टि को पराधीन तबकों द्वारा अपने अनुभव और चेतना के स्तर पर स्वीकार कर लिया जाना भी शासक वर्ग का 'वर्चस्व' कहलाता है। यह वर्चस्व शिक्षा, संस्कृति, मीडिया, सामाजिक संस्थाओं, जाति संबंध, स्त्री-पुरुष संबंध, लोक व्यवहार, जीवन पद्धति आदि अप्रत्यक्ष रूप से तमाम प्रभावकारी व्यवहारों और संस्थाओं द्वारा कायम किया जाता है। वर्चस्व के इस अर्थ को देखकर ताकत के बल पर प्रत्यक्ष नियंत्रण अथवा शासन के लिए एक अलग शब्द की आवश्यकता हुई। अंग्रेजी में पहले से प्रचलित शब्द 'डॉमिनेशन' का इस संदर्भ में व्यवहार हुआ। हिंदी में उसका समानार्थी शब्द 'प्रभुत्व' है। इस प्रकार 'वर्चस्व' और 'प्रभुत्व' दो भिन्न पद हैं। मोटे तौर पर 'वर्चस्व' एक ऐसा दबदबा है जिसमें दबे हुओं की सहमति या स्वीकार्यता शामिल है, जबकि 'प्रभुत्व' ऐसा शासन या नियंत्रण है, जो सिर्फ ताकत के जोर पर कायम होता है।

ऐसे में परिवर्तन का अर्थ प्रभु वर्गों से महज राजनीतिक-आर्थिक सत्ता हासिल कर लेना नहीं है, बल्कि उनके वर्चस्व को उखाड़ना भी है। इस संदर्भ में 'प्रति-वर्चस्व' (काउंटर-हेजेमनी) या 'वैकल्पिक-वर्चस्व' की धारणा भी सामने आई है। समाज से वर्चस्वों को समाप्त किए बगैर परिवर्तन की पूर्णता या स्थायित्व संदिग्ध है। वर्चस्व की अवधारणा ऐसे समाजों के लिए खास तौर पर उपादेय है, जहां चुनावी राजनीति और जनमत निर्माण की भूमिका अहम है, जहां सामाजिक-राजनीतिक व्यवहार किन्हीं खास प्रभुत्वशाली विचारों के प्रति आम सहमति के रूप में देखे जाते हैं, जबकि वास्तव में ये विचार प्रभु-वर्गों के हितों की ही अभिव्यक्ति होते हैं।

प्रणय कृष्ण

अधिक जानकारी के लिए :

1. Hegemony : A Realistic Analysis : Josef Jonathan, **2. Hegemony : Studies in Consensus and coercion :** Richard (Ed.), 2001

वर्जीनिया वुल्फ
(1888-1941)

रॉबर्ट केसेरिओ ने 1900 से 1950 के बीच इंग्लैंड में लिखे गए उपन्यासों के अपने अध्ययन में यह निष्कर्ष प्रस्तुत किया था, 'इस दौर के उपन्यास यथार्थ का दर्पण बनने की जगह इससे मुक्ति की ओर ले जाते हैं। इसके बावजूद वे इतिहास और राजनीति की विश्व-शृंखलाओं के प्रति दायित्वशील बने रहते हैं...। ये आधुनिकतावादी कथावृत्त स्त्री की मुक्ति, ब्रिटेन के कल्याणकारी राज्य की स्थापना और ब्रिटिश साम्राज्य के पतन के आख्यान होने के कारण महत्वपूर्ण हैं।' वर्जीनिया वुल्फ का लेखन काल इंग्लैंड के उपर्युक्त 'आधुनिकतावादी दौर' के अंतर्गत आता है। 1915 में अपने पहले उपन्यास 'द वॉयज आउट' के प्रकाशन के बाद वर्जीनिया वुल्फ 1941 तक निरंतर लेखन कार्य में संलग्न रहीं। वे उपन्यास को 'आधुनिकतावादी परिदृश्य' में विकसित करने वाली एक महत्वपूर्ण कथाकार थीं, जिन्हें उपन्यास की कई नई कथा शैलियों को जन्म देने का श्रेय दिया जाता है।

वर्जीनिया वुल्फ

स्त्री लेखन को आधुनिक बनाने के संदर्भ में सीमोन द बोउआ ने वुल्फ के योगदान की चर्चा विशेष रूप में की है। इंग्लैंड 1917 से पहले विश्वयुद्ध में अपनी ऐतिहासिक भूमिका निभाने के लिए प्रस्तुत होता है। 1941 से उसे दूसरे विश्वयुद्ध में उतरना पड़ता है। वर्जीनिया वुल्फ इंग्लैंड के इसी सर्वाधिक घटनापूर्ण इतिहास खंड के दौरान अपनी गहन रचनाशीलता के साथ सामने आती हैं। युद्ध, विनाश और मृत्यु के बरक्स मनुष्य के होने की अर्थ तलाशती वर्जीनिया वुल्फ दूसरे विश्वयुद्ध का संभावित विभीषिकाओं को देखने-झेलने से पहले ही, खुद को सन्निपात या अतिशय स्नायविकता का शिकार हुआ पाती हैं और अपनी पैंट की जेबों में पत्थर भरकर एक नदी में डूबकर आत्मघात कर लेती हैं।

वर्जीनिया वुल्फ के जीवन की कथा को एक इतिहास के बरक्स रखकर पढ़ना अपने आप में अर्थपूर्ण हो जाता है। इस लेखिका की अंतर्कथा पर अनेक जीवनीपरक कार्य लगातार प्रकाशित होते रहे हैं। वे एक मनोरोगी थीं, इस लिहाज से भी उनके लेखन को रचनाशीलता और असामान्य मनोदशाओं के आपसी रिश्तों को समझने के लिए अर्थपूर्ण माना जाता है। साहित्य को यथार्थ का दर्पण भर बनाने के मैथ्यू आर्नल्ड जैसे आलोचकों के प्रयासों से उबरते हुए यह काल यथार्थ के उन आयामों को खोजने का काल बन जाता है जिन्हें अंतःयथार्थ कहा जा सकता है। यह बाद में जादुई यथार्थ तक विकास करता है। वर्जीनिया वुल्फ के समकालीनों में 'ब्लम्जनरी ग्रुप' के लोग थे, जिनका वे सक्रिय अंग थीं। दूसरी ओर, उनकी मां ब्रिटिश भारत में जनमी थीं। इससे उनके उपन्यास इंग्लैंड के 'साम्राज्यवादी' रूप की ओर भी अकसर खुलते दिखाई देते हैं।

विक्टोरियन नैतिकतावादी परिदृश्य में पितृसत्तात्मक रुझानों द्वारा स्त्री देह का दमन और शोषण उस दौर में 'अंतर्कथा' की तरह मौजूद था। वर्जीनिया वुल्फ ने अपने बचपन के जिन अनुभवों

को आत्मकथात्मक विवरणों की तरह प्रस्तुत किया, उनमें से एक है—एक अर्धभाई द्वारा उनका शैशव-किशोरकालीन यौन शोषण। वे यह बात दर्ज करती हैं कि शेष जीवन में बार-बार उन पर हावी होनेवाली मनोवैज्ञानिक असामान्यताओं के पीछे एक बड़ी वजह उनका वह बाल्यकालीन यौन शोषण था। पितृसत्तात्मक नैतिकता सामाजिक रूप में मर्यादा एवं संतुलन पर जोर देती है जिससे निजी जीवन में काम भावों का दमन होता है। विक्टोरियन काल में स्त्री देह को 'उपभोग्य वस्तु' मानने की पुरुष मानसिकता की अभिव्यक्ति इस तरह यौन-शोषण की शक्ल में प्रकट होती है।

स्त्री विमर्श की दृष्टि से वर्जीनिया वुल्फ का ट्रॉमेटिक बाल जीवन ही नहीं, किशोर काल में एक स्त्री मित्र सारा के साथ बने उनके समलैंगिक संबंध भी विवाद और अर्थपूर्ण चर्चाओं का केंद्र हो गए थे। इसे विक्टोरियन काल की दोहरी नैतिकता के अंतर्विरोध को तोड़ने के लिए सामने आई आधुनिकतावादी अतिगामिता या असामान्यता भी कहा जाता है, हालांकि विचारकों का एक दल समलैंगिकता को एक सामाजिक जरूरत भी कहता है। यह तर्क दिया जाता है कि स्त्रियां स्त्रियों के ही बीच रहती हुई अधिक सुरक्षित एवं प्रकृतिस्थ अनुभव करती हैं।

वर्जीनिया वुल्फ के स्त्री विमर्शात्मक पहलू को उनके आत्मकथात्मक संदर्भों के अलावा अन्य रूपों में भी देखा जा सकता है। उनकी चर्चित पुस्तक 'ए रूम ऑफ वन्स ओन' इस लिहाज से सर्वाधिक महत्वपूर्ण है। यह कृति स्त्री मुक्ति को आर्थिक आधार से जोड़ती है, तथापि उसका परिणाम सामाजिक-सांस्कृतिक अधिरचनाओं वाला है, 'हर स्त्री को अधिकार होना चाहिए कि उसे एक ऐसा कमरा मिले, जो उसका अपना हो', जहाँ उसकी निजता और इच्छित रूप में कार्य करने की संभावना ठोस शक्ल पा सकती हो। वर्जीनिया वुल्फ के विचार स्त्री की आर्थिक स्वतंत्रता से संबंध रखते हैं। वे 'वार फॉर ए सांग' को याद करती हुई इस तथ्य की ओर इशारा करती हैं कि विश्वयुद्ध में इंग्लैंड ने अपने साठ हजार युवा 'मर्दों' को खो दिया था। पीछे बची रह गई स्त्रियां काम की तलाश में निकलीं, तो उन्हें अपनी 'निजता' और 'आजादी' के लिए संघर्षरत होना पड़ा।

वर्जीनिया वुल्फ के साहित्यिक अवदान की बात करें, तो उनका स्त्री दृष्टिकोण एक आधार की तरह काम करता दिखाई देता है। पुरुष दृष्टिकोण के बरक्स वह यथार्थ को एक अलग कोण से देखने का आग्रह करता है। इस विचार श्रृंखला को उन्होंने अपनी कथाओं में विकसित करते हुए लेखन की एक अलग शैली का ही विकास कर लिया था। यह दृष्टिकोणों की विविधता वाली शैली कही जा सकती है।

वर्जीनिया वुल्फ की लेखन शैली का दूसरा गुण उसका कवित्व है। वे शेक्सपियर से बेहद प्रभावित थीं। शेक्सपियर की 'मृत्यु को जीवन के दुखों से मुक्ति दिलाने वाली वस्तु की तरह देखने' की बात उन्होंने अकसर दोहराई है। संभवतः यही उनके जीवन के अंत तक की प्रेरणा थी। वे कथा कहती हुई बार-बार एक के बाद एक प्रस्तुत हो रहे दृश्य बिंबों को यों कहती हैं, जैसे कथा नहीं कविता कह रही हों। घट नाओं में बिंबों की बहुलता से कई दफा उनके बीच की असंबद्धता भी प्रकट हो जाती है। उनकी इस कथन शैली को चेतना प्रवाह का नाम दिया गया है, जिसका हिंदी उपन्यास पर अज्ञेय के संदर्भ में प्रभाव देखा जाता है। वर्जीनिया वुल्फ को इसी कथन शैली के कारण अधिक जाना जाता है। इस तकनीक का कई फिल्मकारों द्वारा भी बड़ी सफलता के साथ इस्तेमाल किया गया। इससे दृश्य का यथार्थ गहराई में उतरकर स्वप्न जैसे यथार्थ में बदल जाता है।

वर्जीनिया वुल्फ के उपन्यासों का गहन अध्ययन करने वाले निकोल एल अक्वहर्ट का मानना है कि वुल्फ का सर्वाधिक गहन एवं अर्थपूर्ण योगदान चेतना प्रवाह शैली या दृष्टिकोणगत विविधता की शैली के कारण नहीं, अपितु 'होने के क्षणों' का चित्रण करने वाली शैली के कारण है। उनक कथन है, 'वर्जीनिया वुल्फ के साहित्य में 'होने' के क्षण, शेष न होने के

क्षणों के बीच-बीच में उपस्थित होते हैं और पूरी कथा को अर्थ से आलोकित कर देते हैं। ये क्षण वे होते हैं, जहाँ चेतना अधिक होश से भरी होती है, जो अनुभव की गहराई एवं यथार्थ के गुप्त क्षेत्रों की पहचान तक ले जाती है।'

वर्जीनिया वुल्फ की एक पात्र मिसिज हेलोते मनोचिकित्सक हैं। वे जिस मनोरोगी का उपचार कर रही हैं, वह पहले विश्वयुद्ध की विभीषिकाओं को देखकर सन्निपात का शिकार हो गया है। उसे लगता है कि अब किसी से कोई उम्मीद नहीं बची–न राज्य से, न धर्म से, न समाज से। वह बस किसी तरह अपनी आत्मा को बचाना चाहता है, परंतु जैसा उपचार चल रहा है, उससे उसे यही लगता है कि 'ठीक होना आत्मा को गंवाना' है। अतः वह मिसिज हेलोते के सामने खिड़की से कूदकर आत्मघात कर लेता है। यह एक अनूठा आत्मघात है, जो आत्मा को बचाने के लिए किया गया है। यह कथा फैलकर जैसे पूरे इंग्लैंड की कथा हो जाती है। विश्वयुद्ध तथा साम्राज्यवाद और सब कुछ दे पा रहे हैं, पर इंग्लैंड को उसकी आत्मा नहीं दे पा रहे हैं। इस हालत में इंग्लैंड और यूरोप को संभावित आत्मघात से कैसे और कौन बचा सकता है? वर्जीनिया वुल्फ ने यह बड़ा सवाल पीछे छोड़ा है। वे खुद भी दूसरे विश्वयुद्ध के आरंभ होते ही आत्मघात करके दुनिया से विदा लेती हैं, परंतु पीछे छोड़ जाती हैं विपुल साहित्य जो जितना अभिव्यक्त करता है, उससे अधिक प्रश्न अपने पीछे छोड़ जाता है।

कुछ विचार :

- हममें से किसी को मरना होगा, ताकि बाकी के लोग जीवन की कीमत को बेहतर तरीके से समझ सकें।
- आप जीवन की अनदेखी करके शांति नहीं पा सकते।
- भाषा होंठों की शराब है।
- मैं देख सकती हूं कि अतीत सुंदर होता है, क्योंकि कोई वर्तमान समय भावों को मूर्त रूप में अनुभव नहीं कर पाता। वे बाद में विस्तार पाते हैं। इस प्रकार हमारे पास वर्तमान का कोई समग्र भाव नहीं होता। वे सभी अतीत की बाबत होते हैं।
- कथा मकड़ी के जाले की तरह होती है, बड़े हलके तरीके से चिपकी हुई, फिर भी जीवन को चारों कोनों से पकड़े हुए। उसका चिपकना आम तौर पर कम ही नजर आता है।
- शुद्ध और सटीक तौर पर एक आदमी या एक औरत होना घातक है। एक औरत को मर्दाना और आदमी को जनाना होना ही चाहिए।
- एक अच्छे निबंध का स्थायी गुण होता है कि वह अपना पर्दा हमारे आसपास से उठाए; ऐसा पर्दा जो बाहर जाने से रोकता हो।
- इतिहास के अधिकांश में, वह जो बेनाम है, औरत है।
- कुछ भी वास्तव में घटित नहीं हुआ, जब तक कि उसे लिखा नहीं गया।

विनोद शाही

अधिक जानकारी के लिए :

1. The Novel in England (1900-1950) : History and Theory : Robert Kesono, **2. Bad Modernisms :** Rebecca L Walkowitz, Douglas Mao, **3. Virginia Woolf :** Hermoinle Lee, **4. Critical Essays on the Virginia Woolf :** Morris Beja

वर्ण और जाति

अति प्राचीन काल से ही भारत में ब्राह्मण, क्षत्रिय, वैश्य और शूद्र–इन चार श्रेणियों में समाज का विभाजन वर्ण व्यवस्था कहलाता है। 'धर्मशास्त्र का इतिहास' में पांडुरंग वामन काणे के अनुसार ऋग्वेद के काल में आर्य और दस्यु–ये दो ही वर्ण थे, जो एक-दूसरे से पूजा पद्धति, बोली और रंग-रूप में भिन्न थे। 'पुरुष सूक्त' को छोड़कर शेष ऋग्वेद में सिर्फ ब्राह्मण और क्षत्रिय शब्द आते हैं, लेकिन इनका

संबंध वर्ण से नहीं है। ऋग्वेद के 'पुरुष सूक्त' में ब्राह्मण, क्षत्रिय, वैश्य और शूद्र को क्रम से परम पुरुष के मुख, बाहुओं, जांघों और पैरों से उत्पन्न बताया गया अर्थात इस सूक्त में इस विभाजन को प्राकृतिक और दैवी तथा श्रेष्ठता क्रम के अनुसार माना गया। दस्यु या दास वैदिक संहिताओं के रचे जाने से शताब्दियों पहले आर्यों से पराजित होकर उनके अधीन मान लिए गए थे। पराजित दस्यु ही कालांतर में शूद्र कहलाए। अंबेडकर के अनुसार, रंग रूप को लेकर आर्यों और दस्युओं में कोई भिन्नता न थी। दास या दस्यु उनके अनुसार, सूर्यवंशी क्षत्रिय थे। वे आर्यों से भिन्न नहीं थे, किंतु कालांतर में ब्राह्मणों के हाथों पराजित होने के बाद शूद्र बना दिए गए। काणे के अनुसार, ब्राह्मण साहित्य के काल तक ब्राह्मण, क्षत्रिय और वैश्य अलग-अलग वर्णों में बंट गए थे और उनकी जाति का निर्धारण जन्म से मान लिया गया था। इसके साथ ही साथ ब्राह्मण क्षत्रियों से ऊंचे मान लिए गए थे। अतः एकदम शुरू में जब आर्य और दस्यु दो वर्ण थे, तब 'वर्ण' का आधार सांस्कृतिक भिन्नता और एक (दस्यु) का दूसरे (आर्य) के अधीन होना था।

अगले चरण में गुण, कौशल और सामाजिक हैसियत के आधार पर पेशागत समूहों का वर्गीकरण ही वर्ण कहलाया, लेकिन और भी बाद के चरण में जब पेशागत श्रेणियां जन्म पर आधारित (जातियां) मान ली गईं, तब वर्ण का आधार भी जातिगत हुआ। वर्ण से जाति में संक्रमण एक लंबे ऐतिहासिक काल के दौरान संपन्न हुआ। अंबेडकर के अनुसार, इसके पहले चरण में किसी व्यक्ति की सामाजिक हैसियत और व्यवसाय (वर्ण) एक खास अवधि के लिए ही नियत होते थे। अगले चरण में किसी व्यक्ति का वर्ण उसके समूचे जीवन काल तक माना जाने लगा। तीसरे चरण में वर्णगत सामाजिक हैसियत और व्यवसाय वंशानुगत हो गए।

वर्ण और जाति जैसी सामाजिक संरचनाएं प्राचीन रोम, यूरोप और जापान जैसी दूसरी संस्कृतियों में भी रही हैं, जिन्हें 'सोशल एस्टेट्स' कहा जाता था। इन्हें वर्ग नहीं माना जाता। वर्गों की जड़ें उत्पादन पद्धति और उनके अस्तित्व की विशिष्ट आर्थिक स्थितियों में होती हैं जो उन्हें एक दूसरे के विरुद्ध टकराव में खड़ा करती हैं, इस प्रकार समाज में वर्ग-विभेद की प्रक्रिया गति प्राप्त करती है। 'सोशल एस्टेट' अथवा जाति जैसी सामाजिक संरचनाएं वितरण की प्रक्रिया का नियमन करती हैं और इस प्रकार एक 'शुद्ध' कोटि के रूप में वर्ग बनने की प्रक्रिया को बाधित करती हैं। भारत का संदर्भ लें, तो जाति प्रथा खुद एक खास उत्पादन पद्धति और उसके अनुरूप उत्पादन संबंधों के स्तर का परिणाम थी। वर्ग संबंधों ने यहां जातियों के रूप में आकार ग्रहण किया, जिन्हें पुरोहित वर्ग ने धर्मानुमोदित बनाया, लेकिन जातियों का 'स्थायित्व' प्रमुखतः धर्मानुमोदन के चलते उतना नहीं, जितना ग्राम समुदायों के गतिहीन सामाजिक ढांचे की बदौलत बना रहा, जो खुद उत्पादन की शक्तियों के खास स्तर का ही परिणाम था। यहां वर्ग और जाति आपाततः समन्वित दिखते हैं। आर्थिक आधार और सामाजिक संगठन जो क्रमशः उत्पादन पद्धति और वितरण के नियमन से संबंध रखते हैं, यहां एकमेक दिखते हैं। उत्पादक शक्तियों के विकास और उत्पादन पद्धति में लंबे और धीमे बदलाव की प्रक्रिया में वर्ग और जाति का यह समन्वय टूटने लगता है, आधार और अधिरचना, वर्ग और जाति के अंतर्विरोध सतह पर दिखने लगते हैं। भारत में उत्पादन पद्धति के रूप में पूंजीवाद के विकास के साथ यह प्रक्रिया भी सतत दृश्यमान है।

धर्मानुमोदित जन्मना का आधार तथा दूसरी कई विशेषताएं ऐसी हैं, जो भारत की वर्ण-जाति व्यवस्था को विशिष्ट बनाती हैं। जातियों की अभिव्यक्ति यहां जन्म पर आधारित आत्मसंपूर्ण समूहों के रूप में हुई जिनके सदस्य मृत्युपर्यंत उसी जाति के सदस्य रहते थे जिसमें उन्होंने जन्म लिया। जाति के भीतर ही विवाह का विधान उसे आत्मसंपूर्ण समूह के बतौर स्थायित्व प्रदान करने का एक कारक था। जातियां व्यापक समाज व्यवस्था का हिस्सा थीं। यह व्यवस्था

उन्हें ऊंच-नीच की श्रेणियों में बांधे रखती थी। शुद्धता और प्रदूषण की धारणाएं इस श्रेणी विभाजन के तल में हैं, छुआछूत जिसका अनिवार्य परिणाम था। हर जाति का एक नाम होता था, जो उसे स्थायित्व, सातत्य और अलग पहचान देता था। अंबेडकर के अनुसार, जाति प्रथा ने हिंदुओं की आत्मचेतना और पहचान को गहराई से प्रभावित किया। एक सामान्य हिंदू खुद को जातीय श्रेष्ठताक्रम में अपने स्थान से ही परिभाषित करता था।

अछूत कही जाने वाली जातियां वर्ण व्यवस्था से बाहर मानी गईं। अंबेडकर के अनुसार, जब आर्यों का समाज घुमंतू जनजातियों की अवस्था से एक जगह बस जाने की अवस्था में संक्रमण कर रहा था, तब सभी आदिम जनजातियां एक साथ एक जगह नहीं बस पाईं। उनके एक हिस्से ने गांव बसाए और ग्राम समुदायों का निर्माण किया, जबकि उन्हीं से टूटे हुए अन्य लोगों की स्थिति घुमंतू ही बनी रही, जिनका अलग समुदाय बनता गया और इन्हें गांव की सीमा से बाहर अपना रहने का ठिकाना बनाना पड़ा गांव के बाहर रहने के कारण ही शास्त्रों में इन्हें 'अंत्यज' कहा गया। यही 'टूटे हुए लोग' अंबेडकर के अनुसार अछूत बना दिए गए।

प्रणय कृष्ण

अधिक जानकारी के लिए :
1. प्राचीन भारत में शूद्र : रामशरण शर्मा, **2. गांधी, अंबेडकर, लोहिया और भारतीय इतिहास की समस्याएं :** रामविलाश शर्मा, 2000

वर्ण व्यवस्था

वैदिक ऋषियों द्वारा प्रयुक्त 'वर्ण' के अनेक अर्थ स्तर हैं। अर्थ का एक स्तर रंग, कांति (सौंदर्य) और दीप्ति (चमक) है। दूसरे अर्थ स्तर पर 'वर्ण' का अर्थ है 'निवारक' अर्थात किसी कष्ट, बाधा आदि का निवारण करने वाला। सायण ने अनेक ऋग्वैदिक ऋचाओं में प्रयुक्त 'वर्ण' शब्द का 'निवारक' अर्थ किया है। तीसरे अर्थ स्तर पर वर्ण 'अक्षर', 'ध्वनि', 'स्वर', 'शब्दांश' या 'शब्द' है। चौथे अर्थ स्तर पर वर्ण का अर्थ है—'वर्ग', 'नस्ल', 'समाजिक-श्रेणी' आदि। सामाजिक श्रेणी विभाग ही वर्ण के अर्थ में उत्तरोत्तर रूढ़ होता गया।

वेद के दसवें मंडल के पुरुष सूक्त के तेरहवें श्लोक के अनुसार, 'ब्राह्मण मुख अर्थात मुख्य काम के लिए, राजन्य (क्षत्रिय) वीर-बलवानों के कार्य हेतु, वैश्य उरु अर्थात सर्व स्थान यात्रा और शूद्र पग यानी सेवा जैसे गुणों के लिए बने हैं। गुण-कर्म विभाग पर आधारित समाज व्यवस्था ही आगे चलकर 'वर्ण-व्यवस्था' कहलाई। वैदिक ऋचाओं में 'वर्ण' शब्द के अन्य अर्थ स्तर छूटते चले गए। भारतीय धार्मिक-दार्शनिक परंपरा के कुछ अध्येता सांख्य दर्शन में 'गुण' और 'कर्म' के दार्शनिक अर्थ लेते हुए गुण-कर्म विभाग को मनुष्य मात्र की सानुपातिक अंतर्दशाओं का सूचक मानते रहे हैं। उनके अनुसार सामाजिक स्तर-भेद बाद की परिघटना है।

विद्वानों ने 'पुरुष सूक्त' को ऋग्वेद में बाद में जोड़ा गया अंश बताया है। रामशरण शर्मा के अनुसार, ऋग्वैदिक समाज व्यवस्था न सामाजिक श्रम विभाजन पर आधारित थी और न ही संपत्ति की भिन्नता पर। यह समाज मुख्यतः रक्त-संबंधों, वंश-क्रम और कबीलाई आधारों पर व्यवस्थित था। अतः अधिक संभावना यही है कि ऋग्वैदिक काल के बाद के सामाजिक विकास के दौरान श्रेष्ठता क्रम से समाज का गुण-कर्म विभागानुसार ब्राह्मण, क्षत्रिय, वैश्य और शूद्र में गैर-बराबरी पर आधारित विभाजन हुआ और वर्ण व्यवस्था के नाम से अभिहित इस सामाजिक व्यवस्था की प्राचीनता सिद्ध करने के लिए ऋग्वेद में पुरुष सूक्त बाद में जोड़ दिया गया। श्रौतसूत्रों, धर्मसूत्रों और गृह्यसूत्रों में इस व्यवस्था को अनेक नियमों, विधि-विधानों में कसते हुए कठोर, विशिष्ट और जटिल बना दिया गया।

छठी शताब्दी ईसा पूर्व में वैदिक धर्म को चुनौती देने वाले बौद्ध और जैन धर्मों द्वारा कर्म सिद्धांत को स्वीकार किए जाने के चलते वर्ण व्यवस्था को कोई खास चुनौती नहीं मिली। इन धर्मों के फलस्वरूप

ब्राह्मणों के मुकाबले ऊपर के बाकी दो वर्णों क्षत्रियों और वैश्यों को किंचित बराबर का महत्व प्राप्त हुआ। धर्मशास्त्रों द्वारा अनुमोदित वर्ण व्यवस्था का श्रेष्ठता क्रम अपरिवर्तित रहा।

वर्ण व्यवस्था ने एक विचारधारा के रूप में अर्ध-चारागाही समुदायों के स्तरीकृत कृषि समुदायों में रूपांतरण तथा आरंभिक राज्यों के उदय में महत्वपूर्ण भूमिका निभाई। आगे जटिल सामाजिक-राजनीतिक और आर्थिक जीवन का सामना होने पर वर्ण व्यवस्था के भीतर अनेक समायोजन और अनुकूलन समय-समय पर हुए, फिर भी धार्मिक प्रभाव के चलते उसका रूढ़ बाहरी रूपाकार पहले-सा बना रहा।

इतिहासकार सुवीरा जायसवाल के अनुसार, चार वर्णों में समाज का स्तर विभाजन उत्तर-वैदिक काल में दोआब सहित गंगा घाटी के पश्चिमी आधे हिस्से में उत्पन्न हुआ। इस इलाके को ही 'आर्यावर्त' कहा जाता था, जिसकी सीमा दिल्ली के आस-पास से लेकर पटना के इलाके तक फैली थी। गुप्त और उत्तर-गुप्त काल के दौरान वर्ण व्यवस्था की परिणति जटिल किस्म की जाति व्यवस्था में हुई, जो आगे और भी विकसित होती चली गई। पेशों के आधार पर नामित असंख्य जातियों का अलग-अलग वर्णों में व्यवस्थापन, जाति का जन्मना आधार, जाति के भीतर ही विवाह का प्रतिबंध, जाति के साथ जुड़ी शुद्धता और प्रदूषण की धारणाएं, छुआछूत और अंततः जाति का हिंदू समाज की आत्मचेतना या पहचान के साथ अविभाज्य रूप से जुड़ जाना एक लंबे ऐतिहासिक विकास क्रम का परिणाम है।

रामविलास शर्मा ने माना है, 'जाति व्यवस्था केवल भारतीय समाज में नहीं थी। किसी-न-किसी रूप में यह प्रत्येक सामंती समाज में पाई जाती है। प्राचीन यूनान की तुलना में प्राचीन मिस्र में सामंती उत्पादन पद्धति अधिक विकसित थी, नतीजतन वहां सामाजिक समूहों ने जाति के रूप में अधिक ठोस आकार ग्रहण किया था। ...मार्क्स ने लिखा है– प्लेटो के रिपब्लिक में राज्य के निर्माणकारी सिद्धांत के रूप में जितना श्रम विभाजन पर विचार किया गया है, वह महज मिस्र की जाति व्यवस्था का एथेनीय आदर्शीकरण है (पूंजी, खंड-1)।' (पहल-103, 2016)। अरस्तू ने लिखा था, 'सच्चाई यही है कि जो लोग राज्य के अस्तित्व के लिए अनिवार्य नहीं हैं उन सभी लोगों को हम नागरिक नहीं मान सकते।' (द पॉलिटिक्स ऑफ अरिस्टोटल)। उसने व्यापारियों, खेतिहरों को मताधिकार विहीन करते हुए सिर्फ अवकाशभोगी वर्ग को सद्गुण अर्जित करने और शासन करने योग्य माना था। उसकी इच्छा थी कि आर्थिक, राजनीतिक और सांस्कृतिक सत्ता मात्र भूस्वामी वर्ग के हाथों में केंद्रित हो। अरस्तू ने कहा था, 'किसी खेतिहर या कारीगर को पुजारी नियुक्त नहीं किया जा सकता।' (वही)। इस तरह रामविलास शर्मा ने यूरोप में भी वर्णों के बनने के उदाहरण दिए।

वर्ण व्यवस्था का जाति प्रथा में रूपांतरण भले ही लंबे विकास क्रम के दौरान हुआ, आधुनिक समय में सामान्य लोग और बहुधा विद्वान भी वर्ण व्यवस्था और जाति प्रथा, इन दोनों पदों का समानार्थी पद की तरह व्यवहार करते हैं। निरंतरता और स्थायित्व जाति प्रथा की ऐसी विशेषताएं हैं जिनके आगे वर्ण-जाति के ऐतिहासिक उद्भव और विकास पर ध्यान कम जाता है। ऐतिहासिक विकास क्रम में वर्ण व्यवस्था को जाति प्रथा से अलगाना सिद्धांततः संभव है, लेकिन व्यवहार में दोनों को अलगाना मुश्किल है। कहा जा सकता है कि वर्ण एक सांस्कृतिक परिघटना है जिसमें उन मूल्यों, प्रवृत्तियों और व्यवहारों का शुमार होता है जिन्हें लेकर कोई पैदा नहीं होता, बल्कि जिन्हें लोग अपने पेशे, अभिवृत्ति, आस्था, धर्म आदि के जरिए धारण करते हैं। दूसरी ओर, जाति जन्मना होती है और विरासत में पीढ़ी-दर-पीढ़ी हस्तांतरित होती रहती है। दोनों का धारणात्मक भेद व्यवहार के धरातल पर सदियों के विकास क्रम में उत्तरोत्तर लुप्त होता गया। अतः जाति प्रथा का उन्मूलन वर्ण व्यवस्था को बचाकर नहीं किया जा सकता।

प्रारंभ में ही गुण-कर्म विभाग के दार्शनिक अर्थ का संकेत किया गया था जिसके चलते कई बार जातिगत भेदभाव के विरुद्ध मत रखने वाले धार्मिक

प्रवृत्ति के लोगों के निशाने पर वर्ण व्यवस्था नहीं होती थी। भक्ति काल के बहुतेरे संतों ने भी जो कर्मकांडों और बाह्याचारों के विरोधी थे और भक्ति के धरातल पर जातिगत भेद-भाव का विरोध करते थे, वे भी 'गुण' और 'कर्म' के दार्शनिक अर्थों में वर्ण व्यवस्था को मानते थे। आधुनिक युग में महात्मा गांधी ने गुणों और कर्मों का दार्शनिक और तात्विक अर्थ लेते हुए वर्ण व्यवस्था को जाति प्रथा से अलगाते हुए एक सुधारवादी मत प्रस्तावित किया था, व्यवहारतः दोनों का विरोध उनके लिए भी संभव न था। अंबेडकर ने वर्ण-जाति के ऐतिहासिक विकास-क्रम को दिखलाया, लेकिन जातिगत दमन, उत्पीड़न आदि के आमूलचूल उन्मूलन के लिए उन्हें वर्ण और जाति की धारणात्मक भिन्नता पर बल देना कुछ खास उपयोगी नहीं लगा। सामाजिक व्यवहार के स्तर पर दोनों को अलगाना न संभव है और न यह भविष्य के सामाजिक विकास के किसी उद्देश्य को पूरा करता है।

वर्ण-जाति जिस छोटे पैमाने के उत्पादन वाले कृषि और उद्योग-तंत्र पर आधारित समाज व्यवस्था थी, उस आर्थिक तंत्र के बदल जाने और बड़े पैमाने के औद्योगिक उत्पादन वाली पूंजीवादी अर्थव्यवस्था का दौर आ जाने के बाद भी एक-न-एक रूप में वर्ण-जाति की व्यवस्था बनी हुई है। प्रतियोगितामूलक बाजार अर्थव्यवस्था से शहरी स्तर पर किसी हद तक जाति के पेशागत आधार को आघात लगने के बावजूद मजबूत सामंती अवशेषों के कायम रहने, जाति के भीतर ही विवाह करने की प्रथा के बने रहने (क्योंकि इस प्रथा का पूंजीवाद से कोई टकराव नहीं है) तथा परंपरा, धर्म आदि से पोषित जातिगत विचारधाराओं का प्रतियोगितामूलक आधुनिक लोकतांत्रिक बहुदलीय राजनीति में व्यापक विनियोग ही आज भी भारत में वर्ण और जाति के बने रहने का आधार है।

प्रणय कृष्ण

अधिक जानकारी के लिए :
1. प्राचीन भारत में शूद्र : राम शरण शर्मा, **2. Annihilation of Caste :** B. R. Ambedkar, **3. The Politics of Aristotle :** Aristotle, Kissinger Legacy Reprint

वर्णसंकरता

वर्णसंकरता (Hybridity) वनस्पतिशास्त्र का शब्द है, जिसका प्रयोग दो या दो से अधिक प्रजाति की वनस्पतियों के मिश्रण से उपजाएं गए पौधों के संदर्भ में प्रयुक्त होता है। जानवरों के संदर्भ में आम बात है। मिथकीय कथाओं में मनुष्य और मनुष्येतर प्राणियों के संसर्ग से भिन्न तरह के जीवों की उत्पत्ति की कथा है। विष्णु का वाहन गरुड़ विनीता के अंडे से जन्मा कश्यप मुनि का संतान माना जाता है।

वर्णसंकरता वनस्पतिशास्त्र का शब्द है, जिसका प्रयोग दो या दो से अधिक प्रजाति की वनस्पतियों के मिश्रण से उपजाए गए पौधों के संदर्भ में होता है। जानवरों के संदर्भ में भी वर्णसंकरता आम बात है। मिथकीय कथाओं में मनुष्य और मनुष्येतर प्राणियों के संसर्ग से भिन्न तरह के जीवों की उत्पत्ति की कथा है। विष्णु का वाहन गरुड़ विनीता के अंडे से जन्म कश्यप मुनि की संतान माना जाता है। कृष्ण के बेटे प्रद्युम्न का जन्म मछली के पेट से हुआ, वह मछुआरिन के घर पला। महाभारत के वनपर्व में युधिष्ठिर नहुष के प्रश्न के उत्तर में कहते हैं, 'जातिरत्त महासर्प मनुष्यत्वे महामते संकरत्स्वं वर्णानं दुष्परीक्ष्येति मे मतिः', अर्थात—हे महासर्प, मुख्य जाति आजकल मनुष्यत्व है, क्योंकि सभी वर्णों का संकर हो जाने से भिन्न-भिन्न जातियों की परीक्षा करना कठिन है। अर्जुन और भीम के कई जातियों की स्त्रियों से विवाह का उल्लेख है, जो वर्णसंकरता के चिह्न है।

वर्णसंकरता सिर्फ वनस्पति, जीवों और नस्लों-वर्णों का मामला नहीं है, यह उत्तर-औपनिवेशिक सिद्धांतों में सांस्कृतिक अंतर्मिश्रण के अर्थ में भी प्रयुक्त हुआ है। उपनिवेशवाद ने कई संस्कृतियों, भाषाओं, लोगों और सोचने के तरीकों में वर्णसंकरता पैदा की। यह गोरी जातियों की सत्ता की छाया में घटित हुआ। एशिया, आफ्रीका और दक्षिण अमेरिका के देशों में यूरोपीय संस्कृति, भाषा और तौर-तरीके

घुलमिल गए। भोजन-पहनावे से लेकर खेलकूद तक यह प्रभाव देखा जा सकता है। टीबी मैकाले ने '1835 की मिनट' में कहा था, 'फिलहाल हमें एक ऐसे वर्ग के निर्माण का भरसक प्रयास करना चाहिए जो हमारे लोगों और हमारे शासितों के बीच एक दुभाषिये का काम कर सके। ऐसे मनुष्यों का वर्ग रक्त और वर्ण से भारतीय हो लेकिन रुचि, सोच, नैतिकता और बुद्धि से अंग्रेज हो।' 1853 में चार्ल्स ट्रैवेलियन ने कहा था, 'अंग्रेजी साहित्य का प्रभाव अंग्रेजी राज के लिए हितकर हुए बिना नहीं रह सकता। जो भारतीय युवक हमारे साहित्य द्वारा हमसे भलीभांति परिचित हो जाते है, वे हमें विदेशी समझना बंद कर देते हैं, फिर वे हमें अपने देश से बाहर निकालने का प्रचंड उपाय सोचना भी बंद कर देते है। ...हम भारतवासियों को यूरोपीय ढंग की उन्नति में लगा दें। इससे भारत पर अपना साम्राज्य कायम रखना लंबे काल के लिए असंदिग्ध हो जाएगा। शिक्षित भारतवासी स्वाभावतः हमसे चिपके रहेंगे।' (भारत में अंग्रेजी राज, सुंदरलाल)। वी एस नायपाल ने कैरेबियन समाजों के संदर्भ में खासकर त्रिनीडाड के हवाले से कहना चाहा है कि भारतीय डायस्पोरा आधा देसी और आधा पश्चिमी है और 'आध्यात्मिक रूप से अपनी जड़ों से कटा हुआ' है। उनका कहना है, 'यह अपने भौतिकवादी औपनिवेशक ढांचे में बिना किसी दार्शनिक प्रेरणा के महज धार्मिक कर्म कांडों में सीमित है। ऐसे भारतवासियों की राष्ट्रीय भावना इतनी अधिक उपनिवेशित है कि ये गोरे लोगों से ज्यादा पश्चिमी बन जाना चाहते हैं'। (द मिडिल पैसेज)। इस प्रकार वर्णसंकरता उत्तर-औपनिवेशिक चिंतन में द्विस्तरीय चेतना का एक महत्वपूर्ण संदर्भ बन जाती है।

होमी भामा ने वर्णसंकरता की अवधारणा को नए संदर्भ में उठाते हुए सवाल रखा, क्या वर्णसंकर व्यक्ति का अपना इतिहास होता है? वस्तुतः वर्णसंकरता उत्तर-औपनिवेशिक समाजों के नए सांस्कृतिक रूपों और अस्मिताओं की देन है। ऐसे समाजों में अतीत के प्रति नॉस्टेल्जिया, प्राचीन स्मृतियां और धार्मिक रीतियां महत्वपूर्ण भूमिका निभाती हैं। वैश्वीकरण के युग में लोकजीवन और आदिवासियों के जीवन में संरक्षणवाद के नए-नए रूप बनते हैं। ये कई बार राजनीतिक तत्व की शक्ल में काम करते हैं और 'पुनरुत्थान' देखा जाता है। साहित्य के संसार में पश्चिमी शैलियों और विचारों को अस्वीकार कर दिया जाता है, मौखिक परंपराएं उभरती हैं। सलमान रुश्दी, वोले सोयेन्का, चिनुआ अचेबे के लेखन इसके उदाहरण हैं। हिंदी उपन्यास की नई प्रवृत्तियां वर्तमान काल में ऐसी ही हैं। दरअसल, वर्णसंकरता संस्कृतियों के टकराव तथा 'हम-वे' के कटु संदर्भ में मध्यस्थता का जरिया भी बनती हैं। यह अस्मिता के इकहरेपन की जगह बहुलता के सौहार्दपूर्ण उत्सव के रूप में दिखाई पड़ती है। वर्णसंकरता अतीत में लौटने की संभावनाएं खत्म करते हुए संभावनाशील वर्तमान को केंद्रीय चिंता का विषय बना देती है।

शंभुनाथ

अधिक जानकारी के लिए :

1. The Location of Culture : Homi k Bhabha, 1994, 2. **Colonial Desire** : **Hybridity in Theory, Culture and Race**: Robert J C Young, 1995, 3. **Black Skins : White Masks** : Franz Fanon, 1967

वर्ल्ड इकोनॉमिक फोरम

वर्ल्ड इकोनॉमिक फोरम स्विट्जरलैंड के रमणीय शहर डावोस में स्थापित एक वैश्विक संस्था है, जिसका काम कॉरपोरेट कुबेरों, राजनेताओं, गैर-सरकारी संस्थाओं के प्रतिनिधियों, मीडिया सम्राटों और बुद्धिजीवियों के बीच संवाद का मंच बनना है ताकि 'दुनिया की दशा में उन्नति' हो। इसका लक्ष्य वैश्विक और स्थानीय मुद्दों पर चर्चा करके वैश्विक सहकारिता को बढ़ावा देना है। हर साल इसका पांच दिवसीय आयोजन पूर्वी एल्प्स पर्वत के सुंदर शहर डावोस के एक भव्य माहौल में होता है। इसमें दुनिया भर से व्यापार, राजनीति

और चिंतन जगत के लगभग 2500 नेता भाग लेते हैं। इसमें भारत भी भाग लेता आया है। जब 1971 में 450 प्रतिभागियों को लेकर इसकी स्थापना हुई थी, इसका नाम यूरोपियन इकोनॉमिक फोरम था। 1987 में यह बदलकर 'वर्ल्ड इकोनॉमिक फोरम' बना। इक्कीसवीं सदी में यह आर्थिक गतिविधियों का एक प्रधान केंद्र है। इसके शिखर सम्मेलनों में विभिन्न देशों के राजनीतिक नेताओं और व्यापारियों के बीच रणनीतियां तय होती हैं। इसमें नियमित रूप से उपस्थित उन सभी व्यक्तियों को 'डावोस मैन' कहा जाता है, जो अपने को राष्ट्रीय सीमाओं से मुक्त पूरी तरह 'अंतरराष्ट्रीय' मानते हैं।

सैमुअल पी हटिंग्टन ने 'डावोस मैन' नाम देते हुए 'वर्ल्ड इकोनॉमिक फोरम' की यह कहकर आलोचना की थी कि ये वे लोग हैं जिन्हें राष्ट्रीय वफादारी की कोई खास जरूरत महसूस नहीं होती। वे सोचते हैं कि राष्ट्रीय सीमा रेखाएं बाधाएं हैं और शुक्र है कि वे विलुप्त हो रही हैं। वे सोचते हैं कि राष्ट्रीय सरकारें अतीत का अवशेष हैं। इनका एक ही काम है, वे एलीट लोगों के ग्लोबल कदमों का स्वागत करें।

अमेरिका में आश्चर्यजनक तरीके से उभरते राष्ट्रवाद को देखकर हटिंग्टन का कहना है कि 'वर्ल्ड इकोनॉमिक फोरम' की सोच अल्पसंख्यक एलीट की सोच है। बहुसंख्यक राष्ट्रवादी ऐसा नहीं सोचते। (डेड सोल्स : द डीनेशनलाइजेशन ऑफ अमेरिकन एलीट, 2004)।

हर साल फोरम को दुनिया की दूसरी विचारधाराओं के लोगों का विरोध झेलना पड़ता है। 2000 में डावोस में मैक्डोनाल्ड्स की एक दुकान तोड़ दी गई। 2003 में आयोजकों को प्रचंड विरोध का सामना करना पड़ा और सुनना पड़ा कि वे 'बर्फ में आई मोटी बिल्लियां' हैं। नोआम चाम्स्की ने विरोध करते हुए कहा था, 'वर्चस्ववादी प्रचार तंत्र के बल पर भूमंडलीकरण को अंतरराष्ट्रीय आर्थिक अखंडता के एक ऐसे संस्करण के रूप में विकसित किया जा रहा है, जो सिर्फ निवेशकों और ऋणदाताओं के हित

वर्ल्ड इकोनॉमिक फोरम

में है। इस तरह जो दूसरी तरह के अंतरराष्ट्रीयतावाद के समर्थक हैं, उन्हें भूमंडलीकरण का विरोधी घोषित कर दिया जाता है, उदाहरण के तौर पर—'वर्ल्ड सोशल फोरम' को ऐसे ही प्रचारतंत्र द्वारा वैश्वीकरण-विरोधी कहा जाता है, जबकि वह वैश्वीकरण का एक बुनियादी दृष्टिकोण है, वर्ल्ड इकोनॉमिक फोरम के जवाब में 2000 से 'पब्लिक आई अवार्ड' शुरू कर दिया गया, जिसका काम जनमत संग्रह से दुनिया के सबसे खराब और दायित्वहीन व्यापारिक निगमों के लिए 'इनाम' घोषित करना है! यह भी आंदोलन का एक रूप है।

वर्ल्ड इकोनॉमिक फोरम ने व्यापारिक हितों की चिंता करते हुए विश्व की दशा सुधारने के उद्देश्य से चिकित्सा, शिक्षा और पर्यावरण के क्षेत्र में बड़े पैमाने पर सहायता अभियान छेड़ रखा है। 2003 में अंतरराष्ट्रीय आइटी कंपनियों और जार्डन, मिस्र और भारत की सरकारों के बीच वार्ता कराके स्कूल के साधारण बच्चों को कंप्यूटर मुहैया कराना और शिक्षकों को ई-लर्निंग के लिए प्रशिक्षित करने का अभियान शुरू किया गया। 2016 के सम्मेलन का फोकस चौथी औद्योगिक क्रांति थी, क्योंकि फोरम की नजर में तीसरी औद्योगिक क्रांति संचार क्रांति थी। भारत और चीन इस क्रांति से गुजर चुके हैं, पर वास्तव में अभी भी ये पिछली तीनों औद्योगिक क्रांतियों के पूरे लाभों से दूर रहे हैं। इस तरह वर्ल्ड इकोनॉमिक फोरम का मुख्य लक्ष्य विश्व बाजार व्यवस्था के लिए राष्ट्र-राज्यों के बीच एक अनुकूल, मित्रतापूर्ण और परस्पर सहयोग भरा वातावरण तैयार करना है। उसका मुख्य लक्ष्य भारत और

चीन को अपनी परियोजना में बड़े पैमाने पर शामिल करना है।

शंभुनाथ

अधिक जानकारी के लिए :
1. **How to Change The World :** David Bornstein, 2002, 2. **The World Economic Forum :** Geoffrey Allen Pigman, 2007

वल्लत्तोल नारायण मेनन
(1878-1958)

वल्लत्तोल मलयालम के महाकवि हैं। उनकी शिक्षा मलयालम और संस्कृत में हुई। जीवन के आरंभिक दौर में वे राजभक्त थे। उन्होंने 'भारत चक्रवर्ती पंचकम' की रचना की थी, परंतु उनका कवि हृदय मातृभूमि-प्रेम से परिपूर्ण था। वे बाद में गांधी की विचारधारा से प्रभावित हुए। उन्होंने उपनिवेशवाद-विरोधी असहयोग आंदोलन में भाग लिया।

वल्लत्तोल ने पौराणिक मिथकों को आधार बनाकर काव्य सृजन किया। उन्होंने सोमदेव कृत 'कथासरित्सागर' की कथा को आधार बनाकर 'चित्रयोगम्' आख्यान काव्य की रचना की। उनके

वल्लत्तोल नारायण मेनन

अन्य आख्यान काव्य हैं–'बंदी अनिरुद्ध', 'मगदलन मरियम', 'छोटी सीता', 'पिता और पुत्री'। उन्होंने वाल्मीकि रामायण और ऋग्वेद के साथ संस्कृत के नाटक 'पंचरात्रम्' और 'स्वप्नवासवदत्तम्' का मलयालम में अनुवाद किया। उन्होंने 'केरलोदयम्' साहित्यिक पत्र का संपादन भी किया। वे 'कवन कौमुदी' और 'आत्मपोषिणी' पत्रिकाओं से भी जुड़े थे। गांधी के व्यक्तित्व से प्रभावित होकर उन्होंने राजकीय पुरस्कार लेने से मना कर दिया था। गांधी के विचार-दर्शन से वे इतने प्रभावित थे कि उन्होंने अपनी कविता 'मेरे गुरुनाथ' में गांधी के बारे में लिखा है, 'गीता की मातृभूमि ही ऐसे कर्मयोगी को जन्म दे सकती है।' देशप्रेम, समाज सुधार, प्रकृति सौंदर्य और ईश्वर भक्ति से परिपूर्ण उनके कवि व्यक्तित्व ने मलयालम भाषा और केरल के समाज को काफी प्रभावित किया।

वल्लत्तोल में सुधारवाद से जुड़ी मलयाली जातीय चेतना प्रखर थी। उन्होंने अपनी कविताओं के माध्यम से भारतीय समाज की विषमताओं, जाति प्रथा, छुआछूत आदि पर प्रहार किया। उनकी कृतियों में राष्ट्रीय एकता का स्वर है। उनकी कविताएं 'साहित्य-मंजरी' के ग्यारह खंडों में संकलित हैं।

वल्लत्तोल ने 1930 में कथकलि के पुनरुद्धार के लिए 'केरल कला मंडपम' की स्थापना की। 1939 में वे रवींद्रनाथ से मिलने शांतिनिकेतन गए और वहां कथकलि नृत्य का प्रदर्शन किया। वे विवेकानंद के जीवन और विचारों से भी प्रभावित थे। उनकी कृतियों में नारी सौंदर्य के साथ किसानों के जीवन का यथार्थ है। उन्हें मलयालम का क्लासिकल-रोमांटिक कवि भी माना जाता है।

धर्मेंद्र राय

वल्लभ भाई पटेल
(1885-1950)

सरदार वल्लभ भाई पटेल आजाद भारत के पहले उप-प्रधानमंत्री के साथ पहले गृह मंत्री भी

थे। भारतीय रियासतों की जटिल समस्या का बिना रक्त बहाए हल करने का श्रेय वल्लभ भाई पटेल को है। आजादी के समय भारत में 562 देशी रिसायतें थीं। भारत के कुल भौगोलिक क्षेत्र में इनका एक तिहाई भूभाग था। उन रियासतों में जूनागढ़, हैदराबाद और जम्मू-कश्मीर ने भारत में विलय स्वीकार नहीं किया था। जूनागढ़ और हैदराबाद में पटेल ने सैन्य शक्ति की मदद ली और उन्हें भारत में मिलाया। जम्मू-कश्मीर में ऐसी परिस्थितियां बनीं की वहां के शासक को मजबूर होकर भारत में विलय करना पड़ा। गांधी ने पटेल के संबंध में लिखा है, 'रियासतों की समस्या इतनी जटिल थी जिसे केवल तुम ही हल कर सकते थे।'

राजनीति में आने से पहले वल्लभ भाई पटेल एक सफल बैरिस्टर थे। गांधी को अपना राजनीतिक गुरु मानने वाले पटेल ने शुरू में तो गांधी के भाषण को सुनने से मना कर दिया था और गांधी के अहिंसा, सत्याग्रह आदि की खिल्ली उड़ाई थी। धीरे-धीरे वे गांधी के संपर्क में आए और बहुत सारे विरोधाभासों के बावजूद वे जीवन भर गांधी को

वल्लभ भाई पटेल

अपना राजनीतिक गुरु मानते रहे। वे मजाक में कहा करते थे, 'मैंने अपने दिमाग में ताला लगा लिया है और उसकी चाबी गांधी जी को दे दी है।' हमेशा कोट-पैंट पहननेवाले पटेल ने असहयोग आंदोलन में अपने सारे विदेशी कपड़े जला दिए, अपनी बेटी मणिबेन को ब्रिटिश स्कूल से वापस बुला लिया, खद्दर पहनने का निर्णय लिया और आजीवन धोती-कुर्ता पहना तथा अहमदाबाद में असहयोग आंदोलन का नेतृत्व किया। इससे पहले 1918 में गुजरात के खेड़ा जिले में अतिवृष्टि से फसलों के नष्ट हो जाने एवं सरकार द्वारा जबरन लगान वसूले जाने के खिलाफ शुरू हुए सत्याग्रह आंदोलन में विजय प्राप्त कर वे लोकनायक बन चुके थे। 1918 में बारदोली के किसानों ने अधिक लगान देने से इंकार कर दिया। इसे बारदोली सत्याग्रह के नाम से जाना जाता है। इसका नेतृत्व सरदार पटेल ने किया था। उन्होंने 1931 में कराची में कांग्रेस अधिवेशन की अध्यक्षता की। इसमें उन्होंने हिंदू-मुसलिम एकता पर जोर दिया। पटेल कई बार जेल गए। वे एक बड़े स्वाधीनता सेनानी थे।

गांधी के तीन प्रिय शिष्यों जवाहरलाल नेहरू, राजेन्द्र प्रसाद और पटेल में कुछ लोग पटेल को ही प्रधानमंत्री पद का सर्वाधिक योग्य उम्मीदवार मानते थे, क्योंकि वे वरिष्ठ थे। गांधी की इच्छा का सम्मान करते हुए पटेल ने प्रधानमंत्री पद के लिए जवाहरलाल नेहरू का नाम प्रस्तावित किया। पटेल और नेहरू के विचारों में कुछ मूलभूत बिंदुओं पर फर्क था। नेहरू कल्पनाशील थे तो पटेल यथार्थवादी। नेहरू गुटनिरपेक्ष आंदोलन और अंतरराष्ट्रीय राजनीति से प्रभावित होने वाले राजनेता थे तो पटेल खांट ी भारतीय थे। नेहरू शास्त्रों के ज्ञाता थे तो पटेल शस्त्रों के। नेहरू जब तक किसी कार्य को करने के बारे में सोचते, तब तक पटेल उसे हल कर डालते। चर्चिल के भारत को बचाने के वक्तव्य पर पटेल ने कहा था, 'चर्चिल से कहो कि भारत को बचाने से पहले वे इंग्लैंड को बचाएं।'

गोवा की स्वतंत्रता के लिए संसद में चली लंबी

बहस के बाद पटेल ने सिर्फ इतना कहा था, 'मुझे दो घंटे के लिए गोवा जाने की इजाजत है क्या?' नेहरू उनकी इस बात पर खीझ गए थे। नेहरू और पटेल दोनों ही अपना पद त्यागने की धमकी एक-दूसरे को देते रहते थे। जम्मू-कश्मीर के मुद्दे पर नेहरू और पटेल में सैद्धांतिक मतभेद था। नेहरू इस मसले को अपने अधिकार में लेकर इसे संयुक्त राष्ट्र संघ में ले गए थे। इससे पटेल क्षुब्ध थे। वे कश्मीर में जनमत संग्रह के भी विरोधी थे। वे कांग्रेस के अंदर नेहरू के मित्रतापूर्ण विपक्ष थे। उन्होंने भारतीय नागरिक सेवाओं (आईसीएस) का भारतीयकरण कर उन्हें भारतीय प्रशासनिक सेवाएं (आईएएस) बनाया। पटेल बाहर से जितने नरम और मुलायम दिखते थे, भीतर से उतने ही सख्त थे। उनकी इन्हीं खूबियों के लिए उन्हें लौह पुरुष कहा जाता था। वे कैसा भारत बनाना चाहते थे, इस प्रश्न के जवाब में उनका उत्तर बहुत ही महत्वपूर्ण है, 'स्वतंत्र भारत में कोई भी भूख से नहीं मरेगा। इसके अनाज निर्यात नहीं किए जाएंगे। कपड़ों का आयात नहीं किया जाएगा। इसके नेता न विदेशी भाषा का प्रयोग करेंगे न किसी दूरस्थ स्थान, समुद्र तल से 7000 फुट ऊपर से शासन करेंगे। इसके सैन्य खर्च भारी नहीं होंगे। इसकी सेना अपने ही लोगों या किसी और की भूमि को अधीन नहीं करेगी। इसके सबसे अच्छा वेतन पाने वाले अधिकारी सबसे कम वेतन पानेवाले सेवकों से बहुत ज्यादा नहीं कमाएंगे और यहां न्याय पाना न खर्चीला होगा, न कठिन।'

1950 में पटेल की मृत्यु के बाद लंदन टाइम्स ने लिखा था, 'बिस्मार्क की सफलताएं पटेल के सामने महत्वहीन हैं। यदि पटेल के कहने पर भारत चलता तो कश्मीर, चीन, तिब्बत एवं नेपाल के हालात आज जैसे नहीं होते। उनमें कौटिल्य की कूटनीति तथा शिवाजी की दूरदर्शिता थी। वे केवल सरदार ही नहीं बल्कि भारतीयों के हृदय के सरदार थे।' 1991 में भारत सरकार ने उन्हें मरणोपरांत भारत रत्न देने की घोषणा की। अहमदाबाद हवाई अड्डे का नाम बदलकर सरदार वल्लभ भाई पटेल अंतरराष्ट्रीय हवाई अड्डा रखा गया। गुजरात के आणंद में सरदार पटेल विश्वविद्यालय है। गुजरात में पटेल का विश्व में सबसे ऊंचा स्मारक 182 मीटर का 'स्टैच्यू आफ यूनिटी' बन रहा है। 31 अक्टूबर 2013 को इसका शिलान्यास सरदार सरोवर बांध के निकट, नर्मदा के एक टापू पर किया गया। इस स्मारक की अनुमानित लागत 2989 रुपए करोड़ है।

निशांत

अधिक जानकारी के लिए :

1. Patel : A Life : Raj Mohan Gandhi, 1990,
2. The Sardar of India : P.M. Chopda

वल्लभ संप्रदाय

मध्यकाल की कृष्ण भक्ति काव्य धारा को दार्शनिक तथा सांगठनिक स्तर पर प्रतिष्ठित करने वाले संप्रदायों में वल्लभ संप्रदाय का नाम सबसे महत्वपूर्ण है। इसके प्रवर्तक वल्लभाचार्य (1478-1530) थे। उन्होंने रुद्र संप्रदाय के विल्वमंगलाचार्य से गोपाल मंत्र की दीक्षा ली थी। उन्होंने देशभर में घूमकर अपने मत का प्रचार किया और कृष्ण की जन्मभूमि ब्रज क्षेत्र में अपने संप्रदाय को प्रतिष्ठित किया। उन्होंने गोवर्धन पर्वत पर अपने एक शिष्य पूरनमल खत्री की सहायता से श्रीनाथजी का विशाल मंदिर बनवाया और अष्टयाम सेवा की परंपरा स्थापित की। उनकी सेवा के तीन रूप थे—राग सेवा (संगीत), श्रृंगार सेवा (फूलों, चित्रों आदि से सजावट), भोग सेवा (सामूहिक प्रसाद भोग)। इस संप्रदाय की प्रसिद्धि व्यापक रूप से फैली। राजस्थान की हवेलियों में कृष्ण मंदिर बने और अष्टछाप के कवियों के पद हवेली संगीत का आधार बने।

वल्लभ संप्रदाय में ब्रह्म, जगत और जीव तीनों स्वीकार्य हैं। माना जाता है कि जीव ब्रह्म का ही सत अंश है, जीव जगत और ब्रह्म में अभेद है। जीव में ब्रह्म का आनंद छिपा होता है, भक्ति उसे उद्घाटित करती है। वल्लभ ने अपने अद्वैतवाद में माया को जगह नहीं दी। श्रीकृष्ण को परम ब्रह्म मानते हुए इस

संप्रदाय के लोग उनके मधुर रूप और लीलाओं के प्रति अनुराग व्यक्त करते हैं। वे कृष्ण के रूप और लीलाओं को ही जीवन के आनंद का स्रोत मानते हैं। इस संप्रदाय के अनुसार जगत ब्रह्म की ही आत्मकृति है और उसकी लीलाओं का क्षेत्र भी। वल्लभ संप्रदाय में कृष्ण के अनुग्रह को पुष्टि कहा गया है और भक्ति को पुष्टिभक्ति। श्रीकृष्ण के बैकुंठ का ही एक अंश यमुना, वृंदावन और निकुंज क्षेत्र हैं, जहाँ गोपियों के साथ श्रीकृष्ण नित्य लीला में रत हैं। पुष्टिभक्ति वस्तुतः प्रेमलक्षणा भक्ति है, जिसमें सौंदर्य और प्रेम परम तत्व हैं। वल्लभ संप्रदाय में प्रेमपूर्वक श्रीकृष्ण की भक्ति के अलावा कोई दूसरा लक्ष्य नहीं है।

वल्लभाचार्य की मृत्यु के पश्चात् उनके पुत्र विट्ठलनाथ (1515-1583) पुष्टिमार्ग के आचार्य पद पर आसीन हुए। उन्होंने अपने पिता के चार शिष्यों कुंभनदास, सूरदास, परमानंददास और कृष्णदास तथा अपने चार शिष्यों गोविंददास, नंददास, छीतस्वामी और चतुर्भुजदास को लेकर अष्टछाप की स्थापना की। ये आठों कवि कृष्ण के अष्टसखा माने गए। इनका कार्य श्रीनाथजी के मंदिर में अष्टयाम की सेवा, उपासना तथा कीर्तन करना था। ये सभी कवि ही राजसत्ता से विमुख थे। नंददास यह भी कहते हैं कि सभी 'वेद रटत, ब्रह्म रटत, शंभु रटत' पर वे गिरिधर श्रीगोपाल का रूप अपने मन में रखते हैं। उनकी दृष्टि में प्रेम ही सबकुछ है। एक साहित्यिक संगठन के रूप में उस काल में 'अष्टछाप' अपने ढंग का अकेला संगठन है जिसे आधुनिक काल के भारतेंदु मंडल, प्रगतिशील लेखक संघ, इप्टा आदि के समकक्ष रखकर देखा जा सकता है। 'अष्टछाप' की स्थापना 1499 में हुई और 1583 तक इसके कवियों का अस्तित्व दिखलाई पड़ता है अर्थात लगभग चौरासी वर्षों की लम्बी अवधि तक इसने अपनी एक बड़ी भूमिका निभाई और उच्च कोटि के कवियों को जन्म दिया। इसने कृष्ण काव्य की वह धारा प्रवाहित की जिसने आगे चलकर एक समृद्ध परंपरा का रूप धारण किया।

'चौरासी वैष्णवन की वार्ता' और 'दो सौ बावन वैष्णवन की वार्ता' से ज्ञात होता है कि इस संप्रदाय में सवर्ण-अवर्ण, स्त्री-पुरुष, शिक्षित-अशिक्षित, धनी-निर्धन का कोई भेद नहीं था। वल्लभाचार्य ने अपनी प्रेम साधना में लोकमर्यादा और वेदमर्यादा दोनों का निषेध किया। कृष्ण भक्ति काव्य की स्वच्छंद भावना तथा उन्मुक्त संगीत की जो प्रवृत्ति मिलती है, उस पर उपर्युक्त नए चिंतन का गहरा प्रभाव है। इसे जड़ सामंती परंपराओं के प्रतिपक्ष में रखकर देखा जा सकता है।

सुनीता गुप्ता

वल्लभाचार्य
(1479-1531)

शुद्धाद्वैतवाद या पुष्टिमार्ग के प्रवर्तक वल्लभाचार्य के पूर्वज आंध्र प्रदेश के कांकरवाड गांव के मूल निवासी थे। यह वंश भारद्वाज गोत्रीय तैलंग ब्राह्मणों का था। इनके पिता का नाम लक्ष्मण भट्ट और माता का नाम इलम्मा था। इस बालक को अवतारी शिशु माना गया और उसका पालन-पोषण भी इसी प्रकार हुआ। वल्लभ को बाल्यकाल से ही कृष्ण की मूर्ति के सम्मुख शांत भाव से बैठने और उनकी लीलाओं का अनुकरण करने में आनंद मिलता था। दर्शन में उनकी गहन रुचि थी और दर्शनशास्त्र की गुत्थियां सुलझाने के लिए विद्वत समाज उनकी प्रशंसा करता था। कहते हैं कि श्रीमद्भागवत का ज्ञान उन्हें जन्म से ही था। उनके सिद्धांत को पुष्टि मार्ग के नाम से जाना जाता है जिसमें भावना के अनुग्रह से भक्ति उत्पन्न होती है। इस मत में तीनों तत्व प्रधान हैं—ब्रह्म, जगत और जीव। जगत ब्रह्म की ही लीला का विस्तार है। इस मत में कृष्ण को ही परम ब्रह्म माना गया है।

वल्लभचार्य ने अपने धार्मिक सिद्धांतों के प्रचार-प्रसार के लिए अनेक यात्राएं कीं। उन्होंने अनेक पंडितों-आचार्यों से विचार विनिमय किया, शास्त्रार्थ

किया और प्रवचन किए। वल्लभ संप्रदाय की भाषा में इन यात्राओं को 'पृथ्वी प्रदक्षिणा' या 'वल्लभ दिग्विजय' कहा जाता है। वल्लभाचार्य पहली पृथ्वी प्रदक्षिणा में पंढरपुर, त्र्यंबक, उज्जैन होते हुए ब्रज आए और चार महीने वृंदावन में रहकर भागवत का परायण किया, फिर सोरों, अयोध्या और नैमिष्यारण्य होते हुए काशी आए। काशी से गया और जगन्नाथपुरी होते हुए दक्षिण चले गए और पहली दिग्विजय यात्रा पूरी की। वहीं श्रीमद्‌भागवत का परायण किया, फिर अपने प्रिय सेवक दामोदरदास लखानी को दीक्षा दी और उसी घाट पर पुष्टिमार्ग की स्थापना की। प्रथम यात्रा में उन्होंने गोविंदघाट को गोकुल के रूप में चिह्नित किया।

वल्लभाचार्य अपनी दूसरी यात्रा में गोवर्द्धन गए। वहां गिरिराज जी की पहाड़ी पर उन्होंने 1519 में श्रीनाथ जी के मंदिर का निर्माण कराया। उनका विवाह महालक्ष्मी के साथ हुआ था। उस समय उनकी पत्नी की आयु मात्र आठ वर्ष थी, अतः वे नैहर में रहीं। वल्लभ पुनः तीसरी धार्मिक यात्रा पर निकल पड़े। इस यात्रा में उनकी भेंट अंबाला के सेठ पूरनमल खत्री से हुई जिन्होंने श्रीनाथ जी का मंदिर बनवाया था। वल्लभ फिर विजय नगर गए। वहां के अद्वैतवादी पंडितों से शास्त्रार्थ में विजयी हुए। विजयनगर के राजा कृष्णदेव राय ने उनका सम्मान किया, जिसे संप्रदाय के वार्ता साहित्य में 'कनकाभिषेक' के नाम से जाना जाता है, फिर वे काशी वापस आ गए।

वल्लभाचार्य के दो पुत्र हुए—गौरीनाथ और विट्ठलनाथ। दोनों ही भगवद्‌भक्त और मेधावी थे। दोनों ने अपने पिता द्वारा स्थापित संप्रदाय और उनकी व्याख्याओं को चलाने-बढ़ाने का प्रयत्न किया, किंतु सर्वाधिक श्रेय छोटे पुत्र विट्ठलनाथ को है। विजयेंद्र स्नातक के अनुसार 'वास्तव में श्री वल्लभाचार्य के दार्शनिक सिद्धांतों, दार्शनिक मंतव्यों और कर्मकांड विषयक पुष्टिमार्गीय सेवा-पूजा के विधानों को व्यापक आयाम पर प्रतिष्ठित करने का श्रेय विट्ठलनाथ जी को ही है।'

वल्लभाचार्य आजीवन गृहस्थ रहे, किंतु जीवन के अवसान काल में उन्हें संन्यास लेने की इच्छा हुई। उन्होंने दंडी स्वामियों की भांति भगवा वस्त्र और शिखा-सूत्र धारण कर प्रवचन करते हुए विचरण करने के बजाय एक ही स्थान पर रहकर भक्ति में लीन रहना स्वीकार किया। 1531 में वे काशी चले गए और गंगा में जल-समाधि ले ली।

वल्लभाचार्य की रचनाओं की संख्या 31 मानी जाती है। इनमें 'ब्रह्मसूत्र' पर दो भाष्य हैं– 'अणुभाष्य' और 'बृहद्‌भाष्य'। श्रीमद्‌भागवत पुराण की 'सुबोधिनी टीका' को पुष्टिमार्ग को समझने की कुंजी माना जाता है। इसमें कृष्ण लीलाओं का विशद् विश्लेषण है। श्रीमद्‌भागवत पर आधारित 'तत्वदीप निबंध' वल्लभाचार्य की महत्वपूर्ण रचना है। उनकी अन्य रचनाओं के नाम हैं—गायत्री भाष्य, पुरुषोत्तम सहस्रनाम, पूर्व मीमांसा भाष्य, वलयबंधन, षोड्शग्रंथ, शिक्षा श्लोक, विविध नामावली, दशम स्कंध अनुक्रमणिका, भागवत पीठिका, न्यायादेश, सेवाफल विवरण, प्रेमामृत तथा विविध नाटक।

वल्लभाचार्य ने दर्शन में शुद्धाद्वैतवाद और भक्ति में पुष्टिमार्गीय भक्ति का प्रतिपादन किया। अष्टछाप के आठ कवियों में चार उनके शिष्य हैं—सूरदास, कुंभनदास, कृष्णदास और परमानंद दास। वल्लभ संप्रदाय में सवर्ण-अवर्ण, स्त्री-पुरुष, शिक्षित-अशिक्षित, धनी-निर्धन का कोई भेद नहीं है। सूरदास को दैन्य और विनय के पद गाते देखकर श्रीकृष्ण की सरस लीला का गान करने की प्रेरणा वल्लभाचार्य ने ही दी थी।

मंजुला मोहन

अधिक जानकारी के लिए :

1. हिंदी साहित्य का इतिहास : विजयेंद्र स्नातक, **2. सूरदास :** हरवंश लाल शर्मा

वसिष्ठ

वसिष्ठ सप्तऋषियों में से एक हैं। ऋग्वेद के सातवें मंडल में ये ऋषि माने गए हैं। ये पहले जन्म में हरवंश पुराण के अनुसार, ब्रह्मा के मानस पुत्र

थे। दूसरे जन्म में अग्नि की वेदी से उत्पन्न हुए और तीसरे जन्म में एक कथा के अनुसार देहदान पाकर ये मित्र-वरुण के पुत्र बने। इनकी पत्नी अरुंधित है और पौत्र का नाम पराशर है। इनके पास कामधेनु गाय थी, जिसकी पुत्री नंदिनी गाय है। कामधेनु गाय से जो भी मांगा जाए, वह देने की क्षमता रखती थी। एक पौराणिक कथा के अनुसार, विश्वामित्र अपने सैनिकों के साथ ऋषि वसिष्ठ के पास भूखे-प्यासे पहुंचे और उनके आतिथ्य से प्रभावित हुए। वसिष्ठ ने बताया कि यह नंदिनी गाय के कारण संभव हुआ। विश्वामित्र ने अपने राज्य के बदले वसिष्ठ से नंदिनी गाय मांगी। वसिष्ठ के मना करने पर वे जबर्दस्ती ले जाने लगे। वसिष्ठ ने नंदिनी से सैनिक मांग कर, विश्वामित्र के सैनिकों को हराकर सभी को भगा दिया। विश्वामित्र ने वसिष्ठ पर कई दिव्यास्त्रों का प्रयोग किया, पर वसिष्ठ ने अकेले ब्रह्मदंड के बल पर सबको प्रभावहीन कर दिया। इस पर विश्वामित्र ने सोचा कि क्षत्रिय बल को धिक्कार है और ब्रह्मतेज ही परम बल है। उन्होंने राजर्षि से ब्रह्मर्षि बनने के लिए तपस्या शुरू कर दी।

वसिष्ठ और विश्वामित्र के बीच प्रतिस्पर्धा से जुड़ी कई कथाएं हैं। इनका संबंध ब्रह्मतेज और राजतेज के बीच श्रेष्ठता से है। एक कथा के अनुसार, वसिष्ठ राजा हरिश्चंद्र के कुल पुरोहित थे। विश्वामित्र ने हरिश्चंद्र से छल करके उनका राजपाट सब ले लिया। रामायण में है कि विश्वामित्र इक्ष्वाकु वंश के राजा दशरथ के पुरोहित थे, फिर भी वसिष्ठ राम के शुभचिंतक और परामर्शदाता के रूप में दिखाई पड़ते हैं। इस तरह रामकथा में वसिष्ठ और विश्वामित्र का सनातन विवाद समाधान पा जाता है।

खगोल विज्ञान के अनुसार, अरुंधति और वसिष्ठ तारामंडल के दो तारों के नाम भी हैं। ये तारे शादी के अटूट बंधन के प्रतीक हैं।

निर्मला तोदी

वस्तुनिष्ठ समीकरण

वस्तुनिष्ठ समीकरण (Objective Correlative) एक महत्वपूर्ण समीक्षा सिद्धांत है। इसके प्रवर्तन को लेकर मतभेद है। कुछ विद्वान इस सिद्धांत के सूत्र अमेरिकी चित्रकार एवं कवि वाशिंगटन एल्स्टन (1779-1843) के 'लेक्चर्स ऑन आर्ट' में बताते हैं। कुछेक विद्वान इस सिद्धांत को एजरा पाउंड के 'दि स्पिरिट ऑफ रोमांस (1910) और एडगर एलेन द्वारा हाथोर्न (Hawthorne) के बारे में की गई टिप्पणी में खोजते हैं। इसे व्यापक तौर पर चर्चा में लाने का श्रेय टी एस एलियट को जाता है। उन्होंने अपने प्रसिद्ध निबंध 'हैमलेट एंड हिज प्रॉब्लम्स (1919) में वस्तुनिष्ठ समीकरण का प्रयोग कर साहित्यिक आलोचना को इससे विशेष रूप से परिचित कराया।

वस्तुनिष्ठ समीकरण को समझने के लिए पहले एजरा पाउंड की कविता के बारे में और एडगर एलेन पो के हाथोर्न के बारे में दिए गए मंतव्यों को देखना होगा। एजरा पाउंड ने कविता के बारे में कहा था, 'कविता एक प्रकार की प्रेरणा-उद्‌भूत गणित है, जो हमें त्रिभुज, क्षेत्र तथा ऐसी ही अन्य सूक्ष्म आकृतियों को ही नहीं, बल्कि मानवीय भावों को समीकरण प्रदान कराता है।' एडगर एलेन पो ने हाथोर्न के बारे में कहा, 'बड़े मननपूर्ण अवधान के साथ किसी सुनिश्चित अपूर्व प्रभाव से जन्मी जिस भावना को कृति में व्यक्त करना है, उसे उपलब्ध कर लेने के बाद कुशल साहित्यकार ऐसी ही घटनाओं की रचना करता है, जो पूर्व निर्धारित प्रभाव की स्थापना में सर्वाधिक योग दे सकें।' एलियट ने 'हैमलेट एंड हिज प्रॉब्लम्स' निबंध की मार्फत साहित्यिक आलोचना के क्षेत्र में जिस वस्तुनिष्ठ समीकरण के सिद्धांत का प्रतिपादन किया था, वह निश्चित रूप से उपर्युक्त दोनों मतों से आंतरिक संगति रखता है। एलियट ने इसे कला के रूप में भाव को अभिव्यक्त करने की एकमात्र विधि माना है। दूसरे शब्दों में, लेखक का काम भाव के सह-संबंधी ऐसी वस्तुओं, घटनाओं

की शृंखला और परिस्थितियों को खोज लेना है, जो उस भाव को तुरंत उद्‌बुद्ध कर दे। भाव से बद्ध ऐसे वस्तु व्यापार ही 'ऑब्जेक्टिव कोरिलेटिव' हैं। भाव अमूर्त होता है और उसकी अभिव्यक्ति किसी मूर्त वस्तु, पात्र या स्थिति की सहायता से ही संभव है। निश्चय ही भाव और वस्तु के बीच ऐसा संबंध होना चाहिए कि वस्तु की उपस्थिति से ही तत्काल वह भाव व्यक्त हो जाए। अपने इस मत को आधार बनाकर एलियट ने शेक्सपियर के 'हैमलेट' नाटक की जो आलोचना की, वह साहित्यिक आलोचना के क्षेत्र में मील का पत्थर साबित हुई। एलियट ने इस बात को खुद आश्चर्य के साथ स्वीकार किया है।

एलियट ने उपर्युक्त कृति की अपनी समीक्षा में 'ऑब्जेक्टिव कोरिलेटिव' पद का प्रयोग करते हुए उसे एक असफल रचना माना, क्योंकि उनकी दृष्टि में इसमें भाव का समुचित संप्रेषण नहीं हो पाया है। एलियट बाह्य वस्तु को भाव के पूर्ण अनुरूप होने को कला की अनिवार्य शर्त मानते हैं, जबकि हैमलेट की संवेदनाओं तथा अनुभूतियों के संप्रेषण के लिए अपेक्षित मूर्ति विधान नाटक में नहीं है। एलियट की नजर में यह नाटक की असफलता है।

एलियट ने काव्यात्मक भाव के तीन रूप माने हैं–1. कवि का प्रधान भाव के साथ संबंध, 2. मुख्य पात्र का काव्यात्मक भाव से संबंध और 3. पाठक का काव्यात्मक भाव के साथ संबंध। कवि, प्रधान भाव और पाठक भिन्न होते हुए भी आपस में संबद्ध हैं। तीनों की संबद्धता वस्तुगत सह-संबंध या समीकरण से निर्मित होती है।

वस्तुगत समीकरण सिद्धांत के दो पक्ष हैं—भाव का हेतु और भाव की अभिव्यक्ति। एलियट जब भाव को अभिव्यक्त करने की एकमात्र विधि की बात करते हैं, तो उनका अभिप्राय इससे है कि रचनाकार विभिन्न तत्वों को कला के रूप में किस प्रकार संयोजित, निरूपित एवं परस्पर संबद्ध करे कि भाव संप्रेषित हो जाए। भाव की पूर्ण अभिव्यक्ति की यह प्रक्रिया दो स्तरों पर घटित होती है। पहला, लेखक उस भाव को अपने स्तर पर पूर्ण और स्पष्ट रूप से अनुभूत करता है। भाव अमूर्त होते हैं। इसलिए उन्हें किसी समानक द्वारा ही अभिव्यक्त किया जा सकता है। दूसरा, लेखक द्वारा किसी समानक के जरिये व्यक्त भाव को पाठक या श्रोता ग्रहण करता है। एलियट ने कला में भाव को अभिव्यक्त करने का इसे एकमात्र सूत्र का नाम दिया है, 'वस्तुगत सह-संबंध का अन्वेषण'।

आशुतोष मिश्र

अधिक जानकारी के लिए :

1. पाश्चात्य काव्यशास्त्र : देवेंद्रनाथ शर्मा, **2. टी एस एलियट के आलोचना सिद्धांत :** शिवमूर्ति पांडेय, **3. पाश्चात्य साहित्य-चिंतन :** निर्मला जैन, कुसुम बांठिया, **4. पाश्चात्य काव्यशास्त्र :** रामपूजन तिवारी, **5. The Oxford Companion to English Literature :** Dinah Birch (Ed.), **6. A Glossary of Literary Terms :** M H Abrams

वस्तुनिष्ठता

वस्तुनिष्ठता (Objectivity) मनुष्य द्वारा दुनिया के ज्ञान की प्रक्रिया को बताने के लिए प्रयुक्त एक दार्शनिक प्रत्यय है। इसे यूरोपीय दर्शन की अनुभववादी परंपरा से जोड़कर देख सकते हैं जिसके अनुसार, किसी भी वस्तु का ज्ञान हमें इंद्रिय संवेदन से होता है। प्राकृतिक विज्ञानों में इसका महत्व बहुत अधिक है। इसमें यह पूर्व मान्यता होती है कि जिसके बारे में जानना है (ज्ञेय), वह जानने वाले (ज्ञाता) से स्वतंत्र है। यथार्थ, सत्य और विश्वसनीयता जैसी धारणाओं का आधार वस्तुनिष्ठता है। यह ऐसा ज्ञान होता है जिसके प्रमाण के रूप में साक्ष्य प्रस्तुत किए जा सकते हैं।

ऐसा नहीं है कि दर्शन की दुनिया में इसे बिना किसी संदेह के मान लिया गया है, क्योंकि ज्ञाता के लिए वह स्वयं भी ज्ञेय हो सकता है। प्रसिद्ध चिंतक जॉन लॉक ने एक उदाहरण के जरिए इसकी सीमा का उद्‌घाटन किया। उन्होंने कहा कि अगर आप अपना एक हाथ ठंडे पानी में रखें और दूसरे को गरम पानी में और फिर गुनगुने पानी में दोनों हाथ डालें तो गरम पानी वाले हाथ को वह ठंडा लगेगा, जबकि ठंडे पानी

वाले हाथ को गरम लगेगा। इस उदाहरण से उन्होंने इस बात पर जोर दिया कि यथार्थ का ज्ञान ज्ञाता की स्थिति से भी प्रभावित होता है। इस तरह से बहुत-से लोग मनुष्य द्वारा यथार्थ के यथातथ्य ज्ञान की क्षमता पर संदेह जाहिर करते हैं। समस्या के समाधान के बतौर कहा जाता है कि पैमाने के सहारे हम सच्चाई के काफी निकट पहुंच सकते हैं। इस पद्धति पर भी सवाल उठाते हुए लॉक ने ध्वनि और रंग के अनुभव का हवाला दिया, जो हमारी इंद्रियों की प्रकृति से रूपायित होता है। प्रसिद्ध जर्मन दार्शनिक इमानुएल कांट ने भी 'वस्तु निज रूप' के इंद्रियसंवेदन जन्य ज्ञान की इस सीमा की बात की थी। मनुष्य के कान उसे 20 से 20 हजार तक की बारंबारता की ध्वनि ही सुना सकते हैं। इसी तरह उसकी आंख भी किसी वस्तु के सभी पहलू एक साथ नहीं दिखा सकती है। इसी आधार पर उसने कहा कि वस्तु का हमारा ज्ञान वस्तुतः उसकी प्रतीति है। इसके विरोध में कहा जा सकता है कि मनुष्य होने के नाते हम अपने अनुभव से परे की चीजों के बारे में नहीं जान सकते, लेकिन इसी बात से यह भी प्रमाणित है कि हमारे अनुभव से परे भी यथार्थ की सत्ता है।

देकार्त ने ऐसी स्पष्ट मानसिक छवियों की बात की है जिनमें वस्तुओं की यथार्थ सत्ता के विश्वसनीय संकेतक अंतर्निहित होते हैं। हमारे ज्ञान के वस्तुनिष्ठ होने का दूसरा स्रोत उसकी व्यापक सामाजिक मान्यता होती है। इसके पीछे यह पूर्व मान्यता है कि हमारे अतिरिक्त अन्य अनेक ज्ञाता हैं और उनका सम्मिलित ज्ञान सत्य के निकट हो सकता है। एक और पूर्व मान्यता यह है कि वस्तुगत यथार्थ तार्किक रूप से सुसंगत होता है और इसीलिए अधिकांश लोगों को समान दिखाई देता है। इसके बावजूद वस्तुनिष्ठता दार्शनिक रूप से विवादास्पद प्रश्न है। इसके लिए ऐसे स्वतंत्र निर्धारकों को खोजना होगा, जो वस्तुगत यथार्थ के ज्ञान का समर्थन करने वाली आत्मगत छवियों को अलग कर सकें। इसी के साथ ज्ञाता और ज्ञेय की एकता का सवाल भी जुड़ा हुआ है, क्योंकि चेतन मनुष्य अपने आपको भी अपने ज्ञान का विषय बनाता है। इसे आप मस्तिष्क का दर्शन भी कह सकते हैं। यह गुत्थी अब तक सुलझ नहीं सकी है कि मानव मस्तिष्क में किस सीमा के बाद पदार्थ विचार में बदल जाता है। असल में तो चिंतन का यह विचार पक्ष ही मस्तिष्क के पदार्थ पक्ष को ज्ञान का विषय बनाता है। इन सब विवादों के बावजूद यह निश्चित है कि एक ऐसी दुनिया है, जो हमारी चेतना से स्वतंत्र है और हमारे सर्वेक्षण और विश्लेषण का विषय है। इसी दुविधा के कारण अनादि काल से ज्ञाता और ज्ञेय की भिन्नता और अभिन्नता का झगड़ा चला आ रहा है।

गोपाल प्रधान

अधिक जानकारी के लिए :
1. शुद्ध बुद्धि मीमांसा : इमानुअल कांट, **2. Story of Philosophy :** Will Durant, **3. Essay Concerning Human Understanding :** John Locke

वाक्

वाक् का सामान्य अर्थ वाणी है। ऋग्वेद में इसके चार रूप वर्णित हैं, जिनमें अंतिम रूप ही ज्ञात होता है, बाकी तीन गुहा में छिपे रहते हैं। वाक् की ये चार अवस्थाएं हैं : परा, पश्यंती, मध्यमा और वैखरी। मनुष्य को वाक् का सिर्फ चौथा स्तर प्राप्त होता है, बाकी के बारे में कहा गया है कि उन्हें ब्रह्मवेत्ता ही जानते हैं। परा अवस्था में शब्द ध्वनि नहीं प्राप्त करता, बल्कि आत्मचेतना के स्तर पर होता है। पश्यंती अवस्था में शब्द अभिव्यक्ति के लिए उन्मुख होता है। वह बीज के समान है जिसमें अंकुर फूटने वाला हो। इस स्तर पर वाच्य और वाचक भिन्न नहीं होते। तीसरी अवस्था मध्यमा में वाच्य और वाचक का भेद स्पष्ट होने लगता है, पर वाच्य मूल में ही निवृत्त अवस्था में रहता है। अंतिम अवस्था वैखरी है, जहाँ शब्द ध्वनियों के साथ प्रकट हो जाते हैं और भाषा अभिव्यक्त होती है। वैखरी के तीन रूप हैं : वर्ण, पद और वाक्य।

भर्तृहरि ने वाक् के विवेचन को तीन स्तरों

में ही समेट लिया है—पश्यंती, मध्यमा और वैखरी। (वाक्यपदीयम्, ब्राह्मकांडम् 133)। वे 'परा' वाक् का प्रकटतः कहीं उल्लेख नहीं करते। इस संदर्भ में, क्षेमराज ने 'पश्यंती' को ही परम तत्व माना है ('प्रत्यभिज्ञाह्मदय')। कुछ विचारकों के अनुसार, 'वाक्यपदीयम्' में ही 'परा वाक् तत्त्व' के संकेत 'परपश्यंती' नाम से उपलब्ध हैं। भर्तृहरि की अपनी मान्यता जो हो, उनके समय में भी वाक् के चार रूपों की धारणा संभवतः प्रचलित थी। शैवागमों में चार वाक् स्तरों की स्वीकृति है। इनके प्रभाववश नव्य-वैयाकरणों ने भी 'परा' को मानना शुरू कर दिया, जिसके बाद चार वाक् स्तर का मत सर्वमान्य-सा हो गया।

बताया गया है कि सृष्टि की उत्पत्ति शब्द-ध्वनियों से हुई। भर्तृहरि ने 'वाक्यपदीयम्' में इसी आधार पर 'स्फोटवाद' की विवेचना की है। शब्द ब्रह्म की जगह उपनिषदों में अर्थ ब्रह्म है, इसी से संपूर्ण सृष्टि अस्तित्व में आई। तंत्र में 'अ' 'उ' और 'म्' बीजाक्षर माने गए हैं। विभिन्न साधनाओं में यह विधान आया है कि साधक जब वैखरी से मध्यमा में पहुंचते हैं, शब्द का प्रयोग बंद हो जाता है और सिर्फ चिंतन बचा रहता है। पश्यंती में पहुँचने पर विकल्प प्रधान चिंतन नहीं रह जाता और आत्मचेतन भाव ही अस्फुट रूप में रहता है। परा की अवस्था में यह भी नहीं रह जाता। यह 'अनुत्तर योगी' की अवस्था है, यही सर्वोच्च अवस्था है। 'परा' के प्रतिपक्ष में 'अपरा' है अर्थात लौकिक की सत्यता।

वैयाकरणों ने योगशास्त्र का सहारा लेकर प्रतिपादित किया कि हमारी देह में मूलाधार चक्र (जहां कुंडलिनी शक्ति सोई रहती है) पर वाणी का सूक्ष्मतम एवं अस्पष्ट रूप—आदिरूप 'परा' स्थित रहती है। वह इतनी सूक्ष्म है कि चिंतन से परे है। उसका बोध केवल योगी को निर्विकल्प समाधि में ही हो सकता है। जब कुंडलिनी शक्ति कुछ स्पष्ट होकर नाभि चक्र में आ विराजती है, तब उसे 'पश्यंती' कहते हैं। उसमें शब्द एवं अर्थ का संबंध संश्लिष्ट दशा में रहता है, उनके बीच पार्थक्य योगियों के लिए भी बोधगम्य नहीं है। कुछ और आगे बढ़कर, कुछ और स्थूल या स्पष्ट होकर, जब वह हृदय प्रदेश (बुद्धि) में विराजती है, तो उसे 'मध्यमा' कहते हैं। उसी में शब्द और अर्थ तादात्म्य रखकर भी पृथक-पृथक प्रतीयमान होते हैं। 'मध्यमा' से कुछ आगे बढ़कर, प्राणवायु (निःश्वास) के संसर्ग से स्थूलतर होकर कंठ-प्रदेश (उच्चारणांगों) में पहुंचकर वह पूरी तरह स्पष्ट और स्थूल बन जाती है, तो वह 'वैखरी' कहलाती है। उसी में नित्य जीवन का हमारा पूरा भाषिक व्यवहार (भाषण-श्रवण, लेखन-पठन) चलता है ।

शब्द ध्वनि या व्यंजना वस्तुतः सृष्टि की ही नहीं, कला की भी प्रक्रिया है। इसकी ओर अभिनवगुप्त का ध्यान गया था। कश्मीरी शैव सिद्धांत से प्रेरित अभिनवगुप्त ने परा वाणी के रूप में मूल शक्ति की कल्पना की, यह स्थूल वैखरी का सूक्ष्मतम रूप है। उन्होंने माना कि पदार्थ मूलतः ध्वनि या व्यंजना है। ज्ञान होते ही मनुष्य संपूर्ण सृष्टि को ध्वनि के रूप में पहचानने लगता है। इसी तरह कलाकार अपना विश्व रचने लगता है। ध्वनि या व्यंजना की प्रक्रिया में ही शब्दों के पीछे छिपे कलाकार का उद्‌घाटन होता है, क्योंकि रचनाकार कृति में गुप्त रहता है। इस तरह साहित्य सृष्टि वस्तुतः सृष्टि की प्रक्रिया से भिन्न नहीं है। ध्वनि सिद्धांत ने ध्वनि की कॉस्मिक व्याख्या देने के साथ काव्यशास्त्रीय व्याख्या भी दी थी। कालांतर में वाक् आधुनिक भाषा चिंतन के केंद्र में आया। काडवेल ने माना कि वाक् और ध्वनि या व्यंजना को लेकर प्राचीन युगों में जो भारतीय चिंतन आया, वह महत्वपूर्ण था। इसमें शब्द संकेत को काव्य की मुख्य विशेषता बताई गई है। भर्तृहरि के ग्रंथ 'वाक्यपदीयम्' से देरिदा के भाषा चिंतन की तुलनात्मक विवेचना हुई है।

'पश्यंती' को भाषा का सूक्ष्म और अविनाशी रूप माना जाता है, जिसका ध्यान की अवस्था में व्यवहार होता है। यह 'वैखरी' एवं 'मध्यमा' की भांति भाषा से बद्ध नहीं है। यह उसी तरह की बात हुई, जिस तरह नोम चॉम्स्की द्वारा प्रतिपादित 'सार्वभौम व्याकरण' (यूनिवर्सल ग्रामर) भाषा विशेष से बद्ध

नहीं होता, बल्कि वह भाषा मात्र का सार्वभौम अभिलक्षण है। 'मध्यमा' नामक आंतरिक भाषा में भी कर्ता-कर्म-क्रिया आदि विभिन्न क्रम 'वैखरी' जैसे ही रहते हैं। अंतर केवल यह है कि मध्यमा में श्वास प्रक्रिया नहीं होती।

हमें वाचिक भाषा के साथ लिखित भाषा को भी विचार-पथ में लाना है। अतः कहना होगा कि जब हम बोलने या लिखने को तैयार होते हैं, तो उस समय मनोगत भाषा-बंध (चॉम्स्की के शब्दों में 'डीप स्ट्रक्चर' यानी गहन संरचना) तैयार हो जाता है, जो हमारे तंत्रिका तंत्र को प्रेरित कर 'वैखरी' का जनन करता है। इसका परिणाम होता है - वाचन या लेखन के रूप में अभिव्यक्ति (जो चॉम्स्की के शब्दों में 'सरफेस स्ट्रक्चर' यानी बाह्य संरचना है)।

रामदेव त्रिपाठी ने वाक् के चौथे स्तर की रहस्यवादी स्थापना को आधुनिक मनोविज्ञान के सहारे कुछ सुलझाते हुए कहा है, वाणी के सर्वप्रथम दो रूप हैं–ध्वन्यात्मक तथा चिंतनात्मक। ध्वन्यात्मक अर्थात बोलना, चिंतनात्मक अर्थात सोचना। चिंतनात्मक वाक् रूप मन के दो स्तर हैं : चेतन या उपरला स्तर तथा अचेतन या निचला स्तर। चेतन और अचेतन की मध्यवर्ती स्थिति भी है, जिसे अर्धचेतन या मंझला स्तर मानते हैं। चिंतनात्मक वाणी के ये तीन स्तर चेतन, अर्धचतन तथा अचेतन ही क्रमशः 'मध्यमा', 'पश्यंती' तथा 'परा' हैं ।' (भाषाविज्ञान की भारतीय परंपरा और पाणिनि)

रवींद्र कुमार पाठक

अधिक जानकारी के लिए :

1. भर्तृहरि का वाक्यपदीय : केए सुब्रह्मण्य अय्यर, **2. भाषाविज्ञान की भारतीय परंपरा और पाणिनि :** रामदेव त्रिपाठी

वाक्य

वाक्य (Sentence) क्या है? किसी अर्थ या विचार को व्यक्त करने के लिए क्रमबद्ध लिखे गए अक्षरों का समूह। 'ऑक्सफोर्ड इंग्लिश डिक्शनरी' के अनुसार, 'किसी रचना या कथन का एक पूर्ण विराम से दूसरे पूर्ण विराम तक का भाग वाक्य कहलाता है'। 'कालिंस इंग्लिश डिक्शनरी' के अनुसार, 'शब्दों की ऐसी स्वतंत्र क्रमबद्ध श्रृंखला जिससे कोई प्रश्न, आदेश या उक्ति का बोध हो। इस शब्द समूह में सामान्यतः एक कर्ता और समापिका क्रिया के साथ विधेय होता है'। 'ज्ञान शब्द कोश' के अनुसार, 'पदों का वह समूह जिससे वक्ता का अभिप्राय स्पष्टतः समझ में आ जाए' और 'मानक हिंदी कोश' के अनुसार, 'शब्द या शब्दों का ऐसा समूह जो एक विचार पूरी तरह से व्यक्त करे'। इनके अतिरिक्त अलग-अलग शब्दकोशों में वाक्य की और भी अलग-अलग परिभाषाएं हैं, पर जिस बात पर हमें ध्यान देना चाहिए, वह है वाक्य की अद्वितीयता या अनोखापन जिसे अमेरिकी भाषाविज्ञानी प्रोफेसर स्टीफेन टिंकर ने इस प्रकार व्यक्त किया है :

'आप दुनिया के सबसे बड़े पुस्तकालय 'लाइब्रेरी ऑफ कांग्रेस' में जाकर किसी भी पुस्तक से बिना किसी सोच-विचार के कोई भी वाक्य लेकर, उसके बाद उसी वाक्य को तलाशने के लिए अन्य पुस्तकों के पन्ने पलटें। संभावना यही है कि आप कितनी ही देर तक, कितने ही पुस्तकें देखें, हूबहू वैसा ही लिखा वाक्य शायद ही मिलेगा। ऐसी स्थिति में इस बात का अनुमान आप कर ही सकते हैं कि एक सामान्य या औसत व्यक्ति कितनी वाक्य लिख या बोल सकता है। लाखों या करोड़ों नहीं बल्कि अरबों।'

इससे स्पष्ट है कि वाक्य का उद्देश्य क्या है या इसका प्रयोग क्यों किया जाता है : (क) कुछ कहने के लिए (ख) कुछ करवाने के लिए (आदेश) (ग) कुछ पूछने के लिए (घ) भाव व्यक्त करने के लिए।

वाक्य कितना छोटा या बड़ा होना चाहिए? सामान्यतः वाक्य न तो बहुत छोटा होना चाहिए, न बहुत बड़ा। अच्छा तो यही होता है कि बड़े-बड़े जटिल वाक्यों की अपेक्षा छोटे-छोटे वाक्य लिखे जाएं इन्हें समझने में आसानी होती है, पर छोटे-छोटे वाक्यों की लंबी कतार से भी पाठकों का चिड़चिड़ाना या क्षोभित होना स्वाभाविक है। अतः कुशल लेखक ज्यों-ज्यों लिखते जाते हैं, उन्हें (वाक्यों को) सुनते भी जाते हैं।

वाक्य आश्चर्यजनक रूप से सिकुड़ भी सकता है, यानी केवल एक शब्द का हो सकता है, जैसे–जी! हां। नहीं। क्यों? अभी हाल तक शब्द या अक्षर को भाषा की बुनियादी इकाई माना जाता था। अब यह दर्जा वाक्य को प्राप्त है।

महेंद्र राजा जैन

वाक्यविज्ञान

मानव भाषा का मूल आधार मनुष्य के मुख से उच्चरित ध्वनियां हैं। मुख में स्थित वाग्यंत्रों से असंख्य सूक्ष्म भेदोंवाली ध्वनियां उत्पन्न होती हैं। इन ध्वनियों के स्वरूप का अध्ययन 'ध्वनिविज्ञान' (फोनेटिक्स) में किया जाता है। विश्व भर में अब तक ज्ञात भाषाओं के अध्ययन के आधार पर भाषाविज्ञानियों ने निश्चित किया है कि 15-20 से लेकर 50-55 तक ही ऐसी ध्वनियां हैं, जिनसे सभी भाषाएं निर्मित हुई हैं। ऐसी ध्वनियों को 'स्वनिम' (फोनीम) कहा जाता है। स्वनिमों का अध्ययन 'स्वनिम विज्ञान' (फोनेमिक्स या फोनोलॉजी) में किया जाता है। 'स्वनिम' स्वयं में अर्थहीन होते हैं, परंतु ये परस्पर मिलकर अर्थवान इकाइयों की रचना करते हैं। स्वनिमों से निर्मित लघुतम अर्थवान इकाई को भाषाविज्ञान में रूप (मार्फ) कहा जाता है। रूप दो प्रकार के माने गए हैं। मुक्त और बद्ध। मुक्त रूप को ही सामान्य व्यवहार में शब्द कहते हैं और बद्ध रूप को 'प्रत्यय' और 'उपसर्ग' कहते हैं-मुक्त और बद्ध रूपों के संयोग से नए-नए शब्द बनते हैं, जिनका अध्ययन रूपविज्ञान (मार्फोलॉजी) में किया जाता है। शब्द व्याकरणिक नियमों से परस्पर संबद्ध होकर एक बड़ी इकाई की रचना करते हैं, जिसे वाक्य कहा जाता है।

वाक्यविज्ञान (Syntax) के अंतर्गत किसी भाषा की वाक्य स्तर की संरचनाओं का अध्ययन किया जाता है। वाक्य विज्ञान के समस्त विषय विस्तार को दो वर्गों में रखा जा सकता है-वाक्य रचना और वाक्य विश्लेषण। वाक्य कैसे बनता है, वाक्य के प्रमुख घटक क्या हैं, वाक्य के घटक परस्पर कैसे जुड़ते हैं, उनका आपसी संबंध (अन्विति) क्या है–आदि वाक्य रचना के विचारणीय मुद्दे हैं। इसी तरह किसी भाषा की वाक्य संरचना को समझने के लिए वाक्य के घटकों को पृथक कैसे किया जाता है, यह वाक्य विश्लेषण का विषय है। भाषा विश्लेषकों ने अलग-अलग दृष्टिकोणों से वाक्य विश्लेषण की अलग-अलग पद्धतियां बताई हैं।

वाक्य की परिभाषा दो दृष्टियों से की जाती है–अर्थ की दृष्टि से और संरचना की दृष्टि से। अर्थ की दृष्टि से 'पूर्ण अर्थ की प्रतीति करने वाले शब्द समूह' को वाक्य कहा जाता है, परंतु 'पूर्ण अर्थ' अपने आप में एक अस्पष्ट अवधारणा है। इसके आधार पर वाक्य का कोई स्पष्ट स्वरूप निर्मित नहीं किया जा सकता। प्राचीन भाषा चिंतकों और दार्शनिकों ने अर्थ को ही वाक्य विश्लेषण का आधार बनाया है। आधुनिक भाषाविज्ञान ने वाक्य विश्लेषण के लिए संरचना को आधार बनाया है। संरचना की दृष्टि से 'वाक्य भाषा की सबसे बड़ी इकाई है।' इसी कारण कहा जाता है कि 'वाक्य वह स्वतंत्र भाषिक रचना है, जो व्याकरण की दृष्टि से किसी अन्य बड़ी रचना का अंग नहीं होती।' यानी जैसे शब्द अपने से बड़ी संरचना वाक्य के अंग होते हैं, वैसे वाक्य अपने से बड़ी किसी अन्य व्याकरणिक संरचना के अंग नहीं होते।

संस्कृत व्याकरण में 'वाक्य' और 'पद' के संबंध को लेकर चिंतकों की दो धाराएं हैं। एक पक्ष यह मानता है कि पद की स्वतंत्र सत्ता है तथा वाक्य पदों से निर्मित होता है। पदों के अपने अर्थ होते हैं और पदों के अन्वय से वाक्यार्थ निकलता है। इसके विपरीत दूसरा पक्ष यह मानता है कि वाक्य की स्वतंत्र सत्ता है और पद वाक्य के अवयव या घटक होते हैं। वाक्य में पदों के अर्थ निहित होते हैं और वाक्य को तोड़ने से पदों का अर्थ ज्ञात होता है। पद की स्वतंत्र सत्ता मीमांसक कुमारिल भट्ट स्वीकार करते हैं। इनके मत को 'अभिहितान्वयवाद' कहा जाता

है तथा वाक्य की स्वतंत्र सत्ता मानने वाले आचार्य कुमारिल भट्ट के ही शिष्य प्रभाकर गुरु हैं। इनके मत को 'अन्विताभिधानवाद' कहते हैं। आधुनिक भाषाविज्ञान वाक्य की स्वतंत्र सत्ता मानता है, परंतु अर्थ की दृष्टि से नहीं, संरचना की दृष्टि से।

भाषाविज्ञान में संरचना की दृष्टि से वाक्य विश्लेषण के अलग-अलग प्रारूप (मॉडल) हैं। सभी प्रारूप अपने-अपने ढंग से वाक्य को परिभाषित एवं व्याख्यायित करते हैं। यदि अत्यंत सरल ढंग से वाक्य की परिभाषा करना चाहें, तो कह सकते हैं कि शब्दों या पदों का सार्थक अनुक्रम वाक्य हैं। इस परिभाषा में सार्थक और अनुक्रम ये दो शब्द ध्यान देने योग्य हैं। राम रावण मारना ये तीन शब्द एक क्रम में रखे गए हैं, फिर भी ये तीनों मिलकर कोई अर्थ नहीं व्यक्त कर रहे हैं। इसका कारण यह है कि इनके बीच कोई व्याकरणिक संबंध नहीं है, किंतु यदि कहा जाए कि राम ने रावण को मारा, तो यह एक सार्थक या अर्थवान अनुक्रम बन गया। इससे स्पष्ट होता है कि वाक्य में प्रयुक्त शब्द एक दूसरे के साथ स्पष्ट व्याकरणिक संबंध के बिना अर्थ नहीं व्यक्त कर सकते। यह संबंध दो तरह से व्यक्त होता है—(1) रूप साधक प्रत्ययों के योग से तथा (2) वाक्य में प्रयुक्त शब्दों के अनुक्रम से। जिन भाषाओं में वाक्य में प्रयुक्त शब्दों के साथ रूप साधक प्रत्यय जोड़कर उनके व्याकरणिक संबंध व्यक्त किए जाते हैं, उनमें शब्दों का क्रम बदल देने से वाक्य के अर्थ में कोई परिवर्तन नहीं होता, संस्कृत, ग्रीक, लैटिन, अरबी, फारसी जैसी भाषाएं इसी प्रकार की हैं। संस्कृत में 'रामः पत्रं लिखति' कहें, 'पत्रं रामः लिखति' कहें या 'लिखति पत्रं रामः' कहें, वाक्य के अर्थ में कोई परिवर्तन नहीं होता। परंतु चीनी जैसी भाषाओं में वाक्य में प्रयुक्त शब्दों के साथ कोई प्रत्यय नहीं जुड़ता। वहां वाक्य में प्रयुक्त शब्दों के बीच व्याकरणिक संबंध शब्दों के क्रम से व्यक्त होता है। चीनी में 'ता लेन' का अर्थ 'बड़ा आदमी' होता है तथा 'लेन ता' का अर्थ 'आदमी बड़ा है' होता है।

विश्व की लगभग सभी प्रमुख भाषाओं में वाक्य के तीन मुख्य घटक पाए जाते हैं—कर्ता, कर्म और क्रिया, किंतु सभी भाषाओं में इनका क्रम एक जैसा नहीं होता। कुछ भाषाओं में यह क्रम 'कर्ता-कर्म-क्रिया' (हिंदी, जापानी आदि) के रूप में होता है, कुछ में कर्ता-क्रिया-कर्म (अंग्रेजी, चीनी आदि) के रूप में तथा कुछ में क्रिया-कर्ता-कर्म (अरबी, वेल्स आदि) के रूप में।

वाक्य-विश्लेषण की एक पद्धति है—'निकटस्थ अवयव विश्लेषण'। भाषा एक त्रिस्तरीय व्यवस्था है-पर ध्वनि स्तर की व्यवस्था, रूप स्तर की व्यवस्था और वाक्य स्तर की व्यवस्था। भाषा विश्लेषण में ध्वनि, रूप और वाक्य का पारस्परिक संबंध एक ही स्तर पर नहीं दिखाया जा सकता, इसलिए इन तीनों का विश्लेषण स्वतंत्र रूप में किया जाता है। इसी प्रकार वाक्य की सभी इकाइयों का पारस्परिक संबंध एक ही स्तर पर नहीं दिखाया जा सकता। इस पद्धति में प्रत्येक वाक्य को दो -दो हिस्सों में बांटा जाता है। प्रत्येक स्तर पर प्राप्त दो घटक या अवयव उसके पहले वाले स्तर के निकटस्थ अवयव कहलाते हैं। यह विश्लेषण 'रूपिम' स्तर तक पहुंचता है।

हॉकेट ने वाक्य स्तरीय रचना के दो वर्ग किए हैं—1. अंतःकेंद्रिक तथा अकेंद्रिक या बहिःकेंद्रिक। जिस रचना का एक अवयव किसी बड़ी रचना में वही कार्य करता है, जो कार्य वह रचना करती है, तब ऐसी रचना को अंतःकेंद्रित कहते हैं, जैसे—'राम का घोड़ा' या 'राम का काला घोड़ा' अंतःकेंद्रिक रचनाएं हैं, क्योंकि 'घोड़ा तेज दौड़ता' है कहें या 'राम का घोड़ा तेज दौड़ता है' कहें अथवा 'राम का काला घोड़ा तेज दौड़ता है', इनमें वाक्य रचना की दृष्टि से कोई अंतर नहीं है। इसी तरह 'दौड़ता है', 'तेज दौड़ता है' तथा 'बहुत तेज दौड़ता है' अंतःकेंद्रिक रचनाएं हैं। इनमें अर्थ की दृष्टि से भले ही अंतर हो, परंतु वाक्य-रचना के स्तर पर इनमें कोई अंतर नहीं है—घोड़ा दौड़ता है/घोड़ा तेज दौड़ता है/घोड़ा बहुत तेज दौड़ता है। हॉकेट ने अंतःकेंद्रिक रचनाओं के दो भेद किए हैं—आश्रित तथा समवर्गीय। आश्रित अंतःकेंद्रिक रचना के अवयवों के बीच विशेषण-

विशेष्य का संबंध होता है। उसमें एक मुख्य तथा शेष आश्रित अवयव होते हैं, जैसे–'राम का काला घोड़ा' में घोड़ा का मुख्य या केंद्रक है तथा 'राम का' और 'काला' आश्रित अवयव हैं। समवर्गीय अंतःकेंद्रिक रचना में भी सभी अवयव प्रधान होते हैं, जो योजकों से जुड़े होते हैं। जिस रचना में कोई केंद्र नहीं होता, उसे अकेंद्रिक या बहिःकेंद्रिक रचना कहते हैं अर्थात अकेंद्रिक रचना का कोई एक अवयव किसी बड़ी रचना में वही कार्य नहीं करता, जो कार्य वह रचना करती है, जैसे–राम का, मेज पर, हाथ से, कमरे में, पेड़ पर आदि अकेंद्रिक रचनाएं हैं, क्योंकि ये रचनाएं जिस वाक्य में प्रयुक्त होती हैं, उसमें इनका कोई एक अवयव प्रयुक्त नहीं हो सकता, जैसे–मेज पर किताब है। इस वाक्य में सिर्फ 'मेज' या सिर्फ 'पर' का प्रयोग नहीं हो सकता।

चोम्स्की ने वाक्य संरचना के दो स्तर माने हैं– 1. आंतरिक संरचना तथा 2. बाह्य संरचना। आंतरिक संरचना वाक्य का वह रूप है, जो संकल्पना से जुड़ा होता है और अर्थ की अभिव्यक्ति के लिए उच्चरित या लिखित रूप में बाह्य स्तर पर अभिव्यक्त होता है। चोम्स्की के अनुसार, प्रत्येक वाक्य की एक आंतरिक संरचना होती है तथा उसकी एक या एक से अधिक बाह्य संरचनाएं होती हैं। दोनों स्तर की संरचनाओं को जोड़ने वाले कुछ नियम होते हैं, जिन्हें चोम्स्की ने रूपांतरण नियम कहा है। दोनों संरचनाओं में अंतर यह है कि आंतरिक संरचना वक्ता के मन में होती है, जबकि बाह्य संरचना ध्वनियों या लिपि चिह्नों के माध्यम से हमारे सामने होती है अर्थात आंतरिक संरचना मानसिक होती है और बाह्य संरचना भौतिक। आंतरिक संरचना अर्थपरक होती है, जिसमें अर्थपरक संरचकों और वाक्य संरचक अवयवों में अत्यंत गहरा सह-संबंध हो जाता है। 'राम रोटी खाता है' वाक्य में आंतरिक संरचना के स्तर पर, 'राम' अर्थ की दृष्टि से अभिकर्ता (एजेंट) है और बाह्य संरचना के स्तर पर कर्ता (सब्जेक्ट) है। परंतु 'राम के द्वारा रोटी खाई जाती है' वाक्य में 'राम के द्वारा' पदबंध आंतरिक स्तर पर तो 'अभिकर्ता' ही है, किंतु बाह्य स्तर पर कर्ता नहीं है। बाह्य स्तर पर 'रोटी' कर्ता है।

वाक्य-संरचना के विश्लेषण के लिए वाक्य की आंतरिक तथा बाह्य दोनों संरचनाओं का महत्व है, परंतु बाह्य संरचना ही व्यवहार में वाक्य से प्रत्यक्ष रूप से संबंधित है। आंतरिक संरचना और बाह्य संरचना में मूलभूत अंतर प्रकार्यगत (फंक्शनल) है अर्थात आंतरिक संचरना अधिक अर्थपरक होती है और बाह्य संरचना अधिक वाक्यपरक। बाह्य संरचना पर वाक्य विन्यास के नियमों का पूरा नियंत्रण होता है। वस्तुतः कोई संरचना जब उच्चरित रूप में तथा लिखित रूप में श्रव्य तथा पाठ्य हो जाती है, तब वह आंतरिक संरचना नहीं रह जाती।

इसके अलावा आकांक्षा, योग्यता, आसक्ति (सन्निधि), सार्थकता, अन्विति और पदक्रम वाक्य के इन छह तत्वों की चर्चा 'वाक्यविज्ञान' के अंतर्गत होती है। वाक्य के प्रकार, वाक्यों में रूपांतरण आदि विषय भी इसके अंतर्गत आते हैं।

वाक्य के तत्व : वाक्य के तत्व इस प्रकार हैं :

1. आकांक्षा—वाक्य में अर्थ की पूर्णता को द्योतित करने की शक्ति होनी चाहिए, जिसे सुनकर श्रोता की आकांक्षा पूरी हो जाए अर्थात पाठक या श्रोता पसोपेश में न पड़े।

2. योग्यता—शब्दों का संदर्भानुकूल प्रयोग होना चाहिए। भाव-संप्रेषण की क्षमता को योग्यता कहते हैं।

3. आसति—आसति का अर्थ है सामीप्य। वाक्य में शब्दों के सामीप्य से ही पूर्ण अर्थ व्यंजित होता है, जैसे—यदि हम एक शब्द कहने के बाद दो घंटे बाद दूसरा शब्द कहें और तीन घंटे बाद तीसरा शब्द कहें तो वह वाक्य पूर्ण नहीं होगा, उसमें अस्पष्टता रह जाएगी।

4. सार्थकता—वाक्य में शब्दों का सार्थक प्रयोग होना चाहिए। तभी प्रसंगानुकूल अर्थ स्पष्ट होगा।

5. अन्विति—व्याकरणिक दृष्टि से वाक्य शुद्ध होना चाहिए। लिंग, वचन, कारक आदि में त्रुटि नहीं होनी चाहिए।

6. पदक्रम–संसार की ऐसी अनेक भाषाएं हैं

जिनमें पदक्रम का महत्वपूर्ण स्थान है। 'चीनी आदि स्थान-प्रधान भाषाओं में तो यह बहुत ही महत्वपूर्ण है, किंतु अंग्रेजी, हिंदी आदि वियोगात्मक भाषाओं में भी इसके महत्व को अस्वीकार नहीं किया जा सकता। एक सीमा तक वाक्य में शब्दों का स्थान निश्चित होता है। हिंदी में कर्ता पहले, बाद में कर्म और अंत में क्रिया आती है, जैसे—सोहन ने मोहन को मारा। अंग्रेजी में कर्ता के बाद क्रिया आती है और अंत में कर्म आता है, जैसे—Sohan beats Ram इसी प्रकार विशेषण-विशेष्य, क्रिया विशेषण-क्रिया, एक साथ आए कई विशेषण अथवा क्रिया-विशेषण पदबंधों तथा उपवाक्यों का भी हर भाषा में विशेष क्रम होता है।

वाक्य के प्रकार : भाषावैज्ञानिक दृष्टि से वाक्य के वर्गीकरण के दो आधार बताए गए हैं : 1. आकृतिमूलक, 2. रचनागत। आकृतिमूलक वाक्य के दो भेद हैं—1. योगात्मक, 2. अयोगात्मक।

योगात्मक वाक्य : योगात्मक वाक्य में शब्दों को वाक्य से अलग करना मुश्किल होता है। मेक्सिकन भाषा में एक वाक्य है—नीनकक अर्थात मैं मांस खाता हूं। इस नीनकक अर्थात इस वाक्य को अलग-अलग नहीं किया जा सकता। अतः ऐसे वाक्य को योगात्मक वाक्य की श्रेणी में रखा जाता है।

अयोगात्मक वाक्य : अयोगात्मक वाक्य में शब्दों को अलग-अलग किया जा सकता है। शब्दों का अपना निश्चित स्थान होता है जैसे—मैं घर जाता हूं। इस वाक्य में कर्ता, कर्म, क्रिया की संगति है। इसलिए इसे वाक्य कहा जा सकता है। यदि क्रम में कुछ परिवर्तन कर दें तो भी वाक्य का अर्थ बनता है, जैसे—घर जाता हूं मैं। कुछ वाक्यों में क्रम बदल देने से वाक्य का अर्थ बदल जाता है। अतः जहाँ वाक्य में शब्दों के क्रम बदलने पर भी वे अर्थ वहन करने में सक्षम हों, ऐसे वाक्यों को अयोगात्मक वाक्य कहते हैं।

वाक्य के अंग : वाक्य के दो प्रमुख अंग हैं—उद्देश्य और विधेय। उद्देश्य वाक्य का वह अंश है जिसके बारे में वाक्य के शेषांश में कुछ कहा जाता है। विधेय वाक्य का वह अंश है जो उद्देश्य के बारे में सूचना देता है।

वाक्य के भेद : रचना के आधार पर वाक्य के निम्नलिखित भेद होते हैं :

1. सरल वाक्य–इसमें एक उद्देश्य और एक विधेय रहता है।

2. उपवाक्य–जब दो या दो से अधिक सरल वाक्य मिलकर एक वाक्य बनता है। उस एक वाक्य में जो वाक्य मिले होते हैं, उन्हें उपवाक्य कहते हैं। उपवाक्य दो प्रकार के होते हैं : आश्रित उपवाक्य (Subordinate Clause), प्रधान उपवाक्य (Principal Clause)। जो प्रधान न होकर दूसरे पर आश्रित रहता है, उसे आश्रित उपवाक्य कहते हैं, जैसे—वह लड़का चला गया जो सबसे श्रेष्ठ था। इस वाक्य में 'जो सबसे श्रेष्ठ था' आश्रित उपवाक्य है। जो वाक्य किसी पर आश्रित हुए बिना स्वतंत्र रहते हैं, उसे प्रधान उपवाक्य कहते हैं। जैसे-सज्जन पुरुष वही हैं जो नेक कर्म करते हैं। इस वाक्य में 'सज्जन पुरुष वही हैं' प्रधान उपवाक्य है।

3. मिश्र वाक्य (Complex Sentence)–इसमें एक प्रधान वाक्य और दूसरे वाक्य आश्रित उपवाक्य होते हैं। जैसे-'मैं चाहता हूं कि तुम इंजीनियर बनो।

4. संयुक्त वाक्य-संयुक्त वाक्य में कोई प्रधान या आश्रित वाक्य नहीं होता, जैसे-पानी धरती पर पड़ा और विलीन हो गया।

वाक्य के निकटतम अवयव (Immediate Constituent) : एक वाक्य के कई संयोजक तत्व होते हैं जो वाक्य के अति महत्वपूर्ण अवयव होते हैं। 'वाक्य भी शरीर की ही भांति अनेक अवयवों से बना है। शरीर में प्रत्येक अवयव का अपना नाम, स्थान, कार्य एवं महत्व निश्चित होता है। उसी प्रकार प्रत्येक वाक्य के अवयव होते हैं। यहां तक कि शब्द भी कई इकाइयों से बनता है। ये इकाइयां व्याकरणिक नियमों से अर्थात प्रत्यय, उपसर्ग व समास के प्रयोग या पद, रूप या धातु के रूप में निर्मित होती हैं। इन धातु रूपों या पद रूपों के क्रमिक एवं व्यवस्थित समुच्चय से वाक्य बनता है। इस प्रकार वाक्य के अवयव भी अनेक होते हैं। इन अवयवों में जो समीपवर्ती होते

हैं वे निकटतम अवयव कहलाते हैं।' यह निकटता स्थान की दृष्टि से नहीं, संरचना की दृष्टि से होती है। उदाहरण के लिए—रोको, मत जाने दो। रोको मत, जाने दो। पहले में 'मत जाने दो' निकट स्थान है तो दूसरे वाक्य में 'रोको मत' निकटतम अवयव है।

योगेंद्र नाथ मिश्र, सुधा बी

अधिक जानकारी के लिए :
1. भाषाविज्ञान : भोलानाथ तिवारी, **2. भाषाविज्ञान एवं हिंदी भाषा :** हणुमंतराव पाटिल

वागड़ी

वागड़ी राजस्थानी की एक महत्वपूर्ण उपभाषा है। 'गाग्गवा प्रदेश' (वागड़ क्षेत्र) या दक्षिणी राजस्थान में बोली जाने वाली बोली का नाम वागड़ी है। वागड़ी राजस्थान की अन्य उपभाषाओं की तरह प्राचीन है। आधुनिक काल में यह डूंगरपुर, बांसवाड़ा जिलों में बोली जाती है। इस पर गुजराती का बहुत प्रभाव है। वागड़ी इस क्षेत्र के निवासी बीलों (भीलों) की बोली है, अतः इसे 'भीली' भी कहते हैं।

वागड़ क्षेत्र दक्षिणी राजस्थान का ऊंची-ऊंची पहाड़ियों वाला वनाच्छादित पठार-भूमिक्षेत्र है। यह क्षेत्र मालव प्रदेश के उत्तरी-पश्चिमी सीमांत पर स्थित है। बांसवाड़ा जिले के कुशलगढ़ कस्बे से दस किलोमीटर दूर हरिण नदी के किनारे बसा गांव 'मकरदा' मकरध्वज की नगरी के रूप में विख्यात है। इस क्षेत्र में मिले पुरातात्विक अवशेष इस क्षेत्र की प्राचीनता की ओर संकेत करते हैं। इन अवशेषों तथा पुरातात्विक उल्लेखों के आधार पर कहा जा सकता है कि ये प्राचीन संस्कृति के अवशेष हैं। इस क्षेत्र के मूल निवासियों को आदिवासी (भील) कहते हैं। इसलिए वागड़ी को उतना ही पुराना माना जाता है, जितने पुराने ये आदिवासी हैं। कुछ विद्वान इन आदिवासियों का संबंध रामायण तथा महाभारत काल जोड़ते हैं।

वागड़ी समूचे पहाड़ी प्रदेश डूंगरपुर, बांसवाड़ा, प्रतापगढ़, रतलाम, चित्तौड़गढ़ के कुछ क्षेत्रों में बोली जाती है। ग्रियर्सन ने भीली को राजस्थान को एक स्वतंत्र और अलग भाषा माना है, किंतु परवर्ती भाषाशास्त्री इसे राजस्थानी के अंतर्गत हैं जिनमें जयचंद्र, विद्यालंकार, पृथ्वी सिंह महता, सुनीतिकुमार चटर्जी, उदयनारायण तिवारी, नरोत्तम स्वामी, मोतीलाल मेनारिया के नाम आते हैं।

वागड़ी में च और छ का उच्चारण स हो जाता है जबकि स का उच्चारण ह हो जाता है। भूतकालिक क्रिया के रूप में हतो (था के लिए) का प्रयोग होता है। संबंधकारक के लिए नो, ना, नी का प्रयोग होता है।

प्राचीनता के बावजूद वागड़ी में लिखित या प्रकाशित साहित्य उपलब्ध नहीं है। लोकगीतों तथा लोककथाओं के रूप में वागड़ी बोली में मौखिक रचनाएं जरूर प्रचलित हैं।

उदाहरण—एक सामटा नै थोड़ोक धन हतो। अैने दाहड़ी ई बीक लागी रेती कै हेती जगत ना हंगरा, सोर ने डाकू माराज धन ऊपर नजर राखी र्या है अर्थात एक मूंजो व्यक्ति के पास थोड़ा-सा धन था। उसे दिन रात यही चिंता बनी रहती कि सारे जगत के डाकू उसके धन पर नजर रख रहे हैं।

हेतु भारद्वाज

वाग्जाल

वाग्जाल शब्दाडंबर अथवा आडंबरपूर्ण तर्क पद्धति के अर्थ में प्रयुक्त होता है। इससे जिस तर्क पद्धति का विकास होता है, वह सकारात्मक नहीं होता, क्योंकि इसका बौद्धिक आधार मजबूत नहीं होता। वाग्जाल की तर्कणा न केवल पूर्वाग्रह-दुराग्रह से युक्त होती है, बल्कि इसमें भावोच्छ्वास की मात्रा ज्यादा होती है। इसमें सत्य सिरे से गायब नहीं होता, पर सत्य को चतुराई और भावुकतापूर्ण कथन के माध्यम से बढ़ा-चढ़ाकर प्रस्तुत करने की प्रवृत्ति होती है।

सामंती और भौतिक रूप से पिछड़े समाजों में इसका उपयोग किसी समूह को राजनीतिक या धार्मिक वश में रखने के लिए किया जाता रहा है। यह मुख्यतः आडंबरपूर्ण और छलपूर्ण ही होता है।

आधुनिक युग में, विशेष रूप से संचार क्रांति के युग में वाग्जाल की भूमिका बढ़ती गई है। वाग्जाल ही दूसरों को अपमानित और अपने को श्रेष्ठ साबित करने की शैली बन गया। वाग्जाल के बल पर अपने कार्यों को अतार्किकता की सीमा तक जाकर प्रचारित किया जाता है। इसमें मीडिया सहयोग करता है।

शब्दाडंबरपूर्ण तर्क पद्धति का सहारा केवल सामाजिक-राजनीतिक जीवन में ही नहीं लिया जाता बल्कि साहित्यिक लेखन में भी यह पर्याप्त मात्रा में विद्यमान होता है।

अमिताभ राय

वाग्भट्ट

वाग्भट्ट प्रथम श्वेताश्वर संप्रदाय के जैन थे। उनका प्राकृत नाम वाहट था। वे किसी राजा के मंत्री थे। ऐसा माना जाता है कि वे 'नेमिनिर्वाण' एवं 'वाग्भट्टालंकार' नामक पुस्तकों के रचयिता थे। 'वाग्भट्टालंकार' नामक ग्रंथ इनका प्रसिद्ध ग्रंथ है, हालांकि यह विस्तृत विवेचनात्मक ग्रंथ नहीं है। इसके अधिकांश छंद अनुष्टुप में रचे गए हैं। उनमें काव्य-लक्षण से लेकर काव्य के भेद, गुण और दोष का विवेचन किया गया है। यह कुल पांच परिच्छेदों में विभाजित 260 श्लोकों वाला ग्रंथ है। वाग्भट्ट ने अपने ग्रंथ में गुजरात के सोलंकी राजा सिद्धराज जयसिंह का उल्लेख किया है, जिससे सिद्ध होता है कि ये जयसिंह के समकालीन थे जिनका समय 1093 से 1143 ईसवी माना जाता है। इस रूप में वाग्भट्ट का समय बारहवीं सदी का पूर्वार्ध माना जाता है।

श्रीप्रकाश शुक्ल

वाग्मिता

वाग्मिता (Rhetoric) का अर्थ है शब्दों का बुद्धिपूर्वक प्रभावशाली ढंग से प्रयोग करते हुए बोलना, कुछ अभिव्यक्त करना। इसे वाकपटुता भी कहा जाता है। यह वक्तृता और लेखन के संसार में भाषा के प्रयोग का ऐसा कौशल है, जो लोगों पर प्रभाव डाले या मनोरंजन करे। ऐसे प्रश्न खड़े करे, जिसका लक्ष्य प्रभाव पैदा करना हो, उत्तर हासिल करना नहीं। जाहिर है, वाग्मिता एक अलंकृत भाषा है। यह एक शिल्प है, सारतत्व नहीं। प्राचीनकाल में अपनी बात को प्रभावशाली ढंग से रखकर विरोधियों को परास्त करने के लिए वाग्मिता या अलंकृत भाषा की जरूरत होती थी। इसका विरोध एक झूठी कला कहकर किया गया। धीरे-धीरे यह साहित्यिक अभिव्यक्ति का साधन बन गया। अरस्तू ने वाग्मिता की मीमांसा अपनी पुस्तक 'रेह्टरिक' में की और कहा कि वाग्मिता द्वंद्वात्मक तरीके से संवाद का प्रतिपक्ष है। यह बातचीत में युक्तिसंगत जांच की जगह (1) विश्वासोत्पादकता, (2) भावावेश पैदा करने की प्रभावशाली क्षमता, (3) सच्चाई और (4) इस सच्चाई को उत्साहपूर्वक बड़े आकार में गोचर करने के उपकरणों पर निर्भर है।

वाग्मिता कला-साहित्य, सभ्यता-संस्कृति और राजनीति का स्रोत है। वाग्मिता ज्ञान की देन है। बोलना और अच्छी तरह बोलना दो चीजें हैं। वाग्मिता में भाषा द्वारा छल का तत्व मौजूद होता है, पर यह भी कहा गया है कि वाग्मिता का एक तत्व ईमानदारी है (हैजलिट)। 'नीतिद्विपष्टिका' में कहा गया है, 'अल्पाक्षर रमणीयं यः कथयित निश्चितं स खलु वाग्मी', अर्थात जो थोड़े शब्दों में सुंदर बात कहता है, वही वाग्मी है। लंबी-चौड़ी बात करके थोड़ा सार कहने वाला प्रलापी है। श्रीहर्ष ने लिखा है, 'संक्षिप्त और सारपूर्ण, गहरे अर्थ से युक्त वचन कहना ही वाग्मिता है।' (नैषधीय चरित, 9.8)।

वाग्मिता में शब्दों का चयन, अलंकार, बात कहने का कौशल, छंद की संरचना आदि भाषा के जो भी गोचर पक्ष हैं, वे सभी आते हैं। वाग्मिता को शैली का तत्व माना गया जिसमें आलंकारिक भाषा (Trope) और अलंकार (Figure of speech) का प्रयोग होता है। आलंकारिक भाषा के अंतर्गत लाक्षणिक प्रयोग, वक्रोक्ति, अप्रस्तुत विधान, कथन की विचित्र भंगिमा

आदि को रखा जाता है। यही वजह है कि ड्राइडन ने साहित्य लेखन को विज्ञान और दर्शन से अलगा कर आलंकारिक भाषा और बाह्य उच्चारण रूपों पर आधारित मानते हुए उसे वाग्मिता से युक्त माना था। उसने वाग्मिता में विदग्धता और ओज को जोड़ा। किसी बात को अच्छी तरह संक्षेप में कहना वाग्विदग्धता है। इसे संवाद का नमक माना गया है, भोजन नहीं।

आज वाग्मिता को एक बनावटी भाषा भी माना जाता है, जो शब्द के साथ खेलने, तर्क रचने, युक्ति बनाने, छल को चतुराई से ढंकने, बारीकी, वाकचातुर्य, वाग्जाल आदि रूपों में प्रस्तुत होता है। कहा जाता है कि विशेषतः काव्य की भाषा में वाग्मिता से बचना चाहिए, हालांकि इसका इस्तेमाल सच्चाई को अच्छे ढंग से कहने के लिए हो सकता है।

श्रीप्रकाश मिश्र

अधिक जानकारी के लिए :
1. The History of Indian Aesthetics : P. V. Kane, **2. काव्यांग प्रक्रिया :** शंकरदेव अवतारे, **3. हिंदी का काव्यशास्त्र :** योगेंद्र प्रताप सिंह

वाचिक परंपरा

वाचिक शब्द वच (बोलना) धातु से बना है। जो बोला जाए, वह वाचिक है। साहित्य का संप्रेषण वाचिक और लिखित, इन दो रूपों में होता आया है। उसका वाचिक रूप लगभग उतना ही पुराना है, जितनी मानव सभ्यता। सभी प्राचीन संस्कृतियों में साहित्य का सृजन, संवर्धन और संप्रेषण उसके मूलतः वाचिक या बोले जाने वाले रूप में ही होता रहा है। संस्कृत साहित्य में वेद, रामायण, महाभारत तथा पुराण आदि अनेक ग्रंथ वाचिक परंपरा अर्थात बोलने और सुनकर याद करने के द्वारा ही सहस्रों वर्षों तक सुरक्षित रखे गए। वेदों के दस हजार से भी अधिक मंत्र कुछ हजार वर्षों तक केवल मौखिक रूप में स्मरण कर-करके यथावत सुरक्षित रखे गए। अन्य किसी देश के इतिहास में प्राचीन वाङ्मय को इतनी निष्ठा से सहस्रों वर्षों तक सुरक्षित रखने का उदाहरण नहीं मिलता। वेद को सहस्रों वर्षों तक गुरु-शिष्य परंपरा में सुन-सुनकर व स्मरण रखकर सुरक्षित रखा गया, इसलिए इन्हें 'श्रुति' भी कहा जाता है। वाचिक परंपरा में वेद के मंत्रों को यथावत स्मरण और पीढ़ी-दर-पीढ़ी सुरक्षित रखने के लिए पाठ की विशिष्ट विधियां अपनाई गईं। इन्हें अष्ट विकृतियां (पाठ के आठ प्रकार) कहा जाता है। व्याडिमुनि द्वारा विरचित विकृतिवल्ली में इनके नाम इस प्रकार गिनाए गए हैं—

जटा, माला, शिला, लेखा, ध्वजो दण्डो, रथो घनः।
अष्टौ विकृतयः प्रोक्ताः क्रमपूर्वा महर्षिभिः।।

इन आठ विकृतियों के पहले पदपाठ और क्रमपाठ होते हैं। पदपाठ में किसी भी मंत्र को पदच्छेद कर दोहराया जाता है। क्रमपाठ में दो-दो पद (शब्द) ले कर उनमें से हर दूसरे को दोहराते चलते हैं। जटापाठ में प्रत्येक पदयुगल को तीन बार दोहराया जाता है। माला, शिखा, लेखा आदि में इसी क्रम से दोहराव बढ़ाया जाता है।

रामायण और महाभारत इन दो महाकाव्यों को आख्यान भी कहा जाता रहा है। आख्यान का मूल अर्थ है ऐसी कथा, जिसे जनसमाज में कहा जाए। वास्तव में इन दोनों महाकाव्यों की मूल कथा तथा इनमें सम्मिलित अनेक आख्यान-उपाख्यान जनसमाज में कहे और सुने जाते रहे हैं। रामायण का गायन कुशी-लवों (गायकों) द्वारा किया जाता रहा। महाभारत तो स्वयं इस परंपरा का साक्ष्य देता है :

आचख्युः कवयः केचित् सम्प्रत्याचक्षते परे।
आख्यास्यन्ति तथैवान्ये इतिहासमिमं भुवि।।
(महाभारत, 1.1.94)

अर्थात पहले भी कुछ कवि इस इतिहास को कहते आए हैं, कुछ और कवि आज कहते आ रहे हैं और कुछ दूसरे आगे इसे कहते रहेंगे।

इस प्रकार वाचिक परंपरा का एक रूप आख्यान या किस्सागोई है। आख्यान से कथागायन की विविध शैलियां विकसित हुई हैं। कथागायन की परंपराएं हमारे देश के अलग-अलग अंचलों में कई रूपों में प्रचलित हैं। महाभारत के आख्यान की बहुवर्णी छटाएं राजस्थान और गुजरात जनजातियों के आख्यानों

तथा कथागायन की परंपराओं में मिलती हैं। गुजरात की जनजातियों में महाभारत की कथा उनके उपास्य वासुकि नाग की कथाओं से जुड़ जाती है। उत्तरभारत में इस कथागायन परंपरा की अत्यंत चित्ताकर्षक प्रस्तुति छत्तीसगढ़ की पंडवानी में देखने को मिलती है। इस कथा को हरिकथा शैली में गायन और वादन के साथ प्रस्तुत किया जाता है। वादन में तंबूरा तो मुख्य कथागायक के हाथ में रहता है जिसका उपयोग वह अभिनय के लिए भी करता है। करताल, तबला, मंजीरे और हारमोनियम अन्य वाद्य संगत में रहते हैं। मूलतः कथा की वस्तु वही है जो व्यासविरचित महाभारत में है और इसमें पांडवों के अद्वितीय साहस, शौर्य और न्याय के पक्ष को पूरी ऊर्जा के साथ उभारा जाता है। परंतु स्थानीय लोकविश्वासों, जनजातियों में प्रचलित मिथकों और अनुश्रुतियों ने महाभारत की मूल कथा में यहां अपूर्व रंग भरे हैं। कथागायक जब विवरण देता है, तो साथ में बैठे वादक या उनमें से कोई हुंकारा देता है। जब वह गायन करता है, तो वे उसके सहभागी हो जाते हैं।

पंडवानी की दो शाखाएं हैं—कापालिक तथा वेदमती। कापालिक परंपरा में संपूर्ण कथा की प्रस्तुति भीम को केंद्र में रखकर की जाती है। अनेक जटिल उपकथाओं का ताना-बाना भीम के आसपास बुना गया है। इनमें अनेक उपकथाएं ऐसी हैं, जिनमें भीम जैसे पात्र ही केवल मूल महाभारत से हैं, शेष घट नाओं या प्रसंगों का मूल महाभारत से दूर-दूर तक भी संबंध नहीं है। ऐसा माना जाता है कि कथा के प्रस्तुतीकरण में कपाल या मस्तिष्क की उपज का कमाल पंडवानी के इस रूप में विशेष रहता है—वह अपनी कल्पना से भी प्रसंग जोड़ता जाता है—इसलिए इस शाखा को कापालिक शाखा कहा गया। उदाहरण के लिए—लोहिड़ीपुर की लड़ाई का प्रसंग है, जिसमें छत्तीसगढ़ के स्थान व इतिहास को महाभारत के भीतर संक्रमित कर दिया गया है। सबरिया और अधरिया छत्तीसगढ़ की जनजातियां हैं, लाहिड़ीपुर भी यहीं की बस्ती है। पंडवानी में लाहिड़ीपुर की लड़ाई का वर्णन अत्यंत ओजस्वी और चमत्कारपूर्ण होता है।

वेदमती शाखा शास्त्रसम्मत शाखा है। इसकी भी दो उपशाखाएं हैं—पहली शाखा में कोई मूल ग्रंथ नहीं है, लोक में प्रचलित और वाचिक परंपरा में संग्रहीत गाथाएं इसमें प्रस्तुत की जाती हैं।

दक्षिण भारत में विशेषतः मंदिरों में महाभारत पठन-श्रवण का विधान रहा है। उण्णुनीलीसंदेश नामक मणिप्रवालम शैली में 1400 के आसपास रचे गए केरलीय काव्य में प्रातःकाल महाभारत श्रवण के विधान का वर्णन किया गया है। महाभारत पाठ करने वाले ब्राह्मण आचार्य को महाभारतपट्टेरी कहा जाता था। राजाओं के द्वारा महाभारत के पंडितों को राजसभा में सम्मानित किया जाता था। इन पंडितों को मावारतपट्टार कहा गया है तथा उनके लिए जो विशिष्ट पद राजसभा में दिया जाता था, उसे महाभारतपट्टानम (महाभारतपट्टस्थानम) कहा गया है। इसी परंपरा में महाभारत तथा पौराणिक आख्यानों पर लोकगीतों की रचना होने लगी, इन लोकगीतों को मलयालम साहित्य की परंपरा में दो कोटियों में रखा जाता रहा है—पाट्टु तथा मणिप्रवालम।

लिपि का आविष्कार हो जाने तथा ग्रंथों के पुस्तकालयों में रख-रखाव की व्यवस्थाएं होने पर भी पिछले ढाई हजार वर्षों में साहित्य के क्षेत्र में वाचिक परंपरा का महत्व अक्षुण्ण बना रहा है। काव्य या ललित वाङ्मय के दो रूप माने गए—दृश्य और श्रव्य। दृश्य रंगमंच पर अभिनय के साथ दिखाने के लिए था, श्रव्य जनसमाज के सामने सुनाने के लिए। दोनों ही रूप वाचिक परंपरा से सीधा संबंध रखते हैं। साहित्य लिखित या मुद्रित रूप में एकांत में बैठकर पढ़े जाने के लिए है—यह अवधारणा आधुनिकता के उदय के पूर्व प्रायः नहीं रही है। प्रचलित धारणा यही रही है कि साहित्य कहने, सुनने-सुनाने के लिए है। हिंदी काव्य-परंपरा में 'कहत कबीर सुनो भइ साधो' 'कह गिरिधर कविराय' या इस तरह की अन्य पदावलियां इसी दृष्टि से आवर्तित होती आई हैं।

राधावल्लभ त्रिपाठी

अधिक जानकारी के लिए :
Modern Evolution of Mahabharat : (Ed.) Satyapal Narang

वात्सल्य रस

वात्सल्य शिशुओं के प्रति बड़ों के मन में उमड़ने वाला एक खास स्नेह भाव है। विश्वनाथ ने इसे दसवें रस के रूप में स्वीकार किया है। उनका कहना है :

स्फुतटं चमत्कारितया वत्सलं च रसं विदुः
स्थायी वत्सलतास्नेहः पुत्राद्यालंबनं मतम्

वात्सल्य रस में स्नेह स्थायी भाव होता है। इस रस में पुत्र, शिशु आदि आलंबन, उसकी चेष्टा तथा विद्या, शूरता आदि उद्दीपन विभाव होते हैं। गले लगाना, सिर चूमना, सहलाना, रोमांच, आनंद से आंसू निकलना आदि इसके अनुभाव होते हैं। हर्ष, गर्व या अनिष्ट की आशंका आदि संचारी भाव हैं।

वात्सल्य रस का वर्ण पद्म-गर्भ या हरित माना गया है। पद्म-गर्भ में कोमलता का और हरे रंग में हरियाली का भाव निहित है। वात्सल्य के विषय हैं बच्चों की अबोधता, शैतानी, कोमल भावना, क्रीड़ाएं और इनसे असीम प्रसन्नता। सूरदास वात्सल्य रस की अभिव्यक्ति में प्रवीण माने गए हैं। उनके बाललीला के पदों में बच्चों के स्वाभाविक भावों की व्यंजना है। रामचंद्र शुक्ल ने लिखा है, 'वात्सल्य के क्षेत्र में जहाँ तक इनकी दृष्टि पहुंची, वहां तक किसी की नहीं।' सूर एक चित्र देते हैं, सोभित कर नवनीत लिए। घुटुरुन चलन रेनु तन मंडित मुख दधि लेप किए। वात्सल्य को अधिक महत्व देने से इसे एक अलग रस के रूप में महत्व मिलने लगा। इससे एक काल के साहित्यिक भाव-जगत में विस्तार आया। तुलसी ने भी रामचरितमानस के पूरे बालकांड में राम की बाल्यावस्था का वर्णन किया है, 'धूसर धूरि भरे तन आए, भूपति बिहंसि गोद बैठाए'। यहां बालक राम वत्सलता के आलंबन विभाव हैं, उनका धूल-धूसरित होना उद्दीपन विभाव है, दशरथ आश्रय हैं, गोद में बिठाना अनुभाव है और इससे उत्पन्न हर्ष आदि संचारी भाव हैं। इनसे पुष्ट होकर वत्सलता नामक स्थायी भाव की सृष्टि होती है।

शृंगार के जिस तरह दो प्रकार संयोग और विप्रलंभ हैं, उसी तरह वात्सल्य रस के भी दो भेद संयोग और विप्रलंभ हैं। सूरदास के काव्य में नंद और यशोदा के घर कृष्ण के रहते हुए संयोग वात्सल्य की सृष्टि हुई है तो उनके मथुरा चले जाने के बाद विप्रलंभ वात्सल्य की सृष्टि हुई है। वत्सलता का भाव एक निश्चित दिशा में होता है अर्थात इसका आश्रय और आलंबन आरंभ से अंत तक नियत होते हैं। वात्सल्य रस में आरंभ से अंत तक नियत है कि संतान आलंबन है और माता-पिता या वरिष्ठ जन आश्रय हैं।

समवयस्क व्यक्तियों का परस्पर स्नेह 'रति' कहलाता है, बड़े का छोटे के प्रति स्नेह 'वात्सल्य' कहलाता है, और छोटे का बड़े के प्रति स्नेह 'श्रद्धा' कहलाता है। कुछ साहित्याचार्य वात्सल्य को अलग रस नहीं मानते। उनका मत है, भक्ति और वात्सल्य दोनों को 'भक्ति भाव' और 'वात्सल्य भाव' मानना चाहिए, अलग रस नहीं।

अवधेश त्रिपाठी

अधिक जानकारी के लिए :
1. सूरदास : हरवंश लाल शर्मा, **2. सूरदास :** ब्रजेश्वर वर्मा, **3. सूरदास :** (सं.) कल्याण मल लोढ़ा

वाद

वाद (Ism) का प्रयोग आधुनिक युग में सिद्धांत के लिए किया जाता है, जैस–कलावाद, यथार्थवाद, अस्तित्ववाद, गांधीवाद, आधुनिकतावाद आदि। प्राचीनकाल में भी वाद शब्द प्रचलित था, जिसका अर्थ था कहना–'एकै सद्विप्रः बहुदा वदंति'। वाद के तीन अर्थ थे–चर्चा, विवाद और संवाद। ज्ञान के लिए वाद, संवाद, शास्त्रार्थ या बहस को प्रारंभ से ही जरूरी माना गया। यदि किसी चिंतन या धारणा ने अपनी दार्शनिक–तार्किक सत्ता बना ली तो वह सिद्धांत हो गया, जैसे–प्राचीन काल का ब्रह्मवाद, वैशेषिक सिद्धांत, परमाणुवाद, सांख्य का परिणामवाद, बौद्धों का अनित्यवाद आदि। कर्मकांड

के साथ-साथ दर्शन भी वैदिक साहित्य और परवर्ती भारतीय चिंतन का एक प्रमुख हिस्सा है। अरस्तू ने जिस तरह सिद्धांत और व्यवहार में अंतर किया, भारतीय दर्शन और कर्मकांड के बीच भी वह भेद रहा है। यह भेद नए वाद (सिद्धांत) और व्यवहार में भी देखा जा सकता है।

भारतीय दर्शन के विकास में चर्चा, विवाद और संवाद की भूमिका उसी प्रकार महत्वपूर्ण है जिस प्रकार ग्रीक दर्शन में। ऋग्वेद में यम-यमी संवाद, पुरूरवा-उर्वशी संवाद है। याज्ञवल्क्य और गार्गी के बीच बहस महत्वपूर्ण है, जिसमें याज्ञवल्क्य निरुत्तर होने के बाद गार्गी से उत्तेजित होकर कहते हैं कि अतिप्रश्न करने पर तेरी खोपड़ी फट जाएगी! पूरी दुनिया में ही चर्चा, विवाद और संवाद से नए-नए वाद बने, नए-नए सिद्धांत (इज्म) अस्तित्व में आए। संस्कृत में एक कहावत है, 'वादे-वादे जायते तत्वबोधः'। लगातार चर्चा, विवाद और संवाद से सत्य का बोध हो सकता है। किसी नए वाद का जन्म प्रचलित अंध परंपरा को चुनौती देने से संभव होता है, 'उपदेश्योपदेष्टत्वात तत्सिद्धिः इतरांध परंपरा' (सांख्य सूत्र)। धर्म आस्था का मामला है, पर दर्शन तर्क का। धर्म के भीतर वाद निर्मित होते रहे हैं और बाहर भी। किसी एक बड़ी योजना वाले वाद के भीतर रहते हुए भी स्थापना, खंडन और पुनर्निर्माण संभव है। ज्ञान-चर्चा में पूर्व पक्ष-उत्तर पक्ष, हाइपोथीसिस-थीसिस, संवाद-विवाद-वाद, वाद-प्रतिवाद-संवाद, स्थापना-खंडन-पुनर्निर्माण—ये सभी संभव हैं। वाद विचारों को एक व्यवस्था में बांधने की प्रक्रिया है, यह महज कुछ कह देना नहीं है।इसके लिए कोई पूर्वनिर्धारित पद्धति हो सकती है या नहीं, यह विवाद का विषय है।

भारतीय ज्ञान की परंपरा में चर्चा, विवाद और संवाद की एक सैद्धांतिकी है। राधावल्लभ त्रिपाठी ने इसके मुख्य स्रोतों का उल्लेख किया है, 'बहस की सैद्धांतिकी का सर्वप्रथम निरूपम गौतम ने अपने 'न्यायसूत्र' में किया है। स्वतंत्र रूप से लिखा हुआ पहला ग्रंथ धर्मकीर्ति का 'वादन्याय' है।...वाद या बहस के शास्त्र पर शास्त्रीय ग्रंथ लिखने वाले दूसरे बड़े दार्शनिक उदयनाचार्य हैं। उनके ग्रंथ का नाम 'न्यायपरीक्षा' या 'बोध सिद्धि' है। श्रीहर्ष का 'खंडनखंडखाद्य' खंडन करने की कला सीखने वालों के लिए समधुर खांड या शक्कर की तरह है।' (वाद की सैद्धांतिकी अर्थात बहस के बारे में बहस, आलोचना-54)। इसी तरह पंद्रहवीं सदी के मिथिला के नैयायिक और कवि शंकर मिश्र का एक ग्रंथ 'वाद–विनोद' है। भारत में वाद की परंपरा ऋग्वैदिक काल से लेकर बीसवीं सदी तक कई चरणों में विभक्त की जा सकती है। यह दर्शन के अलावा आयुर्वेद, अर्थशास्त्र, शिल्पशास्त्र आदि में भी रही है।

राधावल्लभ त्रिपाठी कहते हैं, 'भारत में वाद हमारे भीतर निहित हिंसा के भाव की अभिव्यक्ति और उसकी शुद्धि का भी एक माध्यम बन सका। ऐसे में वाद के विवरणों एवं सिद्धांतों में युद्ध की पारिभाषिक शब्दावली सम्मिलित हो जाना भी स्वाभाविक था। शंकराचार्य और दयानंद की शास्त्रार्थ यात्रा को दिग्विजय कहा गया। वाद में अपनी दुर्धर्षता तथा तीखी बुद्धि के कारण अनेक दार्शनिक 'वादीभसिंह' (वादी रूपी इभ या हाथी के लिए सिंह स्वरूप), 'प्रतिवादिभयंकर', 'वादिराज' आदि उपाधियों से विभूषित किए जाते थे।' (वही)। ऐसे ही वादियों–प्रतिवादियों को लक्ष्य करते हुए कबीर ने कहा था, 'पंडित वाद वदंते झूठा' और तुलसी ने भी कहा था, 'पंडित सोई जो गाल बजावा'। भक्त कवियों ने कर्म कांड और ज्ञान कांड की आलोचला करते हुए, भारतीय हृदय को जोड़ने के लिए भक्ति और सामाजिक सुधार का संदेश दिया था। उन्होंने प्रेम को सच्चा ज्ञान माना था।

हेगेल के द्वंद्ववाद में थीसिस, एंटीथीसिस और सिंथीसिस है। इसके आधार पर उसने अपने यूरोपकेंद्रिक दृष्टि से द्वंद्वात्मक आदर्शवाद की स्थापना की, जिसे कार्ल मार्क्स ने द्वंद्वात्मक भौतिकवाद में बदल दिया। इस द्वंद्ववाद का विनियोग भारतीय परंपराओं के विश्लेषण में भी हुआ, कभी यांत्रिक तो कभी रचनात्मक पद्धति से। पश्चिमी आधुनिकता

वाद-प्रतिवाद के बीच से अनगिनत सिद्धांत लेकर आई, जिनमें सार और थोथा दोनों चीजें मौजूद हैं। रामचंद्र शुक्ल पूर्व और पश्चिम दोनों के प्रति खुला रुख रखने वाले आलोचक थे। उनके लेखन में वादों के प्रति खिन्नता देखने को मिलती है, 'यूरोप में जो साहित्यिक वाद या प्रतिवाद चलते हैं, उनमें से अधिकतर प्रतिवाद की धुन में अर्थात प्रतिवर्तन (रिऐक्शन) के रूप में उठते हैं। उन सबसें कोई स्थायी मूल्य या तत्व नहीं होता, होता भी है तो थोड़ा। इसी से बहुत-से 'वाद' जिनका कुछ दिनों तक फैशन रहता है, आगे चलकर हवा हो जाते हैं। विज्ञान के वादों में ईमानदारी और सच्चाई से काम लिया जाता है, साहित्यिक वादों में नहीं।' (काव्य में रहस्यवाद)। आधुनिक युग को सिद्धांतों का युग माना जाता है। उत्तर-आधुनिक युग 'सिद्धांत का अंत' या 'आफ्टर थियरी' की धारणा लेकर चला है, जबकि दुनिया में संवाद, विवाद और समन्वय या सर्वमान्य नहीं भी तो अधिक-से-अधिक मान्य सिद्धांत एक अनंत मामला है।

शंभुनाथ

वामन

रीति सिद्धांत के अधिष्ठाता आचार्य के रूप में ख्यात वामन का समय आठवीं सदी (750-850 के बीच) माना जाता है। इनकी कीर्ति का आधार 'काव्यालंकार सूत्रवृत्ति' नामक ग्रंथ है। 'रीतिरात्मा काव्यस्य' लिखकर इन्होंने रीति को काव्य की आत्मा माना है। ये कश्मीरी आचार्य हैं जो उद्‌भट के समकालीन तथा कश्मीर के राजा जयापीड (779-813) के सभामंत्री थे। कल्हण ने 'राजतरंगिणी' में इनके बारे में विस्तार से लिखा है। वामन ने अपने इस ग्रंथ को सूत्र शैली में लिखा है जिसके तीन भाग हैं–सूत्र, वृत्ति और उदाहरण। इसमें दिए गए उदाहरण संस्कृत के प्रामाणिक ग्रंथों में मिलते हैं। सूत्र के साथ वृत्ति के रचयिता भी इन्हें ही माना गया है। अभिनवगुप्त ने वामन के आक्षेप अलंकार के उदाहरण, जो वृत्ति में दिए गए हैं, को वामन का ही माना है। कहा जाता है कि इस ग्रंथ का उद्धार प्रतिहारेंदुराज के गुरु कश्मीर के प्रसिद्ध आलोचक मुकुलभट्ट ने किया।

अपनी 'काव्यालंकार सूत्रवृत्ति' में वामन ने 'रीति' के साथ गुण, दोष व अलंकारों का भी विवेचन किया है जिसमें गुण-विवेचन विशेष महत्व का है। 'रीति' को काव्य की 'आत्मा' बताकर कविता के मूल्यांकन में आत्मतत्व को प्रतिष्ठित करने वाले पहले आचार्य बने और इसे गुणाश्रित बताकर काव्य के 'आभ्यंतर' की व्याख्या की। इन्होंने रीति व गुण के द्वारा काव्यगत संरचना की जो व्याख्या की, उसमें काव्य के संघटनापक्ष का समग्र शास्त्र था जिसके आधार पर आनंदवर्धन ने वामन की इस संघट ना पर प्रहार किया। वामन ने गुण व संघटना को अभेदमूलक माना था और कहा था कि जैसे किसी सुंदर युवती की काया में यौवन रहता है, वैसे ही काव्य में गुण। आनंदवर्धन ने इसी 'यौवन' को अपने 'लावण्य' से अपदस्त करके बताया कि 'लावण्य' की तरह ही कविता में 'प्रतीयमान' उसकी संघटना से अलग रहता है।

वामन ने अपनी प्रतिभा के बल पर दस गुणों को बीस गुणों में बदल दिया। वक्रोक्ति को इन्होंने अर्थालंकार ही माना जो कि भामह व दंडी से एक तरह की असहमति थी जो इसे अलंकारों का मुख्य आधार मानते थे।

श्रीप्रकाश शुक्ल

वामन अवतार

श्रीमद्‌भागवत के आठवें स्कंध के 15 से 23 अध्यायों में वामनावतार की कथा ललित शैली में है। परीक्षित द्वारा शुकदेव से पूछा जाता है कि सर्वशक्तिमान श्रीहरि ने दीन-हीन होकर राक्षसराज बलि से तीन पग पृथ्वी क्यों मांगी और तीन पग भूमि की याचना पूरी हो जाने पर भी निरपराध बलि को क्यों बांधा?

शुकदेव के अनुसार, इंद्र ने युद्ध में राक्षसराज बलि को परास्त कर उसकी संपूर्ण संपत्ति छीन कर उसे मार डाला था। राक्षसों के गुरु शुक्राचार्य ने संजीवनी विद्या के प्रयोग से बलि को जीवित कर दिया। इससे खुश होकर बलि अपना सर्वस्व गुरु शुक्राचार्य के चरणों में अर्पित कर भृगुवंशी ब्राह्मणों की सेवा में लग जाता है। उसकी भक्ति से प्रसन्न ब्राह्मण उसका महाभिषेक कर इंद्र को जीतने के लिए विश्वजित यज्ञ कराते हैं। यज्ञाग्नि से सुवर्णजड़ित रथ, इंद्र के घोड़े जैसे हरितवर्ण अश्व, सिंह से अंकित ध्वजा निकली। इसके अलावा सोने से मढ़ा दिव्य धनुष, कभी खाली न होने वाला तरकश और दिव्य कवच भी निकला। दादा प्रह्लाद ने बलि को दिव्य माला दी तथा शुक्राचार्य ने दिव्य शंख। बलि को अत्यंत बलवान देख देवगुरु बृहस्पति कहते हैं, भृगुवंशी ब्राह्मणों के प्रभाव से बलि अजेय बन गया है। इसलिए सिवाय नारायण के कोई उसको नहीं जीत सकता।

वामन अवतार

अमरावती से देवपुत्रों के पलायन और बलि द्वारा उसे जीत लेने से दुखी देवमाता अदिति नारायण की आराधना करती हैं। यह वैदिक देवताओं पर विष्णु धारा की प्रधानता की एक महत्वपूर्ण सूचना है। देवताओं के देखते-देखते नारायण वामन ब्रह्मचारी का रूप धारण कर लेते हैं। वह बलि के पास पहुंचते हैं, जहाँ वह भृगुवंशीय ब्राह्मणों के साथ अश्वमेध यज्ञ कर रहा था। यज्ञशाला में महादानी बलि वामन ब्राह्मणकुमार का स्वागत कर उनको यथेष्ट वस्तु दान करने का संकल्प करता है। वामन बलि से तपश्चर्या हेतु तीन पग भूमि की याचना करते हैं। वामन के ऐसा कहने पर बलि हंसता है और तीन पग पृथ्वी का संकल्प करने के लिए जलपात्र उठाता है। (8.19.28)। यही अवसर है जब बलि के द्वारा गुरु की अवज्ञा होती है। शुक्राचार्य बलि को भूमि दान करने से रोकते हैं, क्योंकि वे पहचान गए थे कि वामन के रूप में नारायण ही राक्षसराज बलि के विनाश हेतु अदिति के गर्भ से अवतीर्ण हुए हैं। बलि अपने वचन पर अडिग रहता है, 'मैं प्रह्लाद के वंश में उत्पन्न हूं। भूमि दान करने की प्रतिज्ञा कर चुका हूं। इसलिए धन के लोभ में ब्राह्मण से कैसे कहूं कि तुमको पृथ्वी नहीं दूंगा? असत्य से बढ़कर कोई अधर्म नहीं होता। मैं सब कुछ सह सकता हूं पर झूठा मनुष्य कहलाने का भार नहीं सह सकता।' (8.20.3-4)। बलि के इस प्रकार कहने पर नाराज हुए शुक्राचार्य उसके शीघ्र ही श्रीहीन होने का संकेत कर देते हैं, 'मूर्ख! तू है अज्ञानी, पर स्वयं को बड़ा पंडित मानता है। तू मेरी उपेक्षा कर गर्व का अनुभव कर रहा है। मेरी आज्ञा का उल्लंघन करने के कारण शीघ्र ही अपनी लक्ष्मी खो बैठेगा। (8.20.15)। इस प्रकार दैत्यों के गुरु शुक्राचार्य द्वारा शाप दिए जाने पर भी बलि सत्य से नहीं डिगता। नारायण का त्रिगुणात्मक वामन रूप बढ़ने लगता है। समस्त पृथ्वी, आकाश, दिशाएं, स्वर्ग, पाताल, मनुष्य, देवता, ऋषि सबके-सब उसमें समा जाते हैं। उसमें संपूर्ण त्रिगुणात्मक जगत प्रतिभासित होने लगता है। उन्होंने एक पग से बलि की सारी पृथ्वी नाप ली, शरीर के

आकार और भुजाओं से दिशाएं घेर लीं। दूसरे पग से उन्होंने स्वर्ग को नाप लिया। तीसरा पग रखने के लिए कोई वस्तु बची ही नहीं।

बलि को वामनावतार विष्णु के द्वारा ठगा हुआ देख राक्षस शस्त्र उठाकर आक्रमण के लिए उद्यत हो उठते हैं। बलि उनको युद्ध से रोक देता है। बलि की आज्ञा मानकर पराजित सभी दानव रसातल में चले जाते हैं। वामन बलि को वरुणपाश से बंधवाकर उससे कहते हैं, 'हे असुरराज! तुमने दान में तीन पग पृथ्वी दी थी, परंतु दो पग में सारा त्रिलोक नाप लिया गया। तीसरा पग पूरा करने के लिए स्थान नहीं बचा। जो व्यक्ति याचक को दान देने की प्रतिज्ञा पूरी नहीं करता, वह नरक का भागी होता है। बलि वामन रूप नारायण की स्तुति करता है और तृतीय पग के निमित्त अपना मस्तक नारायण के चरणों में अर्पित करते हुए अपने दानव्रत की पूर्ति करता है, 'क्या आप मेरे द्वारा दिए गए वचन को असत्य मानते हैं? मैं आपको धोखा नहीं दूंगा। आप कृपा कर अपना तीसरा पग मेरे मस्तक पर रख दीजिए।' इसी समय नारायण के प्रेमपात्र प्रह्लाद वहां पहुंचकर वामन द्वारा बलि को राज्यसत्ता के मद और माया से मुक्त करने को उचित बताते हैं। (8.22.16-17)।

बलि में अच्छे गुणों के साथ राजसत्ता का मद और युद्ध-पिपासा थी। मनुष्य में सत्ता, कुलीनता, रूप, विद्या, ऐश्वर्य और धन के कारण घमंड न हो, इसलिए यह कथा है। बलि दानव और दैत्य दोनों वंशों में अग्रगण्य हैं, क्योंकि उसने दुर्जेय माया को जीता था। बलि गुरु द्वारा डांटकर शाप दिए जाने पर, धन छीनने पर, भाई-बंधुओं के छोड़कर चले जाने पर, वामनावतार द्वारा छल भरी बातें करने और इतनी यातनाएं भोगने पर भी विचलित नहीं हुआ था। वामन बलि को पाशमुक्त कर देते हैं। वह बलि से स्वर्ग का राज्य लेकर इंद्र को दे देते हैं और अदिति की कामना पूरी करते हैं। बलि भी शुक्राचार्य के निर्देशन में अपना अधूरा यज्ञ पूर्ण करता है। यह कथा विष्णु धारा के प्रसार और प्रभाव का संकेत देती है।

सदाशिव कुमार द्विवेदी

वामपंथ

वामपंथ और दक्षिणपंथ राजनीति के संदर्भ में प्रयुक्त आधुनिक पारिभाषिक शब्द हैं जो एक-दूसरे के विपरीत राजनीतिक विचारधारा का प्रतिनिधित्व करते हैं। इन शब्दों का इस्तेमाल राजनीति से इतर सामाजिक, आर्थिक और सांस्कृतिक संदर्भों में भी किया जाता है। वामपंथ की कोई निश्चित परिभाषा देना कठिन है, लेकिन उन सभी राजनीतिक विचारों को जो सामाजिक समानता को स्वीकार करते हैं या उसका समर्थन करते हैं, आमतौर पर वामपंथ के नाम से जाना जाता है। दक्षिणपंथ उन राजनीतिक विचारों को कहा जाता है जो सामाजिक श्रेणीबद्धता को मानते हैं, सामाजिक असमानता को स्वीकार करते हैं और पुरानी संकीर्ण धारणाओं पर टिके होते हैं। यह वामपंथ और दक्षिणपंथ की ऐसी परिभाषा है जो हर राजनीतिक स्थिति में वामपंथ और दक्षिणपंथ का निर्देश कर देती है।

विचारधारा के संदर्भ में वामपंथ और दक्षिणपंथ शब्दों के प्रयोग कुछ ऐसी वैचारिक अवधारणाओं की ओर संकेत करते हैं जिनका विकास विशेष परिस्थितियों और कालक्रम में हुआ है। इसलिए वामपंथ के प्रयोग को ऐतिहासिक परिप्रेक्ष्य में समझना आवश्यक है। वामपंथ का प्रयोग सबसे पहले फ्रांस में हुआ था। 1789 में फ्रांसीसी क्रांति की शुरुआत हुई थी। उन परिस्थितियों में फ्रांस के राजा लुई सोलहवें ने 5 मई 1789 को 'इस्टेट्स जनरल ऑफ द रेल्म' की बैठक आयोजित की। उस बैठक के दौरान बैठने की व्यवस्था कुछ इस तरह की बनी कि जो लोग दाईं तरफ बैठे थे, वे क्रांति-विरोधी और राजतंत्र के समर्थक थे जबकि जो लोग बाईं तरफ बैठे थे, वे क्रांति के समर्थक थे, गणतंत्र की स्थापना और सत्ता के धर्मनिरपेक्षीकरण के पक्षधर थे और राजतंत्र के विरोधी थे। इस तरह बदलाव के जो समर्थक थे, वे बाईं तरफ बैठे थे और जो यथास्थिति के समर्थक थे, वे दाईं तरफ थे। यह विभाजन 28 अगस्त 1789 को पूरी तरफ स्थापित हो गया, जब रॉयल वीटो

पर मतदान हुआ। बाईं ओर की तुलना में दाईं ओर को सदैव श्रेष्ठ माना जाता रहा है। यही वजह थी कि जो लोग परिवर्तन के पक्षधर थे और परंपरा का विरोध कर रहे थे, उन्हें बाईं तरफ बैठने को विवश किया गया था। लेकिन क्रांति ने वाम की श्रेष्ठता स्थापित कर दी। इसके बाद से वाम-दिशा परिवर्तन की विरासत का प्रतिनिधित्व करने लगी और दक्षिण दिशा यथास्थिति की।

फ्रांसीसी क्रांति में वाम और दक्षिण का विभाजन बाद में होने वाले कई आंदोलनों और विचारधाराओं के साथ नए-नए रूप में प्रयुक्त होने लगा। आने वाले दशकों में उन कई विचारों, जिन्हें फ्रांसीसी क्रांति के समय वामपंथ की विशेषता मानी गई थी, को बाद में दक्षिणपंथ ने भी अंगीकार कर लिया। आज सार्वभौम मताधिकार का समर्थन वाम और दक्षिण दोनों करते हैं। इसलिए लोकतंत्र समर्थन के और लोकतंत्र के विरोध को प्रायः वाम और दक्षिण के बीच विभाजन का आधार नहीं माना जाता। अब शायद ही दक्षिणपंथ को राजतंत्र के समर्थक के तौर पर परिभाषित किया जाता है। फिर भी वामपंथ और दक्षिणपंथ को विचारों के दो विपरीत ध्रुवों की तरह आज भी समझा जाता है, क्योंकि आज जो वामपंथ की पहचान मानी जाती है, उससे दक्षिणपंथ अस्वीकार करता है। यही बात वामपंथ पर भी लागू होती है—जो विशिष्टता दक्षिणपंथ की है, वामपंथ उसके विरोध में खड़ा होता है।

वामपंथ और दक्षिणपंथ के बीच के भेद को पहचानना मुश्किल नहीं है, मसलन—आर्थिक क्षेत्र में वामपंथ ऐसी सभी आर्थिक नीतियों का विरोध करता है जो पूंजीपति वर्ग के पक्ष में और मजदूरों और किसानों के विरोध में हो। इसी तरह वामपंथ सामाजिक क्षेत्र में जाति, धर्म, नस्ल, लिंग, भाषा, क्षेत्र आदि के आधार पर भेदभाव का विरोध करता है, जबकि दक्षिणपंथ इन विभाजनों का इस्तेमाल जनता के विभिन्न समूहों को बांटकर रखने में करता है। वामपंथ धर्म को व्यक्ति का निजी मामला मानता है और राजकाज में धर्म के किसी भी तरह के इस्तेमाल को अनुचित मानता है। वामपंथी धर्मनिरपेक्ष राज्य का समर्थक होता है जबकि कई दक्षिणपंथी संगठन धर्म को राज्य का आधार मानते हैं और धार्मिक राज्य की संकल्पना का समर्थन करते हैं। वामपंथ स्वतंत्रता और समानता पर आधारित आधुनिकता और प्रगति का समर्थक होता है जबकि दक्षिणपंथ श्रेणीबद्ध विभाजन को स्वीकार करते हुए यथास्थिति और रूढ़िवाद का समर्थक होता है। वामपंथ विभिन्न देशों के बीच शांतिपूर्ण साहचर्य का समर्थक होता है जबकि दक्षिणपंथ अपने हितों के लिए अन्य देशों की आर्थिक और राजनीतिक नीतियों को अपने अनुकूल ढालने के लिए मजबूर करता है जिसे साम्राज्यवाद कहा जाता है। देशभक्ति को स्वीकारते हुए भी वामपंथ अंध-राष्ट्रवाद और उग्र-राष्ट्रवाद का विरोध करता है जबकि दक्षिणपंथ राष्ट्रवाद का इस्तेमाल विजातीय घृणा फैलाने के लिए करता है।

कई आंदोलनों और विचारधाराओं को वामपंथ के रूप में पहचाना जाता है। फ्रांसीसी क्रांति से उभरा गणतंत्रवाद, बाद में समाजवाद, साम्यवाद, सामाजिक जनतंत्र, अराजकतावाद, सबाल्टर्न की मुक्ति, विश्वमानवतावाद आदि को वामपंथ के साथ जोड़कर देखा जाता है, यद्यपि इनमें कुछ हद तक एकता होते हुए भी बहुत-सी भिन्नताएं हैं। पिछले तीन-चार दशकों में कुछ नई तरह के आंदोलन सामने आए हैं जिनमें स्त्रीवादी आंदोलन, पर्यावरणवादी आंदोलन, नागरिक अधिकार आंदोलन, युद्ध-विरोधी आंदोलन आदि खास तौर पर उल्लेखनीय हैं। इन आंदोलनों को भी वामपंथ से जोड़कर देखा जाता है। इन सभी विचारधाराओं और आंदोलनों का प्रतिनिधित्व करने वाले राजनीतिक और सामाजिक संगठनों को इसी आधार पर वामपंथी संगठनों के तौर पर पहचाना जाता है।

उन्नीसवीं सदी के मध्य में फ्रांसीसी वामपंथ ने राष्ट्रवाद, लोकतंत्र, समाजवाद, पुरोहितवाद-विरोध के नारे बुलंद किए। लेकिन कार्ल मार्क्स और फ्रेडरिक एंगेल्स ने 'कम्युनिस्ट घोषणापत्र' के माध्यम से इन विचारों की परिभाषा ही बदल डाली। उन्होंने मानव

इतिहास को वर्ग-संघर्ष का इतिहास कहा और राष्ट्रवाद और लोकतंत्र को इसी संदर्भ में परिभाषित किया। उन्होंने वाम और दक्षिण को लोकतंत्र और राजतंत्र समर्थन के बजाय पूंजीवाद के समर्थन और विरोध के रूप में प्रस्तुत किया।

जिन विचारधाराओं और संगठनों को वामपंथ के तौर पर पहचाना जाता है उनमें भी वैचारिक स्तर पर पर्याप्त मतभेद दिखाई देते हैं। कुछ कम्युनिस्ट संगठन दूसरों की तुलना में अधिक वामपंथी माने जाते हैं तो कुछ कम। अब बदलते परिदृश्य में वामपंथ को सिर्फ कम्युनिज्म तक सीमित मामला नहीं माना जाता।

जवरीमल्ल पारख

अधिक जानकारी के लिए :

1. Transition to Modernity : John A Hall and I G Jarvie (Ed.), **2. Forging Democracy : The History of The Left in Europe, 1850–2000 :** Jeoff Eley, **3. The Left in History : Revolution and Reform in Twentieth-Century Politics :** Willie Thompson, 1997, **4. The Indian Ideology :** Perry Anderson

वारकरी संप्रदाय

महाराष्ट्र और कर्नाटक में भागवत धर्म जिस रूप में प्रचलित हुआ, उसे वारकरी संप्रदाय के नाम से जाना जाता है। पंढरपुर में स्थित विट्ठल (विष्णु) या विठोबा के मंदिर की तीर्थयात्रा को वारी कहते हैं। यह तीर्थयात्रा या वारी आषाढ़ और कार्तिक मास में की जाती है और वैष्णव जन-समुदाय में अत्यंत लोकप्रिय है। महाराष्ट्र के वैष्णव संतों ने इसमें उत्साहपूर्वक भाग लेकर इसे लोकधर्म का रूप दे दिया। यह उनकी पहचान बन गई और उन्हें वारकरी संत और और उनकी बिरादरी वारकरी संप्रदाय के नाम से जाना जाने लगा। निवृत्तिनाथ और ज्ञानेश्वर ही एक तरह से महाराष्ट्र में इस संप्रदाय के प्रवर्तक हैं। नामदेव, एकनाथ और तुकाराम द्वारा इसका विविध रूपों में विकास हुआ। बहिणा बाई ने क्या खूब कहा है—वारकरी संप्रदाय में भागवत धर्म के प्रासाद की नींव ज्ञानेश्वर ने रखी, नामदेव ने उसका विस्तार किया, एकनाथ ने उस पर झंडा फहराया और तुकाराम उसके शिखर पर सुवर्णकलश की तरह सुशोभित हुए।

ज्ञानेश्वर ने 1290 में केवल पंद्रह-सोलह वर्ष की उम्र में गीता पर अपनी ज्ञानेश्वरी जैसी मौलिक और रचनात्मक टीका बोल कर लिखाई। अभंगों के अतिरिक्त उन्होंने 'अमृतानुभव' और 'चांगदेव प्रशस्ति' जैसी रचनाएं दीं। दर्जी (छीपी) के परिवार में जन्मे नामदेव ज्यादातर पंढरपुर में ही रहे वारकरी संप्रदाय को रूप और व्यक्तित्व देने में उनका योगदान अभूतपूर्व है। उनके कई हिंदी पद मिलते हैं, उनमें से कुछ गुरुग्रंथ साहिब में संकलित हैं। एकनाथ पैठण में पैदा हुए। उनकी भक्ति वर्ण-जाति-कुल-गोत्र के बंधनों को नहीं मानती थी। उन्होंने अपने जीवन और आचरण में इसके कई प्रमाण प्रस्तुत किए। चतुःश्लोकी भागवत पर उनकी टीका विख्यात है। तुकाराम, उन्हीं के शब्दों में, शूद्र-जन्मा थे लेकिन व्यवसाय से वैश्य (किसान) थे। अकाल में अपने परिवार और संपत्ति को नष्ट होते देखकर उन्हें भारी वैराग्य हुआ। वे वारकरी संप्रदाय के भक्तिमार्ग पर चल पड़े। उनकी भक्ति की शक्ति के आगे उनके विरोधियों का भी हृदय-परिवर्तन हुआ। उन्होंने शिवाजी के कीमती उपहारों को लेने से इनकार कर दिया था और जब वह उनका शिष्य होना चाहता था तो उन्होंने उसे समर्थ गुरु रामदास के पास जाने की सलाह दी। रामदास ने अपना अलग रास्ता बनाया जो अधिक व्यावहारिक था। शिवाजी सहित उनके अनुयायियों की संख्या बहुत बड़ी थी। उनके संप्रदाय को धारकरी संप्रदाय कहा जाता है। आर डी रानाडे ने मराठी भक्ति साहित्य के इन 'पंच प्राणों' की पांच अलग-अलग विशेषताएं लक्षित की थीं—ज्ञानदेव (बौद्धिक या ज्ञानमार्गी), नामदेव (लोकतांत्रिक), एकनाथ (समन्वयवादी), तुकाराम (व्यक्तिरागान्वित या सगुण मार्गी) और रामदास (सक्रियतावादी)।

लक्ष्मण रामचंद्र पांगारकर ने वारकरी संप्रदाय के पंद्रह नियमों (सिद्धांत पंचदशी) का उल्लेख इस प्रकार किया है–1. पंढरपुर के पांडुरंग उपास्य देव हैं। सगुण-निर्गुण दोनों मान्य हैं। सभी अवतार मान्य हैं, उनमें कृष्ण या विट्ठल उपास्य हैं, 2. गीता (ज्ञानेश्वरी) और भागवत (एकनाथी) मुख्य उपासना ग्रंथ हैं; वेद-पुराण, रामायण-महाभारत और संतों के वचन भी मान्य हैं, 3. अभेद, भक्ति, अद्वैत भक्ति अथवा 'मुक्ति के परे की भक्ति' ध्येय है। जो भक्ति है, वही ज्ञान है, वही विट्ठल भी हैं। 4. नवधा भक्ति साधन है, उसमें भी नामस्मरण और हरिकीर्तन मुख्य साधन हैं, 5. रामकृष्ण हरी मुख्य मंत्र है। विष्णुसहस्रनाम विशेष मान्य है। 6. गरुड़, हनुमान और पुंडलीक भक्तिराज हैं, हरि-हर में पूर्ण अभेद हैं, 8. नारद, प्रह्लाद, ध्रुव, अर्जुन, उद्धव के समान ही 'निवृत्ति, ज्ञानेश्वर, सोपान देव, मुक्ताबाई, एकनाथ, नामदेव, तुकाराम मुख्य महंत हैं, 9. भगवान की तरह संतों के नाम भी मंत्रवत हैं, 10. संत, गौ, विप्र और अतिथि पूज्य हैं। द्वार पर वृंदावन, गले में तुलसी की माला, भगवान के लिए तुलसी का हार आवश्यक है, 11. महाव्रत–एकादशी और सोमवार। आषाढ़ी एकादशी और कार्तिकी एकादशी को पंढरी की यात्रा। महाशिवरात्रि का व्रत, 12. महातीर्थ–चंद्रभामा और पंढरपुर। त्र्यंबकेश्वर, आलंदी, पैठण, सासवड, देहू आदि संतों के स्थान भी महाक्षेत्र हैं। गंगा, गोदावरी, यमुना आदि तीर्थ और काशी, द्वारका, जगन्नाथपुरी आदि क्षेत्र मान्य हैं, 13. पर स्त्री, परधन, परनिंदा, मद्य-मांस और हिंसा वर्जित है। अहिंसा व्रत का पालन आवश्यक है, 14. वर्णधर्म, जातिधर्म, आश्रमधर्म और कुलधर्म का पालन कर्तव्य है, 15. जगत को विष्णुमय मानकर समता और दया का व्यवहार करते हुए तन-मन-धन से सबके काम आना भगवान की सेवा है।

अवधेश प्रधान

अधिक जानकारी के लिए :

1. श्री तुकाराम चरित्र : लक्ष्मण रामचंद्र पांगारकर, **2. एकनाथ चरित्र :** लक्ष्मण नारायण गर्दे, **3. The Cultural Heritage of India, Vol. IV :** Ramkrishna Mission

वार्तिक

मूल पाठ में कहे अथवा न कहे गए मंतव्य, उक्त, अनुक्त अथवा अपूर्ण या मूल से अन्यथा कथन पर जिस ग्रंथ में विचार किया जाए, उस ग्रंथ को मनीषीगण वार्तिक के नाम से पुकारते हैं। वार्तिक में सूत्ररूप में रचित ग्रंथों के अर्थों का सविस्तार उद्घाट न होता है। ग्रंथों को सूत्र से विवरण में उद्घाटन करना भाष्य का मूल उद्देश्य है, जबकि उस सूत्र के अर्थ को आलोचनात्मक दृष्टि से विस्तृत विवरण सहित व्याख्यायित करने का काम वार्तिक में होता है। भाष्य में निबद्ध ज्ञान के संवर्धित तथा अपेक्षित सुधार की सुविधा वार्तिक में रहती है। इनके लिखने की परंपरा पाणिनि व्याकरण पर लिखे गए वार्तिक पाठों से मानी जाती है।

'अष्टाध्यायी' पर कात्यायन द्वारा लिखा वार्तिक पाठ प्रसिद्ध है। पतंजलि द्वारा अपने व्याकरण महाभाष्य के लिए वार्तिक को आधार ग्रंथ स्वीकृत करने से यह पाणिनि व्याकरण परंपरा का महत्वपूर्ण अंग माना जाता है। कुछ विद्वानों का विचार है कि वार्तिक मूल ग्रंथों की कमियां भी दूर करते हैं। पाणिनि व्याकरण के लिए कात्यायन का वार्तिक पाठ ऐसा ही दिखाई देता है, क्योंकि महाभाष्यकार पतंजलि वार्तिक से अपना व्याकरण विचार शुरू करते हैं।

ज्ञान की विभिन्न परंपराएं भाष्यों के माध्यम से अपने मत को सही सिद्ध करने के लिए कटिबद्ध थीं। अतः मूल दर्शन की विचारधारा की रक्षा के लिए मतावलंबियों ने वार्तिक लेखन को अपरिहार्य माना। ज्ञान परंपरा के सही परिप्रेक्ष्य तथा बाह्य आलोचना का प्रत्युत्तर देना भी वार्तिक लेखन का उद्देश्य था। उद्योतकर ने अपनी 'न्यायवर्तिका' का सृजन इसलिए किया कि वे अपरिपक्व न्यायवादियों द्वारा की गई अनुपयुक्त व्याख्या की न्यूनताओं को सामने लाना चाहते थे। पतंजलि ने अपने महाभाष्य में कात्यायन की वार्तिकों का समर्थन किया। वे उन पर गंभीर समालोचना करते हुए आगे बढ़ते हैं। वार्तिक को व्याकरण में वाक्य, व्याख्यान, सूत्र, भाष्य सूत्र, अनुतंत्र और अनुस्मृति आदि भी कहा गया है। वार्तिक में

प्रायः क्रियापद प्रयुक्त होता है। इसका अभिप्राय यह है कि वार्तिक सूत्रवत संक्षिप्त वचन न होकर वाक्यरूप विस्तृत समालोचनात्मक टिप्पणी होता है।

कश्मीरी शैव दर्शन के महत्वपूर्ण तंत्र 'मालिनिविजयतंत्र' ग्रंथ पर अभिनवगुप्त द्वारा लिखा गया वार्तिक अद्वैत शैव दर्शन का महत्वपूर्ण ग्रंथ है। जैमिनी के पूर्वमीमांसा सूत्रों पर 'कुमारिल तंत्र वार्तिक' भी महत्वपूर्ण व्याख्या ग्रंथ है। कश्मीरी शैव परंपरा के ही एक अन्य ग्रंथ, वसुगुप्तनाथ कृत 'शिवसूत्र' पर भास्कराचार्य द्वारा रचित 'वार्तिक-वार्तिक सूत्र पाठ' भी महत्वपूर्ण है।

जगदीश शर्मा

वाल्टर बेंजामिन

वाल्टर बेंजामिन
(1892-1940)

यहूदी दार्शनिक और सांस्कृतिक आलोचक वाल्टर बेंजामिन (Walter Benjamin) की बीसवीं सदी के पूर्वार्ध की जर्मन साहित्यालोचना के सर्वाधिक उदार चिंतकों में विशेष पहचान है। उनमें जर्मन आदर्शवाद, रोमांटिसिज्म, पश्चिम मार्क्सवाद और यहूदी रहस्यवादी तत्वों का समावेश नजर आता है। सौंदर्यशास्त्रीय सिद्धांत, साहित्यालोचना, अनुवाद सिद्धांत और ऐतिहासिक भौतिकवाद के क्षेत्र में उनका योगदान प्रभावशाली है।

बेंजामिन ने अपने एक लेख 'यांत्रिक पुनरुत्पादन के युग में कला' में लिखा था कि कलाओं के दो तरह के मूल्यांकन हैं। एक सांस्कृतिक मूल्यों पर जोर देता है और दूसरा प्रदर्शन मूल्यों पर। उन्होंने फिल्म कला पर विचार व्यक्त करते हुए स्पष्ट किया था, 'फिल्म स्टूडियो में यंत्र यथार्थ में इतनी गहराई से प्रवेश कर जाता है कि वह भी यथार्थ का एक हिस्सा बन जाता है जबकि यंत्र कहीं दिखता नहीं है। वस्तुतः यथार्थ यंत्रमुक्त होकर ही कला के सर्वोच्च शिखर पर पहुंच सकता है। यंत्र की भूमि पर तात्कालिक यथार्थ का कोई भी दृश्य एक मरुस्थल भर है।' बेंजामिन ने कहना चाहा था कि कला की यांत्रिक पुनरुत्पादकता कला से जनता का संबंध पूरी तरह बदल देती है। आज देखा जा सकता है कि कला में सामाजिक अभिप्राय जितना घटता गया है, जनता की आलोचना शक्ति और उपभोग के आनंद के बीच दूरी उतनी बढ़ती गई है।

बेंजामिन ने बर्लिन, म्यूनिख, बर्न आदि में दर्शनशास्त्र का अध्ययन किया था। प्रथम विश्वयुद्ध (1914-1918) की शुरुआत में उन्होंने उन्नीसवीं सदी के फ्रांसीसी कवि चार्ल्स बोदलेयर (1821-1867) की रचनाओं का अनुवाद किया था। 1920 में बर्लिन में स्थायी रूप से बसने के बाद उन्होंने साहित्यालोचक और अनुवादक के रूप में काम किया। 1938 में नाजी शासन ने जर्मन यहूदियों से उनकी नागरिकता छीन ली थी। इसका नतीजा यह हुआ कि राज्यविहीन बेंजामिन को फ्रांसीसी सरकार ने गिरफ्तार कर लिया और तीन महीने तक जेल में रखा। जनवरी 1940 में पेरिस वापस आने पर बेंजामिन ने अपना लेखन-कार्य पुनः शुरू किया। इसी बीच जर्मनों के आगे फ्रांस की हार के कारण नाजी शक्तियों के आक्रमण से बचने

के लिए बेंजामिन ने निर्वासित होकर अमेरिका जा बसने का निश्चय किया। अगस्त में उन्हें अमेरिका का वीजा मिल गया। बेंजामिन ने फ्रांसीसी-स्पेनिश सीमा सुरक्षात्मक तरीके से पार कर ली थी, लेकिन फ्रांसीसी सरकार ने तभी पारगमन वीजा रद्द कर दिए। स्पेनिश पुलिस को यह आदेश दिया गया कि वे पारगमन वीजा प्राप्त सभी लोगों को वापस फ्रांस भेज दे। बेंजामिन यहूदी शरणार्थियों के साथ जा रहे थे। उन्हें स्पेनिश पुलिस ने बताया कि उन्हें वापस भेजते हुए फ्रांस पुलिस को सौंप दिया जाएगा। इससे बेंजामिन की निर्वासित होकर अमेरिका जाने की योजना धरी-की-धरी रह गई। नाजियों के हाथों चढ़ने की आशंका से बेंजामिन ने खुद को समाप्त करने की ठान ली। उन्होंने 25 सितंबर 1940 की रात को नींद की ज्यादा गोलियां खाकर आत्महत्या कर ली।

बेंजामिन की मृत्यु के बाद प्रकाशित उनकी गंभीर रचनाओं से बीसवीं शताब्दी के उत्तरार्ध में उनकी प्रसिद्धि बहुत बढ़ी। उनके द्वारा रचित प्रमुख कृतियां हैं—'क्रिटिक ऑफ वॉयलेंस' (1921), 'गेटे'ज इलेक्टिव एफिनिटीज' (1922), 'द टास्क ऑफ ट्रांसलेटर' (1923), 'दि आरिजिन ऑफ जर्मन ट्रेजिक ड्रामा' (1928), 'वन वे स्ट्रीट' (1928), 'कार्ल क्राउस' 1931), 'द वर्क ऑफ आर्ट इन द ऐज ऑफ मैकेनिकल रिप्रोडक्शन' (1936), 'बर्लिन चाइल्डहुड एराउंड 1900' (1950), 'ऑन द कांसेप्ट ऑफ हिस्ट्री थीसिस ऑन द फिलॉसफी ऑफ हिस्ट्री' (1940) और 'द पेरिस ऑफ द सेकेंड एंपायर इन बोदलेयर' (1938) आदि। उनकी चुनी हुई रचनाएं 'इलुमिनेशंस' (1961) और 'रिफ्लेक्शंस' (1979) निबंध संग्रहों में संकलित हैं। साहित्यालोचन के क्षेत्र में बोदलेयर, गेटे, काफ्का, क्राउस, लेस्कोव, प्रूस्ट, वाल्सर संबंधी निबंध और अनुवाद सिद्धांत विषयक निबंध उनके विशेष तौर पर उल्लेखनीय हैं।

बेंजामिन की रचनाओं के केंद्र में ब्रेख्त के 'मार्क्सवाद', एडोर्नो के 'आलोचना सिद्धांत', जर्सकोम स्कोलम के यहूदी 'मिस्टिसिज्म' का प्रभाव विशेष तौर पर नजर आता है। अपने लेखन में कारुणिकता और निराशावाद-दुखवाद के भावों को रेखांकित करते समय बेंजामिन ऐतिहासिक नॉस्टेलजिया के साथ-साथ सामाजिक समालोचना और भाषागत विश्लेषण को भी भली प्रकार से मिलाकर प्रस्तुत करते हैं। 1930 के दशक के उनके आलोचनात्मक विचारों का संबंध मार्क्सवाद से है। साथ ही उन्होंने बौद्धिक स्वतंत्रता पर सारगर्भित चर्चा की थी।

बेंजामिन ने रचना की ऐतिहासिकता और उसके अभिग्रहण (रिसेप्शन) पर विचार करने के साथ यह स्थापित किया है कि रचना का उत्तर-जीवन अनुवाद के माध्यम से ही संभव है। इसे उन्होंने 'आफ्टर लाइफ' नाम दिया। वे अनुवाद की स्वतंत्रता और मूल पाठ के प्रति निष्ठा के प्रश्न पर भी विचार करते हैं। उन्होंने अनुवाद के संदर्भ में शुद्ध भाषा के प्रश्न पर चर्चा करते हुए पुनःसृजन के माध्यम से भाषा की दासता की जकड़न से मुक्ति की बात की है। बेंजामिन के अनुवाद संबंधी विचारों की महत्ता का अंदाजा इस तथ्य से लगाया जा सकता है कि जॉक देरिदा ने भी अनुवाद को पुनर्जीवन प्रदान करने में बेंजामिन की भूमिका को रेखांकित किया है।

हरीश कुमार सेठी

अधिक जानकारी के लिए :
1. Walter Benjamin : An Intellectual Biography : Bernd Witte, 1996, **2. Walter Benjamin :** Julia Roberts, 1982, **3. Illuminations : Essays and Reflections :** Walter Benjamin

वाल्मीकि

प्राचीन ग्रंथों में इस नाम के दो उल्लेख मिलते हैं। प्रथम वाल्मीकि वरुण (आदित्य) तथा चर्षवी के पुत्र थे और भृगु ऋषि के भाई थे। ये भृगु के समान ही तपस्वी और परम ज्ञानी थे। तपस्या में लीन रहने के कारण उन्हें अपने शरीर का ध्यान नहीं रहा जिससे दीमकों ने उनका पूरा शरीर ढंक लिया था। बाद में दीमक के वल्मीक (ढूह) से जब वह बाहर निकले, तब इनका नाम वाल्मीकि हो गया।

इनका आश्रम तमसा नदी के तट पर था। बिहार का वर्तमान 'वाल्मीकि नगर' इनका तपस्या स्थल बताया जाता है। एक दिन तमसा के तट पर एक व्याघ्र ने क्रौंच पक्षी के जोड़े में से एक को मार डाला। सहचर पक्षी के शोक से द्रवित होकर इनके मुंह से अनुष्टुप छंद में एक श्लोक निकला। वह छंद इन्हें इतना पसंद आया कि इन्होंने नारद से सुनी राम की कथा के आधार पर उसी छंद में पूरी रामायण की रचना कर डाली।

राम ने लोकापवाद सुनकर सीता को जब वनवास दी आज्ञा दी तो वाल्मीकि ने ही उन्हें अपने आश्रम में रखा। वहीं सीता ने लव और कुश को जन्म दिया। वाल्मीकि ने लव-कुश को रामायण की कथा पढ़ाई जिसे उन्होंने राम की राजसभा में गाकर सभी को सुनाया। तभी से वाल्मीकि प्रथम कवि और रामायण प्रथम महाकाव्य के रूप में प्रसिद्ध हुए। रामायण उनकी कीर्ति का आधार बना।

दूसरे वाल्मीकि इनसे भिन्न बताए जाते हैं। यह पहले रत्नाकर नाम के डाकू थे। ये पुराणवर्णित वाल्मीकि त्रेतायुग में हुए थे। परंपरागत विश्वास के अनुसार इनका प्रारंभिक जीवन निकृष्ट था। दस्यु होने के कारण ये जंगल में पथिकों का वध कर उनका धन छीन लेते और अपने परिवार का भरण-पोषण किया करते। इसी क्रम में एक दिन उन्होंने महर्षि नारद को पकड़ लिया। वाल्मीकि ने उनके साथ भी दुर्व्यवहार किया। वे महर्षि को मारते, इससे पहले नारद ने उनसे पूछा, अपने जिस परिवार के लिए तुम ऐसा पाप करते हो, उसके भागीदार तुम्हारे परिवार के लोग होंगे या नहीं? इस पर रत्नाकर ने नारद को एक वृक्ष से बांध दिया और उनके प्रश्न का उत्तर लेने स्वयं अपने घर गए। घर का कोई भी व्यक्ति उनके पापों में भागीदार बनने को तैयार नहीं था। वह लौटकर नारद के पास आए। उनके चरण पकड़कर उनसे दीक्षा ली और तपस्या करने बैठ गए। कठोर तप करते हुए उनके शरीर को दीमकों ने ढंक लिया। उस टीले (वल्मीक) से बाहर निकलने पर वह वाल्मीकि के नाम से प्रसिद्ध हुआ। कहते हैं, वे शुरू में 'राम' नाम का भी उच्चारण न कर सकते थे। उन्हें तब 'मरा-मरा' जपने की राय दी गई। फिर स्वभावतः मुंह से राम-राम निकलने लगा (उलटा नाम जपत जग जाना, बालमीक भे ब्रह्म समाना—तुलसीदास)। संभव है, एक ही वाल्मीकि के दो हिस्सों की ये कथाएं हों, क्योंकि राम से संबंध दोनों का है। ये दोनों कथाएं कितनी सत्य हैं, यह कहना मुश्किल है, लेकिन संस्कृत में रामायण महाकाव्य के रचयिता वाल्मीकि ही माने जाते हैं। सीता को लक्ष्मण वन में छोड़ते हैं तो वाल्मीकि के आश्रम के पास ही। इस प्रकार 'रामायण' महाकाव्य का रचयिता स्वयं उसका एक प्रमुख चरित्र भी है। वाल्मीकि द्वारा रचित रामायण की कथा बाद में सैकड़ों रचनाकारों की कलम से विभिन्न भाषाओं में लिखी जाती रही है, हालांकि सभी ने वाल्मीकि की कथा का यथावत अनुकरण नहीं किया है।

सरोज सिंह

अधिक जानकारी के लिए :
वाल्मीकि : इलापावल्लि पांडुरंग राव

वासुदेव

विष्णुपुराण के अनुसार जो संपूर्ण विश्व में निवास करते हैं और जिनमें संपूर्ण विश्व का वास है, उनको वासुदेव कहा जाता है। भागवत का मानना है कि वासुदेव कृष्ण ही ब्रह्म स्वरूप हैं। वे ही संपूर्ण लोकों की रचना कर देवता, पशु-पक्षी, मनुष्यादि योनियों में लीलावतार ग्रहण कर सत्वगुण की प्रतिष्ठा कर समस्त जीवों का मंगल करते हैं। कृष्ण के जन्म की कथा श्रीमद्भागवत के दशम स्कंध में है। जिस समय दैत्य पृथ्वी को रौंद रहे थे, उस समय कृष्ण पृथ्वी पर अवतरित होते हैं। इनका जन्म माता देवकी के गर्भ से आठवीं संतान के रूप में वसुदेव के अंश से हुआ था।

भाद्रकृष्ण अष्टमी की मध्य रात्रि में वासुदेव का जन्म होता है, वैसे ही जैसे पूर्व दिशा में सोलहों

कलाओं से युक्त चंद्रमा का उदय होता है (10.3.8)। वसुदेव ने सामने उपस्थित अद्‌भुत बालक को देखा, बालक के नेत्र कमल सदृश कोमल और विशाल हैं। उसने चारों हाथों में शंख, चक्र, गदा और कमल धारण किए हैं। वक्षस्थल पर श्रीवत्स चिह्न और सुवर्णमयी रेखा है। कंठ में कौस्तुभ मणि सुशोभित है। वर्षाकालीन मेघ के समान सुंदर केशराशि है तथा पीतांबर धारण किए है। वासुदेव ने योगमाया के प्रभाव से कारागार में माता-पिता के देखते-देखते साधारण शिशु का रूप धारण कर लिया। एक बार लीलावतार वासुदेव कृष्ण बालरूप में जंभाई लेते हुए माता यशोदा को विश्वरूप के दर्शन कराते हैं। उनके मुख में आकाश, अंतरिक्ष, ज्योतिर्मंडल, दिशाएं, सूर्य, चंद्रमा, अग्नि, वायु, समुद्र, द्वीप, पर्वत, नदियां, वन और समस्त चराचर प्राणी स्थित थे। (10.7.35-36)।

वासुदेव के रूप में कृष्ण ने जन्म लेते ही बचपन में ही पूतना के प्राण हर लिये, कालिय नाग का दमन किया, नंद बाबा को अजगर के भय से मुक्त कराया, मय दानव के पुत्र व्योमासुर से गोपबालों को मुक्त कराया। कृष्ण ने गोवर्धन पर्वत धारण कर इंद्र की विनाशकारी वर्षा से वृंदावनवासियों की रक्षा की। वे प्रलंबासुर, धेनुकासुर, बकासुर, केशी, अरिष्टासुर आदि दैत्य, चाणूर आदि पहलवान, कुवलयापीड हाथी तथा अन्यायी कंस का वध करते हैं। इसके अलावा वह भौमासुर, बाणासुर तथा जरासंध का विनाश कर शंबरासुर आदि का स्वयं वध करके पृथ्वी को निष्कंटक बनाते हैं। कहा गया कि वासुदेव के अवतार ग्रहण करने का उद्देश्य है लोकमंगल की पृथ्वी पर प्रतिष्ठा।

सदाशिव कुमार द्विवेदी

वास्तुशास्त्र

वास्तु शब्द संस्कृत के मूल शब्द 'वस्' से बना है जिसका अर्थ निवास करना या रहना होता है। इसका संबंध 'वस्यति' शब्द से भी है जिसका संबंध 'होने' या 'मजबूत करने' से है। इसी आधार पर बने शास्त्र को वास्तुकला, भवन-निर्माण विज्ञान कहा जाता है। वास्तुकला में सभी प्रकार की इमारतों का अध्ययन शामिल है, जैसे—रहने के घरों से लेकर मंदिर, मस्जिद, गिरजाघर जैसी धार्मिक संस्थाएं, शैक्षणिक भवन और अस्पताल, कस्बे और शहर एवं छोटे-बड़े परिसर।

वास्तुशास्त्र विज्ञान है या कला? विद्वान मानते हैं कि यह दोनों हैं। उनके शब्दों में वास्तुकला सभी विज्ञानों में सबसे अधिक कलात्मक है और सभी कलाओं में सबसे अधिक वैज्ञानिक, अतः यह दोनों है।

वास्तु शब्द का आरंभिक प्रयोग 'शिल्प विद्या रहस्योपनिषद' में मिलता है। भारतीय वास्तुशास्त्र में वास्तु की अवधारणा ब्रह्मांड व्यवस्था की अभिव्यक्ति का विचार है। यह वैदिक परंपरा का प्रतिबिंबन है। ब्रह्म का विचार अविभाज्य परमाणु के रूप में है जो समस्त ब्रह्मांड में संपूर्ण के रूप में अवस्थित है। वास्तु पुरुष अथवा वास्तु नर किसी सजीव घर का आदर्श प्रतिरूप है।

विश्व पुरुष का मिथक कुछ इस प्रकार है। वह पहले अजेय राक्षस था जो अपनी अर्जित और शक्ति के कारण अनियंत्रित हो गया था। ब्रह्मा और अन्य देवताओं ने वास्तु पुरुष को जीतने के लिए योजना बनाई, जिसके परिणामस्वरूप वास्तु पुरुष मंडल की उत्पत्ति हुई। वास्तु पुरुष मंडल आकाश की अखिल ब्रह्मांडीय लय को सूचित करता है और उससे उत्पन्न वैश्विक वस्तुओं को भी। उदाहरण के लिए 8×8 की ग्रिड ब्रह्मांड व्यवस्था का प्रतीकात्मक अनुकरण है। भवन संबंधी सभी गतिविधियां इस ब्रह्मांड व्यवस्था के बिंब के रूप में प्रारंभ होती हैं। इस प्रकार वे भौतिक जगत में ब्रह्मांड का एक भाग बन जाती हैं।

शिल्प रहस्य उपनिषद में विश्वकर्मा ने वास्तु को ब्रह्मांड की संभावित ऊर्जा माना है, जो सभी भौतिक वस्तुओं में व्यक्त होती है। काल कालिक लयों (स्पेसियल रिद्म्स) को रूप देने के लिए जिम्मेदार होता है जिसके कारण वास्तु का अनुभव होता है।

प्राचीन भारत के वास्तुशास्त्र के विभिन्न

संप्रदायों में इस पद का प्रयोग भवन-निर्माण तथा नगर-निर्माण की परंपराओं और व्यवहारों पर लिखित ग्रंथों के लिए किया जाता है। इनमें 1500 ईसा पूर्व में लिखित ऋग्वेद से लेकर पांचवीं और छठी सदी में लिखित ग्रंथ सम्मिलित हैं। इन ग्रंथों में रामचंद्र भट्टरक कौलचर द्वारा लिखित 'शिल्पप्रकाश' में मंदिर वास्तुकला के नियमों का वर्णन है। नर्मदशंकर लिखित 'थक्कुरा फेरु' और सूत्रधार मुंडन द्वारा रचित 'प्रसाद मंडन' भी महत्वपूर्ण ग्रंथ हैं। दक्षिण भारत के ग्रंथ 'मनसार शिल्प', 'मयमतम' आदि उल्लेखनीय हैं। इनके अलावा वराहमिहिर की 'बृहत्संहिता' वस्तुशास्त्र के कुछ उदाहरण हैं। 'बत्थु-सार-पायारण' वास्तुशास्त्र पर लिखा जैन ग्रंथ है और 'विनयपिटक' में बौद्ध वास्तुकला का वर्णन किया गया है।

पश्चिम में विट्रुवियस ने पहली सदी ईसा पूर्व में वास्तुशास्त्र पर 'द आर्कितेक्चरा' नामक प्रमुख ग्रंथ लिखा था। उसने रोमन काल के विविध प्रकार के भवनों के निर्माण के लिए मार्गदर्शिका तैयार की। उन्नीसवीं सदी में फ्रांसीसी यूजीन वायलेट-ल-डुक ने 'हेबिटेशंस ऑफ मैन इन ऑल एजेज' (1876) जैसी प्रमुख किताब लिखी। 1727 में राजा जय सिंह ने गुलाबी नगरी जयपुर का निर्माण वास्तुशास्त्र के हिसाब से किया था। लॉ कार्बुजिए ने चंडीगढ़ का नक्शा आधुनिक वास्तुशिल्प और भारतीय वास्तुविद्या के सम्मिश्रण से किया। इक्कीसवीं सदी के भवन निर्माण में भी वास्तु का विशेष ध्यान रखा जा रहा है।

प्रत्येक क्षेत्र में अपनी विशिष्ट स्थिति और जलवायु होती है। अतः अलग-अलग प्रकार के वास्तुशास्त्र के ग्रंथ रचे गए। उनमें निवासियों से स्वास्थ्य, सुख और सुविधा को ध्यान में रखते हुए भवन निर्माण के लिए स्थल का वैज्ञानिक चुनाव, पानी और वनस्पतियों की उपलब्धता, हवा की दिशा और जलवायु आदि को प्रमुख सैद्धांतिक आधार बनाया गया।

हाल के दिनों में वास्तुशास्त्र या वास्तुविद्या का प्रचार-प्रसार बढ़ा है। वास्तु विशेषज्ञों अथवा सलाहकारों का नेटवर्क भारत और उसके बाहर भी खड़ा हो गया है, जो संभावित भवन-निर्माणकर्ताओं को भवन में गतिविधियों के आधार पर उचित संयोजन के अनुसार निर्माण के लिए सलाह देते हैं। यह भी ध्यान में रखना जरूरी है कि कुछ व्यक्ति या संस्थाएं लोगों के मनोविज्ञान का दुरुपयोग करते हुए उन्हें भ्रमित भी करते हैं और वास्तु के संबंध में अंधविश्वास का प्रचार करते हैं। वास्तुविद्या एक छलपूर्ण व्यवसाय हो गई है। वे तरह-तरह से डर दिखाते हैं जबकि वास्तुविद्या के सभी प्राचीन ग्रंथों का मार्गदर्शन बहुत लचीला है और क्षेत्र-जलवायु के अनुसार नियम बदल जाते हैं। वे व्यक्ति की भाग्यरेखा देखकर बताते हैं कि उनके घर-कार्यालय का दरवाजा पूर्व की तरह खुले या उत्तर की तरफ। जयंत नार्लीकर ने इस तरह की वास्तु विद्या को छद्म विज्ञान कहा है। (एस्ट्रोनॉमी, सूडोसाइंस एंड रेशनल थिंकिंग)।

तथ्य यह है कि वास्तुशास्त्र क्षेत्र एवं स्थान को ध्यान में रखकर जल, वायु, अग्नि, पृथ्वी एवं आकाश इन पंच तंत्रों के आधार पर भवन-निर्माण के लिए मार्गदर्शन प्रदान करता है। चूंकि प्रत्येक जगह इन तत्वों में भिन्नता होती है, अतः सार्वभौमिक वास्तुशास्त्र जैसी किसी अवधारणा का समर्थन नहीं किया जा सकता। इसी कारण वास्तुशास्त्र एकवचन होते हुए भी बहुवचन है।

रानू सिंह

अधिक जानकारी के लिए :

1. Introduction to Indian Art : Anand Kumar Swami, 1956, **2. Building Architecture of Sthapatya Veda :** V Ganapati, 2001

वि-उपनिवेशन

उपनिवेशन औद्योगिकीकरण के विस्तार के उद्देश्य से दूसरे देशों के प्राकृतिक संसाधनों के दोहन-शोषण को राजनीतिक सत्ता द्वारा वैध बनाने की वर्चस्ववादी प्रणाली है। पहले दूसरे देशों पर विजय तात्कालिक लूट-खसोट तक सीमित थी। उपनिवेशन एक स्थायी प्रणाली की तरह काम करने लगा। यह अधिक गहन और जटिल कोटि की अन्य राष्ट्रीयताओं

पर स्थापित सत्ता है। सोलहवीं-सत्रहवीं सदी में यूरोपीय देशों के वैज्ञानिक एवं खोजमूलक अभियानों के साथ ही विश्व के दूसरे भू-भागों में उपनिवेशन की प्रक्रिया आरंभ हो गई थी। वि-उपनिवेशन (De-Colonialisation) उपर्युक्त उपनिवेशन की प्रक्रिया के बिखराव एवं उपनिवेशित राष्ट्रों द्वारा अर्जित की जानेवाली स्वाधीनता का पर्याय है। वि-उपनिवेशन का इतिहास अठारहवीं सदी के उत्तरार्ध से आरंभ होकर अभी भी यानी इक्कीसवीं सदी तक जारी है। वि-उपनिवेशन के अनेक रूप हमारे सामने आते हैं, जो इस प्रकार है :

(i) प्रथम विश्वयुद्ध से पहले यानी 1765 से 1916 तक का वि-उपनिवेशन : इस दौर में सत्ता संचालन के मामले में कुछ देश मूल यूरोपीय देशों के अंकुश से मुक्त हो गए। इस दौर के वि-उपनिवेशन का केंद्र मुख्यतः अमेरिकी महाद्वीप थे। स्पेन के चंगुल से दक्षिणी अमेरिका के अधिकांश राज्य स्वाधीन हुए। उत्तरी अमेरिका में ब्रिटेन से अलग हुए यूरोपीय शासकों ने संयुक्त राष्ट्र के रूप में दुनिया के सबसे शक्तिशाली राष्ट्र का निर्माण कर डाला (1765-1783)। हालांकि केनाडा, आस्ट्रेलिया तथा न्यूजीलैंड के वि-उपनिवेशन का काल इसके बाद का है, पर इन देशों के वि-उपनिवेशन की प्रकृति संयुक्त राज्य अमेरिका से मेल खाती है।

(ii) दो विश्वयुद्धों के बीच का वि-उपनिवेशन यानी 1915 से 1945 तक : इस दौर के वि-उपनिवेशन का केंद्र मुख्यतः यूरोप ही था। ऑटोमन साम्राज्य पूरी तरह बिखर गया था। राष्ट्रों की सीमाएं पुनः तय हुईं। रूस का पूर्वी यूरोपीय साम्राज्य स्थापित होकर दुनिया की दूसरी सबसे बड़ी शक्ति के रूप में रूस को सामने ले आया। दूसरे विश्वयुद्ध के समाप्त होते ही जापानी साम्राज्य पूरी तरह समाप्त हो गया।

(iii) द्वितीय विश्वयुद्धोत्तर वि-उपनिवेशन यानी 1945-1975 तक : इस दौर में दुनिया के सबसे बड़े उपनिवेशक राष्ट्र ब्रिटेन के अधिकांश उपनिवेश एक-एक कर आजाद हो गए। 1947 में भारत की आजादी के बाद यह प्रक्रिया बहुत तेज हो गई। यह काल मुख्यतः एशियाई और अफ्रीकी महाद्वीपों के वि-उपनिवेशन से संबद्ध है।

(iv) 1975 से 1991 तक का वि-उपनिवेशन : इस दौर का वि-उपनिवेशन पहले के वि-उपनिवेशन से इस लिहाज से अलग है कि यह विश्व के पुनरुपनिवेशन से उलझा हुआ है। सीधे कब्जा जमाने के बजाय भारी पूंजी या सैन्य रूप में या कठपुतली सरकारें बनाने के रूप में नए ढंग का उपनिवेशन अमेरिका और कुछ यूरोपीय देशों द्वारा सामने आता है। इसके केंद्र खाड़ी के देश हैं। रूसी साम्राज्य भूमंडलीकरण की दौड़ में हिस्सेदार होते ही 1991 में बिखर गया। आर्थिक उपनिवेशन पर जोर आ जाने से पुराने ढंग के उपनिवेशन पर दबाव बढ़ता है और बहुत-से देश स्वाधीन हो जाते हैं।

(v) कुछ विद्वान मानते हैं कि रूस स्वयं पूर्वी यूरोप में साम्राज्यवादी उपनिवेशन को 'समाजवादी उपनिवेशन' का नाम देकर चला रहा था। ख्रुश्चेव द्वारा संयुक्त राष्ट्र संघ में वैश्विक वि-उपनिवेशन का पक्ष लिए जाने पर वहां उपस्थित कुछ सदस्यों ने उनकी पूर्वी यूरोप संबंधी नीति की आलोचना की थी और वि-उपनिवेशन का पक्ष ग्रहण करने की बात को उनका दोहरापन बताया था। 1991 में रूस के विघटन के साथ-साथ पूर्वी यूरोप के उसके उपनिवेश भी बिखर गए। संयुक्त राष्ट्र संघ में प्रस्तुत एक रिपोर्ट के अनुसार विश्व के अस्सी से अधिक राष्ट्रों के वि-उपनिवेशन के बावजूद अभी भी सत्तर के करीब छोटे उपनिवेश बचे हुए हैं जिनका वि-उपनिवेशन बाकी है।

(vi) 1991 से आज तक : यह दौर अभी भी उपनिवेशित राष्ट्रों के वि-उपनिवेशन की जरूरत को रेखांकित करता है। नव-उपनिवेशित राष्ट्रों में तरह-तरह से बढ़ते आर्थिक संकट इस प्रक्रिया को तेज करते हैं, हालांकि नव-उपनिवेशित राष्ट्रों में उपभोक्तावादी प्रवृत्तियों के प्रसार से स्वाधीनता की ज़रूरत के क्रांतिकारी रूप ज्यादा नजर नहीं आते। अतः शेष बचे लगभग सत्तर उपनिवेशों का वि-उपनिवेशन अभी स्थगित स्थिति में पड़ा है।

इक्कीसवीं सदी में वि-उपनिवशन के स्वरूप,

प्रवृत्तियों और अभिप्रेतों पर अनेक कारणों से गहरी बहसें उभर रही हैं। इनमें से मुख्य बहसें इस प्रकार हैं :

(i) क्या वि-उपनिवेशन और उत्तर-औपनिवेशिकता में अंतर है?

(ii) क्या उपनिवेशन लगातार जारी रहने वाली प्रक्रिया है? अगर ऐसा है तो पुनरुपनिवेशित के वि-उपनिवेशन का क्या तात्पर्य है?

(iii) क्या राजनीतिक या भौगोलिक स्वाधीनता वि-उपनिवेशन के लिए पर्याप्त नहीं है? क्या वि-उपनिवेशन के वास्तविक प्रयोजन भाषिक, सामाजिक, आर्थिक, ऐतिहासिक एवं सांस्कृतिक चेतना के पुनःसंस्कार की जरूरत प्रस्तुत करते हैं?

(iv) क्या वि-उपनिवेशन और तीसरी दुनिया का कोई सीधा रिश्ता है? गुटनिरपेक्षता और वि-उपनिवेशन के अंतःसूत्र क्या हैं?

हैंस कोहन (1958) द्वारा प्रस्तुत एक विश्लेषण वि-उपनिवेशन और क्रांति के आपसी रिश्तों को उजागर करता है। उनके अध्ययन का निष्कर्ष यह है कि हालांकि 1917 की रूस की समाजवादी क्रांति को अभी तक अधिक महत्व दिया जाता रहा है, वस्तुस्थिति यह है कि दुनिया को बदलने में अधिक व्यापक और दूरगामी परिणाम लाने वाली क्रांति है विश्व से यूरोप के चार सदियों तक स्थापित रहने वाले औपनिवेशिक वर्चस्व का अंत। रूस की 1917 की समाजवादी क्रांति से पूर्व फ्रांस में 1789 में जनतांत्रिक क्रांति हुई थी। विद्वानों की राय में उस क्रांति का वि-उपनिवेशन की प्रक्रिया को गहराने में विशेष योगदान था। फ्रांस की जनतांत्रिक क्रांति और संयुक्त राष्ट्र अमेरिका की उपनिवेशवाद से मुक्ति (1783) से जुड़ी महान ऐतिहासिक घटनाओं ने विश्व भर में वि-उपनिवेशन की गति तीव्र की।

उत्तर-उपनिवेशन का अर्थ केवल इतना है कि उपनिवेश राजनीतिक और भौगोलिक तौर पर स्वतंत्र राष्ट्र का दर्जा तो पा लेते हैं, पर उपनिवेशवाद की विरासत का अंत नहीं होता। एक तरह से उपनिवेशन की प्रक्रियाएं शक्ल बदलकर पूर्व-उपनिवेशों की मानसिकता और आर्थिक रिश्तों में लगभग ज्यों-का-त्यों कायम रहती हैं। उपनिवेशन एक तरह का सामाजिक यथार्थ बना रहता है, जिसकी जड़ें सामाजिक संस्थाओं, लोगों की जीवन-शैलियों और सांस्कृतिक सोच में बरकरार रहती हैं। भारत में कहा जाता है कि गोरे अंग्रेज चले गए, पर उनकी जगह लेने को काले अंग्रेज आ गए।

वैश्वीकरण के युग में नव-स्वतंत्र देश ऊपर से स्वतंत्र दिखते हैं, पर भीतर से आर्थिक, सांस्कृतिक, बौद्धिक और सैन्य में से कई या सभी स्तरों पर पुनरुपनिवेशित होते हैं। ऐसे देशों की सामाजिक संरचनाओं में वि-उपनिवेशन अपने लक्ष्यों को पूरी तरह हासिल नहीं कर पाता, क्योंकि :

(i) पूंजीवाद की आधी-अधूरी आमद के साथ उपनिवेशों में जो मध्यवर्ग पैदा होता है, उसका लगभग समग्रतः पश्चिमीकरण हो जाता है।

(ii) यूरोपीय वर्चस्व के भौगोलिक तौर पर विदा होने के बावजूद पिछली चार सदियों के दोहन-शोषण के कारण यूरोप विकास और प्रगति में 'अग्रवादी' स्थिति में नजर आता है। अतः पूर्व उपनिवेशों के लिए वह अनुकरणीय बना रहता है।

(iii) औपनिवेशिक दौर में श्रम संपदा के दोहन-शोषण से कई पूर्व-उपनिवेशों की बड़ी आबादी प्रवासी हो गई है। प्रवासी जनसमुदाय उपनिवेशन और वि-उपनिवेशन के बीच की एक कड़ी की तरह काम करता है।

(iv) वि-उपनिवेशन के बावजूद यूरोप, अमेरिका, रूस और अब चीन अपने प्रभाव को विश्व में बनाए रखने के लिए आर्थिक नव-उपनिवेशन जैसे हालात पैदा करते रहते हैं।

(v) संयुक्त राष्ट्र संघ की सुरक्षा परिषद अभी भी औपनिवेशिक दौर की यूरो-अमेरिकी वर्चस्ववादी संरचना का पर्याय बनी हुई है।

(vi) तीसरी दुनिया की धारणा तथा गुटनिरपेक्ष आंदोलन : ये दो संकल्पनाएं वि-उपनिवेशन के अधूरे लक्ष्यों की पूर्ति में अगला कदम मानी जा सकती हैं, पर अब ये इतनी मजबूत नहीं रह गई हैं कि राष्ट्रीय आत्मनिर्भरता, राजनीतिक स्वतंत्रता बनाए रखकर

दुनिया की बड़ी ताकतों से सहयोगों की उपलब्धता और समग्र वि-उपनिवेशन संभव हो।

विनोद शाही

अधिक जानकारी के लिए :
1. हिंद स्वराज : मोहनदास करमचंद गांधी, 1908, **2. Decolonising Methodologies : Research and Indigenous Peoples :** Linda Tuhiwal Smith, 2012, **3. Orientalism :** Edward W Said, 1979, **4. Unfinished Project : Decolonisation and the Philosophy of Jean Paul Sartre :** Paige Arthur, 2010, **5. Long Walk to Freedom :** Nelson Mandela, 1995

विकसित देश : विकासशील देश

आमतौर पर दुनिया के देशों में दो कोटियों में बांटा जाता है। पहली कोटि में विकसित देश (Developed Country) और दूसरी कोटि में विकासशील देश (Developing Country) आते हैं। यह विभाजन मूलतः औद्योगिक क्रांति के बाद और विशेषकर 1940 के दशक के उत्तरार्ध के बाद देखा गया, जब उपनिवेश आजाद होकर स्वतंत्र राष्ट्र के रूप में सामने आए।

विकसित देश उद्योगीकरण के मार्ग पर काफी आगे बढ़ चुके थे और कृषि पर उनकी निर्भरता निरंतर कम होती जा रही थी। वहां सेवाओं का क्षेत्र भी विकसित होने लगा था। इस प्रकार विकसित प्रौद्योगिक आधारभूत ढांचा, उनकी अर्थव्यवस्था का आधार बन गया था। इसके विपरीत कम विकसित या यूं कहें कि विकासशील देशों की निर्भरता कृषि पर थी और वहां उद्योगों और सेवाओं का क्षेत्र काफी कम विकसित था।

कोई देश विकसित हैं या विकासशील, इसे जानने के लिए उसकी अर्थव्यवस्था पर नजर डालनी होगी, देखना होगा कि उसके सकल घरेलू उत्पाद में किस क्षेत्र का कितना योगदान है। कोई देश जैसे-जैसे विकास की ओर बढ़ता जाता है, कृषि-क्षेत्र का योगदान सकल घरेलू उत्पाद में घटता जाता है जबकि उद्योग एवं सेवाओं के क्षेत्र का हिस्सा तेजी से बढ़ता जाता है। इसका यह मतलब कतई नहीं कि कृषि-क्षेत्र का उत्पादन घटे। प्रति व्यक्ति उत्पादकता में वृद्धि के परिणामस्वरूप पहले की तुलना में कम मजदूर कृषि-क्षेत्र में काम करते हैं। इस प्रकार लोग गांवों से शहरों और औद्योगिक केंद्रों का रुख करते हैं। सकल घरेलू उत्पाद में निरंतर वृद्धि के कारण प्रति व्यक्ति औसत आय में इजाफा होता है और औसत जीवन स्तर ऊंचा उठता है।

यह विवाद का विषय रहा है कि विकसित-विकासशील कोटियों के अंतर्गत देशों को बांटने के लिए कौन-सी कसौटियां अपनाई जाएं। कुछ लोगों का मानना है कि विकसित देश वे हैं, जो उद्योगीकरण से आगे निकलकर सेवाओं के क्षेत्र में चले गए हैं और जहाँ सेवाओं के क्षेत्र में औद्योगिक क्षेत्र से काफी अधिक संपदा पैदा होती है। फलस्वरूप देश के नागरिकों का औसत जीवन स्तर काफी ऊंचा है और देश का आधारभूत ढांचा काफी विस्तृत और पुख्ता है।

विकासशील देश अभी उद्योगीकरण की प्रारंभिक अवस्था या उसके पूर्व की कृषि अर्थव्यवस्था के ही युग में हैं। कृषि की उत्पादकता काफी कम होने के कारण इससे निकलकर श्रमिकों का औद्योगिक क्षेत्र में जाना संभव नहीं हो पाता। वहां प्रति व्यक्ति बचत कम होने से पर्याप्त मात्रा में पूंजी संचयन नहीं हो पाता। इसलिए उद्योग में निवेश के लिए पूंजी का अभाव बना रहता है।

विकासशील देशों को कई कोटियों में बांटा जाता हैं। उनके अंतर्गत कम विकसित और नाम मात्र विकसित देश आते हैं। कम-से-कम तीन दृष्टियों से उन्हें परिभाषित किया जाता है। पहला, जन्म के समय जीवन की प्रत्याशा कम होना। दूसरा, काफी कम या नाममात्र शिक्षा का होना और विकसित देशों की तुलना में बहुत आय होना होता है। अंतरराष्ट्रीय मुद्राकोष एक लचीली व्यवस्था के आधार पर विकासशील देशों को परिभाषित करता है। उसके निर्यात में विविधता का अभाव और भूमंडलीय वित्तीय प्रणाली के साथ उनका जुड़ाव बहुत कम होना होता

है। दुनिया के ऐसे अनेक देश हैं जो तेल या मात्र एक-दो वस्तुओं के निर्यात पर निर्भर हैं। ऐसे देशों को हम विकसित देशों की कोटि में नहीं रख सकते, भले ही उनकी प्रति व्यक्ति काफी ऊंची हो।

विश्व बैंक हर साल पहली जुलाई को विकसित और विकासशील देशों को चार कोटियों में रखता है। विकसित देशों को उच्चतम आय वर्ग और उच्चतर आय वर्गों में बांटा जाता है। इसी तरह विकासशील देश भी निम्न एवं निम्नतर आय वर्गों में विभाजित किए जाते हैं।

संयुक्त राष्ट्र ने मानव विकास सूचकांक विकसित किए हैं, जिनके आधार पर किसी भी देश की स्थिति कैसी है, इसका निर्णय किया जाता है। इन सूचकांकों के अंतर्गत प्रति व्यक्ति आय, सकल घरेलू उत्पाद, जन्म के समय जीवन प्रत्याशा, साक्षरता का स्तर आदि आते हैं। जिन देशों की प्रति व्यक्ति सकल राष्ट्रीय आय 11 हजार 905 डॉलर या उससे कम है, उन्हें विकासशील देशों की कोटि में रखा जाता है। संयुक्त राष्ट्र की ही परिभाषा के अनुसार, सबसे कम विकसित देशों में 2013 में उन देशों को शामिल किया गया जिनकी आय 804 अरब 40 लाख डालर थी। वहां प्रति व्यक्ति आय 868 डॉलर थी और 70 प्रतिशत आबादी गांवों और 30 प्रतिशत शहरों में बसती थी।

किसी भी देश में आर्थिक संवृद्धि को मुख्यतया चार कारक बढ़ावा देते हैं। इनमें पहला है मानवीय पूंजी। उसकी स्वास्थ्य और शिक्षा की दृष्टि से क्या स्थिति है, इस पर आर्थिक संवृद्धि निर्भर होती है। दूसरा कारक है उस देश की व्यापार नीति यानी वहां से निर्यात और आयात कितने बड़े पैमाने पर होता है और उनमें विविधता का स्तर क्या है। तीसरा कारक है—निवेश। देशी-विदेशी निवेश किस हद तक होता है और सरकार की नीतियां उसके आड़े तो नहीं आती। आखिरी कारक है—दूसरे देशों की तुलना में ज्ञान का अभाव तो नहीं है। शिक्षित होने के साथ ही उस देश का जोर तकनीकी एवं प्रौद्योगिक शिक्षा पर होना चाहिए, तभी देश आर्थिक विकास के मार्ग पर बढ़ सकेगा।

आर्थिक संवृद्धि के मार्ग में कई बाधाएं भी आती हैं, जिनके पीछे निम्नलिखित कारक होते हैं। पहला, देश-विदेश के नागरिकों की स्वास्थ्य की दृष्टि से क्या स्थिति है? वे किसी प्रकार के रोग से पीड़ित तो नहीं है? उस देश विशेष में शिक्षा का स्तर क्या है? पूंजी बाजार कितना विकसित है? सबसे बड़ी बात है कि वहां राजनीतिक स्थिरता हो। आए दिन अशांति और सत्ता-परिवर्तन न हो। नियम-कानून के आधार पर शासन चले और लोगों के जान-माल की गारंटी हो।

गिरीश मिश्र

अधिक जानकारी के लिए :

1. **Development Economics through the Decades :** World Bank Publication, 2009

विकास का मानवाधिकार

आज के युग में विकास सबसे प्रमुख मुद्दा है। विकास कुछ व्यावसायिक घरानों के विकास तक सीमित न हो, इसलिए संयुक्त राष्ट्र महासभा द्वारा 4 दिसंबर 1986 को 'विकास की सार्वभौमिक घोषणा' जारी की गई और इसे एक मानवाधिकार माना गया। विश्व में न्याय और शांति की स्थापना तभी संभव है, जब स्पर्धा में पिछड़े लोगों को भी विकास का अधिकार हो। विकास एक बहुआयामी मामला है, पर प्रमुख है आर्थिक विकास। संयुक्त राष्ट्र चार्टर के पचपनवें अनुच्छेद के अनुसार, विकास का अर्थ है उच्च जीवन स्तर, पूर्ण रोजगार तथा आर्थिक के साथ सामाजिक प्रगति। 1990 से विश्व में आर्थिक विकास सूचकांक को अधिक महत्व दिया जाने लगा है। इस मानव विकास रिपोर्ट से पता चलता है कि विभिन्न देशों में मानव विकास कहां खड़ा है। 2013 की मानव विकास रिपोर्ट के अनुसार भारत 187 देशों में 136वें स्थान पर है।

भारत सहित अधिकांश एशियाई देश, अफ्रीकी और लैटिन अमेरिकी देश उपनिवेशवाद के कारण पिछड़ गए। इतिहासकार एंगुस मैडिसन के अनुसार,

सत्रहवीं सदी तक भारत दुनिया का सबसे अमीर देश था। मुगलकाल में दुनिया के कुल आर्थिक उत्पादन का चौथा हिस्सा भारत में होता था। ब्रिटिश औपनिवेशिक शासन में आर्थिक दर्जा गिरने के बाद भारत तीसरी दुनिया का देश बन गया और सकल घरेलू उत्पाद में इसका हिस्सा चार प्रतिशत में सिमट गया। यह क्षय 1980 में तीन प्रतिशत पर आ गया। आज दुनिया की 17 प्रतिशत आबादी के साथ भारत की दुनिया के सकल घरेलू उत्पाद में हिस्सा घट कर 2.65 प्रतिशत हो गया है। भारत के कुछ महानगरों की जगमगाहट से विश्व में विकास के पैमाने पर इसके पीछे होते जाने की कई वैश्विक और स्थानीय वजहें हो सकती हैं। मुख्य बात है कि आर्थिक रूप से उभर रहे माने जाने वाले देशों में मानव विकास की वास्तविक स्थिति और गति क्या है। यह स्थिति और गति विकास के वर्तमान तौर-तरीकों से प्रभावित होती है।

संयुक्त राष्ट्र द्वारा जारी 'विकास की सार्वभौमिक घोषणा' के अनुसार, 'सभी लोगों की विकास में सक्रिय, मुक्त एवं सार्थक हिस्सेदारी होनी चाहिए और विकास के लाभों का उपयुक्त बंटवारा होना चाहिए।' लक्षित किया जा सकता है कि पिछले विकासों ने समाज में सामान्यतः विषमता बढ़ाई है, पर क्षेत्रीय और सामुदायिक स्तर पर बढ़ती विषमता भी कम ध्यान आकर्षित नहीं करती। कुछ क्षेत्र और समुदायों तक विकास के लाभ पहुंच नहीं पा रहे हैं। दुनिया भर में तकनीकी औद्योगिक विकास में गरीबों की आवाज दब गई है। इसलिए विश्व बैंक ने 2002 में 'गरीबों की आवाज' के रूप में एक नया कार्यक्रम शुरू किया। इस कार्यक्रम में विश्व के विभिन्न भागों में रहने वाले गरीबों की प्रतिक्रियाएं और उनके सुझाव सैटेलाइट के जरिए इकट्ठा किए जाते हैं, ताकि विकास की नीतियां निर्धारित करते समय सरकारें उनके सुझावों पर ध्यान दें। इस तरह विभिन्न प्रयत्नों से कोशिश होती है कि विकास की परंपरागत धारणा बदले और आरोपित विकास की जगह सहभागितापूर्ण विकास, समावेशी विकास, सतत विकास, स्वविकास और सामाजिक कुशलता निर्माण महत्वपूर्ण कारक बनें।

विकास और साम्राज्यवाद के संबंध की जगह अब विकास और सामाजिक सहभागिता या विकास और व्यापक सामाजिक समावेशिकता के बीच संबंध स्थापित करने पर चर्चा होती है। इसके अलावा सतत विकास अर्थात 'सस्टेनेबल डेवलपमेंट' पर जोर दिया जाता है। सतत विकास का अर्थ उपभोक्ता के रूप में मानवजाति और पर्यावरण के बीच संतुलित-सौहार्दपूर्ण संबंध बनाए रखते हुए विकास करना है ताकि वर्तमान पीढ़ियों की जरूरतों को पूरा करते हुए भावी पीढ़ियों की जरूरतें पूरी होने के लिए भी अवसर, सुविधाएं और परिवेश बना रहे। सतत विकास सामाजिक और पर्यावरणीय संतुलन के बिना संभव नहीं है।

इन दिनों विकास को समग्रतया आर्थिक वृद्धि से जोड़ा जाता है। ऊंची वृद्धि दर की कुंजी मानी जाती है राजकोषीय स्थिरता, सही नीतियां और निवेश में बढ़ोतरी। ऊंची वृद्धि दर ही रोजगार के नए अवसर पैदा करती है। लोगों की अपेक्षाएं हैं—रोजगार सृजन, सूखे की हालत को संभालना, किसानों की परेशानियां दूर करना और महंगाई दूर करना। पी चिदंबरम का 2016 में आकलन है, 'सच कहें तो हम रोजगार सृजन में नाकाम रहे। हम ग्रामीण भारत की तकलीफों को समझने और उन्हें दूर करने में भी नाकाम रहे, खासकर खेतिहर मजदूरों की तकलीफों की बाबत। कृषि-क्षेत्र 0.2 फीसद सिकुड़ गया और पिछले दो सालों में इसकी वृद्धि सिर्फ 1.1 फीसद रही।... मैं जानता हूं कि मैंने मनरेगा का मखौल उड़ाया था और आधार कार्ड की वैधानिकता और उपयोगिता पर सवाल उठाए थे। मुझे स्वीकार करने में हर्ज नहीं है कि हम गलती पर थे।' (स्टैंडिंग गार्ड : एन इयर इन अपोजीशन)। अक्सर सत्ता में राजनीति की भाषा एक होती है और विपक्ष में दूसरी हो जाती है। 2016 में आर्थिक वृद्धि के कुछ संकेतक चिंताजनक बताए गए, जैसे—कंपनियों की सालाना बिक्री में 5.77 फीसद की गिरावट, मैनुफैक्चरिंग कंपनियों की सालाना बिक्री में 11.15 फीसद की गिरावट और वस्तुओं के निर्यात में 15.55 प्रतिशत की गिरावट।

(वही)। इसका मतलब है कि अर्थव्यवस्था की सेहत आमतौर पर ठीक नहीं है, भले विश्व की कई दूसरी अर्थव्यवस्थाओं से अभी तक भारतीय अर्थव्यवस्था बेहतर स्थिति में हो। सामान्यतः समावेशी तथा सतत विकास के लक्षण दिखाई नहीं दे रहे हैं क्योंकि करोड़ों अकुशल युवाओं के लिए रोजगार की कोई संभावना नजर नहीं आ रही है और न उन्हें कुशल बनाने की कोई व्यापक योजना ही सामने है, जबकि विकास में उन्हें भी भागीदारी का पूरा अधिकार है। इसलिए आने वाले दिन गहन अंधकार, हिंसा और अपराध के हो सकते हैं।

समावेशी और सतत विकास चार स्तरों पर सामंजस्यपूर्ण संबंध की मांग करता है—1. मनुष्य का मनुष्य से संबंध, 2. मनुष्य का पर्यावरण से संबंध, 3. मनुष्य का दूसरे जीव-जंतुओं से संबंध और 4. वर्तमान पीढ़ी का भावी पीढ़ियों से संबंध। इन चार स्तरों पर संबंधों को दृढ़तर बनाकर और परस्पर सामाजिक सहयोग बढ़ाकर ही सतत विकास संभव है। संयुक्त राष्ट्र की विकास की सार्वभौमिक घोषणा का संबंध सार्वभौमिक विकास की घोषणा से है। इसका लक्ष्य विकास की एक सर्वग्राह्य धारणा बनाना है, क्योंकि नई विश्व स्थितियों में विकास एक इकहरी भौतिकवादी धारणा के रूप में उपस्थित है। इसका संबंध वस्तुतः न मनुष्य और मनुष्य के बीच संबंध को मजबूत बनाने से है और न विकास और पर्यावरण के अंतर्संबंधों की रक्षा से। व्यावहारिक स्तर पर यही देखने को मिलता है कि असंतुलन, विषमता और हिंसा के दृश्य ही ज्यादा सामने हैं। दरअसल ऐसा कोई भी विकास, जिसका लाभ आम जन तक नहीं पहुंचता, अच्छी नजरों से नहीं देखा जा सकता। इसलिए संयुक्त राष्ट्र द्वारा जारी 'विकास की सार्वभौमिक घोषणा' एक आदर्शवाद लग सकती है। फिर भी यह इसके लिए प्रेरणा बन सकती है कि गरीब जनों को कुछ नहीं तो पीने का साफ पानी, बुनियादी शिक्षा, चिकित्सा, खाद्य सुरक्षा और एक स्वच्छ पर्यावरण तो सुलभ हो।

शंभुनाथ

विकास, पर्यावरण और आदिवासी

जंगल और आदिवासी का रिश्ता प्राचीन काल से है। आदिवासियों के लिए जंगल ही उनके पालक और रक्षक हैं। यही वजह है कि वे भी जंगल के पालक और रक्षक की भूमिका अदा करते हैं। दोनों के बीच सह-संबंध है। इसी सामंजस्य ने उनके अंचल में पर्यावरण को सुरक्षित रखा है। आदिवासियों के लिए वनों में उगे सखुआ के पेड़ उनके पूज्य हैं। पहाड़ को वे बुरुबोंगा अर्थात पहाड़ों में बसे देवता समझते हैं। नदियों के जल में उनके इकिरबोंगा का वास है। पृथ्वी पर जंगलों और प्राकृतिक संपदा को बचाकर पर्यावरण और पारिस्थितिकीय संतुलन को बनाए, बचाए रखने में आदिवासियों की सबसे अहम भूमिका है। चाहे वे अफ्रीका, लैटिन अमेरिका, ऑस्ट्रेलिया या भारत के आदिवासी हों। आदिवासी-बहुल इलाकों में नदियां, जंगल और पहाड़ अपने प्राकृतिक रूप में अस्तित्व में हैं।

आदिवासी पर्यावरण की रक्षा के लिए प्रकृति के नियमों का पालन करते हैं। इसके लिए उनकी पूरी व्यवस्था अपना योगदान देती है, जैसे झारखंड में कुछ जंगल सामुदायिक हैं। इन जंगलों की देख-रेख गांव की पारंपरिक पंचायत करती है। यह पंचायत किसी व्यक्तिगत अनुरोध पर अपना निर्णय करती है, जैसे किसी पेड़ की लकड़ी या वनोपज को चुनने-बटोरने की अनुमति प्रदान करना है। पंचायत में कभी-कभी टकराव की स्थिति पैदा हो जाती है। वनोपज चुनने-बटोरने या पेड़ कटवाने में ठेकेदार

जब अपने स्वार्थ के लिए किसी पंच को अपने पक्ष में कर लेता है तो वैसी हालत में झगड़े के निपटारे के लिए गांव के सरदार मुंडा के पास जाते हैं। 1991 में आदिवासी लेखक हेराल्ड एस टोपनो ने लिखा था कि एक अनुमान के अनुसार, विश्व में 20 करोड़ से अधिक लोग आदिवासी हैं। एस्किमो, पिग्मी, बुशमैन आदि अभी तक आधुनिकता से दूर हैं। वे वनों के पेड़-पौधों और जानवरों पर पूरी तरह से आश्रित हैं। सदियों के अनुभव से अर्जित किया हुआ उनका ज्ञान, व्यवहार, रहन-सहन मानव जाति के लिए अमूल्य खजाना है। उनकी पुरातन सभ्यता में भी उच्च तत्व हो सकते हैं, पर आधुनिक लोग आदिवासियों को असभ्य जंगली मानकर उन पर अपनी सभ्यता थोपने की कोशिश करते हैं।

औपनिवेशिक शासन से पहले के भारतीय शासक जंगलों में रहने वाले या उन पर निर्भर लोगों के जीवन में ज्यादा दखल नहीं देते थे। अंग्रेजों के आने के बाद इस स्थिति में बदलाव आया। उन्होंने अपने साम्राज्यवादी हितों को पूरा करने के लिए जंगलों का दोहन शुरू किया। ऐसे में सदियों से बिना किसी दस्तावेज के जंगलों पर अपना प्राकृतिक अधिकार समझने वाले आदिवासियों से जंगल की जमीन पर अपना स्वामित्व दिखाने के लिए प्रमाण मांगे जाने लगे। प्रमाण न दिखा पाने के साथ ही जंगल पर से उनके अधिकार खत्म कर दिए गए। जंगल की जमीन पर आदिवासियों के अधिकार का मसला बहुत ज्यादा विवादित रहा है। जंगल संसाधनों से भरे हैं। इसलिए विकास के नाम पर होने वाली हर गतिविधि के केंद्र में जंगल और उसके आस-पास के क्षेत्रों में बसे गांव आ जाते हैं। जंगलों के संसाधनों से भरे-पूरे होने के कारण राज्य इन पर अपना दावा करता है। खासतौर पर उत्तर-उदारीकरण के दौर में विकास के नाम पर जंगल के संसाधनों को निजी कंपनियों के लिए खोला जा रहा है। इस पूरी प्रक्रिया में आदिवासियों की इच्छाओं और आवश्यकताओं का कोई खयाल नहीं रखा गया है।

जंगल और प्रकृति से जुड़े होने के कारण आदिवासी प्रकृति के नियमों का पालन करते हैं। पहाड़ों पर बसे पहाड़िया जनजाति के लोग आज भी लकड़ी के लिए एक प्रक्रिया के तहत ही पेड़ों की कटाई करते हैं। इसके लिए मौसम और समय तय होता है। पेड़ों को इस तरीके से काटा जाता है कि वे मरें नहीं। वे इस बात का ध्यान रखते हैं कि उनमें जीवन बचा रहे और फिर बरसात आते ही कटे पेड़ों में नई पत्तियां नजर आने लगती हैं। कोई पेड़ काटने से पूर्व उसके जीवन को लेकर इतना जतन वही कर सकता है, जो पेड़ों को अपने जीवन का अभिन्न अंग मानता हो। इस तरह जंगल उनकी रक्षा करता है और वे जंगलों की रक्षा करते हैं। शायद यही वजह है कि जहां आदिवासी बचे हैं वहां घने जंगल, पहाड़, नदियां सुरक्षित हैं। इस तरह आदिवासी पूरी प्रकृति को बचाने और उसके पालन-पोषण में अहम भूमिका निभा रहे हैं। पर्यावरण संरक्षण में उनके योगदान को नकारा नहीं जा सकता।

आजादी के बाद संविधान में अनुसूचित जनजातियों की सुरक्षा और कल्याण के लिए कई कानून बने थे, पर वन विभाग की सरकारी व्यवस्था भी कायम थी, जिसमें अफसरों का रुतबा सबसे ऊपर था। इस कारण आदिवासी वन विभाग के मनमाने व्यवहार पर निर्भर हो गए। उद्योग-केंद्रित विकास के बढ़ते दायरे के कारण विकास के नाम पर आदिवासियों के साथ जंगल भी उजाड़े जा रहे हैं और प्रकृति, जैव-विविधता एवं पर्यावरण को पूरी तरह से तहस-नहस किया जा रहा है। विकास के नाम पर वन संपदा के दोहन और प्रकृति से छेड़छाड़ के कारण आदिवासियों की सांस्कृतिक धरोहरों को गहरा आघात पहुंच रहा है। प्रकृति, वन, पहाड़, नदियों से जुड़ी उनकी परंपराएं खतरे में पड़ गई हैं।

आदिवासी प्रकृति की पूजा करते हैं। जंगलों से उजाड़े जाने से व्यापक स्तर पर सांस्कृतिक संक्रमण भी हो रहा है। क्या आदिवासी हिंदू हैं? इस पर विवाद है। एन के बोस के अनुसार, जनजातियों के आसपास के समाज से नजदीकी संबंध थे और उन पर इस संपर्क का असर पड़ा। एफ जे बेली

मानते हैं कि किसी भी जाति को सिर्फ जाति या जनजाति के रूप में नहीं देखा जाना चाहिए। उन्हें एक 'कॉन्टिन्युअस' के रूप में देखने की जरूरत है। अर्थात हम यह नहीं कह सकते कि कोई जनजाति पूरी तरह से जाति व्यवस्था में ढल चुकी है या नहीं। वर्जीनियस खाखा इन बातों को नकारते हैं और उनका मानना है कि आदिवासियों के प्राकृतिक धर्म की हिंदू धर्म के साथ कुछ समानता हो सकती है लेकिन कुछ मायनों में इनका धर्म अमेरिका और अफ्रीका की जनजातियों के व्यवहारों से मिलता-जुलता है। इसलिए आदिवासियों को हिंदू की संज्ञा नहीं दी जा सकती।

राजनीतिक दर्शन में संपत्ति की अवधारणा बहुत महत्वपूर्ण है। आमतौर पर एक घर या जमीन के टुकड़े या दुकान को संपत्ति कहा जाता है। इसका मतलब है कि कोई वस्तु किसी की संपत्ति है तो वह दूसरों को इसके उपयोग से दूर रख सकता है। राजनीति का सिद्धांत में संपत्ति से जुड़े तर्क निजी संपत्ति का पक्ष लेने वाले तर्क रहे हैं। इधर मूल निवासियों के बारे में यह तर्क सामने आया है कि उनके पूर्ण मानवीय जीवन के लिए जरूरी है कि उनका जमीन और संसाधनों पर हक हो। भारतीय संविधान में अनुच्छेद 21 में सभी नागरिकों को जीवन का अधिकार मिला है। आदिवासियों के संदर्भ में 'गोवर्धन केस' महत्वपूर्ण है। इसमें इकोलॉजी के संदर्भ में सर्वोच्च न्यायालय के ऐसे बहुत-से निर्देश आए हैं जिनसे आदिवासियों के अधिकारों पर नकारात्मक प्रभाव पड़ा है।

कई सिद्धांतकारों ने सांस्कृतिक स्वायत्तता के आधार पर यह तर्क दिया है कि मूल आदिवासियों का उनकी जमीन पर अधिकार है। विल किमलिका मानते हैं कि मूल आदिवासियों को स्वशासन और अपनी जमीन का हक है। पारंपरिक उदारवादी अधिकारों के साथ उन्हें यह अधिकार देना जरूरी है। ऐसा न होने से वे अपनी सामुदायिक संस्कृति खो देंगे। वे उन संदर्भों को खो देंगे जिनमें वे अपनी व्यक्तिगत आजादी का सार्थक उपयोग कर सकते हैं। जॉन बर्न का मानना है कि किमलिका ने सांस्कृतिक आधार पर इसे जरूरी माना है, लेकिन आदिवासियों के कुछ ऐसे भी अधिकार हैं, जैसे–प्रकृति, वन और जमीन से जुड़ी उनकी जीविका का अधिकार। भारतीय संविधान ने आदिवासियों को ये अधिकार पहले से ही दे रखे हैं। इसके बावजूद राष्ट्रीय विकास के नाम पर प्राकृतिक संसाधनों और जंगलों का दोहन किया जा रहा है। सदियों से उनकी रक्षा कर रहे आदिवासियों को विस्थापित किया जा रहा है, जो काम औपनिवेशिक दौर में साम्राज्यवादी हितों की पूर्ति के लिए किया जाता था।

इन दिनों कई इलाकों में आदिवासी जंगल पर अपने अधिकार को लेकर संघर्ष कर रहे हैं। इसमें कोई शक नहीं कि जिस दिन पृथ्वी से आदिवासी खत्म हो जाएंगे, प्रकृति और पर्यावरण का संतुलन पूरी तरह गड़बड़ा जाएगा। पूरी पृथ्वी और मानवजाति खतरे में पड़ जाएगी। उत्तराखंड, कश्मीर, नेपाल आदि जगहों पर घटित भयानक प्राकृतिक आपदाओं को एक चेतावनी के रूप में लेना चाहिए। प्रकृति के साथ सामंजस्य बनाने वाली, इसकी समझ रखने वाले और इसके नियमों का पालन करने वाली आदिवासी-जीवन-शैली के तत्वों से सामंजस्य के बिना पर्यावरण के बढ़ते हुए असंतुलन को रोका नहीं जा सकता।

जंसिता केरिकेट्टा

अधिक जानकारी के लिए :

1. Tribes, Land and Environment : Sarah Krakoff, Ezra Rosser (Ed.) 2012, **2. Environment and Tribes in India : Resource Conflicts and Adaptations :** Vineetha Menon, 2012

विकास, बाजार और आदिवासी

विकास और बाजार दोनों एक-दूसरे के पर्याय हैं और आदिवासी इन दोनों का विलोम। आदिवासी समाज की आर्थिक-सांस्कृतिक संरचना प्रकृति के साहचर्य के कारण जरूरत भर विनिमय की रही है यानी लेने और देने की; खरीदने और बेचने

की नहीं। खरीदना और बेचना पूंजीवादी व्यवस्था है, जिसमें उत्पादन के साधनों का स्वामित्व एक छोटे-से वर्ग के हाथ में केंद्रित रहता है और शेष वर्ग आजीविका के लिए पूर्णतः अपने श्रम की बिक्री पर निर्भर रहता है। इस व्यवस्था के लिए बाजार अनिवार्य होता है, जहां पूंजी श्रम एवं अन्य संसाधनों के बीच खरीद व बिक्री के जरिए सक्रिय रहती है। बाजार लागत पूंजी को लाभगत पूंजी में बदलता है और लाभ के लिए जरूरी होता है कि श्रम एवं कच्चे माल का भुगतान जितना हो सके, जिस कीमत पर हो सके, न्यूनतम किया जाए। उत्पादक श्रमिक समूह लाभ के लिए किए जाने वाले दोहन और लूट के प्रति असहिष्णु न हो जाएं, इसके लिए उनके अधि-भौतिक जगत का सांस्कृतिक अनुकूलन किया जाता है और उन्हें आश्वस्त किया जाता है कि जो कुछ भी हो रहा है, वह उनके 'विकास' के लिए ही है। पूंजीवादी अर्थव्यवस्था के अनुरूप समाज के सांस्कृतिक अनुकूलन में धर्म, दर्शन, भाषा, संस्कृति आदि को कारगर हथियार की तरह इस्तेमाल किया जाता है, ताकि भौतिक संपत्तियों के निजीकरण को वैध बनाए रखा जा सके।

आदिवासी अर्थ-संरचना चूंकि पूरी तरह से सह-अस्तित्व पर आधारित है, इसलिए वहां पूंजी के बजाय श्रम एवं संसाधनों के विनिमय का प्रचलन है। स्वामित्व का निषेध है और निजी संपत्ति की कोई संकल्पना नहीं है। स्वामित्व और संपत्ति के नहीं रहने से तथा संसाधनों पर सबका हम समान होने के कारण आदिवासी समाज में न कोई मालिक (शासक) और मजदूर (शासित) होता है और न ही कोई क्रेता और विक्रेता। इसी वजह से उनकी आर्थिक संरचना में बाजार के लिए भी कोई जगह नहीं है। ऐसी स्थिति में आदिवासी समाज को उस विकास की जरूरत नहीं होती, जिसका दावा संसाधनों पर वर्चस्व जमाए कुछ समृद्ध अल्पसंख्यक लोग गरीब बहुसंख्यक लोगों के लिए करते हैं। इस दावे में निहित निजी लाभ-हित को छुपाने के लिए यही स्थापित किया जाता है कि विकास राष्ट्रहित में और सबके लिए जरूरी है। आदिवासी संरचना में विकास का अर्थ समाज के किसी छोटे या बड़े हिस्से और सिर्फ मनुष्यों के लिए नहीं होता, बल्कि वह समष्टि के सभी अंगों-उपांगों के लिए होता है। प्रकृति और ज्ञान-विज्ञान के नित नए तकनीकी आविष्कार और कौशल से प्राप्त भौतिक उपलब्धियों का एक समान वितरण और उपभोग इनकी विशेषता होती है। अपने इस सहजीवी और समतामूलक व्यवस्था के कारण आदिवासियों की संगति किसी भी रूप में बाजार और विकास वाली पूंजी केंद्रित व्यवस्था के साथ नहीं बैठ पाती और वे 'मुख्यधारा' में शामिल होने से इन्कार करते हैं।

अठारहवीं सदी में हुए औद्योगिक विकास के बाद से बाजार की जरूरतें बढ़ती चली गईं और बीसवीं सदी के अंत तक आते-आते इस कदर बढ़ गईं कि पूंजी की सक्रियता बाधित होने लगी। इस बाधा (मंदी) से उबरने के लिए मुक्त बाजार अर्थव्यवस्था की प्रणाली पेश की गई। कहा गया कि विकास के लिए ग्लोबल पार्टनरशिप जरूरी है और इसके लिए अर्थव्यवस्था को बाधित करने वाली नीतियों को उदार बनाया जाना चाहिए। नतीजतन भारत जैसे सारे देश भूमंडलीकृत हो चले हैं और वे सारी आर्थिक नीतियां, जो सामाजिक हितों की रक्षा करती थीं और जो मुक्त बाजार अर्थव्यवस्था के वैश्विक प्रसार में बाधा पहुँचा रही थीं, हटा दी गई हैं।

स्थानीय नियंत्रणों (आर्थिक नीतियों) के हटते ही बेलगाम बाजार पहले से कहीं ज्यादा खूंखार हो गया। बाजार की जरूरतों के सारे कच्चे संसाधन अधिकांशतः उन प्राकृतिक क्षेत्रों में ही हैं, जहां आदिवासी रहते हैं। नतीजतन आज आदिवासी आर्थिक भूमंडलीकरण, सांस्कृतिक भूमंडलीकरण, राजनीतिक भूमंडलीकरण, धार्मिक भूमंडलीकरण, नस्लीय व लैंगिक भूमंडलीकरण और भाषाई भूमंडलीकरण की चपेट में हैं। इस चपेट से बचने के लिए वे लगातार संघर्षरत हैं और छापामार लड़ाइयों के जरिए अपनी असहमतियां व्यक्त कर रहे हैं। वहीं बाजार (वैश्विक कंपनियां) सरकारी संरक्षण में संवैधानिक और असंवैधानिक सैनिक-अर्धसैनिक

बलों के जरिए उन पर और उनके संसाधनों पर काबिज होने के हर तिकड़म में लगा है।

दरअसल, बाजार, विकास और आदिवासी के बीच का मुख्य अंतर्विरोध पूंजी और मुनाफा आधारित वह व्यवस्था है, जिससे सभी प्रकार की असमानताओं और विकृतियों का जन्म होता है, उन्हें स्थायित्व मिलता है। श्रम और आजीविका ही नहीं वरन जैव विविधता एवं प्रकृति के समस्त अवयवों के बीच पूंजी और बाजार के हस्तक्षेप को आदिवासी पूर्णतः अस्वीकार करते हैं। उन्नीसवीं शताब्दी के ब्रिटिश दस्तावेज, जहां आदिवासियों के बीच बाजार ले जाने के औपनिवेशिक शासकों की व्याकुलता प्रगट करते हैं, वहीं बाजार के निषेध और उससे सावधान रहने की आदिवासी सचेतनता को भी दर्ज करते हैं। खनन, उद्योग, बड़े बांधों और नगरीकरण का आंतरिक चरित्र मूलतः प्राकृतिक संतुलन, जैव विविधता और इनसानी समता को नष्ट करने वाला है, इसे आदिवासी बखूबी समझते हैं। इसलिए बाजार और विकास की आधुनिक अवधारणा के खिलाफ आदिवासी सचेतनता, विमर्श और संगठित संघर्ष कोई नई परिघटना नहीं है, बल्कि यह भूमंडलीकरण की प्राथमिक अवस्था से लेकर आज की चरम अवस्था तक के सभी दौरों में एक समान तीव्रता के साथ अभिव्यक्त होती रही है। अपने सामुदायिक, सहजीवी और 'पूंजी', 'बाजार' तथा 'लाभ' रहित समतामूलक सामाजिक-आर्थिक संरचना एवं दर्शन के कारण 'अमानवीय' और 'अप्राकृतिक' विकास की आधुनिक अवधारणा से उनकी संगति कभी नहीं बन सकती।

वंदना टेटे

विकेंद्रीकरण

विकेंद्रीकरण की धारणा फ्रांसीसी क्रांति के बाद तब यूरोप के अस्तित्व में आई, जब राज्य शासन, सरकारी क्रियाकलापों तथा नौकरशाही को लोकतांत्रिक ढांचा देने की जरूरत महसूस हुई। इससे शासन प्रबंध, व्यापार, टेक्नोलोजी, शिक्षा आदि कई क्षेत्रों में एक नए सिद्धांत का निर्माण हुआ। मुगल शासन में अकबर ने विकेंद्रीकरण की नीति की शुरुआत की थी। उसके एक प्रमुख प्रवक्ता एलेक्सी डे तोक्येविले ने लिखा है, 'विकेंद्रीकरण सिर्फ एक प्रशासनिक मूल्य नहीं है, बल्कि यह नागरिक जीवन का आभास है, क्योंकि यह सार्वजनिक मामलों में रुचि लेने की 'प्रवृत्ति' लोगों में बढ़ा देता है। यह उन्हें अपनी स्वतंत्रता का इस्तेमाल करना सिखाता है और इससे केंद्रीय सरकार के दावों के विरुद्ध कुशल व्यवस्थाओं का जन्म होता है।' पिपरे-जोसेफ प्रूधां (1809-1865) ने भी राजनीतिक संघवाद या विकेंद्रीकरण का पक्ष लिया।

ई एफ शुमाखर ने 'स्मॉल इज ब्यूटिफूल' (1973) में जो लिखा था, उस पर लियोपोल्ड कोर की पुस्तक 'द ब्रेकडाउन ऑफ नेशंस' का असर था। उसने कहा था 'कुछ भी गलत दिखे तो सोचना चाहिए कि वह बहुत ज्यादा बड़ा है।' इसके बाद डेनियल बेल, एल्विन टॉफलर आदि भी विकेंद्रीकरण के पक्ष में खड़े हुए। 'संयुक्त राष्ट्र विकास क्रार्यक्रम रिपोर्ट' (1999) ने विकेंद्रीकरण के बाद की प्रवृत्तियों को देखते हुए कहा है, 'विकासशील देशों और संक्रमण के दौर से गुजरते देशों ने विकेंद्रीकरण का कोई-न-कोई रूप चुना है। नए और निजी क्षेत्र को बुनियाद सेवाएं देने के लिए सरकारें साझेदार बनने में गहरी रुचि ले रही हैं। स्थानीय प्रशासनों को अधिक सक्रिय करना इधर की नई समाजिक प्रवृत्ति है। यह विकेंद्रीकरण शासन पर अविश्वास भी है। इसका एक नतीजा दुनिया में पृथकतावादी ताकतों का उभरना है।' इस तरह विकेंद्रीकरण ने एक नई राजनीतिक अंतर्वस्तु के रूप में पिछली दो सदियों में एक बड़ी भूमिका निभाई, जिससे नए देशों, नए राज्यों और नई व्यवस्थाओं का निर्माण हुआ।

भारत में उदार राष्ट्रवादी विकेंद्रीकरण के समर्थक काफी लोग थे। गांधी ने कहा था, 'मेरा विश्वास है कि प्रांतों की सीमारेखाओं का सही आधार भाषाएं हैं, पर मुझे कोई एतराज नहीं है अगर एक ही भाषा बोलने वाले राज्य दो हो जाएं, बशर्ते कि

भौगोलिक दृष्टि से एक-दूसरे के साथ सटे न हों। (हरिजन, 1942)। अंग्रेजों ने सिर्फ औपनिवेशक प्रशासनिक सुविधा के दृष्टिकोण से भारत को प्रांतों में बांटा था। कांग्रेस ने राजनीतिक के साथ सांस्कृतिक आधार को महत्व देते हुए भाषावार पुनर्गठन स्वीकार किया। उस समय एक चिंता व्यक्त की जा रही थी कि केंद्राभिमुखी प्रवृत्तियों को दबाकर केंद्रापसारी ताकतें ज्यादा मजबूत हो रही हैं, 'पूरे भारत के बारे में कोई नहीं सोचता।' (हरिजन, 1947)।

आजादी मिलने के बाद गांधी ने अपनी इच्छा व्यक्त की थी, 'मेरी धारणा है कि सभी प्रांतों के लोग भारत के हैं और भारत उन सबका है। शर्त यह है कि कोई आदमी किसी दूसरे प्रांत में उसका शोषण करने, उस पर शासन करने या उसके हितों को क्षति पहुंचाने के इरादे से जाकर बस नहीं सकता।' (हरिजन, सितंबर 1947)। दो सप्ताह बाद इन्होंने यह भी स्पष्ट कर दिया था, 'अनन्य प्रतिवाद हमारे जीवन के लिए अभिशाप है। सच पूछा जाए तो मेरे प्रांत की सीमारेखा भारत की सीमारेखा तक फैली होनी चाहिए ताकि अंततः वह समूची दुनिया को अपने में समेट सके। यह नहीं होगा तो सब कुछ नष्ट हो जाएगा।' (वही, सितंबर 1947)। गांधी की विकेंद्रीकरण अवधारणाओं ने प्रांतीयता, राष्ट्रीयता और वैश्विकता के एक सार्थक त्रिभुज-सिद्धांत का निर्माण कर दिया था, जो आगे भी लड़खड़ाते हुए बना रहा है।

हर बहुसांस्कृतिक देश में विकेंद्रीकरण लोकतंत्र की एक अनिवार्य शर्त है। यह बहुसंख्यक के इकहरे शासन से अल्पसंख्यक हाशियाकृत समाजों से रक्षा करता है। दूसरी तरफ-विकेंद्रीकरण की नकारात्मक प्रवृत्तियां उग्र-क्षेत्रीयतावाद और पृथकतावाद पैदा करती है। इसलिए एक विकसित सवैधानिक ढांचे में लोकतांत्रिक मिले-जुलेपन और विकेंद्रीकरण के बीच सामंजस्य पर ही किसी महान राष्ट्र का भविष्य निर्भर करता है। यह मामला सिर्फ प्रशासनिक ही नहीं है, इसलिए विकेंद्रीकरण के साथ 'विविधता में सांस्कृतिक एकता' का सिद्धांत जुड़ा हुआ है। यह जातीय, पुराजातीय, धार्मिक और सामाजिक विविधता है जिसे मान्यता दिए बिना न विकेंद्रीकरण सफल हो सकता है, न लोकतंत्र और न राष्ट्र।

भारतीय संविधान के छठे अनुच्छेद की धारा 371 द्वारा जनजातियों की स्वतंत्रता और उनकी संस्कृतियों को संरक्षण दिया गया है। एक उदाहरण है, यदि स्वतंत्र बोडों को मान्यता दी गई है तो इसके साथ उस क्षेत्र के उन लोगों के सांस्कृतिक प्रतिनिधित्व का भी संरक्षण किया गया है, जो बोडों में नहीं हैं। किसी संघीय ढांचे के निरंतर पुनर्गठन के बावजूद नए राज्यों में भी भाषा, संस्कृति, धर्म आदि के आधार पर ऐसे अल्पसंख्यक समूहों की उपस्थिति बनी होती है। वे अपने लिए अलग राज्य की मांग नहीं कर सकते। उन्हें संविधान की धारा 29 की 345 और 347 उपधाराओं के अनुसार अपनी भाषा, संस्कृति और धर्म के संरक्षण की सुविधाएं मिली हुई हैं। उत्तर-पूर्व के राज्य मेघालय, त्रिपुरा, मिजोरम, नागालैंड आदि राज्य बनें, हिन्दी क्षेत्र में नए राज्य बने, तेलंगाना बना। संघवाद का निरंतर पुनर्गठन कहां तक लोकतंत्र को नवजीवन देने के लिए है, कहां तक भाषा-संस्कृतियों के विकास के साथ राजनीतिक-आर्थिक संदर्भों में उत्थान लाता है, किस हद तक अल्पसंख्यक हो गए जनसमूहों को पराएपन के बोध से बचाता है, इस पर निर्भर करता है कि विकेंद्रीकरण महज पृथकतावाद है या एक अर्थपूर्ण राजनीतिक मूल्य।

शंभुनाथ

अधिक जानकारी के लिए :
1. Conflict Resolution in Multicultural Societies : The Indian Experience : Jhumpa Mukherjee, 2015, **2. The Encyclopedia of Libertarianism :** Ronald Harnowy, 2008, **3. The Coming of Post Industrial Society :** Daniel Bell, 2008

विखंडन

विखंडन (Deconstruction) मूलतः एक आत्म-विरुद्ध धारणा की तरह है, जो इस महावाक्य से स्पष्ट हो जाता है, 'विखंडन खुद

को विखंडित करने का नाम है।' अतः इसे एक पारिभाषिक पद के रूप में ग्रहण न करते हुए स्थिति या संदर्भ पर आधारित निरंतर परिवर्तनीय प्रक्रिया की तरह देखना बेहतर होगा। इसे व्यवहारमूलक एवं प्रयोजनमूलक अर्थों के आधार पर मुख्यतः निम्न क्षेत्रों से संबद्ध करके व्याख्यायित किया जाता है : (1) पाठ की नई पद्धति के रूप में, (2) आलोचना की नई दृष्टि के रूप में और (3) अर्थमीमांसीय व्याख्या की विशेष प्रक्रिया के रूप में। यहां स्पष्ट करना जरूरी है कि जॉक देरिदा ने विखंडन को उन अर्थों में एक 'पद्धति', 'आलोचना' या 'व्याख्या' न मानने का आग्रह किया है, जिन अर्थों में अमूमन इन शब्दों का प्रयोग किया जाता है। टेरी ईगल्टन ने स्पष्ट किया है कि विखंडन का अर्थ वह है, जिस अर्थ में इसके प्रयोक्ता इसका इस्तेमाल करते हैं, जैसे—अमेरिका के बौद्धिक जगत के लिए इसका अर्थ मूलतः राजनीतिक है। उनका कहना है, 'देरिदा ने स्वयं देखा कि अमेरिकी लोग विखंडन को मुख्यतः राजनीतिक और आर्थिक क्षेत्र से संबद्ध करके समझते हैं।' इस तरह देरिदा का विखंडन पढ़ने की एक नई तकनीक का विकास करने से अधिक अर्थ रखता है। उनके लिए विखंडन अंततः एक राजनीतिक विचार प्रणाली है जो उस तर्कपद्धति को उखाड़ फेंकती है, जिससे एक विशिष्ट राजनीतिक व्यवस्था, इसके साथ खड़ी राजनीतिक सामाजिक संस्थाएं शक्ति पाती हैं।

जॉक देरिदा का विखंडन एक पाठ-केंद्रित अवधारणा है। उनकी निगाह में भाषा में रचित हर पाठ विखंडनीय होता है। इस संदर्भ में उनके कुछ कथन महावाक्य बन गए हैं, जो इस प्रकार हैं, 'पाठ का बाहर नहीं होता' (उनके कथन का यह अनुवाद 'पाठ के बाहर कुछ नहीं होता' गलत है)। पाठ क्या है? वह सदैव विखंडनीय क्यों बना रहता है, इस बाबत उनका मत है : एक पाठ तब तक पाठ नहीं कहलाता, जब तक वह अपने आद्य रूप से, आद्य दृष्टि से, अपने निर्माता के नियमों से तथा उसके खेल के नियमों से खुद को छिपा नहीं लेता, हालांकि इसके नियम और कानून किसी अगम्य गोपनीयता में शरण लेने वाले नहीं होते कि हम कभी उन तक पहुंच ही न सकें।

उपर्युक्त उदाहरणों को सामने रखने पर यह बात समझी जा सकती है कि विखंडन गहराई में पाठ के भीतर से उसके ऐसे अर्थों तक पहुंचने की प्रक्रिया है जो उस पाठ को रचने वाले नियमों को 'पढ़' सकते हों और उनके 'पार' झांक सकते हों।

इसका अर्थ यह है कि किसी भी पाठ को पाठ की शक्ल देने का काम भाषा के ऐसे नियम करते हैं जिनका समाज में 'वर्चस्व' होता है। ये नियम ही भाषा-पाठ के नियम होते हैं, सामाजिक और राजनीतिक संरचनाओं को गढ़ते हैं और संस्थाओं का कारण होते हैं। देरिदा देख पा रहे थे कि इस 'वर्चस्वी व्यवस्था' की वजह से कुछ संरचनाएं-व्यवस्थाएं हाशिए पर धकेल दी जाती हैं या उन्हें गौण बना दिया जाता है। इसलिए उन्होंने सोचा कि कैसे वर्चस्वी संरचनाओं में जन्म लेने वाले अर्थों को केंद्र से हटा दिया जाए और इनकी जगह उन अर्थों को ले आया जाए, जो हाशिए पर हों या जिन्हें गौण बना दिया गया हो। पढ़ने का यह तरीका विखंडन कहलाया। देरिदा का चिंतन भाषा में 'वर्चस्वी-गौण' संरचनाओं के द्विभाजन से आरंभ होकर लगातार विकास करता चला जाता है।

देरिदा के विखंडन के प्रेरकों को दो श्रेणियों में विभाजित किया जा सकता है : (i) दार्शनिक स्रोत (एडमंड हसर्ल, सोरेन कीर्केगार्द, मार्टिन हाइडेगर, नीत्शे)। (ii) भाषाशास्त्रीय स्रोत (फर्डीनेंद सास्यूर, रोलां बार्थ, विटगेंस्टीन)। कुछ विद्वानों की राय के मुताबिक देरिदा का 'विखंडन' हाइडेगर के विनाश (डिस्ट्रक्शन) के सिद्धांत का अगला चरण है। हाइडेगर ने 'तत्वमीमांसा के इतिहास' के विनाश की बात उठाई है। इसका अर्थ है कि आधिभौतिक रूप में या ईश्वरीय अथवा प्राकृतिक रूप में कोई मूल तत्व ऐसे नहीं हैं, जिनका इतिहास हमारा ज्ञान के संदर्भ में सार्वभौम हो। सभी आधारभूत तत्वों पर सवाल उठाए जा सकते हैं। वे हमारा अतीत भर होते हैं। उनके आधार पर हम अपने भविष्य को रचते

रहते हैं। वर्तमान में हमारा 'होना' न पूरी तरह अतीत पर निर्भर है, न भविष्य पर। यह 'होना' एक सतत प्रक्रिया की तरह है, जिसकी जटिलता को तात्विक सरलीकरणों की भेंट नहीं चढ़ाया जा सकता।

देरिदा इस चिंतन को आगे ले गए। उन्होंने भाषा-पाठों को अपने विवेचन का आधार बनाया। उन्होंने यह बात रेखांकित की कि भाषा-पाठों के जिन अर्थों को हम आमतौर पर ग्रहण करते हैं, वे परंपरा से स्थापित आधिभौतिकीय तत्वों के सार्वभौम मान लिए गए नियमों पर आधारित होते हैं। 'ईश्वर', 'प्रकृति' या 'मनुष्य' की ऐसी धारणाएं आधार का काम करती हैं, जिन्हें कभी परिभाषित नहीं किया जा सकता। इनके आधार पर जो अर्थ स्थापित होते हैं, वे 'विरोधी अर्थों' को गौण बनाकर अपना वर्चस्व कायम कर लेते हैं, जैसे—ईश्वर के विरोध में प्रकृति या भौतिक जगत को गौण बनाकर रख लिया जाता है। मनुष्य के विरोध में पशु को गौण बनाकर अर्थ ग्रहण कर लिया जाता है। देरिदा ने साफतौर पर कहा कि पश्चिम के सभी भाषा-पाठ पितृसत्ता से संबद्ध अर्थों को स्थापित करते हैं। वहां गोरी नस्ल के लोग सभ्य हैं और बाकी दुनिया असभ्य और बर्बर है। अतः हमें सही अर्थों की तलाश में वर्चस्वी अर्थों को एक ओर हटाकर गौण तथा हाशिए पर पड़े अर्थों को सामने लाना चाहिए। देरिदा का यह सिद्धांत भाषा के द्विभाजनों की विरोधमूलकता के आधार पर वर्चस्वी अर्थों के विखंडन का सिद्धांत बन जाता है।

हाइडेगर से देरिदा इस अर्थ में भिन्न है कि जहाँ हाइडेगर 'होने' की मौजूदगी को खोजते हैं, वहां देरिदा 'होने' के वर्चस्वी रूप को परे हटाकर 'न होने' के गौण अर्थ को भी अहमियत देते हैं।

इसी तरह हसर्ल के अभिप्रायार्थ (इंटेशनलिटी) को भी विखंडन की आधारभूमि की तरह देखा जाता है। हसर्ल का 'अभिप्रायार्थ' का सिद्धांत कहता है कि भाषा का इस्तेमाल वस्तुओं के यथार्थ की खोज से जुड़ा नहीं होता। भाषा वस्तुओं के यथार्थ का प्रतिनिधित्व नहीं करती, बल्कि वस्तुओं के यथार्थ से जुड़े अभिप्रायार्थ का गठन करती है। हम भाषा की मार्फत जो ग्रहण करते हैं, वह हमारे सोच की एक अलग दुनिया होती है, जो वस्तुगत यथार्थ से अलग तरह की होती है। इसका मतलब यह है कि भाषा-पाठ में मौजूद अर्थों को हमें पाठगत यथार्थ भर मानना चाहिए। देरिदा यही करते हैं। वे पाठ के भीतर मौजूद अभिप्रायार्थ को देखते हैं। उसे बाहरी यथार्थ से अलग तरह का यथार्थ मानते हैं। पर हसर्ल से देरिदा इस अर्थ में अलग हैं कि वे केवल भाषा-पाठीय अभिप्रायार्थ की मौजूदगी तक खुद को सीमित नहीं रखते। वे इससे आगे जाते हैं, वे अभिप्रायार्थ में वर्चस्व द्वारा गौण बना दिए गए अर्थों को भी खोजते हैं और उन्हें ग्राह्य बनाते हैं।

सास्यूर के भाषा विज्ञान से देरिदा 'संकेत व्यवस्था' को चुनते हैं। भाषा संकेतक है और वस्तुगत यथार्थ संकेतित। पर जो संकेतित अर्थ है वह वस्तुगत यथार्थ से अलग होता है। सास्यूर शब्द और अर्थ के आपसी रिश्ते को इच्छित (आरबिट्ररी) मानते हैं। देरिदा यहां सास्यूर से अपने को अलग करते हैं। वे भाषा की गहराई में उतरते हैं। वे पाते हैं कि संकेतित अर्थ पूरी तरह इच्छित अर्थ नहीं होते। उनका कहीं-न-कहीं उन मूल अर्थों से रिश्ता जुड़ा रहता है, जो उस भाषा के पहले के प्रयोक्ताओं ने उसे दिया था। इन मूल अर्थों तक पहुंचाने की एक पद्धति संस्कृति में प्रचलित रहती है। देरिदा मूल अर्थों की तलाश में व्युत्पत्तियों में लौटे। उन्होंने यहां से एक और नियम खोजा जिसे एक जापानी मित्र को लिखे पत्र में उन्होंने 'ट्रेस मीनिंग' कहा है। वे कहते हैं कि शब्दों का हम चाहे जिन इच्छित अर्थों में प्रयोग करें, उनके भीतर मूल अर्थ का संस्कार (ट्रेस) हमेशा मौजूद रहता है।

विखंडन के सिद्धांत के विविध चरणों को निम्न रूप में देखा जा सकता है :

(i) विखंडन भाषा-पाठ केंद्रित सिद्धांत है। उसके लिए भाषा-पाठ का लिखित रूप ही विवेचन का एकमात्र आधार है।

(ii) भाषा-पाठ के लिखित रूप को महत्व देना इसलिए जरूरी होता है, क्योंकि भाषा मध्यकाल तक उच्चरित रूप में धार्मिक या दैवी वर्चस्व को कायम

रखती चली आई है। भाषा का लिखित पाठ उच्चरित रूप वाले वर्चस्व को बर्खास्त करता है।

(iii) नीत्शे ने भूमिगत जीवन को गौण बनाकर दैवी वर्चस्व की बात उठाई थी। देरिदा का विखंडन सभी वर्चस्वी अर्थों को निरस्त कर सतह के नीचे के भूगर्भीय अर्थों को सामने लाता है।

(iv) वर्चस्व को निरस्त करने के लिए शब्दों के अर्थों को उनके विरोधी अर्थों वाले शब्दों के सामने रखा जाता है, जैस—ब्लैकबोर्ड पर सफेद खड़िया तभी पढ़ी जाती है, जब आसपास का बोर्ड काला हो। सफेद के अर्थ में काले का अर्थ अभावगत अर्थ की तरह मौजूद रहता है। इस तरह मौजूद अर्थों को उससे संबद्ध अभावगत अर्थों द्वारा निरस्त कर वर्चस्व का विखंडन किया जाता है।

(v) मौजूद और अभावगत अर्थ भाषा में ऊपर-नीचे के सिलसिले की तरह पड़े होते हैं। बात इतनी ही है कि आप किसे महत्व देते हैं, जैसे—भारत में अगर भाषा ब्राह्मण के वर्चस्व को दिखाती है तो ऊपर से नीचे की ओर शेष सभी जातियों के अर्थ भी वहां गौण रूप में पड़े होते हैं। अतः ऊपर-नीचे के सिलसिले को उलटना हायरर्किकल विखंडन है।

(vi) विखंडन एक लगातार घटित होने वाली प्रक्रिया है। आप एक अर्थ के वर्चस्व को हटाकर दूसरे को वर्चस्वी बनाते हैं। उसका वर्चस्व अन्य गौण अर्थ पैदा करता है। जैसे—दलित विमर्श में दलित वर्चस्वी अर्थ आरक्षण-बाह्य जनसमूहों के अर्थों को गौण करके वर्चस्वी होता है या अन्य जातियों के गरीबी रेखा से नीचे के लोगों से जुड़े अर्थों को हाशिए पर धकेलकर स्थापित होता है। इस तरह विखंडन सामाजिक-राजनीतिक विकास के अनुरूप लगातार बदलती रहने वाली प्रक्रिया है।

(vii) उपर्युक्त रूप में देखने पर लग सकता है कि विखंडन एक अनिश्चयात्मक एवं अराजक अर्थ ग्रहण प्रक्रिया जैसी है, जो कहीं नहीं पहुंचती। देरिदा ने यहां 'अन्य अर्थ' के प्रति दायित्व के निर्वाह को निर्णयात्मक बताया है। इसे हाशिए पर पड़ी दुनिया के प्रति दायित्व निभाने की तरह भी देखा जा सकता है।

विखंडन की आलोचना अनेक रूपों में की जाती है। इसे निषेधमूलक सिद्धांत कहा जाता है। सर्ल ने इसमें मानकों-प्रतिमानों के अभाव को इसकी एक सीमा कहा है। हेबरमास ने भाषा में आधिभौतिकीय अर्थों के अंतःसंरचित होने की बात उठाई है और कहा है कि उनके वर्चस्व को खारिज करना संभव नहीं है, चाहे इस बारे में विखंडन कितने भी दावे क्यों न करे। रोर्टी ने विखंडन को प्राकृतिक विज्ञानों पर लागू न हो सकने वाला बताया है। स्त्री-विमर्श को विखंडन से यह शिकायत है कि इससे किसी के पास कुछ करने लायक दृष्टि पैदा नहीं होती।

विनोद शाही

अधिक जानकारी के लिए :

1. The Ethics of Deconstruction : Simon Critchley, 1992, **2. On Deconstruction : Theory and Criticism After Structuralism :** Jonathan Culler, 1982, **3. Derrida : A Critical Reader :** David Wood, 1992

विचार साहचर्य

कई विचारों में परस्पर घनिष्ठता एक मानसिक परिघटना है, जिसमें एक विचार की उपस्थिति से दूसरे की स्मृति खुद ताजा हो जाती है और दोनों में संबंध बन जाता है, जैसे–किसी एक व्यक्ति को देखते ही उसका नाम याद आ जाना, किसी सुपठित लेखक का नाम सामने आते ही उसकी कृतियों का स्मरण हो आना आदि। यह धारणा सबसे पहले अरस्तु ने 'Association of Ideas' के नियम के आधार पर प्रस्तावित की थी। वस्तुतः उच्चतर मानसिक क्रियाओं—चिंतन, स्मृति, कल्पना, वैचारिक सूत्रीकरण आदि मामलों में विचार साहचर्य एक मानसिक परिघटना के तौर पर देखने को मिलता है। जेम्स मिल (1773-1836) ने इस आधार पर साहचर्यवाद की धारणा व्यक्त की।

अरस्तु के अनुसार, विचार साहचर्य के तीन नियम हैं–1. समानता के नियम अर्थात समानता के आधार पर एक विचार के साथ दूसरे विचार का

स्वतः उपस्थित हो जाना, 2. विरोध का नियम अर्थात विरोधी विचार का उपस्थित होना और 3. समीपता का नियम अर्थात नजदीक के विचारों का उपस्थित होना। संपूर्ण मानसिक व्यापार ही अंतःसंपर्कों के संजाल से संबद्ध है। यह एक निरंतर, अरेखीय, बहुआयामी और गतिशील परिघटना है। कुछ भी सीखने के क्रम में विचार साहचर्य एक महत्वपूर्ण भूमिका निभाता है और यह खुद भी अधिक उन्नत अवस्था प्राप्त करता जाता है।

दिनेश कुमार शर्मा

विचारधारा

अंग्रेजी शब्द (Ideology) का हिंदी अनुवाद विचारधारा है। फ्रांसीसी दार्शनिक देस्तु द त्रासी ने सबसे पहले इसके फ्रांसीसी प्रतिशब्द (Ideology) का 1797 में इस्तेमाल किया था। इसे उन्होंने विचारों के विज्ञान के अर्थ में प्रस्तावित किया था। ज्ञानशास्त्र और भाषा सिद्धांत में इसका यही अर्थ उन्नीसवीं सदी से पहले तक समझा जाता रहा। पश्चिमी दुनिया में इसके अर्थों में समय-समय पर बदलाव आते रहे हैं। रेमंड विलियम्स ने 'की वर्ड्स' में बताया है कि नेपोलियन बोनापार्ट ने इसका नकारात्मक प्रयोग लोकतंत्र के समर्थकों के लिए किया था, क्योंकि उसके मुताबिक ये 'जनता को ऐसी सत्ता प्रदान करते हैं जिसका प्रयोग करने में वह अक्षम होती है।' इसी प्रसंग में ज्ञानोदय के सिद्धांतों को 'आइडियोलॉजी' कहा गया था। उसके बाद से इसका प्रयोग नकारात्मक अर्थ में समूची उन्नसवीं सदी में होता रहा।

आज समाजवादी या लोकतांत्रिक नीतियों के जरिए समाज में सचेत बदलाव की कोशिशों के लिए विचारधारा शब्द का इस्तेमाल किया जाता है। क्रांतिकारी प्रयासों को भी विचारधारा से प्रतिबद्ध कहने का चलन रूढ़िवादी हलकों में इसी अर्थ के कारण है। विचारधारा के नकारात्मक अर्थ का विस्तार हुआ तो अमूर्त, अव्यावहारिक या सिनिकल सिद्धांत के संकेत भी इससे निकलने लगे।

मार्क्स-एंगेल्स ने 'जर्मन विचारधारा' में अपने समकालीन विद्रोही विचारकों की आलोचना के लिए विचारधारा के इसी 'अमूर्त' अर्थ को ग्रहण किया। उनके अनुसार, किसी भी युग के प्रभुत्वशाली विचार उस युग के प्रभावी भौतिक संबंधों की वैचारिक अभिव्यक्ति होते हैं। यथार्थ की जगह इन प्रभावी भौतिक संबंधों को विचार के रूप में पेश किया जाता है। इसलिए इसमें वास्तविक यथार्थ उलटा दिखाई पड़ता है। उनका कहना था कि यह परिघटना ऐतिहासिक जीवन-प्रक्रियाओं से उसी तरह पैदा होती है, जिस तरह हमारे शरीर की बनावट के कारण आंख की रेटिना पर वस्तुओं का उलटा प्रतिबिंब बनता है। इस तरह विचारधारा अमूर्त और झूठी चेतना होती है। शासक वर्ग के विचारक इसके वाहक होते हैं, क्योंकि वे विचारधारा की सच्चाई का भ्रम खड़ा करते हैं। एंगेल्स का यकीन था कि कानून और राजनीति जैसी प्रत्यक्ष विचारधाराएं भी ठोस भौतिक हितों से दूर होती हैं तथा दर्शन और धर्म जैसी उच्च विचारधाराएं तो और भी दूर होती हैं, लेकिन उनका वास्तविक सामूहिक हितों से संबंध होता है।

हालांकि मार्क्स और एंगेल्स के लेखन में ही विचारधारा का इसका एक दूसरा अर्थ भी प्रकट हुआ है। 'राजनीतिक अर्थशास्त्र की आलोचना में एक योगदान' की भूमिका में उन्होंने बताया है कि मनुष्य उत्पादन की भौतिक स्थितियों के रूपांतरण के कार्यभार के प्रति विचारधारा की दुनिया में सचेत होता है। मार्क्स और एंगेल्स ने विचारधारा के सवाल को सिर्फ विचारों के संघर्ष के रूप में नहीं, बल्कि सामाजिक संघर्ष की व्यापक प्रक्रिया के हिस्से के रूप में देखा था। यही कारण है कि लेनिन सहित बाद के मार्क्सवादी विचारकों ने विचारधारा को सकारात्मक रूप में ग्रहण किया। फलतः मार्क्सवाद को एक विचारधारा के रूप में प्रस्तुत किया जाने लगा। लेनिन ने समाजवाद को सर्वहारा वर्ग के संघर्ष की विचारधारा कहा। उनके शब्दों में, 'सर्वहारा के संघर्ष की विचारधारा के रूप में जहां तक समाजवाद है, यह एक विचारधारा के जन्म, विकास और दृढ़ीकरण

की सामान्य स्थितियों से गुजर रहा है अर्थात इसका आधार मानव ज्ञान के सभी उपादानों से है, यह विज्ञान के उच्च स्तर की अपेक्षा करता है, वैज्ञानिक कार्य की मांग करता है आदि...सर्वहारा के वर्ग-संघर्ष में पूंजीवादी संबंधों के आधार पर, सहज रूप से एक तात्विक शक्ति के रूप में, समाजवाद की प्रस्तावना उसके विचारकों द्वारा की जाती है।' ('की वर्ड्स' से उद्धृत)।

लेनिन के उक्त कथन से साफ है कि वे समाजवाद को सर्वहारा वर्ग की विचारधारा के रूप में देखते थे। इससे यह भी साफ है, जैसा कि रेमंड विलियम्स ने लिखा है, सर्वहारा विचारधारा की तरह पूंजीवादी विचारधारा भी होती है यानी प्रत्येक मामले में विचारधारा विचारों की ऐसी व्यवस्था है जो वर्ग विशेष के लिए उपयुक्त होती है। उनके शब्दों में, 'एक विचारधारा दूसरी विचारधारा के विरुद्ध अपने को सही और प्रगतिशील विचारधारा के रूप में प्रस्तुत कर सकती है। निःसंदेह यहां यह कहा जा सकता है कि दूसरी विचारधारा शत्रु विचारधारा का प्रतिनिधित्व करती हो और अपने हितों की सच्ची अभिव्यक्ति होते हुए भी यह सामान्य मानव हितों के लिए असत्य हो'।

विचारधारा शब्द में निहित अनेकार्थता को रेखांकित करते हुए टेरी ईगलटन ने अपनी किताब 'आइडियोलॉजी : ऐन इंट्रोडक्शन' में विचारधारा के अनेक अर्थ गिनाए हैं जो व्यवहार में प्रचलित हैं– 1. सामाजिक जीवन में अर्थ, चिह्न और मूल्य पैदा होने की प्रक्रिया; 2. विशेष सामाजिक समूह या वर्ग से जुड़े हुए विचार समूह; 3. प्रभुत्वशाली राजनीतिक सत्ता को वैधता देने में सहायक विचार; 4. इसी तरह के छद्म विचार जो प्रभुत्वशाली राजनीतिक सत्ता को वैधता देने में सहायक हों; 5. व्यवस्थित विकृत संप्रेषण; 6. किसी कर्ता को हैसियत प्रदान करने वाला; 7. सामाजिक हितों से प्रेरित चिंतन के रूप; 8. अस्मिता चिंतन; 9. सामाजिक रूप से आवश्यक भ्रम; 10. विमर्श और सत्ता का संयोग; 11. ऐसा माध्यम जिसमें सचेत सामाजिक अभिकर्ता अपनी दुनिया के बारे में सचेत होते हैं; 12. सक्रिय करने वाले विश्वास-समूह; 13. भाषिक और परिघटनात्मक यथार्थ का भ्रम; 14. ऐसा अपरिहार्य माध्यम जिसमें व्यक्ति किसी सामाजिक संरचना में अपने संबंध निभाते हैं; 15. सामाजिक जीवन को प्राकृतिक यथार्थ में बदलने वाली प्रक्रिया। टेरी ईगलटन की इस सूची से स्पष्ट है कि विचारधारा को सभी विचारक किसी सुनिश्चित परिभाषा में बांध कर नहीं देखते। लेकिन विचारधारा को इतने व्यापक अर्थ संदर्भों में लेने से विचारधारा और विचारों के बीच के अंतर को समझना मुश्किल होगा।

विचारधारा के संदर्भ में ध्यान रखने की जरूरत है कि हर तरह के विचार को हम विचारधारा के रूप में नहीं मान सकते। जब विचारधारा की बात की जाती है तो इसका तात्पर्य यही है कि यह विचारों का ऐसा समूह है जो किसी वर्ग, समुदाय के हितों का प्रतिनिधित्व करता हो। इसका तात्पर्य यह नहीं है कि दो विपरीत विचारधाराओं में सभी तरह के विचार अनिवार्यतः अलग-अलग और विपरीत हों। इसका अर्थ यह है कि एक वर्ग या समुदाय का प्रतिनिधित्व करने वाली विचारधारा के अंतर्गत परिगणित होने वाले बुनियादी विचारों पर उस विचारधारा से जुड़े विचारकों में मतैक्य होता है। इसका यह अर्थ भी होता है कि वह विचारधारा उस वर्ग और समुदाय के सामूहिक हितों का प्रतिनिधित्व करती है।

टॉनी बेनेट के अनुसार, विचारधारा ऐसी प्रक्रिया है जो हमारी पीठ के पीछे चलती रहती है, वह हमारी चेतना का निर्माण और संगठन इस रूप में करती है कि हमें खुद उसका पता नहीं रहता। जैसा कि फ्रांसिसी विचारक अल्थूसर ने कहा है, 'विचारधारा का वह रूप है जिसमें मनुष्य अपने अस्तित्व की परिस्थितियों के साथ अपने संबंधों को 'जीता' है (और) यह वह रूप भी है जिसमें वह अस्तित्व की अपनी परिस्थितियों के साथ अपने संबंध का प्रतिनिधित्व करता है'। आल्थूसर के कहने का तात्पर्य यह है कि मनुष्य की विचारधारा का निर्माण अपनी परिस्थितियों के साथ उसके संबंधों की प्रकृति से तय होता है। यथार्थ के साथ अपने संबंधों की निरंतरता में ही वह अपनी विचारधारा का निर्माण करता है। मनुष्य भले ही अपनी

विचारधारा की पहचान न कर पाए लेकिन इसका अर्थ यह नहीं है कि वह विचारधारा से रहित होता है।

गोपाल प्रधान

अधिक जानकारी के लिए :

1. Keywords a Vocabulary of Culture and Society : Raymond Williams, **2. Ideology : An introduction :** Terry Eagleton, 1991, **3. The German Ideology :** Karl Marx, Friedrich Engels, **4. Ideology and Modern Culture :** John B Thompson, 1990, **5. The End of Ideology : Theory : Illusions and Reality :** Lev Nikolaevich Moskrichev, 1974

विचारधारा का अंत

विचारधारा का अंत की धारणा सर्वप्रथम 1960 में छपी डेनियल बेल की पुस्तक 'द इंड ऑफ आइडियोलॉजी' में आई थी और वह बार-बार चर्चा में आती रही। बेल ने माना था कि 50 के दशक तक उन्नीसवीं और बीसवीं सदी की सभी महान विचारधाराएं चुक गईं। संवेदनशील लोगों के लिए उनका कोई अर्थ नहीं रहा गया। उसी दौर में साठोत्तरी साहित्य अस्तित्व में आया था जो वस्तुतः इतिहास, विचारधारा और समाज के निषेध का साहित्य था।

मास कल्चर के नए दौर में विचारधारा के अंत को पुनःपरिभाषित किया गया और कहा गया कि अब नियंत्रण, गठबंधन और प्रतिरोध का शायद ही कोई स्वरूप बचा हो जिसका विचारधारा से संबंध हो। इस बहस में यह सवाल भी पैदा हुआ कि विचारधारा का क्या अर्थ है और क्या विचारधारा कोई पूर्वनिर्धारित चीज है या यह सामाजिक संघर्ष के बदलते रूपों से बार-बार पुनर्निर्मित होती है। यह धारणा भी सामने आई की बड़ी और महान समझी जाने वाली विचारधाराओं का अंत इसलिए हुआ कि विचारधारा और कर्म में दूरी लगातार बढ़ती गई। विचारधाराएं पाखंड, सर्वसत्तावाद या कट्टरता का ग्रास बन गईं।

विचारधारा के अंत को उत्तर-औद्योगिक समाज के उच्चतर स्तर पर पहुंचने का नतीजा भी कहा गया, जब सामाजिक-आर्थिक संगठन विकास के तत्वों द्वारा बनने लगे, राजनीतिक विचारधाराओं द्वारा नहीं। इसे फूकोयामा के 'इतिहास का अंत' की अवधारणा से जोड़कर भी देखा गया। यह भी कहा जा सकता है कि विचारधारा के पुराने रूपों का अंत विचारधारा का अंत नहीं है, बल्कि विचारधाराओं पर एलीट वर्चस्व का अंत हुआ है और नीचे जमीन से विचारधाराएं पुनर्निर्मित हो रही हैं।

विचारधारा के अंत को हन्ना अरेंत ने 'डार्क टाइम्स' कहा था, जब समाज में मूल्यबोध के लिए कोई स्थान नहीं रह जाता। किसी भी व्यक्ति या राजनीतिक दल का तात्कालिक स्वार्थ के लिए किसी भी व्यक्ति या राजनीतिक दल से गठबंधन हो सकता है। सत्ता में जाने पर राजनीतिक दल विपक्ष में रह कर कही गई अपनी बात से भिन्न आचरण कर सकता है। विचारधारा का दबाव न रह जाने से संस्कृति उद्योगों के मनोरंजन-स्तर में गिरावट आती है। कलाकारों-लेखकों के बीच कृतित्व से बड़ी हो जाती है व्यक्तिगत पसंद-नापसंद। योग्यता की जगह वफादारी ले लेती है।

हेनरी जिरॉक्स ने कहा है कि इक्कीसवीं सदी में उदारवादी मूल्यों के क्षय और विश्व स्तर पर अंध-राष्ट्रवाद के नवोदय ने संस्कृति में एक बड़ा प्रस्थान बिंदु ला दिया है। अमेरिका अपने ही खिलाफ युद्धरत है। राजनीति में गाली-गलौज की भाषा प्रधान हो गई है। ऑनलाइन प्रतिष्ठा प्रबंधन (ओआरएम) द्वारा दुष्ट राजनीतिज्ञ या क्षमतावान व्यक्ति भी अपनी छवि चमका रहे हैं! सोशल मीडिया पर जनमत को नई तकनीक से प्रभावित किया जा रहा है। नागरिकों पर उपग्रहों से निगरानी रखी जा रही है। हर तरफ निर्बुद्धिपरकताओं का महिमामंडन है। नस्ल-धर्म-जाति ही प्रधान मुद्दे बन रहे हैं। सामुदायिक जनसंहार की एक श्रृंखला बन रही है। यह वस्तुतः एक पोस्ट-टुथ परिदृश्य है।

विचारधारा के अंत को उत्तर-विचारधारा भी कहा जा सकता है जो लोकतांत्रिक-वामपंथी

विफलताओं और नैतिक-बौद्धिक पतनशीलता की देन है। बाजार की प्रतिस्पर्धा ने विचारधारा को ताक पर रख दिया है। हर व्यक्ति किसी भी तरह से समझौतावाद का रास्ता अपना कर 'दौड़' में आगे निकल जाना चाहता है।

मीडिया पर कारपोरेट घरानों का बढ़ता नियंत्रण भी विचारधारा के अंत का एक बड़ा कारण बनता जा रहा है, क्योंकि यह जीवन के यथार्थों के प्रति असंवेदनशीलता पैदा करता है और हिंसा का तरह-तरह से महिमामंडन करता है। एक सूचना के अनुसार दुनिया में सबसे अधिक पढ़े जाने वाले अखबार 'गार्जियन' की बिक्री गिरकर 1,50,000 तक पहुंची है और वह एक स्कॉटिश ट्रस्ट से हमेशा सहायता पाते रहने के बावजूद भिक्षा मांग रहा है। अमेजन ने घाटे में चल रहे 'वाशिंगटन पोस्ट' को खरीद लिया है। यह भी उस कॉरपोरेट पूंजी का प्रचारक बनता जाएगा जिसका कोई चरित्र नहीं है। यह वही अमेजन है जिसने भारतीय भावनाओं का खयाल न करके गांधी की छवि वाली चप्पल बेचना शुरू किया था और अमेरिका के भारतीय दूतावास के जरिए इस पर विरोध (2016) दर्ज कराया गया था।

अब मीडिया स्वतंत्र नहीं है। जिस तरह कभी समाचार-पत्र विचारधाराओं का एक बड़ा मंच था, अब ऐसा नहीं है। फेसबुक के निर्माता मार्क जुकरबर्ग ने 2017 में चिंता व्यक्त की कि उसने दरअसल एक वैश्विक जनसमुदाय की कल्पना की थी और सोचा था कि साइबर जनतंत्र एक बड़े सामाजिक मिशन को पूरा करेगा, पर यह सपना टूट गया। सोशल मीडिया के संपर्कवाद ने सामाजिक भिन्नता और व्यक्तिवाद को ज्यादा उकसाया। यह नकली और कृत्रिम सूचनाओं का मंच बन गया। सोशल मीडिया उधर नहीं ले जा पाया, जिधर ले जाना चाहिए। यह भिन्नता और हिंसा की प्रचारभूमि बन गया।

विचारधारा के अंत का राजनीति, बाजार और सामाजिक जीवन में आम घटना बनने को मानवता के सामने एक बड़ी चुनौती के रूप में देखा जा रहा है, क्योंकि ऐसी स्थिति में कोई भी लोकतंत्र सुरक्षित नहीं सकता और सिर्फ फासीवाद ही मार्ग बना सकता है। कई विचारक आशावादी हैं। इतिहास का कोई अंतिम बिंदु नहीं है, इसलिए विचारधारा का अंत भी इतिहास का अंतिम बिंदु नहीं है। इसके लिए लोकतांत्रिक भावनाओं और संस्थाओं को फिर से सुदृढ़ बनाने, शिक्षा की स्वायत्तता पर जोर, तर्क की पुनःप्रतिष्ठा, राजनीति की अपराधीकरण से मुक्ति और कारपोरेट नियंत्रण से मुक्त मीडिया आदि सुधारात्मक कदम के रूप में देखे जाते हैं।

शंभुनाथ

अधिक जानकारी के लिए :
1. The Comming of Post-Industrial Society : Daniel Bell, **2. Communitarianism and its Critics :** Daniel Bell, **3. America at War with Itself :** Henry Giroux

विचाराधीन कैदी

विचाराधीन कैदी (Undertrial Prisoner) ऐसा व्यक्ति है जिसके विरुद्ध अदालत में मुकदमा चल रहा हो या जो न्यायिक हिरासत में भेजा गया हो। जेल सांख्यिकी के अनुसार 2014 में भारत की जेलों में कुल 2,82,879 विचाराधीन बंदी थे जिनमें 12,096 महिलाएं थीं। ऐसे कैदियों में 30 फीसद अशिक्षित और 40 फीसद सिर्फ प्राथमिक स्तर तक शिक्षित हैं जो अपने कानूनी अधिकार से अवगत नहीं होते। पूरे देश में 2014 के अंत तक 0 से तीन महीने तक के विचाराधीन बंदी 34.8 फीसद, 3 से 6 माह तक के 22 फीसद, 6 से 12 माह तक के 17.9 फीसद, 1 से 2 साल तक के 12.8 प्रतिशत, 2 से 3 साल तक के 6.99 फीसद, 3 से 5 साल तक के 4.3 फीसद और 5 साल से ऊपर तक के विचाराधीन कैदी 1.3 फीसद थे। भारत की जेलों में पांच साल से अधिक समय तक मौजूद विचाराधीन कैदियों की संख्या 3,540 है जिन्हें रिमांड पर लेकर जेल में रखा गया है और वे ट्रायल का इंतजार कर रहे हैं। जेल के कैदियों में 63 फीसद विचाराधीन

कैदी हैं। माना जाता है कि न्याय में देरी अन्याय है। न्याय में देरी से हजारों कैदियों की दुर्दशा का अनुमान लगाया जा सकता है।

2010 में भारत के मुख्य न्यायाधीश ने कहा था कि न्याय तंत्र की कमजोरी है कि ऐसे विचाराधीन कैदी बड़ी संख्या में हैं, जिन पर चल रहे मुकदमे में जितनी सजा दी जा सकती है, उससे कहीं अधिक वे फैसले के इंतजार में जेल में रह जाते हैं। सुप्रीम कोर्ट की 'ई-समिति' के एक आंकड़े के अनुसार 30 अप्रैल 2016 तक जिला न्यायालयों में 2.18 करोड़ से ज्यादा मुकदमे लंबित हैं। इन कैदियों के ट्रायल में देरी की एक मुख्य वजह देश की आबादी की तुलना में न्यायाधीशों की संख्या कम होना है। अमेरिका में दस लाख की आबादी पर 111 न्यायाधीश हैं, जबकि भारत में इनकी संख्या 15 है। एक अन्य बड़ी वजह वित्त आयोग द्वारा अदालतों के लंबित मामलों के निबटारे के लिए धन व्यवस्था की अपर्याप्तता है। तेरहवें वित्त आयोग ने विभिन्न राज्यों की अदालतों में ऐसे मामलों के निबटारे के लिए 5000 करोड़ रुपयों का आवंटन किया था, जो 2010-15 के बीच खर्च होना था। यह अपर्याप्त माना गया है। वर्तमान जमानत प्रणाली में भी व्यापक सुधार की जरूरत है क्योंकि वर्तमान प्रणाली से गरीब और वंचित लोग लाभ नहीं उठा पाते। इन चीजों के अलावा अदालतों और पुलिस विभाग में व्यापत भ्रष्ट ाचार भी कैदियों की दुर्दशा की एक मुख्य वजह है।

विचाराधीन कैदियों के संबंध में एक कानून है कि उन्हें उससे अधिक विचाराधीन कैदी के रूप में जेल में नहीं रखा जा सकता जितना अभियुक्त के अपराध के लिए दंड निर्धारित है। इस मामले में न्यायिक मजिस्ट्रेटों को सतर्क रहने के लिए कहा गया है।

विचाराधीन कैदियों को त्वरित न्याय की जरूरत होती है। त्वरित न्याय न मिल पाना भी मानवाधिकार का उल्लंघन है। कैदियों की दुर्दशा सुधारने के लिए 1980 में केंद्रीय सरकार ने मुल्ला समिति गठित की थी। 2000 में उच्चतम न्यायालय ने लंबे समय तक जेल में मौजूद विचाराधीन कैदियों की सुनवाई के लिए फास्ट ट्रैक अदालत गठित करने का निर्देश दिया था। इसके लिए मिशन मोड कार्यक्रम भी बना। 2015 में सुप्रीम कोर्ट ने विचाराधीन कैदियों के मामलों की तत्काल समीक्षा करने का आदेश दिया था। यह भी कहा गया है कि छोटे अपराधियों और क्रूर बड़े अपराधियों के बीच फर्क करने की जरूरत है। भारतीय संविधान के अनुच्छेद 21 में यह संवैधानिक गारंटी है कि महज अधिकारियों की सुविधा के लिए रिमांड की अवधि का विस्तार नहीं किया जा सकता। अब ई-अदालतें तेजी से बढ़ रही हैं, जो मामलों के निबटारे में सहायक हो सकती हैं। इसके अलावा लोक अदालतों की भूमिका भी बढ़ी है।

चिंता व्यक्त की गई है कि कानून की कमियों की वजह से अमीर और प्रभावशाली अपराधियों को तुरंत जमानत मिल जाती है। इनका मामला लंबे समय तक चलता रहता है। कई बार ऐसे अपराधी संदेह का लाभ उठाकर अदालत से बरी भी हो जाते हैं। 1998 में राजस्थान के 'चिंकारा मारने' का मामला हो या 2002 का मुंबई का शराब के नशे में 'हिट एंड रन' का मामला, उपर्युक्त वस्तुस्थिति का स्पष्ट उदाहरण है। ऐसी घटनाओं से स्पष्ट होता है कि अमीरों के लिए एक न्याय है और गरीबों के लिए दूसरा न्याय है।

संजय जायसवाल

विजय सिंह पथिक

(1882-1954)

विजय सिंह पथिक के बचपन का नाम भूप सिंह गुर्जर था। वे भारतीय स्वाधीनता आंदोलन के एक ऐसे सेनानी थे, जिन्होंने अपनी सेवाओं के बदले सिर्फ भारतीय स्वाधीनता और शोषणमुक्त समाज व्यवस्था की कामना की थी। वे जन्म से बुलंदशहर, उत्तर प्रदेश के थे किंतु स्वाधीनता संघर्ष के लिए अपनी कर्मभूमि राजस्थान को बना लिया था।

युवावस्था में वे रासबिहारी बोस के संपर्क में आए थे। 1912 में बोस आदि द्वारा वायसराय को मारने की कोशिश विफल होने पर वे अन्य क्रांतिकारियों के साथ फरार हो गए। रासबिहारी बोस के नेतृत्व में पहले विश्वयुद्ध के समय 1857 जैसी सशस्त्र क्रांति की योजना के आगे बढ़ पाने पर कई सेनानियों के साथ इन्हें भी टाडगढ़ के किले में बंदी बनाकर रखा गया था। यहां से भागकर इन्होंने अपना नाम विजय सिंह पथिक रख लिया था।

पथिक राजस्थान के मेवाड़ अंचल में बिजोलिया के किसानों को सामंती शोषण और उत्पीड़न से बचाने के उद्देश्य से संगठित करने का काम करने लगे थे। राजस्थान का पहला किसान आंदोलन उदयपुर रियासत की जागीर बिजोलिया में हुआ था। यहां किसानों पर राजा और जागीरदारों की तरफ से 86 तरह की लागें (गैर-वाजिब टैक्स) लगी हुई थीं। इस अन्याय और शोषण का विरोध करते हुए यहां के किसानों ने स्वतःस्फूर्त ढंग से 1905 और 1913 में दो बार आंदोलन किए। विरोध स्वरूप उन्होंने खेतों को जोतने-बोने से मना कर दिया। यहां 1913 के आंदोलन का नेतृत्व साधू सीताराम दास ने किया। इसके बाद 1915 से किसान आंदोलन का नेतृत्व विजय सिंह पथिक ने किया। इन्होंने किसान पंचायतें बनाईं। इसके फलस्वरूप 1922 में किसानों को अनेक सुविधाएं प्राप्त हुईं। आंदोलन ने किसानों से लगान देना बंद करा दिया। उस समय छह वर्षों तक किसानों ने बिजोलिया ठिकाने का लगान बंद कर दिया था। किसान आंदोलन का नेतृत्व करने के कारण मेवाड़ की सत्ता से राजद्रोह में इन्हें 1922 में पांच साल की सजा हुई। इन्हें जेल में यातना दी गई। इसके बाद ये महात्मा गांधी द्वारा चलाए गए स्वाधीनता आंदोलन का हिस्सा बने, लेकिन कांग्रेस द्वारा चलाए जाने वाले आंदोलनों के पूंजीवादी रुझान के प्रति हमेशा सशंकित थे। इन्होंने किसानों-श्रमिकों के पक्ष में आंदोलन को मोड़ने की पर्याप्त कोशिश की, किंतु सफल नहीं हो पाए। पथिक ने उस तरह के गांधीवादी आंदोलन का विरोध किया, जो किसान-श्रमिकों के हितों के विरुद्ध था। अपनी एक राजस्थानी कविता में इन्होंने लिखा–

गांधी जी की छाप लगाकर
चरखा को झंडो फहराकर
खूब दुकान चलाई थाणे
लूट प्रजा सब खाई थाणे
अब धो ब्लैक नहीं चलबा को
धोखा री दुकान्या को
लहरावेगो, लहरावेगो झंडो ये करसाणा को।

पथिक ने बिजोलिया किसान आंदोलन की धमक पूरे देश में पहुंचाई, जिसे बालगंगाधर तिलक ने भी सराहा। महात्मा गांधी ने इस संबंध में मेवाड़ के महाराणा को पत्र लिखा। गांधी जी के आग्रह पर पथिक जी ने वर्धा से 'राजस्थान केसरी' समाचार पत्र भी निकाला, लेकिन जमनालाल बजाज की विचारधारा से मतभेद के चलते इसे बंद करना पड़ा। वे वर्धा छोड़कर अजमेर आ गए। 1920 में पथिक जी के प्रयास से अजमेर में राजस्थान सेवा संघ की स्थापना हुई। इनके नेतृत्व में राजस्थान में कई आंदोलन चलाए गए। मीडिया के महत्व को समझते हुए इन्होंने लोगों में आजादी का भाव पैदा करने के लिए अजमेर से 'नवीन राजस्थान' नाम

विजय सिंह पथिक

से अखबार निकाला। यहीं से इन्होंने जनजागरण के उद्देश्य से 'नव संदेश' और 'राजस्थान संदेश' नाम के दो पत्र भी निकाले। वे देशी सामंतों और सामंतवादी प्रवृत्तियों के विरुद्ध आंदोलन चलाने में हमेशा सक्रिय थे। उनका एक उपन्यास 'अजय मेरु', कहानी संग्रह 'पथिक प्रमोद' कविता संग्रह 'पथिक विनोद' और खंड काव्य 'प्रह्लाद विजय' प्रकाशित हुए। गांधी जी ने आंदोलन में इनकी सक्रियता को देखते हुए इनके बारे में कहा, 'और लोग सिर्फ बातें करते हैं, पथिक एक सिपाही की तरह काम करता है।' पथिक जी ने 48 वर्ष की उम्र में 1930 में विधवा अध्यापिका जानकी देवी से विवाह किया था।

क्रांतिकारी किसान नेता के रूप में वे जनता में इतने लोकप्रिय हो गए थे कि गांव की महिलाएं अपने लोकगीतों में उनके गुण गाते नहीं थकती थीं—म्हाने बिजैसिंग आय जगायो ए मांय थारो गुण नहिं भूलां। 1954 में अपनी मृत्यु तक वे किसानों के क्रांतिकारी साथी, प्रखर देशभक्त और पूंजीवादी नीतियों के विरोधी बने रहे। उनकी लिखी 29 कृतियां बताई जाती हैं जिनमें कविता, कहानी, उपन्यास, निबंध, नाटक, हास्य-व्यंग्य, गद्यकाव्य के अलावा विवेचनात्मक गद्य की रचनाएं भी शामिल हैं, जैसे—'सांस्कृतिक इतिहास', 'वैज्ञानिक वेदांत दर्शन', 'नारी जाति का इतिहास', 'अंग्रेजों का शासनकाल' आदि। उनमें से अधिकांश अप्रकाशित हैं।

जीवन सिंह

अधिक जानकारी के लिए :

1. क्रांतिचेता विजय सिंह पथिक : घनश्याम शलभ,
2. Freedom Movement in Rajasthan : Indira Vyas, 2004

विजयलक्ष्मी पंडित

(1900-1990)

विजयलक्ष्मी पंडित मोतीलाल नेहरू की बेटी और जवाहरलाल नेहरू की छोटी बहन थीं। वे असहयोग आंदोलन और भारत छोड़ो आंदोलन में सक्रियता के कारण गिरफ्तार हुई थीं। उनका विवाह बैरिस्टर रणजीत पंडित से 1921 में हुआ था, जिनका 1944 में देहांत हो गया। गांधी जी की शिष्याओं में विजयलक्ष्मी पंडित भी एक थीं जिन्होंने उनके द्वारा चलाए गए विभिन्न आंदोलनों में प्रमुखता से भाग लिया था। विजयलक्ष्मी का मन कांग्रेस के कार्यों में लगा हुआ था। साथ ही, वह स्त्रियों को भी संगठित कर रही थीं। 'अखिल भारतीय महिला सम्मेलन' के साथ वह प्रारंभ से जुड़ी थीं और 1940 से 1942 तक इस संस्था के अध्यक्ष पद पर रहते हुए उन्होंने महिला उत्थान के लिए कई कार्य किए। संयुक्त प्रांत में जब स्वशासन की व्यवस्था हुई तो मुख्यमंत्री गोविंद वल्लभ पंत के मंत्रिमंडल में वह स्वास्थ्य मंत्री बनी थीं। 1946 में वह न्यूयॉर्क में संयुक्त राष्ट्र संघ की जनरल एसेंबली की बैठक में भारतीय प्रतिनिधि बनकर गई थीं। 1947 में रूस में वह भारतीय राजदूत थीं। बाद में मेक्सिको में भी राजदूत बनकर गईं। 1953 में उन्होंने संयुक्त राष्ट्र संघ के प्रतिनिधि मंडल का नेतृत्व किया और महासभा की प्रथम महिला अध्यक्ष भी चुनी गईं। वह 1952 और 1964 में संसद सदस्य बनीं और कुछ समय महाराष्ट्र के राज्यपाल के रूप में काम किया। अपने जीवन के अंतिम दशकों में वह केंद्र की कांग्रेस सरकार की कटु आलोचना करने लगी थीं। इंदिरा

विजयलक्ष्मी पंडित

गांधी के प्रधानमंत्री रहते दुखी होकर उन्होंने संसद की सदस्यता से इस्तीफा दे दिया था। उसी दौरान राजनीति से संन्यास लेकर अपने घर देहरादून चली गई थीं। कारण पूछे जाने पर उनका उत्तर था, 'मैं शांतिपूर्ण जीवन बिता रही हूं, रिटायर्ड जीवन नहीं।'

मानिक बच्छावत

विजातीय से भय

दूसरी जातीयताओं, नस्लों, मजहबों या दूसरे देश के लोगों को अपने बीच देख कर बहुसंख्यक समुदाय के लोग कई बार असहज हो उठते हैं। उनमें पूर्वाग्रहयुक्त आत्मगर्व के साथ एक भय भी जागता है। भिन्नता का बोध इतना तीव्र होता है कि सिर्फ भय नहीं पैदा होता, असुरक्षाबोध भी होने लगता है। इससे विजातीय के प्रति घृणा और हिंसा का विस्फोट होते भी देखा गया है। आर्थिक सुधारों के कारण बढ़ी बेरोजगारी और हाल के आतंकवादी हमलों ने भारत ही नहीं, अमेरिका सहित कई पश्चिमी देशों में विजातीय-भय बढ़ाया है।

श्रीलंका में सिंहली-तमिल तनाव देखा गया है। असम में बांग्लादेशियों से विजातीय-भय है। महाराष्ट्र जैसे राज्यों में हिंदी भाषियों की बढ़ती संख्या देखकर घृणा और हिंसा के दृश्य मिलते रहे हैं। बेगलुरु में अफ्रीकी विद्यार्थियों के प्रति हिंसा देखी गई। दिल्ली में उत्तर-पूर्व के लोगों को देखकर नौजवान 'चीनी आला रे' गाते देखे गए हैं। ऐसी कटूक्तियां सत्ता-प्रदर्शन होती हैं।

भारत में आमतौर पर मुसलमान हिंदुओं के इलाके में बसना नहीं चाहते, हिंदू मुसलमानों के इलाके में फ्लैट नहीं लेते। ये विजातीय-भय के ही रूप हैं। 'भिन्न' से भय और असुरक्षाबोध में उसी तरह वृद्धि हुई है, जैसे लोभ में और भोग में। पाकिस्तान, बांग्लादेश, नेपाल, इराक और अन्य एशियाई देशों में सदियों से साथ-साथ रहती आई विविध जातियों में इधर अचानक विजातीय-भय बढ़ा है, जैसे कुछ लोग विजातीय सफायाकरण के बाद अब अपने लिए एक शुद्ध इलाका चाहते हों। जैसे कौवा कौवों और तोता तोते के साथ ही रहना चाहे।

अमेरिका में नस्लवादी हिंसा बढ़ी है। 9/11 के आतंकवादी हमले के बाद वहां विजातीय-भय का पहला शिकार कोई मुसलमान नहीं हुआ, एक सिख हुआ जो पगड़ी पहने हुआ था। अमेरिका की सरहदें 2017 में ज्यादा कठोर हो उठीं, विदेशियों की नौकरी खतरे में पड़ी। इंग्लैंड में कई पीढ़ियों से रहते आए 35 लाख से अधिक भारतीय आज विजातीय-भय का शिकार हैं। वहां दूसरे देशों के यूरोपीय लोगों को भी बर्दाश्त नहीं किया जा रहा है। डैनिश डेनमार्क में बसे जर्मनों को इसी निगाह से देखते हैं। यूरोपीय संघ के देशों हंगरी, ऑस्ट्रिया, जर्मनी, स्वीडन की सीमाएं बंद होने लगी हैं। कांटे की दीवारें खड़ी की जा रही हैं, ताकि शरणार्थी न घुस पाएं।

सोलहवीं सदी से यूरोपीय देश के लोग दुनिया के दूसरे देशों में जाकर अपना साम्राज्य कायम करते और बसते रहे हैं। दूसरे विश्वयुद्ध के बाद यूरोपीय देशों में एशियाई देशों के डॉक्टरों, हुनरमंदों और आम श्रमजीवियों का जाकर बसना शुरू हुआ। कइयों ने यूरोपीय देश ही नहीं, अमेरिका और ऑस्ट्रेलिया तक जाकर वहां की नागरिकता हासिल कर ली। पंजाब और केरल से ज्यादा लोग गए। अब आर्थिक संकट जैसे-जैसे गहरा रहा है, वे वहां विजातीय के रूप में देखे जा रहे हैं।

दुनिया का बाजार जरूर मुक्त हुआ है, पर लोगों का मन अंध-राष्ट्रवादी पूर्वाग्रहों से जकड़ता गया है। 2005 में 'यूरोपियन कमीशन अगेंस्ट रेसिज्म एंड इनटॉलरेंस' ने सांस्कृतिक नस्लवाद के खतरे से आगाह करते हुए कहा है कि नस्ल तेज गति से संस्कृति की जगह लेती जा रही है।

एशियाई और पश्चिमी देशों में इधर जो फासीवादी गुंडागर्दी फैली है, उसके मूल में विजातीय से भय है जो हिंसक स्तर तक बढ़ गया है। वैश्वीकरण ने भले ही व्यापारिक और शैक्षिक स्तर पर सामाजिक गतिशीलता बढ़ा दी हो, सांस्कृतिक सहिष्णुता का ग्राफ तेजी से नीचे की ओर गिरा है। वित्तीय पूंजीवाद भले

सार्वभौम हुआ हो, श्रम का भूमंडलीकरण संकट में है। समस्या अब इस रूप में पेश की जा रही है– अवसर बनाम वंचना। 'बाहर' के श्रमजीवियों को मिला अवसर 'स्थानीय' के लिए वंचना है। अब अवसर देने के मामले में जातीयता और जाति पहले देखी जाती है। लंबे समय तक सुधार आंदोलनों से गुजरे, राष्ट्रीय सम्मिश्रण के उन्नत स्तर पर पहुंचे और उदारवादी माने जाने वाले राज्यों और देशों में भी जब विजातीय-भय की दीवारें उठ रही हैं और साथ उठने-बैठने वाले अचानक विजातीय की तरह देखे जाने लगते हैं। लग सकता है कि वैश्वीकरण ने यह कैसा उपहार दिया है।

विजातीय से भय कितना वीभत्स रूप लेता है, इस पर भीष्म साहनी की एक अच्छी कहानी 'वाङ्चू' है। इसमें राजनीति से बेखबर एक सरल चीनी बौद्ध भिक्षु को भारत-चीन युद्ध (1962) के समय वाराणसी पुलिस स्टेशन में हर हफ्ते हाजिरी देनी पड़ती थी। उस पर यात्राओं में लोगों द्वारा दबाव बनाया जाता था, 'कहो कि तुम्हारे देश के लोगों ने विश्वासघात किया है, नहीं तो हमारे देश से निकल जाओ...।' अमेरिका, इंग्लैंड, फ्रांस आदि देशों में मुसलमानों के संदर्भ में विजातीय-भय कुछ इसी तरह व्यक्त हुआ है और इस तरह भी, 'तुम बिल्कुल हम लोगों जैसे हो जाओ।' पश्चिमी लोग कोकोनट–जेनरेशन चाहते हैं–लोग बाहर से भले भूरे दिखें, चमड़ी के भीतर गोरे हो जाएं।

कुछ पश्चिमी विचारकों, जैसे हैंस मैग्नुस इंजेंसबर्जर की धारणा है, 'जेनोफोबिया नृवैज्ञानिक तत्वों के रूप में सभी प्राचीन समाजों में रहा है।' क्या भारत के बारे में कहा जा सकता है कि एलियन, अजनबी या विजातीय लोगों के प्रति कभी भय और अस्वीकार किसी युग में था? आर्य-द्रविड़ अंतर्मिश्रण ही नहीं घटित हुआ, यवन, हूण, शक, पठान, मुगल, अंग्रेज भी भारतीय समाज का सहज अंग बने। दक्षिण के शंकर और रामानंद उत्तर भारत में अजनबी या विजातीय न थे। सूफी कभी विजातीय नहीं दिखे। जहांगीर 1615 में अंग्रेजों को व्यापार की अनुमति नहीं देता, यदि विजातीय से भय होता।

भारतीय समाज में अंतर्द्वंद्वों के बावजूद सैकड़ों साल से खुलापन रहा है, साझा जीवन रहा है, विश्वात्मबोध रहा है। सांस्कृतिक अंतरुर्वरण क्रॉस फर्टिलाइजेशन एक महान वास्तविकता रही है। फिर भी अब दूध-सा सब कुछ फटता दिख रहा है, क्योंकि सच्ची राजनीतिक गरमाहट नहीं है। क्या विजातीय से भय एक राजनीतिक निर्मिति है, राजनीतिक खाद है या वैश्वीकरण का झुलसा हुआ चेहरा है? विगत कुछ दशकों से काल्पनिक भिन्नता के आधार पर फैलाया जा रहा यह भय एक ऐसा सत्ता-विमर्श है जो जनता की ताकत और उसकी संस्कृति को कमजोर करता है। यह भय विश्व मन बनाने की जगह हरेक तरफ सिर्फ खून की दीवारें खड़ी करता है।

शंभुनाथ

अधिक जानकारी के लिए :

1. The New Religious Intolerance : Overcoming the Politics of Fear in the Anxious Age : Martha C Nussbaum, 2012, **2. Europe Old and New : Transnationalism, Belonging, Xenophobia :** Ray Taras, 2009, **3. The New Xenophobia :** Tabish Kher, 2016

विज्ञानकथा

विज्ञानकथा (Science Fiction) कथा का एक प्रकार है जिसमें विज्ञान और प्रौद्योगिकी को आधार बनाकर कथा की रचना की जाती है। यह कथा कहानी और उपन्यास के रूप में हो सकती है और इसे टेली फिल्म, टीवी धारावाहिक और फीचर फिल्म के रूप में भी प्रस्तुत किया जा सकता है। विज्ञानकथा में विज्ञान और प्रौद्योगिकी से संबंधित ऐसी खोजों को आधार बनाया जाता है जिनका संबंध अतीत, वर्तमान और भविष्य यानी किसी भी कालखंड से हो सकता है। अधिकांश विज्ञानकथाओं में भविष्य की ऐसी काल्पनिक दुनिया की रचना की जाती है जिसमें विभिन्न ग्रहों, वहां रहने वाले लोगों (एलियंस), विकसित यंत्रों और यंत्र मानवों (रोबोट), काल और देश को लांघ जाने वाले अंतरिक्ष यानों आदि

से कथा का ताना बाना बुना जाता है। लेकिन ऐसी विज्ञानकथाएं भी लिखी गई हैं जिनमें अतीत का चित्रण किया गया है। अपराध आधारित ऐसी विज्ञानकथाएं भी लिखी जाती हैं जिनका संबंध समकालीन यथार्थ से होता है। विज्ञानकथा का संसार इतना वैविध्यपूर्ण और विस्तृत कि इसे एक परिभाषा में बांधना कठिन है, लेकिन इतना अवश्य है कि विज्ञानकथा के केंद्र में विज्ञान और प्रौद्योगिकी से जुड़े वास्तविक और काल्पनिक आविष्कारों और विज्ञान के वास्तविक और काल्पनिक सिद्धांत होते हैं। विज्ञानकथाओं में बहुत कुछ ऐसा होता है जो विज्ञान के अनुसार सच नहीं हो सकता, लेकिन उन्हें वैज्ञानिक सच्चाई की तरह पेश किया जाता है। इसके लिए विज्ञानकथा के लेखक विज्ञान और प्रौद्योगिकी से संबद्ध प्रत्येक आविष्कार और सिद्धांत को विवेकपूर्ण और वैज्ञानिक पद्धति से प्रस्तुत करते हैं।

विज्ञानकथा एक तरह की फैंटेसी सृजित करती है लेकिन उसे वैज्ञानिक पद्धति और विवेकपूर्ण तर्कों के साथ पेश किया जाता है। विज्ञानकथाओं में वर्णित चमत्कार इसी अर्थ में पौराणिक कथाओं के चमत्कारों से भिन्न होते हैं। विज्ञानकथाओं में भी पौराणिक कथाओं की तरह मनुष्य की एक वैकल्पिक दुनिया पेश की जाती है जो काल्पनिक होते हुए भी वास्तविक दुनिया से पूर्णतः भिन्न नहीं होती। विज्ञानकथा में कल्पना चमत्कार से अधिक अनुमान पर आधारित होती है जो भविष्य में यथार्थ हो भी सकती है और नहीं भी। विज्ञानकथाओं में कल्पनाशीलता की उड़ान सबसे अधिक प्रौद्योगिकी के क्षेत्र में दिखाई देती है जबकि मनुष्य व्यक्ति के रूप में या सामाजिक के रूप में प्रायः उसी तरह व्यवहार करता दिखाई देता है, जैसा वास्तविक संसार में मनुष्य करता है। यहां तक कि विज्ञानकथाओं में राजनीतिक और सामाजिक व्यवस्था भी कमोबेश वैसी ही होती है, जैसी मनुष्य के वास्तविक इतिहास में रही है।

विज्ञानकथाओं की शुरुआत आधुनिक विज्ञान के विकास के साथ हुई है और जैसे-जैसे विज्ञान और प्रौद्योगिकी का विकास हुआ है, विज्ञानकथाओं का भी विकास होता गया है। हालांकि विज्ञानकथाओं में विज्ञान और प्रौद्योगिकी सदैव वास्तविक विकास से आगे के कल्पनाशील संसार में प्रवेश करती रही है। लेकिन यह कल्पनाशीलता वास्तविक विकास से प्रेरित और प्रभावित होती है। विज्ञानकथाओं के विकास का संबंध आधुनिकता से भी है क्योंकि आधुनिकता का संबंध विवेकशीलता से है और विज्ञानकथाओं के लिए केवल विज्ञान और प्रौद्योगिकी का विकास ही नहीं वरन कथा के विवेकपूर्ण विकास की भी आवश्यकता होती है। विज्ञानकथाओं का संबंध आधुनिक गद्य विधाओं से भी है। कहानी और उपन्यास विधाओं के जन्म के बाद ही विज्ञानकथाओं का जन्म हुआ है। पहली रचना जिसमें विज्ञानकथा के तत्व दिखाई देते हैं, हैजोनाथनस्विट की रचना 'गुलिवर्स ट्रेवल्स' है, जिसका रचनाकाल 1726 है। वाल्तेयर की कहानी 'माइकोमेगाज' की रचना 1752 में हुई थी, यह विज्ञानकथा है। इसके बाद उन्नीसवीं सदी में मेरी शैली के उपन्यास 'फेंकेस्टिन' (1818) और 'द लास्ट मेन' (1826) के साथ विज्ञानकथाओं पर आधारित उपन्यासों की रचना आरंभ हुई।

उन्नीसवीं सदी में धीरे-धीरे विज्ञानकथाओं की रचना बढ़ती गई और बीसवीं सदी में यह एक लोकप्रिय विधा बन चुकी थी। पश्चिम में एच जी वेल्स, ज्यूल्स बर्न उन आरंभिक विज्ञानकथाकारों में से हैं जिन्होंने विज्ञानकथाओं की मजबूत नींव रखी। इसके बाद आर्थर सी क्लार्क, आइजाक एसीमोव, रॉबर्ट हेनलिन, रेब्रेडबुरी, फिलिप के डिक, हार्लन ए लिसन, हेरी हैरीसन आदि कई प्रख्यात विज्ञानकथाकार रहे हैं। इनमें आइजाक एसीमोव जैसे लेखक भी हैं जो स्वयं उत्कृष्ट वैज्ञानिक थे। भारत में भी जयंत नार्लीकर ऐसे विज्ञानकथाकर हैं जो स्वयं एक प्रख्यात वैज्ञानिक हैं। भारत में विज्ञानकथाओं की परंपरा मजबूत नहीं है और हिंदी में तो और भी कमजोर है।

आजकल विज्ञानकथाएं टीवी पर विभिन्न धारावाहिकों के रूप में भी लोकप्रिय हैं। बच्चों के लिए बनने वाले एनिमेशन धारावाहिकों में

विज्ञानकथाएं बहुत लोकप्रिय हैं। इसी तरह विज्ञानकथाओं पर आधारित फिल्में भी काफी लोकप्रिय हैं। इनमें ज्यार्जी मेलिस द्वारा निर्मित 'ए वोयेज टू मून' को पहली विज्ञान फिल्म माना जा सकता है। डॉजेकिल एंड मिस्टर हाइड, द कैबिनेट ऑफ केलिगिरी, द लास्ट वर्ल्ड, डॉक्टर एक्स, दि इनविजिबल मैन आदि कुछ शुरुआती विज्ञानकथाओं पर आधारित फिल्में हैं। विज्ञानकथाओं पर आधारित फिल्मों की परंपरा लगातार चलती रही है। इनमें स्टार वार्स, क्लोज एनकाउंटर्स ऑफ द थर्ड काइंड, एक्स्ट्राटेरिस्ट्रियल (ई टी) आदि कुछ विख्यात विज्ञानकथा फिल्में हैं। हाल के दशकों में बनी जुरासिक पार्क, टर्मिनेटर टू, दि जजमेंट डे, इंडिपेंडेंस डे, मेट्रिक्स, अवेटर आदि लोकप्रिय विज्ञानकथा फिल्में हैं।

भारत में विज्ञानकथा फिल्मों की परंपरा पुरानी नहीं है, लेकिन 'मिस्टर एक्स' की तरह की फिल्में, 'मिस्टर इंडिया' और बाह्य अंतरिक्ष पर यहां भी 'कोई मिल गया', 'क्रिश' आदि फिल्में बनने लगी हैं। शाहरूख खान की 'रावन' और रजनीकांत की 'रोबोट' भी विज्ञानकथा फिल्में हैं। भारत में बनने वाली विज्ञानकथा फिल्में प्रायः हॉलीवुड की लोकप्रिय फिल्मों का अनुकरण करते हुए बनाई गई हैं। उनमें मौलिकता नहीं है। इसका एक कारण यह है कि इन्हें बनाना बहुत खर्चीला है।

जवरीमल्ल पारख

अधिक जानकारी के लिए :

1. Science Fiction : Adam Roberts, 2006, **2. Simultaneous Worlds : Global Science Fiction Cinema :** Jennifer L. Feeley, Sarah An Wells (Ed.), 2005, **3. The Science Fiction Film Reader :** Gregg Rickman, 2004

विज्ञान के मूल्य

वैज्ञानिक पद्धति केउपयोग से प्राप्त ज्ञान के जिन मूल्यों का निर्माण होता है, उन्हें विज्ञान के मूल्य कहा गया है। ये तर्कसंगत और युक्तियुक्त होते हैं। ये ऐसे मूल्य हैं जिनकी रोशनी में धर्म, समाज और वैयक्तिक जीवन में सुधार किए गए हैं और ज्ञान का विकास हुआ है। विज्ञान ने मनुष्य को अलौकिक ताकतों को किनारे रखकर अपने नैतिक और बौद्धिक मूल्यों का खुद निर्माण करने के लिए प्रेरित किया था। टेक्नोलॉजी के प्रभुत्व के युग में विज्ञान के मूल्य पृष्ठभूमि में चले गए-से लगते हैं, जबकि एक जमाने में विज्ञान और वैज्ञानिक पद्धति का विश्व भर में मानव जीवन पर असर था। विज्ञान टेक्नोलॉजी का पर्यायवाची नहीं है, जैसा कि उसे सीमित करके देखा जाता है। टेक्नोलॉजी विज्ञान की संतान है और आज विज्ञान ही उसके कब्जे में है।

विज्ञान और धर्म की तकरार एक समय विज्ञान और साहित्य की तकरार तक भी पहुंची थी। विज्ञान की वजह से साहित्य ही नहीं, मानव मूल्य भी संकट में पड़ते नजर आ रहे थे। इसी दौर में अज्ञेय ने 'विज्ञान और हम' लेख में कहा था, 'विज्ञान और तकनीकी हमारे जीवन की परिपाटी को आमूल बदल दे रहे हैं। हम यह भी मानते हैं कि तकनीकी प्रगति ही हमारे युग के संकटों की जड़ है, क्योंकि उसी के कारण परिवार का विघटन हुआ है, एकाकीपन और परायापन, अतिनैतिकता या नीतिनिरपेक्षता के रोग व्यापक रूप से फैले हैं। कला और संस्कृति का सर्वत्र ह्रास हुआ है।'...वैज्ञानिक दृष्टिकोण के बिना तकनीकी को नहीं अपनाया जा सकता, यह कोई नहीं कहेगा।...हर वैज्ञानिक मानता है कि विज्ञान साधारण जन को अंधविश्वास, रोग और दारिद्र्य से मुक्ति देकर उच्चतर जीवन की संभावना की परिधि में लाता है। हर वैज्ञानिक यह भी मानने के लिए बाध्य है कि विज्ञान द्वारा सर्जित मशीनी सभ्यता मानवीय और सामाजिक मूल्यों को नष्ट कर देती है।' (सृजन और संप्रेषण)। यह काम मशीनी सभ्यता की जगह उत्तर-प्रौद्योगिक सभ्यता बड़े पैमाने पर कर रही है, पर विचारणीय यह है कि इसके लिए विज्ञान को दोषी ठहराना कहां तक उचित है।

जवाहर लाल नेहरू ने 'साइंटिफिक टेंपर' का प्रसार जरूरी मानते हुए 'भारत की खोज' (1946)

में कहा था, 'आज के समय में सभी देशों और लोगों के लिए विज्ञान को प्रयोग में लाना अनिवार्य और अपरिहार्य है। विज्ञान को प्रयोग में लाने से भी एक चीज ज्यादा जरूरी है, वह है वैज्ञानिक पद्धति जिसका उपयोग साहस का काम है, लेकिन यह बेहद जरूरी है। इसी से वैज्ञानिक दृष्टिकोण विकसित होता है। ...वैज्ञानिक पद्धति और वैज्ञानिक दृष्टिकोण को जिंदगी जीने का तरीका बन जाना चाहिए। इसे विचार, व्यवहार और अपने संपर्क में आने वाले लोगों से मेलजोल का अंग बन जाना चाहिए।' वैज्ञानिक दृष्टिकोण का विकास सैकड़ों सालों के प्रयोगों और चिंतन का नतीजा रहा है, पर एक से बढ़कर एक वैज्ञानिक आविष्कारों और आधुनिक वस्तुओं का उपयोग करते हुए भी मानव जीवन और दृष्टिकोण में विज्ञान के मूल्यों की प्रतिष्ठा बहुत कम हो पाई है।

वैज्ञानिक पद्धति के चरण : विज्ञान द्वारा सत्य की खोज की अपनी पद्धति है। इसके चार चरण हैं :

पहला चरण है वर्तमान ज्ञान का सावधानीपूर्वक विवेचन करते हुए वस्तुपरक और सही ढंग से प्रश्न उपस्थित करना। वैज्ञानिक पद्धति के ढांचे में ऐसे प्रश्नों का उत्तर खोजे जाने के साधन होते हैं।

दूसरा चरण है परिकल्पना तैयार करना, प्रश्न के एक उत्तर की कल्पना करके चलना कि यह संभव है। किसी परिकल्पना के वैज्ञानिक होने का मुख्य लक्षण है कि उसकी जांच हो सकती है। यदि जमीन पर ओले गिरने के संदर्भ में यह परिकल्पना की जाए कि ईश्वर ने चाहा है, इसलिए ओले गिरे हैं तो यह एक अवैज्ञानिक परिकल्पना है। इसकी जांच नहीं हो सकती। वस्तु के जमीन पर गिरने की परिकल्पना न्यूटन ने की, वह गुरुत्वाकर्षण के नियम तक पहुंचा।

तीसरा चरण है प्रयोग करना जिसका इन दो में से एक उद्देश्य हो सकता है। (एक) किसी प्रश्न का उत्तर खोजना और (दो) प्रमाणों के आधार पर किसी परिकल्पना को सही या गलत साबित करना। प्रयोग करते समय जरूरी तथ्य और सामान इकट्ठा करते हुए छोटी से छोटी चीज के पूरे विस्तार में जाने की जरूरत होती है। विज्ञान में जो भी प्रयोग किया जाता है पूर्वाग्रह से मुक्त होकर, वस्तुपरक होकर और पूरी सावधानी से किया जाता है।

चौथा चरण है उत्तर खोजना जो सीमित उपयोगिता वाला वैज्ञानिक तथ्य या व्यापक उपयोगिता का कोई साधारणीकरण हो सकता है।

विज्ञान में किसी तथ्य या सिद्धांत को तभी स्वीकार किया जाता है जब (1) वह प्रयोगों और विश्लेषण से प्रमाणित हो, (2) जिन चीजों का स्पष्टीकरण होना हो, पूरी तरह हो गया हो और (3) प्रयोग से ऐसे नए तथ्य या सिद्धांत की पुष्टि के लिए आगे और प्रयोगों की जरूरत न हो। प्रयोग से ऐसे नए तथ्य या सिद्धांत के प्रमाण मिल सकते हैं जो पहले की बातों से मेल न खाते हों। प्रयोग से पहले के सिद्धांतों में विकास घटित हो सकता है, कुछ ऐसे पहलू सामने आ सकते हैं कि जो पहले के सिद्धांतों में न हों। कुछ नई पूर्वकल्पनाएं बन सकती हैं, जिन पर वैज्ञानिक कार्य शुरू हो सकता है।

इतिहास : वैज्ञानिक पद्धति से कुछ भी परखने का इतिहास पश्चिम में रोजर बेकन (तेरहवीं सदी) से शुरू होता है जिसने प्रयोगों और प्रत्यक्ष के विश्लेषण के महत्व को समझा था। इससे पहले भारत में आर्यभट्ट और वराहमिहिर हो चुके थे। पंद्रहवी और सोलहवीं सदी में लियोनार्दो द विंची, निकोलस कोपर्निकस, फ्रांसिस बेकन और गैलीलियो ने अपना महत्वपूर्ण योगदान किया। रेने देकार्त्त ने सतरहवीं सदी में गणित और तर्कशास्त्र की धारणाओं के साथ शंका करने और प्रश्न उठाने की शुरुआत की। उन्नीसवीं सदी में फ्रेडरिक वोह्लर, चार्ल्स डार्विन, लुई पाश्चुर आदि ने विभिन्न क्षेत्रों में विज्ञान का विकास करके जीवन की उत्पत्ति और विकास के नियम बताए। कार्ल मार्क्स और एंगेल्स ने वैज्ञानिक पद्धति का इस्तेमाल सामाजिक क्षेत्रों में किया। फ्रेडरिक ग्रोलैंड हॉपकिंस ने विटामिनों की खोज करके पोषण विज्ञान की नींव रखी। अल्बर्ट आइंस्टीन ने 'सर्वांग साधारणीकरण' की धारणा दी। विश्व एक तरफ परमाणु युग में पहुंचा तो दूसरी तरफ जैव क्रांति की

भी शुरुआत हुई। 1969 में मनुष्य चंद्रमा में पहुंचा। शिक्षा, चिकित्सा, भौतिकी, अंतरिक्ष विज्ञान आदि क्षेत्रों के अलावा सूचना प्रौद्योगिकी के क्षेत्र में प्रगति वैज्ञानिक पद्धति से ही हुई।

विज्ञान के प्रमुख मूल्य : विज्ञान सिर्फ विज्ञान होता है और सिर्फ तथ्य को मानता है। इसके कुछ मूल्य निम्न रूप में प्रस्तुत किए जा सकते हैं :

(1) विज्ञान सवाल उठाने के अधिकार को मान्यता देता है। इससे ज्ञान बढ़ता है और विज्ञान की भी प्रगति होती है। लगभग 550 साल पहले लोग मानते थे कि ब्रह्मांड के केंद्र में पृथ्वी है और सूर्य सहित सभी ग्रह इसकी परिक्रमा करते हैं। कोपर्निकस ने इस धारणा पर सवाल खड़ा किया।

(2) विज्ञान की खूबी है कि यह बड़े-से बड़े वैज्ञानिक पर भी प्रश्न उठा सकता है। कोई खोज अंतिम नहीं है।

(3) विज्ञान की प्रगति पहले की धारणाओं को तथ्यों के आधार पर अंशिक या पूर्ण रूप से अस्वीकार करके होती है। विज्ञान नया ज्ञान स्थापित करता है।

(4) विज्ञान में कट्टरता नहीं होती। यह पुरातनपंथी नहीं होता और अकारण कोई आग्रह नहीं करता।

(5) वैज्ञानिक सर्वज्ञ नहीं होता। वैज्ञानिक दृष्टि से संपन्न व्यक्ति जिस चीज को अच्छी तरह नहीं जानता उसके संबंध में स्पष्ट कहेगा, 'मुझे नहीं मालूम'। इसका यह अर्थ नहीं है कि जो नहीं मालूम है उसे जानने की इच्छा न हो।

(6) ज्ञान से जो असंगत है, उसे स्वीकार करना विज्ञान की प्रकृति के विरुद्ध है। इसलिए विज्ञान 'अलौकिक' के अस्तित्व को अस्वीकार करता है। कुछ लोग कहते हैं कि अलौकिक को विज्ञान की परिधि से बाहर निकल कर ही जाना जा सकता है। इस कथन की आड़ में अनगिनत रूढ़ियों, अंधविश्वासों और चमत्कारों में विश्वास रखा जाता है। कुछ गुरु, स्वामी या बाबा अलौकिक शक्तियां रखने का दावा करते हैं, जबकि विज्ञान सभी अलौकि रहस्यों का पर्दा हटा कर देखता है। इसने प्रभाव जमाने के लिए, प्रशिक्षण पाकर और अभ्यास करके बाबाओं द्वारा दिखाए गए चमत्कारों की पोल बार-बार खोली है।

(7) वैज्ञानिक खोजें प्रमाणित की जा सकती हैं, दुहराई जा सकती हैं और सार्वभौम होती हैं। विज्ञान की हर खोज का दूसरी खोज से संबंध है।

विज्ञान की प्रधान शिक्षा है कि मनुष्य बिना सोचे-समझे या बिना जांचे-परखे किसी चीज को न मानने की हिम्मत दिखाए। वह नए प्रमाणों के आधार पर अपनी पुरानी धारणाओं में बदलाव लाए। पहले से सोच कर रखे गए सिद्धांत के बजाय तथ्यों पर आधारित सिद्धांत पर भरोसा करे और मस्तिष्क को तर्कों के अनुशासन में लाए। विज्ञान सिर्फ इसलिए नहीं है कि इसके बल पर जीवन की सुविधाएं इकट्ठी की जाएं, यह जीवन की समस्याओं का नए तरीके से समाधान निकालने के लिए भी है। एक समय विविध धर्मों ने मानवता के विकास में सहयोग दिया था, नए युग में विज्ञान ने मार्गदर्शन किया है। इसे एक विडंबना कहा जाएगा कि धीरे-धीरे विज्ञान पर बाजार और राजनीति का कब्जा होता गया और मानवता की समस्याएं सुलझने के बजाए उलझती गईं। धरती पर पहले की तरह प्रचंड रूप से हिंसा भी बनी रह गई और अभाव भी छाया रहा। विज्ञान मूल्यों की जगह सिर्फ वस्तुएं भर बन कर रह गया।

शंभुनाथ

अधिक जानकारी के लिए :
1. देवदूत, शैतान और विज्ञान : पुष्पमित्र भार्गव, चंदना चक्रवर्ती, **2. Continental Philosophy of Science :** Gary Gutting, 2004, **3. Science, Truth, and Democracy :** Philip Kitcher, 2001

विज्ञापन

विज्ञापन (Advertisement) किसी भी उत्पाद या सेवा को सार्वजनिक रूप से प्रचारित करने का माध्यम है। उत्पादों के बारे में व्यावसायिक रूप से मुहैया कराई गई जानकारी विज्ञापन है। नए जमाने में

विज्ञापनों की महत्ता बढ़ गई है। आज के दौर में छोटी वस्तुओं को भी प्रचार की आवश्यकता होती है, ऐसे में विज्ञापनों का बाजार बहुत विकसित हुआ है।

विज्ञापनों की आवश्यकता : नए युग में हर वस्तु प्रचार से बिकती है। विज्ञापन से छोटी वस्तु बड़ी चीज बन जाती है। किसी नए उत्पाद को यदि बाजार से अच्छा उत्तर न मिले तो वह बाजार से बाहर हो जाएगा। जनता के मन में किसी उत्पाद के बारे में अच्छी राय बनाने के लिए जरूरी है कि विज्ञापन किया जाए। यह विज्ञापन की ताकत और प्रचार की सक्रियता है कि आज भी कपड़े धोने के हर पाउडर को सर्फ कह दिया जाता है, जबकि इस ब्रांड के अलावा कपड़े धोने के कई साबुन बाजार में आ चुके हैं। इसी तरह किसी भी वनस्पति घी का मतलब डालडा है। 'ठंडा मतलब कोकाकोला' हो गया है। इस तरह ऐसा विज्ञापन बनाने पर जोर दिया जाता है कि यह उपभोक्ता के दिमाग में पैठ बना ले। बरसों वे उसी मायाजाल में रहें। इस तरह के विज्ञापनों को ब्रांडिंग कहा जाता है। एक ब्रांड इस तरह बन जाना चाहिए जिस पर लोग विश्वास करने लगें और वे आंख मूंदकर बाजार से वही उत्पाद चुनें, भले ही उस तरह के कई अन्य उत्पाद बाजार में उपलब्ध हों। यह एक दिन में नहीं होता। इसके लिए लंबे वक्त की जरूरत होती है, हालांकि उत्पाद की गुणवत्ता भी महत्वपूर्ण होती है।

विज्ञापनों का निर्माण : एक अच्छा विज्ञापन वह है, जो कम समय में अधिक-से-अधिक संदेश अपने उपभोक्ताओं तक पहुंचा दे। लंबे-चौड़े वक्तव्य के सहारे किसी उपभोक्ता को आकर्षित नहीं किया जा सकता। जितने कम शब्दों में लिखा जाएगा या कहा जाएगा, विज्ञापन उतना ही सटीक होगा। कई बार सिर्फ चित्र के सहारे पूरी बात कह दी जाती है यानि जितने कम शब्दों में अभिव्यक्ति होगी उतना ही सार्थक विज्ञापन होगा। विज्ञापन के निर्माण में उत्पाद कैसा दिखेगा, उसका रंग-रूप कैसा होगा आदि का बड़ा महत्व है। प्रिंट मीडिया के विज्ञापन लेखक की जिम्मेदारी होती है कि क्या लिखा जाए। ऐसे तरीके से शब्द या स्लोगन का संयोजन हो कि एक बार में लोगों की जबान पर चढ़ जाए। हर वर्ग में संप्रेषणीय हो, तभी सफल विज्ञापन बनाया जा सकता है। वर्ग से आशय उन उपभोक्ताओं से है, जो उस उत्पाद के खरीददार बनेंगे। उत्पाद बेचने के लिए विज्ञापन निर्माता को भावी ग्राहक के बारे में जानकारी होनी चाहिए। जैसे पांच हजार का परफ्यूम कोई मध्यमवर्गीय परिवार नहीं खरीदेगा और उच्चवर्गीय परिवार को इससे शायद ही फर्क पड़े कि नहाने के साबुन पर किस तरह की स्कीम है, जो एक टिकिया के साथ एक मुफ्त मिल सकती है।

ज्यादातर विज्ञापन महिलाओं और बच्चों को ध्यान में रखकर बनाए जाते हैं, क्योंकि आम भारतीय परिवार में अभी भी ये दोनों ही घरेलू उपयोग की चीजों की खरीद को प्रभावित करते हैं। युवा पीढ़ी भी टारगेट बनती है, क्योंकि वह इधर अधिक सौंदर्य-सचेतन हुई है। विज्ञापन लिखने वाला कॉपीराइटर इन्हीं लोगों को ध्यान में रखकर विज्ञापन लिखते हैं जिसे कॉपी कहते हैं। कॉपी में संदेश को यदि दृश्य रूप में प्रस्तुत किया जाता है तो उसे नाटकीय ढंग से प्रस्तुत करते हैं, यह ध्यान में रखते हुए कि दृश्य विज्ञापन यथार्थ प्रतीत हो।

कोई जुमला सुनने वाले को तत्काल आकृष्ट करे और चर्चित हो जाए, ऐसे जुमले विज्ञापन को सफल बनाते हैं। इसमें जिंगल की मुख्य भूमिका होती है, जिंगल यानी संगीतमय वाक्य। एक धुन जो तुरंत याद हो जाए। वे विज्ञापन लोगों के दिलो-दिमाग पर तुरंत छा जाते हैं जिनकी धुन संगीतमय होती है। बड़ी कंपनियां विशेष अवसरों के लिए अलग से विज्ञापन बनवाती हैं। उनका प्रयत्न होता है कि वे अपने विज्ञापनों द्वारा उपभोक्ताओं के बीच बने रहें।

विज्ञापन के रूप : विज्ञापन के कई प्रकार हैं—प्रिंट, वेब, होर्डिंग, रेडियो, फिल्म, टेलीविजन, पर्चे आदि। बीते जमाने में दीवारों पर लिखा जाना और रिक्शे पर भोंपू लगाकर एलान करना भी विज्ञापन का हिस्सा

हुआ करता था। सभी प्रकार के विज्ञापनों में क्या बोला जाना है, क्या लिखा जाना है और क्या दिखाया जाना है—ये तीनों ही बातें महत्वपूर्ण हैं। गांव-गांव में स्वास्थ्य चेतना, कीटनाशकों की जानकारी, ट ीकाकरण के प्रति जागरूकता अभियान आदि भी विज्ञापन के ही हिस्से हैं। नए दौर में तकनीक और माध्यम इस तरह विकसित हो गए हैं कि विज्ञापनों का स्वरूप बदल गया है। अब वेब माध्यम भी सक्रिय है, इसलिए कई बार सिर्फ यू टयूब के लिए भी विज्ञापन बनाए जाते हैं।

लोक सेवा के रूप में विज्ञापनों की प्रस्तुति उत्पादों के विज्ञापनों से भिन्न रूप में होती है। इन विज्ञापनों में दी जाने वाली सेवा की गुणवत्ता और उसकी उपयोगिता पर बल होता है। इसी तरह जन-जागरूकता से संबंधित विज्ञापनों में दिए जाने वाले संदेश अलग ढंग से संप्रेषित किए जाते हैं।

विज्ञापन की भाषा : विज्ञापन की भाषा स्पष्ट और सरल होनी चाहिए। हर जुमला या वाक्य शालीन होना चाहिए। यदि सांकेतिक रूप से भी कुछ कहना हो तो उसका मतलब स्पष्ट होना चाहिए। विज्ञापन लिखते वक्त यह ध्यान में रखना जरूरी है कि यह सामान्य उपभोक्ता के लिए संप्रेष्य हो, इसलिए इसे पहेली की तरह न लिखा जाए। सरल वाक्य विन्यास के साथ जिस उत्पाद के बारे में बताना है, उस पर अति संक्षेप में प्रभावशाली बनाकर लिखा जाना चाहिए। लोकोक्ति या मुहावरे के अलावा विज्ञापन यदि रेडियो या टीवी के लिए है तो फिल्मी गीत की पंक्तियों या धुन का भी इस्तेमाल किया जा सकता है। टीवी पर दृश्य और श्रव्य दोनों की सुविधा होती है। कुछ बातें दृश्य से तो कुछ श्रव्य के माध्यम से कही जा सकती हैं।

विज्ञापन और झूठ : कोई कंपनी यदि विज्ञापन में अपने उत्पाद के संबंध में सारे सच कह दे तो शायद कोई व्यक्ति वह चीज खरीदे ही नहीं। उत्पाद नहीं बिकेगा तो मुनाफा नहीं होगा और कंपनी का नुकसान होने से देश का नुकसान होगा, व्यापार नहीं बढ़ेगा। विज्ञापन ही संपूर्ण पृथ्वी की नई धुरी है। ऐसे कई विज्ञापन हैं जिनमें झूठ बिल्कुल साफ दिखता है। दाढ़ी बनाने के ब्लेड के विज्ञापन में पहले से ही बना ली गई दाढ़ी होती है। बर्तन मांजने के साबुन के विज्ञापन में पहले से नए बर्तन होते हैं और साबुन के विज्ञापन में बिल्कुल नए कपड़े दिखाए जाते हैं। गोरा दिखने के लिए बने उत्पाद काले का मजाक बनाते हैं। ऐसे विज्ञापन सपनों के सौदागर हैं। विख्यात अभिनेत्री और खिलाड़ियों का विज्ञापन में खूब इस्तेमाल होता है, क्योंकि उनका हंसता हुआ संतुष्ट चेहरा पब्लिक को आकर्षित करने के लिए काफी है। इनके विज्ञापन जितने भी झूठ से भरे हों, यह कहते-से दिखाई देते हैं कि यह चीज न खरीदने पर तुम पिछड़ जाओगे। उपभोक्ता जानते हैं कि जो दिखता है, वह होता नहीं है, फिर भी उनकी रुचि और चयन को विज्ञापनों का प्रचार प्रभावित करता है। 2016 में अदालत ने एक राय दी है कि सेलिब्रिटी यदि विज्ञापन में गलत प्रचार करते हैं तो वे कानून की गिरफ्त में आएंगे, हालांकि सभी जानते हैं कि विज्ञापन झूठ का ही व्यापार है।

आकांक्षा पारे

अधिक जानकारी के लिए :

1. पूंजीवाद और सूचना का युग : रॉबर्ट डब्ल्यू मैकचेटनी, इलेन मिक्सिन्स वुडे और जेन बेलेमी फॉस्टर, सं. **2. Advertising : Principles and Practice :** John Burneit and Sandra Moriarty, **3. Reality in Advertising :** Ressea Reeves, **4. Tested Advertising Methods :** John Caples

विज्ञापन एजेंसी

विज्ञापन एजेंसी (Advertising Agency) एक ऐसा प्रतिष्ठान है, जो अपने ग्राहक के लिए विज्ञापन बनाता है, साथ ही उसका नियोजन भी करता है। इसका मुख्य कार्य किसी उत्पाद के लिए ग्राहक की खोज करना होता है। इसे संक्षेप में 'एड एजेंसी' भी कहा जाता है। विज्ञापन एजेंसी का मुख्य कार्य किसी उत्पाद का विज्ञापन बनाना होता है, इसलिए एक पूरी सृजनात्मक टीम की जरूरत पड़ती

है। विज्ञापन एजेंसी अपने ग्राहकों के उत्पाद के लिए विज्ञापन निर्माण, उसका विपणन, उसे ब्रांड बनाने के साथ-साथ बिक्री से जुड़े प्रचार की तमाम नीतियों और रणनीतियों को भी संभालती है। विज्ञापित करने का अर्थ उत्पाद या सेवा के सार्वजनिक प्रचार से है। मौजूदा समय में विज्ञापन किसी भी उत्पाद में लोगों की रुचि जगाने का सबसे कारगर माध्यम है। इसके बिना अच्छे-से-अच्छे उत्पाद का बिकना नामुमकिन है। आज जूते–चप्पल से लेकर टाई–रूमाल तक हर चीज विज्ञापित हो रही है, जिसके कारण यह एक उद्योग का रूप ले चुकी है। विज्ञापन एजेंसियों के ग्राहकों में उद्योग जगत के साथ-साथ निगम तथा सरकारी संस्थान भी शामिल होते हैं।

विशेषज्ञों के अनुसार, 1812 में लंदन में लंदन गैजेट के एक अधिकारी जॉर्ज रेनेल ने पहली विज्ञापन एजेंसी की स्थापना की थी। 1993 तक यह 'रेनेल एंड सन' नाम से पारिवारिक व्यवसाय बना रहा और अब टीएमपी रेनेल ब्रांड के अधीन टीएमपी वर्ल्डवाइड एजेंसी (ब्रिटेन और आयरलैंड में) का हिस्सा है। वोल्नी बी पाल्मर ने 1850 में फिलाडेल्फिया में पहली अमेरिकी विज्ञापन एजेंसी खोली। शुरुआती दौर में चार्ल्स बार्कर लंदन का एक अन्य विज्ञापन एजेंट था और उसने जिस फर्म की स्थापना की थी, उसने 2009 में प्रशासन के अधीन जाने से पहले तक 'बार्कर्स' के नाम से कारोबार किया। 1864 में विलियम जेम्स कार्लटन ने धार्मिक पत्रिकाओं में विज्ञापन के लिए जगह बेचना आरंभ किया। 1868 में जेम्स वाल्टर थॉम्पसन इस फर्म में शामिल हुए। थॉम्पसन तेजी से उनके सर्वश्रेष्ठ विक्रेता बन गए। उन्होंने 1877 में कंपनी को खरीद लिया और उसका नाम बदलकर 'जेम्स वाल्टर थॉम्पसन' कंपनी रख दिया, जो आज सबसे पुरानी अमेरिकी विज्ञापन एजेंसी है। थॉम्पसन ने लेखकों और कलाकारों को काम पर रखकर पहली बार किसी विज्ञापन एजेंसी में क्रिएटिव यानी सृजनात्मक विभाग की स्थापना की। अमेरिका में उन्हें 'आधुनिक पत्रिकाओं में विज्ञापन प्रणाली के जनक' के रूप में जाना जाता है। प्रथम टीवी विज्ञापन का प्रसारण 1 जुलाई 1941 को संयुक्त राज्य अमेरिका में किया गया था।

भारत की बड़ी विज्ञापन एजेंसियों में प्रमुख हैं—आगिल्वी एंड मैदर लि., जी डब्ल्यू टी हिंदुस्तान थाम्पसन एसोसिएट्स, रेडिफ्युजंस, मुद्रा कम्युनिकेशन, मैक्कन एरिक्शन इंडिया लि., चैत्र लियो बर्नेट प्रा. लि. इत्यादि। ये इंटरनेट, टीवी, समाचार-पत्र, समारोह प्रबंधन और अन्य माध्यमों से विज्ञापन के कार्य में आगे हैं।

विज्ञापन एजेंसियां काफी बड़े और छोटे हर आकार की होती हैं, फिर भी हर महत्वपूर्ण विज्ञापन एजेंसी को अपने एकाउंट विभाग के अलावा कॉपी राइटिंग, शोध कार्य, कला निर्देशन , वेब डिजाइनिंग, सृजनात्मक उत्पादन, मीडिया में स्थान आरक्षण की व्यवस्था आदि के लिए बड़े पैमाने पर मानव संसाधन और सुविधाओं की जरूरत होती है। एक कुशल टीम के बिना कोई विज्ञापन एजेंसी अपने व्यापार में टिक नहीं सकती। विज्ञापन की दुनिया में एक छोटे आइडिया की कीमत करोड़ों में होती है, जैसे 'ठंडा मतलब कोकाकोला'! यह एक हिट विज्ञापन रहा है। विज्ञापन एजेंसी 'सिलिब्रिटी' से अनुबंध करती है और उत्पाद का ब्रांड तैयार करती है। विश्व का सारा व्यापार विज्ञापनों पर टिका है, इसलिए विज्ञापन खुद एक बड़ा उद्योग है। भारत में ऐड एजेंसियां लाखों करोड़ रुपयों का कारोबार प्रति वर्ष कर रही हैं। इनमें रोजगार की असीम संभावनाएं हैं और गुण की कीमत भी है।

श्रीधरम

अधिक जानकारी के लिए :
The Practice of Advertising : Adrian Mackay. 2004

विज्ञापन अनुवाद

आज का युग व्यापार का युग है। उत्पादक अपने उत्पाद को उपभोक्ताओं तक पहुंचाने के लिए प्रचार माध्यमों का सहारा लेकर चलते हैं।

किसी व्यवसाय की उन्नति के लिए प्रचार का महत्व अधिक होता है, क्योंकि इसी से उपभोक्ता को उत्पाद के विषय में जानकारी प्राप्त हो पाती है। यह प्रचार सामग्री 'विज्ञापन' के रूप में होती है। प्रचार सामग्री होने के बावजूद विज्ञापन प्रचार से भिन्न होता है। विज्ञापन में यह महत्वपूर्ण नहीं कि उसमें व्यक्त विचार, सूचना अथवा तथ्य किस हद तक सही हैं, जबकि 'प्रचार' सत्य पर आधारित होता है और इसमें तथ्यों का प्रयोग किया जाता है। यह बिंदु 'प्रचार' और 'विज्ञापन' में अंतर का आधार बन जाता है। इसके बावजूद दोनों एक-दूसरे के पूरक हैं। इसी प्रकार 'समाचार' और 'विज्ञापन' में भी अंतर है। सूचना प्रदान करने की दृष्टि से समाचार और विज्ञापन में समानता है, किंतु यह भी सच है कि समाचार से अर्जित ज्ञान से पाठक, दर्शक और श्रोता को लाभ प्राप्त होता है, जबकि विज्ञापन से विज्ञापनदाता और विज्ञापन-माध्यम लाभान्वित होते हैं।

कोई भी वाणिज्य-व्यापार विज्ञापन द्वारा प्रचार से फैलता है। वाणिज्य-व्यापार के क्षेत्र में विज्ञापन का सहारा लेकर उपभोक्ताओं का विज्ञापित उत्पाद की ओर ध्यान आकर्षित किया जाता है, ताकि वे उसे खरीदने के लिए प्रेरित हों। विज्ञापन वह सशक्त माध्यम है, जो उपभोक्ताओं को जानकारी एवं सूचना प्रदान कर उनकी मानसिक सोच एवं विवेक को चकाचौंध कर उत्पादित वस्तु को परखने एवं उपयोग-उपभोग करने के लिए लालायित करता है। आज विज्ञापन हमारे जीवन का अभिन्न अंग बन चुका है। इसलिए यह कहा जाता है कि आज का युग 'विज्ञापन का युग' है और विज्ञापन की अवधारणा एक विधा का रूप ले चुकी है।

विज्ञापनों को कई वर्गों में विभाजित किया जा सकता है। मोटे तौर पर इन्हें प्रचारपरक, कार्यपरक और वाणिज्यिक विज्ञापनों के रूप में देखा जा सकता है। प्रचारपरक विज्ञापन प्रशासन द्वारा जन-सामान्य की सूचना के लिए दिया जाता है तो कार्यपरक विज्ञापनों में रोजगार संबंधी विज्ञापन एवं अन्य वर्गीकृत विज्ञापनों को शामिल किया जाता है। वाणिज्यिक विज्ञापन वे होते हैं, जो जन-सामान्य को अकसर उपभोक्ता वस्तुओं-सेवाओं आदि से संबंधित जानकारी देने और विज्ञापित वस्तु को खरीदने अथवा सेवा का लाभ उठाने के लिए होते हैं।

'वाणिज्यिक विज्ञापन' अतकनीकी होते हैं। इनकी भाषा सरल-सरस, आकर्षक, लक्ष्योन्मुखी और जीवंत होती है। उसमें निहित संप्रेषणीयता, प्रभावोत्पादकता, रोचकता और प्रेरक शक्ति उपभोक्ता वस्तुओं/सेवाओं से संबंधित व्यवसाय को गति देती है। विज्ञापनों को सुंदर, रोचक और आकर्षक बनाने के लिए चित्र आदि का भी सहारा लिया जाता है। ऐसा विशेष तौर पर सौंदर्य प्रसाधन, कार, एयर कंडीशनर, मोबाइल फोन आदि के विज्ञापनों में देखा जा सकता है।

रेडियो, टेलीविजन, समाचार पत्र-पत्रिकाएं और सिनेमा जैसे जनसंचार माध्यम ही विज्ञापनों के माध्यम हैं। आकर्षक मूल्य, सुश्रव्यता एवं सुपाठ्यता, स्मरणीयता और विक्रय शक्ति विज्ञापन भाषा का के आवश्यक गुण माने जाते हैं। हर विज्ञापन की विशिष्ट भाषा-शैली होती है, जिसमें व्याकरणिक पक्ष की उपेक्षा भी चलती है। उसमें मुहावरे, लोकोक्तियों, चित्रों, रंगों और ब्रांड का प्रयोग किया जाता है। उसमें इस बात की विशेष भूमिका होती है कि विज्ञापन कितना आकर्षक है, लुभावना है तथा बाजार में पहले ही उपलब्ध प्रतिस्पर्धी उत्पाद की तुलना में वह विज्ञापित उत्पाद को किस प्रकार अधिक श्रेष्ठ एवं उपयोगी सिद्ध कर सकता है।

विज्ञापनों में भाषा का विशेष प्रयोजन से इस्तेमाल किया जाता है। इसके लिए भले ही विज्ञापन का मौलिक सृजन किया जाए या फिर अनुवाद को जरिया बनाया जाए, मूल उद्देश्य तो विज्ञापन की सशक्त-समर्थ भाषा में प्रस्तुति से है। विज्ञापन किसी-न-किसी साधन अथवा माध्यम से उपभोक्ताओं तक पहुंचाए जाते हैं। ये माध्यम ही वस्तु और उपभोक्ता के बीच संपर्क सूत्र का काम करते हैं।

विज्ञापनों के अनुवाद की आवश्यकता : हमारे देश में विज्ञापन की सुदृढ़ परंपरा नहीं रही है। आजादी

के बाद भी यही समझा जाता था कि अंग्रेजी में दिए जाने वाले विज्ञापन ही समाज को प्रभावित करते हैं, इसलिए विज्ञापन जगत पर अंग्रेजी छाई हुई थी। इस स्थिति में आठवें दशक तक आते-आते स्पष्ट बदलाव शुरू हो गया, जब हिंदी और अन्य भारतीय भाषाओं के अखबार अंग्रेजी अखबारों की तुलना में ज्यादा आगे बढ़ने लगे। इस स्थिति ने यह तथ्य उभारा कि हिंदी और अन्य भारतीय भाषाओं के पाठक भी विज्ञापनों से प्रभावित होकर बाजार के प्रति आकर्षित होते हैं। इस कारण हिंदी और अन्य भारतीय भाषाओं ने विज्ञापनदाताओं का ध्यान अपनी ओर आकर्षित किया। समय की इस मांग ने अंग्रेजी के साथ-साथ हिंदी एवं अन्य भारतीय भाषाओं में विज्ञापन तैयार कराने की आवश्यकता सिद्ध की। 1990 के दशक में भारत ने उदारीकरण के माध्यम से भूमंडलीकरण की प्रक्रिया को अपनाना शुरू किया। अब प्रभाव शहरों तक सीमित न रहकर गांवों-कस्बों तक पड़ने लगा। नतीजतन, उत्पादक शहरों के साथ-साथ गांवों की ओर बढ़ने लगे, उन्हें गंभीरता से लेने लगे। ग्रामीण क्षेत्रों में अंग्रेजी संवाद की भाषा नहीं बन सकती। इसलिए हिंदी एवं अन्य भारतीय भाषाओं को अपनाना जरूरी समझा गया।

आज विज्ञापन निर्माण मौलिक लेखन के द्वारा किया जा रहा है और अनुवाद के द्वारा भी। वस्तुतः विज्ञापन लेखन और उसका अनुवाद एक रोजगारपरक व्यवसाय का रूप धारण कर चुका है। आज देश की कमोबेश सभी भाषाओं में विज्ञापन मिलते हैं। विज्ञापन को किसी एक भाषा में तैयार करवाकर अनुवाद के जरिए उसे हर भाषा में उपलब्ध करा दिया जाता है। यह स्थिति बहुराष्ट्रीय निगमों द्वारा अपने उत्पादों की बिक्री बढ़ाने के लिए प्रसिद्ध फिल्मी हस्तियों, क्रिकेट जगत के सितारों या फिर अन्य क्षेत्रों की जानी-मानी हस्तियों वाले विज्ञापनों में विशेष तौर पर नजर आती है। बहुराष्ट्रीय निगम इस प्रकार के विशिष्ट व्यक्तियों को अपना 'ब्रांड एंबेसेडर' बनाकर प्रस्तुत करते हैं। ऐसे विज्ञापन हर भाषा में प्रचारित-प्रसारित किए जाते हैं। हालांकि मूल विज्ञापन अधिकांशतः अंग्रेजी में ही तैयार किया जाता है। इसके बाद उसका हिंदी अथवा अन्य भारतीय भाषाओं में अनुवाद होता है। व्यापारिक घराने किसी एक भाषा में विज्ञापन तैयार करवाने के बाद विभिन्न भाषाओं में उसका अनुवाद करते हैं। स्थिति यह है कि वे अपने विज्ञापनों का क्षेत्रीय भाषाओं तक में खूब अनुवाद कराते हैं, ताकि विज्ञापन के जरिए स्थानीय उपभोक्ताओं तक पहुंचा जा सके। क्षेत्रीय भाषाओं के टीवी चैनलों पर कोकाकोला, पेप्सी, कुरकुरे आदि के ऐसे अनेक विज्ञापन देख सकते हैं, जो वास्तव में अनुवाद के जरिए ही प्रसारित हो रहे होते हैं।

अब विज्ञापनदाता हिंदी और अन्य भारतीय भाषाओं में मौलिक विज्ञापन लेखन करवा रहे हैं, उदाहरण के लिए, 'ढूंढ़ते रह जाओगे' जैसे विज्ञापनी वाक्य हिंदीतर भाषा-भाषियों के मन-मस्तिष्क पर भी जम जाने वाले वाक्य रहे हैं। हिंदी के इस प्रकार के विज्ञापनों का ही प्रभाव है कि विज्ञापनों को अंग्रेजी लिप्यंतरित रूप में प्रस्तुत करने की प्रवृत्ति विकसित हो रही है। नेस्ले मिल्कमेड केसर कुल्फी का विज्ञापन 'चलो झट से कुछ मीठा हो जाए' या फिर स्प्राइट का विज्ञापन 'सीधी बात नो बकवास' इसी प्रवृत्ति का प्रत्यक्ष प्रमाण है।

विज्ञापन अनुवाद की युक्तियां : विज्ञापन का संबंध सरकारी, गैर-सरकारी और निजी–सभी क्षेत्रों से है। इनमें विविध प्रकार की सामग्री का समावेश होता है, जो न पूरी तरह से साहित्यिक होती है और न ही साहित्येतर, इसलिए विज्ञापनों के अनुवाद की प्रक्रिया एक समान नहीं होती। विज्ञापनों के अनुवाद का कोई ऐसा निश्चित सिद्धांत नहीं है जो सार्वभौमिक रूप से लागू किया जा सके। विज्ञापनों के अनुवाद की प्रक्रिया भाषिक एवं व्याकरणिक नियमों के बंधन में नहीं बंधी होती। इसमें अनुवादक को विधि अनुवाद की भांति शब्दों के सूक्ष्म-सुनिश्चित अर्थ अथवा साहित्यानुवाद की भांति शब्दों के ताने-बाने में छिपे कथ्य की आवश्यकता नहीं होती। वह मूल विज्ञापन का रूपांतरण न करके वास्तव में पुनःसृजन करता है।

वह मूल विज्ञापन की संवेद्य अनुभूति को आत्मसात करके अनूदित करता है। इस तरह अनुवाद की यह अभिव्यंजना मूल जैसा रूप धारण कर लेती है।

विज्ञापन-अनुवादक को अपनी सर्जनात्मक प्रतिभा से अनूदित पाठ को चामत्कारिक गुणों से संपन्न करना होता है। इसके लिए वह विषय के अनुसार शाब्दिक अनुवाद, भावानुवाद अथवा अनुसृजन करता है ताकि वह विज्ञापन को आकर्षक और अर्थपूर्ण रूप में प्रस्तुत कर सके और मूल विज्ञापन में निहित संदेश का पूरी तरह से संप्रेषण कर सके। इसके लिए वह लिप्यंतरण की युक्ति तक को अपनाकर चलता है।

अस्मि डायमंड जेवर के विज्ञापन 'ए डायमंड इज फॉरेवर' का शब्दानुवाद 'हीरा है सदा के लिए' या फिर मधुसूदन घी का विज्ञापन 'मार्क ऑफ प्यूरिटी' का 'शुद्धता की पहचान' के रूप में शब्दानुवाद देखा जा सकता है, लेकिन शब्दानुवाद की अपनी सीमा है। कभी-कभी विज्ञापन-अनुवादक को अनुवाद के दौरान मूल के कुछ शब्द छोड़ने अथवा अनूदित विज्ञापन में कुछ जोड़ने की छूट लेनी पड़ती है, जैसे–हॉकिन्स के 'क्वालिटी इंडिया ट्रस्ट' विज्ञापन का अनुवाद करते समय कुछ जोड़कर 'उत्तमता ऐसी कि भारत भर को है भरोसा' अनुवाद कर देना।

अनुवादक मूल विज्ञापन में निहित भाव ग्रहण करते हुए उसका अनुवाद करता है या फिर उस मूल भाव के आधार पर नया विज्ञापन रच देता है, उदाहरण के लिए–लॅक्मे के एक उत्पाद के विज्ञापन में 'बी योरसेल्फ' शब्द प्रयुक्त हुए हैं। यदि इसका शब्दानुवाद किया जाए तो वह कदाचित इस प्रकार होगा–'खुद अपने आप बनो'। लेकिन इसका यह भावानुवाद विशेष तौर पर उल्लेखनीय है–'जिंदगी तुम्हारी : अंदाज तुम्हारा'। इसी प्रकार अस्मि डायमंड ज़ेवर के विज्ञापन 'रिफ्लेक्ट माई इनर फायर' का भावानुवाद 'मेरे अंदर की आग की रोशनी' देखा जा सकता है।

विज्ञापनों के अनुवाद में लिप्यंतरण को एक युक्ति के रूप में अपनाया जाता है, जैसे–'फोर स्क्वेयर' सिगरेट के विज्ञापन 'लिव लाइफ किंग साइज' का शाब्दिक अनुवाद अथवा भावानुवाद न करके लिप्यंतरण 'लिव लाइफ किंग साइज' कर देना। इसी प्रकार के कुछ अन्य उदाहरण हैं– 'अटरर्ली, बटर्ली, डेलीसियस-अमूल' (अमूल मक्खन), 'द कंप्लीट मैन' (रेमंड सूटिंग)। ऐसे भी विज्ञापन नजर आते हैं जिनमें हिंदी के शब्दों को रोमन लिपि में प्रस्तुत किया हुआ होता है, जैसे रूपा बनियान के विज्ञापन 'ये आराम का मामला है' को देखा जा सकता है, या फिर पान पराग का 'धूम मचा दे रंग जमा दे' विज्ञापन। इसके अलावा मिश्रित भाषा में प्रस्तुति के भी उदाहरण मिलते हैं। जैसे–'लिबर्टी' जूते का विज्ञापन 'आपकी च्वॉइस, सबकी ख्वाइश', झंडू पंचारिष्ट का 'हाजमा फिट, सेहत सुपरहिट' या फिर पेप्सी का 'ये दिल मांगे मोर - आ हा'।

विज्ञापनों के अनुवाद में हालांकि अनुवादक को विज्ञापन के मूल मंतव्य को संप्रेषित करने, सामाजिक-सांस्कृतिक संदर्भ को ध्यान में रखने, लक्ष्य समूह के मनोविज्ञान को समझने के साथ-साथ विज्ञापन माध्यम को विज्ञापन भाषा से जोड़ने आदि विभिन्न प्रकार की समस्याओं का सामना करना पड़ता है। उसके सामने विज्ञापनों के भाषाई वैशिष्ट्य को अनुवाद में बनाए रखने की चुनौती होती है। वह समतुल्य शब्दावली के अभाव की समस्या से तो जूझता ही है, पर्याय चयन की समस्या भी उसके आड़े आती है। इन सभी चुनौतियों के बावजूद वह अनुसृजन कर्म से पीछे नहीं हटता। अनुवाद कला में सिद्धहस्त अनुवादक ही इस क्षेत्र में पदार्पण करने का दुस्साहस कर सकता है। वस्तुतः विज्ञापन अनुवाद का कौशल इसी में निहित है कि वह मूल विज्ञापन की भांति मौलिक, प्रवाहपूर्ण और लयात्मक रूप में प्रस्तुत हो और मूल की भांति ही प्रभावोत्पादक, रोचक एवं संप्रेष्य हो।

हरीश कुमार सेठी

अधिक जानकारी के लिए :

1. Advertisement : Concept and copy : Geroge Felton, 2006, 2. A Technique for Producing Ideas : James Welete Young, 2012

विज्ञापन में स्त्री

स्त्री : ऐसा लगता है मानो स्त्रियों का जन्म विज्ञापनदाताओं के लिए ही होता है। विज्ञापन न केवल वस्तुएं या सेवाएं बेचते हैं, बल्कि उनकेसाथ जुड़ी छवियां भी बेचते हैं। इन छवियों में अधिकतर सर्वांग सुंदर दिखने वाली स्त्रियों की उपस्थिति होती है। स्त्री सौंदर्य का यह व्यावसायिक उपयोग, जो स्त्री का अवमूल्यन करता है, उसे वस्तु बनाने की बृहत परियोजना का एक अंग प्रतीत होता है। विज्ञापन में प्रगट होने वाली स्त्री वह नहीं बोलती, जो वह सोचती है। वह वही कुछ बोलती है, जो विज्ञापनदाता चाहता है। यह सिलसिला डेढ़ सौ वर्षों से चला आ रहा है। 1960 के दशक में स्त्रीवादियों ने इस मुद्दे को शिद्दत से उठाया। विज्ञापनों में स्त्रियों के इस्तेमाल पर न केवल लिखा जाने लगा, बल्कि एक्टिविस्टों ने ऐसे विज्ञापनों पर स्याही भी पोती। उन्होंने बताया कि जो दिखाया जाता है, स्त्रियों का जीवन उससे अलग होता है। केथी मायर्स के अनुसार, ये छवियां 'खतरनाक ढंग से स्त्री का महत्व कम करती हैं।'

विज्ञापन में स्त्री

सर्वाधिक आपत्तिजनक बात यह है कि ये विज्ञापन स्त्री और पुरुष के रूढ़ रूप बनाते हैं, जिसमें पुरुष घर से बाहर जाकर काम करता है और स्त्री घर में रहती है तथा एक आदर्श गृहिणी की भूमिका अदा करती है। पुरुषों को शक्तिशाली, सक्रिय और निर्णायक तथा स्त्रियों को कमजोर, निष्क्रिय और निर्णय क्षमता से विहीन दिखाया जाता है। दूसरे, इन विज्ञापनों में स्त्रियों को अनिंद्य सुंदरी दिखाया जाता है—रंग गोरा, गाल चिकने-रोमहीन, कहीं कोई दाग-धब्बा नहीं, बाल लंबे और काले, पैर लंबे, नाखून तराशे हुए, उच्च मध्य वर्ग, निश्चिंत चेहरा, जिसे देखकर पुरुष आनंदित होते हैं। यह सामान्य स्त्रियों में कुंठा का भाव भरता है : वे जब शीशे में अपने को देखती हैं, तो उन्हें अपने में विज्ञापन वाली स्त्री का एक अंश भी दिखाई नहीं देता। यही वजह है कि भारत में गोरा बनाने वाली क्रीमों की बिक्री हर साल बढ़ती जाती है। वीडियो रिकॉर्डिंग और इंटरनेट आने के बाद से स्त्री के अवमूल्यन की प्रक्रिया तेज हुई है। ऑनलाइन बिक्री में भी स्त्रियों को माध्यम बनाया जाता है। पोर्नोग्राफी को विज्ञापनों से इस आधार पर अलग किया जा सकता है कि वह स्त्रियों के बहाने से कुछ नहीं बेचती, बल्कि सीधे स्त्रियों की छवियों को ही बेचती हैं।

स्त्रियों द्वारा इस्तेमाल की जाने वाली वस्तुओं जैसे किचन का सामान और कॉस्मेटिक साबुन और लोच के विज्ञापन में स्त्री को पेश किया जाए तो यह कुछ स्वाभाविक जान पड़ता है, लेकिन पुरुषों के उपयोग की चीजों का विज्ञापन भी स्त्रियों के बिना पूरा नहीं होता। यहां तक कि दाढ़ी बनाने वाले ब्लेड के विज्ञापन में भी स्त्री नजर आती है। इसे ही 'स्त्रियों का वस्तुकरण' कहा जाता है—वह मनुष्य से गिरकर वस्तु में तब्दील हो जाती है। यहां तक कि उसका शरीर भी एक समन्वित इकाई नहीं रह जाता। बालों, चेहरे, वक्ष, पेट, बांहों, कमर, अंगूठों आदि को शरीर से हटाकर विज्ञापनों को आकर्षक बनाया जाता है। रंगीन छपाई और कलर टेलीविजन के आविर्भाव के बाद उत्पादों का बाजार बनाने में स्त्रियों की 'सेक्स अपील' का इस्तेमाल ज्यादा बढ़ गया है। दिलचस्प है कि इन विज्ञापनों में देहयष्टि और सौंदर्य के मानक पश्चिम से लिए जाते हैं।

विज्ञापनों में स्त्री शरीर के दुरुपयोग और पुरुष सत्ता की व्यापकता का समर्थन करने वाले कुछ विज्ञापन इस प्रकार हैं। एक विज्ञापन में एक विशेष ब्रांड की बीयर को 'लाइट' (हल्का) बताया

गया है और प्रस्तावित किया गया है कि यह किस तरह आपको मोटी औरत से दूर रखता है। एक अन्य विज्ञापन में स्त्री को गहने से लुब्ध और समर्पण शील दिखाया गया है। गहने को पहला 'रिमोट कंट्रोल' कहा गया है। एक विज्ञापन में एक खेल के उपकरण को दिखाकर दावा किया गया है कि इसे दोनों ओर से खेला जा सकता है। यह संदेश देने के लिए ऐसी स्त्री की छवि पेश की गई है जिसकी पीठ पर भी स्तन हैं।

अश्लील और आपत्तिजनक विज्ञापनों को हटाने की मांग समय-समय पर उठती है और उन्हें विज्ञापनदाता द्वारा वापस भी ले लिया जाता है। अधिकांश देशों में आचार संहिता है कि किस तरह के विज्ञापन प्रदर्शित नहीं किए जा सकते। इसके बावजूद आपत्तिजनक विज्ञापनों का सिलसिला बंद होता दिखाई नहीं देता। विज्ञापनों में द्विअर्थी और बहुअर्थी शब्दों का उपयोग आम बात है। जैसे कॉफी शॉप के एक विज्ञापन का नारा है—कुछ भी घट सकता है!

राजकिशोर

विट

विट (Wit) के लिए हिंदी में ठीक-ठीक अर्थ देने वाला कोई शब्द नहीं है। इसमें बुद्धिमत्तापूर्ण हास्य और व्यंग्य का भाव होता है। रोमन-यूनानी साहित्य से लेकर प्राचीन भारतीय साहित्य में हास्य-व्यंग्य का प्रयोग रचनाकारों ने बखूबी किया है। अठारहवीं सदी के अंग्रेजी साहित्य की लगभग सभी विधाओं में इसका प्रयोग मिलता है। इस संबंध में प्रायः ड्राइडन, एडिसन, स्विफ्ट, फील्डिंग जैसे नामों का उल्लेख किया जाता है। पाठक, श्रोता या दर्शकों के मनोरंजन के लिए अथवा उनके हास्यबोध को उत्तेजित करने के लिए साहित्य के अलग-अलग रूपों में चरित्रों, कार्य-व्यापारों और उक्तियों के द्वारा बुद्धिमत्तापूर्ण व्यंग्य-विनोद उत्पन्न करने को ही विट कहते हैं। कामिल बुल्के ने इसके लिए 'हाजिरजवाब' शब्द का प्रयोग किया है। अंग्रेज कवि एडिसन के अनुसार, पदार्थों के जिस संबंध दर्शन से पाठकों या श्रोताओं में प्रसन्नता और आश्चर्य या चमत्कृति उत्पन्न होती है, उसे विट कहते हैं। 'विट' एक ऐसी शाब्दिक अभिव्यक्ति है, जो संक्षिप्त, निपुण और साथ ही ऐसा हास्य उत्पन्न करता है जिसमें चकित करने वाला भाव भी निहित होता है। संस्कृत में नाट्यशास्त्र आदि ग्रंथों में 'विट' के समतुल्य 'नर्म' शब्द है। कैशिकी वृत्ति के अंतर्गत सरस बातचीत के लिए नर्म की कई कोटियां बताई गई हैं। साहित्यशास्त्र में वक्रोक्ति अलंकार विट को उसकी विविधता व व्याप्ति में अंतर्भावित करता है।

फिलिप ग्वेडला ने विट के साथ कभी कहा था कि 'इतिहास अपने आपको दोहराता है और इतिहासकार एक-दूसरे को'। मनोविश्लेषणवादी सिगमंड फ्रायड ने इसे 'हार्मलेस विट' (निर्दोष विट) और 'टेंडेंसी विट' (सदोष विट) के रूप में विभाजित किया है। 'हार्मलेस विट' में बिना किसी द्वेष के हास्य पैदा किया जाता है और 'टेंडेंसी विट' में क्रोध, ईर्ष्या आदि का मिश्रण होता है। विट और ह्यूमर में एक खास अंतर यह है कि विट जहाँ केवल लिखे और बोले हुए शब्दों के द्वारा ही उत्पन्न किया जा सकता है वहीं ह्यूमर के अनेक साधन हो सकते हैं, जैसे—दृश्य, वेश-भूषा, हाव-भाव आदि। नाटकों में विदूषक के द्वारा हास्य उत्पन्न किया जाता रहा है।

आचार्य रामचंद्र शुक्ल ने इसे वाद-विदग्धता कहा है। शुक्ल जी ने सूर की गोपियों की हाजिरजवाबी की प्रशंसा की है जिसमें एक तरह का 'विट' अभिव्यक्त हुआ है। गोपियां जिस तरह से उद्धव पर व्यंग्य करती हैं, वह विट का सबसे सशक्त उदाहरण है–'आयो घोष बड़ो व्यौपारी' या 'आयो जोग सिखावन पांडे' कहकर वे अपने विट या वाद विदग्धता का परिचय देती हैं। विट में वक्रोक्ति का सहारा लिया जाता है। भारतीय साहित्य में विदग्धा नायिका भेद का एक रूप है। वचन विदग्धा नायिका के लिए मतिराम ने कहा है—करे बचन सौं चातुरी। विट में जब तक चमत्कार या विलक्षणता नहीं हो,

काम नहीं चल सकता। विदग्धता उक्ति-वैचित्र्य है।

मध्यकालीन हिंदी काव्य में विट के अनेक उदाहरण हैं। घनानंद ने 'तुम कौन धो पाटी पढ़े हो लला, मन लेहुं प देहु छटांक नहीं' कहकर अपने विट का उदाहरण प्रस्तुत किया है। उर्दू कविता में गालिब ने भी विट का बढ़िया इस्तेमाल किया है, 'वाइज ने इल्म को भी खड़ा सर के बल किया, इतना पढ़ा लिखा है कि जाहिल कहें जिसे।' इसे हजारीप्रसाद द्विवेदी के इस प्रसिद्ध वाक्य के साथ पढ़ें तो यह और भी स्पष्ट हो जाएगा, 'पंडिताई भी एक बोझ है—जितनी ही भारी होती है, उतनी ही तेजी से डुबोती है।' आधुनिक हिंदी साहित्य में कई लेखकों ने विट का सुंदर प्रयोग किया है। भारतेंदु, निराला, नागार्जुन, हरिशंकर परसाई, श्रीलाल शुक्ल, शरद जोशी आदि कई लेखकों ने अपने व्यंग्य की धार पैनी करने के लिए समय-समय पर विट का प्रयोग किया है।

बृजराज सिंह

अधिक जानकारी के लिए :
हिंदी हास्य-व्यंग्य संकलन : (संपा) श्रीलाल शुक्ल और प्रेम जनमेजय

विडंबना

विडंबना के लिए अंग्रेजी में Irony शब्द है। यह ग्रीक शब्द Eironeia से बना है। ग्रीक कॉमेडी में ऐरॉन नामक एक प्रसिद्ध चरित्र है, जो अपने मनोभावों को अपने भीतर ही छुपाए रखता था। वह अपने चरित्र के अनुसार अपनी बातों को अंतर्कथन में व्यक्त करता था तथा अपनी बौद्धिकता को जान-बूझकर कम करके प्रस्तुत करता था फिर भी उसने एक आत्मप्रवंचक, बेवकूफ और आत्मप्रशंसक पर विजय प्राप्त कर ली। (नार्थप फ्राय, एनॉटमि ऑफ क्रिटिसिज्म)। इस प्रकार 'आयरनी' शब्द ग्रीक कॉमेडी के उपर्युक्त पात्र की चारित्रिक विशेषताओं के लाक्षणिक अर्थ में युक्त किया जाने लगा।

आमतौर पर Sarcasm (कटाक्ष) का प्रयोग हर प्रकार की 'आयरनी' के अर्थ में किया जाता है, किंतु यह 'आयरनी' नहीं है। इसका प्रयोग मुख्यतः ताना मारने, बड़ाई में छिपी बुराई के उद्‌घाटन के लिए किया जाता है। 'आयरनी' और 'सरकाज्म' का प्रायोगिक अंतर इनकी शाब्दिक उत्पत्ति के मूल में छिपा है। जहां 'आयरनी' 'ऐरॉन' यानी एक अंतर्मुखी पात्र की प्रवृत्ति से बना है, वहीं 'सरकाज्म' ग्रीक भाषा की क्रिया 'सरकाजेन' (मांस फाड़ना) से बना है।

'आयरनी' अपने ज्यादातर आलोचनात्मक प्रयोगों में किसी भी वास्तविक स्थिति का अंतर्निहित एवं अप्रकट भाव है। इसका प्रयोग धोखे में रखने के लिए नहीं, विशेष कलात्मक प्रभाव पैदा करने के लिए किया जाता है। प्रयोग के स्तर पर 'आयरनी' के कई प्रकार लक्षित किए जाते हैं :

वाचिक विडंबना : वाचिक विडंबना एक ऐसा कथन है जिसमें वक्ता द्वारा प्रयुक्त अर्थ कथन के स्पष्ट अर्थ से भिन्न होता है। जैसे 'जूलियस सीजर' में मार्क एंटोनी सीजर की हत्या में शामिल उसके मित्र ब्रूटस के बारे में कहता है कि 'ब्रूटस इज ए नोबल पर्सन।' परंतु इस कथन में एंटोनी का तात्पर्य ब्रूटस को 'नोबल पर्सन' बताना नहीं है। वह जानता है कि ब्रूटस ने अपने मित्र सीजर के साथ धोखा किया है, किंतु एंटोनी एक विडंबना के उद्‌घाटन के उद्देश्य से ही उसे सार्वजनिक रूप से नोबल पर्सन कहता है। प्रेमचंद के उपन्यास 'गोदान' में होरी ऐसे कई कथन रखता है, जो वाचिक विडंबना के उदाहरण हैं।

विडंबनात्मक कथन साधारणतया किसी प्रवृत्ति की एक भंगिमा से जुड़ता है, लेकिन संपूर्ण वाचिक स्थिति में यह वक्ता द्वारा चाहे गए अर्थ की ओर संकेत करता है, जो प्रायः विपरीत प्रवृत्तियों एवं परिणामों से संबंधित होता है, जैसे यह कथन कि 'जो अच्छा बोलता है, उसे व्यर्थ भी बोलना चाहिए।' इस कथन का अर्थ यह नहीं है कि अच्छा बोलने वाले को व्यर्थ बोलना चाहिए, बल्कि इसका आशय इस प्रश्न से है, 'क्या अच्छा बोलने वाले को व्यर्थ बोलना चाहिए?' जवाब होगा कि व्यर्थ कभी नहीं बोलना चाहिए। जेन ऑस्टिन अपने उपन्यास 'प्राइड

एंड प्रेज्यूडिस' (1813) का आरंभ एक बहुप्रचलित विडबंनात्मक कथन से करती हैं, 'यह सार्वभौमिक रूप से प्रचलित सत्य है कि अकेला समृद्ध व्यक्ति हमेशा एक पत्नी की चाह में रहता है।' इस कथन का तात्पर्य उपन्यास में आगे खुलता है, जो स्पष्ट परिलक्षित अर्थ से पूर्णतया भिन्न एवं विपरीत है। उस कथन से बाद में यह आशय प्रकट होता है कि 'एकल स्त्री हमेशा एक समृद्ध पुरुष की फिराक में रहती है।' शेक्सपियर के यहां अक्सर मूर्ख और मनचले पात्र दार्शनिक बातें करते हैं। यह एक प्रकार से वाचिक विडंबना का ही उदाहरण है।

संरचनात्मक विडंबना : जब लेखक 'आयरनी' का प्रयोग कृति की संरचना में ही करता है, वहां संरचनात्मक 'आयरनी' होती है जो संपूर्ण कृति के मूल्याकंन के आधार पर कृति को द्विअर्थी तौर पर प्रस्तुत करती है। संरचनात्मक 'आयरनी' एक ऐसा पाठ है जिसका अंत निष्कर्ष के स्तर पर खुला रहता है। इसके पात्र या नायक के जीवन क्रम या जीवन की परिस्थितियों में लिए गए निर्णय को प्रस्तुत करते समय उस पाठ का वाचक या वक्ता कथा को किसी ठोस या अंतिम मोड़ पर नहीं ले जाता। कारण यह है कि कथा का नायक कथा संरचना के अनुसार अनुभवहीन या नितांत सरल कुछ भी हो सकता है। ऐसे में वह कथा की संरचना को अनिर्णीत रूप में रखता है। उसे पढ़ने वाले सहृदय पाठक द्वारा पूरे अधिकार के साथ उस कथा संरचना को व्याख्यायित करने की संभावना बनी रहती है। इसे ही संरचनात्मक विडंबना कहते हैं।

प्रसिद्ध अंग्रेजी व्यंग्यकार जोनाथन स्विफ्ट की अपनी प्रसिद्ध रचना 'ए मॉडेस्ट प्रपोजल फॉर प्रिवेंटिंग दि चिल्ड्रेन ऑफ पूअर पिपुल फ्रॉम बीइंग अ बर्डन टू देअर पैरेंट्स ऑर कंट्री एंड फॉर मेकिंग देम बेनिफिशअल टू दि पब्लिक' सामान्यतः 'ए मॉडेस्ट प्रपोजल' शीर्षक से प्रसिद्ध है। इसमें एक अनुभवहीन वक्ता, जो असामान्य रूप से तार्किक एवं नैतिक मूर्खता से भरा अर्थशास्त्री है, गरीब आयरिश बच्चों को आर्थिक संपत्ति में बदलने के लिए 'मॉडेस्ट प्रपोजल' लिखता है। वह सलाह देता है कि गरीबी से जूझ रहे माता-पिताओं को बोझ बने अपने बच्चों को अमीर लोगों को बेच देना चाहिए। इससे उन गरीब माता-पिताओं को भोजन मिल सकेगा। अपनी इस रचना में स्विफ्ट ने व्यंग्यात्मक अतिशयोक्ति का प्रयोग कर हृदयहीन आयरिश नीतियों पर व्यंग्य किया है। इस तरह संरचनात्मक 'आयरनी' में व्यावहारिक धरातल पर असफल पात्र को जान-बूझकर लेखक लाता है जिससे उस पात्र की असफलता से लेखक का मंतव्य सिद्ध हो सके। प्रेमचंद की कहानी 'कफन' में संरचनात्मक विडंबना लक्षित की जा सकती है। इसमें कहानी भले ही घीसू और माधव के ऊल-जलूल निष्कर्षों से खत्म होती हो, किंतु सहृदय पाठक और लेखक के निष्कर्ष उस पात्र के निष्कर्ष से सर्वदा भिन्न होते हैं।

रेटरिक विडंबना : बेन बूथ ने रेटरिक (अलंकृत) विडंबना में स्थायी एवं अस्थायी विडंबना की पहचान की है। स्थायी विडंबना वह है जिसमें वक्ता या लेखक पाठक के लिए ऐसी बात या स्थिति उपलब्ध कराता है जिसमें स्पष्ट या अंतर्निहित अर्थ की विडंबना के लिए भूमि तैयार रहती है, जैसे 'ब्रूटस इज ए नोबल पर्सन'—यह विडंबना है, क्योंकि कथा में वह अपने मित्र सीजर की हत्या कर चुका है। अस्थायी विडंबना कोई मजबूत या दृढ़ कारण प्रस्तुत नहीं करती और वह अपने आप में अंतर्निहित अर्थ आगे बढ़ाती है। इसके उदाहरण एब्सर्ड साहित्य में प्रचुर मात्रा में मिलते हैं। सेमुअल बेकेट का नाटक 'वेटिंग फॉर गोदो' और उनका उपन्यास 'अननेमेबल' इस तरह के उदाहरणों से भरा पड़ा है।

दैवीय विडंबना : विडंबना का यह प्रकार वहां होता है, जहां किसी दैवीय हस्तक्षेप, अपने भाग्य या किसी और के भाग्य से पात्र छद्म आशावाद में जाकर कुंठित और उपहास का पात्र बन जाता है। अरुण प्रकाश की कहानी 'जल प्रांतर' में बाढ़ आने पर भी एक ब्राह्मण मंदिर जाना नहीं छोड़ता। उसे सांप काट लेता है, पर इलाज के बारे में सोचने की जगह वह मंदिर

में पहले पूजा कर लेना चाहता है और अंत में सांप के विष से मर जाता है।

सॉक्रेटिक विडंबना : प्लेटो के डायलॉग्स में महान दार्शनिक सुकरात के अनभिज्ञ (जो स्पष्टतया वे नहीं थे) एवं जिज्ञासु प्रतिभागी के रूप में यह विडंबना विकसित हुई है, जहां प्रश्न करने वाला सब कुछ जानते हुए भी स्वयं को नौसिखिया एवं अनभिज्ञ के तौर पर प्रस्तुत करता है।

नाटकीय विडंबना : यह विडंबना का वह प्रकार है जिसका प्रयोग मुख्यतः ग्रीक नाटककारों ने बहुतायत में किया है। इसमें दोषी को खोज कर दंडित करने की जिम्मेदारी लिया हुआ व्यक्ति अथवा नायक अंततः स्वयं को ही दोषी पाकर, खुद को ही दंडित करता है, यद्यपि उस पात्र की सच्चाई पाठकों, दर्शकों या प्रेक्षकों को पहले से ही पता रहती है। जैसे सोफक्लीज के 'ईपिडस द किंग' में नायक थेब्स का राजा उस व्यक्ति को खोजने एवं दंडित करने का संकल्प लेता है, जिसके पाप के कारण पूरे राज्य में भयानक महामारी फैली है। वह इस बात से पूर्णतया अनभिज्ञ है कि वह जिसे खोज रहा है, वह कोई और नहीं, खुद है। किंतु दर्शक/पाठक ईपिडस की सच्चाई जान रहे होते हैं। अंत में जब इपिडस सच्चाई जान पाता है तब खुद को अंधा करके दंडित करता है। प्रसाद के नाटक 'स्कंदगुप्त' में स्कंदगुप्त और विजया को नाट कीय विडंबना के संदर्भ में देखा जाता है।

स्वच्छंदतावादी (रोमैंटिक) विडंबना : साहित्य जगत में इस पद का प्रवेश अठारहवीं शताब्दी के अंत एवं उन्नीसवीं शताब्दी के आरंभ में हुआ। फ्रेडरिक श्लेगल एवं अन्य जर्मन लेखकों द्वारा नाट कीय अथवा 'नैरेटिव' लेखन में यह विडंबना ऐसे प्रयोगों में पाई गई है, जहाँ लेखक वास्तविकता के प्रतिनिधित्व में लगातार भ्रम को खड़ा करता जाता है। पात्र एवं उसके समस्त क्रियाकलापों को लेखक मनमाने ढंग से रखता है। बायरन ने 'डॉन जुआन' में रोमैंटिक विडंबना का चित्र रखा है। प्रसाद की लंबी कविता 'प्रलय की छाया' में यह देखा जा सकता है।

इस तरह विडंबना आधुनिक भावबोध, मूल्य-संकट और जटिलताओं को व्यक्त करने के लिए सर्वाधिक महत्वपूर्ण और समर्थ माध्यम है।

आशुतोष मिश्र

अधिक जानकारी के लिए :

1. पाश्चात्य काव्यशास्त्र : देवेंद्रनाथ शर्मा, **2. कविता के नए प्रतिमान :** नामवर सिंह, **3. आधुनिक आलोचना : संदर्भ और दृष्टि :** रामचंद्र तिवारी, **4. Literary Theory : an Introduction :** Terry Eagleton, **5. A Glossary of Literary Terms :** M H Abrams

वित्तीय पूंजी

बीसवीं शताब्दी के दौरान मार्क्सवादी शब्दाकोश में एक नया शब्द वित्तीय पूंजी (Finance Capital) शामिल हुआ। रुडोल्फ हिल्फरडिंग ने अपनी पुस्तक 'फाइनेंस कैपिटल' में इस अवधारणा को पहली बार शामिल किया। यह पुस्तक 1910 में जर्मन भाषा में प्रकाशित हुई। उनके अनुसार, वित्तीय पूंजी सब प्रकार की पूंजी का सम्मिलन है। अब तक औद्योगिक, वाणिज्यिक और बैंक पूंजी अलग-अलग रही है, यहां आकर वे एक हो जाती हैं और उद्योगों और बैंकों के मालिक एक साथ मिलकर उसकी दशा और दिशा तय करते हैं। इजारेदारों के परस्पर गठजोड़ के फलस्वरूप उनके बीच मुक्त प्रतिद्वंद्विता समाप्त हो जाती है।

वित्तीय पूंजी की दो चारित्रिक विशेषताएं हैं। पहली, उसका उदय विभिन्न प्रकार की पूँजियों, जैसे—औद्योगिक, बैंक और वाणिज्यिक पूँजियों के संयोजक के परिणामस्वरूप होता है। दूसरी, उसका उदय पूंजीवाद के विकास के क्रम में एक निश्चित चरण में होता है। हिल्फरडिंग के अनुसार, एकाधिकारी या इजारेदारी पूंजीवाद के उदय के लिए वह अपरिहार्य होती है।

सामान्यतया वित्तीय और औद्योगिक पूंजी का एकीकरण पूंजीवाद के दौरान आए दिन देखा गया है। पूंजीवाद के आरंभ से ही वित्तीय पूंजीपतियों का अस्तित्व

रहा, है जो उत्पादक क्षेत्रों को पैसे उपलब्ध कराते रहे हैं और औद्योगिक पूंजीपतियों को पैसे उपलब्ध कराकर अधिशेष मूल्य का एक हिस्सा ले लेते हैं। ऐसा वे ब्याज और विदेशी विनिमय से जुड़े भुगतान के एक बड़े हिस्से के रूप में ले लेते हैं। औद्योगिक पूंजी और बैंक पूंजी का परस्पर विलयन जिस तरह से होता है, वही वित्तीय पूंजी की विशेषता है। उनको इसके बाद अलग करना कठिन होता है। वित्तीय पूंजी का उदय संकेंद्रण का प्रतीक है। एक ओर वह मुक्त प्रतिद्वंद्विता को समाप्त कर देती है और साथ ही कार्टेल और ट्रस्ट का उदय होता है। दूसरी ओर, बैंक और औद्योगिक पूंजी का परस्पर विलयन हो जाता है जिसके फलस्वरूप वित्तीय पूंजी का बोलबाला होता है और बैंक और अन्य वित्तीय संस्थानों का इतना दबदबा हो जाता है कि वे औद्योगिक क्षेत्र को नियंत्रित और संचालित करने लगते हैं।

वी आई लेनिन ने अपनी पुस्तक 'इंपीरियलिज्म : द हाईएस्ट स्टेज ऑफ कैपिटलिज्म' में वित्तीय पूंजी के विश्लेषण को आगे बढ़ाया। हिल्फरडिंग की पुस्तक 'फाइनेंस कैपिटल' को आधार बनाकर लेनिन आगे बढ़े और उनका विश्लेषण एक हद तक अलग था। उनके अनुसार वित्तीय पूंजी के सार उत्पादन के संकेंद्रण के कारण इजारेदारी या एकाधिकार का उदय होता है और बैंक और उद्योग का परस्पर विलयन हो जाता है। यही वित्तीय पूंजी का उदय और इस अवधारणा का सारतत्व है।

लेनिन और हिल्फरडिंग के विश्लेषणों में अंतर होने के बावजूद वे सहमत हैं कि तीन तरीकों से बैंक और अन्य वित्तीय संस्थाएं औद्योगिक क्षेत्र पर अपना नियंत्रण कायम करती हैं। पहला, संयुक्त पूंजी वाली औद्योगिक फर्मों के शेयरों को हथियाकर उन पर अपना दबदबा कायम कर लेती हैं और इस प्रकार,बैंक पूंजी और औद्योगिक पूंजी का विलयन हो जाता है। दूसरा, बैंकों और बड़े औद्योगिक एवं वाणिज्यिक उद्यमों पर चंद लोगों का दबदबा हो जाता है। तीसरा, औद्योगिक एवं वाणिज्यिक उद्यमों के निदेशक मंडलों का मनोनयन वे ही करते हैं और परदे के पीछे से उनका संचालन करते हैं।

1960 के दशक के मध्य में अमेरिका में पाया गया कि 250 सबसे बड़े निगमों के चार सौ उद्योगपति और बैंकर ही निदेशकों की बारह सौ जगहों पर बैठे थे। इसी प्रकार ब्रिटेन के चार बड़े बैंकों के 150 निदेशक अन्य कंपनियों के एक हजार निदेशकों को नियंत्रित कर रहे थे। इसी तरह फ्रांस के सबसे बड़े बैंक का नियंत्रण अन्य बड़ी कंपनियों पर था और उनके माध्यम से वे कई छोटी कंपनियों पर काबिज रहते थे। कहना न होगा कि बैंकों को औद्योगिक कंपनियों के काम-काज के विषय में हर प्रकार की जानकारी होने के कारण वे उनके काम करने के ढंग और निर्णयों को प्रभावित कर सकते थे।

पॉल स्वीजी का मानना है कि हिल्फरडिंग और लेनिन ने बैंक पूंजी की भूमिका का जो आकलन किया था, उसके बाद उसमें काफी परिवर्तन आ गया है। स्वीजी के शब्दों में, 'बैंक पूंजी का प्रभामंडल काफी कुछ घट गया है और एक बार फिर वह औद्योगिक पूंजी के अधीन हो गया है।'(पॉल एम स्वीजी, द थियरी ऑफ कैपिटलिस्ट डेवलपमेंट)। उन्होंने सुझाव दिया कि 'वित्तीय पूंजी' की जगह 'एकाधिकार पूंजी' शब्द इस्तेमाल किया जाना चाहिए।

अन्य अनेक अर्थशास्त्री स्वीजी से सहमत नहीं थे और उन्होंने दावा किया कि बैंकों तथा अन्य वित्तीय संस्थानों पर बड़े औद्योगिक निगमों की निर्भरता बरकरार है। वे अब भी बड़े औद्योगिक निगमों की निर्णय प्रक्रिया को प्रभावित कर रहे हैं। 1968 में अमेरिका की हाउस बैंकिंग और करेंसी कमिटी की एक उप समिति ने बतलाया (जिसे पैटमैन रिपोर्ट कहते हैं) कि वाणिज्यिक बैंकों का दबदबा पहले की तरह ही औद्योगिक नियमों और उनकी निर्णय प्रक्रिया पर कायम है। यहां ध्यान देना चाहिए कि बैंकों के पास अत्यधिक नकदी जमा हो गई है। फलस्वरूप वे अपने प्रभाव क्षेत्र के अंतर्गत आने वाले औद्योगिक निगमों को उनसे काफी बड़ी रकम ऋण के रूप में लेने को मजबूर करते हैं।

बैंक पूंजी और औद्योगिक पूंजी के बीच में गठजोड़ तथा वित्तीय पूंजी का दबदबा कैसे बढ़ा है,

इसका विश्लेषण मौरिस ओड्ले ने अपनी पुस्तक 'मल्टीनेशनल बैंक्स एंड अंडरडेवलपमेंट' (न्यूयॉर्क, 1981) में विस्तार से किया है। बैंक औद्योगिक नियमों को ऋण ही नहीं देते, बल्कि उनके खातों, नीतियों और विकासशील देशों को ऋण देकर बहुराष्ट्रीय निगमों के उत्पादों को खरीदने के लिए प्रोत्साहित भी करते हैं।

गिरीश मिश्र

अधिक जानकारी के लिए :
1. Finance Capital : Rudolf Hilferding

वित्तीय पूंजीवाद

वित्तीय पूंजीवाद (Finance Capitalism) वह प्रक्रिया है जिसके अंतर्गत उत्पादन की प्रक्रिया से लेकर मुनाफे तक सब पर पूंजी का दबदबा हो जाता है। पिछली शताब्दी से लेकर अब तक भूमंडलीय अर्थव्यवस्था वित्तीय पूंजीवाद का दबदबा लगातार बढ़ता गया है। बांडों, शेयरों, डेरिवेटिव्ज, और विभिन्न देशों की मुद्राओं की खरीद-बिक्री वित्तीय पूंजीवाद के अंतर्गत आती है। इसके साथ ही ब्याज के लिए मुद्रा का लेन-देन भी किया जाता है जिससे मुनाफा कमाया जा सके।

वित्तीय पूंजीवाद के अंतर्गत बैंकों से लेकर निवेश फंडों तक की भूमिका होती है। बैंक लोगों की बचतों को बटोरकर उन्हें पैसे देते हैं, जो निवेश या दिन-प्रतिदिन के कामकाज में लगाते हैं। इसी तरह निवेशक बैंक बाजार से पैसे जुटाकर उन्हें देते हैं जो निवेश करना चाहते हैं। कहना न होगा कि किसी भी प्रकार की बैंक या वित्तीय संस्था हो, वह अधिशेष मूल्य का एक बड़ा हिस्सा ले लेती है।

टॉमस पॉल्ली (Thomas Polley) का मानना है कि इक्कीसवीं सदी के दौरान वित्तीय पूंजी का दबदबा होने के कारण सट्टेबाजी का महत्व बढ़ा है और पूंजीवाद के एक नए रूप 'केसिनो कैपिटलिज्म' का उदय हुआ है। दूसरे शब्दों में पूंजीवाद एक जुआघर बन गया है, जहाँ उत्पादन पर पहले जैसा जोर नहीं रहा है। वित्तीय पूंजी का दबदबा हर जगह दिखने लगा है।

एकाधिकारी पूंजी और वित्तीय पूंजी के विस्तार के परिणामस्वरूप बड़े बैंकरों और उद्योगपतियों का एक समूह सारे देश की अर्थव्यवस्था पर अपना वर्चस्व कायम कर लेता है। यह समूह वित्तीय अल्पतंत्र (फाइनेंशियल ओलिगार्की) के नाम से जाना जाता है। 1932 में दो अमेरिकी अर्थशास्त्रियों एडोल्फ बर्ले और गार्डिनर मिस्स ने 'द मॉडर्न कॉरपोरेशन एंड प्राइवेट प्रॉपर्टी' पुस्तक प्रकाशित की जिसमें उन्होंने बताया कि वित्तीय अल्पतंत्र इतना मजबूत हो गया है कि वह किसी उन्नत देश में आधुनिक शासन व्यवस्था से टक्कर ले सकता है।

वित्तीय अल्पतंत्र न सिर्फ व्यवस्था को प्रभावित करता है बल्कि उसका असर देश के संपूर्ण सामाजिक-राजनीतिक जीवन पर पड़ता है, उदाहरण के लिए–अमेरिका में आठ वित्तीय समूह हैं, जो वहां के सामाजिक-राजनीतिक जीवन को प्रभावित करते हैं। ये समूह हैं : मॉर्गन, रॉकेफेल्लर, दुपांत, मेल्लन, द बैंक ऑफ अमेरिका, द शिकागो बैंक, द क्लिवलैंड बैंक और द फर्स्ट नेशनल सिटी बैंक। इनके अध्ययन के आधार पर कहा गया है कि अमेरिका में मात्र एक प्रतिशत संपदा पर अधिकार रखने वालों का दबदबा राष्ट्र की कुल 59 प्रतिशत संपदा पर है। संपदा पर अधिकार रखने वाले 250 से 300 परिवारों की ही प्रमुखता है। वित्तीय अल्पतंत्र के सदस्यों का दबदबा लगातार बढ़ता ही जा रहा है। रोक्स चाइल्ड परिवार हो या फोर्ड परिवार या दुपांत परिवार, उनकी संपदा में निरंतर वृद्धि होती जा रही है।

वित्तीय अल्पतंत्र के ढांचे और उसके लगातार बढ़ते असर का अध्ययन डेनियल फुस्फेल्ड ने अपनी पुस्तक 'इकोनॉमिक्स प्लेक्सिंग्टन' 1972) में प्रकाशित किया है, मगर उन्होंने इसे 'बिजनेस एलिट'(व्यावसायिक अभिजात वर्ग) कहा है। इसमें पांच से दस हजार कर्मचारी शामिल हैं जिनमें निदेशक मंडल के सदस्य, बड़ी विधि एवं लेखा संस्थानों के

हिस्सेदार और महत्वपूर्ण वित्तीय संस्थानों के मुख्य कार्यकारी अधिकारी (सीईओ) आते हैं।

वित्तीय अल्पतंत्र अर्थव्यवस्था पर अपना वर्चस्व होल्डिंग कंपनी की व्यवस्था के जरिए कायम करता है। इस व्यवस्था के अंतर्गत प्रमुख कंपनी में पचास प्रतिशत से भी कम हिस्सेदारी के आधार पर वह अन्य अनेक कंपनियों पर अपना दबदबा कायम करने में सफल हो जाता है, क्योंकि प्रमुख कंपनी के अनेक छोटे हिस्सेदार पूरे देश में बिखरे होने का कारण उसकी आम बैठकों में शामिल नहीं हो पाते हैं। अपने निहितार्थ में वित्तीय पूंजीवाद सट्टा पूंजी का आर्थिक, राजनीतिक, सामाजिक और सांस्कृतिक शासन है। यह सत्ता सर्वोच्च शिखर पर कायम वैधानिक भ्रष्टाचार है, जो जीवन के हर पक्ष को धीरे-धीरे अपने नियंत्रण में ले लेता है। अंततः यह लोकतंत्र, समता और स्वतंत्रता को सीमित करता जाता है।

गिरीश मिश्र

अधिक जानकारी के लिए :
1. The Violence of Financial Capitalism : Christian Marazzi Semioteste, **2. Finance Capitalism and its Discontents :** Michael Hudson, **3. The Endless Crisis :** Robert W. Mc Chesney & John Bellamy Foster

विदथ, सभा तथा समिति

विदथ का उल्लेख सभा के अर्थ में ऋग्वेद में कई बार किया गया है। विदथ के पर्याय के रूप में वैदिक साहित्य में समिति शब्द का प्रयोग होने लगा था।

वैदिक काल में प्रशासन व सामाजिक समस्याओं पर विमर्श और निर्णय के लिए सभा तथा समिति—दो संस्थान सक्रिय थे, जिनका उल्लेख अनेक स्थानों पर मिलता है। यजुर्वेद तथा अथर्ववेद में सभा और समिति का वर्णन है। अथर्ववेद में कहा गया है कि सभा और समिति प्रजापति की दो बेटियों की तरह हैं। सभा तथा समितियों में उपस्थित सभासदों से अपेक्षा की जाती थी कि वे शिष्टाचार का पालन करेंगे तथा उचित निर्णय लेने में सहायक बनेंगे। सभा को नरिष्ठा (श्रेष्ठ जनों से युक्त) कहा गया है। देबी प्रसाद चट्टोपाध्याय के अनुसार, सभा तथा समिति संपत्ति को कबीले के लोगों में बराबर बांटने के लिए की जाने वाली बैठक तथा उसके स्थल को कहा जाता था। हर कबीले की अपनी सभा होती थी। सभा कबीले की बैठक तथा समिति कबीलों के मुखियाओं की बैठक को कहा गया। अथर्ववेद के एक उल्लेख से विदित होता है कि कबीले के लोग अपना राजा या मुखिया चुनते थे।

प्राचीन संस्कृत साहित्य में सभा के निम्नलिखित प्रकारों का वर्णन मिलता है—ब्रह्मसभा, शास्त्रसभा, धर्मसभा तथा राजसभा। उपनिषदों में ब्रह्मसभाओं का वर्णन आता है। दसवीं शताब्दी में आचार्य राजशेखर ने अपनी 'काव्यमीमांसा' के दसवें अध्याय में राजा को महानगरों में कवियों और पंडितों की परीक्षा के लिए ब्रह्मसभा आयोजत करने का निर्देश दिया है। राजा परीक्षा में उत्तीर्ण होने वाले कवियों और पंडितों को ब्रह्मरथ में बिठाकर उनकी सवारी निकलवाता था और उनके मस्तक पर पटवस्त्र बांधता था। राजशेखर ने उज्जयिनी और पाटलिपुत्र में होने वाली काव्यकारपरीक्षा और शास्त्रपरीक्षा का जिक्र किया है। ऐसी शास्त्रार्थसभाओं को राजशेखर ने ब्रह्मसभा कहा है।

ब्रह्मसभा तथा राजसभा में वाद-विवाद करने, निर्णय पर पहुंचने, काव्यनाटक आदि प्रस्तुत करने के लिए व्यवस्थित निर्देश मिलते हैं। राजा, मंत्री, चुनिंदा सभासदों के बैठने की व्यवस्था का वर्णन भी राजशेखर, शारंग आदि आचार्यों ने किया है। धर्मसभा प्राचीनकाल के न्यायालय को कहा जाता था। स्मृतिग्रंथों में धर्मसभा के नियम निर्दिष्ट हैं। सभा में उठाए गए प्रश्न पर सभासदों का मौन रहना तथा गलत उत्तर देना पाप समझा जाता था।

गण, व्रात, संघ तथा श्रेणी—इन चार संस्थाओं का उल्लेख वैदिक वाङ्मय, महाभारत तथा बौद्ध साहित्य में मिलता है। गण एक निश्चित व्यवस्था वाला

कबीला था। व्रात प्रचलित व्यवस्था को स्वीकर न करने वाले लोगों का समूह था। संघ तथा श्रेणी वाणिज्य और व्यवसाय से जुड़े लोगों के संगठित समुदाय थे। इस प्रकार की संस्थाओं तथा संगठनों से प्राचीन भारत में लोकतांत्रिक पद्धतियों की झलक मिलती है।

सभा और समिति का परवर्ती रूप खाप तथा पंचायत के रूप में देखा जा सकता है। समूह की शक्ति और सामूहिक निर्णय के कारण पंचायतों की समाज को सही दिशा देने में सकारात्मक भूमिका रही है। प्रेमचंद की कहानी 'पंच परमेश्वर' में इसी शक्ति की ओर संकेत किया गया है। राजा राममोहन राय ने धर्मशास्त्रों के विधि-विधानों का अध्ययन करते हुए सिद्ध किया कि वैदिक काल की सभा और समिति ही ग्राम पंचायतों के रूप में विकसित हुई।

राधावल्लभ त्रिपाठी

विदुर

विदुर महाभारत के एक नीतिवान-बुद्धिमान चरित्र हैं जिनका जन्म विचित्रवीर्य की एक पत्नी की शूद्र दासी से हुआ था। विचित्रवीर्य की दो पत्नियों अंबा और अंबालिका से व्यास के नियोग से क्रमशः धृतराष्ट्र और पांडु पैदा हुए। इस अर्थ में विदुर धृतराष्ट्र और पांडु के भाई थे, पर दासी पुत्र थे। इन्होंने भी भीष्म से शिक्षा पाई थी। धृतराष्ट्र अंधा होने और विदुर दासी पुत्र होने की वजह से राजा नहीं बने, सिंहासन पांडु को मिला। विदुर से धृतराष्ट्र और पांडव दोनों परामर्श किया करते थे। दुर्योधन के जन्म के समय उसके बुरे लक्षण देखकर विदुर ने धृतराष्ट्र को उसे त्याग देने का परामर्श दिया था, पर वे नहीं माने। धृतराष्ट्र अकसर विदुर से परामर्श लेते थे, पर उनकी बात मानते नहीं थे।

कौरवों द्वारा लाक्षागृह में पांडवों को जलाने के उद्देश्य से किए गए षड्यंत्र से विदुर ने ही युधिष्ठिर को आगाह कर दिया था और भागने के लिए गंगा किनारे नाव की व्यवस्था की थी। धृतराष्ट्र द्वारा जुए के आयोजन का विदुर ने विरोध किया था। युधिष्ठिर जब जुए में दांव-पर-दांव लगाकर सब कुछ हार गए और दुर्योधन द्रौपदी को अपमानित करने में प्रवृत्त हुआ, तब भी विदुर ने विभिन्न प्रकार से दुर्योधन और धृतराष्ट्र को समझाया कि इन सारी चीजों का अंतिम नतीजा भयंकर होगा, पर उन्होंने एक न सुनी, बल्कि सभा में विदुर का अपमान किया। पांडवों के वनवास काल में कुंती विदुर के ही घर में थी। विदुर ने धृतराष्ट्र को परामर्श दिया था कि दुर्योधन पांडवों से क्षमा मांगे और कौरव-पांडव मिलजुलकर राजकाज चलाएं, पर धृतराष्ट्र को यह परामर्श अच्छा नहीं लगा। उन्होंने विदुर का तिरस्कार किया। विदुर कौरवों और पांडवों को समान रूप से चाहते थे। वे संपूर्ण महाभारत में एकमात्र नैतिक आवाज थे, पर यह आवाज कभी सुनी नहीं गई।

कृष्ण जब कौरवों और पांडवों के बीच समझौते के लिए हस्तिनापुर गए, वे दासी-पुत्र विदुर के घर ही ठहरे थे और उनका भोजन स्वीकार किया था। इससे लोक में यह धारणा दीर्घजीवी हो गई, 'दुर्योधन की मेवा त्यागी साक विदुर घर खायो।'

विदुर ने महाभारत के युद्ध का विरोध किया था और धृतराष्ट्र को युद्ध रोकने का सुझाव दिया था, पर इसका कोई फल नहीं निकला। पांडवों की विजय के बाद विदुर ही राज्य में धर्म और कानून विषयक कार्यभार संपादित करते थे और उनकी अच्छी नीतियों से राज्य सुचारु रूप से चलता था। धृतराष्ट्र ने जब वानप्रस्थ चुना, विदुर भी उनके साथ वन चले गए। उन्होंने प्रभास क्षेत्र में देह त्याग किया। विदुर को सत्यनिष्ठा का प्राचीन उदाहरण कहा जाता है। वे न्यायशील थे।

निर्मला तोदी

विदूषक

विदूषक का शाब्दिक अर्थ है—जो दोष लगाए, वह विदूषक। विदूषक दोष अपने पर भी लगा सकता है और दूसरों पर भी। गाली देने वाला, मजाक करने वाला, हंसोड़, मसखरा आदि इसके सामान्य अर्थ हैं।

नाट्यशास्त्र में विदूषक नटमंडली के एक सदस्य के रूप में उल्लिखित है और नाटक के एक चरित्र के रूप में भी। नटमंडली के एक सदस्य के रूप में उसकी भूमिका नाटक आरंभ होने से पहले पूर्वरंग के अंतर्गत की जाने वाली प्रस्तावना में होती है। पूर्वरंग में सूत्रधार के साथ दो पारिपार्श्विक (बगल में चलने वाले सहायक) मंच पर प्रवेश करते हैं। अभिनवगुप्त के अनुसार, पूर्वरंग में सूत्रधार के साथ प्रवेश करने वाले दो पारिपार्श्विकों में एक विदूषक होता है। रामचंद्र-गुणचंद्र ने इसे उलटकर कहा है कि पारिपार्श्विक ही विदूषक का बाना धारण करके विदूषक का काम करने लगता है। नाटक आरंभ करने से पहले विदूषक सूत्रधार और मारिष से हंसी-मजाक करता है, वह खेले जाने वाले नाटक को लेकर प्रश्न तथा आक्षेप करते हुए असंबद्ध बातें कहने लगता है।

एप बी जे क्वाइपर ने वैदिक साहित्य से संस्कृत नाटक के संबंध पर गवेषणा करते हुए यह स्थापना दी कि संस्कृत नाटक के पूर्वरंग में सूत्रधार के साथ आने वाले दो पारिपार्श्विकों में मारिष इंद्र का प्रतीक है और विदूषक वरुण का।

'नाट्यशास्त्र' में बताया गया है कि विदूषक को ब्राह्मण होना चाहिए, क्योंकि वह सूत्रधार के साथ शुरू में रंग पूजा में सम्मिलित रहता है। (35.57)। विदूषक का विरूप होना अपेक्षित माना गया है। भरतमुनि के अनुसार, विदूषक बौना, दंतुर (जिसके दांत निकले हों), कुबड़ा, ब्राह्मण, विकृत मुख वाला, गंजा तथा पिंगल नेत्रों वाला होता है। शारदातनय के अनुसार, विदूषक विकृत अंग, विकृत वचन तथा हास्यकर वेश वाला होना चाहिए (भावप्रकाश-4)। कूडियाट्टम में विदूषक की वेशभूषा पुराने ढंग की होती है। वह लाल रंग की पगड़ी पहनता है, जिसका किनारा सुनहरा हो और बीच में चांदी की छाप हो। एक कान में बंधा हुआ पान और दूसरे में लालफूल का गुच्छा रहता है। विदूषक का अधोवस्त्र मोटा फूला हुआ होता है, उत्तरीय आगे से खुला तथा पीठ पर मुड़ा रहता है। असम के भाओना नाट्य में विदूषक मुखौटा पहनता है। राजशेखर के नाटक 'कर्पूरमंजरी' में विदूषक अपने मुखौटे का उल्लेख करता है, जिसे वह लंबी दाढ़ी वाला तथा 'टप्परकर्ण' बताता है।

संस्कृत नाटकों में विदूषक हाथ में तीन स्थानों पर टेढ़ा दंडकाष्ठ या डंडा लिए हुए आता है। नाट्यशास्त्र में दंडकाष्ठ का उल्लेख नाट्योपकरणों में हुआ है। इसे कुटिलक भी कहा गया है। ब्रह्मा ने भरत को कुटिलक उनकी प्रथम नाट्यप्रस्तुति के बाद प्रसन्न होकर दिया था (1.60)। विदूषक को अनेकत्र चपल, बटु, दुष्ट, बटुक आदि विशेषणों से वर्णित किया गया है। अतः उसकी आयु अधिक नहीं होती होगी, ऐसा अनुमान होता है।

नाट्यशास्त्र में विदूषक के चार भेद चार नायकों के अनुसार बताए गए हैं। धीरोद्धत, धीरललित, धीरोदात्त तथा धीरप्रशांत इन चार तरह के नायकों के क्रमशः लिंगी (संन्यासी), ब्राह्मण, राजजीवी तथा शिष्य—ये चार तरह के विदूषक होते हैं। (24.19.20)। शारदातनय ने चारों प्रकार के विदूषकों की पृथक-पृथक विशेषताओं का वर्णन किया है, जो निम्नलिखित है : देव कोटि के नायक का विदूषक सत्यवादी, त्रिकालवेत्ता, कार्याकार्यविशेषज्ञ, भली-भांति सोच-विचार करने वाला, जैसा देखा वैसा ही बोलने वाला, नाटक आदि का ज्ञाता और परिहास करने वाला होता है। राजा का विदूषक शिष्ट परिहास करने वाला, धन और स्त्रियों के संदर्भ में शुद्ध चित्त का तथा देवी की परिचारिकाओं का प्रिय होता है। वह अंतःपुर में भ्रमण करता है। वह ईर्ष्या तथा कलह करवाने वाला, परिहास करने वाला और प्रणयकोप में देवी को प्रसन्न करने वाला होता है। वह राजा और उसकी रानियों में कभी पारस्परिक प्रीति तथा रीति को बढ़ाता है और कभी कम भी करता है। अमात्यादि नायक का विदूषक अश्लील बातें कहने वाला, दंपती के अपराधों के बारे में बताने वाला, भक्ष्याभक्ष्य सभी कुछ खाने वाला, नित्य ही मर्मस्पर्शी हास्य कहने वाला, धन की प्राप्ति होने पर रानियों को प्रसन्न करने वाला, परिहासयुक्त कथाओं में रुचि रखने वाला तथा परिहासप्राय वचन कहने वाला होता

है। वणिक आदि का विदूषक शठ, विरूप वेषधारी, अंग, वाणी आदि से विकृत, विरूप अभिनय तथा विरूप परिहास करने वाला होता है।

देवता कोटि के नायक का विदूषक नारद को माना जा सकता है। भास के 'अविमारक' और 'बालचरित' नाटक में नारद का चरित्र है, किंतु वह विदूषक के रूप में नहीं है। इन नाटकों में नारद ने स्वयं ही कलहप्रिय होना स्वीकार किया है। वह कहता है कि वह प्रतिदिन वीणा पर जिस तरह स्वर निकालता है, उसी तरह संसार में अलग-अलग उपायों से झगड़े का भी निर्माण करता है। बालचरित में नारद कहता है कि देवासुरों के युद्ध के बाद आकाशमार्ग में नित्य शांति होने पर मैं ऊब जाता हूं। उस समय वेदाध्ययन करने के बाद शेष समय में मैं वीणा के तारों को जिस तरह तानता हूं, उसी तरह वैर भी दृढ़ करता हूं। (1.4)।

राजा नायक का विदूषक संस्कृत नाटकों में प्रसिद्ध है। 'मालविकाग्निमित्र' में गौतम अपनी मूर्खतापूर्ण बातों से सभी को हंसाता रहता है। 'स्वप्नवासवदत्त' में विदूषक जब राजा से पूछता है कि उसे वासवदत्ता और पद्मवती में से कौन अधिक प्रिय है, तो अनजाने में ही वासवदत्ता उससे चिढ़ जाती है। अपने मित्र पर संकट पड़ जाने पर विदूषक कभी-कभी उस संकट को और गहरा कर देता है, जैसे 'रत्नावली' का विदूषक राजा को एक प्रकार से प्रत्यक्ष रूप से ही रानी के समक्ष अपराधी सिद्ध कर देता है। इसके विपरीत अपने वाक्कौशल से विदूषक अपने मित्र की रक्षा करते भी देखे जाते हैं।

अमात्य नायक के विदूषक का उदाहरण प्रतिज्ञायौगंधरायण नाटक का वसंतक है। उसके संभाषण में ग्राम्य उपमाएं आई हैं। उसे भक्ष्याभक्ष्य का भी ज्ञान नहीं है, क्योंकि मदिरा में तैयार किए गए आटे के लड्डू खाने की उसकी तैयारी है। वह स्पष्ट कहता है कि यौगंधरायण को उदयन का साथी नहीं बनना चाहिए क्योंकि वह कारागार से छूटने का प्रयत्न न करके वासवदत्ता से प्रेम करने लगा है। चूंकि इस नाटक का संबंध प्रेम-प्रकरण नहीं है, अतः विदूषक में भी वैसे गुण नहीं आ पाए हैं। शेष सभी गुण उसमें हैं।

'मृच्छकटिकम्' में चारुदत्त वणिक नायक है और मैत्रेय उसका विदूषक बंधु है। उसमें बाह्य वेश या कुरूपता सामान्य विदूषक के गुणों के अनुरूप है, पर शठता बिल्कुल नहीं है।

उपर्युक्त सभी नाटकों में एक सामान्य विशेषता विदूषक का पेटू होना है। सुस्वादु भोजन विशेषकर लड्डू उसे बहुत प्रिय होते हैं। नाट्यशास्त्र में विदूषक की भाषा प्राकृत बतलाई गई है (108.48)। नाटक में विदूषक का कर्तृत्व कामसचिव के रूप में भी परिभाषित है। नायक के तीन पुरुषार्थों के अनुसार तीन प्रकार के सचिव होते हैं। कामसचिव भी तीन तरह के हैं—पीठमर्द, विट तथा विदूषक (भावप्रकाश)। विदूषक मुख्यतः नायक का मन बहलाने का कार्य करता है। वह नायक का विश्वासपात्र होता है तथा उसके प्रणय-व्यापार में सहायता करता है। नायक इस संबंध में उससे सलाह लेता है या उसे अपने मन की बात बताता है।

भास, कालिदास और शूद्रक के विदूषक इन शास्त्रीय अवधारणाओं का उल्लंघन अधिक करते हैं, पालन कम। 'प्रतिज्ञायौगंधरायण' का विदूषक नायक के स्थान पर मंत्री यौगंधरायण की योजना में सम्मिलित है। 'स्वप्रवासवदत्तम्' का विदूषक नायक को ढाढ़स देने के स्थान पर उद्विग्न ही अधिक करता है। एकाधिक स्थान पर उसका नायक का चित्तरंजन का प्रयास हृदयद्रावक व करुण स्थिति में परिणत हुआ है। 'विक्रमोर्वशीयम्' का विदूषक लापरवाही से उस प्रेम पत्र को हवा में उड़ जाने देता है, जो उर्वशी ने नायक को भेजा है। 'शाकुंतलम्' के विदूषक को भी दुष्यंत के प्रेम व्यापार से अरुचि है, वह उल्टे दुष्यंत को रोकना चाहता है।

'नाट्यदर्पण' में विदूषक द्वारा निर्मित हास्य को तीन कोटियों में विभक्त किया गया है : आंगिक, नैपथ्य (आहार्य) तथा वाचिक (4.3.13-15)। अंगहास्य विदूषक के गंजे, लंगड़े, दंतुर या विकृत मुख का होने से उत्पन्न होता है। नैपथ्य हास्य

अत्यधिक लंबे वस्त्र और उनके द्वारा उल्लोकित, विलोकित या गमन से उत्पन्न होता है। वाचिक हास्य असंबद्ध, निरर्थक या अश्लील बात से होता है। भास के 'अविमारक' में विदूषक का वर्णन उसके चरित्र को गौरव और उदात्तता प्रदान करता है। नायक अविमारक विदूषक के लिए कहता है, 'गोष्ठियों में हास्य प्रदान करने वाला, समर में योद्धा, शोक में गुरु, दूसरों के आगे साहसी, मेरे हृदय का महोत्सव और अधिक प्रलाप से भरा क्या यह मेरा ही दूसरा शरीर है?'

कालिदास के रूपकों में विदूषक कवि मानस का प्रतिनिधित्व करता हुआ लगता है। विदूषक की अनेक टिप्पणियां कवि का अपना मनोगत प्रतीत होती हैं।

रासलीला, नाच, नौटंकी, प्रहसन आदि लोकनाट्यों में विदूषक की भूमिका संस्कृत नाटक और नाट्यशास्त्र की परंपरा में विकसित हुई है। नए युग के हर चरित्र में विदूषक का प्रवेश हुआ है। वह एक घटना और खुद मुख्य नायक के रूप में भी आने लगा है। वह सामान्य में विशेष हावभाव और किसी बड़े व्यंग्य से भरा होता है—अब सामान्य हंसोड़ नहीं रहा। आज के ज्यादातर खलनायक विदूषक के वेश में होते हैं।

राधावल्लभ त्रिपाठी

विदेश में हिंदी

विदेश में हिंदी का प्रसार प्रमुखतया दो प्रकार से हुआ है—(1) विदेशियों द्वारा पढ़ने-पढ़ाने के माध्यम से और (2) विदेशों में जाकर बसने वाले भारतीयों के माध्यम से। विदेशियों को पढ़ने-पढ़ाने की शुरुआत उन्नीसवीं सदी में हो गई थी, हालांकि पश्चिमी विद्वानों में जोसुआ केटलर पहला व्यक्ति था, जिसने 1715 में 'लिंग्वा-हिंदोस्तानिका' की रचना की थी। इसका प्रकाशन 1743 में हुआ था। ब्रिटिश राज के दौरान भारत में आने वाले अफसरों को प्रशासनिक कार्यों में सुविधा के लिए थोड़ी-बहुत हिंदी सिखा दी जाती थी, ताकि उन्हें यहां की स्थितियों से परिचित होने में सुविधा हो। इस प्रयोजन से हिंदी-प्रेमी अंग्रेजी विद्वान फ्रेडरिक पिंकाट (जन्म 1836) ने सिविल सर्विस परीक्षा में जाने वाले अंग्रेजों के लिए दो हिंदी पुस्तकें संपादित कीं—'शकुंतला नाटक' (अनु. राजा लक्ष्मण सिंह) तथा 'हिंदी मैनुअल' (हिंदी व्याकरण) पिंकाट साहब ने इन दोनों पुस्तकों की भूमिका लिखी थी। इसके अलावा उन्होंने 'बाल दीपक' (चार भागों में) और 'विक्टोरिया चरित्र' नामक दो पुस्तकें हिंदी में स्वयं लिखीं। आगे चलकर पश्चिम के विभिन्न देशों में ओरिएंटल स्टडीज (पूर्व के देशों का अध्ययन) के विभागों में हिंदी भाषा और साहित्य का अध्ययन-अध्यापन शुरू हुआ। बीसवीं सदी के उत्तरार्ध तक यूरोप, अमेरिका और एशिया के कई देशों के विश्वविद्यालयों में हिंदी के विभाग स्थापित हो गए थे। वहां विदेशी विद्वानों ने हिंदी रचनाओं का अपनी भाषा में अनुवाद प्रकाशित कर तथा हिंदी भाषा का अध्ययन और विश्लेषण प्रस्तुत कर हिंदी के प्रचार-प्रसार में अपना योगदान दिया है। जर्मनी, रूस, हंगरी, बुल्गारिया, रोमानिया, चीन, जापान, कोरिया, अमेरिका आदि देशों के इन विभागों ने विदेश में हिंदी के प्रसार में सराहनीय योगदान दिया। आर एस मैक्ग्रेगर, लुठार लुत्से, क्यूया दोई, तोशियो तनाका जैसे अनेक विद्वान और अध्यापक इन संस्थाओं में कार्य करते रहे।

हिंदी के अध्यापन के माध्यम से विभिन्न देश भारत के साथ राजनीतिक एवं सांस्कृतिक संबंध बनाते हैं। इसके अलावा वे अपने देश के विद्यार्थियों को व्यावहारिक क्षेत्रों में कार्यकुशल बनाने का प्रयास करते हैं, ताकि भारत में आने पर वे व्यक्तिगत रूप से निकटता महसूस करते हुए अपने कार्य दक्षतापूर्वक कर सकें। कई विश्वविद्यालय अपने यहां भारत के हिंदी अध्यापकों को विजिटिंग प्रोफेसर के रूप में आमंत्रित करते हैं। ताकि विदेशी छात्र मूल हिंदी भाषी के संपर्क में रहते हुए हिंदी की प्रयोग विधि और भाषाई संस्कृति से परिचित हो सकें। कुछेक देशों को छोड़कर अधिकांश देशों में हिंदी अध्यापक 'भारतीय

सांस्कृतिक संबंध परिषद' के माध्यम से नियुक्त होते हैं। कई देशों में प्राइवेट रूप से हिंदी सिखाने के केंद्र हैं, जिनमें भारत में व्यापार, व्यावसाय, पर्यटन आदि के इच्छुक लोग छोटे-छोटे पाठ्यक्रम पढ़ते हैं।

विदेशों में जाकर बसने वाले भारतीय मूल के लोगों (इंडियन डायस्पोरा) में दो तरह के लोग शामिल हैं। एक तो वे जो दक्षिण अफ्रीका, फिजी, मॉरिशस, गुयाना, सूरीनाम, त्रिनिदाद आदि कॉलोनियों में गिरमिटिया मजदूर बनाकर पहुंचाए गए और एक बार पहुंच जाने के बाद वे सदा के लिए अपने देश से बिछुड़ गए। दूसरे, वे लोग हैं जो बेहतर रोजगार या व्यवसाय की आशा में दुनिया के विभिन्न देशों में जाकर बसे और वहां के हो गए। इनमें कई ऐसे भी रहे हैं, जिनकी प्रतिभा को पहचानते हुए विदेशों में विशेष प्रतिष्ठा मिली है। देश के विभिन्न हिस्सों से विदेशों में पहुंचे इन भारतीयों में बड़ी तादाद हिंदी भाषियों की है। गिरमिटिया मजदूरों में बिहार से गए लोगों की बहुत बड़ी संख्या थी। एक-दूसरे से अपरिचित होने के बावजूद कठिन स्थितियों में ये लोग भोजपुरी बोली और 'रामचरितमानस' के माध्यम से आपस में जुड़े थे, लेकिन दूसरी- तीसरी पीढ़ी पर पहुंचते-पहुंचते इनमें से अधिकांश अपनी भाषा के लगातार प्रयोग से दूर होते गए। दरअसल, उपनिवेशों का परिवेश उनकी अपनी भाषा के प्रतिकूल था, फिर भी पारिवारिक, सांस्कृतिक कार्यकलाप में अपनी जड़ों से जुड़ने की चाह ने उन्हें स्मृतियों के माध्यम से हिंदी से जोड़े रखा। इनमें मॉरिशस जरूर ऐसा देश है, जहाँ भारतीयों की संख्या और राजनीतिक क्षेत्र में उनकी भागीदारी ने हिंदी को काफी हद तक कायम रखा है। पढ़ाई-लिखाई के माध्यम से और राजकाज व्यवहार में यह सह-भाषा है। हालांकि वहां भी आम व्यवहार की भाषा मुख्यतः 'क्रियोल' (भोजपुरी और फ्रेंच का मिश्रित रूप) है।

विदेशों में स्वेच्छा से पहुंचे हिंदी भाषियों के सामाजिक-व्यावसायिक कार्यकलाप की भाषा विदेशी भाषा होने के बावजूद वे घर के भीतर अंतरंग आपसी व्यवहार के स्तर पर यानी अनुभूति के धरातल पर हिंदी से प्रायः जुड़े रहे। अगली पीढ़ी भी भारतीय जड़ों से जुड़ी रही। यह कर पाना चुनौतीपूर्ण होता है, क्योंकि जब किसी भाषा को अनुकूल सामाजिक परिवेश नहीं मिलता, उसे आत्मसात करने में दिक्कतें आती हैं। विदेशों में बच्चों के लिए उनके स्कूलों में हिंदी की पढ़ाई की व्यवस्था न होने के कारण उन्हें व्यक्तिगत स्तर पर पढ़ना-लिखना सीखना होता है। यह कार्य अपने आप में काफी चुनौती भरा है, लेकिन कुछ स्वयंसेवी संस्थाएं इस दिशा में सक्रिय रहती हैं।

प्रवासी पीढ़ी के एक बड़े हिस्से ने हिंदी अथवा अन्य भारतीय भाषाओं को अभी भी अपनी सर्जनात्मक अभिव्यक्ति की भाषा के रूप में चुन रखा है। इंग्लैंड, अमेरिका, अर्जेंटीना आदि देशों में बसे भारतीयों ने प्रवासी संवेदना पर आधारित एक खास सृजनात्मक परिदृश्य हिंदी को दिया है, जो प्रवासी जीवन के दबावों, तनावों की अनुभूतियों से पाठकों का साक्षात्कार कराता है। उषाराजे सक्सेना, सुषम बेदी, कृष्ण किशोर, पुष्पिता अवस्थी आदि अनेक नाम हैं, जिन्होंने हिंदी लेखन में बहुत कुछ जोड़ा है। सर्जनात्मक लेखन का एक अन्य पक्ष है। मॉरिशस के हिंदी लेखकों ने इतिहास में दर्ज औपनिवेशिक मालिकों के अत्याचारों में पिसते गिरमिटिया जीवन की व्यथाओं और विडंबनाओं को प्रस्तुत कर हिंदी पाठक को उनमें साझीदार बनाया है। मॉरिशस के लेखकों में अभिमन्यु अनत अंतरराष्ट्रीय ख्यातिप्राप्त रचनाकार हैं। उनके हिंदी उपन्यास अनेक भाषाओं में अनूदित हो चुके हैं।

विदेशों में हिंदी का तीसरा पक्ष सरकारी, गैर-सरकारी प्रयासों से जुड़ा है। राजभाषा होने के परिणामस्वरूप दूतावासों/हाई कमीशनों में सांस्कृतिक संपर्क अधिकारी के रूप में हिंदी के लोग नियुक्त किए जाते हैं। राजभाषा के रूप में हिंदी के कार्यान्वयन के अतिरिक्त प्रवासी भारतीयों से सांस्कृतिक संपर्क का माध्यम बनना भी इनका दायित्व होता है।

भारतवंशियों (इंडियन डायस्पोरा) को विश्व हिंदी सम्मेलनों के आयोजन के माध्यम से जोड़ने का काम सत्तर के दशक में शुरू हुआ, इससे दुनिया भर में फैले हिंदी भाषियों को मिलने-जुलने का

अवसर मिलता है। अब तक विश्व हिंदी सम्मेलन हो चुके हैं, जिनके माध्यम से हिंदी को लेकर वैश्विक जागरूकता एक हद तक पनपी है। दसवां विश्व हिंदी सम्मेलन का आयोजन भोपाल में हुआ, जो मुख्यतः भाषा पर केंद्रित था। प्रवासी भारतीय इस सम्मेलन को लेकर उत्साहित दिखाई देते हैं, क्योंकि इसे वे जड़ों से जुड़ने का जीवंत अवसर मानते हैं। विदेशों में बसे हिंदी भाषियों, विदेशी हिंदी सेवियों और भारत में हिंदी में सक्रिय लेखकों, अध्यापकों, संस्कृतिकर्मियों, मीडियाकर्मियों, राजकाज से जुड़े लोगों को एक साथ लाना भाषा के प्रति सहधर्मिता की भावना पैदा करता है।

रीतारानी पालीवाल

विदेशों में हिंदी शिक्षण

विदेशों में हिंदी सीखने का उद्देश्य भारत को जानना और इससे अपने सांस्कृतिक संबंध को सुदृढ़ करना होता है। वैश्वीकरण के युग में हिंदी क्षेत्र एक बड़ा बाजार है, हिंदी समझने वाले लोग करोड़ से ऊपर हैं, इसलिए व्यापारिक उद्देश्य से भी विदेशों में हिंदी सीखी जाती है।

भारत के बाहर लगभग डेढ़ सौ विश्वविद्यालयों में हिंदी का पठन-पाठन होता है। इन विश्वविद्यालयों में अन्य भाषा के रूप में हिंदी शिक्षण की व्यवस्था है। विदेश में 12 विश्वविद्यालय ऐसे हैं, जो दक्षिण एशियाई अध्ययन से जुड़े हुए हैं। इनमें हिंदी माध्यम से पीएचडी करने की व्यवस्था है। जिन देशों में भारतवंशी अधिक संख्या में हैं, उनमें हिंदी शिक्षण अधिकांशतः द्वितीय भाषा के रूप में होता है और जहाँ उस देश के मूल निवासी हिंदी सीखते हैं, वहां हिंदी का शिक्षण विदेशी भाषा के रूप में होता है। इस दृष्टि से विदेशों में हिंदी शिक्षण दो स्तरों पर होता है, एक भारतवंशी बहुल देशों में और दो–यूरोपीय-एशियाई देशों और अमेरिका में।

भारतवंशी बहुल देशों में हिंदी शिक्षण : मॉरिशस के पोर्ट लुई स्थित रॉयल कॉलेज में हिंदी की पढ़ाई 1892 में प्रारंभ हुई। यहां हिंदी शिक्षण प्राथमिक स्तर से प्रारंभ होता है। मॉरिशस विश्वविद्यालय में बीए तथा महात्मा गांधी संस्थान में एमए तथा पीएचडी स्तर पर हिंदी एक विषय है। इस देश में स्वैच्छिक हिंदी संस्थाओं का योगदान भी सराहनीय है। हिंदी लेखक संघ, हिंदी अकादमी, इंदिरा गांधी भारतीय सांस्कृतिक केंद्र, इंद्रधनुष सांस्कृतिक परिषद आदि स्वैच्छिक संस्थाओं में हिंदी शिक्षण का कार्य हो रहा है।

दक्षिण अमेरिका के पास कैरेबियन सागर में दो सुंदर द्वीपों का एक देश है–ट्रिनिडाड एवं टुबैगो। ट्रिनिडाड के अनेक गांवों मे छोटी-छोटी पाठशालाएं खोलकर हिंदी पढ़ने-पढ़ाने का काम शुरू किया गया। कैनेडियन मिशन स्कूल में सभी विद्यार्थियों को हिंदी पढ़नी पड़ती थी। 1969 में स्थापित भारतीय विद्या संस्थान में हिंदी भाषा और साहित्य के प्रचार में अभूतपूर्व कार्य हुआ है। ट्रिनिडाड के एक महत्वपूर्ण शिक्षा संस्थान स्कूल ऑफ लैंग्वेजेज में भी हिंदी कक्षाओं का आयोजन होता है। इसके अतिरिक्त गांधी सेवा संघ, डिवाइन लाइफ सोसाइटी, आर्य प्रतिनिधि सभा, हिंदू प्रचार केंद्र आदि संस्थाएं हिंदी भाषा और भारतीय संस्कृति के प्रचार-प्रसार में लगी हैं।

सूरीनाम में विविध भाषा-भाषी भारतीयों में हिंदी भारतीय अस्मिता का प्रतीक है। सूरीनाम में राजभाषा डच के साथ-साथ हिंदी भाषा का प्रयोग 'सरनामी' के रूप में भारतवंशियों के घर, मंदिर और मस्जिद सर्वत्र होता है। सूरीनाम के कई प्रवासी भारतीय हालैंड में आकर बस गए हैं। यहां सूरीनामियों की अनेक संस्थाएं हैं, जिनमें हिंदी का प्रचार-प्रसार तथा शिक्षण कार्य होता है। लल्ला रूख भारतवंशियों की प्रमुख संस्था है, जिसका हिंदी शिक्षण में विशेष योगदान है।

फीजी में कक्षा एक से लेकर दसवीं कक्षा तक हिंदी भाषा की शिक्षा दी जाती है। हिंदी का उच्च अध्ययन एवं प्रशिक्षण यहां के टीचर्स ट्रेनिंग कॉलेजों में होता है। आर्य समाज, सनातन धर्म प्रतिनिधि सभा, रामकृष्ण मिशन, हिंदी परिषद आदि फिजी की प्रमुख प्रचारक संस्थाएं हैं।

दक्षिण अफ्रीका में भारतीय लोग गिरमिटिया मजदूरों के रूप में पहुंचे। भवानी दयाल संन्यासी ने अपने घर पर ही भारतीय बच्चों को हिंदी पढ़ाना प्रारंभ किया था। 1948 में हिंदी शिक्षा संघ की स्थापना हुई थी। दक्षिण अफ्रीका के भारतीयों के बीच ही महात्मा गांधी का राजनीतिक जीवन प्रारंभ हुआ था।

भारत के पड़ोसी देश नेपाल, म्यांमार, श्रीलंका और पाकिस्तान में हिंदी शिक्षण चल रहा है। अफगानिस्तान के नांगरहर विश्वविद्यालय में 2006 में केंद्रीय हिंदी संस्थान के सहयोग से बीए स्तर का पाठ्यक्रम शुरू हुआ। यहां हिंदी फिल्मों के पुराने गाने काफी लोकप्रिय हैं। नेपाल को हिंदी का एक विशाल क्षेत्र माना जा सकता है। काठमांडू के त्रिभुवन विश्वविद्यालय में एमए और पीएचडी तक हिंदी पढ़ाई जाती है।

पाकिस्तान में कराची, इस्लामाबाद और लाहौर के तीन विश्वविद्यालयों में हिंदी शिक्षण होता है। इनमें सर्टीफिकेट और डिप्लोमा पाठयक्रमों के साथ-साथ एमए तक की पढ़ाई होती है। श्रीलंका में हिंदी निकेतन की विभिन्न शाखाओं में, कॅलणिय विश्वविद्यालय, कोलंबो विश्वविद्यालय, श्री जयवर्धनपुर विश्वविद्यालय तथा निजी संस्थानों में हिंदी का अध्यापन लगातार चल रहा है।

यूरोपीय-एशियाई देशों और अमेरिका में हिंदी शिक्षण : यूरोप महाद्वीप में इंग्लैंड में खुले ओरियंट ल सेमिनरी में हिंदुस्तानी की पढ़ाई 1798 में शुरू हुई थी। लगभग 150 साल पहले कैंब्रिज विश्वविद्यालय में हिंदी की पढ़ाई शुरू हुई। यहां के विद्वानों में रोनाल्ड स्टुअर्ट मैकग्रेगर उच्च कोटि के अनुवादक, संत काव्य के विशेषज्ञ और व्याकरण के पंडित थे। यहां के हिंदी शिक्षक रूपर्ट स्नेल द्वारा हरिवंशराय बच्चन की आत्मकथा का अनुवाद एक महत्वपूर्ण कार्य है।

चेक गणराज्य के चार्ल्स विश्वविद्यालय, ओरियंटल हिंदी इंस्टीट्यूट, प्राग यूनिवर्सिटी आदि में हिंदी शिक्षण का कार्य होता है। यहां ओदोलन स्मेकल की विशेष भूमिका रही है।

जर्मनी विश्व के उन प्रमुख देशों में है, जहाँ विश्वविद्यालयों में हिंदी भाषा का शिक्षण एवं साहित्य का विधिवत पठन-पाठन हो रहा है। हुम्बोल्ट विश्वविद्यालय में 1950 से एशियाई अध्ययन संस्थान की स्थापना हुई हैं, जिसमें हिंदी के अलावा अन्य भारतीय भाषाओं—संस्कृत, उर्दू तथा बांग्ला का भी अध्ययन-अध्यापन हो रहा है। हिंदी, बांग्ला, कन्नड़ तथा रूसी के जर्मन विद्वान लोठार लुत्से के अलावा माइग्रेट गाल्सलाफ, बरबरा ब्यूरनट, लुप्त बगांस, हन्नी लोटस्क कई वर्षों से हिंदी के अध्ययन-अध्यापन में संलग्न हैं।

हिंदी भाषा के प्रति रोमानिया का अनुराग उल्लेखनीय है। हिंदी का अध्ययन-अध्यापन रोमानिया के बुखारेस्त विश्वविद्यालय में ऐच्छिक विषय के रूप में 1965 में शुरू हुआ था। 1971 में यहां हिंदी का चार वर्षीय पाठ्यक्रम शुरू हुआ।

पोलैंड के वारसा विश्वविद्यालय में हिंदी पाठ्यक्रम की शुरुआत तात्याना रुत्कोव्सका ने की थी। 1966 में मारिया क्रिस्तोफर बृस्की के प्रयास से हिंदी के प्रारंभिक शिक्षण के साथ-साथ एमए का पाठयक्रम भी चल रहा है।

इटली में रोम, नेपल्स, तोरिनो, मिलान, वेनिस आदि शहरों में हिंदी पढ़ाई जाती है। रोम, तोरिनो एवं मिलान में नगरपालिका द्वारा चलाई जा रही कुछ शिक्षण संस्थाओं में हिंदी का दो वर्षों का पाठ्यक्रम है। हिंदी की पढ़ाई मुख्य रूप से नेपल्स तथा वेनिस विश्वविद्यालयों में होती है। फ्रांस के पेरिस विश्वविद्यालय में हिंदी शिक्षण पिछले कई वर्षों से चल रहा है।

हंगरी के बुदापेश्त में हिंदी का पांच वर्षीय पाठ्यक्रम है। हंगरी में भारतीय संस्कृति तथा भाषाओं के प्रति लोगों की रुचि बढ़ी है। विश्वविद्यालय के अतिरिक्त भारतीय दूतावास में भी हिंदी की नियमित कक्षाएं चलती हैं। हंगरी में हिंदी भाषा और भारतीय संस्कृति के प्रचार-प्रसार में भारत सरकार तथा बुदापेश्त स्थित भारतीय राजदूतावास के प्रयास महत्वपूर्ण हैं। यहां बहुभाषाविद मारिया नेज्येशी सक्रिय हैं।

स्वीडन के उपसाला विश्वविद्यालय में 1968 से हिंदी पढ़ाने की शुरुआत हुई। आधुनिक भारतीय भाषाओं के अध्ययन के लिए स्वीडन में एक केंद्र स्थापित किया गया है, जहाँ हिंदी के अतिरिक्त संस्कृत, तमिल, बांग्ला आदि भारतीय भाषाएं पढ़ाई जाती हैं। हिंदी, उर्दू आदि भारतीय भाषाओं का अध्ययन-अध्यापन स्टाकहोम विश्वविद्यालय में भी होता है।

बल्गारिया के सोफिया विश्वविद्यालय में हिंदी का अध्ययन-अध्यापन स्नातक स्तर पर होता है। यहां हिंदी शिक्षण की नियमित व्यवस्था 1974 से प्रारंभ हुई, जब विश्वविद्यालय के प्राच्यविद्या विभाग में चीनी, जापानी, मंगोलियन, फारसी, तुर्की आदि भाषाओं के साथ हिंदी को भी जोड़ा गया।

जापान और भारत का सांस्कृतिक तथा साहित्यिक संबंध बहुत प्राचीन है। जापान में आधुनिक भारतीय भाषाओं के अध्यापन की शुरुआत 1908 में तोक्यो विदेशी भाषा महाविद्यालय में हुई थी। 1921 में 'ओसाका यूनिवर्सिटी ऑफ फोरेन स्टडीज' की स्थापना हुई। तोक्यो के एक विद्यापीठ में 1962 से हिंदी का चार वर्षीय स्नातक पाठ्यक्रम चल रहा है। तोक्यो के आसाही संस्कृत स्थान, भारत-जापान परिषद एवं हिरोकी नागा के एशिया-अफ्रीकी भाषा विद्यालय में हिंदी के अध्ययन-अध्यापन की व्यवस्था है। जापान के विश्वविद्यालयों, कॉलेजों और निजी शिक्षा संस्थाओं में हिंदी सीखने वालों की संख्या प्रतिवर्ष 200 से भी अधिक होती है।

दक्षिण कोरिया में विश्वविद्यालयी स्तर पर हिंदी का अध्ययन-अध्यापन व्यवस्थित ढंग से हो रहा है। इसकी राजधानी सिओल के हानकुक विश्वविद्यालय के विदेशी भाषा अध्ययन विभाग में 1972 से हिंदी की पढ़ाई हो रही है। सियोल के पास ही पुसान विश्वविद्यालय के हिंदी विभाग में हिंदी का शिक्षण होता है। सियोल के तीनों कैंपसों में 300 से अधिक हिंदी पढ़ने वाले विद्यार्थियों की संख्या है।

चीन में हिंदी अध्ययन-अध्यापन की नियमित व्यवस्था की शुरुआत 1942 में खुनमिड़ में स्कूल ऑफ ओरियंटल लैंग्वेज एंड लिटरेचर में हुई। पेइचिंग विश्वविद्यालय में भारतविद्या और हिंदी शिक्षण की व्यवस्था प्रो. यिन ने की थी।

अमेरिका महाद्वीप के तीनों खंडों–उत्तरी, केंद्रीय एवं दक्षिणी अमेरिका में हिंदी समझने और सीखने वालों की संख्या लाखों में है। उत्तरी अमेरिका के संयुक्त राज्य अमेरिका, कनाडा आदि देशों में हिंदी अध्ययन-अध्यापन स्कूल स्तर से लेकर विश्वविद्यालय स्तर तक है। उत्तरी अमेरिका के मेक्सिको तथा दक्षिणी अमेरिका के अर्जेंटीना, ब्राजील, वेनेजुएला, कोलंबिया, क्यूबा, पेरू और चिली देशों में कई स्तरों पर हिंदी पाठ्यक्रम चल रहे हैं। इन देशों में हिंदी अध्येता दो प्रकार के हैं—एक, अप्रवासी भारतीय और दो, मूल अमेरिकी।

अमेरिका में ब्रिटिश कोलंबिया, इलिनाय, इंडियाना, हवाई, बोस्टन, पिट्सबर्ग, केलिफोर्निया, शिकागो, पेंसिलवानिया, न्यूयॉर्क, ओहायो, कार्नेल, मिशीगन, विस्कांसिन, टेक्सास, वाशिंगटन, मिनिस्सोटा, वर्जीनिया आदि विभिन्न विश्वविद्यालयों में हिंदी तथा भारत संबंधी अध्ययन के व्यापक कार्यक्रम शुरू किए गए हैं। अमेरिकी सरकार ने टेक्सास विश्वविद्यालय में हिंदी-उर्दू फ्लैगशिप की परियोजना हिंदी शिक्षण और प्रचार-प्रसार के लिए प्रारंभ की है। अमेरिकी विश्वविद्यालयों में हिंदी का अध्ययन भाषाविज्ञान के कार्यक्रमों के अंतर्गत, दक्षिणी एशिया केंद्र, एशिया-अफ्रीका अध्ययन केंद्र, प्राच्य विद्या केंद्र अथवा विदेशी भाषा विभाग के अंतर्गत चल रहा है। इसके अतिरिक्त महानगरों में कई संस्थाएं निजी स्तर पर हिंदी सिखाने का कार्य कर रही हैं। ये संस्थाएं भारतीय मूल के बच्चों की शिक्षा पर विशेष ध्यान देती हैं।

आधुनिकतम भाषा विश्लेषण के सिद्धांतों के आधार पर हिंदी का सबसे अधिक अध्ययन संयुक्त राज्य अमेरिका में हुआ है। विभिन्न प्रकार की शिक्षण सामग्री के निर्माण में यमुना काचरू, सुरेंद्र गंभीर, तेज भाटिया, वेद प्रकाश 'बटुक', भूदेव शर्मा, सुषम बेदी, अंजना संधीर, सुधा ओम ढींगरा आदि प्रवासी भारतीयों का विशेष योगदान है। हिंदी के अमेरिकी विद्वानों में केरीन शोमर, माइकल सी. शपीरो, लिंडा

हेस, हर्मन वान ऑल्फन आदि का विशेष स्थान है। न्यूयॉर्क में भारतीय विद्या भवन एक प्रमुख संस्था है, जो हिंदी के प्रचार-प्रसार में विशेष काम कर रही है।

विदेशों में हिंदी के प्रचार-प्रसार में अंतरराष्ट्रीय हिंदी समिति, हिंदी साहित्य सभा, हिंदी साहित्य संघ तथा कुछ धार्मिक संस्थाएं विशेष रूप से सक्रिय हैं। प्रवासी भारतीयों में हिंदी प्रचार-प्रसार का कार्य राष्ट्रभाषा प्रचार समिति, वर्धा तथा हिंदी साहित्य सम्मेलन, प्रयाग ने किया है।

कनाडा का समाज बहुजातीय एवं बहुभाषीय है। कनाडा में हिंदी पढ़ाने के आठ केंद्र बैंकूवर, टोरंटो, विंडसर, मांट्रियल, रंजीना विश्वविद्यालय आदि हैं। प्रायः सभी प्रमुख शहरों के विश्वविद्यालयों मे हिंदी पढ़ाई जाती है। टोरंटो के हाई स्कूलों में अन्य विषयों के साथ हिंदी भाषा की कक्षाएं भी लगती हैं। कनाडा में हिंदी परिषद, क्यूबेक हिंदी संघ, हिंदी लिट्रेरी सोसाइटी, हिंदी विद्यापीठ आदि अनेक संस्थाएं हैं, जो हिंदी के प्रचार-प्रसार में लगी हुई हैं।

कृष्ण कुमार गोस्वामी

अधिक जानकारी के लिए :
हिंदी सब संसार : (संपा.) सुरेश ऋतुपर्ण, 2008

विद्या

ऋग्वेद में विद्या कर्मकांड की विद्या है। यजुर्वेद में विद्या अमृत तत्व उपलब्ध कर परम पद प्राप्त करने का साधन है। इसका उपनिषदों में ब्रह्मविद्या, पराविद्या, अपराविद्या और आध्यात्मिक शिक्षा के अर्थ में व्यवहार है। शैव दर्शन में विद्या का अर्थ है—अहं और इदं के बीच अभेद-बुद्धि मिटाना। (ईश्वर प्रत्यभिज्ञा, 3.1.4)। कंचुक रूप में उपलब्ध विद्या उसे कहते हैं जो परमात्मा का संकुचित रूप धारण कर अल्प ज्ञान उत्पन्न करती है, जबकि शुद्ध विद्या आत्मतत्व के ज्ञान को बताया गया। तंत्र परंपरा में विद्या के भौतिक संदर्भ की महत्ता बढ़ जाती है। इसका संबंध कार्यकारण विवेचना से स्थापित होता है, 'विद्या विवेचयत्यस्य कर्म तत्कार्यकारणे' (मालिनी विजयोत्तर तंत्र, 2.28)। विद्या का एक अर्थ कौशल है। इसका जब ज्ञान के अर्थ में प्रयोग होता है तो इसे लौकिक ज्ञान कहते हैं और पारलौकिक ज्ञान को विशेष ज्ञान या प्राचीन अभिप्राय वाला 'विज्ञान' कहते हैं। प्राचीन काल से ही ज्ञान को शक्ति माना गया है। ज्ञान बंधन है और मुक्तिदाता भी है।

कौटिल्य ने कहा है कि सुख चाहने वाले को विद्या और विद्या की आकांक्षा रखने वाले को सुख नहीं मिलता। एक विषमतापूर्ण और विसंगतियों से भरे समाज में विद्या व्यक्ति को चैन से नहीं रहने देती। विद्या के संबंध में कई बुद्धिमत्तापूर्ण बातें कही गई हैं। विद्या से व्यक्ति में विनय आती है। यह शील के अभाव में सोचनीय और विद्वेष से मलिन हो जाती है। वस्तुतः विनय, शील, परोपकार, धैर्य, क्षमा, अलोभ और निर्भयता सच्ची विद्या के फल हैं। विद्या आजीविका, संपत्ति और कीर्ति देती है। किताबी विद्या, विद्या नहीं है और न महज डिग्रीधारी हो जाने से विद्या प्राप्त हो जाती है। विद्या के चरण हैं—स्वाध्याय, मनन, प्रयोग और सेवा।

प्राचीन काल में विद्या कभी कला-कौशल और कभी आत्मज्ञान को कहा जाता था। आधुनिक युग में इसका संबंध तकनीकी ज्ञान, आजीविका, भौतिक उन्नति और सुख-सुविधाओं तक पहुंचने के कौशल से स्थापित हुआ। यह भी माना गया कि विद्या से ही धर्म की रक्षा और अधर्म का बोध होता है। विद्या से राजनीति का संचालन, सामाजिक प्रगति और आनंदमय जीवन संभव है। विद्या का एक औपचारिक रूप है और एक अनौपचारिक। कहा जाता है, सबसे बड़ा विद्यालय जनजीवन है।

विद्या का संबंध सत्ता से है। सत्ता-संरचना विद्या के स्वरूप को प्रभावित करती है, पर मनुष्य का दिमागी खुलापन सत्ता-संरचना की सीमाओं में ज्ञान को बंधने नहीं देता। शेख सादी ने कहा है, 'जिसने विद्या पाई पर आचरण नहीं किया तो यह वैसे ही है, जैसे किसी ने हल जोता, पर बीज नहीं बोया।' (गुलिस्तां)। कहा गया है विद्या बांटने से बढ़ती है,

छिपाकर रखने से घटती है। किसी भी आयु में विद्या प्राप्त की जा सकती है। विद्या न रहने से अहंकार या अविद्या घुस आती है।

शंभुनाथ

विनायक दामोदर सावरकर
(1883-1966)

भारतीय स्वतंत्रता आंदोलन के इतिहास में विनायक दामोदर सावरकर का एक विशिष्ट स्थान है। अपने अदम्य साहस, प्रेरक व्यक्तित्व और देशभक्ति के कारण वे वीर सावरकर के नाम से ज्यादा प्रसिद्ध हैं। ओजस्वी वक्ता, लेखक, कवि, इतिहासकार और सामाजिक कार्यकर्ता के साथ ही वे प्रखर राष्ट्रवादी नेता भी थे। सावरकर ने हिंदू राष्ट्र की राजनीतिक विचारधारा का विकास और प्रचार-प्रसार किया। इनकी पुस्तक 'हिंदुत्व' ने राजनीति के हिंदूकरण की नींव डाली।

सावरकर का जन्म 28 मई 1883 को नासिक (महाराष्ट्र) के निकट भागुर गांव में एक ब्राह्मण परिवार में हुआ था। पिता दामोदर पंत सावरकर और माता राधाबाई की चार संतानों में से एक विनायक की आरंभिक शिक्षा नासिक के शिवाजी विद्यालय में हुई थी। नौ वर्ष की आयु में ही उन्हें माता का बिछोह सहना पड़ा। पढ़ने में तेज और कुशाग्र बुद्धि के सावरकर के विचारों पर बाल गंगाधर तिलक की राजनीति का भरपूर प्रभाव पड़ा। वे राजनीति को धर्म से जोड़कर स्वाधीनता आंदोलन को संगठित करने के पक्षधर थे। तिलक से प्रेरित सावरकर छात्र जीवन में शिवाजी और गणेश उत्सवों में बढ़-चढ़कर हिस्सा लेते थे। 1899 के प्लेग में पिता की मृत्यु के दो साल बाद, उनका विवाह जमुनाबाई से हुआ। पूना के फर्गुसन कॉलेज में अध्ययन के दौरान उन्होंने 'अभिनव भारत समाज' संस्था का गठन किया। वे तिलक की स्वराज पार्टी से जुड़कर, मनोयोग से स्वदेशी आंदोलन में उतर गए। अंग्रेज सरकार-विरोधी विचारों और गतिविधियों ने उन्हें जल्द ही अधिकारियों की नजर में ला दिया। तिलक के अनुमोदन पर बैरिस्टर और देशभक्त श्यामजी कृष्ण वर्मा से आर्थिक सहायता और छात्रवृत्ति प्राप्त कर, सावरकर कानून की पढ़ाई के लिए इंग्लैंड चले गए।

विनायक दामोदर सावरकर

श्यामजी कृष्ण वर्मा के लंदन स्थित 'इंडिया हाउस' को केंद्र बनाकर सावरकर ने वहां पढ़ने गए छात्रों में स्वदेशी की भावना तथा अंग्रेजी सरकार के खिलाफ आक्रोश का प्रचार प्रारंभ कर दिया। इस उद्देश्य से 'फ्री इंडिया सोसाइटी' का गठन हुआ। गदर कहे जाने वाले 1857 के संघर्ष को सावरकर ने ही पहली बार पुख्ता प्रमाणों के साथ पहला भारतीय स्वाधीनता संग्राम साबित किया। इस विषय पर 1908 में उन्होंने अपनी पहली महत्वपूर्ण पुस्तक 'दि इंडियन वार ऑफ इंडिपेंडेंस 1857' लिखा। पर इसे लंदन में प्रकाशित करना संभव नहीं हुआ। मैडम भीखाजी कामा की सहायता से यह पुस्तक हालैंड में छपकर, गुप्त रूप से देश-विदेशों में भेजी गई। 1909 में उन्हें बार-एट-लॉ की डिग्री मिली, पर इंग्लैंड में वकालत करने की अनुमति नहीं मिली। 1 जुलाई 1909 को लंदन में क्रांतिकारी मदनलाल धींगरा

द्वारा अंग्रेज अधिकारी कर्जन वाइली की हत्या के समर्थन में सावरकर ने 'लंदन टाइम्स' में एक लेख लिखा। 13 मई 1910 को पेरिस से लंदन लौटने पर सावरकर गिरफ्तार कर लिए गए। अंग्रेजी सरकार विरोधी विचारों, सशस्त्र कार्यवाहियों एवं देशद्रोह के मामले में उन्हें 50 साल के कालापानी (उम्रकैद) की सजा दी गई। भारत में पुणे के अंग्रेज जिला अधिकारी की हत्या की साजिश में भी उन्हें सजा सुनाई गई। अंडमान द्वीप समूह की जेल में 10 वर्षों तक यंत्रणादायक सजा भुगतने के बाद महात्मा गांधी, तिलक, पटेल आदि नेताओं के प्रयत्न से सावरकर को कालेपानी से मुक्ति मिली। वे भारत वापस लाए गए। उन्हें रत्नागिरि और यरवदा की जेलों में रखा गया। जेल में उन्होंने हिंदुत्व की विचारधारा, राजनीति तथा अन्य विषयों पर कई पुस्तकें लिखीं। राजनीतिक गतिविधियों से विरत रहने की शर्त पर 6 जनवरी 1924 को उन्हें जेल से मुक्ति मिली।

1925 में उनकी मुलाकात 'राष्ट्रीय स्वयंसेवक संघ' के प्रधान हेडगेवार से हुई और इसकी स्थापना में उन्होंने महत्वपूर्ण योगदान किया। वे 1937 तक सामाजिक सुधार के कार्यों में लगे हुए थे। हिंदू समाज में फैले जातिभेद और छुआछूत के विरोध में 1931 में उन्होंने बंबई में 'पतित पावन' मंदिर का निर्माण करवाया, जिसके दरवाजे सभी के लिए हमेशा खुले थे। 1937 में वे अखिल भारतीय हिंदू महासभा के अध्यक्ष बने। 15 अप्रैल 1938 में मराठी साहित्य सम्मेलन की अध्यक्षता की। उनका लिखा हुआ कुल दस हजार पृष्ठों का मराठी साहित्य तथा डेढ़ हजार पृष्ठों का अंग्रेजी साहित्य आज भी उपलब्ध है। उन्होंने राजनीति, धर्म, हिंदू दर्शन, नाटक, कविता, आत्मचरित एवं विविध विषयों पर लेख लिखे। 1947 में भारत विभाजन का घोर विरोध किया। हिंदू महासभा से जुड़े नाथूराम गोड्से द्वारा महात्मा गांधी की हत्या के बाद 5 फरवरी 1948 को सावरकर भी गिरफ्तार किए गए। बाद में अदालत के निर्णय से उन्हें मुक्ति मिली। नेहरू सरकार द्वारा 1957 में आयोजित प्रथम स्वाधीनता संग्राम की शताब्दी समारोह में वे मुख्य वक्ता के रूप में उपस्थित थे। 83 वर्ष की उम्र में 26 फरवरी 1966 को उनका देहांत हो गया।

महेश जायसवाल

अधिक जानकारी के लिए :
1. सावरकर समग्र, 2. The Instant Politics of Silent and Evasive Past : Ashis Nandi, 2001

विनोबा भावे
(1895-1982)

विनोबा भावे का नाम पहले नरहरि था। उनका जन्म महाराष्ट्र के रामगढ़ जिले में हुआ था। उन्हें महात्मा गांधी का आध्यात्मिक उत्तराधिकारी माना जाता है। वे सामाजिक रूढ़ियों, धार्मिक पाखंडों और भौतिकवाद के घोर विरोधी थे। 1916 में बनारस हिंदू विश्वविद्यालय में गांधी के भाषण के बारे में एक समाचार पढ़कर उन्होंने आगे औपचारिक शिक्षा का विचार छोड़ दिया और गांधी के आंदोलन में शामिल हो गए। अपने सभी शैक्षणिक प्रमाण-पत्रों को आग में डालकर वहे मित्रों से कहने लगे, 'देखो, ये कैसे प्रकाशित हो रहे हैं।' वे सन 1916 में ही अहमदाबाद में गांधी से मिले और वहीं खादी, ग्रामोद्योग, नई तालीम के कामों में लग गए।

पहली मुलाकात में ही गांधीजी ने उनके लिए कहा था, 'यह युवक आश्रमवासियों से कुछ लेने नहीं, बल्कि कुछ देने आया है।' उनकी अगुवाई में 1921 में वर्धा में सत्याग्रह आश्रम की स्थापना की गई। यहीं से उन्होंने मराठी पत्रिका 'महाराष्ट्र धर्म' का संपादन शुरू किया।

विनोबा भावे कर्मयोगी थे। वे भारतीय संस्कृति और दर्शन के अध्येता थे ही, गणित और विज्ञान में भी पटु थे। चरखा चलाना, लकड़ी काटना, उसे ढोना, खेत में कुदाल चलाना, बच्चों को गणित और संस्कृत पढ़ाना विनोबा ने ये सभी काम किए। उन्हें काम किए बिना खाना पसंद नहीं था। उन्होंने कई बार जेल यात्रा की। नागपुर के झंडा सत्याग्रह को

विनोबा भावे

नेतृत्व दिया। जेल में वे गीता पर प्रवचन देते थे, जिस पर जेलर तक मुग्ध था। 1940 में वे गांधी जी के प्रस्ताव पर देश के 'प्रथम सत्याग्रही' बनाए गए। 1942 के भारत छोड़ो आंदोलन में वह गांधी के एक मुख्य परामर्शदाता थे। वे नागरी लिपि के एक बड़े समर्थक थे, 'मैं नहीं कहता कि नागरी ही चले, बल्कि मैं चाहता हूं कि नागरी भी चले।' उनकी प्रेरणा से 'नागरी लिपि संगम' की स्थापना की गई थी।

18 अप्रैल 1951 को गांधी जी के विचारों का अनुसरण करते हुए विनोबा भावे ने अहिंसात्मक तरीके से पोचमपल्ली से 'भूदान' आंदोलन की शुरुआत की। इसका उद्देश्य जमींदारों और किसानों के बीच संघर्ष को मिटाना, 'ट्रस्टीशिप' को बढ़ावा देना, सर्वोदय समाज का गठन करना और स्वेच्छा से दान में मिली जमीन को भूमिहीन किसानों में बांटना था। 1955 तक आते-आते उनका भूदान कुछ स्थानों पर 'ग्रामदान' आंदोलन में बदल गया और 'सबै भूमि गोपाल की' का नारा गूंजा, लेकिन भूदान आंदोलन को ज्यादा सफलता नहीं मिली। उन्होंने 1954 में वर्धा के निकट पवनार में स्त्रियों के लिए ब्रह्म विद्या मंदिर की स्थापना की और उसे ही अपना कर्म क्षेत्र बना लिया।

विनोबा भावे ने 'गीता प्रवचन', 'गीताई', 'विनोबा के विचार', 'शांति यात्रा', 'भूदान यज्ञ', 'जमाने की मांगें', 'सर्वोदय यात्रा', 'साहित्यिकों से' तथा 'जीवन और शिक्षण' जैसी पुस्तकें लिखीं। गीता उनकी आत्मा की सांस थी, पर उन्होंने कुरान का सार भी लिखा था।

विनोबा भावे ने 1975 में इंदिरा गांधी द्वारा लगाए गए आपातकाल को एक तरफ 'अनुशासन पर्व' कहा था और दूसरी तरफ मौन व्रत धारण कर लिया था। इस दौर में जयप्रकाश नारायण से उनका मतभेद तीव्र हो उठा था। 1958 में उन्हें अंतरराष्ट्रीय रेमन मैग्सायसाय और 1983 में (मरणोपरांत) भारत रत्न सम्मान से सम्मानित किया गया।

सुरेश शॉ

विन्यास

हर कला में विन्यास (कंपोजीशन) का महत्व है। खासकर दृश्यकलाओं जैसे–चित्रकला, स्थापत्य, रंगमंच सज्जा ग्राफिक डिजाइन आदि में इसका अधिक महत्व है। दृश्यात्मक तत्वों की एक सुसंगत व्यवस्था ही कला विन्यास है।

मुख्य दृश्यात्मक तत्व हैं–रेखा, आकार, रंग, बुनावट, टोन, रूप, स्थान और गहराई। रेखाओं और आकार से दर्शक का ध्यान आकर्षित होता है। रंग से रेखाओं और आकार को एक प्रतीकात्मक चरित्र प्राप्त होता है। यह चमकीला, हलका, गाढ़ा कुछ भी हो सकता है। बुनावट से सतह के गुण झलकते हैं और अमूर्तन संभव है। टोन से छायाएं झलकती हैं। रूप से त्रिआयामी विस्तार का बोध होता है। विभिन्न वस्तुओं के बीच स्थान (स्पेस) का भी अपना अर्थ होता है। गहराई से कला सिद्धांतों और प्रयोगों के आधार पर चित्रों या डिजाइन या रंगमंच पर विभिन्न दृश्यात्मक तत्वों का

कुशलतापूर्वक संयोजन किया जाता है, ताकि कला प्रस्तुति प्रभावशाली हो। इसमें लक्ष्य के अनुसार कौशल का इस्तेमाल होता है।

कला विन्यास एक फ्रेम के भीतर ही संभव है, चाहे वह चित्रकला हो या नाटक का दृश्यबंध। चित्रकला में जिस तरह दर्शक की गतिशील दृष्टि को केंद्रीभूत करने के लिए रेखाएं और रंग एक महत्वपूर्ण भूमिका निभाते हैं, उसी तरह मंच पर भी दृश्यपट, मंच के उपकरण कलाकार की जगहें , उनकी पोशाक और प्रकाश व्यवस्था मिलकर ही एक संगत विन्यास की महत्वपूर्ण भूमिका निभाते हैं। विन्यास ही कला की वस्तु का नियंत्रण करता है। हर कला त्मक विन्यास के मुख्य गुण हैं—सुसंगति, संतुलन, स्थिरता, अन्विति और विशिष्ट पैटर्न।

नृत्य कला में कोरियोग्राफी (Choreography) होती है। यह एक तरह से नृत्य भाषा का विन्यास है। कोरियोग्राफी का शाब्दिक अर्थ 'नृत्य लेखन' है जिसका संबंध शारीरिक अंग संचालन के रूप, क्रम और गति के निर्धारण से है। प्रदर्शन कलाओं में कोरियोग्राफी की जरूरत होती है।

साहित्यिक भाषा में भी विन्यास का महत्व है, जिस पर ध्यान दिया जाता रहा है। साहित्यिक भाषा में विन्यास के मुख्य तत्व वस्तु के अनुरूप शब्द चयन, वाक्य विन्यास, भाषिक बनावट, संगति और गहराई है। साहित्यिक भाषा के विन्यास में विधा, अंतर्वस्तु और शैली से बहुत फर्क पड़ता है। कविता हो, निबंध, कहानी, समीक्षा या आलोचना हो, विन्यास (कंपोजीशन) पर ध्यान दिए बिना कोई साहित्यिक रचना पठनीय नहीं बन पाती। इसमें दृश्य कलाओं, नृत्य, संगीत के समान नियमों का पालन संभव न हो पर विन्यास की पूर्णता से साहित्यिक क्रांति की पठनीयता बढ़ती है। अक्सर भावोद्गारों को साहित्यिक मान लिया जाता है, जबकि सुसंगत कलात्मक विन्यास के बिना साहित्यिक महत्व बन नहीं पाता। हर विन्यास में कल्पना, अंतर्दृष्टि और शिल्प ज्ञान को जरूरी माना गया है।

शंभुनाथ

विपश्यना

विपश्यना ध्यान की एक महत्वपूर्ण विधि है, जिसमें साधक अपनी सांसों के माध्यम से अपने मन के भीतर झांकता है और आत्मनिरीक्षण करते हुए आत्मा को शुद्ध करने की कोशिश करता है। विपश्यना की खोज लगभग 2500 वर्ष पूर्व गौतम बुद्ध ने की थी। यह साधना पद्धति बुद्ध के काल में भारत के अतिरिक्त बर्मा, श्रीलंका, थाइलैंड आदि देशों में फैली, किंतु बुद्ध के परिनिर्वाण के लगभग पांच सौ वर्ष बाद भारत से लुप्त हो गई।

विपश्यना का शाब्दिक अर्थ है—जो जैसा है, उसे उसी रूप में देखना। इस पद्धति के अंतर्गत अपने मन में होनेवाली परिवर्तनशील घटनाओं का तटस्थ भाव से निरीक्षण करते हुए चित्तशोधन का अभ्यास किया जाता है। मन को शांति प्रदान करने का यह एक प्रभावशाली उपक्रम है। इस साधना विधि का उद्देश्य विकारों को पूरी तरह निर्मूल करना और मुक्ति की अवस्था को प्राप्त करना है। विपश्यना करने वाला व्यक्ति अपने भीतर शांति और सामंजस्य का अनुभव करता है।

विपश्यना एक धर्मनिरपेक्ष ध्यान पद्धति है। इसमें जाति, धर्म, लिंग, वर्ण, आयु, अमीर-गरीब का भेदभाव नहीं है। यह वस्तुतः मन का व्यायाम है। जिस प्रकार शारीरिक व्यायाम से शरीर को स्वस्थ बनाया जाता है, उसी प्रकार विपश्यना से मन को स्वस्थ बनाया जाता है। यह सदाचार, आत्मसुख आदि प्रदान करने वाली, जीने की एक विधि है। इसमें जागरूक रहकर मन की गतिविधियों का अवलोकन किया जाता है। विपश्यना करने वाला व्यक्ति अपने कार्यों, अपने शरीर, मन और चेतना के प्रति सजग होता है। वह ऐसा कोई कार्य नहीं करता जिससे मन में विकृति पैदा हो। विपश्यना से राग, द्वेष, क्रोध, मोह आदि दूर होते हैं। मानसिक संत्रास, अवसाद, आलस्य, उदासी, कार्य के प्रति अरुचि, ईर्ष्या-द्वेष आदि कलुषित भावनाएं मिटती हैं। आत्मतुष्टि, दिव्यता, प्रसन्नता, उल्लास जैसे उदात्त भाव पैदा होते हैं।

विपश्यना दो तरीके से की जाती है–(1) बैठे-बैठे ध्यान योग के द्वारा तथा (2) शांत चित्त से अंगों को शिथिल करके टहलते हुए। इस पद्धति में किसी विशेष प्रपंच की आवश्यकता नहीं पड़ती। व्यक्ति सहज रूप से इसे कर सकता है। इसमें सहज भाव से सांस के आवागमन पर ध्यान केंद्रित करना पड़ता है। मौन का पालन करना होता है।

विपश्यना के लिए प्रशिक्षण के तीन सोपान होते हैं। पहले सोपान में साधक को साढ़े तीन दिनों तक पंचशील अर्थात अहिंसा, चोरी नहीं करने, झूठ नहीं बोलने, ब्रह्मचर्य का पालन करने और नशा नहीं करने का व्रत लेना पड़ता है। इससे मन शांत होता है। दूसरे सोपान में साढ़े तीन दिनों तक अपनी सांसों पर ध्यान केंद्रित कर 'आनापान' नाम की साधना का अभ्यास करना होता है, जिससे मन नियंत्रित हो सके। तीसरे और अंतिम सोपान में साधक अपने अंतर्मन में दबे हुए विकारों को दूर कर मन को निर्मल बनाता है और अपने भीतर की संवेदनाओं के प्रति सजग होता है तथा मन में समता का भाव पैदा करता है। इसके अंतर्गत साधक अपनी प्रज्ञा जगाकर अपने समूचे कायिक और चैतसिक स्कंधों का भेदन कर पाता है। पहले नौ दिनों तक साधक को पूर्ण मौन का पालन करना पड़ता है। दसवें दिन साधक बोलना शुरू कर सकता है। यह ध्यान पद्धति भारत ही नहीं, विश्व स्तर पर प्रचलित हो रही है।

अवधेश प्रसाद सिंह

विभक्ति

ग्रीक, लैटिन, संस्कृत आदि प्राचीन भाषाओं में संज्ञा, सर्वनाम और विशेषण शब्दों का वर्गीकरण विभक्तियों के आधार पर किया जाता है। कारक विभक्तियों की संख्या में एकरूपता नहीं है। संस्कृत में संबंध को कारक और संबोधन को कारक नहीं माना गया है। वाक्य रचना में कोशगत शब्द विभक्ति लगने से ही पद रूप प्राप्त करता है और उससे अर्थ बनता है। विभक्ति के लिए जिन प्रत्ययों का प्रयोग किया जाता है, वे विभक्ति और वचन का एक साथ निर्धारण करते हैं। यह स्थिति भी है कि एक ही प्रत्यय एक अधिक विभक्ति रूपों का निर्माण करता है। क्रिया का करनेवाला कर्ता कारक होता है। इसकी विभक्ति 'ने' है। कर्म कारक का संबंध 'को' विभक्ति से है। तृतीय विभक्ति करण साधन को इंगित करता है (से), चौथी विभक्ति संप्रदान अप्रत्यक्ष कर्म की ओर इंगित करती है अर्थात जिसके लिए कर्म किया जाए (के लिए), पांचवीं विभक्ति अपादान दूसरे से अलगाव के अर्थ में आती है (से), छठी विभक्ति संबंध का द्योतक है (का, के, की), सातवीं विभक्ति अधिकरण है जिससे उस आधार भूमि का बोध होता है, जहाँ कर्ता होता है या क्रिया करता है (में, पर) और आठवीं विभक्ति किसी की ओर उन्मुख होकर संबोधन के लिए होती है (हे!)।

प्रत्येक सरल वाक्य में दो मुख्य घटक होते हैं–उद्देश्य (कर्ता) और विधेय, जैसे–'राम ने राक्षसों को मार डाला'। इसमें राम कर्ता है और बाकी विधेय है। सभी भाषाओं में उद्देश्य और विधेय की एकरूपता नहीं मिलती।

वर्षा मिश्र

अधिक जानकारी के लिए :
आधुनिक हिंदी व्याकरण और रचना : वासुदेवनंदन प्रसाद

विभीषण

विभीषण रावण के राज्य लंका में रहते हुए भी राम का भक्त था। वह रामायण के प्रमुख पात्रों में से एक है। वह राजा रावण और कुंभकर्ण का छोटा भाई था, पर जितेंद्रिय था। ये तीनों महर्षि विश्रवा के बेटे थे, जो राक्षस पुत्री कैकसी से जन्मे थे। राक्षसों के बीच रहते हुए विभीषण के विचार और व्यवहार सात्विक और नीति आधारित थे। रावण ने ब्रह्मा से अमर होने का, कुंभकर्ण ने निद्रा सुख का और विभीषण ने चिर धार्मिक रहने का वर पाया था।

रावण जब सीता का अपहरण करके लंका ले आया, विभीषण ने उसे समझाने की चेष्टा की, पर बदले में अपमान मिला। जब रावण हनुमान को मार देना चाह रहा था, उन्होंने समझाया कि दूत को मारना अन्याय है। हनुमान ने छूट जाने के बाद पूरी लंका जला डाली, केवल विभीषण का महल सुरक्षित छोड़ा। विभीषण अंततः लंका छोड़कर राम से आ मिले। उस समय राम और उनकी सेना समुद्र तट पर लंका पर आक्रमण की तैयारी कर रही थी।

विभीषण ने युद्ध के समय लंका की गोपनीय बातें बताकर राम को रावण पर विजय पाने में सहायता की। रावण के बेटे मेघनाद और भाई कुंभकर्ण के वध के बाद रावण को मारकर राम ने विभीषण को लंका का राजा बनाया। उन्होंने रावण का अंतिम संस्कार भी किया। विभीषण ने लंका से अधर्म और राक्षसीय प्रवृत्तियों को दूर करके धर्म की स्थापना की। इसमें उनकी पत्नी सरामा ने साथ दिया था। राम ने विभीषण के अयोध्या आने पर कहा था, जब तक सूर्य-चंद्र रहेंगे, पृथ्वी रहेगी और मेरी कथा रहेगी, तब तक तुम भी अमर रहोगे। विभीषण के संदर्भ में उक्ति बनी, 'घर का भेदी लंका ढाहे।'

निर्मला तोदी

विभ्रम

किसी भी निराधार विचार या विश्वास को सच मानना विभ्रम (Delusion) है। यह सामान्य बात है कि हर व्यक्ति के मन में अपने संबंध में थोड़े-बहुत विभ्रम होते हैं, किंतु उनकी मात्रा बढ़ जाना एक किस्म का मनोविकार है। विभ्रम कई किस्म के हो सकते हैं। कुछ विभ्रमों का संबंध मिथ्या चेतना से है—प्रमाण और तर्क के विरुद्ध व्यक्ति धार्मिक अंधविश्वास से घिरे रहते हैं और कुछ खास सामाजिक अवधारणाओं से बंधे रहते हैं। ऐसे विभ्रम प्रत्यक्षतः अतार्किक लगते हैं, लेकिन एक क्रमबद्ध अंतर्तर्क स्थापित कर लेते हैं। ऐसे विभ्रमों का संबंध मनोग्रंथियों से हो सकता है। कुछ विभ्रम ईर्ष्या-द्वेषमूलक होते हैं। व्यक्ति अपने मित्र, पति या पत्नी की निष्ठा पर संदेह करने लगता है। वास्तविक स्थितियों या तर्क का उसके मन पर कोई असर नहीं पड़ता। व्यक्ति को लगता है कि उसका मित्र, प्रेमिका या पत्नी किसी दूसरे से प्रेम करती है या कोई अधिक योग्यता और सत्ता अर्जित करने के बाद अब उसे महत्व नहीं देता।

कुछ व्यक्तियों को अपनी महानता पर निराधार किंतु दृढ़ विश्वास हो जाता है, जो कई बार प्रतिरक्षात्मक युक्ति या सुरक्षा कवच (डिफेंस मैकेनिज्म) भी हो सकता है। उसके पास कोई प्रत्यक्ष प्रमाण नहीं होता, फिर भी उसे लगता है कि वह महान है और उसकी उपेक्षा की जा रही है। महानता के भ्रम में व्यक्ति कुछ उपलब्ध नहीं कर पाता, उतना भी नहीं जितनी उसकी सर्जनात्मक शक्ति होती है। उसका बौद्धिक विकास अवरुद्ध हो जाता है। महानता का भ्रम अपनी हीन भावना से मुक्त होने का प्रयास भी हो सकता है। वह हर प्रत्यक्ष घटना को अपने विरुद्ध षड्यंत्र समझता है। कला-साहित्य के क्षेत्र में इस तरह का विभ्रम व्यापक तौर पर मौजूद देखा जा सकता है।

एक अन्य तरह के विभ्रम को 'संपीड़न विभ्रम' कहते हैं। व्यक्ति का अतार्किक, लेकिन पक्का विश्वास हो जाता है कि सभी उसके पीछे पड़े हैं और उसका अहित चाहते हैं। सभी या कोई खास प्रभावशाली व्यक्ति उसकी उन्नति या प्रतिष्ठा में बाधक है। इस विभ्रम का संबंध किसी अपराध भावना या हीनता ग्रंथि से भी हो सकता है। ऐसा व्यक्ति दूसरों पर मिथ्या दोषारोपण करके अपनी अपराध भावना या हीनता ग्रंथि से मुक्त होना चाहता है। वह दूसरों को हमेशा संदेह की दृष्टि से देखता है। उसके मन में एक संदेह श्रृंखला बन जाती है कि सभी उसी के पीछे पड़े हुए हैं और उसी के बारे में चर्चा करते हैं, भले ही ऐसा होता नहीं हो।

शंभुनाथ

अधिक जानकारी के लिए :

1. Paranoia : The Psychology of Persecutory Delusions : P A Garety and D Freeman, 2004

विमर्श

विमर्श (Discourse) का शब्दकोशीय अर्थ है—संवाद, संभाषण, विचार विनिमय, सोच-विचार, परीक्षण, चर्चा आदि। यह कुछ वाक्यों में समन्वय पैदा करके एक भाषिक अभिव्यक्ति है, किसी प्रश्न पर हर कोण से विचार करना है। पिछले चार दशकों से इस शब्द ने नई अर्थवत्ता प्राप्त की है। इसके समावेशी अर्थ में लिखित के अलावा मौखिक, भंगिमाएं तथा अभिनीत रूप भी शामिल हैं। इसलिए मिशेल फूको ने विमर्श को भाषा का क्रिया रूप (लैंग्वेज इन एक्शन) कहा। उनके अनुसार, विमर्श घटनाओं के क्रम, इनके विवेचन, संकेतकों तथा वार्तालाप के वक्तव्यों का वर्णन है। साहित्य, राजनीति और समाजशास्त्र जैसे अनुशासनों में इसका अधिक प्रयोग देखा जाता है।

डिस्कोर्स अपने मूल अर्थ में ईसाई धर्म चिंतन से जुड़ा हुआ है। किसी प्रासंगिक मुद्दे पर धर्म-चर्चा करना, धर्माधिकारी द्वारा उपदेश देना 'डिस्कोर्स' है, लेकिन जब समाज के हाशिए पर रहने वाली अस्मिताओं ने अपने दुनियावी अस्तित्वगत सवालों को राजनीतिक, सामाजिक और सांस्कृतिक परिप्रेक्ष्य में उठाना प्रारंभ किया, तब उसे 'आइडेंटिटी डिस्कोर्स' कहा गया। इससे 'अस्मिता की राजनीति' विकसित हुई। इसे 'अस्मिता विमर्श' कहा गया। साहित्य में इसे नए प्रवाह के रूप में देखा गया। इस धारा को 'विमर्शमूलक लेखन' की संज्ञा दी गई।

अस्मिता विमर्श या विमर्शवादी लेखन की एक भरी-पूरी दुनिया है। विमर्श के इतिहास में सबसे पहले 'स्त्री विमर्श' का आगमन हुआ। इसके बाद 'दलित विमर्श' आया, फिर आदिवासी विमर्श, प्रवासी विमर्श, पिछड़ा वर्ग विमर्श, पर्यावरण विमर्श, भाषा विमर्श, क्षेत्रीयता विमर्श, समलैंगिक विमर्श, थर्ड जेंडर विमर्श आदि इस धारा में जुड़ते गए। इन सबके दार्शनिक स्रोत के रूप में उत्तर-आधुनिकता को देखा जाता है। विमर्श के इतने ज्यादा प्रयोग के चलते उसका अर्थ निर्धारण कठिन हो गया है। मोटे तौर पर दो शुरुआती विमर्शों (स्त्री, दलित विमर्श) से ही उसका मूल आशय बनता है।

विमर्श की बुनियाद में वंचित रखे जाने की व्यथा है। किसी लिंग विशेष में, जाति विशेष में होने की वजह से जो शोषण, दमन, अपमान सहना पड़ता है, उन अनुभवों से ही विमर्श का कलेवर निर्मित होता है। विमर्श में इसीलिए 'अन्य' केंद्रीय महत्व रखता है। वेदना का उत्स इस 'अन्य' में है। 'अन्य' से छुटकारा ही विमर्श का साध्य है। स्त्री विमर्श का 'अन्य' पुरुष सत्ता है, जबकि दलित विमर्श का सवर्ण। विमर्श का इतिहासबोध ये 'अन्य' ही बनाते हैं। इस 'अन्य' को पहचानना 'स्व' के अस्मिता निर्माण की पूर्व-शर्त है।

आक्रोश विमर्श की विशेषता है। उत्पीड़न का सिलसिला आक्रोश को जन्म देता है। आक्रोश उत्पीड़ित अस्मिता में उद्वेलन पैदा करता है। उसे आंदोलन के लिए प्रेरित करता है। उसमें संगठित होने का अहसास जगाता है। विमर्शपरक लेखन के पहले दौर में वेदना की अभिव्यक्ति होती है। वेदना के कारणों पर ध्यान जाने के बाद आक्रोश उपजता है। आक्रोश व्यवस्था को नकारने तक ले जाता है। व्यवस्था का नकार आत्मसम्मान अर्जन की प्रक्रिया का अहम पड़ाव है। इस पड़ाव पर विश्लेषण की आवश्यकता पड़ती है। जिस व्यवस्था ने अधीन बनाए रखा, लंबे अरसे से शोषण-दमन किया, उसका विश्लेषण किए बिना मुक्ति की कोई राह नहीं खोजी जा सकती। विश्लेषण के बाद भविष्य-दृष्टि का मसला आता है। काम्य समाज की रूपरेखा इस पड़ाव पर बनती है। इस पड़ाव तक पहुंचने में विमर्श को लंबा वक्त लग सकता है। विमर्श को अपने अस्तित्व और औचित्य पर पुनर्विचार करना कष्टकारी लगे, यह स्वाभाविक है। भविष्य की परिकल्पना में 'अन्य' की सहभागिता की संभावना

अस्मिता विमर्श के 'आत्म' के एक अंश के विलय का प्रस्ताव कर सकती है। इस प्रस्ताव की स्वीकार्यता आसान नहीं है। एक बिंदु पर जाकर विमर्श जड़ीभूत हो सकता है और अपने स्थायित्व के लिए हर मुमकिन तरीके अपना सकता है।

बजरंग बिहारी तिवारी

अधिक जानकारी के लिए :
1. दलित विमर्श की भूमिका : कंवल भारती, **2. Modernity, Globalization and Identity (2006) :** Avijit Pathak, **3. Discourse :** D Howarth, 2000, **4. Post Colonial Literature : An Introduction :** Pramod K Nayer, 2007

विमल मित्र

(1912–1991)

बांग्ला कथाकारों में, जिनके उपन्यास हिंदी में काफी लोकप्रिय रहे हैं, उनमें विमल मित्र का नाम अग्रणी है। उनका प्रथम उपन्यास 'चाई' नाम से प्रकाशित हुआ था। 'साहब-बीबी-गुलाम' उन का सर्वाधिक प्रसिद्ध उपन्यास है। उनकी रचनाओं का मुख्य विषय सामाजिक समस्याएं तथा उन का समाधान है। विमल मित्र ने लगभग पांच सौ कहानियां एवं शताधिक उपन्यास लिखे। उपन्यासों में 'खरीदी कौड़ियों के मोल', 'एकक-दशक-शतक', 'पति परम गुरु', 'बेगम मेरी विश्वास', 'काजल', 'साक्षी नंबर तीन', 'तपस्या', 'राग भैरवी', 'आसामी हाजिर' आदि प्रमुख हैं। उनकी कई रचनाओं पर फिल्में बनीं। उन्हें हिंदी में अनूदित होने की वजह से काफी लोकप्रियता मिली।

विमल मित्र

अवधेश प्रसाद सिंह

विमुद्रीकरण

कोई सरकार जब पुरानी मुद्रा को कानूनी तौर पर बंद कर नई मुद्रा लाने की घोषणा करती है तो इसे विमुद्रीकरण कहा जाता है। इसके बाद पूर्व-प्रचलित नोट कागज के टुकड़े के समान हो जाते हैं। नाइजीरिया, घाना, जिंबाब्वे, आस्ट्रेलिया, वर्मा आदि देशों में विमुद्रीकरण हुआ था। गोर्बाचोव ने रूस में विमुद्रीकरण का फैसला लिया था, इसके कुछ समय बाद ही सोवियत संघ का विघटन हो गया। भारत में 1946 और 1978 में आंशिक विमुद्रीकरण हुआ, लेकिन 8 नवंबर 2016 को सबको हैरत में डालते हुए नरेंद्र मोदी सरकार द्वारा 500 और 1000 के नोटों का विमुद्रीकरण इतिहास में अनोखा था। इनकी जगह 2000 और 500 के नए नोट लाए गए। रिजर्व बैंक के गवर्नर उर्जित पटेल ने इसका समर्थन किया, जबकि अधिकांश विरोधी दल आम लोगों के भारी कष्टों को देखते हुए इसके विरोध में मुखर हुए। रिजर्व बैंक के भूतपूर्व गवर्नर डी सुब्बाराव ने 2016 के विमुद्रीकरण को निर्माणात्मक विध्वंस कहते हुए संकेत दिया कि 1991 के वैश्वीकरण के बाद यह सबसे अधिक उलटफेर पैदा करने वाला नीतिगत नवप्रवर्तन है।

विमुद्रीकरण के फैसले के पक्ष में कहा गया कि इससे काला धन, भ्रष्टाचार, हवाला कारोबार, नकली नोट और आतंकवादी गतिविधियों पर अंकुश

लगेगा। सारी गैर-कानूनी गतिविधियां बड़े नोटों के लेन-देन से चलती हैं। राजनीति और चुनाव प्रक्रिया भी काले धन से प्रभावित होती है। विमुद्रीकरण के बाद भारत सरकार ने नगद लेन-देन को हतोत्साहित करते हुए ऑन लाइन खरीद-ब्रिक्री को प्रोत्साहित करना शुरू कर दिया, हालांकि देश में 95 फीसद जनता नगद लेन-देन से काम चलाती आई है और देश के कई भौगोलिक क्षेत्रों में इंटरनेट की सुविधाएं नहीं हैं। विमुद्रीकरण के फैसले के विरोध में कहा गया है कि अब पहले की तरह काला धन गद्दे के नीचे छिपाकर नहीं रखा जाता। बेहिसाब धन स्थिर न होकर जमीन-जायदाद, मकान, सोना-चांदी, आभूषणों और शेयरों-प्रतिभूतियों में छिप जाता है। काला धन वाले विदेशों में कंपनियां और जमीन-जायदाद खरीद कर रखते हैं। विदेशी बैंकों में भारत के लोगों की जमा धनराशि और विदेशी संपत्ति विमुद्रीकरण के हमले से बाहर थी।

अर्थशास्त्री पी चिदंबरम ने कहा था, 'विमुद्रीकरण का एक खास अर्थ है। इसका मतलब होता है, संबंधित मूल्य का करेंसी नोट अब से महज कागज का टुकड़ा है। वैसा कुछ नहीं हुआ।' दरअसल कुछ समय तक 4000 की राशि तक के नोट बदलने और 30 दिसंबर 2016 तक जितना चाहे बंद हो चुके नोटों को बैंक में जमा करने की छूट दी गई थी। अतः यह करीब-करीब 'पुराने नोट के बदले नए नोट' का मामला था, इसे विमुद्रीकरण कह कर सिर्फ राजनीतिक गरमाहट दी गई। बताया जाता है कि 17.17 लाख करोड़ रुपए की मुद्रा चलन में थी। इनमें करीब 15.58 लाख करोड़ रुपए 500-1000 रुपये के नोटों की शक्ल में थे। इनमें पांच सौ रुपए के 1770 करोड़ और हजार रुपए के 632 करोड़ नोट थे। इन्हें 51 दिनों के भीतर जमा करने की छूट दी गई और लोगों ने अधिकांश जमा कर दिए। बैंकों में गरीब लोगों के ताजा खोले गए जन धन खाते में भी हजारों करोड़ जमा हुए। सरकार का अनुमान था कि लगभग 3.5 लाख करोड़ रुपए का काला धन नष्ट किया जा सकेगा, पर ऐसा नहीं हो सका। लगभग 97 फीसद पुराने नोट बैंक में जमा हो गए। एक सूचना के अनुसार, सिर्फ 40 हजार करोड़ जमा नहीं हो पाए। चिदंबरम का विचार है कि सही मायने में जो नोट जमा नहीं कराए गए, वे ही विमुद्रीकरण माने जाएंगे। उन्होंने प्रश्न उठाया कि नगदी की मौजूदा मात्रा जीडीपी की बारह फीसदी है, क्या यह कम होकर चार फीसदी के वैश्विक स्तर पर आएगी?

विमुद्रीकरण के बाद बैंकों से कम ब्याज दर पर ऋण को प्रोत्साहन दिया जाने लगा, फिर भी इस घटना का लोगों के जीवन, व्यापार और विकास दर पर भारी विपरीत असर पड़ा। काफी समय तक बाजार को नगदी की कमी का सामना करना पड़ा। रोजगार घटे, किसान बेहाल हुए, दुकानें बिना खरीददारों के सूनी रहीं और मॉल-मल्टीप्लेक्स पर कहर टूट पड़ा। बैंकों में जमा हुई राशि पर लगातार सूद बढ़ने से उनका अपना नुकसान अलग से हुआ। अर्थव्यवस्था को नगदीहीन करने में सीमित सफलता मिली और काला धन तथा भ्रष्टाचार की समस्याएं बनी रह गईं।

अमर्त्य सेन ने विमुद्रीकरण को 'मिसगाइडेड मिसाइल' कहा। 'अरुण शौरी ने कहा, 'डेंगू के मच्छर स्विटजरलैंड में हैं और डंडा यहां घुमाए जा रहे हैं।' विमुद्रीकरण से बाजार में घबराहट देखी गई, लोग पुराने नोट ठिकाने लगाते और ईमानदार व्यक्ति चुटकियां लेते नजर आए।

शंभुनाथ

वियतनाम क्रांति

उन्नीसवीं शताब्दी के मध्याह्न से वियतनाम फ्रांसीसी उपनिवेश (1858-1945) था। उपनिवेशवाद के पक्ष में जिस तरह के तर्क दूसरे उपनिवेशवादी देश देते थे, उसी तरह के तर्क फ्रांसीसियों द्वारा वियतनाम को उपनिवेशित करने के लिए दिए गए थे। ध्यान रखने की बात है कि फ्रांसीसी उपनिवेशवादियों के साथ कैथोलिक ईसाई प्रचारक भी भारी संख्या में वियतनाम आए थे। इससे वियतनामियों के धार्मिक विश्वास में परिवर्तन तो

आया ही, साथ ही सांस्कृतिक स्तर पर भी पश्चिम से प्रेरित मूलभूत बदलाव हुए। वियतनाम फ्रांसीसी कंपनियों के लिए कच्चे माल और श्रम का स्रोत था। यहां तंबाकू, नील, चाय, रबड़ और कॉफी प्रमुख कृषि उत्पाद थे, जिन्हें फ्रांस निर्यात किया जाता था। फ्रांसीसी कंपनियां (मिशेल आदि) यहां जो भी उत्पादन कराती थीं, उनमें प्रायः बंधुआ किसानों का इस्तेमाल किया जाता था। मुहावरे के रूप में प्रचलित था कि किसान रबड़ के पौधे के लिए उर्वरक हैं क्योंकि अमानवीय परिस्थितियों में रबर की खेती के काम में लगे मजदूरों की जब मौत हो जाती थी, उन्हें इन्हीं बागानों में दफना दिया जाता था। तीसरी दुनिया के दूसरे देशों की तरह ही यहां भी औद्योगिक उत्पादन को बढ़ावा नहीं दिया गया। लेकिन व्यावसायिक और भौतिक मजबूरियों के कारण फ्रांसीसी शासन को उद्योग, खनन और परिवहन जैसे क्षेत्रों का सीमित स्तर पर विकास करना पड़ा।

वियतनाम क्रांति का एक दृश्य

किसानों और मजदूरों ने फ्रांसीसी उपनिवेश के खिलाफ संघर्ष की शुरुआत की। बाद में यह संघर्ष राष्ट्रीय स्वतंत्रता के संघर्ष के रूप में विकसित हुआ। फ्रांसीसी उपनिवेशवाद के विरुद्ध विद्रोह की संगठित अभिव्यक्ति 1890 के दशक में हुई। 'कैन वियेन' (राजा को सहायता) विद्रोह की शुरुआत 1885 में हुई। इस विद्रोह का फ्रांसीसी सेना द्वारा 1889 में पूर्णतः दमन कर दिया गया। इस तरह के कई अन्य विद्रोह वियतनाम के कई इलाकों में हुए। इन विद्रोहों की सबसे बड़ी दुर्बलता राष्ट्रीय भावनाओं का अभाव था। गुरिल्ला पद्धति से विद्रोहियों ने फ्रांसीसी सेनाओं से मुकाबला किया। इन संघर्षों में बहुत बड़ी संख्या में जनहानि हुई।

राष्ट्रीय स्तर पर उपनिवेश विरोधी आंदोलन की शुरुआत 1930 के दशक से हुई। 1925 में वियतनाम के उत्तरी इलाके में महान वियतनामी नेता हो ची मिन्ह (मूल नाम—नगूयेन सिन्ह) (19 मई 1890-2 सितंबर 1969) ने 'वियतनामी रिवोल्यूशनरी लीग' का गठन किया। 3 फरवरी 1930 को हांगकांग में हो ची मिन्ह के सभापतित्व में आयोजित एक विशेष बैठक में 'वियतनामी कम्युनिस्ट पार्टी का गठन किया गया। अक्टूबर में कोमिंटर्न के निर्देश पर इस पार्टी का नाम बदलकर 'इंडो-चायना कम्युनिस्ट पार्टी' रखा गया।

'इंडो-चायना कम्युनिस्ट पार्टी' की स्थापना को वियतनाम के इतिहास में उपनिवेशवाद के विरुद्ध एक सशस्त्र संघर्ष के अध्याय की शुरुआत माना जाता है। इसके साथ ही फ्रांसीसी उपनिवेशवादियों द्वारा दमन की कार्यवाहियां भी अधिक क्रूर होती चली गईं। हो ची मिन्ह पर उनकी अनुपस्थिति में मुकदमा चलाया गया और उन्हें मृत्युदंड की सजा सुनाई गई। शरण के लिए मिन्ह को हांगकांग जाना पड़ा। फ्रांसीसी पुलिस ने ब्रितानियों से मिन्ह के प्रत्यर्पण की मांग की, जिसे स्वीकार कर लिया गया। इन्हीं स्थितियों में मिन्ह शंघाई होते हुए शरण के लिए मास्को चले गए।

द्वितीय विश्वयुद्ध से पूर्व तक वियतनाम पर फ्रांस का पूर्ण नियंत्रण था, लेकिन 1941 में वियतनाम पर जापानियों के आक्रमण के बाद फ्रांस ने दबाव की स्थिति में वियतनाम में जापानी साम्राज्य को स्टेशन बनाने की अनुमति प्रदान की। इस दौर में जापान ने अपने सैन्य अभियानों के लिए वियतनाम के प्राकृतिक संसाधनों का भरपूर शोषण किया। परिस्थितिवश मार्च, 1945 में जापानियों का वियतनाम पर पूरा कब्जा हो गया, लेकिन वियतनाम की स्थितियां लगातार भीषण होती गईं, क्योंकि इसी वर्ष वियतनाम अभूतपूर्व अकाल की स्थितियों का साक्षी हुआ, जिसमें लगभग बीस लाख लोगों की मृत्यु होने का अनुमान किया जाता है। जापान ने वियतनाम पर अधिकार करने के बाद यहां मौजूद

फ्रांसीसियों का बिल्कुल सफाया कर दिया, लेकिन द्वितीय विश्वयुद्ध में अमेरिका के शामिल होने के बाद और सोवियत संघ के अभूतपूर्व सैन्य कौशल के कारण जापान की पराजय हुई। इस तरह वियतनाम के दोनों ही शत्रुओं और शोषकों का अंत हो गया। इस अवसर का लाभ उठाते हुए 19 अगस्त 1945 को हो ची मिन्ह ने बा दिन्ह चौक पर वियतनाम की स्वतंत्रता की घोषणा की। इस मौके पर मिन्ह ने कहा, 'जन्म से ही सभी मनुष्य समान होते हैं। सृष्टिकर्ता ने हमें जीवन, स्वतंत्रता और समृद्धि के अनुल्लंघनीय अधिकार प्रदान किए हैं।' ये शब्द अमेरिकी स्वतंत्रता की घोषणा के महान शब्दों की स्मृति तक ले जाते हैं। इसी घोषणा को अगस्त क्रांति के नाम से जाना जाता है।

वियतनाम की समस्याएं इतने से ही खत्म नहीं हुई। द्वितीय विश्वयुद्ध की समाप्ति के बाद चार्ल्स डी गाल की सरकार वियतनाम पर अपना कब्जा छोड़ना नहीं चाहती थी। वियतनाम की फ्रांस की सेनाओं के साथ पुनः संघर्ष की शुरुआत हुई, जिसमें फ्रांसीसी सेनाओं ने दक्षिणी वियतनाम पर तीन महीने के भीतर ही अधिकार जमा लिया। बाद में फ्रांस और अमेरिका के प्रत्यक्ष सहयोग से दक्षिणी इलाके में 'नेशनल लिबरेशन फ्रंट ऑफ साउथ वियतनाम' का गठन किया गया। इस इलाके में वियतनाम के पुराने राजवंश के सदस्य को कठपुतली शासक बनाया गया। फ्रांस के साथ संयुक्त राज्य अमेरिका ने भी इस गृहयुद्ध में सक्रिय भूमिका निभाई। 70 के दशक में संयुक्त राज्य अमेरिका की कम्युनिस्ट विरोध की नीति के कारण वियतनाम समस्या और अधिक गंभीर हो गई। अमेरिकी सेना ने उत्तरी वियतनाम के दमन के लिए बमबारी का सहारा लिया। ऐसे में मिन्ह ने कहा कि 'हम बमबारी के आतंक तले कभी भी समझौते के लिए सहमत नहीं होंगे।' अमेरिकी सेनाओं से लड़ने के लिए उत्तरी वियतनाम के लोगों ने गुरिल्ला युद्ध की रणनीति अपनाई। इस रणनीति के नीतिकार हो ची मिन्ह ही थे। अमेरिका द्वारा वियतनाम में सीधी दखलंदाजी और उत्तरी वियतनाम पर अंधाधुंध बमबारी के कारण अमेरिका के विरुद्ध जनमत तैयार होने लगा। जगह-जगह अमेरिका के विरोध में व्यापक प्रदर्शन होने लगे। वियतनाम की लड़ाई में जब अमेरिकी सैनिक मरने लगे और उनके शव अमेरिका पहुंचने लगे, तो अमेरिका में भी वियतनाम में अमेरिकी दखलअंदाजी का विरोध बढ़ने लगा। अमेरिका के विभिन्न शहरों में वियतनाम युद्ध के विरुद्ध प्रदर्शन होने लगे। वियतनाम में मिलने वाली जबर्दस्त शिकस्तों, विश्व जनमत के बढ़ते विरोध और स्वयं अमेरिकी जनमत के प्रतिरोध के चलते 1955 से आरंभ अमेरिकी दखलअंदाजी 1975 के 30 अप्रैल को समाप्त हो गई। अमेरिका और उनके सहयोगी देशों ने इंडो-चाइना (वियतनाम, कंबोडिया और लाओस) से सेनाएं हटा लीं। उत्तरी वियतनाम और दक्षिणी वियतनाम का 2 जुलाई 1976 को एकीकरण हो गया। एक छोटे-से देश वियतनाम द्वारा अमेरिकी साम्राज्यवाद की पराजय मानव इतिहास का स्वर्णिम अध्याय है।

जितेंद्र गुप्ता

अधिक जानकारी के लिए :
1. Selected Writings : Ho Chi Minh, 2001, **2. Anatomy of a War : Vietnam the United States and the Modern Historical Experience :** Gabriel Kolko, 1994, **3. The Vietnam War :** James E. Westheider, 2007

विरजानंद

स्वामी विरजानंद आर्य समाज के संस्थापक स्वामी दयानंद के गुरु थे। ये एक प्रज्ञाचक्षु (नेत्रहीन) बाल ब्रह्मचारी दंडी संन्यासी थे। ये संस्कृत, व्याकरण और साहित्य के प्रखर विद्वान आचार्य थे। इनका जन्म पंजाब के कर्तारपुर नगर के गंगापुर नामक गांव में 1779 में हुआ था। पांच वर्ष की अल्पायु में चेचक से आक्रांत होकर इन्होंने अपने दोनों नेत्र खो दिए। दृष्टि हीन होने पर भी इनके पिता नारायण दत्त ने अपने इस अत्यंत मेधावी पुत्र का उपनयन संस्कार करवाया

विरजानंद

और स्वयं संस्कृत व्याकरण पढ़ाने लगे। दुर्भाग्य से कुछ ही वर्षों में इनके माता-पिता दोनों का देहांत हो गया। अपनी दृष्टिहीनता, अनाथपन और असहायता के भाव ने इनके मन को संसार से विरक्त कर दिया। चौदह-पंद्रह वर्ष की आयु में गृह त्यागकर ये ऋषिकेश में गायत्री मंत्र की साधना करने लगे। वहां से कनखल आकर इन्होंने 'पूर्णाश्रम स्वामी' से विद्या और वैराग्य की दीक्षा ग्रहण की। गुरु पूर्णाश्रम स्वामी ने ही इन्हें 'विरजानंद' नाम दिया। (इससे पहले के नाम का पता नहीं चलता)। कनखल में स्वयं पढ़ने के साथ-साथ विरजानंद अध्यापन भी करते थे। नेत्रहीन होने के कारण सुनकर ग्रहण की गई विद्या को विद्यार्थियों को देते हुए वे अपनी विद्या भी दृढ़ करते जाते थे। कनखल से विद्या के केंद्र काशी गए और फिर सोरों में आकर विरजानंद संस्कृत व्याकरण के पठन-पाठन में प्रवृत्त हो गए। विरजानंद के समस्त चिंतन में एक मौलिकता और रूढ़िभंजकता की प्रवृत्ति थी, इसलिए सोरों के गड़ियाघाट, अलवर में इनकी पाठशाला, अंत में मथुरा में इनकी प्रसिद्ध पाठशाला—सभी केंद्रों की खूब चर्चा होती रहती थी। स्वाभाविक रूप से इनके परंपराभंजक विचारों का काशी इत्यादि पारंपरिक विद्या केंद्रों में विरोध किया जाता था।

विरजानंद की विद्वत्ता से प्रभावित होकर विद्याप्रेमी अलवर नरेश ने इनसे व्याकरण पढ़ा। यहीं रहकर विरजानंद ने व्याकरण के एक सुगम और संक्षिप्त ग्रंथ 'शब्दबोध' की रचना की। भारत के विभिन्न प्रांतों का भ्रमण करते हुए उन्हें देश की दुरवस्था का बोध हुआ। वे देश की दुर्दशा में सुधार करने का विचार करने लगे। इसके लिए उन्होंने जयपुर के राजा रामसिंह से एक 'सार्वभौम सभा' की स्थापना का अनुरोध किया, जो हिंदू धर्म के पारस्परिक विरोधों का समाहार कर संतुलित सामाजिक नियम बना सके। मथुरा की अपनी पाठशाला में अध्यापन करते हुए विरजानंद अपने विद्यार्थियों को अनार्ष ग्रंथों को त्यागकर आर्ष ग्रंथों के प्रचार का उपदेश देते थे। वे मानते थे कि भारतीय समाज में व्याप्त बहुत-सी कुरीतियां अनार्ष ग्रंथों के कारण हैं। यदि आर्ष ग्रंथों का प्रचार हुआ तो मूर्तिपूजा, बहुदेववाद, अवतारवाद, सती प्रथा, बाल विवाह इत्यादि समस्याएं स्वतः समाप्त होने लगेंगी। इसके लिए वे निरंतर शास्त्रार्थ किया करते थे। यह 1857 के प्रथम स्वाधीनता संग्राम का समय था। विरजानंद सार्वभौम सभा की स्थापना न हो पाने के कारण, भारत की दुरवस्था को लेकर बेचैन थे। अपने अंधत्व और वृद्धावस्था से दुखी विरजानंद देश सुधार के लिए अपने विद्यार्थियों से अपेक्षा रखते थे।

उनकी मथुरा की पाठशाला में 1860 में संन्यासी दयानंद गुरु की तलाश करते हुए पहुंचे। विरजानंद ने इनकी मेधा की परीक्षा ली, और इनकी वाक्शक्ति व प्रखरता से प्रसन्न होकर इन्हें पाणिनि कृत अष्टाध्यायी का महाभाष्य पढ़ाने लगे। गुरु-शिष्य की इस विलक्षण जोड़ी ने भारत की सामाजिक, धार्मिक स्थिति के विषय में भी चिंतन किया। दयानंद की शिक्षा पूर्ण हो जाने पर विरजानंद ने गुरुदक्षिणा के रूप में उनसे 'भारत में आर्ष ग्रंथों के प्रचार और वैदिक धर्म के विस्तार' की मांग की जिसे दयानंद ने प्राणपण से पूर्ण करने का प्रयत्न किया। विरजानंद का पूर्ण विश्वास था कि स्वदेश की दुर्दशा, हिंदुओं के अनेक संप्रदायों का विस्तार, अनेक धर्मों का प्रचार, राजनीतिक अस्थिरता इत्यादि को दूर करने के लिए वैदिक धर्म का प्रचार आवश्यक है। कहा

जा सकता है कि परवर्ती काल में भारतीय समाज सुधार आंदोलनों में सबसे प्रमुख आंदोलन 'आर्य समाज' की मूल प्रेरणा विरजानंद ही थे।

राजश्री शुक्ला

अधिक जानकारी के लिए :
स्वाधीनता संग्राम और बदलते परिप्रेक्ष्य : रामविलास शर्मा

विरहस्यीकरण

गोपन, आच्छादित, अपरिचित और जिसके भेद को बौद्धिक रूप से समझना कठिन या असंभव है, जो उत्तेजित या चकित कर देता है और जिसका प्रभाव जादुई होता है, उसे रहस्य कहते हैं। इस रहस्य का खुलासा करने की प्रक्रिया और वास्तविकता की उपलब्धि को विरहस्यीकरण कहा जाता है। विरहस्यीकरण के चार साधन हैं : विवेक, तर्क, प्रत्यक्ष और द्वंद्व। विवेक वस्तु का निरीक्षण, विश्लेषण और उससे प्राप्त सामान्यीकरण है। तर्क कार्य-कारण संबंध स्थापित करना है। प्रत्यक्ष वस्तुतः पांचों ज्ञानेंद्रियों और उनसे जुड़ी कर्मेंद्रियों से प्राप्त ज्ञान है। द्वंद्व अवधारणाओं की स्थापना, उनकी विस्थापना, फिर दोनों से युक्त संस्थापना है।

जादू समेत रहस्य के कई क्षेत्र हैं। माना गया है कि जादू के बाद धर्मों का युग आया। धर्म के तीन अंग हैं–दर्शन, कर्मकांड और मिथक। इनमें कर्मकांड और मिथक प्रतीकात्मक होते हैं, जो रहस्यों की सृष्टि करते हैं। दार्शनिक स्तर पर तर्क मौजूद होता है। ब्रह्म, जीव और जगत के संबंध को समझाने के लिए प्रतीक रचे जाते हैं। ये प्रतीक सादृश्य रचते हैं, जो एक तरफ विचारों और गुणों को, तो दूसरी तरफ उनसे जुड़ी कथाओं को सामने लाता है। विज्ञान की रोशनी में कथाओं के अर्थ का पता लगाना और इससे जुड़े वास्तविक तथ्यों और विचारों की समझ विरहस्ययीकरण है।

विज्ञान मिथकों द्वारा रचित रहस्यों का खुलासा करता है और जहाँ रहस्य है, वहां इस पर से पर्दा उठा देता है। ग्यामबतिस्ता विको ने कहा था कि मिथ काव्य भाषा है। वह मिथ को एकमात्र भाषा मानता था जिसमें विकास के आदिम चरण में मनुष्य ने अपने को व्यक्त किया था। उसकी संरचना के अपने सिद्धांत थे, अपना तर्क था। नृतत्वशास्त्रीय धरातल पर इसे आगे बढ़ाते हुए बोदकिन जनजातीय जीवन के धार्मिक प्रतीकों और काव्य के प्रतीकों की तुलना करते हुए स्पष्ट करती है कि वैज्ञानिक ढंग से उनका खुलासा करने से अधिक महत्वपूर्ण है, उनका मनोवैज्ञानिक और नृतत्वशास्त्रीय अध्ययन करना। इस तरह इतिहासकारों ने पौराणिक वृत्तांत और इतिहास में फर्क करते हुए बुद्ध और अशोक को ऐतिहासिक चरित्र माना था।

मनोवैज्ञानिक विरहस्यीकरण का अग्रदूत फ्रायड है। वह कहता है कि प्रतीक, मिथ, आद्यबिंब–सभी स्वप्न की विशेषताओं से संपूरित होते हैं। उनमें विभिन्न तरह के बिंबों को एक महत बिंब में घनीभूत किया गया होता है, तमाम महत्वहीन तथ्यों को अर्थगर्भित किया गया होता है, एक ही चीज पर कई अर्थ आरोपित कर उन्हें बहुअर्थी बना दिया गया होता है। कई तरह के बिंबों को एक-दूसरे के ऊपर रखकर एक तार्किक संगति भी बिठा ली जाती है। ये व्यक्ति और समूह की दमित आकांक्षाओं के प्रतिनिधान होते हैं। इस तरह कल्पना के जरिए मिथकीय प्रतीकों का एक कोश बन जाता है।

इस तरह विरहस्यीकरण में काव्यशास्त्री, अर्थविज्ञानी, मनोविज्ञानी, सामाजिक इतिहासकार, नृतत्वशास्त्री और राजनीतिक दार्शनिकों की महत्वपूर्ण भूमिका रही है। उन्नीसवीं-बीसवीं सदी प्राचीन विश्वासों के विरहस्यीकरण का युग है। प्राचीन धार्मिक, मिथकीय और काव्यात्मक विश्वासों के अवरहस्यीकरण ने उन्हें सर्वथा झूठा नहीं साबित किया, बल्कि यह स्पष्ट करके दिखाया कि एक समय लोग कैसे सोचते थे। ग्रीक मिथकशास्त्र स्पष्ट करता है कि किस तरह व्यक्तिगत उपलब्धियों, प्रतिस्पर्धा और नई सूझ-बूझ की प्रधानता थी। बाइबिल के मिथक बताते हैं कि सामूहिकता, संस्थाबद्धता और नई संगठित प्रक्रियाओं का उदय किस प्रक्रिया में होता है। इसी तरह भारतीय मिथकशास्त्र से जानकारी मिल

सकती है कि आपस में धन (लक्ष्मी), भौतिक ताकत (दुर्गा) और ज्ञान (सरस्वती) का विनिमय (यज्ञ) क्या है और कर्मयोग क्या है—जैसा करोगे वैसा पाओगे। अवरहस्यीकरण का एक उग्र रूप भी है, जब विज्ञान पूरी तरह मिथकों के किले को ध्वस्त कर देता है, जो वस्तुतः इक्कीसवीं सदी में भी संभव नहीं हो पाया है, यदि दुनिया की सभ्यताओं को देखा जाए।

श्रीप्रकाश मिश्र

विराम चिह्न

लेखन क्या है? कागज पर लिखे या बनाए हुए कुछ चिह्न। ये चिह्न, चाहे हाथ से बनाए गए हों या मशीन से, अन्य चिह्नों से इस कारण भिन्न होते हैं कि वे शब्दों के माध्यम से कुछ अर्थ बतलाते हैं, लेकिन केवल शब्द यानी अकेले शब्द, कोई अर्थ बतलाने के लिए पर्याप्त नहीं है, शब्दों का अर्थ बतलाने के लिए उनके बीच में 'कुछ' होना चाहिए। 'कुछ' यानी शब्दों के बीच में छोड़ा गया स्थान। शब्दों के बीच में खाली स्थान नहीं रहने से शब्दों का अर्थ समझना असंभव भले ही न हो, पर आसान नहीं है। लेकिन शब्दों के बीच में खाली स्थान छोड़ देने से शब्दों का कुछ अर्थ भले मालूम पड़े, पर 'कुछ' अर्थ बताने के बावजूद शब्दों का सही-सही अर्थ यानी कहने या लिखने वाले का सही मंतव्य स्पष्ट नहीं होता। अतः शब्दों का अर्थ और भी स्पष्ट करने के लिए 'कुछ और' करना होता है और यह 'कुछ और' है—विराम चिह्नों का प्रयोग। विराम चिह्नों के प्रयोग से शब्दों का अर्थ ही स्पष्ट नहीं होता, वरन हमें उनका सही अर्थ भी मालूम होता है।

अंग्रेजी भाषा के शब्द 'पंक्च्युएशन' का अर्थ अंग्रेजी-हिंदी शब्दकोशों में 'विराम चिह्न विधान' बतलाया गया है। यह 'पंक्च्युएशन के पूर्णतः सही अर्थ का द्योतक नहीं है, क्योंकि 'पंक्च्युएशन' में विराम चिह्नों के अतिरिक्त वाक्य और अनुच्छेद (पैराग्राफ) भी आते हैं। हालांकि लिखे हुए शब्दों के बीच में जगह देना तथा उनके बीच मान्य चिह्न (विराम चिह्न) रखना 'पंक्च्युएशन' में शामिल किया जा सकता है।

विराम चिह्नों को भाषा का नट-बोल्ट भी कहा जा सकता है। जिस प्रकार किसी मशीन में किसी स्थान पर सही नट-बोल्ट नहीं लगाने से उसका संचालन गड़बड़ हो जाता है या मशीन रुक जाती है, उसी प्रकार किसी वाक्य या वाक्य समूह में सही विराम चिह्नों का प्रयोग नहीं किए जाने से उसका अर्थ स्पष्ट नहीं हो पाता या गलत अर्थ व्यक्त होता है, कभी-कभी इससे अर्थ का अनर्थ भी हो जाता है, यह वाक्य देखें-मूर्ख महाकवि की मां होकर भिक्षा मांगती है? इस वाक्य में 'मूर्ख' और 'महाकवि' के बीच में संबोधनसूचक चिह्न (!) नहीं रखकर लेखक ने महाकवि को तो मूर्ख बना ही दिया, वाक्य के अंत में प्रश्नचिह्न रख कर उसे प्रश्नवाचक भी बना दिया, जबकि यह वाक्य वास्तव में प्रश्नवाचक नहीं है।

1988 में पश्चिमी जर्मनी के राष्ट्रपति फिलिप जेनिंजर को वहां की संसद से केवल इस कारण इस्तीफा देना पड़ा गया था कि उन्होंने अपने एक भाषण में हिटलर के संबंध में कुछ ऐसी बातें कह दी थीं, जिनसे लोगों ने समझा कि वे हिटलर द्वारा किए गए कार्यों के समर्थक हैं, जबकि वस्तुस्थिति कुछ और थी। वास्तव में उन्होंने जो कुछ कहा था, वह उनके स्वयं के विचार नहीं थे। अपने भाषण में उन्होंने अन्य लोगों के विचार उद्धृत किए थे, पर वे भूल गए कि लिखित भाषा और बोली गई भाषा में अंतर होता है और अपने भाषण में वे उद्धृत अंशों को इस प्रकार नहीं कह सके कि वे उद्धरण जान पड़ते।

दूरी या अंतराल विराम चिह्न का मूलभूत प्रकार है। कोई विराम चिह्न न रखा जाए तो वाक्य, वाक्यांश, शब्द या शब्द-समूहों के बीच दूरी रख देने से वही कार्य होगा, जो विराम चिह्नों के प्रयोग से होता है। ऐतिहासिक दृष्टि से कहा जा सकता है कि प्राचीन एवं मध्यकालीन पांडुलिपियों एवं प्रारंभिक मुद्रित पुस्तकों में वाक्यों को अलग करने के लिए तरह-तरह के आकर्षक, शोभाकार साधनों का प्रयोग किया जाता है। मुद्रण कला के आविष्कार के बाद

इस श्रमसाध्य कार्य के बदले में साधारण दूरी का प्रयोग किया जाने लगा यानी शब्दों के बीच में कम दूरी, वाक्यों के बीच में अधिक दूरी तथा अनुच्छेद के बीच सबसे ज्यादा दूरी अर्थात एक या दो पंक्तियों की दूरी।

कई विराम चिह्नों का प्रयोग एक ही वाक्य में किया जा सकता है, फिर भी अर्थ वही रहेगा। इसके विपरीत कोई लेखक उसी वाक्य को बिना अर्थ बदले और बिना विराम चिह्न के भी लिख सकता है। कुछ लेखक किसी विराम चिह्न के प्रति इस प्रकार मोहग्रस्त-से जान पड़ते हैं कि वे प्रायः हर दूसरे-तीसरे वाक्य में उसका प्रयोग किए बिना नहीं रहते। इसके विपरीत अन्य लेखक किसी विराम चिह्न से इस प्रकार नफरत करते हैं कि उनकी पूरी पुस्तक में वह विराम चिह्न कहीं देखने को नहीं मिलता।

प्रसिद्ध अंग्रेजी उपन्यासकार सॉमरसेट मॉम अल्प विराम का प्रयोग ठीक से नहीं कर पाते थे। जेन आस्टेन प्रश्नवाचक चिह्न के संबंध में अक्सर गड़बड़ कर जाती थीं। जॉर्ज आरवेल को अर्द्ध विराम से इतना अधिक भय था कि उन्होंने एक पूरा उपन्यास बिना अर्द्ध विराम के प्रयोग के लिख डाला। आधुनिक काल में ऑस्ट्रेलियाई लेखक पीटर कैरी ने अपने बुकर पुरस्कृत उपन्यास में अल्प विराम का प्रयोग बिलकुल नहीं किया है। फ्रांसीसी लेखक प्रूस्त की पुस्तकों में विराम चिह्न के मनमाने प्रयोग देखकर विश्वास ही नहीं होता कि वे उसकी लिखी पुस्तकें हैं।

विराम चिह्नों के प्रयोग के संबंध में हिंदी में अभी तक कोई निश्चित या सर्वमान्य नियम नहीं है। इसका एक परिणाम यह हुआ कि अलग-अलग लेखकों की पुस्तकों में अलग-अलग विराम चिह्नों का प्रयोग अलग–अलग ढंग से किया गया है यानी एक लेखक यदि किसी जगह पूर्ण विराम रखना उचित समझता है तो कोई अन्य लेखक उस जगह अल्प विराम या अर्द्ध विराम रख देता है। यदि विराम चिह्नों का प्रयोग दक्षता, व्यवहार, सुरुचि और विवेक से किया जाए तो पाठक पर लेखक की भाषा और उसके लेखन की विशिष्ट छाप ठीक उसी प्रकार पड़ती है, जिस प्रकार उसकी शैली की। विराम चिह्न का प्रयोग लेखक के वाक्यों को एक आकार प्रदान करता है। यदि ढांचा ढुलमुल रहेगा, तो वाक्य भी वैसा ही रहेगा।

विराम चिह्न के संबंध में हिंदी में संभवतः सबसे पहली पुस्तक शालिग्राम द्विवेदी की 1918 में छपी 'विराम चिह्न' (हितकारिणी प्रेस, जबलपुर) है। 1933 में साहित्य भण्डार, लखनऊ से प्रकाशित एक अन्य पुस्तक 'विराम संकेत' (वैंकटेश नारायण तिवारी और गिरिजादत्त शुक्ल 'गिरीश') है। 'सरस्वती' पत्रिका में कामताप्रसाद गुरु ने विराम चिह्न के प्रयोग के संबंध में कुछ लेख और टिप्पणियां लिखी थीं। महावीर प्रसाद द्विवेदी छोटे–बड़े लेखकों को विराम चिह्नों के महत्व और उनकी उपयोगिता के संबंध में विचार करने को मजबूर करते थे। विराम चिह्नों के सही–सही और अपने विवेक के अनुसार प्रयोग के महत्व से इनकार नहीं किया जा सकता।

मुख्य विराम चिह्न : । : खड़ी पाई, पूर्ण विराम, , : अल्प विराम, ; : अर्ध विराम, : : अपूर्ण विराम, – : डैश, - : योजक चिह्न या समास चिह्न, ? : प्रश्नवाचक चिह्न, ! : संबोधन सूचक तथा विस्मयादिबोधक चिह्न, '...' या "..." : उद्धरण चिह्न, () [ ] : कोष्ठक चिह्न, ... : पदलोप या अंतराल संकेत, / : तिर्यक रेखा।

महेंद्र राजा जैन

विरुद्धों का सामंजस्य

रामचंद्र शुक्ल ने 'रसमीमांसा' में आनंद की साधनावस्था पर चर्चा करते हुए 'विरुद्धों के सामंजस्य' (Reconciliation of Opposites) की व्याख्या की है। यह अवधारणा किसी-न-किसी रूप में उनके चिंतन में सदैव मौजूद रही है। वे कहते हैं, 'मनुष्य अपने भावों, विचारों और व्यापारों के लिए दूसरों के भावों, विचारों और व्यापारों से कहीं मिलाता और कहीं लड़ाता हुआ अंत तक चला चलता है और इसी को जीना कहता है। जिस

अनंत रूपात्मक क्षेत्र में यह व्यवसाय चलता रहता है, उसका नाम है जगत।' (कविता क्या है) आत्मा की मुक्तावस्था हो अथवा हृदय की, यह द्वंद्वों और दुविधाओं के शमन और जीवन में सामंजस्य स्थापित किए बिना संभव नहीं है।

इस अवधारणा की व्यवस्थित परिभाषा और व्याख्या शुक्ल जी ने 'रसमीमांसा' में की है, 'लोक में फैली दुख की छाया को हटाने में ब्रह्म की आनंद कला जो शक्तिमय रूप धारण करती है, उसकी भीषणता में भी अद्‌भुत मनोहरता, कटुता में भी अपूर्व मधुरता, प्रचंडता में भी गहरी आर्द्रता साथ लगी रहती है। विरुद्धों का यही सामंजस्य कर्मक्षेत्र का सौंदर्य है जिसकी ओर आकर्षित हुए बिना मनुष्य का हृदय नहीं रह सकता। इस सामंजस्य का और कई रूपों में भी दर्शन होता है। ...भीषणता और सरसता, कोमलता और कठोरता, कटुता और मधुरता, प्रचंडता और मृदुता का सामंजस्य ही लोकधर्म का सौंदर्य है। आदिकवि वाल्मीकि की वाणी इसी सौंदर्य के उद्‌घाटन समारोह का दिव्य संगीत है। सौंदर्य का उद्‌घाटन असौंदर्य का आवरण हटाकर होता है। धर्म और मंगल की यह ज्योति अमंगल और अधर्म की घटा को फाड़ती हुई फूटती है। इससे कवि हमारे सामने असौंदर्य, अमंगल, अत्याचार, क्लेश इत्यादि भी रखता है, रोष, हाहाकार और ध्वंस का दृश्य भी लाता है, पर सारे भाव, सारे रूप और सारे व्यापार भीतर-भीतर आनंद कला के विकास में ही योग देते पाए जाते हैं। यदि किसी ओर उन्मुख ज्वलंत रोष है तो और सब ओर करुण दृष्टि फैल पड़ती है। यदि किसी ओर ध्वंस और हाहाकार है तो और सब ओर उसका सहगामी रक्षा और कल्याण है।' (आचार्य रामचंद्र शुक्ल ग्रंथावली-2)

विरुद्धों के सामंजस्य की समस्या साहित्य अथवा कला में ही नहीं है, यह प्राकृतिक जगत और समाज में भी है। अरस्तू से भी पहले हेराक्लिटस आदि दार्शनिकों ने स्थापित किया था, हर तत्व का एक विरोधी तत्व है, जैसे पानी-आग, गीला-सूखा। विरुद्धों के बीच लगातार युद्ध चलता है और एकता भी स्थापित होती है। संसार में परिवर्तन होता है और वह एक समान भी बना रहता है, उसमें एक सूत्र होता है। भारतीय परंपरा में 'अ-द्वैत' कहा गया, अंतर्द्वंद्वपूर्ण बहुदेववाद के साथ ईश्वर की एकता की धारणा भी आई। संघर्षण के साथ सह-अस्तित्व और अंतर्मिश्रण के सांस्कृतिक रूप भी समय-समय पर दिखाई पड़े हैं। इमैनुअल कांट के अनुभववाद की आलोचना करते हुए हीगेल ने 'द्वंद्वात्मक पद्धति' (थीसिस-एंटीथीसिस-सिंथीसिस) की धारणा दी। इस तरह अंतर्विरोधों के नकारात्मक नतीजों की जगह सकारात्मक नतीजों की ओर उन्मुखता वस्तुतः द्वंद्वात्मक पद्धति से आदर्शवादी और भौतिकवादी दोनों जमीनों पर आगे बढ़ी। विरुद्धों में सामंजस्य के उदाहरण भारतीय जीवन में शैव-वैष्णव, निर्गुण-सगुण से लेकर वर्तमान राजनीतिक संदर्भों तक देखने को मिल सकते हैं। दो ताकतें लड़ते-लड़ते एक-दूसरे से मिल जाती हैं और मिलकर उस तीसरी ताकत से संघर्ष छेड़ देती हैं, जो वर्चस्व की दशा में होता है।

आधुनिक साहित्य के नए युग में विरुद्धों के तनाव पर चर्चा हुई है। अमेरिकी 'नई समीक्षा' के पुरस्कर्ताओं ने रचना की संरचनात्मक संश्लिष्टता पर बल देते हुए इसमें मौजूद 'तनाव', 'विरोधाभास' और 'अर्थगत श्लेषात्मकता' आदि पर बल देते हुए प्रच्छन्न रूप से रचना में विरोधी तत्वों की ओर संकेत किया, लेकिन उनकेसामंजस्य की ओर विशेष ध्यान नहीं दिया। पश्चिमी आलोचकों में आइ ए रिचड्‌र्स, जिन्होंने विरुद्धों के सामंजस्य को रचना प्रक्रिया के एक महत्वपूर्ण अंग के रूप में चिह्नित किया था और इसके पूरे मनोविज्ञान का विश्लेषण किया था, एक सद्यःजात शिशु का उदाहरण देते हैं। शिशु एक ही समय मां का स्तनपान भी करना चाहता है और साथ ही रोना भी चाहता है। वह दोनों काम एक साथ नहीं कर सकता, ऐसे में वह तीव्रतर आवश्यकता को संतुष्ट करने का प्रयास करता है। इसमें किसी सचेत क्रिया का अस्तित्व नहीं होता, क्योंकि इस प्रकार की विरोधी आवश्यकताओं के

प्रति शिशु सचेत नहीं होता। रिचड्र्स का मानना है कि साहित्य उन मूल्यवान अनुभवों का पिंड होता है जिन्हें रचनाकार मूल्यवान प्रतीत होने वाले, किंतु अभिव्यक्ति के लिए परस्पर प्रतिद्वंद्वी विपुल अनुभवों में से चुन कर मानव जाति के संवर्धन के लिए संरक्षित करता है।

विरुद्धों का सामंजस्य यद्यपि प्राचीन भारतीय और क्लासिकी यूरोपीय काव्यशास्त्र में अनजाना नहीं था, लेकिन इसका विस्तृत सैद्धांतिक विवेचन एक प्रकार से बीसवीं शताब्दी के दो साहित्य चिंतकों रामचंद्र शुक्ल और उनके समकालीन आइ ए रिचड्र्स के आलोचनात्मक लेखन में प्राप्त होता है।

रामकीर्ति शुक्ल

अधिक जानकारी के लिए :
1. आचार्य रामचंद्र शुक्ल ग्रंथावली-2-3 : रामचंद्र शुक्ल, **2. Principles of Literary Criticism of Poetry and Poetics :** I A Richards

विरेचन

साहित्य के अंतर्गत 'विरेचन' (Catharsis) शब्द का एक आलोचनात्मक धारणा के रूप में प्रयोग सर्वप्रथम अरस्तू के द्वारा किया गया था। इस धारणा को प्रस्तुत करने के पीछे उनका प्रयोजन था प्लेटो के द्वारा साहित्य की सामाजिक स्वीकृति को लेकर लगाए गए आक्षेपों का उत्तर देना। प्लेटो साहित्य को दुर्बल तथा अनैतिक मनोवेगों को उद्दीप्त करने वाला मानते थे। उनके अनुसार, आदर्श सामाजिक व्यवहार भावों पर विवेकसम्मत नियंत्रण रखनेवाला होता है।

अरस्तू ने साहित्य को भय एवं करुणा जैसे भावों को उद्‌बुद्ध करने वाला माना, परन्तु इसका प्रयोजन स्पष्ट करते हुए उन्होंने कहा कि साहित्य के त्रासदी जैसे विधा रूप करुणा एवं भय को उद्‌बुद्ध करते हैं, ताकि उनका विरेचन किया जा सके। अरस्तू ने 'विरेचन' शब्द का प्रयोग भावों के परिशोधन के अर्थ में किया था, परन्तु यह विरेचनमूलक परिशोधन वस्तुतः क्या था इस पर अरस्तू ने प्रकाश नहीं डाला। आधुनिक काल में विरेचन का वास्तविक अर्थ तय करने पर विवाद बरकरार है। एफ एल लूकस ने इस संदर्भ में कुछ उल्लेखनीय सूत्र दिए हैं : अरस्तू एक वैद्य के पुत्र थे। अतः विरेचन का अर्थ उनके अनुसार 'हिकमत' या 'परगेटिव' से जुड़ा होना चाहिए।

एक ग्रीक शब्द के रूप में केथार्सिस जिस 'केथीयर' नामक धातु से बना है, उसका अर्थ 'परिशोधन' के अलावा मध्यस्थता करना भी है। उल्लेखनीय है कि भारत में 'रस' संबंधी साहित्यालोचन का आधार भी आयुर्वेद में माना गया है। वैद्य लोग जड़ी-बूटियों के संतुलित पाक द्वारा रोगोपचार करते थे। वनस्पतियों के अर्थ या सार का रस के पर्याय के तौर पर इस्तेमाल होता था। परिशोधनमूलक विरेचन के हिकमत वाले तथा आयुर्वेद वाले रूपों में समानता दिखाई देती है। दोनों में अतिरिक्त या अनावश्यक तत्वों को बाहर निकालकर देह को शुद्ध करने का अर्थ विद्यमान है, तथापि आयुर्वेद वात-पित्त-कफ के संतुलन की बात भी करता है, जो हिकमत में नहीं है। पश्चिमी विद्वान अब संतुलन की स्थापना को विरेचन के प्रयोजनों में से एक मानते हैं। विरेचन के विविध अर्थ इस प्रकार हैं :

(i) रोगोपचारमूलक परिशोधन : जो अतिरिक्त द्रव्यों को बाहर निकालकर अंतःसंतुलन बहाल करता है।

(ii) मनोभावों का परिशोधन जिसमें त्रासदी या कामदी आदि द्वारा किए जाने वाले भावोद्‌बोधन से आवश्यक भाव विरेचित हो जाते हैं।

(iii) मध्यस्थतामूलक विरेचन का अर्थ है साहित्य द्वारा किए गए भावोद्‌बोधन की मध्यस्थता भर से अंतःसंतुलन पुनःस्थापित हो जाना है।

(iv) बौद्धिक स्पष्टता सिद्धांत के रूप में विरेचन की आधुनिक व्याख्या की गई है। यह काम एल गोल्डन, डी कीजी तथा हैलीवैल जैसे विद्वानों ने किया है। इनके अनुसार, भावों का विरेचन बौद्धिक स्पष्टता की उपलब्धि के लिए होता है।

(v) सामाजिक समरसतामूलक विरेचन का

अर्थ है, साहित्य में ऐसी युक्तियों का प्रयोग, जिनसे वर्चस्व एवं सामान्य जनसमूहों के बीच दूरी कम होती है। ब्रेख्त द्वारा प्रयुक्त 'एलिएनेशन इफेक्ट' को इन्हीं अर्थों में 'विरेचनमूलक' माना जाता है।

(vi) अचेतन के दमित भावों को अभिव्यक्ति का अवसर प्रदान करने के कारण साहित्य फ्रायडवादी मनोविश्लेषण के संदर्भ में विरेचन करने की संभावना वाला माना जाता है।

(vii) संवैधानिक न्याय-व्यवस्था द्वारा अपराधियों को दिए गए दंड द्वारा उनके प्रति घृणा कम होती है तथा उन्हें क्षमा कर देने का भाव पैदा होता है। इन्हीं अर्थों में साहित्य के 'काव्य न्याय' को संवैधानिक कोटि के विरेचन की अंत:संभावना वाला माना जाता है।

(viii) मास मीडिया से संबद्ध बहसें या हिंसा और काम की अभिव्यक्ति से संबद्ध खेलों को विरेचनमूलक मानती हैं। वीडियो गेम्स का एक कलात्मक या सौंदर्यशास्त्रीय रूप है, जो उच्च कोटि का विरेचन करता है और 'खेल भाव' से जोड़ता है।

विरेचन का अर्थ विस्तार जारी है और विवाद भी उतने ही गहरे हैं। चिकित्सा-मूलक अर्थ होम्योपैथी के क्षतिपूर्ति सिद्धांत को तथा एलोपैथी द्वारा उसके हानिकारक तत्वों के विनाश वाले अर्थ को विरेचनमूलक कह रहे हैं। मनोविश्लेषक भी इस बात पर निश्चित नहीं हैं कि भावों की अभिव्यक्ति से विरेचन और संतुलन सधता है या नहीं। सामान्यत: माना जाता है कि विरेचन में दया एवं भय के भावों का उद्दीपन होता है तथा उसी दौरान मनोवेगों या भावों का गुणात्मकता मात्रात्मक रूप में परिशोधन होता है। फलत: दर्शक, पाठक या सामाजिक संतुलन की अवस्था में श्रेष्ठ भावनात्मक तथा वैचारिक स्थिति प्राप्त करता है।

विनोद शाही

अधिक जानकारी के लिए :

1. Aristotal on the Tragic and Comic Mimesis : L. Golden, 1992, **2. Some Important Interpretetions of Catharsis :** D Keezee, 1979

विरोध का दर्शन

आइंस्टीन ने कहा था कि महान व्यक्तियों को मीडियाकर व्यक्तियों के विरोध का हमेशा सामना करना पड़ता है क्योंकि मीडियाकर लोग ऐसे व्यक्तियों को समझ नहीं पाते, जो पुराने आग्रहों और विचारों को अंधा होकर मानने से इन्कार करते हैं और साहस से अपनी बात कहते हैं। देखा जाता है कि नए ढंग से सोचने वाले व्यक्तियों को अपने विरोधियों के बीच अकेला हो जाना पड़ता है। खासकर ईमानदारी से काम करने वाले के विरोधी ज्यादा होंगे। कहा ही गया है कि पतंगें हमेशा हवा के खिलाफ उड़ती हैं।

जनतांत्रिक व्यवस्था में विरोध एक पवित्र मूल्य है। यह किसी विचारधारा, व्यवस्था और सत्ता की विरोधिता होती है, व्यक्तिगत विरोधिता नहीं। विरोध वैयक्तिक 'चमत्कार प्रदर्शन' में सीमित होकर एक अल्पकालिक सनसनीखेज वृत्तांत होता है, जबकि 'मूल्य प्रदर्शन' बनकर वास्तविक परिवर्तन की राह बनाता है। आधुनिक लोकतंत्र में विरोध (i) आवाजहीन की आवाज बनने (ii) अन्याय, दुर्नीति, भ्रष्टाचार और अभाव का प्रतिवाद करने, (iii) समाज में मौजूद अवमानननाओं, पराधीनताओं और कुरीतियों को उखाड़ फेंकने और (iv) वर्तमान शासक दल का विकल्प बनने के लिए होता है। हर सभ्य देश में विरोध को सुना जाता है, उसका सम्मान किया जाता है और टकरावों के बावजूद संवाद रखा जाता है।

वैश्वीकरण के युग में आर्थिक वृद्धि के लिए कुछ मुद्दों पर आम राय की जरूरत महसूस की जाती है। इसलिए विरोध का एक अन्य रूप भी दिख सकता है—राष्ट्रीय निर्माण में आलोचनात्मक साझेदारी। वैसे भी स्वस्थ जनतंत्र के लिए सत्ता और विपक्ष के बीच न्यूनतम सौहार्द जरूरी है। विरोधों से अपेक्षा की जाती है कि ये किसी बुरे, निजी या छिपे उद्देश्य से परिचालित न हों और न ये लोकसभा या विधानसभा चुनावों के लक्ष्य तक सीमित हों। ऐसे विरोध वंचित जनता में विश्वास पैदा करते हैं कि

उनकी चिंताओं और हितों पर ध्यान दिया जाएगा। लोकतंत्र में विरोध जनता में भरोसा पैदा करता है कि एक दिन स्थितियां बदलेंगी। विरोध सत्ता के उस पहलू का होता है, जो राष्ट्रीय हित या जनहित में नहीं है, क्योंकि राजतंत्रात्मक और औपनिवेशिक व्यवस्था के पतन ने राष्ट्रहित, जनहित और वृहत्तर विश्व के हित के परिप्रेक्ष्य को प्रधान बना दिया है।

लोकतंत्र के युग में विरोध की आवाजों को सरकार पर नियंत्रण के लिए जरूरी माना जाता है। यदि कोई विरोध पसंद नहीं करता तो यह उसकी लोकतांत्रिक चेतना के क्षय का चिह्न है। यह क्षय समाज में व्यापक स्तर पर हुआ है और असहिष्णुता बढ़ी है। दरअसल यह सवाल बना रहना चाहिए कि विरोध क्यों जरूरी है। विरोधिता सिक्के के उस पहलू को उद्घाटित करने के लिए होती है जिसे सरकार जनता से छिपाना चाहती है। विरोधी पक्ष का लक्ष्य मानवाधिकार हनन, भ्रष्टाचार और गलत नीतियों का अनावरण है। यह कम असर रखता है, यदि विपक्ष खुद अपनी सत्ता के दौरान ऐसी ही कारगुजारियों से गुजरा हो। खुद सत्ता का दुरुपयोग करने वाला दूसरों द्वारा सत्ता के दुरुपयोग का प्रभावशाली ढंग से विरोध नहीं कर पाता, चोर को चोर कहना मुश्किल हो जाता है।

विरोध व्यापक रूप से प्रभावशाली नहीं होता, जब यह बिखरा हो या गैस का बैलून हो, हालांकि संकट के दौर में कई बार वृहत्तर स्वार्थ को दबाकर तात्कालिक या सामुदायिक स्वार्थ के आधार पर खड़ा किया गया विरोध ही ज्यादा प्रभावशाली हो जाता है, जो अमेरिका, ब्रिटेन या भारत जैसे देशों की आम घटना है। मीडिया भी कई बार विरोध के स्वरूप को निर्धारित करने लगता है। पैसे से प्रबंधित मीडिया विरोध की आवाजों को सामान्यतः दबाता या विकृत करके पेश करता है। वह किसी सच्ची आवाज को ऊंचा उठाकर हठात पटक देता है, विरोध को मनोरंजन की वस्तु बना देता है। विरोध अब महंगा मामला है और वही कर सकता है जिसके पास भारी रकम और बल है। विरोध को लोभ, सत्ता के टुकड़े और सुविधाएं देकर शांत कर देने की परंपराएं हैं।

किसी खास समय की सामाजिक और राजनीतिक संरचनाएं विरोध और असहमतियों को सीमित कर देती हैं। ऐसी स्थिति में संपूर्ण राष्ट्र, वर्ग, आम जनता या कॉमनप्लेस से अलग हटकर विरोध सांप्रदायिकता, जातिवाद, नस्ल, स्थानीयता, जातीयता, पुराजातीयता के ढांचे में पनपने लगता है अर्थात विरोध का विखंडन हो जाता है। एक जगह विरोध होता है तो दूसरी जगहों पर सिर्फ दर्शक होते हैं। इन स्थितियों में तानाशाही के तत्व छाते हैं, जनतंत्र वंश या व्यक्ति-केंद्रित हो जाता है और राष्ट्रीय बिखराव घटित होता है। देश पूरी तरह आजाद नहीं है यदि राष्ट्रीय स्तर पर संगठित विपक्ष नहीं है।

सवाल उठा है, क्या वैश्वीकरण के युग में विरोध के लिए स्पेस बचा है, जब हर तरफ आम राय का बोलबाला है। वर्तमान आर्थिक राजनीतिशास्त्र में उदारीकरण, विदेशी निवेश, कल्याणकारी राज्य की अवधारणा से प्रस्थान, शिक्षा-स्वास्थ्य और जीवन के हर स्तर पर विषमता में वृद्धि, महंगाई जैसे मामलों में आम राय है। इन बुनियादी बिंदुओं पर विरोध कहीं नहीं है। छोटे व्यापारियों को उजाड़ना, श्रमिक आंदोलनों का दमन, पश्चिमी सांस्कृतिक साम्राज्यवाद की व्यापक लीला, यहां तक कि प्रत्यक्ष रूप से प्रकाश में न आए तो भ्रष्टाचार के मामले में भी आम राय है। ये सभी घटनाएं दलनिरपेक्ष मानी जा रही हैं। उभरती हुई अर्थव्यवस्था वाले देशों की विकसित देशों से आर्थिक-सैन्य-परमाणविक समझौते और बड़े-बड़े अंतरराष्ट्रीय ग्रुपों के निर्माण के मामले में भी आम राय है। विश्व नए दौर में है, जहाँ आम असहमति का निर्माण कठिन है और विरोध सिर्फ छोटे मुद्दों तक सीमित है। न्याय की मांग सीमित होकर अब खाद्य सुरक्षा, मानवाधिकार और उपभोक्ताओं का अधिकार है। इसी तरह स्वतंत्रता का अर्थ सीमित होकर अभिव्यक्ति की स्वतंत्रता है।

जनतंत्र की धारणा का मूल तत्व है कि सभी आवाजें सुनी जाएं, पर एक नाटकीय जनतंत्र में

आवाजें भी नाटकीय हो जाने के लिए बाध्य होती हैं। संसदीय जनतंत्र की परिधि पर असंवैधानिक विरोधिता के दृश्य भी होते हैं। ये कश्मीर की समस्या के रूप में हों या नक्सलवाद और आतंकवाद के रूप में। ऐसे विरोध भटकाव माने जाते हैं और अतार्किक ध्रुवीकरण पैदा करते हैं। जनतांत्रिक तेवर के कई विरोध जंगल की आग की तरह होते हैं, फिर एक दिन उन पर बर्फ बिछ जाती है। अंततः बिखरे विरोधी सोशल मीडिया पर मनोवैज्ञानिक राहत पाते हैं। तियानमैन चौक, अरब स्प्रिंग, वर्ल्ड सोशल फोरम जैसे संगठनों के प्रदर्शन से लेकर लोकपाल के लिए आंदोलन, विभिन्न विश्वविद्यालयों में छात्रों का प्रदर्शन, दुनिया भर के बुद्धिजीवियों का विक्षोभ, यौन उत्पीड़न के विरुद्ध स्त्रियों का सामूहिक आक्रोश जैसे विरोध के सच्चे रूप दिखते हैं। कुछ विरोध सांस्कृतिक संकेत हैं। कई बार मीडिया और एनजीओ ही विरोध के अग्रदूत लगते हैं, तब राजनीतिक दल माटी की मूरत बने नजर आते हैं। सिर्फ चुनाव नजदीक आने पर उनमें प्राण लौटते हैं।

यह युग ऐसा है जिसमें सतत विपक्ष जैसी कोई चीज नहीं है, क्योंकि सभी राजनीतिक दल सत्ता का सुख भोग चुके होते हैं। वे समाज में कोई गुणात्मक भिन्नता न ला पाने की अपनी क्षमता और निजी श्रीवृद्धि का प्रदर्शन कर चुके होते हैं, इसलिए ऐसे दौर में सामान्यतः किसी विरोध के पीछे कोई विचारधारा दृढ़ता से खड़ी दिखाई न दे तो इसमें कुछ भी आश्चर्यजनक नहीं है।

जनतंत्र की आत्मा विरोधिता में बसती है, पर कई बार विरोधिता और शत्रुता पर्यायवाची हो जाते हैं। विरोधिता में वैचारिक गतिशीलता की कमी से उसमें रूढ़ियां पैदा हो जाती हैं। संगठन विरोध के पुराने मिजाज और शैली में फंसे रहते हैं, वे पुरानी अवधारणाओं की नई जटिलता को अनदेखा करते हैं। जब दुनिया की सत्ताएं गतिशील हैं, विरोधिता अपने प्रचलित स्थिर रूपों में देखी जाती है। यह निजी आरोप कर्मकांड या शत्रुता है और अपने नैतिक उत्तरदायित्वों से आंखें मूंदी होती हैं। ये विकास, अभिव्यक्ति की स्वतंत्रता, राष्ट्रवाद, वामपंथ, धर्म, सांप्रदायिकता, जातीयता, लिंग और जाति को जटिल अवधारणाओं के रूप में नहीं देख पातीं, इनका सपाट अर्थ लेती हैं। नई स्थितियों में भी विरोधिता पुरानी अवधारणाओं और रीतियों की कैद में होती है। विरोध कभी हो-हल्ला या दिखावा भर होता है, पर कभी स्फुलिंग-सा रोशनी देता है। इस पर संदेह व्यक्त किया जाता है कि प्रचलित ढंग का रूढ़िवादी विरोध क्या कभी जनतंत्र की सच्ची आत्मा बन पाएगा।

हर बड़ा विरोध अपने युग का एक राजनीतिक आविष्कार है। रामायण में सीता का हरण करके ले जा रहे रावण का जटायु ने अकेले ही विरोध किया। कबीर अपने विरोध में अकेले थे। अन्याय देखकर बेचैन हो उठा आदमी शांत नहीं बैठ सकता, भले ही कोई संगठन उसके साथ न हो। विरोध अकेले हो सकता है, पर सुधार संगठित रूप से ही संभव है। उन्नीसवीं-बीसवीं सदी में हजारों-हजार लोगों का जीवन उच्चतर मूल्यों और सुधारों के लिए व्यवस्था का विरोध करते बीत गया। वे सच से विचलित नहीं हुए थे। विरोध में तप, त्याग और वैचारिक शक्ति का जो बल स्वाधीनता आंदोलनों या चालीस-पचास साल पहले तक था, वैश्वीकरण के युग में वह दुर्लभ होता गया है। कोई भी बड़ा विरोध एक बेचैनी भरी खोज है, महत्वाकांक्षा की सीढ़ी नहीं।

शंभुनाथ

विरोधाभास

विरोध का अर्थ प्रतिकूल, विपरीत, खिलाफ में होना आदि है। विरोधाभास (Paradox) में विरोध वास्तविक न होकर आभासी होता है। विरोधाभास को एक अलंकार के रूप में देखा गया है और विडंबना के रूप में भी। ऊपर से देखने पर लगता है कि विरोध है, पर वस्तुतः ऐसा होता नहीं है। अलंकार के रूप में विरोधाभास गुण और

क्रिया के स्तर पर विरोध का आभास होता है। अंग्रेजी में इसे 'आइरनी' भी कहते हैं। किसी स्थिति में जो अपेक्षित है और जो वस्तुतः है, इन दोनों के विरोध से 'आइरनी' उभरती है। यहां किसी कथन में ऊपरी सतह पर जो अर्थ झलकता है और भीतर जो अर्थ छिपा होता है, उन दोनों में समानता नहीं होती। 'आइरनी' या 'पैराडॉक्स' में जो कथन किया जाता है, वह खुद का ही विरोध करने के बावजूद सही होता है। अक्सर शब्द और अर्थ, कार्य और परिणाम अथवा दिखावा और वास्तविकता के बीच जो असंगति मिला करती है, उससे विरोधाभास, असंगति, विडंबना, व्यंग्य आदि उत्पन्न होते हैं। ऐसी स्थिति की कल्पना कीजिए जिसमें कोई व्यक्ति किसी दूसरे के उस दुर्भाग्य पर ठहाके लगा रहा है, जो दुर्भाग्य स्वयं उस पर भी आसन्न है।

बिहारी की पंक्ति है, 'ज्यों-ज्यों बूड़ै स्याम रंग, त्यों-त्यों उजरो होय'। इसे विरोध का आभास कहा गया, 'विरुद्धाभासत्वं विरोध' (वामन)। भामह, दंडी, भोज के अनुसार, वस्तुओं में परस्पर संगति के नहीं होने को विरोध कहते हैं। मम्मट, रुय्यक ने जाति, गुण, क्रिया, द्रव्य के आधार पर इसके दस भेद किए हैं। जयदेव विरोध और विरोधाभास को दो भिन्न अलंकार मानते हैं। वे गुण, क्रिया, द्रव्य, जातिवाचक पदों में परस्पर विरोध होने को विरोध के अलंकार कहते हैं तथा श्लेष आदि के चलते विरोध की प्रतीति होने को विरोधाभास मानते हैं। भाषाभूषण के रचयिता जसवंत सिंह के अनुसार, 'भासै जबै विरोध सो वहै विरोधाभास'। घनानंद की नायिका की आंखों का वर्णन है, जिनमें प्रिय के वियोग में सूनापन और उदासी है–'उजरनि बसी है हमारी अंखियान देखो।' आंखें उजाड़ में बसी हुई हैं! प्रसाद की काव्य में 'शीतल ज्वाला जलती है'। विरोधाभास आधुनिक जीवन का एक व्यापक यथार्थ है।

सुवास कुमार

अधिक जानकारी के लिए :

1. भारतीय साहित्यशास्त्र कोश : राजवंश सहाय 'हीरा', 1973, **2. A Rhetoric of Irony :** Wayne C Booth, 1975, **3. Irony :** Colebrook Clare, 2004, **4. Paradoxes : Their Roots, Range and Resolution :** Rescher Nicholas, 2001

विलगाव

विलगाव (Alienation) शब्द अनेकार्थी है और मनुष्य की चेतना के सभी पक्षों से जुड़ा है। हर युग में व्यक्ति के जीवन में यह कम-अधिक होता है और वर्तमान में भी है। यह सर्वमान्य तथ्य है कि भौतिकवाद, उपभोक्तावाद और पूंजीवाद जितना अधिक बढ़ेगा, मनुष्य के जीवन में विलगाव उतना ही सघन होता जाएगा।

विलगाव के अनेक आयाम हैं–विरक्ति, विराग, विघटन, विरसन, अन्यार्पण, बेगानगी, स्वामित्व हस्तांतरण, विक्षिप्तता आदि। यह अंग्रेजी के Separation, Estrangement, Anomie, isolation आदि के अर्थ में भी प्रयुक्त होता है। संक्षेप में, मशीनें, पूंजी, उत्पादन, उपभोग, उत्पादन संबंध, नीति निर्णय प्रक्रिया में हस्तक्षेप, भू-हस्तांतरण जैसे संदर्भों में भी मनुष्य का विलगाव देखने को मिलता है।

विलगाव वह स्थिति है, जब व्यक्ति अपने परिवेश, कार्य, कार्य के उत्पाद या फल से कट जाता है, उससे छिटक जाता है या वंचित और विघटित हो जाता है। पिछली सदियों में हीगेल, एमिल दुर्खीम, फर्डीनांड तोंनिएस, मैक्स वेबर, जॉर्ज सिम्मेल जैसे समाजशास्त्रियों ने विलगाव के कार्य-कारण और प्रभावों का विस्तार से अध्ययन किया है, लेकिन सबसे प्रभावशाली व्याख्या मार्क्सवादी समाजशास्त्रियों की मानी जाती है। उन्होंने वैज्ञानिक ढंग से विलगाव के सभी पक्षों का गहराई से विश्लेषण किया है।

धार्मिक दृष्टि से विलगाव की अवधारणा को ईसाइयत से उदित माना जाता है। न्यू टेस्टामेंट में बतलाया गया है कि आत्मा का परमात्मा से दूर रहना या ईश्वर से प्राणी मात्र का अलग होना 'विलगाव' की स्थिति है। हिंदू धर्म और दर्शन में भी लगभग यही

स्थिति है। ईश्वर और प्राणी या आत्मा और परमात्मा के मध्य अलगाव रहता है या वे एक-दूसरे से बिछुड़ जाते हैं। माया-मोह के कारण आत्मा और परमात्मा में दूरियां पैदा हो जाती हैं, इस विलगाव से प्राणी मात्र के जीवन में नाना प्रकार की समस्याएं उत्पन्न हो जाती हैं। आत्मा भटकती रहती है। माया या विलगाव उसे घेरे रहता है। ग्रीस के नव-प्लेटोनिक दार्शनिकों के अनुसार स्वर्ण युग से मनुष्य का विलगाव होता है या 'Fall of Man' से मनुष्य के अलगाव की यात्रा आरंभ होती है। इसी से रहस्यवाद भी जुड़ा है। नौवीं-दसवीं सदी में शुरू हुआ क्रूसेड को भी विलगाव का एक रूप–'Mass Alienation' कहा गया है।

जर्मन दार्शनिक हीगेल के अनुसार, असंतुष्ट चेतना स्वयं से विभाजित रहती है, मूल तत्व से अलग रहती है। मार्क्स के मत में सभी धर्म मनुष्यों को यथार्थ के बजाय भ्रांति या मिथ्या के आनंद की तरफ धकेलते हैं। इस स्थिति में मनुष्य विलगाव का शिकार होने लगता है। हिंदू धर्म में माया की यही स्थिति है, उसे 'ठगनी' कहा गया है। माया से लिप्तता एवं विरक्ति, दोनों भाव जाग्रत होते हैं।

हीगल के 'फिनोमिनोलॉजी ऑफ स्पिरिट' ग्रंथ में इसके लिए 'एस्ट्रेंजमेंट' शब्द है। विलगाव की स्थिति कई कारणों से उत्पन्न होती है। अरनॉल्ड काफमैन के मत से, 'एक व्यक्ति विलगाव की स्थिति में है, कहने का मतलब है कि अन्य के साथ उसके संबंध में कुछ ऐसे तत्व निहित हैं जिनका परिणाम अपरिहार्य रूप से अतृप्ति है।' केनेथ केंस्टन के अनुसार, स्वाभाविक, इच्छित और पहले से स्थित संबंध का विघटन विलगाव है (दि अनकमिटेड)। विलगाव की तीन स्थितियां बताई गई हैं– 1. धनात्मक, 2. नकारात्मक और 3. धनात्मक–नकारात्मक। पहली स्थिति में मनुष्य अपने जीवन से विलग होकर परम उच्च ईश्वरीय चरितार्थता के आनंदमय क्षणों से जुड़ा रहता है। हीगल तथा उनके अनुयायी इसे धनात्मक और नकारात्मक दोनों मानते हैं। उनके मत में विलगाव व्यक्ति की प्रकृति में है, पर उसका निराकरण असंभव नहीं है। मार्क्सवादी विलगाव को नकारात्मक स्थिति मानते हैं। वे इसे जीवन की एक परिहार्य स्थिति कहते हैं। संक्षेप में विलगाव एक ऐसी प्रक्रिया है, जिसमें कोई व्यक्ति ऐसी स्थिति के लिए विवश बना दिया जाता है, जो वस्तुतः उसकी वास्तविक सत्ता से भिन्न होती है। प्रश्न उठता है कि व्यक्ति के विलगाव का कारण क्या है? दार्शनिकों के मत में विसंगतिबोध अथवा अस्तित्वहीनता का एहसास ही व्यक्ति के विलगाव का मूल कारण है।

विलगाव का अस्तित्ववादी परिप्रेक्ष्य भिन्न है। कीर्केगार्द जैसे आस्तिक अस्तित्ववादी व्यक्ति के विलगाव को परिहार्य मानते हैं। हीगल ने स्थापित किया था कि परम सत्ता से तादात्म्य स्थापित कर लेने पर विलगाव की स्थिति से व्यक्ति की मुक्ति संभव है। कीर्केगार्द इस मत के समर्थक थे। उनका विश्वास था कि जब मनुष्य स्वयं को ईश्वर से पुनः संयुक्त कर लेता है, वह निराशा से मुक्त हो जाता है। नास्तिक अस्तित्ववादी चिंतक विलगाव को मनुष्य के जीवन से जुड़ी समस्या मानते हैं और उसकी अपरिहार्यता घोषित करते हैं। उनके अनुसार, विलगाव मानवीय परिस्थिति का लक्षण है। वाल्टर काफमान कहते हैं कि विलगाव न एक बाधा है और न वरदान। चाहे अच्छा हो या बुरा, यह मनुष्य के अस्तित्व का केंद्रीय तत्व है।

औद्योगिक क्रांति, पूंजीवाद और शहरीकरण ने समाज में कई प्रकार से समस्याओं को जन्म दिया है, जिनमें विलगाव प्रमुख है। अठारहवीं सदी से लेकर आज तक चिंतक इस समस्या से जूझ रहे हैं। पूंजीवादी और उद्योगीकृत समाज में वर्ग व्यवस्था की महत्वपूर्ण उपस्थिति होती है। इसमें व्यक्ति यांत्रिक बनता जाता है। उसका स्वयं से विलगाव होने लगता है। वह मानवता से भी कटने लगता है, क्योंकि पूंजीवादी उत्पादन संबंध विलगावपूर्ण परिवेश की रचना करते हैं। मार्क्स विलगाव को मूलतः अर्थकेंद्रित मानते हैं। उनका तर्क है कि श्रमिक को उसके उत्पादन के साथ उसके स्वामित्व से भी अलग कर दिया जाता है। 1844 में प्रतिपादित विलगाव की

अपनी अवधारणा में वे बतलाते हैं कि किस प्रकार बूर्जुआ समाज श्रमिक को सिर्फ कल-पुर्जे में तब्दील कर देता है। परिणामस्वरूप वह अपने उत्पादन एवं उपभोग का चरित्र भी निर्धारित नहीं कर पाता है। इस विलगाव में ही अधिशेष मूल्य का दोहन निहित है।

राजसत्ता के चरित्र की वजह से भी विलगाव पैदा होता है। समाज के हाशिए का वर्ग जब राज्य और उसकी नीति निर्णय प्रक्रिया से कटा रहता है या वह उसमें सहभागी नहीं होता, तब राजनीतिक विलगाव पैदा हो जाता है। हाशिए के नागरिकों और राजनीतिक व्यवस्था के मध्य गहरा अविश्वास पैदा होने के कारण ऐसा होता है। भारत में दलितों, आदिवासियों और अल्पसंख्यकों के संदर्भ में इस विलगाव को समझा जा सकता है। इसे राजनीतिक एवं मानव विलगाव कहा जाता है। समाज चिंतक कोस्तास अक्सेलोस ने मार्क्सवादी अवधारणा को वर्गीकृत किया है जिसमें राजनीतिक उदासीनता, लोकतंत्र की कमी, मतदान के प्रति उपेक्षा जैसी प्रवृत्तियां लोकवृत्त में विलगाव को जन्म देती हैं। एक अन्य समाजविज्ञानी सीमन के अनुसार, विलगाव के निम्न परिणाम होते हैं—शक्तिहीनता, अर्थहीनता, सिद्धांतहीनता और आत्म-विरक्ति।

विलगाव के कई रूप हैं। मनोविज्ञान में इसका विशेष महत्व है। नागर संस्कृति के फैलाव के कारण व्यक्ति सामाजिक प्राणी न रहकर चलता-फिरता द्वीप बन गया है। सामाजिकता एवं पारस्परिकता क्षीण हो गई है। इन पारंपरिक संबंधों की जगह अलगाव-विलगाव ने ले ली है। आत्मकेंद्रिकता के कारण अनेक मनोविकार घर करने लगते हैं। व्यक्ति शक्तिहीनता और संवेदनहीनता का शिकार होने लगता है। तनाव व्यक्ति को दबोचने लगता है। विलगाव के कारण परस्पर अविश्वास पैदा हो जाता है। व्यक्ति स्वयं को अर्थहीन समझने लगता है। मनोवैज्ञानिक पिनेल ने मानसिक विलगाव पर विशेष ध्यान दिया। उनके अध्ययन 'मेडिकल-फिलोसोफिकल ट्रीटीज' में विलगाव के मानसिक कारणों का विश्लेषण है। काफ्का की विश्व प्रसिद्ध कहानी 'मेटामॉर्फोसिस' विलगाव की चरम अवस्था को दर्शाती है।

विलगाव का चरम रूप खुद से अलगाव है। इस हालत में व्यक्ति उनसे मित्रता नहीं करता जिनसे लगाव महसूस करता है बल्कि 'उचित लोगों' से दोस्ती गांठता है, जो सामाजिक प्रतिष्ठा या तरक्की में सहायक होंगे। राजनीतिक नेता अपनी विचारधारा त्यागकर ऐसे लोकप्रिय मुद्दे उठाते हैं जिनसे चुनाव जीतने में आसानी होगी। कलाकार और लेखक अपनी रचनाशील प्रतिबद्धता तथा संघर्ष के रास्ते को आकर्षक कमाई, प्रसिद्धि या ऊंचा पद पाने के लिए त्याग देता है। ऐसे सभी व्यक्ति खुद के नहीं होते और उन सभी चीजों से विमुख हो जाते हैं, जो उनके स्वार्थ की पूर्ति में सहायक नहीं होते। ऐसा नहीं है कि खुद से विलगाव के रूपों के प्रति वे सचेत हो या कभी-कभी बेचैनी का अनुभव करें। यह विलगाव जब उनकी चेतना में प्रवेश कर जाता है तो यह तब तक बना रहता है, जब तक उन्हें सफलताएं मिलती रहती हैं। यह स्थिति व्यक्ति के अंदर इतनी जड़ता पैदा कर देती है कि वह अपने व्यक्तित्व या स्व का अहसास ही नहीं कर पाता। सिर्फ असफलता के दौर में, संकट से घिरने के बाद 'स्व' से उसका विलगाव दूर होता है और तब सच्चाइयां उसे परेशान करती हैं। कई व्यक्ति उस समय संस्मरण या कविता लिखने बैठ जाते हैं या अवसाद के शिकार होते हैं। नए पूंजीवाद, वैश्वीकरण और अस्मिता की राजनीति के दौर में विलगाव की ऐसी प्रवृत्तियों का बढ़ना लक्षित किया जा सकता है।

दुनिया में महायुद्धों के बाद की विभीषिका, औपनिवेशिक शिकंजे से छूटे नव-स्वतंत्र देशों में मोहभंग तथा विभाजन की त्रासदी ने व्यक्ति मन की आशाओं एवं आकांक्षाओं को समाप्त करना शुरू कर दिया था। परिणामतः व्यक्ति में समाज से, मानवीय संबंधों से एक विशेष प्रकार के विलगाव की स्थिति उत्पन्न होने लगी थी। इस स्थिति का व्यापक उल्लेख एवं चित्रण आधुनिक साहित्य में हुआ है। प्रेमचंद के 'कफन' में एक तरह का विलगाव है तो निर्मल

वर्मा के 'परिंदे' तथा उनकी अन्य कहानियों में दूसरी तरह का। अज्ञेय की 'गेंग्रीन' कहानी में भी विलगाव की स्थिति है। प्रतिकूलता की निरंतर उपस्थिति से मनुष्य की आस्था नष्ट हो जाती है और विलगाव की मानसिकता उत्पन्न होती है।

विलगाव को दूर करने के लिए मनुष्य को निरंतर संघर्ष करना पड़ता है। इसके लिए ऐसे विचारों और विश्वासों की तरफ बढ़ना जरूरी है जिनका संबंध मनुष्य की महानता, विकास की असीमता, विवेक की सर्वश्रेष्ठता और वैकल्पिक सभ्यता की खोज से हो। जड़ता हो या हताशा, ये विलगाव को गहरा करती हैं। मनुष्य को उसके विलगाव के बारे में जागरूक बनाना साहित्य और कलाओं का मुख्य काम है।

रामशरण जोशी, एन मोहनन

अधिक जानकारी के लिए :
1. आधुनिक मानव का अलगाव : फ्रित्ज पापेनहाइम,
2. Alienation : Rahel Jaeggi, 2014

विलायत खां

(1928-2004)

विलाायत खां सुप्रसिद्ध सितारवादक थे। वह इमदाद खां घराने के थे। उन्होंने एक उच्च स्तरीय सितारवादन शैली का प्रवर्तन किया था। उनका संगीत सरसता, सूक्ष्मतम ध्वनि तरंगों और माधुर्य से भरा था। उनकी सितारवादन शैली 'विलाायत खां की शैली' के नाम से प्रसिद्ध है। उस्ताद फैयाज खां, बड़े गुलाम अली खां और उस्ताद अमीर खां के गायन से विलायत खां प्रभावित थे। उन्होंने सितारवादन में 'गायकी के अंग' और 'खयाल अंग' को आत्मसात किया। उनके कंठ से गाई जानेवाली अल्प मीड़ से युक्त तान बहुत स्वाभाविक होती थी। उनके द्वारा प्रचारित गांधार और पंचम सितार बहुत प्रचलित हुए थे। वे जब सितार बजाते थे, ऐसा लगता था मानो सितार खुद गा रहा हो। उनकी वादन शैली और उनका ताल-प्रकरण बेजोड़ था। वे बाएं हाथ से सितारवादन करते थे। जॉन पेरेलेस ने 'न्यूयॉर्क टाइम्स' में उनकी इस कला के बारे में लिखा था, 'उन्होंने स्वरों को तालबद्ध करने की एक ऐसी तकनीक खांज ली थी कि एक झंकार के बाद की तरंगें अपना एक बिंब ढूंढने के लिए निकल पड़ती थीं।'

विलायत खां

धर्मेंद्र राय

विलियम जोन्स

(1746-1794)

विलियम जोन्स (William Jones) भारतीय प्राच्यविद्या के प्रति समर्पित ऐसे अध्येता थे जिन्होंने प्राचीन भारतीय भाषा और ज्ञान को वैश्विक पहचान दी। उन्होंने संस्कृत भाषा और साहित्य के महत्वपूर्ण अवदान से विश्व को परिचित कराया। वे 1783 से 1794 तक कलकत्ता उच्च न्यायालय में न्यायाधीश के पद पर कार्यरत थे। उन्होंने भारत आते ही कितने परिश्रम से संस्कृत सीखी, इसकी विस्तृत जानकारी महावीर प्रसाद द्विवेदी ने 'सरस्वती' (जून 1908) में जानकारी दी है।

विलियम जोन्स की पहचान प्राच्यविद्याविद के साथ-साथ न्यायविद के रूप में भी थी। उन्हें ग्रीक, लैटिन, फारसी, अरबी, हिब्रू और चीनी भाषाओं का ज्ञान था। कहते हैं, उन्हें 28 भाषाओं पर अधिकार प्राप्त था। भारत में रहते हुए उन्होंने भारतीय भाषाओं

विलियम जोन्स

का गंभीर भाषावैज्ञानिक अध्ययन किया। उनके प्रकाशित कार्य कानून, दर्शन, विज्ञान, अनुवाद और भाषा से संबंधित हैं। उनकी कानून संबंधी पुस्तक 'ऑन द ला ऑफ बेल्मेंट्स' विशेष रूप से उल्लेखनीय है। उनके 'अभिज्ञान शाकुंतलम्' और 'गीत गोविंद' के अंग्रेजी अनुवाद ने भारतीय साहित्य और ज्ञान के प्रति पूर्व स्थापित नकारात्मक यूरोपीय अवधारणा को बदल दिया।

1784 में उन्होंने हेनरी थॉमस, कोलब्रूक और नथानिएल हेल्हेड के साथ मिलकर कलकत्ता में 'एशियाटिक सोसाइटी ऑफ बंगाल' की स्थापना की। इसके जरिए भारतीय इतिहास, पुरातत्व, साहित्य, भाषा आदि से संबंधित गंभीर अध्ययन सामने आए। सोसाइटी की स्थापना के बाद 10 सालों में विलियम जोन्स ने जो काम किया, उसके केंद्र में भारत है। ईरान, अरब और चीन के बारे में भी जहाँ-तहां लिखा है, लेकिन प्रमुख चर्चा भारत की है। रामविलास शर्मा के शब्दों में, 'यद्यपि संस्था का नाम एशियाटिक सोसाइटी है, वास्तव में वह इंडियन सोसाइटी है, जिसके कार्यक्षेत्र में कभी-कभी पड़ोसी देशों की सभ्यता का उल्लेख भी हो जाता है।' (भारतीय साहित्य की भूमिका)। 'एशियाटिक सोसाइटी ऑफ बंगाल' की पत्रिका 'एशियाटिक रिसर्चेज' में छपे विलियम जोन्स के शोध पत्रों ने भाषा अध्ययन की नई राह खोली।

1786 में एशियाटिक सोसाइटी के तीसरे वार्षिक अधिवेशन के अवसर पर विलियम जोन्स ने भाषाओं के भारोपीय परिवार की स्थापना प्रस्तुत की, जिसके फलस्वरूप आधुनिक भाषाशास्त्र के अध्ययन की शुरुआत हुई। उन्होंने संस्कृत के महत्व को स्थापित करते हुए, भारोपीय परिवार की अवधारणा को स्पष्ट करते हुए कहा, 'संस्कृत भाषा चाहे जितनी भी प्राचीन रही हो, उसकी संरचना विलक्षण है। यह यूनानी से अधिक पूर्ण, लैटिन से अधिक समृद्ध तथा इन दोनों से ही अधिक परिष्कृत है। धातु रूपों और वैयाकरणिक रूपों में यह इन दोनों से इतना अधिक साम्य रखती है कि यह साम्य मात्र संयोग नहीं हो सकता। यह साम्य इतना स्पष्ट है कि कोई भी भाषाविद, जिसने इन तीनों भाषाओं का अध्ययन किया है, इस निष्कर्ष पर पहुंचे बिना नहीं रह सकता कि ये तीनों भाषाएं एक समान स्रोत से विकसित हुई हैं जो भले ही आज अस्तित्व में नहीं है।' (एशियाटिक रिसर्चेज, खंड (1)।

विलियम जोन्स के निष्कर्ष उनके भारतीय साहित्य के लंबे और गंभीर अध्ययन का प्रतिफल हैं। संस्कृत की जड़ों की तलाश उन्हें यूरोप की जमीन तक ले जाती है जहां उन्हें उस मूल स्रोत (Proto-Indo-European) की अवधारणा को विकसित करने का अवसर मिलता है। उनके अनुसार, संस्कृत वस्तुतः यूनानी, लैटिन, गॉथिक, केल्टिक और फारसी की जननी है। विलियम जोन्स की इस स्थापना से तुलनात्मक भाषा अध्ययन की नींव पड़ी।

विलियम जोन्स संस्कृत को भाषा विकास की ऐसी कड़ी मानते थे, जिससे लगभग सभी आधुनिक आर्य भाषाओं का विकास ही नहीं हुआ बल्कि इन भाषाओं को संरक्षित करने में भी उनका महत्वपूर्ण योगदान था। विलियम जोन्स ने संस्कृत और यूरोपीय भाषाओं के तुलनात्मक अध्ययन के साथ ही आधुनिक आर्य भाषाओं के अध्ययन की भी नींव रखी। उन्होंने इन स्थापनाओं के साथ ही पहली बार आर्य संबंधी अपनी मान्यता को बल देते हुए बताया कि भारत में

आर्यों का आक्रमण हुआ था। आज भारत विभिन्न जातियों (Races) का संगम स्थल है। इस संगम में आर्य जाति भी शामिल है, लेकिन विलियम जोन्स के पास अपनी स्थापनाओं की पुष्टि के लिए पर्याप्त प्रमाणों का अभाव था।

जॉर्ज अब्राहम ग्रियर्सन ने अपनी पुस्तक 'भारत का भाषा सर्वेक्षण' में फ्रेंज बॉप्प, विलियम कैरे, ग्रीम, पाट, श्लाइखर, व्हिटने, ब्रुगमान, डेल्ब्रुक, मेइए तथा जेस्पर्सन आदि विद्वानों के अध्ययन को आधार बनाते हुए विलियम जोन्स की आधुनिक आर्य भाषाओं के संबंध में प्रस्तुत अवधारणा को निराधार माना है।

विलियम जोन्स की रचनावली 13 खंडों में प्रकाशित है। इनमें 1784 से पहले की वे रचनाएं नहीं हैं, जो भारत आने से पहले लिखी गई थीं। उन्होंने अपने लेखन और शोधकार्य से यूरोपीय मनीषा का ध्यान एशिया, विशेषतः भारत की ओर आकृष्ट किया और बताया कि प्राचीन संस्कृति का एकमात्र स्रोत यूनान नहीं है। उन्होंने तुलनात्मक भाषाविज्ञान का ही नहीं, बल्कि भारत, यूनान और इटली की देवकथाओं का अध्ययन कर इस दिशा में भी तुलनात्मक अध्ययन का रास्ता साफ किया। रामविलास शर्मा के अनुसार, 'विलियम जोन्स उन थोड़े-से लोगों में हैं जिन्होंने इस बात पर ध्यान दिया है कि भारत के लोग पश्चिम की ओर गए थे और वे भूमध्य सागर के तट पर रहते थे अथवा जो प्राचीन सभ्यताएं मिलती हैं, उन पर भारतीय संस्कृति का प्रभाव पड़ा था।' (आधुनिक साहित्य की भूमिका)। सूफी मत को वे वेदांत का ही रूपांतर मानते थे। विलियम जोन्स का विचार है कि न्यूटन का सारा धार्मिक और दार्शनिक चिंतन वेदों और सूफियों की रचनाओं में मिल सकता है। उन्होंने कामदेव, भवानी, दुर्गा, इंद्र, नारायण, सरस्वती, गंगा आदि पर कविताएं लिखी थीं। एक लंबी कविता 'जादुई फल अथवा हिंदू पत्नी' पर भी है। रामविलास शर्मा को उनकी कविताओं में अंग्रेजी के रोमांटिक काव्य का पूर्वानुमान मिलता है। उन्हें विलियम जोन्स के लेखन में रोमांटिक विद्रोह के बीजों का भी आभास मिलता है। रामविलास शर्मा का अनुमान है कि उनकी रचनावली से उनका राजनीतिक लेखन जानबूझकर निकाल दिया गया है।

1794 में अपने अंतिम वार्षिक भाषण में विलियम जोन्स ने एशियाई दर्शन के पांच पक्षों–शरीर विज्ञान तथा चिकित्सा, तत्वमीमांसा तथा तर्कशास्त्र, नीति तथा विधिशास्त्र, प्रकृति विज्ञान और गणित की विस्तृत विवेचना की ओर यूरोपीय बौद्धिक समाज को भारत की बौद्धिक-वैज्ञानिक समृद्धि से परिचित कराया। वे अपने अंतिम समय में पाणिनि, कात्यायन और पतंजलि की महान व्याकरण परंपरा का अध्ययन कर रहे थे, तभी 47 वर्ष की उम्र में उनका निधन हो गया।

अनुराग कुमार

अधिक जानकारी के लिए :

1. भारतीय साहित्य की भूमिका : रामविलास शर्मा,
2. Memoirs of the Life, Writings and Correspondence of Sir William Jones : Lord Teignmouth

विलियम बटलर यीट्स

(1865-1939)

1923 में साहित्य के नोबल पुरस्कार से सम्मानित आयरिश कवि, नाटककार और कथाकार विलियम बटलर यीट्स (William Butler Yeats) बीसवीं सदी के अंग्रेजी साहित्य जगत और विशेष तौर पर आयरिश एवं ब्रिटिश साहित्यिक क्षेत्र के प्रमुख लेखक हैं। उनका परिवार कलाकारों का परिवार था। 1887 में यीट्स ने लेखक के रूप में अपना जीवन आरंभ किया और वे थियोसोफिकल सोसाइटी से जुड़ गए। 1889 में उनकी मुलाकात आयरलैंड की अनुपम सुंदरी और आयरिश क्रांतिकारी मॉड गॉन से हुई। यीट्स उससे एकतरफा प्रेम कर बैठे। मॉड उन्हें पसंद करती थी, लेकिन उनसे प्रेम नहीं करती थी। 1917 में यीट्स ने 51 वर्ष की आयु में पहुंचकर ग्रोग्रे हाइडलीज से विवाह किया।

विलियम बटलर यीट्स

यीट्स ने अपने जीवन में सक्रिय राजनीति से दूरी रखी थी, लेकिन अपने मन, कर्म और वचन से वे आयरिश राष्ट्रवादी थे। अंग्रेजी के विक्टोरिया युग के नाम से प्रसिद्ध कालखंड में आयरलैंड पर अंग्रेजी शासन के सांस्कृतिक प्रभाव के विरुद्ध चले आंदोलन 'केल्टिक पुनर्जागरण' के साथ वे जुड़े थे। यह आंदोलन आयरलैंड की देशी विरासत के भाव को बढ़ावा देता था। 1922 में आयरलैंड की स्वतंत्र राष्ट्र के रूप में स्थापना के बाद यीट्स नवगठित आयरिश सीनेट के सदस्य बने।

यीट्स के प्रमुख काव्य संग्रह हैं–'क्रॉसवेज' (1889), 'द रोज' (1893), 'द विंड अमंग दि रीड्स' (1899), 'इन द सेवेन वुड्स' (1904), 'द ग्रीन हेलमेट एंड अदर पोयम्स' (1907), 'रिस्पॉसिबिलिटीज' (1914), 'द वाइल्ड स्वैन्स एट कूले' (1917), 'माइकल रोबर्तिज एंड द डांसर' (1921), 'द टॉवर' (1928), 'द विंडिंग स्टेयर एंड अदर पोयम्स' (1929), 'वर्ड्स फॉर म्यूजिक परहैप्स', 'ए वूमैन : यंग एंड ओल्ड', 'ए फुल मून इन मार्च' (1935) और 'लास्ट पोएम्स' (1936-1939)। उनमें लय की पकड़ और कल्पना की उड़ान अद्वितीय थी। जिन दिनों साहित्यकार यीट्स अपनी साहित्यिक आभा बिखेर रहे थे, आयरलैंड अंग्रेजों के अधीन था और वहां आजादी की लड़ाई चल रही थी। यीट्स का मानना था कि राष्ट्रीय एकता के निर्माण में साहित्य और विशेष तौर पर नाटक की विशिष्ट भूमिका है, इसलिए उन्होंने स्वयं को काव्य के साथ-साथ नाट्य लेखन से भी जोड़ा। उन्होंने कई नाटकों, कहानियों और अन्य गद्य साहित्य का लेखन किया, किंतु उनका कवि रूप ही अधिक मुखरित नजर आता है, इसलिए यीट्स मूलतः कवि हैं।

यीट्स का आयरिश पौराणिक कथा तत्वों और लोक तत्वों की ओर झुकाव था। वे विलियम ब्लैक के लेखन से भी प्रभावित थे। 1910 के बाद उनकी रचनाओं पर एजरा पाउंड का भी प्रभाव पड़ा था। उन्होंने अपनी कविता 'द रोज' में यह दिखाने का प्रयास किया है कि भले ही कितना लंबा समय क्यों न बीत जाए, प्रेम शाश्वत बना रहेगा। यह प्रेमिका के शारीरिक सौंदर्य से सबंधित न होकर उसके आत्मिक सौंदर्य से जुड़ा होता है। वे प्रतीकवादी थे। उनकी रहस्यवाद, अध्यात्मवाद, तंत्र विद्या और ज्योतिष में रुचि थी। उन्होंने इन विषयों का अध्ययन किया। थियोसोफिस्टवादी मोहिनी चटर्जी के दिशा-निर्देश में हिंदू धर्म के अध्ययन ने रहस्यवाद के प्रति उनकी रुचि बढ़ा दी। रवींद्रनाथ टैगोर की 'गीतांजलि' को पश्चिमी पाठकों तक पहुंचाने में उनकी उल्लेखनीय भूमिका रही है।

1899 में उन्होंने 'आयरिश साहित्यिक थिएटर' की स्थापना की थी। 1904 में यह साहित्यिक थिएटर 'ऐब्बी थिएटर' बन गया। उन्होंने आयरिश लिटरेरी रिवाइवल का आवाहन किया था। 1938 में 'ऑटोबायोग्राफीज ऑफ विलियम बटलर यीट्स' प्रकाशित हुई थी।

विशुद्ध रोमानी अंदाज में काव्य लेखन शुरू करने वाले कवि यीट्स का काव्य व्यक्तित्व बहुत ऊंचा रहा है। बाद में वे तीखे अंदाज से यथार्थ के धरातल पर आ खड़े हुए। वे आधुनिकतावाद की ओर बढ़ते भी नजर आते हैं। इस तरह उन्होंने अंग्रेजी की

रोमांटिक और आधुनिकतावादी कविता के बीच सेतु का कार्य किया। हिंदी के कवि हरिवंशराय बच्चन ने उन पर शोध कार्य किया था।

हरीश कुमार सेठी

अधिक जानकारी के लिए :
1. W B Yeats : A Life : R F Foster, 1977, **2. The Development of William Butler Yeats :** V K Narayan, 1942

विलियम वड्र्सवर्थ
(1770-1850)

विलियम वर्डस्वर्थ अंग्रेजी की रोमांटिक धारा के प्रतिनिधि कवि तथा ख्यात आलोचक हैं। वे इंग्लैंड के कवियों में शीर्ष स्थान रखते हैं। 1843 से 1850 तक वे ब्रिटेन के 'पोएट लॉरीएट' यानी राष्ट्रकवि रहे। उनके और कोलरिज द्वारा संपादित 'लिरिकल बैलेड्स' रोमांटिक आंदोलन के घोषणापत्र के रूप में समादरणीय हैं। वडर्सवर्थ की प्रमुख रचनाओं में साइमन ली, वी आर सेवन, लायंस रिटन इन अर्ली स्प्रिंग, 'द वर्ल्ड इज टू मच विद अस' इत्यादि हैं। रोमांटिक कविता और आलोचना नव्य-आभिजात्यवादी वृत्तियों की प्रतिक्रिया थी। नव्य-आभिजात्यवादी धारा ने साहित्य को सार्वकालिक

विलियम वड्र्सवर्थ

मूल्यों के अनुसरण का सुझाव दिया था। इसमें कविता के आंतरिक तत्वों एवं व्यक्तित्व की उपेक्षा की गई थी। रोमांटिक कविता एवं आलोचना ने कवि-व्यक्तित्व एवं भावों को प्रतिष्ठा प्रदान की। इनमें एक विशेष प्रकार के वैचारिक आधिपत्य से मुक्ति का प्रयास था। इस क्रम में स्वतंत्र चिंतन, व्यक्ति की स्वतंत्रता को बल मिला।

वड्र्सवर्थ के आलोचना-संबंधी विचार मुख्यत: उनके 'प्रिफेस टु लिरिकल बैलेड्स' में व्यक्त किए गए हैं। अंग्रेजी आलोचना में मात्रात्मक ढंग से अधिक योगदान न करने वाले वड्र्सवर्थ ने अपना स्थान इसलिए सुरक्षित कर लिया है क्योंकि काव्य प्रक्रिया की चर्चा करने वाले वे पहले अंग्रेजी आलोचक हैं और उन्होंने ही भाषा, छंद पर नए ढंग से विचार किया था। कवि व्यक्तित्व पर विचार करते हुए वड्र्सवर्थ ने कविता की रचना प्रक्रिया, भाषा, प्रयोजन, संप्रेषण, जन सामान्यता जैसे प्रश्नों को भी उठाया था। कवि की उनकी अवधारणा एक ऐसे मनुष्य की है, जो दूसरे मनुष्य से बात करता है, पर वह ज्ञान से युक्त एक 'विशाल आत्मा' है।

ये गुण एक सामान्य मनुष्य में भी हो सकते हैं, किंतु उपर्युक्त तत्व इतनी मात्रा में उसमें नहीं पाए जाते। यहां वड्र्सवर्थ एक मौलिक स्थापना करते हैं कि कवि अपनी अनुभूति की मौलिकता के कारण विशिष्ट नहीं होता, अपितु अनुभूति की मात्रा व तीव्रता में विशिष्टता लिए हुए होता है। इस संदर्भ में वड्र्सवर्थ ने एक तथ्य की ओर हमारा ध्यान आकृष्टकिया है। वह कहते हैं कि यह विशेष रूप से उन विचारों के संदर्भ में घटित होता है, जो स्वेच्छया अथवा अपने मन की विशिष्ट रचना के कारण, बिना किसी प्रत्यक्ष बाह्य उत्तेजना के उसके मन में जाग्रत होते हैं।

पश्चिमी काव्य सिद्धांत के दैवी प्रेरणा से इतर वड्र्सवर्थ ने कवि की मूल शक्ति उसे 'विशिष्ट मानसिक गुणों से युक्त' होना बताया। कवि की संवेदना मात्रा रूप में सामान्य व्यक्ति से बढ़ी-चढ़ी होती है। इस संदर्भ में उनकी महत्वपूर्ण स्थापना यह है कि उसकी अभिव्यक्ति की क्षमता बिना किसी

प्रत्यक्ष, बाह्य उत्तेजना के उसके मन में जाग्रत होती है। इस प्रकार वड्र्सवर्थ ने कवि व्यक्तित्व में संवेदना, अभिव्यक्ति के साथ ही मन की अर्जित विशेष भाव-दशा का संकेत किया जिसमें 'बाह्य उत्तेजना' की विशेष भूमिका नहीं होती। वड्र्सवर्थ की कविता की रचना-प्रक्रिया संबंधी स्थापना काफी चर्चित और विवादित है। 'लिरिकल बैलेड्स' जिसे रोमांटिक आंदोलन का घोषणापत्र कहा जाता है, में वर्डस्वर्थ कविता की रचना प्रक्रिया को 'बलवती भावनाओं के सहज उच्छलन' के रूप में परिभाषित करते हैं। स्पष्ट है कि उनकी यह परिभाषा कविता को आंतरिक प्रेरणा ही मानती है, न कि सामाजिक या बाह्य दबाव। वड्र्सवर्थ की परिभाषा की व्यंजना यह रही है कि 'कविता कवि व्यक्तित्व की अभिव्यक्ति है।' आगे चलकर क्लासिक समीक्षक इलियट इसी परिभाषा से टकराते हुए कहते हैं कि 'कविता व्यक्तित्व से पलायन है।'

वड्र्सवर्थ का 'काव्य भाषा सिद्धांत' अपने मौलिक गठन के कारण विशेष चर्चित रहा है। इस संदर्भ में वड्र्सवर्थ का 'कविता की भाषा जनता की भाषा हो' तथा 'गद्य और पद्य की एक भाषा' का सिद्धांत विशेष रूप से चर्चित रहा है। वे कविता की भाषा को जनभाषा बनाने के हिमायती हैं। कविता में ग्राम्यता का तत्व आभिजात्यवादी सोच में दोष समझा जाता था, किंतु उसे ही वड्र्सवर्थ कविता के लिए आवश्यक ठहराते हैं। इस संबंध में उन्होंने प्रश्न उठाया है कि जब सामान्य व्यक्ति की अनुभूति और कवि की अनुभूति में मूलतः कोई भेद नहीं होता तो कवि की भाषा भिन्न कैसे हो सकती है? यहीं वड्र्सवर्थ कविता की संप्रेषणीयता का प्रश्न उठाते हैं। उनका तर्क है कि यदि कवि जनसाधारण के लिए लिखता है तो उसे उसी भाषा का इस्तेमाल करना चाहिए जिसे सामान्य व्यक्ति भी समझ सकें।

कोलरिज जैसे आलोचकों ने वड्र्सवर्थ के इस तर्क का खंडन किया है। वड्र्सवर्थ ने होमर के काव्य में वर्णित 'प्रतीक' एवं 'रूपकों' की जटिलता का सवाल प्रस्तुत किया था। इस संदर्भ में कोलरिज ने उसे 'कविता का दोष' न कहकर 'कवि प्रयोग की अक्षमता' कहा। यहां इस प्रश्न पर विचार किया जा सकता है कि 'बोलचाल की भाषा' और 'काव्य भाषा' में तात्विक भेद क्या है? बोलचाल की भाषा मूलतः तात्कालिक संवेगों की पूर्ति का माध्यम होती है, उसमें अर्थ की निश्चित भंगिमा होती है, जबकि काव्य भाषा में 'अर्थ की बहुस्तरीयता' या 'बहुधर्मिता' अनिवार्य रूप से उपस्थित होती है। वड्र्सवर्थ के तर्क को इस ढंग से समझा जा सकता है कि ग्रामीण शब्द या जनभाषा के शब्द से काव्य में प्रामाणिकता आती है। यह तर्क अपने आपमें काफी मजबूत है। इस प्रकार वड्र्सवर्थ के विचार प्रगतिशील कविता की नींव बनते हैं।

वड्र्सवर्थ का दूसरा काव्य सिद्धांत 'कविता और गद्य की भाषा एक होनी चाहिए' भी काफी चर्चित और विवादित रहा है। वड्र्सवर्थ का तर्क है कि कविता तथा गद्य की भाषा में कोई भिन्नता नहीं होती, क्योंकि दोनों का आधार स्रोत जनता की भाषा है। इस संदर्भ में वड्र्सवर्थ 'अभिव्यंजनेंद्रिय' एवं 'ग्रहणेंद्रिय' दोनों को एक मानते हैं। साहित्य के मूल की ओर संकेत करके उसके अंतर्विभाजन को भुला देते हैं। विचार अपने प्रवाह में और भावात्मक कथन की भंगिमा अपने प्रवाह में भिन्न साहित्यिक विधाएं बन जाते हैं। इस तथ्य को वड्र्सवर्थ अनदेखा कर देते हैं। वे 'करुण स्थितियों एवं भावनाओं' की अभिव्यक्ति के लिए छंदमयी रचना, लययुक्त पद्य को अनिवार्य मानते हैं, लेकिन दूसरी ओर छंद को भेदक लक्षण मानने से इंकार करते हैं। यह विचित्र संयोग है कि वड्र्सवर्थ जैसे रोमांटिक कवि के विचार प्रगतिशील विचारधारा के कवियों के लिए भी प्रेरणास्रोत बने।

छंद से संबंधित वड्र्सवर्थ के विचारों का कोलरिज ने खंडन किया है। कोलरिज के अनुसार, छंद की उपयोगिता भावना, संकल्प और स्वतःस्फूर्त आवेग को संयत करने में है, यानी छंद भाव का अनुशासन है। कोलरिज छंद की उपयोगिता पर विचार करते हैं, किंतु उसकी अनिवार्यता की प्रक्रिया का

स्पष्ट विवेचन नहीं करते। कोलरिज गद्य और पद्य की भाषा में तात्विक अंतर की बात करते हैं। गद्य और पद्य की भाषा के समानता के प्रश्न को नए ढंग से समझने की आवश्यकता है। वस्तुतः वर्ड्सवर्थ भाषा के उस कृत्रिम रूप की निंदा कर रहे होते हैं, जिसमें कवि एक 'कल्पित ऊंचाई' पर पहुंच कर पाठक के साथ बातचीत करता है जिससे कविता की संप्रेषणीयता बाधित होती है। बोलने और लिखने की भाषा एक रखने के तर्क के पीछे वस्तुतः अनुभूति की प्रामाणिकता का प्रश्न मुख्य रूप से है। वस्तुतः वर्ड्सवर्थ की आलोचना के मूल में है क्लासिकल कवियों की शास्त्रीय एवं बोझिल भाषा से साहित्य को मुक्त कर उसे जनसाधारण के करीब लाना। उनका मुख्य अवदान यह है कि उनकी आलोचना का प्रभाव रोमांटिक आंदोलन पर तो पड़ा ही, साथ ही उसने प्रगतिशील साहित्य के लिए भी मार्ग प्रशस्त किया।

शशांक शुक्ल

अधिक जानकारी के लिए :
1. The Complete Poetical Works : William Wordsworth, 1919, **2. William Wordsworth : A Life :** Stephen Gill, 1989

विलोमता

अर्थ के आधार पर शब्दों के बीच दो प्रकार के संबंध होते हैं—अनुलोमता तथा विलोमता। समान अर्थ वाले शब्दों के बीच अनुलोमता संबंध तथा असमान यानी विपरीत अर्थ वाले शब्दों के बीच विलोमता संबंध होता है। परस्पर विरोधी या विपरीत अर्थ वाले शब्द विलोम कहे जाते हैं। इसी तरह विलोम शब्दों के बीच तीन प्रकार के संबंध देखने को मिलते हैं—1. परिपूरकता का संबंध, 2. प्रतिलोम संबंध, 3. स्तरीकृत संबंध। परिपूरकता का संबंध उन शब्दों के बीच होता है, जिनमें एक शब्द का अभाव दूसरे शब्द का भाव (मौजूदगी) व्यक्त करता है तथा दूसरे शब्द का भाव पहले शब्द का अभाव व्यक्त करता है, जैसे—जीवित-मृत, प्रकाश-अंधकार। अगर कोई जीवित है, तो वह मृत नहीं हो सकता और मृत है, तो जीवित नहीं हो सकता अर्थात एक का भाव (अस्तित्व) दूसरे के अभाव पर निर्भर है। इसमें दो ही संभावनाएं बनती हैं। एक है तो दूसरा नहीं। प्रकाश है, तो अंधकार नहीं, अंधकार है, तो प्रकाश नहीं। दोनों एक साथ नहीं हो सकते। इसी तरह से और भी उदाहरण देखे जा सकते हैं—विवाहित-अविवाहित, सुख-दुख, दिन-रात, हानि-लाभ आदि। प्रतिलोम संबंध उन शब्दों के बीच होता है, जिनमें सापेक्ष संबंध होता है; अर्थात एक की वजह से दूसरे का अस्तित्व होता है। एक के होने के लिए दूसरे का होना जरूरी होता है, जैसे पति-पत्नी, आगे-पीछे, ऊपर-नीचे, दाएं-बाएं, खरीदना-बेचना, कहना-सुनना आदि। कोई पति तभी कहा जाएगा, जब उसकी कोई पत्नी होगी; कोई ऊपर तभी है, जब कोई उसके नीचे हो। एक अकेला न नीचे हो सकता है, न ऊपर।

स्तरीकृत संबंध वाले शब्द वास्तविक विलोम कहे जाते हैं। इस संबंध से जुड़े दो शब्द दो छोरों पर काम करते हैं। उन दोनों के बीच विरोध के कई स्तर पाए जाते हैं, जहाँ प्रत्येक स्तर पर विरोध प्रकट होता है। सबसे बड़ी बात यह है कि इनके बीच विरोध या अंतर का कोई-न-कोई प्रतिमान पाया जाता है और उस प्रतिमान में कई स्तर होते हैं, साथ ही एक प्रतिमान को दूसरी जगह नहीं ले जाया जा सकता। इसीलिए हाथी और खरगोश के बीच कोई स्तरीकृत विलोमता नहीं होती। स्तरीकृत विलोमता में तुलना का भाव होता है। इसीलिए हाथी की तुलना हाथी से तथा खरगोश की तुलना खरगोश से ही की जा सकती है, क्योंकि हाथी और खरगोश के बीच तुलना का कोई प्रतिमान नहीं है, जैसे—बड़ा-छोटा। इनमें स्तरीकृत विलोमता है। यहां बड़ा सिर्फ बड़ा नहीं होता या छोटा सिर्फ छोटा नहीं होता। उसमें भी कम या अधिक, बड़ा या छोटा होने का भाव अंतर्निहित है। 'चाय गरम है' का विलोम होता है 'चाय ठंडी है'। परंतु इसका मतलब यह नहीं कि चाय गरम नहीं है। चाय के गरम होने का जो हमारा प्रतिमान है, उससे वह कम गरम है। कुछ अन्य उदाहरण हैं—'पानी

ठंडा है', 'पानी अधिक ठंडा है', 'पानी बहुत अधिक ठंडा है' तथा 'पानी गरम है', 'पानी अधिक गरम है', 'पानी बहुत अधिक गरम है'। इन उदाहरणों से स्तरीकृत विलोमता सरलता से समझी जा सकती है। हिंदी में विलोम शब्दों के युग्म दो प्रकार के होते हैं—मूल शब्दों के युग्म तथा यौगिक (व्युत्पन्न) शब्दों के युग्म (यौगिक यानी उपसर्ग, प्रत्यय से निर्मित), जैसे—राग-द्वेष, जड़-चेतन, नया-पुराना, रात-दिन, आकाश-पाताल, (मूल शब्दों के युग्म), सत्य-असत्य, उचित-अनुचित, पूर्ण-अपूर्ण, सुपात्र-कुपात्र (अपात्र), चरित्रवान-चरित्रहीन, कृतज्ञ-कृतघ्न (यौगिक शब्दों के युग्म)।

योगेंद्रनाथ मिश्र

विवाह

विवाह स्त्री और पुरुष के भावनात्मक और वैध रूप से साथ रहने की एक पारिवारिक संस्था है, जो सर्वत्र प्रचलित है। प्राचीनकाल से किसी-न-किसी रूप में यह प्रथा है। यह समाज की धार्मिक विधियों द्वारा स्थापित संबंध है, पारिवारिक जीवन का आधार है। वैदिक काल में वेदाध्ययन के बाद युवक गृहस्थ जीवन में प्रवेश करने योग्य मान लिया जाता था। शतपथ ब्राह्मण में कहा गया है, 'मनुष्य जब तक पत्नी नहीं पाता, तब तक अपूर्ण है।' (5.2.1.10) एडविन ओलिवर जेम्स ने विवाह की परिभाषा दी है, 'विवाह मानव समाज में सार्वभौम रूप से पाई जाने वाली संस्था है, जो यौन-संबंध, गृह-प्रबंध, प्रेम तथा मानवस्तर पर व्यक्तित्व के जैविक, मनोवैज्ञानिक, नैतिक और आध्यात्मिक विकास की जरूरतों को पूरा करती है।' (मैरिज एंड सोसाइटी, 1952)। विवाह कई प्रकार से विचार करके किए जाने चाहिए। इसे सामाजिक समझौते मानते हुए प्रेमचंद ने कहा है, 'समझौता करने से पहले आप स्वाधीन हैं, समझौते के बाद आपके हाथ कट जाते हैं।' (गोदान)।

विवाह संस्था की शुरुआत कब हुई, यह कहना कठिन है। भारतीय धर्मशास्त्रों में आठ प्रकार के विवाह बताए गए—ब्राह्म, दैव, आर्ष, प्रजापत्य, आसुर, गंधर्व, राक्षस एवं पैशाची। इनमें कुछ सुसंस्कृत रूप थे और कुछ असभ्य रूप। प्राचीन यूनान, रोम, भारत सहित सभी देशों की सभ्यता में विवाह एक धार्मिक कर्तव्य के रूप में प्रचलित हुआ और समय के साथ बहुपतित्व या एक समय में कई पत्नियों को बुरा माना जाने लगा तथा इस्लाम को छोड़कर अन्य मामलों में अवैध घोषित हो गया। धीरे-धीरे मुसलमान भी बड़ी संख्या में एक विवाह पसंद करने लगे। यह आम धारणा है कि विवाह के बिना व्यक्ति पूर्ण नहीं होता।

मनुस्मृति के टीकाकार मेधातिथि ने विवाह के बारे में कहा है, 'यह निश्चित पद्धति से किया जाने वाला अनेक विधियों से संपन्न होने वाला तथा कन्या को पत्नी बनाने वाला संस्कार है।' भारत में विवाह संस्था का एक लंबा इतिहास है। महाभारत में विवाह के अनगनित रूप हैं। पुराने जमाने में विवाह की कोई प्रथा न थी। स्त्री-पुरुष, दोनों को यौन स्वतंत्रता थी। विश्वनाथ काशीनाथ राजवाड़े ने भारतीय विवाह संस्था का इतिहास बताते हुए स्पष्ट किया है कि अति प्राचीनकाल में मां, भाई, पिता, चाचा, मामा, बुआ आदि बहुत-से रिश्तों की संभावना नहीं थी, जो आज समाज में है। समूह की सभी स्त्रियां सभी बच्चों की मांएं होती थीं। उस दौर में सामान्यतः स्त्री को 'जनि' कहा जाता था। 'जनि' यानी जन्म देने वाली स्त्री। सब पुरुष सब स्त्रियों के साथ मिला-जुला गृहस्थ जीवन व्यतीत करते थे। इसी कारण समूहावस्था वाले अति प्राचीन समाज में स्त्री और पुरुष, ये दो ही भेद हुआ करते थे। सभ्यतागत विकास की प्रक्रिया में रिश्तों का अहसास जन्मा और माता-पिता, पुत्र, भाई-बहन, मामा, काका, मां, दादा आदि रिश्ते प्रचलित हुए और 'अगम्यागम्य' का रिवाज धीरे-धीरे बंद हुआ। एक दौर ऐसा आया, जब एक पुरुष का एक से अधिक स्त्रियों से विवाह या एक स्त्री का एक से अधिक पुरुषों से विवाह हुआ। लेकिन इससे पहले रामायण की कथा में हम देखते हैं कि दशरथ की तीन रानियों के बाद उनके बेटों का

बहुविवाह नहीं होता। हालांकि रामायण में सुधरती हुई दशा महाभारत में पुनः उलट गई।

कई समाजशास्त्रियों ने जीवशास्त्र के आधार पर यह प्रमाणित करने का प्रयास किया कि विवाह संस्था जैविक आवश्यकताओं से उत्पन्न हुई है। इसका उद्देश्य जाति को सुरक्षित बनाए रखना था। इसी तरह वंश-वृद्धि के लिए भी माना जाता है कि 'पति' संस्था का उदय हुआ। 'पति' का अर्थ पालन करने वाला स्वामी और 'भार्या' का अर्थ भरण-पोषण के अधिकार से संपन्न स्त्री। विवाह से संतान का पारिवारिक-सामाजिक स्थान तय होने लगा। परंपराओं में माना गया कि पुरुष प्रकृति के बिना और शिव शक्ति के बिना अधूरे हैं। विवाह को 'धन्यो गृहस्थाश्रमः' भी कहा गया।

प्राचीन ऋषियों ने यौन उच्छृंखलता समाप्त करने के लिए विधि-विधान के साथ विवाह-संस्कार की स्थापना की। इसे सोलह संस्कारों में महत्वपूर्ण स्थान दिया गया। मिथकीय कथा है कि सर्वप्रथम श्वेतकेतु ने विवाह की मर्यादा स्थापित की, हालांकि शिव परिपूर्ण परिवार वाले एकमात्र प्राचीन देवता हैं। कहा जा सकता है कि हिंदू विवाह पद्धति शारीरिक संबंध से अधिक आत्मिक संबंध की पवित्रता पर जोर देती रही है। आधुनिक युग में पति या पत्नी के चुनाव में रंग, रूप और आर्थिक स्थिति को ज्यादा प्रमुखता दी जाने लगी। शरीर की प्रधानता बढ़ गई। बढ़ी बेरोजगारी की वजह से जीवन में अनिश्चितता भी बढ़ी और विवाह देर से होने लगे, लोग अविवाहित रहने लगे या सहजीवन की पद्धति लोकप्रिय होने लगी। विवाह-विच्छेद भी बढ़े। स्त्री-पुरुष में तनाव बढ़ा, संबंध जल्दी टूटने लगे।

वैवाहिक जीवन को सुरक्षित बनाए रखने के लिए भारतीय संविधान में हिंदू विवाह अधिनियम 1955 में विशेष सुरक्षा दी गई है। इसके अंग हैं—हिंदू उत्तराधिकार अधिनियम (1956), हिंदू अल्पसंख्यक और अभिभावक अधिनियम (1956) और हिंदू एडॉप्शन और भरण-पोषण अधिनियम (1956)। तलाक की व्यवस्था हिंदू विवाह अधिनियम 1955 की धारा 13 में है। इसमें व्यभिचार, क्रूरता, विकृत मन, रोग, कुष्ठ रोग या परस्पर सहमति से भरण-पोषण की राशि के साथ या इसके बिना विवाह-विच्छेद हो सकता है। रहीम ने चुटकी ली है, 'रहिमन ब्याह बियाधि है, सबहु तो जाहु बचाइ। पाइन (पैरों में) बेरी परत है, ढोल बजाइ बजाइ।' (दोहावली)। एक डच लोकोक्ति है, 'पहली बार विवाह कर्तव्य है, दूसरी बार मूर्खता और तीसरी बार पागलपन!'

वर्षा मिश्रा

अधिक जानकारी के लिए :
1. भारतीय विवास संस्था का इतिहास : विश्वनाथ काशीनाथ राजवाड़े, **2. हिंदू विवाह का इतिहास :** हरिदत्त वेदालंकार

विवेकानंद

भारतीय नवजागरण के अग्रणी नायक स्वामी विवेकानंद का जन्म कोलकाता के एक संभ्रांत परिवार में 12 जनवरी 1863 को हुआ था। उनका घरेलू नाम था नरेंद्रनाथ दत्त। वे बचपन से ही अत्यंत साहसी, निर्भय, प्रत्युत्पन्नमति, सत्यनिष्ठ और मेधावी थे। उनकी स्मरण शक्ति अद्‌भुत थी। वे जैसे खेलकूद, कुश्ती, तैराकी, घुड़सवारी और संगीत में प्रवीण थे। उसी प्रकार संस्कृत, अंग्रेजी, साहित्य, दर्शन, इतिहास और विज्ञान आदि विषयों के अध्ययन में भी अव्वल थे। 1881 में रामकृष्ण परमहंस के साथ उनका पहला साक्षात्कार सुरेंद्रनाथ मित्र के घर पर हुआ। कुछ दिनों बाद वे उनसे मिलने दक्षिणेश्वर गए। 'क्या आपने ईश्वर को देखा है'—यह प्रश्न उन्होंने कई लोगों से किया था लेकिन रामकृष्ण ही थे जिन्होंने छूटते ही उत्तर दिया—'हां, मैंने ईश्वर को देखा है, जैसे मैं तुम्हें देख रहा हूं!' वे क्रमशः रामकृष्ण परमहंस की ओर खिंचते गए। उन्हें लगा कि रामकृष्ण परमहंस ने साकार-निराकर, सगुण-निर्गुण, शाक्त-शैव-वैष्णव, ज्ञान-भक्ति-कर्म, भोग-तंत्र, इस्लाम और ईसाई—सभी प्रकार की साधनाओं के द्वारा एक ही सत्य का साक्षात्कार किया है। इसलिए

विवेकानंद

सभी पंथ-संप्रदाय उनकी दृष्टि में एक ही सत्य तक पहुंचने के विभिन्न मार्ग हैं—जतो मत, ततो पथ। पथ की भिन्नता लक्ष्य की भिन्नता नहीं है।

नरेंद्रनाथ के बुद्धिवादी मन को रामकृष्ण के सान्निध्य में पूर्ण समाधान मिला। कलकत्ता हाई कोर्ट के वकील पिता के आकस्मिक निधन से घर की आर्थिक दशा अचानक बहुत खराब हो गई, तो नरेंद्रनाथ ने गृहत्याग का संकल्प किया और श्रीरामकृष्ण की महासमाधि (16 अगस्त 1886) के कुछ समय बाद अन्य गुरु भाइयों के साथ संन्यास ले लिया। उनका संन्यासी का नाम हुआ–विवेकानंद। उन्होंने एक अज्ञात परिव्राजक के रूप में संपूर्ण भारत की यात्रा की, जिसका समापन रामेश्वरम के बाद कन्याकुमारी में हुआ। उनके ध्यान का विषय था–भारत। यहीं उन्होंने शिकागो में होने वाली विश्वधर्म महासभा में भारत का प्रतिनिधत्व करने का संकल्प लिया। अनेक प्रकार की बाधाओं और कठिनाइयों को पार करते हुए अंततः वे शिकागो पहुंचने में सफल हुए। वहां 11 सितंबर 1893 को 'अमेरिकावासी बहनो और भाइयो'–इस छोटे-से संबोधन से ही उन्होंने श्रोताओं का दिल जीत लिया।

उन्होंने अपने भाषण में कहा, 'मुझे उस धर्म में होने का गर्व है, जिसने विश्व को सहनशीलता और वैश्विक संस्कृति की शिक्षा दी है। हमलोग आज वैश्विक सहनशीलता में विश्वास ही नहीं करते, बल्कि हम सभी धर्मों को सत्य मानते हैं। मुझे उस देश का होने पर गर्व है जिसने पृथ्वी पर सभी वर्गों और राष्ट्रों के पीड़ित और निष्कासित व्यक्तियों को शरण दी है।' (द कंप्लीट वर्क्स ऑफ विवेकानंद)। उनकी दृष्टि में वेद महज एक ग्रंथ नहीं है, बल्कि 'आध्यात्मिक नियमों' की संहिता है। उन्होंने 20 सितंबर 1893 के व्याख्यान में अमेरिकावासियों से कहा 'भारत को धर्म नहीं, रोटी चाहिए।' वे बौद्ध दर्शन और हिंदूधर्म के संदर्भ में कहते हैं, 'बुद्धत्व के बिना हिंदुत्व जी नहीं सकता और न ही हिंदुत्व के बिना बुद्धत्व।' उन्होंने हिंदुओं के दर्शन और बौद्धों के करुणा से भरे व्यापक हृदय को जोड़ना चाहा।

विवेकानंद का यह वैचारिक पक्ष भी उल्लेखनीय है कि उन्होंने अंधविश्वास और पुरोहितवाद का विरोध किया। उनका कहना था, 'अगर अंधविश्वास हावी हो गया तो बुद्धिहीन हो जाओगे, मस्तिष्क नरम हो जाएगा और जीवन अधोगामिता का शिकार।' (लेक्चर्स फ्रॉम कोलंबो टु अल्मोड़ा)। वे कहते थे, 'आमजन ही भारत की एकमात्र आशा हैं, क्योंकि भारत के ऊपरी तबकों के लोग भौतिक और नैतिक दृष्टि से मर चुके हैं।' वे कहते थे, 'निर्भीक और मजबूत बनो।' वे जीवन में आध्यात्मिकता के साथ भौतिकवाद को भी जरूरी मानते थे। इसके अलावा वह वर्ण-विषमता के विरुद्ध थे और छुआछूत की कठोर आलोचना करते थे। उन्होंने युवा वर्ग को स्त्री-उत्थान की प्रेरणा दी।

विवेकानंद ने तीन वर्षों तक अमेरिका और इंग्लैंड में वेदांत का प्रचार किया, अनेक शिष्य बनाए और उनकी नियमित कक्षा ली। जनवरी 1897 में वे वापस भारत आए और कोलंबो से लेकर अलमोड़ा तक उन्होंने रामकृष्ण मिशन की स्थापना की जिसका आदर्श वाक्य है–'आत्मनः मोक्षार्थं जगद् हिताय च' (अपनी मुक्ति और जगत के कल्याण के लिए)। उन्होंने मनुष्य के रूप में विद्यमान जीवित ईश्वर

की उपासना का जो विचार रामकृष्ण से पाया, उसे सामाजिक–आध्यात्मिक आंदोलन का रूप देते हुए नारा दिया–'दरिद्र देवो भव, रोगी देवो भव, मूर्खा देवो भव' (अर्थात दरिद्र, रोगी और अशिक्षित जनसाधारण को अपना देवता समझो)।

विवेकानंद ने वनों में बने वेदांत को भौतिक जीवन में उतारने का विचार प्रस्तुत किया, उसे 'व्यावहारिक वेदांत' का नाम दिया। कोलकाता में प्लेग के दौरान उनका मिशन राहत-कार्य के लिए उतर गया। उनकी शिष्या भगिनी निवेदिता ने लड़कियों की शिक्षा के लिए स्कूल खोला। पश्चिम में अपने शुरू किए गए कार्यों का निरीक्षण करने के लिए 1899 में वह एक बार और विदेश गए और अमेरिका, फ्रांस, तुर्की, हंगरी, सर्बिया, रोमानिया, बल्गारिया, एथेंस, काहिरा का भ्रमण करते हुए दिसंबर 1900 में भारत लौट आए। उन्होंने अपने आध्यात्मिक आंदोलन के सुचारु रूप से संचालन के लिए कोलकाता में गंगा के उस पार बेलूर मठ की स्थापना की। उसकी शाखा के रूप में मद्रास, इलाहाबाद और नानावती में आश्रम स्थापित किए। उनकी प्रेरणा से वाराणसी और कनखल में रोगियों की चिकित्सा के लिए सेवाश्रम शुरू हुए। उन्होंने अपने आध्यात्मिक–सामाजिक आदर्शों के प्रचार के लिए पत्र भी निकाले–अंग्रेजी में 'प्रबुद्ध भारत' और बांग्ला में 'उद्‌बोधन'। अपने संगठन, व्याख्यान, कक्षा, वार्तालाप और वक्तव्यों के माध्यम से भारत की आत्मा को जगाने के काम में अनवरत लगे रहने से उनका स्वास्थ्य बुरी तरह प्रभावित हुआ। फलतः 4 जुलाई 1902 को लगभग साढ़े उनतालीस वर्ष की आयु में उनकी मृत्यु हो गई।

विवेकानंद ने ऐसे भावी भारत की कल्पना की जिसका मस्तिष्क वेदांती और शरीर इस्लामी होगा। उनमें प्राचीन भारत की गौरवशाली परंपरा के प्रति गर्व था, लेकिन उनका दृष्टिकोण आधुनिक था। रवींद्रनाथ ठाकुर ने कहा था, 'यदि कोई भारत को पहचानना चाहता है तो उसे विवेकानंद को पढ़ना चाहिए।' जवाहरलाल नेहरू के शब्दों में, 'वे प्राचीन और आधुनिक भारत के बीच एक सेतु के समान थे।' उन्होंने पूर्व और पश्चिम, प्रवृत्ति और निवृत्ति, गृहस्थ और संन्यास, धर्म और विज्ञान, सांसारिक और आध्यात्मिक के बीच अपूर्व सामंजस्य स्थापित किया। अरविंद मानते थे कि विवेकानंद और उनके अनुभावियों ने अमेरिका में जो कार्य किया, वह 'सौ लंदन कांग्रेसों' से भी अधिक महत्वपूर्ण था। उनके व्याख्यानों, लेखों, कविताओं और पत्रों का कुल संग्रह 'विवेकानंद साहित्य' नाम से दस खंडों में प्रकाशित है। कर्मयोग, ज्ञानयोग और भक्तियोग नाम की पुस्तकें प्रसिद्ध हुईं। रोमां रोलां ने लिखा है, 'उनके शब्द महान संगीत है, बीथोवन शैली के टुकड़े हैं, हैंडेल के समवेत गान के छंद प्रवाह की भांति उद्दीपक लय हैं। शरीर में विद्युत स्पर्श के-से आघात की सिहरन का अनुभव किए बिना मैं उनकी उस वाणी का स्पर्श नहीं कर सकता जो तीस वर्ष की दूरी पर पुस्तकों के पृष्ठों में बिखरी पड़ी है। जब वे ज्वलंत शब्दों के रूप में नायक के मुख से निकले थे, तब तो न जाने कैसे-कैसे आघात और आवेग पैदा हुए होंगे।'

विवेकानंद के व्यक्तित्व और शब्दों ने समूचे भारत पर जादू-सा असर डाला। क्रांतिकारी देशभक्त स्वदेशी आंदोलन के दौर में उनसे बेहद प्रभावित हुए। राष्ट्रीय जागरण के वे प्रथम नायक थे, जो युवाओं के रोल मॉडल बन गए। रवींद्रनाथ की 'भारततीर्थ,' 'धूला मंदिर','अपमानित' जैसी कविताओं में और 'गोरा' के गौरमोहन घोष जैसे पात्र में विवेकानंद की प्रतिध्वनि सुनाई देती है। हिंदी में निराला, सुमित्रानंदन पंत, दिनकर जैसे कवियों पर उनका प्रभाव साफ दिखाई देता है। निराला ने उनकी 'राजयोग', 'भारतीय व्याख्यान' जैसी पुस्तकों का अनुवाद किया और हिंदी पत्र 'समन्वय' का संपादन किया। निराला ने उनकी 'सखार जाति' 'नाचुक ताहाते श्यामा' और 'काली दि मदर' तो सुमित्रानंदन पंत ने 'सांग ऑव संन्यासिन' का काव्यानुवाद किया। विवेकानंद की कीर्ति आज भी अक्षुण्ण है।

अवधेश प्रधान

अधिक जानकारी के लिए :

1. युगनायक विवेकानंद (तीन खंड) : स्वामी गंभीरानंद, **2. विवेकानंद की जीवनी :** रोमां रोला, **3. योद्धा संन्यासी विवेकानंद :** हंसराज रहबर, **4. The Master as I saw him :** Sister Nivedita, 1910, **5. Lectures from Colombo to Almora :** Swami Vivekanand, 1897

विशिष्टाद्वैतवाद

रामानुजाचार्य द्वारा ग्यारहवीं सदी में प्रवर्तित विशिष्टाद्वैतवाद ईश्वर, जीव और माया तीनों को सत्य मानते हुए ईश्वर और जीव में अद्वैत देखता है। विशिष्टाद्वैत का अर्थ हुआ ईश्वर से अद्वैत की अद्वितीयता। उपनिषद, भगवदगीता और ब्रह्मसूत्र को प्रस्थान त्रय मानते हुए रामानुजाचार्य ने दक्षिण की विभिन्न जातियों से आए आलवारों-नायनारों की भक्ति को देखते हुए पुराने धार्मिक नियमों में ढील की प्रस्तावना दी, सुधारवाद का रास्ता अपनाया। कुछ दबाव बौद्ध और जैन दर्शनों का भी था। ईश्वर और मनुष्य-जगत के बीच संबंध कैसा हो, यह उनका मुख्य निरूपण था। फूल और उसका रंग एक-दूसरे से अलग नहीं है। इसी तरह विशिष्टाद्वैत में मनुष्य-जगत और ईश्वर भी अविच्छिन्न हैं। मनुष्य-जगत शरीर है। ईश्वर, परमसत्ता या ब्रह्म उसकी आत्मा है। शरीर का अपनी आत्मा से स्वतंत्र अस्तित्व नहीं हो सकता। वस्तुतः ईश्वर मनुष्य शरीर द्वारा ही अपनी इच्छाएं पूरी करता है। विशिष्टाद्वैत का सिद्धांत ईश्वर, जीव और जगत के संबंध तक सीमित नहीं है, यह प्रत्येक वस्तु में है। नील कमल में कमल का फूल है और नीलापन भी, दोनों भिन्न होते हुए भी अभिन्न हैं।

विशिष्टाद्वैत के दर्शन ने वेदांत धारा को नया मोड़ दिया। उपनिषदों के पहले दौर और शंकर के दूसरे दौर के बाद रामानुजाचार्य के तीसरे दौर में वेदांत की नई धारा ने मनुष्य और ईश्वर की अभिन्नता तो प्रतिपादित की ही, मनुष्य-जगत की आंतरिक भिन्नताओं को भी दूर करने का संदेश दिया। प्राचीन क्लासिकल परंपरा के वेदांत और तमिल के लोकप्रिय भक्तिकाव्य के अंतर्मिश्रण से एक नया मानवीय सार निकला, यह विशिष्टाद्वैत है। विशिष्टाद्वैत को 'उभय वेदांत' भी कहा गया है, जो उस युग में एक संश्लेषण (सिंथेसिस) के रूप में सामने आया। इससे संपूर्ण भारत में सामाजिक सुधार के उद्देश्य से भक्ति आंदोलन की एक व्यापक दार्शनिक पृष्ठभूमि का निर्माण हुआ। विशिष्टाद्वैत के प्रभाव के कारण ही सभी जातियों को धार्मिक विधियों में प्रवेश मिला, उदार वैष्णव भक्ति का प्रसार हुआ। लोग अपने-अपने आराध्य की उपासना करते हुए ईश्वर की अभिन्नता और ईश्वर से अपनी अभिन्नता का अनुभव कर सके। यह विशिष्टाद्वैत का मुख्य योगदान है।

विशिष्टाद्वैत वेदांत की ही एक लोकपरक व्याख्या है। यह प्रकृति और मनुष्य समेत संपूर्ण जीव-जगत को ईश्वर का ही शरीर या दृश्यात्मक बाह्य रूप मानता है। ईश्वर को परम सत्ता के रूप में देखता है, क्योंकि कोई दूसरी सत्ता नहीं थी, जिसमें मनुष्य की आस्था पैदा हो। इसलिए माना गया कि ईश्वर सिर्फ अपने लिए है और प्रकृति तथा सभी जीव सिर्फ ईश्वर के लिए हैं। रामानुज ने दो तत्व ही माने—पदार्थ और अ-पदार्थ (गुण)। उन्होंने कर्म को गुण के भीतर शामिल माना।

रामानुजाचार्य ने गीता का भाष्य लिखा था। उनका उद्देश्य था जगत की अवास्तविकता और कर्म से संन्यास के सिद्धांत का खंडन करना। विशिष्टाद्वैत की दृष्टि में ब्रह्म सर्वोच्च वास्तविकता है, पर वह निर्गुण नहीं है। उसमें संसार के सृजन और जीवों को मुक्ति प्रदान करने की सचेत इच्छा है। ब्रह्म, ईश्वर या परम सत्ता चाहे जो कहा जाए, वह वस्तुतः आदर्श गुणों, अनंत गुणों का आधार है। वह संपूर्ण संसार से पहले और संपूर्ण संसार से ऊपर है। वैदिक देवों का निर्माण भी उसी परम सत्ता ने किया ताकि अग्नि, वायु, सूर्य, वरुण (जल) अपने नियत कार्य कर सकें। संसार माया नहीं है, यह वास्तविक है। ईश्वर समग्रतः एक है, पर अपरिवर्तनीय रूप से परस्पर भिन्न भी है। जगत को परमात्मा का शरीर बताकर

रामानुज ने यह कहना चाहा कि यह संसार किसी विजातीय तत्व से नहीं बना है, बल्कि ईश्वर ने खुद अपनी प्रकृति से इसे उत्पन्न किया है। उन्होंने यह भी स्पष्ट किया है कि यह जगत ईश्वर का शरीर नहीं है बल्कि उसका अवशिष्ट हिस्सा है–'ईश्वरस्य शेषः'। इसका अर्थ है, संपूर्ण जगत ईश्वर पर आश्रित है।

उपनिषद में 'तत् त्वम् असि' का अर्थ है 'वह तू है' अर्थात 'ईश्वर मैं स्वयं हूं'। मेरी आत्मा मेरे शरीर का 'आत्म' है। ईश्वर आत्मा को नियंत्रित करने वाला मूल तत्व है, वह आंतरिक मार्गदर्शक है। रामानुजाचार्य ने अपने विशिष्टाद्वैत में जीव और ईश्वर की पृथकता पूर्णतः मिटा दी। उनकी स्थापना है कि ईश्वर आत्मा के रहस्यमय स्थानों में छिपा रहता है। आत्मा ईश्वर को तब तक पहचान नहीं पाती, जब तक उसे ज्ञान न हो जाए। यह ज्ञान उसे तभी मिलता है, जब मनुष्य मन और आत्मा से परमात्मा की सेवा करता है और उसका स्मरण करता है। विशिष्टाद्वैत पाप से घृणा करते हुए भगवान को पाने की तीव्र लालसा पर ही जोर नहीं देता, यह सर्वत्र व्याप्त प्रेम में विश्वास जगाता है। यह कर्म का त्याग किए बिना ईश्वर द्वारा शरण में लिये जाने की अनुभूति पर जोर देता है। रामानुज का कथन है कि प्रत्येक पदार्थ में ईश्वर की झलक है। विशिष्टाद्वैत साधना का लक्ष्य यद्यपि नारायण का साक्षात्कार है, जिससे भक्त पूर्ण सुख और स्वतंत्रता का अनुभव करता है। इसके बावजूद इसकी बड़ी भूमिका उस कलहपूर्ण युग में आध्यात्मिक राह से सामाजिक भेदभाव से मुक्त जीवन की खोज है। लेकिन रामानुजाचार्य का विशिष्टाद्वैत वर्ण-व्यवस्था को ढीला भर करता है। ईश्वर के भजन में सभी एक हैं, पर भोजन में अलग ही रहते हैं। उन्हीं की परंपरा में रामानंद ने भेदभाव की यह दीवार भी तोड़ दी।

शंभुनाथ

अधिक जानकारी के लिए :

1. Life and Teachings of Ramanujacharya : C.R. Ayyanger, 1908, **2. Vishishtadwait Vedant : A. Study :** Arvind Sharme

विशेषाधिकार-प्राप्त

विशेषाधिकार-प्राप्त (Priviledged) से तात्पर्य जाति, वर्ण, लिंग, नस्ल, धर्म, वंश आदि के आधार पर लंबे समय से चली आ रही प्रभुता का विद्यमान रहना है जिससे किसी व्यक्ति या समुदाय को विशेष सुविधाएं, अधिकार या अवसर मिल जाते हैं। अमेरिका में आर्थिक रूप से गरीब व्यक्ति भी गोरा होने के कारण किसी संपन्न काले व्यक्ति से अपने को श्रेष्ठ समझता है। इसी तरह भारत में ऊंची जातियों के लोग अपने को निचली जातियों से श्रेष्ठ मानते हैं। पुरुष अपने शारीरिक बल के कारण स्त्रियों से अपने को ऊंचा समझते हैं और पारिवारिक जीवन के निर्णयों में उच्चतर भूमिका का दावा करते हैं। राजनीति, सरकारी प्रशासन और संस्कृति के क्षेत्र में विशेषाधिकार प्राप्त होने का बोध व्यक्ति को प्रभुत्वाकांक्षी बनाता है। यह दूसरे को हेय दृष्टि से देखने की भावभूमि तैयार करता है।

विशेषाधिकार प्राप्त किए रहने के कारण समाज में कुछ समुदाय या व्यक्ति आगे बढ़े होते हैं और कुछ पिछड़ते जाते हैं। इस विषमता को दूर करने के लिए आरक्षण को एक निदान माना गया है। लेकिन निजी क्षेत्र, कारपोरेट घराने, अंग्रेजी मीडिया, क्रिकेट, फिल्म उद्योग और संपूर्ण व्यापारिक जगत में 'विशेषाधिकार प्राप्त' होने की सुविधाएं बनी हुई हैं। इन जगहों पर पिछड़ते जा रहे लोगों के लिए अवसर नहीं होते। विशेषाधिकार-प्राप्त स्थिति में आए ह्रास से जातिगत, लैंगिक, वर्गगत तनाव और हिंसा में इजाफा हुआ है। रंगभेद, जाति–उत्पीड़न या यौन-उत्पीड़न को ऐसी गतिविधियों के रूप में देखा जाता है जिनमें लगभग पूरा समुदाय हिस्सा लेता है। इस स्थिति से मुक्ति के लिए संघर्ष के अलावा दूसरा रास्ता यह है कि विशेषाधिकार-प्राप्त समुदाय के लोग स्वेच्छा से अपने विशेषाधिकार छोड़ें। यह कम देखा गया है, बल्कि लोकतंत्रीकरण की राह पर आरक्षण में वृद्धि विशेषाधिकार-प्राप्त वर्ग को उत्तेजित ज्यादा करती है, जैसा कि संसद

में स्त्रियों के लिए 33 फीसद आरक्षण के मामले में देखा गया। इधर एक नया विशेषाधिकार-प्राप्त समुदाय बन रहा है, जो नए इलेक्ट्रॉनिक उपकरणों से संचार क्रांति का सबसे ज्यादा फायदा उठाता है और काफी लोग ठगे जाते हैं।

शंभुनाथ

विश्व कविता दिवस

21 मार्च को यूनेस्को ने विश्व कविता दिवस घोषित कर रखा है, जो इस तरफ इशारा करता है कि समाज को कविता की जरूरत है। इसकी घोषणा 1999 में पेरिस में आयोजित यूनेस्को के तीसवें सम्मेलन में हुई थी। यह दुनिया के शब्दकारों के लिए एक महान दिन के रूप में देखा जाता है, जब कई जगहों पर लोग कॉफी के साथ कविता का आनंद लेते है या काव्य-गोष्ठियां करते हैं। 2015 में ऑस्ट्रिया की एक कॉफी कंपनी के 1,157 कॉफी हाउसों में इस दिन कॉफी के बदले नगद राशि नहीं ली गई, कैश काउंटर पर एक नई लिखी कविता देना ही काफी था। एक नई लिखी कविता दो, मुफ्त कॉफी लो! इस तरह का उत्सवधर्मी आयोजन दुनिया में कई जगहों पर होता है, यह एक अभियान बन गया है। 21 मार्च को 'पे विद ए पोयम' का आनंद आम पब्लिक भी उठाने लगी है। विश्व कविता दिवस पर कोई सरकार या कंपनी विज्ञापन नहीं देती, जिस तरह अन्य अवसरों पर देती है। बिना मीडिया प्रचार के ही लोग विश्व कविता दिवस के बारे में जानने लगे हैं, यह मानवता का उत्सव बन रहा है।

भारतेंदु हरिश्चंद्र ने 1880 के दशक में 'पेनी रीडिंग क्लब' बनाया था, जिसमें कविताएं पढ़ी जाती थीं। शिक्षण संस्थान, सांस्कृतिक केंद्रों, कॉफी श्रृंखलाओं और खुद कवियों के आगे आने पर भारत में भी विश्व कविता दिवस को लोकप्रिय बनाया जा सकता है।

शंभुनाथ

विश्व कृतज्ञता दिवस

कई बार लोगों को जिन चीजों के लिए कृतज्ञ होना चाहिए, उनके विषय में वे सोचना नहीं चाहते। ऐसे तंगदिल लोग यह सोचकर ही परेशान हो जाते हैं कि वे किसी के प्रति आभारी हैं। सुसंस्कृत स्वभाव के व्यक्ति का गुण है कि वे यह जानकर परेशान होते हैं कि कोई उनके प्रति कृतज्ञता का भाव रखता है। कृतज्ञता हृदय की एक स्वतःस्फूर्त भावना है जो किसी भी तरह का लाभ पाकर व्यक्ति के मन में पैदा होती है। यह शब्दों या चेहरे के हाव-भाव से प्रकट होती है। कई बार बिना किसी भाव के भी आदत से 'धन्यवाद' कहा जाता है जो व्यक्तिगत, पारिवारिक, सामाजिक या राजनीतिक संबंध में शिष्टाचार का चिह्न है। धन्यवाद कहकर कृतज्ञता से तत्काल छुट्टी पा ली जाती है।

औपचारिक कृतज्ञता ज्ञापन को छोड़ दिया जाए तो आम जीवन में कृतज्ञता का भाव बड़े पैमाने पर घटा है और कृतघ्नता बढ़ी है। कृतघ्न व्यक्ति किसी का उपकार नहीं मानते या वे कई बार उपकार का बदला अपकार से चुकाते हैं। उपकारों को भूलना वर्तमान सभ्यता का एक दर्दनाक पहलू है—उपकार चाहे माता-पिता का हो, गुरु का हो, पड़ोसियों और

विश्व कृतज्ञता दिवस

समाज के दूसरे लोगों का हो, प्रकृति का हो, किसानों का हो, अपनी मातृभाषा का हो, देश का हो या किसी अंतरराष्ट्रीय संबंध से हो। यही वजह है कि संयुक्त राष्ट्र ने 21 सितंबर को 'विश्व कृतज्ञता दिवस' (World Graritude Day) के रूप में मनाने का आह्वान किया है। इसकी शुरुआत 1965 में हुई, ताकि लोग इसके प्रति जागरूक हों कि उन्हें खुशहाल बनाने, खड़ा करने और जीवन को मधुरता से भरने में जिन व्यक्तियों और चीजों का हाथ है, उनके प्रति वे हमेशा आभारी महसूस करें, अच्छे व्यक्तियों की हमेशा सराहना करें और जीवन में सकारात्मकता की वृद्धि करें। इससे मानवता के एक तकाजे का बोध होता है कि मनुष्य कृतज्ञता औपचारिक रूप से ही प्रकट न करे बल्कि सचमुच ऐसा महसूस करे।

माता-पिता, गुरु और धरती का ऋण ऐसा है जो चुकाया नहीं जा सकता और उनके प्रति कृतज्ञता की हद नहीं होती। कृतज्ञता दिवस इसलिए है कि उनके, सगे-संबंधियों, मित्रों और उन सभी छोटी-से-छोटी चीजों के प्रति भी कृतज्ञता व्यक्त की जाए जो खुशी देती रही हैं और जिनका हमारे लिए कुछ क्षणों के लिए भी एक मूल्य रहा है। लेखक पाठक के प्रति कृतज्ञ हो। व्यापारी अपने ग्राहकों को धन्यवाद दें और नेता अपने कार्यकर्ताओं का आभार मानें। सिसरो ने कृतज्ञता को सर्वश्रेष्ठ गुण कहा है और इसे सभी गुणों की जननी माना है।

प्रेमचंद ने कहा है, 'कृतज्ञता शब्दों में आकर शिष्टता में बदल जाती है। उसका मौलिक रूप वही है जो आंखों से बाहर निकलते हुए कांपता और लजाता है।' (कायाकल्प)। किशोरीदास वाजपेयी से किसी ने पूछा, 'इधर आपने नया क्या लिखा है?' उन्होंने उत्तर दिया, 'मैं हिंदी जगत को और कृतघ्न होने देना नहीं चाहता।' उपकारों की उपेक्षा या उन्हें भूलना मनुष्य का स्वभाव है। विश्व कृतज्ञता दिवस मनुष्य की आंखों के सामने भलाइयों और अवदानों को सामने लाने के लिए है, कुछ याद करने के लिए है। मनुष्य को अपनी बेहतर स्थिति, खुशियों और ऐश्वर्य के लिए भगवान के अलावा भी किसी को धन्यवाद कहना सीखना चाहिए। पशु-पक्षी भी उपकार मानते हैं (भास)।

कृतज्ञता का बोध पैदा न होने की एक वजह मनुष्य की अहम्मन्यता है। किसी के प्रति कृतज्ञता महसूस करने या जाहिर कर देने से मानो व्यक्तित्व ही गिर जाएगा। एक बार ईश्वरचंद्र विद्यासागर से किसी ने कहा कि एक आदमी आपकी बड़ी निंदा कर रहा है। विद्यासागर का जवाब था, 'क्यों, मैंने तो उसका कोई उपकार नहीं किया था!' इसलिए यह मुहावरा बना, 'नेकी कर दरिया में डाल'। भारत में पेड़-पौधों, नदी-पहाड़ों, जानवरों और एक तरह से संपूर्ण पर्यावरण के प्रति कृतज्ञता का भाव रखने की परंपरा सदियों से है। कुछ की बाकायदा पूजा की जाती है। कृतज्ञता का अहं की वजह से पैदा न हो पाना यदि मानवीय स्खलन है तो कुछ मामलों में कृतज्ञता से दबकर दास बन जाना भी दुर्बलता है। फिर भी कृतज्ञता ऐसा भाव है, जिससे दूसरे मानवीय सद्‌गुण पैदा होते हैं और कृतघ्नता दुर्गुणों की ओर ले जाती है।

दिनेश कुमार शर्मा

विश्व धरोहर दिवस

18 अप्रैल 1982 को ट्यूनिशिया में ICOMOS (इंटरनेशनल काउंसिल ऑफ मॉन्युमेंट्स एंड साइट्स) द्वारा विश्व विरासत की सुरक्षा के लिए एक सम्मेलन हुआ था जिसमें दुनिया

कुछ विश्व धरोहरें

की सांस्कृतिक विविधता के ध्वंस पर चिंता व्यक्त करते हुए ऐतिहासिक महत्व की जगहों, समाचार-पत्र, पत्रिकाओं, टीवी और रेडियो के प्रसारण, शहरों के प्राचीन स्थापत्य, प्राचीन किलों, महलों, स्मारकों, मूर्तियों आदि की सुरक्षा पर जोर दिया गया था। 1983 में यूनेस्को ने 18 अप्रैल को विश्व धरोहर दिवस की घोषणा की। 2015 तक दुनिया में 1031 जगहों की एक सूची बना ली गई जिनमें 802 सांस्कृतिक, 197 प्राकृतिक और 32 मिश्रित किस्म की हैं। सूची के अनुसार इटली में सर्वाधिक 51 ऐसे स्थल हैं, भारत में 32 हैं।

भारत की विश्व धरोहर की जगहों में हैं– 1. काजीरंगा वन्यजीव संरक्षण (असम) 2. मानस वन्यजीव संरक्षण (असम), 3. महाबोधि मंदिर (300 ईसा पूर्व-600 ईसवी, गया), 4. हुमायूं का मकबरा (1572, दिल्ली), 5. कुतुबमीनार (बारहवीं सदी, दिल्ली), 6. लाल किला (1648, दिल्ली), 7. चर्च और कॉवेंट्स (सोलहवीं-अठारहवीं सदी, गोवा), 8. चांपानेर पुरातात्विक पार्क (प्रागैतिहासिक और आठवीं-चौदहवीं सदी, गुजरात), 9. हम्पी (चौदहवीं-सोलहवीं सदी, कर्नाटक), 10. पत्तदकल (आठवीं सदी, कर्नाटक), 11. सांची (200 ईसा पूर्व, मध्य प्रदेश), 12. भीमबैठका (प्रागैतिहासिक, मध्य प्रदेश), 13. खजुराहो (950-1050, मध्य प्रदेश), 14. अजंता (200 ईसा पूर्व-600 ईसवी, महाराष्ट्र), 15. एलोरा (600-1000 ईसवी, महाराष्ट्र), 16. एलिफेंटा की गुफाएं (500-800 ईसवी, महाराष्ट्र), 17. छत्रपति शिवाजी टर्मिनस (1887-88, महाराष्ट्र), 18. सूर्य मंदिर, कोणार्क (1300, उड़ीसा), 19. केवलादेव राष्ट्रीय पार्क (1981, भरतपुर, राजस्थान), 20. जंतर-मंतर (1727-34, जयपुर, राजस्थान), 21. चोल मंदिर (1100-1200 ईसवी, दीरासुराम, तमिलनाडु), 22. महाबलिपुरम (700-800 ईसवी, तमिलनाडु), 23. आगरा किला (1600 ईसवी, उत्तर प्रदेश), 24. फतेहपुर सिकरी (1600 ईसवी, उत्तर प्रदेश), 25. ताजमहल (1631-48 ईसवी, आगरा, उत्तर प्रदेश), 26. नीलगिरि माउंटेन रेलवे (उन्नीसवीं-सदी अंत-आरंभिक बीसवीं सदी, ऊटी, तमिलनाडु), 27. नंदा देवी राष्ट्रीय पार्क (1939-82, उत्तराखंड), 28. सुंदरवन राष्ट्रीय पार्क (1939-82, पश्चिम बंगाल), 29. पश्चिमी घाट सहयाद्रि माउंटेन (केरल, कर्नाटक और महाराष्ट्र), 30. पहाड़ी किले (700-1600 ईसवी, रणथंभौर, राजस्थान)। 31. रानी की वाव (1100 ईसवी, पाटन, गुजरात), 32. हिमाचल राष्ट्रीय पार्क (हिमाचल प्रदेश)।

विश्व धरोहर दिवस यह स्मरण कराने के लिए भी है कि औपनिवेशिक दौर में भारत से कई बहुमूल्य ऐतिहासिक वस्तुएं ले जाई गई हैं और आजादी के बाद से अभी तक सैकड़ों प्राचीन मूर्तियां स्मगलिंग करके अंतरराष्ट्रीय बाजार में पहुंची हैं। इनमें से किसी-किसी की कीमत 500-600 करोड़ रुपयों तक है। 2015 में ऑस्ट्रेलिया और कनाडा के प्रधानमंत्रियों ने सद्भावनास्वरूप कुछ मूर्तियां लौटा दी हैं। अमेरिकन म्यूजियम ऐसी कुछ मूर्तियां लौटाने की सोच रहा है, जो चोरी-छिपे बाजार से म्यूजियम में पहुंची थीं। दरअसल-प्राचीन बहुमूल्य वस्तुओं (एंटिक्स) के व्यवसाय पर कानूनी प्रतिबंध की एक सीमा है और सब कुछ ढीला-ढाला है। भारत में एएसआई अधिकृत संस्था है, जिस पर भारत के 3,700 स्मारकों की सुरक्षा का दायित्व है, पर ऐसी अधिकांश जगहों पर अमूमन साइनबोर्ड भर लटके मिलते हैं, क्योंकि पर्याप्त देखरेख के लिए कार्मिकों का अभाव है। एंटिक्विटीज एक्ट के अनुसार हर प्राचीन सिक्के, मूर्ति, चित्र और ऐतिहासिक महत्व की उन सभी वस्तुओं की रक्षा की जानी चाहिए, जो सौ साल से अधिक पुरानी हैं। सभी जानते हैं कि ऐसी 90 प्रतिशत वस्तुओं की अभी सूची तक नहीं बनी है। ऐसी कई जगहें और वस्तुएं हैं जो वस्तुतः माफिया और अनधिकृत व्यक्तियों के कब्जे में हैं और सरकार को उन्हें अपने दखल में लेना चाहिए।

बहुमूल्य ऐतिहासिक वस्तुओं से संबंधित कानून में सभी भारतीय भाषाओं के सौ साल से अधिक प्राचीन साहित्यिक कृतियों की मूल प्रतियों, पांडुलिपियों, पत्र-पत्रिकाओं, महान लेखकों के निवास स्थानों, स्मृति चिह्नों तथा साहित्यिक-सांस्कृतिक भवनों को भी धरोहर घोषित कर संरक्षित करने की

जरूरत है। कई पुराने पुस्तकालयों में प्राचीन पुस्तकें तथा अन्य चीजें नष्ट हो रही हैं। उन्हें भारतीय विरासत के तौर पर बचाना और सारी बहुमूल्य साहित्यिक चीजों की आकर्षक प्रदर्शन व्यवस्था के बारे में सोचा जाना अभी बाकी है।

शंभुनाथ

विश्व पर्यावरण दिवस

5 जून को यूनेस्को ने विश्व पर्यावरण दिवस घोषित किया है। विश्व पर्यावरण दिवस को पर्यावरण दिवस और ईको दिवस के नाम से भी जाना जाता है। सभ्यता की शुरुआत ही जिस प्रकृति से हुई थी, उसके संरक्षण और हरे-भरेपन के प्रति जागरूकता के लिए इस दिवस का पालन विश्व भर में 1972 से किया जा रहा है। इस दिन सौर्य ऊर्जा के अधिक उपयोग, जल-संरक्षण, ध्वनि प्रदूषण से बचाव, ऑर्गेनिक खेती आदि के प्रति नागरिक सचेतनता बढ़ाई जाती है। इसके लिए संयुक्त राष्ट्र ने पर्यावरण कार्यक्रम की घोषणा कर रखी है ताकि राजनीतिक और नागरिक स्तर पर पर्यावरण संरक्षण के लिए प्रतिबद्धताओं का निर्माण हो। हर वर्ष विश्व पर्यावरण दिवस के लिए एक विशेष थीम चुनी जाती है, जैसे 2016 का विश्व पर्यावरण दिवस का विषय वन्य जीवों के गैर-कानूनी व्यापार के विरुद्ध वैश्विक युद्ध था।

विश्व पर्यावरण दिवस पर विश्व जागरूकता पैदा की जाती है कि नागरिक संपूर्ण विश्व के बारे में सोचें और अपने स्थान पर सक्रिय होकर (थिंक ग्लोबली-एक्ट लोकली) प्रकृति और पर्यावरण के प्रति रुख में संवेदनशीलता लाएं। वे टिकाऊ विकास की अवधारणा के साथ सुरक्षित और समृद्ध भविष्य की ओर बढ़ें। इस अवसर पर पेड़ लगाने, अपने इलाके को स्वच्छ करने, सड़कों पर रंग-बिरंगे प्लेकार्ड के साथ जुलूस निकालने, हस्तशिल्प या चित्र प्रदर्शनी, फिल्म समारोह, नाटक, सोशल मीडिया की सक्रियता, अनुमति लेकर चहारदीवारी पर पर्यावरण जागरूकता संबंधी रंगीन चित्र बनाने, संगीतोत्सव, कविता-पाठ जैसे आयोजन किए जाते हैं।

विश्व पर्यावरण दिवस

मनोज झा

विश्व बैंक

विश्व बैंक आर्थिक व्यवस्था के पुनर्निर्माण एवं विकास के लिए अंतरराष्ट्रीय बैंक का प्रचलित नाम है। इसकी स्थापना द्वितीय विश्वयुद्ध के अंतिम चरण में ब्रेटनवुड्स में एक कॉन्फ्रेंस के दौरान जुलाई 1944 में हुई। द्वितीय विश्वयुद्ध के दौरान यूरोपीय देशों में जन-धन की अपार क्षति हुई थी। व्यापार और आर्थिक आदान-प्रदान की गति अवरुद्ध होने से उक्त देशों में जीवनस्तर बेतरह प्रभावित हुआ था। ऐसे में ब्रेटनवुड्स में 'संयुक्त राष्ट्र आर्थिक एवं वित्तीय सम्मेलन' का आयोजन हुआ। इसमें सदस्य राष्ट्रों ने अपने अलावा आर्थिक रूप से संबद्ध अन्य अविकसित या अल्पविकसित राष्ट्रों की अर्थव्यवस्था और जीवनस्तर को पटरी पर लाने के लिए प्रतिबद्धता जताई। इसके परिणामस्वरूप 'विश्व बैंक' की परिकल्पना मूर्त हुई। इस सम्मेलन के अंतिम अधिनियम के परिशिष्ट 'क' में विश्व बैंक के संविधान को आत्म-ग्रहण किया गया था। बाद में संयुक्त राष्ट्र संघ से एक विशेष समझौते के माध्यम से महासभा ने 14 नवंबर 1947 को इसके संविधान को अनुमोदित कर दिया।

विश्व बैंक दो अंतरराष्ट्रीय संस्थानों अंतरराष्ट्रीय पुनर्निर्माण और विकास बैंक (IRDA) तथा अंतरराष्ट्रीय विकास संगठन (IDA) को मिलाकर

विश्व बैंक

बना। यह विश्व बैंक समूह का एक घटक है जिसका मुख्यालय वाशिंगटन में है। वैसे जो राष्ट्र 31 दिसंबर 1945 से पहले अंतरराष्ट्रीय मुद्रा कोष (आई एम एफ) के सदस्य थे, उनके लिए विश्व बैंक की सदस्यता खुली है। अन्य राष्ट्रों को अधिशासी परिषद (गवर्निंग बोर्ड) के बहुमत के आधार पर सदस्यता प्रदान की जाती है। विश्व बैंक के तीन प्रमुख अंग हैं– अधिशासी परिषद (बोर्ड ऑफ गवर्नर्स), कार्यकारी निदेशक और अध्यक्ष। इसका कार्यकाल पांच वर्ष का होता है। परिषद का अधिवेशन प्रति वर्ष होता है। परिषद की शक्तियां कार्यकारी निदेशकों के पास होती हैं। ये बैंक के सामान्य कार्य संपादित करते हैं। कार्यकारी निदेशकों द्वारा एक अध्यक्ष चुना जाता है जो संस्था के प्रति जिम्मेदार होता है और सभा की अध्यक्षता करता है।

विश्व बैंक एक अंतरराष्ट्रीय वित्तीय संस्था के रूप में सदस्य राष्ट्रों को पुनर्निर्माण एवं विकास के लिए ऋण एवं अनुदान देता है। खासतौर से अल्पविकसित, अविकसित एवं विकासशील राष्ट्रों के आर्थिक विकास के लिए यह समय-समय पर योजनाओं का निर्माण करता है तथा वित्तीय सलाह प्रदान करता है। विश्व को आर्थिक तरक्की पर ले जाने के उद्देश्य के साथ यह गरीबी-उन्मूलन तथा अंतरराष्ट्रीय निवेश को प्रोत्साहित करने का भी काम करता है। यह अंतरराष्ट्रीय व्यापार के संतुलित विकास को भी प्रोत्साहित करता है। अपनी सबल वित्तीय संरचना के नाते यह एक प्रभावशाली निकाय है। यह मुख्य रूप से निम्नलिखित कार्य संपादित करने हेतु वित्तीय सहायता उपलब्ध कराता है :

मानवीय विकास : शिक्षा और स्वास्थ्य के मामले में यह विभिन्न देशों की सरकारों को सशर्त तथा निर्धारित ब्याज दर पर आर्थिक सहायता प्रदान करता है। भारत में प्राथमिक शिक्षा में आधारभूत सुधार के लिए विश्व बैंक से आर्थिक सहायता ली गई है।

कृषि और ग्रामीण विकास : सिंचाई तथा ग्रामीण सेवाओं के निमित्त विश्व बैंक सहायता प्रदान करता है। हाइब्रिड बीजों के उत्पादन और अनुप्रयोग में भी विश्व बैंक ने कई विकासशील राष्ट्रों को धन मुहैया कराए, हालांकि इनके नकारात्मक प्रभाव भी दिखे और कई राष्ट्रों में खतरनाक कीटनाशकों और वनस्पतियों के प्रभाववश उर्वरता में भारी कमी भी आई।

पर्यावरणीय संरक्षण : विश्व बैंक इसके लिए धन उपलब्ध कराता है, हालांकि इसका प्रतिशत काफी कम है। जैव विविधता के संरक्षण के निमित्त इसने इधर काफी सराहनीय पहलें की हैं। सड़क-निर्माण, शहरीकरण, विद्युतीकरण के क्षेत्र में भी यह सहयोग करता है। युद्ध एवं प्राकृतिक आपदा से तबाह हुए राष्ट्रों के पुनरुद्धार के लिए भी यह आर्थिक संसाधन उपलब्ध कराता है।

प्रशासनिक सुधार तथा भ्रष्टाचार-उन्मूलन : इसके लिए वैधानिक निकायों की अवस्थापना व प्रवर्द्धन के लिए सहयोग करता है।

इस तरह विश्व बैंक विकाशील सदस्य राष्ट्रों की आर्थिक नीतियों पर खासा प्रभाव रखता है। संभवतः इसीलिए इसकी नीतियां काफी विवादास्पद हैं। गरीब राष्ट्रों पर वह अपनी नीतियां जबरन थोपने की कोशिश करता है। सरकार की गारंटी के बावजूद यह ऊंची ब्याज दर पर ऋण उपलब्ध कराता है। मुक्त बाजार, आर्थिक सुधार जैसे कार्यक्रमों के माध्यम से अमेरिका और यूरोपीय देशों की मजबूत अर्थव्यवस्थाएं अपने आर्थिक साम्राज्यवादी हितों को भी साधने की कोशिश करती हैं। इराक और

अफगानिस्तान के मामले में विश्व बैंक की भूमिका तथा अमेरिकी प्रभाव को देखकर विचारकों ने इसे अमेरिका की जेबी संस्था भी करार दिया है।

अविनाश कुमार सिंह

अधिक जानकारी के लिए:

1. A Guide to the World Bank, 2011, 2. Unholy Trinity : The IMF, World Bank and WTO: Richard Peet, 3. Hypocrisy Trap: The World Bank and the Poverty of Reform : Catherine Weaver, **4. The World Bank : History :** Devesh Kapur, John Prior Lewis and Richard Charles Webb

विश्व बैंक के लक्ष्य

जुलाई 1944 में संयुक्त राज्य अमेरिका के न्यू हैंपशायर राज्य के ब्रेट्टन वुड्स स्थित माउंट वाशिंगटन होटल में अमेरिका और कतिपय यूरोपीय राष्ट्रों सहित अन्य देशों के प्रतिनिधियों की एक बैठक हुई। द्वितीय विश्वयुद्ध अपनी समाप्ति की ओर था। उस समय यूरोपीय राष्ट्रों के पुनर्निर्माण की गंभीर समस्या थी। वहां ब्रिटेन के जॉन मेनार्ड केंस और अमेरिका के हैरी डेक्सटर व्हाइट जैसे अग्रणी अर्थशास्त्रियों ने प्रस्ताव रखा कि इंटरनेशनल बैंक फॉर रिकंस्ट्रक्शन एंड डेवलपमेंट (आईबीआरडी) की स्थापना की जाए, जिसके जरिए मध्यम आय और ऐसे कम आय वाले राष्ट्रों को ऋण की व्यवस्था की जाए, जिससे वे अपनी अर्थव्यवस्थाओं का पुनर्निर्माण कर सकें। उसके साथ ही अंतर्राष्ट्रीय मुद्रा कोष (आईएमएफ) की स्थापना हुई। इन दोनों संस्थानों का मुख्यालय वाशिंगटन में है।

विश्व बैंक शब्द का प्रयोग पहली बार 'द इकोनॉमिस्ट' ने 23 जुलाई 1944 को ब्रेट्टन वुड्स सम्मेलन पर अपनी एक रिपोर्ट के क्रम में किया। आज विश्व बैंक पांच संस्थानों का एक समूह है। उसमें शामिल पांच संस्थान हैं : (1) द इंटरनेशनल बैंक फॉर रिकंस्ट्रक्शन एंड डेवलपमेंट (आईबीआरडी), (2) द इंटरनेशनल फाइनेंस कारपोरेशन (आईएफसी), (3) द इंटनरेशनल डेवलपमेंट एसोशिएशन (आईडीए), (4) द मल्टी लैटरल इन्वेस्टमेंट गारंटी एजेंसी (मिगा) और (5) द इंटरनेशनल सेंटर फॉर सेटलमेंट ऑफ इन्वेस्टमेंट डिस्प्युट्स (आईसीएसआईडी)।

आईबीआरडी वर्ष 1944 में अस्तित्व में आया। अभी उसके सदस्यों की संख्या 188 है। आईडीए में कुल मिलाकर 172 देश शामिल हैं। उसमें निवेश की राशि मतों की संख्या को निर्धारित करती है। सबसे अधिक निवेश संयुक्त राज्य अमेरिका का है 16.39 प्रतिशत। इस तरह उसके पास 16.39 प्रतिशत मत हैं। उसके बाद जापान (7.87 प्रतिशत), जर्मनी (4.49 प्रतिशत), फ्रांस (4.30 प्रतिशत) और यूनाइटेड किंगडम (4.30 प्रतिशत) का स्थान है। दुनिया के अन्य सब राष्ट्रों के कुल मिलाकर 62.61 प्रतिशत मत हैं।

अंतरराष्ट्रीय वित्तीय निगम (आईएफसी) की स्थापना 1956 में हुई थी। उसका उद्देश्य विकासशील देशों के निजी क्षेत्र को बढ़ावा देने के लिए ऋण, शेयरों में निवेश और तकनीकी सहायता की व्यवस्था करना है। अंतरराष्ट्रीय विकास संस्था (आईडीए) की स्थापना 1960 में हुई थी। उसका दायित्व निर्धनतम देशों को ब्याज-मुक्त ऋण और अनुदान उपलब्ध कराना है। बहुपक्षीय निवेश गारंटी एजेंसी (मिगा) का उद्देश्य विकासशील देशों में निवेश करने वालों को होने वाले गैर-वाणिज्यिक जोखिमों से सुरक्षा प्रदान करना रहा है। निवेश से जुड़े विवादों के निबटारे को लेकर बने अंतरराष्ट्रीय केंद्र (आईसीएसआईडी) का उद्देश्य निवेश से जुड़े विवादों को सर्वसम्मति से निबटाना रहा है जो दोनों पक्षों को मान्य हो।

आरंभ से ही यह परंपरा चली आ रही है कि विश्व बैंक का अध्यक्ष कोई अमेरिकी नागरिक होता है। उसका मुख्यालय 1818 एच स्ट्रीट, एन डब्लू, वाशिंगटन डी सी में है।

1968 में उसके अध्यक्ष रॉबर्ट मैक्नामारा बने। वे 1980 तक थे। उनके कार्यकाल में विश्व बैंक में कई परिवर्तन हुए। मैक्नामारा ने

बैंक की नीतियों में बदलाव लाकर विद्यालयों, अस्पतालों आदि के निर्माण पर जोर दिया, जिससे विकासशील देशों में साक्षरता का स्वर ऊंचा उठे और लोग स्वस्थ रहें। साथ ही कृषि-क्षेत्र में सुधार पर जोर दिया गया। उन्होंने ऋण के इच्छुक देशों में उनकी स्थिति के बारे में विस्तृत आंकड़े और ब्योरे मांगे। गरीबी निवारण को ध्यान में रखकर 1976 और 1980 के बीच बैंक के ऋणों की इतनी वृद्धि हुई कि विकासशील देशों को दिए जाने वाला ऋण औसतन 20 प्रतिशत हो गया। 1980 के दशक के दौरान विकासशील देशों की अर्थव्यवस्थाओं और आर्थिक नीतियों को विश्व बैंक ने प्रभावित करने के लिए संरचनात्मक समंजन से जुड़ी दृष्टि अपनाने पर जोर दिया। पर्यावरण की सुरक्षा के साथ ही विकास पर बल दिया गया।

वर्ष 1990 में अगले 25 वर्षों यानी वर्ष 2015 तक आठ लक्ष्यों को प्राप्त करने का संकल्प लिया गया था। इन लक्ष्यों को सहस्राब्दी विकास लक्ष्य (मिलेनियम डेवलपमेंट गोल्स) का नाम दिया गया। पहला लक्ष्य था—अति गरीबी और भुखमरी से निजात जिसके तहत 1990 और 2015 के बीच भुखमरी के शिकार लोगों का अनुपात पचास प्रतिशत पर लाना तय हुआ था। दूसरा लक्ष्य था—सबको प्राथमिक शिक्षा प्रदान करना, जिसके तहत 2015 तक लड़के हों या लड़कियाँ, सबको प्राथमिक शिक्षा उपलब्ध करना था। तीसरा लक्ष्य था—लैंगिक समानता को प्रोत्साहित करने के साथ ही महिलाओं के सशक्तीकरण की दिशा में बढ़ाना। 2005 तक अगर संभव हो सके तो प्राथमिकता एवं माध्यमिक शिक्षा के क्षेत्र में लैंगिक असमानता को दूर करना। वैसे शिक्षा के हर स्तर पर 2015 तक पूर्ण रूप से लैंगिक समानता का लक्ष्य प्राप्त किया जाना चाहिए। चौथा लक्ष्य था—शिशु मृत्यु दर को कम करना। इसके तहत वर्ष 1990 और 2015 के बीच पांच वर्ष से कम के बच्चों की मृत्यु में दो तिहाई कमी आनी चाहिए। पांचवा लक्ष्य था—माताओं के स्वस्थ्य में सुधार। 1990 और 2015 के बीच मातृ मृत्य दर में तीन-चौथाई कमी आनी चाहिए। छठा लक्ष्य था—एचआईवी (एड्स), मलेरिया और अन्य बीमारियों से निजात पाना। 2015 तक एचआईवी/एड्स के फैलाव को रोकना और उनके असर को समाप्त करना तथा साथ ही मलेरिया और अन्य प्रमुख पर्यावरण की सुरक्षा।

प्रत्येक देश की नीतियों और कार्यक्रमों को इस प्रकार तैयार करने के लिए कहा गया कि पर्यावरण की सुरक्षा हो। कहा गया कि 2015 तक निरापद पेयजल और बुनियादी सफाई से वंचित लोगों की संख्या आधी कर दी जाए। 2020 तक कम-से-कम 10 करोड़ मलिन बस्तियों में रहने वालों की जिंदगी में उल्लेखनीय सुधार लाया जाए। आठवां लक्ष्य था—विकास की दृष्टि से भूमंडलीय साझेदारी विकसित की जाए। राष्ट्रीय एवं अंतरराष्ट्रीय पैमाने पर नियम-आधारित व्यापारिक एवं वित्तीय व्यवस्था विकसित की जाए जो गरीबी घटाए और विकास की दिशा में ले जाए। साथ ही सबसे कम विकसित देशों की विशेष आवश्यकता की ओर ध्यान दिया जाए जिससे उनके निर्यात को प्रोत्साहन मिले। उनके ऊपर ऋण का बोझ कम किया जाए। उनकी गरीबी कम करने के लिए पहले की अपेक्षा कहीं अधिक सरकारी सहायता दी जाए। चारों ओर से जमीन से घिरे और छोटे टापुओं के विकास की ओर विशेष ध्यान दिया जाए। विकासशील देशों की ऋण-संबंधी समस्याओं की ओर विशेष ध्यान दिया जाए। साथ ही विकासशील देशों के सहयोग से युवा वर्ग के लिए शालीन एवं उत्पादक कार्य उपलब्ध कराए जाएं विकासशील देशों में दवा कंपनियों के सहयोग से उचित कीमतों पर आवश्यक दवाएं उपलब्ध कराई जाएं। निजी क्षेत्र के सहयोग से नई प्रौद्योगिकियों, जो विशेषकर सूचना और संचार से जुड़ी हैं, उन्हें उपलब्ध कराई जाए।

विश्व बैंक के लिए अधिकांश धन की आपूर्ति अमेरिका करता है। अतः जब विश्व बैंक के अर्थशास्त्री गरीब देशों में धन और राय देने जाते हैं, तब नियमतः वे सरकारों को पक्षपात छोड़कर उत्तम कार्मिकों को बहाल करने की राय देते हैं। इसे विश्व

बैंक को भी अपनाना चाहिए—ऐसी रिपोर्ट 2012 में 'द इकोनॉमिस्ट' ने दी थी।

गिरीश मिश्र

अधिक जानकारी के लिए :
1. The World Bank : D, Kapoor, 1999

विश्व मानवतावाद

मानवतावाद एक संपूर्ण जीवन-दृष्टि है जो मानवता के हित में तर्क, नैतिकता, सेवा और न्याय का समर्थन करती है और अलौकिकतावाद, हिंसा और अन्याय को नकारती है। इसका अंतरराष्ट्रीय स्तर पर विकसित रूप विश्व मानवतावाद है जिसकी बुनियादी धारणा 'वसुधैव कुटुंबकम' में निहित है। यह राष्ट्र को मानवता की दीवार के रूप में नहीं देखता, बल्कि उसे विश्व मानवतावाद-बोध के लिए सीढ़ी, पर कई बार बाधक मानता है। विश्व मानवतावाद को जाग्रत करने में स्वच्छंदतावादी साहित्य की एक बड़ी भूमिका थी। विश्व मानवतावाद व्यक्ति में विश्वबोध पैदा करता है, जो 'ग्लोबल' होने से एक भिन्न मामला है।

वैश्वीकरण के युग में धार्मिक मतांधता, कई देशों की सीमाओं पर युद्ध की स्थितियों, बाजार अर्थव्यवस्था में बढ़ी सामाजिक विषमता, असुरक्षा, हिंसा आदि ने मानवतावाद को अंतरराष्ट्रीय चिंता का विषय बना दिया है। संयुक्त राष्ट्र ने दुनिया में अशांत जगहों पर मानवता की सेवा करने वालों के सम्मान में 2010 से 19 अगस्त को विश्व मानवता दिवस मनाना शुरू किया है। पहले विश्व मानवता दिवस के अवसर पर जारी एक संदेश में संयुक्त राष्ट्र संघ महासचिव बान की मून ने कहा था कि विश्व मानवतावाद दिवस का उद्देश्य उन लोगों पर ध्यान देना है जिनको राहत की जरूरत है। 19 अगस्त को बगदाद में संयुक्त राष्ट्र संघ के मुख्यालय पर आतंकवादी हमले में 22 लोग मारे गए थे। विश्व मानवता दिवस उन लोगों को प्रेरणा देने के लिए है जिन्होंने अपना जीवन मानवता की सेवा के लिए समर्पित कर दिया है। आज विश्व के कई भागों में मानवीय मिशन की जरूरत है। विश्व मानवतावाद मानव-मूल्यों और चिंताओं पर पुनः ध्यान केंद्रित करने वाला अध्ययन, दर्शन और सेवा-कार्य है जिसकी जरूरत मनुष्य और उसके संपूर्ण पर्यावरण, राष्ट्रीय और सामाजिक स्थितियों को बेहतर की ओर उन्मुख करने के लिए बढ़ती जा रही है।

मानवतावाद को लेकर यह प्रश्न अब अधिक प्रासंगिक है कि क्या धार्मिक आस्था, राष्ट्रवाद, बढ़ती आणविक और सैन्य तैयारियां तथा बाजार अर्थव्यवस्था मानवतावाद के आड़े आ रहे हैं। संयुक्त राष्ट्र हर साल 'विश्व मानवता शिखर सम्मेलन' आयोजित करता है। 2016 में यह पश्चिम-उन्मुख इस्लामी देश तुर्की की राजधानी इस्तांबुल में आयोजित हुआ था (29 जून 2016 को इस्तांबुल अंतरराष्ट्रीय हवाई अड्डे पर आतंकवादी हमले में 43 लोगों की हत्या हुई थी)। इस शिखर सम्मेलन में विश्व नेताओं के लिए पांच बुनियादी दायित्व निश्चित किए गए : 1. विश्व के नेता हर स्थिति में युद्ध टालें, बंद करें और समस्याओं का राजनीतिक हल निकालें जो मानवता की रक्षा के लिए एक बहुत बड़ा दायित्व है। 2. पिछले लगभग 150 सालों के युद्ध में अंतरराष्ट्रीय मानवतावादी नियमों का उल्लंघन देखा जा रहा है। इसलिए युद्ध में नृशंस रूप से की जाती नागरिकों की हत्या बंद हो और उनकी रक्षा के लिए नियम बनाए जाएं। नेता पुनः मानवता के नियमों के प्रति अपनी प्रतिबद्धता व्यक्त करें और 3. विश्व मानवता शिखर सम्मेलन की प्रतिबद्धता की पहली परीक्षा उन लोगों की स्थितियों को बदलने से है जो जीवन में पिछड़े हुए हैं। इसका अर्थ है कि हर इंसान के निकट पहुंचना होगा, स्त्रियों का सशक्तीकरण करना होगा, लड़के-लड़कियों को सकारात्मक बदलावों का अंग बनाना होगा। इसका अभिप्राय है विस्थापन रोकना, शरणार्थियों की सहायता करना, शिक्षा की असमानता को दूर करना और यौन-उत्पीड़न तथा हिंसा का उन्मूलन। 4. विश्व नेता आम लोगों की बुनियादी जरूरतें पूरी करने पर ध्यान दें और उनका

जीवन स्तर ऊपर उठाएं। इस मामले में सफलता इस पर निर्भर करेगी कि उनके जीवन में जोखिम कितने कम हैं। इसके तीन बुनियादी परिवर्तन जरूरी होंगे– (i) राष्ट्रीय व्यवस्था पुनः स्थापित हो, (ii) संकट का इंतजार न किया जाए और (iii) मानवता और विकास का विभाजन समाप्त हो। इसके अलावा साझे मानवतावादी दायित्वों को स्वीकार करने तथा इनके अनुसार कार्य करना राजनीतिक इरादे, संस्थाओं के निर्माण और आर्थिक व्यय का मामला भी है। इसके लिए स्थानीय स्तर पर कार्य करना जरूरी है, वित्तीय साधन जुटाना जरूरी है तथा मानवीय जरूरतों और निर्धारित फंड के बीच जो दूरी है, उसे किसी भी प्रकार खत्म करना निहायत आवश्यक है। वैश्वीकरण के सर्वाधिक संकट के दौर में राष्ट्र संघ द्वारा निर्धारित मानवतावादी दायित्वों की प्रासंगिकता बढ़ गई है।

बीसवीं सदी में मानवतावादी संगठनों के सदस्यों में इस बात पर मतभेद था कि मानवतावाद धर्म है या नहीं। ब्रिटेन और अमेरिका के शुरुआती संगठनों के मानवतावादी मानवतावाद को धर्म की परंपरागत सामाजिक भूमिका को पूरा करने के रूप में देखते थे। धर्मनिरपेक्ष मानवतावादी मानते थे कि धार्मिक मानवतावाद समेत धर्म के हर रूप का अतिक्रमण किए बिना विश्व में मानवतावाद की स्थापना नहीं हो सकती। इन दोनों गुटों के बीच मतभेद से बचते हुए हाल की मानवतावादी घोषणाएं इसे एक व्यापक जीवन-दृष्टि के रूप में निरूपित करती हैं। 'द इंटरनेशनल ह्यूमनिस्ट एंड एथिकल यूनियन' दुनिया भर के 100 से अधिक मानवतावादी, तर्कवादी, धर्मनिरपेक्ष, नैतिक संस्कृति और विश्व मानवता के हित में मुक्त विचार रखने वाले संगठनों का विश्वस्तरीय संघ है। 2002 में इसकी साधारण सभा ने एकमत से एम्स्टरडम घोषणापत्र जारी किया जो विश्व मानवतावाद की आधिकारिक परिभाषा देने वाले वक्तव्य का प्रतिनिधित्व करता है।

विवेकानंद ने शिकागो में दिए गए अपने प्रसिद्ध भाषण में जिस 'एकोहं बहुस्याम' का चेतना के स्तर पर शंखनाद किया था, वह मार्ग विश्व मानवतावाद की ओर जाता है। यह बाद में रवींद्रनाथ ठाकुर और गांधी के जीवन में पग-पग पर साकार हुआ। बीसवीं सदी में प्रथम विश्वयुद्ध के बाद जो भी साहित्यिक आंदोलन हुए, उनमें एक अंतरराष्ट्रीयतावादी और विश्व मानवतावादी स्वर था। छायावादी कवि राष्ट्रीय स्वाधीनता के साथ पूरे विश्व की चिंता करते थे, 'विषमता की पीड़ा से व्यस्त स्पंदित हो रहा विश्व महान' (कामायनी, प्रसाद), पंत विश्व-संदर्भ में कहते थे, 'जग पीड़ित रे अति दुख से/ जग पीड़ित रे अति सुख से / मानव जीवन बंट जाए/ दुख सुख से और सुख दुख से।' वस्तुतः विश्व मानवतावाद भारतीय जीवन, सभ्यता और संस्कृति में प्राचीनकाल से ही समाया हुआ है। मानवता की प्रवृत्ति को पारिवारिक, प्रांतीय और राष्ट्रीय खंडों में बांटकर नहीं रखा जा सकता, वह मानव-मन की अखंड और अविभाज्य सत्ता है।

महेन्द्र राजा जैन

विश्व व्यापार संगठन

विश्व व्यापार संगठन (World Trade Organization) एक अंतरराष्ट्रीय संस्था है जो वैश्विक स्तर पर होने वाले व्यापार के संचालन व नियमन का दायित्व संभालती है। इसकी स्थापना 1 जनवरी 1995 को हुई थी। इसका मुख्यालय जिनेवा में है। अभी दुनिया भर से 160 देश इसके सदस्य हैं। इसके गठन की कहानी दिलचस्प है। यह मूलतः उरुग्वे दौर (1986-94) की निष्पत्ति है जो

विश्व व्यापार संगठन

अंतरराष्ट्रीय व्यापार पर विचार-विमर्श के लिए 'गैट' (तट कर एवं व्यापार कर पर आम समझौता) के जन्म और उसके प्रावधानों में समाई हुई है।

दो विश्वयुद्धों के बाद दुनिया के अधिकतर देशों में आर्थिक मंदी पैदा हो गई थी। इसी दौरान कुछ विकसित देशों ने संरक्षणवादी नीति के तहत तट कर की दरें काफी बढ़ा दीं ताकि आयात को नियंत्रित करके निर्यात बढ़ाया जाए और इस तरह अपनी अर्थव्यवस्था को इस वैश्विक संकटकाल में और तेजी से मजबूत कर लिया जाए। लेकिन आयात पर पाबंदी स्वतः ही निर्यात को भी बाधित कर देती है। तट कर की ऊंची दर आयात और निर्यात, दोनों के लिए घातक थी। ऐसे में कुछ राष्ट्रों ने 1944 में एक बैठक की जिसे ब्रेटन वुड्स सम्मेलन कहा जाता है। इस बैठक में तीन अंतरराष्ट्रीय संस्थाओं की स्थापना करने पर सहमति बनी : 1. विश्व बैंक, 2. सदस्य देशों की अर्थव्यवस्था को फिर से दुरुस्त करने के लिए आर्थिक सहयोग के निमित्त अंतरराष्ट्रीय मुद्रा कोष और 3. मुद्रा विनिमय की निगरानी व नियमन के निमित्त अंतरराष्ट्रीय व्यापार संगठन।

वैश्विक स्तर पर व्यापार के कुशल संचालन व उसके सतत नियमन के निमित्त पहली दोनों संस्थाएं तो तत्काल प्रभाव से व्यवहार में आ गईं लेकिन तीसरी संस्था को लेकर कई समस्याएं सिर उठाने लगी थीं। ब्रेटन वुड्स सम्मेलन के अनुसार इस तीसरी संस्था को संयुक्त राष्ट्र संघ के विशेष अंग के रूप में काम करने के लिए सहमति व प्रस्ताव बने थे। अंतरराष्ट्रीय व्यापार संगठन के चार्टर के मसौदे में व्यापार के अलावा रोजगार, अंतरराष्ट्रीय निवेश, सेवा जैसे विषय भी शामिल थे। इस चार्टर पर सहमति के लिए एक सम्मेलन का आयोजन मार्च 1948 में क्यूबा के हवाना में किया गया था। लेकिन कुछ सदस्य देशों को छोड़कर कई देश, जिनमें अमेरिका भी शामिल था, ने इसे स्वीकार नहीं किया। हालांकि हवाना सम्मेलन के पूर्व ही 1946 में 23 देशों (जिनमें भारत भी था) ने एक समझौते के तहत तदर्थ आधार पर अंतराष्ट्रीय व्यापार संगठन के प्रावधानों को स्वीकार करते हुए, काम करना शुरू कर दिया था। चूंकि इन देशों की हालत विश्वयुद्धों के चलते काफी नाजुक थी, इसलिए अपनी अर्थव्यवस्था को उदारीकरण के द्वारा पटरी पर लाने के लिए उन्होंने यह निर्णय लिया था। इन देशों ने तट करों में व्यापक कमी करने तथा उनकी मांग निश्चित कर देने का निर्णय लिया। इस तरह तट कर और व्यापार कर संबंधी इस समझौते पर अक्टूबर 1947 में हस्ताक्षर हुए तथा 1 जनवरी 1948 से यह प्रभावी ढंग से काम करने लगा। इसे ही गैट कहा गया।

इधर 1950 में भी अमेरिका ने हवाना सम्मेलन वाले चार्टर को अस्वीकार कर दिया तो औपचारिक तौर पर अंतरराष्ट्रीय व्यापार संगठन को मृत मान लिया गया। लेकिन समानांतर रूप से, गैट, तदर्थ रूप में ही सही, काम करता रहा और अंततः उरुग्वे दौरों की लंबी प्रक्रिया (1986-94) के बाद गैट को विलयित करते हुए 'विश्व व्यापार संगठन' का उद्‌भव हुआ। नाम नया होने के बावजूद इसके संविधान में गैट के ही अधिकांश प्रावधान शामिल हैं, हालांकि इसकी एक लंबी प्रक्रिया है।

उरुग्वे दौर के पहले से गैट के कई वार्ता-दौर आयोजित हुए थे। मसलन जिनेवा दौर-1947, एनेसी दौर-1948, तोर्के दौर-1950, जिनेवा दौर-1955-1956, डिल्लन दौर-1960-62, कैनेडी दौर-1962-67, टोक्यो दौर-1973-1979 आदि। उरुग्वे दौर से पहले के प्रायः सभी वार्ता-दौरों में केंद्रीय मुद्दा तट कर ही था। सदस्य देशों ने तट कर को इस सीमा तक कम किया कि इनकी आर्थिक स्थिति तेजी से मजबूत होने लगी। आंकड़े बताते हैं कि पचास से साठ के दशक में विश्व व्यापार में औसतन आठ प्रतिशत की वृद्धि दर्ज की गई थी। उदारीकरण के चलते स्थिति यहां तक बनी कि व्यापार वृद्धि की दर उत्पादन की वृद्धि दर से अधिक थी। गैट के प्रति देशों का रुझान बढ़ा और 23 देशों से शुरू इस संरचना में उरुग्वे दौर तक 123 देश सदस्य बन चुके थे।

हालांकि सत्तर से अस्सी के दशक में विकसित

देशों ने अपने यहां आई आर्थिक मंदी से निपटने के लिए कुछ गैर-तट करीय रास्ते अपनाए, जिनसे निपटने के लिए गैट तैयार नहीं था। विकसित देशों ने द्विपक्षीय व्यापार समझौतों तथा कृषि में भारी सब्सिडी जैसे उपायों के माध्यम से गैट की प्रभावशीलता और साख पर नकारात्मक असर शुरू कर दिया। फिर विगत कई दशकों से वैश्विक व्यापार के स्वरूप में काफी जटिल बदलाव होते रहे और गैट के प्रावधान इस जटिलता के परिप्रेक्ष्य में अपर्याप्त साबित होने लगे थे। विकासशील देशों के लिहाज से दो महत्वपूर्ण क्षेत्र कृषि और वस्त्र गैट की विषयवस्तु में शामिल नहीं थे।

विकसित देशों, खासकर अमेरिका के नेतृत्व में गैट को कमजोर करने की कोशिशें भी होती रहीं। वस्त्र के क्षेत्र में बहु-रेशा व्यवस्था (मल्टी-फाइबर अरेंजमेंट) के द्वारा विकासशील देशों में कोटा-राज कायम करके वस्त्र-निर्यात को बाधित किया गया। स्वैच्छिक निर्यात प्रतिबंध (वॉलेंटियरी एक्सपोर्ट्स रजिस्टेंस) द्वारा जापान आदि देशों में वाहन-निर्यात को बुरी तरह प्रभावित किया गया। इसी तरह व्यवस्थित विपणन समझौता (ऑर्डरली मार्केटिंग एग्रीमेंट) के द्वारा कोरिया आदि देशों के निर्यात को बाधित किया गया। इन देशों को इस संकट से बचाने के लिए गैट के प्रावधान अपर्याप्त साबित हो रहे थे।

फिर उदारीकरण के चलते अर्थव्यवस्थाएं नजदीक आ रही थीं। इसलिए वस्तुओं के व्यापार के साथ सेवाओं के व्यापार का भी प्रतिस्पर्द्धी माहौल बन रहा था। सेवाओं के निमित्त पेटेंट और ट्रेडमार्क को लेकर बौद्धिक संपदाओं के संरक्षण के मुद्दे भी सामने आने लगे। गैट यहां भी नाकाफी होने लगा था। अंततः वैश्विक व्यापार में वस्तु व्यापार के साथ नए व्यापार क्षेत्रों के उदय, विकसित देशों की नीतियों और इसके चलते व्यापार की पूरी प्रक्रिया में आए जटिल बदलावों को देखते हुए उरुग्वे दौर की आठ वार्ताओं के उपरांत गैट को प्रतिस्थापित करते हुए विश्व व्यापार संगठन की स्थापना हुई। यह गैट से कई मामलों में एक होते हुए भी अलग था। गैट समझौतों का संग्रह मात्र था तथा एक संरचनात्मक अवस्थापना इसमें नहीं थी। विश्व व्यापार संगठन औपचारिक रूप से स्थायी संस्था बनी जिसके परिचालन के लिए सचिवालय बना। प्रत्येक दो वर्ष पर होने वाले मंत्री-स्तरीय सम्मेलनों द्वारा संगठन संबंधी निर्णय लिये जाते हैं। इस अंतराल में महासभा कार्यों का निष्पादन करती है। यह सदस्य देशों के विवादों के निपटारे के साथ व्यापार नीति का पुनरीक्षण भी करती है। गैट के प्रावधान सदस्य देशों द्वारा तदर्थ रूप में अपनाए गए थे जबकि विश्व व्यापार संगठन के प्रावधान स्थायी प्रवृत्ति के हैं। विश्व व्यापार संगठन में विवादों का निपटारा अबाधित होता है जबकि गैट के निपटारों को बाधित भी किया जा सकता था। कुल मिलाकर विश्व व्यापार संगठन एक ठोस और मजबूत वैश्विक संस्था के रूप में उभरा है।

वैश्विक व्यापारों के नियमन के लिए यह संगठन कुछ महत्वपूर्ण सिद्धांतों के अनुषंग में कार्य करता है। व्यापार के मामले में सभी सदस्य राष्ट्रों के प्रति समान व्यवहार का सिद्धांत, निर्यात को बढ़ावा देने के लिए तट करों का नियमन व परिमार्जन, लाइसेंसिंग, सब्सिडी का निर्धारण, सुरक्षात्मक उपाय, डंपिंग-रोधी तथा प्रतिसंतुलनकारी (काउंटरवेलिंग) आदि सिद्धांतों का प्रयोग वह करता है। उरुग्वे दौर के माध्यम से कई व्यापार समझौते हुए। व्यापार संबंधी निवेश उपाय (ट्रेड रिलेटेड इन्वेस्टमेंट मेजर्स—ट्रिम्स), सेवा व्यापार पर आम समझौता (जेनरल एग्रीमेंट ऑन ट्रेड इन सर्विसेज—गैट्स), व्यापार-संबंधी बौद्धिक संपदा अधिकारों पर समझौता (ट्रिप्स), वस्त्र पर समझौता, कृषि पर समझौता जैसे ऐतिहासिक महत्व के समझौतों के माध्यम से विश्व व्यापार संगठन ने वैश्विक व्यापार को अधिकाधिक जवाबदेह और पारदर्शी बनाने का कार्य किया है। सिएटल दौर और दोहा दौर में भी विश्व व्यापार संगठन ने हालिया स्तर पर कई महत्वपूर्ण कदम उठाए। इन दौरों की सबसे बड़ी उपलब्धि रही विकासशील और अविकसित देशों द्वारा अमेरीकी कृषि उत्पादों के निर्यात पर सब्सिडी का पुरजोर विरोध करना तथा टिकाऊ विकास को बढ़ावा देना। इस तरह के घटनाक्रम आगामी दिनों

में वैश्विक व्यापार के ज्यादा लोकतांत्रिक बनने का संकेत देते हैं। भारत की बढ़ती हुई आर्थिक क्षमता विश्व व्यापार संगठन में उसकी भूमिका को ज्यादा असरदार बना सकती है।

अविनाश कुमार सिंह

अधिक जानकारी के लिए :
1. विश्व व्यापार संगठन : भारत के परिप्रेक्ष्य में : शैलेंद्र कुमार, 2000, **2. The World Trade Organisation : Trading into the Future :** Geneva, 1997-98, **3. The Political Economy of World Trading System :** Bernard Hockman, 1995

विश्व सरकार

विश्व सरकार (World Government) की अवधारणा संपूर्ण मानव जाति के लिए एक राजनीतिक इकाई की कल्पना है। यह सदियों का महान स्वप्न है कि विश्व में एक जनतांत्रिक एवं न्यायपूर्ण शासन व्यवस्था हो और वह संघीय अंतरराष्ट्रीय प्रणाली पर आधारित हो। ऐसी विश्व सरकार शांति के जरिए बने, न कि ताकत और युद्ध के बल पर। यह कल्पना जब सामने आई, बहुतों ने यही कहा कि यह अवास्तविक है और ऐसा करने वाले देशद्रोही हैं।

1948 में सोल ग्यारेथ डेविस ने अमेरिकी नागरिकता त्याग करके पेरिस जाकर घोषणा की कि वह 'पृथ्वी का नागरिक' है और पृथ्वी का राष्ट्र-आधारित विभाजन गलत है। उसने 1948 में राष्ट्र संघ कार्यालय के सामने अपने बीस हजार समर्थकों को लेकर प्रदर्शन किया और 1953 में 'वर्ल्ड गवर्नमेंट' की घोषणा हो गई, 'वर्ल्ड पासपोर्ट' देना शुरू हो गया और आवेदनकर्ता 7 लाख हो गए। इस आंदोलन के पहले वेंडेल वोल्की ने 1943 में 'वन गवर्नमेंट फॉर वन वर्ल्ड' नाम से एक पुस्तक लिखी थी। उस समय दूसरा विश्वयुद्ध चल रहा था और उसका रूप भयंकर था—संपूर्ण मानवता को चुनौती देता-सा। विश्वशांति के लिए औपनिवेशिक और साम्राज्यवादी आधिपत्य से मुक्त पृथ्वी के लिए विश्व सरकार के औचित्य का अनुभव जगह-जगह किया गया। वर्तमान संयुक्त राष्ट्र उसका एक आभास जरूर है, पर मुख्यतः सलाह देने वाली यह संस्था अंतिम मंजिल नहीं मानी गई है।

प्राचीन काल से दुनिया की सभी संस्कृतियों में धारणा थी कि सभी ही एक महान संपूर्ण के अंग हैं। इसे भारत में 'वसुधैव कुटुंबकम्' कहा गया। चौदहवीं सदी में दांते ने विश्व मानवता का प्रश्न उठाया था। पंद्रहवीं सदी में फ्रांसिस्को विटोरिया ने 'वैश्विक राजनीतिक दर्शन' की चर्चा की थी। उसने 'विश्व गणतंत्र' का आदर्श दिया था। इमेनुअल कांट ने 'परपेचुअल पीस' शीर्षक से एक लेख लिखा और कहा कि युद्ध की सारी संभावनाओं को मिटाकर विश्वशांति कायम होनी चाहिए और किसी देश का किसी अन्य पर दबाव न हो। उसने विश्व नागरिकता की बात कही थी। अंग्रेजी रोमांटिक कवि टेनिसन ने 1842 में अपनी एक कविता में लिखा, 'मैं भविष्य में वहां तक देखता हूं/ जहाँ तक मनुष्य की आंख देख सकती है/ मैं एक ऐसी विश्व दृष्टि पाता हूँ/ जहाँ कितनी ही विचित्र बातें होंगी/ और उनमें एक बात है—युद्ध के दमामे नहीं बजेंगे।'

राजा राममोहन राय जब 1832 में इंग्लैंड से फ्रांस की ओर रवाना हुए, उन्हें फ्रांस के दूतावास में अपना परिचय पत्र दिखाते हुए आगामी आवेदन करना था। उन्होंने नहीं किया और फ्रांस के विदेश मंत्री के पास एक प्रतिवाद पत्र भेजा कि प्रगति और सभ्यता की इतनी ऊंचाई पर पहुंचे यूरोप में आवागमन के लिए कितना अतार्किक भेदभाव किया जाता है। उनका पत्र राजा लुई फिलिप के पास पहुंचा और राममोहन राय को आदर के साथ फ्रांस में आमंत्रित करते हुए उन्होंने कहा कि परिचय पत्र जमा करने की कोई जरूरत नहीं है। 1956 से 2013 में मृत्यु के पहले तक ग्यारी डेविस ने भी विश्व सरकार के लिए अपना अभियान जारी रखा। वह कई देशों में गिरफ्तार हुए, पर देशहीन नागरिक के रूप में उनका प्रचार जारी था। बर्टेंड रसेल और अल्बर्ट आइंस्टीन विश्व सरकार के समथर्क थे।

राहुल सांकृत्यायन ने अपनी पुस्तक 'बाईसवीं

सदी' में एक सकारात्मक कल्पना की कि पूरा विश्व एक इकाई होगा। प्रत्येक मानव को रोटी, कपड़ा, मकान, शिक्षा, स्वास्थ्य और रोजगार स्वच्छंदतापूर्वक उपलब्ध होगा। विश्व में हर आवश्यकता के लिए प्रचुर सामग्री और साधन उपलब्ध होंगे। कार्ल मार्क्स का सिद्धांत था, 'राज्यविहीन और वर्गविहीन अंतरराष्ट्रीय समाज हो'। राममनोहर लोहिया के राजनीतिक दर्शन में 'चौखंभा सिद्धांत' गणतंत्र का आधारभूत तत्व है। उन्होंने लिखा था कि लोकतंत्र आदमी के खून में गरमाहट तब पैदा करेगा, जब वह चार खंभों पर खड़ा होगा–गांव, जिला, प्रदेश और केंद्र। पांचवां खंभा है विश्व सरकार।

दूसरे विश्वयुद्ध के बाद (1950-51) राममनोहर लोहिया ने विश्व सरकार का सपना देखते हुए कहा था, 'सारी मानवजाति को एक ही समष्टिमाना जाए...विश्व संसद सार्वभौम कानून बनाए। इसमें कठिनाइयां भी हैं। ...लेकिन मानव इतिहास में क्या ऐसी कठिनाइयों को पार करने के उदाहरण नहीं हैं? हमें सिर्फ उस आधार की खोज करनी होगी, जिस पर विश्व सरकार बना सकते हैं और जो सब देशों को स्वीकार्य हो। इसके सिवाय दूसरा रास्ता नहीं है। ...संयुक्त राष्ट्र संगठन गैर-सैद्धांतिक और असमान प्रतिनिधित्व के कारण विश्व-चेतना का निर्णायक मंच नहीं बन सकता।' उनकी सप्त क्रांति का एक रूप था–पूर्ण निःशस्त्रीकरण। (राममनोहर लोहिया रचनावली–6)।

राममनोहर लोहिया ने यह भी कहा था, 'विश्व सरकार तब तक अपाहिज होगी, जब तक इसके लिए पूंजी संसाधनों का अंतरराष्ट्रीय कोष नहीं बनेगा, जो प्रत्येक देश से उसकी क्षमता के अनुसार लेगा और प्रत्येक देश को उसकी जरूरत के अनुसार देगा।' यह दुनिया में धन, सुख-सुविधाओं, टेक्नोलॉजी आदि के असमान वितरण को दूर करने का आह्वान था। लोहिया के अनुसार, 'पूंजी संसाधनों के अंतरराष्ट्रीय कोष की कल्पना के इस विचार पर अभी तक इतना जोर नहीं दिया गया, जितना विश्व संसद और विश्व सरकार के विचार पर। उन्होंने यह भी कहा, 'अंतरराष्ट्रीय तकनीकी सहायता के एकतरफा कार्यक्रमों की जगह विश्व को दोतरफा कार्यक्रम की जरूरत है, जिसमें कोई देने वाला या लेने वाला न हो, जिसमें दो या दो से अधिक मानव समूह साथ-साथ एक-दूसरे से सीखें और एक-दूसरे को सिखाएं।' उनके स्वप्नों की विश्व सरकार विकसित, विकासशील और पिछड़े देशों के विभाजन को हमेशा के लिए खत्म करने की चिंताओं से जुड़ी थी।

विश्व सरकार का एक अर्थ है, कोई राष्ट्र अपनी मिलिटरी नहीं रखेगा, जिससे लगभग प्रति वर्ष लगभग दो ट्रिलियन डॉलर की बचत होगी। अंतरराष्ट्रीय पुलिस होगी जो शांति और व्यवस्था बनाए रखेगी। श्रम और पूंजी का सभी राष्ट्रों में स्वच्छंद विचरण होगा। कोई पासपोर्ट और वीजा नहीं होगा। दुनिया में जीवन के हर तरह के साधन पर्याप्त होंगे। भौतिक सुख उपलब्ध होंगे। विश्व सरकार की यह सामान्य आदर्शवादी धारणा है, जिसकी व्यावहारिकता पर संदेह व्यक्त किया गया है। इसलिए विश्व सरकार को शांतिपूर्ण विश्व शासन व्यवस्था के रूप में देखा गया है।

सवाल है, क्या कभी मानव जाति की एक राजनीतिक इकाई होगी और विश्व में एक गणतांत्रिक एवं न्यायपूर्ण शासन व्यवस्था बनेगी, जैसा बहुतों का सपना था?

उन्नीसवीं सदी के उत्तरार्ध में सूफी संत बहाउल्ला ने बहावी दर्शन और धर्म का प्रचार किया जिसका मुख्य लक्ष्य विश्व में एकता एवं विश्व के राष्ट्रों का वैश्विक संघ स्थापित करना था। इस धर्म का कहना है कि विश्व की एक संसद हो, एक न्यायपालिका और एक कार्यपालिका हो। उन्नीसवीं सदी में कई अंतरराष्ट्रीय संस्थान बने भी हैं, जैसे– रेड क्रॉस (1863), टेलीग्राफ यूनियन (1865), यूनिवर्सल पोस्टल यूनियन (1874) आदि। प्रथम विश्वयुद्ध के शुरू तक ऐसे 450 अंतरराष्ट्रीय संस्थान थे, जिनकी गतिविधियां एक या कुछ ही देशों तक सीमित नहीं थीं।

प्रथम विश्वयुद्ध (1914-1918) से अंतरराष्ट्रीय

संबंधों ने करवट बदली। उसी बीच रूस में, 1917 में क्रांतियां हुईं। प्रथम विश्वयुद्ध के अंत तक 85 लाख लोग मरे थे और करीब 2.10 करोड़ लोग घायल हुए थे। 1918 के मध्य में स्पेनिश फ्लू से 2.5 करोड़ व्यक्ति यूरोप में मरे। इन स्थितियों में एक समझौता हुआ, जिसे 'ट्रीटी ऑफ 'बार्सिलोना' कहा जाता है। इस समझौते ने 'लीग ऑफ नेशंस' को जन्म दिया। इससे विश्व समझौतों की आवश्यकता को बल मिला। लीग ऑफ नेशंस की स्थापना 1919-20 में हुई। इसके अधिकतम सदस्य 58 राष्ट्र थे। इसका मुख्य उद्देश्य सभी राष्ट्रों के बीच भाईचारा, युद्धों को रोककर शांति स्थापना, मानव कल्याण और राजनीतिक स्तर पर सभी अंतरराष्ट्रीय समस्याओं को सुलझाना था। लीग की अपनी कोई सैन्य शक्ति नहीं थी, यह शक्तिशाली देशों पर निर्भर थी। नतीजतन लीग सफल नहीं हो सका। जर्मनी ने बार्सिलोना संधि को नकार दिया। हिटलर ने नारा दिया कि विश्व में शांति तभी कायम हो सकती है जब एक सर्वशक्तिमान राष्ट्र को सभी देश अपना नेता मान लें। हिटलर के अनुसार, वह देश जर्मनी था। 1939 से 1945 तक द्वितीय विश्वयुद्ध चला, इसमें 6 करोड़ से ज्यादा लोग मरे।

द्वितीय विश्वयुद्ध ने मानवजाति को एक नया दृष्टिकोण दिया। सभी देशों को एक ऐसे विश्व संगठन की आवश्यकता महसूस हुई जो भविष्य में ऐसे विनाश को रोक सके। पहले नाटो चार्टर बना, फिर संयुक्त राष्ट्र संघ। अब अंतराराष्ट्रीय कानून, सुरक्षा, आर्थिक विकास, मानवाधिकार, सामाजिक प्रगति और विश्वशांति प्रमुख मुद्दे थे। संयुक्त राष्ट्र संघ के विश्व के 196 देशों में 193 देश सदस्य हैं।

अमेरिका और रूस के बीच शीतयुद्ध था। उनमें हथियारों की होड़ थी। इतने परमाणु हथियार बने कि वे पृथ्वी को कई बार नष्ट करने में सक्षम थे। 4 अप्रैल 1949 को अमेरिका ने नाटो (नॉर्थ अटलांटिक ट्रीटी ऑर्गेनाइजेशन) बनाया था। इस सैन्य समझौते के अनुसार, इसमें सम्मिलित देशों में से किसी भी एक सदस्य पर अगर हमला हुआ तो वह नाटो के सभी सदस्यों पर हमला समझा जाएगा। वास्तव में यह रूस की ताकत के खिलाफ शक्ति तैयार करना था। इसके विपरीत कुछ दूसरे राष्ट्रों ने रूस के नेतृत्व में 'वारसा समझौता' किया जो 'नाटो' का जवाब था। अमेरिका और रूस के बीच यह शीतयुद्ध 1991 तक चला, जब तक यूएसएसआर टूटकर कई राष्ट्रों में विभक्त नहीं हो गया। शीतयुद्ध समाप्त हुआ। अमेरिका विश्व का सर्वशक्तिमान राष्ट्र बन गया।

1945 के बाद विश्वयुद्ध नहीं हुए पर भारत पर चीन का हमला; वियतनाम, अफगानिस्तान, इराक पर अमेरिका के हमले, सीरिया का गृहयुद्ध, इजराइल की गाजा पट्टी में निरंतर गोलाबारी, बांग्लादेश युद्ध, भारत-पाकिस्तान युद्ध, उत्तरी और दक्षिण कोरिया के बीच तनाव—ऐसे कई मामले विश्व शांति के मार्ग में रुकावट बने हुए हैं। इधर शीतयुद्ध का एक नया रूप दो सभ्यताओं के टकराव के रूप में शुरू हुआ है। यह टकराव मुख्यतः पाश्चात्य सभ्यता और मध्य-पूर्वी एशिया की सभ्यता के बीच है। इस टकराव ने 2001 में अमेरिका के वर्ल्ड ट्रेड सेंटर की दो गगनचुंबी अट्टालिकाओं को ध्वस्त कर दिया था। अमेरिका ने नाटो समझौते के तहत अफगानिस्तान पर 2001 में और इराक पर 2003-04 में हमला कर दिया था। यह आग अंदर ही अंदर सुलग रही है। 2008 की आर्थिक मंदी कुछ इन्हीं टकरावों का नतीजा थी।

विश्व में सबसे बड़े विनाश का कारण आणविक शक्ति है। इसके लिए सर्वशक्तिमान होने की आवश्यकता नहीं है। आणविक हथियारों से लैस किसी भी एक राष्ट्र की पाशविक प्रवृत्ति का उभार पूरे विश्व के विनाश के लिए पर्याप्त है। द्वितीय विश्वयुद्ध के बाद केवल पांच राष्ट्रों के पास आणविक हथियार थे—अमेरिका, रूस, इंग्लैंड, फ्रांस और चीन। संयुक्त राष्ट्र संघ में ये पांच राष्ट्र ही सुरक्षा परिषद के स्थायी सदस्य बने और वे ही आज तक हैं। इन पांचों राष्ट्रों को वीटो (Veto) अधिकार है। इसका अर्थ है कि इनमें से किसी एक भी राष्ट्र ने अगर संयुक्त राष्ट्र संघ के किसी भी

प्रस्ताव पर वीटो दिया तो वह प्रस्ताव कार्यान्वित नहीं हो सकता। यही अल्पमत शासन प्रणाली आज अंतरराष्ट्रीय प्रणाली है। इन पांचों राष्ट्रों ने प्रयास किया कि कोई भी छठा राष्ट्र आणविक हथियारों से लैस नहीं हो सके।

भारत और पाकिस्तान दोनों ही आज आणविक हथियारों वाले राष्ट्र हैं। इनके अलावा केवल उत्तर कोरिया ने आणविक हथियार विकसित किए हैं। उत्तर कोरिया को रूस और चीन का सहयोग मिलता रहा है और दक्षिण कोरिया को अमेरिका का। दो सभ्यताओं का टकराव—शीतयुद्ध का यह नया रूप विश्व शासन और विश्वशांति में बाधक है। बड़ी ताकतें विश्व शासन नहीं चाहतीं, क्योंकि वे विश्व में खुद अपरोक्ष रूप से शासन करना चाहती हैं। पर आणविक हथियार विश्व शासन की मांग करते हैं। विश्व की असमानता भी विश्व शासन की मांग करती है। विश्व शासन का जो भी रूप हो, इसका अर्थ है अंतरराष्ट्रीय मामलों में कुछ खास बड़ी ताकतों के अन्यायमूलक प्रभुत्व का अंत। नई विश्व अर्थव्यवस्था ने इस दिशा में कदम बढ़ाए हैं। कई विसंगतियों और असफलताओं के बावजूद एक आर्थिक विश्व इस दिशा में बढ़ा एक महत्वपूर्ण कदम है।

नंदलाल शाह

अधिक जानकारी के लिए :

1. Constructing the World Polity : John Reggie, 1998, **2. The End of the Nation State :** Kenichi Ohmae, 1995

विश्वसाहित्य के परिप्रेक्ष्य

विश्वसाहित्य 'वर्ल्ड लिटरेचर' (World Literature) का अनुवाद है, जो जर्मन कवि और चिंतक गेटे (गोएते) द्वारा 1827 में प्रयुक्त 'वेल्ट लिटरेचर' से प्रेरित है। रवींद्रनाथ टैगौर ने 1907 में विश्वसाहित्य की जो धारणा प्रस्तुत की थी, वह 1827 में जर्मन कवि एवं चिंतक गेटे और 2003 में तुलनात्मक साहित्य के अमेरिकी विद्वान डेविड डेमरोश द्वारा प्रस्तुत विश्व साहित्य की अवधारणा से बिल्कुल भिन्न थी।

यूरोप में अठारहवीं सदी के आखिरी चतुर्थांश में 'तुलनात्मक साहित्य' और 'विश्वसाहित्य' राष्ट्रीय साहित्य की प्रतिक्रिया तथा प्रतिरोध के रूप में सामने आए। यह वह समय था, जब यूरोप में राजशाही तथा सामंतवादी साम्राज्य के बिखराव के साथ राष्ट्र (नेशन) अस्तित्व में आ चुके थे। पश्चिम में राष्ट्र का अर्थ था—एक भौगोलिक क्षेत्र, एक पंथ या धर्म, एक प्रजाति, एक भाषा-संस्कृति, एक साहित्य। राष्ट्र के साथ राष्ट्रीय साहित्य की अवधारणा अस्तित्व में आई। यह सिद्धांत तथा व्यवहार, दोनों स्तरों पर संकीर्ण थी। परिणामतः राष्ट्रीय श्रेष्ठता सिर पर चढ़कर बोलने लगी। कहा जाने लगा कि विश्व जो कल सोचेगा, यूरोप वह आज सोचता है, और यूरोप जो कल सोचेगा, वह फ्रांस आज सोचता है। जर्मनी और इंग्लैंड भी इस संक्रामक वाग्विलास से अछूते न थे। राष्ट्रीय साहित्य को सर्वश्रेष्ठ माना गया। कहा गया कि यदि मेरा साहित्य सर्वश्रेष्ठ है तो मुझे दोयम दर्जे के अन्य साहित्यों को पढ़ने की क्या जरूरत?

साहित्य का मुख्य उद्देश्य है समाजों और संस्कृतियों के बीच संवाद स्थापित कर साहित्यिक और मानवीय मूल्यों की स्थापना करना, पर राष्ट्रीय साहित्य ने संवादहीनता की स्थिति खड़ी कर दी। ऐसे में यूरोप के उस समय के गटे जैसे मनीषी ने 'विश्वसाहित्य' और 'तुलनात्मक साहित्य' की अवधारणा प्रस्तुत की। विश्वसाहित्य को 'विश्व क्लासिकी' या विश्व की ऐसी कालजयी रचनाओं का समुच्चय माना गया, जो देश, काल या कुल (प्रजाति या वर्ग) की सीमाओं से परे हो। इस अवधारणा के साथ दो समस्याएं थीं। एक तो यह आभिजात्यवादी सीमित अवधारणा थी। इसमें हाशिए के साहित्यों के लिए स्थान न था। दूसरी ओर विश्व खुद एक सापेक्षिक और सीमित विचार था। गेटे का विश्व उनके समय का यूरोप था, बाद में उसमें यूरोप के बाहर के समाज और साहित्य, जैसे—अरबी और भारतीय, विशेषकर, संस्कृत साहित्य आदि जुड़

गए, पर कहा गया 'विश्वसाहित्य'। यह बात अठारहवीं या उन्नीसवीं सदी तक ही नहीं, बीसवीं सदी तक थी।

विश्व या विश्वसाहित्य किसी की खास मिल्कियत नहीं है, पर विजेता और प्रभुतासंपन्न समाज इसे हथिया लेते हैं और अपने अनुकूल अवधारणा को स्थापित कर व्यवहार में थोपने की कोशिश करते हैं। ध्यान रहे कि मैथ्यू आर्नल्ड ने 1846 में अपनी बहन को लिखे पत्र में बहुवचन संज्ञा 'तुलनात्मक साहित्यों' का प्रयोग किया था, पर उनका विश्व यूरोप और उसमें भी विशेषकर ग्रीक, लैटिन तथा फ्रेंच समाज एवं साहित्य तक सीमित था। उनके बाद आए टी एस इलियट, उन्होंने आर्नल्ड को प्रोपेगंडावादी बताया। उनकी आलोचना का विश्व यूरोप तक सीमित जरूर था, पर उनके सृजनात्मक साहित्य में यूरोप से बाहर की सभ्यताएं और देश, जैसे मिस्र और भारत शामिल थे। तभी उनकी कविता 'द वेस्टलैंड' की समाप्ति 'शांति, शांति, शांति' से होती है अर्थात समाजों की बात तो दूर, एक ही लेखक अपने विमर्श में अलग-अलग विश्वों को रचता है और उनमें विचरण करता है।

यूरोप का उन्नीसवीं सदी में प्रभुत्व बढ़ा। अतः विश्व-साहित्य की यूरोपीय अवधारणा को ही व्यवहार में स्वीकृति मिली। औपनिवेशिक काल में स्थापित आधुनिक विश्वविद्यालयों में अंग्रेजी या यूरोपीय साहित्य के विभागों में 'वर्ल्ड क्लासिक्स' का पाठ्यक्रम रखा गया। इनमें विश्व की श्रेष्ठ कालजयी रचनाओं को पढ़ाया जाने लगा। उन रचनाओं में रामायण, महाभारत, होमर के 'इलियड' या ओडिसी, दांते की डिवाइन कॉमेडी, मिल्टन का पैराडाइज लॉस्ट या सोफोक्लीज, कालिदास, शेक्सपीयर, कार्नेल आदि प्रसिद्ध नाटककारों की रचनाओं को चुनकर रखा गया था। चूंकि यूरोप 'वर्ल्ड लिटरेचर' की अवधारणा का प्रणेता था, अतः स्वाभाविक था कि मुख्यतः यूरोप की श्रेष्ठ रचनाएं उसका हिस्सा बनतीं। उन्नीसवीं सदी के उपनिवेशीकरण के युग में यूरोप का साक्षात्कार नये भू-भागों, उनकी संस्कृतियों तथा साहित्य से हुआ, अतः नए-नए समाजों के लिए नई अध्ययन विधा या पद्धति की आवश्यकता हुई। ऐसे में बराबर के राष्ट्रों अर्थात यूरोपीय राष्ट्रों के साहित्य के अध्ययन के लिए तुलनात्मक साहित्य की अध्ययन पद्धति का विकास किया गया। जो समाज प्राचीनतम थे, पर थे ज्ञान-विज्ञान और आधुनिकीकरण से दूर, ऐसे तथाकथित 'अंधकार प्रदेशों', जैसे अफ्रीका के लिए एंथ्रोपोलॉजी या नृवंशशास्त्र जैसी ज्ञान-विद्या की स्थापना हुई। वे समाज, जिनका अतीत स्वर्णिम था, पर वर्तमान पतन के गर्त में था, उनके लिए पौर्वात्यवाद (ओरिएंटलिज्म) का विमर्श तैयार किया गया, जो पाश्चात्य विद्वानों द्वारा पाश्चात्य वाचकवृंद के उपभोग हेतु पूर्व के बारे में विरचित ज्ञान-विमर्श है। कालांतर में पौर्वात्यवादी विमर्श में क्षेत्र विशेष के लिए अर्थात भारत के लिए इंडोलॉजी (भारतविद्या विमर्श), चीन के लिए साइनोलॉजी (चीन विद्या-विमर्श), मिस्र के लिए 'इजिप्टोलॉजी' आदि का विकास हुआ।

यूरोप में उन्नीसवीं सदी के प्रथम चतुर्थांश तक तुलनात्मक साहित्य की अवधारणा स्वीकृत हो चुकी थी। तुलनात्मक साहित्य की खास बात यह थी कि इसमें अन्य साहित्यों के प्रति उदासीनता या हीनता के स्थान पर उसकी स्वीकृति थी। साथ ही उसके प्रति सम्मान भी, क्योंकि खुद से बाहर अन्य को समझने के लिए पढ़ने से बेहतर सम्मान का तरीका और क्या हो सकता है? जब दो संस्कृतियों और भाषाओं की दो रचनाएं एक साथ रखकर पढ़ी जाती हैं, तो सह-कृतित्व (को-टेक्स्चुएलिटी) की स्थिति बनती ही है। वे परस्पर प्रकाशवान भी होती हैं, जिससे उनकी ज्यादा अच्छी समझ बनती है। इसी के साथ तुलनात्मक साहित्य ने अपनी तथाकथित अध्ययन-पद्धति भी विकसित कर ली, क्योंकि वास्तव में तुलनात्मक साहित्य जैसी तो कोई चीज होती नहीं है। साहित्य, साहित्य होता है, उसके तुलनात्मक या अतुलनात्मक होने का सवाल नहीं होता। हां, 'साहित्यों' या 'साहित्यिक कृतियों' का तुलनात्मक अध्ययन अवश्य होता है, जिसकी अध्ययन-पद्धति यूरोप के अलग-अलग देशों में स्कूलों के रूप में विकसित हुई।

तुलनात्मक साहित्य के जर्मन स्कूल में

विषयवस्तु अध्ययन (थीमेटोलॉजी), फ्रेंच स्कूल में प्रभाव (इन्फ्लुएंस) तथा बाद में स्वीकरण (रिसेप्शन) पर जोर रहा, तो अंग्रेजी स्कूल में रचनाओं को एक साथ रखकर पढ़ने (प्लेसिंग) पर। अमेरिकी स्कूल ने तुलनात्मक साहित्य का क्षेत्र व्यापक बना दिया। साहित्यों का तुलनात्मक अध्ययन ठीक बात है, पर मूल में तो साहित्य ही है। साहित्य किसी ग्रीनहाउस में पैदा नहीं होता, वह मनुष्य का सृजन है। मनुष्य समाज में रहता है, अतः सामाजिक, आर्थिक एवं राजनीतिक, सभी पक्ष उस पर असर डालते हैं। इस कारण साहित्य, के तुलनात्मक अध्ययन में उनको नहीं नकारा जा सकता। परिणामतः साहित्य के साथ अर्थशास्त्र, समाजशास्त्र, मनोविज्ञान, राजनीतिशास्त्र, संगीत, ललित कला आदि का अध्ययन भी आवश्यक माना गया। इस अवधारणा के आधार पर अमेरिकी विद्वान हेनरी रेमाक की 1955 में तुलनात्मक साहित्य की परिभाषा ने उसे अंतरानुशासनिक (इंटरडिस्प्लिनरी) बना दिया। अमेरिका को तुलनात्मक साहित्य इसलिए भी खोजना पड़ा, क्योंकि द्वितीय विश्वयुद्ध के आसपास यूरोपीय बौद्धिकों ने अपने देशों की सर्वसत्तावादी तानाशाह राजसत्ताओं से पलायन कर अमेरिका में शरण ली थी। स्वाभाविक था कि उनके साथ उनका साहित्य भी आया। उनके नए साहित्यों को समुचित स्थान और उनका अध्ययन तुलनात्मक साहित्य के द्वारा ही संभव था। इसके बाद अमेरिकी तुलनात्मक साहित्य संघ (अमेरिकन कंपेरेटिव लिटरेचर एसोसिएशन की (एलसीएल) स्थापना हुई। इसमें प्रावधान था कि दस वर्ष में एक रिपोर्ट तैयार की जाए, जिसमें 'मानदंड' निर्धारण हो। 1990 के दशक में मानदंड के स्थान पर 'स्टेटस रिपोर्ट' शब्द का प्रयोग किया गया।

1965 में तुलनात्मक साहित्य के प्रख्यात विद्वान हेरी लेविन की अध्यक्षता में रिपोर्ट आई और उसके बाद टॉम ग्रीन ने दूसरी रिपोर्ट 1975 में पेश की। 1980 के दशक में रिपोर्ट न आ सकी, क्योंकि समिति के अध्यक्ष रिपोर्ट के मसौदे से सहमत न थे। बीसवीं सदी के अंतिम दशक में एसीएलए की रिपोर्ट 1995 में चार्ल्स बर्नहाइमर द्वारा संपादित पुस्तक 'कंपेरेटिव लिटरेचर इन द एज ऑफ मल्टीकल्चरलिज्म' के रूप में आई। जब बहुसंस्कृतिवाद का स्थान भूमंडलीकरण ने ले लिया, तो 2006 में हॉन सॉसी की रिपोर्ट 'कंपेरेटिव लिटरेचर इन ऐन एज ऑफ ग्लोबलाइजेशन' पुस्तक के रूप में आई, जिसमें विश्व में आ रहे बदलावों को ध्यान में रखते हुए तुलनात्मक साहित्य की प्रतिक्रियाओं पर जोर था। इसमें फिल्म, संस्कृति, लोक वाङमय, हाशिए के विमर्श, जैसे—स्त्रीवाद, अंतरसांस्कृतिकवाद और बहुसांस्कृतिकवाद या भूमंडलीकरण, यहां तक कि आतंकवाद जैसे विमर्श शामिल कर लिये गए थे। समस्या यह थी कि तुलनात्मक साहित्य के लिए वैसा आर्थिक प्रश्रय न था, जैसा बहुसांस्कृतिकवाद या अंतरसांस्कृतिकवाद के विमर्शों के लिए था। दूसरी ओर तुलनात्मक साहित्य ने हर नए विमर्श को भकोसने की कोशिश की, जिससे उसकी खुद की पहचान खो गई। इसकी तथाकथित अध्ययन-पद्धति में कोई नया बदलाव नहीं आया, जिससे उसके विकास की संभावनाएं रुक गईं। रही-सही कसर पूरी कर दी सुसान बासनेट जैसे तुलनात्मक साहित्यिकों ने, जिन्होंने बीसवीं सदी के अंतिम दशक में तुलनात्मक साहित्य के 'अंत' की घोषणा कर दी। खैरियत यह थी कि उन्होंने इसके साथ जोड़ा 'एक अर्थ में', और कहा कि तुलनात्मक साहित्य का स्थान अनुवाद अध्ययन ने ले लिया है। ध्यान रहे कि इस घोषणा के दस वर्ष के अंदर डेमरोश ने 'विश्व साहित्य' का शगूफा फिर से छोड़ा।

सवाल यह है कि डेविड डेमरोश को विश्व साहित्य की अवधारणा की स्थापना के लगभग दो सदियों बाद 'विश्व साहित्य क्या है' पुस्तक लिखकर उसे पुनर्परिभाषित करने की क्या जरूरत आ पड़ी? इस सवाल का जवाब पाने के लिए थोड़ा पीछे जाना पड़ेगा। जैसा कि अमेरिका में होता है सैन्य, आर्थिक, सामाजिक, सांस्कृतिक तथा अकादमिक जगत के हित एक-दूसरे से गुंथे रहते हैं। इसी के तहत यूरोपीय बौद्धिकों के अमेरिका में शरण लेने के बाद उनके

साहित्यों के अध्ययन के लिए तुलनात्मक साहित्य को अपनाया गया, इसका संदर्भ दिया जा चुका है। इसके बाद 1965 में लेंडन जॉनसन के आप्रवासी, अधिनियम में सुधार के बाद अमेरिका में एशियाई आप्रवासियों की संख्या में अभूतपूर्व वृद्धि हुई। 500 प्रतिशत के लगभग आई वृद्धि से अमेरिकी समाज के सामने सवाल खड़ा हुआ कि उनसे निपटने के लिए क्या किया जाए? नई संस्कृतियों के लोगों को जानने-समझने एवं निपटने के लिए एक नई अध्ययन-पद्धति जरूरी थी, अतः सांस्कृतिक अध्ययन (कल्चर-स्टडीज) को विकसित किया गया। इस बहुसांस्कृतिक परिवेश को समझने के लिए नए रूपक जैसे कुठाली या ('मेल्टिंग पॉट'), 'सलाद का कटोरा', 'कसाटा', 'आइसक्रीम' आदि रचे गए। ये अप्रवासी ऐसे देशों से आए जो पहले उपनिवेश थे। अतः उत्तर-उपनिवेशवादी अध्ययन भी इसी क्रम में स्थापित हुए और आगे चलकर सांस्कृतिक अध्ययन में घुल-मिल गए। इसी तरह द्वितीय विश्वयुद्ध के बाद शीतयुद्ध के युग में अमेरिकी सत्ता एवं हितों को किस प्रकार सुरक्षित किया जाए, यह मुख्य प्रश्न था। अतः 'एरिया स्टडीज' या क्षेत्र-अध्ययन का प्रादुर्भाव हुआ।

असल में क्षेत्र अध्ययन की जरूरत द्वितीय विश्वयुद्ध के दौरान ही खड़ी हो गई थी, 'युद्ध के दौरान मांगों को पूरा करने के लिए विभिन्न ज्ञान-विधाओं के विद्वानों को अपने ज्ञान को हड़बड़ी में जुटाकर व्यवस्थित करने के लिए मजबूर होना पड़ा था, ताकि वे प्रशासकों तथा नीति-निर्माताओं को जरूरी सलाह दे सकें। युद्ध ने यह भी दिखाया कि अधिकांश क्षेत्रों के लिए प्रशिक्षित कर्मियों की आवश्यकता थी। सेना के विशिष्ट कार्यक्रमों तथा नागरिक विषयक प्रशिक्षण स्कूलों में बहुत-से ऐसे प्रोफंसर थे, जो कि अपने विषय के बजाय क्षेत्र-केंद्रित आयोजित पाठ्यक्रम का पहला अनुभव कर रहे थे और काफी विद्यार्थी ऐसे थे, जो विदेशी क्षेत्रों और उनकी भाषाओं के अध्ययन की वास्तविक शुरुआत कर रहे थे।'

विश्वयुद्ध की जरूरतों से उपजे क्षेत्र-अध्ययन बाद में तुलनात्मक समाज-अध्ययन में विकसित हुए। क्षेत्र-अध्ययन के बारे में टोबी वॉकमन ने, जो फोर्ड फाउंडेशन की कार्यक्रम अधिकारी के रूप में काम करती थी, 1999 में एक सारगर्भित पैंफलेट प्रकाशित किया, जिसका मुख्य उद्देश्य क्षेत्र अध्ययनों को फिर से मजबूत बनाना था। परंपरागत क्षेत्र-अध्ययन के अनुसार विश्व में अमेरिकी हितों को सुरक्षित करने के लिए उसे जानना जरूरी है, क्योंकि जानने से ही उसे पाया जा सकता है। इसके लिए विश्व को जानने योग्य स्वतःपूर्ण (सेल्फ-कंटेंड क्षेत्रों में बांटकर उनका अध्ययन करना जरूरी था। इसी के लिए पेंटागन तथा अमेरिकी विदेश विभाग ने विश्व को मिडिल ईस्ट, दक्षिण एशिया, दक्षिण-पूर्व एशिया जैसे क्षेत्रों में विभाजित किया और इसी हिसाब से विदेश विभाग के उप या सह-सचिव बने तथा विश्वविद्यालयों में उसी के अनुसार—विभाग बने और क्षेत्र-अध्ययनों की परियोजना को आर्थिक मदद भी दी गई।

दक्षिण एशियाई क्षेत्र-अध्ययन सैन्य या राजनयिक हितों तक सीमित न था, बल्कि विश्वविद्यालयों में बाकायदा विभाग बने, इतने ताकतवर कि यह नई कैटेगरी एक दशक में ही स्थापित विभागों जैसे इंडोलॉजी, भारतीय साहित्य और सार्क साहित्य को निगल गई। चूंकि दक्षिण एशियाई अध्ययन के लिए पर्याप्त आर्थिक अनुदान उपलब्ध था, अतः शेल्डन पोलॉक भारतीय विद्वानों से ही उनके साहित्यों के बारे में लेख लिखवाकर किताबें संपादित करते थे और उसे दक्षिण एशियाई साहित्यों के इतिहास की पुनर्रचना का उपशीर्षक देते थे। यह एक ओर दक्षिण एशियाई क्षेत्र-अध्ययन में, तो दूसरी ओर नव-पौर्वात्यवाद के विमर्श के रूप में अकादमिक योगदान था। पौर्वात्यवादी विमर्श पश्चिमी विद्वानों द्वारा पश्चिम के लिए पूर्व के बारे में पश्चिमी संस्थाओं की देखरेख में विरचित ज्ञान-विमर्श था, जबकि नव-पौर्वात्यवाद पश्चिम के लिए पूर्व के विद्वानों द्वारा पूर्व के बारे में विरचित ज्ञान-विमर्श। बस थोड़ा फर्क यह आया कि इस विमर्श के रचयिताओं ने चेहरे बदले, पुरु की सेना के हाथियों की तरह अपने ही सिपाहियों को रौंद डाला।

दक्षिण एशियाई क्षेत्र इतिहास अध्ययन की पुनर्रचना वैसी ही हुई, जैसी कि अमेरिकी सत्ता चाहती थी, क्योंकि पुनर्रचना की परियोजना का प्रारूप लेखन तथा वित्तीय अनुदान उसके चरित्र और निष्कर्ष को निर्धारित करते हैं। किराए के बौद्धिक सिपाही तो सिर्फ दूसरे के लिए लड़ते हैं और अपनी तनख्वाह लेते हैं। युद्ध के व्यूह एवं परिणाम से उनका कोई सरोकार नहीं होता, वे सेनापति के भाग्य में लिखे होते हैं।

इस चर्चा से एक बात साफ हो जाती है कि एक आर्थिक तथा सामरिक सत्ता, शस्त्र के साथ शास्त्र–अर्थशास्त्र, संस्कृति, काव्य और काव्यशास्त्र की रचना एवं उसकी प्रक्रियाओं तथा उपभोग या रिसेप्शन को किस प्रकार प्रभावित करती है! अमेरिका ने क्षेत्र-अध्ययन जैसी अध्ययन-पद्धति का विकास और उपयोग अपने हितों की रक्षा और संवर्धन के लिए किया। डेमरोश महोदय का 'विश्वसाहित्य' असल में क्षेत्र-अध्ययन का विस्तारण है, जो सब क्षेत्रों को इकट्ठे करने पर विश्व बन जाता है। सब क्षेत्रों का अध्ययन अर्थात विश्व-विमर्श। क्षेत्र अध्ययन की कमजोरी यह है कि इसमें क्षेत्र को बहुत कुछ राष्ट्र की तरह आत्मनिर्भर इकाई मान लिया गया, पर बाद में यह पाया गया कि प्रवजन या यातायात या संचार माध्यमों के कारण इन क्षेत्रों के बीच लोगों, विचारों और संस्कृतियों के बीच आना-जाना है। इसकी स्वीकृति और क्षेत्रों की अंतःसंबद्धता क्षेत्र साहित्यों के समुच्चय को विश्वसाहित्य की ओर ले गई, जो गेटे के 'विश्वसाहित्य' की अवधारणा की तुलना में वस्तुतः राजनीति-प्रेरित है।

बीसवीं सदी के अंतिम दशक तक सोवियत संघ के विघटन के बाद यूरोप अमेरिका का शानदार पिछलग्गू बन गया। आर्थिक एवं सामरिक शक्ति के चलते विश्व साहित्य के ग्रंथ-रत्नों (मास्टरपीसेज) में अमेरिकी साहित्य-ग्रंथों को शामिल करने के लिए विश्व साहित्य की परिभाषा बदलनी जरूरी थी। ग्रंथरत्न वे माने जाते थे, जिनमें हृदयों को छूने तथा तुरंत सबको प्रभावित करने की क्षमता हो। साथ ही यह क्षमता समय या देश की सीमाओं की मोहताज न हो। समय या इतिहास का उत्पादन करना संभव नहीं है, अतः अमेरिकी साहित्य ग्रंथों को शामिल करने के लिए विश्वसाहित्य की परिभाषा में बदलाव जरूरी था। डेमरोश ने इसे लुभावना बनाने के लिए, विश्वसाहित्य को आभिजात्यवादी होने की आलोचना से बचाते हुए उसके क्षेत्र में विस्तार किया। उसमें कीलाक्षरों से खुदी मिस्री चित्रलिपि, मध्ययुगीन जर्मन साहित्य, सूफी महिलाओं की रचनाएं, इंका इतिवृत्त, काफ्का के अनुवाद, समकालीन देशी प्रतिरोधी साहित्य को शामिल किया गया। उसके साहित्यिक तथा समस्या अध्ययनों (केस स्टडीज) में सुमेरिया से एजेटेक्स तक और मध्ययुगीन सूफीवाद से लेकर उत्तर-आधुनिक मेटाफिक्शन (मीमांसा उपन्यास) तक को शामिल किया गया। इनका अध्ययन करते हुए बताया गया कि रचनाएं जब एक स्थान से दूसरे स्थान तक जाती हैं और उनके राष्ट्रीय या अंतरराष्ट्रीय संदर्भ भी बदलते हैं, तो वे रचनाएं किस प्रकार बदलती हैं। यह बात सही है कि शास्त्रविहित विश्वसाहित्य की अपनी अवधारणा में डेमरोश ने रचनाओं के एक क्षेत्र से दूसरे क्षेत्र में जाने की प्रक्रिया के प्रचलन (सरर्क्युलेशन) का तरीका बताया। रचनाओं के प्रचलन के साथ उनमें कुछ-न-कुछ नया जुड़ता है। नए क्षेत्र में रचना के प्रचलन के लिए अनुवाद का सहारा लेना पड़ता है, अतः विश्व साहित्य में साहित्यिक रचनाओं के विमर्श का एक ऐसा सम्मुच्चय बना, जिसमें वह अनुवाद के माध्यम से नई संस्कृति से जुड़ता है और अनुवाद से उसे नया रूप और जीवन मिलता है। दूसरे शब्दों में कहें तो विश्वसाहित्य अपने स्रोत तथा जिस लक्ष्य संस्कृति में उसका उपभोग या स्वीकार होता है, उनके बीच अस्तित्व में आता है। दोनों स्रोत तथा गंतव्य इसे प्रभावित करते हैं, पर उनमें से किसी में यह बंधता नहीं है। साहित्यिक कृतियों के प्रचलन की प्रक्रिया में स्थापित ग्रंथ-रत्न तथा नई रचनाएं अथवा खोजी गई रचनाएं एक समान ढंग से भाग लेती हैं। इस प्रक्रिया में कभी-कभी उनसे गंभीर ढंग से दुर्व्यवहार भी किया जाता है।

नया विश्व साहित्य, जिसकी सरोगेट मां

अमेरिका है तथा डेविड डेमरोश मुख्य दाई हैं, वह क्षेत्र-अध्ययन का नया रूप है ही, साथ-ही-साथ वह अमेरिका के उस अफर्मेटिव प्रोजेक्ट का भी समायोजन है, जिसमें अस्मिता की राजनीति को भी स्थान दिया गया था। इसमें आखिरकार विभिन्न पहचान समूहों के साहित्यों के उद्धारक के रूप में अमेरिकी साहित्य और समाज उभरकर सामने आए। सबसे बड़ी विडंबना यह है कि सारे विश्वसाहित्य का प्रचलन व्यवहार के स्तर पर या तो अंग्रेजी में या उसकी मध्यस्थता द्वारा हो रहा है। ऐसा विश्वसाहित्य भी क्या, जो अन्य सभी भाषाओं को नकारकर अथवा उनकी प्रस्तावित कब्र पर बने? गेटे का विश्वसाहित्य संघटक (यूनीफाईंग) दिमाग की उपज था। उसमें पहचान या अस्मिता का स्वीकरण था और उन्हें एक साथ रखकर पढ़ने का तरीका ही उसके प्रति एक बड़ा सम्मान था। डेमरोश का नया विश्वसाहित्य अस्मिता की राजनीति और विश्वसाहित्य की रोटी की बंदरबांट है। इसके तहत डेविड डेमरोश जैसे अमेरिकी विद्वान अपने साथ थीओ दाहरेन तथा जैकलल कादीर को लेकर 'द रूटलेज कंपेनियन टु वर्ल्ड' (2011) बनाते हैं।

यूरोपीय, विशेषतः गेटे तथा डेमरोश की विश्व साहित्य की अवधारणाओं से बाहर अपने आसपास रवींद्रनाथ टैगोर की विश्वसाहित्य की अवधारणा को देखने का लोभ स्वाभाविक है। वह बिरले चिंतक, कवि तथा बहुप्रतिभासंपन्न सर्जक थे। उन्होंने विश्वसाहित्य पर सीधे-सीधे कम लिखा पर जो कहा या लिखा, उसके पीछे उनका लंबा चिंतन था। कोई अर्थशास्त्र या राजनीति न थी। सबसे बड़ी बात यह कि उन्होंने विश्वसाहित्य तथा तुलनात्मक साहित्य जैसी दो कोटियों को एक ही भाषण में इकट्ठा कर दिया। इस एकीकरण के पीछे कोई भ्रांति न थी, बल्कि यह कवि का सजग प्रयास था, जिसमें उनकी कवि-प्रतिभा आलोचक-प्रतिभा से ज्यादा मुखर और सक्रिय थी।

1907 में राष्ट्रीय शिक्षण समिति की एक सभा में रवींद्रनाथ ने विश्व साहित्य पर भाषण दिया था। उन्होंने अपनी अवधारणा रूपकों में व्यक्त की थी। उन रूपकों को समझने से पहले जानना जरूरी है कि रवींद्रनाथ राष्ट्रवाद के खिलाफ थे। उन्होंने राष्ट्रवाद के कारण विश्व में हुए युद्धों की विभीषिका देखी-समझी थी। रवींद्रनाथ का 'राष्ट्र' का विचार पश्चिमी विचारधारा से प्रेरित था। वे उसकी संकीर्णता तथा इसके परिणामस्वरूप आई भयावहता से क्षुब्ध थे। वे खुद विश्वमानव थे और विश्व मानवता उनका आदर्श थी। राष्ट्रवाद के साथ राष्ट्रीय साहित्य भी उन्हें स्वीकार्य न था, क्योंकि ये दोनों हिंसक बर्बरता, अमानवीयता और मूल्यहीनता पर आधारित थे। ये दोनों उनके उदार भारतीय सांस्कृतिक मूल्यों के विपरीत थे जिनमें जीव, वनस्पति, जड़ तथा मनुष्य सभी की शांति तथा सबके प्रति साहचर्य तथा सहअस्तित्व का भाव निहित है। रवींद्रनाथ ने अपने ढंग से राष्ट्रवाद तथा राष्ट्रीय साहित्य के विकल्प के तौर पर विश्वसाहित्य को प्रस्तावित किया।

रवींद्रनाथ के 'विश्वसाहित्य' के पीछे विश्व मानव की अवधारणा है जो संकीर्णता, आधे-अधूरे राष्ट्र, जाति, धर्म एवं समुदाय की दीवारों से परे है। विश्वसाहित्य विश्वमानव की अभिव्यक्ति है। इसके पठन-पाठन तथा प्रचलन से मानव विश्वमानव बनने की दिशा में अग्रसर होने का प्रयास करता है। डेमरोश की विश्वसाहित्य की अवधारणा के पीछे इस तरह के उदात्त चिंतन का निरंतर अभाव है। डेमरोश की चिंता साहित्य-कृतियों के प्रचलन, उनके स्वीकरण, उनमें आए बदलावों के अध्ययन तक सीमित है। मनुष्य को विश्वसाहित्य की आवश्यकता क्यों होती है? इसके पीछे मानव-अस्तित्व की कोई व्यवस्था, मानव प्रकृति की कौन-सी तृष्णा काम करती है, ऐसे सवालों से डेमरोश का कोई लेना-देना नहीं है। उनका विश्वसाहित्य कैंचियों के बलबूते काट-छांटकर तैयार किया बगीचा हो सकता है, जिसमें माली की इच्छा, जिद और अहम् ज्यादा बड़ी भूमिका अदा करते हैं, जबकि रवींद्रनाथ का विश्वसाहित्य प्रकृति के निस्सीम जगत में बन रहा मंदिर है जिसमें विश्वमानव की स्थापना हुई और सभी लेखक-सर्जक इस मंदिर के निर्माण में यथाशक्ति योगदान कर रहे हैं।

रवींद्रनाथ की दृष्टि में विश्वसाहित्य अस्मिता

की राजनीति की लड़ाई न होकर, एक सामंजस्य और संगम है। वह विश्वसाहित्य का सकारात्मक, समावेशी तथा तुलनात्मक प्रतिमान प्रस्तुत करते हैं। इसमें लेखक या रचना के स्थान या समय का कोई बंधन नहीं है। हर किसी भाषा-साहित्य को, रचना को इसमें शामिल होने का अवकाश तथा संभावना है। विश्वमानव की स्वाभाविक अभिव्यक्ति होने के कारण सौंदर्य का आनंद और परपीड़ा की अनुभूति एवं अभिव्यक्ति इसके मापदंड हैं। गांधी की वैष्णव जन की परिभाषा में 'वैष्णव जन तो तेने कहिए, जे पीर पराई जाने रे' में वैष्णव जन की जगह विश्वमानव या विश्व साहित्य रख दीजिए, तो विश्व मानव साहित्य की परिभाषा बन जाती है। रवींद्रनाथ अपने वक्तव्य के अंत में कहते हैं, 'जिसे आप अंग्रेजी में तुलनात्मक साहित्य कहते हैं, मुझे उस विषय पर बोलने के लिए कहा गया था। बांग्ला में मैं उसे विश्वसाहित्य कहना चाहूंगा।' हम चाहें तो कह सकते हैं कि इस वक्तव्य में अध्ययन-पद्धति का अभाव है। रवींद्रनाथ की अवधारणा रोमांटिक लग सकती है। सच यह है कि उनका विश्वसाहित्य सच्चे अर्थ में साहित्य है, क्योंकि यह मानव-मूल्य (परपीड़ा की अभिव्यक्ति) पर आधारित है। यह विश्वमानव का पोषक और निर्माता है, जो अंततः सभी विश्वमानवों के लिए विश्वशांति का न केवल सपना संजोए हुए है, बल्कि उसकी अग्र पृष्ठभूमि भी तैयार करता है।

गांधी से प्रेरणा लेकर गुजराती कवि उमाशंकर जोशी विश्वमानव की अपनी संकल्पना प्रस्तुत करते हैं, 'मानवीं मटीने हूं, बनूं हूं, विश्वमानवी' अर्थात व्यक्ति मिट कर मैं विश्वमानव बनता हूं। वे कहते हैं कि तुम पूरब से हो और दूसरा कोई पश्चिम से, ऐसे विचारों के विरुद्ध जब वसुधा एक कुटुंब और नीड़ बन जाएगी, तब सभी लोग कंधे-से-कंधा मिलाकर एक-दूसरे का हाथ पकड़े मानव-मूल्यों में योगदान करेंगे।

मनुष्य का सुख और शांति सबसे बड़े मूल्य हैं, जिन्हें विश्वसाहित्य द्वारा पोषित किया जा सकता है। विश्व साहित्य का मुख्य उद्देश्य क्या है? इसका उद्देश्य है, अस्मिताओं की विशिष्टताओं को स्वीकारते हुए उनकी समानताओं को समझना तथा विश्वशांति के आदर्श को मूर्त रूप प्रदान करने में योगदान करना। अगर यह स्वीकार्य है तो डेविड डेमरोश का विश्वसाहित्य यह नहीं करता है, बल्कि वह अस्मिताओं को महाभारत की रणभूमि बनाता है और संपूर्ण विश्वसाहित्य को एक ही भाषा अर्थात अंग्रेजी के माध्यम से रचित साहित्य मानता है। यह विश्वसाहित्य कैसा है, जो विश्व की सभी भाषाओं को नकार दे और भाषाओं के इंद्रधनुष को तोड़ दे।

अवधेश कुमार सिंह

अधिक जानकारी के लिए :

1. Comperative Literature : Its Definition and Function : Henry H H Remak, 2010, **2. Comperative Literature in the age of multiculturalism :** Charles Bemheimer, 1994, **3. Comperative Literature in the age of Globalisation :** Haun Saussy, 2006, **4. What is World Literature :** D Damrosch, 2003, **5. Crossing Borders: Revitalizing Area Studies:** Toby A Volkman, 1999, **6. Literary Cultures in History : Reconstruction from South Asia :** Sheldon Pollock (Ed.), 2003, **7. Orientalism and New Orientalism :** Awadhesh Kumar Singh

विश्व सिनेमा

विश्व सिनेमा का इतिहास सौ साल से अधिक पुराना है। सिनेमा की प्रौद्योगिकी की खोज का काम उन्नीसवीं सदी के आरंभिक दशकों में ही शुरू हो गया था। यह औद्योगिक युग की देन है। प्राक् औद्योगिक समाजों में दृश्यों को दो रूपों–चित्र और नाटक के रूप में पुनर्रचित किया जाता था। चित्र और नाटक में यथार्थ को स्मृति के आधार पर प्रस्तुत किया जाता है। जब फोटोग्राफी का आविष्कार हुआ तो उसने यथार्थ के किसी एक क्षण को यथावत अंकित करना संभव बना दिया। स्थिर छायाचित्रों के संयोजन से गतिशील चित्रों का विकास उन्नीसवीं सदी के आखिरी दशकों में हुआ। गतिशील चित्रों के आविष्कार का श्रेय अमेरिका के थॉमस एडिसन

(1847-1931) को जाता है। लेकिन शुरुआत में दूसरे कई लोगों ने इस दिशा में प्रयास किया था। इस तरह का पहला प्रयास इंग्लैंड के एडवर्ड मुइब्रिज (1830-1904) ने किया था। उन्होंने 1872-77 के मध्य ऐसे चित्रों का निर्माण किया था। मुइब्रिज ने घुड़दौड़ के मैदान में कई सारे तारों से कैमरे बांधकर दौड़ते हुए घोड़ों के कई चित्र क्रम से खींचने का प्रयास किया था। इन स्थिर चित्रों को एक डिस्क पर लगाकर उन पर लालटेन की रोशनी डालकर दौड़ते घोड़े का बिंब प्रदर्शित किया गया। मुइब्रिज का व्याख्यान सुनकर ही व्यवसायी और आविष्कारक एडिसन की दिलचस्पी फिल्म में बढ़ी।

एडिसन इन चित्रों के सार्वजनिक प्रदर्शन के लिए इनके प्रक्षेपण की समस्या नहीं सुलझा सका था। इस समस्या को सुलझाया फ्रांस के लुई ल्युमिए और ऑगस्त ल्युमिए बंधुओं ने। उन्होंने आधुनिक पोर्टेबल कैमरे का निर्माण किया जो प्रिंटर और प्रोजेक्टर के रूप में भी काम कर सकता था। ल्युमिए की सिनेमेटोग्राफी एडिसन के यंत्र पर ही आधारित थी। कह सकते हैं कि 28 दिसबंर 1895 को फिल्मों के इतिहास की वास्तविक शुरुआत हुई, जब ल्युमिए बंधुओं ने पेरिस के ग्रांड कैफे के बेसमेंट में दर्शकों से पैसा लेकर गतिशील तस्वीरों का संक्षिप्त-सा प्रदर्शन किया था। उन्नीसवीं सदी के समाप्त होते-होते दुनिया के कई हिस्सों में मूवी कैमरे का प्रयोग होने लगा। इन देशों में भारत भी शामिल था। इनके द्वारा दिखाई गई तस्वीरें आरंभ में अलग-अलग चौड़ाई की होती थी लेकिन बाद में उनका मानकीकरण होने लगा। अब फिल्में प्रायः 35 मिलीमीटर चौड़ाई की होती थीं और प्रत्येक एक सेकेंड में सोलह स्थिर चित्र होते थे, जिन्हें फिल्मों की भाषा में फ्रेम कहा जाता था। जब रंगीन फिल्मों की शुरुआत हुई, तब फ्रेमों की संख्या बढ़कर चौबीस हो गई।

आरंभ में फिल्में ध्वनि-रहित होती थीं और इसीलिए 1895 से लेकर 1920 के दशक तक के सिनेमा के दौर को मूक सिनेमा के दौर के रूप में जाना जाता है। जब फिल्में प्रदर्शित की जाती थीं तो वहीं बैठे संगीत वाद्य बजाने वाले ध्वनि-प्रभाव पैदा करने की कोशिश करते थे या कमेंटेटर अपनी कमेंट्री देता था। भारत में सिनेमा के प्रभाव को बढ़ाने के लिए बीच-बीच में गाने भी सुनाए जाते थे। फिल्मों में दृश्य के साथ ध्वनि के सही मिश्रण और पार्श्व संगीत का इस्तेमाल करने में आने वाली कठिनाइयों को 1926 में हॉलीवुड के वार्नर ब्रदर्स ने सुलझाया। 1927 में वार्नर ब्रदर्स द्वारा प्रदर्शित फिल्म 'द जाज सिंगर' में पहली बार संगीत और संवाद का इस्तेमाल किया गया था। इस प्रविधि को शीघ्र ही फिल्म में ही साउंड के प्रयोग द्वारा विस्थापित किया गया और सवाक फिल्मों के एक नए युग की शुरुआत हुई। इस नई टेक्नॉलोजी को भारत में प्रयुक्त होने में तीन साल लगे और 1931 में पहली सवाक फिल्म 'आलमआरा' का प्रदर्शन हुआ।

आरंभिक फिल्में श्वेत-श्याम होती थीं, लेकिन रंगीन फिल्में बनाने की कोशिश फिल्म विधा के आविष्कार के साथ ही शुरू हो गई थी। रंगीन फिल्म बनाने की पहली कोशिश एडवर्ड रेमंड टर्नर द्वारा 1899-1902 के दौरान एडिटिव कलर सिस्टम द्वारा की गई। इसका सरलीकृत रूप 1909 में सिनेमाकलर के प्रयोग से सामने आया। 1920 के आसपास सबट्रैक्टिव कलर सिस्टम के प्रयोग की शुरुआत हुई। 1932 में थ्री स्ट्रिप टेक्नीकलर का प्रयोग किया जाने लगा जिसमें रंगों की अधिक रेंज उपलब्ध थी। इसके बाद के सालों में रंगीन फिल्में बनाने में कई प्रयोग किए गए जिनमें ईस्टमैन कलर ने रंगीन फिल्मों के लिए नई संभावनाओं के द्वार खोले।

ल्युमिए बंधुओं ने जब पहली बार फिल्मों का प्रदर्शन किया था, वे सिर्फ एक से दो मिनटतक ही लंबी थीं। उनमें से एक फिल्म में फैक्टरी से निकलते हुए मजदूरों को दिखाया गया था। एक अन्य फिल्म में एक संक्षिप्त कथा दिखाई गई है : एक बगीचे में पानी देते माली के पाइप पर बच्चा खड़ा हो जाता है जिससे पाइप से पानी निकलना बंद हो जाता है और माली यह नहीं समझ पाता कि पानी रुकने की वजह क्या है।

वह पाइप में झांकता है। उसके ऐसा करते ही बच्चा पाइप से हट जाता है और पानी का फव्वारा माली के मुंह पर गिरता है। बच्चे की इस शरारत से माली को गुस्सा आता है और वह उसके पीछे दौड़ता है। एक अन्य फिल्म में पेरिस में होने वाली किसी कॉन्फ्रेंस में शामिल होने के लिए आए लोगों के आगमन को दर्शाया गया है। अगर इन आरंभिक फिल्मों पर विचार करें तो हम आसानी से समझ सकते हैं कि बाद में सिनेमा ने जिन दिशाओं में प्रगति की, ल्युमिए बंधुओं की फिल्मों में उन सबके मूल रूप विद्यमान थे। ल्युमिए बंधुओं ने ऐसे अनुभवों से गुजरने का मौका दिया जिसकी लोग इसके पहले कल्पना तक नहीं कर सकते थे। उन्होंने उस दुनिया को, जिसे वे जीते और देखते थे और जिसका वे हिस्सा थे, ठीक वैसे ही जीवंत और गतिशील रूप में सिनेमा के पर्दे पर देखा। यह अनुभव किसी चमत्कार से कम नहीं था। लेकिन बाद में ज्यार्जी मेलिस (1861-1938) ने चमत्कार को यथार्थ बनाकर पेश किया। उसने एक खिलौना रेलगाड़ी को सिनेरी की पृष्ठभूमि में चलाते हुए फिल्माया और यह भ्रम पैदा किया मानो वह सचमुच की रेलगाड़ी हो। इसी तरह मेलिस ने 'ए ट्रिप टू द मून' नामक फिल्म में मनुष्य द्वारा चंद्रमा की यात्रा का काल्पनिक दृश्य प्रस्तुत किया। ल्युमिए ने यथार्थ को यथार्थ की तरह पेश किया जबकि मेलिस ने इस संभावना को जन्म दिया कि इस माध्यम के जरिए नितांत काल्पनिक दुनिया को यथार्थ के रूप में पेश किया जा सकता है। सिनेमा का यथार्थ और फैंटेसी के दो ध्रुवांतों से गहरा संबंध है। यह ऐसा माध्यम है, जहाँ यथार्थ को फैंटेसी की तरह और फैंटेसी को यथार्थ की तरह प्रस्तुत किया जा सकता है।

सिनेमा माध्यम का उपयोग सूचना, शिक्षा और मनोरंजन तीनों प्रकार्यों के लिए किया जाता है। वृत्तचित्रों के निर्माण के पीछे मुख्य रूप से सूचना और शिक्षा ही है। सिनेमा के आरंभिक दौर से ही ऐसी कई लघु फिल्में और वृत्तचित्र बनते रहे हैं जिनके माध्यम से लोगों को विश्व के विभिन्न क्षेत्रों, लोगों, समुदायों, संस्कृतियों के बारे में यथार्थ जानकारी दी जाती है। सिनेमा माध्यम का सबसे अधिक प्रयोग कथात्मक आख्यानों की दृश्यात्मक प्रस्तुति है जिन्हें फीचर फिल्म कहा जाता है। इसकी शुरुआत बीसवीं सदी के आरंभ में ही हो गई थी। जैसा कि ल्युमिए और मेलिस के उदाहरणों में देखा गया था कि सिनेमा में यथार्थ और फैंटेसी को पेश करने की संभावना को जल्दी ही पहचान लिया गया था। इसी संभावना ने जल्दी ही विशिष्ट विधा का रूप ले लिया और कथाचित्र बीसवीं सदी का लोकप्रिय माध्यम बन गया।

बीसवीं सदी के पहले दशक में अमेरिका में ऐसी फिल्मों का निर्माण किया गया जिन्हें फीचर फिल्मों का आरंभिक रूप कहा जा सकता है। इनमें एडविन एस पोर्टर की फिल्म 'दि लाइफ ऑफ एन अमेरिकन फायरमैन' (1902) और 'दि ग्रेट ट्रेन रॉबरी' (1903) का उल्लेख किया जा सकता है। बीसवीं सदी के आरंभ में विभिन्न शॉटों को संपादित कर फिल्म का निर्माण किया गया। यह एक नई शुरुआत थी। 'दि गेट ट्रेन रॉबरी' इस दृष्टि से पहली प्रभावशाली फिल्म कही जा सकती है जिसे देखते हुए दर्शकों को इस बात की उत्सुकता बनी रहती है कि आगे क्या होगा। बीसवीं सदी की शुरुआत में यूरोप, एशिया और ऑस्ट्रेलिया में लघु फिल्मों का निर्माण शुरू हो गया था।

1910 के दशक तक फिल्मों का निर्माण अपनी आरंभिक अवस्था में ही था। फिल्मों की लंबाई बढ़ती जा रही थी, लेकिन इस माध्यम का कलात्मक उपयोग भी किया जा सकता है, इसका कोई ठोस प्रमाण नहीं मिल रहा था। फिल्म एक रचनात्मक माध्यम भी है। इसकी पहली कोशिश अमेरिकी फिल्मकार डी डब्ल्यू ग्रिफिथ ने की। उन्होंने अपनी फिल्मों में कहानी कहने के लिए विभिन्न दृश्यों को ऐसे रचनात्मक रूप में जोड़कर प्रस्तुत किया जो दर्शकों को तर्कसंगत और सामंजस्यपूर्ण नजर आए। 'दि बर्थ ऑफ ए नेशन' (1915) और 'इनटॉलेरेंस' (1916) उनकी ऐसी ही मुकम्मल फिल्में थीं जिनका प्रभाव साहित्य और अन्य कलाओं की तरह रचनात्मक था, हालांकि वैचारिक दृष्टि से 'दि बर्थ ऑफ ए नेशन'

प्रतिगामी और नस्लवादी फिल्म थी। इसके बाद पूरी दुनिया में फिल्म विधा का तेजी से विकास हुआ। इन फिल्मकारों ने कई तरह की फिल्मों का निर्माण किया जिनमें कॉमेडी, वृत्तचित्र, मेलोड्रामा आदि विधाओं का उपयोग किया गया था। चार्ली चैप्लीन इसी दौर के दूसरे महत्वपूर्ण फिल्मकार थे, हालांकि उन्होंने सवाक फिल्मों के दौर में भी मूक फिल्में बनाईं।

1920 में जर्मन फिल्मकार रॉबर्ट वियने ने 'द कैबिनेट ऑफ डॉ. कैलिगरी' फिल्म का निर्माण किया जिससे जर्मन अभिव्यंजनावाद की शुरुआत हुई। 1920 के दशक में ही फ्रांस के कई प्रभाव वादी फिल्मकार सामने आए। इस दशक में सबसे ज्यादा प्रभाव छोड़ा, उन युवा सोवियत फिल्मकारों ने जिन्होंने संपादन के माध्यम से फिल्म को एक बिल्कुल नई शैली और अर्थ प्रदान किया। सोवियत फिल्मकार सर्गेइ आइसेंस्टीन (1898-1948) ने मोंटाज की एक नई शैली की शुरुआत की। उनकी फिल्म 'बैटलशिप पोटम्किीन' (1925) में इस मोंटाज शैली का चरम उत्कर्ष दिखाई देता है। इस फिल्म की पृष्ठभूमि में 1905 में पहली बोल्शेविक क्रांति है। अन्य सोवियत फिल्मकारों में पुडोव्किन (मदर, 1926), जिगा वर्तोव (मैन विद ए मूवी कैमरा, 1929), अलेक्सांद्र दोवजेंको (अर्थ, 1930) आदि का नाम विशेष रूप से उल्लेखनीय है। इन फिल्मकारों ने यथार्थवाद को अपनी फिल्मों का आधार बनाया था। इसी दशक में प्रसिद्ध जर्मन फिल्मकार फ्रिज लांग (1890-1976) की फिल्म 'मेट्रोपोलिस (1927) और फ्रांसीसी फिल्मकार ड्रायर की फिल्म 'दि पैस्सन ऑफ जोन ऑफ आर्क' (1928) का उल्लेख करना भी जरूरी है। 'मेट्रोपोलिस' एक यूरोपीय फिल्म है जिसमें पूंजीवादी व्यवस्थाओं में भविष्य में किस तरह के संकट उपस्थित होंगे, इसकी कल्पना की गई है। भारत में 1913 से फीचर फिल्मों का निर्माण शुरू हो गया था, जब दादा साहब फाल्के ने 'राजा हरिश्चंद्र' नामक फिल्म का मुबंई में प्रदर्शन किया था। 1925 में महान फिल्मकार बाबूराव पेंटर ने किसान जीवन की समस्या को लेकर 'सावकारी पाश' फिल्म बनाई जो सामाजिक सोद्देश्यता और कलात्मक उत्कर्ष, दोनों दृष्टियों से श्रेष्ठ फिल्म थी।

फिल्मों का इस्तेमाल राजनीतिक प्रचार के लिए भी किया जाने लगा था। इस दृष्टि से नाजी दौर में हिटलर के समर्थन में राजनीतिक प्रचार के लिए जर्मनी में कई वृत्तचित्रों का निर्माण किया गया, जिनमें लेनी राइफेंस्टाल (1902-2003) की 'ट्रंफ ऑफ दि विल' (1935) और 'ओलंपिया' (1938) खासतौर पर उल्लेखनीय हैं।

विश्व सिनेमा का विकास तीसरे दशक के बाद तेजी से हुआ। अमेरिका में सिनेमा की प्रौद्योगिकी में विकास के साथ-साथ यथार्थवादी शैली में फिल्मों का निर्माण होने लगा। खासतौर पर चार्ली चैप्लीन ने सामाजिक-राजनीतिक विषयों को लेकर कॉमेडी शैली में कई बेहतरीन फिल्में बनाईं। उनकी अधिकतर फिल्में मसलन, द किड (1921), द गोल्ड रश (1925), द सर्कस (1928), मॉडर्न टाइम्स (1936), मूक दौर की श्रेष्ठ फिल्मों में से हैं। फासीवाद के विरुद्ध उन्होंने 'द ग्रेट डिक्टेटर' (1940) फिल्म का निर्माण किया था। यह चार्ली चैप्लीन की सवाक फिल्म थी। दूसरे विश्वयुद्ध के दौरान अमेरिका के ऑर्सन वैलेस ने 'सिटिजन केन' (1941) का निर्माण किया था। हॉलीवुड, जहाँ अमेरिकी फिल्में बनती हैं, विश्व में सिनेमा-निर्माण के एक श्रेष्ठ केंद्र के रूप में गिना जाने लगा था। लोकप्रिय और मनोरंजक फिल्में बनाने के लिए हॉलीवुड की खास पहचान बनी। ग्लैमर से युक्त महंगी और तकनीकी दृष्टि से अत्यंत सर्वोच्च स्तर की फिल्म बनाने के एक वैश्विक केंद्र के रूप में उसकी प्रतिष्ठा आज भी बनी हुई है। लेकिन रचनात्मक और कलात्मक फिल्मों का निर्माण यूरोपीय देशों में अधिक हुआ जिनमें इटली, फ्रांस और रूस का विशेष स्थान है, हालांकि जर्मनी, स्वीडन, हंगरी आदि देशों में भी कई विश्वस्तरीय फिल्मकार हुए।

नव-यथार्थवादी सिनेमा की शुरुआत उन फिल्म आलोचकों द्वारा हुई जो सिने पत्रिका 'सिनेमा' से जुड़े हुए थे। इससे जुड़े दो अन्य फिल्मकार एंटोनियोनी

और लुचिनो विस्कोंटी ने प्रसिद्ध फ्रेंच फिल्मकार ज्यां रेनुआ के साथ काम किया था। नव-यथार्थवाद की पहली फिल्म लुचिनो विस्कोंटी की फिल्म 'ओसेसिया' (1943) को माना जाता है, लेकिन नव-यथार्थवाद को वैश्विक स्तर पर प्रसिद्धि रोबर्टो रोसेलिनी की फिल्म 'रोम, ओपन सिटी' (1946) के कारण प्राप्त हुई। दूसरे विश्वयुद्ध के बाद इटली में गरीबी और हताशा का जो माहौल बन गया था, उस समय के फिल्मकारों ने उसे ही अपनी फिल्मों का विषय बनाया था। नव-यथार्थवाद से जुड़ी जिस फिल्म ने सबसे अधिक प्रभाव पैदा किया, वह विटोरियो डि सिका की फिल्म 'दि बाइसिकल थीफ' (1948) थी जिसमें एक गरीब व्यक्ति को साइकिल के कारण एक नौकरी मिलती है और उसकी वही साइकिल चोरी हो जाती है। यह फिल्म उस व्यक्ति द्वारा अपनी साइकि़ल खोजने की मार्मिक दास्तान है।

इटली के बाद फ्रांस में 1950 के दशक के अंतिम चरण में सिनेमा के क्षेत्र में एक नई लहर की शुरुआत हुई। नई शैली, भाषा और तकनीक से लैस इस व्यवस्था-विरोधी प्रयोगात्मक सिनेमा को न्यू वेव या नई लहर के नाम से जाना गया। मूलतः फ्रांसीसी फिल्म पत्रिका 'काइए द्‌यू सिनेमा' के लेखकों-समीक्षकों ने फिल्म-निर्माण में उतरकर इस नई लहर को जन्म दिया था। इस लहर की मौजूदगी 1950 के दशक के अंतिम चरण से 1960 के दशक के अंतिम चरण के दौरान थी। दूसरे विश्वयुद्ध के बाद के दौर में फ्रांस की राजनीति में जन-प्रतिरोध काफी व्यापक हो गया था, जिसका प्रभाव सिनेमा पर भी दिखाई दिया। नए फिल्मकार परंपरागत सिनेमा से भिन्न कुछ नया करना चाहते थे। इसकी प्रेरणा उस समय के राजनीतिक आंदोलनों से उन्हें मिली थी। इस नई लहर के जनक 'काइए द्‌यू सिनेमा' के सह-संपादक आंद्रे बाजां (1919-58) थे। इस दौर में कई नए फिल्म निर्देशक सामने आए जिनमें प्रमुख थे : फ्रांसवा त्रुफो (1932-1984), जाक रिवेत्ते (जन्म 1928), ज्यां लक गोदार (जन्म 1930), क्लाद शेब्रेत (जन्म 1930)। नई लहर के फि़ल्मकारों ने व्यावसायिक समझौता करने के बजाय कम बजट की फिल्में बनाना ज्यादा जरूरी समझा ताकि वे अपने राजनीतिक-सामाजिक दृष्टिकोण को पूरे साहस के साथ अपनी फिल्मों में प्रस्तुत कर सकें। उन्होंने सुगठित कहानी के बजाय कथा के सूत्र के इर्द-गिर्द यथार्थवादी चरित्रों के सामाजिक यथार्थ को अपनी फिल्मों में प्रस्तुत किया।

सत्यजित राय ने गोदार की फिल्म-शैली पर टिप्पणी करते हुए लिखा था, ऐसा प्रतीत हुआ जैसे गोदार कहना चाहता हो कि यह फिल्म मशीन के द्वारा निर्मित की गई प्राणहीन चमक-दमक नहीं बल्कि असल में मनुष्य के हाथों का काम है, अतः फिल्म में उन हाथों की छाप रहना शिल्प की दृष्टि से कोई त्याज्य वस्तु नहीं है। 'न्यू वेव' की प्रसिद्ध फिल्मों में त्रुफो की 'जूल्स एट जिम' (1962), गोदार की 'ब्रेथलेस' (1959) और 'कंटेंप्ट' (1963), जाक ताती की फिल्म 'मोसेयर हुलोट्स होलीडे' (1952) शामिल हैं। इटली के नव-यथार्थवाद का असर भारत में बिमल राय, सत्यजित राय, ऋत्विक घटक, राज कपूर की फिल्मों पर देखा जा सकता है जबकि फ्रांस के न्यू वेव सिनेमा आंदोलन का प्रभाव समानांतर सिनेमा पर देखा जा सकता है।

यूरोप और अमेरिका में सामाजिक यथार्थवाद के क्षेत्र से बाहर भी अच्छे सिनेमा का विकास हुआ था। मसलन, अमेरिका के एल्फ्रेड हिचकॉक ने चौथे दशक से लगातार थ्रिलर फिल्मों का निर्माण किया था। उनकी फिल्मों में फिल्मकला का उत्कर्ष देखा जा सकता है। उनकी फिल्मों में 'वर्टिगो' (1958), 'साइको' (1960), 'द बर्ड्स' (1963) विशेष रूप से उल्लेखनीय हैं। पिछले तीन-चार दशकों में यूरोप और अमेरिका ने कई श्रेष्ठ फिल्मकार दिए हैं जिनमें डेविड लीन (1908-91), इंग्लैंड, (ब्रीफ एनकाउंटर, 1945; द ब्रिज ऑन द रिवर क्वाई, 1957; लारेंस ऑफ अरेबिया, 1962; डॉक्टर जिवागो, 1965; रयान्स डॉटर, 1970), इंगमार बर्गमैन (1918-2007) (स्वीडन : द सेवंथ सील, 1957; वाइल्ड स्ट्राबेरीज, 1957; पर्सोना, 1966; क्राइज एंड विस्पर्स, 1972), रोमन पोलंस्की (जन्म 1933) (रिपल्सन, 1965;

रोजमेरी'ज बेबी, 1968; चाइनाटाउन, 1974; द पियानिस्ट, 2002; द घोस्ट राइटर, 2010), स्टीवन स्पिलबर्ग (जन्म 1966) (सेविंग प्राइवेट रयान, जुरासिक पार्क, शिंडलर्स लिस्ट, आर्टिफिशयल इंटेलिजेंस), जेम्स कैमरून (जन्म 1954) (एलियंस, 1986; टर्मिनेटर-2 : जजमेंट डे, 1991, टाइटेनिक, 1997; अवतार, 2009) अग्रणी हैं।

यूरोप के अलावा सिनेमा का विकास एशिया, अफ्रीका और दक्षिण अमेरिका में भी हुआ है। क्रांति के बाद के दौर में क्यूबा ने कई उल्लेखनीय फिल्मों का निर्माण किया। ऐसी ही एक फिल्म 'लूसिया' (1969) है जिसके निर्देशक हम्बर्टो सोलेस थे। इसमें वृत्तचित्र शैली में लूसिया नामक स्त्री के संघर्ष को प्रस्तुत किया गया था। एशिया में जापान, भारत, चीन, तुर्की, ईरान आदि देशों में कई प्रख्यात फिल्मकार हुए हैं जिन्होंने विश्व सिनेमा को समृद्ध किया है। जापान के अकीरा कुरोसावा (1910-98) की फिल्म 'राशोमन' (1950), सेवन समुराई (1954), थ्रोन ऑफ ब्लड (1957) कुछ प्रख्यात फिल्में हैं। तुर्की के यिल्माज गुने (1937-1984) अभिनेता, पटकथा-लेखक और निर्देशक के तौर पर तुर्की के सर्वाधिक प्रख्यात फिल्मकारों में से थे। अपने राजनीतिक विचारों के कारण उन्हें लगातार जेलों में रहना पड़ा लेकिन फिल्मों से उनका लगाव कभी कम नहीं हुआ। उनकी कुछ प्रसिद्ध फिल्मों में (द हर्ड, 1978), दुश्मन (द एनेमी, 1979), योल (1982), दुवार (द वाल, 1983) का उल्लेख किया जा सकता है। पिछले कुछ दशकों में ईरान के फिल्मकारों ने विश्व पटल पर गहरा प्रभाव छोड़ा है। इनमें अब्बास कारोस्तामी (जन्म 1940) (क्लोज अप, 1990 टेस्ट ऑफ चेरी, 1997; द विंड विल केरी अस, 1999; लाइक समवन इन लव, 2012), जफर पनाही (जन्म 1960); (द सर्कल, 2000; ऑफसाइड, 2006; दिस इज नॉट ए फिल्म, 2011; क्लोज्ड कर्टेन, 2013; टैक्सी; 2015), मोहसिन मखमलबाफ (जन्म 1957) (द साइक्लिस्ट, 1989; ए मोमेंट ऑफ इनोसेंस, 1996; द साइलेंस, 1998, कंधार, 2001, द गार्डनर, 2012; द प्रेसिडेंट, 2014), माजिद माजिदी (जन्म 1959) (चिल्ड्रन ऑफ हेवन, 1997; रंग-ए-खुदा, 1999 बारां, 2001; दि सांग ऑफ स्पैरोज, 2008; मुहम्मद : द मैसेंजर, 2015) आदि ने कई उल्लेखनीय फिल्में बनाई हैं।

सिनेमा का विकास आज भी जारी है लेकिन सिनेमा के आंदोलन, जिन्होंने सिनेमा के विकास में अहम भूमिका निभाई थी, अब दुनिया के किसी भी देश में नहीं है। आज पूरी दुनिया के सिनेमा पर हॉलीवुड की व्यावसायिकता और मनोरंजन का प्रभाव बहुत अधिक है। सिनेमा से जुड़ी प्रौद्योगिकी में चमत्कारिक बदलाव आया है। अब फिल्मों को द्विआयामी ही नहीं, त्रिआयामी रूप में भी देखा जा सकता है। जुरासिक पार्क, द टर्मिनेटर, टाइटेनिक, अवतार आदि फिल्में सिनेमा की नई प्रौद्योगिकी के कारण ही संभव हुई हैं जिनके निर्माण में अरबों डॉलर लगे थे। एक फिल्म के लिए इतना व्यय करने की क्षमता हॉलीवुड में ही है, जिसका पूरी दुनिया में बाजार है। लेकिन यह भी सही है कि इस नई प्रौद्योगिकी से बहुत कम धन लगाकर भी अच्छी और सार्थक फिल्म बनाई जा सकती हैं। आज भी ऐसी फिल्में बनती हैं जिनमें आज के समय का जटिल यथार्थ अत्यंत प्रभावी रूप में व्यक्त हुआ है। फिल्मों को देखना अब सिनेमाघरों पर निर्भर नहीं रहा है। वे टेलीविजन और कंप्यूटर पर ही नहीं, मोबाइल फोन पर भी देखी जा सकती हैं।

जवरीमल्ल पारख

अधिक जानकारी के लिए :
1. चलचित्र : कल और आज : सत्यजित राय, **2. विश्व सिनेमा का सौंदर्यबोध :** श्रीराम तिवारी और प्रभुनाथ सिंह 'आजमी', **3. सिनेमा का जादुई सफर :** प्रताप सिंह **4. Our Films : Their Films :** Satyajit ray, **5. The Whole Equation : A History of Hollywood :** David Thomson

विश्व हिंदी सचिवालय

विश्व हिंदी सचिवालय वैश्विक स्तर पर हिंदी के प्रचार-प्रसार कार्य में संलग्न अंतरराष्ट्रीय संस्था है, जिसका मुख्यालय मॉरिशस में है।

अनेक विश्व हिंदी सम्मेलनों में हुए विचार-विमर्श के फलस्वरूप मॉरिशस और भारत के बीच एक द्विपक्षीय समझौते के आधार पर मॉरिशस की विधान सभा में एक अधिनियम पारित करते हुए सचिवालय की स्थापना की गई है।

1975 में नागपुर में आयोजित प्रथम विश्व हिंदी सम्मेलन के दौरान मॉरिशस के तत्कालीन प्रधानमंत्री सर शिवसागर रामगुलाम ने विश्वस्तर पर हिंदी संबंधित गतिविधियों के समन्वय के लिए एक संस्था की स्थापना का विचार रखा था, जिसका समर्थन तत्कालीन भारतीय प्रधानमंत्री इंदिरा गांधी द्वारा किया गया था। तदनुसार पांचवें विश्व हिंदी सम्मेलन में मॉरिशस में एक विश्व हिंदी सचिवालय की स्थापना का मंतव्य पारित किया गया। भारत और मॉरिशस के बीच 20 अगस्त 1999 को एक समझौता संपन्न हुआ। इसके अंतर्गत सचिवालय की स्थापना से संबंधित अन्य महत्वपूर्ण विषयों सहित यह प्रावधान किया गया कि मॉरिशस सरकार सचिवालय मुख्यालय के लिए भूमि प्रदान करेगी और भारत सरकार भवन के डिजाइन व निर्माण की जिम्मेदारी उठाएगी। 17 सितंबर 2001 से सचिवालय ने फॉरेस्ट साइड, मॉरिशस स्थित एक किराए की इमारत में मॉरीशस के शिक्षा मंत्रालय की एक इकाई के रूप में कार्यारंभ किया। विश्व हिंदी सचिवालय मुख्यालय का शिलान्यास नवंबर 2001 में हुआ। सचिवालय की स्थापना से संबंधित अधिनियम मॉरिशस नेशनल असेंबली में नवंबर 2002 में पारित किया गया और उसकी आधिकारिक घोषणा सितंबर 2005 में की गई। भारत सरकार तथा मॉरीशस के बीच 21 नवंबर 2003 को एक द्विपक्षीय समझौते पर हस्ताक्षर किए गए। 11 फरवरी 2008 से सचिवालय ने नियमित रूप से काम करना शुरू किया।

विश्व हिंदी सचिवालय अधिनियम, 2002 के अनुसार अंतरराष्ट्रीय भाषा के रूप में हिंदी का प्रचार करना तथा हिंदी को संयुक्त राष्ट्र संघ की आधिकारिक भाषा बनाने के लिए वैश्विक मंच तैयार करना सचिवालय का मुख्य उद्देश्य है। 2008 से सचिवालय एक त्रैमासिक सूचना-पत्र 'विश्व हिंदी समाचार' का प्रकाशन करता है। इसमें दुनिया भर में हिंदी से संबंधित कार्यक्रमों और गतिविधियों की जानकारियां और रिपोर्टें प्रकाशित होती हैं। 2009 से सचिवालय प्रतिवर्ष एक शोध पत्रिका 'विश्व हिंदी पत्रिका' का प्रकाशन करता आ रहा है जिसमें वैश्विक परिप्रेक्ष्य में हिंदी की स्थिति, हिंदी का उद्‌भव और विकास, हिंदी के क्षेत्र में हो रही गतिविधियां और अनुसंधान, हिंदी शिक्षण और अधिगम से संबंधित आवश्यक व मार्गदर्शक शोध उजागर होते हैं। यह पत्रिका विचारों तथा अनुसंधानों के आदान-प्रदान के लिए विशेष मंच के रूप में कार्य करती है। सचिवालय के प्रमुख कार्यों में विश्व हिंदी दिवस का आयोजन शामिल है जो संस्था द्वारा 2009 से प्रतिवर्ष 10 जनवरी को मनाया जाता रहा है। इस अवसर पर विदेश के एक हिंदी विद्वान द्वारा बीज वक्तव्य, सांस्कृतिक कार्यक्रम, हिंदी के प्रसार और प्रगति से संबंधित प्रस्तुतियां आदि होती हैं। सचिवालय हिंदी साहित्य शिक्षण, जनसंचार, सूचना प्रौद्योगिकी, भाषाविज्ञान आदि अनेक विषयों पर मॉरिशस व अन्य देशों में अंतरराष्ट्रीय स्तर पर संगोष्ठियों, कार्यशालाओं, सम्मेलनों का आयोजन भी करता रहा है। विगत वर्षों में सचिवालय ने सूचना प्रौद्योगिकी के माध्यम से हिंदी के प्रचार विशेषकर हिंदी शिक्षण में प्रौद्योगिकी-प्रयोग को केंद्र में रखते हुए अनेक संगोष्ठियों-कार्यशालाओं का आयोजन किया है।

विश्व हिंदी सचिवालय से जुड़ने और संस्था के विषय में अधिक जानकारी प्राप्त करने के लिए सचिवालय की वेबसाइट है–vishwahindi.com

गुलशन शुकलाल

विश्व हिंदी सम्मेलन

पहला विश्व हिंदी सम्मेलन जनवरी 1975 में नागपुर में आयोजित हुआ था। यह इस अर्थ में अंतरराष्ट्रीय था कि इसमें मॉरिशस के प्रधानमंत्री सर शिव सागर रामगुलाम के अलावा सोवियत संघ, अमेरिका, कनाडा, जापान, इटली, श्रीलंका, फीजी,

त्रिनिडाड आदि से कई हिंदी विद्वान और लेखक आए थे। यह सम्मेलन अनंत गोपाल शेवड़े के प्रयत्न से विनोबा भावे और भारत की तत्कालीन प्रधानमंत्री इंदिरा गांधी के बीच चर्चा के बाद विदेश मंत्रालय के सहयोग से आयोजित किया गया था। इसमें मधुकर राव चौधरी, लल्लन प्रसाद व्यास आदि की महत्वपूर्ण भूमिका थी। सम्मेलन का उद्देश्य हिंदी को राष्ट्रीय एकता और सद्भाव के लिए एक सांस्कृतिक आवाज बनाना था। इसके अलावा अंतरराष्ट्रीय स्तर पर इसकी उपस्थिति, महत्ता और उपलब्धियों को प्रचारित करते हुए विश्व भर के हिंदी विद्वानों, लेखकों और हिंदी सेवियों के बीच संवाद, विचार-विमर्श और उनके बीच आपसी सहयोग बढ़ाना भी इस सम्मेलन का उद्देश्य था। इसका एक लक्ष्य संयुक्त राष्ट्र में दुनिया की तीसरी सबसे अधिक बोली-समझी जाने वाली इस भाषा को आधिकारिक भाषा के रूप में मान्यता दिलाना था। यह मुद्दा नागपुर के पहले विश्व हिंदी सम्मेलन में सामने आ गया था, जो भविष्य के सम्मेलनों के लिए भी एक उत्प्रेरणा बना रहा। कई राजनीतिक हस्तियों के अलावा काका साहेब कालेलकर, जैनेंद्र कुमार, फादर कामिल बुल्के,

विश्व हिंदी सम्मेलन

प्रभाकर माचवे, विष्णु प्रभाकर, चेलिशेव (रूस), लोथार लुत्से (जर्मनी), इवा अरादि (हंगरी) जैसे लेखकों और विद्वानों ने पहले विश्व हिंदी सम्मेलन में हिस्सा लिया था।

विश्व हिंदी सम्मेलन हिंदी के एक विश्व मंच की परिकल्पना के रूप में सामने आया, क्योंकि विश्व में भारतवंशी बहुल देश कई हैं। इसके अलावा विदेशों के कई विश्वविद्यालयों में हिंदी की शिक्षा दी जाती है, वहां हिंदी के विदेशी विद्वान होते हैं। अतीत में भी हिंदी के व्याकरण, साहित्येतिहास ग्रंथ लिखने वाले और हिंदी के माध्यम से भारत को जानने में रुचि रखने वाले यूरोपीय शोधकर्ता हो चुके थे। हिंदी के ज्यादातर विदेशी विद्वान अपने देश में हिंदी शिक्षक और भारतप्रेमी हैं। कुछ गहन शोधकर्ता हैं। हिंदी विश्व भर में फैली हुई अंतरराष्ट्रीय महत्व की भाषा है। इसलिए विश्व हिंदी सम्मेलन की योजना सामने आई। नागपुर सम्मेलन (1975) के बाद इसके मॉरिशस (1976), नई दिल्ली (1983), पुनः मॉरिशस (1993), ट्रिनिडाड (1996), लंदन (1999), सूरीनाम (2003), न्यूयार्क (2007), जोहानिसबर्ग (2011) और भोपाल (2015) में इसके नौ सम्मेलन हो चुके हैं। तीसरा सम्मेलन एक बड़े व्यवधान के बाद हुआ। इसके बाद नियमित रूप से प्रायः हर चार साल के बाद यह आयोजन होता है। इसके आयोजन में हिंदीतर भाषियों के हिंदी शिक्षण के उद्देश्य से कार्यरत सरकारी संस्थानों, हिंदी प्रेमियों, हिंदी सेवियों, राजभाषा विभाग, विदेश मंत्रालय आदि की विशेष भूमिका होती है।

हर आयोजन में सरकारी प्रतिनिधि मंडल के सदस्य के रूप में सरकारी खर्च पर एक निश्चित संख्या में हिंदी विद्वान, लेखक और हिंदी प्रेमी अधिकृत प्रतिनिधि के रूप में भाग लेते हैं। प्रतिनिधि बनने-बनाने के लिए तरह-तरह से कोशिशें चलती हैं, खासकर जब विदेशों में आयोजन हों। कई लोग अपने निजी खर्च एवं व्यवस्था से उत्साहवश भाग लेते हैं। प्रायः तीन दिनों का सम्मेलन, ये जहाँ भी आयोजित हो, सरकारी अधिकारियों के नियंत्रण,

विदेशी हिंदी विद्वानों के आकर्षण, हिंदी प्रेमियों की चहलकदमी, एक साथ कई सभागारों में विभिन्न विषयों पर संगोष्ठियों, कवि गोष्ठियों, बहुरंगी सांस्कृतिक कार्यक्रम, पुस्तक लोकार्पणों, प्रदर्शनियों, भेंट-मुलाकात, गपशप, सुस्वादु नाश्ते-भोजन के लिए लंबी कतारों, भीड़भाड़, समानांतर चर्चाओं, सराहनाओं और शिकायतों से गूंजता रहता है। अंत में कुछ प्रस्ताव पारित किए जाते हैं और पहले-से कुछ चुने गए हिंदी विद्वानों का भव्य सम्मान किया जाता है। पहले सम्मेलन में सभी राष्ट्रीय भाषाओं के एक-एक हिंदीतर विद्वान का भी सम्मान किया गया था। विश्व हिंदी सम्मेलन एक बौद्धिक उत्सव-सा है, जिसके वर्तमान चेहरे को बदलने की चिंता बार-बार व्यक्त की गई है।

दूसरा विश्व हिंदी सम्मेलन (अगस्त 1976) कम भावुकता और उत्सुकता भरा न था, खासकर मॉरिशस वासियों के लिए। पहली बार भारत से बड़ी संख्या में करीब 300 प्रतिनिधियों का भारतीय दल गिरमिटिया मजदूर के रूप में नहीं, बल्कि हिंदी प्रेमियों और विद्वानों के रूप में एक स्वाधीन भूमि पर कदम रख रहा था। हिंदी एक विश्वभाषा के रूप में अधिक साकार रूप में विश्वबंधुत्व, शांति और नई चेतना का संदेश पहुंचा रही थी। इसके आयोजन में मॉरिशस के प्रधानमंत्री शिवसागर रामगुलाम ने विशेष रुचि ली थी। उनके पूर्वजों की भूमि से और दुनिया के कई देशों से विद्वान यहां पहुंचे थे। विदेशी विद्वानों में इटली के एंत्सो तुर्ब्यानि, अमेरिका की कोहेन, स्वीडेन के लेनार्ट परसन, फ्रांस की निकोल बलबीर, जापान के क्यूया दोई, इंग्लैंड के आर एस मैक्ग्रवर, मॉरिशस के देव बंसल रामनाथ, अभिमन्यु अनत आदि थे। चेकोस्लोवाकिया के ओदोलेन स्मेकल भी उपस्थित थे। स्मेकल ने सवाल किया था, 'जब भारत में ही हिंदी की उपेक्षा होगी तो उसे अंतरराष्ट्रीय स्थान कैसे मिलेगा?' भारत के हिंदी लेखकों के बीच से हजारीप्रसाद द्विवेदी, विष्णु प्रभाकर, धर्मवीर भारती, उपेंद्रनाथ अश्क, नामवर सिंह, कमलेश्वर, मनोहर श्याम जोशी, महावीर अधिकारी, कवि-सांसद श्रीकांत वर्मा, गणेश मंत्री, राजेंद्र अवस्थी, रंगकर्मी मोहन महर्षि आदि थे। उस समय भारत में आपातकाल था।

तीसरा विश्व हिंदी सम्मेलन (अक्टूबर, 1983) एक लंबे अंतराल पर दिल्ली में हुआ। यह विदेशी विद्वानों के लिए भारत को समझने का अवसर था तो इस देश के हिंदी प्रेमियों के लिए अपनी सांस्कृतिक शक्ति के बोध का भी। इस सम्मेलन में चर्चा के लिए अंतरराष्ट्रीय भाषा के रूप में हिंदी के प्रचार, भारतीय संस्कृति से हिंदी के संबंध और मानव मूल्यों की स्थापना में हिंदी की भूमिका आदि मुख्य विषय थे। हिंदी में वैज्ञानिक और तकनीकी साहित्य की कमी पर पहले सम्मेलन से ही चिंता की जाने लगी थी, जो इस सम्मेलन में भी जारी थी। हिंदी के विकास में स्वैच्छिक संस्थाओं के योगदान पर भी चर्चा हुई। इस सम्मेलन में भी विदेशों से कई विद्वान आए थे जिनमें मॉरिशस, फीजी और कुछ कैरेबियन देशों के भारतीय मूल के लेखक जैसे—सोमदत्त बखोरी (मॉरिशस), सूर्य प्रसाद वीरे (सूरीनाम) बलराम वशिष्ठ (फीजी) आदि थे। श्रीलंका से इंदिरा दसनायके, जापान से तोमियो मिजोकामी, अमेरिका की यमुना काचरू, कनाडा के केनेथ ब्रांट आदि थे। हिंदी साहित्यकारों में प्रमुख रूप से महादेवी वर्मा, जैनेंद्र कुमार, हरिवंशराय बच्चन, शिवमंगल सिंह सुमन, विजयेंद्र स्नातक आदि ने भाग लिया था। दिल्ली का इंद्रप्रस्थ स्टेडियम प्रधानमंत्री इंदिरा गांधी के उद्घाटन के समय खचाखच भरा हुआ था।

चौथा विश्व हिंदी सम्मेलन (दिसंबर 1993) पुनः मॉरिशस में हुआ। यह दस साल बाद हुआ था। इससे कुछ हिंदी सेवियों की रुचि और संकल्प का पता चलता है पर इच्छाशक्ति, प्रयत्न और सहयोग की निरंतरता पर भी सवाल उठता है। फिर भी 23 देशों के करीब 720 प्रतिनिधियों की हिस्सेदारी लक्ष्य की ओर धीमी गति से अग्रसरता दिखाती है। यह सम्मेलन मॉरिशस के प्रधानमंत्री सर अनिरुद्ध जगन्नाथ की मेजबानी के कारण आयोजित हो पाया। कई देशों में हिंदी वहां के हिंदुओं को जोड़े रखने

वाली भाषा के रूप में काम कर रही थी। इसलिए वहां हिंदी के प्रति खास आकर्षण सदा से था।

पांचवां सम्मेलन (अप्रैल 1996) त्रिनिडाड में हुआ। वहां भोजपुरी में कोई बात कही जाती तो उसका करतल ध्वनि से स्वागत होता था। इस सम्मेलन में विद्यानिवास मिश्र ने हिंदी को एक जीवन शैली, आस्था और विश्वास की संज्ञा दी। इस सम्मेलन की खूबी यह थी कि कंप्यूटर प्रदर्शनी में हिंदी सॉफ्टवेयर में लोगों ने खास रुचि ली। यह हिंदी के तकनीकी क्रांति के युग में पहुंचने की सूचना थी। त्रिनिडाड के विश्व हिंदी सम्मेलन में बड़ी संख्या में स्थानीय हिंदी भाषी और उस देश के प्रधानमंत्री वासदेव पांडे सहित सभी उच्चतम प्रतिनिधि उपस्थित थे। भारत से गए हिंदी लेखकों में केदारनाथ सिंह, गिरिराज किशोर, इंद्रनाथ चौधुरी, गोविंद मिश्र, हिमांशु जोशी, सुरेश ऋतुपर्ण आदि थे।

विश्व हिंदी सम्मेलन का छठा आयोजन लंदन (सितंबर 1999) में हुआ। इसमें इंग्लैंड के प्रधानमंत्री टोनी ब्लेयर ने संदेश भेजा, 'ब्रिटेन को यहां बसे ऊर्जावान एशियाई समुदाय के हिंदी भाषी लोगों की उपस्थिति का सर्वाधिक लाभ मिला है।' लंदन की हिंदी समिति (यू के), बर्मिंघम का 'गीतांजलि बहुभाषीय साहित्यिक समुदाय' और यार्क के 'भाषा संगम' की मेजबानी और भारत सरकार के सहयोग से यह आयोजन हुआ था। विदेश मंत्रालय की ओर से 70 भारतीय प्रतिनिधियों का दल गया था, जिसमें 21 विदेशी विद्वान थे। गैर-सरकारी प्रतिनिधि के तौर पर लंदन के आकर्षण में भारत से सैकड़ों लोग वहां पहुंचे थे, इससे भारी अफरातफरी अव्यवस्था और आवास-भोजन का संकट छा गया था।

विश्व हिंदी सम्मेलन को हिंदी अस्मिता के साथ भारतवंशियों के बीच एक पुल की तरह देखा जाता है। लंदन सम्मेलन में हिंदी की प्रगति पर चर्चा हुई। सांसद शिक्षाविद विष्णुकांत शास्त्री ने एक महत्वपूर्ण बात कही, 'हिंदी को विश्वभाषा का दर्जा दिलाने के लिए वस्तुतः राजनीतिक प्रयत्न की आवश्यकता है।' लक्ष्मीमल सिंघवी का सुझाव था कि विभिन्न देशों के भारतवंशी दबाव समूह बनाएं और अपने देशों में हिंदी को अधिकारिक भाषा की मान्यता दिलाएं, तभी हिंदी विश्वभाषा का दर्जा प्राप्त करेगी। इसका एक उदाहरण फीजी है, जिसने हिंदी को राष्ट्रीय भाषा घोषित किया है। इंद्रनाथ चौधुरी ने कहा, 'फीजी से लेकर केलिफोर्निया तक भारतीय वंशवृक्ष पर जो सूर्य कभी डूबता नहीं है, वह हिंदी का सूर्य है।' हिंदी के ध्वजवाहक फीजी, मॉरिशस, सूरीनाम, त्रिनिडाड एवं टोबैगो, गुयाना, दक्षिण अफ्रीका तो रहे ही हैं ऑक्सफोर्ड, कैंब्रिज, यार्क, लंदन के विश्वविद्यालयों में भी हिंदी दशकों से पढ़ाई जाती रही है और शोध भी होता रहा है, हालांकि कैंब्रिज विश्वविद्यालय में हिंदी की पढ़ाई 2007 के बाद बंद हो गई।

लंदन पहुंचे अन्य लेखकों में नामवर सिंह, विद्यानिवास मिश्र, श्रीलाल शुक्ल, कमलेश्वर, अशोक वाजपेयी आदि थे। यहां संगीतकार भूपेन हजारिका का गायन हुआ था।

इस सम्मेलन में जापान के तोमियो मिजोकामी ने सवाल किया, 'कई हिंदीभाषी लोग आपस में अंग्रेजी में क्यों बतियाते हैं? हम जापानियों की तरह अपनी भाषा में बात क्यों नहीं करते?'

सूरीनाम में आयोजित सातवें सम्मेलन (जून 2003) में हिंदी भाषा के विभिन्न रूपों को लेकर चर्चा हुई। सवाल उठे कि हिंदी भाषा खराब हो रही है, हिंदी का मानकीकरण आवश्यक है, नई पीढ़ी इसकी ओर ध्यान नहीं देती, मीडिया हिंदी को खराब कर रहा है आदि। विश्व हिंदी सम्मेलन में कुछ स्थायी चेहरे, कुछ स्थायी विचार और कुछ स्थायी चिंताएं रही हैं। कई लोग महसूस करने लगे कि विश्व भर के कुछ हिंदी प्रेमियों और विद्वानों के आपस में मिलने-जुलने, आराम से रहने-खाने-पीने के अलावा कोई बड़ा नतीजा नहीं निकलता। कभी कुछ महत्वपूर्ण घटित नहीं होता। बीबीसी से जुड़ी अलका शर्मा ने हंगरी की मारिया नेज्येशी के एक कथन का जिक्र किया, 'बहुत दुहराव हो रहा है। कुछ वक्तव्य अच्छे हैं, मगर बहुत-से लोग बार-बार एक-सी बातें करते हैं।' (हिंदी सब संसार, संपादक : सुरेश ऋतुपर्ण)।

सातवें सम्मेलन में एक प्रस्ताव यह आया कि कैरिबियाई देशों के आप्रवासी भारतवासियों के लिए एक 'कैरेबियाई हिंदी संस्थान' बने, जो इन देशों में रहने वाले भारतवंशियों और हिंदी प्रेमियों के बीच अंतर्संबंध स्थापित करे। सबसे प्रमुख प्रस्ताव था, 'सम्मेलन भारत सरकार से अनुरोध कराता है कि हिंदी को संयुक्त राष्ट्र संघ की आधिकारिक भाषा बनाने के हेतु वह संयुक्त राष्ट्र के सदस्य देशों का समर्थन प्राप्त करने, इसके लिए अनुकूल वातावरण बनाने और अपेक्षित धनराशि का प्रावधान करने के साथ-साथ अन्य सभी आवश्यक एवं प्रभावी कार्यवाही करे। इस संबंध में भारत सरकार ने एक समिति बनाई है। हमारा आग्रह है कि वह इस कार्य को त्वरित गति से आगे बढ़ाए।' सातवें विश्व हिंदी सम्मेलन में संतोष व्यक्त किया गया कि मॉरिशस में विश्व हिंदी सचिवालय की स्थापना की गई है। विश्व के सबसे बड़े लोकतंत्र की राजभाषा होने के कारण दूसरे देशों में भी हिंदी के अध्ययन-अध्यापन का कार्य बढ़ा है। विश्व हिंदी सम्मेलन के कारण विश्व में हिंदी के प्रति जागरूकता आई है। सूरीनाम की राजधानी पारामारिबो में हिंदीभाषियों के पूर्वजों की स्मृति में 'माई-बाप' स्मारक है।

विश्व हिंदी सम्मेलन ने एक छलांग लगाई, जब इसका आठवां आयोजन न्यूयार्क (जुलाई 2007) में हुआ। इसका उद्घाटन संयुक्त राष्ट्र संघ के परिसर स्थित एक भव्य सभागार में इसके महासचिव बान की मून ने किया। उन्होंने शुरू में कुछ वाक्य हिंदी में कहे, अपना अनुभव बांटा और हिंदी को सुंदर भाषा कहकर सबको नमस्ते कहा और धन्यवाद दिया। आठवें सम्मेलन में माना गया कि 1975 से शुरू हुई हिंदी की यात्रा विश्व मंच पर पहुंच गई है, हालांकि सब कुछ प्रतीकात्मक था। राष्ट्र संघ में हिंदी से काफी कम आबादी द्वारा बोलने वाली भाषाएं फ्रेंच, स्पेनिश और अरबी वहां की आधिकारिक भाषाएं हैं, पर हिंदी नहीं हो पा रही है। इसकी अंतरराष्ट्रीय वजहें हैं तो ही, खुद भारत में इस भाषा के प्रति सरकार और आम लोगों का चलताऊ रवैया भी कम जिम्मेदार नहीं है।

न्यूयार्क सम्मेलन में 'संयुक्त राष्ट्र में हिंदी', 'देश-विदेश के हिंदी शिक्षण संस्थान', 'विदेशों में हिंदी सृजन', 'हिंदी के प्रचार-प्रसार में सूचना प्रौद्योगिकी की भूमिका', 'हिंदी फिल्मों की भूमिका', 'युवा पीढ़ी और ज्ञान-विज्ञान', 'हिंदी भाषा और साहित्य : विविध आयाम', 'हिंदी में बाल साहित्य', 'देवनागरी लिपि' आदि विषयों पर चर्चा हुई।

आठवें विश्व हिंदी सम्मेलन में देश और विदेश के 'हिंदीतर लोगों के हिंदी शिक्षण के लिए एक मानक पाठयक्रम बनाने पर जोर दिया गया।' कहा गया कि हिंदी में प्रबंधन, ज्ञान-विज्ञान और तकनीकी की उपयोगी पुस्तकों का प्रकाशन हो। यूनीकोड को विकसित और सर्वसुलभ बनाने का प्रस्ताव आया। हर सम्मेलन में यह चिंता व्यक्त होती है कि भारत और विदेशों में अंतरराष्ट्रीय संगोष्ठियां होती रहें, ताकि हिंदी प्रेमी और विद्वान विदेश आते-जाते रहें। यह दृष्टिकोण भी होता है कि विश्व हिंदी सम्मेलन को साहित्य सम्मेलन न बना दिया जाए। इसलिए साहित्यकार भी पसंद के अनुसार प्रतीकात्मक रूप में ही बुलाए जाते हैं।

नौवां विश्व हिंदी सम्मेलन दक्षिण अफ्रिका के जोहानिसबर्ग (सितंबर 2012) में हुआ। इसमें यह चिंता केंद्रीय तौर पर उभरी कि हिंदी भाषा का देश और विदेश में अभी क्या दर्जा है और इसके लिए अभी क्या-क्या करने की जरूरत हैं। इस आयोजन में भी भारत सरकार के विदेश मंत्रालय के अलावा मॉरिशस की विशेष भूमिका थी। इसमें जोहानिसबर्ग, डरबन, प्रिटोरिया तथा दक्षिण अफ्रीका के कुछ अन्य शहरों के भारतीय मूल के लोग बड़ी संख्या में आए थे। यह सम्मेलन महोत्सव जैसा था, जो जन आबादी से दूर जोहानिसबर्ग की एक सुरक्षित आलीशान जगह में हुआ था। न्यूयार्क की तरह जोहानिसबर्ग में भी विदेशी विद्वानों के साथ बड़ी संख्या में भारतीय लेखक, पत्रकार और साहित्यकार थे और राजनीति से ऊपर उठकर एक उदारवाद दिख रहा था। नेल्सन मंडेला के प्रति सम्मान व्यक्त करते हुए तीन दिनों के सम्मेलन

में कई समानांतर शैक्षिक सत्रों में इन विषयों पर चर्चा हुई : 'हिंदी : फिल्म, रंगमंच और मंच की भाषा', 'लोकतंत्र और मीडिया की भाषा के रूप में हिंदी', 'हिंदी के विकास में विदेशी प्रवासी लेखकों की भूमिका', 'अनुवाद की भूमिका' आदि।

नौवें सम्मेलन में महात्मा गांधी के जीवन और कार्य विषय पर प्रदर्शनी भी लगी थी। इस सम्मेलन में केंद्रीय हिंदी संस्थान, आगरा के अलावा महात्मा गांधी अंतरराष्ट्रीय हिंदी विश्वविद्यालय भी एक नई भूमिका लेकर आया।

जोहानिसबर्ग सम्मेलन महोत्सव-सा होते हुए भी कुछ बौद्धिक चिंताओं से संयुक्त था। हिंदी के विदेशी विद्वानों और भारतीय लेखकों-पत्रकारों के बीच संवाद खुलकर हो रहा था, मत-मतांतर सामने आ रहे थे। कोई सम्मेलन भले बगैर ठोस नतीजे वाला हो, पर यदि विचार-विमर्श और चर्चा का आत्मीय लोकतांत्रिक माहौल बिना सरकारी हस्तक्षेप के मिलता हो तो यह भी नए जमाने में एक दुर्लभ चीज है। बदले विश्व संदर्भ में हिंदी बाजार और मनोरंजन उद्योग की प्रधान भाषा के रूप में बड़े पैमाने पर सामने आई है, शैक्षिक स्तर पर इसकी जो दुर्दशा हो। दुनिया के लोग व्यावसायिक कारणों से हिंदी सीखने लगे हैं, जिससे हिंदी का महत्व बढ़ा है। नौवें सम्मेलन में विश्व हिंदी सम्मेलन के साथ दुनिया के विभिन्न देशों में क्षेत्रीय सम्मेलन आयोजित करने पर भी जोर दिया गया। इस सम्मेलन में भारतीय और विदेशी विद्वानों को दिए जाने वाले सम्मान को 'विश्व हिंदी सम्मान' का नाम दिया गया और निर्णय हुआ कि अगला सम्मेलन भारत में होगा।

दसवां विश्व हिंदी सम्मेलन भोपाल (2015) में आयोजित हुआ जिसका उद्‌घाटन प्रधानमंत्री नरेंद्र मोदी ने किया। यह सम्मेलन अब तक हुए सम्मेलनों की तुलना में हिंदी लेखकों, साहित्यकारों और विद्वानों से सबसे कम जुड़ पाया। यह सिर्फ भाषा प्रौद्योगिकी पर केंद्रित था। इसमें हिंदी प्रेमियों और विदेशी विद्वानों के साथ राजनीतिक हस्तियों की उपस्थिति ज्यादा थी। इसमें संयुक्त राष्ट्र संघ में हिंदी को आधिकारिक भाषा बनाने के प्रश्न पर भारत की तरफ से कोई अग्रगति दिखाई नहीं दी, एक ठहराव-सा था।

विश्व हिंदी सम्मेलन 1975-2015 तक की अपनी चालीस साल की विश्व-यात्रा में समग्रतः हिंदी भाषा को वैश्विक स्तर पर स्थापित करने से की प्रक्रिया में एक महत्वपूर्ण हस्तक्षेप बनकर आया, पर यह विश्व की 45 करोड़ से ऊपर आम हिंदीभाषियों को कितना उद्दीप्त और प्रेरित कर सका और कितना ऊपर ही ऊपर एक सर्वथा अलग विशिष्ट बिरादरी का कर्मकांड होकर रह गया, इस प्रश्न ने कई हिंदी प्रेमियों और बुद्धिजीवियों को उद्वेलित किया है। अंग्रेजी वर्चस्व के जमाने में विश्व हिंदी सम्मेलन की भूमिका बढ़ जाती है। ऐसी स्थितियों में हिंदी जैसी किसी भाषा को आत्मसम्मान और बहुमुखी प्रगति का एक वास्तविक मंच बनना होता है। इसमें आत्म जय-जयकार की जगह आत्मसमीक्षा और पुनर्निर्माण के काम गंभीरता से उठाया जाना जरूरी हो जाता हैं। कोई भी भाषा कठोर भेदभाव के चलते अपनी जातीय ताकत खोकर विश्व की ताकत नहीं बन सकती। हिंदी का अपनी भूमिका में पिछड़ते जाना क्या लोकतंत्र के सिकुड़ते जाने का परिणाम है? दुनिया के लोकतंत्र में हिंदी कितनी प्रतिष्ठित है, यह भी एक बड़ा प्रश्न है। यह चिंता भी सामने आई है कि राजनीतिक असहमतियां सैकड़ों साल की गौरवशाली सांस्कृतिक सहमतियों की परंपरा पर कब तक भारी पड़ेंगी।

शंभुनाथ

अधिक जानकारी के लिए :

1. हिंदी सब संसार : (सं.) सुरेश ऋतुपर्ण, 2008, **2. भाषा की अस्मिता और हिंदी का वैश्विक संदर्भ :** (सं.) रवींद्र कालिया, हिंदी अनुभाग, विदेश मंत्रालय, 2012

विश्वकर्मा

विश्वकर्मा या विश्वकर्मन सृष्टि-शक्ति का रूपक हैं। वैदिक साहित्य में इन्हें देवताओं का श्रेष्ठ शिल्पी बताया गया है। इन्हें शिल्पसमूह का

प्रकाशक, अलंकारों का स्रष्टा और देवताओं के विमान, आभूषण, अस्त्र-शस्त्रादि का निर्माता माना गया है। इन्होंने ही आग्नेयास्त्र का निर्माण किया था। मान्यता है कि इन्हीं की कृपा से मानवजाति शिल्पकला में पारंगत हो सकती है। ऋग्वेद में इन्हें द्रष्ट ा, पुरोहित और प्राणिसृष्टि का पिता भी कहा गया है। कहते हैं, इन्होंने सभी देवताओं का नामकरण किया। इसीलिए देवता मानकर इनकी पूजा की जाने लगी। (ऋग्वेद, 10.82.4)। वेदों में वे पिता और जनक माने गए, जबकि पुराणों में देवताओं के कारीगर।

रामायण में सेतु बनाने वाले वानर नल को विश्वकर्मा का पुत्र कहा गया। महाभारत के अनुसार यह शिल्पविद्या के आविष्कारक और समस्त कारीगरी कला के निर्माता थे। माना गया कि स्वर्ग इन्हीं की सृष्टि है। इन्होंने खाडंव वन को इंद्रप्रस्थ में रूपांतरित किया था। इसके अलावा द्वारका, वृंदावन, लंका, हस्तिनापुर आदि का निर्माण भी किया था। उनका नाम नगर-निर्माण से जुड़ा है। विश्वकर्मा की पुत्री संज्ञा का विवाह विवस्वत (सूर्य) के साथ हुआ, लेकिन संज्ञा सूर्य का तेज सहन न कर सकी और पिता के घर वापस आ गई। सूर्य जब अपनी पत्नी को वापस ले जाने के लिए आए तो विश्वकर्मा ने अपने प्रताप से सूर्य की उज्ज्वलता अष्टमांश रखकर शेष ताप का हरण कर लिया। कहते हैं, इसी हरण किए हुए तेज से विश्वकर्मा ने विष्णु के सुदर्शन चक्र, शिव के त्रिशूल, कुबेर के अस्त्रों, कार्तिकेय के शक्तिबाण और अन्य देवताओं के अस्त्रों का निर्माण किया। इन्होंने ही दधीचि की हड्डियों से इंद्र के वज्र का निर्माण किया था।

ब्रह्मवैवर्त्य पुराण में विश्वकर्मन नामक एक ब्राह्मण का उल्लेख है। कहते हैं, अपने पूर्वजन्म में इन्होंने क्रुद्ध होकर घृताची नामक अपनी प्रिय अप्सरा को शूद्र कूल में जन्म लेने का अभिशाप दिया, जिस कारण वह एक ग्वाले की पुत्री बनकर पैदा हुई। इस तरह ब्राह्मण पुरुष और ग्वाले की कन्या के संयोग से दर्जी, कुम्हार, स्वर्णकार, बढ़ई जैसी यंत्रविद्याप्रवीण जातियों का निर्माण हुआ। यही कारण है कि ये सभी जातियां अपने को विश्वकर्मा का वंशज मानती हैं। (ब्रह्मवैवर्त्य पुराण, 1.10)। विश्वकर्मा की पूर्वी भारत में एक लोकपरंपरा भी चलती आई है जिसे कर्मा पूजा के नाम से जाना जाता है।

वेद-पुराण के सफेद दाढ़ी वाले विश्वकर्मा आधुनिक युग में युवा दिखते हैं। माना जाता है कि बीसवीं सदी में कल-कारखाने बढ़ने के बाद इनकी पूजा लोकप्रिय हुई।

श्रद्धांजलि सिंह

विश्वकोश

अंग्रेजी में Encyclopedia या लैटिन में Encyclopaedia शब्द का आगमन ग्रीक भाषा के दो शब्दों Enkyklios और paideia से हुआ जिनका साधारण अर्थ है, 'वह बात जिसकी शिक्षा के संदर्भ में बार-बार अपेक्षा हो'। शब्दकोश से विकसित यह विश्वकोश (एनसाइक्लोपीडिया) एक तरह से शब्दकोशों का ऐसा सबसे बड़ा रूप होता है जिसमें विश्व भर की किसी एक निश्चित ज्ञान-शाखा अथवा ज्ञान की सभी शाखाओं के विषयों से संबंधित सुसंबद्ध जानकारियों या सूचनाओं का सार रूप में, किंतु यथा-आवश्यक विस्तार के साथ वर्णन मिलता है। दोनों के माध्यम शब्द होने से बहुत-से लोग शब्दकोश को भी विश्वकोश मानते हैं, पर दोनों में अंतर है।

शब्दकोश, विश्वकोश से कोई दो सौ वर्ष पुराना है। शब्दकोश हमें सीमित रूप से किसी भाषा के शब्द के बारे में उस भाषा की अभिव्यक्ति-संबंधी सूचनाएं देता है। उसमें हर तरह के शब्द का अर्थ-आशय होता है, जबकि विश्वकोश, जिसे 'यूनिवर्सल डिक्शनरी' भी कहा जाता है, में सिर्फ संज्ञा-शब्द होते हैं। इसमें उन शब्दों से संबंधित वस्तुओं और लोगों का अपेक्षित विस्तार और तथ्यात्मक जानकारियों के साथ संपूर्णता में वर्णन होता है—यहां तक कि विषय से संबंधित नक्शे, तस्वीरें, आंकड़े, संदर्भिका

आदि भी उसमें रखे जाते हैं। दोनों ही तरह के कोश संदर्भ-सामग्री का काम करते हैं।

माना जाता है कि विश्वकोशों का अस्तित्व पिछले दो हजार सालों से है। सबसे पुराना उपलब्ध विश्वकोश 'नेचुरालिस इस्तोरिया' को बताया जाता है, जिसे प्लिनी द एल्दर ने 79 ईसवी यानी पहली सदी में तैयार किया था। आरंभ में विश्वकोश एक ही पुस्तक रूप में संपन्न हो जाते थे, बाद में इनका आकार क्रमशः बढ़ता गया। ये अनेक खंडों में फैलते चले गए। इनके बड़े आकार का अंदाजा दुनिया के दो-तीन विख्यात विश्वकोशों के खंडों तथा पृष्ठों की संख्या के उदाहरणों से लगाया जा सकता है। इतालियाना विश्वकोश (एनसाइक्लोपीडिया इतालियाना) के बासठ खंड और छप्पन हजार पृष्ठ हैं जिसे दुनिया का सबसे बड़ा विश्वकोश बताया जाता है वह है एनसाइक्लोपीडिया यूनिवर्सल इलस्ट्रेडियोरोपियो-अमेरिकाना। इसके खंडों की कुल संख्या एक सौ अठारह है। इसकी पृष्ठ संख्या एक लाख पांच हजार है।

विविध देशों में अब तक दो हजार से अधिक विश्वकोश प्रकाशित हो चुके हैं। कुछ के कई संस्करण हैं। दुनिया के किसी भी पुस्तकालय में ये सभी विश्वकोश नहीं मिलेंगे, पर यदि कोई पुस्तकालय उन्हें रखना चाहे तो कहा जाता है कि उन्हें रखने के लिए कम-से-कम दो मील लंबे शेल्फों की जरूरत होगी। विश्वकोश के विकास की दृष्टि से अठारहवीं शताब्दी बहुत ही महत्वपूर्ण कही जा सकती है। उस समय तक ज्ञान का काफी विकास हो चुका था, लोग अधिक-से-अधिक विषयों की जानकारी प्राप्त करने के इच्छुक थे और मुद्रण कला के क्षेत्र में भी काफी सुधार हो चुका था। इस सबका लाभ उठाकर और पहले के विश्वकोशों की कमियों को देखते हुए स्कॉटलैंड के एक प्रकाशक ने बिल्कुल नए ढंग से 'एनसाइक्लोपीडिया ब्रिटानिका' का प्रकाशन किया। उसमें प्रमुख विषयों पर लंबे-लंबे लेख तो थे ही, पाठकों की इच्छानुसार प्रत्येक विषय पर छोटी-छोटी टिप्पणियां भी थीं। इसे पिछली सदी के एक विज्ञापन में 'मानवीय ज्ञान का सार' कहा गया। यह प्रयोग इतना सफल हुआ कि उसके बाद अब तक जितने भी विश्वकोश प्रकाशित हुए हैं, प्रायः सभी में 'एनसाइक्लोपीडिया ब्रिटानिका' का अनुकरण किया गया। यही प्रयोग बाद में शब्दकोशों में भी अपनाया जाने लगा जिसके कारण अंग्रेजी में एक नया शब्द 'एनसाइक्लोपीडिक डिक्शनरी' प्रचलन में आया। इन कोशों में सामान्य शब्दकोशों के समान शब्दों के अर्थ तो रहते ही हैं, कुछ शब्दों के संबंध में संक्षेप में विश्वकोशीय सूचनाएं भी दी जाती हैं।

विश्वकोश के अब तक के इतिहास में इस बात पर भी विवाद रहा है कि एक अच्छा विश्वकोश अधिक-से-अधिक कितने खंडों का होना चाहिए। 'यूनिवर्सल लेक्सिकोन' की योजना 12 खंडों में प्रकाशित किए जाने की थी, पर वह 64 खंडों में पूरा हुआ। 'एनसाइक्लोपीडी' ने प्रकाशन के पूर्व घोषित किया था कि वह 10 खंड का होगा, पर वह 26 खंडों में पूरा हुआ। 'आल्जेमीने एनसाइक्लोपीडी' का प्रकाशन जब स्थगित हुआ, तब तक उसके 167 खंड निकल चुके थे। रूसी और चीनी विश्वकोश भी 50 से अधिक खंडों के हैं। अब प्रायः सभी विश्वकोश विशेषज्ञ मानते हैं कि विश्वकोश अधिक-से-अधिक 20-30 खंड तक के ही होना चाहिए।

सभी तरह के कोशों में प्रविष्टियों की व्यवस्था वर्णानुक्रमिक पद्धति से की जाती है। मूल लेख में उन प्रविष्टियों के लिए 'देखिए' का संकेत होता है, जो विषय से संबंधित होते हैं। कोश किसी एक खास क्षेत्र के विषयों को (जैसे—'कला', 'चिकित्सा' या 'दर्शन') लेकर होते हैं अथवा सभी क्षेत्रों के विषयों को लेकर। पुस्तक-रूप में इनका आकार बड़ा होता है, साथ ही अनेक खंडों में इन्हें प्रस्तुत करना पड़ता है।

विश्वकोश बहुखंडीय होने के कारण, विशेषकर मूल्य की दृष्टि से, सामान्य लोगों की पहुंच से बाहर होते हैं। भारत में संपन्न घरों में भी बहुत कम लोगों के यहां कोई बहुखंडीय विश्वकोश देखने के मिलेगा। जिन घरों में होते भी हैं, वहां वे प्रायः ड्राइंग रूम की शोभा बढ़ाने के लिए, आगंतुकों को प्रभावित करने के

लिए रखे जाते हैं। अब कुछ प्रकाशकों ने एकखंडीय विश्वकोश प्रकाशित किए हैं, जिनमें अधिकांश विषयों की सूचनाएं 'कैप्सूल' यानी सार-संक्षेप रूप में रहती है। ये विश्वकोश प्रतियोगी परीक्षाओं के छात्रों के लिए उपयोगी होते हैं। कोई भी निश्चित रूप से नहीं कह सकता कि किसी विश्वकोश का उसके पाठक के विचारों एवं व्यवहार पर क्या प्रभाव पड़ा, पर यह तो कहा ही जा सकता है कि सामान्य पाठक पर विश्वकोश का पहला प्रभाव यही बतलाता है कि दूर की दुनिया ही नहीं, अपने आसपास की दुनिया के संबंध में भी वह कितना कम जानता है। इसका परिणाम यह होता है कि या तो वह अपने प्रिय विषय के संबंध में और अधिक जानने की कोशिश करे या यथास्थिति से समझौता कर ले।

जो विश्वकोश सामान्य प्रकार के होते हैं, उनमें सभी क्षेत्र के विषयों पर आलेख होते हैं। वे संबंधित विषय-क्षेत्र के विशेषज्ञों के द्वारा प्रस्तुत किए जाते हैं। क्षेत्र-विशेष से संबंधित विश्वकोशों (जैसे—दर्शन विश्वकोश, धर्म विश्वकोश, संस्कृति विश्वकोश आदि) में उन्हीं क्षेत्रों से जुड़े निबंध होते हैं। विश्वकोश के लेखों में उसके प्रयोजन, विषयवस्तु, विस्तार-सीमा, संगठन-पद्धति और प्रस्तुतीकरण वस्तुतः लक्ष्य-पाठकों को ध्यान में रखकर किया जाता है। बच्चों के विश्वकोश में विषयवस्तु के क्षेत्र, विस्तार और गहराई, उसकी भाषा, चित्रांकन, प्रस्तुतीकरण आदि स्वाभाविक रूप से अलग तरह के होंगे। विश्वकोश के निर्माण का कार्य शब्दकोश के निर्माण से अधिक समयसाध्य, कष्टसाध्य और व्ययसाध्य होता है। इसकी प्रविष्टियों की बेहद लंबी सूची होती है जिसके लेखों को एक व्यक्ति के द्वारा लिखा जाना असंभव होता है। इसलिए इसका प्रकाशन सरकारी तौर पर (जैसे—द ग्रेट सोवियत एनसाइक्लोपीडिया) या बड़े निजी प्रकाशन संस्थानों के द्वारा ही संभव हो सकता है। आधुनिक इलेक्ट्रॉनिक युग में कंप्यूटर पर उपयोग के लिए इसकी विशालता को सीडी-रोम पर उतारने का प्रयास माइक्रोसॉफ्ट कंपनी के द्वारा हुआ था, किंतु उसे अपेक्षित व्यावसायिक सफलता नहीं मिल पाई। इससे उस कार्यक्रम को बंद कर देना पड़ा था। लेकिन विकीपीडिया फाउंडेशन नामक संस्था ने वर्तमान सदी के आरंभ से इंटरनेट पर सहयोगी प्रयास से 'विकीपीडिया' नामक मुक्त, बहुभाषी इंटरनेट-एनसाइक्लोपीडिया को निःशुल्क प्रकाशित कर दिया।

'विकीपीडिया' का लाभ विश्व भर के करोड़ों लोग उठा रहे हैं। एक तरफ इसके समर्थकों की कमी नहीं है तो दूसरी तरफ इसके आलोचकों का कहना है कि इसकी अनेक कमियां, खामियां और सीमाएं हैं जो इसके मुकम्मिल विश्वकोश कहलाने में बाधक हैं। यहां अनेक विवादास्पद विषय भी रख दिए गए हैं और गलत सूचनाएं भी कम नहीं हैं। इसके तथ्यों, तर्कों और विवेचनों में प्रायः घुमाव-फिराव, असंतुलन और भटकाव देखा जाता है। कभी-कभी अर्धसत्य और यहां तक कि झूठ का भी सहारा लिया जाता है। कहा जा सकता है कि अब भी पुस्तक-रूप में प्रकाशित विश्वकोशों का कोई विकल्प नहीं है, जहां एक ही जगह से दुनिया की लगभग सारी जानकारियां अपेक्षाकृत प्रामाणिकता के साथ ली जा सकती हैं।

विदेशों में सामान्यतः अच्छे विश्वकोश के निरंतर संशोधन के लिए एक नीति निर्धारित की जाती है। इसके अनुसार दूसरे, तीसरे या इसी प्रकार के संस्करण की अपेक्षा संपादकीय विभाग के सदस्य करते रहते हैं, ताकि प्रत्येक बार नए मुद्रण के समय कुछ लेखों का संशोधन कर दिया जाए। विश्वकोश का बहुत सावधानीपूर्वक संपादन करने पर भी कुछ असंगतियां रह जाती हैं। वैसे किसी भी विश्वकोश का अधिकांश भाग वर्षों तक पुराना नहीं होता। बाकी भाग का आवश्यकतानुसार संशोधन किया जाता रहता है। कुछ विषयों के लेख ऐसे होते हैं, जिन्हें प्रत्येक मुद्रण के समय बदलते रहना पड़ता है, उनमें दिए गए तारीख और आंकड़े अकसर बदलते रहते हैं। कभी पूरे लेख मूल लेखकों द्वारा या किसी अन्य द्वारा फिर से लिखे जाते हैं। कभी किसी लेख का कोई अंश पूरी तरह निकालकर नया मैटर जोड़ने के लिए जगह बनाई जाती है और कभी कुछ प्रविष्टियां हटा दी जाती हैं।

किसी भी अच्छे विश्वकोश से हमें पता चलता है कि दुनिया कैसी है और कैसी होनी चाहिए। विश्वकोश की थीम मानवजाति के सुधार में महत्वपूर्ण योगदान दे सकती है। यह सभी विश्वकोशों का मूल मंत्र रहा है। प्लेटो का मानना था कि हम अच्छी तरह से सोचें-समझें। इसके लिए आवश्यक है कि हम सब कुछ जानें और यह विश्वकोश के माध्यम से ही हो सकता है। बहरहाल-विश्वकोश की वर्तमान अवधारणा कि विश्वकोश किसी भी ज्ञान के लिए पहला कदम है, अभी मुश्किल से 200 वर्ष पुरानी है।

विश्वकोश से हमें प्रत्येक विषय के संबंध में समेकित सूचना मिलती है। लोग सामान्यतः किसी विषय से संबंधित जानकारी के लिए विश्वकोश देखते हैं, क्योंकि उनकी धारणा रहती है कि विश्वकोश में किसी विषय से संबंधित कोई बात छिपाई नहीं जाएगी। उसमें उस विषय से संबंधित पूरी और अधुनातन जानकारी रहेगी, भले ही वह कितनी ही विवादास्पद क्यों न हो। हालांकि व्यवहार में ऐसा विश्वकोश बन पाना कठिन होता है, खासकर रुचियों और विचारों की विविधता के युग में।

हिंदी में अभी तक दो ही ग्रंथ ऐसे हैं, जिन्हें विश्वकोश कहा जा सकता है। 1915 में प्रकाशित नगेंद्र नाथ बसु का 'हिंदी विश्वकोश' (26 खंड) हिंदी का पहला कोश माना जाता है पर यह वास्तव में उन्हीं के द्वारा तैयार किए गए बांग्ला विश्वकोश का हिंदी अनुवाद है। उसके बाद 1960 में भारत सरकार के अनुदान से नागरी प्रचारिणी सभा, वाराणसी द्वारा तैयार किया गया 'हिंदी विश्वकोश' (12 खंड) प्रकाशित हुआ। यद्यपि इसे प्रकाशित हुए अब तक आधी सदी से अधिक बीत चुका है, इसका अभी तक न संशोधित संस्करण निकला, न व्यापक त्रुटियों की वजह से पुनर्मुद्रण ही हुआ। हिंदी विश्वकोश के नाम पर व्यावसायिक मुनाफे के लिए कुछ साधारण कोटि के ग्रंथ भी हैं, जबकि एक सच्चे प्रयास की जरूरत है। वैसे सभी विश्वकोश सभी लोगों के लिए किसी-न-किसी रूप में उपयोगी होते हैं। किसी विषय का विशेष अध्ययन करने वालों के लिए प्रारंभिक जानकारी प्रामाणिक तौर पर विश्वकोश से ही मिलती है।

सुवास कुमार, महेंद्र राजा जैन

अधिक जानकारी के लिए :

1. Dictionary of Lexicography : Reinhard Hartmann, 1998, **2. Modern Lexicography :** Henri Bejoint, 2000, **3. Encyclopaedia : Thier history throughout the ages :** M Karlson, 1966, **4. Lexicography at the Cross Road :** Henning Bergenholtz, Sandro Nielson, Sven Tarp, Peter Lang, 2009, **5. Enlightening the Wotld : Encyclopedie, The Book that Changed the Course of History :** Philipp Blom, 2003

विश्वनाथ

विश्वनाथ अलंकार जगत के सबसे लोकप्रिय अलंकारिक हैं जिन्होंने 'साहित्यदर्पण' जैसा महत्वपूर्ण ग्रंथ लिखा। ये उड़ीसा के प्रतिष्ठित पंडित कुल में पैदा हुए थे। नारायण, जिन्होंने अलंकारशास्त्र पर ग्रंथ लिखे, इनके पितामह थे जिनके अनुज चंडीदास ने काव्यप्रकाश की दीपिका टीका की रचना की। इनके पिता का नाम चंद्रशेखर था जो स्वयं अच्छे कवि व आचार्य थे। विश्वनाथ ने 'काव्यप्रकाश' का टीका में बहुत से संस्कृत शब्दों के ओडिया अनुवाद दिए हैं जिससे पता चलता है कि ये ओडिया ही थे। ये कलिंग देश के किसी राजा के सांधिविग्रहिक (वैदेशिक मंत्री) कहे जाते हैं। 'साहित्यदर्पण' के एक पद्य में दिल्ली के सल्तनत के सुलतान अलाउद्दीन खिलजी का जिक्र आता है (सन्धो सर्वस्वहरण विग्रहे प्राण निग्रहः। अल्लावदीन नृपतौ न सन्धिर्न च विग्रहः)। अलाउद्दीन का समय 1296 से 1316 के बीच था। अतः 'साहित्यदर्पण' 1300-1320 के बीच लिखा गया होगा।

इस साक्ष्य पर और अनेक अन्य आंतर व बाह्य प्रमाणों के आधार पर पी वी काणे ने इनका समय 1300 से 1350 के बीच माना है। (संस्कृत काव्यशास्त्र का इतिहास)। विश्वनाथ ने स्वयं को 'अष्टादशभाषावारविलसिनीभुजंग' (18 भाषाओं का ज्ञाता) कहा है। इन्होंने

अनेक काव्यों की रचना की है जिनमें 'राघव विलास' (संस्कृत महाकाव्य), 'कुवलयाश्चरित', (प्राकृत) तथा 'प्रभावती परिणय' (नाटिका) महत्वपूर्ण हैं किंतु इनकी लोकप्रियता का आधार 'साहित्यदर्पण' है जिसे लिखने के बाद इन्होंने 'काव्यप्रकाश दर्पण' नाम से काव्यप्रकाश पर टीका भी लिखी।

'साहित्यदर्पण' की मुख्य विशेषता यह है कि इसमें श्रव्यकाव्य के साथ ही दृश्यकाव्य (नाटक) का विपुल वर्णन किया गया है। इसमें दस परिच्छेद हैं जिसमें छठा परिच्छेद महत्वपूर्ण है, जहां नाटक के लक्षणों व भेदों का निरूपण किया गया है। इसे पढ़ने के बाद 'नाट्यशास्त्र' की संक्षिप्त जानकारी आसानी से मिल जाती है। पहले अध्याय में काव्य के लक्षणों पर बात करते लिखा है—'वाक्यं रसात्मकं काव्यम्' और इसी की व्याख्या की है। इस ग्रंथ पर कई टीकाएं भी लिखी गई हैं जिनमें इन्हीं के पुत्र अनंतदास की टीका 'लोचन' महत्वपूर्ण है।

'साहित्यदर्पण' के महत्व का पहला कारण यह है कि इसमें 'नाट्यशास्त्र' का विवेचन मिलता है जो दंडी, मम्मट व जगन्नाथ की कृतियों में नहीं मिलता। इस प्रकार संस्कृत नाट्यशास्त्र के क्षेत्र में भरत का नाट्यशास्त्र, धनंजय का दशरूपक व विश्वनाथ का साहित्यदर्पण—ये तीन ग्रंथ त्रिमूर्ति कहे जाते हैं। दूसरी विशेषता इसकी प्रवाहपूर्ण भाषा व शैली है, यद्यपि यह एक संग्रहात्मक कृति ही है। मम्मट व जगन्नाथ की कृतियां काफी विशिष्ट हैं लेकिन उनकी तुलना में यह एक सुबोध ग्रंथ है और नए अध्येताओं का मार्ग दर्शन करता है।

श्रीप्रकाश शुक्ल

विश्वनाथ काशीनाथ राजवाड़े
(1836-1926)

24 जून 1863 के दिन महाराष्ट्र के वरसई गांव में जन्मे विश्वनाथ राजवाड़े अप्रतिम मेधा के विचारक, भाषाविद, इतिहासकार और समाजशास्त्री थे। उन्होंने मराठों के इतिहास जैसे महाग्रंथ का 22 खंडों में प्रकाशन कराया। संस्कृत के व्याकरण पर महत्वपूर्ण काम किया और भारतीय विवाह संस्था का इतिहास (मराठी) जैसी ऐतिहासिक कृति की रचना की। उन्होंने वैज्ञानिक नजरिए से आदिवासी समाजों और प्रागैतिहासिक समाजों के आपसी रिश्तों का वैज्ञानिक पद्धति से विश्लेषण किया। एक अनुसंधानकर्ता के रूप में उन्होंने श्रुतियों, महाभारत, पुराणों, संहिताओं, हरिवंश पुराण आदि से उदाहरण लेकर यह बतलाया कि भारतीय विवाह संस्था का एक सतत विकसित इतिहास रहा है। विद्यार्थी जीवन से ही उनकी रुचि वैज्ञानिक नजरिए से ज्ञान पाने और अनुसंधान करने की थी। इस बात पर उन्होंने अफसोस प्रकट किया है कि उन्हें वैज्ञानिक पद्धति से पढ़ाने वाला एक भी गुरु नहीं मिला। वे विष्णु शास्त्री चिपलूणकर से प्रभावित थे। उन्होंने 1894 में 'भाषांतर' मासिक पत्रिका का प्रकाशन आरंभ किया। इसका उद्देश्य अपनी मराठी भाषा को ज्ञान से समृद्ध करना था। अनुवाद के माध्यम से भी पश्चिमी भाषाओं में उपलब्ध आधुनिक ज्ञान को मराठी में उपलब्ध कराने के उद्देश्य से उन्होंने कई काम किए।

विश्वनाथ काशीनाथ राजवाड़े

अपनी विकसित इतिहास-दृष्टि से राजवाड़े ने जान लिया था कि ग्रांट डफ जैसे विदेशी इतिहासकारों ने भारत का इतिहास एक विजेता जाति के इतिहास की तरह से लिखा है। इसमें महत्वहीन घटनाओं को बढ़ा-चढ़ाकर दिखलाया गया है। उन्हें पता था कि इतिहास के वास्तविक सत्य को उजागर किए बिना राष्ट्र का भाव उत्पन्न नहीं किया जा सकता। उन्होंने अपने जीवन का बहुत सारा समय इतिहास की स्रोत सामग्री जुटाने में लगाया। राजवाड़े ने एकनाथ के काल से पहले की प्रति के आधार पर 'ज्ञानेश्वरी' का संपादन किया। वे मानते थे कि परिस्थिति के साथ मानव के संघर्ष से इतिहास बनता है। राजवाड़े की स्मृति में भारतीय इतिहास कांग्रेस ने भारतीय इतिहास में आजीवन योगदान और सेवा के लिए उनके नाम से पुरस्कार स्थापित किया है। इतिहास के अलावा मराठी भाषाशास्त्र के क्षेत्र में उन्होंने महत्वपूर्ण कार्य किया। राजवाड़े धातुकोश और राजवाड़े शब्द व्युत्पत्ति कोश, उनके दो महत्वपूर्ण कार्य हैं। उन्होंने अपने एक निबंध 'कादंबरी' में उपन्यास की महत्ता पर रोशनी डालते हुए लिखा है, 'हर उपन्यास को समाज के पतित लोगों के जीवन यथार्थ का चित्रण करना चाहिए।' उन्होंने एक ऐसी इतिहास-दृष्टि पर जोर दिया जो समावेशी हो और जिसमें किसी किस्म का राष्ट्रीय अहंकार न हो।

जीवन सिंह

अधिक जानकारी के लिए :
1. विश्वनाथ काशीनाथ राजवाड़े : (सं.) जोडी क्लेटस, **2. भारतीय विवाह संस्था का इतिहास :** विश्वनाथ काशीनाथ राजवाड़े, **3. Rethinking India's Past :** R S Sharma

विश्वबोध

विश्वबोध को विश्वप्रेम, अंतरराष्ट्रीयतावाद, सार्वदेशिकता की चेतना, वैश्विकतावाद, 'कॉस्मोपोलिटैनिज्म' के अर्थ में भी देखा जाता है। यह देशों की सीमाओं को महत्व न देते हुए 'एक विश्व' का उत्तर-राष्ट्रवादी सोच है। भारत में विश्वबोध का एक प्राचीन रूप 'वसुधैव कुटुंबकम्' के रूप में रहा है। विश्वात्मा में परमात्मा को देखने की भंगिमा भी लक्षित की जा सकती है। भक्त कवियों को 'एक्ट लोकली-थिंक ग्लोबली' की धारणा से जुड़ा माना जा सकता है।

उन्नीसवीं सदी में मानव एकता के आदर्श से प्रेरित होकर राममोहन राय (1772-1833) ने फ्रांस की यात्रा के दौरान वहां के तत्कालीन विदेश मंत्री से कहा था, 'संपूर्ण मानवजाति एक बड़ा परिवार है, असंख्य राष्ट्र और कबीले इसकी शाखाएं भर हैं।' बंकिमचंद्र भी मानव समाज को राष्ट्र के ऊपर मानते थे और 'जागतिक प्रीति' की बात करते थे। देशप्रेम के संबंध में वे कहते थे, 'सच्चा देशप्रेम परभक्षी राष्ट्रवाद से अलग चीज है।' 1874 से 1914 तक पश्चिम के राष्ट्रवाद ने हिंसा और विनाश का जो पथ चुना था, वह वस्तुतः प्रथम विश्वयुद्ध की ओर ही जाता था। ऐसी स्थितियां देखकर रवींद्रनाथ ठाकुर ने कहा था, 'प्रत्येक घर में मेरा घर है, मैं उसी घर की खोज कर रहा हूं। प्रत्येक देश में मेरा देश है, मैं उसी देश को पाने के लिए संघर्ष कर रहा हूं।' उन्होंने शांतिनिकेतन में बंगभारती, भारतभारती आदि न बनाकर विश्वभारती की स्थापना की थी।

उस युग के भारतीय रोमांटिसिज्म में 'डी-डिफरेंशिएशन' अपृथकता की भावना विकसित हो रही थी जो उन्नीसवीं सदी के राष्ट्रवादी जागरण (डिफरेंशिएशन) से विशिष्ट थी। कुछ व्यक्तियों के लिए राष्ट्रवाद पूरी तरह निरर्थक था। ऐसे व्यक्ति 'पश्चिमी सभ्यता के मिशन' या अंतरराष्ट्रीयतावाद से प्रभावित थे। भारत जैसे उपनिवेशित देशों में कई बार अंग्रेजी राज या पश्चिम से 'डिफरेंशिएशन' अर्थात उसमें मिश्रित होने से क्रांतिकारी इंकार स्वाभाविक था, पर मानव समाज के स्तर पर 'डी-डिफरेंशिएशन' का भाव भी पल्लवित हो रहा था। प्रसाद ने 'कामायनी' में लिखा, 'यह विश्व अरे कितना उदार, मेरा गृह रे उन्मुक्त द्वार'। उनके नाटकों में राष्ट्रीय जागरण का स्वर है तो काव्य में जगह-जगह विश्वबोध है। छायावाद व्यक्ति और विश्व की

अंतर्क्रिया का साहित्य रहा है। निराला ने इस संदर्भ में कुछ महत्वपूर्ण बातें लिखी हैं, 'जिस भारतीयता के गर्व से दूसरे तुच्छ जान पड़ते हैं, वह भारतीयता में कुछ रूढ़ियों से चलती हुई अभारतीयता है।' (हिंदी में आलोचना, 1933)। उन्होंने एकदेशीयता की जगह सार्वदेशिकता का पक्ष ग्रहण करते हुए कहा, 'हमारे समाज से भिन्न किंतु मिला हुआ एक और समाज है। वह केवल देश में नहीं बंधा, तमाम पृथ्वी के मनुष्य उसके अंतर्गत हैं। वहां उन्हीं मानवीय भावों की गुंजाइश है जो मनुष्य मात्र के कहे जा सकते हैं। ऐसे सर्वसाधारण भावों पर लिखने वाले साहित्यिक को बाहरी छोटे-मोटे सांप्रदायिक अथवा जातीय उपकरण छोड़ देने पड़ते हैं।' यह विश्वबोध पश्चिम पर निर्भरता या पश्चिमीकरण का पर्याय न था। उसे 'अखंड मानवता' के रूप में देखा जाना चाहिए जो आज के अखंड बाजार या मुक्त बाजार-व्यवस्था से एक भिन्न चीज थी। निराला कहते थे, 'अब हमें पूर्व और पश्चिम को एक करना है और इस तरह समस्त भूमंडल को एक करना है।' (कवि और कविता, 1924)। दरअसल, राष्ट्रीय संस्कृति यदि अंध-राष्ट्रवाद से प्रेरित नहीं है तो वह अपने उदारवादी ढांचे में सार्वदेशिक आयामों को जगह देती है और एक विश्वबोध निर्मित करती है। निराला का युग जो सोच रहा था, वह आज के भूमंडलीकरण से एक भिन्न भूमि पर बन रहा भारतीय स्वप्न था।

प्रेमचंद ने 1933 में लिखा था, 'अंतरराष्ट्रीयता मानव संस्कृति और जीवन का बहुत ऊंचा आदर्श है।' उन्होंने अंध-राष्ट्रवाद के कारण 'प्राणी-प्राणी में फूट' और 'राष्ट्रों में तनातनी' की आलोचना की थी। वे कहते थे, 'विश्व की आत्मा के भीतर ही राष्ट्र या देश की आत्मा होती है।' (विविध प्रसंग-2)। उन्होंने अपनी एक टिप्पणी 'ईरान के तेल' में कहा, 'तेल ही इस समय दुनिया में हुकूमत कर रहा है।' उन्होंने लिखा, 'व्यापारिक धुन के कारण आजकल दुनिया जीवन संग्राम का घरौंदा बनी हुई है। ...उसने हमारे स्वार्थों को, हमारी व्यक्तिवादिता को, हमारी लाभ-हानि की चिंता को पागलपन की हद तक पहुंचा दिया है।' (वही)। उन्होंने आशा व्यक्त की थी, 'बहुत मुमकिन है कि सभ्यता के विकास के साथ-साथ राष्ट्रीयता की समस्या गायब हो जाए और सारी दुनिया में भाईचारे की एक ही व्यवस्था फैल जाए।' (वही)। यह दुनिया को एक ही लाठी से हांकने जैसा कथन नहीं है।

दूसरे विश्वयुद्ध के बाद नव-उपनिवेशवाद, रंगभेद, हथियारों की होड़, युद्ध जैसी स्थितियां थमी नहीं थीं। तनाव-शिथिलता, शांतिपूर्ण सह-अस्तित्व जैसी बातों के बावजूद विश्व में गुट बने हुए थे और विश्वबोध एक कूटनीतिक व्याख्या का विषय बना हुआ था। आधुनिक युग में विश्वशांति एक बड़ा स्वप्न रहा है, एक यूटोपिया भी। शमशेर बहादुर सिंह ने 'अमन का राग' कविता में विश्वबोध का नया स्वरूप व्यक्त किया, 'मुझे अमेरिका का लिबर्टी स्टेच्यू उतना ही प्यारा है/जितना मास्को का लाल तारा/और मेरे दिल में पीकिंग का स्वर्गीय महल/मक्का-मदीना से कम पवित्र नहीं/मैं काशी में उन आर्यों का शंखनाद सुनता हूं/जो वोल्गा से आए/मेरी देहली में प्रह्लाद की तपस्याएं/दोनों दुनियाओं की चौखट पर/युद्ध के हिरण्यकश्यप को चीर रही हैं।' दोनों दुनियाओं से आशय अमेरिका और रूस से है।

विश्वबोध में विश्वमानववाद और विश्वमानवतावाद—ये दोनों तत्व काम करते रहे हैं। विश्वमानववाद का अर्थ अपने को किसी देश की राष्ट्रीयता का अंग महसूस न करते हुए 'विश्वमानव', 'विश्व नागरिक' या 'ग्लोबल' समझना है, जबकि विश्वमानवतावाद में अविभाजित मनुष्यता के साथ अपने राष्ट्र का उदार बोध बना रहता है। विश्वबोध विश्वमानवतावाद से जुड़ा है जिस पर पूंजीवादी अंतरराष्ट्रीयतावाद या भूमंडलीकरण को खतरे के रूप में देखा जाता रहा है। पश्चिमी देशों में शरणार्थी-समस्या के प्रति संवेदनहीनता, आप्रवासियों के प्रति असहिष्णुता तथा दुनिया में फिर बढ़ता अंध-राष्ट्रवाद विश्वबोध पर प्रश्नचिह्न है। अमेरिका में विश्वबोध का एक रूप यह है कि दुनिया में लगभग 700 से अधिक जगहों पर उसके सैन्य

अड्डे हैं और दूसरा रूप यह है कि वह जहाँ चाहेगा शांति रहेगी और जहाँ चाहेगा युद्ध होगा। इसी तरह आतंकवाद की परिभाषा अमेरिका के अनुसार एक है, चीन के अनुसार एक अन्य। विश्व की नई मुक्त अर्थव्यवस्था में भी मनवता नस्लीय और राष्ट्रवादी जंजीरों से जकड़ी हुई है।

विश्वबोध में एक अहम मुद्दा शरणार्थियों के शरण लेने के अधिकार का है जो अब छीना जा रहा है। हन्ना अरंत (1906-1975) ने 1950 के आसपास कहा था, 'यद्यपि राष्ट्र-राज्यों में बंटे हुए विश्व में शरण लेने का अधिकार अस्तित्व में बना रहा और यद्यपि कुछ देशों में यह दोनों विश्वयुद्धों के दौरान भी बना रहा, इसे आज बेमतलब माना जा रहा है और राज्य के पुराने अंतरराष्ट्रीय संबंधों के क्षेत्र में एक पुराने पड़ गए सिद्धांत के रूप में बर्दाश्त किया जा रहा है।' दुनिया में दूसरे विश्वयुद्ध के बाद नए राष्ट्रों के उदय, देश-विभाजन या गणतंत्र के विघटन के परिणामस्वरूप अपनी नागरिकता गंवा देने वाले कई समूह अस्तित्व में आए हैं। दुनिया में ऐसे लोगों की संख्या कम नहीं है जिनका 'जीवन और स्वतंत्रता उनके धर्म, नस्ल और राजनीतिक विचारों के कारण खतरे में पड़ गए हैं।' मानवाधिकार की जिनेवा घोषणा (1948) के बावजूद बड़ी संख्या में शरणार्थी वर्तमान समय में शरण नहीं पा रहे हैं।

हिब्रू परंपरा में माना गया है कि ईश्वर ने मूसा को आदेश दिया कि बाइबिल की शिक्षाओं के अनुरूप 'शरण के छह नगर' होंगे जो विशेष रूप से विजातीय आवासियों अथवा अस्थायी रूप से बसने वालों के लिए होंगे। यूरोप के बुद्धिजीवी एक जगह से निष्कासित होने के बाद दूसरे देशों में बसते रहे हैं। फ्लोरेंस से निर्वासित होकर दांते रैवेना में बसा था। कांट ने कहा था, 'वैश्विकता के नियम अनिवार्यतः सार्वभौमिक सत्कार की शर्तों द्वारा निर्धारित होने चाहिए।' वे 'इनलाइटेन्मेंट' की भावना के अनुरूप वैश्विकता के नियमों का विस्तार करते लगते हैं। सेंट पॉल के द्वारा ईसाइयों के लिए प्रवर्तित वैश्विकता की व्याख्या इस रूप में होती है, 'तुम अपने देश से बाहर विदेशी न होकर संतों के साथी नागरिक हो, तुम ईश्वर के परिवार के सदस्य हो।' जाक देरिदा ने उपर्युक्त परंपराओं, खासकर कांट की ओर ध्यान आकर्षित करते हुए दो सीमाएं उजागर कीं, 'उन्होंने आवास के अधिकार को सत्कार से बाहर रखा, वे इसे आगमन के अधिकार तक सीमित रखते हैं। वे इसे ऐसी शर्तों से आबद्ध कर देते हैं जो इसे राज्य की संप्रभुता पर आश्रित कर देती है, खासकर जब बात आती है आवास के अधिकार की। ...ये सारे सवाल दुष्कर बने हुए हैं। प्रश्न है यह जानना कि शर्तमुक्त सत्कार के नियम को कैसे रूपांतरित किया जाए और कैसे सुधार किया जाए।' (कॉस्मोपॉलिटैनिज्म, एक व्याख्यान, साखी, अप्रैल-जून 2015)।

जाक देरिदा के उपर्युक्त कथन से पता चल सकता है कि समकालीन विश्वबोध के सामने किस तरह शरणार्थियों, प्रवासियों, नागरिकताविहीन या बेघर लोगों की समस्याएं पहले से अधिक गंभीर रूप ले रही हैं। दुनिया के हर नगर में लंबे समय से बसे दूसरे देशों के लोग 'बाहरी' माने जाने और संदेह से देखे जाने लगे हैं, महानगरीय मानसिकता का ह्रास हुआ है। देरिदा ने आज के नगरों की हालत देखकर ही उपर्युक्त व्याख्यान में कहा, 'आने वाले समय में लोकतंत्र की परीक्षा इससे होगी कि 'कॉस्मोपोलिटैनिज्म' कितना सही अर्थ ग्रहण कर पाया है, 'शरण के नगर' किस हद तक 'नए नगरों से कुछ अधिक होंगे।'

वैश्वीकरण के युग में सचमुच कोई वैश्विकतावाद घटित हुआ है, मनुष्य का चित्त एक विश्वचित्त बना है, अभी यह कहने में देर है।

शंभुनाथ

विश्वविद्यालय

विश्वविद्यालय उच्च शिक्षा की एक मुक्त जगह है, जहाँ किसी भी देश के विद्वान राज्य की बाधा के बिना शिक्षण, अध्ययन, शोध और ज्ञान चर्चा करते हैं। 'यूनिवर्सिटी' शब्द लैटिन 'यूनिवर्सिटस' और फ्रेंच 'यूनिवर्सिटे' से बना है। यह 'संपूर्ण' के अर्थ में

ग्रहण किया जाता था। विश्वविद्यालय शिक्षा की एक ऊंची, संपूर्ण और वैश्विक जगह रहे हैं, जो विभिन्न विषयों पर व्याख्यान देकर सिर्फ उपाधि प्रदान करने के लिए नहीं बने थे बल्कि इनका निर्माण शोध और ज्ञानार्जन की एक स्वतंत्र जगह के रूप में हुआ था। इधर प्रकाश में आया है कि चीन में ढाई से एक हजार साल ईसा पूर्व 'उ' और 'झाउ वंश' के शासन के समय उच्च शिक्षा के केंद्र बन चुके थे। तक्षशिला, जो अब पाकिस्तान में है, 700 ईसा पूर्व और नालंदा, जो बिहार में है, 500 ईसा पूर्व अस्तित्व में आए थे। कौटिल्य का संबंध तक्षशिला से जोड़ा जाता है। ग्रीक-रोमन सभ्यता में उच्च शिक्षा का केंद्र 400 ईसा पूर्व एथेंस में अस्तित्व में आया था।

नालंदा एक पूर्णतः आवासीय उच्च शिक्षा केंद्र था जिसमें पढ़ने के लिए चीन, तिब्बत, कोरिया और मध्य एशिया के विद्वान आते थे। यहां सैकड़ों शिक्षक और विद्यार्थी रहते थे। यह एक बौद्ध विहार था। इस शिक्षण केंद्र के सौंदर्य और महत्ता का वर्णन चीनी यात्री ह्वेनसांग ने किया है, जो पहली बार ईसवी सन 637 और दूसरी बार 642 में नालंदा आया था। गुप्त काल में यह शिक्षा केंद्र लोकप्रिय था, पर खासकर ईसवी 600-900 के बीच यह काफी विकसित हुआ। इस विश्वविद्यालय से नागार्जुन, आर्यभट्ट, आर्यदेव, शीलभद्र, पद्मसंभव, धर्मकीर्ति जैसे विद्वानों का संबंध था। भारत में इस काल में ज्ञान-विज्ञान की विशेष उन्नति हुई थी। उपर्युक्त विश्वविद्यालय में एक विशाल ग्रंथागार था जिसमें 'रत्नोदधि', 'रत्नसागर' और 'रत्नंजक' नाम से तीन भाग थे। इससे अंदाजा लग सकता है कि उस समय के विद्वान महान प्राचीन ग्रंथों को खोज-खोजकर किस तरह अपनी विरासत की रक्षा के लिए प्रत्यत्नशील रहे होंगे। नालंदा को देश के राजाओं के अलावा विदेशी राजवंशों से भी अनुदान मिलता था। यह राजनीतिक हस्तक्षेपों से मुक्त था। 900 ईसवी के बाद बौद्ध तांत्रिकों का असर बढ़ने से इसका ह्रास शुरू हुआ। 1200 के आसपास बख्तियार खिलजी की सेना ने इसको जलाकर ध्वंस कर दिया। नालंदा जब जलाया जा रहा था, पश्चिम के विश्वविद्यालयों का अभी जन्म हो रहा था। लगभग 1700 सालों तक विभिन्न व्यतिक्रम के बीच नालंदा बौद्धिक गतिविधियों के एक गौरवशाली केंद्र के रूप में विश्व भर में प्रतिष्ठित रहा है। यहां बौद्ध दर्शन, वेदांग, न्याय, पालि के अलावा गणित, खगोलविद्या आदि वैज्ञानिक विषयों की शिक्षा दी जाती थी।

यूरोपीय दुनिया में माना जाता है कि पहला आधुनिक विश्वविद्यालय इटली का बोलोग्ना विश्वविद्यालय है, जो 1088 में स्थापित हुआ था। यहां 1158 में एक आदेश निकला जिसमें कहा गया है कि शैक्षिक हित में किसी भी देश के विद्वान इस विश्वविद्यालय में बिना बाधा के प्रवेश ले सकेंगे। पेरिस विश्वविद्यालय (1150), ऑक्सफोर्ड विश्वविद्यालय (1167), कैंब्रिज विश्वविद्यालय (1209), हीडलबर्ग विश्वविद्यालय (1386) सहित कई अन्य विश्वविद्यालय भी बने। इन विश्वविद्यालयों की शुरुआत को यूरोप में मध्यकालीन विश्वविद्यालयों की शुरुआत के रूप में देखा जाता है। माना जाता है कि 1400 ईसवी से 1800 ईसवी के बीच ये आधुनिक युग में प्रवेश करते हैं और इनका तेज गति से विकास ओर विस्तार होता है।

1300 ईसवी के आसपास यूरोप में ज्ञानार्जन की भूख बढ़ चुकी थी। अरस्तू के साहित्य को फिर से खोज निकालने और उसके लैटिन में अनुवाद के बाद यूरोपीय बौद्धिक चिंतन में एक मोड़ आ गया था। इससे प्राचीन ग्रीक-रोमन सभ्यता का ज्ञान हुआ, प्राकृतिक दुनिया को समझने की एक नई दृष्टि मिली और चर्च की धारणाओं से भिन्न चीजें सामने आईं। अरबी से लैटिन भाषा में अनूदित होकर ज्ञान की काफी सामग्री प्राच्य से पश्चिम में पहुंची। यूरोप के विश्वविद्यालयों में नए ज्ञान को हासिल करने के लिए विद्वानों और शिक्षार्थियों की भीड़ इकट्ठी होने लगी। इससे यूरोपीय नवजागरण की पृष्ठभूमि बनी। उत्तरी यूरोप के इंग्लैंड, फ्रांस और जर्मनी तथा दक्षिणी यूरोप के इटली के विश्वविद्यालयों में एक चीज सामान्य थी उनमें लैटिन ही शिक्षा का माध्यम थी। कहीं अंग्रेजी, फ्रेंच, जर्मन या इटालियन की प्रधानता नहीं थी। इन

जातीय भाषाओं को प्रधानता चौदहवीं सदी से मिलनी शुरू हुई। उत्तरी यूरोप के विश्वविद्यालयों में कलाओं, अध्यात्मविद्या और धर्म की शिक्षा का जोर था, जबकि इटली के विश्वविद्यालयों में कानून और चिकित्सा की शिक्षा का। इटली के विश्वविद्यालयों में सिर्फ डॉक्टर की उपाधि दी जाती थी, जबकि उत्तरी यूरोपीय विश्वविद्यालय में मुख्यतः स्नातक की। सत्रहवीं सदी में यूरोप में भयंकर युद्ध, अकाल, दुर्भिक्ष आदि वजहों से विश्वविद्यालयों का विकास धीमा पड़ गया। इसके बाद 'राष्ट्र–राज्य' की धारणा भी जोर पकड़ने लगी। इसी माहौल में यूरोपीय विश्वविद्यालयों के विद्वानों ने 'मानववाद' का महत्व समझना शुरू किया और शिक्षा में मानववादी दृष्टिकोण को प्रधानता मिलनी शुरू हुई। इसी समय से 'ह्युमैनिटीज' (मानविकी) के विषय बने। शिक्षा में भाषा, साहित्यिक पाठ, व्याकरण-रचना आदि क्षेत्रों की प्रतिष्ठा हुई। गैलेलियो जिसने पीसा और पाडुवा विश्वविद्यालयों से शिक्षा ली थी, मानववादी विचारों का समर्थक था। उस युग के चिकित्सा, गणित, भौतिकशास्त्र, खगोलविद्या के विद्वानों पर भी 'ह्युमैनिटीज' के विषयों का असर था। मानविकी के विषय आज की तरह शैक्षिक हाशिए पर नहीं थे।

विश्वविद्यालयों ने वैज्ञानिक पैदा करने, बड़े आविष्कारों और वैज्ञानिक क्रांति में ही निर्णायक भूमिका अदा नहीं की बल्कि ये तर्क करने, दार्शनिक बहसों और आंदोलनों के भी केंद्र थे। विद्वानों के बीच स्पर्धाएं थीं, द्वंद्व थे पर वे सभी लोग शिक्षा और अनुसंधानों के प्रति समर्पित थे। एक समय विश्वविद्यालय का अर्थ ही लगाया जाता था—शिक्षा के लिए नई-नई खोजों की जगह। यह दार्शनिक बहसों का केंद्र था। उन्नीसवीं सदी तक यूरोपीय विश्वविद्यालयों में धर्म का प्रभाव काफी घट चुका था। यूरोप और दुनिया के सभी विश्वविद्यालयों में देखा जा सकता है कि सामान्यतः 4 लक्ष्य निर्धारित किए गए थे : (i) शिक्षार्थी की सामान्य बौद्धिक क्षमता का इस तरह विकास कि वह सिर्फ विशेषज्ञ न बने, बल्कि सुसंस्कृत मनुष्य भी बने, (ii) हर शिक्षण के साथ अनुसंधान का संतुलन बना रहे ताकि अनुसंधान के निष्कर्षों से शिक्षण हमेशा समृद्ध होता चले (iii) सत्य की खोज और (iv) मानवतावादी संस्कृति और नागरिकता के सामान्य आदर्शों का बौद्धिक बीजारोपण। दुनिया में पिछले लगभग ढाई हजार सालों में विश्वविद्यालय ज्ञान-विज्ञान के ही नहीं, साहित्य और संस्कृति के भी केंद्र रहे हैं। इनकी सामाजिक परिवर्तन और वैज्ञानिक विकास में महान भूमिका रही है।

उपनिवेशित देशों के विश्वविद्यालय में ज्ञानार्जन के अलावा तीव्र राजनीतिक अभिमुखता एक स्वाभाविक मामला है। स्वाधीनता आंदोलन, नक्सलवादी आंदोलन, जेपी आंदोलन आदि के साथ भारत के विश्वविद्यालयों में राजनीति का प्रवेश काफी पहले हो चुका था। यह नहीं कहा जा सकता कि विश्वविद्यालय की शिक्षा सिर्फ आजीविका या ज्ञानार्जन भर के लिए होनी चाहिए। सामाजिक चेतना भी जरूरी है। इसके साथ राजनीतिक सक्रियतावाद खुद पैदा हो जाता है। भारत के सरकारी विश्वविद्यालयों में राजनीति और ज्ञानार्जन के बीच संतुलन लड़खड़ाया है और ये विश्वविद्यालय बदलते विश्व के बाहर होते जा रहे हैं, जिस पर चिंता व्यक्त की गई है। ये टाइमपास शैक्षिक क्लब जैसे बनते जा रहे हैं, जहाँ विद्यार्थी एमए-पीएचडी करते हुए अपनी बेकारी के दिन काटते हैं। इनकी जगह जो निजी विश्वविद्यालय हैं, वे स्पर्धामूलक बाजार अर्थव्यवस्था के अनुसार एक भिन्न शैक्षिक परिवेश दे रहे हैं, जहाँ प्रबंधन, इंजीनियरिंग, चिकित्सा और बाजार की मांगों के अनुरूप महंगी शिक्षा है। ये विद्यार्थियों को राजनीतिक स्पर्धा की जगह व्यापारिक स्पर्धा में खड़े होने लायक बनाते हैं। यहां परंपरागत विश्वविद्यालयों के परिवेश से भिन्न स्थितियां हैं। विश्वविद्यालय जिस रूप में हो पर बौद्धिक स्वतंत्रता, उदारवाद और मर्यादापूर्ण शैक्षिक व्यवहार अब भी ज्वलंत मुद्दे हैं।

विश्वविद्यालयों की वर्तमान स्थिति पर चिंता व्यक्त करते हुए टेरी ईगल्टन ने एक लेख लिखा है, 'द स्लो डेथ ऑफ दि यूनिवर्सिटी' (2015)।

उनके अनुसार, विश्वविद्यालय की मौत के जिम्मेदार कारकों में उच्च शिक्षा का कॉरपोरेटीकरण या वाणिज्यीकरण है। आज के प्रोफेसर मैनेजर रह गए हैं और कुलपति मानो कर्ता-धर्ता जिसका मुख्य काम आर्थिक संसाधन जुटाना है न कि स्तरीय शिक्षा, शोध, ज्ञान का सृजन, संरक्षण, विस्तार या मूल्यों का संवर्धन। शुल्क वसूलना शिक्षा से ज्यादा जरूरी हो चुका है। मानविकी की स्थिति खराब है। आने वाले दिनों में अगर परंपरागत विभाग जिंदा रहते हैं तो कहा जा रहा है कि उनमें वाणिज्य के विद्यार्थियों को 'सेमीकॉलन का प्रयोग' जैसे विषय पढ़ाए जाएंगे। संदेश साफ है, परंपरागत विश्वविद्यालय सर्कस भर रह गए हैं और धीमी मौत मर रहे हैं। ईगल्टन द्वारा उपस्थित यह चित्र एक चेतावनी है। चिंताजनक है कि भारत का पुराना-से-पुराना हो या महंगा से महंगा एक भी विश्वविद्यालय दुनिया के सर्वश्रेष्ठ 200 विश्वविद्यालयों की सूची में नहीं आ सका है। यह राष्ट्रीय अहसास क्या स्थितियों को बदलने की दिशा में अग्रसर करेगा?

टेरी ईगल्टन के उपर्युक्त वचन की रोशनी में अवधेश कुमार सिंह ने लिखा है, 'आज विश्वविद्यालय की मृत्यु के लिए वे सब तत्व ही जिम्मेदार हैं, जो शिकायत करते हैं। पर सबसे बड़ी जिम्मेदारी शिक्षक की है क्योंकि इसी समुदाय के हित, प्रतिष्ठा और भविष्य दांव पर लगे हैं। विश्वविद्यालय राजनेताओं की चिंता के केंद्र में तब आते हैं, जब नियुक्तियों का मौसम आता है या छात्र-संघ के चुनाव का।... पर अध्यापक की जिंदगी के लगभग चार दशक खपते हैं और समाज उसे कई पीढ़ियां सौंपता है।' विश्वविद्यालय हर युग में होंगे और बढ़ते जाएंगे पर क्या ज्ञान का अर्थ सिकुड़ता जाएगा?

शंभुनाथ

विश्वामित्र

विश्वामित्र ने क्षत्रिय कुल में जन्म लेकर भी ब्रह्मर्षि का पद प्राप्त किया था। वह कठिन तपस्या करके क्षत्रिय से ब्राह्मण हुए थे। वर्ण-व्यवस्था में ब्राह्मण की श्रेष्ठता प्रदर्शित हो चुकी थी। इसलिए उनका ब्रह्मर्षि वसिष्ठ से विरोध था। यह ब्राह्मण और क्षत्रिय के बीच श्रेष्ठता को लेकर चल रही प्रतिद्वंद्विता का ही एक रूप था जिसकी हिंसात्मक परिणति विश्वामित्र के सौ पुत्रों के मारे जाने से होती है। दूसरी तरफ, विश्वामित्र की योजना से ही राक्षस रूप में कल्याणपाद ने वसिष्ठ के सौ पुत्रों का भक्षण कर लिया। विश्वामित्र और वसिष्ठ, दोनों ही राजा सुदास के पुरोहित थे।

एक कथा के अनुसार, राजा विश्वामित्र अपनी सेना के साथ शिकार खेलते हुए ब्रह्मर्षि वसिष्ठ के दरवाजे पर पहुंचे। वसिष्ठ ने अपनी कामधेनु गाय नंदिनी के सहयोग से तरह-तरह के भोजन से विश्वामित्र और उनके सैनिकों को संतुष्ट किया। कामधेनु की विचित्रता से आकर्षित होकर विश्वामित्र ने वसिष्ठ को कामधेनु के बदले सौ गाएं देना चाहा। वसिष्ठ के राजी न होने पर दोनों में घोर विवाद हुआ। विश्वामित्र जबर्दस्ती कामधेनु को ले जाने लगे तो वसिष्ठ ने कामधेनु से अपनी शक्ति से उन्हें परास्त कर देने के लिए कहा। कामधेनु ने तब असंख्य सैनिकों की सृष्टि कर विश्वामित्र की सेना को परास्त कर दिया। विश्वामित्र के सौ पुत्र भी इसी लड़ाई में मारे गए। विश्वामित्र ने वसिष्ठ पर अपने बाणों की वर्षा की, जिसे वसिष्ठ ने अपने ब्रह्मदंड से रोक लिया। विश्वामित्र को ग्लानि हुई। उन्होंने अपने क्षत्रिय बल को धिक्कारा। उन्हें ब्रह्मतेज ही सही बल लगा और इसके लिए उन्होंने कठोर तपस्या शुरू कर दी।

कथा है कि इक्ष्वाकु वंश के राजा त्रिशंकु में सशरीर स्वर्ग जाने की इच्छा जगी। वे वसिष्ठ के पास गए। वसिष्ठ द्वारा सहायता करने से इंकार कर देने पर वह विश्वामित्र के पास आए। विश्वामित्र ने अपने तपोबल से उन्हें स्वर्ग की ओर उन्मुख कर दिया। इससे इंद्र आदि देवताओं ने क्रोध में आकर उन्हें उलटा करके पुनः धरती की ओर भेजना शुरू कर दिया। त्रिशंकु के पतन से क्रुद्ध होकर विश्वामित्र

ने उन्हें शून्य में ही रोक दिया और एक दूसरे स्वर्ग की रचना शुरू कर दी। त्रिशंकु एक मुहावरा बना। इंद्र और विश्वामित्र का संघर्ष एक दूसरे देवमंडल की प्रतिष्ठा की ओर भी बढ़ता है जिसके केंद्र में राम हैं।

विश्वामित्र से जुड़ी एक और कथा मेनका के प्रसंग में है। विश्वामित्र की तपस्या से प्रसन्न होकर ब्रह्मा ने उन्हें राजर्षि का पद दिया। इससे वह संतुष्ट नहीं हुए। उन्होंने अधिक घनघोर तपस्या शुरू कर दी। उसी समय इंद्र ने उनकी तपस्या भंग करने के उद्देश्य से अप्सरा मेनका को भेजा। विश्वामित्र उसके रूप पर मोहित हो गए। उनकी आध्यात्मिक चेतना पर भौतिक इच्छाएं भारी पड़ गईं। मेनका विश्वामित्र के साथ दस साल तक थी। मेनका से सुंदर कन्या शकुंतला का जन्म हुआ। विश्वामित्र को एक दिन हठात होश आया। वह मेनका से विदा लेकर उत्तर में हिमालय की ओर चले गए और कौशिकी नदी के किनारे पुनः तपस्या में लीन हो गए।

ब्रह्मा ने इस बार प्रसन्न होकर उन्हें महर्षि का पद दिया, पर कह दिया कि पूरी तरह इंद्रियों पर विजय नहीं पाने के कारण अभी वे पूरी सिद्धि नहीं पा सके हैं। यह सुनकर विश्वामित्र को ग्लानि हुई। वे फिर तपस्या में लीन हुए। इस बार इंद्र ने रंभा को भेजा। महर्षि ने शाप देकर उसे पाषाण में बदल दिया; लेकिन क्रोध में शाप देने के कारण उनका तपफल नष्ट हो गया। इसके बहुत समय बाद उनकी तपस्या से संतुष्ट होकर ब्रह्मा ने उन्हें ब्राह्मणत्व प्रदान किया।

वसिष्ठ से राजा हरिश्चंद्र की अधिक प्रशंसा सुनकर विश्वामित्र उनकी परीक्षा लेने गए। उन्होंने कौशल से उनका राज्य और पूरा ऐश्वर्य दान में ले लिया, इसके बाद दक्षिणा की प्रार्थना की। राजा हरिश्चंद्र अपनी पत्नी शैव्या और पुत्र रोहिताश्व को लेकर राज्य से बाहर धन के संधान में निकले और काशी आ गए। उन्होंने अपनी पत्नी और बेटे को एक ब्राह्मण से और खुद को एक डोम के हाथों बेच दिया और सारी राशि दक्षिणा के रूप में विश्वामित्र को सौंप दी। बेटे रोहिताश्व की सांप द्वारा काटने से मृत्यु हो गई तो शैव्या बिलखती हुई रोहिताश्व को लेकर श्मशान पहुंची। उस समय हरिश्चंद्र डोम के रूप में काम कर रहे थे। उन्होंने अपनी पत्नी को पहचान लिया। वे भी रोने लगे। फिर भी उन्होंने कर्तव्य-पालन करते हुए बेटे के लिए कफन मांगा। शैव्या अपना आंचल फाड़कर देने लगी। उसी समय विश्वामित्र आ पहुंचे। उन्होंने हरिश्चंद्र की प्रशंसा की, उनके पुत्र को जीवित कर दिया और उनका पूरा राज्य और ऐश्वर्य वापस कर दिया।

पुराणों में कहा गया है कि राजा हरिश्चंद्र के प्रति अन्याय देखकर वसिष्ठ विश्वामित्र पर क्रुद्ध हुए। दोनों ने एक-दूसरे को अभिशाप दिया, जिससे वे पक्षी बन गए और तब भी युद्ध करते रहे!

वसिष्ठ और विश्वामित्र के बीच श्रेष्ठता के लिए संघर्ष, उनका क्रोध और हिंसात्मक आचरण, विश्वामित्र द्वारा इंद्रियों पर विजय के लिए बार-बार कठिन तपस्या, कामभावना का स्वाभाविक स्फुरण और अप्राकृतिक दमन–ये सभी घटनाएं प्राचीन बोध के असंतुलन और विसंगतियों को दिखाती हैं। ये स्थितियां बदलती हैं, जब सुर-असुर का पुराना संघर्ष धरती के मनुष्य और राक्षसों के संघर्ष में रूपांतरित होता है। रामायण की कथा में वसिष्ठ और विश्वामित्र परस्पर शत्रु नहीं हैं, राम दोनों के बीच पुल हैं। गुरु रूप में विश्वामित्र दशरथ के पुत्रों को शिक्षा देते हैं। वे दशरथ की अनुमति से विशेष शक्तिवान राम और लक्ष्मण को लेकर वन जाते हैं और दिव्यास्त्र देते हैं, ताकि वे उनकी यज्ञशाला की रक्षा करें और राक्षसों का वध करें। विश्वामित्र के आश्रम की रक्षा करते हुए राम ताड़का राक्षसी का वध करते हैं। यज्ञ पूरा कर विश्वामित्र दोनों भाइयों को जनक के दरबार में ले जाते हैं, जहाँ सीता स्वयंवर था। मार्ग में वे गौतम ऋषि के आश्रम से गुजरते हैं, जहाँ राम अहिल्या का उद्धार करते हैं और सत-असत का संघर्ष शुरू होता है।

शंभुनाथ

विषय-सूची-निर्देशिका

पत्र-पत्रिकाओं के पुराने अंकों के विषयों की ऐसी प्रकाशित सूची जो लेखक, शीर्षक और विषयों की सूचना देती है, विषय-निर्देशिका (इंडेक्स) कही जाती है। यह साहित्यिक, दार्शनिक विवादों और एक तरह से एक बड़ी विरासत की सूचना देती है। लेकिन इसका महत्व तभी है, जब वह पत्र-पत्रिका भी शोधार्थियों के लिए पुस्तकालय या निजी संग्रहालयों में उपलब्ध हो। अंग्रेजी भाषा में विशेषकर यूरोप और अमेरिका में प्रकाशित होने वाली जितनी भी अच्छी पत्रिकाएं हैं, प्रायः सभी की वार्षिक, पंचवर्षीय और किसी-किसी की दस या बीस-पच्चीस वर्षीय विषय-सूचियां उपलब्ध हैं।

अंग्रेजी की सबसे पुरानी और प्रतिष्ठित साहित्यिक पत्रिका 'टाइम्स लिटरेरी सप्लीमेंट' (टीएलएस) की वार्षिक विषय-सूचियां पहले से ही प्रकाशित होती थीं, अब इंटरनेट पर भी उपलब्ध हैं। हिंदी में श्रेष्ठ एवं स्तरीय साहित्यिक मासिक, त्रैमासिक पत्रिकाओं की विषय-सूची सामान्यतः उपलब्ध नहीं है। पहले 'सरस्वती', 'हंस' और 'ज्ञानोदय' ने इस क्षेत्र में कुछ काम किया था। तब वर्ष के अंत में पिछले वर्ष के 12 अंकों की विषय सूचियां प्रकाशित की जाती थीं, पर ये सूचियां बहुत उपयोगी नहीं होती थीं। विषय सूची ऐसी होनी चाहिए कि यदि कोई जानना चाहे कि किसी विषय पर किसी पत्रिका में पिछले वर्ष या कब, क्या प्रकाशित हुआ या कुछ प्रकाशित हुआ या नहीं, तो उस सूची से यह मालूम हो जाए।

अजित कुमार ने 'कल्पना' के कुछ वर्षों की अनुक्रमणिका बनाई थी। 'निबंध-निर्देशिका' शीर्षक से प्रकाशित 'सम्मेलन पत्रिका' (हिंदी साहित्य सम्मेलन) के भाग 74 में प्रकाशित रचनाओं की सूची को अकारादि क्रम से दी है। 'समकालीन भारतीय साहित्य' की लेखक-निर्देशिका में इस पत्रिका के प्रथम 20 वर्षों के अंकों में प्रकाशित रचनाओं को एकत्र कर लेखकों के नामानुसार एक क्रम में रख दिया गया है, पर वह क्रम क्या है यह पता नहीं चलता। राजेंद्र यादव द्वारा संपादित 'हंस' के 27 वर्षों की सूची 'क्या, कब, कहां?' (2014) शीर्षक से किताबघर से निकली है।

हिंदी पत्र-पत्रिकाओं की विषय सूची व्यापक तौर पर नहीं होना हिंदी साहित्य की एक बहुत बड़ी कमी है। किसी भी पत्रिका की सूची तैयार करते समय यह ध्यान रखना होगा कि उस पत्रिका का प्रकाशन नियमित हो, विषय के शीर्षक व्यावहारिक हों तथा सूची में साहित्य के सभी अंगों का समावेश हो।

महेंद्र राजा जैन

विषयी विकेंद्रण

विषयी विकेंद्रण (De-Centering Subject) 1960 के बाद विश्व में नुमायां होने वाले उत्तर-आधुनिक विमर्शों की एक केंद्रीय धारणा के रूप में उभरी है। जेम्स हार्टफील्ड ने स्पष्टकिया कि उत्तर-आधुनिक विमर्शों के शुरुआती दौर में 'विषयीनिष्ठता' को अधिक महत्व दिया जाता था, क्योंकि ये विमर्श वस्तुनिष्ठता का खंडन करते थे। उसकी स्थापना है, 'वस्तुनिष्ठता का खंडन पलटकर विषयी का विखंडन और विकेंद्रण बन जाता है।' विषयी विकेंद्रण को जेम्स हार्टफील्ड विषयी (सब्जेक्ट) की मृत्यु की धारणा तक ले गए।

विषयी विकेंद्रण से क्या तात्पर्य है? जुडिथ बटलर ने एक उदाहरण प्रस्तुत किया है कि जब हम यह कहते हैं कि 'मैंने गेंद फेंकी' तो यहां 'मैं' विषयी (या कर्ता) है, पर जब हम कहते हैं, 'मुझसे गेंद फिंकवाई गई' तो यहां विषयी का वस्तुनिष्ठताकरण (ऑब्जेक्टिफिकेशन) हो गया। यह वस्तुनिष्ठताकरण विषयी के विकेंद्रण का कारण है। विषयी विकेंद्रण को समझने के लिए इन अर्थों को देखना जरूरी है–

1. शासन व्यवस्था का विषयी : इस अर्थ में जनता सब्जेक्ट की कोटि में आती है। आधुनिक राष्ट्र-राज्यों की संवैधानिक व्यवस्था में यह विषयी (सब्जेक्ट) ही

नागरिक के तौर पर सामाजिक रूप में गठित होता है।

2. देह और चित्त के विभाजन से संबद्ध चेतनामूलक विषयी : अरस्तू के बाद देह से भिन्न वैयक्तिक चेतना को डायोनीशियन विभाजन माना जाता है। आधुनिक काल में इमेनुअल कांट, हीगेल जैसे विचारक इसे निरपेक्ष न मानकर पदार्थ की सापेक्षता में देखते हैं। इसे सुविधा के लिए द्वैतवादी विषयी कह सकते हैं।

3. भाषागत विषयी : भाषा में वाक्य 'सब्जेक्ट' और 'प्रेडिकेट' में विभाजित रहता है। आधुनिक भाषाविज्ञान में विषयी को संकेतक तथा वस्तुओं या पदार्थों को संकेतित के तौर पर देखा गया है। उपर्युक्त संदर्भ में निम्न बातें ध्यान देने योग्य हैं :

(i) विषयी का विकेंद्रण उत्तर-आधुनिक दौर की युग-स्थितियों की जरूरत से बंधा है।

(ii) आधुनिक काल तक 'विषयी' उपर्युक्त तीनों अर्थों में गठित होता था। इसे शासन व्यवस्था द्वारा केंद्रीभूत संस्कृति और नायक-केंद्रित भाषा संसार के द्वारा गठित किया जाता था।

(iii) उत्तर-औपनिवेशिक हालात में यूरोप ने अपने जिस विषयी को पहले गठित किया था, वह अब संकटग्रस्त हो गया था।

(iv) विषयी-विकेंद्रण का संकट मुख्यतः यूरोपीय है। उत्तर-औपनिवेशिक हालात में उभर रही लोकतांत्रिक व्यवस्थाओं ने इस यूरोपीय विषयी के वर्चस्वों को विविधता तथा बहुलता वाले नए चेतना मूल्यों को ग्रहण करने के लिए विवश कर दिया।

(v) विषयी का जनतांत्रिक विकेंद्रण उसके 'अन्य पक्ष' के द्वारा विखंडन से जुड़ा है। देरिदा इसे भाषा मीमांसा तक ले आते हैं। हेबरमास, फुको तथा ल्योतार इसे सार्वजनिक संस्थाओं द्वारा गठित हो रहे ज्ञानानुशासनमूलक विषयी के अंतर्विरोधों को उजागर करने तक ले आते हैं। जैक लाकां द्वारा चेतना के इस मनोवैज्ञानिक अंतर्गठन को भाषा मीमांसा रूप की तरह स्पष्ट करने का प्रयास हुआ है। उनका एक उदाहरण देखें, 'संकेतक (विषयी) अपनी ही तरह का एक घटक है जो स्वरूपतः एक अनुपस्थिति का प्रतीक है।' यानी विषयी के तौर पर अब हम अपने भीतर मौजूद होकर भी 'खुद' को नहीं पाते हैं। क्योंकि हम जो होते हैं, वह सब हमारे भीतर उस भाषा के द्वारा स्थापित होता है, जो 'अन्य' का यानी शेष दुनिया का प्रतीक होती है।

जूडिथ बटलर का कहना है, 'अस्मितामूलक विषयी व्यावहारिक रूप में निर्मित होता है।' कोई विषयी के तौर पर क्या है—पुरुष, स्त्री, काला, गोरा, अफसर, सर्वहारा यह सब इससे तय होता है कि 'व्यवहार' में कोई कैसा है, न कि उसका 'वर्ग' या 'सामाजिक समूह' कैसा है। जाहिर है कि कार्ल मार्क्स द्वारा निर्दिष्ट वर्गमूलक चेतना वाले विषयी को उत्तर-आधुनिक दौर में 'अन्य वर्गों' द्वारा परिभाषित करते हुए 'विखंडित' किया जाना विषयी विखंडन है।

विनोद शाही

अधिक जानकारी के लिए :

1. The Hermeneutics of the Subject : Michel Foucault, 1981-82, **2. Postmodernism and the Death of the Subject :** James Heartfield, 2002

विषाद

चिंताजनक स्थितियों में व्यक्ति का मन जब हमेशा दुखी रहता है और किसी भी प्रकार उसके दुखभाव में परिवर्तन नहीं होता तो इसे विषाद (Melancholy) कहते हैं। व्यक्ति में लंबे समय तक उदासी बनी रहती है। उसके जीवन में उत्साह और रुचियों की कमी हो जाती है। वह अपने जीवन का कोई लक्ष्य ढूंढ़ नहीं पाता, हालांकि वह सामाजिक जीवन में विच्छिन्न नहीं होता। उसका विषाद अवसाद में बदल सकता है और तब मृत्यु की इच्छा बलवती होने लगती है या असामान्य व्यवहार दिखाई पड़ते हैं। विषाद की स्थिति में व्यक्ति धार्मिक धारणाओं का विरोधी हो जाता है, स्वकेंद्रित हो जाता है और अपने को समाज से बाहर भी मानने लगता है।

विषाद को आधुनिक युग में 'आत्मा के एकाकीपन' का नतीजा कहा गया है या 'करुणा का थका चरण।' स्वच्छंदतावादी साहित्य में विषाद की भावना को एक विशेष स्थान प्राप्त है। गेटे के 'सॉरोज ऑफ वर्टेर' में विषाद मनोरुग्णता और आत्महत्या का रूप धारण कर लेता है। वर्टेर संसार में दुख और कृत्रिमता देखता है और अंततः टूट जाता है। हिंदी में प्रसाद की कविताओं में विषाद का चित्रण सबसे ज्यादा है, 'इस नील विषाद गगन में/सुख चपला-सा दुख धन में।' उनके 'आंसू' में दुखवाद की प्रधानता है। हिंदी स्वच्छंदतावाद में विषाद का तत्व रहा है। यह स्थिर विषाद नहीं है, 'चिर दग्ध दुखी यह वसुधा/आलोक मांगती तब भी।' विषाद में रहते हुए भी यदि दृष्टि सकारात्मक हो, जीवन की ऊर्जा पैदा हो सकती है।

शंभुनाथ

विष्णु

वैदिक युग के बाद बौद्ध धर्म के उदय के आसपास विष्णु से संबंधित कथाएं बनीं। वैदिक साहित्य में कर्मकांड और आत्मबोध पर जोर था, जबकि बौद्ध धर्म में अनात्मवादी भिक्षुओं के संघ की महत्ता थी। विष्णु से संबंधित कथाओं ने आस्था का एक भिन्न रूप सामने ला दिया, जिसमें आध्यात्मिकता और भौतिकता, संन्यास और गृहस्थ जीवन, दोनों का महत्व है। विष्णु सृष्टि के पालन, विपत्तियों से आर्त्त के उद्धार के लिए अवतरण, अलौकिकता और लौकिकता के सामंजस्य, भौतिक उन्नति-आध्यात्मिक शांति आदि से जुड़ गए। संस्कृत में 'बृह' का अर्थ वृद्धि है। इससे ब्रह्म बना और विष्णु भी। यह आस्था बनी कि विष्णु लोगों के जीवन में सर्वतोमुखी वृद्धि के लिए हैं। वे पौराणिक कथाओं में देवताओं के जितने सहायक हैं, उतने ही आम लोगों के भी विपत्ति की घड़ी और भौतिक उन्नति में सहायक हैं। वे नैतिक मार्गदर्शक और जीवों के उद्धारकर्ता माने गए हैं। शिव यदि साधारणता के देवता हैं—भस्म से मंडित योगी तो विष्णु विशिष्टता के देवता हैं—स्वर्णाभूषणों से सुसज्जित बौद्धिक। ब्रह्मा, विष्णु और शिव अनादि त्रिदेव हैं। इनमें से ब्रह्मा की पूजा नहीं होती। शिव की पूजा वनों के बेलपत्रों से होती है तो विष्णु की घरों की तुलसी से। शिव भोलेनाथ हैं, अच्छे और बुरे में भेद नहीं करते, सुर या असुर किसी का पक्ष नहीं ग्रहण करते, विष्णु पक्षधर होते हैं। वैष्णव धारा की अवतारवाद से जुड़ी कथाओं ने विष्णु को हिंदू घरों में लोकप्रिय बनाया, जबकि शिव अवतारवाद के बिना लोकप्रिय हुए।

विष्णु शेषनाग पर सोते हैं और उनका वाहन है गरुड़। सांप और गरुड़ एक-दूसरे के दुश्मन हैं, इस तरह विष्णु विरोधों में सामंजस्य बनाते हैं। उन्हें नारायण भी कहा गया, जिनके पास नारद सृष्टि का समाचार लेकर बार-बार आते हैं। समुद्र-मंथन के समय वह एक बार मोहिनी रूप धारण करते हैं और देवताओं को ही योग्य मानकर अमृत बांटते हैं। विष्णु की नाभि से निकले ब्रह्मा जिस सृष्टि का निर्माण करते हैं, वह सत्य है—यह विष्णु के अवतारों से प्रमाणित होता है। माना गया है कि संसार में सभ्यता का विकास माया के रूपों में होता है। माया प्रकृति से सभ्यता की ओर बढ़ना है। माया के बिना सृष्टि महज एक प्राकृतिक सत्ता है। माया अच्छाइयों और बुराइयों के साथ आकार लेती है। यह विश्वास है कि विष्णु के अवतार तब होते हैं, जब सृष्टि पर कोई संकट आता है या बुराई बढ़ जाती है, अच्छाई दबने लगती है। वह अवतार रूप में माया की अच्छाइयों का प्रदर्शन करते हैं और बुराइयों का संहार करते हैं। यह आम जन की आस्था भी है और उसकी चिर अतृप्त आकांक्षा भी।

विष्णु के दस अवतारों की कथा बाद में बनी होगी, जब राम और कृष्ण लोकप्रिय हो गए थे। उनका पहला अवतार मछली है, जो सृष्टि के आदिमानव मनु को प्रलय से बचाती है। दूसरा अवतार कच्छप है जिसके संबंध में किसी समय माना गया कि विष्णु ने इस पृथ्वी को इसी रूप में बचाया। विष्णु के साथ शंख, चक्र, गदा और पद्म जुड़े हैं। उनका शंख

अस्तित्व की घोषणा करने के लिए है। यह समुद्री जीव से बनता है। वास्तविक शालिग्राम प्रत्थर भी एक जलजीव से बनता है। विष्णु का चक्र भौतिक सृष्टि-चक्र है—जन्म, जीवन और मृत्यु का एक सदा गतिशील चक्र। प्राचीन अस्त्र गदा वस्तुतः भय और बुराइयों से बचने के लिए ताकत का प्रतीक है और कमल कीचड़ (माया) में रहते हुए भी आध्यात्मिक शांति का चिह्न है।

विष्णु के वाराह अवतार की कल्पना एक बार फिर पृथ्वी की रक्षा के लिए की गई है। राक्षसों के वध के लिए वह पहली बार नृसिंह अवतार के रूप में आते हैं। वह खंभे से प्रकट होकर न दिन में और न रात में हिरण्यकशिपु को जांघ पर बैठाकर वध करते हैं। देखा जा सकता है कि मत्स्य, कच्छप, वाराह की राह से वह वस्तुतः धीरे-धीरे जल से बाहर आते हैं और नृसिंह में आधे पशु और आधे मनुष्य का रूप धारण करते हैं। यह सृष्टि की उत्पत्ति के आदि जनजातीय विश्वासों का ही वैष्णवीकरण है। वामन अवतार में वह आदिवासियों के पशु-टोटमों से बिल्कुल बाहर आकर मनुष्य आकार प्राप्त करते हैं, पर बौने होने की वजह से पूर्ण मनुष्याकार परशुराम के रूप में मिलता है। परशुराम को भी विष्णु का अवतार माना गया है, पर वह क्रोध और हिंसा में इतने अंधे होते हैं कि वह लोगों की आस्था अर्जित नहीं कर पाते। यह अच्छाइयों से संपन्न देवता द्वारा ही संभव है। विष्णु के सद्गुणों से संपन्न दो बड़े अवतार ही प्रतिष्ठित हो पाए—राम और कृष्ण। विष्णु से ज्यादा उनके ये अवतार पूजित हुए। इनमें भी मानव-चेतना का विकास देखा जा सकता है। राम के हाथ में धनुष है, कृष्ण के हाथ में बांसुरी। राम सीता को जानबूझ कर खो देते हैं। राधा कृष्ण से कभी अलग नहीं होती या गृह से निष्कासित नहीं होती। कुछ जगहों पर नौवां अवतार बुद्ध को माना गया है जो भिन्न मतादर्शों को आत्मसात करने की समावेशी वैष्णवी प्रकृति का संकेत है। कहा गया है कि शाकाहार और अहिंसा के व्यवहार के लिए विष्णु ने ही बुद्ध का अवतार लिया। बौद्ध यह नहीं मानते। इसी तरह दसवें अवतार कल्कि की कल्पना उस समय की गई, जब विदेशी आक्रमणों का सिलसिला था। इस अवतार में चमत्कार न था, लोगों की जीवन-रक्षा की आकांक्षा भर मूर्तमान हुई थी। कल्कि धर्म के एक खास भारतीय युग की समाप्ति की सूचना है।

विष्णु को मानने वाले वैष्णव कहलाए। जैसे वैदिक धर्म, बौद्ध धर्म और शैव धर्म है, इसी तरह वैष्णव धर्म बना, वैष्णव भक्ति धारा बनी। यह उत्तर और दक्षिण भारत, दोनों जगहों पर लोकप्रिय हुई। इसने सभी भारतीय भाषाओं में अपना एक व्यापक साहित्यिक स्थान बनाया। एक समय वैष्णव-शैव टकराव कम नहीं था। भारतीय संस्कृति का एक लक्षण भीषण टकरावों के बाद अंतर्मिश्रण और आत्मरूपांतरण है जिसकी वजह से सामंजस्य इसकी बुनियादी प्रकृति में निहित है।

शंभुनाथ

विष्णु कृष्ण चिपलूणकर
(1850–1882)

मराठी गद्य के युग-निर्माता विष्णु कृष्ण चिपलूणकर एक पढ़े-लिखे परिवार में 20 मई, 1850 को जन्मे थे और उच्च शिक्षा पाई थी। वह 1872 से 1879 तक अध्यापन से जुड़े रहे। उनमें स्वधर्म, अपनी भाषा और अपनी संस्कृति और देश के प्रति गर्व था। आम लोगों के साथ-साथ शिक्षितों में भी पैठे अंधविश्वासों और कुरीतियों के प्रति चिपलूणकर को बड़ा क्षोभ था। उन्होंने लिखा, 'ग्रहों के योग पर आधारित शुभ-अशुभ की मान्यता सभी जगहों पर है परंतु अपने देश में इसके बिना कुछ भी प्रारंभ नहीं होता। रसोईघर में चूल्हा रखने से लेकर किसी विशेष कार्य या अभियान के लिए बाहर निकलने तक सभी अवसरों के लिए ग्रहों की अनुकूलता देखी जाती है। ...कालिदास का कथन है कि जो ज्ञानी हैं, वे दोनों पक्ष देखकर सही का

विष्णु कृष्ण चिपलूणकर

अनुसरण करते हैं परंतु मूर्खों की स्थिति सदा अलग होती है। उनका मत हमेशा दूसरों पर अवलंबित रहता है। संसार की रहनी ही ऐसी है। एक बार जो मान्यता बन गई, सभी उसी का अनुसरण करते हैं। वह सही है या गलत, इस बारे में विचार करने की बात किसी के मन में नहीं आती। ऐसा विचार करने की योग्यता थोड़े लोगों में ही होती हैं। विष्णु चिपलूणकर ने लोकशिक्षा के प्रसार पर जोर दिया। उन्होंने लोकजागरण और लोकशिक्षा के लिए 'निबंधमाला' मासिक पत्र का प्रकाशन शुरू किया। इनके लेखों में इतिहास, कलाओं से प्रेम, साहित्य के प्रति आदर, सामाजिक रूढ़ियों पर प्रहार और सुधार की चेतना देखने को मिलती है। 1880 से गोपाल गणेश अगरकर और बालगंगाधर तिलक के साथ मराठी में 'केसरी' और अंग्रेजी में 'मराठा' प्रकाशित करना शुरू किया।

नई पीढ़ी में देशप्रेम जगाने के लिए चिपलूणकर ने 'न्यू इंग्लिश' पाठशाला शुरू की। महाराष्ट्र के इतिहास और काव्य से पाठकों को परिचित कराने के लिए उन्होंने 1878 में 'काव्येतिहास संग्रह' प्रकाशित किया था। मराठी पाठक प्रेरणादायक पुस्तकों तक सहज रूप से पहुंच सकें, इसके लिए चिपलूणकर ने 'किताबखाना' नाम से किताबों की दुकान भी खोली थी। समाचार-पत्रों की तुलना में पुस्तकों के कम पढ़े जाने के कारणों पर विष्णु चिपलूणकर ने लिखा था, 'अब तक समाचार-पत्रों ने जितनी प्रगति की है, उतनी प्रगति पुस्तकों के मामले में क्यों नहीं हुई? मुझे लगता है कि इसकी दो-तीन वजहें हो सकती हैं। पहली वजह है, मराठी भाषा के प्रति विद्वानों की उपेक्षा। दूसरी, समाचार-पत्र पढ़ने की ओर नए-पुराने सभी लोगों की प्रवृत्ति। सामान्यतः लोगों में जो नई समझ दिखाई पड़ती है, उसका कारण समाचार-पत्र है। लोगों में एक विशेष प्रकार के ज्ञान का प्रचार करने के लिए यह उपयोगी रहा है, इस दृष्टि से यह अभिनंदनीय है। फिर भी यह कहना आवश्यक लगता है कि लोग समाचार-पत्रों की उपादेयता वास्तविक रूप से नहीं जानते। उनका यह भ्रांतिपूर्ण विचार है कि समाचार-पत्र ही ज्ञान-प्राप्ति का परम साधन हैं। इसके सिवाय ज्ञानप्राप्ति का कोई दूसरा मार्ग है ही नहीं। इस समझ का उत्कृष्ट प्रमाण आज के पुस्तकालयों की स्थिति से मिलता है।' मराठी भाषा के प्रति उनके कार्य के आधार पर ही उन्हें मराठी भाषा का शिवाजी कहा जाता है।

उदयराज

अधिक जानकारी के लिए :
चिपलूणकर : काल और कृतित्व : जी.टी.मडखोलकर, 1894

विष्णु दिगंबर पलुस्कर
(1872-1931)

विष्णु दिगंबर पलुस्कर भारतीय शास्त्रीय संगीत की एक महान देन थे। उनका जन्म एक मराठी परिवार में हुआ था। उनके पिता एक परंपरागत कीर्तन गायक थे। बचपन में ही आग से झुलस जाने के कारण विष्णु दिगंबर की दोनों आंखें चली गई थीं, पर उनके मन में संगीत का सितार बजता ही रहा। उनकी प्रतिभा को मीराज के राजा ने पहचाना। उन्हें संगीत गुरु बालकृष्णबुवा इचल्करंजीकर की देख-रेख में 1896 में संगीत की शिक्षा मिली। उन्होंने

विष्णु दिगंबर पलुस्कर

1901 में लाहौर में संगीत स्कूल 'गंधर्व महाविद्यालय' की स्थापना की, जहाँ पारंपरिक भारतीय संगीत की शिक्षा दी जाती थी। 1908 में वे इस विद्यालय को मुंबई ले गए।

गांधी के प्रिय भजन 'रघुपति राघव राजा राम' का पहली बार गायन विष्णु दिगंबर पलुस्कर ने ही किया था। उन्होंने 'संगीत बाल प्रकाश' नाम से तीन खंडों में एक पुस्तक लिखी, साथ ही 'राग' पर 18 खंडों में उनकी पुस्तक है जो संगीत संसार की अमूल्य उपलब्धि है। उन्होंने शास्त्रीय संगीत को राजघरानों से बाहर निकालकर जनरुचि से जोड़ा और सौराष्ट्र में अपने संगीत का सार्वजनिक प्रदर्शन किया। उन्होंने ब्रजभाषा और ध्रुवपद का भी ज्ञान प्राप्त किया था। उनके प्रमुख शिष्यों में थे विनायक राव पटवर्धन, ओंकारनाथ ठाकुर, नारायण राव व्यास, बी आर देवधर आदि। अपने समय में पलुस्कर काफी लोकप्रिय थे।

धर्मेंद्र राय

विष्णु नारायण भातखंडे
(1860-1936)

भारतीय शास्त्रीय संगीत के पुनर्जागरण और आधुनिकीकरण में पंडित विष्णु नारायण भातखंडे का अविस्मरणीय योगदान है। उन्होंने संगीत कला को अधिक गहराई से जानने की इच्छा से मुंबई की संस्था 'गायन उत्तेजक मंडली' में ध्रुपद गायक राओजी बुआ से गाने की और फिर इसी संस्था के मोहम्मद हुसैन खान से संगीत की शिक्षा ली। वे दक्षिण भारत गए और बड़े-बड़े नगरों के पुस्तकालयों में पहुंचकर संगीत संबंधी प्राचीन ग्रंथों का अध्ययन किया। दक्षिण के अनेक संगीत विद्वानों के साथ संगीत पर चर्चा की। भातखंडे जी ने उत्तरी तथा पूर्वी भारत की यात्राएं कीं, जिनमें उन्हें उत्तरी संगीत पद्धति की विशेष जानकारी हुई। गेय पदों का संगीत लिपि में संग्रह, कर्नाटकीय मेलपद्धति के अनुसार राग वर्गीकरण की दस थाट पद्धति का निर्धारण इन्होंने किया। अनेक रागों के लक्षणगीत, स्वरमालिका आदि की

विष्णु नारायण भातखंडे

रचना और सरलता के लिए संगीत-लिपि-पद्धति का स्तरीकरण किया।

भातखंडे जी ने संगीत के प्रचार एवं प्रसार के लिए आधुनिक पद्धति से पठन-पाठन के उद्देश्य से पाठ्यक्रम और पुस्तकों के निर्धारण का महत्वपूर्ण कार्य भी किया था, जो 'क्रमिक पुस्तक मालिका' के नाम से छह भागों में प्रकाशित है। इनमें हिंदुस्तान के पुराने पंडितों और उस्तादों की घरानेदार चीजें स्वरलिपि में लिखी हुई हैं। शास्त्रीय संगीत के विकास के लिए भातखंडे ने कई ग्रंथों की रचना की, जिनमें 'श्रीमल्लक्ष्यसंगीतम्', 'अभिनव रागमंजरी', 'अभिनव तालमंजरी', 'हिंदुस्तानी संगीत पद्धति'(चार भाग) और अंग्रेजी में 'कंपरेटिव स्टडी ऑफ द म्यूजिक सिस्टम ऑफ फिफ्टींथ, सिक्स्टींथ, सेवेंटींथ एंड एटींथ सेंचुरीज' और 'हिस्टॉरिकल स्टडी ऑफ द म्यूजिक ऑफ इंडिया' शामिल हैं। ये सारे ग्रंथ 1906 से 1933 के बीच लिखे गए थे। उन्होंने संगीत शिक्षण के लिए कई संस्थाएं तथा केंद्र स्थापित किए या स्थापित करने की प्रेरणा दी। उनमें माधव संगीत महाविद्यालय, ग्वालियर, मॉरिस कॉलेज ऑफ म्यूजिक (वर्तमान में भातखंडे संगीत विद्यापीठ), लखनऊ एवं संगीत महाविद्यालय, बड़ौदा प्रमुख हैं।

भातखंडे जी ने वर्ष 1916 में बड़ौदा में देश भर के संगीतज्ञों की विशाल परिषद् का आयोजन किया था। पंडित वामन हरि देशपांडे ने अपनी पुस्तक 'रसास्वाद' में भातखंडे के संगीत के क्षेत्र में किए गए कार्यों की तुलना रवींद्रनाथ टैगोर के साहित्य के क्षेत्र में किए गए कार्यों से की है।

संगीता गुदेंचा

विसंगति

विसंगति का अर्थ है, जो संगत नहीं है। युक्तिपूर्णता की जगह इस जगत में युक्तिहीनता का ही आभास ज्यादा है, जिससे व्यक्ति को अकसर जूझना पड़ता है। इस वजह से जीवन में प्रतिकूलता-ही-प्रतिकूलता दिखाई पड़ती है। कभी भी 'क्यों' प्रश्न का तर्कयुक्त जवाब नहीं मिलता। इस वजह से आधुनिक मनुष्य असंगति या सामंजस्यहीनता को भुगतने के लिए विवश होता है।

विसंगति बोध से संबंधित चिंतन की शुरुआत यूरोप में हुई। विश्वयुद्धोत्तर यूरोपीय समाज में ईश्वर की मृत्यु की घोषणा ने इस चिंतन को प्रश्रय दिया, क्योंकि मनुष्य अब कोरे विश्वास से तार्किक स्तर पर पहुंच गया था। उसमें विसंगति का बोध आधुनिक चिंतन के साथ ही उत्पन्न हुआ था। उसे दुनिया 'अनरीजनेबल' लगती है (आल्बेयर कामू)। हमारी अच्छी अपेक्षाओं और तदनुकूल आचरण के बावजूद घटनाओं की विपरीत परिणति ही जीवन की विसंगति है।

इस विपरीतता का कारण क्या है, इसे समझने का जब कोई युक्तिसंगत माध्यम नहीं होता, तब संसार में मनुष्य विसंगतियों को झेलते रहने के लिए विवश हो जाता है। यह मनःस्थिति सिर्फ यूरोपीय नहीं विश्व भर के आधुनिक मनुष्य में विद्यमान है। महाभारत, रामायण और अन्य प्राचीन कृतियों में मानव जीवन की विसंगतियों यानी प्रतिकूलताओं का चित्रण हुआ है, पर विसंगति को और अन्य सब कुछ को आस्थावश ईश्वर, केंद्रित कर उसे नियति मानने या ईश्वरीय कृपा मान लिया गया है। यह मनुष्य में आस्था, मानवीय संबंधों और सामाजिक मूल्यों की अर्थवत्ता बनाए रखने और एक सुदृढ़ सामाजिक जीवन-पद्धति को सुरक्षित रखने का प्रयत्न था। आधुनिक युग के अस्तित्ववादी यानी नास्तिक अस्तित्ववादी बुद्धिजीवियों के लिए ऐसी आस्था का कोई अर्थ नहीं है।

पाश्चात्य साहित्य में विसंगति बोध का एहसास देने वाली पहली मुख्य रचना टी एस इलियट का 'द वेस्टलैंड' है। वे इसमें पश्चिमी देशों में व्याप्त बंजरपन को चित्रित करते हैं। हिंदी साहित्य में विसंगति का अहसास अज्ञेय के साहित्य से शुरू होता हुआ धर्मवीर भारती के 'अंधायुग' नाटक तक पहुंचा। अश्वत्थामा के माध्यम से उन्होंने साबित किया कि आधुनिक

मनुष्य अश्वत्थामा-सा है, वह विसंगतियों को झेलते हुए जीने के लिए अभिशप्त है। एक दूसरी जमीन पर मुक्तिबोध विसंगतिपूर्ण स्थितियां झेलते हैं और अपनी ऐसी मनोदशा की अभिव्यक्ति करते हैं, पर वह विसंगति से आंतरिक तौर पर जूझते हैं जिसे वह आत्मसंघर्ष कहते हैं। विसंगति बोध आधुनिक साहित्य में व्यापक रूप से विद्यमान है। यह एक सच्चाई है, जिसे जानते हुए भी मनुष्य संगति की तलाश करता है—यह भी एक विसंगतिपूर्ण स्थिति है।

एन मोहनन

विस्थापन

विस्थापन (Displacement) शब्द का प्रयोग कई विषयों में, कई अर्थों में होता है। भौतिकी में इसका अर्थ एक बिंदु से दूसरे बिंदु का अंतर अर्थात दूरी है। इसी तरह रसायनशास्त्र, औषधिविज्ञान, अभियांत्रिकी में इसके अलग-अलग अर्थ हैं। भाषाविज्ञान, मनोविज्ञान, परा-मनोविज्ञान, समाजशास्त्र में भी इस शब्द का प्रयोग होता है। सामाजिक विज्ञानों में विस्थापन का अर्थ लोगों का अपनी जमीन से उखड़ना है। इसके पीछे राजनीतिक, आर्थिक, सामाजिक और सांस्कृतिक कारण हो सकते हैं। कई बार भौगोलिक और प्राकृतिक कारणों से भी विस्थापन होता है। मानव इतिहास में यह प्रक्रिया आरंभ से चलती रही है। जीवनयापन, रोजगार, सुरक्षा, विकास आदि कारणों से लोग अपने मूल स्थान से उखड़कर दूसरे स्थानों पर स्वेच्छा से या जबरन बसते हैं। लोगों का इस तरह से उखड़ना ही विस्थापन कहलाता है।

यूरोप से जाकर लोग अमेरिका में बसे। अफ्रीका के लोगों को जबरन या लालच से सोलहवीं सदी से लेकर अठारहवीं सदी तक गुलाम या मजदूर बनाकर अमेरिका ले जाया गया और उन्हें ऐसे कामों में लगाया गया जिनसे यूरोपीय मूल के लोगों को आर्थिक लाभ हो।

आर्थिक विकास के लिए लोगों और समुदायों को उनके मूल स्थान से हटाना विस्थापन है जो इधर बढ़ा है। यह बहला-फुसलाकर अथवा जबरन किया जाता है। कभी भूमि अधिग्रहण कानून के तहत लोगों को एक स्थान से विस्थापित करके दूसरे स्थान पर बसाया जाता है। कभी जबर्दस्ती विस्थापित कर यूं ही छोड़ दिया जाता है। बड़े बांध बंधने के कारण अपने गांवों और कस्बों से लाखों लोग विस्थापित हुए। ऐसे समुदायों को 'पर्यावरणीय शरणार्थी' कहा गया है। भारत में टिहरी बांध बनने से गढ़वाल के लोगों का विस्थापन हुआ। हरसूद में यह हुआ। सरदार सरोवर बांध के कारण लाखों लोग विस्थापित हुआ। नर्मदा बांध को लेकर बरसों तक आंदोलन चला।

सरकार विस्थापित लोगों को मुआवजा और पुनर्बसावट देने के लिए उत्तरदायी होती है। अकसर हाइड्रो-इलेक्ट्रिसिटी और सिंचाई के लिए सरकार बांध बनाती है। बांध बनाने के लिए सरकार लोगों को विस्थापित करती है और उनका पुनर्वास करवाती है। बांध बनाने के अलावा खनन, हवाई अड्डा, सैनिक छावनी, औद्योगिक योजना, आयुध परीक्षण, रेलवे, सड़क-निर्माण, शहरीकरण, संरक्षण योजना आदि के लिए भी लोगों और समुदायों को विस्थापित किया जाता है। विस्थापन से लोगों का जीवन, उनका समाज और उनकी संस्कृति छिन्न-भिन्न हो जाती है। विस्थापन से खासतौर पर आदिवासी, ग्रामीण और गरीब लोग प्रभावित होते हैं। इससे कई तरह की सामाजिक, सांस्कृतिक तथा आर्थिक समस्याएं उत्पन्न होती हैं। विस्थापन स्वास्थ्य-संबंधी समस्याओं को भी जन्म देता है और विस्थापितों को नौकरशाही की मार भी झेलनी पड़ती है।

कभी-कभी प्राकृतिक आपदाओं से विस्थापन होता है। बिहार में हर वर्ष कोसी नदी में आने वाली बाढ़ से हजारों लोगों का प्रतिवर्ष विस्थापन होता है। लातूर में भूकंप से बहुत सारे लोग विस्थापित हुए। कई जनजातियों को जल, जंगल और पहाड़ से वंचित करने की घटनाओं ने उनमें काफी आक्रोश भर दिया। राष्ट्रीय महिला आयोग के एक अध्ययन

के अनुसार भारत में विस्थापन से स्त्री सबसे अधिक प्रभावित होती है। विकास का सबसे बड़ा खामियाजा उसे भुगतना पड़ता है। एक अध्ययन के अनुसार विस्थापन से पुरुषों में नशाखोरी बढ़ जाती है, स्त्रियों पर शारीरिक, मानसिक, भावात्मक अत्याचार बढ़ जाता है। इससे स्त्रियों-युवतियों के जिस्म का व्यापार भी अधिक होने लगता है। सामुदायिक जीवन समाप्त हो जाता है। इसे 'इंटरजेनरेशनल जस्टिस' की दृष्टि से अन्याय माना जाता है। विस्थापन से मानवाधिकार हनन का मामला जुड़ा हुआ है। इसलिए भारत ही नहीं अन्य देशों में भी विस्थापितों और नागरिक समाजों ने इसका विरोध किया।

राजनीतिक कारणों से विभिन्न देशों में परस्पर युद्धों के कारण लोगों को एक जगह से दूसरी जगह भागना पड़ता है। कई बार किसी धर्म, जाति, नस्ल आदि कारणों से लोगों को उत्पीड़ित किया जाता है जिसके कारण उन्हें विस्थापित होना पड़ता है। दूसरे विश्वयुद्ध के दौरान जर्मनी से यहूदियों को बड़े पैमाने पर विस्थापित होना पड़ा। इसी तरह 1947 में जब हिंदुस्तान का विभाजन हुआ तो पाकिस्तान से लाखों लोगों को अपना घर-गांव छोड़कर नई जगह बसने के लिए मजबूर होना पड़ा। इस दौरान हुए दंगों में हजारों लोग मारे गए। लोगों को अपनी संपत्ति और अपनी जमीन से वंचित होना पड़ा। यह आधुनिक इतिहास की एक बड़ी त्रासदी थी। राजनीतिक कारणों से विस्थापन आज भी हो रहे हैं। मध्य और पश्चिम एशिया के देशों में लाखों लोग युद्ध और आंतरिक अशांति के कारण विस्थापित हो रहे हैं। हिंदी प्रवासी साहित्य में विस्थापन से उपजे मानसिक और भावात्मक संघर्ष को देखा जा सकता है, उदाहरणस्वरूप मारिशॅस के अभिमन्यु अनत का उपन्यास 'लाल पसीना' और सूरीनाम की पृष्ठभूमि में पुष्पिता अवस्थी का उपन्यास 'छिन्नमूल'। देश के विभाजन से संबंधित विस्थापन के संदर्भ में 'झूठा सच' (यशपाल), तमस (भीष्म साहनी), 'छाको की वापसी' (बदीउज्जमां), 'डूब' (वीरेंद्र जैन) आदि महत्वपूर्ण हैं। आधुनिक युग में विस्थापन हर देश की समस्या है। विकासशील और विकसित, दोनों तरह के देश इस समस्या से जूझ रहे हैं।

विजय शर्मा

अधिक जानकारी के लिए :

1. Development Versus Displacement of Tribal People in India : (Ed.) R C Pandit, **2. Displacements : Cultural Identities in Question :** Angelika Bammer

विस्थापन एवं मानवाधिकार

विभिन्न समूहों, समुदायों, पुराजातीयताओं और राष्ट्रीयताओं के बीच भूमि, स्वर्ण, संपदा, स्त्री आदि के लिए टकराव, संघर्ष और युद्धों के कारण मानवीय विनाश, विस्थापन और निर्वासन प्राचीन विश्व इतिहास के प्रत्येक अध्याय के मुख्य विवरण रहे हैं। किंतु 1472 में स्पेनवासी क्रिस्टोफर कोलंबस ने जब अमेरिकी महादेश की भूमि पर कदम रखा, मानवीय विध्वंस और विस्थापन का एक भयावह रूप दिखना शुरू हो गया। दरअसल कोलंबस केवल स्पेन का प्रतिनिधि नहीं था बल्कि वह वाणिज्यवाद, नवजात साम्राज्यवाद और यूरोप के गर्भस्थ पूंजीवाद का ध्वजवाहक था।

इतिहास के पन्ने बताते हैं कि स्पेनिशों के आने के बाद, 'एक शताब्दी से थोड़े-से ज्यादा समय में मेक्सिको में रेड इंडियन आबादी नब्बे प्रतिशत कम हो गई। पेरू की आबादी 95 प्रतिशत कम हो गई। 1495 से 1503 के बीच तीस लाख से ज्यादा लोग नई खोजी गई दुनिया के टापुओं से गायब हो गए। वे दासों के रूप में केस्टाइल भेज दिए गए या खदानों में और अन्य जगहों पर मेहनत-मजदूरी में मर-खप गए।' (पूंजीवाद का इतिहास, मिशेल बो)।

यूरोपियों की मुनाफा और वर्चस्व की अदम्य वासना ने न केवल अन्य महादेशों के इनसानों पर कहर बरपाए बल्कि इंग्लैंड के छोटे किसान, भूमिहीन मजदूर, चरवाहे, ग्रामीण कारीगर आदि भी तबाही और अपनी जन्मभूमि-अपने गांवों से विस्थापन के

शिकार हुए। 1750 से 1850 के बीच ब्रिटिश संसद ने लगभग पांच हजार 'इन्क्लोजर कानून' पारित किए। इस प्रकार की कानूनी लूट के माध्यम से ब्रिटेन की कुल कृषि भूमि का 21 प्रतिशत हिस्सा छोटे किसानों, चरवाहों आदि से जबरन छीनकर चंद बड़े लोगों, जमींदारों, उद्यमियों को सौंप दिया गया। इन भूमिहीन, तबाह ब्रिटिश किसानों-मजलूमों की भीड़ से शहरों की सड़कें, गलियां और फुटपाथ भर गए। इन्हीं विस्थापितों की भीड़ से ब्रिटिश कारखानेदारों को बंधुआ मजदूर मिले।

अठारहवीं सदी के यूरोप में आने वाले धन के प्रवाह का बड़ा स्रोत दुनिया के विभिन्न देशों पर 'आरोपित दासता' थी। मुख्य रूप से पश्चिमी अफ्रीका की जनता इससे तबाह हुई। एक करोड़ बीस लाख अफ्रीकियों ने चंद दशकों में साम्राज्यवादियों की व्यापक हिंसा, भूख-बीमारी से विस्थापन झेला। उनमें पंद्रह लाख तो समुद्री यात्रा के दौरान रास्ते में ही मर गए। अमेरिकी-यूरोपीय कॉलोनियों के खेतों-खदानों में गुलाम जिंदगियों की मृत्यु दर और भयानक थी। नतीजन जब उत्तरी अमेरिका में जनसंख्या बढ़ रही थी, अफ्रीका में ठहराव आ गया था। पश्चिमी अफ्रीका में 1750 और 1850 के बीच जनसंख्या घट गई । (विश्व का जन इतिहास, क्रिस हरमन)।

साम्राज्यवादी यूरोपीय शक्तियों ने तृतीय विश्व की अपनी कॉलोनियों में यंत्रणादायी राजस्व प्रणालियों, युद्धों के लिए लेवी वसूली, खुली व्यापार नीति, खाद्यान्नों के निर्यात, कृषि में निवेश की उपेक्षा एवं अकालों के समय राहत-कार्यों पर घोषित-अघोषित प्रतिबंध से ऐसी परिस्थितियां उत्पन्न कर दीं कि गुलाम देशों के लोग अभूतपूर्व कठिनाइयों का शिकार हुए। अकालों की शृंखला में आबादी का बड़ा हिस्सा भूख और इससे जन्मी महामारियों में मृत्यु का शिकार हुआ या जड़ों से उखड़कर गुलाम के रूप में अन्यत्र मजदूरी के लिए विस्थापित हो गया। भारत में 1770 में बंगाल के अकाल, 1866-67 में उड़ीसा के अकाल, जो मद्रास प्रेसीडेंसी से हैदराबाद-मैसूर तक फैला, 1868-70 में गंगा के पश्चिमी इलाके, राजस्थान, मध्य भारत के अकाल, 1873-74 में बंगाल और पूर्वी भारत के अकाल, 1876-78 के दक्कन के अकाल एवं इसी कड़ी में आखिरी 1943 के बंगाल के भयानक अकाल की परिघटनाओं में मृत्यु की भयावहता का अहसास किया जा सकता है। इन अकालों में कई बार राज्यों की एक तिहाई आबादी असामयिक मृत्यु की शिकार हो गई।

बीसवीं सदी और इसके बाद : वैश्विक परिदृश्य में द्वितीय विश्वयुद्ध तक जिस एक कौम के निरंतर विस्थापन एवं नस्ल-विध्वंस (होलोकॉस्ट) पर नजर जाती है, वे यहूदी हैं। केवल 1939 से 1945 के बीच उनकी उनहत्तर लाख आबादी का कत्ल किया गया। किंतु 14 मई 1948 को यहूदियों के राष्ट्र-राज्य इजराइल के उदय के बाद फिलस्तीन के मूल निवासियों के साथ उन्हीं यहूदियों के उत्पीड़क-आक्रमक व्यवहार पर नजर डालें तो इजरायली यहूदी राष्ट्र का जटिल मनोविज्ञान आश्चर्य में डाल सकता है और उसके पीछे खड़ी पुरानी साम्राज्यवादी ताकतों की नई वर्चस्ववादी नीतियां भी दिख सकती हैं।

उत्तर-साम्राज्यवादी युग : उत्तर-साम्राज्यवादी युग में विस्थापन के कई कारक उभरे हैं, जिनमें (i) युद्ध, (ii) आंतरिक जातीय-नस्लीय-सांप्रदायिक दंगे (iii) विभिन्न सशस्त्र धड़ों के मध्य संघर्ष और (v) प्राकृतिक आपदा, विकास परियोजनाएं आदि प्रमुख हैं। संयुक्त राष्ट्र संघ के 'आंतरिक विस्थापन अनुश्रवण केंद्र' (इंटर्नल डिस्प्लेस्मेंट मॉनिटरिंग सेंटर), 'नॉर्वेजियन रिफ्यूजी काउंसिल' और जेनेवा के 'वैश्विक विस्थापन 2013' के प्रतिवेदनों पर नजर डालने पर कई बातें स्पष्ट होती हैं।

'आंतरिक विस्थापन अनुश्रवण केंद्र' के आकलन के अनुसार 2013 के अंत तक नस्लीय, जातीय और सांप्रदायिक संघर्ष, हिंसा और मानवाधिकारों के उल्लंघन के कारण दुनिया भर में आंतरिक रूप से विस्थापित लोगों की संख्या बढ़कर 3 करोड़ 33 लाख हो गई थी। 2012 से तुलना करने पर यह आंकड़ा 16 प्रतिशत ज्यादा है, जबकि 1998

में विभिन्न देशों में आंतरिक रूप से विस्थापित लोगों की संख्या 1 करोड़ 93 लाख थी एवं 2001 में यह संख्या बढ़कर 2 करोड़ 50 लाख पर पहुंच गई थी।

2013 के अंत में अफ्रीकी महादेश के उप-सहारा क्षेत्र वाले देशों से विस्थापितों की अधिकतम संख्या कुल 1 करोड़ 25 लाख आकलित की गई। उसके बाद मध्य-पूर्व एवं उत्तरी अफ्रीका का स्थान है, जहां के 91 लाख लोग विस्थापित थे। विश्व की 65 प्रतिशत विस्थापित आबादी कुल पांच आंतरिक संघर्षों से प्रभावित देशों से थी, जैसे– (i) सीरिया, (ii) कोलंबिया, (iii) नाइजीरिया (iv) डेमोक्रेटिक रिपब्लिक ऑफ कांगो और (v) सूडान। अमेरिका के चार देशों (i) कोलंबिया, (ii) हांडुरस (iii) मेक्सिको और (iv) पेरू में कुल 63 लाख आंतरिक विस्थापित लोगों का आकलन किया गया। उनमें सबसे बड़ी संख्या कोलंबिया की है, जहां पिछले दस वर्षों में यह आंकड़ा बढ़ता गया है।

दक्षिण एवं दक्षिण-पूर्व एशिया के देशों में विस्थापितों की संख्या में कमी देखी गई है, हालांकि इन देशों में 2013 के अंत तक 32 लाख लोग विस्थापित हुए। इस क्षेत्र में मुख्य रूप से विस्थापन इन सात देशों में हुआ है–(i) पाकिस्तान (ii) भारत (iii) अफगानिस्तान (iv) म्याँमार (v) इंडोनेशिया (vi) श्रीलंका और (vii) फिलिपींस। 2013 में सशस्त्र संघर्ष और हिंसा के कारण अधिकतम विस्थापन वाले देशों का पदानुक्रम है–1. सीरिया 6.5 मिलियन, 2. कोलंबिया 5.7 मिलियन, 3. नाइजिरिया 3.3 मिलियन, 4. द डेमोक्रेटिक रिपब्लिक ऑफ कांगो 2.9 मिलियन, 5. सूडान 2.4 मिलियन, 6. इराक 2.1 मिलियन, 7. सोमालिया 1.1 मिलियन।

भारत में विस्थापन : आंतरिक विस्थापन अनुश्रवण समिति (आईडीएमसी) के 2013 के प्रतिवेदन के अनुसार भारत में सांप्रदायिक दंगों एवं सशस्त्र संघर्षों के कारण दीर्घकालिक एवं नव-विस्थापितों की संख्या 5 लाख 26 हजार थी। हांलाकि यह आंकड़ा वास्तविक आंकड़े से कम है, क्योंकि भारत में राहत शिविरों के बंद हो जाने पर विस्थापितों का आंकड़ा इकट्ठा करने की व्यवस्था नहीं है, जबकि शिविरों के बंद किए जाने के बाद भी विस्थापन खत्म नहीं होता।

2013 में उत्तरी-पूर्वी राज्यों, असम एवं उत्तर प्रदेश में नस्लीय और सांप्रदायिक हिंसा विस्थापन का मुख्य कारण बनी। मुजफ्फरनगर, उत्तर प्रदेश में सांप्रदायिक हिंसा से प्रभावित 51 हजार लोगो में लगभग 27 हजार लोग राहत शिविरों के बंद होने के बाद विस्थापन की स्थिति में रह गए। मध्य असम के जिले कर्बी ओंग्लोंग हिल्स में कर्बी पीपुल्स लिबरेशन टाइगर्स एवं रेंग्मा नगा हिल्स प्रोटेक्शन फोर्स के हिंसक टकराव के बाद लगभग 3 हजार से ज्यादा कर्बी और रेंग्मा नगा राहत शिविरों में रह गए या एक बड़ी संख्या में अभी भी विस्थापित हैं। बोडो और बांग्लाभाषी मुसलमानों के बीच 2012 में हुए दंगों के बाद लगभग 18 हजार विस्थापित जिन राहत शिविरों में रह रहे थे, वे बंद हो गए, किंतु उनमें से अधिकांश अभी भी विस्थापित हैं। मिजोरम में 1997 एवं पुनः 2009 में सशस्त्र संघर्ष के कारण लगभग 30 हजार बरु समुदाय के लोग त्रिपुरा में आश्रय की तलाश कर रहे हैं ।

मध्य भारत में भूमि एवं खनिजों पर अधिकार के सवाल पर पुलिस-अर्धसैनिक बल, उनके द्वारा समर्थित सशस्त्र समूह एवं माओवादियों के बीच चल रहे सशस्त्र संघर्ष के कारण करीब 1 लाख 48 हजार आदिवासी जन अपना घर-गांव छोड़ने के लिए विवश हो गए हैं। 2013 के अंत तक इनमें 10 हजार विस्थापितों की नई आबादी जुड़ गई।

आंतरिक विस्थापन अनुश्रवण केंद्र, जेनेवा के प्रतिवेदन के अनुसार भारत में विस्थापितों के राहत शिविरों की स्थिति ठीक नहीं थी। वहां स्वच्छ पेयजल, टेंट, भोजन, वस्त्र, स्वास्थ्य सेवा, सुरक्षा आदि की उपलब्धता में कमी पाई गई। मुजफ्फरनगर दंगा विस्थापितों में से लगभग 50 लोग, जिनमें ज्यादातर बच्चे थे, स्वास्थ्य सेवा एवं ठंड से बचाव के अभाव के कारण राहत शिविरों में मरे । यह भी देखा गया कि पीड़ित परिवार या समुदाय अगर अपने घर-गांव

लौटना चाहता है तो पड़ोसी और गांव वाले धमकाते और प्रताड़ित करते हैं। स्थानीय पुलिस ऐसे मामलों में हस्तक्षेप करने में अनिच्छुक दिखती है ।

कश्मीरी पंडितों की विस्थापित आबादी 1990 से वापस लौटने की राह देख रही है। उसी प्रकार असम, उड़ीसा, छत्तीसगढ़ आदि प्रांतों की सरकारें भी अपने राज्यों के विस्थापितों की समस्याओं के स्थायी समाधान को इच्छुक नहीं दिखतीं।

विकास-जनित विस्थापन : विश्व के लगभग सभी विकासशील देशों ने विकास के यूरोपीय मॉडल को हूबहू अपनाया है। अतएव बृहद परियोजनाओं के साथ-साथ बड़ी आबादी का विस्थापन एक अपरिहार्य परिघटना है। बड़े बांध, खनन परिसर, औद्योगिक परिसर, नगरीकरण, हवाई अड्डे, फायरिंग रेंज, रेलवे विस्तार, सड़क-निर्माण, राष्ट्रीय पार्क, अभयारण्य आदि परियोजनाओं के कारण एक बड़ी आबादी का निरंतर विस्थापन होता रहा है।

बोगुमिल तेरामिन्सकी, (पोलैंड के शोधकर्ता), एंथोनी ओलिवर स्मिथ (फ्लोरिडा के मानवशास्त्री) एवं माइकल एम सेर्निया (अमेरिकी-रोमानियाई समाजविज्ञानी) के अध्ययन के अनुसार बृहद विकास परियोजनाओं से पूरी दुनिया में लगभग डेढ़ करोड़ लोग प्रत्येक वर्ष विस्थापित होते हैं।

नॉर्थ इस्टर्न सोशल रिसर्च सेंटर, गुवाहाटी के वाल्टर फर्नांडिस के अनुसार 'अपने देश में सबसे बड़ी दिक्कत यह है कि आजादी के बाद विकास-जनित विस्थापितों का कोई प्राधिकृत आंकड़ा संधारित नहीं किया गया, पुनर्वास एवं पुनर्स्थापना के गंभीर प्रयास नहीं हुए। 2007 के पूर्व कोई पुनर्वास एवं पुनर्स्थापना की नीति भी नहीं थी। सबसे दुर्भाग्यपूर्ण तथ्य यह है कि विस्थापित व्यक्तियों एवं परियोजना प्रभावित व्यक्तियों का बहुलांश समाज के हाशियाकृत हिस्से का है यानी उनमें आदिवासी एवं दलित समुदायों का प्रतिशत सबसे ज्यादा है।' वाल्टर फर्नांडिस ने 1990 के पूर्वार्ध में उपलब्ध द्वितीयक आंकड़ों के विश्लेषण के आधार पर यह निष्कर्ष निकाला कि 1951 से 1990 के बीच विस्थापितों की संख्या दो करोड़ तेरह लाख थी। (प्रोग्रेस एट हूज कॉस्ट)।

फर्नांडिस के शोधों के अनुसार विस्थापितों में से मात्र 20 प्रतिशत लोगों का ही पुनर्वासन हो पाया। पुनर्स्थापन और पुनर्वास दो भिन्न प्रक्रियाएं हैं। पुनर्स्थापन मात्र एक बार सहयोग की प्रक्रिया है। एक स्थिति है, किसी विस्थापित परिवार को बिना कोई अन्य सहयोग दिए कहीं स्थापित कर देना, आवासीय सुविधा मात्र दे देना, जबकि पुनर्वास आर्थिक संसाधनों, सांस्कृतिक-सामाजिक संरचनाओं के पुनर्निर्माण एवं सामुदायिक सहयोग पद्धति को पुनःसक्रिय करने की प्रक्रिया है। देश में पुनर्स्थापन दिखता है, किंतु पुनर्वास की प्रक्रिया को गंभीरता से नहीं लिया जाता।

दीर्घकालिक क्षेत्रीय योजनाओं के अभाव के कारण एक ही परिवार को कई-कई बार विस्थापन की त्रासदी झेलनी पड़ती है, जैसे मध्य प्रदेश के रिहंद बांध से साठ दशक के पूर्वार्ध में विस्थापित हुए परिवारों को तीस वर्षों में तीन बार विस्थापन झेलना पड़ा। कर्नाटक के काबिनी बांध से सत्तर के दशक में विस्थापित हुए सोलिगा आदिवासी समुदाय के विस्थापितों को पुनः 'राजीव गांधी नेशनल पार्क' के कारण विस्थापन झेलना पड़ा। मंगलूर बंदरगाह के कारण साठ के दशक में विस्थापित हुए मछुआरा परिवार जब कृषक की तरह जीवन व्यतीत करने लगे, तब उन्हें पुनः कोंकण रेलवे परियोजनाओं के कारण अस्सी के दशक में विस्थापित किया गया।

मानवाधिकार का संदर्भ : मानवाधिकार के संदर्भ में देखें तो विस्थापितों को 'गरिमापूर्ण जीवन जीने' के मूलभूत अधिकार से वंचित होना पड़ता है। उनके जीवन-आधार 'खेती की भूमि' से वंचित होते और गांव के छूटते ही वे रोजगारविहीन, गृहविहीन हो जाते हैं। खाद्य असुरक्षा, स्वास्थ्य सुविधाओं के अभाव के कारण मातृ-शिशु मृत्यु दर में वृद्धि हो जाती हैं। गांव से दूरी सामुदायिक संपदा तक पहुंच को समाप्त कर देती है। समुदाय के साथ रहने के कारण

मिलने वाली सामाजिक-मानसिक सुरक्षा खत्म हो जाती है। विस्थापित अपनी विशिष्ट सांस्कृतिक पहचान से महरूम हो जाते हैं। नई असुरक्षित जगह पर उन्हें और उनके परिवार के सदस्यों को अकसर शारीरिक और यौन हिंसा से रूबरू होना पड़ता है।

विस्थापन के कारण जो भी हों, विस्थापित व्यक्ति के मानवाधिकारों के हनन की प्रकृति एक तरह की होती है। वह जीवन जीने के मूलभूत प्राकृतिक अधिकार से ही वंचित हो जाता है। उसके जीवन से 'गरिमा' लुप्त हो जाती है । उसके प्राण और देह निरंतर असुरक्षा के दबाव में रहते हैं।

सशस्त्र संघर्ष, दंगे या हिंसा के कारण हुए विस्थापन में विस्थापितों के मानवाधिकारों की सुरक्षा तभी हो पाएगी, जब सबसे पहले उस क्षेत्र विशेष में शांति की स्थापना हो, सुशासन कायम हो, टकराव के कारणों के स्थायी समाधान ढूंढ़े जाएं और इन सारे कारकों के कारण स्थायित्व आ जाए। इसके लिए संयुक्त राष्ट्र संघ की एजेंसियां, स्थानीय सरकार के विभिन्न विभाग और सिविल सोसाइटी के स्वयंसेवी संगठन मिलकर सम्मिलित प्रयास करें। किंतु ये प्रयास हमेशा सफल होंगे, यह कहा नहीं जा सकता। भारत में कश्मीरी पंडित, उत्तर-पूर्व में कर्बी, बोडो, मिजो, नगा, बरु आदि अस्मिताओं की समस्याएं अभी समाधान के लिए प्रतीक्षारत हैं। उसी प्रकार इजराइल में बसे फिलिस्तीनी, इराक, ईरान, सीरिया में बंटे कुर्द, अल्पसंख्यक याजिदी, म्यांम्यार-बांग्लादेश में फंसे रोहिंग्या, नाइजीरिया में बोको हराम के आतंक से त्रस्त आबादी को समाधान मिलता नहीं दिखता।

संयुक्त राष्ट्र के कदम : विकास-जनित विस्थापन के विस्थापितों के अधिकारों की रक्षा के लिए संयुक्त राष्ट्र संघ ने कई कदम उठाए हैं :

(i) विकास एवं स्वनिर्णय का अधिकार : संयुक्त राष्ट्र की महासभा ने 1986 में इन अधिकारों की घोषणा की कि लोगों का हक है कि वे निर्णय लें कि उनके लिए किस तरह के विकास की आवश्यकता है।

(ii) सहभागिता का अधिकार : मानवाधिकारों की सार्वभौमिक घोषणा, सिविल और राजनीतिक अधिकारों के अंतरराष्ट्रीय कन्वेंशन एवं आर्थिक, सामाजिक, सांस्कृतिक अधिकारों के अंतरराष्ट्रीय कंवेंशन के साथ-साथ अंतरराष्ट्रीय श्रम संगठन के 1991 के जनजातीय समुदायों से संबद्ध कन्वेंशन के अनुच्छेद 7 के अनुसार लोगों को अपने विकास के लिए होने वाले निर्णयों की प्रक्रिया में शामिल होने का अधिकार है ।

(iii) जीवन और आजीविका का अधिकार : मानवाधिकारों की सार्वभौमिक घोषणा के अनुच्छेद 3 एवं सिविल और राजनीतिक अधिकारों के अंतरराष्ट्रीय कन्वेंशन के अनुच्छेद 6 के तहत प्रत्येक इंसान को ये अधिकार प्राप्त हैं। इनसे उन्हें वंचित नहीं किया जा सकता।

(iv) समाधान का अधिकार : मानवाधिकारों की सार्वभौमिक घोषणा के अनुच्छेद 8 और सिविल-राजनीतिक अधिकारों के अंतरराष्ट्रीय कन्वेंशन के अनुच्छेद 2 के अनुसार नागरिकों को विकास जनित विस्थापन से उत्पन्न समस्याओं से समाधान प्राप्त करने का अधिकार है।

वित्तीय पूंजी और वर्चस्व की अंतरराष्ट्रीय राजनीति के कारण सशस्त्र संघर्ष घटते नहीं दिख रहे हैं। दूसरी ओर विकासशील राष्ट्र परिणाम की परवाह किए बिना विकास के जिस पूंजीवादी मॉडल की नकल करने में प्रतिस्पर्धा कर रहे हैं, विस्थापन की शिकार जनसंख्या उसके ही हाशियाकृत वर्ग का हिस्सा है। इस वर्ग की राजनीतिक-आर्थिक हैसियत अभी बन नहीं पाई है, अतएव फिलहाल समाधान बहुत कुछ अंतरराष्ट्रीय-राष्ट्रीय एजेंसियों और गैर-सरकारी संगठनों के प्रयासों पर निर्भर है।

रणेन्द्र

अधिक जानकारी के लिए :
1. **विश्व का जन इतिहास :** क्रिस हरमन, 2. **पूंजीवाद का इतिहास :** मिशेल बो, 3. **दहशतगर्द अमेरिका :** पवन कुमार सिंह, 4. **फिलिस्तीन-इजरायल संघर्ष :** अशोक कुमार पांडेय, **5. The Adivasi Question: Issues of Land, Forest and Livelihood :** (Ed.) Indra Munshi, **6. Progress : At Whose Cost?** (Development-Induced Displacement in West Bengal 1947-2000)

: (Ed.) Walter Fernandes, Shanti Chetri, **7. Global Overview 2014 : People Internally Displaced by Conflict and Violence :** Report by Internal Displacement Monitoring Centre, Geneva, **8. The Future of Human Rights :** Upendra Baxi

विस्सारियन ग्रिगोरियेविच बेलिंस्की

(1811-1848)

विस्सारियन ग्रिगोरियोविच वेलिंस्की (Vissarion Grigoryevich Belinsky) रूस के महान साहित्यालोचक थे। उनका बचपन पेंजा गुबर्निया के चेंबर नामक कस्बे में बीता था। दास-प्रथा तथा सामंतवाद-विरोधी नाटक 'दमित्रि कालिनिन' लिखने के कारण इन्हें मास्को विश्वविद्यालय से बाहर निकाल दिया गया। 1833 से इन्होंने साहित्यालोचना का मार्ग चुना।

बेलिंस्की रूसी समाज के प्रगतिशील चिंतन के समर्थक और जारशाही के विरोधी थे। उन्होंने जारशाही का दमन झेला, जिससे उन्हें लोकप्रियता मिली। वे दर्शन में संवेदना और कला में तर्क को शामिल करने के पक्षधर थे। प्रकृति के नियमों पर उनकी पूर्ण आस्था थी। उनके लिए कविता कला से ज्यादा जीवन का अंग थी। वे मानते थे कि इतिहास जीवन को मूर्त बनाता है। इतिहास को उन्होंने नया विज्ञान कहा, उसे सैनिक और कूटनीतिक इतिवृत्त के दायरे से बाहर निकलकर देखा। वे विज्ञान और कला के क्षेत्र में तर्क और कल्पना को अलग करने के बजाय दोनों को एक ही विषय-सामग्री का उद्घाटक मानते थे। उनका कहना था कि साहित्य को जाति के आंतरिक जीवन का दर्पण और प्रतीक होना चाहिए। प्रत्येक जाति का अपना चरित्र होता है। मानव जाति विभिन्न पथों पर चलकर ही अपने सामान्य लक्ष्य तक पहुंच सकती है और मौलिक जीवन जीकर ही प्रत्येक जाति सामान्य ज्ञानकोश में अपना योगदान दे सकती है।

विस्सारियन ग्रिगोरियेविच बेलिंस्की

बेलिंस्की का प्रकृति के प्रति गहरा रुझान था। वे प्रकृति की शक्तियों को कलाकार की प्रेरणा मानते थे। उनके कला और साहित्य-संबंधी चिंतन के केंद्र में मानव था। उनके शब्दों में, 'कलाकार का चिरंतन मॉडल है प्रकृति और प्रकृति में सबसे श्रेष्ठ और शुभ मॉडल है मानव।' वे महानता के बारे में कहते हैं–'जो सचमुच महान है, वह शंकाओं के प्रति उदासीन रहेगा। वह कभी नहीं गिरेगा। कभी नहीं घटेगा। केवल झूठे व्यक्ति ही शंकाओं और विरोधों से डरते हैं, जिस तरह कागज के फूलों और कच्ची धातुओं को पानी से भय होता है।' मानव समाज और साहित्य के संबंध में बेलिंस्की के विचार संकीर्णताओं से मुक्ति की राह प्रशस्त करते हैं।

राखी राय हल्दर

अधिक जानकारी के लिए :
1. Belinski : His Life and correspondence : A Pypin, 1976, **2. Vissarion Belinsky and the Dilema of Nationality :** Magoli Wahba, 1978

वी एस नायपॉल

(1932-)

भारतीय मूल के लेखक विद्याधर सूरजप्रसाद नायपॉल ने संसार से अपने को वी एस

नायपॉल (V S Naipaul) के रूप में परिचित कराया। उनके पुरखे भारत से विस्थापित होकर त्रिनिदाद गए थे। वे पूर्वी उत्तर प्रदेश के मूलतः एक दुबे परिवार के वंशज थे। उनका परिवार पोर्ट ऑफ स्पेन के नेपॉल स्ट्रीट में रहने लगा तो परिवार के लोगों का नाम नायपॉल हो गया। वे 1950 तक भारतीय मूल के अपने परिवार के लोगों में रहने के बाद अठारह साल की उम्र में एक स्कॉलरशिप पाकर वेस्ट इंडीज से ऑक्सफोर्ड चले गए और इंग्लैंड में बस गए। दूसरा 'विस्थापन' उनका पसंदीदा प्रस्थान था, जिस पर पश्चिम की पौर्वात्यवादी मानसिकता हावी थी। उन्हें 2001 में नोबल पुस्कार मिला, जिसके बारे में कहा गया है कि यह उन्हें पश्चिमी साम्राज्यवाद के समर्थक और मुस्लिम-विरोधी होने के कारण मिला।

नायपॉल ने भारत पर लिखी अपनी किताब 'ऐन एरिया ऑफ डार्कनेस' (1964) में इस देश का पश्चिमी मानसिकता से जो साहित्यिक चित्र खींचा, यह वैसा ही था जैसा पहले से ही साम्राज्यवादी लोग भारत के बारे में कहते आ रहे थे–भारत 'असभ्य' और 'परिवर्तनहीन' हैं। 'इंडिया : ए वूंडेड सिविलाइजेशन' (1977) और 'ए मिलियन म्यूनिटीज नाउ' (1990) में भी वास्तविक कारणों में न जाकर,

वी. एस. नायपॉल

कुछ अधिक साहित्यिक परिपक्वता से भारत की हेयता प्रधान अधूरी तस्वीर पेश की गई जो पश्चिमी आंखों को सुख पहुंचाने के लिए थी। उन्होंने 'भारत : एक घायल सभ्यता' में लिखा है, 'भारत अरब आक्रमण के समय अपने में सिकुड़ गया। कोई दूसरी सभ्यता नहीं है जो बाह्य दुनिया से ताल मिलाकर चलने में इतना कम समर्थ हो। कोई दूसरा देश नहीं है जो इतनी आसानी से जीता गया हो, लूटा गया हो और फिर भी जिसने अपनी घोर विपत्तियों से बहुत कम सीखा हो।' नायपॉल ने उस देश की जिंदगी के बारे में कम लिखा जिससे वह 60 से भी अधिक सालों से अधिक जुड़े रहे और उनके बारे में ज्यादा लिखा जिनसे वे वस्तुतः कटे हुए थे। वे विडंबनाओं को पकड़ते हैं, पर बुनियादी मकसद जनता के संघर्षों और अवरोधों को समझने की जगह विनोदन और गरीबी का मखौल उड़ाना होता है। उन्हें लगता है कि भारत के लोग उपनिवेशवाद को व्यर्थ ही बहस का विषय बनाते हैं। वे स्त्री-रचनाकारों के लेखन को दोयम दर्जे का घोषित करने और तीसरी दुनिया के देशों की हर उपलब्धि को 'चिथड़ा' करने के लिए विख्यात रहे हैं। उनकी कुछ समता नीरद चौधरी और ऐसे पौर्वात्यवादी मानसिकता वाले लेखकों से है जो भारत के बारे में कुछ भी सकारात्मक ढंग से नहीं सोच सकते।

वी एस नायपॉल इंग्लैंड में एक सेलेब्रेटी अंग्रेजी लेखक के रूप में विख्यात रहे हैं। उनका सर्वश्रेष्ठ लेखन 'ए हाउस ऑफ मिस्टर विश्वास' (1961) है जिसमें त्रिनिदाद के एक संयुक्त परिवार की आतंरिक कशमकश और कलह के उपहासपूर्ण दृश्य हैं। इस उपन्यास में मिस्टर विश्वास के मन में बहने वाली कोमलता की नदी की 'कलकल' तान भी है। इसमें उनका अकेलापन ही एक विडंबनापूर्ण परिवेश में उनका सहारा बनता है। उनका 'एनिग्मा ऑफ एराइवल' (1987) दूसरा महत्वपूर्ण उपन्यास है। नायपॉल ने मुस्लिम लोगों पर दो किताबें लिखीं– 'अमंग द बिलीवर्स' (1981) और 'बियांड बिलीफ' (1998)। उनकी सभी कृतियों में अपनी जड़ों को

खोजने की शैली अपनाई गई है। वे नोबल पुरस्कार के समय दिए गए वक्तव्य में अपनी आत्मपरकता का इजहार करते हैं, 'मैं हमेशा अंत:प्रज्ञा के सहारे चलता रहा हूं। मेरे साथ कोई व्यवस्था नहीं रही, चाहे साहित्यिक या राजनीतिक।' उन्हें परंपराओं से मतलब नहीं था। वे 'चीजों के भीतर हास्यास्पद सत्ता और दयनीयता' के चितेरे थे। वे दयनीयता देखते हैं, लेकिन 'प्रतिरोधों' की ओर नजर नहीं जाती। एडवर्ड सईद ने नायपॉल के उपर्युक्त दृष्टिकोण का मूल उनकी 'समझौतापरस्त औपनिवेशिक अवस्थिति' में माना था। उन्होंने बताया कि इसी वजह से नायपॉल इतिहास और राष्ट्रीय उपलब्धियों को कभी समझ नहीं सके।

शंभुनाथ

अधिक जानकारी के लिए :

1. वी एस नायपॉल पर साखी (2003) का अंक : सदानंद साही (संपा), **2. V.S. Naipaul, : Man and Writer :** Gillian Dooley, 2006

वीडियो गेम

वीडियो गेम (Video Game) मनोरंजन के लिए अब तक के विज्ञान, तकनीक और कला का सर्वोत्तम उपयोग है। ये ऐसे इलेक्ट्रॉनिक खेल हैं, जो बहुआयामी वीडियो यंत्र द्वारा मानवीय अंतरक्रियाओं की दृश्य प्रतिक्रिया प्रसारित करते हैं। इन्हें प्लेटफॉर्म (व्यक्तिगत कंप्यूटर या वीडियो गेम कंसोल) पर संबंधित व नियंत्रित इनपुट यंत्रों (कीबोर्ड, माउस, जॉयस्टिक, संवेदी स्क्रीन) द्वारा खेला जाता है। वीडियो गेम में खिलाड़ी तो मनुष्य (बच्चे, युवा और वृद्ध भी) ही होता है, लेकिन टीवी के स्क्रीन पर या कंप्यूटर पर जो दृश्य आते हैं, वे सिर्फ एनिमेशन होते हैं। वीडियो गेम को इस तरह निर्मित किया जाता है कि खेलने वाला व्यक्ति अपने खेल के माध्यम से उस खेल में अपनी खेल-प्रवीणता का अहसास कर पाता है जिसके आधार पर उसे अंक मिलते हैं और वह अपने को श्रेष्ठ या विजित समझ पाता है। अन्य खेलों से भिन्न यहां खिलाड़ी प्रायः अकेला होता है और उसके मुकाबले में दूसरा खिलाड़ी प्रायः वीडियो गेम स्वयं होता है।

वीडियो गेम आज बहुत बड़ा उद्योग बन चुका है। उसका व्यावसायिक महत्व लगातार बढ़ता जा रहा है। एक अनुमान के अनुसार 2015 तक सारी दुनिया में वीडियो गेम की बिक्री प्रतिवर्ष साढ़े चार हजार अरब रुपए तक पहुंच चुकी है। इस साल इसकी बढ़ी लोकप्रियता के कारण पोर्न हब के उपयोग में दस प्रतिशत की गिरावट आ गई। फालआउट गेम प्ले के नतीजे हैरान करते हैं, लाखों लोग नए-नए वीडियो गेम के रसिक होते गए हैं। वीडियो गेम ने फुटबाल, क्रिकेट जैसे लोकप्रिय खेलों को किनारे कर दिया है, शिक्षा पर भी बुरा असर पड़ा है। वीडियो गेम का मुख्य उद्देश्य व्यक्ति को व्यस्त रखते हुए ऐसा मनोरंजन प्रदान करना है जिसके द्वारा वह अपने को बुद्धिमान, कुशल और क्रियाशील समझने का भ्रम पाल सकता है। बिना कार चलाए वह कार चलाने का आनंद ले सकता है। बिना हथियार उठाए वह बहादुर सिपाही या कमांडो होने का गौरव पाल सकता है। वीडियो गेम में की गई हिंसा के लिए उसकी कोई जवाबदेही नहीं होती, क्योंकि वह आभासी होती है वास्तविक नहीं। लेकिन यह मानना कि इन गेमों का कोई प्रभाव नहीं पड़ता, गलत है। यह व्यक्ति को व्यक्तिनिष्ठता और असामाजिकता की ओर भी धकेल सकता है।

वीडियो गेम जिनमें बहुत अधिक हिंसा का इस्तेमाल होता है, व्यक्ति–विशेष रूप से बच्चों और किशोरों को–असंवेदनशील भी बनाते हैं। कुल मिलाकर बहुत अधिक वीडियो गेम खेलने वाले व्यक्ति में व्यवहारगत जटिलताएं पैदा हो सकती हैं जो अंततः व्यक्ति ही नहीं, समाज के लिए भी उपयुक्त नहीं हैं। वीडियो गेम उद्योग मुख्य रूप से अमेरिका और यूरोप या अन्य विकसित देशों द्वारा संचालित है, उनके पीछे उनके राजनीतिक और सांस्कृतिक सोच का भी प्रभाव होता है। उनके राजनीतिक, सामाजिक और सांस्कृतिक पूर्वाग्रह भी व्यक्त होते हैं। कई वीडियो गेम काफी अश्लील होते हैं। उनमें

स्त्रियों, बच्चों या भिन्न नस्ल, धर्म या देश के लोगों को सकारात्मक रूप में पेश नहीं किया जाता। यौन उत्पीड़न और क्रूर हिंसा द्वारा आनंद प्राप्त करना भी वीडियो गेम का उद्देश्य हो सकता है। इसे न समझ पाने के कारण प्रायः वीडियो गेम को निर्दोष मनोरंजक खेल मानकर उसके निहितार्थों की ओर ध्यान नहीं दिया जाता।

आज कई प्रकार के वीडियो गेम मौजूद हैं जिनमें लड़ाकू साहसिक और चरित्र आधारित, रणनीति प्रधान, चालन, पहेली, व्यूह-भेदी, आर्केड आदि मुख्य हैं। कठिनाई के स्तर पर भी इन्हें आसान और गंभीर खेमों में बांटा जाता है।

वीडियो गेम मूलतः अमेरिका, यूरोप, जापान, चीन और कोरिया में इलेक्ट्रॉनिक और कंप्यूट र क्षेत्र के विकास के साथ फला-फूला है। 1950 के दौर में जब इसकी शुरुआत हुई तब अत्यधिक उर्जा, आर्थिक लागत, ज्यादा जगह, कुशल कर्मी और सीमित साधनों की वजहों से इसका उपयोग गंभीर वैज्ञानिक, व्यावसायिक और सामरिक उद्देश्यों के लिए ही किया गया। लगभग 1960 तक आते-आते जॉन बेनेट निर्मित 'निमरॉड' (1951), यू एस सेना द्वारा निर्मित 'हच्पिएल' (1955), आई बी एम कर्मी सैमुअल ऑर्थर का 'चेकर्स' (1956), कार्नेगी मेलन विश्वविद्यालय निर्मित 'एन एन एस चेस प्रोग्राम' (1958), एम आई टी निर्मित 'स्पेस वॉर' (1960) जैसे वीडियो गेम इतिहास रच चुके थे। 1970 के दौर में प्रथम टेलीविजन वीडियो गेम और कंप्यूटर स्पेस वीडियो गेम मशीन आया। इन्होंने इस क्षेत्र का व्यावसायीकरण कर दिया। लगभग इसी समय सिक्का-चलित उद्योग (Coin-operated Industry) द्वारा इसे सार्वजनिक बना दिया गया। अस्सी के दौर में हैंडल वाले और ऑनलाइन वीडियो गेम भी बाजार में उतार दिए गए। 1997 में 'फालआउट' की रचना हुई। इसमें 2061 में अमेरिका और चीन के बीच होने वाले महायुद्ध की कल्पना है। फालआउट की नई-नई शृंखला के खेलों में खोजों अथवा शत्रुओं को मारने के अनुभवों पर अंक मिलते हैं। वीडियो गेम व्यक्ति में जिन गुणों को पैदा करने का दावा करता है, वे हैं स्ट्रेंशथ, परसेप्शन, इंड्यूरेंस, करिश्मा, इंटेलिजेंस, एज्रिलिटी और लक। इसे संक्षेप में SPECIAL कहा जा रहा है। यह सिलसिला लगातार बढ़ता जा रहा है।

इन दिनों शिक्षा-क्षेत्र में वीडियो गेम का सकारात्मक उपयोग भी किया जा रहा है। बच्चों के दिमाग की गणितीय, सांख्यिकीय, मनोवैज्ञानिक क्षमता और याददाश्त बढ़ाने में इनका प्रयोग सफलतापूर्वक हो रहा है। चिकित्सा और अभियांत्रिकी शिक्षा-क्षेत्र में भी इसकी भूमिका महत्वपूर्ण समझी जा रही है। इन सबके बावजूद यांत्रिक उपकरणों की सीमाओं, वास्तविक दुनिया से दूरी और हिंसा का सहारा लेने के कारण वीडियो गेम के दुष्प्रभाव लोगों का नुकसान ही ज्यादा कर रहे हैं। यह आशंका जताई जा रही है कि वीडियो गेम मौजूदा पीढ़ी को शारीरिक तौर पर कमजोर तथा रुग्ण बनाने के साथ-साथ मानसिक तौर पर हिंसक, स्वार्थी और अजनबी बना रहा है।

संदीप प्रसाद

अधिक जानकारी के लिए :

1. The Ultimate History of Vedeo Games : Pong to Pokeman : Steven L kent, **2. Studies on the Culture of Vedeo Games :** J P Williams, J H Smith

वीरेश लिंगम

(1848-1929)

तेलुगु साहित्यकार कंदुकूरि वीरेश लिंगम पुंतुल दक्षिण भारत में नवजागरण के पुरोधा माने जाते हैं। शिक्षा पाने के बाद सरकार की अधीनता के मुकाबले उन्होंने 25 रुपये प्रति माह पर जूनियर सहायक शिक्षक बनना पसंद किया। पुरानी रूढ़ि का विरोध करते हुए, मुहूर्त का विरोध करते हुए उन्होंने अमावस्या के दिन अपना पदभार ग्रहण किया, जो धार्मिक अंधविश्वास को चुनौती थी। तेलुगु गद्य और उसकी अन्य विधाओं नाटक, उपन्यास, प्रहसन,

वीरेश लिंगम

निबंध, आलोचना, जीवनी, आत्मकथा आदि का प्रारंभ और विकास वीरेश लिंगम के ही द्वारा हुआ।

1874 से उनकी 'विवेकवर्द्धिनी' मासिक पत्रिका के प्रकाशन ने दक्षिण भारत में नवजागरण की लहर पैदा कर दी। इसमें उनके भागीदार थे– वासवराजु गवर्राजु। इस पत्र के माध्यम से उन्होंने सच्चाई और झूठ के बीच, ज्ञान और अज्ञान के बीच, नई और पुरानी दुनिया के बीच युद्ध छेड़ दिया। उन्होंने स्त्रियों के लिए 'सतीहित बोधिनी' नामक मासिक पत्रिका निकाली। 1878 में वीरेश लिंगम ने 'संघ संस्कार समाजम' की स्थापना कर सामाजिक जड़ता का विरोध किया, व्यापक समाज सुधार की पहल की। उन्होंने अपने समय के प्रसिद्ध परंपरावादी विद्वान कोक्कोंड वेंकटरत्नम पंतुलू की प्रतिगामी नीतियों का विरोध किया। उनका कहना था, 'जहाँ भी कोई गलत कार्य होते देखता हूं, उसे चुपचाप सहन कर लेना मेरे स्वभाव के विपरीत है। जब तक मैं उसका कोई समाधान नहीं ढूंढ़ लेता, तब तक मुझे आत्मसंतोष नहीं होता।' 1878 में ही वीरेश लिंगम के प्रयास से राजमुंदरी में 'प्रार्थना समाज' की स्थापना हुई। 1906 में वीरेश लिंगम ने 'हितकारिणी' समाज की स्थापना की। उन्होंने 'विधवा विश्रामालय' (विडोज शेल्टर होम) और 'उद्धारगृह' की भी स्थापना की थी।

वीरेश लिंगम के बाल विवाह पर नाटक 'ब्राह्मविवाहम्' (1876) विधवा विवाह संबंधी नाटक 'विवेक दीपिका' (1880), तेलुगु का पहला उपन्यास 'राजशेखर चरित्र' और 'स्त्री नीतिदीपिका' जैसी कृतियां समाज-सुधार के सवाल को आगे बढ़ा रही थीं। वीरेश ने साहित्य-रचना के साथ-साथ प्रकृति विज्ञान पर 'पदार्थ विवेचक शास्त्र' (1886) और चिकित्सा विज्ञान पर 'शरीरशास्त्र' (1888) के अलावा व्याकरण, दर्शन और काव्यशास्त्र के क्षेत्र में भी महत्वपूर्ण काम किया। तेलुगु में 'आंध्र कुवलयचरित्रम्' (1887) नाम से तीन खंडों में दो सौ कवियों का श्रभसाध्य इतिहास लिखा। समाज-सुधार और साहित्य, दोनों ही क्षेत्रों में उनके कार्य महत्व के हैं। महादेव गोविंद रानाडे ने वीरेश लिंगम को 'दक्षिण भारत का विद्यासागर' कहकर उनकी प्रशंसा की थी।

समीर कुमार पाठक

अधिक जानकारी के लिए :
1. वीरेश लिंगम : डी अंजनेयुलु, साहित्य अकादमी, दिल्ली 1883; **2. भारतीय साहित्य रत्नमाला :** प्रकाशन विभाग, दिल्ली 1970; **3. आत्मकथा : वीरेश लिंगम :** (सं.) वेंकटेश्वर राव, चेन्नई, 1976

वृत्तचित्र

डाक्यूमेंट्री (Documentry) का अर्थ है ऐसा चलचित्र जो तथ्यों पर आधारित हो। यह पटकथा-आधारित ड्रामा नहीं होता। इसमें काल्पनिक चित्र और चरित्र नहीं होते, डॉक्यूमेंट्री फिल्मों को जिंदगी को एक अलग कोण से देखने की कला भी कहा जाता है।

प्रारंभिक वृत्तचित्र सामान्यतः कुछ सेकंड्स से लेकर कुछ मिनटों के होते थे और प्रायः एक ही शॉट के होते थे। उस समय एडिटिंग की सुविधा भी नहीं थी। इतिहास की दृष्टि से 1877 में एडवर्ड

मिब्रिज ने Zoopraxiscope का अविष्कार करके एक घोड़े के लगातार गति के चित्र लिये थे। उसे दुनिया की पहली फिल्म या पहली डॉक्यूमेंट्री माना जाता है। 1893 में फ्रांस के शहर लियोन के एक होटल के अंधेरे-बंद कमरे में लूमिये ब्रदर्स पर्दे पर रोशनी डालकर स्टेशन पर चलती ट्रेन, कारखानों से निकलते मजदूर, खाने की मेज पर बच्चों की शरारतें आदि दृश्य दिखला रहे थे। इस तरह विभिन्न विषयों पर अल्प अवधि के वृत्तचित्रों का निर्माण शुरू हुआ। इस आविष्कार ने आगे चलकर दुनिया में मनोरंजन के सबसे बड़े उद्योग सिनेमा के रूप में जगह बनाई।

भारत की पहली डॉक्यूमेंट्री के लिए हीरालाल सेन की 'फ्लावर्स ऑफ पर्शिया' (1898) तथा एच एस भाटवडेकर की 'द रेसलर्स' (1899) का नाम लिया जाता है। इस आविष्कार के डेढ़ दशक बाद कोलकाता में भी जे एफ मदान, अनादि बसु, हीरालाल-मदनलाल सेन आदि ने अल्प अवधि की छोटी फिल्मों का निर्माण शुरू कर दिया। 1905 में बंग-भंग आंदोलन के दौरान कांग्रेस नेता सुरेंद्रनाथ बनर्जी के जुलूस की एक फिल्म ज्योतिषचंद्र सरकार ने बनाई। मुंबई में हरिश्चंद्र सखाराम वाडेकर, दादा साहब फाल्के और दूसरों ने अल्प अवधि की फिल्में बनाना शुरू किया।

1922 में रॉबर्ट फ्लेहर्ट ने डेढ़ घंटे की एक छोटी फिल्म ' नानू ऑफ द नॉर्थ' का निर्माण किया। उत्तरी ध्रुव के निकट, अलास्का के एक एस्किमो के जीवन, परिवार और परिवेश का चित्रण करने वाली यह एक अद्‌भुत फिल्म थी। अल्प अवधि की फिल्मों को आगे चलकर डॉक्यूमेंट्री फिल्म या वृत्तचित्र कहा जाने लगा।

माना जाता है कि डॉक्यूमेंट्री शब्द का प्रयोग पहले फिल्म समालोचक और डॉक्यूमेंट्री निर्माता जॉन ग्रियर्सन ने 1926 में रॉबर्ट फ्लर्टी की फिल्म 'मोअना' की समीक्षा में किया था। यह समीक्षा 8 फरवरी 1926 को न्यूयॉर्क टाइम्स में छपी थी। इससे पहले फिल्मों को 'एक्चुआलिटी' फिल्में कहा जाता था। वृत्तचित्र अपने समय के समाज का जीता-जागता चित्र होता है। विषय-विशेष पर केंद्रित होता है। विषय-विशेष पर उपलब्ध जानकारियों के रूप में भविष्य के उपयोग के लिए भी वृत्तचित्र बनाया जाता है, यह इतिहास का एक प्रमुख स्रोत बन जाता है। साहित्य के जितने रूप और आयाम हो सकते हैं डॉक्यूमेंट्री के भी उतने ही रूप और आयाम हो सकते हैं, डॉक्यूमेंट्री के प्रमुखतः तीन रूप पाए जाते हैं : (1) पूरी तरह तथ्यात्मक वृत्तचित्र, (2) आंशिक ड्रामा और आंशिक तथ्य पर आधारित (डॉक्यू-ड्रामा) और (3) ऐतिहासिक तथ्यों या घटनाओं पर आधारित मंचन। डॉक्यूमेंट्री को कुछ अन्य प्रकारों में विराजित किया गया है जैसे observational, participatory, reflexive, performative आदि। श्याम बेनेगल की 'भारत एक खोज' डाक्यू-ड्रामा का उदाहरण है। गोविंद निहलानी द्वारा निर्मित और निर्देशित 'युग दृष्टा-युगसृष्टाः मर्हर्षिदयानंद' भी डॉक्यू-ड्रामा का एक उदाहरण है।

सामान्यतः डॉक्यूमेंट्री को व्यावसायिक जगत में 'नॉन-फिक्शन' के नाम से जाना जाता है। पर सभी नॉन-फिक्शन फिल्में डॉक्यूमेंट्री नहीं होतीं, नॉन-फिक्शन अपने आपमें फिल्मों की एक श्रेणी है। वृत्तचित्र उस श्रेणी का एक हिस्सा है। निर्माण की दृष्ट से फीचर फिल्म और वृत्तचित्र समान हैं, मात्र उनके माध्यम और पेश करने के तरीके अलग होते हैं। जैसे एक निर्देशक दृश्यों के साथ-साथ पार्श्व में कमेंट्री डालकर तथ्यों को समझा सकता है, कई बार वृत्तचित्रों में दृश्य इतने प्रभावी होते हैं कि किसी तरह के संवाद की आवश्यकता नहीं होती। 15 अगस्त 1947 को अंबालाल जे पटेल ने दो कैमरों की मदद से नेहरू के भाषण 'नियति का सामना' की रिकॉर्डिंग की थी। 1948 से भारत सरकार के फिल्म्स डिवीजन ने वृत्तचित्रों को लोकप्रियता प्रदान की। समाचार फिल्मों को न्यूजरील कहा गया। फिल्म्स डिवीजन के बाहर जिन वृतचित्र फिल्मकारों ने सृजन के क्षेत्र में जगह बनाई है, उनमें उल्लेखनीय हैं एस सुखदेव, क्लेमेंट बैप्तिस्ता, हरिसाधन दासगुप्ता, मणि कौल, शांतिप्रसाद चौधरी आदि। सत्यजित राय,

ऋत्विक घटक जैसे फीचर फिल्मों के बड़े नामों ने भी उच्चस्तरीय कलात्मक वृत्तचित्रों का निर्माण किया है।

श्याम बेनेगल, गौतम घोष, गोविंद निहलानी, बुद्धदेव दासगुप्त और उत्पलेंदु चक्रवर्ती जैसे कई फिल्मकार हैं, जिन्होंने वृत्तचित्रों के निर्माण से ही अपने कैरियर की शुरुआत की थी। इन फिल्मकारों के समय से ही भारतीय वृत्तचित्रों ने सामाजिक-राजनीतिक प्रतिवाद को अपने सृजन की मूल भाषा के रूप में स्वीकार कर लिया था। इसके रूपकारों में अनवर जमाल (भागीरथी की पुकार), वसुधा जोशी एवं रंजन पालित (वायसेस ऑफ बलियापाल), स्वप्न बसु (भोपाल : बियांड जेनोसाइड), आनंद पटवर्धन (राम के नाम), गुलान कृपलानी (बियांड द क्लोज डोर), आशा दत्त (द ब्लू रोज) की चर्चा हुई है। वृत्तचित्र शुरू से ही मनोरंजन की कला से हटकर मानव जीवन की सामाजिक, सांस्कृतिक और राजनीतिक समझ, सूचना और संघर्ष को विस्तार देने वाले माध्यम रहे हैं।

वृत्तचित्रों को दस्तावेजी फिल्म भी कहा जाता है। इनमें विश्व के किसी भी पक्ष के यथातथ्य चित्रण के साथ-साथ फिल्मकार के दृष्टिकोण का भी विशेष महत्व होता है। कई बार वृत्तचित्र कथाचित्रों की तुलना में अधिक प्रभावशाली होते हैं और कई बार वे न केवल विवादों को जन्म देते हैं वरन इन फिल्मों और फिल्मकारों को सरकारी दमन या किसी समूह विशेष के हिंसक प्रतिरोध का सामना करना पड़ता है।

वृत्तचित्र बनाना आज पहले की अपेक्षा आसान है, क्योंकि नई प्रौद्योगिकी ने फिल्मकारों के काम को अपेक्षाकृत आसान बना दिया है। वे अपनी फिल्म को जनता तक भी आसानी से पहुंचा सकते हैं लेकिन आज वृत्तचित्रों का प्रदर्शन कई बार उग्र प्रतिरोध का कारण भी बनता है। वृत्तचित्रों के माध्यम से जनजागृति और जन-आंदोलन भी पैदा किया जा सकता है या यह कह सकते हैं कि जन-आंदोलनों में वृत्तचित्रों की अहम भूमिका है।

भारत के प्रमुख वृत्तचित्रकारो में आनंद पटवर्धन, अजय भारद्वाज, संजय काक आदि कई नाम लिये जा सकते हैं।

महेश जायसवाल, सुभाष चंद्र अग्रवाल

अधिक जानकारी के लिए :

1. Encyclopedia of the Documentary Film : (Ed.) Ian Aitken Routledge, **2. Documentary : A History of the Nonfiction Film :** Erik Barrow, **3. Representives Reality : Issues and Concepts in Documentary :** Bill Nichols

वृत्ति और प्रवृत्ति

पुरुषार्थ चतुष्टय अर्थात धर्म, अर्थ, काम तथा मोक्ष के साधक व्यापार और चेष्टाओं को वृत्ति कहा जाता है। वृत्ति में सभी कार्य-व्यापार आ जाते हैं। स्वाभाविक है कि इसमें साहित्य तथा नाटक शामिल हैं। नाटक के संदर्भ में वृत्ति का विशेष प्रयोग हुआ है। अभिनव गुप्त ने वृत्ति का स्वरूप बताते हुए लिखा है, 'वांङ्मनसाचेष्टा एवं सह वैचित्र्येण वृत्तयः।' अर्थात नायक या चरित्र के शरीर, वचन तथा मन की विचित्रता से युक्त चेष्टाएं वृत्तियों के नाम से जानी जाती हैं। भोजराज ने इसे और स्पष्ट किया है। उनके अनुसार, विकास, विक्षेप, संकोच तथा विस्तार चित्त की दशाएं हैं। इन दशाओं में चरित्र तथा पात्र के जो विशिष्ट व्यवहार, व्यापार तथा वर्तन होते हैं, उन्हें वृत्ति कहा जाता है। यह बात सहृदय, सामाजिक तथा प्रेक्षक सभी पर लागू होती है।

वृत्तियों के चार भेद माने गए हैं : भारती, सात्त्वती, कैशिकी तथा आरभटी। शाब्दिक स्तर पर भारती का अर्थ सरस्वती तथा संस्कृत वाणी है और सात्त्वती का अर्थ है सत्व गुणयुक्त। कैशिकी अर्थात केश विन्यासयुक्त तथा आरभटी अर्थात आरभट या साहसयुक्त उद्धत व्यक्ति का व्यवहार। वृत्तियों का संबंध नाट्य से था, अतः वृत्तियों का नाट्य रूपांतरण वचन और शारीरिक चेष्टाओं द्वारा संभव होता है। वचन से संबंधित वृत्ति को 'भारत' कहते हैं। इसका नाम भारती इसलिए पड़ा, क्योंकि भारती सरस्वती का एक नाम है। साथ ही सरस्वती वाङ्मय या वाक् की

देवी हैं। इसलिए वचन से संबंधित वृत्ति को भारती वृत्ति कहा गया।

कोई भी वाचिक तथा शारीरिक प्रतिक्रिया चेष्टा के माध्यम से व्यक्त होती है। चेष्टा दो प्रकार की होती है : सात्विक अभिनय तथा आंगिक अभिनय। मन तथा अंग की सम्मिलित चेष्टा से ही सात्विक अभिनय संभव है जो नट के सूक्ष्म और गूढ़ भावों को पूरी तरह अभिव्यक्त करता है। इसे ही 'सात्त्वती वृत्ति' कहते हैं। इसके अलावा शरीर के अंगों के संचालन से नट अपना वांछित भाव प्रकट करता है। उग्र आंगिक अभिनय को 'आरभटी वृत्ति' कहा जाता है। इससे अलग जब प्रेम, रति, हास्य आदि सौम्य आंगिक अभिनय करके नट प्रदर्शन करता है तो इस अभिनय को 'कैशिकी वृत्ति' कहते हैं। अभिनव गुप्त के अनुसार, वाक्चेष्टा से वाचिक अभिनय का पाठ भारती है। मनचेष्टा के दो प्रकारों अर्थात उग्र तथा सौम्य के आधार पर आरभटी तथा कैशिकी वृत्ति का नामकरण हुआ है। वृत्ति का संबंध रस से भी है। सात्त्वती वृत्ति वीर, रौद्र, अद्भुत रस में, भारती करुण तथा अद्भुत रस में, आरभटी भयानक, वीभत्स तथा रौद्र रस में तथा कैशिकी श्रृंगार तथा हास्यरस में देखी जा सकती है।

प्रवृत्ति : रीति से संबंधित एक अन्य कोटि का नाम प्रवृत्ति है। इसका भी नाट्यकला के संदर्भ में प्रयोग किया जाता है। विभिन्न क्षेत्रों के लोगों के भाषा-प्रयोग की रीति में भिन्नता की भांति उनकी वेशभूषा, गीत-संगीत और रहन-सहन में भी विविधता होती है। रहन-सहन तथा गीत-संगीत की शैली की विचित्रता या विशिष्टता को संस्कृत आलोचना में प्रवृत्ति कहा गया है। वृत्ति का संबंध आंतरिक व्यापार में है, जबकि प्रवृत्ति का संबंध बाह्य क्रिया व्यापार से है।

भरत मुनि ने प्रवृत्ति की चर्चा अपने नाट्यशास्त्र में की है। उनके अनुसार, पृथ्वी के विभिन्न देशों के वेश, भाषा तथा व्यवहार की बातों को जो व्यक्त करे, वह प्रवृत्ति है : 'पृथिव्यां नाना देशवेशभाषा चारवार्ता ख्यापयतीति प्रवृत्तिः'। राजशेखर ने 'काव्य मीमांसा' में प्रवृत्ति, वृत्ति तथा रीति को परिभाषित करते हुए उनके बीच का अंतर इस प्रकार बताया है : 'वेश विन्यासक्रमः प्रवृत्तिः। विलास-विन्यासक्रमो वृत्तिः। वचन विन्यासक्रमो रीतिः।' वेश विन्यास को प्रवृत्ति, विलास विन्यासक्रम को वृत्ति तथा वचन विन्यासक्रम को रीति कहते हैं। इस परिभाषा में प्रवृत्ति में 'विन्यासक्रम' महत्वपूर्ण शब्द है। विन्यास का अर्थ व्यवस्था (अरेंजमेंट) और क्रम का अर्थ सिलसिला (सीक्वेंस) है।

नाट्य-प्रयोग में प्रवृत्तियां चार प्रकार की बताई गई हैं : (1) अवंती : विदिशा, सौराष्ट्र सिंु सहित मध्य तथा पश्चिम भारत की प्रवृत्तियां, (2) पांचाली : कश्मीर और शेष उत्तर भारत की प्रवृत्तियां (3) औड्रमागधी और बंग कलिंग आदि पूर्वी भारत की प्रवृत्तियां तथा (4) दक्षिणात्य : विंध्य पर्वत के दक्षिण में स्थित दक्षिणी भारत के क्षेत्र की प्रवृत्तियां। हर प्रदेश के रहन-सहन, वेशभूषा, स्थानीय-सामुदायिक परिवेश के अनुसार साहित्यिक भाषा, भाव-विचार, मनोवृत्ति, शैली और अन्य गुणों में भिन्नता होती थी, जिसे पहचाना गया था। इसलिए प्रदेश या क्षेत्र काव्य-संप्रदायों की ओर भी इशारा करते थे। सबसे पहले भरत मुनि ने 'नाट्यशास्त्र' के चौदहवें अध्याय में वृत्ति-प्रवृत्ति की भिन्नता की चर्चा की है। उन्होंने प्रवृत्तियों के आधार पर भारत भूखंड की जो व्यापक कल्पना की है, वह अनुपम है। उन्होंने जिसे प्रवृत्ति की संज्ञा दी, उसके अनुकरण को उन्होंने 'नाट्य' कहा। इस तरह उन्होंने नाट्य को जीवन की प्रवृत्तियों और रीतियों से जोड़कर साहित्य-सिद्धांत के स्तर पर प्राचीन युग में एक बड़ी भूमिका निभाई।

उपर्युक्त वर्णन से साफ है कि आचार्यों ने वृत्ति, प्रवृत्ति तथा रीति पर विचार मुख्यतः क्षेत्रीय विशेषताओं के आधार पर किया था। हम यह भी देख सकते हैं कि भरत के 'नाट्यशास्त्र' तथा राजशेखर की 'काव्यमीमांसा' के बीच लगभग डेढ़ हजार साल के अंतर ने लोगों की भाषा, वेशभूषा, केश विन्यास और कार्य-व्यापार में बदलाव ला दिया। लोगों का आवागमन एक से दूसरे क्षेत्र में बढ़ने से उनकी विशिष्टताओं में एकता आई। अतः स्वाभाविक था

कि उपर्युक्त शब्दों की कठोर परिभाषाएं शिथिल हुईं और बदलीं। प्रवृत्ति के निर्धारण में आगे चलकर देश (स्थान) के अलावा काल की भूमिका प्रधान हो गई, खासकर नए आधुनिक युग में जब सामाजिक और तकनीकी परिवर्तन में तेजी आई। वृत्ति और प्रवृत्ति के निर्धारण से यह स्पष्ट होता है कि जिन क्षेत्रीय कारणों से साहित्यिक भाषा में विलक्षणता होती है, उन्हीं से रीति में भी अंतर आता है।

प्राचीन काल से ही काव्यशास्त्रियों ने कवि की अनुभूति के साथ अभिव्यक्ति की विशिष्ट रीति, पदरचना के विशेष मार्ग पर चर्चा की है, जिस तरह पश्चिमी सिद्धांतकारों ने शैली पर चिंतन किया है। कवि रचना के लिए जो विषय चुनता है, उसकी अभिव्यक्ति के तरीके को रीति कहा जाता है। वामन ने इसके लिए 'रीति', दंडी ने 'मार्ग' और मम्मट ने 'वृत्ति' शब्द का प्रयोग किया। रीति शब्द 'रीङ्' तथा 'गतौ' धातु से बना है। इसकी व्युत्पत्ति के आधार पर रीति मार्ग का पर्याय माना जाता है। रीयते गम्यतेऽनेनति रीतिः, जिस मार्ग द्वारा गमन किया जाए, उसे रीति या मार्ग कहते हैं। इसका प्रयोग शैली, ढंग और प्रकार के लिए होता है। रीति शब्द का संस्कृत आलोचना में पहला प्रयोग भरत के नाट्यशास्त्र में वृत्ति के रूप में हुआ है। यही रीति-सिद्धांत का आधार बनी। रीति साहित्य की भाषा का सिद्धांत है। वामन ने विशिष्ट पदरचना को रीति कहा। ('काव्यालंकार सूत्रवृत्ति', 1.2.6)। विशेष प्रकार की पदरचना का उत्कर्ष गुणों पर निर्भर है, विशेष गुणात्मा। इसका अभिप्राय है, कुछ विशेष गुणों से संपन्न पदरचना ही रीति है। वामन ने रीति को काव्य की आत्मा बताया, रीतिरात्मा काव्यास्य। इतना ही नहीं, आगे भी जोड़ा कि काव्य का सारा सौंदर्य ही रीति पर आधारित है। वामन उदाहरण देते हैं, 'रीति विगलित बंधे केशपाश सुकेश्याः' अर्थात स्त्री के रतिकाल में केशपाश खुल जाने से लंबे केशों के साथ उसका सौंदर्य आकर्षक हो गया है। ऐसे ही पद के अनुसंधान और रचना की समस्या कवि की मुख्य समस्या है।

उस युग तक प्रसिद्धि पाए हुए संस्कृत काव्यों की विशेषताओं को देखकर वामन जैसे सिद्धांतकारों को लगा कि उनमें विशेष ढंग की पदरचना है। इस तरह की पदरचना का संबंध सामंती सौंदर्याभिरुचि से हो सकता है, पर इसमें व्यापक काव्यगुण हैं। भामह और दंडी के ग्रंथों में अलंकार को जो महत्व दिया गया था, उसे वामन ने स्वीकार नहीं किया, क्योंकि सिर्फ अलंकार-प्रयोग से समग्र काव्यात्मक अभिव्यक्ति की समस्या का समाधान नहीं होता। काव्य में गुणसंपन्न पदरचना ही कवि की मुख्य समस्या है। कहा जा सकता है कि रीतिवाद अलंकारवाद की प्रतिक्रिया में बना।

संस्कृत काव्य और इसके प्रभाव में प्रादेशिक भाषाओं के काव्य में जो समासयुक्त लंबी रचनाएं लिखी जा रही थीं, उन्हें देखकर ही वामन ने पहचाना कि काव्य की भाषा या व्यापक अर्थ में कहें तो साहित्य की भाषा दैनिक जीवन की व्यावहारिक भाषा से भिन्न होती है। यही कारण है कि उन्होंने माना, 'रीति का अर्थ विशेष प्रकार की पदरचना है।' आनंदवर्धन ने रीति की चर्चा करते हुए कहा कि रीति शब्द तथा अर्थ की सुंदरता का विधान करती है। राजशेखर रीति को काव्य का बाह्य तत्व बताते हैं तथा उसे वचन या कथन का विन्यासक्रम मानते हैं, 'वचनविन्यास क्रमों रीतिः' आचार्य विद्याधर रस के अनुकूल शब्द और अर्थ की योजना को रीति कहते हैं, 'रसोचित शब्दार्थ निबंधनम् रीतिः।' सिंगभूपाल के अनुसार, यह 'पद विन्यास' भंगिमा है। इन सूत्रों को दृष्टि में रखते हुए कहा जा सकता है कि उस युग के काव्यों में विशेष तरह की पदरचना देखकर ही रीति-सिद्धांत बना और कहा गया कि पद विन्यास में विशेषता वस्तुतः उसमें समाहित गुणों के कारण पैदा होती है।

वामन ने पदों की विशिष्ट रचना को रीति कहा। सवाल उठता है कि पदरचना में विशेष क्या है? इसका उत्तर देते हुए वामन ने कहा, 'विशेष गुणात्मा' अर्थात ऐसी पदरचना जो गुणात्मक या गुणों से पूर्ण हो। गुण के संबंध में धारणा बदलती रही है। श्रीकंठय्या का कहना है, 'प्राचीन मत के

अनुसार कहा जा सकता है कि गुण वस्तुतः शब्द और अर्थ की विशेष रचना को सूचित करता था।' गुण पर चर्चा शब्दार्थ की विशेषता के संदर्भ में हुई है। गुण से ही पदरचना द्वारा व्यक्त मनोवृत्ति का बोध होता है कि यह सुकुमार स्वभाव की है या वीरता से भरी है। इस प्रकार अलंकार से चित्रविधान होता है, पर कवि की विशेष पदरचना की रीति समूचे काव्य के शब्दार्थ को नियंत्रित करने वाली मनोभूमि पर निर्भर करती है। आनंदवर्धन की राय में गुण रस-धर्म से युक्त होते हैं। इससे स्पष्ट हो जाता है कि गुण अलंकार से भिन्न मामला है, इसमें विस्तार है। गुण तीन प्रकार के होते हैं : माधुर्य, ओज तथा प्रसाद। माधुर्य से कोमलता और मधुरता, ओज से वीरता का बोध होता है। जब सभी विवरणों और आयामों के साथ अर्थ स्पष्ट हो तो उसे प्रसाद गुण कहा गया है, 'अर्थवैमल्यं प्रसाद' (काव्यालंकार सूत्र)। इस प्रकार वामन गुण तथा रीति का संबंध स्थापित करते हैं। फिर भी यह शंका होती है कि भारतीय काव्यशास्त्रीय परंपरा में गुण का जो व्यापक अर्थ है। 'विशेषो गुणात्मा' कहते हुए भी क्या वामन गुण को इतनी बड़ी भूमि पर देखते हैं? वह गुण से युक्त पदरचना को ही रीति कहते हैं, पर यह नहीं बताते कि उनका गुण से क्या तात्पर्य है।

रीति के प्रकार : रीति के तीन मुख्य प्रकार हैं : वैदर्भी, गौड़ी तथा पांचाली। इन्हें गुण के संबंध में देखा गया है। जिस रीति में माधुर्य गुण, हो वह वैदर्भी, जिसमें ओज गुण, हो वह गौड़ी और जिसमें प्रसाद गुण हो, वह पांचाली। गौड़ी में ओज तथा कांतिगुण होते हैं। पांचाली में माधुर्य और सौकुमारी गुण होते हैं। वैदर्भी में सभी गुण पाए जाते हैं। ये तीनों रीतियां देश के तीन भौगोलिक भागों अर्थात मध्य एवं उत्तर (वैदर्भी), पूर्व (गौड़ी) तथा पश्चिम (पांचाली) क्षेत्रों से संबद्ध थीं। ये तीन चित्त दशाओं अर्थात कोमलता (वैदर्भी), विस्तार (गौड़ी) तथा प्रसन्नता (पांचाली) को दर्शाती थीं। यहां यह अर्थ कदापि नहीं लगाना चाहिए कि एक रीति में एक ही गुण या चित्त दशा परिलक्षित होती है। एक प्रकार की रीति में अन्य गुण भी पाए जाते हैं पर प्रधानता एक गुण की रहती है।

वैदर्भी : वैदर्भी रीति को 'ललिता' कहा गया है। वामन और मम्मट इसे 'उपनागरिका' कहते हैं। (काव्यप्रकाश, 9.80)। वैदर्भी को 'समग्रगुणा वैदर्भी' कहते हैं, क्योंकि इनमें माधुर्य, ओज और प्रसाद सभी गुण पाए जाते हैं। आनंदवर्धन इसे समासरहित होने के कारण कहते हैं—असमासा। छोटे समासों के प्रयोग के कारण इसमें माधुर्य या लालित्य गुण पाया जाता है। समास-प्रयोग के आधार पर इसे समासरहिता या असमस्तपदा कहा जाता है। वामन के अनुसार, वैदर्भी रीति सदैव असमस्तपदा नहीं होती। जब ऐसा होता है तो वह समास रहिता वैदर्भी को शुद्धावैदर्भी कहते हैं। राजशेखर वैदर्भी रीति में माधुर्य गुण के प्रवाह के कारण कानों को प्रिय लगने का गुण मुख्य मानते हैं। कालिदास की साहित्य-सृष्टि को वैदर्भी रीति का प्रमुख उदाहरण माना जाता है। कोमलता तथा मधुरता के कारण इसे श्रृंगार रस का उपकारक माना जाता है। दंडी दश गुणों को वैदर्भी रीति का प्राण मानते हैं।

गौड़ी : एक प्रकार से कहें तो गौड़ी के गुण वैदर्भी के विपरीत होते हैं। ओज तथा क्रांति गौड़ी रीति के मुख्य गुण हैं। समास का अधिक प्रयोग होता है। इसलिए इसके आडंबरपूर्ण होने का खतरा रहता है। आनंदवर्धन इसे 'दीर्घ समास वृत्ति' कहते हैं। मम्मट ने इसके लिए परुषा शब्द का प्रयोग किया है। उनके अनुसार, जिससे ओज तथा प्रकाश पैदा हो उसे परुषा कहते हैं। ('ओजः प्रकाशस्तैस्तु परुषा', काव्यप्रकाश, 9.80)। यह रौद्र, वीर जैसे कठोर रसों का पोषण करती है। संस्कृत-लेखन में वैदर्भी को सर्वगुणसंपन्न होने के कारण श्रेष्ठ और गौड़ी को कम श्रेष्ठ माना जाता था। भामह ने इस विभाजन पर प्रश्नचिह्न लगाया, फिर भी वैदर्भी के प्रति सम्मान और गौड़ी के प्रति असम्मान का भाव बना रह गया।

पांचाली : आचार्य वामन ने इस रीति का नाम लिया है। भामह या दंडी इसका उल्लेख नहीं करते। यह

सुकुमार्य तथा माधुर्य गुणों का मिश्रण होती है। इसे कोमलपदा भी कहा जाता है। राजशेखर पांचाली में शब्द और अर्थ के गुंफन का गुण पाते हैं। पांच-छह समासों से युक्त पदबंध वाली रचना को विश्वनाथ (साहित्य दर्पण, 9.4) पांचाली रीति का उदाहरण मानते हैं, तो मम्मट इसे 'कोमलवृत्ति' कहकर बुलाते हैं। आनंदवर्धन पांचाली को मध्यम समासयुक्त वृत्ति मानते हैं। भोज ने इसकी ज्यादा समावेशी परिभाषा दी है और कहा है कि ओज तथा कांति से समन्वित पदों की मधुर सुकुमार रचनावाली वृत्ति को पांचाली कहते हैं। इसे श्रृंगार रस का उपकारक माना जाता है।

उपर्युक्त तीन रीतियों के अलावा मागधी (राजशेखर), अवंतिका (भोज) तथा लाटी (रूद्रट) रीतियों का भी उल्लेख पाया जाता है। क्षेत्रों के नाम के आधार पर इनका नाम रखा गया है। मागधी रीति बिहार के मगध क्षेत्र की, अवंतिका मध्य प्रदेश के मालवा विशेषकर उज्जैन की तथा लाटी लाट प्रदेश की जो मध्य गुजरात में विशिष्टता थी। विश्वनाथ लाटी को वैदर्भी तथा पांचाली के बीच की रीति कहते हैं। रूद्रट ने पांच अन्य वृत्तियों मधुरा, परुषा, पौढ़ा, ललिता, भद्रा को भी जोड़ा है। मम्मट ने इतने भेद न मानकर तीन प्रकार ही माने हैं।

संभव है कि उन दिनों के भारत की भू-सांस्कृतिक भिन्नताओं के संदर्भ में साहित्यिक कृतियों के अंतर को पहचानते हुए ये भेद किए गए हों। एक प्रदेश के रचना-कर्म से दूसरे प्रदेश का रचनाकर्म विशिष्ट था। इस संबंध में सर्वप्रथम घुमक्कड़ बाण ने विचार करते हुए बताया कि उत्तरी क्षेत्र की रचनाओं में श्लेष, पश्चिमी क्षेत्र की रचनाओं में अर्थ की प्रधानता, दक्षिणवाला में उत्प्रेक्षा की प्रधानता और गौड़ देश में अक्षरों का आडंबर होता है और इन चारों लक्षणों से युक्त रचना ही सर्वोत्तम है। इस तरह हम देखते हैं कि रीति के प्रदेशवार विभाजन के साथ रीतियों के सम्मिश्रण की परंपरा भी है। इसके अलावा भारतीय काव्यशास्त्र में जिस तरह यह धारणा थी कि सरलता, सुकुमारता, माधुर्य और ओजस के गुणों के कारण एक तरह की रचना श्रेष्ठ है और कुछ दूसरे ढंग की रचना अच्छी नहीं होती, उसी तरह रोमन साहित्यशास्त्र में दो रीतियों का उल्लेख मिलता है—एक अलंकारों की प्रचुरता वाली एशियाई शैल, मोटे रूप से पूरबी, दूसरी संतुलित, खास ढंग से संघटित ग्रीक शैली। हम मनुष्य स्वभाव के बारे में भी जानते हैं कि कोई सरल और गहरा होता है और कोई अलंकृत । इसी तरह काव्य-रीतियां भी दो किस्म की हो सकती हैं, पर यह बिल्कुल संभव है कि इनमें सम्मिश्रण भी हो। इस प्रश्न का उठना भी स्वाभाविक है कि रीतियों का विभाजन जब गुणों के आधार पर होता है, इनके प्रदेशवार विभाजन का क्या अर्थ है। यह भी कि सिसरो द्वारा एशियाई को एक खास रीति से बांधने का क्या औचित्य है?

रीतिवादी परंपरा में ही कुंतक को गिना जाता है। उसने रीति को प्रादेशिक विलक्षणता की जगह कवि की प्रतिभा, मनोवृत्ति और उसके स्वभाव के आधार पर देखा, क्योंकि कवि सबसे पहले एक व्यक्ति है। उसकी धारणा है कि जितने कवि होंगे, उनके स्वभाव के अनुसार उतने ही मार्ग बनेंगे। फिर भी वह मोटे तौर पर तीन भागों की ओर संकेत करता है—सुकुमार, विचित्र और मध्यम। तीसरा मार्ग पहले दोनों मार्गों का समन्वय है। वह सुकुमार के उदाहरणस्वरूप कालिदास को चुनता है और विचित्र के उदाहरणस्वरूप बाण को। उसने विविधतापूर्ण भारतीय काव्य की विवेचना के लिए न गुणरहित रीति तत्व को पर्याप्त माना और न ही रीतियों का प्रदेशवार विभाजन किया, बल्कि माना कि काव्य-सौंदर्य की विचित्र छायाओं के मूल में कवि स्वभाव है। इस प्रकार हम देखते हैं कि रीति-सिद्धांत पर चर्चा मुख्यतः तीन धरातल पर हुई है—(1) प्रदेशाधारित विशेष गुणवाली पदरचना, (2) कवि द्वारा चुनी गई विषयवस्तु पर आधारित और (3) कवि स्वभाव आधारित। कवि पर उसके स्थानीय परिवेश का असर होता है और उसकी भाषा में विलक्षणता आती है। इसके अलावा उसकी रचना की रीति को विषयवस्तु और भाव भी निर्धारित करते हैं। यह भी लक्षित किया जा सकता है कि कवि की रीति के निर्धारण

में उसके स्वभाव और व्यक्तित्व की भी एक बड़ी भूमिका होती है।

अलग-अलग आचार्यों के रीति या उसके समानार्थी शब्द वृत्ति या मार्ग के विभाजन को प्रकार समझा जा सकता है :

1

दंडी

वैदर्भी गौड़ी

2

वामन

वैदर्भी गौड़ी पांचाली

3

आनंदवर्धन

असमास मध्यम समास दीर्घ समास

4

कुंतक

सुकुमार विचित्र मध्यमा

5

मम्मट

उपनागरिका प्रसाद कोमल

वामन के रीति-संबंधी विचारों को आनंदवर्धन, मम्मट तथा विश्वनाथ आदि ने स्वीकार नहीं किया। वामन रीति को काव्य की आत्मा मानते थे, पर विश्वनाथ ने कहा कि रीति पदों की मात्र संघटना है जो काव्यपुरुष रूपी, शरीर के अंगों की बनावट की तरह है। रीति काव्य की आत्मा नहीं हो सकती, क्योंकि शरीर तथा आत्मा में भिन्नता है। रीति के संबंध में आनंदवर्धन के विचार ज्यादा तर्कसंगत कहे जा सकते हैं। इसी कारण मम्मट तथा विश्वनाथ ने उनका अनुसरण किया। आनंदवर्धन रीति को संघटना अर्थात सम्यक घटना या रचना मानते हैं। अर्थात पदों की सम्यक यानी शोभन घटना या सौंदर्यपूर्ण रचना। उनके अनुसार, गुणों और संघटना के अंतर्संबंध के तीन रूप संभव है : गुण और संघटना की एकता, संघट ना पर आश्रित गुण और गुण पर आश्रित संघटना। संघटना का मुख्य काम गुणों पर आश्रित रहते हुए रचना को प्रकट करना है। आनंदवर्धन के अनुसार, रीति के चार नियामक तत्व हैं :

वक्तृ-औचित्य : कवि या उसके द्वारा रचित पात्र वक्ता होता है। इस तरह का पात्र नायक धीरोदात्त जैसे राम या युधिष्ठिर, धीरोद्धत जैसे परशुराम या भीम, ललित जैसे दुष्यंत तथा धीर प्रशांत जैसे 'मालती माधव' नाटक का माधव या 'मृच्छकटिक' का चारुदत्त तथा अन्य कोई हो सकता है। औचित्य के आधार पर संघटना में छोटे, बड़े या असमास पदों के प्रयोग से इच्छित परिणाम मिलता है।

वाच्यौचित्य : कथानक या वर्णनीय वस्तु को वाच्य कहते हैं। यह अभिनेय या अनाभिनेय होता है। चूंकि यह सब प्रकार के पात्रों की प्रकृति से जुड़ा है, अतः अनुकूल संघटना का प्रयोग औचित्यपूर्ण होता है।

विषयौचित्य : विषय का अर्थ काव्य-प्रकार (प्रबंध, मुक्तक, दृश्य या ाव्य, पद्य, गद्य या चंपू, महाकाव्य, कथा या आख्यायिका) है। विषय के औचित्य को ध्यान में रखकर संघटना का प्रयोग उपकारक होता है। सभी में एक जैसी संघटना या रीति का प्रयोग किया जाना चाहिए।

रसौचित्य : रस के अनुकूल संघटना का प्रयोग आवश्यक है। करुण, श्रृंगार तथा शांत रसों में असमासा या मध्यम समासा संघटना का तथा वीर, रौद्र तथा भयानक रसों में दीर्घ समासा का प्रयोग उचित है। आनंदवर्धन का यह मत भी है कि वक्ता, वाच्य, विषय और रस को अलग रूपों में न देखकर उनके समन्वित रूप को ध्यान में रखकर प्रयुक्त संघटना औचित्यपूर्ण होगी।

रचना, वर्ण संयोजन या संघटना रीति के ही रूप हैं। रीति शब्द की परिभाषा को पद रचना तक ही अक्सर सीमित कर दिया जाता है। रीति का चुनाव या पदरचना तो एक बाह्य अभिव्यक्ति होती है। रीति में रचनाकार के क्षेत्र, मानसिक स्वभाव तथा उसकी भौतिक परिस्थिति, नैसर्गिक प्रतिभा,

शास्त्र-ज्ञान तथा अभ्यास आदि तत्व भी शामिल होते हैं। अतः रीति सिद्धांत शैली वैज्ञानिक अध्ययन से अधिक व्यापक तथा सूक्ष्म है। दुर्भाग्य से रीति तथा शैली का पर्यायवाची के रूप में प्रयोग किया जाता है। शैली शब्द का प्रयोग अंग्रेजी शब्द 'स्टाइल' के पर्याय के रूप में किया जाता है। शैली शब्द 'शील' से बना है, जिससे कर्ता या लेखक के स्वभाव, रुचि, प्रवृत्ति, चरित्र या मनोवृत्ति का अर्थ निकलता है। शैली का संबंध साहित्य रचना की अभिव्यंजना पद्धति से है।

संस्कृति की रीति या शैली तथा पश्चिमी 'स्टाइलिस्टिक्स' में तुलनात्मक विवेचन से पता चलेगा कि दोनों में बहुत अंतर है। रीति बाह्य पदरचना के अतिरिक्त क्षेत्र तथा चित्तवृत्ति पर ध्यान केंद्रित करने के कारण आंतरिक भी है। स्टाइलिस्टिक्स अभिव्यक्ति के बाह्य रूप पर केंद्रित है। भरत, भामह, एरिस्टोटल, सिसरो, होरेस तथा अंग्रेजी के बेन जॉनसन, विलियम वर्ड्सवर्थ, मैथ्यू आर्नल्ड, वैंडोटे क्रोचे तथा आई ए रिचर्ड्स आदि के बीच तुलना कर उनके बीच के अंतर तथा साम्य को समझा जा सकता है।

अवधेश कुमार सिंह

अधिक जानकारी के लिए :
1. भारतीय काव्यशास्त्र की परंमपरा : नगेंद्र, **2. भारतीय एवं पाश्चात्य काव्यशास्त्र :** गणपति चंद्र गुप्त, **3. भारतीय काव्यशास्त्र : सिद्धांत और समस्याएं :** सुधांशु, **4. भारतीय काव्यशास्त्र के नए क्षितिज :** राममूर्ति त्रिपाठी

वेदांग

वैदिक वाङ्मय के अंतिम भाग के ग्रंथ 'वेदांग' कहलाते हैं। यास्क ने निरुक्त के प्रारंभ में लिखा है कि अतिप्राचीनकाल में ऋषियों ने वेदों के साथ वेदांग का भी प्रणयन किया था। वेदांग का शाब्दिक अर्थ है, 'वेद के वे उपकारक तत्व जिनसे वस्तु के स्वरूप का बोध होता है।' अतः वेदों का वास्तविक अर्थ जानने के लिए जिन सहायक विद्याओं की आवश्यकता है, उन्हें 'वेदांग' का नाम दिया गया।

पाणिनीय शिक्षा में वेदपुरुष के छह अंगों के रूप में छह वेदांगों का वर्णन है, 'छंद वेदपुरुष के पैर हैं, कल्प हाथ हैं, ज्योतिष नेत्र हैं, निरुक्त कान हैं, शिक्षा नासिका है और व्याकरण मुख है।' ये वेदांग ग्रंथ सामान्यतया सूत्रशैली में लिखे गए हैं। वेदांगों की रचना का काल निश्चित रूप से वैदिक वाङ्मय का उत्तरवर्ती काल है।

1. छंद : छंद्स अर्थात छंद शब्द छद् (ढकना) धातु से बना है। यास्क ने निरुक्त (7.12) में छंद्स पद का निर्वचन किया है, 'छंदांसि छादनात' अर्थात छंद भावों को आच्छादित कर उन्हें समष्टि रूप प्रदान करता है। इसी से छंद गेय और सुपाठ्य हो जाता है। छंदों के सम्यक ज्ञान के बिना मंत्रों का उच्चारण अथवा पाठ ठीक से नहीं हो सकता, इसलिए पाणिनीय शिक्षा में छंद को 'वेदपुरुष के पैर' कहा गया है। पैर की तरह छंद स्थिरता प्रदान करता है। छंद का ज्ञान वेद-मंत्रों के ज्ञान के समान है।

वैदिक संहिताओं का अधिकांश भाग छंदमय है। मंत्रों का प्रधान उद्देश्य देव-प्रसादन है और छंदों का कमनीय कलेवर उसमें सहायक बनता है। वेदों में सात छंद अति प्रसिद्ध हैं—गायत्री, उष्णिक्, अनुष्टुप्, बृहती, पंक्ति, त्रिष्टुप् और जगती। वैदिक छंदों में पादों की संख्या नियमित नहीं है। वैदिक छंदों का आधार अक्षर गणना है। लौकिक संस्कृत छंदों में यह बात नहीं है। हालांकि इनकी उत्पत्ति वैदिक छंदों से ही मानी जाती है।

2. कल्प : वेदांगों में कल्प का महत्वपूर्ण स्थान है। कल्प का अर्थ है–वेदों में विहित कर्मों की क्रमपूर्वक व्यवस्थित कल्पना करने वाला शास्त्र। ऋग्वेद प्रातिशाख्य की टीका में विष्णुमित्र ने कहा है, 'जिन ग्रंथों में वैदिक कर्मों का सांगोपांग विवेचन किया जाता है, उन्हें 'कल्प' कहते हैं।' कल्प वे सूत्रग्रंथ हैं, जिनमें वैदिक यज्ञ-भाग आदि और उपनयन-विवाह आदि कर्मों का क्रमबद्ध तरीके से विवरण प्रस्तुत किया जाता है। चार सूत्र हैं—श्रौत, गृह्य, धर्म और शुल्ब।

श्रौत सूत्र में ब्राह्मण ग्रंथों में वर्णित और

श्रौत अग्नि में किए जाने वाले यज्ञ-भागों का वर्णन है। गृहसूत्र गृहस्थ से संबद्ध, सोलह संस्कारों, पंच महायज्ञ, गृहप्रवेश, पशुपालन, कृषि-कर्म आदि से संबंधित यज्ञों की विधियों का वर्णन है। सैकड़ों वर्षों बाद भी भारत में विभिन्न गृह-संस्कारों, विशेषकर विवाह आदि में एकरूपता बनी हुई है। धर्मसूत्र में वर्णाश्रम के कर्तव्यों, आचार-विचार, मान्यताओं और सामाजिक जीवन के कर्तव्य-अकर्तव्य का वर्णन है। ये आचार संहिता से संबद्ध हैं और स्मृतियों से मिलते-जुलते हैं। इनके आधार पर ही स्मृति ग्रंथों का प्रणयन हुआ है। कुछ प्रमुख धर्मसूत्रों के नाम हैं—गौतम धर्मसूत्र, बौधायन धर्मसूत्र, वासिष्ठ धर्मसूत्र और हारीत धर्मसूत्र।

शुल्ब सूत्र यज्ञवेदी आदि के निर्माण से संबद्ध हैं। शुल्ब का अर्थ है रस्सी। भूमि आदि की नाप के लिए जिस रस्सी (नापने का फीता) का प्रयोग होता था, उसके आधार पर इस शास्त्र का नाम 'शुल्ब शास्त्र' (मापशास्त्र) पड़ा। यज्ञवेदी विभिन्न प्रकार की होती है, उनकी निर्माण-विधियां इन ग्रंथों का मुख्य विषय है। इस प्रकार चारों प्रकार के सूत्र-ग्रंथों में वैदिक कर्मों से संबद्ध विविध विषय विवेचित हैं।

3. ज्योतिष : ज्योतिष का अर्थ है ज्योतिर्विज्ञान। सूर्य, चंद्र, ग्रह, नक्षत्र आदि आकाशीय पदार्थ ज्योतिर्मय हैं। इनका विज्ञान ज्योतिष या ज्योतिर्विज्ञान है। आचार्य लगध ने इसे 'ज्योतिषाम् अयनम्' अर्थात नक्षत्रों आदि की गति का विवेचन करने वाला शास्त्र कहा है। इसी को दूसरा नाम दिया गया है—कालज्ञान शास्त्र। वस्तुतः ज्योतिष में कालविज्ञान और ज्योतिर्विज्ञान, दोनों का समन्वय होता है।

वेदों के लिए ज्योतिष का महत्व निर्विवाद है। शुभ मुहूर्त में यज्ञ-संपादन के लिए इसकी आवश्यकता है। वैदिक भागों के लिए तिथि, नक्षत्र, पक्ष, मास, ऋतु तथा संवत्सर का सूक्ष्म विधान है। वैदिक ज्योतिष में सूर्य, चंद्र, ग्रह-नक्षत्रों की गति का निरीक्षण, परीक्षण और विवेचन किया जाता है। इसमें सौर और चान्द्र मासों की गणना भी होती है। यज्ञीय कार्यों के लिए चान्द्र मास को मुख्य माना जाता है।

ज्योतिष विषयक एक ही प्राचीन ग्रंथ उपलब्ध होता है। वह है—महर्षि लगध का 'वेदांग ज्योतिष'। यह ग्रंथ दो भागों में मिलता है और दो वेदों से संबद्ध है। एक का नाम है 'आर्च ज्योतिष' जो ऋग्वेद से संबद्ध है। इसमें 36 श्लोक हैं। दूसरा है 'याजुष ज्योतिष' जो यजुर्वेद से संबद्ध है और इसमें 43 श्लोक हैं। दोनों भागों में कहा गया है कि यह ग्रंथ यज्ञकार्य के लिए शुभ मुहूर्त आदि का ज्ञान कराने के लिए लिखा गया है।

4. निरुक्त : निरुक्त का अर्थ है निर्वचन, व्युत्पत्ति। शब्द के मूल रूप का ज्ञान कराना, शब्द में प्रकृति-प्रत्यय का स्पष्टीकरण, धात्वर्थ और प्रत्ययार्थ का विशुद्धीकरण, समानार्थक और नानार्थक शब्दों का विवेचन आदि कार्य निरुक्त का है। इसे शब्द—व्युत्पत्तिशास्त्र भी कहा जाता है। निरुक्त का उद्देश्य शब्दों के अर्थ की गवेषणा है। इसलिए इसमें शब्द के मूल का ज्ञान कराया जाता है। निरुक्त शास्त्र में अर्थविज्ञान (सिमेंटिक्स) की कई शाखाओं का समावेश माना जा सकता है।

वेदांग का महत्वपूर्ण ग्रंथ निरुक्त आज उपलब्ध है, जिसके रचयिता यास्क हैं। निरुक्त के व्याख्याकार दुर्गाचार्य ने 'निरुक्तं चतुर्दश प्रभेदम्' (1.13) कहा है। यास्क सहित 14 निरुक्तकार हुए थे। 12 आचार्यों का उल्लेख यास्क ने स्वयं अपने निरुक्त में किया है।

यास्क-कृत निरुक्त ग्रंथ वस्तुतः 'निघण्टु' की टीका है। 'निघण्टु' वैदिक शब्दकोश है, जिसमें पांच अध्याय हैं और संग्रहीत शब्दों की संख्या 1,768 है। यास्क के निरुक्त में 12 अध्याय हैं। अंत में परिशिष्ट के रूप में दो अध्याय और हैं। निरुक्त में पदों का विवेचन है, जिनमें देवतावाचक पद भी लिये गए हैं। देवता-विवेचन निरुक्त का विशिष्ट प्रतिपाद्य है। एकार्थक शब्दों के संग्रह और व्युत्पत्ति द्वारा यास्क ने वेदव्याख्या की एक विशेष प्रणाली का प्रवर्तन

किया। इसलिए वेदानुशीलन के संदर्भ में निरुक्त एक दीपक के समान है।

5. शिक्षा : शिक्षा-ग्रंथों का उद्देश्य है वर्णोच्चारण की शिक्षा देना। किस वर्ण का किस स्थान से उच्चारण किया जाता है, उसमें कितना प्रयत्न लगता है, उसका विभाजन किस रूप में होता है, कितने स्थान और प्रयत्न हैं, स्वर कितने हैं, किस प्रकार का उच्चारण किस प्रकार किया जाता है इत्यादि विषयों का विश्लेषण मुख्यतः शिक्षा-ग्रंथों का विषय है। वेदाध्ययन में शुद्ध उच्चारण पर बहुत बल दिया जाता है। शिक्षा वेदांग मुख्य रूप से शब्दों और मंत्रों के शुद्ध उच्चारण की शिक्षा देता है। पाणिनीय शिक्षा में कहा गया है कि बिल्ली जिस प्रकार अपने बच्चों को दांत से पकड़ती है, न तो बच्चे गिरते हैं और न उन्हें दांत गड़ते हैं, उसी प्रकार संतुलन बनाए रखकर अक्षरों का उच्चारण करना चाहिए।

उपलब्ध शिक्षा ग्रंथों की संख्या 34 है। पाणिनीय शिक्षा में मंत्रों के पाठकर्ता के गुण-दोषों का विवेचन है। कहा गया है कि मधुर ध्वनि में बोलना (माधुर्य), अक्षरों का सुस्पष्ट उच्चारण (अक्षर व्यक्ति), पदों को पृथक करके बोलना (पदच्छेद), स्वर से बोलना (सुस्वर), शांतिपूर्वक बोलना (धैर्य), लय या राग के साथ बोलना (लयसमर्थ)—ये पाठक के छह गुण हैं। पाठक के छह दोष हैं—सामान्य मंत्र को गाने के ढंग से बोलना (गीती), शीघ्रतापूर्वक बोलना (शीघ्री), बोलते समय सिर हिलाना (शिरः कम्पी), मौखिक के स्थान पर लिखा हुआ पढ़ना (लिखित पाठक), अर्थज्ञान के बिना बोलना (अनर्थज्ञ), अधूरे याद किए मंत्रों को बोलना (अल्पकण्ठ)। मंत्रों के पाठकर्ताओं को इन दोषों को दूर करना चाहिए। (32,33)

6. व्याकरण : जिस शास्त्र के द्वारा शब्दों के प्रकृति-प्रत्यय का विवेचन किया जाता है, उसे व्याकरण कहते हैं। व्याकरण का विषय शब्द की प्रकृति का अध्ययन करना है। व्याकरण को दो भागों में बांटा जा सकता है—लौकिक (संस्कृत) व्याकरण और वैदिक व्याकरण। संस्कृत व्याकरण में पाणिनि आदि आचार्य हैं और अष्टाध्यायी, महाभाष्य आदि ग्रंथ हैं। वैदिक व्याकरण में मुख्यतः प्रातिशाख्य ग्रंथ आते हैं। ब्राह्मण ग्रंथों के बाद प्रातिशाख्य ग्रंथ ही व्याकरण के प्रारंभिक और व्यवस्थित रूप हैं। यास्क ने निरुक्त में भी व्याकरण के कुछ सिद्धांतों का प्रतिपादन किया हैं। प्राचीन ग्रंथों में महेश्वर आदि सोलह वैयाकरणों का उल्लेख है। पाणिनि ने अष्टाध्यायी में आपिशालि, कश्यप आदि दस वैयाकरणों का उल्लेख किया है। पाणिनि का व्याकरण मुख्यतः लौकिक संस्कृत का व्याकरण है, पर वह वेदपरक व्याकरण का भी विवेचन करता है। इसमें लगभग पांच सौ सूत्र वैदिक व्याकरण के हैं।

कात्यायन और पतंजलि ने व्याकरण के पांच प्रयोजन बताए हैं—रक्षा, ऊह, आगम, लघु और असंदेह। रक्षा का अर्थ है कि वेदों की रक्षा के लिए व्याकरण है। पाणिनीय शिक्षा में व्याकरण को वेदपुरुष का मुख बताया गया है। जिस प्रकार व्यक्ति का मुख सौंदर्य, भावाभिव्यक्ति और गौरव का प्रतीक है, उसी प्रकार व्याकरणशास्त्र शब्द-साधुता, प्रकृति-प्रत्यय, विवेचन और शब्दार्थ ज्ञान का साधन है। व्याकरण का दार्शनिक महत्व भी स्वीकार्य है, जहाँ पतंजलि महाभाष्यकार ने शब्दब्रह्म की परिकल्पना की है।

अनुक्रमणियां : उक्त छह वेदांगों के अलावा वैदिक वाङ्मय के अंतिम भाग में कुछ अनुक्रमणियां भी उल्लिखित की जाती हैं जो वेदों से संवर्द्धित हैं। इनमें देवताओं, छंदों, विषयों आदि की विस्तृत सूचियां हैं। सभी वेदों की अपनी अनुक्रमणियां हैं। शौनक विरचित 'बृहद्देवता' अनुक्रमणी साहित्य का विशिष्ट ग्रंथ है। कात्यायन की सर्वानुक्रमणी ऋग्वेद के समस्त विषयों का ज्ञान करने वाला प्रामाणिक ग्रंथ है। ऋग्वेद से संबद्ध शौनक की आर्षानुक्रमणी ऋग्वेद के ऋषियों, देवताओं, छंदों आदि के ज्ञान में सहायक है। स्पष्ट है कि वेदों के अति गहन एवं विपुल अवगाहन के लिए तैयार किया गया वेदांग साहित्य बहुत विस्तृत और अनेक ग्रंथों का आधार है।

शशि तिवारी

अधिक जानकारी के लिए :

1. संस्कृत साहित्य का बृहद इतिहास, वेदांग खंड : (सं.) बलदेव उपाध्याय, 1997, **2. वैदिक साहित्य और संस्कृति का स्वरूप :** ओमप्रकाश पांडेय, 1984, **3. वैदिक साहित्य एवं संस्कृति :** कपिलदेव द्विवेदी, 2000

वेदांत दर्शन

वेद के अंतिम भाग को वेदांत कहा जाता है। इसका जोर आत्मा और परमात्मा की अखंडता पर है। इसे वेदों का सार और उत्तर मीमांसा भी कहा गया है। यह दर्शन वेदों के अंतिम चरण उपनिषदों पर आधारित है और भारतीय दर्शन का वह रूप है जो सबसे अधिक लोकग्राह्य हुआ। उसका एक छोर यदि बादरायण (300 ईसा पूर्व) है तो दूसरा विवेकानंद (1863-1902)। बीच में शंकर, रामानुज और रामानंद ने अपने-अपने काल में उसे ऐतिहासिक मोड़ दिया। इस तरह वैदिक दर्शनों में वेदांत ही अंततः भारतीय मानस पर छा सका। बाकी दर्शन पीछे छूट गए, गौण हो गए या इसी में मिश्रित हो गए।

वेदांत का मुख्य कथन है कि ईश्वर एक ही है, दो नहीं है और ईश्वर के हिस्से नहीं हो सकते– 'एकमेवाद्वितीयम्'। वेदांत की विभिन्न व्याख्याओं के अनुसार कई संप्रदाय बने, पर आम धारणा में इसे 'अद्वैत' कहा जाता है अर्थात परमात्मा और आत्मा में कोई भेद नहीं है। दूसरे दर्शन जड़ और चेतन से जगत की उत्पत्ति मानते हैं। जड़ को कोई परमाणु कहता है और कोई प्रकृति। जड़ जगत की उत्पत्ति का उपादान है और चेतन निमित्ति है, वेदांत ऐसा कोई भेद नहीं करता। वह एक ही तत्व मानता है ब्रह्म, जो जगन्नियंता ईश्वर है। वेदांत के तीन युग माने जाते रहे हैं। ऋषि-मुनियों का उपनिषद् युग, बादरायण के ब्रह्मसूत्र का युग और शंकर का युग। बाद के युगों में रामानुजाचार्य-रामानंद का युग और विवेकानंद का नया युग भी जोड़ा जा सकता है।

वेदांत एक आदर्शवादी दर्शन के रूप में भारतीय समाज की जटिल प्रकृति के अधिक अनुकूल साबित हुआ। वह अनेक धाराओं में फैला। दूसरे धर्मों और दर्शनों से घुलने-मिलने के कारण इसके किसी एक रूप को अंतिम और शुद्ध नहीं कहा जा सकता। इसलिए जितना रोचक यह सवाल है कि भौतिक जगत की वास्तविकता और परिवर्तनशीलता का प्रवर्तन करने वाले दर्शन काल की रफ्तार में कैसे पिछड़ गए, यह जानना भी कम रोचक नहीं है कि वेदांत ने भौतिकवाद की धारणा के बिना अपनी सीमा में भारतीय सामाजिक परिवर्तन की आंतरिक आकांक्षाओं को कैसे पहचाना, धर्मनिरपेक्षता का रास्ता कैसे साफ किया और सामाजिक रूढ़ियों को कैसे तोड़ा।

कई ने वेदांत को एक भूल-भुलैया माना है, जिसमें फंसने के बाद जनता का ध्यान जीवन की वास्तविक समस्याओं की ओर नहीं जा पाता। उनका आरोप है कि वेदांत ने स्मृतियों का पक्ष लेकर शूद्रों को पहले जैसी अपमानजनक दशा में रखा और बौद्धों के जातिविहीन समाज के सारे प्रयासों पर पानी फेर दिया। वेदांत ने आस्था के आगे तर्क की धज्जियां उड़ा दीं और रहस्यवाद को मजबूत किया। वेदांत शोषक वर्ग का जड़ और भ्रामक आदर्शवादी दर्शन है, जिसने अनीश्वरवादी भौतिकवादी दार्शनिक विकास को कुंठित किया। वेदांत पर ये कुछ परंपरागत आरोप हैं। फिर भी लगभग दो हजार सालों से भारतीय समाज के सांस्कृतिक विकास को समझना हो तो वेदांत के प्रति एक नए रुख की जरूरत है।

वेदांत के पहले प्रवक्ता बादरायण ने ब्रह्म की जिज्ञासा से अपनी चर्चा शुरू की थी और उपनिषदों के अंतर्विरोधों का समाधान करना चाहा था। इसलिए उनके वेदांत सूत्र के पहले अध्याय का नाम है 'समन्वय'। सिकंदर के आक्रमण के बाद यह मौर्य साम्राज्य के विस्तार का युग था। भारतीय दर्शन में यह पहला अवसर था, जब ईश्वर से मनुष्य के रिश्ते को पहचानने के लिए समन्वय को इतनी प्रमुखता दी गई। इसकी जरूरत क्यों पड़ी, इस पर सोचना चाहिए। 300 ईसा पूर्व में जातिवाद और कर्मकांड पर बौद्धों का तीक्ष्ण तर्क-प्रहार शुरू हो चुका था। दूसरी ओर

युद्ध के अलावा दुख, अंतर्कलह, भोग-विलास और सामाजिक भेदभाव बढ़ता जा रहा था। इस जमाने में यथार्थ का बहुत दबाव था। इसलिए बादरायण का वेदांत इस जगत के यथार्थ को स्वीकार करता है और परवर्ती वेदांतियों की भांति उसे भ्रांति घोषित नहीं करता। उपनिषदों में भी आत्मा की परम सत्ता की धारणा के बावजूद, अधिकांश में संसार की सच्चाई और कर्म का निषेध नहीं है। ईशावास्योपनिषद् की शुरुआत ही इस कथन से हुई थी, 'भोग करो तो त्याग के साथ।' इसलिए बादरायण अपने वेदांत सूत्र में यदि संसार के यथार्थ पर बल देते हुए कहते हैं, 'प्रत्यक्ष है, अतः अयथार्थ नहीं है,' तो यह वेदांत की परंपरा का एक जरूरी तत्व है, भले इसे ठुकराकर शंकर कहें, 'ब्रह्म ही सत्य है, जगत मिथ्या है'।

वेदांत के पहले दौर की एक हजार साल की परंपरा में निश्चय ही कोई उदाहरण नहीं है, जिसे सामने रखकर कहा जाए कि अद्वैतवाद केवल आध्यात्मिक धारणा ही नहीं, एक सामाजिक धारणा भी है और इसने वर्ण-व्यवस्था का विरोध करके सामाजिक स्तर पर भी अद्वैत या अभिन्नता स्थापित की। बादरायण ब्रह्मज्ञान का अधिकार शूद्र को नहीं देते। शंकर भी 'मनुस्मृति' के दबाव के कारण भिन्न रास्ता नहीं चुनते। उनके वेदांती गुरु गौड़पाद बौद्ध दर्शन के शून्यवाद से प्रभावित थे, पर उसके जातिध्वंसक तत्वों के निकट नहीं जाते। शंकर यह अहसास जरूर करते हैं कि वर्णाश्रम-व्यवस्था ह्रासोन्मुख हो गई है। निःसंदेह वह दक्षिण के वर्णभेद से मुक्त आलवारों के भक्ति आंदोलन से अपरिचित नहीं रहे होंगे। उसके प्रभाव के कारण शंकर शूद्र के लिए ज्ञान और संन्यास का मार्ग बंद करना नहीं चाहते, लेकिन धार्मिक कट्टरतावाद के रास्ते पर चलते हुए, वैदिक अध्ययन के विषय में कहते हैं कि शूद्रों को वेदों का अध्ययन करने योग्य नहीं मानना चाहिए, भले वे पूरे स्वस्थ हों और विद्या के अभिलाषी हों। शंकर को शूद्रों के वेद-अध्ययन के अधिकार पर अपनी राय देनी पड़ती है तो 'मनुस्मृति' की ओर बेतहाशा गिरते हैं। दूसरी ओर, द्विजों के लिए व्यावहारिक रास्ता निकालने में वे पीछे नहीं हट ते। इन्हें रियायत देते हुए वे कहना चाहते हैं कि द्विज जब तक यह ज्ञान हासिल नहीं कर लें कि आत्मा और ब्रह्म में कोई द्वैत भाव नहीं है और मायावाद से वे मुक्त न हो जाएं, तब तक सामान्य गृहस्थ जीवन में मजे से सुखभोग कर सकते हैं। फिर भी जीवन का मुख्य लक्ष्य होना चाहिए—माया को जानना और अद्वैत का ज्ञान।

शंकर का दर्शन विशिष्टवर्गी धर्माचार्यों के लिए था। वे कर्मकांड की जगह ब्रह्मज्ञान के पक्षधर थे, निवृत्तमार्गी थे। हम कह सकते हैं कि वे ज्ञान के लिए ज्ञान के पक्षधर थे। 'गीता' के ज्ञान, कर्म और भक्ति में से उन्होंने ज्ञान को ही वरीयता दी। ज्ञान से ही माया के बंधन छूट सकते हैं और परलोक सुधर सकता है। हालांकि शंकर ने संन्यासी का व्रत धारण करने के बावजूद अपनी मां की अंत्येष्टि की, जिससे उन्हें नम्बूदिरी समाज का बहिष्कार झेलना पड़ा। एक संन्यासी के रूप में वे सांसारिक सुख और कोलाहल से दूर एक स्वतंत्र व्यक्तित्व थे। ब्रह्मज्ञान के केंद्र के रूप में उन्होंने शृंगेरी, पुरी, बदरीनाथ और द्वारका में मठ बनाए। बाद के शंकराचार्यों ने भी वर्ण-व्यवस्था संबंधी धारणा में सुधार नहीं किया। 1980 में पुरी के शंकराचार्य ने फिर घोषित किया था, 'जो जाति-पांति को न माने, वह हिंदू नहीं है।'

शंकर का लक्ष्य सुख नहीं, दुख से छुटकारा था और मनुष्य की आत्महीनता का निराकरण था। इसलिए उन्होंने एक ओर तो कर्मकांड, बौद्धों के शून्यवाद और धार्मिक कलह से त्रस्त समाज को अखंड मानवीय आत्मा के आध्यात्मिक उत्थान का संदेश दिया, ताकि दुख से छुटकारे का रास्ता मिले। उन्होंने परस्पर विरोधी संप्रदायों में अंतर्निहित सत्य को पहचाना और कहा कि विरोधों से भरे जगत में सत्य वही है, जो परस्पर विरोध से मुक्त है। दूसरी ओर, उनके अद्वैत वेदांत ने मनुष्य को अकिंचनता और तुच्छताबोध से उबारने के लिए 'अहं ब्रह्मास्मि' का मंत्र दिया। जीव और ब्रह्म दो नहीं हैं, यही अद्वैत है। अद्वैत वेदांत का सार यही है कि तुम और मैं

और विश्व की हर वस्तु ब्रह्म है और कोई अंश पृथक नहीं है, बल्कि सृष्टि के सभी अंशों में गरिमा के अलावा एकता, साम्य और पूर्णता भी है। शंकर ने 'गीता' से अर्जुन का निष्क्रिय अकिंचनताबोध नहीं लिया, उससे निर्दोष ज्ञान-मार्ग चुना।

शंकर ने 'तत्वमसि' कहकर संप्रदायवाद का खंडन किया। उन्होंने आत्माओं की एकता और श्रेष्ठता का प्रवर्तन किया। वेदांत में ईश्वर की एक नई धारणा थी, भले इसका तार्किक विकास शंकर के युग में नहीं हो पाया। ईश्वर की इसी धारणा ने संसार में सबसे पहले हिंदुओं को धर्मनिरपेक्ष बनाया। भारत में शक, हूण, यवन, पारसी, तुर्क, अंग्रेज सभी बसे। हिंदुओं ने सांस्कृतिक भिन्नताओं के बावजूद, उन सभी के साथ एकता और समता का अनुभव किया। मनुष्य के स्तर पर उन्हें कभी शत्रु नहीं माना। इन्हीं संस्कारों के कारण गांवों में रहने वाले भारत के आम लोगों ने कभी धार्मिक हिंसा नहीं की। बाहर के दूसरे देशों पर हमला या साम्राज्यवाद का स्वप्न यहां नहीं देखा गया। अपने घर में शांति और आनंद से रहें, जीवन का यही लक्ष्य हर युग में प्रधान था। यही वैचारिक तत्व गीता में भी है—'समं पश्यन्हि सर्वत्र समवस्थितमीश्वरम्। न हिंस्यात्मनात्मानं ततो याति परां गतिम्।' अर्थात एक ही ईश्वर को समान भाव से सबमें देखो और आत्मा से आत्मा की हिंसा न करो, तभी परम गति या उच्च स्थान प्राप्त करोगे। चारों तरफ भेदभाव, हिंसा, स्वार्थपरता, विलासिता, दुख, मृत्यु तथा सामाजिक विविधता थी। वेदांत ने कहा कि यह सब माया, भ्रांति या प्रपंच है। जब भौतिक स्तर पर एकता, साम्य और पूर्णता संभव नहीं थी, वेदांत ने आध्यात्मिक स्तर पर उसका आदर्शवादी कल्पलोक रचा।

शंकर ने अपने आदर्शवाद को चरम उत्कर्ष प्रदान करने के लिए वैदिक परंपरा में महायानी बौद्ध परंपरा के 'सत्यद्वय' और 'निष्प्रपंच अद्वय' के दार्शनिक तत्व मिश्रित किए। यह भारतीय परंपरा की एक खास प्रकृति उजागर करती है। भारतीय परंपरा में नैरंतर्य ही यथार्थ नहीं है, अंतर्मिश्रण और परिवर्तन भी यथार्थ है। इसलिए बौद्धों में कई प्रच्छन्न वेदांती और वेदांतियों में कई प्रच्छन्न बौद्ध हुए।

वेदांत का प्रभावकाल विस्तृत है। शंकर ने अपनी विशिष्टवर्गी मानसिकता के कारण ब्रह्मविद्या पर शूद्रों का अधिकार नहीं माना। उन्होंने अपना निषेध केवल वेद-श्रवण या पाठ तक सीमित रखा। वेद के अलावा पुराणों में भी तत्वोपदेश हैं। शंकर ने इन पर सभी वर्णों का, शूद्रों का भी अधिकार माना। यहां तक कि घूम-घूमकर विभिन्न पौराणिक देवताओं विष्णु, शिव, शक्ति का प्रचार किया। इन पर छंदों की रचना की। सनातन धर्म उच्चतर वैदिक दर्शनों की चेतना से विच्छिन्न होकर पंचमकारी वामाचार, तंत्र-मंत्र, भैरव के लिए नरबलि, कुत्ते के रूप में प्रचलित शिव की भ्रष्ट पूजा, मानव शरीर को विष्णु के चिह्नों (शंख, चक्र, गदा, पद्म) से दागने की प्रथा तथा अन्य कई तरह की निम्न सांप्रदायिक उपासना-पद्धतियों में बहुविभाजित होकर ह्रासोन्मुख था। जैन धर्म अपने उच्चतर दर्शन और तप के बल पर बढ़ रहा था, पर वह अनीश्वरवादी था। शंकर ने इन मतवादों को पराजित करने तथा जनता को अद्वैत वेदांत की परंपरा से पुनः जोड़ने के लिए शास्त्रार्थ किए।

निश्चय ही शंकर ने अपने समाज की सभी निम्नतर प्रवृत्तियों से संघर्ष नहीं किया और सभी उच्चतर प्रवृत्तियों से सामंजस्य नहीं किया। फिर भी धर्म और अध्यात्म के क्षेत्र में उनकी भूमिका ऐतिहासिक महत्व की है। उन्होंने कहा, 'बहुत-से व्यक्ति जटाजूट बढ़ा लेते हैं, बहुत-से सिर मुंड़ा लेते हैं, बहुत से अपने केश नोचते हैं, बहुत-से गेरुआ वस्त्र धारण करते हैं अथवा अन्य रंगों के वस्त्र पहन लेते हैं, किंतु ऐसे सभी काम केवल पेट भरने के लिए हैं।' शंकर ने पौराणिक विकृतियों और पाखंडों से संघर्ष किया और साफ कहा कि धर्म को धंधा मत बनाओ।

भक्ति आंदोलन लोकोन्मुख वेदांत तथा पंथनिरपेक्ष पौराणिकता के बीच सार्थक अंतर्क्रिया का नतीजा था। अंततः जगत को मिथ्या मानने

की शंकर की धारणा और सांप्रदायिक पौराणिक संकीर्णता, दोनों को मात खानी पड़ी। 'मनुस्मृति' की वर्ण व्यवस्था तथा अंध-आर्यावर्तवाद की जंजीरें भी टूटीं। रामानुज और रामानंद ने भारतीय दर्शन की सकारात्मक आदर्शवादी परंपरा में नई जान डाली, जो वेदांत में एक नए मोड़ की सूचना है। अफसोस है कि कई भौतिकवादी दार्शनिकों ने वेदांत के इस सकारात्मक ऐतिहासिक विकास को महत्व नहीं दिया, क्योंकि इसमें ईश्वर मौजूद था। मार्क्स ने कहा था कि धर्म एक काल्पनिक सूर्य है और वह तब तक चक्कर लगाएगा, जब तक आदमी खुद अपने चारों तरफ चक्कर नहीं लगाने लगता—वह जब तक अपने विकासमान ऐतिहासिक अस्तित्व और लक्ष्य को पूरा जान नहीं लेता, अपना वास्तविक सूर्य पा नहीं जाता।

रामानुज (ग्यारवीं सदी) के जमाने में सूर्य भगवान का रूप था। रामानुज ने डंके की चोट पर घोषित किया, 'सर्वोपरि मैं एक यथार्थ सत्ता हूँ'। उन्होंने शंकर के विपरीत, बादरायण की परंपरा को पुनर्जीवित करते हुए जगत को यथार्थ माना। जीवात्मा और ब्रह्म को भी यथार्थ मानते हुए इन तीनों को अभिन्न बताया। अद्वैत वेदांत में रामानुजाचार्य द्वारा लाए गए ऐतिहासिक मोड़ का यह पहला बिंदु है। बहुलता को मानते हुए अद्वैत की खोज रामानुज का लक्ष्य था। वे कहते हैं, 'चांदी और सीप दो वस्तुएं हैं, किसी में किन्हीं तत्वों की कमी है तो किसी में दूसरे तत्वों की। इसके बावजूद, चांदी के कुछ तत्व सीप में विद्यमान हैं। समानता के अंश दोनों की आंशिक एकता के द्योतक हैं।' दार्शनिक राधाकृष्णन उनका तर्क काटते हुए कहते हैं कि हम भूल से सीप के एक टुकड़े को चांदी समझ बैठते हैं, क्योंकि कुछ समान लक्षणों को तो देखते हैं, पर कुछ दूसरे लक्षणों को देखना छोड़ देते हैं। रामानुज का दर्शन महज तर्कवाद नहीं था, वह एक बौद्धिक-सामाजिक पुनर्निर्माण था। रामानुज ने शंकर के मायावाद का खंडन किया, पर वे इतने पर नहीं रुके। उन्होंने कर्मकांड और विधि-विधान का भी विरोध किया। वे यहां भी नहीं रुके, क्योंकि यह काम भी कई पूर्व दार्शनिकों ने किया था। उन्होंने पौराणिक कथाओं को भी अधिक महत्व नहीं दिया। वे दार्शनिक स्तर पर कार्य-कारण सिद्धांत का समर्थन करने लगे, 'अवस्थांतरापत्तिरेव हि कार्यता'। फिर भी उनका मुख्य योगदान कुछ और है। वे आलवारों के भक्ति आंदोलन की पृष्ठभूमि और भारतीय बहुलतावादी परिदृश्य में एक नए अद्वैत की प्रतिष्ठा चाहते थे, ताकि लंबे समय से चल रहे हिंसक सांप्रदायिक संघर्ष खत्म हों। वे अद्वैत वेदांत की विशिष्टवर्गी व्याख्या को, जिसके कारण शंकर कुछ समय के लिए आधुनिक चिंतकों में खूब लोकप्रिय हो गए थे, एक लोकवादी-जातीयतावादी मोड़ देना चाहते थे। रामानुजाचार्य के भक्ति के दर्शन ने शंकराचार्य का धर्मशास्त्रीय भविष्य अंधकार में डाल दिया। रामानुजाचार्य का 'विशिष्टाद्वैत' वस्तुतः 'लोकाद्वैत' था। वह लोक के बहुत्व में एकत्व की, भेद में अभेद की एक नई आध्यात्मिक धारणा है। निःसंदेह यह एक काल्पनिक सूर्य ही है, पर उस युग का यही मार्गदर्शक है।

रामानुज के दर्शन में सबसे ऊंचा स्थान भक्ति का है। जो भक्ति नायनार और आलवार लोकगायकों तक सीमित थी, उसे रामानुजाचार्य ने ही पहली बार शास्त्रीय ऊंचाई दी और भक्ति-परंपरा की सार्वभौम महत्ता घोषित की। भक्ति के दो रूप माने जाते हैं, वैधी (औपचारिक) और मुख्य (श्रेष्ठ)। वैधी भक्ति में भक्त प्रार्थना, धर्मानुष्ठान और देवोपासना तक सीमित रहता है, जबकि श्रेष्ठ भक्ति ईश्वर के प्रति शरणागत भाव है। रामानुज ने शरणागत भाव वाली श्रेष्ठ भक्ति का पक्ष लिया। अद्वैत वेदांत में उनके द्वारा लाया गया यह दूसरा ऐतिहासिक मोड़ है। हिंदू धर्म का एक खास लक्षण है कि औपचारिक प्रार्थना, धर्मानुष्ठान और मंदिर-भ्रमण के बिना भी कोई हिंदू अपने को पूरा हिंदू समझता है, क्योंकि उसके मन में भक्ति होती है। वैधी भक्ति अकसर किसी-न-किसी भय या लालसा से प्रेरित होती है और पाखंड भरी होती है। शास्त्रीय ज्ञान और कर्मकांड के उद्देश्य भी सीमित होते हैं। दोनों निम्न-धार्मिक रूप हैं।

अद्वैत वेदांत में रामानुज द्वारा लाया गया तीसरा

मोड़ ऐतिहासिक महत्व का है। अपने में अलग, स्पष्ट और परिमित जीवात्मा अपरिमित ईश्वर से बिना किसी सामाजिक बाधा के एकाकार हो सके, इसके लिए उन्होंने जातिवाद की जंजीर तोड़ दी। आलवार वैष्णवों ने जो काम लोक-चेतना के स्तर पर किया, उस पर रामानुजाचार्य ने शास्त्र की मुहर लगा दी। उन्होंने सैद्धांतिक व्यवस्था दी कि ईश्वर से प्रेम करने वालों में कोई भेद नहीं करना चाहिए। उन्होंने समता का प्रचार किया और निम्न जाति के परिया लोगों को मेलकोट मंदिर में प्रवेश कराया। उनके विचारों का जनता पर व्यापक प्रभाव पड़ा। इस तरह शंकर से लगभग ढाई सौ सालों बाद वेदांत 'मनुस्मृति' के कठोर शिकंजे से मुक्त हो गया। भक्ति का मार्ग अब सबके लिए खुला था—विद्वान हो या अनपढ़, अमीर हो या गरीब, ऊंची जाति का हो या नीची जाति का। इसी क्रम में आगे चलकर एक दूसरा महत्वपूर्ण परिवर्तन यह आया कि ईश्वर को घरेलू पिता, मां, शिशु और प्रेमी के रूप में भी देखा जाने लगा—आत्मीयता का रिश्ता घनीभूत हुआ। बंगाल के वैष्णव संप्रदाय ने तो ईश्वर के प्रेममय रूप पर अपना समूचा हृदय न्योछावर कर दिया। चैतन्य महाप्रभु ने सबको गले लगाया। भक्ति में लीन मनुष्य के लिए धर्मशास्त्र और पुरोहितों की कोई जरूरत नहीं रह गई। रामानुज ने कहा, 'अत्यंत भक्ति युक्तानां नैव शास्त्रं न च क्रमः'। धर्मशास्त्र की परंपरा से आकर भी रामानुज ने परंपरागत धर्मशास्त्रियों और पुरोहितों की खटिया खड़ा कर दी।

रामानुज की शिष्य-परंपरा में थे रामानंद (चौदहवीं सदी)। उन्होंने भक्ति को मानवता की मुक्ति के लिए व्यापक जातीय आंदोलन का रूप दे दिया। रामानुज ने एक दीवार रख छोड़ी थी कि ऊंची और नीची जाति के लोग भजन तो एक साथ करेंगे, पर भोजन अलग-अलग। रामानंद ने यह दीवार भी तोड़ दी। लगभग छह सौ साल पहले रामानंद ने एक पवित्र क्रांति-सी ला दी थी। वह भक्ति लेकर दक्षिण से उत्तर आए। मुसलमान तब तक भारतीय समाज का अंग बन चुके थे। उन्होंने कहा, 'जात-पांत पूछे नहिं कोई, हरि को भजे सो हरि का होई'। उन्होंने भजन के अलावा साथ-साथ भोजन की परंपरा शुरू की। कृष्ण ने विदुर के घर भोजन किया था, भारतीय जनता की यह महाभारतकालीन मिथकीय आकांक्षा रामानंद के युग में आकर यथार्थ में परिणत हुई। फिर भी आकांक्षा और यथार्थ के बीच की दूरी सामाजिक स्तर पर पूरी तरह खत्म नहीं हो पाई।

रामानंद के शिष्य कबीर हुए। इनके अलावा ब्राह्मण, राजपूत, चमार, नाई तथा एक स्त्री सहित लगभग बारह व्यक्तियों को इनके शिष्यों में गिना जाता है। इन भक्तों ने बहुत लड़ाई की और भारतीय हृदय के टूटे-बिखरे हिस्सों को जोड़ने की कोशिश की। गौर करने की बात है कि भारतीय समाज में बौद्धिक विकास की गति इतनी धीमी थी कि दो-दो, ढाई-ढाई सौ सालों बाद कभी-कभार कोई नई चेतना उभरी—कोई नया दार्शनिक, महात्मा, संत या सुधारक आया। कितनी मुश्किल से वे आते थे, समाज को नई दिशा देते थे और जब चले जाते थे, फिर वैसा ही अंधेरा छा जाता था—दो-दो, ढाई-ढाई सौ सालों तक छाया रहता था। लुटेरे, मक्कार और पाखंडी पुनः समाज पर हावी हो जाते थे। फिर भी राष्ट्रव्यापी भक्ति आंदोलन में एक अनोखी एकता और निरंतरता थी।

दार्शनिक स्तर पर रामानुज, रामानंद, मध्व, बल्लभ, निंबार्क ने आपस में थोड़ी-बहुत भिन्नता रखते हुए जिस वेदांत का, ईश्वर की जिस धारणा का प्रतिपादन किया और सामाजिक कुरीतियों के खिलाफ वस्तुतः धर्मयुद्ध छेड़ दिया, उस धारणा और संघर्ष को भक्त कवियों ने भावात्मक स्तर पर आगे बढ़ाया। उन्हें भौतिक-सामाजिक स्तर पर व्यापक समर्थन भले ही न मिला हो, पर उन्होंने उन्नीसवीं सदी की ऐतिहासिक उथल-पुथल की जमीन बना दी थी।

शंभुनाथ

अधिक जानकारी के लिए :
1. **Indian Philosophy :** Dr. S. Radhakrishanan, (Part-1&2), **2. A History of Indian Philosophy :** Surendranath Dasgupta, 1955

वेबदुनिया

इंदौर के समाचार पत्र घराने 'नई दुनिया' (अब 'जागरण' समूह द्वारा अधिग्रहीत) से ताल्लुक रखने वाले विनय छजलानी ने सन 2000 में वेबदुनिया की शुरुआत की थी। इसे भारत का पहला भाषायी इंटरनेट पोर्टल माना जाता है, जो नौ भाषाओं में विषयवस्तु (कंटेंट) और सेवाएं उपलब्ध कराता है। वेबदुनिया ने इस धारणा को गलत सिद्ध कर दिया कि भारतीय भाषाओं के पोर्टल व्यावसायिक रूप से सफल नहीं हो सकते। उसने न सिर्फ विज्ञापनों से बल्कि विभिन्न तकनीकी कंपनियों को दी गई तकनीकी सेवाओं से भी अच्छा राजस्व अर्जित किया और आज वह भारत की सबसे सफल भाषायी इंटरनेट कंपनी है।

वेबदुनिया का पोर्टल मूल रूप से समाचार-विचार आधारित है लेकिन उसने खोज, ई-पत्र, ब्लॉग, मोबाइल आदि क्षेत्रों में भी उल्लेखनीय सेवाएं मुहैया कराई हैं। कई महत्वपूर्ण भाषायी कंप्यूटर अनुप्रयोगों के विकास में भी वेबदुनिया का योगदान है, जिनमें माइक्रोसॉफ्ट की तरफ से जारी किए गए उत्पाद शामिल हैं। वेबदुनिया के मौजूदा संपादक हैं–जयदीप कर्णिक।

वेबदुनिया ने बड़ी संख्या में हिंदी फॉन्टों में टाइप किए गए पाठ के दूसरे फॉन्ट में रूपांतरण की ऑनलाइन सुविधा भी दी है। हालांकि यह टीटीएफ फॉन्टों की सामग्री को सिर्फ यूनिकोड में बदलता है, यूनिकोड फॉन्टों की सामग्री को पुराने फॉरमैट में नहीं बदलता। वेबसाइट : http://www.webdunia.com

बालेंदु शर्मा दाधीच

वेमना
(1652-1730)

तेलुगु के ख्यातिलब्ध कवि वेमना का पूरा नाम है गोन वेमा बुद्ध रेड्डी। वह कोंडाबीडु (आंध्र प्रदेश) के राजा गड्डम के तीसरे बेटे थे। उनका स्थान हिंदी के कबीर जैसा है। वे विद्रोही स्वभाव के निर्भीक और मस्तमौला कवि थे। वे जनकवि थे। उन्हें लोक और समाज का गहरा ज्ञान था। विभिन्न स्थानों का भ्रमण करने के कारण उन्होंने सामाजिक कुरीतियों और बुराइयों को करीब से देखा था। जनसाधारण में उनकी व्यापक लोकप्रियता आज भी है। उन्होंने सीधे, सरल शब्दों में अपनी बात कही। वे केवल कवि नहीं थे, समाज-सुधारक भी थे। उन्होंने जाति-प्रथा और धर्म की संकीर्णताओं का विरोध किया।

कुछ लोगों के अनुसार वेमना वीरशैव मतानुयायी थे, हालांकि उन्होंने कभी अपने को किसी संप्रदाय से नहीं जोड़ा। वेमना की रचनाओं को एक विदेशी विद्वान सी पी ब्राउन ने 1829 में संकलित करके संपादित किया था। उनकी रचनाओं की संख्या 2,500 के करीब बताई जाती है।

वेमना के अनुसार परमात्मा एक है, साधना पद्धतियां भले भिन्न हों और भक्ति द्वारा निर्गुण-निराकार परमात्मा की प्राप्ति संभव है। वे अंधविश्वासों और कर्मकांड के विरोधी थे। लग्न, मुहूर्त आदि में विश्वास न था। उनकी दृष्टि में नदी में स्नान से मोक्ष असंभव है। उन्होंने दिखावे और पाखंड की आलोचना की। उनकी पंक्तियां हैं, 'सिर्फ वेशभूषा और बानी बदल लेने, गेरुआ कपड़ा पहनने से मुक्ति नहीं मिलती और न मुंडन से कोई संन्यासी होता है। उनकी दृष्टि में आत्मशुद्धि आवश्यक है।

वेमना

मन की पवित्रता, आचरण एवं कर्म की पवित्रता ही मुक्ति का कार्य है। मन की पवित्रता के बिना उपासना व्यर्थ है। भक्ति में पाखंड या कर्मकांड के लिए कोई गुंजाइश नहीं है। कर्मकांड भक्ति नहीं है। वेमना जुझारू व्यक्तित्व के कवि थे। उन्होंने एक संघर्ष भरा जीवन जिया और जीवन के अंत तक समाजोद्धार के कार्यों में लगे रहे।

श्रीनिवास शर्मा

अधिक जानकारी के लिए :
वेमना : वेंकटेश्वर राव

वैकल्पिक आधुनिकता

अकादमिक जगत में वैकल्पिक आधुनिकता की चर्चा 1998 में प्रकाशित अमेरिकी पत्रिका 'डेडलस' के विशेषांक से आरंभ होती है। आधुनिकता को सिर्फ यूरोप-केंद्रित परिघटना मानने से इनकार किया गया और दिखाया गया कि आधुनिकता एक विश्वव्यापी परिघटना थी। इसलिए आधुनिकता को सिर्फ यूरोपीय आधुनिकता के निकष पर व्याख्यायित करना उचित नहीं है। इसी अंक में इतिहासकार संजय सुब्रह्मण्यम का एक लेख 'आवाजें सुनते हुए : दक्षिण एशिया में आधुनिकता के पदचिह्न' छपा था। इस लेख में सुब्रह्मण्यम ने लिखा था कि आधुनिकता कोई वायरस नहीं है जो पहले यूरोप में पैदा हुआ, फिर पूरे विश्व में फैल गया। असल में अलग-अलग सभ्यताएं अपने-अपने ढंग से आधुनिकता का रूप विकसित करती हैं और उनमें समानता के साथ-साथ भिन्नता की पर्याप्त गुंजाइश रहती है। इसलिए हमें यूरोप-केंद्रित आधुनिकता से बाहर निकलकर अन्य सभ्यताओं की आधुनिकता के वैशिष्ट्य का अध्ययन करना चाहिए। ऐसा करने पर ही वैश्विक आधुनिकता की समग्रता का बोध संभव है।

वैकल्पिक आधुनिकता की परंपरा पर सोच-विचार शुरू हुआ तो यह समझ में आया कि आधुनिकता से पहले का दौर ऐसा था, जब पश्चिमी आधुनिकता का वर्चस्व कायम नहीं हुआ था। इस दौर में ज्ञान-विज्ञान, व्यापार, वाणिज्य, कृषि, उद्योग और यातायात के क्षेत्र में समूची दुनिया में बड़े पैमाने पर परिवर्तन हो रहे थे। इस दौर को विद्वानों ने प्रारंभिक आधुनिकता का दौर कहा है। इस नए ढंग पर भारत का इतिहास लिखने वाले इतिहासकारों ने भारत में आरंभिक आधुनिक दौर की शुरुआत मुगलकाल से मानी है। संक्षेप में चौदहवीं सदी से अठारहवीं सदी तक का समय भारत में प्रारंभिक आधुनिकता का दौर माना जा रहा है। अभी तक यह माना जाता था कि भारत में आधुनिक युग की शुरुआत उन्नीसवीं सदी में औपनिवेशिक आधुनिकता के आगमन के साथ होती है। किंतु इस नई समझ के मुताबिक भारतीय आधुनिकता के तत्वों की पहचान मुगल काल के साथ होने वाले परिवर्तनों के आधार पर तय की जानी चाहिए। संजय सुब्रह्मण्यम ने अपने पूर्व उल्लिखित लेख में इरफान हबीब समेत तमाम ऐसे इतिहासकारों की आलोचना की है जो आधुनिकता को पूंजीवाद और भौतिक समृद्धि से अभिन्न मानते हैं। उन्होंने भौतिक समृद्धि को आधुनिकता का एकमात्र निकष मानने से इनकार किया और इस बात पर जोर दिया कि पश्चिमेतर सभ्यताओं और वहां विकसित होने वाली आधुनिकताओं को नए सिरे से देखने और उनके महत्व को रेखांकित करने की जरूरत है। विख्यात राजनीति विज्ञानी चार्ल्स ट ेलर ने अपनी पुस्तक 'सोशल इमैजिनरी' में पश्चिम' आधुनिकता के कुछ मूलभूत तत्वों का उल्लेख किया है। इसके अंतर्गत उन्होंने विवेक-केंद्रित चिंतन, सामूहिक अस्मिताओं की जकड़बंदी का शिथिल होना, वैयक्तिकता का उभार और लोकवृत्त का विकास जैसे तत्वों को शुमार किया है। इसीलिए कुछ विद्वान वैकल्पिक आधुनिकता के बजाय 'देशज आधुनिकता' पद का प्रयोग करना ज्यादा सही समझते हैं, यद्यपि इसके और वैकल्पिक आधुनिकता के निहितार्थ में कोई मूलभूत अंतर नहीं है।

इस पुस्तक के अंत में टेलर ने स्पष्ट कर दिया है कि आधुनिकता के इन लक्षणों का संबंध

पश्चिमी आधुनिकता से है। कोई जरूरी नहीं है कि गैर-पश्चिमी सभ्यताओं में भी आधुनिकता के यही लक्षण दिखाई पड़ें। इसलिए गैर-पश्चिमी सभ्यताओं की आधुनिकता के लक्षणों का अध्ययन किया जाना चाहिए। फिलहाल विद्वानों ने वैकल्पिक आधुनिकता की अवधारणा की यह कहकर आलोचना की है कि वैकल्पिक आधुनिकता पद इस्तेमाल करने से पश्चिमी आधुनिकता की केंद्रीयता बनी रहती है। गोया मूल तो पश्चिम की आधुनिकता है और बाकी उसी का विकल्प। इसलिए यह सुझाव भी दिया गया कि 'वैकल्पिक आधुनिकता' पद का इस्तेमाल करने के बजाय 'आधुनिकता का विकल्प' (अल्टरनेटिव टू मॉडर्निटी) जैसे पद का प्रयोग करना ज्यादा उचित होगा।

हरबंस मुखिया जैसे इतिहासकारों का कहना है कि भारतीय इतिहास का, पश्चिमी इतिहास के वजन पर प्राचीन, मध्य और आधुनिक काल में विभाजन ही असंगत है। भिन्न-भिन्न सभ्यताओं में विकास की संभावनाओं और व्यावहारिक परिणतियां एक जैसी नहीं होतीं। भारत के ऐतिहासिक विकासक्रम को पश्चिमी इतिहास के विकासक्रम के वजन पर प्राचीन, मध्य और आधुनिक काल में बांटकर देखना यूरोप-केंद्रित इतिहास-दृष्टि की गिरफ्त से बाहर न निकल पाने की विडंबना का सूचक है। इसलिए भारतीय इतिहास में परिवर्तन की प्रक्रिया को समझने के लिए यूरोपीय अवधारणाओं से बाहर निकलकर विचार करना होगा।

'डेडलस' पत्रिका ने दो वर्ष बाद एक और विशेषांक निकाला। इस विशेषांक में यह जानने-समझने का प्रयास किया गया कि यूरोपीय आधुनिकता का यूरोप के वर्चस्व के कारण जब दूसरे क्षेत्रों में विस्तार हुआ तो वहां इसका क्या स्वरूप बना। इस तरह के अध्ययन से यह बात सामने आई कि यूरोपीय आधुनिकता की परिणति अन्य क्षेत्रों में एक जैसी नहीं हुई। प्रायः सभी क्षेत्रों में इस आधुनिकता की शक्ल अलग-अलग दिखाई पड़ती है। इसलिए विद्वानों ने यह तर्क दिया कि यूरोपीय आधुनिकता अपने विस्तार के साथ ही विविधवर्णी हो जाती है और उसकी व्याख्या यूरोप-केंद्रित आधुनिकता के मॉडल के सहारे कर पाना मुश्किल है। इसलिए यूरोपीय मॉडल से संचालित आधुनिकता को एकवचन के बजाय बहुवचन में समझने पर जोर दिया जाने लगा। यही नहीं, इस दौरान यह भी समझ में आया कि स्वयं यूरोप के अलग-अलग देशों में आधुनिकता की उत्पत्ति और परिणति एक जैसी नहीं हुई।

लंबे समय तक गैर-पश्चिमी देशों के समाजविज्ञानी यूरोप की आधुनिकता को मॉडल के रूप में लेते हुए अपने समाज के आधुनिकीकरण की चर्चा करते थे। वे अपने-अपने देशों के आर्थिक, राजनीतिक और सांस्कृतिक आधुनिकीकरण की प्रक्रिया को पश्चिम की कथित एकवचनी आधुनिकता के सहारे व्याख्यायित करते थे। आधुनिकीकरण उनके लिए एक ऐसी प्रक्रिया थी जिसके पूरा होने पर उनका समाज भी पश्चिमी देशों की तरह आधुनिक समाज बन गया। अपने समाज की कमियों को भी वे इसी बुनियाद पर चिह्नित करते थे। सुदीप्त कविराज और आदित्य निगम जैसे राजनीतिविज्ञानियों ने पिछले वर्षों में यह स्थापित करने का प्रयास किया कि जिन बातों को अभी तक गैर-पश्चिमी समाजों की खामी के रूप में पेश किया जाता था और जिन्हें आधुनिकीकरण की प्रक्रिया के द्वारा दूर करने का सपना देखा जाता था, वे बातें इन समाजों की खामी नहीं, खूबी की सूचक हैं। आधुनिकता के किसी एक मॉडल को सार्वभौम मानकर सभी समाजों पर लागू करने के बजाय यदि हम आधुनिकता के विविध रूपों और संभावनाओं को ध्यान में रखते हुए आधुनिकीकरण की समस्या पर विचार करें तो उन गलतियों को दोहराने से बच सकते हैं, जिन्हें पिछली सदी के समाजविज्ञानी अकसर दोहराते रहे हैं।

सूत्ररूप में कहें तो वैकल्पिक आधुनिकता की परिकल्पना यूरोप केंद्रित महाख्यान के सार्वभौमिक महत्व को अस्वीकार करती है और आधुनिकता के विकास के लिए पूंजीवाद को अनिवार्य शर्त के रूप में नहीं दिखती। वैकल्पिक आधुनिकता की अवधारणा

उत्तर-आधुनिक एवं उत्तर-औपनिवेशिक चिंतन की अंतर्दृष्टियों से अनुप्राणित है। इसलिए वैकल्पिक आधुनिकता को समझने के लिए उत्तर-आधुनिकता, उत्तर-औपनिवेशिकता और यूरोकेन्द्रीयता की अवधारणाओं का भी देखना चाहिए।

राजकुमार

अधिक जानकारी के लिए:
1. Multiple Modernities : SN Eisenstadt, Daedalus, 2000, **2. Modern Social Imaginaries :** Charles Taylor, 2004, **3. Early Modernities : Varieties and Transitions :** Bjorn Wittrock, Daedalus, 1998

वैकल्पिक परिवार

परिवार की रचना जन्म से हो जाती है और यह पीढ़ियों तक चलती है। हर देश में आमतौर पर स्त्री-पुरुष एकनिष्ठ वैवाहिक संबंध वाले परिवार ही समाज की मुख्य आधारशिला हैं, पर अब वैकल्पिक परिवार बढ़े हैं।

आधुनिक समाज के पारिवारिक ढांचे में अंतर्निहित द्वंद्व की अभिव्यक्ति की वजह से ही नए, छोटे और कई बार भिन्न तरह के वैकल्पिक परिवार प्रचलन में आ रहे हैं। इनमें सह-जीवन (लिव-इन टुगेदर), समकामी, सरोगेट (किराए की कोख से) संतान वाले परिवार प्रमुख हैं।

भारत में ऐसे परिवारों की छिटपुट उपस्थिति के बरक्स, कई पश्चिमी देशों में समकामी या समलैंगिक विवाह-जनित वैकल्पिक परिवारों को कानूनी मान्यता मिली है। स्त्रीवादी आंदोलनों और नागरिक आंदोलनों ने वैकल्पिक परिवार के लिए मुख्य रूप से जमीन तैयार की। कई यशस्वी व्यक्तियों ने वैकल्पिक परिवार को ही चुना। महिला टेनिस खिलाड़ी मार्टिना नवरातिलोवा और उनकी खेलसाथी जूडी नेल्सन वैवाहिक बंधन में बंधकर पारिवारिक जीवनयापन करने लगी। साठ के दशक में अमेरिकी कवि दंपति के रूप में ख्यात हुए थे दो पुरुष–ऐलन गिंसबर्ग तथा पीटर आलोव्स्की। बहुतों के लिए आश्चर्यजनक होने के बावजूद, समकामी संबंधों को अमेरिका में कानूनी वैधता प्राप्त है। 1930 के दशक में ही बगैर वैधानिक संबंध के ज्यां पाल सार्त्र तथा सिमोन द बुआ के 'लिव-इन रिलेशन' ने तत्कालीन समाज को चकित किया था। भारत में बिना विवाह के सह-जीवन को कानूनी मान्यता है, इसमें भी स्त्री का संपत्ति पर अधिकार बनता है और संतान की वैधता है। भारत के शहरों में 'सह-जीवन' बढ़ा है।

एकनिष्ठ विवाह से बने आम परिवार के ढांचे में आर्थिक और लिंग-आधारित विषमता आज भी आम है। इसे पश्चिमी देशों की महिलाओं ने सर्वप्रथम समझा था। ऐसे एकल परिवार में स्त्री पर पुरुष का प्रभुत्व प्रकट होता है। लैंगिक अन्याय के चलते पश्चिमी देशों में परिवार के स्वरूप और चरित्र में कई तरह के बदलाव आते गए। सह-जीवन, समलैंगिक दांपत्य के अलावा अकेली मांओं का परिवार, अकेले पिताओं का परिवार, सामूहिक जोड़ों का सह-जीवन आदि कई वैकल्पिक रूप सामाजिक जरूरत बनते गए। दूसरे विश्वयुद्ध के बाद तेजी से बदली सामाजि-कार्थिक स्थितियों में कई तरह के वैकल्पिक परिवारों को कानूनी वैधता भी मिलती गई। लेकिन वैकल्पिक परिवार के नए रूपों ने परंपरागत एकल परिवारों की सभी समस्याओं को हल कर दिया हो, ऐसा नहीं है। यह विडम्बनापूर्ण है कि परिवार नामक जिस संस्था का निर्माण मनुष्य ने किया, उसे ही नए दबावों में तोड़कर वह नए प्रयोगों में लग गया।

महाभारत में 'नियोग विधि' और 'दत्तक' प्रथा का उल्लेख है। आधुनिक सरोगेट मातृत्व में पुरुष के शुक्राणु पत्नी के बजाय, अन्य स्त्री की कोख में चिकित्सकीय प्रणाली द्वारा स्थापित कर अपनी संतान की उत्पत्ति संभव हो जाती है। यह एक नई व्यवस्था है। विज्ञान की ऐसी भी तरक्की संभव है कि भविष्य में लेबोरेटरी में क्लोन (समान रूप वाली) संतानें पैदा की जाएं, जो समान मस्तिष्क की भी हों।

आज पितृसत्तात्मक परिवारों की नींव दरकने लगी है। एक तरफ आत्मकेंद्रित वैकल्पिक परिवार

का प्रचलन बढ़ रहा है, तो दूसरी ओर असुरक्षा और अकेलेपन की भयावहता से त्रस्त परंपरागत एकल परिवारों का आधार सुदृढ़ करने का विमर्श जारी है। आधुनिक युग में संयुक्त परिवार प्रणाली कब की खत्म हो चुकी है, एकल परिवार भी विकल है। एक गतिशील समाज में विकल्पों की तलाश स्वाभाविक है। लेकिन सवाल यह है : क्या वैकल्पिक परिवार वास्तव में मनुष्यों को आत्मिक और सामाजिक सुख दे सकेंगे?

दरअसल आमतौर पर, पारिवारिक ढांचे में मिल सकने वाली आर्थिक स्वतंत्रता, लैंगिक समानता और बंधुत्व की मानसिकता में मनुष्यों के वास्तविक सुख, समृद्धि और सामाजिक विकास का रहस्य छिपा देखा गया है। यदि परंपरागत परिवार में सबकी स्वतंत्रता, सबमें समानता और सबसे बंधुत्व के आदर्श और आचरण को सुनिश्चित किया जा सके, तो किसी वैकल्पिक परिवार की आवश्यकता ही न हो। लेकिन वैश्वीकरण के दौर में कुछ तो नए ढंग के अकेलेपन, भाग-दौड़ और भविष्य की आशंकाओं से वैकल्पिक परिवार की धारणा लोकप्रिय हो रही है और कुछ यह व्यक्तिगत रुचि का मामला भी है।

महेश जायसवाल

अधिक जानकारी के लिए :
1. **मार्क्स और नारी मुक्ति :** कनक मुखोपाध्याय, **2. The Origin of the Family, Private Property and the State :** Fredrich Engels, 1884, 3. Marriage, A History : How love conquered Marriage : Stephanie Coontz, 2005, 4. **The History of sexuality :** Michel Foucault, 1978

वैकल्पिक मीडिया

वैकल्पिक मीडिया समांतर संचार माध्यम है। यह अभिव्यक्ति का एक ऐसा माध्यम है, जो समकालीन सामाजिक-सांस्कृतिक-आर्थिक-राजनीतिक व्यवस्था द्वारा स्वीकृत, संरक्षित एवं संपोषित मीडिया (मुद्रक, इलेक्ट्रॉनिक, इंटरनेट आदि) के समांतरण लोकवृत्त के विभिन्न समूहों के सरोकारों का प्रतिनिधित्व करता है, उनकी चिंताओं एवं आकांक्षाओं को सशक्त रूप में गुंजित करता है। सामान्यतः विश्व में वैकल्पिक मीडिया को प्रत्येक किस्म की सत्ता—धार्मिक एवं जातीय सत्ता से लेकर आर्थिक, सामाजिक और राजनीतिक सत्ता—तक के प्रतिरोध का माध्यम माना जाता है। इतिहास में इसका जन्म ही प्रतिरोध के लिए हुआ। इसकी मूल प्रवृत्तियां को आज भी उसी परिप्रेक्ष्य में देखा जाता है। वैकल्पिक मीडिया का जन्मजात चरित्र इक्कीसवीं सदी में भी कम-अधिक यथावत है, बल्कि सूचना क्रांति के फलस्वरूप इसमें नए आयाम जुड़ गए हैं।

वैकल्पिक मीडिया की अवधारणा को बीसवीं सदी की देन माना जाता है, क्योंकि इस दौर में मीडिया की मुख्य धारा का विस्तार हुआ। यह एक सत्ता के रूप में स्थापित हुई। प्रथम एवं द्वितीय महायुद्धों और शीतयुद्ध के दौरान इसका बड़े स्तर पर व्यापारीकरण हुआ, कॉरपोरेट पूंजी का इसमें बड़े पैमाने पर प्रवेश हुआ तथा संचार टेक्नोलॉजी में क्रांतिकारी परिवर्तन हुए। इन तमाम घटनाओं ने मुख्य धारा के मीडिया (प्रिंट एवं इलेक्ट्रॉनिक) को असाधारण शक्ति से लैस कर दिया। परिणामस्वरूप समाज के शक्तिशाली वर्गों का इस पर आधिपत्य बढ़ता चला गया। मीडिया इन वर्गों का हित-संवर्धन करने लगा। भूमंडलीकरण के दौर में ये प्रवृत्तियां प्रतिदिन आक्रामक रूप धारण करती जा रही हैं।

इन प्रवृत्तियों के प्रत्युत्तर में वैकल्पिक मीडिया को विकसित करने का अभियान शुरू हुआ। यह परिघटना किसी राष्ट्र या महाद्वीप विशेष तक सीमित नहीं है, बल्कि आज यह सार्वभौमिक मामला है। हाशिए के वर्ग वैकल्पिक मीडिया के सूत्रधार हैं और उनके सरोकार इसके केंद्र में हैं।

वास्तव में प्रतिरोध की कोख से वैकल्पिक मीडिया का जन्म होता है। अठारहवीं एवं उन्नीसवीं सदी की सामाजिक, राजनीतिक और औद्योगिक क्रांतियों में वैकल्पिक प्रेस (पत्र-पत्रिकाएं, पर्चे, पोस्टर, भूमिगत साहित्य आदि) ने महत्वपूर्ण भूमिका निभाई

थी। भारत में सामाजिक सुधार आंदोलनों और 1857 के स्वतंत्रता संग्राम में वैकल्पिक पत्र-पत्रिकाओं ने साम्राज्यवादी शासन के विरुद्ध जनचेतना पैदा करने, प्रतिरोधी भारतीयों को संगठित करने और एक स्वतंत्र भारतीय राष्ट्र-राज्य के स्वप्न के सृजन में ऐतिहासिक सक्रियता का प्रदर्शन किया था। वैकल्पिक प्रेस (या मीडिया) के संदर्भ में राजा राममोहन राय के पत्रों के अलावा 'बनारस अखबार', 'समाचार सुधावर्षण', 'पयामे-आजादी', 'हरिश्चंद्र मैगजीन', 'कविवचनसुधा', 'बालाबोधिनी', 'हिंदी प्रदीप', 'हिंदोस्थान', 'सरस्वती', 'प्रताप', 'कर्मवीर' जैसी अनेक पत्र-पत्रिकाएं रही हैं, जिन्होंने तत्कालीन वैकल्पिक प्रेस के अभियान को आगे बढ़ाया। बंगाल में 1908-1918 का समय 'अग्नियुग' के नाम से परिचित है, यह संपूर्णतः 'युगांतर', 'स्वाधीन भारत' और 'लिबर्टी' पत्रों और उग्र धार्मिक उद्‌बोधन वाले अनगिनत पर्चों पर ही आधारित था। इसी क्रम में बालगंगाधर तिलक, महात्मा गांधी, अंबेडकर, जवाहरलाल नेहरू, मौलाना अब्दुल कलाम आजाद, सुभाषचंद्र बोस, भगत सिंह द्वारा प्रकाशित और संपादित पत्र-पत्रिकाओं एवं पर्चे-पोस्टर आदि को भी वैकल्पिक मीडिया की श्रेणी में रखा जा सकता है। इन्होंने औपनिवेशिक शासन के समर्थक पत्रों (टाइम्स ऑफ इंडिया, स्टेट्समैन आदि) और व्यापारिक प्रेस (इंडियन टाइम्स, अमृत बाजार पत्रिका, बांबे समाचार आदि) के समानांतर प्रतिरोध प्रेस के अभियान को सक्रिय रखा था तथा भारतीय राष्ट्र-राज्य के निर्माण में ऐतिहासिक भूमिका निभाई थी। आज लघु पत्रिकाएं, सोशल मीडिया, नुक्कड़ नाटक, वृत्तचित्र आदि इसके आधुनिक प्रतिनिधि हैं।

बीसवीं सदी के उत्तरार्ध एवं इक्कीसवीं सदी के आरंभिक काल में मीडिया का संपूर्ण परिप्रेक्ष्य बदल चुका है। प्रेस से मीडिया में रूपांतरण, महाजनी पूंजी से कॉरपोरेट पूंजीकरण, एकाधिकारवादी पूंजी के साथ विदेशी पूंजी का प्रवेश, एकल संस्करण से बहुसंस्करणीय प्रेस एवं चैनल-कैबल मीडिया, स्थानीय संस्करण से वैश्विक इंटरनेट संस्करण– ये शक्तिशाली मीडिया के नए रूप हैं। मुख्य धारा के मीडिया के वर्तमान स्वरूप के संबंध में नोआम चोम्स्की एवं एडवर्ड हर्मन का मत है कि कॉरपोरेट मीडिया वस्तुतः राज्य और कॉरपोरेट प्रतिष्ठान के हितों की रक्षा करता है। मुख्य धारा के मीडिया का चरित्र मूलतः लोकतंत्र विरोधी है, क्योंकि यह पूंजीगत पूर्वाग्रहों से संचालित होता है।

मुख्य धारा के मीडिया के वर्तमान स्वरूप को ध्यान में रखकर वैकल्पिक मीडिया के चरित्र एवं भूमिका को रेखांकित किया जा सकता है। हैबरमास के अनुसार, वैकल्पिक मीडिया को लोकवृत्त से अलग नहीं रखा जा सकता। यह अपने नए समांतर लोकवृत्त का निर्माण करता है। यह लोकवृत्त अपनी प्रवृत्तियों एवं कार्यों से स्थापित सत्ता-प्रतिष्ठानों का विरोधी होता है। यह यथास्थितिवाद को अस्वीकार करता है। इसलिए अमेरिकी विद्वान मिशेल अल्बर्ट का मत है कि वैकल्पिक मीडिया को कॉरपोरेट-विरोधी होना चाहिए। जब तक यह मीडिया प्रत्येक प्रकार की प्रभुत्ववादी, वर्चस्ववादी, एकाधिकारवादी शक्तियों के प्रतिरोध में खड़ा नहीं होता है, तब तक यह अपनी ऐतिहासिक भूमिका को चरितार्थ नहीं कर सकेगा।

वास्तव में मुख्य धारा के मीडिया के साथ-साथ वैकल्पिक मीडिया के संदर्भ और भूमिका में भी परिवर्तन आए हैं। इसके कार्यक्षेत्र का जहाँ विस्तार हुआ है, वहीं यह पहले से कहीं अधिक जटिल एवं चुनौतीपूर्ण भी हुआ है। आज वैकल्पिक मीडिया के सरोकार क्षेत्रों में राजनीति, साहित्य-संस्कृति के अलावा अर्थव्यवस्था, स्त्री-अस्मिता, दलित-आदिवासी, सामाजिक न्याय, धर्म, नस्ल-रंगभेद, जाति, पर्यावरण-प्रदूषण, मानवाधिकार, श्रम ऊर्जा, शिक्षा-स्वास्थ्य, आवास-पेयजल, गुणवत्तापूर्ण जीवन, आतंकवाद, विस्थापन-प्रवासन, चरम दक्षिणपंथ एवं चरम वामपंथ, विषमता जैसे समकालीन विषयों से संबंधित विमर्शों को भी शामिल किया गया है। आज के विमर्श जितने स्थानीयकृत हैं, उतने ही भूमंडलीकृत भी हैं। वैकल्पिक मीडिया इन तमाम विमर्शों का प्रतिनिधित्व करता है, क्योंकि मुख्य धारा

के मीडिया में इन्हें अपेक्षित स्थान नहीं दिया जाता है। हाशिए के समाज लगभग उपेक्षित रहते हैं। वैकल्पिक मीडिया में उन मुद्दों की सघन अभिव्यक्ति रहती है, जो कॉरपोरेट प्रभुत्व से मुक्त हैं। मुख्य धारा मीडिया और वैकल्पिक मीडिया में अंतर निम्न बिंदुओं को लेकर भी है : प्रस्तुतीकरण, विषय-चयन, विवेचना एवं विश्लेषण, पक्षधरता एवं हस्तक्षेप, आलोचनात्मकता, विज्ञापनवाद एवं चेतना-निर्माण, यथास्थितिवाद व परिवर्तनवाद, बाजारोन्मुख एवं लोकोन्मुख, मुनाफा-आधारित एवं प्रतिबद्धता-प्रेरित आदि। दोनों मीडिया की सौंदर्य कसौटियां परस्पर नितांत भिन्न होती हैं।

आज वैकल्पिक मीडिया में 'सोशल मीडिया' के शामिल हो जाने से मुख्य धारा मीडिया के समक्ष तगड़ी चुनौती पैदा हो गई है। सोशल मीडिया ने इसके समांतर एक बड़ी रेखा खींच दी है। सोशल मीडिया में लोक-भागीदारी का विस्तार हो रहा है। नागरिक पत्रकारिता का उदय हो रहा है। नागरिक या स्वयं प्रशिक्षित पत्रकारों या मीडियाकर्मियों का समांतर लोकवृत्त या लेखक-पाठक का दृश्य-श्रव्य वृत्त बन गया है, जो मुख्य धारा मीडिया पर आश्रित नहीं है। जहाँ मुख्य धारा मीडिया प्रभुत्ववाद एवं अपसंस्कृति को आरोपित करता है, वहीं वैकल्पिक मीडिया सृजनात्मक प्रगतिशील एवं समतावादी संस्कृति का वाहक होता है। वैकल्पिक मीडिया डिजिटल डिवाइड को पाटने का प्रयास करता है। संक्षेप में, वैकल्पिक मीडिया का आख्यान अपने चरित्र एवं कर्म से मानवीय होता है, जबकि मुख्य धारा मीडिया का आख्यान आक्रामक एवं संवेदनाहीन होता है। विगत तीन दशकों की देश-विदेश की घटनाओं (सामाजिक न्याय आंदोलन, राम जन्मभूमि आंदोलन, खाड़ी जंग, गुजरात की सांप्रदायिक त्रासदी, आतंकवाद, किसानों की आत्महत्या, जल-जंगल-जमीन संघर्ष, परमाणु बम विरोधी आंदोलन, भूमंडलीकरण प्रतिरोध आंदोलन, नर्मदा बचाओ आंदोलन आदि) के 'कवरेज' दोनों माध्यमों के आख्यान प्राथमिकताओं एवं भिन्नताओं को दर्शाने के लिए पर्याप्त हैं। मार्शल मैकलुहान जैसे मीडिया दार्शनिक भी मुख्य धारा मीडिया को कॉरपोरेट सत्ता के प्रतिनिधि के रूप में देखते हैं। अतः स्वस्थ समाज और जीवंत समतावादी लोकतंत्र के लिए वैकल्पिक मीडिया के विस्तार की जरूरत है।

रामशरण जोशी

अधिक जानकारी के लिए :

1. Encyclopedia of Social Movement Media : John Downing, 2010, **2. Alternative Journalism :** Chris Atton, 2008, **3. Alternative and Activist New Media :** L. Lievrouw, 2011, **4. Communication Revolution :** W Robert Machesney, 2002

वैचारिक नियंत्रण

प्रसिद्ध अमेरिकी विद्वान और भाषावैज्ञानिक 'नोआम चोम्स्की' ने अमेरिकी समाज की प्रवृत्तियों के अध्ययन के आधार पर सहमति-उत्पादन (Manufacturing Consent) का अपना सिद्धांत विकसित किया है। अमेरिकी समाज पर आधारित होते हुए भी अपने विलक्षण विश्लेषण के कारण इसे व्यापक रूप से स्वीकारा और लागू किया जाता है। उनकी पुस्तक 'मैन्यूफैक्चरिंग कनसेंट-द पॉलिटिकल इकोनॉमी ऑफ द मास मीडिया' में इसकी विस्तार से व्याख्या मिलती है। उन्होंने एडवर्ड एस हर्मन के साथ मिलकर इस पुस्तक की रचना की थी। सहमति-उत्पादन की सैद्धांतिकी को समाज पर वैचारिक नियंत्रण के सबसे प्रभावी माध्यम के रूप में प्रयोग किया जाता है।

चोम्स्की का तर्क है कि आधुनिक औद्योगिक और तकनीक-प्रधान समाजों में सहमति भी उत्पादित वस्तु हो गई है। जनसंचार के आधुनिक माध्यम किस प्रकार आम जनता के विचार को नियंत्रित, निर्देशित और नियमित करते हैं, इसका विश्लेषण चोम्स्की ने किया है। उन्होंने इसके लिए 'प्रोपगंडा मॉडल' का भी उल्लेख किया है जो समाज में धन-दौलत और आमदनी के स्तर पर मौजूद विषमता के कारण मीडिया की कार्यप्रणाली पर पड़ने वाले प्रभाव को

प्रकट करता है। यह एक भ्रम है कि चोम्स्की जनता के खिलाफ पत्रकारिता के षड्यंत्र की चर्चा करते हैं। वास्तविकता यह है कि चोम्स्की ने किसी षड्यंत्र-सिद्धांत पर ध्यान केंद्रित करने के स्थान पर उन संरचनात्मक और वस्तुगत परिस्थितियों का विवेचन किया है जिनके कारण जनसंचार माध्यम राजनीतिक-आर्थिक अभिजनों की हितपूर्ति का माध्यम बन जाते हैं। उनका मानना है कि अमेरिका के जनसंचार माध्यम प्रभावकारी और शक्तिशाली विचारधारात्मक संस्थानों की भूमिका अदा करते हैं। वे बड़े सुनियोजित ढंग से प्रोपगंडा करने का काम करते हैं और बाजार की शक्तियों पर निर्भर होते हैं। इसके अलावा वे जनता के मन में कुछ धारणाओं को स्थापित करने और आत्म-सेंसरशिप (Self-Censorship) जगाने का कार्य भी करते हैं। वे जनता के वैचारिक नियंत्रण में अपनी सक्रिय भूमिका इस तरह अदा करते हैं कि जनता अपने ऊपर प्रभुत्व कायम करने में खुद सहायता करने लगती है और बाहर से किसी बल प्रयोग की आवश्यकता नहीं रह जाती। चोम्स्की ने आधुनिक मीडिया संस्थानों की संपादन शैली, उनकी सांगठनिक संरचना, विज्ञापन अर्जित करने के तरीकों और विज्ञापनदाताओं से संबंध, नौकरशाही के दबाव, साम्यवाद-विरोध तथा आतंकवाद से संघर्ष के नाम पर सेंसरशिप का विस्तार से अध्ययन किया है। उन्होंने कहा कि जनसंचार माध्यम से आने वाली सूचनाएं, बहसें, विश्लेषण आदि बड़े सीमित दायरों तथा हितों से जुड़े होते हैं और समाज के शक्तिशाली अभिजनों के हितों को ध्यान में रखकर प्रायोजित किए जाते हैं। जनसंचार के जरिए होने वाला प्रोपगंडा वही काम करता है जो तानाशाही व्यवस्था में प्रत्यक्ष बल-प्रयोग के माध्यम से किया जाता था। उन्होंने अपने सामने ऐसा समाज बनते देखा जिसमें समाज की अधिसंख्य आबादी किसी मशीन के पुर्जे, निष्क्रिय उपभोक्ता, प्रश्नहीन चेतना आदि में बदल जाती है। विशाल पूंजी के स्वामी और शक्तिशाली नौकरशाहों के समाचार किसी रूटीन की तरह जनसंचार का हिस्सा बन जाते हैं जबकि 80 फीसदी जनता से जुड़े विषयों को जनसंचार के माध्यमों में जगह बनाने के लिए निरंतर संघर्ष करना पड़ता है।

चोम्स्की ने उन पांच बाधाओं (filters) का उल्लेख किया जो समाचार और उसके विभिन्न पक्षों को खास तौर पर प्रभावित करते हैं। वे हैं—**1.** मास मीडिया का आकार, स्वामित्व तथा लाभ-केंद्रित दृष्टिकोण, **2.** आमदनी के रूप में विज्ञापन पर निर्भरता, **3.** सरकार, कॉरपोरेट और सैन्य स्रोतों पर सूचनाओं के लिए निर्भरता, **4.** जनविषयक मुद्दों की तीखी आलोचना, **5.** साम्यवाद विरोध को नियंत्रणकारी विचारधारा की तरह इस्तेमाल करना। चोम्स्की का मानना है कि मास मीडिया के संस्थान लगातार विशाल होते जाते हैं। उनमें कई प्रकार की पूंजी का निवेश अनिवार्य हो जाता है। ऐसा संस्थानों को मास कम्युनिकेशन की आधुनिक तकनीक को प्राप्त करने व जनता के अधिक-से-अधिक हिस्से तक अपना विस्तार करने के लिए करना पड़ता है। पर पूंजी का लोभ और विज्ञापन एकत्र करने की तरफ उनका झुकाव उनकी समाचार व विचार-संबंधी स्वाधीनता को समाप्त कर देता है। अंततः वे निवेशकर्ताओं के प्रति जवाबदेह होते चले जाते हैं और अपनी स्वतंत्रता पर आघात सहते जाते हैं। इसके अलावा, विज्ञापनदाताओं को भी यह अघोषित अधिकार होता है कि वे अपने राजनीतिक दृष्टिकोण और आर्थिक हितों को जनसंचार माध्यमों पर थोप सकें। इस परिदृश्य में श्रमिक, आमजन, उत्पीड़ित नस्लें, स्त्रियों और सार्वजनिक हितों के मुद्दे बुरी तरह से उपेक्षा के अथवा गलत-सलत एवं विकृत सूचनाओं के शिकार होते जाते हैं। चोम्स्की का यह भी मानना है कि मास मीडिया के माध्यम से जारी मानसिक-वैचारिक नियंत्रण के कारण जनता की वह क्षमता कमजोर हो जाती है, जिसके बल पर वह सत्ता और सरकार के असत्य को पकड़ने और अवैध निर्णयों को चुनौती देने का काम कर सकती है। वे लोग जो कॉरपोरेट राजनीति के हितों के पक्ष में होते हैं और जो उसके विपक्ष में होते हैं, उनके साथ भिन्न प्रकार का व्यवहार किया जाता है। अमेरिकी प्रेस के प्रोपगंडा मॉडल

को स्पष्ट करने के लिए उन्होंने कंबोडिया और ईस्ट तिमूर का विशेषोल्लेख किया जहां, पर प्रेस ने केवल विरोधियों की निंदा की तथा अमेरिका द्वारा किए गए उत्पीड़न को छिपाने का काम किया। चोम्स्की का कहना है कि मीडिया उद्योग हर साल करोड़ों डॉलर इस बात पर खर्च करता है कि दरअसल लोगों को जिन चीजों की जरूरत नहीं है, वे विश्वास कर लें कि उनकी जरूरत उन्हें है। चोम्स्की द्वारा वैचारिक नियंत्रण के संदर्भ में प्रस्तुत की गई धारणा दुनिया के सभी देशों के मीडिया उद्योग पर लागू होती है।

वैभव सिंह

वैज्ञानिक दृष्टि

विज्ञान की सरलतम परिभाषा है : सुव्यवस्थित ज्ञान को विज्ञान कहते हैं। इसी को और स्पष्ट करते हुए कह सकते हैं कि जांचे-परखे जाने योग, क्रमबद्ध एवं वस्तुनिष्ठ ज्ञान को विज्ञान कहा जाता है। यह सैद्धांतिक और प्रायोगिक, दोनों प्रकार का होता है। नई जानकारी और ज्ञान के लिए तथा पिछली जानकारी में सुधार के लिए यह अपनी पद्धति-विशेष एवं तकनीकों के द्वारा तथ्यों-घटनाओं-दृश्यों की खोज, जांच-परख, विश्लेषण करता रहता है। आमतौर पर विज्ञान को ज्ञान की एक शाखा या अनुशासन समझा जाता है जबकि विज्ञान अपने व्यापक अर्थ में जीवन अैर जगत के प्रत्येक क्षेत्र में वस्तुनिष्ठ तार्किक क्रमबद्ध और व्यवस्थित ढंग से ज्ञान की खोज करता है, जिसे प्रयोगों द्वारा सिद्ध किया जा सकता है।

वैज्ञानिक दृष्टि का संबंध जीवन के प्रति संपूर्ण दृष्टिकोण से है। यह मनुष्य द्वारा व्यक्ति और सामाजिक के रूप में सोचने और कार्य करने की प्रक्रिया से संबद्ध है। इसके लिए वैज्ञानिक पद्धति का इस्तेमाल करना होता है। वैज्ञानिक पद्धति में प्रश्न करना, भौतिक वास्तविकता का अवलोकन करना, परीक्षण और परिकल्पना करना, विश्लेषण करना और संप्रेषित करना शामिल है। वैज्ञानिक दृष्टि में तर्क, विचार-विमर्श, विवेकशीलता और विश्लेषण जरूरी है। इसके लिए पूरी प्रक्रिया का वस्तुपरक, ईमानदार और लोकतांत्रिक होना जरूरी है। किसी तरह का पूर्वाग्रह वैज्ञानिक दृष्टि के लिए अनुपयुक्त है। भारत के प्रथम प्रधानमंत्री जवाहरलाल नेहरू ने वैज्ञानिक दृष्टिपद का उपयोग किया था। अपनी पुस्तक 'भारत की खोज' में उन्होंने लिखा है : 'वैज्ञानिक दृष्टिकोण के लिए साहसिक और आलोचनात्मक वैज्ञानिक दृष्टि की आवश्यकता है। सत्य और नवीन ज्ञान की जरूरत है। बिना जांचे-परखे किसी भी बात को अस्वीकार करना, नए प्रमाणों के आलोक में पुराने निष्कर्षों को बदलने की क्षमता, पूर्व निर्धारित सिद्धांत के बजाय पर्यावेक्षित तथ्य पर भरोसा, मष्तिष्क का कठोर अनुशासन—ये सभी वैज्ञानिक दृष्टि के लिए जरूरी हैं। न सिर्फ विज्ञान के क्षेत्र में बल्कि जीवन के हर क्षेत्र में बहुत-सी समस्याओं के हल के लिए आवश्यक हैं।'

प्रश्न करना, चीजों की वास्तविकता का निकट तो से निरीक्षण करना, अनुमान लगाना, जांच-पड़ताल करना, विश्लेषण करना और प्राप्त वस्तुगत निष्कर्षों को बताना—ये वैज्ञानिक दृष्टि की प्रक्रिया का अंग हैं। विज्ञान बगैर जांचे-परखे किसी बात को स्वीकार नहीं करता। नए सबूतों के मिलने पर वह पिछली स्थापनाओं को बदल देता है। इस तरह कोई भी वैज्ञानिक तथ्य तब तक सत्य बना रहता है, जब तक कोई अगला उसका विरोधी तथ्य आकर उसे अपदस्थ नहीं कर देता। आमतौर पर धर्म/अध्यात्म में ज्यादा तर्क-वितर्क की गुंजाइश नहीं रखी जाती। वे आस्था और विश्वास पर टिके होते हैं। वहां भावनाओं तथा सहजानुभूति (intuition) को विशेष महत्वपूर्ण माना जाता है। वहां आत्मिकता और आत्मनिष्ठता का महत्व है जबकि विज्ञान में जरूरी होती है यथातथ्यता और वस्तुनिष्ठता।

वैज्ञानिक दृष्टिकोण धार्मिक पद्धति से भिन्न है। धार्मिक पद्धति लोगों को स्वतंत्र सोच से विलग करती है जिसके कारण व्यक्ति में असहिष्णुता,

तर्कहीन विश्वास और अंधविश्वास बढ़ जाता है। वह बहुत-सी ऐसी बातों में यकीन करने लगता है जिन्हें विज्ञान द्वारा प्रमाणित नहीं किया जा सकता। वैज्ञानिक दृष्टि व्यक्ति को न सिर्फ नया सोच देती है वरन नई रचने की प्रेरणा देती है। वह जाति, धर्म, नस्ल, क्षेत्र, भाषा, लिंग आदि भेदभावों से मुक्त होने का ठोस आधार और प्रेरणा देता है। बराबरी, भाईचारा और लोकतांत्रिक मूल्यों में व्यक्ति का विश्वास बढ़ती है और अपने व्यक्तिगत और सामाजिक व्यवहार को इन मूल्यों के अनुसार ढालती है। वैज्ञानिक दृष्टि के इसी महत्व के कारण भारतीय संविधान में भारतीय नागरिकों के जिन मौलिक कर्तव्यों का उल्लेख है, उनमें वैज्ञानिक दृष्टि विकसित करना भी एक कर्तव्य बताया गया है।

यह सही है कि आज पूरे विश्व के पटल पर सांस्थानिक रूप लेकर विज्ञान बहुत ही ताकतवर बन चुका है और बहुत-कुछ धर्म वाली ही भूमिका अख्तियार कर चुका है। सभी वैज्ञानिक वैज्ञानिक दृष्टि से संपन्न होते ही हों, ऐसा नहीं है। यहां तक कि विज्ञान के नाम पर धड़ल्ले से पैसा बनाने की खातिर बड़ी-बड़ी कंपनियां अपनी विशाल प्रयोगशालाओं में छद्म आविष्कार करवाकर अपने उत्पादों को खुलेआम बेचने में लगी हैं। खासकर चिकित्सा, कृषि-जैसे विस्तृत क्षेत्रों में बड़े पैमाने पर दवा के नाम पर जीवननाशक सामग्री का व्यापार किया जा रहा है। कृत्रिम रोगों के द्वारा लोगों में भय फैलाया जाता है, ताकि कुछ कंपनियां आशातीत मुनाफा कमा सकें। शुक्र है कि ऐसे तत्वों की आलोचना कतिपय सही वैज्ञानिक दृष्ट-संपन्न, निःस्वार्थ वैज्ञानिक करते हैं। विज्ञान और प्रौद्योगिकी के इन अवैज्ञानिक उपयोगों को समझने और उनका विरोध करने के लिए भी वैज्ञानिक दृष्टि की आवश्यकता है।

सुवास कुमार

अधिक जानकारी के लिए :

1. भारत की खोज : जवाहरलाल नेहरू, **2. Scientific Method in Practice :** Hugh G Gauch, 2003, **3. The Autobiography of Science :** Forest Ray Moulton, Justus Schiffers (Ed.), 1960, **4. What Science Knows and How it Knows it :** James Franklin, 2009

वेतालपंचविंशति (वेताल पचीसी)

वेतालपंचविंशति भारतीय कथा-परंपरा में गुणाढय की बृहत्कथा के बाद सर्वाधिक लोकप्रिय रही है। (देखें, बृहत्कथा और पंचतंत्र) बृहत्कथा तथा पंचतंत्र की भांति यह कई संस्करणों में विकसित हुई है। वेताल पचीसी के नाम से इसके प्राचीनकाल से ही भारतीय भाषाओं में रूपांतर होते रहे हैं। इसका प्राचीन स्वरूप बृहत्कथा के काश्मीरी संस्कृत रूपांतरों-बृहत्कथामंजरी तथा कथासरित्सागर में प्राप्त होता है।

राजा विक्रमादित्य, जिनके नाम से ईसा 57 पूर्व में विक्रम संवत का प्रवर्तन हुआ, लगभग डेढ़ हजार वर्षों तक घर-घर में कही जाने वाली लोककथाओं के महानायक रहे हैं। बाद में संस्कृत तथा अन्य भारतीय भाषाओं में इनसे जुड़ी कहानियों को लिपिबद्ध करके संग्रह तैयार किए गए। वेतालपंचविंशति का एक संस्करण शिवदास द्वारा पंद्रहवीं शताब्दी में निर्मित किया गया। कुछ विद्वानों ने इसका रचनाकाल 1200 ईसवी के आसपास माना है। शिवदास का संस्करण गद्यपद्यात्मक है। इसका एक अन्य संस्करण जंभलदत्त ने तैयार किया। यह पूर्णतः गद्य में है। दूसरा संस्करण, जो अपेक्षाकृत अधिक संक्षिप्त है, वल्लभदेव द्वारा तैयार किया गया। भारतीय भाषाओं में सर्वाधिक रूपांतर इसी संस्करण के आधार पर निर्मित हुए। मंगोल भाषा में भी वेतालपंचविंशति का रूपांतर मिलता है।

वेतालपंचविंशति को भारतीय कथा-परंपरा में सबसे रोचक कथाओं का संकलन कहा जा सकता है। प्रत्येक कहानी में एक जटिल गुत्थी जिस रूप में उभरती है, उसका उत्तर देना सरल नहीं है। इस तरह की गुत्थी जिस रूप में उभरती है, वह मनुष्य जीवन की जटिलता और सच्चाई को उघाड़कर रख देती है। उसका समाधान रचनात्मक तथा अप्रत्याशित होने के

साथ कौतुकपूर्ण होता है। राजा विक्रमादित्य को एक भिक्षु के कहने पर उसकी साधना के लिए श्मशान के एक शव में स्थित वेताल उसका उपहास करता हुआ प्रति वर्ष एक कथा सुनाता है। कथा का अंत एक गंभीर और जटिल समस्या से होता है। वेताल उस समस्या का राजा से समाधान पूछता है। भिक्षु की शर्त के अनुसार राजा को मार्ग में बोलना नहीं है, पर राजा अपने को रोक नहीं पाता और कहानी की समस्या का समाधान बता देता है। राजा के बोलते ही शव पुनः उसी वृक्ष पर जा लटकता है, जिससे राजा ने उसे उतारा था। ऐसा चौबीस बार होता है और वेताल चौबीस कहानियां राजा को सुनाता है। पच्चीसवीं कहानी की समस्या इतनी जटिल है कि राजा सोच में पड़ जाता है। तब वेताल उसे बताता है कि भिक्षु उसके साथ धोखा कर रहा है और राजा की ही बलि चढ़ाकर सम्राट होना चाहता है। वह राजा को अपनी रक्षा का उपाय भी बताता है, जिसके अनुसार राजा पाखंडी भिक्षु को समाप्त कर देता है।

प्रत्येक कहानी में जो समस्या उठाई गई है, उसमें जीवन के गंभीर प्रश्नों का रोचक ढंग से हल सामने आता है। एक सुंदर कन्या को चाहने वाले तीन युवक उससे विवाह के लिए एक साथ आ गए हैं। अब पिता के सामने समस्या है कि वह उनमें से किसे चुने और शेष दो को कैसे टाले? इसी समय कन्या की सर्प के काटने से मृत्यु हो जाती है। उन तीन युवकों में से एक दुखी होकर उसके साथ चिता पर जल जाता है, दूसरा श्मशान के पास कुटिया बनाकर रहने लगता है और तीसरा सन्यासी होकर निकल जाता है। कुछ समय बाद यह तीसरा प्रेमी ऐसा मंत्र सीखकर आता है जिससे मृत व्यक्ति को जीवित कर दे। वह कन्या को जिला देता है और उसके साथ चिता पर जलकर मर जाने वाले प्रेमी को भी। अब पिता के सामने फिर वही समस्या आती है कि वह तीनों में से किसके साथ अपनी लड़की का विवाह करे। वेताल के पूछने पर विक्रमादित्य इस समस्या का समाधान यह बताता है कि श्मशान में कुटी बनाकर रहने वाला ही उस कन्या का सच्चा प्रेमी है और वही उसका पति हो सकता है, क्योंकि उसे फिर से जिलाने वाला युवक तो कन्या के लिए पिता के समान हो गया और उसके साथ जीकर उठने वाला युवक उसके लिए भाई के समान हुआ।

वेतालपंचविंशति की कहानियों की एक बड़ी विशेषता उनमें निहित मूल्यबोध, मनुष्य की गरिमा के प्रति सजगता और समाज-चेतना है। एक कहानी में ऐसी समस्या उठाई गई है, जिसके समाधान में एक चोर भी महान व्यक्ति सिद्ध होता है। विवाह की पहली रात को ही नव-विवाहिता वधू पति को बताती है कि वह पड़ोस के एक युवक से प्रेम करती है और उसने उस युवक को वचन दिया है कि वह विवाह की पहली रात को उसके पास आएगी। पति अपनी स्त्री के द्वारा दिए गए वचन की पूर्ति के लिए उसे उसके प्रेमी के पास भेज देता है। मार्ग में उस युवती को एक चोर पकड़ लेता है। युवती जब उसे अपनी परिस्थिति बताती है, तो वह उसे इस शर्त पर छोड़ता है कि प्रेमी से मिलने के बाद वह उसके पास आएगी। युवती चोर को भी वचन देती है। युवती का प्रेमी उसके पति की उदारता से अभिभूत होकर उसे बिना छुए पति के पास लौटा देता है। युवती अपने वचन की रक्षा के लिए चोर के पास आती है, पर चोर का भी मन बदल जाता है और वह उस युवती की मर्यादा और शील की रक्षा करते हुए उसे उसके पति के पास जाने देता है। अब समस्या यह है कि उस युवती के पति, प्रेमी और चोर में बड़ा कौन है?

विक्रमादित्य के उत्तर के अनुसार चोर इन तीनों में अधिक बड़ा है, क्योंकि शेष दो के लिए उस स्त्री की मर्यादा की रक्षा इतना कठिन नहीं था, एक चोर के लिए स्वयं आई हुई निधि को छोड़ देना अधिक कठिन है। वेतालपंचविंशति की कहानियों के पात्र प्रायः असाधारण परिस्थितियों के शिकार होते हैं। वे जो समस्याएं इन कहानियों में उठाते हैं, वे प्रत्येक युग में प्रासंगिक तथा विचारणीय हैं। एक राजा चिरायु होने के लिए एक अत्यंत दरिद्र परिवार के बालक को बलि देने के लिए खरीदता

है। बलि चढ़ाए जाते समय बालक रोने के स्थान पर खिलखिला पड़ता है। प्रश्न उठता है कि बालक क्यों हँसा? इसी प्रकार एक स्त्री का पति और उसका मित्र स्वयं को देवी के आगे बलि के रूप में अर्पित करते हुए अपने-अपने मस्तक काट देते हैं, देवी प्रसन्न होकर उन्हें जिला देती है, पर स्त्री की भूल से एक का मस्तक दूसरे के धड़ में जुड़ जाता है। अब प्रश्न उठता है कि दोनों में उस स्त्री का पति कौन है, जिसके धड़ से पति का मस्तक जुड़ गया है वह व्यक्ति या पति के धड़ से जिस मित्र का मस्तक जुड़ गया, वह व्यक्ति? गिरीश करना का नाटक हयवदन इस कथा पर आधारित है।

भाषा की दृष्टि से वेतालपंचविंशति संस्कृत के अत्यंत प्रांजल और परिष्कृत किंतु सहज और सुबोध गद्य का उदाहरण प्रस्तुत करती है।

राधावल्लभ त्रिपाठी

वैदिक पर्यावरण चेतना

वैदिक साहित्य में प्रकृति और पर्यावरण को विशेष महत्व दिया गया है। वैदिक ऋषियों ने स्वयं को प्रकृति की संतान कहा है। उन्होंने प्रकृति के तत्वों और गतिविधियों का सूक्ष्मता से निरीक्षण करते हुए उसे शक्ति, सौंदर्य और संपदा का अक्षय स्रोत माना है। प्रकृति के शक्तिशाली क्रिया व्यापार, जैसे—बादल का गरजना, बिजली का कड़कना, फिर तीव्र वर्षा, आंधी, तूफान, बाढ़, सूर्य की तेज-तेज किरणें, जल का वेगपूर्ण ढलान आदि को अपनी पकड़ से बाहर मानकर वैदिक आर्य इनके सामने नतमस्तक थे। प्रकृति की अतुलनीय शक्ति, सौंदर्य और समृद्धि से अभिभूत होकर वे श्रद्धा भाव से भर उठते थे। वे प्रकृति को देवता मानते थे। अग्नि, वायु, वरुण, सूर्य आदि उनके प्रमुख देवता थे।

वैदिक ऋषि मानते थे कि प्राकृतिक गतिविधियों का अपना ही नियम है, जिस कारण यह संसार व्यवस्थित और सुंदर है। इस विशेष नियम को उन्होंने 'ऋत' कहा है। 'ऋत' के कारण प्रकृति-पर्यावरण सुंदर और कल्याणकारी है। 'ऋत' सबसे ऊपर है, इसका पालन देवता भी करते हैं, मनुष्य के लिए भी 'ऋत' का पालन आवश्यक है।

वैदिक ऋषियों के पास इस ब्रह्मांड को लेकर एक दर्शन था। उनके अनुसार, संपूर्ण ब्रह्मांड तीन लोकों में फैला है—पृथ्वीलोक, अंतरिक्षलोक और द्युलोक। मनुष्य पृथ्वी पर जन्म ग्रहण करता है, जीवन जीता है और यहीं मर जाता है। यह मनुष्य के रहने का स्थान है। माना गया है कि मनुष्य-शरीर की संरचना क्षिति, जल, पावक, आकाश और समीर—इन प्राकृतिक पंचतत्वों से हुई है। उसके पोषण और जीवन के लिए पांचों तत्वों की आवश्यकता होती है। ये पांचों तत्व जितने शुद्ध और स्वच्छ रूप में मनुष्य को उपलब्ध होंगे, उतना ही अधिक वह जी पाएगा। वैदिक ऋषियों ने मनुष्य के दीर्घ जीवन की कामना करते हुए पृथ्वी, जल, वायु, अग्नि, आकाश आदि प्राकृतिक तत्वों की वंदना की है। पृथ्वी को मां और आकाश को अपना पिता कहा है।

वैदिक काल के लोग संपूर्ण ब्रह्मांड में शांतिमय वातावरण चाहते थे। ऋग्वेद में हर तरफ मधुमय वातावरण की इच्छा व्यक्त की गई है। शांति मंत्र में प्रार्थना है—आकाश में शांति हो, पृथ्वी पर शांति हो, दोनों के बीच शांति हो, जल में शांति हो, पेड़-पौधों में शांति हो, विश्व के सभी देशों में शांति हो, ब्रह्म में शांति हो, सर्वत्र शांति हो। यजुर्वेद में तीनों लोकों के लिए शांतिमय वातावरण की प्रार्थना की गई है। शांतिमय, मधुमय और सौंदर्यमय पर्यावरण वैदिक कवियों की विशेष कामना है। वे प्रकृति और प्राणियों के बीच प्रेम, सौहार्द और सामंजस्य का वातावरण चाहते हैं। ऋग्वेद में पशु-पक्षियों और वनस्पतियों के विभिन्न प्रकारों की चर्चा करते हुए उनके कल्याण की कामना की गई है। पशु-पक्षी प्रकृति और पर्यावरण के अंग हैं। वे अपनी भूमिकाओं से जीवन को समृद्ध करते हैं। इसी तरह वनस्पतियां न केवल मनुष्य के लिए भोजन और औषधि का उपहार देती हैं, बल्कि

अपनी सुंदरता से प्रफुल्लित वातावरण का निर्माण भी करती हैं। पेड़-पौधे सदा हरे-भरे रहें, ऐसी कामना के साथ ऋग्वेद के 'औषधि सूत्र' में उन्हें मां कहकर आदर दिया गया है। अथर्ववेद में भी पृथ्वी से विनती है कि हमें अपनी जरूरत पूरी करने के लिए तुम्हें खोदना पड़ेगा, पर तुम जल्दी हरी-भरी हो उठो। यजुर्वेद में यक्ष से एक ओर देवता प्रसन्न होते हैं, तो दूसरी ओर उसके औषधियुक्त धुएं से वातावरण शुद्ध, स्वच्छ और ऊर्जास्वित रहता है। यह मनुष्य को दीर्घजीवी बनाता है और पौधों को रोगमुक्त रखता है। यह शांतिपूर्ण वातावरण के लिए आवश्यक है।

सूर्य अपनी किरणों द्वारा समुद्र से जल लेता है, पृथ्वी मेघ से जल प्राप्त कर रसपूर्ण होती है, जल से पेड़-पौधे हरे-भरे रहते हैं, फिर प्राणियों को भोजन प्राप्त होता है। इनमें से एक की भी हानि का अर्थ है सृष्टि-चक्र में गड़बड़ी। वैदिक ऋषि सभी प्राकृतिक शक्तियों को आदर देते हुए उनकी रक्षा का संदेश देते हैं। वैदिक ऋषि जानते थे कि मनुष्य के लिए अच्छा पर्यावरण कौन-सा है और कैसे मनुष्य अपने पर्यावरण को अधिक अनुकूल बना सकता है।

मनीषा झा

वैदिक षड्दर्शन

वैदिक साहित्य में छह दर्शनों का खास महत्व है। वे हैं—पूर्वमीमांसा, सांख्य, वैशेषिक, न्याय, योग और वेदांत। तीन दर्शन अनीश्वरवादी हैं और तीन ईश्वरवादी। (इन सभी पर अलग से भी देखें)। इनकी भूमिका सिर्फ भौतिकवाद और आदर्शवाद के पक्ष में खड़े होने तक सीमित नहीं है। हम इनमें परस्पर विरोधी तत्वों के बावजूद एक खास काल की ताजगी, उदात्तता और विकास पा सकते हैं। ये दर्शन वैदिक साहित्य की व्याख्या में बहुलतावाद का ही परिचय नहीं देते, तर्क को भी पर्याप्त प्रतिष्ठा देते हैं, जो दर्शन की रीढ़ है। ये लगभग हजार साल के दार्शनिक भारतीय मानस की आस्थाओं को ही नहीं, संशयों को भी उजागर करते हैं। इनमें प्राचीन जिज्ञासु मानव के न्याय, विवेक और नैतिक बोध का सूर्य उगता है।

वैदिक दर्शन ईश्वर के बारे में धार्मिक चिंतन से अलग थे। राहुल सांकृत्यायन ने इन दर्शनों पर आरोप लगाया कि ये सदा से 'धर्म के लग्गू-भग्गू' थे। दर्शनों को बौद्धिक छलावा भी माना गया। भारत कई धर्मों की महान भूमि है, पर इस देश में शुरू से ही प्रश्न और तर्क करने की परंपरा रही है। वैदिक दार्शनिकों ने भी अपनी बौद्धिक स्वतंत्रता का परिचय दिया है। उनके वैचारिक लोकतंत्र में एक ही ढंग से सोचने की बाध्यता नहीं है।

दर्शन उस वातावरण से अप्रभावित नहीं होता, जहाँ वह जन्म लेता और विकास करता है। फिर भी दर्शन किसी खास धर्म या संस्कृति तक सीमाबद्ध नहीं होता, उसमें एक विश्वदृष्टि होती है। धर्म को मान्यता देते हुए भी दर्शन उसकी चारदीवारी में बंद रहना कभी पसंद नहीं करता। हर धर्म पूर्णता का दावा करता है और दूसरे धर्मों के असर से अपने को कठोरतापूर्वक अलग रखता है, जबकि दर्शन अपने तर्क की परिधि में अधिक समावेशी, विवेकसम्मत और वैश्विक होता है। दर्शनों ने धर्म को प्रभावित किया है और कई बार जोखिम उठाकर उसे चुनौती भी दी है। यदि दर्शन एक स्वायत्त सत्ता नहीं है तो वह कोई गुलाम भी नहीं है। वैदिक दर्शनों ने तर्कों और आदर्शों के अपने संसार रचे ताकि धर्म, राजनीति, साहित्य, कलाएं नई राह पकड़ सकें।

राहुल सांकृत्यायन ने दर्शन के उदात्त गुणों की ओर संकेत किया है, 'विश्वव्यापी दर्शन की धारा देखने से मालूम होगा कि वह राष्ट्रीय की अपेक्षा अंतरराष्ट्रीय ज्यादा है। दार्शनिक विचारों को ग्रहण करने में उसने कहीं ज्यादा उदारता दिखाई, जितना धर्म ने दूसरे देश के धर्म को स्वीकार करने में। यह कहना गलत होगा कि दर्शन के विचारों के पीछे आर्थिक प्रश्नों का कोई लगाव नहीं था, तो भी धर्मों की अपेक्षा वह एक राष्ट्र के स्वार्थों को दूसरे राष्ट्र पर बहुत कम लादना चाहता रहा। इसलिए हम जितना गंगा-आमू-दजला और नालंदा-बुखारा-

बगदाद-कार्दोवा का स्वतंत्र स्नेहपूर्ण समागम दर्शनों में पाते हैं, उतना साइंस के क्षेत्र से अलग कहीं नहीं पाते।' (दर्शन-दिग्दर्शन)। वैदिक दर्शन ग्रीक दर्शनों की तरह सत्य पर विचार करते हैं और जीवन के उच्च लक्ष्यों की ओर संकेत करते हैं। वे महज 'स्वप्नावस्था की उपज' नहीं हैं। हम पाते हैं कि कई वैदिक दर्शन ईश्वर को मान्यता नहीं देते। इन दर्शनों में माना गया है कि नास्तिक वह नहीं है जो ईश्वर को नहीं मानता, बल्कि वह है जो वेदों की निंदा करता है। लोकायत या चार्वाक परंपरा को इसलिए नास्तिक कहा गया कि उसमें वेदों की निंदा है।

वैदिक दर्शनों में एक है वेदांत। इसका ज्यादा विकास हुआ। इसे आदर्शवादी दर्शन कहा गया, जो अंध भौतिकवाद का विरोध करता है। वैदिक दर्शनों के संबंध में आदर्शवाद बनाम भौतिकवाद की बहस चली है। देवी प्रसाद चट्टोपाध्याय आदर्शवाद का प्रतिपक्ष खड़ा करते हुए दर्शन की भौतिकवादी परंपरा का मूल्यांकन करते हैं और वैदिक दर्शनों की भूमिका की सख्त आलोचना करते हैं। वे यह भी प्रतिपादित करते हैं कि वेदों की प्रामाणिकता के प्रति न्याय-वैशेषिकों की श्रद्धा बनावटी एवं रणनीतिक थी। देवी प्रसाद चट्टोपाध्याय का कहना है कि गौतम और कणाद ने वैदिक कर्मकांड का जो समर्थन किया, वह बनावटी था। वह लिखते हैं, 'न्याय-वैशेषिक दर्शन के मूल प्रवर्तकों की यही स्थिति है। प्रताड़ित होने से बचने के लिए विज्ञान और अंधविश्वास का सम्मिश्रण करके दर्शन को वे कुछ विचित्र ही रूप प्रदान कर देते हैं। इस समझौते से भारतीय दार्शनिक परंपरा को जो लाभ होता है, उसे नजरअंदाज नहीं किया जा सकता। धर्मशास्त्र-प्रणेताओं और निहित स्वार्थों के अन्य प्रवक्ताओं ने जो राजनीतिक वातावरण खड़ा कर दिया था, उसमें यह कल्पना करना भी कठिन था कि तर्कविज्ञान और परमाणुवाद पर्याप्त रूप से धर्मनिष्ठ होने का दिखावा किए बिना, आधिकारिक रूप से स्वीकृत दर्शन-क्षेत्र में कोई स्थान प्राप्त कर सकते हैं।' (भारतीय दर्शन में क्या जीवित है और क्या मृत)। प्राचीन दार्शनिक इतने रणनीतिक स्तर पर सोचते होंगे, ऐसा नहीं लगता। आधुनिक दर्शनशास्त्रियों का एक वर्ग भारतीय दार्शनिक विकास को आदर्शवाद के तट पर पटक देता है तो दूसरा वर्ग भौतिकवाद के तट पर। आधुनिक दर्शनशास्त्री भारतीय दर्शन के आदर्शवादी तथा भौतिकवादी तत्वों के अपृथक विकास की उपलब्धियों और विडंबनाओं को रेखांकित नहीं कर पाते।

दरअसल, भारतीय दर्शन के भौतिकवादी तत्वों के महत्व को समझते हुए उस खास ऐतिहासिक युग में आदर्शवाद की सकारात्मक भूमिका को भी समझने की जरूरत है।

देवी प्रसाद चट्टोपाध्याय लिखते हैं, 'प्रश्न भौतिक जगत की वास्तविकता और इसकी प्रकृति तथा संघटना से संबंधित जांच-पड़ताल की उपयोगिता का है, यह भारतीय दार्शनिकों को दो परस्पर विरोधी शिविरों में विभक्त कर देता है। स्पष्टतः यहीं हमें भारतीय दर्शन के मौलिक अंतर्विरोधों को खोजना होगा, जो भारत की दार्शनिक विरासत को व्यवस्थित रूप से समझने का प्रारंभ बिंदु है।' (वही)। राहुल सांकृत्यायन को लगा था कि 'उपनिषद के मंत्रकर्ता ने अपनी प्रथम और अंतिम शिक्षाओं से राज्य के हाथ को मजबूत करना चाहा।' (दर्शन-दिग्दर्शन)। श्रीनिवास सरदेसाई को लगा, 'वेदांत का तत्वज्ञान सत्ताधारी शोषक वर्ग का था।' (भारतीय दर्शन)। निश्चय ही वेद, उपनिषद या वेदांत तथा भारतीय आदर्शवाद के गतिशील सकारात्मक रूपों को क्षयशील आदर्शवाद से अलग करना चाहिए। भारतीय परंपरा के अध्ययन में आदर्शवाद के अंतर्विरोधों को समझने का प्रयत्न करना चाहिए, न कि वेदांत की आदर्शवादी दार्शनिक परंपरा की ऐतिहासिक भूमिका को समझे बिना उसे बिल्कुल नकार देना सही होगा। वैदिक दर्शनों में दोनों तरह के आदर्शवाद संभव हैं–उत्थानशील और क्षयशील। भारतीय दर्शनों की भौतिकवादी परंपरा में सब कुछ को जीवंत और उनकी आदर्शवादी परंपरा में सब कुछ को मृत मान लेने को यांत्रिक दार्शनिक समझ कहा जा सकता है।

शंभुनाथ

अधिक जानकारी के लिए :
1. भारतीय दर्शन में क्या जीवंत है और क्या मृत : देवीप्रसाद चट्टोपाध्याय, 1984, **2. दर्शन-दिग्दर्शन :** राहुल सांकृत्यायन

वैदिक सभ्यता

भारतीय इतिहास में जिन दो सभ्यताओं को हम सुनते आए हैं, उनमें हड़प्पा सभ्यता की सत्ता पुरातात्विक साक्ष्यों से सिद्ध होती है तो वैदिक सभ्यता का अस्तित्व वैदिक वाङ्मय के साहित्यिक प्रमाणों से पुष्ट होता है। विद्वानों द्वारा दोनों में परस्पर साम्य और वैषम्य खोजे गए हैं। सिंधु घाटी के भग्नावशेषों में मिली हड़प्पा सभ्यता को मूल वैदिक सभ्यता सिद्ध करने वाले विद्वान भी हैं। बालगंगाधर तिलक ने वैदिक सभ्यता को 'आर्य सभ्यता' कहा था और प्रतिपादित किया था कि आर्य सभ्यता का प्रारंभ प्राचीनतम वैदिक काल से भी पहले हो चुका था। (आर्कटिक होम इन द वेदाज, भूमिका, IX)। रामविलास शर्मा ने 'पश्चिम एशिया और ऋग्वेद' नामक ग्रंथ में वैदिक और सिंधु घाटी की सभ्यताओं के अंत:संबंधों पर प्रकाश डालते हुए पश्चिम एशिया के देशों में वैदिक सभ्यता के प्रसार पर नए ढंग से विचार किया है।

दामोदर धर्मानंद कोसंबी ने आर्य का अर्थ बताया है, 'स्वतंत्र', 'श्रेष्ठ' और 'तीन उच्च वर्णों का सदस्य'। उन्होंने वैदिक सभ्यता को पशु पालन से जोड़ा, 'पुरातत्व से हमें जानकारी मिलती है कि आर्य ईसा पूर्व दूसरी सहस्राब्दी में युद्धप्रिय खानाबदोश लोग थे। उनके भोजन के मुख्य स्रोत और संपत्ति मवेशी थे जिन्हें वे महाद्वीप के विशाल विस्तार में चराते रहते थे। घोड़े को वे रथ के साथ निपुणता से जोत नहीं पाते थे, परंतु इससे उन्हें सामरिक दांव-पेंचों के लिए गति और युद्ध में श्रेष्ठता मिली। आर्य कबीलों का संगठन पितृसत्तात्मक था। ...आर्य देवता भी अधिकतर पुरुष ही हैं, पर कुछ देवियां पहले के युगों से और पहले के लोगों से ली गई थीं।' (प्राचीन भारत की संस्कृति और सभ्यता)। प्राचीन वैदिक सभ्यता की व्याख्या करते हुए ऐतिहासिक भौतिकवाद और नृतत्वशास्त्रीय निष्कर्ष, दोनों का उपयोग किया गया है। रामशरण शर्मा वैदिक और उत्तर-वैदिक काल के संदर्भ में उत्पादन तकनीक में प्रगति को आधार बनाकर अपनी व्याख्या देते हैं और कोसंबी से अलग राह पकड़ते हुए अधिक व्यापक चीजों की ओर संकेत करते हैं, 'प्राचीनकाल की अनेक सभ्यताओं में राज्य और शहरी जीवन का उदय एक साथ होता है।'(प्राचीन भारत में भौतिक प्रगति और सामाजिक संरचनाएं)। वे वैदिक और उत्तर-वैदिक काल के धार्मिक-आनुष्ठानिक अभिप्रायों और धातुविज्ञान के विकास के आधार पर भौतिक प्रगति का चित्र खींचते हैं। इतना स्पष्ट है कि वैदिक सभ्यता का अध्ययन पुरातात्विक साक्ष्यों से संभव नहीं है, साहित्यिक साक्ष्य ही उपलब्ध हैं।

रामशरण शर्मा वैदिक सभ्यता का क्षेत्र ऋग्वेद के आधार पर सप्त सिंधु और 'लगभग पंजाब' क्षेत्र को मानते हैं। वह स्वीकार करते हैं, 'ऋग्वेद में सांपत्तिक आधिपत्य के शब्द तथा अन्य इंडो-यूरोपीय भाषाओं के समानांतर शब्द प्राचीनतम वैदिक समाज में संपत्ति के स्वरूप पर प्रकाश डालते हैं।' (वही)। वे उस युग में घोड़ों, लोहे और कृषि के साक्ष्य के अभाव की बात करते हैं। हालांकि यह भी कहते हैं, 'प्रचलित शब्द हल ऋग्वेद में उपलब्ध नहीं है, परंतु दो अन्य शब्द लाङ्गल तथा सीर प्राचीनतम मंडलों में मिलते हैं। ...चौथे मंडल में, जिसका एक संपूर्ण मंत्र कृषि-कार्य से संबद्ध है, हल के फाल और हल द्वारा निर्मित रेखाओं (सीता तथा सुनु) की चर्चा है।' (वही)। वह हॉपकिंस के उदाहरण से यह भी कह देते हैं कि वंश मंडलों में चौथा मंडल सबसे बाद का है। रामशरण शर्मा दुविधा से निकल नहीं पाते, हालांकि उनका यह संकेत सही है कि वैदिक सभ्यता सैकड़ों साल में कई चरणों में विकसित हुई।

रामविलास शर्मा ने ऋग्वेद के साक्ष्यों के आधार पर वैदिक सभ्यता के जो चित्र दिए हैं, वे महत्वपूर्ण हैं। उनकी पुस्तक 'भारतीय संस्कृति और हिंदी प्रदेश' की शुरुआत ही प्राचीन जन और

कृषि-तंत्र की विवेचना से होती है। उन्होंने आर्यों को घुमंतू जन न कहकर रामशरण शर्मा की धारणा को आगे बढ़ाया। उनके अनुसार, ऋग्वेद के समाज में 'व्यक्तिगत संपत्ति दृढ़ता से स्थापित है। समाज में संपत्ति-भेद पैदा हो गया है। वर्ण निर्मित हो रहे हैं, पर वे अभी पूरी तरह स्थापित नहीं हुए। यह किसानों और कारीगरों का तंत्र है, न तो बड़े पैमाने पर व्यापारियों के भूमि का केंद्रीकरण हुआ है और न बड़े ही पैमाने पर व्यापारियों के यहां वित्त का केंद्रीकरण हुआ है। इसलिए किसान और कारीगर कुल मिलाकर अपने श्रम फल के स्वामी हैं। ऋग्वेद में जो जीवंत आशावाद दिखाई देता है, उसका आर्थिक आधार यही है।' ऋग्वेद में कहा गया है, 'न ऋते श्रान्तस्य सख्याय देवाः' (4.33.11)। देवता उसी के सखा बनते हैं जो परिश्रम करता है। इस तरह वैदिक सभ्यता और संस्कृति का संबंध कृषि-संबंध से है। उसका संबंध परिवार की धारणा, अग्नि और लोहे के उपयोग, उर्वरा भूमि, बादल, सिंचाई और बैल से भी है। उसका संबंध दूध से ही नहीं, अन्न से भी है। अगस्त्य के लिए कहा गया है, 'खनित्रैः खनिमानः' (1.179.6)। कुदाल या फावड़े से जमीन खोदी जाती थी। ऋग्वेद में 'मुख्य बल खेती करने, हल चलाने, बीज बोने, सिंचाई करने आदि पर है। गोशालाएं बनाने, कुओं से पानी निकालने, रस्सी बंटने, पशुओं के जल पीने की व्यवस्था की चर्चा है, (ऋग्वेद, 10.101.3-8)। कीथ और मैकडोनल ने चक्र द्वारा सिंचाई की व्यवस्था करने की जो बात कही है, उसका आधार यही मंत्र है।

एक मंत्र में 'अश्मानं आयसम्' अर्थात पत्थर और लोहा, दोनों का उल्लेख है। अयस् (लोहे) से बने वज्र का प्रहार किया गया है (1.121.9)। 'अयस्' का अर्थ है लोहा। इसका तात्पर्य है वैदिक जन प्रस्तर-युग छोड़ कर लौह-युग में प्रवेश कर गए थे। ग्रिफिथ ने 'अयो अग्रमा' (10.99.6) का अर्थ किया है 'जिसका अग्र भाग लोहे का है'। लोहे और काठ के मेल से वैदिक सभ्यता विकसित हुई। अग्नि का आविष्कार काफी पहले हुए होगा, पर वैदिक जनों ने उसे भौतिक जीवन में ही नहीं, धार्मिक-अनुष्ठानिक स्तर पर भी महत्व दिया। वे अग्नि के लिए प्रकृति पर निर्भर नहीं थे। वे गुफा या कुंड में उसे काठ में जलाकर रखते थे। कई जगहों पर 'भारतः अग्नि' का प्रयोग हुआ है (4.25.4-16-19)। सिंधु नदी को 'हिरण्ययी' कहा गया है (10.75.8), हिरण्य का अर्थ है सोना।

स्त्रियां कपड़ा बुनने का काम करती हैं, 'मातरः पुत्राय वस्त्रा वयन्ति' (5.47.6)। इसका अर्थ है चर्म उद्योग के साथ वस्त्र उद्योग भी था। आकाश में सूर्य की किरणें देखकर वैदिक जनों को लगता था कि सूर्य नए-नए धागे लेकर वस्त्र बुनता है–'नव्यं तव्यं तन्तुं तत्वते' (1.159.4)। एक मंत्र में वरुण से कहा जाता है, 'हे वरुण, मैं मिट्टी के घर में रहना नहीं चाहता। हे उत्तम क्षात्र बल वाले देव! मुझे सुखी कर आनंदित कर।' (7.89.1)। जो कपड़े बनाता हो, घर बनाता हो, वह नापने के कौशल के बिना यह काम नहीं कर सकता। माया का संबंध निर्माण-कौशल से है, 'याभिः मायामिः यज्ञियं भागं आनश (3.60.1) सातवेलकर ने 'मायिनः' का अर्थ कुशल कारीगर बताया है। महाभारत में मय का जिक्र है, जिसने पांडवों का भवन बनाया। 'मही माया' को पहले अच्छे अर्थ में लिया जाता था, इसकी जीवन में आवश्यकता थी। रामविलास शर्मा उपर्युक्त उदाहरणों के अलावा एक बड़ी चीज ढूंढ़ निकालते हैं, 'यह मेरा हाथ भगवान है।' (10.60.12)। वैदिक ऋषि श्रम करते हैं; वे सिर्फ यज्ञ ही नहीं करते रहते हैं। वैदिक सभ्यता में श्रम को केंद्रीयता देते हुए व्यक्तिगत संपत्ति का चलन एक बड़ी घटना है।

रामविलास शर्मा कहते हैं, 'व्यक्तिगत संपत्ति की स्थापना करने के साथ ऋग्वेद में जिस परिवार की प्रतिष्ठा की जाती है, उसमें प्रधानता पति और पत्नी दोनों की है। दंपति एक विशेष प्रकार का शब्द है। इसके प्रतिरूप अन्य देशों की भाषाओं में नहीं मिलते। दम का अर्थ है घर और पति का अर्थ है स्वामी। ...उसमें पति और पत्नी, दोनों शामिल हैं।... अग्नि देव पति और पत्नी, दोनों के मन को मिलाते हैं–'दंपति समनसा कृणोषि' (5.3.2)। मित्र का काम

है कि वह दंपति को मिलाता है। (10.68.2)। (वही)। ऋग्वेद में ऋषि लोग पुत्र ही मांगते हैं, पितृसत्तात्मक व्यवस्था है, पर 'आपःमातरः' जल-माताएं भी हैं। अखंड प्रकृति की प्रतीक अदिति है, जो एक अद्वैत शक्ति है–द्युलोक, अंतरिक्ष, माता-पिता-पुत्र सभी देव अदिति हैं। ग्रीक मिथकशास्त्र में अदिति के समान भव्य और गूढ़ दार्शनिक अर्थ रखने वाली कोई देवी नहीं है।

ऋग्वेद में सरस्वती नदी की बहुत प्रशंसा की गई है। इसके तटों पर यज्ञादि होते रहते थे। वेदकालीन धर्म यज्ञप्रधान था। यज्ञ वह विधि है जिससे प्राकृतिक संतुलन, पर्यावरण की सुरक्षा, वायुमंडल की पवित्रता, रोगनाश, शारीरिक एवं मानसिक उन्नति और दीर्घायुष्य की प्राप्ति होती है। वैदिक कवि अपने प्राकृतिक परिवेश के प्रति अत्यंत सचेत थे। प्रकृति की विभिन्न भौतिक शक्तियां ही देवता के रूप में स्वीकृत थीं, जैसे–अग्नि, सूर्य, मरुत, उषा, जल के देवता वरुण आदि। द्युस्थान में सूर्य, अंतरिक्ष स्थान में इंद्र और पृथ्वी स्थान में अग्नि को प्रधान देवता बताया गया। देवी-देवताओं की विपुलता में एक परमसत्ता को स्वीकार किया गया था–'एकं सद् विप्रा बहुधा वदन्ति' (ऋ.1.164.46)। यह मंत्र घोषणा करता है कि सत एक है, विद्वान उसे विविधतया पुकारते हैं।

अथर्ववेद के वर्णन के अनुसार, स्त्री पति के साथ सामूहिक यज्ञों और युद्धों में भाग लेती थी। अथर्ववेद के एक मंत्र में 'समन' शब्द का प्रयोग है (20.126.10)। इसके दो अर्थ हैं–समारोह और युद्ध। इंद्राणी, शची, अपाला, घोषा, काक्षीवती, लोपामुद्रा, सूर्यासावित्री, उर्वशी आदि ऋषिकाओं के नाम हैं। बहुविवाह के उदाहरण मिलते हैं। याज्ञवल्क्य की दो पत्नियों मैत्रेयी और कात्यायनी की चर्चा बृहदारण्यक उपनिषद में है। उत्तर-वैदिक काल में वर्ण-व्यवस्था का स्वरूप निर्मित होता हुआ दिखाई देता है। उसका कठोरतम रूप यहां परिलक्षित नहीं होता।

ऋग्वेदकालीन समाज में भोजन, पेय, वस्त्र, परिधान, आभूषण आदि के व्यापक संकेतों से सूचित होता है कि उस युग के समाज में समृद्ध और सुखी जीवन को महत्व दिया जाता था। उत्तर-वैदिक संस्कृति में दान का आदर्श अर्थव्यवस्था को नैतिकता से जोड़ देता है।

वैदिक सभ्यता के अंतर्गत राजनीतिक जीवन के जो दृश्य उपलब्ध होते हैं, उनमें राष्ट्र की रक्षा को सर्वोपरि माना गया है। राजनीतिक दृष्टि से समाज को पांच भागों में बांटा गया है–कुल, ग्राम, विश, जन और राष्ट्र। इनके स्वामियों को क्रमशः गृहपति, ग्रामणी, विशपति, जनति और राजा कहा गया है। राष्ट्र की श्रीवृद्धि और शत्रुओं का नाश करना राजा का दायित्व था। राजतंत्र और प्रजातंत्र प्रणालियां सभा एवं समिति, राजा का निर्वाचन, सेना, युद्ध, दुर्ग आदि के राजनीतिक विवरण वैदिक वाङ्मय में बहुलता से मिलते हैं। वैदिक दर्शन और आचार-विचार से संबद्ध विचार आर्य सभ्यता के आंतरिक पक्ष को दृढ़ता प्रदान करते हैं। विश्वशांति, विश्वबंधुत्व और सह-अस्तित्व जैसे भारतीय सभ्यता के मूल तत्व वेदों में प्रतिबिंबित हुए हैं।

वैदिक सभ्यता का प्रथम चरण अग्नि को सुरक्षित रखने की विधि से आरंभ होता है, तो दूसरा महत्वपूर्ण पड़ाव इसकी विकास-यात्रा में चक्र या पहिए के निर्माण के साथ आता है। वैदिक जनों ने अपनी अंतर्दृष्टि से प्रकृति और मनुष्य के अविभाज्य संबंध को पहचाना था। उन्होंने आधिभौतिक, आधिदैविक तथा आध्वात्मिक इन तीन स्तरों पर उस समय उपलब्ध सृष्टि के समस्त भौतिक पदार्थों का साक्षात्कार किया था। जीवन के बारे में एक समग्र दृष्टि वैदिक सभ्यता का विश्व संस्कृति के लिए महत्वपूर्ण अवदान है।

शशि तिवारी

अधिक जानकारी के लिए :

1. भारतीय संस्कृति और हिंदी प्रदेश : रामविलास शर्मा, 1999,
2. The Vedic Age : R C Majumdar (ed.) 1996

वैधता

वैधता (Legitimacy) वैधानिकता (Legality) से भिन्न चीज है। वैधानिकता का संबंध

संवैधानिक राह से आई चीजों से है, जबकि वैधता सामाजिक और लोकतांत्रिक संस्थाओं द्वारा प्राप्त होती है। दहेज लेना और देना दंडनीय अपराध है। दहेज पर पाबंदी है, पर इसे वैधता तब मिलेगी, जब समाज में इसे वास्तविक स्वीकृति मिलेगी। इसके लिए ज्यादा-से-ज्यादा लोगों में साहस पैदा होगा। यह बिल्कुल संभव है कि समाज में वैधानिकता और सामाजिक वैधता के बीच संबंध नहीं रह जाए। तीसरे जेंडर के संबंध में कानून बन गए हैं, फिर भी उसे सामाजिक वैधता अभी नहीं मिली है। कई नए विधान सामाजिक वैधता की प्रतीक्षा में होते हैं। वैधानिक निर्देश शासन की तरफ से आते हैं, पर वैधता आधुनिक और लोकतांत्रिक चेतना के विकास पर निर्भर है। इसका दूसरा पहलू यह है कि कुछ चीजें ऐसी हो सकती हैं जिन्हें सामाजिक वैधता प्राप्त है, मगर वे अवैधानिक हैं। देश के कुछ इलाकों में बाल विवाह ऐसा ही एक उदाहरण है।

दिनेश कुमार शर्मा

वैशेषिक दर्शन

वैशेषिक दर्शन एक वस्तु से दूसरी वस्तु को विशिष्ट मानता है। इसलिए इसका नाम पड़ा वैशेषिक। कणाद इस दर्शन के प्रवर्तक माने जाते हैं। यह दर्शन वस्तुओं में मौलिक भेद देखता है, उदाहरण के तौर पर पृथ्वी, जल, अग्नि आदि में भेद है। वेदांत जगत की रचना के लिए मकड़ी का उदाहरण देता है। मकड़ी अपने पेट से तंतु निकाल कर जाला बुनती है, वह सामग्री के लिए किसी दूसरी चीज पर निर्भर नहीं रहती। वैशेषिक दर्शन ईश्वर की उपमा कुम्हार या जुलाहे से देता है। कुम्हार मिट्टी उत्पन्न नहीं करता, सिर्फ उसे घड़े का रूप प्रदान करता है। इसी तरह जुलाहा सूत नहीं पैदा करता, सिर्फ तंतुओं से कपड़ा बुनता है। इसी तरह पृथ्वी, जल, वायु के परमाणु नित्य हैं। ईश्वर न इन्हें पैदा करता है और न इनका नाश करता है, वह सिर्फ रूपाकार देता है। वैशेषिक दर्शन के अनुसार परमाणुओं के टकराव या मिश्रण से वस्तुएं बनती हैं, इसमें किसी अन्य का योग नहीं होता।

उपनिषदों ने भौतिक जगत को मान्यता नहीं दी थी। कणाद ने न केवल इसे यथार्थ कहा, बल्कि बताया कि यह ईश्वर द्वारा निर्मित नहीं है। कणाद के 'वैशेषिक सूत्र' का आरंभ इस प्रसिद्ध कथन से हुआ, 'अब मैं धर्म का व्याख्यान करता हूं, जिससे लौकिक और पारलौकिक सुख मिले, वह धर्म है।' उनके दर्शन में योगी की विशेष क्षमता और मोक्ष का प्रतिपादन है। फिर भी कणाद के वैशेषिक दर्शन के मुख्य सार का संबंध पदार्थवाद से है। इस दर्शन के अनुसार, धर्म मनुष्य को केवल काल्पनिक ज्ञान नहीं कराता, यथार्थ ज्ञान भी कराता है। वस्तुएं जिस रूप में हैं, उस रूप में उनका ज्ञान कराना धर्म का काम है। पारलौकिक (निःश्रेयस) के साथ लौकिक (अभ्युदय) को इतना महत्व देना कणाद की प्रगतिशीलता है। कणाद ने पदार्थवाद एवं धर्म की लौकिकता का प्रवर्तन कर वस्तुतः अध्यात्म को अपर्याप्त करार दिया था।

कणाद के दर्शन को परमाणुवाद कहा जाता है, क्योंकि वह भौतिक जगत की सभी वस्तुओं का विकास परमाणु से मानता है। वैशेषिक ने सभी वस्तुओं को नौ कोटियों में बांटा–पृथ्वी, जल, आग, हवा, आकाश, समय, दिशा, आत्मा और मन। इनमें पहली चार भौतिक वस्तुएं हैं तथा बाकी अभौतिक। पहली चारों वस्तुओं के प्राथमिक परमाणु शाश्वत हैं। उनका निर्माण किसी ने, ईश्वर ने भी नहीं किया। जैसे घड़ा टुकड़े-टुकड़े हो सकता है, किंतु उसके परमाणुओं को कभी नष्ट नहीं किया जा सकता। कणाद ने इससे भी आगे बढ़कर यह सोचा कि चेतना, बुद्धि इत्यादि भी पदार्थ के ही संश्लिष्ट सम्मिश्रणों की उपज हैं। यहाँ तक कि दिक् और काल भी पदार्थ हैं।

परमाणुवाद को भौतिकवादी दर्शन माना जाता है, लेकिन कणाद के वैशेषिक सूत्र में पुण्य-लाभ के लिए ब्राह्मण भोज, दान-दक्षिणा, उपवास-व्रत तथा

पुरोहित वग्र के विशेषाधिकारों का समर्थन है। नए दर्शन में पुरानी धारणाएं और संस्कार बहुत कुछ अपने आप चिपके होते हैं, क्योंकि पुरानी सामाजिक संरचना के तत्व नए विकासों के बावजूद काफी ताकत से सक्रिय रहते हैं। इसलिए भारतीय दर्शन की अनीश्वरवादी धारा में भी आदर्शवादी दर्शन के धर्मपोषक तत्त्व थे।

भौतिकवादी दृष्टिकोण तक पहुँचकर भी भारतीय दार्शनिक धार्मिक रूढ़ियों से क्यों घिरे रहे? क्यों बार-बार हिमालय की ओर चलकर अंततः समुद्र के नजदीक पहुंचे? कणाद को जीवन और शक्तियों के स्रोत के रूप में अंततः आत्मा की धारणा उपस्थित करनी पड़ी। वह अपने परमाणुवाद को परिवर्तन के समग्र भौतिकवादी दर्शन में विकसित नहीं कर सके। इसलिए लौटकर उन्होंने आदर्शवाद का संरक्षण किया।

उपर्युक्त मामले को सर्वपल्ली राधाकृष्णन (भारतीय दर्शन-2) और राहुल सांकृत्यायन (दर्शन-दिग्दर्शन) दोनों ने एक स्वर से बौद्ध 'अनित्य' और 'अनात्म' के विरुद्ध कणाद की दार्शनिक प्रतिक्रिया कहा। हालांकि खुद बौद्ध दर्शन का 'अनित्य' और 'अनात्मवाद' भी ज्यादा आगे नहीं बढ़ा था और पुनर्जन्मवाद में लौट आया था। कणाद ने परमाणुवाद की धारणा अनीश्वरवादी जैन धर्म से ली थी, जिसके अनुसार भौतिक वस्तुएं सूक्ष्म परमाणुओं से बनी हैं। उस युग के धर्मों में टकराहट हो, दार्शनिक भूमि पर सम्मिश्रण हो रहा था। यह दार्शनिक जिज्ञासा का ही परिणाम है कि वैशेषिक दर्शन ने पदार्थ जगत को सत्य माना।

शंभुनाथ

अधिक जानकारी के लिए :
1. भारतीय दर्शन में क्या जीवंत है और क्या मृत : देवीप्रसाद चट्टोपाध्याय, 1984, **2. Studies in Nyay Vaisheshik Metaphysics :** S Bhaduri, 1947, **3. A History of Indian Logic :** S C Vidyabhushan, 1921

वैश्वानर

वैश्वानर वैदिक साहित्य में अग्नि के अनेक नामों में से एक है। एक मत से पृथ्वी पर जलने वाली अग्नि ही वैश्वानर है, दूसरे मत से वह दिव्य लोक में स्थित है। एक जगह उसे दिव्य जलधाराओं (आपः) में भी प्रविष्ट बताया गया है (ऋग्वेद, सातवां मंडल)। अथर्ववेद के छठे कांड के इकहत्तरवें सूक्त में प्रार्थना है—वैश्वानर की महिमा से अन्नद्र शुभ और मधुमत हो। नचिकेता यम के घर तीन रातों तक भूखा-प्यासा यम की प्रतीक्षा करता रहा। बाहर से लौटने पर यम ने कहा—ब्राह्मण अतिथि घर में प्रवेश करता है तो वैश्वानर भी प्रवेश करता है, उसकी शांति की जाती है, हे वैवस्वत! जल ले आओ (कठोपनिषद्, 1/1)। स्पष्ट है कि यहां जठराग्नि या भूख-प्यास के लिए वैश्वानर शब्द का प्रयोग हुआ है। छांदोग्य उपनिषद के ग्यारहवें से बीसवें खंड तक उद्दालक आरुणि और केकय अश्वपति का प्रसंग है जो आत्मा को वैश्वानर के रूप में जानते हैं।

'प्रबंध चिंतामणि' में 'वइसानरि' प्रयोग मिलता है जिसका अर्थ है, 'वैश्वानर (आग) में'। राजस्थानी में यही 'वैसादर' है। कबीर ने आग के ही अर्थ में 'बैसंदर' शब्द का प्रयोग किया है, 'जिहि बैसंदर जग जल्या सो मेरे उदिक समान' (जिस आग से संसार जल जाता है, वह मेरे लिए जल के समान है)। शिवप्रसाद सिंह ने वैदिक संस्कृति पर आधारित 'वैश्वानर' उपन्यास की रचना की है।

अवधेश प्रधान

अधिक जानकारी के लिए :
1. वैदिक संस्कृति : गोविंद चंद्र पांडे, **2. वैश्वानर :** शिवप्रसाद सिंह

वैश्विक गरीबी

मानवाधिकारों की अंतरराष्ट्रीय घोषणा के अनुच्छेद 25 और 28 हर व्यक्ति को अधिकार प्रदान करते हैं कि वह उस अन्यायपूर्ण

वैश्विक व्यवस्था को न माने जो पर्याप्त जीवनस्तर हासिल करने के उसके अधिकार का उल्लंघन करती है और गरीबों पर अन्यायपूर्ण व्यवस्था थोपने में सहभागी बनती है। इन अनुच्छेदों के अनुसार सभी का उस अन्यायपूर्ण वैश्विक व्यवस्था में सुधार करने का सामूहिक दायित्व है जिसमें गरीब पीड़ित हैं।

इस समय विश्व में 83 करोड़ लोग कुपोषण के शिकार हैं। 1.10 अरब लोगों को शुद्ध पानी नहीं मिलता। 2.60 अरब लोग बुनियादी शौचालय से वंचित हैं। 1 अरब लोगों के पास ठीक से रहने का घर नहीं है। दो अरब लोग जरूरी दवाओं से वंचित हैं। 77.4 करोड़ वयस्क निरक्षर हैं। 21.8 करोड़ बच्चे मजदूरी करते हैं। वर्ल्ड बैंक के अनुसार 2004 तक गरीबी रेखा के नीचे जीने वालों की संख्या विश्व आबादी की 41 फीसदी थी। हर साल 1.8 करोड़ व्यक्ति गरीबी से जुड़े कारणों से मर रहे थे। एक मत के अनुसार, गरीबी के बरकरार रहने की एक बड़ी वजह दुनिया के देशों द्वारा सैन्य खर्च में बढ़ोतरी है।

संयुक्त राष्ट्र द्वारा वैश्विक गरीबी न्यूनीकरण लक्ष्य का पुनरावलोकन करते हुए बताया गया है कि 2015 में गरीबों की संख्या में 3.61 करोड़ लोग और बढ़ गए हैं, 'तर्क की दृष्टि से कोई सरकार इसे नैतिक मान्यता नहीं दे सकती है।'

इस परिप्रेक्ष्य में बताया जाता है कि मानवाधिकार का विचार तब तक कोई अर्थ नहीं रखता, जब तक 'राजनीतिक न्याय' को प्राथमिकता नहीं दी जाती। यह एक दायित्व है कि वैश्विक व्यवस्था में संस्थागत सुधारों के लिए पहल हो ताकि ऐसी घोर गरीबी मौजूद न हो, जैसी आज दुनिया में है। आज गरीब और वंचित लोगों के पास अपना कोई साधन नहीं है कि वे अपनी स्थिति सुधार सकें। वस्तुतः सरकारें, व्यावसायिक संस्थान और राजनीतिक नेता ही इस वैश्विक अन्याय के लिए खासतौर पर जिम्मेदार हैं। अतः सभी अन्यायपूर्ण संस्थानों की समीक्षा जरूरी है। इस काम में व्यक्तियों के अन्यायपूर्ण कामों की समीक्षा भी शामिल है।

थॉमस पोगे का दावा है कि उच्च आय वाले देशों के एक लाख लोग यदि अपने उपभोक्ता व्यय का सतरहवां हिस्सा कम कर दें तो उससे 300 लाख डॉलर बचता है जिससे 2.5 लाख लोगों को अत्यंत दयनीय हालत से तत्काल उबारा जा सकता है। विश्व के संपन्न लोगों के जीवनस्तर में एक फीसद की कमी हो जाए तो चरम गरीबी का बिल्कुल उन्मूलन हो जाएगा। पोगे के अनुसार, वैश्विक धन का पुनर्वितरण ही वैश्विक गरीबी का निदान है। अमीर देशों की समग्र राष्ट्रीय आय की एक फीसदी से कम धनराशि विश्व की प्रचंड गरीबी दूर करने के लिए पर्याप्त होगी। उनके अनुसार, शीतयुद्ध खत्म होने के दो दशक बाद अर्थात 2011 तक कम-से-कम 3 करोड़ लोगों को भुखमरी, प्रसव और निरोध्य रोगों के कारण हुई मौतों को रोका जा सकता था। यह विमर्श गरीबों की सहायता करने के लिए संपन्न समाजों और व्यक्तियों को दायित्व लेने के लिए कहता है। कुछ समाज और व्यक्ति दायित्व लेते भी हैं, पर ज्यादातर उदासीन रहते हैं। इस तरह वैश्विक गरीबी दूर करने के दो रास्ते सामने आते हैं—पुनर्वितरण और संस्थागत सुधार। पोगे का मानना है कि वैश्विक व्यवस्था को निश्चित मान लेना नैतिक भूल होगी। दरअसल, वैश्विक व्यवस्था के नियमों को बदलना और गरीबी का उन्मूलन बिल्कुल संभव है।

वैश्विक गरीबी के लिए गरीब देश और वैश्विक व्यवस्था, दोनों ही समान रूप से जिम्मेदार हैं। एक लोकतांत्रिक देश में नागरिकों का भी इस संदर्भ में दायित्व है। इस संबंध में उन न्यायकर्ताओं को पहचानने को लिए कहा जाता है, जिन पर कानून लागू करने का दायित्व है और वे सक्षम हैं। खासकर सरकारों द्वारा अपना दायित्व न निभा पाने

की वजह से उनकी आलोचना की जाती है, क्योंकि वैश्विक गरीबी को मनुष्यता के संपूर्ण इतिहास में मानवाधिकारों का सबसे बड़ा उल्लंघन कहा जाता है। कोई भली सरकार मूक होकर गरीबों की तकलीफों को देखती नहीं रह सकती, और सिर्फ प्रतीकों से झांसा नहीं दे सकती। राष्ट्रों के बीच बढ़ती असमानता के अलावा राष्ट्र के भीतर बढ़ा विषमता भी आने वाले दिनों में एक बड़ी चुनौती है। इसके अलावा, कर वंचना भी मानवाधिकारों की रक्षा करने के मामले में अप्रत्यक्ष तौर पर बाधा पैदा करती है। वैश्विक गरीबी खूब सोच-समझकर बनाई गई खास विश्व व्यवस्था की देन है या उदासीनता का नतीजा, इस पर बहस है। इस संदर्भ में लोकतांत्रिक प्रवृत्ति के समर्थ नागरिकों को गरीबी-उन्मूलन के लिए प्रेरित करना और शक्तिशाली व्यक्तित्वों से टकराने का जोखिम उठाते हुए वैश्विक व्यवस्था में आवश्यक सुधारों को पहचानना, दोनों कदमों का महत्व बताया जाता है।

मधु सिंह

अधिक जानकारी के लिए :

1. गरीबी का वैश्वीकरण : मिशेल चोसदुवस्की, **2. World Poverty and Human Rights :** Thomas Poge, 2008

वैश्विकता

वैश्विकता (Universality) को धर्म, दर्शन, नीतिशास्त्र, ईश्वर-चिंतन के संदर्भ में ऐसी धारणा के रूप में देखा जाता है जो देशकाल निरपेक्ष रूप से हमेशा लागू होती है। धार्मिक और पौराणिक-मिथकीय सत्य वैश्विक या सार्वभौम सत्य के रूप में देखे जाते हैं। इसी तरह प्राकृतिक न्याय और प्राकृतिक अधिकार भी हैं। कुछ नीतियों, आदर्शों और अधिकारों के संबंध में माना जाता है कि वे संस्कृति, नस्ल, धर्म, राष्ट्रीयता, लिंग आदि की भिन्नता के बावजूद स्वीकार किए जाने चाहिए। नैतिकता के कुछ नियमों और आचरण के बारे में कहा जाता है कि यदि वे दूसरों के संबंध में सही (या गलत) हैं तो हमारे संबंध में भी सही (या गलत) हैं। संयुक्त राष्ट्र के मानवाधिकारों के सार्वभौमिक घोषणापत्र को नैतिक वैश्विकता के रूप में देखा जा सकता है। यह भी कहा जा सकता है कि हर वैश्विक धारणा में जरूरी नहीं है कि सभी विश्वदृष्टियां प्रतिबिंबित मिलें और वे सभी को स्वीकार हों।

दिनेश कुमार शर्मा

वैश्वीकरण

वैश्वीकरण (Globlization) का लक्ष्य दुनिया को एक मुक्त बाजार व्यवस्था के रूप में विकसित करना है। यह बहुराष्ट्रीय कंपनियों के हितों के अनुकूल वैधानिक और भौतिक स्थितियां तैयार करना है, भले ये देश की राष्ट्रीय संस्कृतियों के प्रतिकूल हों। वैश्वीकरण ने विश्व बैंक, अंतरराष्ट्रीय मुद्रा कोष और विश्व व्यापार संगठन को इस समय दुनिया की सबसे मजबूत संस्थाएं बना दी हैं। इन्होंने पूरी स्थिति बदल दी है। आमतौर पर नागरिकता राष्ट्र की सदस्यता है, लेकिन बाजार में नागरिकता के बजाय उपभोक्ता ही वैश्वीकरण की सदस्यता के मानकों को पूरा करता है। यह नई आर्थिक संरचना दुनिया को नए स्तर पर अपने तरीके से तैयार कर रही है। इसके लिए सूचना क्रांति का उपयोग किया गया है। इसने दुनिया की विविधता को एक सलाद के रूपक में बदल दिया है।

अतीत में ब्रिटिश ईस्ट इंडिया कंपनी ने भारत में, हडसन बे कंपनी ने उत्तरी अमेरिका में, डच ईस्ट कंपनी ने इंडोनेशिया में, सेसिल रोड्स माइनिंग कंपनी ने अफ्रीका में, एंग्लो-अमेरिकन आयल कंपनी ने मध्यपूर्व के देशों में व्यापार विस्तार करते हुए वस्तुतः अपने गृह देश की सरकारों के लिए उपनिवेशवाद का मार्ग प्रशस्त कर दिया था। ऐसी कंपनियों ने अपने मुक्त व्यापार के लिए आमतौर पर जिन देशों को गुलाम बनाने का काम किया वे ही आजादी के बाद विकासशील देश कहे जाने लगे थे और उनमें कई आज उभरती हुई अर्थव्यवस्थाएं बताए जाने लगे हैं। राज्य शक्ति बहुराष्ट्रीय कंपनियों के हितों और मूल्यों

की सुरक्षा के लिए इस्तेमाल में आने लगी हैं। एक तरफ बहुराष्ट्रीय कंपनियों के हितों और मूल्यों तथा मध्यवर्ग के हितों और मूल्यों के बीच घनिष्ठ रिश्ता बन गया। दूसरी तरफ, लोकहित के कामों से सरकार ने हाथ खींचने शुरू कर दिए और गरीबों के लिए मुश्किलें पैदा हो गईं। इसी रूप में वैश्वीकरण एक विरोधाभासी तस्वीर है।

वैश्वीकरण के बारे में कहा जाता है कि इसने दुनिया में अलगाव मिटाया है, दूरियां खत्म की हैं। इतिहास में इससे पहले कभी ऐसा नहीं हुआ, एक कोने के लोग दूसरे कोने के अनजाने लोगों से अब तेजी से संपर्क बना लेते हैं। वे अनगिनत वस्तुओं और विचारों को जान लेते हैं। किसी की जड़ें अब एक देश में नहीं रह सकतीं। अमर्त्य सेन ने कहा है, 'वैश्वीकरण ने दुनिया को वैज्ञानिक और सांस्कृतिक तौर पर समृद्ध किया है और काफी लोगों को आर्थिक फायदे भी पहुंचाए हैं।' (ग्लोबलाइजेशन : होप्स एंड फीयर)। इंग्लैंड की प्रिंसेज डायना की दुर्घटना में मृत्यु को लें। डायना एक अंग्रेज महिला थी। वह कार से अपने ईजिप्शियन मित्र के साथ डच इंजिन वाली जर्मन कार में थी जिसे एक बेल्जियन ड्राइवर चला रहा था। ड्राइवर ने स्कॉच व्हिस्की ले रखी थी। इस कार का एक इटालियन पापाराज्जी पत्रकार जापानी मोटरसाइकिल पर पीछा कर रहा था। अंतिम समय में उसे एक अमेरिकन डॉक्टर ने ब्राजील में बनी दवा दी थी। यह एक सेलेब्रिटी से संबंधित मामला है, पर आज दुनिया में लोगों का पड़ोस पहले से काफी विस्तृत हुआ है। इस युग में पृथ्वी के सारे लोग एक वृहद परिवार का आभास देने लगे हैं, हालांकि पर्यावरणीय विनाश, युद्ध और गरीबी की समस्याओं का अंत नहीं हुआ है।

वैश्वीकरण की अपरिहार्यता, उसकी स्वीकृति और खुले अर्थतंत्र वाली बाजारवादी अर्थव्यवस्था के प्रति वैश्विक आकर्षण आज की एक वास्तविकता है। पूंजीवाद के अत्यंत उन्नत एवं परिष्कृत संचार माध्यमों की मदद से आज लोगों के दिलोदिमाग को चमक-दमक से भरे प्रलोभनों के पक्ष में मोड़ना आसान हो गया है। पूंजीवादी हितों को ही सार्वभौम हित बताने की कला भी काफी विकसित है। वैश्वीकरण के विस्तार में इसके प्रतिभावान सिद्धांतकारों की कुशलता भी काम कर रही है। वे प्रतिस्पर्धात्मक पूंजीवाद या समानांतर रूप से जन्म लेने वाले संयुक्त प्रतिरोधात्मक स्वरों को प्रत्यक्ष या परोक्ष रूप से दबा देते हैं। वैश्वीकरण के अध्ययन का वास्तविक अभिप्राय उस आर्थिक एवं बौद्धिक नियंत्रण को समझना है जो प्रायः पूरी दुनिया पर इच्छा-अनिच्छा से थोपा जा चुका है ताकि एक नई, न्यायपूर्ण तथा मानव मुक्ति की सही वैकल्पिक व्यवस्था की खोज की जा सके।

कल्याणकारी राज्य की शासनपद्धति में सामाजिक कल्याण की नीतियों एवं कार्यक्रम को मुख्य माना जाता था। उसकी कार्यपद्धति के केंद्र में पूरा समाज होता था। इस परियोजना में राज्य की सीमाएं सुनिश्चित करने की जरूरत होती थी। वैश्वीकरण के बाद कुछ 'बनाम' खड़े हुए, जैसे अंतरराष्ट्रीय व्यापार बनाम मुक्त व्यापार, राष्ट्र की स्वतंत्रता बनाम वैयक्तिक स्वतंत्रता, सामाजिक कल्याण बनाम कॉरपोरेट सामाजिक जिम्मेदारी आदि। वैश्वीकरण के दौर में राष्ट्र बहुराष्ट्रीय कंपनियों के हितों की रक्षा करने वाला राजनीतिक औजार बन गया। श्रम कानून कमजोर हो गए। पर्यावरणीय नियम विकसित देशों के निर्देशानुसार ढलने लगे। बाजार व्यवस्था के उदारीकरण का अर्थ है प्रतियोगिता में टिके रहने के लिए राष्ट्रों द्वारा अपने व्यापारिक नियमों को ढीला करना ताकि पूंजी, प्रौद्योगिकी, सेवा उद्योगों, व्यापार और वाणिज्य के रास्ते बेरोकटोक खुलें। विदेशी निवेश अधिकाधिक बढ़े, भले स्थानीय उद्योग-धंधों की क्षति हो। उदारीकरण विश्वास जगाता है कि वित्तीय पूंजीवाद का स्वतंत्र प्रवाह मानव कल्याण के लिए सर्वोत्तम परिणाम देगा।

भारत अन्य देशों के साथ 1991 में समझौते के बाद भूमंडलीकरण का अंग बना है और आर्थिक सुधार के कई दौर पूरे कर चुका है और आर्थिक मंदी के दरवाजे पर भी खड़ा है। पूंजीवाद की वैश्विक

उत्पादन प्रणाली की बनावट को कुछ अंत:संबंधित प्रक्रियाओं की तरह देखा गया है जिनका संबंध निजीकरण, आर्थिक सुधार और नव-उदारीकरण से है। कुछ ने वैश्वीकरण को अमेरिकीकरण भी कहा है। फ्रांसिस फूकोयामा अमेरिकीकरण को ही वैश्वीकरण मानते हैं, 'मेरा अपना मत है कि इसे अमेरिकीकरण ही होना चाहिए क्योंकि कुछ मामलों में अमेरिका विश्व में आज सर्वाधिक उन्नत पूंजीवादी समाज है। इसलिए इसके संस्थान बाजार शक्तियों के तर्कसंगत विकास का प्रतिनिधित्व करते हैं। अगर बाजार की शक्तियों को वैश्वीकरण संचालित करता है तो अनिवार्य-सी बात है कि वैश्वीकरण के साथ अमेरिकीकरण होगा ही।' जेम्स पेत्रास एवं हेनरी वेल्ट मेयर ने बताया है कि भूमंडलीकरण के पक्ष में जो तर्क और सिद्धांत गढ़े गए हैं, वे उत्तर-औपनिवेशिक दौर में नव-आर्थिक साम्राज्यवाद की सुरक्षा के उद्देश्य से हैं। (ग्लोबलाइजेशन अनमास्क्ड, 2001)

एक दृष्टि है जो वैश्वीकरण को अपरिहार्य एवं परस्पर अंत:संबद्ध सामूहिक प्रक्रिया की तरह देखती है जिसमें आवश्यकतानुसार सुधार की गुंजाइश भी है। मुख्य विचारणीय बात यह है कि एक राष्ट्र या राष्ट्रों का समूह वैश्वीकरण की प्रक्रिया में शामिल होकर स्वयं को कैसे प्रमाणित और स्थापित करे। प्रश्न है कि आखिरकार वैश्वीकरण की प्रक्रिया को गति देने और संचालित करने वाली शक्तियां मानव विकास को भी गति देने में कैसे और कितनी सहायक हैं। कहा जा रहा है कि वैश्वीकरण का कोई विकल्प नहीं है और यह प्रक्रिया उलटी नहीं जा सकती। इसलिए इसके भीतर से ही अब देशों को आर्थिक और राजनीतिक संभावनाओं की तलाश करनी होगी। इसके लिए ढांचागत समायोजन का रास्ता चुना गया है, ताकि कल्याणकारी योजनाओं की वजह से राजकोषीय घाटा कम किया जा सके।

वैश्वीकरण की अपरिहार्यता के विषय में दो मत हैं—उदारवादी यानी लिबरल और आमूल परिवर्तनवादी यानी रेडिकल। भूमंडलीकरण के पक्ष में तर्क देने वाले उदारवादी प्रायः उसके रास्ते में आड़े आने वाली सरकारी नीतियों, विपक्षी राजनीतिक दलों के दबाव समूहों, नागरिक संगठनों और देश के अशांत माहौल को अर्थव्यवस्था के व्यवस्थित सुधारों में बाधक मानते हैं। दूसरी ओर, वैश्वीकरण के आलोचक इसे जीवन के सभी क्षेत्रों में प्रगति और विकास के स्थापित मानदंडों को छिन्नमूल एवं तहस-नहस कर देने वाला कहते हैं। वे वैश्वीकरण को नव-साम्राज्यवाद कहते हैं। टकराव का यही परिदृश्य है।

वैश्वीकरण का उत्तर-आधुनिक समाज पर व्यापक असर है। इस पर बहस करते हुए टेरी इगल्टन ने प्रश्न किया, 'संस्कृति एक राष्ट्रीय पहचान के रूप में अथवा एक माल के रूप में? ... जिस तर्क से भूमंडलीकरण पश्चिम के अमीर देशों की पूंजी, प्रतिभा, प्रौद्योगिकी, सेवा-शर्तों का भूमंडलीकरण चाहता है, उसी तर्क से वह उनकी जीवनशैली, मानव -मूल्य, आदतों, वेश-भूषा, सोच-विचार और खान-पान का भी भूमंडलीकरण चाहता है।' (एल्युजन्स ऑफ पोस्टमॉडर्निज्म, 1997)। वैश्वीकरण ने जिस नई संस्कृति का प्रसार किया है, वह मुख्यतः स्पर्धा, स्वार्थपरता, व्यक्तिवाद और उपभोक्तावाद की है। यह कम कीमत पर अधिक गुणवत्तासंपन्न वस्तुओं और सेवाओं का लोभ दिखाती है और एक जाल फैला देती है।

वैश्वीकरण और संस्कृति के बारे में टेरी इगल्टन की दूसरी स्थापना है, 'भूमंडलीकरण जिस संस्कृतिवाद को अपना राजनीतिक संरक्षण देता है, वह पश्चिम का ऐसा चोर दरवाजा है जिसका उपयोग वह साम्राज्यवादी शक्तियों के विरोध को दबाने और प्रभुत्वशाली पश्चिम की ओर उठी आंख को हमेशा सुरक्षा के घेरे में रखने के लिए करता है।' एडवर्ड सईद की दृष्टि में, 'भूमंडलीकरण पश्चिम के सांस्कृतिक साम्राज्यवाद के ऐसे रूप को प्रकट करता है जो संस्कृतियों के आर-पार मेल-जोल से नई संस्कृतियों के निर्माण और विकास को नहीं बल्कि अन्य संस्कृतियों का दमन और उत्पीड़न करते हुए पश्चिम की वर्चस्ववादी संस्कृति के आक्रामक

रूप को ही दिखाता है। सूचना और प्रौद्योगिकी की उसकी मजबूत ताकत पिछड़े राष्ट्रों की सांस्कृतिक पहचान को चेहराविहीन या निष्प्रभावी बना देती है या उसे दबाकर नष्ट कर देती है।' (कल्चर एंड इंपीरियलिज्म, 1993)।

वैश्वीकरण के युग में ही आतंकवाद सबसे ज्यादा बढ़ा। सैमुअल हटिंग्टन ने अपने ढंग से संस्कृतियों का फर्क समझाया है, 'पश्चिम की दृष्टि में इस्लामिक दुनिया चोरी-छिपे आणविक संवर्धन करने वाली एवं आतंकवाद और कबीलाई मनोवृत्ति वाली दुनिया है। चूंकि पश्चिम उजड्ड इस्लामी राष्ट्रों के खिलाफ युद्ध की घोषणा करता है, इसलिए सभ्यताओं का संघर्ष होकर रहेगा क्योंकि इस्लाम की दुनिया आदिम बर्बरता का निर्वाह करती है और यूरोप विज्ञान और प्रौद्योगिकी की सभ्य दुनिया का। इसलिए हमारे समय का सर्वाधिक व्यापक और महत्वपूर्ण टकराव विभिन्न संस्कृतियों के बीच होगा।' (द क्लैश ऑफ सिविलाइजेशंस, 1996)। नवंबर 2015 में पेरिस में आतंकवादी कार्रवाइयों तथा कैलिफोर्निया की घटनाओं के बाद रिपब्लिकन पार्टी के पैंसठ प्रतिशत लोगों ने मुसलमानों के लिए अमेरिका का दरवाजा बंद करने की मांग उठा दी है। इस धारणा को उलट दिया गया है, 'सभी आतंकवादी मुसलमान होते हैं, पर सभी मुसलमान आतंकवादी नहीं होते।' अब अमेरिकी जनता का एक हिस्सा नस्लवादी रुख अपनाते हुए सभी मुसलमानों को आतंकवादी मानने की ओर अग्रसर हो रहा है। इस तरह वैश्वीकरण के युग में सामाजिक भिन्नता का नग्न नृत्य ज्यादा उभरा है, यह एक यथार्थ है।

नोआम चोम्स्की ने 9/11 की घटना को आज के भूमंडलीय पूंजीवाद की भारी-भरकम सैन्यीकृत प्रौद्योगिकी की ताकत, उसके विशाल सूचना-तंत्र और उपभोक्ता संस्कृति से दूसरी सांस्कृतिक अस्मिताओं के नष्ट हो जाने के खतरे और असुरक्षा से ग्रस्त भयाक्रांत मनोविज्ञान से जोड़ा है और दुनिया भर का स्वघोषित संरक्षक और अभिभावक बनने की अमेरिकी जिद के विरुद्ध इसे एक अतिवादी कार्रवाई कहा है। वह वस्तुतः कमजोर और दबाए गए उस तबके की प्रतिक्रिया थी जो अपनी धार्मिक एवं सांस्कृतिक पहचान और मध्ययुगीन विमर्श के आधार पर साम्राज्यवादी शक्तियों से संघर्षरत था। बर्बरों और असभ्यों के बीच 'सभ्य' अमेरिकी की प्रति-कार्रवाई को उन्होंने 'कल्चर ऑफ टेररिज्म' कहा और उसकी तुलना ऐसे खूंखार हिंसक ठगों से की जो मृतकों की खोपड़ी से इंसानी खून पीते हैं और इसी में उन्हें आनंद मिलता है।

बेंजामिन बार्बर ने संस्कृति और भूमंडलीकरण के रिश्ते को बड़े साफ शब्दों में दो संस्कृतियों के संदर्भ में स्पष्ट किया है, 'जेहाद और मैककल्चर उपभोक्तावाद समान ताकत से विरोधी दिशाओं से बढ़ते हैं। इनमें एक सनकपूर्ण घृणा से संचालित है और दूसरा बाजार की विश्वव्यापी तुच्छ सार्वजनीनता से। एक आदिम समाजों की संकीर्ण चहारदीवारी के भीतर अधूरे राष्ट्र को पनपाता है, दूसरा राष्ट्रीय सरहदों में सेंध मारकर आगे बढ़ता है। जिहाद और उपभोक्तावादी संस्कृति में कई समानताएं हैं। दोनों पूरी दुनिया को युद्ध की तरफ खींचते हैं, दोनों राष्ट्र-राज्य की लोकतांत्रिक संस्थाओं को नहीं मानते। दोनों को जनतांत्रिक नागरिक जीवन एवं समानता से परहेज है। दोनों मध्यकालीनता की वैकल्पिक लोकतांत्रिक संस्थाओं को स्वीकार नहीं करते। दोनों नागरिक स्वतंत्रता के प्रति तटस्थ होते हैं।' (जिहाद वर्सेज मैकवर्ल्ड, 2004)। वैश्वीकरण श्रम के वैश्वीकरण के पक्ष में नहीं है, जो इस मुद्दे को लेकर एक बड़ा अंतर्विरोध है। वैश्वीकरण का अर्थ विश्व शांति भी नहीं है। यह अभिव्यक्ति की स्वाधीनता का भी सिर्फ आभास भर है, पूंजी का इतना ज्यादा दबाव हो जाता है।

रवि श्रीवास्तव, अनिल चमड़िया

अधिक जानकारी के लिए :
1. जन माध्यमों का मायालोक : नोअम चोम्स्की, 2006, **2. Globlism : The New Market Ideology :** Manfrst Steger, 2002, **3. Globalization :** George Sovos, 2002, **4. In Defense of globlization :** Jagdish Bhagwati, 2007

वैश्वीकरण और अनुवाद

युगों पहले हमारे मनीषियों ने 'वसुधैव कुटुंबकम्' का महावाक्य उदघोषित कर दिया था, तथापि आज के विश्व में पिछले चार दशकों से एक और वैश्वीकरण की प्रक्रिया अपने शीर्ष पर पहुंचती दिखाई दे रही है। यह प्रक्रिया मुख्य रूप से निवेश, व्यापार, सूचना, प्रौद्योगिकी और आर्थिक संसाधनों के पारस्परिक उपयोग एवं उपभोग से संबंधित है। इसमें भाषा, समाज और संस्कृति की स्थिति सार्वभौम हो गई है। पूरा विश्व एक ग्राम हो गया है। आज व्यक्ति और राष्ट्र का जीवन अलगाव में अकल्पनीय है। निर्बाध आप्रवासन वाले इस वैश्विक विश्व को नोआम चोम्स्की ने निःसीम विश्व की संज्ञा दी है। आज पार-राष्ट्रीयता (Transnationality) की चर्चा है।

पूरे विश्व में जनता, सरकारों और कंपनियों के मध्य एक अंतःक्रियात्मकता, परस्पर आश्रितता एवं समेकन की प्रक्रिया जारी है, जिसमें आर्थिक निवेश करके अल्पतम अवधि में अधिकाधिक लाभ कमाने की होड़ लगी है। इस वैश्विकता के प्रभाव से भाषा और संस्कृति अछूती नहीं है। आज सूचनाओं और सेवाओं के वैश्विक नेटवर्क अथवा अंतरराष्ट्रीयकरण और बहु-भाषिक नागरिकता की बात हो रही है। अनुवाद के जरिए नई भाषा और संस्कृति के परिचय से नई राष्ट्रीय अस्मिताएं सामने आ रही हैं। राष्ट्र आपस में सहयोग से वैश्विक राष्ट्रीयता बना रहे हैं। प्रवासन से भाषा तथा संस्कृतियों का नया सम-समूह निर्मित हो रहा है। इस संपूर्ण प्रक्रिया में अनुवाद की एक बड़ी भूमिका है।

अनुवाद दो भाषाओं, संकेत प्रणालियों और संस्कृतियों के मध्य सह-संबंध स्थापित करता है। इसमें 'कनेक्ट' करने की अद्‌भुत क्षमता है। यह देशों और संस्कृतियों के मध्य अलगाव की दीवार तोड़ता है, सामाजिक और सांस्कृतिक समझ बढ़ाता है। अनुवाद भाषिक, भोगोलिक और राष्ट्रीय सीमाओं का अतिक्रमण करता है। अनुवादीय इतिहास एक पार-देशीय गतिविधि होने से अन्योन्याश्रित है। वह भाषा संबंधी राष्ट्रीय अवधारणाओं को चुनौती देता है, क्योंकि अपनी भाषिक या सांस्कृतिक रूपरेखा में वह अनिवार्यतः बहुभाषिकता लिए होता है। स्थानीयता और राष्ट्रीयता के बीच संबंध बनाते हुए अनुवाद राष्ट्र-राज्य की अवधारणा निर्मित करने में एक महत्वपूर्ण भूमिका निभाता है। अनुवाद की गतिविधियां वैश्वीकरण के इस आलोक में एक नए रूप में परिभाषित की जा रही हैं। राष्ट्रों के बीच नए दौर में परस्पर हित-साधन, संवाद-सुगमता, निवेश के लाभ और स्थान-काल की सीमाओं तथा निजी एवं बहुराष्ट्रीय कंपनियों के दबाव अनुवाद की जरूरत को जाहिर करते हैं। शिक्षा, व्यापार, यातायात, आपसी सहमति-असहमति के मुद्दे, संघर्ष, सहभागी-सरोकार, विश्व-आर्थिक संकट तथा परस्पर हित के मुद्दे आपसी समझ और सहयोग की मांग करते हैं। यहां तक कि वैश्विक वर्चस्व की भाषाओं के कारण भी स्थानीय अथवा अल्पसंख्यक भाषाओं में अनुवाद की आवश्यकता व्यक्त हो रही है। वैश्विक स्तर पर सूचना, विचार और आर्थिक संसाधनों को साझे हित-साधन के लिए अनुप्रयुक्त किए जाने में परस्पर सामाजिक-सांस्कृतिक पृष्ठभूमि से परिचय होना आवश्यक होता है। अनुवाद इस कार्य को बखूबी करता है। आर्थिक केंद्रीयता से निकलकर अनुवाद वैश्वीकरण के दौर में राष्ट्रों की सामाजिक आवश्यकता बन रहा है।

अनुवाद के महत्व और उपयोग की दृष्टि से अमेरिका के साथ-साथ यूरोपीय संघ के फ्रांस, जर्मनी, बेल्जियम, आइसलैंड, आयरलैंड, इटली, डेनमार्क, हालैंड, स्पेन आदि देशों में 1980 के दशक से ही सांस्थानिक रूप में अनुवाद की व्यवस्था कर दी गई है। यूरोपियाई 'स्व' की रक्षा और यूरोपियाई 'नेट' की भावना के लिए यह निर्णय अनुवाद के महत्व को उजागर करता है। हरमन बाटिबो के अनुसार, अनुवाद किसी खास भाषा समुदाय के विचार, जीवन दर्शन, संस्कृति, ज्ञान एवं मेधा का वाहक होने के साथ-साथ उसके भाषाई और जैविक विलक्षणता का भी वाहक होता है। पर्यावरण, ऐतिहासिक स्मृति और भाषा के

बीच अत्यंत सूक्ष्म और अदृश्य परंतु सदैव बना रहने वाला एक संबंध है। खोयसिन प्रजाति द्वारा अपने अस्तित्व के हजारों वर्षों में प्राप्त ज्ञान के आधार पर कालाहारी जैसे अत्यंत दुश्कर मरुस्थल में भी जीवन जी लेने के तरीकों का उद्‌घाटन अनुवादीय इतिहास और स्मृति संरक्षण का अनन्य उदाहरण है। स्पष्ट है, अनुवाद स्मृति के संरक्षण, संवर्धन तथा वर्तमान के साथ उसे जोड़ने में एक महत्वपूर्ण साधन है।

मीडिया वैश्वीकरण की प्रक्रिया का एक महत्वपूर्ण घटक है। वैश्वीकृत मीडिया की पहुंच आज अत्याधुनिक संचार प्रौद्योगिकी के उपकरणों की मदद से विश्व के जर्रे-जर्रे पर है। इसमें उपग्रह संचार प्रणालियां, केबल एवं मोबाइल नेटवर्क, इंटरनेट सहायित अन्य संचार प्रणालियां, ज्ञान, सूचना और समाचारों को अभूतपूर्व तेजी से स्रोत से लक्ष्य तक पहुंचा रही हैं। अंग्रेजी वर्चस्व वाली अंतरराष्ट्रीय समाचार एजेंसियां और मीडिया घराने व्यापक पैमाने पर क्षेत्रीय अथवा स्थानीय भाषाओं से अंग्रेजी में अनुवाद करते हैं। अनुवाद वैश्वीकृत मीडिया को साकार कर रहा है। यह बौद्धिक संवाद को सुगम बना रहा है।

वैश्वीकरण और अनुवाद आपस में कई मायनों में सन्नद्ध है। सम्मिलित माध्यम के वर्तमान दौर में अनुवाद विभिन्न भाषाओं के ग्रिड तैयार कर संस्कृतियों का कोलॉज बना रहा है और भाषा विशेष के प्रयोक्ता को दूसरी भाषाओं की धरोहर तथा संस्कृति से परिचित करा रहा है। इससे विदेशी शब्दों का प्रयोग देशीय भाषाओं में बढ़ा है। यह प्रभाव वैज्ञानिक अथवा सूचना-साहित्य तक सीमित न होकर सृजनात्मक और ज्ञान-साहित्य पर भी परिलक्षित हो रहा है। अनुवाद के माध्यम से सामान्य स्थानीय साहित्य अपनी सीमित परिधि का अतिक्रमण कर वैश्विक हो रहा है, जिससे उसमें व्यापक समझ का तत्व समाविष्ट हो रहा है। इस तरह प्रौद्योगिकी अनुवाद के माध्यम से स्थानीय साहित्य को वैश्वीकरण के केंद्र में स्थापित कर पा रही है।

वैश्वीकरण बहुआयामी होने के कारण अनुवादक, अनुवाद की प्रविधि और अनुवाद पर व्यापक प्रभाव डालता दिखाई देता है, क्योंकि उसमें समाज से जुड़े पहलू सम्मिलित होते जाते हैं। एंथोनी गिडेंस के अनुसार, काल एवं स्थान की सीमाओं का अतिक्रमण करते हुए सूचना, ज्ञान और संस्कृति का एक साथ सहभाजन ही वैश्वीकरण है।

वैश्वीकरण, अनुवाद और प्रौद्योगिकी : प्रौद्योगिकी के विकसित सुपर-हाईवेज दुनिया के वैश्वीकरण के लिए काफी सीमा तक उत्तरदायी हैं। परिणामस्वरूप अनुवाद दैनिक जीवन की अधिकांश गतिविधियों में अपरिहार्य हो गया है। प्रौद्योगिकी-अनुप्राणित सांप्रतिक रहन-सहन, कार्य-संस्कृति, आवागमन और जन-संचार तथा संप्रेषण में अनुवाद अभिन्नांग है। आपसी दूरियों के सिमटने से संस्कृतियों में मध्यस्थ की भूमिका के कारण अनुवाद लोगों की रुचि का विषय बन रहा है क्योंकि दूसरी परंपराओं, जीवन-शैलियों तथा संस्कृतियों में जिज्ञासा बढ़ी है। गति, गुणवत्ता और समय की सीमाओं के परिवेश में अनुवाद, अनुवादकों तथा उनके कार्य और उनकी महत्ता की नई व्याख्या हो रही है। स्थान विशेष की अभिव्यक्तियों को लक्ष्य पाठ में अंतरित करने में जिस अनुभव और प्रशिक्षण की अनुवादकों को आवश्यकता होती है, वह प्रौद्योगिकी द्वारा अब सहज रूप में उपलब्ध हो रहा है।

विज्ञापन-निर्माण में अनुवाद की केंद्रीयता होती है। नई वैश्विक व्यवस्था में भौगोलिक सीमाओं और व्यापारिक बंधनों के गायब हो जाने से जातीय अथवा स्थानीय बाजार अब वैश्विक हो रहे हैं। अतः अनुवाद उत्पाद तथा उसके उपभोक्ताओं के मध्य महत्वपूर्ण कड़ी बन गया है, क्योंकि इसी से उत्पाद को स्थानीय की आवश्यकता के अनुरूप डिजाइन और मार्किट किया जा सकता है।

वैश्विकता, भाषा और अनुवाद के मुद्दे : वैश्वीकरण की प्रक्रिया में भाषा, संस्कृति और अनुवाद-संबंधी अनेक मुद्दे विचारणीय हैं। मोनो-लिंगुअल और मोनो-कल्चर दिनोदिन हावी हो रहे हैं। सशक्त भाषाओं के दबाव में कम प्रयोग में आने वाली (दुर्बल) भाषाएं

शब्दावली और विन्यास में अपना जातीय स्वरूप खो रही हैं। वे वर्चस्व वाली भाषाओं का मात्र 'अक्स' बन चुकी हैं। अनुकृतिमात्र शेष रह जाने की वजह से उनमें अनुवाद योग्य बहुत कुछ लुप्त हो रहा है। प्रौद्योगिकी साधित समरूपता, वैश्विकता और तीव्र गतिशील जीवन की वजह से स्थानीय भाषाओं के प्रति रुचि में ह्रास हो रहा है। ऐसी भाषाएं सीमित प्रयोग के कारण रोजगार की कमी, मीडिया-पहुंच के अभाव तथा ग्लोबीय भाषायी राजनीति के कुचक्र में पिस रही हैं। भाषाओं का यह संकट अनुवाद और अनुवादकों के लिए चुनौती है। यूनेस्को की रिपोर्ट 'Atlas of World Languages in Danger of Disappearing' में इस विषय पर चिंता जाहिर की है। विलुप्तप्राय: भाषाओं के प्रति अनुवादकों और अनुवाद-नीतियों की उदासीनता के कारण विश्व भर में बोली जाने वाली लगभग 6000 भाषाओं में से हर पखवाड़े में एक भाषा मर रही है।

वैश्वीकरण में तीव्रता, सद्यता और न्यूनतम समय में अधिकाधिक अनुवाद की लोलुपता पर कुछ और प्रभाव देखे गए हैं, उनमें प्रयोजनमूलक अनुवाद और आशु अनुवाद की ज्यादा मांग शामिल है। इस प्रक्रिया में मशीन सहायित अनुवाद को प्रश्रय मिल रहा है, जो अंततः अनुवाद में मानवीय पक्ष के विलुप्त होने की आशंका उत्पन्न करता है।

वैश्वीकरण अपने आपमें एक अनुवाद स्वरूप है। वर्तमान वैश्विक परिवेश में अदृश्य होते हुए भी सब कुछ अंग्रेजीमय होता जा रहा है। विद्वानों को भय है कि जिस मात्रा में वर्चस्व वाली भाषाओं में अनुवाद हो रहे हैं, उनसे मूल भाषा-भाषी अपना साहित्य अपनी भाषा की जगह वर्चस्ववाली भाषाओं में खोजेंगे। वे 'स्व' को 'पर' में खोजने के लिए बाध्य हो जाएंगे। यह प्रश्न विचारणीय है। वैश्वीकरण के आलोक में अनुवाद की भूमिका को इन बिंदुओं पर परखा जा सकता है : **1.** वैश्वीकरण से हमारा जीवन और संस्कृति अति प्रभावित है; **2.** अनुवाद और अनुवादकों का कार्य अधिक दायित्वपूर्ण और चुनौतीपूर्ण हो गया है; **3.** संस्कृतियों और भाषिक दूरियों को मिटाने में अनुवाद की भूमिका लगातार बढ़ रही है; **4.** स्थानीय अथवा जातीय भाषाओं के लिए अपना अस्तित्व बनाए रखने में गंभीर चुनौतियां हैं; **5.** अनुवाद द्वारा अपरिचित संस्कृतियां और भाषिक अभिव्यक्तियां पाठकों के सामने नित-प्रति उभर रही हैं; **6.** स्रोतपाठ स्थानीयता की परिधि से निकलकर वैश्विक स्तर पर व्यवहार, अध्ययन-अध्यापन और सांस्कृतिक सहभाजन का उपादान बन रहा है।

जगदीश शर्मा

वैश्वीकरण और मीडिया

मीडिया का सामान्य अर्थ जनसंचार के वे माध्यम हैं जो किसी तरह के संदेश और कार्यक्रमों के रूप में सूचना, शिक्षा और मनोरंजन के माध्यम से संस्कृति का प्रचार-प्रसार करते हैं। ऐसे जनसंचार माध्यमों में रेडियो, टेलीविजन, समाचार-पत्र, सिनेमा जैसे सामूहिक माध्यमों के साथ-साथ मोबाइल, इंटरनेट आदि सबसे ज्यादा लोकप्रिय हैं। वैश्वीकरण की प्रक्रिया के पूर्व मीडिया को राष्ट्र व साम्राज्यवाद के संदर्भ में देखा जाता रहा है। देश व राष्ट्र के भीतर मीडिया के ढांचे राष्ट्रवादी चेतना के साथ विकसित हुए हैं। तीसरी दुनिया के देशों में किसी देश व राष्ट्र के मीडिया पर साम्राज्यवाद के प्रभाव के आकलन के लिए यही राष्ट्रवाद कसौटी रही है। विश्व की ताकतवर शक्तियां शीतयुद्ध के दौरान अविकसित देशों के मीडिया को अपनी नीतियों के समर्थन के लिए प्रभावित करने की योजनाओं पर अमल करती थीं। 1970 में मीडिया के संपूर्ण ढांचे पर विकसित देशों के वर्चस्व को लेकर विश्वस्तर पर संगठित तौर पर सवाल उठे। अविकसित देशों ने विकसित देशों के प्रभाव से मुक्त होने के उपायों पर विचार किया। अंतरराष्ट्रीय स्तर पर औद्योगिक और तीसरे देशों के बीच संचार माध्यमों के जरिए वर्चस्व और अधीनता के विभिन्न पहलुओं का अध्ययन करने के लिए 1977 में मैकब्राइड आयोग की स्थापना यूनेस्को द्वारा की गई।

वैश्वीकरण एक नई तरह की व्यवस्था को विकसित करने की प्रक्रिया है। यह प्रक्रिया विभिन्न स्तरों पर 'राष्ट्रीय' सीमाओं को खत्म करने पर जोर देती है। मीडिया उसमें सबसे महत्वपूर्ण है। मीडिया के साथ वैश्वीकरण का संदर्भ जुड़ने से आशय यह है कि दुनिया के स्तर पर एक बाजार खड़ा करने की तरह ही मीडिया का ढांचा भी विकसित किया जाना चाहिए। जिस तरह की राजनीतिक और आर्थिक व्यवस्था खड़ी की जाती है, उसी के अनुरूप मीडिया का ढांचा अपरिहार्य माना जाता है। भारत में योजना आयोग ने 25 फरवरी 1964 को देश में होने वाली आमदनी का समाज में वितरण और आम लोगों के हालात की जानकारी हासिल करने के लिए एक समिति बनाई थी। योजना आयोग के उपाध्यक्ष पी सी महलानोबिस इसके अध्यक्ष थे। उन्होंने अपनी रिपोर्ट में कहा, 'आर्थिक सत्ता न सिर्फ उत्पादन, निवेश, खरीद-बिक्री और मूल्यों पर नियंत्रण, बल्कि जनसंचार के तमाम माध्यमों की मार्फत भी काम करती है।'

वैश्वीकरण के सिद्धांतों में निहित है कि विश्वव्यापी बाजार के अनुरूप पूंजी और तकनीक के धनिकों को मीडिया का ढांचा विकसित करने की पूरी छूट हासिल हो। किसी देश व राष्ट्र के भीतर मीडिया के क्षेत्र में निजी पूंजी के निवेश करने की छूट, विदेशी माध्यमों के बिना रोकटोक प्रवेश करने की इजाजत, विदेशी समाचार एजेंसियों को काम करने की आजादी आदि वैश्वीकरण के अनुरूप मीडिया का ढांचा विकसित करने की ही एक प्रक्रिया है। मीडिया को लोकतंत्र का चौथा स्तंभ उस समय परिभाषित किया गया था, जब पूरी दुनिया में लोकतंत्र और समानता की गूंज फैल रही थी। लोकतंत्र को जनता के लिए, जनता का और जनता के द्वारा की गई परिभाषा के आईने में देखा जाता है। मीडिया को भी इसीलिए जनता के लिए खुले मंच के रूप में देखा जाता है कि मीडिया लोगों के लिए नहीं है बल्कि लोग मीडिया के लिए हैं। प्रख्यात मीडिया चिंतक हरबर्ट आई शिलर लिखते हैं कि संस्कृति और सूचना के क्षेत्र से जुड़े उत्पाद भी मुख्यतः (पूर्णतः नहीं) बाजार के उसी नियम से चलते हैं जो व्यवस्था के माल उत्पादन और सेवा-क्षेत्र के उत्पादन को संचालित करता है। फिर भी, जैसा कि हम अच्छी तरह जानते हैं, संस्कृति और सूचना-क्षेत्र के उत्पादन व्यक्तिगत उपभोक्ता सामानों की परंपरागत इकाइयों के उत्पादों की तुलना में बहुत ज्यादा मूल्य का प्रतिनिधित्व करते हैं। वे विश्व पूंजीवादी व्यवस्था की वैचारिक विशिष्टताओं के मूर्त रूप भी होते हैं। वे व्यवस्था के मूल्यों या कम-से-कम उसके उपकरणों और औजारों के पक्ष में जनसमर्थन जुटाने और बढ़ाने में अत्यंत प्रभावी ढंग से सहायक होते हैं।

वैश्वीकरण के साथ मीडिया के क्षेत्र में बहुराष्ट्रीय निगमों का वर्चस्व बढ़ा है। टेलीविजन प्रसारण के क्षेत्र में आज देशी-विदेशी कई बड़ी कंपनियां और निगम मौजूद हैं। मीडिया के क्षेत्र में सक्रिय अधिकांश बहुराष्ट्रीय निगम वैश्विक स्तर के उन इने-गिने निगमों में से हैं जिनका वर्चस्व अंतरराष्ट्रीय स्तर पर भी कायम है। इनमें से अधिकतर निगमों का मुख्य कार्य-क्षेत्र संयुक्त राज्य अमेरिका और यूरोप है। निगमीय विचारधारा के अनुरूप ये कंपनियां वैश्विक स्तर पर कार्य करते हुए स्थानीय और घरेलू जरूरतों की आपूर्ति करती हैं। यह तथ्य भारत जैसे देशों पर ज्यादा लागू होता है जहाँ वे स्थानीय भाषाओं में उन सांस्कृतिक उत्पादों को प्रसारित करने का अवसर प्रदान करते हैं जिनकी परंपरागत मांग मौजूद है। ये बहुराष्ट्रीय कंपनियां अपने राजनीतिक और आर्थिक हितों के प्रति सदैव सजग रहती हैं। उनके चैनल, चाहे वे किसी भी देश में और किसी भी भाषा में प्रसारण क्यों न कर रहे हों, भले ही राजनीतिक रूप से लोकतंत्र के समर्थक नजर आएं। लेकिन लोकतंत्र की इनकी परिभाषा बाजार के लोकतंत्र तक सीमित होती है। मीडिया द्वारा इस बाजार लोकतंत्र के समर्थन का अर्थ यह भी है : उन सभी विचारधाराओं, संगठनों और समूहों का विरोध करना जो बाजार के इस कथित लोकतंत्र के पक्षधर नहीं हैं। यही कारण है कि कॉर्पोरेट मीडिया आर्थिक उदारीकरण

की नीतियों का समर्थन ही नहीं करता, इन नीतियों को विश्वव्यापी बनाने और इन पर चलने के लिए तीसरी दुनिया को छल-बल से मजबूर करने वाले अमरीकी और यूरोपीय देशों की युद्धोन्मादी कोशिशों को भी समर्थन देता है।

कॉर्पोरेट मीडिया का पूरा ढांचा वर्गीय हितों के अनुरूप निर्मित हुआ है। इसकी कामयाबी सिर्फ यह नहीं है कि वह वर्गीय हितों के अनुरूप काम करता है बल्कि यह है कि वह ऐसा करते हुए नजर नहीं आता, यानी वह जनता के बड़े हिस्से में अपना विश्वास पैदा करने में कामयाब है। राजनीतिक दलों की तरह मीडिया भी उन विचारधाराओं, मान्यताओं और विश्वासों का सहारा लेता है जिनकी पकड़ जनता के बड़े हिस्से पर पहले से है। लोगों में व्याप्त देशभक्ति की भावना, धर्म के प्रति आस्था और परंपरागत मान्यताओं में यकीन का इस्तेमाल मीडिया अपने उत्पादों को लोकप्रिय बनाने के लिए करता है। इसकी आड़ में वह वास्तविक इरादों को छुपाने में कामयाब रहता है। इस प्रकार वैश्विक कॉरपोरेट मीडिया सीधे तौर पर अभिव्यक्ति पर नियंत्रण करने के बजाय अप्रत्यक्ष रूप से अभिव्यक्ति को नियमित करता है।

अनिल चमड़िया

अधिक जानकारी के लिए :

1. **पूंजीवाद और सूचना का युग :** (संपा.) रॉबर्ट डब्ल्यू मैक्चेस्नी, इलेन मिकसिन्स वुड और जॉन बेलेमी फॉस्टर, 2. **संचार माध्यम और पूंजीवाद :** (संपा.) मुरली मनोहर प्रसाद सिंह, 3. **जनमाध्यमों का मायालोक :** नोम चोम्स्की, **4. The Myth of Media Globalization :** Kai Hafez, 2013

वैश्वीकरण और राष्ट्रीय अस्मिता

वैश्वीकरण की व्यवस्था में विश्व बाजार का विचार सक्रिय होता है। यह व्यवस्था व्यापार पर राष्ट्र-राज्यों द्वारा लगाए गए परंपरागत प्रतिबंधों को समाप्त करती जाती है। यह 'कल्याणकारी राज्य' की जगह निजी पूंजी को प्रोत्साहन, प्रत्यक्ष विदेशी निवेश के लिए आर्थिक सुधार, अर्थव्यवस्था की तीव्र वृद्धि और इस वृद्धि के नीचे तक रिसकर पहुंचने की अवधारणा है, जिसे 'ट्रिकल डाउन थ्योरी' कहा गया। वैश्वीकरण के दौर में सार्वभौमिक मूल्यों की अवधारणा के समानांतर राष्ट्रीय अस्मिताओं पर आधारित क्षेत्रीय सामुदायिक दावेदारियां भी तेजी से उभरी हैं, अस्मिता और हिंसा का संबंध बना है।

राष्ट्रीय अस्मिता आमतौर पर किसी देश की विभिन्न अस्मिताओं के बीच राजनीतिक अखंडता और सांस्कृतिक अंतर्क्रिया की देन होती है। यह राष्ट्रीय एकता और जातीय-पुराजातीय विविधता के बीच सामंजस्य पैदा करती है। वैश्वीकरण के वातावरण में अस्मिताएं एक तरफ अधिक गतिशील हुईं, दूसरी तरफ वे भिन्न जमीन पर अधिक भेदपूर्ण, स्पर्धाशील और हिंसक भी होने लगीं। वैश्वीकरण के युग में उत्तर राष्ट्र-राज्य की जो भावनाएं पनपी हैं, उनके कारण मनुष्य अपने को राष्ट्रीयताओं से ऊपर उठा हुआ विश्व नागरिक समझने लगा। राष्ट्र-राज्यों ने भी बहुराष्ट्रीय कंपनियों को अपनी संप्रभुता आंशिक रूप से सौंपनी शुरू कर दी। महानगरों में सांस्कृतिक एकरूपता छा गई। दूसरी तरफ, एक ही देश की विभिन्न स्थानीय संस्कृतियों में पृथकताबोध पैदा होने लगा और अस्मिता की राजनीति छाने लगी। इससे बहुलतावादी पूर्व-उपनिवेशित देशों में परस्पर अंतर्क्रिया और सामंजस्य से विकसित हो रही राष्ट्रीय अस्मिता में कठोर विभाजन भी शुरू हो गया।

राष्ट्रीय अस्मिता को कुछ चिंतकों ने खास दलों द्वारा सामाजिक सक्रियता के साथ सृजनात्मक रूप से निर्मित ऐसे प्रतीक के रूप में भी देखा है, जिसे सामने रखकर साम्राज्यवाद से संघर्ष तीव्र किए जाते रहे हैं। इनका निशाना वैश्वीकरण भी बनता है और वैश्वीकरण भी इसको अपना निशाना बनाता है। कई बार राष्ट्र-राज्य के नागरिक के तौर पर अपनी प्राथमिक पहचान की जगह व्यक्ति की भाषाई, नस्लीय, सांस्कृतिक, जनजातीय, यहां तक कि धार्मिक पहचान मुख्य हो जाती है। इन पहचानों के इर्द-गिर्द बुनी गई सामुदायिक दावेदारी राष्ट्रीय अस्मिता यानी

कि एक राष्ट्र-राज्य में समाहित विभिन्न राष्ट्रीयताओं के समभाव को विस्थापित करके धर्म, नस्ल, भाषा, क्षेत्र, जाति, जनजाति आदि विभिन्न पहचानों को उनकी जगह स्थापित करने लगती है। धर्म के इर्द-गिर्द राष्ट्र की जिस परिकल्पना को नकार दिया गया था, उसे अब पुनः हिंदू राष्ट्र, इस्लामी राष्ट्र कहा जा रहा है। यहां तक कि धर्मनिरपेक्षता की जन्मभूमि फ्रांस और अमेरिका जैसे देशों में भी राष्ट्रीयता को ईसाई धार्मिक प्रतीक चिह्न पहनाते देखा जा सकता है। इसी श्रृंखला में चेकोस्लोवाकिया का बंटना, इंग्लैंड में आयरलैंड-स्कॉटलैंड की अलग होने की मांग, ऑस्ट्रेलिया में नस्लीय हमले, अमेरिकी लोगों द्वारा मेक्सिको की सीमा पर दीवार खड़ी करने की मांग, तुर्की में पनपता अंध-राष्ट्रवाद, नेपाल में मधेशियों के आंदोलन या भारत में बढ़ा जातीय-सामुदायिक कट्टरवाद अब भिन्न छवियां दिखाते हैं। राष्ट्रीय अस्मिता की जो अवधारणा औपनिवेशिक सत्ता के विरुद्ध संघर्ष के दौर में निर्मित हुई थी, वह आज खंड-खंड होकर परस्पर टकराती अस्मिताओं में बदल रही है।

हाशिए के कुछ समुदायों की यह समझदारी कि मुक्ति का कोई साझा रास्ता नहीं हो सकता, जैसा कि मार्क्स, महात्मा गांधी और जवाहरलाल नेहरू ने अपने-अपने वैचारिक तरीके से बताया था, राष्ट्रीय अस्मिता पर एक भिन्न रास्ते से प्रश्नचिह्न खड़ा करती है। यह समझ कि एक पीड़ित व्यक्ति की तकलीफ उसके जैसा ही कोई समझ सकता है कोई दूसरा नहीं, राष्ट्रीय अस्मिताओं के नए उभार में महत्वपूर्ण हो जाती है। यह समझ पुरुषों को महिलाओं के आंदोलन से, गैर-दलितों को दलित आंदोलन से तथा इसी प्रकार एक तरह के पीड़ितों को दूसरी तरह के पीड़ितों के आंदोलन से दूर कर देती है। इस प्रकार एक साझा आंदोलन के माध्यम से मुक्तिकामी समाज का स्वप्न दूर हो जाता है।

वैश्वीकरण में आर्थिक वृद्धि की चमक के अलावा जो दो चीजें तेजी से बढ़ी हैं, वे हैं–विषमता और अनिश्चितता। राष्ट्रों के बीच तथा राष्ट्र में लोगों के बीच असमानताएं बढ़ी हैं। इस हालत ने तमाम समुदायों को एक-दूसरे का प्रतिद्वंद्वी बना दिया है। वैश्वीकरण एक रास्ते से राष्ट्रीय अस्मिता का विलोप करता है तो सांप्रदायिक प्रतिद्वंद्विता एक दूसरे रास्ते से ऐसा करती है। वैश्वीकरण की खुली अर्थव्यवस्था असुरक्षा बढ़ाती है, जो कि वैश्विक आर्थिक मंदी के दौर में भारत समेत विश्व के तमाम देशों में सामुदायिक दावेदारी तथा अस्मिताओं की दुहाई में देखी गई।

इस प्रकार वैश्वीकरण और राष्ट्रीय अस्मिता दो विरोधाभासी तत्व बना दिए जाते हैं। इससे यह अर्थ निकलता है कि वैश्वीकरण एकरूपता भी लाता है और टुकड़े भी करता है। यह समान घटनाओं, मूल्यों और ज्ञान में साझेदारी बढ़ाता है, साथ ही भीतर से बहुत सारी पुरानी साझेदारियों और अखंडताओं को मिटा भी देता है। वैश्वीकरण के दौर में राष्ट्रीय अस्मिताएं नए सिरे से परिभाषित होने लगती हैं और साझी मानवीय जगहों का अभाव होने लगता है।

विकास कुमार मिश्र

अधिक जानकारी के लिए :

1. Modernity, Globalization and Identity : Avijit Pathak, **2. National Identity and Globalization :** Douglas W Blum, **3. The Globalization Decade :** (Ed.) Leo Panitch, Colin Leys, Alan Zuege and Martijn Konings

वैश्वीकरण और विश्वशांति

वैश्वीकरण अपनी अवधारणा में एक विश्व ग्राम की कल्पना प्रस्तुत करता है, जहाँ सभी सभ्यताएं मिलजुल-कर रहें और पूरे विश्व में शांति हो। हालांकि वैश्वीकरण की मौजूदा दौर की आलोचना इन रूपों में होती है कि यह सामाजिक असमानता बढ़ाने वाला है, प्रतिगामी मूल्यों को बढ़ावा देता है, बेरोजगारी और भुखमरी को बढ़ाता है और इसने विश्व शांति के लिए आपसी समझ का व्यापक वातावरण नहीं बनाया, जैसी आशा थी। 2014 के एक

सर्वेक्षण के अनुसार, दुनिया के 84 देशों में पहले से अधिक शांति आ गई, जबकि 78 देश कम शांतिपूर्ण थे। युद्ध जैसी स्थितियों से प्रभावित सबसे बुरी हालत सीरिया, बोसनिया, इराक, अफगानिस्तान, चेचन्या और कोसोवो में है। कई अन्य देश छिटफुट संघर्षों से लगातार गुजरते रहे हैं। इसलिए विश्वशांति को वैश्वीकरण के युग में एक अस्थिर मामला माना जा रहा है, क्योंकि प्रेम की क्षमता की जगह क्षमता से प्रेम बढ़ता गया है। पश्चिमी देश और खुद भारत आतंकवाद से प्रभावित है।

वैश्वीकरण के दौर में माना जाता है कि विश्व बाजार का प्रसार दुनिया के देशों में अंतरराष्ट्रीय अंतर्विरोधों को धीमा कर देगा और उनकी परस्पर अंतर्निर्भरता बढ़ा देगा। बड़े पैमाने पर आर्थिक विनिमय परस्पर सहयोगिता बढ़ाते हैं और देशों की विदेश नीति को प्रभावित करते हैं। लोग हिंसा की जगह सिनेमा, संगीत और फैशन पर बात करते नजर आते हैं। यह भी देखा गया है कि वैश्विक विनिमय में जब कोई देश प्रतिस्पर्धा नहीं कर पाता है, वह राष्ट्रीय हितों और संकीर्ण सामुदायिक हितों को सामने लाकर मुठभेड़ों को अपनी विदेशी नीति का हिस्सा बना लेता है और सहरदें अशांत हो उठती हैं। राज्य क्षमता की सुरक्षा के लिए तब आक्रमणात्मक नीतियां बना ली जाती हैं, तब सुरक्षा व्यय बढ़ जाते हैं। राष्ट्रवाद का इस्तेमाल सरहदी तनावों को उकसा कर घरेलू सामाजिक संघर्षों और अशांति पर काबू पाने के लिए होने लगता है। वैश्वीकरण के दौर में अफगानिस्तान, इराक, सीरिया, उक्रेन आदि में हुए युद्धों को उपर्युक्त परिप्रेक्ष्य में देखा जा सकता है। लक्षित किया जा सकता है कि वैश्वीकरण के दौर में न सिर्फ आतंकवाद बढ़ा है बल्कि अमेरिका और रूस दोनों ने एक-न-एक तर्क देकर हमले किए हैं, कई देशों पर अंतरराष्ट्रीय प्रतिबंध लगे हैं और शरणार्थियों की संख्या बढ़ी है।

वैश्वीकरण के युग में विश्वशांति की जरूरत बताई जाती है। नेल्सन मंडेला ने कहा था, 'यदि आप अपने शत्रु के साथ शांति चाहते हैं तो आपको उसके साथ मिलकर काम करना होगा और तब वह शत्रु से साझेदार बन जाएगा।' मुक्त अर्थव्यवस्था ने एक ऐसा ही वातावरण बनाना शुरू किया। दुनिया का हर देश अपनी आर्थिक क्षमताओं का अधिकतम इस्तेमाल करके आर्थिक वृद्धि की ओर अग्रसर हो सके और बाजार अर्थव्यवस्था अबाधित हो, इसके लिए जरूरी है कि विभिन्न इलाकों में तनाव ढीले हों और युद्ध की आशंकाएं नदारद हो जाएं। इतना है कि अब वैसे युद्ध नहीं हैं, जैसे पहले थे। अमेरिका और क्यूबा, अमेरिका और रूस के बीच निकटता बढ़ी है। कूटनीतिक वार्तालाप ने आर्थिक विनिमय के नए क्षेत्र खोले हैं। इसका अर्थ यह नहीं है कि विश्व व्यापार ने कहीं भी विश्व मन पैदा किया है और सीमाओं को अशांत रखकर अपने देशवासियों को पहले की तरह भुलावे में रखने की अब जरूरत नहीं है। भारत और पाकिस्तान या भारत और चीन के बीच संवाद के बावजूद गंभीर तनाव बना हुआ है। चीन में तियानमेन चौक जैसे मुद्दों पर न सिर्फ मानवाधिकार हनन जारी है, बल्कि संयुक्त राष्ट्र के स्पष्ट फैसले (2016) के बावजूद वह दक्षिण चीनी समुद्र के कुछ द्वीपों पर कब्जा करने के ताक में रहता है और बीच-बीच में भारतीय सीमाओं को भी अशांत रखता है। इस तरह माना जाता है कि विश्वशांति महीनों, सालों और दशकों तक पुरानी दीवारों को तोड़ने और नया ढांचा खड़ा करने की प्रक्रिया में ही स्थापित हो सकती है।

यह नहीं कहा जा सकता कि वैश्वीकरण के दौर में विश्वशांति के समक्ष चुनौती नहीं है। दुनिया में अमेरिका के करीब 700 सैनिक अड्डे हैं, उसके जहाजों की समुद्रों पर चौकसी है और लड़ाकू विमान दुनिया के हर कोने मे तैनात हैं। खुद भारत ने पिछली नीतियों का अतिक्रमण करके अमेरिका से संयुक्त सैन्य अभ्यास और सैन्य सामग्री विनिमय के लिए समझौता (LAMOA) किया है। कहीं भी निरस्त्रीकरण का दृश्य नहीं है। इसके अलावा अरब-इराक युद्ध, अफगानिस्तान तथा इराक पर अमेरिका का हमला दर्शाता है कि विश्वशांति के समक्ष चुनौतियां मौजूद

हैं। इन युद्धों के पीछे एक कारण आर्थिक बताया गया है, दुनिया के प्राकृतिक संसाधनों विशेषकर तेल पर नियंत्रण करना। वैश्वीकरण के युग में बढ़ा 'हम-वे' का राजनीतिक विभाजन भी एक वजह है। प्रथम विश्वयुद्ध और अतीत की शत्रुताओं को याद किया जा रहा है। जर्मनी ने तुर्की के ऑटोमन सेनिकों द्वारा 1915 में आर्मेनियन ईसाइयों के किए गए जनसंहार का मसला 2016 में उठाकर आप्रवासियों की समस्या बढ़ा दी और तुर्की को नाराज कर दिया। पश्चिमी देशों से अच्छे संपर्क और आधुनिकता की ओर उन्मुख तुर्की तथा ऐसे कुछ अन्य मुस्लिम देशों में मजहबी राष्ट्रवाद का पुनरुत्थान हो रहा है। पश्चिमी देश बनाम इस्लामी देश की धारणा विश्वशांति के लिए खतरा बन रही है। अमेरिका और मेक्सिको के बीच दीवार खड़ी करने की चर्चा है तो यूरोपीय देशों में भी उदारवाद की जगह आर्थिक राष्ट्रवाद का प्रभाव बढ़ा है। दुनिया के देशों के बीच युद्ध की घटनाएं भले पहले से कुछ कम हुई हों, पर प्रायः हर जगह स्थितियां अशांतिपूर्ण हैं।

भारत में धार्मिक, जातीय, यहां तक कि क्षेत्रीय हिंसा, पाकिस्तान तथा इराक में धर्म के अलग-अलग मतों को मानने वालों के बीच संघर्ष, नेपाल में मधशी तथा अन्य के बीच, श्रीलंका में तमिल तथा गैर-तमिल के बीच संघर्ष की स्थितियां पैदा हो जाती हैं। यहां तक कि अमेरिका, ऑस्ट्रेलिया, ब्रिटेन, फ्रांस जैसे विकसित पूंजीवादी देशों में नस्लीय हमले दर्शाते हैं कि विश्व में शांति के लिए बड़ी चुनौतियां मौजूद हैं। अब ब्रिटेन के बाद फ्रांस भी यूरोपीय संघ और 'नाटो' से बाहर आना चाहता है। जिन कई देशों में अंध-राष्ट्रवाद बढ़ा है, उनमें अमेरिका भी है।

सवाल उठा है कि पश्चिम जिस रूप में जाना जाता है, क्या एक धारणा के रूप में पश्चिम का अब अंत है?

पाकिस्तान में जैश-ए-मोहम्मद तथा लश्कर-ए-तैइबा और इराक-सीरिया में मजहबी राष्ट्र स्थापित करने के उद्देश्य से गठित इसलामिक स्टेट जैसे आतंकवादी संगठन बढ़ रहे हैं। सीरिया में एक तरफ से पश्चिमी देशों और दूसरी तरफ से रूस का हस्तक्षेप हुआ। गरीब देश ही महाशक्तियों की युद्धभूमि बनते हैं। इजराइल द्वारा फिलिस्तीनियों के उत्पीड़न की घटना सर्वविदित है। पश्चिमी देशों में बढ़े राष्ट्रवादी उन्माद से लेकर आतंकवादी संगठनों की कार्रवाइयों तक सारी घटनाएं वैश्वीकरण की मूल अवधारणा के खिलाफ जाती हैं।

कहा जाता है कि जिन देशों के बीच व्यापार और आर्थिक विनिमय बड़े पैमाने पर चलता है, उनके बीच युद्ध घटित नहीं हो सकता। यह भी कहा जाता है कि व्यापार के निहित स्वार्थ ही विश्वशांति में ज्यादा खलल पैदा करते हैं। युद्ध के पीछे आर्थिक मकसद अब ज्यादा होते हैं, एक बिंदु पर अंतरनिर्भरता का सिद्धांत व्यापारिक केंद्रीकरण की आकांक्षा में विसर्जित हो जाता है। यह भी देखा जाता है कि गरीब या पिछड़े देश युद्ध के ज्यादा शिकार होते हैं। दरअसल आर्थिक उदारवाद का तब तक व्यापक असर पैदा नहीं हो सकता, जब तक राजनीतिक उदारवाद घटित न हो। चीन के राजनीतिक उदारवाद ने उसे पश्चिम में एक बड़ा बाजार मुहैया कराया और वैश्वीकरण की चुनौतियों के बीच वह विश्व की एक बड़ी आर्थिक शक्ति बन गया। सफलतापूर्वक व्यापार के लिए विश्वशांति जरूरी मानी गई। संयुक्त राष्ट्र के पूर्व-महासचिव बान की मून ने इसी संदर्भ में कहा था, 'शांति एक ऐसा मामला है जिस पर रोज काम करने की जरूरत है।' यह भी दावा किया जाता है कि आज जितनी शांति दुनिया में पहले कभी नहीं थी।

दुनिया में आर्थिक विनिमय और परस्पर निर्भरता बढ़ने के बावजूद कहीं भी सुरक्षा व्यय और सैनिक क्षमता में वृद्धि थम नहीं पाई है और न ही पृथ्वी को परमाणु हथियारों से विहीन करने का स्वप्न साकार होता दिखाई देता है। इसमें जरूर यह नहीं कहा जा सकता कि पहले से दुनिया के देशों में राजनीतिक संवाद बढ़ा है, राजनेता एक-दूसरे के देशों में ज्यादा आने-जाने लगे हैं और संवाद के जरिए जटिलताओं और तनावों को मिटाने की कोशिश बढ़ी

है। संवाद के बीच से बार-बार यही सदिच्छा व्यक्त होती दिखती है—व्यापार करो, युद्ध नहीं!

शीतयुद्ध की समाप्ति के बावजूद सच्चाई यह है कि विश्व के हर क्षेत्र में पहले से अधिक तनाव और संघर्ष हैं। अमरीका और विकसित देशों के पास युद्ध की ऐसी प्रौद्योगिकी है, जिसका उपयोग कर वे बिना आमने-सामने की लड़ाई लड़े हजारों लोगों को मार सकते हैं। अमरीका और यूरोपीय देशों की सैन्य ताकत का मुकाबला आमने-सामने के युद्धों से नहीं हो सकता। इसलिए भूमंडलीकरण के साथ आतंकवाद भी युद्ध का एक नया रूप बनकर उभरा है। आतंकवाद का हथियार ऐसा है जिसका शिकार सामान्य नागरिक होता है। दुनिया के प्रायः सभी देशों में आत्माविवेक के ह्रास से भौतिक बल की बढ़ी महत्ता ने विश्वशांति के सामने फिर बड़ी चुनौतियां खड़ी कर दी हैं।

वैश्वीकरण से उम्मीद की जा रही थी कि अंध-राष्ट्रवाद कमजोर होगा, लेकिन ऐसा नहीं हुआ है। परमाणु हथियारों से लैस देशों के बीच टकराव का खतरा भी कम नहीं हुआ है। इसका खतरा बढ़ गया है कि इजराइल, पाकिस्तान, भारत, अमेरिका, इंग्लैंड, फ्रांस आदि देशों में जिस तरह अंध-राष्ट्रवादी ताकतें मजबूत हो रही हैं और दूसरी तरफ चीन जिस तरह कठोर है, एक खतरा है कि कहीं पुनः परमाणु युद्ध न हो जाए। वैश्वीकरण ने शीतयुद्ध भले ही खत्म कर दिया हो, लेकिन विश्वशांति की उम्मीद को बढ़ाने में उसकी ठोस भूमिका सामने नहीं आ पाई है।

विकास कुमार मिश्र

अधिक जानकारी के लिए :

1. The Shock Doctrine : The Rise of Disaster Capitalism : Naomi Klein, 2009, **2. World on Fire :** Amy Chua, **3. The War on Terror : Reordering the World :** Ninan Koshy, **4. War Against The Planet :** Vijay Prasad

वैश्वीकरण और विषमता

वैश्वीकरण की प्रक्रिया ने सामाजिक, आर्थिक और राजनीतिक प्रणाली को नए ढंग से परिभाषित करने तथा उसमें निर्णायक बदलाव लाने की अंतर्निहित शक्ति अर्जित कर ली है। सिकंदर का विश्वविजेता बनने का स्वप्न या विश्वयात्रियों की नई जगहों को जानने की इच्छा या काम की तलाश के लिए एक स्थान से दूसरे स्थान की ओर यात्रा करना यह सब हमेशा से जारी रहा है। यात्रियों, व्यापारियों, खोजियों, चिंतकों और धर्म-अध्यात्म की खोज में लगे लोग अपने उद्यम, ज्ञान, हुनर, रीति-रिवाज, विचार, मूल्य को लेकर हमेशा से एक जगह से दूसरी जगह आते-जाते रहे हैं। 'सिल्क मार्ग' सुविदित है जो विश्व के महाद्वीपों को जोड़ने का काम करता था। यह न सिर्फ व्यापारिक मार्ग था बल्कि इससे सांस्कृतिक और धार्मिक आदान-प्रदान भी होते थे। वैश्वीकरण के अंकुर क्रिस्टोफर कोलंबस या वास्कोडिगामा के अमेरिकी महाद्वीप और भारत की खोज जैसी साहसिक खोजों में थे। उनकी खोजों से उपनिवेशवाद और उपनिवेशवाद के बाद थोड़े काल तक स्वतंत्र कल्याणकारी राष्ट्र-राज्यों का मार्ग प्रशस्त हुआ, पर अब मुक्त बाजार व्यवस्था ने नए ढंग के वैश्वीकरण को अवसर दिया है।

वैश्वीकरण और विषमता

वैश्वीकरण पूंजी और तकनीक को जितनी रियायतें प्रदान करता है, उतनी रियायतें श्रम को नहीं मिल पाती हैं क्योंकि यह पूंजी और तकनीक-केंद्रित वैश्वीकरण है। श्रमजीवी के रूप में सिर्फ वही इससे लाभ उठा पाते हैं, जिनके पास उच्च शिक्षा एवं उच्च कौशल होता है।

वैश्वीकरण ने उद्योगों और विशेषतः सेवा क्षेत्रों का जो विस्तार किया है उससे चीन, भारत, ब्राजील जैसी उभरती हुई अर्थव्यवस्थाओं में 50 लाख से ऊपर लोगों के जीवन में समृद्धि आई है, इसके साथ यह भी एक तथ्य है कि ऐसे सभी देशों में विषमता बढ़ी है। इस संदर्भ में ऐसे कई अध्ययन हुए हैं जो दुनिया के देशों के बीच घटती विषमता, पर हर देश के भीतर बढ़ती विषमता और विषमता के नकारात्मक प्रभावों को दूर करने के उपायों के बारे में बताते हैं। फ्रांस के अर्थशास्त्री फ्रैंकोस बोर्उजिनॉन ने दुनिया में बढ़ती विषमता पर वैश्वीकरण के संदर्भ में विचार करते हुए बताया है कि वैश्वीकरण ने उन बलशाली ताकतों को दुनिया के देशों के बीच और खुद हर देश के भीतर एकदम स्वाधीन छोड़ दिया है, जिन पर खुद उसका नियंत्रण नहीं है। उनमें कुछ विस्मयकारी हैं, पर कुछ चिंता पैदा करने वाली हैं। इसका यह अर्थ भी है कि आर्थिक मंदी के समय अधिक कौशल के बावजूद कम मजदूरी संभव है।

नोबेल पुरस्कार से सम्मानित एरिक मास्किन ने स्पष्ट कहा है, 'कोई आईफोन पॉलो ऑल्टो में डिजाइन की गई हो पर निर्मित होती हो चीन, जापान और जर्मनी में, तो कैसे तीनों देश के लोगों का कौशल समान होगा?' इसका अर्थ है, वैश्विक उत्पादन स्वभावतः विषमता की ओर ले जाता है। वह यह भी कहते हैं, 'वैश्विक उत्पादन और व्यापार के कारण लोगों की औसत आय बढ़ी हो, पर इस समय दुनिया में विषमता काफी बढ़ गई है जिसे यह कह कर ढंका नहीं जा सकता कि स्थिति पहले से कम खराब है। कम खराब की अवधारणा विषमता को सहनीय बना देती है।' मास्किन तुरंत यह भी कहते हैं, 'सही कदम यह नहीं होगा कि वैश्वीकरण को रोक दिया जाए, यह तो मूर्खतापूर्ण होगा, क्योंकि यह देशों में औसत आय तो निश्चय ही बढ़ाता है।' वह समाधान बताते हैं कि देश के आम लोगों के कौशल-स्तर को ऊंचा उठाया जाए। सवाल उठता है, इस काम के लिए खर्च कौन देगा?

महाद्वीपीय और क्षेत्रीय स्तर पर विषमता को बढ़ावा देने में वैश्वीकरण की एक निश्चित भूमिका है। अफ्रीका, एशिया और लैटिन अमेरिका के एक बड़े हिस्से के भौतिक और मानव संसाधन यूरोप, उत्तरी अमेरिका और एशिया के विकसित नगरों के हित में लगा दिए गए हैं। कई देशों में समुदायों को उन संसाधनों से वंचित होना पड़ा है, जिन पर उनका जीवन आश्रित था। नदियों, समुद्र, मत्स्य-क्षेत्र, दानों आदि पर नियंत्रण विकसित देश स्थापित कर रहे हैं। इसे वैश्वीकरण का स्वाभाविक परिणाम बताया जाता है। यह प्रक्रिया विषमता पैदा करती है। यह ऐसे ढांचे बनाती है जो विषमता को तीव्र करते हैं।

विषमता विचार और भाव की तरह उपस्थित रहने वाला और हीनता पैदा करने वाला एक सामाजिक दोष है। यह लोगों के बीच मौजूद रहने वाली ऐसी प्रकिया है जो मनुष्यों, समुदायों, देशों के बीच भेदभाव और विद्वेष को बढ़ावा देती है। उनके बीच तनाव और संघर्ष का कारण बनती है।

वर्तमान दौर में विषमता को कई रूपों में परिभाषित एवं विश्लेषित किया गया है। अंतरराष्ट्रीय विषमता तथा भूमंडलीय विषमता का फर्क बताते हुए कहा जाता है कि अंतरराष्ट्रीय विषमता राष्ट्रों के बीच विषमता है। भूमंडलीय विषमता में दुनिया मानो कोई एक अविभाजित जगह होती है। मेडिसन ने दिखाया है कि सोलहवीं-सत्रहवीं सदी में दुनिया के देशों में विषमता सबसे कम थी। यह उन्नीसवीं सदी में भी कम थी। दूसरे विश्वयुद्ध के बाद यह ज्यादा बढ़ी। इक्कीसवीं सदी में दुनिया के लोगों के बीच विषमता तेजी से बढ़ी और यह अब पूरे इतिहास में अभूतपूर्व है। इस बीच चीन और भारत की आर्थिक वृद्धि ने दुनिया का ध्यान खींचा है। इस आर्थिक वृद्धि ने इन देशों में भीतरी विषमता बढ़ाने के साथ-साथ भूमंडलीय विषमता में भी इजाफा किया है। दूसरी तरफ, दुनिया के गरीब और मध्य आय वाले देशों की आर्थिक वृद्धि में सापेक्षतः गिरावट आई है। फलस्वरूप इस राह से भी भूमंडलीय विषमता बढ़ी है। तीसरी तरफ अमेरिका, चीन, भारत, रूस जैसे बड़े देशों के बीच बढ़ी विषमता ने भी भूमंडलीय

विषमता बढ़ाई है। इस ऐतिहासिक परिप्रेक्ष्य में एक तरफ चीन और भारत आगे बढ़े हुए देश के रूप में देखे जा रहे हैं, तो दूसरी तरफ दुनिया की बढ़ी विषमता को 'गरीबी का अफ्रीकीकरण' कहा जा रहा है अर्थात अफ्रीकी होना और गरीब होना कभी इतने ज्यादा पर्यायवायी नहीं थे। साथ ही पूर्वी यूरोपीय और लैटिन अमेरिकी देश विषमता का विशेष रूप से शिकार बताए जा रहे हैं। समग्रतः 'विषमता का वैश्वीकरण' बड़े गौर से लक्षित किया जा रहा है।

आर्थिक गैर-बराबरी के वर्तमान रूपों को समझने में फ्रांसीसी अर्थशास्त्री थॉमस पिकेटी की पुस्तक 'कैपिटल इन ट्वेंटी फर्स्ट सेंचुरी' सहायक हुई है। पिकेटी दिखाना चाहते हैं कि पूंजी की वृद्धि दर राष्ट्रों के सकल घरेलू उत्पाद की वृद्धि दर से काफी ज्यादा है। इसके कारण जो धन अर्थव्यवस्था में पैदा हो रहा है, वह कुछ प्रतिशत लोगों के हाथों में केंद्रित होता जा रहा है। वह शेष देशों की दो-तिहाई से अधिक आबादी की कुल संपत्ति से काफी अधिक है। फलतः एक बड़ी आबादी के लिए अवसरों की समानता प्रभावित हो रही है। इसका अर्थ यह है कि अपने श्रम और कौशल से रोजगार के जो अवसर बहुसंख्यक लोगों को प्राप्त हो सकते थे, वे बहुत कम लोगों को प्राप्त हो पाते हैं। बात धन एवं संसाधनों की असमानता तक सीमित नहीं है।

अमर्त्य सेन क्षमताओं की असमानता की बात करते हैं। वे आय, भौतिक संसाधन में असमानता के बजाय लोगों के शिक्षा, कौशल एवं योग्यताओं को विकसित करने पर बल देते हैं। यदि किसी क्षेत्र में निरक्षरता है तो संसाधनों की समता पर बात करने के बजाय लोगों की शिक्षा पर खर्च कर उनके अंदर योग्यता पैदा करना जरूरी है। असमानता से स्त्री जाति हमेशा से ज्यादा पीड़ित है, लेकिन दलित और उच्च वर्ग की स्त्रियों की परिस्थितियां अलग-अलग हैं। अगर इन परिस्थितियों को ध्यान में रखकर व्यक्तिगत या सामाजिक तौर पर नीतिगत प्रयास किए जाएं तो सामाजिक असमानता को बेहतर ढंग से दूर किया जा सकता है। लोकतांत्रिक व्यवस्था में मानव पूंजी को विकसित करने में राज्य की भूमिका महत्वपूर्ण होती है। भारत के संविधान निर्माता बी आर अंबेडकर ने कहा था कि आज हम ऐसे युग में प्रवेश कर रहे हैं जहाँ सभी के पास राजनीतिक समानता मौजूद है, लेकिन सामाजिक एवं आर्थिक समानता के बगैर हमारी राजनीतिक समानता खोखली साबित होगी। वैश्वीकरण के दौर ने आर्थिक विषमता को ही तीव्रतर नहीं किया है, इससे छिपाने के लिए जाति, धर्म, नस्ल, लिंग, भाषा क्षेत्र आदि के भेदों को भी तीव्र कर दिया है जिसके कारण राष्ट्रों, समुदायों और लोगों के बीच तनाव और संघर्ष बढ़े हैं।

प्रशांत

अधिक जानकारी के लिए :
1. भूमंडलीकरण के युग में पूंजीवाद : समीर अमीन,
2. The Globalization of Inequality : Francois Bourguignon, 2015

वैश्वीकरण और सांस्कृतिक नियंत्रण

सांस्कृतिक नियंत्रण का अर्थ है जनसंचार के माध्यम, भाषा, शिक्षा, खान-पान, वेशभूषा, सौंदर्यबोध, समाज विशेष के पर्व-त्योहार, उत्सव, कलाओं, मानवीय संबंध, रहन-सहन और दिनचर्या को निर्धारित करने वाली गतिविधियों पर पूंजी, तकनीक और राजनीति की ताकत से नियंत्रण। वैश्वीकरण के युग में आर्थिक स्तर पर क्षमतासंपन्न देश, समूह, कंपनियां और निर्माता बाजार के साथ संस्कृति में भी अपनी पैठ के तरीके विकसित करते हैं। इसे सांस्कृतिक घुसपैठ के रूप में भी परिभाषित किया गया है। देखा गया है कि ऐसी घुसपैठ और नियंत्रण की प्रवृत्ति का विरोध दुनिया में राष्ट्रीय चेतनासंपन्न और देसी लोगों द्वारा लगातार हो रहा है, जबकि वैश्वीकरण 'मुख्यधारा की संस्कृति' की अवधारणा के साथ आक्रामक ढंग से अग्रसर है।

वैश्वीकरण बाजार-केंद्रित विश्व व्यवस्था है, जो ऐसी राष्ट्रीय सत्ताएं चाहती है, जिसका बाजार की अर्थव्यवस्था से टकराव न हो और सांस्कृतिक

साम्राज्यवाद के अवसर मिलें। वैश्वीकरण जिस तरह राष्ट्रों द्वारा अपनी नीतियों के बजाय एक विश्वव्यापी आर्थिक नीतियों की स्वीकार्यता पर जोर देता है, उदारवाद यानी राष्ट्रीय नियमों, कानून और बंदिशों को समाप्त कर बाजार की शक्तियों के प्रति खुले रुख की मांग करता है, सार्वजनिक पूंजी और संस्थाओं की जगह निजीकरण के लिए दबाव बनाता है, उसी तरह बड़ी पूंजी और विकसित टेक्नोलॉजी आधारित एक कृत्रिम संस्कृति के लिए भी 'स्थानीय' का दरवाजा तोड़ डालना चाहता है। उसका सांस्कृतिक नियंत्रण इस रूप में सामने आता है कि वैश्वीकरण के पूर्व जो सामाजिक चेतना रही है या मानवीय, राष्ट्रीय और प्रगतिशील तत्वों के साथ जो संस्कृति विकसित हुई है और जो स्थानीय विविधता है, इन सब पर मुख्यधारा की संस्कृति छा जाए। राष्ट्र का नागरिक होने के बोध को एक विश्वव्यापी उपभोक्ता के रूप में परिवर्तित करने का माध्यम नई तरह की संस्कृति ही हो सकती है। एक लंबे समय और विभिन्न परिस्थितियों के साथ विकसित हुई चेतना को नई बाजार व्यवस्था के अनुरूप परिवर्तित करने की प्रक्रिया सांस्कृतिक नियंत्रण के जरिए ही संभव है। खासतौर से जनसंचार माध्यम इसका मुख्य औजार बनता है। इस तरह सांस्कृतिक नियंत्रण का अर्थ है बाजार की आर्थिक शक्तियों द्वारा अपने अनुकूल विश्वव्यापी जनमानस तैयार करना। इसके लिए पूरी दुनिया में सांस्कृतिक गतिविधियों के नए रूप-रंग विकसित करने की घटनाओं को देखा जा सकता है।

वैश्वीकरण की प्रक्रिया में सांस्कृतिक नियंत्रण को दुनिया के कई देशों में अति विकसित देशों द्वारा सांस्कृतिक साम्राज्यवाद के संदर्भ में देखा जा रहा है। इसका विरोध काफी पहले भारत में 'कोका कोला' कंपनी पर प्रतिबंध के रूप में हुआ था। फ्रांस में 1999 के आसपास मैक्डोनाल्ड्स की दुकानों पर हमले हुए। दुनिया में स्थानीय भाषा, संस्कृति, कलाओं और विश्वासों के संरक्षण की प्रवृत्तियां जहाँ भी मजबूत हैं, वहां वैश्वीकरण के सांस्कृतिक विस्तार को सांस्कृतिक साम्राज्यवाद के रूप में देखा जा रहा है। इसके विरुद्ध अनगिनत संगठन सक्रिय हैं, जिनका आरोप है कि विश्व व्यापार संगठन वैश्वीकरण के जरिए वस्तुतः उनके देश और समाज की संस्कृतियों का ध्वंस कर रहा है और अमेरिकी जीवन-मूल्यों का प्रसार कर रहा है।

वैश्वीकरण के युग में संस्कृतियां उन्मुक्त और समृद्ध हो रही हैं या पतन के गर्त में जा रही हैं, यह प्रश्न है। इंग्लैंड के बाद अमेरिका ही औपनिवेशिक मूल्यों की दूसरी पारी खेल रहा है। अमेरिका पहले इंग्लैंड का ही उपनिवेश था और अंग्रेज ही वहां जाकर ज्यादा बसे थे। इसलिए पहले इंग्लैंड जो कार्य कर रहा था, शक्तिशाली होकर अब वह काम अमेरिका कर रहा है। उसकी संस्कृति का असर दुनिया के हर देश की राष्ट्रीय संस्कृति और स्थानीय देशज संस्कृतियों पर पड़ रहा है। अमेरिका चाहता है कि उसके सिनेमा, टेलीविजन और मीडिया कंपनियों को दुनिया के हर देश में मुक्त बाजार मिले और जहाँ प्रतिबंध है, वे विश्व व्यापार संगठन के नियमानुसार हटा लिए जाएं। वह चाहता है कि उसके जीएम उत्पादों (जेनेटिकली मॉडिफाइड प्रोडक्ट्स) को भी नियमानुसार पूरी तरह मुक्त बाजार मिले। दुनिया के कई देशों में, जिनमें फ्रांस और भारत भी हैं, अभी सारे प्रतिबंध नहीं हटे हैं। निश्चय ही संस्कृति के मामले में बाजार के सिद्धांतों को यांत्रिक ढंग से लागू नहीं किया जा सकता।

इस संदर्भ में नृविज्ञानियों और अर्थशास्त्रियों के बीच भी तनाव बढ़ा है, क्योंकि नृवैज्ञानिक देशज संस्कृतियों को छेड़ने के पक्ष में नहीं हैं और अर्थशास्त्री जनजातियों को आर्थिक विकास की मुख्य धारा में लाना चाहते हैं। कई प्रतिरोधों के बावजूद वैश्वीकरण कहीं स्थानीयता का थोड़ा-बहुत रंग मिलाकर, कहीं कई तरह के गैर-सरकारी संगठन खड़े कर और मुख्यतः बड़ी पूंजी और विकसित टेक्नोलॉजी के बल पर दमनमूलक प्रभुत्व स्थापित करते हुए दुनिया में अमेरिका का सांस्कृतिक नियंत्रण बढ़ाता जा रहा है।

अमेरिकी संस्कृति की वर्तमान दशा पर खुद अमेरिकी बुद्धिजीवी और बड़ी संख्या में आम लोग

चिंतित हैं। उनमें नोआम चोम्स्की सबसे मुखर रहे हैं। उन्होंने बताया है कि अमेरिका में आर्थिक विषमता कम नहीं है और धनी लोगों को राज्य का असीमित संरक्षण मिलता है। इस देश ने आमतौर मान लिया है कि हर समस्या का समाधान बाजार व्यवस्था और विकसित टेक्नोलॉजी द्वारा करना संभव है। मीडिया उद्योग हर साल करोड़ों डॉलर इस बात के लिए खर्च करता है कि लोगों को जिन चीजों की जरूरत नहीं है, वे विश्वास कर लें कि उनकी जरूरत उन्हें है। अमेरिका में नशीली चीजों का उपयोग, हिंसा और पोर्नोग्राफी उद्योग बढ़ा-चढ़ा है। इधर नस्लवाद, राष्ट्रवाद और हिंसा बढ़ी है। फास्ट फूड, ड्रिंक्स, खान-पान, फैशन, मनोरंजन और अराजकता की अमेरिकनों की अपनी शैली है। चोम्स्की ने लिखा है, 'मीडिया उद्योग की सृष्टि अमेरिका में हुई है। इस उद्योग को अच्छी तरह मालूम है कि उसका काम जनता को काबू में रखना है।' उनसे एक अमेरिकी पत्रकार ने कहा था कि आम जनता 'बदहोश झुंड' है। हमें इसके गरजने, इसके रौंदने से अपने को बचाना है। 'हमें' से उसका आशय उन चतुर लोगों से था, जो समाज का संचालन करते हैं। वैश्वीकरण द्वारा सांस्कृतिक नियंत्रण का एक रूप जनता को 'बदहोश झुंडों' में बदल देना है।

रामविलास शर्मा ने सांस्कृतिक नियंत्रण का प्रश्न उठाया था। वे कहते हैं, 'अमेरिकी पूंजी के साथ अमेरिकी संस्कृति का भी निर्यात होता है। भारत में धीरे-धीरे यहां की संस्कृति पर वह संस्कृति छाई जाती है, विशेष रूप से पढ़े-लिखे धनी नौजवानों पर इसका असर दिखाई पड़ता है। हिंसा इसका अभिन्न अंग है। स्वयं अमेरिका में हिंसा इतनी अधिक बढ़ गई है कि वहां के विचारक, शिक्षा केंद्रों के निदेशक और कार्यकर्ता इससे बहुत चिंतित हैं।' (भारतीय संस्कृति और हिंदी प्रदेश)

अनिल चमड़िया

अधिक जानकारी के लिए :

1. भारतीय संस्कृति और हिंदी प्रदेश : रामविलास शर्मा, 1999, **2. Globalisation and Culture :** John Tomlinson, 1999, **3. Modernity at Large; Cultural Dimensions of Globalization :** Arjun Appadurai, 1996, **4. The Future as Cultural Fact :** Arjun Appadurai, 2013

वैश्वीकरण और सामाजिक परिवर्तन

वैश्वीकरण का संबंध पूंजीवादी विकास के नए दौर से है, जब दुनिया ही नहीं विभिन्न देशों की आंतरिक अर्थव्यवस्था में अखंडता और गतिशीलता आई है। वर्तमान समय में वैश्वीकरण की जड़ों में नव-उदारवादी आर्थिक नीतियां हैं। इनके कारण देशी तथा विदेशी पूंजी को प्रोत्साहन देने और खुली अर्थव्यवस्था के निर्माण को बल मिला है। इन सबका प्रभाव आर्थिक क्षेत्र तक सीमित नहीं है बल्कि प्रभाव का विस्तार सामाजिक क्षेत्रों में भी हुआ है। वैश्वीकरण ने पूरी दुनिया के समाजों को बदलने का काम किया है। आज सामाजिक परिवर्तन पर कोई भी चर्चा वैश्वीकरण के संदर्भ के बिना नहीं की जा सकती।

सामाजिक परिवर्तन के दृष्टिकोण से वैश्वीकरण पर विचार करते हुए नकारात्मक धारणाएं पहले सामने आती हैं। उदाहरण के तौर पर, सांस्कृतिक दृष्टिकोण से वैश्वीकरण ने हर तरफ सामाजिक-राजनीतिक अशांति पैदा कर रखी है। इस समय विश्वस्तर पर सांस्कृतिक अराजकता की स्थिति है। बाजार ऊपर से एक है पर समाज भीतर से विभक्त, हिंसक स्पर्धाओं और अंतर्शत्रुओं से भरा है। अतः यहां तक चिंता व्यक्त की जाती है कि क्या एक हद तक भी सभ्यता बचेगी! वैश्वीकरण-युग की उदार अर्थव्यवस्था और संचार क्रांति के साथ सार्वभौम रूप से क्षेत्रीयतावाद भी बढ़ा है जिसे 'ग्लोबल बाल्कनाइजेशन' कहा जाता है। वैश्वीकरण के उदारवादी विचारों पर प्रति-आक्रमण भी शुरू हो गया है और कई समाज तो वैश्वीकरण के औद्योगिक-तकनीकी वृत्त के अभी बिल्कुल बाहर हैं।

जगदीश भगवती ने वैश्वीकरण के संदर्भ में

सामाजिक प्रभावों पर चर्चा करते समय एक प्रश्न उठाया है। एक औरत चीख रही हो कि उसका पति उसे पीट रहा है, मदद करो–मदद करो तो उससे यह नहीं कहा जा सकता, 'थोड़ा रुको, कुछ ही दशकों में आर्थिक विकास तुम तक पहुंच रहा है जो तुम्हें इस अपमान से मुक्त करेगा।' इसके बाद भगवती कहते हैं कि विकासशील अर्थव्यवस्था निश्चय ही अधिक रोजगार के अवसर पैदा करेगी। इसके कारण स्त्री अपने पति के अत्याचारों के दायरे से बाहर आकर अपने लिए रोजगार पा सकती है और आत्मनिर्भर हो सकती है (इन डिफेंस ऑफ ग्लोबलाइजेशन)। इस तरह एक तरफ वैश्वीकरण के नकारात्मक नतीजे गिनाए जाते हैं तो दूसरी तरफ स्त्री सहित अन्य सभी सामाजिक मुद्दों पर अधिक स्वाधीनता, अधिक समृद्धि, अधिक तीव्र संचार-गतिविधियां और अधिक पर्यावरणीय सजगता की ओर भी ध्यानाकर्षित किया जाता है। स्त्रियों, दलितों, पिछड़ों और आदिवासियों के बीच पहले की तुलना में उपभोक्ता बढ़े हैं, ये निजी व्यय के लिए धनोपार्जन के विभिन्न पायदान पर खड़े हो रहे हैं। सामाजिक तौर पर अपने घर या बस्ती में सीमित न रहकर उनकी गतिशीलता बढ़ी है। समाज के भीतरी इलाकों में स्वयंसेवी संगठन (एनजीओ) काम कर रहे हैं और मानवाधिकारों की बेहतर स्थिति है। रूढ़ियों को पहले की तुलना में अधिक व्यापकता से चुनौती दी जा रही है और हर तरफ आत्मसम्मान का भाव पैदा हुआ है तो यह सब वैश्वीकरण का सकारात्मक सामाजिक प्रभाव माना जा रहा है।

पूंजीवाद के भूमंडलीकरण की प्रक्रिया में नागरिक समाज के लोग अधिक सक्रिय और मुखर हुए हैं, तो उनके आंदोलनों और प्रतिरोधों को विकास-विरोधी कहना एक सामान्यीकरण है। इस संदर्भ में एलेन ब्रुन ने कहा है कि भूमंडलीकरण ने पुराने वैचारिक चौखटों से मुक्त होकर नए ढंग से सोचने के अवसर दिए हैं। यह सोच 'कल्याणकारी राज्य' की पितृसत्तात्मक ढंग की धारणा और 'बाजारवादी ताकत', दोनों से एक भिन्न दिशा में ले जाता है। (ग्लोबलाइजेशन एंड सोशल चेंज, (संपा.) जोहांस ड्रैग्सबर्ग स्मिथ, जैक हर्श)। वैश्वीकरण नए ढंग से सोचना, नए ढंग से कुछ करना और नए ढंग के संगठन-निर्माण के लिए प्रेरित करता है। यह चुनौतियों का सामना करने के लिए नए-नए मार्ग खोजने पर बल देता है, एक ही जगह बंदी बनाकर नहीं रखता। यह आशंका व्यक्त की जाती है कि उपर्युक्त दावे के बावजूद लोगों के जीवन की गुणवत्ता में गिरावट आई है। इसने गैर-पश्चिमी ढंग के सोच, जीवन शैलियों और संस्कृतियों को संकट में डाल दिया है।

वैश्वीकरण के युग में सामाजिक तौर पर हाशिए के लोग, जैसे–दलित, आदिवासी तथा अल्पसंख्यकों की स्थिति में भी परिवर्तन आए हैं। दलितों की स्थिति सुधरने का रास्ता इन दिनों बढ़ी दलित उद्यमशीलता को बताया जा रहा है। उनके पास अधिक समृद्धि आई है। उनकी राजनीतिक सत्ता में भागीदारी ही नहीं बढ़ी है, उनके जीवन में बौद्धिक-सांस्कृतिक प्रगति भी आई है। वैश्वीकरण ने यह अहसास बढ़ाया है कि कोई राष्ट्र, समाज या जाति अपने घेरे में बंद रहकर प्रगति नहीं कर सकती है और हर विकास को समावेशिक होना जरूरी है। इसलिए वैश्वीकरण के युग में 'सबाल्टर्न' की तरफ ध्यान ज्यादा गया। वे धीरे-धीरे वैश्विक आर्थिक विकास और गतिशीलता के अंग बनने लगे। आज नहीं कहा जा सकता कि गरीबों, पिछड़ों और वंचित समुदायों की वही स्थिति है, जो 25 साल पहले थी।

वैश्वीकरण के समर्थक कहते रहे हैं कि यह गरीबों को गरीबी से ही बाहर नहीं निकालता, बौद्धिक-सामाजिक-संचारगत गतिशीलता से भी जोड़ता है। बाजार किन्हीं भी दो लोगों में सामाजिक आधार पर फर्क नहीं करता। वैश्वीकरण के युग में यह अवश्य घटित हुआ है कि एक समतावादी मुक्तिकामी समाज की स्थापना का स्थान उत्तर-अधुनिकता के दर्शन ने ले लिया जो सार्वभौम मूल्यों के स्थान पर सामुदायिक दावेदारियों को उपाश्रितों की मुक्ति का रास्ता बताता है। इसके अलावा वैश्वीकरण ने जीवन मूल्यों के स्तर पर व्यापक बदलाव कर

दिए हैं। शहरों के साथ-साथ गांव भी बदले हैं। वंचित तबकों में समृद्धि से लगाव बढ़ा है और इस समृद्धि को न पाने की स्थिति में नए तरह के तनावों में बढ़ोतरी भी हुई है। दूसरे स्तर पर, वैश्वीकरण ने श्रम बाजार के अकुशल क्षेत्र को खोल दिया है। इससे खाड़ी देशों के निर्माण और नर्सिंग के क्षेत्र में कमजोर तबके के लोग भी काम करने जाते हैं। वे अपने वास्तविक स्पेस यानी अपने जन्म स्थान की आर्थिक संरचना को बदलने में सहायक हो पाए हैं। इससे पिछड़े क्षेत्रों में सामाजिक बदलाव देखा जा रहा है। छोटे शहरों में मास कल्चर, मल्टी-स्क्रीन सिनेमाघरों और नई फूड-शृंखलाओं ने कुछ युवाओं को अधिक कमाने के लिए प्रेरित किया है। फिर भी अधिकांश के लिए बाजार की कई चीजें पहुंच से बाहर हैं। इससे एक हताशा भी उपजी है। इंटरनेट, टीवी और मोबाइल ने समाज को बाहर से जोड़ा है, तो अंदरूनी रूप से उन्हें काट भी दिया है। बड़े महानगरों में सामाजिक परिवर्तन तीक्ष्ण रूप से देखा जा सकता है जहाँ सी-फूड रेस्टोरेंट और गलियों में चलने वाले सस्ते होटल एक-दूसरे का प्रतिवाद रचते रहते हैं।

वैश्वीकरण के दौर ने तकनीकी विकास के कारण सूचनाओं के संसार को पूरी तरह खोल दिया है, इसे गतिशील बना दिया है। भारत में अब 90 प्रतिशत शहरी आबादी की पहुंच टीवी तक है। 2016 में मोबाइल इस्तेमाल करने वालों की संख्या बढ़कर 1.3 अरब हो गई है और भारत दुनिया का पांचवां सबसे बड़ा ई-कचरा उत्पादक देश बना है। नई तकनीकी सुविधाओं ने लोगों के स्वप्नों को बदल दिया है। इसका सामाजिक जीवन पर यह असर देखा जा सकता है कि उदार विचार के समर्थक बढ़े हैं, पूर्वाग्रह घटे हैं और आपस में संपर्कों का विस्तार हुआ है। यदि कोई अन्याय, अत्याचार या भ्रष्टाचार की घटना है, यह मीडिया के जरिये सर्वव्यापक हो जाती है। श्रम क्षेत्र में आलस्य, कामचोरी और दायित्वहीनता को धक्का लगा है, श्रम संस्कृति में उत्थान आया है और कुशलता बढ़ी है। कुशल प्रतिभाएं एक जगह पड़े रहने के बजाय एक कंपनी से दूसरी कंपनी में छलांग मारती रहती हैं। अब मेहनत और कुशलता-अर्जन के प्रति सचेतनता बढ़ी है। लोग अपने बारे में ही अधिक सचेत नहीं हुए हैं, दूसरे देशों के समाजों और संस्कृतियों को भी व्यापक रूप से जानने लगे हैं। मीडिया और मनोरंजन उद्योगों के विस्तार से समाज की पुरानी रूढ़ियों को धक्का लगा है। नए उपभोक्ता सामान के आने से 'निजी अवकाश' में वृद्धि हुई है और स्वाधीनता का अहसास बढ़ा है। जीवन शैलियों में भारी परिवर्तन आया है, भोजन शैलियां बदली हैं और वैश्विक प्रवृत्तियों की ओर झुकाव बढ़ा है। अब नई उपभोक्ता वस्तुएं बाजार में हैं और चुनने के लिए व्यापक अवसर उपलब्ध हैं।

इंटरनेट का उपयोग करने वालों की संख्या में भारी वृद्धि हुई है। समाज में खुलापन आया है, बंधन हटे हैं। युवक-युवतियां अपना जीवनसाथी खुद चुनने में पहले से ज्यादा सक्षम हुए हैं। वे वैश्विक माहौल में पहले से ज्यादा स्वच्छंदता और खुशियों का अनुभव कर रहे हैं। वैश्वीकरण का संपूर्ण लक्ष्य ही आर्थिक वृद्धि की रफ्तार बढ़ाकर समाज के सभी लोगों के पास धीरे-धीरे स्वतंत्रता, समृद्धि और खुशियां पहुंचाना है, समाजों को पुरानी धारणाओं और दशाओं से बाहर निकलना है। समाज में बुद्धिजीवियों का एक तबका (जैसे वंदना शिवा, अरुंधति राय आदि) वैश्वीकरण का विरोध करता है, पर दुनिया के देशों में फिलहाल इसका विकल्प कोई नहीं दे पा रहा है।

सतीश सिंह खरवार

अधिक जानकारी के लिए :

1. The Globalization Decade : (Ed.) Leo Panitch, Collin Leys, Alan Zuege and Martijn Konnings, **2. Modernity, Globalization and Identity :** Avijit Pathak, **3. Social Change in the Age of Globalization :** (Ed.) Jing Tiankui, Masamichi. Sasaki and Lipeilin, 2006

वैश्वीकरण और स्वतंत्रता

वैश्वीकरण दुनिया के लिए एक नई व्यवस्था का निर्माण करता है। इसमें स्वतंत्रता का विचार

आर्थिक गतिविधियों के बीच केंद्रित है। इसे आर्थिक गितविधियों में शामिल होने की खुली प्रतिस्पर्धा के रूप में प्रस्तुत किया जाता है। इसकी विशेष शर्त है कि पूंजी, तकनीक और संसाधनों के स्तर पर सक्षम होना होगा। वैश्वीकरण से पहले समान अवसर के लिए सक्षम बनाने के उद्देश्य से सरकार और समाज के कई कार्यक्रम थे। उस युग में स्वतंत्रता की एक भिन्न ढंग की चेतना थी, जो स्पर्धा के बावजूद समग्रतः सामाजिक कल्याण पर आधारित थी।

वैश्वीकरण के युग में बाजार और उस पर काबिज शक्तियों की स्वतंत्रता प्रमुख है। इसलिए राष्ट्रीय संप्रभुता, आत्मनिर्भरता, वैयक्तिक स्वतंत्रता जैसी चीजें बाजार की शक्तियों की स्वतंत्रता में बाधा के रूप में देखी जाती हैं। बाजार के समस्त क्रियाकलाप वस्तुतः आर्थिक लेन-देन और आर्थिक ताकत पर निर्भर होते हैं। पूंजी के स्तर पर ताकतवरों, जिनमें व्यक्ति के साथ कंपनियां और देश भी शामिल हैं, के बीच प्रतिस्पर्धा ही स्वतंत्रता के विचार के रूप में प्रगट होती है। बाजार में पूंजी की निरंकुश प्राय स्वतंत्रता को ही राजनीतिक, सामाजिक और आर्थिक स्वतंत्रता के पर्याय के रूप में प्रस्तुत किया जाता है।

आमतौर पर धारणा बनती है कि बाजार में एक उत्पाद के विविध रूप हैं तो यह उपभोक्ताओं के चयन के लिए ज्यादा अवसर और चयन की स्वतंत्रता को सुनिश्चित करता है। एक ही उत्पाद या सेवा कई कंपनियों द्वारा मुहैया की जाती है, उनकी स्पर्धा उपभोक्ता की स्वतंत्रता को परिभाषित करती है। लेकिन होता यह है कि एक ही तरह की कंपनियां कई तरह के उत्पाद उपभोक्ताओं के समक्ष पेश कर एक घेरा तैयार कर लेती हैं। मसलन एक ही कंपनी के नियंत्रण में एक ही भाषा के दो से ज्यादा समाचार-पत्र, अन्य भाषा के समाचार-पत्र, रेडियो स्टेशन, टेलीविजन चैनल, वेबसाइट हो सकते हैं। यह पाठकों, दर्शकों और श्रोताओं के मन में चयन की स्वतंत्रता का भ्रम पैदा कर सकता है। दूसरी बात, कुछ कंपनियों के बीच एक ही तरह के उत्पाद से भी विविधता की वैचारिकी स्पष्ट नहीं होती। स्वतंत्रता की धारणा विविधता की अनिवार्य शर्त के साथ विकसित होती है। विविधता संख्या के बजाय अपनी सामाजिक, आर्थिक और राजनीतिक वास्तविकता के साथ प्रगट होनी चाहिए।

स्वतंत्रता और वैश्वीकरण को जब आमने-सामने रखकर देखा जाता है, तो मिलता है कि स्वतंत्रता की धारणा वस्तुतः राजनीतिक, सामाजिक और आर्थिक घटनाओं में प्रतिबिंबित नहीं हो रही है। वैश्वीकरण-युग की स्वतंत्रता, स्वतंत्रता की परिभाषा का पर्याय नहीं है। मनुष्य की चेतना में स्वतंत्रता सर्वोपरि है। इसलिए उसके इर्द-गिर्द खड़ी वैश्वीकरण की व्यवस्थाएं उसकी चेतना को अपने अनुकूल दिशा में ले जाने की कोशिश करती हैं। वैश्वीकरण में स्वतंत्रता बाजार की अनुकूलता है। बाजार में सामाजिक जिम्मेदारियां और कार्यभार स्वीकार नहीं होते ही और न मानवाधिकारों की खास चिंता की जाती है। राजनीतिक स्वतंत्रता भी बाजार के अनुकूल होने की सीमा तक ही स्वीकार्य होती है। वैश्वीकरण में सामान्य जनों के लिए स्वतंत्रता की एक सीमा है कि उन्हें बाजार की स्वतंत्रता की धारणा के साथ खुद को एकरूप करना होता है। यह भी देखा जा सकता है कि वैश्वीकरण-युग की स्वतंत्रताओं पर कम गतिशील सांस्कृतिक मूल्यों द्वारा नियंत्रण होता है।

वैश्वीकरण और स्वतंत्रता के संबंध को 'मुक्त बाजार' और 'मुक्त विश्व व्यवस्था' सीमित करती है। मुक्त बाजार जिन असंख्य आजादियों का दावा करता है, वे मुख्यतः प्रभुत्व और विनाश की आजादियां हैं। इन्हें नोआम चोम्स्की जैसे चिंतकों ने न्याय, धर्मपरायणता और स्वतंत्रता के नाम पर अपराध करने की आजादियां कहा है। उनका कहना है, 'नव-उदारवाद की नीतियां लोकतांत्रिक नियंत्रण और प्रतिभागिता को बरबाद करने के लिए बनाई गई हैं। इनका पहला काम है सार्वजनिक स्वरूप को छोटा किया जाए और निर्णय लेने का अधिकार कॉरपोरेट जगत के, निजी क्षेत्र के ऐसे गैर-जवाबदेह निरंकुश लोगों को दिया जाए जो अंतरराष्ट्रीय संस्थानों और कुछ शक्तिशाली राष्ट्रों में छाए रहते

हैं। जेम्स मैडिसन के शब्दों में, 'ये उनके औजार और तानाशाह हैं। ...नव-उदारवादी नीतियां जहाँ भी लागू की गई हैं, वहां आर्थिक विकास और लोककल्याण को नुकसान पहुंचा है, लेकिन सबसे ज्यादा असर लोकतंत्र और स्वतंत्रता पर पड़ा है।' (जापानी उपन्यासकार केन्जाबुरो ओ को लिखे पत्र में, सत्ता के सामने, अनुवाद : अनूप सेठी)। अरुंधति राय अमेरिकी नागरिक नोआम चोम्स्की पर टिप्पणी करती हैं, 'उन्होंने ऐसे क्रूर, प्रपंचपूर्ण और कुरूप ब्रह्मांड को बेनकाब किया है जो 'स्वतंत्रता' नामक उजले और सुंदर शब्द के पीछे रहता है। इस बात को सिद्ध करने के लिए चॉम्सकी ने सबूतों का जो भंडार इकट्ठा किया है, वह डरा देता है।' (वही)।

सवाल उठता है कि क्या राजनीतिक वैश्वीकरण को अपना लेने के बाद अलोकतांत्रिक, खासकर अभिव्यक्ति की स्वाधीनता के हननकर्ता और निर्दय हो जाते हैं या राज्य को ऐसा बना देते हैं? सत्ता में आने पर अर्थनीति और राजनीति मिश्रित होने लगती हैं, जबकि विपक्ष में होने पर वे टकराती हैं।

वैश्वीकरण और स्वतंत्रता के संबंध को सकारात्मक नजरिए से देखने की कोशिशें भी हुई हैं। जैसे यह कहा गया कि वैश्वीकरण उन देशों पर लोकतंत्र और व्यक्तिगत स्वतंत्रता की ओर बढ़ने का दबाव बनाता है, जहाँ इन चीजों की जगह कठोर शासन है। इसके लिए कई मुस्लिम देशों और चीन का उदाहरण दिया गया। इसके अलावा, वैश्वीकरण और मुक्त बाजार की वजह से कंप्यूटर एक प्रभावशाली साधन बना है। इससे किसानों को यह आजादी मिली है कि वे ताकतवर वर्गों और जातियों को बीच से हटाकर अब बाजार में सीधे अपनी उपज बेच सकते हैं और ज्यादा कीमत पा सकते हैं। वैश्वीकरण के एक प्रबल समर्थक अर्थशास्त्री जगदीश भगवती ने सेम्योर मार्टिन लिपसेट के क्लासिक ग्रंथ 'सम सोशल रिक्विजिट्स ऑफ डेमोक्रेसी' (1959) का हवाला देते हुए कहना चाहा है कि आर्थिक विकास सामाजिक विकास की राह से लोकतंत्रीकरण को बढ़ावा देता है, जो शिक्षित लोगों की बढ़ती संख्या, वर्ग-संरचना में परिवर्तन और सामाजिक समता के वातावरण के साथ स्वाभाविक रूप से घटित होता है। हालांकि लिपसेट के मत की राल्फ डहरेनडोर्फ, सैमुअल हंटिंगटन जैसे विद्वानों ने यह कहकर आलोचना की थी कि जरूरी नहीं है कि आर्थिक विकास सामाजिक परिवर्तन भी घटित करे। कई बार सामाजिक परिवर्तन लोकतंत्र की जगह अराजकता और गड़बड़ियों की ओर भी ले जाता है। इस विवाद के बावजूद, जगदीश भगवती वैश्वीकरण के संदर्भ में आर्थिक समृद्धि से जनमे उस मध्यवर्ग को विवेचना के केंद्र में लाते हैं, जो वस्तुतः स्वतंत्रता-प्रेमी है और राजनीति के लोकतंत्रीकरण की मांग करता है। (इन डिफेंस ऑफ ग्लोबलाइजेशन)। उनकी दृढ़ धारणा है कि वैश्वीकरण से हर तरफ आई समृद्धि ने आर्थिक स्वतंत्रता और व्यक्तिगत स्वतंत्रता के अवसर बढ़ाए हैं।

आधुनिक दुनिया में स्वतंत्रता एक महान मूल्य है। वैश्वीकरण और स्वतंत्रता के बीच कहां टकराहट और कहां सामंजस्य है, वैश्वीकरण लोकतंत्र को कितना अवरुद्ध करता है और कितना पनपाता है, वैश्वीकरण के दौर में यह बहस का एक मुख्य मुद्दा है। एशिया महादेश को लें तो चीन में एक स्थिति है, जापान में एक दूसरी स्थिति है, इंडोनेशिया और दक्षिणा कोरिया की एक अन्य स्थिति है। भारत की स्थिति भी विशिष्ट है। इस तरह के देशों में वैश्वीकरण ने स्वतंत्रता और लोकतंत्र को कितना विकसित किया है, कितना धूमिल या अवरुद्ध किया है, इस पर एक व्यापक बहस है। शेक्सपियर के नाटक 'द मर्चेंट ऑफ वेनिस' का उदाहरण दिया जाता है, जिसमें शायलॉक कर्ज के बदले अंटोनिया से उसके शरीर के एक पाउंड मांस की मांग करता है। वेनिस नगर में 'समझौते के प्रति सम्मान' के साथ यह 'न्याय' भी है कि मांस ले लो, पर एक बूंद खून भी गिरना नहीं चाहिए! वैश्वीकरण यदि न्याय और स्वतंत्रता की बलि दे तो वह हर तरफ खून और आंसुओं के दृश्य लाएगा, यह आम धारणा है।

अनिल चमड़िया

अधिक जानकारी के लिए :

1. Capitalism and Freedom : The Contradictory Characfter of Globalization : Peter Nolan, 2007, **2. Globalization, Freedom and the Media after Communism :** Birgit Beumers, Stephen Hutchings, Natalia Rulyora (Ed.) 2012, **3. Cosmopolitanism : Ethics in the World of Strangers :** Kwome Anthony Appiah, 2007

वैश्वीकरण विरोध

वैश्वीकरण अंतरराष्ट्रीय एकीकरण की प्रक्रिया है जो विचारों, उत्पादों, जीवन-दृष्टि और संस्कृतियों के आदान-प्रदान से संबद्ध है। इसे आधुनिकता में अंतर्निहित प्रवृत्ति के रूप में देखा जाता है किंतु इसके स्रोत इतिहास में भी तलाशे जाते हैं।

1600-1800 के मध्य के वैश्वीकरण की प्रक्रिया को इतिहासकार ए जी हॉपकिंस और क्रिस्टोफर बायली ने प्रोटो-ग्लोबलाइजेशन का नाम दिया है। नौसैनिक शक्ति के रूप में यूरोपीय राष्ट्र-राज्यों के उदय के साथ पुर्तगाली और स्पेनी साम्राज्य और बाद में डच और ब्रिटिश साम्राज्य ने इस वैश्वीकरण की प्रक्रिया में वर्चस्वशाली भूमिकाएं निभाईं। टॉमस एल. फ्रीडमैन अपनी पुस्तक 'द वर्ल्ड इज फ्लैट' में कहते हैं, 'दूसरा महान दौर, वैश्वीकरण–2 का समय 1800 से 2000 तक का है। इसमें महामंदी और प्रथम तथा द्वितीय विश्वयुद्धों ने खलल डाल दिया था। इस युग में दुनिया का मंझोला आकार सिकुड़कर छोटा हो गया। वैश्वीकरण–2 में परिवर्तन का मुख्य एजेंट, विश्व-एकीकरण को संचालित करने वाली बहुराष्ट्रीय कंपनियां थीं। इस युग के पूर्वार्ध में भाप-इंजन और रेलमार्ग बन जाने से ट्रांसपोर्ट के खर्च में कमी आई। इसके उत्तरार्ध में टेलीफोन और टेलीग्राम के विस्तार, फाइबर-ऑप्टिक केबल, सैटेलाइट्स और विश्वस्तर पर फैले वेब के कारण संचार क्रांति से वैश्वीकरण मजबूत हुआ। इस युग में वैश्विक अर्थव्यवस्था का असली मायने में जन्म हुआ और उसमें परिपक्वता आई।' वैश्वीकरण का नया दौर पहले आए सभी दौरों की तुलना में कहीं अधिक व्यापक और शक्तिशाली है।

वैश्वीकरण : विरोध के स्वर

वस्तुतः 1991 के वैश्वीकरण के नए दौर के साथ ही वैश्विक वित्तीय पूंजी बाजार का जन्म हुआ। विश्व व्यापार संगठन (और उसकी पूर्ववर्ती संस्था 'जेनरल एग्रीमेंट ऑन टैरिफ एंड ट्रेड', गैट) ने उसके लिए न सिर्फ एक ढांचा प्रदान किया बल्कि उसके संचालन के लिए कायदे-कानून बनाए। सूचना प्रौद्योगिकी के क्षेत्र में आई क्रांति ने वस्तुओं और पूंजी के प्रवाह को तेज किया। नए दौर का वैचारिक आधार है 'वाशिंगटन आमराय'। इसने नव-उदारवादी नीतियों के उस समूह की ओर इंगित किया जिसे विकासशील देशों को अपनाने के लिए कहा गया। यह आमराय वस्तुतः वाशिंगटन स्थित कतिपय संस्थाओं के बीच बनी थी, जिनमें अंतरराष्ट्रीय मुद्रा कोष, विश्व बैंक और इंटर-अमेरिकन डेवलपमेंट बैंक प्रमुख थे। अमेरिकी सरकार के ट्रेजरी डिपार्टमेंट ने उसमें सक्रिय भूमिका निभाई थी। इस पूरे नीति समूह को कई लोगों ने 'एलपीजी' (लिबराइजेशन, प्राइवेटाइजेशन और ग्लोबलाइजेशन) यानी उदारीकरण, निजीकरण और भूमंडलीकरण नाम दिया है।

वैश्वीकरण की प्रक्रिया के बलशाली होने के साथ-साथ उसका विश्वव्यापी विरोध भी शुरू हो गया। आलोचक विशाल बहुराष्ट्रीय कंपनियों की अनियंत्रित सत्ता, व्यापारिक समझौतों और कमजोर नियंत्रण वाले वित्तीय बाजारों के जरिए उस सत्ता के कार्यान्वयन का विरोध करने लगे। उनका बहुराष्ट्रीय

निगमों पर आरोप है कि वे अपना मुनाफा बढ़ाने के लिए श्रम-सुरक्षा की स्थितियों और मानकों, श्रमिकों के नियोजन और मुआवजे के मानकों, पर्यावरण संरक्षण के सिद्धांतों, राष्ट्रीय विधायी अधिकार, स्वतंत्रता और संप्रभुता की शर्तों का उल्लंघन करते हैं।

वैश्वीकरण-विरोधी आंदोलन ग्लोबल जस्टिस मूवमेंट, आल्टर ग्लोबलाइजेशन मूवमेंट, एंटी-कॉरपोरेट ग्लोबलाइजेशन मूवमेंट जैसे नामों से जाना जाता है। वैश्वीकरण के आलोचकों ने नव-उदारवादी आर्थिक सिद्धांत के आधार पर काम कर रहे इस वैश्विक साम्राज्य को 'टरबो-कैपिट लिज्म', 'मार्केट फंडामेंटलिज्म', 'कैसीनो कैपिट लिज्म', 'कैंसर स्टेट कैपिटलिज्म' और 'मैक-वर्ल्ड' जैसी संज्ञाएं दी हैं।

कार्ल मार्क्स ने बहुत पहले पूंजी के इस वैश्विक स्वरूप को विश्लेषित किया था। धन समाज से स्वतंत्र एक प्रतीकात्मक संहिता बन जाता है। वह मूल्यों को नियंत्रित एवं परिभाषित करने का दावा करने लगता है, इस प्रकार स्वायत्त स्थिति प्राप्त कर लेता है। इस प्रकार की स्वच्छंद, नियंत्रणहीन पूंजी एक भूमंडलीय बाजार को जन्म देती है। यह भूमंडलीय बाजार व्यक्तियों की इच्छा और ज्ञान से एकदम स्वायत्त एवं मुक्त होता है। वैश्वीकरण के सिद्धांतकार जिसे केंद्रीयता को तोड़ना कहते हैं, उसे वास्तव में अंतरराष्ट्रीय स्तर पर पूंजी का केंद्रीकरण कहा जा रहा है। दुनिया के एक प्रतिशत व्यक्तियों के पास दुनिया की तीन-चौथाई संपत्ति आ जाती है, विषमता बढ़ जाती है। वैश्वीकरण के विरुद्ध दुनिया में दो स्तरों पर संघर्ष चलाया जा रहा है। एक तरफ जमीनी स्तर पर गोलबंदियां हो रही हैं। दूसरी तरफ वैश्विक स्तर पर सीधी कार्रवाई और नागरिक अवज्ञा के अभियान संचालित हो रहे हैं। वैश्वीकरण के विरुद्ध कुछ महत्वपूर्ण जमीनी संगठन इस प्रकार हैं—दक्षिण अफ्रीका में वेस्टर्न केप एंटीएविक्शन कैंपेन, भारत में नर्मदा बचाओ आंदोलन और कई स्थानीय चरित्र के आंदोलन, संयुक्त राज्य अमेरिका में मूवमेंट फॉर जस्टिस, ब्राजील में होमलेस वर्कर्स आंदोलन, मेक्सिको में ईजेडएलएन, हैती में फानमी लावालास आदि। वैश्वीकरण-विरोधी आंदोलन का मुख्य लक्ष्य वित्तीय पूंजी की ग्लोबल ताकतों के खिलाफ प्रतीकात्मक विरोध दर्ज कराना है। साथ ही वह अपने विशाल आयोजनों के माध्यम से सारी दुनिया में स्थानीय स्तर पर संघर्ष कर रहे अनगिनत संगठनों को आपस में नेटवर्किंग का मौका भी देता है।

वैश्वीकरण-विरोधी संघर्ष ग्लोबल कॉरपोरेट सम्मेलनों और बैठकों को अपना निशाना बनाता है। उनका उद्देश्य होता है ऐसे सम्मेलनों के स्थलों के बाहर लाखों की संख्या में जमा होकर वैश्वीकृत पूंजी की बुराइयों की आलोचना करना और मीडिया का उपयोग करते हुए दुनिया भर के सजग मानस तक अपने संदेश पहुंचाना। हालांकि ऐसे प्रदर्शनों से कॉरपोरेट सम्मेलनों को विशेष बाधा नहीं पहुंचती किंतु प्रतिवाद की ऐसी कार्रवाइयों से दुनिया भर के स्थानीय स्तर पर संघर्षों को नई ऊर्जा मिलती है।

वैश्वीकरण विरोधी आंदोलनों का स्वर अहिंसक और शांतिपूर्ण रहता है किंतु जिनेवा, सिएटल और लंदन में बहुराष्ट्रीय निगमों के खिलाफ प्रदर्शनकारियों का गुस्सा दंगों की शक्ल में भी फूटता देखा गया है। मैकडोनाल्ड्स और स्टारबक्स रेस्तरांओं पर हमले हुए हैं।

वैश्वीकरण-विरोधी आंदोलनों को एक स्थायी मंच देने का काम 'विश्व सामाजिक मंच' ने किया है। वैश्वीकरण समर्थक वर्ल्ड इकोनॉमिक फोरम (दावोस) के मुकाबले एक वैकल्पिक मंच खड़ा करने के उद्देश्य से 'विश्व सामाजिक मंच' बना है। इसके लिए 2001 में ओडेड ग्रेजयू, फ्रांसिस चीको व्हिटेकर और बर्नार्ड कैसेन ने पहलकदमी की थी। ब्राजीलियन वर्कर्स पार्टी ने और पोर्टो अलेग्रे की शहर-कौंसिल ने इसका समर्थन किया था। पोर्टो अलेग्रे में ही पहले 'विश्व सामाजिक मंच' का सफल आयोजन हुआ था। इसका नारा था 'अनदर वर्ल्ड इज पॉसिबल'। इसके बाद 2002 एवं 2003 में पोर्टो अलेगरो मे ही इसके आयोजन हुए। 2004 में 'विश्व सामाजिक मंच' का मुंबई में आयोजन हुआ

ताकि एशिया और अफ्रीका की भगीदारी बढ़ाई जा सके। इसमें करीब 75,000 प्रतिनिधियों ने भाग लिया था। 2006 में इसका आयोजन तीन शहरों (वेनेजुएला के काराकास, माली के बयाको और पाकिस्तान के कराची) में हुआ।

'विश्व सामाजिक मंच' धीरे-धीरे एक ऐसा मिलन स्थल बनता गया, जहाँ नव-उदारवादी वैश्वीकरण के विरुद्ध संघर्षरत ताकतें एकत्र होती हैं, आपस में अनुभवों का आदान-प्रदान करती हैं और एक-दूसरे से बहुत कुछ सीखती हैं। पंद्रहवां 'विश्व सामाजिक मंच' का आयोजन 2015 में टयुनिस में 23 से 28 मार्च 2015 को संपन्न हुआ था। वैश्वीकरण की वजह से जो जटिलताएं बढ़ी हैं, उनके प्रति आक्रोश के कई रूप हैं, भले वे पर्याप्त न हों।

रणेंद्र

अधिक जानकारी के लिए :

1. भारत का भूमंडलीकरण : अभय कुमार दुबे (सं.) **2. बाजार अतीत और वर्तमान :** गिरीश मिश्र, 2011, **3. Globalization and Labour :** Ronaldo Munck, **4. The World is Flat :** Thomas L. Friedmen, 2005

वैश्वीकरण, कार्य-संस्कृति और श्रमजीवी

वैश्वीकरण की शुरुआत के बारे में विभिन्न मत हैं। मार्शल मैकलुहान ने प्रस्थापना दी थी कि सारा विश्व ही एक गांव हो गया है। संचार-तकनीकी के द्रुत गति से बढ़ने से भौतिक दूरी घट गई है और विभिन्न मालों के उत्पादन के लिए विश्व के तमाम देश परस्पर अंतरनिर्भर हो गए हैं। वैश्वीकरण के युग में राष्ट्र-राज्य की पुरानी भूमिका बदल गई है। वह दृढ़ नियामक की जगह महज सुविधादाता की भूमिका में रह जाता है। व्यापार के लिए राष्ट्र-राज्य की भौगोलिक सीमा निरर्थक हो जाती है, जिससे श्रम की आवाजाही बढ़ जाती है। वैश्वीकरण का दूसरा परिणाम यह है कि विभिन्न सार्वजनिक विकास एवं कल्याणकारी योजनाओं में दिया जाने वाला अनुदान (सब्सिडी) खत्म होने लगता है। इससे श्रमजीवी वर्ग प्रभावित होता है और आम जनता पर अर्थ-भार बढ़ता है। तीसरे, विदेशों को पूंजी निवेश करने, उत्पादन और निर्यात करने की खुली छूट दी जाती है, बहुराष्ट्रीय कंपनियां बिना किसी हस्तक्षेप के समुचित निर्णय लेने में सक्षम होती हैं। वे अपनी जरूरत के अनुसार कुशल श्रमिक रखती हैं और कार्य-संस्कृति तय करती हैं। चौथे, विभिन्न सार्वजनिक उपक्रमों के जरिए उत्पादन-वितरण आदि का कार्य धीरे-धीरे बंद कर दिया जाता है और उनकी जगह निजी क्षेत्र की कंपनियां ले लेती हैं, जो संसाधनों का विवेकपूर्ण उपयोग करती हैं। कीमत-निर्धारण मुक्त बाजार में खुली स्पर्धा के जरिए होता है, इसलिए उन्हें अपनी श्रम-व्यवस्था चुस्त रखनी होती है। पांचवें, श्रम कानूनों में परिवर्तन हो जाता है ताकि नए लचीले श्रम कानून उद्योगों के अनुकूल हों और श्रम संघों के अवरोधों के बिना औद्योगिक उत्पादन निरंतर चलता रहे।

डेनियल बेल ने उत्तर-औद्योगिक समाज के संदर्भ में यह विचार रखा था कि ऐसे समाज में फोकस वस्तुओं के उत्पादन की जगह सेवाओं के उत्पादन की ओर चला जाता है, जैसे–शिक्षा, स्वास्थ्य, संचार, भोज्य पदार्थ आदि की ओर। तकनीक, ज्ञान और सूचना संचार में काफी विकास हो जाता है। फलतः सृजनात्मक दिमाग वाले श्रमिकों की तुलना में रूटीन कार्य करने वाले श्रमिकों की जरूरत ज्यादा होती है। श्रम-संसार में स्थिरता नहीं होती, एक कंपनी से दूसरी कंपनी में आना-जाना लगा रहता है। वैश्वीकरण के युग में नियोक्ता के संगठनों की प्रकृति बदल गई है। इसलिए श्रम की प्रकृति भी बदली है। श्रमिकों के नियोग के तरीके और शर्तें भी बदल गई हैं। आर्थिक सुधार ने सरकारी संस्थाओं की आरामतलबी और बेपरवाही की श्रम संस्कृति बदल दी है। निजी क्षेत्रों ने कड़ी मेहनत को एक बड़ा संगठन-मूल्य बना दिया है। उसमें निरंतर सीखने, प्रशिक्षण और जानकारी का नवीनीकरण भी निहित है। वैश्वीकरण ने कार्य-

संस्कृति को उच्च स्तर पर लाने के लिए सारे दबाव बना दिए हैं। सुविधाओं तथा शर्तों के स्पष्ट बंधन में रखे गए श्रमिकों के पास अब अलग से अधिकार कुछ नहीं हैं, जो पहले श्रमिक होने भर से मिलते थे। कार्य-स्थल पर पहुंचने के बाद श्रमिक पूर्णतः संगठन के अधीन होता है और उस पर सीधी तलवार लटकती है–खटो या हटो।

बड़े निजी क्षेत्रों की कार्य-संस्कृति का असर सरकारी संस्थाओं और छोटी व्यावसायिक इकाइयों पर पड़ा है। उन पर नई नीतियां अपनाने का दबाव बढ़ा है। सामान्य रूप से अब 'आउटसोर्स' से काम हो रहा है। इससे श्रम-मूल्य और आय की प्रकृति बदली है। कार्यस्थल पर सांस्कृतिक विविधता पैदा हुई है–विभिन्न प्रांतों और देशों के श्रमजीवी एक जगह बिना भेदभाव के होते हैं। उनके कार्य-स्थल में नवीनता आती है और जीवन-शैली में भी।

भारत की अर्थव्यवस्था में 1990 के दशक में कई बदलाव हुए। उदाहरण के तौर, पर देश के कई महानगरों में बहुराष्ट्रीय निगमों ने इस देश के सस्ते श्रम का लाभ लेने के लिए 'कॉल सेंटर' खोल दिए जिनमें विकसित देशों में स्थित निगम के मुख्यालयों के आदेश के आलोक में अकसर रात में विशिष्ट हुनर वाले श्रमजीवी कार्य करते हैं। उन्हें बाजार के अनुसार निश्चित मजदूरी मिलती है और उनसे जमकर काम लिया जाता है।

आर्थिक सुधार की प्रक्रिया में श्रम कानूनों को अब इतना लचीला बना दिया गया है कि नियोजक जब चाहें श्रमिकों को कार्य से हटा सकते हैं और दूसरे श्रमिकों को रख सकते हैं। इसे 'हायर एंड फायर' और 'यूज एंड थ्रो' की रणनीति कहते हैं, क्योंकि ज्यादातर श्रमिक अब आकस्मिक तथा ठेके पर नियोजित होते हैं। ठेका प्रणाली श्रम-सुरक्षा की गारंटी नहीं देती। उन्हें उचित या न्यूनतम वेतन-भत्ते, काम के निर्धारित घंटे, बोनस, कैंटीन छुट्टी, कार्य से हटाने के पूर्व उचित सुनवाई का अवसर, प्रोन्नति, भविष्य-निधि आदि की सुविधाएं नहीं दी जातीं।

श्रमिकों को अकसर अधिकाल (ओवर टाइम) के लिए उचित मजदूरी नहीं दी जाती। उदाहरण के तौर, पर विभिन्न निजी प्रतिष्ठान एवं कारखाने निजी एजेंसियों से 'सुरक्षा जवान' (सिक्योरिटी गार्ड) नियोजित करते हैं जिन्हें बारह घंटे के लिए मात्र सात-आठ हजार रुपये मजदूरी दी जाती है। आजकल 'मल्टीटास्किंग स्टाफ' की अवधारणा प्रचलित हुई है, जिसके तहत एक व्यक्ति से एक से अधिक कार्य (दिन-रात में कई घंटे तक) लिये जाते हैं, जैसे गाड़ी का ड्राइवर मालिक के घर का खाना भी बनाता है और रात में चौकीदारी भी करता है। नए जमाने में ऐसे गुणी और सर्मपित व्यक्तियों को नियोजन में प्राथमिकता दी जाती है, क्योंकि एक व्यक्ति से कई कार्य कम मजदूरी पर लिए जा सकते हैं। चौथे, कम मजदूरी पर कार्य करने के लिए तैयार महिला और बाल मजदूरों को नियोजक प्राथमिकता देकर रख लेते हैं, जिसके फलस्वरूप उनका आर्थिक, शारीरिक, मानसिक और यौन-शोषण होता है।

वैश्वीकरण मुख्यतः पूंजी का वैश्वीकरण है, न कि श्रम का, क्योंकि श्रमिकों के विदेश में कार्य करने के बाबत तमाम आप्रवासन प्रतिबंध विकसित देशों ने लगा रखे हैं। फलस्वरूप वैश्वीकरण दोतरफा नहीं होकर, एक तरफा है जो विकशित देशों के हितों की रक्षा करता है जिससे वे राज्य से अपने अधिकारों की मांग न कर सकें तथा बाजार-निर्धारित स्पर्धात्मक अर्थव्यवस्था को अपनी नियति मान लें। वैश्वीकरण और आर्थिक सुधार के प्रभाव के कारण बड़ी कंपनियों ने छोटी औद्योगिक इकाइयों, शिल्पकारों, बुनकरों, खुदरा-विक्रेताओं आदि को लील लिया है तथा छोटे-मध्यम किसानों की जमीन पट्टे (लीज) पर लेकर और अपनी मनपसंद फसलें उगाकर या ठेके पर खेती लेकर उन्हें मजदूर बना दिया है। इससे बेकार श्रमजीवियों की बाढ़ आ गई है, लोगों के पास योग्यता के अनुसार नौकरी नहीं है। यदि नौकरी है तो इसकी सुरक्षा नहीं है।

सुभाष शर्मा

अधिक जानकारी के लिए :

Globalization and Labour : Ronald Munck

वैष्णव दर्शन

वैष्णव शब्द की व्युत्पत्ति विष्णु से हुई है, जो हिंदू धर्म के अनुसार ईश्वर के तीन रूपों में से एक है– ब्रह्मा, विष्णु और महेश (शिव)। ब्रह्मा को सृष्टि का सर्जक माना जाता है, विष्णु को सृष्टि का पालनहार और शिव को सृष्टि का संहारक। विष्णु को प्रमुख आराध्य मानने वाले वैष्णव कहलाते हैं, जैसे शिव को प्रमुख आराध्य मानने वाले शैव। वैष्णव दर्शन के अनुसार विष्णु ही सृष्टि का सर्जक, पालनहार और संहारक हैं। पुराणों के अनुसार विष्णु के दस अवतार माने गए हैं, जिनमें राम और कृष्ण प्रमुख हैं।

विष्णु का उल्लेख ऋग्वेद में भी मिलता है, लेकिन ऋग्वेद के प्रमुख देवता इंद्र, अग्नि, वायु, मित्र आदि हैं, जिनमें से कुछ का महत्व बाद के काल में कम होता गया। विष्णु का महत्व बाद में बढ़ता गया और पुराणों के रचनाकाल में विष्णु को परम ईश्वर मान लिया गया। विष्णु को नारायण नाम से भी जाना गया। महाभारत में नारायण शब्द का प्रयोग विष्णु की अपेक्षा बहुत अधिक हुआ है। सुवीरा जायसवाल के अनुसार, विष्णु तो प्राधान्य परवर्ती विकास है। विष्णु को परम ईश्वर माने जाने के बावजूद उनकी आराधना उनके अवतारों के माध्यम से ज्यादा होती है, विशेष रूप से कृष्ण और राम के माध्यम से। राम और कृष्ण के उपासक भी वैष्णव कहलाते हैं।

वैष्णव दर्शन को भागवत दर्शन के नाम से भी जाना जाता है। 'महाभारत' के 'शांतिपर्व', 'ईश्वर संहिता', 'विष्णु संहिता', 'पाद्मतंत्र', 'परमसंहिता' में इसका उल्लेख मिलता है। 'शांतिपर्व' में इसे वैष्णव यज्ञ और निवृत्ति-मार्ग कहा गया है। इसमें पशुवध का निषेध है। वैष्णव धर्म में तप, सत्य, अहिंसा और इंद्रियनिग्रह पर बल है। विष्णु पृथ्वी पर लोकों के निर्माता, ऊर्ध्वलोक में आकाश को स्थिर करने वाले तथा तीन पग में समस्त ब्रह्मांड को नापने वाले देव हैं। वैष्णव धर्म में भक्ति, अहिंसा और अवतारवाद प्रमुख सिद्धांत हैं। हालांकि वैष्णव धर्म में अहिंसा का मत जैन धर्म से भिन्न है। भगवद्गीता में, जो वैष्णव धर्म का मुख्य आधार ग्रंथ है, भक्ति और अवतारवाद पर विशेष बल दिया गया है। विष्णु सहस्रनाम विष्णु के विभिन्न नामों की उपासना से संबंधित ग्रंथ है। विष्णु पुराण में विष्णु की लीलाओं का वर्णन है। सामान्यतः वैष्णवविष्णु के अवतारों की लीला का गान करना ईश्वर की उपासना का माध्यम मानते हैं।

वामन, वराह, मत्स्य तथा कूर्म को विष्णु का अवतार माना जाता है। बाद में राम-कृष्ण को भी विष्णु का अवतार माना गया। गुप्तवंश के राज्यकाल में वैष्णव धर्म की खूब उन्नति हुई। वैष्णव धर्म के प्रचार से अवतारवाद का व्यापक प्रचलन हुआ। दक्षिण के आलवार भक्तों ने वैष्णव धर्म को खूब महत्व दिया। तमिलवेद के रूप में अविहित 'प्रबंधम्' में इसके भावपूर्ण गीत संकलित हैं। प्रसिद्ध भक्त आंडाल इसी संप्रदाय की थी। इस संप्रदाय में राम-कृष्ण, विशेष रूप से कृष्ण के प्रति अनन्य भाव से प्रेम प्रकट करने की प्रथा रही है।

दर्शन के क्षेत्र में भी वैष्णव मत का विशेष योगदान है। मध्ययुग में विशेष रूप से शंकराचार्य के अद्वैतवाद की प्रतिक्रिया में जो दर्शन सामने आए, उनके आचार्य वैष्णव भक्ति-परंपरा से जुड़े थे। इनमें विशिष्टाद्वैतवाद के प्रवर्तक रामानुजाचार्य (1037-1137), शुद्धाद्वैत के प्रवर्तक वल्लभाचार्य, द्वैताद्वैतवाद के प्रवर्तक निंबार्क प्रमुख हैं। इनके अतिरिक्त आचार्य रंगनाथ, यामुनाचार्य, मध्वाचार्य, विष्णुस्वामी, रामानंद आदि अन्य वैष्णव आचार्य हैं। उत्तर भारत में वैष्णव भक्तिमार्ग का प्रवर्तक रामानंद को माना जाता है। दक्षिण का यह भक्ति आंदोलन शास्त्रीय और आध्यात्मिक रूप से उत्तर भारत में फैला। महाराष्ट्र, गुजरात, पंजाब, मध्य प्रदेश, मगध, उत्कल, असम तथा बंगदेश में फैलकर व्यापक लोकधर्म बन गया।

रामानंदी वैरागी वैष्णव कहलाते हैं। निम्न और उच्च दोनों जातियों में इनकी शिष्य-परंपरा मिलती है। वैष्णव धर्म में सगुण और निर्गुण, दोनों प्रकार की भक्ति प्राप्त होती है। तुलसी, कबीर और रैदास आदि भक्त कवि रामानंद की शिष्य-परंपरा में माने जाते हैं।

हालांकि कबीर, रैदास के रामानंद का शिष्य माने जाने को लेकर विवाद भी है। सूर का कृष्णभक्ति काव्य वैष्णव दर्शन से प्रभावित है। तुलसी ने रामभक्ति में प्रेमभक्ति तथा मर्यादाभक्ति का अपूर्व समन्वय किया। आगे चलकर वल्लभाचार्य के शुद्धाद्वैत दर्शन पर आधारित पुष्टिमार्ग, मध्वाचार्य के ब्रह्म या माध्व संप्रदाय, गोसाईं हितहरिवंश के राधावल्लभीय संप्रदाय, स्वामी हरिदास के हरिदासी या सखी संप्रदाय, चैतन्य महाप्रभु के गौड़ीय वैष्णव संप्रदाय का भी प्रचार-प्रसार हुआ। ये सभी वैष्णव-परंपरा में ही माने गए। पूरे भारत में फैले होने के कारण इसके विविध रूप मिलते हैं। इसने साहित्य को खूब प्रभावित किया। हिंदी का अधिकांश राम-कृष्ण काव्य-साहित्य वैष्णव दर्शन के प्रभाव का परिणाम है।

वैष्णव परंपरा में गुजरात के भक्तकवि नरसी मेहता का भी उल्लेख करना आवश्यक है, जिनका एक पद 'वैष्णव जन तो तेने कहिए, जो पीर पराई जानि रे' महात्मा गांधी का प्रिय भजन था, उन्होंने इस पद की भावना के अनुरूप अपना जीवन दूसरों की सेवा में लगा दिया था। वैष्णव भक्ति-परंपरा में मीरा का उल्लेख भी आवश्यक है, जिन्होंने कृष्ण की भक्ति के लिए सामाजिक मर्यादाओं को तोड़ने में कोई हिचक नहीं दिखाई।

विजय शर्मा

अधिक जानकारी के लिए :
1. वैष्णव धर्म का उद्‌भव और विकास : सुवीरा जायसवाल, **2. वैष्णव धर्म :** परशुराम चतुर्वेदी, **3. भागवत संप्रदाय :** बलदेव उपाध्याय, **4. भक्ति का विकास :** मुंशीराम शर्मा

व्यंग्य

व्यंग्य हंसी-मजाक में यथार्थ और कड़वी बात कहने की कला है। इसमें राजनीतिक, सामाजिक, धार्मिक आदि विसंगतियों और विडंबनाओं पर चुटीला प्रहार होता है। 'व्यंग्य अपनी साहित्यिक विधा के रूप में परिहासास्पद अथवा विशेष व्यक्ति के प्रति खिल्ली उड़ाने अथवा चोट पहुंचाने की प्रहारात्मक अभिव्यक्ति है। साहित्यिकता और हास्य उसके आवश्यक अवयव हैं।' (एनसाइक्लोपीडिया ब्रिटानिका-XX) व्यंग्य में कभी कटुता तो कभी हास्य होता है, लेकिन इसका हास्य भी मन को कचोटने वाला होता है। हजारीप्रसाद द्विवेदी के अनुसार, 'व्यंग्य वह है, जहां कहने वाला अधरोष्ठ में हंस रहा हो और सुनने वाला तिलमिला उठा हो और फिर कहने वाले को जवाब देना अपने को और भी उपहासास्पद बना लेना हो जाता हो।' (कबीर)।

विसंगति ही व्यंग्य का आधार होता है जिसका मतलब है अनुचित, अनुपयोगी और असम्बद्ध। इसमें समाज, सत्ता, संस्कृति आदि से संबंधित विकृतियों का चित्रण होता है। यह भावना और चिंतन को झकझोरता है। व्यंग्य में व्यंग्यकार का आक्रोश होता है। इसमें समाज में फैले असंतुलन को सुधारने की कोशिश होती है। प्रसिद्ध उर्दू कथाकार-व्यंग्यकार कृश्न चंदर के शब्दों में, 'व्यंग्य ही वह तेज नश्तर है, जिससे लेखक समाज के नासूर के गंदे फोड़े खोलता है और उसे स्वास्थ्य, शक्ति और प्रगति की ओर बढ़ाने की चेष्टा करता है।' (सरगम) यह कड़वाहट और कसैलेपन से भरा होता है, फिर भी यह मानव को चेतावनी देने वाला, सही रास्ते पर लाने वाला और चुटकियां लेकर उसे जगाने वाला होता है।

व्यंग्य में असत्य और बनावटीपन नहीं होता। इसमें सांकेतिक शब्दों के द्वारा असत्य के आडंबर पर तीखा प्रहार होता है। इसका कार्य समाज के स्वाभाविक विकास में बाधा डालने वाली रूढ़ियों पर प्रहार करना है। यह सामाजिक व्यवस्था की कमजोरियों को बाहर लाता है। व्यंग्य में गंभीर जीवन-दृष्टि और प्रखर वैचारिकता होती है। सत्य इसका प्राणतत्व है, जिसके प्रभाव से इसका प्रभाव स्थायी होता है। व्यंग्य की भाषा सरल, सरस, चटपटी और चुटीली होती है। इसलिए इसमें विदग्धता की भूमिका महत्वपूर्ण होती है। इसमें संयम और कौशल का संतुलन होता है। व्यंग्य का प्रयोग कहानी, उपन्यास,

नाटक, निबंध, कविता आदि सभी विधाओं में होता है। हरिशंकर परसाई ने बहुत सही कहा है कि व्यंग्य एक विधा नहीं, 'स्पिरिट' है जिसका प्रयोग किसी भी विधा में हो सकता है।

हिंदी साहित्य में व्यंग्य की मजबूत परंपरा रही है। 'पृथ्वीराजरासो' में दरबारी तड़प और सत्ता के टूटने का व्यंग्य है। 'आल्हाखंड' में भारतीय सामंतवाद की फूट पर व्यंग्य है। 'सूरसागर' में व्यंग्य का निराला प्रयोग मिलता है, जहां गोपियां ज्ञानी उद्धव पर व्यंग्य करती हैं, 'आयो घोष बड़ो व्यापारी।' तुलसी के 'रामचरितमानस' के नारद मोह प्रसंग तथा कलि वर्णन में व्यंग्य है। कबीर के साहित्य में कुरीतियों, पाखंडों, आडंबरों, असहिष्णुता, खोखले कर्मकांडों पर भारी व्यंग्य है।

ब्राह्मणवाद की श्रेष्ठता पर कबीर व्यंग्य करते हैं, 'जो तू बाभन बभनी जाया, तो आन बाट काहे नहीं आया।' (कबीर ग्रंथावली) पुराने जमाने में व्यंग्य कविता तक सीमित था, लेकिन आधुनिक युग में गद्य का माध्यम मिल जाने से उसका प्रसार व्यापक हो गया। लेखकों ने गंभीर से गंभीर गद्य रचनाओं में भी व्यंग्य का उपयोग कर विषय को रोचक बनाया। रामविलास शर्मा के शब्दों में, 'व्यंग्य गद्य की कविता है।' आधुनिक काल में भारतेंदु के 'अंधेर नगरी', 'वैदिकी हिंसा हिंसा न भवति', 'भारत दुर्दशा' आदि में व्यंग्य का उत्कृष्ट प्रयोग हुआ है। बालमुकुंद गुप्त का 'शिवशंभु के चिट्ठे' व्यंग्य-कला का श्रेष्ठ नमूना है। आधुनिक गद्यकारों में प्रेमचंद ने और कवियों में निराला और नागार्जुन ने कबीर की व्यंग्य-परंपरा को और निखारा। हरिशंकर परसाई आधुनिक हिंदी गद्य के कबीर हैं जिन्होंने सामाजिक-राजनीतिक व्यंग्य कला को क्लासिकीय ऊंचाई दी। शरद जोशी, रवींद्रनाथ त्यागी, विष्णु नागर आदि अन्य श्रेष्ठ व्यंग्यकार हैं। एक ही शीर्षक 'आदरणीय' से लतीफ घोंघी और ईश्वर शर्मा ने व्यंग्य में जुगलबंदी का भी प्रयोग किया है।

ब्रजकिशोर झा

व्यक्ति की नागरिक स्वतंत्रता

मनुष्य जाति की एक अविभाज्य इकाई अथवा एक मनुष्य जिसका स्वतंत्र अस्तित्व है और जिसकी अपनी जरूरतें हैं और अपना लक्ष्य है, वह 'व्यक्ति' कहलाता है। व्यक्ति और व्यक्ति की नागरिक स्वतंत्रता (Civil Liberty) को कई कोणों से परिभाषित करने के प्रयत्न किए गए हैं। व्यक्ति का गुण है उसका 'स्व', 'निज' अथवा 'आत्म', जिसे संस्कृत में 'आत्मन' और अंग्रेजी में 'सेल्फ' कहते हैं। यह अपने जैसे अन्यों से अलग होने के भाव को प्रकट करता है। बौद्ध दर्शन में 'अनात्मन' या अनात्म की बात कही गई है जिसके मुताबिक व्यक्ति दरअसल तरह-तरह की अंतर्निहित प्रक्रियाओं का पुलिंदा होता है। वह 'पूर्ण से अलग पूर्ण' या परमाणु की तरह अविभाज्य नहीं है। वह परिवर्तनशील नश्वर संसार का अंग होता है–परस्परता से जुड़ा हुआ होता है। हेगेल ने व्यक्ति को इतिहास की शक्तियों के अधीन बतलाया है। अस्तित्ववाद के अनुसार, व्यक्ति में अपनी स्वयं की नियति चुनने की क्षमता होती है। वह स्वतंत्र इच्छा (free will) का स्वामी है। वह अपने दायित्वों को पहचानता है और ऊपर से लादी गई सामाजिक नैतिकता से अलग अपने मूल्य रचता है।

कानून के समक्ष प्रत्येक व्यक्ति को समान माना जाना चाहिए। व्यक्ति को कहीं भी जाने-आने की आजादी होनी चाहिए। उसकी निजी संपत्ति की सुरक्षा की गारंटी होनी चाहिए। उसे अभिव्यक्ति की आजादी मिलनी चाहिए। व्यक्ति को अपनी विवेक-बुद्धि के इस्तेमाल की छूट होनी चाहिए। नागरिक स्वातंत्र्य के पक्षधरों के अनुसार व्यक्ति को एकांत अथवा गोपनीयता का, कहीं इकट्ठा होने का, आत्मरक्षा का, न्याय पाने का अधिकार होना चाहिए। उसे दमन और अत्याचारों से मुक्ति मिलनी चाहिए। सभी देशों में ये सभी बातें नहीं मिलतीं। अतएव समझ-बुद्धि वाले व्यक्तियों के बीच तथा व्यक्ति और समाज के बीच आजादी और हकों को लेकर संघर्ष-समझौते चलते रहते हैं।

'ऑन लिबर्टी' में जॉन स्टुअर्ट मिल ने राज्य व्यवस्था और नागरिक स्वतंत्रता के बीच चलने वाले संघर्ष पर विचार करते हुए माना है कि बेइंतहा सरकारी जुल्मों की काट नागरिक स्वतंत्रता है, यही तानाशाही को नियंत्रित कर सकती है। वह नागरिकों के अनिवार्य अधिकारों के पक्ष में हैं, किंतु उन्हें समुदायों के हित का भी खयाल है। इसके लिए वह संवैधानिक उपायों के द्वारा सरकार को सशक्त किए जाने की बात करते हैं। वह मानते हैं कि सभ्यता के दौरान मनुष्य जिस स्थिति में पहुंचा है, वहां लोग किसी 'मालिक' के बदले 'खुद' के द्वारा शासित होना चाहते हैं, क्योंकि कोई व्यक्ति खुद पर अत्याचार नहीं करता। देखा यह गया कि लोकतंत्र में भी शासक और शासित, दोनों एक-जैसे हितों वाले नहीं होते और बहुमत का जुल्म अल्पमत पर चलता है। मिल के मुताबिक यह सीधे तौर पर किए जाने वाले सरकारी जुल्म से भी बढ़कर है। एक जीते-जागते प्रत्यक्ष जुल्मी के जुल्म से बचा भी जा सकता है, पर बहुमत के गलत विचारों-मंशाओं के जुल्म से कैसे बचा जाए? व्यक्ति को भावों-विचारों की आजादी और उन पर अमल करने की आजादी, अपनी पसंद-नापसंद जाहिर करने की आजादी और दूसरे व्यक्तियों से मिलने-जुलने की आजादी होनी चाहिए। अपने शरीर और मन के ऊपर व्यक्ति की संप्रभुता है। अतः किसी की इच्छा के बगैर उस पर सरकारी शक्ति-प्रयोग तभी किया जाना चाहिए। जब व्यक्ति से दूसरों को हानि पहुंचती हो अर्थात व्यक्ति की आजादी व्यक्ति और आम लोगों के हित में होनी चाहिए।

व्यक्तिवादी और वस्तुनिष्ठ यथार्थवादी व्यक्ति को एक स्वतंत्र और बुद्धिसंपन्न सर्वश्रेष्ठ सत्ता के रूप में देखते हैं जिससे उसके जीने का हक छीना नहीं जा सकता। उनका कहना है कि व्यक्ति के अधिकारों के आधार पर ही कोई सभ्य समाज या संगठन बन सकता है। अपने सदस्यों के वैयक्तिक अधिकारों के सिद्धांत से अलग किसी संगठन का कोई नैतिक आधार नहीं होता। अतः बहुमत को अल्पमत (जिसकी लघुतम इकाई व्यक्ति है) के अधिकारों की उपेक्षा करने का कोई हक नहीं है। देशों के भीतर और दुनिया के पैमाने पर नागरिक स्वतंत्रता, नागरिक अधिकार और मानवाधिकारों की बातें होती रही हैं। कभी व्यवस्था तो कभी असामाजिक शक्तियों द्वारा इनका हनन भी होता रहा है।

भारतीय संविधान ने सामाजिक असमानता दूर करने के लिए नागरिकों के मौलिक अधिकारों को प्रतिष्ठित किया। इनके अंतर्गत समानता, स्वतंत्रता, शोषण का विरोध, धार्मिक-सांस्कृतिक-शैक्षिक स्वतंत्रता तथा संवैधानिक प्रतिकार के अधिकार आते हैं। बाद में पिछड़े वर्गों, अनुसूचित जातियों-जनजातियों, स्त्रियों के लिए राजनैतिक ढंग से आरक्षण की व्यवस्था की गई। मौलिक अधिकारों के अंतर्गत सरकारी सुविधाओं के उपयोग का, सुरक्षा का, अभिव्यक्ति का अधिकार विदेश में रह रहे भारतीय नागरिकों-समेत सभी नागरिकों को है, जबकि रोजगार में समानता का अधिकार सिर्फ भारत में रहने वाले भारतीय नागरिकों को है। ये मौलिक अधिकार राष्ट्रीय हित में सीमित अथवा आपात स्थिति में अस्थायी रूप से निलंबित किए जा सकते हैं। इस प्रकार नागरिकों को राज्य (संविधान के माध्यम से) द्वारा दी जाने वाली स्वतंत्रता कई बार राज्य द्वारा छीन ली जाती है। इस प्रकार नागरिक स्वतंत्रता का अपहरण व्यक्ति की स्वतंत्रता का अपहरण हो जाता है।

व्यावहारिक रूप में व्यक्ति की स्वतंत्रता के साथ सबसे बड़ी समस्या इस स्वतंत्रता के विरोधाभासी स्वरूप को लेकर है। विभिन्न व्यक्तियों के मन में स्वतंत्रता की आकांक्षा परस्पर विरोधी हो सकती है। एक की स्वतंत्रता दूसरे की स्वतंत्रता में बाधक सिद्ध हो सकती है। इसलिए किसी व्यक्ति की निर्बाध पूर्ण स्वतंत्रता इसके मूल उद्देश्य की पूर्ति के ही विरोध में जाती है। लेकिन स्वतंत्रता की रक्षा के लिए उठाए गए कदम, जिससे एक की स्वतंत्रता दूसरे के लिए अवरोध पैदा न करे, कई बार स्वतंत्रता को ही सीमित कर देती है। मसलन, व्यक्तिगत पूंजी रखने, उसे बढ़ाने की स्वतंत्रता कई गुना लोगों को गरीबी में जीने के लिए मजबूर कर देती है। गरीब व्यक्ति उन सुविधाओं का उपयोग करने से वंचित रह जाता है,

और व्यक्ति को अपनी हैसियत से ज्यादा का भुगतान करना होता है। लोकतांत्रिक देशों में भी ऐसे कानून हैं जो व्यक्ति की स्वतंत्रता को किसी-न-किसी रूप में बाधित करते हैं। इस बात से इंकार नहीं किया जा सकता कि एक व्यक्ति की स्वतंत्रता यदि दूसरे को नुकसान पहुंचाए तो उस स्वतंत्रता को नियंत्रित करने के लिए राज्य के हस्तक्षेप की जरूरत होती है।

फिर भी माना गया है, 'स्वतंत्रता व्यक्ति के विकास के लिए अनिवार्य शर्त है। स्वतंत्रता के अभाव में व्यक्तियों की नैसर्गिक योग्यताओं के विकास, नई क्षमताओं के अर्जन तथा रुचियों की पूर्ति में अनुचित बाधाएं आ सकती हैं। विशिष्ट मानवीय क्षमताएं, जिनमें भावनाएं, बोध तथा ज्ञान मुख्य है, विकल्पों के चयन में ही अभिव्यक्त होती हैं जो व्यक्ति के मौलिक चिंतन पर निर्भर करता है। वैचारिक स्वतंत्रता के अभाव में न तो व्यक्ति का विकास ही संभव है और न ही समाज की प्रगति संभव है।' (सत्यपाल गौतम)।

स्वतंत्रता प्राप्ति के बाद शीतयुद्ध के दौर में हिंदी नई कविता में वैचारिक संघर्ष का एक बिंदु व्यक्ति-स्वातंत्र्य की धारणा को लेकर सामने आया था। यह वैचारिक संघर्ष प्रगतिवाद और आधुनिकतावाद के बीच था। प्रगतिशील लेखकों ने व्यक्ति-स्वातंत्र्य को पूंजीवाद से संबद्ध अवधारणा के रूप में ग्रहण किया। रामविलास शर्मा, मुक्तिबोध और नामवर सिंह ने व्यक्ति-स्वातंत्र्य की तीखी आलोचना की। मुक्तिबोध ने लिखा था, 'जिस समाज में हर चीज खरीदी और बेची जाती है, जहाँ बुद्धि बिकती है और बुद्धिजीवी वर्ग बुद्धि बेचता है, ...जहाँ स्त्री बिकती है, श्रम बिकता है, वहां अंतरात्मा भी बिकती है। जहाँ सच्चा व्यक्ति स्वातंत्र्य अगर किसी को है तो धनिक वर्ग को है, क्योंकि वह दूसरों की स्वतंत्रता खरीदकर अपनी स्वतंत्रता बढ़ाता है...।' मुक्तिबोध यह भी मानते हैं कि व्यक्ति-स्वातंत्र्य का अर्थ है प्रत्येक को मानवोचित जीवन का, आत्मविकास का पूर्ण अवसर प्राप्त होना, ताकि वह कदम-कदम पर समझौता करने के लिए विवश न हो।

सुवास कुमार

अधिक जानकारी के लिए :
1. समाज दर्शन : सत्यपाल गौतम, **2. On Liberty :** John Stuart Mill, 1859, 2003, **3. Free and Equal :** Richard Horman, 1987, **4. The Era of the Individual :** Alan Renault, 1985

व्यक्ति-सत्य

'जो है' यानी यथार्थ, वस्तुस्थिति अथवा वास्तविकता को बताना ही सत्य है। व्यक्ति-सत्य सार्वभौम सत्य के उलट यानी विपरीत अर्थ वाला होता है। व्यक्ति-सत्य अथवा आत्मसत्य व्यक्ति के अपने निजी अनुभवों के आधार पर और व्यक्तिगत रूप से जाना जाता है, जबकि सार्वभौम सत्य वैश्विक रूप से। सार्वभौम सत्य सबके पर्यवेक्षणों और अनुभवों से प्राप्त तथा सबके लिए समान रूप से सुनिश्चित होता है। 'सूर्योदय पूरब दिशा में और सूर्यास्त पश्चिम दिशा में होता है', 'पानी जमने पर बर्फ बनता है' अथवा गौतम बुद्ध का कहना कि 'जीवन में बुढ़ापा, बीमारी और मृत्यु निश्चित हैं' आदि सत्य सार्वभौम हैं, किंतु जब कोई यह कहता है कि 'मुझे पहाड़ों से ज्यादा सुंदर समुद्र लगते हैं', तो यह व्यक्ति-सत्य है। सार्वभौम सत्य को जांचा-परखा और साबित किया जा सकता है, परंतु व्यक्ति-सत्य को तर्क-बुद्धि से नहीं समझा जा सकता, उसकी सत्यता पर प्रश्न करना फिजूल है। 'जितने मत उतने पथ, सबका लक्ष्य किंतु एक' अथवा 'सबका मालिक एक' जैसे आध्यात्मिक कथन आत्मसत्य के ही उदाहरण हैं। सत्य को छिपाना या नहीं बताकर कुछ और या गलत बताना मिथ्या या झूठ कहलाता है। सत्य को ईमानदारी से प्रस्तुत करना ही सच्चाई है।

सौंदर्य की ही भांति सत्य को लेकर भी प्रश्न किया जाता है कि यह वस्तुगत होता है या व्यक्तिगत? यह प्रश्न ऐसी समस्या सामने रखता है जिसका समाधान कर पाना मुश्किल जान पड़ता है। एक व्यक्ति-मनुष्य दूसरे व्यक्ति-मनुष्यों के साथ ढेरों बातें साझा करता है और समझता है कि सभी मनुष्य एक ही तरह से सोचते हैं। ऐसा है नहीं, क्योंकि ऐसा

औसत या प्रामाणिक मनुष्य, जिसके आधार पर सत्यासत्य की परख हो सके, तय करना कठिन है। जिसे हम अच्छा या बुरा कहते हैं, उसे कौन निर्धारित करता है? हम पाते हैं कि जो एक के लिए अच्छा है वह दूसरे के लिए अनिवार्यतः अच्छा नहीं होता। भावों और अनुभूतियों के स्तर पर व्यक्ति का देह-मन अच्छा-बुरा या सत्य-असत्य को 'महसूस' करता है और उसके अनुकूल प्रतिक्रिया व्यक्त करता है।

अस्तित्ववादी दर्शन के प्रतिपादक सोरेन कीर्केगार्द का कहना था कि व्यक्तिपरकता सत्य है और सत्य व्यक्तिपरकता है—Subjectivity is truth and truth is subjectivity. वह तर्क से बढ़कर आस्था को मानता है, जिसे वह मनुष्य का सर्वोच्च गुण कहता है क्योंकि आस्था मनुष्य को गहनतम संतुष्टि देती है। आस्था को लेकर तर्क करना फिजूल है, क्योंकि आस्था तर्काधारित नहीं होती। कीर्केगार्द ने इस विषय पर लिखे लेख में ईसाइयत (धर्म व अध्यात्म) के संदर्भ में, वस्तुगत सत्य को व्यक्तिपरक सत्य की तुलना में हेठा बताया है। वस्तुगत सत्य का संबंध तर्क-बुद्धि के धरातल पर उगने वाले विश्वास से है, जबकि व्यक्ति सत्य का नाता तर्कातीत गहरी आस्था से होता है। अतः मनुष्य का लक्ष्य तर्क-बुद्धि के द्वारा वस्तुगत सत्य की उपलब्धि नहीं, अपितु आस्था के द्वारा उस चरम आनंद की प्राप्ति है जो शाश्वत है। ज्ञान-विज्ञान के जमाने में विश्व-इतिहास के प्रति चिंतित बुद्धिजीवी भले ही 'टुच्चे आत्म' (petty self) की हंसी उड़ाते हों, मगर ईसाइयत (अध्यात्म) के लिए यह अत्यंत महत्वपूर्ण है और यह हरेक लघु और नगण्य समझे जाने वाले आत्म को असीम आनंद अर्पित करता है। प्रश्न उठता है व्यक्ति का धर्म या अध्यात्म से क्या रिश्ता है और वह कैसे असीम आनंद प्राप्त कर सकता है? आस्थावान के लिए यह कोई मसला ही नहीं है, दिक्कत दूसरों को है जिनके लिए आस्था ओछी चीज है।

वस्तुगत रूप से देखने पर सत्य या तो ऐतिहासिक सत्य (आलोचनात्मक दृष्टि से परीक्षित) हो सकता है अथवा दार्शनिक सत्य (ऐतिहासिक रूप से प्रमाणित व शाश्वत सत्य से संबंधित)। सत्य के संदर्भ में दार्शनिक क्षेत्र के विद्वान शोधार्थी (चाहे वह आस्तिक हो या नास्तिक) का सवाल व्यक्ति सत्य से संबंधित होकर विनियुक्त (किसी परिणाम के उद्देश्य से उपयोग में लाया गया) सत्य से संबंधित होता है। उसे सत्य की खोज में दिलचस्पी होती है किंतु यह दिलचस्पी अकादमिक होती है, निजी, तीव्र या उत्कट भावना से भरी नहीं होती और न वह नित्य अथवा अनश्वर आनंद से ही संबंधित होती है। वह सत्य को लेकर ऐतिहासिक (आध्यात्मिक नहीं) प्रश्न उठाता है और केंद्रीय दस्तावेज के रूप में पवित्र धार्मिक ग्रंथों पर ध्यान केंद्रित करता है। यह महत्वपूर्ण है कि अध्येता अपने कार्य में, जहाँ तक संभव हो, उच्चतम विश्वसनीयता हासिल करे। आस्था-रहित अकादमिक आग्रह के कारण वस्तुगत विश्लेषण ही हो पाता है, आस्था का नहीं, क्योंकि आस्था की शर्त है—अपरिमित निजी तथा भावप्रवण संबद्धता। यह ऊपर से आरोपित नहीं की जा सकती। शोधकर्ता के लिए सबूत की जरूरत होती है जबकि आस्था के लिए इसकी आवश्यकता नहीं। अतः जब आस्था का विषय वस्तुवादी ढंग से विवेचित किया जाता है तो उससे कोई व्यक्ति भावनात्मक रूप से जुड़ नहीं पाता। इस तरह कीर्केगार्द ईसाइयत को आत्मा का भाव (spirit) और आंतरिकता (inwardness) कहता है, जो आत्मपरकता और व्यक्तिपरकता (subjectivity) है और यह शाश्वत आनंद के लिए उत्कट आंतरिक भावना से संबंधित सत्य है।

दर्शनशास्त्र बताता है कि सत्य को वस्तुगत तरीके से ही खोजा जा सकता है जबकि अध्यात्म आत्मगत बताता है। अध्यात्म का रास्ता आत्मगत बनने का, सत्य का विषय बन जाने का है। अस्तित्ववाद के अनुसार सभी अनिवार्य ज्ञान अस्तित्व को लेकर होते हैं। इसे यों भी कहा जा सकता है कि सिर्फ वही ज्ञान अनिवार्य है जो अस्तित्व से संबंधित हो। देखा गया है कि संपूर्ण भावनात्मकता से समर्पित होकर मूर्तिपूजा से भी सत्य-ज्ञान की आध्यात्मिक उच्चता प्राप्त की जाती है, जबकि विज्ञान समेत सारा वस्तुनिष्ठ 'ज्ञान'

सदा अधूरा रहता है क्योंकि वह नए तर्क और खंडन-मंडन को निरंतर प्रश्रय देता है, संशोधन की गुंजाइश छोड़ता चलता है, प्रश्न का शमन नहीं करता, अंतिम उत्तर नहीं दे पाता।

साहित्य में वस्तुनिष्ठ धारणा लेकर चलने वाले लेखक-आलोचक 'क्या' पर बल देते हैं, जबकि आत्मनिष्ठ लेखक 'कैसे' पर। जीवन और रचना में भावनाशीलता अर्थात मन-वचन-कर्म की एकता के अभाव में मुख से बोला गया सत्य भी गलत लगता है। हिंदी साहित्य में एक समय 'अनुभूति की प्रामाणिकता' पर विशेष बल दिया जाता था और 'अज्ञेय' अपनी कविताओं और वक्तव्यों में व्यष्टि और आत्मसत्य की चर्चा करते थे। इसमें संदेह नहीं कि आत्मसत्य का संबंध गहन तथा उत्कट आंतरिकता से है। जिन अनुभवों से हम नहीं भी गुजरे हैं, जब कोई बोधप्राप्त व्यक्ति (Realized soul) या प्रबुद्ध रचनाकार द्वारा गहन आंतरिकता से कहे गए वचन (ब्रह्म सत्यं जगन्मिथ्या, अनहलक, अहं ब्रह्मास्मि, आत्मसत्य आदि) सुनते हैं तो उनकी चरम आंतरिकता के कारण उसे सहज ही असंदिग्ध सत्य समझ लेते हैं।

फिर भी सत्य पर किसी का एकाधिकार है, ऐसा नहीं कहा जा सकता। सत्य के अनेक पहलू हो सकते हैं। सत्य वस्तुतः दृष्टिकोण पर और द्रष्टा की दैहिक और मानसिक स्थिति पर भी निर्भर हो सकता है। उत्तर-आधुनिक विचारक मिशेल फूको आत्मा या भावप्रवणता से संबंधित अनुभववादी और दार्शनिक, दोनों तरह की खोजों को सिरे से खारिज कर देते हैं। वे ज्ञानेच्छा (will to knowledge) और सत्य की इच्छा (will to truth) को दो भिन्न तथा अनिश्चित अर्थ वाली चीजें बताते हैं। अपनी स्पष्ट उपयोगितावादी योजना के तहत वे आत्मनिष्ठता को यौनता सहित अनेक शक्ति-संबंधों के जटिल इतिहास में से पकड़ना चाहते हैं और सांप्रतिक समय में आत्म की संबद्धता के लिए नई प्रणालियों (new modes of relating to the self) की मांग करते हैं। आज का मनुष्य बिना सबूत के सत्य को सत्य नहीं मानता, जबकि व्यक्ति सत्य की सीमा है कि वह किसी सबूत का मोहताज नहीं होता और ताल ठोंककर कबीर के शब्दों में सबूत देने से इनकार करते हुए कहता है, 'सैन करै मन ही मन रहसै ज्यों गूंगे गुड़ खाई।' कई सच्चे और गहन अनुभवों को सही शब्द नहीं मिल पाते। यह कला और साहित्य के साथ ही जीवन की भी बड़ी समस्या है।

सुवास कुमार

अधिक जानकारी के लिए :

1. Ethics : Subjectivity and Truth : Michel Foucoult, **2. 'Subjectivity is Truth' from concluding unscientific postscript to the philosophical Fragments :** Soren Kierkegaard, 1846

व्यक्ति स्वातंत्र्य

स्वतंत्रता मनुष्य मात्र की अंतर्जात चारित्रिकता होने के कारण सहज ही प्रथम मानव मूल्य का दर्जा हासिल कर लेती है। कोई मानव समूह किसी अन्य मानव समूह के अधीन न होने पर राजनीतिक स्वतंत्रता का दावा कर सकता है, लेकिन वास्तविक अर्थों में वह तभी स्वतंत्र कहला सकता है, जब उसका प्रत्येक व्यक्ति अपने को किसी अन्य व्यक्ति या व्यवस्था के अधीन न अनुभव करे। इसीलिए 'कम्युनिस्ट घोषणापत्र' में व्यक्ति स्वतंत्रता (Individual Freedom) को सबकी स्वतंत्रता की अनिवार्य शर्त के रूप में स्वीकार किया गया है। संयुक्त राष्ट्र संघ के 'मानवाधिकारों के सार्वभौमिक घोषणापत्र' के प्रथम अनुच्छेद में ही सभी व्यक्तियों को जन्म से ही स्वतंत्र और इसी कारण गरिमा और अधिकारों में समान माना गया है अर्थात मनुष्य की स्वतंत्रता, गरिमा तथा समानता को उन बुनियादी मूल्यों के रूप में स्वीकार किया गया है जो सभी मानवाधिकारों की बुनियादी प्रेरणा हैं, इसलिए किसी व्यवस्था की एक बुनियादी कसौटी यह है कि वह प्रत्येक व्यक्ति की इस स्वतंत्रता का कितना सम्मान करती है।

प्रायः सभी दार्शनिक राजनीतिक विचार-सरणियां और व्यवस्थाएं मनुष्य को अपने आचरण और कर्मों के लिए उत्तरदायी मानती हैं। ऐतिहासिक नियतिवाद में आस्था रखने वाली विचार-सरणियां भी प्रत्येक मनुष्य के नैतिक आचरण की कसौटी इस बात में मानती हैं कि वह अपने आचरण में इतिहास की प्रगतिशील शक्तियों के साथ है या नहीं। यदि हम प्रत्येक व्यक्ति की स्वतंत्रता का आग्रह स्वीकार नहीं करते तो उसे अपने आचरण या कार्यों के लिए नैतिक स्तर पर उत्तरदायी मानने का कोई औचित्य ही नहीं बनता। यदि मनुष्य किन्हीं शक्तियों का एजेंट मात्र है तो उसे किसी भी आचरण के लिए जिम्मेदार नहीं ठहराया जा सकता। इस अर्थ में स्वतंत्रता और दायित्व एक ही सिक्के के दो पहलू हो जाते हैं। व्यक्ति स्वातंत्र्य के आलोचक भ्रमवश स्वतंत्रता का तात्पर्य मनमानापन समझ लेते हैं, जबकि वह वस्तुतः ऐसा दायित्व है, जो स्वतंत्रता को सुविधा नहीं, मूल्य मानता है। इसलिए उसकी परख इस बात में समझता है कि उसमें अन्य की स्वतंत्रता के प्रति कितना सम्मान है।

व्यक्ति स्वातंत्र्य पर केवल राजनीतिक व्यवस्थाएं आघात नहीं करतीं, बल्कि सभी प्रकार की आर्थिक-सामाजिक-धार्मिक व्यवस्थाएं आघात करती रही हैं। मानव इतिहास इसका साक्षी है। भिन्न मत रखने वालों, किसी धार्मिक ग्रंथ में कही गई किसी बात से असहमति व्यक्त करने या कुछ नई बात कहने वालों आदि पर व्यवस्था सदैव अत्याचार करती रही है, चाहे उसका स्वरूप राजनीतिक हो या सामाजिक-आर्थिक। दरअसल, किसी भी प्रकार का राजनीतिक दमन, आर्थिक शोषण या सामाजिक-धार्मिक उत्पीड़न मानव-स्वतंत्रता पर किया जाने वाला आघात है।

लोकतंत्र इसलिए राजनीतिक व्यवस्था मात्र नहीं, एक जीवन-दृष्टि है जिसमें व्यक्ति-स्वातंत्र्य को केंद्रीय महत्व प्राप्त है। लोकतंत्र में बहुमत का शासन एक कामचलाऊ व्यवस्था है, क्योंकि किसी भी बहुमत को यह अधिकार नहीं दिया जा सकता कि वह अल्पमत तो क्या किसी एक व्यक्ति की बुनियादी स्वतंत्रताओं पर आघात करे। लोकतांत्रिक संविधान में जब नागरिक को कुछ बुनियादी स्वतंत्रताओं के अधिकार की गारंटी दी जाती है तो वह इस बात का प्रमाण है कि कोई भी प्रभुतासंपन्न सत्ता किसी भी व्यक्ति को उसकी बुनियादी स्वतंत्रताओं और अधिकारों से वंचित नहीं कर सकती। ये सभी अधिकार ही वस्तुतः मानव चेतना की स्वतंत्रता के आयाम हैं।

इसलिए व्यक्ति स्वातंत्र्य की अवधारणा केवल अभिव्यक्ति या असहमति के अधिकार तक सीमित नहीं है। उसकी परिधि में वे सभी सुविधाएं और अधिकार आ जाते हैं, जिन्हें मोटे तौर पर गरिमामय जीवन का अधिकार कहते हैं, क्योंकि आर्थिक-सामाजिक सुरक्षा के बिना चेतना की स्वतंत्रता के अधिकार को भी सुरक्षित नहीं माना जा सकता।

साहित्य और कलाओं को लेकर जब रचनाकार की स्वतंत्रता या रचना-प्रक्रिया की स्वतंत्रता की बात की जाती है तो उसकी पृष्ठभूमि में व्यक्ति-स्वातंत्र्य का यह भाव ही सक्रिय होता है। इसलिए कुछ लेखक-कलाकार अपनी रचनात्मकता को व्यक्ति-स्वातंत्र्य की ही साधना मानते हैं।

नंदकिशोर आचार्य

अधिक जानकारी के लिए :

1. Mind and Politics : An approach to the MeaningofLiberalandSocialistIndividualism: Ellen Meiksins Wood, 1972

व्यक्तित्व

व्यक्तित्व के लिए अंग्रेजी में शब्द है 'Personality', जो लैटिन शब्द 'Persona' से बना है। इसका अर्थ है चेहरे का नकाब। पहले व्यक्तित्व, व्यक्ति के बाह्य रूप से निर्धारित होता था—कितना गोरा है, कितना मोटा-लंबा है, कितनी ऊंची जाति का है, कितना आकर्षक है या उसने सूट-टाई पहनी है या नहीं। धीरे-धीरे व्यक्तित्व की ये कसौटियां बदल गईं। यह धारणा सामने आई कि व्यक्ति के बाह्य के साथ ही आंतरिक गुणों का भी महत्व है। इसे अधिक स्पष्ट करते हुए कहा गया

कि व्यक्तित्व व्यक्ति के व्यवहार, रुचि, योग्यता और शैली का एक गतिशील संगठन है। हर व्यक्ति के सोचने, समझने, बोलने और आचरण का ढंग भिन्न होता है, यह भिन्नता ही व्यक्तित्व का निर्माण करती है। घर, वंश, बिरादरी, शिक्षालय, समाज और कार्यस्थल वे जगहें हैं, जिनका व्यक्तित्व-निर्माण पर असर पड़ता है। दरअसल, व्यक्तित्व का निर्माण अपनी आंतरिक योग्यताओं के साथ व्यक्ति द्वारा सामाजिक वातावरण से आदान-प्रदान पर निर्भर है।

व्यक्ति का एक व्यक्तित्व होता है, यह धारणा नवजागरणकालीन आधुनिकता की देन है। इसके पहले हर व्यक्ति परिवार पर निर्भर था। वह बुजुर्गों और परंपराओं के अनुसार चलता था। व्यक्तित्व का जन्म हुआ 'स्व' के बोध से। व्यक्ति के विशेष गुण और आचरण से उसके व्यक्तित्व का निर्माण होने लगा। समाज में व्यक्तित्व की महत्ता बढ़ गई। व्यक्तित्वहीनता असह्य हो उठी। वस्तुतः व्यक्तित्व मानवीय स्वतंत्रता और गरिमा की आकांक्षा का ही एक रूप था। जॉन ओल्डहैम और लुइस मॉरिस के अनुसार, व्यक्ति की अपनी शैली से ही उसके व्यक्तित्व की रचना होती है। यह शैली ही उसकी अनुभूति, सोच, मनोवृत्तियों, आचरण तथा सभ्यता के अनुकरण को संगठित करती है। व्यक्तित्व एक दीर्घकालिक निर्माण है। (द न्यू पर्सनैलिटी सेल्फ-पोर्ट्रेट) व्यक्तियों को देखकर कहा जा सकता है कि कुछ बहिर्मुखी और कुछ अंतर्मुखी प्रकृति के होते हैं। मनोवैज्ञानिक कार्ल गुस्ताव युंग का मानना है कि अंतर्मुखी व्यक्तित्व वाले लोग सामाजिक वातावरण से तालमेल नहीं बैठा पाते और अपने भीतर उलझे रह जाते हैं। बहिर्मुखी व्यक्तित्व वाले व्यक्ति दूसरे की ज्यादा चिंता करते हैं। इसलिए उनका सामाजिक वातावरण से व्यापक संबंध होता है। वे ज्यादा खुशहाल होते हैं। कई व्यक्तियों में दोनों गुण एक साथ पाए जाते हैं। उदाहरण के तौर पर, कोई सामाजिक कर्मी अच्छा कवि भी हो सकता है।

व्यक्तित्व बाह्य दिखावा भी हो सकता है, जिसके पीछे व्यक्ति के वास्तविक उद्देश्य और गुण छिपे रहते हैं। उदाहरण के रूप में—कोई भीतर से ठग है, पर ऊपर से भोला दिखता है। ऊपर से धार्मिक है, भीतर से कामुक होता है। ऊपर से जनदरदी है, भीतर से लुटेरा होता है। ऊपर से शांत दिखने वाले का भीतर से अशांत होना संभव है। इस प्रकार किसी के व्यक्तित्व को समझने के लिए उसकी गहराई में उतरने की जरूरत होती है। व्यक्तित्व कृत्रिम रूप से गढ़ा गया है या स्वाभाविक है, यह उसके आंतरिक उद्देश्यों और गुणों को समझने से ही पता चल सकता है, क्योंकि व्यक्ति पर कई नकाब चढ़े हो सकते हैं। कहा गया है, 'हर आदमी में होते हैं दस-बीस आदमी/जिसको भी देखना हो, कई बार देखना।' (निदा फाजली)।

व्यक्तित्व में पैदा होने वाली समस्याओं में मुख्य है व्यक्तित्व-विभाजन (स्पिलिट पर्सनैलिटी)। इसका अर्थ है मनुष्य के व्यवहारों में समानुरूपता नहीं रहना। व्यवहार में कभी किसी गुण की प्रधानता हो, कभी इसके विपरीत दूसरे गुण की। गहरा व्यक्तित्व-विभाजन द्वि-व्यक्तित्व या बहुव्यक्तित्व पैदा करता है। इसकी वजह से व्यक्तित्व विघटित होता है। मनुष्य खुद अपने विभिन्न चेहरों को पहचान नहीं पाता। आधुनिक कथा-साहित्य में विभाजित व्यक्तित्व की छवियां बड़े पैमाने पर आई हैं। खासकर, नई कहानी के मध्यवर्गीय चरित्रों में यह आम मामला है।

जी डब्ल्यू ऑलपोर्ट ने व्यक्तित्व की परख के लिए कसौटी के रूप में 11 द्वि-ध्रुवीय लक्षण प्रस्तुत किए हैं : **1.** व्यक्ति की भावनात्मक प्रतिक्रिया विस्तृत संदर्भों में होती है या संकुचित संदर्भों में, **2.** व्यक्ति अधिक संवेदनशील है या उसकी संवेदना मंद है, **3.** वह समाज में किसी प्रभुत्व का अंग है या किसी अधीनता का, **4.** व्यक्ति अपना मत पूरा व्यक्त करता है या कभी व्यक्त नहीं करता, **5.** व्यक्ति में दृढ़ता है या ढुलमुलपन है, **6.** वह बहिर्मुखी है या अंतर्मुखी, **7.** वह अपने बारे में सब ठीक से जानता है या अपने को लेकर किसी धोखे में है, **8.** उसमें आत्मविश्वास है या नहीं है, **9.** वह सामाजिक है या अकेलापन पसंद करता है, **10.** वह लोकोपकारी है

या स्वार्थी है और **11.** वह व्यवहारकुशल है या कट्टर और अकुशल है। (पर्सनैलिटी : ए साइकोलॉजिकल इंटरप्रिटेशन)। इनके आधार पर व्यक्तित्व को परखा जा सकता है कि इसका वास्तविक रूपाकार क्या है।

व्यक्तित्व-संबंधी अध्ययन में व्यक्तित्व में आए विकारों का मनोवैज्ञानिक अध्ययन काफी हुआ है। व्यक्तित्व में विकार उन विलक्षणताओं को कहते हैं, जिनकी वजह से व्यक्ति को अपने परिवेश से सही संबंध बनाने में कठिनाई होती है और उसके निजी या पेशेगत जीवन में बाधाएं आती हैं। विकारों के कारण व्यक्तित्व की पारदर्शिता ही नहीं, उसका लचीलापन भी खो जाता है। एरिक फ्रॉम ने स्पष्ट किया है कि पूंजीवादी समाज में व्यक्तित्व का विकास अन्य तरह के समाजों से भिन्न रूप में होता है। व्यक्तित्व जब असंतोषों और असुरक्षाओं के बीच पनपना शुरू होता है, तब विभाजित, कुंठाग्रस्त, छद्म, उच्छृंखल व्यक्तित्व जैसे कई विकार पैदा हो जाते हैं। पाया गया है कि संस्कृति में आई गिरावट का व्यक्तित्व पर असर पड़ता है। व्यक्तित्व के किस्म-किस्म के डिजाइनर नकाब बनने लगते हैं। खासकर इक्कीसवीं सदी के नए अंतर-सांस्कृतिक वातावरण में तर्क और मूल्य की जगह निर्बुद्धिपरकता और मनोरंजन की प्रतिष्ठा ने व्यक्तित्व-संरचना के तत्वों में बुनियादी उलटफेर ला दिए हैं। यह भी कहा जा सकता है, यह व्यक्तित्व-विलोप का युग है।

शंभुनाथ

अधिक जानकारी के लिए :
1. Personality Theories : B. Engler, 2009, **2. Introduction to Personality :** R.E. Smith, Y. Shoda, W. Mischel, 2004

व्यक्तिवाद

व्यक्तिवाद (Individualism) एक नैतिक, दार्शनिक और राजनीतिक दृष्टिकोण के रूप में सामने आया जो वैयक्तिक स्वतंत्रता और आत्मविश्वास को महत्व देता है। यह सिद्धांत व्यक्ति के स्वतंत्र ढंग से काम करने के वैयक्तिक अधिकार और निजी इच्छाओं को प्राथमिकता देता है और सामूहिक स्वार्थ की चिंता बाद में करता है। व्यक्तिवाद हर व्यक्ति की स्वतंत्र सत्ता और गरिमा का समर्थक है और अपने संबंध में लक्ष्य निर्धारित करने और निर्णय लेने का अधिकार सिर्फ व्यक्ति को देता है। यह समूह के प्रति प्रतिबद्धता को महत्व नहीं देता। यह वैयक्तिक स्वतंत्रता में हर प्रकार के बाह्य हस्तक्षेप, चाहे वह सरकार हो या धार्मिक संस्था, के विरोध में होता है। व्यक्तिवाद को सामूहिक सत्ता का प्रतिपक्षी माना जाता है। व्यक्तिवाद की प्रेरणा से ज्ञानोदय युग के बौद्धिक स्वातंत्र्यवाद, नए आधुनिक युग के अस्तित्ववाद और अराजकतावाद जैसे आंदोलनों का जन्म हुआ। इसका संबंध विभिन्न ढंग के आधुनिक कला आंदोलनों और बोहेमियन जीवन-शैली से भी है।

व्यक्तिवादी कभी किसी एक दर्शन के अनुशासन को नहीं मानते और अपनी निजी रुचियों और हितों के अनुसार विचारों का चयन करते हैं। अठारहवीं सदी के यूरोप में व्यक्तिवाद एक क्रांतिकारी और यूटोपियन विचारधारा के रूप में सामने आया था, जब इसने चर्च और राजतंत्र की प्रभुसत्ता को चुनौती दी थी। इसने जीवन में तर्क की वृहत्तर भूमिका की मांग की और निजी हित तथा तरक्की के अवसर चाहे। अस्तित्ववादी दौर में कीर्केगार्द आदि ने अंतर्मुखता का समर्थन सामाजिक जीवन के कठोर ढांचे के बरक्स किया। इस दौर में व्यक्ति की अपनी स्वतंत्र पहचान मुद्दा बनी। साथ ही व्यक्ति बनाम समाज की बहस चली। इस बहस में उन कठोर सामाजिक और औद्योगिक संगठनों की आलोचना की गई जो व्यक्ति को अपना पुर्जा समझते हैं। सुमित्रानंदन पंत ने लिखा था, 'हाय व्यक्ति, क्या तुम समूह में खो जाओगे?' (आस्था)। व्यक्ति का महिमामंडन जब व्यक्तिवाद के नए दौर में उग्र रूप धारण कर लेता है, तब इसके लिए कोई नैतिक अंकुश मायने नहीं रखता और वह वैयक्तिक स्वार्थपरता का पर्याय हो जाता है। इस तरह व्यक्तिवाद को उत्थानशील

व्यक्तिवाद और पतनशील व्यक्तिवाद के दो रूपों में समझा जा सकता है।

व्यक्तिवाद की औपनिवेशिक निर्मिति इस दर्शन की उत्थानशील क्लासकीय परंपरा से प्रस्थान थी। रामचंद्र शुक्ल ने व्यक्तिवाद के नकारात्मक पक्षों को पहली बार पहचानकर कहा था, 'बहुत-सी वाद-व्याधियों का प्रवर्तक है व्यक्तिवाद, जो पुराना रोग है।' (रस मीमांसा)। 1914-18 के पहले विश्वयुद्ध के समय जनतंत्र की पश्चिमी लफ्फाजी और अंध-राष्ट्रवाद के अलावा व्यक्तिवाद का चेहरा भी नंगा हो चुका था। इसलिए आचार्य शुक्ल ने स्पष्ट कर दिया कि इसकी नींव भेदवाद पर आधारित है। उनका कहना था, 'यह उस प्रवृत्ति का हद से बाहर पहुंचा रूप है जिसका आरंभ यूरोप में एक प्रकार से पुनरुत्थान काल (रिनेसां) के साथ हुआ था।...आंख मूंदकर बड़े-बड़े पंडितों ने पुनरुत्थानवाद की कालधारा को मथकर व्यक्तिवाद-रूपी रत्न निकाला।' (वही)। यह व्यक्तिवाद संघर्षों के बीच से जन्मे क्लासिकल व्यक्तिवाद से भिन्न था और वस्तुतः विशेषाधिकार प्राप्त एलीट वर्ग की पश्चिमी सभ्यता की देन था।

रामचंद्र शुक्ल ने व्यक्तिवाद के तत्वों को सही पहचानते हुए भी व्यक्तिवाद और सृजनात्मक वैयक्तिकता में फर्क नहीं किया और इस आधार पर छायावाद की कटु आलोचना कर डाली। वे तुलसीदास के संदर्भ में तो स्वीकार करते हैं, 'वे व्यक्ति की स्वतंत्रता का हरण नहीं चाहते', पर छायावाद के संदर्भ में व्यक्ति की सृजनात्मक भूमिका का गलत आकलन करते हैं। एक सामंती समाज में 'व्यक्ति' होना, 'मैं' को महत्व देना एक सकारात्मक विद्रोह है, यह व्यक्तिवाद नहीं है। छायावाद में वैयक्तिकता थी, व्यक्तिवाद न था। प्रसाद की इन पंक्तियों में व्यक्तिवाद का विरोध है, 'अपने में भर सब कुछ कैसे व्यक्ति विकास करेगा/ यह एकांत स्वार्थ भीषण है अपना नाश करेगा।' (कामायनी)। इसका अर्थ है छायावादी कवि भी अपने समय में पनपते व्यक्तिवाद के नए रूपों को देख रहे थे।

व्यक्तिवाद उपभोक्ता समाजों में स्वार्थांधता का रूप ले लेता है। पहले तर्क का जो जज्बा था या धर्म तथा राजसत्ता के अनौतिक रूपों को चुनौती देने की जो एक स्वतःस्फूर्त तत्परता थी, वह उपभोक्ता समाज में वस्तुओं की असीमित भूख में रूपांतरित हो जाती है। व्यक्ति का समुदायीकरण और अंध-राष्ट्रवाद का आवेग भी वैयक्तिकता के अच्छे गुणों को खा जाता है। इस तरह 'जाग्रत व्यक्ति' का युग समाप्त हो जाता है। इसका अर्थ वैयक्तिकता की चाहता का मिटना नहीं है।

शंभुनाथ

व्यतिरेकी भाषाविज्ञान

किसी व्यक्ति द्वारा अपनी मातृभाषा या पहले से सीखी हुई भाषा के बाद किसी अन्य भाषा शीघ्र सीखने के लिए व्यतिरेकी भाषा-शिक्षण का उदय हुआ। अन्य भाषा सीखने के क्रम में आने वाली कठिनाइयों से निबटने में व्यतिरेकी भाषाविज्ञान सहायक होता है। दूसरे देश में लड़ने जा रही फौज को वहां की भाषा सिखाने के लिए इसका उदय हुआ। इसे एक व्यवस्थित शाखा के रूप में विकसित कराने का श्रेय अमेरिकी भाषा वैज्ञानिकों चार्ल्स सी फ्रीज और रॉबर्ट लेडो को है। 1957 में प्रकाशित रॉबर्ट लेडो की पुस्तक 'लिंग्विस्टिक्स : एक्रॉस कल्चर्स' को व्यतिरेकी भाषाविज्ञान का आधार ग्रंथ माना जाता है। फर्गुसन ने लिखा है, 'द्वितीय भाषा-शिक्षण में मुख्य समस्या व्यवधान की है जो लक्ष्य भाषा तथा अध्येता की मातृभाषा की संरचनात्मक असमानता के कारण उत्पन्न होता है। उन्होंने आगे कहा, व्यतिरेकी विश्लेषण मात्र मातृभाषा के व्याघातों को दूर करने का साधन नहीं है, बल्कि इससे दोनों भाषाओं की सावधानीपूर्वक की गई तुलना तथा व्यतिरेकी विश्लेषण के आधार पर पाठय-सामग्री, पाठय-योजना आदि में सुधार कराया जा सकता है।' यह सुधार दूसरी भाषा या लक्ष्य भाषा को सीखने में शीघ्रता लाता है। कुछ विद्वान चार्ल्स सी फ्रीज,

रॉबर्ट लेडो और फर्गुसन से पहले व्यतिरेक भाषाविज्ञान का जनक प्राग स्कूल को मानते हैं। उनका मानना है कि, 'वर्तमान सदी में सर्वप्रथम 1930 के आसपास प्राग संप्रदाय के अधिष्ठाता वी मैथेसियस का ध्यान व्यतिरेकी विश्लेषण की ओर गया। उन्होंने यह विचार व्यक्त किया कि किसी भाषा को गहराई से जानने के लिए अन्य भाषा से उसकी तुलना तथा समानताओं और असमानताओं का पता लगाना उपयोगी होता है। इस तरह उन्होंने वर्णनात्मक भाषाविज्ञान के लिए तुलनात्मक भाषाविज्ञान और व्यतिरेकी भाषाविज्ञान की उपयोगिता स्पष्ट की।' (विजय राघव रेड्डी का लेख, गवेषणा, केंद्रीय हिंदी संस्थान)।

व्यतिरेकी भाषाविज्ञान संकर या मिश्र भाषावैज्ञानिक उद्यम है, क्योंकि इससे समाजविज्ञान एवं मनोविज्ञान भी जुड़ा है। इसके केंद्र में द्विभाषिकता है। इसलिए यह तुलनात्मक भाषाविज्ञान के करीब है। भाषाओं में विद्यमान विभेदों और असमानताओं के आधार पर भाषा अधिगम में होनेवाली समस्याओं का निराकरण करना व्यतिरेकी भाषाविज्ञान का लक्ष्य है।

निशांत

अधिक जानकारी के लिए :

1. व्यतिरेकी भाषाविज्ञान : विजय राघव रेड्डी, 1986, **2. भाषाविज्ञान की भूमिका** : देवेन्द्रनाथ शर्मा, 1966

व्यर्थताबोध

जीवन की अर्थहीनता के बोध से व्यर्थताबोध उत्पन्न होता है। विचारवान व्यक्ति जीवन की अर्थवत्ता के बारे में सोचता है। जीवन क्या है? उसका अर्थ क्या है? उसका भविष्य क्या है? अस्तित्ववाद ने पुरानी धारणाओं को हटाकर घोषित किया था, 'पहले मानव-अस्तित्व है, उसके बाद कुछ है। मनुष्य को अपने-अपने भारतत्व का खुद निर्माण करना होगा।' विश्व के बाद औद्योगिक सभ्यता से ऊबकर अस्तित्ववादियों की एक अनास्थावादी धारा थी, जिसमें यह कहा गया, 'सभी वर्तमान प्राणियों का जन्म अकारण हुआ है, वह निर्बल होकर जीता है और अकस्मात उसकी मृत्यु हो जाती है। मनुष्य एक निरर्थक भावावेश है। हमारा जन्म लेना निरर्थक है और हमारा मरना निरर्थक है।' (सार्त्र, ल. नौसिया)। इस कथन से पश्चिम के यंत्रवादी, बड़े संगठनों वाली सभ्यता में व्यक्ति के व्यर्थताबोध की एक झलक मिल सकती है। ऑल्बेयर कामू ने 'द मिथ ऑफ सिसिफस' में सिसिफस के ग्रीक मिथक का उल्लेख करते हुए हर कर्म की व्यर्थता की ओर संकेत करके यही कहा था, 'यह दुनिया एब्सर्ड है, इसके होने का कोई तर्क नहीं है।' इस युग में बुद्धिजीवियों को लग रहा था कि उसका सामना ऐसी सत्ता से है, जो मनुष्य की शक्ति से अधिक विशाल है और उसके अस्तित्व से परे है और जो उसमें अस्तित्व को कठोरतापूर्वक समाविष्ट कर लेती है।

मनुष्य जीवन की सार्थकता के लिए संघर्ष करता है, विभिन्न स्थितियों से निरंतर लड़ता है। आखिरकार महसूस करता है कि जिंदगी एक प्रहेलिका है, जिसको समझना मुश्किल है। इसके किसी पहलू को संपूर्णता में समझना असंभव है। उसको परिभाषित करना, व्याख्यायित करना, अपने-अपने ढंग से संभव तो है पर सब कुछ आधा-अधूरा रह जाता है। जीवन ऐसी व्याख्याओं और परिभाषाओं के परे होता है। मनुष्य जितना भी प्रयत्न करे इसके भूल-भुलैये को सुलझाना उसके लिए असंभव होता है। जीवन प्रतिकूलताओं का पुंज है, जिसे लेकर जीने का क्या अर्थ है? मृत्यु का वरण करना? मनुष्य के जीने का अर्थ मृत्यु को प्राप्त करना है, यह अहसास ही असंगत एवं ऊलजलूल है। यही वह जगह है, जहाँ से व्यर्थताबोध गहराने लगता है।

पाश्चात्य देशों में नास्तिक अस्तित्ववाद के असर से व्यर्थताबोध-संबंधी चिंतन जोर पकड़ने लगा। जीने का मलतब है अर्थहीनता के बोध को बनाए रखना। जीवन व्यर्थ है, लेकिन जीना चाहिए, क्योंकि हम जीने के लिए अभिशप्त हैं। तब सोचना है कैसे जीना है? इसके लिए अल्बेयर कामू ने अपनी प्रसिद्ध पुस्तक 'द रिबल' में कहा है, 'जीने का अर्थ है संघर्ष करना, विद्रोह करना। मैं विद्रोह करता हूं, इसलिए

हूं।' अस्तित्ववादियों ने कहा, जीना जीवन की सारी विसंगतियों को कुबूल करते हुए संघर्ष करना है। तब प्रश्न उठेगा कि किसके लिए? यह एक असंगत स्थिति है। संक्षेप में, व्यर्थताबोध मृत्यु बोध से संबंधित है। व्यर्थताबोध मृत्यु के अहसास को गहराता है और तभी जीवन के अर्थ का बोध होता है।

पाश्चात्य देशों में व्यर्थताबोध को प्रचार मिला दो महायुद्धों की विभीषिका के प्रत्यक्ष दर्शन के बाद अस्तित्ववादी दार्शनिकों ने महसूस करना शुरू किया कि कुछ भी अर्थवान नहीं सब कुछ निरर्थक है। सब कुछ बंजर है, ऊलजलूल है, व्यर्थ है। इस अर्थहीन जगत में निरर्थक जीवन बिताना ही सबसे बड़ी पीड़ा है। सार्त्र, कामू, काफ्का, अयनेस्को, बैकट जैसे कालजयी रचनाकारों ने इस चिंतन को अपनी रचनाओं के केंद्र में रखा। सैमुअल बैकट के नाटक 'वेटिंग फॉर द गोदो' मनुष्य जीवन के अर्थहीन इंतजार की ओर इशारा करने वाला एब्सर्ड नाटक है। सार्त्र का 'नौसिया', 'बीइंग एंड नथिंगनेस', कामू का 'द आउटसाइडर', 'मिथ ऑफ सिसिफस', काफ्का का 'द कैसिल', 'मेटामॉरफोसिस' जैसी रचनाएं व्यर्थताबोध का समर्थन करने वाली साहित्यिक एवं दार्शनिक रचनाएं हैं।

हिंदी में स्वातंत्र्योत्तर मोहभंग, भारत-पाक विभाजन के परिणामस्वरूप निरंतर जनसंहार, विघटन आदि ने आधुनिक मानस में व्यर्थताबोध को गहराया, जिसे अस्तित्ववादी दर्शन ने मजबूती दी। सन साठ के बाद का साहित्य, जिसे 'साठोत्तरी साहित्य' या 'निषेधवाद' के साहित्य के रूप में स्वीकृति मिली है, व्यर्थताबोध का दस्तावेजी साहित्य है। यह जरूर है कि कई रचनाकारों ने जीवन की व्यर्थता और उस व्यर्थता में भी अर्थवत्ता तलाशने का कार्य किया है। उदाहरण के तौर पर, मोहन राकेश का नाटक 'आधे अधूरे' और उनका उपन्यास 'न आनेवाला कल' है। इनके माध्यम से जीवन की व्यर्थता प्रतिपादित की गई है। उन्होंने कहना चाहा है कि मनुष्य के मन में जिस सुनहले कल को पाने की कामना है, वह व्यर्थ है, क्योंकि वैसा कोई कल नहीं आने वाला है। 'लहरों के राजहंस' के माध्यम से दिखाया गया है कि आध्यात्मिक जीवन तथा भौतिक जीवन, दोनों आधे-अधूरे हैं, अपने आपमें अर्थहीन हैं, विसंगतिपूर्ण हैं।

एन मोहनन

व्यवहारवाद

व्यवहारवाद (Behaviourism) मनोविज्ञान के सर्वाधिक प्रसारित विषयों में एक है। शिकागो विश्वविद्यालय के जे बी वाटसन ने 1913 में व्यवहारवाद को प्रचलित किया था। उन्होंने मनोविज्ञान को मन का विज्ञान न मानकर व्यवहार का विज्ञान माना था, क्योंकि व्यवहार का निरीक्षण और परीक्षण करके ही मन की जानकारी पाना संभव है। उनके अनुसार, मनुष्य अपने परिवेश के प्रति किए गए व्यवहारों का समूह भर है। वह अशुद्ध क्रियाएं भी करता चलता है और अपने व्यवहार को पुनर्व्यस्थित भी करता है ताकि अलाभप्रद अनुक्रियाओं को छांट ता चले और समस्याओं का समाधान निकाले। वाट सन ने पशुओं के व्यवहार पर ई एल थोर्नडाइक के अनुसंधान का उपयोग करते हुए बताया कि किसी व्यक्ति के व्यवहार का विश्लेषण करने के लिए आत्मविश्लेषण की तकनीक की नहीं बल्कि बाह्य उत्प्रेरक के प्रति व्यक्ति की अनुक्रिया को देखना काफी है। इसके अनुसार, चेतना और आचरण एक ही हैं और उद्दीपन के प्रति अनुक्रिया आचरण की मूल इकाई है। व्यवहारवाद में व्यवहार का प्रेरक परिवेश को माना गया है।

बीसवीं शताब्दी के चौथे दशक में वाटसन के सिद्धांत का स्थान कई नव-व्यवहारवादी सिद्धांतों ने ले लिया। इनके जनक सी हाल, ई टोलमैन, ई गजरी और बी स्किन्नेर हैं। इन सिद्धांतों में भौतिकवादी आधार की जगह तार्किक प्रत्यक्षवाद को स्थापित किया गया है। ये सिद्धांत आचरण में मस्तिष्क की भूमिका की उपेक्षा करते हैं। इन्होंने उद्दीपन-अनुक्रिया सूत्र में मध्यवर्ती परिवर्तनीय गुणों—कौशल, उत्तेजना, प्रावरोध की क्षमता, अपेक्षा आदि को शामिल कर उसे बदल दिया किंतु ये व्यवहारवाद के यांत्रिक

स्वरूप को नहीं बदलते। व्यवहारवाद में अनुभव को कोई स्थान नहीं दिया गया, जबकि व्यवहार में उसकी एक बड़ी भूमिका है। मनुष्य अपने परिवेश की कठपुतली नहीं होता, वह अपने व्यवहार से परिवेश को बदलता भी है।

उदयराज

व्याकरण और पितृसत्ता

व्याकरण के संबंध में आम धारणा है कि वह लिंग, जाति, नस्ल, पंथ (मजहब), क्षेत्र आदि संकीर्णताओं से निरपेक्ष, भाषा का विश्लेषण या विवेचन है यानी वह एक वैज्ञानिक अवधारणा है। लोकतंत्र का संविधान जिस तरह किसी देश में निवास कर रहे लोगों के जड़-मूल को टटोले बिना सबको एक ही नजरिए से देखता या एक ही कसौटी पर परखता है, उसी तरह व्याकरण से अपेक्षा की जाती है कि वह भाषा में प्रयुक्त पदों या कार्यरत संरचनाओं के साथ वैसी ही एकरूपता का व्यवहार करे, वे किसी भी स्रोत से आए हों। पर व्याकरण इस कसौटी पर पूरी तरह खरा नहीं उतर सका है। बाकी संदर्भों में वह कमोबेश तटस्थ आचरण कर ले, पर उसकी 'लिंग' (जेंडर) नामक संकल्पना एक गहरी समस्या है।

दरअसल, विश्वस्तर पर सदियों से विद्यमान पितृसत्तात्मक सामाजिकता की छाया मनुष्य की भाषा पर पड़ी है, जिससे उसमें न सिर्फ लिंग-भेद पैदा हो गया है, बल्कि स्त्रीलिंग पर पुलिंग का वर्चस्व अनेक प्रकार से कायम और कार्यरत दिखता है। लिंगभेदी समाज में रह रहा वैयाकरण भी उन लैंगिक पूर्वग्रहों से अनायास ग्रस्त हो जाता है, फलतः नियम और उदाहरण प्रस्तुत करते समय उसके विवेचन और उदाहरण की भाषा अनायास स्त्री-विरोधी हो उठती है अथवा उसकी भाषा स्त्री के अस्तित्व या हित पर, उसकी वंचनाओं व पीड़ाओं पर मौन रहती है। जहां उसके विवेचन और उदाहरणों को 'स्त्री सशक्तीकरण' और 'लैंगिक न्याय' की युगीन संकल्पनाओं के प्रति अभिमुख रहने के साथ लोकतंत्र का सतत संवादी होना चाहिए, वहां वह खुद लिंग-भेद की गहन समस्या की अनदेखी करते हुए और उससे भी आगे बढ़कर अपने हाथों से भी उसमें कुछ जोड़ रहा होता है। यही वजह है कि व्याकरण और पितृसत्ता (Gender and Patriarchy) इधर चर्चा का एक प्रमुख विषय बना है।

यह स्पष्ट होना चाहिए कि जब तक भाषा में लिंग-भेद बना रहेगा, तब तक व्याकरण के नियमों में भी झलकता रहेगा यानी व्याकरण का लिंग-भेदी होना भाषा व भाषिक समाज के लिंगभेदी होने का परिणाम है। वैयाकरण उसमें अपनी तरफ से कुछ मजबूती ला देते हैं, जब वे भाषा का व्याकरण लिखते हैं (यानी भाषा में अंतर्निहित व्याकरण को विवेचन या पुस्तकीय प्रारूप में मूर्त करते हैं)। इस विसंगति का एक प्रमुख आधार वैयाकरणों की पांत में स्त्री की नगण्यता है। वैसे इक्की-दुक्की स्त्री वैयाकरण होकर भी क्या कर सकती है, जबकि पितृसत्तात्मक सोच सर्वाच्छादी है? वैयाकरण लक्षण या परिभाषा बनाते और उनके उदाहरण देते समय स्त्री के हीन या दोयम दर्जे पर मुहर भी लगाते चले हैं। हिंदी वैयाकरण किशोरीदास वाजपेयी जब 'आत्मा' के स्त्रीलिंग और 'परमात्मा' के पुलिंग होने का तर्क पेश करते हैं, तो बात खुलकर सामने आ जाती है। वे कहते हैं कि आत्मा तो ईश्वर के अधीन है, स्वतंत्र नहीं है। परमात्मा स्वाधीन है, स्वतंत्र है। स्वतंत्रता की व्यंजना के लिए 'परमात्मा' पुलिंग में तथा पराधीनता के प्रदर्शन के लिए 'आत्मा' स्त्रीलिंग में है। (हिंदी शब्दानुशासन)।

स्त्री और पुरुष को लेकर गुणों या सामाजिक व्यवहार के कोटीकरण की लिंगभेदी अलोकतांत्रिक मानसिकता व्याकरण जैसे शास्त्र में भी प्रविष्ट हुई है। स्त्री को कमजोर, घरेलू, अबोध, देह-बोध/सौंदर्य से ग्रस्त, खाना पकाती या पतिभक्ति करती आदि रूपों में ही उदाहरण बनाना आम है, जबकि पितृसत्ता की विविध गुलामियों की जकड़बंदी से निकलकर सशक्त हो रही—पढ़ती, खेलती, कुश्ती करती, गाती,

झूमती, नौकरी करती आदि स्त्री भी उदाहरण बनाई जा सकती है।

पुलिंग के सामने स्त्रीलिंग को दोयम दर्जे का मानकर 'लिंग' नामक अवधारणा खड़ी हुई है। किसी भाषा में मुख्यतः रूप-रचना (धातुरूप यानी क्रिया और क्रियेतर शब्द-रूप की रचना) और गौणतः शब्द-रचना (व्युत्पत्ति) में लिंग की भूमिका प्रभावी रहने से मानना होगा कि उस भाषा में लिंग-भेद है। इस दृष्टि से देखा जाए तो हिंदी में लिंग-भेद बहुत मजबूत अवस्था में है। हिंदी भाषा और उसके व्याकरण के पुरुषवादी होने के ढेर सारे संकेत हैं। यहां कुछ उदाहरण हैं:

(1) जेंडर के लिए 'लिंग' शब्द का प्रयोग व्याकरण के पुरुषवादी होने का सबसे पहला प्रमाण है। 'लिंग' पुरुष-यौनांग है। उसकी जगह 'योनि' शब्द भी इस्तेमाल किया जा सकता था, जिसका अर्थ जीवविज्ञान और सांस्कृतिक अर्थविज्ञान के लिहाज से दूर तक (जाति-प्रजाति तक) चला जाता है, जबकि 'लिंग' का अर्थ तो चिह्न तक ही सिमटकर रह जाता है।

(2) व्याकरण की 'एकशेष-प्रक्रिया' में आमतौर पर स्त्रीलिंग को पुलिंग में विलीन कर दिया जाता है, पर इसका उलटा प्रायः नहीं होता, जैसे—'बच्चे खेल रहे हैं' या 'कई आदमी गए' आदि का प्रयोग कर हम मान लेते हैं कि इनमें बच्चियां या औरतें भी आ गईं। इस स्थिति में 'बच्चियां' या 'औरतें' का प्रयोग कर इनमें बच्चे या आदमी को भी निहित मानने में हम कठिनाई का अनुभव करते हैं। भाषा में कार्यरत यह प्रवृत्ति पितृसत्तात्मक सामाजिक संरचना के उस विराट दोष की छाया है, जिसके तहत स्त्री को कहीं जगह नहीं दी गई है। हर जगह 'भाईचारा' शब्द चलता है, लगता है कि बहन रहती ही नहीं दुनिया में। इसी तरह अंग्रेजी में Man (आदमी) शब्द को 'इंसान' का वाचक मान लिया जाता है और मानव-जाति/मानवता या मानवीय शक्ति से संबद्ध व्यापकार्थक बहुत सारे शब्द Man से ही सिद्ध किए जाते हैं, न कि Woman शब्द से (वैसे Woman के भी मूल में कहीं-न-कहीं Man ही निहित है), जैसे—Mankind (मानवता), Manpower (मानव-शक्ति), Mandate (अधिदेश), Manfully (साहसपूर्वक), Manual (नियमावली), Manner (तौर-तरीका), Manmade (कृत्रिम), Manor (हवेली), Manufacturer (उत्पादन या गढ़ना) आदि। इसी तरह, 'आदमी' से 'आदमीयत' शब्द बना है, पर मजा यह है कि यह गुण औरतों के भीतर भी अपेक्षित समझा जाता है। हिंदी में 'अध्यक्ष' और 'अध्यक्षा', दोनों के कर्म को 'अध्यक्षता' ही कहते हैं, जैसे—महादेवी वर्मा ने सभा की अध्यक्षता की। सवाल है, 'अध्यक्षाता' क्यों नहीं?

(3) हिंदी भाषा में जहां लिंग की अनिश्चितता होती है, वहां केवल पुलिंग का प्रयोग होता है। जैसे—कौन गया? वह कौन था? इसकी जगह यदि 'कौन गई? वह कौन थी?' आदि का प्रयोग कर दें, तब लिंग की अनिश्चितता नहीं रह जाती। इतना स्पष्ट हुआ रहता है कि जाने वाली या वह स्त्री है और सवाल केवल इसलिए पूछा जा रहा है ताकि यह पता चले कि जाने वाली या उस स्त्री की पहचान क्या है?

(4) जहाँ कहीं लिंग-विशेष जानकर भी उसे प्रकट करना जरूरी न समझा जाए, वहां पुलिंग का ही प्रयोग किया जाता है। किसी पुरुष को ही नहीं, किसी स्त्री को भी देखकर कहा जा सकता है–कोई आ रहा है।

(5) वाच्य-प्रकरण में जहाँ क्रिया कर्ता या कर्म के प्रभाव से मुक्त हो जाती है (यानी किसी वाच्य के भाव-प्रयोग में), वहां हिंदी में पुलिंग-एकवचन क्रिया होती है, जैसे—रमेश ने खाया। रजनी ने खाया। रमेश ने साथियों को पुकारा। रजनी ने सहेलियों को पुकारा। यहां अब बैठा जाएगा।

(6) अव्यय और क्रिया के विशेषण भी हिंदी व्याकरण में पुलिंग में सिद्ध माने गए हैं, जैसे—'राम अच्छा करता है। सीता अच्छा करती है।' करने वाला चाहे स्त्री हो या पुरुष, पर अच्छा ही करेगा, न कि कभी अच्छी करेगा। यही तो पुलिंगवाद है।

(7) सभी क्रियार्थक भाववाचक संज्ञाएं हिंदी में

पुलिंग होती हैं, जैसे—पढ़ना अच्छा लगेगा। क्रियार्थक संज्ञा की रचना भी 'ना' पुंप्रत्यय से होती है, न कि 'नी' स्त्रीप्रत्यय से। ये पढ़ना, जाना आदि रूपों में ही होती है, न कि पढ़नी, जानी आदि।

(8) समास में भी पुलिंग की विजय यात्रा जारी है, जैसे—द्वंद्व समास बनाने में घटक रूप में भले स्त्रीलिंग पद की भी भूमिका हो, परंतु समस्त पद पुलिंग में ही सिद्ध होता है। उदाहरणस्वरूप, राजा-रानी आए।

(9) ऊनवाचक यानी छोटे या हीन अर्थ में किसी संज्ञा को ढालने के लिए उसे स्त्रीलिंग रूप में सिद्ध कर देना भी स्त्रीलिंग की हीनता का परिचायक है, जैसे—डिब्बा से डिबिया।

स्त्रीलिंग शब्दों की हीनता या गौणता शब्दों की व्युत्पत्ति वाले प्रकरण में खुलकर प्रकट होती है। इस क्षेत्र में 'लिंग' जबर्दस्त भूमिका निभाता है। व्युत्पत्ति-प्रकरण में कुछ खास प्रत्यय (जिन्हें 'स्त्रीप्रत्यय' कहा जाता है) हिंदी, संस्कृत, अंग्रेजी सहित कई भाषाओं में हैं, जो पुलिंग शब्द में लग कर स्त्रीलिंग शब्द व्युत्पन्न करते हैं, जैसे—लड़का+ई = लड़की, बाल+आ = बाला, Hero + ine = Heroine। पुलिंग को मूल यानी प्राथमिक और स्त्रीलिंग को उससे व्युत्पन्न यानी द्वितीयक ठहराने वाली भाषा की यह प्रवृत्ति स्त्रीलिंग को पुलिंग के सामने कमतर या हीन मानने के सामाजिक दोष की छाया है। यह लोक में चल रही शब्द-निर्माण प्रक्रिया की व्याकरण द्वारा निर्दोष व्याख्या मात्र नहीं है, क्योंकि शब्द-रचना को मूल और स्त्रीलिंग को व्युत्पन्न (गौण) बताने का दोष तो व्याकरण ने ही अपने सिर पर लिया है। वह चाहे अपनी सीमा की कितनी भी सफाई दे, 'मूल शब्द (प्रकृति)+ प्रत्यय' की कल्पना का ढंग थोड़ा-बहुत वह बदल ही सकता था, जिससे स्त्रीलिंग शब्दों को द्वितीयक या व्युत्पन्न मानने की रूढ़ि टूटे। व्याकरण समझाता है कि 'लड़का' शब्द में 'ई' प्रत्यय लगने से 'लड़की' शब्द बना है। वह चाहता तो 'लड़का' व 'लड़की', दोनों को मूल शब्द मान सकता था अथवा 'द्विमुखी' व्युत्पत्ति प्रक्रिया की कल्पना कर उसके तहत 'लड़का' से 'लड़की' और 'लड़की' से 'लड़का' को व्युत्पन्न प्रतिपादित कर सकता था। अगर ऐसा करना ऐतिहासिक न लगे, तो भी पुलिंग की दादागीरी समाप्त करने के लिए यह व्यवस्था देना उचित है।

आखिर व्याकरण या उसकी व्युत्पत्ति की व्यवस्था पूर्णतः ऐतिहासिक सत्यों पर आधारित कहां होती है? यह व्याख्या की संगति या सुविधा के लिए बहुधा कल्पना पर आधारित होती है। ऐतिहासिक रूप से देखने पर हिंदी के 'बहनोई' शब्द को संस्कृत शब्द 'भगिनीपति' का विकास कहा जा सकता है, किंतु अंबिका प्रसाद वाजपेयी ने अपने व्याकरण (हिंदी कौमुदी) में उसे 'बहन+ओई' से व्युत्पन्न माना और इसमें लगे 'ओई' को हिंदी का पुलिंग-प्रत्यय या पुंप्रत्यय कहा। पुंप्रत्यय की अवधारणा उनकी मौलिक खोज है, जो व्याकरण के लिए एक उपलब्धि है। अंग्रेजी में भी एक-दो व्युत्पत्तियां इस तरह की मिल जाती हैं, जैसे—Widow+er = Widower, पर आमतौर पर व्याकरण में स्त्रीप्रत्यय की प्रतिष्ठा है यानी वहां पुलिंग की प्राथमिकता का विकल्प नहीं सोचा गया।

हमारे या हमारे वैयाकरणों के मस्तिष्क में लिंगगत पूर्वग्रह इस कदर हावी रहा है कि अकसर यह बात भुला दी गई है कि परस्पर पुलिंग-स्त्रीलिंग के रूप में चर्चित बहुत से शब्द-युग्म एकदम स्वतंत्र शब्द होते हैं, जैसे—पिता-माता, पति-पत्नी, Father-Mother, Boy-Girl आदि। यहां ध्वनि-परिवर्तन के किसी ऐसे नियम का संधान नहीं किया जा सकता, जो 'पिता' शब्द से 'माता' को सिद्ध कर सके (जैसे कि 'लड़का में 'ई' लगकर 'लड़की' के बनने की बात कही गई)। इस प्रकार किसी ऐसे प्रत्यय की कल्पना नहीं की जा सकती, जो 'पिता' शब्द में लगकर 'माता' की व्युत्पत्ति कर सके। ('माता' से 'पिता' की व्युत्पत्ति दिखलाने की कोशिश तो वैयाकरण का लिंग-पूर्वग्रही मन करेगा ही नहीं)।

पाणिनि ने 'पति' से 'पत्नी' की व्युत्पत्ति सिद्ध करने की जो व्याख्या की है, वह उनकी विवशता

हो सकती है, वास्तविकता नहीं है। 'पत्युर्नो यज्ञ-संयोगे' (अष्टाध्यायी, 4.1.13) –पति के यज्ञ-कार्य में सहयोग प्रदान करने से (पति+ङीप्/नुक्) 'पत्नी' की व्युत्पत्ति स्त्री की निम्नांतर सामाजिक अवस्था की छाया है। स्त्री का पत्नीत्व उसके स्वतंत्र व्यक्तित्व की समाप्ति और पति नामक मर्द-विशेष के सुख कल्याण साधन में उसके विलीनीकरण का पर्याय बना रहा है। यह त्रासद सच ही पाणिनि को 'पति' से 'पत्नी' शब्द की इस प्रकार से सिद्धि करने को विवश कर सका।

पाणिनीय व्युत्पत्ति की छाया में महाभाष्यकार द्वारा यह वितर्क उठाया गया कि जब शूद्र को यज्ञादिक का अधिकार ही नहीं, तब शूद्र पुरुष की ब्याहता को उसकी पत्नी कैसे कहा जा सकता है? इस पर खुद उन्होंने समाधान दिया कि उपमान या लक्षणा से उसे भी 'पत्नी' कहा जा सकता है यानी यज्ञ कार्य में सहयोग का लक्ष्यार्थ 'सहयोग' लेकर शूद्र पुरुष की ब्याहता को भी 'पत्नी' कहा जा सकता है। यह वितर्क व समाधान इस तथ्य का संकेतक है कि वैयाकरण के सोच में किस तरह जेंडर के साथ जाति-वर्ण संबंधी पूर्वग्रह भी कार्य करते रहते हैं। इन सब पचड़ों में पड़ने की जगह यदि 'पति' व 'पत्नी' जैसे शब्द-युग्म को 'आदमी' व 'घोड़ा' जैसे अलग-अलग स्वतंत्र शब्द मानकर चला जाता तो क्या गड़बड़ी होती? पुलिंग की सत्ता कमजोर होती? जिस तरह 'भैया' से 'भाभी' नहीं सिद्ध किया जा सकता, उसी तरह 'पति' से 'पत्नी' नहीं।

लिंगगत व्युत्पत्ति में केवल ऐतिहासिकता की दुहाई देना ठीक नहीं है। उसमें कुछ व्यावहारिकताओं का खयाल रखना चाहिए। जो स्त्री-रिश्ते पूर्वसिद्ध हैं यानी हमारे सामाजिक बोध में पहले आते हैं (जैस-फूफी, मौसी, बहन, जीजी, ननद आदि) उनमें ही पुंप्रत्यय लगाकर उनसे लिंगगत व्युत्पत्ति (फूफा, मौसा, बहनोई, जीजा, ननदोई आदि), सिद्ध करना ठीक है। आमतौर पर जो इनसे उलटा तरीका अपनाते हैं यानी 'मौसी' आदि शब्दों को ही 'मौसा' आदि से व्युत्पन्न दिखलाते हैं, वह अवैज्ञानिक है। 'चाचा' से 'चाची' को व्युत्पन्न मानने की व्यवस्था इसलिए वैज्ञानिक है, क्योंकि 'चाचा' पूर्वसिद्ध है, 'चाची' उत्तरसिद्ध। किंतु 'लड़का' और 'लड़की', 'राजकुमार' और 'राजकुमारी' अथवा 'पति' व 'पत्नी' में से कोई न पूर्वसिद्ध है न उत्तरसिद्ध। दोनों सहसिद्ध हैं। भले ऐतिहासिकता कुछ भी कहे, परंतु 'लड़की+आ = लड़का' व्युत्पत्ति करना उतना ही समीचीन है। दोनों सहसिद्ध हैं तो प्रथम से द्वितीय की व्युत्पत्ति बतलाना कैसा? ऐसा व्युत्पत्तिशास्त्र स्पष्टतः पितृसत्ता की गिरफ्त में माना जा रहा है। दोनों को या तो स्वतंत्र मानिए या दोनों को परस्पर व्युत्पन्न मानिए (द्विमुखी व्युत्पत्ति प्रक्रिया से)।

जहां तक रहा 'माता/मां' और 'पिता/बाप' का सवाल, इनमें जो वैज्ञानिक दृष्टि और सामाजिक बोध के क्रम में (बच्चे के लिए) मां का अस्तित्व प्राथमिक है, पिता का परवर्ती, वह भी मां से उसके रिश्ते के संदर्भ में। इसलिए यह आश्चर्य नहीं कि अफ्रीका की कुछ जंगली जातियों में 'पिता' को केवल एक कारण माना जाता है, मां को मुख्य। पिता बच्चे के लिए उसकी मां के पति के रूप में आंशिक महत्व रखता है। पर पितृसत्ता के विकास ने यह सब उलटकर रख दिया और मां को पिता द्वारा दिए गए तथाकथित बीज (जबकि असल में बीज का अर्धांश) के लिए महज एक प्राकृतिक संदर्भ या विकास-परिवेश भर माना जाने लगा। वह बच्चे की 'जननी' और उसके प्रधान पहचान-आधार की जगह उसके लिए 'बाप की बीवी' भर मानी जाने लगी। जैसे-जैसे पितृसत्तात्मक समाज आकार लेता गया, स्त्री दोयम दर्जे की होती गई। उसकी मुख्य पहचान पुरुष की वंश-परंपरा को जारी रखने वाली मशीन और पुरुष के कार्य में सहायक एवं उसके मनोरंजन और भोग का सामान बनने वाली होकर रह गई। इसका प्रभाव उसके लिए वाचक शब्दों के विकास और उनके लिए निर्धारित की गई व्युत्पत्तियों पर भी पड़ा।

कई धर्मभाव ऐसे होते हैं, जो प्राकृतिक तौर पर पुरुष या स्त्री में से किसी एक में ही होते हैं। ऐसी अवस्था में स्पष्ट है कि उनका लिंग-परिर्वतन नहीं हो

सकता, जैसे—गर्भवती, रजस्वला, गाभिन, स्तनधरा आदि का पुलिंग नहीं हो सकता। परंतु 'केशवती', सुकेशा, 'सुमुखी' आदि में निहित गुण स्त्री-मात्र के नहीं हैं, अतः इनके पुलिंग होंगे। कामताप्रसाद गुरु ने हिंदी व्याकरण के 'शब्द-साधन' नामक खंड में लिंग-विवेचन के प्रसंग में कुछ ऐसी ही बात कही, पर उनका प्रतिपादन यह है कि कुछ अर्थ केवल स्त्रियों में संभव हों, उनके सूचक स्त्रीलिंग शब्दों के पुलिंग जोड़े संभव नहीं हो सकते। वे सती, गाभिन, सौत, धाय आदि के उदाहरण देते हैं। गुरु जी यहां प्राकृतिक धर्म (जैसे गर्भधारण) की ही पांत में पितृसत्तात्मक संरचना द्वारा थोपे गए बोझों (धाय, सौत, सती) को बैठा देते हैं। अब सोचा जाए कि क्या 'धाय' की भूमिका सिर्फ स्त्री निभा सकती है? इस शब्द का पुलिंग न होना स्त्री के साथ अन्याय है, लेकिन इस पर कामता प्रसाद गुरु जैसे मौलिक चिंतक ने भी मुहर लगा दी। सांस्कृतिक भेदभाव के तहत कुछ धर्मभाव यदि स्त्री-पुरुष पर आरोपित कर दिए गए हों, तो उनके बारे में यह नहीं कहा जा सकता कि उनका लिंगांतरण नहीं हो सकता, जैसे—सती, विधवा, सधवा आदि। यदि 'सधवा' का पुलिंग नहीं है, तो भी कारण वही है। जरूरत नहीं पड़ी शब्द बनाने की; क्यों? क्या इसलिए कि पुरुष के लिए पत्नी का होना कोई विशेष मायने न रखता होगा, जिससे 'पत्नीवान पुरुष' के लिए कोई शब्द बने। 'सती' का पुलिंग नहीं है (इसके आधार-रूप में सती को स्त्रियों का धर्म बताया जाता है)। इसका कारण समाज (या व्युत्पत्तिकार) की लिंगभेदी, स्त्री-विरोधी मानसिकता है। इससे भी अधिक अन्याय कुछ हो सकता है कि स्त्री के धर्म के रूप में सतीत्व को उपस्थित किया जाए?

उपर्युक्त रूपों में हिंदी व्याकरण में 'लिंग' नामक जो अवधारणा प्रतिष्ठित है, वह व्याकरण जैसे (वस्तुनिष्ठता का दावा करने वाले) शास्त्र में कई बिंदुओं पर स्त्री व पुरुष के बीच भेदभाव पर आधारित व्याकरण का पुरुषवादी होना भले मूलतः भाषा (व भाषिक समाज) के पुरुषवादी होने का कुपरिणाम हो, पर जैसा कि हमने पीछे देखा, गौणतः वह कई बार वैयाकरणों की पुरुषवादी मानसिकता का भी कुफल है।

रवींद्र कुमार पाठक

व्याकरण का समाजशास्त्र

वैयाकरण अपने समाज की निर्मिति होता है। उसके द्वारा विवेचित किसी भाषा के व्याकरण में उस भाषिक समाज का ताना-बाना किसी-न-किसी मात्रा में अवश्य प्रतिबिंबित होता है। पुरातन काल से आज तक के व्याकरणों के पर्यवेक्षण से ऐसे संकेत उपलब्ध होते हैं कि लैंगिक भेद, जाति भेद और इसी प्रकार के पूर्वाग्रह एक वैयाकरण के मस्तिष्क में इस तरह बद्धमूल होते हैं कि वह अपने व्याकरणिक विवेचन को भी इनके रंग में रंगने का मोह नहीं छोड़ पाता। यह सब इस बात का निदर्शक है कि विवेचक जिस सामाजिक वातावरण में जी रहा था, वह जातिगत या लिंगगत भेदभाव से किस कदर ग्रस्त रहा है। साथ ही इसका भी पता चलता है कि तत्संबद्ध सामाजिक परिस्थितिओं, जाति, लिंग या क्षेत्र के कारण उत्पीड़नों से उसे कभी दो-चार होना पड़ा है। तभी तो उक्त स्थितियों को वह इतना सहज मानता है कि व्याकरणिक कोटियों को भी जाति या लिंग के खांचे में अनायास डाल देता है।

किसी भाषा के व्याकरण के पुरुषवादी या जातिवादी रुझान कभी-कभी वैयाकरण से अधिक उस समाज के दिग्दर्शक होते हैं, जिसमें वह व्याकरण रचता है। पाणिनि का सूत्र है—'प्रत्यभिवादेशूद्रे' (अष्टाध्यायी, 8.2.83)। इसका तात्पर्य है कि बड़ा व्यक्ति शूद्र के प्रणाम को स्वीकार करते हुए जब आशीर्वादात्मक वाक्य बोले तो अधिक उत्साह-प्रदर्शन न करे यानी न तो अंतिम स्वर को प्लुत (त्रिमात्रिक) करे और न उदात्त। परंतु द्विजातियों के संदर्भ में ऐसा अवश्य करे। 'अष्टाध्यायी' का ही एक सूत्र है, 'शूद्राणामनिरवसितानाम' (2.4.10)।

सूत्रार्थ है, अनिरवसित शूद्रवाची शब्दों का जो द्वंद्व समास होता है, वह एकवद्भाव को प्राप्त नहीं होता, जैसे—तक्षायस्कारम्, रजकतंतुवायम्, रजककुलालम्। इस सूत्र के व्याख्या-क्रम में पतंजलि ने कहा कि 'अनिरवसित शूद्र' वे हैं जिनके भोजन किए जाने के पश्चात् पात्र अग्नि में डालने पर शुद्ध हो जाते हैं और जिनके जूठे बरतन आग में डालने पर भी शुद्ध नहीं होते, वे हैं निरवसित शूद्र। (व्याकरणमहाभाष्यम्', द्वितीय खंड)। ठीक है कि पाणिनि ने अपने समाज की भाषा को नियमबद्ध किया, परंतु वे चाहते तो अलग सूत्र बनाकर जातिवादी स्थितियों को चुनौती दे सकते थे।

व्याकरण को समाज के संदर्भ में रखकर विचार करने की पद्धति को 'व्याकरण का समाजशास्त्र' (Sociology of Grammar) कहा जाता है। ज्ञान के अन्यान्य आयामों की तरह 'व्याकरण' का भी समाज-संदर्भित विश्लेषण करना और उसमें निहित सामाजिक आशयों अथवा वर्ग-लिंग-जाति-क्षेत्र आदि से संबद्ध पूर्वाग्रहों की पड़ताल करना आज एक स्वाभाविक प्रवृत्ति बनती जा रही है, क्योंकि सामाजिक-सांस्कृतिक-आर्थिक संदर्भ में वर्तमान समय हाशिए पर धकेले गए समूहों के जागरण और उनके सापेक्ष विकसित नवीन सामाजिक विमर्शों का युग है। व्याकरण के समाजशास्त्र का मतलब इतना ही नहीं है, बल्कि यह एक व्यापक अवधारणा हो सकती है। विवेचित व्याकरण या उसके नियमों, उदाहरणों आदि के भीतर निहित रचना-काल/रचना-देश के सामाजिक-सांस्कृतिक आशय, पूरे इतिहास-भूगोल आदि को खंगालना भी व्याकरण के समाजशास्त्रीय अध्ययन का महत्वपूर्ण पक्ष है।

वासुदेवशरण अग्रवाल ने अपनी पुस्तक 'पाणिनिकालीन भारतवर्ष' में 'अष्टाध्यायी' का ऐतिहासिक-समाजशास्त्रीय अध्ययन कर उसके रचनाकालीन भारतवर्ष को समग्र रूप में सामने लाने का प्रयास किया, पर व्याकरणों के आधार पर समाजशास्त्रीय अध्ययन की परंपरा पर व्यवस्थित काम नहीं हुआ। यदि 'हिंदी व्याकरण' के समाजशास्त्र की बात करें तो उस दिशा में कुछ विचारणीय पहलू निम्नलिखित हो सकते हैं :

1. हिंदी का जो व्याकरण बना है या बनता रहा है, वह किसकी हिंदी, कौन-सी हिंदी का है? उस भाषा का समाजशास्त्र क्या है? उसके बोलने वाले, प्रयोग-क्षेत्र, स्तर, रचनाओं आदि की स्थिति क्या है?

2. व्याकरण के निर्माण यानी मूर्तिकरण में किनका योगदान है? उनका वर्ग, जाति, लिंग, क्षेत्रगत चरित्र क्या है? क्या हाशिए के समाज (स्त्री, दलित, आदिवासी आदि) का उसके निर्माण में कोई योगदान है? है तो कितना और नहीं तो क्यों?

3. व्याकरणिक कोटियों, व्युत्पत्ति आदि के नामकरण, विवेचन आदि में क्षेत्र, वर्ग, लिंग, जाति, नस्लगत पूर्वग्रहों, जैसे—देशज-विदेशज आदि शब्द-भेद, लिंग, पुरुष आदि पारिभाषिक शब्दों की क्या भूमिका है?

4. व्याकरण के नियमों में समाज, उसका इतिहास, भूगोल, संस्कृति के तमाम अंग, लोकाचार, सामाजिक संरचना आदि किस तरह झलक रहे हैं?

5. व्याकरणिक विवेचन एवं उस हेतु चयनित उदाहरणों में वैयाकरण का सामाजिक संस्कार कितना हावी है? उसकी जाति, वर्ग, लिंग, नस्ल, मजहब, क्षेत्रगत सोच/संस्कारों की उनमें कितनी झलक है? वैयाकरण के मानस पर पुरुषवाद, हिंदूवाद, द्विजवाद, आर्यवाद, उत्तर भारतीयवाद आदि भी हावी हैं क्या?

6. व्याकरण-शास्त्र किसके लिए बना है? उसका लक्ष्यीभूत पाठक वर्ग या प्रयोक्ता वर्ग क्या है और उसका व्याकरण-रचना पर कितना तथा कैसा प्रभाव पड़ा है?

7. व्याकरणिक विवेचन की भाषा में 'करता' के साथ 'करती' का भी कितना स्थान है? पूरे विवेचन में भाषा का यह विकल्प कितना मौजूद है?

8. विवेचन उसी भाषा में किया गया है, जिसका वह व्याकरण है अथवा उसके लिए किसी अन्य (अधिक प्रभावी या वर्चस्वी) भाषा का चयन किया गया है? अगर दूसरी स्थिति है, तो उसके कारण क्या हैं?

9. अब तक हिंदी व्याकरण का इतिहास, उसके रचनाकारों की संख्या, अवस्थिति और उनकी सामाजिक पृष्ठभूमि या प्रोफाइल क्या है?

व्याकरण का समाजशास्त्र पर विचार, (वैयाकरणों द्वारा निर्मित) व्याकरण के उपर्युक्त तरह से सामाजिक चरित्र की जांच तक नहीं रुकता, बल्कि इस रास्ते से वह व्याकरण के नवीन समाज-संदर्भित स्वरूप का भी प्रस्ताव रखता है। साथ ही व्याकरण अथवा व्याकरण-शिक्षण के प्रयोजन को भी नए सिरे से परिभाषित करता है। दूसरे शब्दों में, एक तरफ सामाजिक संदर्भ में व्याकरण की तलाश और दूसरी तरफ मौजूदा (निर्मित) व्याकरण में सामाजिक संदर्भों की तलाश–इस उभयमुखी प्रक्रिया का रूप है व्याकरण का समाजशास्त्र।

व्याकरण-शिक्षण को लेकर अब तक हुए चिंतन में उसका लक्ष्य प्रशिक्षु को भाषाई संरचना के आंतरिक रहस्यों का बोध कराने से आगे नहीं बढ़ पाया है। अभी इतना ही सोचा जाता है कि उसके भाषाई कौशल और सृजनशीलता का विकास हो। समाजशास्त्रीय दृष्टि से व्याकरण को देखने पर यह बड़ा प्रयोजन भी नाकाफी लगता है । उसके अनुसार, भाषा में निहित नियमबद्धता के प्रति प्रशिक्षु को सचेत और संवेदित करते हुए, उसके लिए व्याकरण को सूचना एवं ज्ञान से आगे बढ़कर अनुभूति का विषय बनाना व्याकरण शिक्षा का असली प्रयोजन ठहरता है। प्रशिक्षु को भाषाई बारीकियों के प्रति जागरूक एवं संवेदित करना जरूरी लगता है ताकि प्रशिक्षु भाषा में व्यक्त, समाज की अर्थवैज्ञानिक बारीकियों को समझ सके और तदनुसार (या उसके आसपास) प्रयोग कर सके अथवा उसे अतिक्रमित कर नई संरचना गढ़ सके। उसका अगला लक्ष्य व्याकरणिक बोध को सामाजिक जटिलताओं एवं समस्याओं के समाधान का यथासंभव साधन बनाना होगा।

व्याकरण के माध्यम से भाषाई संरचना को समझाना, उसके माध्यम से वह सब कुछ समझाना जो भाषा में व्यक्त होता है, जिसका बड़ा रूप समाज को समझना-समझाना और उसमें जो स्तरीकरण, भेदभाव या अलोकतंत्र जैसी समस्याएं हैं, उन पर फोकस करते हुए, समाज की इन जटिलताओं को क्रमशः शिथिल करते हुए निर्मूल करना ही व्याकरण-शिक्षण की आखिरी मंजिल होगी। इससे व्याकरण को जीवन-दर्शन और समाज-दर्शन तक ले जाने में मदद मिल सकती है।

रवींद्र कुमार पाठक

अधिक जानकारी के लिए :

1. व्याकरण महाभाष्यम् : शिवदत्त शर्मा (सं.), 1988,
2. Contemporary Linguistics : An Introduction : William O' Grady, John Archibard, Francis Katamba (Ed.), 1996

व्याडि

व्याडि व्याकरण शास्त्र के एक प्राचीन आचार्य हैं। इनका समय 400 ईसा पूर्व के आस-पास माना जाता है। राजशेखर ने उल्लेख किया है कि पाटलिपुत्र की शास्त्रकार परीक्षा में पाणिनि आदि के समान व्याडि की भी परीक्षा हुई थी। व्याडि ने व्याकरण के दार्शनिक पक्ष का विमर्श करते हुए 'संग्रह' नामक ग्रंथ की रचना की थी, जो अप्राप्य है। 'परिभाषावृत्ति' नामक उनकी दूसरी प्रसिद्ध रचना है। पतंजलि ने अपने महाभाष्य में व्याडि के संग्रह ग्रंथ का उल्लेख करते हुए उसकी प्रशंसा की है। भर्तृहरि, ने अपने 'वाक्यपदीयम्' में संग्रह से अनेक उदाहरण दिए हैं। (देखिए, पाणिनि, पतंजलि तथा भर्तृहरि।)

बृहत्कथा की कतिपय कथाओं में पाणिनि, वररुचि तथा व्याडि को नंद राजा का समकालीन बताते हुए व्याकरण क्षेत्र में उनके अवदान का उल्लेख किया गया है।

उपलब्ध उदाहरणों के आधार पर कहा जाता है कि व्याडि ने अपने ग्रंथ में प्राकृतध्वनि, वैकृतध्वनि, वर्ण, पद, वाक्य, अर्थ, शब्दार्थ या वाक्यार्थ में मुख्य-गौणभाव, संबंध, उपसर्ग, निपात, कर्मप्रवचनीय आदि की अवधारणाओं तथा उनके लक्षणों पर विचार किया था। शब्द की नित्यता और अनित्यता को

लेकर उनके विचारों का प्रभाव परवर्ती वैयाकरणों पर देखा जा सकता है। व्याडि के नाम से वेदपाठ की आठ विकृतियों का परिचय प्रदान करने वाले एक लघु ग्रंथ विकृतिवल्ली का भी उल्लेख मिलता है।

राधावल्लभ त्रिपाठी

अधिक जानकारी के लिए :
व्याकरणशास्त्र का इतिहास : युधिष्ठिर मीमांसक

व्यापारिक पूंजीवाद

व्यापारिक पूंजीवाद या व्यापारवाद सोलहवीं शताब्दी से अठारहवीं शताब्दी के बीच प्रचलित एक व्यापारिक प्रवृत्ति है, जिसका आशय प्रतिद्वंद्वी राष्ट्रों को ध्यान में रखते हुए राष्ट्र की अर्थव्यवस्था के विस्तार के लिए व्यापार को बढ़ावा देना, सरकारी नियम-कानूनों को प्रचलन में लाना और उनका विस्तार करना है। इन कोशिशों से जिन व्यापारिक प्रवृत्तियों का उदय हुआ और इनका समाज पर जो भी प्रभाव पड़ा, उसे सम्मिलित रूप से व्यापारिक पूंजीवाद के अर्थ में व्यक्त किया जाता है।

व्यापारिक पूंजीवाद का राजनीतिक प्रतिफलन निरंकुश राजनीतिक सत्ता माना जाता है। इंग्लैंड के थॉमस मॉन, फ्रांस के जीन बैप्टिस्ट कोलबर्ट और इटली के एंटोनियो सेरी इस प्रवृत्ति के सिद्धांतकारों में माने जाते हैं, हालांकि इनमें से किसी भी विद्वान ने पूर्वोक्त शब्द का अपने सिद्धांतों में प्रयोग नहीं किया है। इस शब्द (व्यापारवाद) का बाद में स्कॉटिश अर्थशास्त्री एडम स्मिथ ने 'वेल्थ ऑफ नेशन' (1776) में प्रयोग किया था।

व्यापारवाद के साथ जुड़ा सबसे महत्वपूर्ण मुद्दा सार्वभौम विनिमय के लिए सोने या चांदी जैसी कीमती धातुओं की स्वीकृति है। विनिमय के लिए कीमती धातुओं की सार्वभौमिकता निर्धारित होने के बाद उस दौर के यूरोप में यह सामान्य बोध का हिस्सा हुआ कि यदि किसी राष्ट्र के पास इन धातुओं को प्राप्त करने के लिए प्राकृतिक भंडार (खान) आदि नहीं हैं, तो उसे व्यापार द्वारा इन धातुओं को अर्जित करना चाहिए। इसके साथ संदर्भित व्यापारिक सिद्धांत के अनुसार किसी भी राष्ट्र का व्यापार हमेशा उसके 'पक्ष' में होना चाहिए क्योंकि यही राष्ट्र की समृद्धि का आधार है। सरल शब्दों में इसका अर्थ यह है कि आयात की तुलना में निर्यात अधिक होना चाहिए। इन सिद्धांतों को व्यावहारिक रूप प्रदान करने में समुद्री रास्तों की खोज, लंबी दूरी के नौवहन में सक्षमता, साहसिक समुद्री यात्राओं के साथ नई तकनीकों और प्रौद्योगिकी के उदय ने सबसे बड़ी भूमिका निभाई। इसी ने उपनिवेश स्थापित करने की जरूरत को प्रेरित किया।

पूर्वोक्त सिद्धांत के अनुसार शक्तिशाली देश होने के लिए बड़ी जनसंख्या का होना अनिवार्य है क्योंकि जनसंख्या ज्यादा होने से बाजार के लिए श्रमिकों की आवश्यकता पूरी हो पाएगी और सेना अधिक शक्तिशाली हो पाएगी। महंगी उपभोक्ता वस्तुओं का निर्यात कम-से-कम करके विदेशी विनिमय में खर्च होने वाली कीमती धातुओं की बचत हो पाती है। बाद में मुक्त व्यापार के समर्थकों ने व्यापारवाद की उपर्युक्त नीति का विरोध किया और इस तर्क को सामने रखा कि घरेलू या बाह्य, दोनों ही व्यापारों में कोई सैद्धांतिक अंतर नहीं होता है। दोनों ही किस्म के व्यापार व्यापारियों और आम जनता के लिए लाभकारी होते हैं।

एशिया, दक्षिण अमेरिका और अफ्रीका का यूरोप से संबंध व्यापारिक पूंजीवाद की प्रवृत्तियों के आधार पर विकसित हुआ। उदाहरण के लिए, भारत में ईस्ट इंडिया कंपनी की गतिविधियां मात्र व्यापारिक गतिविधियां ही थीं और आरंभिक दौर में व्यापार-संतुलन भारत के पक्ष में था। लेकिन बाद में ब्रिटेन की व्यापारिक नीति में तब्दीली आने और औद्योगिक क्रांति के जन्म के साथ इस संतुलन में बदलाव आया।

मार्क्सवादी दार्शनिक चिंतन में इस तथ्य पर बहुत विवाद है कि व्यापारिक पूंजीवाद जैसी किसी श्रेणी को मान्यता दी जाए या न दी जाए क्योंकि

इसमें मूल तर्क यह निहित है कि मात्र पूंजी को स्वतंत्र किस्म का वह दर्जा दिया जाए कि नहीं, जिसमें वह परिवर्तन की साधन बनती है। रामविलास शर्मा ने व्यापारिक पूंजीवाद जैसी श्रेणी को मान्यता दी है और माना है कि ब्रिटेन में कुलीन समूह के व्यक्तियों ने व्यापारिक पूंजीवाद के जरिए अकूत संपत्ति अर्जित की और इन व्यापारिक प्रवृत्तियों के कारण भारत के स्वतंत्र पूंजीवाद के विकास में बाधा उत्पन्न हुई।

1757 की प्लासी की लड़ाई के बाद, 1760 से वह औद्योगिक विकास शुरू हुआ, जिसे औद्योगिक क्रांति की संज्ञा दी जाती है। 1760 से पहले एक विशेषज्ञ के अनुसार, 'लंकाशायर में सूत कातने के जो यंत्र काम में लाए जाते थे, वे लगभग वैसे ही सादे थे, जैसे भारत के।' (भारत में अंग्रेजी राज और मार्क्सवाद-1)। उन्होंने भारत में व्यापारिक पूंजीवाद के कुछ साक्ष्य उपस्थित करते हुए यह धारणा दी कि अंग्रेजों ने भारत में उभरते हुए व्यापारिक पूंजीवाद का विनाश किया जिससे इंग्लैंड से भारत के व्यापारिक संबंध इसके हितों के प्रतिकूल हो गए, भारत से कच्चा माल और धन विदेश जाने लगा और औद्योगिक पूंजीवाद उभर न सका।

जितेंद्र गुप्ता

अधिक जानकारी के लिए :

1. पूंजावाद का उद्‌भव : इलेन मिक्सिन्स वुड, **2. पूंजी का युग (1848-1875) :** एरिक हॉब्सबाम, **3. भारत में अंग्रेजी राज और मार्क्सवाद :** रामविलास शर्मा, **4. A History of Capitalism (1500-2000) :** Micheal Beaud, **5. Mercantalism :** Lawa Lattaye, The Concise Encyclopedia of Economics Library of Economics and Library

व्यापारीकरण

भारत में प्राचीनकाल से व्यापारिक वृद्धि की महत्ता का वर्णन हुआ है। कौटिल्य ने 'अर्थशास्त्र' में चारों पुरुषार्थों में अर्थ को प्रधान माना था, 'अर्थ एव प्रधान इति कौटिल्यः'। उन्होंने महाभारत के इस कथन को उलट दिया, 'अर्थ और काम को धर्म के अधीन होना चाहिए।' चौथी सदी ईसा पूर्व के आसपास कौटिल्य ने अर्थ तथा व्यापार को ज्यादा महत्व देने की वजह से अपने ग्रंथ में सभी वर्णों को नगर में एक साथ बसने की स्वतंत्रता दी, सभी के लिए समान कानून पर जोर दिया और व्यापारियों से उपभोक्ताओं की सुरक्षा के नियम निर्धारित किए। कौटिल्य के अर्थशास्त्र में अन्य तमाम विचारों के साथ ये बातें भी हैं। जैन धर्म ने व्यापार-प्रेरित उद्देश्य से ही भेदभाव से मुक्त उदारवादी समाज का प्रचार किया था।

व्यापारीकरण की प्राचीन प्रवृत्तियों ने लौकिक उदारवाद की बुनियाद रखी और धार्मिक-सामाजिक भेदभाव का विरोध किया। हालांकि भक्ति आंदोलन में बाजार के प्रति शंकाएं व्यक्त की गई थीं। विद्यापति की पीड़ा है, 'इ संसार हाट कए मानह', यहां सभी सौदा करते हैं। कबीर आलोचना के स्वर में कहते हैं, 'मन बनिया बनिज न छोड़े', पर वे जुलाहा व्यापारी थे। वे बाजार से जुड़े थे। गुरु नानक व्यापारी थे। उदारवादी जैन और सिख धर्म व्यापारियों के चलाए धर्म थे। तुलसी ने 'बनिक को बनज न चाकर को चाकरी' पर चिंता व्यक्त की थी। उनके रामराज्य में व्यापारिक उन्नति की परिकल्पना है। प्राचीन युगों में व्यापारिक पूंजीवाद के बीज थे जो उदारवादी समाज के निर्माण के लिए भक्ति आंदोलन में काम कर रहे थे। लोकजागरण के बाद नवजागरण काल में भारतेंदु हरिश्चंद्र के विचारों में व्यापारीकरण के प्रति सकारात्मक दृष्टि बनी हुई है। वह अंग्रेजी राज में 'विद्या का प्राबल्य' देखते हैं, 'कला-कौशलों में वृद्धि' के उपाय करने के साथ कहते हैं, 'परदेशी वस्तु और परदेशी भाषा का भरोसा मत रखो।... एक का हाथ एक पकड़ो। कारीगरी जिसमें तुम्हारे यहां बढ़े, तुम्हारा रुपया तुम्हारे देश में रहे, वह करो। ...अफसोस, तुम ऐसे हो गए हो कि निज काम की वस्तु भी नहीं बना सकते। ...तुम आप ही कमर कसो, आलस छोड़ो।' (भारतवर्ष की उन्नति कैसे हो सकती है)। वे देशोन्नति के लिए 'व्यापार की उन्नति' जरूरी मानते हैं।

महावीर प्रसाद द्विवेदी ने 'संपत्तिशास्त्र' (1908) की रचना की थी। इसकी भूमिका में कहा था, 'इतिहास इस बात की गवाही दे रहा है कि जिन देशों, जिन जातियों ने अपनी आर्थिक बातों पर विचार नहीं किया—अपने देश के कला-कौशल और उद्योग-धंधे की उन्नति के उपाय नहीं सोचे, उनकी दुर्दशा हुए बिना नहीं रही। ...अनेक रोगों से पीड़ित और अभिभूत हिंदुस्तान के लिए इस समय यही सबसे बड़ी औषधि है।' उन्होंने संपत्तिशास्त्र से अपना अभिप्राय स्पष्ट किया था, 'संपत्तिशास्त्र को अंग्रेजी में 'पोलिटिकल इकोनॉमी' कहते हैं।' उन्होंने सावधान करते हुए कहा था, 'पाश्चात्य संपत्तिशास्त्र के कितने ही नियम ऐसे हैं जिनका अनुसरण करने से पश्चिमी देशों को तो लाभ है, पर हिंदुस्तान की सर्वथा हानि है।' (वही)। भारतेंदु हरिश्चंद्र के बाद महावीर प्रसाद द्विवेदी ने ही उद्योगीकरण के महत्व को अच्छी तरह समझा, पर उन्होंने पश्चिम का अंधानुकरण करने से भी मना किया, क्योंकि वे भारत के कृषकों के हितों के प्रति भी चिंतित थे। यह चिंता रामचंद्र शुक्ल को बहुत ज्यादा थी। फिर भी उन्होंने 'भारत को क्या करना है' (1907) में स्पष्ट रूप से कहा था, 'भारत की आर्थिक अवस्था सुधारने के लिए बहुत-से काम करने होंगे। उद्योगों की वृद्धि तथा संस्कार (सुधार) जरूरी है, जो मुख्यतया निर्भर करता है तकनीकी शिक्षा पर। ...हमें अनेक औद्योगिक और बौद्धिक केंद्रों की आवश्यकता है जो लोगों को काम तथा सेवाओं के बदले अच्छा वेतन दें। किसी भी संख्या तक की जनता के लिए काम के ढेरों अवसर होने चाहिए। इस दिशा में स्वदेशी आंदोलन द्वारा एक प्रयास हुआ है।' स्वदेशी उद्योग-धंधों के लिए आंदोलन की वैचारिकता उन्नीसवीं सदी में ही आ चुकी थी और व्यापारीकरण को भारत के विकास का एक प्रमुख मार्ग माना जाने लगा था।

प्रेमचंद व्यापारीकरण के आलोचक थे, इसमें स्वार्थपरता की बू देखते थे। वे वस्तुतः व्यापार और उद्योगों को भारत के कृषक वर्गों की उन्नति के संदर्भ में देखते थे। 1933 में उन्होंने रूई की खेती करने वालों के पक्ष में सरकार और मिल मालिकों से आह्वान किया था। (विविध प्रसंग-2)। वे आर्थिक स्वराज्य की मांग करते हैं, 'भारत को आर्थिक स्वराज्य नहीं मिल रहा है तो केवल इस कारण कि...आर्थिक शक्ति भी प्राप्त हो जाए तो यह दुधारू गाय ब्रिटेन के हाथ से निकल जाए।' (वही)। प्रेमचंद उद्योगीकरण के संदर्भ में 'रंगभूमि' और 'गोदान' जैसे उपन्यासों में पूंजीपतियों के शोषण चक्र को उद्घाटित करते हुए भी आर्थिक स्वराज्य चाहते थे जिसका एक व्यापक अर्थ है।

रामविलास शर्मा ने कहा है, 'अठारहवीं सदी के उत्तरार्ध में जो औद्योगिक क्रांति (पश्चिम में) हुई, उससे संसार के देश मोटे तौर पर दो भागों में बंट गए—आगे बढ़े हुए देश और पिछड़े हुए देश। बीसवीं सदी के उत्तरार्ध में विकसित और विकासशील देश का जो भेद दिखाई दे रहा है, वह उस पुराने विभाजन की विरासत है।' (मार्क्स और पिछड़े हुए समाज)। इक्कीसवीं सदी में व्यापार और उद्योगों के साथ आम कृषकों के हितों का तालमेल एक चुनौतीपूर्ण मामला है और भारत के कुछ गिने-चुने हिस्से ही व्यापार-उद्योग के मामले में समृद्धि की ओर बढ़ रहे हैं। अर्थशास्त्र में नोबेल पुरस्कार पाने वाले जोसेफ स्टिग्लिट्स, जो विश्व बैंक के उच्च अधिकारी थे, कहते हैं कि वैश्वीकरण न विश्व अर्थव्यवस्था की स्थिरता के लिए कुछ कर पाने में सफल है और न गरीबों या पर्यावरण-संरक्षण के मामले में। वैश्वीकरण जनतंत्र का विरोधी नहीं है, पर इसने जनतंत्र को ध्वस्त ही अधिक किया है और व्यापार को कहीं भी स्वच्छ नहीं रखा है। (ग्लोबलाइजेशन एंड इट्स डिसकांटेंट्स)। व्यापारीकरण से स्वच्छता और पारदर्शिता की उम्मीद नहीं की जा सकती, व्यापारीकरण और भ्रष्टाचार में चोली-दामन का संबंध है। फिर भी वर्तमान दौर में शिक्षा, स्वास्थ्य, कौशल-विकास, कला-साहित्य, राजनीति—किसी भी क्षेत्र को व्यापारीकरण से बचाना या व्यापारीकरण को स्वच्छ बनाना संभव नहीं रह गया है—उसका प्रचंड वेग कुछ ऐसा ही अनियंत्रित है।

दुनिया में इस समय वैश्वीकरण, पूंजीवाद और कॉरपोरेट व्यापारिक घरानों के उग्र विरोधियों का एक वैचारिक समूह है। दूसरी तरफ ऐसे विचारक हैं जो वैश्वीकरण, पूंजीवाद और कॉरपोरेट व्यापारिक घरानों के विरोधी नहीं हैं, पर इन्हें ही इधर पनपी बहुत-सी सामाजिक बुराइयों की जड़ मानते हैं। उन्हें व्यापार के उल्लास के पीछे पीड़ा का हाहाकार नजर आता है। अधिकांश शत्रुताएं भद्रवेश में दिखती हैं। वे दुनिया में बढ़ी विषमता, गरीबी, बेरोजगारी, हिंसा और विस्थापन को वस्तुतः आर्थिक सुधारों और अंध-व्यापारीकरण की देन मानते हैं और बुद्धिसम्मत नियंत्रण के पक्ष में हैं। वे यह मानने के लिए तैयार नहीं हैं कि जब तक प्राकृतिक संसाधनों का तेजी से दोहन करके विकास नहीं किया जाता, तब तक भारत वैश्विक स्तर पर होड़ नहीं कर पाएगा और न ही इतनी संपदा का निर्माण हो सकेगा कि गरीबी, अशिक्षा, भूख और गंदगी पूरी तरह दूर हो सके।

भारत के लोगों में 'नौकरी' की मानसिकता 'व्यापार' की तुलना में ज्यादा है, जबकि व्यापार रोजगार की तुलना में ज्यादा लाभदायक रहा है— भले वर्तमान दौर के आर्थिक मंदी में संकट कम न हो या व्यापार ने नए दौर में छोटे व्यापारियों को ज्यादा लुढ़काया हो। वस्तुतः व्यापार का प्रवेश जीवन के हर क्षेत्र में हुआ है। वैश्वीकरण की प्रक्रिया में व्यापारीकरण की वृद्धि के पक्षधरों का कहना है कि इसका कोई विकल्प नहीं है। इससे वस्तुतः गरीबी और अभाव दूर हुए हैं, रोजगार के नए अवसर बने हैं, कौशल-विकास में व्यापकता आई है, हर ओर उपभोक्ताओं की खुशहाली बढ़ी है, वे ही अब नई अर्थव्यवस्था का निर्माण कर रहे हैं। युवा पीढ़ियां नए रंग-रूप में मौज-मस्ती करते हुए उत्साह से भरी दिख रही हैं, श्रम-संस्कृति की पुनर्प्रतिष्ठा हुई है और बंद दुनियाएं खुल गई हैं। ज्ञान और तकनीक की आवाजाही बढ़ी है, संचार क्रांति आई है। व्यापारीकरण को लेकर उन्नीसवीं सदी में जो विमर्श शुरू हुआ था, वह अब बहुआयामी हो चुका है।

शंभुनाथ

व्यावहारिक आलोचना

आलोचना के दो रूप माने जाते हैं—सैद्धांतिक आलोचना और व्यावहारिक आलोचना। सैद्धांतिक आलोचना का तात्पर्य साहित्य के सिद्धांतों की विवेचना से है। व्यावहारिक आलोचना (Practical criticism) से तात्पर्य आलोचना की सैद्धांतिक स्थापनाओं के व्यावहारिक अनुप्रयोग से है। आलोचात्मक सिद्धांतों के आधार पर किसी कृति का मूल्यांकन करना व्यावहारिक आलोचना के क्षेत्र में आता है। व्यवहारिक आलोचना को विभिन्न नामों से संदर्भित किया जाता है, जैसे—समालोचना, समीक्षा, अनुशीलन आदि। ये सभी शब्द आलोचनात्मक सिद्धांतों के व्यावहारिक अनुप्रयोग को ही अभिव्यक्त करते हैं और सामान्य अंतर से सभी का कार्य लगभग एक जैसा है। अंग्रेजी आलोचना में इसके लिए 'प्रैक्टिकल क्रिटिसिज्म' का प्रचलन है जो बीसवीं सदी में दोनों विश्वयुद्धों के बीच विकसित नई आलोचना (न्यू क्रिटिसिज्म) नामक आलोचनात्मक आंदोलन का मुख्य अंग था।

व्यावहारिक आलोचना सिद्धांतों के प्रयोगात्मक पक्ष पर ध्यान देते हुए साहित्यिक कृतियों के गुण-दोषों की समीक्षा करते हुए उनकी व्याख्या करती है। हिंदी में भारतेंदु हरिश्चंद्र से लेकर महावीर प्रसाद द्विवेदी, रामचंद्र शुक्ल, हजारीप्रसाद द्विवेदी, रामविलास शर्मा, नंददुलारे वाजपेयी, नामवर सिंह आदि लेखकों द्वारा व्यावहारिक आलोचना के प्रयोग देखे जा सकते हैं। भारतेंदु ने 'नाटक' शीर्षक निबंध में देश-कालानुरूप परिवर्तित समीक्षा सिद्धांतों के आधार पर सामाजिक चेतना को दृष्टि में रखने पर बल देते हुए व्यावहारिक आलोचना का सूत्रपात किया था। बालकृष्ण भट्ट, बदरीनारायण चौधरी 'प्रेमघन' और प्रतापनारायण मिश्र ने भी समाज-सुधार, देशभक्ति की भावना, नैतिकता और आधुनिक विकास को साहित्य में प्रतिष्ठा देकर व्यावहारिक आलोचना का जो मार्ग प्रशस्त किया, वह महावीर प्रसाद द्विवेदी की आलोचना में और अधिक आलोकित हुआ। महावीर

प्रसाद द्विवेदी की व्यावहारिक आलोचना को 'हिंदी नवरत्न' और 'आजकल के हिंदी कवि और कविता' शीर्षक रचनाओं में देखा जा सकता है। व्यावहारिक आलोचना का श्रेष्ठ रूप आचार्य रामचंद्र शुक्ल की कृतियों 'तुलसीदास', 'जायसी ग्रंथावली' और 'भ्रमरगीत सार' की भूमिकाओं और 'हिंदी साहित्य का इतिहास' में देखा जा सकता है। 'हिंदी साहित्य का इतिहास' में व्यावहारिक आलोचना का संबंध इतिहास से स्थापित होता है। इस तरह सैद्धांतिक आलोचना, व्यावहारिक आलोचना और साहित्येतिहास का सुंदर संगम आचार्य शुक्ल के लेखन में है।

आचार्य शुक्ल ने व्यावहारिक आलोचना के संबंध में रेखांकित किया है, 'समालोचना का उद्देश्य हमारे यहां गुण-दोष का विवेचन ही समझा जाता रहा है। संस्कृत साहित्य में समालोचना का पुराना ढंग यह है कि जब कोई आचार्य या साहित्य-मीमांसक कोई नया लक्षण ग्रंथ लिखता था, तब जिन काव्य-रचनाओं को वह उत्कृष्ट समझता था, उन्हें रस, अलंकार आदि के उदाहरणों के रूप में उद्‌धृत करता था और जिन्हें अपुष्ट समझता था, उन्हें दोषों के उदाहरण के रूप में देता था।' (हिंदी साहित्य का इतिहास)। इसके बाद वह कहते हैं, 'केवल गुण-दोष दिखाने वाले लेखों या पुस्तकों की धूम थोड़े ही दिनों रहती थी, पर किसी कवि की विशेषताओं का दिग्दर्शन कराने वाली, उसकी विचारधारा में डूबकर उसकी अंतर्वृत्तियों की छानबीन करने वाली पुस्तक, जिसमें गुण-दोष कथन भी आ जाता है, स्थायी साहित्य में स्थान पाती है।' (वही) आचार्य शुक्ल ने आधुनिक समय की आलोचना प्रवृत्तियों को पहचानकर लिखा था, 'केवल निर्णयात्मक समालोचना की चाल बहुत कुछ उठ गई है। यहां कहने की आवश्यकता नहीं कि हमारे हिंदी साहित्य में समालोचना पहले-पहल केवल गुण-दोष दर्शन के रूप में प्रकट हुई। लेखों के रूप में इसका सूत्रपात बाबू हरिश्चंद्र के समय में हुआ।' (वही) व्यावहारिक आलोचना और सैद्धांतिक आलोचना के बीच दीवार का वास्तव में कोई वैज्ञानिक आधार नहीं है, क्योंकि व्यावहारिक आलोचना 'कृति की विचारधारा की छानबीन' सैद्धांतिक स्तर पर ही करती है।

सैद्धांतिक और व्यावहारिक आलोचना के बीच विभेद में 'बाजार' की आवश्यकताओं ने बड़ी भूमिका निभाई है, अन्यथा दोनों के बीच किसी भी प्रकार की दीवार नहीं है। यह अलग बात है कि बाजार की आवश्कताओं के चलते 'पुस्तक पढ़ने की संस्तुति' को ही समीक्षा के अर्थ में लिया जाने लगा। ऐसे में व्यावहारिक आलोचना के सैद्धांतिक आधार का मुद्दा सिरे से गायब हो जाता है, जिसकी व्यावहारिक आलोचना के संदर्भ में आचार्य शुक्ल ने सबसे ज्यादा मांग की थी।

व्यावहारिक आलोचना के दो मुख्य कार्य हैं— व्याख्या और मूल्य-निर्णय। कुछ आलोचक सिर्फ व्याख्या को आलोचना का धर्म मानते हैं और कुछ मूल्य निर्णय को भी आवश्यक मानते हैं। व्यावहारिक आलोचना का काम कृति का मूल्यांकन करते हुए जागरूक पाठकों से संवाद करना और रचनाकारों के बीच सहचिंतन की भूमिका निभाना भी माना गया है। व्यावहारिक आलोचना का लक्ष्य समग्रता में देखना वास्तविकता का निरूपण और श्रेष्ठता का प्रतिपादन है। इन्हीं आधारों पर साहित्य की समस्याओं तथा विचार-जगत में उठने वाले सामाजिक प्रश्नों से टकराना और उनका विश्लेषण संभव होता है। व्यावहारिक आलोचना 'सिद्धांतों की कंदरा' में बंद होने की जगह आलोचना की एक ऐसी जगह के रूप में देखी जाती है जो शास्त्रीय सिद्धांतों का अनुगामी होने के बजाय ऐसे मूल्यों पर दृष्टिपात करने पर जोर देती है तथा जो एक ओर पाठक के साहित्यबोध में सहायक हो और दूसरी ओर रचनाकार को स्वस्थ दिशा दे सके। व्यावहारिक आलोचना में साहित्य के बाहर के विमर्शों और नियमों के आधार पर साहित्य की श्रेष्ठता और अश्रेष्ठता का निर्धारण जरूरी नहीं माना जाता बल्कि साहित्य का मूल्याकंन उसके साहित्यिक गुणों और देश-कालानुसार सामाजिक आधारों पर होता है।

कहना न होगा कि अंग्रेजी में व्यावहारिक

आलोचना का तात्पर्य कृति को उसके सभी बाह्य संदर्भों, जैसे—कृति का रचनाकाल, उसके लेखक का जीवन आदि से विलग कर अध्ययन करने की पद्धति से होता है। आई ए रिचर्ड्स ने 'प्रैक्टिकल क्रिटिसिज्म' किताब लिखी थी। उनकी व्यावहारिक आलोचना में लेखक का नाम तक आलोचना व्यवहार में वर्जित था। कृति का अध्ययन उन्हीं नियमों के आधार पर किया जाता था जिनके आधार पर कृति की रचना हुई थी। जाहिर है कि ये नियम भाषा और उसकी प्रयुक्ति से संबंधित थे। अतः व्यावहारिक आलोचना को कृति-केंद्रक आलोचना भी कहा जाता है।

आशुतोष मिश्र

अधिक जानकारी के लिए :
1. हिंदी आलोचना शिखरों का साक्षात्कार : रामचंद्र तिवारी, 2000, **2. आलोचना के मान :** शिवदान सिंह चैहान, **3. आलोचना की धारणाएं :** रेने वेलेक, 1990

व्यावहारिकतावाद

व्यावहारिकता एक दार्शनिक मत है जिसके अनुसार मनुष्य जीवन के सभी क्षेत्रों में जीवनोपयोगी तथ्य ही सत्य होते हैं। इसे व्यावहारिकतावाद (Pragmatism) भी कहा जाता है। यह दार्शनिक समस्याओं को सुलझाने की एक विशेष प्रवृत्ति है। चार्ल्स पर्स ने 1878 में अपने लेख 'हाऊ टु मेक आवर आइडियाज क्लियर' में सबसे पहले इस 'प्रेगमेटिज्म' शब्द का प्रयोग किया था। यह यूनानी भाषा के 'Pragma' शब्द से बना है जिसका अर्थ कर्म होता है। व्यावहारिकतावाद के केंद्र में 'व्यावहारिकता का सिद्धांत' है जो ज्ञान के व्यावहारिक मूल्य को निर्धारित करता है। यह जीवन को प्रधानता देता है, आखिरकार सारे सिद्धांत और चिंतन जीवन के लिए ही तो हैं। जगत एक बनी-बनाई चीज नहीं है बल्कि मनुष्य जाति ही उसे अपने विश्वासों, जरूरतों और आदर्शों के अनुरूप आकार देती है या उसका पुनर्निर्माण करती है। सारे धर्म, दर्शन और राजनीति मानव के लिए हैं। व्यावहारिकतावाद मानवता पर बल देने के कारण मानववाद भी कहा जाता है। यह व्यवहार की कसौटी पर वस्तुगत सत्य की पुष्टि करना नहीं है बल्कि व्यक्ति के अपने हितों की पुष्टि करना है। यह आलोचनात्मक अनुभववाद से भी गहन रूप से जुड़ा हुआ है। व्यावहारिकतावाद में वस्तुगत यथार्थ और अनुभव को एक समान माना जाता है।

व्यावहारिकतावाद के कुछ प्रमुख पक्ष ये हैं : **(1)** व्यावहारिकतावाद शाश्वत मूल्य और शाश्वत सत्य में विश्वास नहीं करता। इसके लिए शाश्वत केवल 'उपयोगिता' है। **(2)** इसका संबंध सिर्फ व्यावहारिक जीवन से होता है। ईश्वर, आत्मा, धर्म आदि का व्यावहारिक जीवन से संबंध न होने के कारण इनको प्रायः महत्व नहीं दिया जाता, पर विलियम जेम्स जैसे चिंतकों का कहना था कि ईश्वर चाहे ज्ञेय न हो किंतु उसको मान लेने से मनुष्य का नैतिक जीवन उन्नत हो जाता है। **(3)** व्यावहारिकतावाद कहता है कि यथार्थ का ज्ञान संभव नहीं है, लेकिन परिकल्पना का प्रयोग करके मनुष्य ज्ञान के निकट पहुंच सकता है। यह भी संभव है कि जो बुद्धि नहीं कर सकती वह संकल्प (will) कर ले। **(4)** यह अंधविश्वास का विरोध करता है। **(5)** व्यावहारिकतावाद के अनुसार, स्थापित सत्य कुछ नहीं है। स्थितियों के बदलाव के अनुरूप मनुष्य सामने आई समस्याओं के समाधान के लिए चिंतन करता है और वे ही विचार सत्य होते हैं जो संतोषप्रद फल प्रदान करते हैं। **(6)** इसमें कर्म को महत्व दिया जाता है क्योंकि विचारों की उत्पत्ति कर्म के पश्चात् होती है। **(7)** यथार्थ की रचना और उसके मूल्य-निर्धारण में किसी अन्य शक्ति का नहीं मानव का ही योगदान होता है। मनुष्य की प्रज्ञा उसे परिवेश के अनुकूल बनाने की शक्ति देती है। **(8)** व्यावहारिक मनुष्य ही सर्वोच्च प्राणी है, क्योंकि यह मनुष्य ही अपनी आवश्यकताओं की पूर्ति के लिए अनेक प्रकार की उच्चतम क्रियाएं करता है और अनुभवों का संचय कर सभ्यता को सृजित और संवर्धित करता है। **(9)** व्यावहारिकतावाद आशावाद की तरफ झुका होता है।

व्यावहारिकतावाद तर्क के उन्हीं नियमों और रूपों को उपयोगी मानता है जो अच्छे फल दें। यह नीतिशास्त्रीय व्यवस्था में सुधार का दृष्टिकोण अपनाता है और कट्टरवादी नहीं होता। तीव्र विकासोन्मुखी समाज में व्यावहारिकतावाद द्वारा साधन को साध्य से अधिक महत्व दिया जाता है। इसी कारण इसकी सार्थकता पर शंकाएं भी उठ रही हैं। यह विचार और कर्म की अन्योन्याश्रितता भी नहीं मानता, सिर्फ उपयोगिता और सफलता पर जोर देता है। यह नए सिद्धांत और मूल्य नहीं बनाता और पुराने मूल्यों को भी नहीं मानता। यह वैज्ञानिक विधि को मानता है और शिक्षा का कोई महान उद्देश्य नहीं मानता। व्यावहारिकतावाद की आलोचना करते हुए कहा गया है कि सिर्फ परियोजना-प्रणाली से प्राप्त ज्ञान क्रमबद्ध और श्रृंखलाबद्ध नहीं होता। व्यावहारिकतावाद की एक बड़ी कमी यह है कि यह मूल्यबोध पर बल नहीं देता। कई बार व्यावहारिकतावाद और अवसरवाद का फर्क मिट जाता है।

उदयराज

व्रत

व्रत का अर्थ कोई उच्च संकल्प करना है जिसका एक रूप उपवास है। ऋग्वेद में यह शब्द जीवन की सामग्री जुटाने के लिए सामूहिक प्रयत्न के संदर्भ में कई बार आया है। किसी निजी या सामाजिक उपलब्धि के लिए प्रण या धार्मिक शपथ के अर्थ में भी इसका व्यवहार हुआ है। यह एक मानसिक क्रिया है कि मैं यह करूंगा। सामान्यतः किसी धार्मिक पर्व में भोजन न ग्रहण करना या सप्ताह में एक दिन भोजन में अन्न या नमक न लेकर सिर्फ फल पर निर्भर रहना व्रत माना जाता है। धर्मशास्त्रों के अनुसार पवित्रता, सच्चाई, आमिषवर्जन और इंद्रियनिग्रहव्रती की विशेषताएं हैं। सामवेद में है 'अव्रतो हिनोति न' अर्थात व्रत किए बिना कुछ नहीं मिलता। इसे सज्जनों का आभूषण माना गया है। यह भी कहा गया है कि सर्वमान्य विषयों का पालन स्वाभाविक रूप से व्रत है।

सच बोलना, किसी को कष्ट न देना और दान देना उत्तम व्रत है। (महाभारत, अनुशासन पर्व, 120.10)। बौद्ध मत के अनुसार जो बुराई है उसे स्वीकार न करना और भलाई के कार्य करना श्रेष्ठ व्रत हैं। (दीर्घ निकाय, 3.3.1)। व्रत कई बार आत्मयंत्रणा के रूप होते हैं, कठिन होते हैं। व्रत किए बिना कोई महत कार्य सिद्ध नहीं होता। कई बार उपवास या कोई अन्य व्रत प्रायश्चित्त या आत्मशुद्धि के लिए किया जाता है। यह किसी भौतिक उपलब्धि के उद्देश्य से किया जाता है। हिंदू, बौद्ध, ईसाई, जैन और सिख धर्मों के अपने-अपने व्रत हैं। प्राचीनकाल से ही व्रत के संपादन के लिए किसी पर भी कोई सामाजिक बंधन नहीं रहा है।

तीसरी सदी के बाद व्रत वस्तुतः हवन, यज्ञ तथा औपचारिक उपासना पद्धतियों को पीछे छोड़ते हुए एक प्रमुख धार्मिक संस्था बन गया। पुरोहितों द्वारा नए-नए व्रतों का प्रचार किया गया और व्रत के बाद दान की महत्ता प्रतिपादित की गई, 'व्रतांते दानम्' (अग्निपुराण)। एकादशी, नवरात्र, करवाचौथ, तीज, छठ, लोकप्रिय व्रत हैं। स्त्रियां मनोकामना की पूर्ति के लिए ज्यादा व्रती रही हैं। व्रत उनकी वफादारी और पवित्रता के चिह्न होते हैं। उदाहरण के तौर पर, करवाचौथ सिर्फ स्त्रियां ही करती हैं, पुरुष को नहीं करना पड़ता। गोपीनाथ कविराज के 'व्रतकोश' में 1622 व्रतों का उल्लेख है। पी वी काणे ने दुहराव मिटाकर इनकी संख्या लगभग 1000 कर दी है।

मनीषा साव

॥ श ॥

शंकरदेव

असम के प्रसिद्ध कवि शंकरदेव भारतीय परंपरा में एक ऐसा नाम है जिसकी चमक आज तक धूमिल नहीं हुई है। उन्होंने असमी में साहित्य-रचना की, किंतु उनकी प्रसिद्धि ऐसे संत, भक्त और समाज-सुधारक कवि के रूप में है जो जाति, प्रांत और भाषा की सीमाओं में नहीं बंधता। असमी साहित्य, संस्कृति, धर्म और जीवन-शैली पर उनकी विशेष छाप दिखाई देती है। कहा जाता है कि शंकरदेव जी का लंबा जीवनकाल 1449 से 1568 तक था। हिंदी भाषी प्रदेश के कबीर, सूर और तुलसी का काल भी लगभग यही है। बंगाल में चैतन्य महाप्रभु (1485) की धूम भी लगभग इसी समय में थी।

शंकरदेव ने दो बार उत्तर भारत के तीर्थस्थानों—पुरी, गया, सीताकुंड, वाराणसी, प्रयाग, अयोध्या, मथुरा-वृंदावन, द्वारका, बदरिकाश्रम, वराह कुंड आदि की यात्राएं की थीं। वस्तुतः तीर्थाटन और तीर्थाटन के बहाने आम जनता के सुख-दुःख और उनके सरोकारों को जानने-समझने की यह प्रवृत्ति देश भर के संतों में दिखाई देती है। शंकरदेव शंकराचार्य, रामानुजाचार्य, निंबार्क, मध्वाचार्य, वल्लभाचार्य, नामदेव, रामानंद, कबीर, चैतन्य महाप्रभु आदि से प्रभावित हुए थे। संत समागम, तत्व-चिंतन और भक्तिमार्ग के निर्धारण की दिशा उन्हें जगन्नाथ पुरी में मिली।

शंकरदेव

शंकरदेव की जो रचनाएं अब तक प्रकाश में आई हैं उनके नाम हैं—(1) बड़ीगीता, (2) भक्ति प्रदीप, (3) कीर्तन घोष, (4) रुक्मिणी हरण, (5) भागवत, (6) गुणमाला, (7) हरिश्चंद्र उपाख्यान, (8) विप्रपत्नीप्रसाद, (9) उत्तरकांड (रामायण), (10) भक्ति रत्नाकर, (11) तोटय और भतिमा, (12) कालिदमन नाटक, (13) पारिजात कर्म नाटक, (14) रामराज्य नाटक।

शंकरदेव की रचनाओं में विष्णु के अवतारों—मुख्यतः कृष्ण और राम के जीवन से जुड़ी घटनाओं और उनके गुणों का प्रकाशन हुआ है। उनके 'भक्ति रत्नाकर' नामक ग्रंथ को सर्वाधिक प्रसिद्धि मिली। इस रचना में श्रीमद्भागवत के 5,642 श्लोकों की टीका है। यह रचना उनके विशद अध्ययन और विश्लेषण क्षमता का परिचायक है। 'उत्तरकांड' और 'भागवत'—इन दोनों ही रचनाओं को उनके अनुवाद-कार्य की श्रेणी में गिना जाता है। वास्तव में ये अनुवाद भर नहीं हैं बल्कि अपने रूप और आत्मा दोनों ही दृष्टियों में मौलिक रचनाएं हैं। 'भागवत' का आधार श्रीमद्भागवत भले ही हो किंतु वह रूपांतर मात्र नहीं है। कवि ने अपनी रुचि के अनुसार श्रीमद्भागवत के कुछ प्रसंगों की असमी में पुनर्रचना की है। 'उत्तरकांड' का आधार 'वाल्मीकि रामायण' का उत्तरकांड है। शंकरदेव ने इसे 'उत्तरकांड कथासार' नाम दिया था। इसमें वाल्मीकि रामायण के कुछ प्रसंगों का विस्तार किया गया है, कुछ को संक्षेप तो कुछ प्रसंगों को छोड़ दिया गया है।

शंकरदेव वैष्णव थे। उन्होंने एक ही ईश्वर 'विष्णु' की उपासना पर बल दिया, 'विष्णुतर परे आन नहिं केव। अन्य देवि देव न करिया सेव।' इसलिए

उनके मत को 'एक शरण धर्म' और 'महापुरुष धर्म' कहा जाता है। शंकरदेव ने एक ही ईश्वर की उपासना पर ऐसे समय में जोर दिया, जब असम में अनेक मत-मतांतर और संप्रदाय प्रचलित थे। 'एक शरण धर्म' का प्रवर्तन इस होड़ को समाप्त कर परस्पर सद्भाव बनाए रखने की ओर एक सशक्त कदम था। दूसरे, उत्तर-पूर्व में अधिकांश संख्या शाक्तों की थी जो शक्ति को प्रसन्न करने के लिए पशुबलि को आवश्यक मानते थे। वैष्णव धर्म के प्रचार ने बलि-प्रथा को हतोत्साहित किया। शंकरदेव के मत का सैद्धांतिक आधार अद्वैतवाद है। उनके पूर्ण ब्रह्म कृष्ण भक्तों के कष्टहरण करने, उन पर कृपा करने के लिए अवतार ग्रहण करते हैं, 'नमो यदुपति कृष्ण परि करो सेव, परम पुरुष तुमि बिने नाहिं केव। नित्य निरंजन शुद्ध आनंद स्वरूप, भक्तर जेन इच्छा लेने धरा रूप।' शंकरदेव पूर्ण ब्रह्म कृष्ण के लीलागान पर विशेष बल देते हैं। वे विशेष परंपरागत मूर्तिपूजा से जुड़े कर्मकांड और आडंबरों से परिचित थे। उन्होंने बीच का रास्ता निकाला। मूर्तिपूजा का विरोध और निर्गुण ईश्वर की उपासना पर बल देकर वे आडंबरों का विरोध करते हैं और कीर्तन तथा लीलागान द्वारा भक्तिमार्ग को सहज-सुगम और सर्वजन सुलभ बनाने का प्रयास करते हैं। उन्होंने इस बात पर बल दिया कि ईश्वर के समक्ष सभी बराबर हैं, चाहे वे किसी भी जाति या वर्ग के क्यों न हों। इसीलिए इनके यहां किसी जाति, वर्ग या वर्ण का कोई विशेषाधिकार नहीं है। वे स्पष्ट कहते हैं, 'कुक्कुर चांडाल गर्दभ रो आत्माराम, जानिए सबको परि करिबे प्रणाम' अर्थात कुत्ता हो या चांडाल या गधा, सभी में ईश्वर का वास है। इस बात को समझकर सभी को समान रूप से प्रणाम करना चाहिए।

शंकरदेव ईश्वर की आराधना के संदर्भ में सभी को साथ लेकर चलने के पक्षधर थे। वे केवल हिंदू जन-जातियों की बात नहीं करते बल्कि यवनों और तुर्कों की बात भी करते हैं जिनका उत्तर-पूर्व के कुछ भू-भागों पर शासन था और विधर्मी होने के कारण वे लोगों की घृणा और तिरस्कार के पात्र भी थे।

शंकरदेव का कहना था, 'किरात, कचारी, खासी, गारो, गिरि, यवन, कंक, गोपाल, असम, मलूक, रजक, तुर्क, कुर्वाचा, म्लेच्छ, चांडाल तथा अन्य सभी कृष्ण के भक्तों की संगति में पवित्र हो जाते हैं।' यह अनुभूति मौखिक या दिखावा नहीं थी। वे उनके साथ उठते-बैठते भी थे। उनका मत था कि ईश्वर की उपासना के लिए सदाचार, सद्भावना और मन की सच्चाई आवश्यक है, न कि घंटों समाधि में बैठकर अपने दैनंदिन कार्यों से विमुख होना या संसार त्यागकर संन्यासी हो जाना।

शंकरदेव ने एक ओर संस्कृत में साहित्य-रचना की तो दूसरी ओर भक्ति को सर्वजन सुलभ बनाने के उद्देश्य से असमी और ब्रजबुलि में भी काव्य रचा। मूर्तिपूजा, बाह्याचारों और वर्ण-व्यवस्था का विरोध किया। 'चांडाल पर्यंत करि हरि भक्ति अधिकारी' की घोषणा करने वाले शंकरदेव को विरोधियों के कोप का भाजन बनना पड़ा। लेकिन इससे शंकरदेव विचलित नहीं हुए। शंकरदेव की इस सामाजिक दृष्टि के कारण उनके मत को असम में वैष्णव नवजागरण का वाहक माना गया है।

मंजुला मोहन

अधिक जानकारी के लिए :

1. Early History of the Vaishnava Faith and Movement in Assam : Maheshwar Neog,
2. Srimanta Sankaradeva : An Epoch maker : Sanjib Kumar Borkakoti, 2012

शंकराचार्य

(सातवीं सदी उत्तरार्ध से आठवीं सदी पूर्वार्ध के बीच)

शंकर का जन्म भारत में उस समय हुआ जब भारत में वेद-विरोधी बौद्ध, जैन एवं तांत्रिक-कापालिक मतों का बोलबाला था। उनका जीवन किंवदंतियों से आच्छन्न है। पद्मपादाचार्य से लेकर स्वयंभूनाथ पर्यंत 'शंकर-दिग्विजय' नाम से चरित ग्रंथों की एक लंबी सूची है लेकिन उनमें से प्राप्त

अधिकांश ग्रंथ आचार्य शंकर के बहुत बाद चौदहवीं से अठारहवीं सदी के मध्य लिखे गए हैं। तेलंग के अनुसार, शंकराचार्य छठी सदी ईसवी के मध्य या अंत में हुए। भंडारकर के अनुसार, शंकर का जन्म 680 ईसवी में हुआ। मैक्समूलर और मैकडोनल का मत है कि उनका जन्म 788 में और निधन 820 में हुआ। आमतौर पर माना जाता है कि सातवीं सदी के उत्तरार्ध एवं आठवीं सदी के पूर्वार्ध में वे थे। उनके कुल 32 वर्षों के जीवन को तीन भागों में बांटा जा सकता है : प्रथम आठ वर्ष उनके बचपन का है जो घर और गुरुकुल में बीता, अपने जीवन के आठवें वर्ष में ही उन्होंने संन्यास लिया और उसके बाद सोलह वर्ष की आयु तक उन्होंने प्रसिद्ध भाष्य ग्रंथों की रचना की और शेष सोलह वर्ष शास्त्रार्थ, दिग्विजय, तीर्थयात्रा, धर्म-प्रचार एवं मठ-स्थापना में बीते।

शंकर के चरित ग्रंथों में इस बात पर सबकी सहमति है कि उनका जन्म केरल के कालटी नामक ग्राम में नंबूदिरी बाह्मण परिवार में हुआ था जो तैत्तिरीय शाखाध्यायी और अग्निगोत्री थे। एक संन्यासी के रूप में गृहत्याग करते हुए उन्होंने अपनी माता को वचन दिया था, 'मैं तुम्हारे अंतकाल में अवश्य उपस्थित होऊंगा और अपने हाथों दाह-संस्कार करूंगा।' यद्यपि यह बात संन्यास धर्म के विरुद्ध है, फिर भी उन्होंने अपने वचन को निभाया था। इसके लिए उन्हें नंबूदिरी ब्राह्मणों से अपमानित होना पड़ा था।

शंकर ने गौड़पादाचार्य से अद्वैतवादी दर्शन की शिक्षा ली। शिक्षा पूरी होने के बाद वे काशी आए। उन दिनों काशी में माहेश्वर एवं पाशुपत संप्रदायों का बोलबाला था। साथ ही सम्मितीय बौद्ध भिक्षु और निर्ग्रंथ जैन साधु भी काफी थे। इसकी जानकारी दामोदर गुप्त के विवरणों से मिलती है। काशी में आचार्य शंकर को लेकर एक जनश्रुति है कि गंगा के तट पर शंकर के रास्ते में एक चांडाल आ गया। शंकर उससे छू गए तो शंकर ने कहा, तूने मुझे छू दिया। चांडाल ने कहा, जरा आत्मा की दृष्टि से विचार कीजिए, भगवन! न मैंने आपको छुआ, न आपने मुझको। शंकर की आंख खुल गई। इसके बाद शंकर ने अपने प्रथम शिष्य सनंदन और कुछ अन्य शिष्यों के साथ हिमालय की ओर प्रस्थान किया और सोलह वर्ष की अवस्था में बदरिकाश्रम के पास व्यासगुहा में उन्होंने 'ब्रह्मसूत्र शारीरिकभाष्य' एवं अन्य ग्रंथों की रचना की। यह वही 'व्यासगुहा' है, जहाँ बादरायण ने ब्रह्मसूत्रों की रचना की थी।

शंकर ने भारत की चारों दिशाओं में चार पीठों की स्थापना की—जगन्नाथपुरी में गोवर्द्धन मठ, बदरिकाश्रम के पास ज्योतिर्मठ, द्वारिकापुरी में शारदापीठ और दक्षिण भारत के मैसूर प्रांत में श्रृंगेरीपीठ। यह बात सर्वसम्मति से स्वीकार की जाती है कि चारों पीठों पर आचार्य शंकर ने अपने चारों शिष्यों को प्रथम पीठाधीश्वर नियुक्त किया था और स्वयं कामकोटि पीठ में रहना स्वीकार किया था। माना जाता है कि उन्होंने अपना देहत्याग कांची में किया। एक मान्यता यह है कि उनका निर्वाण हिमालय में हुआ था। कामकोटिपीठ शंकर के चारों मठों के क्रम में पांचवां मठ माना जाता है।

शंकर द्वारा प्रणीत छोटे-छोटे ग्रंथों की एक लंबी सूची प्राप्त होती है। लेकिन प्रामाणिक रूप से तेरह ग्रंथों को उनकी रचना माना जाता है। प्रमुख हैं—ब्रह्मसूत्रभाष्य, गीताभाष्य, दस उपनिषद्भाष्य और उपदेश साहस्री। शंकर द्वारा शैव, शाक्त , वैष्णव, सौर, गाणपत्य और कौमार मतों की स्थापना का भी ऐतिहासिक महत्व है। इसी कारण उन्हें 'षण्मताचार्य' भी कहा जाता है। आचार्य शंकर की गहरी निष्ठा अद्वैतवाद में है जिसे मायावाद भी कहा जाता है। मायावाद के ही कारण उन्हें 'प्रच्छन्न बौद्ध' कहा गया।

शंकर का मस्तिष्क विशाल था। उन्होंने अद्वैत मत के भीतर द्वैत-विशिष्टाद्वैत मत की व्याख्याओं का अंतर्भाव कर लिया। द्वैत-विशिष्टाद्वैत मत अद्वैत तक पहुंचने की सीढ़ी बन गए, पर वर्ण-व्यवस्था का भाव उनमें मौजूद था। इसलिए परम सत्य के मामले में सर्वत्र अभेद देखने वाला दार्शनिक सामाजिक व्यवहार के मामले में जाति-भेद का पोषक बना रहा।

बालकृष्ण भट्ट ने 'श्रीशंकराचार्य और गुरु नानकदेव' शीर्षक अपने निबंध में शंकराचार्य को सामाजिक दृष्टि से रूढ़िवादी और नानक को प्रगतिशील बताया है। शंकर की काव्य-प्रतिभा को देखते हुए कुछ लोग कहते हैं कि वे दार्शनिक न होते तो उच्च कोटि के कवि होते। एक ओर वे ब्रह्मसूत्र, उपनिषद और गीता पर अद्वितीय भाष्यों की रचना करते हैं, दूसरी ओर शास्त्रार्थ, मठों की स्थापना और नरबलि, शरीर को जगह-जगह दागना, शिव के रूप में कुत्ते की पूजा आदि जैसी रूढ़ियों के विरुद्ध लोकचेतना को जगाने का भी काम करते हैं। जीवन की बहुत छोटी अवधि में इतने बड़े-बड़े काम कर डालने के कारण लोक में वे अवतार माने गए। अवतार न भी मानें तो राधाकृष्णन के शब्दों में, 'उनके समान सार्वजनिक मेधावी पुरुष बहुत कम देखने में आते हैं।' (भारतीय दर्शन, खंड-2)।

अंबिकादत्त शर्मा

अधिक जानकारी के लिए :
1. श्री शंकराचार्य : बलदेव उपाध्याय, **2. शंकराचार्य : विचार और संदर्भ :** गोविंदचंद्र पांडे, 1996, **3. शंकराचार्य जीवन चरित्र :** स्वामी परमानंद, 1913

शंकुक

शंकुक भरत के नाट्यशास्त्र के महत्वपूर्ण टीकाकार के रूप में जाने जाते हैं पर 'नाट्यशास्त्र' पर लिखित उनका टीका ग्रंथ उपलब्ध नहीं है। वे कश्मीरी आचार्य हैं। उनका रससूत्र विवेचन न्यायशास्त्र पर आधारित है जिसे 'अनुमितिवाद' कहा गया है। उनका मत 'अभिनवभारती', 'ध्वन्यालोक लोचन' एवं 'काव्यप्रकाश' में प्राप्त होता है जिसके आधार पर उनकी रस-विषयक स्थापनाओं का पता चलता है। उन्होंने रससूत्र में आए निष्पति शब्द को 'अनुमिति' से जोड़कर उसकी व्याख्या की है। उनके यहां विभावादि अनुमापक होते हैं और रस अनुमाप्य होता है। जिस प्रकार धुएं की सत्ता से न्यायिक पद्धति के अनुसार अग्नि का अनुमान होता है, वैसे ही विभाव आदि के अनुकरण से हमें अनुमान होता है कि प्रस्तुत नट रस से युक्त है।

यहां दर्शक 'चित्र तुरंग' की तरह नट को ही राम से अभिन्न मानकर विभोर हो उठता है। जिस प्रकार चित्र में चित्रित तुरंग वास्तविक घोड़ा न होते हुए भी घोड़ा माना जाता है, वैसे ही नट भी अपनी अभिनय कुशलता के कारण राम से भिन्न होते हुए भी अभिन्न ही माना जाता है। सामाजिक यहां नट के द्वारा रति आदि भाव का प्रकाशन देखता है और यह अनुमान सहज रूप में कर लेता है कि नट के हृदय में रस परिणत हो रहा है। इस रूप में शंकुक ने सामाजिक को रसबोध का आधार बनाकर रस विवेचन के क्षेत्र में नए आयाम की सृष्टि की है।

शंकुक ने रस-निष्पत्ति में सामाजिक की सत्ता मानी है, किंतु अनुमान को ही इसका आधार मानने के कारण इसकी भी आलोचना हुई। लोगों ने कहा कि अनुमान के आधार पर रसानुभूति संभव नहीं है। इस अनुमान से न नट में रस की स्थिति संभव है और न ही सामाजिक में। इसे ही आगे चलकर भट्टनायक ने ठीक किया और रस को भोग का विषय माना।

श्रीप्रकाश शुक्ल

शंबूक

वाल्मीकि रामायण में शंबूक की कथा है। सनातन वर्ण-व्यवस्था में शूद्रों को वेदपाठ और तपस्या का अधिकार नहीं था। ऐसा करने के कारण राम के राज्य में एक अकाल मृत्यु घटित हुई। एक ब्राह्मण रोते-बिलखते हुए राम के दरबार में पहुंचा और बताया कि उसके पुत्र की मृत्यु हो गई है जबकि उसने कभी कोई अन्याय, हिंसा या पाप नहीं किया। निश्चय ही यह राम के किसी महापाप का फल है। यदि उन्होंने बेटे को जीवित नहीं किया तो वह अपनी पत्नी के साथ राजमहल के सामने देह-त्याग करेगा और राम इसके जिम्मेदार होंगे। नारद वहां उपस्थित थे। उन्होंने व्याख्या की कि सतयुग में

ब्राह्मण ही तपस्या करते थे। इसलिए अकाल मृत्यु नहीं थी। त्रेतायुग में क्षत्रिय भी तपस्या करने लगे, इससे पृथ्वी पर अधर्म की शुरुआत हुई। द्वापर में वैश्य भी तपस्या करने लगे, इससे अधर्म का दूसरा कदम आगे बढ़ा। निम्न वर्ण के शूद्र कलियुग में तपस्या करेंगे, लेकिन वर्तमान युग में इनका तपस्या करना घोर अन्याय है। इस राज्य में निश्चय ही कोई शूद्र तपस्यारत है। यह सुनकर राम ने उस तपस्वी शूद्र की खोज शुरू की और शंबूक को तपस्यारत देखकर उसका सिर तलवार से काट डाला। फलस्वरूप ब्राह्मण-पुत्र जी उठा।

रामायण में शंबूक राम के हाथों वध के बावजूद स्वर्ग नहीं जा पाता, बल्कि उसके स्वर्ग न जा पाने के कारण देवता राम पर फूलों की वर्षा करते हैं। पंद्रहवीं सदी के अध्यात्म रामायण में शंबूक-वध प्रसंग है, पर रामायण से भिन्नता यह है कि इसमें शंबूक को स्वर्ग भेज दिया जाता है। तुलसी ने रामचरितमानस में कुछ सोचकर सीता वनवास की तरह ही शंबूक प्रसंग नहीं रखा। वे उदार वर्णवादी थे। कबीर जैसे संत कवियों का भी दबाव था। विचित्र बात यह है कि पूरी रामकथा में कहीं भी राम के बिंब में धनुष-बाण छोड़कर तलवार नहीं है। मूल रामकथा के निर्माणकाल में इस हथियार का अस्तित्व नहीं था। इसलिए वाल्मीकि रामायण में शंबूक प्रसंग स्पष्टतः एक क्षेपक है। रामायण रामकथा के विविध लोक-प्रचलित रूपों का ही एक संस्कारित महाकाव्य माना जाता है, जो मौखिक परंपरा में कठोर वर्णवादियों के हाथ में पड़कर लगातार कुछ-न-कुछ विकृत होता गया। शबरी के प्रति उच्च भाव रखने वाले वाल्मीकि शंबूक-वध का किस्सा रामायण में नहीं रख सकते थे।

शंबूक-वध की ब्राह्मणवादी धारणा का विरोध दलित चेतना का एक प्रमुख एजेंडा रहा है। इस प्रसंग पर कई कविताएं लिखी गईं जिनमें जगदीश गुप्त की भी एक कविता है।

शंभुनाथ

शंभु मित्र
(1915-1997)

भारतीय सिनेमा और नाटक संसार में एक अलग पहचान बनाने वाले शंभु मित्र का जन्म 22 अगस्त 1915 को कोलकाता में हुआ था। उनकी खास पहचान बांग्ला नाट्य संस्थान बहुरूपी के कारण है पर उन्होंने अपने प्रयोगों की वजह से अखिल भारतीय ख्याति पाई। उनके नाट्य-कर्म की शुरुआत 1939 में कोलकाता के रंगमहल थिएटर से हुई। इसके बाद वे मिनर्वा, नाट्यनिकेतन, श्रीरंगम आदि नाट्य संस्थाओं से जुड़े। 1943 में वे भारतीय जन नाट्य संघ (इप्टा) से जुड़े। उन्होंने 1944 में बांग्ला नाटक 'नवान्न' में सह-निर्देशक के रूप में काम किया। 1948 में विवाद के कारण उन्होंने एक अलग नाट्य संस्था बहुरूपी बना ली, जो आगे चलकर बांग्ला नाट्य आंदोलन का प्रतीक बन गई। शंभु मित्र के निर्देशन में बहुरूपी ने 1950 में कई नाटकों का मंचन किया। इनमें तुलसी लाहिड़ी का

शंभु मित्र

'पथिक', 'छेड़ा तार' एवं स्वयं शंभु मित्र द्वारा रचित 'उलूखागडा' मुख्य थे। 1954 में रवींद्रनाथ टैगोर के नाटक 'रक्त करबी' का मंचन किया गया। इसके अलावा 'विसर्जन', 'चार अध्याय' का भी मंचन हुआ। शंभु मित्र ने कुछ पुराने नाटकों का आधुनिक रूपांतरण किया। उनमें विश्वस्तरीय नाटक इब्सन का 'पुतुल खेला' (डाल्स हाउस), दशचक्र (एन एनिमी ऑफ द पीपुल) और सोफोक्लीज के 'राजा ऑडिपस' के बांग्ला रूपांतर शामिल हैं।

शंभु मित्र अच्छे अभिनय और संवाद पर जोर देते थे और मानते थे कि कलाकार से श्रेष्ठ अभिनय निकालना निर्देशक का काम है। वे विभिन्न घटनाओं और संकेतों के संपर्क पर भी जोर देते थे, 'प्रत्येक के साथ प्रत्येक का संपर्क क्या है, मेरा निज के साथ क्या संपर्क है, यही मेरी समझ में थिएटर की मुख्य चीजें हैं—उसका कोर है।' प्रतिभा अग्रवाल ने बांग्ला रंगमंच की एक खास समय की महत्तर भूमिका की ओर संकेत करते हुए लिखा है, 'बीसवीं सदी के सातवें दशक में एक जातीय मंच निर्माण करने का वीड़ा उठाया शंभु मित्र ने और कोलकाता के पांच दलों को लेकर एक संगठन बनाया—बांग्ला नाट्य मंच प्रतिष्ठा समिति। इसमें 'बहुरूपी', 'रूपकार' 'नांदीकर' और 'अनामिका' शामिल थे। शंभु मित्र नव-नाट्य आंदोलन के पुरोधा होते हुए भी 'जातीय मंच' की धारणा से जुड़े थे।

शंभु मित्र ने सिनेमा में भी अभिनेता, पटकथा-लेखक, सह-निर्देशक के रूप में काम किया। उन्होंने 1946 में हिंदी फिल्म 'धरती के लाल' से सिनेमा में अभिनय की शुरुआत की। इसके बाद कई बांग्ला फिल्मों में काम किया। उन्हें 1956 में 'एक दिन राते' के लिए बांग्ला की श्रेष्ठ फीचर फिल्म का सम्मान मिला। इनकी कुछ पुस्तकें हैं— 'अभिनय नाटक मंच', 'प्रारंभिक' आदि। 1959 में उन्हें अभिनय के लिए संगीत नाटक अकादेमी द्वारा पुरस्कृत किया गया। उन्हें 1966 में संगीत नाटक अकादमी की फेलोशिप दी गई। 1976 में उन्हें पत्रकारिता, साहित्य और सृजनात्मक संवाद के लिए मैगसेस अवार्ड मिला। इसी वर्ष उन्हें पद्मभूषण से भी सम्मानित किया गया।

दिनेश कुमार शर्मा

शकुंतला

शकुंतला की कथा सर्वप्रथम महाभारत में आई है जिस पर बाद में कालिदास ने अपने प्रसिद्ध नाटक 'अभिज्ञान शाकुंतलम्' की रचना की। वह ऋषि विश्वामित्र और अप्सरा मेनका की पुत्री थी। वह जंगल में फेंक दिए जाने के बाद ऋषि कण्व के आश्रम में पली-बढ़ी हुई थी। हिरण के शिकार के लिए आए दुष्यंत से उसे प्रेम हो गया। दोनों ने गंधर्व विवाह कर लिया। दुष्यंत ने शकुंतला को छोड़कर जाते समय उसे चिह्न के रूप में अपनी राजसी अंगूठी दी और वादा किया कि वह जल्द वापस आकर उसे ले जाएगा। शकुंतला दिन-रात दुष्यंत के प्रेम में खोई रहने लगी। एक दिन दुर्वासा आए, पर शकुंतला को स्वागत में न पाकर और किसी की याद में खोए देखकर उसे शाप दिया कि वह जिसकी याद में खोई है, वह व्यक्ति उसे भूल जाएगा। शकुंतला की सखी द्वारा वास्तविकता बताने पर शाप की कठोरता भांपकर दुर्वासा ने अपना क्रोध शांत किया और शाप को हलका करते हुए कहा कि कोई चिह्न देखकर उसे फिर याद आ जाएगी। शकुंतला दुष्यंत के पुत्र भरत की मां बनी जो बहुत वीर और साहसी था। भरत ही महाभारत के कौरवों-पांडवों के पूर्व-पुरुष थे।

महाभारत में शकुंतला का चरित्र एक उदात्त, साहसी और अपना हक मांगने वाली स्त्री का है जबकि कालिदास के नाटक में उसके सौंदर्य और प्रेम की प्रधानता है। दोनों की कथाओं में थोड़ा फर्क है। महाभारत में कथा है, शकुंतला का पुत्र भरत जब बड़ा हो गया, वह इसको राजा दुष्यंत के दरबार में ले गई। शकुंतला ने राजा से पत्नी का हक और अपने बेटे का अधिकार मांगा। दुष्यंत ने उसे न

पहचानते हुए कठोरता से कहा, 'दुष्ट तपस्विनी, मुझे कुछ याद नहीं है।' (आदिपर्व)। दुष्यंत की बात पर शकुंतला पहले लज्जित हुई, फिर उसे दुख हुआ और इसके बाद क्रोध आया। उसकी आंखें लाल हो गईं। वह दुष्यंत को ललकारती है, उसे निम्न कोटि का मनुष्य कहती है। वह सूर्य, चंद्रमा, वायु, अग्नि, पृथ्वी, जल, धर्म सबको साक्षी बनाती है। उसका लंबा वक्तव्य स्त्री-विमर्श के समान है। दुष्यंत शकुंतला की मां पर वेश्या होने का आरोप लगाता है और शकुंतला से कहता है, 'स्त्रियां झूठ बोलने वाली होती हैं।' शकुंतला अंत में कहती है, 'आपके जन्म और कुल से मेरा जन्म और कुल बढ़कर है। एक हजार अश्वमेध यज्ञ एक ओर तथा सत्य भाषण का पुण्य दूसरी ओर यदि तराजू पर रखा जाए तो हजार अश्वमेध यज्ञों की अपेक्षा सत्य का पलड़ा भारी होता है। आप जैसे के साथ मेरा रहना उचित नहीं है।' यह सत्ता के विरोध में अकेली स्त्री का साहस था। प्राचीन भारतीय साहित्य के मंच पर पहली बार ऐसी कोई स्त्री आई थी। सीता, द्रौपदी और शकुंतला तीन तरह की नारियां हैं। सीता अपने साथ हुए अन्यायों के प्रतिवाद में खुद कुछ नहीं बोलती। द्रौपदी अपने साथ हुए अन्यायों के प्रतिवाद में खड़ी होती है, पर उसकी तरफ से लड़ते पांडव हैं। शकुंतला दोनों से भिन्न अपने साथ हो रहे अन्याय के खिलाफ खुद लड़ी, यह एक बड़ा संकेत है।

महाभारत में शकुंतला लौटने को होती है, तभी आकाशवाणी होती है और सच की घोषणा होती है। दुष्यंत कहने लगते हैं कि उन्होंने जान-बूझकर झूठ कहा था, ताकि सभी का संदेह मिट जाए। कालिदास ने महाभारत की कथा से शकुंतला के उदात्त साहस वाला पक्ष छोड़ दिया, उसके स्वच्छंद प्रेम को विषय बनाया। उन्होंने दुष्यंत और शकुंतला को जोड़ने के लिए आकाशवाणी की जगह मछली के पेट से मिली राजसी अंगूठी की स्मृति को आधार बनाया। यही कथारूप लोकप्रिय हुआ। जर्मन कवि गेटे ने कालिदास का 'अभिज्ञान शाकुंतलम्' पढ़कर लिखा था, 'बसंत के मन को रस से पूर्ण तृप्ति देने वाले फूल और फल तथा ग्रीष्म के भी तमाम फूल और फल, स्वर्ग तथा पृथ्वी दोनों के अभूतपूर्व ऐश्वर्य को एकत्रित देखना चाहते हो तो हे बंधु, तुम 'शाकुंतलम्' पढ़ो।' कहते हैं, कालिदास के 'अभिज्ञान शाकुंतलम्' के अनुवाद ने यूरोपीय रोमांटिसिज्म को हवा दी। भारत में प्रेम का जितना महत्व रहा है और इसका जितना गुणगान हुआ है, दुनिया के किसी देश में ऐसा नहीं हुआ है।

शंभुनाथ

शबरी

शबरी रामकथा में निम्न जाति की निश्छल भाव वाली एक वृद्धा जटावटी तपस्विनी है। वह मतंग ऋषि के आश्रम में रहती थी और मुनियों की सेवा करती थी। उन्होंने शबरी को आश्वासन दिया था कि एक दिन राम इस आश्रम में आएंगे और उसे मुक्ति मिलेगी। वह राम की प्रतीक्षा में रोज वन के फल चुनकर रखती थी। एक दिन राम आए। शबरी उनके पैरों पर गिर गई और उसे मुक्ति मिली। रामचरितमानस में तुलसीदास ने उसे 'अधम से अधम अधम अति नारी' कहा है, क्योंकि वह चांडाल कुल की थी। उन्होंने अपने महाकाव्य में राम से कहलवाया है, 'भगतिवंत अति नीचउ प्राणी, मोहि प्रान प्रिय असि मम बानी।' अर्थात भक्त यदि नीच कुल का भी है तो वह मुझे प्राणों से भी प्यारा है। शबरी के कथा-प्रसंग का एक हिस्सा यह है कि राम शबरी के जूठे बेर खाते हैं, क्योंकि भावविह्वलता में शबरी हर बेर पहले खुद चखकर राम को देती है ताकि उन्हें खट्टे बेर न मिलें। किन्तु यह घटना न वाल्मीकि रामायण में है और न तुलसी ऐसा दिखाते हैं। यह लोककथा का प्रसंग है जो रामकथा का अविभाज्य हिस्सा बन गया। नरेश मेहता ने 'शबरी' शीर्षक से एक लंबी कविता लिखी है।

शंभुनाथ

शब्दशक्ति

शब्दशक्ति से तात्पर्य उस अर्थ व्यापार से है, जो शब्दों के द्वारा संपन्न होता है। शब्द में छिपी उसकी शक्ति विशेष अर्थ पैदा करती है। शब्द की शक्ति उसके अर्थ से प्रकट होती है। शब्द का अर्थ शब्द के प्रयोगकर्ता की उसमें अर्थ को निवेश करने की क्षमता पर निर्भर करता है। शब्द तथा अर्थ की आवश्यकता और औचित्य उनके अर्थवान होने में है। शब्द तथा अर्थ के संबंध में विचार करने वाले तत्व को शब्दशक्ति कहा जाता है। 'शब्दार्थ संबंध शक्ति'। दूसरे शब्दों में कहें तो शब्दशक्ति उस शक्ति या व्यापार का नाम है जिससे अर्थ का बोध होता है।

काव्य हो या काव्यशास्त्र, साहित्य हो या आलोचना सबके लिए माध्यम वस्तुतः भाषा है। भाषा के बगैर कोई अभिव्यक्ति नहीं हो सकती। भाषा संकेतकों की एक व्यवस्था है जो मौखिक तथा लिखित, दोनों रूपों में हो सकती है। संकेत (साइन) संकेतक (सिग्निफायर) और सांकेतिक (सिग्निफाइड) के योग से बनते हैं। उदाहरण के लिए, गाय का उच्चारित अथवा लिखित रूप सिग्निफायर है। इसे सुनने या पढ़ने से हमारे मस्तिष्क में स्थित गाय का विचार आता है जो 'सिग्निफाइड' कहा जाएगा। हमारे मन में विचार या संकल्पनाएं अवस्थित होती हैं और वे एक-दूसरे से भिन्नता के आधार पर अर्थ ग्रहण करती हैं। जैसे गाय शब्द के बोलते या सुनते ही उससे संबंधित अन्य संकल्पनाएं, जैसे—बैल, भैंस, सूअर या बकरी हमारे सामने होती हैं, पर गाय का अर्थ इसकी अन्य संकल्पनाओं से भिन्न होने की वजह से निकलता है। इस व्यापार में शब्द एक महत्वपूर्ण इकाई की तरह सामने आता है, जिसका भाषाविज्ञान में अध्ययन किया जाता है।

शब्द के बगैर अर्थ की उत्पत्ति नहीं हो सकती और अर्थ के बगैर शब्द निरर्थक है। इसलिए भर्तृहरि ने 'वाक्यपदीय' की शुरुआत में शब्द को ब्रह्म की संज्ञा दी है। शब्द के दो प्रकार होते हैं—अनित्य तथा नित्य। अनित्य का अर्थ उच्चारण से पैदा हुई ध्वनि है। जिसे कानों से सुना जा सकता है, वह है ध्वनि जो छोटी एवं बड़ी अर्थात अल्प या दीर्घ होती है। इसके विपरीत नित्य शब्द वे हैं जो उच्चारण से उत्पन्न नहीं होते और न ही उन्हें सुना जा सकता है। ऐसे नित्य शब्द को वैयाकरणों ने स्फोट कहा है। स्फोट और ध्वनि एक-दूसरे से जुड़े होते हैं। स्फोट में अर्थ का निवेश होता है, जिसे ध्वनि के माध्यम से प्रकट किया जाता है। आचार्य चिंतामणि ने इसे लोकभाषा के सरल शब्दों में बताया है, 'जो सुनि पड़े सो शब्द है, समुझि परै सो अर्थ'।

संस्कृत आलोचना में शब्दशक्ति के चार प्रकार बताए गए हैं : (1) अभिधाशक्ति, (2) लक्षणाशक्ति, (3) व्यंजनाशक्ति, (4) तात्पर्याशक्ति

1. **अभिधाशक्ति :** अभिधाशक्ति का अर्थ शब्द के रूढ़ या प्रचलित अर्थ से होता है। इसे मुख्या, अग्रिमा या वाचक शब्द भी कहा जाता है। अभिधाशक्ति द्वारा ज्ञात अर्थ को वाच्यार्थ भी कहा जाता है। वाच्यार्थ के लिए मुख्यार्थ, प्रसिद्ध अर्थ, शब्दों का संकेतित अर्थ आदि शब्दों का प्रयोग भी किया जाता है। शब्दकोशों की रचना के बाद कह सकते हैं कि शब्दकोश में लिखे शब्द का अर्थ अभिधाशक्ति है। आचार्य भिखारीदास ने 'काव्यनिर्णय' में अभिधा का लक्षण बताते हुए लिखा है, 'अनेकार्थ शब्द में एक अर्थ की व्यक्ति/ जेहि वाच्या को कहें सज्जन अभिधाशक्ति'। शब्द की अभिधा शक्ति नियत होती है, जैसे 'कलम' शब्द का अर्थ लिखने का एक उपकरण है। जब अर्थ इससे कम या ज्यादा न हो, उसे अभिधा कहा जाता है। कुछ संस्कृत आचार्यों जैसे भट्टनायक अभिधा को केंद्रीय शक्ति मानते हैं, क्योंकि यह अर्थ और रस का मूल आधार है। हिंदी के कवि देव ने भी इस बारे में लिखा है, 'अभिधा उत्तम काव्य है मध्य लक्षणालीन।/अधम व्यंजना रस विरस, उल्टी कहत नवीन।।'

2. **लक्षणाशक्ति :** शब्द का अर्थ जब अभिधा की सीमा को लांघता है या इससे उसमें रुकावट होती है, तब लक्षणा शब्दशक्ति की शुरुआत होती है। दूसरे शब्दों में, जब शब्द का ऐसे प्रयोग किया जाता

है कि वह अभिधा शब्दशक्ति से भिन्न होता है, तब वह एक नई शक्ति के क्षेत्र में प्रवेश करता है जिसे लक्षणा तथा व्यंग्यशक्ति कहा जाता है। इसका प्रयोग मुख्यतः साहित्य में किया जाता है। लक्षणाशक्ति में व्यक्त अर्थ को लक्ष्यार्थ कहा जाता है। लक्षणाशक्ति या लक्ष्यार्थ मुख्यार्थ से भिन्न और भिन्न अर्थ का सूचक होता है। लक्षणा के लिए चार बातें जरूरी हैं : (1) अभिधा-शब्द प्रयोग से अर्थ के समझने में बाधा आती है और मुश्किल भी होती है। (2) इसमें अभिधा या परंपरागत अर्थ से अलग अर्थ का आभास होता है। (3) यह अलग अर्थ भी किसी-न-किसी रूप में अभिधा अर्थ से संबंधित होता है और (4) इस भिन्न अर्थ में ही प्रयोजन या इच्छित अर्थ छिपा होता है।

हम दो शब्द 'कुशल' तथा 'कुशाग्र' लें। यज्ञ में प्रयोग आने वाली घास को कुश कहते हैं। 'कुशल' शब्द का अभिधा अर्थ कुश+ल 'कुशल' अर्थात कुश लाने वाला होता है, किंतु इसका रूढ़ अर्थ किसी काम में कुशल या दक्ष होना है। इसी प्रकार 'कुशाग्र' का अभिधा अर्थ कुश+अग्र अर्थात कुश के आगे का भाग होता है पर इसका लाक्षणिक अर्थ होशियार या तेज बुद्धि वाला है। अभिधागत अर्थ लेने से काम नहीं चलता। इसे एक अन्य उदाहरण से भी समझा जा सकता है। जब अध्यापक अपने विद्यार्थी पर किसी कारणवश झल्लाकर उसे गधा कहता है तो 'गधा' शब्द का अभिधा अर्थ जानवर होता है। पर विद्यार्थी तो मनुष्य है, जानवर नहीं। अतः इच्छित अर्थ नहीं निकलता। अर्थ में रुकावट की वजह से लक्षण के आधार पर अर्थ की तलाश की जाती है। चूंकि हमारे यहां गधे को मूर्खता से जोड़ा जाता है, अतः गधे के लक्षणों को विद्यार्थी पर आरोपित किया जाता है। परिणामस्वरूप वाक्य का अर्थ लक्षणों के आधार पर निकालते हुए कहा जाता है कि विद्यार्थी मूर्ख है। यह नया अलग अर्थ मूल अभिधा अर्थ से किसी-न-किसी रूप में संबंधित है, पर है बिल्कुल भिन्न।

3. **व्यंजनाशक्ति :** अभिधा और लक्षणा के बाद तीसरी शब्दशक्ति का नाम व्यंजना है। व्यंजना शब्द 'वि+अंजन' से बना है। इसका अर्थ है विशेष प्रकार का अंजन या काजल। जिस प्रकार अंजन लगाने से आंखों की रोशनी बढ़ जाती है तथा दूर की और परोक्ष चीजें भी दिखाई देने लगती हैं, उसी प्रकार व्यंजना द्वारा अव्यक्त गूढ़ अर्थ तथा सौंदर्य प्रकट होता है। ध्वनि-सिद्धांत के आचार्यों के अनुसार साहित्य एवं साहित्यशास्त्र की नींव व्यंजना पर आधारित है।

अर्थ की शुरुआत अभिधा शब्दशक्ति से होती है किंतु अर्थ को व्यक्त करने में उसके असमर्थ होने पर लक्षणाशक्ति के द्वारा अर्थ प्रकट करने की कोशिश की जाती है। इन दोनों के असमर्थ होने पर व्यंजना शक्ति का सहारा लेना होता है। दूसरे शब्दों में कहें, अभिधा तथा लक्षणाशक्तियां जब अपना काम कर शांत हो जाती हैं, तब जिस शक्ति द्वारा अर्थ का ज्ञान होता है वह व्यंजनाशक्ति है। व्यंजनाशक्ति द्वारा ग्रहीत अर्थ को व्यंग्यार्थ कहा जाता है। इसके अन्य नामों में प्रतीतार्थ-प्रतीयमान अर्थ, ध्वन्यार्थ, ध्वनि आदि शामिल हैं। इसे एक प्रचलित उदाहरण से समझा जा सकता है। हम जब कहते हैं कि 'गंगा के बीच में गांव है', तब अभिधा शब्दशक्ति से जो अर्थ निकलता है, वह तर्क से परे लगता है क्योंकि गंगा की धारा के बीच में गांव नहीं हो सकता। ऐसा यदि कभी हो भी तो वह कटकर बह जाएगा। अतः शब्दशक्ति के नए प्रयोग से इसका अर्थ हो जाता है, गांव गंगा के किनारे पर है। यह लक्षणाशक्ति का परिणाम है किंतु इससे भी इच्छित अर्थ प्रकट नहीं होता। अतः व्यंजनाशक्ति की मदद लेनी पड़ती है। इस शक्ति से पता लगता है कि वाक्य में गंगा का अर्थ केवल एक नदी नहीं है बल्कि विशेष नदी-संदर्भ है। इससे पता चलता है कि वाक्य का व्यंजित अर्थ है, गांव का वातावरण गंगा की तरह शांत, शीतल एवं पावन है।

व्यंजना के दो मुख्य भेद हैं : (1) शाब्दी, इसमें शब्द के कारण चमत्कार होता है तथा आर्थी, इसमें अर्थ की प्रधानता होती है और चमत्कार पैदा होता है। शाब्दी व्यंजना के दो भेद अभिधामूला तथा लक्षणामूला किए गए हैं। आर्थी व्यंजना के अर्थबोध कराने की क्षमताओं के आधार पर दस उपभेद किए

गए हैं : (i) वक्ता-वैशिष्ट्य आर्थी व्यंजना (वक्ता की विशेषता के कारण व्यंग्यार्थ बोध), (ii) बोधव्य वैशिष्ट्य आर्थी व्यंजना (श्रोता की विशेषता के कारण व्यंग्यार्थ बोध), (iii) काकु-वैशिष्ट्य आर्थी व्यंजना (कंठ की विशेष या ध्वनि के कारण व्यंग्यार्थ बोध), (iv) वाच्य-वैशिष्ट्य आर्थी व्यंजना (पूरे कथन के कारण व्यंग्यार्थ बोध), (v) वाच्य-वैशिष्टय आर्थी व्यंजना (अन्य या विपरीत की सन्निधि या समीपता के कारण व्यंग्यार्थ बोध), (vi) प्रस्ताव वैशिष्ट्य आर्थी व्यंजना (प्रस्ताव या प्रकरण के कारण व्यंग्यार्थ बोध) (vii) देश वैशिष्टय आर्थी व्यंजना (देश की विशेषता के कारण व्यंग्यार्थ बोध), (viii) कालवैशिष्टय आर्थी व्यंजना (काल या समय की विशेषता के कारण व्यंग्यार्थ बोध) तथा (ix) चेष्टा वैशिष्ट्य आर्थी व्यंजना (चेष्टा, हावभाव या संकेत की विशेषता के कारण उत्पन्न अर्थबोध)।

4. **तात्पर्याशक्ति :** अधिकतर विद्वान अभिधा, लक्षणा तथा व्यंजना तीन ही शब्दशक्तियों को मानते हैं। कुमारिल भट्ट जैसे मीमांसा के आचार्य तात्पर्या नामक एक और शब्दशक्ति की बात करते हैं। उनका मानना है कि पूरे वाक्य के अर्थ की प्रतीति अभिधा, लक्षणा तथा व्यंजना शब्दशक्तियों से संभव नहीं होती। इसलिए उसके अर्थ को जानने के लिए एक अन्य शक्ति की आवश्यकता होती है, जिसे तात्पर्याशक्ति कहते हैं। इसमें आकांक्षा, योग्यता तथा आसक्ति के सहयोग से वाक्यार्थ प्रकट होता है। सरल शब्दों में, जब वाक्य के हर एक पद का अभिधाशक्ति द्वारा वाच्यार्थ पता लगाने के बाद जिस वृत्ति के द्वारा उन पदों के अन्वित अर्थ या तात्पर्य का पता चलता है, उसे तात्पर्य वृत्ति कहते हैं। ('साहित्यदर्पण', 2.20)।

योग्यता उस स्थिति को कहते हैं जिसमें एक पद के अर्थ का दूसरे पद के साथ संबंध स्थापित करने में बाधा नहीं होती। उदाहरण के लिए, एक वाक्य लें, आग से पौधे सींचे जा रहे हैं, इसमें योग्यता का अभाव है, क्योंकि आग की योग्यता जलाना है, सींचना नहीं। अतः वाक्य में योग्यता के लिए 'पानी से पौधे सींचे जाते हैं' उचित है। 'आकांक्षा' का अर्थ इच्छा या जिज्ञासा है। वाक्य के अर्थ को पूरा करने के लिए जब किसी और पद की जरूरत होती है, तब उसे आकांक्षा कहते हैं, जैसे–'पानी से पौधे' कहने पर किसी और पद की आकांक्षा रहती है जिसे पूरा करने के लिए या पूरा अर्थ पाने के लिए उसमें 'सींचे जाते हैं' को जोड़ना पड़ता है। इस जुड़े हुए पद को आकांक्षा कहा जाएगा। उपयोगी पद के अर्थों या पदों के अविच्छिन्न संबंध को 'आसत्ति' कहा जाता है। उदाहरण के लिए, 'मोहन', 'नदी', 'बाजार', 'द्वार' आदि शब्दों को एक साथ रखने के बावजूद इस शब्द समूह का कोई अर्थ नहीं है, क्योंकि इनमें सार्थकता के लिए परस्पर आसत्ति का अभाव है। इसे सन्निधि भी कहा जाता है।

शब्दशक्ति की प्राचीन आचार्यों ने सूक्ष्म एवं विस्तार से चर्चा की है और इसके भेदोपभेद भी बताए हैं। यहां ध्यान रखने की बात है कि संस्कृत की चार शब्दशक्तियों की तुलना में अंग्रेजी में भाषा के केवल 'लिटरल' अर्थात अभिधा (शाब्दिक) तथा मेटाफॉरिक या रूपकीय दो प्रयोग माने जाते हैं।

अवधेश कुमार सिंह

शब्द-संक्षेप

बोलने तथा लिखने में सुविधा और समय तथा श्रम की बचत करने के उद्देश्य से कभी-कभी बड़े और क्लिष्ट शब्द के स्थान पर किसी ऐसे सरल, सुबोध एवं संक्षिप्त रूप का प्रयोग किया जाता है जिससे श्रोताओं और पाठकों को पूरे शब्द (या मूल रूप) का बोध सरलता से हो जाए। शब्दों के ऐसे संक्षिप्त रूप को शब्द-संक्षेप (Abbreviations) कहते हैं।

बड़े अथवा क्लिष्ट शब्दों को संक्षिप्त या सरल बनाने की क्रिया में प्रायः मूल शब्द के प्रथम दो, तीन या अधिक अक्षर और यदि मूल शब्द (नाम) कई शब्दों के मेल से बना हो तो उन शब्दों के प्रथम अक्षर लेकर उन्हें अलग-अलग अक्षरों या एक स्वतंत्र

शब्द के रूप में प्रयुक्त किया जाता है। इस प्रकार बनाए गए शब्द-संक्षेपों का प्रयोग कभी-कभी इतना अधिक होने लगता है कि मूल शब्द का प्रयोग प्रायः बंद हो जाता है। शब्द-संक्षेप लिखित भाषा का अंग बनकर उस मूल शब्द का रूप ले लेता है। इसका एक सरल उदाहरण यूनेस्को है जो वस्तुतः यूनाइटेड नेशंस एजुकेशनल, साइंटिफिक एंड कल्चरल ऑर्गेनाइजेशन, इस लंबे नाम में प्रयुक्त पांच मुख्य शब्दों के प्रथम अक्षरों के मेल से बना है। इसी प्रकार अंग्रेजी में एक बहुप्रचलित शब्द 'मिस्टर' (Mister) है जो शब्द-संक्षेप (Mr.) लिखकर काम चला लिया जाता है। मिसेज (Mrs.) या मिस्ट्रेस (Mistress) भी अपने पूरे रूप में न लिखा जाकर केवल शब्द संक्षेप के रूप में ही लिखा जाता है। अंग्रेजी के शब्द प्रोफेसर के लिए केवल 'प्रो.' या Prof. लिखना भी ऐसा ही है। अंग्रेजी के नाटो, सीटो, गेस्टापो, सीआईडी आदि कुछ ऐसे ही शब्द-संक्षेप है जो अब हिंदी में अपना लिये गए हैं। इसी प्रकार हिंदी में भी श्रीमान और श्रीयुत पूरा न लिखकर बोलचाल और लिखने में भी प्रायः केवल श्री का ही प्रयोग किया जाता है। अंग्रेजी-अंग्रेजी-हिंदी कोश (हरदेव बाहरी, ज्ञानमंडल) में 54 पृष्ठों की शब्द-संक्षेप सूची है। वर्धा हिंदी शब्दकोश में परिशिष्ट में हिंदी में प्रचलित कुछ अंग्रेजी शब्दों या पदबंधों के शब्द-संक्षेप दिए गए हैं।

शब्द-संक्षेप के प्राचीन उदाहरण प्राचीनकाल के सिक्कों और शिलालेखों में आसानी से देखे जा सकते हैं। सिक्कों और शिलालेखों पर स्थान की कमी तथा शिलालेखों पर लिखने का श्रम बचाने के लिए भी शब्दों के संक्षिप्त रूप या शब्द-संक्षेप का प्रयोग किया जाता था। प्राचीन यूनानी सिक्कों में शहरों के पूरे नाम के स्थान पर उनके नाम के केवल प्रथम दो या तीन अक्षर ही मिलते हैं।

1930 के बाद अमेरिका में शब्द-संक्षेप बनाने की रीति तेजी से फैली। इसका परिणाम यह हुआ कि ज्ञान-विज्ञान के प्रायः सभी आधुनिक विषयों में शब्द-संक्षेप प्रचलित हो ही गए। अमेरिकी सरकार के प्रायः प्रत्येक कार्यालय, विभाग, उप-विभाग तक के लिए शब्द-संक्षेप का प्रयोग किया जाने लगा। हर जगह ही आज छोटी-बड़ी कंपनी, विश्वविद्यालय, कॉलेज, संस्थान, प्रतिष्ठान आदि पूरे नाम की अपेक्षा शब्द-संक्षेप के नाम से ही अधिक अच्छी तरह जाने जाते हैं। इस संबंध में यह एक मनोरंजक तथ्य है कि जिस देश को आधुनिक युग में शब्द-संक्षेपों की वृद्धि करने का अधिकांश श्रेय है, उसका स्वयं का नाम भी अंग्रेजी में पूरा न लिखा जाकर शब्द-संक्षेप यूएसए के रूप में ही लिखा जाता है। भारत में भी शिक्षित समुदाय में काशी विश्वविद्यालय को पूरे नाम की अपेक्षा बीएचयू (बनारस हिंदू यूनिवर्सिटी) और जवाहरलाल नेहरू विश्वविद्यालय को जेएनयू के नाम से अच्छी तरह जाना जाता है। आईएएस (इंडियन एडमिनिस्ट्रेटिव सर्विस) भी अब भारत में बहुत प्रचलित शब्द-संक्षेप है। वीआईपी, एफआईआर, यूजीसी, एमपी, एमएलए, एसएमएस, आईसीयू, इग्नू, आरएसी आदि ऐसे ही शब्द-संक्षेप हैं।

समाचार-पत्रों का एक मुख्य सिद्धांत है कि कम-से-कम स्थान में अधिक-से-अधिक समाचार दिए जाएं। शब्द-संक्षेप की सहायता से ही समाचार-पत्र इस उद्देश्य में सफल हो पाते हैं। वर्तमान में बहुत-सी राजनीतिक पार्टियों एवं संस्थाओं के नामों के लिए जो अनधिकारिक नाम प्रचलित हो गए हैं, वे वस्तुतः समाचार-पत्रों की ही देन हैं। सपा, भाजपा, बसपा जैसे नामों की कल्पना कभी इनके संस्थापकों ने नहीं की होगी पर समाचार-पत्रों ने अपनी सुविधा के लिए समाजवादी पार्टी के लिए सपा, भारतीय जनता पार्टी के लिए भाजपा, बहुजन समाजवादी पार्टी के लिए बसपा और राष्ट्रीय जनता दल के लिए राजद जैसे सरल और सहज ग्राह्य शब्द-संक्षेपों का प्रयोग करना शुरू कर दिया।

आधुनिक युग में शब्द-संक्षेपों की जो अप्रत्याशित रूप से वृद्धि हुई है, उसे देखते हुए उन्हें साधारण भाषा के अंतर्गत प्रयोग की जाने वाली प्राविधिक भाषा कह सकते हैं। गणितशास्त्र और रसायनशास्त्र में प्रयोग किए जाने वाले शब्द-संक्षेप राष्ट्रीयता, धर्म, वर्ण आदि का बंधन तोड़कर हर

जगह समान रूप से प्रयुक्त होते हैं। शैक्षणिक जगत में डिग्री और पाठ्यक्रम प्रायः शब्द-संक्षेपों से ही जाने जाते हैं। बीए, एमए, पीएचडी आदि शब्द अब इतने अधिक प्रचलित हो चुके हैं कि इनके मूल रूप बैचलर ऑफ आर्ट्स मास्टर ऑफ आर्ट्स तथा डॉक्टर ऑफ फिलॉसफी आदि का प्रयोग प्रमाण-पत्रों के अतिरिक्त शायद ही कहीं होता हो। शब्द-संक्षेप से कई बार कुछ-का-कुछ अर्थ समझ लिया जाता है या अप्रचलित शब्द-संक्षेप पाठक के मन में भ्रम पैदा करते हैं।

महेंद्र राजा जैन

शब्दकोश

शब्दों के अर्थ या उसके हिज्जे, उच्चारण, उत्पत्ति आदि के संबंध में जानकारी का प्रधान साधन शब्दकोश है। शब्दकोश का संबंध शब्द विशेष से ही होता है, न कि उस वस्तु से जिसका प्रतिनिधित्व वह शब्द विशेष करता है। आधुनिक बृहद शब्दकोशों की यह भी एक विशेषता मानी जाती है कि वे अकसर विश्वकोशों के समान किसी वस्तु के विषय में सूचना देने के साथ-ही-साथ शब्द के संबंध में भी सूचना देते हैं। इस प्रकार एक अच्छा शब्दकोश दो प्रकार के संदर्भ ग्रंथ यानी विश्वकोश एवं शब्दकोश, दोनों का काम करता है।

कुछ शब्दकोशों में शब्दों का अर्थ स्पष्ट करने तथा उनकी प्राचीनता का प्रमाण देने के लिए उद्धरण भी दिए जाते हैं। कुछ में प्रसिद्ध विद्वानों, लेखकों, नेताओं आदि के उद्धरण भी शब्द के अर्थ के साथ दिए रहते हैं। इस प्रकार किसी स्वतंत्र 'उद्धरण कोश' के अभाव में इस प्रकार के शब्दकोश उपयोगी बन जाते हैं। कुछ शब्दकोशों के परिशिष्ट के रूप में सूचकाक्षरों की सूची (उनके पूरे शब्दों के साथ), नाप-तोल की तालिका, विदेशी शब्दों की सूची आदि भी दी होती है। शब्दकोश एकभाषी, द्विभाषी और बहुभाषी कई प्रकार के हो सकते हैं। एक भाषा से दूसरी भाषा में अनुवाद-कार्य के लिए द्विभाषी कोश बहुत उपयोगी एवं आवश्यक होते हैं, पर वैज्ञानिक एवं तकनीकी शब्दों के अर्थ के लिए विशेष रूप से तैयार किए गए 'विषयकोश' का ही उपयोग करना चाहिए।

शब्दकोश की गुणवत्ता के स्तर को परखने के लिए देखना चाहिए कि कोश में प्रत्येक शब्द का विवेचन किस प्रकार किया गया है, जैसे—शब्द के हिज्जे शुद्ध हैं या अशुद्ध; हिज्जे के चयन में किन सिद्धांतों को अपनाया गया है; शब्द के बहुवचन, क्रिया रूप, कृदंत आदि भी दिए गए हैं या नहीं। शब्दों का उच्चारण दिया गया है या नहीं। इन चीजों के अलावा व्युत्पत्ति के संदर्भ में जांच लेना चाहिए : (1) शब्द का इतिहास दिया गया है या नहीं; (2) किसी शब्द के अर्थ में समय-समय पर जो परिवर्तन हुए हैं या होते रहे हैं, उनका उल्लेख है या नहीं; (3) शब्द की परिभाषा स्पष्ट, सही और सटीक है या नहीं; (4) कठिन शब्दों का अर्थ और परिभाषा स्पष्ट करने के लिए उदाहरण और उद्धरण भी दिए गए हैं या नहीं; (5) उद्धरण किस रूप में दिए गए हैं और उद्धरणों का सही-सही संदर्भ दिया गया है या नहीं; (6) क्या संदर्भ कालक्रम से रखे गए हैं और प्रत्येक के साथ समय दिया गया है ताकि शब्द विशेष का इतिहास भी मालूम हो सके? क्या शब्द के साथ उसका परिचय, जैसे—स्तरीय, अप्रचलित, बोलचाल-संबंधी आदि दिया गया है? शब्द के पर्यायवाची शब्द और विलोम भी दिए गए हैं या नहीं? शब्द के साथ विश्वकोश के समान सूचना भी दी गई है या नहीं? संज्ञा शब्दों के साथ चित्र भी दिए गए हैं या नहीं? कुछ विशेष प्रकार के शब्द, जैसे—नाम, विदेशी या अन्य भाषाओं के शब्द और कहावतें, भौगोलिक नाम आदि भी शामिल किए गए हैं या नहीं तथा उन्हें किस रूप में दिया गया है—मूल कोश में या अलग से परिशिष्ट और सूचियों के रूप में। सूचकाक्षर किस रूप में दिए गए हैं? ये सभी चीजें जितनी अधिक होंगी, शब्दकोश की गुणवत्ता उतनी अधिक होगी।

शब्दकोश हमेशा काम में आने वाली पुस्तक होती है और एक ही शब्दकोश एक ही परिवार में दो-

चार नहीं, वरन अनेक वर्षों तक परिवार के सभी उम्र के सदस्यों द्वारा उपयोग में लाया जाता है, अतः उसकी जिल्द पर भी ध्यान देना बहुत आवश्यक होता है।

हिंदी शब्दकोश : हिंदी के 'गौरी नागरी कोश', 'मंगल कोश' आदि कुछ शुरुआती शब्दकोश थे, पर उन्हें कोशविज्ञान के आधार पर तैयार नहीं किया गया था। नागरी प्रचारिणी सभा (स्थापना : 1893) से 1909 से 1921 के बीच बाबू श्यामसुंदर दास के प्रधान संपादकत्व में 11 खंडों वाला 'हिंदी शब्दसागर' निकला जो महत्वपूर्ण था। इसके लगभग साढ़े पांच हजार पृष्ठों के ग्यारह खंडों में दो लाख सात हजार शब्द हैं। कोशकार रामचंद्र वर्मा के शब्दों में, 'हिंदी वालों के लिए तो यह सर्वश्रेष्ठ और आदर्श था ही, भारतीय भाषाओं में यह अपने ढंग का पहला कोश था।' इसका बाद में संक्षिप्त संस्करण भी निकला।

1942 में कालिका प्रसाद, राजबल्लभ सहाय तथा मुकुंदीलाल श्रीवास्तव के संपादन में दो खंडों में 'वृहत हिंदी कोश' (ज्ञानमंडल) प्रकाशित हुआ। हिंदी साहित्य सम्मेलन द्वारा तैयार किए गए 'मानक हिंदी कोश' (5 खंड) का सारा ढांचा बदलकर उसे बाद में बिल्कुल नया, युक्तिसंगत, वैज्ञानिक तथा व्यवस्थित रूप दिया गया। इसके संपादक रामचंद्र वर्मा के ही शब्दों में, 'हिंदी शब्दसागर' में 'शब्दों के बाह्य शरीर, उनके अंगों-उपांगों तथा रूप-रंग आदि का ही विवेचन था, पर 'मानक कोश' में शब्दों की आत्मा तक पहुंचने का प्रयत्न किया गया है।' इसका भी अभी तक संशोधित संस्करण प्रकाशित नहीं हो सका है। इन दोनों ही कोशों का संशोधन/परिवर्धन न होने के बावजूद ये अभी भी हिंदी के मानक कोश माने जाते हैं।

मुकुंदीलाल श्रीवास्तव ने ज्ञानमंडल के लिए बाद में जो 'ज्ञान शब्दकोश' तैयार किया, उसमें 72,000 से अधिक शब्द हैं। यह एक खंडीय शब्दकोश इतना पसंद किया गया कि दो वर्षों के अंदर इसका 'परिवर्द्धित संस्करण' प्रकाशित हुआ। नए संस्करण में पहले संस्करण में छूटे हुए शब्द बीच में न बढ़ाकर अलग परिशिष्ट के रूप में रख दिए गए हैं। शीधे शब्दों में कहा जाए तो यह सही अर्थ में परिवर्द्धित संस्करण न होकर पहले संस्करण का पुनर्मुद्रण ही है, जिसमें अलग से एक परिशिष्ट जोड़ दिया गया है। दैनिक व्यवहार की दृष्टि से 'लोकभारती बृहत प्रामाणिक कोश' जनसाधारण के लिए उपयोगी है। इसमें पिछली आधी सदी में हिंदी में व्यवहृत अनेक विदेशी शब्दों को भी शामिल किया गया है। हिंदी शब्दकोशों में 'वर्धा हिंदी शब्दकोश' (रामप्रकाश सक्सेना) है जो महात्मा गांधी अंतरराष्ट्रीय हिंदी विश्वविद्यालय द्वारा तैयार कराया गया है। संपादक का प्रयत्न रहा है कि हमारे समय की समावेशी हिंदी के अधिकतम प्रचलित शब्द इस कोश में आ सकें।

अंग्रेजी-हिंदी द्विभाषी कोशों में सर्वाधिक प्रचलित फादर कामिल बुल्के का 'अंग्रेजी-हिंदी कोश' है, जिसमें शब्दों के चुनाव और उच्चारण को लेकर स्पष्टता है। हरदेव बाहरी का दो खंडों वाला 'बृहत अंग्रेजी-हिंदी कोश' (ज्ञानमंडल) विशेष रूप से उल्लेखनीय है। ये दोनों ही कोश आधी सदी पूर्व प्रकाशित हुए और अभी तक इनका पुनर्मुद्रण ही हो रहा है यानी इन्हें समय की मांग के अनुसार संशोधित नहीं किया गया है। अन्य कोशों में 'संपूर्ण अंग्रेजी-हिंदी कोश' (भोलानाथ तिवारी एवं अन्य, किताबघर प्रकाशन), 'अंग्रेजी-अंग्रेजी-हिंदी शब्दकोश' (हरदेव बाहरी, ज्ञानमंडल) और 'प्रभात वृहत अंग्रेजी-हिंदी कोश (बदरीनाथ कपूर, प्रभात प्रकाशन) उल्लेखनीय हैं। इस वर्ग में नवीनतम अरविंद कुमार का 'अरविंद वर्ड पावर : इंग्लिश-हिंदी' (अरविंद लिंग्विस्टिक्स) है। प्रकाशक के अनुसार, यह उन लोगों के लिए है जो अंग्रेजी या हिंदी में संवाद करना चाहते हैं। वस्तुतः यह कोश मूलतः हिंदी वालों को अंग्रेजी में संवाद करने की अपनी क्षमता बढ़ाने में सहायक होने का प्रयास है। लगभग डेढ़ हजार पृष्ठों के इस कोश में 60 हजार से ज्यादा शब्द हैं।

उत्तर प्रदेश हिंदी संस्थान द्वारा प्रकाशित 'उर्दू-हिंदी शब्दकोश' (मुस्तफा खाँ मद्दाह) पहली बार 1959 में प्रकाशित हुआ। प्रकाशित होते ही यह इतना लोकप्रिय हुआ कि तब से अब तक इसका कई बार

पुनर्मुद्रण हो चुका है। 'केंद्रीय हिंदी निदेशालय' ने 'हिंदी-उर्दू कोश', 'हिंदी-उड़िया कोश', 'हिंदी-असमिया कोश', 'हिंदी-गुजराती कोश', 'हिंदी-मलयालम कोश', 'हिंदी-मराठी कोश', 'हिंदी-सिंधी कोश' आदि कुछ क्षेत्रीय भाषाकोश तैयार कराकर प्रकाशित किए हैं जिनका उद्देश्य हिंदी जगत को क्षेत्रीय भाषाओं और क्षेत्रीय भाषा-भाषी जन-समुदाय से परिचित कराना है। इन कोशों में आज के बोलचाल के शब्द हैं। केंद्रीय हिंदी निदेशालय ने 'हिंदी-असमिया-अंग्रेजी कोश', 'हिंदी-बांग्ला-अंग्रेजी कोश', 'हिंदी-गुजराती-अंग्रेजी कोश', 'हिंदी-कन्नड़-अंग्रेजी कोश' आदि कुछ त्रिभाषा कोश भी प्रकाशित किए हैं जो संविधान में स्वीकृत किसी एक भाषा के जानने वाले छात्रों, शोधकर्ताओं आदि के लिए भाषा का आदान-प्रदान सुगम बनाने के उद्देश्य से बहुत उपयोगी हैं।

नेशनल बुक ट्रस्ट द्वारा प्रकाशित 'समांतर कोश' (अरविंद कुमार एवं कमल कुमार) हिंदी का पहला थिसारस है। संकलनकर्ता के अनुसार, थिसारस उपयोग करने वालों की शब्द-संख्या को न केवल कई गुना बढ़ा देता है बल्कि अभिव्यक्ति की राह में आने वाली अनेक कठिनाइयों को दूर कर देता है। वास्तव में थिसारस या समांतर कोश और शब्दकोश एक-दूसरे के विपरीत होते हैं। किसी शब्द का अर्थ जानने के लिए हम शब्दकोश का सहारा लेते हैं, लेकिन जब बात कहने के लिए हमें किसी शब्द की तलाश होती है तो लाख शब्दों को समाए होने के बावजूद शब्दकोश हमें वह शब्द नहीं दे सकता, जबकि थिसारस यह काम बड़ी आसानी से कर सकता है। थिसारस को एक प्रकार से पर्याय कोश भी कहा जा सकता है। थिसारस की सहायता से किसी भी ज्ञात शब्द के सहारे किसी भी अज्ञात या विस्मृत शब्द तक तत्काल पहुंचा जा सकता है। 'समांतर कोश' पहले दो खंडों में था और किसी भी शब्द का प्रयोग करने के लिए दोनों खंड देखना आवश्यक होता था। अतः बाद में इसे एक खंड कर 'बृहद समांतर कोश' नाम से प्रकाशित किया गया।

हिंदी में इन कोशों के अतिरिक्त पारिभाषिक शब्दकोश, भाषाविज्ञान कोश, पर्यायवाची कोश, राजनीति विज्ञान कोश, शासन शब्द-संग्रह तथा विविध विषयों, जैसे—विज्ञान, व्यवसाय, कृषि, अर्थशास्त्र, कानून आदि के शब्दकोश/शब्दावलियां भी उपलब्ध हैं।

उर्मिला जैन, महेंद्र राजा जैन

शब्दकोश.कॉम

यह इंटरनेट पर आधारित हिंदी शब्दकोश है जिसमें हिंदी और अंग्रेजी सहित अनेक भारतीय भाषाओं के शब्दों के अर्थ ढूंढना संभव है। इसका डेटाबेस काफी समृद्ध है जिसका कारण है खुद प्रयोक्ताओं द्वारा नए शब्दों का योगदान। अंग्रेजी शब्दों के हिंदी अर्थ ढूंढने हों या हिंदी शब्दों के अंग्रेजी मायने, यहां दोनों उपलब्ध हैं। किसी शब्द के अर्थ बताते समय उसके पर्यायवाची शब्द भी सुझाए जाते हैं और उससे जुड़े विशेषण, क्रियाएं आदि भी। ज्यादातर अंग्रेजी शब्दों का उच्चारण भी उपलब्ध है। अगर किसी शब्द का अर्थ न मिले तो आप खुद भी अन्य लोगों की सहूलियत के लिए उसे शब्दकोश के डेटाबेस में जोड़ सकते हैं। हिंदी और अंग्रेजी के अलावा यहां मौजूद अन्य भाषाएं हैं—गुजराती, कन्नड़, मलयालम, मराठी, पंजाबी, तमिल और तेलुगु। वेबसाइट—shabdkosh.com

बालेंदु शर्मा दाधीच

शब्दालंकार

शब्दालंकार की सृष्टि मुख्यतः शब्द की ध्वनि के आधार पर होती है। ये अर्थनिरपेक्ष होते हैं और शब्द-आश्रित होने के कारण शब्दिक चमत्कार की सृष्टि करते हैं। शब्दालंकार कुछ वर्णगत, कुछ शब्दगत और कुछ वाक्यगत होते हैं। प्रमुख शब्दालंकार पांच हैं—अनुप्रास, यमक, पुनरुक्तवदाभास, श्लेष और वक्रोक्ति।

1. अनुप्रास—जिस अलंकार में वर्णों या व्यंजनों में किसी प्रकार की समानता हो, वह अनुप्रास है। इसके पांच भेद हैं—छेकानुप्रास, वृत्यनुप्रास, श्रुत्यनुप्रास, अंत्यानुप्रास और लाटानुप्रास।

छेकानुप्रास—जहाँ एक या अनेक वर्णों की क्रमानुसार आवृत्ति केवल एक बार हो अर्थात एक या अनेक वर्णों का प्रयोग केवल दो बार हो, जैसे—'रामराज्य अभिषेक सुनि, हिय हरषे नर-नारि।' इसमें 'राम' और 'राज्य' में 'र' का प्रयोग दो बार और इसी तरह 'हिय' और 'हरषे', 'नर' और 'नारि' में भी 'ह' और 'न' का प्रयोग दो बार हुआ है। इसलिए अनेक वर्णों की आवृत्ति एक बार होने से यहां छेकानुप्रास है।

वृत्यनुप्रास—जहाँ वृत्तियों (उपनागरिका, परुषा और कोमला) के अनुसार एक या अनेक वर्णों की आवृत्ति क्रमपूर्वक अनेक बार हो। इसका आधार वृत्तियां है। वर्णों की नियमानुसार 'योजना' को 'वृत्ति' कहते हैं। भिन्न-भिन्न रसों के वर्णन में भिन्न-भिन्न वर्ण-योजना का प्रयोग होता है। वर्णयोजना की विभिन्नता के कारण वृत्ति के तीन प्रकार हैं—उपनागरिका, परुषा और कोमला। इन्हीं को क्रमशः वैदर्भी, गौड़ीय और पांचाली भी कहा जाता है। उदाहरण :

बिघन बिदारन बिरद बर, बारन, बदन, बिकास।
बर दे बहुत बढ़े बिसद, बाणी बुद्धि, बिलास।

श्रुत्यनुप्रास—एक ही उच्चारण स्थान से उच्चरित होने वाले वर्णों की जहाँ आवृत्ति हो, वहां 'श्रुत्यनुप्रास' होता है। एक-स्थानीय वर्णों का एक पद में होना कविता में शक्ति और माधुर्य का उत्पादन करता है। उदाहरण : 'पाप पहार प्रगट भई सोई, भरी क्रोध जल जाइ न जोई।' यहां ओष्ठ्य (प) एवं तालव्य (ज) वर्णों की आवृत्ति के कारण श्रुत्यनुप्रास है।

अंत्यानुप्रास—छंद के अंतिम चरण में स्वर-व्यंजन की समता अन्त्यानुप्रास कहलाती है। इसके भेद सर्वांत्य, समांत्य-विषयांत्य, समांत्य, सम-विषमांत्य और अतुकांत हैं जिनमें क्रमशः सभी चरणों में अंत के वर्णों में समानता, सम चरणों अर्थात दूसरे, चौथे चरणों में अन्त के वर्णों में समानता, विषम अर्थात प्रथम, तृतीय आदि चरणों में अंत के वर्णों में समानता तथा समविषमों में अंत्य की समानता पाई जाती है। उदाहरण :

या अनुरागी चित्त की, गति समुझे नहिं कोय।
ज्यौं ज्यौं भीजै स्याम रंग, त्यौं त्यौं उज्जलु होय।

यहां अंत में वर्णसमता है, अतः समान तुकांत के कारण यहां अंत्यानुप्रास है। निम्न पदों में भी चरणांत में वर्णों की समता के कारण अंयानुप्रास है। अन्य उदाहरण :

मानस मंदिर में सती, पति की प्रतिमा थाप।
जलती सी उस विरह में बनी आरती आप।
(मैथलीशरण गुप्त)

लाटानुप्रास—जहाँ समानार्थक शब्दों अथवा वाक्यों की आवृत्ति हो, परंतु अन्वय करने से उनका अर्थ बदल जाए, वहां 'लाटानुप्रास' होता है। लाट एक देश (दक्षिणी गुजरात) का नाम है। लाट देश में अधिक प्रचलित होने के कारण ही इस अलंकार का नाम लाटानुप्रास है। उदाहरण :

पराधीन को है नहीं स्वाभिमान सुख-स्वप्न।
पराधीन जो है नहीं स्वाभिमान सुख-स्वप्न।

इस दोहे की दोनों पंक्तियां प्रायः समान हैं। शब्दार्थ की दृष्टि से उनमें भिन्नता नहीं है, किंतु अन्वय करने से दोनों पंक्तियों का अर्थ एक-दूसरे से भिन्न हो जाता है। पहली पंक्ति का अर्थ है—पराधीन मनुष्य को स्वाभिमानरूपी सुख स्वप्न प्राप्त नहीं होता अर्थात वह इससे वंचित रहता है। दूसरी पंक्ति का अर्थ है—जो मनुष्य पराधीन नहीं है उसे स्वाभिमान का सुख-स्वप्न प्राप्त है। पहली पंक्ति में 'नहीं' को स्वाभिमान के साथ लगाया गया है और दूसरी पंक्ति में 'नहीं' को 'पराधीन' के साथ। इस प्रकार यहां अर्थ-भेद का कारण केवल अन्वय ही है। इसी एक अन्य उदाहरण है :

'औरन के जाचे कहा, नहिं जाच्यो सिवराज।
औरन के जाचे कहा, जो जाच्यो सिवराज।'

2. यमक–जहाँ पद एक से हों लेकिन उनके अर्थ भिन्न हों, वहां यमक अलंकार होता है। इसमें भिन्नार्थक शब्दों या निरर्थक वर्ण-समूह की आवृत्ति

होती है। आचार्य केशवदास ने यमक को अत्यंत सरल ढंग से पारिभाषित करते हुए कहा है—

पद एकै नाना अरथ जिनसे जेतो बित्त।
तामे ताको काढ़िये यमक माहि दै चित्त।

यमक अलंकार के आचार्यों ने मुख्यतः तीन भेद किए हैं—(1) आदिपद यमक, (2) मध्यपद यमक और (3) अंत पद यमक। 'यमक' शब्द का अर्थ है— जोड़ा। इस अलंकार का नाम 'यमक' इसीलिए रखा गया है, क्योंकि इसमें एक जैसे दो शब्द प्रयुक्त होते हैं। निरर्थक वर्ण-समूह की अपेक्षा सार्थक शब्दों की आवृत्ति यमक के चमत्कार में ज्यादा वृद्धि करती है। सार्थक शब्दों वाले यमक को अभंगपद यमक कहते हैं, क्योंकि इसमें शब्दों को तोड़ना नहीं पड़ता। दूसरी ओर निरर्थक वर्ण-समूह स्वयं पूरे नहीं होते। वे केवल दूसरे शब्दों के खंडमात्र होते हैं। निरर्थक यमक को सभंगपद यमक कहते हैं। उदाहरण :

ऊंचे घोर मंदर के अंदर रहनवारी
ऊंचे घोर मंदर के अंदर रहाती हैं।
कंदमूल भोग करैं कंदमूल भोग करैं,
तीन बेर खातीं ते वै तीन बेर खाती हैं।
भूखन सिथिल अंग भूखन सिथिल अंग,
विजन डोलाती ते वै विजन डोलाती हैं।
भूषन भनत सिवराज वीर तेरे त्रास,
नगन जड़ाती ते वै नगन जड़ाती हैं।
(अभंगपद यमक)

यहां मंदर, कंदमूल, तीन बेर, भूखन, विजन, नगन आदि शब्दों की आवृत्ति हुई है। ये भिन्नार्थक हैं, इसलिए यहां 'अभंगपद यमक' है। शब्दों को तोड़ने की यहां आवश्यकता नहीं पड़ी। सभंगपद यमक का उदाहरण :

'दुखित है धनहीन, धनी सुखी, यह विचार परिष्कृत है यदि।
मन युधिष्ठिर फिर क्यों हुई, विभवता भवताप-विधायिनी।'

यहां भवता शब्द की आवृत्ति हुई है जो कि निरर्थक है तथा 'विभवता' और 'भवताप' शब्दों को तोड़ा गया है। अतः 'सभंगपद यमक' है।

3. पुनरुक्तवदाभास—जहाँ भिन्न आकार वाले ऐसे भिन्नार्थक शब्द प्रयुक्त हों जो सामान्य रूप से समानार्थक प्रतीत हों, वहां पुनरुक्तवदाभास अलंकार होता है। इसमें शब्द की पुनरुक्ति नहीं होती, केवल पुनरुक्ति का आभास मात्र होता है। सर्वप्रथम उद्भट के 'काव्यालंकार सारसंग्रह' में इसका स्वतंत्र विवेचन मिलता है—'पुनरुक्ताभाससभिन्नवस्त्विवो भासि भिन्नरूपपदं पदम' (1/1) अर्थात दो विभिन्न रूप-पदों की एक अर्थप्रतीति। उद्भट ने स्पष्टतः इसको शब्दालंकार नहीं कहा है। मम्मट के आधार पर परिभाषा इस प्रकार हो सकती है—'जहाँ भिन्न आकार वाले भिन्नार्थक पदों में वस्तुतः अर्थसादृश्य न होने पर भी अर्थसाम्य प्रतीत हो' (काव्य., 9/86)। इनके अनुसार यह शब्दगत और शब्दार्थगत होता है तथा शब्दगत भी अभंग और सभंग, दो प्रकार का होता है। जयदेव ने इसी को 'पुनरुक्त प्रतीकाश' माना है। साहित्यदर्पणकार ने मम्मट का अनुसरण किया है। रुय्यक ने इसे अर्थालंकार माना था। हिंदी के प्रसिद्ध आचार्यों में चिंतामणि, भूषण, कुलपति, भिखारीदास आदि ने इसको शब्दालंकारों में स्वीकार किया है तथा आधुनिक काल में मुरारिदीन को छोड़कर सभी ने इसका विवेचन किया है। भिखारीदास ने इस अलंकार की परिभाषा इस प्रकार से दी है—'कहत लगै पुनरुक्ति सो, पै पुनरुक्ति न होइ। पुनरुक्तिवदाभास तेहि, कहत सकल कवि लोइ।' उदाहरण :

'वंदनीय केहि के नहीं ते कविन्द मतिमान।
सरग गए हूं काव्य जस जिनको जगत जहान।

उपर्युक्त पद्य के अंतिम दोनों भिन्नाकार शब्द (जगत, जहान) भिन्नार्थक होते हुए भी समानार्थक से प्रतीत होते हैं। वास्तव में ये भिन्न-भिन्न अर्थों को व्यंजित करते हैं। 'जगत' का अर्थ है 'जगमगाना' और 'जहान' का अर्थ है 'संसार'।

4. श्लेष—जहाँ एक शब्द से अभिधाशक्ति के द्वारा दो या दो से अधिक अर्थों की प्रतीति हो, वहां 'श्लेष' अलंकार होता है। 'श्लेष' शब्द 'श्लिष' धातु से बना है। श्लिष्ट का अर्थ है चिपकना, मिलना

अथवा संयोग। इसमें एक शब्द के साथ अनेक अर्थों का संयोग रहता है अर्थात एक शब्द के साथ अनेक अर्थ लगे रहते हैं। जिस शब्द के एक से अधिक अर्थ होते हैं, उसे श्लिष्ट कहते हैं। जहाँ ऐसे शब्दों का प्रयोग होता है, वहां 'श्लेष' की स्थिति मानी जाती है। इस अलंकार के दो भेद हैं–(1) शब्दश्लेष और (2) अर्थश्लेष। जहाँ श्लेष मूलतः शब्दाश्रित रहता है, वहां 'शब्दश्लेष' होता है। 'अर्थश्लेष' में श्लिष्ट शब्दों के स्थान पर यदि उनके पर्याय शब्द रख दिए जाएं, तब भी श्लेष अलंकार ज्यों-का-त्यों बना रहता है। इसका विशेष संबंध अर्थ के साथ ही रहता है, शब्द के साथ नहीं। इसके दो भेद हैं–अभंग और सभंग। जहाँ संपूर्ण शब्द के दो अर्थ हों, वहां अभंगश्लेष होता है और जहाँ पूरे शब्द का अर्थ तो भिन्न हो, परंतु शब्द का 'विच्छेद' करने पर भिन्न अर्थ हों, वहां सभंगश्लेष होता है। दंडी ने 'काव्यादर्श' में श्लेष को सभी अलंकारों का शोभाकारक माना है। इनके मत को हेमचंद्र तथा विश्वनाथ ने स्वीकार किया है। मम्मट ने रुद्रट के अनुसरण पर श्लेष का लक्षण दिया है–'वाच्यभेदेन भिन्ना यद् युगपद् भाषणस्पृशः' (काव्यप्रकाश, 9.84) अर्थात अर्थभेद के कारण परस्पर भिन्न शब्दों का उच्चारण सारूप्य के कारण एकरूप प्रतीत होना।

हिंदी में केशवदास ने 'कविप्रिया' में 'श्लेष की परिभाषा निम्न प्रकार से की है–'दोय तीनि अरु भांति बहु, जानत जामे अर्थ। श्लेष नाम तासों कहत, जिनकी बुद्धि समर्थ, तिनमें एक अभिन्न पद, अपर भिन्न पद जानि'। कुलपति ने 'रसरहस्य' में लक्षण तथा भेद मम्मट के आधार पर दिए हैं। जसवंत सिंह ने अप्पय दीक्षित का अनुसरण किया है। इन्हीं के समान भूषण, मतिराम आदि ने भी 'श्लेष' को अर्थालंकार के अंतर्गत स्वीकार किया है।

संस्कृत साहित्य में इस अलंकार को अधिक महत्व प्राप्त है। 'राघवपांडवीय' नामक एक महाकाव्य ही इस अलंकार में लिखा गया है। हिंदी साहित्य में भी इस अलंकार का यथेष्ट प्रयोग हुआ है। आधुनिक कवियों ने भी 'श्लेष' का सुंदर प्रयोग किया है, यथा–

'करुणे क्यों रोती है, 'उत्तर' में और अधिक तू रोई, मेरी विभूति है जो उसकी भवभूति क्यों कहे कोई?' (साकेत)। शब्दश्लेष का उदाहरण :

जो रहीम गति दीप की, कुल कपूत गति सोय।
बारे उजियारो लगे, बढ़े अंधेरो होय।।

उपर्युक्त दोहे में 'बारे' शब्द के दो अर्थ हैं–'लड़कपन में' और 'जलाने पर'। इसी तरह 'बढ़े' शब्द के भी दो अर्थ हैं–'बड़ा होने पर' और 'बुझ जाने पर'।

5. वक्रोक्ति–जहाँ किसी उक्ति का अर्थ वक्ता के अभिप्राय से भिन्न समझा जाए, वहां 'वक्रोक्ति' अलंकार होता है। भामह ने अपने 'काव्यालंकार' में इसे अधिक महत्व दिया है। उनके अनुसार 'नितांत' आदि शब्दों द्वारा शब्द और अर्थ की उक्ति ही वाणी-सौष्ठव नहीं हो जाता। कुंतक ने 'वक्रोक्ति' को काव्य का जीवन ही माना है। रुद्रट ने 'काव्यालंकार' में इसे शब्दालंकार के रूप में स्वीकार किया है और इसके श्लेष तथा काकु, दो भेद भी माने हैं। रुय्यक तथा जयदेव को छोड़कर बाद के अन्य आचार्यों ने भी इसे शब्दालंकार माना है।

हिंदी में इस अलंकार के संबंध में स्थिति स्पष्ट नहीं है। केशव, जसवंत सिंह भूषण तथा मतिराम आदि ने इसे अर्थालंकार के अंतर्गत रखा है। केशव ने 'वक्रोक्ति ' को व्यंग्य का पर्यायवाची माना है–'सूधी बात में बरनिय टेढ़ों भाव' (क.प्र.) भूषण ने इसी भाव को 'अरथ लगावै और' कहकर व्यक्त किया है। वस्तुतः शब्दालंकार मानने वालों तथा अर्थालंकार मानने वालों के मतों में स्पष्ट अंतर नहीं है। कन्हैयालाल पोद्दार ने दोनों रूपों में इसे स्वीकार किया है। चिंतामणि, कुलपति, सोमनाथ तथा दास ने इसे शब्दालंकार के रूप में स्वीकार किया है, पर इनके लक्षणों तथा उदाहरणों में अस्पष्टता है जिससे यह कहा नहीं जा सकता कि इन्होंने इसे शब्दालंकार समझा है या अर्थालंकार।

वक्रोक्ति अलंकार दो प्रकार का होता है–(1) श्लेष वक्रोक्ति और (2) काकु वक्रोक्ति।

श्लेष वक्रोक्ति—श्लेष वक्रोक्ति में किसी शब्द के अनेक अर्थ होने के कारण वक्ता के अभिप्रेत अर्थ में अन्य अर्थ ग्रहण किया जाता है। जैसे इस उदाहरण में राधा ने 'घनश्याम' का दूसरा अर्थ 'बादल' लिया है, यथा—

को तुम? हैं घनश्याम हम, तो बरसो किंत जाय।
नहिं, मनमोहन हैं प्रिये! फिर क्यों पकरत पाय।

काकु-वक्रोक्ति—यहां कंठ-ध्वनि अर्थात बोलने के लहजे के द्वारा दूसरा अर्थ कल्पित किया जाता है, जैसे—

कह कपि धर्मशीलता तोरी। हमहु सुनी कृत परतिय चोरी।
धर्मशीलता तव जग जागी। पावा दरस हमहुं बड़भागी।

जब रावण अपनी धर्मशीलता का वर्णन करता है, तब अंगद रावण को कहता है—तुम्हारी धर्मशीलता प्रसिद्ध है कि तूने पर-स्त्री (सीता) का हरण किया है। हम बड़े भाग्यशाली हैं जिन्हें तुम्हारे दर्शन प्राप्त हुए हैं। यह शब्द अंगद ने कंठध्वनि को विकृत करके (लहजे को बदलकर) कहे हैं, जिसका अर्थ यह निकलता है कि तुम महापापी हो। इसलिए यहां काकु-वक्रोक्ति है।

सरोज सिंह

शरतचंद्र चट्टोपाध्याय

(1876–1938)

शरतचंद्र चट्टोपाध्याय

बांग्ला के कथाकारों में सर्वाधिक लोकप्रिय एवं ख्यातिलब्ध कथाकार शरतचंद्र का जन्म बंगाल के हुगली जिले के देवानंदपुर ग्राम में हुआ था। शरतचंद्र की साहित्य साधना का आरंभ भागलपुर में हुआ। उनके कई उपन्यास और कहानियां, जो परवर्ती काल में प्रकाशित होकर उनकी यश-वृद्धि में सहायक हुईं, इसी समय लिखी गई थीं। इन रचनाओं में 'अनुपमा का प्रेम', 'बाल्यस्मृति', 'शुभदा', 'बड़ी दीदी', 'चंद्रनाथ', 'देवदास' आदि प्रमुख हैं। बर्मा में निवास के दौरान लिखी गई महत्वपूर्ण कृतियां हैं—'बिंदु का बेटा', 'विराज-बहू', 'परिणीता', 'पंडित-मोशाई', 'दर्पचूर्ण', 'पल्ली-समाज', 'श्रीकांत-1', 'चरित्रहीन' आदि। बांग्ला में वे 'अनिला देवी' के छद्मनाम से भी लिखते थे।

कुल मिलाकर उन्होंने पच्चीस उपन्यास, चार नाटक, सोलह कहानियां तथा बारह निबंधों की रचना की। निबंधों में 'नारी का मूल्य', 'स्वराज-साधना में नारी', 'साहित्य और नीति', 'भविष्यत बंग-साहित्य' आदि प्रमुख हैं। उनके दो उपन्यास 'पथ के दावेदार' तथा 'जागरण' अंग्रेजी राज के विरुद्ध असहयोग आंदोलन पर आधारित हैं। नारी मुक्ति के प्रबल पक्षधर शरत के अधिकतर उपन्यासों में बंगाल के पिछड़े क्षेत्रों एवं ग्रामीण जनपद के शोषित एवं वंचित नर-नारियों का मार्मिक चित्रण है। उनके उपन्यास रक्त-मांस से बने हुए, दोष और गुणों से भरे हुए साधारण मनुष्य की आशा-निराशा, व्यथा-वेदना, सपने देखने और उन सपनों के टूटने की कहानियां हैं। संभवतः इसलिए वे केवल

बंगाल के ही नहीं संपूर्ण भारत के पाठकों के सर्वाधिक प्रिय उपन्यासकार बन पाए थे। उन का कथा-साहित्य हिंदी सहित लगभग सभी भारतीय भाषाओं में अनूदित है। उनके उपन्यासों और कहानियों पर कई भाषाओं में सफल और लोकप्रिय फिल्में बनी हैं, जिनमें उल्लेखनीय हैं—देवदास, परिणीता, मझली दीदी, छोटी बहू, स्वामी आदि।

अवधेश प्रसाद सिंह

शरीयत

इस्लामी कानून को शरीयत कहते हैं। अल्लाह द्वारा दिया गया आदेश हजरत मुहम्मद द्वारा वाणीबद्ध कुरान में वर्णित उपदेशों, नियमों और हदीसों में उल्लिखित कर्म और आचरण शरीयत की इमारत हैं। इस्लाम धर्म में विश्वास रखने वाले दुनिया के सभी मुसलमान किसी-न-किसी रूप में अपने जीवन-कर्म में शरीयत का पालन करने के लिए बाध्य हैं, जैसे—शादी, मृत्यु, तलाक, औरत के अधिकार, शिक्षा, दान आदि शरीयत के अनुसार ही संपन्न किए जाते हैं।

इस्लाम के प्रारंभिक पांच इमामों—हनफी, मालिकी, शाफई, हम्बली और जाफरी—दारा बताए हुए नियम-कानून को मानने वालों के लिए ही शरीयत है। इन पांचों को मानने वालों के कर्मकांडों में थोड़ा-बहुत अंतर हो सकता है लेकिन उनके बुनियादी सिद्धांत में अंतर नहीं है।

दुनिया की अधिकांश लोकतांत्रिक सरकारें शरीयत कानून को मुस्लिम समाज के लिए उनका निजी कानून (पर्सनल लॉ) मानकर उसे स्वीकृत करती है, मगर अपने देश के कानून के विरुद्ध जाने वाली शरीयत अदालतों के आदेश फतवे को बाध्यमूलक भी नहीं मानतीं। इस अर्थ में दुनिया के कुछ मुस्लिम राष्ट्रों को छोड़कर व्यावहारिक रूप में शरीयत कानून की भूमिका धार्मिक और नैतिक पथ-प्रदर्शन तक सीमित है।

शरीयत के तहत प्राथमिक रूप से पांच धार्मिक आदेश क्रियाशील माने गए हैं—

1. नमाज—पांच वक्त की नमाज इस्लाम की बुनियादी शर्त है।

2. हराम—दैनिक जीवन में कुछ चीजों पर इस्लाम ने पाबंदी लगाई है, जैसे—शराब, सूद (ब्याज), सूअर का मांस, सहोदर के साथ वैवाहिक संबंध आदि।

3. मुश्तहब—दैनंदिन पांच वक्त की नमाज के अलावा ईद-बकराईद के अवसर पर बाजमात (समूह) नमाज पढ़ने की बाध्यता।

4. मकरूह—हदीस में उल्लिखित कुछ जीव-जंतुओं को खाने पर पाबंदी है, जैसे—केंकड़ा, कादा मछली, सर्प, कुत्ता, बिल्ली, बंदर, भालू आदि।

5. जायज—वे काम जिनके बारे में कुरान शरीफ और हदीस में उल्लेख नहीं है, उन पर चर्चा और निर्णय का दायित्व शरीयत को दिया गया है, जैसे—समुद्री अथवा हवाई मार्ग से यात्रा, नई तकनीक का प्रयोग आदि।

शरीयत के मुख्य स्रोत कुरान और हदीस ही हैं। खलीफाओं के जमाने में फौजदारी और दीवानी कानून की ही तरह काजी और मुस्लिम धर्माचार्य शरीयत के नियमों के पालन पर नजर रखते थे और उनकी व्याख्या करते थे।

भारत में 'ऑल इंडिया मुस्लिम पर्सनल लॉ' को कुछ मुस्लिम दार्शनिक और न्यायविद समाप्त करने की वकालत करते रहे हैं। उनका कहना है कि इस शरीयत कानून (पर्सनल लॉ) से शिया और अहमदिया मुसलमानों के साथ न्याय नहीं हो रहा है। इसका उदाहरण शाहबानो को गुजारा भत्ता देने के मामले में आया, जब 1986 में उच्चतम न्यायालय का आदेश उलट दिया गया था।

सेराज खान बातिश

अधिक जानकारी के लिए :

1. इस्लाम परिचय : अ. हमीदुल्लाह, (अनु.) मंसूर आगा, 1984, **2. इस्लामी आंदोलन : एक अध्ययन :** उस्ताद फही चकन, (अनु.) असरार अहमद खाँ, 1983

शहरीकरण

आबादी के ग्रामीण क्षेत्रों से शहरों की ओर स्थानांतरण को शहरीकरण (Urbanization) कहा जाता है। शहरीकरण की प्रक्रिया औद्योगिक क्रांति के साथ आरंभ हो गई थी, जब लोग गांवों में कृषि आधारित जीविका छोड़कर कल-कारखानों में रोजगार की तलाश में शहरों की ओर आकर्षित होने लगे थे।

मेसोपोटामिया और मिस्र की सभ्यताओं में प्राचीन नगरों के विकास से लेकर अठारहवीं सदी तक देखा जा सकता है कि गांवों में कृषि और परंपरागत कारीगरी के आधार पर जीविकोपार्जन कर रही विशाल आबादी और छोटे-छोटे शहरों में व्यापार और विनिर्माण के काम में लगी आबादी के अनुपात में एक स्थिरता बनी हुई थी। लेकिन अठारहवीं सदी में कृषि और उद्योग के क्षेत्र में आए क्रांतिकारी परिवर्तनों के कारण यह स्थिरता भंग हो गई। उन्नीसवीं सदी तक शहरी क्षेत्रों की आबादी में बहुत तेजी से वृद्धि हुई। उन्नीसवीं सदी के उत्तरार्द्ध में शिकागो, बीसवीं सदी में टोक्यो और नई दिल्ली की जनसंख्या में हुई तीव्र वृद्धि, ग्रामीण इलाकों से शहरों की ओर बड़े पैमाने पर आबादी के विस्थापन की कहानी कहती है। आबादी का यह विस्थापन आज तमाम विकासशील देशों में बहुतायत में दिखाई दे रहा है।

शहरीकरण ने मानव सभ्यता के इतिहास में प्रत्यक्ष और परोक्ष रूप से कुछ आधारभूत आर्थिक, सामाजिक और परिवेशगत परिवर्तनों को जन्म दिया है। नगरीकरण के तमाम अध्ययन भूगोल, समाजविज्ञान, अर्थशास्त्र, शहरी आयोजना, पर्यावरण, जन स्वास्थ्य, मनोविज्ञान, मानविकी तथा कला और सौंदर्यशास्त्र के संदर्भों से जुड़ते हैं। इस प्रक्रिया के कारण समुदायों के पारंपरिक जीविका के साधनों, प्रचलित जीवन-शैलियों, आत्मिक संबंधों, पारिवारिक ढांचों, परंपराबोध, जीवन-विश्वासों, रीति-रिवाजों, मूल्यों, रहन-सहन, खान-पान और पर्यावरण आदि पर शहरी संस्कृति का प्रभाव बढ़ता गया है।

शहरी जनसंख्या में तीव्र वृद्धि केवल नगरीय क्षेत्रों में रोजगार के अधिक अवसर उपलब्ध होने के कारण ही नहीं है बल्कि इसके पीछे आधुनिक विकास की योजनाओं में कृषि भूमि की हिस्सेदारी के तेजी से सिकुड़ते जाने, आत्मनिर्भर किस्म के भौतिक साधनों के क्षरण, प्रदूषण के बढ़ते खतरे, भूमि पर अनधिकृत कब्जे और आपसी कलह, शहरों में उपभोक्तावादी संस्कृति का अदम्य आकर्षण, आवागमन के साधनों के तीव्र विकास और व्यक्तिवादी चेतना के बढ़ते जाने को भी देखा जा सकता है। इसे आधुनिक शिक्षा के प्रचार-प्रसार, स्वास्थ्य सेवाओं के विकास, परंपरागत पितृसत्तात्मक व्यवस्था के टूटने, गांवों के परंपरागत समाजों में सदियों से चले आ रहे दमन तथा जाति व्यवस्था के शोषण से मुक्त होने की छटपटाहट और भयावह निर्धनता व हाशिए की जीवन स्थितियों से बाहर निकलने की इच्छाओं से जोड़कर भी देखा जा रहा है।

विडंबना यह है कि शहरों में जितनी तेजी से आबादी बढ़ी है, उस अनुपात में वहां भूमि का विस्तार और आधारभूत संरचनात्मक सुविधाएं नहीं बढ़ी हैं। इसका परिणाम यह हुआ है कि शहरीकरण की इस प्रक्रिया में आबादी का एक बड़ा हिस्सा शहरों की गंदी बस्तियों में अमानवीय स्थितियों में जीने को विवश है। इन स्थितियों ने शहरों में अस्वास्थ्यकर स्थितियों, प्रदूषण, यांत्रिक किस्म की जीवन-शैली, सतत मानसिक तनावों, असुरक्षा, घृणा की संकीर्ण राजनीति, अलगाववाद, बढ़ते हुए अपराधों और प्रवासियों के प्रति अभूतपूर्व संगठित हिंसा की स्थितियों को जन्म दिया है। भारत में पिछले एक दशक में एक राज्य से दूसरे राज्य में तथा एक ही राज्य के एक जिले से दूसरे जिले में जाने वालों की संख्या लगभग 10 करोड़ है। 2011 की जनगणना के अनुसार भारत की 31.16 फीसदी आबादी शहरों में रहती है और इसमें ज्यादातर लोग झुग्गी-बस्तियों में रहते हैं। एक अनुमान के मुताबिक आगामी दो दशकों में तमिलनाडु की 74.8 फीसदी, महाराष्ट्र की 61 फीसदी, गुजरात की 58 फीसदी, पंजाब की 52.2 फीसदी, कर्नाटक की 49.3 फीसदी आबादी शहरी हो जाएगी। विश्व बैंक शहरों में आकर

अधिक लोगों के बसने को सकारात्मक दृष्टिकोण से देखता है। शहरों में सड़क, यातायात, पानी तथा जन-सुविधाओं का काफी विस्तार हुआ है। अब शहरीकरण योजनाबद्ध तरीके से हो रहा है जिसमें पर्यावरण का पूरा महत्व है। शहरीकरण वैश्वीकरण के विस्तृत आयामों को भी दर्शाता है।

वैश्वीकरण एक नई शहरी व्यवस्था संभव बना रहा है और शहरीकरण को शहरी क्रांति का रूप दे रहा है। इससे 'स्मार्ट सिटी' की धारणा भी बनी है लेकिन संयुक्त राष्ट्र संघ की रिपोर्ट कुछ और कहती है। इसके अनुसार 1990 में जहाँ 65 करोड़ लोग शहरी गंदी बस्तियों में रह रहे थे, वहां 2012 में 86 करोड़ 3 लाख जनता शहरों में अमानवीय स्थितियों में रहने को विवश थी। इसका अर्थ है, शहरी व्यवस्था एक व्यापक सुधार के मुहाने पर खड़ी है। उपर्युक्त रिपोर्ट के अनुसार वर्ष 2008 के अंत तक संसार की आधी आबादी शहरों में जीविकोपार्जन कर रही थी और 2050 तक विकासशील देशों की 64 फीसदी और विकसित देशों की 86 फीसदी आबादी का शहरीकरण हो चुका होगा। इस आकलन के अनुसार वर्ष 2015 से 2030 के बीच सारी वैश्विक आबादी की वृद्धि नगरीय क्षेत्रों में ही होगी।

विजय कुमार

अधिक जानकारी के लिए :

1. Democracy and Urban Development in India : Rumi Ajaj, Academic Foundation in Association with Observer Research Foundation, 2012, **2. Urban Navigations : Politics, Space and the City in South Asia** : Jonathan Shapiro Anjuria and Colin McFariane, 2012, 3. **Urban Revolution :** Jele Brugmann, 2009

शांति आंदोलन

शांति आंदोलन का तात्पर्य शांति के लिए आंदोलन है लेकिन इसका विशिष्ट परिप्रेक्ष्य युद्धों का विरोध है। 'शांति' शब्द युद्ध के विरोध तक सीमित नहीं है। शांति शब्द को धार्मिक, सामाजिक, मनोवैज्ञानिक और नैतिक कई दृष्टियों से समझा जा सकता है। धर्म में अहिंसा और आत्मसंयम की अवधारणा का संबंध शांति से है। विभिन्न व्यक्तियों, समूहों और समुदायों के बीच किसी भी तरह के तनाव और संघर्ष को रोकने की कोशिश भी शांति की कोशिश है। धार्मिक और नैतिक दृष्टि से अहिंसा और शांति को युद्ध और हिंसा की तुलना में उच्चतर मानव मूल्य माना जाता रहा है। लेकिन जब शांति आंदोलन की बात की जाती है, तो उसका विशिष्ट ऐतिहासिक संदर्भ है। वैसे तो युद्ध की आशंका या युद्ध के भयावह परिणामों को ध्यान में रखकर अहिंसा और शांति की बात हजारों साल से की जाती रही है। अशोक की कलिंग विजय और उसके बाद बौद्ध भिक्षु द्वारा उसके घातक परिणामों को दिखाने के बाद ही अशोक ने युद्ध न करने का निश्चय किया था। इसी तरह द्वितीय विश्वयुद्ध के दौरान लगभग पांच करोड़ सैनिक और असैनिक मारे गए थे। इस युद्ध के अंतिम चरण में अमेरिका ने 6 और 9 अगस्त 1945 को जापान के दो शहरों हिरोशिमा और नागासाकी पर एटम बम का इस्तेमाल किया था जिसके कारण ये दोनों शहर पूरी तरह से नेस्तनाबूद हो गए थे। इस घटना ने युद्धों को एक भयावह चरण में डाल दिया है। एटम बम ऐसा विनाशकारी हथियार है जो कुछ ही क्षणों में हजारों लाखों लोगों को मार सकता है और बहुत बड़े भूभाग को पूरी तरह नष्ट कर सकता है।

द्वितीय विश्वयुद्ध के बाद शीघ्र ही सोवियत संघ ने भी परमाणु बम बना लिये थे। उसके कुछ सालों बाद इससे भी खतरनाक हाइड्रोजन बम बनाए गए। यह शीतयुद्ध का दौर था। दुनिया दो शिविरों में बंटी हुई थी। अमेरिका और सोवियत संघ के बीच हथियारों की ऐसी होड़ जारी थी कि दुनिया को एक बार नहीं कई-कई बार इन हथियारों से नष्ट किया जा सकता था। तीसरे विश्वयुद्ध की आशंका अपने चरम पर थी। ऐसे समय विश्व की शांतिकामी जनता के बीच युद्धों के विरोध में और शांति के समर्थन में व्यापक जन-आंदोलन फूट पड़े। इन आंदोलनों को ही शांति आंदोलन नाम दिया गया।

कई देशों में शांति के पक्ष में सम्मेलन आयोजित किए गए। प्रदर्शन हुए, हथियारों, विशेष रूप से आणविक हथियारों के निर्माण और तैनाती पर रोक लगाने की मांग की गई। इन प्रयासों के लिए विश्वशांति परिषद की स्थापना की गई, जिसकी पहली कांग्रेस अप्रैल 1949 में पेरिस और प्राग में एक साथ शुरू हुई। दूसरी कांग्रेस मार्च 1950 में वारसा में और तीसरी कांग्रेस दिसंबर 1952 में वियना में हुई। पहली कांग्रेस में साठ करोड़ जनता का प्रतिनिधित्व करने वाले 72 देशों के प्रतिनिधि आए थे। दूसरी कांग्रेस उससे बड़ी और तीसरी कांग्रेस दूसरी से बड़ी थी। तीसरी कांग्रेस में 85 देशों के 1959 प्रतिनिधि आए थे। 1950 में विश्वशांति परिषद ने 'स्टॉकहोम जन आवेदन' आंदोलन चलाया। यह आंदोलन एटमी हथियारों पर बिना शर्त रोक के लिए था। सारी दुनिया में पचास करोड़ लोगों ने इस आवेदन पर हस्ताक्षर किए। फरवरी 1951 में उसने 'पंच शक्ति शांति समझौता' के लिए अपील निकाली। इस पर 61 करोड़ लोगों ने दस्तखत किए। शांति आंदोलन ने शीतयुद्ध की स्थितियों में भले ही कोई कारगर हस्तक्षेप न किया हो, लेकिन दोनों महाशक्तियों की सीधी टकराहट के विरुद्ध विश्व जनमत को जाग्रत करने का महत्वपूर्ण कार्य किया।

शीतयुद्ध के दौर में ही कोरिया के दोनों भागों (उत्तरी और दक्षिणी) के बीच भयानक युद्ध छिड़ा जिसमें लगभग 25 लाख लोग मारे गए। दक्षिणी कोरिया की तरफ से अमेरिका भी इस युद्ध में कूद पड़ा। तीन साल चले युद्ध का कोई परिणाम नहीं निकला और स्थिति युद्ध से पूर्व जैसी बनी रही। इसी दौरान वियतनाम में भी अमेरिकी हस्तक्षेप ने विश्व शक्तियों के आपसी टकराव का खतरा पैदा कर दिया था। लेकिन वियतनाम युद्ध के विरुद्ध अमरीकी जनता के उठ खड़े होने से और विश्वशांति के पक्ष में आवाज बुलंद करने के कारण अमेरिका को 1975 में वियतनाम छोड़ना पड़ा।

शीतयुद्ध के धीमा पड़ने के साथ शांति आंदोलन भी कमजोर पड़ने लगा। लेकिन विश्व से युद्धों का खतरा समाप्त नहीं हुआ। नब्बे के दशक में अफगानिस्तान में पहले सोवियत संघ और बाद में अमेरिका के नेतृत्व में नाटो देशों ने सीधे सैनिक हस्तक्षेप किया। बाद में इराक में भी सद्दाम हुसैन को सत्ता से हटाने और अमेरिका सहित नाटो देशों की सैनिक दखलअंदाजी ने एक बार फिर से वियतनाम युद्ध के विरुद्ध उठ खड़े हुए। शांति आंदोलन की लहर पूरे विश्व में फैल गई, लेकिन दुनिया भर में हुए इन प्रदर्शनों के बावजूद अमेरिका को दखलअंदाजी करने से रोकने में सफलता नहीं मिली। आज विश्व के कई देशों के पास जिनमें भारत और पाकिस्तान भी शामिल हैं, आणविक हथियार हैं और विभिन्न देशों के आपसी टकरावों के कारण भविष्य में आणविक युद्ध होने की आशंका समाप्त नहीं हुई है। अगर ऐसा हुआ तो दुनिया से मनुष्य जाति हमेशा-हमेशा के लिए समाप्त हो जाएगी।

शीतयुद्ध के दौर में चले शांति आंदोलन का प्रभाव साहित्य पर भी पड़ा। बुद्धिजीवियों और लेखकों में भी शीतयुद्ध को लेकर गहरे मतभेद थे। प्रगतिशील और वामपंथी लेखक यदि शांति आंदोलन का समर्थन कर रहे थे, तो आधुनिकतावादी लेखक शांति से ज्यादा जरूरी स्वतंत्रता को मान रहे थे। एक की नजर में विश्वशांति को खतरा अमेरिका और अन्य साम्राज्यवादी देशों से था, तो दूसरे समूह की नजर में सोवियत संघ विश्वशांति के लिए खतरा था, हालांकि हिंदी की दोनों धाराओं के कवियों ने शांति के समर्थन और युद्ध के विरोध में कविताएं लिखीं। शांति आंदोलन के समर्थन में शमशेर बहादुर सिंह ने 'अमन का राग' नाम से लंबी कविता लिखी, तो मुक्तिबोध ने 'जमाने का चेहरा' कविता में द्वितीय विश्वयुद्ध और शीतयुद्ध की परिस्थितियों के परिप्रेक्ष्य में शांति के लिए संघर्ष को विषय बनाया।

जवरीमल्ल पारख

अधिक जानकारी के लिए :

1. विश्व का जन इतिहास : क्रिस हरमन, **2. The Age of Extremes (1914-1990) :** Eric Hobsbom, 1994, **3. India and Cold War :** K P S Menon

शांतिपूर्ण सह-अस्तित्व

शांतिपूर्ण सह-अस्तित्व एक राजनीतिक और सामाजिक अवधारणा है जो इस पर बल देती है कि किसी दूसरे व्यक्ति, राष्ट्र और समूह के मामले में अनाधिकार घुसपैठ न करते हुए उस सोच, संप्रभुता एवं स्वतंत्र अस्तित्व का सम्मान करना चाहिए और आपस में शांतिपूर्ण व्यवहार का वातावरण बनाना चाहिए। शांतिपूर्ण सह-अस्तित्व की अवधारणा उतनी ही पुरानी है, जितनी खुद मानव सभ्यता या राज्य और समाज की अवधारणा। ज्योंहि मनुष्य समाज और राज्य में संगठित होने लगा, उसने महसूस किया कि बिना शांतिपूर्ण सह-अस्तित्व के सुरक्षा एवं प्रगति संभव नहीं है। कबीलों, गांवों एवं राज्यों के स्तर पर आरंभ से परस्पर समझौतों के उदाहरण इतिहास में मौजूद हैं। फिर भी शांतिपूर्ण सह-अस्तित्व की अवधारणा को नए सिरे से परिभाषित और प्रचलित करने का श्रेय काफी हद तक जवाहरलाल नेहरू को जाता है। द्वितीय विश्वयुद्ध की समाप्ति के साथ ही कई राष्ट्रों की मुक्ति का सिलसिला शुरू हुआ। 1950 के दशक में जब कई उपनिवेश स्वतंत्र राष्ट्र हो गए तो उनके सामने अपनी स्वतंत्रता, संप्रभुता और अस्तित्व को अक्षुण्ण बनाए रखने की तथा एक शांतिपूर्ण विदेश नीति की गंभीर आवश्यकता आ खड़ी हुई थी। भारत के प्रथम प्रधानमंत्री नेहरू ने पड़ोसी देशों के साथ सीमा विवाद के संदर्भ में 12 जून 1952 को कहा था, 'हमारी पहली नीति यही होनी चाहिए कि हम ऐसी मुसीबत घटित होने से रोकें, दूसरी नीति इससे बचने की होनी चाहिए और तीसरी नीति ऐसी स्थिति बनाने की होनी चाहिए कि यदि युद्ध छिड़ जाए तो हम इसे रोकने में समर्थ हो सकें। मैं चाहता हूं कि एशिया में ऐसे देशों का क्षेत्र अधिक विस्तृत हो जो यह निश्चय करें कि चाहे कुछ हो, वे युद्ध में शामिल न होंगे, अन्य प्रदेशों में होने वाले युद्ध के क्षेत्र को सीमित करेंगे, अपने प्रदेश की रक्षा करेंगे और दूसरों के प्रदेशों को सुरक्षित बनाने का यत्न करेंगे।'

1954 में भारत और चीन के बीच बीजिंग में 29 अप्रैल को एक ऐतिहासिक संधि हुई, जिसे पंचशील के नाम से जाना गया। पंचशील में शांतिपूर्ण सह-अस्तित्व के पांच सिद्धांत स्वीकार किए गए– (1) परस्पर भौगोलिक क्षेत्र, सीमा एवं संप्रभुता का सम्मान करना, (2) अनाक्रमण, (3) परस्पर एक-दूसरे के भीतरी मामलों में हस्तक्षेप न करना, (4) समानता का व्यवहार एवं पारस्परिक लाभ हेतु परस्पर सहयोग करना और (5) शांतिपूर्ण सहजीवन तथा शांतिपूर्ण व्यवहार। इसी वर्ष 1954 में कोलंबो में एशियाई देशों के प्रधानमंत्रियों के सम्मेलन में जवाहरलाल नेहरू ने अपने ऐतिहासिक भाषण में कहा, 'यदि सभी देशों के आपसी संबंधों में इन सिद्धांतों को अपनाया जाएगा तो युद्ध और वाद-विवाद की संभावना ही नहीं रह जाएगी।' अगले ही वर्ष 1955 में एशियाई-अफ्रीकन देशों के बांडुंग सम्मेलन (इंडोनेशिया) में इन सिद्धांतों को न केवल प्रमुखता से रेखांकित किया गया, बल्कि इन्हें दस सूत्री सहमति पत्र में शामिल कर लिया गया। शांतिपूर्ण सह-अस्तित्व के इन सिद्धांतों ने आगे चलकर 1961 में गुट निरपेक्ष आंदोलन की नींव रखने में महत्वपूर्ण भूमिका निभाई।

राधाकृष्णन ने 7 जुलाई 1956 को अपने एक वक्तव्य में कहा था, 'सारी दुनिया को आज सह-अस्तित्व के दर्शन की आवश्यकता है, निष्क्रिय और तटस्थ वृत्तिवाले सह-अस्तित्व के दर्शन की नहीं, बल्कि सक्रिय और सहयोगपूर्ण सह-अस्तित्व के दर्शन की।

घनश्याम कुमार देवांश

अधिक जानकारी के लिए :
1. भारत और विश्व : एस. राधाकृष्णन, **2. अंतरराष्ट्रीय संबंध :** दीनानाथ वर्मा

शाक्त तंत्र

शाक्त का संबंध शक्ति से है जिसे धर्म या दर्शन में देवियों के रूप में देखा गया है। स्त्रीरूप में देवता की उपासना करने वाला शाक्त

कहलाता है। वह धर्मपरक क्रियानुष्ठान और सिद्धांत से जुड़ने के कारण शाक्त तंत्र को मानता है। उसकी उपासना का समय भोर या संध्या न होकर गहन रात्रि है। यह मातृसत्ता को प्रतिष्ठा देने वाला मत है, जो आज भी आदिवासी समुदायों में किसी-न-किसी रूप में मौजूद है। चौथी सदी में गुप्तकाल से शक्ति शब्द से देवी का बोध होने लगा था और उससे संबंधित उपासना पद्धति को 'शाक्त' कहा जाने लगा था।

संस्कृत के अमरकोश में तंत्र का एक अर्थ है प्रधान सिद्धांत। शाक्त तंत्र वैदिक, वैष्णव, शैव और जैन-बौद्ध मतों से भिन्न है। शाक्त तंत्र से तात्पर्य ऐसे ज्ञान से है जो शून्य से विस्तार पाकर साधक की रक्षा करता है। शाक्त मत में तंत्राचार, मंत्रज्ञान, यंत्रोपचार तथा गुरु का महत्व है। स्त्री गुरु का खास महत्व है। कहा जाता है कि शाक्त तंत्र का विकास कई अवस्थाओं से हुआ। इसका संबंध मातृशक्ति की आराधना से है।

प्राचीनकाल की मातृदेवी की ऐसी कई मूर्तियां मिली हैं जो नग्न हैं और प्रसव की अवस्था में स्त्री की उर्वरता की ओर संकेत करती हैं। मनुष्य की आस्था की शुरुआत में उर्वरता की मातृदेवी का एक महत्वपूर्ण स्थान है। यूरोप की प्रागैतिहासिक स्त्री वीनस वहां के उस युग के शिल्प का भी उत्कृष्ट नमूना है। धर्म का जब विकास नहीं हुआ था, तब भी मातृशक्ति की प्रतिष्ठा थी। प्राचीन नगरीय समृद्धि के बाद पुरुष देवताओं का वर्चस्व स्थापित हुआ, पुरुष नियम बनाने लगे। सिंधु घाटी की सभ्यता से कई मातृमूर्तियां मिली हैं, जिनके गले में आभूषण और कमर में मेखला है। ऐसी मूर्तियों से मातृशक्ति की प्रतिष्ठा का बोध होता है, पर यह स्पष्ट नहीं हो पाता कि उसमें देवत्व का आरोपण हुआ था या नहीं। वैदिक साहित्य में इंद्र, अग्नि, वायु, सूर्य के अलावा उषा, पृथ्वी, श्रद्धा, अदिति का उल्लेख है। ऋग्वेद में नदियों को मां कहा गया है, एक मंत्र में सरस्वती को 'अंबित' कहा गया है। ऋग्वेद के एक सूक्त (10.125) को शाक्त देवीसूक्त मानते हैं, 'मैं रुद्रों तथा वसुओं के साथ संचार करती हूं। आदित्यों और देवताओं के साथ रहती हूं। मैं मित्र और वरुण को धारण करती हूं। मैं ही इंद्र, अग्नि और अश्विनों का अवलंबन हूं।' इसमें रात्रि को एक करुणामयी मां की संज्ञा दी गई है, 'रात्रिदेवी' कहा गया है। उत्तर-वैदिक काल में 'श्रीसूक्त' का महत्वपूर्ण स्थान है जो शाक्तों में प्रचलित था। इस सूक्त में भौतिक सुखों की कामना की गई है और इसे शाक्त तंत्र में स्वीकार किया गया है।

शाक्त तंत्र परम सत्ता की कल्पना करते हुए भौतिक जगत के सुखों की उपेक्षा नहीं करता। तैत्तरीय आरण्यक में भगवती को दुर्गा, वैरोचनी, कात्यायनी आदि नामों से संबोधित किया गया है। मुंडकोपनिषद में अग्नि की सात जिह्वाओं को काली, कराली, मनोजवा, सुलोहिता, सुधूम्रवर्णा, स्फुलिंगनी और विश्वरुपि कहा गया। उत्तर-वैदिक काल में देवी के वैरोचनी, दुर्गा, अंबिका, उमा, हेमवती नाम आ गए थे। कठोपनिषद में इंद्र आकाश में एक यक्षिणी को देखते हैं, जो एक सुंदर युवती के रूप में प्रकट होती है। वैयाकरण पाणिनि ने पार्वती के चार रूपों का वर्णन किया है--शर्वाणी, मृगनी, भवानी और रुद्राणी। इनमें भवानी रूप सर्वाधिक लोकप्रिय हुआ। वासुदेव शरण अग्रवाल के अनुसार, बंगाल में आज भी शर्वाणी नाम स्त्रियों का होता है। दूसरी शताब्दी तक भगवती के एक रूप लक्ष्मी की पूजा प्रचलित हो गई थी तो दूसरी तरफ शक्ति के रूपों पर भी दार्शनिक चर्चा होने लगी थी। लक्ष्मी वैष्णवों के निकट थीं और शक्ति की देवियां शैवों के। दोनों धाराओं में देखा जाए तो स्त्री शक्ति को शैव धारा में ज्यादा सम्मान मिला और उसकी सक्रियता ज्यादा देखी गई। शाक्त तंत्र स्त्री शक्ति पर ही केंद्रित था।

कौटिल्य के अर्थशास्त्र में देवीपूजा का उल्लेख है। इसमें यह मंत्र है, 'अदिते नमस्ते, अनुमते नमस्ते, सरस्वती नमस्ते, देव! सवितर्नमस्ते, अग्नेय स्वाहा, सोमाय स्वाहा, भूः स्वाहा, भुवः स्वाहा।' (14.177.1.1)। मंत्रोच्चार में कुछ नक्षत्रों के साथ शव, श्मशान, मांस और चांडाल का महत्व भी स्पष्ट किया गया है। इस तरह ऋग्वेदकालीन महीमाता

(पृथ्वी) या अदिति से लेकर रुद्राणी, भवानी और काली तक स्त्री शक्ति की दैवीय यात्रा का एक लंबा इतिहास है। मूर्तियों में ये देवियां वैष्णव मूर्तियों की तरह सुघड़ न होकर ग्राम्य हैं और लोककला को प्रतिबिंबित करती हैं। कुछ मूर्तियों में उपासक के हाथ में आसव पात्र है। कुछ पत्थरों पर श्रीयंत्र या मंडल बने हैं जो शाक्त धारा की पहचान हैं।

शाक्त तंत्र के विवरण सबसे पहले बौद्ध साहित्य में मिलते हैं। अश्वघोष के 'बुद्धचरित' में बुद्ध पर शाक्तों के आक्रमण का चित्र इस पंक्ति में है, 'स्त्री मेघकाली तु कपालहस्ती कत्तु महर्षे किलचित्त मोहम्'। इसमें काली खलनायिका के रूप में हैं, जो मतादर्शगत टकराव का उदाहरण है। शाक्त मत के साथ तंत्र-मंत्र और गुह्य विद्या का प्रयोग जुड़ा हुआ है। यह वाममार्ग के नजदीक आ गया। बौद्धों को शुरू में इस साधना-पद्धति से संघर्ष करना पड़ा, पर बाद में इसकी कुछ शाखाओं में शाक्त तंत्र-मंत्र और गुह्य विद्याएं मिश्रित हो गईं।

गुप्त साम्राज्य के दौर में शक्ति की देवी महिषासुरमर्दिनी दुर्गा का संबंध वैष्णव परंपरा से रहा होगा, पर बाद में शाक्त धारा में शिव की प्रधानता बढ़ गई। मार्कंडेय पुराण से संबद्ध देवी माहात्म्य, जिसे दुर्गासप्तशती कहा जाता है, शाक्त तंत्र की पुष्टि करता है। देवी माहात्म्य में तंत्र के विभिन्न अंगों—मंत्र, जप, कवच, शतनाम, रक्तबलि, तप, पूजा, हवन, भय से मुक्ति आदि का उल्लेख है। शाक्त धारा में बलि, मांस, मदिरा और गुह्य साधनाओं का सबसे ज्यादा महत्व है। देवी माहात्मय में ब्रह्मा से देवी की स्तुति कराई गई है, 'हे देवि! तुम्हीं स्वाहा, स्वधा वषटाकार आदि मंत्रांश हो, तुम्हीं वाक से उत्पन्न स्वर हो। तुम्हीं प्रज्ञा का अमृत तत्व हो, तुम्हीं 'ॐ' हो।' कालिदास के काव्य में शिव और पार्वती की वाक और अर्थ के प्रतीक के रूप में वंदना है। (रघुवंश)। उनके 'कुमारसंभव' में 'कपालाभरण काली' का उल्लेख है और शिव-पार्वती की रति क्रीड़ा का वर्णन भी। इससे कालिदास पर शाक्त मत के असर का बोध होता है।

शाक्त तंत्र से संबंधित आचरण का उल्लेख 'हर्षचरित' में है, 'रात्रि में श्मशान के निकट साधना-भूमि में कुमुद के पराग के समान भस्म से पूरे गए मंडलाकार यंत्र पर बैठे हुए भैरवाचार्य को राजा ने देखा।...वह रक्तचंदन लगाए, लाल माला और लाल वस्त्र से वेष्ठित उतान पड़े हुए शव की छाती पर बैठकर उसके मुंह में अग्नि जलाकर हवन कर रहा था। वह काला अंगराग, काले गंडे तथा काले कपड़े धारण कर सिद्धि के लिए उस अग्नि में काले तिलों से हवन कर रहा था।' ऐसे चित्रों से शाक्त तंत्र-साधना के अद्‌भुत स्वरूप का बोध होता है। अब तक इसमें कुंडलिनी साधना भी शामिल हो चुकी थी। कुंडलिनी को देवी का ही रूप माना गया।

सातवीं सदी से बीसवीं सदी तक दक्ष यज्ञ के संदर्भ में 'शिव-सती की कथा है। इस कथा में यज्ञ के ध्वंस के बाद सती के शव को लेकर शिव का दुख, मोह और क्रोध एक मुख्य प्रसंग है। देश के प्रमुख शक्तिपीठों में सती के टुकड़े हुए अंगों के गिरने को आधार बनाकर कई मंदिर बने। असम के कामाख्या मंदिर, बंगाल के कालीघाट-तारापीठ से लेकर बस्तर के दंतेश्वरी तक काली के ऐसे मंदिर बने हैं। पूर्वी भारत शाक्त तंत्र का प्रमुख केंद्र रहा है, पर धीरे-धीरे देश के विभिन्न भागों में फैला। यह तारा के रूप में बौद्ध धर्म में भी प्रवेश कर गया।

शाक्त तंत्र में दस महाविद्याएं मानी गई हैं—आद्या या काली, तारा, भैरवी, छिन्नमस्ता, मातंगी, षोडसी या महात्रिपुर सुंदरी, भुवनेश्वरी, बगला, कमला (लक्ष्मी) और धूमावती। इनमें दुर्गा, लक्ष्मी, चामुंडा आदि प्राचीन देवियां समाहित हैं। इन दस महाविद्याओं में काली कुल की देवियां हैं—काली, तारा, छिन्नमस्ता और धूमावती। बाकी सभी श्रीकुल की देवियां हैं। काली कुल की देवियों का संबंध संहार और द्वंद्वात्मक तत्व से है और श्रीकुल की देवियों का संबंध निर्माण और रागात्मक तत्व से है। ये सम्मिलित रूप में हिंसा और करुणा, दोनों भावों को व्यक्त करते हैं। यह अद्‌भुत है कि जिस धरती पर बुद्ध हुए, वहीं शाक्त भी हुए।

शाक्त तंत्र से संबंधित एक रोचक तथ्य यह है कि इसमें बलि सिर्फ नर-पशुओं की होती है। शाक्त मत स्त्री-बलि का अनुमोदन नहीं करता। भवभूति के नाटक 'मालती माधव' में कुछ शाक्त कराला देवी को प्रसन्न करने के लिए मालती की बलि देने की कोशिश करते हैं। संस्कृत साहित्य पर शाक्त तंत्र का प्रभाव था, पर भाषाई साहित्य में शाक्त तंत्र का विशेष प्रवेश नहीं हो सका। भक्ति साहित्य में उत्तर से दक्षिण तक दुर्गा या काली देवियों का कोई स्थान न था, वे साधना और उपासना तक सीमित थीं। कबीर ने यहां तक कहा कि उस गांव में भूलकर भी नहीं बसना चाहिए, जहाँ शाक्त हों। सिद्धों और नाथपंथियों ने शाक्त तंत्र को अपनी वाममार्गी साधना में स्थान दिया था, पर वे शाक्त नहीं थे। हजारीप्रसाद द्विवेदी ने लिखा है, 'शाक्त मत के अनुसार चार प्रधान आचार हैं—वैदिक, वैष्णव, शैव और शाक्त। शाक्त आचार भी चार प्रकार के हैं—वामाचार, दक्षिणाचार, सिद्धांताचार और कौलाचार।' (नाथ संप्रदाय)। नाथपंथियों का संबंध कौलाचार अर्थात अवधूत मार्ग से था।

स्त्री शक्ति की आराधना भारत में प्राचीनकाल से है। दुर्गा और काली की उपासना आज भी उत्सवपूर्वक होती है। प्राचीनकाल से देवी की आराधना रोचक और गुह्य ही नहीं रही है, इसके रूपों की कल्पना भी अद्‍भुत है। मुनीशचंद्र जोशी ने शाक्ततंत्रवाद पर साहित्य, स्थापत्य और मूर्तियों का गहन अध्ययन कर कई तथ्य दिए हैं, जो शक्ति की देवियों के स्वरूप और विकास को समझने में सहायक होते हैं। वह अपने शाक्ततंत्र को ऐतिहासिक संदर्भ में देखते हुए लिखते हैं, 'तांत्रिक प्रतीकों की शब्दावली में महाकाली वस्त्रहीन है, क्योंकि माया से मुक्त है। उसका नीला मेघवर्ण अनंतता का द्योतक है, क्योंकि अनंत नीला न होने पर भी नीला दृष्टिगोचर होता है। काली को सर्वतत्वात्मिका कहा गया है। अतः उसके रंग में सभी समा जाते हैं। शवरूप शिव उसके पैरों के नीचे हैं जो शक्तिहीन ब्रह्मा के प्रतीक हैं। उसकी मुंडमाला वर्णमाला है या वाक का स्वरूप है। वह पशु के पाश को काटने के लिए ज्ञान का खड्ग धारण करती है। उसके हाथ का नरमुंड इसी पशुत्व से मुक्ति है। वह भक्त को वर और अभय देती है।...शाक्त साधक माया तत्व को मिथ्या न कहकर सृष्टि के मूल लक्षण का आभास मानता है। वह इहलौकिक भोगों के साथ मोक्षमार्ग में आरूढ़ होना चाहता है।...तांत्रिक साधक गुरु अपनी भैरवी शक्ति के अनुग्रह के साथ निर्लिप्त होकर भैरवत्व की भावना को जगाता है। उसके हाथ में मधुपात्र तथा बगल में स्त्री होती है।...इसी भोगसज्जा के साथ वह महारात्रि में गुरु सान्निध्य में धधकती चिताओं के बीच श्मशान में चिता एवं शव पर साधना करता है।...शाक्त तंत्र देवी प्रधान है, पर उसमें पुरुष देवता के रूप में गणेश, नृसिंह, कार्तिकेय, सूर्यग्रहादि, बुद्ध, अवलोकितेश्वर, अक्षोम्य, शरभ, मंजुघोष, पार्श्वनाथ आदि मान्य हैं।

शाक्त तंत्र की वैष्णव धर्म से सबसे ज्यादा दूरी है और शैव परंपरा से सबसे ज्यादा नजदीकी है। अन्य धार्मिक और साधनापरक परंपराओं की तरह शाक्त तंत्र भी दूषित हुआ। इसका आश्रय लेकर काफी अंधविश्वास, भ्रांति, हिंसा और भ्रष्टाचार फैला। कपटी तांत्रिकों की दुकानें खुल गईं। ठग तांत्रिकों का साहित्य में जगह-जगह उल्लेख है। लेकिन अपने बुनियादी स्वरूप में शाक्त तंत्र ने अपनी प्राचीन लोकपद्धति से मातृशक्ति को प्रतिष्ठा दी थी, जाति-भेद को नहीं माना था, हर अनुष्ठान में स्त्री का योग जरूरी बना दिया था, पुरुष केंद्रिकता समाप्त कर दी थी, पुरुष गुरु से स्त्री गुरु को श्रेष्ठ घोषित किया गया गया था और भौतिक जगत को नकारने से इंकार कर दिया गया था। वैदिक, वैष्णव और शैव धाराओं में देवों के बीच सत्ता-संघर्ष दिखता है, पर स्त्री दैवी शक्तियां उषा, महीदेवी, सरस्वती, पार्वती, दुर्गा, काली आदि कभी आपस में लड़ती दिखाई नहीं देतीं। दुर्गासप्तशती में कहा गया है, 'हे देवि सभी शास्त्र तुम्हारे ही प्रतिरूप हैं और संसार में जितनी नारियां हैं, वे सभी तुम्हारी ही प्रतिमूर्तियां हैं—'विद्या समस्तास्तव देवि भेदाः स्त्रियः समस्ता सकला जगत्सु।' क्या यह आदि फेमिनिज्म है?

शिवनाथ पांडेय

अधिक जानकारी के लिए :
1. नाथ संप्रदाय : हजारीप्रसाद द्विवेदी, **2. History of the Sakta Religion :** Narendra Nath Bhattacharya, 1974, **3. Tantra : Sex, Secrecy, Politics and Power in the Study of Religion :** Hugh Urban, 2003

शाखा, चरण और परिषद

आरंभ में वेदों का पाठ लिखित रूप में नहीं था। इसे हजारों वर्षों तक केवल मौखिक परंपरा में सुरक्षित रखा गया। इस स्थिति में अलग-अलग ऋषियों के परिवारों में चारों वेदों की अपनी-अपनी पाठ-परंपराएं बनती गईं। वेद की किसी एक परंपरा में पढ़ी या पढ़ाई जाने वाली वेदसंहिता उस संहिता की शाखा कही जाती है। ऋषि-परिवारों में वंशानुक्रम से अपनी-अपनी शाखा का पाठ और अध्ययन किया जाता रहा है और इनके वंशज अपना परिचय देते समय भी अपनी शाखा का नाम बताते आए हैं। संध्यावंदन के समय भी अपने नाम के साथ अपनी शाखा बताई जाती है। मेदिनीकोश में शाखा का अर्थ वेद का विशिष्ट भाग बताया गया है। मनुस्मृति (3.145) में शाखा शब्द का इसी अर्थ में प्रयोग हुआ है।

ऋग्वेद, यजुर्वेद, सामवेद और अथर्ववेद–इन चारों वेद संहिताओं की कई-कई शाखाएं हैं। चारों संहिताओं की कुल मिलाकर 1130 शाखाएं प्राचीनकाल में थीं, ऐसा अनुसंधान से प्रमाणित हुआ है। एक वेदसंहिता की शाखाओं में परस्पर अधिक भेद नहीं है, मूल ग्रंथ तो पूरा-का-पूरा वही है। मंत्रों के उच्चारण की दृष्टि से भेद है, कहीं कुछ मंत्र कम और कहीं अधिक हैं। प्रत्येक शाखा में अपने अपने ब्राह्मण, आरण्यक और उपनिषद भी तैयार किए गए।

ऋग्वेद की इक्कीस शाखाओं का प्राचीन साहित्य में उल्लेख है। पतंजलि ने महाभाष्य में कहा है–एकविंशतिधा बाह्वृच्यम्। आज इन इक्कीस शाखाओं के उपलब्ध होने की बात दूर रही, इन सभी के नाम भी विदित नहीं हैं। केवल पांच शाखाओं के नाम ज्ञात हैं–शाकल, वाष्कल, शांखायन, मंडूकायन तथा आश्वलायन। इनमें से शाकल शाखा ही उपलब्ध थी। हाल ही में शांखायन शाखा भी मिल गई है तथा प्रकाशित हो चुकी है।

पतंजलि के समय में यजुर्वेद की 101 शाखाएं प्रचलन में थीं। कालांतर में ये शाखाएं लुप्त होती गईं–ऐसा प्रतीत होता है। वर्तमान में यजुर्वेद की पांच शाखाएं मिलती हैं–काठक, कपिष्ठल, मैत्रायणी, तैत्तिरीय और वाजसनेयि।

गान के लिए उपादेय होने के कारण सामवेद अत्यधिक लोकप्रिय हुआ और प्राचीनकाल में इसकी अनेक शाखाएं विकसित हुईं। पतंजलि ने यहां तक कहा है कि 'सहस्रवर्त्मा सामवेदः' अर्थात सामवेद की हजारों शाखाएं हैं। वर्तमान में इसकी तीन शाखाएं उपलब्ध हैं–कौथुम, जैमिनीय तथा राणायनीय।

पतंजलि ने अथर्ववेद की नौ शाखाओं का उल्लेख किया है। इनके नाम इस प्रकार हैं–पैप्पलाद, तौद, मौद, शौनकीय, जाजल, जलद, ब्रह्मवेद, देवदर्श तथा चारणवैद्य। वर्तमान में इनमें शौनकीय शाखा सर्वाधिक प्रचलित है।

चरण शब्द अथर्ववेद (7.106.1) में अच्छे आचरण के अर्थ में आया है। यह चलने का अर्थ देने वाली चर धातु से बना है। इसका लक्षण टीकाकार जगद्धर ने यह दिया है–'चरणशब्दः शाखाविशेषाध्ययनपरैकतापन्नजनसङ्घवाची' अर्थात किसी विशेष शाखा के अध्ययन में लगे हुए लोगों का संघ चरण है। मुग्धबोध व्याकरण के टीकाकार दुर्गादास ने इसका लक्षण इस प्रकार किया है, चरण शब्द वेद के एक भाग कठ को द्योतित करता है।

चरणों से संबद्ध विप्रों की सभा परिषद है। मनु तथा याज्ञवल्क्य के अनुसार, परिषद में दर्शन, तर्क तथा धर्मशास्त्र में निपुण इक्कीस ब्राह्मण अपेक्षित हैं। यह आज के विश्वविद्यालय या अकादेमी के समान है। धर्मशास्त्र से संबंधित किसी समस्या का निर्णय देने के लिए बुलाई गई विद्वानों की विशेष सभा को भी परिषद का नाम दिया गया है। इसका स्वरूप इस प्रकार बताया गया है–

एकविंशतिसंख्याकैर्मीमांसान्यायपारगैः।

वेदांगकुशलैश्चैव परिषत्त्वं प्रकल्पयेत।।

अर्थात राजा को चाहिए कि वह (किसी विशेष विवाद के निराकरण के लिए) मीमांसा तथा न्याय में पारंगत और वेदांगों में कुशल विद्वानों के द्वारा परिषद का निर्माण करे।

एक परिषद से संबद्ध ग्रंथ या निबंध पार्षद कहे जाते हैं। आगे चलकर परिषद का विस्तृत अर्थ भी लिया जाने लगा। अमरकोश (2.7.15) में परिषद को समज्या, गोष्ठी, सभा, समिति, संसद, आस्थानी तथा आस्थान का पर्याय कहा गया है।

राधावल्लभ त्रिपाठी

शारदा लिपि

शारदा लिपि मूलतः कश्मीर-क्षेत्र में प्रचलित थी। पौराणिक वांङ्मय तथा साहित्यिक ग्रंथों में कश्मीर को शारदा देश कहा गया है। विल्हण (ग्यारहवीं शती), जो कश्मीर के निवासी थे, ने अपने महाकाव्य 'विक्रमाङ्कदेवचरित' (प्रथम सर्ग) में शारदा देश का उल्लेख किया है।

शारदा देश कहने का रहस्य यह है कि कश्मीर में सरस्वती (शारदा पीठ) की प्रतिष्ठा सर्वोपरि थी। भारत के विद्वान और कवि शारदा पीठ आया करते थे, अपने ग्रंथों की गुणवत्ता की परीक्षा के लिए। इसी शारदा देश की लिपि होने के कारण उस लिपि को शारदा लिपि कहा गया। 'ललितविस्तर' में जिस 'दरद लिपि' का उल्लेख है, संभवतः यह भी शारदा लिपि ही हो। आज इस लिपि के दो रूप मिलते हैं—जम्मू-कश्मीर क्षेत्र की शारदा लिपि, गिल्गिट-क्षेत्र की शारदा लिपि। जम्मू-कश्मीर क्षेत्र की अधिकांश प्राचीन पांडुलिपियां शारदा लिपि में ही प्राप्त होती हैं।

शारदा लिपि में कुल 12 स्वर तथा 33 व्यंजन हैं, जिनका स्वरूप इस प्रकार है—

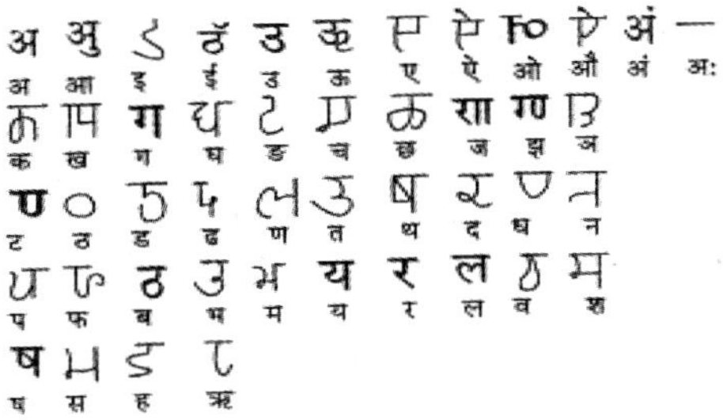

शारदा लिपि

अभिराज राजेन्द्र मिश्र

शास्त्रीयतावाद

शास्त्रीयतावाद (Classicism) और स्वच्छंदतावाद (Romanticism) कला और साहित्य के वर्गीकरण की दो ऐसी कोटियां हैं, जिनका विकास यूरोपीय सांस्कृतिक इतिहास की विशेष स्थितियों में हुआ। यूरोपीय पुनर्जागरण की घटना कई प्रकार की बदलती हुई आर्थिक-राजनीतिक परिस्थितियों से प्रेरित थी। इस परिघटना ने नए सांस्कृतिक संपर्कों का विकास किया, जिसके परिणामस्वरूप ईसाई मतावलंबी यूरोप का ध्यान यूनानी और रोमन सभ्यताओं की उपलब्धियों की ओर आकर्षित हुआ। इन सभ्यताओं को 'क्लासिकल' सभ्यता की संज्ञा से अभिहित किया गया। उनसे प्रभावित होकर तथा उन्हें आदर्श मानते हुए कला और साहित्य के क्षेत्र में नई प्रवृत्तियों का विकास हुआ, जिन्हें क्लासिसिज्म या शास्त्रीयतावाद कहा जाने लगा। इस दौर में यूनानी और रोमन कला–साहित्यिक प्रतिमानों के आधार पर कलाकृतियों तथा साहित्यिक रचनाओं का सृजन होने लगा।

शास्त्रीयतावाद से तात्पर्य कलाकर्म और साहित्यिक रचनात्मकता की कसौटी के सुस्पष्ट प्रतिमानीकरण से है, भले पुनर्जागरणकालीन यूरोप में उसका संदर्भ ग्रीक और रोमन कला-प्रतिमानों को कसौटी की तरह स्वीकार करने से रहा हो। भारतीय सांस्कृतिक इतिहास में यदि गुप्तकाल को 'क्लासिकल' युग कहा गया है तो उसका कारण यही

है कि इस युग के कालिदास, भवभूति, भारवि, दंडी आदि की कृतियों, अजंता की चित्रकला के अतिरिक्त मूर्तिकला तथा स्थापत्य कला की तत्कालीन कृतियों ने अपने-अपने क्षेत्र में रचनात्मकता के प्रतिमानों को स्पष्टता और दृढ़ता से प्रतिपादित किया। उन्हें भविष्य में भी आदर्श कृतियों की तरह सर्वानुमति से स्वीकार कर लिया गया। हालांकि कला-साहित्य तथा चिंतन के क्षेत्र में प्रतिमानीकरण कालांतर में रूढ़ हो जाता है और वैयक्तिक प्रतिभा उस रूढ़ि में घुटन महसूस करती हुई उससे मुक्ति का प्रयास करने लगती है। जाहिर है, इसमें वैयक्तिक अनुभूतियों तथा उनसे जन्मे रूपाकारों की खोज होने लगती है। इस प्रक्रिया में कभी नए रूप की खोज अनुभव के नए ढंगों को प्रेरित करती है, कभी वैयक्तिक अनभूतियों की तीव्रता नए रूपों का सृजन करती है। दोनों स्थितियों में पूर्व प्रतिमानीकरण के अतिक्रमण या उनसे विद्रोह को स्वच्छंदतावाद या रोमांटिसिज्म कह दिया जाता है, क्योंकि उसकी प्रेरक शक्ति कलाकार की वैयक्तिक अनुभूति होती है। अगर सूक्ष्मता से देखें तो यूरोप के शास्त्रीयतावाद को भी एक प्रकार से स्वयं अपने ही आदर्शों से विद्रोह माना जा सकता है। ग्रीक और रोमन भाषाओं के प्रभाव का अतिक्रमण करते हुए या कहें उन्हें त्यागते हुए देशी भाषाओं—अंग्रेजी, फ्रांसीसी, जर्मन, पुर्तगाली, इस्पहानी आदि में साहित्य रचना उसी तरह परंपरा का अतिक्रमण करने वाली प्रवृत्ति थी, जिस तरह भारत में संस्कृत को त्यागकर देशी भाषाओं में रचना के मध्ययुगीन प्रयास हुए।

प्रत्येक नई प्रवृत्ति धीरे-धीरे अपना प्रतिमानीकरण स्वयं करती चलती है अर्थात स्वयं अपना एक शास्त्र रच लेती है और कुछ कृतियों या कृतिकारों को आदर्श की तरह प्रतिष्ठित कर देती है। स्वाभाविक है, नई रचनाशीलता उस प्रतिमानीकरण से विद्रोह करते हुए स्वयं को प्रतिष्ठित करती है। कालांतर में यह प्रक्रिया स्वयं उसके साथ भी घटित होती है। हिंदी साहित्य में 'छायावाद' एक स्वच्छंदतावादी प्रवृत्ति है, उसके प्रतिमानीकरण के साथ ही प्रयोगवाद और नई कविता छायावादी शास्त्रीयता के सम्मुख एक नई स्वच्छंदता की घोषणा करती है। 'पल्लव', 'कामायनी', 'राम की शक्तिपूजा' आदि कृतियां छायावादी काव्य के 'क्लासिक' हैं, लेकिन उनके प्रतिमान नई विकासशील काव्य-चेतना की आवश्यकताओं की पूर्ति में सक्षम नहीं हो सकते थे।

इसलिए शास्त्रीयतावाद को केवल प्राचीन साहित्य या कलाकृतियों तक सीमित करके देखना उपयुक्त नहीं है, यद्यपि उनका अपना महत्व सर्वकालिक है। यह भी देखना पड़ सकता है कि किस प्रकार हर नई रचनात्मक प्रवृत्ति स्वयं अपने प्रतिमानीकरण की ओर उन्मुख होती रहती है और एक रूढ़ स्थिति में पहुंचकर अपने अतिक्रमण को आमंत्रित करती है। इस प्रक्रिया को मोटे तौर पर हेगेल द्वारा प्रतिपादित द्वंद्वात्मकता के प्रत्यय के आधार पर भी समझा जा सकता है, लेकिन इसका महत्व केवल कला-साहित्य के इतिहास या वर्गीकरण तक सीमित है। स्वयं रचनाकार को, जैसा कि एलियट ने कहा है, इसे लेकर चिंतित होने की आवश्यकता नहीं होनी चाहिए। उनका मानना है कि अपने को 'क्लासिक' या 'रोमांटिक' मानकर लिखने वाला साहित्यकार दरअसल स्वयं अपने को नुकसान पहुंचा रहा होता है।

नंदकिशोर आचार्य

अधिक जानकारी के लिए :

1. Neoclassicism and Romanticism : Lorenz Eitner, 1970, **2. Neoclassicism :** David Irwin, 1977

शाहजहां

(1592-1666)

मुगल साम्राज्य के पांचवें शासक शाहजहां का जन्म जनवरी 1592 में लाहौर में हुआ था। वह जहांगीर की चार संतानों में से एक था। उसकी माता ताज बीबी बिलकीस मकानी हिंदू थीं। बाल्यकाल से शाहजहां अकबर को बहुत प्रिय था। शाहजहां तेज-तर्रार और महत्वाकांक्षी था। उसे अच्छी

शिक्षा देने के लिए किसी विशेष प्रयास की जरूरत नहीं पड़ी थी। उसके बचपन का पूरा नाम अल आजाद अबुल मुजफ्फरशाहब उद-दिन मुहम्मद खुर्रम था। वह इतना बहादुर और जिम्मेदार था कि उसके पिता उसे कम उम्र से ही विभिन्न युद्ध-अभियानों में भेजने लगे थे। पंद्रह वर्ष की उम्र में ही शाहजहां को 8,000 जाटों और 5,000 सवारों की मनसबदारी मिल गई थी। 1612 में शाहजहां की शादी आसफ खान की बेटी मुमताज महल से हुई। आसफ खान ने शाहजहां को 1627 में जहांगीर की मौत के बाद राजगद्दी पर बैठाने में अहम भूमिका निभाई थी। मुगल शासकों की अपनों से युद्ध करके या कत्ल करके गद्दी पाने की परंपरा है। शाहजहां इसका अपवाद नहीं था। शाहजहां अपने कई संबंधियों की मौत का जिम्मेदार था।

शाहजहां ने मुगल साम्राज्य के पांचवें शासक के रूप में भारत पर 1628 से 1666 तक राज किया। उसका राजकाल मुगलकाल का स्वर्ण युग कहा जाता है। भूमि उपजाऊ थी और लगान भी पर्याप्त परिमाण में मिलता था। खाफी खान ने लिखा है, 'यद्यपि अकबर विजेता था, न्यायदाता था लेकिन भूमि और आमदनी की व्यवस्था और राज्य के हर विभाग के सुशासन के क्षेत्र में भारत का कोई राजकुमार ऐसा नहीं है जिसकी तुलना शाहजहां से की जा सके।' अपने काम से विमुख होने वाले अधिकारियों को वह कड़ी सजा देता था। उसने मनसबदारों का वेतन कम कर दिया था और लगान बढ़ा दिया था। वह कट्टर मुस्लिम था, अकबर की तरह धर्म-सहिष्णु नहीं था। वह राज्य-विस्तार में लगा हुआ था। उसके बेटे औरंगजेब आलमगीर ने साम्राज्य को दक्खिन की ओर बढ़ाने में सफलता पाई थी। केवल कंदाहार (कंधार) को तीन बार खोने-पाने की एकमात्र ऐसी घटना है जो शाहजहां की सामरिक अक्षमता का संकेत देती है। शाहजहां ने सिखों, राजपूतों, ऑट्टोमान साम्राज्य, पुर्तगीजों आदि से युद्ध और मित्रता करके राज्य-विस्तार करने में सफलता पाई थी। अपने कठोर निर्णयों और सुशासन के बल पर उसने इतिहासकारों की प्रशंसा पाई है।

शाहजहां कलाप्रेमी और महान निर्माता था। उसे निर्माताओं का राजकुमार कहा गया है। उसके निर्माणों का वास्तुशिल्प उसके पूर्ववर्तियों से भिन्न था। हुमायूं का मकबरा, फतेहपुर सीकरी की इमारतें, सिकंदरा में अकबर की कब्र और आगरा में इतिमाद-उद-दौला की कब्र आदि भारतीय-फारसी शैली के नमूने हैं। शाहजहां द्वारा बनवाई गई इमारतों में रूमानी चमक और कोमल सुंदरता की झलक है। अकबर और जहांगीर द्वारा निर्मित भवनों में हिंदू-मुस्लिम शैली का मिश्रण था, किंतु शाहजहां के शिल्प में ऐसा नहीं होता था। शाहजहां द्वारा बनवाई गई इमारतों में महान उपलब्धि आगरा में यमुना नदी के किनारे बना ताजमहल है। उसने इसे अपनी पत्नी मुमताज महल की याद में बनवाया था। ताज बाईस वर्षों में तीन करोड़ से अधिक रुपये की लागत से बना था। ईंट के ऊपर सफेद संगमरमर से बना यह महल मुगल स्थापत्य का अपूर्व नमूना है। इसमें मुमताज का मकबरा है। बाद में औरंगजेब ने शाहजहां की भी कब्र मुमताज महल की कब्र के बगल में बनवा दी थी। शाहजहां ने इसके अलावा और कई इमारतें बनवाई थीं जिनमें दिल्ली का लाल किला, आगरा फोर्ट का कुछ भाग, जामा मस्जिद, वजीर खान मस्जिद, मोती मस्जिद, लाहौर फोर्ट का कुछ अंश और अपने पिता जहांगीर का मकबरा मुख्य हैं। उसने सभी महत्वपूर्ण महलों पर कुरान की आयतें लिखवाई थीं। शाहजहां ने सोने, चांदी, तांबे और कांसे के सिक्के प्रचलित करवाए थे। उसने चित्रकला को भी प्रोत्साहन दिया।

रवींद्रनाथ ठाकुर ने 'शा-जाहान' शीर्षक से लंबी कविता की रचना की है जिसमें उसे कवि और ताजमहल को उसका नया मेघदूत कहा था।

उदयराज

अधिक जानकारी के लिए :

1. Muslim Rule in India : Vidyadhar Mahajan, **2. The Mughal Empire :** Jhon F Richard, 1995, **3. Islamic Civilization in South Asia :** Burjor Avari, 2013, **4. Atlas of the Mughal Empire :** Irfan Habib, 1982

शिकागो स्कूल

अंग्रेजी साहित्य की आलोचना में 1930 के दशक में शिकागो यूनिवर्सिटी से संबद्ध कुछ साहित्यिक समीक्षकों के एक समूह को शिकागो स्कूल कहा जाता है। कुछ अन्य आलोचकों को भी जो इनसे प्रभावित हुए, 'शिकागो स्कूल आलोचक' या 'शिकागो आलोचक' कहा जाता है। 1952 में शिकागो स्कूल के आलोचकों ने सम्मिलित रूप से 'क्रिटिक एंड क्रिटिसिज्म' शीर्षक से एक महत्वपूर्ण आलोचनात्मक पुस्तक प्रकाशित की थी जिसमें व्यावहारिक समीक्षा और समीक्षा के इतिहास से जुड़े मुद्दों पर उनके विचार थे।

शिकागो स्कूल के समीक्षक किसी भी कृति का उसकी वैयक्तिक विशेषताओं के आधार पर मूल्यांकन करते थे। वे एक कृति की जांच उसकी संरचना, उसके आकार देने वाले सिद्धांत और इस आधार पर करते थे कि कृति का वह 'रूप' उसकी संरचना में किस तरह से अपनी भूमिका अदा कर रहा है। यह भी देखा जाता था कि अपनी वैयक्तिक विशेषताओं के कारण वह कृति उसी वर्ग की तमाम रचनाओं में अपना क्या स्थान रखती है। इन समीक्षकों ने समीक्षा सिद्धांत के स्कूलों, साहित्यिक विधाओं की प्रकृति और रूप में रुचि दर्शाते हुए इन्हें आपस में जोड़कर देखने का प्रयास किया। उनके काम में कृति विशेष के आंतरिक तत्वों पर व्यावहारिक और वस्तुनिष्ठ किस्म की एकाग्रतता होती थी। इसलिए शिकागो स्कूल के इन समीक्षकों को कई बार नव-अरस्तूवादी समीक्षक भी कहा जाता है। अरस्तू की तरह इन्होंने भी साहित्यिक कृति में उसकी संघटना या उसके रूप-गठन को एक बुनियादी चीज माना। शिकागो स्कूल समीक्षकों का आग्रह कृति के मूल्यांकन में संपूर्ण वस्तुनिष्ठता को बरतने पर था और प्रमाण के रूप में वे सुदृढ़ क्लासिकल आधार को रखते थे। शिकागो स्कूल के समीक्षकों को रूपवादी भी कहा गया क्योंकि ये हर कृति को उसकी वैयक्तिक विशेषताओं के आधार पर महत्व देते थे। फिर भी उल्लेखनीय है कि ऐतिहासिक मामलों में इस समूह के समीक्षकों की रुचि रूपवादी किस्म की नहीं थी।

रोनाल्ड सैलमन क्रेन (1886-1967) को शिकागो अरस्तूवादी समीक्षा समूह का संस्थापक माना जाता है। 1935 में उन्होंने 'हिस्ट्री वर्सेज क्रिटिसिज्म इन दि स्टडी ऑफ लिटरेचर' लिखी थी जिसमें उन्होंने समीक्षा के कार्य को साहित्यिक कृतियों का विश्लेषण और मूल्यांकन साथ-साथ करने वाला एक विशिष्ट प्रकार का अनुशासन कहा था। डब्ल्यू आर कीस्ट, नॉरमन मैक्लान, एल्डर ऑस्लॉन, बेनार्ड वीयंबर्ग, आर एस रेन और वेन सी बूथ शिकागो स्कूल के प्रमुख समीक्षक माने जाते हैं। शिकागो समीक्षकों की तीसरी पीढ़ी में माइकेल बोर्डमैन, बारबरा फोले, वाल्टर ए डेविस, डोर्शी हेले, एलिजाबेथ लैंग्लैंड, जेम्स फेलान, पीटर जे रैबिन्विक, डेविड एच रिटर और हैरी शॉके नाम प्रमुख हैं। शिकागो स्कूल समीक्षा की प्रमुख पुस्तकें क्रिटिक्स एंड क्रिटिसिज्म (1952), दि लेंग्वेज ऑफ क्रिटिसिज्म एंड दि स्ट्रक्चर ऑफ पोएट्री (1953) तथा दि रेटॉरिक ऑफ फिक्शन (1983) हैं।

विजय कुमार

शिक्षा

मनुष्य दूसरे प्राणियों से इस अर्थ में अलग है कि वह ज्ञान पाकर उसे संचित रखना जानता है। इसलिए शिक्षा (Education) मनुष्य जीवन के अस्तित्व से जुड़ी है। शिक्षा को परिभाषा में बांधना कठिन है, क्योंकि आर्थिक, सांस्कृतिक और राजनीतिक कारणों से इसकी परिभाषा में भेद हो जाना संभव है। शिक्षा का अर्थ व्यावसायिक कारणों से भी प्रभावित होता है। विषय के भेद से भी शिक्षा का अर्थ बदलता है। फिर भी इतना स्पष्ट है कि शिक्षा और जानकारी में अंतर है। शिक्षा पर समाज की आशाओं को भी पूरा करने की जिम्मेदारी होती है। यहीं एक प्रश्न उठता है, क्या शिक्षा समाज में परिवर्तन ला सकती है? क्या समाज भी शिक्षा से कुछ

अपेक्षा कर सकता है? शिक्षा के दो रूप माने जाते हैं—(क) औपचारिक शिक्षा, जैसे—स्कूल, कॉलेज या विश्वविद्यालय में दाखिला लेकर शिक्षा और (ख) अनौपचारिक शिक्षा, जैसे—स्वाध्याय, खेलकूद, सामाजिक कर्म, इंटरनेट, राजनीतिक प्रभाव आदि से शिक्षा। शिक्षा को सामाजिक परिवर्तनों, तकनीकी उपलब्धियों और भविष्य-कल्पना से अलग रखकर उसके बारे में सोचना संभव नहीं है।

प्राचीन सूक्ति 'सा विद्या या विमुक्तये' का अर्थ स्पष्ट करते हुए गांधी ने कहा था, 'विद्या में वह समस्त प्रशिक्षण शामिल है, जो मानवजाति की सेवा के लिए उपयोगी है और विमुक्ति का अर्थ है—वर्तमान जीवन की सभी पराधीनताओं से मुक्ति। पराधीनता दो प्रकार की होती है : बाहरी आधिपत्य की दासता और आदमी की अपनी कृत्रिम जरूरतों की दासता। इन्हीं लक्ष्यों के लिए किया गया ज्ञानार्जन सच्ची शिक्षा है।' शिक्षा के लिए हर युग में ही शंका और जिज्ञासा को प्राथमिक शर्तों में गिना जाता है। यह कई तरह से कहा गया है कि सीखने की इच्छा और इसके लिए विनम्रता के बिना ज्ञान की प्राप्ति संभव नहीं है।

शिक्षा अपने आपमें एक अन्वेषण है और परिवर्तन भी। वह शिक्षक शिक्षक नहीं हो सकता जो अन्वेषक न हो और कुछ बदलना नहीं चाहता। शिक्षक का काम ही है कि वह विद्यार्थी में फर्क पैदा करे। खासकर इक्कीसवीं सदी में स्पष्ट हो चुका है कि विश्व की महान परंपराओं का अंग बनाने के साथ महान परिवर्तनों का भी अंग बनाने पर जोर देना होगा। दुनिया में जब एकदम शुरू में विश्वविद्यालय बनने शुरू हुए थे, तब वे नई-नई खोजों, वैचारिक आंदोलनों और परिवर्तनों के केंद्र थे। हम अपने विद्यार्थियों को क्या बनाना चाहते हैं, इससे ही जुड़ा है यह सवाल कि हम उन्हें क्या पढ़ाएं, क्या सिखाएं। किसी भी विषय के पाठ्यक्रम के संदर्भ में जब तक अतीत की खोजों-उपलब्धियों, वर्तमान की नई ताकतों और भविष्य की चुनौतियों का बौद्धिक त्रिभुज नहीं बनता है, शिक्षक परिवर्तन गुरु नहीं बन सकता, वह परंपरा गुरु बनकर रह जाएगा।

क्या शैक्षिक सुधारवाद को आर्थिक सुधारवाद का पिछलग्गू बन जाना चाहिए या इसे भविष्य की जरूरतों और सामाजिक उत्तरदायित्वों के अनुसार अपनी दिशा तय करनी होगी? वैश्वीकरण ने टेक्नोलॉजी और आइडियोलॉजी के बीच बर्लिन की दीवार खड़ी कर दी है। शिक्षा का काम है इस दीवार को धराशाई करना। एक जमाने में रवींद्रनाथ ने शिक्षा का उद्देश्य बताया था—आत्मबोध और शांतिनिकेतन में अंतरराष्ट्रीयवाद से प्रेरित होकर विश्वभारती की स्थापना की थी। उन्होंने जापान में दी जा रही शिक्षा को देखकर कहा था, 'श्रेष्ठ शिक्षा वह नहीं है जो सिर्फ जानकारी दे। सच्ची शिक्षा वह है जो हमारे जीवन और वातावरण में सामंजस्य स्थापित करे।' (द स्पिरिट ऑफ जापान)। वे कहते थे, 'हमें भाषा की शक्ति घर में, कल्पना की शक्ति साहित्य में, आत्मा की स्वतंत्रता अपने धार्मिक विश्वास में और बुद्धि की स्वतंत्रता सामाजिक वातावरण से प्राप्त होती है। शिक्षा भी इन्हीं संदर्भों में स्वतंत्रता की अभिलाषा है। मैंने विश्वभारती में एक ऐसा प्राकृतिक वातावरण बनाने की कोशिश की है कि यहां अपरिचित भी अपना लग सके और मन में सेवा का भाव पैदा हो जो सभ्यता का लक्षण है।' इस तरह शिक्षा का संबंध तकनीकी ज्ञान के साथ मनुष्य को सच्चे अर्थों में सभ्य बनाने से भी है।

यही वजह है कि प्रेमचंद कहते हैं, 'जीवन को सफल बनाने के लिए शिक्षा की जरूरत है, डिग्री की नहीं। हमारी डिग्री है हमारा सेवा-भाव, हमारी नम्रता, हमारे जीवन की सरलता। अगर यह डिग्री नहीं मिली, अगर हमारी आत्मा जाग्रत नहीं हुई, तो कागज की डिग्री व्यर्थ है।' (कर्मभूमि)। देखा जा सकता है कि जिसकी डिग्री जितनी ही ऊंची है, उसका स्वार्थ उतना ही बढ़ा हुआ है और वस्तुतः वह उतना ही अशिक्षित है।

शिक्षा की नींव कच्ची हो तो देश की इमारत बुलंद नहीं हो सकती। महात्मा गांधी ने अपने समय में ही देख लिया था, 'शिक्षा के लिए चुने हुए शिक्षकों को देखा जाए तो उन्हें शिष्टाचारवश भले ही शिक्षक कहा

जाए, यथार्थ में उन्हें यह नाम देना शिक्षक शब्द का दुरुपयोग करना है।' (2 अक्टूबर 1917)। शिक्षक कैसा होना चाहिए? गोताखोर हो—विषय की खूब गहराई में उतारता जाए, उड़ाका हो—विषय के ऊपर ही उड़ते रहे, तैराक हो—आधा नीचे और आधा ऊपर रहे? शिक्षक को वस्तुतः एक सुयोग्य धुनिया होना चाहिए जो मैल छांटता है, एक सुयोग्य कुम्हार होना चाहिए जो गढ़ता है, एक सुयोग्य बढ़ई होना चाहिए जो बेकार की चीजें छांटता है, तब जाकर चीजों को जोड़कर कुछ नया बनाता है। गोताखोर, उड़ाका और तैराक की पद्धति भी शिक्षण की एकतरफा प्रक्रिया है। इसमें लक्ष्य गायब है, सिर्फ वैयक्तिक करतब प्रधान है। इसका यह अर्थ नहीं है कि जिन्होंने गोते लगाए हैं, उड़ानें भरी हैं और तैर करके बहुत कुछ दिया है, वे परंपराएं हमारे काम की नहीं हैं, सिर्फ यह देखना होता है कि 'ऑब्जेक्ट' भी महत्वपूर्ण है, विद्यार्थी भी महत्वपूर्ण है।

शंभुनाथ

अधिक जानकारी के लिए :
1. राज, समाज और शिक्षा : कृष्ण कुमार, **2. बुनियादी तालीम :** ए अरविंदाक्षण, मिथिलेथ, **3. Democracy and Education :** John Dewey, 1944, 1916

शिक्षा और नागरिकता

शिक्षा की सार्थकता प्रबुद्ध नागरिक तैयार करने में है। एक प्रबुद्ध नागरिक निजी, परिवारिक, सामाजिक तथा राष्ट्रीय मूल्यों के प्रति सचेत होता है। यह सचेतनता शिक्षा के जरिए ही अर्जित की जा सकती है। व्यक्ति को डिग्री और नौकरी हासिल करने की इच्छा तक सीमित कर देने वाली शिक्षा मानसिक तौर पर अपुष्ट नागरिक तैयार करती है। ऐसे नागरिक निजी स्वार्थ के लिए आपस में टकराते हैं और स्वकेंद्रित रहकर सार्थक नागरिक की भूमिका नहीं निभा पाते।

नागरिकता की शिक्षा जुलाई 2015 से इंग्लैंड के स्कूलों में अनिवार्य कर दी गई है। बदलती दुनिया के अवसरों और चुनौतियों के लिए नौजवानों को तैयार करने के उद्देश्य से अब यह हर देश में जरूरी समझी जा रही है। यह साझा लोकतांत्रिक जीवन की समझ पैदा करने के लिए भी जरूरी है। नागरिकता की शिक्षा चरित्र-निर्माण के लिए ही जरूरी नहीं है, यह विद्यार्थी के ऐसे कौशलों को भी विकसित करती है जिनकी जरूरत नियोक्ता को होती है। अब लोकतांत्रिक देशों को ऐसे नागरिकों की जरूरत है जो सूचनाओं का भंडार, जिम्मेदार और सक्रिय हों। वे अपनी जिम्मेदारी ही नहीं, अपने समुदायों की जिम्मेदारी भी संभाल सकते हों और साथ ही राजनीतिक रूप से भी जागरूक हों। हर अच्छा लोकतंत्र अपने शिक्षित और दायित्वशील नागरिकों के बल पर ही अपनी सार्थकता प्रमाणित कर सकता है।

कहना न होगा कि हर व्यक्ति में कुछ-न-कुछ क्षमताएं होती हैं। वह कुछ अधिकार लेकर आता है जिनके विनिमय से वह अपने प्रयोजन की वैकल्पिक वस्तुएं हासिल कर सकता है। शिक्षा के संदर्भ में वह चीज ज्ञान और सामान्यबोध की क्षमता है, जिसे विद्यार्थी परिवार, समाज, शिक्षा संस्थान और व्यक्तिगत अनुभवों से हासिल करता है। सार्थक नागरिक तैयार करने के लिए शिक्षा के जरिए इस ज्ञान और सामान्यबोध को स्वहित, समाजहित तथा राष्ट्रहित से जोड़कर देखने की दृष्टि तैयार की जा सकती है। विद्यालय स्तर से ही हर पाठ के शिक्षण के बाद जीवन, समाज और राष्ट्र में उस पाठ से प्राप्त ज्ञान के प्रयोग से जुड़े प्रश्न विद्यार्थियों के चिंतन को ऊर्ध्वमुखी बना सकते हैं। इस तरह हासिल दृष्टि के साथ विद्यार्थी जब उच्च स्तरीय शिक्षा-क्षेत्र या जीवन में दाखिल होगा, तब उसके पास अलग-अलग विषयों से जुड़े विजन होंगे जिनका प्रयोग वह व्यावहारिक स्तर पर कर सकता है। उस समय बेरोजगारी के कारण डिप्रेशन और नाममात्र के डिग्रीधारी मानव संसाधन बने रहने की पीड़ा से शिक्षित वर्ग मुक्त होगा।

शिक्षा के बावजूद यदि व्यक्ति इसके विनिमय से कोई भौतिक अवसर, सम्मान या सेवा हासिल नहीं

कर पा रहा है तो शिक्षा के पूरे स्वरूप पर फिर से विचार करने की जरूरत उभरती है। शिक्षा व्यक्ति की भौतिक जरूरतें पूरी करे, नागरिक चेतना में विकास लाए, उसे खुद निर्णय लेने में समर्थ बनाए, जिम्मेदारियों में साझा करने की प्रवृत्ति पैदा करे और समाज के प्रति एक जिम्मेदारी का अहसास कराए, इसके लिए शिक्षा में विनिमय की क्षमता होनी जरूरी है। खासकर वैश्वीकरण के युग में जब यह सवाल उठता है, शिक्षा किसलिए? इसका जवाब होता है सफल और सार्थक नागरिकता के लिए।

राखी रॉय हल्दर

शिक्षा का अधिकार

26 जनवरी 1950 से लागू भारतीय संविधान में 'शिक्षा का अधिकार' मूलाधिकार में शामिल नहीं था। इसे राज्य के नीति-निर्देशक सिद्धांतों में शामिल किया गया था। इसका अर्थ है कि इस प्रावधान के फलस्वरूप कोई नागरिक शिक्षा का अधिकार लागू करने के लिए किसी याचिका के जरिए उच्चतम न्यायालय या उच्च न्यायालय की शरण नहीं ले सकता था, क्योंकि इसे कार्यान्वित करना भारत सरकार अथवा किसी राज्य सरकार के लिए बाध्यकारी नहीं था। दरअसल, नीति-निर्देशक सिद्धांत शासन के लिए सिर्फ नीतिगत दिशानिर्देश के रूप में विद्यमान होते हैं। शुरू से ही धारा 45 में नीति-निर्देशक सिद्धांत के रूप में 14 वर्ष तक के बच्चों को मुफ्त शिक्षा देने का प्रावधान किया गया था। मगर इसका कार्यान्वयन नहीं होने से बीसवीं सदी के अंत तक देश के करोड़ों बच्चे शिक्षा से वंचित रह गए। उल्लेखनीय है कि शिक्षा बच्चे का 'द्वितीयक समाजीकरण' करती है, जबकि परिवार 'प्राथमिक समाजीकरण' करता है।

अमर्त्य सेन ने लिखा है, 'नए आर्थिक अवसरों के उदय एवं श्रम और प्रतिभाओं के कुशल प्रयोग की संभावनाएं काफी हद तक प्राथमिक शिक्षा सुविधाओं के प्रसार तथा उनसे जुड़ी अन्य सामाजिक दशाओं पर भी निर्भर करती हैं। ...भारत का आज का साक्षरता स्तर न केवल दक्षिण कोरिया और चीन से पिछड़ा हुआ है बल्कि यह तो एशिया के तेजी से औद्योगीकृत हुए देशों—चीन, थाईलैंड और दक्षिण कोरिया ने जिस स्तर को 1960 में ही पा लिया था, उससे भी पिछड़ा हुआ है।' (भारत : विकास की दिशाएं)। इससे बोध होता है कि आर्थिक संवृद्धि और शिक्षा के अधिकार के बीच गहरा संबंध है।

शिक्षा के तीन प्रमुख उद्देश्य होते हैं—उत्पादनशील (हुनरमंद) बनाना, सभ्य नागरिक बनाना और बेहतर इंसान बनाना। इसलिए 2002 में संविधान में 86वां संशोधन किया गया और एक नई धारा 21ए जोड़ी गई जिसके तहत छह से चौदह वर्ष तक की आयु के सभी बच्चों को मुफ्त एवं अनिवार्य शिक्षा का अधिकार दिया गया। मगर इसे कानूनी रूप देने के लिए 2008 में राज्यसभा में मुफ्त एवं अनिवार्य शिक्षा संबंधी विधेयक पेश किया गया और वहां से पारित होने के बाद 4 अगस्त 2009 को वह लोकसभा से भी पारित हो गया। अगले वर्ष 1 अप्रैल 2010 से इसे लागू कर दिया गया। इस प्रकार भारत दुनिया के उन इक्कीस देशों की श्रेणी में शामिल हो गया, जहाँ कम-से-कम आठ वर्ष की अवधि तक मुफ्त एवं अनिवार्य प्रारंभिक शिक्षा दी जाती है। उल्लेखनीय है कि नीदरलैंड, जर्मनी, इटली, बेल्जियम, पेरू, अंगिला जैसे देशों में बारह साल तक मुफ्त एवं अनिवार्य विद्यालयीन शिक्षा दी जाती है। चिली (लैटिन अमेरिका) एकमात्र ऐसा देश है, जहाँ सभी बच्चों को पंद्रह वर्षों तक मुफ्त एवं अनिवार्य शिक्षा दी जाती है।

भारत में लागू मुफ्त एवं अनिवार्य शिक्षा का अधिकार अधिनियम 2009 की प्रमुख विशेषताएं निम्नलिखित हैं : (1) छह से चौदह वर्ष तक के सभी बच्चों को, बिना किसी भेदभाव के, मुफ्त एवं अनिवार्य शिक्षा (कक्षा एक से आठ तक) केंद्र, राज्य सरकार या स्थानीय निकाय (शहरी या ग्रामीण) द्वारा उपलब्ध कराई जाएगी। (2) प्राथमिक स्तर (कक्षा

एक से पांच तक) पर प्रत्येक तीस विद्यार्थियों पर कम-से-कम एक शिक्षक हो और उच्च प्राथमिक स्तर (कक्षा छह से आठ तक) पर प्रत्येक पैंतीस विद्यार्थियों पर एक शिक्षक हो। (3) प्रत्येक विद्यालय खेलकूद का मैदान, शौचालय, पीने का स्वच्छ पानी, पुस्तकालय, प्रयोगशाला, यथासंभव मातृभाषा में शिक्षा देने आदि की व्यवस्था करेगा। (4) सरकार से सहायता प्राप्त निजी शिक्षण संस्थाएं कम-से-कम 25 प्रतिशत विद्यार्थियों का प्रवेश आर्थिक रूप से कमजोर वर्गों से लेंगी। उन बच्चों की शिक्षा पर होने वाले न्यूनतम खर्च की भरपाई सरकार द्वारा की जाएगी। (5) कोई निजी विद्यालय प्रवेश की बाबत दान/चंदा आदि नहीं लेगा अन्यथा उसे उस शुल्क का दस गुना जुर्माने का दंड देना होगा। (6) कोई विद्यालय प्रवेश के लिए विद्यार्थियों या उनके अभिभावकों का साक्षात्कार या जांच नहीं करेगा। इसका उल्लंघन करने पर उस विद्यालय को पहली बार पचीस हजार रुपये का जुर्माना देना होगा और बाद में प्रत्येक बार उल्लंघन करने पर पचास हजार रुपये का जुर्माना देना होगा। तीन किलोमीटर के भीतर स्थित पड़ोस के विद्यालय बच्चों का दाखिला अवश्य लेंगे। (7) कोई शिक्षक ट्यूशन नहीं पढ़ाएगा। (8) विद्यालय में किसी विद्यार्थी के साथ कोई भेदभाव नहीं किया जाएगा। (9) उचित अनुश्रवण हेतु प्रत्येक विद्यालय में विद्यालय प्रबंधन समिति होगी जिसमें शिक्षक, अभिभावक तथा स्थानीय अधिकारी होंगे। इसमें पचास प्रतिशत सदस्य महिलाएं एवं वंचित वर्ग से होंगे तथा तीन-चौथाई सदस्य मां-बाप/अभिभावक होंगे। यह समिति स्वच्छता, शौचालय (लड़का-लड़की के लिए अलग), पेयजल, दोपहर का भोजन, विकास-गतिविधियां आदि पर ध्यान देगी जिससे बालिकाएं ज्यादा दाखिला लें। एक साल में कक्षा पांच तक 800 घंटे की पढ़ाई होगी और कक्षा 6 से 8 तक साल भर में 1000 घंटे की पढ़ाई होगी। (10) यदि किसी विद्यालय में कक्षा आठ तक पढ़ने की व्यवस्था न हो, तो उसमें पढ़ने वाला विद्यार्थी उस राज्य या उसके बाहर स्थित किसी विद्यालय में जाकर पढ़ सकेगा। उसका स्थानांतरण प्रमाण-पत्र मिलने में विलंब होने पर नया विद्यालय उसके दाखिला में विलंब नहीं करेगा। यदि कोई प्रधान शिक्षक स्थानांतरण प्रमाण-पत्र देने में विलंब करेगा तो उसके विरुद्ध सेवा नियमों के तहत अनुशासनिक कार्रवाई की जाएगी। (11) धारा दस के अनुसार प्रत्येक मां-बाप या अभिभावक का कर्तव्य होगा कि वह अपने बच्चे का दाखिला पड़ोस के विद्यालय में कराएं। (12) विद्यालय में किसी बच्चे के दाखिले के लिए जन्म, मृत्यु एवं विवाह निबंधन अधिनियम 1886 के तहत निर्गत जन्म प्रमाण-पत्र ही बच्चे की उम्र का सबूत होगा। मगर यह भी प्रावधान किया गया है कि उम्र के सबूत के अभाव में कोई विद्यालय किसी बच्चे का दाखिला लेने से इंकार नहीं करेगा। (13) किसी बच्चे को कक्षा आठ तक की शिक्षा पूरी होने तक अनुत्तीर्ण (फेल) नहीं किया जाएगा और प्रारंभिक शिक्षा (कक्षा आठ तक) पूरी होने तक न उसे विद्यालय से निकाला जाएगा और न ही बोर्ड की परीक्षा ली जाएगी। (14) किसी भी विद्यार्थी को शारीरिक दंड नहीं दिया जाएगा। इसका उल्लंघन करने पर संबंधित शिक्षक को सेवा नियमों के तहत दंडित किया जाएगा।

अंत में, इस कानून में यह प्रावधान भी किया गया है कि यदि 1 अप्रैल 2010 (कानून लागू करने की तिथि) से पहले स्थापित विद्यालय इस कानून में निर्धारित मापदंड पूरा नहीं करते हों तो उन्हें उस तिथि से तीन साल के अंदर वे मापदंड पूरे करने होंगे अन्यथा उनकी मान्यता रद्द कर दी जाएगी और उन पर एक लाख रुपये तक जुर्माना लगाया जा सकेगा। उल्लंघन जारी रहने पर प्रत्येक दिन के लिए दस हजार रुपये का जुर्माना लगाया जाएगा।

शिक्षा का अधिकार मंच (RTE Forum) के संबंध में कहा जाता है कि यह करीब दस हजार संस्थाओं-संगठनों का सामूहिक राष्ट्रीय नेटवर्क है। देश में समान स्कूल प्रणाली न होने के कारण शिक्षा के अधिकार के संदर्भ में वित्तीय संसाधनों, शैक्षिक गुणवत्ता, प्रशासनिक तत्परता और उपलब्धियों को

लेकर शंका व्यक्त की जाती है। शिक्षा के अधिकार का मुद्दा बच्चों के पड़ोस की संरचना, नए विद्यालयों की स्थापना, छात्र-शिक्षक अनुपात, शिक्षकों के चयन और प्रशिक्षण, सामुदायिक सहभागिता आदि से भी जुड़ा हुआ है।

भारत के इतिहास में शिक्षा का अधिकार और इसके लिए बना कानून एक महत्वपूर्ण ऐतिहासिक घटना है। पर इसे व्यवहार में लाने में ढांचागत और वित्तीय तथा सामाजिक सीमाएं बाधा हैं। सरकारी स्कूलों के शिक्षा-स्तर को लेकर जो उद्विग्न रहते हैं, वे शिक्षा के अधिकार को एक तमाशा मानते हैं जबकि कुछ यह कहते हैं कि कम शुल्क वाले निजी स्कूलों की दशा अच्छी है, यह दावे से नहीं कहा जा सकता। वस्तुतः स्कूलों की सरकारी शिक्षा व्यवस्था को राजनीतिक पूर्वग्रह से मुक्त स्वच्छ शासन के रडार पर लाकर चुस्त बनाया जाएगा, तभी शिक्षा के अधिकार की सार्थकता है। कहना न होगा कि सरकारी शिक्षा व्यवस्था का निम्नस्तर और वातावरण ही महंगे निजी स्कूलों का औचित्य तैयार करता है। आशा की गई है कि शिक्षा के अधिकार का लाभ सही अर्थ में सभी बच्चों तक पहुंचेगा। निजी स्कूलों को भी शिक्षा के अधिकार की उपयोगिता कारगर ढंग से समझाए जाने की जरूरत है, क्योंकि तभी शिक्षा में औपचारिक समावेशन वास्तविक समावेशन बन पाएगा।

सुभाष शर्मा

अधिक जानकारी के लिए :

1. शिक्षा का समाजशास्त्र : सुभाष शर्मा, **2. The History of Education in Modern India :** Sureshchandra Ghosh, **3. Education and Sociology :** Émile Durkheim

शिखंडी

महाभारत की कथा के अनुसार अंबा जिस दिन शाल्व को अपना पति चुनने जा रही थी, भीष्म उसे पराजित कर जबर्दस्ती अंबा और उसकी बहनों को अपहृत कर हस्तिनापुर ले आए ताकि उनके सौतेले भाई विचित्रवीर्य से अंबा का विवाह हो। अंबा ने विचित्रवीर्य से प्रार्थना की कि वह शाल्व से प्रेम करती है, उसे मुक्त कर दिया जाए। विचित्रवीर्य ने उसे जाने दिया, वैसे भी पहले से उसकी दो पत्नियां थीं। शाल्व ने वापस लौटने पर अंबा को स्वीकार नहीं किया, क्योंकि उसे दूसरे व्यक्ति ने छू लिया था। वह फिर विचित्रवीर्य के पास आई। उसने कह दिया कि दान में दी गई वस्तु वह वापस नहीं लेगा। अंबा भीष्म के पास गई कि उसी की वजह से उसकी ऐसी हालत हुई है, इसलिए वह विवाह करें। भीष्म ने जीवन भर विवाह न करने का अपना संकल्प बताकर कहा कि अपने पिता के घर चली जाओ या इस महल में दासी बनकर रहो।

अंबा भीष्म से बदला लेने के लिए क्रोध से भभक उठी। उसने युद्ध के देवता कार्तिकेय से प्रार्थना की। कार्तिकेय ने यह कहकर उसे फूलों की एक माला दी कि जो इस माला को स्वीकार कर लेगा, वह भीष्म का वध कर सकेगा। अंबा कई वीरों के पास गई जिनमें द्रुपद भी थे। कोई तैयार नहीं हुआ। वह परशुराम के पास गई। उन्होंने भी यह कहकर असमर्थता व्यक्त की कि भीष्म को इच्छा मृत्यु का वर प्राप्त है। वह किसी से परास्त नहीं हो सकते। वह अंत में शिव के पास गई। शिव उसकी धुन से प्रसन्न हुए। उन्होंने कहा कि उसके कारण ही भीष्म का वध होगा, पर अगले जन्म में। अंबा आग में कूद गई और द्रुपद के घर पैदा हुई।

पांचाल नरेश द्रुपद को बेटा चाहिए था क्योंकि शिव ने उन्हें ऐसा ही वरदान दिया था। लड़की हुई तो भी उन्होंने इसका नाम शिखंडी रखा और उसे न सिर्फ लड़के की तरह सारी शिक्षा-दीक्षा दी और योद्धा बनाया बल्कि एक कन्या से उसकी शादी भी कर दी। शिखंडी का अर्थ है जिसकी शिखा मयूर की तरह हो। पत्नी को रात में पता चला कि उसका पति लड़का नहीं लड़की है। उसने तत्काल अपने पिता को सूचना दी। उसके पिता दसर्ण के राजा हिरण्यवर्मा ने पांचाल पर आक्रमण की योजना बनाई। द्रुपद को

चिंता हुई कि उन्हें साबित करना है कि शिखंडी पुरुष है, पर यह कैसे होगा।

शिखंडी को पहली बार अनुभव हुआ कि वह स्त्री है। वह आत्मग्लानि से आत्महत्या करने के लिए जंगल चला गया, जहाँ उसे एक यक्ष स्थूण मिला। उसने शिखंडी की दशा देखकर एक दिन के लिए उसे अपना पुरुषत्व दे दिया। शिखंडी ने पत्नी के सामने अपना पुरुषत्व प्रमाणित कर दिया। हिरण्यवर्मा द्रुपद से क्षमा मांगते हुए अपने दरबारियों और सैनिकों के साथ लौट गया। शिखंडी दूसरे दिन स्थूण को पुरुषत्व लौटाने जंगल गया, पर कुबेर ने उसकी ईमानदारी पर प्रसन्न होकर उसे आजीवन पुरुष रहने का वरदान दे दिया।

महाभारत के युद्ध में कृष्ण के परामर्श से भीष्म को मारने के लिए शिखंडी का इस्तेमाल हुआ। भीष्म ने युद्ध के नौवें दिन कृष्ण के रथ पर कार्तिकेय की माला पहन रखे शिखंडी को देखकर यह कहकर अस्त्र उठाने से मना कर दिया कि 'वह स्त्री है'। अभी भले नहीं, कभी तो शिखंडी स्त्री ही था। शिखंडी के पीछे छिपे अर्जुन ने भीष्म को बाणों से बेध डाला। वे अपनी इच्छा-मृत्यु के लिए शरशय्या पर चले गए। महाभारत युद्ध समाप्त होने पर आखिरी रात अश्वत्थामा विक्षिप्तावस्था में पांडव शिविर के सैनिकों के साथ द्रौपदी के भाइयों—शिखंडी और धृष्टद्युम्न को मार डालता है और वस्तुतः दुखद युद्धांत होता है।

शिखंडी को थर्ड जेंडर समझा जाता है, जबकि महाभारत की कथा के अनुसार यह यौन परिवर्तन का, स्त्री से पुरुष होने का मामला था जो एक प्राकृतिक घटना है। अंबा और शिखंडी की कथा में स्त्री की प्राचीनकाल से खराब सामाजिक दशा का बोध होता है। स्त्री की निम्नता और लैंगिक भेदभाव का बोध भीष्म के इस कथन में भी है कि वह स्त्रियों पर हथियार नहीं उठाते।

रामायण में गौतम ऋषि अपनी पत्नी अहिल्या का घर्षण करने के कारण इंद्र को यही शाप देते हैं कि उसके शरीर पर हजारों योनियां हो जाएं, जो स्त्री की अवमानना का ही एक रूप है। बाद में विनती करने पर योनियां आंखें बन जाती हैं। 'गीता' में कृष्ण अर्जुन को एक जगह 'क्लीव' (पुरुष रूप में स्त्रैण) कहकर धिक्कारते हैं। 'योग वशिष्ठ' की एक कथा के अनुसार राजा शिखिध्वज अपनी ज्ञानी पत्नी का उपदेश केवल तब सुनता है, जब वह पुरुष वेश में उसे ज्ञान देती है अन्यथा राजा उसकी परवाह नहीं करता। एक पौराणिक कथा में शिव के प्रेमलीला क्षेत्र में प्रवेश करने से संबंधित आदेश का उल्लंघन करने के कारण राजकुमार सुद्युम्न पुरुष से स्त्री बन जाता है। विनती करने पर इतना परिवर्तन होता है कि चंद्रमा के बढ़ते जाने के समय वह पुरुष होगा और जब उसका घटना शुरू होगा तो वह इला के रूप में स्त्री हो जाएगा। यह कथा भी स्त्री की निम्न दशा का सूचक है। चंद्रमा के बढ़ते समय भी तो वह स्त्री हो सकता था! इन सबके विपरीत शाक्त धारा में दुर्गा और काली के रूप में स्त्री-योद्धाओं की कथा है। मीनाक्षी दक्षिण की योद्धा देवी हैं और पूजी जाती हैं। विष्णु का मोहिनी में जेंडर परिवर्तन होता है। शिव पार्वती को छोड़ मोहिनी के प्रति आसक्त हो जाते हैं। दक्षिण के एक प्रधान लोकप्रिय देवता अय्यप्पा का जन्म शिव-विष्णु से होता है। यह शैव-वैष्णव धाराओं की मुठभेड़ से 'हाइब्रीड' और सामंजस्य की भूमि पर लाने वाली पौराणिक कथा है। महाभारत की कथाओं में कई व्यक्ति अयोनिजा हैं, जैसे—उर्वशी और स्कंद। स्कंद बाद में शिव के पुत्र कार्तिकेय हो जाते हैं जो दक्षिण में मुरुगन के नाम से जाने गए। थर्ड जेंडर के कई लोग आज भी देवी बहुचारा की आराधना करते हैं। इस तरह महाभारत और पुराणों की कथाओं में स्त्री की निम्न दशा, उसका योद्धा रूप और जेंडर परिवर्तन की घटनाएं हैं जो सामाजिक संकेत देती हैं।

शंभुनाथ

शिव

ब्रह्मा, विष्णु और शिव की त्रिमूर्ति में शिव का प्रमुख स्थान है। माना जाता है कि इनका पूर्वरूप रुद्र है जो संहार का देवता है। इनका एक रूप 'हर' है जिसे 'महाकाल' कहा गया है। ये 'त्रिनेत्र' और 'मृत्युंजय' भी हैं। इनका धनुष है पिनाक, इसलिए इन्हें 'पिनाकी' भी कहा जाता है। शिव मुख्यतः त्रिशूल धारण करते हैं। त्रिपुर ध्वंस के समय उन्होंने देवताओं का आधा तेज हर लिया था और उनका बल सभी देवताओं से अधिक हो गया था। इसलिए वह महादेव के नाम से विख्यात हुए। वेदों में महादेव या शिव का कोई उल्लेख नहीं है, पर वहां रुद्र है। माना जाता है कि रुद्र का ही सौम्य, शांत और कल्याणकारी रूप शिव है। शिव अन्य देवताओं से भिन्न दिखते हैं, वह वस्त्राभूषणों और राजसी ठाट-बाट से अलग हैं। उनका स्वरूप सीधे और भोले मनुष्य का है, जिसकी पत्नी पार्वती है और दो पुत्र गणेश व कार्तिकेय हैं। किसी अन्य देवता का इस तरह परिवार नहीं है, शिव को छोड़कर। उनके कृषि-सभ्यता से जुड़े होने का लक्षण उनका वाहन बैल है जो नंदी के रूप में विख्यात हुआ। शिव कलाओं के स्रोत दिखते हैं, अपने नटराज रूप में। नटराज के एक हाथ में अग्नि है जो वैदिक चिह्न है। शिव गैर-वैदिक और वैदिक सामाजिक धाराओं की संधि के रूप में सामने आते हैं और एक अनोखे जमीनी देवता लगते हैं।

शिव

उपनिषद में अनादि और अनंत परमेश्वर या ब्रह्म की धारणा है। केनोपनिषद में शिव ही साधु वेश में हाथ पर तिनका लेकर इंद्र, वायु और अग्नि की शक्ति-परीक्षा लेते हैं और वैदिक देवता परीक्षा में असफल होते हैं। यह संदेश निकलता है कि वैदिक देवता लोकविश्वास का अंग नहीं रह गए। अब शिवस्वरूप ब्रह्म ही सर्वोपरि है। केनोपनिषद से भी पहले श्वेताश्वर उपनिषद में सृष्टि के संचालक ईश्वर के रूप में मानवीय रंग-रूप वाले शिव का स्पष्ट उल्लेख है। बताया गया है कि इनका ज्ञान हो जाने से ब्रह्मज्ञान हो जाता है। श्वेताश्वर उपनिषद अति प्राचीन है। इसलिए शंकराचार्य और रामानुजाचार्य ने इसकी बार-बार चर्चा की है। नायनारों द्वारा भक्ति आंदोलन शिव को केंद्र में रखकर विकसित किया गया, हालांकि उत्तर भारत में भक्ति आंदोलन मुख्यतः वैष्णव आश्रय में चला गया। एक कवि विद्यापति हैं जिनकी भक्ति के केंद्र में शिव हैं।

उल्लेखनीय है कि देवताओं में सिर्फ शिव हैं जो तपस्या करते हैं। उनकी निवासभूमि कैलास है। वह देह पर भस्म धारण करते हैं और सर्प ही उनके अलंकार हैं। उनके जटाजूट में अपूर्व शक्ति और सौंदर्य है। कल्पना की गई कि गंगावतरण के समय उन्होंने गंगा नदी को अपने जटाजूट में बांध लिया। वहां शीतल चंद्रमा शोभायमान है। कुल मिलाकर शिव का बिंब उन भौतिक वस्तुओं से बना है जिनसे मनुष्य का सभ्यता के आदिकाल से संपर्क रहा है। उनके बिंब में उनके दो ही हाथ हैं। वह एक भौतिक नरदेह हैं—एक सीधे और भोले पारिवारिक मनुष्य जैसे। उनसे भूत-पिशाचों के गण, मादक वस्तुओं के पान, क्रोधी स्वभाव और संहारकर्ता की छवियां भी

जुड़ी हैं। वह कामदेव को भस्म कर देते हैं, पर बाद में रति की प्रार्थना पर उसे अनंग रूप में अमर भी करते हैं। वह दक्ष प्रजापति के यज्ञ का ध्वंस करते हैं, क्योंकि उनकी पत्नी सती ने अपने पिता के घर शिव का अपमान देखकर आत्मदाह कर लिया था। महाभारत में वर्णित दक्ष यज्ञ के ध्वंस, त्रिपुर नगरों को जलाकर देवताओं के तेजहरण जैसी घटनाएं इसका संकेत हैं कि शिव ऊंचे लोगों से बहिष्कार झेलने के बावजूद लोक-आस्था में स्वीकृति अर्जित करते गए और महादेव बने। शिव के रूप और गुणों के प्रति श्रद्धा भाव वैदिक काल के पहले से प्राप्त होता है। यह भी ज्ञात होता है कि शिव के देवरूप का निर्माण सभ्यताओं के मिश्रण से हुआ है।

ऋग्वेद में दो जगहों पर अनार्य लोगों द्वारा शिश्न देवता की उपासना का जिक्र है। इसे शिव से जोड़ा गया है। शिवलिंग की उपासना का जिक्र सबसे पहले श्वेताश्वर उपनिषद में है। इसमें 'ईशान रुद्र' को सृष्टि की सभी योनियों का अधिपति कहकर वस्तुतः सभी प्राणियों के जन्म या सृष्टि की भौतिक स्थिति की वंदना है। महाभारत की उपमन्यु की कथा में शिवलिंगोपासना का उल्लेख है। इसकी पौराणिक व्याख्या यह है कि पंचसिर ब्रह्मा से अपमानित होने पर उनका एक सिर काट लेने से शिव पर ब्रह्म-हत्या का पाप लगा। शिव की उपासना न हो, इसके लिए उनके विरोध में कई कथाएं बनीं। दूसरी तरफ, शिव के अवतारों की कल्पना की गई। पुराणों में कहीं उनके चार, कहीं अठाइस और कहीं सौ अवतारों का जिक्र है, पर शिव नरदेह या अवतार रूप में कभी पूजे नहीं गए। ब्रह्म-हत्या का पाप लगने के बाद शिव की स्वीकृति के सहज पथ निकले। शिव की पूजा सृष्टि के चिह्न योनि-लिंग रूप में होने लगी। संहार के देवता का सृष्टि के देवता के रूप में अनोखा रूपांतरण हुआ। ये ब्रह्मा से लेकर भूत-पिशाच तक सभी के द्वारा पूजित हुए।

महाभारत में घोरा और शिवा, दो तरह की शिवमूर्तियों का संकेत है। घोरा अग्निरूप है और शिवा परम गुह्य आध्यात्मिक स्वरूप महेश्वर है। उल्लेखनीय है कि एक साधारण बेलपत्र चढ़ाने से भी शिव प्रसन्न हो जाते हैं। वह सर्वसुलभ हैं, यह प्रचार तेजी से हुआ। काले-चिकने-गोल पत्थर में भी शिव सुलभ हैं। वह आशुतोष, बम भोलेनाथ और औघड़ के रूप में भी देखे गए। उनकी उपासना की मुख्य विधि है, उन पर जल चढ़ाना। शिव को खासकर सावन में जल में निमग्न करना कृषि से संबंधित जल का रिचुअल है। यह जल के वैदिक देवता का विस्तार है। शिव को छोड़कर किसी अन्य देवता पर जल नहीं चढ़ाया जाता।

रामायण और महाभारत में ब्रह्मा, विष्णु और शिव के बीच श्रेष्ठता के प्रश्न पर रस्साकशी के कई संकेत हैं, पर इनके परस्पर विरोध का समाहार भी होता है। उभरकर यही आता है कि ये तीनों देवता अंततः एक ही हैं। पौराणिक काल में अतिरंजित घटनाओं की कल्पना और माहात्म्य प्रदर्शन इतना बढ़ गया कि हर पुराण में किसी एक को श्रेष्ठ और बाकी को उसके सामने बौना दिखाने की होड़ मच गई। इसके साथ अनगिनत संप्रदाय बने, संघर्ष ठने और धार्मिक समाज विभाजित होता गया। शिव की सर्वश्रेष्ठता प्रदर्शित करने वाला पुराण है शिवपुराण। शिव की उपासना से जुड़ी है शक्ति अथवा देवी की आराधना। शिव ज्ञान का और पार्वती शक्ति का प्रतीक मानी गईं। शिव से यदि ह्रस्व 'इ' हट जाए तो यह शव बन जाता है। यह शक्ति को खो देना है। कालिदास ने 'रघुवंश' के मंगलाचरण में शिव और शक्ति के संबंध को वाणी और अर्थ के संबंध के रूप में देखा।

शिव कितने लोकप्रिय देवता हैं, यह उनकी विस्तृत उपासना-भूमि से जाना जा सकता है। अमरनाथ से लेकर रामेश्वरम और सोमनाथ से लेकर काशी-वैद्यनाथ धाम और गंगासागर तक वे पूजित हैं। शंकराचार्य ने चार कोनों में अपने चार पीठ बनाए थे। कैलास-मानसरोवर से उन्हीं की वजह से भारत का गहरा सांस्कृतिक संबंध है। दार्शनिक स्तर पर शैवों ने जो चिंतन किया, उसका असर वज्रयान, योग और तंत्र-साधनाओं पर पड़ा। शैव और बौद्ध

परंपराओं के बीच समन्वय की घटनाएं हैं। दक्षिण के शैव कवियों की तरह उत्तर भारत में शैव भक्ति साहित्य विपुल मात्रा में नहीं है। फिर भी शैव भक्ति, दर्शन और योग-साधना का हिंदी कवियों पर असर देखा जा सकता है।

मैथिल कोकिल विद्यापति शिवभक्त थे। उन्हें शिव के अर्धनारीश्वर स्वरूप ने खासतौर से आकर्षित किया था, 'जयशंकर जय त्रिपुरारि, जय अध पुरुष जयति अधनारि/आध धवल तनु आधा गोरी, आध सहज कुच आध कटोरा।' इसमें भक्ति और श्रृंगार के अद्‌भुत मेल के साथ पुरुष समान स्त्री की प्रतिष्ठा का जयगान है। शैव-वैष्णव एकता का प्रतिपादन करते हुए तुलसी, राम के मुख से कहलाते हैं, शिव का द्रोही कभी मेरा सच्चा दास नहीं हो सकता। वह 'पार्वती मंगल' लिखते हैं, यद्यपि इसकी भावभूमि कालिदास के 'कुमारसंभव' से भिन्न है। तुलसी विनयपत्रिका में कहते है, 'दानी संकर सम नाहीं।' सूफी कवि जायसी के 'पदमावत' में रत्नसेन शिव का दर्शन करते हैं, 'ततखन पहुंचे आइ महेसू, बाहन बैल, कुष्टि कर भेसु।' संत साहित्य में 'अजपाजाप', 'निरगुन' और 'योग' शैव परंपराओं से आई चीजें हैं।

विद्यापति के बाद किसी कवि ने शिव और शैव दर्शन को अपने काव्य में प्रमुखता से जगह दी तो वह जयशंकर प्रसाद हैं, 'नील गरल से भरा हुआ यह चंद्र कपाल लिये हो/इन्हीं निमीलित ताराओं में कितनी शांति पिये हो।' (कामायनी)। समुद्र-मंथन में जहर निकला। इसका खुशी-खुशी पान कर शिव नीलकंठ कहलाए। दुष्यंत कुमार ने दक्ष के यज्ञ-ध्वंस के प्रसंग में काव्य नाटक 'एक कंठ विषपायी' की रचना की, 'हर परंपरा के मरने का विष मिला मुझे/हर सूत्रपात का श्रेय ले गए और लोग।' आधुनिक कवियों के लिए शिव भक्ति की जगह लोककल्याणकारी सौंदर्यबोध के स्रोत रहे हैं। शिव का एक अर्थ शुभ या मंगल भी है।

शंभुनाथ

शिवप्रसाद 'सितारेहिंद' और हिंदी

राजा शिवप्रसाद 'सितारेहिंद' (1824-1895) अपने समय के एक महत्वपूर्ण शिक्षाविद थे, जिन्होंने हिंदी में पाठ्यपुस्तकें तैयार करने का महत्वपूर्ण कार्य किया। वे इंस्पेक्टर ऑफ स्कूल पद पर एक ऊंची सरकारी नौकरी में थे और हिंदी, संस्कृत, उर्दू, अंग्रेजी और फारसी के अच्छे जानकार थे। शिक्षा विभाग में उनकी कर्मठता का सभी सम्मान करते थे। 1870 में उन्हें 'सितारेहिंद' की उपाधि से नवाजा गया था और 1874 में वे राजा की उपाधि से विभूषित हुए थे। अंतिम समय में 'सवानेह-उमरी' नाम से उर्दू में उन्होंने आत्मकथा भी लिखी। सरकारी नौकरी के कारण अंग्रेजी सत्ता के प्रति वे समर्पित थे, इसके बावजूद आरंभिक दिनों में वे हिंदी भाषा के प्रबल पक्षधर थे। वीर भारत तलवार ने अपनी पुस्तक 'राजा शिवप्रसाद सितारेहिंद' में उन्हें हिंदी नवजागरण के अग्रदूत के रूप में याद किया है, जिन्होंने नागरी लिपि और हिंदी भाषा के विकास में योगदान किया था, पर उन्हें मुख्यतः उर्दू समर्थक के रूप में प्रचारित किया गया था।

शिवप्रसाद 'सितारेहिंद'

शिवप्रसाद सितारे हिंद की पहली प्रमुख उपलब्धि पश्चिमोत्तर प्रांत के सरकारी कामकाज और अदालतों की भाषा के लिए फारसी लिपि को हटाकर नागरी लिपि को लागू करना है। इसके लिए उन्होंने बकायदा 1868 में सरकार को एक मेमोरेंडम दिया था। जिसे 'हिंदी नवजागरण' कहा जाता है, उसकी शुरुआत इसी 1868 के मेमोरेंडम से होती है। यह पश्चिमोत्तर प्रांत में फारसी वर्चस्व का प्रत्याख्यान करता है। उनकी दूसरी बड़ी उपलब्धि पश्चिमोत्तर प्रांत में शिक्षा के माध्यम के रूप में हिंदी की वकालत करना और हिंदी में पाठ्यपुस्तकें तैयार करना है। इन्हीं पुस्तकों में 'इतिहासतिमिरनाशक' (तीन खंड—1864, 1864, और 1873) ग्रंथ है जो आरंभिक खंडों में प्रबल मुस्लिम विरोध के कारण जाना गया लेकिन तीसरे खंड में उर्दू की पक्षधरता दिखाई देने लगती है।

शिवप्रसाद ने पाठ्यक्रम के लिए कई उपयोगी कहानियां लिखी, जैसे—'राजा भोज का सपना', 'वीरसिंह का वृत्तांत', 'आलसियों का कोड़ा'। ये सभी बहुत चलती हिंदी में थीं। इनमें वह उर्दूपन नहीं था जो बाद में आया। असल में वह कई तरह की भाषा लिख रहे थे। 'अपने गुटके' में ठेठ हिंदी, 'मानव धर्मसार' में शुद्ध हिंदी, 'भूगोल हस्तामलक' में खिचड़ी हिंदी और 'इतिहासतिमिरनाशक' में उर्दू। तीसरी बड़ी उपलब्धि हिंदी में भूगोल, इतिहास और प्राकृतिक विज्ञान जैसे आधुनिक विषयों में स्कूली पाठ्यपुस्तकें तैयार करना था। इन्होंने ही 'भूगोल हस्तामलक' (1851) और 'विद्यांकुर' (1876) जैसी पुस्तकें हिंदी में तैयार करवाईं। इसके साथ 'गुटका' (1867) नाम से फौजी अफसरों की हिंदी परीक्षा का पाठ्यक्रम बनाने के लिए हिंदी की साहित्यिक रचनाओं के तीन संग्रह संपादित किए।

1850 के आसपास शिवप्रसाद जी ने खड़ी बोली हिंदी के साफ-सुथरे रूप को प्रस्तुत कर एक बड़ा कार्य किया, जिससे पश्चिमोत्तर प्रांत में उर्दू के दबदबे के बीच हिंदी का महत्व बताया जा सका। 'इतिहासतिमिरनाशक' के तीसरे भाग (1873) तक आते-आते वे अरबी-फारसी के बोझिल दबाव में आ गए और बोलचाल की ओर झुकते-झुकते 'सिखों का उदय और अस्त' नामक पुस्तक में उर्दू के विकट प्रभाव में आ गए। इससे भारतेंदु मंडल ने उन्हें हिंदी का खलनायक घोषित कर दिया। जगन्नाथ प्रसाद शर्मा ने अपनी पुस्तक 'हिंदी गद्य शैली का विकास' में विस्तार से जिक्र किया है, जब शिवप्रसाद 'सितारेहिंद' के गद्य में उर्दू के प्रचलित शब्द हासिल, तरीका, बेतरततीबी, रौनक जैसे शब्द प्रचुर मात्रा में आने लगे थे। आचार्य शुक्ल ने भी लिखा है कि 1860 के बाद उनका झुकाव उर्दू की ओर बढ़ा और ऐसा या तो अधिकांश शिक्षितों की उर्दू प्रवृत्ति को देखकर हुआ या अंग्रेज अधिकारियों का रुख देखकर। शुक्ल जी के अनुसार, दूसरा कारण ही ज्यादा सटीक है। इस बात की पुष्टि इससे होती है कि 1864 में लिखे 'इतिहासतिमिरनाशक' भाग दो की भूमिका में वे साफ लिखते हैं कि उन्होंने इसमें 'वेताल पचीसी' की भाषा का अनुसरण किया है। सभी जानते हैं कि इसकी भाषा उर्दू है। 'इतिहासतिमिरनाशक' का एक महत्व यह है कि इसमें पुराण को इतिहास से अलग करने की कोशिश थी।

हिंदी भाषा के विकास में शिवप्रसाद 'सितारेहिंद' का योगदान अप्रतिम है। इस संदर्भ में वीर भारत तलवार ने लिखा है, 'उन्होंने हिंदी गद्य लेखन को उर्दू की टक्कर का बनाया और शिक्षित समाज में प्रतिष्ठित किया। उन्होंने हिंदी को उस जमाने में प्रतिष्ठित किया, जब हिंदी एक गंवारू बोली समझी जाती थी।' शिवप्रसाद 'सितारेहिंद' के मेमोरेंडम की परंपरा में ही 1897 में मदनमोहन मालवीय ने काशी नागरी प्रचारणी सभा की ओर से तत्कालीन गवर्नर मैकडोनाल्ड को वह ऐतिहासिक मेमोरेंडम दिया था जो आगे चलकर 1900 में नागरी की मान्यता के लिए निर्णायक साबित हुआ। रामचंद्र शुक्ल ने लिखा है, 'राजा शिवप्रसाद शिक्षा विभाग में रहकर हिंदी की किसी-न-किसी रूप में रक्षा कर रहे थे।' दरअसल, भद्रवर्गीय बुद्धिजीवियों की प्रतिनिधि संस्था 'बनारस इंस्टीट्यूट' में सर सैयद अहमद खाँ के प्रतिद्वंद्वी

शिवप्रसाद ही थे। भारतेंदु हरिश्चंद्र का शिवप्रसाद 'सितारेहिंद' से भीतरी विवाद हिंदी भाषा के स्वरूप को लेकर था। भारतेंदु उर्दू-फारसी की ओर उन्मुख हिंदी के पक्ष में नहीं थे और उनके भीतर राष्ट्रभक्ति का ज्वार भी था।

श्रीप्रकाश शुक्ल

अधिक जानकारी के लिए :
1. रस्साकशी : वीर भारत तलवार, **2. हिंदी गद्य शैली का विकास :** जगन्नाथ प्रसाद शर्मा

शिवराम हरि राजगुरु
(1908-1931)

भारत के तीन क्रांतिकारियों को 23 मार्च 1931 को चुपके से फांसी दे दी गई थी। वे थे—भगत सिंह, सुखदेव और राजगुरु। ये भारतीय क्रांतिकारियों के बीच त्रिमूर्ति के रूप में याद किए जाते हैं। राजगुरु का जन्म पुणे जिले के खेड़ा गांव में हुआ था। छह वर्ष की अल्प आयु में ही पिता का निधन हो जाने के कारण उनका जीवन अनिश्चय का शिकार हो गया, पर मां ने उन्हें विद्याध्ययन के लिए बनारस भेज दिया। बनारस उस समय भारत की पारंपरिक विद्याओं का विख्यात केंद्र था और सारे देश से विद्यार्थी संस्कृत, व्याकरण तथा दर्शन पढ़ने वहां आते थे। बनारस में शिवराम ने वेद तथा अन्य हिंदू धर्मग्रंथों का अध्ययन किया। उस समय विद्या को कंठस्थ करने का चलन था और बालक शिवराम ने 'लघु सिद्धांत कौमुदी' जैसे महत्वपूर्ण, किंतु कठिन ग्रंथ को कंठस्थ कर लिया। शिवराम अपने प्रांत की दो परंपराएं साथ लेकर आया था। एक तो महाराष्ट्र में भक्ति आंदोलन की जीवंत परंपरा रही है जिसके कारण सामान्यतः लोगों में सामाजिक सरोकार होता ही है; दूसरे, शिवाजी द्वारा गांव-गांव में किसानों को अपनी सेना में भर्ती करने के कारण गांवों में भी शारीरिक व्यायाम और स्वस्थ रहने की जीवंत परंपरा थी। शिवराम बनारस में बड़ी मेहनत से शारीरिक और बौद्धिक व्यायाम द्वारा अपने को स्वस्थ बनाए हुए था।

शिवराम हरि राजगुरु

उस समय बनारस में बंगाल की क्रांतिकारी गतिविधियों का असर बढ़ रहा था। शिवराम चंद्रशेखर आजाद के प्रभाव में आए और फिर उनके बड़े प्रशंसक बन उनके साथ क्रांतिकारी गतिविधियों में शामिल हो गए। क्रांतिकारी पार्टी में वे अपने छद्म नाम रघुनाथ से जाने जाते थे। वे धीरे-धीरे यतींद्रनाथ दास और सरदार भगत सिंह के भी संपर्क में आते गए और उनके अच्छे मित्र बन गए। राजगुरु चंद्रशेखर आजाद की तरह बहुत अच्छे निशानेबाज माने जाते थे, इसलिए उन्हें महत्वपूर्ण योजनाओं में शामिल किया जाता था। जब लाला लाजपत राय की हत्या का बदला लेने के लिए योजना बनी तो भगत सिंह और सुखदेव के साथ राजगुरु को भी उसमें शामिल किया गया। चंद्रशेखर आजाद इन तीनों को अपेक्षित सुरक्षा देने वाले थे। जब सांडर्स की हत्या हो गई तो हत्या के इल्जाम में भगत सिंह और सुखदेव के साथ राजगुरु को भी नामजद किया गया। थोड़े दिनों बाद वे गिरफ्तार कर लिये गए।

जेल में उन्होंने भगत सिंह की सभी योजनाओं में भाग लिया। राजगुरु तुरंत निर्णय लेने वाले एक दृढ़-चरित्र युवा थे। दल में वे एक विश्वस्त सहयोगी और दक्ष संगठक के रूप में जाने जाते थे। उत्तर

प्रदेश, पंजाब, दिल्ली आदि क्षेत्रों में क्रांतिकारी संगठन के प्रचार-प्रसार में उन्होंने खुद को खपा दिया। साथियों के लिए असीम कष्ट तक उठाने की उनकी मानसिक और शारीरिक क्षमता के सभी कायल थे। प्रसिद्ध क्रांतिकारी लेखक शिव वर्मा ने अपनी पुस्तक 'संस्मृतियां' में लिखा है, 'मैंने राजगुरु से स्पष्ट पूछा, क्या मौत से डर रहे हो? जो कुछ किया है, क्या उसके लिए पश्चात्ताप अनुभव कर रहे हो? मेरे सवाल पर राजगुरु पहले मुस्कुराया फिर गंभीर हो गया। उसने कहा—कम-से-कम तुमसे ऐसे सवाल की आशा न थी, प्रभात (लेखक का छद्मनाम)! मैं मौत से नहीं डरता, तुम अच्छी तरह जानते हो। मैं तो अपने अनुभव की बात कर रहा था।... गरीबी अभिशाप है और प्यार का अभाव नरक है। यह मेरी बाईस साल की जिंदगी के अनुभवों का निचोड़ है।'

अंग्रेजी अखबार फ्री प्रेस जर्नल ने 24 मार्च 1931 को फांसी की खबर देते हुए लिखा था, 'उनकी मृत्यु में उनकी जीत है, इसमें कोई संदेह नहीं है।... राष्ट्र की नजरों में भगत सिंह और उनके साथी आजादी की राह में हमेशा शहीदों के प्रतीक बनकर रहेंगे।'

लाल बहादुर वर्मा, महेश जायसवाल

शिवाजी
(1627-1680)

शिवाजी का जन्म 16 अप्रैल 1627 को शिवनेर के दुर्ग में हुआ था। उनके पिता का नाम शाहजी भोसले और माता का नाम जीजाबाई था। शिवाजी के जन्म के समय उनके पिता शाहजी भोसले बागी मुगल सरदार दरिया खाँ रोहिल्ला से युद्ध करने के लिए दक्षिण में गए थे। इसलिए वे पुत्र के जन्म की खुशियों में शामिल होने के लिए तुरंत शिवनेर नहीं आ सके। कुछ समय बाद शाहजी ने तुकाबाई से विवाह कर लिया और जीजाबाई के साथ शिवाजी को दादा कोंडदेव के संरक्षण में छोड़ दिया। इस तरह माता

शिवाजी

जीजाबाई और दादा कोंडदेव ने मिलकर शिवाजी के पालन-पोषण और शिक्षा-दीक्षा की व्यवस्था की। उन्होंने शिवाजी के लिए धर्मशास्त्र, सैन्य और शासन प्रबंध की विशेष शिक्षा उपलब्ध कराई। शिवाजी पर महाराष्ट्र के लोकप्रिय संत रामदास और तुकाराम का भी प्रभाव था। रामदास शिवाजी के आध्यात्मिक गुरु थे। उन्होंने शिवाजी को देशप्रेम के लिए प्रेरित किया था।

शिवाजी बारह साल के थे, तभी उनके पिता की ओर से पूना की जागीर मिल गई थी। 1641 में उनका विवाह सईबाई निम्बालकर से हुआ। शिवाजी का शुरुआती कार्य-क्षेत्र मालवा प्रदेश था। उन्होंने मालवा के परिश्रमी नवयुवकों को एकत्रित कर पूना के आसपास के किलों को छीनना प्रारंभ कर दिया। लेकिन जब शिवाजी ने अहमदनगर और बीजापुर को पतनोन्मुख अवस्था में देखा तो उनके मन में एक स्वतंत्र राष्ट्र का निर्माण करने की इच्छा जाग्रत हुई। इस क्रम में उन्होंने सबसे पहले बीजापुर के तोरण दुर्ग पर आक्रमण किया, जहाँ उन्हें भारी खजाना मिला। इससे उन्होंने अपनी सेना बढ़ाई। शिवाजी ने आसपास के दूसरे किलों पर भी फतह की। 1657 में औरंगजेब ने बीजापुर पर आक्रमण

किया, लेकिन शाहजहां की बीमारी के कारण उनसे बीजापुर से संधि कर ली और वह पिता के पास लौट गया। औरंगजेब के लिए शिवाजी का अभ्युदय एक मुश्किल बन गया था।

शिवाजी के साहस, वीरता और महत्वाकांक्षा से चिंतित होकर बीजापुर के सुल्तान ने अफजल खाँ को संधि के लिए भेजा था। अफजल खाँ संधि-वार्ता के बहाने शिवाजी को छल से मारना चाहता था, पर खुद मारा गया। औरंगजेब ने शिवाजी को दबाने के लिए पहले शाइस्ता खाँ को भेजा, पर वह प्राण बचाकर भागा। फिर राजा जयसिंह को बड़ी सेना के साथ भेजा गया। इसने कुछ दुर्गों पर अधिकार कर लिया। 1665 में पुरंदर की संधि के अंतर्गत शिवाजी को 23 दुर्ग मुगलों को देने पड़े। जयसिंह के आश्वासन पर वह औरंगजेब के दरबार में आगरा गए। वहां उचित सम्मान न मिलने पर शिवाजी ने विरोध किया तो वह जेल में डाल दिए गए। पर वह अपने अल्पवयस्क बेटे के साथ रात में जेल से भाग निकले और रायगढ़ पहुंच गए। औरंगजेब को उन्हें राजा मानना पड़ा। 1670 तक उन्होंने पुनः उन सभी किलों पर कब्जा कर लिया जो मुगलों के अधिकार में चले गए थे। 1674 में रायगढ़ के किले में महाराष्ट्र के स्वाधीन राज्य के शासक के रूप में उनका राज्याभिषेक हुआ और उन्होंने छत्रपति की उपाधि धारण की। उनका राज्य बेलगांव से तुंगभद्रा के तट तक विस्तृत हो गया था।

इतिहासकार जदुनाथ सरकार ने लिखा है, 'शिवाजी के राष्ट्रव्यापी कार्य से औरंगजेब और अन्य सभी मुगल ताकतें विचलित हो गई थीं। औरंगजेब शिवाजी के विरुद्ध अनेक सेनापति भेजता था, पर हर बार एक ही प्रश्न रहता था कि किसे भेजा जाए।' शिवाजी के बाद संभा जी, राजाराम और ताराबाई भी उसके लिए विनाशकारी साबित हुए थे। वे एक उदार हिंदू साम्राज्य की स्थापना करना चाहते थे। उनकी सेना में मुसलमान सैनिक भी थे। उनके मन में ईसाई पादरियों के प्रति भी आदरभाव था। शिवाजी पर हिंदू राष्ट्र-निर्माण का आरोप लगाया जाता है, जबकि वह एक ऐसी मराठी जातीय चेतना के उन्नायक थे जो समावेशी थी और उसमें मंदिर, मस्जिद और चर्च सभी के प्रति आदर था।

शिवाजी और उनके गुरु रामदास के संबंध के बारे में कहा गया है कि शिवाजी को रामदास से प्रेरणा मिलने की जगह रामदास को ही अपने आदर्शों और शिक्षा में परिवर्तन करना पड़ा। शिवाजी हिंदू और मुसलमान संतों में कोई भेद नहीं करते थे। उन्होंने रायगढ़ में मंदिर के साथ एक मस्जिद का भी निर्माण करवाया। शिवाजी एक समावेशी मराठी जातीय राजसत्ता स्थापित कर रहे थे। उन्होंने संस्कृत और फारसी की जगह मराठी को राजभाषा बनाया। शिवाजी के संबंध में इतिहासकार ग्रांट डफ ने लिखा है, 'शिवाजी के व्यक्तिगत सहायकों में खजांची, एक चिटनीस, एक फर्नीस और एक पर्शियन सहायक था।' (मराठों का नवीन इतिहास, सरदेसाई)। शिवाजी के राजनीतिक और सैनिक कार्यों में ऐसे लोग थे जो ब्राह्मण नहीं थे। आम जनता को जाति-प्रथा की बुराइयों का ज्ञान हो गया था। शिवाजी एक क्रांतिकारी सामाजिक परिवर्तन की नींव डाल रहे थे। उनकी राज्यसत्ता का आधार न वर्ण-व्यवस्था थी न हिंदू सांप्रदायिकता। सरदेसाई कहते हैं, 'हिंदू धर्म की रक्षा करते हुए भी शिवाजी के मन में मुसलमानों के प्रति किसी प्रकार की घृणा नहीं थी। उनके राज्य का आधार और व्यवहार में पूर्ण धार्मिक स्वतंत्रता थी। केल्सी के बाबा याकूत जैसे मुसलमान संतों का वे सम्मान करते थे।...उनकी सेना के मुख्य कमांडर दौलत खाँ और सिद्दी मिस्त्री मुसलमान थे। उनका सेवक मदारी मेहतर एक फर्रास था जो सदा उनके पास रहता था और उसी ने आगरा से शिवाजी के पलायन में सहायता की थी।...शिवाजी की प्रजा का एक बड़ा भाग मुसलमान था, जो हिंदू प्रजा की भांति संतुष्ट और स्वतंत्र रूप से रहते थे।'

रीतिकालीन कवि भूषण ने शिवाजी की प्रशंसा में 'शिवराज भूषण' और 'शिवाबावनी' की रचना की। उस समय भारत का जनमानस औरंगजेब के अत्याचारों से त्रस्त था। भूषण ने अपनी

अतिशयोक्तियुक्त ओजस्वी शैली में एक वीर नायक के रूप में शिवाजी का प्रशस्तिगान किया।

आधुनिक युग में भी शिवाजी एक राष्ट्रीय प्रेरणा रहे हैं। उन पर ज्योतिबा फुले ने 'पंवाड़ा' लिखा है और उनके संघर्षशील जीवन का वर्णन किया है। भारतेंदु के समकालीन अंबिका दत्त व्यास ने संस्कृत में 'शिवराजविजय' नाम से एक उपन्यास शिवाजी के जीवन पर लिखा है। निराला की 'महाराज शिवाजी का पत्र' कविता प्रसिद्ध है। रमेशचंद्र मजुमदार ने कहा है, 'भारतीय इतिहास के रंगमंच पर शिवाजी का अभिनय केवल एक कुशल सेनानायक और विजेता का ही न था, वह एक उच्च श्रेणी के शासक भी थे।'

जय कौशल

शिवि

शिवि एक जगह प्रह्लाद का भतीजा बताए गए हैं अर्थात वे दैत्यकुल के थे। वह बड़े धैर्यवान और दानी थे। उन्होंने राजर्षि पद पाया था अर्थात वह राजा थे और ऋषि के पद तक पहुंच गए थे। कहा जाता है, एक बार भगवान ने उनकी परीक्षा ली। उन्होंने ब्राह्मण वेश में शिवि के पास जाकर कहा कि वह भूखे हैं और उन्हें उनके बेटे का ही मांस खाना है, पकाकर दो। शिवि ने बेटे को मारा, उसका मांस पकाया और ब्राह्मण को खोजने लगा। ब्राह्मण ने कहा, अब इसे तुम खुद खाओ। शिवि अशांत हुए बिना आदेश का पालन करने जा ही रहे थे कि ब्राह्मण ने उनका हाथ पकड़ लिया और कहा, तुमने क्रोध पर विजय पा ली है। परीक्षा पूरी हुई, शिवि का बेटा देवकुमार बनकर जी उठा। यह दैत्य से देवांतर अर्थात कुल-परिवर्तन की कथा है। इसे प्राचीन संस्कृतीकरण कहा जा सकता है।

शिवि के दान से जुड़ी एक और अन्य कथा है। एक दिन एक बाज किसी कबूतर को दौड़ा रहा था। कबूतर भागता हुआ शिवि के पास पहुंचा, पीछे-पीछे बाज भी। बाज ने शिवि से कहा कि यह मेरा शिकार है, मुझे सौंप दो। शिवि ने कहा, इसके बराबर तुम मेरा मांस खा लो और इसे छोड़ दो। बाज राजी हो गया। शिवि ने तराजू मंगाया और तलवार से अपनी जांघ का मांस काटकर रखा। बाज दूसरे पलड़े पर भारी था। राजा शिवि अपना एक-एक अंग काटकर तराजू के पलड़े पर रखते जा रहे थे। अंत में उन्होंने अपने आपको संपूर्णतः पलड़े पर रख दिया। तभी भगवान बाज का रूप छोड़कर प्रकट हुए। उन्होंने शिवि को पूर्ववत कर दिया और कहा कि उनके समान दानी कोई नहीं है। ऐसी कथाएं मनुष्य को मार्ग दिखाने के लिए थीं कि त्याग ही मनुष्य को श्रेष्ठता तक पहुंचाता है।

सुमिता गुप्ता

शिशुपाल

शिशुपाल चेदिराज दमघोष और वसुदेव की बहन श्रुतश्रवा का बेटा था। विष्णुपुराण के अनुसार विष्णु के दो द्वारपालों जय-विजय ने सनकादिक मुनि के शाप के कारण द्वापर युग में शिशुपाल और दंतवक्र के रूप में तीसरा जन्म लिया था। पहले जन्म में ये हिरण्याक्ष-हिरण्यकश्यप और दूसरे जन्म में रावण-कुंभकर्ण के रूप में पैदा हुए थे। हर जन्म में विष्णु के अवतारों के द्वारा ही उन्हें मुक्ति मिली।

श्रीमद्भागवत पुराण और महाभारत में शिशुपाल के जन्म और मृत्यु का वर्णन है। वह तीन आंखों, चार हाथों के साथ, गधे की तरह चिल्लाते हुए पैदा हुआ था। आकाशवाणी हुई कि जिस व्यक्ति की गोद में उसके अतिरिक्त अंग झड़ जाएंगे उसी के हाथों वह मारा जाएगा। ममेरे भाई कृष्ण की गोद में जाकर शिशुपाल स्वाभाविक हुआ। उसकी माता ने कृष्ण से अपने बेटे को न मारने का वचन मांगा। कृष्ण ने उसकी सौ गलतियां माफ करने का वचन दिया, राज्य पाने के बाद शिशुपाल अत्याचारी हो

गया। उसने वसुदेव के अश्वमेध का घोड़ा चुराया। कृष्ण की अनुपस्थिति में द्वारका पर आक्रमण किया। बभ्रु की पत्नी और अपने चाचा की बेटी को भगा ले गया। कृष्ण और रुक्मिणी के ब्याह से नाराज होकर उनसे बदला लेने का मौका ढूंढ़ने लगा। युधिष्ठिर के राजसूय यज्ञ में भीष्म की सलाह पर की गई कृष्ण की अग्रपूजा से चिढ़कर वह सबका अपमान करने लगा। उसके अनगिनत अपराधों के कारण कृष्ण ने सुदर्शन चक्र से उसका सिर काट दिया। संस्कृत-कवि माघ ने अपने महाकाव्य 'शिशुपाल-वध' में कृष्ण-शिशुपाल के द्वंद्व का सुंदर और मौलिक वर्णन किया है। शिशुपाल के बढ़ते अत्याचारों के कारण नारद कृष्ण से उसे मारने के लिए कहते हैं। राजसूय यज्ञ में शिशुपाल कृष्ण का विरोध करता है। दोनों ओर की सेनाओं में भयानक लड़ाई हुई, जिसका जीवंत वर्णन माघ ने किया है। हारता हुआ शिशुपाल जब कृष्ण को अपशब्द कहने लगा, तब कृष्ण ने उसका सिर काट दिया। आखिरकार अत्याचारी चाहे रिश्तेदार हो, उसे कब तक माफ किया जा सकता है।

गीता दूबे

शीतयुद्ध

दो पक्षों के बीच अंतरराष्ट्रीय स्तर पर अपने-अपने हितों की पूर्ति और वर्चस्व के लिए जब बिना खुले सशस्त्र संघर्ष के आपस में एक विचारधारात्मक, राजनीतिक, आर्थिक, प्रौद्योगिक, समाजवैज्ञानिक, मनोवैज्ञानिक स्तर पर परस्पर भीषण तनाव बना हुआ हो तो उसे शीतयुद्ध की स्थिति कहा जाता है। 'शीतयुद्ध' पद का पहला प्रयोग अमेरिकी वित्त विशेषज्ञ और तत्कालीन अमेरिकी राष्ट्रपति के सहायक बर्नार्ड बरुक ने दूसरे विश्वयुद्ध के बाद सोवियत संघ और संयुक्त राज्य अमेरिका के बीच व्याप्त आर्थिक, सामाजिक, राजनीतिक, सैन्य, कूटनीतिक और विचारधारात्मक प्रतिस्पर्धा को व्यक्त करने के लिए किया था। शीतयुद्ध की स्थिति में एक गुट सोवियत रूस और पूर्वी यूरोपीय देशों का था और दूसरा गुट अमेरिका और पश्चिमी यूरोपीय देशों का। दूसरा महायुद्ध समाप्त होने के बाद अंतरराष्ट्रीय शक्ति केंद्र बनने की आपसी स्पर्धा, अविश्वास और विचारधारात्मक टकराव ने इस शीतयुद्ध की स्थिति को जन्म दिया था।

महायुद्ध समाप्त हो जाने के बाद 1945 के ग्रीष्म में युद्धोत्तर यूरोप के विभिन्न राष्ट्रों के पुनर्गठन पर पोस्टडैम सम्मेलन में विचार होना था। अमेरिका और सोवियत रूस, दोनों बर्लिन के विभाजन पर सहमत हो गए थे, लेकिन स्टालिन के नेतृत्व में सोवियत रूस भावी हमलों से बचने के लिए पोलैंड को एक 'बफर स्टेट' बनाना चाहता था। अमेरिकी राष्ट्रपति हैरी ट्रूमैन ने स्टालिन की मांगों को अस्वीकार कर दिया। यह बातचीत बीच में ही विफल हो गई और दोनों पक्षों ने प्रत्यक्ष या परोक्ष रूप से एक-दूसरे को धमकाने-डराने का रूप ले लिया। शीतयुद्ध के इस तनाव को परस्पर विरोधी राजनीतिक विचारधाराओं की प्रोपेगेंडा रणनीतियों, गुप्तचर एजेंसियों की छिपी कार्रवाइयों, हथियारों की होड़ और आर्थिक नाकेबंदी ने और अधिक तीखा बना दिया था। दो पक्षों का यह आपसी तनाव एक समय इतना तीव्र था कि वह विश्व के किसी भी हिस्से में स्थानीय स्तर पर सीमित सशस्त्र संघर्ष के रूप में भी प्रकट हो जाता था। अमेरिका और सोवियत रूस के बीच 1980 के दशक के अंतिम वर्षों में निरस्त्रीकरण संबंधी समझौते और पूर्वी यूरोप में सोवियत रूस का प्रभुत्व घटते जाने के बाद, जिसका एक प्रतीकात्मक रूप 1989 में बर्लिन की दीवार का टूटना था, सारी स्थिति का पुनराकलन हुआ। 1990 में शीतयुद्ध की स्थिति लगभग समाप्त हो गई।

विजय कुमार

अधिक जानकारी के लिए :

1. Russia, America and the Cold War : Martin McCauley, 2004, **2. The Columbia Guide to the Cold War :** Michael Kort, 1998

शील

शील के प्रधान मूल्य हैं मन, वाणी या क्रिया द्वारा किसी प्राणी को चोट न पहुंचाना, सभी के प्रति संवेदना का भाव रखना, यशाशक्ति त्याग करना और निरहंकार होना। किसी व्यक्ति के अच्छे चरित्र और स्वभाव के ये मुख्य लक्षण हैं। शील एक तरह की व्यक्तिगत जिम्मेदारी है जो स्वाधीनता के साथ लगी होती है। शीलविहीन स्वाधीनता अराजकता है। श्रेष्ठता की ओर ले जाने वाले शील को ही प्राचीन साहित्य में प्रधान शरण माना गया है। इसका उपदेश शुक्राचार्य ने असुरों को और बृहस्पति ने सुरों को दिया था, जबकि दोनों के शील-त्याग के उदाहरण मिलते हैं जो प्राचीन समाज की विडंबनाओं की ओर संकेत है। दैत्यों के बीच सबसे ज्यादा प्रतिष्ठित प्रह्लाद थे जिनकी अजेय शक्ति का आधार उनका शील था।

महाभारत में कहा गया है, 'यद्यपि शीलहीन व्यक्ति भी राज्यसत्ता हासिल कर लेते हैं, पर वे चिरकाल तक उसका उपभोग नहीं कर पाते और मूल सहित नष्ट हो जाते हैं।' (शांतिपर्व, 124.69)। शूद्रक ने 'मृच्छकटिक' में लिखा है, 'कुल का बखान करने से क्या, लोक में शील ही महानता का कारण है।' (8.29)। शील खो देने पर व्यक्ति की गरिमा और व्यक्तित्व खो जाता है, उसे सत्ता थोड़ी देर के लिए भले चमकाकर रखे। शील के बिना विद्या, ज्ञान और हुनर को खोखला माना जा सकता है। बौद्धों की थेरीगाथा में भी है, 'शील अपरिमित बल है, सर्वोत्तम अस्त्र है, श्रेष्ठ आभूषण है और रक्षा करने वाला कवच है।' शील सच्चे हृदय पर निर्भर करता है।

शंभुनाथ

शुक-सारिका

पक्षियों में नर-मादा का यह मिथुन अलग से विख्यात है। मनुष्य की बोली का अनुकरण करने में दक्ष पक्षियों की यह अकेली जोड़ी है जिसमें रूप-रंग अथवा देह-विन्यास की भिन्नता कुछ स्त्री-पुरुष जैसी है। इसलिए इस युग्म के कई किस्से और किंवदंतियां प्रचलित हैं। मनुष्य की बोली-बानी का स्फुट या अस्फुट उच्चारण करने में समर्थ होने के कारण एक अनुमान यह हो सकता है कि इनके और आदमी के कंठ के स्वरग्रामों में शायद कुछ साम्य हो! जो भी हो, अनुकरण-क्षमता और विलक्षण स्मृति के कारण चौपायों में कुत्ता और पक्षियों में तोता-मैना को पालना लोगों की अभिरुचियों में से एक है। बुल और बुलबुल, तीतर-बटेर के भी शौकीन जब-तब दिख ही जाते हैं, लेकिन शुक-सारिका की बात कुछ और है। इनमें भी मादा शुकी स्वाभाविक रूप से अपेक्षतया वाचाल या अधिक पटु मानी जाती है। पुराने जमाने से प्रेमी-प्रेमिकाओं को संदेश भेजने की सेवा से लेकर, सगुन विचार, भाग्यफल विचार और वेद प्रवीण शुक-सारिकाओं के आख्यान मिलते आ रहे हैं। बाणभट्ट अपने महापंडित पितामह के गुरुकुलों में पाले गए उन शास्त्रज्ञ शुक-सारिकाओं का उल्लेख करते हैं जो साम और यजुर्गायन में अटकने एवं हिचकने वाले विद्यार्थियों को पग-पग पर टोककर उनकी अशुद्धियों को सुधार देने में सक्षम थे। आदिशंकराचार्य के शास्त्रार्थ के लिए खुली चुनौती देने वाले पंडित मंडन मिश्र के घर दर्शन पर बहस करने वाली पिंजरों में टंगी हुई शुक-सारिकाओं की किंवदंती भी प्रचलित है।

'पृथ्वीराजरासो' का कथा-विन्यास शुक-शुकी-संवाद के रूप में हुआ है। 'पद्मावत' में जायसी ने लोकजीवन में मिट्ठू या सुग्गा मामा कहे जाने वाले शुक को हीरामन सुआ के रूप में पद्मावती के सौंदर्य के बखान के लिए चुना। पक्षियों द्वारा संदेश भेजने आदि के प्रसंगों को हजारीप्रसाद द्विवेदी ने कथानक-रूढ़ि कहा है। यह कथा को आगे बढ़ाने की एक साहित्यिक तकनीक है।

अष्टभुजा शुक्ल

शुक्रनीति

महर्षि शुक्राचार्य दैत्यों के एवं बृहस्पति देवताओं के गुरु माने गए हैं। दोनों अपने-अपने क्षेत्र के लिए विविध उपायों से शक्ति संचय करते रहते थे। शुक्राचार्य को कवि उशना तथा भार्गव भी कहा गया है। वह वरुण-पुत्र भृगु के पुत्र माने जाते हैं। दानवराज वृषपर्वा, बलि आदि अनेक दैत्य राजाओं के वह वंशगुरु रहे हैं। शुक्राचार्य की पुत्री देवयानी का विवाह चंद्रवंशी राजा नहुष के पुत्र ययाति से हुआ था। ययाति के ही ज्येष्ठ पुत्र यदु से यदुवंश का प्रादुर्भाव हुआ जिसमें द्वापर युग में वासुदेव कृष्ण ने अवतार लिया।

शुक्राचार्य की एक और कन्या अरजा के साथ इक्ष्वाकु के पुत्र दंड ने उसकी इच्छा के विरुद्ध शारीरिक संबंध बनाया। फलतः क्रुद्ध शुक्राचार्य के शाप से, एक ही सप्ताह में उसका संपूर्ण साम्राज्य नष्ट होकर 'दंडकारण्य' के रूप में परिवर्तित हो गया।

एक नीतिकार के रूप में शुक्राचार्य की प्रतिष्ठा है। विदुर नीति, कणिक नीति, चाणक्य नीति आदि की परंपरा का उद्‌गम शुक्रनीति मानी जाती है। श्रीमद्‌भागवत पुराण में बलि के कल्याण के लिए शुक्र ने उसे नैतिक उपदेश दिए हैं लेकिन शुक्रनीति के रूप में जो ग्रंथ प्रचलित है, वह पृथक है। महाभारत में औशनस संहिता का उल्लेख है। कौटिल्य के अर्थशास्त्र में भी औशनस संप्रदाय का वर्णन है। भार्गवीया संहिता का तात्पर्य शुक्रनीति है। शुक्रनीति सार में अन्य नीति-ग्रंथों को कुनीतियों का संग्रह बताया गया है।

बुद्धचरित महाकाव्य तथा दशकुमारचरित में शुक्रनीति का उल्लेख मिलता है। वर्तमान में जो शुक्रनीति उपलब्ध है, उसका रचनाकाल गुप्तयुग तथा हर्षयुग के बीच माना जाता है। यह दैत्यों के गुरु शुक्राचार्य की मौलिक कृति नहीं मानी जाती है। इस शुक्रनीति में राज्योत्पत्ति, राजा, राजा के कर्तव्य, उत्तराधिकार, राज्यांग, मंत्रिपरिषद के सदस्यों का कार्य-विभाजन, कोश-संचय, बल, राष्ट्र आदि विषयों पर विचार किया गया है। आपर्ट महोदय ने मद्रास से इसका प्रकाशन किया था। कालांतर में जीवानंद विद्यासागर संस्करण प्रकाश में आया।

शुक्रनीति के प्रारंभ में ही बताया गया है कि असुर शिष्यों द्वारा पूछे जाने पर महर्षि शुक्राचार्य ने इस नीतिसार का प्रवचन किया जो ब्रह्मा ने एक करोड़ श्लोकों में शुक्राचार्य से कहा था।

अभिराज राजेंद्र मिश्र

शुक्राचार्य

शुक्राचार्य भृगु के पुत्र थे। इसलिए उन्हें भार्गव भी कहा गया। वे दैत्यों और इनके राजा बलि के गुरु थे और एक बड़े तपस्वी थे। वे श्वेत वस्त्र पहनते थे और शास्त्रों के ज्ञाता थे। उन्होंने राजा बलि को विष्णु के वामन अवतार रूप से सावधान किया था। उन्हें संजीवनी विद्या मिली थी जिससे वे मारे गए दैत्यों को फिर जीवित कर देते थे। देवताओं के गुरु बृहस्पति का पुत्र कच छल से यह विद्या सीखने के लिए शुक्राचार्य के पास आया था। उसने उनकी पुत्री देवयानी से प्रेम का अभिनय किया था (देखें 'देवयानी')। बलि का राज्य छिन जाने के बाद शुक्राचार्य ने महादेव शिव की आराधना की और उनसे ऐसा यंत्र देने की प्रार्थना की जो देवताओं के गुरु बृहस्पति को भी ज्ञात न हो। शिव ने उन्हें हजार साल तक कुंड के धुएं की ओर अधोमुखी होकर तपस्या करने के लिए कहा। शुक्राचार्य की अनुपस्थिति का लाभ उठाकर देवों ने असुरों पर आक्रमण कर दिया। महाभारत की कथा के अनुसार, असुर तब शुक्राचार्य की माता के आश्रम में छिप गए। विष्णु ने शुक्राचार्य की माता का शिरोच्छेद किया। तब भृगु ने विष्णु को शाप दिया कि स्त्री-वध का पाप करने के कारण उन्हें सात बार मनुष्यलोक में जन्म लेना पड़ेगा। विष्णु ने बाद में भृगु की पत्नी को जीवित कर दिया।

शुक्राचार्य जब महादेव से इच्छित वर प्राप्त

करके आ गए, इंद्र ने अपनी बेटी जयंती को उन्हें प्रलुब्ध करने और उनके उद्देश्य से विरत रखने के लिए भेजा। शुक्राचार्य ने दस साल तक माया के अधीन होकर इंद्र-कन्या के साथ बिताए। उन्हें जब होश आया, वे असुरों के पास पहुंचे। इधर बृहस्पति शुक्राचार्य का छद्म रूप धारण कर असुरों के गुरु बने हुए थे। उनके षड्यंत्र से असुरों ने असली शुक्राचार्य को नहीं पहचाना। इससे शुक्राचार्य ने क्रुद्ध होकर असुरों को शाप दिया कि वे बुद्धिहीन होकर विनष्ट हो जाएंगे। असुरों को जब बृहस्पति की माया समझ में आ गई तो उन्होंने सामूहिक रूप से जाकर शुक्राचार्य से क्षमा मांगी।

शिव से असुरों के गुरु शुक्राचार्य का मिथकीय संबंध माना गया है। शिव के लिंग से निर्गत होकर मुक्ति प्राप्त करने के कारण ही उन्हें शुक्र कहा गया। आमतौर पर असुरों में बुद्धि और क्षमता की कमी नहीं पाई जाती। वस्तुतः इनके भी सृष्टिकर्ता ब्रह्मा हैं। दानवों के पूर्वपुरुष पुलस्त्य ब्रह्मा के मानस पुत्र हैं। राक्षस सृष्टि के वे रूप हैं जो बुद्धि और क्षमता के बावजूद हमेशा दूसरों पर जबर्दस्ती कब्जा करना चाहते हैं, अहंकार से भरे होते हैं और जंगल का कानून चलाते हैं। रावण ने तपस्या से प्राप्त पांडित्य और ज्ञान का सदुपयोग नहीं किया। भोलेनाथ होने के कारण शिव की दानवों पर कृपा होती रही है क्योंकि इनकी तपस्या में उन्हें आत्मपरिष्कार की आशा दिखती रही है। तपस्या का फल पा जाने के बाद दानवों में आत्मपरिस्कार की प्रक्रिया तुरंत रुक जाती थी, क्योंकि उनका बुनियादी लक्ष्य शक्ति-संग्रह कर दूसरों को अपने वश में करना, आतंक फैलाना और सुखों का संग्रह करना भर होता था।

शंभुनाथ

शुद्धतावाद

पेरी मिलर और थॉमस जॉनसन ने शुद्धतावाद (Puritanism) को उस जीवन-दर्शन, मूल्यों की प्रणाली के रूप में व्याख्यायित किया है जिसे सत्रहवीं शताब्दी के नए इंग्लैंड में इसके बाशिंदे लाए थे। 1530 में इंग्लैंड रोमन कैथोलिक चर्च से अलग हो गया। इसके पहले वह रोमन कैथोलिक चर्च के साम्राज्य का हिस्सा माना जाता था। चर्च के पास बड़ी मात्रा में संपत्ति और सबसे अच्छी जमीनें थीं। उसमें भ्रष्टाचार बढ़ गया था। इसके खिलाफ उस समूह में क्षोभ था जो एक ही साथ राजा और चर्च, दोनों की प्रजा था। अतः लोगों ने कर्मकांडों, प्रार्थनाओं और विश्वासों में सुधार की मांग की। चर्च में सुधार के आंदोलन को बढ़ाने वाले लोग प्यूरिटन या शुद्धतावादी कहे गए। प्यूरिटन उस उच्चता-क्रम के खिलाफ थे जिसे चर्च ने अपने दैनिक और धार्मिक कार्य-व्यापार के लिए स्थापित कर रखा था। प्यूरिटन कह रहे थे कि पवित्र पुस्तक बाइबिल में चर्च के उच्चता-क्रम का जिक्र नहीं है। इसलिए कोई भी उच्चता-क्रम अवैध है, जबकि चर्च के लिए यह उच्चता-क्रम शक्ति या पावर को व्यवस्थित करता था। इसमें ईसाई प्रजा के ऊपर लगातार उपस्थिति बनाए रखी जा सकती थी। एक दृष्टि से प्यूरिटन लोग चर्च की शक्ति को कमजोर कर रहे थे तो दूसरी ओर वे यह शक्ति स्वयं अर्जित करना चाह रहे थे।

शुद्धतावाद की स्पष्ट पहचान 1620 से की जा सकती है, जब प्लेमथ में तीर्थयात्रियों का पहला जत्था पहुंचा और उसने मैसाचुसेट्स की खाड़ी में अपनी बस्तियां बसानी शुरू की। 1640 तक मैसाचुसेट्स खाड़ी में लगभग बीस हजार लोग इकट्ठा हो चुके थे। 1692 तक इंग्लैंड की सरकार को एक चार्टर निकालकर इसका गवर्नर नियुक्त करना पड़ा। प्यूरिटनवादी बाइबिल की मूल शिक्षाओं को अनुभवमूलक तरीके से प्रस्तुत कर रहे थे। यह बात प्रोटेस्टेंट समुदाय भी कर रहा था। लेकिन उन्होंने नैतिक आग्रहों को कुछ सूक्ष्म विवरणों तक सीमित रखने का प्रयास किया। उनका मानना था कि मनुष्य ईश्वर की गौरव-वृद्धि के लिए अस्तित्व में आया है। उसे ईश्वर के निर्दिष्ट मार्ग का अनुसरण करते हुए भविष्य की खुशी प्राप्त करनी चाहिए। ईसा मसीह को मनुष्यों में सबसे ऊपर माना गया। कई अन्य धार्मिक-नैतिक

रुझानों की तरह प्यूरिटनवादियों का विश्वास था कि इस दुनिया में रहते हुए व्यक्ति को दूसरी दुनिया के लिए अपने आपको तैयार करना चाहिए।

प्यूरिटनवादी समूहों ने एक विशेष सांस्कृतिक दृष्टि और सौंदर्यबोध को बढ़ावा दिया। अपने दौर में प्यूरिटनवादी पढ़ा-लिखा समुदाय माना जाता था। उसे धार्मिक शिक्षाओं के ज्ञान और विश्लेषण के लिए औपचारिक शिक्षा की आवश्यकता होती थी। इसने उनमें नवीन संभावनाओं को जन्म दिया। यूरोप के अभिजातीय वातावरण में खाली समय में किए जाने वाले रचनात्मक कार्यों का न केवल महत्व था बल्कि इससे उच्चता-क्रम भी निर्धारित होता था कि खाली समय में कौन-सा सामाजिक समूह क्या करता है। प्यूरिटनवादी इससे अछूते न थे। उन्होंने खेलों, दृश्य कलाओं, संगीत और साहित्य की रचना में भाग लिया।

प्यूरिटनवादियों ने उपदेशात्मक साहित्य, रोजनामचे और कविताएं लिखीं। उनके दौर में डायरी कला उत्कर्ष पर थी। नैतिकता और रोजमर्रा के अनुभवों से भरी प्यूरिटनवादी डायरियां यूरोपीय समाज के बारे में इतिहास का स्रोत रही हैं। हनाह डस्टन, मैरी राउलैंड्सन और सैमुअल सेवाल ने अपनी डायरियां लिखीं। प्यूरिटन जीवनचर्या में ईश्वर और शैतान, स्वर्ग और नरक में संघर्ष चलता रहता था। इसे कभी-कभार प्यूरिटन आत्मा का नाटक भी कहा गया। जीवन के प्रत्येक पक्ष को एक नैतिक मानदंड पर कसने की प्रवृत्ति ने आत्मसंघर्ष को जन्म दिया। इस आत्मसंघर्ष को डायरियां व्यक्त करने में सक्षम थीं। इसमें व्यक्ति और समुदाय का जीवन समाहित किया जा सकता था। प्यूरिटन समूहों ने यही किया। एडवर्ड टेलर ने साप्ताहिक रविवारीय उपदेश लिखे और एने ब्रैडस्ट्रीट ने बहुत गहन कविताएं लिखीं जिनमें परिवार, पति और ईश्वर के प्रति गहरा समर्पण था। प्यूरिटन समूहों ने एक प्रकार से व्यावहारिक दृष्टिकोण अपनाया और उन्होंने अपने घरों के अंदरूनी और बाहरी हिस्सों को तामझाम से मुक्त रखा। प्यूरिटन महिलाओं ने घरों में रहकर सुंदर कसीदाकारी की।

यह वही काल था जब औद्योगिक क्रांति दस्तक दे रही थी। पैसा कमाना एक गुण बना जा रहा था। ऐसे में प्यूरिटन चाहते थे कि वस्तुओं का दाम नियत हो, लोग पैसा बचा सकें जिससे उसे समुदाय की भलाई में लगाया जा सके। जॉन कॉटन ने सस्ता खरीदकर उसे महंगा बेचने की प्रवृत्ति की निंदा की। माना जाता है कि प्यूरिटनवादियों का विश्वास लोकतंत्र में नहीं था लेकिन उन्होंने वर्गीय हितों की परवाह किए बिना व्यक्ति की इयत्ता में विश्वास किया। उन्होंने व्यक्ति की मुक्ति उसकी चारित्रिक और आत्मिक उत्कृष्टता के आधार पर मानी, न कि धन, वर्ग या क्षमता के आधार पर। उन्होंने किसी प्रकार के अत्याचार की मुखालफत नहीं की, शिक्षा पर जोर दिया और संस्थाओं एवं व्यक्तियों के बरक्स सिद्धांतों को वरीयता दी। आमतौर पर शुद्धतावाद को नैतिक कट्टरवाद और अमिश्रणशीलता के अर्थ में भी लिया जाता है और इसकी जड़ें अतीत के किसी-न-किसी प्रसंग में खोजी जाती हैं।

रमाशंकर सिंह

अधिक जानकारी के लिए :

1. Humanists and Protestants (1500-1900) : Basil Hall, 1990, **2. Society and Puritanism in Pre-Revolutionary England :** Christopher Hill, 1969, **3. English Puritanism :** 1603-1689 : John Spurr

शुद्धाद्वैतवाद

शुद्धाद्वैतवाद का तात्पर्य है माया से रहित शुद्ध ब्रह्म को ही जगत का कारण और कार्य मानना। इसे ब्रह्मवाद और अविकृत परिणामवाद भी कहा गया है। ब्रह्मवाद का अर्थ है सब कुछ ब्रह्म है। जीव और जगत भी ब्रह्म रूप हैं। इसलिए ये सत्य हैं। वल्लभाचार्य के अनुसार, जगत ब्रह्म का विकार रहित परिणाम है। जगत में ब्रह्म की विकारहीनता की स्वीकृति ही अविकृत परिणामवाद है। शुद्धाद्वैतवाद अद्वैतवादी दर्शनों में ज्यादा व्यावहारिक था। यह एक

समय में प्रेम की आकांक्षा से भरे भौतिक जीवन का ही धार्मिक प्रतिबिंब था।

शुद्धाद्वैतवाद के मुख्य प्रवक्ता वल्लभाचार्य थे। उनके मतानुसार ब्रह्म सगुण भी है और निर्गुण भी है। आनंद आदि गुणों से युक्त होने के कारण परमब्रह्म सगुण है किंतु प्रकृतिजन्य गुणों से रहित होने के कारण निर्गुण है। परमब्रह्म अणु से भी छोटा और महान से भी महान है। वह सर्वव्यापक है, अक्षर और अच्युत है। वह सच्चिदानंद स्वरूप है। इस मत में ब्रह्म के तीन रूप हैं :

(क) आधिदैविक स्वरूप पुरुषोत्तम : यह परब्रह्म का सगुण लीलारूप है जो असीम गुण और असीम आनंद से संपन्न है।

(ख) आध्यात्मिक स्वरूप–अक्षर ब्रह्म : इसके 'चित' से जीव, 'सत' से जगत, और 'आनंद' से अंतर्यामी का आविर्भाव होता है। यही सृष्टि का पालक और संहारक है। ब्रह्मा, विष्णु और महेश इसी के रूप हैं।

(ग) ब्रह्म का आधिभौतिक स्वरूप : जगत ब्रह्म का ही आधिभौतिक स्वरूप है।

शुद्धाद्वैतवाद में कृष्ण ही ब्रह्म हैं। दिव्य गुण अर्थात सत, चित और आनंद से संपन्न होने के कारण वह पुरुषोत्तम है। कृष्ण की विशेषता लीला है। इसलिए वे लीला पुरुषोत्तम हैं। ये लीलाएं बाह्य रूप से सांसारिक प्रतीत होती हैं, लेकिन वास्तव में वे दिव्य होती हैं। भाव और रस की दृष्टि से इन लीलाओं के तीन वर्ग हैं–वात्सल्य, सख्य और माधुर्य। वल्लभाचार्य ने वात्सल्य और सख्य को प्रमुखता दी, किंतु बाद में विट्ठलनाथ ने माधुर्य को भी इसमें शामिल किया।

शुद्धाद्वैतवाद में जीव असत्य नहीं, सत्य है। जीव में सत् और चित् तो प्रकट रहता है किंतु आनंद अंश अप्रकट रहता है। इस आनंद अंश के अभाव के कारण वह अहंकारी, आसक्तिग्रस्त और दुखी रहता है। शुद्धाद्वैतवाद में ब्रह्म के छह गुण माने गए हैं–ऐश्वर्य, शौर्य, श्री, ज्ञान, वैराग्य और यश। जीव इन गुणों से रहित होता है इसलिए वह दीन-हीन, आसक्तिग्रस्त और विपत्तिग्रस्त होता है। कृष्ण अपने अनुग्रह से ऐसे जीव को पुष्ट करते हैं। इसी आधार पर वल्लभाचार्य के मत को पुष्टिमार्ग भी कहा जाता है। वल्लभ संप्रदाय में जीव के मुख्यतः तीन भेद माने जाते हैं–शुद्ध, संसारी और मुक्त। शुद्ध जीव वे हैं जो भगवान की नित्य लीला में भाग लेते हैं, जो अविद्या से रहित और आनंद से युक्त हैं। माया में लिप्त जीव संसारी कहलाते हैं और जो भगवान की कृपा प्राप्त कर अपने मूल रूप को प्राप्त कर लेते हैं, वे मुक्त जीव हैं।

शिवनाथ पांडेय

अधिक जानकारी के लिए :
1. भारतीय दर्शन : सर्वपल्ली राधाकृष्ण, **2. धर्म-दर्शन की रूपरेखा :** हरेंद्र प्रसाद सिन्हा

शुनःशेप

ऐतरेय ब्राह्मण के अंतर्गत हरिश्चंद्र के आख्यान में शुनःशेप का उल्लेख है। कथा है कि इक्ष्वाकुवंशी राजा हरिश्चंद्र की सौ पत्नियां थीं लेकिन उनका कोई पुत्र न था। पर्वत और नारद के परामर्श से राजा ने वरुण से प्रार्थना की कि यदि मेरा पुत्र होगा तो उसकी बलि से तुम्हारा यज्ञ करूंगा। पुत्र होने के बाद राजा ने वरुण के आगे बलि नहीं दी, बहाने बनाने लगा। पुत्र के बड़े होने पर वह तैयार हुआ तो पुत्र ने खुद अस्वीकार कर दिया। वह वन को चला गया। वह छह वर्ष तक वन में घूमता रहा। वहीं उसकी भेंट भूखे अजीगर्त ऋषि से हुई। ऋषि के तीन पुत्र थे–शुनःपुच्छ, शुनःशेप, शुनःलांगूल। हरिश्चंद्र के पुत्र रोहित ने बलि से अपने को बचाने के लिए उनमें से शुनःशेप को सौ गायों के बदले खरीद लिया और लाकर पिता को सौंप दिया। राजा हरिश्चंद्र ने अपने पुत्र रोहित के बजाय शुनःशेप को पशु के रूप में वरुण के आगे बलि देने के लिए राजसूय यज्ञ का निश्चय किया।। बलि के मूप (खूंटे) में शुनःशेप को बांधने के लिए जब कोई तैयार नहीं हुआ तो अजीगर्त ने कहा, मुझे सौ गायें और

दो तो मैं बांध दूं। सौ गायें लेकर उसने अपने बेटे को बलि के खूंटे में बांध दिया। जब उसे काटने को कोई तैयार नहीं हुआ तो सौ गायें और लेकर अजीगर्त ही तलवार लेकर आगे बढ़ा। शुनःशेप ने व्याकुल होकर प्रजापति की, फिर अग्नि की, फिर सविता की और अंत में वरुण की प्रार्थना की। देव कृपा से वह पाश से मुक्त हुआ। शुनःशेप से यज्ञ पूरा करने का अनुरोध किया गया। वह विश्वामित्र की गोद में बैठ गया। अजीगर्त ने अपना पुत्र वापस मांगा लेकिन विश्वामित्र ने मना कर दिया। अजीगर्त ने बेटे को फुसलाने की बहुत कोशिश की लेकिन शुनःशेप ने साफ-साफ सुना दिया, 'जो एक बार पाप करता है, वह दुबारा भी करेगा। मेरा तुमसे मेल नहीं हो सकता।' विश्वामित्र ने शुनःशेप को अपना ज्येष्ठ पुत्र घोषित किया। शुनःशेप का नया नाम हुआ देवरात वैश्वामित्र।

अवधेश प्रधान

अधिक जानकारी के लिए :
वैदिक संस्कृति : गोविंद चंद्र पांडे

शुलामिथ फायरस्टोन
(1945-2012)

शुलामिथ फायरस्टोन (Shulamith Firestone) मूलभूत परिवर्तन की चाह रखने वाली स्त्रीवादी विचारक थीं। रेडिकल स्त्रीवाद में पुरुषों द्वारा महिलाओं के शोषण को समाज में पाए जाने वाले सत्ता-संबंधों और गैर-बराबरी की जड़ में देखा जाता है। रेडिकल स्त्रीवाद आंदोलन के अनुसार महिलाओं की प्रजनन क्षमता ही उनके उत्पीड़न की जड़ होती है। फायरस्टोन ने स्त्रीवादी आंदोलन के भविष्य के लिए एक बहस तैयार की। उन्होंने कहा कि आने वाले समय में प्रौद्योगिकी लिंगवाद को समाप्त करने में एक महत्वपूर्ण भूमिका निभाएगी। यह महिलाओं को पितृसत्ता एवं जबरन बालश्रम से छुटकारा दिला सकती है।

शुलामिथ फायरस्टोन

फायरस्टोन का जन्म कनाडा के ओटावा शहर में 7 जनवरी 1945 को हुआ था। इनके पिता शुलामेथ वेथ सेमुअल तथा माता बेनअरी फ्युरस्टीन थीं, जिन्होंने इनको फायरस्टोन कुलनाम दिया। इनकी प्रारंभिक शिक्षा कनाडा के सेंट लुइस से हुई थी लेकिन बीए की उपाधि आर्ट इंस्टीट्यूट ऑफ शिकागो से ग्रहण की।

बीए की पढ़ाई के दौरान ही फायरस्टोन ने नारी उत्थान समूह, वेस्टसाइड ग्रुप की स्थापना की। न्यूयॉर्क आने के बाद वह न्यूयॉर्क रेडिकल वीमेन और न्यूयॉर्क रेडिकल फेमिनिस्ट आंदोलन से जुड़ीं और औरतों के अधिकार के लिए कार्य करती रहीं। उन्होंने अपने कुछ लेखों में औरतों के आंदोलन के असफल होने का कारण बताया है और महिलाओं की प्रजनन क्षमता तथा समाधान के रूप में प्रस्तुत गर्भाधान-प्रक्रिया का उन्मूलन करने को कहा है।

1960-70 के दशक में रेडिकल स्त्रीवादी सिद्धांतों के उदय में खासकर तीन पुस्तकों ने अहम भूमिका निभाई थी। उनमें सिमोन द बोउ की 'द सेकंड सेक्स' ने स्त्रीवाद में एक नई धारा जोड़ने का काम किया। बोउ के अनुसार, सेक्स को जेंडर से अलग समझना चाहिए और महिलाओं के उत्पीड़न का कारण जेंडर है। उन्होंने कहा था, 'स्त्री पैदा नहीं होती बल्कि बनाई जाती है।' महिलाओं का जीवविज्ञान (प्रजनन क्षमता) पुरुषों और महिलाओं

का भेद दर्शाता है। प्रजनन क्षमता का यह मतलब कभी नहीं होना चाहिए कि महिलाओं के साथ दोहरा व्यवहार किया जाए। दूसरी पुस्तक कार्ल मिलेट की 'सेक्सुअल पॉलिटिक्स' है जो यौन-संबंधी अध्ययन प्रस्तुत करती है और सिमोन के कथन का समर्थन करते हुए कहती है कि लड़कियों का इस तरह से समाजीकरण किया जाता है कि वे अपने जेंडर की भूमिका ग्रहण करें। तीसरी पुस्तक शुलामिथ फायरस्टोन की 'द डायलेक्टिक्स ऑफ सेक्स' है। इस किताब में शुलामिथ ने पितृसत्ता के इतिहास का वर्णन किया है जिसमें उन्होंने मार्क्स की ऐतिहासिक भौतिकवादी पद्धति का प्रयोग किया है। उन्होंने मार्क्स के आर्थिक वर्ग-संघर्ष के साथ लैंगिक संघर्ष की समानताओं की तुलना की है। शुलामिथ अपनी पुस्तक का आरंभ इन वाक्यों के साथ करती हैं, 'लिंग वर्ग की श्रेणी इतनी गहरी है कि लगभग अदृश्य-सी मालूम होती है।' यह कथन उनके उस व्यापक दृष्टिकोण को दर्शाता है जिसमें महिला एवं पुरुष के मध्य भेद केवल रोजगार, समाज, कानून के दायरों तक सीमित नहीं है बल्कि घर, बिस्तर तथा स्वयं की धारणा में भी आत्मसात है।

'द डायलेक्टिक्स ऑफ सेक्स' में फायरस्टोन ने सिग्मंड फ्रायड, विल्हम रीच, कार्ल मार्क्स, फ्रेडरिक एंगेल्स और सिमोन द बोउ के विचारों का वैचारिक संश्लेषण करते हुए रेडिकल स्त्रीवाद का सिद्धांत सामने रखा। उन्होंने पितृसत्ता को केंद्रीय संरचना मानते हुए मार्क्स और एंगेल्स द्वारा व्याख्यायित द्वंद्वात्मक भौतिकवाद की अपेक्षा रेडिकल स्त्रीवादी सिद्धांतों को ज्यादा सही बताया। मार्क्स-एंगेल्स के इतिहास की भौतिकवादी व्याख्या की कड़ी आलोचना करते हुए फायरस्टोन का मानना था कि वर्ग, वर्ग-संघर्ष, अंतर्विरोध और शोषण का क्षेत्र सिर्फ आर्थिक नहीं है बल्कि पितृसत्तात्मक व्यवस्था की मूल प्रकृति भी शोषक की होती है। यह स्त्रियों पर एक खास ढंग का मानसिक दबाव डालती रहती है। शोषण, अंतर्विरोध और संघर्ष आर्थिक धरातल पर श्रम करने वालों और उत्पादन के साधनों पर स्वामित्व या नियंत्रण रखने वालों के बीच नहीं बल्कि पितृसत्तात्मक समाज में स्त्री और पुरुष के बीच होते हैं जिन्हें पहचाने बिना हम समतामूलक समाज की ओर नहीं बढ़ सकते। उन्होंने 'आर्थिक वर्ग' की जगह 'यौन वर्ग' शब्द को अपेक्षाकृत ज्यादा समीचीन माना और बताया कि हमारा समाज मुख्य रूप से दो वर्गों में विभक्त है—स्त्री और पुरुष। इनके बीच का पारस्परिक संघर्ष ही मानव इतिहास का निर्माण करता है। फायरस्टोन स्त्री की दोयम स्थिति के लिए उत्तरदायी कारणों को गिनाते हुए कहती हैं कि बचपन से ही स्त्रियों को त्याग और वात्सल्यमय जीवन एवं उदारता का महत्व समझाया जाता है। इसके कारण वे विवाह, मातृत्व और बच्चे की देखभाल के अलावा जीवन का कोई और उद्देश्य समझ ही नहीं पाती हैं। पितृसत्ता उन्हें इस प्रकार मानसिक रूप से अनुकूलित कर देती है कि जो स्त्रियां विवाह इत्यादि से मुक्त रहना चाहती हैं, विवाहित स्त्रियां उनकी आलोचना करती हैं।

स्त्री की शारीरिक संरचना में ही उसकी अधीनता के कारणों की पड़ताल करने के क्रम में फायरस्टोन की स्थापनाओं में स्त्री की गर्भधारण और प्रजनन की क्षमता, गर्भावस्था में पुरुषों पर निर्भर रहने की विवशता, प्रसव के बाद अल्पकालिक शारीरिक अक्षमता, शिशु की देखभाल और पोषण का दायित्व, संतान का मनोवैज्ञानिक और शारीरिक रूप से मां पर अवलंबन, अपनी प्रजनन क्षमता के कारण स्त्री का खास तरह के दैनंदिन घरेलू कार्यों में बंधकर रह जाना आदि प्रमुख हैं। यद्यपि आगे की रेडिकल स्त्रीवादियों ने स्त्रियों की गर्भधारण की क्षमता को उनके विकास में बाधक तत्व के रूप में नहीं देखा। शुलामिथ फायरस्टोन अपने कुछ ऐसे क्रांतिकारी विचारों और प्रयासों के कारण जानी गईं जिनमें स्त्रियों को स्वाभिमान से जीने और अपने अस्मितामूलक निर्णय के लिए प्रेरित होना महत्वपूर्ण था। शुलामिथ की स्त्रीवादी अवधारणाओं ने लिन फ्राई, नैंसी चोदोरोव जैसी प्रमुख स्त्रीवादी चिंतकों को वैचारिक विमर्श की प्रेरणा दी। ये स्त्रीवादी के रूप में प्रख्यात हुईं।

शुलामिथ की उपर्युक्त कृति ने उन्हें मात्र पच्चीस वर्ष की उम्र में चर्चित कर दिया था। उनकी प्रसिद्धि का ही कारण था कि उन पर दो बार 1967 और 1997 में फिल्म बनाई गई। कुछ आलोचकों का कहना है कि फायरस्टोन इस बात से खिन्न थीं कि उनसे इस मामले में विचार-विमर्श नहीं किया गया। फायरस्टोन ने अपनी मानसिक बीमारी के बाद एक पुस्तक लिखी 'एअरलेस स्पेसेज' जो 1998 में प्रकाशित हुई। इसमें उनके संस्मरण हैं।

शुलामिथ अपने जीवन में अकेली ही थीं। सिजोफ्रेनिया के दौरान उन्होंने अपने मित्रों, परिवार वालों से संबंध समाप्त कर लिये थे। उनकी मृत्यु 30 अगस्त 2012 को मानी जाती है। उनकी मृत्यु की सूचना उनकी मकान मालकिन से मिली। बाव पर्ल के अनुसार, 'शुलामिथ के अपार्टमेंट से दुर्गंध आने पर उन्होंने खिड़की से देखा तो शुलामिथ का शरीर जमीन पर पड़ा था, उनकी लगभग एक सप्ताह पूर्व मौत हुई थी।' पर्ल के अनुसार 'शुलामिथ कई वर्षों से बीमार थीं, उनसे कोई पारिवारिक सदस्य, मित्र या अजनबी मिलने नहीं आता था जबकि वह विलक्षण प्रतिभासंपन्न औरत थीं।'

गरिमा श्रीवास्तव, नेहा राय

अधिक जानकारी के लिए :
1. The Dialectics of Sex : Shulamith Firestone, **2. Shulamith Firestone : Radical Philosophy :** S Stanford, 2012 , **3. The Routledge Dictionary of Twentieth-Century Political Thinkers :** (Ed.) Philip Green and Robert Benewick, 1998 (2nd edition)

शूद्रक

मृच्छकटिक नाटक के प्रणेता शूद्रक संस्कृत साहित्य में एक पहेली हैं। शूद्रक एक राजा थे, पर वे कब और कहां राज्य करते रहे, इसका निर्णय नहीं हो पाता। वे विक्रमादित्य की तरह प्राचीनकाल में एक किंवदंती बन गये थे। उनका उल्लेख अनेक प्राचीन रचनाकारों ने किया है। राजशेखर के अनुसार, रामिल और सौमिल नामक कवियों ने 'शूद्रककथा' नाम से राजा शूद्रक का जीवनचरित लिखा था, 'तौ शूद्रककथाकारौ रम्यौ रामिलसौमिलौ। काव्यं ययोर्द्वयो रासीदर्धनारीश्वरोपमम्'। यह ग्रंथ अप्राप्य है। पंचशिख ने प्राकृत में 'शूद्रककथा नाम से काव्य लिखा था। बाण ने अपने हर्षचरित में शूद्रक के विषय में कहा है, 'उत्सारकरूचिं च रहसि ससचिवमेव दूरीचकार चकोरनाथं शूद्रकदूतश्चंद्रकेतुं जीवीतात्।' इसके अनुसार, शूद्रक के दूत ने चंद्रकेतु चकोरनाथ का वध कर दिया था। 'बृहत्कथामंजरी' और सोमनाथ 'कथासरित्सागर' में शूद्रक का उल्लेख है। दण्डी की 'अवंतिसुंदरीकथा' में शूद्रक को मृच्छकटिक का आर्यक बता दिया गया है और मृच्छकटिक के नायक चारुदत्त को शूद्रक का सहायक बंधुदत्त कहा गया है। स्कंदपुराण में शूद्रक को 'आंध्रभृत्य' कहा गया है। इन उल्लेखों तथा वासिष्ठीपुत्र पुलुमावि नाम के राजा के एक शिलालेख के आधार पर चंद्रबली पांडेय का निष्कर्ष है कि वासिष्ठीपुत्र पुलुमावि ही राजा शूद्रक तथा मृच्छकटिक का प्रणेता था। उनका यह भी मत है कि नाटककार भास तथा कामसूत्रकार वात्स्यायन इसी पुलुमावि राजा के समय में हुए थे। दूसरी ओर, स्टेन कोनो आभीर वंशीय राजा शिवदत्त (लगभग 248 ईसवी) को मृच्छकटिककार शूद्रक बताते हैं। सिल्वां लेव्ही तथा कुछ अन्य विद्वानों का मत है कि किसी अज्ञात कवि ने अपना नाम छिपाते हुए प्रख्यात राजा शूद्रक के नाम से यह नाटक रचा। कीथ ने तो शूद्रक को एक काल्पनिक व्यक्ति कह दिया है। कांतानाथ शास्त्री तैलंग का मत है कि शूद्रक मृच्छकटिक के कर्ता नहीं हैं।

राजा शूद्रक एक ऐतिहासिक व्यक्ति हैं, वे ईसा के पहले हो चुके थे। 'मृच्छकटिक' के अनेक संदर्भों से इस निष्कर्ष की पुष्टि होती है। काव्यशास्त्र के आचार्यों में शूद्रक का सर्वप्रथम उल्लेख करने वाले आचार्य हैं वामन, जिनका समय आठवीं शताब्दी है। इन्होंने शूद्रक के मृच्छकटिक से दो श्लोक अपनी 'काव्यालंकारसूत्रवृत्ति' में उद्धृत किए हैं जिनमें से एक भास के नाम से प्रसिद्ध 'दरिद्रचारुदत्तम्' में भी है।

मृच्छकटिक की प्रस्तावना में शूद्रक को इस रूपक का प्रणेता तो बताया गया है, पर उनका वर्णन एक प्राचीन यशस्वी राजा के रूप में किया गया है। ऐसा लगता है कि यह प्रस्तावना रूपक का अभिनय करने वाले सूत्रधार आदि ने अपने प्रयोग के लिए लिखकर मृच्छकटिक में जोड़ी होगी।

राधावल्लभ त्रिपाठी

शून्य

वैदिक ग्रंथों में 'शून्य' शब्द का सामान्य अर्थ है अभाव या रिक्तता। नभ और जगत के अर्थ में भी शून्य का प्रयोग हुआ है। योग-साधना में भी शून्य शब्द का प्रयोग है। शैव मत, बौद्ध दर्शन और गणित के क्षेत्र में शून्य का बहुत महत्व है।

शैव मत में है, शून्यरूप शिवतत्व का ध्यान करने से आत्मा सर्वव्यापक हो जाती है। इसका अर्थ है, जब बाह्य जगत के सभी पदार्थ ज्ञान के अधीन हो जाएं, तब निर्विकार आत्मा के लिए संपूर्ण जगत अपने आप शून्य बन जाता है।

बौद्ध दार्शनिक अनात्मवादी होते हैं, वे भी शून्यवाद को मानते हैं। सामान्यतः शून्य से अभाव या रिक्तता का अर्थ लिया जाता है। लोकव्यवहार में इसका अर्थ है सकल सत्ता का अभाव। बौद्ध दार्शनिक नागार्जुन शून्य से निःस्वभाव का अर्थ लेते हैं। बलदेव उपाध्याय ने कहा है कि माध्यमिक मत में शून्य का अर्थ 'अभाव' या 'निषेध' नहीं है, शून्य संसार से परे सर्वथा अद्वैत तत्व का रूप है। (बौद्ध दर्शन)।

गोरखनाथ ने शून्य का संबंध शब्द या नाद तत्व से जोड़ा है। कबीर ने भी शून्य की चर्चा की है, 'सहज सुन्नि इक बिरवा उपजी।' जयशंकर प्रसाद ने 'कामायनी' में शून्य का नीरवता-निर्जनता के सामान्य अर्थ में प्रयोग किया है, 'कहा मनु ने नभ धरणी बीच/बना जीवन रहस्य निरुपाय,/एक उल्का-सा जलता भ्रांत/शून्य में फिरता हूं असहाय।' शून्य के संबंध में उनकी दृष्टि दार्शनिक हो उठती है, जब वे कहते हैं, 'जिस मुरली के निस्वन से/यह शून्य रागमय होता, वह कामायनी विहंसती/अग जग था मुखरित होता।' यह शून्य व्यक्ति के अभाव को व्यंजित करने की जगह रागमय विश्व की ओर इंगित करता है। यह जीवन के स्वार्थों से किसी बड़े सच की ओर बढ़ना है। एक सात्विक वातावरण में ही विश्व रागमय या मंगलमय हो सकता है। सात्विकता की उत्पत्ति आस्था से समन्वित बुद्धि से ही संभव है।

अध्यात्म और दर्शन के अलावा गणित में शून्य का महत्व भिन्न ढंग का है। गणित के क्षेत्र में शून्य एक अंक है जो संख्याओं के निरूपण के लिए प्रयुक्त आज की सभी स्थानीय मान पद्धतियों का अपरिहार्य अंग है। शून्य का इतिहास बताते हुए कहा जाता है कि यह अरबी 'सिफि' से आया है जिससे 'सिफर' बनता है। संख्या में शून्य का अलग अर्थ है। यह योग का तत्समक अवयव है, 2903 से शून्य हटा देने पर 293 हो जाता है। इस अर्थ में भी शून्य कुछ जोड़ता है, व्यापक बनाता है। 498 ईसवी में भारतीय गणितज्ञ और खगोलवेत्ता आर्यभट्ट ने दशमलव का महत्व निरूपित करने के लिए कहा था, 'स्थानं स्थानं दसा गुणम्' अर्थात दस गुणा करने के लिए उसके आगे शून्य रखो। शायद यही संख्या के दशमलव सिद्धांत का उद्‌गम है।

श्रद्धांजलि सिंह

शून्यवाद

महायान बौद्ध दर्शन की माध्यमिक शाखा का दर्शन शून्यवाद के नाम से जाना जाता है। यह 'अस्ति' और 'नास्ति' के मध्य स्थित होने वाला दर्शन है। पालि त्रिपिटक में इसका उत्स मज्झिम निकाय के चूलमांलुक्य सुत्त में मिलता है, जहाँ मांलुक्यपुत्र बुद्ध से दस ऐसे प्रश्नों को पूछता है जिनका उत्तर दो विरोधी अंतों में एक को स्वीकार और दूसरे को नकारकर ही दिया जाना संभव है। बुद्ध इन प्रश्नों को अव्याकृत कहकर मौन साध लेते हैं। बुद्ध का यह मौन दो अंतों की वर्जना का संकेत है। वैपुल्यसूत्रों में शून्यवाद के

बीज विचार मिलते हैं। अष्टसाहस्रिका प्रज्ञापारमिता में सारिपुत्र को संबोधित करते हुए बुद्ध कहते हैं कि जो दो अंतों में आसक्त हैं, वे धर्मों के वास्तविक स्वरूप को न जान सकते हैं और न ही देख सकते हैं। इन दोनों स्थलों पर बुद्ध द्वारा अंतद्वय की वर्जना वास्तव में मध्यममार्ग का समर्थन है। माध्यमिकों के विचार में मध्यममार्ग ही बुद्ध की समस्त शिक्षाओं का सार है और यही शून्यता का दर्शन है। इसलिए बुद्ध ने प्रतीत्यसमुत्पाद की देशना की है और उसे ही 'धम्म' कहा है। जो प्रतीत्यसमुत्पाद को देखता है, वही धर्म को देखता है (मज्झिम निकाय 1/3/8)।

प्रतीत्यसमुत्पाद को केंद्र में रखकर शून्यता के दर्शन को विकसित करने का श्रेय नागार्जुन को है। मूलमाध्यमिककारिका, विग्रहव्यावर्तनी और शून्यतासप्तति इत्यादि कृतियों के माध्यम से उन्होंने शून्यवाद को माध्यमिक प्रस्थान के रूप में स्थापित किया है। नागार्जुन के अनुसार प्रतीत्यसमुत्पाद दो वस्तुओं अथवा भावों के बीच क्रियाशील कार्य-कारण का नियम मात्र नहीं बल्कि उससे भी आगे यह दो वस्तुओं की अस्तित्वात्मक सापेक्षता है। सापेक्षता का साम्राज्य अस्तित्वमात्र तक फैला हुआ है। इसलिए प्रतीत्यसमुत्पाद अस्तित्वमात्र की सापेक्षता की सार्वभौम खोज है। अतः संसार को जब शून्य कहा जाता है तो उसका तात्पर्य संसार की असत्ता नहीं, बल्कि सांसारिक वस्तुओं के अस्तित्व की सापेक्षता है। कुछ भी ऐसा नहीं है जो निरपेक्ष रूप से सत्तावान हो। इसलिए नागार्जुन प्रतीत्यसमुत्पाद को ही शून्यता कहते हैं। इसके दो अर्थ हैं—उपादाय प्रज्ञप्ति और मध्यमा प्रतिपद (यः प्रतीत्यसमुत्पादः शून्यता तां प्रचक्ष्महे। सा प्रज्ञप्तिरूपादाय प्रतिपत्सैव मध्यमा। माध्यमिक कारिका-24/18)। उपादाय प्रज्ञप्ति का अर्थ है कि कोई भी प्रज्ञप्ति अपने आप में अकेली नहीं हुआ करती। रथ एक प्रज्ञप्ति (सूचना या ज्ञान) है और रथ पहिया, ढांचा, बल्ली, रस्सी और जुआ आदि (उपादाय) को लेकर है। इसी तरह दूसरी प्रज्ञप्तियां भी हैं। अतः कोई भी प्रज्ञप्ति अपने आपमें और सभी प्रज्ञप्तियां परस्पर भी स्वतंत्र नहीं हैं। मध्यमा प्रतिपद का अर्थ भाव और अभाव, शाश्वत और उच्छेद के बीच सापेक्षता है। इस प्रकार प्रतीत्यसमुत्पाद के दोनों अर्थ मिलकर कारण-फल भाव में शून्यता का निष्पादन करते हैं। ललितविस्तर में बीज और अंकुर के उदाहरण से प्रतीत्यसमुत्पाद के इसी अर्थ को स्पष्ट करते हुए उसे अशाश्वत और अनुच्छेद कहा गया है। बीज होने पर अंकुर होता है, परंतु बीज ही अंकुर नहीं है और अंकुर बीज से सर्वथा भिन्न भी नहीं है। अतः बीज न तो शाश्वत है और न ही उच्छिन्न है। दोनों परस्पर सापेक्ष हैं। बीज अंकुर रूप में परिवर्तित होता है और अंकुर बीज का ही रूपांतरण है (बीजस्य सतो यथाङ्कुरो, न च यो बीजु स चैवाङ्कुरो। न च अन्यु ततो न चैव, तदेवमनुच्छेद अशाश्वत धर्मता)।

मनुष्य की साधारण बुद्धि जाने बिना कि संसार अंदर से सापेक्ष है, उसे सत्य समझती है और अपने-अपने राग-द्वेषों के साथ व्यवहार करती है। पर अस्तित्वात्मक रूप से जो सापेक्ष है, उसे सत्य समझना एक प्रकार का अज्ञान है। इस अज्ञान को अनावृत करने के लिए नागार्जुन अपनी कृतियों में कार्य-कारण, देश-काल, गति-स्थिरता, ज्ञाता-ज्ञेय, प्रमाण-प्रमेय इत्यादि समस्त आधारभूत अवधारणाओं की परीक्षा करते हैं और दिखाते हैं कि वे सभी व्यापक अवधारणाएं जो जीवन और जगत विषयक हमारी समझ को आकार देते हैं, अपनी बनावट में ही अंतर्विरोधग्रस्त हैं। अपने इस उद्देश्य की पूर्ति के लिए नागार्जुन एवं उनके व्याख्याकारों ने चतुष्कोटिक द्वंद्वन्याय की एक विलक्षण परीक्षा-पद्धति विकसित की। इसमें परीक्षक का कोई अपना पक्ष नहीं होता, किसी भी दृष्टि, सिद्धांत अथवा अवधारणा में निहित आंतरिक विरोधाभास को प्रकट करना ही उसका लक्ष्य होता है। इस पद्धति से शून्यवाद का पर्यवसान दृष्टिमात्र के खोखलेपन को जानकर उससे ऊपर उठने में होता है। सभी दृष्टियों से ऊपर उठना ही शून्यता का दर्शन है (सर्वदृष्टि प्रहाणाय शून्यतामृत देशना)। अतः शून्यता सभी दृष्टियों का निषेध है, लेकिन स्वयं में कोई दृष्टि नहीं। यदि

शून्यता को भी कोई दृष्टि मान ले तो उसका उपचार करना दु:साध्य है।

नागार्जुन ने बुद्ध की देशनाओं का अन्तिम तात्पर्य 'सर्वदृष्टिशून्यता' में दिखाने का जो विरल बौद्धिक उपक्रम किया है, वह आत्मचेतन हुई मानव बुद्धि द्वारा स्वयं की समीक्षा का एक विरल पराक्रम है। परंतु उसे वह सम्मान प्राप्त नहीं हुआ, जिसका वह अधिकारी है। नागार्जुन के शून्यवाद को उसकी विशिष्टताओं के चलते कम और आलोचनाओं के चलते अधिक प्रसिद्धि मिली है। शंकराचार्य इसे सर्वप्रमाण-विप्रतिसिद्ध (ब्रह्मसूत्र भाष्य, 2.2.34) कहकर आलोचना के योग्य भी नहीं पाते। अन्य आलोचकों ने उच्छेदवाद कहकर इसकी भर्त्सना की है। वास्तविकता यह है कि शून्यवाद को न माना जाए तो संसार की स्थिति या तो शाश्वत अस्ति या फिर सर्वथा उच्छेद की होगी। ऐसी स्थिति में किसी काम के लिए न तो कर्ता की जरूरत होगी और न कर्ता को कुछ करने की जरूरत होगी, जबकि मानवीय प्रयासों की सार्थकता इसी में है कि वह अप्राप्त की प्राप्ति की प्रत्याशा में प्रयत्नशील बना रहे। यह तभी संभव है जब संसार को शून्य माना जाए। अत: शून्यवाद को अपनी सम्यक अर्थवत्ता में मनुष्य की सृजनात्मकता का दर्शन माना जाना चाहिए।

अंबिकादत्त शर्मा

अधिक जानकारी के लिए :

1. महायान : भदंत शांति भिक्षु, **2. भोट देश में माध्यमिक दर्शन :** थुबतन छोगडुब, **3. The Central Philosophy of Budhism :** T R V Murti

शूर्पणखा

शूर्पणखा ऋषि विश्रवा और उनकी दूसरी पत्नी कैकसी की तीसरी संतान थी। वह रावण और कुंभकर्ण से छोटी और विभीषण से बड़ी थी। वाल्मीकि रामायण के अनुसार, देवी मीनाक्षी के नाम पर इसका नाम दीक्षा रखा गया था। वह असुंदर और विभिन्न दुर्गुणों से युक्त थी। उसके नाखून सूप के समान चौड़े थे इसलिए उसका नाम शूर्पणखा पड़ गया। तमिल कवि कंबन ने इसका वर्णन अत्यंत सुंदर स्त्री के रूप में किया है।

शूर्पणखा का विवाह कालकेयवंशी राक्षसराज विद्युतजिह्व के साथ हुआ था। रावण ने अपनी दिग्विजय के समय कालकेयों के साथ युद्ध करते हुए प्रमादवश विद्युतजिह्व की भी हत्या कर दी। रावण ने पश्चात्ताप करते हुए अपनी दुलारी बहन शूर्पणखा को दंडकारण्य में इच्छानुसार विहार करने की अनुमति दे दी, उसकी रक्षा के लिए खर और दूषण नामक दो राक्षसों को नियुक्त कर दिया।

राम जब वनवास के समय दंडकारण्य में कुटिया बनाकर रह रहे थे, शूर्पणखा उनके रूप पर मुग्ध होकर उनके समक्ष विवाह का प्रस्ताव रखती है। अपने को विवाहित बताकर राम उसे लक्ष्मण के पास भेज देते हैं। लक्ष्मण के भी अस्वीकार करने पर वह क्षुब्ध होकर सीता को मारने दौड़ती है, तभी क्रुद्ध लक्ष्मण उसकी नाक काट लेते हैं। नासिका भेदन के कारण वह स्थान नासिक कहलाया। शूर्पणखा के अपमान का समाचार सुनकर खर-दूषण ने राम पर आक्रमण किया, पर राम के हाथों मारे गए। शूर्पणखा रावण के पास गई और उसे सीताहरण के लिए उकसाया। इस प्रकार वह राम-रावण युद्ध का प्रमुख कारण बनी। वाल्मीकि रामायण, तुलसीकृत रामचरितमानस, मैथिलीशरण गुप्त रचित 'पंचवटी' और नरेंद्र कोहली द्वारा चार खंडों में रचित रामकथा में शूर्पणखा का चरित्र तरह-तरह से आया है। बांग्ला कवि माइकेल मधुसूदन दत्त विरचित 'वीरांगना काव्य' में शूर्पणखा द्वारा लक्ष्मण को लिखा गया पत्र उल्लेखनीय है। निराला ने 'पंचवटी प्रसंग' में शूर्पणखा के अनिंद्य सौंदर्य का वर्णन करते हुए स्त्री के बारे में बनी परंपरागत धारणा को चुनौती दी है। यह भी माना जाता है कि शूर्पणखा ने रावण से अपने पति की हत्या का बदला लेने के लिए ही रावण को राम के विरुद्ध भड़काया था, क्योंकि उसे विश्वास था कि ताड़का और सुबाहु का वध करने वाले शक्तिशाली राम ही रावण का वध कर सकते हैं। रावण की मृत्यु और

विभीषण के राज्याभिषेक के बाद वह विभीषण के साथ लंका में ही रहने लगी।

गीता दूबे

शेख अब्दुल्ला
(1905-1982)

'शेर-ए-कश्मीर' कहे जाने वाले शेख अब्दुल्ला की प्रारंभिक शिक्षा मकतब में हुई, जहाँ उन्होंने कुरान शरीफ और फारसी के क्लासिक कवियों (शेख सादी, बोस्तां आदि) के साहित्य का अध्ययन किया। लाहौर से रसायन विज्ञान में स्नातकोत्तर की शिक्षा प्राप्त करने की अवधि में अब्दुल्ला सरकारी सिल्क फैक्ट्री के मजदूरों के व्यापक आंदोलन के गवाह बने। अब्दुल्ला साहब के दिल-ओ-दिमाग पर मजदूरों के इस व्यापक आंदोलन का गहरा प्रभाव था। आगे चलकर ये अलीगढ़ मुस्लिम विश्वविद्यालय आए और यहां के प्रगतिशील विचारों से प्रभावित हुए। शेख अब्दुल्ला

शेख अब्दुल्ला

सामंती उत्पीड़न को साक्षात देखने और समझने लगे थे। वे पूरी तरह कश्मीर में लोकतांत्रिक सरकार के गठन की जरूरत महसूस कर रहे थे। फलस्वरूप वे 1931 के कश्मीर के जन-आंदोलन में सक्रिय होने के कारण गिरफ्तार हुए। वे 'कश्मीर मुस्लिम कांफ्रेंस' के अध्यक्ष बने (1932)। आगे चलकर 'मुस्लिम कांफ्रेंस', 'नेशनल कांफ्रेंस' (1939) बना। इसके पीछे शेख अब्दुल्ला और जवाहरलाल नेहरू की उदारवादी सोच थी। शेख साहब मानते थे कि कश्मीर के इस पहले राजनीतिक दल को किसी समुदाय-विशेष का अनुगामी नहीं होना चाहिए। 1931 के बाद कश्मीर के महाराजा हरि सिंह के खिलाफ जन-असंतोष बढ़ने लगा। उसी दौर में शेख अब्दुल्ला महाराजा हरि सिंह के खिलाफ व्यापक असंतोष के फलस्वरूप कश्मीरी समाज के प्रगतिशील व्यक्तियों के प्रभाव में आए और 'नया कश्मीर' बनाने के लिए एक मेनिफेस्टो तैयार हुआ। इसका मुख्य उद्देश्य कश्मीर की जनता के लिए लोकतांत्रिक संविधान बनाना था। इस काम में शेख अब्दुल्ला उस दौर के कश्मीर के प्रगतिशील नेता जिया लाल, सुदामा सिद्ध, प्रेमनाथ बजाज, बुद्ध सिंह, कश्यप के प्रभाव में आए। महाराजा के सामने 'नया संविधान' बनाने की मांग (1938) रखी गई, लेकिन वे नहीं माने। शेख अब्दुल्ला ने 'कश्मीर छोड़ो' (1946) आंदोलन का आगाज कर दिया। आजादी के बाद शेख अब्दुल्ला ने अपने को कश्मीर का प्रधानमंत्री (17 मार्च 1948) घोषित कर दिया। 1953 में कश्मीर के सहर-ए-रियासत डॉ. कर्ण सिंह (हरि सिंह के सुपुत्र) ने उन्हें प्रधानमंत्री के पद से बर्खास्त किया। वे 'कश्मीर कंसिपिरेसी केस' में गिरफ्तार कर लिये गए और 11 साल तक जेल में रहे। जेल से छूटने के बाद शेख साहब और जवाहरलाल नेहरू के बीच नजदीकी बढ़ी। नेहरू चाहते थे कि शेख अब्दुल्ला भारत और पाकिस्तान की मैत्री के सेतु बनें। इस दिशा में प्रयास हुए। इसी बीच नेहरू का निधन (1964) हो गया।

शेख अब्दुल्ला का राजनीतिक जीवन उथल-पुथल भरा रहा। अठारह महीने कश्मीर से निर्वासित

थे, फिर मुख्यमंत्री बने। उनकी पार्टी बहुमत (1980) में आई। मृत्यु के अंतिम समय तक वे मुख्यमंत्री थे। प्रसिद्ध कश्मीरी लेखक एम वाई तैंग रचित शेख साहब की जीवनी 'आतिश-ए-कश्मीर' को शेख साहब की आत्मकथा का दर्जा हासिल है।

अरुण कुमार

शेख नूरुद्दीन वली

शेख नूरुद्दीन वली नुंद ऋषि के नाम से प्रसिद्ध कश्मीरी संत कवि थे। उन्होंने एक समाज-सुधारक कवि के रूप में कश्मीर के लोगों के दिलों में जगह बनाई और साहित्य को एक नई दिशा दी। वह उच्च नैतिक मूल्यों में विश्वास रखते थे, भाईचारे की मिली-जुली संस्कृति चाहते थे और एक सिद्ध पुरुष माने गए थे। उन्होंने कश्मीरी भाषा और परंपराओं की पहचान सुरक्षित रखते हुए इनके विकास का मार्ग प्रशस्त किया। उनके शिष्यों की एक लंबी परंपरा रही है। उनके नाम पर मसनवियां लिखी गईं। उनका स्मारक एक पवित्र जगह माना जाता है। उनके खिलाफ षड्यंत्र भी हुए, पर जन-साधारण पर उनका बड़ा प्रभाव रहा है। उनका सवाल था, 'एक ही माता-पिता के दो बालकों के बीच यह घृणा की आग क्यों?' शेख वली के इस तरह के कई विचार हैं। उन्होंने सूफी संतों से मार्गदर्शन प्राप्त किया था। वह ललद्यद के प्रति श्रद्धा रखते थे। उन्होंने इनके बारे में कहा था, 'पदमानपुर की लला/जिसने घूंट -घूंट अमृत पी लिया/जिसने अवतारों को गोद में खिलाया/मेरे अल्लाह मुझे भी ऐसा वरदान दे।'

ईश्वर की सर्वव्यापकता पर आस्था रखने वाले कश्मीर के संत वली के विचार आधुनिक हैं। वन संरक्षण पर उनका आदर्श वाक्य था–'अन्न पोशि-वन पोशि' अर्थात जब तक वन है, तब तक अन्न है। वे कहते थे, 'न्याय पूजा से बढ़कर है।' उनमें जन्नत में जाने की लालसा नहीं थी। वह अपने स्थान पर रहकर ही दुनिया के बारे में सोच लेते थे, निःपृहता से उन्होंने विश्व-विजय पाई थी। कश्मीरी भाषा का 'कुरआन' माना जाने वाला शेख नूरुद्दीन वली का काव्य मानवीय मूल्यों पर आधारित है। यह सभी धर्मों और वर्गों के लोगों से प्रेम करने की शिक्षा देता है। उनकी वाणी में विनोद और तीखा व्यंग्य भी है। कश्मीर में एक समय उन्होंने धार्मिक सहिष्णुता और मिली-जुली संस्कृति की जो कल्पना दी, वह आज भी अर्थपूर्ण है। कश्मीरी जनता उन्हें 'शेख-उल-आलम', सखी नूरुद्दीन', 'नुंद ऋषि' के नाम से भी जानती है।

दिनेश कुमार शर्मा

शेख फरीद
(1173-1265)

शेख फरीद का जन्म 1173 में मुल्तान से 10 किलोमीटर दूर पंजाब के खोतवाल गांव में हुआ था जो अब पाकिस्तान में है। वह सूफी चिश्ती संप्रदाय के संस्थापकों में गिने जाते हैं। इसकी स्थापना बारहवीं सदी के अंत में ख्वाजा मोईनुद्दीन चिश्ती के आगमन के साथ हुई थी। माना जाता है कि उन्होंने 12 साल की उम्र में ही कुरान कंठस्थ कर लिया था।

शेख फरीद

मुल्तान में शिक्षा-दीक्षा के दौरान इन्हें आध्यात्मिक शिक्षा कुतुबुद्दीन बख्तियार से मिली जो एक प्रसिद्ध सूफी संत थे। इनकी देखरेख में ही उनकी सूफी साधना ऊंचाइयों तक पहुंची और वे संत माने जाने लगे। शेख फरीद का जीवनकाल चंगेज खाँ और मंगोलों द्वारा विनाश का साक्षी रहा है। इनके खून-खराबे के बीच ही शेख फरीद ने ईश्वर के असीम आध्यात्मिक रहस्य, प्रेम और दयालुता की महत्ता को जाना। उन्होंने मजहबी नफरत और विद्वेष के उस दौर में मानवीय अखंडता का संदेश दिया। एक बार किसी ने जब उन्हें कैंची उपहार में दी, तब उन्होंने कहा, 'कैंची के बदले मेरे लिए सुई लाओ, क्योंकि मैं अलग करने के लिए नहीं, जोड़ने के लिए आया हूं।'

शेख फरीद ने स्त्री संतों के बारे में कहा था, 'वे वास्तव में पुरुष हैं जिनकी रचना ईश्वर ने स्त्री के रूप में की थी।' वे मजहब में स्त्री को ऊंची जगह देना चाहते थे। कहा जाता है कि एक सूफी स्त्री राबिया के लिए काबा का दरवाजा खोल दिया गया था। फरीद के मन में स्त्रियों के लिए आदर था। सारह और फातिमा उनकी समकालीन थीं। उनके मानवतावादी संदेशों की वजह से उनका आम लोगों में प्रभाव काफी फैला और उस युग के इस्लाम में उदारतावाद आया। उन्होंने क्षमा, विनय और अंहिसा का संदेश दिया था।

अरब इतिहासकार और यात्री इब्नबतूता ने उनसे मुलाकात की थी। उन्होंने वर्णन किया है कि फरीद के यहां कई भारतीय राजा आध्यात्मिक ज्ञान के लिए आते थे। उन्हीं राजाओं में से किसी ने उन्हें अजोधन गांव दान में दिया था। बलबन के मन में भी शेख फरीद के लिए आदर था।

बाबा फरीद के पुत्रों एवं परवर्ती उत्तराधिकारियों को फरीदी के नाम से जाना जाता है। बाबा फरीद की एक प्रमुख उपलब्धि थी साहित्यिक उद्देश्यों के लिए पंजाबी भाषा का विकास, जिसे उन दिनों अशुद्ध और निम्न जाति वालों की भाषा माना जाता था। फरीद ने पंजाब में सूफी मत के प्रचार के साथ पंजाबी भाषा के विकास की नींव रखी थी। फरीदकोट शहर का नाम उन्हीं के नाम पर पड़ा।

शेख फरीद के बारे में इतिहास के पन्नों से बहुत कम ज्ञात होता है। कहा गया है कि उनकी ग्यारहवीं पीढ़ी में एक अन्य सूफी फरीदी सानी हुए जिनकी मृत्यु 1552 में हुई। इनका जिक्र 'उत्तर भारत की संत परंपरा' में है। गुरुग्रंथ साहिब में शेख फरीद के नाम से 130 श्लोक (दोहे) और 4 पद शामिल हैं। फरीद की कुछ पंक्तियां इस प्रकार हैं : (1) जीवन में मित्रों और साथियों से वंचित, मैं एक अकेली स्त्री हूं/ऐसे कुएं में पड़ी, जहाँ कोई नहीं आता/अनुकंपा में ईश्वर आ सकता है मेरे पास देने को एक पावन साथ। (2) फरीद! क्या तुम खोजोगे उस सर्वशक्तिमान को/देखो अपने पैरों के नीचे की घास/कटी और रौंदी हुई, हो जाओ तुम खुद भी घास। (3) ईश्वर से प्यार और लोभ/दोनों एक साथ नहीं चलते/लोभ के साथ प्यार हो जाता है अशुद्ध।

ममता पांडेय

अधिक जानकारी के लिए :
1. शेख फरीद : हरभजन सिंह, 2002, **2. Islam in Indian Subcontinent :** Annemarie Schimmet, 1980

शेरशाह सूरी
(1486-1545)

शेरशाह सूरी का भारत के इतिहास में विशेष स्थान है। अंग्रेज इतिहासकार जॉनकी ने लिखा है, 'किसी शासन ने, ब्रिटिश शासन ने भी राज्य-प्रबंध में ऐसी प्रतिभा नहीं दिखाई, जैसी इस पठान शासक शेरशाह ने दिखाई है। शेरशाह ने अपने जीवन का हर क्षण उत्तम शासन प्रबंध और कुशल सैन्य संचालन करने में लगाया। वह हमेशा राजकीय शान-शौकत से उदासीन और विलासिता से दूर रहा।'

1526 में पानीपत की पहली लड़ाई में मुगल सरदार बाबर के हाथों दिल्ली की गद्दी पर आसीन अफगान बहलोल लोदी वंश के उत्तराधिकारी इब्राहिम

लोदी की बुरी तरह हार हुई। इस हार ने भारत में मुगल शासन की नींव तो डाल दी, पर अफगानों की शक्ति पूरी तरह खत्म नहीं हुई। बाबर की मृत्यु के बाद उसके उत्तराधिकारी शासक हुमायूं को बक्सर के निकट चौसा की लड़ाई में पराजित कर अफगानों ने शेरशाह सूरी के नेतृत्व में अपनी खोई हुई प्रतिष्ठा और दिल्ली की गद्दी लगभग प्राप्त कर ली। मगर यह उनका दुर्भाग्य था कि शेरशाह सूरी जैसे अदम्य साहसी और दक्ष प्रशासक की पांच वर्षों के शासन के दौरान एक दुर्घटना में हुई मौत ने भारत में अफगान सत्ता को कमजोर कर लगभग समाप्त कर दिया।

शेरशाह पर विशेष अध्ययन करने वाले भारतीय इतिहासकार कालिकारंजन कानूनगो के अनुसार, उसका जन्म 1486 में दिल्ली के निकट हिसार फिरोजा में हुआ था। उसका बचपन का नाम फरीद खान था। उसके दादा इब्राहिम खान अफगान सरदार मुहम्मद सूर के वंशज थे जिसका संबंध मुहम्मद गोरी के राजपरिवार से था। वे अपने पुत्र हसन खान के साथ सुल्तान बहलोल लोदी के शासनकाल में हिसार फिरोजा आकर बस गए थे।

शेरशाह सूरी

फरीद खान का जन्म पिता हसन खान की पहली अफगानी बीवी के गर्भ से हुआ था। पर तीन अन्य सौतेली माताओं के प्रति पिता के झुकाव और अपनी उपेक्षा से दुखी फरीद खान जौनपुर चला गया। वहां उसने बड़े मनोयोग से अरबी-फारसी साहित्य और इतिहास की शिक्षा हासिल की। सगे-संबंधियों की सलाह और बेटे की योग्यता से प्रभावित पिता हसन खान ने फरीद खान को सहसराम और खवासपुर की जागीरों का प्रबंध-कार्य सौंप दिया। जागीरों के कुशल प्रबंधन के कारण उसे लोगों की प्रशंसा और सौतेली मां की ईर्ष्या, दोनों मिलीं। परेशान फरीद खान अपना भाग्य आजमाने आगरा चला गया। सुल्तान इब्राहिम लोदी के सलाहकार अमीर दौलत खाँ की सहायता से उसने अपने पिता की जागीर प्राप्त कर ली। तब तक उसके पिता की मृत्यु हो गई थी। परिस्थितियों के चलते उसने बिहार के सूबेदार सुल्तान मुहम्मद नूहानी के यहां एक सम्मानित नौकरी कर ली। वहां शिकार में उसने एक शेर को मार डाला जिससे उसे शेरखान की उपाधि मिली। 1527 में मुगल शासन व्यवस्था के अध्ययन के लिए वह आगरा आया। उसकी प्रतिभा से बाबर बहुत प्रभावित हुआ मगर एक अवसर पर मुगल शासन की खामियों की चर्चा कर शेरखान ने बाबर को नाराज कर दिया। कहते हैं कि क्रोधित होकर बाबर ने उसे कैद करवाना चाहा पर वह सतर्क था, अतः भागकर अपने पुराने स्वामी नूहानी के यहां चला गया। नूहानी की मृत्यु के पश्चात् वह उसके बेटे का संरक्षक बना तथा इसी रूप में वहां अधिकारपूर्वक शासन करने लगा।

इस दौरान शेरखान ने कई लड़ाइयां लड़ीं। अपने प्रभाव एवं सैन्य शक्ति का निरंतर विकास किया। बंगाल के शासक नसरत खान के सेनापति कुतुब खाँ को हराकर उसने बिहार पर अपना दबदबा बनाए रखा। कुछ ही सालों में उसने चुनार दुर्ग, रोहतास तथा बंगाल के गौड़ क्षेत्र पर कब्जा कर लिया। 1539 में बिहार में बक्सर के निकट चौसा में उसने हुमायूं की मुगल सेना को परास्त कर शेरशाह की उपाधि धारण की। इस तरह बिहार, बंगाल और

जौनपुर उसके अधिकार में आ गए। दूसरे ही वर्ष (1540) शेरशाह ने पुनः हुमायूं को कन्नौज की लड़ाई में हराकर दिल्ली की गद्दी हासिल कर ली। विवश हुमायूं ने भागकर फारस में शरण ली।

दिल्ली के सिंहासन पर अधिकार कर शेरशाह ने सूर साम्राज्य की नींव डाली। आगरा, पंजाब, सिंध, मुल्तान, ग्वालियर, उज्जैन तथा मारवाड़ पर विजय प्राप्त कर उसने अपने राज्य का विस्तार किया। अजमेर, चित्तौड़ आदि राज्यों को जीतकर उन्हें सालाना कर देने के लिए बाध्य किया। उसका अंतिम आक्रमण कालिंजर नामक दुर्ग पर हुआ, जहाँ घेराबंदी के दौरान एक तोप फट जाने से उसकी मृत्यु 22 मई 1545 को हो गई।

शेरशाह न केवल साहसी और सफल विजेता था बल्कि वह एक न्यायप्रिय, सुधारक एवं कुशल शासक भी था। अंग्रेज इतिहासकार हेवेल ने लिखा है, 'शेरशाह ने सैनिक और प्रशासकीय दोनों ही क्षेत्रों में अद्‌भुत शक्ति दिखाई।' उसने सदैव प्रजा के हित को प्राथमिकता दी। मात्र पांच वर्ष के शासनकाल में शेरशाह द्वारा किए गए कार्यों को इतिहास में आश्चर्य से देखा जाता है। कुशल एवं ईमानदार पुलिस और गुप्तचर विभाग तथा कठोर दण्ड-विधान वाली न्याय व्यवस्था द्वारा राज्य में उपद्रवी तत्वों और भ्रष्ट अधिकारियों-कर्मचारियों पर नियंत्रण रखकर उसने साम्राज्य में शांति और सुव्यवस्था स्थापित करने में सफलता पाई। उसने भूमि-प्रबंध और लगान तय कर कृषि और किसानों के हितों की रक्षा पर विशेष ध्यान दिया। उसने केंद्रीय सत्ता से लेकर प्रांतों, परगनों और ग्रामों के प्रबंध को एकसूत्र में पिरोने वाली एक कुशल शासन प्रणाली लागू की।

प्रजा के कल्याण एवं सफल सैनिक अभियानों के लिए उसने चार बड़ी सड़कों का निर्माण करवाया। देश की सबसे लंबी सड़क, कोलकाता से पेशावर तक, ग्रांड ट्रंक रोड उसी की देन है। सड़कों के किनारे छायादार पेड़, कुएं, 1,700 सराय-धर्मशालाओं का निर्माण, दवाखाने, स्कूल, घुड़सवारों द्वारा डाक की व्यवस्था आदि के द्वारा प्रजा के हित और सुशासन पर चौतरफा ध्यान देकर शेरशाह ने इतिहास में अपनी जगह सुनिश्चित कर ली।

महेश जायसवाल

अधिक जानकारी के लिए :
India : A History : John Keay

शैली

शैली का कोषगत अर्थ ढंग, तरीका, रीति, लेखन का विशिष्ट ढंग, अभिव्यक्ति का तरीका, वाक्य-रचना का विशिष्ट ढंग, प्रथा, रस्म, परिपाटी आदि है। शैली के लिए अंग्रेजी में Style शब्द प्रचलित है। स्टाइल शब्द लातिन का Stilus (लौह लेखनी या लोहे की कलम) से बना है। इसका एक वाचक 'रीति' है। रीति के अर्थ में शैली शब्द का प्रयोग पतंजलि के 'महाभाष्य' से प्रारंभ होता है जिसमें कहा गया है कि 'एषा ह्याचर्यास्य शैली लक्ष्यते।' मुक्तिबोध की टीका में दुर्गादास ने भी रीति के अर्थ में ही शैली का प्रयोग किया है–'प्रायेणाचार्याणामियं शैली, यत्सामान्येनाभिधाय विशेषण विवृणोति।' एक मान्यता यह है कि शैली की उत्पत्ति शील से हुई है। शैली का अर्थ है स्वभाव। स्वभाव की भिन्नता के आधार पर ही मानव रुचि की भिन्नता निर्भर करती है। इसी तथ्य को और अधिक स्पष्ट करते हुए नगेंद्र ने 'भारतीय काव्यशास्त्र की भूमिका में कहा है, 'जिस प्रकार स्वभाव की अभिव्यक्ति का मार्ग रीति है, उसी प्रकार शील (स्वभाव) की अभिव्यक्ति पद्धति शैली भी है और उसके व्युत्पति-अर्थ में भी वैयक्तिक तत्व मूलतः वर्तमान है।'

लिखने या बोलने में भावाभिव्यंजना की रीति या प्रकार को, वचन विन्यास-क्रम अथवा वाक या लेखन-शैली को 'स्टाइल' कहते हैं। भावों को अभिव्यक्त करने की वह विशिष्ट पद्धति जो अन्य पद्धतियों से भिन्न होती है, शैली कही जाती है। शैली के संबंध में प्रत्येक युग की अपनी विशेषताओं से युक्त मान्यताएं ही नहीं होतीं, निजी शैली भी होती है और उस शैली के अपने खास लक्षण भी होते हैं। जितने व्यक्ति उतनी रुचियां और उतनी ही शैलियां

हो सकती हैं। दंडी ने 'काव्यादर्श' में कहा है कि 'अस्त्येनको गिरां मार्ग : सूक्ष्मभेद परस्परणा' अर्थात सूक्ष्म भेदों के कारण आपस में पृथक हुई रीतियों के अनेक भेद हैं। स्पष्ट है कि शैली रचनाकार का व्यैक्तिक गुण है। शैली की महत्ता को स्वीकार करते हुए आंद्रे मार्ले ने 'द वॉइस ऑफ साइलेंस' में कहा है कि 'कला प्रारब्ध के विरुद्ध मनुष्य का विद्रोह है। कला के इतिहास में जितनी भी शैलियां और प्रवृत्तियां मिलती हैं, सब-की-सब ने इस विद्रोह को विभिन्न दृष्टियों से आकलित किया है। इनकी ही विभिन्न अवधारणाएं महान शैलियों के रूप में संघटित हुई हैं।' (मॉरिस वेज, प्रॉब्लम्स इन एस्थेटिक)।

शैली के छह अर्थ किए जाते रहे हैं : (1) चाल, ढब, ढंग। (2) रीति, प्रथा, रस्म, रिवाज। (3) प्रणाली, परिपाटी, तर्ज, तरीका। (4) वाक्य-रचना का प्रकार। (5) कठोरता, कड़ाई, सख्ती। (6) शिला प्रतिमा, पत्थर की मूर्ति। शैली को स्पष्ट करने के आधार चाहे जो हों, तार्किक बात यह है कि वह व्यक्ति से अभिन्न तथा आबद्ध है। प्रख्यात शैलीवैज्ञानिक चैटमैन (1967) शैली को अर्थ से संबद्ध करके देखते हैं। चैटमैन की परिभाषा में शैली की चार विषेषताएं लक्षित की जा सकती हैं–(1) शैली का संबंध बेहतर लेखन से है। (2) शैली व्यक्तिगत है। (3) शैली लेखन की मूल विशेषता है। (4) शैली प्रोक्ति तथा बोलने की लय से संबंधित है अर्थात लिखने और बोलने की शैली भिन्न होती है। यह लिखने और बोलने वाले व्यक्ति के अनुसार परिवर्तित होती रहती है। एंक्विस्ट (1964) ने शैली को संप्रेषण-प्रक्रिया से जुड़ा हुआ माना है। एंक्विस्ट द्वारा दी गई शैली की परिभाषा के मूल बिंदु इस प्रकार हैं–(1) विचारों को अभिव्यक्त करने वाली शैली। (2) एक ही अभिव्यक्ति को भिन्न-भिन्न ढंग से प्रस्तुत करने वाली शैली। (3) व्यक्तिगत विशेषता के रूप में शैली। (4) प्रचलित प्रतिमानों से विचलन के रूप में शैली। (5) श्रेष्ठ और उचित विकल्प के चयन की शैली। (6) वाक्य या प्रोक्ति स्तर के बीच भाषेतर तत्वों के प्रयोग के रूप में शैली। एंक्विस्ट ने शैली को अभिव्यक्ति, पाठ-चयन और विचलन जैसे संदर्भों से भी जोड़कर देखा है। इन दोनों परिभाषाओं के व्यक्त लक्षणों को समेकित रूप प्रस्तुत करते हुए रवींद्रनाथ श्रीवास्तव ने कहा है, 'शैली कोई एक स्थिर संकल्पना एवं रूढ़ मान्यता नहीं, वरन उसकी प्रकृति गत्यात्मक होती है जिसे काव्यात्मक प्रयोजनों के संदर्भ में अभिव्यक्तिपरक अभिलक्षण-गुच्छ के रूप में समझा जा सकता है।'

शैली के संदर्भ में यह धारणा बनी हुई है कि इसका एक सार्थक अस्तित्व है। इसकी अपरिहार्यता इसे साहित्य की आत्मा के रूप में स्थापित करती है। शैली वह माध्यम है जिसके द्वारा वाग्शक्ति के सभी सरस तत्वों की अभिव्यक्ति में आकर्षक एवं प्रभावोत्पादक ढंग से नवीन तथा उचित शक्ति का संचार किया जाता है। इसका अस्तित्व इसमें निहित है कि वह विचार के संपूर्ण प्रभाव के लिए उसे सभी आवश्यक परिस्थितियों से जोड़ सके। उचित स्थान पर उचित शब्दों का प्रयोग कर प्रभावपूर्ण अभिव्यक्ति ही शैली का अभीष्ट है। इसके अनुप्रयोग से कोई भी रचना व्यतिक्रम और पुनरावृत्ति से मुक्त होकर न केवल व्यवस्थित होती है बल्कि चयनित संसार के अधिकतम समाकलन और संप्रेषण में भी समर्थ हो जाती है।

आशुतोष मिश्र

अधिक जानकारी के लिए :
1. शैली : रामचंद्र प्रसाद, 1973, **2. शैलीविज्ञान :** भोलानाथ तिवारी, 1977, **3. रीतिविज्ञान :** विद्यानिवास मिश्र, 1964, **4. बहिर्निष्ठ और अंतर्निष्ठ शैली :** रवींद्रनाथ श्रीवास्तव, 1979, **5. Stylistics & Language Teaching :** Suresh Kumar, 1988

शैलीविज्ञान

मनुष्य विभिन्न संदर्भों, स्थितियों और उद्देश्यों में विविध प्रकार से भाषा का प्रयोग करता है। यह विविधता और विषमता काल-विशेष, स्थान-विशेष, समाज-विशेष, व्यक्ति-विशेष, विधा-विशेष, और प्रयुक्ति-विशेष आदि के कारण पाई जाती है। काल-विशेष में भाषा के विकास-क्रम के विभिन्न

चरणों में भाषा के कई रूप मिलते हैं; जैसे—पुरानी हिंदी और आधुनिक हिंदी अथवा छायावाद, प्रगतिवाद, प्रयोगवाद आदि के विशिष्ट हिंदी रूप। स्थान-विशेष में विभिन्न क्षेत्रों के भाषा प्रकार अर्थात अवधी, भोजपुरी, खड़ी बोली आदि बोलियां देखी जा सकती हैं। समाज-विशेष में समाज के विभिन्न वर्गों और स्तरों—शिक्षित और अशिक्षित, उच्च वर्ग और निम्न वर्ग आदि की शैलियां दिखाई देती हैं। व्यक्ति-विशेष में गांधी, नेहरू, निराला, पंत, रामचंद्र शुक्ल आदि की विशिष्ट शैलियां मिलती हैं। विधा-विशेष में उपन्यास, नाटक, कहानी आदि में भाषा के अलग-अलग रूप मिल जाते हैं। प्रयुक्ति-विशेष में विशिष्ट कार्य-क्षेत्रों और विषय-क्षेत्रों के भाषा-भेद अर्थात कार्यालयीन, वाणिज्यिक, तकनीकी आदि शैलियां मिलती हैं। इस प्रकार मनुष्य की भाषा में जो विविधताएं पाई जाती हैं, उन्हें भाषा की शैलियां कहा जाता है। यद्यपि ये भाषा-भेद एक-दूसरे से भिन्न हैं, किंतु अलग-अलग उद्देश्यों, संदर्भों और स्थितियों में अभिव्यक्ति की अलग-अलग रीति होने के कारण ये शैली कहलाते हैं और उनका अध्ययन शैली विज्ञान (Stylistics) के अंतर्गत होता है।

गत कई वर्षों से भाषाविज्ञान में साहित्य के इतर अंगों की अपेक्षा भाषा-विषयक चिंतन को अधिक महत्व दिया गया है। इससे पहले साहित्य का अध्ययन व्यक्तिगत और आत्मनिष्ठ आधार पर होता था, अतः वस्तुनिष्ठ और वैज्ञानिक अध्ययन की आवश्यकता महसूस की गई। अब शैली-विषयक विवेचन में भाषा के सभी पहलुओं पर विचार किया गया जो वक्ता या लेखक की प्रकृति तथा उसके द्वारा प्रयुक्त आलंकारिक रूपों और वाक्यात्मक अभिरचनाओं की सूचना देते हैं। इस संदर्भ में शैली की विभिन्न परिभाषाएं दी गई हैं, जो भारतीय और पाश्चात्य काव्यशास्त्र पर आधारित हैं। अंतर है केवल विश्लेषण के स्तर में।

शैली-संबंधी कई अवधारणाएं मिलती हैं। पहली है विचारों के आवरण के रूप में शैली। केंद्रीय विचार या अभिव्यक्ति के साथ एक अतिरिक्त तत्व जुड़ा हुआ है, जिसका प्रयोग विचार को प्रभावशाली ढंग से प्रकट करने के लिए किया जाता है। दूसरी है व्यक्ति-वैशिष्ट्य के रूप में शैली। इसमें कवि का व्यक्तित्व ही उसकी शैली का उत्पादक होता है। इसी के आधार पर ब्यूफो ने 'शैली ही व्यक्ति है' की धारणा प्रस्तुत की और इसीलिए विद्वानों ने व्यक्ति-केंद्रिकता पर शैली का विवेचन किया है। लेखक एवं वक्ता की भाषा विशेष प्रयोजन, घटना, परिस्थिति, स्वभाव एवं प्रकृति, बौद्धिक स्तर, सामाजिक स्तर आदि पर काफी निर्भर रहती हैं, क्योंकि उसकी अनुभूति और अनुभव उसके वास्तविक जीवन से जुड़े होते हैं और यहीं से उसके व्यक्तित्व की झांकी मिलती है। तीसरी, शैली को अलंकार के रूप में माना गया है। इस दृष्टि से शैली भाषा-व्यंजक और अभिधायक तत्वों के संयोजन से बनती है। भाषा के उन अभिलक्षणों से शैली का जन्म होता है, जिनसे लोकोत्तर चमत्कार की सृष्टि होती है। चौथी अवधारणा है भाषा के प्रतिमान से विचलन। कवि की सर्जनात्मक शक्ति भाषा की सर्जनात्मक शक्ति है और इसीलिए वह मानक का अतिक्रमण करती हुई चलती है। यह विचलन या अतिक्रमण व्याकरण की दृष्टि से चाहे सही न हो, लेकिन ग्राह्यता अथवा स्वीकार्य की दृष्टि से अवश्य सही होता है। इसका संबंध व्याकरण से नहीं होता बल्कि भाषा-भाषी समुदाय की भाषा-चेतना से होता है जो इसे समझता है और सहज रूप से स्वीकार करता है। 'कलियां खिलखिला रही हैं' और 'चांद मुस्कुरा रहा है' वाक्यों में 'कली और चांद' का मानवीकरण व्याकरण की दृष्टि से चाहे सही न हो, लेकिन प्रतिमान से विचलित होते हुए भी संदर्भ में ग्राह्य है। इसी में अतिरिक्त अर्थ की प्राप्ति होगी। पांचवीं अवधारणा है शैली को चयन के रूप में स्वीकार करना। इसमें भाषा को साहित्यकार के उपादान के रूप में माना गया है।

साहित्यकार अपनी सृजन-प्रक्रिया में एक विशेष भाषा का चयन इस प्रकार करता है, जिस प्रकार मूर्तिकार एक पाषाण से व्यर्थ की चिप्पियां हटाकर मूर्ति का निर्माण करता है। जब कवि सृजन-प्रक्रिया

से गुजर रहा होता है तो उसके सामने शब्द और संरचना-संबंधी कई विकल्प होते हैं। वह उनमें से श्रेष्ठ रूपों का चयन कर लेता है। अतः पूर्वनिर्धारित विषय-वस्तु को अथवा उससे संबद्ध विभिन्न अर्थों को सही अभिव्यक्ति देने वाले भाषिक साधनों का चयन ही शैली है। शैली को वाक्योपरि भाषाई विशेषताओं के समुच्चय के रूप में मानना छठी अवधारणा है। शैली एक ऐसा अभिलक्षण है जो वाक्य की सीमा के पार जाता है। यह वाक्योपरि संरचना है जिसमें दो या उससे अधिक वाक्यों का परस्पर संयोजन होता है। यह एक प्रकार का अंतःवाक्य है जिसे जोड़ने से समूचे पाठ की अन्विति होती है और उससे अर्थ स्पष्ट होता है।

शैली की इन अवधारणाओं पर विचार किया जाए तो मालूम होता है कि इनमें कोई तात्विक अंतर नहीं है, अंतर है तो दृष्टिकोण में। वस्तुतः सृजन और संप्रेषण की प्रक्रिया के संदर्भ में शैली का निर्धारक तत्व चयन ही मिलता है, क्योंकि चयन तथा उसकी व्यवस्था केवल कोशीय तथा व्याकरणिक न रहकर भाषा के विभिन्न स्तरों में होती है। अतः चयन सिद्धांत की परिभाषा व्यापक करनी होगी जिसके अंतर्गत साहित्यिक धारा का दबाव, विधा का दबाव तथा विषय-वस्तु का दबाव निहित रहेगा। साहित्यिक धारा की दृष्टि से भाषा के विभिन्न प्रयोग मिलते हैं; जैसे—छायावादी काव्य में संस्कृतनिष्ठ शब्दावली का आधिक्य है तो प्रगतिवादी काव्य में देशज शब्दों का। विधा की दृष्टि से विभिन्न विधाओं में विभिन्न भाषा-प्रयोग आते हैं। विषय-वस्तु की दृष्टि से वैज्ञानिक साहित्य, वाणिज्यिक साहित्य, कार्यालयीन साहित्य आदि में भाषा का अलग-अलग चयन होता है। कभी-कभी व्यक्ति की प्रकृति या आदत भाषा में दिखाई दे जाती है। कभी-कभी लिंग या वय की दृष्टि से लेखक की शैली की झलक उसकी रचनाओं में मिल जाती है। साहित्यकार के भाषिक चयन, भाषिक व्यवस्था, व्यक्तिपरक तथा परिस्थितिमूलक अतिक्रमण में शैली का संयोजन होता है। वक्ता या लेखक अपनी अनुभूति को उसी रूप में अभिव्यक्त करने के लिए भाषा के निर्धारित रूपों का सप्रसंग, साभिप्राय एवं समुचित चयन करता है। भाषा को नए रूप में ढालता है, संवारता है, नए शब्दों का निर्माण करता है, नई संरचना प्रदान करता है तथा उसे व्यापक आयाम में समेटता है। यही उसका अभिव्यंजना-व्यवहार है जो शैली कहलाता है। वस्तुतः शैली भाषा का वह विशिष्ट रूप है जिसमें अभिव्यंजना की ऐसी शक्ति निहित रहती है, जो वक्ता या लेखक के सर्जनात्मक प्रयोग को रसात्मक और प्रभावोत्पादक बनाती है। इस प्रकार शैली वह है जिसमें साहित्यकार या वक्ता अपनी अनुभूति और अनुभव का सामान्यीकरण कर उन्हें दूसरों तक संप्रेषित करना चाहता है। इसके लिए वह एक ऐसी विशिष्ट भाषा का प्रयोग करता है जिसमें सुष्ठु तथा साभिप्राय चयन होता है और ध्वनि, व्याकरणिक गठन तथा वाक्य-रचना आदि की दृष्टि से भाषा के सर्वस्वीकृत मानक का अतिक्रमण करता है।

साहित्य को समझने के लिए और उसकी व्याख्या के लिए भारतीय काव्यशास्त्र और पाश्चात्य साहित्यशास्त्र में कई संप्रदायों और सिद्धांतों का प्रादुर्भाव हुआ। आधुनिक काल में आलोचना के कई प्रतिमानों और प्रणालियों का विकास हुआ जिनमें रसवादी, मार्क्सवादी, मनोविश्लेषणवादी, समाजशास्त्रीय, मिथकीय, ऐतिहासिक आदि प्रमुख हैं। वास्तव में इन आलोचनात्मक प्रणालियों में साहित्यिक कृतियों के बाह्य संबंधों की खोज की जाती रही है। इनमें पाठक या साहित्यकार की दृष्टि से अथवा समाज या संस्कृति के परिप्रेक्ष्य में काव्य का मूल्यांकन होता रहा है। ये साहित्येतर उपादान हैं जो साहित्येतर मूल्यों का प्रतिपादन करते हैं, क्योंकि सामाजिक प्रक्रिया के बदलने से पाठक की संवेदनाओं, मान्यताओं और विचारों में परिवर्तन आ जाता है जिससे मूल्यों पर भी प्रभाव पड़ता है। इसी कारण आलोचना के निश्चित सिद्धांत अभी तक स्थापित नहीं हो पाए।

शैलीविज्ञान अभिव्यक्ति और कथ्य की समन्वित इकाई को भाषिक प्रतीक मानता है। यदि

शब्द, पद, वाक्य आदि भाषिक प्रतीक हैं तो यह भी माना जा सकता है कि समूची कृति भाषिक प्रतीक है। इस दृष्टि से शैलीविज्ञान अभिव्यक्ति पक्ष के आधार पर कथ्य तक पहुंचने का प्रयास करता है। वास्तव में कथ्य और अभिव्यक्ति समन्वित इकाई के न तो दो स्तर हैं और न ही दो खंड। वे एक ही वस्तु के दो पक्ष हैं। इस आलोक में तीन स्थितियां इस प्रकार होती हैं : (1) पहली स्थिति में अभिव्यक्ति कथ्य से अलग होती है और कथ्य की अपेक्षा अभिव्यक्ति पर अधिक बल दिया जाता है; (2) कथ्य अभिव्यक्ति से अलग होकर सामने आता है और (3) साहित्यिक कृति में कथ्य और अभिव्यक्ति अभिन्न रूप में प्रतिफलित होते हैं।

तीसरी स्थिति में ही काल तथा स्थल के बंधनों से मुक्त साहित्यिक रचना में काव्यवस्तु का सृजन होता है जो उसके भीतर का ही संदर्भ होता है। यह वह तत्व होता है जिसे सृजन कहते हैं और जो अंतर्निहित जगत को रूपायित करता है तथा सार्वकालिक और सार्वदेशीय होता है। शैलीविज्ञान में इस तत्व का भी अध्ययन किया जाता है।

इस दृष्टि से साहित्य एक अनुभूतिजन्य संरचना है जिसके सर्जनात्मक और कलात्मक प्रयोगों का अध्ययन शैलीविज्ञान करता है। साहित्य की संरचना, संघटना और प्रकार्य का अध्ययन करने से सौंदर्यबोध होता है। इसीलिए इसकी सैद्धांतिक मान्यताएं भाषापरक मानी गई हैं। भाषापरक होने के कारण यह साहित्यिक कृति को स्वायत्त 'शाब्दिक कला' मानता है और उसका विषय होता है 'साहित्य या काव्य क्या कहता है', न कि 'कवि क्या कहता है' और न ही 'साहित्य की रचना करते समय कवि का प्रयोजन क्या था' या 'उस कृति से पाठक के मन पर क्या प्रभाव पड़ता है अथवा पड़ेगा।' शैलीविज्ञान साहित्य का विश्लेषण न तो साहित्यकार या पाठक की दृष्टि से करता है और न ही समाजशास्त्रीय या दार्शनिक या मनोवैज्ञानिक पृष्ठभूमि में। वह तो काव्यात्माकता और सर्जनात्मकता का केंद्रबिंदु भाषा को ही मानता है।

शैलीविज्ञान का विकास : शैलीविज्ञान का आविर्भाव बीसवीं शताब्दी में जिनेवा स्कूल के सुप्रसिद्ध भाषाविज्ञानी चार्ल्स बेली द्वारा हुआ। बेली को इसकी संकल्पना अपने गुरु फर्डीनेंद द सास्यूर के 'भाषा और वाक्' दो द्विचर शब्दों से प्राप्त हुई। भाषा सार्वजनिक एवं परंपरागत व्यापार है तथा समुदाय के लोगों में सामाजिक संपर्क स्थापित करने की एक पद्धति है, जो एक-दूसरे की बात समझने-समझाने के लिए सहायक हो सकती है। 'वाक् एक व्यक्तिगत उच्चार है तथा इच्छा एवं बुद्धि की एक ऐसी क्रिया है जिसमें व्यक्तिगत उद्देश्यों की पूर्ति होती है। यह एक प्रकार का भाषिक व्यवहार है जो विविध रूपों में उद्‌घाटित एवं प्रतिफलित होता है। इस प्रकार 'वाक्' एक रीति है जिसमें व्यक्ति-विशेष अपनी भाषा का प्रयोग सामान्य रूप में करता है। केवल वाक् में ही भाषा कार्यान्वित होती है जबकि वाक् भाषा की सामाजिक और सार्वजनिक व्यवस्था के बिना संभव नहीं है।

सास्यूर ने वाक् को मूलाधार नहीं माना, न ही इसे प्रमुखता दी। चार्ल्स बेली ने वाक् को आधार माना और बताया कि वैयक्तिक भाषा में भावनात्मकता निहित रहती है जो विशिष्ट परिस्थितियों में सहज भाव से मनुष्य के उच्चारणोपयोगी अवयवों से निःसृत है। यह भावात्मकता भाषा में ऐसे मूल्य प्रस्तुत करती है जो शैली के मूल्य होते हैं। इन मूल्यों का अध्ययन शैलीविज्ञान करता है। इस प्रकार व्यवस्थित भाषा की अभिव्यक्तियों का अध्ययन उनमें निहित प्रभावकारी तत्वों के आधार पर करना अर्थात भाषा के माध्यम से होने वाली संवेदनशीलता की अभिव्यक्ति का तथा संवदेनशीलता पर आधारित भाषा-व्यापार का अध्ययन करना शैलीविज्ञान का कार्य है।

बेली ने शैलीविज्ञान को भाषा के अभिव्यंजनात्मक पक्ष तथा उसकी प्रक्रिया का अध्ययन माना है। भाषा एक सोद्देश्य व्यापार है। इसका प्रयोग किसी-न-किसी प्रयोजन के कारण होता है। अतः इसमें भावात्मकता, चाहे वह ऐच्छिक या सायास ही क्यों न हो, समान रूप से विद्यमान रहती है। शाब्दिक व्यवहार होने के कारण भाषा बिना किसी प्रेरणा के प्रस्फुटित नहीं होती और इस प्रेरणा में भी

उद्देश्य निहित रहता है। अतः अपनी इच्छा की पूर्ति के लिए वक्ता उसी के अनुसार भाषा का प्रयोग करता है। इस दृष्टि से कवि और सामान्य वक्ता में कोई अंतर नहीं रह जाता। लेकिन बेली के कुछ शिष्यों ने ही उनके इस मत को स्वीकार नहीं किया। उनके एक शिष्य मारसेल क्रेसॉट ने कहा कि हमारे लिए साहित्य साधारणतया एक संप्रेषण है और अपनी कृति में लेखक सौंदर्य की जो सृष्टि करता है, उससे उसका अभिप्राय पाठक के ध्यान को पूरी तरह से आकर्षित करना है। यह बात सामान्य संप्रेषण से तो अधिक योजनाबद्ध एवं व्यवस्थित होती है किंतु यह अलग किस्म की नहीं होती। अतः शैलीविज्ञान के क्षेत्र में साहित्य भी उसी प्रकार उत्कृष्ट रूप में उभर सकता है। क्रेसाट ने साहित्यिक भाषा के भाषा वैज्ञानिक अध्ययन को पूरी मान्यता दी है और साहित्यकार की भाषा का विश्लेषण भी किया है। इस प्रकार शैलीविज्ञान भाषाई दृष्टि से साहित्य के सौंदर्य को उद्घाटित करता है जिसमें साहित्यशास्त्र की भी महत्वपूर्ण भूमिका रहती है। साथ ही पाठपरक संसक्ति के साथ शैली वैज्ञानिक अध्ययन में कृति में प्रयुक्त भाषा की सांस्कृतिक संवेदना का भी अध्ययन किया जाता है।

इस प्रकार शैलीविज्ञान का उद्भव भाषा और साहित्य के क्षेत्र में अंतरशास्त्रीय अध्ययन के रूप में हुआ है। विभिन्न संदर्भों, स्थितियों, प्रयोजनों और उद्देश्यों के अनुरूप भाषा के विभिन्न भेद दिखाई देते हैं। इन्हीं विभिन्न भाषा-रूपों को शैली कहा गया है। इसी शैली का अध्ययन भाषाविज्ञान के अनुप्रयोग के रूप में शैलीविज्ञान में होता है। शैलीविज्ञान भाषा वैज्ञानिक सिद्धांतों, नियमों और प्रकार्यों के साथ-साथ साहित्यिक आलोचना के कलात्मक और सौंदर्यपरक पक्षों को भी अपने भीतर समेटता है। इस दृष्टि से शैलीविज्ञान भाषाविज्ञान की अनुप्रायोगिक विधा है, उसी के साथ आलोचना का भाषापरक प्रतिमान भी है।

कृष्ण कुमार गोस्वामी

अधिक जानकारी के लिए :

1. Stylistics : Richard Bradford, 1997, 2. **Style in Language :** Thomas A Sebeok (Ed), 1960, **3. Language in Literature :** Michael Toolan, 1998, **4. A Dictionary of Stylistics :** Katie Wales, 2001, **5. Practical Stylistics :** H GWiddowson, 1992

शैव दर्शन

शैव दर्शन शिव को केंद्र में रखकर सृष्टि के उन्मेष और जीवन की व्याख्या देता है। इसमें शिव परम अद्वय, कलुषरहित और कलायुक्त माने जाते हैं। वे अपनी विभिन्न शक्तियों से जगत में प्रकाशित होते हैं। वे सृष्टि का पालन और संहार करते हैं। वे स्वयंप्रकाश, भूमा, सर्वव्यापी और परमतत्व हैं। शिव ईश्वरीय निर्मलता के प्रतिबिंब हैं। वे भय और अभय, दोनों हैं। इसलिए विषधर और सुधाकर, दोनों ही उनके अलंकार हैं। शिव तत्व ही परम ईश्वर-तत्व है। शक्ति शिव के साथ पैदा होकर संसार में व्याप्त होती है।

शक्ति शिवरूप का निर्मल आदर्श है। इच्छा-शक्ति, ज्ञान-शक्ति और क्रिया-शक्ति का आविर्भाव शिव से होता है। शिव शक्तियुक्त है और शक्ति शिवयुक्त है। इसलिए शिव-शक्ति के मिलन से ही परमशिव या शिव के परम तत्व का अनुभव हो सकता है। शक्ति के बिना शिव अपूर्ण है, शिव के बिना शक्ति अपूर्ण है। चने के भीतर जिस तरह दो दल हैं, शिव और शक्ति वैसे ही हैं। शिव से परम ईश्वर के अलावा परा, शून्य और निरंजन की धारणाएं भी जुड़ी हैं जो शैव दर्शन के क्षेत्र को व्यापक बनाती हैं। यह दर्शन योग और भक्ति से जुड़कर कभी बौद्ध परंपराओं से संवाद करता है, कभी योगियों से, कभी नाथ संप्रदाय तो कभी भक्ति आंदोलन से। शिव सगुण रूप है और अलख निरंजन भी।

शिव की उपासना प्राचीनकाल से विविध रूपों में होती रही है। फलस्वरूप कई शैव संप्रदाय बने। विष्णु आराधना के 'पांचरात्र' के समानांतर पाशुपत

संप्रदाय बना। लकुलीश को इसका संस्थापक माना जाता है। इसका काल दूसरी शताब्दी ईसा पूर्व माना जाता है। इस संप्रदाय की जानकारी पाशुपत सूत्रों से प्राप्त होती है जो शैवों के लिए कड़े नियमों का प्रतिपादन करता है। इन सूत्रों में लिंगपूजा का जिक्र नहीं है, बलि का निषेध है। इन सूत्रों में ब्राह्मणों को ही पाशुपत की दीक्षा का अधिकारी कहा गया है और स्त्री के प्रति विद्वेष है। इस संप्रदाय का संबंध न्याय-वैशेषिक दर्शन से माना जाता है जो एक वैदिक दर्शन है। पाशुपत संप्रदाय के लोग भीषण रूप से हँसते थे, शरीर को झकझोरते थे, नाचते-गाते थे, हुंकार करते थे, ओंकार जाप करते थे और शरीर पर चिताभस्म लगाते थे। ह्वेनसांग ने अपने यात्रा वृत्तांत में राख लपेटे पाशुपत योगियों का जिक्र किया है। इस संप्रदाय के दर्शन का सार यह है कि संसार के बंधनों में फंसा जीव पशु है। जीव को पशुपति अर्थात शिवमुक्त करते हैं। शिव पशुपति के रूप में एक अ-वैदिक देवता माने जाते रहे हैं। वे एक द्रविड़ देवता भी कहे गए हैं। पाशुपत संप्रदाय की मुख्य धारणा यह है कि मायावी बुराइयां (मल) जीव में प्रवेश कर उसे पशु बना देती हैं। अतः जो शिव की कृपा पाकर स्वातंत्र्य पा लेता है, वह शुद्धविद्या पा लेता है और तदनंतर शिव-अवस्था को पा लेता है।

शैव दर्शन की मुख्य बात यह है कि शिव परम चैतन्य की अवस्था है। शक्ति शिव का ही अहं रूप में स्वरूप-प्रदर्शन है—इच्छा, ज्ञान और क्रिया-शक्ति। अहं और इदं एक-दूसरे से अलग नहीं हैं, इसका बोध ही शुद्धविद्या है। अंतरात्मा और बहिरात्मा, दोनों परस्पर मित्र हो सकते हैं और शत्रु भी। शिव की अनुभूति का अर्थ है अंतरात्मा द्वारा बहिरात्मा का उद्धार करना, पशुता पर विजय प्राप्त करना।

पाशुपत दर्शन कई संप्रदायों में बंटा है। एक अलग कापालिक संप्रदाय बना। कापालिक संप्रदाय में बलि-प्रथा थी। कापालिक खोपड़ी में मांस लेकर भक्षण करते थे। इस संप्रदाय के लोग शरीर की छह मुद्रिका का ज्ञान पाकर स्त्री की जननेंद्रिय को आत्मा मानते थे और शिव की उपासना करते थे। रुद्राक्ष की माला पहनते थे और मद्य में रुद्र का रूप देखकर उसका सेवन करते थे। कापालिक शैव धर्म का एक अतिवादी संप्रदाय माना गया है। इसका आठवीं सदी में दक्षिण भारत में विशेष प्रभाव था, फिर यह अन्य क्षेत्रों में फैला। मुख्यतः दक्षिण भारत में कपिलेश्वर के मंदिर हैं जिनमें कपिलेश्वर, कपाल भैरव, कापालिकय, कपाल भैरवी की मूर्तियां हैं। इससे मिलता-जुलता ही एक संप्रदाय है कालामुख। कापालिकों पर व्यंग्य और उनकी आलोचना के रूप में ही उनके संबंध में जानकारियां मिलती हैं। बौद्ध महायान ग्रंथ में कापालिकों को मूर्ख कहा गया है। गाथा सप्तशती में उन पर व्यंग्य है। कापालिक वर्णाश्रम व्यवस्था के विरोधी थे और शिव की उपासना में उमा की उपस्थिति जरूरी मानते थे। संभव है कापालिक संप्रदाय के लोग वर्णाश्रम व्यवस्था के विरोधी होने और उपासना में स्त्री को शामिल करने की वजह से कठोर संप्रदायवादियों द्वारा निंदा के पात्र बने हों। कापालिक परमज्ञान ही प्राप्त करना नहीं चाहते थे, सांसारिक भी थे। ऐसा कहा गया है कि इस परंपरा में आगे चलकर गोरखनाथ हुए। ये योगी और कनफटा कहे जाते थे।

कश्मीर में एक शैव संप्रदाय उदित हुआ, जो प्रत्यभिज्ञा दर्शन लेकर चला। यह अतिवादी नहीं था। इसकी राह मुख्य रूप से दार्शनिक और चिंतनपरक थी। इसके दर्शन में यह मूल धारणा मौजूद है कि इंद्रिय बंधनों से जकड़ा मनुष्य पशु है। शिव इन बंधनों से मुक्त करते हैं। कश्मीरी शैव दर्शन के मुख्य प्रवर्तक वसुगुप्त माने जाते हैं। उनका उदय नौवीं सदी में हुआ था। इस संप्रदाय के शिवसूत्र 'स्पंदकारिका' में हैं। अभिनवगुप्त इस दर्शन से प्रभावित थे। कल्हण के ग्रंथ 'राजतरंगिणी' में शैव दर्शन का उल्लेख है। कश्मीरी शैव दर्शन में त्रिक, प्रत्यभिज्ञा, चमत्कार, आभास या प्रतिबिंब, स्वातंत्र्य और सापेक्षता जैसे वैचारिक तत्व आए हैं। त्रिक हैं—(1) पशुपति शिव, (2) पशु अर्थात जीव और (3) पाश या बंधन। जीव जब पाश से मुक्त होता है, उसे परमेश्वर से अपने अभेद की अनुभूति होती है,

यही प्रत्यभिज्ञा है। यदि कभी इस अभेद का आनंद मिले तो यह चमत्कार है।

शिव से ही इच्छा-शक्ति, ज्ञान-शक्ति और क्रिया-शक्ति का आविर्भाव होता है। आनंद का स्रोत है इच्छा, ज्ञान और क्रिया की एकता। इच्छाएं हों, पर वे ज्ञान पर आधारित न हों, ज्ञान भरपूर हो पर मन में कोई इच्छा ही न हो या इच्छा और ज्ञान हो कर्म न हो, यह स्थिति ठीक नहीं है। इस चिंतन का विकास ही ज्ञानयोग और कर्मयोग के रूप में हुआ। वैराग्य और आलस्य को ठीक नहीं माना गया। इस पृष्ठभूमि से स्पष्ट है कि जीवन में विडंबना तभी पैदा होती है जब इच्छा, ज्ञान और क्रिया के बीच संबंध टूटता है। प्रसाद ने 'कामायनी' में स्पष्ट किया है, 'ज्ञान दूर कुछ क्रिया भिन्न है इच्छा क्यों पूरी हो मन की / एक-दूसरे से मिल न सके यह विडंबना है जीवन की।'

मनुष्य की इच्छा जब ज्ञान और क्रिया से मिलकर एक हो जाती है, यह सर्वोच्च स्थिति है। इसे ही 'अनुत्तर' कहते हैं जिसका अर्थ है इससे उत्कृष्ट अन्य कुछ भी नहीं है। इसका दूसरा नाम 'चिति' है, 'चिति-सा विराट वपु मंगल' (कामायनी)। चिति ही चैतन्य है, यह चैतन्य ही स्वातंत्र्य है। स्वातंत्र्य इच्छा, ज्ञान और क्रिया की एकता से ही संभव है। इस आधार पर भी शैव दर्शन को 'त्रिक' कहा जाता है।

वेदांत में जिस तरह रस्सी-सांप का उदाहरण है, शैव दर्शन में 'दर्पण-प्रतिबिंब न्याय' है। मनुष्य अपनी आंख से सब कुछ देख सकता है, पर जब उसे खुद अपनी आंख देखनी हो, उसे दर्पण की जरूरत होगी। इस साक्षात्कार के लिए साधक को खुद प्रयत्न करना पड़ता है। दर्पण में जो दिखता है या आभास होता है, वह मिथ्या नहीं होता। शैव दर्शन के अनुसार दृश्यमान या प्रतीयमान जगत शिव का आभास है। यह परमतत्व का प्रतिबिंब है। इसलिए जगत का आभास उसी प्रकार वास्तविक है, जिस प्रकार स्वयं परमतत्व। फर्क सिर्फ इतना है कि आभास क्षणिक है, परमतत्व नित्य है। शैव दर्शन में प्राचीन वेदांत परंपरा और बौद्ध दर्शन का कुछ बिंदुओं पर सामंजस्य है।

कश्मीरी शैव दर्शन में एक अन्य तत्व है—जीव का मलों (आणव, कर्म और मायीय) से मुक्त होना। यह मायावी प्रपंचों और बुराइयों से मुक्त होना है। शिव कलाओं से युक्त नटराज हैं। यह इसका संकेत है कि कलाओं से युक्त होने पर मनुष्य पशुपति बन जाता है, उसका पशुभाव मिट जाता है। कश्मीरी शैव दर्शन काफी सुचिंतित है और प्रभावशाली रहा है।

एक शैव संप्रदाय लिंगायत है। इसे वीरशैव भी कहा जाता है। दक्षिण में छठी से नौवीं सदी के बीच नायनार भक्त हुए थे। आलवर वैष्णव भक्त थे, जबकि नायनार शैव भक्तों ने शिव को भक्ति के केंद्र में रखा। इन्होंने न सिर्फ काव्य-रचना की, बल्कि तमिलनाडु में अपनी भक्ति को एक सामाजिक आंदोलन का रूप भी दिया। लिंगायत या वीर शैव का प्रमुख प्रचारक बसव को माना जाता है जो बारहवीं सदी के थे। वीर शैवों को लिंगायत इसलिए कहा जाता है कि स्त्री-पुरुष, दोनों शरीर पर शिवलिंग धारण करते हैं। वे सत्, चित् और आनंद में ब्रह्म का स्वरूप देखते हैं। वस्तुतः यही शिव तत्व है। वीर शैवों ने उपनयन की जगह दीक्षा संस्कार चालू किया। ये जाति-प्रथा के विरोधी थे, विधवा विवाह के समर्थक थे। यज्ञ, तीर्थ और बहुदेववाद में विश्वास नहीं करते थे। कर्नाटक में बसव ने भक्ति का एक ऐसा रूप खड़ा किया जो किसी सामाजिक आंदोलन से कम न था। बसव के वचन देवता कूडलरागम देवता को समर्पित हैं। लिंगायत को राज संरक्षण मिला और यह काफी फैला। इस संप्रदाय पर रामानुजाचार्य के विशिष्टाद्वैत का भी असर पड़ा था।

शिव अपने देवरूप के साथ दर्शन, भक्ति और योग तीनों भूमियों पर ग्रहण किए गए थे और एक मुख्य प्रेरणास्रोत थे। शैव मत में दर्शन और भक्ति के साथ योग को महत्व देना संसार को महत्व देना है। शैव आध्यात्मिक चिंतन में योग खासकर हठयोग के बल से शिवपद प्राप्त करने के संकेत हैं। शैव साधना ने दर्शन, भक्ति और योग के धरातल पर न सिर्फ सामाजिक समावेशिकता को बढ़ावा दिया, बल्कि इसका असर नाथ संप्रदाय और संत कवियों

पर भी पड़ा। प्राचीन युग में देवों से संबंधित लोक-विश्वासों के भीतर से ही सभी दिशाओं में चिंतन-मनन हो रहा था। शिव सदियों से आराध्य देवता थे। इसलिए शैव दर्शन का भारतीय जीवन, साहित्य और संस्कृति पर व्यापक प्रभाव पड़ा। हालांकि यह उतना रेखांकित नहीं किया गया। शैव दर्शन चमत्कारवाद के बावजूद लोकोन्मुख अधिक था। अवतारवाद के बिना भी शिव लोक-हृदय को सीधे छू सके थे और उत्तर-दक्षिण को जोड़ सके थे।

शंभुनाथ

अधिक जानकारी के लिए :
काश्मीरीय शैव दर्शन एवं स्पंदशास्त्र : श्यामाकांत द्विवेदी

शोध पद्धति

हिंदी साहित्य में शोध-कार्यों का इतिहास पुराना नहीं है, फिर भी विश्वविद्यालयों में हिंदी साहित्य पर हजारों की संख्या में शोध-कार्य हुए होंगे। शोध ज्ञान की दृष्टि से हमेशा जरूरी है और उतना ही जरूरी है शिक्षण में इसका इस्तेमाल। अच्छा शिक्षण शोध से ही निकलता है। इसलिए शिक्षक का शोध से कितना प्रेम है और शोध का कितना अनुभव है, यह किसी भी शिक्षण संस्थान के उत्कृष्ट वातावरण की एक मुख्य पहचान है। शिक्षण संस्थान के बाहर भी शोध होते हैं, पर माना जाता है कि विश्वविद्यालय ही मुख्य रूप से उच्च शोध की जगह है। भारत में विश्वविद्यालयों में शोध का स्तर चिंताजनक है, पर शोध की मात्रा बहुत ज्यादा है। इसके लिए संसाधनों का अभाव एक वजह हो सकती है, पर एक बड़ी वजह शोध पद्धति के ज्ञान का अभाव है। शोध एक समयबद्ध कार्यक्रम होता है, इसलिए भी शोध पद्धति का ज्ञान जरूरी है। योजना बनाकर जो शोध नहीं करेगा, वह असफल होगा। हिंदी के साहित्यिक शोध के क्षेत्र में भी यही स्थिति है—सुधरो या मिटो। यहां शोध पद्धति के संबंध में कुछ संकेत भर है। शोध कैसे किया जाए, यह जानने से पहले यह जानना जरूरी है कि साहित्यिक शोध और साहित्यिक आलोचना में क्या फर्क है।

साहित्यिक शोध और साहित्यिक आलोचना :

1. शोध और आलोचना, दोनों ही साहित्य अन्वेषण की दो विधियां हैं। दोनों में कार्य करने का तरीका अलग-अलग होते हुए भी दोनों परस्पर एक-दूसरे को सहयोग देते हैं। आलोचना से यह आशा रहती है कि वह साहित्य में गंभीर रुचि उत्पन्न करे। शोध से ऐसी आशा उसके दायित्व-रूप में नहीं की जा सकती।

2. आलोचना रचना के जीवन अनुभवों का उद्घाटन करती है, जबकि शोध रचना तथा आलोचना के उन उद्घाटित जीवन-अनुभवों को तथ्य के रूप में पकड़कर आलोचना के मर्म और महत्व के बिंदुओं को उद्घाटित करता है। शोध का मूल उद्देश्य कोई नई स्थापना करना होता है। यह स्थापना प्राप्त जानकारी की पुष्टि या पुरानी जानकारी के नए विवेचन के रूप में भी हो सकती है। आलोचना से ऐसी आशा नहीं की जाती है।

3. आलोचना जब किसी कृति या प्रवृत्ति के अंदर की बातों का उद्घाटन करती है, तब वह उन बिंदुओं को भी खोजती है जिनके द्वारा रचना को स्वरूप प्राप्त हुआ है या काव्य-प्रवृत्ति को स्वीकृति मिली है। इस प्रकार आलोचना शोध को गति प्रदान करती है। शोध को अनिवार्य रूप से एक निश्चित वैज्ञानिक कार्यविधि के अनुशासन में बंधकर चलना होता है, जबकि आलोचना के लिए ऐसा कोई नियम नहीं होता है।

4. जिस प्रकार रचना से आलोचना और आलोचना से रचना को आधार और महत्व मिलता है, उसी प्रकार आलोचना से शोध को दिशा मिलती है और शोध से आलोचना को दृष्टि मिलती है। शोध मूलतः तथ्यों पर निर्भर होता है। आलोचना में तथ्य-अन्वेषण की ऐसी प्रधानता नहीं रहती।

5. शोध और आलोचना दोनों में तथ्य का अनुसरण किया जाता है। शोध में तथ्यों के प्रति अन्वेषणात्मक दृष्टिकोण रहता है। आलोचना में आत्मपरकता के कारण अभिव्यक्ति-कौशल पर बल

दिया जाता है। शोध हमेशा वस्तुनिष्ठ होता है, जबकि आलोचना व्यक्तिनिष्ठ हो सकती है।

6. आलोचना में यद्यपि आत्मपरकता रहती है, तो भी आलोचक से शोधार्थी की तरह तटस्थता की आशा की जाती है। शोध का क्षेत्र रचना के रहस्यतंत्र का क्षेत्र है और आलोचना का क्षेत्र रचना का मर्म-उद्‌घाटन है।

7. शोध की वैज्ञानिक कार्यविधि के अनुशासन से बाहर शोध और आलोचना की शेष कार्यविधि विवेचन, कार्य-कारण सूत्र का अन्वेषण, परस्पर संबंध और अर्थोद्‌घाटन में समानता रहती है। शोध का विषय परिकल्पित होता है और आलोचना का विषय ज्ञात और स्पष्ट होता है।

8. दोनों में ही ज्ञान-विज्ञान की विविध शाखाओं की दृष्टि से रचना के महत्व और मूल्यांकन की अपेक्षा रहती है। शोधार्थी के पास कोई पूर्वनियोजित मानदंड नहीं होते, जबकि आलोचक के पास वे प्रायः होते हैं।

9. आलोचना शोध की सीमाओं में न समा सकने वाले कार्य को पूरा करती है। शोधार्थी की भाषा तथ्यों के अनुरूप होती है, जबकि आलोचक की भाषा भावावेशमयी हो सकती है।

10. दोनों का उद्देश्य साहित्य को समाज के प्रति उसकी समस्त उपयोगिता के रूप में विश्लेषित करना होता है। शोधार्थी किसी पूर्वग्रह को नहीं अपना सकता, जबकि आलोचक ऐसा कर सकता है।

आलोचना और शोध में अन्योन्याश्रिता रहते हुए भी व्यापक और गंभीर भेद हैं। आलोचना बुद्धि या विवेक से देखना, मनन करना या विचार करना है। शोध-प्रक्रिया उन क्रियाओं अथवा चरणों का क्रमबद्ध विवरण है, जिनके द्वारा किसी शोध को सफलता के साथ संपन्न किया जाता है। शोध-प्रक्रिया के कई चरण होते हैं। यहां यह जानना आवश्यक है कि सभी चरण शोध-प्रक्रिया में एक-दूसरे से पृथक एवं स्वतंत्र नहीं हैं। प्रत्येक चरण एक दूसरे पर निर्भर है।

शोध-प्रक्रिया के चरण : शोध-प्रक्रिया के निम्नलिखित चरण हैं :

1. शोध-समस्या का निर्माण
2. संबंधित साहित्य का व्यापक सर्वेक्षण
3. परिकल्पना/प्राक्कल्पना का निर्माण
4. शोध की रूपरेखा/शोध-प्रारूप तैयार करना
5. आंकड़ों का संकलन/तथ्यों का संग्रह
6. आंकड़ों/तथ्यों का विश्लेषण
7. परिकल्पना की जांच
8. सामान्यीकरण एवं व्याख्या
9. शोध-प्रतिवेदन तैयार करना

आलोचना हो या शोध, दोनों के संदर्भ में जरूरी है कि ये छह सवाल हमेशा सामने रहें : (1) क्या, (2) क्यों, (3) कब, (4) कैसे, (5) कहां और (6) कौन। किसी भी अच्छे शोध के लिए इन सवालों के सामने ईमानदारी से खड़ा होना जरूरी है। यह सवाल भी कम महत्वपूर्ण नहीं है कि शोध का विषय कैसे चुना जाए? विषय रोचक, जिज्ञासा बढ़ाने वाला, बौद्धिक रूप से चुनौतीपूर्ण-शिक्षण और ज्ञान के विकास के लिए जरूरी तथा गहराई और विविध आयामों तक ले जाने वाला होना चाहिए। यह उद्देश्यपूर्ण होना चाहिए। आज के युग में लिखने की आदत और क्षमता का ही व्यापक ह्रास नहीं हुआ है, सोचने की क्षमता भी घटी है। गीता में है, 'न हि ज्ञानेन सदृशं पवित्र मिह विद्यते।' ज्ञान अब पहले जैसी पवित्र विद्या भले न हो, यह अब शुद्धतावादी भी नहीं है। यही वजह है कि आज साहित्यिक शोध एक सामाजिक-सांस्कृतिक अनुसंधान का रूप धारण करता जा रहा है।

वैज्ञानिक शोध पद्धति क्या है : वैज्ञानिक शोध पद्धति से तात्पर्य उस प्रविधि से है, जिसके द्वारा शोधकर्ता अपनी विषयवस्तु का अध्ययन एक नियंत्रित परिस्थिति में कर एक वैध सामान्यीकरण प्रस्तुत करता है। इस तरह वैज्ञानिक पद्धति में मूलतः दो विशेषताएं होती हैं : (1) इसमें एक नियंत्रित परिस्थिति होती है। इसका अर्थ यह है कि इस पद्धति में ऐसे चरों (घटकों, फैक्टर्स) का एक निश्चित समूह होता है जिनमें से कुछ को नियंत्रित रखा जाता है। उनके मापन की प्रविधियां निश्चित होती हैं तथा उनका वैज्ञानिक प्रेक्षण भी किया जाता है। (2) वैज्ञानिक शोध प्रविधि द्वारा प्राप्त परिणाम का विस्तृत सामान्यीकरण किया जाता है।

वैज्ञानिक शोध प्रविधि के सोपान : वैज्ञानिक शोध प्रविधि के सोपान हैं—(1) समस्या की पहचान : ऐसा करने के लिए शोधकर्ता समस्या से संबंधित ज्ञान एवं सूचनाओं की एक आलोचनात्मक समीक्षा करता है; (2) प्राक्कल्पना (हाइपोथेसिस) का निर्माण : समस्या के संभावित समाधान को ही वैज्ञानिक भाषा में प्राक्कल्पना कहते हैं; (3) निगमनात्मक चिंतन द्वारा प्राक्कल्पना से एक आशय पर पहुंचना : यहां तय किया जाता है कि यदि प्राक्कल्पना सच हुई तो किन तथ्यों का प्रेक्षण किया जाएगा और किन-किन तथ्यों का प्रेक्षण नहीं किया जाएगा; (4) सबूतों का संग्रह और विश्लेषण : यहां निगमित आशय की जांच विभिन्न स्रोतों से प्राप्त सबूतों के विश्लेषण द्वारा किया जाता है; (5) प्राक्कल्पना की जांच या परिमार्जन : शोध-प्रक्रिया में प्राकल्पना को तथ्यों की रोशनी में हमेशा जांचते रहना, परिमार्जित करना और वस्तुगत आधार पर विकसित करना जरूरी होता है।

वैज्ञानिक शोध-प्रविधियों के प्रकार : वैज्ञानिक शोध-प्रविधियों के निम्नलिखित प्रकार हैं :

1. आगमनात्मक (इंडक्शन) : इस विधि में विशेष तथ्यों के ज्ञान के आधार पर सामान्य का ज्ञान किया जाता है। उदाहरण : क ख ग घ ङ के दो हाथ हैं। क ख ग घ ङ मनुष्य हैं। अतः मनुष्यों के दो हाथ होते हैं।

2. निगमनात्मक (डिडक्शन) : इस विधि में सामान्य के ज्ञान के आधार पर विशेष तथ्य का ज्ञान किया जाता है। उदाहरण : सभी मनुष्य बुद्धिमान हैं। सभी यात्री मनुष्य हैं। अतः सभी यात्री बुद्धिमान हैं।

3. ऐतिहासिक : इस विधि से विषय का ऐतिहासिक अध्ययन किया जाता है। समाजशास्त्र के अध्ययन में काल मार्क्स, मैक्स वेबर, हर्बर्ट स्पेंसर, सी राइटमिल्स, रेमंड एरॉन के द्वारा ऐतिहासिक विधि का उपयोग किया गया है। धर्मवीर भारती ने सिद्ध साहित्य का ऐसा ही अध्ययन किया था।

4. संरचनात्मक : इसमें विषय की संरचना का विश्लेषण कर उसमें निहित तत्वों को स्पष्ट किया जाता है। जॉर्ज सिमेल ने संरचनात्मक विधि द्वारा सामाजिक घटनाओं के मूल तत्वों का विश्लेषण किया है।

5. तुलनात्मक : इसमें विभिन्न विषयों की तुलना से नवीन तथ्यों का पता किया जाता है। हॉबहाउस, व्हीलर और गिंसबर्ग ने आदिवासी समाजों की मुख्य सामाजिक संस्थाओं का तुलनात्मक अध्ययन किया है। इस अध्ययन में आदिवासी समाज में विभिन्न प्रकार की आर्थिक व्यवस्थाओं में अंतर किया गया और यह पता लगाया गया कि आर्थिक व्यवस्थाओं में अंतर होने से राजनीतिक संस्थाओं और सामाजिक स्तरीकरण पर कहां तक प्रभाव पड़ता है। हिंदी में प्रेमचंद और शरतचंद्र का तुलनात्मक अध्ययन हुआ है।

6. कार्यात्मक : इसमें किसी पूर्ण में अंश के कार्य का अध्ययन किया जाता है या किसी पूर्ण के कार्य का अध्ययन किया जाता है। समाज को एक सावयव जीव (ऑर्गेनिज्म विद डिफरेंट ऑरगेंस) मानते हुए हर्बर्ट स्पेंसर, दुर्खिम और मैलिनोवोस्की ने इस विधि का भरपूर उपयोग किया है।

इन सभी विधियों का उद्देश्य तथ्यों का अध्ययन, सत्यापन, वर्गीकरण, विश्लेषण और सामान्यीकरण है।

शोध-समस्या का चयन और निर्माण : शोध-प्रक्रिया में सबसे महत्वपूर्ण एवं प्रथम चरण शोध-समस्या का चुनाव एवं सही निर्माण करना है। शोधकर्ता द्वारा चयनित और निर्मित शोध-समस्या पर ही उसके शोध की सफलता निर्भर करती है। सामान्य अर्थों में शोध-समस्या सैद्धांतिक या व्यावहारिक संदर्भों में व्याप्त वह समस्या/कठिनाई है, जिसका समाधान शोधकर्ता करना चाहता है। निम्न शर्तों के होने पर शोध-समस्या विद्यमान होती है :

1. किसी वातावरण में समस्या से संबंधित एक व्यक्ति, एक समूह अथवा एक संगठन का होना आवश्यक है।

2. समस्या के समाधान के लिए कम-से-कम दो कार्यप्रणालियां होनी चाहिए। कार्यप्रणाली से तात्पर्य उस तरीके से है जिसे नियंत्रित चरों के एक या एक से अधिक मूल्य परिभाषित करते हैं।

3. कार्यप्रणाली का प्रयोग करने के बाद किसी समस्या के कम-से-कम दो संभावित परिणाम होने चाहिए जिनमें से एक शोधकर्ता को दूसरे से अधिक उपयुक्त लगता हो। इसका अर्थ है कि शोधकर्ता के पास कम-से-कम एक ऐसा परिणाम हो जो उसका उद्देश्य हो।

4. कार्यप्रणालियां उद्देश्यों पर आधारित कार्य करने की सुविधा प्रदान करने वाली हों। इन कार्यप्रणालियों में असमानताएं होनी चाहिए।

आर एल एकॉफ के अनुसार शोध-समस्या में निम्नलिखित चीजें पाई जाती हैं : (1) शोध उपभोक्ता, (2) शोध उपभोक्ता का उद्देश्य, (3) उद्देश्य की पूर्ति हेतु वैकल्पिक साधन (वैकल्पिक कार्यप्रणाली), (4) कार्यप्रणाली-चयन में संदेह, (5) समस्या से संबंधित कम-से-कम एक वातावरण का होना।

शोध-समस्या का चुनाव करते समय निम्नलिखित बातों का ध्यान रखना चाहिए : (1) ऐसा विषय जिस पर अत्यधिक कार्य हो चुका हो, उसका चुनाव नहीं करना चाहिए, क्योंकि उस विषय पर नई रोशनी डालना कठिन होता है। (2) समस्या न अति संकीर्ण हो और न ही अति व्यापक। (3) औसत शोधकर्ता को विवादास्पद विषय के चुनाव से बचना चाहिए। (4) शोध का विषय परिचित तथा संभाव्य होना चाहिए जिससे शोधकर्ता इससे संबंधित सामग्री या संसाधन आसानी से प्राप्त कर सके। (5) शोध-समस्या का चुनाव करते समय शोधकर्ता को अनेक तत्वों को ध्यान में रखना चाहिए, जैसे—विषय का महत्व, योग्यताएं, प्रशिक्षण, समय, धन एवं शक्ति के रूप में लगने वाला व्यय। (6) शोध-विषय के चयन के पहले यथासंभव प्रारंभिक अन्वेषण करना आवश्यक है।

संबंधित साहित्य का सर्वेक्षण : संबंधित साहित्य के सर्वेक्षण से तात्पर्य उस अध्ययन से है जो शोध-समस्या के चयन के पहले अथवा बाद में उस समस्या पर पूर्व में किए गए शोध-कार्यों, विचारों, सिद्धांतों, कार्यविधियों, तकनीक, शोध के दौरान होने वाली समस्याओं आदि के बारे में जानने के लिए किया जाता है। संबंधित साहित्य के अध्ययन से न केवल शोध को दिशा एवं ऊर्जा मिलती है बल्कि इस कार्य में होने वाली असफलताओं से बचने की जानकारी भी मिलती है। संबंधित साहित्य का सर्वेक्षण मुख्यतः दो प्रकार से किया जाता है :

1. प्रारंभिक साहित्य सर्वेक्षण : प्रारंभिक साहित्य सर्वेक्षण शोध-कार्य प्रारंभ करने के पहले शोध समस्या का चयन तथा उसे परिभाषित करने के लिए किया जाता है। इस साहित्य सर्वेक्षण का एक प्रमुख उद्देश्य यह पता करना होता है कि आगे शोध में कौन-कौन सहायक संसाधन होंगे।

2. व्यापक साहित्य सर्वेक्षण : व्यापक साहित्य सर्वेक्षण शोध-प्रक्रिया का एक चरण होता है। इसमें संबंधित साहित्य का व्यापक अध्ययन किया जाता है। संबंधित साहित्य का व्यापक सर्वेक्षण शोध के प्रारूप के निर्माण तथा तथ्य संकलन के कार्य के पहले किया जाता है।

साहित्य सर्वेक्षण के स्रोत : साहित्य सर्वेक्षण के स्रोत निम्नलिखित हैं : (1) पाठ्य-पुस्तकें और अन्य ग्रंथ, (2) शोध-पत्र, (3) सम्मेलन/सेमिनार में पढ़े गए आलेख, (4) शोध प्रबंध, (5) पत्रिकाएं एवं समाचार-पत्र, (6) इंटरनेट : कविताकोश, गद्यकोश, हिंदी समय, हिंदी ज्ञानकोश, लिंग्विस्ट्स लिस्ट, द डिजिट ल साउथ एशिया लाइब्रेरी, (7) ऑडियो-वीडियो, जैसे केंद्रीय हिंदी संस्थान द्वारा महादेवी वर्मा आदि पर तैयार वृत्तचित्र, साहित्य अकादेमी (दिल्ली) द्वारा भारत के विभिन्न साहित्यकारों पर बनाए गए वृत्तचित्र, 'यू-ट्यूब' पर 'इग्नू स्कूल ऑफ ह्यूमेनिटीज' का चैनल, (8) साक्षात्कार, (9) समाचार-पत्र, (10) हस्तलेख अथवा अप्रकाशित पांडुलिपियां इत्यादि।

प्रतिदर्श शोध विधि : प्रतिदर्श विधि का आधार यह है कि जिस प्रकार रक्त की केवल एक बूंद का परीक्षण करके डॉक्टर रोगी के रोग के बारे में निष्कर्ष निकाल लेता है, उसी प्रकार कुछ नमूनों या प्रतिदर्श के अध्ययन के आधार पर निकाले गए निष्कर्ष या परिणाम समग्र या संपूर्ण समूह पर लागू किए जा सकते हैं। रसोईघर में गृहिणी दो-तीन चावलों

को देखकर पता लगा लेती है कि चावल पक चुके हैं या नहीं। गेहूं खरीदने वाला गेहूं के ढेर से दो-तीन दाने देखकर गेहूं की किस्म का पता लगा लेता है। इस प्रकार संयोग के आधार पर विभिन्न इकाइयों का प्रतिदर्श चुनकर संपूर्ण समग्री की विशेषताओं का निष्पक्ष अनुमान लगाया जाता है।

एक नमूना या प्रतिदर्श किसी बड़े समूह, जिसके बारे में हम जानकारी प्राप्त करना चाहते हैं, से लिया गया एक छोटा संकलन होता है। प्रतिदर्श या नमूना प्रणाली में समग्र की सभी इकाइयों का अध्ययन नहीं किया जाता। इस विधि के अंतर्गत संपूर्ण में से कुछ नमूना/बानगी या प्रतिदर्श चुन लिये जाते हैं। ये प्रतिदर्श समग्र का प्रतिनिधित्व करते हैं। इन चुने हुए प्रतिदर्शों का अध्ययन करके जब निष्कर्ष निकाला जाता है तो उस अनुसंधान को प्रतिदर्श (सैंपल) विधि कहा जाता है।

सांख्यिकीय अनुसंधान (स्टेटिक्सटिकल रिसर्च) में प्रतिदर्श प्रणाली का प्रयोग सबसे अधिक किया जाता है। समाजविज्ञान और मानविकी में भी प्रतिदर्श अर्थात नमूनों का भरपूर इस्तेमाल होता है। दैनिक जीवन में भी नमूनों का हमेशा उपयोग होता है।

प्रतिदर्श प्रणाली के गुण : (1) धन, समय और परिश्रम की बचत, (2) विश्वसनीयता, (3) विस्तृत अध्ययन, (4) वैज्ञानिक अध्ययन, (5) यह कुछ खास दशाओं में अधिक उपयुक्त होता है, जब प्रदत्त या विषय अति विशाल हो या परिवर्तनशील सामाजिक, आर्थिक तथा व्यापारिक समस्याओं का अध्ययन करना हो।

निदर्शन प्रणाली के दोष : (1) कम शुद्धता, (2) इकाइयों की परिवर्तनशीलता, (3) भ्रामक निष्कर्ष, (4) विशिष्ट ज्ञान की आवश्यकता। जब महज प्रतिदर्श या नमूनों के आधार पर शोध संभव न हो, तो यह पद्धति निरर्थक होती है।

समग्रता विधि : किसी अनुसंधान क्षेत्र की सभी इकाइयों के पूरे समूह को देखकर जब निष्कर्ष निकाले जाते हैं, तब इसे समग्रता विधि कहते हैं। ये निष्कर्ष सामान्य विशेषताओं को देखकर निकाले जाते हैं।

समग्रता के प्रकार संख्या के आधार पर तैयार किए जा सकते हैं। निश्चित समग्रता में इकाइयों की संख्या निश्चित होती है, जैसे 1991 में भारत की जनसंख्या यह थी। अनिश्चित समग्रता (इनफिनिट यूनिवर्स) में इकाइयों की संख्या अनिश्चित होती है, जैसे–बोले गए शब्दों की संख्या, पेड़ के पत्तों की संख्या।

समग्रता की तीसरी विधि यथार्थता पर आधारित होती है। इसकी दो कोटियां हैं : (1) काल्पनिक समग्रता, जैसे सिक्के को उछालकर देखना, चित्त या पट। (2) यथार्थ समग्रता (एक्जिस्टेंट यूनिवर्स), जैसे—भारत में आयकर दाताओं की संख्या, किसी शिक्षण संस्था के अध्यापकों की संख्या।

यदि किसी विश्वविद्यालय के छात्रों के मासिक व्यय का अध्ययन किया जाना हो तो प्रतिदर्श या नमूना विधि के अंतर्गत कुछ छात्रों के मासिक व्यय का अध्ययन किया जाएगा, फिर इस अध्ययन से निकाले गए परिणामों को समस्त छात्र के ऊपर लागू किया जा सकता है। चुनाव सर्वेक्षण में इसी विधि का इस्तेमाल होता है।

प्रयोगात्मक शोध : प्रयोगात्मक शोध उस शोध को कहा जाता है, जिसमें शोधकर्ता अध्ययन किए जाने वाले चर (घटक) में जोड़-तोड़, चयन द्वारा न करके सीधे या प्रयोगात्मक रूप से करता है तथा उस जोड़-तोड़ का पड़ने वाला प्रभाव दूसरे चर (घटक) पर देखता है। इस तरह का शोध प्रयोगशाला या क्षेत्र (फील्ड) में भी किया जा सकता है। ऐसे शोध में मुख्य रूप से इस बात का अध्ययन किया जाता है कि चरों को नियंत्रित अथवा परिचालित करने का क्या प्रभाव पड़ता है। उदाहरण के लिए, कोई शोधकर्ता यह प्रयोग कर सकता है कि पुरस्कार का विद्यार्थियों के सीखने पर क्या प्रभाव पड़ता है। इसके लिए वह विद्यार्थियों के एक समूह में जल्दी पाठ सीखने पर पुरस्कार की घोषणा करता है और दूसरे समूह में सिर्फ जल्दी पाठ सीखने का आग्रह करता है। यहां पुरस्कार एक स्वतंत्र चर है और सीखना एक आश्रित चर है। प्रयोगात्मक शोध के दो मुख्य प्रकार होते हैं : (1) प्रयोगशाला (लेबोरेटरी या पुस्तकालय) शोध

प्रविधि, (2) क्षेत्र (फिल्ड) प्रयोग प्रविधि। प्रयोगात्मक शोध की निम्नलिखित विशेषताएं हैं :

1. प्रयोगात्मक शोध आनुभविक शोध है।

2. प्रयोगात्मक शोध में स्वतंत्र चर में जोड़-तोड़ सीधे या प्रयोगात्मक होने के कारण इसके परिणाम अधिक विश्वसनीय होते हैं।

3. प्रयोगात्मक शोध में स्वतंत्र चर और आश्रित चर के स्पष्ट कारण तथा परिणाम संबंध होते हैं, जिससे प्रयोग के परिणाम तथा निष्कर्ष में स्पष्टता और वस्तुनिष्ठता रहती है।

प्रयोगात्मक शोध की सीमाएं निम्नलिखित हैं :

1. प्रयोगात्मक शोध हर परिस्थिति में संभव नहीं होता।

2. प्रयोगात्मक शोध के निष्कर्षों का सामान्यीकरण आसान नहीं होता।

प्रयोगात्मक शोध के लिए यह जरूरी है कि उसकी वैधता हो। यह वैधता दो प्रकार की होती है : (1) आंतरिक वैधता : यह वैधता प्रयोगशाला प्रयोग-विधि में अधिक होती है और (2) बाह्य वैधता : यह वैधता क्षेत्र प्रयोग-विधि में अधिक होती है।

साहित्य में शोध क्यों : साहित्य में यदि कोई व्यक्ति शोध करना चाहता है तो उसे सबसे पहले यह समझने की जरूरत है कि उसे साहित्य में शोध करना अच्छा लगता है या नहीं, उसे साहित्य से आनंद प्राप्त होता है या नहीं। साहित्यिक शोध के दौरान ये जिज्ञासाएं स्वाभाविक हैं कि कितने तरीकों से भाषा का इस्तेमाल हुआ है, रचना के कैसे-कैसे विविध रूप बने हैं, उसमें समाज और मनुष्य का जीवन कितने रूपों में झलका है, भाषा में देश और विदेश की चेतना किस तरह प्रस्फुटित हुई है, किसी अनुभूति के पीछे कौन-कौन-सी शक्तियां रही हैं—इन सबसे संबंधित तथ्यों को जानने और विश्लेषण करने पर ही कोई अर्थपूर्ण साहित्यिक शोध संभव है। कृतिकार ने ठीक क्या लिखा है, जो लिखा है, उसमें कौन-सा अर्थ अभी तक छिपा हुआ है, शोध में यह उद्‌घाटित करना होता है। पाठ की व्याख्या बदलती रहती है। इसलिए पुराने-से-पुराने साहित्यिक पाठ भी शोध की दृष्टि से महत्वपूर्ण होते हैं, कई बार ज्यादा महत्वपूर्ण होते हैं। देखना जरूरी होता है कि उनकी व्याख्या में कौन-से तथ्य अभी तक छिपे हुए हैं। किसी कृति के अंतर्विरोध क्या हैं, वे किन सामाजिक अंतर्विरोधों को प्रतिबिंबित करती हैं और उस कृति में क्या सकारात्मक है—अंतर्विरोधों और उपलब्धियों, दोनों को देखना शोध के वस्तुपरक संतुलन के लिए जरूरी होता है।

साहित्यिक रचना पर शोध का चुनाव सर्वेक्षण जैसा नहीं होता, क्योंकि हर साहित्यिक रचना कुछ जटिलताओं और रहस्यों को छिपाए रहती है। इसलिए साहित्य पर शोध-कार्य भले सरल लगता हो, यह उतना सरल नहीं है। हर रचना में कई तहें होती हैं और सीढ़ियां पकड़कर उसमें उतरना होता है—उसके भीतर छिपे इतिहास, सामाजिक यथार्थ, संस्कृति, प्रचलित धारणाओं और विद्रोहों को समझते हुए विद्यार्थी एम ए की पढ़ाई एक समूह बनाकर कर सकता है, पर शोध तो अकेले करना पड़ता है। इसलिए यह निजी प्रयासों का मामला है। इसलिए हर शोध को विशिष्ट होना चाहिए। निश्चय ही विश्वविद्यालय के शोध से ज्ञान की दुनिया में कोई युगांतरकारी परिवर्तन नहीं आ सकता, पर इतना तो होना चाहिए कि इसके द्वारा 'ज्ञान में कुछ योगदान' हो। शोध-कार्य देखकर लगे कि नए ढंग से कुछ कहा गया है, भले कोई नया तथ्य सामने न आया हो। उसे पाठक के मन पर एक छाप डालने वाला होना चाहिए, जैसे कि उसमें सचमुच कोई नवीनता है।

कोई साहित्यिक शोध एक पूरे युग से संबंधित होता है, कोई खास विधा से, कोई किसी खास लेखक या कुछ लेखकों से। शोध-कार्य किसी खास कृति या कुछ कृतियों पर भी केंद्रित हो सकता है। साहित्यिक शोध की दुनिया अब साहित्यिक कृतियों तक सीमित न होकर सभी सांस्कृतिक निर्माणों से जुड़ती जा रही है, पर इसका संबंध साहित्य से जरूर होना चाहिए। एक बड़ा सवाल है कि साहित्यिक शोध की शिक्षण के अलावा दूसरे पेशे में क्या उपयोगिता है—मनोरंजन उद्योग, वाणिज्य, विज्ञान, टेक्नोलॉजी,

प्रबंधन आदि की दुनिया में? साहित्यिक शोध की जरूरत पूरी मानवता को है। आज साहित्य और मनोरंजन उद्योगों को समेटते हुए संपूर्ण सांस्कृतिक दुनिया, समाजविज्ञान, विभिन्न सिद्धांतों आदि के बीच दीवारें नहीं हो सकतीं। आज साहित्य का अर्थ व्यापक हुआ है। इसलिए साहित्यिक शोध की दुनिया में भी विस्तार आया है। अब शोध-कार्य सिर्फ पुस्तकालयों में बैठे रहकर संभव नहीं है। ई-बुक, ई-लाइब्रेरी, गूगल आदि ने नए माध्यम दिए हैं। फिर भी ज्ञान का संसार सिर्फ इन्हीं तक सीमित मान लिया जाएगा तो शोध की जरूरत क्या रहेगी?

अभिषेक अवतंस

अधिक जानकारी के लिए :
1. शोध प्रविधि : विनय मोहन शर्मा; **2. Research Methodology : Methods and Techniques :** C R Kothari, 2013, **3. Research Methodology :** Ranjit Kumar, 2005

श्रद्धा

श्रद्धा सत्य को धारण करने वाली भावना है। निरुक्तकार यास्क ने इसी रूप में इसकी व्याख्या की है, 'सत्यमस्यां धीयत इति श्रद्धा'। श्रद्धा से निर्दय और कठोर हृदय में भी प्रेम पैदा होता है और मनुष्य करुणा की ओर बढ़ता है। श्रद्धा से मानसिक विचलन दूर होता है, सत्यनिष्ठा पैदा होती है। ऋग्वेद के दसवें मंडल में श्रद्धा पर एक पूरा सूक्त है जिसका अभिप्राय यह है कि श्रद्धा से हविष्य प्रदान किया जाना चाहिए। श्रद्धा पर केंद्रित इसी सूक्त को आधार बनाकर सायणाचार्य ने श्रद्धा को 'कामगोत्रजा' कहा है और 'कामायनी' के कवि प्रसाद ने यहीं से उठाकर उसे अपने महाकाव्य का एक केंद्रीय चरित्र बनाया है। स्त्री के बिना पुरुष कोई महान कर्म नहीं कर सकता। यह बात यज्ञ करने के संदर्भ में एक अन्य ढंग से ऐतरेय ब्राह्मण में कही गई है, 'श्रद्धा पत्नी है और सत्य स्वयं यजमान है। श्रद्धा और सत्य उत्तम दंपति हैं।' यह उस जमाने में अच्छे जीवन के आदर्शों के बारे में कथन का मिथकीय ढंग था।

तैत्तरीय ब्राह्मण में कहा गया है कि सत्य में श्रद्धा और असत्य में अश्रद्धा होती है। दिव्य गुण श्रद्धा से ही प्राप्त होते हैं। श्रद्धा का एक अर्थ सत्य जानने की आकांक्षा या जिज्ञासा है। कठोपनिषद में नचिकेता के मन में तब ज्ञान के प्रति श्रद्धा या जिज्ञासा पैदा हुई, जब उसके पिता वाजश्रवा अच्छी-बुरी सभी तरह की गौवें प्रदान कर रहे थे। उपनिषदों में बहुत-सी चीजें प्रश्न-उत्तर में हैं। प्रश्नोपनिषद में एक प्रश्न के उत्तर में कहा गया है कि ईश्वर ने सर्वप्रथम प्राण का सृजन किया, इसके बाद श्रद्धा को उत्पन्न किया। छांदोग्योपनिषद में है, मनुष्य में श्रद्धा होती है, तभी वह मनन करता है। इन विचारों से बोध होता है कि मनुष्य के अस्तित्व में ही सत्य जानकर उस पर विश्वास और श्रद्धा करने का भाव निहित है। साथ ही असत्य पर संदेह और उसके प्रति अश्रद्धा की भी स्पष्ट प्रस्तावना है।

महाभारत काल में एक भिन्न धारणा आती है कि अश्रद्धा महापाप है और श्रद्धा ही पाप से मुक्त कराती है। श्रद्धावान व्यक्ति ही ज्ञान प्राप्त करता है, 'श्रद्धावानल्लभते ज्ञानम्' (गीता, 4.39)। आगे चलकर शैव-परंपरा में श्रद्धा का संबंध तर्क से जोड़ा गया। तर्क से पैदा हुई श्रद्धा ही श्रेष्ठ है, 'सत्तर्कजनितां श्रद्धां प्राप्येह फलभाड्नरः'। इससे श्रद्धा और अश्रद्धा को लेकर प्राचीन दृष्टि एक बार फिर सामने आती है। प्रसाद ने 'कामायनी' में श्रद्धा की अवधारणा ऋग्वेद के सूक्त और ब्राह्मण ग्रंथों से ली पर शैव-परंपरा में तर्क से उसका जो संबंध है, उसे स्वीकार किया। यही वजह है कि श्रद्धा मनु के हिंसक यज्ञ पर संदेह करती है, वह मनु की स्वेच्छाचारी पुरुष-प्रवृत्तियों पर भी संदेह करती है। वह यह संदेश देती है, 'तप नहीं केवल जीवन सत्य/करुण यह क्षणिक दीन अवसाद/तरल आकांक्षा से है भरा/सो रहा आशा का संसार।' प्रसाद उसकी एक उदात्त मूर्ति बनाते हैं, 'वह कामायनी जगत की मंगल कामना अकेली'। श्रद्धा को हृदय और इड़ा को बुद्धि कहकर भी वह दोनों

का अभेद स्थापित कर देते हैं, जब श्रद्धा अपने बेटे मानव को इड़ा के पास यह कहते हुए छोड़ जाती है, 'यह तर्कमयी तू श्रद्धामय'। इस तरह सत्य के प्रति श्रद्धा और असत्य के प्रति अश्रद्धा मनुष्य-हृदय की एक चिरंतन आकांक्षा के रूप में तो सामने आती ही है, वह 'कामायनी' में तर्कयुक्त होकर भारतीय संस्कृति के सार के रूप में भी प्रतिष्ठा पाती है।

शंभुनाथ

अधिक जानकारी के लिए :
कामायनी की पारिभाषिक शब्दावली : वेदज्ञ आर्य, 1968

श्रद्धानंद

दयानंद सरस्वती के बाद आर्य समाज के सर्वाधिक प्रभावशाली नेता श्रद्धानंद हुए। व्यक्तिगत रूप से श्रद्धानंद दृढ़ निश्चयी, आंदोलनकारी, अच्छे व्याख्याता, स्पष्ट वक्ता, कुशल प्रशासक और करिश्माई नेतृत्व-क्षमता से युक्त थे। उनके नेतृत्व में आर्य समाज के आंदोलन ने शिक्षा, स्त्री-शिक्षा, राजनीतिक चेतना, दलितों के उद्धार आदि में विशेष गति का परिचय दिया। इनके कारण स्वाधीनता आंदोलन के दौर में आर्य समाज समस्त उत्तर भारत की चेतना को प्रभावित करने वाला आंदोलन बन गया।

श्रद्धानंद

स्वामी श्रद्धानंद के नाम से प्रसिद्ध होने वाले बालक मुंशीराम का जन्म 1856 में जालंधर के तलवन ग्राम में नानकचंद के घर हुआ था। इनके पिता अंग्रेज शासन में संयुक्त प्रांत के कोतवाल थे। अतः इनकी शिक्षा की समुचित व्यवस्था हुई। मुंशीराम ने पहले मुख्तारी और फिर कानून तक की शिक्षा प्राप्त की। वकालत की परीक्षा देने के क्रम में इन्होंने विश्वविद्यालय की शिक्षा व्यवस्था की कमियों और विकृतियों को देखा। इसलिए उन्होंने शिक्षा के सुधार को महत्व दिया। मुंशीराम तीव्र मेधा, स्वतंत्र चिंतन-शक्ति और बलिष्ठ शरीर से युक्त थे। अपने शारीरिक बल का उपयोग वे असामाजिक तत्वों की प्रताड़ना और स्त्रियों की रक्षा में करते थे। उनके जीवन को स्पष्ट दिशा तब मिली, जब 1879 के अगस्त महीने में दयानंद सरस्वती बरेली आए, जहाँ मुंशीराम के पिता कोतवाल के रूप में नियुक्त थे। वहां स्वामी दयानंद के प्रवचनों, शास्त्रार्थों और विचारों की वैज्ञानिकता से प्रभावित होकर श्रद्धानंद उनके अनुयायी बन गए। 1884 में उन्होंने आर्य समाज की सदस्यता ली और समाज-सुधार की नई दिशाएं खोलीं। शिक्षा को समाज-सुधार के लिए सबसे महत्वपूर्ण मानते हुए श्रद्धानंद ने पुस्तक प्रकाशन, पुस्तकालय, छात्रावास, वेद प्रचारनिधि आदि की स्थापना की। वे ऐसी शिक्षा व्यवस्था चाहते थे जो सिर्फ प्रमाणपत्र देने का माध्यम न हो, बल्कि विद्यार्थियों के सर्वांगीण विकास का कार्य करे।

श्रद्धानंद ने 1901 में गुरुकुल कांगड़ी की स्थापना की। बाद में मुल्तान, कुरुक्षेत्र, सूपा, रामकोट तथा अन्य अनेक स्थानों पर गुरुकुल खोले गए। शिक्षा के प्रचार में इन गुरुकुलों का एक योगदान है। इनमें विद्यार्थियों के शारीरिक, बौद्धिक विकास के साथ-साथ चारित्रिक दृढ़ता पर जोर दिया जाता था। छुआछूत को सामाजिक जीवन से बिल्कुल बहिष्कृत करने के उद्देश्य से उन्होंने गुरुकुलों में दलितों के लिए

भी एक समान प्रवेश, रहन-सहन और खान-पान की व्यवस्था की। गुरुकुलों से निकले कई विद्यार्थियों ने आजादी की लड़ाई में भाग लिया। अंग्रेज सरकार इस दौर के गुरुकुलों को क्रांति और देशभक्ति का केंद्र समझती थी और उन पर पैनी नजर रखी जाती थी। इस स्थिति में भी इनकी प्रशंसा वाइसराय चेम्सफोर्ड ने की थी। महात्मा गांधी के दक्षिण अफ्रीका के सत्याग्रह आंदोलन में गुरुकुल के विद्यार्थियों ने आर्थिक सहयोग दिया था। 8 अप्रैल 1915 को गांधी गुरुकुल आए थे। उन्होंने मुंशीराम के चरण छूकर उनके प्रति अपनी श्रद्धा व्यक्त की थी। स्त्री-शिक्षा को समाज के लिए बहुत आवश्यक मानने वाले मुंशीराम ने 1890 में आर्य कन्या महाविद्यालय की स्थापना की। बाद में पूरे भारत के छोटे-बड़े नगरों, ग्रामों में इस प्रकार के महाविद्यालयों का जाल-सा बिछ गया।

आर्य समाज के सिद्धांतों के प्रचार के लिए इन्होंने 'सद्धर्म प्रचारक' नामक पत्र निकालना शुरू किया और सद्धर्म प्रचारक प्रेस की स्थापना की। 1923 में संन्यास ग्रहण कर मुंशीराम स्वामी श्रद्धानंद बन गए। उनका कार्यक्षेत्र और अधिक विस्तृत हो गया। राजनीतिक रूप से अधिक सक्रिय होते हुए वे महात्मा गांधी द्वारा संचालित सत्याग्रह आंदोलन में शामिल हुए।

श्रद्धानंद की एक बहुत बड़ी विशेषता थी हिंदुओं और मुसलमानों में उनकी एक समान स्वीकृति। वे हिंदू-मुस्लिम एकता को जरूरी मानते थे। भारत के इतिहास में यह तथ्य एक अभूतपूर्व घटना के रूप में दर्ज है कि 4 अप्रैल 1919 को स्वयं मुसलमानों ने स्वामी श्रद्धानंद से दिल्ली की जामा मस्जिद में उपदेश दिलवाया।

श्रद्धानंद ने 1923 में 'आगरा शुद्धि सभा' की स्थापना कर शुद्धि आंदोलन को एक अखिल भारतीय विषय बना दिया। शुद्धि के माध्यम से पुनः हिंदू बने व्यक्ति को द्विज मानकर उसे जनेऊ पहनने और पौरोहित्य करने तक का अधिकार दिया जाता था। शुद्धिसभा ने इस क्रम में एक सामाजिक-आर्थिक कार्यक्रम भी बनाया। इन्हें कुओं से पानी भरने का अधिकार और रोटी-बेटी के अधिकार दिलाने का प्रयत्न किया गया। श्रद्धानंद ने इस कार्यक्रम में शामिल होने के लिए हिंदू महासभा से आग्रह किया, पर वे उसमें शामिल नहीं हुए।

श्रद्धानंद कांग्रेस के साथ एक अवधि तक जुड़े हुए थे। उन्होंने दलितोद्धार की आवाज उठाई। अमृतसर में कांग्रेस के मंच पर भाषण देते हुए उन्होंने कहा कि जिन साढ़े छह करोड़ हिंदू अछूतों को विशेषाधिकार देकर अंग्रेज कूटनीति कर रहे हैं, उन्हें अपने समाज में समानाधिकार देना बड़ी बुद्धिमत्ता है, यह मानवीयता भी है। उस समय इस विषय को गंभीरता से नहीं लिया गया। इससे श्रद्धानंद का कांग्रेस से मोहभंग हुआ। वह एक साथ दलितों के उद्धार और शुद्धि के कार्य में लग गए। उनके शुद्धि आंदोलन की प्रतिक्रिया में मुसलमानों में उपजे गुस्से का फल यह हुआ कि 23 दिसबंर 1926 को उनकी हत्या कर दी गई। प्रेमचंद ने उन्हें श्रद्धांजलि देते हुए लिखा था, 'यों तो स्वामी जी प्राचीन आर्य आदर्शों के पूर्ण रूप से प्रवर्तक थे पर मेरे विचार में राष्ट्रीय शिक्षा के पुनरुत्थान में उन्होंने जो काम किया है, उसकी कोई नजीर नहीं मिलती है।'

राजश्री शुक्ला

श्रद्धा-भक्ति

श्रद्धा में सिर्फ प्रेम का भाव नहीं होता है। प्रेम किसी भी व्यक्ति से हो सकता है। सभी को अपने पारिवारिक जनों से प्रेम होता है। क्या उनमें से किसी के प्रति श्रद्धा भी होती है? यह नहीं कहा जा सकता। किसी के पिता, किसी की माता या बड़े भाई में कोई बड़ा गुण हो तो उसके प्रति श्रद्धा होगी। पहले पितृभक्ति और मातृभक्ति का जिक्र होता था, जैसे देशभक्ति का जिक्र होता है। लेकिन जो पितृभक्त होता था, जरूरी नहीं था कि अपने पिता में उसकी श्रद्धा हो। इसके बावजूद वह पितृभक्त हो सकता था जिसका अर्थ यह है कि वह अपने पिता

का आज्ञाकारी था, उनका सम्मान करता था और तन-मन से उनकी सेवा करता था।

भक्ति में प्रेम का तत्व होता है, उसमें दैवी भाव का परिपाक भी जरूरी है। अगर किसी को वल्लभाचार्य से प्रेम है तो इसका अर्थ यह है कि वल्लभाचार्य उसे अच्छे लगते हैं। लेकिन वल्लभाचार्य का भक्त वही होगा, जो उन्हें भगवान की तरह शुद्ध, त्रुटिरहित और अकाट्य मानता हो। जब तक इतनी गंभीर निष्ठा नहीं होगी, तब तक भक्ति नहीं हो सकती। भक्त का अनिवार्य संबंध भक्ति से है। भगवान, भक्ति और भक्त—इस त्रिभुज में से एक भी भुजा अनुपस्थित हो तो कोई दृश्य नहीं बनता।

भगवान हों या न हों, पर भक्ति बची हुई है। बहुत-से धर्मगुरु हैं, बहुत-से बाबा हैं जिनके प्रति एक बड़ी संख्या में लोगों की भक्ति है। ये अपने गुरु की भगवान की तरह पूजा करते हैं। भक्त भगवान को क्वेश्चन नहीं करता। अगर कोई और क्वेश्चन करता है तो वह उसकी जान लेने पर भी उतारू हो सकता है। भक्तों के अलग-अलग समूहों के बीच खूनी प्रतिद्वंद्विताएं प्रसिद्ध हैं। शिया और सुन्नी दोनों मुसलमान हैं, पर एक-दूसरे को बरदाश्त नहीं कर सकते। यह भक्ति का नकारात्मक तत्व है।

भक्ति का दूसरा नकारात्मक तत्व यह है कि वह बुद्धि और विवेक को तिलांजलि देने के लिए लगभग बाध्य कर देती है। संदेह विज्ञान का मूल है, पर गीता में कहा गया है, 'संशयात्मा विनश्यति' यानी जिसकी आत्मा में संशय है, उसका विनाश होगा। आजकल माना जाता है कि जिसके पास संशय नहीं है, उसका विनाश होगा। संशय होने का अर्थ यह नहीं है कि किसी भी चीज में विश्वास नहीं है। ऐसा हो तो यह दुनिया चल नहीं सकती। संदेह का अर्थ है विश्वास के साथ तर्कबुद्धि का समन्वय। जिसने अपनी तर्कबुद्धि को विदाई नहीं दी है, वह उचित तर्क मिलने पर अपना कोई विश्वास छोड़ भी सकता है और नया विश्वास अपना सकता है। भक्ति में यह गुंजाइश नहीं होती। वह एकांत समर्पण मांगती है।

जैसा पहले भक्ति के साथ होता था यानी भक्ति छिटककर एक गुरु और एक पंथ से दूसरे गुरु और पंथ से जुड़ जाती थी, वैसा ही आजकल विचारधाराओं के साथ होता है। यह भी देखा जाता है कि नए सामाजिक विकासों के बावजूद वैचारिक कट्टरता खत्म नहीं हुई है। बहुत-से लोग मार्क्सवाद के किसी एक ही संस्करण के प्रति इतना भक्तिभाव रखते हैं कि अन्य संस्करण भी वैध हो सकते हैं, यह सोच नहीं सकते। राष्ट्रवाद के साथ यही बात है। कभी-कभी वह इतना कट्टर हो जाता है कि राष्ट्र प्रेम की सीमा से बहुत दूर निकल जाता है। राष्ट्र के प्रति प्रेम उसके सभी अवयवों से प्रेम है, परंतु उग्र राष्ट्रवाद राष्ट्र के कुछ हिस्सों को नकार भी सकता है।

देशप्रेम को देशभक्ति का पर्याय माना जाता है, पर दोनों की भावभूमि अलग है। देशभक्त अपने देश के लिए जान तक दे सकता है और जान तक ले सकता है। देश से उसे इतना गहरा लगाव होता है कि उसकी विचार और पुनर्विचार शक्ति कमजोर हो जाती है। उसकी तुलना में देशप्रेम बेहतर शब्द है। यद्यपि प्रेम में भी लोग अंधे हो जाते हैं। कहा गया है कि आंख और कान खुले रखकर प्रेम नहीं किया जा सकता। यह जहाँ सच है वहां प्रेम नहीं, मोह है। मोहांध व्यक्ति की तर्कबुद्धि समाप्त हो जाती है। वह उचित-अनुचित में भेद नहीं कर सकता। इसलिए देश के प्रति प्रेम होना चाहिए, मोह नहीं। समाजप्रेमी वह है जो समाज-सुधारक है। इसलिए देशप्रेमी जिससे प्रेम करते हैं, उसकी आलोचना करने में संकोच नहीं करते।

श्रद्धा मूल्य चेतना से पैदा होती है। जो बड़ा है, महान है, वह श्रद्धेय है। नए युग की बड़ी समस्या ऐसे व्यक्तियों की कमी है जिन्हें देखकर या जिनके बारे में सोचकर श्रद्धा पैदा हो। हरिशंकर परसाई ने इसे 'विकलांग श्रद्धा का दौर' कहा था। गांधी, प्रेमचंद, अंबेडकर, महादेवी वर्मा आदि ऐसे व्यक्ति थे जिनको देखकर श्रद्धा पैदा होती रही है। हाल के समय में नेल्सन मंडेला ऐसे थे। अमेरिका में नोआम चोम्स्की का नाम लिया जा सकता है। शिक्षण संस्थानों के कुछ अध्यापक हमेशा ऐसे होते भी हैं। फिर भी

इन सबकी संख्या इतनी कम है कि श्रद्धा का पौधा पुष्पित-पल्लवित नहीं हो पाता। वस्तुतः अश्रद्धा का युग तब शुरू होता है, जब श्रद्धेय नहीं रह जाते।

राजकिशोर

अधिक जानकारी के लिए :
चिंतामणि-1 : रामचंद्र शुक्ल

श्रम

श्रम (Labour) मानवजाति का स्वभाव है। अन्य सभी प्राणियों से मनुष्य की भिन्नता स्थापित करने में श्रम की निर्णायक भूमिका रही है। इसी पहलू पर जोर देने के लिए फ्रेडरिक एंगेल्स ने 'वानर से नर बनने की प्रक्रिया में श्रम की भूमिका' शीर्षक पुस्तिका लिखी थी। प्राणी जगत में मनुष्य की विशेषता श्रम की प्रक्रिया में ही पैदा होती है। इसे स्पष्ट करते हुए मार्क्स ने बताया कि बहुत सारे पशु-पक्षी भी अपनी रहने की जगहों का बड़ी खूबसूरती से निर्माण करते हैं, लेकिन सबसे खराब घर बनाने वाला मिस्त्री भी सबसे सुंदर घोंसला बनाने वाली बया से इसी मामले में अलग होता है कि मनुष्य वास्तविक वस्तु को बनाने से पहले अपने दिमाग में उसकी तस्वीर बनाता है। भविष्य की उसकी कल्पनाशीलता ही उसे अन्य प्राणियों से अलगाती भी है और विशिष्ट भी बनाती है। श्रम का संबंध भरण-पोषण के लिए जरूरी उत्पादन से होता है। इस उत्पादन के लिए मनुष्य अपने शरीर का सृजनात्मक उपयोग करता है। मनुष्य का शरीर प्रकृति का अंग होता है और इस तरह श्रम की प्रक्रिया प्रकृति के साथ मनुष्य की सर्वाधिक घनिष्ठ अंतःक्रिया होती है। मार्क्स मानते हैं कि श्रम ही वह बुनियादी कोटि है जो मनुष्य और प्रकृति के बीच पारस्परिक अंतःक्रिया का माध्यम है। कहने का मतलब कि श्रम के माध्यम से ही मनुष्य और प्रकृति के बीच एक-दूसरे के सहारे जिंदा रहने का रिश्ता बनता है।

प्रकृति के साथ मनुष्य की श्रम नामक इसी उत्पादक अंतःक्रिया से वस्तुओं का उत्पादन होता है। श्रम के परिणाम से पैदा हुई इन चीजों में मनुष्य का यह उत्पादक श्रम साकार होता है। लेकिन पूंजीवादी व्यवस्था में इस पर पैदा करने वाले का हक नहीं रह जाता, बल्कि उसे वस्तु के बदले मजदूरी दी जाती है। चूंकि मनुष्य अपने श्रम से पैदा होने वाली उस वस्तु में साकार होता है, इसलिए उसका न मिलना मनुष्य का अपने आपसे अलग हो जाने की प्रक्रिया बन जाता है। अगर ऐसा न हो तो मजदूर के लिए श्रम आनंद का स्रोत हो जाएगा। वह वस्तु में अपने 'स्व' की अभिव्यक्ति को अनुभव करेगा। अपने श्रम का आनंदोपभोग ही वह क्षण है, जब हमारा आत्म-साक्षात्कार होता है। प्राणी के रूप में मनुष्य परिस्थिति का दास होता है जबकि मनुष्य के बतौर श्रम करने के चुनाव और उस श्रम के परिणाम के उपभोग की उसकी क्षमता में उसका कर्तापन उभरकर सामने आता है। सृजनात्मक रूप से सक्रिय होने की क्षमता ही मनुष्य को शेष प्राणी जगत से अलगाती है। इस सक्रिय सृजनात्मकता के लिए मनुष्य को सामाजिक होना आवश्यक होता है। किसी भी वस्तु का उत्पादन कोई भी अकेले नहीं कर सकता। इसी अर्थ में अपने स्वभाव से ही मनुष्य सामाजिक होता है।

श्रम से ही जुड़ी हुई धारणा 'श्रम-शक्ति' की है जिसका तात्पर्य श्रम की क्षमता है। प्रकृति प्रदत्त सामग्री के साथ इसी श्रम-शक्ति के संयोजन के चलते इस दुनिया को उसका वर्तमान रूप मिला है। प्रकृति के साथ मनुष्य की आपसदारी तभी बनती है, जब श्रम-शक्ति के निवेश और इतिहास की प्रक्रिया में उसका भी समाजीकरण होता है यानी उसका स्वतंत्र सामाजिक महत्व प्रकट होता है। दुनिया के साथ अपनी श्रममूलक अंतःक्रिया के जरिए ही मनुष्य अपना स्वभाव समझ पाता है। श्रम से प्रकृति को मानव-मूल्य प्राप्त होता है। इसका मतलब है कि यह संसार और सारे मूल्य मनुष्य के व्यावहारिक क्रियाकलाप से पैदा होते हैं। लेकिन पूंजीवादी व्यवस्था में यह सब श्रम के उत्पाद की तरह नहीं दिखाई पड़ता। वस्तुओं का अस्तित्व स्वतंत्र सत्ता की तरह नजर आने लगता है। कारण यह है कि पूंजीवाद के तहत कामगार वस्तुओं

या मूल्य के उत्पादन में अपनी श्रम-शक्ति तो खर्च करते हैं, लेकिन इसके प्रबंधन में भागीदारी या उनके उपभोग की आजादी उन्हें नहीं होती। श्रमिक के लिए श्रम एक सामाजिक गतिविधि की अभिव्यक्ति की जगह बोझ बन जाता है। श्रमिक के लिए पूंजीवादी व्यवस्था में श्रम अपना असली सामाजिक रूप खोकर धन की कमाई के जरिए में बदल जाता है जो आनंद की जगह असंतोष का स्रोत हो जाता है। जब मनुष्य को उसके श्रम के कारण उत्पादित वस्तु के उस मूल्य से वंचित कर दिया जाता है तो उसका अपने श्रम से और उत्पादित वस्तु से अलगाव पैदा हो जाता है। वह आत्मविच्छिन्न होने की ओर अग्रसर होने लगता है।

गोपाल प्रधान

अधिक जानकारी के लिए :
How to Read Karl Marx : Ernst Fischer, 1996

श्रमगीत

काम करते समय गाए जाने वाले गीतों को श्रमगीत कहते हैं। मनुष्य का श्रम से अभिन्न संबंध है। भाषा भी मनुष्य की श्रमशीलता का परिणाम है। भाषाविज्ञान की एक शाखा मानती है कि सामूहिक श्रम करते समय जोश बनाए रखने के लिए अनेक तरह की ध्वनियां निकलती हैं। इन्हीं ध्वनियों से भाषा का विकास हुआ। श्रम करते समय एकाग्रता स्थापित करने और थकान दूर करने के लिए गीत गाना इसी बुनियादी स्मृति का विस्तार है। क्रिस्ट ोफर कॉडवेल आदि कविता का उद्‌भव सामूहिक मानव श्रम से मानते हैं।

कृषि-केंद्रित जीवन श्रम का अटूट सिलसिला है। खेत जोतने से लेकर रोपनी, सोहनी, कटनी और कुटाई-पिसाई तक की गतिविधियां चलती रहती हैं। इनके साथ-साथ चलती रहती है गीत की अनंत धारा। खेती-किसानी के काम प्रायः सामूहिक होते हैं। इसलिए श्रमगीत भी समूहगान होते हैं। काम करते समय इन गीतों के गाने से थकान का अनुभव नहीं होता, उलटे मनोरंजन होता है। इसकी वजह श्रमगीतों की विषयवस्तु है। इनमें श्रम की प्रक्रिया या उसकी कठिनाइयों का वर्णन नहीं होता। श्रमगीतों की विषयवस्तु श्रम से इतर जीवन की विविध सुख-दुखात्मक अनुभूतियों से जुड़ी होती है। इससे मन दूसरे धरातल पर सक्रिय रहता है और शरीर श्रम में लगा रहता है। यह विच्छिन्नता थकान का अनुभव नहीं होने देती।

रोपनी के गीत : धान की खेती के लिए पहले उसका बेहन तैयार किया जाता है। धान के बीजों को खूब घना बो दिया जाता है। जब बालिश्त भर धान उग आता है, तब उसे उखाड़कर बड़े खेत में लगाया जाता है। इसे रोपनी कहते हैं। यह काम स्त्रियां ही अधिक करती हैं। जिस खेत में रोपाई होती है, उसमें पानी भर दिया जाता है ताकि जमीन गीली हो और धान का पौधा जड़ पकड़ ले। रोपनी बरसात में होती है, इसलिए रोपनी के समय अकसर पानी बरसता है। स्त्रियों के हाथ में धान का हरा-हरा बेहन होता है। उनके पैर पानी में डूबे हैं और ऊपर से भी पानी बरस रहा होता है। जैसे रस की अनंत धारा बह रही हो। कभी-कभी इन गीतों में महिलाएं हाड़-तोड़ मेहनत का ताना भी पति को देती हैं—'जहिया से अइली पिया तोहरी महलिया में/राती दिन कइली टहलिया ए रामा।' रोपनी के समय यदा-कदा छेड़छाड़ की घटनाएं भी होती रहती हैं। श्रमशील महिलाएं ऐसे तत्वों को खबरदार भी करती हैं—'कबहीं त लवटिहें मोर बनजरवा/पनही से तोहि के पिटवइबो हो राम।'

सोहनी के गीत : धान या गेहूं के खेत से खर-पतवार निकालने को सोहनी कहते हैं। सोहनी भी प्रायः स्त्रियां करती हैं। सोहनी के गीतों के विषय भी रोपनी के समान शृंगार और करुणा प्रधान होते हैं।

कटनी के गीत : फसल काटते समय गाए जाने वाले गीत कटनी के गीत कहे जाते हैं। इन गीतों में उमंग और उल्लास का भाव अधिक पाया जाता है। धान की लहलहाती फसल देखकर भावी सुख की कामना की जो हिलोर उठती है, वह भी इन

गीतों में उभर आती है, जैसे इस मैथिली (बज्जिका) गीत में : 'भादो-भादो कटली आएल अगहनवा/ धनवा में लगलई कटनिआ हो राम/धनवा कटबइ पसही सुखबई/बान्हीं छान्हीं लबई खलीहनवा हो राम/नआ नआ हंसुआ कुटा के हम रखली/मोटगर होई धान के झमाठ हो राम/ मने मने सजनी के मन अगराएल/छुट जतई बन्हकी गहनवां हो राम/बितते फगुनवा तऽ गोदिआ भरतई/खेलतई गोदी में ललनवा हो राम।' इसका अर्थ है, भादो बीत गया, अगहन आते ही धान की कटाई शुरू हो गई, धान काटकर खलिहान में लादूंगी। मैंने नया-नया हंसुआ पिटाकर रख लिया है क्योंकि धान की जड़ें खूब मोटी होंगी। सजनी का मन हुलस उठा है—बंधक रखे गहने छूट जाएंगे, फागुन बीतते ही गोदी भर जाती, गोद में लाल खेलने लगेगा!

जंतसार : जांत चलाते समय गाए जाने वाले गीतों को जंतसार कहते हैं। कबीरदास जिसे चाकी या चक्की कहते हैं, उसे जांत या जांता भी कहा जाता है। हालांकि जांत और चाकी में फर्क है। जांत से आटा पीसा जाता है जबकि चक्की से दाल आदि दरने का काम होता है। आटा-चक्की के पहले घर-घर जांत होते थे। रोज पीसना और रोज खाना दिनचर्या का हिस्सा था। यह काम भी महिलाओं के जिम्मे था। इसलिए यह काम वे प्रातःकाल करती थीं। घड़ी भर रात रहते वे उठकर पिसाई करने बैठ जाती थीं। जंतसार का समय ऐसा होता था, जब पुरुष उपस्थिति की संभावना प्रायः नहीं रहती थी। महिलाएं जांत चलाते हुए गीत गाती थीं। जंतसार के गीतों में अनेक सामाजिक, सांस्कृतिक संदर्भ व्यक्त होते थे। सास और ननद के तानों से बंधी स्त्रियों के जीवन की व्यथा जंतसार के गीतों में अभिव्यक्ति पाती है, 'ए रामा हरी मोरे गइले बिदेसवा/सकल दुखवा देइ गइलें हो राम/सासू ननदिया बिरही बोलेली केकर कमाई खइबू हो राम'। मर्म पर चोट करने वाले ताने के साथ तालमेल बिठाते हुए वह जवाब देती है—'ससुर मोरे दसरथ, लछुमन देवरवा, उनकर कमाई खाइब हो राम।' जंतसार के गीतों में भी कथात्मकता होती है। इस कथात्मकता का विस्तार घरेलू प्रसंगों से लेकर सास-ससुर, देवर-ननद और सौत के प्रसंगों से लेकर रामकथा तक है। लेकिन जंतसार के गीतों का मुख्य स्वर स्त्री जीवन की त्रासदी से उपजने वाली करुणा का गान है।

एक बज्जिका के जंतसार गीत में विरहिणी का दुःख इस प्रकार फूट पड़ा है, 'संइया गेलई हम्मर परदेस, रोपी गेलई अमुआ के गाछ हो रामा/ पानी बिनु सुखलई अमुआ के गाछी, सइंया जी रहई रोपल हो रामा।' जांत पीसने की यंत्रणा कम दुखदायी नहीं होती। एक मराठी लोकगीत में पिसनहारिन जांत से प्रार्थना करती है, 'घरोंट रे भाऊ माले जड़ नको जाऊ, बाजरी ना मिसे दयस की वल्ला गऊ।' हे जांत भैया, पीसते समय तुम भारी मत हो जाना। गीले गेहुंओं को मैं सूखे बाजरे के समान आसानी से पीस सकूं। जांत पकड़ते ही उसके मुंह से गीत के बोल फूट पड़ते हैं, 'आरे घरोटा घरोटा तुह्या तुनी पड़े पीठी, तसं तसं गाणं माइया पोटा तुनी येई व्हटी।' हे जांत, तुममें से जैसे-जैसे आटा निकलता जाता है, वैसे-वैसे मेरे हृदय से भी गीत की पंक्तियां अपने आप होंठों पर आ जाती हैं।

धोबी, कहार, तेली, कुम्हार जैसी श्रमजीवी जातियों के कई गीत हैं जो श्रम के दौरान गाए जाते हैं। कन्नौजी का एक धोबीगीत जो कपड़े धोते समय गाया जाता है, इस प्रकार है : 'छिओ राम छिओ। छिओ राम छिओ। अंगिया चुलिया मइली रे हुइ गई बिन धोबी को गांउं। कइ धोबिया पिय लाइ बसावउ कइ धोबिया के जाउं। अर्थात मेरी अंगिया-चोली मैली हो गई, इस गांव में कोई धोबी नहीं। हे प्रिय, या तो कोई धोबी लाकर यहां बसाओ या मैं खुद धोबी के यहां जाती हूं!

सदानंद साही

अधिक जानकारी के लिए :

1. हिंदी साहित्य का बृहत इतिहास, भाग-16 : राहुल सांकृत्यायन (सं.), **2. हिंदी साहित्य सम्मेलन पत्रिका** (लोक-साहित्य विशेषांक)

श्रमजीवियों के मानवाधिकार

माना जाता है कि दुनिया में कारीगरों-श्रमिकों की पहली हड़ताल 1768 में न्यूयॉर्क में उनकी मजदूरी घटा देने पर हुई थी। 1864 में इंग्लैंड में पहली बार श्रमिकों का पहला अंतरराष्ट्रीय संगठन बना। 1871 में फ्रांस के श्रमिकों के विद्रोह के फलस्वरूप 'पेरिस कम्यून' अस्तित्व में आया। शिकागो में श्रमजीवियों ने आंदोलन करते हुए 1 मई 1886 को बारह-सोलह घंटे काम की जगह '8 घंटे काम करने के अधिकार' की घोषणा की। इस दिन अंतरराष्ट्रीय स्तर पर श्रमिक दिवस मनाया जाता है। उपर्युक्त घोषणा में कहा गया कि दुनिया भर के लोगों के दुखों के मूल में थोड़े-से अमीरों की वैभव-विलासिता है। औद्योगिक क्रांति के बाद कृषि क्षेत्रों में समस्याएं पैदा हुईं। श्रमिक औद्योगिक क्षेत्रों और शहरों की तरफ खिंचते गए। दुनिया भर में श्रमिक अधिकार एक महत्वपूर्ण प्रश्न बनकर उभरा जो श्रमिक और नियोक्ता के संबंध, मजदूरी, सुविधाओं और कार्य-दशाओं को लेकर था।

भारत में बने पहले श्रमिक संगठन 'ऑल इंडिया ट्रेड यूनियन कांग्रेस' का पहला सम्मेलन 2 नवंबर 1920 में हुआ था। इसमें कांग्रेसी, कम्युनिस्ट, उदारवादी, सुधारवादी, मानवतावादी सभी एक साथ थे। इसके बाद श्रमिक आंदोलन में विस्तार अर्थात धरना, आंदोलन, हड़ताल, घेराव और कई सफलताओं के अलावा अर्थवाद में भटकाव, निष्क्रियता, नेतृत्व में फूट, राजनीतिक विभाजन, कार्य-संस्कृति का क्षय बहुत कुछ उभरकर सामने आया। वैश्वीकरण के युग में सिर्फ 10 प्रतिशत श्रमिक संगठित हैं और श्रमिक संगठनों की आवाज अरण्यरोदन की तरह हो गई है। अब अधिकांश श्रमजीवी ठेके पर रखे जाते हैं और अनियमित हैं। उनकी पूंजीपतियों या सरकार पर दबाव बनाने की क्षमता में ह्रास आया है। श्रमिक आंदोलन की शुरुआत संगठित होने के अधिकार से हुई थी, क्योंकि मालिक को उनका इकट्ठा और संगठित होना नागवार गुजरता था। उस समय से कई सुविधाएं पा लेने के बाद आर्थिक सुधार के परिणामस्वरूप उन्हें खोने का युग आ गया। श्रमिक आंदोलनों से उत्पादन प्रभावित होता है, यह कहकर उनकी आलोचना बढ़ गई। श्रमजीवी ठेके पर पुनः गुलाम की तरह रखे जाने लगे, ऐसे व्यक्तियों का स्मार्ट होना भी बाध्यतामूलक हो गया।

बुनियादी श्रमिक अधिकारों को मानवाधिकार के रूप में स्वीकृति दी गई है। 'मानवाधिकारों की अंतरराष्ट्रीय घोषणा' (1948) के अनुच्छेद 23 में हर व्यक्ति को रोजगार का अधिकार, रोजगार चुनने, स्वास्थ्यकर दशाओं में काम करने और बेरोजगारी से सुरक्षा का अधिकार देने को कहा गया है। हर व्यक्ति को समान काम के लिए बिना भेदभाव के समान वेतन दिया जाना चाहिए। हर श्रमजीवी को परिवार सहित सम्मान के साथ रहने का अधिकार है, उसे काम के अनुसार सही वेतन दिया जाना चाहिए और सामाजिक सुरक्षा की गारंटी होनी चाहिए। उसे अपने हितों की रक्षा के लिए संगठन बनाने का अधिकार हो। अनुच्छेद 24 के अनुसार, श्रमजीवियों या कर्मियों को अवकाश के समय वेतन सहित छुट्टियों की बात कही गई है। काम के लिए स्वीकृत सीमित घंटे की बात है। एक अलग जगह निर्देश है कि बाल मजदूरी कराना अपराध है, हालांकि अभाव में गरीब परिवारों के लाखों बच्चे बाल मजदूरी करने के लिए आज भी अभिशप्त हैं।

क्या श्रमजीवियों के अधिकारों को मानवाधिकारों की श्रेणी में रखा जा सकता है? इस पर बहस है। कुछ कहते हैं कि ये मानवाधिकार हैं और कुछ को इस कथन पर संदेह है। श्रमजीवियों के अधिकारों को उनकी क्षमता, स्वतंत्रता और गरिमा के संदर्भों में देखे जाने की बात कही गई है जो भिन्न-भिन्न हो सकते हैं। अंतरराष्ट्रीय कानूनों के अनुसार इस भिन्नता को बुनियादी चीज न मानते हुए सकारात्मक नजरिए से श्रमिक अधिकारों को मानवाधिकार मानने की वकालत की गई है। दुनिया भर में आर्थिक सुधारों ने 'श्रमजीवियों की दासता' की नई स्थिति पैदा कर दी है। अब आठ

घंटे से ज्यादा काम कराए जा रहे हैं। स्वास्थ्यकर और चमक-दमक से भरा कार्य परिवेश देते हुए किसी को भी नौकरी से महीने भर की सूचना देकर निकाला जा सकता है। असंगठित श्रमिकों या ठेके पर काम करने वाले कार्मिकों की कोई सामाजिक सुरक्षा नहीं है और उच्च वेतन तथा निम्न वेतन में अकल्पनीय भारी अंतर है। पेंशन की सुविधाएं नहीं हैं, भविष्य अरक्षित है। अब श्रमजीवियों को भारी दबाव, आतंक और तनाव में काम करना पड़ता है। उन पर काम का बोझ अतार्किक रूप से ज्यादा डाल दिया जाता है ताकि कम व्यक्तियों से काम चल जाए, फिर 'हायर एंड फायर'।

उपर्युक्त सभी नए दृश्य मानवाधिकारों की अंतरराष्ट्रीय घोषणा के 'अवकाश के अवसर', 'काम के सीमित आठ घंटे', 'बेरोजगारी से सुरक्षा' और 'सामाजिक सुरक्षा' के अधिकारों का उल्लंघन कहे जा सकते हैं। 'इंटरनेशनल लेबर ऑर्गेनाइजेशन' ने 1998 में कुछ उन श्रमिक अधिकारों को रेखांकित किया है जो मानवाधिकारों की अंतरराष्ट्रीय घोषणा में छूट गए हैं। 2009 में 'यूरोपीय यूनियन चार्टर ऑफ ह्यूमन राइट्स' ने सूचना और परामर्श के अधिकार, गलत ढंग से नौकरी से न निकाले जाने के अधिकार और जबर्दस्ती काम कराने से सुरक्षा को मानवाधिकारों में जोड़ा है, (लिस्बन ट्रिटी)।

वैश्वीकरण के युग में विदेशी पूंजी निवेश को अधिकाधिक आकर्षित करने के उद्देश्य से श्रमिक आंदोलन को श्रमिक अशांति के रूप में देखा जाने लगा है और हर शासन द्वारा बुरा माना जाने लगा है। इसलिए श्रमजीवियों के नए मानवाधिकारों को कानून का रूप नहीं दिया जा सका है, यहां तक कि इन्हें मानवाधिकार मानने में मतभेद है। श्रमजीवी सामान्यतः नव-औपनिवेशिक विडंबना के शिकार हैं, पर वे अपने नए मानवाधिकारों को लेकर सक्रिय हुए हैं, भले कहीं विवश भी हों। नए मानवाधिकारों के प्रति कुछ स्वयंसेवी संगठन सक्रिय हैं।

शंभुनाथ

अधिक जानकारी के लिए :

Human Rights at Work: Perspectives on Law and Regulation : (Ed.) Colin Fenwick, Tonia Novitz , 2010

श्रमण परंपरा

चेतना के अनुसंधान और साधना की दो परंपराएं रही हैं—ब्राह्मण परंपरा और श्रमण परंपरा। इन्हें प्रवृत्तिपरक और निवृत्तिपरक मार्गों के रूप में भी देखा जाता है। ब्राह्मण परंपरा का आधार वैदिक साहित्य है, जबकि श्रमण परंपरा वेदोत्तर है। जैन और बौद्ध धर्म श्रमण परंपरा के अंग हैं। ये अनीश्वरवादी हैं। ब्राह्मण परंपरा और श्रमण परंपरा में एक बड़ा फर्क वर्ण-व्यवस्था के समर्थन और विरोध का है। श्रमण परंपरा ब्राह्मण-क्षत्रिय दायरे से बाहर निकलकर ज्ञान के एक भिन्न मार्ग की खोज करती है और वर्ण-व्यवस्था का विरोध करती है। यह परंपरा वेदों को नित्य नहीं मानती।

ब्राह्मण परंपरा वैदिक विरासत पर आधारित थी और श्रमण परंपरा अवैदिक जैन-बौद्ध विरासत पर। श्रमण को ही पालि भाषा में 'संमन' कहा जाता है। इसका अर्थ है संन्यासी, अस्वीकार करने वाला, एकांतवासी, किसान आदि। आंबेडकर के अनुसार 'समो' का अर्थ शांति है या मेहनत से थका हुआ। ईसा पूर्व पांचवीं-छठी सदी के दौरान श्रमण ऐसे लोग थे जो जीवन का अर्थ ढूंढ़ने के लिए श्रम करते थे। ये प्रयोगधर्मी थे, समाज की परंपराओं से स्वतंत्र थे और ब्राह्मण पुरोहितों से होड़ लेते थे। ये मंत्रों को रटकर कर्मकांड करने वालों के विरोधी थे। श्रमण परंपरा का सटीक अर्थ देने वाला शब्द है 'परिव्राजक' जिसका अर्थ है घर छोड़कर भ्रमण करने वाला। ये परिव्राजक आबादी के आसपास भ्रमण करते रहे होंगे।

श्रमण वेद की सत्ता को नकारते थे, पर श्रमण परंपरा ने 'योग' को मान्यता दी। जैन धर्म, बौद्ध धर्म तथा नास्तिक मत के चार्वाक और आजीविक तथा सभी बड़े भारतीय धर्मों के विख्यात सिद्धांतों,

जैसे—जन्म-मृत्यु चक्र, मोक्ष की धारणा आदि के निर्माण में श्रमण परंपरा की भूमिका स्वीकारी जाती है। आरण्यक ग्रंथों में इसे आडंबरहीन साधक के अर्थ में भी लिया गया है। बौद्धों के धम्मपद में श्रमण का अर्थ है वह व्यक्ति जिसने बुराइयों और दोषों का शमन कर लिया हो।

ब्राह्मण परंपरा में आत्मा की संकल्पना है। याज्ञवल्क्य कहते हैं, 'यह आत्मा ही है जिसे देखा जाना चाहिए।.... आत्मा को देखने से, पुकारने से, ध्यान करने से, बोध से यह समस्त संसार जाना जाता है।' श्रमण परंपरा अनात्मवादी है। जैन साधुओं ने श्रमण परंपरा की नींव डाली। जैन धर्म के अनुसार सभी ज्ञान आंशिक सत्य लिये रहते हैं। यदि उन्हें आंशिक सत्य के रूप में स्वीकार किया जाए तो सभी सच्चे हैं। वे ही जब पूर्ण सत्य मान लिये जाते हैं और दूसरी दृष्टि या अपेक्षा का निषेध करने लगते हैं तो मिथ्या हो जाते हैं। श्रमण परंपरा में परमसत्ता कुछ नहीं है। श्रमण परंपरा संन्यासपरक साधना के रूप में विकसित हुई और जैन-बौद्ध प्रभाव से विस्तृत हुई।

ब्राह्मण परंपरा में कर्मकांड का महत्व है। श्रमण परंपरा इसका निषेध करती है। ब्राह्मण और श्रमण परंपराएं एक-दूसरे की विरोधी समझी जाती हैं। श्रमण परंपरा के संन्यासी न सिर्फ ब्राह्मण धर्म के विरोधी थे बल्कि वेद-विरोधी होने के कारण नास्तिक समझे जाते थे। उनका ब्राह्मण विरोध और वेद-विरोध वस्तुतः कर्मकांड विरोध का ही नतीजा है। नास्तिक का अर्थ था वेदों का त्याग, इसी अभिप्राय से श्रमण नास्तिक थे। वे कर्म-त्याग के विरोध में न थे। वे सिर्फ वेद को प्रमाण नहीं मानते थे। वैदिक साहित्य आध्यात्मिक ज्ञान का मूल अपौरुषेय नित्य में मानता है। श्रमण परंपरा अनात्मवादी है, अनित्यवादी है। इस परंपरा में अनुभवपरक पौरुषेय उपदेशों की प्रधानता है। श्रमण परंपरा वैदिक कर्मकांड से ही नहीं, वैदिक ज्ञानकांड से भी भिन्न है। इस परंपरा की एक बड़ी उपलब्धि शांति और अहिंसा का उपदेश है।

श्रमण परंपरा ने भारतीय दर्शन की आस्तिक और नास्तिक, दोनों परंपराओं को प्रभावित किया था। जब वैदिक कर्मकांड अधिक प्रभावी हो गए, तब महावीर और बुद्ध के समय श्रमण आंदोलन प्रमुख रूप से उभरा था। श्रमण परंपरा ने वैदिक अनुष्ठानों का विरोध करते हुए मुक्ति का एक वैकल्पिक पथ खोजा। वे अपने को आडंबर और पाखंडहीन साधना, योग और इससे संबंधित सिद्धांतों से जोड़ते थे। महावीर (चौबीसवें तीर्थंकर) के अलावा श्रमणों के कई अन्य अगुआ थे, जैसे—मक्खली गोशाल, अजित केशकंबली और पकुधा कच्चायन। श्रमण परंपरा में प्रचलित घुमक्कड़ी का प्रभाव बौद्ध धर्म के भिक्षुओं पर पड़ा था। यह असर नाथों और सिद्धों तक था। उस समय अधिक अन्नोत्पादन के कारण श्रमण-परंपरा ने सभी को उसी काम में लगने की जरूरत महसूस नहीं की और मुक्ति का प्रतिनिधित्व किया।

ईसा पूर्व चौथी शती में चंद्रगुप्त मौर्य के काल में भारत-भ्रमण के लिए आए मेगस्थनीज के अनुसार, श्रमणों में ब्राचमन और गारमन स्पष्ट रूप में दो तरह के साधक थे। मेगस्थनीज अपने यात्रा वृत्तांत में लिखता है, 'जहाँ तक गारमन की बात है उनमें सबसे सम्मानजनक (साधक) को ही लोबी कहा जाता है। वे जंगल में रहते हैं। पेड़ की पत्तियों, जंगली फलों पर निर्वाह करते हैं, पेड़ों की छालों से अपने को ढकते हैं और शराब तथा जीवन के अन्य मजे से हमेशा दूर रहते हैं। वे राजाओं से विमर्श करते हैं, घटनाओं की व्याख्या करते हैं और सलाह देते हैं। वे उस आहार पर निर्वाह करते थे जो लोग उन्हें प्रदान कर देते थे अथवा जिनका आतिथ्य वे स्वीकार करते थे। वे झाड़-फूंक द्वारा लोगों को कई प्रकार के सुख पहुंचाते थे। ये बिना औषधियों का व्यवहार किए लोगों की बीमारियां ठीक कर देते थे। उनकी औषधियों में उनके लेप विख्यात हैं। उनमें सहनशीलता इतनी ज्यादा थी कि एक ही मुद्रा में बिना हिले-डुले पूरे दिन रह सकते थे। उनमें आध्यात्मिक और जादूगर भी थे। उनमें से कुछ लोगों से स्त्रियां और पुरुष दर्शन पढ़ते थे। कई स्त्रियां भी समान रूप से प्रेम और जीवन के आनंद से अपने को बचाए रखती थीं।' श्रमण-प्रवृत्ति वाले लोगों में भी भिन्नता

थी। इनके सभी अभ्यास देशज और अवैदिक थे और इन अभ्यासों का उपयोग पुनर्जन्म चक्र से छुटकारा पाने के लिए भी होता था।

यह श्रमण परंपरा कुछ मूलभूत प्रश्नों से जूझ रही थी। ये प्रश्न थे—मृत्यु के पश्चात् क्या होता है? क्या पुनर्जन्म है? यदि है तो इसकी प्रकृति क्या है? इसका आधार क्या है? इन प्रश्नों से वैदिक-परंपरा के लोगों का कोई सरोकार नहीं था। उन्हें यह संसार पुरस्कारस्वरूप मिला था, उनकी मुक्ति के लिए देवता थे और एक स्वर्ग था।

श्रमण परंपरा जीवन की इहलौकिक और पारलौकिक व्याख्या में न पड़कर इससे मुक्ति के मार्ग के संधान में लगी हुई थी। इसके बारे में पालि भाषा के पाठ ज्यादा विश्वसनीय हैं। उनमें सबसे गंभीर पुस्तक 'समन्नफलसुत' है। इसमें मगध सम्राट अजातशत्रु बुद्ध के निकट आकर 'श्रमण जीवन के फल' के बारे में जिज्ञासा प्रकट करते हैं।

मक्खली गोसाल कर्म की अवधारणा भी नकारते हैं। गोसाल 'आजीविका' शाखा से जुड़े थे। उनके अनुसार, जीवन सहज रूप से चलता जाता है, जब तक इसका अंत नहीं हो जाता। श्रमणों ने जीवन को क्षणिक और महत्वहीन घोषित किया। आजीविकाओं ने नैतिक जिम्मेदारी भी नकार दी। मक्खली गोसाल द्वारा गीत और नृत्य के अनुष्ठान संबंधी कुछ तथ्य प्राप्त होते हैं। अपने किसी शिष्य द्वारा गूढ़ प्रश्न पूछे जाने पर उसने कहा था, 'वीणा बजाओ, पुराने मित्र, वीणा बाजाओ।' अजित केसकंबली और पकुधा कच्चायन पदार्थवादी थे। अजित 'आत्मा' और 'पारलौकिक जीवन', दोनों का निषेध करते हैं। इसी प्रकार पकुधा एक प्रकार के परमाणुवादी-से दिखते हैं। वे आत्मा को मानते हैं, पर ऐसी आत्मा को जो न तो इस जगत को प्रभावित करती है और न ही उससे प्रभावित होती है।

जैन धर्म की श्रमण परंपरा अवैदिक समूह की सबसे पुरानी परंपरा है। यह बौद्ध धर्म के पहले से है। कुछ विद्धानों के मत से जैन परंपरा के श्रमण सिंधु घाटी तक फैले थे। इसके प्रमाणस्वरूप वे कुछ चित्रों का उदाहरण देते हैं जिनका संबंध नंगे आदमी, पद्मासनयुक्त मूर्तियां और सर्पमुण्डों वाले चित्र तथा ऋषभदेव सांड़ प्रतीक से हैं। कुछ विद्वान श्रमण सभ्यता की उत्पत्ति और इसका विस्तार गंगा के मैदानी भागों में मानते हैं।

श्रमण परंपरा ने ऐसे कई तत्व प्रदान किए जो प्रकारांतर से कई भारतीय धर्मों में समाविष्ट हुए। वे हैं : जन्म और मृत्यु के चक्र की अवधारणा, संसार की अवधारणा तथा मुक्ति की अवधारणा। इस तरह भारतीय दर्शन श्रमण परंपरा से ओत-प्रोत है। वृहदारण्यक उपनिषद में श्रमण तापस ऋषि के समान बताए गए हैं। उपनिषद काल में श्रमण-ब्राह्मण आपसी संपर्क में आए। उपनिषदों में पुनर्जन्म, कर्म और मोक्ष सिद्धांत श्रमण-परंपरा से ही आया।

हिंदुओं की आश्रम व्यवस्था में श्रमणों के आदर्शों का मिश्रण है। पश्चिमी साहित्य में श्रमणों का जिक्र है। दमिश्क के निकोलस के लेख में इसके प्रमाण हैं। 'क्लेमेंट ऑफ एलेक्जेंड्रिया' में श्रमणों का उल्लेख है। प्रोफिरी (Prophyry) अपनी पुस्तक 'पशुओं को खाने के मामले में संयम' में श्रमणों के स्वभाव का वर्णन करता है। उसने बतलाया है कि उसे ये सूचनाएं उसके पूर्वजों के समय के बेबीलोनिया के बार्डेसेंस से मिली जो भारतीयों से परिचित थे।

श्रमण परंपरा छठी शताब्दी से ही स्पष्ट हो गई थी। वैदिक और अवैदिक दो धाराएं सामने आ चुकी थीं। वैदिक परंपरा प्रवृत्तिमार्गी, योगपरक और कर्मकांडी थी। उसका एक संबंध शाश्वत से था जो सत और असत के विवेक से प्रेरित था। दूसरी ओर श्रमण परंपरा निवृत्तिमार्गी थी। इसका लक्ष्य बचे हुए जीवन का त्याग कर द्वंद्वातीत कैवल्य का पोषण था। प्रवृत्ति और निवृत्ति को आधार बनाकर दोनों में द्वंद्व दिखाकर विपुल साहित्य की रचना हुई है। भारतीय समाज में ब्राह्मण और श्रमण परंपराओं के बीच लंबे समय तक तीव्र वैचारिक संघर्ष चला था। यह संघर्ष कई बार हिंसक भी हुआ। आगे चलकर दोनों में सामंजस्य देखने को मिला। इसी तरह ब्राह्मण

परंपरा की तरह श्रमण परंपरा को भी कई धाराओं में विभाजित होते देखा गया।

उदयराज

श्रावकाचार

जैन धर्म में 'श्रावक' का अर्थ है श्रमण धर्म में आस्था रखने वाला और श्रद्धापूर्वक जिन वाणी का श्रवण करने वाला। श्रावक शब्द 'श्रु' धातु से बना है। श्रावक के 'श्रा' अक्षर का संबंध जिन-प्रवचन तथा साधु-समआचारी में श्रद्धा रखने वाला, 'व' से तात्पर्य सुपात्र, अनुकंपापात्र तथा मध्यमपात्र आदि को पुण्यकार्य हेतु दान देने वाला और 'क' से तात्पर्य हर प्रवृत्ति में संयम रखने वाला है। दूसरे शब्दों में जिसकी जीवन-शैली विधायक होती है, वह श्रावक कहलाता है। श्रावक को उपासक भी कहा जाता है।

श्रावक के लिए निर्धारित आचरण श्रावकाचार है। श्रावक अपने पूर्वकृत पापकर्मों को काटने के लिए दान, शील, तप और भाव का आचरण करता है और अपने प्रत्येक कार्य में संयम रखता है। वह खाने-पीने, पहनने-ओढ़ने, वस्तुओं का उपयोग करते हुए जीवन में कम-से-कम आवश्यकताओं की पूर्ति करने का प्रयास करता है और किसी तरह के अन्याय, अनीति, अधर्म और पाप के पथ पर नहीं जाता। श्रावक अपने घरबार, कुटुंब-परिवार के साथ रहकर अपने जीवन में कुछ निर्धारित नियमों एवं व्रतों का पालन करता है, कुछ अंशों में हिंसा आदि से विरत होता है, कुछ अंशों में संयमी और कुछ अंशों में व्रती होता है इसलिए उसे क्रमशः देशविरति, संयमासंयमी और व्रताव्रती श्रावक कहते हैं।

स्थानांगसूत्र में चार प्रकार के श्रावकों का उल्लेख है—अद्धागसमाणा, पढ़ागसमाणा, ठाणुसमाणा तथा खरकंटयसमाणा अर्थात कुछ श्रावक सीधे, सरल, जिज्ञासु और विवेकी होते हैं, कई श्रावक पताका के समान होते हैं जो जिधर की हवा बहती है, उधर रुख कर लेते हैं। तीसरे श्रावक ठूंठ के समान अक्खड़ होते हैं, वे किसी के सामने झुकते नहीं हैं और चौथे प्रकार के श्रावक तीखे कांटे के समान चुभने और दुख देने वाले होते हैं।

श्रावकाचार के अंतर्गत बारह व्रतों के पालन का विधान है। वे हैं—स्थूल प्राणातिपातविरमण, स्थूल मृषावादविरमण, स्थूल अदत्तादानविरमण, स्थूल मैथुनविरमण, परिग्रह-परिमाण, दिग्व्रत, भोगोपभोग-परिमाण, अनर्थ-दंडविरति, सामायिक, देशावकाशिक, पोषध और अतिथिसंविभाग।

प्राणातिपातविरमण का अर्थ है प्राणी के प्राण लेने (हिंसा) से विरत होना अर्थात अलग होना या हिंसा का त्याग करना। हिंसा तीन प्रकार से होती है—स्वयं करना, दूसरे से करवाना और हिंसा का अनुमोदन करना। प्राण दस तरह के होते हैं—मन, वचन, काय, आंख, कान, नाक, जीभ, त्वचा, आयुष्य और श्वासोच्छ्‌वास। इनमें से किसी को भी आघात पहुंचाना या उसका नाश करना हिंसा है। स्थूल हिंसा चार प्रकार की होती है—संकल्पी, आरंभी, उद्योगी और विरोधी। किसी निरपराध प्राणी के साथ जानबूझकर हिंसा करना संकल्पी हिंसा है। घर, दुकान, खेत आदि में तथा रसोई आदि के कारण अनजाने होने वाली हिंसा आरंभी हिंसा कहलाती है। द्रव्योपार्जन में अनजाने होने वाली हिंसा उद्योगी कहलाती है और दुष्टों से अपनी रक्षा के लिए की जाने वाली हिंसा विरोधी हिंसा है। श्रावक अनावश्यक हिंसा से बचता है। वह निरपराध प्राणियों की हत्या नहीं करता।

स्थूल मृषावादविरमण का अर्थ है किसी वस्तु आदि के लिए झूठ नहीं बोलना या झूठी गवाही आदि नहीं देना। श्रावकाचार के अंतर्गत श्रावक के लिए हर प्रकार के झूठ से बचना जरूरी है, क्योंकि झूठ के साथ माया, छल, प्रवंचना जुड़ी होती है जिसका त्याग श्रावक के लिए अपेक्षित है। उसे सत्य का उपासक होना चाहिए।

किसी का पड़ा हुआ धन नहीं लेना अदत्तादानविरमण है। श्रावक को किसी की वस्तु चोरी नहीं करनी चाहिए। न धन की, न विचारों की और न किसी के अधिकारों की। पराया धन उसके लिए त्याज्य होता है।

परस्त्री के साथ मैथुन का त्याग स्थूल मैथुनविरमण कहलाता है। श्रावक को ब्रह्मचर्य का पालन करना चाहिए।

अपनी इच्छा से एक निश्चित सीमा तक धन आदि को रखना परिग्रह-परिमाण कहलाता है। श्रावक को चाहिए कि वह अर्जन के साथ विसर्जन करे तथा प्रतिबद्धताओं से मुक्त रहकर जीवन जीए।

व्यवसाय आदि के लिए किसी दिशा में निर्धारित दूरी तक जाने का निश्चय दिग्व्रत कहलाता है।

मांस, मदिरा, रात्रि भोजन आदि का त्याग और पंद्रह प्रकार के वाणिज्य का त्याग भोगोपभोग-परिमाण कहलाता है।

अपध्यान, पापोपदेश, हिंसात्मक वस्तु का दान और प्रमादपूर्ण आचरण को अनर्थ-दंडविरति कहते हैं।

सामायिक का अर्थ है राग-द्वेष से मुक्त होकर अड़तालिस मिनट तक एक आसन पर बैठकर आत्मतत्व का चिंतन आदि करना। श्रावक को केवल धार्मिक उपकरणों के साथ पूजा-उपासना ही नहीं, जीवन के हर मोड़ पर चाहे वह अनुकूल हो या प्रतिकूल, लाभ हो या हानि, सुख हो या दुख, समभाव में रहना चाहिए।

प्रतिक्रमण श्रावकत्व की आत्मभूमिका है। उसे अतीत में लौटकर चिंतन करना चाहिए और भविष्य में अकरणीय कार्यों को न करने का संकल्प करना चाहिए। इसके साथ ही वर्तमान के प्रति सतत जागरूक रहते हुए अपने जीवन में नई बुराइयों को प्रवेश नहीं होने देना और प्रविष्ट हो चुकी बुराइयों का शोधन करना चाहिए।

किसी दिशा में जाने की अधिकतम दूरी को एक दिन या कुछ दिनों के लिए और कम करना देशावकाशिक कहलाता है।

उपवास या एकाशन करके सभी प्रकार के सांसारिक कर्मों से दूर रहते हुए धर्मपरायण रहने का नाम पोषध व्रत है।

साधुओं और परोपकार करने वाले लोगों तथा दीन-दुखियों को दान देना अतिथिसंविभाग कहलाता है।

श्रावकाचार में षट कर्म (छह कर्मों) का पालन भी आवश्यक होता है। ये छह कर्म हैं—देवपूजा, गुरुभक्ति, स्वाध्याय, संयम, तप और दान।

देवपूजा में अर्हंत और सिद्ध भगवान का पूजन, गुरुभक्ति में आचार्य, उपाध्याय या साधु की भक्ति और सेवा, स्वाध्याय में प्रामाणिक जैनशास्त्रों का अध्ययन, संयम में अपनी इंद्रियों, काम-क्रोध-लोभ पर संयम करना तथा पृथ्वी, जल, अग्नि, वायु, वनस्पति और त्रस जीवों की रक्षा का भाव रखना, तप के अधीन अनशन आदि बारह प्रकार के तप का अभ्यास और दान के अंतर्गत दूसरों के हित के लिए आहार, औषधि, विद्या और अभय का दान अपेक्षित है।

श्रावकों के लिए आठ चीजों का त्याग जरूरी है—मद्य, मांस, मधु, स्थूल त्रसहिंसा, स्थूल असत्य, स्थूल चोरी, स्थूल कुशील और स्थूल परिग्रह।

श्रावकाचार के अंतर्गत श्रावक-श्राविकाओं से अपेक्षा की गई है कि वे पाप के रास्तों पर चलने से सदा बचें, पुण्य के लिए भी प्रयत्न नहीं करें, फल की कामना किए बिना कर्म करें और अपने पुरुषार्थ पर भरोसा रखें।

श्रावक के लिए करुणाशील होना जरूरी है। उससे अपेक्षा की जाती है कि वह किसी के अधिकारों का शोषण नहीं करे, किसी के प्रति अन्याय, अनीति और अत्याचार नहीं होने दे, हरे-भरे वृक्षों को नहीं काटे और पर्यावरण को दूषित न करे।

श्रावकों में प्राणी मात्र के प्रति सह-अस्तित्व की भावना होनी चाहिए। उसे क्रोध को मैत्री में, मान को विनम्रता में, माया को सरलता में और लोभ को संतोष में बदलने का प्रयास करना चाहिए।

श्रावक को विचारों से अनाग्रही, व्यवहार से असंग्रह की मनोवृत्ति वाला और आचरण में अहिंसा, मैत्री, संतुलन, सहजता, साधार्मिक वात्सल्य वाला होना चाहिए।

अवधेश प्रसाद सिंह

श्री श्री
(1910-1983)

श्री श्री तेलुगु के प्रसिद्ध साहित्यकार और कवि थे। तेलुगु साहित्य में श्री श्री की ख्याति एक क्रांतिकारी कवि के रूप में है। उनका पूरा नाम श्रीरंगम श्रीनिवासराव है। उन्होंने उच्च शिक्षा मद्रास क्रिश्चियन कॉलेज से हासिल की। उन्होंने दैनिक अखबार 'आंध्र प्रभा' में उप-संपादक के रूप में काम करने के अलावा ऑल इंडिया रेडियो में भी काम किया। सेना में प्रयोगशाला सहायक की नौकरी की। 15 जून 1983 को कैंसर से 73 वर्ष की आयु में उनका निधन हो गया।

श्री श्री को तेलुगु साहित्य में एक युग-प्रवर्तक कवि के रूप में याद किया जाता है। वे प्रगतिवादी काव्य के प्रणेता थे। मार्क्सवाद ने उन्हें बहुत प्रभावित किया था। उन्होंने तेलुगु कविता को लक्षण ग्रंथ और छंदबद्ध भाववादी घेरे से बाहर निकालकर समाज सापेक्ष बनाया। उन्होंने मुक्तछंद की शुरुआत की। उन्होंने तेलुगु कवि की पलायनवादी प्रवृत्ति से मुक्त होकर चिंतन की जड़ता को तोड़ा और प्रगतिगामी ओजस्वी भावों का समावेश किया। उन्होंने तेलुगु कविता को एक नया तेवर दिया। इसलिए वह अभ्युदय के युगस्रष्टा कवि कहलाए।

श्री श्री

श्री श्री ने हमेशा अपने को जमीनी और संघर्षशील लोगों के बीच रखा। उनका विश्वास था कि इस देश की सभी समस्याओं का समाधान मार्क्सवाद है। क्रांति के मार्ग में उन्हें थोड़े-बहुत रक्तपात से परहेज नहीं था। वे गरीबी, अशिक्षा, अभाव और बेरोजगारी को समस्त मनुष्य जाति के चार शत्रु के रूप में देखते थे। उनकी सर्वाधिक चर्चित और लोकप्रिय रचना 'महाप्रस्थानम्' है। इस संग्रह में अधिकांशतः लयबद्ध और गेय कविताएं हैं। दूसरी तरफ ये कविताएं असमानता, द्वंद्वात्मक भौतिकवाद, अंतरराष्ट्रीय शोषण के स्वरूप को समझने की कोशिश करती हैं। ये संघर्षशील लोगों के दुख-दर्द से जुड़ती हैं। तेलुगु के प्रसिद्ध लेखक चलम् ने इनकी कविताओं के बारे में लिखा है, 'भाव कविता में कवि का दर्द सबका दर्द बन जाता है, श्री श्री में सबका दर्द कवि का दर्द बन जाता है।' वे सही अर्थों में तेलुगु के पहले आधुनिक कवि हुए जिन्होंने तेलुगु कविता को पारंपरिक, मिथकीय और शास्त्रीय विषयों से निकालकर सामान्य लोगों के जीवन संघर्ष से जोड़ा और समकालीन विषयों को कविता का मुद्दा बनाया।

श्री श्री 1970 में आंध्र प्रदेश के 'विरसम रचयितल संघम' (रिवोल्यूशनरी राइटर्स एसोसिएशन) के अध्यक्ष बने। साहित्य अकादमी पुरस्कार के अलावा उन्हें सोवियत लैंड नेहरू पुरस्कार से भी नवाजा गया। उन्होंने तेलुगु फिल्मों के लिए अनेक क्रांतिकारी और लोकप्रिय गीत लिखे। उनके गीत आज तक लोगों की जुबान पर हैं और जन-आंदोलनों में उनकी गूंज सुनाई पड़ती है।

संजय राय

अधिक जानकारी के लिए :

Mahakavi Sri Sri : Makers of Indian Literature : Budaraju Radha Krishna, 2006

श्री संप्रदाय

रामानुज द्वारा प्रवर्तित भक्ति के संप्रदाय को श्री संप्रदाय कहा जाता है, क्योंकि इसमें प्रथम भक्त स्वयं श्री को माना जाता है। विष्णु के नारायण रूप में श्रीरंगनाथ की उपासना की जाती है। यह विशिष्टाद्वैत मत का संप्रदाय है। रामानुज ने गीता, पातंजल योग और आलवार भक्तों की परंपरा से भक्ति का स्वरूप ग्रहण कर वेदांत सूत्र के श्री-भाष्य की रचना की थी। शंकराचार्य के मायावाद का खंडन करते हुए उन्होंने ब्रह्म को 'चित्‌अचित्-विशिष्ट' कहा था अर्थात ब्रह्म में सूक्ष्म चित और सूक्ष्म अचित दोनों होते हैं। सूक्ष्म चित से जीव की और सूक्ष्म अचित से स्थूल जगत की उत्पत्ति होती है। ब्रह्म, जीव और जगत में अंशांशिभाव है। ब्रह्म अंशी है और जीव, जगत अंश हैं। ईश्वर, जीव और प्रकृति तीनों अनादि हैं, किंतु जीव और प्रकृति अनिवार्य रूप से ईश्वर पर आश्रित हैं। ये तीनों परस्पर इस प्रकार मिले हुए हैं कि इन्हें अलग करके नहीं देखा जा सकता। जिस प्रकार वस्तु से उसका गुण विभक्त नहीं किया जा सकता, उसी प्रकार ईश्वर से जीव और प्रकृति भी अभिन्न हैं। ईश्वर को 'चित्‌अचित् विशिष्ट' भाव से स्वीकार करने के कारण श्री संप्रदाय का दर्शन विशिष्टाद्वैत कहलाया। यह संप्रदाय जगत को मिथ्या नहीं मानता।

रामानुज जीव और ब्रह्म को एक नहीं मानते, बल्कि 'तत्वमसि' की व्याख्या करते हुए उन्होंने 'तत्' (सृष्टि का कारण रूप ब्रह्म) तथा 'त्वम्' (जीव में छिपी आत्मा) को एक रूप में देखा। जीव अणु है, ब्रह्म विभु। जीव अल्पज्ञ है, अल्प शक्तिमान है। ब्रह्म सर्वज्ञ है, सर्वशक्तिमान है। ब्रह्म अग्नि है और जीव उसके स्फुलिंग हैं। इस धारणा के कारण श्री संप्रदाय में ज्ञान की तुलना में भक्ति का स्थान ऊंचा हो गया। रामानुज ने ज्ञानयोग की साधना को सीमित मानते हुए कहा कि इससे आत्मा इतना ही जान सकती है कि वह शरीर से भिन्न है, किंतु स्वयं को परमात्मा का एक अंश स्वीकार करने की अनुभूति के लिए ज्ञान के साथ-साथ भक्ति आवश्यक है। रामानुज ने 'मोक्ष' का अर्थ ब्रह्म में विलीन होना नहीं माना। भक्ति को महत्व देते हुए उन्होंने कहा कि मोक्ष उस भक्त को मिलता है जो भक्ति की साधना पूर्ण करता है। भक्त अनंत काल तक ईश्वर का सामीप्य पाते हैं। श्री संप्रदाय भक्ति के आनंद को मोक्ष की तुलना में अधिक वरेण्य मानता है। भक्ति में भी सबसे सुगम है प्रपत्ति मार्ग अर्थात सभी तरह से शरणागति का मार्ग। ज्ञान, विद्याभ्यास और योग-साधना न करते हुए भी जो व्यक्ति ईश्वर की शरण में स्वयं को पूर्णरूपेण समर्पित कर देता है, उसे ईश्वर अपना लेते हैं। भक्ति के इस सर्वसुगम मार्ग को रामानुज ने समाज के सभी वर्णों के लिए खोल दिया।

श्री संप्रदाय के एक अन्य महत्वपूर्ण आचार्य रामानंद थे। उन्होंने रामानुज परंपरा की चौथी पीढ़ी में राघवानंद से श्री संप्रदाय की दीक्षा ली। दीक्षित होने पर भी उन्होंने इस संप्रदाय में प्रचलित विष्णु (ब्रह्म) और लक्ष्मी (उनकी शक्ति) की उपासना की जगह विष्णु के अवतार राम की उपासना का प्रचलन किया। उन्होंने 'ब्रह्मसूत्र' की 'आनंदभाष्य' टीका में ब्रह्म को ब्रह्म शब्द वाच्य श्रीराम कहा। उनको सगुण और निर्गुण दोनों माना। अनुमान किया जाता है कि जिस अध्यात्म रामायण के कारण उत्तर-दक्षिण भारत के सभी क्षेत्रों में राम-भक्ति का प्रचार हुआ, उसकी रचना रामानंद ने की थी। उन्होंने तीर्थ-यात्रा करते हुए सारे देश का भ्रमण किया था और भक्ति को दक्षिण से उत्तर भारत तक ले आए थे।

श्री संप्रदाय में दास्यभाव की उपासना स्वीकार की गई है। तुलसीदास श्री संप्रदाय की इसी परंपरा का समर्थन करते हैं। उन्होंने कहा है, 'सेवक सेव्य भाव बिन भव न तरिय उरगारि'।

राजश्री शुक्ला

अधिक जानकारी के लिए :
1. भागवत संप्रदाय : बलदेव उपाध्याय, **2. The cultural Heritage of India,** Vol. IV : The Ramkrishna Mission

श्रीपाद अमृत डांगे

(1899-1991)

भारत की कम्युनिस्ट पार्टी के संस्थापकों में से एक, फिर भी उसके सबसे विवादास्पद नेता श्रीपाद अमृत डांगे (Shripad Amrit Dange) का जन्म 10 अक्टूबर 1899 को बंबई प्रेसीडेंसी में हुआ था। भारत की कम्युनिस्ट पार्टी के संस्थापकों में से थे। वे एक ही साथ पत्रकार, अध्येता और मजदूर नेता थे। उन्हें एक बुद्धिजीवी मजदूर नेता माना जाता था। भारत के ट्रेड यूनियन आंदोलन के वे अग्रणी नेता थे और जब मजदूरों और किसानों के बीच कम्युनिस्ट प्रभाव बढ़ने लगा और ब्रिटेन की कम्युनिस्ट पार्टी भारत के कम्युनिस्टों को प्रोत्साहित और संगठित करने लगी तो ब्रिटिश सरकार ने 'मेरठ षड्यंत्र केस' के माध्यम से भारत के अधिकांश कम्युनिस्टों को गिरफ्तार कर लिया। उन पर मुकदमा चलाया और विभिन्न सजाएं दीं। डांगे भी उनमें से एक थे। उन्होंने कुल मिलाकर तेरह साल जेल में काटे। उनकी पत्नी

श्रीपाद अमृत डांगे

ऊषा ताई डांगे और बेटी रोजा देशपांडे भी कम्युनिस्ट आंदोलन में सक्रिय रहे।

भारत के पहले आम चुनाव में कम्युनिस्टों ने चुनाव में भाग लेने का निर्णय लिया और आशातीत सफलता पाई। कई कम्युनिस्टों ने जेल में रहते हुए भी भारी मतों से लोकसभा का चुनाव जीता। डांगे भी मुंबई से कई बार भारी बहुमत से निर्वाचित हुए और एक प्रखर सांसद के रूप में भी उन्होंने अपनी छाप छोड़ी। वे उन कम्युनिस्ट नेताओं में थे जिन्होंने संसदीय मार्ग से समाजवाद लाने की राह की सबसे पहले वकालत की और जवाहरलाल नेहरू की नीतियों का समर्थन किया। उन पर यह भी आरोप लगाया गया कि उन्होंने ब्रिटिश सरकार से संपर्क कर उसकी मदद और देश के साथ गद्दारी की थी। भारत के अभिलेखागार में इस संबंध में दस्तावेज उपलब्ध होने की बात की गई और उन्हें पार्टी से निकाल दिया गया। उन्होंने अलग से 'ऑल इंडिया कम्युनिस्ट पार्टी' गठित की।

उन्होंने प्राचीन भारत में दास-प्रथा पर संस्कृत श्लोकों पर आधारित एक विवादास्पद पुस्तक लिखी। यह पुस्तक प्राचीनकाल में दास-प्रथा के जन्म-संबंधी मार्क्स के मित्र एंगेल्स की स्थापनाओं से भिन्न थी। 1949 में छपी इस पुस्तक की भारत के मौलिक इतिहास चिंतक डी डी कोसांबी ने कटु आलोचना की और कहा कि डांगे की स्थापनाएं एंगेल्स की स्थापनाओं का मजाक उड़ाती हैं। डांगे ने गांधी बनाम लेनिन नामक एक पुस्तिका भी लिखी थी। उनके एक परिश्रमी अध्येता होने में कोई शंका नहीं थी। वे जो सही समझते थे वही करते थे, भले ही उनकी राय को मित्रों और पार्टी का समर्थन न हो।

उनकी मृत्यु के बाद उनकी पुत्री रोजा देशपांडे और मोहित सेन कम्युनिस्ट आंदोलन में डांगे की उस विचारधारा का नेतृत्व करते रहे जो अधिकाधिक मध्य मार्ग की वकालत करती है। वे 22 मई 1991 में सम्मान और अपमान के बीच झूलते हुए दिवंगत हुए। 1999 में पड़ने वाली उनकी शतवार्षिकी के लिए व्यापक तैयारी शुरू की गई और योजना यह थी

कि एक बड़ा केंद्र स्थापित किया जाए, जहाँ वामपंथी राजनीति और सिद्धांत-व्यवहार का गंभीर अध्ययन हो सके। यह योजना कार्यान्वित नहीं हो सकी। जो भी हो, वे एक लोकप्रिय और विवादास्पद कम्युनिस्ट नेता के रूप में याद किए जाते हैं।

लाल बहादुर वर्मा

अधिक जानकारी के लिए :
1.The Dange Contenary : S A Dange- A Fruitful life : Mohit Sen, 2002, **2. Marxism in India :** Dale Riefe, 1977

श्रीमद्भागवतपुराण

श्रीमद्भागवत अठारह पुराणों में एक है। इसे महापुराण भी कहा जाता है। यह वैष्णव पुराण है। वैष्णव धर्म के अनुयायी इसे पांचवां वेद मानते हैं। माना जाता है कि इस पुराण की रचना दक्षिण भारत में आठवीं-नवीं शताब्दी के आसपास हुई। इसमें 12 स्कंध, 335 अध्याय तथा 18,000 श्लोक हैं। कविता और दर्शन का मणि-कांचन संयोग इस पुराण में है। इसे चिंतन, पांडित्य और काव्य की कसौटी माना गया है। कहा गया है, 'विद्यावतां भागवते परीक्षा' अर्थात विद्वानों की परीक्षा भागवत में होती है। भागवत के दसवें और ग्यारहवें स्कंध श्रीकृष्ण की लीलाओं के वर्णन के लिए प्रसिद्ध और लोकप्रिय रहे हैं। इस पुराण में दर्शन, भक्ति, धर्मतत्व का विवेचन तथा लीलाओं का निरूपण है। इसके भावोच्छ्वासमय प्रसंगों को गीता या गीत कहा जाता है। पिंगला का गीत, ब्राह्मण भिक्षु का गीत, वेणुगीत, भ्रमरगीत आदि ऐसे ही गीत हैं। इनमें से वेणुगीत, भ्रमरगीत आदि ने हिंदी के भक्तिकाल के कवियों को बहुत प्रभावित किया है।

भावसांद्रता, समर्पण और तन्मय मनःस्थितियों का सुंदर सम्मिश्रण 'श्रीमद्भागवत' के गीतों में हुआ है। भक्त के आर्त भाव का वर्णन भागवतकार ने किया है। प्रह्लाद विष्णु से कहते हैं, 'अजातपक्षा इव मातरं खगाः, स्तन्यः यथा वत्सतराः क्षुधार्ताः। प्रियं प्रियेव व्युषितं विषण्णा, मनोऽरविंदाक्ष दिदृक्षते त्वाम्।' अर्थात हे अरविंदाक्ष, आपको मन उसी तरह देखना चाहता है, जैसे चूजे जिनके पंख नहीं उगे अपनी मां को, भूख से आकुल बछड़े गाय के दूध को तथा विरहिणी विषण्ण प्रिया अपने प्रिय को।

भारत के इतिहास व भूगोल का वर्णन भागवत में विस्तार से किया गया है। पुराणकार कहते हैं, देवता भी भारतभूमि के गौरव की गाथा गाते रहते हैं तथा भारतवर्ष में जन्म लेने के लिए लालायित रहते हैं। वे कहते हैं कि भारतभूमि में रहकर स्वर्ग और अपवर्ग (मुक्ति) दोनों पाए जा सकते हैं। श्रीमद्भागवत पुराण के अनुसार इस पवित्र भारतभूमि पर एक क्षण के लिए निवास अन्य किसी स्थान पर कई कल्प निवास से बढ़कर है, 'कल्पायुषां स्थानजयात् पुनर्भवात् , क्षणायुषां भारतभूजयो वरम्। क्षणेन मर्त्येन कृतं मनस्विनः संन्यस्य संयान्त्यभयं पदं हरेः।' पंचम स्कंध का गद्य अत्यंत प्रांजल और प्रौढ़ है। इस स्कंध में भारत देश की मनोहारी छवि का सरस चित्रण है।

श्रीमद्भागवत में मौर्य युग के भारतीय इतिहास की जानकारी के लिए भी महत्वपूर्ण सामग्री है। इतिहास की घटनाओं का वर्णन यहां भविष्य कथन की शैली में इस प्रकार किया गया है—भाव्य बार्हद्रथ को मारकर उसका अमात्य प्रद्योत को राजपग पर नियोजित करेगा, प्रद्योत का पुत्र पालक होगा, पालक का विशाखयूप, उसका राजक, राजक का नंदिवर्धन, ये पांच राजा एक सौ अड़तीस साल राज्य करेंगे। (12.1.4) तत्पश्चात् शिशुनाग, काकवर्ण, क्षेमधर्मा, क्षेमधर्मा का बिधिसार (बिंदुसार), बिंदुसार का अजातशत्रु, उसका पुत्र दर्भक, (दर्शक), दर्भक का अजय, अजय का नंदिवर्धन, नंदिवर्धन का महानंदी--शिशुनाग वंश के ये दस राजा एक सौ साठ वर्ष राज्य करेंगे। (12.1.57) महानंदी की शूद्र पत्नी से महापद्मपति उत्पन्न होगा, उसके वंशजों में महापद्म परम प्रतापी द्वितीय भार्गव के समान होगा, उसके सुमाली आदि आठ पुत्र होंगे। इन नव नंदों को कोई ब्राह्मण जड़ से उखाड़ फेंकेगा, 'नवनंदान् द्विजः कश्चित् प्रपन्नानुद्धरिष्यति'। (12.1.12)

इसके बाद मौर्य वंश का शासन आरंभ होगा। इस वंश में चंद्रगुप्त मौर्य का पुत्र वारिवार, वारिवार का अशोकवर्धन, अशोक का सुयश, सुयश का संगत, संगत का शालिशूक, सालिशूक का सोमशर्मा, सोमशर्मा का शतधन्वा—ये दस मौर्यवंशीय राजा एक सौ सैंतीस वर्ष राज्य करेंगे (12.1.15)। बृहद्रथ मौर्य को उसी का सेनापति पुष्यमित्र मार डालेगा, उसके पश्चात् शुंग वंश का शासन आरंभ होगा। पुष्यमित्र शुंग का पुत्र अग्निमित्र होगा, अग्निमित्र का सुज्येष्ठ—इस क्रम से दस शुंग राजा सौ से अधिक वर्ष तक राज्य करेंगे। स्वेच्छाचारी देवहूति शुंग को उसी का आमात्य कण्व समाप्त कर देगा। शुंग वंश की समाप्ति के साथ कण्व वंश आरंभ होगा। एक सौ पैंतालीस वर्ष काण्वायन राजा राज्य करेंगे। काण्व राजा सुशर्मा को उसका भृत्य बली वृषल मार डालेगा, तब आंध्र वंश प्रवर्तित होगा। भागवत में आंध्र वंश के तीस राजाओं के नाम यहां गिनाए गए हैं तथा उनके चार सौ छप्पन वर्ष राज्य करने का उल्लेख किया है। फिर बताया है कि तत्पश्चात् सात आभीरवंशीय और दस गर्दभवंशीय राजा होंगे और फिर यवनों तथा तुरुष्कों (तुर्कों) का राज्य होगा। भागवत में बाह्लीक, कोसल, निषध तथा मागध राजाओं का भी वर्णन है।

विष्णु के अवतारों का वर्णन करते हुए भागवतकार ने सांख्य के प्रवर्तक कपिल मुनि तथा गौतम बुद्ध को भी उनके अवतारों में निरूपित कर धर्म के संबंध में समन्वय की दृष्टि का परिचय दिया है। पंचम स्कंध में ऋषभदेव और जड़भरत का चरित्र प्रेरणास्पद है। भागवतपुराण के तृतीय स्कंध में तेईसवें तथा चौबीसवें अध्यायों में कपिल मुनि का जन्म व जीवनचरित वर्णित है तथा सांख्यसिद्धांत उन्हीं के शब्दों में समझाया गया है। चतुर्थ स्कंध के प्रथम अध्याय में कश्यप, अत्रि, दुर्वासा आदि ऋषियों की वंश-परंपरा बताई गई है। विविध धार्मिक या दार्शनिक संप्रदायों की उत्पत्ति व विकास का प्रामाणिक विवेचन है। दार्शनिक चिंतन को पुराणों ने अत्यंत सरल भाषा में प्रस्तुत किया है। श्रीमद्भागवत में ब्रह्मांड का स्वरूप और उसमें विभिन्न ग्रह-नक्षत्रों की गति को समझाने के लिए कुम्हार के घूमते हुए चाक का उदाहरण दिया है। जिस प्रकार कुम्हार का चाक घूम रहा हो और उस पर कुछ चीटियां चल रही हों, तो चीटियां अपनी गति से भी चलती हैं और उस चाक के साथ भी घूमती हैं, उसी प्रकार यह सारा ब्रह्मांड कुम्हार के एक चाक की तरह घूम रहा है। इसके साथ इसके अंतर्गत सारे ग्रह-नक्षत्र भी घूम रहे हैं और वे ग्रह आदि इसकी गति के साथ घूमने के अलावा अपनी गतियों से भी भ्रमण कर रहे हैं। (भागवत, पंचम स्कंध, 22.2)

पुराणों ने धर्म के नाम पर होने वाले आडंबर और निरर्थक कर्मकांड का निराकरण करके धर्म के मानवीय स्वरूप को प्रतिष्ठित किया। वे मानवतावादी धर्म के सबसे प्राचीन प्रतिपादक महाग्रंथ कहे जा सकते हैं। समाज में व्याप्त शोषण व अन्याय का प्रतिरोध पुराणकारों ने किया। श्रीमद्भागवत में कहा गया है, 'यावद् भ्रियेत जठरं तावत् सत्त्वं हि देहिनाम्। अधिकं योऽभिमन्येत स स्तेनो दण्डमर्हति। अर्थात जितने से अपना पेट भर सके, उतने पर ही प्राणी का अधिकार है। उससे अधिक जो संचय करता है, वह चोर है और उसे दंड दिया जाना चाहिए। (भागवत, 3.30.29)

भागवत में कपिल मुनि कहते हैं, 'अत्रैव स्वर्गो नरक इति मातः प्रचक्षते। या यातना वै नारक्यस्ता इहाप्युपलक्षिताः'। अर्थात हे माता, इसी धरती पर स्वर्ग तथा नरक दोनों हैं। जितनी नारकीय यातनाएं हैं, वे यहीं देखी जा सकती हैं। दार्शनिक स्तर पर भागवत में वेदों व उपनिषदों के तत्वचिंतन का निचोड़ सरस शैली में प्रस्तुत कर दिया गया है। उदारहण के लिए, ऋग्वेद के सुप्रसिद्ध मंत्र का जिसमें आत्मा और जीव के रूप में दो पक्षियों का वर्णन है, भाव भागवतकार ने मनोहर रूप में इस प्रकार पुनर्विन्यस्त किया है, 'सुपर्मावेतौ सयुजौ सखायौ यदृच्छयेतौ कृत्नीडौ च वृक्षे। एकस्तयोः खादति पिप्पला—न्यन्यमन्यो निरपेक्षोऽपि बलेन भूयान्।।' (11.2.16)

चैतन्य, निंबार्क, माध्व, रामानुज, वल्लभ, मधुसूदन सरस्वती जैसे दार्शनिकों और संतों के चिंतन तथा जीवन पर श्रीमद्भागवत का गहरा प्रभाव है।

भारतीय साहित्य में भक्तिकाव्य की वेगवती धारा का एक उत्स भागवत रहा है। इस पर लगभग सौ टीकाएं व भाष्य संस्कृत में लिखे गए, जिनमें वल्लभाचार्य की सुबोधिनी तथा श्रीधरस्वामी की श्रीधरी टीका विशेष प्रसिद्ध हैं। हिंदी के रूपानारायण पांडेय ने शुकोत्तिसुधासागर और लल्लूलाल ने प्रेमसागर के नाम से कुछ अंश के अनुवाद किए हैं।

राधावल्लभ त्रिपाठी

श्रीहर्ष

(बारहवीं सदी)

श्रीहर्ष का समय बारहवीं सदी के आसपास माना जाता है। ये कन्नौज के शासकों विजयचंद्र तथा जयचंद्र की राज्यसभा को सुशोभित करते थे। उन्होंने कई संस्कृत ग्रंथों की रचना की जिनमें 'नैषधचरित' प्रमुख कृति है। इसकी गिनती संस्कृत के श्रेष्ठ काव्य में की जाती है। इसमें अलंकारों का बड़ा सुंदर प्रयोग है। यह ग्रंथ 22 सर्गों में विभक्त है। इसमें 2,630 श्लोक हैं। इस ग्रंथ में उन्होंने निषध के शासक नल तथा विदर्भ की राजकुमारी दमयंती की प्रेमकथा का काव्यात्मक वर्णन किया है। ईश्वरचंद्र विद्यासागर ने 'नैषध चरित' की समालोचना करते हुए लिखा था, 'श्रीहर्ष में कविता-शक्ति असाधारण थी, इसमें संदेह नहीं किंतु उनमें सहृदयता न थी।' श्रीहर्ष के इस ग्रंथ में, 'किसी किसी स्थल में रस है और किसी स्थल में नहीं है।' (महावीर प्रसाद द्विवेदी, नैषध चरित चर्चा 1900)।

कहा जा सकता है कि श्रीहर्ष श्रृंगार रस के कुशल कवि थे और दार्शनिक भी थे। उन्हें तंत्र, योग, न्याय, मीमांसा आदि विषयों का ज्ञान था। उन्होंने 'खंडन-खंड-खाद्य' नाम के ग्रंथ की रचना की जिसमें न्याय दर्शन का खंडन किया गया है और शंकर के अद्वैत मत की भी खबर ली गई है। इससे उनकी निर्भीकता का बोध होता है।

सरोज सिंह

श्रुत लेखन

यह प्रगत संगणन विकास केंद्र (सीडैक), पुणे की ओर से विकसित किया गया ध्वनि से पाठ परिवर्तक अनुप्रयोग (सॉफ्टवेयर) है। कंप्यूटर में संस्थापित होने के बाद इसका प्रयोग बोली हुई बातों को कंप्यूटर पर स्वतः टंकित करने के लिए किया जा सकता है। भारत सरकार के राजभाषा विभाग के सहयोग से विकसित यह अनुप्रयोग हिंदी यूनिकोड का समर्थन करता है। प्रयोक्ता को अपने कंप्यूटर में आगम युक्ति (इनपुट डिवाइस) के तौर पर एक माइक्रोफोन का प्रयोग करना होता है जो इस अनुप्रयोग के साथ संलग्न होता है। माइक्रोफोन में बोली जाने वाली ध्वनि के एनालॉग संकेतों को पहले डिजिटल संकेतों में बदला जाता है। बाद में इन डिजिटल संकेतों का श्रुत लेखन द्वारा संश्लेषण किया जाता है तथा उसे पहचानकर टंकित अक्षरों के रूप में प्रस्तुत किया जाता है। यदि टंकित सामग्री में कोई त्रुटि प्रतीत हो तो उसे कंप्यूटर कीबोर्ड के माध्यम से संशोधित किया जा सकता है। पहले से रिकॉर्ड की हुई ध्वनि की फाइल का भी प्रयोग संभव है। श्रुत लेखन हिंदी भाषा की दृष्टि से सीडैक के सर्वाधिक महत्वपूर्ण अनुप्रयोगों में गिना जाता है। अन्य अनुप्रयोग हैं—मंत्र राजभाषा (अंग्रेजी से हिंदी मशीन अनुवाद), चित्रांकन (मुद्रित अक्षरों को टंकित अक्षरों में परिवर्तित करने का अनुप्रयोग) और लीला (अहिंदी भाषियों को हिंदी सिखाने के लिए विकसित अनुप्रयोग)। सीडैक, पुणे में इसके विकास का दायित्व एप्लाइड आर्टिफिशियल इंटेलीजेंस ग्रुप देखता है।

बालेंदु शर्मा दाधीच

अधिक जानकारी के लिए :
www.cdac.in/index.aspx?id=mc-st-shrutlekhan-rajbhasha

शृंगार काव्य

हिंदी साहित्य में रीतिकाल को 'श्रृंगार काल' कहा जाता है। आदिकाल में रासो काव्य के

साथ विद्यापति के काव्य में शृंगार रस का अद्वितीय कलात्मक चित्रण उपलब्ध होता है। जयदेव के 'गीतगोविंद' की परंपरा में विद्यापति ने राधा-कृष्ण के शृंगार का जैसा खुला वर्णन किया, वैसा कृष्ण भक्त सूरदास के गीतों में भी पाया जाता है। आगे चलकर राधा-कृष्ण के स्थान पर जब स्त्री-पुरुष के शृंगार का वर्णन युग की प्रवृत्ति बन गया, तो उस युग को साहित्य के इतिहास में शृंगारकाल कहा गया।

सृष्टि की सृजन-परंपरा को अनवरत चलाते रहने के लिए शृंगार अर्थात नर-मादा के बीच का प्रबल आकर्षण एक अदम्य भाव के रूप में प्रकृति द्वारा दिया गया है। पशु-पक्षियों में कामावेग आज भी उसी रूप में पाया जाता है। मनुष्य अपनी विकास-यात्रा में उस आकर्षण को निरंतर बढ़ाता गया। साहित्य, चित्र, मूर्ति और अन्यान्य कलाओं के केंद्रीय भाव के रूप में यौन आकर्षण को देखा जा सकता है। संसार के सभी स्त्री-पुरुष, कामसुख का आस्वादन करते हैं, किंतु उस सुख को भोगने भर से साहित्य नहीं बनता। उस सुख का जब मानव-हृदय की एक अदम्य आदिम भावना के रूप में चित्रण किया जाए और वह चित्रण पाठक, श्रोता या दर्शक की शृंगार भावना को उज्जीवित और परितृप्त करे, तभी उसे शृंगार रस कहा जा सकता है। शृंगार का स्थायी भाव रति है, जो आजीवन मनुष्य के हृदय में किसी-न-किसी रूप में बना रहता है। बच्चा माता-पिता के प्रति इस लगाव का अनुभव करता है। युवा विपरीत लिंगी के प्रति यह अनुभव करता है। श्रद्धेय व्यक्तियों या ईश्वर के प्रति भक्ति के रूप में भी यही भाव सक्रिय होता है। इसलिए इस भाव को सर्वश्रेष्ठ और सर्वव्यापक रूप में देखा जाता है।

हिंदी में शृंगार काव्य की परंपरा संस्कृत के 'अमरुकशतक' और अपभ्रंश की 'गाहासतसई' के बाद 'संदेशरासक' जैसी रचनाओं के माध्यम से विकसित हुई। विद्यापति मैथिली के साथ-साथ अवहट्ट में भी रचना कर रहे थे। उनका शृंगार काव्य अद्वितीय है। उसी काल के आसपास कबीरदास शृंगार भाव को जीवात्मा-परमात्मा के संदर्भ में उत्कर्ष तक ले गए। सूफी कवियों ने स्त्री-पुरुष के शृंगार भाव को ब्रह्म जीव के संदर्भ में लोक कथाओं के माध्यम से अतिशय लोकप्रियता प्रदान की। रामभक्ति शाखा के सर्वश्रेष्ठ कवि तुलसीदास ने कालिदास और वाल्मीकि की परंपरा में सीता-राम का अगाध प्रेम रचा, किंतु गंभीर मर्यादाबोध के कारण उनके शृंगार को मानव-मानवी भूमि तक उतरने नहीं दिया। कृष्णभक्त सूरदास और अष्टछाप के कवियों ने विद्यापति की परंपरा का अनुसरण करते हुए ईश्वरीय और मानवीय प्रेम का भेद मिटा दिया, जिसे रीतिकाल और शृंगारकाल कहा जाता है, उसके इतिहास का आरंभ आचार्य रामचंद्र शुक्ल ने इस स्थापना के साथ किया, 'हिंदी काव्य अब पूर्ण प्रौढ़ता को पहुंच गया था।' लेकिन इससे यह निष्कर्ष नहीं निकालना चाहिए कि उससे पहले का हिंदी काव्य पूर्ण प्रौढ़ता तक नहीं पहुंचा था।

कबीर, विद्यापति, जायसी, मीरा और सूरदास का काव्य किसी भी कसौटी पर खरा उतरने वाला पूर्ण प्रौढ़ काव्य है। फर्क यह है कि वह काव्यभक्ति के आवेग में रचा गया काव्य है। उस काव्य के रचयिता अपने को कवि नहीं, भक्त मानते हैं। 'कवि न होऊं नहिं चतुर कहाऊं। मति अनुरूप राम गुन गाऊं।' कहने वाले तुलसीदास चाहे जितने बड़े कवि हों, उनका दावा केवल भक्त होने का है। रीतिकाल के कवि अपने को भक्त नहीं, कवि और कवि शिक्षक मानकर रचना कर रहे थे। इसलिए उनके काव्य को पूर्ण प्रौढ़ता तक पहुंचा हुआ कहा जाता है। इस काल के कवि को कवि रूप में अपनी स्वीकृति की चिंता थी। राधा-कृष्ण के शृंगार का वर्णन करते हुए उन्हें लगा था कि आगे आने वाले लोग, विशेषतः सुकवि लोग हमें कवि मानेंगे तो हमारी रचना कविताई होगी, नहीं मानेंगे तो राधिका-कन्हाई के सुमिरन का बहाना मात्र होगा—'आगे के सुकवि रीझिहैं तो कविताई, न तु राधिका कन्हाई सुमिरन को बहानो है।' यह लिखने वाले भिखारीदास को भक्ति की केंद्रीय शक्ति का पता नहीं है।

भक्ति का लक्ष्य सिर्फ भक्ति है—अपनी संपूर्ण चेतना का अपने आराध्य के प्रति समर्पित होना। वह अपने आराध्य से कुछ नहीं चाहता। मुक्ति उसके लिए तुच्छ है। इसलिए कवि के रूप में स्वीकृति का लक्ष्य रखने वाले कवि भक्ति को दूसरे नंबर की उपलब्धि मानते हैं।

रीतिकाल के कवियों ने स्त्री-पुरुष के श्रृंगार का चित्रण इस कौशल के साथ किया कि रसोद्रेक में सफलता मिले। रीति ग्रंथों के कर्ता भावुक, सहृदय और निपुण कवि थे। रसों, विशेषतः श्रृंगार रस का सरस और हृदयग्राही वर्णन प्रभूत मात्रा में मिला है। यहां आलंबन नायिका है। रीतिमुक्त स्वच्छंद धारा के कवि—घन आनंद, बोधा, आलम, ठाकुर आदि का श्रृंगार चित्रण नायिका को नहीं, अपनी प्रेमिका को केंद्र में रखकर किया गया है। इसलिए इन कवियों का श्रृंगार प्रेम काव्य का भी श्रेष्ठ उदाहरण है। मतिराम 'ज्यों-ज्यों निहारिए नेरे नैननि, त्यों-त्यों खरी निखरै सी निकाई' कहकर सौंदर्य की अद्वितीयता रेखांकित करते हैं, घन आनंद रूप और पारखी दोनों की :

रावरे रूप की रीति अनूप नयो नयो लागत ज्यों ज्यों निहारिए/ त्यों इन आंखिन बानि अनोखी अघानि कहूं नहिं आनि तिहारिए 'अंग-अंग तरंग उठै दुति की परिहे मनो रूप अबै धर च्वै' सुजान के इस रूप के प्रति प्रेमी की लालसा उसके पावों के तलवों, एड़ी जैसे अंगों के साथ लगी रहती है। वह कहता है, 'मन मेरो महावर चायनि च्वै, तुव पायन लागि न हाथ लगै।' संयोग ऐसा कि मिलन के समय छाती पर पड़ा हार पहाड़ जैसा लगता है और विरह की तीव्रता ऐसी कि 'अब आनि कै बीच पहार परे'।

रामदेव शुक्ल

अधिक जानकारी के लिए :

1. हिंदी साहित्य का इतिहास : रामचंद्र शुक्ल, **2. हिंदी साहित्य का अतीत :** विश्वनाथ प्रसाद मिश्र, **3. घनानंद :** रामदेव शुक्ल

श्रृंगार काव्य में लोक संस्कृति

अभिजन और लोक की श्रृंगार चेतना का अद्‌भुत समन्वय हिंदी काव्य के आरंभ में ही मैथिल कोकिल विद्यापति की पदावली में दिखाई देता है, 'पहिल बदरि सम, पुन नवरंग, दिन दिन अनंग अगोरल अंग'। बेर के फल से नारंगी तक विकसित उरोजों वाली सुंदरी के एक-एक अंग को कामदेव दिन-प्रतिदिन ऐसे अगोरता है, जैसे माली अपने रोपे वृक्षों के फल की रात-दिन निगरानी करता है। विद्यापति अपने गीतों में रूप, लालसा और श्रृंगार-सुख को उस शिखर तक ले जाते हैं, जहाँ युग-युग तक सन्निधिमय रहने पर भी कुछ कहने की स्थिति नहीं बन पाती—'सखि की पुछसि अनुभव मोय/जनम अवधि हम रूप निहारल, नयन न तिरपित भेल।' वहीं विद्यापति लोकोन्मुख होते हुए अपने समाज के बाल विवाह, वृद्ध विवाह और विषम विवाह से उपजी दारुण त्रासदी को भी चित्रित करते हैं, 'हरि मोर बालक, हम तरुनी।' पति निरा बच्चा है और मैं पूर्ण तरुणी!

लोकदृष्टि जब सूक्ष्म और धारदार होती है, वह संस्कृति की सर्जना करती है। वह कल्पित यूटोपिया से प्रभावित न होकर यथार्थ की परख करती है। हिंदी काव्य में गाथा और गाहा छंदों में सातवीं शताब्दी से ही ऐसे लोक-संबंध कलात्मक रूप में वर्णित हुए हैं जिनके आधार पर 'बिहारी सतसई' के कई दोहों में श्रृंगारचित्र लोकपरक बने हुए हैं। गांव की एक युवती गांव के बाहर वृक्षों के झुरमुट के पास कुछ दिन पहले आकर कुटी बनाने में लगे साधु से कहती है—'साधु बाबा! अब आप निश्चिंत होकर अपनी साधना करें, क्योंकि जो कुत्ता कभी-कभी आपको परेशान करता था, उसे रात में एक सिंह मारकर खा गया है।' इस सीधी-सरल बात की व्यंजना श्रृंगार की दृष्टि से यह है कि वृक्षों का वह झुरमुट स्त्री का संकेत-स्थल है। साधु का उसके पास रहना उसकी प्रेमक्रीड़ा में बाधक है। साधु को वह स्थान छोड़ने के लिए सीधे कहना लोकमान्यता के विरुद्ध है। इसलिए

शेर की सूचना साधु को इसलिए दी जाती है कि जान बचाने के लिए साधु भाग खड़ा हो!

युवती विरहिणियों से भरे ग्रामीण समाज में वर्षा ऋतु की रात अपने घर में सो रहे पथिक को जगाती हुई कहती है, 'ननद निगारी, सासु माय के सिधारी। जागु जागु रे बटोही, इहां चोरन को डरु है।' ननद नींद की मारी है, मेरी सास अपने मायके गई है। घनघोर वर्षा हो रही है। मैं पूर्ण युवती अकेली डर रही हूं। बेखबर सोने वाले बटोही! जागते रहो, यहां चोरों का डर है।' कठोर मर्यादावादी तुलसीदास जब लोकछंद सोहर में 'रामलला नहछू' लिखते हैं, तो नाइन और अहिरिन के यौवन से राजा दशरथ के प्रभावित होने को नकार नहीं पाते, 'अहिरिन हाथ दहेड़िया सगुन लेइ आवइ हो। उनरत जोवन देखि नृपति मन भावइ हो।।' 'बरवै नायिकाभेद' में रहीम 'अहिरिन मन के गहिरिन उतर न देइ' के बाद उसकी हावयुक्त चेष्टा का मोहक संकेत करते हैं। पूरा कृष्णकाव्य गोपियों के मुखर सौंदर्य से निनादित है। रीतिकाव्य में देव का सवैया कृष्ण की मुग्ध करने वाली अहीरी छवि इस रूप में मूर्त करता है–

> **माखन सो मन, दूध सो यौवन, है दधि ते अधिको उर ईठी।**
> **जाछबि आगे छपाकर छाछ, समेत सुध बसुधा सब सीठी।**
> **नैननि नेह चुवै कवि देव, बुझावति बैन वियोग अंगीठी।**
> **ऐसी रसीली अहीरी अहो, कहौ क्यों न लगै मनमोहनै मीठी।।**

किसी भी देश, काल, समाज की लोक-संस्कृति हो, सामान्य रूप से कुंठाविहीन होती है। शास्त्र या मर्यादा को वहां बहुत भाव नहीं दिया जाता। परकीय शृंगार के लिए लोकमान्यता की मुहर इस रूप में लगती है, 'साग नीक तोरी के, नारि नीक चोरी के।' परकीय संबंध में वर्जित फल के आस्वादन का आवेग अदम्य होता है। 'यः कौमार हरः स एव हि वरः साएव चैनक्षपा' वाला प्रसिद्ध छंद सुनकर महाप्रभु चैतन्य भावमग्न होकर मूर्च्छित हो गए थे। उस छंद में प्रेमशृंगार से परितृप्त युवती कहती है, 'जिसने मेरा कौमार्य हरण किया था, वही मेरा वर है। वही चैत की मादक चांदनी है। मालती पुष्पों की वह मादक गंध से आपूरित कदंब-पवन भी वही है। मैं भी वही हूं। अब भी नर्मदा के तट पर प्रथम समागम के उन क्षणों के लिए चित्त उत्कंठित रहता है।' बिहारी उस सुख का इस रूप में स्मरण करते हैं, 'सघन कुंज, छाया सुखद, सीतल, मंद समीर। मन ह्वै जात अजौ वहै, वा जमुना के तीर।।'

बिहारी का एक और दोहा स्मरण किया जा सकता है। प्रिया के सान्निध्य की लालसा में प्रिय उसे ऊंची पेंग बढ़ाकर झूलती हुई देख रहा है। अचानक हाथ से झूले की डोर छूट जाती है और प्रिया ऊंचाई से परी की तरह धरती पर गिरने को होती है, पर गिरने नहीं दी जाती। जरा देखें –

'हेरि हिंडोरे-गगन तें, परी परी सी टूटि। धरी धाय पिय बीच ही, करी खरी रस लूटि।।'

संयुक्त परिवार व्यवस्था में आज भी भारतीय गांवों में कुछ परिवार ऐसे मिल जाएंगे, जिनमें नव-विवाहित युगल का दिन में मिलना मर्यादानुकूल नहीं माना जाता। ऐसी दशा में उन्नीसवीं सदी के ग्रामीण समाज में क्या स्थिति रही होगी, यह सहज अनुमान का विषय है। छल-बल से मौका निकालने की कोशिश में युवक पत्नी के कमरे में घुस जाता है, पर पत्नी जेठानी के पास है। कमरे में बैठा युवक वहीं से पुकारता है कि उसे प्यास लगी है, कोई पानी दे जाए। उसकी भाभी देवर का अभिप्राय समझकर देवरानी को आदेश देती है कि वह जाकर पानी दे आए। नववधू जेठानी के आदेश का पालन करती है, किंतु बुद्धि-कौशल के साथ। मतिराम का छंद है, 'जेठी पठाई, गई दुलही, हंसि हेरि हरैं मतिराम बुलाई। कान्ह के बोल पै कान न दीन्हीं, सुगेह की देहरी पै धरि आई।' दुलहिन कमरे के भीतर नहीं जाती, दरवाजे पर ही पानी रखकर लौट जाती है। लोक-संस्कृति और शृंगार का संबंध कुंठामुक्त समाज की स्वस्थ प्रेमचर्या की अभिव्यक्ति है।

रामदेव शुक्ल

अधिक जानकारी के लिए :

1. हिंदी साहित्य : उद्‌भव और विकास : हजारीप्रसाद द्विवेदी, **2. हिंदी साहित्य का अतीत (भाग-2) :** विश्वनाथ प्रसाद मिश्र, **3. लोक जागरण और हिंदी साहित्य :** राम विलास शर्मा, 1985

शृंगारेतर काव्य (रीतिकालीन)

रीतिकाल (1700-1850) में निर्दिष्ट काव्यरीति या लक्षण ग्रंथों की परिपाटी का अनुसरण करने वाली रचनाओं का सृजन हुआ। यह काल शृंगारिक काव्य के लिए इतना प्रसिद्ध हुआ कि विश्वनाथ प्रसाद मिश्र ने इसे 'शृंगारकाल' कहना उचित समझा। इस काल में शृंगार रस की प्रधानता थी, यह बात सही है, लेकिन इसके साथ ही इस काल में प्रचुर मात्रा में शृंगारेतर काव्य की रचना भी हुई। शृंगारेतर काव्य में भक्ति, नीति और वीर रस की रचनाएं शामिल हैं। वस्तुतः भक्तिकाल के अनेक भक्ति संप्रदायों की परंपरा रीतिकाल में भी चलती रही।

केशवदास का संबंध वल्लभ संप्रदाय से था। उन्होंने विट्ठलनाथ की प्रशस्ति लिखी थी। केशवदास का मानना है कि शृंगार में ही सभी रसों का अंतर्भाव हो जाता है। उन्होंने अपने रस-निरूपण में स्वार्थ-परमार्थ दोनों रूपों की बात की—'स्वारथ परमारथ लहें, रसिकप्रिया की प्रीति।' अपनी कृति 'रसिकप्रिया' में उन्होंने प्रायः उन्हीं अंगों का विस्तार किया है जिनका विस्तार भक्तिमूलक शृंगारशास्त्र में हुआ था। वे इस ग्रंथ में घोषणा करते हैं—'राधा-राधारमण के कहे जथामति हाव।' अर्थात उनकी रस संबंधी अवधारणा पर राधा-कृष्ण की भक्ति परंपरा का गहरा प्रभाव है। इस काल में अनेक कवियों पर राधानुरागी कृष्णभक्ति संप्रदायों का प्रभाव था। ऐसी मान्यता है कि बिहारी और घनानंद निंबार्क संप्रदाय से संबंधित थे। इस संदर्भ में बिहारी सतसई के मंगलाचरण को याद किया जा सकता है—'मेरी भवबाधा हरो राधा नागरि सोइ/जा तन की झाईं परे स्याम हरित दुति होइ।।' बिहारी ने राधा, कृष्ण, ब्रज, यमुना आदि पर मार्मिक उक्तियां कहीं। कुछ दोहों में उनकी भक्ति भावना की भी व्यंजना मिलती है। उन्होंने अनेक दोहों में निर्गुण संतों की तरह बाह्याडंबरों पर प्रहार भी किया है—'जपमाल छापा तिलक सरे न एको काम।' महाकवि देव काव्य का सार शृंगार को और शृंगार का सार किसोर-किसोरी अर्थात राधा-कृष्ण को मानते थे। वे भी राधा-कृष्ण के उपासक प्रतीत होते हैं—'भारो प्रेम पाथर नगारो दे, गरे सों बांधि/राधाबर बरद के बारिधि में बोरतौ।' सेनापति के काव्य में रामभक्ति के प्रति अनुराग प्रकट है। हालांकि रीतिकालीन भक्ति में विभिन्न स्थानों पर भक्ति का आधार शृंगार ही है, जैसे प्रेमाभक्ति या मधुरोपासना से संबंधित पद। चैतन्य संप्रदाय, हरिदासी संप्रदाय, राधावल्लभ संप्रदाय, निंबार्क संप्रदाय, वल्लभ संप्रदाय आदि की परंपरा रीतिकाल में भी चलती रही। महाकवि घनानंद तो मीर मुंशी का पद छोड़कर वृंदावन में ही आकर रहने लगे। उनकी कविता में 'सुजान' शब्द की आवृत्ति सांसारिक प्रेम के अर्थ में सुजान नाम की उनकी प्रेमिका और आध्यात्मिक प्रेम के अर्थ में कृष्ण की ओर संकेत करती है।

कृष्णगढ़ राजवंश के उत्तराधिकारी नागरीदास ने अपनी उपपत्नी 'बणीठणी' जी के साथ वृंदावन में रहते हुए कृष्णभक्ति और ब्रजलीला विषयक सत्तर से भी अधिक काव्य रचनाएं लिखीं। सखी संप्रदाय में दीक्षित कवि बख्शी हंसराज ने 'सबेह सागर' की रचना की। विष्णु स्वामी संप्रदाय के 'अलबेली अलि', राधा वल्लभ संप्रदाय के चाचा हित वृंदावन दास, रट्टी संप्रदाय के भगवत रसिक और श्री हठी जी ने रीति युग में भी कृष्णभक्ति काव्यधारा का प्रवाह जारी रखा। ब्रजवासी दास और संचित ने दोहा-चौपाई पद्धति पर क्रमशः 'ब्रजविलास' और 'कृष्णायन' जैसे बृहद काव्यों की रचना की। दीनदयाल गिरि ने 'अनुराग बाग' में और गिरिधरदास ने 'गर्ग संहिता' जैसे अनेक काव्यों में कृष्णलीला का आख्यान किया।

रीवा के महाराजा विश्वनाथ सिंह ने अपनी रामोपासना के अनुरूप 'आनंद रघुनंदन' नामक नाटक लिखा और आनंदरामायण, रामस्वयंवर, विनय पत्रिका की टीका के साथ-साथ कबीर के बीजक की

टीका भी लिखी। कनकराज किशोरीशरण, भगवंत राय खीची, ललक दास, मनियार सिंह, खुमान, नवल सिंह कायस्थ जैसे अनेक कवियों ने रामभक्ति की काव्यधारा में योगदान किया। इनमें से अनेक ने हनुमान पचीसी, हनुमत छबीसी जैसे काव्यों की रचना की। इस तरह रामभक्ति में हनुमान की भक्ति एक महत्वपूर्ण कारक बनकर उभरी। कवि रामचंद्र ने पार्वती के चरणों की वंदना में 'चरण चंद्रिका' की रचना की तो मनियार सिंह ने 'सौंदर्य लहरी' की। पद्माकर का 'रामरसायन' तो अत्यंत प्रसिद्ध है।

इसी का एक आनुषंगिक पहलू है—रामायण-महाभारत या किसी पुराण के आख्यान पर छंदोबद्ध प्रबंध-रचना। इस क्षेत्र में सबल सिंह चौहान का 'महाभारत' अत्यंत लोकप्रिय हुआ। काशी नरेश की प्रेरणा से कवि गोकुलनाथ, गोपीनाथ और मणिदेव ने पचास वर्षों में 'महाभारत' का सफल काव्यानुवाद प्रस्तुत किया, जिसकी प्रशंसा स्वयं शुक्ल जी ने की है। कवि गणेश ने रामजन्म से विवाह तक के प्रसंगों को समेटते हुए 'वाल्मीकि रामायण श्लोकार्थ प्रकाश' तथा 'हनुमत पचीसी' के अलावा 'प्रद्युम्न विजय' नाटक की रचना की। गुमान मिश्र ने 'नैषधचरित' जैसे संस्कृत के अत्यंत प्रौढ़ काव्य का छंदोबद्ध अनुवाद किया, तो सरजूराम पंडित ने 'जैमिनि पुराण भाषा' प्रस्तुत की। मधुसूदन दास ने 'रामाश्वमेध' काव्य की रचना की जिसे रामचंद्र शुक्ल ने रामचरित मानस का परिशिष्ट कहा है। कवि हरनारायण ने 'माधव कामकंदला' और 'बेतालपचीसी' जैसे कथात्मक काव्यों की रचना की।

इस युग में निर्गुण धारा के अंतर्गत रज्जब, यारां साहब, धरनीदास, बूला साहब, गुलाल साहब, भीखा साहब, बुल्ले शा, मलूकदास, दीनदरवेश, जगजीवनदास (सतनामी), बाबा कीनाराम, दरिया साहब, चरणदास, शिवनारायण, सहजोबाई, दयाबाई, पलटू साहब जैसे प्रसिद्ध संत हुए जिनकी बानी जनजीवन में अब तक लोकप्रिय है। सिख गुरुओं की महान परंपरा में गुरु गोविंद सिंह इसी युग में हुए, जिन्होंने अकाल पुरुष की निर्गुण-निराकार साधना के साथ-साथ 'राम अवतार' और 'चंडी चरित्र' जैसी रचनाएं दीं। गुरु तेग बहादुर में भक्ति का स्वर प्रमुख है तो गुरु गोविंद सिंह में शक्ति और ओज का। इस युग की सूफी काव्यधारा में कासिम शाह का 'हंस जवाहिर', नूर मुहम्मद की 'इंद्रावती' और 'अनुराग बांसुरी', शेख निखार का 'यूसुफ-जुलेखा', सूरदास का 'नलदमन' और दुखहरनदास की 'पुहुपावती' उल्लेखनीय है। रीतिकालीन नीतिकारों और सूक्तिकारों में वह उदात्तता और आत्मानुभूति का तेज नहीं है, जो भक्तिकाल के कवियों में सहज ही उपलब्ध है। रीतिकालीन कवियों ने अनेक बार रूढ़ कथनों या लोकोक्तियों को अपने समय के संदर्भ में प्रस्तुत करने का प्रयास किया, जैसे बिहारी ने गुणग्राहक के अभाव में गुणवान की दुर्दशा पर टिप्पणी की—

'करि फुलेल को आचमन, मीठो कहत सराहि।
रे गंधी मति अंध तू, अंतर देखावत काहि।'

वृंद रचित नीति के दोहे 'वृंद सतसई' में संकलित हैं। इस काल के अनेक कवियों ने खेती, शगुन आदि के बारे में भी नीतिपरक काव्य की रचना की, जैसे घाघ और भड्डरी ने। नीतिकारों में बैताल का भी नाम उल्लेखनीय है। वृंद की परंपरा के चर्चित कवि हैं गिरिधर कविराय जिनकी कुंडलियां अत्यंत लोकप्रिय हुईं। भले ही रहीम, वृंद की तुलना में इनके नीतिसाहित्य में वैविध्य न हो, लेकिन इनके द्वारा रचित उन नीतिपरक दोहों को व्यापक लोकप्रियता मिली, जिनमें पारिवारिक और सामाजिक जीवन के आत्मीय दृश्य वर्णित हुए। गिरिधर ने अन्योक्तियों की भी रचना की, लेकिन अन्योक्ति शैली का चरम विकास इस काल के कवि बाबा दीनदयाल गिरि के 'अन्योक्ति कल्पद्रुम' में नजर आता है। यहां स्मरणीय है कि रामचंद्र शुक्ल को नीतिकार कवियों को 'कवि' कहने में संकोच हुआ था, इसलिए उन्हें 'सूक्तिकार' मात्र कहा था।

रीतिकाल की एक महत्वपूर्ण काव्यधारा है—वीरकाव्य जिसे श्रृंगारेतर काव्य की सबसे महत्वपूर्ण श्रेणी कहा जा सकता है। प्रायः वीरकाव्य का

सृजन शृंगार के साहचर्य में हुआ है, पर रीतिकाल में ऐसे काव्य का सृजन स्वतंत्र रूप से भी हुआ। रीतिकाल में वीरकाव्य की रचना दो रूपों में हुई—प्रबंध रूप में और मुक्तक रूप में। प्रबंधात्मक वीरकाव्य के रचनाकार हैं—लाल, पद्माकर, सूदन, खुमान, जोधराज, चंद्रशेखर वाजपेयी, ग्वाल कवि आदि। वीरकाव्य के प्रमुख मुक्तककार हैं—भूषण और बांकीदास। लाल कवि ने अपनी रचना 'छत्रप्रकाश' में महाराज छत्रसाल के ओजस्वी वीर चरित्र को दोहे-चौपाइयों में छंदोबद्ध किया है। प्रायः रीतिकालीन वीरगाथाओं में अन्य वीरगाथात्मक रचनाओं की तरह ही कल्पना के अतिरेक के कारण ऐतिहासिक घटनाओं से छेड़छाड़ की गई है, पर 'छत्रसाल प्रकाश' इस अर्थ में उल्लेखनीय है कि इसमें ऐतिहासिकता को सुरक्षित रखा गया है। प्रसंगानुकूल भाषा-सृष्टि इस रचना की अन्य विशेषता है। पद्माकर भट्ट को जयपुर नरेश महाराज प्रतापसिंह ने 'कविराज शिरोमणि' की उपाधि दी थी। बाद में वे भट्ट गोसाईं अनूपगिरि, उपनाम हिम्मत बहादुर के आश्रय में चले गए। उनकी रचना 'हिम्मत बहादुर विरुदावली' को व्यापक प्रतिष्ठा मिली। सूदन मथुरा निवासी थे, जिन्हें भरतपुर के राजा सुजानसिंह, उपनाम सूरजमल का आश्रय मिला था। उन्होंने 'सुजानचरित' नामक प्रबंधात्मक वीरकाव्य लिखा। इसमें प्रायः ऐतिहासिकता का निर्वाह किया गया है, पर अनेक स्थानों पर विवरणात्मकता हावी है। वे उन बिरले कवियों में हैं, जिन्होंने स्वयं युद्धभूमि में भागीदारी की। यही कारण है कि उनके युद्ध-वर्णन में सजीवता ऊंचे दर्जे की है। वे ब्रजभाषा के सानुप्रास प्रयोग में माहिर हैं। भाषागत वैशिष्ट्य के कारण ही उन्हें भाषा के प्रति सजग कवियों के रूप में याद किया जाता है। कवि खुमान ने 'मान' उपनाम से रचना की। उनकी दो रचनाएं प्रसिद्ध हैं—'नृसिंहचरित' और 'लक्ष्मण शतक'। कवि जोधराज ने 'हम्मीर रासो' की रचना की और चंद्रशेखर वाजपेयी तथा ग्वाल कवि ने 'हम्मीर हठ' की। शुक्ल जी ने चंद्रशेखर वाजपेयी के 'हम्मीर हठ' को 'हिंदी साहित्य का एक रत्न' कहा है।

मुक्तक लिखने वाले वीर कवियों में भूषण सर्वोपरि हैं। उनकी रचना 'शिवराज भूषण' अलंकार ग्रंथ है। इस रचना में उन्होंने रीति ग्रंथ के उदाहरण भाग को वीर रस से भर दिया, पर मुक्तक वीर काव्य ग्रंथों 'शिवा बावनी' और 'छत्रसाल दशक' से उन्हें व्यापक लोकप्रियता हासिल हुई। इनमें पहली रचना शिवाजी के पराक्रम पर आधारित है, जबकि दूसरी छत्रसाल पर। आततायी केंद्रीय शासक औरंगजेब के कुशासन से पीड़ित जनता के सरोकारों का प्रतिनिधित्व करने वाले वीर नायक शिवाजी और छत्रसाल के पराक्रम का भूषण ने अत्यंत ओजस्वी वर्णन किया है। एक उदाहरण देखा जा सकता है, जिसमें शिवाजी और उनकी सेना के शौर्य का वर्णन है—

> भूषन भनत तेरी हिम्मत कहां लौं कहौं,
> किम्मति यहां लगी है जाकी भट जोट मैं।
> ताव दै दै मूछन कंगूरन पै पांव दै दै,
> अरि मुख घाव दै दै कूदि परे कोट मैं।

इस धारा के एक अन्य कवि बांकीदास की दो रचनाओं—'सूर छत्तीसी' और 'वीर विनोद' को व्यापक लोकप्रियता हासिल हुई। खुमान ने 'लक्ष्मण शतक' में लक्ष्मण और मेघनाद के युद्ध का ओजस्वी वर्णन किया है। इस युग में कुछ ऐसी रचनाएं भी मिलती हैं, जो संगीत, ज्योतिष आदि विषयों पर लिखी गई हैं।

निरंजन सहाय

श्वेतकेतु

श्वेतकेतु उद्दालक के पुत्र थे और ऋषि माने गए हैं। श्वेतकेतु और सुजाता भाई-बहन थे जो उद्दालक के आश्रम में ही रहते थे। श्वेतकेतु ने अपने पिता के संरक्षण में ही विद्यार्जन किया। उन्होंने धर्म से संबंधित कई रूढ़ियों को तोड़ा। ब्रह्मचारियों के लिए माना गया था कि वे मीठा नहीं खा सकते, श्वेतकेतु ने इस सिद्धांत का खंडन किया। माना जाता है कि वात्स्यायन ने जिस कामसूत्र की रचना की, उसकी आधारशिला ब्राभ्रव्य और श्वेतकेतु ने तैयार की थी।

यह भी माना जाता है कि उन्होंने मद्य और खाद्य में मिलावट की बुराइयों के विरुद्ध आवाज उठाई।

महाभारत की एक कथा से पता चलता है कि वह श्वेतकेतु था, जिसने विवाह संस्था को धार्मिक कानून के भीतर लाने पर जोर दिया। महाभारत में वर्णित कथा के अनुसार एक बार श्वेतकेतु पिता और मां के साथ बैठे हुए थे। एक ब्राह्मण आकर उनकी मां को हाथ पकड़कर जबरन अपने साथ ले गया। श्वेतकेतु बहुत नाराज हुए। उद्दालक ने कहा, यही धर्म है। गायों की तरह स्त्रियां भी असहाय हैं। श्वेतकेतु ने इस नियम को बदल डाला। स्त्री की सुरक्षा और बच्चों की देखभाल के लिए विवाह-प्रथा शुरू की। उन्होंने स्त्री और पुरुष, दोनों के एकनिष्ठ होने पर भी जोर दिया।

गीता दूबे

श्वेतान तोदोरोव

(जन्म 1939)

श्वेतान तोदोरोव (Tzvetan Todorov) बुल्गारियाई फ्रांसीसी समाजशास्त्री, साहित्यिक आलोचक, इतिहासकार तथा दार्शनिक हैं। उनकी अंग्रेजी में अनूदित किताबों में 'द पोएटिक्स ऑफ प्रोज' (1971), 'इंट्रोडक्शन टू पोएटिक्स' (1981), 'मिखाइल बाख्तिन : द डाइलोजिकल प्रिंसिपल' (1984), 'फेसिंग द एक्सट्रीम : मोरल लाइफ इन द कंसंट्रेशन कैंपस' (1991), 'ऑन ह्यूमन डाइवर्सिटी' (1993), 'होप एंड मेमोरी' (2000) और 'इंपर्फेक्ट गार्डन : द लेगेसी ऑफ ह्यूमनिज्म' (2002) आदि मुख्य हैं। उनकी किताब 'द कॉन्क्वेस्ट ऑफ अमेरिका' (1982) से उनके ऐतिहासिक अध्ययन तथा गहन रुचि का पता चलता है।

तोदोरोव के महत्वपूर्ण योगदान की शुरुआत साहित्यिक सिद्धांत से हुई, जब उन्होंने फंतासी का अध्ययन करते हुए उसे नए ढंग से परिभाषित करने की कोशिश की। उनके अनुसार, 'फैंटास्टिक' हमारी दुनिया में होने वाली ऐसी घटना है जो अतिप्राकृतिक लगती है पर उसके घटने के बाद हमें यह निर्णय लेना पड़ता है कि वह घटना वास्तविक थी या छलावा। उस समय हमारे सामने यह सवाल खड़ा होता है कि वह घटना घटी भी थी कि नहीं।

आधुनिक समय में कैसे जिया जाए, इस सवाल पर तोदोरोव ने अपना ध्यान केंद्रित किया। उन्होंने 'फेसिंग द एक्सट्रीम' में नाजी कैंपों तथा सोवियत गुलागों के वृत्तांतों का विश्लेषण किया, क्योंकि उनके बारे में विपरीत सूचनाएं मिल रही थीं। इन कैंपों में नैतिक जीवन के सभी तत्व खत्म हो गए थे। उनमें रहने वाले सभी मनुष्य अपने-अपने अस्तित्व के लिए जानवरों की तरह दयाहीन संघर्ष में एक-दूसरे से भिड़ते रहते थे। इस प्रकार जिंदा रहने के लिए नैतिकता तथा आत्मिक मानव-मूल्यों को त्याग दिया गया था। तोदोरोव ने स्पष्ट किया कि वहां रहने वाले लोग जंगली कानून में विश्वास नहीं रखते थे और स्थिति इतनी खराब न थी जितनी बताई जाती है, क्योंकि अमानवीय हालात और डर के वातावरण के बावजूद इन कैंपों में रहने वाले लोग एक-दूसरे की मदद करते थे तथा एक-दूसरे से करुणा और दया के भाव से पेश आते थे।

तोदोरोव ने अठारहवीं सदी के क्लासिकी तथा रोमानी संकट को समझने का प्रयत्न किया, क्योंकि

श्वेतान तोदोरोव

इस काल में प्रतीक-संबंधी चिंतन में मूलभूत बदलाव आया। उनके अनुसार, क्लासिकी विचार पर सिस्टम का कब्जा था, जबकि रूमानी विचार ने सिस्टम को अपने नियंत्रण में ले लिया था। उनके अनुसार, वर्तमान न भूत का मात्र पुनरावर्तन है और न ही उसका बिल्कुल त्याग। उनके भाषा विमर्श तथा अर्थ संबंधी विचार उल्लेखनीय हैं। उनके अनुसार, हर भाषा का एक शब्दकोश होता है। व्याकरण के नियम इसकी 'इनपुट' तथा वाक्य 'आउटपुट' होते है। विमर्श भाषा की मूर्त अभिव्यक्ति होता है जिसका निश्चित संदर्भ में उत्पादन होता है। इसमें भाषिक तत्वों के साथ गैर-भाषिक तत्व और उत्पादन की परिस्थितियों की अपनी भूमिका होती है। एक पाठ या एक विमर्श उस स्थान पर प्रतीकात्मक हो जाता है, जब विवेचन के द्वारा उसमें एक अप्रत्यक्ष अर्थ खोजा जाता है। एक बार विवेचन की प्रक्रिया निश्चित होने पर भाषा की संरचना, अर्थों का क्रम, तार्किक संरचना जैसे कई तत्व अपनी भूमिका से विवेचन को प्रभावित करते हैं।

उनके अनुसार, 'उक्ति' (अटरेंस) और 'व्याख्या' (इनंशिएशन) में भेद कर व्याख्या के संदर्भ के उक्ति के अर्थ पर पड़ने वाले प्रभाव को समझा जा सकता है। 'उक्ति' बोलने की क्रिया से उत्पन्न विमर्श का एक अंश होता है और व्याख्या वास्तव में उसके संदर्भ और स्थितियों को बताती है जिसमें उसकी संरचना होती है। इस प्रकार अपने लेखन द्वारा तोदोरोव ने 'पाठ', 'उक्ति', 'व्याख्या', 'अर्थ' आदि अवधारणाओं का नया विश्लेषण कर भाषा संबंधी चिंतन को नई दिशा दी।

अवधेश कुमार सिंह

अधिक जानकारी के लिए :
1. In Defence of Enlightenment : Tzvetan Todorov, 2009, **2. Symbolism and Interpretation :** Tzvetan Todorov, 1978

❑❑